国家重点出版项目

北京大学法学百科全书

经济法学

北京大学法学百科全书编辑委员会

主编 刘瑞复

图书在版编目(CIP)数据

北京大学法学百科全书·经济法学/北京大学法学百科全书编委会编;刘瑞复分册主编.
—北京:北京大学出版社,2007.1
ISBN 978 – 7 – 301 – 11302 – 8

Ⅰ.北… Ⅱ.①北… ②刘… Ⅲ.①法学-百科全书②经济法-法的理论-百科全书 Ⅳ.①D90-61 ②912.290.1-61

中国版本图书馆 CIP 数据核字(2006)第 138929 号

书　　　名:	北京大学法学百科全书　经济法学
著作责任者:	北京大学法学百科全书编委会
责 任 编 辑:	邹记东　李昭时　冯益娜　邓丽华　郭瑞洁　白丽丽　周 菲
封 面 设 计:	张　虹
标 准 书 号:	ISBN 978 – 7 – 301 – 11302 – 8/D·1631
出 版 发 行:	北京大学出版社
地　　　址:	北京市海淀区成府路 205 号　100871
网　　　址:	http://www.pup.cn
电　　　话:	邮购部 62752015　发行部 62750672　编辑部 62752027
	出版部 62754962
电 子 邮 箱:	law@ pup.pku.edu.cn
印 刷 者:	北京中科印刷有限公司
经 销 者:	新华书店
	787 毫米×1092 毫米　16 开本　90.75 印张　3285 千字
	2007 年 1 月第 1 版　2007 年 1 月第 1 次印刷
定　　　价:	218.00 元

未经许可,不得以任何方式复制或抄袭本书之部分或全部内容。
版权所有　侵权必究
举报电话:010 – 62752024　电子邮箱:fd@ pup.pku.edu.cn

《北京大学法学百科全书》编委会

主任委员　陈守一

顾　　问　（以姓氏笔画为序）
　　　　　王铁崖　甘雨沛　芮　沐　沈宗灵　张国华　赵理海　龚祥瑞

委　　员　（以姓氏笔画为序）
　　　　　马小红　马忆南　王　哲　王　慧　王小能　王以真
　　　　　王存厚　王守渝　王国枢　文盛堂　田大忠　由　嵘
　　　　　付子堂　朱苏力　朱启超　刘升平　刘延寿　刘凯湘
　　　　　刘家兴　刘瑞复　孙东东　孙孝垄　李仁玉　李志敏
　　　　　李宝珍　李贵连　汪　劲　杨春洗　杨联华　杨紫烜
　　　　　杨敦先　杨殿升　肖蔚云　吴志攀　张　文　张玉镶
　　　　　张若羽　张建国　张晓秦　张潇剑　陈兴良　陈瑞华
　　　　　邵　津　武树臣　罗玉中　金瑞林　周旺生　郑成思
　　　　　郑胜利　孟宪伟　宝音胡日雅克琪　赵昆坡　赵国玲
　　　　　赵震江　郝晓峰　饶戈平　饶鑫贤　姜明安　贾俊玲
　　　　　钱明星　徐爱国　郭明瑞　阎丽萍　龚刃韧　康树华
　　　　　彭松建　程味秋　程道德　储槐植　蓝绍江　蒲　坚
　　　　　魏定仁　魏振瀛

《北京大学法学百科全书》编辑部主任、副主任

主　任　魏振瀛　吴志攀　朱苏力
副主任　金瑞林　王存厚（常务）　张　文　武树臣　周旺生
　　　　刘瑞复（常务）　张晓秦　陈兴良　杨立范

本卷学科主编、副主编、撰稿人

主　编　刘瑞复
副主编　刘剑文　甘培忠　叶静漪　刘　燕
撰稿人　（以姓氏笔画为序）

丁　一	万　玲	义海忠	于永超	于挚隆	马志宇	马跃进	邓　卫	卫　丽
方文霖	方嘉民	王飞雪	王仙芳	王玄玮	王光净	王兴运	王　付	付　鹏
王连喜	王顺兰	王晓晔	王　翙	王　晶	王雍方	付　忠	田　艳
冯春华	包剑虹	卢　亮	卢炯星	卢海燕	史学成	甘培忠	刘文华	刘文杰
申进忠	白　彦	白　峰	石川耕治	任学青	刘乃晗	刘砚海	刘继峰
刘　卉	刘　民	刘利晋	刘秀荣	刘英钧	刘俊芳	刘建立	孙昊亮
刘瑞复	刘　笛	刘　鹏	刘　燕	吕家毅	吕瑞萍	许润霞	邢允荣
孙晓红	孙媛媛	师湘瑜	汤洁茵	汤黎虹	许家庆	吴元元	吴宏伟
邢造宇	严　励	何印胜	何荣根	何　锐	余启平	张宏伟	张　茸
宋　丽	张　力	张卫华	张长利	张巧珍	张旭娟	李　平	李　军
张继荣	张晨颖	张维珍	张景丽	张　鹏	张　璐	李　琦	李　震
李志宏	李建人	李俊明	李庭鹏	李海炅	李　梅	沈伟莹	沈春辉
李　蕾	杨云鹏	杨东升	杨　禾	杨　松	汪公文	邱学文	郜梦成
肖方扬	肖乾刚	肖渭明	肖　锋	苏丽娅	迟行刚	陈兴华	陈　岚
邵　芬	邵明智	陆　炯	陈乃新	陈少英	陈　文	周梁云	陈　燕
陈志波	陈　韬	尚　珂	卓　翔	周　尔	周永平	罗　庆	周　燕
孟　然	官　波	屈树军	林金文	林爱珺	罗大帅	侯怀霞	罗莉娅
郑冬渝	郑志淼	郑慧玫	金钟佑	金智允	金瑛旻	赵　亭	姚德年
施正文	胡　红	胡志仙	贺　玲	赵芳芳	赵　玲	徐孟洲	赵　燕
钟瑞庆	唐明龙	唐　倩	夏雯霞	席晓娟	徐中起	耿广奇	徐培强
徐景和	徐巍伟	晏长青	柴　坚	柴振国	桑东莉	崔勤之	耿秀坤
聂丽梅	郭友旭	郭　庆	寇维维	崔雪松	崔勤之	曹晓燕	阎文军
麻琳琳	黄山	黄文熙	黄军辉	黄明明	黄　河	傅智文	彭　皖
普立芬	景朝阳	曾协忠	曾章伟	程　冰	董金良	蒋　姮	郐艳萍
窦慧娟	雷　驰	雷雨波	熊晓青	缪劲翔	翟继光	裴建军	樊　华
薛建兰	薛松岩	薛　敏	戴　菲	魏建国	魏继华

本卷主要编辑与出版工作人员

特约执行编辑　刘瑞复
责 任 编 辑　邹记东　李昭时　冯益娜　邓丽华
　　　　　　　郭瑞洁　白丽丽　周　菲
装 帧 设 计　张　虹

前　言

　　数千年来各国所创造的法律文化，是人类社会的宝贵财富。不独西方法律文化自古希腊以来弥漫久远，从一个广阔侧面促成了西方文明的繁衍进化。二千年间绵延不绝的中华法系，源远流长，为我们中华民族文化增添了光辉，对东亚以至更大范围的文化发展产生了重大影响。新中国法制尤其是近二十年法制建设与法学探索的路程，蕴涵着丰富的法律文化经验。为汇聚人类法律文化的精粹，扩大海内外法律文化的交流，为推进我国法治建设，适应社会变革对法学教育和研究不断增长的需求，以北京大学命名的多卷本《北京大学法学百科全书》陆续面世。

　　北京大学作为五四运动的发源地和新文化运动的传播中心，深具爱国、进步、民主、科学的光荣传统，勤奋、严谨、求实、创新的优良学风。北大在迎接人类纪元以来第三个千年转换的时刻，将继续肩负光荣的使命。而这种传统、学风和使命，正是我们编纂《北京大学法学百科全书》的巨大动力源泉。创设于清末京师大学堂时期的北京大学法学学科，合中外学术之文采，开现代法学之新风，百载薪传，而至今日。鲁迅先生说过，北大是常为新的、改进的运动的先锋，要使中国向着好的、往上的道路走。如今，我们充满信心地预期：北京大学将伴随国家的日益富强昌盛而加速迈向世界一流大学的行列，本书的编纂出版，或将在法学教育和研究方面为此作出贡献。

　　《北京大学法学百科全书》的编纂者以北京大学法学院及北京大学知识产权学院、北京大学经济法研究所、北京大学国际法研究所、北京大学立法学研究中心、北京大学科技法研究中心、北京大学犯罪问题研究中心、北京大学港澳台法律研究中心的教授、学者为主体，延揽曾经在北大学习和工作过的专家、学者及兼职教授参加。

　　《北京大学法学百科全书》设理论法学卷、历史法学卷、宪法学行政法学卷、民商法学卷、刑事法学卷、经济法学卷、劳动环境知识产权法学卷、诉讼法学卷、国际法学卷共9卷。内分26个新老结合的分支学科：法理学、立法学、法律社会学；中国法律思想史、中国法制史、外国法律思想史、外国法制史；宪法学、行政法学；民法学、商法学；刑法学、犯罪学、监狱法学；经济法学；劳动法学、环境法学、知识产权法学；民事诉讼法学、刑事诉讼法学、行政诉讼法学、司法鉴定学、刑事侦查学；国际法学、国际私法学、国际经济法学。

《北京大学法学百科全书》着力于对古今中外尤其是中国和世界上有代表性的国家的法学和法律制度给予全面、系统的总结性研究。力求学科齐全、体系完整，对各家学说兼容并蓄，充分反映各学科研究的新发展、新成果，解说周密、确当、深刻。《北京大学法学百科全书》适合从事法学研究、法制实践和法律实务的人员各方面的需用。

《北京大学法学百科全书》编纂和出版过程中，蒙海内外学界同仁、社会贤达广为关切和垂注。谨致谢忱。

在文化的积累与传播上，百科全书被誉为思想与智慧的殿堂，其编纂工作被认为是充满了史诗般的创造性的劳动。对于这样一项复杂艰巨的系统工程，仰之愈高，行之愈艰，北大学人不敢懈怠。尽管如此，疏误之处仍恐不免。敬待读者惠教，俾再版匡正。

《北京大学法学百科全书》编辑部

2004 年 3 月

凡　例

全书按学科分卷出版，相邻近的数门学科合为一卷，共9卷。全书另设辞条总目索引，自成1卷，总计10卷。

一、辞条分类目录

1. 每卷卷首都列有本卷各学科的辞条分类目录，以便读者了解该学科所收辞条的全貌及其体系，玻可供按类检索。
2. 分类目录中的辞条名称，除中国法律思想史和中国法制史两门学科以及日本、朝鲜、越南等国人名外，均括注外文，以资对照。
3. 分类目录中的"提示标题"（加括六角号）本身不是辞条，只对有关辞条起分类集合的提示作用。
4. 同一卷学科之间相互交叉的辞条，在各该学科的分类目录中分别列出，但在正文中，同名辞条只有一个释文。

二、释　文

1. 各卷辞条释文按辞条名称的汉语拼音字母顺序编排，辞条名称上方加注汉语拼音。
2. 除中国法律思想史、中国法制史辞条以及日本、朝鲜、越南等国人物辞条外，辞条标题均括注外文，所注外文，一般用英文；括注其他外文的，注明语种；同时括注英文和其他外文的，其他外文在前，中间用分号隔开。
3. 人物辞条标题括注生卒或在位年代。
4. 法规、条约、著作、刊物类辞条标题加括书名号；与现行法规同名的历史上的法规，括注其制定年代，以资区别。
5. 释文开始一般不重复辞条标题，直接写定义或定性表述。辞义解释，以法学领域或与法学相关为限。一辞多义的辞条，用阴文序号❶、❷等标示，分项解释。
6. 释文中出现的外国人物、法规、条约、著作、刊物、组织，未设辞条的，酌注外文和生卒、制定、出版、建立年代。
7. 释文中出现的法规、机构或组织，一般用全称；多次出现时，在不致产生误解的情况下，从第二次出现起用简称或略称。
8. 释文中引文的出处括注于引文后面，同一著作被多次引用时，从第二次引用起，引文出处中的该著作名称写作"同前"。
9. 释文中的数字，除中国法律思想史、中国法制史辞条以及某些习惯用汉字表示的以外，一般用阿拉伯数字。
10. 辞条释文较长的，根据需要设层次标题，但不超过两层。只设一层标题的，标题用楷体字；设两层标题的，分别用黑体字和楷体字。

三、参见辞条和释文中的"参见"

1. 只列辞条标题，不写释文，释义见其他辞条的，是参见辞条。所参见辞条名称用楷体字排印。参见辞条与所参见的辞条的关系分别为：①名称不同但含义相同；②对应关系；③包容或交叉关系。

2. 释文内容涉及到其他辞条时，采用释文内标注"参见"的方式。所参见的辞条名称在本释文中直接出现的，用楷体字排印；所参见的辞条名称未直接在本释文中出现的，在需要参见处另用括号加"见"字并用楷体字标注该辞条名称。所参见的辞条名称在本释文中多次出现时，一般只在第一次出现时标注一次。

四、索　引

各卷除设学科辞条分类目录外，正文按汉语拼音字母顺序编排，为便于读者按汉语拼音和汉字笔画检索辞条，每卷均附有本卷辞条的汉语拼音索引和汉字笔画索引。

五、其　他

1. 本书所用汉字，除个别必须用繁体字的以外，一律用1964年出版的《简化汉字总表》所列的简体字。

2. 本书辞条的设立和释文的审订，实行学科主编负责制。编辑部负责对各卷书稿进行统编。

3. 本书各卷所收辞条数及引用的文件、资料的截止时间，在各卷"编后记"中分别予以说明。

目　录

经济法学辞条分类目录（中外文对照） …………………………………… 1—84
辞条汉语拼音索引 ………………………………………………………… 1—38
辞条汉字笔画索引 ………………………………………………………… 1—38
正　　文 …………………………………………………………………… 1—1280

经济法学辞条分类目录(中外文对照)

经济法总论

〔经济法理论的创立〕

经济法理论的创立(foundation of economic law theory) ……………………………… (515)
 社会化大生产(large-scale socialized production) ……………………………………… (825)
 生产社会化(socialization of production) ………………………………………………… (838)
 国民经济体系化(systemization of national economy) ………………………………… (316)
 经济国际化(internationalization of economy) …………………………………………… (534)
社会本位论(ideology of social standard) …………………………………………………… (824)
 社会人(social man) ………………………………………………………………………… (826)
 社会权(social right) ………………………………………………………………………… (826)
 社会责任(social responsibility) …………………………………………………………… (828)
 社会整体利益(social interests as a whole) ……………………………………………… (828)
 社会连带主义(social related doctrine) …………………………………………………… (826)
社会经济调节法(the law to regulate social economy) …………………………………… (825)
 法的社会化(socialization of law) ………………………………………………………… (185)
 私法公法化(the inclination of private law to public law) ……………………………… (896)
 部门法跨部门化(the inclination of one law branch to another) ……………………… (46)
 《德国民法典》(German Civil Code) …………………………………………………… (134)
 《魏玛宪法》三原则(three principles of Weimar Constitution) ……………………… (995)

〔经济法学说〕

经济法早期学说(theories of economic law in early stage) ……………………………… (525)
大陆法系国家经济法理论(economic law theory in continental law system countries) … (123)
 集成说(theory of integration) ……………………………………………………………… (422)
 对象说(theory of object) …………………………………………………………………… (167)
 历史观说(theory of history view) ………………………………………………………… (612)
 方法论说(theory of methodology) ………………………………………………………… (201)
 功能说(theory of function) ………………………………………………………………… (265)
 经济统制法论(theory of controlling law of economy) ………………………………… (545)
 禁止垄断法中心论(theory of centralization of anti-trust law) ………………………… (501)
 非禁止垄断法中心论(theory of centralization of non-antitrust law) ………………… (219)
 法国经济法思想(idea of economic law in France) …………………………………… (187)
苏东国家经济法理论(economic law theory in socialist nations) ………………………… (898)
 两成分法说("two-part" theory) ………………………………………………………… (619)
 经济—行政法论(theory of economy-administrative law) ……………………………… (547)
 综合部门法论(theory of comprehensive department law) …………………………… (1270)
 战前经济法(economic law theory before world war II) ……………………………… (1146)
 战后经济法(economic law theory after the II world war) …………………………… (1145)
英美法系国家经济法理论(economic law theory in British-American law system) …… (1108)

1

英国经济法理论(economic law theory in the U.K.) ……………………………………… (1105)
　　美国经济法理论(economic law ideology in America) …………………………………… (644)
　中国的经济法理论(economic law theory of china) …………………………………………… (1187)
　经济法学(doctrine of economic law) …………………………………………………………… (524)
　经济法理论研究对象(objects of the study of economic law theory) ……………………… (515)

〔经济法方法论〕

　经济法方法论(methodology of economic law) ……………………………………………… (510)
　　经济法的比较方法(method of comparison in economic law) ……………………………… (504)
　　经济法的注释方法(method of notation in economic law) ………………………………… (510)
　　法的经济分析方法(method of economic analysis of law) ………………………………… (185)
　　经济法的系统论方法(method of systematical theory in economic law) ………………… (508)
　　经济法的控制论方法(method of cybernetics in economic law) …………………………… (506)
　　经济法的信息论方法(method of information theory in economic law) …………………… (508)
　　数量法学方法(method of quantitative law) ………………………………………………… (855)
　　经济法方法论原则(methodological principles in economic law) ………………………… (505)

〔经济法历史沿革〕

　经济法律制度(economic law system) ………………………………………………………… (522)
　　向垄断过渡阶段的经济法(economic law in the transitional period from
　　　competition to monopoly) ………………………………………………………………… (1016)
　　国家垄断阶段的经济法(economic law in the period of state monopoly) ……………… (307)
　　第二次世界大战后相对稳定阶段的经济法(economic law during the steady-going
　　　period after the Second World War) …………………………………………………… (142)
　　计划经济国家的经济法(economic law in planned economy country) ………………… (433)
　　对旧国民经济改造阶段的经济法(economic law in the period of reconstruction
　　　of old national economy) ………………………………………………………………… (159)
　　建立、巩固计划经济基础阶段的经济法(economic law in the period of construction
　　　and confirmation of planned economy) ………………………………………………… (470)

〔经济法的地位〕

　法体制理论(theory of law system) …………………………………………………………… (190)
　法域三分说(the theory of trisection of law domain) ………………………………………… (191)
　部门法交叉说(the theory of intersection of law branches) ………………………………… (46)
　民事特别法说(the theory of special civil law) ………………………………………………… (652)

〔经济法本质属性〕

　经济法(economic law) ………………………………………………………………………… (503)
　经济宪法(Charter of Economy) ………………………………………………………………… (545)
　国民经济运行法(law to regulate the function of national economy) ……………………… (316)
　微观经济运行(the factors of the function of micro-economy) ……………………………… (989)
　宏观经济运行(the function of macro-economy) ……………………………………………… (377)
　经济法律规范要素(factors of economic law norms) ………………………………………… (521)
　财产关系(property relations) ……………………………………………………………………… (48)
　经济法本质属性(essential attributes of economic law) …………………………………… (503)

经济活动关系的复合调整(compound regulation of economic activity relationship) …… (535)
经济权限关系的复合调整(compound regulation of relation of extent of economic power) …… (541)
经济垄断(economic monopoly) …… (538)
国家双重身份(two-identity of a nation) …… (311)
他律性经济关系(others-discipline economic relationship) …… (901)
经济依赖关系(to regulate the relationship of economic dependence) …… (547)
经济法律制度体系(system of economic law) …… (522)
经济法价值(values of economic law) …… (513)

〔经济法的机能〕

经济法机能(the enginery of economic law) …… (511)
统一综合机能(the enginery of unification and integration) …… (930)
组织机能(the enginery of organization) …… (1276)
集约机能(the enginery of intensivism) …… (429)
分工分业机能(the enginery of dividing work and occupation) …… (223)
物资分流机能(the enginery of material shunt) …… (1005)
货币分流机能(the enginery of monetary shunt) …… (410)
技术分流机能(the enginery of technological shunt) …… (447)
劳动力分流机能(the enginery of labor shunt) …… (606)
信息分流机能(the enginery of informational shunt) …… (1043)

〔经济法的调整〕

经济法宗旨(main goal of economic law) …… (531)
经济法的调整范围(regulatory scope of economic law) …… (507)
经济组织关系(economic organizational relationship) …… (554)
经济活动关系(economic activity relationship) …… (535)
经济竞争关系(economic competition relationship) …… (536)
经济调控关系(economic adjustments and controls relationship) …… (544)
经济管理关系(economic management relationship) …… (533)
经济监督关系(economic supervision relationship) …… (536)
涉外经济关系(foreign economic relationship) …… (829)
经济法的调整方式(regulatory ways/methods of economic law) …… (507)
指令性调整(command/mandatory regulation of economic law) …… (1182)
修正性调整(correcting/amendatory regulation) …… (1054)
引导性调整(guiding regulation of economic law) …… (1094)
参与性调整(participatory regulation of economic law) …… (53)
经济法的调整方式结构(structure of regulatory ways/methods of economic law) …… (507)
经济法的禁止性调整(blocking regulation of economic law) …… (505)
经济法的义务性调整(obligatory regulation of economic law) …… (509)
经济法的限制性调整(restrictive regulation of economic law) …… (508)
经济法的授权性调整(authorizational regulation of economic law) …… (506)
综合授权(comprehensive authorization) …… (1270)
分项授权(separate authorization) …… (225)
交叉授权(cross authorization) …… (478)
经济法的强制性调整(coercive/compulsory regulation of economic law) …… (506)
经济法的制裁性调整(punitive regulation of economic law) …… (509)

3

〔经济法基本原则〕

经济法基本原则(the basic principle of economic law) …… (512)
经济法基本原则的依据(the legal basis of establishing the basic principles of economic law) …… (513)
经济法基本原则的适用(application of the basic principle of economic law) …… (513)
实行社会主义基本经济制度原则(principle of implementing the basic economic system of socialism) …… (845)
 经济制度(economic system) …… (552)
 社会主义初级阶段基本经济制度(basic economic system in early stage of socialism) …… (828)
 经济体制(economic system) …… (545)
 计划经济(planned economy) …… (433)
 社会主义市场经济(socialist market economy) …… (829)
 所有制结构(structure of ownership) …… (899)
 公有制(public ownership) …… (264)
  全民所有制经济(economy of ownership by the whole people) …… (782)
  劳动群众集体所有制经济(economy of socialist collective ownership by the working masses) …… (606)
 城乡劳动者个体经济(economy of individual economy of the urban and rural working people) …… (102)
 私营经济(economy of private sectors) …… (896)
 外商独资经济(economy of sole investment by foreign investors) …… (959)
 混合所有制经济(economy of mixed ownership) …… (409)
 分配制度(distribution system) …… (224)
  按劳分配(distribution according to work) …… (2)
  按生产要素分配方式(distribution means according to production essentials) …… (2)
宏观调控与市场机制相结合原则(principle of unification of macroeconomic adjustment and control combined with market mechanism) …… (386)
 计划经济为主、市场调节为辅(relying mainly on planned economy with market adjustment subsiding) …… (433)
 计划经济与市场调节有机结合(combination of planned economy and market adjustment) …… (433)
 宏观调控(macroeconomic adjustment and control) …… (378)
 市场体系(market system) …… (850)
 市场机制(market mechanism) …… (849)
权责利统一原则(principle of unification of right/power, responsibilities and interests) …… (785)
 经济责任制(economic responsibility system) …… (548)
 承包经营责任制(contracted managerial responsibility system) …… (91)
 租赁经营责任制(responsibility system in business operations under lease) …… (1274)
 企业内部经济责任制(internal responsibility system of enterprise) …… (752)
  岗位责任制(personal post responsibility system) …… (232)
  模拟市场核算责任制(accounting responsibility system of simulative market) …… (655)
维护国家经济主权原则(principle of safeguarding the national economic sovereignty) …… (993)
 国家经济主权(national economic sovereignty) …… (306)
 发展权(development right) …… (185)
 跨国公司的管制(regulation of transnational corporation) …… (577)
 国有化(nationalization of ownership) …… (329)
 国有化的补偿(compensation for nationalization of ownership) …… (330)
 国家经济安全(national economic safety) …… (305)
 经济全球化(economic globalization) …… (539)

[经济法机制]

- 经济法机制(mechanism of economic law) ……………………………………… (512)
  - 经济法大系统(large system of economic law) ………………………………… (504)
  - 经济法相关关系(correlations inside economic law) …………………………… (524)
  - 经济法要素整合性(conformity of economic law elements) …………………… (524)
  - 经济法时限机制(mechanism of the period of economic law) ………………… (523)
    - 作用时限机制(mechanism of functioning-period) …………………………… (1279)
    - 实现时限机制(mechanism of realizing-period) ……………………………… (845)
  - 经济法形态机制(mechanism of the form of economic law) ………………… (524)
    - 经济法的范围机制(mechanism of economic law's scope) ………………… (504)
    - 经济法的结构机制(mechanism of economic law's structure) …………… (505)
    - 经济法的状态机制(mechanism of economic law's state) ………………… (510)
  - 经济法的基础调整机制(mechanism of basic-regulation of economic law) … (505)
    - 基本经济关系调整机制(mechanism of the regulation of basic-secial relations) … (416)
      - 货币关系调整机制(mechanism of the regulation of monetary relation) … (410)
      - 投资关系调整机制(mechanism of the regulation of investmental relation) … (932)
      - 企业经济关系调整机制(mechanism of regulation of economic relations of companies) … (747)
      - 消费关系调整机制(mechanism of the regulation of consumption relation) … (1017)
    - 经济法的周期性调整机制(mechanism of periodical regulation of economic law) … (509)
      - 经济过热运行期的调整机制(mechanism of the regulation of overheating economy) … (534)
      - 经济萧条运行期的调整机制(mechanism of the regulation of economic depression) … (546)
      - 经济危机运行期的调整机制(mechanism of the regulation of economic crisis) … (545)
      - 经济恢复运行期的调整机制(mechanism of regulation of economy recovering) … (535)
  - 经济法的保障机制(mechanism of the protection of economic law) …………… (504)
    - 冲突解决机制(mechanism of solving conflicts) ……………………………… (107)
    - 利益增益机制(mechanism of increasing interests) ………………………… (613)

[经济法秩序]

- 经济法秩序(order of economic law) ……………………………………………… (528)
- 经济法制度(legal system of economic law) ……………………………………… (528)
  - 经济合法行为(lawful economic acts) ………………………………………… (534)
  - 经济违法行为(illegal economic acts) ………………………………………… (545)
  - 经济逆法行为(avoidance acts of economic law) …………………………… (538)
  - 经济犯罪行为(behavior of economic crime) ………………………………… (532)
- 经济法实施(implementation of economic law) ………………………………… (524)
- 经济法秩序的障碍(impediment of order of economic law) …………………… (529)
- 经济法制(rule by economic law) ………………………………………………… (527)
  - 经济立法(economic legislation) ……………………………………………… (537)
    - 经济法律(economic law) …………………………………………………… (515)
    - 经济法规(economic regulation) …………………………………………… (511)
    - 经济规章(economic rule) …………………………………………………… (534)
    - 授权经济立法(delegated economic legislation) ………………………… (854)
    - 委托经济立法(delegated economic legislation) ………………………… (994)
  - 经济守法(observance of economic law) ……………………………………… (543)
  - 经济执法(execution of economic law) ………………………………………… (549)
    - 经济执法主体(subject of economic law execution) …………………… (550)

经济执法权(power of economic law execution) ……………………………………… (550)
　　　颁行规范性文件执法(execution of economic law by issue of normative documents for enforcement) …… (8)
　　　行使经济权限执法(execution of economic law by authority) ……………………… (1048)
　　　法律授权经济执法(execution of economic law by authorization) ………………… (189)
　　　委托办理经济事务(execution of economic law by delegation) ………………………… (994)
　　经济司法(application of economic law) ……………………………………………… (543)
　　　经济审判庭(economic tribunal) ………………………………………………………… (542)
　　　经济公益诉讼(the economic litigation for public interest) ………………………… (532)
　　　经济诉讼程序(procedure of economic litigation) …………………………………… (544)
　　经济仲裁(economic arbitration) ……………………………………………………… (552)
　　经济法义务(duty of economic law) ………………………………………………… (525)
　　经济法责任(responsibility of economic law) ……………………………………… (525)
　　　经济法责任的构成要件(key elements of constitution of responsibility of economic law) … (526)
　　　过错责任(fault liability) ……………………………………………………………… (348)
　　　无过错责任(no-fault liability) ………………………………………………………… (1000)
　　　经济责任(economic liability) …………………………………………………………… (548)
　　　组织监管责任(liability on organization and supervision) ………………………… (1276)
　　　援用责任(introduced liability) ………………………………………………………… (1135)
　　　惩罚性赔偿(punitive damages) ………………………………………………………… (104)
　　经济法制裁(sanction from economic law) ………………………………………… (527)
　　　财产制裁(property-related sanction) …………………………………………………… (48)
　　　组织监管制裁(sanction on organization and supervision) ………………………… (1276)
　　　刑事制裁(criminal sanction) …………………………………………………………… (1047)
　　　行政制裁(administrative sanction) …………………………………………………… (1053)
　　　经济司法制裁(economic juridical sanction) ………………………………………… (544)
　　　经济行政制裁(economic administrative sanction) …………………………………… (547)
　　　经济仲裁制裁(economic arbitration sanction) ……………………………………… (553)
　　经济法奖励(encouragement in economic law) …………………………………… (514)

〔经济法律关系〕

　　经济法律关系(legal relations of economic law) ………………………………… (515)
　　经济法律关系构成要素(elements of economic legal relations) ………………… (518)
　　经济法律关系基本类型(basic types of economic legal relations) ……………… (518)
　　经济法律关系主体(subject of economic legal relations) ………………………… (520)
　　经济主体(economic subject) ………………………………………………………… (553)
　　经济法律联系主体(subject of economic legal connection) ……………………… (521)
　　　经济法主体(subject of economic law) ……………………………………………… (530)
　　　经济法主体资格(capacity of subject of economic law) …………………………… (530)
　　　经济法主体资格取得(acquirement of capacity of subject of economic law) …… (531)
　　　经济法主体形式(forms of subject of economic law) ……………………………… (530)
　　　经济法律主体(subject of economic law) …………………………………………… (523)
　　经济法人(economic legal person) …………………………………………………… (523)
　　国家经济机关(state economic institution) ………………………………………… (305)
　　　部门经济机关(departmental economic organizations) ……………………………… (47)
　　　职能经济机关(functional economic organizations) ………………………………… (1177)
　　　综合经济机关(comprehensive economic organizations) …………………………… (1270)
　　　经济监督机关(economic supervisory organ) ………………………………………… (536)

经济组织(economic organizations) ………………………………………………………………… (553)
　　　经济组织类型(types of economic organizations) …………………………………………… (555)
　经济法律关系内容(content of economic legal relations) ………………………………………… (519)
　　经济权限(extent of economic power) ………………………………………………………… (540)
　　　经济权限配置(disposition of extent of economic power) ………………………………… (542)
　　　基本经济权限(basic extent of economic power) …………………………………………… (417)
　　经济权力(economic power) …………………………………………………………………… (540)
　　　经济职权(economic authority) ………………………………………………………………… (550)
　　　经济职责(economic authority and duties) …………………………………………………… (551)
　　　经济管理权(economic management power) ………………………………………………… (533)
　　经济权利(economic right) ……………………………………………………………………… (540)
　　　国家所有权(state property ownership) ……………………………………………………… (311)
　　　集体所有权(collective ownership) …………………………………………………………… (427)
　　　经营管理权(operation and management power) …………………………………………… (555)
　　　企业经营权(management power of enterprises) …………………………………………… (748)
　　　承包经营权(contracted management rights) ………………………………………………… (91)
　　　经营权(managerial authority) ………………………………………………………………… (555)
　　　经营权与所有权分离(separation of the managing right from the proprietary right) …… (556)
　　　企业财产权(property rights of enterprises) ………………………………………………… (723)
　　　经济债权(economic credit) …………………………………………………………………… (549)
　　　经济债务(economic debt) ……………………………………………………………………… (549)
　　　经济请求权(economic right to petition) ……………………………………………………… (539)
　　经济义务(economic obligation) ………………………………………………………………… (547)
　经济法律关系客体(object of economic legal relations) …………………………………………… (519)
　　经济法客体(object of economic law) …………………………………………………………… (514)
　　　自然资源(natural resources) ………………………………………………………………… (1265)
　　　产品资料(means of production) ……………………………………………………………… (77)
　　　信息资源(information resources) …………………………………………………………… (1044)
　　　经济行为(economic behavior) ………………………………………………………………… (546)
　　　　政府的经济行为(governmental economic behavior) …………………………………… (1167)
　　　　经济组织的经济行为(economic behavior of economic organizations) ……………… (554)
　　　　市场中介组织的经济行为(economic behavior of intermediary service) …………… (851)
　　　经济行为能力(economic legal capacity) …………………………………………………… (546)
　经济法律关系确立(establishment of economic legal relations) ………………………………… (520)
　　经济法律关系的产生(creation of economic legal relations) ………………………………… (517)
　　经济法律关系的变更(change of economic legal relations) ………………………………… (517)
　　经济法律关系的终止(termination of economic legal relations) …………………………… (517)
　　经济法律事实(economic legal fact) …………………………………………………………… (522)
　　经济法律行为(economic legal behavior) ……………………………………………………… (522)
　　经济法律事件(economic legal event) ………………………………………………………… (522)
　经济法律关系保护(protection of economic legal relations) ……………………………………… (516)

经济法律制度

〔经济组织法律制度〕
　〔企业的法律地位〕
　　企业的法律地位(legal status of enterprises) ………………………………………………… (729)

企业的法律资格（legal capacity of enterprises） ………………………………………………… (729)
　企业的法人资格（legal entity capacity of enterprises） ……………………………………… (729)
　企业一般权利（general right of enterprise） ………………………………………………… (766)
　企业一般义务（general obligation of enterprise） …………………………………………… (766)
　国有企业经营权（management right of state-owned enterprise） …………………………… (335)

〔企业的历史沿革〕
　工厂企业制度（system of enterprises in the form of factories） …………………………… (242)
　公司企业制度（system of corporate enterprises） …………………………………………… (260)
　现代企业制度（modern enterprise system） ………………………………………………… (1008)
　美国企业法（American enterprise law） ……………………………………………………… (648)
　英国企业法（enterprise law of the United Kingdom） ……………………………………… (1105)
　德国企业法（German enterprise law） ………………………………………………………… (134)
　法国企业法（enterprise law of France） ……………………………………………………… (188)
　日本企业法（enterprise law of Japan） ……………………………………………………… (794)
　　日本董事制度（director system of Japan） ………………………………………………… (787)
　　日本监事制度（supervisor system of Japan） ……………………………………………… (793)
　　日本公司组织变更制度（system of company structure transformation of Japan） ……… (791)
　　新股预约权（right of facultative new shares） …………………………………………… (1029)
　　公司法上的情报技术利用（utilization of intelligence technology regulated by the company law） ……… (259)

〔企业的法律形式〕
　〔全民所有制企业法〕
　全民所有制企业法（law of enterprises owned by the whole people） ……………………… (783)
　国有企业法（state-owned enterprise law） …………………………………………………… (334)
　　《全民所有制工业企业法》（Law of the People's Republic of China on Industrial Enterprises
　　　Owned by the Whole People） ………………………………………………………… (781)
　　《国营工业企业工作条例（草案）》（Regulation on Operation of the State-Owned
　　　Industrial Enterprises（Draft）） ………………………………………………………… (325)
　　全民所有制企业（enterprise owned by the whole people） ……………………………… (782)
　　国营企业（state-managed enterprises） …………………………………………………… (325)
　　国有企业（State-owned Enterprise） ……………………………………………………… (332)
　　全民所有制工业企业的权利义务（right and obligation of industrial enterprises
　　　owned by the whole people） …………………………………………………………… (780)
　　《国营工业企业暂行条例》（Interim Regulation on State-Managed
　　　Industrial Enterprises） …………………………………………………………………… (325)
　　《全民所有制工业企业转换经营机制条例》（Regulation on Operating Mechanism Transformation of
　　　Industrial Enterprises Owned by the Whole People） ………………………………… (781)
　　全民所有制工业企业的经营权（the management right of industrial enterprises
　　　owned by the whole people） …………………………………………………………… (780)
　　《关于扩大国营工业企业经营管理自主权的若干规定》（Regulations on Expanding Autonomy
　　　of State-Managed Industrial Enterprises for Operation and Management） ………… (275)
　　《关于进一步扩大国营工业企业自主权的暂行规定》（Interim Regulation on Further Expanding
　　　Autonomy of State-Managed Industrial Enterprises） ………………………………… (275)
　　《关于增强大中型国营企业活力若干问题的暂行规定》（Interim Regulation on Enhancing Vitality
　　　of Large and Medium Size State-Managed Enterprises） …………………………… (276)

生产经营决策权(right of decision of strategic in regard to management) …… (838)
  产品、劳务定价权(right of fixing prices for products and labour) …… (62)
  产品销售权(product sale authority) …… (65)
  物资选购权(the authority of choosing the goods and materials) …… (1006)
  进出口权(import and export authority) …… (497)
  投资决策权(investment decision authority) …… (933)
  留用资金支配权(right to dispose self-retained capital) …… (624)
  资产处置权(right to dispose assets) …… (1256)
  联营兼并权(joint venture merger authority) …… (617)
  劳动用工权(labour recruit and use authority) …… (607)
  人事管理权(personal administration authority) …… (787)
  工资、奖金分配权(wage, award distributes authority) …… (248)
  内部机构设置权(interior organization installation authority) …… (657)
  拒绝摊派权(declines apportioning authority) …… (569)
  债券发行权(right to bond issuance) …… (1145)
国有企业的义务(obligation of state-owned enterprise) …… (334)
资产经营形式(property management form) …… (1256)
  经营责任制(management system of job responsibility) …… (556)
  《全民所有制工业企业承包经营责任制暂行条例》(Interim Regulation on Responsibility System of Contracted Management of Industrial Enterprises Owned by the Whole People) …… (779)
  包上交国家利润(contracted passing on to the higher authorities the country profit) …… (10)
  包完成技术改造任务(contracted completing the technological transformation mission) …… (11)
  工资总额与经济效益挂钩(the total salary in relate of the economic results) …… (249)
  上交利润递增包干(contracted handing over profit by accumulating rate) …… (820)
  上交利润基数包干、超收分成(contracted handing over profit based on fixed figure and exceeding part distributed by percentage) …… (820)
  发包方(the party giving out a contract for a project) …… (183)
  经营者(management person) …… (557)
  承包经营合同条款(clause of contracted agreement) …… (90)
  承包经营合同的变更和解除(alternation and termination of contracted agreement) …… (90)
  承包经营合同纠纷(dispute under agreement on contracted management) …… (90)
  《全民所有制小型工业企业租赁经营暂行条例》(Interim Regulation on Business Management under Lease of Small-Size Industrial Enterprises Owned by the Whole People) …… (784)
  租赁经营的形式(form of business operations under lease) …… (1274)
    租赁柜台经营活动(leased counter management activities) …… (1273)
  租赁经营担保(guarranty for business operation under lease) …… (1274)
  出租方(renter/leasor) …… (113)
  承租方(Lessee) …… (93)
  租赁经营合同的条款(clause of contract for business operation under lease) …… (1274)
  租赁经营合同的变更和解除(alternation and relieving of contract for business operation under lease) …… (1274)
全民所有制工业企业的设立、变更和终止(establishment, modification and termination of the enterprises owned by the whole people) …… (781)
政府机构对全民所有制工业企业的职权和职责(rights and obligations of governmental institutions to the industrial enterprises owned by the whole people) …… (1169)
全民所有制工业企业的内部领导制度(system of internal leadership of industrial enterprises

owned by the whole people) …… (780)
"老三会"、"新三会"(old and new "three organizations") …… (610)
全民所有制企业的职工代表大会制度(system of the staff and workers' congress in
　enterprises owned by the whole people) …… (783)
《国营工业企业职工代表大会暂行条例》(Interim Regulation on the Staff and Workers'
　Congress of State-Managed Industrial Enterprises) …… (325)
职工代表大会的职权(powers of workers congress) …… (1176)
职工代表(workers representatives) …… (1176)
企业管理委员会(business administration commission) …… (734)
《企业职工奖惩条例》(Regulation on Reward and Punishment for
　the Staff and Workers of enterprise) …… (766)
全民所有制企业的厂长(经理)负责制(responsibility system of factory directors in
　enterprises owned by the whole people) …… (782)
《国营工厂厂长工作暂行条例》(Interim Regulation on State-Managed Factory's Director) …… (324)
厂长(factory director) …… (87)
厂长的产生方式(the means coming into being of factory director) …… (87)
厂长的职权(the powers of factory director) …… (87)
厂长的离任(the leaving from office of factory director) …… (87)
违反全民所有制工业企业法的法律责任(legal liabilities for violating law on industrial
　enterprises owned by the whole people) …… (991)

〔集体企业法〕
集体企业法(collective-owned enterprise law) …… (426)
集体企业(collective-owned enterprise) …… (425)
　集体企业的设立(establishment of collective-owned enterprise) …… (425)
　集体企业的变更(alteration of collective-owned enterprise) …… (425)
　集体企业的终止(termination of collective-owned enterprise) …… (426)
　集体企业的职工代表大会(workers and staff representative assembly of collective-owned enterprise)
　…… (426)
　集体企业的厂长(factory director of collective-owned enterprise) …… (425)
　集体企业职工的权利(right of workers and staffs of collective-owned enterprise) …… (427)
　集体企业职工的义务(obligation of workers and staff of collective-owned enterprise) …… (427)
城镇集体所有制企业法(cities and towns collective ownership business law) …… (104)
　城镇集体所有制企业(cities and towns collective ownership business) …… (103)
　城镇集体所有制企业的权利(right of cities and towns collective ownership business) …… (103)
　城镇集体所有制企业的义务(obligation of cities and towns collective ownership business) …… (104)
乡村集体所有制企业法(village collective ownership business law) …… (1011)
　乡村集体所有制企业(village collective ownership business) …… (1010)
　乡村集体所有制企业的权利(right of village collective ownership business) …… (1010)
　乡村集体所有制企业的义务(obligation of village collective ownership business) …… (1010)

〔乡镇企业法〕
《乡镇企业法》(the Statute on the Town and Township Enterprises) …… (1012)
乡镇企业(town and township enterprises) …… (1011)
乡镇企业的权利(right of village and township enterprises) …… (1011)
　乡镇企业的税收优惠(the favorable tax revenue of village and township enterprises) …… (1012)

资金信贷的优惠(favorable capital credit) ………………………………………… (1258)
　　乡镇企业发展基金(the developing foundation of the village and township enterprises) …………… (1012)
　　乡镇企业的义务(the obligation of village and township enterprises) ……………… (1012)
　　乡镇企业职工的权利(right of staff members in village and township enterprises) …………… (1013)
　　乡镇企业职工的义务(the obligation of staff members in village and township enterprises) …………… (1013)

〔私营企业法〕
私营企业(private enterprises) ……………………………………………………… (897)
　私营企业的权利(rights of private enterprises) ………………………………… (897)
　私营企业的义务(obligations of private enterprises) …………………………… (897)
个体工商户(individual sole trader) ……………………………………………… (241)

〔公司法〕
公司法(company law, corporation law) ………………………………………… (258)
　日本公司法(Company Law of Japan) ………………………………………… (790)
公司(company, corporation) ……………………………………………………… (255)
　有限责任公司(limited company) …………………………………………… (1121)
　股份有限公司(limited company by shares) …………………………………… (267)
　本国公司(domestic company) ………………………………………………… (29)
　外国公司(foreign company) …………………………………………………… (950)
　跨国公司(transnational company) …………………………………………… (577)
　本公司(principal company) …………………………………………………… (29)
　分公司(branch corporation) …………………………………………………… (224)
　母公司(parent company) ……………………………………………………… (655)
　子公司(subsidiary) …………………………………………………………… (1264)
　国有独资公司(the national exclusive investment corporation) ……………… (326)
　一人公司(one-man company, one-member company) ……………………… (1081)
公司的设立(establishment of corporation) ……………………………………… (257)
公司章程(constitution of corporation) …………………………………………… (262)
出资(investment) ………………………………………………………………… (111)
公司资本(capital of corporation) ………………………………………………… (263)
公司股份(share of corporation) ………………………………………………… (260)
公司登记(company registration) ………………………………………………… (257)
　公司权利能力(company's capacity of civil) ………………………………… (260)
　　公司人格否认(denial of the corporate entity) …………………………… (261)
　公司行为能力(company's disposing capacity) ……………………………… (261)
公司治理结构(structure of corporate governance) ……………………………… (262)
公司股东(shareholder of company) ……………………………………………… (259)
　股东权(shareholder's right) ………………………………………………… (267)
董事(director) …………………………………………………………………… (154)
公司的合并(consolidation of company) ………………………………………… (256)
公司并购(merger and acquisition of company) ………………………………… (256)
公司的解散(dissolution of company) …………………………………………… (256)
公司的清算(liquidation of company) …………………………………………… (256)
公司的社会责任(social liability of company) …………………………………… (257)

〔合伙企业法〕

《合伙企业法》(Partnership Business Act) ……………………………………………………… (370)
合伙企业(enterprise of partnership) …………………………………………………………… (369)
　合伙协议(partnership contract) ……………………………………………………………… (372)
　合伙企业财产(property of partnership) …………………………………………………… (370)
　入伙(Join in partnership) …………………………………………………………………… (798)
　退伙(withdrawing from partnership) ……………………………………………………… (948)
　合伙企业解散(dissolution of partnership) ………………………………………………… (371)
　　合伙企业的清算(liquidation of partnership) …………………………………………… (370)
　合伙人的出资(investment of partner) ……………………………………………………… (372)
　合伙企业的收益(profit of partnership) …………………………………………………… (370)

〔个人独资企业法〕

《个人独资企业法》(Individual Funded Enterprise Act) ……………………………………… (237)
个人独资企业(individual funded enterprise) ………………………………………………… (235)
　个人独资企业的权利(rights of individual funded enterprise) …………………………… (236)
　个人独资企业的义务(obligations of individual funded enterprise) ……………………… (237)
　个人独资企业事务管理(administration of the business of individual funded enterprise) … (238)
　个人独资企业的设立(establishment of individual funded enterprise) …………………… (236)
　　个人独资企业分支机构(branch of individual funded enterprise) ……………………… (238)
　个人独资企业的解散(dissolution of individual funded enterprise) ……………………… (236)
　个人独资企业的清算(liquidation of individual funded enterprise) ……………………… (236)

〔中小企业法〕

中小企业促进法(law on the promotion of small and medium-sized enterprises) ………… (1227)
中小企业(small and medium-sized enterprises) ……………………………………………… (1226)
　高新技术中小企业(small and medium-sized new and high-tech enterprise) …………… (234)
　中小企业权益(rights and interests of small and medium-sized enterprises) …………… (1230)
　产业指导目录(industrial direction list) ……………………………………………………… (86)
　中小企业创业扶持制度(supporting system for the starting up of small and medium-sized
　　enterprises) ……………………………………………………………………………… (1227)
　中小企业的财政支持(public finance back up of small and medium-sized enterprises) … (1228)
　中小企业发展专项资金(special funds for small and medium sized enterprises development) … (1229)
　中小企业技术创新制度(technological innovation system of small and medium-sized enterprises) … (1230)
　中小企业信用制度(credit system of small and medium-sized enterprises) ……………… (1231)
　　中小企业互助担保机构(mutual aid guaranty institution of small and medium-sized enterprises) … (1229)
　　中小企业信用担保(credit guaranty system of small and medium-sized enterprises) … (1231)
　中小企业的自律性组织(autonomy organization of small and medium sized enterprises) … (1229)

〔外资企业法〕

《外资企业法》(Law on Foreign-Capital Enterprises) ………………………………………… (980)
外商投资企业(foreign-invested enterprises) …………………………………………………… (967)
　外资企业(wholly-owned foreign investment enterprises) ………………………………… (975)
　投资环境(investing environment) …………………………………………………………… (932)
　外资准入(foreign capital access) …………………………………………………………… (983)
　外商直接投资(foreign direct investment, 简写为 FDI) …………………………………… (970)
　外商间接投资(foreign indirect investment) ………………………………………………… (959)

外商投资方向（foreign-invested direction） ……………………………………………………（962）
建设—经营—转移（build-operate-transfer） ………………………………………………（471）
中外合作开采陆上和海洋石油资源（sino-foreign cooperative exploitation of continental
　　and offshore oilresources） ……………………………………………………………（1223）
融资租赁（financial leasing） …………………………………………………………………（798）
经营性租赁（operating leasing） ………………………………………………………………（556）
　涉外租赁合同（foreign-related leasing contract） …………………………………………（830）
三来一补（three types of process and compensation trade） …………………………………（799）
投资性公司（investing company） ……………………………………………………………（933）
产品出口企业（export-oriented enterprises） …………………………………………………（61）
先进技术企业（advanced technology enterprises） …………………………………………（1007）
投资基金（investing funds） …………………………………………………………………（932）
　契约型投资基金（contractual type investment funds） ……………………………………（770）
　封闭型投资基金（close type investment funds） ……………………………………………（227）
　境外中国产业投资基金（China industrial investing funds abroad） ………………………（564）
　境外投资基金的设立（establishment of abroad investing funds） …………………………（563）
外商投资成片开发土地（exploration of land by tract by foreign investor） …………………（960）
外资企业的设立（establishment of wholly-owned foreign investment enterprises） …………（979）
　外商投资股份有限公司的设立（the establishment of a list company limited
　　by shares by foreign businessman） ………………………………………………………（963）
　外商投资股份有限公司的上市（a company limited by shares makes public offer of shares）…（963）
　外商投资股份有限公司（a company limited by shares with foreign investment） …………（962）
外资企业法人资格（legal personality of wholly-owned foreign investment enterprises） ……（980）
外资企业的组织机构（organizational authority of wholly-owned foreign investment enterprises）…（980）
外资企业的注册资本（registered capital of wholly-owned foreign investment enterprises）…（979）
外资企业的出资（cash contributes by each party to wholly-owned foreign investment enterprises）…（976）
外资企业的用地（the ground used by wholly-owned foreign investment enterprises） ………（979）
外资企业的经营管理（business management of wholly-owned foreign investment enterprises） …（977）
外资企业的经营期限（management duration of wholly-owned foreign investment enterprises）…（978）
外资企业的终止（termination of wholly-owned foreign investment enterprises） ……………（979）
外资企业的清算（liquidation of wholly-owned foreign investment enterprises） ……………（978）
外资企业的分立、合并（discrete, merger of wholly-owned foreign investment enterprises）…（976）

〔中外合资经营企业法〕
《中外合资经营企业法》（Sino-Foreign Joint Ventures Act of China） ……………………（1218）
中外合资经营企业（sino-foreign joint ventures） ……………………………………………（1212）
引进技术（import technology） ………………………………………………………………（1094）
中外合资经营企业的设立（establishment of sino-foreign joint ventures） …………………（1215）
中外合资经营企业的注册资本（registered capital of sino-foreign joint ventures） …………（1217）
中外合资经营企业合营各方的出资（capital contribution of each party to the
　　sino-foreign joint venture） ………………………………………………………………（1218）
中外合资经营企业的组织形式（organizational forms of sino-foreign joint ventures） ……（1218）
中外合资经营企业的组织机构（institutional frame of sino-foreign joint ventures） ………（1217）
中外合资经营企业的用地（land-use by sino-foreign joint ventures） ………………………（1216）
中外合资经营企业的经营管理（business management of sino-foreign joint ventures） ……（1213）
中外合资经营企业的期限（duration of sino-foreign joint ventures） ………………………（1214）
中外合资经营企业的解散（dissolution of sino-foreign joint ventures） ……………………（1212）

中外合资经营企业的清算(liquidation of sino-foreign joint ventures) …………………… (1214)

〔中外合作经营企业法〕
中外合作经营企业(sino-foreign cooperative joint-venture) …………………………… (1220)
  中外合作企业的设立(establishment of sina-foreign cooperative joint-venture) ……… (1224)
  中外合作经营企业的组织形式(organizational form of sino-foreign cooperative joint-venture) …… (1223)
  中外合作经营企业的注册资本(registered capital of sino-foreign cooperative joint-venture) ………… (1222)
  中外合作经营企业的合作条件(cooperative condition of sino-foreign cooperative joint-venture) …… (1221)
  中外合作经营企业的组织机构(institutional frame of sino-foreign cooperative joint-venture) ……… (1222)
  中外合作经营企业的经营管理(operation and management of sino-foreign cooperative joint-venture)
  ………………………………………………………………………………………… (1221)
  中外合作经营企业回收投资(sino-foreign cooperative joint-venture investment reclamation) …… (1223)
  中外合作经营企业的期限(duration of sino-foreign cooperative joint-venture) ………… (1222)
  中外合作经营企业的解散(dissolution of sino-foreign cooperative joint-venture) ……… (1221)

〔企业法律行为〕
企业法律行为(legal act of enterprises) ……………………………………………………… (731)
  企业行为机制要素(essentials of enterprises' act mechanism) ……………………………… (764)
  国有企业行为(act of state-owned enterprise) ……………………………………………… (335)
  企业超范围经营行为(enterprises' act exceeding the registered scope of business) ……… (727)
  企业行政行为(administrative act of enterprises) …………………………………………… (765)
  企业经济行为(economic act of enterprises) ………………………………………………… (748)
  企业法律行为机制(mechanism of enterprises' legal act) ………………………………… (731)
    企业接受法律行为(enterprises' legal action of acceptance) ………………………… (746)
    企业协作法律行为(legal cooperative act of enterprises) …………………………… (763)

〔企业法律责任〕
企业法律责任(legal liability of enterprises) ………………………………………………… (732)
  企业民事责任(civil liability of enterprises) ………………………………………………… (751)
  企业行政责任(administrative liability of enterprise) ……………………………………… (765)
  企业刑事责任(criminal liability of enterprise) …………………………………………… (764)
  企业社会责任(social responsibility of enterprises) ………………………………………… (759)
企业管理人员的法律责任(legal liability of enterprise managers) ………………………… (734)
  董事、经理的责任(liability of directors and managers) ………………………………… (154)
  监事的责任(liability of supervisors) ………………………………………………………… (465)
  国有企业厂长的责任(liability of state-owned enterprise managers) ……………………… (334)
  企业财务人员的责任(liabilities of enterprise accounting personnel) …………………… (724)
  公司发起人的责任(liability of company promoter) ……………………………………… (258)
  股东的责任(liability of shareholders) ……………………………………………………… (266)

〔企业设存法律制度〕
企业设存法律制度(system of incorporation, modification and termination of enterprises) …… (756)
  企业设存的立法理念(legislative concept of enterprise incorporation) …………………… (755)
  企业成立(incorporation of enterprises) …………………………………………………… (728)
    企业设立制度(system of enterprise incorporation) ………………………………… (759)
    企业设立条件(conditions for the incorporation of enterprises) …………………… (758)

企业设立的审批(approval of enterprise incorporation) ……………………………… (757)
企业设立的登记(registration of enterprise incorporation) ……………………… (756)
　　企业设立登记的程序(procedure for registration of incorporation of enterprise) ……… (757)
企业变更制度(system of enterprise change) ……………………………………… (722)
　企业合并(merger of enterprise) ……………………………………………………… (740)
　企业分立(split of company) ………………………………………………………… (733)
企业注销制度(system of corporate cancellation) ………………………………… (767)
　企业解散(system of corporate dissolution) …………………………………………… (747)
　企业清算(system of corporate liquidation) …………………………………………… (754)
　企业破产(corporate bancruptcy) …………………………………………………… (753)

〔企业内部组织法律制度〕
企业内部组织法律制度(internal organic system of enterprise) ………………… (752)
　企业领导人(leaders of enterprise) ………………………………………………… (750)
　组织机构权限(authority system of organization) ………………………………… (1275)
　企业民主管理(system of democratic management of enterprises) ……………… (752)
　股东会(shareholders' meeting) …………………………………………………… (266)
　董事会(board of directors) ………………………………………………………… (155)
　　董事会的职权(functions and powers of a board of directors) …………………… (156)
　　独立董事制度(system of independent director) ……………………………… (157)
　监事会(board of supervisors) ……………………………………………………… (465)

〔企业资本法律制度〕
企业资本法律制度(legal system of enterprise capital) …………………………… (767)
企业资本(enterprise capital) …………………………………………………………… (767)
　企业资本权利(enterprises' right of capital) ………………………………………… (768)
企业资本运营的规制(regulation of enterprises' capital operation) ……………… (768)
　资本经营责任制(responsibility system of capital management) ………………… (1254)
企业资本制度基本原则(basic principles of enterprise capital system) ………… (769)
　法定资本制(system of legal capital) ………………………………………………… (186)
　授权资本制(system of authorized capital) ………………………………………… (855)
　折衷资本制(system of eclectic capital) …………………………………………… (1149)
出资人资格(capacity of capital contributors) ……………………………………… (113)
出资方式(manner of capital contribution) …………………………………………… (111)
出资期限(time limitation of capital contribution) …………………………………… (112)
出资比例(proportion of capital contributions) ……………………………………… (111)
资本注册(registration of capital) ……………………………………………………… (1254)
资本变更(capital modification) ……………………………………………………… (1253)
　增加资本(increase of capital) ……………………………………………………… (1140)
　减少资本(reduction of capital) ……………………………………………………… (467)
出资与股份转让(capital contributions and exchange of shares) ………………… (113)
　有限责任公司出资的转让(assignment of capital contributions of limited liability company) ………… (1121)
　股份有限公司股份的转让(transfer of shares of joint-stock limited company) ……………… (268)
　特定企业形式的出资转让(transfer of capital contributions of specific enterprises) ……… (910)

15

〔企业生产经营管理法律制度〕

企业生产经营管理法律制度(legal system of enterprise manufacturing and marketing management) ……… (760)
企业生产许可证制度(system of manufacturing license of enterprise) ……… (760)
企业计划管理制度(system of (enterprise) planning management) ……… (745)
定额管理制度(system of quota management) ……… (153)
企业标准化管理制度(system of enterprise standardization management) ……… (722)
计量管理制度(management system of metrology) ……… (440)
企业产品质量管理制度(management system of enterprise product quality) ……… (726)
企业采购制度(system of enterprise procurement) ……… (726)
企业销售制度(enterprise marketing system) ……… (762)
资金筹集制度(fund-raising system) ……… (1257)
固定资产管理制度(system of fixed assets management) ……… (270)
企业对外投资制度(system of foreign investment of enterprise) ……… (730)
财务报告与会计账册制度(system of financial reports and accounting books) ……… (49)
财务会计处理制度(financial and accounting handling system) ……… (50)
企业外汇管理制度(system of enterprises' foreign exchange control) ……… (762)
职工用工管理制度(system of employee management) ……… (1176)
工资和奖金分配制度(system of wage and award distribution) ……… (248)

〔经济活动法律制度〕

〔金融法〕

〔资金借贷法〕

储蓄存款(saving deposit) ……… (113)
 存单(deposit slip) ……… (117)
 利息税(interest tax) ……… (613)
 实名制(real name system) ……… (845)
 储蓄业务(saving business) ……… (114)
 单位存款(corporate saving) ……… (126)
 储蓄存款原则(principles of deposit) ……… (114)
 提前支取与挂失(forward draw and loss report) ……… (915)
 查询、冻结和扣划存款(inquiry, freeze and withholding) ……… (59)
 存款合同(deposit contract) ……… (118)
 存款法律责任(liability for deposit) ……… (117)
贷款(loan) ……… (125)
 贷款的种类(classification on loan) ……… (125)
 贷款管理制度(loan management system) ……… (126)
 不良贷款(bad loan) ……… (43)
 支付结算(payment settlement) ……… (1171)
信用卡(credit card) ……… (1045)
 信用卡的申领(credit card application) ……… (1046)
 信用卡的销户(account closure of credit card) ……… (1046)
 信用卡的现金存取(cash credit and debit on credit card) ……… (1046)
 信用卡持卡人的义务以及违反规定的法律责任(obligation and breach liability for credit card holder) ……… (1046)
托收承付(collection with acceptance) ……… (949)
委托收款(authorized collection) ……… (995)

信用证(Letter of Credit,L/C) ……………………………………………………………… (1047)
汇兑(exchange) ……………………………………………………………………………… (403)

〔现金管理法〕

现金使用范围(scope of cash usage) ……………………………………………………… (1008)
 库存现金(cash on hand) ………………………………………………………………… (577)
 现金收支(cash receipt and disbursement) ……………………………………………… (1009)
 坐支(expenditure) ………………………………………………………………………… (1280)
国家货币出入境限额管理制度(administration system on currency entry and exit) ……… (304)
残缺污损人民币兑换(exchange of the damaged or soiled Renminbi) …………………… (53)
禁止用复印机复印人民币(prohibition of counterfeiting RMB from copy machine) …… (502)
禁止在宣传品、出版物及有关商品上使用人民币、外币和国家债券图样(prohibition of use of designsof RMB, foreign currency and treasury bill on propaganda and publication and materials concerned) ……………………………………………………………………………… (502)
大额现金支付登记备案制度(registration and record system on large cash payment) …… (122)
大额现金支付管理(management of large cash payment) ………………………………… (122)
违反现金管理规定的法律责任(liability for breach of cash administration) ……………… (992)

〔金银管理法〕

《金银管理条例》(Regulation on Bullion Administration) ………………………………… (492)
金银收购制度(bullion procurement system) ……………………………………………… (494)
金银配售制度(bullion quota system) ……………………………………………………… (493)
金银经营单位审批(bullion business approval) …………………………………………… (493)
金银进出国境管理(administration on bullion entry and exit) …………………………… (493)
《白银进口管理暂行办法》(Pro tem Order on Silver Import) …………………………… (8)
金银管理体制改革(reform on bullion administration) …………………………………… (492)
金银管理法律责任(liabilities for breach of bullion regulation) ………………………… (491)
金银管理制度(bullion administration system) …………………………………………… (492)

〔金融机构法〕

金融机构(financial institution) …………………………………………………………… (485)
 银行(bank) ………………………………………………………………………………… (1091)
  商业银行(commercial bank) …………………………………………………………… (819)
   商业银行内部控制(internal control of commercial bank) ……………………… (820)
  政策性银行(policy bank) ……………………………………………………………… (1161)
  合作银行(cooperative bank) …………………………………………………………… (374)
  国有专业银行(state-owned professional bank) ……………………………………… (338)
  股份制银行(joint-stock bank) ………………………………………………………… (268)
  农村商业银行(rural commercial bank) ……………………………………………… (668)
   农村商业银行的设立(establishment of rural commercial bank) ………………… (669)
   农村商业银行的股权设置(setting up stockholder's equity of rural commercial bank) … (668)
   农村商业银行的组织机构(organization structure of rural commercial bank) …… (670)
   农村商业银行的经营管理(management of rural commercial bank) …………… (668)
   农村商业银行的机构变更与终止(alteration & termination of organizations of rural commercial bank) ……………………………………………………………………… (668)
  农村合作银行(rural cooperative bank) ……………………………………………… (664)
   农村合作银行的设立(establishment of rural cooperative bank) ………………… (666)

农村合作银行的股权设置(setting up stockholder's equity of rural cooperative bank) …… (665)
农村合作银行组织机构(organization structure of rural cooperative bank) …… (667)
农村合作银行的经营管理(management of rural cooperative bank) …… (665)
外资金融机构(financial institutions with foreign capital) …… (974)
　　中外合资银行(sino-foreign joint venture bank) …… (1220)
　　合资财务公司(joint venture finance company) …… (373)
　　外资银行(only-foreign capital bank) …… (981)
　　外国银行分行(branches of foreign bank) …… (951)
　　外资财务公司(only-foreign capital financial affairs company) …… (973)
　　外国金融机构驻华代表机构(representative of foreign financial institution in China) …… (950)
　　外资金融机构驻华代表机构管理(administration of representative offices of foreign capital financial institutions in China) …… (975)
非银行金融机构(non-bank financial institution) …… (219)
　　金融资产管理公司(management company of financial assets) …… (491)
　　财务公司(finance company) …… (50)
　　汽车金融公司(auto financing company) …… (769)
　　金融租赁公司(financial lease company) …… (491)
　　融资租赁公司(financing lease company) …… (798)
　　存款保险公司(deposit insurance corporation) …… (117)
　　银行控股公司(bank holding company) …… (1092)
　　金融控股公司(financial shareholding company) …… (487)
　　信托投资公司(trust and investment corporation) …… (1040)
　　金融集团(financial group) …… (487)
　　信用合作社(credit cooperative) …… (1044)
　　　城市信用社(urban credit cooperative) …… (100)
　　　农村信用社(rural credit cooperative) …… (673)

〔金融监管法〕
银监会(China Banking Regulatory Commission, CBRC) …… (1093)
金融许可证管理制度(administration institution on banking license) …… (490)
金融机构撤销(revoke of banking institution) …… (486)
汽车金融公司管理(administration on automobile financing corporation) …… (769)
金融机构衍生产品交易业务管理制度(administration institution on banking derivatives trade) …… (486)
　金融衍生产品交易(banking derivatives trade) …… (490)
　外资银行并表监管管理制度(consolidated supervision institution on foreign-funded bank) …… (981)
中央银行(central bank) …… (1232)
　货币政策委员会(committee of monetary policy) …… (411)
中国银行业协会(Chinese Bank Association) …… (1202)

〔价格法〕
《价格法》(Price Act) …… (453)
价格(price) …… (452)
　价格体系(price system) …… (459)
　服务价格(service price) …… (228)
经营者价格(sellers pricing) …… (557)
　经营者定价的原则(pricing principle of operators) …… (557)
政府定价(government price-fixing) …… (1167)

市场调节价(market regulatory price) …… (851)
政府指导价(government-directed price) …… (1171)
国家价格总水平调控制度(state adjustment system of generel price level) …… (304)
非常时期价格干预制度(intervention measure institution on price during emergency period) …… (217)
政府价格决策听证制度(hearing institution on price fixing by government) …… (1169)
 价格听证(Hearing of Witness in Price) …… (459)
 价格垄断行为规制(regulatory system on price monopoly) …… (457)
 价格违法行为举报制度(institution for report of acts of violation of the price law) …… (460)
 价格监测制度(price monitoring institution) …… (455)
  价格监测调查证管理(administration on investigation certificate of price monitoring) …… (455)
 价格管理法律制度(legal system of price management) …… (454)
  食盐价格管理(administration of salt price) …… (846)
  明码标价(Pricing Clearly) …… (655)
  操纵价格(manipulation of price) …… (53)
  哄抬价格(bidding up price) …… (377)
  价格欺诈(cheat in price) …… (458)
  限定差价率(definite price difference ratio) …… (1009)
  价格认证(price authentication) …… (458)
  规定限价(fixed price ceilings) …… (282)
  价格鉴证师(value appraiser) …… (457)
 价格监督检查(price supervision and inspection) …… (456)
 价格法律责任(legal liability of price) …… (454)

〔物质法〕

物资法律制度(materials law system) …… (1005)
物资法律关系(legal relations on materials) …… (1004)
物资采购制度(materials procurement) …… (1004)
 企业采购的程序(procedures for enterprise procurement) …… (724)
 企业采购的方式(manners of enterprise procurement) …… (725)
 比质比价采购制度(procurement system for quality and price comparison) …… (31)
 采购价格监督制度(system of procurement price supervision) …… (52)
 质量检验监督制度(supervision system of quality inspection) …… (1183)
 企业采购的法律责任(legal liability for enterprising procurement) …… (725)
政府采购制度(government procurement system) …… (1166)
 英国的政府采购制度(U. K. government procurement system) …… (1104)
 美国的政府采购制度(U. S. government procurement system) …… (640)
 新加坡的政府采购制度(Singapore government procurement) …… (1030)
 韩国政府采购制度(government procurement of South Korea) …… (364)
 我国的政府采购制度(government procurement in China) …… (997)
  《政府采购法》(Government Procurement Act of China) …… (1163)
  《国有工业企业物资采购管理暂行规定》(Interim Regulation on Procurement of State-owned Industrial Enterprise) …… (327)
  政府采购法的基本原则(basic principles of government procurement act) …… (1165)
  政府采购的当事人(parties of government procurement) …… (1161)
  政府采购的范围(scope of government procurement) …… (1163)
  政府采购模式(manners of government procurement) …… (1166)
  政府采购程序(procedures of government procurement) …… (1161)

公开招标采购(public bidding purchase) ………………………………………… (251)
邀请招标采购(inviting bidding purchase) ……………………………………… (1069)
竞争性谈判采购(competitive negotiating purchase) …………………………… (559)
询价采购(inquiry procurement) ………………………………………………… (1057)
单一来源采购(single procurement) ……………………………………………… (126)
政府采购监督制度(supervision system of government procurement) ………… (1165)
《政府采购协议》(Agreement of Government Procurement) ………………… (1166)
政府采购合同(government procurement contract) ……………………………… (1165)
政府采购的救济机制(remedy for government procurement) ………………… (1163)
政府采购的法律责任(legal liability for government procurement) …………… (1162)
香港特别行政区的政府采购制度(Hong Kong SAR government procurement) … (1015)
物资经营制度(materials management) ………………………………………… (1005)

〔招标投标法〕
《招标投标法》(The Tendering and Bidding Law) …………………………… (1149)
招标(invitation to bid) …………………………………………………………… (1146)
　招标代理机构(bidding agencies) ……………………………………………… (1147)
投标(Bidding) ……………………………………………………………………… (931)
开标(opening of bids) …………………………………………………………… (572)
评标(evaluation of bids) ………………………………………………………… (704)
中标(winning of bids) …………………………………………………………… (1185)

〔种子农用品法〕
种子法(seed law) ………………………………………………………………… (1234)
　品种的选育与审定制度(system of variety selection of plant and examination) … (703)
　种质资源保护制度(protection system for resources of germ plasm) ………… (1233)
　种子生产制度(seed production system) ……………………………………… (1235)
　种子经营制度(seed management system) …………………………………… (1235)
　种子检验、检疫制度(system for seed inspection and quarantine) ………… (1235)
　种子使用制度(system of seed usage) ………………………………………… (1235)
　种子质量监督制度(supervision system of seed quality) …………………… (1236)
化肥购销制度(fertilizer trading system) ………………………………………… (389)
化肥价格制度(system of fertilizer price) ……………………………………… (389)
化肥进口制度(system of import of fertilizer) ………………………………… (390)
救灾化肥储备制度(fertilizer reserve for contingence) ………………………… (568)
化肥优惠制度(system favor for fertilizer) ……………………………………… (391)
《农药管理条例》(Ordinance for Desticide Management) …………………… (675)
　农药登记制度(registration system of pesticide) ……………………………… (675)
　农药生产制度(system of pesticide production) ……………………………… (677)
　农药经营制度(pesticide management system) ……………………………… (676)
　农药使用制度(system of usage of pesticide) ………………………………… (677)
　农药违禁制度(system of infringement of pesticide) ………………………… (678)

〔房地产法〕
房地产法(laws of real estate) …………………………………………………… (204)
房地产管理法律制度(legal institutions of estate management) ……………… (207)
《城市房地产管理法》(the Urban Real Estate Administration Act) ………… (94)

房地产(real estate) ……………………………………………………………………………(204)
房地产业(real estate business) ……………………………………………………………(214)
房地产市场(real estate market) …………………………………………………………(213)
房产管理机构(institution of housing administration) …………………………………(203)
土地使用权划拨(allocation of right for use of land) …………………………………(942)
房地产所有权(real estate ownership) ……………………………………………………(213)
  建筑物区分所有权(part ownership of buildings) …………………………………(477)
  异产毗连房屋(different neighboring house) ……………………………………(1087)
房地产相邻权(neighboring right of real estate) ………………………………………(213)
城市房屋拆迁管理制度(the management institution of pulling-down and removal of the urban house)
  ………………………………………………………………………………………………(95)
城市房屋拆迁补偿安置(compensations and settlement for the urban house that were pulled down)
  ………………………………………………………………………………………………(94)
房地产开发(real estate exploitation) ……………………………………………………(210)
房地产开发企业(enterprises of real estate development and operation) ………………(211)
  房地产开发企业资质(qualification of enterprise of real estate development and operation) ……(212)
  房地产开发经营企业交费登记卡(Fee Registration Card for Enterprise of Real Estate
    Development and Operation) ……………………………………………………(211)
标定地价(the nominal land prices) ………………………………………………………(34)
房地产交易(real estate transaction) ……………………………………………………(209)
  房地产交易所(real estate exchanges) ……………………………………………(210)
  房产权属登记(registration of real estate ownership) ……………………………(203)
  基准地价(base land price) …………………………………………………………(420)
  房地产评估(real estate evaluation) ………………………………………………(213)
  房地产价格评估制度(system on real estate evaluation) …………………………(209)
  房地产成交价格申报制度(declaration regulation on price of real estate transaction) ……(204)
  房地产价格评估机构等级管理制度(classification administration system of the real
    estate appraiser institutions) ………………………………………………………(208)
  房地产估价师注册管理制度(registration administration system of Real Estate Appraiser) ……(206)
  房地产估价师执业资格(certified qualification of Real Estate Appraiser) ………(205)
房地产转让(transfer of real estate) ………………………………………………………(215)
  商品房(commercial housing) ………………………………………………………(814)
  房屋重置价格(Appraised prices of reconstruction of houses) ……………………(215)
  商品房预售(advance sale of commercial house) …………………………………(814)
  商品房预售合同(advance sale contract of commercial house) …………………(815)
  商品房现售(present sale of commercial house) …………………………………(814)
  房地产按揭(real estate mortgage) …………………………………………………(204)
  房地产信贷业务管理(administration of credit operations for urban real estate) …(213)
经济适用房(houses selling for the families that have income lower than the average) …(543)
房地产抵押(housing hypothecation) ……………………………………………………(204)
房屋租赁(housing lease) …………………………………………………………………(216)
  房屋租赁合同(leasing contract of houses) ………………………………………(216)
  房屋转租(houses subletting) ………………………………………………………(215)
房地产中介服务(intermediary service of real estate) …………………………………(214)
  房地产经纪人执业资格(certified qualification of Real Estate Broker) …………(210)
  房地产中介服务机构(organs of real estate intermediary) ………………………(215)
物业管理(realty management) …………………………………………………………(1004)

物业(realty) ………………………………………………………………… (1004)
　　业主(owner) ………………………………………………………………… (1075)
　　业主团体(owner group) …………………………………………………… (1076)
　　业主委员会(owner committee) …………………………………………… (1076)
　　业主公约(owner pledge) …………………………………………………… (1076)
　房地产费(real estate charges) ………………………………………………… (205)

〔证券法〕

《证券法》(Securities Law) ……………………………………………………… (1155)
证券市场(security market) ……………………………………………………… (1159)
　中国证券市场(Chinese security market) …………………………………… (1202)
证监会(China Securities Regulatory Commission, CSRC) …………………… (1153)
　发行审核委员会(issuance examination commission) ……………………… (184)
中国证券业协会(Securities Association of China) …………………………… (1203)
上市公司(listed company) ……………………………………………………… (820)
机构投资者(institutional investor) ……………………………………………… (416)
　合格境内机构投资者机制(Qualified Domestic Institutional Investors, QDII) …… (367)
　合格境外机构投资者机制(Qualified Foreign Institutional Investor, QFII) …… (368)
证券中介机构(securities intermediary) ………………………………………… (1160)
证券交易服务机构(securities exchange agency) ……………………………… (1157)
证券登记结算机构(securities registration and clearing institution) ………… (1154)
证券公司(securities company) ………………………………………………… (1157)
　外资参股证券公司(joint stock company) ………………………………… (973)
承销团(underwriting syndication) ……………………………………………… (92)
保荐人(sponsor) ………………………………………………………………… (12)
做市商(market maker) …………………………………………………………… (1280)
证券经纪人(securities broker) ………………………………………………… (1157)
网上证券经纪公司(Web Securities Agency) ………………………………… (987)
投资银行(investment bank) …………………………………………………… (934)
证券交易所(securities exchange) ……………………………………………… (1157)
证券期货投资咨询机构(consulting agencies for securities and futures investment) …… (1158)
证券投资基金(securities investment fund) …………………………………… (1160)
　基金发起人(fund promoter) ………………………………………………… (419)
　基金管理人(fund manager) ………………………………………………… (419)
　基金托管人(fund trustee) …………………………………………………… (420)
　基金份额持有人(fund holder) ……………………………………………… (419)
　外资参股基金管理公司(joint fund management company) ……………… (973)
　公司型基金(corporation-type fund) ………………………………………… (261)
　开放式基金(open-end fund) ………………………………………………… (573)
　封闭式基金(close-end fund) ………………………………………………… (227)
　社会保障基金(social security fund) ………………………………………… (824)
股票发行(stock issuing) ………………………………………………………… (269)
　股票(stock) …………………………………………………………………… (268)
　股票发行人(stock issuer) …………………………………………………… (269)
　持续信息公开(periodic disclosure of information) ………………………… (106)
债券发行(bond issuance) ……………………………………………………… (1144)
　债券(bond) …………………………………………………………………… (1144)

债券发行人(bond issuer) ·· (1145)
证券承销(securities consignment) ·· (1154)
证券信用交易(securcties credit exchange) ································· (1160)
证券期货交易(securities futures transaction) ····························· (1158)
证券期权交易(securities options transaction) ····························· (1159)
禁止交易行为(act of forbiding trade) ··· (501)
上市公司收购(acquisition of listed company) ···························· (820)
境外证券发行和上市(securities issued and listed in foreign exchange) ·· (564)
证券法律责任(securities legal liability) ······································ (1156)

〔期货法〕
期货法(futures regulation) ··· (706)
期货交易(futures trading) ··· (707)
　　商品期货(Commodity Futures) ·· (816)
期货交易法(futures trading law) ··· (709)
期货交易法律关系(legal relations of futures trading) ·················· (709)
期货合同(futures contract) ·· (706)
期货市场(futures market) ·· (717)
　期货市场禁入制度(prohibition to the access of to futures market) ·· (720)
期货交易主体(subject of futures trade) ······································· (712)
　期货交易所(futures exchanges) ·· (711)
　　期货交易所章程(articles of futures exchange) ······················· (712)
　　期货交易规则(futures trading rules) ····································· (710)
　　期货交易保证金制度(margins for futures trading) ················· (708)
　　期货交易所会员(futures exchange member) ··························· (711)
期货清算机构(futures clearing institution) ··································· (717)
期货结算制度(clear settlement system of futures trade) ················ (713)
期货经纪公司(futures intermediaries) ·· (714)
　期货经纪合同(futures brokerage contract) ································ (714)
　期货经济客户保证金(customer bond of futures transaction) ······· (716)
　期货经纪业务(futures customers business) ································ (715)
保证金退付危机的特别处理程序(special procedures for dealing with margin return crises) ·· (26)
期货市场风险(risk of futures market) ·· (718)
　期货市场风险的种类(classification of risk of futures markets) ··· (719)
　期货交易风险揭示说明书(promulgation statement of risks of futures trade) ·· (710)
　期货市场风险管理(management of risk of futures market) ········· (719)
　期货市场风险的法律控制(judicial control on risk of futures market) ·· (718)
期货市场监管(supervision of futures market) ······························· (720)
期货交易的法律责任(liability for futures trading) ······················· (708)
　期货欺诈(fraud on futures) ··· (716)
　期货缔约责任(liability for default of futures) ·························· (706)
　期货违约责任(liability for breach of futures) ··························· (721)
　交割违约责任(liability for breach of delivery) ························· (478)
　期货侵权责任(liability for infringement of futures) ·················· (717)

〔工业产权法〕
工业产权(industrial property right) ··· (247)

23

《保护工业产权巴黎公约》(Paris Convention for the Protection of Industrial Property) …… (11)
世界知识产权组织(World Intellectual Property Organization) …… (848)

〔专利法〕

专利法(patent law) …… (1244)
 专利自然权利论(theory on natural rights of patent) …… (1250)
 专利契约论(patent contract theory) …… (1246)
专利制度(patent system) …… (1250)
 专利(patent) …… (1242)
发明人与设计人(inventor and designer) …… (183)
 共同发明人、设计人(co-inventor and co-designer) …… (265)
 职务发明创造(service invention) …… (1177)
 非职务发明创造(non-service invention) …… (221)
先申请原则(the principle of prior application) …… (1007)
 专利申请日(date of patent application) …… (1249)
 优先权(priority) …… (1112)
 专利申请单一性原则(principle of single patent application) …… (1249)
 专利的合并申请(amalgamated application for patent) …… (1244)
 专利申请临时保护(temporary protection for patent's application) …… (1249)
 电子专利申请制度(electronic application system of patent) …… (151)
外观设计获得专利权的条件(requirements for patent of design) …… (950)
专利申请文件(documents of patent application) …… (1249)
专利国际申请(international patent application) …… (1245)
专利代理(patent agent) …… (1242)
 专利代理机构(patent agency) …… (1243)
 专利代理人的执业(practices of patent agents) …… (1244)
 专利代理惩戒制度(punishment system of patent agent) …… (1242)
早期公开,延迟审查制度(prior disclosure and examination later) …… (1139)
 形式审查(formal examination) …… (1053)
 实质审查(formal substantial examination) …… (846)
专利权的期限(duration of patent) …… (1248)
专利年费(annual fee for patent) …… (1246)
专利权(patent right) …… (1248)
 专利权的终止(the termination of patent) …… (1249)
 专利权的无效(the invalidity of patent) …… (1248)
专利的实施(implementation of patent) …… (1244)
 专利实施许可(permission of patent exploitation) …… (1249)
 首次销售(initial sale) …… (853)
 先用权(prioritized exercising right) …… (1007)
 临时过境(temporary transit) …… (622)
 善意实施(execute with good faith) …… (806)
专利权保护范围(scope of protection for patent) …… (1248)
 专利侵权(infringement on patent) …… (1246)
 专利侵权赔偿数额计算方法(calculating damages for patent's infringment) …… (1248)
 专利侵权纠纷的行政处理(administrative disposal on patent infringment) …… (1247)

专利纠纷的行政调解(administrative conciliation on patent dispute) …………………… (1246)
假冒他人专利和冒充专利行为的查处(check and punishment on act of passing off other's patent & forged patent) ……………………………………………………………… (461)
专利复审(re-examination of patent) ………………………………………………………… (1245)
专利复审委员会(Re-examination Committee for Patent) ………………………………… (1245)
专利无效宣告(adjudgment of patent nullification) ……………………………………… (1250)
国防专利(patent of national defense) ……………………………………………………… (282)
国防专利的授予制度(grant institution of patent of national defense) ………………… (284)
国防专利的实施(use of patent of national defense) …………………………………… (283)
国防专利的管理和保护(administration and protection of patent of national defense) … (283)
国防专利的转让(assignment of patent of national defense) ……………………………… (284)

〔商标法〕

《商标法》(Trademark Act) ……………………………………………………………… (808)
商标(trademark) …………………………………………………………………………… (806)
驰名商标(well-known trademark) ………………………………………………………… (105)
注册商标(registered trademark) ………………………………………………………… (1241)
商标的条件(requirement for a trademark) ……………………………………………… (807)
商标注册(trademark registration) ………………………………………………………… (811)
商标注册原则(principles for trademark registration) ………………………………… (813)
商标注册申请人条件(qualifications for a trademark registration applicant) ………… (812)
商标注册申请(application for trademark registration) ………………………………… (811)
商标注册申请的审查原则(principles for examination of application for trademark registration) …… (811)
商标注册申请日期的确定(determination of date of application for trademark registration) ……… (812)
商标注册优先权(priority of trademark registration) …………………………………… (812)
商标注册审查(examination of application for trademark registration) ……………… (812)
注册商标争议裁定(determination on disputes concerning registered trademark) ……………… (1241)
注册不当商标的撤销程序(revocation procedure of improperly registered trademarks) ………… (1238)
办理外国人商标注册的原则(principles on trademark registration of foreigners) …………… (9)
《商标国际注册马德里协定》(Madrid Agreement Concerning the Registration of International Trademarks) ……………………………………………………… (809)
商标权(trademark rights) ………………………………………………………………… (810)
商标权的效力范围(effective scope of registered trademark) ………………………… (811)
注册商标使用许可(permission of registered trademark use) ………………………… (1241)
商标注册人的义务(obligations of owner of registered trademark) …………………… (811)
商标权的消灭(termination of trademark rights) ……………………………………… (810)
认定驰名商标的参考因素(reference determinants for well-known trademarks) …………… (787)
驰名商标保护(well-known trademark protection) ……………………………………… (105)
驰名商标淡化行为(dilution of well-known trademark) ………………………………… (106)
商标侵权行为(infringements on trademark rights) …………………………………… (810)
商标侵权损害赔偿额的计算方法(methods of calculating damages for infringement on registered trademark) ……………………………………………………… (810)
假冒注册商标罪(crime of counterfeiting registered trade marks) ……………………… (463)
销售假冒注册商标的商品罪(crime of selling commodities bearing counterfeit trademarks) ……… (1026)
非法制造、销售非法制造的注册商标标识罪(Crime of Illegally Making and selling of Others' Registered Trademark) …………………………………………………… (218)
商标复审(trademark review) …………………………………………………………… (809)

商标评审委员会(Trademark Examination Committee) …… (809)
商号权(right of business name) …… (813)
商号(title business name) …… (813)
原产地名称(appellation of origin) …… (1132)
《原产地规则协议》(Agreement on Rules of Origin) …… (1132)
货源标记(indications of source) …… (413)
商业秘密(business secret) …… (819)
侵犯商业秘密(infringement of trade secrets) …… (773)
植物新品种(new variety of plant) …… (1181)
《植物新品种保护条例》(Regulations on the Protection of New Variety of Plants of China) …… (1181)
《国际植物新品种保护公约》(the International Convention for the Protection of New Variety of Plant) …… (298)
植物品种权(rights to new variety of plant) …… (1180)
品种权的保护期限、终止和无效(protection term, termination and invalidation of rights to new variety of plant) …… (704)
集成电路布图设计专用权(exclusive right for the use of design of integrated circuit) …… (422)
集成电路布图设计专用权的限制(limitations to exclusive right for the use of design of integrated circuit) …… (422)
美国商标法(Trademark Law of America) …… (649)
英国商标法(trademark law of the U.K.) …… (1106)
《德国商标法》(Trademark Law of Germany) …… (135)
法国商标法(trademark law of France) …… (189)
日本商标法(Trademark Law of Japan) …… (795)
《俄罗斯商品商标、服务商标和商品原产地名称法》(Russian Law of Commodity Trademark, Service Trademark and Appellations of Origin) …… (181)

〔票据法〕

《票据法》(Law of P.R.C on Negotiable Instrument) …… (698)
票据(negotiable instruments) …… (697)
票据关系(relations of negotiable instruments) …… (699)
票据基础关系(basic relations of a negotiable instrument) …… (700)
票据权利(rights on a negotiable instrument) …… (700)
利益返还请求权(claim for repayment) …… (613)
对价(consideration) …… (159)
票据当事人(parties of negotiable instruments) …… (698)
前手(remote holder) …… (771)
后手(subsequent holder) …… (387)
票据行为(acts on negotiable instruments) …… (701)
票据活动(instruments activities) …… (700)
出票(issue a bill) …… (110)
背书(endorsement) …… (27)
转让背书(endorsement for transfer) …… (1252)
非转让背书(non-negotiable endorsement) …… (221)
背书连续(successive endorsement) …… (27)
承兑(acceptance) …… (92)
承兑的款式(form of acceptance) …… (92)
参加承兑(acceptance for honor) …… (52)

保证(guaranty) …………………………………………………………………………………… (26)
　　　　保证的款式(form of guaranty) …………………………………………………………… (26)
　　　　保证的效力(effect of guaranty) …………………………………………………………… (26)
　　保付(certificated guarantee payment) ………………………………………………………… (11)
　　《支付结算办法》(Measures for Payment and Balance of an Account) ………………… (1172)
　　付款(Payment) ………………………………………………………………………………… (229)
　　　　参加付款(payment by intervention) ……………………………………………………… (52)
　　　　见票(on presentation) …………………………………………………………………… (469)
　　　　划线(cross) ………………………………………………………………………………… (392)
　　票据涂销(obliteration of a negotiable instrument) ………………………………………… (701)
　　票据变更(modification of a negotiable instrument) ………………………………………… (697)
　　票据抗辩(defenses of negotiable instrument) ……………………………………………… (700)
　　　　票据抗辩限制(limitation on defenses of negotiable instrument) ……………………… (700)
　　票据瑕疵(defects on a negotiable instrument) ……………………………………………… (701)
　　　　票据伪造(forgery of a negotiable instrument) ………………………………………… (701)
　　　　票据变造(alteration of a negotiable instrument) ……………………………………… (698)
　　　　票据丧失(loss of a negotiable instrument) …………………………………………… (701)
　　　　票据补救(remedies for loss of a negotiable instrument) ……………………………… (698)
　　　　空白票据(blank negotiable instruments) ……………………………………………… (576)
　　挂失止付(loss report of bills and payment stop) …………………………………………… (272)
　　公示催告程序(Procedure of Public Summons for Exhortation) …………………………… (255)
　　《发票管理办法》(Provisions Governing Receipts) ………………………………………… (183)
　　票据责任(liabilities for a negotiable instrument) …………………………………………… (702)
　　票据法律责任(liability for negotiable instruments) ………………………………………… (699)
　　票据诉讼(action on a negotiable instrument) ……………………………………………… (701)
　　　　票据时效(prescription of negotiable instruments) …………………………………… (701)
　　法国票据法(negotiable instrument law of France) ………………………………………… (188)
　　德国票据法(German negotiable instrument law) …………………………………………… (134)
　　英美法系票据法(anglo-american negotiable instrument law system) …………………… (1108)
　　汇票(bills of exchange) ……………………………………………………………………… (404)
　　　　汇票出票(issue of bills of exchange) …………………………………………………… (405)
　　　　汇票承兑的程序(the procedure of acceptance) ……………………………………… (405)
　　　　　　承兑的效力(the effects of acceptance) …………………………………………… (92)
　　　　汇票保证(guaranty) ……………………………………………………………………… (405)
　　　　汇票的到期日(maturity of bills of exchange) ………………………………………… (406)
　　　　汇票付款(payment of bills of exchange) ……………………………………………… (406)
　　　　　　汇票付款的程序(procedure of payment of bills of exchange) ………………… (406)
　　　　汇票的追索权(recourse on bills of exchange) ………………………………………… (406)
　　　　　　汇票追索权的主体(subjects of recourse on bills of exchange) ………………… (408)
　　　　　　汇票追索权的客体(objects of recourse on bills of exchange) ………………… (407)
　　　　　　汇票追索权的行使要件(requirement of performance of recourse on bills of exchange) …… (407)
　　　　　　汇票追索权行使的效力(effects of performance of recourse on bills of exchange) …… (408)
　　　　汇票的复本(parts of a set of bills of exchange) ……………………………………… (406)
　　　　汇票的誊本(copies of bills of exchange) ……………………………………………… (406)
　　本票(promissory notes) ……………………………………………………………………… (30)
　　　　本票的出票(issue of promissory notes) ………………………………………………… (30)
　　　　　　本票出票的款式(the form of issue of promissory notes) ………………………… (30)

  本票出票的效力(the effect of issue of promissory notes) ……………………………… (30)
  本票的付款(payment of promissory notes) …………………………………………… (31)
  本票准用汇票的制度(institutions of applications for bills of exchange to promissory notes) ……… (31)
 支票(checks) ……………………………………………………………………………… (1172)
  支票的出票(issuance of checks) ……………………………………………………… (1173)
   支票出票的款式(forms of issuance of checks) …………………………………… (1172)
   支票出票的效力(validity of issuance of checks) ………………………………… (1172)
  支票的资金关系(capital relations on checks) ………………………………………… (1173)
   支票付款(payment of checks) ……………………………………………………… (1173)
  支票准用汇票(applications for bills of exchange to checks) ……………………… (1173)
 涉外票据(negotiable instruments involving foreign elements) ………………………… (830)
  涉外票据的法律适用(application of law to negotiable instruments involving foreign elements) ……… (830)
  《日内瓦汇票和本票统一法公约》(Uniform Treaty on Bills of Exchange and
   Promissory Notes, Geneva) …………………………………………………………… (797)
  《日内瓦支票统一法公约》(Cheques Convention on the Unification of the Law relating to
   Cheques, Geneva) …………………………………………………………………… (798)
  《联合国国际汇票和国际本票公约》(United Nations Convention on International Bills of Exchange
   and International Promissory Notes) ………………………………………………… (615)

〔保险法〕
保险法(insurance law) ……………………………………………………………………… (15)
风险管理(risk management) ……………………………………………………………… (227)
 险种(risks) …………………………………………………………………………… (1008)
 商业保险(commercial insurance) …………………………………………………… (818)
 社会保险(social insurance) ………………………………………………………… (823)
 财产保险(property insurance) ………………………………………………………… (48)
 人身保险(life insurance) ……………………………………………………………… (786)
 中间性保险(inter-mediate insurance) ……………………………………………… (1209)
 损害保险(indemnity insurance) ……………………………………………………… (898)
 定额保险(sum insurance) …………………………………………………………… (153)
 自愿保险(voluntary insurance) ……………………………………………………… (1269)
 强制保险(compulsory insurance) …………………………………………………… (771)
 再保险(reinsurance) ………………………………………………………………… (1137)
 共同保险(co-insurance) ……………………………………………………………… (265)
保险最大诚信原则(principle of the utmost good faith) ………………………………… (22)
保险利益原则(principle of insurable interest) …………………………………………… (19)
保险近因原则(principle of proximity) …………………………………………………… (18)
保险损失补偿原则(principle of indemnity) ……………………………………………… (20)
保险合同(insurance contract) ……………………………………………………………… (17)
 保险人(insurer) ………………………………………………………………………… (19)
 投保人(applicant) …………………………………………………………………… (931)
 被保险人(the insured) ………………………………………………………………… (28)
 受益人(beneficiary) ………………………………………………………………… (854)
 保险标的(the subject-matter of insurance) …………………………………………… (14)
 保险金额(insured amount) …………………………………………………………… (18)
 保险责任范围(insurance coverage) ………………………………………………… (21)
 保险事故(the insured event) ………………………………………………………… (20)

保险凭证(insurance certificate) ………………………………………………………… (19)
　　投保单(proposal form) ……………………………………………………………… (930)
　　保险单(insurance policy) …………………………………………………………… (15)
　　暂保单(binding slip binder) ………………………………………………………… (1139)
　保险合同的解除(rescission of an insurance contract) …………………………………… (17)
　保险单的转让(assignment of policy) ……………………………………………………… (15)
投保人义务(duty of the insured) …………………………………………………………… (931)
　保险费(premium) …………………………………………………………………………… (16)
　投保人缔约时如实告知义务(duty of disclosure) …………………………………………… (931)
　保险事故发生之通知义务(notice of loss) ………………………………………………… (20)
　危险增加之通知义务(notice of the increased risk) ……………………………………… (988)
保险人义务(duty of insurer) ………………………………………………………………… (20)
　缔约时条款内容说明义务(duty of explanation of treaty clause when formed) ……… (143)
　不利法律效果通知义务(notice of harming legal effect) ………………………………… (43)
　危险负担义务(duty to bear risk) ………………………………………………………… (988)
　保险金给付义务(duty to pay insurance benefits) ……………………………………… (18)
保险索赔(claim) ……………………………………………………………………………… (20)
财产保险合同(contract of property insurance) …………………………………………… (48)
　保险价值(value of the subject-matter of insurance) …………………………………… (18)
　定值保险(valued policy) …………………………………………………………………… (153)
　不定值保险(unvalued policy) ……………………………………………………………… (42)
　不足额保险(under insurance) …………………………………………………………… (45)
　超额保险(over insurance) ………………………………………………………………… (88)
　重复保险(double insurance) ……………………………………………………………… (108)
　保险代位(subrogation) …………………………………………………………………… (14)
　　保险代位权(right of subrogation) ……………………………………………………… (15)
　委付(abandonment) ……………………………………………………………………… (994)
人身保险合同(contract of life insurance) …………………………………………………… (786)
　人身保险合同的停效(suspension of contract of life insurance) ……………………… (786)
　人身保险合同的复效(reinstatement of contract of life insurance) …………………… (786)
　保险单现金价值(cash value of policy) …………………………………………………… (15)
　保险单的质押(pledge of policy) …………………………………………………………… (15)
　不可抗辩条款规则(incontestability rule) ………………………………………………… (42)
保险合同的解释(interpretation of insurance contract) …………………………………… (18)
　通常文义解释规则(common meaning rule) ……………………………………………… (921)
　疑义不利解释规则(contra proferentem rule) …………………………………………… (1087)
　合理期待解释规则(reasonable expectation rule) ……………………………………… (372)
保险组织(insurance organization) ………………………………………………………… (22)
保险经营规则(rules on governing insurance business) ………………………………… (19)
　分业经营规则(rules of engaging in separate business) ………………………………… (226)
　保险公司偿付能力规则(regulation concerning solvency of insurance company) …… (16)
　法定最低偿付能力(legal minimum solvency) …………………………………………… (186)
　保险责任准备金(reserve fund for insurance liability) ………………………………… (21)
　　保险保障基金(the insurance protection fund) ……………………………………… (14)
　　保险保证金(warranty money of insurance) ………………………………………… (14)
　保险资金的运用规则(rules on governing the employment of funds of an insurance company) ……… (22)
保监会(China Insurance Regulatory Commission,CIRC) ………………………………… (12)

29

中国保险行业协会(Insurance Association of China) …… (1186)
保险公司(insurance company) …… (16)
　相互保险组织(mutual insurance society) …… (1014)
　个人保险组织(individual insurance society) …… (235)
　再保险公司(reinsurance company) …… (1137)
　外资保险公司(only-foreign capital insurance company) …… (972)
　　外资保险公司的设立(establishment of only-foreign capital insurance company) …… (972)
保险经纪人(insurance broker) …… (18)
保险中介人(insurance intermediator) …… (22)
　保险代理人(insurance agent) …… (14)
　保险公估人(insurance appraiser) …… (16)

〔信托法〕

《信托法》(Trust Law of the People's Republic of China) …… (1039)
信托(trust) …… (1036)
　资金信托(fund trust) …… (1258)
　公益信托(trust for public welfare) …… (263)
　遗嘱信托(testamentary trust) …… (1086)
信托财产(trust property) …… (1037)
信托设立(establishment of a trust) …… (1039)
　无效信托(void trust) …… (1002)
　可撤销信托(revocable trust) …… (575)
　信托变更(change of trust) …… (1037)
　信托终止(termination of trust) …… (1042)
信托当事人(parties to a trust) …… (1038)
英国信托业(trust in the U.K.) …… (1106)
美国信托业(trust in US) …… (650)
加拿大信托业(trust in Canada) …… (451)
日本信托业(trust in Japan) …… (796)
《关于信托的准据法与承认信托的公约》(Convention on the Law Applicable to Trusts and Their Recognition) …… (276)

〔劳动法〕

劳动法(Labor Law) …… (598)
劳动关系(employment relation) …… (599)
劳动就业(employment) …… (604)
劳动合同(employment contract) …… (600)
　劳动合同条款(employment contract clauses) …… (603)
　劳动合同变更(modification of employment contract) …… (601)
　劳动合同解除(dissolution of employment contract) …… (601)
　劳动合同期限(allotted time of employment contract) …… (602)
　解除劳动合同经济补偿(economic compensation for dissolution of employment contract) …… (482)
　劳动合同终止(termination of employment contract) …… (603)
　违反劳动合同的责任(legal liabilities for breach of employment contract) …… (990)
集体合同(collective contract) …… (423)
　集体协商(collective negotiation) …… (428)
　集体协商代表(representative of collective negotiation) …… (429)

工作时间(work time) ……(249)
休息休假(rest and vacation) ……(1053)
工资(wage) ……(247)
　　最低工资保障制度(minimum wage guarrantee system) ……(1277)
劳动安全卫生(work safety and sanitation) ……(595)
　　职业病(vocational disease) ……(1177)
女职工特殊保护(particular regulations for the protection of women workers) ……(687)
未成年工特殊保护(particular regulations of safety and sanitation of minor employees) ……(995)
职业培训(vocational training) ……(1179)
　　劳动预备培训(preemployment training) ……(607)
　　技工学校培训(technical school training) ……(446)
　　在职培训(in-service training) ……(1139)
　　再就业培训(reemployment training) ……(1137)
　　就业准入培训(employment access training) ……(568)
职业技能鉴定(vocational skills certification) ……(1178)
　　职业技能鉴定机构(institution of vocational skills certification) ……(1178)
　　职业资格证书制度(vocational qualification system) ……(1180)
劳动争议(employment dispute) ……(608)
　　劳动争议处理机构(institution of resolution of employment dispute) ……(609)
　　劳动争议调解(intercession of employment dispute) ……(609)
　　劳动争议仲裁(arbitration of employment dispute) ……(609)
　　劳动诉讼(litigation of employment dispute) ……(606)
　　劳动保障监察(supervision of labor protection) ……(596)
　　劳动保障监察处罚(penalty for supervision of labor protection) ……(597)
国际劳工公约(International Labour Convention) ……(291)
国际劳工组织(International Labour Organization) ……(292)

〔社会保障法〕

社会保障法(social security law) ……(823)
　社会保障法的基本原则(basic principle of social security law) ……(824)
社会福利(social welfare) ……(824)
社会保障(social security) ……(823)
　社会救济(social relief) ……(826)
　社会优抚(social special care) ……(828)
　城市居民最低生活保障制度(security of the essential living conditions for urban dwellers) ……(99)
　工伤保险(industrial injury insurance) ……(243)
　疾病保险(disease insurance) ……(421)
　死亡保险(death insurance) ……(897)
　　定期死亡保险(term life insurance) ……(153)
　　生死两全保险(life and death two whole insurance) ……(839)
　　　死亡保险金(death premium) ……(898)
　　终身人寿保险(perpetual life insurance) ……(1233)
　医疗保险法(law of medical insurance) ……(1082)
　　医疗保险(health insurance) ……(1081)
　　医疗保险法的基本原则(basic principles of medical insurance law) ……(1082)
　　医疗保险法律关系(legal relation of medical insurance) ……(1083)
　　医疗保险合同(medical insurance contract) ……(1084)

医疗保险法律责任(legal liabilities of medical insurance) ……………………………… (1083)
失业保险(unemployment insurance) ……………………………………………………… (840)
　失业(unemployment) ……………………………………………………………………… (840)
　自愿失业(unconstrained unemployment) …………………………………………… (1269)
　非自愿失业(unvoluntary unemployment) …………………………………………… (222)
　失业保险基金(funds for unemployment insurance) ……………………………… (841)
　失业保险基金的来源(sources of funds for unemployment insurance) ………… (842)
　失业保险基金的使用及监管(use, management and supervison of unemployment insurance funds)
　　…………………………………………………………………………………………… (842)
　失业保险待遇的资格条件(qualification for treatment of unemployment insurance) …… (841)
　失业保险金的申请(application for unemployment insurance funds) …………… (842)
　失业保险待遇的发放(reimbursement of treatment of unemployment insurance) …… (841)
生育保险(birth insurance) ………………………………………………………………… (839)
　生育保险的内容(content of birth insurance) ……………………………………… (839)
　生育保险基金(funds for birth insurance) …………………………………………… (840)
基本养老保险制度(basic endowment insurance system) ……………………………… (418)
　养老保险(insurance for the aged) …………………………………………………… (1067)
　个人储蓄性养老保险(endowment insurance by individual deposit) ……………… (235)
　社会统筹和个人账户相结合的基本养老保险制度(the basic endowment insurance system that
　　combined with social plan as a whole and personal account) ………………… (827)
　退休费用社会统筹(social plan as a whole for the retire expenses) …………… (948)
　基本养老金(basic old age pension) ………………………………………………… (418)
　养老金负债(old age pension liabilities) …………………………………………… (1068)
　养老金会计处理(accountancy handles for pension) ……………………………… (1068)

〔经济竞争法律制度〕
　〔公平竞争法〕
竞争法(competition law) ………………………………………………………………… (558)
　竞争(competition) ………………………………………………………………………… (558)
　　市场竞争基本原则(fundamental principle of market competition) …………… (849)
　　宏观竞争(macroscopic competition) ……………………………………………… (378)
　　微观竞争(the microscopic competition) ………………………………………… (989)
　　正当竞争(fair competition) ………………………………………………………… (1153)
　　有效竞争(effective competition) …………………………………………………… (1121)
　　规制性竞争(the regular competition) ……………………………………………… (282)
　　矫正性竞争法律规范(the remedial competition) ………………………………… (479)
竞争法的立法模式(the legislative form of competition law) ………………………… (559)
台湾《公平交易法》(Square Deal Law of Taiwan) …………………………………… (902)
竞争法的宗旨(tenet of competition law) ………………………………………………… (559)
竞争政策(competition policy) ……………………………………………………………… (560)

　〔反不正当竞争法〕
反不正当竞争法(law against unfair competition) ……………………………………… (193)
　反不正当竞争法律制度(anti-unfair competition legal system) ……………………… (195)
　　反不正当竞争法的一般条款(general clauses of law against unfair competition) …… (194)
　不正当竞争行为(acts of unfair competition) ………………………………………… (44)
　限制竞争行为(acts of restraints) ……………………………………………………… (1010)

仿冒(counterfeit) …………………………………………………………………………… (216)
商业贿赂(commercial bribery) ………………………………………………………… (818)
　商业受贿(the commercial bribery) ………………………………………………… (819)
　　回扣(brokerage) ………………………………………………………………… (403)
　　折扣(discount) ………………………………………………………………… (1149)
　　佣金(commission) ……………………………………………………………… (1111)
虚假广告(false advertising) ……………………………………………………………… (1055)
侵犯商业秘密罪(Crime of Infringement on Business Secrets) ……………………… (773)
　技术信息(the technology information) ……………………………………………… (448)
低价倾销行为(acts of low-price dumping) ……………………………………………… (138)
掠夺性定价(predatory pricing) …………………………………………………………… (630)
超高定价(excessive pricing) ……………………………………………………………… (88)
限制转售价格(resale price maintenance) ……………………………………………… (1010)
搭售(tie-in sale) …………………………………………………………………………… (120)
强制交易(compulsory deal) ……………………………………………………………… (771)
直销(direct sale) …………………………………………………………………………… (1175)
传销(non-store selling) …………………………………………………………………… (115)
有奖销售(lottery-attached sale) ………………………………………………………… (1120)
　不正当有奖销售行为(unfair selling with prize to buyer) ………………………… (44)
　附赠(the additional present) ………………………………………………………… (230)
诋毁竞争对手(defamation of competitors) ……………………………………………… (138)
串通招标投标行为(colluding bidding behavior) ……………………………………… (115)
虚假标示行为(fake mark conduct) ……………………………………………………… (1054)
滥用政府权力限制竞争行为(the behavior of abuse government authority to limit competition) ……… (595)
　超经济强制交易行为(the behavior of over-economy to compel exchange) ……… (88)
　地区封锁行为(behavior of regional blockades) …………………………………… (140)
公用企业限制竞争的行为(behaviors of forbidding competition by public enterprises) ……… (264)
　公用事业(public utilities) ……………………………………………………………… (264)
不正当亏本销售(selling one's hen on a rainy day) …………………………………… (44)
搭便车行为(free riding) ………………………………………………………………… (120)
市场混淆行为(the behavior of market confusion) …………………………………… (848)
　知名商品(well-known goods) ………………………………………………………… (1174)
商业混同行为(business combination behavior) ……………………………………… (819)
　假冒他人注册商标行为(infringement behavior of use of trade mark in the name of others) ……… (461)
　仿冒知名商品特有的名称、包装、装潢的行为(the behavior of faking the name, packaging
　　and upholsterring of well-known marks) …………………………………………… (216)
　擅自使用他人企业名称或姓名不正当竞争行为(behavior of unfair competition by using the
　　name of other company or name of other people) ……………………………… (806)
　欺骗性质量标示行为(fraudulent behavior in regard to label of quality) ……… (721)
　伪造或冒用质量标志的行为(the behavior of faking or false-using quality mark) ……… (994)
　伪造产地(counterfeit provenance) …………………………………………………… (994)
　商标淡化(trademark dilution) ………………………………………………………… (807)
　知名人物商品化权利(character merchandising right) …………………………… (1173)
　依模样模仿行为(copying according to appearance) ……………………………… (1086)
虚假宣传(the false advertising) ………………………………………………………… (1055)
　引人误解的宣传(the advertising to lead misunderstanding) …………………… (1095)

引人误解的虚假宣传行为(the behavior of false advertising to lead misunderstanding) …………(1095)
　　对商品质量作引人误解的虚假表示(false expression leading misunderstanding on product quality)
　　　………………………………………………………………………………………………………(160)
　　商业诋毁(commercial slander) ……………………………………………………………………(818)
　　诱饵广告(bait and switch advertisement) ………………………………………………………(1122)
　　荐证广告(the recommended advertisement) ………………………………………………………(477)
　　比较广告(the comparative advertisement) …………………………………………………………(31)
　　对比广告(comparative advertising) ………………………………………………………………(159)
　　攀附性广告(play-up advertisement) ………………………………………………………………(696)
　　质次价高、滥收费用及违法所得认定(identification on "over pricing good", "abusively pricing"
　　　and "illegal income") …………………………………………………………………………(1183)
　　德国《反不正当竞争法》(Anti-unfair Competition Law of Germany) ……………………………(130)
　　法国公平交易法(fair trading law of France) ……………………………………………………(187)
　　欧共体竞争法中的国家援助(national aid in EU competition law) ………………………………(689)

〔反垄断法〕

　　反垄断法(antitrust laws) ……………………………………………………………………………(195)
　　反垄断法律制度(antimonopoly law system) ………………………………………………………(196)
　　反垄断法适用除外(exceptions to antitrust law) …………………………………………………(196)
　　垄断(monopoly) ……………………………………………………………………………………(624)
　　　行业垄断(the industry monopoly) ………………………………………………………………(365)
　　　垄断组织(monopoly organizations) ………………………………………………………………(625)
　　　垄断结构(monopoly structure) ……………………………………………………………………(624)
　　　关联企业(correlative enterprises) ………………………………………………………………(272)
　　　托拉斯(trust) ………………………………………………………………………………………(949)
　　　卡特尔(cartel) ………………………………………………………………………………………(572)
　　　　条件卡特尔(condition cartel) …………………………………………………………………(915)
　　　　折扣卡特尔(discount cartel) ……………………………………………………………………(1149)
　　　　结构危机卡特尔(cartel against structural crisis) ……………………………………………(481)
　　　　合理化卡特尔(reasonable cartel) ………………………………………………………………(372)
　　　　专业化卡特尔(specialized cartel) ………………………………………………………………(1251)
　　　　中小企业合作卡特尔(cooperative cartel of small and medium sized enterprises) …………(1229)
　　　　出口卡特尔(export cartel) ………………………………………………………………………(108)
　　　　进口卡特尔(import cartel) ………………………………………………………………………(499)
　　　　数量卡特尔(quantity cartel) ……………………………………………………………………(856)
　　　　地域卡特尔(territory cartel) ……………………………………………………………………(141)
　　　　价格卡特尔(price cartel) ………………………………………………………………………(457)
　　反垄断法域外适用(application of extraterritoriality of antitrust law) ………………………(196)
　　本身违法原则(per se rule) …………………………………………………………………………(31)
　　合理原则(rule of reason) …………………………………………………………………………(373)
　　企业合并控制(control of enterprise merger) ……………………………………………………(743)
　　　企业合并控制的实体标准(the substantial standard of control of enterprise merger) ………(744)
　　　企业合并的豁免事由(matters and reasons for exemption of merger of enterprise) …………(742)
　　　企业合并的事先申报制度(system of declaration beforehand in regard to merger of enterprise) ………(742)
　　　横向合并(horizontal merger) ……………………………………………………………………(376)
　　　纵向合并(vertical mergers) ………………………………………………………………………(1272)

混合合并(conglomerate mergers) ………………………………………………………………… (409)
　　合并(merger) ………………………………………………………………………………………… (366)
　　收购(acquisition) …………………………………………………………………………………… (853)
　　兼并(merger) ………………………………………………………………………………………… (464)
　滥用市场支配地位(abuse of market domination status) ……………………………………………… (594)
　　市场支配地位(dominant market status) ………………………………………………………… (851)
　行政垄断(government-created monopoly) ………………………………………………………… (1048)
　自然垄断(natural monopoly) ……………………………………………………………………… (1264)
　集体垄断(collective monopoly) …………………………………………………………………… (424)
　联合限制竞争行为(united behavior of anti-competition) ……………………………………………… (616)
　　纵向限制竞争协议(vertical competition restraint agreement) ……………………………… (1273)
　　纵向价格约束(vertical price restraint) ………………………………………………………… (1272)
　　价格推荐(recommendation of price) …………………………………………………………… (460)
　　纵向非价格约束(vertical nonprice restraint) ………………………………………………… (1271)
　划分市场(market allocations) ……………………………………………………………………… (392)
　　相关市场(relevant market) ……………………………………………………………………… (1013)
　抵制(boycott) ………………………………………………………………………………………… (139)
　联合抵制(boycotts) ………………………………………………………………………………… (615)
　价格歧视(price discrimination) …………………………………………………………………… (458)
　差别待遇(discrimination) ……………………………………………………………………………… (60)
　　行业价格自律(self discipline of price of industry) ……………………………………………… (365)
　市场集中度(degree of market concentration) …………………………………………………… (849)
　潜在市场进入(entry into potential market) ……………………………………………………… (771)
　基础设施理论(doctrine of essential facilities) …………………………………………………… (419)
　　独家交易协议(exclusive dealing agreements) ………………………………………………… (157)
　　特许经营协议(franchising agreements) ………………………………………………………… (912)
　附条件交易(conditional deal) ……………………………………………………………………… (230)
　滥用监督(abuse of supervision) ……………………………………………………………………… (594)
　技术标准(technic standards) ………………………………………………………………………… (446)
　三倍损害赔偿之诉(action for indemnity of three times the loss) ………………………………… (799)
　反垄断执法机构(enforcement authority for antimonopoly law) ………………………………… (197)
　国际反垄断法(international antitrust law) ………………………………………………………… (286)
　欧共体竞争法(competition law of EU) …………………………………………………………… (689)
　德国《反对限制竞争法》(Law Against Competition Restraint of Germany) ……………………… (130)
　美国反托拉斯法(antitrust law of America) ………………………………………………………… (641)
　　谢尔曼法(Sherman Act) ………………………………………………………………………… (1028)
　　克莱顿法(Clayton Act) …………………………………………………………………………… (575)
　　美国联邦贸易委员会法(American Federal Trade Commission Act(as amended)) ………… (646)
　日本《关于禁止私人垄断和确保公正交易法》(Law of Japan on Prohibiting Private Monopoly and
　　Assuring Fair Trade) ……………………………………………………………………………… (792)
　日本国际许可证贸易的反垄断法(Anti-trust Law of International License Trade of Japan) …… (792)
　《俄罗斯关于竞争和在商品市场限制垄断活动的法律》(Russian Law on Competition and
　　Strict Monopoly in Commercial Market) ………………………………………………………… (169)
　波兰反垄断法 (anti-trust law of Poland) …………………………………………………………… (39)
　《韩国限制垄断和公平交易法》(Restriction of Monopoly and Fair Trading Act of South Korea) ………… (361)

〔经济调控法律制度〕

〔宏观调控法〕

宏观调控法（macroeconomic adjustment and control law） ………………………… (379)
 宏观调控法立法（legislation of macroeconomic adjustment and control law） ……… (381)
  我国宏观调控法的体系（the system of macroeconomic control law in China） …… (997)
 宏观调控法的原则（the principles of macroeconomic adjustment and control law） …… (380)
  宏观调控权（power of macro adjustment and control） ………………………… (385)
  宏观调控的模式（mode of macro adjustment and control） …………………… (378)
  宏观调控的对象和目标（object and goal of macro adjustment and control） …… (378)
  宏观调控手段（means of macro adjustment and control） ……………………… (386)
 宏观调控法的作用（the function of macroeconomic adjustment and control law） …… (381)
 宏观经济政策（macroeconomic policy） …………………………………………… (377)
 我国宏观调控法理论（the theory of macroeconomic control law in China） ……… (998)
 我国经济调控措施（macroeconomic control law in China） ……………………… (999)
 罗斯福"新政"时期的宏观调控立法（The Legislation of Macroeconomic Control law in
  Period of Roosevelt New Policy） ………………………………………………… (631)
 凯恩斯宏观经济学说下的立法（The Legislation under Kenesian Economic Theory） …… (574)
 《德国经济稳定与增长促进法》（Gesetz zur Forderung der Stabilitat und des Wachstums der Wirtschaft）
   ………………………………………………………………………………… (133)
 宏观调控法律关系（legal relationship of macroeconomic adjustment and control law） …… (383)
  宏观调控法律关系主体（the subjects of the legal relationship of macroeconomic adjustment
   and control law） ……………………………………………………………… (385)
   国务院国家发展和改革委员会（National Development and Reform Commission） …… (323)
   财政部（Ministry of Finance of People's Republic of China） ………………… (51)
   商务部（Ministry of Commerce of the People's Republic of China） ………… (817)
   中国人民银行（People's Bank of China） ……………………………………… (1200)
   国家税务总局（State Administration of Taxation） …………………………… (311)
   国务院机构改革（the state council institutional reform） …………………… (324)
  宏观调控法律关系客体（the objects of legal relationship of macroeconomic adjustment
   and control law） ……………………………………………………………… (384)
  宏观调控法律关系内容（the contents of the legal relationship of macroeconomic adjustment
   and control law） ……………………………………………………………… (384)

〔区域经济法〕

区域经济开发政策（development policy of regional economy） ……………………… (776)
 区域开发（regional development） ………………………………………………… (776)
 区域可持续发展（the sustainable development of region） ……………………… (777)
 经济特区法（special economic zones law） ………………………………………… (544)
  边境经济合作区（border economic cooperative areas） ……………………… (32)
  跨国特别经济区域（transnational special economic region） ………………… (578)
 贫困地区发展支持制度（depressed area development assist system） …………… (702)
  贫困区域类型（the type of depressed area） …………………………………… (703)
 中西部地区优惠制度（China's central and western area preferential system） …… (1226)
  特色经济（characteristic economy） ……………………………………………… (911)
  国家旅游度假区（national tourist and holiday resort） ……………………… (308)
  均衡发展战略模式（form of balanced development strategy） ……………… (570)

城市化(urbanization) …………………………………………………………………… (98)
　日本区域开发政策(policy of regional development in Japan) …………………… (795)
　据点开发(foothold development) ………………………………………………… (569)
　美国区域开发政策(the policy of regional development in USA) ………………… (648)
　　西进运动(west expansion) ………………………………………………………… (1007)

〔城乡建设法〕
　城乡建设法(legal system on city and country construction) ………………………… (101)

〔土地法〕
　土地法(Land Law) ……………………………………………………………………… (937)
　土地利用管理法律制度(legal system for management of land utilization) ………… (939)
　土地管理法律制度(legal institutions of land management) ………………………… (938)
　土地权属法律制度(legal institutions of land ownership) …………………………… (940)
　土地利用总体规划(overall plans for land utilization) ……………………………… (940)
　土地用途管制制度(system of management on usages of land) …………………… (944)
　基本农田保护制度(the system of protecting the basic farmland) ………………… (417)
　外商投资成片开发土地制度(system of exploration of land by tract by foreign investments) ………… (960)
　城市规划法律制度(legal institutions of city planning) ……………………………… (98)
　《城市规划法》(Urban Layout Act of China) ………………………………………… (98)
　　城市规划(urban layout) ……………………………………………………………… (96)
　　　城市规划管理体制(administrative system of city planning) …………………… (98)
　　　城市规划的编制(the making of city planning) …………………………………… (97)
　　　城市规划的审批(examination and approvement of city planning) ……………… (97)
　　新区开发和旧区改建法律制度(legal institution on exploitation of city new area and
　　　rebuilding of old area) …………………………………………………………… (1034)
　　建设用地规划许可证(license for layout of construction land) …………………… (473)
　　城市规划的实施(the enforcement of city planning) ……………………………… (97)

〔计划法〕
　计划法(plan law) ………………………………………………………………………… (431)
　计划(plan) ……………………………………………………………………………… (429)
　　计划制定(the making of plan) ……………………………………………………… (436)
　　计划实施(action of plan) …………………………………………………………… (434)
　　计划调整(adjustment of plan) ……………………………………………………… (435)
　计划法律关系(plan legal relation) ……………………………………………………… (431)
　计划体系(plan system) ………………………………………………………………… (434)
　　计划指标体系(plan target system) ………………………………………………… (436)
　计划监督检查(inspection of plan supervision) ……………………………………… (432)
　计划法律责任(liability of plan legal) ………………………………………………… (432)

〔产业调节法〕
产业调节法(industrial regulation law) ………………………………………………… (84)
　产业(industry) …………………………………………………………………………… (79)
　　战略产业(strategy industry) ………………………………………………………… (1145)
　　主导产业(leading industry) ………………………………………………………… (1237)
　产业组织(industrial organization) ……………………………………………………… (86)

产业组织理论(theory of industrial organization) …………………………………… (86)
　　　产业生命周期理论(theory of industrial life cycle) ……………………………… (83)
　　　结构主义学派(structuralism school of thought) ………………………………… (481)
　　　新产业组织理论(new theory of industrial organization) ……………………… (1028)
　　产业结构(industrial structure) ………………………………………………………… (81)
　　　产业结构合理化(rationalization of industrial structure) ……………………… (83)
　　产业关联(industrial relation) ………………………………………………………… (81)
　　产业布局(industrial layout) …………………………………………………………… (80)
　产业发展战略(industrial development strategy) ……………………………………… (81)
　产业政策(industrial policy) ……………………………………………………………… (85)
　　产业技术政策(industrial technique policy) ………………………………………… (81)
　　产业调整援助政策(industrial adjustment assistance policy) ……………………… (85)
　　产业布局政策(theory of industrial layout) ………………………………………… (80)
　　高新技术产业开发区(new and high technological industries development zone) …… (234)
　　美国产业政策(industrial policy of America) ……………………………………… (640)
　　　美国国家产业技术政策(national industrial technique policy of America) …… (643)
　　日本产业政策(industrial policy of Japan) ………………………………………… (787)
　　　日本国家产业技术政策(national industrial technique policy of Japan) ……… (793)
　　韩国国家产业技术政策(national industrial technology policy of South Korea) …… (359)

〔预算法〕
　《预算法》(Budget Law) ………………………………………………………………… (1129)

〔税法〕
〔税收〕
　税(tax) …………………………………………………………………………………… (861)
　税收(taxation) …………………………………………………………………………… (871)
　税收原则(revenue principle) …………………………………………………………… (881)
　税收国家(state of tax) ………………………………………………………………… (875)
　税收负担(burden of taxation) ………………………………………………………… (874)
　　税负(burden of taxation) …………………………………………………………… (868)
　　负税人(person of burdening the tax) ……………………………………………… (229)
　　税负能力(tax-bearing capacity) …………………………………………………… (868)
　　税收附加(tax affixation) …………………………………………………………… (874)
　　税收转嫁(shifting of tax) …………………………………………………………… (888)
　　税负转嫁(shifting of tax) …………………………………………………………… (868)
　　双重征税(double taxation) ………………………………………………………… (856)
　　重复征税(double taxation) ………………………………………………………… (108)
　　　避免重复征税的方法(methods of preventing double taxation) ……………… (32)
　　重叠征税(double taxation) ………………………………………………………… (107)
　税制(tax system) ………………………………………………………………………… (894)
　　单一税制(single tax system) ……………………………………………………… (127)
　　单税制(single taxation) …………………………………………………………… (126)
　　复合税制(multiple tax system) …………………………………………………… (230)
　　复税制(multiple taxation system) ………………………………………………… (231)
　　分税制(system of tax distribution) ………………………………………………… (225)

《国务院关于实行分税制财政管理体制的决定》(Decision of the State Council on Implementing the Tax Division Management System) ……………………………………… (322)

 奴隶社会税制(tax system of slave society) ……………………………………………… (687)

 封建社会税制(tax system of feudal society) ……………………………………………… (228)

 半殖民地半封建社会税制(tax system of semi-colonial and semi-feudal society) ……… (9)

税制改革(reform of tax system) ……………………………………………………………… (894)

 统一全国税政(unified tax policy of the whole country) ………………………………… (930)

 《全国税政实施要则》(Main Point of the Implement of Tax Policy of the Whole Country) ……… (778)

 1950年税制改革(tax system reform of 1950) …………………………………………… (1076)

 1953年税制改革(tax system reform of 1953) …………………………………………… (1077)

 1958年税制改革(tax system reform of 1958) …………………………………………… (1077)

 工商统一税(unified tax of industry and business) ……………………………………… (244)

 1973年税制改革(tax system reform of 1973) …………………………………………… (1078)

 1983年税制改革(tax system reform of 1983) …………………………………………… (1078)

 利改税(shifting from profit-sharing to tax-levying) ……………………………………… (612)

 1984年税制改革(tax system reform of 1984) …………………………………………… (1079)

 1994年税制改革(tax system reform of 1994) …………………………………………… (1079)

 工商税(industry and business tax) ………………………………………………………… (244)

 工商业所得税(income tax of industry and business) …………………………………… (246)

 货物税(goods tax) …………………………………………………………………………… (413)

 产品税(product tax) ………………………………………………………………………… (63)

 盐税(salt tax) ………………………………………………………………………………… (1066)

 全民所有制企业调节税(state-owned enterprise regulatory tax) ……………………… (784)

 全民所有制企业工资调节税(state-owned enterprise wages regulation tax) ………… (783)

 集体企业所得税(collective-owned enterprise income tax) …………………………… (427)

 个人收入调节税(individual income regulation tax) …………………………………… (238)

 特种消费行为税(special consumptive conduct tax) …………………………………… (915)

 税务专管员制度(system of tax special administrative personnal) …………………… (893)

 《关于税收管理体制的规定》(Regulation of System of Tax Administration) ………… (275)

税费改革(reform of tax and charge) ………………………………………………………… (868)

〔税法〕

税法(tax law) ………………………………………………………………………………… (862)

 税法体系(tax law system) …………………………………………………………………… (865)

 税法渊源(sources of tax law) ……………………………………………………………… (867)

 税法效力(effect of tax law) ………………………………………………………………… (865)

 税法要素(constituent of tax law) ………………………………………………………… (866)

  纳税人(taxpayer) ………………………………………………………………………… (659)

  纳税义务人(taxpayer) …………………………………………………………………… (661)

  征税对象(object of taxation) …………………………………………………………… (1150)

  课税对象(object of taxation) …………………………………………………………… (576)

  征税客体(object of taxation) …………………………………………………………… (1152)

  课税客体(object of taxation) …………………………………………………………… (576)

  计税依据(standard of the computation of tax) ……………………………………… (446)

  税基(tax base) …………………………………………………………………………… (868)

  税源(source of taxation) ………………………………………………………………… (894)

  税目(tax item) …………………………………………………………………………… (871)

税率(tax rate) ……………………………………………………………………… (870)
　　　纳税环节(taxable level intermediate links of taxation) …………………………… (659)
　　　　源泉课税法(way of tax withholding at source) …………………………………… (1135)
　税法责任(liabilities of tax law) ………………………………………………………… (867)
　　税收法律责任(legal liabilities of taxation) ……………………………………………… (873)
　税法范畴(category of tax law) ………………………………………………………… (863)
税法基本原则(basic principle of tax law) ………………………………………………… (863)
　税收法律主义(the doctrine of revenue law) …………………………………………… (873)
　税收公平原则(revenue equity principle) ……………………………………………… (874)
　量能课税原则(revenue of capacity principle) ………………………………………… (619)
　实质课税原则(tax principle of substance over form) ………………………………… (846)
　诚实信用原则(good faith principle) …………………………………………………… (94)
　信赖利益保护原则(trust interest protection principle) ……………………………… (1035)
税权(rights of taxation) …………………………………………………………………… (871)
税收体制法(tax structure law) …………………………………………………………… (879)
税收征纳法(collecting and paying tax law) ……………………………………………… (884)
税收征纳实体法(substantial law of taxation) …………………………………………… (885)
税收征纳程序法(procedural law of taxation) …………………………………………… (884)
税收制裁法(tax sanction law) …………………………………………………………… (887)
税收处罚法(tax sanction law) …………………………………………………………… (872)
《税务行政处罚听证程序实施办法(试行)》(Rules of the Procedure of Hearings for Tax
　　Administrative Penalties (Trial)) …………………………………………………… (892)
税法学(the science of tax law) …………………………………………………………… (866)

〔税收法律关系〕
税收法律关系(legal relationship of taxation) …………………………………………… (873)
　征税主体(tax levier) …………………………………………………………………… (1152)
　纳税主体(taxpayer subject of taxation) ………………………………………………… (661)
　连带纳税人(related taxpayer) ………………………………………………………… (614)
　衍生纳税人(derivative taxpayer) ……………………………………………………… (1067)
　扣缴义务人(withholding agent) ……………………………………………………… (576)
　税收担保人(tax payment guarantor) …………………………………………………… (872)
　纳税人权利义务(rights and obligations of taxpayers) ………………………………… (659)
　征税机关权力义务(powers and obligations of tax authorities) ……………………… (1151)
　　税收权利能力(capacity for tax right) ………………………………………………… (877)
　　税收行为能力(capacity for tax conduct) …………………………………………… (879)
税收之债(debt of tax) ……………………………………………………………………… (886)
　纳税义务(obligation to pay) …………………………………………………………… (661)
　税收债务(tax debt) ……………………………………………………………………… (883)
　税收债权(tax creditor's rights) ………………………………………………………… (882)
　　税收债权人(tax creditor) …………………………………………………………… (883)
　　税收债务人(tax debtor) ……………………………………………………………… (884)
税收管辖权(tax jurisdiction) ……………………………………………………………… (874)

〔税收法制〕
税收法制(law and regulation of taxation) ……………………………………………… (873)
税收立法(tax legislation) ………………………………………………………………… (876)

税收授权立法(delegated legislation of tax) …………………………………………… (878)
税收法律(tax law) …………………………………………………………………………… (872)
税收政策(tax policy) ……………………………………………………………………… (886)
依法治税(administration of taxation according to law) …………………………………… (1086)
税收法治(rule by law of taxation) ………………………………………………………… (874)
税法解释(interpretation of tax law) ……………………………………………………… (863)
税法解释权(power of interpretation of tax law) ………………………………………… (864)
税法适用(application of tax law) ………………………………………………………… (865)
税收执法(execution of tax law) …………………………………………………………… (887)
  《税收执法过错责任追究办法》(Methods for Investigating and Affixing Responsibility for
    Wrongdoings in Tax Law Implementation) …………………………………………… (887)
税收司法(justice of tax law) ……………………………………………………………… (878)
税法意识(consciousness of tax law) ……………………………………………………… (866)

〔税收征纳实体法〕
商品税法(commodity tax law) …………………………………………………………… (817)
流转税法(circulation tax law) …………………………………………………………… (624)
所得税法(income tax law) ………………………………………………………………… (899)
财产税法(property tax law) ……………………………………………………………… (48)
行为税法(behavior tax law) ……………………………………………………………… (1048)
《全国人大常委会关于外商投资企业和外国企业适用增值税、消费税、营业税等税收暂行条例的
  决定》(Decision of the National People's Congress on Questions Related to Provisional Regulations
  Concerning Taxations Including Value-added Tax, Consumption Tax and Business Tax Applicable to
  Enterprise with Foreign Investment and Foreign Enterprises) ………………………… (777)
增值税(value-added tax) ………………………………………………………………… (1141)
  《增值税暂行条例》(Interim Regulations on Value-added Tax) ……………………… (1142)
  《增值税暂行条例实施细则》(Rules for Implementation of the Interim Regulations on Value-added Tax)
    …………………………………………………………………………………………… (1143)
  《增值税专用发票使用规定》(Usage Provisions of Invoice for Value-added Tax) …… (1144)
  增值税专用发票(special invoice for value-added tax) ………………………………… (1143)
消费税(consumption tax) ………………………………………………………………… (1018)
  《消费税暂行条例》(Interim Regulations on the Consumer Tax) …………………… (1019)
  《消费税暂行条例实施细则》(Rules for Implementation of the Interim Regulations on the
    Consumer Tax) ………………………………………………………………………… (1019)
营业税(business tax) ……………………………………………………………………… (1109)
  《营业税暂行条例》(Interim Regulations on the Business Tax) ……………………… (1110)
  《营业税暂行条例实施细则》(Rules for Implementation of the Interim Regulations on the Business Tax)
    …………………………………………………………………………………………… (1110)
关税(customs duties) ……………………………………………………………………… (273)
  关税税则(regulations of duties) ………………………………………………………… (274)
  海关估价(customs evaluation) …………………………………………………………… (349)
  保税仓库(bonded warehouse) …………………………………………………………… (13)
  保税制度(bond system) ………………………………………………………………… (14)
  关税壁垒(tariff barriers) ………………………………………………………………… (274)
  非关税壁垒(non-tariff barriers) ………………………………………………………… (218)
  关税合作理事会(Customs Co-operation Council, CCC) ……………………………… (274)
  反倾销关税(anti-dumping duties) ……………………………………………………… (200)

《进出口关税条例》(Regulations of Import and Export Tariff) …… (496)
《关于入境旅客行李物品和个人邮递物品征收进口税办法》(Regulations of Customs on Imposing Import Duties on Personal Belongings of Incoming Passengers and Postal Matters) …… (275)
所得税(income tax) …… (899)
  分类所得税制(taxation on separate income) …… (224)
  综合所得税制(consolidated income tax) …… (1271)
  分类综合所得税制(separate and unitary income tax) …… (224)
  所得(income) …… (899)
  应税所得(taxable income) …… (1103)
  企业所得税(enterprise income tax) …… (761)
    全民所有制企业所得税(state-owned enterprise income tax) …… (784)
    保税区(bonded area) …… (13)
    预提所得税(withholding income tax) …… (1131)
    《企业所得税暂行条例》(Interim Regulations on the Enterprise Income Tax) …… (761)
    《企业所得税暂行条例实施细则》(Rules for Implementation of the Interim Regulations Governing Enterprises Income Tax) …… (762)
    《外商投资企业和外国企业所得税法》(Income Tax Law for Foreign-Invested Enterprises and Foreign Enterprises) …… (967)
    《外商投资企业和外国企业所得税实施细则》(Rules for Implementation Governing Foreign-Invested Enterprises and Wholly Owned Foreign Enterprises) …… (968)
  个人所得税(personal income tax) …… (239)
  《个人所得税法》(Personal Income Tax Act) …… (239)
  《个人所得税法实施条例》(Regulations for the Implementation of the Individual Income Tax Law) …… (240)
  《对储蓄存款利息所得征收个人所得税的实施办法》(Regulations for Implementation of Levying Personal Income Tax on Income from the Interest of Savings Deposits) …… (159)
农业税(agricultural tax) …… (680)
  农业特产税(tax on agricultural specialties) …… (681)
  农林特产税(tax on agricultural and forestry specialties) …… (673)
  《农业税条例》(Regulations on Agricultural Tax) …… (680)
牧业税(animal husbandry tax) …… (656)
房产税(house tax) …… (203)
  城市房地产税(urban housing and land tax) …… (94)
契税(deed tax) …… (770)
《契税暂行条例》(Interim Regulations on Contract Tax) …… (770)
印花税(stamp duty) …… (1101)
  《印花税暂行条例》(Interim Regulations on the Stamp Duty) …… (1101)
  《印花税暂行条例施行细则》(Rules for Implementation of the Interim Regulations on the Stamp Duty) …… (1101)
  证券交易税(securities transaction tax) …… (1157)
  《契税暂行条例细则》(Rules for Implementation of the Interim Regulations on Contract Tax) …… (770)
遗产税(inheritance tax) …… (1086)
赠与税(gift tax) …… (1144)
筵席税(feast tax) …… (1066)
  《筵席税暂行条例》(Interim Regulations on the Feast Tax) …… (1067)
  工商业税(industry and business tax) …… (245)
屠宰税(slaughter tax) …… (934)

《屠宰税暂行条例》(Interim Regulations on Slaughter Tax) …………………………… (934)
固定资产投资方向调节税(tax of adjustment for the orientation of fixed investment) …………… (271)
　《固定资产投资方向调节税暂行条例》(Interim Regulations Governing the Adjustment of Taxes on Orientation of Fixed Assets Investment) …………………………… (271)
　《固定资产投资方向调节税暂行条例实施细则》(Rules for Implementation of the Interim Regulations Governing the Adjustment of Tax on Orientation of Fixed Assets Investment) ………… (271)
船舶吨税(vessel tonnage duties) …………………………………………………… (115)
城市维护建设税(tax for city maintenance and construction) …………………………… (100)
　车船使用税(vehicle and vessel use tax) …………………………………………… (89)
　车船使用牌照税(vehicle and vessel license and plate tax) ……………………………… (89)
　车辆购置税(vehicle purchase tax) ………………………………………………… (89)
　《车辆购置税暂行条例》(Interim Regulations on the Vehicle Purchasing Tax of China) …… (89)
资源税(resource tax) ……………………………………………………………… (1260)
　土地税(land tax) ………………………………………………………………… (943)
　城镇土地使用税(city and town land use tax) ……………………………………… (104)
　土地增值税(land value-added tax) ………………………………………………… (944)
　耕地占用税(farmland use tax) ……………………………………………………… (242)
　《资源税暂行条例》(Interim Regulations on Resource Tax) ………………………… (1260)
　《资源税暂行条例实施细则》(Rules for Implementation of the Interim Regulations on Resource Tax) …………………………………………………………… (1261)
　《城镇土地使用税暂行条例》(Interim Regulations on Usage and Occupancy of Urban Land Tax of China) …………………………………………………………… (104)
　《土地增值税暂行条例》(Interim Regulation of Land-Value-Added Tax) ……………… (945)
　《土地增值税暂行条例实施细则》(Detailed Rules for Implementation of Interim Regulation of Land Value-Added Tax) ……………………………………………… (944)
社会保障税(social security tax) …………………………………………………… (824)

〔税收征纳程序法〕
税收征收管理法律制度(legal system of tax collection administration) ………………… (885)
《税收征收管理法》(Law on the Administration of Tax Collection) …………………… (885)
《税收征收管理法实施细则》(Rules for Implementation of Law on the Administration of Tax Collection) ……………………………………………………………… (885)
税收征管体制(system of collection and administration of tax) ………………………… (884)
税收管理体制(administration system of tax) ……………………………………… (874)
税务登记(registration of taxation) ………………………………………………… (889)
纳税登记(registration of taxation) ………………………………………………… (659)
　《税务登记管理办法》(Provisions Governing Tax Registration) …………………… (889)
账簿凭证管理(management of account book and voucher) ……………………………… (1146)
税收票证(tax voucher) …………………………………………………………… (877)
纳税申报(tax return) ……………………………………………………………… (660)
税款征收(tax collection) ………………………………………………………… (869)
　征税(tax imposition) …………………………………………………………… (1150)
　纳税(tax payment) ……………………………………………………………… (658)
　征税管辖(jurisdiction of tax imposition) ………………………………………… (1151)
　征税方式(mode of tax collection) ………………………………………………… (1150)
　应纳税款(tax payable) …………………………………………………………… (1102)
　　预约定价税制法(tax law on advanced pricing agreement) ……………………… (1131)

43

转让定价(transfer pricing) …………………………………………………………………………(1253)
征纳期限(period of levy) ……………………………………………………………………………(1150)
　纳税期限(tax payment deadline) …………………………………………………………………(659)
　延期纳税(deferment of tax payment) ……………………………………………………………(1066)
　征税期限(period of levy) …………………………………………………………………………(1152)
纳税地点(tax payment place) ………………………………………………………………………(659)
　税务文书送达(service of documents) ……………………………………………………………(893)
纳税年度(tax year) ……………………………………………………………………………………(659)
纳税程序(procedure of tax paying) …………………………………………………………………(658)
税务机关(tax administration organ) …………………………………………………………………(890)
税务检查(inspection of taxation) ……………………………………………………………………(891)
税务稽查(check of taxation) …………………………………………………………………………(890)
　《税务稽查工作规程》(Work Book of Tax Administration Auditing) ……………………………(890)
海关稽查(inspection of customs) ……………………………………………………………………(350)
税收逃避(tax evasion and avoidance) ………………………………………………………………(878)
税收特别措施(special measures of tax collection) …………………………………………………(878)
税款征收保障制度(safeguard system of tax collection) ……………………………………………(869)
　纳税担保(security of tax payment) ………………………………………………………………(659)
　税收保全(preservative system in taxation) ………………………………………………………(871)
　税收强制执行(enforcement system in taxation) …………………………………………………(877)
　税收优先权(right of priority of tax) ………………………………………………………………(881)
　税收代位权(right of subrogation of tax) …………………………………………………………(872)
　税收撤销权(right of cancellation of tax) …………………………………………………………(871)

〔税务代理〕
税务代理(tax agency) …………………………………………………………………………………(888)
　注册税务师(registered tax agent) …………………………………………………………………(1241)
　税务师事务所(registered tax agent's office) ……………………………………………………(892)
　税务代理法律关系(legal relation of tax agency) ………………………………………………(888)
　《税务代理试行办法》(Proposed Regulation of Tax Agency) ……………………………………(888)

〔税法制裁〕
税法制裁(tax law sanction) …………………………………………………………………………(867)
税务行政处罚(administrative punishment for tax collection) ………………………………………(892)
税务犯罪(tax crime) …………………………………………………………………………………(890)
　偷税罪(crime of tax evasion) ………………………………………………………………………(930)
　虚开增值税专用发票、用于骗取出口退税、抵扣税款发票罪(crime of falsely making out special
　　invoices for value-added tax or invoices to defraud a tax refund for export or to offset tax money)
　　………………………………………………………………………………………………………(1056)
　抗税罪(crime of offence of resisting taxes) ………………………………………………………(574)
　逃避追缴欠税罪(crime of evading taxes in arrears) ……………………………………………(908)
　骗取出口退税罪(crime of obtaining tax return for export by fraudulent means) ………………(696)
　徇私舞弊不征、少征税款罪(crime of engaging in malpractices for personal gain in failing to collect
　　and under collect tax) ……………………………………………………………………………(1057)
　徇私舞弊发售发票、抵扣税款、出口退税罪(crime of engaging in malpractices for personal gain in
　　selling invoices, offsetting tax and making tax refund for exports) ……………………………(1057)
　违法提供出口退税凭证罪(crime of engaging in malpractices for personal gain in providing
　　certificates for exports tax refund) ………………………………………………………………(989)

〔税收救济法〕

税收救济法(tax remedy law) …………………………………………………………… (876)
税收争讼法(tax dispute law) …………………………………………………………… (884)
　税收行政复议法(tax administrative reconsideration law) ………………………… (880)
　　税收行政复议(tax administrative reconsideration) ……………………………… (879)
　　　《税务行政复议规则》(Regulations of Tax Administrative reconsideration) …… (892)
　税收行政诉讼法(tax administrative litigation law) ………………………………… (881)
　　税收行政诉讼(tax administrative litigation) ……………………………………… (881)
　税收行政赔偿法(tax administrative compensation law) …………………………… (881)
　　税收行政赔偿(tax administrative compensation) ………………………………… (880)
税务法庭(tax court) ……………………………………………………………………… (890)
税务法院(tax court) ……………………………………………………………………… (890)
　美国税务法院(United States Tax Court) ……………………………………………… (649)

〔港澳台地区税制〕

香港消费税(consumption tax of Hong Kong) ………………………………………… (1015)
香港利得税(profits tax of Hong Kong) ………………………………………………… (1014)
香港薪俸税(salaries tax of Hong Kong) ………………………………………………… (1015)
香港印花税(stamp duty of Hong Kong) ………………………………………………… (1016)
香港遗产税(estate duty of Hong Kong) ………………………………………………… (1015)
香港博彩税(bet tax of Hong Kong) ……………………………………………………… (1014)
香港娱乐税(recreation tax of Hong Kong) ……………………………………………… (1016)
香港汽车首次登记税(first registered automobile tax of Hong Kong) ……………… (1014)
澳门特别行政区税制(tax system of Macao Special Administration Region) ……… (4)
　澳门物业转移税(葡 tax on real property transfer in Macao) ……………………… (5)
　澳门所得补充税(葡 imposto complementar sobre rendimentos) ………………… (4)
　澳门房屋税(葡 contribuicao predial urbana) ………………………………………… (3)
　澳门职业税(葡 imposto profissional) ………………………………………………… (6)
　澳门营业税(葡 business tax in Macao) ……………………………………………… (5)
　澳门印花税(葡 stamp tax in Macao) ………………………………………………… (5)
　澳门继承及赠与税(葡 impostos sobre as sucessoes e doacoes) …………………… (4)
台湾地区税制(tax system of Taiwan district) ………………………………………… (901)
　台湾货物税(excises of Taiwan) ………………………………………………………… (903)
　台湾营业税(business tax of Taiwan) ………………………………………………… (905)
　台湾关税(tariff of Taiwan) ……………………………………………………………… (903)
　台湾综合所得税(comprehensive income tax of Taiwan) …………………………… (906)
　台湾盈利事业所得税(income tax for profitable business of Taiwan) …………… (905)
　台湾遗产税(inheritance tax of Taiwan) ……………………………………………… (904)
　台湾赠与税(donation tax of Taiwan) ………………………………………………… (905)
　台湾证券交易税(securities exchange tax of Taiwan) ……………………………… (906)
　台湾印花税(stamp duty of Taiwan) ………………………………………………… (904)
　台湾使用牌照税(license tax of Taiwan) ……………………………………………… (903)
　台湾土地增值税(land value-added tax of Taiwan) ………………………………… (904)
　台湾房屋税(building tax of Taiwan) ………………………………………………… (902)
　台湾娱乐税(amusement tax of Taiwan) ……………………………………………… (905)
　台湾契税(contract tax of Taiwan) …………………………………………………… (903)
　台湾《税捐稽征法》(Tax Collection Law of Taiwan) ………………………………… (903)

〔国外税制〕

英国公司税(company income tax of the U.K.) ……………………………………… (1104)
英国增值税(value-added tax of the U.K.) ………………………………………… (1108)
英国消费税(consumption tax of the U.K.) ………………………………………… (1106)
英国个人所得税(individual income tax of the U.K.) ……………………………… (1104)
英国资本利得税(capital gain income tax of the U.K.) …………………………… (1108)
英国资本转移税(capital transfer tax of the U.K.) ………………………………… (1108)
英国印花税(stamp duty of the U.K.) ……………………………………………… (1107)
英国人头税(poll tax of the U.K.) …………………………………………………… (1106)
英国社会保险税(social insurance tax of the U.K.) ……………………………… (1106)
英国地方税(local tax of England) ………………………………………………… (1104)
美国税制(American tax system) …………………………………………………… (650)
  美国联邦消费税(American federal excise tax) ………………………………… (647)
  美国关税(American customs duty) ……………………………………………… (642)
  美国联邦个人所得税(American federal individual income tax) ……………… (644)
  美国联邦公司所得税(American federal corporation income tax) …………… (645)
  美国联邦遗产与赠与税(American federal inheritance and gift tax) ………… (647)
  美国联邦社会保障税(American federal social security tax) ………………… (646)
  美国州税(American state tax) …………………………………………………… (651)
  美国地方税(American local tax) ………………………………………………… (641)
  美国税务诉讼(American tax litigation) ………………………………………… (649)
  美国纳税人权利法案(American Taxpayer Bill of Rights Act) ………………… (647)
德国税制(tax system of Germany) ………………………………………………… (135)
  德国增值税(value-added tax of Germany) …………………………………… (137)
  德国进口增值税(import value-added tax of Germany) ……………………… (133)
  德国消费税(consumption tax of Germany) …………………………………… (136)
  德国个人所得税(individual income tax of Germany) ………………………… (131)
  德国工商营业税(business tax of Germany) …………………………………… (132)
  德国关税(customs duties of Germany) ………………………………………… (132)
  德国公司所得税(corporate income tax of Germany) ………………………… (132)
  德国房地产税(real estate tax of Germany) …………………………………… (131)
  德国社会保险税(social security tax of Germany) …………………………… (135)
  德国遗产与赠与税(estate and gift tax of Germany) ………………………… (137)
  德国税务代理制度(tax agency system of Germany) ………………………… (135)
  德国教会税(church tax of Germany) …………………………………………… (133)
法国增值税(value-added tax of France) ………………………………………… (189)
法国消费税(consumption tax of France) ………………………………………… (189)
法国公司所得税(company income tax of France) ……………………………… (187)
法国个人所得税(individual income tax of France) ……………………………… (187)
法国地产税(land tax of France) …………………………………………………… (186)
法国遗产税(legacy tax of France) ………………………………………………… (189)
法国登记税(registration tax of France) …………………………………………… (186)
法国公司车辆税(company car tax of France) …………………………………… (187)
意大利税制(tax system of Italy) …………………………………………………… (1088)
  意大利增值税(value-added tax of Italy) ……………………………………… (1089)
  意大利地方营业税(local business tax of Italy) ………………………………… (1088)
  意大利个人所得税(personal income tax of Italy) ……………………………… (1088)

意大利地方所得税(local income tax of Italy) …………………………………………… (1088)
加拿大联邦个人所得税(individual income tax of the Canadian Commonwealth) ………… (451)
加拿大省个人所得税(individual income tax of Canadian province) …………………… (451)
俄罗斯联邦税制(tax system of the Russia Federation) ………………………………… (175)
俄罗斯联邦增值税(value-added tax of the Russian Federation) ………………………… (178)
俄罗斯联邦销售税(sale tax of the Russian Federation) ………………………………… (178)
俄罗斯联邦消费税(consumption tax of the Russian Federation) ……………………… (177)
俄罗斯联邦关税(customs of the Russian Federation) …………………………………… (170)
俄罗斯联邦企业和组织利润(收入)税(enterprise and organization profits (income) tax of the
　　Russian Federation) ……………………………………………………………………… (173)
俄罗斯联邦自然人所得税(personal income tax of the Russian Federation) …………… (180)
俄罗斯联邦自然人财产税(personal property tax of the Russian Federation) …………… (179)
俄罗斯联邦土地税(land tax of the Russian Federation) ………………………………… (176)
俄罗斯联邦财产继承或赠与税(property inheritance or donation tax of the Russian Federation) ……… (169)
俄罗斯联邦矿物原料基地再生产税(mineral raw material base reproduction tax of the Russian
　　Federation) ………………………………………………………………………………… (171)
俄罗斯联邦地下资源使用税(underground resources utilization tax of the Russian Federation) ………… (170)
俄罗斯联邦企业和组织财产税(enterprise and organization property tax of the Russian Federation) … (172)
俄罗斯联邦林业税(forestry tax of the Russian Federation) …………………………… (172)
俄罗斯联邦水资源税(water resources tax of the Russian Federation) ………………… (174)
俄罗斯联邦自然环境污染税(natural environment pollution tax of the Russian Federation) ………… (179)
俄罗斯联邦税务警察机关(taxation police institution of the Russian Federation) …… (175)
《俄罗斯联邦税收法典》(Tax Code of the Russia Federation) ………………………… (174)
巴西税制(tax system of Brazil) ……………………………………………………………… (8)
巴西商品流通税(commodity circulation tax of Brazil) …………………………………… (8)
巴西工业产品税(industrial product tax of Brazil) ………………………………………… (7)
巴西公司所得税(corporate income tax of Brazil) ………………………………………… (7)
巴西个人所得税(personal income tax of Brazil) …………………………………………… (7)
巴西金融证券交易税(financial and securities exchange tax of Brazil) ………………… (7)
巴西财产税(property tax of Brazil) ………………………………………………………… (7)
日本税制(tax system of Japan) …………………………………………………………… (796)
日本消费税(Japanese consumption tax of Japan) ………………………………………… (796)
日本关税(customs duty of Japan) ………………………………………………………… (791)
日本法人税(corporation tax of Japan) …………………………………………………… (789)
日本个人所得税(individual income tax of Japan) ………………………………………… (789)
日本个人居民税(individual inhabitance tax of Japan) …………………………………… (789)
日本个人事业税(individual business tax of Japan) ……………………………………… (789)
日本法人居民税(corporation inhabitance tax of Japan) ………………………………… (788)
日本法人事业税(Japanese corporation business tax of Japan) ………………………… (788)
日本地方消费税(local consumption tax of Japan) ……………………………………… (787)
日本遗产税(inheritance tax of Japan) …………………………………………………… (797)
日本赠与税(gift tax of Japan) …………………………………………………………… (797)
日本烟税(tobacco duty of Japan) ………………………………………………………… (797)
日本酒税(liquor duty of Japan) …………………………………………………………… (794)
日本有价证券交易税(securities transaction tax of Japan) ……………………………… (797)
日本蓝色申报制度(blue return system of Japan) ………………………………………… (794)
日本税理士制度(certified tax accountant system of Japan) …………………………… (795)

肖普劝告(Shoup's proposal) ……………………………………………………………(1027)
　韩国税制(tax system of South Korea) ……………………………………………………(360)
　　韩国增值税(value-added tax of South Korea) …………………………………………(363)
　　韩国特别消费税(special consumption tax of South Korea) …………………………(360)
　　韩国公司所得税(company income tax of South Korea) ………………………………(358)
　　韩国个人所得税(personal income tax of South Korea) ………………………………(356)
　　韩国财产税(property tax of South Korea) ……………………………………………(356)
　　韩国证券交易税(securities transaction tax of South Korea) …………………………(364)
　　韩国赠与税(gift tax of South Korea) …………………………………………………(363)
　　韩国遗产税(death tax of South Korea) ………………………………………………(361)
　　韩国印花税(stamp duty of South Korea) ……………………………………………(362)
　　韩国教育税(education tax of South Korea) …………………………………………(359)
　　韩国乡村发展特别税(special tax of development of country of South Korea) ……(361)
　　韩国国防税(national defense tax of South Korea) ……………………………………(359)
　新加坡税制(tax system of Singapore) ……………………………………………………(1032)
　　新加坡关税(customs duty of Singapore) ……………………………………………(1031)
　　新加坡公司所得税(company income tax of Singapore) ……………………………(1031)
　　新加坡个人所得税(personal income tax of Singapore) ……………………………(1030)
　　新加坡遗产税(death tax of Singapore) ………………………………………………(1032)
　　新加坡财产税(property tax of Singapore) ……………………………………………(1029)
　　新加坡印花税(stamp tax of Singapore) ………………………………………………(1033)
　　新加坡博彩税(betting tax of Singapore) ……………………………………………(1029)
　印度税制(tax system of India) ……………………………………………………………(1097)
　　印度有限度增值税(modified value-added tax of India) ……………………………(1100)
　　印度消费税(consumption tax of India) ………………………………………………(1098)
　　印度销售税(sales tax of India) ………………………………………………………(1099)
　　印度关税(customs of India) …………………………………………………………(1096)
　　印度所得税(income tax of India) ……………………………………………………(1097)
　　印度财富税(wealth tax of India) ……………………………………………………(1095)

〔经济管理法律制度〕
　〔市场管理法〕
　　〔市场管理机构法〕
　　工商行政管理机关(administration institution of industry and commerce) …………(244)
　　工商行政管理所(administrative office for industry and commerce) ………………(245)
　　整顿和规范市场经济秩序领导小组办公室(the national office of rectification and
　　　standardization of market economic order) …………………………………………(1152)
　　"扫黄打非"办公室(Office of Sweeping Eroticism and Unlawful Publication) ……(800)
　　市场索证制度(market claiming receipt system) ……………………………………(850)
　　市场预警制度(market pre-warning system) …………………………………………(851)
　　经纪人管理(administration of broker) ………………………………………………(503)
　　企业技术中心评价指标体系(evaluation index system of the
　　　enterprise's technical center) ………………………………………………………(745)
　　企业信用管理体系(administrative system of enterprise credit) ……………………(763)
　　外商投资企业登记管理权(governing power of registration of foreign-invested enterprises) ……(967)
　　中介机构(intermediary agency) ………………………………………………………(1210)

科技中介机构(technical intermediary agencies) ……………………………………………… (574)
资产评估机构(assets appraisal organizations) ………………………………………………(1257)
中介服务收费管理制度(Administration system of Service Charge of Intermediary Agency) ……(1210)
境外就业中介管理(administration of intermediary activities for overseas employment) ……… (561)
中外合资人才中介机构(sino-foreign joint venture recruitment Agency) ……………………(1219)
中外合资合作职业介绍机构设立管理制度(institutions on establishment and administration
　　of sino-foreign equity-joint or sino-foreign cooperative job recruitment agencies) …………(1211)

〔商品市场管理法〕
商品市场(commodity market) ……………………………………………………………… (816)
　市场日常监督管理(supervision and administration on marketing routine) ………………… (850)
商品市场年度检验制度(annual inspection system of commodity market) …………………… (816)
零售业态分类(classification of retail business) ……………………………………………… (623)
消费品市场(consumer goods market) ………………………………………………………(1018)
生产资料市场(market of means of production) ……………………………………………… (839)
生产要素市场(market of essential elements of production market) …………………………… (838)
文化市场(culture market) …………………………………………………………………… (996)
　网络文化市场管理(Administration of Internet Culture Market) …………………………… (986)
　文化市场稽查(supervision of the culture market) ………………………………………… (996)
边民互市贸易(fair trade among bilateral border persons) …………………………………… (33)
无店铺销售(non-store selling) ……………………………………………………………… (999)
食品药品放心工程(reassurance project of food and drug) …………………………………… (846)

〔城乡集市贸易法〕
城乡集市贸易(town and country fair trade) ………………………………………………… (101)
集贸市场(fair trade market) ………………………………………………………………… (423)
城乡集市贸易管理(management of town and country fair trade) …………………………… (101)
城乡集市贸易行政主管部门(administrative services division of town and country trade) …… (101)
边境贸易(border trade) ……………………………………………………………………… (33)
国内贸易行业标准(business standard for domestic trade) …………………………………… (318)
国内贸易标准化体系建设专项资金(special fund for construction of standardization
　　system of internal trade) ……………………………………………………………… (317)

〔特许经营和连锁经营法〕
特许经营(franchise) ………………………………………………………………………… (911)
特许经营的种类(categories of franchise) …………………………………………………… (911)
特许双方应具备的条件(qualifications required of parties of franchise) ……………………… (912)
特许者的权利和义务(rights and duties of the franchiser) …………………………………… (912)
被特许者的权利和义务(rights and duties of the franchisee) ………………………………… (29)
特许经营合同(franchise contracts) ………………………………………………………… (912)
特许经营费用(fees of franchise) …………………………………………………………… (912)
市政公用事业特许经营管理(administration on the franchise of municipal public utilities) …… (852)
加油站特许经营管理(management for the franchise of gas station) ………………………… (452)
连锁经营(chain management) ……………………………………………………………… (614)
连锁店(chain-stores) ………………………………………………………………………… (614)
连锁店经营专营商品管理(administration of chain store management of monopolistic commodity) ……(614)
中国连锁经营协会(the Association of Chain-stores of China) ………………………………(1197)

农产品和农资连锁经营管理(administration of chain store management of farm products and farm tool) …… (664)
互联网上网服务营业场所连锁经营管理(Administration of Chain Business Sites of Internet Access Services) …… (387)
音像制品连锁经营管理(administration of Chain store management of audio and video products) …… (1090)

〔专营专卖管理法〕
专卖(monopoly/exclusive dealing) …… (1251)
邮政专营(postal exclusive right) …… (1119)
 邮政企业专营(postal enterprise monopoly) …… (1117)
 验视内件(verification of contents) …… (1067)
 邮政标准化(postal standardization) …… (1113)
 邮政产品质量监督管理(quality supervision and administration of the postal products) …… (1114)
 特制邮政用品用具生产监制管理(supervision management of production for special postal products and appliance) …… (913)
 邮政用品用具监督管理(supervision and administration of postal products and appliance) …… (1117)
 进出境邮寄物检疫(quarantine administration of entry and exit postal articles) …… (495)
 万国邮政联盟(universal postal union) …… (984)
 《万国邮政联盟总规则》(General Regulations of the Universal Postal Union) …… (985)
 万国邮政联盟组织机构(organization of the Universal Postal Union) …… (985)
 万国邮政联盟国际局(international bureau of the universal postal union) …… (984)
 《邮政汇票协定》(Postal Money Orders Agreement) …… (1115)
 《亚洲太平洋邮政公约》(Asia-Pacific Postal Convention) …… (1059)
 《邮政支票业务协定》(Giro Agreement) …… (1118)
 《代收货价邮件协定》(Cash-on-Delivery Agreement) …… (124)
 邮政企业所得税制度(postal enterprise income tax institution) …… (1117)
 邮政督察员(postal inspector) …… (1114)
特种钢材专营(exclusive trading of special-type steel) …… (914)
《食盐专营办法》(Rules on Exclusive Trading of Salt) …… (847)
化肥流通体制(circulation system of fertilizer) …… (390)
化肥、农药、农膜专营(monopoly of fertilizer, pesticide and agricultural plastic films) …… (388)
原油、成品油、化肥国营贸易进口经营管理制度(system of state-managed trading administration of the import of crude oil, product oil, and fertilizer) …… (1134)
化肥进口组织管理制度(management system of organization of import of chemical fertilizer) …… (390)
化肥进口关税配额管理(administration of the import tariff quota for fertilizer) …… (389)
肥料登记管理制度(registration administration system of fertilizer) …… (222)
《烟草专卖法》(Sole Trading of Tobacco Law) …… (1064)
烟草专卖许可证(tobacco monopoly license) …… (1065)
烟叶管理(administration of leaf tobacco) …… (1065)
烟草制品管理(administration of tobacco products) …… (1063)
烟草专用机械管理(administration of cigarette commodities and manufacturing equipment) …… (1065)
卷烟商品营销员资格鉴定(qualification authentication of sales person of cigarette) …… (569)
全国烟草行业经营管理人员法律知识统一考试(State Unified Examination of Legal Knowledge for the Manager of Tobacco Industry) …… (778)
烟草基因工程(tobacco genetic engineering) …… (1060)
转基因烟草监控(supervision and control of the genetically modified tobacco) …… (1252)
国家储备烟叶(state storage of tobacco leaf) …… (301)

卷烟实物标准样品库(standard storage of cigarette practicality) …………………………… (570)
假冒伪劣卷烟鉴别检验制度(authentication and checkout institution of counterfeit and fake cigarette)
………………………………………………………………………………………………… (462)
烟草专卖品准运证(navicert of tobacco monopoly commodities) ………………………… (1064)
烟草打假经费(outlay for crackdown on fake tobacco) ……………………………………… (1060)
《烟草控制框架公约》(Framework Convention on Tobacco Control) ……………………… (1062)
减少烟草供应的措施(measures relating to the reduction of supply for tobacco) ………… (465)
减少烟草需求的措施(measures relating to the reduction of demand for tobacco) ………… (466)
《烟草控制科学和技术合作与信息通报公约》(Scientific and Technical Cooperation and
　　Communication of Information Convention on Tobacco Control) ……………………… (1061)
《烟草控制框架公约》机构(Institutional Arrangements in Framework Convention on Tobacco Control)
………………………………………………………………………………………………… (1063)
甘草、麻黄草专营(monopoly of liquorice and ephedrine) ………………………………… (232)
民族贸易和民族用品生产管理(administrative institution of ethical trade and ethical goods production)
………………………………………………………………………………………………… (654)
民族贸易和民族用品生产专项贴息贷款(special subsidized loan for ethical trade and ethical goods
　　production) ……………………………………………………………………………… (654)
电信业务经营许可证管理制度(licence administration system of telecom operations) …… (148)
　电信服务质量监督制度(quality supervision of telecom service) ………………………… (147)
电信建设管理制度(administration system of telecom construction) ……………………… (147)
农作物种质资源管理(administration of crop seeds quality resource) ……………………… (684)
　农作物种子生产经营许可证(production and trade license of crop seeds) …………… (685)
　农作物种子标签管理(administration of crop seeds' label) ……………………………… (685)
　农作物种子质量纠纷田间现场鉴定(farm locale judgment of crop seeds' dispute on quality) … (686)
　国家救灾备荒种子储备贷款贴息资金(State Subsidization Fund for Subsidized Loan For Seeds
　　Storage for Relief and Preparation for Disaster and Shortage) ………………………… (306)
林木种子生产经营许可证(production and trade license of wood seeds) ………………… (621)
国家实验动物种子中心(state seed center of experimental animal) ……………………… (310)
农药生产企业(manufacture enterprise of pesticide) ………………………………………… (676)
农药登记残留试验单位(testing unit of registered pesticide remainder) …………………… (674)
农药限制使用制度(system of limitation of pesticide use) ………………………………… (678)
粮食经营管理(administration of grain trade) ……………………………………………… (618)
粮食宏观调控制度(macro-control institution of grain) …………………………………… (618)
粮食收购资格(qualification of cereal purchase) …………………………………………… (619)
国家储备粮库建设项目招标管理(bidding administration of state grain reserve storage
　　construction project) ……………………………………………………………………… (300)
国家储备粮库项目建设资金管理(administration of state grain reserve storage construction
　　project fund) ……………………………………………………………………………… (300)
出入境粮食和饲料检验检疫制度(administration of inspection and quarantine on the exit and
　　entry grain and forage products) ………………………………………………………… (110)
粮食风险基金(risk fund for cereal) ………………………………………………………… (617)
中央储备粮管理(regulations on the management of central grain reservation) …………… (1231)
《粮食流通管理条例》(Administrative Regulation on Grain Circulation) ………………… (618)
危险废物经营许可制度(permission institution on hazardous waste trade license) ………… (987)
危险化学品经营许可制度(Permission Institution on Hazardous Chemicals Trade License) … (988)
无照经营查处取缔制度(stop institution on punishment of unlicensed business activities) … (1003)
广播电视节目制作经营管理(management and administration on radio & television
　　program producing) ……………………………………………………………………… (277)

〔旧货交易法〕

《旧货流通管理办法(试行)》(Trial Methods of Handling Junk Trading Market) …… (566)
旧货(second hand goods) …… (565)
旧货业(second hand goods business) …… (568)
旧货行业协会(trade association of second hand goods) …… (565)
旧货企业设立的条件(terms and conditions for establishing flea enterprises) …… (566)
旧货市场设立的条件(terms and condition for establishing flea market) …… (567)
旧货连锁店(chain stores of second hand goods) …… (566)
旧货市场(flea market) …… (566)
旧货市场管理部门(administration section of flea market) …… (567)
旧货市场管理(flea market management) …… (567)
旧货交易活动行为规范(behavioral norms of junk trade) …… (565)
旧货企业年检制度(annual inspection system for second hand goods enterprises) …… (566)

〔特殊交易方式管理法〕

《传销管理办法》(Methods of Handling Non-store Selling) …… (115)
变相传销(non-store selling in disguised form) …… (34)
查禁传销及变相传销活动(prohibited direct selling or the like) …… (59)
非法传销(illegal non-store selling) …… (218)
邮购(mail order) …… (1113)
邮购管理(mail order management) …… (1113)
电子商务(E-commerce) …… (150)
电子商务法(laws of E-commerce) …… (150)
电子商务认证(authentication for E-commerce) …… (151)
电子商务认证机构(institution of authentication cation for E-commerce) …… (151)
电子签名(electronic signature) …… (150)
电子合同(electronic contract) …… (150)
电子代理人(electronic agent) …… (150)
电子支付(electronic payment) …… (151)
电子货币(electronic money) …… (150)
电子资金划拨(electronic transfer of money) …… (152)
《电子商务示范法》(Model Law on Electronic Commerce) …… (151)
网上银行(Electronic Banking) …… (986)
电子数据交换商务(electronic data interchange commerce, EDI) …… (151)
域名(domain name) …… (1131)
域名注册(domain name registration) …… (1132)
域名争议(domain name dispute) …… (1131)
恶意抢注域名(vicious enrollment of domain name) …… (181)
滥发电邮(spaming) …… (594)
网络服务提供商(Internet Service Provider, ISP) …… (986)
网络信息服务提供商的义务(duties of ICP) …… (986)
在线竞价买卖(on line dealing with competition) …… (1138)
《国际域名争议统一解决政策》(the Uniform Domain Name Dispute Resolution Policy) …… (298)

〔广告法〕

《广告法》(Advertising Act) …… (278)
商业广告(commercial advertisement) …… (818)

广告主(advertisers) …………………………………………………………………………………… (282)
广告经营者(advertisers) ……………………………………………………………………………… (280)
广告发布者(advertising publishers) …………………………………………………………………… (277)
广告代理(advertising agents) ………………………………………………………………………… (277)
户外广告(outdoor advertisements) …………………………………………………………………… (388)
广告显示屏(indicators for advertisements) …………………………………………………………… (281)
烟草广告(advertisements of tobacco) ………………………………………………………………… (1060)
新闻广告(advertisement of news report) ……………………………………………………………… (1035)
医疗器械广告(advertisement for medical apparatuses) ……………………………………………… (1085)
店堂广告(store room advertisements) ………………………………………………………………… (152)
农药广告(advertisement for pesticide) ………………………………………………………………… (675)
食品广告(advertisement for food) …………………………………………………………………… (846)
酒类广告(advertisement for wines) …………………………………………………………………… (565)
化妆品广告(advertisement for cosmetics) …………………………………………………………… (391)
医疗广告(advertisement for medical treatment) ……………………………………………………… (1084)
广告服务收费管理(pricing management of advertisement service) ………………………………… (278)
林木种子广告管理(administration of advertisement of wood seeds) ……………………………… (620)
农资广告管理(administration of advertisement of means of agricultural production) …………… (683)
临时性广告经营管理(administration of occasional advertisement) ………………………………… (623)
广告语言文字管理(administration of advertising language) ………………………………………… (281)
广告监测(administration institution of advertisement supervision) ………………………………… (279)
《广告行业公平竞争自律守则》(Self-regulation Documents of fair competition for
 Advertising Association) ………………………………………………………………………… (279)
印刷品广告管理制度(system of administration of printed matters advertisement) ……………… (1102)
外商投资广告企业管理(administration of advertising enterprises by foreign investment) ……… (964)

〔行业管理法〕
〔商会组织法〕
商会组织法(organic law for chamber of commerce) ………………………………………………… (814)
商会(chamber of commerce) ………………………………………………………………………… (814)
行业协会(trade association) ………………………………………………………………………… (365)
境外中资企业商会(协会)制度(institutions on establishment of chamber of commerce for chinese invested enter-
 prise abroad) ……………………………………………………………………………………… (565)
中国国际贸易促进委员会(China Council for the Promotion of International Trade) …………… (1191)
中国国际商会(China Chamber of International Commerce,CCOIC) ……………………………… (1194)
外国商会(foreign chamber of commerce) …………………………………………………………… (951)
《外国商会管理暂行规定》(Temporary Provisions for Management of Foreign Chamber) ……… (951)

〔公共交通行业法〕
〔航空法〕
航空器(aircraft) ……………………………………………………………………………………… (366)
民用航空器(civil aircraft) …………………………………………………………………………… (653)
旅客航空运输(air transportation for passenger) …………………………………………………… (628)
民用航空器权利(rights of civil aircraft) …………………………………………………………… (653)
民用航空器权利登记(registration of right for aircraft) …………………………………………… (653)
民用航空器优先权(priority of civil aircraft) ……………………………………………………… (653)
通用航空(aviation in common use) ………………………………………………………………… (921)

航空人员(aviation personnel) …………………………………………………………… (366)
航空货运单(waybill of aviation) …………………………………………………………… (366)
承运人对旅客的责任(carrier's responsibility for passenger) …………………………… (93)
承运人责任的免除或者减轻(exemption or relief of carrier's responsibility) ………… (93)
国际航空运输承运人的赔偿责任(liability to pay compensation of international air carrier) …… (288)
地面第三责任(third party liability on land) ……………………………………………… (140)
民用航空货物国际运输制度(institutions on international transport of civil aviation goods) …… (652)
国际民用航空组织(International Civil Aviation Organization) ………………………… (293)
民用航空监察员(supervisors of civil aviation) …………………………………………… (652)
航空快递(aviation express) ………………………………………………………………… (366)
空中交通管制(air traffic control) ………………………………………………………… (576)
禁运规定(embargo regulations) …………………………………………………………… (501)

〔道路法〕

《海上交通安全法》(Safety Law of Sea Traffic) ………………………………………… (351)
道路客运经营管理制度(management system of road public transportation) ………… (129)
道路货运经营管理制度(management system of road freight transportation) ………… (128)
《港口经营管理规定》(Administration Institution on Port Trade) ……………………… (233)

〔铁路法〕

《铁路法》(Railway Act) …………………………………………………………………… (916)
铁路(railway) ………………………………………………………………………………… (916)
铁路运输合同(contract for railway transportation) ……………………………………… (921)
退票费(charge of returning a ticket) ……………………………………………………… (948)
有效车票(valid ticket) ……………………………………………………………………… (1121)
限额赔偿(definite compensation) ………………………………………………………… (1009)
保价运输(insured transport) ……………………………………………………………… (12)
货物运输保险(cargo insurance) …………………………………………………………… (413)
合资铁路与地方铁路行车安全管理制度(institutions on administration for safety travel of joint
　　venture railway and district railway) ……………………………………………………… (373)

〔公路法〕

《公路法》(Highway Act) …………………………………………………………………… (251)
公路(highway) ……………………………………………………………………………… (251)
公路规划(planning of highway) …………………………………………………………… (254)
公路交通标志(highway traffic signs) ……………………………………………………… (254)
公路建设用地(land for highway construction) …………………………………………… (254)
公路工程监理(highway projects supervising) …………………………………………… (253)
公路附属设施(auxiliary facilities to highway) …………………………………………… (253)
收费公路(toll roads) ………………………………………………………………………… (852)
公路建设(construction of highway) ……………………………………………………… (254)
公路养护(maintenance of highway) ……………………………………………………… (255)
公路绿化(highway greening) ……………………………………………………………… (254)
公路规费(highway toll) …………………………………………………………………… (253)
公路用地(land for highway) ……………………………………………………………… (255)
公路监督检查(supervision and inspection of highway) ………………………………… (254)
公路法律责任(legal liabilities of highway) ……………………………………………… (252)

路政管理(management of highway administration) …………………………………… (626)
路政管理许可(permit for highway administration) …………………………………… (627)
路政案件管辖(jurisdiction of highway administrative cases) ………………………… (626)
路政行政处罚(administrative punishment for highway administration) …………… (627)
公路赔偿和补偿(indemnity and compensation for highway) ……………………… (254)
路政管理监督检查(supervision and inspection of highway administration) ……… (626)
路政管理行政强制措施(measures of administrative enforcement of highway administration) (626)
路政管理人员(management stuff of highway administration) ……………………… (626)

〔重点整治行业法〕
〔旅游法〕
《旅行社管理条例》(Tourist Agency Regulations) …………………………………… (628)
旅行社(tourist agency) ………………………………………………………………… (628)
加强旅游市场管理(strengthen administration on tour market) …………………… (452)
旅游者向旅游行政管理部门投诉的条件(conditions tourist may submit complaint bill to
　　administrative department of tourist business) ………………………………… (630)
外商投资旅行社(tourist agency established by foreign investor) ………………… (966)
设立外商控股、外商独资旅行社制度(institutions on establishing foreign proprietary or solely
　　foreign-funded travel agencies) ………………………………………………… (821)
中外合资旅行社(sino-foreign joint-venture travel agencies) ……………………… (1219)
中外合资经营旅行社的注册资本(registered capital of joint ventures tourist agency) (1212)
旅行社的管理(management of tourist agency) ……………………………………… (628)
旅行社质量保证金(guaranty funds for tourist agency management) ……………… (629)
导游人员(guide) ………………………………………………………………………… (127)
导游人员等级考核制度(grade system for guide) ……………………………………… (128)
旅游投诉(tourist's complaint) ………………………………………………………… (630)
出境旅游领队人员管理(administration institution on group leader of overseas tours) (108)
旅游标准化工作管理(standardization of tourist management) …………………… (629)
漂流旅游安全管理(safety administration on drift tours) ………………………… (696)

〔建筑法〕
《建筑法》(Building Act) ………………………………………………………………… (474)
建筑活动(construction activities) ……………………………………………………… (476)
建筑许可(construction permission) …………………………………………………… (477)
建筑工程发包(giving out a contract for a construction project) …………………… (475)
建设工程承包(undertaking contracted construction) ……………………………… (470)
建筑工程监理(supervision of construction) ………………………………………… (475)
安全教育制度(system on safety education) ………………………………………… (1)
建筑工程质量管理(administration on construction quality) ……………………… (476)
建筑工程质量保修制度(warranty of construction quality) ………………………… (476)
注册建筑师(certified architect) ………………………………………………………… (1238)
　　注册建筑师的注册(registration of CA) …………………………………………… (1239)
　　注册建筑师的执业(practices of certified architects) …………………………… (1238)
　　村镇建筑工匠从业资格管理制度(management system of qualifications for village construction
　　　　builders) ………………………………………………………………………… (116)
建材标准(standards on building materials) ………………………………………… (469)
建筑材料行业标准化管理(standardization management of building material industry) … (473)

建筑工程技术专家委员会(Construction Technologist Committee) …………………………… (475)

〔药业法〕

药品监督管理部门(medicine administration department) ……………………………………… (1070)
药品生产企业管理(administration of drug manufacturing enterprise) ……………………… (1073)
药品经营企业管理(administration of drug business) ………………………………………… (1071)
医疗机构的药剂管理(administration of drugs in medical organs) …………………………… (1085)
药品管理(administration of drugs) …………………………………………………………… (1069)
药品经营许可证制度(pharmaceutical trade license institution) ……………………………… (1073)
药品经营许可证的申领(application for pharmaceutical trade license) ……………………… (1072)
药品经营许可证的变更与换发(alteration and issuance of pharmaceutical trade license) ……… (1071)
药品经营许可证的监督检查(supervision on pharmaceutical trade license) ………………… (1072)
药品包装管理(administration of drug packaging) …………………………………………… (1069)
药品价格管理(administration of drug price) ………………………………………………… (1070)
药品广告管理(administration of drug advertisement) ……………………………………… (1070)
假药(fake medicines; bogus medicines) ……………………………………………………… (464)
劣药(inferior medicines) ………………………………………………………………………… (620)
处方药与非处方药(prescription and no-prescription medicine) …………………………… (114)
处方药与非处方药的经营(operation of prescription and no-prescription medicine) ……… (114)
进口药品的注册审批制(regulations on registration and approval of import medicine) …… (499)
进口药品注册证(registration certificate of imported medicine) …………………………… (501)
进口药品进口检验(inspection on import medicine) ………………………………………… (500)
禁止销售、使用的进口药品(import medicine being prohibited from sale and applying) …… (502)
戒毒药品(medicines for abandoning drug habits) …………………………………………… (483)
《戒毒药品管理办法》(Regulations of Medicines for Abandoning Drug Habits) …………… (484)

〔不景气行业法〕

不景气行业法(law on Industries in Depression) ……………………………………………… (42)
《特定不景气产业稳定临时措施法》(Law on Temporary Measures for Stabilizing Specific
　　Industries in Depression) …………………………………………………………………… (910)
中小企业权益的保护(protection of rights and interests of small and medium-sized enterprises) ……… (1230)
中小企业发展基金(development fund for small and medium-sized enterprises) …………… (1229)
中小企业的资金支持(financial support for small and medium-sized enterprises) ………… (1228)
中小企业的税收优惠(tax allowance for small and medium-sized enterprises) ……………… (1228)
中小企业社会化服务体系(service system of socialization for small and medium-sized enterprises) …… (1230)

〔农业法〕

《农业法》(Agriculture Act) …………………………………………………………………… (679)
农业行政主管部门(administrative department of agriculture) ……………………………… (681)
农业生产经营体制(system of agricultural production and management) ………………… (680)
农民专业合作经济组织(economic organization of specialized farming cooperatives) ……… (674)
农业产业化经营(agriculture industrialization) ……………………………………………… (678)
农产品行业协会(trade association of agricultural produce businees) ……………………… (663)
优质农产品认证和标志制度(authentication and symbol system of high quality agricultural produce)
　　……………………………………………………………………………………………… (1113)
农业生产资料的安全使用制度(system for the safe use of agricultural productive means) …… (680)
农产品流通活动(activity of agricultural produce circulation) ……………………………… (664)

农产品进口预警制度(early warning system of import of agricultural produce) …… (664)
农产品保护价制度(protective price system for agricultural produce) …… (663)
粮食安全预警制度(early warning system of grain safety) …… (617)
农业支持保护体系(protection system for support of agriculture) …… (681)
农业资金的用途(use of agricultural funds) …… (683)
"剪刀差"(price scissors) …… (468)
农业生产社会化服务(socialized services for agricultural production) …… (680)
农业保险(agricultural insurance) …… (678)
农业技术推广体系(agricultural technology popularization system) …… (679)
农业资源(agricultural resources) …… (683)
农业环境保护(agricultural environment protection) …… (679)
农民权益保护(protection of farmers' rights and interests) …… (673)
农民权益保护的程序及赔偿(procedures and compensation of farmers' rights and interests protection)
…… (674)
农村社会救济制度(social security system in rural areas) …… (671)
开发式扶贫(poverty alleviation by exploitation) …… (572)
农业行政主管部门及其执法人员的职责(duties of agricultural administrative department and
its executing officers) …… (681)
违反农业法的法律责任(legal obligations of violations of the agricultural law) …… (991)

〔国有资产管理法〕

〔国有资产基础管理法〕

〔产权界定法〕

《企业国有资产监督管理暂行条例》(Provisional Regulation of Supervision and Control over
State-owned Assets of Enterprise) …… (737)
国有资产(state-owned assets) …… (339)
国家股(state-owned equities) …… (301)
国有资产占有单位(occupancy units of state-owned assets) …… (348)
产权界定(equity ascription) …… (78)
全民单位之间产权界定(definition of property right among state-owned enterprises) …… (779)
集体企业国有资产产权界定(definition of property right of state-owned assets
in collective-owned enterprise) …… (426)
集体科技企业产权界定(definition of property right of collective-owned enterprise engaged
in science and technology) …… (423)
劳动就业服务企业产权界定(definition of property right of enterprise engaged in labor
employment service) …… (605)
资产占用费(assets possession cost) …… (1257)

〔产权登记法〕

国有资产产权登记(title registration of state-owned assets) …… (340)
企业国有资产产权登记管理制度(The management institution of registration for property rights
of state-owned assets in enterprises) …… (736)
金融企业国有资产产权登记管理制度(the management institution of registration for state-owned
property rights of financial enterprise) …… (489)
企业国有资产统计报告制度(report system of statistic of state property of enterprises) …… (738)

国有资产产权登记档案管理制度(the archives management institution about title registration of national property) ……(341)
企业国有资产变动产权登记(registration of ownership of alteration of national assets of enterprise) ……(735)
企业国有资产产权登记程序(procedure for the registration of ownership of national assets of enterprise) ……(735)
企业国有资产产权登记档案管理(file management of registration of ownership of national assets of enterprise) ……(735)
企业国有资产产权登记年度检查(annual inspection for registration of national assets of enterprise) ……(736)
企业国有资产占有产权登记(ownership registration of national assets of enterprise) ……(739)
企业国有资产注销产权登记(registration of cancellation of ownership of national assets of enterprise) ……(740)
资产划转手续(procedures of assets transfer) ……(1256)

〔资产评估法〕
国有资产评估(evaluation of state-owned assets) ……(344)
　国有资产评估的条件(condition of evaluation of state-owned assets) ……(344)
　国有资产评估项目核准的管理(management of authorization of evaluation item of state-owned assets) ……(346)
　国有资产评估项目备案制(recording system of evaluation item for state-owned assets) ……(345)
　国有资产评估项目抽查(selective examination of evaluation item of state-owned assets) ……(346)
国有资产评估违法行为处罚制度(the punishment institution of lawbreaking on state property assessment) ……(345)
机电部国有资产评估管理制度(the assessment and management institution of national property of the ministry of mechanism and electron) ……(415)
土地估价(land appraisal) ……(938)
　地籍调查(cadastration) ……(140)
　宗地(defined land/land plot) ……(1269)
　宗地标定地价(rating price of defined land/land plot) ……(1269)
　土地分等定级估价(graduated appraisal of land) ……(937)

〔清产核资法〕
清产核资(liquidation of property and verification of funds) ……(774)
城镇集体所有制企业、单位清产核资制度(the institution of general checkup on enterprise assets for collectively-owned enterprise in cities and towns) ……(103)
城镇集体企业清产核资资产价值重估制度(the assets reestimation institution of general checkup on enterprise assets of trust and investment corporation in cities and towns) ……(102)
境外企业、机构清产核资工作制度(working institution on general checkup on assets of enterprise abroad or its frameworks) ……(562)
信托投资公司清产核资(the institution of general checkup on enterprise assets for the trust and investment company) ……(1041)
信托投资公司清产核资资产评估和损失冲销制度(the property assessment and loss offset institution of general checkup on enterprise assets for trust and investment company) ……(1041)
国家国有资产管理局清产核资中不良资产处置(the disposal of bad assets of state administration bureau of state property when liquidation) ……(301)
清产核资数据资料管理制度(the datum management institution of general checkup on enterprise assets) ……(775)
资产清查(liquidation of property) ……(1257)

资产价值重估（reappraisal of property） …… (1256)
清产核资中土地估价制度（land evaluation institution of general checkup on enterprise assets） …… (775)
资金核实（verification of funds） …… (1258)
企业资本结构（capital structure of enterprise） …… (768)
长期投资清查（checking for long term investment） …… (87)
在建工程清查（checking on constructing work in process） …… (1138)
无形资产清查（checking for intangible assets） …… (1003)
递延资产清查（checking for deferred assets） …… (142)
国有企业不良资产清理（checkup on bad assets of national-owned enterprises） …… (333)
预算单位清产核资制度（institution of general checkup on enterprise assets of budgetary units） …… (1128)
中央预算单位清产核资资金核实制度（capital verification system for the winding up of central budgetary units） …… (1232)
水利部清产核资制度（the institution of general checkup on enterprise assets of ministry of utilization water resource） …… (857)
铁路清产核资企业、单位土地估价制度（the institution of evaluation on land of enterprises and units for general checkup on enterprise assets of railway） …… (919)

〔产权争议处理法〕
国有资产产权纠纷（title dispute of state-owned assets） …… (341)
溢值分配权（distributive right of superprofit） …… (1090)
国有资产流失（decrease of state-owned assets） …… (343)
征用（requisition） …… (1152)
征收（imposition） …… (1150)
调拨（allocate and transfer） …… (153)

〔经营性国有资产管理法〕
企业国有资产监督管理体制（system of Supervision and control over state-owned assets of enterprise） …… (737)
国有资产监督管理机构的设立（establishment of institutions of supervision and control over state-owned assets） …… (342)
国有资产监督管理机构（institutions of supervision and control over state-owned assets） …… (342)
企业负责人管理（management of principal of enterprise） …… (734)
企业重大事项管理（management of fateful proceeding of enterprise） …… (767)
企业国有资产管理（management of state-owned assets of enterprise） …… (737)
企业国有资产监督（supervision over assets of state-owned enterprise） …… (737)
国有资产流失查处制度（the investigation and prosecution institution of decrease of state-owned assets） …… (343)
国有股权（state-owned share） …… (328)
国有股权界定（definition of state-owned share） …… (329)
国有股权控股（shareholding of the state owned share） …… (329)
国有资产保值增值考核（examination of value maintenance and increase of state-owned assets） …… (339)
国有资产授权经营（authorized management of state-owned assets） …… (347)
企业集团产权管理（management of property right of enterprise group） …… (744)
母公司对子公司国有资产产权管理制度（The title management institution of nation property of parent company to its subsidiary） …… (655)
国有资产收益（profits of state-owned assets） …… (347)
国有资产收益收缴的管理（management of collection of profits of state-owned assets） …… (347)

国有股东认购上市公司配股制度（system of allocation of share of purchasing shares from listed company by state-owned shareholders） …………………………………………………… （327）

有偿转让国有小型企业的产权（compensated transfer of property right of small scale state-owned enterprises） ………………………………………………………………………………… （1119）

企业国有资产无偿划转（free transfer of the state-owned assets of enterprise） ………………… （739）

违反《企业国有资产监督管理暂行条例》的法律责任（legal liability for offence against the Provisional Regulation of Supervision and Control over the State-owned Assets in the Enterprise） …………… （989）

外经贸企业国有资产监督管理（the supervision and management institution of national property of foreign-trade enterprises） ………………………………………………………………… （958）

铁路企业国有资产监督管理（management and supervision of state assets in railway enterprises） ……… （919）

铁路企业国有资产产权管理制度（ownership management system of state assets in railway enterprises） …………………………………………………………………………………… （918）

铁路国有企业资产经营责任制（the responsibility institution of assets management in state-owned railway enterprises） …………………………………………………………………………… （917）

新闻出版署直属企业国有资产监督管理（the state property management institution of enterprises directly affiliated to State Press and Publication Administration） ……………………………… （1034）

〔非经营性国有资产管理法〕

《行政事业单位国有资产管理办法》（Management of State-owned Assets in Administrations and Enterprises Measures） ………………………………………………………………………… （1051）

行政事业单位国有资产（state-owned assets in administrations and enterprises） ……………… （1049）

行政事业单位国有资产管理的任务（duty of managing state-owned assets in administrations and enterprises） ……………………………………………………………………………… （1051）

行政事业单位国有资产管理机构及其职责（management organization of state-owned assets in administrative and government-sponsored institution and its duty） ……………………… （1052）

行政事业单位国有资产产权界定（boundary line of the title of state-owned assets in administrations and enterprises） ……………………………………………………………… （1050）

行政事业单位国有资产使用管理（operation of state-owned assets in administrations and enterprises） ……………………………………………………………………………… （1052）

行政事业单位国有资产处置管理（management of handling assets in administrations and enterprises） ……………………………………………………………………………… （1050）

国有非经营性资产转经营性资产管理（management of state-owned assets from non-managerial to managerial） ………………………………………………………………………………… （326）

事业单位非经营性资产转经营性资产评估、验资（the evaluation and checkup of assets about the non-operating assets turning to operating assets of government-sponsored institution） ……… （852）

行政事业单位国有资产产权登记（registration of title of state-owned assets in administrations and enterprises） ……………………………………………………………………………… （1049）

行政事业单位国有资产产权纠纷调处（settlement of title-dispute among administrations and enterprises for state-owned assets） ………………………………………………………… （1050）

行政事业单位国有资产报告制度（report system of state-owned assets in administrations and enterprises） ……………………………………………………………………………… （1049）

行政事业单位国有资产管理机构的法律责任（legal liability of administrative agency organization to manage state-owned assets in administrations and enterprises） …………… （1052）

司法部直属事业单位国有资产管理制度（the management system for national property of government-sponsored institutions directly affiliated to Ministry of Justice） ………………… （895）

〔资源性国有资产管理法〕

资源性国有资产（national assets in relation to resource） …………………………………… （1261）

资源性国有资产管理(the administration of national assets in relation to resource) …… (1262)
土地流转制度(land moving system) …… (940)
土地保护制度(land protection system) …… (934)
地权限制(land right limitation) …… (141)
国家建设用地(national constructional land) …… (305)
森林资源(forest resources) …… (804)
国有森林资源管理(the administration of national forest resources) …… (336)
国有矿产资源管理(the administration of national mine resources) …… (331)
国有草原资源管理(the administer of national grassland resources) …… (326)
水资源管理(the administration of water resources) …… (860)
海洋资源管理(the administration of sea resources) …… (355)
植物资源管理(administration of plant resources) …… (1181)
动物资源管理(the administration of animal resources) …… (157)

〔境外国有资产管理法〕
境外国有资产(national assets out of territory) …… (561)
境外国有资产管理(adminstration of national assets out of territory) …… (561)
境外国有资产产权登记管理(registration management of property right of national
　　assets out of territory) …… (561)
买壳上市(come into the market by buying the shell) …… (633)
产权代表制(system of property right delegate) …… (78)

〔**自然资源管理法**〕
〔自然资源法〕
自然资源法(natural resource law) …… (1266)
综合利用和多目标开发原则(the principle of the comprehensive usage and multi-object
　　exploitation) …… (1270)
统一规划和因地因时制宜的原则(the principle of uniform regulation and adjusting measures
　　to the local condition) …… (930)
开源节流的原则(the principle of increasing of resource and saving of expense) …… (573)
自然资源权属(natural resource right) …… (1267)
自然资源规划(natural resource planning) …… (1267)
自然资源调查和档案制度(natural resource researching and filing system) …… (1265)
自然资源许可制度(natural resource licensing system) …… (1268)
自然资源有偿使用制度(natural resource non-gratuitous using system) …… (1268)
资源综合利用制度(system of comprehensive utilization of resources) …… (1263)
　　资源利用中的财产权制度(system of property rights on resource utilization) …… (1260)
　　资源利用中的禁限制度(system of prohibition and limitation on resource utilization) …… (1260)
资源补救制度(remedy system of natural resource) …… (1259)
资源补偿制度(compensation system of natural resource) …… (1259)
资源费(resource fee) …… (1259)

〔能源法〕
能源法(energy resources law) …… (661)
　　能源法体系(legal system of energy law) …… (662)
　　能源法经济观(economic outlook of energy resources law) …… (661)
　　节约能源法(economizing on energy resources law) …… (480)

《节约能源法》(Economizing on Energy Resources Act) ……………………………… (480)
节能标准与限额管理制度(system of economizing on energy standard and energy norm
　　management) ………………………………………………………………………… (479)
落后用能产品淘汰制度(system of eliminating products consumed energy in backward way) ……… (631)
建筑物节能管理制度(administration system of economizing on energy of building materials) ………… (476)
政府支持节能管理制度(management system of economizing on energy supported by government) …… (1171)
节能技术进步制度(system of economizing on energy technology improvement) ……………… (479)
重点用能单位管理制度(management system of key consuming energy units) ……………… (1236)
能源节约与资源综合利用原则(principle of energy-saving and comprehensive usage of
　　energy resources) ……………………………………………………………………… (662)
资源综合利用认定(determination of comprehensive utilization of resources) ……………… (1263)
能源效率标识管理制度(management system of energe efficiency marks) ……………… (663)
可再生能源法(renewal energy resources law) ……………………………………………… (575)
技术开发投资制度(system of investment of technology development) ……………………… (448)
政府扶持制度(supporting system of government) ………………………………………… (1168)
计划发展制度(system of planned development) …………………………………………… (430)

〔石油法〕
石油法(petroleum law) ………………………………………………………………………… (843)
石油资源所有(system of ownership of petreum resources) ……………………………… (845)
石油矿业权(system of petroleum mining industry rights) ………………………………… (844)
石油专项权益(exclusive specialized rights of petroleum) ………………………………… (844)
石油政府规制制度(system of the petroleum government regulating) …………………… (844)
　石油、天然气管道保护(protection of petroleum and natural gas pipeline) …………… (842)
　石油地震勘探损害补偿制度(system of compensating for damage in petroleum
　　seismic exploration) ………………………………………………………………… (843)
　对外合作开采海洋石油资源管理(management of marine oil resource for foreign cooperation
　　and exploitation) ……………………………………………………………………… (161)
石油环境制度(system of environmental protection in petroleum exploitation) ………… (843)

〔矿产资源法〕
矿产资源法(mineral resources law) ………………………………………………………… (590)
矿产资源所有权(ownership of mineral resources) ………………………………………… (591)
矿产资源管理(management of mineral resources) ………………………………………… (591)
矿产资源勘查、开采管理(administration of the reconnaissance and exploration of
　　mineral resources) …………………………………………………………………… (591)
区块登记管理(regional registration system) ……………………………………………… (776)
矿业环境保护(environmental protection of mining industry) …………………………… (592)
矿业权(exploration and mining right) ……………………………………………………… (592)
　探矿权(prospecting mineral right) ………………………………………………………… (906)
　采矿权(mining right) ………………………………………………………………………… (52)
矿业行政制度(administration system of mining industrial) ……………………………… (593)
矿业法律责任(mining legal liabilities) ……………………………………………………… (592)
探矿权采矿权评估管理(the management institution of assessing prospect right &mining right) ……… (907)
办理开采黄金矿产批准书管理(management institutions of instrument of ratification of
　　handling and exploiting gold mineral products) …………………………………… (9)
地质勘查资质注册登记(registration of human quality of geologic prospect) …………… (141)

矿产资源登记统计管理办法(the management of registration and statistics of mineral resources) …… (590)

矿产勘查及油气开采督察员(supervisor reconnaissance of mineral products and oil gas exploitation)
……………………………………………………………………………………… (589)

矿业权出让转让管理(management of selling or transferring the right to mining property) …… (592)

 矿业权出让(selling of right to Mining property) ……………………………………… (592)

 矿业权转让(transferring the right to Mining property) ………………………………… (593)

探矿权采矿权使用费减免(reduction and exemption of fee for prospecting and mining right) ………… (907)

〔煤炭法〕

《煤炭法》(Coal Act) ………………………………………………………………… (635)
煤炭资源所有权(coal resources ownership) ………………………………………… (639)
煤炭矿业权(coal mining industry rights) …………………………………………… (638)
煤炭加工业权(right of coal processing industry) …………………………………… (637)
煤炭开发计划与规划(plan and layout of coal exploitation) ………………………… (638)
煤炭财政支持(financial support of coal enterprise) ………………………………… (634)
煤炭供求调整制度(system of adjustment of coal supply and demand) ……………… (636)
煤矿安全制度(system of safety in coal mine) ……………………………………… (634)
煤炭现场监督检查(system of on-the-spot supervising and inspecting of coal) ……… (639)
煤矿矿区保护(coal mine area protection) …………………………………………… (634)
煤炭环境制度(system of environmental protection in coal exploitation) …………… (637)
煤炭生产许可(license to coal production) …………………………………………… (639)
煤炭经营管理(management of coal business) ……………………………………… (638)
煤炭出口配额管理(coal export quota management) ………………………………… (635)
煤炭生产安全费用提取和使用管理(collection and utilization of risk fund of coal industry) …… (638)
煤炭行业工程建设监理自律管理(self-disciplined management for the supervision and
 management of coal industrial project construction) ……………………………… (636)

〔电力法〕

电力法(electricity law) ……………………………………………………………… (143)
电力设施保护(protection of power facilities) ……………………………………… (145)
电力设施保护区(power infrastructure protection zone) …………………………… (146)
破坏电力设施(destruction of electric power facilities) ……………………………… (704)
电力市场监管(supervision of the electric power market) …………………………… (146)
电力市场准入制度(electric power market access system) ………………………… (146)
电业权(electricity industry rights) …………………………………………………… (149)
电力建设制度(system of electricity construction) ………………………………… (144)
电力生产与电网管理(power production and grid management) …………………… (146)
电力供应与电力使用(electricity supply and electricity consuming) ………………… (144)
电价与电费(electricity price and electricity expenses) ……………………………… (143)
农村电力建设与农村用电制度(system of electricity construction and electricity consuming
 in rural area) ……………………………………………………………………… (664)
电力科学技术奖励(scientific and technological reward of electricity) ……………… (145)

〔核能法〕

核能法(nuclear energy law) ………………………………………………………… (375)
 核能矿业权(nuclear energy mining industry rights) ……………………………… (375)

核能政府规制主体制度(the regulating subject of nuclear energy government) …………… (376)
核材料管制(system of nuclear material control) …………………………………………… (375)
民用核设施安全监督管理(management of safety supervision with regard to nuclear installation for civil use) …………………………………………………………………………… (653)

〔水法〕

水法(water law) …………………………………………………………………………………… (856)
 水资源管理体制(the management system of water resources) ……………………………… (860)
 水资源(water resources) ………………………………………………………………………… (859)
 水资源开发利用的原则(principles of development and utilization of water resources) …… (860)
 水资源论证(scientific justification of water resources) ………………………………………… (861)
 水资源规划制度(system of planning for water resources) …………………………………… (860)
  全国水资源战略规划(strategic plan for water resources of the whole country) ………… (778)
  综合规划和专业规划(comprehensive plans and special plans) ……………………… (1270)
 水权(water rights) ………………………………………………………………………………… (858)
 水资源权属法律制度(legal system of water resource ownership) …………………………… (861)
 水资源有偿使用制度(system of paid utilization for water resources) ……………………… (861)
  用水管理制度(system of management of the use of water) ………………………………… (1111)
  取水许可制度(license system for drawing water) …………………………………………… (777)
  水资源定额管理和总量控制(quota management and control of total supply and demand of water resources) ……………………………………………………………………… (859)
  节水制度(system of economical use of water) ……………………………………………… (479)
  超额用水累进加价制度(the progressive payment systems for the part in excess of quota) ……… (88)
 水功能区划(the water functional region) ……………………………………………………… (857)
 河道管理制度(river management institution) ………………………………………………… (374)
 河道采砂许可制度(licensing system for sand quarrying from river) ………………………… (374)
 水工程保护制度(system of protection for water projects) …………………………………… (857)
 饮用水水源保护区制度(the system of protection of drinking water resources) …………… (1095)
 黄河水权转换管理(management of water right transfer of Yellow-river) …………………… (401)
 水质管理制度(system of water quality management) ………………………………………… (859)
  城市供水水质管理(management of urban water quality) …………………………………… (95)
 水文水资源调查评价资质和建设项目水资源论证资质管理(management of qualification for investigation and assessment of water resources and qualification for demonstration of water resources in construction project) ………………………………………………… (858)
 《防洪法》(Flood Prevention Act) ……………………………………………………………… (201)
 《水土保持法》(Water and Soil Conservation Act) …………………………………………… (858)
 水量分配方案和旱情紧急情况下的水量调度预案(the water allocation draft plan and the water diversion sketch under urgent drought conditions) ……………………………… (858)

〔土地管理法〕

土地管理法(land administration law) …………………………………………………………… (938)
 土地所有制(land possession system) …………………………………………………………… (944)
 国有土地(national land) ………………………………………………………………………… (337)
  国家土地所有权(national land ownership) …………………………………………………… (315)
  国有土地使用权(the use right of national land) …………………………………………… (337)
   国有土地有偿使用(the system of compensated use of national land) ………………… (338)
   国有土地使用权出让(the selling of national land use right) …………………………… (338)

国有土地使用权转让(the transfer of national land use right) ………………………… (338)
　　国有土地使用权出租(the leasing of use right of national land) ……………………… (338)
　　国有土地使用权抵押(the mortgage of use right of national land) …………………… (338)
　国有土地登记(the registeration of national land) ……………………………………… (337)
　　协议出让国有土地使用权(selling land-use right by contract) ………………………… (1027)
　　招标拍卖挂牌出让国有土地使用权(selling state-owned land-use right by auction) ……… (1148)
土地的调查与统计制度(system of land survey and statistics) ……………………………… (935)
土地登记(land registration institution) ……………………………………………………… (935)
土地等级评定(the grade estimation of the land) …………………………………………… (937)
土地利用年度计划管理(annual plan of land utilization) ………………………………… (939)
土地利用分区(land zoning for utilization) ………………………………………………… (939)
土地征用制度(institution of land acquisition) ……………………………………………… (946)
　土地征用补偿制度(land acquisition and compensation institution) …………………… (945)
耕地保护制度(system of protection for cultivated land) …………………………………… (242)
耕地总量动态平衡(the dynamic balance of the total amount of the cultivated land) ……… (242)
耕地占用补偿制度(the system of compensations to cultivated land occupied) …………… (242)
土地复垦(institution of reclaiming land) …………………………………………………… (937)
土地整理(land consolidation) ………………………………………………………………… (946)
土地监督检查(land supervision and inspection) …………………………………………… (938)
土地市场管理制度(land market administrative institution) ……………………………… (943)
土地市场动态监测(dynamic supervision of land market) ………………………………… (942)
中国人民解放军土地使用管理(administration of the land-use of the Chinese People's
　　Liberation Army) ………………………………………………………………………… (1199)
国土资源听证制度(hearing system of national land resource) …………………………… (321)
土地登记代理人职业资格(professional qualification of Land Registration Agent) ……… (935)
土地登记代理人职业资格考试(professional qualification test of Land Registration Agent) …… (936)
国土资源音像资料管理(management of sound and video materials of national land resource) ……… (322)
用于农业土地开发的土地出让金收入管理(management of income from land transaction for
　　agricultural development) ……………………………………………………………… (1111)
国家投资土地开发整理项目实施管理(execution management of land-developing project invested
　　by nation) ………………………………………………………………………………… (314)
国家投资土地开发整理项目竣工验收(checking and accepting of completion of land-developing
　　project of state investment) …………………………………………………………… (313)
土地权属争议调查处理制度(investigation and solution of land right controversy) ……… (941)
　土地所有权和使用权争议的解决(settlement of dispute of ownership and usufruct of land) ……… (943)
建设用地管理(management of land for construction) …………………………………… (473)
　建设项目用地预审管理(preparatory examination management land for construction) ……… (472)
土地证书印制管理(management for the making and printing of land certificate) ……… (946)
国土资源标准化管理(standardization management of national land resource) ………… (318)
国土资源科技项目管理(management of scientific and technological project of national land
　　resource department) …………………………………………………………………… (320)
国土资源科技成果管理(management of scientific and technological achievement of national
　　land resource department) ……………………………………………………………… (319)
《农村土地承包法》(Rural Land Contracted Act) ………………………………………… (671)
农村土地承包经营权证(administration institution on the certificate of right to operate a
　　contracted rural land) …………………………………………………………………… (672)

〔森林法〕

森林法(forestry law) ……………………………………………………………………… (802)
森林采伐制度(system of felling of forest trees) ………………………………………… (802)
林权(forestry rights) ……………………………………………………………………… (622)
森林(forest) ………………………………………………………………………………… (800)
 林种(the kind of forest) ……………………………………………………………… (622)
 林业长远规划(forest long-term programming) …………………………………… (622)
森林权属(forest ownership) ……………………………………………………………… (804)
 森林、林木和林地的登记发证(registration and issuing certificate for forest, trees and woods) ……… (800)
森林保护制度(system of forest protection) …………………………………………… (801)
 毁林行为(behavior to damage forest) ……………………………………………… (408)
 植树造林(form a forest by planting) ……………………………………………… (1180)
 盗伐森林和林木(illegal felling of forests and woods) …………………………… (128)
 滥伐森林和林木(denudation of forest trees) …………………………………… (594)
森林防火制度(system of forest fire prevention) ……………………………………… (802)
森林病虫害防治(prevention and cure of diseases of forest plant and insect pests and other harmful) …… (801)
森林经营管理(forest management and administration) ……………………………… (803)
退耕还林(institution of reforesting from cultivated land) …………………………… (947)
 退耕还林合同(contract for reforesting from formerly cultivated land) ………… (947)
森林资源资产评估管理(management of forest resource property appraisal) ……… (805)
森林资源资产抵押登记(mortgage registration of forest resourse assets) …………… (805)
国有森林资源产权管理(management of forest reserves right) ……………………… (336)
森林资源林政管理机构负责人任免事项审核(review and examination on oppointment and dir removal of drietors of management administration institute in regard to administrative management of forest resource) ……………………………………………… (804)

〔草原法〕

草原法(grassland law) …………………………………………………………………… (55)
草原权益(grassland rights and interests) ……………………………………………… (58)
草原(grassland) …………………………………………………………………………… (54)
 基本草原(basic grassland) …………………………………………………………… (416)
 草原自然保护区(grassland nature preservation zone) …………………………… (59)
草原规划制度及其相关制度(system of grassland programming and relevant system) …… (56)
 草原牧业发展规划制度(system of plans of development of animal husbandry on the grasslands) …… (58)
草原建设制度(system of grassland construction) …………………………………… (57)
草原权属(grasslands ownership) ………………………………………………………… (58)
草原承包(the institution of contracting grassland) …………………………………… (54)
草原征用(grassland requisition) ………………………………………………………… (59)
草原的临时调剂(system of the temporary adjustments in the use of grasslands) … (55)
草原利用(system of grassland utilization) ……………………………………………… (57)
草原保护(system of grassland protection) ……………………………………………… (54)
草原防火(grasslands fireproof) ………………………………………………………… (55)
草原监督检查(system of grassland supervision) ……………………………………… (57)
违反草原法的法律责任(legal responsibility of grassland law) ……………………… (990)

〔渔业法〕

渔业法(fisheries law) …………………………………………………………………… (1123)

渔业权(fishery rights) ……………………………………………………………………… (1125)
渔业监督管理(system of fishery supervision) ………………………………………… (1124)
渔业管理机关(administrative department for fishery) ………………………………… (1124)
渔业资源增殖和保护(increase and protection of fishery resources) ………………… (1126)
渔政管辖和管理制度(system of fishery administrative jurisdiction and management) …… (1126)
中国管辖海域外国人、外国船舶渔业活动管理(management of fishery activities of foreigner,
　　　foreign ships within Chinese sea) ………………………………………………… (1190)
远洋渔业管理(administistiation of deep-sea fishery) ………………………………… (1135)
渤海生物资源养护制度(system for the protection and breeding of Bohai living being) …… (40)
海洋赤潮信息管理(management of oceanic red tide message) ……………………… (352)
海洋行政处罚实施(the enforcement of marine administrative punishment) ………… (355)
渔业养殖(fishery breed) ………………………………………………………………… (1125)
渔业捕捞(fishery catch) ………………………………………………………………… (1122)
　　捕捞限额(fishing within quotas) …………………………………………………… (42)
　　渔业捕捞许可证(fishery catching license) ……………………………………… (1123)
省级海洋功能区划审批(approval of function division of provincial ocean) ………… (840)
无居民海岛保护与利用管理(protection and development of island without resident) …… (1000)
海域使用申请审批(examination and approval of using sea area) …………………… (355)
违反渔业法的法律责任(legal responsibility of fishery law) …………………………… (992)

〔野生动植物资源管理法〕
野生动植物保护法(wild life protection law) ………………………………………… (1075)
野生动物管理(management for wild animal) ………………………………………… (1074)
野生动物的权属及其利用权益(right character and rights and interests of wild animals utilization)
　　………………………………………………………………………………………… (1073)
野生动物驯养繁殖管理(management of wild animals taming and reproducing) …… (1074)
野生动物资源保护(wild animals resource protection) ……………………………… (1075)
猎捕证制度(system of hunting licenses) ……………………………………………… (620)
野生植物保护(wild plant protection) ………………………………………………… (1075)
农业转基因生物安全管理(transgenic management institution of security of living beings of agriculture)
　　………………………………………………………………………………………… (681)
农业转基因生物标识(the agricultural biological identification institution of transgenosis) …… (682)
农业转基因生物进口安全管理(transgenic safe management institution of import of living beings
　　in agriculture) ………………………………………………………………………… (682)

〔自然保护区管理法〕
自然保护区法(nature reserve law) …………………………………………………… (1264)
森林公园管理(management of forest park) …………………………………………… (803)
风景名胜区建设管理(construction management of scenic spot) …………………… (227)
国家级自然保护区(national natural reserves zone) ………………………………… (304)

〔经济监督法律制度〕
　〔会计监督法〕
　　会计法(accounting law) …………………………………………………………… (581)
　　《会计法》(Accounting Law) ……………………………………………………… (580)
　　会计法律关系(accounting legal relation) ………………………………………… (581)
　　企业会计法律规范体系(legal normative system of enterprise accounting) …… (750)

会计(accounting) …… (579)
会计监督(accounting supervision) …… (583)
一般公认会计原则(general accepted accounting principle,GAAP) …… (1080)
历史成本法(methods of historical cost) …… (612)
权责发生制(accrual-basis accounting) …… (785)
 借贷记账法(debit-credit bookkeeping) …… (484)
 复式记账法(double entry bookkeeping) …… (231)
会计要素(accounting element) …… (586)
 资产(asset) …… (1256)
 负债(liability) …… (230)
 收入(income) …… (853)
 费用(cost) …… (223)
 利润(profit) …… (613)
 所有者权益(owner's interests) …… (899)
 财务报告(financial report) …… (49)
会计制度(accounting system) …… (587)
会计核算(accounting) …… (582)
 代理记账(agency bookkeeping) …… (124)
 记账单位(accounting unit) …… (446)
 会计期间(accounting period) …… (584)
 会计记录文字(accounting language) …… (583)
 会计档案(accounting files) …… (579)
 会计凭证(accounting document) …… (584)
 会计账簿(accounting books) …… (587)
 会计工作交接(accounting work hand-over) …… (581)
 企业会计的债务重组(reconstruction of accounting debt of enterprise) …… (749)
会计假设(accounting assumption) …… (583)
 会计主体假设(accounting entity assumption) …… (588)
 会计主体(accounting entity) …… (587)
 持续经营假设(sustainable operation assumption) …… (106)
 持续经营(sustainable operation) …… (106)
 会计期间假设(accounting period assumption) …… (584)
 货币计量与币值稳定假设(assumption of currency measurement and stability) …… (410)
会计准则(accounting standard) …… (588)
 企业会计准则(enterprise's accounting criterion) …… (750)
 会计准则制定(the drafting of accounting standard) …… (588)
 国际会计准则(International Accounting Standard,IAS) …… (289)
 国际会计准则委员会(International Accounting Standard Committee, IASC) …… (290)
会计管理(accounting management) …… (582)
 会计管理体制(accounting management system) …… (582)
  会计人员管理体制(regulatory system on internal accountants) …… (585)
  会计人员(accounting personnel) …… (585)
  会计员(accounting clerk) …… (586)
  助理会计师(assistant accountant) …… (1238)
  会计师(accountant) …… (586)
  高级会计师(senior accountant) …… (234)
  注册会计师(certified public accountant) …… (1239)

总会计师(chief accountant) …………………………………………………………(1271)
　　会计从业资格(accounting practice qualification) ……………………………………(579)
　　会计专业技术资格(accounting technical qualification) ………………………………(588)
　会计机构(accounting department) …………………………………………………………(583)
　　会计师事务所(certified public accounting firm) ………………………………………(586)
　　注册会计师协会(association of certified public accountants) ……………………(1240)
　　注册会计师职业道德(professional ethics of Certified public accountant) ………(1240)
　司法会计鉴定(judicial accounting appraisal) ……………………………………………(895)
　　司法会计鉴定人(judicial accounting appraiser) ………………………………………(896)
　　司法会计鉴定决定书(written decision on judicial accounting appraisal) …………(895)
　会计法律责任(accounting legal liability) …………………………………………………(581)

〔审计监督法〕

审计法(auditing law) …………………………………………………………………………(833)
审计(auditing) …………………………………………………………………………………(831)
政府审计(government audit) ………………………………………………………………(1170)
国家审计(governmental auditing) …………………………………………………………(308)
一般公认的审计准则(general accepted auditing standard) ………………………………(1080)
　国家审计准则(the standards for governmental auditing) ……………………………(309)
　国家审计监督原则(the principles for governmental auditing supervision) ………(309)
内部审计(internal auditing) …………………………………………………………………(657)
被审计单位内部控制(internal control of audited company/unit) ………………………(28)
社会审计(social auditing) ……………………………………………………………………(827)
民间审计(private audit) ………………………………………………………………………(651)
小规模企业审计(audit of small-scaled enterprises) ……………………………………(1026)
国际审计准则(international audit standard) ……………………………………………(295)
独立审计准则(independent auditing principle) …………………………………………(158)
审计机关(organ of auditing) …………………………………………………………………(835)
　审计复议机关(administrative reconsideration organs for audit) …………………(834)
　审计机关职责(obligations of organ of auditing) ……………………………………(835)
　审计机关权限(limits of authority for organ of auditing) …………………………(835)
审计人员(governmental auditors) …………………………………………………………(836)
执业审计师(practicing auditor) ……………………………………………………………(1175)
主审注册会计师(cheif registered accountant) …………………………………………(1237)
审计程序(audit procedure) …………………………………………………………………(832)
会计报表审计(audit of accounting report) ………………………………………………(579)
审计方案(audit program) ……………………………………………………………………(834)
审计业务约定书(agreement of auditing bussiness) ……………………………………(838)
审计计划(plan for auditing) …………………………………………………………………(835)
审计项目计划(audit project plan) …………………………………………………………(837)
　审计目标(purpose of audit) ………………………………………………………………(836)
　审计抽样(auditing sampling) ……………………………………………………………(833)
　审计证据(audit evidence) …………………………………………………………………(838)
　审计报告(audit report) ……………………………………………………………………(831)
　　审计报告处理(disposing of audit reports) …………………………………………(832)
　　审计结果报告(reports of audit result) ………………………………………………(836)
　审计项目质量检查(quality inspection of audit project) ………………………………(837)

审计风险(audit risk) …… (834)
审计工作底稿(audit working papers) …… (834)
审计复核(review of audit) …… (834)
　审计署审计复核制度(audit review system of state auditing administration) …… (837)
　分析性复核(analytical review) …… (226)
专项审计调查(special audit survey) …… (1251)
审计验资(examination of investment capital of auditing) …… (837)
审计结果(audit result) …… (835)
内部控制(internal control) …… (657)
内部控制测评(internal control evaluation) …… (657)
审计事项评价(audit event evaluation) …… (836)
盈利预测审核(audit of profit prospect) …… (1109)
审计档案(auditing archives) …… (833)
审计行政强制性措施(audit administrative coercive measure) …… (837)
审计人员职业道德(auditor professional ethics) …… (836)
审计法律责任(legal liability under audit law) …… (833)

〔统计监督法〕
《统计法》(Statistics Act) …… (924)
统计(statistics) …… (922)
统计监督(statistical supervision) …… (927)
国家统计管理体制(national statistical management system) …… (313)
国家统计信息自动化(national statistical information automation) …… (313)
统计调查(statistical investigation) …… (923)
　国家统计调查(national statistical investigation) …… (312)
　国家统计调查证(investigation certificate of state statistics) …… (312)
　部门统计调查(departmental statistical investigation) …… (47)
　地方统计调查(local statistical investigation) …… (140)
　统计调查计划(statistical investigation plan) …… (923)
　统计调查方案(statistical investigation scheme) …… (923)
　统计调查项目(statistical investigation items) …… (924)
　　统计调查项目审批管理制度(management system of examination and approval of statistical investigation items) …… (924)
统计标准(statistical standards) …… (922)
统计资料(statistical data) …… (929)
　统计资料管理(statistical data management) …… (929)
　公布统计资料(publication of statistics) …… (250)
统计机构(statistics institutions) …… (926)
统计负责人(persons in charge of statistics) …… (926)
统计人员(statisticians) …… (927)
　统计人员的职权(functions and powers of statisticians) …… (928)
统计职责(functions and liability of statistics) …… (929)
统计检查员(statistical inspector) …… (927)
统计检查机构(statistics inspection institutions) …… (927)
统计分析与预测(statistical analysis and forecast) …… (926)
涉外社会调查活动(social survey activity concerning foreign affairs) …… (830)
涉外调查管理制度(administration institutions of foreign-related investigation) …… (829)

统计执法检查制度(inspection system for execution of statistic laws) …………………… (928)

统计法律责任(statistical legal liability) ………………………………………………… (925)

〔产品质量监督法〕

产品质量法(law of product quality) ……………………………………………………… (68)
 产品质量(the quality of products) …………………………………………………… (67)
  产品质量监督(the supervision of product quality) ……………………………… (69)
  产品质量鉴定(the appraisal of product quality) ………………………………… (71)
  产品质量标准(the standard of product quality) ………………………………… (67)
  安全技术防范产品(product of security technology prevention) ……………… (1)
  产品质量申诉(appeal against the product quality) …………………………… (75)
  建设工程质量(quality of construction project) ………………………………… (471)
 产品责任(product liability) …………………………………………………………… (66)
  产品质量责任(the responsibility of product quality) …………………………… (76)
   产品缺陷(the defect of products) ……………………………………………… (63)
   产品瑕疵(product flaw) ………………………………………………………… (64)
   产品瑕疵担保责任(product flaw guarantee obligation) …………………… (65)
 产品质量义务(the obligation of product quality) …………………………………… (76)
  产品质量监督检查(check on the supervision of product quality) …………… (70)
   产品质量国家监督抽查(national selective examinations on the supervision of product quality) ……… (68)
  产品免于质量监督检查(products that exempt from quality supervision examination) …… (62)
 质量体系认证(quality system authentication) ……………………………………… (1184)
  质量体系认证机构(quality system authentication organization) ……………… (1184)
  质量体系认证认可机构(the approving organization for quality system authentication) …… (1185)
  质量体系认证机构的认可(approval of quality system authentication organization) …… (1185)
  审核员、评审员国家注册(national registration of examiner and assessor) ……… (831)
 产品质量认证(product quality authentication) …………………………………… (71)
  产品质量认证机构(product quality authentication organization) ……………… (72)
  产品质量认证证书(the certificate of product quality authentication) ………… (75)
  产品质量认证标志(the mark of product quality authentication) ……………… (72)
  强制性产品认证标志(the mark of compulsory product authentication) ……… (772)
  产品质量认证委员会(the committee of product quality authentication) ……… (74)
  产品质量认证认可机构(the approved organization of product quality authentication) …… (74)
  产品质量认证机构的认可(approved by the product quality authentication organization) …… (73)
  产品质量认证检验机构(the examination organization of product quality authentication) …… (73)
 强制性产品认证制度(compulsory certification system of product quality) ……… (772)
  强制性产品认证代理申办机构(agency for the compulsory certification of Product quality) …… (772)
 产品质量检验机构(product quality examination organization) …………………… (70)
  进出口商品免验制度(exempt from inspection system of import and export commodity) …… (498)
  进出口商品抽查管理制度(sampling inspection of import and export commodity) …… (497)
 产品标识(product identification) …………………………………………………… (60)
  产品包装(the packing of products) ………………………………………………… (60)
 产品质量仲裁检验(the examination of product quality arbitration) ……………… (77)
 工业产品生产许可(license of industrial product manufacture) …………………… (246)
 中国名牌产品(Chinese Famous-brand Product) …………………………………… (1197)
  中国名牌产品标志(signs of Chinese famous-brand product) ………………… (1198)
 原产地域产品(product of origin) …………………………………………………… (1133)

军工产品(war products) …… (570)
商品条码(commodity bar code) …… (817)
商用密码(commercial code) …… (820)
产品防伪(anti-fake) …… (62)
防伪技术产品(preventing counterfeiting technical products) …… (202)
特种设备(special equipment) …… (914)
欧洲质量组织(European Organization for Quality) …… (693)
日本科学技术联盟(Union of Janpanese Scientists and Engineer) …… (794)
质量管理和质量保证技术委员会(Technical Committee of Quality Management and Assurance) …… (1183)
欧洲认证认可组织(European Conformity Certification Organization) …… (692)
欧洲检验和认证组织(European Organization for Testing and Certification) …… (692)
信息技术业质量体系评定和注册承认协议组织(the recognition arrangement for assessment and certification of quality systems in the information technology sector, ITQS) …… (1043)
太平洋认可合作组织(Pacific Accreditation Cooperation) …… (906)
质量体系评定与注册欧洲网络(European Network of Quality System's Evaluation and Registration) …… (1183)
国际标准化组织合格评定委员会(the Eligibility Assessment Committee of International Standardization Orgnization) …… (285)
国际认可论坛(International Accreditation Forum, IAF) …… (294)
国际审核员与培训认证协会(International Auditor and Training Certification Association, IATCA) …… (295)
国际实验室认可合作组织(International Laboratory Accreditation Cooperation Organization) …… (295)
欧洲实验室认可合作组织(European Co-operation for Accreditation of Laboratories) …… (692)
亚太实验室认可合作组织(Asia-Pacific Laboratory Accreditation Cooperation, APLAC) …… (1058)
英国国家认证机构(United Kingdom Accreditation Service, UKAS) …… (1105)
澳大利亚国家实验室认可协会(National Association of Testing Authorities of Australia) …… (3)
德国质量协会(Germany Quality Association) …… (137)
意大利质量标志学会(Italy Qualitative symbol Association) …… (1089)
中国产品质量协会(Products Quality Association of China) …… (1187)
中国质量监督管理协会(China Association For Quality Supervision and Management) …… (1203)
中国电子质量管理协会(China Quality Management Association For Electronics Industry) …… (1188)

〔标准监督法〕

《标准化法》(Standardization Act of China) …… (37)
标准(standard) …… (35)
　标准制定(establishment of standard) …… (39)
　标准实施(enforcement of standard) …… (38)
　标准有效期(standard period of validity) …… (39)
　标准化法制管理体制(the legal administrative system of standardization) …… (38)
　标准档案(standard archives) …… (36)
无公害农产品标志管理(administrative regulations of signs for nuisance free farm products) …… (999)
标准化(standardization) …… (36)
　国家标准化指导性技术文件(Directive Technical Documents of National Standardization) …… (299)
　标准出版管理制度(management system of standard publication) …… (35)
　技术引进和设备进口标准化审查管理制度(review and management mechanism of standardization of introduction of technology and equipment import) …… (449)
　　化学工业技术引进和设备进口标准化审查制度(review mechanism of standardization of import of chemical industrial technology and equipment) …… (391)

信息分类编码标准化(standardization of information classification and coding) …… (1043)
国家实物标准管理(administrative regulations of national material standard) …… (309)
进口机电产品标准化管理(standardization management of imported electromechanical products) …… (499)
机电新产品标准化法审查制度(review mechanism of standardization of new electromechanical products) …… (416)
食品标签标准化(standardization of food label) …… (846)
金银饰品标识管理(management of identification of gold and silver ornaments) …… (493)
军用技术标准(military technical standard) …… (570)
化工产品标准化(standardization of chemical products) …… (391)
国家标准英文版翻译出版管理制度(management system of translation publishing of national standard English version) …… (299)
环境标准(standards for environment) …… (394)
国际标准物质数据库(International Data Bank on Certified Reference Materials) …… (285)
信息系统和服务委员会(committee on information systems and services, INFCO) …… (1044)
国际标准化组织(International Standardization Organization) …… (284)
欧洲电信标准化协会(European Telecommunications Standards Institute) …… (690)
美国国家标准学会(American National Standards Institute) …… (642)
美国国家标准与技术研究院(National Institute of Standard and Technology of U.S.) …… (643)
英国标准化学会(British Standardization Institution) …… (1104)
法国标准化协会(法-Association Francaise de Normalisation) …… (186)
德国标准化协会(Deutsches Institut fur Normung, DIN) …… (129)
日本工业标准委员会(Industrial Standards Committee of Japan) …… (790)
日本规格协会(Standards Association of Japan) …… (792)
中国标准化研究院(China National Institute of Standardization) …… (1186)
全国专业标准化技术委员会(National Technical Committee of Professional Standardization) …… (778)
中国国家标准化管理委员会(China National Standardization Administration Commission) …… (1194)
标准化法律责任(legal responsibility for standardization) …… (37)

〔计量监督法〕

计量法(metrological law) …… (438)
计量(metrology) …… (437)
计量监督(metrological supervision) …… (441)
计量技术规范(regulation of metrological technology) …… (441)
计量管理体制(management system of metrology) …… (439)
计量机构(metrological agency) …… (440)
法定计量单位(legal units of measurement) …… (186)
国际单位制(International System of Units) …… (285)
计量器具(measurement instrument) …… (443)
计量器具新产品(new products of measurement instruments) …… (444)
计量基准器具(primary instrument of measurement) …… (441)
计量标准器具(instrument of standards measurement) …… (438)
计量器具许可证制度(licensing system for measurement instrument) …… (444)
计量器具定型鉴定(design appraisement of measurement instrument) …… (444)
计量器具型式批准(model approval of measurement instrument) …… (444)
计量器具的销售(sale of measurement instruments) …… (444)
计量器具的使用(use of measurement instruments) …… (443)
计量检定(metrological examination and determination) …… (442)

强制计量检定(compulsive metrological verification) …………………………………… (771)
　　计量检定规程(regulatory procedure of metrological examination and determination) …… (442)
　　计量检定系统表(the systemic sheet of metrological verification) …………………… (442)
　计量认证(metrological attestation) ………………………………………………………… (445)
　　单项计量认证(single metrological verification) …………………………………………… (126)
　计量授权(metrological authorization) ……………………………………………………… (445)
　标准物质(standard material) ……………………………………………………………… (39)
　方法标准(method standard) ……………………………………………………………… (201)
　量值传递(the transfer of quantity) ………………………………………………………… (620)
　计量基准的国际比对和检定(the international verification and comparison of the primary standards
　　of metrology) ……………………………………………………………………………… (441)
　样机试验(the test of the sample measuring instruments) ………………………………… (1069)
　计量调解与仲裁检定(measurement mediation and arbitrative examination and determination) …… (445)
　计量法律责任(liability of metrological law) ……………………………………………… (438)

〔环境监督法〕

　环境监督法(environmental supervising law) ……………………………………………… (396)
　环境法(environment law) ………………………………………………………………… (395)
　《环境保护法》(Environmental Protection Act) …………………………………………… (392)
　环境污染(environmental pollution) ………………………………………………………… (399)
　环境监督管理(supervision and management of environment) …………………………… (398)
　环境监督体制(environmental supervising system) ……………………………………… (398)
　环境监督方式(the way of environmental supervising) …………………………………… (397)
　环境权(right of environment) ……………………………………………………………… (399)
　环境监督法律体系(legal system of environmental supervision) ………………………… (396)
　环境保护同经济建设、社会发展相协调的原则(principle of harmonious development between
　　environmental protection, economic construction and social development) ……………… (393)
　预防为主、防治结合原则(Principle of Laying Stress on Prevention and Combining
　　Prevention with Treatment) ……………………………………………………………… (1127)
　奖励综合利用的原则(principle of award of comprehensive utilization) ………………… (478)
　开发者养护、污染者治理的原则(principle of pollution-pays and exploiter-protects) …… (572)
　公众参与的原则(principle of public participation) ……………………………………… (265)
　落后工艺设备限期淘汰制度(system of replacing outdated technology and
　　equipment within the time limit) ………………………………………………………… (631)
　《清洁生产促进法》(Promoting Cleaner Production Act) ………………………………… (776)
　ISO14000环境管理系列标准(ISO14000 Serial Environmental Management Standards) …… (414)
　环境标志(environmental labelling) ………………………………………………………… (394)
　环境规划制度(environmental planning system) ………………………………………… (395)
　环境监测制度(environmental monitoring system) ……………………………………… (396)
　《环境影响评价法》(Environmental Impact Assessment Act) …………………………… (400)
　《水污染防治法》(Water Pollution Prevention and Control Act) ………………………… (859)
　　三同时制度(system of three concurrencies) …………………………………………… (799)
　　许可证制度(licensing system) …………………………………………………………… (1056)
　　排污申报(report of discharge of pollution) ……………………………………………… (695)
　　排污总量控制(total control of discharge capacity of pollutants) ……………………… (695)
　　排污收费制度(system in regard to fees of pollutants discharge) ……………………… (695)
　　排污费(fee for excessive pollutant discharge) …………………………………………… (694)

排污标准(pollution standards) ……………………………………………………… (694)
　　现场检查制度(on-spot inspecting) …………………………………………………… (1008)
　　限期治理制度(eliminating and controlling the pollution on a deadline) …………… (1009)
　　污染事故报告和处理(report of and dealing with accident of pollution) ……………… (999)
　　防止污染转移制度(system of preventing pollution transfer) ………………………… (203)
　　环境保护行政许可听证制度(hearing system of environmental protection Licensing) ……… (394)
　　进口废物原料境外供货企业注册(registration of foreign enterprise supplying importing waste) ………… (498)
　　环境保护科学技术奖励制度(scientific and technological reward system system of
　　　　environmental protection) …………………………………………………………… (393)
　　环境污染治理设施运营资质许可管理(licensing management of qualification for the running of
　　　　environmental pollution control facility) …………………………………………… (400)
　　地方环境质量标准和污染物排放标准备案管理(local environmental standards and pollution
　　　　standards on file) …………………………………………………………………… (139)
　　国家环境保护重点实验室管理(national major laboratory management of environmental protection) ……… (302)
　　国家环境保护工程技术管理中心(national technological management centre of the environmental
　　　　protection project) ………………………………………………………………… (302)
　　《固体废弃物污染环境防治法》(the Act for Environmental Prevention and Control of Solid
　　　　Waste Pollution) …………………………………………………………………… (271)
　　产品和包装强制回收制度(system of compulsory product-and-package reclamation) …………… (62)
　　建设项目环境保护管理(the environmental protection management of construction project) ……… (472)
　　环境污染治理设施运营资质证书(certificate of qualification for the running of environmental
　　　　pollution control facility) …………………………………………………………… (400)
　　噪声污染防治的监督管理(supervision management of prevention and control of pollution of noise)
　　　　………………………………………………………………………………………… (1139)
　　　工业噪声污染防治制度(the institution of prevention and control of pollution of industrial noise) ……… (247)
　　　建筑施工噪声污染防治制度(the institution of prevention and control of noise pollution of construction)
　　　　………………………………………………………………………………………… (476)
　　　交通运输噪声污染防治制度(the institution of prevention and control of noise pollution of traffic) ……… (478)
　　　社会生活噪声污染防治制度(the institution of prevention and control of pollution of noise
　　　　of social activities) ………………………………………………………………… (827)
　　《大气污染防治法》(Atmospheric Pollution Prevention and Control Act) ……………… (123)
　　　国家环境空气质量标准(National Ambient Air Quality Standard) …………………… (303)
　　《海洋环境保护法》(Marine Environment Protection Act) ……………………………… (353)
　　　海洋功能区划(the zoning of marine function) ……………………………………… (353)
　　　海洋自然保护区(marine natural reserve) …………………………………………… (355)
　　　海水水质标准(sea water quality standard) ………………………………………… (352)
　　　海洋倾废许可制度(license system of dumping waste into the sea) ………………… (354)
　　　陆源污染物海洋污染防治制度(Prevention and Control System of Marine Environmental
　　　　Pollution Caused by Land-based Pollutants) …………………………………… (625)
　　《防沙治沙法》(Sand Prevention and Control Act) …………………………………… (201)
　　《防震减灾法》(Earthquake Prevention and Disaster Reduction Act) ………………… (202)

〔消费者监督法〕

　　《消费者权益保护法》(The Law on Protection of Consumer Rights) ………………… (1024)
　　消费者保护法律体系(the system of consumer protection law) ……………………… (1021)
　　消费者保护法的价值(the value of consumer protection law) ………………………… (1021)
　　消费者权益保护立法(consumer protection law) ……………………………………… (1024)

75

消费者保护法的基本原则（basic principle of consumer protection law） …………………… (1020)
消费者问题与消费者运动（consumer problem and consumer movement） ………………… (1024)
消费者主义（consumerism） ……………………………………………………………………… (1025)
消费者权利（consumers' rights） ………………………………………………………………… (1023)
  安全权（right of safty） ……………………………………………………………………… (1)
  知悉真情权（right to learn the truth） …………………………………………………… (1175)
  选择权（right of option） …………………………………………………………………… (1056)
  公平交易权（fair trading right） …………………………………………………………… (255)
  损害赔偿权（right of claim against damage） …………………………………………… (898)
  结社权（right of association） ……………………………………………………………… (482)
  受教育权（right to be educated） …………………………………………………………… (854)
  受尊重权（right to be respected） …………………………………………………………… (854)
  监督权（right of supervision） ……………………………………………………………… (465)
经营者义务（operator' obligation） ……………………………………………………………… (558)
  保证质量义务（compulsory guaranty of quality） ……………………………………… (26)
  受监督义务（obligation to accept supervision） ………………………………………… (854)
  保障安全义务（obligation to ensure security） …………………………………………… (23)
  提供真实信息义务（obligation of disclosing true information） ……………………… (915)
  标明真实名称和标记义务（obligation to indicate authentic name and mark） ……… (34)
  出具购物凭证和服务单据义务（obligation to issue purchasing order for goods or service） …… (108)
  尊重消费者人格权义务（obligation to respect consumer's personality right） ……… (1279)
消费者利益国家保护（the nation protection of consumers' benefits） ……………………… (1022)
消费者组织（consumer organization） …………………………………………………………… (1025)
  国际消费者组织同盟（International Organization of Consumer Union, IOCU） …… (297)
商品服务质量制度（quality system of commodity service） …………………………………… (815)
消费者安全保障法律制度（safety ensure law system of consumer） ………………………… (1020)
产品责任法律制度（the legal system of production quality liabilities） ……………………… (66)
消费合同（consumption contract） ……………………………………………………………… (1017)
商品服务表示（commodity service expression） ……………………………………………… (815)
格式合同（model contract） ……………………………………………………………………… (234)
三包责任（three warranty liabilities after consuming） ………………………………………… (799)
欺诈消费者行为（behavior of cheating consumer） …………………………………………… (721)
消费者保护法律责任（the legal liabilities of consumer protection） ………………………… (1022)
消费者争议与法律救济（consumer argument and legal remedy） …………………………… (1025)

〔涉外经济法律制度〕
〔外贸法〕
〔对外贸易法〕
《对外贸易法》（Foreign Trade Act of China） ………………………………………………… (164)
  对外贸易管理法（foreign trade administration law） …………………………………… (164)
对外贸易（foreign trade） ………………………………………………………………………… (162)
  协定贸易（agreement trade） ……………………………………………………………… (1027)
  无形贸易（invisible trade） ………………………………………………………………… (1002)
  有形贸易（visible trade） …………………………………………………………………… (1122)
  垂直贸易（vertical trade） …………………………………………………………………… (116)
  许可证贸易（licensing trade） ……………………………………………………………… (1056)

总贸易(general trade) ……………………………………………………………… (1271)
　专门贸易(special trade) …………………………………………………………… (1251)
　服务贸易(trade in services) ……………………………………………………… (228)
　直接贸易(direct trade) …………………………………………………………… (1175)
　间接贸易(indirect trade) ………………………………………………………… (464)
　易货贸易(barter trade) …………………………………………………………… (1088)
　寄售贸易(consignment trade) …………………………………………………… (450)
　转手贸易(switch trade) …………………………………………………………… (1253)
　对销贸易(counter trade) ………………………………………………………… (167)
　平行交易(parallel trade) ………………………………………………………… (704)
　补偿贸易(compensation trade) …………………………………………………… (40)
　加工贸易(process trade) …………………………………………………………… (450)
　《海关关于异地加工贸易的管理办法》(Management Measures of Process Trade in Another
　　Place of Customs of the People's Republic of China) ……………………… (350)
对外贸易管理机关(institution of foreign trade administration) ………………… (164)
　对外贸易经济合作部(Ministry of Foreign Economy and Trade Cooperation) … (165)
　中国海事仲裁委员会(China Maritime Arbitration Commission) ……………… (1196)
　中国国际经济贸易仲裁委员会(China International Economic and Trade Arbitration
　　Commission, CIETAC) ………………………………………………………… (1191)
　中国进出口商会(China Chambers of Commerce for Importers and Exporters) … (1197)
　中国医药保健品进出口商会(China Chamber of Commerce of Medical &Health Products
　　Importer & Exporter, CCCMHPIE) ………………………………………… (1201)
　中国五矿化工进出口商会(China Chamber of Commerce of the Five Chief Minerals and Chemicals
　　Importers and Exporters) …………………………………………………… (1201)
　中国轻工工艺品进出口商会(China Chamber of Commerce for Import and Export of Light
　　Industrial Products and Arts-Crafts, CCCLA) ……………………………… (1198)
　中国纺织品进出口商会(简称中国纺织商会)(China Chamber of Commerce For Import and
　　Export of Textiles) …………………………………………………………… (1189)
　中国对外承包工程商会(China International Contractors Association, CHINCA) … (1188)
　中国机电产品进出口商会(China Chamber of Commerce for Import and Export of Machinery
　　and Electronic Products) ……………………………………………………… (1196)
国际经济组织(international economic organization) ……………………………… (289)
　亚太经济合作组织(Asia and Pacific Economic Co-operation, APEC) ………… (1058)
　世界贸易组织(World Trade Organization, WTO) ……………………………… (847)
　联合国贸易与发展会议(United Nations Conference on Trade and Development, UNCTAD) … (616)
　国际商会(The International Chamber of Commerce, ICC) …………………… (294)
最惠国待遇(most-favored-nation treatment) ……………………………………… (1278)
国民待遇(national treatment) ……………………………………………………… (315)
普遍优惠制(generalized system of preference, GSP) …………………………… (705)
歧视待遇(discrimination treatment) ……………………………………………… (721)
优惠待遇(preferential treatment) ………………………………………………… (1112)
无歧视待遇原则(the principle of non-discriminate treatment) ………………… (1001)
对外贸易管制(foreign trade management and control) ………………………… (164)
对外贸易发展基金(funds for foreign trade development) ……………………… (164)
对外贸易促进制度(institution for promotion of foreign trade) ………………… (163)
对外贸易计划(foreign trade plan) ………………………………………………… (165)
对外贸易经营者(foreign trade dealers) …………………………………………… (165)

77

对外贸易经营者备案登记制度(institution on record and register of foreign trade operator) …… (166)
《关于进出口经营资格管理的有关规定》(Statute of Supervisory of Import and Export
　　Management Competence) …… (274)
对外贸易秩序(foreign trade order) …… (167)
对外贸易值(value of foreign trade) …… (166)
对外贸易量(quantum of foreign trade) …… (166)
外贸代理制(foreign trade agency system) …… (958)
　　外贸代理人(foreign trade agency) …… (958)
进口配额制(import quota system) …… (499)
出口配额制(export quota system) …… (108)
出口商品配额招标制度(institutions on quota tendering of export goods) …… (109)
关税同盟(customs unions) …… (274)
自由贸易区(free trade zone) …… (1268)
原产地规则(rules of origin) …… (1132)
进出口货物原产地制度(institutions of rule of origin of import and export goods) …… (496)
灰色区域措施(grey area measure) …… (402)
出口信贷(export credit) …… (109)
　　出口信贷担保制度(export credit guarantee system) …… (109)
数量限制措施(measures of quantity restriction) …… (856)
贸易差额(balance of trade) …… (633)
价格承诺(price promise) …… (453)
国际惯例(international customs) …… (287)
　　国际贸易惯例(international trade customs) …… (292)
贸易术语(trade terms) …… (633)
　　国际贸易术语(international trade terms) …… (293)
《国际贸易术语解释通则2000》(the Interpretation of International Trade Terms 2000) …… (293)
跟单信用证统一惯例(Uniform Customs and Practice for Documentary Letter of Credit) …… (241)
　　假远期信用证(false usance letter of credit) …… (464)
　　循环信用证(revolving letters of credit) …… (1057)
　　背对背信用证(back to back letters of credit) …… (27)
　　备用信用证(stand-by Letters of Credit) …… (27)
溢短装条款(more or less clause) …… (1089)
国际条约(international treaty) …… (297)
货物进出口(imports and exports of goods) …… (412)
进出口货物申报管理制度(administrative institutions of declaration of import and export goods) …… (496)
货物和技术进出口限制(restriction of imports and exports of goods and technology) …… (412)
《货物进出口管理条例》(Regulation of Goods Imports and Exports Management of China) …… (412)
《货物进口许可证管理办法》(Management Measures of Goods Import License) …… (413)
技术进出口(imports and exports of technology) …… (447)
《技术进出口管理条例》(Regulation of Technology Imports and Exports Management of China) …… (448)
技术引进合同中的限制性条款(restrict clause of contract of import of technology) …… (449)
技术引进合同(contract of import of technology) …… (448)
音像制品进口管理制度(institutions on administration of audio-visual products importing) …… (1090)
特许专营(franchise) …… (913)
商品期货交易(commodity futures trading) …… (816)
新贸易壁垒(new trade barrier) …… (1033)
对外贸易壁垒调查制度(institutions on investigation of foreign trade barriers) …… (163)

贸易条件(terms of trade) ……………………………………………………………… (634)
《纺织品被动配额招标实施细则》(Regulations for the Implementation of the Passive
　　Quota Tendering for Textile) ……………………………………………………… (217)
重要工业品进口配额管理(Management of Import Quota of Important Industrial Products) ………… (1236)
《海商法》(Maritime Code of the People's Republic of China) ……………………………… (351)
《对外经济贸易部特派员办事处暂行条例》(Temporary Statute of Ministry of Foreign Economy
　　and Trade Cooperation for Special Office) ……………………………………… (162)
《国际海运条例》(International Shipping Act) …………………………………………… (287)
《国际海运条例实施细则》(Regulations for the Implementation of International Shipping Act) ………… (287)
中美贸易关系协定(Sino-American Agreement on Trade Relationship) ……………………… (1211)
中华人民共和国政府与美利坚合众国政府框架工作协议(Agreement of Frame Works between the
　　Government of the Republic of China and the Government of the United States of America) ………… (1209)
中华人民共和国和古巴共和国1995年贸易议定书(Agreement on Trade of the People's Republic
　　of China and the Republic of Cuba(1995)) ……………………………………… (1205)
中华人民共和国政府和越南社会主义共和国政府边境贸易协定(Protocol on Frontier Trade
　　between the Government of the People's Republic of China and the Government
　　of the Social Republic of Vietnam) ……………………………………………… (1208)
中华人民共和国加入世界贸易组织议定书(Protocal for the access of the WTO of China) ………… (1208)
中国国际贸易促进委员会、对外经济贸易仲裁委员会和海事仲裁委员会与意大利仲裁协会
　　仲裁合作协议(China Council for the Promotion of International Trade, China International Economic
　　and Trade Arbitration Commission and Maritime Arbitration Commission) ………………… (1192)
中国国际贸易促进委员会海事仲裁委员会与社团法人日本海运集会所海事仲裁委员会关于采用
　　仲裁方式解决中日海运争议的议定书(maritime arbitration of China council for the promotion
　　of international trade and corporation of Japan sea transportation gathering place) ………… (1192)
中国国际贸易促进委员会和法兰西共和国全国工业产权局关于解决中法工业产权贸易争议的
　　议定书(Protocol of Solving China and France Industry Property Right Dispute between China
　　Councilfor the Promotion of International Trade and National Industry Property Bureau
　　of Republic of France) …………………………………………………………… (1193)
中国国际贸易促进委员会与瑞典斯德哥尔摩商会协议(Agreement between China
　　Council for the Promotion of International Trade and Sweden Stockholm Chamber of Commerce)
　　……………………………………………………………………………………… (1194)
联合国国际货物买卖合同公约(United Nations Convention on Contracts for the International
　　Sale of Goods, CISG) ……………………………………………………………… (615)
《保护文学和艺术作品伯尔尼公约》(Berne Convention for the Protection of Literary and
　　Artistic Works) ……………………………………………………………………… (11)
《服务贸易总协定》(General Agreement of Trade In Service, GATS) ………………………… (228)
世界版权公约(Universal Copyright Convention) ………………………………………… (847)
《成立世界知识产权组织公约》(Treaty Concerning Establishment of World Intellectual Property
　　Organization, WIPO) ……………………………………………………………… (90)
专利合作条约(patent co-operation treaty) ………………………………………………… (1245)
与贸易有关的知识产权协议(Agreement on Trade-Related Aspects of Intellectual Property
　　Rights, TRIPS) …………………………………………………………………… (1127)
与贸易有关的投资措施协议(Agreement on Trade-Related Investment Measures, TRIMS) ………… (1127)
英国保护贸易利益法(Protect Trade Interests Act of the U.K.) ………………………… (1103)
《海峡两岸经贸协调会与海峡两岸商务协调会调解规则》(Provision on Intermediation between
　　Coordination Committee of Economy and Trade Across the Taiwan Straits and
　　Coordination Committee of Commerce) ………………………………………… (352)

〔进出口商品检验法〕

商品检验制度(commodity inspection system) ……(815)
　检验证书(inspection certificate) ……(468)
　进出口商品检验(inspection of import and export commodities) ……(497)
　进出口商品复验(reinspection of import and export commodities) ……(497)
进出境动植物检疫法(quarantine law of animal and plant of entry and exit) ……(494)
进出境检疫(entry and exit quarantine) ……(495)

〔反倾销法和反补贴法〕

《反倾销条例》(Anti-dumping Regulation) ……(200)
反倾销法(anti-dumping law) ……(199)
　倾销(dumping) ……(773)
　倾销价格(dumping price) ……(774)
　反倾销措施(anti-dumping measures) ……(198)
　倾销幅度(margin of dumping) ……(774)
　反倾销调查(anti-dumping investigation) ……(199)
　同类产品(like product) ……(921)
　反倾销产品范围调整程序的规则(provisions on adjusting process of product scope for
　　　anti-dumping) ……(197)
　国内产业(domestic industry) ……(317)
　产业损害(industry injury) ……(84)
　产业损害调查听证制度(institutions on investigating and hearing of industry injuries) ……(84)
　《反倾销产业损害调查与裁决规定》(the Provisions on the Investigation and Arbitration
　　　of Industry Injuries under Anti-dumping) ……(198)
美国反倾销法律制度(anti-dumping legal system of U.S) ……(641)
欧盟反倾销法律制度(anti-dumping law system of European Union) ……(690)
《反补贴条例》(Anti-subsidiary Regulation) ……(192)
反补贴法(anti-subsidiary law) ……(192)
　补贴(subsidies) ……(41)
　反补贴措施(anti-subsidiary measures) ……(191)
　反补贴税(anti-subsidiary duties) ……(192)
　专向补贴(specific subsidy) ……(1251)
　补贴调查听证会规则(provisions on investigating hearing of subsidy) ……(42)
　《反补贴产业损害调查与裁决规定》(the Provisions on Investigation and Arbitration of
　　　Countervailing Industry Injuries) ……(191)
《保障措施条例》(Safeguard Measure Regulation) ……(25)
　保障措施(safeguard measures) ……(23)
　保障措施产品范围调整程序的规则(provisions on adjusting process of product scope for
　　　safeguard measures) ……(24)
　保障措施调查听证会规则(provisions on investigating hearing of safeguard measures) ……(25)
　保障措施产业损害调查与裁决规定(the provisions on the investigation and arbitration of
　　　industry injuries under safeguard measures) ……(24)

〔外汇法〕

外汇管理条例(regulation of foreign exchange administration) ……(955)
中国国家外汇管理局(China National Administration Bureau for Foreign Exchange) ……(1195)
外汇(foreign exchange) ……(952)

外汇结算账户(settlement account of foreign exchange) ……………………………… (955)
外汇保值条款(clause of inflation-proof) ……………………………………………… (953)
外汇调剂制度(foreign exchange assistance system) ………………………………… (957)
外汇资本准备金(capital reserve of foreign exchange) ……………………………… (957)
外汇呆账准备金(bad debt reserve of foreign exchange) …………………………… (954)
外汇风险(foreign exchange risk) ……………………………………………………… (954)
外汇管理(foreign exchange administration) ………………………………………… (954)
外汇储备(foreign exchange reserve) …………………………………………………… (953)
黄金储备(gold reserve) ………………………………………………………………… (402)
人民币(renminbi) ………………………………………………………………………… (786)
自由兑换货币(free convertible currencies) ………………………………………… (1268)
不能自由兑换货币(unconvertible currency) ………………………………………… (44)
有限制自由兑换货币(restrictive convertible currency) …………………………… (1121)
国际收支统计申报(reporting balance of international payments) ………………… (297)
大额和可疑外汇资金交易报告制度(report system of big-amount and doubtful foreign exchange) ……… (121)
个人外汇管理(management of personal foreign exchange) ………………………… (240)
  居民(residents) ………………………………………………………………………… (568)
  境内居民个人购汇管理(control of purchase of foreign exchange by the domestic individuals) ………… (560)
  个人预结汇汇款(remittance with advance settlement of individual foreign exchange) ……… (241)
  非居民个人外汇管理(foreign exchange control over non-resident individuals) ……… (219)
  境内居民个人购汇管理信息系统(information system for the management of purchase of foreign
    exchanges by domestic individual) ………………………………………………… (561)
合格境外机构投资者境内证券投资外汇管理(management of foreign exchanges used for domestic
  stock investments of Qualified Foreign Institutional Investors) …………………… (369)
保税区外汇管理制度(the system of foreign exchange management of bonded area) ……… (13)
境外投资外汇管理(management of foreign exchanges used for investment in foreign countries) ……… (563)
外汇指定银行(designated bank) ………………………………………………………… (957)
外币代兑机构管理暂行办法(interim regulations for management of foreign exchange agency) ……… (950)
银行外汇牌价(bank foreign exchange quoteprice) …………………………………… (1092)
基准汇价(base exchange price) ………………………………………………………… (420)
外汇贷款(loan of foreign exchange) …………………………………………………… (954)
《机电产品出口专项外汇贷款使用管理办法》(Administrative Regulations on the Using Special
  Foreign Exchange Loans for Export of Machinary and Mechanical and Electrical Product) ……… (415)
非银行金融机构外汇业务(foreign exchange businesses of non-bank financial institutions) ……… (220)
项目贷款(project financing) …………………………………………………………… (1017)
国际商业贷款(international business loan) …………………………………………… (294)
国际金融组织贷款(international finance organization loan) ……………………… (289)
银行外汇业务管理制度(administrative system for banks' foreign exchange business) ……… (1092)
  离岸银行业务管理制度(administrative institution for off-shore banking business) ……… (611)
《中资企业外汇结算账户管理实施细则》(Implementation Rules of the Management of Foreign
  Exchange Settlement Account for Sino-invested Enterprises) ……………………… (1233)
外汇留成制度(foreign exchange retention system) ………………………………… (956)
经常项目外汇(foreign exchange of current account) ……………………………… (502)
资本项目外汇(foreign exchange for capital item) …………………………………… (1254)
经常项目可兑换(current account convertibility) …………………………………… (502)
资本项目可兑换(capital item convertibility) ………………………………………… (1254)
资本和金融项目(capital and financial item) ………………………………………… (1253)

外资银行结汇、售汇及付汇业务实施细则(implementation regarding the transactions for conversion, sales and payment of foreign exchange by foreign invested banks) …… (982)
结汇(settlement of exchange accounts) …… (481)
售汇(sale of foreign exchange) …… (854)
付汇(paying foreign exchange) …… (229)
汇率(exchange rate) …… (403)
人民币汇率制度(renminbi exchange rate system) …… (786)
货币保值条款(clauses of inflation-proof guarantee for currency) …… (409)
套期保值(hedging) …… (909)
外汇市场(foreign exchange market) …… (956)
   外汇市场参与者(participants of foreign exchange market) …… (956)
   即期外汇交易(spot foreign exchange transaction) …… (421)
   远期外汇交易(forward exchange transaction) …… (1135)
   同业拆借市场(inter-bank lending market) …… (921)
银行间外汇市场管理制度(system of inter-banks on market management of foreign exchange) …… (1091)
股指期货制度(the system of Stock Index Futures) …… (269)
金融期货交易(the exchange of financial future) …… (488)
亚洲美元(Asia dollar) …… (1059)
亚洲货币市场(Asian money market) …… (1058)
欧洲货币市场(European monetary market) …… (691)
欧洲货币体系(European monetary system) …… (691)
外汇投机(foreign exchange speculation) …… (957)
套汇行为(arbitrage in foreign exchange) …… (908)
逃汇行为(evasion action of foreign exchange) …… (908)
骗汇行为(cheating action of foreign exchange) …… (696)
货币政策工具(monetary policy instrument) …… (411)
贴现(discount) …… (916)
再贴现(rediscount) …… (1138)
公开市场业务(open market operation) …… (250)
存款准备金制度(reserves against deposit system) …… (118)
基准利率(benchmark rate) …… (420)
再贷款(refinance) …… (1137)
货币供应量(money supply) …… (410)
国际收支(balance of international payment) …… (296)
国际收支平衡表(balance forms of international payments) …… (296)
外债(foreign debts) …… (971)
   外债统计监测(foreign debt statistic and supervision) …… (971)
   对外担保(foreign guarantee) …… (160)
   对外质押(foreign pledge) …… (167)
   对外抵押(foreign mortgage) …… (161)
币值(value of a currency) …… (32)
主币(main currency) …… (1237)
辅币(fractional currency) …… (229)
纪念币(commemorating currency) …… (446)
离岸价格(free on board, FOB) …… (610)
计价货币(pricing currency) …… (437)
判决货币(currency of judgment) …… (696)

纸币本位制(paper currency standard system) …… (1181)
含金量(gold content) …… (356)
国际金本位制(international gold standard system) …… (288)
 金币本位制(gold coin standard system) …… (484)
 金块本位制(gold bullion standard system) …… (485)
 金汇兑本位制(gold exchange standard system) …… (485)
 布雷顿森林体系(Bretton Woods System) …… (45)
国际复兴开发银行(the International Bank for Reconstruction and Development) …… (286)
国际货币基金组织(International Monetary Fund) …… (288)
普遍提款权(ordinary withdrawing right) …… (704)
特别提款权(special drawing right) …… (909)
世界银行集团(World Bank Group, WBG) …… (848)
中国人民银行与俄罗斯联邦中央银行关于边境地区贸易的银行结算协议(agreement of banking settlement for the border trade between People's Bank of China and Central Bank of Russia Federation) …… (1200)

〔外商投资法〕

《指导外商投资方向规定》(provisions on guiding foreign investment direction) …… (1181)
外商投资项目核准管理(authorizing and administration of foreign-invested projects) …… (970)
外商投资商业领域管理(administration of foreign-invested merchandising domain) …… (969)
设立外商投资物流企业(establishment of foreign-invested circulating of material and equipment enterprises) …… (821)
外商投资创业投资企业管理(investment enterprise management of investment and the creation of business by foreign businessman) …… (960)
外商举办投资性公司(establishment of investment company by foreign businessman) …… (959)
外商投资道路运输业管理(invested by foreign businessman of road transport sector) …… (961)
 外商投资铁路货物运输业审批与管理(examination, approval and administration of railway freight transport industry invested by foreigners) …… (969)
外商投资电信企业管理(administration of foreign-invested telecommunications enterprises) …… (961)
外商投资电影院(foreign-invested movie theater) …… (961)
外商投资国际海运业管理(administration of foreign funds for international maritime transportation industry) …… (964)
外商投资国际货物运输代理企业管理(administration of international freight forwarding agency enterprises with foreign investment) …… (964)
外商投资建筑业企业管理制度(administration of foreign-invested construction enterprises by foreign businessman) …… (965)
外商投资民用航空业(foreign-invested civil aviation industry) …… (966)
外商投资租赁公司审批管理(approval and administration of foreign-invested leasing companies) …… (970)
外商投资电力项目(foreign funds invested investment electric power projects by foreign businessman) …… (961)
 外商直接投资电力项目报批程序(process on requisition for approval of foreign-invested electric projects) …… (971)
外资金融机构管理(administration of foreign-funded financial institutions) …… (974)
外资保险公司管理(administration of foreign-funded insurance companies) …… (972)
外商投资农作物种子企业审批和登记管理(examination, approval and registration administration of foreign invested enterprise of crop seeds) …… (966)
设立外资投资研究开发机构(establishment of foreign funds invested research and development organs) …… (822)

83

城市市政公用事业利用外资(city municipality and public utility utilizing foreign funds) …… (100)
外国政府贷款项目采购公司招标(invitation to bid of stocking company of foreign government loan projects) …… (952)
设立中外合资对外贸易公司(establishing foreign trade company funded by chinese and foreign investment) …… (822)
《设立中外合资对外贸易公司试点暂行办法》(Temporary Measures of Experimental Works in Selected Place for Setting Chinese-foreign Joint Company of Foreign Trade) …… (823)
铁路系统中外合资合作项目审批管理(Approval and Administration of Chinese and Foreign Joint Venture Projects in Railway System) …… (920)
中外合作音像制品分销企业管理(business administration of sino-foreign cooperative joint-venture of audio-visual products) …… (1225)
境外投资项目核准管理(authorizing and administration of investment items abroad) …… (564)
　境外投资(abroad investment) …… (563)
《解决各国和其他国家国民之间投资争端的公约》(Convention on the Settlement of Investment Disputes Between States and Nationals of other States) …… (483)
《中华人民共和国和德国关于促进和相互保护投资的协定》(Agreement for the Promotion and Mutual Protection on Investment between China and Germany) …… (1204)
《中华人民共和国和日本关于鼓励和相互保护投资协定》(Agreement for the Encouragement and Mutual Protection on Investment between China and Japan) …… (1206)
《中华人民共和国和英国关于促进和相互保护投资协定》(Agreement for the Promotion and Mutual Protection on Investment between China and the British) …… (1207)
《中华人民共和国和法国关于相互鼓励和保护投资的协定》(Agreement for the Mutual Encouragement and Protection on Investment between China and France) …… (1205)

〔海关法〕
海关法(customs law) …… (349)
海关(customs) …… (349)
海关总署(Customs General Administration of the People's Republic of China) …… (350)
海关监管(customs management and supervision) …… (350)
　保税区海关监管(customs supervision and control of the bonded areas) …… (13)
　口岸电子执法系统(electronic enforcement law system for ports) …… (576)
　加工贸易货物监管(supervision and administration of goods of process trade) …… (450)
　知识产权海关保护(customs protection of intellectual property rights) …… (1174)

辞条汉语拼音索引

A

安全技术防范产品	(1)
安全教育制度	(1)
安全权	(1)
按劳分配	(2)
按生产要素分配方式	(2)
澳大利亚国家实验室认可协会	(3)
澳门房屋税	(3)
澳门继承及赠与税	(4)
澳门所得补充税	(4)
澳门特别行政区税制	(4)
澳门物业转移税	(5)
澳门印花税	(5)
澳门营业税	(5)
澳门职业税	(6)

B

巴西财产税	(7)
巴西个人所得税	(7)
巴西工业产品税	(7)
巴西公司所得税	(7)
巴西金融证券交易税	(7)
巴西商品流通税	(8)
巴西税制	(8)
《白银进口管理暂行办法》	(8)
颁行规范性文件执法	(8)
办理开采黄金矿产批准书管理	(9)
办理外国人商标注册的原则	(9)
半殖民地半封建社会税制	(9)
包上交国家利润	(10)
包完成技术改造任务	(11)
保付	(11)
《保护工业产权巴黎公约》	(11)
《保护文学和艺术作品伯尔尼公约》	(11)
保价运输	(12)
保监会	(12)
保荐人	(12)
保税仓库	(13)
保税区	(13)
保税区海关监管	(13)
保税区外汇管理制度	(13)
保税制度	(14)
保险保障基金	(14)
保险保证金	(14)
保险标的	(14)
保险代理人	(14)
保险代位	(14)
保险代位权	(15)
保险单	(15)
保险单的质押	(15)
保险单的转让	(15)
保险单现金价值	(15)
保险法	(15)
保险费	(16)
保险公估人	(16)
保险公司	(16)
保险公司偿付能力规则	(16)
保险合同	(17)
保险合同的解除	(17)
保险合同的解释	(18)
保险价值	(18)
保险金额	(18)
保险金给付义务	(18)
保险近因原则	(18)
保险经纪人	(18)
保险经营规则	(19)
保险利益原则	(19)
保险凭证	(19)
保险人	(19)
保险人义务	(20)
保险事故	(20)
保险事故发生之通知义务	(20)
保险损失补偿原则	(20)
保险索赔	(20)
保险责任范围	(21)
保险责任准备金	(21)
保险中介人	(22)
保险资金的运用规则	(22)

保险组织	(22)
保险最大诚信原则	(22)
保障安全义务	(23)
保障措施	(23)
保障措施产品范围调整程序的规则	(24)
保障措施产业损害调查与裁决规定	(24)
保障措施调查听证会规则	(25)
《保障措施条例》	(25)
保证	(26)
保证的款式	(26)
保证的效力	(26)
保证金退付危机的特别处理程序	(26)
保证质量义务	(26)
备用信用证	(27)
背对背信用证	(27)
背书	(27)
背书连续	(27)
被保险人	(28)
被审计单位内部控制	(28)
被特许者的权利和义务	(29)
本公司	(29)
本国公司	(29)
本票	(30)
本票出票的款式	(30)
本票出票的效力	(30)
本票的出票	(30)
本票的付款	(31)
本票准用汇票的制度	(31)
本身违法原则	(31)
比较广告	(31)
比质比价采购制度	(31)
币值	(32)
避免重复征税的方法	(32)
边境经济合作区	(32)
边境贸易	(33)
边民互市贸易	(33)
变相传销	(34)
标定地价	(34)
标明真实名称和标记义务	(34)
标准	(35)
标准出版管理制度	(35)
标准档案	(36)
标准化	(36)
《标准化法》	(37)
标准化法律责任	(37)
标准化法制管理体制	(38)
标准实施	(38)

标准物质	(39)
标准有效期	(39)
标准制定	(39)
波兰反垄断法	(39)
渤海生物资源养护制度	(40)
补偿贸易	(40)
补贴	(41)
补贴调查听证会规则	(42)
捕捞限额	(42)
不定值保险	(42)
不景气行业法	(42)
不可抗辩条款规则	(42)
不利法律效果通知义务	(43)
不良贷款	(43)
不能自由兑换货币	(44)
不正当竞争行为	(44)
不正当亏本销售	(44)
不正当有奖销售行为	(44)
不足额保险	(45)
布雷顿森林体系	(45)
部门法交叉说	(46)
部门法跨部门化	(46)
部门经济机关	(47)
部门统计调查	(47)

C

财产保险	(48)
财产保险合同	(48)
财产关系	(48)
财产税法	(48)
财产制裁	(48)
财务报告	(49)
财务报告与会计账册制度	(49)
财务公司	(50)
财务会计处理制度	(50)
财政部	(51)
采购价格监督制度	(52)
采矿权	(52)
参加承兑	(52)
参加付款	(52)
参与性调整	(53)
残缺污损人民币兑换	(53)
操纵价格	(53)
草原	(54)
草原保护	(54)
草原承包	(54)

草原的临时调剂	(55)	产品质量责任	(76)
草原法	(55)	产品质量仲裁检验	(77)
草原防火	(55)	产品资料	(77)
草原规划制度及其相关制度	(56)	产权代表制	(78)
草原监督检查	(57)	产权界定	(78)
草原建设制度	(57)	产业	(79)
草原利用	(57)	产业布局	(80)
草原牧业发展规划制度	(58)	产业布局政策	(80)
草原权益	(58)	产业发展战略	(81)
草原权属	(58)	产业关联	(81)
草原征用	(59)	产业技术政策	(81)
草原自然保护区	(59)	产业结构	(81)
查禁传销及变相传销活动	(59)	产业结构合理化	(83)
查询、冻结和扣划存款	(59)	产业生命周期理论	(83)
差别待遇	(60)	产业损害	(84)
产品包装	(60)	产业损害调查听证制度	(84)
产品标识	(60)	产业调节法	(84)
产品出口企业	(61)	产业调整援助政策	(85)
产品防伪	(62)	产业政策	(85)
产品和包装强制回收制度	(62)	产业指导目录	(86)
产品、劳务定价权	(62)	产业组织	(86)
产品免于质量监督检查	(62)	产业组织理论	(86)
产品缺陷	(63)	长期投资清查	(87)
产品税	(63)	厂长	(87)
产品瑕疵	(64)	厂长的产生方式	(87)
产品瑕疵担保责任	(65)	厂长的离任	(87)
产品销售权	(65)	厂长的职权	(87)
产品责任	(66)	超额保险	(88)
产品责任法律制度	(66)	超额用水累进加价制度	(88)
产品质量	(67)	超高定价	(88)
产品质量标准	(67)	超经济强制交易行为	(88)
产品质量法	(68)	车船使用牌照税	(89)
产品质量国家监督抽查	(68)	车船使用税	(89)
产品质量监督	(69)	车辆购置税	(89)
产品质量监督检查	(70)	《车辆购置税暂行条例》	(89)
产品质量检验机构	(70)	《成立世界知识产权组织公约》	(90)
产品质量鉴定	(71)	承包经营合同的变更和解除	(90)
产品质量认证	(71)	承包经营合同纠纷	(90)
产品质量认证标志	(72)	承包经营合同条款	(90)
产品质量认证机构	(72)	承包经营权	(91)
产品质量认证机构的认可	(73)	承包经营责任制	(91)
产品质量认证检验机构	(73)	承兑	(92)
产品质量认证认可机构	(74)	承兑的款式	(92)
产品质量认证委员会	(74)	承兑的效力	(92)
产品质量认证证书	(75)	承销团	(92)
产品质量申诉	(75)	承运人对旅客的责任	(93)
产品质量义务	(76)	承运人责任的免除或者减轻	(93)

承租方	(93)
诚实信用原则	(94)
《城市房地产管理法》	(94)
城市房地产税	(94)
城市房屋拆迁补偿安置	(94)
城市房屋拆迁管理制度	(95)
城市供水水质管理	(95)
城市规划	(96)
城市规划的编制	(97)
城市规划的审批	(97)
城市规划的实施	(97)
《城市规划法》	(98)
城市规划法律制度	(98)
城市规划管理体制	(98)
城市化	(98)
城市居民最低生活保障制度	(99)
城市市政公用事业利用外资	(100)
城市维护建设税	(100)
城市信用社	(100)
城乡集市贸易	(101)
城乡集市贸易管理	(101)
城乡集市贸易行政主管部门	(101)
城乡建设法	(101)
城乡劳动者个体经济	(102)
城镇集体企业清产核资资产价值重估制度	(102)
城镇集体所有制企业	(103)
城镇集体所有制企业、单位清产核资制度	(103)
城镇集体所有制企业的权利	(103)
城镇集体所有制企业的义务	(104)
城镇集体所有制企业法	(104)
城镇土地使用税	(104)
《城镇土地使用税暂行条例》	(104)
惩罚性赔偿	(104)
驰名商标	(105)
驰名商标保护	(105)
驰名商标淡化行为	(106)
持续经营	(106)
持续经营假设	(106)
持续信息公开	(106)
冲突解决机制	(107)
重叠征税	(107)
重复保险	(108)
重复征税	(108)
出境旅游领队人员管理	(108)
出具购物凭证和服务单据义务	(108)
出口卡特尔	(108)
出口配额制	(108)
出口商品配额招标制度	(109)
出口信贷	(109)
出口信贷担保制度	(109)
出票	(110)
出入境粮食和饲料检验检疫制度	(110)
出资	(111)
出资比例	(111)
出资方式	(111)
出资期限	(112)
出资人资格	(113)
出资与股份转让	(113)
出租方	(113)
储蓄存款	(113)
储蓄存款原则	(114)
储蓄业务	(114)
处方药与非处方药	(114)
处方药与非处方药的经营	(114)
传销	(115)
《传销管理办法》	(115)
船舶吨税	(115)
串通招标投标行为	(115)
垂直贸易	(116)
村镇建筑工匠从业资格管理制度	(116)
存单	(117)
存款保险公司	(117)
存款法律责任	(117)
存款合同	(118)
存款准备金制度	(118)

D

搭便车行为	(120)
搭售	(120)
大额和可疑外汇资金交易报告制度	(121)
大额现金支付登记备案制度	(122)
大额现金支付管理	(122)
大陆法系国家经济法理论	(123)
《大气污染防治法》	(123)
代理记账	(124)
《代收货价邮件协定》	(124)
贷款	(125)
贷款的种类	(125)
贷款管理制度	(126)
单税制	(126)
单位存款	(126)
单项计量认证	(126)
单一来源采购	(126)

条目	页码	条目	页码
单一税制	(127)	电力科学技术奖励	(145)
导游人员	(127)	电力设施保护	(145)
导游人员等级考核制度	(128)	电力设施保护区	(146)
盗伐森林和林木	(128)	电力生产与电网管理	(146)
道路货运经营管理制度	(128)	电力市场监管	(146)
道路客运经营管理制度	(129)	电力市场准入制度	(146)
德国标准化协会	(129)	电信服务质量监督制度	(147)
德国《反不正当竞争法》	(130)	电信建设管理制度	(147)
德国《反对限制竞争法》	(130)	电信业务经营许可证管理制度	(148)
德国房地产税	(131)	电业权	(149)
德国个人所得税	(131)	电子代理人	(150)
德国工商营业税	(132)	电子合同	(150)
德国公司所得税	(132)	电子货币	(150)
德国关税	(132)	电子签名	(150)
德国教会税	(133)	电子商务	(150)
德国进口增值税	(133)	电子商务法	(150)
《德国经济稳定与增长促进法》	(133)	电子商务认证	(151)
《德国民法典》	(134)	电子商务认证机构	(151)
德国票据法	(134)	《电子商务示范法》	(151)
德国企业法	(134)	电子数据交换商务	(151)
《德国商标法》	(135)	电子支付	(151)
德国社会保险税	(135)	电子专利申请制度	(151)
德国税务代理制度	(135)	电子资金划拨	(152)
德国税制	(135)	店堂广告	(152)
德国消费税	(136)	调拨	(153)
德国遗产与赠与税	(137)	定额保险	(153)
德国增值税	(137)	定额管理制度	(153)
德国质量协会	(137)	定期死亡保险	(153)
低价倾销行为	(138)	定值保险	(153)
诋毁竞争对手	(138)	董事	(154)
抵制	(139)	董事、经理的责任	(154)
地方环境质量标准和污染物排放标准备案管理	(139)	董事会	(155)
地方统计调查	(140)	董事会的职权	(156)
地籍调查	(140)	动物资源管理	(157)
地面第三责任	(140)	独家交易协议	(157)
地区封锁行为	(140)	独立董事制度	(157)
地权限制	(141)	独立审计准则	(158)
地域卡特尔	(141)	对比广告	(159)
地质勘查资质注册登记	(141)	《对储蓄存款利息所得征收个人所得税的实施办法》	(159)
递延资产清查	(142)	对价	(159)
第二次世界大战后相对稳定阶段的经济法	(142)	对旧国民经济改造阶段的经济法	(159)
缔约时条款内容说明义务	(143)	对商品质量作引人误解的虚假表示	(160)
电价与电费	(143)	对外担保	(160)
电力法	(143)	对外抵押	(161)
电力供应与电力使用	(144)	对外合作开采海洋石油资源管理	(161)
电力建设制度	(144)	《对外经济贸易部特派员办事处暂行条例》	(162)

对外贸易 …………………………… (162)
对外贸易壁垒调查制度 ……………… (163)
对外贸易促进制度 …………………… (163)
对外贸易发展基金 …………………… (164)
《对外贸易法》 ……………………… (164)
对外贸易管理法 ……………………… (164)
对外贸易管理机关 …………………… (164)
对外贸易管制 ………………………… (164)
对外贸易计划 ………………………… (165)
对外贸易经济合作部 ………………… (165)
对外贸易经营者 ……………………… (165)
对外贸易经营者备案登记制度 ……… (166)
对外贸易量 …………………………… (166)
对外贸易值 …………………………… (166)
对外贸易秩序 ………………………… (167)
对外质押 ……………………………… (167)
对象说 ………………………………… (167)
对销贸易 ……………………………… (167)

E

《俄罗斯关于竞争和在商品市场限制垄断
　　活动的法律》 …………………… (169)
俄罗斯联邦财产继承或赠与税 ……… (169)
俄罗斯联邦地下资源使用税 ………… (170)
俄罗斯联邦关税 ……………………… (170)
俄罗斯联邦矿物原料基地再生产税 … (171)
俄罗斯联邦林业税 …………………… (172)
俄罗斯联邦企业和组织财产税 ……… (172)
俄罗斯联邦企业和组织利润(收入)税 … (173)
俄罗斯联邦水资源税 ………………… (174)
《俄罗斯联邦税收法典》 …………… (174)
俄罗斯联邦税务警察机关 …………… (175)
俄罗斯联邦税制 ……………………… (175)
俄罗斯联邦土地税 …………………… (176)
俄罗斯联邦消费税 …………………… (177)
俄罗斯联邦销售税 …………………… (178)
俄罗斯联邦增值税 …………………… (178)
俄罗斯联邦自然环境污染税 ………… (179)
俄罗斯联邦自然人财产税 …………… (179)
俄罗斯联邦自然人所得税 …………… (180)
《俄罗斯商品商标、服务商标和商品
　　原产地名称法》 ………………… (181)
恶意抢注域名 ………………………… (181)

F

发包方 ………………………………… (183)
发明人与设计人 ……………………… (183)
《发票管理办法》 …………………… (183)
发行人 ………………………………… (184)
发行审核委员会 ……………………… (184)
发展权 ………………………………… (185)
法的经济分析方法 …………………… (185)
法的社会化 …………………………… (185)
法定计量单位 ………………………… (186)
法定资本制 …………………………… (186)
法定最低偿付能力 …………………… (186)
法国标准化协会 ……………………… (186)
法国登记税 …………………………… (186)
法国地产税 …………………………… (186)
法国个人所得税 ……………………… (187)
法国公平交易法 ……………………… (187)
法国公司车辆税 ……………………… (187)
法国公司所得税 ……………………… (187)
法国经济法思想 ……………………… (187)
法国票据法 …………………………… (188)
法国企业法 …………………………… (188)
法国商标法 …………………………… (189)
法国消费税 …………………………… (189)
法国遗产税 …………………………… (189)
法国增值税 …………………………… (189)
法律授权经济执法 …………………… (189)
法体制理论 …………………………… (190)
法域三分说 …………………………… (191)
《反补贴产业损害调查与裁决规定》 … (191)
反补贴措施 …………………………… (191)
反补贴法 ……………………………… (192)
反补贴税 ……………………………… (192)
《反补贴条例》 ……………………… (192)
反不正当竞争法 ……………………… (193)
反不正当竞争法的一般条款 ………… (194)
反不正当竞争法律制度 ……………… (195)
反垄断法 ……………………………… (195)
反垄断法律制度 ……………………… (196)
反垄断法适用除外 …………………… (196)
反垄断法域外适用 …………………… (196)
反垄断执法机构 ……………………… (197)
反倾销产品范围调整程序的规则 …… (197)
《反倾销产业损害调查与裁决规定》 … (198)
反倾销措施 …………………………… (198)

反倾销调查 …………………………（199）
反倾销法 ……………………………（199）
反倾销关税 …………………………（200）
《反倾销条例》………………………（200）
方法标准 ……………………………（201）
方法论说 ……………………………（201）
《防洪法》……………………………（201）
《防沙治沙法》………………………（201）
防伪技术产品 ………………………（202）
《防震减灾法》………………………（202）
防止污染转移制度 …………………（203）
房产管理机构 ………………………（203）
房产权属登记 ………………………（203）
房产税 ………………………………（203）
房地产 ………………………………（204）
房地产按揭 …………………………（204）
房地产成交价格申报制度 …………（204）
房地产抵押 …………………………（204）
房地产法 ……………………………（204）
房地产费 ……………………………（205）
房地产估价师执业资格 ……………（205）
房地产估价师注册管理制度 ………（206）
房地产管理法律制度 ………………（207）
房地产价格评估机构等级管理制度 …（208）
房地产价格评估制度 ………………（209）
房地产交易 …………………………（209）
房地产交易所 ………………………（210）
房地产经纪人执业资格 ……………（210）
房地产开发 …………………………（210）
房地产开发经营企业交费登记卡 …（211）
房地产开发企业 ……………………（211）
房地产开发企业资质 ………………（212）
房地产评估 …………………………（213）
房地产市场 …………………………（213）
房地产所有权 ………………………（213）
房地产相邻权 ………………………（213）
房地产信贷业务管理 ………………（213）
房地产业 ……………………………（214）
房地产中介服务 ……………………（214）
房地产中介服务机构 ………………（215）
房地产转让 …………………………（215）
房屋重置价格 ………………………（215）
房屋转租 ……………………………（215）
房屋租赁 ……………………………（216）
房屋租赁合同 ………………………（216）
仿冒 …………………………………（216）
仿冒知名商品特有的名称、包装、
　　装潢的行为 ……………………（216）
《纺织品被动配额招标实施细则》……（217）
非常时期价格干预制度 ……………（217）
非法传销 ……………………………（218）
非法制造、销售非法制造的注册
　　商标标识罪 ……………………（218）
非关税壁垒 …………………………（218）
非禁止垄断法中心论 ………………（219）
非居民个人外汇管理 ………………（219）
非银行金融机构 ……………………（219）
非银行金融机构外汇业务 …………（220）
非职务发明创造 ……………………（221）
非转让背书 …………………………（221）
非自愿失业 …………………………（222）
肥料登记管理制度 …………………（222）
费用 …………………………………（223）
分工分业机能 ………………………（223）
分公司 ………………………………（224）
分类所得税制 ………………………（224）
分类综合所得税制 …………………（224）
分配制度 ……………………………（224）
分税制 ………………………………（225）
分项授权 ……………………………（225）
分析性复核 …………………………（226）
分业经营规则 ………………………（226）
风景名胜区建设管理 ………………（227）
风险管理 ……………………………（227）
封闭式基金 …………………………（227）
封闭型投资基金 ……………………（227）
封建社会税制 ………………………（228）
服务价格 ……………………………（228）
服务贸易 ……………………………（228）
《服务贸易总协定》…………………（228）
辅币 …………………………………（229）
付汇 …………………………………（229）
付款 …………………………………（229）
负税人 ………………………………（229）
负债 …………………………………（230）
附条件交易 …………………………（230）
附赠 …………………………………（230）
复合税制 ……………………………（230）
复式记账法 …………………………（231）
复税制 ………………………………（231）

G

甘草、麻黄草专营 …………………（232）
岗位责任制 …………………………（232）

《港口经营管理规定》	(233)	公路	(251)
高级会计师	(234)	《公路法》	(251)
高新技术产业开发区	(234)	公路法律责任	(252)
高新技术中小企业	(234)	公路附属设施	(253)
格式合同	(234)	公路工程监理	(253)
个人保险组织	(235)	公路规费	(253)
个人储蓄性养老保险	(235)	公路规划	(254)
个人独资企业	(235)	公路监督检查	(254)
个人独资企业的解散	(236)	公路建设	(254)
个人独资企业的清算	(236)	公路建设用地	(254)
个人独资企业的权利	(236)	公路交通标志	(254)
个人独资企业的设立	(236)	公路绿化	(254)
个人独资企业的义务	(237)	公路赔偿和补偿	(254)
《个人独资企业法》	(237)	公路养护	(255)
个人独资企业分支机构	(238)	公路用地	(255)
个人独资企业事务管理	(238)	公平交易权	(255)
个人收入调节税	(238)	公示催告程序	(255)
个人所得税	(239)	公司	(255)
《个人所得税法》	(239)	公司并购	(256)
《个人所得税法实施条例》	(240)	公司的合并	(256)
个人外汇管理	(240)	公司的解散	(256)
个人预结汇汇款	(241)	公司的清算	(256)
个体工商户	(241)	公司的设立	(257)
跟单信用证统一惯例	(241)	公司的社会责任	(257)
耕地保护制度	(242)	公司登记	(257)
耕地占用补偿制度	(242)	公司发起人的责任	(258)
耕地占用税	(242)	公司法	(258)
耕地总量动态平衡	(242)	公司法上的情报技术利用	(259)
工厂企业制度	(242)	公司股东	(259)
工伤保险	(243)	公司股份	(260)
工商税	(244)	公司企业制度	(260)
工商统一税	(244)	公司权利能力	(260)
工商行政管理机关	(244)	公司人格否认	(261)
工商行政管理所	(245)	公司行为能力	(261)
工商业税	(245)	公司型基金	(261)
工商业所得税	(246)	公司章程	(262)
工业产品生产许可	(246)	公司治理结构	(262)
工业产权	(247)	公司资本	(263)
工业噪声污染防治制度	(247)	公益信托	(263)
工资	(247)	公用企业限制竞争的行为	(264)
工资、奖金分配权	(248)	公用事业	(264)
工资和奖金分配制度	(248)	公有制	(264)
工资总额与经济效益挂钩	(249)	公众参与的原则	(265)
工作时间	(249)	功能说	(265)
公布统计资料	(250)	共同保险	(265)
公开市场业务	(250)	共同发明人、设计人	(265)
公开招标采购	(251)	股东的责任	(266)

股东会 … (266)	国防专利 … (282)
股东权 … (267)	国防专利的管理和保护 … (283)
股份有限公司 … (267)	国防专利的实施 … (283)
股份有限公司股份的转让 … (268)	国防专利的授予制度 … (284)
股份制银行 … (268)	国防专利的转让 … (284)
股票 … (268)	国际标准化组织 … (284)
股票发行 … (269)	国际标准化组织合格评定委员会 … (285)
股票发行人 … (269)	国际标准物质数据库 … (285)
股指期货制度 … (269)	国际单位制 … (285)
固定资产管理制度 … (270)	国际反垄断法 … (286)
固定资产投资方向调节税 … (271)	国际复兴开发银行 … (286)
《固定资产投资方向调节税暂行条例》 … (271)	国际惯例 … (287)
《固定资产投资方向调节税暂行条例实施细则》 … (271)	《国际海运条例》 … (287)
《固体废弃物污染环境防治法》 … (271)	《国际海运条例实施细则》 … (287)
挂失止付 … (272)	国际航空运输承运人的赔偿责任 … (288)
关联企业 … (272)	国际货币基金组织 … (288)
关税 … (273)	国际金本位制 … (288)
关税壁垒 … (274)	国际金融组织贷款 … (289)
关税合作理事会 … (274)	国际经济组织 … (289)
关税税则 … (274)	国际会计准则 … (289)
关税同盟 … (274)	国际会计准则委员会 … (290)
《关于进出口经营资格管理的有关规定》 … (274)	国际劳工公约 … (291)
《关于进一步扩大国营工业企业自主权的暂行规定》 … (275)	国际劳工组织 … (292)
《关于扩大国营工业企业经营管理自主权的若干规定》 … (275)	国际贸易惯例 … (292)
《关于入境旅客行李物品和个人邮递物品征收进口税办法》 … (275)	国际贸易术语 … (293)
《关于税收管理体制的规定》 … (275)	《国际贸易术语解释通则 2000》 … (293)
《关于信托的准据法与承认信托的公约》 … (276)	国际民用航空组织 … (293)
《关于增强大中型国营企业活力若干问题的暂行规定》 … (276)	国际认可论坛 … (294)
管理建议书 … (277)	国际商会 … (294)
广播电视节目制作经营管理 … (277)	国际商业贷款 … (294)
广告代理 … (277)	国际审核员与培训认证协会 … (295)
广告发布者 … (277)	国际审计准则 … (295)
《广告法》 … (278)	国际实验室认可合作组织 … (295)
广告服务收费管理 … (278)	国际收支 … (296)
《广告行业公平竞争自律守则》 … (279)	国际收支平衡表 … (296)
广告监测 … (279)	国际收支统计申报 … (297)
广告经营者 … (280)	国际条约 … (297)
广告显示屏 … (281)	国际消费者组织同盟 … (297)
广告语言文字管理 … (281)	《国际域名争议统一解决政策》 … (298)
广告主 … (282)	《国际植物新品种保护公约》 … (298)
规定限价 … (282)	国家标准化指导性技术文件 … (299)
规制性竞争 … (282)	国家标准英文版翻译出版管理制度 … (299)
	国家储备粮库建设项目招标管理 … (300)
	国家储备粮库项目建设资金管理 … (300)
	国家储备烟叶 … (301)
	国家股 … (301)

国家国有资产管理局清产核资中
　　不良资产处置 …………………… (301)
国家环境保护工程技术管理中心 …… (302)
国家环境保护重点实验室管理 ……… (302)
国家环境空气质量标准 ……………… (303)
国家货币出入境限额管理制度 ……… (304)
国家级自然保护区 …………………… (304)
国家价格总水平调控制度 …………… (304)
国家建设用地 ………………………… (305)
国家经济安全 ………………………… (305)
国家经济机关 ………………………… (305)
国家经济主权 ………………………… (306)
国家救灾备荒种子储备贷款贴息资金 … (306)
国家垄断阶段的经济法 ……………… (307)
国家旅游度假区 ……………………… (308)
国家审计 ……………………………… (308)
国家审计监督原则 …………………… (309)
国家审计准则 ………………………… (309)
国家实物标准管理 …………………… (309)
国家实验动物种子中心 ……………… (310)
国家双重身份 ………………………… (311)
国家税务总局 ………………………… (311)
国家所有权 …………………………… (311)
国家统计调查 ………………………… (312)
国家统计调查证 ……………………… (312)
国家统计管理体制 …………………… (313)
国家统计信息自动化 ………………… (313)
国家投资土地开发整理项目竣工验收 … (313)
国家投资土地开发整理项目实施管理 … (314)
国家土地所有权 ……………………… (315)
国家外汇管理局 ……………………… (315)
国民待遇 ……………………………… (315)
国民经济体系化 ……………………… (316)
国民经济运行法 ……………………… (316)
国内产业 ……………………………… (317)
国内贸易标准化体系建设专项资金 … (317)
国内贸易行业标准 …………………… (318)
国土资源标准化管理 ………………… (318)
国土资源科技成果管理 ……………… (319)
国土资源科技项目管理 ……………… (320)
国土资源听证制度 …………………… (321)
国土资源音像资料管理 ……………… (322)
《国务院关于实行分税制财政管理
　　体制的决定》 …………………… (322)
国务院国家发展和改革委员会 ……… (323)
国务院机构改革 ……………………… (324)
《国营工厂厂长工作暂行条例》 ……… (324)
《国营工业企业工作条例(草案)》 …… (325)
《国营工业企业暂行条例》 …………… (325)
《国营工业企业职工代表大会暂行条例》 …… (325)
国营企业 ……………………………… (325)
国有草原资源管理 …………………… (326)
国有独资公司 ………………………… (326)
国有非经营性资产转经营性资产管理 … (326)
《国有工业企业物资采购管理暂行规定》 … (327)
国有股股东认购上市公司配股制度 … (327)
国有股权 ……………………………… (328)
国有股权界定 ………………………… (329)
国有股权控股 ………………………… (329)
国有化 ………………………………… (329)
国有化的补偿 ………………………… (330)
国有矿产资源管理 …………………… (331)
国有企业 ……………………………… (332)
国有企业不良资产清理 ……………… (333)
国有企业厂长的责任 ………………… (334)
国有企业的义务 ……………………… (334)
国有企业法 …………………………… (334)
国有企业经营权 ……………………… (335)
国有企业行为 ………………………… (335)
国有森林资源产权管理 ……………… (336)
国有森林资源管理 …………………… (336)
国有土地 ……………………………… (337)
国有土地登记 ………………………… (337)
国有土地使用权 ……………………… (337)
国有土地使用权出让 ………………… (338)
国有土地使用权出租 ………………… (338)
国有土地使用权抵押 ………………… (338)
国有土地使用权转让 ………………… (338)
国有土地有偿使用 …………………… (338)
国有专业银行 ………………………… (338)
国有资产 ……………………………… (339)
国有资产保值增值考核 ……………… (339)
国有资产产权登记 …………………… (340)
国有资产产权登记档案管理制度 …… (341)
国有资产产权纠纷 …………………… (341)
国有资产监督管理机构 ……………… (342)
国有资产监督管理机构的设立 ……… (342)
国有资产流失 ………………………… (343)
国有资产流失查处制度 ……………… (343)
国有资产评估 ………………………… (344)
国有资产评估的条件 ………………… (344)
国有资产评估违法行为处罚制度 …… (345)
国有资产评估项目备案制 …………… (345)
国有资产评估项目抽查 ……………… (346)

国有资产评估项目核准的管理 …… (346)
国有资产收益 …… (347)
国有资产收益收缴的管理 …… (347)
国有资产授权经营 …… (347)
国有资产占有单位 …… (348)
过错责任 …… (348)

H

海关 …… (349)
海关法 …… (349)
海关估价 …… (349)
《海关关于异地加工贸易的管理办法》 …… (350)
海关稽查 …… (350)
海关监管 …… (350)
海关总署 …… (350)
《海商法》 …… (351)
《海上交通安全法》 …… (351)
海水水质标准 …… (352)
《海峡两岸经贸协调会与海峡两岸商务
　协调会调解规则》 …… (352)
海洋赤潮信息管理 …… (352)
海洋功能区划 …… (353)
《海洋环境保护法》 …… (353)
海洋倾废许可制度 …… (354)
海洋行政处罚实施 …… (355)
海洋资源管理 …… (355)
海洋自然保护区 …… (355)
海域使用申请审批 …… (355)
含金量 …… (356)
韩国财产税 …… (356)
韩国个人所得税 …… (356)
韩国公司所得税 …… (358)
韩国国防税 …… (359)
韩国国家产业技术政策 …… (359)
韩国教育税 …… (359)
韩国税制 …… (360)
韩国特别消费税 …… (360)
《韩国限制垄断和公平交易法》 …… (361)
韩国乡村发展特别税 …… (361)
韩国遗产税 …… (361)
韩国印花税 …… (362)
韩国增值税 …… (363)
韩国赠与税 …… (363)
韩国证券交易税 …… (364)
韩国政府采购制度 …… (364)
行业价格自律 …… (365)
行业垄断 …… (365)
行业协会 …… (365)
航空货运单 …… (366)
航空快递 …… (366)
航空器 …… (366)
航空人员 …… (366)
合并 …… (366)
合格境内机构投资者机制 …… (367)
合格境外机构投资者机制 …… (368)
合格境外机构投资者境内证券投资
　外汇管理 …… (369)
合伙企业 …… (369)
合伙企业财产 …… (370)
合伙企业的清算 …… (370)
合伙企业的收益 …… (370)
《合伙企业法》 …… (370)
合伙企业解散 …… (371)
合伙人的出资 …… (372)
合伙协议 …… (372)
合理化卡特尔 …… (372)
合理期待解释规则 …… (372)
合理原则 …… (373)
合资财务公司 …… (373)
合资铁路与地方铁路行车安全管理制度 …… (373)
合作银行 …… (374)
河道采砂许可制度 …… (374)
河道管理制度 …… (374)
核材料管制 …… (375)
核能法 …… (375)
核能矿业权 …… (375)
核能政府规制主体制度 …… (376)
横向合并 …… (376)
哄抬价格 …… (377)
宏观经济运行 …… (377)
宏观经济政策 …… (377)
宏观竞争 …… (378)
宏观调控 …… (378)
宏观调控的对象和目标 …… (378)
宏观调控的模式 …… (378)
宏观调控法 …… (379)
宏观调控法的原则 …… (380)
宏观调控法的作用 …… (381)
宏观调控法立法 …… (381)
宏观调控法律关系 …… (383)
宏观调控法律关系客体 …… (384)
宏观调控法律关系内容 …… (384)
宏观调控法律关系主体 …… (385)

词条	页码
宏观调控权	(385)
宏观调控手段	(386)
宏观调控与市场机制相结合原则	(386)
后手	(387)
互联网上网服务营业场所连锁经营管理	(387)
户外广告	(388)
化肥、农药、农膜专营	(388)
化肥购销制度	(389)
化肥价格制度	(389)
化肥进口关税配额管理	(389)
化肥进口制度	(390)
化肥进口组织管理制度	(390)
化肥流通体制	(390)
化肥优惠制度	(391)
化工产品标准化	(391)
化学工业技术引进和设备进口标准化审查制度	(391)
化妆品广告	(391)
划分市场	(392)
划线	(392)
《环境保护法》	(392)
环境保护科学技术奖励制度	(393)
环境保护同经济建设、社会发展相协调的原则	(393)
环境保护行政许可听证制度	(394)
环境标志	(394)
环境标准	(394)
环境法	(395)
环境规划制度	(395)
环境监测制度	(396)
环境监督法	(396)
环境监督法律体系	(396)
环境监督方式	(397)
环境监督管理	(398)
环境监督体制	(398)
环境权	(399)
环境污染	(399)
环境污染治理设施运营资质许可管理	(400)
环境污染治理设施运营资质证书	(400)
《环境影响评价法》	(400)
黄河水权转换管理	(401)
黄金储备	(402)
灰色区域措施	(402)
回扣	(403)
汇兑	(403)
汇率	(403)
汇票	(404)
汇票保证	(405)
汇票承兑的程序	(405)
汇票出票	(405)
汇票的到期日	(406)
汇票的复本	(406)
汇票的誊本	(406)
汇票的追索权	(406)
汇票付款	(406)
汇票付款的程序	(406)
汇票追索权的客体	(407)
汇票追索权的行使要件	(407)
汇票追索权的主体	(408)
汇票追索权行使的效力	(408)
毁林行为	(408)
混合合并	(409)
混合所有制经济	(409)
货币保值条款	(409)
货币分流机能	(410)
货币供应量	(410)
货币关系调整机制	(410)
货币计量与币值稳定假设	(410)
货币政策工具	(411)
货币政策委员会	(411)
货物和技术进出口限制	(412)
货物进出口	(412)
《货物进出口管理条例》	(412)
《货物进口许可证管理办法》	(413)
货物税	(413)
货物运输保险	(413)
货源标记	(413)

I

词条	页码
ISO14000 环境管理系列标准	(414)

J

词条	页码
机电部国有资产评估管理制度	(415)
《机电产品出口专项外汇贷款使用管理办法》	(415)
机电新产品标准化法审查制度	(416)
机构投资者	(416)
基本草原	(416)
基本经济关系调整机制	(416)
基本经济权限	(417)
基本农田保护制度	(417)
基本养老保险制度	(418)

基本养老金	(418)	计划制定	(436)
基础设施理论	(419)	计价货币	(437)
基金发起人	(419)	计量	(437)
基金份额持有人	(419)	计量标准器具	(438)
基金管理人	(419)	计量法	(438)
基金托管人	(420)	计量法律责任	(438)
基准地价	(420)	计量管理体制	(439)
基准汇价	(420)	计量管理制度	(440)
基准利率	(420)	计量机构	(440)
即期外汇交易	(421)	计量基准的国际比对和检定	(441)
疾病保险	(421)	计量基准器具	(441)
集成电路布图设计专用权	(422)	计量技术规范	(441)
集成电路布图设计专用权的限制	(422)	计量监督	(441)
集成说	(422)	计量检定	(442)
集贸市场	(423)	计量检定规程	(442)
集体合同	(423)	计量检定系统表	(442)
集体科技企业产权界定	(423)	计量器具	(443)
集体垄断	(424)	计量器具的使用	(443)
集体企业	(425)	计量器具的销售	(444)
集体企业的变更	(425)	计量器具定型鉴定	(444)
集体企业的厂长	(425)	计量器具新产品	(444)
集体企业的设立	(425)	计量器具型式批准	(444)
集体企业的职工代表大会	(426)	计量器具许可证制度	(444)
集体企业的终止	(426)	计量认证	(445)
集体企业法	(426)	计量授权	(445)
集体企业国有资产产权界定	(426)	计量调解与仲裁检定	(445)
集体企业所得税	(427)	计税依据	(446)
集体企业职工的权利	(427)	记账单位	(446)
集体企业职工的义务	(427)	纪念币	(446)
集体所有权	(427)	技工学校培训	(446)
集体协商	(428)	技术标准	(446)
集体协商代表	(429)	技术分流机能	(447)
集约机能	(429)	技术进出口	(447)
计划	(429)	《技术进出口管理条例》	(448)
计划发展制度	(430)	技术开发投资制度	(448)
计划法	(431)	技术信息	(448)
计划法律关系	(431)	技术引进合同	(448)
计划法律责任	(432)	技术引进合同中的限制性条款	(449)
计划监督检查	(432)	技术引进和设备进口标准化审查管理制度	(449)
计划经济	(433)	寄售贸易	(450)
计划经济国家的经济法	(433)	加工贸易	(450)
计划经济为主、市场调节为辅	(433)	加工贸易货物监管	(450)
计划经济与市场调节有机结合	(433)	加拿大联邦个人所得税	(451)
计划实施	(434)	加拿大省个人所得税	(451)
计划体系	(434)	加拿大信托业	(451)
计划调整	(435)	加强旅游市场管理	(452)
计划指标体系	(436)	加油站特许经营管理	(452)

价格 …………………………………………（452）	建筑工程技术专家委员会 …………………（475）
价格承诺 ………………………………………（453）	建筑工程监理 ………………………………（475）
《价格法》 ……………………………………（453）	建筑工程质量保修制度 ……………………（476）
价格法律责任 …………………………………（454）	建筑工程质量管理 …………………………（476）
价格管理法律制度 ……………………………（454）	建筑活动 ……………………………………（476）
价格监测调查证管理 …………………………（455）	建筑施工噪声污染防治制度 ………………（476）
价格监测制度 …………………………………（455）	建筑物节能管理制度 ………………………（476）
价格监督检查 …………………………………（456）	建筑物区分所有权 …………………………（477）
价格鉴证师 ……………………………………（457）	建筑许可 ……………………………………（477）
价格卡特尔 ……………………………………（457）	荐证广告 ……………………………………（477）
价格垄断行为规制 ……………………………（457）	奖励综合利用的原则 ………………………（478）
价格欺诈 ………………………………………（458）	交叉授权 ……………………………………（478）
价格歧视 ………………………………………（458）	交割违约责任 ………………………………（478）
价格认证 ………………………………………（458）	交通运输噪声污染防治制度 ………………（478）
价格体系 ………………………………………（459）	矫正性竞争法律规范 ………………………（479）
价格听证 ………………………………………（459）	节能标准与限额管理制度 …………………（479）
价格推荐 ………………………………………（460）	节能技术进步制度 …………………………（479）
价格违法行为举报制度 ………………………（460）	节水制度 ……………………………………（479）
假冒他人注册商标行为 ………………………（461）	节约能源法 …………………………………（480）
假冒他人专利和冒充专利行为的查处 ………（461）	《节约能源法》 ……………………………（480）
假冒伪劣卷烟鉴别检验制度 …………………（462）	结构危机卡特尔 ……………………………（481）
假冒注册商标罪 ………………………………（463）	结构主义学派 ………………………………（481）
假药 ……………………………………………（464）	结汇 …………………………………………（481）
假远期信用证 …………………………………（464）	结社权 ………………………………………（482）
间接贸易 ………………………………………（464）	解除劳动合同经济补偿 ……………………（482）
兼并 ……………………………………………（464）	《解决各国和其他国家国民之间投资
监督权 …………………………………………（465）	争端的公约》 ……………………………（483）
监事的责任 ……………………………………（465）	戒毒药品 ……………………………………（483）
监事会 …………………………………………（465）	《戒毒药品管理办法》 ……………………（484）
减少烟草供应的措施 …………………………（465）	借贷记账法 …………………………………（484）
减少烟草需求的措施 …………………………（466）	金币本位制 …………………………………（484）
减少资本 ………………………………………（467）	金汇兑本位制 ………………………………（485）
"剪刀差" ………………………………………（468）	金块本位制 …………………………………（485）
检验证书 ………………………………………（468）	金融机构 ……………………………………（485）
见票 ……………………………………………（469）	金融机构撤销 ………………………………（486）
建材标准 ………………………………………（469）	金融机构衍生产品交易业务管理制度 ……（486）
建立、巩固计划经济基础阶段的经济法 ……（470）	金融集团 ……………………………………（487）
建设工程承包 …………………………………（470）	金融控股公司 ………………………………（487）
建设工程质量 …………………………………（471）	金融期货交易 ………………………………（488）
建设—经营—转移 ……………………………（471）	金融企业国有资产产权登记管理制度 ……（489）
建设项目环境保护管理 ………………………（472）	金融许可证管理制度 ………………………（490）
建设项目用地预审管理 ………………………（472）	金融衍生产品交易 …………………………（490）
建设用地管理 …………………………………（473）	金融资产管理公司 …………………………（491）
建设用地规划许可证 …………………………（473）	金融租赁公司 ………………………………（491）
建筑材料行业标准化管理 ……………………（473）	金银管理法律责任 …………………………（491）
《建筑法》 ……………………………………（474）	金银管理体制改革 …………………………（492）
建筑工程发包 …………………………………（475）	《金银管理条例》 …………………………（492）

金银管理制度 (492)	经济法的调整范围 (507)
金银进出国境管理 (493)	经济法的调整方式 (507)
金银经营单位审批 (493)	经济法的调整方式结构 (507)
金银配售制度 (493)	经济法的系统论方法 (508)
金银饰品标识管理 (493)	经济法的限制性调整 (508)
金银收购制度 (494)	经济法的信息论方法 (508)
进出境动植物检疫法 (494)	经济法的义务性调整 (509)
进出境检疫 (495)	经济法的制裁性调整 (509)
进出境邮寄物检疫 (495)	经济法的周期性调整机制 (509)
《进出口关税条例》 (496)	经济法的注释方法 (510)
进出口货物申报管理制度 (496)	经济法的状态机制 (510)
进出口货物原产地制度 (496)	经济法方法论 (510)
进出口权 (497)	经济法规 (511)
进出口商品抽查管理制度 (497)	经济法机能 (511)
进出口商品复验 (497)	经济法机制 (512)
进出口商品检验 (497)	经济法基本原则 (512)
进出口商品免验制度 (498)	经济法基本原则的适用 (513)
进口废物原料境外供货企业注册 (498)	经济法基本原则的依据 (513)
进口机电产品标准化管理 (499)	经济法价值 (513)
进口卡特尔 (499)	经济法奖励 (514)
进口配额制 (499)	经济法客体 (514)
进口药品的注册审批制 (499)	经济法理论的创立 (515)
进口药品进口检验 (500)	经济法理论研究对象 (515)
进口药品注册证 (501)	经济法律 (515)
禁运规定 (501)	经济法律关系 (515)
禁止交易行为 (501)	经济法律关系保护 (516)
禁止垄断法中心论 (501)	经济法律关系的变更 (517)
禁止销售、使用的进口药品 (502)	经济法律关系的产生 (517)
禁止用复印机复印人民币 (502)	经济法律关系的终止 (517)
禁止在宣传品、出版物及有关商品上使用人民币、外币和国家债券图样 (502)	经济法律关系构成要素 (518)
	经济法律关系基本类型 (518)
经常项目可兑换 (502)	经济法律关系客体 (519)
经常项目外汇 (502)	经济法律关系内容 (519)
经纪人管理 (503)	经济法律关系确立 (520)
经济法 (503)	经济法律关系主体 (520)
经济法本质属性 (503)	经济法律规范要素 (521)
经济法大系统 (504)	经济法律联系主体 (521)
经济法的保障机制 (504)	经济法律事件 (522)
经济法的比较方法 (504)	经济法律事实 (522)
经济法的范围机制 (504)	经济法律行为 (522)
经济法的方法论原则 (505)	经济法律制度 (522)
经济法的基础调整机制 (505)	经济法律制度体系 (522)
经济法的结构机制 (505)	经济法律主体 (523)
经济法的禁止性调整 (505)	经济法人 (523)
经济法的控制论方法 (506)	经济法时限机制 (523)
经济法的强制性调整 (506)	经济法实施 (524)
经济法的授权性调整 (506)	经济法相关关系 (524)

经济法形态机制 …… （524）	经济调控关系 …… （544）
经济法学 …… （524）	经济特区法 …… （544）
经济法要素整合性 …… （524）	经济体制 …… （545）
经济法义务 …… （525）	经济统制法论 …… （545）
经济法早期学说 …… （525）	经济危机运行期的调整机制 …… （545）
经济法责任 …… （525）	经济违法行为 …… （545）
经济法责任的构成要件 …… （526）	"经济宪法" …… （545）
经济法制 …… （527）	经济萧条运行期的调整机制 …… （546）
经济法制裁 …… （527）	经济行为 …… （546）
经济法制度 …… （528）	经济行为能力 …… （546）
经济法秩序 …… （528）	经济—行政法论 …… （547）
经济法秩序的障碍 …… （529）	经济行政制裁 …… （547）
经济法主体 …… （530）	经济依赖关系法 …… （547）
经济法主体形式 …… （530）	经济义务 …… （547）
经济法主体资格 …… （530）	经济责任 …… （548）
经济法主体资格取得 …… （531）	经济责任制 …… （548）
经济法宗旨 …… （531）	经济债权 …… （549）
经济犯罪行为 …… （532）	经济债务 …… （549）
经济公益诉讼 …… （532）	经济执法 …… （549）
经济管理关系 …… （533）	经济执法权 …… （550）
经济管理权 …… （533）	经济执法主体 …… （550）
经济规章 …… （534）	经济职权 …… （550）
经济国际化 …… （534）	经济职责 …… （551）
经济过热运行期的调整机制 …… （534）	经济制度 …… （552）
经济合法行为 …… （534）	经济仲裁 …… （552）
经济恢复运行期的调整机制 …… （535）	经济仲裁制裁 …… （553）
经济活动关系 …… （535）	经济主体 …… （553）
经济活动关系的复合调整 …… （535）	经济组织 …… （553）
经济监督关系 …… （536）	经济组织的经济行为 …… （554）
经济监督机关 …… （536）	经济组织关系 …… （554）
经济竞争关系 …… （536）	经济组织类型 …… （555）
经济立法 …… （537）	经营管理权 …… （555）
经济垄断 …… （538）	经营权 …… （555）
经济逆法行为 …… （538）	经营权与所有权分离 …… （556）
经济请求权 …… （539）	经营性租赁 …… （556）
经济全球化 …… （539）	经营责任制 …… （556）
经济权力 …… （540）	经营者 …… （557）
经济权利 …… （540）	经营者定价的原则 …… （557）
经济权限 …… （540）	经营者价格 …… （557）
经济权限关系的复合调整 …… （541）	经营者义务 …… （558）
经济权限配置 …… （542）	竞争 …… （558）
经济审判庭 …… （542）	竞争法 …… （558）
经济适用房 …… （543）	竞争法的立法模式 …… （559）
经济守法 …… （543）	竞争法的宗旨 …… （559）
经济司法 …… （543）	竞争性谈判采购 …… （559）
经济司法制裁 …… （544）	竞争政策 …… （560）
经济诉讼程序 …… （544）	境内居民个人购汇管理 …… （560）

境内居民个人购汇管理信息系统	(561)	科技中介机构	(574)
境外国有资产	(561)	可撤销信托	(575)
境外国有资产产权登记管理	(561)	可再生能源法	(575)
境外国有资产管理	(561)	克莱顿法	(575)
境外就业中介管理	(561)	课税对象	(576)
境外企业、机构清产核资工作制度	(562)	课税客体	(576)
境外投资	(563)	空白票据	(576)
境外投资基金的设立	(563)	空中交通管制	(576)
境外投资外汇管理	(563)	口岸电子执法系统	(576)
境外投资项目核准管理	(564)	扣缴义务人	(576)
境外证券发行和上市	(564)	库存现金	(577)
境外中国产业投资基金	(564)	跨国公司	(577)
境外中资企业商会(协会)制度	(565)	跨国公司的管制	(577)
酒类广告	(565)	跨国特别经济区域	(578)
旧货	(565)	会计	(579)
旧货行业协会	(565)	会计报表审计	(579)
旧货交易活动行为规范	(565)	会计从业资格	(579)
旧货连锁店	(566)	会计档案	(579)
《旧货流通管理办法(试行)》	(566)	《会计法》	(580)
旧货企业年检制度	(566)	会计法	(581)
旧货企业设立的条件	(566)	会计法律关系	(581)
旧货市场	(566)	会计法律责任	(581)
旧货市场管理	(567)	会计工作交接	(581)
旧货市场管理部门	(567)	会计管理	(582)
旧货市场设立的条件	(567)	会计管理体制	(582)
旧货业	(568)	会计核算	(582)
救灾化肥储备制度	(568)	会计机构	(583)
就业准入培训	(568)	会计记录文字	(583)
居民	(568)	会计假设	(583)
拒绝摊派权	(569)	会计监督	(583)
据点开发	(569)	会计凭证	(584)
卷烟商品营销员资格鉴定	(569)	会计期间	(584)
卷烟实物标准样品库	(570)	会计期间假设	(584)
军工产品	(570)	会计人员	(585)
军用技术标准	(570)	会计人员管理体制	(585)
均衡发展战略模式	(570)	会计师	(586)
		会计师事务所	(586)
K		会计要素	(586)
		会计员	(586)
卡特尔	(572)	会计账簿	(587)
开标	(572)	会计制度	(587)
开发式扶贫	(572)	会计主体	(587)
开发者养护、污染者治理的原则	(572)	会计主体假设	(588)
开放式基金	(573)	会计专业技术资格	(588)
开源节流的原则	(573)	会计准则	(588)
凯恩斯宏观经济学说下的立法	(574)	会计准则制定	(588)
抗税罪	(574)	矿产勘查及油气开采督察员	(589)

矿产资源登记统计管理办法	(590)	利改税	(612)
矿产资源法	(590)	利润	(613)
矿产资源管理	(591)	利息税	(613)
矿产资源勘查、开采管理	(591)	利益返还请求权	(613)
矿产资源所有权	(591)	利益增益机制	(613)
矿业法律责任	(592)	连带纳税人	(614)
矿业环境保护	(592)	连锁店	(614)
矿业权	(592)	连锁店经营专营商品管理	(614)
矿业权出让	(592)	连锁经营	(614)
矿业权出让转让管理	(592)	联合抵制	(615)
矿业权转让	(593)	《联合国国际汇票和国际本票公约》	(615)
矿业行政制度	(593)	联合国国际货物买卖合同公约	(615)
		联合国贸易与发展会议	(616)
		联合限制竞争行为	(616)
		联营兼并权	(617)

L

滥发电邮	(594)	粮食安全预警制度	(617)
滥伐森林和林木	(594)	粮食风险基金	(617)
滥用监督	(594)	粮食宏观调控制度	(618)
滥用市场支配地位	(594)	粮食经营管理	(618)
滥用政府权力限制竞争行为	(595)	《粮食流通管理条例》	(618)
劳动安全卫生	(595)	粮食收购资格	(619)
劳动保障监察	(596)	两成分法说	(619)
劳动保障监察处罚	(597)	量能课税原则	(619)
劳动法	(598)	量值传递	(620)
劳动关系	(599)	劣药	(620)
劳动合同	(600)	猎捕证制度	(620)
劳动合同变更	(601)	林木种子广告管理	(620)
劳动合同解除	(601)	林木种子生产经营许可证	(621)
劳动合同期限	(602)	林权	(622)
劳动合同条款	(603)	林业长远规划	(622)
劳动合同终止	(603)	林种	(622)
劳动就业	(604)	临时过境	(622)
劳动就业服务企业产权界定	(605)	临时性广告经营管理	(623)
劳动力分流机能	(606)	零售业态分类	(623)
劳动群众集体所有制经济	(606)	流转税法	(624)
劳动诉讼	(606)	留用资金支配权	(624)
劳动用工权	(607)	垄断	(624)
劳动预备培训	(607)	垄断结构	(624)
劳动争议	(608)	垄断组织	(625)
劳动争议处理机构	(609)	陆源污染物海洋污染防治制度	(625)
劳动争议调解	(609)	路政案件管辖	(626)
劳动争议仲裁	(609)	路政管理	(626)
"老三会"、"新三会"	(610)	路政管理监督检查	(626)
离岸价格	(610)	路政管理人员	(626)
离岸银行业务管理制度	(611)	路政管理行政强制措施	(626)
历史成本法	(612)	路政管理许可	(627)
历史观说	(612)	路政行政处罚	(627)

旅客航空运输 …………………………… (628)
旅行社 ……………………………………… (628)
旅行社的管理 ……………………………… (628)
《旅行社管理条例》 ……………………… (628)
旅行社质量保证金 ………………………… (629)
旅游标准化工作管理 ……………………… (629)
旅游投诉 …………………………………… (630)
旅游者向旅游行政管理部门投诉的条件 …… (630)
掠夺性定价 ………………………………… (630)
罗斯福"新政"时期的宏观调控立法 …… (631)
落后工艺设备限期淘汰制度 ……………… (631)
落后用能产品淘汰制度 …………………… (631)

M

买壳上市 …………………………………… (633)
贸易差额 …………………………………… (633)
贸易术语 …………………………………… (633)
贸易条件 …………………………………… (634)
煤矿安全制度 ……………………………… (634)
煤矿矿区保护 ……………………………… (634)
煤炭财政支持 ……………………………… (634)
煤炭出口配额管理 ………………………… (635)
《煤炭法》 ………………………………… (635)
煤炭供求调整制度 ………………………… (636)
煤炭行业工程建设监理自律管理 ………… (636)
煤炭环境制度 ……………………………… (637)
煤炭加工业权 ……………………………… (637)
煤炭经营管理 ……………………………… (638)
煤炭开发计划与规划 ……………………… (638)
煤炭矿业权 ………………………………… (638)
煤炭生产安全费用提取和使用管理 ……… (638)
煤炭生产许可 ……………………………… (639)
煤炭现场监督检查 ………………………… (639)
煤炭资源所有权 …………………………… (639)
美国产业政策 ……………………………… (640)
美国的政府采购制度 ……………………… (640)
美国地方税 ………………………………… (641)
美国反倾销法律制度 ……………………… (641)
美国反托拉斯法 …………………………… (641)
美国关税 …………………………………… (642)
美国国家标准学会 ………………………… (642)
美国国家标准与技术研究院 ……………… (643)
美国国家产业技术政策 …………………… (643)
美国经济法理论 …………………………… (644)
美国联邦个人所得税 ……………………… (644)
美国联邦公司所得税 ……………………… (645)
美国联邦贸易委员会法 …………………… (646)
美国联邦社会保障税 ……………………… (646)
美国联邦消费税 …………………………… (647)
美国联邦遗产与赠与税 …………………… (647)
美国纳税人权利法案 ……………………… (647)
美国企业法 ………………………………… (648)
美国区域开发政策 ………………………… (648)
美国商标法 ………………………………… (649)
美国税务法院 ……………………………… (649)
美国税务诉讼 ……………………………… (649)
美国税制 …………………………………… (650)
美国信托业 ………………………………… (650)
美国州税 …………………………………… (651)
民间审计 …………………………………… (651)
民事特别法说 ……………………………… (652)
民用航空货物国际运输制度 ……………… (652)
民用航空监察员 …………………………… (652)
民用航空器 ………………………………… (653)
民用航空器权利 …………………………… (653)
民用航空器权利登记 ……………………… (653)
民用航空器优先权 ………………………… (653)
民用核设施安全监督管理 ………………… (653)
民族贸易和民族用品生产管理 …………… (654)
民族贸易和民族用品生产专项贴息贷款 …… (654)
明码标价 …………………………………… (655)
模拟市场核算责任制 ……………………… (655)
母公司 ……………………………………… (655)
母公司对子公司国有资产产权管理制度 …… (655)
牧业税 ……………………………………… (656)

N

内部机构设置权 …………………………… (657)
内部控制 …………………………………… (657)
内部控制测评 ……………………………… (657)
内部审计 …………………………………… (657)
纳税 ………………………………………… (658)
纳税程序 …………………………………… (658)
纳税担保 …………………………………… (659)
纳税登记 …………………………………… (659)
纳税地点 …………………………………… (659)
纳税环节 …………………………………… (659)
纳税年度 …………………………………… (659)
纳税期限 …………………………………… (659)
纳税人 ……………………………………… (659)
纳税人权利义务 …………………………… (659)
纳税申报 …………………………………… (660)

纳税义务	(661)
纳税义务人	(661)
纳税主体	(661)
能源法	(661)
能源法经济观	(661)
能源法体系	(662)
能源节约与资源综合利用原则	(662)
能源效率标识管理制度	(663)
农产品保护价制度	(663)
农产品行业协会	(663)
农产品和农资连锁经营管理	(664)
农产品进口预警制度	(664)
农产品流通活动	(664)
农村电力建设与农村用电制度	(664)
农村合作银行	(664)
农村合作银行的股权设置	(665)
农村合作银行的经营管理	(665)
农村合作银行的设立	(666)
农村合作银行组织机构	(667)
农村商业银行	(668)
农村商业银行的股权设置	(668)
农村商业银行的机构变更与终止	(668)
农村商业银行的经营管理	(668)
农村商业银行的设立	(669)
农村商业银行的组织机构	(670)
农村社会救济制度	(671)
《农村土地承包法》	(671)
农村土地承包经营权证	(672)
农村信用社	(673)
农林特产税	(673)
农民权益保护	(673)
农民权益保护的程序及赔偿	(674)
农民专业合作经济组织	(674)
农药登记残留试验单位	(674)
农药登记制度	(675)
《农药管理条例》	(675)
农药广告	(675)
农药经营制度	(676)
农药生产企业	(676)
农药生产制度	(677)
农药使用制度	(677)
农药违禁制度	(678)
农药限制使用制度	(678)
农业保险	(678)
农业产业化经营	(678)
《农业法》	(679)
农业环境保护	(679)
农业技术推广体系	(679)
农业生产经营体制	(680)
农业生产社会化服务	(680)
农业生产资料的安全使用制度	(680)
农业税	(680)
《农业税条例》	(680)
农业特产税	(681)
农业行政主管部门	(681)
农业行政主管部门及其执法人员的职责	(681)
农业支持保护体系	(681)
农业转基因生物安全管理	(681)
农业转基因生物标识	(682)
农业转基因生物进口安全管理	(682)
农业资金的用途	(683)
农业资源	(683)
农资广告管理	(683)
农作物种质资源管理	(684)
农作物种子标签管理	(685)
农作物种子生产经营许可证	(685)
农作物种子质量纠纷田间现场鉴定	(686)
奴隶社会税制	(687)
女职工特殊保护	(687)

O

欧共体竞争法	(689)
欧共体竞争法中的国家援助	(689)
欧盟反倾销法律制度	(690)
欧洲电信标准化协会	(690)
欧洲货币市场	(691)
欧洲货币体系	(691)
欧洲检验和认证组织	(692)
欧洲认证认可组织	(692)
欧洲实验室认可合作组织	(692)
欧洲质量组织	(693)

P

排污标准	(694)
排污费	(694)
排污申报	(695)
排污收费制度	(695)
排污总量控制	(695)
攀附性广告	(696)
判决货币	(696)
骗汇行为	(696)
骗取出口退税罪	(696)

漂流旅游安全管理	(696)	期货交易所章程	(712)
票据	(697)	期货交易主体	(712)
票据变更	(697)	期货结算制度	(713)
票据变造	(698)	期货经纪公司	(714)
票据补救	(698)	期货经纪合同	(714)
票据当事人	(698)	期货经纪业务	(715)
《票据法》	(698)	期货经济客户保证金	(716)
票据法律责任	(699)	期货欺诈	(716)
票据关系	(699)	期货侵权责任	(717)
票据活动	(700)	期货清算机构	(717)
票据基础关系	(700)	期货市场	(717)
票据抗辩	(700)	期货市场风险	(718)
票据抗辩限制	(700)	期货市场风险的法律控制	(718)
票据权利	(700)	期货市场风险的种类	(719)
票据丧失	(701)	期货市场风险管理	(719)
票据时效	(701)	期货市场监管	(720)
票据诉讼	(701)	期货市场禁入制度	(720)
票据涂销	(701)	期货违约责任	(721)
票据伪造	(701)	欺骗性质量标示行为	(721)
票据瑕疵	(701)	欺诈消费者行为	(721)
票据行为	(701)	歧视待遇	(721)
票据责任	(702)	企业变更制度	(722)
贫困地区发展支持制度	(702)	企业标准化管理制度	(722)
贫困区域类型	(703)	企业补充养老保险	(723)
品种的选育与审定制度	(703)	企业财产权	(723)
品种权的保护期限、终止和无效	(704)	企业财务人员的责任	(724)
平行交易	(704)	企业采购的程序	(724)
评标	(704)	企业采购的法律责任	(725)
破坏电力设施	(704)	企业采购的方式	(725)
普遍提款权	(704)	企业采购制度	(726)
普遍优惠制	(705)	企业产品质量管理制度	(726)
		企业超范围经营行为	(727)

Q

		企业成立	(728)
		企业的法律地位	(729)
期初余额	(706)	企业的法律资格	(729)
期货缔约责任	(706)	企业的法人资格	(729)
期货法	(706)	企业对外投资制度	(730)
期货合同	(706)	企业法律行为	(731)
期货交易	(707)	企业法律行为机制	(731)
期货交易保证金制度	(708)	企业法律责任	(732)
期货交易的法律责任	(708)	企业分立	(733)
期货交易法	(709)	企业负责人管理	(734)
期货交易法律关系	(709)	企业管理人员的法律责任	(734)
期货交易风险揭示说明书	(710)	企业管理委员会	(734)
期货交易规则	(710)	企业国有资产变动产权登记	(735)
期货交易所	(711)	企业国有资产产权登记程序	(735)
期货交易所会员	(711)	企业国有资产产权登记档案管理	(735)

条目	页码	条目	页码
企业国有资产产权登记管理制度	(736)	企业外汇管理制度	(762)
企业国有资产产权登记年度检查	(736)	企业销售制度	(762)
企业国有资产管理	(737)	企业协作法律行为	(763)
企业国有资产监督	(737)	企业信用管理体系	(763)
企业国有资产监督管理体制	(737)	企业刑事责任	(764)
《企业国有资产监督管理暂行条例》	(737)	企业行为机制要素	(764)
企业国有资产统计报告制度	(738)	企业行政行为	(765)
企业国有资产无偿划转	(739)	企业行政责任	(765)
企业国有资产占有产权登记	(739)	企业一般权利	(766)
企业国有资产注销产权登记	(740)	企业一般义务	(766)
企业合并	(740)	《企业职工奖惩条例》	(766)
企业合并的豁免事由	(742)	企业重大事项管理	(767)
企业合并的事先申报制度	(742)	企业注销制度	(767)
企业合并控制	(743)	企业资本	(767)
企业合并控制的实体标准	(744)	企业资本法律制度	(767)
企业集团产权管理	(744)	企业资本结构	(768)
企业计划管理制度	(745)	企业资本权利	(768)
企业技术中心评价指标体系	(745)	企业资本运营的规制	(768)
企业接受法律行为	(746)	企业资本制度基本原则	(769)
企业解散	(747)	汽车金融公司	(769)
企业经济关系调整机制	(747)	汽车金融公司管理	(769)
企业经济行为	(748)	契税	(770)
企业经营权	(748)	《契税暂行条例》	(770)
企业会计的债务重组	(749)	《契税暂行条例细则》	(770)
企业会计法律规范体系	(750)	契约型投资基金	(770)
企业会计准则	(750)	前手	(771)
企业领导人	(750)	潜在市场进入	(771)
企业民事责任	(751)	强制保险	(771)
企业民主管理	(752)	强制计量检定	(771)
企业内部经济责任制	(752)	强制交易	(771)
企业内部组织法律制度	(752)	强制性产品认证标志	(772)
企业破产	(753)	强制性产品认证代理申办机构	(772)
企业清算	(754)	强制性产品认证制度	(772)
企业设存的立法理念	(755)	侵犯商业秘密	(773)
企业设存法律制度	(756)	侵犯商业秘密罪	(773)
企业设立的登记	(756)	倾销	(773)
企业设立的审批	(757)	倾销幅度	(774)
企业设立登记的程序	(757)	倾销价格	(774)
企业设立条件	(758)	清产核资	(774)
企业设立制度	(759)	清产核资数据资料管理制度	(775)
企业社会责任	(759)	清产核资中土地估价制度	(775)
企业生产经营管理法律制度	(760)	《清洁生产促进法》	(776)
企业生产许可证制度	(760)	区块登记管理	(776)
企业所得税	(761)	区域经济开发政策	(776)
《企业所得税暂行条例》	(761)	区域开发	(776)
《企业所得税暂行条例实施细则》	(762)	区域可持续发展	(777)
		取水许可制度	(777)

《全国人大常委会关于外商投资企业和外国企业适用增值税、消费税、营业税等税收暂行条例的决定》……(777)
全国水资源战略规划 ……(778)
《全国税政实施要则》 ……(778)
全国烟草行业经营管理人员法律知识统一考试 ……(778)
全国专业标准化技术委员会 ……(778)
全民单位之间产权界定 ……(779)
《全民所有制工业企业承包经营责任制暂行条例》 ……(779)
全民所有制工业企业的经营权 ……(780)
全民所有制工业企业的内部领导制度 ……(780)
全民所有制工业企业的权利义务 ……(780)
全民所有制工业企业的设立、变更和终止 ……(781)
《全民所有制工业企业法》 ……(781)
《全民所有制工业企业转换经营机制条例》 ……(781)
全民所有制经济 ……(782)
全民所有制企业 ……(782)
全民所有制企业的厂长(经理)负责制 ……(782)
全民所有制企业的职工代表大会制度 ……(783)
全民所有制企业法 ……(783)
全民所有制企业工资调节税 ……(783)
全民所有制企业所得税 ……(784)
全民所有制企业调节税 ……(784)
《全民所有制小型工业企业租赁经营暂行条例》 ……(784)
权责发生制 ……(785)
权责利统一原则 ……(785)

R

人民币 ……(786)
人民币汇率制度 ……(786)
人身保险 ……(786)
人身保险合同 ……(786)
人身保险合同的复效 ……(786)
人身保险合同的停效 ……(786)
人事管理权 ……(787)
认定驰名商标的参考因素 ……(787)
日本产业政策 ……(787)
日本地方消费税 ……(787)
日本董事制度 ……(787)
日本法人居民税 ……(788)
日本法人事业税 ……(788)
日本法人税 ……(789)
日本个人居民税 ……(789)
日本个人事业税 ……(789)
日本个人所得税 ……(789)
日本工业标准委员会 ……(790)
日本公司法 ……(790)
日本公司组织变更制度 ……(791)
日本关税 ……(791)
日本《关于禁止私人垄断和确保公正交易法》 ……(792)
日本规格协会 ……(792)
日本国际许可证贸易的反垄断法 ……(792)
日本国家产业技术政策 ……(793)
日本监事制度 ……(793)
日本酒税 ……(794)
日本科学技术联盟 ……(794)
日本蓝色申报制度 ……(794)
日本企业法 ……(794)
日本区域开发政策 ……(795)
日本商标法 ……(795)
日本税理士制度 ……(795)
日本税制 ……(796)
日本消费税 ……(796)
日本信托业 ……(796)
日本烟税 ……(797)
日本遗产税 ……(797)
日本有价证券交易税 ……(797)
日本赠与税 ……(797)
《日内瓦汇票和本票统一法公约》 ……(797)
《日内瓦支票统一法公约》 ……(798)
融资租赁 ……(798)
融资租赁公司 ……(798)
入伙 ……(798)

S

三包责任 ……(799)
三倍损害赔偿之诉 ……(799)
三来一补 ……(799)
三同时制度 ……(799)
"扫黄打非"办公室 ……(800)
森林 ……(800)
森林、林木和林地的登记发证 ……(800)
森林保护制度 ……(801)
森林病虫害防治 ……(801)
森林采伐制度 ……(802)
森林法 ……(802)
森林防火制度 ……(802)
森林公园管理 ……(803)

森林经营管理 …………………… (803)
森林权属 ………………………… (804)
森林资源 ………………………… (804)
森林资源林政管理机构负责人任免
　　事项审核 …………………… (804)
森林资源资产抵押登记 ………… (805)
森林资源资产评估管理 ………… (805)
善意实施 ………………………… (806)
擅自使用他人企业名称或姓名不正当
　　竞争行为 …………………… (806)
商标 ……………………………… (806)
商标淡化 ………………………… (807)
商标的条件 ……………………… (807)
《商标法》 ………………………… (808)
商标复审 ………………………… (809)
《商标国际注册马德里协定》 …… (809)
商标评审委员会 ………………… (809)
商标侵权损害赔偿额的计算方法 … (810)
商标侵权行为 …………………… (810)
商标权 …………………………… (810)
商标权的消灭 …………………… (810)
商标权的效力范围 ……………… (811)
商标注册 ………………………… (811)
商标注册人的义务 ……………… (811)
商标注册申请 …………………… (811)
商标注册申请的审查原则 ……… (811)
商标注册申请人条件 …………… (812)
商标注册申请日期的确定 ……… (812)
商标注册审查 …………………… (812)
商标注册优先权 ………………… (812)
商标注册原则 …………………… (813)
商号 ……………………………… (813)
商号权 …………………………… (813)
商会 ……………………………… (814)
商会组织法 ……………………… (814)
商品房 …………………………… (814)
商品房现售 ……………………… (814)
商品房预售 ……………………… (814)
商品房预售合同 ………………… (815)
商品服务表示 …………………… (815)
商品服务质量制度 ……………… (815)
商品检验制度 …………………… (815)
商品期货 ………………………… (816)
商品期货交易 …………………… (816)
商品市场 ………………………… (816)
商品市场年度检验制度 ………… (816)
商品税法 ………………………… (817)
商品条码 ………………………… (817)
商务部 …………………………… (817)
商业保险 ………………………… (818)
商业诋毁 ………………………… (818)
商业广告 ………………………… (818)
商业贿赂 ………………………… (818)
商业混同行为 …………………… (819)
商业秘密 ………………………… (819)
商业受贿 ………………………… (819)
商业银行 ………………………… (819)
商业银行内部控制 ……………… (820)
商用密码 ………………………… (820)
上交利润递增包干 ……………… (820)
上交利润基数包干、超收分成 … (820)
上市公司 ………………………… (820)
上市公司收购 …………………… (820)
设立外商控股、外商独资旅行社制度 … (821)
设立外商投资物流企业 ………… (821)
设立外资投资研究开发机构 …… (822)
设立中外合资对外贸易公司 …… (822)
《设立中外合资对外贸易公司试点
　　暂行办法》…………………… (823)
社会保险 ………………………… (823)
社会保障 ………………………… (823)
社会保障法 ……………………… (823)
社会保障法的基本原则 ………… (824)
社会保障基金 …………………… (824)
社会保障税 ……………………… (824)
社会本位论 ……………………… (824)
社会福利 ………………………… (824)
社会化大生产 …………………… (825)
社会经济调节法 ………………… (825)
社会救济 ………………………… (826)
社会连带主义 …………………… (826)
社会权 …………………………… (826)
社会人 …………………………… (826)
社会审计 ………………………… (827)
社会生活噪声污染防治制度 …… (827)
社会统筹和个人账户相结合的基本养老
　　保险制度 …………………… (827)
社会优抚 ………………………… (828)
社会责任 ………………………… (828)
社会整体利益 …………………… (828)
社会主义初级阶段基本经济制度 … (828)
社会主义市场经济 ……………… (829)
涉外调查管理制度 ……………… (829)
涉外经济关系 …………………… (829)

条目	页码
涉外票据	(830)
涉外票据的法律适用	(830)
涉外社会调查活动	(830)
涉外租赁合同	(830)
审核员、评审员国家注册	(831)
审计	(831)
审计报告	(831)
审计报告处理	(832)
审计程序	(832)
审计抽样	(833)
审计档案	(833)
审计法	(833)
审计法律责任	(833)
审计方案	(834)
审计风险	(834)
审计复核	(834)
审计复议机关	(834)
审计工作底稿	(834)
审计机关	(835)
审计机关权限	(835)
审计机关职责	(835)
审计计划	(835)
审计结果	(835)
审计结果报告	(836)
审计目标	(836)
审计人员	(836)
审计人员职业道德	(836)
审计事项评价	(836)
审计署审计复核制度	(837)
审计项目计划	(837)
审计项目质量检查	(837)
审计行政强制性措施	(837)
审计验资	(837)
审计业务约定书	(838)
审计证据	(838)
生产经营决策权	(838)
生产社会化	(838)
生产要素市场	(838)
生产资料市场	(839)
生死两全保险	(839)
生育保险	(839)
生育保险的内容	(839)
生育保险基金	(840)
省级海洋功能区划审批	(840)
失业	(840)
失业保险	(840)
失业保险待遇的发放	(841)
失业保险待遇的资格条件	(841)
失业保险基金	(841)
失业保险基金的来源	(842)
失业保险基金的使用及监管	(842)
失业保险金的申请	(842)
石油、天然气管道保护	(842)
石油地震勘探损害补偿制度	(843)
石油法	(843)
石油环境制度	(843)
石油矿业权	(844)
石油政府规制制度	(844)
石油专项权益	(844)
石油资源所有	(845)
实名制	(845)
实现时限机制	(845)
实行社会主义基本经济制度原则	(845)
实质课税原则	(846)
实质审查	(846)
食品标签标准化	(846)
食品广告	(846)
食品药品放心工程	(846)
食盐价格管理	(846)
《食盐专营办法》	(847)
世界版权公约	(847)
世界贸易组织	(847)
世界银行集团	(848)
世界知识产权组织	(848)
市场混淆行为	(848)
市场机制	(849)
市场集中度	(849)
市场竞争基本原则	(849)
市场日常监督管理	(850)
市场索证制度	(850)
市场体系	(850)
市场调节价	(851)
市场预警制度	(851)
市场支配地位	(851)
市场中介组织的经济行为	(851)
市政公用事业特许经营管理	(852)
事业单位非经营性资产转经营性资产评估、验资	(852)
收费公路	(852)
收购	(853)
收入	(853)
首次销售	(853)
受监督义务	(854)
受教育权	(854)

受益人 …………………………（854）	税负能力 …………………………（868）
受尊重权 …………………………（854）	税负转嫁 …………………………（868）
售汇 ………………………………（854）	税基 ………………………………（868）
授权经济立法 ……………………（854）	税款征收 …………………………（869）
授权资本制 ………………………（855）	税款征收保障制度 ………………（869）
数量法学方法 ……………………（855）	税率 ………………………………（870）
数量卡特尔 ………………………（856）	税目 ………………………………（871）
数量限制措施 ……………………（856）	税权 ………………………………（871）
双重征税 …………………………（856）	税收 ………………………………（871）
水法 ………………………………（856）	税收保全 …………………………（871）
水工程保护制度 …………………（857）	税收撤销权 ………………………（871）
水功能区划 ………………………（857）	税收处罚法 ………………………（872）
水利部清产核资制度 ……………（857）	税收代位权 ………………………（872）
水量分配方案和旱情紧急情况下的水量调度预案 …………………（858）	税收担保人 ………………………（872）
	税收法律 …………………………（872）
水权 ………………………………（858）	税收法律关系 ……………………（873）
《水土保持法》 …………………（858）	税收法律责任 ……………………（873）
水文水资源调查评价资质和建设项目水资源论证资质管理 …………（858）	税收法律主义 ……………………（873）
	税收法制 …………………………（873）
《水污染防治法》 ………………（859）	税收法治 …………………………（874）
水质管理制度 ……………………（859）	税收负担 …………………………（874）
水资源 ……………………………（859）	税收附加 …………………………（874）
水资源定额管理和总量控制 ……（859）	税收公平原则 ……………………（874）
水资源管理 ………………………（860）	税收管理体制 ……………………（874）
水资源管理体制 …………………（860）	税收管辖权 ………………………（874）
水资源规划制度 …………………（860）	税收国家 …………………………（875）
水资源开发利用的原则 …………（860）	税收救济法 ………………………（876）
水资源论证 ………………………（861）	税收立法 …………………………（876）
水资源权属法律制度 ……………（861）	税收票证 …………………………（877）
水资源有偿使用制度 ……………（861）	税收强制执行 ……………………（877）
税 …………………………………（861）	税收权利能力 ……………………（877）
税法 ………………………………（862）	税收授权立法 ……………………（878）
税法范畴 …………………………（863）	税收司法 …………………………（878）
税法基本原则 ……………………（863）	税收逃避 …………………………（878）
税法解释 …………………………（863）	税收特别措施 ……………………（878）
税法解释权 ………………………（864）	税收体制法 ………………………（879）
税法适用 …………………………（865）	税收行为能力 ……………………（879）
税法体系 …………………………（865）	税收行政复议 ……………………（879）
税法效力 …………………………（865）	税收行政复议法 …………………（880）
税法学 ……………………………（866）	税收行政赔偿 ……………………（880）
税法要素 …………………………（866）	税收行政赔偿法 …………………（881）
税法意识 …………………………（866）	税收行政诉讼 ……………………（881）
税法渊源 …………………………（867）	税收行政诉讼法 …………………（881）
税法责任 …………………………（867）	税收优先权 ………………………（881）
税法制裁 …………………………（867）	税收原则 …………………………（881）
税费改革 …………………………（868）	税收债权 …………………………（882）
税负 ………………………………（868）	税收债权人 ………………………（883）

税收债务	(883)
税收债务人	(884)
税收争讼法	(884)
税收征管体制	(884)
税收征纳程序法	(884)
税收征纳法	(884)
税收征纳实体法	(885)
《税收征收管理法》	(885)
税收征收管理法律制度	(885)
《税收征收管理法实施细则》	(885)
税收政策	(886)
税收之债	(886)
税收执法	(887)
《税收执法过错责任追究办法》	(887)
税收制裁法	(887)
税收转嫁	(888)
税务代理	(888)
税务代理法律关系	(888)
《税务代理试行办法》	(888)
税务登记	(889)
《税务登记管理办法》	(889)
税务法庭	(890)
税务法院	(890)
税务犯罪	(890)
税务机关	(890)
税务稽查	(890)
《税务稽查工作规程》	(890)
税务检查	(891)
税务师事务所	(892)
税务行政处罚	(892)
《税务行政处罚听证程序实施办法（试行）》	(892)
《税务行政复议规则》	(892)
税务文书送达	(893)
税务专管员制度	(893)
税源	(894)
税制	(894)
税制改革	(894)
司法部直属事业单位国有资产管理制度	(895)
司法会计鉴定	(895)
司法会计鉴定决定书	(895)
司法会计鉴定人	(896)
私法公法化	(896)
私营经济	(896)
私营企业	(897)
私营企业的权利	(897)
私营企业的义务	(897)
死亡保险	(897)
死亡保险金	(898)
苏东国家经济法理论	(898)
损害保险	(898)
损害赔偿权	(898)
所得	(899)
所得税	(899)
所得税法	(899)
所有者权益	(899)
所有制结构	(899)

T

他律性经济关系	(901)
台湾地区税制	(901)
台湾房屋税	(902)
台湾《公平交易法》	(902)
台湾关税	(903)
台湾货物税	(903)
台湾契税	(903)
台湾使用牌照税	(903)
台湾《税捐稽征法》	(903)
台湾土地增值税	(904)
台湾遗产税	(904)
台湾印花税	(904)
台湾盈利事业所得税	(905)
台湾营业税	(905)
台湾娱乐税	(905)
台湾赠与税	(905)
台湾证券交易税	(906)
台湾综合所得税	(906)
太平洋认可合作组织	(906)
探矿权	(906)
探矿权采矿权评估管理	(907)
探矿权采矿权使用费减免	(907)
逃避追缴欠税罪	(908)
逃汇行为	(908)
套汇行为	(908)
套期保值	(909)
特别提款权	(909)
《特定不景气产业稳定临时措施法》	(910)
特定企业形式的出资转让	(910)
特色经济	(911)
特许经营	(911)
特许经营的种类	(911)
特许经营费用	(912)
特许经营合同	(912)
特许经营协议	(912)

特许双方应具备的条件 …………………… (912)	偷税罪 …………………………………… (930)
特许者的权利和义务 …………………… (912)	投保单 …………………………………… (930)
特许专营 ………………………………… (913)	投保人 …………………………………… (931)
特制邮政用品用具生产监制管理 ………… (913)	投保人缔约时如实告知义务 …………… (931)
特种钢材专营 …………………………… (914)	投保人义务 ……………………………… (931)
特种设备 ………………………………… (914)	投标 ……………………………………… (931)
特种消费行为税 ………………………… (915)	投资关系调整机制 ……………………… (932)
提供真实信息义务 ……………………… (915)	投资环境 ………………………………… (932)
提前支取与挂失 ………………………… (915)	投资基金 ………………………………… (932)
条件卡特尔 ……………………………… (915)	投资决策权 ……………………………… (933)
贴现 ……………………………………… (916)	投资性公司 ……………………………… (933)
铁路 ……………………………………… (916)	投资银行 ………………………………… (934)
《铁路法》 ……………………………… (916)	屠宰税 …………………………………… (934)
铁路国有企业资产经营责任制 ………… (917)	《屠宰税暂行条例》 …………………… (934)
铁路企业国有资产产权管理制度 ……… (918)	土地保护制度 …………………………… (934)
铁路企业国有资产监督管理 …………… (919)	土地的调查与统计制度 ………………… (935)
铁路清产核资企业、单位土地估价制度 …… (919)	土地登记 ………………………………… (935)
铁路系统中外合资合作项目审批管理 …… (920)	土地登记代理人职业资格 ……………… (935)
铁路运输合同 …………………………… (921)	土地登记代理人职业资格考试 ………… (936)
通常文义解释规则 ……………………… (921)	土地等级评定 …………………………… (937)
通用航空 ………………………………… (921)	土地法 …………………………………… (937)
同类产品 ………………………………… (921)	土地分等定级估价 ……………………… (937)
同业拆借市场 …………………………… (921)	土地复垦 ………………………………… (937)
统计 ……………………………………… (922)	土地估价 ………………………………… (938)
统计标准 ………………………………… (922)	土地管理法 ……………………………… (938)
统计调查 ………………………………… (923)	土地管理法律制度 ……………………… (938)
统计调查方案 …………………………… (923)	土地监督检查 …………………………… (938)
统计调查计划 …………………………… (923)	土地利用分区 …………………………… (939)
统计调查项目 …………………………… (924)	土地利用管理法律制度 ………………… (939)
统计调查项目审批管理制度 …………… (924)	土地利用年度计划管理 ………………… (939)
《统计法》 ……………………………… (924)	土地利用总体规划 ……………………… (940)
统计法律责任 …………………………… (925)	土地流转制度 …………………………… (940)
统计分析与预测 ………………………… (926)	土地权属法律制度 ……………………… (940)
统计负责人 ……………………………… (926)	土地权属争议调查处理制度 …………… (941)
统计机构 ………………………………… (926)	土地使用权划拨 ………………………… (942)
统计监督 ………………………………… (927)	土地市场动态监测 ……………………… (942)
统计检查机构 …………………………… (927)	土地市场管理制度 ……………………… (943)
统计检查员 ……………………………… (927)	土地税 …………………………………… (943)
统计人员 ………………………………… (927)	土地所有权和使用权争议的解决 ……… (943)
统计人员的职权 ………………………… (928)	土地所有制 ……………………………… (944)
统计执法检查制度 ……………………… (928)	土地用途管制制度 ……………………… (944)
统计职责 ………………………………… (929)	土地增值税 ……………………………… (944)
统计资料 ………………………………… (929)	《土地增值税暂行条例实施细则》 …… (944)
统计资料管理 …………………………… (929)	《土地增值税暂行条例》 ……………… (945)
统一规划和因地因时制宜的原则 ……… (930)	土地征用补偿制度 ……………………… (945)
统一全国税政 …………………………… (930)	土地征用制度 …………………………… (946)
统一综合机能 …………………………… (930)	土地整理 ………………………………… (946)

土地证书印制管理	(946)
退耕还林	(947)
退耕还林合同	(947)
退伙	(948)
退票费	(948)
退休费用社会统筹	(948)
托拉斯	(949)
托收承付	(949)

W

外币代兑机构管理暂行办法	(950)
外观设计获得专利权的条件	(950)
外国公司	(950)
外国金融机构驻华代表机构	(950)
外国商会	(951)
《外国商会管理暂行规定》	(951)
外国银行分行	(951)
外国政府贷款项目采购公司招标	(952)
外汇	(952)
外汇保值条款	(953)
外汇储备	(953)
外汇呆账准备金	(954)
外汇贷款	(954)
外汇风险	(954)
外汇管理	(954)
外汇管理条例	(955)
外汇结算账户	(955)
外汇留成制度	(956)
外汇市场	(956)
外汇市场参与者	(956)
外汇调剂制度	(957)
外汇投机	(957)
外汇指定银行	(957)
外汇资本准备金	(957)
外经贸企业国有资产监督管理	(958)
外贸代理人	(958)
外贸代理制	(958)
外商独资经济	(959)
外商间接投资	(959)
外商举办投资性公司	(959)
外商投资成片开发土地	(960)
外商投资成片开发土地制度	(960)
外商投资创业投资企业管理	(960)
外商投资道路运输业管理	(961)
外商投资电力项目	(961)
外商投资电信企业管理	(961)
外商投资电影院	(961)
外商投资方向	(962)
外商投资股份有限公司	(962)
外商投资股份有限公司的上市	(963)
外商投资股份有限公司的设立	(963)
外商投资广告企业管理	(964)
外商投资国际海运业管理	(964)
外商投资国际货物运输代理企业管理	(964)
外商投资建筑业企业管理制度	(965)
外商投资旅行社	(966)
外商投资民用航空业	(966)
外商投资农作物种子企业审批和登记管理	(966)
外商投资企业	(967)
外商投资企业登记管理权	(967)
《外商投资企业和外国企业所得税法》	(967)
《外商投资企业和外国企业所得税实施细则》	(968)
外商投资商业领域管理	(969)
外商投资铁路货物运输业审批与管理	(969)
外商投资项目核准管理	(970)
外商投资租赁公司审批管理	(970)
外商直接投资	(970)
外商直接投资电力项目报批程序	(971)
外债	(971)
外债统计监测	(971)
外资保险公司	(972)
外资保险公司的设立	(972)
外资保险公司管理	(972)
外资财务公司	(973)
外资参股基金管理公司	(973)
外资参股证券公司	(973)
外资金融机构	(974)
外资金融机构管理	(974)
外资金融机构驻华代表机构管理	(975)
外资企业	(975)
外资企业的出资	(976)
外资企业的分立、合并	(976)
外资企业的经营管理	(977)
外资企业的经营期限	(978)
外资企业的清算	(978)
外资企业的设立	(979)
外资企业的用地	(979)
外资企业的终止	(979)
外资企业的注册资本	(979)
外资企业的组织机构	(980)
《外资企业法》	(980)
外资企业法人资格	(980)

词条	页码
外资银行	(981)
外资银行并表监管管理制度	(981)
外资银行结汇、售汇及付汇业务实施细则	(982)
外资准入	(983)
万国邮政联盟	(984)
万国邮政联盟国际局	(984)
《万国邮政联盟总规则》	(985)
万国邮政联盟组织机构	(985)
网络服务提供商	(986)
网络文化市场管理	(986)
网络信息服务提供商的义务	(986)
网上银行	(986)
网上证券经纪公司	(987)
危险废物经营许可制度	(987)
危险负担义务	(988)
危险化学品经营许可制度	(988)
危险增加之通知义务	(988)
微观经济运行	(989)
微观竞争	(989)
违法提供出口退税凭证罪	(989)
违反《企业国有资产监督管理暂行条例》的法律责任	(989)
违反草原法的法律责任	(990)
违反劳动合同的责任	(990)
违反农业法的法律责任	(991)
违反全民所有制工业企业法的法律责任	(991)
违反现金管理规定的法律责任	(992)
违反渔业法的法律责任	(992)
维护国家经济主权原则	(993)
伪造产地	(994)
伪造或冒用质量标志的行为	(994)
委付	(994)
委托办理经济事务	(994)
委托经济立法	(994)
委托收款	(995)
未成年工特殊保护	(995)
《魏玛宪法》三原则	(995)
文化市场	(996)
文化市场稽查	(996)
我国的政府采购制度	(997)
我国宏观调控法的体系	(997)
我国宏观调控法理论	(998)
我国经济调控措施	(999)
污染事故报告和处理	(999)
无店铺销售	(999)
无公害农产品标志管理	(999)
无过错责任	(1000)
无居民海岛保护与利用管理	(1000)
无歧视待遇原则	(1001)
无效信托	(1002)
无形贸易	(1002)
无形资产清查	(1003)
无照经营查处取缔制度	(1003)
物业	(1004)
物业管理	(1004)
物资采购制度	(1004)
物资法律关系	(1004)
物资法律制度	(1005)
物资分流机能	(1005)
物资经营制度	(1005)
物资选购权	(1006)

X

词条	页码
西进运动	(1007)
先进技术企业	(1007)
先申请原则	(1007)
先用权	(1007)
险种	(1008)
现场检查制度	(1008)
现代企业制度	(1008)
现金使用范围	(1008)
现金收支	(1009)
限定差价率	(1009)
限额赔偿	(1009)
限期治理制度	(1009)
限制竞争行为	(1010)
限制转售价格	(1010)
乡村集体所有制企业	(1010)
乡村集体所有制企业的权利	(1010)
乡村集体所有制企业的义务	(1010)
乡村集体所有制企业法	(1011)
乡镇企业	(1011)
乡镇企业的权利	(1011)
乡镇企业的税收优惠	(1012)
乡镇企业的义务	(1012)
乡镇企业发展基金	(1012)
《乡镇企业法》	(1012)
乡镇企业职工的权利	(1013)
乡镇企业职工的义务	(1013)
相关市场	(1013)
相互保险组织	(1014)
香港博彩税	(1014)
香港利得税	(1014)

香港汽车首次登记税 …………………… (1014)	新闻出版署直属企业国有资产监督管理 …… (1034)
香港特别行政区的政府采购制度 ………… (1015)	新闻广告 ……………………………………… (1035)
香港消费税 …………………………………… (1015)	信赖利益保护原则 …………………………… (1035)
香港薪俸税 …………………………………… (1015)	信托 ………………………………………… (1036)
香港遗产税 …………………………………… (1015)	信托变更 ……………………………………… (1037)
香港印花税 …………………………………… (1016)	信托财产 ……………………………………… (1037)
香港娱乐税 …………………………………… (1016)	信托当事人 …………………………………… (1038)
向垄断过渡阶段的经济法 ………………… (1016)	《信托法》 ……………………………………… (1039)
项目贷款 ……………………………………… (1017)	信托设立 ……………………………………… (1039)
消费关系调整机制 …………………………… (1017)	信托投资公司 ………………………………… (1040)
消费合同 ……………………………………… (1017)	信托投资公司清产核资 ……………………… (1041)
消费品市场 …………………………………… (1018)	信托投资公司清产核资资产评估和
消费税 ………………………………………… (1018)	损失冲销制度 …………………………… (1041)
《消费税暂行条例》 …………………………… (1019)	信托终止 ……………………………………… (1042)
《消费税暂行条例实施细则》 ………………… (1019)	信息分类编码标准化 ………………………… (1043)
消费者安全保障法律制度 …………………… (1020)	信息分流机能 ………………………………… (1043)
消费者保护法的基本原则 …………………… (1020)	信息技术业质量体系评定和注册
消费者保护法的价值 ………………………… (1021)	承认协议组织 …………………………… (1043)
消费者保护法律体系 ………………………… (1021)	信息系统和服务委员会 ……………………… (1044)
消费者保护法律责任 ………………………… (1022)	信息资源 ……………………………………… (1044)
消费者利益国家保护 ………………………… (1022)	信用合作社 …………………………………… (1044)
消费者权利 …………………………………… (1023)	信用卡 ………………………………………… (1045)
《消费者权益保护法》 ………………………… (1024)	信用卡持卡人的义务以及违反规定
消费者权益保护立法 ………………………… (1024)	的法律责任 ……………………………… (1046)
消费者问题与消费者运动 …………………… (1024)	信用卡的申领 ………………………………… (1046)
消费者争议与法律救济 ……………………… (1025)	信用卡的现金存取 …………………………… (1046)
消费者主义 …………………………………… (1025)	信用卡的销户 ………………………………… (1046)
消费者组织 …………………………………… (1025)	信用证 ………………………………………… (1047)
销售假冒注册商标的商品罪 ………………… (1026)	刑事制裁 ……………………………………… (1047)
小规模企业审计 ……………………………… (1026)	行使经济权限执法 …………………………… (1048)
肖普劝告 ……………………………………… (1027)	行为税法 ……………………………………… (1048)
协定贸易 ……………………………………… (1027)	行政垄断 ……………………………………… (1048)
协议出让国有土地使用权 …………………… (1027)	行政事业单位国有资产 ……………………… (1049)
谢尔曼法 ……………………………………… (1028)	行政事业单位国有资产报告制度 …………… (1049)
新产业组织理论 ……………………………… (1028)	行政事业单位国有资产产权登记 …………… (1049)
新股预约权 …………………………………… (1029)	行政事业单位国有资产产权界定 …………… (1050)
新加坡博彩税 ………………………………… (1029)	行政事业单位国有资产产权纠纷调处 ……… (1050)
新加坡财产税 ………………………………… (1029)	行政事业单位国有资产处置管理 …………… (1050)
新加坡的政府采购制度 ……………………… (1030)	《行政事业单位国有资产管理办法》 ………… (1051)
新加坡个人所得税 …………………………… (1030)	行政事业单位国有资产管理的任务 ………… (1051)
新加坡公司所得税 …………………………… (1031)	行政事业单位国有资产管理机构
新加坡关税 …………………………………… (1031)	的法律责任 ……………………………… (1052)
新加坡税制 …………………………………… (1032)	行政事业单位国有资产管理机构
新加坡遗产税 ………………………………… (1032)	及其职责 ………………………………… (1052)
新加坡印花税 ………………………………… (1033)	行政事业单位国有资产使用管理 …………… (1052)
新贸易壁垒 …………………………………… (1033)	行政制裁 ……………………………………… (1053)
新区开发和旧区改建法律制度 ……………… (1034)	形式审查 ……………………………………… (1053)

休息休假 …………………………………… (1053)	药品包装管理 ………………………………… (1069)
修正性调整 ………………………………… (1054)	药品管理 ……………………………………… (1069)
虚假标示行为 ……………………………… (1054)	药品广告管理 ………………………………… (1070)
虚假广告 …………………………………… (1055)	药品价格管理 ………………………………… (1070)
虚假宣传 …………………………………… (1055)	药品监督管理部门 …………………………… (1070)
虚开增值税专用发票、用于骗取出口退税、	药品经营企业管理 …………………………… (1071)
抵扣税款发票罪 ………………………… (1056)	药品经营许可证的变更与换发 ……………… (1071)
许可证贸易 ………………………………… (1056)	药品经营许可证的监督检查 ………………… (1072)
许可证制度 ………………………………… (1056)	药品经营许可证的申领 ……………………… (1072)
选择权 ……………………………………… (1056)	药品经营许可证制度 ………………………… (1073)
询价采购 …………………………………… (1057)	药品生产企业管理 …………………………… (1073)
循环信用证 ………………………………… (1057)	野生动物的权属及其利用权益 ……………… (1073)
徇私舞弊不征、少征税款罪 ……………… (1057)	野生动物管理 ………………………………… (1074)
徇私舞弊发售发票、抵扣税款、出口退税罪	野生动物驯养繁殖管理 ……………………… (1074)
………………………………………………… (1057)	野生动物资源保护 …………………………… (1075)
	野生动植物保护法 …………………………… (1075)
	野生植物保护 ………………………………… (1075)

Y

	业主 …………………………………………… (1075)
亚太经济合作组织 ………………………… (1058)	业主公约 ……………………………………… (1076)
亚太实验室认可合作组织 ………………… (1058)	业主团体 ……………………………………… (1076)
亚洲货币市场 ……………………………… (1058)	业主委员会 …………………………………… (1076)
亚洲美元 …………………………………… (1059)	1950年税制改革 ……………………………… (1076)
《亚洲太平洋邮政公约》 …………………… (1059)	1953年税制改革 ……………………………… (1077)
烟草打假经费 ……………………………… (1060)	1958年税制改革 ……………………………… (1077)
烟草广告 …………………………………… (1060)	1973年税制改革 ……………………………… (1078)
烟草基因工程 ……………………………… (1060)	1983年税制改革 ……………………………… (1078)
《烟草控制科学和技术合作与信息通报公约》	1984年税制改革 ……………………………… (1079)
………………………………………………… (1061)	1994年税制改革 ……………………………… (1079)
《烟草控制框架公约》 ……………………… (1062)	一般公认的审计准则 ………………………… (1080)
《烟草控制框架公约》机构 ………………… (1063)	一般公认会计原则 …………………………… (1080)
烟草制品管理 ……………………………… (1063)	一人公司 ……………………………………… (1081)
《烟草专卖法》 ……………………………… (1064)	医疗保险 ……………………………………… (1081)
烟草专卖品准运证 ………………………… (1064)	医疗保险法 …………………………………… (1082)
烟草专卖许可证 …………………………… (1065)	医疗保险法的基本原则 ……………………… (1082)
烟草专用机械管理 ………………………… (1065)	医疗保险法律关系 …………………………… (1083)
烟叶管理 …………………………………… (1065)	医疗保险法律责任 …………………………… (1083)
延期纳税 …………………………………… (1066)	医疗保险合同 ………………………………… (1084)
盐税 ………………………………………… (1066)	医疗广告 ……………………………………… (1084)
筵席税 ……………………………………… (1066)	医疗机构的药剂管理 ………………………… (1085)
《筵席税暂行条例》 ………………………… (1067)	医疗器械广告 ………………………………… (1085)
衍生纳税人 ………………………………… (1067)	依法治税 ……………………………………… (1086)
验视内件 …………………………………… (1067)	依模样模仿行为 ……………………………… (1086)
养老保险 …………………………………… (1067)	遗产税 ………………………………………… (1086)
养老金负债 ………………………………… (1068)	遗嘱信托 ……………………………………… (1086)
养老金会计处理 …………………………… (1068)	疑义不利解释规则 …………………………… (1087)
样机试验 …………………………………… (1069)	异产毗连房屋 ………………………………… (1087)
邀请招标采购 ……………………………… (1069)	易货贸易 ……………………………………… (1088)

条目	页码
意大利地方所得税	(1088)
意大利地方营业税	(1088)
意大利个人所得税	(1088)
意大利税制	(1088)
意大利增值税	(1089)
意大利质量标志学会	(1089)
溢短装条款	(1089)
溢值分配权	(1090)
音像制品进口管理制度	(1090)
音像制品连锁经营管理	(1090)
银行	(1091)
银行间外汇市场管理制度	(1091)
银行控股公司	(1092)
银行外汇牌价	(1092)
银行外汇业务管理制度	(1092)
银监会	(1093)
引导性调整	(1094)
引进技术	(1094)
引人误解的虚假宣传行为	(1095)
引人误解的宣传	(1095)
饮用水水源保护区制度	(1095)
印度财富税	(1095)
印度关税	(1096)
印度税制	(1097)
印度所得税	(1097)
印度消费税	(1098)
印度销售税	(1099)
印度有限度增值税	(1100)
印花税	(1101)
《印花税暂行条例》	(1101)
《印花税暂行条例施行细则》	(1101)
印刷品广告管理制度	(1102)
应纳税款	(1102)
应税所得	(1103)
英国保护贸易利益法	(1103)
英国标准化学会	(1104)
英国的政府采购制度	(1104)
英国地方税	(1104)
英国个人所得税	(1104)
英国公司税	(1104)
英国国家认证机构	(1105)
英国经济法理论	(1105)
英国企业法	(1105)
英国人头税	(1106)
英国商标法	(1106)
英国社会保险税	(1106)
英国消费税	(1106)
英国信托业	(1106)
英国印花税	(1107)
英国增值税	(1108)
英国资本利得税	(1108)
英国资本转移税	(1108)
英美法系国家经济法理论	(1108)
英美法系票据法	(1108)
盈利预测审核	(1109)
营业税	(1109)
《营业税暂行条例》	(1110)
《营业税暂行条例实施细则》	(1110)
佣金	(1111)
用水管理制度	(1111)
用于农业土地开发的土地出让金收入管理	(1111)
优惠待遇	(1112)
优先权	(1112)
优质农产品认证和标志制度	(1113)
邮购	(1113)
邮购管理	(1113)
邮政标准化	(1113)
邮政产品质量监督管理	(1114)
邮政督察员	(1114)
《邮政汇票协定》	(1115)
邮政企业所得税制度	(1117)
邮政企业专营	(1117)
邮政用品用具监督管理	(1117)
《邮政支票业务协定》	(1118)
邮政专营	(1119)
有偿转让国有小型企业的产权	(1119)
有奖销售	(1120)
有限责任公司	(1121)
有限责任公司出资的转让	(1121)
有限制自由兑换货币	(1121)
有效车票	(1121)
有效竞争	(1121)
有形贸易	(1122)
诱饵广告	(1122)
渔业捕捞	(1122)
渔业捕捞许可证	(1123)
渔业法	(1123)
渔业管理机关	(1124)
渔业监督管理	(1124)
渔业权	(1125)
渔业养殖	(1125)
渔业资源增殖和保护	(1126)
渔政管辖和管理制度	(1126)

与贸易有关的投资措施协议 …………… (1127)
与贸易有关的知识产权协议 …………… (1127)
预防为主、防治结合原则 ……………… (1127)
预算单位清产核资制度 ………………… (1128)
《预算法》 ……………………………… (1129)
预提所得税 ……………………………… (1131)
预约定价税制法 ………………………… (1131)
域名 ……………………………………… (1131)
域名争议 ………………………………… (1131)
域名注册 ………………………………… (1132)
原产地规则 ……………………………… (1132)
《原产地规则协议》 …………………… (1132)
原产地名称 ……………………………… (1132)
原产地域产品 …………………………… (1133)
原油、成品油、化肥国营贸易进口经营
　　管理制度 …………………………… (1134)
援用责任 ………………………………… (1135)
源泉课税法 ……………………………… (1135)
远期外汇交易 …………………………… (1135)
远洋渔业管理 …………………………… (1135)

Z

再保险 …………………………………… (1137)
再保险公司 ……………………………… (1137)
再贷款 …………………………………… (1137)
再就业培训 ……………………………… (1137)
再贴现 …………………………………… (1138)
在建工程清查 …………………………… (1138)
在线竞价买卖 …………………………… (1138)
在职培训 ………………………………… (1139)
暂保单 …………………………………… (1139)
早期公开,延迟审查制度 ……………… (1139)
噪声污染防治的监督管理 ……………… (1139)
增加资本 ………………………………… (1140)
增值税 …………………………………… (1141)
《增值税暂行条例》 …………………… (1142)
《增值税暂行条例实施细则》 ………… (1143)
增值税专用发票 ………………………… (1143)
《增值税专用发票使用规定》 ………… (1144)
赠与税 …………………………………… (1144)
债券 ……………………………………… (1144)
债券发行 ………………………………… (1144)
债券发行权 ……………………………… (1145)
债券发行人 ……………………………… (1145)
战后经济法 ……………………………… (1145)
战略产业 ………………………………… (1145)
战前经济法 ……………………………… (1146)
账簿凭证管理 …………………………… (1146)
招标 ……………………………………… (1146)
招标代理机构 …………………………… (1147)
招标拍卖挂牌出让国有土地使用权 …… (1148)
《招标投标法》 ………………………… (1149)
折扣 ……………………………………… (1149)
折扣卡特尔 ……………………………… (1149)
折衷资本制 ……………………………… (1149)
征纳期限 ………………………………… (1150)
征收 ……………………………………… (1150)
征税 ……………………………………… (1150)
征税对象 ………………………………… (1150)
征税方式 ………………………………… (1150)
征税管辖 ………………………………… (1151)
征税机关权力义务 ……………………… (1151)
征税客体 ………………………………… (1152)
征税期限 ………………………………… (1152)
征税主体 ………………………………… (1152)
征用 ……………………………………… (1152)
整顿和规范市场经济秩序领导小组办公室
　　…………………………………………(1152)
正当竞争 ………………………………… (1153)
证监会 …………………………………… (1153)
证券承销 ………………………………… (1154)
证券登记结算机构 ……………………… (1154)
《证券法》 ……………………………… (1155)
证券法律责任 …………………………… (1156)
证券公司 ………………………………… (1157)
证券交易服务机构 ……………………… (1157)
证券交易税 ……………………………… (1157)
证券交易所 ……………………………… (1157)
证券经纪人 ……………………………… (1157)
证券期货交易 …………………………… (1158)
证券期货投资咨询机构 ………………… (1158)
证券期权交易 …………………………… (1159)
证券市场 ………………………………… (1159)
证券投资基金 …………………………… (1160)
证券信用交易 …………………………… (1160)
证券中介机构 …………………………… (1160)
政策性银行 ……………………………… (1161)
政府采购程序 …………………………… (1161)
政府采购的当事人 ……………………… (1161)
政府采购的法律责任 …………………… (1162)
政府采购的范围 ………………………… (1163)
政府采购的救济机制 …………………… (1163)
《政府采购法》 ………………………… (1163)

条目	页码
政府采购法的基本原则	(1165)
政府采购合同	(1165)
政府采购监督制度	(1165)
政府采购模式	(1166)
《政府采购协议》	(1166)
政府采购制度	(1166)
政府的经济行为	(1167)
政府定价	(1167)
政府扶持制度	(1168)
政府机构对全民所有制工业企业的职权和职责	(1169)
政府价格决策听证制度	(1169)
政府审计	(1170)
政府支持节能管理制度	(1171)
政府指导价	(1171)
支付结算	(1171)
《支付结算办法》	(1172)
支票	(1172)
支票出票的款式	(1172)
支票出票的效力	(1172)
支票的出票	(1173)
支票的资金关系	(1173)
支票付款	(1173)
支票准用汇票	(1173)
知名人物商品化权利	(1173)
知名商品	(1174)
知识产权海关保护	(1174)
知悉真情权	(1175)
执业审计师	(1175)
直接贸易	(1175)
直销	(1175)
职工代表	(1176)
职工代表大会的职权	(1176)
职工用工管理制度	(1176)
职能经济机关	(1177)
职务发明创造	(1177)
职业病	(1177)
职业技能鉴定	(1178)
职业技能鉴定机构	(1178)
职业培训	(1179)
职业资格证书制度	(1180)
植树造林	(1180)
植物品种权	(1180)
植物新品种	(1181)
《植物新品种保护条例》	(1181)
植物资源管理	(1181)
纸币本位制	(1181)
《指导外商投资方向规定》	(1181)
指令性调整	(1182)
质次价高、滥收费用及违法所得认定	(1183)
质量管理和质量保证技术委员会	(1183)
质量检验监督制度	(1183)
质量体系评定与注册欧洲网络	(1183)
质量体系认证	(1184)
质量体系认证机构	(1184)
质量体系认证机构的认可	(1185)
质量体系认证认可机构	(1185)
中标	(1185)
中国保险行业协会	(1186)
中国标准化研究院	(1186)
中国产品质量协会	(1187)
中国的经济法理论	(1187)
中国电子质量管理协会	(1188)
中国对外承包工程商会	(1188)
中国纺织品进出口商会	(1189)
中国管辖海域外国人、外国船舶渔业活动管理	(1190)
中国国际经济贸易仲裁委员会	(1191)
中国国际贸易促进委员会	(1191)
中国国际贸易促进委员会、对外经济贸易仲裁委员会和海事仲裁委员会与意大利仲裁协会仲裁合作协议	(1192)
中国国际贸易促进委员会海事仲裁委员会与社团法人日本海运集会所海事仲裁委员会关于采用仲裁方式解决中日海运争议的议定书	(1192)
中国国际贸易促进委员会和法兰西共和国全国工业产权局关于解决中法工业产权贸易争议的议定书	(1193)
中国国际贸易促进委员会与瑞典斯德哥尔摩商会协议	(1194)
中国国际商会	(1194)
中国国家标准化管理委员会	(1194)
中国国家外汇管理局	(1195)
中国海事仲裁委员会	(1196)
中国机电产品进出口商会	(1196)
中国进出口商会	(1197)
中国连锁经营协会	(1197)
中国名牌产品	(1197)
中国名牌产品标志	(1198)
中国轻工工艺品进出口商会	(1198)
中国人民解放军土地使用管理	(1199)
中国人民银行	(1200)

中国人民银行与俄罗斯联邦中央银行关于
　　边境地区贸易的银行结算协议 ………… (1200)
中国五矿化工进出口商会 ……………… (1201)
中国医药保健品进出口商会 …………… (1201)
中国银行业协会 ………………………… (1202)
中国证券市场 …………………………… (1202)
中国证券业协会 ………………………… (1203)
中国质量监督管理协会 ………………… (1203)
《中华人民共和国和德国关于促进和相互
　　保护投资的协定》 …………………… (1204)
《中华人民共和国和法国关于相互鼓励和
　　保护投资的协定》 …………………… (1205)
中华人民共和国和古巴共和国1995年
　　贸易议定书 …………………………… (1205)
《中华人民共和国和日本关于鼓励和相互
　　保护投资协定》 ……………………… (1206)
《中华人民共和国和英国关于促进和相互
　　保护投资协定》 ……………………… (1207)
中华人民共和国加入世界贸易
　　组织议定书 …………………………… (1208)
中华人民共和国政府和越南社会主义共和国
　　政府边境贸易协定 …………………… (1208)
中华人民共和国政府与美利坚合众国
　　政府框架工作协议 …………………… (1209)
中间性保险 ……………………………… (1209)
中介服务收费管理制度 ………………… (1210)
中介机构 ………………………………… (1210)
中美贸易关系协定 ……………………… (1211)
中外合资合作职业介绍机构设立管理制度
　　………………………………………… (1211)
中外合资经营旅行社的注册资本 ……… (1212)
中外合资经营企业 ……………………… (1212)
中外合资经营企业的解散 ……………… (1212)
中外合资经营企业的经营管理 ………… (1213)
中外合资经营企业的期限 ……………… (1214)
中外合资经营企业的清算 ……………… (1214)
中外合资经营企业的设立 ……………… (1215)
中外合资经营企业的用地 ……………… (1216)
中外合资经营企业的注册资本 ………… (1217)
中外合资经营企业的组织机构 ………… (1217)
中外合资经营企业的组织形式 ………… (1218)
《中外合资经营企业法》 ………………… (1218)
中外合资经营企业合营各方的出资 …… (1218)
中外合资旅行社 ………………………… (1219)
中外合资人才中介机构 ………………… (1219)
中外合资银行 …………………………… (1220)
中外合作经营企业 ……………………… (1220)
中外合作经营企业的合作条件 ………… (1221)
中外合作经营企业的解散 ……………… (1221)
中外合作经营企业的经营管理 ………… (1221)
中外合作经营企业的期限 ……………… (1222)
中外合作经营企业的注册资本 ………… (1222)
中外合作经营企业的组织机构 ………… (1222)
中外合作经营企业的组织形式 ………… (1223)
中外合作经营企业回收投资 …………… (1223)
中外合作开采陆上和海洋石油资源 …… (1223)
中外合作企业的设立 …………………… (1224)
中外合作音像制品分销企业管理 ……… (1225)
中西部地区优惠制度 …………………… (1226)
中小企业 ………………………………… (1226)
中小企业创业扶持制度 ………………… (1227)
中小企业促进法 ………………………… (1227)
中小企业的财政支持 …………………… (1228)
中小企业的税收优惠 …………………… (1228)
中小企业的资金支持 …………………… (1228)
中小企业的自律性组织 ………………… (1229)
中小企业发展基金 ……………………… (1229)
中小企业发展专项资金 ………………… (1229)
中小企业合作卡特尔 …………………… (1229)
中小企业互助担保机构 ………………… (1229)
中小企业技术创新制度 ………………… (1230)
中小企业权益 …………………………… (1230)
中小企业权益的保护 …………………… (1230)
中小企业社会化服务体系 ……………… (1230)
中小企业信用担保 ……………………… (1231)
中小企业信用制度 ……………………… (1231)
中央储备粮管理 ………………………… (1231)
中央银行 ………………………………… (1232)
中央预算单位清产核资资金核实制度 … (1232)
《中资企业外汇结算账户管理实施细则》 … (1233)
终身人寿保险 …………………………… (1233)
种质资源保护制度 ……………………… (1233)
种子法 …………………………………… (1234)
种子检验、检疫制度 …………………… (1235)
种子经营制度 …………………………… (1235)
种子生产制度 …………………………… (1235)
种子使用制度 …………………………… (1235)
种子质量监督制度 ……………………… (1236)
重点用能单位管理制度 ………………… (1236)
重要工业品进口配额管理 ……………… (1236)
主币 ……………………………………… (1237)
主导产业 ………………………………… (1237)
主审注册会计师 ………………………… (1237)
助理会计师 ……………………………… (1238)

注册不当商标的撤销程序	(1238)	转基因烟草监控	(1252)
注册建筑师	(1238)	转让背书	(1252)
注册建筑师的执业	(1238)	转让定价	(1253)
注册建筑师的注册	(1239)	转手贸易	(1253)
注册会计师	(1239)	资本变更	(1253)
注册会计师协会	(1240)	资本和金融项目	(1253)
注册会计师职业道德	(1240)	资本经营责任制	(1254)
注册商标	(1241)	资本项目可兑换	(1254)
注册商标使用许可	(1241)	资本项目外汇	(1254)
注册商标争议裁定	(1241)	资本注册	(1254)
注册税务师	(1241)	资产	(1256)
专利	(1242)	资产处置权	(1256)
专利代理	(1242)	资产划转手续	(1256)
专利代理惩戒制度	(1242)	资产价值重估	(1256)
专利代理机构	(1243)	资产经营形式	(1256)
专利代理人的执业	(1244)	资产评估机构	(1257)
专利的合并申请	(1244)	资产清查	(1257)
专利的实施	(1244)	资产占用费	(1257)
专利法	(1244)	资金筹集制度	(1257)
专利复审	(1245)	资金核实	(1258)
专利复审委员会	(1245)	资金信贷的优惠	(1258)
专利国际申请	(1245)	资金信托	(1258)
专利合作条约	(1245)	资源补偿制度	(1259)
专利纠纷的行政调解	(1246)	资源补救制度	(1259)
专利年费	(1246)	资源费	(1259)
专利契约论	(1246)	资源利用中的财产权制度	(1260)
专利侵权	(1246)	资源利用中的禁限制度	(1260)
专利侵权纠纷的行政处理	(1247)	资源税	(1260)
专利侵权赔偿数额计算方法	(1248)	《资源税暂行条例》	(1260)
专利权	(1248)	《资源税暂行条例实施细则》	(1261)
专利权保护范围	(1248)	资源性国有资产	(1261)
专利权的期限	(1248)	资源性国有资产管理	(1262)
专利权的无效	(1248)	资源综合利用认定	(1263)
专利权的终止	(1249)	资源综合利用制度	(1263)
专利申请单一性原则	(1249)	子公司	(1264)
专利申请临时保护	(1249)	自然保护区法	(1264)
专利申请日	(1249)	自然垄断	(1264)
专利申请文件	(1249)	自然资源	(1265)
专利实施许可	(1249)	自然资源调查和档案制度	(1265)
专利无效宣告	(1250)	自然资源法	(1266)
专利制度	(1250)	自然资源规划	(1267)
专利自然权利论	(1250)	自然资源权属	(1267)
专卖	(1251)	自然资源许可制度	(1268)
专门贸易	(1251)	自然资源有偿使用制度	(1268)
专向补贴	(1251)	自由兑换货币	(1268)
专项审计调查	(1251)	自由贸易区	(1268)
专业化卡特尔	(1251)	自愿保险	(1269)

自愿失业 …………………………… (1269)	租赁经营担保 ……………………… (1274)
宗地 ………………………………… (1269)	租赁经营的形式 …………………… (1274)
宗地标定地价 ……………………… (1269)	租赁经营合同的变更和解除 ……… (1274)
综合部门法论 ……………………… (1270)	租赁经营合同的条款 ……………… (1274)
综合规划和专业规划 ……………… (1270)	租赁经营责任制 …………………… (1274)
综合经济机关 ……………………… (1270)	组织机构权限 ……………………… (1275)
综合利用和多目标开发原则 ……… (1270)	组织机能 …………………………… (1276)
综合授权 …………………………… (1270)	组织监管责任 ……………………… (1276)
综合所得税制 ……………………… (1271)	组织监管制裁 ……………………… (1276)
总会计师 …………………………… (1271)	最低工资保障制度 ………………… (1277)
总贸易 ……………………………… (1271)	最惠国待遇 ………………………… (1278)
纵向非价格约束 …………………… (1271)	尊重消费者人格权义务 …………… (1279)
纵向合并 …………………………… (1272)	作用时限机制 ……………………… (1279)
纵向价格约束 ……………………… (1272)	坐支 ………………………………… (1280)
纵向限制竞争协议 ………………… (1273)	做市商 ……………………………… (1280)
租赁柜台经营活动 ………………… (1273)	

辞条汉字笔画索引

说　明

一、本索引供读者按辞条标题的汉字笔画查检辞条。
二、本索引辞条标题按第一字的笔画用 Word 程序排序。

一画

1950 年税制改革 …………………… (1076)
1953 年税制改革 …………………… (1077)
1958 年税制改革 …………………… (1077)
1973 年税制改革 …………………… (1078)
1983 年税制改革 …………………… (1078)
1984 年税制改革 …………………… (1079)
1994 年税制改革 …………………… (1079)
一人公司 ……………………………… (1081)
一般公认会计原则 …………………… (1080)
一般公认的审计准则 ………………… (1080)
ISO14000 环境管理系列标准 ………… (414)

二画

人民币 ………………………………… (786)
人民币汇率制度 ……………………… (786)
人身保险 ……………………………… (786)
人身保险合同 ………………………… (786)
人身保险合同的复效 ………………… (786)
人身保险合同的停效 ………………… (786)
人事管理权 …………………………… (787)
入伙 …………………………………… (798)
厂长 ……………………………………… (87)
厂长的产生方式 ………………………… (87)
厂长的离任 ……………………………… (87)
厂长的职权 ……………………………… (87)

三画

万国邮政联盟 ………………………… (984)
万国邮政联盟国际局 ………………… (984)
万国邮政联盟组织机构 ……………… (985)
《万国邮政联盟总规则》 ……………… (985)
三包责任 ……………………………… (799)

三同时制度 …………………………… (799)
三来一补 ……………………………… (799)
三倍损害赔偿之诉 …………………… (799)
上市公司 ……………………………… (820)
上市公司收购 ………………………… (820)
上交利润递增包干 …………………… (820)
上交利润基数包干、超收分成 ……… (820)
个人外汇管理 ………………………… (240)
个人收入调节税 ……………………… (238)
个人所得税 …………………………… (239)
《个人所得税法》 …………………… (239)
《个人所得税法实施条例》 ………… (240)
个人保险组织 ………………………… (235)
个人独资企业 ………………………… (235)
个人独资企业分支机构 ……………… (238)
个人独资企业事务管理 ……………… (238)
《个人独资企业法》 ………………… (237)
个人独资企业的义务 ………………… (237)
个人独资企业的权利 ………………… (236)
个人独资企业的设立 ………………… (236)
个人独资企业的清算 ………………… (236)
个人独资企业的解散 ………………… (236)
个人预结汇汇款 ……………………… (241)
个人储蓄性养老保险 ………………… (235)
个体工商户 …………………………… (241)
乡村集体所有制企业 ………………… (1010)
乡村集体所有制企业法 ……………… (1011)
乡村集体所有制企业的义务 ………… (1010)
乡村集体所有制企业的权利 ………… (1010)
乡镇企业 ……………………………… (1011)
乡镇企业发展基金 …………………… (1012)
《乡镇企业法》 ……………………… (1012)
乡镇企业的义务 ……………………… (1012)
乡镇企业的权利 ……………………… (1011)
乡镇企业的税收优惠 ………………… (1012)
乡镇企业职工的义务 ………………… (1013)

词条	页码	词条	页码
乡镇企业职工的权利	(1013)	工业噪声污染防治制度	(247)
口岸电子执法系统	(576)	工伤保险	(243)
土地分等定级估价	(937)	工作时间	(249)
土地市场动态监测	(942)	工资、奖金分配权	(248)
土地市场管理制度	(943)	工资	(247)
土地用途管制制度	(944)	工资和奖金分配制度	(248)
土地权属争议调查处理制度	(941)	工资总额与经济效益挂钩	(249)
土地权属法律制度	(940)	工商业所得税	(246)
土地估价	(938)	工商业税	(245)
土地利用分区	(939)	工商行政管理机关	(244)
土地利用年度计划管理	(939)	工商行政管理所	(245)
土地利用总体规划	(940)	工商统一税	(244)
土地利用管理法律制度	(939)	工商税	(244)
土地证书印制管理	(946)	广告主	(282)
土地使用权划拨	(942)	广告代理	(277)
土地征用补偿制度	(945)	广告发布者	(277)
土地征用制度	(946)	《广告行业公平竞争自律守则》	(279)
土地所有权和使用权争议的解决	(943)	广告服务收费管理	(278)
土地所有制	(944)	《广告法》	(278)
土地法	(937)	广告经营者	(280)
土地的调查与统计制度	(935)	广告显示屏	(281)
土地保护制度	(934)	广告语言文字管理	(281)
土地复垦	(937)	广告监测	(279)
土地流转制度	(940)	广播电视节目制作经营管理	(277)
土地监督检查	(938)	与贸易有关的投资措施协议	(1127)
土地登记	(935)	与贸易有关的知识产权协议	(1127)
土地登记代理人职业资格	(935)		
土地登记代理人职业资格考试	(936)	**四画**	
土地税	(943)		
土地等级评定	(937)	不可抗辩条款规则	(42)
土地管理法	(938)	不正当亏本销售	(44)
土地管理法律制度	(938)	不正当有奖销售行为	(44)
土地增值税	(944)	不正当竞争行为	(44)
《土地增值税暂行条例》	(945)	不利法律效果通知义务	(43)
《土地增值税暂行条例实施细则》	(944)	不良贷款	(43)
土地整理	(946)	不足额保险	(45)
《大气污染防治法》	(123)	不定值保险	(42)
大陆法系国家经济法理论	(123)	不能自由兑换货币	(44)
大额和可疑外汇资金交易报告制度	(121)	不景气行业法	(42)
大额现金支付登记备案制度	(122)	专门贸易	(1251)
大额现金支付管理	(122)	专业化卡特尔	(1251)
女职工特殊保护	(687)	专向补贴	(1251)
子公司	(1264)	专利	(1242)
小规模企业审计	(1026)	专利无效宣告	(1250)
工厂企业制度	(242)	专利代理	(1242)
工业产权	(247)	专利代理人的执业	(1244)
工业产品生产许可	(246)	专利代理机构	(1243)

词条	页码
专利代理惩戒制度	(1242)
专利申请文件	(1249)
专利申请日	(1249)
专利申请单一性原则	(1249)
专利申请临时保护	(1249)
专利纠纷的行政调解	(1246)
专利合作条约	(1245)
专利年费	(1246)
专利权	(1248)
专利权的无效	(1248)
专利权的终止	(1249)
专利权的期限	(1248)
专利权保护范围	(1248)
专利自然权利论	(1250)
专利制度	(1250)
专利国际申请	(1245)
专利实施许可	(1249)
专利法	(1244)
专利的合并申请	(1244)
专利的实施	(1244)
专利侵权	(1246)
专利侵权纠纷的行政处理	(1247)
专利侵权赔偿数额计算方法	(1248)
专利复审	(1245)
专利复审委员会	(1245)
专利契约论	(1246)
专卖	(1251)
专项审计调查	(1251)
中小企业	(1226)
中小企业互助担保机构	(1229)
中小企业发展专项资金	(1229)
中小企业发展基金	(1229)
中小企业创业扶持制度	(1227)
中小企业合作卡特尔	(1229)
中小企业权益	(1230)
中小企业权益的保护	(1230)
中小企业技术创新制度	(1230)
中小企业社会化服务体系	(1230)
中小企业的自律性组织	(1229)
中小企业的财政支持	(1228)
中小企业的资金支持	(1228)
中小企业的税收优惠	(1228)
中小企业促进法	(1227)
中小企业信用制度	(1231)
中小企业信用担保	(1231)
中介机构	(1210)
中介服务收费管理制度	(1210)
中外合作开采陆上和海洋石油资源	(1223)
中外合作企业的设立	(1224)
中外合作经营企业	(1220)
中外合作经营企业回收投资	(1223)
中外合作经营企业的合作条件	(1221)
中外合作经营企业的注册资本	(1222)
中外合作经营企业的组织机构	(1222)
中外合作经营企业的组织形式	(1223)
中外合作经营企业的经营管理	(1221)
中外合作经营企业的期限	(1222)
中外合作经营企业的解散	(1221)
中外合作音像制品分销企业管理	(1225)
中外合资人才中介机构	(1219)
中外合资合作职业介绍机构设立管理制度	(1211)
中外合资经营企业	(1212)
中外合资经营企业合营各方的出资	(1218)
《中外合资经营企业法》	(1218)
中外合资经营企业的用地	(1216)
中外合资经营企业的设立	(1215)
中外合资经营企业的注册资本	(1217)
中外合资经营企业的组织机构	(1217)
中外合资经营企业的组织形式	(1218)
中外合资经营企业的经营管理	(1213)
中外合资经营企业的清算	(1214)
中外合资经营企业的期限	(1214)
中外合资经营企业的解散	(1212)
中外合资经营旅行社的注册资本	(1212)
中外合资旅行社	(1219)
中外合资银行	(1220)
中央预算单位清产核资资金核实制度	(1232)
中央银行	(1232)
中央储备粮管理	(1231)
中华人民共和国加入世界贸易组织议定书	(1208)
《中华人民共和国和日本关于鼓励和相互保护投资协定》	(1206)
中华人民共和国和古巴共和国1995年贸易议定书	(1205)
《中华人民共和国和法国关于相互鼓励和保护投资的协定》	(1205)
《中华人民共和国和英国关于促进和相互保护投资协定》	(1207)
《中华人民共和国和德国关于促进和相互保护投资的协定》	(1204)
中华人民共和国政府与美利坚合众国政府框架工作协议	(1209)

中华人民共和国政府和越南社会主义
　　共和国政府边境贸易协定 …………（1208）
中西部地区优惠制度 ………………（1226）
中间性保险 …………………………（1209）
中国人民银行 ………………………（1200）
中国人民银行与俄罗斯联邦中央银行关于
　　边境地区贸易的银行结算协议 ……（1200）
中国人民解放军土地使用管理 ………（1199）
中国五矿化工进出口商会 ……………（1201）
中国对外承包工程商会 ………………（1188）
中国电子质量管理协会 ………………（1188）
中国产品质量协会 …………………（1187）
中国名牌产品 ………………………（1197）
中国名牌产品标志 …………………（1198）
中国机电产品进出口商会 ……………（1196）
中国医药保健品进出口商会 …………（1201）
中国纺织品进出口商会（简称中国纺织商会）
　　 …………………………………（1189）
中国证券业协会 ……………………（1203）
中国证券市场 ………………………（1202）
中国进出口商会 ……………………（1197）
中国连锁经营协会 …………………（1197）
中国国际经济贸易仲裁委员会 ………（1191）
中国国际贸易促进委员会、对外经济贸易
　　仲裁委员会和海事仲裁委员会与意大利
　　仲裁协会仲裁合作协议 ……………（1192）
中国国际贸易促进委员会 ……………（1191）
中国国际贸易促进委员会与
　　瑞典斯德哥尔摩商会协议 …………（1194）
中国国际贸易促进委员会和法兰西共和国
　　全国工业产权局关于解决中法工业
　　产权贸易争议的议定书 ……………（1193）
中国国际贸易促进委员会海事仲裁
　　委员会与社团法人日本海运集会所海事
　　仲裁委员会关于采用仲裁方式
　　解决中日海运争议的议定书 ………（1192）
中国国际商会 ………………………（1194）
中国国家外汇管理局 ………………（1195）
中国国家标准化管理委员会 …………（1194）
中国的经济法理论 …………………（1187）
中国质量监督管理协会 ………………（1203）
中国保险行业协会 …………………（1186）
中国标准化研究院 …………………（1186）
中国轻工工艺品进出口商会 …………（1198）
中国海事仲裁委员会 ………………（1196）
中国银行业协会 ……………………（1202）
中国管辖海域外国人、外国船舶
　　渔业活动管理 ……………………（1190）

中标 …………………………………（1185）
中美贸易关系协定 …………………（1211）
《中资企业外汇结算账户管理实施细则》……（1233）
互联网上网服务营业场所连锁经营管理 ……（387）
公开市场业务 ………………………（250）
公开招标采购 ………………………（251）
公司 …………………………………（255）
公司人格否认 ………………………（261）
公司发起人的责任 …………………（258）
公司企业制度 ………………………（260）
公司并购 ……………………………（256）
公司权利能力 ………………………（260）
公司行为能力 ………………………（261）
公司治理结构 ………………………（262）
公司法 ………………………………（258）
公司法上的情报技术利用 …………（259）
公司的合并 …………………………（256）
公司的设立 …………………………（257）
公司的社会责任 ……………………（257）
公司的清算 …………………………（256）
公司的解散 …………………………（256）
公司股东 ……………………………（259）
公司股份 ……………………………（260）
公司型基金 …………………………（261）
公司资本 ……………………………（263）
公司章程 ……………………………（262）
公司登记 ……………………………（257）
公布统计资料 ………………………（250）
公平交易权 …………………………（255）
公用企业限制竞争的行为 …………（264）
公用事业 ……………………………（264）
公示催告程序 ………………………（255）
公众参与的原则 ……………………（265）
公有制 ………………………………（264）
公益信托 ……………………………（263）
公路 …………………………………（251）
公路工程监理 ………………………（253）
公路用地 ……………………………（255）
公路交通标志 ………………………（254）
公路附属设施 ………………………（253）
公路建设 ……………………………（254）
公路建设用地 ………………………（254）
《公路法》 ……………………………（251）
公路法律责任 ………………………（252）
公路规划 ……………………………（254）
公路规费 ……………………………（253）
公路养护 ……………………………（255）

公路监督检查	(254)	反垄断法律制度	(196)
公路绿化	(254)	反垄断法适用除外	(196)
公路赔偿和补偿	(254)	反垄断法域外适用	(196)
内部机构设置权	(657)	《反倾销产业损害调查与裁决规定》	(198)
内部审计	(657)	反倾销产品范围调整程序的规则	(197)
内部控制	(657)	反倾销关税	(200)
内部控制测评	(657)	《反倾销条例》	(200)
分工分业机能	(223)	反倾销法	(199)
分公司	(224)	反倾销调查	(199)
分业经营规则	(226)	反倾销措施	(198)
分析性复核	(226)	太平洋认可合作组织	(906)
分类所得税制	(224)	巴西个人所得税	(7)
分类综合所得税制	(224)	巴西工业产品税	(7)
分项授权	(225)	巴西公司所得税	(7)
分配制度	(224)	巴西财产税	(7)
分税制	(225)	巴西金融证券交易税	(7)
办理开采黄金矿产批准书管理	(9)	巴西商品流通税	(8)
办理外国人商标注册的原则	(9)	巴西税制	(8)
化工产品标准化	(391)	币值	(32)
化妆品广告	(391)	开发式扶贫	(572)
化学工业技术引进和设备进口标准化审查制度	(391)	开发者养护、污染者治理的原则	(572)
		开放式基金	(573)
化肥、农药、农膜专营	(388)	开标	(572)
化肥价格制度	(389)	开源节流的原则	(573)
化肥优惠制度	(391)	引人误解的宣传	(1095)
化肥进口关税配额管理	(389)	引人误解的虚假宣传行为	(1095)
化肥进口制度	(390)	引导性调整	(1094)
化肥进口组织管理制度	(390)	引进技术	(1094)
化肥购销制度	(389)	户外广告	(388)
化肥流通体制	(390)	支付结算	(1171)
区块登记管理	(776)	《支付结算办法》	(1172)
区域开发	(776)	支票	(1172)
区域可持续发展	(777)	支票付款	(1173)
区域经济开发政策	(776)	支票出票的效力	(1172)
历史成本法	(612)	支票出票的款式	(1172)
历史观说	(612)	支票的出票	(1173)
双重征税	(856)	支票的资金关系	(1173)
反不正当竞争法	(193)	支票准用汇票	(1173)
反不正当竞争法的一般条款	(194)	文化市场	(996)
反不正当竞争法律制度	(195)	文化市场稽查	(996)
《反补贴产业损害调查与裁决规定》	(191)	方法论说	(201)
《反补贴条例》	(192)	方法标准	(201)
反补贴法	(192)	无公害农产品标志管理	(999)
反补贴措施	(191)	无过错责任	(1000)
反补贴税	(192)	无形贸易	(1002)
反垄断执法机构	(197)	无形资产清查	(1003)
反垄断法	(195)	无居民海岛保护与利用管理	(1000)

无店铺销售 …………………………（999）	《水污染防治法》…………………（859）
无歧视待遇原则 …………………（1001）	水利部清产核资制度 ………………（857）
无效信托 …………………………（1002）	水法 …………………………………（856）
无照经营查处取缔制度 …………（1003）	水质管理制度 ………………………（859）
《日内瓦支票统一法公约》………（798）	水资源 ………………………………（859）
《日内瓦汇票和本票统一法公约》…（797）	水资源开发利用的原则 ……………（860）
日本个人事业税 ……………………（789）	水资源有偿使用制度 ………………（861）
日本个人居民税 ……………………（789）	水资源权属法律制度 ………………（861）
日本个人所得税 ……………………（789）	水资源论证 …………………………（861）
日本工业标准委员会 ………………（790）	水资源定额管理和总量控制 ………（859）
日本公司法 …………………………（790）	水资源规划制度 ……………………（860）
日本公司组织变更制度 ……………（791）	水资源管理 …………………………（860）
日本区域开发政策 …………………（795）	水资源管理体制 ……………………（860）
日本产业政策 ………………………（787）	水量分配方案和旱情紧急情况下的
日本企业法 …………………………（794）	水量调度预案 …………………（858）
日本《关于禁止私人垄断和确保公正交易法》	见票 …………………………………（469）
…………………………………（792）	计价货币 ……………………………（437）
日本关税 ……………………………（791）	计划 …………………………………（429）
日本地方消费税 ……………………（787）	计划发展制度 ………………………（430）
日本有价证券交易税 ………………（797）	计划体系 ……………………………（434）
日本国际许可证贸易的反垄断法 …（792）	计划制定 ……………………………（436）
日本国家产业技术政策 ……………（793）	计划实施 ……………………………（434）
日本法人事业税 ……………………（788）	计划法 ………………………………（431）
日本法人居民税 ……………………（788）	计划法律关系 ………………………（431）
日本法人税 …………………………（789）	计划法律责任 ………………………（432）
日本规格协会 ………………………（792）	计划经济 ……………………………（433）
日本信托业 …………………………（796）	计划经济与市场调节有机结合 ……（433）
日本科学技术联盟 …………………（794）	计划经济为主、市场调节为辅 ……（433）
日本消费税 …………………………（796）	计划经济国家的经济法 ……………（433）
日本烟税 ……………………………（797）	计划指标体系 ………………………（436）
日本监事制度 ………………………（793）	计划监督检查 ………………………（432）
日本酒税 ……………………………（794）	计划调整 ……………………………（435）
日本商标法 …………………………（795）	计税依据 ……………………………（446）
日本税制 ……………………………（796）	计量 …………………………………（437）
日本税理士制度 ……………………（795）	计量认证 ……………………………（445）
日本董事制度 ………………………（787）	计量机构 ……………………………（440）
日本遗产税 …………………………（797）	计量技术规范 ………………………（441）
日本蓝色申报制度 …………………（794）	计量法 ………………………………（438）
日本赠与税 …………………………（797）	计量法律责任 ………………………（438）
比质比价采购制度 …………………（31）	计量标准器具 ………………………（438）
比较广告 ……………………………（31）	计量监督 ……………………………（441）
《水土保持法》……………………（858）	计量调解与仲裁检定 ………………（445）
水工程保护制度 ……………………（857）	计量基准的国际比对和检定 ………（441）
水文水资源调查评价资质和建设项目	计量基准器具 ………………………（441）
水资源论证资质管理 …………（858）	计量授权 ……………………………（445）
水功能区划 …………………………（857）	计量检定 ……………………………（442）
水权 …………………………………（858）	计量检定系统表 ……………………（442）

计量检定规程	(442)
计量管理体制	(439)
计量管理制度	(440)
计量器具	(443)
计量器具许可证制度	(444)
计量器具定型鉴定	(444)
计量器具的使用	(443)
计量器具的销售	(444)
计量器具型式批准	(444)
计量器具新产品	(444)
认定驰名商标的参考因素	(787)
车船使用牌照税	(89)
车船使用税	(89)
车辆购置税	(89)
《车辆购置税暂行条例》	(89)
长期投资清查	(87)
风险管理	(227)
风景名胜区建设管理	(227)

五画

世界版权公约	(847)
世界知识产权组织	(848)
世界贸易组织	(847)
世界银行集团	(848)
业主	(1075)
业主公约	(1076)
业主团体	(1076)
业主委员会	(1076)
主币	(1237)
主导产业	(1237)
主审注册会计师	(1237)
他律性经济关系	(901)
付汇	(229)
付款	(229)
《代收货价邮件协定》	(124)
代理记账	(124)
出入境粮食和饲料检验检疫制度	(110)
出口卡特尔	(108)
出口信贷	(109)
出口信贷担保制度	(109)
出口配额制	(108)
出口商品配额招标制度	(109)
出具购物凭证和服务单据义务	(108)
出租方	(113)
出资	(111)
出资人资格	(113)
出资与股份转让	(113)
出资方式	(111)
出资比例	(111)
出资期限	(112)
出票	(110)
出境旅游领队人员管理	(108)
功能说	(265)
加工贸易	(450)
加工贸易货物监管	(450)
加油站特许经营管理	(452)
加拿大信托业	(451)
加拿大省个人所得税	(451)
加拿大联邦个人所得税	(451)
加强旅游市场管理	(452)
包上交国家利润	(10)
包完成技术改造任务	(11)
半殖民地半封建社会税制	(9)
卡特尔	(572)
发包方	(183)
发行人	(184)
发行审核委员会	(184)
发明人与设计人	(183)
发展权	(185)
《发票管理办法》	(183)
可再生能源法	(575)
可撤销信托	(575)
台湾土地增值税	(904)
台湾《公平交易法》	(902)
台湾关税	(903)
台湾印花税	(904)
台湾地区税制	(901)
台湾证券交易税	(906)
台湾使用牌照税	(903)
台湾房屋税	(902)
台湾货物税	(903)
台湾契税	(903)
台湾盈利事业所得税	(905)
台湾娱乐税	(905)
台湾综合所得税	(906)
台湾营业税	(905)
台湾《税捐稽征法》	(903)
台湾遗产税	(904)
台湾赠与税	(905)
司法会计鉴定	(895)
司法会计鉴定人	(896)
司法会计鉴定决定书	(895)
司法部直属事业单位国有资产管理制度	(895)

处方药与非处方药 …………………… (114)
处方药与非处方药的经营 ……………… (114)
外币代兑机构管理暂行办法 …………… (950)
外汇 ……………………………………… (952)
外汇风险 ………………………………… (954)
外汇市场 ………………………………… (956)
外汇市场参与者 ………………………… (956)
外汇呆账准备金 ………………………… (954)
外汇投机 ………………………………… (957)
外汇保值条款 …………………………… (953)
外汇指定银行 …………………………… (957)
外汇结算账户 …………………………… (955)
外汇贷款 ………………………………… (954)
外汇留成制度 …………………………… (956)
外汇调剂制度 …………………………… (957)
外汇资本准备金 ………………………… (957)
外汇储备 ………………………………… (953)
外汇管理 ………………………………… (954)
外汇管理条例 …………………………… (955)
外观设计获得专利权的条件 …………… (950)
外国公司 ………………………………… (950)
外国金融机构驻华代表机构 …………… (950)
外国政府贷款项目采购公司招标 ……… (952)
外国商会 ………………………………… (951)
《外国商会管理暂行规定》 …………… (951)
外国银行分行 …………………………… (951)
外经贸企业国有资产监督管理 ………… (958)
外贸代理人 ……………………………… (958)
外贸代理制 ……………………………… (958)
外债 ……………………………………… (971)
外债统计监测 …………………………… (971)
外资企业 ………………………………… (975)
《外资企业法》 ………………………… (980)
外资企业法人资格 ……………………… (980)
外资企业的分立、合并 ………………… (976)
外资企业的出资 ………………………… (976)
外资企业的用地 ………………………… (979)
外资企业的设立 ………………………… (979)
外资企业的注册资本 …………………… (979)
外资企业的组织机构 …………………… (980)
外资企业的终止 ………………………… (979)
外资企业的经营期限 …………………… (978)
外资企业的经营管理 …………………… (977)
外资企业的清算 ………………………… (978)
外资财务公司 …………………………… (973)
外资参股证券公司 ……………………… (973)
外资参股基金管理公司 ………………… (973)

外资金融机构 …………………………… (974)
外资金融机构驻华代表机构管理 ……… (975)
外资金融机构管理 ……………………… (974)
外资保险公司 …………………………… (972)
外资保险公司的设立 …………………… (972)
外资保险公司管理 ……………………… (972)
外资准入 ………………………………… (983)
外资银行 ………………………………… (981)
外资银行并表监管管理制度 …………… (981)
外资银行结汇、售汇及付汇业务实施细则 … (982)
外商投资广告企业管理 ………………… (964)
外商投资方向 …………………………… (962)
外商投资民用航空业 …………………… (966)
外商投资电力项目 ……………………… (961)
外商投资电信企业管理 ………………… (961)
外商投资电影院 ………………………… (961)
外商投资企业 …………………………… (967)
《外商投资企业和外国企业所得税实施细则》
 ………………………………………… (968)
《外商投资企业和外国企业所得税法》 … (967)
外商投资企业登记管理权 ……………… (967)
外商投资农作物种子企业审批和登记管理 … (966)
外商投资创业投资企业管理 …………… (960)
外商投资成片开发土地 ………………… (960)
外商投资成片开发土地制度 …………… (960)
外商投资国际货物运输代理企业管理 … (964)
外商投资国际海运业管理 ……………… (964)
外商投资建筑业企业管理制度 ………… (965)
外商投资股份有限公司 ………………… (962)
外商投资股份有限公司的上市 ………… (963)
外商投资股份有限公司的设立 ………… (963)
外商投资项目核准管理 ………………… (970)
外商投资旅行社 ………………………… (966)
外商投资租赁公司审批管理 …………… (970)
外商投资铁路货物运输业审批与管理 … (969)
外商投资商业领域管理 ………………… (969)
外商投资道路运输业管理 ……………… (961)
外商间接投资 …………………………… (959)
外商直接投资 …………………………… (970)
外商直接投资电力项目报批程序 ……… (971)
外商举办投资性公司 …………………… (959)
外商独资经济 …………………………… (959)
失业 ……………………………………… (840)
失业保险 ………………………………… (840)
失业保险金的申请 ……………………… (842)
失业保险待遇的发放 …………………… (841)
失业保险待遇的资格条件 ……………… (841)

词条	页码	词条	页码
失业保险基金	(841)	旧货业	(568)
失业保险基金的来源	(842)	旧货市场	(566)
失业保险基金的使用及监管	(842)	旧货市场设立的条件	(567)
奴隶社会税制	(687)	旧货市场管理	(567)
对比广告	(159)	旧货市场管理部门	(567)
对外合作开采海洋石油资源管理	(161)	旧货交易活动行为规范	(565)
对外抵押	(161)	旧货企业年检制度	(566)
对外担保	(160)	旧货企业设立的条件	(566)
《对外经济贸易部特派员办事处暂行条例》	(162)	旧货行业协会	(565)
对外质押	(167)	旧货连锁店	(566)
对外贸易	(162)	《旧货流通管理办法(试行)》	(566)
对外贸易计划	(165)	未成年工特殊保护	(995)
对外贸易发展基金	(164)	本公司	(29)
《对外贸易法》	(164)	本身违法原则	(31)
对外贸易经济合作部	(165)	本国公司	(29)
对外贸易经营者	(165)	本票	(30)
对外贸易经营者备案登记制度	(166)	本票出票的效力	(30)
对外贸易促进制度	(163)	本票出票的款式	(30)
对外贸易值	(166)	本票的付款	(31)
对外贸易秩序	(167)	本票的出票	(30)
对外贸易量	(166)	本票准用汇票的制度	(31)
对外贸易管制	(164)	正当竞争	(1153)
对外贸易管理机关	(164)	母公司	(655)
对外贸易管理法	(164)	母公司对子公司国有资产产权管理制度	(655)
对外贸易壁垒调查制度	(163)	民用核设施安全监督管理	(653)
对旧国民经济改造阶段的经济法	(159)	民用航空货物国际运输制度	(652)
对价	(159)	民用航空监察员	(652)
对商品质量作引人误解的虚假表示	(160)	民用航空器	(653)
对象说	(167)	民用航空器优先权	(653)
《对储蓄存款利息所得征收个人所得税的实施办法》	(159)	民用航空器权利	(653)
		民用航空器权利登记	(653)
对销贸易	(167)	民间审计	(651)
市场中介组织的经济行为	(851)	民事特别法说	(652)
市场支配地位	(851)	民族贸易和民族用品生产专项贴息贷款	(654)
市场日常监督管理	(850)	民族贸易和民族用品生产管理	(654)
市场机制	(849)	汇兑	(403)
市场体系	(850)	汇率	(403)
市场竞争基本原则	(849)	汇票	(404)
市场索证制度	(850)	汇票付款	(406)
市场调节价	(851)	汇票付款的程序	(406)
市场预警制度	(851)	汇票出票	(405)
市场混淆行为	(848)	汇票承兑的程序	(405)
市场集中度	(849)	汇票的到期日	(406)
市政公用事业特许经营管理	(852)	汇票的复本	(406)
布雷顿森林体系	(45)	汇票的追索权	(406)
平行交易	(704)	汇票的誊本	(406)
旧货	(565)	汇票保证	(405)

9

汇票追索权行使的效力	(408)
汇票追索权的主体	(408)
汇票追索权的行使要件	(407)
汇票追索权的客体	(407)
甘草、麻黄草专营	(232)
生产社会化	(838)
生产经营决策权	(838)
生产要素市场	(838)
生产资料市场	(839)
生死两全保险	(839)
生育保险	(839)
生育保险的内容	(839)
生育保险基金	(840)
用于农业土地开发的土地出让金收入管理	(1111)
用水管理制度	(1111)
电力市场准入制度	(146)
电力市场监管	(146)
电力生产与电网管理	(146)
电力设施保护	(145)
电力设施保护区	(146)
电力供应与电力使用	(144)
电力建设制度	(144)
电力法	(143)
电力科学技术奖励	(145)
电子专利申请制度	(151)
电子支付	(151)
电子代理人	(150)
电子合同	(150)
电子货币	(150)
电子资金划拨	(152)
电子商务	(150)
电子商务认证	(151)
电子商务认证机构	(151)
《电子商务示范法》	(151)
电子商务法	(150)
电子数据交换商务	(151)
电子签名	(150)
电业权	(149)
电价与电费	(143)
电信业务经营许可证管理制度	(148)
电信建设管理制度	(147)
电信服务质量监督制度	(147)
《白银进口管理暂行办法》	(8)
石油、天然气管道保护	(842)
石油专项权益	(844)
石油地震勘探损害补偿制度	(843)

石油法	(843)
石油环境制度	(843)
石油矿业权	(844)
石油政府规制制度	(844)
石油资源所有	(845)
节水制度	(479)
《节约能源法》	(480)
节约能源法	(480)
节能技术进步制度	(479)
节能标准与限额管理制度	(479)
记账单位	(446)
边民互市贸易	(33)
边境经济合作区	(32)
边境贸易	(33)
印花税	(1101)
《印花税暂行条例》	(1101)
《印花税暂行条例施行细则》	(1101)
印刷品广告管理制度	(1102)
印度关税	(1096)
印度有限度增值税	(1100)
印度财富税	(1095)
印度所得税	(1097)
印度消费税	(1098)
印度税制	(1097)
印度销售税	(1099)

六画

买壳上市	(633)
亚太实验室认可合作组织	(1058)
亚太经济合作组织	(1058)
《亚洲太平洋邮政公约》	(1059)
亚洲货币市场	(1058)
亚洲美元	(1059)
交叉授权	(478)
交通运输噪声污染防治制度	(478)
交割违约责任	(478)
产业	(79)
产业发展战略	(81)
产业布局	(80)
产业布局政策	(80)
产业生命周期理论	(83)
产业关联	(81)
产业技术政策	(81)
产业组织	(86)
产业组织理论	(86)
产业指导目录	(86)

产业政策	(85)	价格体系	(459)
产业结构	(81)	价格听证	(459)
产业结构合理化	(83)	价格违法行为举报制度	(460)
产业损害	(84)	价格垄断行为规制	(457)
产业损害调查听证制度	(84)	价格承诺	(453)
产业调节法	(84)	价格歧视	(458)
产业调整援助政策	(85)	《价格法》	(453)
产权代表制	(78)	价格法律责任	(454)
产权界定	(78)	价格监测制度	(455)
产品、劳务定价权	(62)	价格监测调查证管理	(455)
产品出口企业	(61)	价格监督检查	(456)
产品包装	(60)	价格推荐	(460)
产品防伪	(62)	价格欺诈	(458)
产品免于质量监督检查	(62)	价格鉴证师	(457)
产品和包装强制回收制度	(62)	价格管理法律制度	(454)
产品责任	(66)	仿冒	(216)
产品责任法律制度	(66)	仿冒知名商品特有的名称、包装、装潢的行为	
产品质量	(67)		(216)
产品质量义务	(76)	企业一般义务	(766)
产品质量认证	(71)	企业一般权利	(766)
产品质量认证认可机构	(74)	企业内部组织法律制度	(752)
产品质量认证机构	(72)	企业内部经济责任制	(752)
产品质量认证机构的认可	(73)	企业分立	(733)
产品质量认证证书	(75)	企业计划管理制度	(745)
产品质量认证委员会	(74)	企业外汇管理制度	(762)
产品质量认证标志	(72)	企业对外投资制度	(730)
产品质量认证检验机构	(73)	企业民主管理	(752)
产品质量申诉	(75)	企业民事责任	(751)
产品质量仲裁检验	(77)	企业生产许可证制度	(760)
产品质量国家监督抽查	(68)	企业生产经营管理法律制度	(760)
产品质量法	(68)	企业产品质量管理制度	(726)
产品质量责任	(76)	企业会计法律规范体系	(750)
产品质量标准	(67)	企业会计的债务重组	(749)
产品质量监督	(69)	企业会计准则	(750)
产品质量监督检查	(70)	企业刑事责任	(764)
产品质量检验机构	(70)	企业协作法律行为	(763)
产品质量鉴定	(71)	企业合并	(740)
产品标识	(60)	企业合并的事先申报制度	(742)
产品缺陷	(63)	企业合并的豁免事由	(742)
产品资料	(77)	企业合并控制	(743)
产品税	(63)	企业合并控制的实体标准	(744)
产品销售权	(65)	企业成立	(728)
产品瑕疵	(64)	企业行为机制要素	(764)
产品瑕疵担保责任	(65)	企业行政行为	(765)
价格	(452)	企业行政责任	(765)
价格认证	(458)	企业设立条件	(758)
价格卡特尔	(457)	企业设立制度	(759)

企业设立的审批	(757)	企业资本权利	(768)
企业设立的登记	(756)	企业资本运营的规制	(768)
企业设立登记的程序	(757)	企业资本制度基本原则	(769)
企业设存法律制度	(756)	企业资本法律制度	(767)
企业设存的立法理念	(755)	企业资本结构	(768)
企业负责人管理	(734)	企业接受法律行为	(746)
企业技术中心评价指标体系	(745)	企业清算	(754)
企业社会责任	(759)	《企业职工奖惩条例》	(766)
企业补充养老保险	(723)	企业领导人	(750)
企业财务人员的责任	(724)	企业超范围经营行为	(727)
企业财产权	(723)	企业销售制度	(762)
企业国有资产无偿划转	(739)	企业集团产权管理	(744)
企业国有资产占有产权登记	(739)	企业解散	(747)
企业国有资产产权登记年度检查	(736)	企业管理人员的法律责任	(734)
企业国有资产产权登记档案管理	(735)	企业管理委员会	(734)
企业国有资产产权登记程序	(735)	休息休假	(1053)
企业国有资产产权登记管理制度	(736)	优先权	(1112)
企业国有资产注销产权登记	(740)	优质农产品认证和标志制度	(1113)
企业国有资产变动产权登记	(735)	优惠待遇	(1112)
企业国有资产统计报告制度	(738)	会计	(579)
企业国有资产监督	(737)	会计人员	(585)
企业国有资产监督管理体制	(737)	会计人员管理体制	(585)
《企业国有资产监督管理暂行条例》	(737)	会计工作交接	(581)
企业国有资产管理	(737)	会计专业技术资格	(588)
企业所得税	(761)	会计从业资格	(579)
《企业所得税暂行条例》	(761)	会计主体	(587)
《企业所得税暂行条例实施细则》	(762)	会计主体假设	(588)
企业法律行为	(731)	会计记录文字	(583)
企业法律行为机制	(731)	会计师	(586)
企业法律责任	(732)	会计师事务所	(586)
企业注销制度	(767)	会计机构	(583)
企业的法人资格	(729)	会计员	(586)
企业的法律地位	(729)	会计报表审计	(579)
企业的法律资格	(729)	会计凭证	(584)
企业经济关系调整机制	(747)	会计制度	(587)
企业经济行为	(748)	《会计法》	(580)
企业经营权	(748)	会计法	(581)
企业采购制度	(726)	会计法律关系	(581)
企业采购的方式	(725)	会计法律责任	(581)
企业采购的法律责任	(725)	会计账簿	(587)
企业采购的程序	(724)	会计要素	(586)
企业信用管理体系	(763)	会计准则	(588)
企业变更制度	(722)	会计准则制定	(588)
企业标准化管理制度	(722)	会计核算	(582)
企业重大事项管理	(767)	会计档案	(579)
企业破产	(753)	会计监督	(583)
企业资本	(767)	会计假设	(583)

条目	页码
会计期间	(584)
会计期间假设	(584)
会计管理	(582)
会计管理体制	(582)
传销	(115)
《传销管理办法》	(115)
伪造产地	(994)
伪造或冒用质量标志的行为	(994)
先用权	(1007)
先申请原则	(1007)
先进技术企业	(1007)
全民单位之间产权界定	(779)
《全民所有制小型工业企业租赁经营暂行条例》	(784)
《全民所有制工业企业承包经营责任制暂行条例》	(779)
《全民所有制工业企业法》	(781)
全民所有制工业企业的内部领导制度	(780)
全民所有制工业企业的权利义务	(780)
全民所有制工业企业的设立、变更和终止	(781)
全民所有制工业企业的经营权	(780)
《全民所有制工业企业转换经营机制条例》	(781)
全民所有制企业	(782)
全民所有制企业工资调节税	(783)
全民所有制企业所得税	(784)
全民所有制企业法	(783)
全民所有制企业的厂长(经理)负责制	(782)
全民所有制企业的职工代表大会制度	(783)
全民所有制企业调节税	(784)
全民所有制经济	(782)
《全国人大常委会关于外商投资企业和外国企业适用增值税、消费税、营业税等税收暂行条例的决定》	(777)
全国专业标准化技术委员会	(778)
全国水资源战略规划	(778)
全国烟草行业经营管理人员法律知识统一考试	(778)
《全国税政实施要则》	(778)
共同发明人、设计人	(265)
共同保险	(265)
《关于入境旅客行李物品和个人邮递物品征收进口税办法》	(275)
《关于扩大国营工业企业经营管理自主权的若干规定》	(275)
《关于进一步扩大国营工业企业自主权的暂行规定》	(275)
《关于进出口经营资格管理的有关规定》	(274)
《关于信托的准据法与承认信托的公约》	(276)
《关于税收管理体制的规定》	(275)
《关于增强大中型国营企业活力若干问题的暂行规定》	(276)
关税	(273)
关税合作理事会	(274)
关税同盟	(274)
关税税则	(274)
关税壁垒	(274)
关联企业	(272)
再保险	(1137)
再保险公司	(1137)
再贴现	(1138)
再贷款	(1137)
再就业培训	(1137)
军工产品	(570)
军用技术标准	(570)
农业支持保护体系	(681)
农业生产社会化服务	(680)
农业生产经营体制	(680)
农业生产资料的安全使用制度	(680)
农业产业化经营	(678)
农业行政主管部门	(681)
农业行政主管部门及其执法人员的职责	(681)
农业技术推广体系	(679)
《农业法》	(679)
农业环境保护	(679)
农业转基因生物安全管理	(681)
农业转基因生物进口安全管理	(682)
农业转基因生物标识	(682)
农业保险	(678)
农业特产税	(681)
农业资金的用途	(683)
农业资源	(683)
农业税	(680)
《农业税条例》	(680)
农民专业合作经济组织	(674)
农民权益保护	(673)
农民权益保护的程序及赔偿	(674)
农产品行业协会	(663)
农产品进口预警制度	(664)
农产品和农资连锁经营管理	(664)
农产品保护价制度	(663)
农产品流通活动	(664)
农作物种子生产经营许可证	(685)
农作物种子质量纠纷田间现场鉴定	(686)
农作物种子标签管理	(685)

农作物种质资源管理 …………………… (684)
《农村土地承包法》 ……………………… (671)
农村土地承包经营权证 …………………… (672)
农村电力建设与农村用电制度 …………… (664)
农村合作银行 ……………………………… (664)
农村合作银行的设立 ……………………… (666)
农村合作银行的经营管理 ………………… (665)
农村合作银行的股权设置 ………………… (665)
农村合作银行组织机构 …………………… (667)
农村社会救济制度 ………………………… (671)
农村信用社 ………………………………… (673)
农村商业银行 ……………………………… (668)
农村商业银行的机构变更与终止 ………… (668)
农村商业银行的设立 ……………………… (669)
农村商业银行的组织机构 ………………… (670)
农村商业银行的经营管理 ………………… (668)
农村商业银行的股权设置 ………………… (668)
农林特产税 ………………………………… (673)
农药广告 …………………………………… (675)
农药生产企业 ……………………………… (676)
农药生产制度 ……………………………… (677)
农药违禁制度 ……………………………… (678)
农药使用制度 ……………………………… (677)
农药经营制度 ……………………………… (676)
农药限制使用制度 ………………………… (678)
农药登记制度 ……………………………… (675)
农药登记残留试验单位 …………………… (674)
《农药管理条例》 ………………………… (675)
农资广告管理 ……………………………… (683)
冲突解决机制 ……………………………… (107)
刑事制裁 …………………………………… (1047)
划分市场 …………………………………… (392)
划线 ………………………………………… (392)
劣药 ………………………………………… (620)
动物资源管理 ……………………………… (157)
协议出让国有土地使用权 ………………… (1027)
协定贸易 …………………………………… (1027)
危险化学品经营许可制度 ………………… (988)
危险负担义务 ……………………………… (988)
危险废物经营许可制度 …………………… (987)
危险增加之通知义务 ……………………… (988)
合伙人的出资 ……………………………… (372)
合伙企业 …………………………………… (369)
合伙企业财产 ……………………………… (370)
《合伙企业法》 …………………………… (370)
合伙企业的收益 …………………………… (370)
合伙企业的清算 …………………………… (370)
合伙企业解散 ……………………………… (371)
合伙协议 …………………………………… (372)
合并 ………………………………………… (366)
合作银行 …………………………………… (374)
合格境内机构投资者机制 ………………… (367)
合格境外机构投资者机制 ………………… (368)
合格境外机构投资者境内证券投资
　　外汇管理 ……………………………… (369)
合资财务公司 ……………………………… (373)
合资铁路与地方铁路行车安全管理制度 … (373)
合理化卡特尔 ……………………………… (372)
合理原则 …………………………………… (373)
合理期待解释规则 ………………………… (372)
同业拆借市场 ……………………………… (921)
同类产品 …………………………………… (921)
后手 ………………………………………… (387)
向垄断过渡阶段的经济法 ………………… (1016)
回扣 ………………………………………… (403)
在建工程清查 ……………………………… (1138)
在线竞价买卖 ……………………………… (1138)
在职培训 …………………………………… (1139)
地区封锁行为 ……………………………… (140)
地方环境质量标准和污染物排放
　　标准备案管理 ………………………… (139)
地方统计调查 ……………………………… (140)
地权限制 …………………………………… (141)
地质勘查资质注册登记 …………………… (141)
地面第三责任 ……………………………… (140)
地域卡特尔 ………………………………… (141)
地籍调查 …………………………………… (140)
存单 ………………………………………… (117)
存款合同 …………………………………… (118)
存款法律责任 ……………………………… (117)
存款保险公司 ……………………………… (117)
存款准备金制度 …………………………… (118)
安全权 ……………………………………… (1)
安全技术防范产品 ………………………… (1)
安全教育制度 ……………………………… (1)
导游人员 …………………………………… (127)
导游人员等级考核制度 …………………… (128)
延期纳税 …………………………………… (1066)
异产毗连房屋 ……………………………… (1087)
《成立世界知识产权组织公约》 ………… (90)
托收承付 …………………………………… (949)
托拉斯 ……………………………………… (949)
扣缴义务人 ………………………………… (576)

执业审计师 …………………………（1175）
"扫黄打非"办公室 …………………（800）
收入 …………………………………（853）
收购 …………………………………（853）
收费公路 ……………………………（852）
早期公开,延迟审查制度 …………（1139）
有形贸易 …………………………（1122）
有限制自由兑换货币 ……………（1121）
有限责任公司 ……………………（1121）
有限责任公司出资的转让 ………（1121）
有奖销售 …………………………（1120）
有效车票 …………………………（1121）
有效竞争 …………………………（1121）
有偿转让国有小型企业的产权 …（1119）
《机电产品出口专项外汇贷款使用
　管理办法》 ………………………（415）
机电部国有资产评估管理制度 ……（415）
机电新产品标准化法审查制度 ……（416）
机构投资者 …………………………（416）
权责发生制 …………………………（785）
权责利统一原则 ……………………（785）
死亡保险 ……………………………（897）
死亡保险金 …………………………（898）
污染事故报告和处理 ………………（999）
灰色区域措施 ………………………（402）
纪念币 ………………………………（446）
网上证券经纪公司 …………………（987）
网上银行 ……………………………（986）
网络文化市场管理 …………………（986）
网络服务提供商 ……………………（986）
网络信息服务提供商的义务 ………（986）
"老三会"、"新三会" …………………（610）
自由兑换货币 ……………………（1268）
自由贸易区 ………………………（1268）
自然垄断 …………………………（1264）
自然保护区法 ……………………（1264）
自然资源 …………………………（1265）
自然资源有偿使用制度 …………（1268）
自然资源权属 ……………………（1267）
自然资源许可制度 ………………（1268）
自然资源法 ………………………（1266）
自然资源规划 ……………………（1267）
自然资源调查和档案制度 ………（1265）
自愿失业 …………………………（1269）
自愿保险 …………………………（1269）
行为税法 …………………………（1048）
行业价格自律 ………………………（365）

行业协会 ……………………………（365）
行业垄断 ……………………………（365）
行使经济权限执法 ………………（1048）
行政事业单位国有资产 …………（1049）
行政事业单位国有资产处置管理 …（1050）
行政事业单位国有资产权纠纷调处 …（1050）
行政事业单位国有资产产权界定 …（1050）
行政事业单位国有资产产权登记 …（1049）
行政事业单位国有资产报告制度 …（1049）
行政事业单位国有资产使用管理 …（1052）
《行政事业单位国有资产管理办法》…（1051）
行政事业单位国有资产管理机构及其职责
　……………………………………（1052）
行政事业单位国有资产管理机构的法律责任
　……………………………………（1052）
行政事业单位国有资产管理的任务 …（1051）
行政制裁 …………………………（1053）
行政垄断 …………………………（1048）
西进运动 …………………………（1007）
许可证制度 ………………………（1056）
许可证贸易 ………………………（1056）
设立中外合资对外贸易公司 ………（822）
《设立中外合资对外贸易公司试点暂行办法》
　……………………………………（823）
设立外资投资研究开发机构 ………（822）
设立外商投资物流企业 ……………（821）
设立外商控股、外商独资旅行社制度 …（821）
负债 …………………………………（230）
负税人 ………………………………（229）
过错责任 ……………………………（348）
防止污染转移制度 …………………（203）
防伪技术产品 ………………………（202）
《防沙治沙法》 ………………………（201）
《防洪法》 ……………………………（201）
《防震减灾法》 ………………………（202）
驰名商标 ……………………………（105）
驰名商标保护 ………………………（105）
驰名商标淡化行为 …………………（106）

七画

两成分法说 …………………………（619）
串通招标投标行为 …………………（115）
低价倾销行为 ………………………（138）
作用时限机制 ……………………（1279）
佣金 ………………………………（1111）
克莱顿法 ……………………………（575）

判决货币 …………………………… (696)	宏观调控手段 …………………………… (386)
利改税 …………………………………… (612)	宏观调控权 ……………………………… (385)
利息税 …………………………………… (613)	宏观调控法 ……………………………… (379)
利润 ……………………………………… (613)	宏观调控法立法 ………………………… (381)
利益返还请求权 ………………………… (613)	宏观调控法的作用 ……………………… (381)
利益增益机制 …………………………… (613)	宏观调控法的原则 ……………………… (380)
助理会计师 …………………………… (1238)	宏观调控法律关系 ……………………… (383)
劳动力分流机能 ………………………… (606)	宏观调控法律关系内容 ………………… (384)
劳动用工权 ……………………………… (607)	宏观调控法律关系主体 ………………… (385)
劳动争议 ………………………………… (608)	宏观调控法律关系客体 ………………… (384)
劳动争议处理机构 ……………………… (609)	宏观调控的对象和目标 ………………… (378)
劳动争议仲裁 …………………………… (609)	宏观调控的模式 ………………………… (378)
劳动争议调解 …………………………… (609)	岗位责任制 ……………………………… (232)
劳动关系 ………………………………… (599)	库存现金 ………………………………… (577)
劳动合同 ………………………………… (600)	应纳税款 ……………………………… (1102)
劳动合同条款 …………………………… (603)	应税所得 ……………………………… (1103)
劳动合同终止 …………………………… (603)	形式审查 ……………………………… (1053)
劳动合同变更 …………………………… (601)	我国宏观调控法的体系 ………………… (997)
劳动合同期限 …………………………… (602)	我国宏观调控法理论 …………………… (998)
劳动合同解除 …………………………… (601)	我国的政府采购制度 …………………… (997)
劳动安全卫生 …………………………… (595)	我国经济调控措施 ……………………… (999)
劳动诉讼 ………………………………… (606)	戒毒药品 ………………………………… (483)
劳动法 …………………………………… (598)	《戒毒药品管理办法》 ………………… (484)
劳动保障监察 …………………………… (596)	技工学校培训 …………………………… (446)
劳动保障监察处罚 ……………………… (597)	技术分流机能 …………………………… (447)
劳动预备培训 …………………………… (607)	技术开发投资制度 ……………………… (448)
劳动就业 ………………………………… (604)	技术引进合同 …………………………… (448)
劳动就业服务企业产权界定 …………… (605)	技术引进合同中的限制性条款 ………… (449)
劳动群众集体所有制经济 ……………… (606)	技术引进和设备进口标准化审查管理制度 … (449)
医疗广告 ……………………………… (1084)	技术进出口 ……………………………… (447)
医疗机构的药剂管理 ………………… (1085)	《技术进出口管理条例》 ……………… (448)
医疗保险 ……………………………… (1081)	技术信息 ………………………………… (448)
医疗保险合同 ………………………… (1084)	技术标准 ………………………………… (446)
医疗保险法 …………………………… (1082)	投保人 …………………………………… (931)
医疗保险法的基本原则 ……………… (1082)	投保人义务 ……………………………… (931)
医疗保险法律关系 …………………… (1083)	投保人缔约时如实告知义务 …………… (931)
医疗保险法律责任 …………………… (1083)	投保单 …………………………………… (930)
医疗器械广告 ………………………… (1085)	投标 ……………………………………… (931)
即期外汇交易 …………………………… (421)	投资关系调整机制 ……………………… (932)
含金量 …………………………………… (356)	投资决策权 ……………………………… (933)
均衡发展战略模式 ……………………… (570)	投资性公司 ……………………………… (933)
坐支 …………………………………… (1280)	投资环境 ………………………………… (932)
宏观经济运行 …………………………… (377)	投资基金 ………………………………… (932)
宏观经济政策 …………………………… (377)	投资银行 ………………………………… (934)
宏观竞争 ………………………………… (378)	抗税罪 …………………………………… (574)
宏观调控 ………………………………… (378)	折扣 …………………………………… (1149)
宏观调控与市场机制相结合原则 ……… (386)	折扣卡特尔 …………………………… (1149)

折衷资本制	(1149)	纳税程序	(658)
拒绝摊派权	(569)	纵向价格约束	(1272)
村镇建筑工匠从业资格管理制度	(116)	纵向合并	(1272)
条件卡特尔	(915)	纵向限制竞争协议	(1273)
汽车金融公司	(769)	纵向非价格约束	(1271)
汽车金融公司管理	(769)	纸币本位制	(1181)
社会人	(826)	《纺织品被动配额招标实施细则》	(217)
社会化大生产	(825)	肖普劝告	(1027)
社会主义市场经济	(829)	苏东国家经济法理论	(898)
社会主义初级阶段基本经济制度	(828)	补贴	(41)
社会本位论	(824)	补贴调查听证会规则	(42)
社会生活噪声污染防治制度	(827)	补偿贸易	(40)
社会优抚	(828)	证券中介机构	(1160)
社会权	(826)	证券公司	(1157)
社会连带主义	(826)	证券市场	(1159)
社会审计	(827)	证券交易所	(1157)
社会经济调节法	(825)	证券交易服务机构	(1157)
社会责任	(828)	证券交易税	(1157)
社会保险	(823)	证券投资基金	(1160)
社会保障	(823)	证券承销	(1154)
社会保障法	(823)	《证券法》	(1155)
社会保障法的基本原则	(824)	证券法律责任	(1156)
社会保障基金	(824)	证券经纪人	(1157)
社会保障税	(824)	证券信用交易	(1160)
社会统筹和个人账户相结合的基本养老保险制度	(827)	证券期权交易	(1159)
		证券期货交易	(1158)
社会救济	(826)	证券期货投资咨询机构	(1158)
社会福利	(824)	证券登记结算机构	(1154)
社会整体利益	(828)	证监会	(1153)
私法公法化	(896)	评标	(704)
私营企业	(897)	诋毁竞争对手	(138)
私营企业的义务	(897)	财务公司	(50)
私营企业的权利	(897)	财务会计处理制度	(50)
私营经济	(896)	财务报告	(49)
纳税	(658)	财务报告与会计账册制度	(49)
纳税人	(659)	财产关系	(48)
纳税人权利义务	(659)	财产制裁	(48)
纳税义务	(661)	财产保险	(48)
纳税义务人	(661)	财产保险合同	(48)
纳税主体	(661)	财产税法	(48)
纳税申报	(660)	财政部	(51)
纳税地点	(659)	进口卡特尔	(499)
纳税年度	(659)	进口机电产品标准化管理	(499)
纳税担保	(659)	进口废物原料境外供货企业注册	(498)
纳税环节	(659)	进口药品进口检验	(500)
纳税期限	(659)	进口药品注册证	(501)
纳税登记	(659)	进口药品的注册审批制	(499)

进口配额制	(499)
《进出口关税条例》	(496)
进出口权	(497)
进出口货物申报管理制度	(496)
进出口货物原产地制度	(496)
进出口商品免验制度	(498)
进出口商品抽查管理制度	(497)
进出口商品复验	(497)
进出口商品检验	(497)
进出境动植物检疫法	(494)
进出境邮寄物检疫	(495)
进出境检疫	(495)
远洋渔业管理	(1135)
远期外汇交易	(1135)
违反《企业国有资产监督管理暂行条例》的法律责任	(989)
违反全民所有制工业企业法的法律责任	(991)
违反农业法的法律责任	(991)
违反劳动合同的责任	(990)
违反现金管理规定的法律责任	(992)
违反草原法的法律责任	(990)
违反渔业法的法律责任	(992)
违法提供出口退税凭证罪	(989)
连带纳税人	(614)
连锁店	(614)
连锁店经营专营商品管理	(614)
连锁经营	(614)
邮购	(1113)
邮购管理	(1113)
邮政专营	(1119)
《邮政支票业务协定》	(1118)
《邮政汇票协定》	(1115)
邮政用品用具监督管理	(1117)
邮政产品质量监督管理	(1114)
邮政企业专营	(1117)
邮政企业所得税制度	(1117)
邮政标准化	(1113)
邮政督察员	(1114)
间接贸易	(464)
附条件交易	(230)
附赠	(230)
陆源污染物海洋污染防治制度	(625)
饮用水水源保护区制度	(1095)

八画

事业单位非经营性资产转经营性资产评估、验资	(852)
依法治税	(1086)
依模样模仿行为	(1086)
凯恩斯宏观经济学说下的立法	(574)
单一来源采购	(126)
单一税制	(127)
单位存款	(126)
单项计量认证	(126)
单税制	(126)
卷烟实物标准样品库	(570)
卷烟商品营销员资格鉴定	(569)
参与性调整	(53)
参加付款	(52)
参加承兑	(52)
取水许可制度	(777)
《固体废弃物污染环境防治法》	(271)
固定资产投资方向调节税	(271)
《固定资产投资方向调节税暂行条例》	(271)
《固定资产投资方向调节税暂行条例实施细则》	(271)
固定资产管理制度	(270)
国土资源听证制度	(321)
国土资源标准化管理	(318)
国土资源科技成果管理	(319)
国土资源科技项目管理	(320)
国土资源音像资料管理	(322)
国内产业	(317)
国内贸易行业标准	(318)
国内贸易标准化体系建设专项资金	(317)
《国务院关于实行分税制财政管理体制的决定》	(322)
国务院机构改革	(324)
国务院国家发展和改革委员会	(323)
国民经济体系化	(316)
国民经济运行法	(316)
国民待遇	(315)
国有土地	(337)
国有土地有偿使用	(338)
国有土地使用权	(337)
国有土地使用权出让	(338)
国有土地使用权出租	(338)
国有土地使用权抵押	(338)
国有土地使用权转让	(338)
国有土地登记	(337)
《国有工业企业物资采购管理暂行规定》	(327)
国有专业银行	(338)
国有化	(329)
国有化的补偿	(330)

词条	页码	词条	页码
国有企业	(332)	国际收支平衡表	(296)
国有企业厂长的责任	(334)	国际收支统计申报	(297)
国有企业不良资产清理	(333)	国际劳工公约	(291)
国有企业行为	(335)	国际劳工组织	(292)
国有企业法	(334)	国际条约	(297)
国有企业的义务	(334)	国际单位制	(285)
国有企业经营权	(335)	国际实验室认可合作组织	(295)
国有矿产资源管理	(331)	国际审计准则	(295)
国有股权	(328)	国际审核员与培训认证协会	(295)
国有股权界定	(329)	国际经济组织	(289)
国有股权控股	(329)	国际货币基金组织	(288)
国有股股东认购上市公司配股制度	(327)	国际金本位制	(288)
国有非经营性资产转经营性资产管理	(326)	国际金融组织贷款	(289)
国有独资公司	(326)	国际复兴开发银行	(286)
国有草原资源管理	(326)	国际标准化组织	(284)
国有资产	(339)	国际标准化组织合格评定委员会	(285)
国有资产占有单位	(348)	国际标准物质数据库	(285)
国有资产产权纠纷	(341)	国际贸易术语	(293)
国有资产产权登记	(340)	《国际贸易术语解释通则2000》	(293)
国有资产产权登记档案管理制度	(341)	国际贸易惯例	(292)
国有资产收益	(347)	《国际海运条例》	(287)
国有资产收益收缴的管理	(347)	《国际海运条例实施细则》	(287)
国有资产评估	(344)	国际消费者组织同盟	(297)
国有资产评估违法行为处罚制度	(345)	国际航空运输承运人的赔偿责任	(288)
国有资产评估的条件	(344)	国际商业贷款	(294)
国有资产评估项目备案制	(345)	国际商会	(294)
国有资产评估项目抽查	(346)	《国际域名争议统一解决政策》	(298)
国有资产评估项目核准的管理	(346)	国际惯例	(287)
国有资产保值增值考核	(339)	《国际植物新品种保护公约》	(298)
国有资产流失	(343)	国家土地所有权	(315)
国有资产流失查处制度	(343)	国家双重身份	(311)
国有资产监督管理机构	(342)	国家外汇管理局	(315)
国有资产监督管理机构的设立	(342)	国家价格总水平调控制度	(304)
国有资产授权经营	(347)	国家级自然保护区	(304)
国有森林资源产权管理	(336)	国家投资土地开发整理项目实施管理	(314)
国有森林资源管理	(336)	国家投资土地开发整理项目竣工验收	(313)
国防专利	(282)	国家国有资产管理局清产核资中不良	
国防专利的实施	(283)	资产处置	(301)
国防专利的转让	(284)	国家垄断阶段的经济法	(307)
国防专利的授予制度	(284)	国家实物标准管理	(309)
国防专利的管理和保护	(283)	国家实验动物种子中心	(310)
国际反垄断法	(286)	国家审计	(308)
国际认可论坛	(294)	国家审计准则	(309)
国际民用航空组织	(293)	国家审计监督原则	(309)
国际会计准则	(289)	国家建设用地	(305)
国际会计准则委员会	(290)	国家所有权	(311)
国际收支	(296)	国家环境空气质量标准	(303)

词条	页码	词条	页码
国家环境保护工程技术管理中心	(302)	审计工作底稿	(834)
国家环境保护重点实验室管理	(302)	审计方案	(834)
国家经济主权	(306)	审计计划	(835)
国家经济安全	(305)	审计风险	(834)
国家经济机关	(305)	审计业务约定书	(838)
国家股	(301)	审计目标	(836)
国家货币出入境限额管理制度	(304)	审计机关	(835)
国家标准化指导性技术文件	(299)	审计机关权限	(835)
国家标准英文版翻译出版管理制度	(299)	审计机关职责	(835)
国家统计信息自动化	(313)	审计行政强制性措施	(837)
国家统计调查	(312)	审计报告	(831)
国家统计调查证	(312)	审计报告处理	(832)
国家统计管理体制	(313)	审计证据	(838)
国家旅游度假区	(308)	审计事项评价	(836)
国家救灾备荒种子储备贷款贴息资金	(306)	审计抽样	(833)
国家储备烟叶	(301)	审计法	(833)
国家储备粮库建设项目招标管理	(300)	审计法律责任	(833)
国家储备粮库项目建设资金管理	(300)	审计复议机关	(834)
国家税务总局	(311)	审计复核	(834)
《国营工厂厂长工作暂行条例》	(324)	审计结果	(835)
《国营工业企业工作条例(草案)》	(325)	审计结果报告	(836)
《国营工业企业职工代表大会暂行条例》	(325)	审计项目计划	(837)
《国营工业企业暂行条例》	(325)	审计项目质量检查	(837)
国营企业	(325)	审计档案	(833)
垂直贸易	(116)	审计验资	(837)
垄断	(624)	审计程序	(832)
垄断组织	(625)	审计署审计复核制度	(837)
垄断结构	(624)	审核员、评审员国家注册	(831)
备用信用证	(27)	居民	(568)
委付	(994)	店堂广告	(152)
委托办理经济事务	(994)	建立、巩固计划经济基础阶段的经济法	(470)
委托收款	(995)	建设工程承包	(470)
委托经济立法	(994)	建设工程质量	(471)
宗地	(1269)	建设用地规划许可证	(473)
宗地标定地价	(1269)	建设用地管理	(473)
定值保险	(153)	建设—经营—转移	(471)
定期死亡保险	(153)	建设项目用地预审管理	(472)
定额保险	(153)	建设项目环境保护管理	(472)
定额管理制度	(153)	建材标准	(469)
实名制	(845)	建筑工程发包	(475)
实行社会主义基本经济制度原则	(845)	建筑工程技术专家委员会	(475)
实现时限机制	(845)	建筑工程质量保修制度	(476)
实质审查	(846)	建筑工程质量管理	(476)
实质课税原则	(846)	建筑工程监理	(475)
审计	(831)	建筑许可	(477)
审计人员	(836)	建筑材料行业标准化管理	(473)
审计人员职业道德	(836)	《建筑法》	(474)

建筑物区分所有权	(477)	房屋租赁	(216)
建筑物节能管理制度	(476)	房屋租赁合同	(216)
建筑施工噪声污染防治制度	(476)	所有制结构	(899)
建筑活动	(476)	所有者权益	(899)
征用	(1152)	所得	(899)
征收	(1150)	所得税	(899)
征纳期限	(1150)	所得税法	(899)
征税	(1150)	承包经营合同纠纷	(90)
征税方式	(1150)	承包经营合同条款	(90)
征税主体	(1152)	承包经营合同的变更和解除	(90)
征税对象	(1150)	承包经营权	(91)
征税机关权力义务	(1151)	承包经营责任制	(91)
征税客体	(1152)	承兑	(92)
征税期限	(1152)	承兑的效力	(92)
征税管辖	(1151)	承兑的款式	(92)
房产权属登记	(203)	承运人对旅客的责任	(93)
房产税	(203)	承运人责任的免除或者减轻	(93)
房产管理机构	(203)	承租方	(93)
房地产	(204)	承销团	(92)
房地产中介服务	(214)	抵制	(139)
房地产中介服务机构	(215)	招标	(1146)
房地产开发	(210)	招标代理机构	(1147)
房地产开发企业	(211)	《招标投标法》	(1149)
房地产开发企业资质	(212)	招标拍卖挂牌出让国有土地使用权	(1148)
房地产开发经营企业交费登记卡	(211)	明码标价	(655)
房地产业	(214)	易货贸易	(1088)
房地产市场	(213)	服务价格	(228)
房地产交易	(209)	服务贸易	(228)
房地产交易所	(210)	《服务贸易总协定》	(228)
房地产价格评估机构等级管理制度	(208)	林木种子广告管理	(620)
房地产价格评估制度	(209)	林木种子生产经营许可证	(621)
房地产成交价格申报制度	(204)	林业长远规划	(622)
房地产估价师执业资格	(205)	林权	(622)
房地产估价师注册管理制度	(206)	林种	(622)
房地产评估	(213)	欧共体竞争法	(689)
房地产所有权	(213)	欧共体竞争法中的国家援助	(689)
房地产抵押	(204)	欧洲认证认可组织	(692)
房地产法	(204)	欧洲电信标准化协会	(690)
房地产经纪人执业资格	(210)	欧洲实验室认可合作组织	(692)
房地产转让	(215)	欧洲货币市场	(691)
房地产信贷业务管理	(213)	欧洲货币体系	(691)
房地产按揭	(204)	欧洲质量组织	(693)
房地产相邻权	(213)	欧洲检验和认证组织	(692)
房地产费	(205)	欧盟反倾销法律制度	(690)
房地产管理法律制度	(207)	歧视待遇	(721)
房屋转租	(215)	河道采砂许可制度	(374)
房屋重置价格	(215)	河道管理制度	(374)

法体制理论	(190)	环境法	(395)
法国个人所得税	(187)	环境规划制度	(395)
法国公司车辆税	(187)	环境保护同经济建设、社会发展	
法国公司所得税	(187)	相协调的原则	(393)
法国公平交易法	(187)	环境保护行政许可听证制度	(394)
法国企业法	(188)	《环境保护法》	(392)
法国地产税	(186)	环境保护科学技术奖励制度	(393)
法国经济法思想	(187)	环境标志	(394)
法国标准化协会	(186)	环境标准	(394)
法国消费税	(189)	环境监测制度	(396)
法国商标法	(189)	环境监督方式	(397)
法国票据法	(188)	环境监督体制	(398)
法国登记税	(186)	环境监督法	(396)
法国遗产税	(189)	环境监督法律体系	(396)
法国增值税	(189)	环境监督管理	(398)
法定计量单位	(186)	《环境影响评价法》	(400)
法定资本制	(186)	现代企业制度	(1008)
法定最低偿付能力	(186)	现场检查制度	(1008)
法的社会化	(185)	现金收支	(1009)
法的经济分析方法	(185)	现金使用范围	(1008)
法律授权经济执法	(189)	直接贸易	(1175)
法域三分说	(191)	直销	(1175)
波兰反垄断法	(39)	知名人物商品化权利	(1173)
注册不当商标的撤销程序	(1238)	知名商品	(1174)
注册会计师	(1239)	知识产权海关保护	(1174)
注册会计师协会	(1240)	知悉真情权	(1175)
注册会计师职业道德	(1240)	矿业权	(592)
注册建筑师	(1238)	矿业权出让	(592)
注册建筑师的执业	(1238)	矿业权出让转让管理	(592)
注册建筑师的注册	(1239)	矿业权转让	(593)
注册商标	(1241)	矿业行政制度	(593)
注册商标争议裁定	(1241)	矿业法律责任	(592)
注册商标使用许可	(1241)	矿业环境保护	(592)
注册税务师	(1241)	矿产资源所有权	(591)
牧业税	(656)	矿产资源法	(590)
物业	(1004)	矿产资源勘查、开采管理	(591)
物业管理	(1004)	矿产资源登记统计管理办法	(590)
物资分流机能	(1005)	矿产资源管理	(591)
物资法律关系	(1004)	矿产勘查及油气开采督察员	(589)
物资法律制度	(1005)	空中交通管制	(576)
物资经营制度	(1005)	空白票据	(576)
物资采购制度	(1004)	组织机构权限	(1275)
物资选购权	(1006)	组织机能	(1276)
环境权	(399)	组织监管制裁	(1276)
环境污染	(399)	组织监管责任	(1276)
环境污染治理设施运营资质许可管理	(400)	终身人寿保险	(1233)
环境污染治理设施运营资质证书	(400)	经纪人管理	(503)

经济义务	(547)	经济法机能	(511)
经济公益诉讼	(532)	经济法形态机制	(524)
经济主体	(553)	经济法时限机制	(523)
经济司法	(543)	经济法制	(527)
经济司法制裁	(544)	经济法制度	(528)
经济犯罪行为	(532)	经济法制裁	(527)
经济立法	(537)	经济法学	(524)
经济仲裁	(552)	经济法宗旨	(531)
经济仲裁制裁	(553)	经济法实施	(524)
经济全球化	(539)	经济法的义务性调整	(509)
经济危机运行期的调整机制	(545)	经济法的方法论原则	(505)
经济合法行为	(534)	经济法的比较方法	(504)
经济守法	(543)	经济法的状态机制	(510)
经济执法	(549)	经济法的系统论方法	(508)
经济执法主体	(550)	经济法的制裁性调整	(509)
经济执法权	(550)	经济法的周期性调整机制	(509)
经济权力	(540)	经济法的注释方法	(510)
经济权利	(540)	经济法的范围机制	(504)
经济权限	(540)	经济法的限制性调整	(508)
经济权限关系的复合调整	(541)	经济法的保障机制	(504)
经济权限配置	(542)	经济法的信息论方法	(508)
经济行为	(546)	经济法的结构机制	(505)
经济行为能力	(546)	经济法的调整方式	(507)
经济行政制裁	(547)	经济法的调整方式结构	(507)
经济—行政法论	(547)	经济法的调整范围	(507)
经济过热运行期的调整机制	(534)	经济法的基础调整机制	(505)
经济体制	(545)	经济法的授权性调整	(506)
经济诉讼程序	(544)	经济法的控制论方法	(506)
经济违法行为	(545)	经济法的强制性调整	(506)
经济依赖关系法	(547)	经济法的禁止性调整	(505)
经济制度	(552)	经济法规	(511)
经济国际化	(534)	经济法责任	(525)
经济垄断	(538)	经济法责任的构成要件	(526)
经济审判庭	(542)	经济法奖励	(514)
经济法	(503)	经济法客体	(514)
经济法人	(523)	经济法律	(515)
经济法义务	(525)	经济法律主体	(523)
经济法大系统	(504)	经济法律关系	(515)
经济法方法论	(510)	经济法律关系内容	(519)
经济法主体	(530)	经济法律关系主体	(520)
经济法主体形式	(530)	经济法律关系构成要素	(518)
经济法主体资格	(530)	经济法律关系的产生	(517)
经济法主体资格取得	(531)	经济法律关系的终止	(517)
经济法本质属性	(503)	经济法律关系的变更	(517)
经济法价值	(513)	经济法律关系保护	(516)
经济法早期学说	(525)	经济法律关系客体	(519)
经济法机制	(512)	经济法律关系基本类型	(518)

条目	页码	条目	页码
经济法律关系确立	(520)	经营权与所有权分离	(556)
经济法律行为	(522)	经营性租赁	(556)
经济法律事件	(522)	经营者	(557)
经济法律事实	(522)	经营者义务	(558)
经济法律制度	(522)	经营者价格	(557)
经济法律制度体系	(522)	经营者定价的原则	(557)
经济法律规范要素	(521)	经营责任制	(556)
经济法律联系主体	(521)	经营管理权	(555)
经济法相关关系	(524)	罗斯福"新政"时期的宏观调控立法	(631)
经济法要素整合性	(524)	股东会	(266)
经济法秩序	(528)	股东权	(267)
经济法秩序的障碍	(529)	股东的责任	(266)
经济法基本原则	(512)	股份有限公司	(267)
经济法基本原则的依据	(513)	股份有限公司股份的转让	(268)
经济法基本原则的适用	(513)	股份制银行	(268)
经济法理论的创立	(515)	股指期货制度	(269)
经济法理论研究对象	(515)	股票	(268)
经济组织	(553)	股票发行	(269)
经济组织关系	(554)	股票发行人	(269)
经济组织的经济行为	(554)	肥料登记管理制度	(222)
经济组织类型	(555)	英国人头税	(1106)
经济规章	(534)	英国个人所得税	(1104)
经济责任	(548)	英国公司税	(1104)
经济责任制	(548)	英国企业法	(1105)
"经济宪法"	(545)	英国印花税	(1107)
经济恢复运行期的调整机制	(535)	英国地方税	(1104)
经济活动关系	(535)	英国社会保险税	(1106)
经济活动关系的复合调整	(535)	英国国家认证机构	(1105)
经济统制法论	(545)	英国的政府采购制度	(1104)
经济适用房	(543)	英国经济法理论	(1105)
经济逆法行为	(538)	英国保护贸易利益法	(1103)
经济债务	(549)	英国信托业	(1106)
经济债权	(549)	英国标准化学会	(1104)
经济特区法	(544)	英国消费税	(1106)
经济监督关系	(536)	英国资本利得税	(1108)
经济监督机关	(536)	英国资本转移税	(1108)
经济竞争关系	(536)	英国商标法	(1106)
经济请求权	(539)	英国增值税	(1108)
经济调控关系	(544)	英美法系国家经济法理论	(1108)
经济职权	(550)	英美法系票据法	(1108)
经济职责	(551)	规制性竞争	(282)
经济萧条运行期的调整机制	(546)	规定限价	(282)
经济管理关系	(533)	诚实信用原则	(94)
经济管理权	(533)	询价采购	(1057)
经常项目可兑换	(502)	账簿凭证管理	(1146)
经常项目外汇	(502)	货币分流机能	(410)
经营权	(555)	货币计量与币值稳定假设	(410)

货币关系调整机制	(410)
货币供应量	(410)
货币保值条款	(409)
货币政策工具	(411)
货币政策委员会	(411)
货物运输保险	(413)
《货物进口许可证管理办法》	(413)
货物进出口	(412)
《货物进出口管理条例》	(412)
货物和技术进出口限制	(412)
货物税	(413)
货源标记	(413)
质次价高、滥收费用及违法所得认定	(1183)
质量体系认证	(1184)
质量体系认证认可机构	(1185)
质量体系认证机构	(1184)
质量体系认证机构的认可	(1185)
质量体系评定与注册欧洲网络	(1183)
质量检验监督制度	(1183)
质量管理和质量保证技术委员会	(1183)
贫困区域类型	(703)
贫困地区发展支持制度	(702)
转手贸易	(1253)
转让定价	(1253)
转让背书	(1252)
转基因烟草监控	(1252)
采矿权	(52)
采购价格监督制度	(52)
金币本位制	(484)
金汇兑本位制	(485)
金块本位制	(485)
金银收购制度	(494)
金银进出国境管理	(493)
金银经营单位审批	(493)
金银饰品标识管理	(493)
金银配售制度	(493)
金银管理体制改革	(492)
《金银管理条例》	(492)
金银管理制度	(492)
金银管理法律责任	(491)
金融企业国有资产产权登记管理制度	(489)
金融机构	(485)
金融机构衍生产品交易业务管理制度	(486)
金融机构撤销	(486)
金融许可证管理制度	(490)
金融衍生产品交易	(490)
金融租赁公司	(491)
金融资产管理公司	(491)
金融控股公司	(487)
金融期货交易	(488)
金融集团	(487)
限制转售价格	(1010)
限制竞争行为	(1010)
限定差价率	(1009)
限期治理制度	(1009)
限额赔偿	(1009)
非关税壁垒	(218)
非自愿失业	(222)
非居民个人外汇管理	(219)
非法传销	(218)
非法制造、销售非法制造的注册商标标识罪	(218)
非转让背书	(221)
非常时期价格干预制度	(217)
非职务发明创造	(221)
非银行金融机构	(219)
非银行金融机构外汇业务	(220)
非禁止垄断法中心论	(219)
受益人	(854)
受监督义务	(854)
受教育权	(854)
受尊重权	(854)
变相传销	(34)

九画

临时过境	(622)
临时性广告经营管理	(623)
侵犯商业秘密	(773)
侵犯商业秘密罪	(773)
《俄罗斯关于竞争和在商品市场限制垄断活动的法律》	(169)
《俄罗斯商品商标、服务商标和商品原产地名称法》	(181)
俄罗斯联邦土地税	(176)
俄罗斯联邦水资源税	(174)
俄罗斯联邦企业和组织利润（收入）税	(173)
俄罗斯联邦企业和组织财产税	(172)
俄罗斯联邦关税	(170)
俄罗斯联邦地下资源使用税	(170)
俄罗斯联邦自然人财产税	(179)
俄罗斯联邦自然人所得税	(180)
俄罗斯联邦自然环境污染税	(179)
俄罗斯联邦财产继承或赠与税	(169)

俄罗斯联邦林业税	(172)	保险金额	(18)
俄罗斯联邦矿物原料基地再生产税	(171)	保险保证金	(14)
俄罗斯联邦消费税	(177)	保险保障基金	(14)
俄罗斯联邦税务警察机关	(175)	保险标的	(14)
《俄罗斯联邦税收法典》	(174)	保险费	(16)
俄罗斯联邦税制	(175)	保险损失补偿原则	(20)
俄罗斯联邦销售税	(178)	保险索赔	(20)
俄罗斯联邦增值税	(178)	保险资金的运用规则	(22)
保付	(11)	保险最大诚信原则	(22)
保价运输	(12)	保监会	(12)
《保护工业产权巴黎公约》	(11)	保税仓库	(13)
《保护文学和艺术作品伯尔尼公约》	(11)	保税区	(13)
保证	(26)	保税区外汇管理制度	(13)
保证的效力	(26)	保税区海关监管	(13)
保证的款式	(26)	保税制度	(14)
保证质量义务	(26)	保障安全义务	(23)
保证金退付危机的特别处理程序	(26)	保障措施	(23)
保荐人	(12)	保障措施产业损害调查与裁决规定	(24)
保险人	(19)	保障措施产品范围调整程序的规则	(24)
保险人义务	(20)	《保障措施条例》	(25)
保险中介人	(22)	保障措施调查听证会规则	(25)
保险公司	(16)	信用卡	(1045)
保险公司偿付能力规则	(16)	信用卡的申领	(1046)
保险公估人	(16)	信用卡的现金存取	(1046)
保险代位	(14)	信用卡的销户	(1046)
保险代位权	(15)	信用卡持卡人的义务以及违反规定的法律责任	(1046)
保险代理人	(14)	信用合作社	(1044)
保险价值	(18)	信用证	(1047)
保险合同	(17)	信托	(1036)
保险合同的解除	(17)	信托当事人	(1038)
保险合同的解释	(18)	信托设立	(1039)
保险利益原则	(19)	信托投资公司	(1040)
保险近因原则	(18)	信托投资公司清产核资	(1041)
保险事故	(20)	信托投资公司清产核资资产评估和损失冲销制度	(1041)
保险事故发生之通知义务	(20)	信托财产	(1037)
保险凭证	(19)	《信托法》	(1039)
保险单	(15)	信托终止	(1042)
保险单现金价值	(15)	信托变更	(1037)
保险单的质押	(15)	信息分类编码标准化	(1043)
保险单的转让	(15)	信息分流机能	(1043)
保险法	(15)	信息技术业质量体系评定和注册承认协议组织	(1043)
保险组织	(22)	信息系统和服务委员会	(1044)
保险经纪人	(18)	信息资源	(1044)
保险经营规则	(19)	信赖利益保护原则	(1035)
保险责任范围	(21)		
保险责任准备金	(21)		
保险金给付义务	(18)		

修正性调整	(1054)	封闭型投资基金	(227)
养老金会计处理	(1068)	封建社会税制	(228)
养老金负债	(1068)	差别待遇	(60)
养老保险	(1067)	徇私舞弊不征、少征税款罪	(1057)
前手	(771)	徇私舞弊发售发票、抵扣税款、出口退税罪	
品种权的保护期限、终止和无效	(704)		(1057)
品种的选育与审定制度	(703)	总会计师	(1271)
哄抬价格	(377)	总贸易	(1271)
城乡劳动者个体经济	(102)	战后经济法	(1145)
城乡建设法	(101)	战前经济法	(1146)
城乡集市贸易	(101)	战略产业	(1145)
城乡集市贸易行政主管部门	(101)	持续经营	(106)
城乡集市贸易管理	(101)	持续经营假设	(106)
城市化	(98)	持续信息公开	(106)
城市市政公用事业利用外资	(100)	挂失止付	(272)
城市供水水质管理	(95)	指令性调整	(1182)
城市居民最低生活保障制度	(99)	《指导外商投资方向规定》	(1181)
城市房地产税	(94)	按生产要素分配方式	(2)
《城市房地产管理法》	(94)	按劳分配	(2)
城市房屋拆迁补偿安置	(94)	政府支持节能管理制度	(1171)
城市房屋拆迁管理制度	(95)	政府价格决策听证制度	(1169)
城市规划	(96)	政府机构对全民所有制工业企业	
《城市规划法》	(98)	的职权和职责	(1169)
城市规划法律制度	(98)	政府扶持制度	(1168)
城市规划的实施	(97)	政府定价	(1167)
城市规划的审批	(97)	政府审计	(1170)
城市规划的编制	(97)	政府的经济行为	(1167)
城市规划管理体制	(98)	《政府采购协议》	(1166)
城市信用社	(100)	政府采购合同	(1165)
城市维护建设税	(100)	政府采购制度	(1166)
城镇土地使用税	(104)	《政府采购法》	(1163)
《城镇土地使用税暂行条例》	(104)	政府采购法的基本原则	(1165)
城镇集体企业清产核资资产价值重估制度	(102)	政府采购的当事人	(1161)
城镇集体所有制企业、单位清产核资制度	(103)	政府采购的法律责任	(1162)
城镇集体所有制企业	(103)	政府采购的范围	(1163)
城镇集体所有制企业法	(104)	政府采购的救济机制	(1163)
城镇集体所有制企业的义务	(104)	政府采购监督制度	(1165)
城镇集体所有制企业的权利	(103)	政府采购程序	(1161)
复合税制	(230)	政府采购模式	(1166)
复式记账法	(231)	政府指导价	(1171)
复税制	(231)	政策性银行	(1161)
契约型投资基金	(770)	查询、冻结和扣划存款	(59)
契税	(770)	查禁传销及变相传销活动	(59)
《契税暂行条例》	(770)	标定地价	(34)
《契税暂行条例细则》	(770)	标明真实名称和标记义务	(34)
奖励综合利用的原则	(478)	标准	(35)
封闭式基金	(227)	标准化	(36)

《标准化法》	(37)	统计调查项目审批管理制度	(924)
标准化法制管理体制	(38)	统计资料	(929)
标准化法律责任	(37)	统计资料管理	(929)
标准出版管理制度	(35)	统计检查机构	(927)
标准有效期	(39)	统计检查员	(927)
标准制定	(39)	统计职责	(929)
标准实施	(38)	美国区域开发政策	(648)
标准物质	(39)	美国反托拉斯法	(641)
标准档案	(36)	美国反倾销法律制度	(641)
残缺污损人民币兑换	(53)	美国产业政策	(640)
独立审计准则	(158)	美国企业法	(648)
独立董事制度	(157)	美国关税	(642)
独家交易协议	(157)	美国地方税	(641)
盈利预测审核	(1109)	美国州税	(651)
相互保险组织	(1014)	美国纳税人权利法案	(647)
相关市场	(1013)	美国国家产业技术政策	(643)
省级海洋功能区划审批	(840)	美国国家标准与技术研究院	(643)
种子生产制度	(1235)	美国国家标准学会	(642)
种子使用制度	(1235)	美国的政府采购制度	(640)
种子法	(1234)	美国经济法理论	(644)
种子经营制度	(1235)	美国信托业	(650)
种子质量监督制度	(1236)	美国商标法	(649)
种子检验、检疫制度	(1235)	美国税务诉讼	(649)
种质资源保护制度	(1233)	美国税务法院	(649)
科技中介机构	(574)	美国税制	(650)
结汇	(481)	美国联邦个人所得税	(644)
结社权	(482)	美国联邦公司所得税	(645)
结构主义学派	(481)	美国联邦社会保障税	(646)
结构危机卡特尔	(481)	美国联邦贸易委员会法	(646)
统一全国税政	(930)	美国联邦消费税	(647)
统一规划和因地因时制宜的原则	(930)	美国联邦遗产与赠与税	(647)
统一综合机能	(930)	背书	(27)
统计	(922)	背书连续	(27)
统计人员	(927)	背对背信用证	(27)
统计人员的职权	(928)	草原	(54)
统计分析与预测	(926)	草原权益	(58)
统计执法检查制度	(928)	草原权属	(58)
统计机构	(926)	草原自然保护区	(59)
统计负责人	(926)	草原防火	(55)
《统计法》	(924)	草原利用	(57)
统计法律责任	(925)	草原建设制度	(57)
统计标准	(922)	草原征用	(59)
统计监督	(927)	草原承包	(54)
统计调查	(923)	草原法	(55)
统计调查方案	(923)	草原牧业发展规划制度	(58)
统计调查计划	(923)	草原的临时调剂	(55)
统计调查项目	(924)	草原规划制度及其相关制度	(56)

草原保护	(54)
草原监督检查	(57)
荐证广告	(477)
药品广告管理	(1070)
药品包装管理	(1069)
药品生产企业管理	(1073)
药品价格管理	(1070)
药品经营企业管理	(1071)
药品经营许可证制度	(1073)
药品经营许可证的申领	(1072)
药品经营许可证的变更与换发	(1071)
药品经营许可证的监督检查	(1072)
药品监督管理部门	(1070)
药品管理	(1069)
衍生纳税人	(1067)
诱饵广告	(1122)
贴现	(916)
贷款	(125)
贷款的种类	(125)
贷款管理制度	(126)
贸易术语	(633)
贸易条件	(634)
贸易差额	(633)
费用	(223)
退休费用社会统筹	(948)
退伙	(948)
退耕还林	(947)
退耕还林合同	(947)
退票费	(948)
逃汇行为	(908)
逃避追缴欠税罪	(908)
选择权	(1056)
重复征税	(108)
重复保险	(108)
重点用能单位管理制度	(1236)
重要工业品进口配额管理	(1236)
重叠征税	(107)
险种	(1008)
音像制品进口管理制度	(1090)
音像制品连锁经营管理	(1090)
项目贷款	(1017)
食品广告	(846)
食品标签标准化	(846)
食品药品放心工程	(846)
《食盐专营办法》	(847)
食盐价格管理	(846)
首次销售	(853)
香港印花税	(1016)
香港利得税	(1014)
香港汽车首次登记税	(1014)
香港娱乐税	(1016)
香港消费税	(1015)
香港特别行政区的政府采购制度	(1015)
香港博彩税	(1014)
香港遗产税	(1015)
香港薪俸税	(1015)

十画

借贷记账法	(484)
债券	(1144)
债券发行	(1144)
债券发行人	(1145)
债券发行权	(1145)
倾销	(773)
倾销价格	(774)
倾销幅度	(774)
兼并	(464)
原产地名称	(1132)
原产地规则	(1132)
《原产地规则协议》	(1132)
原产地域产品	(1133)
原油、成品油、化肥国营贸易进口经营管理制度	(1134)
套汇行为	(908)
套期保值	(909)
恶意抢注域名	(181)
捕捞限额	(42)
损害保险	(898)
损害赔偿权	(898)
旅行社	(628)
旅行社的管理	(628)
旅行社质量保证金	(629)
《旅行社管理条例》	(628)
旅客航空运输	(628)
旅游投诉	(630)
旅游者向旅游行政管理部门投诉的条件	(630)
旅游标准化工作管理	(629)
样机试验	(1069)
核材料管制	(375)
核能法	(375)
核能矿业权	(375)
核能政府规制主体制度	(376)
格式合同	(234)

条目	页码
流转税法	(624)
《海上交通安全法》	(351)
海水水质标准	(352)
海关	(349)
《海关关于异地加工贸易的管理办法》	(350)
海关估价	(349)
海关法	(349)
海关总署	(350)
海关监管	(350)
海关稽查	(350)
《海峡两岸经贸协调会与海峡两岸商务协调会调解规则》	(352)
海洋功能区划	(353)
海洋自然保护区	(355)
海洋行政处罚实施	(355)
海洋赤潮信息管理	(352)
《海洋环境保护法》	(353)
海洋倾废许可制度	(354)
海洋资源管理	(355)
《海商法》	(351)
海域使用申请审批	(355)
消费关系调整机制	(1017)
消费合同	(1017)
消费者主义	(1025)
消费者争议与法律救济	(1025)
消费者安全保障法律制度	(1020)
消费者权利	(1023)
消费者权益保护立法	(1024)
《消费者权益保护法》	(1024)
消费者问题与消费者运动	(1024)
消费者利益国家保护	(1022)
消费者组织	(1025)
消费者保护法的价值	(1021)
消费者保护法的基本原则	(1020)
消费者保护法律体系	(1021)
消费者保护法律责任	(1022)
消费品市场	(1018)
消费税	(1018)
《消费税暂行条例》	(1019)
《消费税暂行条例实施细则》	(1019)
涉外社会调查活动	(830)
涉外经济关系	(829)
涉外租赁合同	(830)
涉外调查管理制度	(829)
涉外票据	(830)
涉外票据的法律适用	(830)
烟叶管理	(1065)
烟草广告	(1060)
烟草专用机械管理	(1065)
烟草专卖许可证	(1065)
《烟草专卖法》	(1064)
烟草专卖品准运证	(1064)
烟草打假经费	(1060)
烟草制品管理	(1063)
烟草基因工程	(1060)
《烟草控制科学和技术合作与信息通报公约》	(1061)
《烟草控制框架公约》	(1062)
《烟草控制框架公约》机构	(1063)
特色经济	(911)
特许专营	(913)
特许双方应具备的条件	(912)
特许经营	(911)
特许经营协议	(912)
特许经营合同	(912)
特许经营的种类	(911)
特许经营费用	(912)
特许者的权利和义务	(912)
特别提款权	(909)
特制邮政用品用具生产监制管理	(913)
《特定不景气产业稳定临时措施法》	(910)
特定企业形式的出资转让	(910)
特种设备	(914)
特种钢材专营	(914)
特种消费行为税	(915)
留用资金支配权	(624)
疾病保险	(421)
盐税	(1066)
监事会	(465)
监事的责任	(465)
监督权	(465)
破坏电力设施	(704)
离岸价格	(610)
离岸银行业务管理制度	(611)
租赁柜台经营活动	(1273)
租赁经营合同的条款	(1274)
租赁经营合同的变更和解除	(1274)
租赁经营担保	(1274)
租赁经营的形式	(1274)
租赁经营责任制	(1274)
竞争	(558)
竞争性谈判采购	(559)
竞争法	(558)
竞争法的立法模式	(559)

竞争法的宗旨	(559)	资源综合利用制度	(1263)
竞争政策	(560)	资源税	(1260)
耕地占用补偿制度	(242)	《资源税暂行条例》	(1260)
耕地占用税	(242)	《资源税暂行条例实施细则》	(1261)
耕地保护制度	(242)	递延资产清查	(142)
耕地总量动态平衡	(242)	通用航空	(921)
能源节约与资源综合利用原则	(662)	通常文义解释规则	(921)
能源法	(661)	部门法交叉说	(46)
能源法体系	(662)	部门法跨部门化	(46)
能源法经济观	(661)	部门经济机关	(47)
能源效率标识管理制度	(663)	部门统计调查	(47)
航空人员	(366)	酒类广告	(565)
航空快递	(366)	铁路	(916)
航空货运单	(366)	铁路企业国有资产产权管理制度	(918)
航空器	(366)	铁路企业国有资产监督管理	(919)
被审计单位内部控制	(28)	铁路系统中外合资合作项目审批管理	(920)
被保险人	(28)	铁路运输合同	(921)
被特许者的权利和义务	(29)	铁路国有企业资产经营责任制	(917)
课税对象	(576)	《铁路法》	(916)
课税客体	(576)	铁路清产核资企业、单位土地估价制度	(919)
调拨	(153)	颁行规范性文件执法	(8)
资本和金融项目	(1253)	预约定价税制法	(1131)
资本注册	(1254)	预防为主、防治结合原则	(1127)
资本经营责任制	(1254)	预提所得税	(1131)
资本变更	(1253)	预算单位清产核资制度	(1128)
资本项目可兑换	(1254)	《预算法》	(1129)
资本项目外汇	(1254)	验视内件	(1067)
资产	(1256)	高级会计师	(234)
资产占用费	(1257)	高新技术中小企业	(234)
资产处置权	(1256)	高新技术产业开发区	(234)
资产价值重估	(1256)		
资产划转手续	(1256)		

十一画

资产评估机构	(1257)	假远期信用证	(464)
资产经营形式	(1256)	假冒他人专利和冒充专利行为的查处	(461)
资产清查	(1257)	假冒他人注册商标行为	(461)
资金信托	(1258)	假冒伪劣卷烟鉴别检验制度	(462)
资金信贷的优惠	(1258)	假冒注册商标罪	(463)
资金核实	(1258)	假药	(464)
资金筹集制度	(1257)	做市商	(1280)
资源利用中的财产权制度	(1260)	偷税罪	(930)
资源利用中的禁限制度	(1260)	减少烟草供应的措施	(465)
资源补偿制度	(1259)	减少烟草需求的措施	(466)
资源补救制度	(1259)	减少资本	(467)
资源性国有资产	(1261)	"剪刀差"	(468)
资源性国有资产管理	(1262)	售汇	(854)
资源费	(1259)	商业广告	(818)
资源综合利用认定	(1263)		

商业诋毁 …………………………… (818)
商业保险 …………………………… (818)
商业受贿 …………………………… (819)
商业秘密 …………………………… (819)
商业贿赂 …………………………… (818)
商业混同行为 ……………………… (819)
商业银行 …………………………… (819)
商业银行内部控制 ………………… (820)
商务部 ……………………………… (817)
商号 ………………………………… (813)
商号权 ……………………………… (813)
商用密码 …………………………… (820)
商会 ………………………………… (814)
商会组织法 ………………………… (814)
商品市场 …………………………… (816)
商品市场年度检验制度 …………… (816)
商品条码 …………………………… (817)
商品房 ……………………………… (814)
商品房现售 ………………………… (814)
商品房预售 ………………………… (814)
商品房预售合同 …………………… (815)
商品服务表示 ……………………… (815)
商品服务质量制度 ………………… (815)
商品检验制度 ……………………… (815)
商品期货 …………………………… (816)
商品期货交易 ……………………… (816)
商品税法 …………………………… (817)
商标 ………………………………… (806)
商标权 ……………………………… (810)
商标权的效力范围 ………………… (811)
商标权的消灭 ……………………… (810)
商标评审委员会 …………………… (809)
《商标国际注册马德里协定》 …… (809)
《商标法》 ………………………… (808)
商标注册 …………………………… (811)
商标注册人的义务 ………………… (811)
商标注册申请 ……………………… (811)
商标注册申请人条件 ……………… (812)
商标注册申请日期的确定 ………… (812)
商标注册申请的审查原则 ………… (811)
商标注册优先权 …………………… (812)
商标注册审查 ……………………… (812)
商标注册原则 ……………………… (813)
商标的条件 ………………………… (807)
商标侵权行为 ……………………… (810)
商标侵权损害赔偿额的计算方法 … (810)
商标复审 …………………………… (809)

商标淡化 …………………………… (807)
域名 ………………………………… (1131)
域名争议 …………………………… (1131)
域名注册 …………………………… (1132)
基本农田保护制度 ………………… (417)
基本经济关系调整机制 …………… (416)
基本经济权限 ……………………… (417)
基本养老金 ………………………… (418)
基本养老保险制度 ………………… (418)
基本草原 …………………………… (416)
基金发起人 ………………………… (419)
基金份额持有人 …………………… (419)
基金托管人 ………………………… (420)
基金管理人 ………………………… (419)
基准汇价 …………………………… (420)
基准地价 …………………………… (420)
基准利率 …………………………… (420)
基础设施理论 ……………………… (419)
寄售贸易 …………………………… (450)
屠宰税 ……………………………… (934)
《屠宰税暂行条例》 ……………… (934)
据点开发 …………………………… (569)
授权经济立法 ……………………… (854)
授权资本制 ………………………… (855)
排污申报 …………………………… (695)
排污收费制度 ……………………… (695)
排污总量控制 ……………………… (695)
排污标准 …………………………… (694)
排污费 ……………………………… (694)
掠夺性定价 ………………………… (630)
探矿权 ……………………………… (906)
探矿权采矿权评估管理 …………… (907)
探矿权采矿权使用费减免 ………… (907)
救灾化肥储备制度 ………………… (568)
检验证书 …………………………… (468)
混合合并 …………………………… (409)
混合所有制经济 …………………… (409)
清产核资 …………………………… (774)
清产核资中土地估价制度 ………… (775)
清产核资数据资料管理制度 ……… (775)
《清洁生产促进法》 ……………… (776)
渔业权 ……………………………… (1125)
渔业法 ……………………………… (1123)
渔业养殖 …………………………… (1125)
渔业捕捞 …………………………… (1122)
渔业捕捞许可证 …………………… (1123)
渔业监督管理 ……………………… (1124)

词条	页码
渔业资源增殖和保护	(1126)
渔业管理机关	(1124)
渔政管辖和管理制度	(1126)
猎捕证制度	(620)
盗伐森林和林木	(128)
矫正性竞争法律规范	(479)
票据	(697)
票据伪造	(701)
票据关系	(699)
票据当事人	(698)
票据权利	(700)
票据行为	(701)
票据抗辩	(700)
票据抗辩限制	(700)
票据时效	(701)
票据补救	(698)
票据诉讼	(701)
票据丧失	(701)
《票据法》	(698)
票据法律责任	(699)
票据责任	(702)
票据变更	(697)
票据变造	(698)
票据活动	(700)
票据涂销	(701)
票据基础关系	(700)
票据瑕疵	(701)
第二次世界大战后相对稳定阶段的经济法	(142)
维护国家经济主权原则	(993)
综合利用和多目标开发原则	(1270)
综合所得税制	(1271)
综合经济机关	(1270)
综合规划和专业规划	(1270)
综合部门法论	(1270)
综合授权	(1270)
职工代表	(1176)
职工代表大会的职权	(1176)
职工用工管理制度	(1176)
职业技能鉴定	(1178)
职业技能鉴定机构	(1178)
职业病	(1177)
职业资格证书制度	(1180)
职业培训	(1179)
职务发明创造	(1177)
职能经济机关	(1177)
船舶吨税	(115)
营业税	(1109)
《营业税暂行条例》	(1110)
《营业税暂行条例实施细则》	(1110)
虚开增值税专用发票、用于骗取出口退税、抵扣税款发票罪	(1056)
虚假广告	(1055)
虚假宣传	(1055)
虚假标示行为	(1054)
辅币	(229)
野生动物驯养繁殖管理	(1074)
野生动物的权属及其利用权益	(1073)
野生动物资源保护	(1075)
野生动物管理	(1074)
野生动植物保护法	(1075)
野生植物保护	(1075)
银行	(1091)
银行外汇业务管理制度	(1092)
银行外汇牌价	(1092)
银行间外汇市场管理制度	(1091)
银行控股公司	(1092)
银监会	(1093)
黄河水权转换管理	(401)
黄金储备	(402)

十二画

词条	页码
储蓄业务	(114)
储蓄存款	(113)
储蓄存款原则	(114)
善意实施	(806)
尊重消费者人格权义务	(1279)
就业准入培训	(568)
强制计量检定	(771)
强制交易	(771)
强制性产品认证代理申办机构	(772)
强制性产品认证制度	(772)
强制性产品认证标志	(772)
强制保险	(771)
循环信用证	(1057)
惩罚性赔偿	(104)
提供真实信息义务	(915)
提前支取与挂失	(915)
援用责任	(1135)
搭便车行为	(120)
搭售	(120)
普遍优惠制	(705)
普遍提款权	(704)
暂保单	(1139)

最低工资保障制度	(1277)	森林资源资产抵押登记	(805)
最惠国待遇	(1278)	植物品种权	(1180)
期初余额	(706)	植物资源管理	(1181)
期货市场	(717)	植物新品种	(1181)
期货市场风险	(718)	《植物新品种保护条例》	(1181)
期货市场风险的法律控制	(718)	植树造林	(1180)
期货市场风险的种类	(719)	欺诈消费者行为	(721)
期货市场风险管理	(719)	欺骗性质量标示行为	(721)
期货市场监管	(720)	渤海生物资源养护制度	(40)
期货市场禁入制度	(720)	《港口经营管理规定》	(233)
期货交易	(707)	税	(861)
期货交易风险揭示说明书	(710)	税务专管员制度	(893)
期货交易主体	(712)	税务文书送达	(893)
期货交易所	(711)	税务代理	(888)
期货交易所会员	(711)	税务代理法律关系	(888)
期货交易所章程	(712)	《税务代理试行办法》	(888)
期货交易法	(709)	税务犯罪	(890)
期货交易法律关系	(709)	税务师事务所	(892)
期货交易的法律责任	(708)	税务机关	(890)
期货交易规则	(710)	税务行政处罚	(892)
期货交易保证金制度	(708)	《税务行政处罚听证程序实施办法（试行）》	(892)
期货合同	(706)	《税务行政复议规则》	(892)
期货违约责任	(721)	税务法庭	(890)
期货法	(706)	税务法院	(890)
期货经纪公司	(714)	税务检查	(891)
期货经纪业务	(715)	税务登记	(889)
期货经纪合同	(714)	《税务登记管理办法》	(889)
期货经济客户保证金	(716)	税务稽查	(890)
期货侵权责任	(717)	《税务稽查工作规程》	(890)
期货结算制度	(713)	税目	(871)
期货清算机构	(717)	税收	(871)
期货欺诈	(716)	税收之债	(886)
期货缔约责任	(706)	税收公平原则	(874)
森林、林木和林地的登记发证	(800)	税收代位权	(872)
森林	(800)	税收司法	(878)
森林公园管理	(803)	税收处罚法	(872)
森林权属	(804)	税收立法	(876)
森林防火制度	(802)	税收争讼法	(884)
森林法	(802)	税收优先权	(881)
森林经营管理	(803)	税收执法	(887)
森林采伐制度	(802)	《税收执法过错责任追究办法》	(887)
森林保护制度	(801)	税收权利能力	(877)
森林病虫害防治	(801)	税收行为能力	(879)
森林资源	(804)	税收行政诉讼	(881)
森林资源林政管理机构负责人任免事项审核	(804)	税收行政诉讼法	(881)
		税收行政复议	(879)
森林资源资产评估管理	(805)	税收行政复议法	(880)

词条	页码	词条	页码
税收行政赔偿	(880)	税法学	(866)
税收行政赔偿法	(881)	税法范畴	(863)
税收负担	(874)	税法责任	(867)
税收体制法	(879)	税法要素	(866)
税收附加	(874)	税法适用	(865)
税收制裁法	(887)	税法效力	(865)
税收国家	(875)	税法基本原则	(863)
《税收征收管理法》	(885)	税法渊源	(867)
《税收征收管理法实施细则》	(885)	税法意识	(866)
税收征收管理法律制度	(885)	税法解释	(863)
税收征纳实体法	(885)	税法解释权	(864)
税收征纳法	(884)	税费改革	(868)
税收征纳程序法	(884)	税基	(868)
税收征管体制	(884)	税率	(870)
税收担保人	(872)	税款征收	(869)
税收法制	(873)	税款征收保障制度	(869)
税收法治	(874)	税源	(894)
税收法律	(872)	筵席税	(1066)
税收法律主义	(873)	《筵席税暂行条例》	(1067)
税收法律关系	(873)	缔约时条款内容说明义务	(143)
税收法律责任	(873)	《联合国国际汇票和国际本票公约》	(615)
税收转嫁	(888)	联合国国际货物买卖合同公约	(615)
税收保全	(871)	联合国贸易与发展会议	(616)
税收政策	(886)	联合抵制	(615)
税收逃避	(878)	联合限制竞争行为	(616)
税收债务	(883)	联营兼并权	(617)
税收债务人	(884)	落后工艺设备限期淘汰制度	(631)
税收债权	(882)	落后用能产品淘汰制度	(631)
税收债权人	(883)	董事、经理的责任	(154)
税收原则	(881)	董事	(154)
税收特别措施	(878)	董事会	(155)
税收授权立法	(878)	董事会的职权	(156)
税收救济法	(876)	谢尔曼法	(1028)
税收票证	(877)	超经济强制交易行为	(88)
税收强制执行	(877)	超高定价	(88)
税收管理体制	(874)	超额用水累进加价制度	(88)
税收管辖权	(874)	超额保险	(88)
税收撤销权	(871)	道路货运经营管理制度	(128)
税权	(871)	道路客运经营管理制度	(129)
税负	(868)	遗产税	(1086)
税负转嫁	(868)	遗嘱信托	(1086)
税负能力	(868)	量值传递	(620)
税制	(894)	量能课税原则	(619)
税制改革	(894)	销售假冒注册商标的商品罪	(1026)
税法	(862)	集成电路布图设计专用权	(422)
税法体系	(865)	集成电路布图设计专用权的限制	(422)
税法制裁	(867)	集成说	(422)

集约机能 …………………………… (429)	意大利增值税 ……………………… (1089)
集体企业 …………………………… (425)	数量卡特尔 ………………………… (856)
集体企业国有资产产权界定 ……… (426)	数量法学方法 ……………………… (855)
集体企业所得税 …………………… (427)	数量限制措施 ……………………… (856)
集体企业法 ………………………… (426)	新区开发和旧区改建法律制度 …… (1034)
集体企业的厂长 …………………… (425)	新加坡个人所得税 ………………… (1030)
集体企业的设立 …………………… (425)	新加坡公司所得税 ………………… (1031)
集体企业的终止 …………………… (426)	新加坡关税 ………………………… (1031)
集体企业的变更 …………………… (425)	新加坡印花税 ……………………… (1033)
集体企业的职工代表大会 ………… (426)	新加坡财产税 ……………………… (1029)
集体企业职工的义务 ……………… (427)	新加坡的政府采购制度 …………… (1030)
集体企业职工的权利 ……………… (427)	新加坡博彩税 ……………………… (1029)
集体协商 …………………………… (428)	新加坡税制 ………………………… (1032)
集体协商代表 ……………………… (429)	新加坡遗产税 ……………………… (1032)
集体合同 …………………………… (423)	新产业组织理论 …………………… (1028)
集体垄断 …………………………… (424)	新股预约权 ………………………… (1029)
集体所有权 ………………………… (427)	新贸易壁垒 ………………………… (1033)
集体科技企业产权界定 …………… (423)	新闻广告 …………………………… (1035)
集贸市场 …………………………… (423)	新闻出版署直属企业国有资产监督管理 …… (1034)
韩国个人所得税 …………………… (356)	毁林行为 …………………………… (408)
韩国乡村发展特别税 ……………… (361)	源泉课税法 ………………………… (1135)
韩国公司所得税 …………………… (358)	溢值分配权 ………………………… (1090)
韩国印花税 ………………………… (362)	溢短装条款 ………………………… (1089)
韩国证券交易税 …………………… (364)	滥发电邮 …………………………… (594)
韩国财产税 ………………………… (356)	滥用市场支配地位 ………………… (594)
韩国国防税 ………………………… (359)	滥用政府权力限制竞争行为 ……… (595)
韩国国家产业技术政策 …………… (359)	滥用监督 …………………………… (594)
《韩国限制垄断和公平交易法》 …… (361)	滥伐森林和林木 …………………… (594)
韩国政府采购制度 ………………… (364)	煤矿安全制度 ……………………… (634)
韩国特别消费税 …………………… (360)	煤矿矿区保护 ……………………… (634)
韩国教育税 ………………………… (359)	煤炭开发计划与规划 ……………… (638)
韩国税制 …………………………… (360)	煤炭出口配额管理 ………………… (635)
韩国遗产税 ………………………… (361)	煤炭加工业权 ……………………… (637)
韩国增值税 ………………………… (363)	煤炭生产安全费用提取和使用管理 …… (638)
韩国赠与税 ………………………… (363)	煤炭生产许可 ……………………… (639)
骗汇行为 …………………………… (696)	煤炭行业工程建设监理自律管理 …… (636)
骗取出口退税罪 …………………… (696)	煤炭财政支持 ……………………… (634)
	煤炭供求调整制度 ………………… (636)

十三画

	《煤炭法》 …………………………… (635)
微观经济运行 ……………………… (989)	煤炭环境制度 ……………………… (637)
微观竞争 …………………………… (989)	煤炭现场监督检查 ………………… (639)
意大利个人所得税 ………………… (1088)	煤炭矿业权 ………………………… (638)
意大利地方所得税 ………………… (1088)	煤炭经营管理 ……………………… (638)
意大利地方营业税 ………………… (1088)	煤炭资源所有权 …………………… (639)
意大利质量标志学会 ……………… (1089)	禁止用复印机复印人民币 ………… (502)
意大利税制 ………………………… (1088)	禁止交易行为 ……………………… (501)

禁止在宣传品、出版物及有关商品上使用
  人民币、外币和国家债券图样 …………（502）
禁止垄断法中心论 ………………………（501）
禁止销售、使用的进口药品 ……………（502）
禁运规定 …………………………………（501）
粮食风险基金 ……………………………（617）
粮食安全预警制度 ………………………（617）
粮食收购资格 ……………………………（619）
粮食宏观调控制度 ………………………（618）
粮食经营管理 ……………………………（618）
《粮食流通管理条例》 …………………（618）
《解决各国和其他国家国民之间投资
  争端的公约》 ………………………（483）
解除劳动合同经济补偿 …………………（482）
跟单信用证统一惯例 ……………………（241）
跨国公司 …………………………………（577）
跨国公司的管制 …………………………（577）
跨国特别经济区域 ………………………（578）
路政行政处罚 ……………………………（627）
路政案件管辖 ……………………………（626）
路政管理 …………………………………（626）
路政管理人员 ……………………………（626）
路政管理行政强制措施 …………………（626）
路政管理许可 ……………………………（627）
路政管理监督检查 ………………………（626）
零售业态分类 ……………………………（623）

十四画

境内居民个人购汇管理 …………………（560）
境内居民个人购汇管理信息系统 ………（561）
境外中国产业投资基金 …………………（564）
境外中资企业商会（协会）制度 ………（565）
境外企业、机构清产核资工作制度 ……（562）
境外投资 …………………………………（563）
境外投资外汇管理 ………………………（563）
境外投资项目核准管理 …………………（564）
境外投资基金的设立 ……………………（563）
境外证券发行和上市 ……………………（564）
境外国有资产 ……………………………（561）
境外国有资产产权登记管理 ……………（561）
境外国有资产管理 ………………………（561）
境外就业中介管理 ………………………（561）
模拟市场核算责任制 ……………………（655）
漂流旅游安全管理 ………………………（696）
疑义不利解释规则 ………………………（1087）
管理建议书 ………………………………（277）

十五画

增加资本 …………………………………（1140）
增值税 ……………………………………（1141）
增值税专用发票 …………………………（1143）
《增值税专用发票使用规定》 …………（1144）
《增值税暂行条例》 ……………………（1142）
《增值税暂行条例实施细则》 …………（1143）
德国个人所得税 …………………………（131）
德国工商营业税 …………………………（132）
德国公司所得税 …………………………（132）
德国《反不正当竞争法》 ………………（130）
德国《反对限制竞争法》 ………………（130）
《德国民法典》 …………………………（134）
德国企业法 ………………………………（134）
德国关税 …………………………………（132）
德国社会保险税 …………………………（135）
德国进口增值税 …………………………（133）
德国房地产税 ……………………………（131）
《德国经济稳定与增长促进法》 ………（133）
德国质量协会 ……………………………（137）
德国标准化协会 …………………………（129）
德国消费税 ………………………………（136）
《德国商标法》 …………………………（135）
德国教会税 ………………………………（133）
德国票据法 ………………………………（134）
德国税务代理制度 ………………………（135）
德国税制 …………………………………（135）
德国遗产与赠与税 ………………………（137）
德国增值税 ………………………………（137）
横向合并 …………………………………（376）
潜在市场进入 ……………………………（771）
澳大利亚国家实验室认可协会 …………（3）
澳门印花税 ………………………………（5）
澳门房屋税 ………………………………（3）
澳门所得补充税 …………………………（4）
澳门物业转移税 …………………………（5）
澳门特别行政区税制 ……………………（4）
澳门继承及赠与税 ………………………（4）
澳门职业税 ………………………………（6）
澳门营业税 ………………………………（5）

十六画

噪声污染防治的监督管理 ………………（1139）

擅自使用他人企业名称或姓名不正当
　　竞争行为 …………………………（806）
操纵价格 ……………………………（53）
整顿和规范市场经济秩序领导小组办公室
　　…………………………………（1152）
融资租赁 ……………………………（798）
融资租赁公司 ………………………（798）
赠与税 ………………………………（1144）
避免重复征税的方法 …………………（32）

邀请招标采购 ………………………（1069）

十七画

《魏玛宪法》三原则 …………………（995）

十九画

攀附性广告 …………………………（696）

A

anquan jishu fangfan chanpin

安全技术防范产品(product of security technology prevention) 用于防抢劫、防盗窃、防爆炸等防止国家、集体、个人财产以及人身安全受到侵害的并列入《安全技术防范产品目录》的专用产品。质量技术监督部门是产品质量监督管理的主管部门,具体负责安全技术防范产品质量国家监督管理工作。公安机关是安全技术防范工作的主管部门,在质量技术监督部门指导下,具体负责安全技术防范产品质量行业监督管理工作。

安全技术防范产品管理 对安全技术防范产品的管理,分别实行工业产品生产许可证制度、安全认证制度;对未能纳入工业产品生产许可证制度、安全认证制度管理的安全技术防范产品,实行生产登记制度。对同一类安全技术防范产品的管理,不重复适用上述三种制度。实行工业产品生产许可证管理的安全技术防范产品,未取得工业产品生产许可证的,禁止生产和销售。实行安全认证强制性监督管理的安全技术防范产品,未获得安全认证的,禁止销售和使用。实行生产登记制度的安全技术防范产品,未经公安机关批准生产登记的,禁止生产和销售。生产实行生产登记制度的安全技术防范产品的企业,应到所在地的地市级公安机关提出申请。地市级公安机关应当在接到生产登记申请材料之日起15日内完成初审。初审合格的,报省级公安机关复审;初审不合格的,退回申请并说明理由。省级公安机关应当在接到地市级公安机关报送的企业生产登记申请材料之日起7日内完成复审。复审合格的,作出批准登记决定,填发生产登记批准书,并将批准登记书送地市级公安机关,由地市级公安机关通知提出申请的生产企业;复审不合格的,作出不批准登记决定,并将不批准登记决定和理由书面通知地市级公安机关,由地市级公安机关通知提出申请的生产企业。

安全技术防范产品质量 国家监督抽查由国家质量技术监督局组织实施,行业监督抽查由国家质量技术监督局批准后由公安部组织实施,地方监督抽查由地方质量技术监督部门组织实施或者会同地方公安机关组织实施。安全技术防范产品质量日常监督检查由地方质量技术监督部门和公安机关在各自的职责范围内依法组织实施,并避免重复检查。有下列行为之一的,由县级以上公安机关责令其限期改正;拒不改正的,根据情节轻重予以警告或者处以1万元以下罚款;有违法所得的,处以违法所得1倍以上3倍以下,最高不超过3万元罚款:(1)未经公安机关批准登记,擅自生产实行生产登记制度的安全技术防范产品的;(2)销售实行生产登记制度的安全技术防范产品,但该产品未经公安机关批准生产登记的。对安全技术防范产品生产、销售、检验活动中的质量违法行为的行政处罚,由县级以上质量技术监督部门依据有关法律、法规、规章的规定执行。当事人对行政处罚不服的,可以依法申请行政复议或者提起行政诉讼。质量技术监督部门和公安机关的工作人员,在安全技术防范产品管理工作中滥用职权、玩忽职守、徇私舞弊的,由有关部门按照干部管理权限,予以行政处分;构成犯罪的,依法追究刑事责任。对于进口安全技术防范产品的管理,按照国家法律、行政法规的有关规定执行。

安全技术防范产品进货检验 销售安全技术防范产品的单位或者个人,应当进行进货验证,验明生产企业的产品质量检验合格证明和工业产品生产许可证证书或者安全认证证书或者生产登记批准书。生产、销售安全技术防范产品的企业,必须严格执行质量技术监督法律法规的有关规定,保证产品质量符合有关标准的要求。安全技术防范产品质量检验机构必须经省级以上质量技术监督部门或者会同公安机关审查认可并考核合格,在授权的产品质量检验范围内从事检验。

(麻琳琳)

anquan jiaoyu zhidu

安全教育制度(system on safety education) 建筑施工企业所进行的劳动安全生产教育培训制度。其目的是加强对职工安全生产的教育培训;未经安全生产教育培训的人员,不得上岗作业。

建设行政主管部门负责建筑安全生产的管理,并依法接受劳动行政主管部门对建筑安全生产的指导和监督。建筑施工企业必须依法加强对建筑安全生产的管理,执行安全生产责任制度,采取有效措施,防止伤亡和其他安全生产事故的发生。建筑施工企业的法定代表人对本企业的安全生产负责。施工现场安全由建筑施工企业负责。实行施工总承包的,由总承包单位负责。分包单位向总承包单位负责,服从总承包单位对施工现场的安全生产管理。 (张旭娟 师湘瑜)

anquan quan

安全权(right of safty) 消费者在购买、使用商品和接受服务时享有人身、财产安全不受损害的权利。消费者有权要求经营者提供的商品或服务,符合保障人身、财产安全的要求。也就是说,消费者安全权包括两方面内容:一为人身安全性。人身安全权又可以分为消费者的生命安全权和健康的安全权,即消费者的生命不受危害和健康不受损害的权利。消费者在进行购买使用商品和接受服务等消费活动时,首先考虑的便是商品或服务的卫生、安全问题,因为这方面存在问题会直接影响消费者的健康,甚而危及生命。所以,相对应的,对生产者、经营者的最基本的要求便是商品或者服务符合人体健康和人体安全的要求。二为财产安全权,即消费者在购买、使用商品或者接受经营者服务时,其财产不受损害的权利。财产的损害表现形式有:外观上受损、性能破坏或丧失、价值减损或丧失等。应当注意的是,在购买使用的商品或接受的服务之外的其他财产损失,只要损失发生于消费活动过程中,与消费活动有直接联系,消费者就可以要求赔偿。也就是说,只要是在消费活动过程中发生的财产损失,消费者就有权利要求赔偿。

消费者的安全权不受损害是与宪法、民法中人身、财产权利不受损害精神一致的,但其产生和行为以及使用范围都具有自身的特点。在消费者权益保护法中,安全权仅使用于生活领域。同时,消费者安全权的实现除了消费者主动要求行使权利,还必须依赖于国家对消费者安全的管理。包括制定行业标准、安全认证、标准管理等手段。总之,消费者在整个消费过程中都享有人身、财产安全不受侵犯的权利。 (刘利晋)

anlao fenpei
按劳分配(distribution according to work) 社会主义个人消费品的分配制度。其内容是:凡是有劳动能力的人都应尽自己的能力为社会劳动,社会以劳动作为分配个人消费品的尺度,按照劳动者提供的劳动数量和质量分配个人消费品,等量劳动领取等量报酬,多劳多得,少劳少得,不劳动者不得。在社会主义经济中,实行按劳分配具有客观必然性。社会主义生产资料公有制是实行按劳分配的前提条件。生产资料公有制使劳动者成为生产的主人,实现了在生产资料占有上的平等关系,排除了个人凭借对生产资料的私有权来无偿占有他人劳动成果的可能性。每一个劳动者在共同占有生产资料的基础上为社会提供劳动,社会则根据每个劳动者各自提供的劳动量进行个人消费品分配。按劳分配是与社会主义生产资料公有制相联系的。社会主义社会生产力的水平决定了只能实行按劳分配。在社会主义生产力没有达到高度发达的状态以前,社会产品还没有达到极大丰富的程度,还不可能根据人们的需要来分配产品,只能实行按劳分配。在社会主义社会,旧的社会分工依然存在,人们的劳动在数量和质量上还存在重大差别,劳动仍然是谋生的手段,通过参加生产劳动取得物质生活资料。因此,必须以劳动为尺度来分配个人消费品,实行按劳分配。按劳分配是社会主义市场经济中的主要分配制度。

在社会主义初级阶段,实行社会主义市场经济,按劳分配的实现具有新的特点。首先,按劳分配不能在全社会范围内按统一标准实行,只能在局部范围内实行,按劳分配的主体是公有制企业而不是社会。企业是商品生产和经营的实体。企业以自身的生产和经营活动从市场获得收入,然后再将收入分配给劳动者。这使得等量劳动取得等量报酬的原则只有在企业内部适用,而在全社会范围内,不同公有制企业之间的劳动者在提供等量劳动的条件下,他们所得到的报酬可能是不等量的。其次,按劳分配不能按照劳动者实际提供的劳动量来计量,只能按照被社会承认的劳动量来计量。劳动者向企业提供劳动,提供的这部分劳动是否都能被社会承认,取决于企业经营的好坏。由于企业经营状况不同,劳动者即使提供了相同数量的劳动,也会出现收入上的差别。再次,按劳分配必须通过商品货币的形式来实现。劳动者提供劳动所得到的是货币,再用货币去购买所需要的商品。价格的变动必然影响劳动者的实际收入水平,影响到按劳分配的实现程度。

在我国现阶段,在国有经济和城镇集体经济中,按劳分配的主要实现形式是工资。在农村集体经济中主要是采取联产计酬的形式。此外,还有奖金、津贴等辅助形式。 (张长利)

an shengchan yaosu fenpei fangshi
按生产要素分配方式(distribution means according to production essentials) 在社会主义市场经济中,因在生产经营活动中拥有、投入资本、资金、劳动力、技术、信息、土地使用权、房屋等生产要素而获得合法收入的辅助分配方式。在社会主义初级阶段,除了按劳分配方式以外,还存在按生产要素分配的辅助分配方式,首先是由社会主义初级阶段多种所有制形式并存所决定的。公有制以外的经济成分中,由于生产资料的占有关系不同,分配方式也不同。以公有制为主体,多种所有制经济共同发展的所有制结构,也决定了按劳分配为主体,多种分配方式并存的分配结构。其次,社会主义市场经济的发展要求实行按生产要素分配方式。在市场经济中,各种生产要素都要进入市场,在投入到经济活动中后,都要追求收入最大化,必须对投入的生产要素在经济利益上给予一定回报。再次,市场经济条件下多种经营方式并存决定了多种分配方式并存。在不同的经营方式中,所有者、经营者、劳动者的职能以及它们的相互关系存在着差别,这就使得他们获得收入的方式也会不同。在我国,按生产要素分配方式得到了我国宪法和法律的保护。

按生产要素分配方式具体包括:

按经营成果分配 指企业的经营者由于经营管理企业而取得的收入。企业经营者的经营活动也是劳动,而且是一种高级的复杂脑力劳动。企业的经营者应当根据自己所付出的经营性劳动,参与经营收益的分配,获取相应的经营收入。在职工收入同企业经济效益挂钩的情况下,职工的收入不仅取决于个人提供的劳动量,还取决于企业的经营管理水平、整体劳动效率和市场机会,因而职工的收入中也会包括一部分经营收入。

个体劳动收入 即个体劳动者从事个体工商业、个体服务业以及农村专业户从事农副业生产等经济活动,主要依靠自己的劳动获得的收入。

按资金和资本分配 根据资金、资本所有权情况以及投入经济活动的资金、资本的数量,依一定比例参与社会产品的分配。具体包括各类社会成员由于投资于股票、债券,参加银行储蓄而得到的股息、红利和利息;财产所有者把自己可支配的财产租赁给他人使用而获得的收入;中外合资企业、中外合作企业、外资企业中外方投资者获取的利润;私营企业主合法取得的收入等。

按劳动力价值分配 即在中外合资经营企业、中外合作经营企业、外资企业和私营企业中工作的劳动者得到的工资收入。这些企业中的劳动者与企业之间是雇佣关系,劳动者依靠出卖劳动力得到工资,实际上就是劳动力价值或价格的转化形式,反映了雇主对工人的剥削关系。国家应采取有效措施,依法保障劳动者的合法权益。

(张长利)

aodaliya guojia shiyanshi renke xiehui

澳大利亚国家实验室认可协会(National Association of Testing Authorities of Australia) 简称NATA。1947年,澳大利亚建立了世界上第一个实验室国家认可机构——澳大利亚国家实验室认可协会。澳大利亚国家实验室认可协会是一个第三方的从事实验室认可和企业质量体系认证工作的机构,由澳大利亚工业科学技术部(DIST)授权。澳大利亚国家实验室认可协会主要从事以下八个方面工作:(1)承担亚太实验室认可合作组织(APLAC)秘书处工作。(2)认可实验室。从事认可实验室、校准实验室、检测实验室、国外和其他地区的实验室的认可工作。(3)开展建筑材料检测人员资格认证工作。(4)实验室认可检查机构认可工作。对检查机构的认可实质是NATA将一些行业实验室评审工作交给具备相应能力的机构——检查机构去实施,但这些检查机构须获得澳大利亚国家实验室认可协会的认可授权。(5)开展验证试验活动。包括组织本国已获认可的实验室开展验证试验活动,组织亚太实验室认可合作组织各成员开展验证试验,以及与欧洲实验室认可合作组织(EAL)开展验证试验活动。(6)从事质量体系认证工作。(7)提供培训服务。向国内外提供培训服务,其培训对象主要是实验室、企业和服务行业人员。培训内容包括:对质量管理体系的理解、文件化要求、质量体系审核技巧、内部和外部审核员、质量体系实施、ISO/IEC导则25、ISO 9000和ISO 14000的理解,以及实验室评审员培训等。(8)实验室认可的国际合作。澳大利亚国家实验室认可协会很注重实验室认可的国际活动,在化学分析和国际溯源合作组织(CITAC)、国际标准化组织(ISO)的合格评定委员会、化学分析协调委员会和医疗实验室质量体系组成委员会均有澳大利亚国家实验室认可协会的人员参加。澳大利亚国家实验室认可协会还成立了一个具有法人地位的机构——国际认证服务机构(NCSI)。目前,澳大利亚国家实验室认可协会已与美国、瑞士、瑞典、新加坡、挪威、新西兰、荷兰、意大利、爱尔兰、德国、法国、芬兰、丹麦、中国香港等国家和地区签署了互认协议。

(麻琳琳)

aomen fangwushui

澳门房屋税(葡 contribuicao predial urbana) 又称都市房屋业钞。都市房屋税。对澳门市区房屋的收益征收的一种税。有关房屋税的法令,最早的是1964年第1630号法令。1978年,该法令被第19/78M号法律《都市房屋税章程》所取代。这一章程后来经1987年第2/87M和1988年第13/88/M号法令所修改,成为现行的《都市房屋税章程》。房屋税的征税对象为市区房屋的收益。都市房屋是指永久坐落地上的房屋以及和码头、港口相连的楼宇,而且必须与农林或畜牧业的经营无关,是用作居住、工商业或任何职业或业务经营的房屋。如果房屋同时作农业方面用途和其他用途,如居住、工商业或任何职业或业务的经营时,根据租赁合约或无租赁合约时根据估定,农业属于非主要用途时,整间房屋将被评定为都市房屋;组成一栋楼宇的分层所有的独立单位,视同个别的都市房屋。房屋税的纳税人就是都市房屋的收益权利享有人。凡是个人或团体,如果在房屋纪录上注明房屋属于其名义的或确实占有房屋的,将推定其为该房屋收益权利享有人;如果该房屋为几个人共同受益,那么,每人以其享有的收益为基础来确定其应缴税额;在分租情况下,分租人(即第二出租人)获取的租金比原租金高时,分租人应就超出部分纳税。房屋税按年计征,计税办法是:都市房屋如用于出租的,则以业主全年的租金为房屋收益,但可扣除保养和维修该房屋的费用,扣除额最高不得超过租金的10%；在分租的情况下，以分租人得到的租金减去原租金的差额作为收益额，不得有扣除；如属自住者，则以估计租金收入作为可课税收益，如果有保养和维修的情况，可得到不超过收益10%的合理扣除。在税率方面，1978年的《都市房屋税章程》规定为比例税率，分三个档次规定了三个税率；后来1987年第2/87M号规定作了修正，房屋税按照统一税率16%征收，从1988年之后按照统一税率10%征收。房屋税实行自动申报缴纳，税款按年计征，一次缴纳。澳门税务机关制作本地房地产记录，记载房屋以及纳税人的有关资料，以及计算和结算税款的主要资料。纳税人于每年1月份向税务部门申报房屋的可课税收益，由税务部门核定。纳税期限是每年的6、7、8月。自动缴税的征收期为30天，从自动缴税凭单所规定的日期起算。

（窦慧娟）

aomen jicheng ji zengyushui

澳门继承及赠与税（葡 impostos sobre as sucessoes e doacoes） 针对财产收益征收的税项。主要是针对动产和不动产的无偿性转移，向遗产继承人或财产受赠人课征所接受财产的税项。其可课税价值为转移的财产价值减除适当负债后的余额，税率为5%—36%的超额累进税率。税率级别根据继承人与被继承人及赠与人与被赠与人的亲属关系以及可课税价值来确定。受赠人及遗产继承人应该向财政司申报，财政司对有关财产进行评价，最后按照法律规定的税率缴纳税款。

（窦慧娟）

aomen suode buchongshui

澳门所得补充税（葡 imposto complementar sobre rendimentos） 对个人或团体取得的源于澳门的工商活动收益课征的税种。关于所得补充税的法律规定，最早是1964年的第1635号、1965年的1659号法令以及以后颁布的一些法令，这些法令于1978年被第21/78/M号法律即《所得补充税规章》所代替，并在1983年、1984年、1985年和1988年等进行多次修改和补充。所得补充税的征税对象是个人、公司在澳门地区经营工商业所取得的总收益，以及房屋交易成交时的收益，不论其住所、总部设在何处。总收益是指其经营工商业活动及其他工作所得的收益之和，减去适当的扣除之后的余额；对个人所得补充税的计算，以家庭为单位进行，家长的收益包括夫妇共同收益，未经法院宣布分居分产的配偶的专有收益及未成年子女或同等者的收益；扣除主要指以下几项：12000元的免税额；替他人工作所获得合并工作收益的20%；已经缴纳的营业税及职业税；对家属的供养费，包括配偶、子女、受监护人、父母及配偶的父母。法人的总收益是指按照有关规定计算的工商业全年的经营活动所得的纯利，由各项收益扣除各项成本费用计算出来。下列情况可获得所得补充税的免除：政府、地方自治机构和公共行政团体给予的薪金及其他酬劳；不构成职业税的课税对象的收益；拥有法人资格的任何宗教团体或组织的收益；与澳门政府签订的合约内写明给予免除所得补充税的收益；有关社团、协会、合作社及其他道德团体，除了法律规定的可免除额之外，还可以在第一次获得的收益中得到2万元的免除；在免纳房屋税期间进行房屋交易时的收益。所得补充税的纳税人分为两类。A类是按照法律规定，根据在澳门财政司注册的会计师签名的会计报表来确定其实际利润的纳税人，包括：股份有限公司及合作公司；公司本身利益和股东个人利益分开，且资本不低于100万元或在近3年内其可课税利润超过50万元的任何性质的公司；其他个人或团体，编制有适当的会计报表，在有关声明中选择作为该类纳税人。B类是指没有适当会计报表，同意按有关机构估定的所得利润缴纳税款的纳税人。所得补充税采取16档超额累进税率，而且税率又按照整数部分和小数部分分设两组。所得补充税的纳税年度从公历1月1日起至12月31日止。一般不采用预缴的方式，而是采用事后交税的方法。A组纳税人于每年4—6月份递交申报书；B组纳税人于每年2—3月份递交申报书，向税务机关申报上年度的应纳税情况，然后由税务机关评定其应纳税额。应纳税款应在每年的9—11月份之间分两期缴纳。

（窦慧娟）

aomen tebie xingzhengqu shuizhi

澳门特别行政区税制（tax system of Macao Special Administration Region） 实行于我国澳门地区的税收法律制度。其发展经历了不同的阶段。19世纪中叶至20世纪60年代，葡萄牙"四二五"革命以前，澳门作为葡萄牙的一个海外殖民地，没有独立地税收制度，一切遵循葡萄牙税法。1974年"四二五"革命以后，葡萄牙政府对澳门的政策作了调整。1976年葡萄牙政府颁布了《葡萄牙共和国宪法》，第一次以根本法的形式明确澳门是葡萄牙管制下的中国领土，澳门拥有行政、经济、财政和立法自主权。同时葡萄牙政府还颁布了《澳门组织章程》，确定澳门的独立地位并规范其内部政治制度。该章程第2条明确规定：(1) 澳门地区为一内部公法人，享有行政、经济、财政和立法自主权；(2) 澳门政府有其本身之债权与债务，并按照有关法例负责其行为及和约所引起之债务与负担，政府有权处理其财产和收入；(3) 澳门立法会有权负责制定税收制度之基本要素，每种税项之课税主体与客体、税率，以及有关税务豁免和其他有关之税务优惠进行立法。这些立法规定使澳门税法进入了相对独立的阶段。澳门政府获得财政自主权之后，开始结合澳门实际，进行税制改革。1977年至1978年间,修订了一系列税务规章,主要包括《职业税章程》、《营业税章程》、《都市房屋税章程》和《所得补充税章程》等法例。1999年12月20日,中国对澳门恢复行使主权。根据《中华人民共和国澳门特别行政区基本法》第8条规定:"澳门原有法律、法令、行政法规和其他规范性文件,除同本法相抵触或经澳门特别行政区的立法机关或其他有关机关依照法律程序作出修改外,予以保留。"在财政税收方面,《澳门特别行政区基本法》第104条规定:"澳门特别行政区保持财政独立。澳门特别行政区财政收入全部由特别行政区自行支配,不上缴中央政府。中央人民政府不在澳门特别行政区征税。"第106条规定:"澳门特别行政区实行独立的税收制度。特别行政区参照原在澳门实行的低税政策,自行立法规定税种、税率和其他税务事项。专营税制另行规定。"目前,澳门税制主要源于一系列的税收章程:《职业税章程》、《营业税章程》、《都市房屋税章程》、《所得补充税章程》、《印花税规章》、《消费税章程》、《遗产及赠与税规章》和《物业转移税规章》。税种体系由各种按收益,财产或财富及资产,劳务及消费课征之税项组成,计有17个税种:营业税、职业税、房屋税、所得补充税、物业转移税、专营税、继承税、旅游税、印花税及消费税等等。税制简单税率低平,是澳门税制的主要特点。澳门一直是亚洲国家和地区中税率最低的地区。

(窦慧娟)

aomen wuye zhuanyishui

澳门物业转移税(葡 tax on real property transfer in Macao) 间接税的一种。有关物业转移税的法律由于20世纪70年代澳门税制改革主要针对直接税,因此并没有修改或补充有关物业转移税的法律。因此,现行物业转移税的法律仍是1901年的法律。物业转移税是对有偿性转让不动产而征收的税项,由受让方缴纳。另外,下列活动可视为不动产转移而征收物业转移税:政府批给的作为发展任何工业用途的临时或永久性物业的转移;物业买卖或物业交换合约签订后,如买方和交换双方已经使用该物业的情形;15年或者15年以上的长期租赁或分租以及长期分享收益的租赁合同;组织公司时,某些股东将不动产作为资本投入公司,则其他股东应缴纳其享有的不动产部分的税额。税率为比例税率,有两种:澳门市区的税率为6%,但当所转让的不动产享有《房屋税章程》所规定的豁免时,则上述税率可降为2%;在离岛市(如路环)税率为4%。计税金额为转让金额;如果协议的转让金额等于或超过登记册上可课税收益的金额,则按照协议的转让金额征收;如果申报的转让金额低于物业的价值,则由税务机关核定其应纳税交易额。

(窦慧娟)

aomen yinhuashui

澳门印花税(葡 stamp tax in Macao) 对商业活动中所立凭据征收的一种税。早在1907年,澳门就开始征收印花税,但有关印花税的法律在1941年才颁布。1941年,澳门颁布第701号法令和《印花税总表》。1974年第3/74/M号法令对上述法律又作了修改,并重新发布。1981年第15/81/M号法令对上述法律又作了修改,取消了慈善印花税。1985年,立法会通过了《信用机构印花税修订条例》。1988年对以往的印花税法律作了系统的修改,以第17/88/M号法律的名义,重新颁布了《印花税章程》和《印花税总表》,这就是现行的印花税的依据。

印花税的征税范围较广,凡是在商业活动中所立凭据都要缴纳印花税。主要有合同印花税、准照印花税、租赁印花税、保险印花税。还有其他的印花税,例如,股本印花税,在组织公司时按照股本征收;表演印花税,是按照表演、展览以及其他娱乐活动票价征税;博彩印花税,对彩金征收;交通印花税,对乘客乘轮船或者飞机出澳门时按照票价征收;银行印花税,对银行管理利息、佣金等所得的收益征收;税金印花税是对征税凭单的金额征收。印花税的纳税人是从事澳门《印花税总表》列举的征税项目的个人或者团体。其中,准照印花税的纳税人为准照的领受人;合同印花税的纳税人为合同的签订人;租赁印花税的纳税人为出租人;交通印花税的纳税人为旅客;保险印花税的纳税人是投保人;博彩印花税的纳税人为中彩人。下列情形豁免印花税:保险公司收到其他在本地区经营的保险公司的再投保及退休金保险的保费;经获准以慈善、文化目的,或为同样目的的机构举办的表演、展览会、娱乐、慈善游园会的入场券;兑换业务,信贷机构之间的业务,与总部设在外地而在澳门无固定地点的机构所进行的业务及其他特定金额或货币的信贷服务。

印花税为从价征收,税率因行业的不同或业务的性质不同而不同。准照印花税的税率为10%,根据准照费计征;表演印花税的税率为10%,按照票价收益计征;银行印花税的税率为1%,根据资金管理收益计征;交通印花税分为两个税率,往葡萄牙和中国内地的,征收1%;往其他地区的,征收2%,根据票价计征;保险印花税的税率根据险种不同分别为2%、3%、5%,根据保费计征;股本印花税税率分为四档,根据股本额计征;税金印花税税率为5%,根据征税凭单的金额计征;博彩印花税税率为5%,根据彩金计征。

(窦慧娟)

aomen yingyeshui

澳门营业税(葡 business tax in Macao) 澳门地区对经营工商营利事业活动的个人和团体,按照不同行业和规模所征收的一种固定税额的税。澳门营业税法最早由1964年第1634号立法条例规定，后于1977年为第15/77/M号法律中的《营业税章程》所取代，并于1985、1987年和1989年分别由第12/85/M号法令、第72/87/M号法令和第1/89/M号法令法律进行了3次修改。任何从事工商经营的个人和团体，凡是开始营业、变更营业、增加新的营业活动、停止营业均要进行税务申报，在经过税务机关核准审批，并且缴纳营业税款后，才能取得营业资格开始经营，或者开始新的经营活动。

营业税的纳税人是在澳门地区经营工商业及其他任何工商业性质活动的个人或者团体。所谓工商业经营是指一切自资经营或不征收职业税的经济活动，这些活动被称为营利事业。该税项并非针对经营所得的收益征税，而是对每个工商业企业、店号按照不同的行业和规模来确定其应纳税额。《营业税章程》所附的"行业总表"将工商业分成7个部分29类80种363个行业，每个行业又按照注册资本的多少分为三等，对不同行业和不同等级的企业按照不同的税率征收。工商业的7个部分是：加工行业；公共工程与建筑业；电、气和水行业；商业、银行业和保险业；交通及通讯行业；服务行业；其他行业。另外，在税额方面，海岛地区与澳门半岛地区不同，一般是澳门地区的税额比海岛地区高出一半左右。

税收优惠方面，对下列情况免征营业税：澳门地区政府机关及其机构；地方自治机构，公益团体，教会机构及其组织，免费或不谋利提供救济、慈善、卫生与教育服务者；市政机关以及用于市政服务的供水供电行业、公共交通行业等；不营利的小学、中学及技术教育学校；经取得有关部门批准且将取得的纯收益全部供作文化、教育、慈善或救济用途的公开表演、游艺会和音乐会等；与政府缔结有关合同而被豁免营业税的团体或个人；报纸、杂志的出版人；小型工场，由经营者本人、配偶、儿女及最多有四个亲属在场内作业的事业。固定资本额或投资额不超过6000元，且被评为三等规模的，可豁免一半税额。

营业税的征收管理方面，由纳税人自行申报，然后由财税部门评定其税额。将要从事任何工商业活动的个人和团体，在开业前30天内由纳税人自己或者通过其代理人向有关财税部门递交申报书，申报书中应填写营业人姓名、店号、名称、经营地点、业务范围、开业日期、投资额等。财税部门审查后，按照"行业总表"作出初步税额评定，并办理临时结算，临时结算后8天内进行征收，通知纳税人缴纳。在开始经营以后60天内，财税部门将对纳税人的营业及交税情况进行检查，确定申报内容的真实性。在此基础上，财税部门将对其营业活动作出一个明确的分类评定，并将纳税人的营业活动、税款及结算载入有关登记册。另外，对以后影响税额评定的下列四种变动，营业人要再次向财税部门递交申报书：增加公司资本；公司或店号改名，纳税人改变地址或营业地点搬迁；开始从事新的营业；停止从事全部或部分已经登记的工商业活动。营业税的税款一般在每年的2、3月份缴纳。

（窦慧娟）

aomen zhiyeshui

澳门职业税（葡 imposto profissional） 澳门税制中按照收益课税的重要税项之一，是对个人在澳门的工作收益征收的一种税。这方面的法律，最早是1964年的第1632号法令；后来该法令被1978年颁布的第2/78/M号法律即《职业税章程》所取代。又经历了多次修订，成为现行的《职业税章程》，较重要的修订是1987年和1990年的修订，这两次修订主要针对征税对象、税率结构和最低生活必需额等方面。职业税的征税对象是个人的工作收益。工作收益包括固定的或偶然的，定期的或额外的报酬、薪金、酬劳费、聘请金、出席费、津贴、赏金、佣金和奖金等收益。在营业年度终结时还未能报销的交际费、旅费和交通费也属于工作收益范围，但下列收益不属于职业税计征项目：有文件证明的纳税人本人的医疗费用；家庭补助和生育津贴；恤金和退休金，残疾津贴和遗属赡养金；由于工作意外得到的补偿；由雇主单方面终止劳务合同而赔偿给雇员的法定金额。纳税人分为两类：一是在澳门替他人服务而从事某种职业者，无论以散工还是以雇员的方式；二是在澳门地区内以自筹资本从事《职业税章程》的附表"自由及专门职业表"内所规定的任何职业者，即从事科学、艺术或技术性质的自由职业人士或专业人士，如律师、工程师、设计师、医生、会计师、核数师和建筑师等。

职业税的税率为累进税率，其起征点随着澳门经济的发展和通货膨胀多次提高。1978年以前，起征点为年收入7200元，1978年调至1.2万元，此后又经过几次调整，1993年时，起征点调整至7万元，即年收入不超过7万元时免征职业税，超过部分根据数额大小分成六等，按照从10%到15% 六档税率进行征收。凡是年满65岁以上或永久性丧失工作能力达60%或以上的雇员，其收益的职业税课税起征点为9.8万元，下列人员可获得职业税的豁免：澳门地区行政机关及其所属机构，连同地方自治机构的服务人员；公益团体的服务人员；互惠情况下的领事馆人员；按照澳门地区对外所签协约，有关外国组织或国际组织的服务人员；宗教神职人员；学徒及年满60岁从事任何职业的散工。职业税的征收方式因纳税人的种类不同相应地也有两种。第一类纳税人即散工或雇员的工作收益，一般采取源泉扣缴的方式，由雇主每年向税务机关递交申报书，包括散工和雇员的名单以及给付各散工或雇员的薪酬和相应的期限。第二类纳税人即自由职业者和专门职业者，采取自行申报的方式。

（窦慧娟）

B

baxi caichanshui

巴西财产税（property tax of Brazil） 巴西国家税制中税种之一。包括以下几种：(1) 遗产税，各州有权确定税率。(2) 城市土地税，每年按地价征税，各市之间税率有差异，通常情况下大城市税率较高，同一城市中没有建筑物的土地税率高于房屋宅基地税率。(3) 乡村土地税。(4) 财产转移税，是对财产转移的课税，由各州确定税率，税率一般为20%。(5) 汽车牌照税，按汽车当年价值每年征收一次，轿车税率2%，卡车1%，各种挂车1%。以上各种税均由州和市共同管理、征收，收入按比例分成。它们在国家税收总额中所占比重都很小。

（薛建兰）

baxi geren suodeshui

巴西个人所得税（personal income tax of Brazil） 巴西税制中的一个主要税种，属联邦税收。个人所得税的纳税人为巴西居民与非居民。居民就其世界范围内的所得纳税，非居民仅就其来自巴西的所得纳税。居民个人所得税的课税对象是个人的纯所得额，包括工资、事业所得、自由职业所得、利息所得、分红所得、特许权使用费所得、租赁费用所得、转让所得及其他所得。准予从所得中扣除的费用包括家属扶养费、教育费、医疗费、负债利息、保险费和杂项损失等。非居民个人所得税的应税所得是其来源于巴西的所得总额扣除25%后的余额。居民个人所得税实行15%和25%两级超额累进税率，资本利得适用25%的税率。个人居民除了缴纳这部分联邦所得税外，还须按所纳联邦所得税的5%缴纳州所得税。非居民个人的利润和股息所得适用于15%的预提税率，其他所得适用25%的税率。个人所得税的纳税人缴付给外国的联邦税可以抵免其缴纳的巴西个人所得税，采用限额抵免的方法，即外国税收的抵免应以巴西的税率为标准，超过巴西国内税负的部分不予抵免。

（薛建兰　张巧珍）

baxi gongye chanpinshui

巴西工业产品税（industrial product tax of Brazil） 巴西国家在产品的进口、加工、制造、组装和维修等各个阶段进行课税的税种。工业产品税是在普遍征收商品流通税的基础上，对工业生产环节的产品征收的产品税，是巴西的第三大主体税种，属联邦税种。工业产品税的纳税人是应税物品的制造者和进口者等。其征税对象包括两类：一类是进口的在海关被拍卖的征税物品，以其购入价格或根据进口缴纳的关税和附加税及汇费与各种税金所组成的价格为征税对象；另一类是其他物品以其采购价格为征税对象，但在一定条件下，征税对象是收货人或购入者支付的除运费及保险费外的从生产到销售的一切费用（减价、折扣等金额，不从物品的价格中扣除）。工业产品税按产品种类制定税率，适用税率为3%到75%，除基本仪器税率为0外，其他工业产品税率高低不一，其中主要工业制品的税率在10%至25%之间，最高税率卷烟、化妆品达75%，轿车40%。巴西工业产品税采取增值税的征收方法，征税时允许凭发票扣除前环节征收的工业产品税税款。此外，工业产品税属于间接税，其税额转嫁给最后消费者。

（薛建兰）

baxi gongsi suodeshui

巴西公司所得税（corporate income tax of Brazil） 原属分类所得税制，1964年后改革为综合所得税制，属联邦税收，于1924年开征。公司所得税的纳税人是总部或主要办事处设在巴西的法人，包括居民公司，设在巴西的外国公司及外国公司的分支公司机构、代理处、代表处，和一些个体企业及专业人员、公寓楼及土地小区推销商。但居民公司接收或认可的来自涉外分支机构、代理处和代表处的所得不必在巴西纳税。公司所得税的课税对象是应税所得，是在会计所得的基础上按税法规定增加或取消某些项目得出的。可以作为税前列支的营业费用包括固定资产折旧费和准备金（包括应收账款3%的坏账准备金和雇员有权享受的例假准备金等）。公司的亏损可向前无限结转，但不能向后结转。居民公司所得税实行35%的比例税率，另对每月应税所得超过4000货币单位（新克鲁赛多）的部分加征10%，金融机构相应附加为15%。非居民公司来源于巴西的所得按25%的税率征收公司所得税；若其所得用于在巴西再投资，则减按15%的税率计征；如果将净利润与股息汇出，超过规定部分加征税率为40%至60%的超额"附加税"。

（薛建兰）

baxi jinrong zhengquan jiaoyishui

巴西金融证券交易税（financial and securities exchange tax of Brazil） 巴西联邦政府就信用交易、保险合同征收的一种间接税。金融证券交易税的征税对象是金融（包括信用交易和保险合同）交易额。其税率为交易额的0.5%至1.5%不等。

（薛建兰）

baxi shangpin liutongshui

巴西商品流通税（commodity circulation tax of Brazil） 巴西对商品销售和劳务额征收的一种税，它与工业产品税、所得税并称巴西三大支柱税种。1966年巴西政府从欧洲引入此税种，是州一级的最主要财源。商品流通税的纳税人为应税商品的制造者和贩卖者及其直接贩卖和委托贩卖农产品的购入者。商品流通税的课税对象是制造者、贩卖者或自己销售应税商品的交易额。凡是因制造、销售应税商品而发生一定的流转额时，都要纳税，甚至在自家消费及再贩卖或不以零售为目的而向消费者贩卖时也要纳税。由于是州税，商品流通税的税率在州与州之间有所不同，基本保持在17%—25%。商品流通税的征收涉及生产流通的各个环节（不包括对服务业的征税），实行价外征税，凭发票扣除前环节征收的商品流通税税款。

（薛建兰　张巧珍）

baxi shuizhi

巴西税制（tax system of Brazil） 巴西税收制度。自1930年以来，巴西税制经历了集中化和集中与分级管理两个时期。集中化时期（1930—1964），税收实行集中统一管理与直接控制；集中与分级管理时期（1964—1989），税收实行划分税种、分散立法、分别征管的模式。20世纪80年代后期到现在，巴西政府针对其税制、税率复杂，变化频繁，以及可行性较差，导致税源大量流失的缺陷，陆续出台了调整税制结构和强化税收管理的改革措施（包括开征联邦财产税，在联邦征收个人所得税的基础上，由州政府在1%—5%的幅度内加征地方个人所得税和改革所得税的征收制度）。这些改革措施收到了一定的效果，巴西税制渐趋合理。总之，巴西现行税制是1989年新宪法对旧税制做调整后继续沿用的，共17种税。它具有以下特征：第一，实行分税制。现行各税种分别划归联邦、州和地方三级管理，联邦、州和地方三级政府都有相对独立的税收立法权和管理权，这些权限由联邦宪法明确规定。但设立税种的权限集中于联邦，州和地方无权开征关税和新税。税种在三种政府间的划分，也由宪法规定。允许州和地方对所管辖的税种享有部分立法权。与分税制相适应，为了有利于税收的统一执法和分级管理，巴西联邦、州和地方三级政府分别设置了三套税务机构，各自按宪法的规定管理并征收划归本级政府的各种税收。各级税务机关的设置，均按税源分布与便于征管的原则，不受行政区划的限制。第二，直接税与间接税相辅相成，以间接税为主。其中，间接税占全国税收总额的70%左右，直接税占30%左右。巴西的间接税结构是一种普遍征收商品流通税，然后又对工业产品再征收一道工业产品税的两个层次的征税结构。可以认为，巴西现行税制是发展中国家分税制的代表。

（薛建兰　张巧珍）

baiyin jinkou guanli zanxing banfa

《白银进口管理暂行办法》（Pro tem Order on Silver Import） 中国人民银行、海关总署在白银市场放开后为加强进口白银的管理、维护白银市场秩序而颁布的行政规章。其主要内容为：国家限制白银一般贸易进口，对一般贸易白银进口实行审批制管理。一般贸易进口白银，须报经中国人民银行批准。入境旅客携带或邮寄白银进境，应以自用合理数量为限。超出自用合理数量携带或邮寄的白银，视同一般贸易进口，须凭中国人民银行的批件，依照《中华人民共和国海关进出口税则》予以征税放行。加工贸易加工制成的白银，应按国家有关管理规定，全部返销出口。如内销，视同一般贸易进口，需报经中国人民银行批准后，按一般贸易管理规定由海关办理相关手续。中华人民共和国境内的外资企业、中外合资经营企业、中外合作经营企业需从境外或港、澳、台地区进口白银（属加工贸易的除外），各部门、各单位接受国外捐赠的白银，均须报经中国人民银行批准，实行审批制管理。该《办法》所称"白银"指纯银，包括银粉、未锻造银、银半制成品、银制成品等，不包括镀金、镀铂的银，也不包括银合金以及以其他金属材料为底包银或镀银的制品。该《办法》自2000年1月1日起施行，由中国人民银行和海关总署负责解释。

（徐中起　王玄玮）

banxing guifanxing wenjian zhifa

颁行规范性文件执法（execution of economic law by issue of normative documents for enforcement） 各级人民政府或其经济工作部门依照宪法和法律的规定，通过颁布实施规范性文件的方式执行宪法和法律。国务院颁布的经济法规、国务院所属的经济机关颁布的经济规章以及省、自治区、直辖市和较大的市的人民政府制定的经济规章也是经济立法的重要渊源。颁行规范性经济文件执法中颁布经济法规、经济规章的活动也具有经济立法的属性。

行使经济权限执法的国家机关的执法权来源于宪法和法律法规的直接规定。根据我国法律规定，国务院各部、各委员会根据法律和国务院的行政法规、决定、命令，在本部门的权限内，发布命令、指示和规章，县级以上地方各级人民政府依照法律规定的权限，管理本行政区域内的经济、教育、科学、文化、卫生、体育事业、城乡建设事业和财政、民政、公安、民族事务、司法行政、监察、计划生育等行政工作，发布决定和命令。国务院各部委、中国人民银行、审计署和具有行政管理职能的直属机构，可以根据法律和国务院的行政法规、决定、命令,在本部门的权限范围内,制定规章。省、自治区、直辖市和较大的市的人民政府,可以根据法律、行政法规和本省、自治区、直辖市的地方性法规,制定规章。地方政府规章可以就下列事项作出规定:为执行法律、行政法规、地方性法规的规定需要制定规章的事项;属于本行政区域的具体行政管理事项。

颁布规范性文件执法不仅包括制定新的规范性文件对经济活动进行调整,也包括以撤销和改变下级政府部门或经济管理部门所颁布的规范性文件来对经济活动进行调整。后者是一种纠正性的执法,通过对下级机关违反法律法规的规范性文件的改变和撤销活动来保障上下位阶的法律之间协调一致,实现经济法秩序的统一。根据我国法律规定,国务院作为最高行政机关,有权改变或者撤销各部、各委员会发布的不适当的命令、指示和规章;改变或撤销地方各级国家行政机关不适当的决定和命令;有权裁决部门规章之间、部门规章与地方政府规章之间对同一事项的不一致规定;在地方性法规和部门规章之间对同一事项规定不一致时,国务院有权提出如何进行适用意见,并有权决定在该地方适用地方性法规的规定。省、自治区的人民政府有权改变或者撤销下一级人民政府制定的不适当的规章。县级以上各级人民政府有权改变或撤销其所属的各个工作部门和下级人民政府所作出的不适当的命令、决议和指示。　　　　　　　　　　(周永平)

banli kaicai huangjin kuangchan pizhunshu guanli

办理开采黄金矿产批准书管理(management institutions of instrument of ratification of handling and exploiting gold mineral products)　开采黄金矿产须经国家发展和改革委员会审查批准,取得由国家发展改革委颁发的开采黄金矿产批准书后,方可开采的管理制度。黄金矿产是国家保护性开采特定矿种,加强开采黄金矿产管理是贯彻国家可持续发展方针、合理保护和科学开发黄金矿产资源的需要。开采黄金矿产的申请人,应当认真填写"开采黄金矿产申请书",并报送下列材料:(1)开采黄金矿产的申请文件;(2)明确表示矿区范围的正规图件;(3)建设依据地质储量报告的评审备案证明或地质储量报告的审批认定文件;(4)环保部门批复的项目环境影响评价报告书;(5)当申请的矿界有争议时,应附有关部门裁定的矿界协议书;(6)采取股份制形式开采黄金矿产的,应提供公司合同、章程及有关部门批准其成立的文件。

国家发展改革委对开采黄金矿产申请人提交的有关材料进行审查,申请材料不齐全或者不符合有关要求的,应当当场或者5日内一次性告知申请人需要补正的全部内容。申请人申请材料齐全,符合有关要求的,国家发展改革委应当自受理申请之日起20日内作出是否批准申请人开采黄金矿产的决定。20日内不能作出决定时,经本行政机关负责人批准,可延长10日,并应当将延长期限的理由告知申请人。"开采黄金矿产申请书"、"开采黄金矿产批准书"由国家发展改革委统一印制,严禁伪造、出租、出借、转让。

"开采黄金矿产批准书"的有效期按照下列矿山规模确定:(1)日处理矿石500吨以上的,有效期为15年;(2)日处理矿石100—500吨的,有效期为10年;(3)日处理矿石100吨以下的,有效期为5年;有效期满需要继续开采的,限其在有效期满30日前,及时申请办理延续开采手续。当开采的黄金资源枯竭时,有关企业应当到国家发展改革委办理注销手续,并交回"开采黄金矿产批准书"。　　　　　　(刘利晋)

banli waiguoren shangbiao zhuce de yuanze

办理外国人商标注册的原则(principles on trademark registration of foreigners)　与本国商标相对称。商标所有人为外国国籍的个人或企业所办理的商标注册原则。对外国国籍的商标的保护与对本国商标的保护有所不同,我国是按照平等互利的原则并参照国际惯例办理的。根据我国《商标法》第17条的规定,办理外国人或外国企业的商标注册,应遵循下列原则:(1)按申请人所属国与我国签订的双边协议办理。(2)按共同参加的国际条约办理。目前,我国已经先后于1985年3月、1989年10月、1995年9月、分别加入了《保护工业产权巴黎公约》、《商标国际注册马德里协定》和《商标国际注册马德里协定议定书》。凡是这几个国际条约成员国的公民或企业,均可根据这些条约的规定到我国申请商标注册。(3)按对等原则办理。这是一项弹性的原则,也是大多数国家所遵循的一项国际惯例。　　　　　　　　(徐中起　郭友旭)

ban zhimindi ban fengjian shehui shuizhi

半殖民地半封建社会税制(tax system of semi-colonial and semi-feudal society)　1840年鸦片战争后,中国由封建社会逐步沦为半殖民地半封建社会。原来独立自主的封建社会税法也演变为半殖民地半封建社会的税法。从鸦片战争到1949年新中国成立之间的一百多年中,经历了清王朝末期、北洋军阀和国民党政府几个阶段,税法也经历了这几个阶段。

清朝末期,清政府为了筹集收入应付大量的赔款、军费开支和洋务经费,清政府一方面加重田赋、盐税等旧税,另一方面陆续开征关税、厘金等新税。田赋由正税和田赋附加构成。正税有两种,一为地丁,是摊丁入亩后正税的名称;一为漕粮,是向京师供应粮食的省份所交。为了加重田赋的征收,清朝各级政府制定了各种田赋附加。田赋附加的名称因时因地而异。工商税收有盐税、茶税、矿税、当税等各种税。在鸦片战争失败，被迫"五口通商"之后，新开征了海关税。包括进口税、出口税、子口税、复进口税、吨税等。进口税、出口税一律值百抽五。子口税是指洋货进入内地或外商从内地运土货出口，除在口岸海关缴纳进出口税以外，另在内地第一关缴纳的内地过境税。交纳了子口税以后，沿途其他内关不再纳税。厘金原为筹措镇压太平天国的军需费而开征，太平天国被镇压后，成为正式税收。厘金在性质上属于产销税。就其课税对象不同，可分为百货厘、盐厘、洋药厘、土药厘四类。就百货厘而言，分为出产地厘金、通过地厘金和销售地厘金，分别在出产地、通过地和销售地征收。商品经济的发展为厘金的开征奠定了基础，而清政府各种开支的增加是厘金开征的直接原因。

1913年，北洋政府财政部订立《国家地方税法草案》，规定国家税项为田赋、盐课、关税、常税、统捐、厘金、矿税、契税、牙税、烟税、酒税、茶税、糖税、渔业税等，地方税项包括田赋附加、商税、牲畜税、粮米捐、土膏捐、油捐及杂项捐、店捐等杂税。另外又借鉴西方税制，颁布了一些新的单行税法，开征了营业税、所得税、印花税、契税、通行税等新税。但北洋政府所推行的税制但却很难实际实施。因为地方上各自为政，各地税收机构为地方军阀所控制，实际中并没有形成统一的税收法律制度，每种税，各地的征收办法、税率都不统一。

国民党政府时期主要规定了以下几种税收：（1）田赋。国民党政府沿袭北洋政府统治时期的旧制，税收包括地丁、漕粮、租课等田赋，以后附加的项目不断增加，甚至超过正税的10—30倍。田赋附加之外，还有田赋预征，有的预征达几十年。抗战开始后，国民党政府为了适应战时财政经济的需要，避免通货膨胀的影响，田赋改征实物，以后又实行粮食征购、粮食征借的征税办法，简称为国民党政府的"三征"。（2）地价税和土地增值税。地价税是按土地价格所课征的税。土地增值税是按现行土地价格减去原定价格，对土地价格增值部分所课征的税。1930年国民党政府颁布的土地法中规定了土地税征收比例。（3）盐税。1931年3月由立法院制定了盐税法；从1931年到1934年国民党政府对盐税法进行了五次调整、修订，以增加盐税收入。抗战时期，于1941年对食盐停止征税，实行专卖；又于1942年开征战时食盐附加税。（4）工商流转税方面，由统税到货物税。国民党政府为了补偿废除厘金的损失开征了统税。采取一物一税，一次征收，纳税后货物可通行全国，不再征税。统税始行于1928年，先对卷烟征收，1931年以后又陆续扩大到麦粉、棉纱、火柴、水泥、啤酒等产品，征税环节主要在生产环节，在货物出厂时征收。抗日战争开始后，沿海地区相继沦入敌手，统税收入骤减，加之通货膨胀、货币贬值，为了弥补庞大的财政赤字，国民党政府1939年将统税、烟酒税和矿产税合并为货物税。（5）直接税。1934年，国民政府在第二次全国财政会议上确定开征直接税。1938年7月，财政部设立直接税筹备部；1940年6月设立直接税处，并先后开征了所得税、利得税、印花税、遗产税和营业税等五项税目。（6）关税。1928年至1930年间，国民党政府先后与各帝国主义国家缔结了关税条约，规定中国适用"关税完全自主原则"。在此基础上，国民党政府制定了《进口税则》、《出口税则》、《转口税则》，并于抗日战争时期作了修改。此外，还有遗产税、烟酒税、矿税、屠宰税、营业牌照税、使用牌照税、契税、筵席税、房捐等。

半殖民地半封建社会时期的中国税制具有以下特点：（1）各税种之间的比例有所变化。随着外敌的入侵和外国资本的进入，中国传统的自给自足的自然经济解体，资本主义有了一定的发展。与此相适应，农业税的比重开始下降，盐税和工商税的比重有所增加；关于盐税和工商税的立法也有所增加。（2）纳税人负担过重。由于政权更迭频繁，战争不断，清政府、北洋军阀政府、国民党政府为了筹集各种开支，设计了各种苛捐杂税。（3）关税自主权丧失，关税逐步成为列强掠夺中国的工具。清朝末期，外国侵略者通过签订不平等条约，将中国独立自主的关税变为"协定关税"，后来又窃取了中国海关的行政管理权。北洋政府和国民党政府虽然都做过收回关税自主权的努力，但后来关税的税率仍然是与帝国主义国家协定的结果，海关管理权仍然由帝国主义国家控制。因此，关税一直是不完全独立的，是列强各国掠夺中国的工具。（4）税制开始借鉴西方国家的结构设计。（窦慧娟 王晶）

baoshangjiao guojia lirun

包上交国家利润（contracted passing on to the higher authorities the country profit） 企业实行承包经营责任制的首要内容。盈利企业承包上缴利润的范围是所得税、调节税、利润，实行所得税后承包的是所得税后的调节税、利润。亏损企业承包的范围是国家拨补的亏损。无论是盈利企业还是亏损企业，都不得承包除所得税、调节税以外的其他各项税收。企业实行承包后，执行中仍应按现行税法规定缴纳产品税、所得税、调节税和其他各项税收。盈利企业完成承包上目标后的超目标利润也应照章缴纳所得税、调节税。上交利润的方式为企业按照税法纳税。纳税额中超过承包经营合同规定的上缴利润额多上缴的部分，由财政部门每季返还80%给企业，年终结算，多退少补，保证兑现。财政部门返还企业多上缴的利润，采用收入退库方式，此项退库款不能在企业缴纳所得税、调节税时

直接进行抵交。　　　　　　　　（方文霖）

baowancheng jishu gaizao renwu
包完成技术改造任务（contracted completing the technological transformation mission）　实行承包经营责任制在确保上交利润的同时,还必须确保企业完成技术改造的任务。承包经营责任制这一内容既是对企业保持后劲、长期发展的要求,也是对国家与企业之间正确处理眼前利益和长远利益关系的要求。承包经营企业的技术改造任务,应当根据国家的产业政策、市场需求、技术改造规划和企业的经济状况在承包合同中确定。　　　　　　　　　　　（方文霖）

baofu
保付（certificated guarantee payment）　支票付款人在支票上记载"保付"等同义字样并签章,以承担绝对付款责任的票据行为。保付是支票特有的票据行为,我国《票据法》未规定保付支票制度。　（田　艳）

baohu gongye chanquan bali gongyue
《保护工业产权巴黎公约》（Paris Convention for the Protection of Industrial Property）　通称为《巴黎公约》,最早签订的一项以保护专利权、商标权为主要内容的国际公约。也是迄今为止在保护工业产权方面影响最大的国际公约。《巴黎公约》于1883年3月20日在法国巴黎签订,1884年7月7日开始生效,在签订后的一百多年时间里,先后进行了6次修订,现在大多数国家采用的是1967年的斯德哥尔摩修订本。最近的一次修订已于1980年在瑞士日内瓦开始进行,其后又多次召开修订会议,但成员之间在许多修订条款草案上始终未能取得一致意见,故至今尚未完成本次修订工作。

《巴黎公约》是一个开放性的国际公约,任何国家都可以参加。公约全文共30条,分为实体与行政两大部分,规定了保护公约产权的基本原则,即工业产权的国民待遇原则、优先权原则和独立原则。它规定按本国的法律对外国国民提供保护,据本国法确定国民待遇水平;公约成员国对同一发明授予专利是相互独立的,一国是否授权不影响另一国是否授权;但同时,一项发明专利在一国提出申请的一定期限内,在另一国提出同样的申请,在第一国的申请日视为在另一国的申请日,即享有优先权。公约对于专利权人不实施或不充分实施其专利,规定了强制许可原则,国家可以通过法律强制实施该专利。《巴黎公约》适用于专利、商标、产地标记、原产地名称以及不正当竞争,合称为工业产权。

我国于1985年3月19日正式加入《巴黎公约》,成为该公约的正式成员。参加《巴黎公约》的国家组成了保护工业产权联盟,通称巴黎联盟,这是世界知识产权组织直接管理的一个最大的国际组织。该联盟设有大会,大会又设有执行委员会和国际局;其中,国际局已移交给世界知识产权组织,作为该组织的国际局。
　　　　　　　　　　　（罗大帅　徐中起）

baohu wenxue he yishu zuopin bo'erni gongyue
《保护文学和艺术作品伯尔尼公约》（Berne Convention for the Protection of Literary and Artistic Works）　简称为《伯尔尼公约》。于1886年9月9日在瑞士的伯尔尼签订,是国际上的第一个著作权保护的多边公约。它的诞生是著作权国际保护法史上的一个里程碑。《伯尔尼公约》自签订以来,随着作品的创作方式和使用方式的不断发展以及各国的著作权法的逐渐完善,已经进行过8次补充、修订或更改。迄今为止,共产生过7个文本,现行文本是1971年的巴黎修订本。

《伯尔尼公约》的宗旨在于推动国际社会尽可能有效而一致地保护作者对其文学和艺术作品所享有的权利。公约共有正文38条、附件6条。一般认为,其中前21条反映了该公约对著作权保护的一致性和有效性的最基本要求,构成了公约的实质性内容;后17条主要是规定了伯尔尼联盟内部的组织机构和管理条文,为公约的程序性内容。附件是有关发展中国家的特别条款,虽然在被成员国选择之前似乎无约束力,但在被选择后便会发生效力,也应视为实质性内容。公约的内容比较详尽,概括地说,各成员国必须遵守以下四项基本原则:(1)国民待遇原则,是指凡公约成员国国民创作的作品或非成员国国民在某一成员国境内创作或首次发表的作品,其作者在其他成员国中可享受各该国法律现在给予和今后可能给予本国国民的权利,以及公约特别授予的权利;(2)自动保护原则,是指作者在公约成员国中享受著作权保护不需要履行任何手续而自动生效;(3)独立保护原则,是指各成员国给予其他成员国作品的保护都按其本国法律独立产生,不收作品起源国和其他国家著作权保护状况的影响;(4)最低保护原则,是指公约成员国不论对本国作者如何,对其他成员国作者的著作权保护,都不得低于公约规定的最低限度。应受保护的作品范围包括文学、科学和艺术领域内的一切成果,不论其表现形式如何,都属保护对象。应授予作者的各项权利,包括经济权利和精神权利。保护期限:作者有生之年及其死后50年,摄影艺术作品和实用艺术的保护期限由各国自定,但不应少于在该作品完成后25年。

截至 1996 年 1 月,已有 117 个国家加入了《伯尔尼公约》,中国也于 1992 年批准加入。所有参加公约的国家组成了一个联盟,称为伯尔尼联盟。（罗大帅）

baojia yunshu
保价运输（insured transport） 托运人或旅客在托运货物、行李和包裹时,可以按照货物、行李和包裹的实际价值向铁路运输企业申明价格,并按照申明的价格支付相应的运输费用的一种运输方式。在发生物品损坏时,铁路按照申明的价格进行赔偿。

（张旭娟 师湘瑜）

baojianhui
保监会（China Insurance Regulatory Commission, CIRC） 全称为中国保险监督管理委员会。中国对保险企业和保险市场进行监督管理的专门机构。其成立于 1998 年 11 月 18 日,为国务院直属正部级事业单位,根据国务院授权履行行政管理职能,此前的保险监督管理职能由中国人民银行履行。保险监管始于 19 世纪 60、70 年代的英国,起因在于当时有许多保险公司破产。各国的保险监管有集中管理和分级管理两种方式。实行中央政府集中管理方式的,保险监管机构的设置有两种情形:(1) 直属政府的机构,如法国的国家保险委员会、澳大利亚的保险和年金委员会等。(2) 直属政府的机构的下设机构,有隶属于财政部、商务部、中央银行、金融管理局等,如日本大藏省银行局下设保险课、英国工贸部下设保险局、新加坡金融管理局下设保险监理处等。实行中央政府和地方政府分级监管的国家主要有美国和加拿大,如美国由各州履行监督管理职能,全国共设 55 个保险监督管理机关,称保险监督局,为协调各州立法,专门成立了"全国保险监督官协会(NAIC)"。中国保监会内设办公厅、发展改革部、财务会计部、财产保险监管部(再保险监管部)、人身保险监管部、保险中介监管部、保险资金运用监管部、国际部、法规部、统计信息部、派出机构管理部、人事教育部、监察局、机关党委共 14 个职能部门。其在除西藏外的各省、自治区、直辖市和深圳共设有 31 个派出机构,称"保监局",并实行垂直领导。其主要职责是:(1) 研究和拟定保险业的方针政策、发展战略和行业规划;起草保险业的法律、法规;制定保险业的规章。(2) 依法对全国保险市场实行集中统一的监督管理;建立保险风险评价、预警和监控体系,跟踪分析、监测、预测保险市场运行态势,负责保险统计,发布保险信息。(3) 依法对保险企业的市场准入、运行和退出进行监督管理。(4) 制定保险从业人员的基本资格标准,并依法监督管理。 （孙建立）

baojianren
保荐人（sponsor） 既为上市公司的上市申请承担推荐职责,又为上市公司的信息披露行为向投资者承担担保职责的证券公司。保荐人制度是海外创业板市场在上市环境宽松,成长型企业公司治理制度不成熟的情况下,适应保护投资者利益的需要而发展起来的,以香港创业板为例,保荐人负有对发行人的上市审查责任,以防止恶意包装、欺诈上市,同时,保荐人须在公司上市后的规定时限内,对上市公司的信息披露承担连带责任。保荐人在此期间内将继续担任公司的上市顾问,充当该上市公司与证交所沟通的主渠道,对证交所的提问迅速作出回应,了解并判断公司上市后的经营状况与发行时的承诺是否有差距,并决定是否需要向投资者公告披露有关事实。保荐人制度对于确保发行人符合上市条件,督促发行公司持续履行公司上市的各项责任和义务,具有十分重要的作用。

在我国,股份有限公司首次公开发行股票和上市公司发行新股、可转换公司债券均实行保荐人制度。根据中国证监会颁布的《证券发行上市保荐制度暂行办法》,按规定登记为保荐机构的证券经营机构来履行保荐职责。保荐机构负责证券发行的主承销工作,依法对公开发行募集文件进行核查,向中国证监会出具保荐意见。保荐机构应当保证所出具的文件真实、准确、完整。保荐机构履行保荐职责应当指定保荐代表人具体负责保荐工作。经中国证监会注册登记并列入保荐机构、保荐代表人名单的证券经营机构、个人,方可依法从事保荐工作。保荐机构的职责在于,它应当尽职推荐发行人证券发行上市。发行人证券上市后,保荐机构应当持续督导发行人履行规范运作、信守承诺、信息披露等义务。保荐机构在推荐发行人首次公开发行股票前,应当按照中国证监会的规定对发行人进行辅导。保荐机构推荐其他机构辅导的发行人首次公开发行股票的,应当在推荐前对发行人至少再辅导 6 个月。发行人经辅导符合中国证监会规定的一系列要求的,保荐机构方可推荐其股票发行上市。保荐机构推荐发行人证券发行上市,应当按照法律、行政法规和中国证监会的规定,对发行人及其发起人、大股东、实际控制人进行尽职调查、审慎核查,根据发行人的委托,组织编制申请文件并出具推荐文件。保荐机构推荐发行人证券上市,应当向证券交易所提交推荐书及证券交易所上市规则所要求的相关文件,并报中国证监会备案。推荐书应当载明关于发行人的一系列承诺事项、对发行人持续督导工作的安排以及证券交易所要求的其他事项。首次公开发行股票的,持续督导的期间为证券上市当年剩余时间及其后两个完整会计年度;上市公司发行新股、可转换公司债券的,持续督导的期间为证券上市当年剩余时间及其后一个完整会计年度。持续督导的期间自证券上市之日起计算。保荐机构应当指定两名保荐代表人具体负责一家发行人的保荐工作,出具由董事长或者总经理签名的专项授权书。发行人证券发行后,保荐机构不得更换保荐代表人。

(王 翊)

baoshui cangku

保税仓库(bonded warehouse) 经海关批准设立或者在海关注册,以存贮进口物资为主,于货物进仓前及存仓期间保留进口关税的仓库。该库货物如再出口,可不缴纳关税;货物一旦进口则应在货物离开保税仓库时照章缴纳关税。库内商品经批准可以进行改装、分类、整理、抽样、混合等作业。设立保税仓库的目的在于发展转口贸易,同时给予贸易商一些方便。

保税工场是经海关核准设立,并在海关监督下对保税进口的原料储存并加工制造,对商品改装或分装,或者其他处理的工场。保税工场亦可储存货物。

(余启平)

baoshuiqu

保税区(bonded area) 经我国国务院批准设立的、海关实施特殊监管的经济区域,是我国目前开放度和自由度最大的经济区域。其功能定位为"保税仓储、出口加工、转口贸易"。海关依照《保税区海关监管办法》对进出保税区的货物、运输工具、个人携带物品实施监管。保税区内仅设置保税区行政管理机构和企业,除安全保卫人员外,其他人员不得在保税区居住。在保税区内设立的企业应当向海关办理注册手续。海关对进出保税区的货物、物品、运输工具、人员及区内有关场所,有权依照海关法的规定进行检查、查验。国家禁止进出口的货物、物品,不得进出保税区。该办法还对保税区与境外之间进出货物,保税区与非保税区之间进出货物,保税区内货物,保税区加工贸易货物以及进出保税区运输工具和个人携带物品的监管作出了具体的规定。

(余启平 王连喜)

baoshuiqu haiguan jianguan

保税区海关监管(customs supervision and control of the bonded areas) 在保税区内进行的海关监督管理制度。为了加强与完善海关对保税区的监管,促进保税区的健康发展,根据海关法和其他有关法律的规定,海关总署经国务院批准制定了《保税区海关监管办法》,并自发布之日起施行。

《保税区海关监管办法》共有 7 章 30 条。其主要内容为:(1) 保税区是海关监管的特定区域。海关依照本办法对进出保税区的货物、运输工具、个人携带物品实施监管。保税区与非保税区之间,应当设置符合海关监管要求的隔离设施。保税区内仅设置保税区行政管理机构和企业。除安全保卫人员外,其他人员不得在保税区居住。在保税区内设立的企业应当向海关办理注册手续。(2) 从境外进入保税区的货物,其进口关税和进口环节税收,除法律、行政法规另有规定外,按照下列规定办理:区内生产性的基础设施建设项目所需的机器、设备和其他基建物资,予以免税;区内企业自用的生产、管理设备和自用合理数量的办公用品及其所需的维修零配件,生产用燃料,建设生产厂房、仓储设施所需的物资、设备,予以免税;保税区行政管理机构自用合理数量的管理设备和办公用品及其所需的维修零配件,予以免税;区内企业为加工出口产品所需的原材料、零部件、元器件、包装物件,予以保税。上述规定范围以外的货物或者物品从境外进入保税区,应当依法纳税。(3) 转口货物和在保税区内储存的货物按照保税货物管理。(4) 从保税区进入非保税区的货物,按照进口货物办理手续;从非保税区进入保税区的货物,按照出口货物办理手续,出口退税按照国家有关规定办理。(5) 保税区内的货物可以在区内企业之间转让、转移;双方当事人应就转让、转移事项向海关备案及其办理程序。(6) 区内加工企业委托非保税区企业或者接受非保税区企业委托进行加工业务,应当事先经海关批准,并符合下列条件:在区内拥有生产场所,并已经正式开展加工业务;委托非保税区企业的加工业务,主要工序应当在区内进行;委托非保税区企业加工业务的期限为 6 个月;有特殊情况需要延长期限的,应当向海关申请展期,展期期限为 6 个月。在非保税区加工完毕的产品应当运回保税区;需要从非保税区直接出口的,应当向海关办理核销手续;接受非保税区企业委托加工的,由区内加工企业向海关办理委托加工料、件的备案手续,委托加工的料、件及产品应当与区内企业的料、件及产品分别建立账册并公别使用。加工完毕的产品应当运回非保税区企业,并由区内加工企业向海关销案。

(罗大帅)

baoshuiqu waihui guanli zhidu

保税区外汇管理制度(the system of foreign exchange management of bonded area) 经国务院批准在中华人民共和国境内设立的、海关实行封闭监管的特定区域的外汇管理制度。国家外汇管理局于 1995 年 12 月 16 日发布《保税区外汇管理办法》,随后又发布了相关配套规章和规范性文件。为了进一步加强保税区外汇管理,借鉴国外先进立法经验,2002 年 10 月 1 日国家外汇管理局颁布实施了新的《保税区外汇管理办法》,总共 5 章 38 条(第一章"总则",第二章"外汇登记及外汇年检",第三章"外汇账户的开立、使用及管理",第四章"外汇收支和结售汇管理",第五章"附则"),对保税区外汇管理作出了新的更加科学规范的规定。

新的《管理办法》主要贯穿了两点指导思想:(1)外汇管理政策要与海关、财政、税务和外经贸等部门的政策相配套,共同促进保税区发展。(2)在坚持"经常项目可兑换、资本项目外汇严格管理"的基础上,对符合保税区功能,有利于保税区规范健康发展的业务实行一定的政策倾斜和优惠。　　　　　(王连喜　傅智文)

baoshui zhidu
保税制度(bond system)　海关对进口货物暂时不征税,指定其存放于一定地区而保留征税权的一种制度。保税制度的目的在于发展转口贸易,增加各项费用收入,并给贸易商以方便。具体操作办法是:外国货物进口后,暂时存放在海关指定的地方,暂不缴纳进口税,如该批进口货物进入国内市场销售后,则应补缴进口税;如复运出口,则不征进口税。存放保税货物的地点有保税区、保税仓库、保税工厂等。对于存放的货物逾期不取货的,由海关拍卖,所得价款在抵偿关税、仓租及其他费用后的余额,发还原货主。　　　(余启平)

baoxian baozhang jijin
保险保障基金(the insurance protection fund)　为了加强和维持整个保险行业的偿付能力,应付可能发生的巨额保险赔款,各保险公司每年按照规定的比例提取并交存给保险监管机构或保险同业协会统筹使用的行业保障资金。当一家保险公司因发生巨额保险赔款而不能偿付时,保险监管机构或保险同业协会动用保险保障基金予以偿付,保险保障基金的实质是保险公司之间的相互保险。保险保障基金的提取主要有两种方式:一是事先提存,即在尚未出现赔付不能时要求各保险公司先提留出来,并逐渐积累;二是事后提取,即在出现赔付不能时,再由各保险公司按比例提交。我国采用事先提存的方法,具体办法由保险法授权的保险监督管理机构作出规定。　　　　　　　　　　　(李庭鹏)

baoxian baozhengjin
保险保证金(warranty money of insurance)　保险公司在依法设立时,依照保险法的规定,将一定比例的注册资本金向国家缴存,作为开展保险经营的保证金。保险保证金只能在保险公司清算时用于清偿债务。依据我国《保险法》第79条的规定,保险公司缴存的保险保证金是注册资本金的20%。　　(李庭鹏)

baoxian biaodi
保险标的(the subject-matter of insurance)　保险合同承保的可能遭受危险事故损害的对象。既可以是各种财产性权益,也可以是非财产的各种人身权益。保险标的的性质是区分保险类别的基本依据,如财产保险和人身保险;同是财产保险,作为保险标的的财产性质不同,财产保险又可以区分为以所有权为保险标的的普通财产保险、以抵押权为保险标的的抵押权保险、以可能发生的民事赔偿责任为保险标的的责任保险、以可能发生的信用风险损失为保险标的的信用保险和保证保险等;而人身保险根据保险标的是生命、身体或健康,相对应为寿险、意外伤害保险和疾病保险。有学者认为,保险利益就是保险标的,两者是从不同角度对同一对象的不同称谓和界定。保险标的在性质上完全不同于保险合同的标的,后者指的是保险合同之债所产生的给付义务或行为,包括保险人的保险金给付行为和投保人的保险费给付行为。　　　　　　　(李庭鹏)

baoxian dailiren
保险代理人(insurance agent)　接受保险人的委托,向保险人收取代理手续费,以保险人的名义,并在保险人授权的范围内代为办理保险业务的单位或个人。从事保险代理业务的人须持有保险代理许可证或保险代理资格证书。我国《保险代理人管理暂行规定》将保险代理人分为专业代理人、兼业代理人和个人代理人三种。专业代理人,是指持有经营保险代理业务许可证的专门从事保险代理业务的保险代理公司,其组织形式为有限责任公司;专业代理人又称保险代理商,可以从事的保险代理业务非常广泛。兼业代理人,是指受保险人委托,在从事自身业务的同时,指定持有保险代理资格证书的专人为保险人代办保险业务的单位;兼业代理人只能代理与自身义务有关的保险,如汽车销售商代理汽车保险。个人代理人,是指根据保险人的委托,向保险人收取代理手续费,并在保险人授权的范围内代为办理保险业务的持有保险代理人资格证书的个人,个人代理人的代理业务范围受有很大限制,不得办理企业财产保险和团体人身保险,另外,个人代理人不得同时为两家以上保险公司代理保险业务,并且任何人不得兼职从事保险代理业务。　　　　　　　　(李庭鹏)

baoxian daiwei
保险代位(subrogation)　在财产保险关系中,保险事故的发生可归责于第三人的行为,被保险人对第三人依法享有赔偿请求权,或者保险标的发生推定全损,保险人依据保险合同的约定向被保险人给付保险赔偿金后,在赔偿金额范围内依法取得代位行使被保险人对第三人的赔偿请求权,或者保险人因推定全损而对保险标的的价值全部赔偿后,保险人取得保险标的的所有权。保险人代位行使被保险人对第三人的赔偿请求权,属于权利代位或人的代位,学理上称为保险代位权;保险人取得保险标的所有权属于物上代位,物上代位的典型形态是海上保险中的委付。保险代位是损失补偿原则的派生规则,目的在于防止被保险人获得不当利益。 (李庭鹏)

baoxian daiweiquan
保险代位权(right of subrogation) 又称保险代位追偿权。在财产保险关系中,保险事故的发生可归责于第三人的行为,被保险人对第三人依法享有赔偿请求权的,保险人依据保险合同的约定向被保险人给付保险赔偿金后,在赔偿金额范围内依法得代位行使被保险人对第三人的赔偿请求权。保险代位权只适用于财产性保险,其法理基础是损失补偿原则,目的在于防止被保险人通过主张两种赔偿请求权获得超过其实际损失的不当利益,而纯粹的人身保险不发生保险代位权问题。保险代位权属于保险代位制度的一种类型,保险代位还包括物上代位。保险代位权是直接依据一定的事实要件而产生的归属于保险人的法定权利,无须被保险人为让与赔偿请求权的行为。保险代位权的成立要件:(1)保险事故的发生可归责于第三人的行为,第三人对保险标的损害依据侵权法或合同法负有赔偿责任,也就是被保险人对第三人依法享有赔偿请求权。(2)保险人已经依据保险合同约定给付了保险赔偿金。(3)第三人不属于保险法规定的与被保险人有利益共同体关系的人,比如被保险人的家庭成员或者其组成人员。但是,与被保险人有利益共同体关系的人故意造成保险事故发生的,则不影响保险人代位权的成立。保险人以自己的名义行使代位权,投保人或被保险人有协助保险人实现代位权义务。 (李庭鹏)

baoxiandan
保险单(insurance policy) 简称保单。保险人交付给投保人的证明保险合同关系存在的正式书面凭证。保险单的背面印制有确定双方权利义务内容的详尽合同条款。保险单是保险事故发生后被保险人或受益人索赔和保险人理赔的最重要凭证和依据。

保险合同在性质上是诺成和不要式合同,当事人双方就保险事项的必要内容意思表示一致,合同即告成立。保险单仅仅是保险合同成立的证明凭证之一,签发保险单是保险合同成立后保险人的一项义务,而并非保险合同成立的条件。我国《保险法》第13条规定:"投保人提出保险要求,经保险人同意承保,并就合同的条款达成协议,保险合同成立。保险人应当及时向投保人签发保险单或者其他保险凭证,并在保险单或者其他保险凭证中载明当事人双方约定的合同内容。" (田 艳)

baoxiandan de zhiya
保险单的质押(pledge of policy) 人寿保险单交足2年以上保险费后具有现金价值,保险单权利人可以将保险单作为质押品,向保险公司申请贷款。当保险单所有权人偿还了贷款的本金和利息,保险单退还给保单权利人。如果贷款到期未偿清偿,保险公司有权处置该质押保险单,如到期贷款本息达到保单现金价值,终止保险合同,以保单现金价值抵偿债务。 (李庭鹏)

baoxiandan de zhuanrang
保险单的转让(assignment of policy) 又称为保险合同的转让。投保人或被保险人在保险合同有效期限内将保险合同下的权益转让给新的受让人,其实质是合同主体的变更。保险合同的转让通常是由保险标的所有权的转让或出售引起的,但是财产保险标的所有权的转移并不当然地导致合同的转让,除货物运输保险以外,任何保险合同的转让均须经保险人的同意才能转让,否则,保险合同自保险标的所有权转让之时起失效。
(田 艳)

baoxiandan xianjin jiazhi
保险单现金价值(cash value of policy) 人寿保险单交足2年以上保险费后保险合同依法提前终止时,保险人应当退还已经提取的责任准备金。具有储蓄性的人寿保险,到期后保险人一定是要给付保险金的,投保人交纳的保险费,其中一部分用于补偿保险人的经营成本,其余大部分资金及其营运收益作为责任准备金提留用于到期发生的保险金给付,积存的责任准备金就形成了保险单的现金价值。从性质上说,积存的责任准备金是以负债的形式存在于人寿保险公司的资产,保险合同依法提前终止时,人寿保险公司须偿还已积存的责任准备金。 (李庭鹏)

baoxianfa
保险法(insurance law) 以保险为规范对象的一切法律、法规的总称。包括保险合同法和保险业法。从法律渊源的角度观察,保险法律规范存在于各种各样的规范性法律文件中;其中,形式意义的保险法就是以保险法命名的专门立法文件,如1995年《中华人民共和国保险法》,一般而言,形式意义的保险法居于一国基本保险法的地位,除法律、法规另有特别规定外,它适用于一切保险活动;实质意义的保险法,泛指存在于一切规范性法律文件中的以保险为调整对象的法律规范的总称。在采民商合一立法体例的国家或地区,有的将保险合同法置于民法典的债编中,如意大利民法典;有的在民法典之外,另行制定专门的保险单行法,作为民法的特别法,如我国台湾地区的保险法。在采民商分立体例的国家或地区,保险法是商法典的基本组成部分,如日本商法典、中国澳门商法典。

保险合同法是保险法最核心的部分，狭义的保险法仅指保险合同法。是调整保险人与投保人、被保险人、受益人之间基于保险合同而产生的民事权利义务关系的法律，涉及保险合同的订立、效力、履行、变更、解除、终止、争议解决等，以及基于保险合同的最大诚信原则所产生的投保方和保险人均应负担的各种告知义务或通知义务。保险合同的核心是保险费的交纳和保险赔偿金的给付。

保险业法，是国家代表公共利益对保险业进行监督和管理的法律。保险业法大体包括四个方面的内容：(1) 确立保险业监督管理机构的职权和地位。(2) 规范保险组织的专门法律规范，主要指保险组织的各种形式及设立、保险特种经营资格的许可等。保险组织采取有限责任公司或股份有限公司形式，先适用保险业法的特别规定，其他问题再适用公司法的规定。(3) 规范和控制保险公司基本经营行为的法律规范，涉及基本保险条款、分业经营、保险公司偿付能力、保险资金运用等规制。(4) 规范保险公司的同业竞争行为。　　（李庭鹏）

baoxianfei

保险费（premium） 投保人为换取保险人的承保而依约向其给付的对价。保险费包括两个部分：一是纯保险费，它是保险人建立保险赔偿基金的基本来源。二是附加保险费，包括保险公司的营业费用、佣金、利润等，保险实务中通常称之为手续费；如果保险合同依法解除并溯及保险合同成立之时，保险人应当返还保险费的，保险人有权扣除手续费，只退回剩余部分的保险费。保险合同在法性质上属于承诺合同，在没有相反约定的情况下，保险合同自合同成立之时生效；如果保险合同特别约定保险费的支付是其生效的对价的，投保人在约定的期限内按时支付保险费，对保险合同的生效有非常重要的意义；为避免保险费的迟延支付给投保人带来的不利影响，有的国家保险法（如美国各州保险制定法）对投保人规定了30至45日不等的保险费迟延支付优惠期，有的国家（如德国）保险法规定保险人有义务在保险费到期日前预先通知投保人按期交纳保险费，否则，保险人不得主张逾期支付保险费的法律效果；我国保险法既未设保险费迟延支付优惠期的规定，也未对保险人科以预先通知投保人按期交纳保险费的法定义务。对于1年期以上的人身保险合同，保险费可以约定分期支付，理论上分为首期保险费和陆续到期的保险费；陆续到期的保险费的按时支付对保险合同的效力维持有至关重要的意义。我国《保险法》第58条规定"投保人超过规定的期限60日未支付当期保险费的，合同效力中止"；又如我国《保险法》第59条规定："依照前条规定合同效力中止的，经保险人与投保人协商并达成协议，在投保人补交保险费后，合同效力恢复。但是，自合同效力中止起2年内双方未达成协议的，保险人有权解除合同"。　　（李庭鹏）

baoxian gongguren

保险公估人（insurance appraiser） 持有相关执业证书或资格证书，专门从事保险标的的检验、鉴定、评估以及保险理赔过程中对保险标的出险原因、损毁程度、残值的查勘、验损、估价等，作出和提供公估报告，并据此向保险当事人收取服务费用的一种保险中介人。公估报告书作为被保险人索赔和保险人理赔的权威依据，相关法律、法规承认公估报告书的法律效力。　　（李庭鹏）

baoxian gongsi

保险公司（insurance company） 经保险监管部门批准设立，并依法登记注册的从事商业保险业务的组织实体。我国有股份有限公司、国有独资公司两种组织形式，在国外还有保险业特有的相互保险公司的组织形式。其市场准入、运行及退出均受到监管部门和自律组织的严格监管，最低注册资本额也有不同于一般公司的特殊要求，高级管理人员和部分从业人员也被要求具有专门的资格。我国1995年颁布的《中华人民共和国保险法》规定：设立保险公司，其最低注册资本不低于人民币2亿元，且必须为实缴货币资本；其必须有具备任职专业知识和业务工作经验的高级管理人员。我国现有的保险公司按照业务范围的不同可分为财产保险公司、人身保险公司和再保险公司，著名的有中国人民财产保险股份有限公司、中国人寿保险股份有限公司、中国太平洋保险公司、中国平安保险股份有限公司、中国再保险（集团）公司等。　　（孙建立）

baoxian gongsi changfu nengli guize

保险公司偿付能力规则（regulation concerning solvency of insurance company） 保险公司履行到期保险金给付债务的能力规则表现为某个时间点公司的实际资产价值减去实际负债的差额，通常以公司会计年度末实际资产价值减去实际负债的差额来衡量保险公司的实际偿付能力。由于经营的持续性，保险公司的资产总额和负债随时都在变化，其实际偿付能力是动态的，保险法对保险公司的最低要求是无论何时都应达到法定最低偿付能力。保险公司偿付能力是通过多种监管手段和控制指标来维持的，包括法定最低偿付能力、与经营规模相适应的最低资本限额、保险保证金的缴存、保险责任准备金的提留和保险保障基金的交纳等。

保险公司是经营风险的特殊企业，必须随时准备应付各种保险事故发生及其赔偿,这就必然要求其拥有以足够的资金积累为基础的偿付能力。保险经营的特点是投保人先支付保险费,保险人待保险事故发生后才履行给付义务,尤其长期人寿保险和健康保险,保险人的保险金给付义务要待若干年后才发生,因此,保险公司的信用和偿付能力是保险业健康发展坚实的基础。如果保险公司偿付能力不足,不能支付保险赔偿金,不仅损害了被保险人的利益,而且也会影响社会生产的稳定和人民生活的安定,因此,各国均把保险公司偿付能力的监管作为保险监管的核心。 （李庭鹏）

baoxian hetong

保险合同（insurance contract） 投保人与保险人之间就一定的危险转移与承受、保险费与保险赔偿金给付等主要内容表示一致而订立的一种合同。保险合同具有一般合同的基本特征,如有偿合同、双务合同、诺成合同、非要式合同、有名合同等。保险是经营危险的事业,保险人对危险的有效管理有赖于投保人或被保险人如实告知保险标的的危险状况;同时保险具有高度的技术性和专业性,保险合同通常表现为格式条款;这些因素决定保险合同应该是最大诚信合同。一般认为保险合同是射幸合同,保险人的保险金给付义务的发生系于保险事故这个不确定的事件,是否发生具有或然性;但是保险人依据保险合同承担两次约定的义务,一是合同成立生效后立即承担投保方让渡或转嫁的危险,即危险负担义务;二是进一步承诺如果发生保险事故损失,他将承担赔偿金给付责任。传统理论忽略保险人危险负担义务,因此,应当对保险合同的双务性质予以重新认识。以前,对保险合同的诺成合同性质和非要式合同性质争论较大;现在,通说认为,保险合同在常态上应该是诺成合同和非要式合同,但是,当事人可以作出相反的约定。保险合同是继续性合同,有的甚至是长期或终身合同关系,因此,双方的信赖关系应受到特别的保护,这是保险法对保险人科以保险期间不利法律效果通知义务的重要依据。保险合同是典型的格式合同,同时保险具有高度的技术性和专业性,为此,保险法对保险人科以严格的缔约时保险单条款内容说明义务。 （李庭鹏）

baoxian hetong de jiechu

保险合同的解除（rescission of an insurance contract） 保险合同成立生效后,保险人或投保人依法终止保险合同关系的行为。大陆法系保险法对"解除"和"撤销"不作区分,通常使用"解除"一语兼指"解除"和"撤销"两种情形,表现为在立法用语上通常只有保险合同"解除"一语,而无"撤销"的表述。保险合同解除的前提条件是终止保险合同的一方依法取得了保险合同解除权,它是保险法规定的特别和法定的解除权,对其解释和适用应依照保险法上的特别规定。并且,保险法上的合同解除制度几乎适用所有保险合同消灭或终止的情况。比如,《中华人民共和国保险法》第17条规定投保方违反缔约时告知义务,保险人得解除合同;第37条规定的危险增加之时双方不能达成提高保险费的合意,保险人因而解除合同,或者保险人因投保方违反危险增加之通知义务而解除合同;第59条规定的保险人因投保方未在规定的期限支付保险费或分期支付的到期保险费而解除保险合同;第15条规定的投保人因自身或保险人的原因提前解除合同。据此,"保险合同解除"一语实际上在三个不同意义方面使用:(1)保险合同撤销。投保方在缔约时违反告知义务而对重要事实不实告知,保险人得依法解除保险合同,其解除权取得的依据是缔约意思表示有瑕疵。因为,如果保险人获得正确信息,它将修改承保条件,如提高保险费率或变更有关保险条款;如果保险标的危险巨大,保险人依通常业务标准,该保险标的不具有可保性而拒绝承保;在这两种情况下,保险人缔约意思表示有瑕疵是肯定和明显的,解除保险合同是正当、合理的选择和救济。依据一般合同法理,这种意义上的保险合同解除与撤销在法性质上并无二致。(2)保险合同解除。保险合同生效通常实行"对价兑现原则",即保险单通常规定"本保险责任自投保人支付保险费或第一期保险费时开始"。但是如果保险单无"对价兑现原则"的约定,则保险合同应当自"合意"达成之时起生效。投保方经保险人通知在指定的缴费期限内仍没缴纳保险费或第一期保险费的,期限届满后保险人有权解除合同,保险人取得解除权的原因是投保方未支付保险费的违约行为,并且,解除的效力溯及至合同成立时,这种意义上的保险合同解除等同于通常意义上的合同解除。(3)保险合同终止。以德国民法为代表的民法理论区别合同解除和合同终止:前者适用非继续性合同,合同解除使合同效力的消灭溯及至合同成立之时,产生恢复原状的效果;而合同终止适用继续性合同,合同终止仅使合同效力自终止之日起向将来消灭,没有溯及力,以前的合同关系仍然有效。我国《合同法》并没有对合同解除和合同终止作出类似的区分,我国《合同法》规定的合同解除实际上包括区别意义下的合同解除和合同终止两种情况,至于我国《合同法》所规定的合同终止,与合同消灭是同义语。保险合同属于继续性合同,在许多情况下,保险合同关系只向将来发生消灭。比如,在保险责任期间,保险标的危险状况发生显著增加,投保方没有履行通知义务,或者不补交保险费,保险人有权解除合同;显然,在危险增加发生以前,保险合同一直是有效的,解除的效力应该是向将来发生,因此,这里保险法所说的

合同解除实际上是指合同终止。　　　（李庭鹏）

baoxian hetong de jieshi
保险合同的解释（interpretation of insurance contract）　对保险条款的含义所作的分析和说明。合同解释的一般规则和理论对保险合同的解释有指导意义；但是，保险合同通常表现为格式合同形式，并且保险活动具有高度的专业性、技术性和复杂性特征，保险合同更要遵循格式合同解释的规则，如通常文义解释规则和疑义不利解释规则；合理期待解释规则对作为被保险人的普通消费者的保护有重要意义。　　　（李庭鹏）

baoxian jiazhi
保险价值（value of the subject-matter of insurance）　保险标的价值的简称。财产性保险标的的货币价值，它是法定的保险赔偿的最高限额。保险价值是财产保险的特有概念，而人身保险或定额保险无保险价值之说。由于财产保险实行损失补偿原则，保险赔偿最大不能超过保险标的价值，因此，保险价值这一概念的法的规范功能体现在它是财产保险合同的最高保险赔偿限额。财产保险合同和人身保险合同均存在保险金额这一概念，保险金额是保险人与投保人在合同中约定的最高限额的保险赔偿金；在财产保险中，保险价值和保险金额是性质不同的两个概念，两者的关系是双方约定的保险金额不得大于保险价值，否则，构成超额保险，超出的保险金额无效。　　　（李庭鹏）

baoxian jin'e
保险金额（insured amount）　简称保额。保险人与投保人在合同中约定的最高限额的保险赔偿金。保险金额与双方当事人的给付义务的范围密切相关，必须在保险合同中明确约定；一方面，投保人交纳的保险费以保险金额为计算基数；另一方面，无论保险事故造成多大的实际损失，保险人的赔偿数额均以保险金额为限。在财产保险中，保险价值和保险金额是性质不同的两个概念，两者的关系是双方约定的保险金额不得大于保险价值，否则，构成超额保险而使超出的保险金额无效，因此保险金额的约定要以保险价值为基础；另外，根据保险金额与保险价值之间量的比例关系，财产保险可以分为足额保险、不足额保险和超额保险。在人身保险中，由于生命、身体等人身权益在性质上不能通过货币衡量其价值，因此，人身保险合同不存在保险价值这一概念，而保险人与投保人约定的保险金额是确定保险人赔偿责任大小的唯一和直接的根据，保险金额在保险监管规则许可的范围内由双方自由协商确定。

保险金额在财产保险和人身保险中的含义还有所区别。财产保险遵循损失补偿原则，保险事故发生后，除特别约定的定值保险外，一般存在一个核实和确定因保险事故所造成的实际损失的程序，并严格按照实际发生的损失给付保险赔偿金，但保险人给付的最大金额将以约定的保险金额为限。人身保险不存在所谓的实际损失，一旦发生保险事故，保险人直接按照约定的保险金额给付。　　　（李庭鹏）

baoxianjin jifu yiwu
保险金给付义务（duty to pay insurance benefits）　保险事故发生并对保险标的造成损失的，保险人应当依照约定向投保人或被保险人给付保险赔偿金的义务。保险金给付义务是保险人承诺的第二次义务，承担保险赔偿责任的第二次义务是以保险事故发生为前提条件，而保险事故是否发生是一个不确定的事件，具有或然性，所谓保险合同的射幸属性仅是针对保险人的第二次义务而言的。　　　（李庭鹏）

baoxian jinyin yuanze
保险近因原则（principle of proximity）　只要承保危险事故的发生与损失结果的形成之间存在因果关系，保险人就须承担保险赔偿或保险金给付责任的保险法原则。它是确定保险赔偿范围的依据。近因原则起源于英国，是英美保险法认定因果关系的基本原则。1906年的英国《海上保险法》规定："根据本法规定，除保险单另有约定外，保险人对由其承保危险近因造成的损失，承担赔偿责任；但对非由其承保危险近因造成的损失，概不承担责任。"法律上用以判定较为复杂因果关系的案件时，通常采用近因原则。所谓近因，是指促成结果的主要原因，在效果上有主要支配力的原因，而并非指时间上最接近损失的原因，当引起损失的原因有两个或两个以上，且各个原因之间的因果关系尚未中断，最先发生并造成一连串事故的原因也为近因。在大陆法系国家，通常采用相当条件的因果关系理论，指原因与结果形成之间在通常情况下只要存在相当的条件关系，就认定存在因果关系。近因原则理论与相当因果关系理论在本质上是一致的。　　（李庭鹏）

baoxian jingjiren
保险经纪人（insurance broker）　基于投保人的利益，为投保人与保险人订立保险合同提供中介服务，并依法收取佣金的人。保险经纪人根据自己具有的专门保险知识和经验，代表投保人在保险市场上选择保险人或保险人组合，同保险方洽谈保险合同条款并代办保险手续以及为投保人提供风险管理和投资理财等全方位的服务。根据委托方的不同,保险经纪人可以分为狭义的保险经纪人和再保险经纪人。狭义的保险经纪人是指直接介于投保人和原保险人之间的中间人,直接接受投保客户的委托。再保险经纪人是促成再保险分出公司与接受公司建立再保险关系的中介人,它们把分出公司视为自己的客户,在为分出公司争取较优惠的条件的前提下选择接受公司并收取由后者支付的佣金。有据可查的最早保险经纪人出现于1575年,1720年英国国王特许皇家交易所和伦敦保险公司专营海上保险,保险经纪人便应运而生。保险经纪从业人员是专家型人员,必须通过严格的审查。我国法律规定,保险经纪人具有以下法律特征:(1)投保人的代理人,接受投保人的委托,基于投保人的利益,按照投保人的要求进行业务活动;(2)非合同当事人,仅为投保人与保险人订立合同创造条件,组织成交,而不能代保险人订立保险合同;(3)只能从事中介服务活动,但有权选择投保的保险公司;(4)有权向委托人收取佣金,提供有偿服务。佣金主要有两种形式:一种是由保险人支付的主要来自其所收保险费的提成;另一种是当投保人委托经纪人向保险人请求赔付时,由投保人支付的报酬。

(孙建立)

baoxian jingying guize
保险经营规则(rules on governing insurance business) 出于维护保险业健康发展和行业监督管理的需要,保险法设定的规制保险人经营行为的强制性规则。包括分业经营规则、保险公司偿付能力规则、保险资金运用规则等。

(田 艳)

baoxian liyi yuanze
保险利益原则(principle of insurable interest) 投保人或被保险人对保险标的存在的可以通过保险得以保障的利益关系原则。投保人或被保险人因保险标的之存在而获益,因保险标的之毁损而蒙受损失,它是决定保险合同效力的基本和必要的条件。《中华人民共和国保险法》第12条第2款规定:"投保人对保险标的不具有保险利益的,保险合同无效。"保险利益是一个发展的概念,保险演进的每一个历史阶段,保险利益被增添和赋予一些新的法律意义,其法律功能和角色逐渐拓展,保险利益对于保险合同的作用和影响日益重要。

从历史上看,人们最初提出保险利益概念旨在区分赌博行为和保险行为,同时借此扼制诱发人为保险事故的道德风险,这是对保险利益的一种定性认识。现代意义上的保险发轫于14世纪的欧洲海上冒险活动,当时海上货物运输风险巨大,商人为分散风险、减少或避免损失,发明了保险这种风险管理和控制的制度形式。当时赌博为适法行为,非为法律所禁止,而海上货物运输活动的成功率具有很大的不确定性,适于人们作为赌博的对象。然而,赌博行为的放任,滋生了许多流弊,为诈骗巨额保险赔偿金,有人铤而走险,人为制造海上灾难事故,这对具有风险管理和控制这种积极经济功能的正常保险制度造成了巨大冲击。为扼制人为诱发或制造保险事故的道德风险,人们寻找一种能有效区分赌博和保险的方法,意大利学者De Casaregis系统提出保险利益概念,并正式创设保险利益学说。根据De Casaregis的保险利益学说,投保人对于保险标的享有某种法定权利(主要指所有权),保险标的因约定保险事故的作用而发生毁损或灭失,投保人必须受有经济上的损失,此为保险行为;否则,如果投保人对于保险标的无利益关系,保险标的存否并不对投保人的利益造成任何影响,此为赌博行为。这一学说为保险业所普遍接受,从此,保险利益被定位为衡量保险行为或赌博行为的试金石,两者区分的界线得以最终确定。其意义在于,在赌博为适法并盛行的社会背景下,借助保险利益,捍卫保险的纯洁性,排除因保险和赌博混淆不分而对正常保险经营事业带来的破坏。

随着保险实践的发展和保险理论研究的深入,人们发现保险利益的实际价值量(保险价值)是限定保险金额的量的依据,据此,超额保险和恶意重复保险的禁止规则得以确立。法律关系暨权利的日益分化和复杂使得同一客体上并存多种权利,产生和提出了不同主体在同一保险标的上为各自利益投保不同险种的要求的实践课题。

(李庭鹏)

baoxian pingzheng
保险凭证(insurance certificate) 又称小保单。保险人发给投保人以证明保险合同已经订立或保险单已经正式签发的一种内容简化的凭证。它与保险单具有同等的法律效力。保险凭证只对投保人或被保险人、保险人、保险标的、险种等主要内容作了记载,一般不印上保险条款,保险凭证上记载的内容与相应的保险单上记载的内容相抵触时,以保险凭证上的内容为准,保险凭证未列明的内容以相应的保险单记载的内容为准。这种内容简化的保险凭证使用方便,在团体保险、总括保险中应用较多,在需要随时携带保险证备查的机动车辆第三者强制责任险场合,也经常使用内容简化的保险凭证。

(李庭鹏)

baoxianren
保险人(insurer) 与投保人订立保险合同,对保险事故损失承担保险赔偿责任或对约定的保险事件给付保险金的保险经营者。保险人是保险合同的一方当事人。

(李庭鹏)

baoxianren yiwu

保险人义务(duty of insurer) 保险人依据保险合同规定所应履行的义务。保险人的基本义务是负担自保险合同生效之时起投保人转嫁的危险,并承诺一旦保险标的遭受承保危险事故损害,保险人依照约定,履行保险金给付义务。保险具有较强的专业性和技术性,保险合同是最大诚信合同,并且具有强烈的格式条款的特性,保险交易中的诚信和公平问题受到特别的关注,由此保险人还应当承担缔约时条款内容说明义务和保险期间不利法律效果通知义务。 (李庭鹏)

baoxian shigu

保险事故(the insured event) 保险合同约定的保险责任范围内的事故。保险事故是保险人承担保险赔偿责任的事实要件,也被保险人或受益人的保险金请求权由期待状态转为既得权的事实要件。 (李庭鹏)

baoxian shigu fasheng zhi tongzhi yiwu

保险事故发生之通知义务(notice of loss) 保险事故发生后,投保人或被保险人须依照法律或合同约定的期限,向保险人通知保险事故已经发生的情事的义务。保险事故发生后,要求投保方及时通知有两个方面目的:一是保险人得应用其危险管理经验,及时采取必要措施,或指示投保方采取必要处置措施,保全标的物,防止损失扩大,减少保险金给付。二是及时搜集相关证据资料,调查损害事故发生原因,确证损害事故属于承保危险所肇致,并算理和确定损失数额;在财产保险中,如查明保险事故的发生可归责于第三人时,保险人得及时行使代位权。投保人或被保险人应当在什么合理期限内将保险事故发生之情事通知保险人,是保险事故发生之通知义务的核心内容之一,成文保险法具有保险经营行为监督法的性格,通常对通知期限预先作出明确和统一的规定和控制,保险人不得在保险合同(单)中约定短于保险法要求的期限,否则,不具有法律效力。投保方未依照法定或约定的期限履行通知义务,将产生什么法律效果,取决于不同国家保险法采纳的构成要件说。美国多数州采"损害要件说",也就是投保人或被保险人即使存在"迟延通知"之事实,如果保险人并未因此而受有实质性损害,保险人无拒绝保险金给付的抗辩权。所谓实质性损害主要是指由于投保人或被保险人的迟延通知,造成保险人无法及时搜集相关证据资料去查明该事故是否属于承保危险所肇致,从而使保险人无法行使合法的抗辩权利,或者在保险事故的发生可归责于第三人行为场合,因迟延通知而无法行使保险代位权等。德国保险契约采"重大过失和损害事实双重要件说",即保险人须证明"迟延通知"对其造成实质性损害,并且投保人或被保险人对"迟延通知"存在重大过失,保险人才有拒绝保险金给付的权利。我国《保险法》第22条是对保险事故发生之通知义务的规定,其缺陷有:第一,没有设置法律控制的通知期限,完全放任保险公司在保险单中任意规定对投保方通知的时间要求,保险公司通常倾向于在格式保险单中规定相当短的通知期限。第二,没有规定迟延通知法律效果的构成要件,既不要求"损害事实要件",也不要求"重大过失",这又是一种立法上的放任态度,似乎放任保险公司可以在保险单中任意规定投保方违反保险事故发生之通知义务的法律效果。 (李庭鹏)

baoxian sunshi buchang yuanze

保险损失补偿原则(principle of indemnity) 保险赔偿的尺度以实际发生的损失数额为限的一项保险法原则。财产性保险遵循严格的损失补偿原则,其理由:(1)任何财产性权益均可通过货币衡量其实际市场价值,允许超过实际价值的赔偿将诱发人为制造保险事故的道德风险,这是公共政策所禁止的。(2)投保人对超过实际价值的那部分"保险"不存在保险利益,因此超过部分的所谓"保险"实际上属于赌博投机行为,这也与公共政策相违。(3)保险的目的是对投保人或被保险人因保险标的遭受保险事故损失提供补偿,以恢复到未遭受保险事故损失以前的状态,从而使投保人的生产或生活尽快获得恢复,这正是保险的经济保障和稳定功能之所在。允许超过实际价值的赔偿,无异于允许投保人通过保险获得不当得利,这有悖于保险目的。损失补偿原则只是适用于财产保险合同的保险法原则,它对人身保险或定额保险并不适用,因为,人身保险的保险标的是非财产性的人身权益(如寿命、残疾),它们在本质上不能通过货币衡量其市场价值,从理论上说,人身权益的价值是无法量定的,所谓超额保险或重复保险无从发生,在保险实务中,人身权益的价值只取决于双方在保险合同中约定的数额,人身权益一旦发生保险事故损害,其赔偿的尺度只以人身保险合同约定的数额为准。 (李庭鹏)

baoxian suopei

保险索赔(claim) 保险事故发生后,被保险人或受益人依据保险合同向保险人提出保险赔偿或保险金给付的请求,以及为实现其权利而实施的必要行为。首先,保险人或受益人在保险事故发生后须在法律规定或约定的期限内通知保险人,并提交索赔申请书。其次,应当向保险人提供有关资料,主要包括两个方面:包括保险事故发生的情况资料和保险标的损失数额及其证明资料,这些资料必须据实提供,不得伪造,否则,被保险人或受益人将招致丧失请求权的惩罚性法律后果。关于被保险人或受益人的举证责任,分为两种情况:(1)对于事故的性质和原因以及是否属于保险责任范围事故,应当由保险人承担证明责任。因为,被保险人或受益人的义务只是应保险人的要求据实提供与保险事故发生的情况和资料,如果发生保险人不能证明事故的原因这种真伪不明的结果,法律应当根据保险标的的受有损害这一表面事实,推定保险标的损害属于保险责任范围,也就是应该适用举证责任倒置法理,保险公司是经营危险的专业机构,其行业性质和能力决定举证责任应该分配由保险公司承担。(2)对于保险标的损失数额,应由被保险人或受益人承担举证责任,因为,其性质属于被保险人或受益人主张的保险赔偿范围。在保险发达国家,为避免保险人与被保险人在事故的原因和保险标的损失数额上发生各执一词的争议,通常保险公司将聘请保险公估人提供专业性的中介服务,委托保险公估人对保险标的出险原因和损毁程度作出查勘、验损、估价等,最终提供公估报告书,该公估报告书作为被保险人索赔和保险人理赔的权威依据,相关法律、法规承认公估报告书的法律效力。

(李庭鹏)

baoxian zeren fanwei

保险责任范围(insurance coverage) 保险合同约定的保险人承保的危险事故及其损失范围。保险责任范围决定承保危险的性质和大小,是确定保险费率等级的依据。承保的危险可以是单一的、综合的或全部的,相应的保险分为单一险、综合险和一切险。独立的主要险种通常同时承保几种危险,如家庭财产保险或企业财产保险是在火灾保险基础上发展起来的综合险,承保危险包括火灾、爆炸、雷击、暴风、暴雨、洪水、空中飞行物体坠落等。单一险通常表现为各种各样的附加保险,如附加盗抢险。任何险种都具有特定的保险范围,就保险技术而言,任何险种的实际承保范围须通过"保险责任条款"和"除外责任条款"两类条款技术从正反两面来界定。保险责任条款是从正面直接规定承保的危险种类,容易理解。而经常引起混乱并难以理解的是保险单中各种各样的除外责任条款,它从反面来限制保险责任条款所承诺的危险范围和损失种类。

除外责任,包括法定除外责任和约定除外责任两类。法定除外责任是保险法明文规定的不保责任,体现保险法对保险行为的监督。法定除外责任的通常情形有:(1)订立保险合同前保险标的已经发生的保险事故。(2)道德危险事故,指投保人、被保险人和受益人的故意行为所引起事故及其损失。(3)投保人和被保险人于保险事故发生后怠于防损而扩大的损失。(4)保险标的因自身缺陷或者特性所引起的保险事故或损失。(5)战争或军事冲突事件等。以前,保险法通常还将地震列为法定的除外责任。除了那些违反公共利益的绝对除外责任外,如道德危险事故,当事人可以通过特别约定排除法定除外责任规则的适用。

约定除外责任,是保险人在保险单中特别约定对某些特定情形下发生的事故所造成的损失或者对因保险事故所引起的特定种类的损失不予赔偿。某种事故,依其性质本应属于保险事故,因除外责任条款的特别约定将该事故排除在承保事故范围之外,比如机动车辆损失险,因车辆"倾覆"而造成的损失本来属于保险范围,但保险单条款特别约定"驾驶员饮酒引起的事故属于除外责任",因此当驾驶员饮酒后驾车发生车辆倾覆所造成的损失,就不在保险赔偿范围内。

(李庭鹏)

baoxian zeren zhunbeijin

保险责任准备金(reserve fund for insurance liability) 保险组织为了承担未到期责任和处理未决赔款而从保险费收入中提存的一种资金准备。包括未到期责任准备金和未决赔款准备金。保险责任准备金,属于保险公司的或有负债,或者是已经发生的负债。保险公司应当提留与保险责任准备金等值的资产作为后盾,若责任准备金提存不当,可能会产生虚假盈余而导致不当的红利分配,并将无法真实体现保险公司的正常财务状况,影响保险公司将来的清偿能力。因此,各国立法都规定了保险责任准备金的提存及标准,以确保保险公司有充足的偿付能力。

由于会计年度与保险业务年度不一致,会计年度决算时,对来年仍然有效的保险单,在当年保险费收入中提存一部分作为下一会计年度的保险费收入,这部分保险费收入即为未到期责任准备金,它通常应是当年出具的保险单在下一年度仍然有效的保险单的保险费之和,它在性质上因人寿保险或非人寿保险而不同,决定其提取方法也不同。人寿保险的责任准备金通常属于保险公司的负债,保险公司应当按照有效的人寿保险单的全部净值提取未到期责任准备金,也就是保险公司在这部分业务中所收入的纯保险费及利息,减去应付的保险金,扣除应支付的费用后,所结余的部分为未到期责任准备金;所谓人寿保险单的全部净值,是指保险公司对被保险人或者受益人应当依约承担的全部保险责任的总额或者全部有效的人寿保险单的现金价值。非寿险的其他保险的责任准备金在性质上属于保险公司的或有负债,出于计算的方便,提取标准一律采1/2法,即保险公司应当从当年的自留保险费中提取50%作为责任准备金。

未决赔款准备金,又称赔款准备金,是指保险公司在每一会计年度决算以前因发生保险责任应付而未付的赔款,在当年所收保险费中提存的资金。未决赔款准备金提取的依据有两方面:一是已经提出的保险赔偿金额,而未予支付的;二是已经发生保险事故但尚未提出保险赔偿金额的;这两种情况,都属于已经发生保险事故。未决赔款准备金提取的数额,可依几种方法确定:一是根据已提出的赔付金额,它往往是已发生保险事故并已确定赔付金额,应付而又未付的;二是逐案进行估算,它往往适用于损失较大的保险事故,需要比较、准确地估算赔款金额,并据以提取未决赔款准备金,以利于承担赔偿责任;三是平均估算的办法,它适用于一般的待决赔款或者给付保险金的情况,往往由保险公司根据有关的业务资料,计算出每个赔案的平均金额,然后据以提取未决赔款准备金。（李庭鹏）

baoxian zhongjieren
保险中介人（insurance intermediator）　在保险经营活动中,接受保险人或投保人的委托,以专门的知识和技术,提供各种与保险有关的辅助性服务的人。繁荣的保险市场离不开各种保险中介人的活动,保险中介人包括保险代理人、保险经纪人和保险公估人。
（李庭鹏）

baoxian zijin de yunyong guize
保险资金的运用规则（rules on governing the employment of funds of an insurance company）　保险公司为了使保险资金增值,将部分保险资金用于投资或融资活动而应当遵守的规则。保险资金除来源于股东的投入的资本金外,更多和主要来源于收取保险费而形成的各项保险准备金,还包括公积金、未分配盈余和其他资金等。保险赔偿金的给付有时间上的滞后性,保险资金在用于保险赔偿目的前通常存在一段时间,因此,保险公司在保险主业之外还须从事营运保险资金的各种投资活动,实现保险资金的增值目的。保险资金不同于普通的资金,它的最终目的在于偿付保险赔偿,为了不影响保险公司的偿付能力,保险资金的营运应当遵循安全性原则、盈利性原则和流动性原则。我国《保险法》第105条的规定:"保险公司的资金运用,限于在银行存款、买卖政府债券、金融债券和国务院规定的其他资金运用形式。保险公司的资金不得用于设立证券经营机构,不得用于设立保险业以外的企业。保险公司运用的资金和具体项目的资金占其资金总额的具体比例,由保险监督管理机构规定。"
（李庭鹏）

baoxian zuzhi
保险组织（insurance organization）　保险人经营保险业务所采用的组织形式。保险组织的具体形式通常表现为保险公司、保险合作社、保险个体经营者。保险属于特许经营行业,各国对保险组织的形式实行法定主义,即保险经营者必须设立法定类型的组织形式,才能开展经营活动。各国准许的保险组织形式有所差异,多数保险发达的国家或地区在立法上只允许保险股份有限公司及保险合作社这两种基本形式。在英国,由于劳合社的悠久历史传统和独特的保险经营方法,至今仍保留个体经营保险的形式。我国《保险法》第6条规定,我国只允许公司式的保险经营组织,包括有限责任保险公司和股份有限保险公司,不承认保险合作社或个体保险经营者的合法性。

在国外,营利性保险通常只允许采股份有限公司组织形式,因为它有很强的筹资能力。我国的公有制经济发达,以前的保险公司多数是国有独资性质的保险有限公司。现在,一方面,新成立的保险公司一般是混合经济性质的保险股份有限公司,另一方面,原有国有独资性质的保险有限公司将逐步改制成合资性质或混合经济性质的保险股份有限公司。

保险合作社是合作保险的组织形式,包括相互保险社和相互保险公司。合作保险是由社会上需要保险的单位或人共同出资设立保险基金,出资人享有会员或成员资格,共同保险基金一般只为成员提供保险服务或赔偿的。相互保险社和相互保险公司是非营利性保险组织,这是它们与公司式保险组织的主要区别。
（李庭鹏）

baoxian zuida chengxin yuanze
保险最大诚信原则（principle of the utmost good faith）　保险合同双方当事人或关系人在订立和履行保险合同的过程中,都应当本着最大善意履行义务和行使权利的原则。诚实信用原则是我国民法的基本原则,它要求民事活动当事人恪守诺言,讲究信用,一方面,忠实履行自己的义务,另一方面,依善意的方式行使权利,在获得利益的同时应当充分尊重他人的利益和社会利益,不得滥用权利。鉴于保险关系的特殊性,保险法对保险合同中的诚实信用的要求远远大于其他民事合同。因此,保险合同又被称为"最大诚信合同"或"最大善意合同"。最大诚信原则在保险领域中的运用,最早可追溯到海上保险初期。英国1906年的《海上保险法》首先将此原则确定下来,该法第17条规定:"海上保险契约是建立在最大诚信基础上的契约,如果任何一方不遵守最大诚信,他方得宣告合同无效。"随后各国保险法相继对此原则作了规定。我国《保险法》第5条规定:"保险活动当事人行使权利、履行义务应当遵循诚实信用原则。"

最大诚信原则规范功能主要体现在:投保方与保

险人在保险合同订立和履行的不同阶段均应严格履行各种告知义务或通知义务。包括：投保人或被保险人缔约时如实告知义务、危险增加通知义务和保险事故发生之通知义务；保险人缔约时保险单条款内容说明义务、保险期间不利法律效果通知义务。保险法上的告知义务或通知义务不同于一般合同法上属于附随义务性质的通知义务。在一般合同法，违反附随义务，通常只产生损害赔偿的法律后果。而在保险法，投保人一旦违反告知义务，将面临保险合同被解除而丧失保险保障的极端不利后果。对于保险人，失于履行说明义务或通知义务，将产生保险单中的除外责任条款不视为订入合同而不发生效力的后果，或者丧失解除保险合同的权利。

(李庭鹏)

baozhang anquan yiwu

保障安全义务（obligation to ensure security） 消费者安全权的对称。经营者保障其产品或者服务的安全的义务。它包括以下内容：（1）经营者应当保证其提供的商品或者服务符合保障人身、财产安全的要求。人身、财产安全的要求，一般指经营者所提供的商品或者服务必须符合保证符合人体健康，人身，财产安全的国家标准、行业标准，暂时没有上述标准的，应当保证符合人体健康，人身、财产安全的要求，并使商品或服务在指定的用途或者通常可预见的用途方面安全。现实生活中，少数经营者为追求高额利润，无视消费者的健康安全，作出各种有损消费者安全权的行为。所以规定经营者在向消费者提供商品和服务时，必须保证消费者的健康、生命及财产不受损害是非常必要的。（2）对可能危及人身、财产安全的商品或服务经营者负有真实说明和明确警示的义务。可能危及人身、财产安全的商品或服务是指具有潜在危险的商品或服务。对于具有潜在危险的商品，经营者应当在商品的说明书、商品的显要位置上作明确无误的说明和标以明确易懂的警告标记；对于具有潜在危险的服务，经营者应当向接受服务的消费者如实说明服务中存在的危险。或者在服务中通过简明易辨别的方告知接受服务的消费者注意服务中存在的危险。不仅如此，为了确保消费者的健康、人身、财产安全不受损害，经营者还应通过简单明了的说明或标记，使消费者掌握正确使用商品和接受服务的方法，以及告知消费者如何采取防范措施来避免危险的发生。一般来讲，法律对具有潜在危险的商品或服务有着强制性要求，经营者必须严格依照法律的具体规定行事。（3）经营者发现其提供的商品或者服务存在严重缺陷，应立即向有关行政主管部门报告和告知消费者，并采取各种及时有效的补救、防范措施。经营者在交易之中或之后发现其提供的商品或者服务存在不合理的危险，就是说即使消费者正确使用其商品或者接受服务，仍然可能会对消费者的人身、财产安全造成损害，经营者应当主动采取行动，向有关部门如实反映，通过有效的途径把实际情况告知消费者，并立即采取防止危害发生的措施，尽可能减轻消费者的损失。

在现实生活中，消费者财产、人身安全的受到威胁的情况可分为：因经营者向消费者提供商品或服务本身有瑕疵而造成消费者人身伤害或财产损失；经营者提供的商品或服务本身并没有质量缺陷，消费者人身或财产受损是由于其他方面原因引起，如未告知正确的使用方法等；有些商品的危害性或瑕疵是当时的科技水平无法检测得知，经营者也不知道，随着科技的发展，一些生产时未发现的危害才显现或发现。对于这种情况，我国产品质量法并不当然归责于生产者。

(刘利晋)

baozhang cuoshi

保障措施（safeguard measures） 《关贸总协定》授权进口国政府在特定经济情况下对进口实施的临时限制措施。其实质是对承担义务的例外。保障措施是针对公平进口所采取的旨在保护国内产业的一种临时性紧急保护措施，使成员国维护本国产业利益的重要手段。《货物贸易总协定》第19条规定，如因意外情况的发展或一个缔约方因承担本协定义务（包括关税减让在内）而产生的影响，使某一产品输入到该缔约方领土的数量大增，对这一领土内相同产品或与它直接竞争产品的国内生产者造成重大的损害或产生重大损害的威胁时，这一缔约国在防止或纠正这种损害所必需的程度和时间内，可以对上述产品全部或部分暂停实施其所承担的义务，或者撤销或修改减让的措施。实践中，缔约方为了保护国内产业利益援引第19条主张暂停承担总协定义务或撤销关税减让，难度较大，特别是第19条本身尚存在一些引起歧义的规定。为了避免引起缔约国之间的冲突，遭受损害的一方往往选择采取非歧视性的数量限制措施来替代保障措施或遭受损害的发展中国家迫于发达国家的压力采取签订自动出口或进口协议等绕过关贸总协定规则的"灰色措施"。

乌拉圭回合谈判达成了《保障措施协议》，共14条。WTO《保障措施协议》规定，如果进口成员方经过主管当局调查后，确定进口大幅度增加，以致对其国内同类生产行业造成严重损害时，进口成员方政府可以基于最惠国待遇原则，在产业调整所必须的程度和时间内实施以提高关税税率或数量限制形式的保障措施。针对《货物贸易总协定》第19条存在的问题作了如下改进和完善：（1）衡量进口产品的数量增加，是与国内生产相比绝对或相对地增长；保障措施的适用是针对所有进口的这类产品,而不考虑其来源。(2)增设了对数量增加及损害的公开调查、公告和听证程序,并按照《货物贸易总协定》第2条关于缔约方所有有关贸易法规的工布和实施应具有透明度的原则实施。(3)明确界定了"严重损害"和"严重损害威胁"的概念,避免了理解上歧义的产生。(4)保障措施不得超过防止或救济严重损害所必需的程度,如采用数量限制措施,则不得把进口量减至有统计数据表明的、有代表性的前3年的平均进口水平以下。(5)授权成员可用增加关税的形势采取临时保障措施。(6)保障措施的期限不得超过4年,特殊情况下可适当延长,但加上临时保障期限,总计不得超过8年。(7)任何在《世界贸易组织协定》生效日前仍在执行的保障措施或灰色措施应在1999年12月31日前逐步取消,其取消时间表应在生效日起180天内提交保障措施委员会,任何例外都应通知保障措施委员会,由其在90天内决定是否予以接受。(8)保障措施委员会负责协定的执行以及调查某项保障措施的采取是否遵守了协定规定的程序。

世界各国采取保障措施总体情况分析:自1947年GATT成立到2000年底,全世界共实施保障措施211起。其中:GATT期间(1947年至1994年的47年间),缔约方共实施了150起保障措施;从1995年WTO成立至2000年6年间,保障措施的立案已达61起;至2000年中国作为主要涉案国家的保障措施案已达13起之多。值得注意的是,在国际贸易实践中保障措施相对较少采用(截至2000年底反倾销案件4100多件,保障措施案件仅211件),因为保障措施只能在防止或补救严重伤害并帮助有关企业进行调整的必要限度内实施,而且当一国限制进口以保障其国内生产者时,原则上必须给予一定的补偿。

(王连喜)

baozhang cuoshi chanpin fanwei tiaozheng chengxu de guize

保障措施产品范围调整程序的规则(**provisions on adjusting process of product scope for safeguard measures**) 为保证保障措施工作的公平、公正、公开,根据《中华人民共和国保障措施条例》的有关规定,2002年12月13日我国对外贸易经济合作部颁布了《关于保障措施产品范围调整程序的暂行规则》,该规则共有10条。保障措施公告实施期间,保障措施产品范围的调整均需在外经贸部相关对外公告中确定,海关自公告规定之日起实施。外经贸部保障措施公告产品范围的调整程序按本规则进行。保障措施公告产品范围的调整程序包括申请程序和外经贸部受理申请、调查、决定及相关公告的程序。申请程序:(1)保障措施立案公告后,有关利害关系方对调查产品范围提出异议,应在公告规定的时间内或经外经贸部同意延长的期限内向外经贸部提出调整调查产品范围的申请。(2)保障措施初裁公告后,有关利害关系方对适用保障措施产品范围提出异议,应在公告规定的时间内或经外经贸部同意延长的期限内向外经贸部提出调整适用保障措施产品范围的申请。(3)本规则所称利害关系方是指保障措施申请人、国外生产商、出口商、进口商以及其他有利害关系的组织、个人。(4)申请应以书面形式提出。

申请书的内容:(1)申请人名称及其简况,申请调整的产品。(2)要求调整的理由、理由的详细说明及相关证据。(3)申请调整产品的详细描述和说明。产品按如下顺序依次描述:税则号、物理特征、化学特性等,描述至能够体现该产品的唯一性和排他性;上述描述方式无法体现该产品的唯一性和排他性时,需详细说明产品的用途。(4)申请调整的进口产品与国内同类产品或直接竞争产品的异同点和可替代性的详细描述和说明。(5)申请调整的进口产品前五年的进口量和进口金额以及对后3年预测的进口量。(6)国外生产商、出口商、进口商及下游用户。(7)申请人法定代表人或其合法授权人的盖章或签字。

受理、调查、决定和公告程序:(1)外经贸部对申请人递交的申请书进行核对,对符合第6条要求的申请,予以受理。(2)外经贸部通过问卷、实地核查、听证会等方式对申请内容的真实性进行调查和核查。(3)外经贸部对申请内容的合理性和包括保障措施申请人在内的各利害关系方的利益进行调查,对产品的描述和说明等情况进行核查。必要时,可以聘请专家进行论证。(4)按照上述程序规定,对符合保障措施产品范围调整条件的申请,外经贸部可以决定对保障措施产品范围进行调整并予以公告。(5)外经贸部没有收到调整产品范围的申请,根据对利害关系方提交材料的审查,也可以决定调整产品范围。(6)最终保障措施终裁决定实施后,如有必要对公告内容进行调整的,可以参照上述程序决定后,均由外经贸部予以公告。

涉及有关保障措施复审的,产品范围的调整参照本规则执行。

(罗大帅)

baozhang cuoshi chanye sunhai diaocha yu caijue guiding

保障措施产业损害调查与裁决规定(**the provisions on the investigation and arbitration of industry injuries under safeguard measures**) 为规范保障措施产业损害调查与裁决,根据《中华人民共和国保障措施条例》,我国国家经济贸易委员会2002年12月13日审议通过了《保障措施产业损害调查与裁决规定》,并于2003年1月15日起施行。

该规定共有5章45条。其主要内容为:(1)保障措施产业损害调查与裁决的负责机构:国家经济贸易委员会(以下简称国家经贸委)负责保障措施产业损害的调查与裁决。涉及农产品的保障措施产业损害调查,由国家经贸委会同农业部进行;国家经贸委产业损害调查局负责本规定的具体实施。(2)损害的认定:损害,是指由于进口产品数量增加,对生产同类产品或者直接竞争产品的国内产业造成严重损害或者严重损害威胁;严重损害是国内产业受到的全面的和重大的减损;严重损害威胁是明显迫近的严重损害,如果不采取措施将导致严重损害的发生。(3)因果关系的认定。

保障措施产业损害申请人应提交的证据材料:最近3至5年进口增长(包括绝对增长和相对增长)情况及相关证据;最近3至5年增加的进口产品在国内市场中所占的份额;最近3至5年进口产品对国内产业的影响及相关证据,包括对国内产业在产量、销售水平、市场份额、生产率、设备利用率、利润与亏损、就业等方面的影响情况;进口产品增长与国内产业损害因果关系及相关证据;影响国内产业的其他因素及相关证据。(5)损害调查人所提交计划应包括的内容:国内产业现状描述;国内产业受到进口增长造成的损害状况的描述;对采取保障措施的具体建议;国内产业调整的目标;国内产业调整的方式方法;国内产业调整的时间安排;申请人认为需要说明的其他情况。(6)保障措施产业损害调查的程序和期限。(7)保障措施产业损害裁决的程序和期限。 (罗大帅)

baozhang cuoshi diaocha tingzhenghui guize
保障措施调查听证会规则(provisions on investigating hearing of safeguard measures) 为保证保障措施调查的公平、公正,维护利害关系方的合法权益,根据《中华人民共和国保障措施条例》的有关规定,2002年2月10日我国对外经济贸易合作部通过了《保障措施调查听证会暂行规则》。该规则共有24条,其主要内容为:(1)听证会适用范围和组织者。(2)听证会的提起程序和提起人。(3)听证会的举行方式。(4)听证会主持人的职权:主持听证会会议的进行;确认参加听证会人员的身份;维护听证会秩序;向各利害关系方发问;决定是否允许各利害关系方提交补充证据,是否对已出示的证据进行鉴定;决定中止或者终止听证会;需要在听证会中决定的其他事项。(5)参加听证会的利害关系方的义务:按时到达指定地点出席听证会;遵守听证会纪律,服从听证会主持人安排;如实回答听证会主持人的提问。(6)听证会举行的程序:听证会主持人宣布听证会开始,宣读听证会纪律;核对听证会参加人;利害关系方陈述;听证会主持人询问利害关系方;利害关系方作最后陈述;主持人宣布听证会结束。(7)进出口公平贸易局决定可以延期或取消举行听证会的情形:听证会申请人因不可抗力的事件或行为,且已提交延期或取消听证会的书面申请的;保障措施调查终止;其他应当延期或取消的事项。(8)听证会使用的语言为中文以及其他相关事项。该规则于2002年3月13日施行。 (罗大帅)

baozhang cuoshi tiaoli
《保障措施条例》(Safeguard Measure Regulation) 为了维护对外贸易秩序和公平竞争,根据《中华人民共和国对外贸易法》的有关规定,2001年11月26日我国国务院公布了《中华人民共和国保障措施条例》,并自2002年1月1日起施行。

该条例共有5章35条。其主要内容为:(1)损害的定义和确定因素:进口产品的绝对和相对增长率与增长量;增加的进口产品在国内市场中所占的份额;进口产品对国内产业的影响,包括对国内产业在产量、销售水平、市场份额、生产率、设备利用率、利润与亏损、就业等方面的影响;造成国内产业损害的其他因素。(2)调查的程序、期限及注意事项。(3)保障措施的实施程序及期限。(4)保障措施实施期限可以延长的情形:按照本条例规定的程序确定保障措施对于防止或者补救严重损害仍然有必要;有证据表明相关国内产业正在进行调整;已经履行有关对外通知、磋商的义务;延长后的措施不严于延长前的措施。

随着我国加入WTO和我国经济的发展,以及我国政府机构的改革和《对外贸易法》的修改,国务院于2004年3月31日对《保障措施条例》又作了相应的修改:(1)将相关条款中的"对外贸易经济合作部(外经贸部)"修改为"商务部"。(2)将第6条修改为:"对进口产品数量增加及损害的调查和确定,由商务部负责;其中,涉及农产品的保障措施国内产业损害调查,由商务部会同农业部进行。"(3)将第11条、第12条、第13条、第29条、第34条中的"外经贸部、国家经贸委"修改为"商务部"。(4)将第7条"进口产品数量增加,是指进口产品数量与国内生产相比绝对增加或者相对增加。"修改为"进口产品数量增加,是指进口产品数量的绝对增加或者与国内生产相比的相对增加。"(5)将第15条、第16条合并为一条,作为第15条,规定:"商务部根据调查结果,可以作出初裁决定,也可以直接作出终裁决定,并予以公告。"(6)将第20条修改为第19条,在该条第1款中增加"实施保障措施应当符合公共利益"的规定,将这一款修改为:"终裁决定确定进口产品数量增加,并由此对国内产业造成损害的,可以采取保障措施。实施保障措施应当符合公共利益。"(7)将第27条修改为第26条,并将该条第3款"一项保障措施的实施期限及其延长期限,最长不超过8年。"修改为"一项保障措施的实施期限及其延长期限,最长不超过10年。"此外,对条文的顺序作了相应调整。修改后的《中华人民共和国保障措施条例》自2004年6月1日起施行。　　　　(王连喜　罗大帅)

baozheng

保证(guaranty)　票据法中票据债务人以外的第三人担保票据债务履行的行为。票据保证具有如下特征:是一种附属的票据行为;是以担保票据债务履行为目的的票据行为;是票据债务人以外的第三人所为的票据行为;须在票据上进行。

按照不同的标准,保证可以有如下分类:(1)以保证所担保的金额为标准,票据保证可分为全部保证和部分保证。全部保证是指就票据的全部金额而为的保证。部分保证是指就票据金额的一部分而为的保证。(2)以保证人的人数为标准,票据保证可分为单独保证与共同保证。单独保证是指保证人为一人的保证。共同保证是指向一项票据债务的保证人为两人以上的保证。(3)以保证人在汇票上的记载内容为标准,票据保证可分为正式保证与略式保证。正式保证是指保证人在签章的同时,记载"保证"意旨的保证。略式保证是指仅有保证人签章,没有"保证"意旨记载的保证。我国《票据法》规定了全部保证、单独保证、共同保证和正式保证。　　　　　　　　(田　艳)

baozheng de kuanshi

保证的款式(form of guaranty)　票据法要求保证人为保证行为时在票据上的记载事项。分为绝对必要记载事项、相对必要记载事项、记载不生票据法上效力的事项。绝对必要记载的事项包括如下内容:(1)表明"保证"的字样。又称为保证文句,保证文句不以"保证"为限,其他保证意旨的文句,例如"担保"等也同样效力。(2)保证人名称和住所。(3)保证人签章。相对必要记载的事项包括被保证人的名称和保证日期。记载不生票据法上效力的事项主要是指附条件的记载。　　　　　　　　　　　　(田　艳)

baozheng de xiaoli

保证的效力(effect of guaranty)　保证行为成立后,对票据上的当事人产生的效力。主要包括:(1)保证人的责任。保证人所负的票据责任具有从属性和独立性。从属性表现为保证人的保证责任从属于或者决定于被保证人的责任,独立性表现为当被保证人的债务在实质上无效的情况下,保证人仍得负保证责任。此外,共同保证人对被保证的票据债务负连带责任。(2)保证人的权利。我国《票据法》第52条规定:"保证人清偿汇票债务后,可以行使持票人对被保证人及其前手的追索权。"(3)及于持票人的效力。对持票人的权利来讲,可以直接向保证人行使付款请求权或行使追索权。(4)及于被保证人及其前、后手的效力。保证行为本身并不免除任何票据债务人的票据责任,但如果保证人清偿了持票人的追索,被保证人的后手即可免责,对被保证人及其前手(包括承兑人)来讲,仍然有对保证人清偿的责任。　　(田　艳)

baozhengjin tuifu weiji de tebie chuli chengxu

保证金退付危机的特别处理程序(special procedures for dealing with margin return crises)　期货经纪公司已经或者可能出现客户保证金退付危机,严重影响客户利益时,中国证监会有权决定对该公司进行特别处理的程序。

特别处理以决定的方式作出。中国证监会的特别处理决定应当载明下列内容:(1)被特别处理的期货经纪公司名称;(2)特别处理理由;(3)特别处理期限。期货经纪公司进入特别处理程序,应当由期货经纪公司股东单位组织特别处理工作组。必要时,中国证监会派出机构可以派代表或者委托中介机构参加特别处理工作组。特别处理工作组的特别处理工作,应当接受中国证监会的监督。

自特别处理开始之日起,由特别处理工作组行使期货经纪公司的经营管理权力。特别处理期间产生的债权债务仍由被特别处理的期货经纪公司承担。特别处理工作组可以根据情况采取下列措施:(1)清查客户持仓、客户保证金余额以及出现保证金退付危机的原因;(2)处置期货经纪公司的资产、回收到期债权;(3)追回被挪用的客户保证金;(4)决定客户持仓和保证金处理方案;(5)制定并实施期货经纪公司的清理整顿方案;(6)其他特别处理工作组认为必要的措施。特别处理期间,特别处理工作组认为需要对期货经纪公司进行清算的,可以向中国证监会申请,经批准后清算。特别处理期限届满,中国证监会可以决定延期,但特别处理期限最长不得超过1年。有下列情形之一,特别处理终止:(1)特别处理决定规定的期限届满或者延期届满;(2)特别处理决定期限届满前,该期货经纪公司已恢复正常经营能力;(3)特别处理期限届满前,该期货经纪公司被合并或者被依法宣告破产。　　　　　　　　　　　　(刘　鹏)

baozheng zhiliang yiwu

保证质量义务(compulsory guaranty of quality)　经营者保证商品或者服务质量的义务。其前提是消费者的正常使用和接受服务,如消费者非正常使用商品或接受服务,则经营者不承担此项品质担保义务。正常使用商品和接受服务,应该包括以下要求:(1)为经营者在消费活动中对所提供的产品或服务,要明确表明其用途以及使用或接受的正常途径,而且对商品或服务要提供准确明确的说明;(2)消费者应当依照商品或服务的说明要求去使用或接受,对于经营者提出的警示要高度重视,否则损害只能自行承担;(3)经营者所提供的商品或服务,应当符合同类商品或服务通常所具备的性能和质量。

商品或服务的质量,是指国家有关法律、法规、质量标准、服务规范以及合同规定的对商品或服务适用、安全及其他方面的要求。经营者保证商品或者服务质量的义务主要是针对商品或服务的适用性,即正常使用情况下所应当具有的寿命、性能、功效及品质等等。经营者保证商品和服务质量的义务具体包括以下几部分内容:(1)经营者应当保证在正常使用商品或接受服务的情况下,其提供的商品或服务应当具有的质量、性能、用途、有效期限,但是消费者在购买商品或接受服务前已经知道存在瑕疵的除外。瑕疵,是指商品或服务存在非实质性的缺点,也就是说即使该商品有瑕疵,但该商品的使用并不导致对人身健康或安全造成损害,仅仅是在质量、性能、用途上不能百分之百地达到说明书上的要求,因此,具有瑕疵的商品或服务,即使消费者在正常情况下使用或接受,经营者也不承担品质担保责任,所以,消费者在购买处理品或接受低质服务时,应当明白自己的责任和风险。(2)经营者以广告、产品说明、实物样品或其他方式表明商品或服务的质量状况的,应当保证其提供的商品或服务的实际质量与表明的质量状况相符。商品或服务的宣传,应当与实际质量相符合。经营者所标示出来的商品或服务的性能是决定消费者是否与之交易和接受其服务的关键,这是诚实信用原则、公平原则在商品交易活动中的具体体现,经营者不得违反,否则即为欺诈行为,消费者可据此要求赔偿损失。 (刘利普)

beiyong xinyongzheng

备用信用证(stand-by Letters of Credit) 信用证的一种。开证行向受益人开立的在开证申请人不履行基础合同义务时,享受一人支付约定金额的信用证。备用信用证一般多用在投标保证、招标保证、借款保证、融资保证和承包工程等方面。国际商会《跟单信用证统一惯例》关于跟单信用证和备用信用证的定义、关于开证行和保兑行的义务的规定是相同的,但备用信用证有自己的特点:(1)受益人提交的单据可以使证明开证申请人没有履行基础合同义务的文件或单据,因此该请求与基础和同在这点上有关联性。(2)当开证申请人履行了其基础合同义务时,备用信用证就在未被使用的情况下自动失效,在这点上备用信用证具有与保函相同的作用。但保函担保人为次债务人,开证行是主债务人。备用信用证和跟单信用证的区别:(1)适用范围不同,跟单信用证适用于货物买卖;备用信用证一般适用于投标、承包工程等非货物的买卖。(2)跟单信用证每一笔贸易都要使用,因为是凭单付款;备用信用证只有在申请开证人违反了规定时,才能行使规定的权利。(3)付款的依据不同。跟单信用证凭单付款,只要单据齐全,单证一致,银行就付款;备用信用证主要凭违约的证明付款。 (王连喜)

beiduibei xinyongzheng

背对背信用证(back to back letters of credit) 亦称"从属信用证"或"转开信用证"。出口商收到进口商开来的信用证后,受益人要求通知行或其他银行,以原来的信用证为基础,另外开立一张内容相似的新的信用证给另一受益人(就是实际供货人、出口方)的信用证。背对背信用证是为了适应中间商的需要而开的,背对背信用证为转售他人货物的中间商所使用,即这个中间商不让出口方知道,也不让进口方知道。还有就是当两个国家没有直接贸易关系的时候,需要通过第三个国家来沟通贸易时也使用。背对背信用证与原信用证完全是两个独立的信用证,不需要经过原信用证开证行和进口商的同意就可开出。 (王连喜)

beishu

背书(endorsement) 在票据背面或粘单上记载有关事项并签章的票据行为。背书行为包括两个内容:一是在票据背面或粘单上记载一定事项;二是将已背书的票据交付给被背书人。背书行为有如下特征:背书是一种附属票据行为;背书的主要目的在于转让票据上的权利;背书是持票人所为的一种票据行为;背书是一种要式行为。背书的分类:(1)转让背书和非转让背书。这是以背书的目的为标准进行的分类。转让背书是通常意义上的背书,非转让背书是特殊意义上的背书。(2)完全背书和空白背书。这是以对转让背书是否记载被背书人为标准进行的分类。(3)委任背书和质押背书。这是对非转让背书的分类。 (何锐)

beishu lianxu

背书连续(successive endorsement) 在票据转让中,转让汇票的背书人与受让汇票的被背书人在汇票上的签章依次前后衔接。背书连续的构成要件为(1)各背书均应是形式上有效的背书。(2)连续的背书应为同一性质。(3)背书的记载应有顺序性,即后一背书的背书人,应是前一背书的被背书人。背书连续的法律效力主要表现为:持票人所持票据上的背书如为连续,推定其为票据权利人,持票人不必举证,即可行使票据权利;票据债务人向背书连续的持票人清偿票款时,也不必要求持票人提出证明;背书连续的持票人的票据权利,不因背书人为无权利人而丧失;票据债务人主张背书连续的持票人不是真正权利人时,应负举证责任。

(何 锐)

bei baoxian ren
被保险人(the insured) 财产或者人身作为保险标的受保险合同保障,享有保险金请求权的人。被保险人是保险合同的关系人,不承担保险费给付这种基本合同义务,但被保险人应当负担如同投保人一样的告知义务和通知义务。被保险人是财产性保险的保险利益的权利人,或者是人身保险中其人身权益作为保险标的的人,保险事故一旦发生,被保险人在保险标的上利益必然遭受损失,因此,根据保险利益原则和损失补偿原则,被保险人恒定为保险金的法定请求权人。投保人通常以自己为被保险人订立保险合同,投保人与被保险人是同一人,学理上称这种保险为自己利益保险;投保人也可以他人作为被保险人订立合同,投保人与被保险人发生分离,学理上称这种保险是为他人利益保险。

在人寿保险,征得被保险人同意,可以指定其他人为保险单的受益人,取得保险金请求权,受益人为约定请求权人。在财产保险,由于遵循严格损失补偿原则,在保险事故发生以前,被保险人不得将期待的保险金请求权转让给他人,否则就是规避法律的行为,但保险事故发生后已经成立的保险金既得请求权可以转让给他人。

(李庭鹏)

beishenji danwei neibu kongzhi
被审计单位内部控制(internal control of audited company/unit) 被审计单位为了保证业务活动的有效进行,保护资产的安全和完整,防止、发现、纠正错误与舞弊,保证会计资料的真实、合法、完整而制定和实施的政策与程序。内部控制包括控制环境、会计系统和控制程序。注册会计师编制审计计划时,应当研究与评价被审计单位的内部控制。注册会计师应当对拟信赖的内部控制进行符合性测试,据以确定对实质性测试的性质、时间和范围的影响。建立健全内部控制是被审计单位管理当局的会计责任。相关内部控制一般应当实现以下目标:保证业务活动按照适当的授权进行;保证所有交易和事项以正确的金额,在恰当的会计期间及时记录于适当的账户,使会计表的编制符合会计准则的相关要求;保证对资产和记录的接触、处理均经过适当的授权;保证账面资产与实存资产定期核对相符。注册会计师在确定内部控制的可信赖程度时,应当保持应有的职业谨慎,充分关注内部控制的以下固有限制:内部控制的设计和运行受制于成本与效益原则;内部控制一般仅针对常规业务活动而设计;即使是设计完善的内部控制,也可能因执行人员的粗心大意、精力分散、判断失误以及对指令的误解而失效;内部控制可能因有关人员相互勾结、内外串通而失效;内部控制可能因执行人员滥用职权或屈从于外部压力而失效;内部控制可能因经营环境、业务性质的改变而削弱或失效。在编制审计计划时,注册会计师应当了解被审计单位内部控制的设计和运行情况。

审计风险 会计报表存在重大错报或漏报,而注册会计师审计后发表不恰当审计意见的可能性。审计风险包括固有风险、控制风险和检查风险。在编制总体审计计划时,注册会计师应当对会计报表整体的固有风险进行评估"固有风险是指假定不存在相关内部控制时,某一账户或交易类别单独或连同其他账户、交易类别产生重大错报或漏报的可能性。在编制具体审计计划时,注册会计师应当考虑固有风险的评估对各重要账户或交易类别的认定所产生的影响,或者直接假定这种认定的固有风险为高水平。注册会计师应当合理运用专业判断,考虑下列事项,评估固有风险:管理人员的品行和能力;管理人员特别是财会人员的变动情况;管理人员遭受的异常压力;业务性质;影响被审计单位所在行业的环境因素;容易产生错报的会计报表项目;需要利用专家工作结果予以佐证的重要交易和事项的复杂程度;确定账户金额时,需要运用估计和判断的程度;容易受损失或被挪用的资产;会计期间内,尤其是临近会计期末发生的异常及复杂交易;在正常的会计处理程序中容易被漏记的交易和事项。注册会计师了解内部控制并评估固有风险后,应当对各重要账户或交易类别的相关认定所涉及的控制风险作出初步评估。控制风险是指某一账户或交易类别单独或连同其他账户、交易类别产生错报或漏报,而未能被内部控制防止、发现或纠正的可能性。注册会计师如拟信赖内部控制,应当实施符合性测试程序,以评估控制风险。初步评估的控制风险水平越低,注册会计师就应获取越多的关于内部控制设计合理和运行有效的证据。注册会计师应当根据符合性测试结果,评估内部控制的设计和运行是否与控制风险初步评估结论相一致,如果存在偏差,应当修正对控制风险的评估,并据以修改实质性测试程序的性质、时间和范围。由于控制风险与固有风险相互联系,注册会计师应当对固有风险与控制风险进行综合评估,并据以作为检查风险的评估基础。检查风险是指某一账户或交易类别单独或连同其他账户、交易类别产生重大错报或漏报,而未能被实质性测试发现的可能性。固有风险及控制风险的评估对检查风险有直接影响,固有风险和控制风险的水平越高,注册会计师就应实施越详细的实质性测试程序,并着重考虑其性质、时间和范围,以将检查风险降低至可接受的水平。不论固有风险和控制风险的评估结果如何,注册会计师均应对各重要账户或交易类别进行实质性测试。如经实施有关审计程序,注册会计师仍认为某一重要账户或交易类别认定的检查风险不能降低至可接受的水平,应当发表保留意见或拒绝表示意见。

分析性复核 注册会计师分析被审计单位重要的比率或趋势,包括调查这些比率或趋势的异常变动及其与预期数额和相关信息的差异。注册会计师运用分析性复核程序的目的主要包括:在审计计划阶段,帮助确定其他审计程序的性质、时间和范围;在审计实施阶段,直接作为实质性测试程序,以提高审计效率和效果;在审计报告阶段,对会计报表进行整体复核。

注册会计师应当将分析性复核程序运用于审计计划和审计报告阶段,也可运用于审计实施阶段。在审计计划阶段,注册会计师应当运用分析性复核,进一步了解被审计单位的业务情况,识别潜在的风险领域。在审计实施阶段,注册会计师将分析性复核直接作为实质性测试程序时,应当考虑以下因素:分析性复核的目标;分析性复核结果的可信赖程度;被审计单位的业务性质及相关信息的可分解程度;信息的相关性;相关信息的可获得性;相关信息的来源;相关信息的可靠性;相关信息的可比性;相关内容控制的有效性;前期审计中发现的会计调整事项。在审计报告阶段,注册会计师应当运用分析性复核的结论印证实施其他审计程序所得出的结论,以确定是否需要追加审计程序。注册会计师在对会计报表进行整体复核时,应当审阅会计报表及其附注,并考虑:针对已发现的异常差异或未预期差异所获取的审计证据是否适当;是否存在尚未发现的异常差异或未预期差异。

注册会计师应当保持应有的职业谨慎,并考虑以下因素,合理确定分析性复核结果的可信赖程度:(1)分析性复核所涉及项目的重要性。对于重要的项目,不应仅仅依赖分析性复核程序。(2)分析性复核结果与针对同一审计目标实施的其他审计程序的结论的一致性。(3)分析性复核预期结果的准确性。对于准确性较低的项目,不应过多地依赖分析性复核程序。(4)固有风险和控制风险的评估。对于风险较高的项目,不应过多地依赖分析性复核程序。(5)实施分析性复核程序人员的能力与经验。如果分析性复核使用的是内部控制生成的信息,而内部控制失效,注册会计师不应信赖这些信息及分析性复核的结果。当分析性复核结果出现以下异常情况时,注册会计师应当进行调查,要求被审计单位予以解释,并获得适当的验证证据:与预期金额存在重大偏差;与其他相关信息严重不一致。如果被审计单位不予解释或解释不当,注册会计师应当考虑是否实施其他审计程序。

(刘 燕 麻琳琳)

beitexuzhe de quanli he yiwu
被特许者的权利和义务(rights and duties of the franchisee) 被特许者在被特许经营中所享有的权利和义务。被特许者的权利包括:(1)在特许经营合同约定的范围内行使特许者所赋予的权利。包括在特许经营合同约定的地域范围内行使特许者提供的商标、商号、产品、专利和专有技术,经营模式及其他经营标志等权利,特别是有权获得特许者按合同约定提供的经营技术及商业秘密。(2)有权获得特许者所提供的技术培训和业务指导。包括开业前、开业后的培训和指导。被特许者的义务包括:(1)严格按照特许经营合同约定的标准开展营业活动。包括按照特许经营合同约定的授权经营许可的内容、范围、期限和地域开展营业活动。(2)按合同约定按时支付特许权使用费及其他各种费用。包括加盟费、使用费、保证金和双方约定的其他费用。(3)遵守特许经营系统的营运规定,维护连锁体系的名誉及统一形象。(4)授予特许者的业务指导和监督。

(薛建兰)

ben gongsi
本公司(principal company) 具有独立的法人资格,能够以自己的名义直接从事各种业务活动,并管辖所属分公司或非独立经营机构的公司。以管辖系统为标准,可以将公司分为本公司和分公司。我国《企业名称管理条例》曾规定,具有3个以上的分支机构的公司才可以在名称中使用"总"字,但鉴于总公司是从经济角度对公司进行的界定,这种称谓在法律上缺乏科学的依据,故最高人民法院《关于施行〈中华人民共和国公司登记管理条例〉若干问题的意见》第8条规定,"公司不得再称'总公司'",亦即不应简单地用总公司来取代本公司的概念。

(方文霖)

benguo gongsi
本国公司(domestic company) 公司国籍隶属于本国的公司。根据公司的国籍可以将公司划分为本国公司、外国公司和跨国公司。目前,世界各国判定公司国籍依据的标准主要有三:一是准据法主义,即依公司设立的准据法决定公司的国籍;二是住所主义,即公司的住所地在哪个国家,公司的国籍就在哪个国家;三是股东国籍主义,即以公司多数股东的国籍或以持有公司多数股份的国籍作为判定公司国籍的依据。我国采用第一种标准认定公司国籍。根据我国《公司法》的规定,本国公司是指依照中国法律在中国境内登记成立的公司。凡在我国批准登记设立的公司,不论外国股份占多大比例,均为我国的公司。在我国批准设立登记的外资公司也是中国法人。凡不在我国批准登记设立的公司,包括我国在国外兴办的独资企业和中外合营公司,也都被认为是外国公司。　　　（方文霖）

benpiao

本票(promissory notes)　　出票人签发的,承诺自己在见票时无条件支付确定金额给收款人或者持票人的票据。本票有以下法律特征:(1)本票是票据的一种,具有一切票据所共有的性质。(2)本票是出票人无条件的支付承诺,即本票的出票人承诺无条件支付受款人或者持票人确定的金额。(3)本票是出票人自己支付确定金额的票据,这是本票与汇票、支票的根本不同之处。(4)本票的基本当事人有两方,一方是出票人,另一方是收款人,出票人是债务人,负有本票绝对付款的责任。

　　本票通常可以作如下分类:(1)根据本票上是否记载权利人为标准,可以将本票分为记名本票、无记名本票和指示式本票。记名本票也称为抬头本票,是在本票上明确记载收款人的名称或者姓名的本票,持票人转让记名本票应当采用背书的方式。无记名本票又称来人本票,是在本票上没有记载收款人的名姓、姓名或者将收款人记载为"持票人"、"来人"的本票,持票人转让无记名本票时,只需单纯交付就可以完成转让。指示式本票是在本票上除了记载记款人名称或者姓名外,还附加记载"或其指定人"的本票,出票人签发指定本票,不得禁止持票人背书转让。我国《票据法》仅承认记名式本票。(2)根据出票人的身份不同,可以将本票分为银行本票和商业本票。银行本票是指出票人为银行的本票。商业本票是指除银行以外的其他企业、事业、机关、团体等组织签发的本票。我国《票据法》仅承认银行本票。(3)根据本票上记载的到期日方式的不同,可以将本票分为即期本票和远期本票。即期本票是见票即付的本票,持票人自出票日起可随时请求付款,出票人应当无条件地支付本票金额。远期本票是指持票人只能在票载日期到来时才能行使票据权利的本票。我国《票据法》仅规定了即期本票。(4)以票据行为发生地为标准,可以将本票分为国内本票和涉外本票。国内本票是指本票上的出票、背书、保证、付款等行为全部发生在中华人民共和国境内(不包括我国香港地区、澳门地区和台湾地区)的本票。涉外本票是指上述行为中有发生在中华人民共和国境内、有发生在境外的本票。　　　（田艳）

benpiao chupiao de kuanshi

本票出票的款式(the form of issue of promissory notes)　　出票人在出票时在本票上记载的事项,分为绝对必要记载的事项、相对必要记载的事项、任意记载的事项、不生票据法上效力的记载事项、不得记载的事项。绝对必要记载的事项包括:(1)表明本票的字样。(2)无条件支付的承诺。无条件支付的承诺是出票人在本票上记载的表明自己承担付款义务的支付文句。(3)确定的金额。(4)收款人名称。(5)出票日期。(6)出票人签章。如未记载上述六项事项中任意一项,本票无效。相对必要记载的事项包括付款地和出票地。如未记载上述两项事项中任何一项,本票并不因此无效。未记载付款地的,出票人的营业场所为付款地;未记载出票地的,出票人营业场所为出票地。其余事项适用关于汇票出票的规定。　　　（田艳）

benpiao chupiao de xiaoli

本票出票的效力(the effect of issue of promissory notes)　　出票人签发本票后承担的责任以及收款人因此享有的权利。对出票人而言,一经出票,出票人应承担对持票人的付款责任,持票人向出票人提示见票后,出票人应按照本票金额足额付款。具体而言,这一付款责任为第一次的责任,本票持票人应向出票人行使付款请求权。这一付款责任是无条件的责任,本票一届到期日,该本票的出票人就有应持票人付款,并不得附加任何条件。这一付款责任为绝对的责任,出票人不因持票人对票据权利的行使或保全手续的欠缺而免除付款责任。这一付款责任是最终的责任。出票人一经付款,全部本票关系即归于消灭。对收款人而言,出票人一经出票,收款人和以后的持票人,就取得本票上的权利——付款请求权和追索权。本票上的追索权,与汇票上的相同,只有在一定条件下,即在付款请求遭拒绝时,并按照法定期限如期作成拒绝证明后才可以行使。　　　（田艳）

benpiao de chupiao

本票的出票(issue of promissory notes)　　出票人作成票据,并将票据交付给收款人的基本票据行为。从内容上讲,则与汇票不一样;汇票的出票是出票人委托付款人向收款人支付一定金额和票据行为;本票的出票却是出票人表示自己负担支付本票金额债务的票据行为。本票的出票人必须具有支付本票金额的可靠资金来源,并保证支付。在我国,本票出票人的资格由中国人民银行审定。　　　（田艳）

benpiao de fukuan
本票的付款(payment of promissory notes) 付款人按照本票文义支付本票金额的法律行为。由于本票的出票人同时就是承担无条件支付票据金额的付款人,也就是银行。因此,本票的付款与银行汇票的付款在形式上没有太大的区别。两者的区别主要表现在付款程序的不完全相同:(1)本票的持票人只能向出票银行提示付款,而银行汇票的持票人则不一定。(2)本票的付款期限是在出票人自出票日起2个月内,在持票人提示见票时予以付款;超过2个月的,不予受理。 (田 艳)

benpiao zhunyong huipiao de zhidu
本票准用汇票的制度(institutions of applications for bills of exchange to promissory notes) 本票的票据行为除本票的特殊规则外,原则上适用汇票的相关规定。这些特殊规则包括本票出票、本票出票的绝对必要记载事项和相对必要记载事项、本票出票的效力、本票的提示见票等。 (田 艳)

beishen weifa yuanze
本身违法原则(per se rule) 反垄断法适用的一个重要原则。根据这个原则,对市场上某些类型的反竞争行为不管其产生的原因和后果如何,均得被视为非法。适用本身违法原则对案件至少可以产生两方面的影响:第一,原告极有可能胜诉;第二,审理案件的法院或者行政执法机关不必对案件作很多调查和研究,就可以认定某个违法行为,从而可以节约判案时间和费用。根据各国反垄断的立法和实践,适用本身违法原则的限制竞争行为主要有价格卡特尔、生产数量卡特尔和分割销售市场的卡特尔。此外,纵向价格约束一般也被视为本身违法。 (王晓晔)

bijiao guanggao
比较广告(the comparative advertisement) 含有对比内容的广告。在我国现行的法律规范中,对比较广告的定义没有明确的界定。事实上,比较广告重在"比较"二字,只要满足比较的基本条件,即可认定为比较广告。首先要有比较的对象,即和谁比的问题。其次要有比较的客体,即比什么的问题。最后要有比较的方式、方法,即怎么比的问题。

可将比较广告分类如下:一是具体比较广告(直接比较广告)和任意比较广告(间接比较广告)。分类的依据为是否指明比较的对象名称。二是商品比较广告和服务比较广告。分类依据为广告内容所介绍的具体对象。三是正当比较广告和贬低比较广告。分类依据为比较的方法、方式是否真实、科学、合法。此外,还可根据广告发布媒体的不同,将比较广告分为网络媒体比较广告和传统媒体比较广告。比较广告通过将自我品牌同其他竞争品牌的比较,来突出自我品牌的独特销售主张,使广大群众相信该品牌比与之相比较的品牌更优越、更适合自己,从而赢得竞争的优势。显然,比较广告在市场竞争中发挥着一般广告所不具备的独特作用,因此,在广告活动中被广泛的运用。但由于经济利益的驱动,存在着大量违法、违规的比较广告,如贬低比较广告,这就需要广告管理法律、法规的调整和规范。在广告中含有贬低其他竞争者的内容是典型的不正当竞争行为,因此,我国广告立法对此予以坚决禁止。在广告实践中,贬低比较广告主要有两种表现方式:一种是直接贬低,即直接用语言、文字贬低其他竞争者的具体或同类商品或服务,这种方式在具体比较广告和任意比较广告中都很常见。二是间接贬低,即不采用直接贬低之语言文字形式,而采用诸如国家级、最高级、最佳等用语或其他不指名道姓的方式,影射其他竞争者的商品或服务有缺陷。 (苏丽娅)

bizhi bijia caigou zhidu
比质比价采购制度(procurement system for quality and price comparison) 我国《国有工业企业物资采购管理暂行规定》所制定的一种用于规范企业采购行为的制度。依此,企业在采购物资时,不论采用何种方式进行采购,都必须既要考虑拟购物资的质量,同时也要考虑其价格,力争所购物资物"美"价也"廉"。

为了能在采购中比质、比价,企业就必须广泛收集采购物资的质量、价格等市场信息,掌握主要采购物资的信息变化情况。一般而言,除了仅有唯一的供货单位或企业的生产经营有特殊要求以外,企业主要物资的采购都应当选择两个以上的供货单位,从质量、价格、信誉等方面择优进货。企业在采购主要物资时,或所采购的物资有特殊要求时,都应当对供货单位的资格进行审查。而已经确定的供货单位,还应当及时掌握其产品的质量、价格以及其信誉的变化情况。

此外,那些大宗的原材料、燃料以及辅料的采购、或者基建项目、技改项目中的主要物资的采购以及那些金额较大的物资的采购,具备招标采购条件的,应尽量实行招标采购,即用《中华人民共和国招标投标法》来规范企业的大的主要物资的采购行为。而按照《中华人民共和国招标投标法》第3条的规定,凡是在中国境内的大型基础设施、公用事业等关系社会公共利益、公众安全的项目,全部或者部分使用国有资金投资或者国家融资的项目,使用国际组织或者外国政府贷款、援助的项目,这些项目的勘察、设计、监理以及与工程有关的重要设备、材料等的采购,都必须进行招标。由

此,在上述所列范围内的国有及国有控股工业企业的采购,都必须采用招标的方式进行采购。 （杨云鹏）

bizhi

币值（value of a currency） 单位货币实际代表的货币量。铸币（如黄金）的币值是由金属的价值决定的,纸币没有价值,它所代表的价值受纸币流通规律的制约,当市场上流通的纸币数量与流通中所必需的金属货币数量相等时,单位纸币的面值与实际代表的价值量相等,纸币稳定；当市场上流通的纸币数量超过商品流通所必需的金属货币量时,单位纸币实际代表的价值量必将低于面值,即发生纸币贬值。反之,当市场上流通的纸币数量低于商品流通所必需的金属货币量时,单位纸币实际代表的价值量必将高于面值,即发生纸币升值。无论是纸币贬值还是升值,都会在一定程度上对一国经济造成一定的影响,若各国要保持正常的货币流通和经济秩序,最基本的前提条件是保持本币币值的稳定。 （王连喜）

bimian chongfu zhengshui de fangfa

避免重复征税的方法（methods of preventing double taxation） 防止和避免重复征税一定的方式。由于不同的税收管辖权之间存在冲突,容易导致对同一跨国纳税人的同一部分所得重复征税。通用的方式有两种,一是单边方式,即一国在本国税法中单方面作出规定,以鼓励本国居民对外投资；常用的方法有：扣除法、免税法和抵免法。有的国家只采用其中一种方法,如智利、秘鲁、挪威、西班牙、葡萄牙等实行扣除法,波兰、罗马尼亚、荷兰等国实行免税法,印度、印度尼西亚、韩国、加拿大等实行抵免法；有的国家同时使用两种方法,如澳大利亚、新西兰、爱尔兰等同时实行免税法和抵免法,美国、日本、英国、德国、中国同时实行抵免法和扣除法,瑞士、法国、斯里兰卡等同时实行免税法和扣除法。另一种避免重复征税的方式是双（多）边方式,即两个以上国家通过谈判,签订避免重复征税的税收协定。扣除法是指居住国对本国居民纳税人在国外交纳的所得税,允许从应税所得中扣除,就扣除后的余额计征所得税的避免重复征税的方法。其计算公式为：居住国应征所得税额=（居民全球所得-国外已纳所得税额）×居住国税率。扣除法将地域税收管辖权放在优先地位,同时行使居民税收管辖权,即只承认了一部分地域税收管辖权,因此扣除法并不能完全消除重复征税。免税法,又称豁免法,是指居住国对本国居民纳税人来源于国外的所得和财产免予征税从而避免重复征税的方法,又可分为全部免税法与累进免税法。前者是指居住国对其居民纳税人来源于国内的所得征税时,仅就其国内所得额计征,不计国外所得,计算公式为：居住国应征所得税额=居民国内所得×居住国税率。累进免税法是指居住国对其居民纳税人来源于国内的所得征税时,将该居民纳税人已被本国免征的国外所得计算在应纳税所得额中,以此征税的方法,计算公式为：居住国应征所得税额=居民全球所得×居住国税率×国内所得/国内外总所得。免税法由于放弃了对来源于国外所得的征税权,因此能够完全避免重复征税,且有利于本国资本向国外投资,计算也较为简便。但免税法使居住国的税收权益放弃较多。抵免法,也称外国税收抵免,是指居住国对本国居民纳税人全球所得征税,但允许其在规定的限额内从本国的应纳税额中抵免其在国外缴纳的所得税额,计算公式如下：居住国应征所得税额=居民全球所得×居住国税率-允许抵扣的国外已纳所得税额。抵免法有利于实现资本输出中性,承认地域税收管辖权与居民税收管理权,兼顾居住国与收入来源国双方的利益,但如两国税率不同时,按较高税率征税可能抑制对低税国的投资。税收协定,是指两个或两个以上主权国家,为了协调相互之间的税收管辖权冲突、避免双重征税及防止偷漏税而签订的书面协议。税收协定有两个著名的范本,一个是联合国范本,简称 UN 范本,另一个是经济合作与发展组织范本,简称 OECD 范本。两个范本的结构和体例基本一致,但具体内容上有些差异。一般说来,UN 范本偏重于考虑发展中国家的权益,OECD 范本则偏重于发达国家的权益。截止到 2002 年底,我国已与 80 个国家签订了税收协定。

（熊晓青）

bianjing jingji hezuoqu

边境经济合作区（border economic cooperative areas） 国家为促进与邻国边境贸易和地方贸易,扩大投资合作、技术交流、劳务合作等多种形式的经济合作设立的,集中发展出口加工制造业和第三产业的沿边境开放城市区域。沿边开放是我国中西部地区对外开放的重要一翼,对发展我国与周边国家（地区）的经济贸易和睦邻友好关系、繁荣少数民族地区经济发挥了积极作用。我国现有的 14 个边境经济合作区是：黑河边境经济合作区、珲春边境经济合作区、满洲里边境经济合作区、丹东边境经济合作区、伊宁边境经济合作区、塔城边境经济合作区、博乐边境经济合作区、凭祥边境经济合作区、东兴边境经济合作区、瑞丽边境经济合作区、畹町边境经济合作区、河口边境经济合作区、二连浩特边境经济合作区、绥芬河边境经济合作区。1992 年 3 月 9 日国务院曾颁发了《关于进一步对外开放黑河等四个边境城市的通知》,提出了对于边境经济合作区的优惠政策,在鼓励发展加工贸易和创汇农业方面规定,"八五"期间对为发展出口农产品而进口的种子、种苗、饲料及相关技术装备,企业为加工出口产品和进行技术改造而进口的机器设备和其他物料,免征进口关税和产品税(或增值税);在积极吸收国内和国外的投资,促进经济发展方面指出第一步着重引进独联体各国和国内企业的投资,发展出口贸易;并积极创造条件,将吸收外商投资扩大到其他国家和地区。省和自治区人民政府可以在权限范围内扩大四市人民政府审批外商投资项目的权限。经当地税务机关批准,外商投资企业的企业所得税减按24%的税率征收。允许独联体各国投资商在其投资总额内用生产资料或其他物资、器材等实物作为投资资本。这部分货物可按我边贸供货的有关规定销售,并减半征收进口关税和工商统一税。对边境经济合作区内产品以出口为主的生产性内联企业,其生产出口规模达到一定额度的,经经贸部批准,给予对独联体国家的进出口经营权,具体规模额度标准由经贸部研究确定。内联企业的企业所得税率在当地减按24%的税率征收,如内联投资者将企业利润所得解回内地,则由投资方所在地加征9%的所得税。"八五"期间免征投资方向调节税。边境经济合作区内的内联企业和外商投资企业在独联体国家易货所得,允许自行销售,进口时减半征收关税和工商统一税。属于国家限制进口的商品,要按国家有关规定办理进口审批手续。边境经济合作区进行区内基础设备建设所需进口的机器、设备和其他基建物资,免征进口关税和产品税(或增值税)。"八五"期间,边境经济合作区的新增财政收入留在当地,用于基础设施建设。"八五"期间,中国人民银行每年专项安排4000万元固定资产贷款(每市1000万元),用于边境经济合作区的建设,纳入国家信贷和投资计划。

边境经济合作区与邻国经济的互补性使得边贸发展具有很大的潜力。积极鼓励对周边国家的边境贸易,一方面可以拉动国内需求,刺激经济增长;另一方面可以兴边富民,增进睦邻友好,维护边境政治稳定和国家长治久安。考虑到边境民族地区的实际情况和经济欠发达的现实,国家应继续在财政、税收、进出口商品管理等方面给予政策倾斜,保持政策的连续性和稳定性,使边贸政策与国家整体发展政策统一起来。

(周 燕)

bianjing maoyi

边境贸易 (border trade) 我国边境或边民所进行的对外贸易。我国边境贸易按以下两种形式进行管理:(1)边民互市贸易,系指边境地区边民在边境线20公里以内、经政府批准的开放点或指定的集市上,在不超过规定的金额或数量范围内进行的商品交换活动。边民互市贸易由外经贸部、海关总署统一制定管理办法,由各边境省、自治区人民政府具体组织实施。(2)边境小额贸易,系指沿陆地边境线经国家批准对外开放的边境县(旗)、边境城市辖区内(以下简称边境地区)经批准有边境小额贸易经营权的企业,通过国家指定的陆地边境口岸,与毗邻国家边境地区的企业或其他贸易机构之间进行的贸易活动。边境地区已开展的除边民互市贸易以外的其他各类边境贸易形式,均统一纳入边境小额贸易管理,执行边境小额贸易的有关政策。

边境贸易税收管理 边民通过互市贸易进口的商品,每人每日价值在人民币1000元以下的,免征进口关税和进口环节税;超过人民币1000元的,对超出部分按法定税率照章征税。由海关总署据此调整有关监管规定。边境小额贸易企业通过指定边境口岸进口原产于毗邻国家的商品,除烟、酒、化妆品以及国家规定必须照章征税的其他商品外,"九五"前三年(1996年至1998年),进口关税和进口环节税按法定税率减半征收。除边境贸易以外,与原苏联、东欧国家及其他周边国家的易货贸易和经济技术合作项下进口的产品,一律按全国统一的进口税收政策执行。

进出口管理制度 边境小额贸易企业经营权,根据外经贸部统一规定的经营资格、条件以及在核定的企业总数内,由各边境省、自治区自行审批。边境小额贸易企业名录需报外经贸部核准,并抄报国务院有关部门备案。未按规定批准并报备案的企业,一律不得经营边境小额贸易。开展边境小额贸易原则上不受贸易方式和经营分工限制。允许边境省、自治区各指定1至2家边境小额贸易企业,通过指定边境口岸,经营向我国陆地边境毗邻国家出口边境地区自产的国家指定公司联合统一经营的商品,以及进口国家实行核定公司经营的进口商品。经营企业名单需报经商务部核准。

经济技术合作项下进出口商品的管理制度 边境地区经商务部批准有对外经济技术合作经营权的企业(以下简称边境地区外经企业),通过与毗邻国家边境地区经济合作进口的商品,执行边境小额贸易的进口税收政策。其承包工程和劳务合作项下换回的物资可随项目进境,不受经营分工的限制。边境地区外经企业与毗邻国家劳务合作及工程承包项下带出的设备材料和劳务人员自用的生活用品,在合理范围内,不受出口配额和经营分工的限制,并免领出口许可证。

(傅智文)

bianmin hushi maoyi

边民互市贸易 (fair trade among bilateral border persons) 边境地区边民在我国陆路边境20公里以内,经政府批准的开放点或指定的集市上、在不超过规定的金额或数量范围内进行的商品交换活动。

开展边民互市贸易应符合的条件 1996年《边民

互市贸易管理办法》规定：(1)互市地点应设在陆路、界河边境线附近；(2)互市地点应由边境省、自治区人民政府批准；(3)边民互市贸易区(点)应有明确的界线；(4)边民互市贸易区(点)的海关监管设施符合海关要求。我国边境地区的居民和对方国家边民可进入边民互市贸易区(点)从事互市贸易。我国边境地区的商店、供销社等企业，如在边民互市贸易区(点)设立摊位，从事商品交换活动的，按照边境贸易进行管理。

边民互市贸易管理 边境地区居民携带物品进出边民互市贸易区(点)或从边境口岸进出境时，应向海关如实申报物品的品种、数量和金额，并接受海关监管和检查。边境地区居民每人每日从边境口岸或从边民互市贸易区(点)内带进的物品，价值在人民币1000元以下的，免征进口关税和进口环节税，超过人民币1000元不足5000元的，对超出部分按《对入境旅客行李物品和个人邮递物品征收进口税办法》规定征税；超出人民币5000元的按《中华人民共和国海关进口税则》征收进口关税和进口环节税，并按进出口货物办理有关手续；边境双方居民和从事商品交换活动的企业均不得携带或运输国家禁止进出境物品出入边民互市贸易区(点)。国家限制进出口和实行许可证管理的商品，按国家有关规定办理。对具备封闭条件并与对方国家连接的边民互市场所，对方居民携带物品进境时，应向驻区监管的海关申报并接受海关监管；对当地未设海关机构的，省、自治区政府直属海关委托地方有关部门代管，地方政府应加强管理，并制定实施细则，经海关同意后实施，海关应给予指导并会同当地政府不定期检查管理情况。各级海关要加强对边民互市贸易的管理，严厉打击利用边民互市贸易进行走私违法的活动。对违反《海关法》和《边民互市贸易管理办法》规定的，海关依法进行处理。 （郑慧玫 张维珍）

bianxiang chuanxiao
变相传销(non-store selling in disguised form) 以"消费联盟"、"共销"、"框架营销"、"滚动促销"等营销方式，或者假借专卖代理、特许加盟经营等名义，进行传销的违法活动。变相传销的组织严密、活动隐蔽，邪教、帮会、流氓、迷信活动夹杂其中，侵害公众利益，影响社会稳定。变相传销经常进行虚假宣传，骗取钱财，严重扰乱金融秩序。变相传销还引诱一些党政机关干部、复转军人、全日制在校学生等参加传销，严重破坏正常的工作、教学秩序。变相传销活动的实质就是进行坑人、害人的诈骗活动，严重危害了消费者的合法权益。 （郑慧玫 张维珍）

biaoding dijia
标定地价(the nominal land prices) 县级以上人民政府价格主管部门会同有关部门以基准地价为依据，根据市场行情、地块的具体特征和土地使用权的年限等条件，对需要进行土地使用权出让、转让、抵押的具体地块评定其在某一时间的具体价格。标定地价需以专业评估机构的地价评估结果为基础，根据国家宏观经济政策要求和房地产市场供求变化趋势，经组织专家论证后，合理确定。标定地价需有批准权的人民政府批准并定期向社会公布。标定地价的确定是政府对土地使用权价格进行管理的主要调控手段，有利于正确处理各种经济利益关系，保持房地产市场价格的基本稳定。国家计委1995年《城市国有土地使用权价格管理暂行办法》中规定政府对土地使用权价格实行直接管理与间接管理相结合的原则，建立以基准地价、标定地价为主调控，引导土地使用权价格形成的机制。标定地价由县级以上人民政府价格主管部门会同有关部门制定，经有批准权的人民政府批准后，定期向社会公布。标定地价是以基准地价为基础确定的标准地块的一定使用年期的价格。标定地价应当每两年调整公布一次；在房地产市场价格波动较大时，也可以每年调整公布一次。标定地价制定公布的具体办法，按当地人民政府规定执行。国务院有规定时，从其规定。经城市人民政府批准公布的标定地价，应当报上一级人民政府价格主管部门备案。省级人民政府价格主管部门应将本地区主要城市的基准地价汇总后，报国务院价格主管部门备案。土地使用权出让，可以采取拍卖、招标或者双方协议的方式。以拍卖、招标方式出让土地使用权时，出让人应当事前依据政府公布的标定地价制定土地出让底价，经政府价格主管部门会同有关部门审核后报同级人民政府批准。土地使用权转让价格低于标定地价一定比例的，城市人民政府有优先购买权。 （赵芳芳）

biaoming zhenshi mingcheng he biaoji yiwu
标明真实名称和标记义务(obligation to indicate authentic name and mark) 规定经营者应当标明其真实名称和标记，同时还规定租赁他人柜台或者场地的经营者，应当标明其真实名称和标记的义务。名称，是指经营者的名称，根据我国现行法律法规，经登记注册的企业名称的专用权受法律保护。标记，是指经营者在营业活动中经常性使用的特殊标记。企业名称和营业标记在市场交易活动中最重要的功能，就是商品或服务的来源，成功的企业名称和营业标记是企业的无形资产。

经营者标明真实名称和标记的义务的内容有：经营者不得使用未经核准登记的企业名称；不得擅自改动和使用经核准登记企业名称；不得假冒他人的企业名称和他人特有的营业标记；也不得仿冒，即使用与他人企业名称和营业标记相近似,足以造成消费者误认的企业名称或营业标记。总之,经营者只能使用自己的真实企业名称和营业标记。

对于租赁他人柜台或场地的经营者,在进行商品交易活动过程中,同样有标示自己真实名称或标记的义务。一些租赁者进行经营时,不是努力提高产品质量和服务水平,而是借租赁柜台,打着出租人的名义,销售商品、提供服务。在虚假企业名称或营业标记标示情况下发生的侵害消费者合法权益的行为,行为主体不明确,赔偿主体难以确定,所以规定租赁他人柜台或场地的经营者的真实标示义务,能够使消费者的合法权益得到更为有效的保护。　　　　　(刘利晋)

biaozhun
标准(standard) 对重复性事物和概念所做的统一规定,它以科学、技术和实践经验的综合成果为基础,经有关方面协商一致,由主管机构批准,以特定形式发布,作为共同遵守的准则和依据。

标准的种类 依照不同的角度可以对标准进行不同的分类。(1)按照行业归类。目前我国按行业进行归类的标准已正式批准了58大类,包括机械行业、电力行业、建筑行业、医药行业、食品行业等。(2)按标准的性质分类。通常按标准的专业性质,可以将标准划分为技术标准、管理标准和工作标准三大类:第一,技术标准。是指对标准化领域中需要统一的技术事项所制定的标准。第二,管理标准。是指对标准化领域中需要协调统一的管理事项所制定的标准。第三,工作标准是指对工作的责任、权利、范围、质量要求、程序、效果、检查方法、考核办法所制定的标准。(3)按标准的功能分类。第一,基础标准,在一定范围内作为其他标准的基础并普遍使用,只有广泛指导意义的标准。这类标准具有最一般的共性,通用性很广。第二,产品标准,为保证产品的适用性,对产品必须达到的某些或全部要求所制订的标准。第三,方法标准,指以试验、检查、分析、抽样、统计、计算、测定、作业等各种方法为对象制订的标准。第四,安全标准,以保护人和物的安全为目的制订的标准。第五,卫生标准,是为保护人的健康,对食品、医药及其他方面的卫生要求制订的标准。第六环境保护标准,是指为保护环境和有利于生态平衡,对大气、水、土壤、噪声、振动等环境质量、污染源、检测方法以及其他事项制订的标准。

标准的分级 是按照标准的适用的领域与效力范围对标准所做的分类,各个级别的标准之间都存在着一定的联系和从属关系,从而形成一个层次分明的标准体系。我国将标准分为四级:国家标准、行业标准、地方标准和企业标准。国家标准是指由国家标准化主管机构批准、发布,在全国范围内统一的标准。国家标准主要由国务院标准化行政主管部门编制计划,组织草拟,统一审批、编号、发布。我国的国家标准的代号为"GB"。行业标准是指在全国某个行业内统一的标准。行业标准是对没有国家标准又需要在全国某个行业范围内统一的技术要求所规定的标准,是国家标准的补充。在相应的国家标准实施后,行业标准自行废止。地方标准是指对没有国家标准和行业标准而又需要在省、自治区、直辖市范围内统一的工业产品的安全、卫生要求而制定的标准。在相应的国家标准或行业标准实施后,地方标准即自行废止。企业标准是指由企(事)业或其上级有关机构批准发布的标准。在我国,企业生产的产品没有国家标准、行业标准和地方标准的,应当制定相应的企业标准,作为组织生产的依据。企业标准由企业组织制定,并按省、自治区、直辖市人民政府的规定备案。对已有国家标准、行业标准或者地方标准的,国家鼓励企业制定严于国家标准、行业标准或者地方标准要求的企业标准,在企业内部适用。

标准的性质 我国的标准依其性质可以分为强制性标准和推荐性标准两类。强制性标准,是指保障人体健康,人身、财产安全的标准和法律、行政法规规定强制执行的标准。强制性标准具有明确的法律约束力,任何组织和个人必须遵照执行,不得以任何形式加以变更或违反。强制性标准以外的标准是推荐性标准。推荐性标准又称非强制性标准或自愿性标准,是指生产、交换、使用等方面,通过经济手段或市场调节而自愿采用的一类标准。国家鼓励企业自愿采取推荐性标准。推荐性标准不具有强制效力,任何企业可自愿决定是否采取该标准。但推荐性标准一经接受并采用,就成为各方必须共同遵守的技术依据,具有法律上的约束性。随着我国市场经济的发展,推荐性标准会被越来越多的采用,其作用也会越来越重要。

　　　　　　　　　　　　　　　　(刘　鹏)

biaozhun chuban guanli zhidu
标准出版管理制度(management system of standard publication) 对标准出版物(包括纸质文本、电子文本)的出版、印制(印刷或复制)、发行工作中管理活动的总称。标准出版管理制度在保护知识产权方面发挥了重要的作用。这里的标准,是指国家标准、行业标准和地方标准。标准必须由国务院出版行政部门批准的正式出版单位出版。国家标准由中国标准出版社出版;工程建设、药品、食品卫生、兽药和环境保护国家标准,由国务院工程建设、卫生、农业、环境保护等主管部门根据出版管理的有关规定确定相关的出版单位出版,也可委托中国标准出版社出版。行业标准由国务院有关行政主管部门根据出版管理的有关规定确定相关的出版单位出版,也可由中国标准出版社出版。地方标准由省、自治区、直辖市标准化行政主管部门根据出版管理的有关规定确定相关的出版单位出版。根据上级主管部门的授权或同标准审批部门签订的合同,标准的出版单位享有标准的专有出版权。标准出版合同应当符合国家出版管理规定。出版合同包括以下基本内容:标准的专有出版权;标准的载体型式、文种;发行范围;交稿要求;出版周期、质量要求;出版费用;义务与权利;违约责任。任何单位或个人以经营为目的,以各种形式复制标准的任何部分,必须事先征得享有专有出版权单位的书面同意。任何单位或个人将标准的任何部分存入电子信息网络用于传播,必须事先征得享有专有出版权单位的书面同意。出版单位出版标准汇编时,必须事先征得享有专有出版权单位的书面同意。非正式审批或发布的标准,任何单位不得以任何形式出版发行。经审批、发布的标准,在送交出版单位出版时,需附有标准审批部门的正式批文或发布文。出版稿的内容应当符合《标准化工作导则》(GB/T1)的规定。标准发行应当遵守国务院出版行政部门的有关规定。

(麻琳琳)

biaozhun dang'an

标准档案(standard archives) 在制定、修订标准过程中,直接形成的具有保存价值的各种文件、材料。包括:图表、文字材料、计算材料、音像制品和标样等。标准档案是国家档案的重要组成部分。标准档案按保管期限,分为永久的和长期的两种。永久保管的,按国家档案管理部门的规定办理;长期保管的,应当是现行的和最近两次修订的标准的档案。属长期保管的废止标准档案,应当继续保管10年。标样在保管期限内已失效的,按保管到期的规定处理。国务院标准化行政主管部门负责管理国家标准档案。

标准档案由标准起草单位负责收集有关材料并加以整理,向相应的标准档案管理部门或单位负责提供。保管标准档案,应当有档案柜和库房,并有防火、防潮、防晒、防虫鼠、防尘、防盗等安全措施。保管标准档案,要建立定期检查制度,一般每两年检查一次,如有破损或变质的档案应当及时修补或复制。管理标准档案的机构,应当建立健全标准档案借阅制度。标准档案一般不外借。特殊情况需要外借时,应当经主管领导批准,并限期归还。任何个人不得将标准档案占为私有,凡损坏、隐匿、丢失或泄密的,应当追究有关人员的责任。对标准档案的保存价值,应当定期进行鉴定。鉴定工作在有单位主管领导、标准化人员和标准档案管理人员参加下进行。对已经超过保管期、失去保存价值的标准档案,应当编造清册,经主管领导签字后销毁,并注明销毁时间和处所,由监销人员签字后,将清册归档。

(麻琳琳)

biaozhunhua

标准化(standardization) 在经济、技术、科学及管理等社会实践中,对重复性事物和概念通过制定、发布和实施标准,达到统一,以获得最佳秩序和社会效益的活动。标准化包括制定标准、组织实施标准和对标准的实施进行监督三个环节。

标准化的历史沿革 标准化虽然最早可追溯到远古时期,但近代意义的标准化是大工业生产的产物。1845年英国人瑟·韦特瓦尔首先提出统一螺钉、螺母规格尺寸及互换性的建议;随后,一些标准化组织相继成立。1901年,英国成立了世界上第一家国家标准化团体——英国标准协会;1906年,世界上最早的国际性标准化组织——国际电工委员会成立;1947年世界最大的国际标准化组织——国际标准化组织诞生。每年的10月14日,被定为"世界标准日"。

标准化的对象 标准化对象的范围十分广泛,在经济、技术、科学及管理等社会实践中,凡具有多次重复使用和需要制定标准的具体产品,以及各种定额、规划、要求、方法、概念等,都属于标准化的对象。标准化的对象主要分为两大类:一类是标准化的具体对象,即需要制定标准的具体事物;另一类是标准化总体对象,即各种具体对象的总和所构成的整体,通过它可以研究各种具体对象的共同属性、本质和普遍规律。

标准化的形式 标准化的主要形式有简化、统一化、系列化、通用化、组合化。其中简化是在一定范围内缩减对象事物的类型数目,使之在既定时间内足以满足一般性需要的标准化形式。统一化是把同类事物两种以上的表现形态归并为一种或限定在一定范围内的标准化形式。系列化是对同一类产品中的一组产品同时进行标准化的一种形式,是使某一类产品系统的结构优化、功能最佳的标准化形式。通用化是指在互相独立的系统中,选择和确定具有功能互换性或尺寸互换性的子系统或功能单元的标准化形式。组合化是按照标准化原则,设计并制造出若干组通用性较强的单元,根据需要拼合成不同用途的物品的标准化形式。

标准化的地位和作用 标准化是现代市场经济发展的重要保障,为国民经济的健康发展和社会经济效益的提高,发挥了重要的作用,体现在:标准化为产品质量的提高提供了重要保障,维护了消费者的利益。标准化为企业的科学管理奠定基础,是企业组织现代化生产的重要手段。标准化有利于合理利用国家资源、节约能源,提高整体的经济效益。标准化有效地保障了人体健康和人身、财产安全,保护环境。标准化有利于推广应用科研成果和新技术。标准化可以消除贸易技术壁垒,促进国际贸易的发展,提高我国产品在国际市场上的竞争能力。标准化还是制定有关法规的依据。

（刘　鹏）

biaozhunhua fa
《标准化法》（Standardization Act of China）　我国一部重要的经济法律。《中华人民共和国标准化法》于1988年12月29日第七届全国人民代表大会常务委员会第五次会议通过，自1989年4月1日起施行。1990年4月6日国务院又发布了《中华人民共和国标准化法实施条例》。

该法的立法目的是为了发展社会主义商品经济，促进技术进步，改进产品质量，提高社会经济效益，维护国家和人民的利益，使标准化工作适应社会主义现代化建设和发展对外经济关系的需要。该法由5章26条组成。第一章为总则，内容涉及标准化法的立法目的、制定标准的范围、标准化工作的任务、采用国际标准的鼓励政策以及标准化工作的各级管理体制等；第二章为标准的制定，主要规定了各种标准的种类及适用顺序、标准制定过程中应遵循的原则和标准制定后的复审；第三章为标准的实施，主要包括对强制性标准和推荐性标准的要求、产品质量认证的申请和使用、对出口产品和企业研制、改进产品的要求、对标准实施的行政管理体制等；第四章为法律责任，规定了违反标准化法所应负的行政责任和刑事责任、标准化执法人员的法律责任以及对处罚不服时的行政复议和诉讼程序等。第五章为附则，规定实施细则的制定机关和该法的施行日期。

《标准化法》是我国标准化管理工作的基本法，自其颁布之后，许多有关标准化工作的行政法规相继出台，使我国的标准化法律体系初具规模。该法的实施，为我国企业产品质量的提高、外贸出口的扩大、国外先进技术的引进等作出了积极的贡献。

（刘　鹏）

biaozhunhua falü zeren
标准化法律责任（legal responsibility for standardization）　根据《中华人民共和国标准化法》及其实施条例的规定，违反该法所应承担的法律责任形式包括行政法律责任、刑事法律责任和民事法律责任三种，其中以行政法律责任为主。

我国的《标准化法》及其实施条例所规定的标准化违法行为主要包括违反强制性标准规定的行为、违反产品认证规定的行为以及其他标准化违法行为三类。对于这三类违法行为，违法行为人既承担行政责任和刑事责任，也承担由此产生的民事责任，即因违法行为而受到损害的当事人有权要求责任人（违法行为人）赔偿损失。赔偿责任和赔偿金额纠纷可以由有关行政主管部门处理，当事人也可以直接向人民法院起诉。

违反强制性标准规定的法律责任　《标准化法》对违反强制性标准规定的当事人规定如下的法律责任：(1)生产不符合强制性标准的产品的，应当责令其停止生产，并没收产品，监督销毁或作必要技术处理；处以该批产品价值金额20%至50%的罚款；对有关责任者处以5000元以下罚款。(2)销售不符合强制性标准的商品的，应当责令其停止销售，并限期追回已售出的商品，监督销毁或作必要的技术处理，没收违法所得；处以该批商品价值金额10%至20%的罚款；对有关责任者处以5000元以下罚款。(3)进口不符合强制性标准的产品的，应当封存并没收该产品，监督销毁或作必要技术处理；处以进口产品价值金额20%至50%的罚款；对有关责任者给予行政处分，并可处以5000元以下罚款。(4)生产、销售、进口不符合强制性标准的产品，造成严重后果构成犯罪的，由司法机关依法追究直接责任人员的刑事责任。

违反产品认证规定的法律责任　《标准化法》对违反产品认证规定的行为规定了如下的法律责任：(1)获得认证证书的产品不符合认证标准而使用认证标志出厂销售的，由标准化行政主管部门责令其停止销售，并处以违法所得2倍以下的罚款；情节严重的，由认证部门撤销其认证证书。(2)产品地未经认证或者认证不合格而擅自使用认证标志出厂销售的，由标准化行政主管部门责令其停止销售，处以违法所得3倍以下的罚款，并对单位负责人处以5000元以下罚款。

其他标准化违法行为的法律责任　除上述两种主要的标准化违法行为之外，我国《标准化法》还规定了其他标准化违法行为。依照《标准化法实施条例》的有关规定，企业有下列情形之一的，由标准化行政主管部门或有关行政主管部门在各自的职权范围内责令限期改进，并可通报批评或给予责任者行政处分：(1)企业未按规定制定标准作为组织生产依据的；(2)企业未按规定要求将产品标准上报备案的；(3)企业的产品未按规定附有标识或与其标识不符的；(4)企业研制新产品、改进产品、进行技术改造，不符合标准化要求的；(5)科研、设计、生产中违反有关强制性标准规定的。

标准化执法人员的违法行为及其法律责任　依据我国《标准化法》及其实施条例的规定，标准化执法人员的违法行为包括：(1)违反《标准化法实施条例》的规定，工作失误，造成损失的；(2)伪造、篡改检验数据的；(3)徇私舞弊、滥用职权、索贿受贿的。标准化工作的监督、检验、管理人员有以上违法行为之一的，由有关主管部门给予行政处分，构成犯罪的，由司法机关依法追究刑事责任。

行政复议和行政诉讼的有关规定 当事人对没收产品、没收违法所得和罚款的处罚不服的,可以在接到处罚通知之日起15日内,向作出处罚决定的机关的上一级机关申请复议;对复议决定不服的,可以在接到复议决定之日起15日内,向人民法院起诉。当事人也可以在接到处罚通知之日起15日内,直接向人民法院起诉。当事人逾期不申请复议或者不向人民法院起诉又不履行处罚决定的,由作出处罚决定的机关申请人民法院强制执行。

(刘 鹏)

biaozhunhua fazhi guanli tizhi

标准化法制管理体制(the legal administrative system of standardization) 我国实行"统一管理"与"分工负责"相结合的标准化法制管理体制。按照《标准化法实施条例》的规定,我国的标准化法制管理体制分为五个层次:(1)国务院标准化行政主管部门统一管理全国标准化工作,履行下列职责:组织贯彻国家有关标准化工作的法律、法规、方针、政策;组织制定全国标准化工作规划、计划;组织制定国家标准;指导国务院有关行政主管部门和省、自治区、直辖市人民政府标准化行政主管部门的标准化工作,协调和处理有关标准化工作问题;组织实施标准;对标准的实施情况进行监督检查;统一管理全国的产品质量认证工作;统一负责对有关国际标准化组织的业务联系。(2)国务院有关行政主管部门分工管理本部门、本行业的标准化工作,履行下列职责:贯彻国家标准化工作的法律、法规、方针、政策,并制定在本部门、本行业实施的具体办法;制定本部门、本行业的标准化工作规划、计划;承担国家下达的草拟国家标准的任务,组织制定行业标准;指导省、自治区、直辖市有关行政主管部门的标准化工作;组织本部门、本行业实施标准;对标准实施情况进行监督检查;经国务院标准化行政主管部门授权,分工管理本行业的产品质量认证工作。(3)省、自治区、直辖市人民政府标准化行政主管部门统一管理本行政区域的标准化工作,履行下列职责:贯彻国家标准化工作的法律、法规、方针、政策,并制定在本行政区域实施的具体办法;制定地方标准化工作规划、计划;组织制定地方标准;指导本行政区域有关行政主管部门的标准化工作,协调和处理有关标准化工作问题;在本行政区域组织实施标准;对标准实施情况进行监督检查。(4)省、自治区、直辖市有关行政主管部门分工管理本行政区域内本部门、本行业的标准化工作,履行下列职责:贯彻国家和本部门、本行业、本行政区域标准化工作的法律、法规、方针、政策,并制定实施的具体办法;制定本行政区域内本部门、本行业的标准化工作规划、计划;承担省、自治区、直辖市人民政府下达的草拟地方标准的任务;在本行政区域内组织本部门、本行业实施标准;对标准实施情况进行监督检查。(5)市、县标准化行政部门和有关行政主管部门的职责分工,由省、自治区、直辖市人民政府规定。

(刘 鹏)

biaozhun shishi

标准实施(enforcement of standard) 将标准所规定的内容,在实践中加以贯彻执行。主要包括:(1)标准实施的要求。我国《标准化法》规定,强制性标准,必须执行。不符合强制性标准的产品,禁止生产、销售和进口。推荐性标准,国家鼓励企业自愿采用。企业对有国家标准或者行业标准的产品,可以向国务院标准化行政主管部门或者国务院标准化行政主管部门授权的部门申请产品质量认证。认证合格的,由认证部门授予认证证书,准许在产品或者其包装上使用规定的认证标志。已经取得认证证书的产品不符合国家标准或者行业标准的,以及产品未经认证或者认证不合格的,不得使用认证标志出厂销售。出口产品的技术要求,依照合同的约定执行。出口产品在国内销售时,属于我国强制性标准管理范围的,应当符合强制性标准的要求。企业研制新产品、改进产品,进行技术改造,应当符合标准化要求。(2)标准实施的监督。依照我国《标准化法》以及《标准化法实施条例》的规定,国务院标准化行政主管部门统一负责全国标准实施的监督。国务院有关行政主管部门分工负责本部门、本行业的标准实施的监督。省、自治区、直辖市标准化行政主管部门统一负责本行政区域内的标准实施的监督。省、自治区、直辖市人民政府有关行政主管部门分工负责本行政区域内本部门、本行业的标准实施的监督。市、县标准化行政主管部门和有关行政主管部门,按照省、自治区、直辖市人民政府规定的各自的职责,负责本行政区域内的标准实施的监督。县级以上人民政府标准化行政主管部门,可以根据需要设置检验机构,或者授权其他单位的检验机构,对产品是否符合标准进行检验和承担其他标准实施的监督检验任务。检验机构的设置应当合理布局,充分利用现有力量。国家检验机构由国务院标准化行政主管部门会同国务院有关行政主管部门规划、审查。地方检验机构由省、自治区、直辖市人民政府标准化行政主管部门会同省级有关行政主管部门规划、审查。处理有关产品是否符合标准的争议,以本条规定的检验机构的检验数据为准。国务院有关行政主管部门可以根据需要和国家有关规定设立检验机构,负责本行业、本部门的检验工作。国家机关、社会团体、企业事业单位及全体公民均有权检举、揭发违反强制性标准的行为。国务院标准化行政主管部门组织或授权国务院有关行政主管部门建立行业认证机构,进行产品质量认证工作。

(刘 鹏)

biaozhun wuzhi

标准物质（standard material） 具有一种或多种足够好的、高稳定度的，并确立了物理、化学和计量学特性，用来校准计量器具，评价计量方法或给材料赋值的物质或材料。法律上的标准物质一般是指有证标准物质，即具有一种或多种用技术上有效的方法鉴定其特性值，并附有可溯源到由鉴定机构所发给的证书或其他文件的标准物质。标准物质是量值传递的一种重要手段，是统一全国量值的法定依据，它可以作为计量标准校对仪器，作为比对标准考核仪器、测量方法和操作是否正确，可以测定物质或材料的组成和性质，考核各实验室之间的测量结果是否准确和一致。标准物质具有两个明显特点：具有量值准确性和用于计量目的。我国的标准物质分为一级和二级两个等级。标准物质定级的主要根据是标准物质特性量值的稳定性、均匀性和准确性。

（刘 鹏）

biaozhun youxiaoqi

标准有效期（standard period of validity） 又称标龄。从标准实施到标准复审重新确认、修订或废止之间所间隔的时间。对于标准有效期，各国规定并不相同。ISO标准每5年复审一次，平均标龄为4.92年。根据我国《国家标准管理办法》第27条的规定："国家标准实施后，应当根据科学技术的发展和经济建设的需要，由该国家标准的主管部门组织有关单位适时进行复审，复审周期一般不超过5年。"也就是说我国国家标准的有效期一般为5年。

（刘 鹏）

biaozhun zhiding

标准制定（establishment of standard） 标准的起草、审批、编号和发布的全过程。

当科学技术和实践经验发展和积累到一定阶段时，就需要对以往积累的经验成果予以系统化和规范化，以便为科学技术的继续发展和社会资源的有效利用奠定良好的基础。标准的本质和作用归根到底来源于必要的合理的统一规定。

制定标准应当有利于保障安全和人民的身体健康，保护消费者的利益，保护环境；制定标准应当有利于合理利用国家资源，推广科学技术成果，提高经济效益，并符合使用要求，有利于产品的通用互换，做到技术上先进，经济上合理；制定标准应当做到有关标准的协调配套；制定标准应当有利于促进对外经济技术合作和对外贸易；制定标准应当发挥行业协会、科学研究机构和学术团体的作用。

依照《中华人民共和国标准化法》以及实施条例的有关规定，对下列需要统一的技术要求，应当制定标准：（1）工业产品的品种、规格、质量、等级或者安全、卫生要求。（2）工业产品的设计、生产、检验、包装、储存、运输、使用的方法或者生产、储存、运输过程中的安全、卫生要求。（3）有关环境保护的各项技术要求和检验方法。（4）建设工程的勘察、设计、施工、验收的技术要求和方法。（5）有关工业生产、工程建设和环境保护的技术术语、符号、代号、制图方法、互换配合要求。（6）农业（含林业、牧业、渔业）产品（含种子、种苗、种畜、种禽）的品种、规格、质量、等级、检验、包装、储存、运输以及生产技术、管理技术的要求。（7）信息、能源、资源、交通运输的技术要求。标准制定的主体按照标准的级别，标准的制定主体可分为四类：（1）国家标准由国务院标准化行政主管部门编制计划，协调项目分工，组织制定，统一审批、编号、发布。（2）行业标准由行业标准归口部门审批、编号、发布，并报国务院标准化行政主管部门备案。（3）地方标准由省、自治区、直辖市标准化行政主管部门统一编制计划、组织制定、审批、编号和发布，并报国务院标准化行政主管部门备案。（4）企业标准由企业制定，由企业法人代表或法人代表授权的主管领导批准、发布，由企业法人代表授权的部门统一管理。企业产品标准，应在发布后30日内办理备案。一般按企业的隶属关系报当地政府标准化行政主管部门和有关行政主管部门备案。

中国国家标准的程序可分为九个阶段：预备阶段、立项阶段、起草阶段、征求意见阶段、审查阶段、批准阶段、出版阶段、复审阶段、废止阶段。对下列情况，可以采用快速程序：（1）对等同采用、等效采用国际标准或国外先进标准的标准制、修订项目，可直接由立项阶段进入征求意见阶段，省略起草阶段；（2）对现有国家标准的修订项目或中国其他各级标准的转化项目，可直接由立项阶段进入审查阶段，省略起草阶段和征求意见阶段。

标准实施后，制定标准的部门应当根据科学技术的发展和经济建设的需要适时进行复审，以确认现行标准继续有效或者予以修订、废止。标准实施后，制定标准的部门应当根据科学技术的发展和经济建设的需要适时进行复审。标准复审周期一般不超过5年（企业标准应定期复审，周期一般不超过3年）。

（刘 鹏）

bolan fanlongduan fa

波兰反垄断法（anti-trust law of Poland） 波兰于1987年制定了反垄断法，并于1990年和1991年进行了修订。修订后的反垄断法分6章共31条。主要规定了以下内容：（1）总则，规定了法垄断法的立法宗旨、法律中相关术语的解释以及适用例外的情形；（2）垄断行为，规定了垄断行为的种类、具有垄断地位或市场支配地位的经营者不得从事的行为、反垄断局对垄断行为可以采取的措施等；(3)对经营者联合的限制，规定了经营者兼并、转让企业时的报告义务，反垄断局可以将经营者分解或者变卖的情形等；(4)实施垄断行为的法律责任，规定了违反反垄断法实施垄断行为应当承担的法律责任；(5)反垄断机构，规定了反垄断局在国家行政系统中的地位、组成、职责、反垄断审查程序的启动等内容。

（刘　鹏　苏丽娅）

bohai shengwu ziyuan yanghu zhidu

渤海生物资源养护制度（system for the protection and breeding of Bohai living being）　渤海是我国重要的海洋生物资源地。为保护、增殖和合理利用渤海生物资源，保护渤海水域生态环境，保障渔业生产者合法权益，促进渤海渔业可持续发展，我国专门制定了《渤海生物资源养护规定》。这部行政规章规制的对象是在渤海从事养殖和捕捞水生动物、水生植物等渔业生产及其他相关活动的单位和个人，从事涉及国家重点保护水生野生动物、野生植物相关活动的单位和个人。

农业部主管渤海生物资源养护工作。农业部黄渤海区渔政渔港监督管理局负责渤海生物资源养护的组织、协调和监督管理工作。渤海沿岸县级以上地方人民政府渔业行政主管部门负责本行政区域内生物资源养护工作。

养殖和捕捞　渤海沿岸县级以上地方人民政府渔业行政主管部门应当对养殖区统一规划,科学评估,确定养殖发展布局和养殖水域容量,发展和推广生态养殖。在渤海使用全民所有的水域、滩涂从事养殖生产的,应当向沿岸县级以上地方人民政府渔业行政主管部门提出申请,由本级人民政府核发养殖证。沿岸县级以上地方人民政府渔业行政主管部门受理养殖证申请时,应当根据养殖发展布局和养殖水域的容量,明确养殖证的水域滩涂范围、使用期限、用途等事项。沿岸县级以上地方人民政府渔业行政主管部门应当按照规定的权限和管辖范围发放捕捞许可证,不得超过上级下达的船网工具控制指标。国家鼓励发展休闲渔业。

生物资源增殖　国家鼓励单位和个人投资,采取人工增殖放流、人工鱼礁建设等多种形式,增殖渤海生物资源。农业部黄渤海区渔政渔港监督管理局和沿岸省、直辖市人民政府渔业行政主管部门应当积极采取措施,统筹规划,制定本地区生物资源增殖计划,依法组织人工增殖放流、人工鱼礁建设。

生物资源保护　重点保护的渤海渔业资源品种及其可捕标准按照《渤海生物资源养护规定》的规定进行,《渤海生物资源养护规定》中未定标准的重点保护品种的可捕标准和地方重点保护品种及其可捕标准,由沿岸各省、直辖市人民政府渔业行政主管部门规定,报农业部和农业部黄渤海区渔政渔港监督管理局备案。渤海秋汛对虾生产实行专项（特许）捕捞许可证制度。禁止使用下列严重损害生物资源的渔具、渔法：(1)炸鱼、毒鱼和电力捕鱼；以渔船推进器、泵类采捕定居种生物资源；(2)三重流网、底拖网、浮拖网及变水层拖网作业,但网口网衣拉直周长小于30米的桁杆、框架型拖网类渔具除外；(3)规格不符合本规定附件2规定标准的网具。禁止在禁渔区、禁渔期内收购、加工和销售非法捕捞的渔获物。在禁渔区或者禁渔期内收购、加工和销售非法捕捞的渔获物的,沿岸县级以上地方人民政府渔业行政主管部门及其所属的渔政渔港监督管理机构应当及时调查处理。因科学研究特殊需要,在禁渔区、禁渔期捕捞或使用禁用的渔具、渔法,以及捕捞禁捕对象的,应当经农业部黄渤海区渔政渔港监督管理局审核后,报农业部批准。捕捞作业时应当悬挂统一规定的标志。

渔业水域环境保护　沿岸县级以上地方人民政府渔业行政主管部门应当依法参加海岸工程、海洋工程、倾废区、入海排污口等项目的环境影响评价等工作,研究对生物资源和渔业水域环境的影响,提出保护生物资源和渔业水域环境的具体要求和措施。沿岸各级渔业生态环境监测机构应当依法加强对渔业水域的监测,及时向同级渔业行政主管部门和上一级监测机构报告监测情况。进行水下爆破、勘探、施工作业,对生物资源有严重影响的,位于"机动渔船底拖网禁渔区线"内的,作业单位应当事先同沿岸省、直辖市人民政府渔业行政主管部门协商；位于"机动渔船底拖网禁渔区线"外的,作业单位应当事先同农业部黄渤海区渔政渔港监督管理局协商,并采取有关防护措施后,方能作业。因溢油、排污及倾倒废弃物等污染,造成渔业污染事故的,由沿岸县级以上地方人民政府渔业行政主管部门或其所属的渔政监督管理机构组织调查、评估,并依照《中华人民共和国海洋环境保护法》的有关规定处理。污染事故损害渤海天然生物资源的,沿岸县级以上地方人民政府渔业行政主管部门依法处理,并可以代表国家对责任者提出损害赔偿要求。

（王　丽）

buchang maoyi

补偿贸易（compensation trade）　亦称"产品返销"。交易的一方在对方提供信用的基础上,进口设备技术不用现汇支付货款,而是以该进口设备技术所生产的产品或劳务分期抵付进口设备技术的价款及利息的贸易方式。早期的补偿贸易主要用于兴建大型工业企业。如当时苏联从日本引进价值8.6亿美元的采矿设备,以1亿吨煤偿还；波兰从美国进口价值4亿美元的化工设备和技术,以相关工业产品返销抵偿。后期的补偿贸易趋向多样化,不但有大型成套设备,也有中小型项目。20世纪80年代,波兰向西方出口的电子和机械产品中,属于补偿贸易返销的占40%—50%。我国在20世纪80年代,曾广泛采用补偿贸易方式引进国外先进技术设备,但规模不大,多为小型项目。近年来外商以设备技术作为直接投资进入我国,故补偿贸易更趋减少。但是,随着我国市场经济的发展,补偿贸易在利用外资、促进销售方面的优越性不容忽视。补偿贸易的种类有:直接补偿、间接补偿、劳务补偿。补偿贸易具有以下特征:(1)必须在信贷基础上进行,这是前提条件;(2)设备供应方必须承诺回购产品或劳务的义务,这是必备条件。这两条也是它和延期付款的根本区别。补偿贸易的性质:(1)补偿贸易是买卖,是在信贷基础上进行的交易,属于利用外资的一种形式;(2)补偿贸易不是直接投资,双方除有买卖关系外,还有债权与债务关系,要按期归还货款。补偿贸易具有以下作用:(1)对进口技术设备方的作用:一是它是利用外资的一种贸易方式,弥补国内资金的不足;二是能获得先进技术,提高生产能力,使产品升级换代;三是增加出口产品种类,提高产品质量,增强竞争能力;四是通过回购,扩大出口,取得较为稳定的市场和销售渠道。(2)对出口技术设备方的作用:一是通过给对方提供信贷,冲破进口方支付能力不足的障碍,扩大技术设备的销售市场;二是在市场激烈竞争条件下,承诺回购,是加强竞争力、战胜对手的一种手段;三是通过回购,取得所需的原材料,并从转售中获取利润。补偿贸易的局限性如下:(1)出口方不但要提供信贷,还要回购产品或用劳务来补偿,所以开展这一业务有一定困难;(2)因为是在信贷基础上进行的,属赊购赊销性质,因此购进来的技术不可能是最先进的,也许是陈旧的、被淘汰的,而且价格较贵,不很合算。

(王连喜)

butie

补贴(subsidies) 一国政府或其他公共机构以各种形式向当地生产商或出口商提供现金支持和财政上的优惠待遇,以直接或间接提高出口商品在国际上的竞争力的政府性措施。2004年6月1日实施的《中华人民共和国反补贴条例》第2条规定,补贴是指出口国(地区)政府或者其任何公共机构提供的并为接受者带来利益的财政资助以及任何形式的收入或者价格支持。根据WTO《反补贴与反补贴措施协议》,以下情况被视为存在补贴:成员政府或一成员境内公共实体向出口产业或企业提供财政资助,或者GTAA1994第16条意义上的任何形式的收入支持或价格支持,由此产业或企业给予某种利益。

WTO《补贴与反补贴措施协议》将补贴分为三种:禁止补贴、可诉补贴和不可诉补贴。有人形象地分别称其为红色补贴、黄色补贴和绿色补贴。禁止性补贴分为两类,一类是出口补贴,即在法律或事实上以出口实绩为唯一的或其中一个条件的补贴;另一类是进口替代补贴,亦称为国内含量补贴,即以使用国内商品而不使用进口商品为唯一的或其中一个条件的补贴,其补贴的对象是国产品的生产者、使用者或消费者。禁止性补贴的范围较窄。可诉补贴指一成员政府或公共机构对其出口商或生产商提供各种形式的财政资助,造成另一成员国的国内产业的利益受损或享有的利益丧失或受到严重威胁,另一成员国可通过多边纪律指控或对其采取反补贴措施的补贴,即那些既不被禁止,又不能免于质疑的补贴。不可诉补贴是指虽然一成员政府或公共机构对其出口商或生产商提供某种形式的财政资助,但未造成另一成员国的国内产业的利益受损或享有的利益丧失或受到严重威胁,或具有某种特殊价值而不应阻碍,一般不能通过多边纪律指控,不能对其采取反补贴措施的补贴。一般认为,不可诉补贴不可能产生不利影响,或者因为由某种特殊价值而不应阻止。但不可诉补贴并非完全不受指控。一补贴欲获得不可诉补贴的地位,须满足一定的标准和条件。《反补贴协议》专门规定了以下三种补贴为专向性不可诉补贴:(1)给予基础研究的援助。(2)作为地区发展总体计划的一部分,给予贫困地区的援助;条件是援助不限制在该地区的特定企业或产业,与该成员的总体情况相比,可证明该地区为贫困地区。(3)为使现有设施适应新的环境要求提供的援助。条件是这种援助只是一次性给予,并限制在总成本的20%以内,并可以普遍获得。

根据补贴的形式,补贴可分为直接补贴和间接补贴。直接补贴是指由政府或公共机构直接付给本国出口商的现金贴补。直接补贴的补贴现金主要来源于政府的财政拨款。间接补贴是指政府或者公共机构给本国出口商或进口商提供财政上的优惠或技术上的资助与赠与,如减免或退还国内贷款、提供低息贷款或出口担保、外汇留成或免征出口税等等。

从国际贸易政策角度看,补贴又可分为生产补贴和出口补贴。在国际贸易中,补贴是促进和刺激出口的一种手段,各国通常运用不同的补贴形式,以影响国际市场的货物流向和提高本国产品的竞争力。生产补贴又称国内补贴,指一国政府或公共机构仅就某一产品的生产给予其国内生产企业的补贴。接受生产补贴的产品在国内市场上可以通过降低产品价格把外国同类产品挤出国内市场。出口补贴是指一国政府或公共机构专门就出口产品给予出口生产企业的一种鼓励性补贴,它在法律上或事实上以出口实绩为唯一的或其中一个条件。接受出口补贴的产品往往能够以低于国内市场的价格在国外销售,从而提高产品在国际市场上的竞争力,扩大出口利润。出口补贴主要有以下八种做法:(1)政府对出口企业直接给予补贴;(2)政府为出口货物提供优于内销货物的国内运输及运费;(3)外汇留成或类似的出口奖励;(4)政府为用于出口货物的产品和劳务提供优惠的条款和条件;(5)对出口产品的企业免除直接税或社会福利;(6)在计算应征收的直接税的基础上,给出口产品以特殊的折扣;(7)对用于出口产品的货物或劳务的先期累积间接税的免除或退还高于用于国内销售货物的产品和劳务的免除,但是如果被免除前期累积间接税的产品已被并入出口产品时,则反对该产品免除该项税收是允许的;(8)超额退还用于生产出口产品的进口产品的进口税额。 (王连喜)

butie diaocha tingzhenghui guize

补贴调查听证会规则(provisions on investigating hearing of subsidy) 为保障反补贴调查的公平、公正,维护利害关系方、利害关系国(地区)政府的合法权益,根据《中华人民共和国反补贴条例》的有关规定,2002年2月10日对外经济贸易合作部公布了《中华人民共和国对外贸易经济合作部反补贴调查听证会暂行规则》。该规则共24条,其主要内容为:(1)听证会适用范围和组织者。(2)听证会的提起程序和提起人。(3)听证会的举行方式。(4)听证会主持人的职权:主持听证会会议的进行;确认参加听证会人员的身份;维护听证会秩序;向各利害关系方、利害关系国(地区)政府发问;决定是否允许各利害关系方、利害关系国(地区)政府补充提交证据;决定中止或者终止听证会;需要在听证会中决定的其他事项。(5)参加听证会的利害关系方的义务:按时到达指定地点出席听证会;遵守听证会纪律,服从听证会主持人安排;如实回答听证会主持人的提问。(6)听证会举行的程序:听证会主持人宣布听证会开始,宣读听证会纪律;核对听证会参加人;利害关系方、利害关系国(地区)政府陈述;听证会主持人询问利害关系方、利害关系国(地区)政府;利害关系方、利害关系国(地区)政府作最后陈述;主持人宣布听证会结束。(7)进出口公平贸易局决定可以延期或取消举行听证会的情形:听证会申请人因不可抗力的事件或行为,且已提交延期或取消听证会的书面申请;反补贴调查终止;其他应当延期或取消的事项。(8)听证会使用的语言为中文以及其他相关事项。该规则于2002年3月13日施行。 (罗大帅)

bulao xian'e

捕捞限额(fishing within quotas) 国家根据捕捞量低于渔业资源增长量的原则,确定渔业资源的总可捕捞量。目的在于达到每年的最适捕捞量的同时,防止过度捕捞,使渔业资源能永续利用。捕捞限额制度必须建立在科学的基础上进行。因此,我国《渔业法》第22条明确规定:国务院渔业行政主管部门负责组织渔业资源的调查和评估,为实行捕捞限额制度提供科学依据。中华人民共和国内海、领海、专属经济区和其他管辖海域的捕捞限额总量由国务院渔业行政主管部门确定,报国务院批准后逐级分解下达;国家确定的重要江河、湖泊的捕捞限额总量由有关省、自治区、直辖市人民政府确定或者协商确定,逐级分解下达。捕捞限额总量的分配应体现公平、公正的原则,分配办法和分配结果必须向社会公开,并接受监督。还要求国务院渔业行政主管部门和省、自治区、直辖市人民政府渔业行政主管部门应当加强对捕捞限额制度实施情况的监督检查,对超过上级下达的捕捞限额指标的,应当在其次年捕捞限额指标中予以核减。 (桑东莉)

budingzhi baoxian

不定值保险(unvalued policy) 投保人与保险人在订立财产保险合同时,对保险标的价值不作出约定,待保险事故发生后进行理赔时,再对保险标的的实际价值作出评估。不定值保险和定值保险是从属于财产保险的一种分类,不定值保险和定值保险与保险价值这一概念有密切的关系,它们是确定保险价值的不同方法。 (李庭鹏)

bujingqi hangye fa

不景气行业法(law on Industries in Depression) 关于在经济结构中处于不景气地位的行业的立法。它主要是对处于不景气地位的传统产业、国民经济次要产业和劳动密集型产业等,针对其生存、经营、资金等陷于困境,设备能力、劳动力严重过剩的状态而制定的各种不景气对策和为实现这种对策的立法。判断结构不景气行业的标准有:(1)设备过剩,而在市场上恢复又无望的企业;(2)原材料、能源费用上升,而失去国际竞争力的行业;(3)受发展中国家追赶的行业。作为经济结构对策立法,它主要包括中小企业促进法、设备处理法、就业措施法等。 (张旭娟)

buke kangbian tiaokuan guize

不可抗辩条款规则(incontestability rule) 保险人须在保险单条款中承诺,自保险合同生效之日起,在被保险人生存期间经过两年后,保险人将不得再以订约时投保人或被保险人在缔约时存在的不实告知事由,对保险合同的有效性提出抗辩。保险法在人寿保险、疾病保险、残疾收入损失保险等长期人身保险中强行要求的一种特定保险单条款，不可抗辩条款是一种限制保险人行使权利的特别约定条款，它把保险人可以因投保方于保险合同订立之时不实陈述、隐瞒而使合同得解除的权利限制在一定的时段之内，超过该期限，保险人就不能再对上述问题提出争议。不可抗辩条款主要是为投保方利益安排的，但它对保险人也是公平、合理的，因为，在两年可抗辩期内保险人应该有合理的机会和充足的时间去调查投保方所申明的情况，尤其核实投保方于投保时是否存在不实说明、隐匿等违反告知义务的情事，从理论上讲，两年期限一般足以完成此项工作。不可抗辩条款最初表现为由保险人基于意思自治在保险合同中任意约定的特别条款，现在制定法已强制加以规定，在性质上属于法定规则，即不可抗辩条款规则，这是不可抗辩条款法理的重要发展。现在，不可抗辩条款规则强制要求保险人在寿险和健康保险合同等长期保险（单）合同中必须要有不可抗辩条款，也就是不可抗辩条款已不是任意性保险合同条款，经由立法，它已成为不可抗辩条款规则的规范对象，该法则强制规定保险单最低限度必须具有不可抗辩条款，进而言之，当制定法对不可抗辩条款有强制要求时，保险人提供的格式化保险单必须包含不可抗辩条款，否则，制定法有关不可抗辩条款的规定自动成为保险单的一个条款。不可抗辩条款规则是对一般合同法理的突破，它受到肯定的理由是：（1）不可抗辩条款保护投保方或受益人的合理预期，保险合同已生效两年，保险人并未对保险合同的有效性提出质疑，投保方或受益人越发有理由信赖合同的有效性，多年后因偶然发生的保险事故触发保险人去调查和提出陈年过时的抗辩事由，有违保险合同的最大诚信原则。（2）保险公司是经营风险事业的专业机构，在与投保方缔结合同时，它应该也有能力对拟承保的危险进行负责任的管理和评估，保险公司在可抗辩的两年期间内不作为，是一种疏于管理和漠视自己权利的放任行为，保险公司理应对这种行为所产生的不利后果承担责任。（3）不可争抗条款具有很强的人道主义伦理价值和公共利益维护的目的。人寿或健康保险合同生效数年后对于投保方有非常重要的经济意义，如果多年后发现投保方缔约时违反告知义务，因而解除合同关系，对于投保方无疑是一场保险灾难，为了避免那些依赖于保险单的孤儿寡母或已致残的被保险人因保单失效而丧失生活来源，并最终沦为依靠政府救济，不可争辩条款的确立具有显著的进步意义。不可抗辩条款规则是美国保险法的产物，对现代各国保险立法产生了重大影响，《日本商法典》保险法章第644条、我国台湾地区《保险法》第64条、我国澳门地区《商法典》第1041条对不可抗辩条款规则也作了强制性规定。我国《保险法》尚未引进不可抗辩条款规则。　　（李庭鹏）

buli falü xiaoguo tongzhi yiwu

不利法律效果通知义务（notice of harming legal effect）　凡在保险期间，投保方应履行某项义务以及不适当履行将产生合同被解除等法律上不利效果的，保险人在取得抗辩权前应当事先对投保人履行不利法律效果通知义务。否则，保险人不能主张和行使抗辩权。投保方应履行的义务包括诸如按时履行保险费支付或某种通知义务等。在德国，通过保险立法和判例及其学说的协同作用，逐渐形成了体系完整的保险期间保险人一般性不利法律效果通知义务。该类保险人通知义务的理由在于：（1）保险人是经营保险事业的专业机构，它有能力管理它所接受的每一项保险，不至于使每一件保险合同非因投保方的本意而丧失效力。（2）保险肩负着保障经济生活稳定的社会职能，而且，许多保险合同是长期的继续性合同，投保方与保险人之间已建立了一种稳定的特别信赖关系，保险人对于投保方涉及影响合同效力的事项应予以特别的关照和帮助。（3）作为消费者的投保方对保险上的重要事项通常缺乏认识，需要获得保险人的帮助，保险人给投保方必要的通知，提醒投保方注意，起到间接督促投保方履行义务的积极效果，这对双方建立长期和稳定的关系是大有裨益的。我国《保险法》尚未确立保险人一般性不利法律效果通知义务制度。
　　（李庭鹏）

buliang daikuan

不良贷款（bad loan）　超过一定期限，不能收回的贷款。不良贷款包括呆账贷款、呆滞贷款和逾期贷款三种。呆账贷款是指按照财政部规定列为呆账的贷款。呆账是已经成为坏账，根本无法收回的应收款项，它最后使用银行的资产冲销。呆滞贷款是指借款还款过期（含展期后到期）超过规定年限以上仍未归还的贷款，或虽未逾期或逾期不满规定年限但生产经营已终止、项目已停建的贷款（不含呆账贷款）。逾期贷款是指借款合同中约定期限已到（含展期后到期）未归还的贷款（不含呆账贷款和呆滞贷款）。

不良贷款由会计、信贷部门提供数据，由稽核部门负责审核并按规定权限认定，贷款人应当按季填写上报不良贷款情况表。在报上级行的同时，应当报中国人民银行当地分支机构。

贷款人的呆账贷款、呆滞贷款、逾期贷款不得超过中国人民银行规定的比例。贷款人应当对所属分支机构下达和考核呆账贷款、呆滞贷款和逾期利息贷款的有关指标。

信贷部门负责不良贷款的催收，稽核部门负责对催收情况的检查。贷款人应按照国家有关规定提取呆账准备金,并按照呆账冲销的条件和程序冲销呆账贷款。未经国务院批准,贷款人不得豁免贷款。除国务院批准外,任何单位和个人不得强令贷款人豁免贷款。不良贷款管理制度是指建立对不良贷款进行分类、登记、考核和催收的一系列制度。为保障银行营运的安全性,必须对不良贷款进行有效监管。 （周梁云）

buneng ziyou duihuan huobi
不能自由兑换货币（unconvertible currency） 根据《国际货币基金组织协定》,是由于没有外汇市场,因而不能与其他国家货币进行自由兑换的一国货币。这些货币包括前苏联和东欧一些国家的货币以及大部分发展中国家的货币。此外,凡按照政府间贸易和支付协定,规定采用记账方式的交易,其出口所获得记账外汇只能用于从对法国的进口支付。这些记账外汇即使是自由兑换货币,不经货币发行国或协定对方国的批准,不能兑换成他国货币或向第三国支付,因此也属于不能自由兑换货币。 （罗大帅）

buzhengdang jingzheng xingwei
不正当竞争行为（acts of unfair competition） 经营者出于竞争的目的,违反法律的规定,损害其他经营者的合法权益,扰乱社会经济秩序的行为。根据我国《反不正当竞争法》的规定,不正当竞争行为应具备以下特征:(1)由经营者所为,即行为人是从事商品经营或者营利性服务的法人、其他经济组织或者个人。(2)在市场交易中所为,即该行为发生在商业关系中,而不是发生在其他领域或者私人关系方面。(3)以竞争为目的。这是区别不正当竞争行为与一般侵权行为的标志。因此,反不正当竞争法不是针对经营者在市场上所有的侵权行为,而是针对他们在市场竞争中的侵权行为,即违法者与受害的经营者之间存在着竞争关系。(4)违反商业道德。在市场活动中,经营者应遵循诚实信用的原则。如果经营者以损害竞争者为手段,不公平地攫取他人的竞争优势,这种行为不仅违反商业道德,而且也扰乱了社会经济秩序。(5)损害其他经营者和消费者的合法权益。有些不正当竞争行为在损害竞争者的方面表现得非常明显,如窃取商业秘密;有些在损害消费者的方面表现得非常明显,如虚假广告。然而,所有的不正当竞争行为都会不同程度地同时损害经营者和消费者的合法权益。因此,《反不正当竞争法》不仅是市场竞争规则,而且也是消费者权益保护法。

我国《反不正当竞争法》第5条至第15条以列举方式指出了11种不正当竞争行为,它们是:假冒行为;公用企业以及其他依法具有独占地位的经营者限制竞争的行为;政府及其所属部门滥用行政权力限制竞争的行为;商业贿赂;虚假广告;侵犯商业秘密;以排挤竞争对手为目的的倾销;搭售或者附加不合理交易条件的行为;巨奖销售或者欺骗性有奖销售;诋毁竞争对手;串通投标。上述行为中很多是限制竞争的行为,特别如公用企业限制竞争的行为和政府及其所属部门滥用行政权力限制竞争的行为。我国《反不正当竞争法》将政府滥用行政权力限制竞争的行为作为不正当竞争行为来规定,这在理论上是说不通的。因为在市场经济条件下,政府及其所属部门不是市场竞争的参与者,而是管理者,因此它们一般不可能从事不正当竞争行为。这个条款的意义在于,它明确了政府及其所属部门滥用行政权力限制竞争的行为属违法行为。 （王晓晔）

buzhengdang kuibei xiaoshou
不正当亏本销售（selling one's hen on a rainy day） 经营者以排挤竞争对手为目的,以低于成本的价格销售商品或提供服务的不正当竞争行为。这种行为的实质是经济实力雄厚的经营者为了霸占市场,滥用竞争优势,故意暂时将某种或某类商品的价格压低到成本以下抛售,以此手段搞垮竞争对手,等到其他竞争者被迫退出市场后,又抬高商品价格,获取更高的垄断利润。在资本主义自由竞争阶段,不正当亏本销售是"大鱼吃小鱼"的惯用竞争手法,西方学者称之为"掠夺性定价",在日本叫做"不正当贱卖"。不正当亏本销售是不正当价格竞争的一种表现形式。在市场经济社会中,价格机制与竞争机制相互作用,密不可分。一方面,市场价格是通过竞争形成的,并在竞争中依一定规律运行,调节着资源的配置;另一方面,市场竞争的主要方式或手段是价格竞争,因为经营者在激烈市场竞争中所从事的任何竞争活动的最终目的都是力图尽可能多地追求利润,而利润的获得都必须通过价格来实现。从这个意义上讲,经营者从事的各种不正当竞争行为,大多数都直接或间接与价格有关。换言之,不正当价格竞争,是不正当竞争行为的重要表现形式。不正当价格竞争有多种表现形态。直接的不正当价格竞争主要有欺骗性价格表现行为、垄断价格行为、歧视性价格行为、非法牟取暴利行为和不正当亏本销售行为等。间接的不正当价格竞争主要有商品贿赂行为、不正当有奖销售行为、协议限制竞争行为等。 （苏丽娅）

buzhengdang youjiang xiaoshou xingwei
不正当有奖销售行为（unfair selling with prize to buyer） 经营者违反诚实信用原则和公平竞争原则,利用物质、金钱或其他经济利益引诱购买者与之交易,排挤竞争对手的不正当竞争行为。它和商业贿赂行为一样,均属经营者利用财物引诱交易相对人的利诱性不正当竞争行为。但不正当有奖销售行为是公开以财物吸引购买者,而商业贿赂行为则是在账外暗中进行的,具有隐蔽性,以财物或其他手段收买购买者或销售者及其有关个人。不正当有奖销售行为包括以下三种类型:(1)欺骗性有奖销售行为,包括谎称有奖销售或者对所设的种类、中奖几率、最高奖金额、总金额、奖品种类、数量、质量、提供方法等作虚假不实的表示;采用不正当手段故意让内定人员中奖。这里的内定人员既可能是经营者和内部工作人员,也可能是与此有关的特定购买者;故意将设有中奖标志的商品、奖券不投放市场或者不与商品、奖券同时投放市场;故意将带有不同奖金额或者奖品标志的商品、奖券按不同时间投放市场;不按有关规定对有奖销售事项向公众明示,隐瞒事实真相的;其他欺骗性有奖销售行为。(2)利用有奖销售的手段推销质次价高的商品。这种行为既可存在于附赠式有奖销售中,也可存在于抽奖式有奖销售中。其突出特点是:用于有奖销售的商品品质与价格不符,实质为变相涨价,损害购买者利益。要注意的是:"质次"商品不能和"不合格"商品划等号。"质次价高"的实质是经营者违反诚实信用和买卖公平原则,高价推销其商品,使购买者支付的价格与商品实际品质不相符。"质次"商品既可能是不合格商品,也可能是合格产品中的低档次商品。(3)最高奖的金额超过 5000 元的有奖销售。

(苏丽娅)

buzu'e baoxian

不足额保险(under insurance) 投保人与保险人在订立财产保险合同时约定的保险金额低于保险标的价值的保险。在不足额保险场合,保险人只按照保险金额与保险价值的比例承担保险赔偿责任,被保险人的损失只获得相应部分的补偿。

(李庭鹏)

buleidun senlin tixi

布雷顿森林体系(Bretton Woods System) 1944 年 7 月,在美国新罕布什尔州的布雷顿森林召开了美国、英国、法国、苏联、中国等 44 个国家代表和南非代表参加的"联合国货币金融会议"。布雷顿森林会议同意成立货币金融组织,并通过了布雷顿森林《国际货币基金协定》和《国际复兴开发银行协定》,两协定合称"布雷顿森林协定",建立了以美元为中心的国际货币体系,即布雷顿森林体系。在当时的美国助理财政部长怀特主持制定的"联合国平准基金计划"的基础上,美国借助其强大的政治经济实力,协调各国通过上述协定。其基本内容是:(1)建立货币平价制,美元与黄金挂钩。美国仍沿袭 1935 年规定的 35 美元等于 1 盎司黄金的官定价格,并承诺各国政府或中央银行可按此价格用美元向美国兑换黄金,各国则协助美国维持美元官价。(2)各国货币与美元挂钩。把美元的含金量作为各国政府或中央银行规定货币评价的标准,各国货币与美元的汇率可按其含金量与美元含金量之比来确定。(3)实行可调整的固定汇率制。各国货币根据黄金确定汇价,对美元的汇率一般只能在法定汇率(即按含金量之笔确定的汇率)1%的幅度内上下波动,而且各国政府有干预外汇市场、稳定汇价的义务。在纠正国际收支根本性不平衡(如严重顺差或逆差)时,可及时调整其法定平价,允许该国货币贬值或升值。但如果这种平价变动达到 10%,则必须经国际货币基金组织批准。(4)通过货币基金组织来调节国际收支平衡。会员国在出现国际收支逆差时,可向基金组织申请贷款来弥补不足。但基金组织有严格的贷款标准和用款约束。此外,基金组织还规定顺差国有共同承担其他会员国收支逆差的责任,会员国一般不能实施外汇管制等。

布雷顿森林体系对第二次世界大战后的国际经济和贸易发展发挥了重要的积极作用。第一,美元作为当时最主要的国际储备货币在黄金极度匮乏的情况下弥补了国际清偿力的不足,因而对战后国际经济贸易发展起到了重要的推动作用。第二,由于建立可调整的固定汇率制,使得各国汇价的波动收到较严格的限制,汇率保持相对稳定,从而为国际经济贸易的扩张和国际资本的流动创造了一个比较有利的环境。第三,基金组织向会员国发放中短期贷款,用于调整一般性或长期性的国际收支逆差,有助于解决各国的支付结算困难,维持和推动了各国正常的对外贸易活动,促进了世界经济的稳定和发展。除此之外,布雷顿森林体系所建立的有权威的机构和所规定的有约束力的行为准则,把大多数国家置于一个既统一严整又彼此合作的国际金融环境之下,为各国广泛开展国际经济合作奠定了良好的基础。

布雷顿森林体系虽然对战后的世界经济的稳定和发展发挥过积极的作用,但却不能回避一个不可克服的根本性矛盾。随着国际经济和贸易的迅猛发展,黄金和美元储备也得相应增加。由于战后黄金生产的增长缓慢,美元在国际储备总额中所占比重明显增加。因而各国储备的增加要靠美国国际收支逆差来维持。然而国际收支的长期逆差又必然影响美国经济的发展和稳定,进而导致美元信用的下降,甚至引起美元危机。反之,如果美国为了维持美元信用而保持国际收支顺差,则其他国家的外汇储备又会严重不足。各国国际储备与美国国际收支状况间的不可克服的矛盾,成为布雷顿森林体系不稳定的根源,并最终导致了布雷顿森林体系的解体。

(王连喜)

bumenfa jiaocha shuo

部门法交叉说（the theory of intersection of law branches） 国外关于经济法理论的一种学说。该说认为，法域三分说是把公法与私法的区别加以绝对化的思想方法，经济法是在公法与私法两个领域的交叉中形成的独立部门法。交叉说否认法域三分说中有关经济法是第三法域的观点，在区分法域与部门法的前提下，明确经济法是独立的部门法。交叉说对三分说的这一修正，是有关经济法地位的理论研究的进步的表现。尽管如此，交叉说仍是站在法部门划分理论的立场上去肯定经济法的地位的。承认经济法是公法、私法的交错，必然引出经济法部门与公法的部门法，行政法与私法的部门法，特别是民法之间的相互关系问题。从交叉说论者对上述部门法之间的相互区别的解释看，仍未找到正确区分的基础、条件和标准。比如，对于经济法与行政法的关系，交叉说认为，经济法中的一系列限制性措施，多为依据行政权实施，因此只要是经济法，就同时具有行政法的性质。事实上，这种对经济法是利用行政权力、采用行政方法对经济进行限制的认识，从根本上混淆了国家机关权力的经济性与权利的行政性之间的区别，而这种区别正是经济法与行政法之间相区别的重要标志之一。　　（赵　玲）

bumenfa kuabumenhua

部门法跨部门化（the inclination of one law branch to another） 传统部门法向非本部门法转化的法的发展进程。从本质上看，私法公法化与部门法跨部门化是同一过程。两者分别从法域角度和部门法角度，解释了法的结构变动。传统部门法划分标准有四种：（1）对象说，以法的调整对象，即具体的社会关系为标准；（2）方法说，以法的调整方法、方式为标准；（3）结构说，以对象和方法相统一的结构为标准；（4）职能说，以国家的基本职能、政策目的为标准。按照上述传统部门法划分标准，经济法难以成为独立的法律部门。有观点认为，经济法的调整对象不具有同类性。但是，社会关系的内部构成十分复杂，如何对社会关系进行划分，也存在划分标准的问题。实际上，有些部门法的调整对象并不具有同类性。比如，民法的调整对象中，财产关系和身份关系便不具有同类性；而财产关系中，一些属于商品交换关系，如买卖关系，另一些是非商品交换关系，如财产继承关系。有观点认为，经济法没有统一的调整方法。但是，在现有的部门法中，也有不少部门法并非仅采用一种调整方法，而是同时采用几种调整方法。因此，难以按照传统部门法划分理论确立经济法的独立地位。对于经济法的诞生，应当从部门法跨部门化的过程中探究。探究这一过程的起因，不能从法的形式本身寻找，也不能从部门法的划分理论的先验模式寻找，而应当从社会经济关系的变化中寻找。

在垄断条件下，社会经济关系具有特定历史阶段的内容和性质。随着市场经济的进一步发展，所有权的"私人性质"与"社会性质"之间的普遍性矛盾便产生了。这种普遍性矛盾所引发的社会危机，必然产生"私人的所有权"与"社会的所有权"的分离、物权与债权的分离。社会的所有权，集中表现在国家的所有权。在这种情况下，"商品交易关系的法"在社会经济关系中将不再居于主体地位，它必然为"全社会规模的法"所规定、所制约。这样，传统部门法之间的界限便自然而然的消失了。在所有权的私人性质及其绝对自由被限制的过程中，形成了"财产关系的法"与"国民经济运行的法"的统一。

在法的发展过程中，发生了法的质的变化和量的增多。面对这一趋势，传统部门法划分理论采取了从原部门法出发，进行原部门法的法规扩张的思维方法。在部门法的跨部门化的客观历史进程中，部门法划分理论的局限性被突破，产生了整个法体系内部的结构性变动。这种结构性变动，表现在突破了该原部门法内部的法规扩张。这种改变，包括部门法的分化、转化、变革，以及相对独立领域的出现，也包括新法的形成。

传统民法的指导原理是"私人自治"。"私人自治"反映在财产方面，即为对自己所有的财产享有使用、收益、处分的完全支配权，他人不得非法剥夺。但是，私人自治原则所产生的弊害也日益凸现，因此产生了对所有权绝对进行限制的理论。国家立法也对个人所有权加以积极干预。其结果是私人自治原则被修正了。反映在立法上，一方面是民法内部的修正；另一方面是民法外部的修正。私权的行使必须符合社会公共利益。这包括社会的权利、权力滥用的禁止等新内容。民法的外部的修正，就是产生了从民法自身转化而来，而又调整经济活动主体间财产关系的经济法。

在早期行政学理论中，以美国F.J.古德诺为代表的政治与行政"两分法"的行政学理论并不包含"管理"的观念和方法。20世纪以来，以行政学理论为依托的行政法理论发展起来，但却存在诸多分歧。其分歧主要体现在，行政是否包括"政治"和"管理"层面。基于行政包括管理的主张，行政法被无限制的扩大了，比如行政组织法、警察行政法、保育行政法、军事行政法、财务行政法、外务行政法，乃至经济行政法。行政法是关于行政权力的法，经济行政法也不例外。经济行政法的基本特征是：适用于高度集权型的政治、经济体制；其核心内容是通过直接的行政权力管理国民经济；混淆调控、监督、管理行为的区别，将调控、监督和管理国民经济的法归结为行政法。上述经济行政法的基本特征无法涵盖国家对国民经济运行进行管理的全部活动,因此将"经济的法"界定为经济行政法并不妥当。在垄断资本主义阶段,"经济的法"从行政法中逐步分立出来,并形成自己的调整机制。

经济法与作为行政法的经济行政法的根本区别在于:第一,行政法的核心是权力的行政性;经济法包含权力,但是这种权力是经济权力,其特点是权力的经济性。国家为实现其行政目的而采取的手段是运用行政性的权力,采取行政手段;国家为实现一定的经济目的,主要运用经济性权力,采取经济手段。第二,在国家、国家经济机关与经济活动主体之间,经济权力、经济义务关系形成并发展起来。调整其相互权利义务的法从行政法中分离出来,这种法是行政法的异化形式之一。行政法应当恢复到多数行政法学者所主张的"规定行政权的组织及其作用的法"的理念上来,而不应盲目扩大行政法的范围。在当代各国,防止行政权的扩大已经成为发展趋势。在这种情况下,应当用经济法的观点认识国民经济运行过程中的法律调整问题,实现行政法的改组,确定行政法学科合理的范围及其理论结构。

反不正当竞争法、禁止垄断法、经济调控法、经济监督法以及环境法、消费保护法等,都是新兴的经济法。自由市场经济阶段导致的市场失灵,比如不正当竞争、垄断、侵害消费者权益、环境污染等问题,都应当由新兴的经济法调整。自由竞争市场经济不可避免地导致滥用竞争权,表现在不正当竞争和限制竞争上,因此导致了反不正当竞争和反垄断法的诞生。企业和个人作为原子化的个体,对国民经济的整体运行态势并不了解,因此容易盲目作出生产或者投资决策,难免造成损失。国家通过宏观调控法,对企业或个人作出指引,从而减少企业或个人的不必要的生产成本。企业追求利润最大化的动机,使得企业再生产过程中,忽略对环境的保护。相应地,保护环境的立法便成为了经济法的重要内容之一。此外,由于社会生产分为生产、分配、交换和消费四个环节,而社会消费是最终的归宿和起始点,因此对社会消费进行调整的法律也成为经济法的重要组成部分,比如消费者权益保护法、产品质量法、食品卫生法、标准化法等。

(赵 玲)

bumen jingji jiguan

部门经济机关(departmental economic organizations) 国家经济管理机关的组成部分,是部门(专业)经济系统的领导中心。它包括经济部门的本部门直属机关、本系统地方各级机关和属本部门归口领导的机关。部门经济机关经济活动的基本特征是:领导、管理所属组织、企业,并对它们的活动进行监督、指导。同时,还要通过同它所领导的组织、企业建立法律关系的途径,领导国民经济的有效发展。我国中央的部门经济机关是各部、委、办等经济主管机构,其主要任务是贯彻、执行国家关于发展部门经济的方针、政策和法律;动员和依靠本部门组织、企业及其全体职工完成本部门工作任务;对各省、直辖市、自治区的专业经济工作进行业务指导等。

(唐 倩)

bumen tongji diaocha

部门统计调查(departmental statistical investigation) 我国国务院和地方各级人民政府主管部门,根据其业务管理的需要进行的专业性统计调查。部门统计调查计划和统计调查方案,由该部门的统计机构组织本部门各有关职能机构编制。其中,统计调查对象属于本部门管辖系统内的,由本部门领导人审批,报国家统计局或者本级地方人民政府统计机构备案;统计调查对象超出本部门管辖系统的,报国家统计局或者本级地方人民政府统计机构审批,其中重要的,报国务院或者本级地方人民政府审批。各部门统计调查管辖系统的划分办法,由国家统计局会同国务院有关部门提出,报国务院批准后实施。

(董金良)

C

caichan baoxian
财产保险（property insurance） 又称损害保险或损失保险,简称产险。以财产性权利或利益为保险标的的保险。早期的财产保险主要是有形财产的保险,即所有权保险,随着财产形式的多样化发展以及所面临的保险需要,财产保险的品种得到了拓展,如责任保险、信用保险、保证保险、抵押权保险等。财产保险的目的在于对保险事故损失提供补偿和填补,在财产保险中,严格适用损失补偿原则和保险利益原则,以及衍生出来的其他适用财产保险的重要规则,如保险代位权、超额保险和重复保险的禁止。　　　（李庭鹏）

caichan baoxian hetong
财产保险合同（contract of property insurance） 以财产性的权利或利益为保险标的的保险合同。在分类上,它对应于人身保险合同。随着现代保险理论的发展,财产保险合同与人身保险合同的分类已经让位于损害保险合同与定额保险合同的新型分类,我国保险立法仍然遵循财产保险与人身保险的分类和称谓。这种分类的意义在于财产保险合同适用一些特殊的规则,如严格的损失补偿原则、禁止超额保险或重复保险规则、保险人代位权规则等。　　　（李庭鹏）

caichan guanxi
财产关系（property relations） 一般认为,"财产关系是生产关系的法律用语"。传统法上的财产关系,是物权关系和债权关系,而这种物权关系和债权关系的经济表现是生产关系。从这个意义上讲,一方面财产是物,它体现在与人相对应的物质产品上;另一方面财产是价值,是对他人劳动的支配权。在财产关系中,财产的真正基础是占有,而占有是所有权借以实现的经济形式。在当代条件下,财产关系的含义、范围,以及实现机制都发生了变化。经济法上的财产关系与市民法上的财产关系存在明显差异。这样的财产关系不能等同于经济关系。

因此,应当将经济关系与财产关系加以区别。其一,经济关系中的财产关系,不同于传统民法上的财产关系。其中,既有以物为中介的财产关系,也有以非物为中介的财产关系。比如大气、能源、信息、技术等是非物的,但却属于经济法的规制范围。此外,调拨、调剂财产关系,比如企业闲置设备的有偿调剂使用;收益分配财产关系,比如企业利润上交的方式、比例或定额;预算拨款财产关系,比如给事业单位拨款;税收财产关系;劳动工资财产关系(劳动力不是商品情况下的财产关系,不再是市民法上的商品货币关系)等,都不是原来意义上的财产关系。其二,在财产关系领域,经济关系是财产关系和财产组织关系相结合的有机整体。财产组织关系,是以财产为中介所发生的主体之间的财产组织关系,比如为日后建立财产关系而事先建立的组织关系;国家同经济活动主体间的财产组织关系,比如财政预算安排、审计等。财产组织关系的特点是:与一定经济目的相联系;不具有直接的财产内容,但是为发生财产关系的前提和条件;以财产为中介,不以财产为中介的关系是行政关系。其三,经济关系是现实经济形态,而财产关系是法律形态。经济法理论,不仅把财产关系的总和从他们的法律表现上,作为意志关系加以概括,而且更为重要的是,将财产关系的现实形态作为经济关系的一部分加以概括。经济法的对象只能是经济关系而不是财产关系。　　　（赵　玲）

caichan shuifa
财产税法（property tax law） 调整财产税征纳关系的法律规范的总称。财产税是以纳税人所拥有或支配的财产为征税对象的一种税。财产税税源充足、收入稳定。财产税属于直接税,税负转嫁比较困难。财产税对于缓解社会收入分配的不平等、更好地贯彻和体现税收公平原则具有重要的作用。财产税一般属于地方税,在税制体系中属于从属地位。我国现行的财产税法包括资源税法、房产税法、土地税法、契税法和车船税法。　　　（翟继光）

caichan zhicai
财产制裁（property-related sanction） 依照法律规定或约定由经济法主体所应承担的以经济资产作为追究法律责任方式的具体措施。与经济责任相对应,财产制裁是追究经济责任的法律措施。

财产制裁是为经济法本身的性质和特征所决定的制裁,是经济法固有制裁的一种,和组织监管制裁相并列。财产制裁主要包括:赔付违约金、赔偿经济损失。赔付违约金是违约金责任的实现,指当事人一方由于不履行或不完全履行合同义务,按照合同预先的约定,而支付对方一定数额的货币以承担经济责任。赔偿经济损失是赔偿金责任的实现,指经济活动中一方当事人违约法律规定给其他当事人造成了损失,侵害方支付一定数额的补偿性货币以承担经济责任。一般包括赔偿违约经济损失和赔偿其他违法行为引起的经济损失。我国法律规定,经济活动中合同的当事人一方不履行合同义务或者履行合同义务不符合约定的,在履行义务或者采取补救措施后,对方还有其他损失的,应当赔偿损失;经济主体在经济活动中侵犯其他经济主体的合同利益以外的其他合法权益,也应赔偿损失。

财产制裁需要由司法机关依法作出。除非在法律规定的紧急状况下,当事人不得进行自力救济。财产制裁需要通过国家司法权的强制力来实现。我国法律规定对承担经济制裁的公民个人财产进行强制执行时,要给其个人及其家属保留必要的生活财产。

(黄军辉)

caiwu baogao

财务报告(financial report) 单位对外提供的反映单位某一特定日期财务状况和某一会计期间经营成果、现金流量的文件。财务会计报告分为年度、半年度、季度和月度财务会计报告。年度、半年度财务会计报告应当包括会计报表、会计报表附注和财务情况说明书。会计报表应当包括资产负债表、利润表、现金流量表及相关附表。季度、月度财务会计报告通常仅指会计报表,会计报表至少应当包括资产负债表和利润表。国家统一的会计制度规定季度、月度财务会计报告需要编制会计报表附注的,从其规定。单位不得编制和对外提供虚假的或者隐瞒重要事实的财务会计报告。单位负责人对本企业财务会计报告的真实性、完整性负责。任何组织或者个人不得授意、指使、强令单位编制和对外提供虚假的或者隐瞒重要事实的财务会计报告。注册会计师、会计师事务所审计单位财务会计报告,应当依照有关法律、行政法规以及注册会计师执业规则的规定进行,并对所出具的审计报告负责。企业应当于年度终了时编报年度财务会计报告。国家统一的会计制度规定企业应当编报半年度、季度和月度财务会计报告的,从其规定。企业编制财务会计报告,应当根据真实的交易、事项以及完整、准确的账簿记录等资料,并符合国家统一的会计制度规定的编制基础、编制依据、编制原则和方法。企业应当依照法律和国家统一的会计制度规定,对会计报表中各项会计要素进行合理的确认和计量,不得随意改变会计要素的确认和计量标准。企业应当依照有关法律、行政法规规定的结账日进行结账,不得提前或者延迟。年度结账日为公历年度每年的12月31日;半年度、季度、月度结账日分别为公历年度每半年、每季、每月的最后一天。

对外提供的财务会计报告反映的会计信息应当真实、完整。企业应当依照法律、行政法规和国家统一的会计制度有关财务会计报告提供期限的规定,及时对外提供财务会计报告。企业对外提供的财务会计报告应当依次编定页数,加具封面,装订成册,加盖公章,并由企业负责人和主管会计工作的负责人、会计机构负责人(会计主管人员)签名并盖章;设置总会计师的企业,还应当由总会计师签名并盖章。企业应当依照企业章程的规定,向投资者提供财务会计报告。企业向有关各方提供的财务会计报告,其编制基础、编制依据、编制原则和方法应当一致,不得提供编制基础、编制依据、编制原则和方法不同的财务会计报告。财务会计报告须经注册会计师审计的,企业应当将注册会计师及其会计师事务所出具的审计报告随同财务会计报告一并对外提供。接受企业财务会计报告的组织或者个人,在企业财务会计报告未正式对外披露前,应当对其内容保密。

(曾章伟)

caiwu baogao yu kuaiji zhangce zhidu

财务报告与会计账册制度(system of financial reports and accounting books) 规范企业财务管理中的有关财务总结性、登录性文书的法律制度。财务报告是反映企业财务状况和经营成果的总结性书面文件,包括资产负债表、损益表、财务状况变动表(现金流量表)、有关附表以及财务情况说明书。财务报告应当全面反映企业的财务状况和经营成果。资产负债表反映企业在某一特定日期财务状况的报表。资产负债表的项目,按资产、负债和所有者权益的类别,分项列示。损益表是反映企业在一定期间的经营成果及其分配情况的报表,按利润的构成和利润分配分项列示。财务状况变动表分为营运资金来源和营运资金运用,其差额为营运资金增加(或减少)净额。营运资金来源分为利润来源和其他来源。营运资金运用分为利润分配和其他用途。企业也可以编制现金流量表,反映财务状况的变动情况。

会计报表 可以根据需要,采用前后期对比方式编制会计报表。当上期的项目分类和内容与本期不一致的,应当将上期数按本期项目和内容,调整有关数字。会计报表应当根据登记完整、核对无误的账簿记录和其他有关资料编制,做到数字真实、计算准确、内容完整、报送及时。企业对外投资如占被投资企业资本总额半数以上,或者实质上拥有被投资企业控制权的,应当编制合并会计报表。特殊行业的企业不宜合并的,可不予合并,但应当将其会计报表一并报送。会计报表附注主要包括:所采用的主要会计处理方法;会计处理方法的变更情况、变更原因以及对财务状况和经营成果的影响;非经常性项目的说明;会计报表中有关重要项目的明细资料;其他有助于理解和分析报表需要说明的事项。

财务情况说明书 主要说明企业的生产经营状

况、利润实现和分配情况、资金增减和周转情况、税金缴纳情况、各项财产物资变动情况;对本期或者下期财务状况发生重大影响的事项;资产负债表日后至报出财务报告前发生的对企业财务状况变动有重大影响的事项;以及需要说明的其他事项。

《会计基础工作规范》规定各单位应当按照国家规定的期限对外报送财务报告。对外报送的财务报告,应当依次编定页码,加具封面,装订成册,加盖公章。封面上应当注明:单位名称、单位地址,财务报告所属年度、季度、月度,送出日期,并由单位领导人、总会计师、会计机构负责人、会计主管人员签名或者盖章。单位领导人对财务报告的合法性、真实性负法律责任。

根据法律和国家有关规定应当对财务报告进行审计的,财务报告编制单位应当先行委托注册会计师进行审计,并将注册会计师出具的审计报告随同财务报告按照规定的期限报送有关部门。如果发现对外报送的财务报告有错误,应当及时办理更正手续。除更正本单位留存的财务报告外,并应同时通知接受财务报告的单位更正。错误较多的,应当重新编报。

企业应当定期向投资者、债权人、有关的政府部门以及其他报表使用者提供财务报告。有限责任公司应当按照公司章程规定的期限将财务会计报告送交各股东。股份有限公司的财务会计报告应当在召开股东大会年会的 20 日以前置备于本公司,供股东查阅。以募集设立方式成立的股份有限公司必须公告其财务会计报告。

会计账册　企业按法律规定对其资产设立会计账册。企业不得另立会计账册,不得以任何个人名义开立账户存储。外商投资企业的一切自制凭证、账簿、报表必须用中文书写,可以同时用投资者确定的一种外文书写。以外币记账的企业,除编制外币的会计报表外,还应另编制折合人民币的会计报表。　　(雷雨波)

caiwu gongsi
财务公司(**finance company**)　又称财务有限公司,或注册接受存款公司,指主要承办吸收定期大额存款、发放贷款、经销证券、买卖外汇、代理保险、财务咨询等金融业务的非银行金融机构。财务公司是金融业与工商企业相互结合的产物,1716 年首先产生于法国,其后英、美各国相继效仿设立。当代西方的财务公司一般以消费信贷、企业融资和财务、投资咨询等业务为主。虽然因国情不同,各国财务公司的主业各有侧重,但基本上属于一类以促进商品销售为功能特色的非银行金融机构。其服务对象主要是大企业、公司和公司集团,不开立私人账户,不办理小宗存款、贷款和储蓄,以此与银行相区别。最大的特点是注册资本额较少,人员精干,机构小,业务活,服务优良。

我国第一家财务公司是 1987 年经中国人民银行总行批准成立的东风汽车集团财务公司。目前,我国财务公司主要分为两大类:(1)企业集团财务公司(主要是中资企业集团财务公司),是为企业集团成员提供金融服务的非银行金融机构,受中国人民银行 1996 年发布的《企业集团财务公司管理暂行办法》规范;(2)一般性的财务公司,主要包括外资财务公司、中外合资财务公司,是由中外金融机构或外国金融机构按中国法律规定,经批准在中国境内投资设立、面向社会提供较为广泛金融业务的非银行金融机构,受《外资金融机构管理条例》调整。我国现在主要存在的是企业集团财务公司,具体指由企业集团为主出资组建,在业务上接受中国人民银行领导,专门从事企业集团内部的资金融通业务,以促进产业与金融业结合,提高企业集团资金使用效益及综合经济效益的具有法人资格的金融企业。

与其他金融机构相比,企业集团财务公司主要有以下特点:(1)资金基本来源于集团内成员的临时闲置资金,主要为集团内成员提供金融服务,封闭性较强;(2)业务人员多是原国营大中型企业的财会人员,熟悉企业和行业的情况,在执行国家财经制度方面有较好的传统和比较完善的约束机制,在开展业务中比较谨慎、稳健,一般失误率都较低、效益较好;(3)财务公司不同于一般的追求自身盈利的金融机构,追求集团整体效益是财务公司的目标,而壮大自身实力、提高自身利润水平成为实现这一目标的手段。企业集团财务公司虽然也具有类似一般专业银行的业务,但和一般专业银行又有区别:专业银行可以向社会开展业务活动,而现阶段财务公司的业务范围仅限于企业集团内部;专业银行可以从国家取得一定数量的铺底资金,即国家财政拨给信贷资金,而企业集团财务公司的资金则主要取自于企业集团的所有成员企业;专业银行可以从事多种类型的金融服务,如受中国人民银行的委托,有着对企业进行监督和管理的职责,而财务公司从事的金融服务种类少,一般也负有与各专业银行一直的监督和管理职责。企业集团财务公司在组织形式上,主要有集团公司独资和集团成员共同参股两种形式。在管理体制上多数实行董事会领导下的经理负责制。　　　　　　　　　　　　　(普丽芬)

caiwu kuaiji chuli zhidu
财务会计处理制度(**financial and accounting handling system**)　规范企业对于企业盈余进行财会处理的法律制度。主要包括利润分配和公积金、公益金提取等制度。

利润及分配　利润是企业在一定期间的经营成

果,包括营业利润、投资净收益和营业外收支净额。营业利润为营业收入减去营业成本、期间费用和各种流转税及附加税费后的余额;投资净收益是企业对外投资收入减去投资损失后的余额;营业外收支净额是指与企业生产经营没有直接关系的各种营业外收入减营业外支出后的余额。企业发生的年度亏损,可以用下一年度的利润弥补;下一年度利润不足弥补的,可以在五年内用所得税前利润延续弥补。延续五年未弥补的亏损,用缴纳所得税后的利润弥补。企业的利润按照国家规定做相应的调整后,依法缴纳所得税。税后的利润,除国家另有规定者外,按照下列顺序分配:被没收财物损失,违反税法规定支付的滞纳金和罚款;弥补企业以前年度亏损;提取法定公积金(法定公积金用于弥补亏损,按照国家规定转增资本金等);提取公益金(公益金主要用于企业职工的集体福利设施支出);向投资者分配利润。企业以前年度未分配的利润,可以并入本年度向投资者分配。

公司弥补亏损和提取公积金、法定公益金后所余利润,有限责任公司按照股东的出资比例分配,股份有限公司按照股东持有的股份比例分配。股东会或者董事会违反前款规定,在公司弥补亏损和提取法定公积金、法定公益金之前向股东分配利润的,必须将违反规定分配的利润退还公司。

公积金、公益金 公积金是指根据法律和企业章程规定,企业从盈余中提取的积累资金。公积金分为法定公积金、任意公积金和资本公积金三种。法定公积金是指按照国家有关规定从利润中提取的公积金并按实际提取数记账。任意公积金是指法定公积金之外,公司自由决定提取的公积金。公司在从税后利润中提取法定公积金后,经股东会决议,可以提取任意公积金。资本公积金包括股本溢价、法定财产重估增值、接受捐赠的资产价值等。股份有限公司以超过股票票面金额的发行价格发行股份所得的溢价款以及国务院财政主管部门规定列入资本公积金的其他收入,应当列为公司资本公积金。公司的公积金用于弥补公司的亏损,扩大公司生产经营或者转为增加公司资本。股份有限公司经股东大会决议将公积金转为资本时,按股东原有股份比例派送新股或者增加每股面值。但法定公积金转为资本时,所留存的该项公积金不得少于注册资本的25%。公司提取的法定公益金用于本公司职工的集体福利。

外商投资企业因汇兑的差异而发生的汇兑损益,应以实现数为准,作为本年损益列账。记账汇率变动,有关外币账户的账面余额,均不作调整。外商投资企业交纳所得税后的利润分配原则如下:提取储备金、职工奖励及福利基金、企业发展基金,提取比例由董事会确定;储备基金除用于垫补企业亏损外,经审批机构批准也可以用于本企业增加资本,扩大生产;可分配利润,应按照出资比例进行分配。

(雷雨波)

caizhengbu

财政部(Ministry of Finance of People's Republic of China) 中华人民共和国国务院的组成部门,是国家主管财政收支、财税政策、国有资本金基础工作的宏观调控部门,是宏观调控法的主要主体。其主要职责是:

拟定和执行财政、税收的发展战略、方针政策、中长期规划、改革方案及其他有关政策;参与制定各项宏观经济政策;提出运用财税政策实施宏观调控和综合平衡社会财力的建议;拟定和执行中央与地方、国家与企业的分配政策。

拟定财政、国有资本金基础管理、财务、会计管理的法律法规草案;制定和执行财政、财务、会计管理的规章制度;组织涉外财政、债务的国际谈判并草签有关协议、规定。

编制年度中央预决算草案并组织执行;受国务院委托,向全国人民代表大会报告中央、地方预算及其执行情况,向全国人大常委会报告决算;管理中央各项财政收入,管理中央预算外资金和财政专户;管理有关政府性基金。

提出税收立法计划,与国家税务总局共同审议上报税法和税收条例草案;根据国家预算安排,确定财政税收收入计划;提出税种增减、税目税率调整、减免税和对中央财政影响较大的临时特案减免税的建议;参加涉外税收和国际关税谈判,签订涉外税收协议、协定草案;制定国际税收协议和协定范本;承办国务院关税税则委员会的日常工作。

管理中央财政公共支出;拟定和执行政府采购政策;管理财政预算内行政机构、事业单位和社会团体的非贸易外汇和财政预算内的国际收支;制定需要全国统一规定的开支标准和支出政策;拟定和执行《事业单位财务规则》、《行政单位财务规则》;制定基本建设财务制度。

拟定和执行国有资本金基础管理的方针政策、改革方案、规章制度、管理办法;组织实施国有企业的清产核资、资本金权属界定和登记;负责国有资本金的统计、分析,指导财产评估业务。

办理和监督中央财政的经济发展支出、中央投资项目的财政拨款、中央财政投入的挖潜改造资金和新产品试制费;负责农业综合开发;拟定并监督执行《企业财务通则》。

管理中央财政社会保障支出;拟定社会保障资金的财务管理制度;组织实施对社会保障资金使用的财政监督。

拟定和执行政府国内债务管理的方针政策、规章制度和管理办法,编制国债发行计划;拟定政府外债管理的方针政策、规章制度和管理办法;承担外国政府贷款、世界银行贷款、亚洲开发银行贷款和日本输出入银行贷款的对外谈判与磋商业务;代表我国政府参加国际财政组织。

拟定和监督执行会计规章制度、《企业会计准则》,制定和监督执行政府总预算、行政和事业单位及分行业的会计制度;指导和监督注册会计师和会计师事务所的业务;指导和管理社会审计;审批外国会计公司驻华代表机构的设置。

监督财税方针政策、法律法规的执行情况;检查反映财政收支管理中的重大问题;提出加强财政管理的政策建议;管理财政监察专员办事机构。

制定财政科学研究和教育规则;组织财政人才培训;负责财政信息和财政宣传工作。

承办国务院交办的其他事项。　　　　　(卢炯星)

caigou jiage jiandu zhidu
采购价格监督制度(system of procurement price supervision) 国有企业采购价格进行监管的制度。企业采购的价格监督制度对规范企业的采购行为,防止国有资产的流失起着极大的作用。规范的价格监督,有利于企业降低成本,提高经济效益,也有利于避免和杜绝采购中的腐败现象。

依照我国《国有工业企业物资采购管理暂行规定》的规定,正常情况下,国有企业主要物资应当经价格监督部门事前进行价格审核,物资采购部门应当在价格监督部门审核的价格内进行采购。而企业内部行使价格监督职能的部门或人员,应当严格履行职责,监督采购价格,控制采购成本。为了使自己的监督有理有据,企业行使价格监督职能的部门或人员,应当及时了解、掌握主要采购物资的市场价格;应当对所采购的主要物资的价格单据等进行审核,对未在审核价格内进行采购而损害企业利益的行为,应及时向企业经营者或有关主管人员反映并提出处理意见;对自己审核的物资采购价格,价格监督部门或人员应承担相应的责任。　　　　　　　　　　(杨云鹏)

caikuang quan
采矿权(mining right) 在依法取得的采矿许可证规定的范围内,开采矿产资源和获得所开采的矿产品的权利。已经取得采矿权的矿山企业,因企业合并、分立,与他人合资、合作经营,或者因企业资产出售以及有其他变更企业资产产权的情形,需要变更采矿权主体的,经依法批准,可以将采矿权转让他人。取得采矿许可证的单位或者个人称为采矿权人。

采矿权人享有下列权利:(1)按照采矿许可证规定的开采范围和期限从事开采活动;(2)自行销售矿产品,但是国务院规定由指定的单位统一收购的矿产品除外;(3)在矿区范围内建设采矿所需的生产和生活设施;(4)根据生产建设的需要依法取得土地使用权;(5)法律、法规规定的其他权利。采矿权人行使以上所列权利时,法律、法规规定应当经过批准或者履行其他手续的,依照有关法律、法规的规定办理。采矿权人应当履行下列义务:(1)在批准的期限内进行矿山建设或者开采;(2)有效保护、合理开采、综合利用矿产资源;(3)依法缴纳资源税和矿产资源补偿费;(4)遵守国家有关劳动安全、水土保持、土地复垦和环境保护的法律、法规;(5)接受地质矿产主管部门和有关主管部门的监督管理,按照规定填报矿产储量表和矿产资源开发利用情况统计报告。

采矿权人在采矿许可证有效期满或者在有效期内,停办矿山而矿产资源尚未采完的,必须采取措施将资源保持在能够继续开采的状态,并事先完成下列工作:(1)编制矿山开采现状报告及实测图件;(2)按照有关规定报销所消耗的储量;(3)按照原设计实际完成相应的有关劳动安全、水土保持、土地复垦和环境保护工作,或者缴清土地复垦和环境保护的有关费用。采矿权人停办矿山的申请,须经原批准开办矿山的主管部门批准、原颁发采矿许可证的机关验收合格后,方可办理有关证、照注销手续。

采矿权人之间对矿区范围发生争议时,由当事人协商解决;协商不成的,由矿产资源所在地的县级以上地方人民政府根据依法核定的矿区范围处理;跨省、自治区、直辖市的矿区范围争议,当事人协商不成的,由有关省、自治区、直辖市人民政府协商解决;协商不成的,由国务院地质矿产主管部门提出处理意见,报国务院决定。国家设立国家规划矿区、对国民经济具有重要价值的矿区时,对应当撤出的原采矿权人,国家按照有关规定给予合理补偿。　　　　　(刘利晋)

canjia chengdui
参加承兑(acceptance for honor) 为特定票据债务人的利益由预备付款人或第三人代替付款人为承兑以阻止持票人在汇票到期日前进行追索的一种附属的票据行为。我国《票据法》未规定参加承兑制度。

(田　艳)

canjia fukuan
参加付款(payment by intervention) 汇票付款人或担当付款人不付款时,为防止持票人行使追索权,以维护特定票据债务人的利益,由第三人代为付款的行为。我国《票据法》未规定参加付款制度。　(田　艳)

canyuxing tiaozheng

参与性调整(participatory regulation of economic law) 国家和国家经济机关以经济活动主体的身份参加经济活动,以调节经济发展方向、限度,维护社会经济秩序的调整方式。

参与性调整是社会基本矛盾运动的必然结果。西方国家的私人垄断发展成国家垄断,国家不得不承担起对国民经济的领导职能。在我国和前苏联计划经济时期,国家参与经济过程为稳定和发展社会经济的迫切需要。现代各国经济的共有特点——国民经济一体化、经济全球化和国民经济复杂化是各国政府参与经济活动的经济原因。

参与性调整是国家的身份由政治国家、阶级国家转变为经济国家、社会国家以后,国家活动方式的改变形成的。在参与性调整关系中国家和国家经济机关不是以权力主体的身份,也不是以平等主体身份,而是以经济活动主体的身份参加经济活动,享有经济权利并承担经济义务。参与性调整是国家依法亲自加入经济活动调整经济结构和经济运行的调整方式,这一点区别于引导性调整。

参与性调整方式主要包括参与特定购销活动、参与特定借贷活动和参与特定生产经营活动三种:(1)参与特定购销活动是国家针对特定的产品或一些国家机关有统一的需求进行的物质购销活动,包括国家向企业订货、收购产品、向企业供应原材料。这种购销活动的调节作用在于稳定物价,保护某种产业,促进某行业发展或节约财政开支等。典型的参与特定购销活动如农产品保护性收购、政府采购。(2)以国家名义参与特定的借贷活动主要表现为政府间借款、国际(区域)金融组织向政府贷款、国家向企业提供政策贷款和发行国债。政府间借款机构通常是政府财政部门或政府设立的专管部门。多具有经济援助性,属于项目贷款或有条件贷款。国际(区域)金融组织向政府贷款多是为解决成员国在国际收支上的困难或帮助成员国发展某一方面经济或资源开发。国家向企业提供政策贷款这种活动可以调整国内相关产业结构,弥补财政赤字和进行宏观调控。(3)参与特定生产经营活动主要表现为设立国家公司(国有企业)。根据国家调节经济的需要,国有企业作用于社会经济发展的调节机制和调节过程,纠正和弥补私人经济的不足。国有企业以国家的强大实力作后盾,可在需要时迅速膨胀,阻止私人垄断的发展,促进广大企业竞争;充当国家长期投资手段,协调各地区经济发展,促进地区间经济平衡,肩负各种经济性社会责任,增加就业机会,提供社会福利产品和公共服务;促进提高综合国力,增强本国企业的国际竞争实力。国有企业一种物质力量,证明国家参与经营是国家的一项长期有效的经济政策。

(刘继峰)

canque wusun renminbi duihuan

残缺污损人民币兑换(exchange of the damaged or soiled Renminbi) 票面撕裂、损缺,或因自然磨损、侵蚀,外观、质地受损,颜色变化,图案不清晰,防伪特征受损,不宜再继续流通使用的人民币的兑换。

凡办理人民币存取款业务的金融机构(以下简称金融机构)应无偿为公众兑换残缺、污损人民币,不得拒绝兑换。残缺、污损人民币兑换分"全额"、"半额"两种情况:(1)能辨别面额,票面剩余3/4(含3/4)以上,其图案、文字能按原样连接的残缺、污损人民币,金融机构应向持有人按原面额全额兑换。(2)能辨别面额,票面剩余1/2(含1/2)至3/4以下,其图案、文字能按原样连接的残缺、污损人民币,金融机构应向持有人按原面额的一半兑换。纸币呈正十字形缺少1/4的,按原面额的一半兑换。兑付额不足1分的,不予兑换;5分按半额兑换的,兑付2分。

金融机构在办理残缺、污损人民币兑换业务时,应向残缺、污损人民币持有人说明认定的兑换结果。不予兑换的残缺、污损人民币,应退回原持有人。残缺、污损人民币持有人同意金融机构认定结果的,对兑换的残缺、污损人民币纸币,金融机构应当面将带有本行行名的"全额"或"半额"戳记加盖在票面上;对兑换的残缺、污损人民币硬币,金融机构应当使用专用袋密封保管,并在袋外封签上加盖"兑换"戳记。残缺、污损人民币持有人对金融机构认定的兑换结果有异议的,经持有人要求,金融机构应出具认定证明并退回该残缺、污损人民币。持有人可凭认定证明到中国人民银行分支机构申请鉴定,中国人民银行应自申请日起5个工作日内作出鉴定并出具鉴定书。持有人可持中国人民银行的鉴定书及可兑换的残缺、污损人民币到金融机构进行兑换。

金融机构应按照中国人民银行的有关规定,将兑换的残缺、污损人民币交存当地中国人民银行分支机构。中国人民银行对残缺、污损人民币的兑换工作实施监督管理。

(刘 鹏)

caozong jiage

操纵价格(manipulation of price) 经营者相互串通,彼此配合,控制市场,垄断价格,排斥竞争的行为。操纵价格属于《中华人民共和国价格法》所禁止的经营者不正当定价行为。

操纵市场价格的构成要件包括:(1)经营者相互串通;(2)实际控制了市场价格;(3)损害其他经营者或者消费者的合法权益。操纵价格的表现形式多样,主要有:(1)对某一类商品或服务的价格加以控制,从而操纵市场价格的涨跌;(2)在某一特定行业或某一行业的特定部分谋求操纵市场价格,并已付诸行动;(3)在某一地区或者区域内操纵市场价格;(4)在全国范围内操纵市场价格的行为;(5)通过控制某些相关商品的价格或者资源,进而控制市场某一部分的价格;(6)利用商品销售的季节控制市场价格;(7)利用市场的特殊要求,操纵价格等。操纵价格既是一种不正当定价行为,又是一种经营者为谋求垄断地位而经常使用的垄断行为。对此在各国的反垄断法中都有规定。

(刘 鹏)

caoyuan

草原(grassland) 在温带半干燥半湿润的气候条件下,由多年生耐寒、耐旱的以禾木占优势的植物群落的总称。我国《草原法》上所称草原,是指天然草原和人工草地。天然草原包括草地、草山和草坡,人工草地包括改良草地和退耕还草地,不包括城镇草地。加强对草原的保护,对生态环境的维护与经济的发展都有着积极的意义。由于草原所具有的独特的功能,有利于保持水土、防风固沙、调节气候,保护和改善整体的生态环境;同时,草原也是发展畜牧业的基础,加强草原的合理利用和开发,维护畜牧业的可持续发展,有利于繁荣少数民族地区和边疆地区的经济。 (刘 鹏)

caoyuan baohu

草原保护(system of grassland protection) 我国《草原法》第 6 章专章规定的草原保护制度。主要内容包括:(1)实行基本草原保护制度。(2)建立草原自然保护区,并依法加强对草原珍稀濒危野生植物和种质资源的保护、管理。(3)实行以草定畜、草畜平衡制度。县级以上地方人民政府草原行政主管部门应当按照国务院草原行政主管部门制定的草原载畜量标准,结合当地实际情况,定期核定草原载畜量。各级人民政府应当采取有效措施,防止超载过牧。(4)防止草原破坏。禁止开垦草原,对水土流失严重、有沙化趋势、需要改善生态环境的已垦草原,应当有计划、有步骤地退耕还草;已造成沙化、盐碱化、石漠化的,应当限期治理。对严重退化、沙化、盐碱化、石漠化的草原和生态脆弱区的草原,实行禁牧、休牧制度。国家支持依法实行退耕还草和禁牧、休牧。对在国务院批准规划范围内实施退耕还草的农牧民,按照国家规定给予粮食、现金、草种费补助。退耕还草完成后,由县级以上人民政府草原行政主管部门核实登记,依法履行土地用途变更手续,发放草原权属证书。禁止在荒漠、半荒漠和严重退化、沙化、盐碱化、石漠化、水土流失的草原以及生态脆弱区的草原上采挖植物和从事破坏草原植被的其他活动。(5)合理利用草原。在草原上从事采土、采砂、采石等作业活动,应当报县级人民政府草原行政主管部门批准;开采矿产资源的,并应当依法办理有关手续。经批准在草原上从事上述活动的,应当在规定的时间、区域内,按照准许的采挖方式作业,并采取保护草原植被的措施。在他人使用的草原上从事上述活动的,还应当事先征得草原使用者的同意。在草原上种植牧草或者饲料作物,应当符合草原保护、建设、利用规划;县级以上地方人民政府草原行政主管部门应当加强监督管理,防止草原沙化和水土流失。在草原上开展经营性旅游活动,应当符合有关草原保护、建设、利用规划,并事先征得县级以上地方人民政府草原行政主管部门的同意,方可办理有关手续。在草原上开展经营性旅游活动,不得侵犯草原所有者、使用者和承包经营者的合法权益,不得破坏草原植被。(6)草原灾害防范。草原防火工作贯彻预防为主、防消结合的方针。各级人民政府应当建立草原防火责任制,规定草原防火期,制定草原防火扑火预案,切实做好草原火灾的预防和扑救工作。县级以上地方人民政府应当做好草原鼠害、病虫害和毒害草防治的组织管理工作。县级以上地方人民政府草原行政主管部门应当采取措施,加强草原鼠害、病虫害和毒害草监测预警、调查以及防治工作,组织研究和推广综合防治的办法。禁止在草原上使用剧毒、高残留以及可能导致二次中毒的农药。(7)草原机动车辆管理。除抢险救灾和牧民搬迁的机动车辆外,禁止机动车辆离开道路在草原上行驶,破坏草原植被;因从事地质勘探、科学考察等活动确需离开道路在草原上行驶的,应当向县级人民政府草原行政主管部门提交行驶区域和行驶路线方案,经确认后执行。

(刘 鹏 桑东莉)

caoyuan chengbao

草原承包(the institution of contracting grassland) 依据《中华人民共和国草原法》,集体所有的草原或者依法确定给集体经济组织使用的国家所有的草原,可以由本集体经济组织内的家庭或者联户承包经营。在草原承包经营期内,不得对承包经营者使用的草原进行调整;个别需适当调整的,必须经本集体经济组织成员的村(牧)民会议 2/3 以上成员或者 2/3 以上村(牧)民代表的同意,并报乡(镇)人民政府和县级人民政府草原行政主管部门批准。集体所有的草原或者依法确定给集体经济组织使用的国家所有的草原由本集体经济组织以外的单位或者个人承包经营的,必须经本集体经济组织成员的村(牧)民会议 2/3 以上成员或者 2/3 以上村(牧)民代表的同意,并报乡(镇)人民政府批准。

承包经营草原,发包方和承包方应当签订书面合同。草原承包合同的内容应当包括双方的权利和义务、承包草原四至界限、面积和等级、承包期和起止日期、承包草原用途和违约责任等。承包期届满,原承包经营者在同等条件下享有优先承包权。承包经营草原的单位和个人,应当履行保护、建设和按照承包合同约定的用途合理利用草原的义务。草原承包经营者应当合理利用草原,不得超过草原行政主管部门核定的载畜量;草原承包经营者应当采取种植和储备饲草饲料、增加饲草饲料供应量、调剂处理牲畜、优化畜群结构、提高出栏率等措施,保持草畜平衡。草原载畜量标准和草畜平衡管理办法由国务院草原行政主管部门规定。牧区的草原承包经营者应当实行划区轮牧,合理配置畜群,均衡利用草原。

草原承包经营权受法律保护,可以按照自愿、有偿的原则依法转让。草原承包经营权转让的受让方必须具有从事畜牧业生产的能力,并应当履行保护、建设和按照承包合同约定的用途合理利用草原的义务。草原承包经营权转让应当经发包方同意。承包方与受让方在转让合同中约定的转让期限,不得超过原承包合同剩余的期限。

(刘利晋)

caoyuan de linshi tiaoji

草原的临时调剂(system of the temporary adjustments in the use of grasslands) 为减少和防止因自然灾害引起的饲料不足而产生的畜牧业生产损失,把在受灾害草原上放牧的牲畜赶往未受灾害的草原上进行放牧一定时期,在受灾害草原的饲用植物恢复生长后再回草原放牧的一项草原防灾的必要措施。也是一项重要的权益。草原临时调剂的方法主要有:(1)一般按照自愿、互利原则,由双方协商解决。(2)行政组织协商。如果临时调剂草原需要跨县时,由有关县级人民政府组织协商解决。

(桑东莉)

caoyuan fa

草原法(grassland law) 调整人们在草原开发利用、保护和牧业活动中所发生的各种经济关系的法律规范的总称。一般包括草原权益、草原保护、草原建设、牧业管理等内容。草原法不仅规范了草原作为一种自然资源的权属、行政管理关系,而且规范了牧业作为一项产业的各项活动。随着牧业从传统生产方式向现代生产方式的转变,以及对草原作为一种生态系统认识的加深,保护草原、经营草原,不再靠天养畜的新兴草原将成为草原法贯彻实施可持续发展战略的新内容。

我国对草原的利用长期处于原始的自然状态。中华人民共和国成立后,党和国家十分重视草原保护建设和牧业发展,在不同时期的许多政策法规中有所体现。1985年6月18日,我国颁布了《中华人民共和国草原法》(2002年12月28日第九届全国人大常委会第三十一次会议修订,自2003年3月1日起施行),1993年10月国务院又发布了《草原防火条例》。此外,各地的地方草原法规也是草原立法的重要组成部分。

国外草原立法,形式多样,内容庞杂。有的国家以《草地法》为主,同时在《土地法》、《放牧法》中间夹杂有草原法规范;有的国家则无统一的草地法典,而在《森林法》中夹杂有草原法规范。但不论形式如何,重视对草原的法制管理,保护草地资源和草地生态环境,发展草地生产力是现代各国的共同趋向。当代各国草原立法的主要内容包括:(1)草原的保护和利用制度。在草原资源比较丰富、畜牧业比重很大的澳大利亚,立法规定:草原(牧区土地)属政府所有,政府将草原租给牧场主使用,期限分别为21年、42年、99年不等,并对不同类型的草原,按其产量分别控制一定的载畜量。牧场主租用牧场如超过法定的载畜量,引起草原退化时,政府将依法处罚直至收回草场。阿根廷的立法明确规定,全国所有草地一律实行围栏放牧。美国1934年通过的《泰勒放牧法》也对防止草原过度放牧,控制放牧区的牲畜头数和种类,收取放牧费,草原改良等作了规定。(2)草原建设和改良制度。日本《草地法》第20条规定:按照草地管理规章从事草地改良者,或依法从事草地改良事业以及灭虫工作的,国家从资金融通、牧草种子、草地树木种苗的供给等方面给以必要的奖励。新西兰的立法对草原经营者申请政府贷款规定了严格的条件,如办牧场必须采取先围栏种草后放牧养畜的方法,并须受过农业高等教育经考试合格等。这些立法对建设人工草场,改良天然草地,大幅度提高草地生产力起到了很好的作用。(3)牧草种子生产和经营制度。优良牧草种子的生产和经营,是建立人工饲草饲料基地和改良天然草场的基础工作,许多国家对优良牧草种子的生产经营十分重视。澳大利亚政府对牧草种子生产、经销、检验、贮存等,都有标准化的具体规定。新西兰政府制定了全国牧草种子检查和种子保证制度,不仅规定了牧草种子分级质量标准,还规定了出口限制。丹麦、加拿大等国也规定了牧草种子检查制度。

(桑东莉 刘 鹏)

caoyuan fanghuo

草原防火(grasslands fireproof) 规定在《草原防火条例》中的我国的草原防火制度。《草原防火条例》适用于中华人民共和国境内一切草原(包括草山、草地)的火灾的预防和扑救;但是,林区和城市市区除外。草原防火工作实行预防为主、防消结合的方针。国务院农牧业部门主管全国草原防火工作。县级以上地方各级人民政府根据实际情况确定草原防火主管部门,主管本行政区域内的草原防火工作。乡级人民政府负责本行政区域内的草原防火工作。重点草原防火区的草原防火工作实行有关地方人民政府行政领导负责制和部门、单位领导负责制。草原上的畜牧企业事业单位、部队、铁路、农场、林场、工矿企业、自然保护区的管理单位及农村集体经济组织等单位，在当地人民政府及其草原防火主管部门的领导下，负责本系统、本单位范围内的草原防火工作。一切经营、使用草原的单位都应当建立群众扑火队（组），重点草原防火区还应当组织专业扑火队。

县级以上地方各级人民政府应当根据本地区的自然条件和草原火灾发生规律，规定草原防火期；草原防火管制区和草原防火管制期。草原防火期内，有关地方人民政府草原防火主管部门可以对进入草原的车辆和人员进行防火安全检查。草原防火期内，在草原上禁止野外用火；因特殊情况需要用火的，必须遵守相关规定。草原防火期内，在草原上作业和通过草原的各种机动车辆，必须安设防火装置，采取有效措施，严防引起火灾。行驶在草原上的旅客列车和公共汽车，司机和乘务人员应当对旅客进行防火安全教育，严防旅客随意丢弃火种。在野外操作机械设备的人员，必须遵守防火安全操作规程，严防失火。禁止在草原上使用枪械狩猎；需要进行实弹演习、爆破、勘察和施工等活动的，须经省、自治区、直辖市人民政府草原防火主管部门或者其授权单位批准，并落实防火措施。部队处置突发性事件和执行其他任务，需要进入草原或者在草原上进行实弹演习、爆破等活动的，应当经其上级主管部门批准，并落实必要的防火措施。草原防火管制期内，严禁在防火管制区内的一切野外用火，对可能引起草原火灾的机械设备和居民生活用火，必须严格管理。

重点草原防火区的有关地方人民政府，应当根据当地实际情况，组织有关单位有计划地进行草原防火设施建设。

任何单位和个人发现草原火灾，必须立即扑救，并及时报告。当地人民政府或者草原防火主管部门接到报告后，必须立即组织扑救，同时逐级上报省、自治区、直辖市人民政府草原防火主管部门。省、自治区、直辖市人民政府草原防火主管部门对下列草原火灾，应当立即报告国务院农牧业部门草原防火机构：（1）国界线附近的草原火灾；（2）重大、特大草原火灾；（3）威胁居民点和重要设备的草原火灾；（4）威胁原始森林的草原火灾；（5）超过24小时尚未扑灭的草原火灾；（6）省、自治区、直辖市交界地区危险性大的草原火灾；（7）需要国家支援扑救的草原火灾。

扑救草原火灾，由当地人民政府或者草原防火主管部门统一组织和指挥。接到扑火命令的单位和个人，必须迅速赶赴指定地点，投入扑救。草原火灾扑灭后，由有关地方人民政府草原防火主管部门指定的单位对火灾现场进行全面检查，清除余火，并留有足够的人员看守火场，经有关地方人民政府或者草原防火主管部门检查验收合格后，方可撤出看守人员。草原火灾扑灭后，有关地方人民政府应当组织有关部门及时制定草原改良计划，组织实施补播草籽等技术措施，恢复草场植被，并做好人畜疫病的防治和检疫，防止疫病的发生和传播。

发生草原火灾后，有关地方人民政府或者草原防火主管部门，应当组织或者会同公安等有关部门，对火灾的发生时间、地点、原因、肇事人、受害草原面积、家畜种类和数量、珍稀野生物种的种类和数量、扑救情况、物资消耗、其他经济损失、人员伤亡，以及对生态环境和生产的影响等进行调查，载入档案。发生草原火灾后，有关地方人民政府草原防火主管部门应当按照标准进行统计。地方各级人民政府草原防火主管部门，应当按照草原火灾统计报表的要求，报上一级草原防火主管部门和同级公安部门、统计部门。草原火灾统计报表由国务院农牧业部门会同公安部门制定，报国家统计部门备案。

《草原防火条例》规定了奖励、行政处罚、行政处分制度对草原防火、预防和扑救工作进行规范。当事人对行政处罚决定不服的，有权申请复议或提起诉讼。

（王　丽）

caoyuan guihua zhidu jiqi xiangguan zhidu
草原规划制度及其相关制度（system of grassland programming and relevant system） 《中华人民共和国草原法》在第三章对草原规划制度作出明确详尽的规定。主要包括：（1）草原规划的编制机关。国家对草原保护、建设、利用实行统一规划制度。国务院草原行政主管部门会同国务院有关部门编制全国草原保护、建设、利用规划，报国务院批准后实施。县级以上地方人民政府草原行政主管部门会同同级有关部门依据上一级草原保护、建设、利用规划编制本行政区域的草原保护、建设、利用规划，报本级人民政府批准后实施。经批准的草原保护、建设、利用规划确需调整或者修改时，须经原批准机关批准。（2）草原规划的编制原则。编制草原保护、建设、利用规划，应当依据国民经济和社会发展规划并遵循下列原则：改善生态环境，维护生物多样性，促进草原的可持续利用；以现有草原为基础，因地制宜，统筹规划，分类指导；保护为主、加强建设、分批改良、合理利用；生态效益、经济效益、社会效益相结合。（3）草原规划的编制内容。草原保护、建设、利用规划应当包括：草原保护、建设、利用的目标和措施，草原功能分区和各项建设的总体部署，各项专业规划等。(4)草原规划与其他制度的协调。草原保护、建设、利用规划应当与土地利用总体规划相衔接,与环境保护规划、水土保持规划、防沙治沙规划、水资源规划、林业长远规划、城市总体规划、村庄和集镇规划以及其他有关规划相协调。(5)草原保护、建设、利用规划一经批准,必须严格执行。

同时,我国《草原法》又规定了草原规划的一系列相关制度。包括:(1)草原调查制度。县级以上人民政府草原行政主管部门会同同级有关部门定期进行草原调查;草原所有者和使用者应当支持、配合调查,并提供有关资料。(2)草原等级评定标准。国务院草原行政主管部门会同国务院有关部门制定全国草原等级评定标准。县级以上人民政府草原行政主管部门根据草原调查结果、草原的质量,依据草原等级评定标准,对草原进行评等定级。(3)草原统计制度。县级以上人民政府草原行政主管部门同同级统计部门共同制定草原统计调查办法,依法对草原的面积、等级、产草量、载畜量等进行统计,定期发布草原统计资料。草原统计资料是各级人民政府编制草原保护、建设、利用规划的依据。(4)草原生产、生态监测预警系统。县级以上人民政府草原行政主管部门对草原的面积、等级、植被构成、生产能力、自然灾害、生物灾害等草原基本状况实行动态监测,及时为本级政府和有关部门提供动态监测和预警信息服务。

（刘　鹏）

caoyuan jiandu jiancha
草原监督检查(system of grassland supervision) 依照我国《草原法》的规定,国务院草原行政主管部门和草原面积较大的省、自治区的县级以上地方人民政府草原行政主管部门应设立草原监督管理机构,负责草原法律、法规执行情况的监督检查,对违反草原法律、法规的行为进行查处的制度。草原行政主管部门和草原监督管理机构应当加强执法队伍建设,提高草原监督检查人员的政治、业务素质。草原监督检查人员应当忠于职守,秉公执法。草原监督检查人员履行监督检查职责时,有权采取下列措施:(1)要求被检查单位或者个人提供有关草原权属的文件和资料,进行查阅或者复制;(2)要求被检查单位或者个人对草原权属等问题作出说明;(3)进入违法现场进行拍照、摄像和勘测;(4)责令被检查单位或者个人停止违反草原法律、法规的行为,履行法定义务。国务院草原行政主管部门和省、自治区、直辖市人民政府草原行政主管部门,应当加强对草原监督检查人员的培训和考核。有关单位和个人对草原监督检查人员的监督检查工作应当给予支持、配合,不得拒绝或者阻碍草原监督检查人员依法执行职务。草原监督检查人员在履行监督检查职责时,应当向被检查单位和个人出示执法证件。对违反草原法律、法规的行为,应当依法作出行政处理,有关草原行政主管部门不作出行政处理决定的,上级草原行政主管部门有权责令有关草原行政主管部门作出行政处理决定或者直接作出行政处理决定。

（刘　鹏）

caoyuan jianshe zhidu
草原建设制度(system of grassland construction) 我国《草原法》对我国的草原建设的政策和具体措施的总和。主要有:(1)县级以上人民政府应当增加草原建设的投入,支持草原建设。国家鼓励单位和个人投资建设草原,按照谁投资谁受益的原则保护草原投资建设者的合法权益。(2)国家鼓励与支持人工草地建设、天然草原改良和饲草饲料基地建设,稳定和提高草原生产能力。(3)县级以上人民政府应当支持、鼓励和引导农牧民开展草原围栏、饲草饲料储备、牲畜圈舍、牧民定居点等生产生活设施的建设。县级以上地方人民政府应当支持草原水利设施建设,发展草原节水灌溉,改善人畜饮水条件。(4)县级以上人民政府应当按照草原保护、建设、利用规划加强草种基地建设,鼓励选育、引进、推广优良草品种。新草品种必须经全国草品种审定委员会审定,由国务院草原行政主管部门公告后方可推广。从境外引进草种必须依法进行审批。县级以上人民政府草原行政主管部门应当依法加强对草种生产、加工、检疫、检验的监督管理,保证草种质量。(5)县级以上人民政府应当有计划地进行火情监测、防火物资储备、防火隔离带等草原防火设施的建设,确保防火需要。(6)对退化、沙化、盐碱化、石漠化和水土流失的草原,地方各级人民政府应当按照草原保护、建设、利用规划,划定治理区,组织专项治理。大规模的草原综合治理,列入国家国土整治计划。(7)县级以上人民政府应当根据草原保护、建设、利用规划,在本级国民经济和社会发展计划中安排资金用于草原改良、人工种草和草种生产,任何单位或者个人不得截留、挪用;县级以上人民政府财政部门和审计部门应当加强监督管理。

（刘　鹏）

caoyuan liyong
草原利用(system of grassland utilization) 我国《草原法》对草原利用的规定主要内容是:(1)草原承包经营者应当合理利用草原,不得超过草原行政主管部门核定的载畜量;草原承包经营者应当采取种植和储备饲草饲料、增加饲草饲料供应量、调剂处理牲畜、优化畜群结构、提高出栏率等措施,保持草畜平衡。草原载畜量标准和草畜平衡管理办法由国务院草原行政主管部门规定。(2)牧区的草原承包经营者应当实行划区轮牧,合理配置畜群,均衡利用草原。(3)国家提倡在农区、半农半牧区和有条件的牧区实行牲畜圈养。草原承包经营者应当按照饲养牲畜的种类和数量,调剂、储备饲草饲料,采用青贮和饲草饲料加工等新技术,逐步改变依赖天然草地放牧的生产方式。在草原禁牧、休牧、轮牧区,国家对实行舍饲圈养的给予粮食和资金补助。(4)县级以上地方人民政府草原行政主管部门对割草场和野生草种基地应当规定合理的割草期、采种期以及留茬高度和采割强度,实行轮割轮采。(5)遇到自然灾害等特殊情况,需要临时调剂使用草原的,按照自愿互利的原则,由双方协商解决;需要跨县临时调剂使用草原的,由有关县级人民政府或者共同的上级人民政府组织协商解决。(6)进行矿藏开采和工程建设,应当不占或者少占草原;确需征用或者使用草原的,必须经省级以上人民政府草原行政主管部门审核同意后,依照有关土地管理的法律、行政法规办理建设用地审批手续。(7)因建设征用集体所有的草原的,应当依照《中华人民共和国土地管理法》的规定给予补偿;因建设使用国家所有的草原的,应当依照国务院有关规定对草原承包经营者给予补偿。因建设征用或者使用草原的,应当交纳草原植被恢复费。草原植被恢复费专款专用,由草原行政主管部门按照规定用于恢复草原植被,任何单位和个人不得截留、挪用。(8)需要临时占用草原的,应当经县级以上地方人民政府草原行政主管部门审核同意。临时占用草原的期限不得超过两年,并不得在临时占用的草原上修建永久性建筑物、构筑物;占用期满,用地单位必须恢复草原植被并及时退还。(9)在草原上修建直接为草原保护和畜牧业生产服务的工程设施,需要使用草原的,由县级以上人民政府草原行政主管部门批准;修筑其他工程,需要将草原转为非畜牧业生产用地的,必须依法办理建设用地审批手续。直接为草原保护和畜牧业生产服务的工程设施主要包括:生产、贮存草种和饲草饲料的设施;牲畜圈舍、配种点、剪毛点、药浴池、人畜饮水设施;科研、试验、示范基地;草原防火和灌溉设施。

(刘 鹏)

caoyuan muye fazhan guihua zhidu
草原牧业发展规划制度(system of plans of development of animal husbandry on the grasslands) 将草原建设、发展和畜牧业发展相结合的社会经济发展规划制度。是国民经济和社会发展计划体系中的一种重要资源产业规划制度。制定草原牧业发展规划是草原行政部门的重要职责。我国《草原法》规定:各级地方人民政府负责组织制定草原畜牧业发展规划并纳入国民经济和社会发展规划,加强草原的保护、建设和合理利用,提高草原的载畜能力。草原牧业发展规划一般要对草原管理、养护、改良等提高草原再生能力、载畜能力等作出中期安排,并使之成为牧业系统化管理的根据。草原牧业发展规划往往要考虑人类种群、草原利用方式、减轻放牧压力、改善放牧系统、调整牧区范围、恢复更新草场、经济社会发展等因素。为了保证发展规划的科学性和严肃性,在规划的制定和实施过程中,客观地调查资源状况,发动公众参与是非常必要的。

(桑东莉)

caoyuan quanyi
草原权益(grassland rights and interests) 草原所有权和使用权的权益。中国草原属于国家所有,即全民所有,由法律规定属于集体所有的草原除外。据此规定,中国草原所有权分为两种,即国家草原所有权和集体草原所有权。国家草原所有权的唯一主体是中华人民共和国,一定的国家机构依照法律授予的权限,代表国家行使国家草原所有权。国家草原所有权的取得方式主要有:法定所有和征用取得。集体草原所有权的取得方式主要为法定所有,因集体经济组织的变更可以变更为新的集体经济组织所有。集体所有草原,由县级人民政府登记造册,核发证书,确认所有权。按草原使用权产生基础的不同,又可分为国有草原使用权和集体草原使用权。国有草原使用权包括全民单位的国有草原使用权和集体单位的国有草原使用权,取得方式主要为划定取得。此外,集体或个人可以承包方式取得国有草原的承包使用权,从事畜牧业生产。集体草原使用权主要有集体草原的承包使用权和集体草原的临时使用权。

(桑东莉)

caoyuan quanshu
草原权属(grasslands ownership) 我国草原的所有权和使用权的归属。我国《草原法》第二章以专章作了规定:(1)草原属于国家所有,由法律规定属于集体所有的除外。国家所有的草原,由国务院代表国家行使所有权。任何单位或者个人不得侵占、买卖或者以其他形式非法转让草原。国家所有的草原,可以依法确定给全民所有制单位、集体经济组织等使用。使用草原的单位,应当履行保护、建设和合理利用草原的义务。依法确定给全民所有制单位、集体经济组织等使用的国家所有的草原,由县级以上人民政府登记,核发使用权证,确认草原使用权。未确定使用权的国家所有的草原,由县级以上人民政府登记造册,并负责保护管理。集体所有的草原,由县级人民政府登记,核发所有权证,确认草原所有权。依法改变草原权属的,应当办理草原权属变更登记手续。依法登记的草原所有权和使用权受法律保护,任何单位或者个人不得侵犯。集体所有的草原或者依法确定给集体经济组织使用的国家所有的草原,可以由本集体经济组织内的家庭或者联户承包经营。在草原承包经营期内,不得对承包经营者使用的草原进行调整;个别确需适当调整的,必须经本集体经济组织成员的村(牧)民会议2/3以上成员或者2/3以上村(牧)民代表的同意,并报乡(镇)人民政府和县级人民政府草原行政主管部门批准。集体所有的草原或者依法确定给集体经济组织使用的国家所有的草原由本集体经济组织以外的单位或者个人承包经营的,必须经本集体经济组织成员的村(牧)民会议2/3以上成员或者2/3以上村(牧)民代表的同意,并报乡(镇)人民政府批准。承包经营草原,发包方和承包方应当签订书面合同。草原承包合同的内容应当包括双方的权利和义务、承包草原四至界限、面积和等级、承包期和起止日期、承包草原用途和违约责任等。承包期届满,原承包经营者在同等条件下享有优先承包权。承包经营草原的单位和个人,应当履行保护、建设和按照承包合同约定的用途合理利用草原的义务。草原承包经营权受法律保护,可以按照自愿、有偿的原则依法转让。草原承包经营权转让的受让方必须具有从事畜牧业生产的能力,并应当履行保护、建设和按照承包合同约定的用途合理利用草原的义务。草原承包经营权转让应当经发包方同意。承包方与受让方在转让合同中约定的转让期限,不得超过原承包合同剩余的期限。(2)草原的所有权和使用权争议的处理。草原所有权、使用权的争议,由当事人协商解决;协商不成的,由有关人民政府处理。单位之间的争议,由县级以上人民政府处理;个人之间、个人与单位之间的争议,由乡(镇)人民政府或者县级以上人民政府处理。当事人对有关人民政府的处理决定不服的,可以依法向人民法院起诉。在草原权属争议解决前,任何一方不得改变草原利用现状,不得破坏草原和草原上的设施。 (刘 鹏)

caoyuan zhengyong

草原征用(grassland requisition) 《土地管理法》规定的任何单位和个人建设需要使用草原的,由政府土地行政主管部门对草原进行征用的一项制度。征用草原有两种情况,即征用集体所有的草原和征用集体长期使用的全民所有的草原。按照《土地管理法》的规定,征用草原,建设单位和个人要给予被征单位草原补偿费和安置补助费。 (桑东莉)

caoyuan ziran baohuqu

草原自然保护区(grassland nature preservation zone) 国务院或地方人民政府批准设立的草原自然保护区。根据我国《草原法》第43条的规定,可以在下列地区建立草原自然保护区:(1)具有代表性的草原类型;(2)珍稀濒危野生动植物分布区;(3)具有重要生态功能和经济科研价值的草原。 (刘 鹏)

chajin chuanxiao ji bianxiang chuanxiao huodong

查禁传销及变相传销活动(prohibited direct selling or the like) 传销及变相传销活动,有的假称"消费联盟"、"共销"、"框架营销"、"滚动促销"等营销方式;有的假借专卖代理、特许加盟经营等名义,进行活动。尽管形式不同,但其特征大多是以销售商品或提供服务为幌子,以高额回报为诱饵,引诱群众参与营销活动,从而形成违法销售网络,最终骗取加入者的钱财。有的甚至利用变相传销从事金融诈骗或非法集资。查禁传销及变相传销的具体内容:(1)查处和取缔以高额回报为诱饵等各种形式的传销及变相传销活动,严厉打击非法经营活动。(2)各级工商行政管理机关,要在当地党委和政府的领导下,结合本地实际情况,迅速制定切实有效的行动方案,加大执法力度,严厉查处传销及变相传销活动。在查禁工作中,与人民银行加强配合,对当事人的账户、存款和往来款项依法采取有效措施,并与外经贸、国内贸易等有关部门加强配合,共同开展对传销及变相传销活动的整治工作。(3)查禁传销及变相传销活动是一项政策性强、涉及面广、难度很大的工作。各级工商行政管理机关要严格把握政策界限,既要对非法经营活动予以坚决打击,对违法活动的主要责任人予以严厉惩处,又要注意对一般参与的群众加强教育宣传,避免矛盾激化。对从事传销及变相传销活动的企业和人员涉嫌诈骗,聚众闹事,抗拒检查,破坏公共秩序,或引发社会治安问题的,要会同公安部门进行坚决制止和打击。 (苏丽娅)

chaxun dongjie he kouhua cunkuan

查询、冻结和扣划存款(inquiry, freeze and withholding) 我国《商业银行法》第29条第2款规定的对个人储蓄存款,商业银行有权拒绝任何单位或者个人查询、冻结、扣划。《金融机构协助查询、冻结、扣划工作管理规定》(银发〔2002〕1号)指出:协助查询、冻结、扣划是指金融机构依法协助有权机关查询、冻结、扣划单位或个人在金融机构存款的行为。协助查询是指金融机构依照有关法律和行政法规的规定,以及有权机关查询的要求,将单位和个人存款的金额、币种以及其他存款信息告知有权机关的行为;协助冻结是指金融机构依照法律的规定以及有权机关冻结的要求,在一定时期内禁止单位和个人提取其存款账户内的全部或部分存款的行为;协助扣划是指金融机构按照法律的规定以及有权机关扣划的要求,将单位和个人存款账户内的全部或部分存款资金划拨到指定账户上的行为。金融机构是指依法经营存款业务的政策性银行、商业银行、城市和农村信用合作社、财务公司、邮政储蓄机构等。

  人民法院、人民检察院、公安机关和国家安全机关等（以下简称查询机关）因办理案件，需要向储蓄机构查询与案件直接有关的个人存款时，须向储蓄机构出具县级以上查询机关的正式查询公函，并提供存款人的有关线索，储蓄机构不得提供原始账册，只能提供复印件。查询机关对储蓄机构提供的信息应当保守秘密。查询机关不能未经过县级银行的审核同意，自行直接到储蓄所查询，储蓄所有权拒绝未经法定程序的查询要求。冻结是由查询机关向银行出具正式的储蓄存款停止支付通知书，经县一级银行核对后，使储蓄存款处于强制留存状态的行为。强制留存最长期限为6个月，逾期自动撤销强制留存；如果需要继续强制留存的，需要重新办理停止支付手续。扣划是指查询机关在办理经济违法犯罪案件，查明被告人的有关储蓄存款确系非法所得，经人民法院判决依法没收罪犯的储蓄存款。没收储蓄存款，应向银行提交生效的法院判决书，银行根据判决书办理没收划拨手续。被没收的储蓄存款应以转账方式上缴国库，并不计付利息。被没收的储蓄存款缴库后，如果查出不应该没收，应当由原经办单位负责办理退库手续，将该款项退还给原存款人，并支付利息。

（周梁云）

chabie daiyu
差别待遇（discrimination） 具有市场支配地位的企业没有正当理由，对条件相同的交易对象，就其所提供的商品或服务的价格或其他交易条件，给予明显有利或不利的区别对待，并使某些交易对象处于不利的竞争地位。这样的行为属于反垄断法规制的滥用市场支配地位行为中的差别待遇（也称歧视待遇）行为。差别待遇损害多个阶段的竞争：支配企业可能为了排挤竞争对手，在竞争对手所在的区域市场实行低价，从而损害同级竞争；在下级经济阶段，受到歧视的购买者及其客户与受到偏爱的购买者及其客户，会因产品成本不同而处于不平等的竞争地位，竞争也受损害。差别待遇中最常见的一种形式是价格歧视，即企业就同一种产品，对条件相同的若干买主实行不同的售价。这种行为的实施后果，可能导致掠夺性定价而排挤其他竞争者，使不同买主之间失去了价格竞争的条件。

  许多国家或国际组织的竞争法或者判例将歧视待遇行为规定为滥用支配地位行为的一种形式。例如，《罗马条约》第86条第3款规定了"对其他交易当事人同样的交易适用不同的交易条件，从而将其置于不利的竞争地位"的滥用行为。德国《反对限制竞争法》规定禁止的四项歧视行为不仅针对具有市场支配地位的企业，还包括企业协会的行为：（1）中断供货或货源。即企业或企业协会为有意不公平地伤害某些企业而要求另一企业或企业协会中断供货或货源。（2）阻止参加共同经营和区别对待的行为。阻止参加共同经营是指具有支配地位的企业或企业协会直接或间接地阻止另一企业参加同类企业一般均参加的营业活动；区别对待是指具有支配地位的企业或企业协会在缺乏实质合理根据时直接或间接地对同类企业加以区别对待。（3）单独优惠。即企业或企业协会利用其市场优势地位使其他企业在经营往来中在无实质合理的原因时向它们提供优惠条件。（4）拒绝吸收。即拒绝一个企业加入一个经济联合体或行业联合会，使其得到明显的不合理、不平等的待遇。美国的《反托拉斯法》对歧视待遇规定得更为仔细，概括起来有三方面特征：一是强调这种歧视行为产生了损害竞争的结果；二是明确规定了数种适用例外；三是继《克莱顿法》之后颁布的《鲁滨逊—帕特曼法》将买受人也纳入了价格歧视的主体。

（张景丽）

chanpin baozhuang
产品包装（the packing of products） 生产者在产品运输、储存、销售等流通过程中，为了保护产品、方便储运、促进销售，按照一定的技术方法采用容器、材料及辅助物包装产品，并在其包装物上附加有关标识的总称。产品包装虽不是产品本身，但它与产品的质量有密切的关系。产品的包装要达到一定的要求，如液体产品、气体产品、危险产品，其包装必须符合特定的要求，才能保证产品本身的质量，保障产品的运输者、销售者和使用者的安全。产品包装，按性质可分为运输包装和销售包装。运输包装是以储存、运输为目的，它具有保障产品的质量，方便储运装卸，加速产品交接、点验等作用。销售包装是以销售为主要目的的产品包装，与包装内的实物产品一起到达消费者手中，这种包装具有保护产品和方便、适用、美化、宣传产品、促进销售的作用。我国《产品质量法》中对于特殊产品的包装提出了要求："易碎、易燃、易爆、有毒、有腐蚀性、有放射性等危险物品以及储运中不能倒置和其他有特殊要求的产品，其包装质量必须符合相应要求，依照国家有关规定作出警示标志或者中文警示说明，标明储运注意事项"。

（麻琳琳）

chanpin biaoshi
产品标识（product identification） 用于识别产品或者其特征、特性所做的各种表示的统称。产品标识可以用文字、符号、数字、图案以及其他说明物等表示。产品标识是由生产者提供的，产品的生产者可以给产品的销售者、购买者提供产品的质量信息，帮助他们了解产品的成分、质量、所执行的标准，说明产品的使用、保养条件，起到介绍产品、指导消费的作用。标识的指示不当或者带有欺骗性的标识,会造成用户、消费者的误解,给他人以不便,严重的还会造成损害,引起产品质量责任纠纷。产品标识已经成为产品的组成部分。除裸装食品和其他根据产品的特点难以附加标识的裸装产品,可以不附加产品标识外,产品应当具有标识。产品标识应当标注在产品或者产品的销售包装上显而易见的部位。但有以下两个例外情况:(1)产品使用说明可以不标注在产品或包装上。(2)对于产品或包装后表面面积极小于 $10cm^2$ 的产品或包装上只须标注产品名称、生产者名称,有限期使用要求的要标注生产日期和安全使用期,其他标识内容可标注在产品的说明材料上。

产品或者其包装上的标识必须真实,并符合下列要求:(1)有产品质量检验合格证明。国内生产的合格产品应当附有产品质量检验合格证明。产品质量检验合格证明,是指生产者出具的用于证明产品质量符合相应要求的证明文件,包括合格证、合格印章等各种形式。(2)有中文标明的产品名称、生产厂厂名和厂址。产品标识所用文字应当为规范中文。产品名称应当表明产品的真实属性,并符合下列要求:一是国家标准、行业标准对产品名称有规定的,应当采用国家标准、行业标准规定的名称;二是国家标准、行业标准对产品名称没有规定的,应当使用不会引起用户、消费者误解和混淆的常用名称或者俗名。产品标识应当有生产厂厂名和厂址。生产厂厂名和厂址是企业名称、企业的主要生产经营场所所在地,是一个企业区别于其他企业的标志性语言文字符号。生产者的厂名和厂址应当是依法登记注册的,能承担产品质量责任的生产厂厂名和厂址。(3)根据产品的特点和使用要求,需要标明产品规格、等级、所含主要成分的名称和含量的,用中文相应予以标明;需要事先让消费者知晓的,应当在外包装上标明,或者预先向消费者提供有关资料。(4)限期使用的产品,应当在显著位置清晰地标明生产日期和安全使用期或者失效日期。限期使用的产品,是指具备一定的使用期限,在该期限内能够保证产品质量的产品。限期使用的产品,其标识内容包括:生产日期,安全使用期或者失效日期。日期的表示方法应当符合国家标准规定或者采用"年、月、日"表示。生产日期和安全使用期或者失效日期应当印制在产品或者产品的销售包装上。产品标识应当清晰、牢固,易于识别,并且标于容易使人发现的显著位置上。(5)使用不当,容易造成产品本身损坏或者可能危及人身、财产安全的产品,应当有警示标志或者中文警示说明。易碎、易燃、易爆、有毒、有腐蚀性、有放射性等危险物品以及储运中不能倒置和其他有特殊要求的产品,其包装质量必须符合相应要求,依照国家有关规定作出警示标志或者中文警示说明,标明储运注意事项。警示标志,是指由国家标准或者社会公认的图案、标志组成的标识,用以表示特定含义,告诫、提示人们对某些不安全因素引起高度注意和警惕。易碎、易燃、易爆、有毒、有腐蚀性、有放射性等危险物品以及储运中不能倒置和其他有特殊要求的产品均有其特殊的警示标志,用以提示人们注意。中文警示说明,是指告诫、提示人们对某些不安全因素引起高度注意和警惕的中文文字说明。可以将中文警示说明理解为中文注意事项。警示标志和中文警示说明的作用相似,可以由生产者自主选择警示标志或者中文警示说明标注于产品上。由于警示标志和警示说明有提示、告诫防止不安全因素的作用,生产者应当在产品或者产品包装的显著位置予以标注,标注应当清晰、醒目,能够引起人们的高度注意。

(麻琳琳)

chanpin chukou qiye
产品出口企业(export-oriented enterprises) 产品主要用于出口,年度外汇总收入额减除年度生产经营外汇支出额和外国投资者汇出分得利润所需外汇额以后,外汇有结余的生产型企业。确认之后,每年尚需接受考核。

凡同时具备下列三个条件的外商投资企业,可确认为产品出口企业:(1)产品主要用于出口包括企业自行出口、委托外贸公司代理出口及其他方式出口;(2)年出口产品的产值达到当年全部产品的产值总额50%以上;(3)当年实现营业外汇收支平衡或有余(计算公式为:年末外汇收支余额 = 上年结转余额 + 本年实现营业外汇收入 − 本年营业外汇支出)。

在我国,产品出口企业,凡当年出口产品的产值达到企业全部产品的产值总额 70% 以上的,经年度考核合格后,可根据国务院《关于鼓励外商投资的规定》享受优惠待遇:产品出口企业按照国家规定减免企业所得税期满后,凡当年企业出口产品产值达到当年企业产品值 70% 以上的,可以按照现行税率减半缴纳企业所得税。经济特区和经济技术开发区的以及其他已经按 15% 的税率缴纳企业所得税的产品出口企业,符合前款条件的,减按 10% 的税率缴纳企业所得税。

此外,国家为了鼓励外商投资,对于产品出口企业还规定了一些详细的优惠政策:除按照国家规定支付或者提取中方职工劳动保险、福利费用和住房补助基金外,免缴国家对职工的各项补贴;产品出口企业场地使用费,除大城市市区繁华地段外,按下列标准计收:开发费和使用费综合计收的地区,为每年每平方米 5—20 元;开发费一次性计收或者上述企业自行开发场地的地区,使用费最高为每年每平方米 3 元。前款规定的费用,地方人民政府可以酌情在一定期限内免收;对产品出口企业优先提供生产经营所需的水、电、运输条件和通信设施,按照当地国有企业收费标准计收费用;产品出口企业在生产和流通过程中需要借贷的短期周转资金,以及其他必需的信贷资金,经中国银行审核后,优先贷放;产品出口企业的外国投资者,将其从企业分得的利润汇出境外时,免缴汇出额的所得税;产品出口企业的年度出口实绩,如果未能实现企业合同规定的外汇平衡有结余的目标,应当在下一年度内补缴上一年度已经减免的税、费等等。　　(刘利晋)

chanpin fangwei
产品防伪(anti-fake)　防伪技术的开发、防伪技术产品的生产、应用,并以防伪技术手段向社会明示产品真实性担保的全过程。产品防伪在预防和打击假冒违法活动,维护市场经济秩序,有效地保护产品生产者、使用者和消费者的合法权益方面发挥着重要的作用。在我国,产品防伪是发展社会主义市场经济的需要,是扩大开放,发展对外贸易,促进我国商品走向国际市场的需要,是当前打假治劣产品、净化国内市场、保护名优产品、维护国家、企业和消费者利益的需要。为了加强对产品防伪的监督管理,2002年10月18日国家质量监督检验检疫总局根据《中华人民共和国产品质量法》、《工业产品生产许可证试行条例》和国务院赋予国家质量监督检验检疫总局的职责,制定了《产品防伪监督管理办法》。其中规定,国家质检总局负责对产品防伪实施统一监督管理,全国防伪技术产品管理办公室承担全国产品防伪监督管理的具体实施工作。各省、自治区、直辖市质量技术监督部门负责本行政区内产品防伪的监督管理。我国的产品防伪的监督管理实行由国家质检总局统一管理,相关部门配合,中介机构参与,企业自律的原则。产品防伪监督管理机构、中介机构、技术评审机构、检测机构及其工作人员必须坚持科学、公正、实事求是的原则,保守防伪技术秘密;不得滥用职权、徇私舞弊、泄露或扩散防伪技术秘密。
　　　　　　　　　　　　　　　　　(麻琳琳)

chanpin he baozhuang qiangzhi huishou zhidu
产品和包装强制回收制度(system of compulsory product-and-package reclamation)　国家对列入强制回收目录的产品或者产品的包装,要求生产企业、销售企业在产品消费后必须予以回收利用或做无害处理的制度。产品和包装强制回收制度体现了循环经济的要求,循环经济以"减量化、再使用、再循环"作为基本原则,通过对废旧产品和包装物的回收和综合利用,可以减少资源的消耗,实现经济效益和环境效益的统一。对于有毒有害产品和包装物的回收,可以减少对生态环境的污染和对人体健康的威胁。我国《清洁生产促进法》第27条第1款规定:"生产、销售被列入强制回收目录的产品和包装物的企业,必须在产品报废和包装物使用后对该产品和包装物进行回收。强制回收的产品和包装物的目录和具体回收办法,由国务院经济贸易行政主管部门制定。"第39条规定:"不履行产品或包装物回收义务的,由县级以上地方人民政府经济贸易行政主管部门责令限期改正,拒不改正的,处10万元以下的罚款。"这表明回收列入强制目录的产品或包装物在我国已经成为生产者、销售者的义务。国家在推行产品和包装回收制度中,一方面通过税收减免等经济措施进行鼓励,另一方面通过定期检查来加强监督,并及时向社会公布检查结果。
　　　　　　　　　　　　　　　　　(陈 韬)

chanpin laowu dingjiaquan
产品、劳务定价权(right of fixing prices for products and labour)　企业自主决定产品、劳务价格的权利。其主要内容是:企业生产的日用工业消费品,除国务院物价部门和省级政府物价部门管理价格的个别产品外,由企业自主定价;企业生产的生产资料,除国务院物价部门和省级政府物价部门颁布的价格分工管理目录所列的少数产品外,由企业自主定价;企业提供的加工、维修、技术协作等劳务,由企业自主定价。
　　　　　　　　　　　　　　　　　(方文霖)

chanpin mianyu zhiliang jiandu jiancha
产品免于质量监督检查(products that exempt from quality supervision examination)　简称免检。对符合规定条件的产品在免检有效期内免于各地区、各部门、各种形式的质量监督检查。产品免检在鼓励企业提高产品质量,提高产品质量监督检查的有效性,避免重复检查,规范产品免于质量监督检查工作等方面都发挥了积极的作用。国家质检总局负责和管理全国产品质量免检工作,省级质量技术监督部门负责产品质量免检工作的具体实施。产品免检工作坚持科学、公正、公开,企业自愿申请,不向企业收费,不增加企业负担的原则。国家质检总局每年一季度公布本年度实施免检产品类别的目录,获得中国名牌、原产地域保护的产品优先列入年度免检产品类别目录。免检产品及其生产企业应当符合下列要求:(1)企业具备独立的法人资格,产品质量长期稳定,并且有完善的质量保证体系。所谓"产品质量长期稳定"是指产品在3年内未发生质量事故,在各级质量技术监督部门及其他有关部门的监督检查中均未查出质量问题。"有完善的质量保证体系"是指企业贯彻了GB/T19000"质量管理和质量保证"系列国家标准及其他科学的质量管理方法,建立了质量保证体系并能认真履行。获得国家承认的认证机构颁发的质量体系证书的企业可以认定为"有完善的质量保证体系"。(2)产品市场占有率、企业经济效益在本行业内排名前列。"市场占有率"是指产品销售量在全国市场上占有的份额。"经济效益"是指企业的利润率等经济指标。(3)产品标准达到或者严于国家标准、行业标准要求。(4)产品经省级以上质量技术监督部门连续3次以上(含3次)监督检查均为合格。省级以上质量技术监督部门的监督检查是指国家或省级质量技术监督部门组织的监督抽查、定期监督检查、市场监督检查等产品质量检查等,但不包括行业组织的质量监督检查,也不包括企业的委托检验。(5)产品符合国家有关法律法规的要求和国家产业政策。只有全部具备上述五个条件的企业才可以提出产品免检申请,填写产品免检申请表,如实提供有效证明材料,报送企业所在地的省级质量技术监督部门。省级质量技术监督部门负责受理企业申请,对申请材料进行书面审查,签署审查意见,报送国家质检总局。国家质检总局在征求社会有关方面意见后,对免检产品予以审定。国家质检总局对免检产品予以审定,向符合规定条件的申请企业颁发免检证书,并向社会公告。获得免检证书的企业在免检有效期内可以自愿在免检产品或者其包装上使用规定的免检标志。使用的免检标志应当注明获准免检的时间及有效期限。免检的有效期为3年。免检到期后产品需要继续免检的,企业应当重新申请。产品免检的禁止性规定:不得以非免检产品冒充免检产品;不得伪造免检证书或者免检标志;不得转让免检证书或者免检标志;不得擅自扩大免检证书或者免检标志的使用范围。国家质检总局负责对全国的免检工作的监督和管理工作,以维护免检产品的声誉,确保免检产品质量的稳定。免检产品生产企业应当加强质量管理,保证产品的质量。

国家质检总局和省级质量技术监督部门对免检实施严格的监督管理措施。免检产品生产企业应当加强质量管理,保证产品的质量。免检产品的生产企业应当按照规定每年向所在地的省级质量技术监督部门和国家质检总局报告一次免检产品的质量状况。免检产品生产条件或者企业组织结构发生重大变化,以及产品标准修订时,企业应当在30日内向所在地的省级质量技术监督部门和国家质检总局报告。免检产品在有效期内发生质量事故的,视情节责令生产企业限期整改、停止使用免检标志、收回免检证书、予以公告,并依法追究企业的产品质量责任。用户、消费者有权对免检产品进行社会监督。用户、消费者可针对免检产品的质量问题向生产企业所在地省级质量技术监督部门申诉、举报。生产企业所在地的省级质量技术监督部门负责调查,并将调查结果和处理意见报国家质检总局。国家质检总局根据情况,指定有关省级质量技术监督部门进行处理。企业在申请产品免检时未如实提供证明材料的,退回免检申请,并在两年内不准其再申报免检;免检产品公告后发现企业提供的证明材料失实的,撤销其免检证书并在两年内不准其再次申报免检。从事产品免检管理的国家工作人员滥用职权、玩忽职守、徇私舞弊,构成犯罪的,依法追究刑事责任;未构成犯罪的,给予行政处分。

(麻琳琳)

chanpin quexian

产品缺陷(the defect of products) 产品存在危及人身、他人财产安全的不合理的危险。产品有保障人体健康和人身、财产安全的国家标准、行业标准的,应符合该标准。"缺陷"意味着物质存在危险性,产品缺乏通常所应具备的安全性,可能对身体、生命造成主动性的侵害。产品缺陷表现在几个方面:第一,产品设计上的缺陷。是指在设计产品的时候,因为对不安全因素或者对产品的安全性考虑不周,由于设计因素导致产品存在危及人身、财产安全的不合理的危险。第二,产品制造上的缺陷。在制造、加工、装配的过程中,产品不符合设计规范,或者原材料或零配件有不合格,或者没有达到规定的质量要求,或者产品装配不当导致产品存在危及人身、他人财产安全的不合理的危险。第三,产品指示性的缺陷。不是产品自身的缺陷但如由于生产者或销售者没有对产品的使用上以及危险的防止上提供真实完整,符合要求的产品使用说明和警示说明,从而导致产品存在危及人身、他人财产安全的不合理的危险。当产品使用说明和广告宣传的内容不当,给消费者造成损害的,应当看作产品有缺陷,销售者、生产者就应承担赔偿责任。第四,科学技术尚不能发现的产品缺陷。指产品存在不合理的危险性,但目前的科学技术水平尚不能够发现。产品有保障人体健康和人身、财产安全的国家标准、行业标准的,如果不符合该标准的产品就是缺陷产品。这个标准属于强制性标准必须执行。我国《产品质量法》规定了缺陷产品引起的请求权的最长保护期,"因产品存在缺陷造成损害要求赔偿的请求权,在造成损害的缺陷产品交付最初消费者满10年丧失;但是,尚未超过明示的安全使用期的除外。"该规定的原因主要在于:一是产品的缺陷一般在投入流通、使用10年内会表现出来,受害人应当及时行使权利;二是产品投入流通10年后,其物理、化学性能都会发生变化,如果让生产者、销售者承担产品责任对其不公平,而且也不利于科学技术水平的进步。

(麻琳琳)

chanpin shui

产品税(product tax) 以生产、经营和进口的应税产品为征税对象,按其流转额或销售数量征收的一种税。

产品税制度在中国历史悠久。早在周朝征收的"山泽之赋"就带有对物课税的性质。随着历史的发展,对物课税制度的名称、内容以及其社会属性等不断地发生了变化。1949年中华人民共和国建立后,先后实行过货物税、商品流通税、棉纱统销税、工商统一税和工商税。其中货物税、商品流通税、棉纱统销税就是对产品征税。工商统一税和工商税的征税范围虽然不全是对产品征税,但对产品征税部分构成这两种税的主体。1984年工商税制全面改革时,将原工商税征税对象中部分工业品和农、林、牧、水产品划作产品税的征税对象,形成了独立的产品税。我国的产品税制度就是在原货物税、商品流通税、工商统一税、工商税等税制的基础上,逐步演变发展并在新的历史条件下形成和建立的。

产品税的主要特点是:(1)以特定产品和它的流转额为征税对象,计税依据是应税产品的销售收入额、销售数量或者采购支付的金额或进口金额。(2)采取价内税形式。产品价格由成本、利润和销售税金三个因素组成。产品税税率是按照含税的价格或者是组成计税价格设计制定的。(3)实行差别比例税率的从价计税和定额税率的从量计税两种计税方法。按照不同的产品设计税收负担,便于体现国家产业政策。(4)收入及时、稳定。因为就产品生产、流通、消费的全过程而言,产品税在生产环节实现销售时就率先征税,收入及时;另一方面,应税产品不论其成本及盈利状况如何,都以其销售收入额作为计税依据,不受产品的成本变化的直接影响,相对稳定。(5)计算简化、便于征管。

产品税制度的建立,基本适应了新时期有计划商品经济发展和宏观经济政策的需要,为国家组织财政收入,筹集建设资金,调整产业结构,促进经济发展和经济体制改革,发挥了积极作用。但是随着客观经济情况的发展,产品税沿袭下来的重复征税的缺陷日益突显。产品税是按照应税产品的流转额全额征收,产品的每一次流转就要征一道税,而且实行价内税,税款也随着商品的流转不断的累计征税,而且流转的次数越多,税负就越重。同时还导致不同生产结构的企业生产的同样产品税负有轻有重,不利于公平竞争和商品的流转,并在一定程度上阻碍了工业生产的优化组合和产业结构的合理调整,不利于社会分工。为了解决这一矛盾,产品税现在已经被增值税和消费税所取代。

(王晶)

changin xiaci
产品瑕疵(product flaw) 产品质量不符合应有的使用性能,或者不符合采取的产品标准、产品说明、实物样品等明示担保条件,但是产品不存在危及人身、财产安全的不合理的危险。产品瑕疵主要表现为:(1)产品不具备应当具备的使用性能而事先未作说明。产品的使用性能是指产品在一定条件下,实现预定目的或者规定用途的能力。产品应当具备的使用性能主要包括两个方面:一是在产品的标准、规范、合同、图样和技术要求以及其他文件中明确规定的使用性能。二是消费者对产品使用性能的预定目的,以及被人们公认的、不言而喻的、不必作出明确规定的使用性能方面的要求,称为隐含需要的使用性能。生产者对产品使用性能的瑕疵应当予以说明后方可出厂销售,如果生产者不对产品使用性能的瑕疵予以说明,生产者应当承担相应的产品质量责任。当然,如果产品还存在未明示的瑕疵的,生产者仍应对未明示的产品质量的瑕疵承担产品质量责任。(2)不符合在产品或者其包装上注明采用的产品标准的。产品标准是对产品的结构、规格、质量指标和检验方法所作的具体技术性规定。它是判断产品质量的最基本、最主要的依据之一。产品标准分为强制性标准和推荐性标准。强制性标准是指必须执行的标准。涉及人体健康、人身与财产安全的标准等为强制性标准。除强制性标准以外的标准是推荐性标准。这里的产品标准指的是推荐性产品标准,但是不管是强制性标准还是推荐性标准,一旦在产品或者其包装上注明了所采用的标准就意味着向社会公众作出了承诺,即视为生产者、销售者明确确保其生产、销售的产品与其采用的标准是一致的。如果生产者、销售者不履行该产品标准,那么他们将承担违约责任。(3)不符合以产品说明、实物样品等方式表明的质量状况的。这是法律对生产者保证产品质量所规定的明示担保义务。所谓明示担保,是指生产者根据事实对产品的质量、性能、特性自愿作出的明确保证和承诺。这些明示的保证、承诺、声明、陈述等即是义务人对产品质量向社会、公众提供的明示担保条件。明示担保是生产者的自我声明。产品说明是指销售者向买方提供的关于所售产品的构造、成分、性能、功用、特点等方面的文字说明性资料。它通常是销售者向买方提供的说明书,同时也包括销售者申明或者回答问题时所作的允诺。由于这种说明可以引诱促使买受人成交,并影响成交的条件,因而应将其视为具有合同约束力的明示担保。明示担保的说明仅限于对所售产品质量事实状况的说明,而不包括对产品的质量、价值等方面状况的主观见解和评价。实物样品是指:销售者出售产品、订立合同时,通常向买方出示货物样品,并向买方保证,出售的产品质量将与实物样品质量相同,因而合同就不必对出售产品的质量作具体规定,而是通过实物样品来表明产品所应具备的质量状况。实物样品实际上是一种实物标准。这样实物样品所表明的产品质量状况也构成销售者对产品质量的明示担保。如果所售产品的质量不符合以该实物样品表明的质量状况,则销售者应当承担违约责任。 (麻琳琳)

chanpin xiaci danbao zeren
产品瑕疵担保责任(product flaw guarantee obligation) 违反法定的产品质量的明示或默示担保条件,担保方应当承担的法律责任。销售者应保证所销售的产品符合法律规定和约定的质量要求。如果销售的产品不符合法律规定和约定的质量要求,即为产品有瑕疵,销售者应当承担法律责任。

修理、更换、退货、赔偿损失责任 售出的产品有下列情形之一的,销售者应当负责修理、更换、退货;给购买产品的消费者造成损失的,销售者应当赔偿损失:(1)不具备产品应当具备的使用性能而事先未作说明的;(2)不符合在产品或者其包装上注明采用的产品标准的;(3)不符合以产品说明、实物样品等方式表明的质量状况的。销售者负责修理、更换、退货、赔偿损失后,属于生产者的责任或者属于向销售者提供产品的其他销售者(以下简称供货者)的责任的,销售者有权向生产者、供货者追偿。销售者未给予修理、更换、退货或者赔偿损失的,由产品质量监督部门或者工商行政管理部门责令改正。生产者之间、销售者之间、生产者与销售者之间订立的买卖合同、承揽合同有不同约定的,合同当事人按照合同约定执行。"修理"是指销售者对应达到而未达到规定要求的产品所作出的符合产品质量要求的补救措施。采取修理这种措施的原则是:产品经过适当的、合理的修补、加工后,可以恢复产品应当具备的性能、明示的标准或者明示的质量状况,而不影响产品的使用性能和美观。"更换"是指对应符合规定质量要求而未达到该要求的产品,用同一种类、相同规格、型号且无瑕疵的产品免费进行替换。更换是销售者通过修理的方式而不能使产品达到规定的产品质量要求时所采取的补救措施。"退货"是指对具有瑕疵的产品,销售者收回原物,并向用户、消费者退还货款的行为。退货是销售者通过修理或更换的方式而不能使产品达到规定的产品质量要求时所采取的补救措施。如果产品的瑕疵严重影响了产品的使用效果,使产品应有的使用性能;或者由于修理、更换延误了时间,使用户和消费者已不再需要该产品;或者产品虽然经过修理、更换,但产品质量仍未达到明示的担保条件等,销售者应当履行退货义务。"赔偿损失"是指由于用户、消费者购买的产品存在瑕疵,并在进行修理、更换、退货过程中造成的损失(是产品之外的损失,如交通费、邮寄费等),由销售者对用户、消费者进行赔偿的行为。

默示担保责任 生产者用于销售的产品应当符合该产品生产和销售的所应当具有的一般性能的责任。默示担保责任是依法产生的,主要是商品销售性默示担保。《联合国国际货物销售合同公约》和国际贸易中的惯例,确立了商品销售默示担保的标准,体现在产品质量责任中的有:(1)生产的产品应当符合安全、卫生的标准要求,保证不存在有危及人身、财产安全的不合理的危险。任何违反安全、卫生标准的产品,都可能危害人体健康、人身和财产安全,因此,生产者必须执行,其产品也必须达到这些标准的要求。(2)产品应当具备产品应当具备的使用性能。如产品质量没有达到其基本的使用性能的要求,存在瑕疵,生产者又未对此作出说明的,则应当承担产品质量责任。对瑕疵产品已经明示的,生产者仍可以销售。

明示担保责任 产品的生产者或销售者对产品的性能、质量所做的一种声明或陈述。它主要见于生产者或销售者证明其产品符合某一标准或者要求的说明之中,如当生产者在其产品上或包装上注明该产品采用的标准时,这便说明生产者已作出保证,保证该产品的质量和性能符合该标准的要求;当生产者在产品的说明中标明了产品的功能、效用、保质期、质量等级等质量状况时,这就成为了生产者的一项保证,证明该产品的质量状况达到了说明的情形;同样,当生产者以实物样品表明产品的质量时,说明生产者保证产品的质量符合实物样品的质量。如果生产者生产的产品质量不符合以上明示担保,应该依法承担责任。需要指出的是,对产品说明中的有些夸张之词,虽有过分之处,但并没有确切说明产品具体性能、功用等质量指标,因而一般不视为生产者的明示担保。 (麻琳琳)

chanpin xiaoshouquan
产品销售权(product sale authority) 企业依法自主销售产品的权利。这一项权利包括以下三点内容:(1)有权自主销售指令性计划外的产品。企业可以在全国范围内自主销售本企业生产的指令性计划以外的产品,任何部门和地方政府不得对其采取封锁、限制和其他歧视性措施。(2)有权销售指令性计划外超产的产品,并可以按照指令性计划规定的范围销售计划内产品。企业根据指令性计划生产的产品,应当按照计划规定的范围销售。需方企业或者政府指定的单位不履行合同的,企业有权停止生产,并可以向政府或者政府有关部门申诉,要求协调解决,也可以依照有关合同法规规定,向人民法院起诉,追究需方企业或者政府指定的单位的违约责任;已经生产的产品,企业可以自行销售。企业在完成指令性计划的产品生产任务后,超产部分可以自行销售。(3)有权要求与指定的收购单位签订合同。企业生产国家规定由特定单位收购的产品,有权要求与政府指定的收购单位签订合同。收购单位不按照合同收购的,企业可以向政府或者政府有关部门申诉,要求协调解决,也可以依照有关合同法规规定,向人民法院起诉,追究收购单位的违约责任;已经按照合同生产的产品,收购单位不按照合同收购的,企业可以自行销售。

（方文霖）

chanpin zeren
产品责任(product liability) 又称产品侵权损害赔偿责任。产品生产者、销售者因生产、销售有缺陷产品致使用户、消费者遭受人身伤害、财产损失而应承担的赔偿责任。产品因存在缺陷造成人身、缺陷产品以外的其他财产（以下简称他人财产）损害的,生产者应当承担赔偿责任。生产者承担产品责任必须具备下列三项条件:(1) 产品存在缺陷。(2) 产品造成了他人人身、财产损害,即损害事实的存在,这是承担产品责任的依据。(3) 产品缺陷与损害之间存在因果关系。缺陷产品应该是造成损害事实的直接原因。以上三个条件缺一不可。但生产者能够证明有下列情形之一的,不承担赔偿责任:(1) 未将产品投入流通的。(2) 产品投入流通时,引起损害的缺陷尚不存在的。(3) 将产品投入流通时的科学技术水平尚不能发现缺陷的存在的。产品投入流通时的科学技术应当以当时整个社会所具有的科学技术水平来认定的,而不是依据生产者自身所掌握的科学技术水平来认定。产品责任大致可以分为两类:一是生产者应当承担的产品责任,即产品存在缺陷,造成人身或者除缺陷产品以外的其他财产损失后,缺陷产品的生产者应当承担的赔偿责任;二是销售者应当承担的产品责任,即由于销售者的过错,使产品存在缺陷造成人身或者除缺陷产品以外的其他财产损失后,销售者应当承担的责任。如果销售者不能指明缺陷产品的生产者也不能指明缺陷产品的供货者,销售者也应当承担赔偿责任。因产品存在缺陷造成人身、他人财产损害的,受害人可以向产品的生产者要求赔偿,也可以向产品的销售者要求赔偿。属于产品的生产者的责任,产品的销售者赔偿的,销售者有权向产品的生产者追偿。属于产品的销售者的责任,产品的生产者赔偿的,产品的生产者有权向产品的销售者追偿。因产品存在缺陷造成受害人人身伤害的,侵害人应当赔偿医疗费、治疗期间的护理费、因误工减少的收入等费用;造成残疾的,还应当支付残疾者生活自助用具费、生活补助费、残疾赔偿金以及由其扶养的人所必需的生活费等费用;造成受害人死亡的,并应当支付丧葬费、死亡赔偿金以及由死者生前扶养的人所必需的生活费等费用。因产品存在缺陷造成受害人财产损失的,侵害人应当恢复原状或者折价赔偿。受害人因此遭受其他重大损失的,侵害人应当赔偿损失。产品责任的诉讼时效:因产品存在缺陷造成损害要求赔偿的诉讼时效期间为 2 年,自当事人知道或者应当知道其权益受到损害时起计算。因产品存在缺陷造成损害要求赔偿的请求权,在造成损害的缺陷产品交付最初消费者满 10 年丧失;但是,尚未超过明示的安全使用期的除外。

（麻琳琳）

chanpin zeren falü zhidu
产品责任法律制度(the legal system of production quality liabilities) 产品责任是产品提供人因提供有缺陷产品致使消费者或使用人人身或财产伤害,而应承担的责任。它与其他行政、刑事责任的差别在于:前者的主要功能在于补偿;而后者主要在于惩罚、教育。前者属于私法责任,实行自治,是否追究责任由受害当事人自行决定,国家不主动干预;后者属于公法责任,由国家机关依职权主动追究。前者重在维护具体受害人的人身和财产利益;而后者则主要在于维护广大消费者的一般利益。前者必须以产品缺陷存在及损害的发生为前提;而后者则以违法行为与过错的存在为前提,即使产品尚未投放市场,也可能承担这些责任。产品责任法是保护消费者利益的最重要的法律规范,是与消费者关系最为密切的法律规范,是保护消费者利益的最有效法律。产品责任法律关系的当事人包括加害方和受害方两方面。加害方当事人,通常指有缺陷产品的提供人,包括产品生产人或销售人。销售人承担产品责任问题,我国采用连带责任主义,亦称选择主义,即在发生产品责任事故以后,受害人可以商品生产者或者销售者中的任一人,也可以以生产者和消费者全体为被告起诉。销售者在产品责任诉讼中的地位与生产者相同。受害方当事人,是指因产品事故而蒙受人身伤害或财产损失的人,可以是产品买受人、使用人或者是因产品责任事故致使人身或财产损害的其他人。发生产品责任的产品应具备下列条件:(1) 必须是用于销售的产品;(2) 必须是已投入流通的产品;(3) 必须具有一定形态;(4) 必须经过一定的人工处理。

产品责任的成立必须具备下列条件:(1) 产品存在缺陷。即产品存在危及人身、他人财产安全的不合理的危险,产品有保障人体健康、人身、财产安全的国家标准、行业标准的,是不符合该标准。除此以外,还存在现有的科学技术水平尚不能发现的缺陷,亦称为发展上的缺陷,对于这种缺陷,在投入流通时现有的科学技术水平尚不能发现其存在,若产品存在这种缺陷而致人伤害,生产者是否应当承担责任,各国的规定差别较大。根据我国法律,生产者如果能够证明其将产品投放市场时的科学技术水平不能发现缺陷的存在,则可以不负赔偿责任。(2) 有损害事实发生。产品缺陷而导致损害包括人身伤害和财产损失。所谓人身伤害,即因产品存在缺陷而引起受害人的人身健康状况的恶化或身体表面、内部的损伤、残缺或器官功能的丧失。财产损失是指因产品存在缺陷而在使用过程中发生事故,致使受害人财产损失或价值明显降低。(3)损害因产品缺陷而造成。即产品缺陷与损害事实间存在的近因关系,是否存在近因关系,要考虑在损失事实发生过程中产品缺陷以外其他外来因素所起的作用。如果缺陷对损害事实的发生起主要的、决定性的作用,外来其他因素只是其发生的条件,那么,二者之间就存在近因关系,反之,它们之间就不存在近因关系。产品责任中的损害赔偿包括对人身伤害的赔偿和对财产损失的赔偿。对人身伤害的赔偿主要根据因伤事故的发生而导致的受害人物质损失的大小来决定。财产损失的赔偿一般采用赔偿实际损失的原则,实际损失包括因产品责任事故的发生而导致的财产权利人财产受损的价值和财产权利人合理期待的利益。　　(汪公文)

chanpin zhiliang

产品质量(the quality of products)　　国家有关法律法规、质量标准以及合同规定的对产品适用安全和其他特性的要求。产品质量是产品的主要内容。产品质量包括产品的可用性、安全性、可靠性、经济性、维修性等。产品的可用性是指产品具备使用要求的功能特性,是产品实现预定目的或规定用途的能力。这是产品质量的基础性内容。产品的安全性是指在流通和使用过程中保证人身和财产安全免受侵害的能力。产品的可靠性是指产品在规定时间和规定条件下,完成规定功能的能力,通常表现为产品的使用寿命。产品的经济性是指产品在生产和使用中所付出或所消耗成本的程度,包括生产成本和使用费用。产品的维修性是指产品在发生故障以后,能迅速修理,恢复功能的能力。上述五个方面指的是产品内在特性,而有些产品的质量除了上述内容还包括品种、规格大小、款式、造型、包装等产品表面状况。　　(麻琳琳)

chanpin zhiling biaozhun

产品质量标准(the standard of product quality)　　对产品结构、规格、质量指标和检验方法所作出的保证其适用性的技术规定。它是判断产品质量的最基本、最主要的依据之一。国务院标准化行政主管部门统一管理全国标准化工作,制定标准、组织实施标准和对标准的实施进行监督。

　　强制性标准,保障人体健康,人身、财产安全的标准和法律、行政法规规定强制执行的标准。强制性标准的范围主要是:(1)药品标准,食品卫生标准,兽药标准;(2)产品及产品生产、储运和使用中的安全、卫生标准,劳动安全、卫生标准,运输安全标准;(3)工程建设的质量、安全、卫生标准及国家需要控制的其他工程建设标准;(4)环境保护的污染物排放标准和环境质量标准;(5)重要的通用技术术语、符号、代号和制图方法;(6)通用的试验、检验方法标准;(7)互换配合标准;(8)国家需要控制的重要产品质量标准。省、自治区、直辖市人民政府标准化行政主管部门制定的工业产品的安全、卫生要求的地方标准,在本行政区域内是强制性标准。不符合强制性标准的产品,禁止生产、销售和进口。

　　推荐性标准,保障人体健康,人身、财产安全的标准和法律、行政法规规定强制执行的标准以外的标准是推荐性标准。推荐性标准是按国家或行业部门规定的标准制定程序,由专家组起草,并经国家或行业主管部门批准的具有较高的科学性和权威性的标准,其水平大多数都与国外先进标准水平相当。因为推荐性标准不具有强制性,所以任何单位均有权决定是否采用,但是推荐性标准一经各方商定同意接受并采用,就成为各方必须共同遵守的技术依据,也具有法律上的约束性。

　　国家标准　　由国务院标准化行政主管部门对全国经济技术发展有重大意义,需要在全国范围内统一的技术要求所制定的标准。国家标准在全国范围内适用,其他各级标准不得与之相抵触。对需要在全国范围内统一的下列技术要求,应当制定国家标准(含标准样品的制作):(1)通用的技术术语、符号、代号(含代码)、文件格式、制图方法等通用技术语言要求和互换配合要求;(2)保障人体健康和人身、财产安全的技术要求,包括产品的安全、卫生要求,生产、储存、运输和使用中的安全、卫生要求,工程建设的安全、卫生要求,环境保护的技术要求;(3)基本原料、材料、燃料的技术要求;(4)通用基础件的技术要求;(5)通用的试验、检验方法;(6)工农业生产、工程建设、信息、能源、资源和交通运输等通用的管理技术要求;(7)工程建设的勘察、规划、设计、施工及验收的重要技术要求;(8)国家需要控制的其他重要产品和工程建设的通用技术要求。国家标准由国务院标准化行政主管部门编制计划,协调项目分工,组织制订,统一审批、编号、发布。

　　行业标准　　国务院有关行政主管部门对没有国家标准而又需要在全国某个行业范围内统一的技术要求而制定的标准。行业标准由国务院有关行政主管部门制定,并报国务院标准化行政主管部门备案,在公布国家标准之后,该项行业标准即行废止。行业标准不得与有关国家标准相抵触,而且有关行业标准之间应保持协调、统一,不得重复。需要在行业范围内统一的下列技术要求,可以制定行业标准(含标准样品的制作):(1)技术术语、符号、代号(含代码)、文件格式、制图方法等通用技术语言;(2)工、农业产品的品种、规格、性能参数、质量指标,试验方法以及安全、卫生要求;(3)工、农业产品的设计、生产、检验、包装、储存、运输、使用、维修方法以及生产、储存、运输过程中的安全、卫生要求;(4)通用零部件的技术要求;(5)产品结构要素和互换配合要求;(6)工程建设的勘察、规划、设计、施工及验收的技术要求和方法;(7)信息、能源、资源、交通运输的技术要求及其管理技术等要求。行业标准由行业标准归口部门统一管理。

地方标准 对没有国家标准和行业标准而又需要在省、自治区、直辖市范围内统一的工业产品的安全、卫生要求的,由省、自治区、直辖市标准化行政主管部门制定的标准。对需要在省、自治区、直辖市范围内统一的下列要求,可以制定地方标准(含标准样品的制作):(1)工业产品的安全、卫生要求;(2)药品、兽药、食品卫生、环境保护、节约能源、种子等法律、法规规定的要求;(3)其他法律、法规规定的要求。制定地方标准的项目,由省、自治区、直辖市人民政府标准化行政主管部门确定。法律、法规规定强制执行的地方标准,为强制性标准;规定非强制执行的地方标准,为推荐性标准。地方标准由省、自治区、直辖市标准化行政主管部门统一编制计划、组织制定、审批、编号和发布。地方标准在相应的国家标准或行业标准实施后,即行废止。

企业标准 企业为促进组织生产,对没有国家标准和行业标准的产品或者已有国家标准或行业标准的产品所制定的严于国家标准或者行业标准的、在企业内部适用的标准。企业标准是对企业范围内需要协调、统一的技术要求、管理要求和工作要求所制定的标准。企业标准是企业组织生产、经营活动的依据。已有国家标准或者行业标准的,国家鼓励企业制定严于国家标准或者行业标准的企业标准,在企业内部适用。企业的产品标准须报当地政府标准化行政主管部门和有关行政主管部门备案。企业标准由企业制定,由企业法人代表或法人代表授权的主管领导批准、发布,由企业法人代表授权的部门统一管理。企业标准有以下几种:(1)企业生产的产品,没有国家标准、行业标准和地方标准的,制定的企业产品标准;(2)为提高产品质量和技术进步,制定的严于国家标准、行业标准或地方标准的企业产品标准;(3)对国家标准、行业标准的选择或补充的标准;(4)工艺、工装、半成品和方法标准;(5)生产、经营活动中的管理标准和工作标准。

国际标准 国际标准化组织(ISO)和国际电工委员会(IEC)所制定的标准,以及ISO确认并公布的其他国际组织制定的标准。我国在制定国家标准、行业标准、地方标准和企业标准时,凡已有国际标准(包括即将制定完成的国际标准)的,应当以其为基础。对于国际标准中的安全标准、卫生标准、环境保护标准和贸易需要的标准应当先行采用,并与相关标准相协调。我国标准采用国际标准,分为等同采用、等效采用和非等效采用。等同采用,是指技术内容相同,没有或仅有编辑性修改,编写方法完全相对应;等效采用,是指主要技术内容相同,技术上只有很小差异,编写方法不完全相对应;非等效采用,是指技术内容有重大差异。

国外先进标准 未经ISO确认并公布的其他国际组织的标准、发达国家的国家标准、区域性组织的标准、国际上有权威的团体标准和企业(公司)标准中的先进标准。采用国外先进标准,应当符合我国有关法律和法规,保障国家安全,防止欺骗,保护人体健康和人身、财产安全,保护动植物的生命和健康,保护环境,适合我国气候、地理条件和资源合理利用,做到技术先进、经济合理、安全可靠。

采用国际标准和国外先进标准,是我国的一项重要技术经济政策,是技术引进的重要组成部分。采用国外先进标准,应当同我国的技术引进、技术改造、新产品开发相结合,来提高我国产品质量和技术水平,适应发展社会主义市场经济和国际贸易的需要。

(麻琳琳)

chanpin zhiliangfa
产品质量法(law of product quality) 调整产品在生产流通、消费以及对产品质量的监督管理等活动中,所发生的各种经济关系的法律规范的总称。产品质量是一个极为重要的领域。1993年2月22日第七届全国人大常委会第三十次会议通过,2000年7月8日第九届全国人大常委会第十六次会议修正的《中华人民共和国产品质量法》,不但对于提高我国产品质量总体水平明确产品质量责任,保护用户、消费者的合法权益,维护社会主义市场经济秩序发挥了积极的作用,而且对提高全民产品质量意识,明确生产者、消费者国家机关及其工作人员的产品质量责任,都起到了积极的促进作用,推动了我国的经济体制改革,保障和促进了社会主义经济建设的顺利进行。 (麻琳琳 杨东升)

chanpin zhiliang guojia jiandu choucha
产品质量国家监督抽查(national selective examinations on the supervision of product quality) 由我国国务院产品质量监督部门依法组织有关省级质量技术监督部门和产品质量检验机构对生产、销售的产品,依据有关规定进行抽样、检验,并对抽查结果依法公告和处理的活动。国家监督抽查分为定期实施的国家监督抽查(每季度开展一次)和不定期实施的国家监督专项抽查两种。对于可能危及人体健康和人身、财产安全的产品,影响国计民生的重要工业产品以及消费者、有关组织反映有质量问题的产品进行抽查。抽查的样品应当在市场上或者企业成品仓库内的待销产品中随机抽取。国家监督抽查的质量判定依据是被检产品的国家标准、行业标准、地方标准和国家有关规定,以及企业明示的企业标准或者质量承诺。除强制性标准或者国家有关规定要求之外的指标,可以将企业明示采用的标准或者质量承诺作为质量判定依据。没有相应强制性标准、企业明示的企业标准和质量承诺的,以相应的推荐性国家标准、行业标准作为质量判定依据。生产者、销售者对抽查检验的结果有异议的,可以自收到检验结果之日起15日内向实施监督抽查的产品质量监督部门或者其上级产品质量监督部门申请复检,由受理复检的产品质量监督部门作出复检结论。国家监督抽查不合格产品生产企业的复检费用,由不合格产品生产企业支付。对于进行监督抽查的产品质量不合格的,由实施监督抽查的产品质量监督部门责令其生产者、销售者限期改正。逾期不改正的,由省级以上人民政府产品质量监督部门予以公告;公告后经复查仍不合格的,责令停业,限期整顿;整顿期满后经复查产品质量仍不合格的,吊销营业执照。抽查的样品应当在市场上或者企业成品仓库内的待销产品中抽取,并保证样品具有代表性。抽取的样品应当是经过企业检验合格近期生产的产品。

重复抽查 在一定的时间内,产品质量监督部门对同一种产品进行两次以上的抽查活动。为了减轻企业的负担,拓宽抽查的范围,更大地发挥抽查的作用,不得重复对某一种产品进行检查。

抽查样品的检验 经国家级或省级产品质量检验机构委托依法设置和依法授权的产品质量检验机构,在其检验的产品的范围内对抽样的样品进行检验,并出具抽样检验报告的过程。承担国家监督抽查检验工作的产品质量检验机构必须具备相应的检测条件和能力,符合法定要求,并且按照国家质检总局的授权开展产品质量检验工作。检验机构在承担国家监督抽查任务过程中,对抽查涉及的所有检验项目不得以任何形式进行分包。检验机构应当严格制定有关样品的接收、入库、领用、检验、保存及处理的程序规定,并严格按程序执行。检验过程中遇有样品失效或者其他情况致使检验无法进行时,必须如实记录即时情况,并有充分的证实材料。检验结束后,在生产企业抽样的,应当及时将"产品质量国家监督抽查检验结果通知单"寄送该生产企业,抄送该生产企业所在地的省级质量技术监督部门。在市场上抽样的,对已确认生产企业的,除按前款规定寄送"产品质量国家监督抽查检验结果通知单"之外,还应当及时寄送被抽查的经销企业;无法确认生产企业的,应当将"产品质量国家监督抽查检验结果通知单"寄送被抽查的经销企业,抄送其所在地的省级质量技术监督部门。

不合格产品 在产品质量国家监督抽查的过程中,被抽取的样品不符合相关的国家标准、行业标准、地方标准和国家有关规定,以及企业明示的企业标准或者质量承诺的产品。凡国家监督抽查不合格产品的生产、销售企业,除因停产、转产等原因不再继续生产的以外,必须进行整改。企业整改工作完成后,应当向当地省级质量技术监督部门提出复查申请,由省级质量技术监督部门委托符合《产品质量法》规定的有关产品质量检验机构,按原方案进行抽样复查。复查申请自国家质检总局发布国家监督抽查通报之日起,一般不得超过6个月。对国家监督抽查中涉及安全卫生等强制性标准规定的项目不合格的产品,责令企业停止生产、销售,并按照《产品质量法》、《标准化法》等有关法律、法规的规定予以处罚。对直接危及人体健康、人身财产安全的产品和存在致命缺陷的产品,由国家质检总局通知被抽查的生产企业限期收回已经出厂、销售的该产品,并责令经销企业将该产品全部撤下柜台。对国家监督抽查中涉及一般项目不合格的产品,责令企业限期改正。取得生产许可证、安全认证的不合格产品生产企业,责令立即限期整改;整改到期复查仍不合格的,由发证机构依法撤销其生产许可证、安全认证证书。企业的主导产品在国家监督抽查中连续两次不合格的,由省级以上质量技术监督部门向工商行政管理部门提出吊销企业法人营业执照的建议,并向社会公布。对于国家监督抽查不合格、复查后仍达不到规定要求的生产企业,由省级质量技术监督部门会同当地有关部门,责令企业停产整顿。　　　(麻琳琳)

chanpin zhiliang jiandu

产品质量监督(the supervision of product quality)
国家授予特定的产品质量专门机构,根据正式产品质量标准的规定,依照法定职权和法定程序,对企业产品质量进行的监督性活动。我国《产品质量法》第8条规定:"国务院产品质量监督部门主管全国产品质量监督工作。国务院有关部门在各自的职责范围内负责产品质量监督工作。县级以上地方产品质量监督部门主管本行政区域内的产品质量监督工作。县级以上地方人民政府有关部门在各自的职责范围内负责产品质量监督工作。法律对产品质量的监督部门另有规定的,依照有关法律的规定执行。"产品质量监督分为国家监督和行业监督。国家监督是国家通过立法,授予特定的国家机关,代表政府,以国家赋予的特定权利进行的监督。国家监督的部门是国务院产品质量监督部门和县级以上地方产品质量监督部门。这些部门代表国家行使产品质量的监督权,主管全国的和县级以上行政区域内的产品质量监督工作。国务院产品质量监督部门,是指负责产品质量监督的有关部门,从国务院各部委的职责来说,如国家质量技术监督局等,其职责是负责全国产品质量监督工作。国家质量技术监督局对全国产品质量工作的监督管理,是宏观上的、政策性的、指导性的和组织协调性的。县级以上地方产品质量监督部门,如地方质量技术监督局等。地方质量技术监督局具体进行监督管理工作,其中包括依法查处生产、销售伪劣商品等质量违法行为。无论是国务院产品质量监督部门,还是县级以上地方产品质量监督部门都负有法律赋予的主管产品质量监督的职责,其所进行的监督活动,属于国家监督,是从国家整体利益出发的监督,独立行使法律赋予的对于产品质量的监督权,不受部门、行业、地区的限制。行业监督是指产业的主管部门和企业主管部门对本行业、本系统产品质量的监督,包括产业主管部门、综合管理部门、企业主管部门等。这些部门对于产品质量的监督是按照同级人民政府赋予的职权,依其职权范围划定,其主要职责是负责本行业、本行政区域内关于产品质量的行业监督。同时应注意的是,质量技术监督负责组织查处生产和流通领域当中的产品质量违法行为,需要工商行政管理局协助的,后者应予以配合;工商行政管理局负责组织查处市场管理和商标管理中发现的掺假及冒牌产品等违法行为,需要质量技术监督局协助的,后者应予以配合;在打击生产和经销伪劣商品违法活动中,按照上述分工,两部门应当密切配合。同一问题,不得重复检查、重复处理。

(麻琳琳)

chanpin zhiliang jiandu jiancha
产品质量监督检查(check on the supervision of product quality) 国务院产品质量监督部门及地方各级产品质量监督部门,依据国家有关法律、法规和规章的规定,以及人民政府赋予的行政职权,对生产流通领域的产品质量,代表政府实施的一种具有监督性质的检查活动。我国的产品质量监督检查以抽查的方式为主。产品质量监督检查是法律赋予产品质量监督部门的职权。产品质量监督检查是各级产品质量监督部门履行职责,执行公务,对企业产品质量实施监督的一种主动的行政行为,它既是一项强制性的行政措施,同时又是一项强化产品质量监督的法制手段。实施产品质量监督检查的依据:(1)产品质量监督检查,应当以产品所执行的标准为判断依据,未制定标准的,以国家有关规定或要求为判断依据。这里所说的产品执行的标准,包括国家现行的四级标准,即国家标准、行业标准、地方标准和经过备案的企业标准。需要强调的一点是,对可能危及人体健康和人身、财产安全的工业产品,必须符合人体健康,人身、财产安全的国家标准、行业标准,未制定国家标准、行业标准的,必须符合保障人体健康,人身、财产安全的要求。(2)产品必须具备应当具备的使用性能,但是对产品存在使用性能的瑕疵作出说明的除外。监督检查时要把假冒伪劣产品和一般有质量问题的产品,即仍有一定使用价值的次品、处理品,严格区别开来,做到依法定性,事实清楚,处理适当,避免随意性。(3)既无标准,又无有关规定或要求的,以产品说明书、质量保证书、实物样品、产品标识表明的质量指标和质量状况为判断依据。这些明示担保的条件,是生产者、销售者自身对产品质量作出的保证和承诺。实施产品质量监督检查的形式有:国家和地方监督抽查、国家和行业产品质量统一监督检查和产品质量定期监督检查。这三种监督检查的形式的性质都是政府履行行政职责的主动的行政行为,都属于产品质量监督检查的范围。生产者、销售者不得拒绝依法进行的产品质量监督检查。

(麻琳琳)

chanpin zhiliang jianyan jigou
产品质量检验机构(product quality examination organization) 经省级以上人民政府产品质量监督部门或者其授权的部门依法设立或授权,向社会开放的,接受他人委托对有关产品质量指标进行技术检验,通过检验数据出具检验结果的技术机构。产品质量检验机构必须具备相应的检测条件和能力,经省级以上人民政府产品质量监督部门或者其授权的部门考核合格后,方可承担产品质量检验工作。产品质量检验机构由于专业不同、层次不同而有所不同,但必须具备相应的检测条件和能力,主要包括:必须具有完善的组织机构;具有与从事检验业务相适应的仪器设备;具有合格的质量检验人员;具有保证检验工作质量的检验环境;具有健全的检验管理制度等,经省级以上人民政府产品质量监督部门或者其授权的部门依法严格的考核合格后,才可以进行产品质量检验任务。目前我国的产品质量检验机构按资产的来源不同可分为:(1)隶属于行政机关和其他国家机关的产品质量检验机构,这种类型的产品质量检验机构的投资人是国家,资产属于国家所有。(2)从事产品质量检验的社会中介机构,此种产品质量检验机构与行政机关和其他国家机关没有行政隶属关系和其他利益关系(主要指经济利益关系),但是其依法成立的条件要经过政府有关部门严格的考核。这类产品质量认证机构摆脱了与行政机构和其他国家机关的行政隶属关系和经济利益关系,不依附于行政机关的行政权力从事产品质量的认证工作,排除了一些不正当的干预,保证了产品质量检验机构的公正性。产品质量检验机构必须依法按照有关国家标准、行业标准、地方标准、企业标准以及依法规定的技术要求等,客观、公正地出具检验结果或者认证证明。

(麻琳琳)

chanpin zhiliang jianding

产品质量鉴定（the appraisal of product quality）
简称质量鉴定。经省级以上质量技术监督部门指定的鉴定组织单位，根据申请人的委托要求，组织专家对质量争议的产品进行调查、分析、判定，出具质量鉴定报告的过程。省级以上质量技术监督部门负责指定质量鉴定组织单位承担质量鉴定工作。质量鉴定组织单位可以是质检机构，也可以是科研机构、大专院校或者社会团体。由质量鉴定组织单位3名以上单数专家组成质量鉴定专家组，具体实施质量鉴定的工作。专家组的成员应当从有高级技术职称、相应的专门知识和实际经验的专业技术人员中聘任。专家组应当解答申请人提出的与质量鉴定报告有关的问题，并且正确、及时地作出质量鉴定报告。专家组的成员之中，如果有与产品质量争议当事人有利害关系的，应当回避。下列申请人有权向省级以上质量技术监督部门提出产品质量鉴定申请：司法机关；仲裁机构；质量技术监督部门或者其他行政管理部门；处理产品质量纠纷的有关社会团体；产品质量争议双方当事人。产品质量技术监督部门不接受下列质量鉴定申请：申请人不符合规定的要求的；未提供产品质量要求的；产品不具备鉴定条件的；受科学技术水平限制，无法实施鉴定的；司法机关、仲裁机构已经对产品质量争议作出生效判决和决定的。申请人应当与质量鉴定组织单位签订委托书，明确质量鉴定的委托事项，并提供质量鉴定所需要的有关资料。产品质量鉴定有以下特征：(1) 只有省级和国家质量技术监督行政部门可以接受质量鉴定申请人的申请；具体的质量鉴定工作由省级和国家质量技术监督行政部门指定的鉴定组织单位组织实施。(2) 质量鉴定的技术工作由质量鉴定组织单位组织的拥有专业技术的专家进行，由专家组对产品进行调查、分析、判定，最终出具产品质量鉴定报告。(3) 产品质量鉴定专门针对那些有质量争议的产品。产品质量鉴定组织单位由于故意或者重大过失造成质量鉴定报告与事实不符，并对当事人的合法权益造成损害的，应当承担相应的民事责任。有关人员在质量鉴定工作中玩忽职守，以权谋私，收受贿赂的，由其所在单位或者上级主管部门给予处分。构成犯罪的，依法追究刑事责任。

（麻琳琳）

chanpin zhiliang renzheng

产品质量认证（product quality authentication） 依据具有国际先进的产品标准和技术要求，经过认证机构的独立评审，对符合产品标准和技术要求的，颁发认证证书和质量认证标志的合格评定活动。我国《产品质量法》第14条第2款规定："国家参照国际先进的产品标准和技术要求，推行产品质量认证制度。企业根据自愿原则可以向国务院产品质量监督部门认可的或者国务院产品质量监督部门授权的部门认可的认证机构申请产品质量认证。经认证合格的，由认证机构颁发产品质量认证证书，准许企业在产品或者其包装上使用产品质量认证标志。"我国的产品质量认证采用第三方认证制度，即在产品质量认证活动中，从事认证的机构作为独立于生产者和消费者之外的第三方机构，公正地证明产品的质量符合规定的标准，并且在批准认证以后，继续对它实行监督。产品质量认证作为一种外部保证产品质量的手段，其认证的对象是特定的产品。产品质量认证的意义在于：有利于提高企业的产品信誉；有利于保护消费者；能够促进企业不断的提高和健全产品的质量增强产品的市场竞争力；有利于增强进入国际市场的竞争力，提高我国产品在国际市场的地位。认证活动应当遵循客观独立、公开公正、诚实信用的原则。国家鼓励平等互利地开展不损害国家安全和社会公共利益的国际产品质量认证活动。我国产品质量认证实行企业自愿的原则，即企业有权依据法律、法规赋予的经营自主权、自主决定权、自由选择权，由企业根据自身的条件和需要自主决定。任何单位和个人不得强制企业申请认证。应当注意的是，法律、行政法规、国务院标准化行政主管部门会同国务院有关行政主管部门制定的规章规定未经认证不得销售、进口、使用的产品，按照法律、行政法规和规章的规定办理认证后，方准销售、进口、使用。国务院标准化行政主管部门直接设立的或者授权国务院有关行政主管部门设立的行业认证委员会（以下简称认证委员会）负责组织认证工作的具体实施。产品质量认证的标准有如下几种：(1) 认证依据的标准应当是具有国际水平的国家标准或者行业标准，如果现行标准内容不能满足认证需要的，应当由认证委员会组织制定补充技术要求。(2) 我国的名、优、特产品可以依据经过国家质量技术监督部门确认的其他标准和技术要求对企业产品进行认证。(3) 凡是经过国家质量技术监督局批准加入相应的国际认证组织的认证委员会的，可以采用该国际认证组织已经公布的，并已转化为我国国家标准、行业标准，作为相应产品的认证依据。目前我国已经加入的国际认证组织有：国际电工委员会（IEC电子元器件质量认证体系）、国际电工产品安全认证组织（IECEE）等。(4) 经过国家质量技术监督局批准与国外认证机构签订双边或多边认证合作协议所涉及的产品，可以按照国际认证合作协议规定的标准进行产品质量认证。产品质量认证包括安全认证和合格认证两种形式。安全认证指的是，只对产品中有关人身健康和财产安全的项目进行认证，或以安全标准为依据进行的产品质量认证。实行安全认证必须以法定的有关强制性标准的规定的对产品质量进行认证。

国家规定必须实行安全认证的产品,未经认证不得生产、销售,其目的在于保护消费者的人身和财产的安全。实行合格认证必须就符合有关的国家标准、行业标准的规定对产品进行质量认证,其目的是向用户、消费者说明这个产品是合格的、优质的。
（麻琳琳）

chanpin zhiliang renzheng biaozhi
产品质量认证标志(the mark of product quality authentication) 认证机构为证明某个产品符合认证标准和技术要求而设计、发布的一种专用质量标志。产品质量认证标志作为一种质量标志可以指导消费者的购买方向。企业在取得产品质量认证标志后有权在产品、包装物、产品出厂合格证、产品使用说明书上使用认证标志,为消费者购买到满意的商品提供信誉指南和质量信息。认证标志分为方圆标志、长城标志和PRC标志。方圆标志分为合格认证标志和安全认证标志。获准合格认证的产品,使用合格认证标志,获准安全认证的产品,使用安全认证标志。认证委员会采用以方圆标志为基础而变形的其他认证标志时,须报国务院标准化行政主管部门审批。长城标志为电工产品专用认证标志。长城标志的颜色及其印制,应当遵守国务院标准化行政主管部门以及中国电工产品认证委员会有关认证标志管理办法的规定。PRC标志为电子元器件专用认证标志。PRC标志的颜色及其印制,应当遵守国务院标准化行政主管部门以及中国电子元器件质量认证委员会有关认证标志管理办法的规定。产品质量认证委员会负责对符合认证要求的申请人颁发认证证书并准许其使用与认证证书内容相一致的认证标志。认证证书持有者可以将认证标志标示在产品、产品铭牌、包装物、产品使用说明书、出厂合格证上。使用认证标志时,须在图案正下方标出认证委员会代码、证书编号、认证依据的标准编号。认证机构可以自行制定认证标志,并报国务院认证认可监督管理部门备案。认证机构自行制定的认证标志的式样、文字和名称,不得违反法律、行政法规的规定,不得与国家推行的认证标志相同或者近似,不得妨碍社会管理,不得有损社会道德风尚。企业使用认证标志,其标志图案必须准确,严格根据国务院标准化行政主管部门公布的认证标志样式,按比例放大或缩小。认证标志图案各部分的比例应当遵守相应认证委员会的规定。对认证标志的标示形式和位置有特殊要求的产品,企业必须在首次使用认证标志之前报认证委员会审定。未经许可不得擅自更改使用。
（麻琳琳）

chanpin zhiliang renzheng jigou
产品质量认证机构(product quality authentication organization) 依照国家统一的审查、评定条件对产品质量进行独立的评审,对符合产品标准和技术要求的产品,颁发认证证书和质量认证标志,以证明产品符合相应标准和技术要求的机构。凡申请开展产品质量认证工作的机构,必须依据办理申请可手续。经国家技术监督局批准认可,并依法取得法人资格后,方可实施产品质量认证。设立认证机构,应当符合下列条件:有固定的场所和必要的设施;有符合认证认可要求的管理制度;注册资本不得少于人民币300万元;有10名以上相应领域的专职认证人员;从事产品认证活动的认证机构,还应当具备与从事相关产品认证活动相适应的检测、检查等技术能力方可进行产品质量认证的活动。认证机构必须公正地开展产品质量认证活动,对出具的产品质量认证证书负责。国家技术监督局统一组织认证机构认可的管理工作,其主要职责是:(1)负责对中国产品质量认证机构国家认可委员会实施评定工作的管理;(2)批准对认证机构的评定报告,颁发认可证书;(3)批准对认证机构的监督检查报告,决定对认证机构的处理;(4)负责处理认证机构对评定工作的申诉;(5)统一管理认证机构认可工作的国际交流与合作。由于我国产品质量认证机构是在改革开放,特别是在社会主义市场经济下逐渐发展起来的,因而我国的产品质量认证机构大多数属于社会中介机构。从事产品质量认证的社会中介机构必须依法设立,不得与行政机关和其他国家机关存在隶属关系或者其他利益关系。这使产品质量认证机构摆脱了与行政机构和其他国家机关的行政隶属关系和经济利益关系,保证了产品质量认证机构的公正性、独立性。国家对必须经过认证的产品,统一产品目录,统一技术规范的强制性要求、标准和合格评定程序,统一标志,统一收费标准。产品质量认证机构不得向社会提供其认证产品范围内的产品设计、开发、咨询服务;产品质量认证机构及其工作人员,对其所知悉的国家秘密和商业秘密负有保密义务。认证人员从事认证活动,应当在一个认证机构执业,不得同时在两个以上认证机构执业。产品质量认证机构应当依照国家规定对准许使用认证标志的产品进行认证后的跟踪检查;对不符合认证标准而使用认证标志的,要求其改正;情节严重的,取消其使用认证标志的资格。对因不符合认证标准而给消费者造成损失的,与产品的生产者、销售者承担连带责任。

设立外商投资的认证机构应当符合下列条件:有固定的场所和必要的设施;有符合认证认可要求的管理制度;注册资本不得少于人民币300万元;有10名以上相应领域的专职认证人员;外方投资者取得其所在国家或者地区认可机构的认可;外方投资者具有3年以上从事认证活动的业务经历。从事产品认证活动应当具备与从事相关产品认证活动相适应的检测、检查等技术能力。设立外商投资认证机构的申请、批准和登记,按照有关外商投资法律、行政法规和国家有关规定办理。

境外认证机构在中华人民共和国境内设立代表机构,须经批准,并向工商行政管理部门依法办理登记手续后,方可从事与所从属机构的业务范围相关的推广活动,但不得从事认证活动。境外认证机构在中华人民共和国境内设立代表机构的申请、批准和登记,按照有关外商投资法律、行政法规和国家有关规定办理。

(麻琳琳)

chanpin zhiliang renzheng jigou de renke
产品质量认证机构的认可(approved by the product quality authentication organization) 国家根据统一的审查、评定条件,由认可机构对申请开展产品质量认证工作的机构进行审查、评定并颁发证书,证明其有资格面向社会提供产品质量认证评价服务的活动。凡申请开展产品质量认证工作的机构,必须依据法律、法规的规定办理申请认可的手续。经国家技术监督局批准认可并取得产品质量认证机构认可证书的产品质量认证机构,方可实施产品质量认证工作。产品质量认证机构认可的管理工作由国家技术监督局统一组织。中国产品质量认证机构国家认可委员会(以下简称国家认可委员会)由相关领域公认的专家,熟悉有关法律、行政法规以及认可规则和程序,具有评审所需要的良好品德、专业知识和业务能力的评审人员组成,根据国家技术监督局的授权,负责对认证机构认可工作的具体实施。其主要职责是:(1)负责制定《产品质量认证机构认可准则》等审查、评定工作文件;(2)负责组织对产品质量认证机构的审查、评定;(3)负责向国家技术监督局提交对产品质量认证机构的评定报告;(4)负责处理产品质量认证机构对评审组审查、评审工作的申诉;(5)负责对认证机构的日常监督,向国家技术监督局提交监督检查结果和有关建议报告。凡申请开展产品质量认证工作的机构(以下简称申请人),应当向国家认可委员会提出书面申请,并提交《质量手册》及有关文件。国家认可委员会组织评审组对受理申请的申请人进行评审,评审组的组长由国家认可委员会指定,全面负责评审工作。国家认可委员会对评审组的评审报告根据不同情况予以处理:对于达到认可条件的,建议国家技术监督局批准认可;对于达不到认可条件的,通知申请人限期整改;对于达不到认可条件,申请人又不愿意整改,或者在限期内不能改进的,通知申请人撤销申请。国家技术监督局根据国家认可委员会的评定报告批准申请人的认可的,颁发产品质量认可证书,允许申请人在规定的认证业务范围内使用"中国认证机构国家认可标志"。产品质量认证机构最初进行的3次产品质量认证活动,应当接受国家认可委员会的监督观察。产品质量认证机构应当接受国家认可委员会每年至少一次的监督检查,并每个季度向国家认可委员会报告一次认证工作情况。当产品质量认证机构变更其业务范围的,必须经国家认可委员会评定,由国家技术监督局批准。产品质量认证机构在认可有效期届满后需要继续保持其认可资格的,应当在产品质量认可证书有效期满前90天内向国家认可委员会提出复评申请。国家认可委员会负责认证机构的日常监督管理,根据对产品质量认证机构的监督检查结果,向国家技术监督局提出确认、注销、暂停、恢复或者撤销认证机构认可资格的建议报告。产品质量认证机构有下列情况之一的,国家技术监督局根据国家认可委员会的建议,注销产品质量认证机构使用产品质量认可证书和中国认证机构国家认可标志的资格,收回产品质量认可证书:(1)产品质量认可证书有效使用期满,逾期未提出复评申请的;(2)由于其他原因,自行提出注销其认可资格的。产品质量认证机构有下列情况之一的,国家技术监督局根据国家认可委员会的建议,暂停认证机构使用产品质量认可证书和中国认证机构国家认可标志,并限期改正:(1)未按照期限向国家认可委员会报告工作,经指出未予改正的;(2)其工作经监督检查发现达不到要求的;(3)变更业务范围或者质量体系有变动,未经国家认可委员会评定、确认的;(4)使用产品质量认可证书和认可标志不当,经指出未予改正的;(5)从事其认证产品范围内的产品设计、开发、咨询服务的;(6)未按规定交纳认可费用,经指出未予改正的;(7)擅自与国外的认证机构签订认证合作协议的;(8)其他影响认证机构的公正性、工作质量的情况。产品质量认证机构在限期内予以改正,经国家认可委员会审查、评定后,由国家技术监督局通知其恢复认可资格。有下列情况之一的,国家技术监督局根据国家认可委员会的建议,撤销认证机构使用产品质量认可证书和中国认证机构国家认可标志的资格,收回产品质量认可证书:(1)暂停决定作出后,认证机构未按规定的期限完成改正的;(2)认证机构存在严重的违纪违法问题的;(3)其他不能保证认证机构公正性、工作质量的严重情况。国家认可委员会3年内不受理被撤销认可资格的产品质量认证机构再次提出的申请。

(麻琳琳)

chanpin zhiliang renzheng jianyan jigou
产品质量认证检验机构(the examination organization of product quality authentication) 承担对认证产品的质量进行检验,并出具检验数据的专门机构。认证机构以其出具的检验数据为是否对产品予以质量认证的依据。因此,产品质量认证检验机构所出具的检验数据的科学性、准确性、公证性直接影响着企业的产品信誉。国家产品质量监督检验中心、行业(部门)产品质量监督检验中心、地方产品质量监督检验机构,凡经省级以上技术监督行政部门计量认证和审查认可,并具有对有关产品进行评价或者检验工作实践的,均可以向有关认证委员会申请承担认证检验任务。产品质量认证委员会向国务院标准化行政主管部门推荐申请承担认证检验任务的检验机构。国务院标准化行政主管部门负责组织评审员对实验室技术能力进行确认。产品质量认证委员会应当对承担认证检验任务的检验机构,每两年至少进行一次监督检查,并向国务院标准化行政主管部门报告监督检查结果。承担产品质量认证检验机构必须经法定程序认可后,方可承担产品质量认证检验的任务。承担认证任务的检验机构必须对其出具的检验报告负责;必须保守认证产品的技术秘密,并不得非法占有他人科技成果;不得从事认证产品的开发和对外咨询业务。

(麻琳琳)

chanpin zhiliang renzheng renke jigou

产品质量认证认可机构(the approved organization of product quality authentication) 对申请开展产品质量认证工作的机构进行评审、审核的产品质量认证机构。经国家技术监督局批准认可并取得产品质量认证机构认可证书的产品质量认证机构,方可实施产品质量认证工作。除依照法定程序取得的认可机构外,其他任何单位不得直接或者变相从事认可活动。其他单位直接或者变相从事认可活动的,其认可结果视为无效。认可机构应当具有与其认可范围相适应的质量体系,并建立内部审核制度,保证质量体系的有效实施。认可机构应当按照国家标准和国务院认证认可监督管理部门的规定,对从事评审、审核等认证活动的人员进行考核,考核合格的,予以注册。从事认可评审活动的人员应当是相关领域公认的专家,熟悉有关法律、行政法规以及认可规则和程序,具有评审所需要的良好品德、专业知识和业务能力。从事评审、审核等认证活动的人员,应当在认可机构注册后,方可从事相应的认证活动。认可机构委托他人完成与认可有关的具体评审业务的,应当由认可机构对评审结论负责。认可机构应当公开认可条件、认可程序、收费标准等信息,不得向申请人提出与认可活动无关的要求或者限制条件。

认可证书应当包括认可范围、认可标准、认可领域和有效期限。认可证书的格式和认可标志的式样须经国务院认证认可监督管理部门批准。取得认可的机构应当在取得认可的范围内使用认可证书和认可标志。取得认可的机构不当使用认可证书和认可标志的,认可机构应当暂停其使用直至撤销认可证书,并予以公布。

认可机构不得接受任何可能对认可活动的客观公正产生影响的资助。认可机构应当对取得认可的机构和人员实施有效的跟踪监督,定期对取得认可的机构进行复评审,以验证其是否持续符合认可条件。取得认可的机构和人员不再符合认可条件的,认可机构应当撤销认可证书,并予公布。取得认可的机构的从业人员和主要负责人、设施、自行制定的认证规则等与认可条件相关的情况发生变化的,应当及时告知认可机构。

(麻琳琳)

chanpin zhiliang renzheng weiyuanhui

产品质量认证委员会(the committee of product quality authentication) 由国务院标准化行政主管部门直接设立的或者授权国务院有关行政主管部门设立,负责组织产品质量认证工作的具体实施的行业认证委员会(以下简称认证委员会)。我国《产品质量认证委员会管理办法》中规定:认证委员会由国务院标准化行政主管部门统一管理。认证委员会应当由产品的生产、销售、使用、科研、质量监督等有关部门的专家组成。其中,销售、使用、科研、质量监督等部门的专家不得少于认证委员会委员总人数的3/4。国务院标准化行政主管部门根据申请报告进行协调,并确定负责组建认证委员会的部门。被批准组建认证委员会的部门,先向国务院标准化行政主管部门提出组建认证委员会的方案,经国务院标准化行政主管部门确认后,进行认证委员会的组建工作。国务院标准化行政主管部门批准认证委员会成立,并向委员颁发聘书。认证委员会设主任1名,副主任2至4名,秘书长1名,副秘书长2至4名,委员若干名。主任、副主任、秘书长均由选举产生。认证委员会最高权力机构是全体委员会议。认证委员会在作出决议时,实行少数服从多数的原则。认证委员会设秘书处和标准协调、检验机构协调、检查、申诉监理等组织。认证委员会秘书处的职责是:负责认证委员会的日常工作;提出开展认证的产品目录方案,每季向国务院标准化行政主管部门报告获准认证产品及其生产企业名录;受理认证申请;负责办理认证证书、认证标志的批准、颁发、暂停、注销、撤销手续,并向国务院标准化行政主管部门备案;负责安排获准认证产品的日常监督检验工作;负责本委员会的日常外事联络工作;参与培训和协助管理本认证委员会的国家注册的质量体系检查员和检验机构评审员;负责认证费用的管理;代表认证委员会定期向国务院标准化行政主管部门报告工作情况;办理认证委员会授权和交办的其他工作。认证委员会标准协调组织的职责是:代表认证委员会负责确认用于认证的国家标准或者行业标准;负责标准与实施认证要求的协调;

提出修订标准及其补充技术要求的建议。认证委员会检验机构协调组织的职责是:代表认证委员会向国务院标准化行政主管部门推荐符合条件、能承担认证检验任务的检验机构及其评审员,参与检验机构的评审;负责审核认证产品的检验报告,监督检验机构的工作质量;协调安排认证检验任务和组织相关实验室间的比对实验。认证委员会检查组织的职责是:编制本委员会的质量体系检查细则;代表认证委员会负责组织质量体系检查;对企业质量体系检查报告进行审核;对获准认证的产品及其生产企业进行监督检查;代表认证委员会向国务院标准化行政主管部门推荐国家注册的质量体系检查员。认证委员会申诉监理组织的职责是:受理认证申诉;调解处理本委员会认证工作中所引起的纠纷;监督本委员会其他组织的工作质量。

(麻琳琳)

chanpin zhiliang renzheng zhengshu

产品质量认证证书(the certificate of product quality authentication)　认证机构证明产品质量符合认证要求和许可产品使用认证标志的具有法律效力的文件。企业对有国家标准或者行业标准的产品,可以向国务院标准化行政主管部门或者国务院标准化行政主管部门授权的部门申请产品质量认证。认证合格的,由认证部门授予认证证书。产品质量认证证书由国务院标准化行政主管部门组织印制并统一规定编号。产品的质量认证证书可以在推销产品的活动中展示,以提高产品的信誉。认证证书持有者必须建立认证标志使用制度,定期向认证委员会报告认证标志的使用情况。认证委员会应当对认证标志的使用进行监督,并定期报告国务院标准化行政主管部门。中、英文对照的认证证书,其内容发生争议时,以中文为准。产品质量认可证书有效期为4年,自颁发证书之日起计算。有下列情形之一时产品质量认证证书的重新换证:认证产品标准变更的;使用新的商标名称的;认证证书持有者变更的;部分产品型号、规格受到撤销处理的。有下列情况之一的,认证委员会应当撤销认证证书持有者的认证证书,责令停止使用认证标志:由于认证标准变更,企业认为达不到标准要求时,不再申请认证的;在认证证书有效期届满时,证书持有者未在认证证书有效期届满前3个月向认证委员会提出重新认证申请的。认证证书持有者每年必须定期接受认证委员会对其认证证书有效性的确认。有下列情况之一的,认证委员会应当撤销认证证书持有者的认证证书,责令停止使用认证标志:接到认证委员会暂停使用认证证书和认证标志的通知后,不能按期改正的;转让认证证书、认证标志的;用户普遍反映产品有严重质量问题,且造成严重后果的;出厂销售的产品质量不符合认证时采用的标准和技术要求,且情节严重的。被撤销认证证书的,1年以后才能重新提出认证申请。

(麻琳琳)

chanpin zhiliang shensu

产品质量申诉(appeal against the product quality)　对属于《产品质量法》调整范围的产品,用户、消费者发现有质量问题,向技术监督行政部门提出的申诉。产品质量申诉为用户、消费者进行产品质量申诉提供了有效的途径;为质量技术监督部门正确及时处理产品质量申诉提供了法律依据。凡是属于《产品质量法》调整的"经过加工、制作,用于销售的产品",用户、消费者发现有质量问题,都有权向质量技术监督行政部门提出产品质量申诉。技术监督行政部门处理产品质量申诉,应当遵循以下原则:以事实为依据,以法律为准绳原则;保护当事人合法权益原则;行政合法性和行政合理性原则;行政高效和便民原则。技术监督行政部门对用户、消费者(以下简称申诉人)提出的产品质量申诉应当予以登记并及时处理。技术监督行政部门应当在接到产品质量申诉后7日内作出处理、移送处理或者不予处理的决定,并告知申诉人。技术监督行政部门对无需追究刑事、行政责任的产品质量申诉,应当根据申诉人或者被申诉人的请示,采用产品质量争议调解方式予以处理。技术监督行政部门对举报被申诉人未履行《产品质量法》规定的"三包"义务的产品质量申诉,应当责令责任方改正。技术监督行政部门对举报涉嫌生产、销售伪劣商品犯罪行为的产品质量申诉,应当移送司法机关处理。技术监督行政部门对依照法律规定由其他行政机关处理的产品质量申诉,应当移送其他行政机关处理。技术监督行政部门对举报生产、销售伪劣商品行政违法行为的产品质量申诉,应当按照《技术监督行政案件办理程序的规定》,移送有管辖权的技术监督行政部门处理。对下列申诉,技术监督行政部门应当作出不予处理的决定:法院、仲裁机构或者有关行政机关已经受理或者处理的;对存在争议的产品无法实施质量检验、鉴定的;不符合国家法律、法规及规章规定的。产品质量争议的调解由被申诉人所在地的县、市级技术监督行政部门管辖。技术监督行政部门接受的产品质量争议不属于本部门管辖的,应当移送有管辖权的技术监督行政部门处理。接受移送的技术监督行政部门认为产品质量争议不属于本部门管辖的,不得再自行移送,应当报请上级技术监督行政部门指定处理部门。上级技术监督行政部门有权处理下级技术监督行政部门管辖的产品质量争议。下级技术监督行政部门管辖的产品质量争议,认为需要由上级技术监督行政部门处理的,可以报请上级技术监督行政部门处理。

技术监督行政部门对无需追究刑事、行政责任的产品质量申诉,根据申诉人或者被申诉人的请示,采用调解的方式处理产品质量争议。技术监督行政部门进行产品质量争议的调解应当由申诉人提供书面材料。负责产品质量争议调解的技术监督行政部门应当在接到申诉材料后5日内分别通知申诉人和被申诉人。负责产品质量争议调解的技术监督行政部门进行调解时,应当征得申诉人和被申诉人的同意,调查核实申诉情况,认定有关事实。对有争议产品需要进行质量检验、鉴定的,技术监督行政部门应当在征得申诉人或者被申诉人同意后,指定检验机构或组织有关人员进行质量检验、鉴定。质量检验、鉴定费用由申诉人或者被申诉人预付,处理终结时,该费用由责任人支付。负责产品质量争议调解的技术监督行政部门经调解使双方达成一致意见的,应当制作"产品质量争议调解书",由申诉人和被申诉人自觉履行。负责产品质量争议调解的技术监督行政部门应当在接到申诉人提供的书面材料之日起30日内终结调解。对于复杂的产品质量争议可以延长30日。调解不成的,应当及时终止调解。各级技术监督行政部门应当建立申诉处理信息统计制度,并将影响重大的申诉及时报国家技术监督局备案。

(麻琳琳)

chanpin zhiliang yiwu
产品质量义务(the obligation of product quality) 产品的生产者、销售者为了满足用户、消费者的需要在产品质量方面必须作出的作为和不作为。产品质量义务是由国家强制力保障实施的,生产者、销售者如果不履行自己应尽的义务将要承担责任。生产者、销售者在产品质量方面必须作出的作为(积极义务)和不作为(消极义务),我国的《产品质量法》对两者分别作出了规定。生产者的作为义务有:生产者应当对其生产的产品质量负责不存在危及人身、财产安全的不合理的危险,有保障人体健康和人身、财产安全的国家标准、行业标准的,应当符合该标准;具备产品应当具备的使用性能,但是,对产品存在使用性能的瑕疵作出说明的除外;符合在产品或者其包装上注明采用的产品标准,符合以产品说明、实物样品等方式表明的质量状况等。销售者的作为义务有:销售者应当建立并执行进货检查验收制度,验明产品合格证明和其他标识;销售者应当采取措施,保持销售产品的质量等。生产者的不作为义务有:生产者不得生产国家明令淘汰的产品;生产者不得伪造产地,不得伪造或者冒用他人的厂名、厂址;生产者不得伪造或者冒用认证标志等质量标志;生产者生产产品,不得掺杂、掺假,不得以假充真、以次充好,不得以不合格产品冒充合格产品等禁止性规定。销售者的不作为义务有:销售者不得销售国家明令淘汰并停止销售的产品和失效、变质的产品;销售者不得伪造产地,不得伪造或者冒用他人的厂名、厂址;销售者不得伪造或者冒用认证标志等质量标志;销售者销售产品,不得掺杂、掺假,不得以假充真、以次充好,不得以不合格产品冒充合格产品等禁止性规定。

(麻琳琳)

chanpin zhiliang zeren
产品质量责任(the responsibility of product quality) 生产者、销售者或者有关产品质量监督管理人员或质量检验人员,违反《产品质量法》的禁止性规定,不履行法定的有关产品质量义务,而依法应当承担的法律责任。产品质量责任的主体是生产者、销售者和产品质量监管人员。生产者和销售者,即指从事产品生产和销售的人。其中生产者是指有产品生产行为的人;销售者是指具有产品销售行为的人;如果进口产品在市场上销售,其进货者也要承担产品质量责任。生产者、销售者不按要求生产、销售产品或者违反《产品质量法》禁止性规定,应承担法律后果。产品质量责任具有以下特点:一是强制性。产品质量责任是国家强制违法行为人承担其违法行为的后果,除法律规定外,其责任不得免除、减轻,也不得以事先约定加以限制、排除。二是补偿性。产品质量责任中的民事责任要求违法行为人对其违法行为造成的损害承担责任,因而具有明显的补偿性。三是制裁性。违法行为人承担了民事责任,并不免除其应当承担的行政责任、刑事责任。

产品质量行政责任 产品的生产者、销售者以及产品质量检验机构因其违反产品质量法律、法规和规章所规定的义务,实施了扰乱国家对产品质量管理的正常秩序的行为,但尚未构成犯罪的行为所依法应当承担的法律后果。行政责任是法律责任的主要形式之一,依法追究行政责任是国家管理和宏观调控的重要手段。对违法的单行政责任一般分为两类,即行政处分和行政处罚。

产品质量刑事责任 有依照刑法规定对于生产者、销售者不履行产品质量义务,实施了扰乱国家对产品质量管理的正常秩序的严重违法行为,所应承担刑罚的法律后果。追究刑事责任的方式,是依照刑法的规定给予刑事制裁。刑事责任是最为严厉的法律责任。刑罚作为实现刑事责任的基本方法,是所有的强制措施中最为严厉的一种。它不仅可以剥夺犯罪人的财产权和政治权,而且还可以限制或者剥夺犯罪人的人身自由,甚至剥夺其生命。《产品质量法》规定,对于具有下列情况之一,情节严重,构成犯罪的,应当依法追究刑事责任:(1)生产、销售不符合人体健康和人身财产安全的国家标准、行业标准产品的;(2)在产品中掺杂、掺假,以假充真、以次充好,或者以不合格产品冒充合格产品的;(3) 销售失效、变质产品的;(4) 产品质量检验机构、认证机构及其工作人员徇私舞弊,伪造检验结果或者出具虚假证明的。

产品质量民事责任 主要是赔偿责任,也就是由于产品质量给他人财产、人身造成损害的,产品的生产者、销售者应当依法赔偿损失,除了赔偿损失外,还可以采用消除危险,恢复原状,修理,重做,更换等方式承担民事责任。产品质量责任的归责原则:产品的生产者对其缺陷产品的损害应承担无过错责任;产品的销售者承担过错责任,但如果产品的销售者不能指明缺陷产品的供货者,要承担无过错责任。产品质量民事法律责任包括两种:一是一般产品质量问题引发的民事责任,产品的瑕疵担保责任;二是缺陷产品的侵权损害赔偿责任,即产品责任。　　　(麻琳琳)

chanpin zhiliang zhongcai jianyan
产品质量仲裁检验(the examination of product quality arbitration) 简称仲裁检验。经省级以上产品质量技术监督部门或者其授权的部门考核合格的产品质量检验机构,在考核部门授权其检验的产品范围内根据申请人的委托要求,对质量争议的产品进行检验,出具仲裁检验报告的过程。产品质量仲裁检验的申请人可以直接向质检机构提出申请,也可以通过质量技术监督部门向质检机构提出申请。这里的申请人是指司法机关;仲裁机构;质量技术监督部门或者其他行政管理部门;处理产品质量纠纷的有关社会团体;产品质量争议双方当事人。对同一产品只能由上述五种申请人中的一种申请人申请,其他申请人不能再提出仲裁检验申请。质检机构不受理下列仲裁检验申请:申请人不符合规定条件的;没有相应的检验依据的;受科学技术水平限制,无法实施检验的;司法机关、仲裁机构已经对产品质量争议作出生效判决和决定的。申请人申请仲裁检验应当与质检机构签订仲裁检验委托书,明确仲裁检验的委托事项,并提供仲裁检验所需要的有关资料。产品质量仲裁检验的特征:(1) 只有经过省级以上质量技术监督行政部门或其授权的部门考核合格的质检机构才有资格出具仲裁检验报告,并且其仲裁检验的产品范围限制在授权其检验的范围内。(2) 仲裁检验必须由符合规定条件的申请人提出仲裁检验的申请。(3) 仲裁检验和一般检验一样都需要有依据,并将结果和依据进行比较。确切地说都是对实体的特征进行测量、检查、试验或度量并将结果与要求进行比较,以确定每项特征合格情况所进行的活动。(4) 不是任何产品的检验都可称为仲裁检验。仲裁检验是专门针对有争议产品所做的检验,目的是为了作出争议产品的质量判定,解决产品质量的纠纷。产品质量仲裁检验的质量判定依据是:(1) 法律、法规或者国家强制性标准规定的质量要求;(2) 法律、法规或者国家强制性标准未作规定的,执行争议双方当事人约定的产品标准或者有关质量要求;(3) 法律、法规或者国家强制性标准未作规定的,争议双方当事人也未作约定的,执行提供产品一方所明示的质量要求。仲裁检验的检验方法:国家强制性标准有检验方法规定的,按规定执行;国家强制性标准没有检验方法规定的,执行生产方出厂检验方法;生产方没有出厂检验方法的或者提供不出检验方法的,执行申请人征求争议双方当事人同意的检验方法或者申请人确认的质检机构提供的检验方法。产品质检机构在其有权检验的产品范围内,应当积极承担仲裁检验和质量鉴定组织工作。没有正当理由不得拒绝。质检机构由于故意或者重大过失造成仲裁检验报告与事实不符,并对当事人的合法权益造成损害的,应当承担相应的民事责任。有关人员在仲裁检验工作中玩忽职守,以权谋私,收受贿赂的,由其所在单位或者上级主管部门给予处分。构成犯罪的,依法追究刑事责任。　　　(麻琳琳)

chanpin ziliao
产品资料(means of production) 经济法律关系的客体。指人们改造自然、生产物质资料过程中生产的产品,包括用于社会生产的生产资料和用于人们生活的生活资料两类。产品资料是经济法律关系的最普遍、最直接的客体形式。产品资料不在于本身是什么,而在于用什么方式进行生产。这是特定社会经济发展阶段的显著标志,也是物质资料社会进步的根本动因。传统民法关于物的理论,强调对物的所有,并将物置于当事人间的交易领域,而在生产社会化条件下,对于产品资料,应当强调的是作为资源的社会配置,而且产品资料不仅仅存在于交易领域,它存在于国民经济运行的生产、交换、分配和消费的整个过程和环节。因此,对产品资料的法律调整,不可能局限于传统的物权、债权方面,它是对其在生产、交换、分配和消费的社会经济总过程中的客体关系的全方位调整。产品资料的构成,可分为初级产品资料和工业制品资料两大类。基于不同的法律规定,初级产品资料和工业制品资料处于不同的经济法律关系之中。在生产领域,产品资料基本上分为三类,一是禁止生产的产品,二是限制生产的产品,三是鼓励生产的产品;在流通领域,主要是规定禁止流通的商品和限制流通的商品;在对外经济贸易中,基于商品贸易方式的不同,如一般贸易、补偿贸易、来料加工装配贸易、进料加工贸易、寄售代销贸易、边境小额贸易、对外承包工程、租赁贸易、出料加工贸易、易货贸易等,法律对其客体也作出了相应的具体规定。　　　(任学青)

chanquan daibiao zhi
产权代表制(system of property right delegate) 根据我国国有资产管理部门的授权,境外国有资产的产权代表机构或者产权代表人对外行使境外国有资产所有者的职能,并对授权部门负责和报告工作。这是对我国境外国有资产所有权进行管理所实行的一种制度。 (马跃进 裴建军)

chanquan jieding
产权界定(equity ascription) 确定特定财产与特定产权主体之间权利义务关系的法律界定。"谁投资,谁拥有产权",是产权界定的基本原则。

国有资产产权界定 国家依法划分国有资产产权归属,明确各类产权主体行使权利的财产范围及管理权限的一种法律行为。国有资产产权界定包括两方面内容:(1)国有资产所有权界定,划分国有资产与非国有资产;(2)与国有资产所有权相关的其他产权的界定,如国有资产经营权、资源性国有资产的经营使用权等,以界定清楚这些由国有资产所有权派生出来的权利落实给谁。国有资产产权的界定必须遵循三项原则:公平、公正原则;谁投资,谁拥有产权的原则;实事求是的原则。国有资产产权的界定方法分为两种:一种是以资产存在形态进行界定;另一种是以资本化了的国有资金,从资金的来源方面来界定。

国有资产产权界定主体 我国国有产权界定工作,按照资产的现行分级分工管理,由省级以上国有资产管理部门成立产权界定和产权纠纷调处委员会负责。

国有资产产权界定程序 按照《国有资产产权界定和产权纠纷处理暂行办法》的规定执行:(1)占用国有资产的单位的各项资产及对外投资,由单位首先进行清理和界定,其上级主管部门负责督促和检查。必要时也可以由上级主管部门或国有资产管理部门直接进行清理和界定;(2)单位经清理、界定已清楚属于国有资产的部分,按财务隶属关系报同级国有资产管理部门认定;(3)经认定的国有资产,须按规定办理产权登记等有关手续。

企业国有资产产权界定 即对经营性国有资产产权的界定。包括对其中国有资产的所有权以及经营权、使用权等产权的归属进行确认的一种法律行为。

全民所有制企业中国有资产产权界定 根据《国有企业财产监督管理条例》、《企业财务通则》和《企业会计通则》的有关规定,全民所有制企业中国有资产产权的界定有以下六类:(1)有权代表国家投资的部门和机构以货币、实物和所有权属于国家的土地使用权、知识产权等向企业投资,形成的国家资本金,界定为国有资产;(2)全民所有制企业运用国家资本金及在经营中借入的资金等所形成的税后利润经国家批准留给企业作为增加投资的部分以及从税后利润中提取的盈余公积金、公益金和未分配利润等,界定为国有资产;(3)以全民所有制企业和行政事业单位担保,完全用国内外借入资金投资创办的或完全由其他单位借款创办的全民所有制企业,其收益积累的净资产,界定为国有资产;(4)全民所有制企业接受馈赠形成的资产,界定为国有资产;(5)在实行《企业财务通则》、《企业会计准则》以前,全民所有制企业从留利中提取的职工福利基金、职工奖励基金和"两则"实行后用公益金购建的集体福利设施而相应增加的所有者权益,界定为国有资产;(6)全民所有制企业中党、团、工会组织等占用企业的财产,不包括以个人缴纳党费、团费、会费以及按国家规定由企业拨付的活动经费等结余购建的资产,界定为国有资产。

集体企业中国有资产产权界定 根据《国有资产产权界定和产权纠纷处理暂行办法》的规定具体分为以下五类:(1)全民所有制单位以货币、实物和所有权属于国家的土地使用权、知识产权等独资(包括几个全民所有制单位合资)创办的以集体所有制名义注册登记的企业单位,其资产所有权界定按照本办法第8条的规定办理。但依国家法律、法规规定或协议约定并经国有资产管理部门认定的属于无偿资助的除外。(2)全民所有制单位用国有资产在非全民单位独资创办的集体企业(以下简称集体企业)中的投资以及按照投资份额应取得的资产收益留给集体企业发展生产的资本金及其权益,界定为国有资产。(3)集体企业依据国家规定享受税前还贷形成的资产,其中属于国家税收应收未收的税款部分,界定为国有资产;集体企业依据国家规定享受减免税形成的资产,其中列为"国家扶持基金"等投资性的减免税部分界定为国有资产。经国有资产管理部门会同有关部门核定数额后,继续留给集体企业使用,由国家收取资产占用费。上述国有资产的增值部分由于历史原因无法核定的,可以不再追溯产权;集体企业改组为股份制企业时,改组前税前还贷形成的资产中国家税收应收未收的税款部分和各种减免税形成的资产中列为"国家扶持基金"等投资性的减免税部分界定为国家股,其他减免税部分界定为企业资本公积金。(4)集体企业使用银行贷款、国家借款等借贷资金形成的资产,全民所有制单位只提供担保的,不界定为国有资产;但履行了连带责任的,全民所有制单位应予追索清偿或经协商转为投资。(5)集体企业无偿占用国有土地的,应由国有资产管理部门会同土地管理部门核定其占用土地的面积和价值量,并依法收取土地占用费。集体企业改组为股份制企业时,国有土地折价部分,形成的国家股份或其他所有者权益,界定为国家资产。

中外合资经营企业国有产权界定 根据《国有资产产权界定和产权纠纷处理暂行办法》的规定具体分为以下六类:(1) 中方以国有资产出资投入的资本总额,包括现金、厂房建筑物、机器设备、场地使用权、无形资产等形成的资产,界定为国有资产;(2) 企业注册资本增加,按双方协议,中方以分得利润向企业再投资或优先购买另一方股份的投资活动中所形成的资产,界定为国有资产;(3) 可分配利润及从税后利润中提取的各项基金中中方按投资比例所占的相应份额,不包括已提取用于职工奖励、福利等分配给个人消费的基金,界定为国有资产;(4) 中方职工的工资差额,界定为国有资产;(5) 企业根据中国法律和有关规定按中方工资总额一定比例提取的中方职工的住房补贴基金,界定为国有资产;(6) 企业清算或完全解散时,馈赠或无偿留给中方继续使用的各项资产,界定为国有资产。

合作社中国有资产产权界定 根据《国有资产产权界定和产权纠纷处理暂行办法》的规定具体分为三类:(1) 供销、手工业、信用等合作社中由国家拨入的资本金(含资金或者实物)界定为国有资产,经国有资产管理部门会同有关部门核定数额后,继续留给合作社使用,由国家收取资产占用费。上述国有资产的增殖部分由于历史原因无法核定的,可以不再追溯产权。(2) 合作社无偿占用国有土地的,应由国有资产管理部门会同土地管理部门核定其占用土地的面积和价值量,并依法收取土地占用费。(3) 合作社改组为股份制企业时,国有土地折价部分,形成的国家股份或其他所有者权益,界定为国家资产。

股份制、联营企业中产权界定 根据《国有资产产权界定和产权纠纷处理暂行办法》的规定具体分为以下三类:(1) 国家机关或其授权单位向股份制企业投资形成的股份,包括现有已投入企业的国有资产折成的股份,构成股份制企业中的国家股,界定为国有资产;(2) 全民所有制企业向股份制企业投资形成的股份,构成国有法人股,界定为国有资产;(3) 股份制企业公积金、公益金中,全民单位按照投资应占有的份额,界定为国有资产;(4) 股份制企业未分配利润中,全民单位按照投资比例所占的相应份额,界定为国有资产;联营企业中国有资产所有权界定参照股份制企业产权界定规定的原则办理。 (李 平 陈岚君)

chanye
产业(industry) 国民经济中以社会分工为基础,在产品和劳务的生产和经营上具有某些相同特征的企业或单位及其活动的集合。产业既不是微观经济的概念,也不是宏观经济的范畴。对"产业"的定义,既不同于宏观经济学中的概念,又与微观经济学中的概念有所区别。它包括国民经济的各行各业,大到部门,小至行业,从生产到流通、服务以至于文化、教育等等的各行各业。产业的概念是介于微观经济细胞(企业和家庭消费)与宏观经济单位(国民经济)之间的若干"集合"。相对于企业来说,它是同类企业的集合;相对于国民经济来说,它是国民经济的一个部分。产业是一个动态的生产群体或经济群体,即产业群体。在社会生产力发展的不同阶段,产业群体的组成和结构不尽相同,各类产业部门在产业群体中所占的比例也在发生变化。有些产业部门,由于社会分工的深化,将会产生、发展和壮大起来;有些产业部门,随着社会生产力水平的提高,科学技术的发展和广泛应用,在产业群体中所占的比重将会降低,甚至消亡。

产业分类又称国民经济部门分类,是指按照一定的原则对经济活动进行分解和组合而形成的多层次的产业概念。产业分类是计算、对比和分析有关社会经济活动的各项资料的前提,可用以分析国民经济部门结构,各个部门的经济联系,并预测未来的发展方向。资本主义国家的经济学者还用以分析和观察经济危机的过程。由于研究问题的角度不同,产业分类的标准也不尽一致。产业分类标准和方法主要有以下几种:(1) 马克思的两大部类产业分类法。这是以产品的最终用途不同作为分类标准的分类方法。马克思根据产品是作为生产资料用于生产消费,还是作为生活资料用于生活消费,把社会生产部门分为两大部类即生产资料的产业部类和生产消费资料的产业部类,目的是为了分析不同物质生产部门的相互关系,揭示社会再产生的实现条件。马克思的两大部类产业分类法揭示了社会再生产顺利进行时两大部类产业间的实物和价值构成的比例平衡关系。它不仅是研究资本主义社会再生产过程的理论基础,也是产业结构理论的基本来源之一,它对于研究资本主义再生产关系和指导社会主义经济实践具有重要的理论意义。马克思关于两大部类产业的分类法对于研究现代市场经济条件下如何通过政府的宏观调节来正确处理两大部类之间的关系,如何实现社会再生产的总量平衡和结构平衡,以保持国民经济持续、快速、健康发展具有重要的现实意义。(2) 农轻重产业分类法。这是以物质生产不同特点为标准的分类方法。这里所讲的生产特点,主要指劳动对象、劳动资料、生产过程、加工方式和劳动产品的不同。农轻重产业分类法就是将社会经济活动中的物质生产划分成农业、轻工业和重工业三个产业大类的产业分类法。农轻重产业分类法的应用实践表明,它具有比较直观和简便易行的特点。它的确可以大致显示社会再生产过程中两大部类之间的比例关系,而且对于从宏观上安排国民经济计划和进行计划调控,对于研究社会工业化实现进程具有较大的实用价值。

正因为如此,农轻重产业分类法不仅为社会主义国家所应用,而且也被一些实行其他经济体制的国家和世界组织所采用。(3)霍夫曼产业分类法。德国经济学家霍夫曼(W. G. Hoffmann)在1931年出版了《工业化的阶段和类型》。他为了研究工业化及其发展阶段而将产业划分为三大类:一是消费资料产业,其中包括食品工业、纺织工业、皮革工业和家具工业。二是资本资料产业。资本资料就是形成固定资产的生产资料。该产业包括冶金及金属材料工业、运输机械工业、一般机械工业和化学工业。三是其他产业,其中包括橡胶、木材、造纸、印刷等工业。(4)三次产业分类法。这是以产业发展的层次顺序及其与自然界的关系作为标准的分类方法。三次产业分类法就是把全部的经济活动划分为第一次产业(primary industry)、第二次产业(secondary industry)和第三次产业(tertiary industry)。它是西方产业结构理论中关于产业分类的最重要的分类法之一。澳大利亚经济学家费歇尔是三次产业分类法的创始人,英国经济学家、统计学家克拉克在继承费歇尔的研究成果的基础上使三次产业分类法得到广泛普及。当1971年诺贝尔经济学奖获得者库兹涅茨运用这一方法系统研究和提示三次产业在国民经济中的变化规律之后,三次产业分类法逐渐为各国所接受,并已成为世界通行的统计方法。除上述的几种分类方法以外,还有生产要素集约的分类法、产业地位分类法、产业发展状况分类法、标准产业分类法等多种分类法。

(义海忠)

chanye buju
产业布局(**industrial layout**) 产业布局又称产业分布、产业配置。产业在一定地域空间上的分布与组合。具体来说,产业布局是指企业组织、生产要素和生产能力在地域空间上的集中和分散情况。产业布局的含义有狭义与广义之分。狭义的产业布局是指工业布局,广义的产业布局是指包括农业、工业、服务业在内的所有产业在地域空间上的分布与组合。

产业布局是一种具有全面性、长远性和战略性的经济布局,从产业的地区结构方面反映着一个国家产业发展的规模和水平,是人类从事社会生产和经济活动的地域体现和空间体现。在社会化大生产的条件下,合理的产业布局不仅有利于发挥各地区的优势,合理地利用资源,而且有利于取得良好的社会、经济和生态效益。产业在地域空间的分布与组合是存在着规律的,产业布局理论的主要任务就是研究产业空间分布规律,为合理布局产业提供理论和政策指导。因此,研究产业布局理论,探讨产业布局的一般规律和基本原则,对于了解产业布局的变化和战略是具有十分重大的现实意义。

产业布局机制是指各种影响和决定产业空间分布与组合的因素互相制约和互相作用的内在关系。一定的产业布局都是在一定的产业布局机制的作用下进行的,同时,一定的产业布局总是以一定的经济运行机制为基础的,它既是经济运行机制在空间上的反映和延伸,又是经济运行机制的重要组成部分。根据产业布局特征和经济运行机制的不同,可以将产业布局机制分为市场机制和计划机制两种类型。

产业布局的市场机制就是在市场经济体制下通过市场手段自发作用实现产业布局目的的机制。它是随着资本主义市场经济制度的建立而逐步发展起来的。产业布局的计划机制就是在计划经济体制下通过行政计划手段主动作用实现产业布局目的的机制。它是在20世纪30年代随着前苏联高度集中计划经济体制的建立而首先发展起来的,曾在东欧和中国社会主义经济建设中广泛使用。随着计划经济体制向市场经济体制转轨,市场化的改革使产业布局的市场机制被引入曾实行高度集中计划经济体制的国家(包括中国)并发挥越来越重要的作用,到20世纪90年代,这些国家逐渐扬弃了产业布局的计划机制,这样,产业布局的市场机制就成为世界各国普遍认同的对产业布局起基础性作用的机制。由于市场机制自身的缺陷和局限性(缺乏全局性、长期性和预见性,盲目性较大,利益驱动造成产业布局的波动性和趋同性,破坏生产力),仅仅依靠市场机制的自发作用是难以实现产业的合理布局的。因此,世界各国先后认识到了在充分发挥市场机制的基础性作用的同时,还必须进行有一定力度和适当方式的国家干预或宏观调控。如在中国社会主义市场经济条件下,仍将一定的计划机制作为对市场机制固有的缺陷和局限性的修正手段,在具体的产业布局政策实施中发挥一定的影响作用。之所以这样,是因为产业布局的市场机制和计划机制在决策过程、利益驱动、自我调节能力、可操作性、区域分工效率以及区域经济稳定性等各个具体方面各有优势与劣势,需要在产业布局过程中将两者有机地结合起来,通过扬长避短,达到兴利抑弊的目的。

(义海忠)

chanye buju zhengce
产业布局政策(**theory of industrial layout**) 政府为实现产业空间分布和组合合理化而制定的政策。产业布局的合理化,实质上是地区分工协作的合理化、资源地区配置和利用的合理化。产业布局政策一般有经济发展、社会稳定、生态平衡和国家安全等方面的目标。产业布局政策有以下原则:经济性原则,保证那些投资效率高、经济效益好、发展速度快的地区优先发展。合理性原则,鼓励各地区根据自身资源、经济、技术条件,发展具有相对优势的产业。协调性原则,促进地区间的经济、技术交流,形成合理的分工协作体系。平衡性原则,在加快先进地区发展的同时,逐步缩小先进地区与落后地区的差距。

在地区发展重点的选择上,产业布局政策手段主要有:制定国家产业布局战略,规定战略期内国家重点支持发展的地区,同时设计重点发展地区的经济发展模式和基本思路;以国家直接投资方式,支持重点发展地区的交通、能源和通信等基础设施,乃至直接投资介入当地有关产业的发展;利用各种经济杠杆形式,在经济上对重点地区的经济发展进行刺激,以加强该地区经济自我积累的能力;通过差别性的地区经济政策,使重点发展地区的投资环境在这方面显出一定的优越性,进而引导更多的资金和劳动力等生产要素投入该地区的经济发展。而在产业集中发展问题上,可供采用的产业布局手段大致包括:通过政府规划的形式,确定有关具体产业的集中布局区域,以推动产业的地区分工,并在一定意义上发挥产业集中所导致的集聚经济效益;建立有关产业开发区,将产业结构政策所重点发展的有关产业集中于开发区内,即使其取得规模集聚效益,也方便了有关政府特殊扶植政策的执行。

(崔雪松)

chanye fazhan zhanlüe

产业发展战略(industrial development strategy) 指根据对制约产业发展的各种主客观因素和条件的估量,从全局出发制定的一个较长时间内产业发展所要达到的目标,以及实现目标的途径和方法。产业发展战略具有全局性、决定性、长期性和阶段性的基本特征。产业发展战略的基本内容,包括战略目标、战略方针、战略措施、战略重点、战略步骤等。战略目标是较长时期内产业结构、产业布局、产业组织、产业发展的速度和规模所要达到的总目标和阶段目标;战略方针是产业发展的基本指导原则,比如"出口导向"、"进口替代",重工业优先、各产业均衡发展等;战略措施是实现战略目标所采取的各种对策、方法,包括产业调整、产业选择、产业转移、产业限制、产业扶植、具体产业政策等;战略重点是重点发展的产业;战略步骤是分阶段逐步实现战略目标的程序安排。

(义海忠)

chanye guanlian

产业关联(industrial relation) 又称产业联系。产业之间在经济技术上的数量比例关系,主要包括产业之间投入产出、供给需求的数量关系。产业关联的理论和方法主要是20世纪30年代美国经济学家列昂惕夫开创的投入产出经济学。它借助产业联系表(即投入产出表或列昂惕夫表)对产业之间在生产、交换和分配上发生的联系进行分析和研究,从而得出产业之间数量比例上规律性。

由于产业关联理论有助于了解和认识一国经济中各产业部门之间的比例关系及这种比例关系的特征,进而为经济预测和经济计划服务,因此受到了各国的普遍重视。现在许多国家都编制了投入产出表,只是不同国家在使用投入产出分析时,使用着不同的名称,如投入产出法在俄罗斯和东欧国家被称为"部门联系平衡法",在日本则被称为"产业关联经济学"。

产业关联的实质是经济活动过程中各产业之间存在的广泛、复杂和密切的经济技术联系。在一般经济活动中,每一个产业都需要其他产业为自己提供各种产出,以满足自己的要素需求;同时,又把自己的产业作为一种市场供给其他产业,以满足其消费需求。正是由于这种错综复杂的供给与需求关系,各产业才得以在经济活动的过程中生存和发展;反之,若某一产业没有其他产业之间提供各种要素供给,或其产出不能满足其他产业的消费要求,该产业是不能长期地生存下去的,是没有生命力的。因此,一般都认为,产业关联的实质是各产业相互之间的供给与需求的关系。

(义海忠)

chanye jishu zhengce

产业技术政策(industrial technique policy) 政府制定的促进产业技术进步的政策,是政府对产业的技术进步、技术结构选择和技术开发进行的预测、决策、规划、协调、推动、监督和服务等方面的综合体现。主要内容包括产业技术发展的目标、主攻方向、重点领域、实现目标的策略和措施。产业间的技术结构是供给结构的一个因素,是产业结构的一个侧面,产业技术政策的一些方面可以在产业结构政策的框架中讨论,但是由于它不能完全包容在产业结构政策之中,并且由于在知识经济初见端倪的今天产业技术的重要性日益显现,因此产业技术政策完全可以构成产业政策中的一个单独的部分。产业技术政策法律制度就是对这些方面的产业政策进行法律调整而形成的。有论者认为,产业技术政策应当包括两个方面的内容:一是产业技术结构的选择和技术发展政策,主要涉及制定具体的技术标准、规定各产业的技术发展方向、鼓励采用先进技术,以及对产业主体技术进行经济性评价。二是促进资源向技术开发领域投入的政策,主要包括技术引进政策、促进技术开发政策和基础技术研究的资助与组织政策等。

(崔雪松)

chanye jiegou

产业结构(industrial structure) 各产业在其经济活动过程中形成的技术经济联系以及由此表现出来的比例关系。即一个国家或地区的能源、资源、财富、劳力在国民经济各产业之间的分配形态及其相互作用的方式,是整个国民经济的全部经济资源在诸多产业中的配置结构。在经济发展过程中,分工越来越细,产生了越来越多的生产部门。这些不同的生产部门,由于受到各种因素的影响和制约,会在增长速度、在经济总量中的比重、对经济增长的推动作用、就业人数等方面表现出很大的差异。因此,在一个经济实体当中(一般以国家和地区为单位),在每个具体的经济发展阶段,组成国民经济的产业部门是大不一样的。

产业结构类型 由于产业结构中各产业的状况、发展程度有差别,相互之间的关系及其在国民经济中的地位和作用是不断变化的,所以产业结构的状况各不相同,并且也会不断发生变动,也就必然存在各种不同种类的产业结构。产业结构主要存在按以下几种不同标准和方法划分的类型:(1)金字塔型结构。是指第一次产业在国民经济中占的比重最大,工业和服务业的比重都很小,工业主要是手工业,以第一次产业为主的产业结构,这是农业社会或农业国的产业结构。(2)鼓型结构,又称橄榄型结构。是指第二次产业在国民经济中占的比重最大,第一、三次产业占的比重比较小,以制造业为主的产业结构,这是工业社会或工业国的产业结构。(3)哑铃型结构,又称工字型结构。是指第二次产业在国民经济中占的比重比较小,第一、三次产业占的比重比较大的特殊型结构,这是部分发展中国家或地区在特定条件下形成的产业结构。比如以石油等矿产品出口为主或者以旅游等服务业为主、工业发展又比较落后的国家和地区,往往会形成这种产业结构。(4)倒金字塔结构。是指第三次产业在国民经济中占的比重最大、第二次产业其次、第一次产业最小,以服务业为主的产业结构,这是后工业社会或发达的工业化国家的产业结构。以上是按照三次产业在国民经济中所占的比重、所处的地位的不同进行的类型划分。按照产业之间比例关系状况的不同,产业结构可分为协调型和失衡型两大类。根据物质生产部门划分为农业、轻工业、重工业的分类,按照三者在产业结构中的地位不同,产业结构可分为重型结构、轻型结构、以农为主型结构等三种类型。按照产业的发展程度、技术水平、生产要素密集度、加工程度和附加值大小的不同,产业结构可分为初级结构、中级结构、高级结构等三个不同等级的类型。

产业结构效应 指产业结构及其变化对经济发展产生影响的方式和效果。产业结构效应主要包括产业结构的结构关联效应、结构弹性效应、结构成长效应、结构开放效应、结构供给效应、结构需求效应。产业结构关联效应,即产业结构的变动能够引起资源结构、就业结构、消费结构、分配结构等其他结构的变化,进而影响经济发展的作用和效果。产业结构弹性效应是指产业结构作为供给结构,适应需求结构变动,能够促进经济增长效率提高的作用和效果。产业结构的结构成长效应是指产业结构的变动能够重新配置资源,使资源流向生产率更高的部门,引起有效产出极大增长的作用和效果。产业结构的结构开放效应是指利用国际产业结构变动的机遇,调整本国产业结构,促进经济增长的作用和效果。产业结构的结构供给效应是指产业结构的改善能够提高供给能力,增加有效供给,减少无效供给的作用和效果。产业结构的需求效应是指产业结构的改进能够更好地满足需求,引导需求,创造新的需求的作用和效果。

配第一克拉克定理 三次产业在国民经济中的比重和地位存在第一次产业逐步下降,第二、三次产业依次逐步上升的趋势,相应地由三次产业构成的产业结构类型存在由以第一次产业为主的金字塔型产业结构,逐步向以第二次产业为主的鼓型产业结构转变,再向以第三次产业为主的倒金字塔型产业结构演进的规律。最先研究三次产业比重变动规律的是英国古典经济学创始人威廉·配第。他在1690年出版的《政治算术》一书中,运用算术(数字计量)方法,主要研究了英国、法国、荷兰的经济结构及其形成的原因和政策,提出"工业的收益比农业的多得多,而商业的收益又比工业多得多",劳动力向收入高的部门流动对经济发展更为有利,实际上初步提示了工业和商业的比重会扩大的趋势。但是,这时还没有三次产业的划分,还不可能明确提出三次产业比重变动的规律。直到20世纪30年代,澳大利亚经济学家费歇尔才首次提出对产业结构理论影响深远的三次产业分类法。英国经济学家克拉克在配第和费歇尔研究的基础上,提出了著名的"配第一克拉克定理"。他在1940年出版的《经济发展条件》一书中,通过对四十多个国家和地区不同时期三次产业劳动投入和总产出资料的整理、分析和比较,揭示了经济发展过程中就业会由以第一次产业为主向以第二次产业为主、继而向以第三次产业为主转变,人均收入变化引起劳动力流动,进而导致产业结构演进的规律。

产业结构优化 指各产业协调发展、产业总体发展水平不断提高的过程。具体来说,产业结构优化是产业之间的经济技术联系包括数量比例关系由不协调不断走向协调的合理化过程,是产业结构由低层次不断向高层次演进的高度化过程。由此可见,产业结构优化主要包括两个方面的内容:产业结构合理化和产业结构高度化。产业结构优化是各种产业结构演变规律综合作用的产物,也是按照各种产业结构演变规律的要求进行产业结构调整的结果。产业结构优化的实质是要实现资源在产业之间的优化配置和高效利用,促进产业经济协调、稳定、高效发展。产业结构的合理化和高度化是决定产业经济效益高低的两大主要因素；产业结构合理化决定资源在各个产业之间能否优化配置，不致造成积压和浪费；产业结构高度化则决定配置到各个产业部门的资源能否有效利用，带来更多的产出。产业结构高度化又称高级化，是指产业总体发展水平不断提高的过程，或者说是产业结构由低水平状态向高水平状态发展的过程。这是工业结构重工业化规律、三次产业比重变动规律、生产要素密集型产业地位变动规律、产业结构高加工度和高附加值化规律、主导产业转换规律、产业结构由低级向高级演进规律、产业结构变动规律共同作用的结果。产业结构高度化的标志或表现主要是：高加工度化、高附加值化、技术集约化、知识化、服务化。　　（义海忠）

chanye jiegou helihua
产业结构合理化（rationalization of industrial structure） 一国产业结构状态的合理化。影响产业结构合理化的因素很多，促进产业结构合理化也必须有相应的配套措施，其中最主要的制度有：(1) 科技进步制度。促进产业结构合理化的根本动力是科技进步。因为任何一次产业结构的重大变革都离不开科学技术的重大发现、发明和创造，它们之间前进的步伐是一致的，发展轨迹是平行的，相关程度是最密切的。如果技术进步发生在某一重点行业，使整个行业技术体系发生全新的变化，并导致劳动生产率提高、产品成本下降，就有可能使产业结构发生重大的变化。而当技术进步积累到一定程度，使生产力发生质的飞跃，生产方式发生变革，或出现新的产业，就会使整个产业技术体系和产业结构发生急剧变化，从而促进产业结构的合理化。(2) 能源结构调整制度。能源作为最基本的生产资料之一，对经济发展的作用不容置疑。一国的能源结构与产业结构也是直接相关的。由于这两者之间的关系密切，各国都十分注意采取有利于产业结构合理化的能源调整制度，如发展节能型产业，尽可能利用廉价能源，节省资本和劳动的投放，以提高劳动生产率等。因此，为了实现产业结构的合理化，更应当关注能源结构的优化，走可持续发展的道路。(3) 区域开发制度。区域开发是一项耗资巨大而且牵涉面非常广泛的工程，它对社会环境和自然环境会产生深远的影响。区域开发制度要考虑一定区域内经济和社会发展的整体布局，具体而言是确定一定区域的功能和发展目标，统一考虑工业、农业、城市、乡村、生产和生活等各个方面的统筹安排。区域开发中的生产力布局也是与产业结构设置直接相关的问题。如发展规模经济必须要求有相对集中的工业布局，但是工业过于集中又会引发人口密集、城市急剧膨胀、环境污染等一系列问题。如何合理布局也就成为产业结构调节法所必须考虑的因素之一。(4) 环境保护制度。时至今日，环境问题已不再仅仅是有关人类生活质量，而且更成为人类生死存亡的大问题，因此，保护环境其实已成为保护人类的同义语。这使得环境问题得到了全世界空前的深切关注。环境运动的深入发展，既有利于社会的进步也有利于经济的发展。经济的发展和实现某些产业高速发展的产业结构调整目标如果不重视环境保护，必然带来污染和生态破坏等一系列环境问题。因此，在制定产业结构调节法时也必须注意经济发展与环境保护的协调问题，经济的发展决不能以牺牲环境为代价。所以，产业结构调节法必须考虑与环境保护的法律制度相协调，保证社会、经济、环境的协调发展，以求得经济效益、社会效益与环境效益的统一。

各个地方、各个城市的经济发展情况千差万别，其有利条件和不利条件各不相同，合理的产业结构状况也不可能完全相同。有论者认为，合理的产业结构应有以下几个标志：(1) 能够比较充分地利用当地的有利条件，较好地发挥各种优势，人力、物力、财力；自然资源利用充分、使用合理，在当地形成了一批标志性产品、标志性企业，进而形成当地标志性的产业。(2) 三次产业部门关系密切，衔接协调，技术不断进步，劳动生产率不断提高，能取得综合性的经济效益和社会效益。(3) 区域经济能持续、稳定地发展，经济实力不断增强，GDP、财政收入、人均收入等主要经济指标增长速度较快，特别是 GDP、税收收入、工业增加值、用电量等经济指标成比例增长，经济运行步入良性循环轨道。概括地讲，区域产业结构合理化的标志，就是能够保证本地区持续地取得最佳的经济效益和实现经济运转的良性循环。

如今，产业结构的合理化日益为国家、政府所关注。实现产业结构的合理化，是实现产业结构战略性调整的关键，也是一国的经济、政治、环境走上可持续发展道路的基本条件和重要保障。　　（崔雪松）

chanye shengming zhouqi lilun
产业生命周期理论（theory of industrial life cycle）产业发展的生长过程。企业有一个从幼稚到成熟，从成熟到衰老的过程，有的学者把产业发展的这一过程形象地比喻为"产业生命周期"并把产业生命周期划分为新兴时期、朝阳时期、支柱时期、夕阳时期和衰落时期五个阶段。

新兴时期，指由于在某一科学技术领域内出现重大突破，围绕着该项科技成果出现了一个新产品群而导致一个新的产业部门的出现。由于该产品刚刚投放到市场，市场需求情况不明，故处于小批量生产阶段。在这一阶段，由于新产品的试制费用较多，小批量生产成本高，再加上广告费用大，故该产业整体上处于亏损状态。

朝阳时期,指该产业的产品经过试销后开始为顾客所接受并进入成批扩大销售阶段。在这一阶段,销售额急剧增长。由于产量增大,专用设备和工艺装备逐渐投入使用,成本逐步下降,该产业在整体上开始转亏为盈。随着销售的增加,利润不断增长。

支柱时期,指产业的主导产品已稳定进入市场并达到畅销阶段。此时,市场销售量大而稳定,但增长率已不如朝阳时期。由于这一时期产量大、工艺稳定、主导企业内部经营管理趋于合理,设备和劳动力的效率得到较好发挥,成本降至最低水平,产业利润达到最高水平。

夕阳时期,指产业主导产品的销售处于停滞,甚至趋于下降阶段。这时,主导产品已基本完全普及,并可能出现性能好、价格低的替代品,产业利润开始下降。

衰落时期,指产业主导产品由于技术、经济、特别是市场的原因,无论是销售额还是利润都大幅度下降,产业发展呈现萎缩的趋势。

正确认识特定产业所处的发展阶段,是制定相应产业政策的前提。一般而言,对于新兴产业,特别是高技术产业,要采取某些保护和扶植措施,尽快缩短该产业从新兴阶段向朝阳时期的过渡时间。对于朝阳时期或成熟时期的产业要给予重点扶持,促进产业整体规模的扩张,使其发挥最大效益。对处于夕阳时期的产业要引导挖掘产业内部潜力,提高效率。对处于衰退时期的产业,要下决心"促退",并采取限制发展的政策。

(崔雪松)

chanye sunhai

产业损害(industry injury) 根据我国《对外贸易法》的规定,产业损害是指倾销或补贴对已经建立的国内产业造成损害或者产生实质损害威胁,或者对建立国内产业造成实质阻碍。商务部负责对产业损害的调查和确定。涉及农产品的,由商务部会同农业部进行。在确定倾销或补贴对国内产业造成的损害时,应当审查下列事项:倾销或补贴产品的数量;倾销或补贴进口产品的价格;倾销或补贴进口产品的出口国(地区)、原产国(地区)的生产能力、出口能力,被调查产品的库存情况;倾销或补贴进口产品对国内产业的相关经济因素和指标的影响;倾销或补贴可能对贸易造成的影响;造成国内损害的其他因素。对国内产业造成实质损害的确定,应当依据事实,不得仅依据指控和推测。在一定的情况下,对来自两个以上国家的倾销或补贴进口产品,可以进行累积评估。 (王连喜)

chanye sunhai diaocha tingzheng zhidu

产业损害调查听证制度(institutions on investigating and hearing of industry injuries) 倾销或补贴对已经建立的国内产业造成损害或者产生实质损害威胁,或者对建立国内产业造成实质阻碍的调查听证制度。为规范产业损害调查听证活动,维护听证当事人合法权益,根据《中华人民共和国反倾销条例》、《中华人民共和国反补贴条例》和《中华人民共和国保障措施条例》,国家经贸委出台了《产业损害调查听证规则》,并自 2003 年 1 月 15 日起施行。1999 年 10 月 27 日国家经贸委公布的《中华人民共和国国家经济贸易委员会产业损害裁定听证规则》同时废止。

该规则共有 26 条,其主要内容为:(1)规则的适用范围。(2)产业损害调查听证的组织者是国家经贸委产业损害调查局。(3)产业损害调查的申请条件和程序。(4)听证会的组织以及听证主持人的回避情形。(5)听证会主持人的职权:主持听证会;确认听证当事人或其代理人的身份;向听证当事人发问;决定是否允许听证当事人提交补充证据,是否对已出示的证据进行鉴定;决定中止、延期或者终止听证;维持听证会秩序,对违反听证纪律的行为予以警告或制止;听证过程中需要决定的其他事项。(6)听证会当事人应当承担的义务:按时到达指定地点出席听证会;遵守听证纪律,服从听证主持人安排;如实回答听证主持人的询问;对提出的主张承担举证责任。(7)听证会的程序:首席听证主持人宣布听证开始,宣读案由;听证申请人陈述要求举行听证的事实和理由;听证当事人陈述;听证当事人最后陈述;首席听证主持人宣布听证结束。(8)听证会应当中止的情形:听证申请人因不可抗拒的事由不能参加听证;其他应当中止听证的情形。(9)听证会应当终止的情形:听证申请人撤回听证申请的;反倾销、反补贴、保障措施调查终止的;其他应当终止听证的情形。

(罗大帅)

chanye tiaojiefa

产业调节法(industrial regulation law) 关于促进产业结构合理化,规定各产业部门在社会经济发展中的作用和地位,规范产业调节关系,确定国家实施产业调节的基本措施和手段的法律规范的总称。产业调节法的目的在于,通过对产业结构的宏观调控,提高市场效率,优化资源配置,优化经济结构,保障国民经济持续、健康、协调和稳定发展。

产业调节法的调整对象是国家在实现产业结构合理化和高级化过程中产生的各类社会关系。包括:(1)产业结构关系,(2)产业组织关系,(3)产业布局关系,(4)产业技术关系,(5)其他相关的社会关系。

产业调节法是以国家作为调控主体,对产业结构、产业组织、产业布局、产业技术进行调控的法律手段。它具备经济法的基本性质,是经济法的组成部分。产业调节法是宏观调控法中的基本法。

产业调节法的原则是调整产业结构关系、产业组织关系、产业布局关系、产业技术关系和其他相关社会关系的基本指导思想,是产业调节法律规范必须遵循和贯彻的基本准则。产业调节法的基本原则有:(1)优化产业结构原则;(2)依法合理调节原则;(3)效率原则。

产业调节法的基本法律制度主要有:(1)产业结构调节法律制度。具体内容包括:整体产业结构规划制度,保护扶植战略产业制度,调整、援助衰退产业制度,促进产业合理化的其他制度。(2)产业组织调节制度。具体内容包括:确保经济自由和资源最佳配置制度,补充市场机制的不足以确保社会经济效益的制度。(3)产业技术调节制度。具体内容包括:产业技术结构的选择和技术发展方面的制度,促进资源向技术开发领域投入制度,基础性研究的资助与组织制度。

(乂海忠)

chanye tiaozheng yuanzhu zhengce

产业调整援助政策(industrial adjustment assistance policy) 政府对一些因结构转换而处于困境中的产业采取的一系列援助性的结构调整政策。经济的发展往往伴随着消费结构、生产结构和生产方式、产业区位、要素相对价格的变化和对外开放度的扩大,这些因素往往导致一些行业陷入困境。收入的增长和由此带来的消费结构的变化使劣质物品(需求收入弹性小于零的物品)的行业因需求减少而陷入困境;技术进步、新的替代资源的发现和运用会使被替代产业受到严重冲击,如石油、天然气对煤炭的替代;劳动力成本的增加会对劳动密集型产业的竞争力产生消极影响;对外开放度的增加则无疑会加速一部分不具备国际竞争力的行业的衰退。总之,经济发展及与之伴随的产业结构的转换内在地决定了产业具有生命周期,在时间序列上表现为在特定时期某些产业必然会处于衰退、困境之中。这已被世界各国经济发展的实践所证实。

实施产业调整援助政策的原则包括:(1)谨慎性原则。产业调整援助政策的实施需要一定的条件与基础,这是因为产业政策毕竟是一种"区别对待"的政策,其本质是与公平竞争这个市场经济的基本准则相背离的。运用产业政策来调整产业结构,就是给予不同产业、不同企业以不同的政策。把社会资源投向低效率产业的退出,也就减少了对高效率产业和公用事业的投入,因而市场机制的自发调节作用被减弱。所以对产业援助调整政策要慎重运用,只有当涉及面较广、市场机制进行调整确实存在显著失效时,采用结构调整援助政策才有充足的理由。谨慎性原则还意味着大力培育市场体系,尤其是生产要素市场。这会有利于使市场机制产生作用,以使衰退产业和企业自主退出。(2)效率优先原则。政府的产业调整援助政策还应着眼于国民经济的整体效率,而不仅仅是为了某些企业脱困。国有企业在国民经济中的作用有其内在的规定性,不应大量存在于一般竞争性行业中。因而对于大量已经存在于竞争性行业中的国有企业,结构调整主要表现为退出。(3)区别对待原则。不同的产业在不同的时期会有不同的情况,因此产业调整援助政策的使用应当区别对待。

(崔雪松)

chanye zhengce

产业政策(industrial policy) 政府为了实现一定的经济和社会目标对产业活动进行干预而制定的各种政策的总和。产业活动包括产业类型、产业结构、产业关联、产业布局、产业组织、产业发展等各方面的状况和变化。产业政策的实质,是针对产业活动中出现的资源配置的"市场失灵"情况而实行的政策性干预。产业政策的基本内容通常包括:政策对象、政策目标、政策措施和手段、政策实施的机制、步骤和方式。产业政策体系主要由产业结构政策、产业组织政策、产业发展政策等构成,各类产业政策又分别包括多种不同的具体政策。

产业政策是20世纪70年代才为各国普遍采用的概念。在西方各国,对于产业政策的含义也存在着不同的理解与解释。就一般观点来看,大致可以分为"市场否定说"与"市场修正说"两派。"市场否定说"主要流行于欧美各国,以美国为代表。这种观点认为,产业政策是政府干预经济的所有手段的总称,它的实质就是计划,因此产业政策是对市场经济的绝对排斥;在自由经济体制下需要的产业政策最多只是调整竞争关系与防止垄断的政策。基于这种认识,美国的产业政策研究在很长的一段时期内曾主要集中于产业政策组织政策。"市场修正说"主要起源于日本。这种观点认为,即使在自由经济体制下,由于经济体制客观上存在着错误导向的可能性,在不同的历史条件下、不同方式政府适当干预是必要的;产业政策就是为了使经济发展过程能够趋向于最优的政府干预政策。这种观点的核心是为了实现最优化,有必要对市场机制的作用进行一定的人工修正。关于这种修正,在日本又存在着"被动说"与"主动说"两种基本的解释。"被动说"认为,产业政策只不过是政府为了弥补或修正市场机制所可能造成的失误而采取的必要政策。也就是说,产业政策只是在市场力所不能及的情况下才有被动参与的必要。"主动说"认为产业政策是在市场机制的前提下,为实现发展过程的优化而进行的主动干预。持这种观点的主要是政府部门的官员及其研究机构。日本理论界对于产业政策的两种观点不是截然对立的。他们所强调的实际上是产业政策的两方面基本含义。

产业政策的特征主要有:(1)常规性,指产业政策通常是现代经济条件下一国政府常备的经济政策之一。(2)导向性,指它在根本上是一种积极引导一国产业发展并具有显著目标导向作用的政策。(3)阶段性,尽管产业政策是政府一项常规的经济政策,但是其具体政策导向和政策内容随着经济发展和国内外环境的变动而必然会发生阶段性的变化。(4)公益性,在产业政策的制定与实施过程中政府代表的是社会公共利益,而不是某种政府利益,这体现了对于公共利益的维护。

(王仙芳 崔雪松)

chanye zhidao mulu
产业指导目录(industrial direction list) 指国务院负责企业工作的部门根据国家产业政策,结合中小企业特点和发展状况,确定扶持重点,引导鼓励中小企业发展,所制定的行政指导性意见。产业指导目录的制定主体是国务院负责企业工作的部门,也就是现在的商业部。制定产业指导目录的依据是两项:一是根据国家产业政策,二是结合中小企业的特点和现状。

(方文霖)

chanye zuzhi
产业组织(industrial organization) 有广义和狭义之分。狭义的产业组织是指存在于经济实体内部(如企业)的组织结构。广义的产业组织是指存在于经济实体外部的(即企业之间)组织形态,亦即具有同一属性的企业之间的相互关系,这种相互关系的结构就叫做产业组织。另有论者认为产业组织是指同一产业内企业的组织形态和企业间的关系。这里所谓的"同一产业"是指具有相同使用功能和替代功能的产品或劳务的集合,实质上就是具有竞争关系的卖方企业的集合。

企业的规模经济是市场竞争的要求,规模经济一般是企业自身通过外延或内涵扩大再生产或是通过企业间的合并与联合来实现的。然而,追求规模经济的结果又必然会导致垄断的产生,这样便又会阻碍经济的发展、阻碍有效的竞争,使企业失去活力。政府的作用就在于通过制定一系列的政策和措施,使企业能够在追求规模经济的同时又不会失去企业的活力。这就决定了企业组织问题具有二重性。

产业组织的形式有其自然属性的一面,例如汽车装配线就要求具备一定的规模,不能规模太小;产业组织的形式也有社会属性的一面,如我国的金融业除少数特例外,目前一般不准私人涉足。无论产业组织的哪一种属性,很大程度上都是通过国家制定产业政策实现的。国家通过制定产业政策在一定程度上减少了经济发展的无序,然而,也同样是由于产业政策的限制,保护了某些产业领域中的垄断现象,阻碍了正当有序的竞争。

(崔雪松)

chanye zuzhi lilun
产业组织理论(theory of industrial organization) 运用微观经济学理论分析企业、市场及其相互关系的一门学科。它是以微观经济学为基础,具体分析研究产业内企业相互间竞争与垄断关系的应用经济理论。在英国及其他欧洲国家又称产业经济学,是国际上公认的相对独立的应用经济学科。1933年张伯伦的《垄断竞争理论》和琼·罗宾逊的《不完全竞争理论》的出版,标志着产业组织理论的创立。经过半个多世纪的发展,在许多经济学家的共同努力下,产业组织理论日趋成熟和完善,并在现实中得到广泛应用,已成为政府进行宏观经济调控的重要理论基础,也为政府制定市场竞争与产业组织管理的法律规范及产业政策提供了依据。

产业组织理论的思想,早在19世纪末"新古典经济学"和"剑桥学派"创始人、英国著名的经济学家马歇尔的名著《经济学原理》中就已经提出。马歇尔认为,生产组织方式也是生产要素之一,因为生产者可以通过规模经济获得其他要素的单纯追加以外的收益,但追求规模经济的结果经常是垄断,垄断又使经济失去活力,使资源无法得到合理分配。马歇尔认为,规模经济和垄断是无法分割的。以后西方经济学在组织理论的研究上基本上继承了马歇尔的这种说法,并将规模经济和垄断的关系称为"马歇尔两难问题"。关于产业组织学的学科范围在主流经济学界意见也是基本一致的,1996年牛津大学出版社曾出版过一部由阿宁德亚·森(Anindya Sen)主编的《产业组织学论文集》,汇集了19篇产业组织学领域的名作,森在导言中指出:"产业组织学的定义可以较宽,包括企业理论、规制、反垄断政策、合同理论以及组织理论的某些内容。"简单地说,产业经济学以市场与企业为研究对象,从市场角度研究企业行为或从企业角度研究市场结构。

在西方,产业组织理论的发展不仅使自己的理论体系日臻完善,而且还影响了其他经济学科的产生与发展,如规制经济学(regulation economics)就是在产业组织理论的基础上发展起来的,一些应用性微观经济学科如劳动经济学、国际贸易学、比较经济体制也从产业经济学的发展中受益不少。此外,与产业经济学联系较多的工商管理学科中的市场营销学、公司治理结构、公司理财学、企业战略等领域也深受其影响。

(崔雪松)

changqi touzi qingcha

长期投资清查(checking for long term investment) 对投资期限在一年以上的资金及购入在一年内不能变现或不准备随时变现的债券、股票及其他投资的核对和查实。其中:(1)对债券投资的清查按照"债券投资"账户账面值和清查值登记,并根据国家规定清查其利息收入,以确定债券的投资收益;(2)对股票投资清查时,以"长期投资"账户的账面值和清查值进行登记,并按国家有关规定分别清查其股利收入,以确定股票的投资收益;(3)对除债券投资和股票投资以外的其他投资清查,按账面值和清查值登记,并清查由于其他投资而获得的利益,从而确定其投资收益。

(李 平 陈岚君)

changzhang

厂长(factory director) 企业的法定代表人,在企业对外关系中代表企业。厂长在企业中处于中心地位,起中心作用。厂长领导企业的生产经营管理工作,是企业行政的主要负责人。厂长的法律地位首先是由企业的法律地位决定的。全民所有制企业是自主经营、独立核算、自负盈亏的经济实体,以法人资格成为法律关系的主体。这就要求企业设置特定的机构代表企业对外进行活动。厂长作为企业行政负责人,同时享有企业法人代表的资格,能使企业内外活动有效地联系起来。其次,厂长的地位是由企业生产经营活动性质决定的。企业生产经营活动的多层次和复杂性,需要厂长统一指挥协调,以保证生产经营的正常进行,并对市场变化作出灵活反映,获得最佳经济效益。厂长的法律地位表现在对内代表企业在生产经营过程中,进行统一指挥管理,对外代表企业进行各种行为。

(方文霖)

changzhang de chansheng fangshi

厂长的产生方式(the means coming into being of factory director) 根据《中华人民共和国全民所有制工业企业法》第44条,厂长的产生,除国务院另有规定外,由政府主管部门根据企业的情况决定采取下列一种方式:(1)政府主管部门委任或者招聘;(2)企业职工代表大会选举。政府主管部门委任或者招聘的厂长人选,须征求职工代表的意见;企业职工代表大会选举的厂长,须报政府主管部门批准。政府主管部门委任或者招聘的厂长,由政府主管部门免职或者解聘,并须征求职工代表的意见;企业职工代表大会选举的厂长,由职工代表大会罢免,并须报政府主管部门批准。根据《全民所有制工业企业厂长工作条例》第8条,厂长应当具备以下条件:(1)有从事社会主义建设事业的精神,能坚持企业的社会主义经营方向;(2)熟悉本行业生产业务,懂得有关的经济政策和法律、法规,善于经营管理,有组织领导能力;(3)廉洁奉公,联系群众,有民主作风;(4)大中型企业的厂长一般应当具有大专以上文化水平,小型企业的厂长一般不应低于中等文化水平,或者通过国家厂长考试,成绩合格;(5)身体健康,能适应工作的需要。

(方文霖)

changzhang de liren

厂长的离任(the leaving from office of factory director) 厂长任期届满不再连任。在任职期间,厂长因为不胜任或有严重失职行为等原因,按照有关法律规定通过下述方式和程序离任:(1)免职。这种方式适用于以委任方式产生的厂长在任期内离任,由原委任的政府主管部门免除厂长职务。政府主管部门免除厂长职务的,必须征求职工代表的意见。(2)解聘。这种方式适用于以聘任方式产生的厂长在任期内离任,由原聘任的政府主管部门解除聘约。政府主管部门解聘厂长的,必须征求职工代表的意见。(3)罢免。这种方式适用于以选举方式产生的厂长在任期内离任。具体做法是由职工代表大会提出要求罢免厂长的建议;报请政府主管部门批准。政府主管部门应当在30天内调查处理完毕。在调查处理期间乡厂长是否继续履行职责,应当由政府主管部门决定。此外,厂长还可以因必要的工作调动或辞职离任。厂长在任期内申请辞职的,必须向政府主管部门提出书面报告,经原委任或批准机关同意后方可离任。无论厂长因上述何种原因或方式离任,在离任前政府主管部门(或会同干部管理机关)可以提请审计机关对厂长进行经济责任审议评议。

(方文霖)

changzhang de zhiquan

厂长的职权(the powers of factory director) 国有企业实行厂长负责制下厂长拥有的职权。《中华人民共和国全民所有制工业企业法》第45条规定,厂长拥有下列职权:(1)决策权。厂长依照法律和国务院规定,有权决定或者报请审查批准企业的各项计划。(2)机构设置权。厂长有权决定企业行政机构的设置。应注意的是,这里的机构仅限于行政机构。企业内部的政治组织和群众组织,如企业党委、工会组织、职代会等机构的设置,不由厂长决定。(3)提请任免权。厂长有权提请政府主管部门任免或者聘任、解聘副厂级行政领导干部,但法律和国务院另有规定的除外。(4)任免权。厂长有权任免或者聘任、解聘企业中层行政领导干部,法律另有规定的除外。(5)提请职代会同意、决定权。厂长有权提出工资调整方案、奖金分配方案和重要的规章制度,提请职工代表大会审查同意;提出福利基金使用方案和其他有关职工生活福利的重大事项的建议,提请职工代表大会审议决定。(6)奖惩权。厂长有权依法奖惩职工,提请政府主管部门奖惩副厂级行政领导干部。《全民所有制工业企业法》第47条规定,企业设立管理委员会或者通过其他形式,协助厂长决定企业的重大问题。管理委员会由厂长、副厂长、总工程师、总经济师、总会计师、党委书记、工会主席、团委书记和职工代表大会选出的职工代表组成。职工代表(包括工会主席)人数一般应当为管理委员会全体成员的1/3。厂长任管理委员会主任。

(方文森)

chao'e baoxian
超额保险(over insurance) 投保人与保险人在订立财产保险合同时约定的保险金额高于保险标的价值的保险。超额保险与财产保险应当遵循的损失补偿原则相抵触,因此,超额保险为法律所禁止,各国保险法对超额保险法律效果的规定有所差异。德国、意大利、瑞士、法国区别超额保险出于投保人的善意或恶意,而异其法律效果;恶意超额保险的,保险合同全部无效,保险人有权不退还保险费,以示惩罚;善意超额保险的,超过部分的保险金额无效,保险人应退还多收的保险费。依据我国《保险法》第40条第2款的规定,无论善意或恶意,超额保险只产生"超过的部分无效"的法律效果。

(李庭鹏)

chao'e yongshui leijin jiajia zhidu
超额用水累进加价制度(the progressive payment systems for the part in excess of quota) 在定额内的用水量,实行平价收费,超过定额以外的用水量,实行平价基础上累进加价收费的制度。目前,我国由于没有实行超额用水累进加价制度和将水资源作为一项生产要素进行成本核算,水的浪费现象很严重。在农村,农业灌溉用水是最大的用水户,但是我国农业灌溉基本是实行按土地亩数,而不是按照用水量的多少计收水费;工业和城镇居民用水也存在大量浪费水资源的现象和水价偏低的问题,不利于促进节约用水,因此,水法中规定超额用水累进加价制度,以此来激励用水户通过节约用水减少水费支出。

(包剑虹)

chaogao dingjia
超高定价(excessive pricing) 具有市场优势地位的企业利用其优势地位将产品或服务的价格定在超过竞争水平之上的价格。

对于优势地位企业的超高定价行为是否应当予以反垄断法的规制,不同国家和地区的立法采取了不同的态度。以美国为代表的北美国家的反垄断法中没有此类规定,理由是合法的垄断企业具有自由定价的权利,并以此获取最大的利润,这也是对其竞争胜利的回报,只要其定价没有损害竞争,反垄断法就不应干预企业的定价行为;而且在一个运行良好的市场经济中,若一个企业总是将其价格定在超高的水平,会吸引更多的新进入者进入市场参与竞争,自然会使这种超高的价格降下来;另外,由于现实经济中不存在一个可供人们衡量的竞争水平的价格,人们就很难认定垄断企业的定价就是超高定价。与此相反,在欧共体竞争法里,超高定价被认为是不公平定价方式之一,是优势企业利用其优势地位对消费者或购买者进行剥削性滥用的主要方式之一,它虽然没有损害竞争,但直接损害了消费者利益,将消费者剩余完全转移到了生产者那里,而保护消费者利益也是反垄断法的政策目标;而且,反垄断法的任务就是要代替缺少了的竞争机制,使合同行为与竞争下的交易条件相一致;尤其是在该市场的进入障碍较高时,干预政策所产生的利益是令人赞赏的。不过,尽管欧共体条约对不公平的价格有明确的法律规定,但是欧共体委员会很少以此作出裁决。原因在于对超高定价进行控制时,如何确定价格定在多高是合法的。实践中,人们的关注也主要集中在对自然垄断企业的超高定价上。我国《价格法》第14条规定了禁止经营者违反法律、法规的规定牟取暴利;第18条规定了对于自然垄断经营的商品价格、重要的公用事业价格、重要的公益性服务价格,政府在必要时可以实行政府指导价或者政府定价;在第23条进一步规定了制定关系群众切身利益的公用事业价格、公益性服务价格、自然垄断经营的商品价格等政府指导价、政府定价,应当建立听证会制度,由政府价格主管部门主持,征求消费者、经营者和有关方面的意见,论证其必要性、可行性。

(雷驰)

chao jingji qiangzhi jiaoyi xingwei
超经济强制交易行为(the behavior of over-economy to compel exchange) 政府或政府部门滥用行政权力限定他人购买其指定的经营者的商品的行为。其主要构成要件是:一是行为主体是政府及其所属部门,政府是指各级人民政府,所属部门是指国务院各部、委和其他部级机构,以及地方各级政府的职能部门,厅、局、委员会等。二是不能排除滥用行政权力强制交易有非法获利的目的存在,因为被指定的经营者与其有直接、间接的利害关系,因而极易产生贪污、贿赂等腐败现象。三是有滥用行政权力强制交易的行为,这里的关键是滥用行政权力,只有滥用行政权力限定他人购买其指定的商品的行为,才是不正当竞争行为,而如果没有滥用行政权力,即使限定他人购买其指定的商品,也不认定为不正当竞争。其行为主要表现为:有的行政机关或所属部门政企不分,或者将法人企业用行政手段归并到自己属下,然后限定这些企业只能购买或接受其指定的企业的商品和服务;行政机关兴办第三产业或其他经济实体,限定消费者只能购买或接受其第三产业或经济实体的商品或服务;明确规定在行政辖区内某些非指令性计划产品在只能销售给指定的企业;明确规定在行政辖区内购买某些商品必须以指定企业的商品为限;为推销指定企业的产品而阻挠、破坏他人达成交易等。四是这种超经济强制交易行为侵害了其他经营者的合法权益。限定他人购买或接受指定的经营者的商品或服务,就使被"指定的经营者"之外的经营者处于一种不平等竞争的境地,使他们或者不能参加竞争,或者在竞争中处于不利的地位,因而影响了正常的市场竞争秩序,限制了其他经营者正当的经营活动。

(苏丽娅)

chechuan shiyong paizhaoshui

车船使用牌照税(vehicle and vessel license and plate tax) 对拥有并使用车船的外商投资企业、外国企业及外籍个人征收的一种税。车辆使用牌照税的计税标准为应纳税车辆的数量或者净吨位;船舶使用牌照税的计税标准为应纳税船舶的净吨位或者载重吨位。车船使用牌照税采用定额税率。各国驻华使馆、领事馆公用的车辆,外交代表、领事官员、使(领)馆中的行政技术人员和与其共同生活的配偶、未成年子女自用的车辆,可以享受一定的免税待遇。部分省、市规定,外商投资企业和外国企业的消防车、救护车、洒水车等类车辆可以免税。我国1951年9月13日公布实施的《车船使用牌照税暂行条例》对我国车船使用牌照税作出了具体规定。例如,车船使用牌照税的税率依据车船的种类、载重量及使用性质而定。车船使用牌照税包括六项免征项目。应纳车船使用牌照税的车船使用人,须向所在地税务机关申请登记纳税,领取车船使用牌照及完税证。车船使用牌照税按季征收,当地税务机关为便利纳税人交纳,可改按半年或1年合并征收。凡已纳税领取牌照之车、船,在牌照有效期间内行驶于另一地区,不得重征或补征差额。车船使用牌照不得转卖、赠送、借用或逾期使用。如车船所有权转移时,在有效期间内,准继续使用,不另纳税,亦不退税。车船使用牌照如有毁损或遗失时,应报请原发机关补发牌照,在有效期间内,不另纳税。

(彭 皖 席晓娟)

chechuan shiyongshui

车船使用税(vehicle and vessel use tax) 对在我国境内拥有并使用车船的单位和个人,就其拥有的应税车船而征收的一种税。在我国境内拥有并且使用车船的单位和个人为车船使用税的纳税义务人,但外商投资企业和外国企业除外。拥有人与使用人不一致时,由租赁双方确定一方为纳税人,否则,车船的使用人为纳税人。无主使用的车船,车船使用人为纳税义务人。车船使用税的计税依据为应税车辆的数量或者净吨位或应税船舶的净吨位或者载重吨位。车船使用税按定额征收。国家机关、人民团体、军队(仅限于军用牌照)自用的车船,由国家财政部门拨付事业经费的单位自用的车船,载重量不超过一吨的渔船,专供上下客货及存货用的趸船、浮桥用船,各种消防车船、洒水车、囚车、警车、防疫车、救护车船、垃圾车船、港作车船、工程船属于免税车船。车船使用税按年一次征收。由纳税人向车船所在地的地方税务机关缴纳。国务院1986年9月15日颁布、自1986年10月1日起实施的《车船使用税暂行条例》对我国车船使用税作出了具体的规定。

(彭 皖 席晓娟)

cheliang gouzhishui

车辆购置税(vehicle purchase tax) 对在中华人民共和国境内购置应税车辆的单位和个人征收的一种税。车辆购置税属于价外税。取得并自用应税车辆的单位和个人,为车辆购置税的纳税人。车辆购置税的具体征收范围参见《车辆购置税暂行条例》所附的《车辆购置税征收范围表》。车辆购置税采取从价计征,税率为10%。外国驻华使馆、领事馆和国际组织驻华机构及其外交人员自用的车辆,中国人民解放军和中国人民武装警察部队列入军队武器装备订货计划的车辆,设有固定装置的非运输车辆,免于征收车辆购置税。车辆购置税由国家税务局征收。由纳税人向车辆登记注册地的主管国税机关申报纳税;购置不需要办理车辆登记注册手续的应税车辆,向纳税人所在地的主管国税机关申报纳税。车辆购置税实行一次征收。购置已征车辆购置税的车辆,不再征收车辆购置税。

(彭 皖)

cheliang gouzhishui zanxing tiaoli

《车辆购置税暂行条例》(Interim Regulations on the Vehicle Purchasing Tax of China) 2000年10月22日,国务院发布了《中华人民共和国车辆购置税暂行条例》,并于2001年1月1日起施行。车辆购置税是由原来的车辆购置附加税转化而来,属于费改税。车辆购置税的纳税人是在中华人民共和国境内购置应税车辆的单位和个人。车辆购置税的征收范围是在中华人民共和国境内购置的应税车辆,包括汽车、摩托车、电车、挂车、农用运输车。车辆购置税的计税依据是纳税人所购置车辆的价格,实行从价定率征收,税率为 10%。车辆购置税实行一次征收制度。购置已征车辆购置税的车辆,不再征收车辆购置税。车辆购置税包括四项减免税项目。减免税车辆因转让、改变用途等原因不再属于减免税范围的,应当在办理车辆过户手续前或者办理变更车辆登记注册手续前缴纳车辆购置税。车辆购置税由国家税务局征收。纳税人购置应税车辆,应当向车辆登记注册地的主管税务机关申报纳税;购置不需要办理车辆登记注册手续的应税车辆,应当向纳税人所在地的主管税务机关申报纳税。纳税人应当在向公安机关车辆管理机构办理车辆登记注册前,缴纳车辆购置税。车辆购置税税款应当一次缴清。

(席晓娟)

chengli shijie zhishi chanquan zuzhi gongyue
《成立世界知识产权组织公约》(Treaty Concerning Establishment of World Intellectual Property Organization, WIPO) 也称《世界知识产权组织公约》。1967年7月14日在斯德哥尔摩的外交会议上签订,1970年4月26日生效。根据该公约,保护知识产权联合国际局即成为世界知识产权组织的国际局,巴黎联盟和伯尔尼联盟成为世界知识产权组织的所属机构。1974年12月17日,根据世界知识产权组织与联合国签署的协定,世界知识产权组织成为联合国第16个专门机构,总部设在日内瓦。截至2004年4月,参加世界知识产权组织的国家共有180个,中国于1980年3月3日参加该组织。

《世界知识产权组织公约》的内容主要包括:世界知识产权组织的宗旨和职责;知识产权的内容;组织成员的资格;组织机构的设置等。

世界知识产权组织是协商知识产权国际保护的主要国际组织,其宗旨为:通过国家的合作并在适当情况下与其他国际组织配合,促进在全世界范围内保护知识产权;并加强各知识产权公约所奖励的国际联盟之间的行政合作。其职责为:促进国际上对知识产权的保护,鼓励缔结新的保护知识产权的国际公约;协调各国有关知识产权的国内法;向发展中国家提供有关法律和技术援助;收集和传播技术情报;以及其他职责如办理有关知识产权的国际注册、主持修订条约、建立有关知识产权国际文献等等。

(罗大帅)

chengbao jingying hetong de biangen he jiechu
承包经营合同的变更和解除(alternation and termination of contracted agreement) 承包经营合同的期限一般不得少于3年。承包经营合同依法成立即具有法律效力,任何一方均不得随意变更或解除,在合同约定的期限内,必须全面履行合同内容。但是根据有关法律规定如发现下列情况的,可以依法变更或解除合同:(1)国家税种、税率和指令性计划产品价格重大调整。包上交国家利润是企业实行承包经营责任制的重要内容。国家的税种、税率和指令性计划产品价格对企业的利润实现往往具有直接的影响。因此国务院对税种、税率和指令性计划产品价格进行重大调整,承包经营合同双方可按国务院规定协商变更承包经营合同。在具体实施中应注意两点:第一,合同变更要与税种、税率和指令性计划产品价格相适应;第二,不能以此原因为借口解除合同。(2)不可抗力或意外事故情形的出现。因不可抗力或由于一方当事人虽无过失但无法防止的外因使企业无法履行承包经营合同时,合同双方可协商变更或解除承包经营合同。(3)合同一方主体违约使合同无法履行。由于承包方经营管理不善完不成承包经营合同任务时,发包方有权提出解除承包经营合同。由于发包方违约使承包方无法履行承包经营合同时,承包方有权提出解除承包经营合同。违约方应当承担违约责任并视情节轻重追究直接责任者的行政责任和经济责任。

(方文霖)

chengbao jingying hetong jiufen
承包经营合同纠纷(dispute under agreement on contracted management) 对承包经营合同发生的争议。合同双方发生纠纷,应当协商解决,协商不成的,合同双方可以根据承包经营合同规定向国家工商行政管理机关申请仲裁,也可以根据承包经营合同规定直接向人民法院起诉。承包经营合同未规定纠纷处理办法,但当事人在合同订立后或发生纠纷时达成申请工商行政管理机关仲裁的书面协议的,由工商行政管理机关依法受理该仲裁案件。承包经营合同的任何一方当事人对仲裁机关的裁决不服,均可在接到裁决书之日起10日内向上一级仲裁机关申请复议,上一级仲裁机关作出的复议裁决或逾期未申请复议发生法律效力的仲裁决定书均为终局裁决。当事人一方在规定期限内不执行已经发生法律效力的调解书、裁决书的,另一方可以申请人民法院强制执行。

(方文霖)

chengbao jingying hetong tiaokuan
承包经营合同条款(clause of contracted agreement) 承包经营合同双方享有权利、履行义务的内容。合同的主要条款应当包括下列内容:(1)承包形式;(2)承包期限;(3)上缴利润或减亏数额;(4)国家指令性供应计划和产品生产计划;(5)产品质量及其他主要经济技术指标;(6)技术改造任务、国家资产维护和增殖;(7)留利使用、贷款归还,承包前的债权债务处理;(8)双方权利和义务;(9)违约责任;(10)对企业经营者的奖罚;(11)合同双方约定的其他事项。

(方文霖)

chengbao jingyingquan

承包经营权(contracted management rights) 公民、经济组织或者经济组织的内部成员或单位按照其与国家、集体或者经济组织的承包经营合同依法对国家或集体所有的财产享有占有、使用和收益的权利。承包经营权是承包经营责任制在法律上的反映。农村承包经营是公民以户为单位与集体组织签订承包经营合同,集体组织将集体所有的土地、森林、山岭、草原、荒地、滩涂和大型生产资料等授权给农户承包经营,农户按照承包合同依法享有承包经营权。农户的承包经营权包括:自主安排生产经营活动的权利、自主支配自有资金的权利、购置生产资料的权利、在完成国家定购合同任务后自主销售农产品的权利、签订经济合同的权利、请求国家机关保护其承包经营权的权利等;农户负有履行承包合同的义务、服从集体组织依法进行的统一管理的义务。农村集体组织享有承包的生产资料的所有权、生产资料的发包权、为农户经营提供统一管理和服务的权利、税费提留支配权、承包合同监督管理权等;农村集体组织负有为农户经营提供统一管理和服务的义务,履行承包合同、不得随意变更或解除合同的义务,不得侵犯农户的承包经营权的义务。农户的承包经营权具有劳动权的属性,在符合法律规定的条件下,集体组织不得拒绝其农户的承包。在不侵害集体组织全体农户的承包经营权的前提下,经过村民大会表决通过,集体组织也可以将一定的集体财产承包给集体组织成员以外的个人或经济组织经营。国家也有权将国有的森林、山岭、草原、荒地、滩涂等生产资料承包给个人或经济组织经营。

20世纪80年代,受农村承包经营责任制成功的启发,在政府的推动下,国有企业也开始进行承包经营改革。1986年,国务院决定推行多种形式的经营承包责任制,给经营者以充分的经营自主权。1987年,国务院决定将企业改革的重点放在完善企业经营机制上,依据两权分离原则,实行多种形式的承包经营责任制。1988年,国务院发布《全民所有制工业企业承包经营责任制暂行条例》,以国务院法规的形式将企业承包经营责任制确定下来。同年4月13日第七届全国人民代表大会第一次会议通过的《中华人民共和国全民所有制工业企业法》第2条第4款也规定:企业根据政府主管部门的决定,可以采取承包、租赁等经营责任制形式。全国大部分国有企业实行了承包经营。承包经营责任制实际上是一种目标管理责任制,是将国家对国有企业发展的目标要求加以分解,以与企业经营者签订承包经营合同的方式落实企业的经营自主权。经营者按照承包合同自主经营,承包完成国家的目标和任务(即承包指标),国家对完成承包指标的经营者兑现约定的奖励和报酬。随着承包经营责任制的不断完善,企业承包指标不断丰富,由最初的上缴利润指标、技术改造指标,发展到后来的经济效益指标、发展后劲指标、企业管理指标等综合指标体系。承包经营责任制能够较好地确定企业所有者和经营者之间的权责利关系,落实企业的经营权,具有较强的激励和约束机制,在一定程度上调动了企业经营者的积极性,增强了国有企业的活力,推动了国有经济的发展。到了20世纪90年代,股份制改革逐渐成为企业改革的主流,承包经营不再受重视。但实践证明,股份制对国有企业并非灵丹妙药,股份制改造并没有涉及公有财产经营的深层次问题,只是形式上的变革,没有解决好作为股东的国家和企业的关系。因此,在国有企业改革过程中,具有较强的激励和约束机制的承包经营责任制仍有大力提倡和进一步完善的必要。承包经营责任制和股份制并不矛盾,完全可以相得益彰。集体所有制企业也可以实行承包经营责任制,国有企业和集体企业的承包经营权实际上是企业经营权的一种形式。在我国,国有企业和集体企业等经济组织还在其内部实行多种级别、从上到下的承包经营责任制,将经营活动中的责权利层层落实,取得了较好的经营效果。其发包方是经济组织或经济组织的下级单位,承包方为经济组织的内部经营单位或成员。承包方按照承包合同取得对特定国家或集体所有财产的占有、使用和收益的承包经营权。无论是哪种形式的承包经营,承包方获得的承包经营权都是对国家或集体所有财产的占有、使用和收益的权利,属于他物权中的用益物权,具有物权的独立性和排他性,任何组织和个人不得随意干预和侵犯。其次,承包经营权既是承包方的权利,又是承包方的义务。承包经营权是实现国家所有权和集体所有权的一种方式,因此,它既是承包方对国家或集体所有财产享有的占有、使用和收益的权利,同时又是对国家和集体应尽的义务,承包方必须依法正确行使。

(刘砚海)

chengbao jingying zerenzhi

承包经营责任制(contracted managerial responsibility system) 社会主义全民所有制企业实行的自主经营、自负盈亏的经营管理责任制度。

承包经营责任制是在我国城市经济体制改革过程中,国家为增强企业活力,改革政企关系,使企业成为相对独立的商品生产者和经营者,在总结以前承包经验的基础上,逐步完善和发展起来的,并在1987年开始普遍推广。1988年国务院颁布了《全民所有制工业企业承包经营责任制暂行条例》,使承包经营责任制成为搞活企业的主要方式之一。

承包经营责任制是一种新型的经济责任制。它以社会主义全民所有制为基础,企业的财产仍归国家所有,以所有权和经营权相分离为前提,承包经营的客体是全民所有制企业的财产,承包经营者既是经营者又是劳动者。它以合同形式界定国家与企业的权责利关系,保证两权分离的实现,使企业脱离政府的直接行政控制,政府摆脱企业的依赖。企业享有一定的自主经营权和收益权,同时负有保证国家收入和完成计划的任务。政府依法管理承包企业,有权收取合同规定的上缴利润,并负有保证企业自主经营的义务。

承包经营责任制的指导原则是,国家、企业与职工个人之间权责利相结合;包死基数、确保上交、超收多留、欠收自补,确定国家与企业之间的分配关系。

根据《全民所有制工业企业承包经营责任制暂行条例》,承包经营责任制的内容包括包上交国家利润、包完成技术改造任务和实行工资总额与经济效益挂钩三个方面。承包经营责任制的种类包括上缴利润递增包干;上缴利润基数包干,超收分成;微利企业上缴利润定额包干;亏损企业减亏(或补贴)包干;以及国家批准的其他承包制形式。

实行承包经营责任制,一定程度上促进了政府职能的转变,推动了政府与企业关系的改革,在国家、企业、个人之间形成了新的利益约束机制,保证了国家财政收入的增长,促使企业成为相对独立的商品生产者和经营者,促进了市场体系的发育和形成,推动了我国经济体制的改革。

(张长利)

chengdui

承兑(acceptance) 汇票付款人承诺在汇票到期日支付汇票金额的票据行为。承兑是汇票所特有的制度。承兑行为具有如下特征:承兑是一种附属的票据行为。承兑是汇票付款人所为的票据行为。承兑是表示愿意支付汇票金额的票据行为。承兑是要式行为。承兑,在于确定汇票上的权利义务关系。

承兑根据不同的标准,有不同的分类。(1)以承兑的方式为标准,可将承兑分为正式承兑和略式承兑。正式承兑,又称完全承兑,是指由付款人在汇票上记载"承兑"字样并签章的行为。略式承兑,是指付款人仅在汇票正面签章,未记载承兑字样的行为。(2)以承兑是否有限制标准,可将承兑分为单纯承兑与不单纯承兑。单纯承兑,是指付款人完全依照票据上所载明的文义而进行承兑。不单纯承兑,是指付款人对汇票上所记载的文义加以变更或限制以后进行的承兑。

(何 锐)

chengdui de kuanshi

承兑的款式(form of acceptance) 承兑人根据票据法规定在汇票承兑时应为的或者可以为的各种记载,分为绝对必要记载的事项、相对必要记载的事项和记载使承兑无效的事项。绝对必要记载的事项包括承兑文句、承兑人签章和承兑日期。相对必要记载事项是指承兑日期。如果承兑人没有记载承兑日期的,《票据法》规定应以付款人收到提示承兑的汇票之日的第三日为承兑日期。但承兑日期在见票定期付款汇票中属于绝对应当记载事项。记载使承兑无效的事项是指附条件的记载事项。

(何 锐)

chengdui de xiaoli

承兑的效力(the effects of acceptance) 汇票承兑后,对当事人产生的票据法上的效力。主要表现为:付款人对汇票承兑并将汇票交还持票人后,承兑即发生法律效力。付款人一经承兑,即承担到期付款的责任,即使本人与出票人之间并不存在事实上的资金关系,也不能以此为由对抗持票人。在持票人未按期提示付款时,即使其对背书人、保证人等的追索权因未按期提示付款而丧失,持票人仍有权对承兑人主张权利。

(田 艳)

chengxiao tuan

承销团(underwriting syndication) 多家证券经营机构为了分担发行风险,共同担当证券发行人的承销人,借助自己在证券市场上的信誉和营业网点,为发行人销售证券、筹集资金的承销集团。对于一次发行量特别大的证券,例如国债或大宗股票发行,往往就需要组织这样的承销团。与单个机构进行证券承销相比,承销团方式具有很多优点:(1)承销团可突破单个机构的规模限制,能够满足大额证券发行的需要;(2)承销团由数量众多的机构组成,可以分散包销发行风险;(3)多个成员促销可加快证券发行速度。在一个承销团中,主承销商是股票发行人聘请的最重要的中介机构。在国际上,主承销商一般由信誉卓著、实力雄厚的商人银行(英国)、投资银行(美国)及大的证券公司来担任。它既是股票发行的主承销商,又是发行人的财务顾问,往往还是发行人上市的推荐人。如果发行人向全球发行股票,这时的主承销商又是为发行人发行股票的全球协调人。概括来说,主承销商在股票发行和上市过程中主要有以下作用:(1)与发行人就有关发行方式、日期、发行价格、发行费用等进行磋商,达成一致。(2)编制向主管机关提供的有关文件。(3)组织承销团。(4)筹划组织召开承销会议。(5)承担承销团发行股票的管理。(6)协助发行人申办有关法律方面的手续。(7)向认购人交付股票并清算价款。(8)包销未能售出的股票。(9)做好发行人的宣传工作和促进其股票在二级市场的流动性。(10)其他跟进服务,如协助发行人筹谋新的融资方式或融资渠道等。在有的国家,主承销商还承担发行人上市前后的辅导工作。

在我国,根据《证券经营机构股票承销业务管理办法》(下称《管理办法》)的规定,当拟公开发行或配售股票的面值总额超过人民币 3000 万元或预期销售总额超过人民币 5000 万元时,就应当由承销团承销。承销团由 2 家以上证券经营机构组成,其中牵头组织承销团的证券经营机构称为主承销商。当承销团由 3 家或 3 家以上证券经营机构组成时,可设 1 家副主承销商,协助主承销商组织承销活动。承销团中,除主承销商、副主承销商以外的证券经营机构,称为分销商。主承销商由发行人按照公平竞争的原则,通过竞标或者协商的方式确定。主承销商与副主承销商、分销商之间,通过签订承销团协议,具体规定承销过程中相互间的权利与义务。

根据《管理办法》,从事股票承销业务的证券经营机构,必须取得中国证监会颁发的《经营股票承销业务资格证书》。证券经营机构申请承销业务资格,必须具备一定的净资产、净资本、专业从业人员和正式营业日期,具有完善的内部风险管理与财务管理制度和保障正常营业的场所及设备等等。取得主承销商资格的条件就更加严格,除要求申请者具备经营股票承销业务资格外,还要求证券经营机构必须具备 5000 万元以上的净资产和 2000 万元以上的净资本,取得证券承销业务资格的从业人员 6 名以上,具备承销股票 3 只以上或 3 年以上的承销业绩,以及最近半年内没有出现发行人首次公开发行股票的主承销商而在规定的承销期内售出不足本次公开发行股票总数 20% 的记录等。根据《管理办法》,证券经营机构如持有发行公司 7% 以上股份,或是其前 5 大股东之一,不得担任该企业的主承销商或副主承销商。取得股票承销业务资格,但未取得主承销商资格的证券经营机构,不得担任任何发行公司的发行辅导人和上市推荐人,只能作为分销商,从事股票承销业务。

(王 翀)

chengyunren dui lüke de zeren
承运人对旅客的责任(carrier's responsibility for passenger) 因发生在民用航空器上或者在旅客上、下民用航空器过程的事件,造成旅客人身意外伤亡的,承运人应当承担责任。但是旅客的人身伤亡完全是由于旅客本人的健康状况造成的,承运人不承担责任。因发生在民用航空器上或在旅客上、下民用航空器过程的事件,造成旅客随身携带物品毁灭、遗失或者损坏的,承运人应当承担责任。旅客随身携带的物品的毁灭、遗失或者损坏完全是由于其本身的自然属性、质量或者缺陷造成的,承运人不承担责任。因发生在航空运输期间的事件,造成旅客的托运行李毁灭、遗失或者损坏的,承运人应当承担责任。"航空运输期间"是指在机场内、民用航空器上或机场外降落的任何地点、托运行李处于承运人掌管之下的全部期间。旅客托运行李的毁灭、遗失或者损坏完全是由于其本身的自然属性、质量或者缺陷造成的,承运人不承担责任。旅客、行李或者货物在航空运输中因延误造成的损失,承运人应当承担责任;但是承运人证明本人或者其受雇人、代理人为避免损失的发生,已经采取一切必要措施,或者不可能采取此种措施的,不承担责任。

(张旭娟 师湘瑜)

chengyunren zeren de mianchu huozhe jianqing
承运人责任的免除或者减轻(exemption or relief of carrier's responsibility) 在旅客、行李运输中,经承运人证明,损失是由索赔人的过错造成或者促成的,应当根据造成或者促成此种损失的过错的程度,相应免除或者减轻承运人的责任。旅客以外的其他人就旅客死亡或者受伤提出赔偿请求时,经承运人证明,死亡或者受伤是旅客本人的过错造成或者促成的,同样应当根据造成或者促成此种损失的过错的程度,相应免除或者减轻承运人的责任。在货物运输中,经承运人证明,损失是由索赔人或者代行权利人的过错造成或者促成的,应当根据造成或者促成此种损失的过错的程度,相应免除或者减轻承运人的责任。

国内航空运输承运人的赔偿责任限额由国务院民用航空主管部门制定,报国务院批准后公布执行。旅客或者托运人在交运托运行李或者货物时,特别声明在目的地点交付时的利益,并在必要时支付附加费的,除承运人证明旅客或者托运人声明的金额高于托运行李或者货物在目的地点交付时的实际利益外,承运人应当在声明金额范围内承担责任。国际航空运输承运人的赔偿责任除赔偿限额外,适用于国内航空运输。

发生重大的航空事故时,作为责任人的承运人,一般情况下,航空公司可以根据法律的规定,将自己的赔偿责任限制在一定范围内进行赔偿。根据承运人责任限制制度,当航空运输过程中发生的旅客人身伤亡、行李物品灭失、损坏的损失数额没有超出法定责任限额时,承运人应当按实际损失赔偿旅客或者托运人;当损失数额超过责任限额时,承运人仅在法定责任限额内承担赔偿责任,对法定限额以外的损失数额不予赔偿。

(张旭娟 师湘瑜)

chengzu fang
承租方(Lessee) 依照法律规定承租经营企业的单位和个人。承租方的权利是:享有国家规定的厂长的权利;任免厂级行政副职,并报有关部门备案;决定企业脱产人员编制多根据市场需求;调整企业的经营方向,并按照国家有关规定办理变更登记手续。承租方的义务是:履行国家规定的厂长职责,执行价格政策,维护用户和消费者的利益,维护职工的合法权益,维护租赁经营企业资产,保证设备完好,办理企业财产保险,按期交付租金。

(方文霖)

chengshi xinyong yuanze
诚实信用原则(good faith principle) 纳税人与税务机关双方相互信赖、相互合作建立起一种平等的关系的原则。税务机关应当善意地行使税收征收权,防范税务人员滥用税收征收权;纳税人应彻实地履行自己依法应该承担的纳税义务。税务机关应当对纳税人持友好态度,推定纳税人是依法履行纳税义务的;纳税人也应该对税务机关、税务人员持信任态度,认为税务人员会依法行使权力。从本质上讲,税收活动是国家对其统治之下的居民财产权的强制剥夺。因此,国家和纳税人之间不可避免地存在着紧张的关系,尤其是在资产阶级民主革命胜利之前。但是,在人民主权观念得到了广泛承认之后这种状况已经开始有了变化,纳税人和国家、税务机关之间的关系也从原来的不平等逐步向平等状态转变,这为在税收征收活动中实践诚信原则提供了基本的社会经济条件。

(李建人)

chengshi fangdichan guanlifa
《城市房地产管理法》(the Urban Real Estate Administration Act) 《中华人民共和国城市房地产管理法》于1994年7月5日由第八届全国人大常委会第八次会议通过,自1995年1月1日起施行。该法的立法宗旨是加强对城市房地产的管理,维护房地产市场秩序,保障房地产权利人的合法权益,促进房地产业的健康发展。该法共分7章。第一章总则。规定了立法目的、适用范围,房屋、房地产开发、房地产交易的定义等内容。第二章房地产开发用地。规定了土地使用权出让、土地使用权划拨。第三章房地产开发。规定了房地产开发的原则;以出让方式取得土地使用权进行房地产开发的土地用途、动工开发期限的要求;房地产开发项目的设计、施工、竣工的要求;依法取得的土地使用权的用途以及设立房地产开发企业的条件等内容。第四章房地产。规定了房地产的一般规定以及房地产转让、房地产抵押、房屋租赁、中介服务机构等内容。第五章房地产权属登记管理。规定了国家实行土地使用权和房屋所有权登记发证制度以及房地产抵押应当办理的手续。第六章法律责任。规定了违反本法规定应承担的法律责任。第七章附则。在城市规划区外的国有土地范围内取得房地产开发用地的土地使用权,从事房地产开发、交易活动以及实施房地产管理,参照《城市房地产管理法》执行。该法对规范房地产开发、房地产交易以及维护房地产市场秩序具有重要意义。

(张旭娟 师湘瑜)

chengshi fangdichan shui
城市房地产税(urban housing and land tax) 以外商投资企业、外国企业和外籍人员的房产为征税对象的财产税。作为产权所有人的外商投资企业、外国企业和外籍人员为纳税义务人。征收对象为纳税义务人在城市、县城、建制镇和工矿区的生产经营用房或出租的房产。计税依据分依房价计征和依房租计征。其具体的计税方法、税收减免、税收征管等与房产税的规定相似。1951年中国政务院颁布的《城市房地产税暂行条例》,将房产税和地产税合并征收。国务院1986年9月15日颁布,10月1日起实施的《中华人民共和国房产税暂行条例》,将房产税单独列为一个税种。房产税的纳税义务人是在中国境内拥有房屋产权的单位和个人。房产税的征税对象是中国境内用于生产经营的房屋。房产税的计税依据是房产的计税余值或房产的租金收入,房产余值是依照房产原值一次减除10%至30%后的余值。没有房产原值作为依据的,由房产所在地税务机关参考同类房产核定。房产税实行比例税率,依照房产余值计算缴纳的,税率为1.2%;依照房产租金收入计算缴纳的,税率为12%。房产税包括四项免征项目。此外,纳税人纳税确有困难的,可由省、自治区、直辖市人民政府确定,定期减征或者免征房产税。房产税由房产所在地的税务机关按年征收,分期缴纳。纳税期限由省、自治区、直辖市人民政府规定。

(彭皓 席晓娟)

chengshi fangwu chaiqian buchang anzhi
城市房屋拆迁补偿安置(compensations and settlement for the urban house that were pulled down) 在城市规划区内国有土地上实施房屋拆迁,除拆除违章建筑和超过批准期限的临时建筑外,应当给予适当补偿和合理安置。拆迁人应当提供符合国家质量安全标准的房屋,用于拆迁安置。拆迁产权不明确的房屋,拆迁人应当提出补偿安置方案,报房屋拆迁管理部门审核同意后实施拆迁。因拆迁非住宅房屋造成停产、停业的,拆迁人也应当给予适当补偿。拆迁前,拆迁人应当就被拆迁房屋的有关事项向公证机关办理证据保全。

拆迁补偿的方式可以实行货币补偿,也可以实行房屋产权调换。货币补偿的金额,根据被拆迁房屋的区位、用途、建筑面积等因素,以房地产市场评估价格确定。具体办法由省、自治区、直辖市人民政府制定。实行房屋产权调换的,拆迁人与被拆迁人应当依照规定,计算被拆迁房屋的补偿金额和所调换房屋的价格,结清产权调换的差价。

拆迁公益事业用房的,拆迁人应当依照有关法律、法规的规定和城市规划的要求予以重建,或者给予货币补偿。拆迁非公益事业房屋的附属物,不作产权调换,由拆迁人给予货币补偿。拆迁租赁房屋,被拆迁人与房屋承租人解除租赁关系的,或者拆迁人对房屋承租人进行安置的,拆迁人对被拆迁人给予补偿。被拆迁人与房屋承租人对解除租赁关系达不成协议的,拆迁人应当对被拆迁人实行房屋产权调换。产权调换的房屋由原房屋承租人承租,被拆迁人应当与原房屋承租人重新订立房屋租赁合同。

拆迁人应当对被拆迁人或者房屋承租人支付搬迁补助费。在过渡期限内,被拆迁人或者房屋承租人自行安排住处的,拆迁人应当支付临时安置补助费;被拆迁人或者房屋承租人使用拆迁人提供的周转房的,拆迁人不支付临时安置补助费。搬迁补助费和临时安置补助费的标准,由省、自治区、直辖市人民政府规定。拆迁人不得擅自延长过渡期限,周转房的使用人应当按时腾退周转房。因拆迁人的责任延长过渡期限的,对自行安排住处的被拆迁人或者房屋承租人,应当自逾期之月起增加临时安置补助费;对周转房的使用人,应当自逾期之月起付给临时安置补助费。

拆迁人违反规定,有下列行为之一的,由房屋拆迁管理部门责令停止拆迁,给予警告,可以并处拆迁补偿安置资金3%以下的罚款;情节严重的,吊销房屋拆迁许可证:(1)未按房屋拆迁许可证确定的拆迁范围实施房屋拆迁的;(2)委托不具有拆迁资格的单位实施拆迁的;(3)擅自延长拆迁期限的。县级以上地方人民政府房屋拆迁管理部门违反规定核发房屋拆迁许可证以及其他批准文件的,核发房屋拆迁许可证以及其他批准文件后不履行监督管理职责的,或者对违法行为不予查处的,对直接负责的主管人员和其他直接责任人员依法给予行政处分;情节严重,致使公共财产、国家和人民利益遭受重大损失,构成犯罪的,依法追究刑事责任。

(刘利晋)

chengshi fangwu chaiqian guanli zhidu
城市房屋拆迁管理制度(the management institution of pulling-down and removal of the urban house) 在城市规划区内国有土地上实施房屋拆迁,并需要对被拆迁人补偿、安置所适用的管理制度。国务院建设行政主管部门对全国城市房屋拆迁工作实施监督管理。县级以上地方人民政府负责管理房屋拆迁工作的部门对本行政区域内的城市房屋拆迁工作实施监督管理。县级以上地方人民政府有关部门应当依照规定,互相配合,保证房屋拆迁管理工作的顺利进行。县级以上人民政府土地行政主管部门依照有关法律、行政法规的规定,负责与城市房屋拆迁有关的土地管理工作。

拆迁房屋的单位取得房屋拆迁许可证后,方可实施拆迁。申请领取房屋拆迁许可证的,应当向房屋所在地的市、县人民政府房屋拆迁管理部门提交下列资料:(1)建设项目批准文件;(2)建设用地规划许可证;(3)国有土地使用权批准文件;(4)拆迁计划和拆迁方案;(5)办理存款业务的金融机构出具的拆迁补偿安置资金证明。

市、县人民政府房屋拆迁管理部门应当自收到申请之日起30日内,对申请事项进行审查;经审查,对符合条件的,颁发房屋拆迁许可证。房屋拆迁管理部门在发放房屋拆迁许可证的同时,应当将房屋拆迁许可证中载明的拆迁人、拆迁范围、拆迁期限等事项,以房屋拆迁公告的形式予以公布。房屋拆迁管理部门和拆迁人应当及时向被拆迁人做好宣传、解释工作。拆迁范围确定后,拆迁范围内的单位和个人,不得进行下列活动:(1)新建、扩建、改建房屋;(2)改变房屋和土地用途;(3)租赁房屋。

拆迁人可以自行拆迁,也可以委托具有拆迁资格的单位实施拆迁。拆迁人委托拆迁的,应当向被委托的拆迁单位出具委托书,并订立拆迁委托合同。拆迁人应当自拆迁委托合同订立之日起15日内,将拆迁委托合同报房屋拆迁管理部门备案。被委托的拆迁单位不得转让拆迁业务。房屋拆迁管理部门不得作为拆迁人,不得接受拆迁委托。

拆迁中涉及军事设施、教堂、寺庙、文物古迹以及外国驻华使(领)馆房屋的,依照有关法律、法规的规定办理。在城市规划区外国有土地上实施房屋拆迁,并需要对被拆迁人补偿、安置的,参照执行。

(刘利晋)

chengshi gongshui shuizhi guanli
城市供水水质管理(management of urban water quality) 2004年7月23日我国建设部修改并发布《城市供水水质管理规定》行政规章,专门规定了城市供水水质管理问题。城市供水已经成为影响城市发展的重要因素,同时它也是衡量城市居民生活质量的一个重要指标。该规定所称城市供水水质,是指城市公共供水、自建设施供水及进行深度净化处理水的水质。城市公共供水和自建设施供水中包括原水和二次供水。原水是指由水源地取来的原料水。二次供水是指单位或者个人使用储存、加压等设施,将城市公共供水或者自建设施供水经储存、加压后再供用户的形式。深度净化处理水是指利用活性炭、反渗透、膜等技术对城市自来水或者其他原水作进一步处理后,通过管道或者以其他形式直接供给城市居民饮用的水。城市供水水质管理实行企业自检、行业监测和行政监督相结合的制度。

国务院建设行政主管部门负责全国城市供水水质管理工作。省、自治区人民政府建设行政主管部门负责本行政区域内的城市供水水质管理工作。城市人民政府城市建设行政主管部门负责本行政区域内城市供水水质管理工作。

城市供水水质管理行业监测体系由国家和地方两级城市供水水质监测网络组成。国家城市供水水质监测网，由国家城市供水水质监测管理中心（以下简称国家水质中心）和直辖市、省会城市及计划单列市经过国家技术监督部门认证的城市供水水质监测站（以下简称国家站）组成，业务上接受国务院建设行政主管部门指导。地方城市供水水质监测网（以下简称地方网），由设在直辖市、省会城市、计划单列市的国家站和经过省级以上技术监督部门认证的城市供水水质监测站（以下简称地方站）组成，业务上接受省、自治区、直辖市建设行政主管部门指导。直辖市、省会城市的国家站为地方网中心站。

国家水质中心根据国务院建设行政主管部门的委托，行使全国城市供水水质监督检查职能。城市供水水质监测站业务上接受地方人民政府城市建设行政主管部门指导，并接受城市建设行政主管部门的委托，实施该城市行政区域内供水水质的监测工作。国家水质中心应当定期或者随机抽检国家站所在城市的供水水质，并将结果报送国务院建设行政主管部门。国家站应当定期或者随机抽检地方站所在城市的供水水质，并将结果报送省、自治区、直辖市建设行政主管部门。地方站应当定期或者随机抽检本辖区内各城市的供水水质，并将结果报送地方站所在城市的城市建设行政主管部门。定期或者随机抽检每年不得少于两次。

国务院建设行政主管部门应当每月公布一次国家站所在城市的供水水质。省、自治区、直辖市人民政府建设行政主管部门应当定期公布地方站所在城市的供水水质。地方站所在城市供水水质公布的期限，由省、自治区、直辖市人民政府建设行政主管部门确定。城市供水水源应当按照国家有关规定分级划分水源保护区，设立明显的范围标志和严禁事项告示牌。保护区内严禁修建任何可能危害水源水质的设施及其他有碍水源水质的行为。城市供水水源水质不得低于地面水环境质量三类标准并应当符合生活饮用水水源水质标准。

城市供水水质必须符合国家有关标准的规定。城市供水企业应当做好水源防护、水源水质检测工作。发生突发性的水源污染时，应当及时报告当地城市建设、环保和卫生行政主管部门。当出厂水质难以达到标准需要采取临时停水措施的，必须报经城市人民政府批准。城市供水企业制水所用的各类净水剂及各种与制水有关的材料等，在使用前应当按照国家有关质量标准进行检验；未经检验或者检验不合格的，不得投入使用。用于城市供水的新设备、新管网投产前或者旧设备、旧管网改造后，必须严格进行清洗消毒，并经技术监督部门认证的水质检测机构检验合格后，方可投入使用。

城市供水企业应当建立健全水质检测机构和检测制度，按照国家规定的检测项目、检测频率和有关标准、方法定期检测水源水、出厂水、管网水的水质，做好各项检测分析资料和水质报表存档、上报工作。城市供水企业的自检能力达不到国家规定且不能自检的项目，应当委托当地国家站或者地方站进行检测。城市供水企业上报的水质检测数据，必须是经技术监督部门认证的水质检测机构检测的数据。城市供水企业的检测机构没有经过技术监督部门认证的，其上报的数据必须委托当地国家站或者地方站进行检测。

城市供水水质检测人员必须经专业培训合格，实行持证上岗制度。国家对在城市供水水质管理工作中作出贡献的单位和个人给予表彰或者奖励，对于违法行为给予相应的处罚。

(王　丽)

chengshi guihua

城市规划（urban layout）　确定城市的规模和发展方向，实现城市的经济和社会发展目标，合理地利用城市土地，协调城市空间布局、各项建设的综合部署和具体安排等法定活动。城市规划必须符合我国国情，正确处理近期建设和远景发展的关系。在城市规划区内进行建设，必须坚持实用、经济的原则，贯彻勤俭建国的方针。

城市规划一般分为总体规划和详细规划。大城市、中等城市为了进一步控制和确定不同地段的土地用途、范围和容量，协调各项基础设施和公共设施的建设，在总体规划基础上，可以编制分区规划。城市总体规划从宏观上控制城市土地利用和空间布局，引导城市设立发展的总体部署。城市总体规划应当包括：城市的性质、发展目标和发展规模，城市主要建设标准和定额指标，城市建设用地布局、功能分区和各项建设的总体部署，城市综合交通体系和河湖、绿地系统，各项专业规划，近期建设规划。分区规划，基本上属于总体规划的范畴，它是城市总体规划在分区范围内的进一步深化和补充。分区规划的任务是在总体规划的基础上，对城市不同地区的土地利用、人口分布以及公共设施的配置作出进一步的规划安排。城市详细规划在总体规划或者分区规划的基础上，对城市近期建设区域内各项建设作出具体规划。城市详细规划应当包括：规划地段各项建设的具体用地范围，建筑密度和高度等控制指标,总平面布置、工程管线综合规划和竖向规划。

（张旭娟　师湘瑜）

chengshi guihua de bianzhi
城市规划的编制（the making of city planning）　国务院城市规划行政主管部门和省、自治区、直辖市人民政府应当分别组织编制全国和省、自治区、直辖市的城镇体系规划,用以指导城市规划的编制。城市人民政府负责组织编制城市规划。县级人民政府所在地镇的城市规划,由县级人民政府负责组织编制。

编制城市规划必须从实际出发,科学预测城市远景发展的需要;应当使城市的发展规模、各项建设标准、定额指标、开发程序同国家和地方的经济发展水平相适应。应当注意保护和改善城市生态环境,防止污染和其他公害,加强城市的绿化建设和市容环境卫生建设,保护历史文化遗产、城市传统风貌、地方特色和自然景观。编制民族自治地方的城市规划,应当注意保护民族传统和地方特色。编制城市规划应当贯彻有利生产、方便生活、促进流通、繁荣经济、促进科学技术文化教育事业的原则,应当符合城市防火、防爆、抗震、防洪、防泥石流和治安、交通管理、人民防空建设等要求;在可能发生强烈地震和严重洪水灾害的地区,必须在规划中采取相应的抗震、防洪措施。编制城市规划应当贯彻合理用地、节约用地的原则。

编制城市规划一般分总体规划和详细规划。大城市、中等城市为了进一步控制和确定不同地段的土地用途、范围和容量,协调各项基础设施和公共设施的建设,在总体规划基础上,可以编制分区规划。

城市总体规划是指从宏观上控制城市土地利用和空间布局,引导城市设立发展的总体部署。城市总体规划应当包括:城市的性质、发展目标和发展规模,城市主要建设标准和定额指标,城市建设用地布局、功能分区和各项建设的总体部署,城市综合交通体系和河湖、绿地系统,各项专业规划,近期建设规划。设有城市和县级人民政府所在地的总体规划,应当包括市或县的行政区域的城镇体系规划。分区规划,基本上属于总体规划的范畴,它是城市总体规划在分区范围内的进一步深化和补充。分区规划的任务是在总体规划的基础上,对城市不同地区的土地利用、人口分布以及公共设施的配置作出进一步的规划安排。

城市详细规划是指在总体规划或者分区规划的基础上,对城市近期建设区域内各项建设作出具体规划。城市详细规划应当包括:规划地段各项建设的具体用地范围,建筑密度和高度等控制指标,总平面布置、工程管线综合规划和竖向规划。

（冯春华　张旭娟　师湘瑜）

chengshi guihua de shenpi
城市规划的审批（examination and approvement of city planning）　世界各国的城市规划审批形式主要有如下几种:由行政机关审批、机构审批和通过依法成立的专门机构审批,以通告的方式生效。

我国《城市规划法》规定,城市规划实行分级审批。其中,直辖市的城市总体规划,由直辖市人民政府报国务院审批。省和自治区人民政府所在地城市、城市人口在100万以上的城市及国务院指定的其他城市的总体规划,由省、自治区人民政府审查同意后,报国务院审批。其他的设市城市和县级人民政府所在地镇的总体规划,报省、自治区、直辖市人民政府审批,其中市管辖的县人民政府所在地镇的总体规划,报市人民政府审批。以上规定以外的建制镇的总体规划,报县级人民政府审批。城市人民政府和县级人民政府在向上级人民政府报请审批城市总体规划前,须经同级人民代表大会或者其常务委员会审查同意。

城市分区规划由城市人民政府审批。城市详细规划由城市人民政府审批;编制分区规划的城市详细规划,除重要的详细规划由城市人民政府审批外,由城市人民政府城市规划行政主管部门审批。城市人民政府可以根据城市经济和社会发展需要,对城市总体规划进行局部调整,报同级人民代表大会常务委员会和原批准机关备案;但涉及城市性质、规模、发展方向和总体布局重大变更的,须经同级人民代表大会或者其常务委员会审查同意后报原批准机关审批。

（冯春华）

chengshi guihua de shishi
城市规划的实施（the enforcement of city planning）　在城市规划经批准后,采取相应的措施使之实现。城市规划的实施是一个复杂的系统工程,涉及社会各个部门,各行各业,既涉及个人利益也涉及公共利益,因此需经人民政府组织实施。城市规划制度的实施包括以下几个方面:(1)城市规划公布制度。城市人民政府应当将经批准的城市规划通过一定的方式向社会公布,以便公众能够了解并自觉遵守和服从城市规划,同时也有利于公众监督城市规划的实施。(2)建设用地规划许可证制度。建设用地规划许可证是城市规划行政主管部门根据建设单位和个人提出的建设用地申请,确定其建设用地的位置、面积、界限的法定凭证。(3)选址意见书制度。选址意见书是建设工程在立项过程中,上报的设计任务书必须附有由城市规划行政主管部门提出的关于建设项目选在哪个城市或者选在哪个方位的意见。(4)建设工程规划许可证制度。建设工程规划许可证是城市规划主管部门对于符合城市规划要求的建设工程核发的确认其符合要求的法律凭

证。　　　　　　　　　　　（冯春华）

chengshi guihuafa
《城市规划法》(Urban Layout Act of China)　《中华人民共和国城市规划法》经第七届全国人民代表大会常务委员会第十一次会议于1989年12月26日通过,自1990年4月1日起施行。其立法宗旨是为了确定城市的规模和发展方向,实现城市的经济和社会发展目标,合理地制定城市规划和进行城市建设,适应社会主义现代化建设的需要。本法共分六章。第一章总则。规定了立法目的、适用范围;城市、大城市、中城市、小城市的定义;编制城市规划的方针、依据、城市总体规划与国土规划、区域规划、江河流域规划、土地利用总体规划的关系以及各级城市规划的行政主管部门。第二章城市规划的制定。规定了全国和省、自治区、直辖市的城镇体系规划的编制单位;城市规划的编制单位、县级人民政府所在地的镇规划的编制单位;编制城市规划的原则、要求;编制城市规划的阶段;城市规划的分级审批。第三章城市新区开发和旧区改建。规定了城市新区开发和旧区改建必须坚持的原则、要求;新建铁路编组站、铁路货运干线、过境公路、机场和重要军事设施等的要求。第四章城市规划的实施。规定了城市规划的具体实施步骤、实施原则、实施要求;建设用地规划许可证、建设工程规划许可证件、临时建设以及城市规划行政主管部门的职权。第五章法律责任。规定了责令退回、停止建设、限期拆除或者没收违法建筑物、构筑物或者其他设施、限期改正,并处罚款等责任和刑事责任等。第六章附则。规定了未设镇建制的工矿区的居民点,参照本法执行;国务院城市规划行政主管部门根据本法制定实施条例,报国务院批准后施行;省、自治区、直辖市人民代表大会常务委员会可以根据本法制定实施办法。此前国务院发布的《城市规划条例》此前同时废止。　　（张旭娟　师湘瑜）

chengshi guihua falü zhidu
城市规划法律制度(legal institutions of city planning)　为了确定城市的规模和发展方向,实现城市经济和社会发展目标,合理地制定城市规划和进行城市建设,适应社会主义现代化建设需要的法律规范的总称。城市规划法律制度是各地区、各部门、各单位及个人,在城市规划区内进行各项规划和建设活动都必须遵守的法律规范。

我国关于城市规划的第一部国家法律是1990年4月1日正式施行的《城市规划法》,根据《城市规划法》各省、自治区、直辖市人民代表大会颁布了有关执行性的地方性法规,国务院有关部委和指定的各级地方政府也颁布了相配套的政府规章,例如《建设项目选址规划管理办法》、《城市规划编制办法》、《城市规划设计单位资格管理办法》等。我国城市规划法律体系的框架逐步形成。　　（曹晓燕　冯春华）

chengshi guihua guanli tizhi
城市规划管理体制(administrative system of city planning)　对城市规划进行管理的体制。我国《城市规划法》第9条规定:"国务院城市规划行政主管部门主管全国的城市规划工作。县级以上地方人民政府城市规划行政主管部门主管本行政区内的城市规划工作。"国务院建设行政主管部门是建设部。建设部在城市规划管理方面的主要职责是:研究制定全国城市发展战略以及城市规划的方针政策和法规;负责城市总体规划的审查报批,会同国家文物局对历史文化名城进行审查报批;参与编制国土规划、区域规划和重大建设项目的选址工作,指导城市规划、城市勘察和市政工程测量工作,检查和监督城镇体系规划、城市规划的编制和实施。县级以上地方人民政府城市规划行政主管部门,是指省、市和县人民政府授权负责管理城市规划工作的部门,一个城市只应有一个规划行政主管部门。

国外的城市规划管理体制有很多种类型,例如英国的行政规划管理体制是中央集权制,中央政府的行政规划管理部门有权制定相应的法规和政策,指导地方政府的规划工作,审批郡政府的结构规划,受理规划上诉,并有权干预地方政府的发展规划和开发控制。美国不存在国家层面上的规划体系,联邦政府没有法定的规划职能,但可以借助财政手段来影响城市规划,各州通过立法授予地方政府城市规划管理职能。各州的地方政府的城市规划职能是有不同的。德国虽然也是联邦制,但其城市规划管理体制与美国不同,联邦政府规划主管部门管理区域规划与建设以及城市的发展,有权制定有关的法规和政策,协调各州的规划,并负责制定跨区域基础设施的发展规划。各州也有规划立法权,但必须与联邦立法相符合。　　（冯春华）

chengshi hua
城市化(urbanization)　一个国家或地区社会经济现代化进程中重要的结构转换,包括人口城乡结构的转换、产业结构及其布局的转换、人们价值观念及其生活方式的转换。具体表现为人口由农村向城镇和城市地带不断集中,城市数量和规模不断扩大,城市人口在总人口中所占的比重不断上升的过程。对城市化的含义有不同角度的解释。是农村人口转变为城市人口的过程;是农村地区转变为城市地区的过程;是由农村生活方式向城市生活方式的转变过程;是农村经济转化为城市社会化大生产的过程。

有论者提出城市化依其发展态势可分为集中性城市化和扩散型城市化。集中性城市化表现为三个阶段,首先城市化水平比较低,发展速度慢的初期阶段,然后是人口向城市迅速聚集的中期阶段,最后进入高度城市化以后城市人口比重的增长有趋于缓慢甚至停滞的后期阶段。集中性城市化根据城市化进程中城市人口占总人口的百分比表现为一条被拉平的S形曲线。当一个国家或地区的城市化率达到75%时,城市化发展速度进入相对稳定的发达阶段,此时城市化进入集中趋势与扩散趋势并存,以扩散趋势为主的发展时期。扩散型城市化包括郊区化和逆城市化,表现为厂商向市郊的搬迁,人口的市郊化,城市不同地区的人口密度随着距市中心距离增加而降低,而后,由于投资方向从大城市转向小城镇和乡村地区,城市人口向小城镇和乡村居民回流,城市明显萎缩,中小城镇迅速发展,农村人口出现回升。

根据城市化所带来的影响,有论者提出积极型城市化和消极型城市化的分类。积极型城市化指的是城市拉动力大,城市里有很多的就业机会,城市的经济发展需要农村劳动力转移到城市来。消极型城市化指的是,因为农村生活和城市差别比较大,农民尤其是年轻农民向往城市生活,可是如果城市不能给他提供就业机会,城市里就可能出现贫民窟,出现乞丐、犯罪率增加等一系列社会问题,这种城市化是消极型城市化。我们必须把握好城市化的速度,使之有利于社会经济的发展。

现代观点认为城市化有四方面的动因:第一,产业革命聚集效应。包括在行业、人力资源、基础设施、市场、科技信息和政策上的聚集,这些因素的聚集推动着城市化进程。第二,比较利益驱动效应。现实证明,城乡之间的比较利益会使得农业人口在可能的条件下涌向城市。第三,资源稀缺压力。日本等经济发达国家的经验说明,城市可能利用现代工业和科学的一切成果,把农村人口大量集中到都市中来,同时大幅度提高农业的劳动生产率以保证城市的农产品供给,并且可以保持城市的生态环境不被恶化。而在农村,由于人口密度大大降低,生态环境便可恢复与优化。第四,需求带动效应。西方经济学家J.W.亚历山大认为城市化动因与城市内部的需求连带有关,由需求对城市化形成一种乘数效应。

城市化是和工业化相伴而生的,实施城市化的发展战略意味着城镇数目的增加,城市基础设施和公共服务设施水平的不断提高,城市居民生活水平和居住水平发生根本的改善,城市文化和价值观念成为社会文化的主题,并会在农村地区不断扩散。城市化通过将不同才能、教育背景、种族、文化和语言背景的人们密集在一起,为技术进步和外溢提供了适宜的环境,而后者恰恰是经济开发的源泉。

总的来说,城市化进程是人类社会进步的趋势,城市化水平的提高是社会物质文明和精神文明的结果和主要标志。

(周燕)

chengshi jumin zuidi shenghuo baozhang zhidu
城市居民最低生活保障制度(security of the essential living conditions for urban dwellers) 指对家庭人均收入低于当地政府公告的最低生活标准的人口,由国家和社会给予一定的现金资助,以保证该家庭成员基本生活所需的社会保障制度。由于我国目前只在城市推行最低生活保障制度,现行救助对象限于家庭人均收入低于当地最低生活保障标准的非农业户口的城市居民。

城市居民最低生活保障制度是社会救助制度的重要组成部分,这种制度保障的是城市居民的最低生活水平,因此,就必须对最低生活水平加以界定,也就是通常所说的"最低生活保障线"。一般而言,最低生活水平可以从绝对意义和相对意义这两个角度来理解和界定。从绝对意义上来说,最低生活水平就是维持生命所需的最低限度的饮食、衣着和居住条件,这也就是通常所说的绝对贫困。从相对意义上来说,所谓最低生活水平,就是享有和当地生产力水平或经济文化发展水平相适应的最低水平的消费资料和服务,它是相对于所在地的其他社会成员所拥有的消费资料而产生的贫困现象。随着社会的发展,绝对意义上的贫困现象正逐步减少,因而现代社会的最低生活保障制度主要针对的是相对贫困者。根据我国《城市居民最低生活保障条例》的相关规定,我国目前的"最低生活保障线"是由当地政府在调查研究的基础上,以既保障基本生活又有利于克服依赖思想为原则,依照当地居民维持基本生活的最低支出(衣食住费用,以及适当考虑水电燃煤费用以及未成年人的义务教育费用等),并考虑社会平均生活水平和政府财政的承受能力等因素,实事求是制定的。并且,这种"最低生活保障线"还应随物价等因素而进行相应的调整。

根据《城市居民最低生活保障条例》第2条的规定,持有非农业户口的城市居民,凡共同生活的家庭成员人均收入低于当地城市居民最低生活保障标准的,均有从当地政府获得基本生活物质帮助的权利。可见,城市居民最低生活保障制度救济的范围是城市有常住户口的居民,包括所有家庭人均收入低于"最低生活保障线"的贫困对象。对符合享受城市居民最低生活保障待遇条件的家庭,还应按照不同情况加以区分,其中,对无生活来源、无劳动能力又无法定赡养人、扶养人或抚养人的城市居民,批准其按照当地城市居民最低生活保障标准全额享受;对尚有一定收入的城市居民,批准其按照家庭人均收入低于当地城市居民最低生活保障标准的差额享受。

(李梅)

chengshi shizheng gongyong shiye liyong waizi
城市市政公用事业利用外资(city municipality and public utility utilizing foreign funds) 城市供水、供热、供气、公共交通、排水、污水处理、道路与桥梁、市容环境卫生、垃圾处置和园林绿化等城市市政公用事业部门,借用国外贷款和吸收外商投资。借用国外贷款包括外国政府贷款、国际金融组织货款和国际商业贷款;吸收外商投资包括外商直接投资(含中外合资、中外合作、外商独资、外商投资股份制企业及合作开发)和外商其他投资(含外商购买中方的股票)。为指导和规范城市市政公用事业利用外资工作,扩大利用外资规模,提高利用外资水平,根据国家利用外资的法律法规和方针政策,建设部出台了《城市市政公用事业利用外资暂行规定》。

该规定共有22条,其主要内容为:(1)宗旨及适用范围。(2)城市市政公用事业利用外资的目的:主要用于市政公用设施的新建、改建和扩建,增加设施供给能力,提高市政公用设施的技术装备水平和企业的管理水平。任何企业、任何项目在利用外资时都应将引进资金与引进技术,引进管理有机地结合起来;不得采用落后或淘汰的工艺技术和材料设备。(3)城市市政公用事业利用外资的审批机关及其职权。(4)城市市政公用事业利用外资的审批程序和期限。(5)城市市政公用事业借用外国贷款的条件:申请借用国外贷款项目必须切实做好前期各项准备工作,项目的可行性研究报告必须经过有相应资格的咨询机构评估,国内配套资金必须打足,资金筹措渠道必须落实;经批准借用国外贷款的项目,国外贷款资金的使用必须符合中外双方签订的贷款协定中所规定的资金使用范围与用途,任何单位和个人不得以任何理由、任何形式擅自挪用贷款资金或改变贷款用途。(6)城市市政公用事业吸收外商直接投资的注意事项:中方不得将一个整体项目化整为零,越权审批;在双方签订的协议或合同中,中方不得以任何形式保证或变相保证外方固定回报率,不得设定最低价格公式,不得以外币计价和结算,不得允许外方抽走资本金;任何单位和部门不得为外商提供任何形式的担保,不得接收合营企业的委托负责合营企业的经营和管理;对大中城市供水、供气等公用设施,中方必须控制设施总供给能力的50%以上。(7)城市市政公用事业利用外资工程项目的施工必须实行招标投标制和工程监理制;利用外资项目实行项目法人责任制。(8)各级建设行政主管部门应建立利用外资的统计备案制度。

(罗大帅)

chengshi weihu jiansheshui
城市维护建设税(tax for city maintenance and construction) 对城市、县城、建制镇范围内缴纳增值税、消费税和营业税的单位和个人征收的一种附加税。开征该税的目的是为了加强城市的维护建设,扩大和稳定城市维护建设资金的来源。它是1984年工商税制改革中设置的一个新税种。我国《城市维护建设税暂行条例》于1985年2月8日由国务院发布。根据该条例的规定,城市维护建设税的纳税义务人是城市、县城、建制镇范围内缴纳增值税、消费税、营业税的单位和个人(不包括外商投资企业),计税的依据是纳税人实际缴纳的增值税、消费税和营业税税额。城市维护建设税是一种带有附加税性质的税种。城市维护建设税有四个特点:以税为课税对象;明确税款应当保证用于城市的公用事业和公共设施的维护建设,属于专款专用的特定财源;税率因城市的规模、经济繁荣程度不同而各有高低;征管不独立,纳税时间、纳税地点、减免等均随增值税、消费税和营业税变动。

(余启平 席晓娟)

chengshi xinyong she
城市信用社(urban credit cooperative) 又称城市信用合作社,指经中国银行业监督管理机构批准设立,在城市市区内由城市居民、个体工商户和中小企业法人出资设立的,主要为社员提供服务,具有独立企业法人资格的合作金融组织。城市信用社的社员以其出资额为限对城市信用社承担责任。城市信用社以其全部资产对城市信用社的债务承担责任。城市信用社由中国银行业监督管理委员会负责对其进行金融监管。目前中国的城市信用社数量不多,大都已转化为城市合作银行。根据1997年《城市信用合作社管理办法》,设立城市信用社,必须具备下列条件:有50个以上的社员,其中企业法人社员不少于10个,社员按照出资比例领取红利;有符合本办法规定的注册资本最低限额;有符合本办法规定的章程;有具备任职专业知识和业务工作经验的理事长、主任及其他高级管理人员;有健全的组织机构和管理制度;有符合要求的营业场所、安全防范措施和与业务有关的其他设施。城市信用社的注册资本最低限额为100万元人民币。城市信用社的注册资本由社员实际缴纳的股金总额构成。社员须用货币资金入股,不得以债权、实物资产、有价证券等折价入股;城市信用社社员缴纳的股金最低限额为人民币5000元;个人、个体工商户和企业法人社员所持股金最高限额分别不得超过城市信用社股金总额的2%、3%和5%。城市信用社新增注册资本时,社员可以优先认购股金。社员股权只能在社员之间转让。当城市信用社处于非正常经营状态或社员退社可能会影响城市信用社债权人的利益时,城市信用社理事会和金融监管机关均有权不批准其退社申请。城市信用社的权力机构是社员大会,常设机构是理事会,其成员为5至11人,理事长为城市信用社的法定代表人。城市信用社设立监事会,其成员为单数,不得少于5人。城市信用社实行理事会领导下的主任负责制。主任由理事会聘任或者解聘。城市信用社应当遵循自主经营、自负盈亏、互利互助、自我约束、自我积累的原则开展各项业务活动,可以在其所在地经营下列人民币业务:吸收社员存款;吸收中国人民银行规定限额以下的非社员的公众存款;发放贷款;办理结算业务;办理票据贴现;代收代付款项及受托代办保险业务;办理经中国人民银行批准的其他业务。城市信用社吸收的非社员存款不得超过存款余额的40%;吸收单个非社员储户的储蓄存款不得超过15万元。城市信用社贷款的同等条件下,应优先满足社员的资金需要。城市信用社必须按规定缴纳存款准备金和留足备付金,实行资产负债比例管理和资产风险管理制度,执行中国人民银行制定的利率管理规章制度和现金管理规章制度,执行统一制定的结算制度和财务、会计制度。城市信用社在已经或者可能发生信用危机、严重危害存款人利益时,可由中国人民银行按照有关规定对其进行接管。

(刘 卉)

chengxiang jishi maoyi

城乡集市贸易(town and country fair trade) 多种经济成分参加、多种经营方式并存、经营国家政策允许放开商品的市场交易形式。城乡集市贸易是中国社会主义统一大市场的组成部分,对促进农副产品生产发展,活跃城乡经济,便利群众生活,补充国有商业不足具有积极作用。城乡集市贸易应包括大城市中的集贸市场。"城乡"包括城市和农村。通常情况城乡集市贸易以农民、个体工商户为主经营农副产品、工业小商品的一种贸易形式。农村集市贸易是农村中以农业生产者之间以及农业生产者与手工业者之间直接交换为主的一种交易形式;城市集市贸易是城市中以农民、个体工商户与城市居民之间直接交换为主的一种交易形式。改革开放以来,集市贸易不断发展和完善,已成为商品流通的一条重要渠道,其内涵和外延较以前都有了很大的不同,不仅包括农副产品,而且还发展了一批小商品、工业品及废旧物资的市场,经营方式上不但有零售市场,还有批发市场。这是符合中国社会主义市场经济发展的客观需要的。

(郑慧玫 张维珍)

chengxiang jishi maoyi guanli

城乡集市贸易管理(management of town and country fair trade) 国家工商行政管理机关对城乡集市贸易实施的管理。城乡集市贸易管理应充分发挥市场调节的辅助作用,坚持"活而不乱、管而不死"的原则。国家通过行政管理和国有经济的主导作用,把城乡机关应当相互配合,共同搞好城乡集市。为了协调、组织有关部门管好集市,当地人民政府可根据具体情况,在需要设立基层市场管理委员会的城乡集市,由集市所在地的县(市)、市辖区、乡人民政府有关负责人主持,组织工商行政管理、商业、供销、监督、检查有关政策执行情况,规划市场建设,共同管好市场。为了加强对城乡集市贸易的管理,充分发挥市场调节的作用,管好搞活城乡集市贸易,维护市场经济秩序,1983年2月5日国务院发布实施了《城乡集市贸易管理办法》。该办法共5章37条,旨在对城乡集市贸易的上市物资和参加集市人员活动的范围、集市的设置与管理以及对违章行为的处理等方面进行较详细的规定。

(郑慧玫 张维珍)

chengxiang jishi maoyi xingzheng zhuguan bumen

城乡集市贸易行政主管部门(administrative services division of town and country trade) 城乡集市贸易行政管理的主管部门是工商行政管理机关。各有关部门与工商行政管理机关应当相互配合,共同搞好城乡集市贸易。为了协调、组织有关部门管好集市,当地人民政府可根据具体情况,在需要设立基层市场管理委员会的城乡集市,由集市所在地的县(市)、市辖区、乡人民政府有关负责人主持,组织工商行政管理、商业、供销、粮食、公安、税务、物价、卫生、计量、农业、城建等有关部门建立基层市场管理委员会,监督、检查有关政策执行情况,规划市场建设,共同管好市场。

(张维珍 郑慧玫)

chengxiang jianshe fa

城乡建设法(legal system on city and country construction) 调整城市与农村的土地开发与建设及城乡经济发展过程中发生的各种社会关系的法律规范的总称。城乡建设法的调整对象有以下几种社会关系:(1)建设活动中的行政管理关系。建设活动与国民经济、社会发展和人民生活息息相关,因此国家要对其进行比较严格的管理,国家及建设行政主管部门对建设活动的各个环节都要进行监督管理,与建设工程的各个建设单位、施工单位之间会发生管理与被管理的关系,以确保国家财产和人民生命的安全。(2)建设活动中的经济关系。国家及其建设行政主管部门与建设单位、施工单位之间除了管理与被管理的关系外,还会发生一些经济关系,例如双方通过招标、投标程序签订合同,由建设、施工单位承揽一些工程建设、勘察、设计等活动。当然,双方签订合同时要遵循平等自愿、等价有偿原则,并通过协商达成一致。(3)建设活动中的民事关系。在城乡建设活动中还会经常发生一些民事关系,例如房地产交易中的房屋买卖关系、租赁关系、相邻关系、权属关系等。这些活动也应遵循等价有偿、平等协商原则,但在土地征用和房屋拆迁安置过程中,相关单位和公民个人必须服从国家建设和城市整体规划的要求。

城乡建设法具体包括城市房地产管理法律制度、土地管理法律制度、城市规划法及一些城乡建设法规,如市政工程管理法规、城市公共交通管理法规、城市市容和环境卫生管理法规、城市绿化管理法规、城建监察管理法规、村庄和集镇规划建设管理法规等。

(冯春华 曹晓燕)

chengxiang laodongzhe geti jingji

城乡劳动者个体经济(economy of individual economy of the urban and rural working people) 简称"个体经济"。生产资料归劳动者个人所有,并由劳动者及其家庭成员直接支配和使用的一种经济制度。它以劳动者自己的劳动为基础,不剥削他人劳动,不具有剥削性质。个体经济从私有制产生起一直延伸至今,是存在于人类社会时间最长的一种经济成分。个体经济在许多社会形态中都存在,是一种依附于一定社会中占主导地位的经济形式的补充经济形式,可以为不同的社会经济发展服务。

个体经济是我国社会主义市场经济的重要组成部分。在我国社会主义公有制占主体地位的条件下,个体经济的存在、发展以及其经营活动,都必然与社会主义公有制相联系,可以为社会主义服务。我国现阶段,个体经济的存在和发展具有客观必然性,因为:第一,个体经济的存在和发展同我国现阶段的一部分生产力水平相适应。我国现阶段生产力水平总体不高,且呈现出多层次性的特点。使用手工工具进行手工操作、经营分散、灵活、多样化、零星分散的资金、闲散富余的劳动力等生产要素适合于个体操作、分散经营的个体经济形式。即使是在高层次的生产力领域中,也有个体经济存在和发展的余地。第二,在一定阶段,个体经济在某些领域的存在是社会化大生产所不可完全替代的,个体经济在这些领域仍有存在的必要。第三,发展个体经济有利于增加就业,活跃商品交换,满足人民生活需要,发展经济,提高社会生产力,增加国家财政收入,促进社会稳定。在现阶段,必须毫不动摇地鼓励、支持和引导个体经济的发展,充分发挥其积极作用,保护其合法的权利和权益,为其创造良好的发展环境;同时又要依法加强监督和管理,促进其健康发展。

在我国相当长的时期内,个体经济根据自身情况和外部环境,可能会走上不同的发展道路:一部分继续保持个体经营、独立发展的状态;一部分将走上合作化道路,采取合伙经营等方式;一部分转变为私营经济;一部分将与公有制经济的联系更加紧密,并进行合作。

(张长利)

chengzhen jiti qiye qingchan hezi zichanjiazhi chonggu zhidu

城镇集体企业清产核资资产价值重估制度(the assets reestimation institution of general checkup on enterprise assets of trust and investment corporation in cities and towns) 为了在城镇集体所有制企业、单位(以下简称"集体企业")清产核资中认真做好资产价值重估工作,摸清企业"家底",促进资产足额补偿,增强集体企业发展后劲,根据《城镇集体所有制企业、单位清产核资暂行办法》有关规定而制定的一种制度。

价值重估是指集体企业按照国家统一规定的方法(物价指数法、国家定价法、重置成本法及汇率变动法),依据"城镇集体企业清产核资固定资产价值重估统一标准目录",对账面价值与实际价值背离较大的主要固定资产进行重新估价。

"账面价值与实际价值背离较大"是指城镇集体企业1993年底以前购建形成的,因1984年以来国家生产资料价格改革和物价上升,造成资产账面价值与1993年实际价值背离较大的主要固定资产。

集体企业资产价值重估应根据资产的不同类型,分别采用物价指数法、国家定价法、重置成本法和汇率变动法。物价指数法是指以资产购建年度的价格为定基价格,按"城镇集体企业清产核资固定资产价值重估统一标准目录"中列出的价格指数,对资产价值进行调整估价的方法。物价指数法适用于集体企业购买的实行价格多轨制和价格已经放开产品形成的固定资产。国家定价法是指根据"城镇集体企业清产核资固定资产价值重估统一标准目录"中列出的资产规格型号所对应的国家规定价格(包括国家物价部门、中央有关部门和省、自治区、直辖市人民政府规定的价格),对资产逐项进行重新估价的方法。国家定价法适用于集体企业购买国家定价产品形成的固定资产。重置成本法是指根据资产在全新情况下按现行市价的重新购建成本来确定资产价值的方法。对少数特殊的、价值量较大的非标准设备或企业自制无市场价的非标准设备和经过多次技术改造后的设备,可采用重置成本法,具体由集体企业组成专门的重估小组或委托具有资产评估资格的资产评估机构,按国家规定的重置成本法确定重估价格。对1979—1993年进口的需要进行资产价值重估的设备,参照1993年国际市场价格,按国家外汇管理局公布的1993年人民币外汇牌价平均价折合人民币进行价值重估；对于难以参照国际市场价格的引进设备，可按照汇率变动幅度进行价值重估。

集体企业固定资产价值重估后的净值计算方法如下：(1)重估后的固定资产净值原则上按重估后的固定资产原值升值幅度同比例增加。(2)对按照固定资产原值变动幅度计算出的重估后固定资产净值低于账面固定资产净值的，原则上不再调减固定资产净值。(3)对于由于客观原因少数企业长期未按规定计提或提足折旧的固定资产，需参照成新率计算净值的，应经同级清产核资机构批准。

各地区、各部门所属集体企业的固定资产价值重估工作，由本地区或本部门各级清产核资机构负责组织领导，资产价值重估结果由同级人民政府清产核资机构审批，并抄送同级财政、经贸、税务部门。

集体企业固定资产价值重估的具体实施工作，由本企业、单位有关专业技术、设备管理和财会人员等组成重估小组进行。

集体企业固定资产价值重估工作结束后，各企业要提出"资产价值重估工作情况报告"和填报"固定资产价值重估申报表"。

集体企业在清产核资过程中已发生或即将产权变动的，经批准可以根据工作需要直接以"资产评估"代替资产价值重估工作。集体企业编写的"资产价值重估工作报告"和"资产价值重估申报表"应在规定时间内上报主管单位；有关主管单位按照国家规定的政策和方法进行认真审核，对于不合格或有疑问的退回限期更正；有关主管单位将审核合格的所属企业、单位的资产价值重估结果汇总后，报同级清产核资机构审批；企业依据批复结果进行有关账务处理，并据此按规定相应提取折旧。

集体企业由于资产价值重估增提的折旧，必须全部用于企业扩大生产或技术改造，不得用于消费开支。增提折旧暂有困难的企业，应提出分步"实转"计划，力争创造条件尽快按重估后固定资产原值提足折旧。

资产价值重估后的会计账务处理方法按照固定资产重估后原值增加额借记"固定资产"科目，净值增加额贷记"资本公积"科目，按其差额贷记"累计折旧"科目。
（苏丽娅）

chengzhen jiti suoyouzhi qiye
城镇集体所有制企业（cities and towns collective ownership business） 在城镇范围内兴办，主要吸纳非农业人口就业的企业。目前规制城镇集体所有制企业的法律法规主要是国务院1991年9月9日颁布的《中华人民共和国城镇集体所有制企业条例》。该条例依据我国宪法及实际状况确认了城镇集体所有制企业的法律地位。依法取得法人资格的城镇集体所有制企业，以其全部财产独立承担民事责任。它的财产属于劳动群众集体所有，实行按共同劳动、按劳分配，企业实行自主经营、自负盈亏、独立核算。所谓集体所有，根据《中华人民共和国城镇集体所有制企业条例》的规定应当符合下列中任一项的规定：(1)本集体企业的劳动群众集体所有；(2)集体企业的联合经济组织范围内的劳动群众集体所有；(3)投资主体为两个或者两个以上的集体企业。其中前(1)、(2)项劳动群众集体所有的财产应当占主导地位。本项所称主导地位，是指劳动群众集体所有的财产占企业全部财产的比例，一般情况下应不低于51%，特殊情况经过原审批部门批准，可以适当降低。
（方文霖）

chengzhen jiti suoyouzhi qiye danwei qingchan hezi zhidu
城镇集体所有制企业、单位清产核资制度（the institution of general checkup on enterprise assets for collectively-owned enterprise in cities and towns） 对城镇集体所有制企业、单位的资产进行清查、价值重估、产权界定、资金核实、产权登记、建章建制等的一项制度。

集体企业清产核资的目的是摸清集体企业"家底"，解决资产状况不清、账实不符、资产闲置浪费及被侵占流失的问题，促进理顺产权关系，为集体企业建立规范的资产（资金）管理体系创造条件，为促进集体企业的改革与发展，以及建立现代企业制度打好基础。

集体企业清产核资的范围是：所有在国家各级工商行政管理机关登记注册为集体所有制性质的各类城镇集体企业、单位，包括联合经济组织、有关事业单位，各级信用社、供销社，由集体企业改制为各类联营、合资、股份制的企业，以及以各种形式占用、代管集体资产的部门或企业、单位。
（苏丽娅）

chengzhen jiti suoyouzhi qiye de quanli
城镇集体所有制企业的权利（right of cities and towns collective ownership business） 根据我国《城镇集体所有制企业条例》，城镇集体企业在国家法律、法规的规定范围内享有的权利。包括：(1)对其全部财产享有占有、使用、收益和处分的权利，拒绝任何形式的"平调"；(2)自主安排生产、经营、服务活动；(3)除国家规定由物价部门和有关主管部门控制价格的以外，企业有权自行确定产品价格、劳务价格；(4)依照国家规定与外商谈判并签订合同，提取和使用分成的外汇收入；(5)依照国家信贷政策的规定向有关专业银行申请贷款；(6)依照国家规定确定适合本企业情况的经济责任制形式、工资形式和奖金、分红办法；(7)享受国家政策规定的各种优惠待遇；(8)吸收职工和其他企业、事业单位、个人集资入股,与其他企业、事业单位联营,向其他企业、事业单位投资,持有其他企业的股份;(9)按照国家规定决定本企业的机构设置、人员编制、劳动组织形式和用工办法,录用和辞退职工;(10)奖惩职工。　　　　　　　(方文霖)

城镇集体所有制企业的义务(obligation of cities and towns collective ownership business) 根据我国《城镇集体所有制企业条例》,城镇集体企业应当承担的义务。包括:(1)遵守国家法律、法规,接受国家计划指导;(2)依法缴纳税金和缴纳费用;(3)依法履行合同;(4)改善经营管理,推进技术进步,提高经济效益;(5)保证产品质量和服务质量,对用户和消费者负责;(6)贯彻安全生产制度,落实劳动保护和环境保护措施;(7)做好企业内部的安全保卫工作;(8)维护职工合法权益,尊重职工的民主管理权利,改善劳动条件,做好计划生育工作,提高职工物质文化生活水平;(9)加强对职工的思想政治教育、法制教育、国防教育、科学文化教育和技术业务培训,提高职工队伍素质。　　　　　　　　　　　　(方文霖)

城镇集体所有制企业法(cities and towns collective ownership business law) 调整城镇集体所有制企业设立、生产经营管理活动和企业与政府有关部门关系的法律规范的总称。为了进一步巩固发展城镇集体企业,保障其合法权益,国务院1991年9月9日颁布了《中华人民共和国城镇集体所有制企业条例》。这是我国第一部系统规范城镇集体企业有关问题的法规。其他已经出台的重要法规还有《关于城镇集体所有制企业若干政策问题的暂行规定》和《关于加强城镇集体所有制企业职工工资收入管理的意见》。(方文霖)

城镇土地使用税(city and town land use tax) 以应税土地为征税对象、对拥有应税土地使用权的单位或个人所征收的一种税。其中,应税土地包括城市、县城、建制镇和工矿区内的国家所有或集体所有的土地。使用应税土地的单位和个人,为城镇土地使用税的纳税义务人。城镇土地使用税以纳税人实际占用的土地面积为计税依据。实行定额税率,且为幅度差额税率。国家机关、人民团体、军队自用的土地,国家财政部门拨付事业经费的单位自用的土地,宗教寺庙、公园、名胜古迹自用的土地,市政街道、广场、绿化地带等公共用地,直接用于农、林、牧、渔业的生产用地和由财政部另行规定免税的能源、交通、水利设施用地和其他用地免征土地使用税。经批准开山填海整治的土地和改造的废弃土地,从使用的月份起免缴土地使用税5年至10年。城镇土地使用税由土地所在地的地方税务部门征收,按年计算,分期缴纳。缴纳期限由省、自治区、直辖市人民政府确定。　　　　　　(彭皓)

《城镇土地使用税暂行条例》(Interim Regulations on Usage and Occupancy of Urban Land Tax of China) 1988年9月国务院发布《中华人民共和国城镇土地使用税暂行条例》,自同年11月1日起施行。土地税是我国历史最为悠久的一种财产税。新中国成立之初就在全国范围内征收地产税,1951年与房产税合并为城市房地产税。城镇土地使用税的纳税义务人是在城市、县城、建制镇、工矿区范围内使用土地的单位和个人。城镇土地使用税的征税范围是在城市、县城、建制镇、工矿区范围内属于国家所有和集体所有的土地。城镇土地使用税以纳税人实际占用的土地面积为计税依据。采用幅度定额税率,以每平方米为计税单位,按大、中、小城市和县城、建制镇、工矿区及农村分别确定幅度差别税率。具体适用税额由省、自治区、直辖市人民政府,根据市政建设状况、经济繁荣程度等条件确定。经省、自治区、直辖市人民政府批准,经济落后地区土地使用税的适用税额标准可以适当降低,但降低额不得超过法定最低税额的30%。经济发达地区土地使用税的适用税额标准可以适当提高,但须报经财政部批准。土地使用税包括7项免征项目。此外,纳税人缴纳土地使用税确有困难需要定期减免的,由省、自治区、直辖市税务机关审核后,报国家税务局批准。土地使用税由土地所在地的税务机关征收。土地管理机关应当向土地所在地的税务机关提供土地使用权属资料。土地使用税按年计算、分期缴纳,缴纳期限由省、自治区、直辖市人民政府确定。但对新征用的土地,属于耕地的,自批准征用之日起满1年时开始缴纳土地使用税;属于非耕地的,自批准征用次月起缴纳土地使用税。　　　　　　　　　　(席晓娟)

惩罚性赔偿(punitive damages) 也称惩罚性损害赔偿。与补偿性赔偿相对应,是来源于英美法中的一项法律制度。指在特定条件下,责任方应当承担超过受损方实际损失的赔偿金。惩罚性赔偿制度起源于英美法中的判例,起初主要适用于政府官员对一般民众进行迫害的法律领域,是对弱势方普通公民的财产权和人身权的特别保护。惩罚性赔偿制度与传统的补偿性赔偿相比,可以更加有效地补偿受损方的非经济损失,提供受损方提起诉讼、保护自身权利的激励机制,使责任方承担的不利后果更具有惩罚性质,有效预防新的不法行为的发生。也正是由于其突破传统的补偿性赔偿,使责任方承担更为不利的后果,在西方各国惩罚性赔偿制度的适用范围也被严格限定,适用于两方地位严重不平等、责任方行为具有很高的可谴性的案件。

法律经济分析学派认为,惩罚性赔偿可以有效弥补履行差错问题。在司法实践中由于受到法律责任制度不完备、诉讼成本高等因素的影响,并非所有的实际受损方都能够得到法律的救济和补偿。能够得到补偿的受损方在全部的实际受损方中所占的比例被称为履行差错。现实生活中履行差错的存在为追求自身利益最大化的生产厂商提供了采取低效率预防措施的诱因,而足以弥补其履行差错的惩罚性赔偿金可以消除这种诱因。法律经济分析学派认为法律责任制度的本质是在受损方和责任方之间合理分配不利后果,从而激励责任方采取恰当的保护措施、尽到合理的注意义务,也使得受损方采取适当的防护措施,尽到合理的注意义务。在现代社会国民经济一体化的社会化大生产条件下,在产品责任等领域,由于生产厂商处于技术和信息的绝对优势地位,由生产厂商来提高生产技术、预防产品责任事故发生的成本远小于由消费者自己识别所要花费的成本。因此,只有将因为产品质量问题所引起的责任分配给生产厂商一方,才能以最小的社会总成本预防产品责任的发生。法律经济分析学派经过数学公式的推演得出结论,要通过惩罚性赔偿制度让受损方和责任方将履行差错所可能带来的疏于防范的社会成本内在化,则惩罚性赔偿金的倍数必须等于补偿性赔偿金与预防成本之比乘以避免事故的边际概率。

大陆法系国家以往多遵守传统法律责任中的补偿性原则,第二次世界大战以后也逐渐在立法中移植或者在执法中灵活采用了惩罚性赔偿制度。20世纪中期以来,随着消费者权益保护运动的蓬勃开展,这一制度被广泛应用于消费者权益保护领域,不少国家的产品责任领域都采用了惩罚性赔偿制度。近年来由于惩罚性赔偿制度导致企业所承担责任范围的扩张,在西方各国遭到了以大企业为代表的利益集团的批评,各国立法及司法又从实体和程序上对这一制度的适用范围进一步加以限制。我国1993年颁布的《中华人民共和国消费者权益保护法》也规定了惩罚性赔偿制度,该法第49条规定,经营者提供商品或者服务有欺诈行为的,应当按照消费者的要求增加赔偿其受到的损失,增加赔偿的金额为消费者购买商品的价款或者接受服务的费用的1倍。

目前我国理论界一般认为《消费者权益保护法》中规定的双罚制度不同于传统的法律责任形式,是典型的经济法责任。由于经济法的调整对象具有全局性、社会公共性,而惩罚性赔偿制度虽然使责任方在法律上承担了比较重的不利后果,但它具有弥补由于法律体制不完备、诉讼成本高等所引发的履行差错问题,能起到实现社会总成本最低的社会整体性功效,完全符合经济法的立法宗旨和目标。有观点主张应进一步扩大惩罚性赔偿制度在经济法领域的适用范围,以更好地体现经济法的整体性、社会性。　　(黄军辉)

chiming shangbiao

驰名商标(well-known trademark) 又称著名商标。在市场上享有较高声誉并为相关公众所熟知的注册商标。驰名商标具有以下特征:(1) 相关公众的知晓程度高。这是驰名商标首要的和本质的特征。驰名商标经使用人的长期使用和广告宣传,在相关公众中享有较高知名度。(2) 标识性强于一般商标。驰名商标的识别性比一般商标强,消费者很容易通过驰名商标联想到特定的经营者的特定的商品和服务。对于一般的商标,公众只将特定的商品或服务与企业相联系,但只要出现某驰名商标,人们就会联想到这是驰名商标所有人的相关产品或服务,或者认为其生产者与商标权人有某种经济上的联系。(3) 商业价值大于普通商标。驰名商标能使企业在市场竞争中处于优势地位,成为企业开拓市场和占领市场的最有力武器。对于一个国家来说,世界驰名商标的数量成为国民经济发展水平的标志之一。(4) 易受侵害性。驰名商标具有的巨大商业价值,往往成为侵权的主要对象。驰名商标可以是已注册的,也可以是未注册的。认定驰名商标应当考虑下列因素:相关公众对该商标的知晓程度;该商标使用的持续时间;该商标的宣传工作的持续时间、程度和地理范围;该商标作为驰名商标受保护的记录;该商标驰名的其他因素。　　(徐中起　郭友旭)

chiming shangbiao baohu

驰名商标保护(well-known trademark protection) 已经在我国注册,对驰名商标提供不同的保护方式。根据《商标法》第13条第1款的规定,就相同或类似商品申请注册的商标是复制、摹仿或者翻译他人未在中国注册的驰名商标,容易导致混淆的,不予注册并禁止使用。该款的意旨在于防止抢注他人的驰名商标。根据《商标法》第13条第2款的规定,就不相同或不相类似商品申请注册的商标是复制、摹仿或者翻译他人已经在中国注册的驰名商标,误导公众,致使该驰名商标注册人的利益可能受到损害的,不予注册并禁止使用。适用该款的规定的一个限制条件是"误导公众,致使该驰名商标注册人的利益可能受到损害",即造成公众对商品来源产生误认,或者产生行为人与驰名商标所有人之间存在某种特殊联系的错误认识。将他人的驰名商标注册的,自商标注册之日起5年内,驰名商标所有人或利害关系人可以请求商标评审委员会裁定撤销该注册商标。对恶意注册的,驰名商标所有人不受5年的时间限制。
（徐中起）

chiming shangbiao danhua xingwei
驰名商标淡化行为(dilution of well-known trademark) 降低、减少或削弱驰名商标对其商品或服务的识别性和显著性能力的行为。不管在驰名商标所有人与他人之间是否存在竞争关系,或者是否存在混淆和误解或欺骗的可能性。驰名商标淡化行为分为三种,即弱化、丑化、淡化。弱化是商标显著性逐渐稀释和冲淡的过程,由于其他人在其他商品上使用该商标,使该商标最初存在的商品与商标之间的唯一联想变得不再唯一,越来越模糊。丑化行为一般表现为两种:一是在不卫生和有伤风化的背景下使用驰名商标;二是将驰名商标使用于普通商品上产生损害驰名商标形象的后果。退化是使驰名商标彻底丧失识别性,变成商品的通用名称。驰名商标淡化行为十分不利于驰名商标的保护,应当采取积极措施制止这些行为。我国的《驰名商标认定和管理暂行规定》虽然没有明确使用"反淡化"一词,但实际上在立法中体现了国外反淡化理论的许多理念。
（郭友旭）

chixu jingying
持续经营(sustainable operation) 在可以预见的将来,企业的经营活动将按照现有的形式和既定目标继续进行下去,而不会被清算或出现其他导致停业出现的情况。根据我国《企业会计准则》的规定,会计核算应当以企业持续、正常的生产经营活动为前提。

企业是否能够持续经营,对于企业会计原则和会计方法的选择有很大影响。如果能够明确,企业将会按照当前的规模和状态继续经营下去,它所持有的资产将按照预定的目的正常使用,它所承担的债务也会如期偿还,会计人员就可以在此基础上选择会计政策。比如固定资产的处理,就可以按照历史成本进行记录,并进行折旧将历史成本分摊到各个会计期间或相关产品的成本中。如企业不能继续经营下去,会计人员就不应当对固定资产采取上述按期计提折旧的方法。

持续经营作为一项会计假设而存在,说明这个假设可能是不成立的,企业存在破产、清算的风险,因此,需要企业定期对其持续经营的基本前提进行分析和判断,如果企业无法持续经营,就应当改变会计核算的政策,并在财务会计报告中作出相应说明。
（刘 燕）

chixu jingying jiashe
持续经营假设(sustainable operation assumption) 会计主体的经营活动将按照现在的形式和既定的目标无限期地继续下去。换言之,在可以预见的将来,会计主体不会进行清算,它所持有的资产将按照预定的目的在正常的经营过程中被耗用、出售或转让,它所承担的债务也将如期偿还。根据我国《企业会计准则》第5条的规定,会计核算应当以企业持续、正常的生产经营活动为前提。持续经营假设是会计确认、会计计量以及一系列会计核算方法所赖以建立的基础。资产的计量尺度有历史成本(购买成本)、重置成本、现行市价、变现价值等多种形式。在持续经营的前提下,企业拥有的资产是过去交易的结果,因此应按照历史成本而不是现行市价进行计量;同时,由于资产将按照预定的用途加以使用,不会在近期出售,因此也不能用变现价值来记录。由于企业持续经营,固定资产的投资就不必在固定资产购买的当期作为一笔费用计入企业的经营成本中,而是可以资本化,在以后的经营期内根据固定资产的使用状况分期地、逐步地计入成本中,这也导致了"折旧"的概念和相关的会计处理。如果企业破产或被兼并,必须进行清算,持续经营假设就不复存在,原来的资产计价、债务清偿、收益确定、费用递延、折旧、摊销等一系列的会计方法都必须发生改变,财务报表也必须重新编制。
（刘 燕）

chixu xinxi gongkai
持续信息公开(periodic disclosure of information) 在发行股票或者公司债券时的信息公开,股票、债券上市时的信息公开,以及股票、债券上市后的信息公开。持续信息公开是证券法"公开、公正、公平"的具体体现。

持续信息公开的内容 主要包括:(1)招股说明书。公开发行股票,必须依照公司法规定的条件,报经国务院证券监督管理机构核准。发起人向社会公开募集股份时向国务院证券管理部门提交的申请中,必须包括招股说明书。招股说明书应当附有发起人制订的公司章程,并载明下列事项:发起人认购的股份数;每股的票面金额的发行价格;无记名股票的发行总数;认股人的权利、义务;本次募股的起止期限及逾期未募足时认股人可撤回所认股份的说明。(2)公司债券募集方法。发行公司债券的申请经批准后,应当公告公司债券募集办法。公司债券募集办法中应当载明下列主要事项:公司名称;债券总额和债券的票面金额;债券的利率;还本付息的期限和方式;债券发行的起止日期;公司净资产额;已发行的尚未到期的公司债券总额;公司债券的承销机构。(3)股票上市报告书。股份有限公司申请股票上市,必须经国务院证券监督管理机构核准。上市核准后,应向证券交易所提交有关文件。公司公告的股票或者公司债券的发行和上市文件,必须真实、准确、完整,不得有虚假记载、误导性陈述或者重大遗漏。(4)债券上市报告书。上市核准后,应向证券交易所提交有关文件。证交所在3个月内安排债券上市。上市公司在被核准上市后,应当在债券挂牌交易5日前公告有关文件。(5)中期报告。股票或者公司债券上市交易的公司,应当在每一会计年度的上半年结束之日起2个月内,向国务院证券监督管理机构和证券交易所提交记载以下内容的中期报告,并予公告:公司财务会计报告和经营情况;涉及公司的重大诉讼事项;已发行的股票、公司债券变动情况;提交股东大会审议的重要事项;国务院证券监督管理机构规定的其他事项。(6)年度报告。股票或者公司债券上市交易的公司,应当在每一会计年度结束之日起4个月内,向国务院证券监督管理机构和证券交易所提交记载以下内容的年度报告,并予公告:公司概况;公司财务会计报告和经营情况;董事、监事、经理及有关高级管理人员简介及其持股情况;已发行的股票、公司债券情况,包括持有公司股份最多的前10名股东名单和持股数额;国务院证券监督管理机构规定的其他事项。(7)临时报告。发生可能对上市公司股票交易价格产生较大影响、而投资者尚未得知的重大事件时,上市公司应当立即将有关该重大事件的情况向国务院证券监督管理机构和证券交易所提交临时报告,并予公告,说明事件的实质。下列情况为所称的重大事件:公司的经营方针和经营范围的重大变化;公司的重大投资行为和重大的购置财产的决定;公司订立重要合同,而该合同可能对公司的资产、负债、权益和经营成果产生重要影响;公司发生重大债务和未能清偿到期重大债务的违约情况;公司发生重大亏损或者遭受超过净资产10%以上的重大损失;公司生产经营的外部条件发生的重大变化;公司的董事长、1/3以上的董事,或者经理发生变动;持有公司5%以上股份的股东,其持有股份情况发生较大变化;公司减资、合并、分立、解散及申请破产的决定;涉及公司的重大诉讼,法院依法撤销股东大会、董事会决议;法律、行政法规规定的其他事项。(8)上市公司股东持股变动。通过在证券交易所的股份转让活动,投资者持有的一个上市公司股份数量发生或者可能发生变化的情形;或者持股数量虽未发生变化,但通过在证券交易所的股份转让活动以外的其他合法途径,投资者控制的一个上市公司股份数量发生或者可能发生变化的情形。持股变动信息披露义务人应当按照本办法规定严格履行信息披露义务,其所披露的信息应当真实、准确、完整,不得有虚假记载、误导性陈述或者重大遗漏。信息披露义务人依照法律规定履行信息披露义务,应当向证券交易所提交上市公司股东持股变动报告书。持股变动报告书应当载明下列事项:信息披露义务人

的名称、住所;上市公司名称;信息披露义务人持有、控制股份的变动情况;持股变动方式;信息披露义务人前6个月就该上市公司股份所进行的交易;中国证监会、证券交易所要求予以载明的其他事项。

持续信息公开的相关制度 主要有:(1)持续信息公开的方式。依照法律、行政法规规定必须作出的公告,应当在国家有关部门规定的报刊上或者在专项出版的公报上刊登,同时将其置备于公司住所、证券交易所,供社会公众查阅。(2)违反持续信息公开义务的责任。发行人、承销的证券公司公告招股说明书、公司债券募集办法、财务会计报告、上市报告文件、年度报告、中期报告、临时报告,存在虚假记载、误导性陈述或者有重大遗漏,致使投资者在证券交易中遭受损失的,发行人、承销的证券公司应当承担赔偿责任,发行人、承销的证券公司的负有责任的董事、监事、经理应当承担连带赔偿责任。(3)对持续信息公开的监督。国务院证券监督管理机构对上市公司年度报告、中期报告、临时报告以及公告的情况进行监督,对上市公司分派或者配售新股的情况进行监督。证券监督管理机构、证券交易所、承销的证券公司及有关人员,对公司依照法律、行政法规规定必须作出的公告,在公告前不得泄露其内容。国务院证券监督管理机构对有重大违法行为或者不具备其他上市条件的上市公司取消其上市资格的,应当及时作出公告。证券交易所依照授权作出前款规定的决定时,应当及时作出公告,并报国务院证券监督管理机构备案。 (李 震)

chongtu jiejue jizhi
冲突解决机制(mechanism of solving conflicts) 经济法的冲突主要是通过行政、司法或者其他途径,比如调解、仲裁、协商等对争议予以解决。冲突解决机制是保障利益分配的法律机制。社会冲突的解决机制,一方面是权力性机制,比如涉及行政权的行政处罚、运用立法权的全国人大常委会撤销国务院的行政法规、运用司法权的法院作出居间裁判等;另一方面是非权力性机制,比如协商、民间调解和仲裁等。权力性机制实际上是解决冲突的主体作为自己案件的"法官",因此权利的运用难以受到有效制约,往往会形成新的社会冲突。权威而且公正的解决冲突的机制,是司法机关所作出的最终裁决。冲突解决的归结点是责任的承担。责任包括强制性的,也包括自觉性的。强制性的责任以国家强制力作为后盾,而自觉性的责任则不涉及国家强制力。两者都属于确保权利人利益得以实现的方式。 (赵 玲)

chongdie zhengshui
重叠征税(double taxation) 见双重征税。

chongfu baoxian
重复保险（double insurance） 投保人对同一财产性保险标的、同一保险利益、同一保险事故分别向两个以上的保险人订立保险合同，且保险金额之总额超过保险价值的保险行为。重复保险是超额保险的另一种形式，其区别在于它是通过与两个以上的保险人分别订立合同造成超额保险的状态，重复保险产生与超额保险基本相同的法律效果。 （李庭鹏）

chongfu zhengshui
重复征税（double taxation） 见双重征税。

chujing lüyou lingdui renyuan guanli
出境旅游领队人员管理（administration institution on group leader of overseas tours） 依法取得出境旅游领队证，接受具有出境旅游业务经营权的国际旅行社的委派，从事出境旅游领队业务的人员的管理。领队业务，是指为出境旅游团提供旅途全程陪同和有关服务；作为组团社的代表，协同境外接待旅行社（以下简称"接待社"）完成旅游计划安排；以及协调处理旅游过程中相关事务等活动。

为了加强对出境旅游领队人员的管理，规范其从业行为，维护出境旅游者的合法权益，促进出境旅游的健康发展，我国国家旅游局根据《中国公民出国旅游管理办法》和有关规定，制定了《出境旅游领队人员管理办法》，对出境旅游领队的管理作出了具体规定。
（刘　鹏）

chuju gouwu pingzheng he fuwu danju yiwu
出具购物凭证和服务单据义务（obligation to issue purchasing order for goods or service） 经营者提供商品或服务，应当按照国家有关规定或者商业惯例向消费者出具购物凭证或者服务单据；消费者索要购物凭证或者服务单据的，经营者必须出具。购物凭证是指销售者在商品交易结束后向购买者出具的证明该买卖合同已履行完毕的书面凭证；服务单据是指服务提供者在服务合同履行后向服务对象出具的证明服务已履行的书面凭据。购物凭证或服务单据一般都载明商品或服务的名称、数量、规格、价格或提供服务日期，并一般印有经营者的企业名称或加盖经营者的公章。购物凭证或服务单据有多种表现形式，如发票、信誉卡、购物小票、服务卡、保修卡、价格单等等。

经营者承担出具购物凭证和服务单据义务的情形：(1) 国家法律规定经营者应当主动向消费者出具购物凭证和服务单据，如家用电子产品的经营者必须依法向消费者出具保修单、发票等购物凭证。(2) 依照商业惯例应当出具的。商业惯例，是指一些商品交换领域，由于长期交易活动而成为习惯，并得到普遍认可而遵行的做法。不同区域的商业惯例有不同的做法，所以对一些异地购物或异地接受服务的消费者，因不了解当地惯例，经营者应本着诚实信用原则，为消费者开具购物凭证和服务单据。(3) 消费者索要购物凭证或服务单据的，经营者必须出具。即不论国家法律有无必须出具的规定，不论商业惯例是否要求出具，消费者都有权利要求提供商品或服务的经营者向其出具购物凭证和服务单据，只要消费者认为必要而索要购物凭证或服务单据，经营者都不得拒绝，这是经营者法定的义务。
（刘利晋）

chukou kate'er
出口卡特尔（export cartel） 出口企业为推动出口而订立的协议。根据各国的反垄断法，不影响国内市场竞争的出口卡特尔可以得到豁免。对国内市场竞争有影响的出口卡特尔，如果该影响对提高企业的国际竞争力是必要的，一般也可以得到豁免。然而，因为出口卡特尔对进口国的市场竞争有严重的不利影响，如果出口国和进口国之间就禁止出口卡特尔的问题达成了国际协定，这种卡特尔就不会得到豁免。 （王晓晔）

chukou pei'e zhi
出口配额制（export quota system） 亦称出口限额制。在国际贸易中，出口国为保护国家利益而采取的直接限制出口的一种重要措施。一个国家为了保障国内市场的需求或使某些商品在国际市场上维持较高的价格，对某些商品在一定时期内的出口规定一定的限额，超过规定数额者，则禁止出口。出口配额管理分为计划配额管理、主动配额管理和被动配额管理。计划配额管理是指国家为保证出口符合国民经济计划的要求，防止部分商品的过量出口阻碍国民经济计划顺利执行而实行的一种管理方式。计划配额管理主要是对关系国计民生的大宗资源性出口商品和在我国出口中占有重要地位的大宗传统出口商品，包括大米、棉花、煤炭、茶叶等38种出口商品进行管理。主动配额管理是指国家对部分商品的出口，在输往国家或地区市场有限的情况下，针对具体国家或地区实施的数量限制措施。我国目前实行主动配额管理的出口商品品种有54种，其中对日本的有烟花爆竹、高粱、蜂蜜等23种；对美国的有鲜蜂王浆等3种。被动配额管理是指出口国对进口国某种特定商品的进口实行有国别配额限制措施所分配的配额份额而实行的管理。被动配额管理的商品范围，由商务部公布的配额出口商品目录确定和调整,主要包括纺织品被动配额和非纺织品被动配额两大类。

（王连喜）

chukou shangpin pei'e zhaobiao zhidu
出口商品配额招标制度（institutions on quota tendering of export goods） 出口企业通过自主投标竞价,有偿取得和使用国家确定的出口商品配额的制度。为了完善出口商品配额管理制度,建立公平竞争机制,保障国家的整体利益和出口企业的合法权益,维护对外贸易的正常秩序,根据《中华人民共和国对外贸易法》,我国对外贸易经济合作部（以下简称外经贸部）制定了《出口商品配额招标办法》（以下简称《招标办法》）。随着经济的发展,为了完善相关制度,外经贸部根据《招标办法》又制定了《出口商品配额招标办法实施细则》（以下简称《实施细则》）。

《招标办法》共20条,主要内容为：(1)《招标办法》的宗旨和适用范围以及对相关概念的界定。(2)确定招标商品的原则：一是属不可再生的大宗资源性商品；二是属在国际市场上占主导地位且价格变化对出口量影响较小的商品；三是属供大于求,经营相对分散,易于发生低价竞销,招致国外反倾销诉讼的商品；四是属规格、价值等差异不大,便于许可证管理和海关监管的商品。(3)外经贸部统一管理出口商品配额招标工作,并确定招标商品范围,即国家实行纺织品被动配额管理商品、出口配额管理商品及其他实行出口许可证管理的商品。(4)外经贸部根据具体商品国内外供求情况及我国与设限国签订的双边协议等因素确定招标商品配额总量。(5)招标委员会的组成和招、投标的程序。(6)法律责任及其他相关规定。

《实施细则》共9章45条,其主要内容为：(1)招标委员会的组成及其职责：根据不同商品的具体情况在每次招标前确定具体商品每次招标的配额数量以及采取何种招标方式、各招标方式占招标总量的比例；审定具体出口商品配额招标方案,指导、监督招标办公室的开标及评标工作,并审定配额招标的中标结果；发布配额招标的各类通知、公告、决定等；受理招标办公室上报的企业上交配额以及配额转受让签章备案；审查中标保证金和中标金的收取及配额使用情况。外经贸部贸管司负责招标委员会的日常工作。(2)招标办公室的组成及其职责。(3)投标资格、价格、数量及方式。(4)电子标书作为废标处理的情形：在开标前企业自动向招标办公室申请废标的标书；超过规定的截标时间送达的标书；同一企业在规定的时点前成功送达两份以上（含两份）的标书,不论内容相同与否；其他被招标委员会确认为废标的情况。(5)招、投标的程序。(6)投标资格审查招标办公室须在规定时间内对投标企业资格进行复审,并将复审结果及有关材料报招标委员会审定。(7)配额的上交、转让及受让。(8)法律责任及其他相关规定。

（罗大帅）

chukou xindai
出口信贷（export credit） 一种国际信贷方式,是指出口国政府信贷机构或商业银行为了支持和扩大本国大型机械、成套设备、大型工程项目等的出口,加强国际竞争能力,以对本国的出口给予利息补贴并提供信贷担保的办法,鼓励本国的银行对本国出口商提供低息贷款,或满足国外进口商对本国出口商支付货款需要的一种融资方式。出口信贷是促进资本货物出口的一种重要手段。它一般分为卖方信贷和买方信贷两种。卖方信贷是指出口国信贷机构或商业银行与本国出口厂家签订合同,向其提供贷款,以填补因向进口国买方赊销商品所占用的资金；买方信贷是指出口国政府信贷机构或商业银行与进口国的厂家或当地银行签订的信贷合同,由其向对方提供贷款,用于支付购买出口国商品的货款。出口信贷是增强出口国企业出口创汇能力的有力措施。根据我国《对外贸易法》的有关规定,国家采取进出口信贷、出口退税及其他对外贸易促进措施,发展对外贸易。从1965年开始西方国家推行了一种新的中长期信贷。1976年2月,西方七国政府为了协调出口信贷政策和出口信贷方面的激烈竞争,在巴黎商定了一项有关利率补贴、信贷额度等问题的"君子协定"。随后西方国家在国际货币基金组织内多次就出口信贷的幅度、利率、期限达成"君子协定"。出口信贷期限有短、中、长期三种；短期信贷不足1年,中期1—5年,长期5—10年。出口信贷的偿还期限从为出口提供资金的第一天开始,到最后支付的合同日期结束。利率一般低于银行普通贷款,其利差由出口国政府补贴。出口信贷一般要由出口国信贷机构担保；贷款幅度在合同金额的85%左右。为扩大本国的出口,各国一般都设有出口信贷机构甚至专门银行,如中国进出口信贷银行、美国进出口银行和日本输出入银行等。任何官方支持的出口信贷都由政府承担部分或全部信贷风险或提供信贷的成本费用,包括资金、利率支持、出口信贷保险和担保等,但不仅限于此。参与提供官方支持的出口信贷提供者包括给予出口信贷的政府或受政府管理或领导的专门机构,也包括国家贸易公司和其他私人金融机构。

（王连喜）

chukou xindai danbao zhidu
出口信贷担保制度（export credit guarantee system） 出口国政府为鼓励和扩大出口,对本国出口企业（或公司）或银行向外国进口商或银行提供的信贷,出口国政府设立专门机构予以担保,一旦国外拒付货款,由国家专门机构按担保金额予以补偿的制度。出口信贷国家担保的业务内容主要包括:(1)担保的最高额度一般为贷款总额的80%—90%左右;(2)担保对象除承保经济风险和信用风险之外,均保政治风险;(3)担保对象主要是出口商的商业信贷和银行的银行信贷;(4)担保期限从180天以上的短期信贷至长达20年的海外投资保险不等;(5)担保的费用较低,一般在0.5%—1.5%之间。许多经济发达国家专门设立对外担保机构,如美国的进出口银行,英国的出口信贷担保局,德国的信贷保险公司和日本的输出入银行等。目前发展中国家也在逐步推行这一制度,如中国的进出口信贷银行。

(王连喜)

chupiao

出票(issue a bill) 出票人签发票据并将其交付给收款人的票据行为。出票行为包括两个内容:签发票据;交付票据。签发票据指记载法定内容并签章。交付票据指基于自己的意思使票据脱离自己的占有而给予他人。票据的出票是创设票据的票据行为。票据权利因票据的出票得以产生,票据关系因票据的出票而赖以展开,故票据的出票被认为是基础的票据行为。

(何 锐)

churujing liangshi he siliao jianyan jianyi zhidu

出入境粮食和饲料检验检疫制度(administration of inspection and quarantine on the exit and entry grain and forage products) 为保护人体健康和动植物安全,根据《中华人民共和国进出口商品检验法》及其实施条例、《中华人民共和国进出境动植物检疫法》及其实施条例、《中华人民共和国食品卫生法》及其他有关法律法规的规定,我国实行出入境粮食和饲料检验检疫管理制度。适用于对以贸易方式和非贸易方式出入境(含过境)的粮食和饲料的检验检疫及监督管理。粮食是指禾谷类、豆类、薯类等粮食作物的籽实(非繁殖用)及其加工产品;饲料是指粮食、油料经加工后的副产品。

国家质量监督检验检疫总局(以下简称国家质检总局)统一管理全国出入境粮食和饲料的检验检疫和监督管理工作,国家质检总局设在各地的出入境检验检疫机构(以下简称检验检疫机构),负责各自辖区内的出入境粮食和饲料的检验检疫和监督管理工作。

出入境粮食和饲料检验检疫审批 国家质检总局对出入境粮食和饲料实行检疫审批制度。货主或者其代理人应在签订贸易合同前办理检验审批手续。

入境粮食饲料检验检疫 货主或者其代理人应当在粮食和饲料入境前向入境口岸检验检疫机构提供:(1)检疫许可证;(2)贸易文件(贸易合同、信用证等)约定的检验方法标准或成本交样品;(3)按规定应当提供的其他有关单证。

国家质检总局根据工作需要,视情况派检验检疫人员对输出粮食和饲料的国家或地区进行产地疫情调查和装船前预检监装。检验检疫机构对入境粮食和饲料按照下列要求实施检验检疫:(1)中国政府与输出国家或地区政府签订的双边检验检疫协议、议定书、备忘录等规定的检验检疫要求;(2)中国法律、行政法规和国家质检总局规定的检验检疫要求;(3)"检疫许可证"列明的检疫要求;(4)贸易合同中的其他检验检疫要求。

使用船舶装载入境的粮食和饲料,经检验检疫机构在锚地对货物表层检验检疫合格后,方可进港卸货;特殊情况要求在靠泊后实施检验检疫的,须经检疫机构同意。对于分港卸货的粮食和饲料,先期卸货港检验检疫机构只对本港所卸货物进行检验检疫,并将检验检疫结果以书面形式及时通知下一卸货港所在地检验检疫机构,需统一对外出证的,由卸毕港检验检疫机构汇总后出证。使用集装箱等其他方式装载入境的粮食和饲料,经检验检疫合格后方可运输、销售和使用。以原运输工具、原包装过境的粮食和饲料,检验检疫机构实施过境监督管理。对改换运输工具、包装过境的粮食和饲料,按入境检验检疫要求办理。属欧亚大陆桥国际集装箱运输过境的,按《关于欧亚大陆桥过境运输管理试行办法》办理。对经检验检疫合格的入境粮食和饲料,检验检疫机构签发进境货物检验检疫证明,准予其入境销售或使用。

入境粮食和饲料经检验不符合规定的检验要求,但可进行有效技术处理的,应当在检验检疫机构的监督下进行技术处理,经重新检验合格,签发进境货物检验检疫证明后,准予入境销售或使用。入境粮食和饲料经检验发现有害生物,具备有效除害处理方法的,由检验检疫机构出具"检验检疫处理通知书"和"植物检疫证书",经除害处理合格后,方可销售或使用。

入境粮食和饲料有下列情况之一的,按规定作退回、销毁处理:(1)经检验发现不符合规定的检验要求,且无法进行技术处理,或经技术处理后重新检验仍不合格的;(2)经检疫发现土壤或检疫性有害生物,且无有效除害处理方法的。

粮食饲料出境检验检疫 货主或者其代理人应当在粮食和饲料出境前向当地检验检疫机构报检。报检时除按规定提供有关单证外,还应提供贸易合同或信用证约定的检验检疫依据。装运出境粮食和饲料的船舶和集装箱,承运人、装箱单位或者其代理人应当在装运前向检验检疫机构申请适载检验,经检验检疫合格后方可装运。检验检疫机构对出境粮食和饲料按照下列要求实施检验检疫:(1)中国政府与输入国家或地区政府签订的双边检验检疫协议、议定书、备忘录等规定的检验检疫要求;(2)中国法律、行政法规和国家质检总局规定的检验检疫要求;(3)输入国家或地区入境粮食和饲料检验要求和强制性检验要求;(4)贸易合同或信用证订明的其他检验检疫要求。对经检验检疫合格的出境粮食和饲料,检验检疫机构签发"出境货物通关单"或"出境货物换证凭单";要求出具检验检疫证书的,同时出具检验检疫证书。出境粮食和饲料检验有效期最长不超过 2 个月,检疫有效期一般为 21 天,黑龙江、吉林、辽宁、内蒙古和新疆地区冬季(11月至次年 2 月底)可酌情延长至 35 天。

检验检疫机构对检验检疫不合格的出境粮食和饲料,经有效方法处理并重新检验检疫合格后,按规定可出具相关单证;无有效方法处理或者虽经过处理但重新检验检疫仍不合格的,签发"出境货物不合格通知单"。

粮食饲料检验检疫监督管理 检验检疫机构对出入境粮食和饲料的生产、加工、装卸、运输、储存实施监督管理。运往口岸检验检疫机构辖区以外的入境粮食和饲料,由指运地检验检疫机构实施监管,口岸检验检疫机构应及时通知指运地检验检疫机构。出入境粮食和饲料发现重大疫情、质量及安全卫生问题的,检验检疫机构应采取必要的防疫措施和应急措施,并立即报告国家质检总局。

(傅智文)

chuzi

出资(investment) 股东基于股东资格,为达到营利目的,对公司所为的一定给付。凡为股东,都负有出资义务。至于出资的范围,由公司章程规定。公司出资的标的物,可分为三种即财产出资、劳务出资、信用出资。若是无限公司,法律对其出资范围并无限制,财产、信用、劳务均可作为出资。若是有限公司和股份有限公司,股东的出资以财产出资为限,劳务及信用均不得作为出资,因为在有限责任原则下,股东对公司债务的责任以其出资为限,能够作为公司债务担保的,仅是公司财产,为保护第三人的利益,法律遂设此规定。若为两合公司,无限责任股东的出资标的与无限公司股东相同,不受限制。但有限责任股东因两合公司本身仅以无限责任股东为其信用基础,因而不能以信用作为出资,同时因有限责任股东不得参与公司的业务执行,因而也不能以劳务作为出资。

(方文霖)

chuzi bili

出资比例(proportion of capital contributions) 企业注册资本总额中,投资者各方出资所占的份额。我国《公司法》对有限责任公司和发起设立的股份有限公司没有作出出资比例的限额性规定,但对募集设立的股份有限公司则要求发起人认购的股份不得少于公司股份总数的 35%。中外合资经营企业和中外合作经营企业的外方出资比例,一般不得低于 25%,但对上述两类企业的外方出资比例的上限未作出规定。根据我国《公司法》关于有限责任公司的规定,以工业产权、非专利技术作价出资的金额不得超过有限责任公司注册资本的 20%,国家对采用高新技术成果有特别规定的除外。股份有限公司的规定也与此相同。根据我国《中外合作经营企业法》的规定,在依法取得中国法人资格的合作企业中,外国合作者的投资一般不低于合作企业注册资本的 25%。在不具有法人资格的合作企业中,对合作各方向合作企业投资或者提供合作条件的具体要求,由对外贸易经济合作部规定。

(邢允荣)

chuzi fangshi

出资方式(manner of capital contribution) 投资人受法律限定履行出资义务的方式。根据我国《公司法》的有关规定,股东可以用货币出资,也可以用实物、工业产权、非专利技术、土地使用权作价出资。这是关于出资方式的基本规定。此外,《中外合资经营企业法》第 5 条规定了"合营各方可以现金、实物、工业产权等进行投资";其《实施条例》第 25 条具体规定,合营者可以用货币出资,也可以用建筑物、厂房、机器设备或其他物料,工业产权、专有技术、场地使用权等作价出资。1988 年颁行的《中外合作经营企业法》第 8 条不再采用"等出资方式"用语,而是限定为"其他财产权利"。国外立法还有关于劳务和信用出资的规定。

以货币形式投资的出资方式,是我国法律规定基本的、普遍的出资方式之一。我国立法采用了"货币"和"现金"两个术语。在经济学上,作为一般等价物的货币商品,货币与现金无何不同;但在法律关系上,两者还是有所区别的。现金是直接货币形式,支票或者银行汇票和银行本票等是间接货币形式。货币出资包括直接货币形式和间接货币形式。

实物出资是以企业所需实物投资的出资方式。实物是有形财产,包括建筑物、厂房、机器设备和其他物料。实物出资可以为企业奠定一定的物质基础,有利于合营各方,防止挤占或挪用所需资金,保障企业的交易安全。

工业产权和专有技术出资是投资者以自己的工业产权或专有技术出资的出资方式。这里的工业产权包括专利权、商标权。专有技术是指不为公众所知的专门技术,包括不申请专利的技术、取得专利权之前的技术和专利权终止后的技术。专有技术与公有技术相对,公有技术不能作为出资。以工业产权出资的出资人,必须是该工业产权的合法持有者。我国《专利法》及《商标法》对专利权及商标权的授予条件和程序均有明确规定,凡被授予专利权或商标权的出资人,可以工业产权出资。非专利技术存在权属确定问题,因而对于以非专利技术出资的,对其权属负证明责任,并在公司成立后持续排斥任何第三人对该非专利技术权属的请求权。依照某种使用许可协议获得工业产权使用权的出资人,不得以该工业产权作为出资。以工业产权出资的,专利权和商标权均应办理权属转移手续,并同时提供相应的设计文件和技术资料等。非专利技术无需登记或办理其他转移手续,但应将非专利技术的有关文件转交由公司备存。

我国立法规定,中外投资者以技术出资的,应当出具拥有所有权和处置权的有效证明,而且对于出资的技术未设立任何担保物权。通过许可证方式取得的技术使用权,不得用来投资。对于外商投资企业,外方投资者以工业产权或专有技术出资时,应备有该工业产权或专有技术的详细资料,包括专利证书或商标注册证书的复制件、有效状况及其技术性能、实用价值、作价的计算根据和标准等资料等。技术出资的条件,《中外合资经营企业法》第5条规定了适用性和先进性的要求,并规定有意以落后技术进行欺骗,造成损失的,应赔偿损失。

土地使用权出资是投资者以集体土地和国有土地的使用权投资的出资方式。土地使用权是中方对中外合资、合作经营企业的出资。中外合资、合作经营企业可以自己的名义取得土地使用权。外资企业的用地通过国家划拨或购买土地使用权的方式取得。我国实行土地社会主义公有制,土地所有权有集体所有和国家所有两种形式。集体所有制单位不得以其拥有的集体土地所有权作为出资,如使用集体土地出资时,必须首先通过土地征用方式,将集体土地转为国家土地,尔后以国家土地使用权的形式出资。以符合要求的国有土地出资时,须按规定向国家土地管理机关交纳土地使用权出让金,凡未交纳土地出让金的,其土地使用权不得作为出资。以土地使用权出资的,应经由土地登记管理机关办理使用权转移手续。以土地使用权出资的,该土地使用权应当是无第三人请求权的,即该土地使用权没有受到抵押或其他形式的限制。

其他财产权利出资是投资者以除货币、实物、工业产权和专有技术以及土地使用权之外的财产权利投资的出资方式。"其他财产权"的范围,包括抵押权、留置权、质权、用益权等物权;金钱、财产权的请求权;著作、工艺流程、商品名称等无形财产权。我国《民法通则》规定的财产权,还包括全民所有制企业的经营权、国有自然资源的使用经营权、承包经营权等财产权利。

劳务和信用出资是投资者以其个人的劳务和信用作为投资的出资方式。信用出资,是公司股东个人以其社会信用,供公司利用,以代替具体财产出资。劳务出资,是股东个人以自己的一定服务作为出资。劳务和信用出资,应首先确定估价标准,经全体股东同意后,载于公司章程。其计价方式,可依法律规定;法律无规定,可由全体股东协商确定。大陆法系国家一般规定无限公司的股东得以其个人的劳务及信用作为出资,不允许有限责任公司和股份有限公司的股东以劳务和信用出资。英美法系国家立法对于股东出资方式规定得较为宽松,股东可以"已提供的劳务"出资。如《美国标准公司法》规定,支付股票的价金,除有形财产或无形财产外,还包括付款证书、已提供的劳务、提供劳务的合同或其他证券等。　　　　(邢允荣)

chuzi qixian
出资期限(time limitation of capital contribution)
企业投资各方缴清出资的期限。法律设定出资期限,能够保障企业正常运营,预防因出资不到位而损害守约方投资者的权利或带来经济利益损失。在我国,出资期限由投资者各方约定,但由法律规定最后期限。

　　约定出资期限　投资各方按照合同规定的期限缴清各自的出资额。《中外合资经营企业法实施条例》第31条规定:"合营各方应按合同规定的期限缴清各自的出资额。逾期未缴或未缴清的,应按合同规定支付迟延利息或赔偿损失。"《中外合作经营企业法实施细则》第21条规定:"未按照合作企业合作合同约定缴纳投资或者提供合作条件的一方,应当向已按照合作企业合同约定缴纳投资或者提供合作条件的他方承担违约责任"。合同约定出资期限,一般有一次缴清和分期缴清两种情况。

　　法定出资期限　是由法律规定投资各方按合同约定的出资额缴清自己出资的总期限。关于中外合营企业,《中外合资经营企业合营各方出资的若干规定》规定:合同中规定一次缴清出资的,合营各方应从营业执照签发之日起6个月内缴清;合营合同中规定分期缴清出资的,合营各方第一次出资,不得低于各自认缴出资额的15%,并且应在营业执照签发之日起3个月内缴清。合营各方缴付第一期出资后,超过合营合同规定的其他任何一期出资期3个月,仍未出资或出资不足时,工商行政管理机关应会同原审批机关发出通知,要求合营各方在1个月内缴清出资,未按上述规定通知期限缴清出资的,原审批机关有权撤销对该合营企业的批准证书。投资者不按期缴付资金,即构成违约。对方应当催告违约方在1个月内缴付或缴清出资。逾期仍未缴付或缴清的,视同违约方放弃合同权利,自动退出合营企业。守约方应当在逾期后1个月内,向原审批机关申请批准解散合营企业或者申请批准另找合营者承担违约方在合营合同中的权利和义务。守约方可以依法要求违约方赔偿因未缴付或者缴清出资造成的损失。守约方未按上述规定向原审批机关申请批准解散合营企业或者申请批准另找合营者,审批机关有权撤销对该合营企业的批准证书。批准证书撤销后,合营企业应当向工商行政管理机关办理注销登记手续,缴销营业执照。否则,工商行政管理机关有权吊销其营业执照,并予以公告。

《关于加强外商投资企业审批和登记工作的通知》对外商投资企业投资者分期出资的总期限规定:注册资本在50万美元以下(含50万美元)的,自营业执照核发之日起1年内,应将资本全部缴齐;注册资本在50万美元以上100万美元以下(含100万美元)的,自营业执照核发之日起1年半内,应将资本全部缴齐;注册资本在100万美元以上300万美元以下(含300万美元)的,自营业执照核发之日起2年内,应将资本全部缴齐;注册资本在300万美元以上1000万美元以下(含1000万美元)的,自营业执照核发之日起3年内,应将资本全部缴齐;注册资本在1000万美元以上的,出资期限由审批机关根据实际情况确定。如确因特殊情况需要超过缴资期限的,应报原审批机关批准和登记机关备案,并办理相关手续。外国投资者未能在上述规定的期限内缴付第一期出资的,外资企业批准证书即自动失效。外资企业应当向工商行政管理机关办理注销登记手续,缴销营业执照,不办理注销登记手续和缴销营业执照的,由工商行政管理机关吊销其营业执照,并予以公告。外国投资者对第一期出资后其他各期的出资,无正当理由逾期20天不缴付的,也按此规定处理。外商投资企业登记开业后,国有资产管理部门应配合工商行政管理等部门对外商资金和其他合作条件到位的情况进行定期检查,如发现有不按合同约定期限到位的,应要求中方合营者、合作者与外商协商调整出资比例和合作条件,由此给中方造成的损失,应向外方追究违约责任。　　　(邢允荣)

chuziren zige

出资人资格(capacity of capital contributors)　企业设立及运营中企业资本的投资者,包括国家授权投资机构、企业或其他经济组织、社会组织和个人。出资人的资格由具体法律、法规加以规定,因而投资者应符合一定法律条件的出资人。

不同企业法律形式的出资人资格　在各类企业法律形式下,出资人的资格并不完全一致。在我国,全民所有制企业的出资人为国家,其资本所有权属于国家;由全民所有制企业改制为公司的,其国有股出资人为代表国家投资的机构、部门和具有法人资格的国有企业、事业及其他单位,其他出资人为企业职工、其他经济组织或社会组织;集体所有制企业的出资人为城乡基层政权组织或集体经济组织,集体企业实行股份合作制改造的,其出资人为经济组织、集体、企业成员、联合投资人;私营企业的出资人为私人个人,其中独资企业出资人为独立出资者,合伙企业出资人为合伙人;中外合资经营企业的出资人,外方为外国公司、企业和其他经济组织或个人,中方为中国的公司、企业或其他经济组织;中外合作经营企业的出资人,外方为外国的企业、其他经济组织或个人,中方为企业和其他经济组织;外资企业的出资人,为外国的企业和其他经济组织或者个人;有限责任公司的出资人,为法人或者自然人;股份有限公司的出资人,为中国的或外国的法人、自然人。

不同出资方式的出资人资格　以工业产权或专有技术出资的出资人,为工业产权或专有技术的合法持有者;以土地使用权出资的出资人,为将集体土地转为国家土地的集体所有制单位、交纳土地出让金的国有土地使用人;以劳务、信用出资的出资人,有些国家为无限公司的股东个人,有些国家还包括有限责任公司和股份有限公司的股东个人。我国法律没有劳务和信用出资的规定,也不存在其出资人。　　　(邢允荣)

chuzi yu gufen zhuanrang

出资与股份转让(capital contributions and exchange of shares)　出资人依转让权对其的出资、股份。是各国立法的通例。由于出资、股份的转让关系到公司运营及资本安全问题,也关系到其他出资人的利益,因此法律将对出资、股份转让作出一定限制性规定。　　　(王光净)

chuzufang

出租方(renter/leasor)　在我国,国家授权企业所在地方人民政府委托的部门为出租方代表国家行使企业的出租权。出租方的权利是:监督承租方遵照国家方针政策、法律、法规,完成国家下达的计划,监督租赁企业的财产不受损害。承租方按照合同规定交付的租金。出租方的义务是:按照合同规定保障承租方经营自主权;依法维护企业租赁前享有的各项优惠待遇;为租赁企业的生产发展提供必要的服务;根据承租方的要求,会同有关部门协助租赁企业,解决经营活动中的困难。　　　(方文霖)

chuxu cunkuan

储蓄存款(saving deposit)　依我国法律法规的有关规定,存款人将属于自己所有的人民币或者外币存入储蓄机构,储蓄机构开具存折或者存单作为凭证,存款人凭存折或者存单可以支取存款本金和利息,储蓄机构依照规定支付存款本金和利息的行为。存款是储蓄机构对存款人负即期或定期偿付义务的负债业务,存款在性质上是存款人将货币资金的使用权依约定让渡给储蓄机构。存款是储蓄机构特别是商业银行最重要的信贷资金来源。中国人民银行有关统计数据表明:目前各项存款占银行信贷资金来源的 2/3 以上。

从法律角度看,存款表明存款人与储蓄机构之间存在债权债务关系,这种债权债务关系自存款人在储蓄机构开立账户时产生。债权债务关系成立后,存款人有权在任何时候要求银行还本付息,银行不得以任何理由加以拒绝;另一方面,银行有权将存款贷放给借款人,并按中央银行有关规定收取贷款利息和服务费。当存款人在储蓄机构账户上的存款余额低于一定数额时,存款人与储蓄机构的债权债务关系终结。

国家保护个人合法储蓄存款的所有权及其他合法权益,鼓励个人参加储蓄。储蓄机构办理储蓄业务,必须遵循存款自愿、取款自由、存款有息、为储户保密的原则。

(周梁云)

chuxu cunkuan yuanze
储蓄存款原则(principles of deposit) 根据我国《储蓄存款条例》第 5 条的规定,储蓄机构办理储蓄业务,必须遵循"存款自愿、取款自由、存款有息、为储户保密"的原则。

存款自愿原则 体现了存款人在存款问题上对其所有货币的自由选择权。存与不存,存多存少,存期长短,何时存取,在哪里存取,都应当由存款人自主选择。储蓄存款实质上是银行与存款人之间达成的一项借款协议,既然是协议,就必须遵循民法提倡的自愿原则。

取款自由原则 是指参加储蓄存款的存款人要求支取存款时,储蓄机构必须按规定付款,不得以任何理由加以拒绝。存款人将自己的合法收入存入储蓄机构,只是将资金的使用权在一定期限内转让给了储蓄机构,但资金的所有权仍然属于存款人。

存款有息原则 是指储蓄机构对个人的储蓄存款必须按照国家规定的利率向存款人计付利息。存款人把资金存入储蓄机构,将资金的使用权出让给了储蓄机构,作为储蓄机构不能无偿使用。因为存款人将自己的资金转化为储蓄机构信贷资金的一部分,储蓄机构利用其放贷可以赚取利润。

为储户保密原则 是指储蓄机构对存款人的姓名、住址、工作单位、存款来源、存款金额、存款支取情况、预留印鉴式样等,负有保密责任。但是国家法律规定可以查询储蓄存款的除外。存款属于个人的私有财产,作好保密工作也是为了保障存款的安全、防止存款被冒领或存款人支取后被盗。

(周梁云)

chuxu yewu
储蓄业务(saving business) 根据我国《储蓄管理条例》的规定,储蓄机构可以办理下列人民币储蓄业务:活期储蓄存款;整存整取定期储蓄存款;零存整取定期储蓄存款;存本取息定期储蓄存款;整存零取定期储蓄存款;定活两便储蓄存款;华侨(人民币)整存整取定期储蓄存款;经中国人民银行批准开办的其他种类的储蓄存款。

经外汇管理部门批准,储蓄机构可以办理下列外币储蓄业务:活期储蓄存款;整存整取定期储蓄存款;经中国人民银行批准开办的其他种类的外币储蓄存款。办理外币储蓄存款,存本金和利息应当用外币支付。储蓄机构办理定期储蓄存款时,根据储户意愿,可以同时为储户办理定期储蓄存款到期自动转存业务。

根据国家住房改革的有关政策和实践需要,经当地中国人民银行分支机构批准,储蓄机构可以办理个人住房储蓄业务。住房储蓄利率应严格执行中国人民银行总行的规定。住房储蓄存款的运用必须与商品房的建设和商品房的销售直接挂钩,不得作为他用。

经中国人民银行或其分支机构批准,储蓄机构可以办理下列金融业务:发售和兑付以居民个人为对象的国库券、金融债券、企业债券等有价证券;个人定期储蓄存款单小额抵押贷款业务;其他金融业务。储蓄机构可以办理代发工资和代收房租、水电费等服务性业务。

(周梁云)

chufangyao yu feichufangyao
处方药与非处方药(prescription and no-prescription medicine) 为保障人民用药安全有效、使用方便,我国根据药品品种、规格、适应症、剂量及给药途径不同,对药品分别按处方药与非处方药进行管理。处方药必须凭执业医师或执业助理医师处方才可调配、购买和使用;非处方药不需要凭执业医师或执业助理医师处方即可自行判断、购买和使用。根据药品的安全性,非处方药分为甲、乙两类。处方药、非处方药生产企业必须具有"药品生产企业许可证",其生产品种必须取得药品批准文号。处方药只准在专业性医药报刊进行广告宣传,非处方药经审批可以在大众传播媒介进行广告宣传。医疗机构根据医疗需要可以决定或推荐使用非处方药;消费者有权自主选购非处方药,并须按非处方药标签和说明书所示内容使用。

(张旭娟 师湘瑜)

chufangyao yu feichufangyao de jingying
处方药与非处方药的经营(operation of prescrip-

tion and no-prescription medicine）　经营处方药、非处方药的批发企业和经营处方药、甲类非处方药的零售企业必须具有"药品经营企业许可证"。经省级药品监督管理部门或其授权的药品监督管理部门批准的其他商业企业可以零售乙类非处方药。零售乙类非处方药的商业企业必须配备专职的具有高中以上文化程度，经专业培训后，由省级药品监督管理部门或其授权的药品监督管理部门考核合格并取得上岗证的人员。

非处方药的标签和说明书必须经国家药品监督管理局批准。除符合规定外，用语应当科学、易懂，便于消费者自行判断、选择和使用。非处方药的包装必须印有国家指定的非处方药专有标识，必须符合质量要求，方便储存、运输和使用。每个销售基本单元包装必须附有标签和说明书。　　　　（张旭娟　师湘瑜）

chuanxiao

传销（non-store selling）　无店铺销售的一种方式。生产企业不通过店铺销售，而由传销员将本企业产品直接销售给消费者的经营方式。传销，作为一种新型的营销方式，是最近三十年发展起来的，在我国的历史还不长，是20世纪90年代初期才引进的。许多国家和地区都先后对传销这一经营行为进行了立法，予以规范。与其他营销方式相比，传销的一个显著特点就是传销商本身必然是消费者。传销包括多层次传销和单层次传销两种形式：多层次传销，是指生产企业不通过店铺销售，而通过发展两个层次以上的传销员并由传销员将本企业的产品直接销售给消费者的经营方式；单层次传销，是指生产企业不通过店铺销售，而通过发展一个层次的传销员并由传销员将本企业的产品直接销售给消费者的经营方式。

单层次传销需要规范的主要是不当访问、推销中消费者利益的保护问题；而多层次传销在发展中可能变质成为诈财工具，如所谓的"金字塔销售术"、"老鼠会"等，他们不重视销售，只重视从后加入者身上榨取利益，愈早加入者获利愈多且可不劳而获，显失公平，而且因为参与人数众多，可获得的不法利益相当可观，可能损害数以万计的公众的利益，演化为重大社会事件，所以多层次传销本身虽非不正当行为，但因其容易变质，各个国家和地区立法均加以严格管制。

德国《反不正当竞争法》所禁止的累进性顾客广告、滚雪球制就是变质的多层次传销，其特征是组织者向普通消费者允诺特殊利益，如果后者诱使他人从事同类交易的话；我国台湾地区《公平交易法》对于参加人取得的经济利益主要基于介绍他人而非推广销售商品或服务的多层次传销，也予以了禁止。

1997年中国国家工商行政管理局颁布的《传销管理办法》比较全面、系统地对传销经营进行了规范。但是，由于我国市场发育程度低，管理手段落后，群众消费心理不成熟导致这一经营方式在实践中引发的问题比较突出，严重损害消费者的利益，干扰了正常的经济秩序。因此，国务院认为"传销经营不符合我国现阶段国情"，于1998年4月颁布了《关于禁止传销经营活动的通知》，决定"禁止任何形式的传销经营活动"，并规定此前经批准登记从事传销经营的企业应转变为其他经营活动。目前，传销在我国属于非法经营活动。
　　　　　　　　　　　（郑慧玫　张维珍　雷　驰）

chuanxiao guanli banfa

《传销管理办法》（Methods of Handling Non-store Selling）　中国第一部对传销行为进行规范的行政规章。1997年1月10日国家工商行政管理局颁发实施了《传销管理办法》。该办法的宗旨是对传销活动进行监督管理，维护市场经济秩序，保护消费者的合法权益。《传销管理办法》内容主要包括对传销行为的界定；传销企业的核准登记的管理；传销活动参加人的界定；对传销行为的规范；还规定了对违反本办法的企业或者个人，工商行政管理机关所采取的处罚措施及其他法律责任。
　　　　　　　　　　　（郑慧玫　张维珍）

chuanbo dunshui

船舶吨税（vessel tonnage duties）　简称吨税或船钞。海关对进出中国港口的国际航行船按其净吨位征收的一种税。中国现行征收吨税的船舶范围包括：在中国港口行驶的外国籍船舶；外国租用的中国籍船舶；中外合营的海运企业自有或租用的中、外国籍船舶；中国租用（包括国外华商所有的和租用的）航行国外及兼营国内沿海贸易的外国籍船舶。征收依据是1952年9月29日海关总署发布的《船舶吨税暂行办法》。船舶吨税的纳税人是应税船舶的使用人，采用累进定额税率，按船舶净吨位计征。应纳税船舶在到达和驶离中国港口时，均应向海关申报，并交验船舶国籍证书和船舶吨位证明，向海关申报纳税并领取船舶吨税执照。1986年起船舶吨税由交通部管理，专款专用，由海关代征。船舶吨税按机动船和非机动船分别制定税额。税率分为一般税率和优惠税率两种。已定吨税的船舶，不再缴纳车船使用牌照税。　　（余启平）

chuantong zhaobiao toubiao xingwei

串通招标投标行为（colluding bidding behavior）　招标者与投标者之间或者投标者与投标者之间采用不正当手段，对招标投标事项进行串通，以排挤竞争对手或者损害招标者利益的行为。串通投标是投标招标活动中的限制竞争行为。这种行为一般有两种表现方式:(1)投标人之间串通投标。如在工程承包的情况下,投标人串通抬高工程建筑的报价;或在出售物品的情况下,投标人串通压低标价。在这种情况下,因为投标人之间不存在竞争,招标人得被迫接收不合理的标价。这种串通投标是横向限制竞争的行为。(2)投标人与招标人之间串通投标。如招标人在公开开标之前,私下开启投标人的标书,将其内容透露给其他尚未报送标书的投标人;或者招标人在审查标书的时候,实行歧视性待遇;或者投标人与招标人商定,公开投标时压低标价,中标后再给投标人额外补偿;或者招标人向投标人泄露标底等。这种串通投标使其他投标人失去公平竞争的机会,因而也是一种限制竞争的行为。在竞争法上,这被称为纵向限制竞争。

投标者不得违反我国《反不正当竞争法》实施下列串通投标行为:(1)投标者之间相互约定,一致抬高或者压低投标报价;(2)投标者之间相互约定,在招标项目中轮流以高价位或者低价位中标;(3)投标者之间先进行内部竞价,内定中标人,然后再参加投标;(4)投标者之间其他串通投标行为。投标者和招标者不得违反我国《反不正当竞争法》的规定,进行相互勾结,实施下列排挤竞争对手的公平竞争的行为:(1)招标者在公开开标前,开启投标书,并将投标情况告知其他投标者,或者协助投标者撤换标书,更改报价;(2)招标者向投标者泄露标底;(3)投标者与招标者商定,在招标投标时压低或者抬高标价,中标后再给投标者或者招标者额外补偿;(4)招标者预先内定中标者,在确定中标者时以此决定取舍;(5)招标者和投标者之间其他串通招标投标行为。违反以上规定,进行串通招标投标的,其中标无效。

为了制止串通投标行为,我国《反不正当竞争法》第27条规定,通过串通投标方式得到的中标无效,监督检查部门可以根据情节处以1万元以上20万元以下的罚款。根据我国《刑法》第223条,对于情节严重的串通投标行为,行为人可被处以3年以下有期徒刑或者拘役,并处或者单处罚金。 (王晓晔 苏丽娅)

chuizhi maoyi
垂直贸易(vertical trade) "水平贸易"的对称,亦称"南北贸易"。经济发展水平不相同国家间的贸易,一般指发达国家与发展中国家进行的贸易。在国家贸易中,工业国主要出口工业制成品,进口原材料和辅助材料;农业国则相反,主要出口原材料和辅助材料,进口工业制成品。因而工业制成品与原材料、辅助材料及初级产品之间的交换,也可称之为垂直贸易。第二次世界大战以前,国际贸易商品结构一直以工业制成品与原材料、辅助材料及初级产品之间的交换为主,垂直贸易占据着绝对压倒性优势。第二次世界大战后,随着国际分工的发展变化,工业制成品内部之间的贸易日益逐渐大于工业制成品与原材料、辅助材料及初级产品之间的贸易。发达国家间的贸易比重也日益逐渐大于发达国家与发展国家间的贸易。目前,垂直贸易的比重还在呈现下降趋势,对国际贸易的影响逐渐缩小。
(王连喜)

cunzhen jianzhu gongjiang congye zige guanli zhidu
村镇建筑工匠从业资格管理制度(management system of qualifications for village construction builders) 以经营为目的,具备一定的资格,独立或者合伙承包规定范围内的村镇建筑工程的个人的资格管理制度。为了加强村镇建筑工匠从业资格管理,维护村镇建筑市场秩序,保障村镇建筑工程质量,我国建设部1996年7月17日颁布了《村镇建筑工匠从业资格管理办法》,对村镇建筑工匠的资格进行规范化的管理。

国务院建设行政主管部门负责全国村镇建筑工匠的从业资格管理;县级以上人民政府建设行政主管部门负责本行政区域内的村镇建筑工匠资格管理。建筑工匠必须具备以下资格条件:(1)具备初中毕业以上文化程度或达到4级以上专业技工技术水平;(2)独立承担过2层及2层以下房屋的建筑施工;(3)具有5年以上施工经验,其间没有发生过伤亡事故和质量事故;(4)能够履行法律、法规规定的责任。建筑工匠申请资格认定,由建筑工匠向当地乡镇人民政府建设行政主管部门提出申请,报县级人民政府建筑行政主管部门审核。县级人民政府建设行政主管部门经审核,对符合规定的,发给"村镇建筑工匠资格证书"。未取得"村镇建筑工匠资格证书",不得承揽村镇建筑工程。

建筑工匠承包村镇建筑工程的范围限于村镇二层及二层以下房屋及设施的建设、修缮和维护。建筑工匠不得承包未经建设行政主管部门批准开工的村镇建筑工程。建筑工匠承包村镇建筑工程,应当依法与业主签订书面承包合同,并认真履行合同的规定。建筑工匠承包需要多项专业工种配合完成工程,必须要有相应专业工程工匠的组合,并确定了协作内容后,方可承建。建筑工匠对所承包的工程质量负责,对达不到合同规定标准的,应当在限期内进行返修。建筑工匠应当遵守国家有关施工安全的规定、规程,对所承包工程做到文明、安全施工,不得使用不符合工程质量要求的建筑材料和建筑构配件。建筑工匠可以在所在省内承揽村镇建筑工程,但应当接受工程所在地建设行政主管部门的监督管理。

有下列行为之一的,由县级人民政府建设行政主管部门责令限期改正、停止施工、吊销资格证书,可以并处罚款。情节严重的可提请工商行政主管部门吊销营业执照:(1)未取得"村镇建筑工匠资格证书"而承揽村镇建筑工程的;(2)超越规定范围承包工程的;(3)承包未经建设行政主管部门批准开工的建筑工程的;(4)发生重大伤亡事故或者质量事故的;(5)不按规定参加村镇建筑工匠资格的定期检验或者检验未达到资格条件的;(6)伪造、涂改、出租、出借、转让、出卖"村镇个体建筑工匠资格证书"的。 (刘 鹏)

cundan

存单(deposit slip) 由经营存款业务的金融机构向存款人签发的一种到期无条件偿付的凭证。存单主要包括活期存单、定期存单和可转让定期存单三种。

活期存单是指储蓄机构向存款人签发的,不规定存款的期限,可以自由支取的存单。其特点是:灵活、方便、收付频繁,在流通中的作用与现金相同。世界上多数国家的银行对活期存款都不支付利息,而根据我国中央银行的有关规定,活期存款无论是存折储蓄,还是活期存款单都要根据有关利率的规定向存款人支付利息。

定期存单是指储蓄机构向存款人签发的,有固定存款期限,到期凭存款单支付本金和利息的一种存单。其特点是:存款期限固定、期限较长、利率比活期存款高,一般不能转让流通。定期存款通过一定的程序可以提前支取。我国储蓄机构的定期存款单可分为整存整取、零存整取、存本取息、存整零取四种。定期存单期满后可以约定转存。

可转让定期存单是指储蓄机构向存款人签发的,记载一定金额、期限、利率并可转让流通的存款单。可转让定期存单是1961年由美国银行首先创新使用的一种信用工具。可转让定期存单尽管是一种定期存款形式,但与一般的定期存单相比有很大的区别。一般的定期存单都是记名式的,不能流通转让,其存款利率固定,存款金额起点低,存款期限较长,存款人在期满前可以通过一定程序提前支取;可转让定期存单则为不记名的,其利率既有固定利率又有浮动利率,存款金额固定,起点高,存款期限短(一般最长不超过1年),期满前不能提前支取,但存款人可在二级市场上自由转让。 (周梁云)

cunkuan baoxian gongsi

存款保险公司(deposit insurance corporation) 为从事存款业务的金融机构专门建立的,当金融机构面临支付危机或经营破产时,向其提供支持,或者代替破产机构在一定限度内对存款者给予补偿的公司。20 纪20年代末至30年代初,世界资本主义经济发生了空前的危机,大批银行倒闭,许多存款者在商业银行的储蓄化为乌有。美国国会1933年通过了《紧急银行法》,决定于1934年成立"联邦存款保险公司"(FDIC),从而开创了世界银行存款保险制度的历史。自20世纪70年代以来,不少西方国家也相继建立了各自的存款保险制度。目的是为金融体系构造一道安全"堤坝",防止存款者因个别金融机构的支付危机而造成挤兑,引发银行恐慌和金融危机。根据具体职能的不同,可以将存款保险机构的职能分为两种:单一业务职能和复合业务职能。单一业务职能仅仅是保护存款者利益,复合业务职能除了保护存款者利益外,还提供紧急清偿能力援助(如美国和比利时)或紧急资金援助(如美国和日本)。紧急清偿有能力援助的对象是发生清偿能力困难的银行,保险当局通过提供贷款、购买其资产或将资金存入该行等方式,使股东、存户及承保者都获益。但是,由于获益最多者是银行股东,与存款保险对象相违背,所以该方式限制较严。紧急资金援助主要是用于兼并破产金融机构,即给那些愿意兼并或收购破产金融机构的银行提供低利率贷款,该方式中保险公司付出的资金少于破产时的理赔损失,能维持公众对银行体系的信心和银行的稳定。存款保险机构的组织形式大体可以分为三种:(1)官方创建并管理,如加拿大、英国和美国。(2)由官方和银行界(如银行同业公会)共同创建和管理,如比利时、日本、荷兰、西班牙。(3)由非官方的银行同业公会创办的行业存款保险体系,如法国、德国、瑞士、奥地利。无论哪种组织形式,这些存款保险机构共同的特点是不以盈利为目的,有一定的监管权。存款保险公司对投保机构的解决和处置方法有两种:(1)偿付法。当投保机构发生支付困难时,存款保险公司先为其提供贷款支持,如果无济于事,再进入破产程序,偿付存款人存款。然后保险公司清理问题机构的债权债务,最后保险公司承担债务。(2)购买接管法。当投保机构情况恶化时,存款保险公司联系一家金融机构,对这家问题机构进行重组。我国至今尚未建立存款保险公司。 (普丽芬)

cunkuan falü zeren

存款法律责任(liability for deposit) 存款法律责任有民事、行政和刑事三种。

存款民事法律责任是指存款合同当事人违反合同的约定所应承担的民事法律责任。例如,存款人将定期存单提前支取,存款人要承担利息损失,即银行不再按定期存单的利率支付利息,而按活期存款来支付利息。违反国家有关规定,侵犯存款人合法权益,造成损失的,应当依法承担民事赔偿责任。

存款行政法律责任是指由于存款合同当事人违反行政法规所应承担的行政法律责任。根据我国《储蓄管理条例》的规定,单位和个人如有以下违反本条例规定的行为,处以责令纠正、罚款、停业整顿、吊销"经营金融业务许可证":(1)擅自开办储蓄业务的;(2)擅自设置储蓄机构的;(3)储蓄机构擅自开办新的储蓄种类的;(4)储蓄机构擅自办理本条例规定以外的其他金融业务的;(5)擅自停业或者缩短营业时间的;(6)储蓄机构采取不正当手段吸收储蓄存款的;(7)违反国家利率规定,擅自变动储蓄存款利率的;(8)泄露储户储蓄情况或者未经法定程序代为查询、冻结、划拨储蓄存款的;(9)其他违反国家储蓄法律、法规和政策的。对处罚决定不服的,当事人可以申请复议。对复议决定不服的,当事人可以向人民法院提起诉讼。

存款刑事法律责任是指单位和个人违反规定,情节严重,构成犯罪的,依法应当承担的刑事法律责任。存款违法主要构成以下两种犯罪:(1)擅自设立金融机构罪,指违反《刑法》第 174 条规定,未经中国人民银行批准,擅自设立商业银行或者其他金融机构的行为。我国金融机构的设立须经中国人民银行特别许可,获得经营储蓄存款的业务内容,再向工商行政管理机关申领营业执照,然后才能经营储蓄存款业务。(2)非法吸收公众存款罪,指违反《刑法》第 176 条规定,非法吸收公众存款或者变相吸收公众存款,扰乱金融秩序的行为。

(周梁云)

cunkuan hetong

存款合同(deposit contract) 存款人与储蓄机构订立的专门存款的协议。法学界对于存款合同的法律性质一直存有争议,存在大陆法系与英美法系两大观点。大陆法系国家将存款法律关系中的存款人作为寄托人,金融机构作为保管人(受寄托人),以金钱作为标的的消费寄托。英美法系认为存款只不过是客户对银行的贷款,认为银行不是存款人的金钱的被寄托人。存款人向银行填写的存款凭条或出具的各种转账凭证应为要约,银行收妥存款资金入账,并向存款人出具存单(折)或进账单是承诺,标志着存款合同的成立。存单(折)或进账单不仅是存款合同,也是存款所有权的凭证。

存款合同具有以下法律特征:存款合同是无名合同,各国在合同法中均未将其作为一种典型合同加以规范;存款合同是附和合同,即标准合同和格式合同,存款人只有选择存单种类和储蓄机构的权利;存款合同为要式合同和实践性合同,存款人向储蓄机构交付合法的货币资金后存款合同才成立。

存款合同具有有价证券性,具体表现如下:存款合同上记录了存款人的货币财产权利;存款人可凭票面记录权利向银行主张兑付;存款人无须在银行确认和出具的存款单上签字盖章,存款人对存单的认可是采用推定的方式,即只要存款人收到存单没有异议就发生法律效力。

存款合同主要有:存单,即由储蓄机构出具给存款人的存款凭证,分为记名式存单和无记名式存单;进账单,转账存款业务中,银行在代理存款人办理转账存款之后,出具给存款人的进账凭证;对账单,银行在管理单位存款中,对款项进出账户情况出具给存款人的报告单,它反映了存款人账户上的存款情况,同时证明存款合同关系的成立与有效。

(周梁云)

cunkuan zhunbeijin zhidu

存款准备金制度(reserves against deposit system) 中央银行依据法律的授权,要求商业银行和其他非银行金融机构按规定的比例将其吸收的存款总额中提取一定的款额缴存中央银行指定的账户,并借以间接地对社会货币供应量进行调控的制度。缴存中央银行指定账户的款额,称为存款准备金。这部分款额与商业银行和其他非银行金融机构吸收的存款总额的比例,称为存款准备金率。

存款准备金制度一般包括中央银行调整存款准备金率的幅度、存款准备金制度的实施对象、存款准备金的种类、存款准备金计提的基础和对违反存款准备金制度规定的处罚措施等内容。存款准备金一般包括三个部分:一是库存现金;二是法定存款准备金,即金融机构按照法律规定将吸收的存款的一定比例缴存中央银行的准备金;三是超额准备金,即在中央银行存款中超过法定存款准备金的部分。我国自 1984 年初开始设置法定存款准备金制度。法定存款准备金制度是中央银行调节信用规模,进而调节社会总需求的主要工具之一,它的作用主要有如下两点:第一,调节和控制信贷规模。商业银行具有创造信用、派生存款功能,该功能的实现是以客户存款即现金准备为基础的。中央银行通过法定存款准备金制度可以调节商业银行的现金准备,控制商业银行派生存款的能力,从而影响货币的供应量。第二,增强商业银行存款支付和资金清偿能力。一方面存款准备金制度限制了商业银行存款的无限派生,减轻了商业银行的债务负担和支付能力,客观上增强了商业银行存款支付和资金清偿的能力;另一方面存款准备金制度使中央银行对商业银行的支付和稳定有担保义务,承担最后贷款人的角色。中央银行的存款准备金制度之所以能调控货币政策是因为:中国人民银行调高存款准备金率,商业银行和其他金融机构在中央银行的法定存款准备金就会增加,超额储备就会减少,用于贷款和投资的资金就会相应减少,整个金融体系的可用资金量也就随之减少,从而达到收缩银根,减少货币供应量,抑制或预防通货膨胀的目标。反过来说,如果中央银行调低存款准备金率,社会货币供应量随之增强,刺激了消费和投资,从而有利于经济的增长。

在法定存款准备金制度中,存款准备金率一般居于中心地位。存款准备金率即金融机构向中央银行缴存的准备金占其吸收存款总额的比例。存款准备金率越高,金融机构派生存款的能力就越小;反之,存款准备金率越低,金融机构派生存款的能力就越大。故合理地确定和调整存款准备金率,使金融机构的存款准备金占其存款总额保持在适当的水平上,是法定存款准备金制度充分发挥作用的关键。目前,各国常根据经济发展情况对存款准备金进行调整。　　(王连喜)

D

dabianche xingwei
搭便车行为(free riding) 也称为免费搭车。是对那些试图不付出任何代价或付出极小的代价就能得到利益的行为的一种形象比喻。搭便车的概念产生于公共品的消费。公共品具有非排他性与非竞争性,非排他性是指无法阻止任何人消费公共品或阻止的成本很高;非竞争性是指当增加一个人消费时不影响其他人的消费,即消费的边际成本为零,如电视频道,用户的多少不影响成本。公共品的这两个性质,就产生了消费者搭便车的激励,消费这种产品的人具有避免为其付费的动机。在竞争法领域中,搭便车行为有广义和狭义之分。广义的搭便车行为指竞争对手或者其他市场主体为自己的商业目的,利用他人的工商业成就而未付出成本或实质性的正当努力的行为。这种自己不付出成本或劳动,却不正当的利用他人已经取得的市场成果,获取竞争优势的行为,属于不正当竞争行为。

竞争领域中比较典型的搭便车行为有:(1) 仿冒行为。仿冒行为又称假冒行为,就是不正当利用或者侵占他人商业标识或者商业信誉而以次充好、以假充真的行为。仿冒行为的目的就是使自己的商品或者服务与他人的商品或者服务相混淆,从而自己不付代价地搭他人商标或信誉的便车谋取利益。为了防止搭便车,仿冒行为的认定逐渐采取客观化标准,即只要产生了客观上的搭便车,即使主观上是善意的,也应当予以纠正。此时,主观上的善意或恶意只是在确定制裁时所考虑的裁量情节。(2) 比较广告中的搭便车行为。比较广告通过将自我品牌同其他竞争品牌的比较,来突出自我品牌的独特销售主张,使广大消费者相信该品牌比与之相比较的品牌更优越,从而赢得竞争的优势。因此,比较广告在广告活动中被广泛的运用。但虚假的、误导性的或者贬低他人的比较广告,是建立在对其他竞争者贬损的基础上来抬高自己的声望,从而搭他人的便车追求额外的利润,是典型的不正当竞争行为,因此,我国广告立法对此予以禁止。(3) 商业标志中的搭便车行为。在商业标志的权利冲突中,将他人商标注册为字号或者将他人字号注册为商标,或者将他人知名商标或字号注册为域名,以此误导消费者的,同样是搭他人商业成果便车的行为。(4) 狭义的搭便车行为。狭义的搭便车行为是对传统的法律没有类型化的一些不正当竞争行为的称谓。前述三种搭便车行为在传统的竞争法中一般都有规定,但除此以外还存在其他模仿他人的标识、产品或者其他市场成果的行为,这些行为被世界知识产权组织通称为"不正当利用他人成果行为"(taking undue advantage of another's achievement),或者称为搭他人市场成就的便车行为,简称为"搭便车行为"。换言之,狭义的搭便车行为是不正当地利用他人被消费者或者其他市场参与者承认的成果而又未被归入定型化的不正当竞争行为中的行为。各国反不正当竞争法普遍承认的搭便车行为主要是商业标识显著性的淡化行为、侵占商誉行为以及依模样模仿行为。这些行为在现代反不正当竞争法上有的实际已经或者逐渐成为定型化的行为,并且可能已经被作列举规定。

如果搭便车现象普遍存在,将会导致社会生活的低效率。就精神领域而言,智力产品一旦公开,其生产者就很难对付不付费的"揩油者"。后者对智力产品生产者提供的产品享受利益但不向其支付费用,结果智力产品生产者不能通过市场交易得到足够的收益,以补偿他们投入的成本。在这种情况下,"揩油者"不劳而获,而智力产品的生产者却遭受了损失,结果极大的挫伤了智力产品生产者进行创新的积极性,最终会阻遏经济的发展。因此,一些国家的反不正当竞争法一般性地明文禁止这种利用他人劳动成果的食人而肥或者搭便车的行为。例如,瑞士反不正当竞争法第5条第3款规定,通过技术复制工艺以及未经相应的努力,利用他人的市场劳动成果的任何行为,都是不正当竞争行为。西班牙反不正当竞争法第11条第2款规定,不正当利用他人商誉或者努力的行为,属于不公平模仿他人成果的行为。我国《反不正当竞争法》仅在第5条列举了4种仿冒行为,其余的搭便车行为并没有明文规定。

(张景丽)

dashou
搭售(tie-in sale) 经营者要求买方在购买商品或者劳务时,必须同时购买另一种从交易性质和习惯上均与合同标的无关的商品或者劳务。因为搭售行为违背了市场交易中应当遵循的自愿、公平和诚实信用的原则,限制了买方和消费者选择商品的权利,我国《反不正当竞争法》第12条对这种行为明确地作出了禁止性规定。

需要指出的是,搭售行为并不必然违法。这是因为在市场交易中,卖方可能会出于各种各样的动机进行搭售。有些搭售是合理的。例如,经营者将鞋子和鞋带等有关联的商品一起出售,目的是节约销售成本。在销售高科技产品中,搭售主商品的零配件或者辅助材料或者售后服务有时是合理的,因为这有利于商品的安全使用,或者有利于提高商品的使用寿命,进而提高企业的商业信誉或商品声誉。然而有许多搭售行为是不合理的。例如,经营者将两种商品以单一价格出售,其目的是逃避政府对其中一种商品的价格管制如最高限价;或者搭售的目的是销售滞销品;或者占市场支配地位的企业通过搭售将自己的经济势力渗透到搭卖品市场上。例如,电信局出售电信服务时搭售电话机,这就可以将其在电信服务市场的垄断势力渗透到电信设备市场上,进而在这些市场获取垄断利润。因此,识别一个搭售行为是否违法,应当考虑搭售人的意图、市场地位、相关市场结构、商品特性以及合同履行的情况。在竞争法理论中,搭售被称为纵向限制竞争,搭售者一般占有市场优势地位。在我国现实经济生活中,搭售行为主要存在于公用企业对其商品或者服务的销售中。根据我国《反不正当竞争法》的有关规定,因搭售使其经济利益受到损害的用户或者消费者可以向人民法院提起损害赔偿之诉。对于公用企业的搭售行为,省级或者设区的市的监督检查部门可以责令停止违法行为,并可以根据情节处以5万元以上20万元以下的罚款。

(王晓晔)

da'e he keyi waihui zijin jiaoyi baogao zhidu
大额和可疑外汇资金交易报告制度(report system of big-amount and doubtful foreign exchange)

外汇交易过程中发生大额或者可疑交易时,由金融机构保存有关信息并负责向外汇管理部门报告的制度。大额外汇资金交易,系指交易主体通过金融机构以各种结算方式发生的规定金额以上的外汇交易行为;可疑外汇资金交易,系指外汇交易的金额、频率、来源、流向和用途等有异常特征的交易行为。

大额外汇资金交易主要包括:(1)当日存、取、结售汇外币现金单笔或累计等值1万美元以上;(2)以转账、票据或银行卡、电话银行、网上银行等电子交易以及其他新型金融工具等进行外汇非现金资金收付交易,其中个人当天单笔或累计等值外汇10万美元以上,企业当天单笔或累计等值外汇50万美元以上。

可疑外汇现金交易主要包括:(1)居民个人银行卡、储蓄账户频繁存、取大量外币现金,与持卡人(储户)身份或资金用途明显不符的;(2)居民个人在境内将大量外币现金存入银行卡,在境外进行大量资金划转或提取现金的;(3)居民个人通过现汇账户在国家外汇管理局审核标准以下频繁入账、提现或结汇的;(4)非居民个人频繁携带大量外币现金入境存入银行后,要求银行开旅行支票或汇票带出的;(5)非居民个人银行卡频繁存入大量外币现金的;(6)企业外汇账户中频繁有大量外币现金收付,与其经营活动不相符的;(7)企业外汇账户没有提取大量外币现金,却有规律地存入大量外币现金的;(8)企业频繁发生以现金方式收取出口货款,与其经营范围、规模明显不符的;(9)企业用于境外投资的购汇人民币资金大部分为现金或从非本单位银行账户转入的;(10)外商投资企业利润汇出的购汇人民币资金大部分为现金或从其他单位银行账户转入的;(11)外商投资企业以外币现金方式进行投资的。

可疑外汇非现金交易主要包括:(1)居民个人外汇账户频繁收到境内非同名账户划转款项的;(2)居民个人频繁收到从境外汇入的大量外汇再集中原币种汇出,或集中从境外汇入大量外汇再频繁多笔原币种汇出的;(3)非居民个人外汇账户频繁收到境外大量汇款,特别是从生产、贩卖毒品问题严重的国家(地区)汇入款项的;(4)居民、非居民个人外汇账户有规律出现大额资金进账,第二日分笔取出,然后又有大额资金补充,次日又分笔取出的;(5)企业通过其外汇账户频繁大量发生在外汇局审核标准以下的对外支付进口预付货款、贸易项下佣金等;(6)企业通过其外汇账户频繁大量发生以票汇(支票、汇票、本票等)方式结算的出口收汇的;(7)企业一些休眠外汇账户或平常资金流量小的外汇账户突然有异常外汇资金流入,并且外汇资金流量短期内逐渐放大的;(8)企业通过其外汇账户频繁发生大量资金往来,与其经营性质、规模不相符的;(9)企业外汇账户频繁发生大量资金收付,持续一段时间后,账户突然停止收付;(10)企业外汇账户资金流动以千位或万位为单位的整数资金往来频繁;(11)企业外汇账户资金快进快出,当天发生额很大,但账户余额很小或不保留余额;(12)企业外汇账户在短时间内收到多笔小额电汇或使用支票、汇票存款后,将大部分存款汇出境外;(13)境内企业以境外法人或自然人名义开立离岸账户,且资金呈有规律流动;(14)企业从一个离岸账户汇款给多个境内居民,并以捐赠等名义结汇,其资金的划转和结汇均由一人或少数人操作的;(15)外商投资企业年利润汇出大幅超出原投入股本或明显与其经营状况不符;(16)外商投资企业在收到投资款后,在短期内将资金迅速转到境外,与其生产经营支付需求不符;(17)与走私、贩毒、恐怖活动等犯罪严重地区的金融机构附属公司或关联公司进行对销存款或贷款交易;(18)证券经营机构指令银行划出与交易、清算无关外汇资金的;(19)经营B股业务的证券经营机构通过银行频繁大量拆借外汇资金的;(20)保险机构通过银行频繁大量对同一家境外投保人发生赔付或退保行为。

负责大额和可疑外汇资金交易报告工作的监督和管理机关是国家外汇管理局及其分支局。

金融机构为客户开立外汇账户应当遵循实名制,办理外汇业务时应当核对其真实身份信息。金融机构明确专人负责对大额和可疑外汇资金交易进行记录、分析和报告,应当将所有大额和可疑外汇资金交易记录,自交易日起至少保存5年。金融机构对大额或可疑外汇资金交易行为须按月以纸质文件、电子文件形式同时上报。 （傅智文）

大额现金支付登记备案制度（registration and record system on large cash payment） 为加强现金管理,严格控制大额提现,防止金融犯罪,我国实行大额现金支付登记备案制度。中国人民银行于1997年4月4日印发并于1997年7月1日实施的《大额现金支付登记备案规定》规定:凡办理现金收付业务的商业银行、城市合作银行、城乡信用社(以下简称开户银行)都必须建立大额现金支付登记备案制度。实行登记备案的范围限于机关、团体、企业、事业单位、其他经济组织和个体工商户以及外国驻华机构(以下简称开户单位)的大额现金支付,工资性支出和农副产品采购现金支出除外。对居民个人提取储蓄存款暂不实行登记备案。大额现金的数量标准由中国人民银行各省、自治区、直辖市分行根据当地开户单位正常、零星的现金支出的实际确定,并报中国人民银行总行备案。开户单位在提取大额现金时,要填写有关大额现金支取登记表格,表格的主要内容应包括支取时间、单位、金额、用途等。开户银行要建立台账,实行逐笔登记,并于季后15日内报送中国人民银行当地分支行备案。开户银行对本行签发的超过大额现金标准、注明"现金"字样的银行汇票、银行本票,视同大额现金支付,实行登记备案制度。开户银行要配备专门人员或指定兼职人员,做好这项工作,经常分析大额现金支付情况,发现疑问,及时检查。对重大涉嫌案件要报告中国人民银行当地分支行,对开户单位违反规定提取大额现金,或故意化整为零、逃避监管的,要给予相应的制裁。中国人民银行各级分支行要定期检查开户银行执行大额现金支付登记备案规定的情况,对于开户银行不按规定建立台账,不按期向人民银行报送备案的,视情节轻重,给予严肃处理,并责令其限期改正。中国人民银行各省、自治区、直辖市分行要按季对辖区内大额现金支付情况进行分析和汇总,并报送中国人民银行总行。如遇有重大问题,要及时报告。 （官 波）

大额现金支付管理（management of large cash payment） 为了维护存款人的合法权益与资金安全,防范和打击经济犯罪,促进银行转账结算业务发展,对大额现金支付进行的管理。中国人民银行于1997年8月发出《关于大额现金支付管理的通知》,该通知规定:凡在国家工商行政管理机关登记注册的企业,只能选择一家银行的营业场所开立一个基本存款账户,按照《现金管理暂行条例》规定的使用现金范围,办理现金收付业务。企业如有需要,可在其他金融机构开立一般存款账户,用于办理转账结算和现金缴存业务,但不得支付现金。企业申请开立临时存款账户或专用存款账户,如需支取现金的,必须严格按照《现金管理暂行条例》规定的使用现金范围办理。个体工商户可凭工商行政管理机关核发的营业执照,自主选择一家银行或信用合作社开立一个基本存款账户,不得将个体工商户的生产经营性资金转入储蓄账户,并通过储蓄账户办理结算。各金融机构特别是城市合作银行和城乡信用社要积极创造条件,为个体工商户提供便捷的转账结算服务。企事业单位可按上列标准,向开立基本存款账户的银行提出申请,由开户银行认真审核后通知开户单位认真执行。如需调整,也按上述程序办理。开户银行要认真督促开户单位将超过限额的现金及时存体银行。对一些现金收入较多的单位,金融机构要实行上门收款和非营业时间收款制度。金融机构对单位库存现金要定期进行抽查,发现违规的,要给予经济处罚;要继续执行"存款自愿,取款自由,存款有息,为储户保密"的原则。根据《中华人民共和国商业银行法》的规定,任何单位和个人不得将单位的资金以个人名义开立账户存储。不得将企业单位资金转入个人储蓄账户套取现金。除代发工资和小额个人劳务报酬外,银行和信用社不得为企事业单位办理将单位资金转入个人储蓄账户的转账结算,不得接受以转账方式进入个人储蓄账户的存款;各商业银行在为客户开立具有通存通兑功能的银行卡或基于已有账户申领银行卡时,必须要求客户提供本人有效身份证件,并设置账户个人密码。对尚未设置个人密码的账户,不得通过银行卡办理账户之间的转账业务。对单位卡,一律不得支付现金;信托投资公司、财务公司、金融租赁公司不得吸收城乡居民存款。经过批准同意吸收企事业单位存款的,只能限定在一定金额、一定期限以上。企业按规定投资证券可将企业存款转入证券公司,但证券公司不得为其支付现金。证券公司、信托投资公司、财务公司、金融租赁公司等非银行金融机构及其下属的证券营业机构对个人和法人从事证券交易和结算中的现金支付,按规定办理;银行和信用社对农民出售农副产品,除代扣农业税外,不得代扣其他款项,同时要在农民自愿的前提下提供转账结算服务。

为了进一步维护正常的金融秩序以及存款人的合法权益,防范和打击利用大额现金支付进行的经济犯罪,促进银行转账业务的健康发展,中国人民银行于

2001年12月发出《关于进一步加强大额现金支付管理的通知》,在已颁布的大额现金管理规定的基础上,该通知规定:(1)开户银行未经人民银行批准,不得在企事业、行政单位开设的专用存款账户中支付现金。(2)在大中城市银行开户的单位,可保留3天日常零星开支所需的现金量,在县及县以下银行开立账户的单位,可保留5天日常零星开支所需的现金量,边远地区和交通不便地区的开户单位,可保留10天以下日常零星开支所需的现金量。(3)开户银行不得为乡镇企业、私营企业和个体经营者将经营性资金转入个人储蓄账户提供方便并为其通过储蓄账户办理结算。(4)除继续执行人民银行已经颁布的有关加强居民个人储蓄账户大额现金支付管理的有关规定外,对于居民个人一次性支取50万元(含50万元)以上大额现金的,或一日数次支取累计超过50万元(含50万元)的,开户银行应单独登记并于次日向人民银行当地分支机构备案。(5)对于单位付给个人小额劳务报酬等,如附有完税证明,开户银行可以为其办理转入个人储蓄账户的业务,否则,不予办理。(6)凡是单位持有的具有消费结算、转账结算(包括自动转账、自动转存、代发工资、代缴费用等)、存取现金和一卡多户等功能的银行卡,在使用过程中需要注入资金的,必须从单位的基本存款账户中转入,不得缴存现金,不得将其货款存入,开户银行对持卡人持有单位银行卡一律不得支付现金,对于转入单位持有的银行卡中的转账支票、收款人必须写收款单位的账户名称,不得将发卡的开户银行作为收款人。(7)企业不得使用现金银行汇票和银行本票,银行不得为企业单位签发和支付现金银行汇票和银行本票。因生产经营需要,个体经营者缴存汇票或本票保证金后,银行可为其签发现金银行汇票或银行本票,但每张现金银行汇票或银行本票的金额不得超过30万元(不含30万元)。同一开户银行一日内不得对同一收款人签发两张(不含两张)以上的现金银行汇票或银行本票。如果签发的每张现金汇票本票的金额超过30万元或一日对同一收款人签发两张以上的现金银行汇票或银行本票,须经开户银行上级行批准并报人民银行当地分支机构备案。(8)非银行金融机构,如证券公司、保险公司、信托投资公司、财务公司、金融租赁公司和金融期货公司等,是开户单位,不是开户银行。鉴于以上非银行金融机构业务经营上的特殊性,开户银行为其核定的库存现金限额,必须报经人民银行当地分支机构批准。非银行金融机构不得保留超过开户银行为其核定的库存现金限额。非银行金融机构对单位客户办理股票交易、债券、保险以及期货交易业务,必须采用转账结算;对个人客户从事上述业务应委托开户银行收取或支付现金。证券机构不得将客户转账进来的资金通过有关账户转为支付现金。证券机构不得将单位转入的资金通过股市投资后再转入个人储蓄账户,不得为其支付现金。(9)开户银行应对柜台发生的异常现金支取活动进行登记备案,并及时报告上级主管部门和人民银行当地分支机构。

(官 波)

dalu faxi guojia jingjifa lilun
大陆法系国家经济法理论(economic law theory in continental law system countries) 在大陆法系国家,德国最先开展的经济法理论研究,日本继承了德国的经济法理论,并且对其作了进一步的发展。第二次世界大战以前,日本的经济法理论研究主要是沿袭德国的学说,虽然提出了"经济统制法"的理论,但实际上也是德国"功能说"的另一种理论反映。

第二次世界大战以后,日本的经济法理论从经济集权主义向经济民主主义的转变,经济法理论研究也明显深入了。其主要表现是:其一,面对市场经济发展新阶段的现实,对经济法产生的社会条件作出了明确的限定。日本经济法理论著作中经常采用"资本高度发展"、"垄断资本主义"、"垄断阶段"等术语,并将其作为经济法理论研究的背景和出发点。显然,日本经济法理论著作没有把一般意义上的"市场经济"、"自由主义市场经济"作为经济法理论研究的依据。其二,将经济法和相邻法进行比较研究。在与民法相比较的研究中,提出了经济法是与近代法(民法)相区别的后近代法(经济法)的观点。该观点认为,经济法是从近代所有权法的体系框架中分离出来的,并且在其基础上发展起来的"经济的法",是后近代法。在与商法相比较的研究中,产生了取消商法,而向经济法发展的观点。该观点认为,企业的"公共性"是经济法调整领域。在与行政法相比较的研究中,日本经济法学者认为,经济法是在经济政策上对经济进行国家干预的法。其三,将"市场统制"作为研究的重点。该观点认为,经济法是市场统制的法,其目的是解决国家对于自由市场和垄断的统一政策问题。其四,提出"禁止垄断法"在经济法中占有重要的地位。"提出禁止垄断法的要素是经济法的重要要素",以及"经济法是对支配市场行为的国家限制法"等观点。

大陆法系其他国家的经济法理论,大体与德国和日本的经济法理论相同。在这些国家的法学界,学者们普遍承认经济法是客观存在的。 (赵 玲)

daqi wuran fangzhifa
《大气污染防治法》(Atmospheric Pollution Prevention and Control Act) 1987年第六届全国人大常委会第二十二次会议通过的《中华人民共和国大气污染防治法》,1995年和2000年两次对该法进行了修订。大气污染是由于人为原因造成有毒有害物质进入大气,导致大气的成分和特性发生变化,进而对人们的生存环境和人体健康带来危害。大气污染主要是由工农业生产、生活燃煤和交通工具排放出的污染物所致,我国大气污染已日趋严重,一些城市由燃煤型污染向复合型污染转变,酸雨降雨区由南向北推进,大气中总悬浮微粒浓度较高。我国《大气污染防治法》的主要内容有:(1)国务院环境保护行政主管部门制定国家大气环境质量标准和国家大气污染物排放标准,地方可以制定国家标准中未规定的项目和严于国家标准的地方标准。(2)对尚未达到规定的大气环境质量标准的区域和国务院批准划定的酸雨控制区、二氧化硫污染控制区,可以划定为主要大气污染物排放总量控制区。(3)对已经产生、可能产生酸雨的地区或者其他二氧化硫污染严重的地区,经国务院批准后,划定为酸雨控制区或者二氧化硫污染控制区。(4)国家对严重污染大气环境的落后生产工艺和设备实行淘汰制度。(5)建立大气污染监测制度,大、中城市应当定期发布大气环境质量状况公报,并逐步开展大气环境质量预报工作。(6)防治燃煤污染和机动车船污染的措施,防治废气、尘和恶臭污染产生的措施。

(陈 韬)

daili jizhang

代理记账(agency bookkeeping) 会计代理记账公司、会计师事务所、会计咨询服务机构等中介机构替单位代理从事记账、核算、编制报表等会计事务。从事代理记账业务的机构,应当具备以下条件:(1)至少有三名持有会计从业资格证书的专职从业人员,同时可以聘用一定数量相同条件的兼职从业人员;(2)主管代理记账业务的负责人必须具有会计师以上的专业技术资格;有健全的代理记账业务规范和财务管理制度;(3)机构的设立依法经过工商行政管理部门或者其他管理部门核准登记;(4)除会计师事务所外,其他代理记账机构必须持有县级以上财政部门核发的代理记账许可证书。代理记账机构可以接受委托代表委托人办理的业务主要有:根据委托人提供的原始凭证和其他资料,按照会计制度的规定进行会计核算,包括审核原始凭证、填制记账凭证、登记会计账簿、编制财务会计报告等;定期向有关部门和其他财务会计报告使用者提供财务会计报告;定期向税务机关提供税务资料;承办委托人委托的其他会计业务。代理记账的基本程序如下:(1)委托人应与代理记账机构在相互协商的基础上签订书面委托合同。(2)代理记账机构根据委托合同约定,定期派人到委托人所在地办理会计核算业务;或者根据委托人送交的原始凭证在代理记账机构所在地办理会计核算业务。(3)代理记账机构为委托人编制的财务会计报告,经代理记账机构负责人和委托人审阅并签章后,按照规定报送有关部门。

单位在委托合同约定范围内的行为承担责任,也应对代理记账机构代理记账应当承担相应的义务:对本单位发生的经济业务必须填制或者取得符合会计制度规定的原始凭证;应当配备专人负责日常货币资金收支和保管;及时向代理记账机构提供真实、完整的原始凭证和其他相关资料;对于代理记账机构退回,要求按照会计制度规定进行更正、补充的原始凭证,应当及时予以更正、补充,等等。代理记账人员的从业规则主要包括:遵守会计法律、法规和国家统一的会计制度,依法履行职责;对在执行业务中知悉的商业秘密负有保密义务;对委托人示意其作出不当的会计处理,提供不实的会计资料,以及其他不符合法律、法规规定的要求,应当拒绝;对委托人提出的有关会计处理原则问题负有解释的责任。

(曾章伟)

daishou huojia youjian xieding

《代收货价邮件协定》(Cash-on-Delivery Agreement) 1994年9月14日在韩国汉城签订,1996年1月1日生效。中国于1994年9月14日签署,1997年1月31日国务院核准。《代收货价邮件协定》适用于各缔约国相互间开办的代收货价邮件互换业务。《万国邮联公约》、《邮政汇票协定》、《邮政支票业务协定》和《邮政包裹协定》的相关规定,凡与本协定无抵触的,必要时都可适用。

通过有关本协定及其实施细则提案的条件:提交大会的有关本协定及其实施细则的提案,应由参加本协定并出席和参加表决的会员国的多数票通过,方为有效。

某些函件和邮政包裹可作为代收货价邮件寄递;货款可按下列方式寄给寄件人:(1)通过代收货价汇票,代收货价汇票的款额应在邮件原寄国以现金兑付;然而,如兑付国邮政的规章许可,该项数额可以存入在该国开立的邮政活期账户;(2)通过代收货价存款汇票,如原寄国邮政的规章许可,应将代收货价存款汇票的款额记入在邮件原寄国开立的邮政活期账户的贷方;(3)如经相关邮政同意,可将货款转账或存入在代收货款国或在邮件原寄国开立的邮政活期账户。

除另有专项协议外,邮件收寄局代收货价款额以邮件原寄国货币表示;但如果须将代收货价款额存入或转入在寄达国开立的邮政活期账户内时,该款额应以寄达国的货币表示。如代收货价的货款是使用代收货价汇票支付的,则汇票的款额不得超过寄达国规定的向邮件原寄国开发汇票的最高款额。但如果是使用代收货价存款汇票或转账方式向寄件人付款时,最高款额可调整到存款汇票或转账业务所规定的限额。

在上述两种情况下，双方可商定提高最高限额。当使用代收货价汇票或代收货价存款汇票付款时，邮件的原寄国邮政除按邮件类别收取邮政资费外，还可自行确定向寄件人收取的资费。在相关公约规定的条件下，代收货价邮件的寄件人可以申请注销代收货价货款、减少或增加货款。增加代收货价货款时，寄件人应按其所增加金额交付规定的资费；如果这笔货款以存款单、存款通知或转账通知方式记入邮政活期账户贷方的，则不收取该项资费。

邮件寄达局除实施细则另有规定外，代收货价汇票和代收货价存款汇票应按邮政汇票协定的规定办理。代收货价汇票和代收货价存款汇票，应以最快邮路（航空或水陆路）径自寄往兑付局或负责入账的邮政支票局。转账和存款，寄达国邮政应从代收货价的货款中扣取规定的费用。

代收货价汇票的寄递方式可由各邮政选择，或者在发汇局与兑付局之间直接传递，或者通过清单方式寄递。

代收货价邮件的代收货价汇票，应按邮件原寄邮政的规定兑付给寄件人。代收货价汇票的货款，不论任何原因未付给收款人的，由邮件原寄国邮政负责为其保管。在该国现行法定期限届满后，该款项即为该国邮政所有。向邮政活期账户存款或转账，因任何原因而不能进行时，代收货款邮政应将货款开发成由邮件寄件人兑取的相应款额的代收货价汇票。（傅智文）

daikuan
贷款（loan） 商业银行将货币资金依一定的利率贷放给客户，并约定由客户在一定期限到来时还本付息的一种信用活动。在我国，贷款币种包括人民币和外币。贷款是银行最主要的一种资金运作方式，也是商业银行业务的核心。商业银行的利润主要来源于贷款利息收入。贷款的发放和使用应当符合国家的法律、行政法规和中国人民银行发布的行政规章，应当遵循效益性、安全性和流动性的原则。

从法律关系来看，贷款形成了贷款人与借款人之间的债权债务关系。在我国贷款人指在中国境内依法设立的经营贷款业务的中资金融机构，贷款人是债权人。借款人指从经营贷款业务的中资金融机构取得贷款的法人、其他经济组织、个体工商户和自然人，借款人是债务人。从借款合同的角度看，它是指一方贷一定数量的货币资金给借款人，借款人到期归还本金与约定利息的双方协议，贷款之债是合同之债。银行是吸收公众存款用于发放贷款的一种负债经营的特殊企业，贷款发放与回收的效益，不但关系到企业的收益，一定程度上也关系到公众存款的安全性。因此，依法规范贷款人与借款人之间的合同关系，对提高金融机构的经济效益，保证金融业的稳健运行，具有重要意义。

（周梁云）

daikuan de zhonglei
贷款的种类（classification on loan） 根据一定标准对贷款所作的分类。贷款主要可作以下几种分类：

按照贷款是否设定担保，分为信用贷款和担保贷款。信用贷款是指贷款人根据借款人的信誉发放的贷款。担保贷款包括保证贷款、抵押贷款和质押贷款：保证贷款指以第三人承诺在借款人不能偿还贷款时，按照约定承担一般保证责任或者连带保证责任而发放的贷款。抵押贷款指以借款人或第三人的财产作为抵押物发放的贷款。质押贷款指以借款人或者第三人的动产或权利作为质物发放的贷款。担保贷款是贷款人向借款人发放贷款的同时，要求借款人提供的一种债权保障。贷款人应对保证人的偿还能力、抵押物、质物的权属和价值，以及实行抵押权、质押权的可行性进行严格审查。经贷款审查、评估、确认借款人资信良好，确能偿还贷款的，可以不提供担保。

按照贷款用途的不同，将贷款分为固定资金贷款和流动资金贷款。固定资金贷款是指为了满足借款人固定资产的维修、更新改造、新建和扩建的目的而发放的贷款。它包括技术改造贷款、基本建设贷款、专用基金贷款。流动资金贷款指对借款人在生产经营过程中所需流动资金发放的贷款，它包括周转贷款、临时贷款、票据贴现。

按照贷款合同的期限长短，将贷款分为短期贷款、中期贷款和长期贷款。短期贷款是指贷款期限在1年（含1年）以内的各种贷款。中期贷款是指贷款期限在1年（不含1年）以上5年（含5年）以下的贷款。长期贷款是指贷款期限在5年（不含5年）以上的贷款。中长期贷款往往是用于基础设施的投资性贷款，大多数以投资项目后期的盈利作为还贷的资金，所以，中长期贷款往往要审查立项、可行性报告、预测项目的投资回报率等，银行才予以贷款。

按照贷款放款人的不同，将贷款分为单独贷款、银团贷款和联合贷款。单独贷款是指由一家银行单独向借款人发放的各种贷款。银团贷款是指数家银行组成银行财团，统一向借款人发放的贷款。联合贷款是指由数家银行联合起来，分别按照承担贷款的份额向借款人发放的贷款。

按照贷款资金来源与风险承担方式不同，将贷款分为自营贷款、委托贷款和特定贷款。自营贷款是指贷款人以合法方式筹集的资金自主发放的贷款，其风险由贷款人承担，并由贷款人收回本金和利息。委托贷款是指由政府部门、企事业单位或个人等委托人提供资金，由贷款人（即受托人）根据委托人确定的贷款对象、用途、金额、期限、利率等代为发放,监督使用并协助收回的贷款。贷款人只收取手续费,不承担贷款风险。特定贷款是指国务院批准并对贷款可能造成的损失采取相应补救措施后责成国有独资商业银行发放的贷款。

（周梁云）

daikuan guanli zhidu

贷款管理制度（loan management system） 通过行业自律规范与银行内部管理规范来强化贷款管理的制度。我国为维护正常的金融秩序、保障金融机构贷款债权的安全、提高贷款的使用效益,对贷款仍实行严格的监管。根据有关法律、行政法规和规章的规定,我国现行贷款管理制度主要有以下内容:(1)贷款主办行制。指借款人与开立基本账户的贷款人建立贷款主办行关系。即借款人发生企业分立、股份制改造、重大项目建设等涉及信贷资金使用和安全的重大经济活动,事先应当征求主办行的意见。一个借款人只能有一个贷款主办行,主办行应当随基本账户的变更而变更;主办行不包资金,但应当按规定有计划地为借款人提供贷款,提供必要的信息咨询、代理等金融服务。(2)贷款管理责任制。指行长、经理、主任负责制,各银行贷款分级经营管理,各级银行行长在授权范围内对贷款的发放和回收负全部责任。行长可以授权副行长或贷款管理部门负责审批贷款,被授权者应当对行长负责。(3)审贷分离制。为了确保银行放贷的质量,贷款中的贷款调查评估、贷款风险的审查、贷款的检查和清收三个环节,分别由银行中不同部门分别进行。(4)贷款分级审批制。银行根据业务量大小、管理水平和贷款风险度等因素综合评定,确定各级分支机构的审批权限。每级银行只能在其贷款审批权限范围内放贷,超过审批权限的应报上级审批。(5)信贷工作岗位责任制。银行应将贷款管理的每一环节管理责任落实到部门、岗位、个人,明确各级信贷工作人员的岗位责任。(6)离职审计制。银行的贷款管理人员在调离原工作岗位时,对其在任职期间和权限内所发放的贷款风险进行审计,目的在于防止贷款法律责任的落空。(7)贷款主体限制制。《商业银行法》、《贷款通则》等对贷款主体都作了限制,即贷款活动的当事人必须符合法定条件。从事贷款经营业务的主体,必须是经中国人民银行批准经营贷款业务,持有中国人民银行颁发的"金融机构法人许可证"或"金融机构营业许可证",并经工商行政管理部门核准登记。

根据《商业银行法》第40条的规定,不得向关系人发放信用贷款,即无担保贷款;向关系人发放担保贷款的条件不能优于其他借款人同类贷款的条件。法律规定的关系人范围是:商业银行的董事、监事、管理人员、信贷人员及其近亲属;前款所列人员投资或者担任高级管理职务的公司、企业和其他经济组织。为了保护存款人的合法权益,避免经济腐败,各国均有法律规定,限制银行向关系人放贷。

（周梁云）

danshuizhi

单税制（single taxation） 见单一税制。

danwei cunkuan

单位存款（corporate saving） 企事业单位、国家机关、部队和社会团体将暂时闲置的货币资金存入银行的法律行为。单位存款包括凡列在国家机关、企事业单位会计科目的任何款项;各保险机构、企事业单位吸收的保险金存款,属于财政性存款范围的款项;国家机关和企事业单位的库存现金等等。

根据单位存款主体的不同,单位存款分为企业存款和财政性存款。前者是指企业从事生产经营活动和流通过程中,将暂时闲置的货币资金和结余资金存入储蓄机构所形成的存款,包括工商企业存款、营利性的事业单位存款和个体工商户存款三种。后者是指国家将其集中起来待分配的或待使用的资金存入银行所形成的存款,包括国库存款和机关、事业单位经费存款。银行对财政性存款一律不计付利息。

根据存款期限和支取方式的不同,单位存款可以分为定期存款、活期存款、通知存款和协定存款等等。

（周梁云）

danxiang jiliang renzheng

单项计量认证（single metrological verification） 对于已经通过计量认证的产品质量检验机构,需新增加为社会提供公证数据的检验项目时,应当申请单项计量认证,以便扩大其业务工作范围。具体而言,单项计量认证的申请对象有四种:对于某种产品的某一检测项目,在以前的计量认证时,由于条件不完备,没有通过,经过被认证单位的努力,达到要求的;对于已经计量认证的某种产品的检验工作,经过实践,发现必须增加某项检测参数的;同类产品增加新的型号,要求计量检测的;产品标准有变化的。

（邢造宇）

danyi laiyuan caigou

单一来源采购（single procurement） 采购实体在适当的条件下向单一的供应商直接购买的采购方式。根据我国《政府采购管理暂行办法》的有关规定,达到限额标准以上的单项或批量采购项目,属于下列情形之一的,经财政部批准,可以采取单一来源采购方式:(1)只能从特定供应商处采购,或供应商拥有专有权,且无其他合适替代标的;(2)原采购的后续维修、零配件供应、更换或扩充,必须向原供应商采购的;(3)在原招标的范围内,补充合同的价格不超过原合同价格50%的工程,必须与原供应商签约的;(4)预先声明需对原有采购进行后续扩充的;(5)采购机关有充足理由认为只有从特定供应商处进行采购,才能促进实施相关政策目标的;(6)从残疾人、慈善等机构采购的;(7)财政部门认可的其他情形。而我国《政府采购法》第31条则规定,符合下列情形之一的货物或者服务,可以用单一来源方式采购:(1)只能从唯一供应商处采购的;(2)发生了不可预见的紧急情况不能从其他供应商处采购的;(3)必须保证原有采购项目一致性或者服务配套的要求。需要继续从原供应商处添购,且添购资金总额不超过原合同采购金额10%的。

采取单一来源方式采购的,采购人与供应商应当遵守《政府采购法》确定的公开透明、公平竞争、公正和诚实信用的原则,在保证采购项目质量和双方商定合理价格的基础上进行采购。 (杨云鹏)

danyi shuizhi

单一税制(single tax system) 只有一个税种单独组成或以一税种为主,再辅以个别其他的税种构成的税收制度。西方国家学者在研究税制构成时,提出了单一税制理论:(1)消费单一税制,该设想出自英国早期的重商主义者霍布斯。它从交换税的思想出发,认为消费税可以反映人民从国家活动中得益情况,而且可以普遍征税。19世纪中叶,德国学者费非从税收平等原则出发,也提倡对全部消费课税,佩蒂也有类似主张。这一设想符合普遍原则,对废除封建主特权有积极意义。但是消费税税负容易转嫁,会拉大贫富差距,违反税收平等原则,不能保证稳定收入。(2)土地单一税。18世纪法国重农学派的布阿吉尔贝尔和奎奈等人,主张征收土地税。其思想基础是"土地是一切财富的真正源泉",只有农产品才可以赋税,除此之外的税收都可以转嫁到土地收益上来。但该主张不符合普遍原则,也将税负转嫁绝对化了。19世纪,美国经济学家乔治亨利也提出单一土地税,主张对地价征税,叫地价单一税。他认为,社会生产技术进步带来的收益反映在地租收入上,但封建地主垄断了土地,造成产业发展受阻,故应征税,因为土地是大自然赐予的,而资本是辛苦挣来的。(3)所得单一税制。法国博丹的《国家论》讨论了这一税制,后来法国经济学家福班提出"什一税",就是一种单一所得征税。1869年德国社会民主党以这一税制为政党纲领,德国政治家和经济学家认为所得税是对少数富有者征税,且公平合理,所以国家只征所得税,其他税免征。(4)资本单一税制。由法国的吉拉丹和万尼埃提倡。主张要按资本的价值课税,这些资本是以有形的资本为准,美国也有学者持这一主张,但以动产为主。以上种种单一税制理论的产生由来已久,但仅是停留在设想上,从未在任何国家实行过。其优点在于征税范围小,减轻人民负担,征收方法简单,征收费用小;但缺点在于不能保证国家财政收入,不符合普遍课税原则,税负不合理,枯竭税源,损害经济资源,阻碍经济均衡发展。 (史学成 瞿继光)

daoyou renyuan

导游人员(guide) 依法取得导游证,接受旅行社委派,为旅游者提供向导、讲解及相关旅游服务的人员。

我国实行全国统一的导游人员资格考试制度。具有高级中学、中等专业学校及其以上学历,身体健康,具有适应导游需要的基本知识和语言表达能力的中华人民共和国公民,可以参加导游人员资格考试;经考试合格的,由国务院旅游行政部门或国务院行政部门委托省、自治区、直辖市人民政府旅游行政部门颁发导游人员资格证书。资格证书是由国家旅游局统一印制的,导游人员资格证书的颁发机关是国家旅游局或者国家旅游局委托的省、自治区、直辖市旅游局。除这两级旅游局之外,其他地方各级人民政府旅游行政部门都不能印制或颁发导游人员资格证书。

在中华人民共和国境内从事导游活动,必须取得导游证。它是国家准许从事导游工作的证件。参加导游人员资格考试并合格,取得导游人员资格证书的,经与旅行社订立劳动合同或者在导游服务公司登记,方可持所订立的劳动合同或者登记证明材料,向省、自治区、直辖市人民政府旅游行政部门申请领取导游证。导游证分为正式导游证和临时导游证。正式导游证,亦即导游证,是参加导游人员资格考试并合格,取得导游人员资格证书的人员,经与旅行社订立劳动合同或者在导游服务公司登记,由省、自治区、直辖市人民政府旅游行政部门颁发的导游证。临时导游证,是具有特定语种语言能力的人员,虽未取得导游人员资格证书,但因旅行社需要聘请其临时从事导游活动,由旅行社向省、自治区、直辖市人民政府旅游行政部门申请领取的导游证。不得颁发导游证的情形:(1)无民事行为能力或者限制民事行为能力的;(2)患有传染性疾病的;(3)受过刑事处罚的;(4)被吊销导游证的。颁发导游证的期限:省、自治区、直辖市人民政府旅游行政部门应当自收到申请领取导游证之日起15日内,颁发导游证;发现有不得颁发的情形,不予颁发并书面通知申请人。导游证的有效期限为3年。导游证持有人需要在有效期满后继续从事导游活动的,应当在有效期限届满3个月前,向省、自治区、直辖市人民政府旅游行政部门申请办理换发导游证手续。临时导游证的有效期限最长不超过3个月,并不得展期。

(张旭娟 师湘瑜)

导游人员等级考核制度(grade system for guide) 我国对导游人员实行等级考核制度。导游人员等级考核标准和考核办法,由国务院旅游行政部门制定。

我国导游人员职业等级标准分为初级导游员等级标准、中级导游员等级标准、高级导游员标准和特级导游员标准四个等级,在知识方面、技能方面、业绩方面、学历方面和资历方面对不同等级的导游员提出了不同的具体要求,达到要求的人员,才能获得相应等级的导游资格。

(张旭娟 师湘瑜)

盗伐森林和林木(illegal felling of forests and woods) 违反森林法或其他法律的规定,以非法占有为目的,秘密砍伐国家、集体所有(包括他人依法承包经营管理国家或集体所有)的森林或者其他林木,以及秘密砍伐他人自留山上的成片林木的行为。根据我国《森林法》的有关规定,盗伐森林或者其他林木的,依法赔偿损失;由林业主管部门责令补种盗伐株数10倍的树木,没收盗伐的林木或者变卖所得,并处盗伐林木价值3倍以上10倍以下的罚款。拒不补种树木或者补种不符合国家有关规定的,由林业主管部门代为补种,所需费用由违法者支付。盗伐、滥伐森林或者其他林木,构成犯罪的,依法追究刑事责任。同时,我国《刑法》第345条规定了盗伐森林罪,即盗伐森林或者其他林木,数量较大的,处3年以下有期徒刑、拘役或者管制,并处或者单处罚金;数量巨大的,处3年以上7年以下有期徒刑,并处罚金;数量特别巨大的,处7年以上有期徒刑,并处罚金。盗伐、滥伐国家级自然保护区内的森林或者其他林木的,从重处罚。

对于盗伐森林和林木的行为,根据我国《森林法实施条例》的规定,盗伐森林或者其他林木,以立木材积计算不足0.5立方米或者幼树不足20株的,由县级以上人民政府林业主管部门责令补种盗伐株数10倍的树木,没收盗伐的林木或者变卖所得,并处盗伐林木价值3倍至5倍的罚款。盗伐森林或者其他林木,以立木材积计算0.5立方米以上或者幼树20株以上的,由县级以上人民政府林业主管部门责令补种盗伐株数10倍的树木,没收盗伐的林木或者变卖所得,并处盗伐林木价值5倍至10倍的罚款。

(刘 鹏)

道路货运经营管理制度(management system of road freight transportation) 经营者从事道路货物运输,收取运费的营利性行为的管理制度。申请从事货运经营的,应当具备下列条件:(1)有与其经营业务相适应并经检测合格的车辆;(2)有符合规定条件的驾驶人员;(3)有健全的安全生产管理制度。从事货运经营的驾驶人员,应当符合下列条件:(1)取得相应的机动车驾驶证;(2)年龄不超过60周岁;(3)经设区的市级道路运输管理机构对有关货运法律法规、机动车维修和货物装载保管基本知识考试合格。申请从事危险货物运输经营的,还应当具备下列条件:(1)有5辆以上经检测合格的危险货物运输专用车辆、设备;(2)有经所在地设区的市级人民政府交通主管部门考试合格,取得上岗资格证的驾驶人员、装卸管理人员、押运人员;(3)危险货物运输专用车辆配有必要的通讯工具;(4)有健全的安全生产管理制度。

申请从事货运经营的,应当按照有关规定提出申请并提交符合规定条件的相关材料并向铁路运输机构提出申请。道路运输管理机构收到申请后,应当自受理申请之日起20日内审查完毕,作出许可或者不予许可的决定。予以许可的,向申请人颁发道路运输经营许可证,并向申请人投入运输的车辆配发车辆营运证;不予许可的,应当书面通知申请人并说明理由。

货运经营者应当持道路运输经营许可证依法向工商行政管理机关办理有关登记手续。货运经营者不得运输法律、行政法规禁止运输的货物。法律、行政法规规定必须办理有关手续后方可运输的货物,货运经营者应当查验有关手续。货运经营者应当采取必要措施,防止货物脱落、扬撒等。运输危险货物应当采取必要措施,防止危险货物燃烧、爆炸、辐射、泄漏等。运输危险货物应当配备必要的押运人员,保证危险货物处于押运人员的监管之下,并悬挂明显的危险货物运输标志。托运危险货物,应当向货运经营者说明危险货物的品名、性质、应急处置方法等情况,并严格按照国家有关规定包装,设置明显标志。货运经营者应当加强对从业人员的安全教育、职业道德教育,确保道路运输安全。货运从业人员应当遵守道路运输操作规程,不得违章作业。驾驶人员连续驾驶时间不得超过4个小时。货运经营者应当使用符合国家规定标准的车辆从事运输经营。货运经营者应当加强对车辆的维护和检测,确保车辆符合国家规定的技术标准;不得使用报废的、擅自改装的和其他不符合国家规定的车辆从事道路运输经营。货运经营者应当制定有关交通事故、自然灾害以及其他突发事件的道路运输应急预案。应急预案应当包括报告程序、应急指挥、应急车辆和设备的储备以及处置措施等内容。发生交通事故、自然灾害以及其他突发事件,货运经营者应当服从县级以上人民政府或者有关部门的统一调度、指挥。货运车辆应当随车携带车辆营运证,不得转让、出租。货运车辆不得运输旅客,运输的货物应当符合核定的载重量,严禁超载;载物的长、宽、高不得违反装载要求。危险货物运输经营者应当为危险货物投保承运人责任险。

（刘 鹏）

道路客运经营管理制度（management system of road public transportation） 从事道路旅客运输的经营管理制度。从事客运经营的，应当具备下列条件：(1)有与其经营业务相适应并经检测合格的车辆；(2)有符合规定条件的驾驶人员；(3)有健全的安全生产管理制度。从事班线客运经营的，还应当有明确的线路和站点方案。从事客运经营的驾驶人员，应当符合下列条件：(1)取得相应的机动车驾驶证；(2)年龄不超过60周岁；(3)3年内无重大以上交通责任事故记录；(4)经设区的市级道路运输管理机构对有关客运法律法规、机动车维修和旅客急救基本知识考试合格。

从事客运经营，应当依法提出申请，获得批准后方可进行。申请从事客运经营，应当按照规定提出申请并提交符合条件的相关材料。道路运输管理机构收到申请后，应当自受理申请之日起20日内审查完毕，作出许可或者不予许可的决定。予以许可的，向申请人颁发道路运输经营许可证，并向申请人投入运输的车辆配发车辆营运证；不予许可的，应当书面通知申请人并说明理由。客运经营者应当持道路运输经营许可证依法向工商行政管理机关办理有关登记手续。客运班线的经营期限为4年到8年。经营期限届满需要延续客运班线经营许可的，应当重新提出申请。客运经营者需要终止客运经营的，应当在终止前30日内告知原许可机关。

客运经营者应当为旅客提供良好的乘车环境，保持车辆清洁、卫生，并采取必要的措施防止在运输过程中发生侵害旅客人身、财产安全的违法行为。班线客运经营者取得道路运输经营许可证后，应当向公众连续提供运输服务，不得擅自停甸、终止或者转让班线运输。从事包车客运的，应当按照约定的起始地、目的地和线路运输。从事旅游客运的，应当在旅游区域按照旅游线路运输。客运经营者不得强迫旅客乘车，不得甩客、敲诈旅客；不得擅自更换运输车辆。客运经营者在运输过程中造成旅客人身伤亡，行李毁损、灭失，当事人对赔偿数额有约定的，依照其约定；没有约定的，参照国家有关港口间海上旅客运输和铁路旅客运输赔偿责任限额的规定办理。客运经营者、货运经营者应当加强对从业人员的安全教育、职业道德教育，确保道路运输安全。道路客运从业人员应当遵守道路运输操作规程，不得违章作业。驾驶人员连续驾驶时间不得超过4个小时。客运经营者、货运经营者应当使用符合国家规定标准的车辆从事道路运输经营。客运经营者应当加强对车辆的维护和检测，确保车辆符合国家规定的技术标准；不得使用报废的、擅自改装的和其他不符合国家规定的车辆从事道路客运经营。客运经营者、货运经营者应当制定有关交通事故、自然灾害以及其他突发事件的道路运输应急预案。应急预案应当包括报告程序、应急指挥、应急车辆和设备的储备以及处置措施等内容。发生交通事故、自然灾害以及其他突发事件，客运经营者应当服从县级以上人民政府或者有关部门的统一调度、指挥。道路客运车辆应当随车携带车辆营运证，不得转让、出租。道路客运车辆运输旅客的，不得超过核定的人数，不得违反规定载货；运输货物的，不得运输旅客。客运经营者应当为旅客投保承运人责任险。

（刘 鹏）

德国标准化协会（Deutsches Institut fur Normung, DIN） 德国标准化协会成立于1919年，总部设在首都柏林，德国最大的具有广泛代表性的公益性标准化民间机构。1975年，德国标准化协会与德国政府签订合同，政府承认德国标准化协会是德国标准化主管机构，代表德国参加国际标准化活动，因此，它是得到政府支持的主管标准化工作的民间机构。德国标准化协会的宗旨是：通过有关方面的共同协作，为了公众的利益，制定和发布德国标准及其他标准化工作成果并促进其应用，以有助于经济、技术、科学、管理和公共事务方面的合理化、质量保证、安全和相互理解。德国标准化协会的主要任务是：组织制定、修订、审查、批准和出版DIN标准，收集国内外标准和重要的标准化文献，与国外标准化机构进行双边和多边合作，代表德国参加国际标准化组织。德国标准化协会组织机构：(1)全体大会：德国标准化协会的最高权力机构，每年至少召开一次会议。(2)主席团及其委员会：主席团是全体大会的常设机构，由至少30名最多50名委员组成。主席团设主席1名，副主席2名，常务会长1名。主席团下设5个委员会：标准审查委员会、消费者委员会、德国合格评定委员会、财务委员会和选举委员会。(3)总办事处：德国标准化协会的实际工作机构，总部设在柏林，并在科隆设有分部。总办事处由德国标准化协会会长主持全面工作，下设会长办公室、标准化部、合格评定部、国际关系部、行政管理与出版部。标准化部主管国内标准化工作。(4)标准委员会：德国标准化协会的技术工作机构，下设工作委员会，工作组以及分委员会。(5)德国技术规则信息中心：对国内外标准文献进行收集、加工、存储、咨询、服务的机构，由行政管理与出版部管辖。德国技术规则信息中心是德国的WTO咨询点。1972年德国标准化协会成立了德国商品标志协会（DGWK），任务是：(1)

与其他标准化技术委员会合作制定产品认证规则和程序;(2)建立和监督以 DIN 标准,国际标准和其他技术规则为基础的认证体系;(3)认可检验监督机构并颁发产品的 DIN 检验和监督标志;(4)代表德国标准化协会参加 CEN 和 ISO 的认证委员会。 (麻琳琳)

deguo fan buzhengdang jingzheng fa
德国《反不正当竞争法》(Anti-unfair Competition Law of Germany) 德国竞争法分为两个部分:《反对不正当竞争法》和《反对限制竞争法》。两者的划分主要是基于不同的目标指向。《反不正当竞争法》的基本目标是防止不道德的经营行为,以及提供一种公平交易的标准。《反对限制竞争法》的基本目标是通过维护竞争性的市场结构,维持和保护自由竞争。

德国《反不正当竞争法》制定于 1896 年,是世界上第一部反不正当竞争法。该法规定了认定不正当竞争行为的一般条款、对不定多数竞争者的不正当竞争行为及对特定竞争者的不正当竞争行为的法律界定条款、程序条款、失效条款及生效条款等。《反不正当竞争法》在德国反不正当竞争法体系中居于主导地位,配合该法施行的特别法规主要包括不当赠品禁令、价格折扣条例、夏冬季结束拍卖办法、特别促销活动办法及散见于商法和商标法中的若干零星规定。由于经济的发展和市场条件的变化,《反不正当竞争法》自 1909 年进行第一次修改以来经过了十多次的修订。2001 年 2 月德国联邦司法部成立了工作小组,对《反不正当竞争法》进行了详细的讨论,广泛听取了各方面的建议和批评,经过三年五个月,新《反不正当竞争法》于 2004 年 7 月 7 日正式公布并立即生效。此次立法已不仅仅是对旧法的局部修订,其重大变化主要表现在以下六个方面:

第一,一般条款得到修改。此次修法吸收了实务界和学术界的统一观点,规定不正当的竞争行为是不允许的,如其以不利于共同竞争者、消费者或其他市场参与者的方式妨碍竞争,且这种妨碍并非无关紧要的。并列为第 3 条。紧接着,第 4 条列举 11 个例子说明何为不正当竞争行为,大部分是长期的司法判例和学术界共同努力得出的统一观点,其中比较重要的有:影响消费者或其他市场参与者决策自由的行为;利用消费者,特别是孩子、年轻人缺乏经验的行为;在价格优惠或搭售中没有将附加条件清楚无误说明的行为;在具有广告性质的有奖销售中没有将参加条件清楚无误说明的行为等等。但这并不排除法官的裁量权,法官仍然可通过法的续造来确认什么是不正当竞争行为。第二,首次明确消费者作为保护对象。旧法虽然也保护消费者,但在法律中没有明确规定,而是由法官根据目的性解释方法推导出来。新法对消费者的保护最明显的是,按照第 7 条的规定,"垃圾广告"是违法的,如不得通过传真、电话、电子邮件及手机发送接受人不希望收到的广告信息。通过此条,欧盟关于电子传媒中数据保护的指示得到具体贯彻。第三,新法对误导性广告问题作了重大修改和补充。旧法对沉默是否也可能构成误导未作规定,新法第 5 条第 2 段给出了判断标准:对一个事实的沉默是否为误导性的,要考虑这个事实按照交易观点对决定订立合同的意义以及沉默对决策的影响力。这个标准是对法官裁量的授权。第四,商家完全可以自由决定是否及何时进行特价销售。按照旧法,特别的销售活动和清仓销售原则上是禁止的,只是在满足法定的条件下才允许有例外。第五,新法废止了不允许"生产厂家做广告和发放购买券"的规定。第六,新法在法律后果方面规定了多种权利。新法除规定了传统的停止请求权和赔偿损失请求权之外,又规定了排除请求权,即排除由不正当竞争所造成的不法状态。还规定了削夺利润请求权,即在一定条件下以上请求权的占有人可要求从事不正当竞争行为的商家将其从此行为中的获利上缴联邦国库。

通过此次立法,德国更希望将其《反不正当竞争法》视为欧洲竞争法的样板在欧盟进行推广,因为《反不正当竞争法》较好地贯彻了欧盟的指示,同时也吸收了近年来欧洲竞争法的研究及司法实践成果。

(张景丽)

deguo fandui xianzhi jingzheng fa
德国《反对限制竞争法》(Law Against Competition Restraint of Germany) 德国《反对限制竞争法》也被称为卡特尔法。第二次世界大战之后,联邦德国在弗莱堡学派的影响下,选择了社会市场经济作为其经济制度的模式。社会市场经济是一种市场自由原则和社会调节原则相结合的经济体制。因为竞争被视为市场经济秩序中最重要和不可取代的调节机制,联邦德国社会市场经济的倡导者就把注意力特别放在了规范市场竞争秩序方面。为此,联邦德国不仅在其《基本法》中对个人的经济自由包括结社自由、合同自由、迁徙自由、职业自由、保障财产所有权等问题作出了原则性规定,而且还于 1957 年以特别法形式颁布了《反对限制竞争法》,将社会市场经济的基本原则和国家的竞争政策以法律形式确定下来。

《反对限制竞争法》迄今已进行过六次修订。最新的修订于 1999 年 1 月 1 日生效。《反对限制竞争法》的实体法主要涉及:横向限制竞争、纵向限制竞争、占市场支配地位的滥用行为、行业协会的竞争规则、适用除外领域以及对企业合并的控制。这部法律还以相当大的篇幅对执法机构和诉讼程序作出了规定。第六次修订的内容和特点可以概括为以下三个方面:(1)凡欧共体竞争法较德国《反对限制竞争法》在程度上更为严厉的方面,均被德国法所接受。例如,对横向卡特尔、价格推荐和滥用市场支配地位的行为明确规定适用"禁止"的原则;取消或者限制过去出于竞争政策的需要而规定的适用除外领域,如电力和天然气不再作为适用除外的经济领域。(2)保留经实践证明德国法在水平上超过了欧共体法的部分。例如,保留了横向限制竞争和纵向限制竞争的区别,保留并且强化了对占市场支配地位企业的法定推断。(3)作出新的和重要的补充规定。例如,关于占市场支配地位的企业滥用行为,增加了"拒绝进入网络或者其他基础设施"。这无疑将会加强与网络或者基础设施相关的经济部门的竞争,如电信和能源部门的竞争。1990年7月1日两德实现了统一后,联邦德国的《反对限制竞争法》开始在原民主德国地区生效。作为欧共体成员国,德国的市场秩序还要适用欧共体竞争法,特别是《欧共体条约》第85条至第94条关于竞争的规则。

(王晓晔)

deguo fangdichan shui
德国房地产税(real estate tax of Germany) 德国征收土地税、土地交易税和房产税的总称。包括:(1)土地税。德国将土地分为两类:农业生产用地和建筑用地,其课税价值的计算方法不同。农业生产用地计税价值为产出价值,建筑用地的计税价值为市场价值,课税对象为单元价值。农业土地产出价值的单元价值以国家统一的土地评估调查评定的机制作为纳税价值。土地产出价值评估,根据土地的不同质量,将土地分为6等,一等为100%,六等为600%,即一等土地的单位面积的纳税单元为1,六等土地的纳税单元为6。单元价值乘以土地面积,就是纳税土地的总价值。德国现在的纳税地加以1964年评定的单元价值为依据。建筑用地的土地市场价值评估,由州的专家评审委员会作出。专家评审委员会的任务为收集成交土地的价格,根据成交土地的价格作出非成交的同类土地的纳税价值。土地税的税率,农业生产用地为6‰,但是独户住宅的土地税率,价值在7.5万马克之内的税率为2.6‰,7.5万马克价值以上的部分税率为3.5‰。双户住宅的税率为3.1‰。土地税是市镇直接税。(2)土地交易税。土地交易税属于财产交易税,只有当房地产被买卖时,才征收该税,目前税率为3.5%。计税依据是房地产买卖时支付的购买价格,当房地产转移发生在一个家庭内时,不征收此税。当一公司直接或间接拥有另一公司的100%股份,而后者在德国拥有房地产时,仍要缴纳此税。(3)房产税。居民自用的住宅(不包括度假村)不缴纳房产税,只需缴纳房基地的土地税。属于居民住宅的必要的房基地,不再征收使用价值税。对于农林企业家来说,与个人住宅有关的开支不再免税。属于个人住宅的必要面积定义为1000平方米,对于1000平方米以上的面积,不能享受使用价值税的免税待遇。1990年起,对居民购建的自有自用住宅,在10年内土地税不是按总单元价值纳税,而是按照总单元价值中的土地部分纳税。对购买和建筑住宅的居民可享受所得税特别扣除,总扣除额为房屋购置价值的5%—6%,分摊所得税扣除的时间为8年,每年的扣除额最高为1.6万马克,在最初4年每年1.98万马克。

(史学成)

deguo geren suodeshui
德国个人所得税(individual income tax of Germany) 对定居德国的个人以及非定居者来自德国国内的收入所征收的税。德国所有的公民都是个人所得税的纳税人,课税对象是个人所得。个人所得包括作为雇员的收入——工资和薪金、个人作为独立经营者——自由职业者的经营收入;个人财产出租收入、退休金收入以及其他个人收入。德国《个人所得税法》中规定有七种个人纳税收入:非独立劳动的收入(工薪收入),农林、工商、独立开业、资产、租赁和其他收入。个人所得税主要包括工资税、估计所得税和利息税三种。工资税,指所有受雇、接受工薪且年收入达到起征点者,均有纳税义务。由雇主代为计算,大企业要预付1/5,然后从受雇人员工薪中扣除。年终工资税总结算、多退少补。估计所得税,以估计的收入为基础进行纳税,如业余时间的收入、出租房屋收入等。利息税,指股东得到的股息和红利、存放利息、债券利息、私人借贷利息等,由股份公司按利息收入的30%缴纳。为鼓励投资,在资本收入计入所得税时,在不超过一年的限度内,扣除新投入的固定资产价款的7.5%,以享受减税优惠。

德国个人所得税按净所得计征,征税时扣除纳税人开支费用。工资税实行累进税制。除基本的起征点外,对工资征税还有其他免税额:对单亲抚养子女免税额、对双亲抚养子女的免税额、子女上大学期间的免税额、老年免税额等。工资所得税的计算方法比较复杂,计算中考虑的第一个因素是纳税人是否有家庭,根据家庭情况将纳税人分为五个纳税等级,即五等税卡。不同等级的税卡表示不同的工资税税率。每个需要就业的公民必须每年在其居住地的市镇政府领取税卡。根据税卡的纳税等级,雇主将工资税从雇员收入中扣除。第二个因素是家庭人口数。家庭人口数决定纳税人的净免税额。个人所得税率分两个累进区作了不同规定。根据德国2000年《税制改革法》的规定,到2005年,德国个人所得税单身申报的起征点将比2000年提高1490马克,年均提高298马克;夫妻申报的起征点将比2000年提高2980马克,年均提高596马克。届时,个人所得税最低税率将比2000年下调近8个百分点,最高税率也将比2000年降低6个百分点。个体经营者(独立的就业者)的免税额和税率与工资税是相同的,只是在其他扣除项目上有些区别。从2001年起,合伙企业和独资企业可选择按公司征税,如果不作选择,则允许以缴纳的营业税抵免其个人所得税。

(史学成)

deguo gongshang yingyeshui

德国工商营业税(business tax of Germany) 又称行业税。是德国地方对企业的资产和营利的征税,对一切国内营业机构征收。营业税按工商企业的利润、资本总额和支付工资总额三个方面分别计算征收,故又称为工商税。征收额中上交给联邦和州各9%,自得82%。营业税属于对资产和所得的重复征税,是地方的重要财政来源,也是地方政府对当地企业施加影响的一种手段。1981年1月1日起,对公司工资总额征收的营业税取消。工商营业税由两部分组成:一是工商所得税,计征方法同公司所得税相似,应税所得包括合伙公司和所有公司的工商收入。对利润所得征收营业税的应纳税所得与公司所得税的应纳税所得相同。在计算应税所得时,大多按公司净利润减去12万马克扣除,50%的长期贷款利息不得扣除;一家公司从其控股10%以上的居民或非居民公司取得的股息和其他参股所得,不计算在内;所得中的第一个5万马克免税。二是工商资本税,按企业的固定资本计征,是地方的主要税种。1998年德国税制改革后,取消了对股份制企业工商资本税的征收,但仍保留了对合伙制单位、自然人企业和农林企业的征收。工商营业税的税率分为两个层次,一是在全联邦内按利润征收的税率为5%,按资本总额和工资总额征收的税率为2%,并有相应的起征点;另一层次是由地方确定的加征率,地方当局有权将税率提高3—5倍,但各地并不一致。对合伙企业有以下优惠:工商所得的免税额为4.8万马克,在工商所得为4.8万—14.4万马克之间时,实行1%—5%的等级税率。在估定工商资本时,所有企业的免税额均为12万马克。

(史学成)

deguo gongsi suodeshui

德国公司所得税(corporate income tax of Germany) 属于联邦税、比例税。纳税人是资本股份公司、法人单位、私法非法人社团和专项财产以及公法的经营性企业。免税对象是联邦的国有企业、国家银行、教会、职业社团、公法的保险、供给单位和社会救助团体。征税所得是公司一个纳税年度的总所得,包括农林业收入、工商业收入、独立性工作收入、非独立性工作收入、资本性财产收入、出租或租赁收入等其他收入种类七个所得项目。纳税所得为营业毛收入加营业外收入扣除各种成本,限于在本国取得的收入,并有一定的免税额。

德国2000年税制改革后,公司所得税的税率采取25%的单一比例税率,废除此前适用的双率税制(2000年公司留存收益适用40%税率,已分配利润适用30%税率)。公司所得税纳税人的实际税收负担由于继续保留征收公司所得税额的5.5%统一附加税(即实际税率从25%增到26.375%)而增加,同时地方营业税依然按照市政当局规定的不同税率征收。同时废除了从1977年就采用的完全归集抵免制,即居民股东收到的股息应纳的所得税额中可以完全抵扣掉公司用于分配利润已纳的公司所得税额,改采古典制,对居民公司股东,免纳公司所得税,对居民个人股东,所取得股息的一半免纳个人所得税,另一半按照股东的个人所得税率纳税。相应地,只允许抵扣相关成本的一半。不管个人在相关的财政年度是否收到一半免税的股息所得,都允许免除部分成本。将股份作为私人拥有资产的个人持股者将继续适用3000马克(夫妇联合申报的为6000马克)的资本所得减税的优惠待遇。对作为私人资产的个人股份转让实现的资本利得免税,除非转让在取得股份的一年内发生(投机期间),或除非转让者在转让前的5年内实际持有该股份。对股息分配计征预提税,国内公司的股息分配按股息的总额征收预提税,由分配公司预扣税款,并替股东缴纳;税率降为20%(包括统一附加税后为21.1%)。对于从外国公司取得的股息,按照"一半所得制度"处理的个人股东是允许抵扣已付外国税款的100%还是50%到目前还不明确。

公司所得税的纳税期限,对于营业年度与日历年度一致的公司,必须采用在3月10日、6月10日、10月10日和12月10日四次预付的方式,预付公司所得税与最终查定公司所得税之间的任何差额,在公司收到查定通知后的1个月内结清。公司纳税申报表必须在5月31日前填报,特殊情形可展期到次年的2月底。

(史学成)

deguo guanshui

德国关税(customs duties of Germany) 德国作为欧盟或欧共体的创始国,关税制度是与欧盟统一的。货物进出欧盟统一关税区和自由关税区将由海关按《海关法》进行监督。需征收消费税的货物通过德国消费税征收区时受海关监督。德国海关对一批货物首先检查是否免关税,如果是,在接到海关的口头通知后,马上就可以提货。如果要征关税,海关将书面或口头通知,接到通知后应立即交付关税。但纳税人可以推迟到货到之日起的下月15日交付。目前欧盟关税管理分为自主管理和协议管理两种形式,自主管理之欧盟单方面通过调节商品进口的优惠税率和贯彻对外贸易政策而采取的一种管理方式,主要是普惠制待遇和关税配额管理两方面。协议管理是指欧盟通过与第三国谈判达成协议,给予对方出口产品特殊的优惠待遇,而一般不要求对方给欧盟以同等的待遇。目前欧盟的统一关税制度主要包括:关税同盟,在成员国之间建立共同海关规则,取消成员国之间的贸易限制统一各国对外关税税率;共同农业政策,对外采取统一关税和进口配额政策,对内实行农产品统一价格和自由流通;出口贸易管理方面,一般商品可以自由出口,仅少数例外,采取农产品补贴、出口退税、出口信贷等方式鼓励出口;海关价格,目前基本上采用《日内瓦守则》(指《估价协议》)确定海关估价制度;实行统一的关税税则表。 (史学成)

deguo jiaohuishui

德国教会税(church tax of Germany) 德国正式登记注册的教徒所缴纳的一种税,应税所得一般为所得或工资的9%,税率各州不同。教会税是由雇主代交到财政部,再由财政局直接返还给教会部门。教会税收入用于教会的开支需要,教会的开支需要除了直接用于维修教堂,组织宗教活动外,也大量用于社会公益事业,主要包括:开办幼儿园,开办教会医院,办教会学校,为青年和妇女集体活动提供场所,向大学生发放奖学金和提供学生宿舍,对发展中国家提供科学、技术援助和贫困援助等。教会税往往是正式教徒的一项证明,但缴纳教会税不仅仅表示对上帝的忠诚,同时,也与个人其他福利有关。如在教会所属单位就业的资格就与教会税的缴纳相联系。德国也有不少的宗教组织不是依靠教会税,而是靠捐款作为活动经营的来源。教会税不属于政府财政收入,因此不包括在国家财政收入统计中。 (史学成)

deguo jinkou zengzhishui

德国进口增值税(import value-added tax of Germany) 对货物在进口环节征税,所有从事进口业务的人在进口货物时都应按国内同种商品交货或劳务供应所适用的税率进行课征。应税基础是根据规定的进口项目价格额决定的。这些价额是按照当时实际执行的、关于海关估定价额及其确定方法的海关法律条款来确定的。如果进口项目不应缴纳关税,应税基础即为应付报酬;如果报酬还没有确定,应税基础则为根据海关法律条款确定的进口项目的价额,即使这些项目不应缴纳关税。税率从1998年起定为16%,对通讯行业的增值税由产生地纳税改为在用户所在地纳税;对承接委托研究任务的高等学校的销售税免征增值税,对于特定的农林产品免征增值税,对印刷品和生活必需品实行优惠税率,税率定为7%。 (史学成)

deguo jingji wending yu zengzhang cujinfa

《德国经济稳定与增长促进法》(Gesetz zur Forderung der Stabilitat und des Wachstums der Wirtschaft) 德国宏观经济调控的重要法律,于1967年6月13日施行。共32条。其主要内容为:(1)经济政策的总方针:联邦和各州应该通过各种经济的和财政的措施以达到总体经济的平衡。这些措施的目的在于:在市场经济的体制下促使经济持续地适当地增长,同时保持特价稳定、高度就业和外资平衡。(2)年度经济报告的内容。(3)发生危及经济政策的总方针规定的各项目的之一的情况时,联邦政府应即制定"指导方针",这种指导方针应特别说明在这种形势下整个经济的各方面之间的相互关系。(4)如果对外经济对整体经济的平衡有所干扰,仅以国内经济方面的措施不能排除这种干扰时,或者排除这种干扰就要影响到第一条规定的目的时,联邦政府应尽一切可能协作。如仍不能排除干扰时,联邦政府应即采取为维持外贸平衡可以使用的现有的各种经济政策上的手段。(5)有关财政方面的规定。在联邦财政方面包括:联邦财政、经济协调储备金;超计划支出的批准程序,经济衰退时的补助性支出;经济协调储备金由德意志联邦银行储存;联邦财政计划中的备用项目;财政五年计划;投资规划;投资的提前;关于财政补助的说明;欧洲复兴计划的特别财产。在各州的财政方面包括:联邦财政、经济协调储备金;超计划支出的批准程序,经济衰退时的补助性支出;经济协调储备金由德意志联邦银行储存;财政五年计划;投资规划;投资的提前以及关于财政补助的说明的规定准用于各州的财政。有关规定由各州主管。对于联邦与各州经济协调储备金的筹集等问题也作了规定。(6)经济平衡发展委员会。联邦政府设立国家经济平衡发展委员会。国家经济平衡发展委员会按照联邦经济部长制定的议事规程定期开会,讨论下列事项:为达到本法的目的所必需的一切经济平衡发展措施;填补财政上信贷需要的各种办法。(7)对贷款的限制。为了防止对整个国民经济平衡的破坏,联邦政府经联邦参议院批准后可以发布法律性命令,对于联邦、各州、乡镇和县以及公共特别财产和县际临时组合在《财政法》和《财政规程》规定的捐款权限范围内以信贷方式筹集货币资金加以限制。(8)各州为保证各项限制的措施。各州就采取措施以保证该州与其所辖乡镇、县和县际临时款方式取得的货币资金保持在依本法规定的限制范围之内。(9)通报信贷需求的情况。州的高级主管机关在接到要求时就向联邦财政部长通报关于州、乡镇、县和县际临时组合的信贷需求情况,关于这些单位取得信贷的数额以及关于在经济上与这些单位取得信贷同样的取得信贷的第三方。公共特别财产也直接通报情况。

(卢炯星)

《德国民法典》(German Civil Code)

德意志帝国1896年制定,1900年1月1日实施的民法典。此后,一直为德意志共和国、德意志联邦共和国所沿用,迄今依然有效。在一个时期内,也曾为德意志民主共和国所适用。它是继《法国民法典》之后,大陆法系国家第二部重要的民法典。它继承罗马法的传统,结合日耳曼法的一些习惯,并根据19世纪资本主义经济发展的新情况而制定,因此在内容上超越了自由资本主义时期的法律原则,在一定程度上适应了垄断资本主义的需要。这部法典对一些资本主义国家的法律产生了很大影响。瑞士、奥地利、日本、泰国的民法典,都在不同程度上参照了这一民法典。因此,西方法学界认为,在大陆法系中,《德国民法典》是与"法国法系"并立的"德国法系"的代表性法典。

《德国民法典》是20世纪法律文化的代表,是一部反映了经济关系新变化的基本法律。它以社会本位、团体主义的立法指导思想,代替了《法国民法典》的个人本位、自由主义和个人主义的立法指导思想。《德国民法典》的这一特征,初步反映了垄断资本主义的客观实际及其对法律的要求。

(赵 玲)

德国票据法(German negotiable instrument law)

德国的票据立法源于德意志各州,后来统一。德国票据法规定的票据仅指汇票和本票,支票另行立法规定。德国自制定票据法时就将票据的基础关系与票据关系相分离,使票据成为无因证券。德国法奉行严格的形式主义,规定了多种票据要件。德国法的影响及于奥地利、匈牙利、瑞士、瑞典、丹麦、日本、挪威、荷兰等国。

(何 锐)

德国企业法(German enterprise law)

成文化、法典化的立法理念贯穿于企业法领域。第二次世界大战后联邦德国逐渐形成了"社会市场经济"模式,即不同于完全依赖市场机制的美国式的"自由主义市场经济",也不同于以前苏联为代表的计划经济体制,而是介于两者之间的一种以市场自发调节为主,由国家宏观指导、调控的混合制经济体制。这一经济体制,决定了德国企业法律制度的特色。

德国属于民商分立的立法体系,早在1861年旧商法典中第二编就有关于公司的规定。1897年又颁布了新的《德国商法典》,其第二编、第三编分别对当时已经出现的不同形式的商事企业作出了比较明确的法律规定。1892年德国通过了世界上第一部《有限责任公司法》,1937年又将股份公司、股份两合公司的规定从商法中独立出来,制订专门《股份及股份两合公司法》,1967年普鲁士王国颁布了《关于经营经济合作社合法地位法》,1995年颁行《合伙公司法》,这些法律在之后都经历了不同程度的修改。目前德国已经形成了包括民法合伙、无限责任公司、两合公司、隐名公司、注册社团、无权利能力社团、营利社团、股份公司、股份两合公司、有限责任公司、注册合作社、海运公司、相互保险社、矿业联合公司等多种企业形式在内的完备的企业法体系。商法典、民法典、单行的公司法、特殊形态的企业法共同对现实生活中各式各样的企业进行调整。

独资企业是德国商法意义上的商人,商法典规定了其特殊的权利和义务。辨别企业主是否从事工商经营活动进而构成商法意义上商人的标准,在于其从事了工商经营活动,即建立经营账簿而且采用"复式记账法"以及保留业务信函。独资企业是企业主个人财产的一部分,因此,业主必须对独资企业的债务承担无限责任。

德国法律不承认合伙为法人,民法典和商法典分别规定了民事合伙和商事合伙。民法典规定民事合伙仅是诸合伙人之间的一种契约关系,其财产为合伙人所共用,不存在一个新的所有权主体。商法典则赋予了商事合伙一定的权利义务:拥有自己的商号、独立地参加诉讼等。1995年通过的《合伙公司法》共5章5节,大部分内容类似于无限公司,但在责任、原则、企业内部权力分配上有所不同。

德国企业法中有限责任公司的相关规定,为许多国家所移植。其《股份与股份两合公司法》1965年修改后首次出现了康采恩条款,第18条规定了事实康采恩、契约康采恩和联合企业三种类型,第三编专门对联合企业进行了规范。在公司治理方面,德国采用的是股东大会选出监事会,再由监事会选出董事会的二元制模式。企业职工可以通过参加公司监事会、董事会、直接进行劳资协商来参与公司的决策,形成了独具特色的员工参与机制。1997年公布的德国股份法、商法修改草案强化了监事会和决算监察人的机能,设置内部监察体系。

19世纪中期,德国出现了一种特殊的经济组织——合作社,它既具有公司的一般特征,又有许多自身的特点。合作社没有人数限制,以协调社员之经济活动为目的,基于相同业务活动形成了法律上的社团。合作社在国民经济生活中发挥着重要作用,存在专门的合作社法对其进行调整。设立合作社必须依法制订章程、取得商号和事务所,还必须进行商事登记。社员不仅仅是合作社的股东,也是合作社的客户。合作社法还规定了合作社的组织机构、退出机制等方面的问题。

(薛松岩)

deguo shangbiao fa
《德国商标法》(Trademark Law of Germany) 现行的《德国商标法》是 2002 年修订的。《德国商标法》采用广义商标概念,除商标外,还包括商业标志和地理标志。《德国商标法》分为九个部分,第一部分是适用范围,第二部分是商标权的成立条件、内容、权利限制、转让、许可等,第三部分是注册商标的程序,第四部分是集体商标,第五部分是按照《商标国际注册马德里协定》和《商标国际注册马德里协定实施细则》的规定对商标进行保护,第六部分是地理标志,第七部分是商标纠纷的诉讼程序,第八部分是对商标侵权的处罚,第九部分是过渡规定。《德国商标法》的特色在于在立法中直接引用国际公约的规定,将所承担的国际公约义务在国内立法中直接加以体现。另外,还存在一些有特色的规定,比如专利法院及其审理程序的规定,将地理标志与原产地标志做了区分,并直接引用欧共体法令对二者进行保护。

(田艳)

deguo shehui baoxianshui
德国社会保险税(social security tax of Germany) 德国于 1889 年创建,主要对工资和薪金所得征税,是德国社会保障制度之一。社会保险税由工薪阶层和企业以及业主强制缴纳,直接纳入预算,专款专用;税款由税务局代收,款项的使用由财政直接划拨个人社会保险机构。社会保险税分职业征收,工人的社会保险税课税对象是工人的工资收入,税款由雇主和雇员共同缴纳,税率总计为 35%,应税工资收入的上限为工人平均工资的两倍左右。政府雇员、农民和自由职业者的社会保险税制与工人适用的税制不同。德国社会保险体系分为五部分:养老金保险、健康保险、失业保险、工伤保险以及对老年人的关怀保险。除工伤保险由雇主全部支付外,其他项目的资金来源均为社会保险税,社会福利规模是和社会保险税额联系在一起的。对于养老金和失业救济金领取者来说,能享受到的福利水平和缴纳税额成正比,而健康保险基本上是平均的。

(史学成)

deguo shuiwu daili zhidu
德国税务代理制度(tax agency system of Germany) 产生于 20 世纪 20 年代,基于市场经济和新税法的出台,为帮助纳税人正确纳税,产生了税务师和税务师事务所。1931 年德国立法规定了税务代理的工作职责。1961 年颁布了《税务顾问法》,在全国设立了税务顾问委员会总会,使税务代理、咨询真正成为一种行业。1975 年政府把代理、咨询合二为一,统称为税务咨询业。德国从事税务咨询代理业务的人员有会计师、律师、经济审计师、税务师四类人。这四类人可以联合成立股份公司,也可以由会计师或税务师单独组建会计师事务所或税务师事务所。事务所的成员都必须具备国家承认的会计师或税务师资格,税务代理人接受税务代纳税人委托,在遵守国家税法的前提下,其业务范围包括:为自然人开办公司提供税务咨询和其他咨询;为企业介绍员工;为家庭成员财产上的分配提供方案;参与企业的经济评价和企业破产的善后处理;帮助企业做账,编制财务报表,为企业制定详细的财务计划;为开办各种经济实体确定合适的法律形式;代理纳税申报;代理税务诉讼,代理财产馈赠事务;代企业向国家申请特殊扶持补贴以及一次性的不动产买卖业务等。税务师要遵守职业道德:在法律的约束和保护下独立开展业务,不依赖税务机关;对根据自己的判断作出的税务文书负责到底,不允许将自己的责任转移和推卸到第三方;办事公道,对分内工作尽职尽责,对客户委托尽心尽力;未经客户允许,不得向任何人提供相关资料,税务机关履行公务检查纳税人的各种原始资料凭证除外;不允许做广告;不允许开展商品流通性的经营业务;不允许以个人名义承揽咨询代理业务,必须加入一个组织;不准自行决定收费标准,严格按照法律标准收费;必须参加职业责任保险;不允许收取佣金和馈赠的钱物。德国设立了 21 个税务师协会,负责对税务师事务所的业务进行指导监督、协调客户投诉和税务部门对事务所的不满,负责职业登记、收取会费以及开展培训工作。由于实行税务代理制度,德国税务机关和纳税人一般不直接接触,税务机关对纳税人的纳税事宜一般不直接帮助,只有税务代理咨询机构才会给纳税人提供服务。税务机关不能随意要求税务师做任何事情,更不允许向纳税人指定税务代理,但可以介绍若干事务所的情况供纳税人选择。税务部门对事务所的业务开展情况有权进行监督。对税务师违反法律或职业道德的行为有权进行处理。税务师事务所发现纳税人为委托事宜提供虚假资料或要求不合理时有权拒绝。

(史学成)

deguo shuizhi
德国税制(tax system of Germany) 德国税收制度的构建开始于 19 世纪中叶。1871 年德意志帝国建立,颁布所得税法。此时税收收入主要有消费税、关税等。1916年开征商品销售税(1918年改为周转税)。第二次世界大战后,当时的联邦德国多次改革税制,1968年引入增值税,取消周转税,1990年德国统一,适用前联邦德国的税法。此后的国税法在1994年、1998年和2000年进行了较大的修改。

德国税收采取了税收基本法和单行税法相结合的立法方式,目前,德国税法有三种形式:(1)德国基本法,它包括税收立法权的分配规定,联邦、州税征收管理权限的划分,以及税收收入的分享的规定等;(2)以法律、法令、规定等形式体现的各种法律及其实施细则等;(3)其他诸如税收协定、欧共体法律、行政规定等。德国的税收基本法——《德国租税通则》规定税的定义:"为公法团体,为收入之目的,对所有该当于规定之给付义务之法律构成之人,所课征之金钱给付,而非对于特定之相对给付者;收入得附带目的"。该法第四章为"租税债法",表明德国税法采取了"税收债务说"而非"税收权力说"的观点。

德国的税收结构非常复杂,按税收来源分为直接税和间接税,按征税机构分为联邦税、州税、地方税以及联邦、州、地方三级或两级共同征收的共享税。实行以共享税为主体的分税制。共享税税种包括:增值税(含进口销售税)、工资税、个人所得税、公司所得税。专项税包括联邦专项税:海关税、消费税(石油税、咖啡税、盐税、香槟酒税、照明器材税)、公路货运税、资本流通税、保险税和票据税,一次性财产税和为平衡财政负担而征收的补偿税;所得税和法人税的附加税;在欧洲共同体范围内的赋税。各州的专项税包括:财产税(财产税、地产购买税)继承遗产税、机动车税、交易税、啤酒税、赌场税、火灾防护税。地方专项税包括:土地税、娱乐税、饮料税、养狗税、猎钓税、赛马税、电影税、体育赛事税、酒类零售税。目前,德国有52个税种,主要分类如下:所得税类:个人所得税、公司所得税、预提税;流转税类:增值税、贸易税、营业税、不动产交易税、关税;财产税类:净资产税、遗产税、赠与税、不动产税;其他:教会税。

德国实行联邦、州和地方三级分权自治体制,税收立法权基本集中在联邦,联邦议会享有联邦专项税和共享税的立法权,并且州和地方的主要税种也由联邦议会统一立法。这些税的征收条例、法令等由财政部制订,州和地方政府只能执行全国统一的税收政策法令。各州议会只有一些机动的税收立法权,包括有权对某些地方性税收规定起征点和加成征收,有权开征或停征某些小的地方税种,有权对一些地方税采取某些临时性的减免税措施。如果有人认为联邦议会通过的税法违反宪法,并且向联邦宪法法院提出上诉,联邦宪法法院就要对该项税法进行裁决。如果宪法法院的裁决结果是该项税法违反宪法,联邦议会就要按照裁决对有关税法进行修改。如德国的财产税、工商资本税(针对股份制企业征收的)就因此而取消。

在税收征管权限划分上,联邦财政部和州财政部共同在州设立财政总局负责税收征管,每州设1—2个,全国共21个,受联邦财政部和州财政部共同领导。在此之下,分设联邦机构和州机构,联邦管理分局负责联邦专享税的征收管理,州管理分局负责州专享税和地方专享税各种共享税以及联邦专享税中的保险税的征管工作。财政总局局长,在联邦和州协商一致后,由联邦财政部任命,联邦管理分局的官员属于联邦官员,州管理分局的官员属于州政府官员。在各市、县设立州管理分局的派出机构,由州财政部领导,负责各地方相应的税收征管。各级共享税征收后,由有关征管机构同时分别上交联邦、州和地方金库。

税收征管普遍采用计算机,且相互联网,纳税人在登记开业时需向税务部门提供有关纳税资料,税务局将这些资料输入电脑,并赋予纳税人纳税编码,纳税人纳税也多通过电子邮件或委托税务代理机构进行纳税申报。德国采用税务代理制度,纳税人可以委托律师、会计师、经济审计师和税务师等税法专家代理纳税,会计师(税务师)主要通过会计(税务)信息数据处理中心为纳税人提供服务。

税收司法由联邦税务法院系统实施,联邦税务法院设两级,即联邦高级税务法院和州初级税务法院。税务法院只管税务纠纷,对偷逃税案也负责惩罚,需要审判的一般交由刑事法院审判。纳税人对税务局的处理决定不服的,纳税人可以向税务法院上诉。

德国除了税务咨询代理等税收中介服务机构外,还有全国性的纳税人协会对纳税人提供税收服务。全国性的纳税人协会成立于1949年,并且在各州设有分会,协会内部也设立了各种委员会。协会的主要职责是:依照国家税法,监督纳税人履行纳税义务,为纳税人行使公民权利创造必要条件;帮助纳税人熟悉和掌握有关税法常识;代表纳税人与政府、议会等部门协调公共关系和经济利益关系;关注、监督议会和政府的税收立法和预算开支情况;从事国家税法等方面的研究;全天为纳税人提供无偿的信息、咨询服务,为纳税人合理避税出谋划策。

(史学成)

德国消费税(consumption tax of Germany) 对消费领域的征税。分一般消费税和奢侈品消费税,主要包括卷烟税、矿物油税、机动车辆税、酒类垄断税、啤酒税、彩票税、娱乐税、饮料税等。其目的是获得财政收入,同时对不同消费品起到引导或限制的作用。税率按照单项商品制定的,应纳税额一般按照销售额计算,税负一般要转嫁给消费者。其中卷烟税、矿物油税、咖啤税、烧酒税、葡萄酒税、香槟酒税和照明器材税等属于联邦税；机动车辆税、啤酒税、赌场税等属于州税；娱乐税、饮料税、养狗税、钓猎税、赛马税、体育事业税、电影税、酒类零售税等属于地方专项税。机动车辆的纳税人是机动车辆的拥有者，计税方法因车辆种类不同而不同，对个人小汽车按照排放废气和发动机种类进行纳税。矿物油税的纳税人是矿物油的生产和进口单位，课税对象是汽油、柴油。矿物油税的税率根据油的质量和使用目的有所区别。无铅汽油比含铅汽油税率低，取暖和生产用油税率最低。通过矿物油税，促进人们少用小汽车，多用公共交通设施，以达到保护环境的目的。

（史学成）

deguo yichan yu zengyushui
德国遗产与赠与税（estate and gift tax of Germany） 纳税人是遗产继承人和受遗赠人。赠与税的纳税人包括赠与人和受赠与人。居民纳税人需就其境内外遗产或受赠财产纳税，非居民纳税人需就坐落于德国境内的因遗赠继承或受赠而得到的财产支付税款。课税对象是因继承而获得的所有财产，包括不动产、动产或某些财产权利。财产估价，对土地、房屋等不动产按市场价值估价，市场交易的有价证券按继承发生时或赠与行为发生时的市场交易价格估定。未上市的公司股票按照该公司资产平均收益率估价。珠宝首饰、高档艺术品由鉴定单位估定。税率由两个因素确定，一是亲属关系的确定，二是所继承和接受赠与的财产价值。税率是累进税率。规定了基本免税额度，继承或受赠的财产在一定的额度以内不必纳税，继承或赠与的财产仅仅用于赡养目的的不纳税，丧葬管理费用和死亡人债务允许扣除，公益性捐赠全额免税。其具体分类有以下三种：分类一、配偶、子女和继子女、子女和继子女的后代，由于死亡原因涉及继承情形的父母和祖父母；分类二、由于生前发生财产移转，因而不适用分类一的父母和祖父母，同胞兄弟姐妹，继父母、侄子、侄女、外甥、外甥女、伯父、叔叔、舅舅、姑母等，离婚的配偶；分类三、所有其他的财产承受人和相关的财产转移人。其税率表如下：

应税转移价值（马克）	分类一（%）	分类二（%）	分类三（%）
不超过 10 万	7	12	17
不超过 50 万	11	17	23
不超过 100 万	15	22	29
不超过 1000 万	19	27	35
不超过 2500 万	23	32	41
不超过 5000 万	27	37	47
5000 万以上	30	40	50

（史学成）

deguo zengzhishui
德国增值税（value-added tax of Germany） 针对德国流通领域内商品和劳务转移行为进行的征税。课征情形包括：境内的货物销售、境内的劳务提供、从非欧盟成员国进口的货物、欧盟成员国之间的货物销售、企业货物用于个人用途、推定股息公司付给股东或关联人的多种款项。纳税人是有应税交易的企业主，企业主为独立从事某项经营或专业活动的人，包括不同身份的居民或非居民，即个人、个人联合体、法人、法人联营机构和其他经济实体。应税交易包括由企业主提供劳务和销售商品，在征税区内由于私人原因进行交易，符合公司所得税法规定的联合体以及个人团体进行的商品和劳务供应，不论是否具有法人资格。小规模纳税人，即小企业主，指年应税销售额未达到 3.25 万马克，或当年应税销售额预计达不到 10 万马克的企业主，免纳增值税，但无权享受进项税额的抵扣。税率分为两档：标准税率15%，轻税率7%。轻税率适用于饲养的动物、肉、奶、羽、绒毛、植物种植、菜、水果、谷物、调味品、自来水、原木、图书、印刷品、艺术品等。采取两种免税法，一种是对已付增值税不能抵扣的税，对投入时购买的商品、劳务和进口货已交的税款，企业主不能抵扣，适用对象主要有：不动产、企业转让、金融、特定运输项目，其他税法规定的免税商品和劳务，如经批准的人体器官、血浆、母乳的供应及医疗、福利、科学文化等。另一种为零税率法，对出口商品实行零税率，免征出口商品所有环节的增值税，并实行税收抵扣，对企业投入时购买的商品、劳务和进口货物已交的税款在免税的时候退还已交的增值税。1993 年欧盟成立后，货物出口给成员国比照境内销售处理，但对非成员国之间的交易仍实行出口税率为零的制度。增值税的纳税期限为，纳税人于月后 10 天内申报缴纳，并在年度结束后填报年度增值税申报表。如果月份申报与年度申报的数额不符，必须在年度申报后的 1 个月内缴清少缴的税款；相应地，对多缴的税款也应退清。增值税的计税公式是：应付税金 = 销项税金 − 进项税金。进项税金的计算依据是发票，实行发票抵扣法，同时增值税的应纳税额按照权责发生制计算。

（史学成）

deguo zhiliang xiehui
德国质量协会（Germany Quality Association） 1952 年成立于法兰克福，是一个民间公益型独立机构，当时名为"技术统计委员会"，1957 年更名为"德国统计质量控制会"（ASQ）。1968 年又改名为"德国质量协会"。德国质量协会于 1999 年 9 月 10 日制定了新的质量方针、质量目标和工作内容。德国质量协会的主要任务是：促进和发展质量保证手段，教育、培训质量管理人员。主要活动有组织交流企业管理方法的经验;编写培训教材;帮助企业制定培训计划;举办培训与再教育活动;对培训的人员进行考试、评价和发证;进行质量管理科学及应用研究;出版质量专业文献和书籍;参与标准化发展的活动;开发质量管理体系模式等。德国质量协会自负盈亏,政府不给经费。从1998年开始每年培训1万人,其证书在欧洲国家得到互认。1997年起还参加德国质量奖评选活动。

(麻琳琳)

低价倾销行为(acts of low-price dumping) 经营者以低于成本的价格销售商品的行为。价格竞争是市场竞争的重要方式,是经营者经营自主权的表现。从经济学角度看,许多倾销行为有其合理性。比如,在市场饱和的情况下,企业为了在一定时期内实现利润,或者为了减少经济损失,有时就有必要以低于市场的平均价格甚至低于成本价格销售商品。有时候,企业倾销商品不是出于利润最大化,而是出于长期生存的战略需要,比如进入新的市场。这些倾销行为因为在经济上有其合理性,从而应当被视为合法行为。在竞争法中,制止低价倾销主要是为了保护竞争。我国《反不正当竞争法》第11条规定:"经营者不得以排挤对手为目的,以低于成本的价格销售商品。"据此,违法倾销行为得具备两个构成要件:(1)经营者存在着倾销行为;(2)倾销之目的是排挤竞争对手。

关于倾销行为的认定,根据我国国家发展计划委员会1999年8月3日发布的《关于制止低价倾销行为的规定》,主要指经营者在依法降价处理商品外,以低于成本的价格倾销商品。这里的成本是指生产成本或者经营成本。生产成本包括制造成本和由管理费用、财务费用、销售费用构成的期间费用。经营成本包括商品的进货成本和经营费用、管理费用、财务费用构成的流通费用。根据上述《规定》第5条,这里的低于成本是指经营者低于其所经营商品的合理的个别成本。在个别成本无法确认时,由政府价格主管按该商品行业平均成本及其下浮幅度认定。

然而,根据经济学原理,从优化配置资源的角度出发,企业并不需要一定将其产品的价格定在全部成本之上。在发达市场经济国家的反垄断实践中,关于倾销价格的分析基本是依据美国学者阿里达和特纳1975年提出的理论,即阿里达—特纳规则(Areeda-Turner rule)。根据这一理论,一个价格如果低于可能合理预见的短期边际成本,这个价格就是不合理的;如果等于或者高于其边际成本,则可以被视为是合理的价格。因为从经济学角度看,企业按照边际成本销售产品要比按照平均成本销售产品更能充分地利用其生产能力。这从社会的角度看,就是优化配置了资源。

由于边际成本计算比较困难,阿里达和特纳使用了平均可变成本代替边际成本。可变成本是随着生产数量而变化的成本,主要存在于对生产要素的支付以及其他短期使用的资源如劳动工资、原材料或者半成品的购买等。与可变成本相对的是不变成本,它们基本存在于对生产的固定投资如厂房和机器设备。因为这些投资不管企业生产与否都是要损耗的,所以也被称为固定成本。因为固定成本与产品生产数量无关,它们只能在产品的长期销售中慢慢得到补偿。阿里达和特纳认为,一个企业实施短期价格策略的时候,虽然从长远的角度看,产品价格必须要补偿全部成本,但是在短期内却不必一定要补偿全部成本。然而无论如何,产品价格必须要补偿可变成本。由此得出的一个结论是,如果产品价格低于可变成本,这个价格可能就是一个掠夺性的价格。因为企业如果在不能回收可变成本的情况下继续经营,其受到的损失就比在破产和退出市场时还大。在这种情况下,如果企业的产品价格低于平均可变成本,这就能够说明该企业存在着排挤竞争对手的意图。因为只有将竞争者从市场上排挤出去,企业在倾销中的经济损失才能通过随后的涨价得到弥补。

关于排挤竞争对手的意图,这在实践中往往存在着争议。竞争中的企业因为一般都存在着战胜竞争对手的主观愿望,排挤竞争对手的意图在法律上就需要一个客观标准。我国《反不正当竞争法》在这方面没有作出相关规定。在发达市场经济国家的竞争法中,经营者是否存在着排挤竞争对手的意图,主要取决于经营者的市场地位。

需要指出的是,以排挤竞争对手为目的的低价倾销行为在实践中的案例不是很多。这除了产品成本不易计算的因素外,更重要的是这种竞争策略的成功机会很少。例如,竞争者被排挤出市场后,倾销者在理论上虽然可以大幅度涨价,从而获得垄断利润,但是,随着利润的提高,在不存在进入市场障碍的情况下,新的竞争者会进入市场,从而使倾销者重新回到原来的市场地位。而且,企业进行倾销的时间越长,损失就会越大,甚至可能与竞争对手同归于尽。

(王晓晔 苏丽娅)

诋毁竞争对手(defamation of competitors) 经营者捏造、散布虚伪事实,损害竞争对手的商业信誉或者商品声誉的行为。企业的商业信誉和商品声誉是社会对企业及其产品的评价。良好的商业信誉和商品声誉有利于企业开拓市场,扩大交易,提高市场占有率。因此,它们与企业的名称或者商品的商标一样,是企业的无形财产。因此,那些为抬高自己而对竞争对手进行造谣、诽谤以损害其商业信誉和商品声誉的做法,是严重违反商业道德的行为,是不正当竞争行为。根据我国《反不正当竞争法》第 14 条,诋毁竞争对手的行为应当满足以下三个要件:第一,行为人捏造和散布虚伪事实;第二,这种行为是以竞争为目的;第三,捏造和散布之内容会损害他人的商业信誉或商品声誉。根据《反不正当竞争法》,受害人可以请求损害赔偿。根据我国《刑法》第 221 条,因诋毁竞争对手的行为给他人造成重大损失或者有其他严重情节的,处两年以下有期徒刑或者拘役,并处或者单处罚金。

(王晓晔)

dizhi

抵制(boycott) 也被称为拒绝交易。抵制可以表现为多种形式,如一个企业同它以往一直供货的企业中断了合同关系,或者拒绝向一个新企业供应产品。在法学和经济学上,比较有意义的是占市场支配地位企业的拒绝交易行为。例如,一个占市场支配地位的钢铁企业如果意图进入汽车制造业,它就会拒绝向现有的汽车制造企业提供生产汽车的特种钢材。拒绝交易也可能是出于合同的原因。例如,一个占市场支配地位的企业因为签订了独家供货协议,根据协议它就只能向个别企业供货。在实践中,抵制往往是占市场支配地位的生产商胁迫销售商的手段,例如,强迫他们按照协议规定的价格销售商品。因为这种抵制会严重妨碍商品销售中的价格竞争,各国反垄断法将这种行为视为滥用市场支配地位。

需要指出的是,拒绝交易行为并不总是违法行为。特别是根据合同自由的原则,企业有权决定与某个企业进行交易,或者与某个企业不交易。然而,合同自由原则不能适用于那些占市场支配地位的企业。如果这些企业出于滥用市场支配地位或者为了加强其市场支配地位而拒绝交易,这种行为就是违法的。因此,在认定一个拒绝交易行为是合法或者非法的时候,应当适用合理原则。例如,我国《电力法》第 26 条规定:"供电营业区内的供电营业机构,对本营业区内的用户有按国家规定供电的义务;不得违反国家规定对其营业区内申请用电的单位和个人拒绝供电。"这就是一个禁止抵制交易的法律规定。

(王晓晔)

difang huanjing zhiliang biaozhun he wuranwu paifang biaozhun bei'an guanli

地方环境质量标准和污染物排放标准备案管理(local environmental standards and pollution standards on file) 为加强对地方环境保护标准的备案管理,我国国家环境保护总局 2004 年 11 月 2 日颁布《地方环境质量标准和污染物排放标准备案管理办法》,以规范国家环境保护总局对省、自治区、直辖市人民政府依法制定的地方环境质量标准和污染物排放标准的备案管理活动。地方机动车船大气污染物排放标准的管理,依照经国务院批准、国家环境保护总局发布的《地方机动车船大气污染物排放标准审批办法》执行。

省、自治区、直辖市人民政府或者其委托的环境保护行政主管部门应当在地方环境质量标准和污染物排放标准发布之日起 30 日内,向国家环境保护总局备案,并提交有关材料。

国家环境保护总局在收到备案材料之日起 30 日内,对符合《地方环境质量标准和污染物排放标准备案管理办法》规定的,予以备案,并在国家环境保护总局网站公布备案登记信息。对不符合规定的,不予备案登记,并说明理由。地方污染物排放标准无法与国家污染物排放标准中的项目限值、控制要求比较宽严关系的,国家环境保护总局暂缓备案,并在收到备案材料之日起 30 日内书面说明理由,通知报送标准备案部门重新备案;重新备案的标准符合规定的,予以备案登记。报送备案的地方环境质量标准应符合下列要求:(1)已经省级人民政府或其授权的环境保护行政主管部门批准;(2)对国家环境质量标准中未规定的项目,补充制定地方环境质量标准。

报送备案的地方污染物排放标准应符合下列要求:(1)已经省级人民政府或其授权的环境保护行政主管部门批准。(2)地方污染物排放标准应参照国家污染物排放标准的体系结构,可以是行业型污染物排放标准和综合型污染物排放标准。行业型污染物排放标准适用于特定行业污染源或特定产品污染源;综合型污染物排放标准适用于所有行业型污染物排放标准适用范围以外的其他各行业的污染源。(3)对国家污染物排放标准中未规定的项目,补充制定地方污染物排放标准。(4)对国家污染物排放标准中已规定的项目,制定严于国家污染物排放标准的地方污染物排放标准。

地方环境质量标准和污染物排放标准中的污染物监测方法,应当优先采用国家标准或环境保护行业标准。地方环境质量标准和污染物排放标准中的污染物监测方法也可采用等效方法或替代方法,但应当与国家标准或环境保护行业标准进行对比试验和验证并符合要求。污染物没有国家标准或环境保护行业标准监测方法时,应将该污染物的监测方法列入地方环境保护标准附录,或在地方环境保护标准中列出发表该监测方法的出版物。有下列情形之一的,地方环境保护标准制定部门应当及时依法对地方环境保护标准进行修订或者废止:(1)新制定发布的国家环境质量标准对地方环境质量标准中的污染物项目已作规定的;

(2) 新制定发布的国家污染物排放标准严于地方污染物排放标准的。地方环境质量标准和污染物排放标准经修订后,重新报送备案。地方环境质量标准和污染物排放标准在报批前,应当征求国家环境保护总局意见。
（王　丽）

difang tongji diaocha

地方统计调查(local statistical investigation) 我国地方各级人民政府为满足本地方的特殊需要,反映本地方的特点的地方性统计调查。地方统计调查项目由县级以上地方各级人民政府统计机构拟订,或者由县级以上地方各级人民政府统计机构和有关部门共同拟定。地方统计调查计划和统计调查方案的报批办法,由省、自治区、直辖市人民政府统计机构规定,报国家统计局备案。
（董金良）

diji diaocha

地籍调查(cadastration) 土地管理部门按照法定程序,对土地的权属、界址、用途、面积等进行现场调查和勘丈,编绘地籍图件资料的过程。地籍调查为土地权属审核、登记发证提供依据。地籍调查在具体实施时又可分为权属调查和地籍勘丈两个阶段。其中权属调查是查清每宗土地的权属、界址、位置、用途、利用状况等。经土地所有者或使用者认定,记录于地籍调查表,作为下一步地籍勘丈的依据。地籍勘丈是根据权属调查确定的界址点、界址线和宗地草图,测绘地籍原图,以正确地确定宗地的范围、界址、位置、形状和面积等。地籍调查成果一经登记,即具有法律效力。土地的权属、用途和利用状况是经常变化的,所以在全面完成初始地籍调查后,为了保持地籍资料的现势性,还需跟踪土地的动态变化,进行变更地籍调查。
（李　平　肖　锋）

dimian disan zeren

地面第三责任(third party liability on land) 从事通用航空的单位和个人对地面第三人的责任,是因飞行中的民用航空或者飞行中的民用航空器落下的人和物,造成地面(包括水面)第三人的人身伤亡或者财产损害的,受害人有权获得赔偿,从事航空的单位或者个人应当承担赔偿责任。
（张旭娟　柴　坚）

diqu fengsuo xingwei

地区封锁行为(behavior of regional blockades) 政府及其所属部门滥用行政权力,限制外地商品进入本地市场,或者本地商品流向外地市场的行为。这种行为的目的是保护本地区的利益;后果是割断本地市场与外地市场的联系,形成地方封锁;其表现形式多以政府命令、文件或通知的面目出现。在我国,法律限制地区封锁的主要表现形式有:(1) 维护企业的生产、经营自主权。对承担国家指令性计划的企业,要加强计划管理和行政监督,确保完成国家指令性计划产品调拨任务和购销合同。生产企业在完成国家指令性计划产品调拨任务和购销合同后,根据国家有关政策规定,有权在全国范围内销售其产品。工业、商业、物资等部门的企业,在国家计划指导下,根据经济合理的原则和生产经营的实际需要,有权在全国范围内自行选购所需要的商品,任何地区和部门不得设置障碍,加以干涉,特别是不得在承包经营责任制中硬性规定只准购销或硬性搭配本地产品;不得将质次价高、用户不欢迎的产品,强行压给流通企业。(2) 设卡堵口各地区、各部门不得擅自在道路、车站、码头、省区边界设关卡,阻碍商品的正常运输。必须设置的检查站,需报经省、自治区、直辖市人民政府批准,并严格规定其职责范围。凭县以上公安机关颁发的证件执行检查任务。检查人员应佩戴专用标志,严格按照规定的工作范围履行职责,不得任意扣留过往运输车辆,随意收取各种费用或罚款。工商行政管理、质量监督检查和卫生检查等部门不得以打击假冒、伪劣商品为名,抬高外地产品的检验标准,变相阻止外地产品进入本地区销售。为缓解运输紧张状况、减少物资不合理对流,对地处边远的少数民族自治地区能够生产自给、适销对路、质量合格的少数产品,在报经国家计划委员会批准后,短期内可适当控制外购,但必须允许一定比例的同类优质产品进入本地销售,以利于提高本地产品质量和生产技术水平。(3) 严格执行国家财政、税收管理制度。各地区、各部门不得对外地产品或经销、使用外地产品的企业擅自增加税费、变动税率;不得制定封锁市场的惩罚性规定,收缴企业的合法收入;也不得超越权限擅自对经销本地产品的企业减免税收。(4) 各地银行在资金上要支持经营企业择优选购产品,在信贷上要对经销外地产品与经销本地产品的企业一视同仁,不得对经销外地产品的企业限制贷款或提高贷款利率。按照合同规定到货或需要购进的外地产品,银行应按结算办法和有关规定,及时办理结算。(5) 物价部门要加强物价管理,支持企业在商品购销活动中平等竞争。要监督企业严格执行物价管理规定,禁止有意压低或擅自提高外地同类商品的进销价格差率和批零价格差率,变相限制外地产品的销售。在销售国家指定价格的外地产品时,不得搭配销售本地产品。(6) 各地区、各部门应自觉制止和纠正地区封锁的错误做法,集中力量抓好经济结构的调整。要根据平等互利的原则,积极促进地区之间的经济、技术协作,加强横向联系,进一步搞活商品流通。物资、商业和供销部门要相互协作,积极开拓农村市场,保证商品在城乡之间畅通无阻。

(苏丽娅)

diquan xianzhi

地权限制(land right limitation) 对土地所有权的行使进行法律限制,是世界各国土地立法的一个共同趋向。随着国家干预经济的加强,那种完全、充分、自由、绝对的土地所有权已不复存在了。如意大利《民法典》规定:土地所有者不得反对第三者在不侵犯所有人利益的地下深度进行活动。美国允许经农业部长批准,在他人土地上设置地役权。日本《国土计划法》第14条规定:"签订有关土地所有权或地上权及其他政令规定的以使用和收益为目的的权利转移或设定的合同时,当事者必须得到都、道、府、县知事的许可。"日本《农地法》规定:农地私有者已废止耕作时,国家可按法定手续予以收购。随着"所有权社会化"的发展,国家对土地所有权已由外在限制发展到内在限制,如日本政府公布地价,调控地权市场。我国土地法也规定了地权限制的内容。

(马跃进 裴建军)

diyu kate'er

地域卡特尔(territory cartel) 生产或者销售同类产品的企业相互就分割地域市场而达成的协议。地域卡特尔因为会限制企业进入市场,从而不可避免地会产生以下两个后果:一方面,效益差的企业因为其市场得到保护而不能被淘汰,效益好的企业因为市场受到限制而不能扩大生产和经营规模,这就不利于资源的优化配置,而且对效益好的企业是一种不合理限制;另一方面,这些人为分割的市场都是垄断性市场,从而减少了消费者在市场上选择商品的机会,损害了他们的利益。各国反垄断法对地域卡特尔一般适用本身违法的原则。

(王晓晔)

dizhi kancha zizhi zhuce dengji

地质勘查资质注册登记(registration of human quality of geologic prospect) 在中华人民共和国领域及管辖的其他海域从事地质勘查工作,应依照《地质勘查资质注册登记办法》进行注册登记,取得地质勘查资质证书。国土资源部和省、自治区、直辖市人民政府国土资源行政主管部门是地质勘查资质的注册登记机关。国土资源部的职责范围:(1)海洋地质调查、石油天然气矿产勘查及航空地球物理勘查、航空遥感地质勘查的地质勘查资质的注册登记;(2)全国地质勘查资质注册登记信息的汇总、公开、提供查询服务;(3)对省、自治区、直辖市人民政府国土资源行政主管部门地质勘查资质注册登记及全国地质勘查资质的监督管理。省、自治区、直辖市人民政府国土资源行政主管部门的职责范围:(1)国土资源部的职责范围以外的地质勘查资质的注册登记;(2)行政管辖区内地质勘查资质注册登记信息的汇总、公开、提供查询服务;(3)行政管辖区内地质勘查资质的监督管理。

资质申请 地质勘查资质申请人,应当是直接从事地质勘查工作的企业或者事业单位,除应具有法人资格外,还应符合地质勘查资质的条件要求。申请地质勘查资质时,申请人应当如实向注册登记机关提供注册登记资料,不得弄虚作假,不得拒绝检查。涉及申请人商业秘密的资料,注册登记机关应当予以保密。注册登记机关自收到地质勘查资质注册登记申请之日起30日内,应当对注册登记申请资料进行核实,并按照地质勘查资质的条件要求,作出符合注册登记或者不符合注册登记的结论,并通知申请人。需要申请人修改、补充资料的,注册登记机关应当通知申请人限期修改、补充。符合注册登记条件要求的,申请人应当自收到通知之日起30日内,按规定办理注册登记手续,领取地质勘查资质证书,成为地质勘查资质注册登记人,可以在注册登记范围内依法从事相应的地质勘查工作。不符合注册登记条件要求的,注册登记机关应当向申请人说明不能办理注册登记的理由。

统检 地质勘查资质实行统检制度。每两年统检一次,每次统检时间为12月份。统检工作由原注册登记机关负责。统检时,注册登记人应当携带地质勘查资质证书(正本和副本)到原注册登记机关填报"地质勘查资质统检表",并接受统检。统检合格的,注册登记机关应当在地质勘查资质证书(副本)上加盖统检专用印章;统检不合格的,统检机关应当作相应的减类处理,并通知受检人办理变更注册登记手续。逾期不接受统检的,其地质勘查资质证书自行失效。在统检中出现下列情况之一的,统检机关应当作相应的减类处理,并通知受检人办理变更注册登记手续:勘查工作能力低于相应类别的条件要求的;连续2年未从事该类地质勘查活动的;某类勘查工作发生重大过失或违法行为的。注册登记机关对统检中发现上述所列情况之一的,取消其注册登记资质,注册登记机关在3年内不予其注册登记。此外,地质勘查资质注册登记人有下列情形之一的,注册登记机关在3年内不予其注册登记地质勘查资质:在申请资料中隐瞒真实情况,弄虚作假的;不按有关规定办理变更注册登记手续的;参与无矿产资源勘查许可证勘查或侵权勘查的;转包给无地质勘查资质证书的单位或个人施工的;超越批准的勘查业务范围进行地质勘查工作的;抵押、出租、转让地质勘查资质证书的;有其他重大过失或违法行为的;不遵守行业道德规范或违反诚信原则的。

法律责任 注册登记机关工作人员徇私舞弊、滥用职权、玩忽职守、构成犯罪的,依法追究刑事责任;尚不构成犯罪的,依法给予行政处分。外商、港澳台商申请注册登记地质勘查资质的,依照《地质勘查资质注册登记办法》的规定办理;法律、行政法规另有特别规定的,从其规定。

(刘利晋)

diyan zichan qingcha
递延资产清查(checking for deferred assets) 对递延资产增减及摊销的清查。递延资产是指按照正确计算期间损益要求,将本期支付的某项服务性费用中其效果涉及未来时期的有关部分,递延到以后受益期内负担的资产。如预付保险费、租入固定资产改良支出、金融债券发行费用以及摊销期限在1年以上的其他长期待摊费用等。清查时,按摊销余额登记。

(李 平 陈岚君)

dierci shijie dazhanhou xiangdui wending jieduan
de jingjifa
第二次世界大战后相对稳定阶段的经济法(economic law during the steady-going period after the Second World War) 第二次世界大战后,市场经济国家进入经济相对稳定的阶段。这一阶段可以分为三个时期:战后经济恢复和调整时期、经济相对发展时期和经济转折时期。在这一阶段,世界的重要变化是出现了"社会主义阵营",形成了计划经济体制。两大阵营的对峙,两种体制的冲突,客观上推动了国家对国民经济的调控。在这一阶段,实现了经济法的体系化和完善化。

战后经济恢复和调整时期的经济立法 第二次世界大战结束后至20世纪50年代前期,属于经济恢复和调整时期。欧洲各国和日本经济立法的目的是恢复生产和调整国民经济。在战败的德国和日本,经济立法是随着"经济民主化"展开的。德国颁布了经济过度集中排除法令,以解决垄断问题。日本颁布了经济力过度集中排除法;农地调整法改正法案,实行农地改革等。英国为了解决经济萧条和就业问题,1945年通过了塔夫脱—拉特克列夫法案,确定了积极的财政政策,为国民经济注入资金;1946年通过了就业法,该法超出了作为民法的雇佣法的局限,把雇佣关系、就业与失业问题,置于国民经济总体发展之中。第二次世界大战的结束,标志着美国等西方国家与以苏联为首的社会主义阵营"冷战"的开始。在"冷战"中,美国国内的垄断联盟以及国际垄断急速发展。与此相适应,经济法也迅速发展起来。随着朝鲜战争的准备和进行,美国对国民经济实行了军事化调节,颁布了一系列国家采购立法。

经济相对发展时期的经济立法 20世纪50年代中期至70年代初,是西方市场经济国家经济相对发展的时期。在这一时期,先后发生的三次世界性经济危机进一步刺激了国家垄断的发展。这一时期的经济立法,以国家垄断为重点,主要表现为国有经济立法和反私人垄断立法。通过国有化立法,增加对基础工业的投资,兴建国营企业,将部分银行和企业收归国有,以进一步控制和影响私人资本。在这一时期,各国的禁止私人垄断立法进一步完善,相继颁布了相应的配套法规。美国1968年颁布了关于合并的指导方针,对违反法律规定的纵向合并和横向合并,一律禁止和取缔,限制联合企业的合并,宣布卡特尔协议为非法。联邦德国1957年通过了限制竞争禁止法,对限制市场竞争的行为,由国家立法直接加以调整。日本经过战后恢复和经济重建,国民经济有了较快的发展,主要颁布了开放经济体制、经济助成和经济结构改善方面的法律。比如外汇、贸易、资本的自由化与国家限制的规定、农业基本法、农业现代化资金助成法以及中小企业基本法等法律。这些法律有力地促进了国家垄断的发展。

经济转折时期的经济立法 20世纪70年代初至90年代初,是西方市场经济国家的经济转折阶段。在这一时期,各国经济的特征是滞胀和危机并存。其间又发生了三次世界性的经济危机,即1973年至1975年的危机、1979年至1982年的危机,以及1989年至1993年的危机。第一次危机首先发生在美国,具有非周期性和不平衡性;第二次危机是周期性投资高涨之后的危机;第三次危机也是投资高涨之后的危机。滞胀也是这一时期国民经济的显著特征。解决滞胀的措施大致有两个方面:一是调整资产存量,比如把国有资产出卖给私人,从而增加财政收入,减少亏损补贴;二是调整收入流量,比如用减税、免税等办法刺激生产。这一时期的经济立法包括:(1)非常措施立法。1971年美国实行新经济政策,规定禁止美元与黄金兑换,对进口品征收10%的进口附加税等。在美元的冲击下,日本制定了《投机防止法》,禁止对物资的垄断性购买和囤积。1973年的中东战争,对世界造成了石油冲击。各国普遍采取了与石油供需有关的禁止措施。(2)不景气对策立法。主要是防止失业和促进再就业立法、处理过剩设备立法、防止中小企业倒闭立法等。这一时期经济立法的重点是竞争政策关联立法和涉外经济立法。第二次世界大战后,美国的反托拉斯法日臻完善。这些立法不仅对国内市场上的垄断和不正当竞争行为进行严格限制,对于国外竞争者妨害美国市场的垄断和不正当竞争行为也进行了限制。1979年颁布了《破产改革法》,1981年颁布了《经济复兴税法》。日本则于1977年修改了《禁止垄断法》,加强了反垄断的立法导向。此外,为了保障中小企业的活动,制定了调整大型企业进出入中小企业事业领域的法律。通过安定中小企业,以稳定国民经济。此外,各国的涉外经济立法也得到了空前的发展。

第二次世界大战后,西方国家的市场经济发生了显著的变化,体现为国家垄断资本主义在国内和国际的空前发展。其突出表现是:一是垄断组织的垄断实力极大增强;二是随着对外经济联系体系的形成,形成了跨国性国际垄断组织,主要是跨国公司和跨国银行。相应的,国内经济法、涉外经济法及国际经济法都得到了空前的发展。这一阶段经济立法的主要特点是:(1)实体经济法规的比例迅速扩大,形成了"法群"。比如,联邦德国自1949年以来,颁布法规三千多件,其中经济法规占70%。比如,日本于1978年编纂的法规汇编——《六法全书》中,有三百五十多件经济法规。再如,英国在1981年一年就制定了56件经济法规,占全年制定法规总数的78%。(2)经济法自成体系。在法德体系中,经济法居于重要地位,形成了包括经济组织法、经济活动法等一整套相互联系、排列有序的经济法律体系。(3)军事性、统制性、应急性的立法,逐步得到了改变,成为立足于国民经济总体运行的法律。

(赵玲)

diyue shi tiaokuan neirong shuoming yiwu
缔约时条款内容说明义务(duty of explanation of treaty clause when formed) 保险活动具有高度专业性和技术性,一般投保大众对各种保险条款和保险用语所蕴含的权利义务关系及法律效果不甚了解,而保险公司作为经营保险业务的专业性组织机构拥有强大的专业知识和经验优势。在保险合同缔结和履行活动中,基于诚实信用和公平原则,保险公司应当对涉及双方权利义务关系重大的责任除外条款、风险分配等保险条款和保险专业术语的含义及法律效果予以必要的解释和说明,以便投保方能够明了。同时,保险单条款属于典型的格式条款,在保险单格式条款订入合同前,保险公司必须履行提示和说明义务,使相对人在了解条款内容并同意的情况下,格式条款才能视为已订入合同。否则,视为未订入合同而不能对投保人产生拘束力,这就是保险人缔约时条款内容说明义务。

(李庭鹏)

dianjià yu dianfei
电价与电费(electricity price and electricity expenses) 电力实现市场供给的价格体现。电价与电费制度是指在政府的统一管理和调控下,依法合理确定电价,保证电费正常征收,以实现促进电业正常运营与发展,保障电力消费者合法权益的电力法律制度。电价按照不同的划分方式有不同的电价类别。按照生产和流动环节可划分为上网电价、互动电价、销售电价;按

照用电时间序列可分为峰谷电价、丰枯电价、时段电价;按照用电类别可分为:照明电价、农业用电电价、商品用电电价、非工业和普通工业用电电价等。电力法中所称电价,是指电力生产企业的上网电价、电网互供电价、电网销售电价。根据我国《电力法》的有关规定,电价实行统一政策,统一定价原则,分级管理;制定电价,应当合理补偿成本,合理确定收益,依法计入税金,坚持公平负担,促进电力建设;上网电价实行同网同质同价,电力生产企业有特殊情况需另行制定上网电价的,具体办法由国务院规定;跨省、自治区、直辖市电网和省级电网内的上网电价,由电力生产企业和电网经营企业协商提出方案,报国务院物价行政主管部门核准,独立电网内的上网电价,由电力生产企业和电网经营企业协商提出方案,报有管理权的物价行政主管部门核准,地方投资的电力生产企业所生产的电力,属于在省内各地区形成独立电网的或者自发自用的,其电价可以由省、自治区、直辖市人民政府管理;跨省、自治区、直辖市电网和独立电网之间、省级电网和独立电网之间的互供电价,由双方协商提出方案,报国务院物价行政主管部门或者其授权的部门核准,独立电网与独立电网之间的互供电价,由双方协商提出方案,报有管理权的物价行政主管部门核准;跨省、自治区、直辖市电网和省级电网的销售电价,由电网经营企业提出方案,报国务院物价行政主管部门或者其授权的部门核准,独立的销售电价,由电网经营企业提出方案,报有管理权的物价行政主管部门核准;国家实行分类电价和分时电价。分类标准和分时办法由国务院确定,对同一电网内的同一电压等级、同一用电类别的用户,执行相同的电价标准;用户用电增容收费标准,由国务院物价行政主管部门会同国务院电力管理部门制定;任何单位不得超越电价管理权限制定电价,供电企业不得擅自变更电价;禁止任何单位和个人在电费中加收其他费用,但是,法律、行政法规另有规定的,按照规定执行;地方集资办电在电费中加收费用的,由省、自治区、直辖市人民政府依照国务院有关规定制定办法;禁止供电企业在收取电费时,代收其他费用。

(张璐 张旭娟 柴坚)

dianli fa
电力法(electricity law) 调整电力经营和供给、电力工程和设施管理及其规制所产生的社会关系,用以维护电力用户利益,保证电业健康发展和公共安全的法律规范的总称。《中华人民共和国电力法》已于1995年12月28日由第八届全国人大常委会第十七次会议通过,自1996年4月1日起施行。该法共10章75条,包括总则、电力建设与电网管理、电力供应与使用、电价与电费、农村电力建设和农业用电、电力设施保护、

监督检查、法律责任、附则等部分。适用于中华人民共和国境内的电力建设、生产、供应和使用活动。电力事业投资,实行谁投资谁收益的原则。电力设施受国家保护。电力建设企业、电力生产企业、电网经营企业依法实行自主经营、自负盈亏,并接受电力管理部门的监督。

电力法调整的社会关系有三种:第一,电力经营和供给者、政府与第三人之间的电力经营业关系。此类关系的内容是电力投资经营者经政府审查许可在特定区域垄断电力经营成为电力经营者和供给者,排除第三人干涉。这种关系使投资者享有从事电业获得利益的机会,是电业发生的基础,也是电力法的主要规范对象。第二,电力经营和供给者同电力使用者之间的电力供给业关系。电力供给业关系是电力经营和供给者与用户之间以特殊商品——电力为标的的交易关系,这种关系使电力经营和供给者从事电业获得利益从现实,是电业发展的基本动力结构,是电力法规范的重点。第三,电力经营和供给者、政府与第三人之间的电力工程与设施的管理以及规制关系。这种关系是以电力经营和供给者对电力工程和设施的合理支配,政府对其合理支配的监督和管理为内容的。

电力是一次能源转化来的优质二次能源,电业是提供公共商品——电力的公共事业,电力的供应总是稀缺的、不可替代的,而在特定地区电业经营和供给者又总是独家经营,因此,电力供应及电业是典型的自然垄断性公共事业,需要电力法及其制度进行合理规范。首先,通过相关的法律规定,使电力经营和供给者优势得到限制,使之能与用户平等互利地进行交易,维护相比之下处于弱势地位的电力用户的合法权益。其次,通过电力法及其制度对垄断价格的限制,确定电力稳定的经济和供给行为机制,保证资源优化配置和电业利益的公平分配,从而使电业合理发展。还有,通过法律对电业工程和设施的管理进行规范,确定电业者的维护义务和政府的规制行为,用以确保公共安全。

(张 璐 徐巍伟)

dianli gongying yu dianli shiyong
电力供应与电力使用(electricity supply and electricity consuming) 指在政府的监督管理下,电业经营者依法向用户供给电力,用以保证电力消费者的合法权益,保证电业合理发展的制度。这项制度要求电业经营者必须履行法定的电力供给义务,并接受政府对其供给行为的监督和管理,以有效限制电业的自然垄断。我国《电力法》规定:国家对电力供应和使用,实行安全用电、节约用电、计划用电的管理原则。供电营业区内的供电营业机构,对本营业区内的用户有按照国家规定供电的义务,不得违反国家规定对其营业区内申请用电的单位和个人拒绝供电。申请新装用电、临时用电、增加用电容量、变更用电和终止用电,应当依照规定的程序办理手续,供电企业应当在其营业场所公告用电的程序、制度和收费标准,并提供用户须知资料。电力供应与使用双方应当根据平等自愿、协商一致的原则,按照国务院制定的电力供应与使用办法签订供用电合同,确定双方的权利和义务。供电企业应当保证供给用户的供电质量符合国家标准。对公用供电设施引起的供电质量问题,应当及时处理。用户对供电质量有特殊要求的,供电企业应当根据其必要性和电网的可能,提供相应的电力。供电企业在发电、供电系统正常的情况下,应当连续向用户供电,不得中断。因供电设施检修、依法限电或者用户违法用电等原因,需要中断供电时,供电企业应当按照国家有关规定事先通知用户。用户对供电企业中断供电有异议的,可以向电力管理部门投诉,受理投诉的电力管理部门应当依法处理。因抢险救灾需要紧急供电时,供电企业必须尽速安排供电,所需供电工程费用和应付电费依照国家有关规定执行。用户应当安装用电计量装置。用户使用的电力电量,以计量检定机构依法认可的用电计量装置的记录为准。用户受电装置的设计、施工安装和运行管理,应当符合国家标准或者电力行业标准。用户用电不得危害供电、用电安全和扰乱供电、用电秩序。对危害供电、用电安全和扰乱供电、用电秩序的,供电企业有权制止。供电企业应当按照国家核准的电价和用电计量装置的记录,向用户计收电费;用户应当按照国家核准的电价和用电计量装置的记录,按时交纳电费,对供电企业查电人员和抄表收费人员依法履行职责,应当提供方便。供电企业和用户应当遵守国家有关规定,采取有效措施,做好安全用电、节约用电和计划用电工作。

(张 璐)

dianli jianshe zhidu
电力建设制度(system of electricity construction) 根据政府统一规划,兼顾经济效益与社会效益,通过制定有关电力产业政策,支持、促进电力建设和电业发展的法律制度。根据我国《电力法》的有关规定,电力发展规划应当根据国民经济和社会发展的需要制定,并纳入国民经济和社会发展计划;电力发展规划,应当体现合理利用能源、电源与电网配套发展、提高经济效益和有利于环境保护的原则;城市电网的建设与改造规划,应当纳入城市总体规划,城市人民政府应当按照规划,安排变电设施用地、输电线路走廊和电缆通道,任何单位和个人不得非法占用变电设施用地、输电线路走廊和电缆通道;国家通过制定有关政策,支持、促进电力建设,地方人民政府应当根据电力发展规划,因地制宜,采取多种措施开发电源,发展电力建设;电力投资者对其投资形成的电力,享有法定权益,并网运行的,电力投资者有优先使用权,未并网的自备电厂,电力投资者自行支配使用;电力建设项目应当符合电力发展规划,符合国家电力产业政策,电力建设项目不得使用国家明令淘汰的电力设备和技术;输变电工程、调度通信自动化工程等电网配套工程和环境保护工程,应当与发电工程项目同时设计、同时建设、同时验收、同时投入使用;电力建设项目使用土地,应当依照有关法律、行政法规的规定办理;依法征用土地的,应当依法支付土地补偿费和安置补偿费,做好迁移居民的安置工作,电力建设应当贯彻切实保护耕地、节约利用土地的原则,地方人民政府对电力事业依法使用土地和迁移居民,应当予以支持和协助;地方人民政府应当支持电力企业为发电工程建设勘探水源和依法取水、用水,电力企业应当节约用水。 （张 璐）

dianli kexue jishu jiangli

电力科学技术奖励（scientific and technological reward of electricity） 规范中国电力科学技术奖的推荐、评审、授奖等各项活动的制度。中国电力科学技术奖励制度旨在奖励在中国电力科学技术进步活动中作出重要贡献的单位和个人,充分发挥广大科学技术人员的积极性和创造性,促进电力科学技术的发展,提高国家电力公司的综合实力。中国电力科学技术奖贯彻尊重知识、尊重人才的方针。鼓励自主创新,鼓励攀登科学技术高峰,促进科学研究、技术开发与电力生产建设、经济、社会发展的密切结合,促进科技成果商品化和产业化,加速电力科技创新战略的实施。实行公开授奖制度,遵循精神奖励与物质奖励相结合的原则,遵循公开、公平、公正原则。中国电力科学技术奖是国家电力公司授予单位或个人的荣誉。授奖证书不作为确定科学技术成果权属的直接依据。

国家电力公司科技管理部门负责中国电力科学技术奖评审的组织工作。国家电力公司设立中国电力科学技术奖励评审委员会和奖励工作办公室。评委会是中国电力科学技术奖的最高评审机构。评委会组成人员由国家电力公司科技管理部门提出,报国家电力公司批准。奖励办公室设在国家电力公司科技管理部门中。

中国电力科学技术奖授予在电力科学研究的技术开发中,在应用推广先进科学技术成果,完成重大科学技术项目等方面,作出突出贡献的单位和个人,包括:(1)在电力科学研究和技术开发项目中,完成重大科学技术创新、科学技术成果转化,创造显著经济效益的;应用推广先进科学技术成果并具有新的创新,取得显著经济效益的;(2)在电力科学理论研究、标准、计量、科技信息、非在线应用软件等项目中,具有显著的科学贡献和创新,取得重大成果及其推广应用,并经过实践检验,创造显著社会效益或经济效益的。中国电力科学技术奖候选单位应当是在项目研制、开发、投产、应用和推广过程中提供技术、设备和人员等条件,对项目的完成起到组织、管理和协调作用的主要完成单位。直接承担国家有关综合管理部门和国家电力公司下达项目的推荐单位,可以作为主要完成单位。

中国电力科学技术奖设立三个奖励等级,即一等奖、二等奖、三等奖。中国电力科学技术奖实行限额推荐制度,每年评审一次,评审规则由国家电力公司科技管理部门制定。中国电力科学技术奖实行评委会、评审组和初评三级评审制。

中国电力科学技术奖评审实行回避制度和异议制度。国家电力公司科技管理部门（奖励办公室）对评委会作出的获奖人选、项目及等级的决议进行审核,报国家电力公司批准后发布奖励通报。中国电力科学技术奖由国家电力公司颁发证书。中国电力科学技术奖的奖励费用由国家电力公司筹集。

剽窃、侵夺他人科学技术成果的,或以其他不正当手段骗取奖励的,由国家电力公司科技管理部门报国家电力公司批准后撤销其奖励。推荐的单位和个人提供虚假数据、材料,协助他人骗取奖励的,由国家电力公司科技管理部门通报批评;情节严重的,暂停或者取消其推荐资格;对负有直接责任的主管人员和其他直接责任人员,依法给予行政处分。构成犯罪的,依法追究其刑事责任。参与中国电力科学技术奖评审活动和有关工作的人员在评审活动中弄虚作假、营私舞弊的,依法给予行政处分。 （王 丽）

dianli sheshi baohu

电力设施保护（protection of power facilities） 电业设施与工程的保护。对电业设施与工程安全的保护是保障电力持续安全的基本前提。根据我国《电力法》的有关规定,对电业设施和工程安全的保障措施主要体现在以下几方面:任何单位和个人不得危害发电设施、变电设施和电力线路设施及其有关辅助设施;在电力设施周围进行爆破及其他可能危及电力设施安全的作业的,应当按照国务院有关电力设施保护的规定,经批准并采取确保电力设施安全的措施后,方可进行作业;电力管理部门应当按照国务院有关电力设施保护的规定,对电力设施保护区设立标志,任何单位和个人不得在依法划定的电力设施保护区内修建可能危及电力设施安全的建筑物、构筑物,不得种植可能危及电力设施安全的植物,不得堆放可能危及电力设施安全的物品,在依法划定电力设施保护区前已经种植的植物妨碍电力设施安全的,应当修剪或者砍伐;任何单位和个人需要在依法划定的电力设施保护区内进行可能危及电力设施安全的作业时,应当经电力管理部门批准并采取安全措施后,方可进行作业;电力设施与公用工程、绿化工程和其他工程在新建、改建或者扩建中相互妨碍时,有关单位应当按照国家有关规定协商,达成协议后方可施行。　　　　　　　　　　(张　璐)

dianli sheshi baohuqu
电力设施保护区(**power infrastructure protection zone**)　为了保证电力设施安全运行和人民群众生命、健康、财产的安全而依法设定的安全区域。凡是发电厂、变电所(站)区域内的发电设施、变电设施、送变电设施以及厂、所区域外的供电、输电设施和辅助设施,如电网调度设施、通讯设施、计量设施、各种管线、建筑物、灰场等,都属于电力设施保护范围之内。与电力设施的保护范围相一致,电力设施保护区也分为三大类:一是发电设施、变电设施保护区;二是电力线路设施保护区;三是有关辅助设施保护区。(张旭娟　柴　坚)

dianli shengchan yu dianwang guanli
电力生产与电网管理(**power production and grid management**)　加强电力生产与电网运营的安全性与可靠性,保证电力持续稳定供给的电力制度。根据我国《电力法》的规定,电力生产与电网运行应当遵循安全、优质、经济的原则,电网运行应当连续、稳定,保证供电可靠性;电力企业应当加强安全生产管理,坚持安全第一、预防为主的方针,建立、健全安全生产责任制度,电力企业应当对电力设施定期进行检修和维护,保证其正常运行;发电燃料供应企业、运输企业和电力生产企业应当依照国务院有关规定或者合同约定供应、运输和接卸燃料;电网运行实行统一调度、分级管理,任何单位和个人不得非法干预电网调度;国家提倡电力生产企业与电网、电网与电网并网运行,具有独立法人资格的电力生产企业要求将生产的电力并网运行的,电网经营企业应当接受,并网运行必须符合国家标准或者电力行业标准,并网双方应当按照统一调度、分级管理和平等互利、协商一致的原则,签订并网协议,确定双方的权利和义务,并网双方达不成协议的,由省级以上电力管理部门协调决定。　　(张　璐)

dianli shichang jianguan
电力市场监管(**supervision of the electric power market**)　国家专门机关依法对电力市场进行的监督和管理。电力监管机构遵循依法、公正、透明的原则,依法独立行使电力市场监管职责,不受其他组织和个人的非法干涉。电力市场中被监管的对象包括电力市场主体和市场运营机构,电力市场主体包括按规定获得电力业务许可证的发电企业、电网经营企业、供电企业(含独立配售电企业)和经核准的用户;市场运营机构是指电力调度交易中心。电力监管机构对所有市场主体和市场运营机构实施的监管包括:(1)履行系统安全义务的情况;(2)进入和退出电力市场的情况;(3)参与电力市场的资质情况;(4)披露电力市场信息的情况;(5)执行各类技术标准、安全标准、定额标准、质量标准的情况。电力监管机构同时还对发电企业实施监管,主要包括:(1)在各区域电力市场中的份额比例;(2)企业由于新增装机、租赁经营或兼并、重组、股权变动而超出市场规则允许范围,形成市场操纵力的行为;(3)不正当竞争、串通报价和违规交易行为;(4)执行市场运营机构调度指令的情况。电力监管机构还对电网经营企业实施下列监管:(1)无歧视、公平开放电网,提供输电服务的情况;(2)资产收益的情况;(3)所属发电企业发电情况;(4)执行输电价格的情况。电力监管机构对供电企业实施的监管包括:(1)作为购电方时的市场交易行为;(2)执行配、售电价格的情况;(3)供电服务质量及电能质量。电力监管机构对市场运营机构的监管包括:(1)按规定实施电力调度的情况;(2)按电力市场运营规则组织电力市场交易的情况;(3)获取辅助服务的方式和费用管理情况;(4)电力市场结算的执行情况;(5)对电力市场的干预行为;(6)对电力市场技术支持系统的建设、维护、运营和管理的情况。电力监管机构还监管用户在电力市场中的交易行为。　(刘　鹏)

dianli shichang zhunru zhidu
电力市场准入制度(**electric power market access system**)　我国实行的电力市场实行准入注册制度。经准入注册的电力市场主体方,可参与市场交易。电力企业符合以下条件方可进入市场:(1)持有电力业务许可证并在工商行政管理部门登记、注册;(2)承诺遵守电力市场运营的法律法规;(3)自动化系统、数据通信系统等技术条件满足电力市场的要求;(4)电力监管机构规定的其他条件。市场准入,首先由市场主体向电力监管机构提出申请并提供相应资料。其次,电力监管机构对申请材料进行审查。最后,电力监管机构及时将申请及其处理情况公告其他市场主体。市场主体可以申请退出电力市场。市场主体申请退出市场的程序是:首先,市场主体应当至少提前30日向电力监管机构提出申请;其次,电力监管机构应在接到申请材料之日起30日内作出决定并书面通知申请人。同意其退出的,电力监管机构应当明确其退出的时间,并及时将决定通知市场运营机构注销其注册;不同意其退出的,电力监管机构应当书面说明理由;最后,电力监管机构及时将申请及其处理情况公告其他市场主体。电力市场主体在退出之前,应当保持生产经营的连续性，完成有关资料、信息、合同的转移工作。

（刘 鹏）

dianxin fuwu zhiliang jiandu zhidu
电信服务质量监督制度（quality supervision of telecom service） 即加强对电信业务经营者服务质量监督管理的制度。

我国信息产业部根据国家有关法律、行政法规对电信业务经营者提供的电信服务质量进行监督管理。省、自治区、直辖市通信管理局负责对电信业务经营者在本行政区域提供的电信服务质量进行监督管理。电信服务质量监督管理工作遵循公平、公正、公平的原则，实行政府监管、企业自律、社会监督相结合的机制。电信服务质量监督管理的任务是对电信运营企业提供的电信服务质量实施管理和监督检查；监督电信服务标准的执行情况；依法对侵犯用户合法利益的行为进行处罚；总结和推广先进、科学的电信服务质量管理经验。

电信管理机构 电信管理机构服务质量监督的职责是：(1) 制定颁布电信服务质量有关标准、管理办法并监督实施；(2) 组织用户对电信服务质量进行评介，实时掌握服务动态；(3) 纠正和查处电信服务中的质量问题，并对处理决定的执行情况进行监督，实施地违规电信业务经营者的处罚，对重大的质量事故进行调查、了解，并向社会公布重大服务质量事件的处理过程和结果；(4) 表彰和鼓励电信服务工作中用户满意的先进典型；(5) 对电信业务经营者的执行资费政策标准情况、格式条款内容进行监督；(6) 负责组织对有关服务质量事件的调查和争议的调解。电信管理机构有权要求并督促电信业务经营者采取有效措施，保证所提供的服务质量得以持续改进。电信管理机构工作人员在监督检查服务质量和处理用户申诉案件时，可以行使下列职权：(1) 询问被检查的单位及相关人员，并要求提供相关材料；(2) 有权进入被检查的工作场所，查询、复印有关单据、文件、记录和其他资料，暂时封存有关原始记录。

电信服务质量监督 电信管理机构工作人员实施监督检查，应出示有效证件，并由两名或两名以上工作人员共同进行。电信管理机构开展服务质量监督抽查工作，可以采用人工调查、测试、检验等手段，采取明查或以普通用户身份"暗访"的方式进行，抽查的范围可以是全面检查、随机进行的抽样检验或针对某个选择对象的抽样检验。电信管理机构不定期组织对电信业务经营者的服务质量进行抽查，并向社会公布有关抽查结果。电信管理机构将用户满意度指数作为对电信业务经营者服务质量评价的核心指标，组织进行电信服务质量的用户满意度评价活动。鼓励电信业务经营者建立科学的用户满意度评价体系。电信管理机构定期向社会公布电信服务质量状况和用户满意度指数。电信管理机构可以依靠全国电信用户委员会以及社会舆论等，沟通与广大用户的联系，听取用户的意见与建议，充分发挥用户的监督作用。

电信业务经营者 电信业务经营者应当按规定向电信用户申诉受理中心交纳服务质量保证金。电信业务经营者制定和使用格式条款应当报电信管理机构备案。格式条款应当符合国家有关法律、行政法规的规定，全面、准确地界定经营者与用户间的权利和义务，并采取合理的方式提请用户注意免除或限制电信业务经营者责任的条款，按照对方的要求，对该条款予以说明。根据业务发展情况，应及时规范和调整格式条款的有关内容。电信业务经营者应对外公布投诉电话，配备受理用户投诉的人员；对用户投诉应在规定的时限内予以答复，不得互相推诿；对电信管理机构督办的事宜，应在规定的时限内将处理结果或处理过程向其报告；对用户提出的改善电信服务的意见和建议要认真研究，主动沟通。计费原始数据保存期限为5个月。用户要求查询通信费用时，在计费原始数据保存期限内，电信业务经营者应提供查询方便，做好解释工作。在与用户发生争议、尚未解决的情况下，电信业务经营者应负责保存相关原始资料。电信业务经营者应定期对照电信服务标准进行自查。代办电信业务单位（或个人）的服务质量，由委托的电信业务经营者负责，并负责管理和监督检查。电信业务经营者必须配合电信管理机构的检查或调查工作，如实提供有关资料和情况，不得干扰检查或调查活动。

（傅智文）

dianxin jianshe guanli zhidu
电信建设管理制度（administration system of telecom construction） 电信建设的统筹规划和行业管理，促进电信业健康、有序发展的管理制度。凡在我国境内新建、改建和扩建公用电信网、专用电信网和广播电视传输网，均须遵守我国信息产业部和原国家计委联合制定发布的《电信建设管理办法》。信息产业部依法对全国公用电信网、专用电信网和广播电视传输网的建设实施监督管理。省级通信管理局，在信息产业部领导下，依法对本行政区域内的公用电信网、专用电信网和广播电视传输网的建设实施监督管理。

电信建设规划编制与管理 信息产业部负责编制电信行业发展规划，各省、自治区、直辖市通信管理局负责编制所辖行政区电信行业发展规划。投资建设公用电信网、广播电视传输网的企业（或单位），必须根据行业规划的要求，编制本企业（或单位）5年规划（含传输网5年专题规划），并逐年编制滚动规划（含传输网滚动专题规划）。投资建设专用电信网的企业（或单位），应根据本企业（或单位）对通信传输线路及带宽的需求编制本企业（或单位）传输网5年专题规划，并根据实际建设和发展情况逐年编制传输网滚动专题规划（含自建、购买、租用等）。企业（或单位）可以根据情况确定滚动规划期限为3年或5年。

电信建设项目审批　建设项目要严格按照国家规定的项目审批权限进行审批。审批项目应以业主单位的电信业务许可证范围为依据。国内传输网新建或改建、扩建项目在按照国家基本建设程序审批前，须经相应通信主管部门初审，行业初审同意的项目方可获得批准。申报国内传输网跨省建设项目或国家规定的限额以上项目，应同时抄报信息产业部；申报国内传输网省内限额以下建设项目，应同时抄报本省、自治区、直辖市通信管理局。计划单列企业按照项目审批权限自行审批的限额以下国内传输网项目，应抄报国家计委和信息产业部。申报项目单位应提供电信业务经营许可证等材料。行业主管部门在收到抄报文件20个工作日内，向项目审批部门出具行业初审意见。

国际传输网、国际通信出入口等国际电信建设项目由国家统一审批。其中，限额以上基本建设项目或限额以上的技术改造项目经信息产业部初审同意后，由国家计委或国家经贸委审批或核报国务院审批；限额以下项目由信息产业部审批，其他部门（或单位）无权审批国际电信建设项目。

申报国内传输网络联合建设项目除规定内容外，还应注明合建方及牵头单位，并补充各自的建设规模和出资额。项目审批或初审应采取专家咨询、专家评审等方式，并在此基础上批复或出具行业初审意见。

电信建设市场管理　信息产业部对全国电信建设市场、电信建设工程质量、招标投标等电信建设活动以及通信工程建设强制性标准的执行情况实施监督管理。省、自治区、直辖市通信管理局对本行政区域内电信建设市场、电信建设工程质量、招标投标等电信建设活动，以及通信工程建设强制性标准的执行情况实施监督管理。省、自治区、直辖市通信管理局负责本行政区内电信管道建设的统筹规划和协调。地方各级人民政府应将电信管道建设规划纳入城镇建设总体规划。公共场所的经营者或管理者有义务协助基础电信业务经营者依法在该场所内从事电信设施建设，不得阻止或者妨碍基础电信业务经营者向电信用户提供公共电信服务。

信息产业部和省、自治区、直辖市通信管理局可委托经信息产业部考核合格的通信工程质量监督机构具体实施电信建设项目的质量监督。参与电信建设的各方主体应当遵循国家法律、法规及强制性标准的规定，对其承接的项目质量和安全负责。按有关规定必须进行招标的电信建设项目实行招标备案制。电信建设项目业主单位应在确定中标人之日起15日内填写"通信建设项目招标情况备案表"，其中跨省（自治区、直辖市）建设的项目报国家计委和信息产业部备案，其他建设项目报省、自治区、直辖市通信管理局备案。涉及机电设备的国际招标项目应遵守国家有关规定。

参与电信网络建设的单位应经信息产业部或省、自治区、直辖市电信建设管理部门审查同意后，按照国家有关规定，办理资质审批和年检手续，未经信息产业部或省、自治区、直辖市电信建设管理部门审查同意的，不得承接电信建设项目。通信信息网络系统集成和通信用户管线建设企业，应当按信息产业部有关规定取得通信信息网络系统集成企业资质或通信用户管线建设许可证书。否则不得承接电信建设项目。电信建设项目业主单位不得选择未经通信主管部门审查同意或未取得相应电信建设资质证书的设计、施工、监理、咨询、系统集成、用户管线建设、招投标代理单位承担电信建设项目。信息产业部和省、自治区、直辖市通信管理局对电信建设进行监督检查时，被检查单位应当按要求提供有关电信建设的文件和资料，配合有关人员进入工作现场进行检查，并接受信息产业部和省、自治区、直辖市通信管理局对违规行为作出的处理。

（傅智文）

dianxin yewu jingying xukezheng guanli zhidu
电信业务经营许可证管理制度（licence administration system of telecom operations）　电信业务经营许可证管理是我国电信业务管理的重要制度。除国家另有规定外，在我国境内申请、审批和管理电信业务经营许可证适用信息产业部制定发布的《电信业务经营许可证管理办法》。

电信业务经营许可证　经营许可证由正文部分和附件部分组成。电信业务经营许可证分为"基础电信业务经营许可证"和"增值电信业务经营许可证"两类。后者又分为"跨地区增值电信业务经营许可证"和省级范围内的"增值电信业务经营许可证"。"基础电信业务经营许可证"的有效期限，根据电信业务种类分为5年、10年。"跨地区增值电信业务经营许可证"和省级范围内的"增值电信业务经营许可证"的有效期限为5年。"基础电信业务经营许可证"、"跨地区增值电信业务经营许可证"以及外商投资电信企业的电信业务经营许可证由信息产业部部长签发。省级范围内的"增值电信业务经营许可证"由省级通信管理局局长签发，并报信息产业部备案。信息产业部和省级通信管理局是电信业务经营许可证的审批管理机构。电信主管部门在电信业务经营许可证审批管理中应当遵循公开、公平、公正的原则。

电信业务经营许可证的申请　申请经营基础电信

业务的,应当符合《中华人民共和国电信条例》第10条的规定和下列条件:(1)在省级区域范围内经营的,其注册资本最低限额为2亿元人民币;在全国或跨省级区域范围内经营的,其注册资本最低限额为20亿元人民币;(2)最近3年内未发生过重大违法行为。申请经营增值电信业务的,应当符合《中华人民共和国电信条例》第13条的规定和下列条件:(1)在省级区域范围内经营的,其注册资本最低限额为100万元人民币;在全国或跨省级区域范围内经营的,其注册资本最低限额为1000万元人民币;(2)有可行性研究报告和相关技术方案;(3)有必要的场地和设施;(4)最近3年内未发生过重大违法行为。

电信业务经营许可证的审批 "基础电信业务经营许可证"和"跨地区增值电信业务经营许可证",由信息产业部负责审批。省级范围内的"增值电信业务经营许可证",由省级通信管理局负责审批。外商投资电信企业的电信业务经营许可证,根据《外商投资电信企业管理规定》第17条的规定,由信息产业部负责审批。电信主管部门在审查电信业务经营许可申请时,发现申请者提交虚假证明文件的,应当不批准其申请,并在3年内不再受理其经营电信业务的申请。

电信业务经营许可证的使用 获准经营电信业务的公司,应当按照经营许可证正文中所载明的电信业务种类,在规定的业务覆盖范围和期限内,按照经营许可证的规定经营电信业务。获准经营电信业务的公司,经发证机关批准,可以授权其持有股份不少于51%并符合经营电信业务条件的子公司经营其获准经营的电信业务。任何单位和个人不得伪造、涂改、冒用、租借、买卖和转让经营许可证。

电信业务经营许可证的变更和注销 经营许可证有效期届满,需要继续经营的,应当提前90日,向原发证机关提出续办经营许可证的申请。不再继续经营的,应当提前90日向原发证机关报告,并做好善后工作。取得电信业务经营许可证的公司或者其获准授权经营电信业务的子公司,遇有合并或分立、有限责任公司股东变化、业务经营权转移等涉及经营主体需要变更的情形,或者业务覆盖范围需要变化的,应当自公司作出决定之日起30日内向原发证机关提出申请,经批准后方可实施。在经营许可证有效期内,变更公司名称、注册住所、法定代表人的,应当在完成公司的工商变更登记手续后30日内向原发证机关办理电信业务经营许可证的变更手续。在经营许可证有效期内,电信业务经营者需要终止经营的,应当自公司作出决定之日起30日内向原发证机关提出申请,在做好用户善后处理工作后,原发证机关为其办理经营许可证注销手续。电信业务经营者被国家行政、司法机关依法处罚,不能继续经营的,原发证机关应当将其经营许可证收回注销。提交虚假证明文件或者采取其他欺诈手段,取得电信业务经营许可证的,由原发证机关将经营许可证收回注销,并在3年内不再受理其经营电信业务的申请。发证机关吊销或注销电信业务经营者的经营许可证后,应当通知相应的工商行政管理部门,并向社会公布。被吊销或注销经营许可证的公司,应当及时到相应工商行政管理部门办理手续。

电信业务经营许可证的年检 发证机关对经营许可证实行年检制度。电信业务经营者应当在报告年的次年第一季度向原发证机关报送年检材料。发证机关进行经营许可证年检时,应当对电信业务经营者报送的材料进行全面审核,并对其经营主体、经营行为、电信设施建设、电信资费和服务质量等进行必要的检查。对年检合格的在年检情况记录表上加盖印章;对未按规定参加年检的或年检中发现有不符合规定要求的,限期整改;整改仍不合格的,将经营许可证收回注销,通知相应工商行政管理部门,并向社会公布。

(傅智文)

dianye quan

电业权(electricity industry rights) 电业投资者依法经政府许可在一定区域内的电业专营权。电业权有四个特点:(1)电业权是从事电业经营和供给的主体权利能力。电业权是政府许可解除禁止义务之后取得的,有了电业权,电业投资者才能向电业投资并获得利益。(2)电业权是非竞争性权利。电业权在特定区域内是排他的,是垄断性权利,在特定区域内,电业权主体之间无竞争可言,如果有竞争就必然是毁灭性竞争。(3)电业权是支配电力、电业工程和设施,并基于这种支配获得利益的权利。电力是无形物,是有经济价值、在法律上可支配的自然力。电力是公共必需品,这正是任何电业权都可能获得物质利益的前提。电力工程和设施的支配则使电力生产、分配、运输有了物质基础。(4)电业权是在法律上受到较多限制的权利,这既是限制电业自然垄断的需要,也是保证电业合理运营的需要。

我国《电力法》明确规定:供电企业在批准的供电营业区内向用户供电,供电营业区的划分,应当考虑电网的结构和供电合理性等因素,一个供电营业区内只设立一个供电营业机构;省、自治区、直辖市范围内的供电营业区的设立、变更,由供电企业提出申请,经省、自治区、直辖市人民政府电力管理部门会同同级有关部门审查批准后,由省、自治区、直辖市人民政府电力管理部门发给"供电营业许可证",跨省、自治区、直辖市的供电营业区的设立、变更,由国务院电力管理部门审查批准并发给"供电营业许可证",供电营业机构持

"供电营业许可证"向工商行政管理部门申请领取营业执照,方可营业。

（张璐）

dianzi dailiren

电子代理人（electronic agent） 不需要人的审查与操作,而能用于独立地发出、回应电子记录,以及部分或全部地履行合同的计算机程序、电子的或其他自动化手段。

（薛建兰 景朝阳）

dianzi hetong

电子合同（electronic contract） 广义的电子合同是经电子手段、光学手段,或其他类似手段拟定的约定当事人之间权利与义务的合同形式。狭义的电子合同专指电子数据交换方式（electronic data interchange,EDI）拟定的合同。

（薛建兰 景朝阳）

dianzi huobi

电子货币（electronic money） 使用者以一定的现金或存款从发行者处兑换并获得代表相同金额的数据,并以可读写的电子信息方式储存起来,当使用者需要清偿债务时,可以通过某些电子化媒介或方法将该电子数据直接转移给支付对象,此种电子数据便可称为电子货币。

货币本质上是起一般等价物作用的特殊商品,同时体现一定的社会生产关系。根据货币法定的原则,电子货币要成为货币的一种,必须经一国立法的明示认可。当前货币的形态有实物货币、金属货币、纸币、存款货币、电子货币等。其中,电子货币是现代商品经济高度发达和银行转账和结算技术不断进步的产物,代表了现代信用货币形式的发展方向,体现了现代支付手段的不断进化。

电子货币的表现形式有:信用卡、电子支票、智能卡、储蓄卡、数字现金等。上述形式反映了电子货币发展和应用的现状,它可以用"支付手段的电子化"（如数字现金）和"支付方法的电子化"（如信用卡）两类来概括,也就是说,目前的电子货币并不是能替代现金货币或存款货币的一种新的支付手段,而是把现金货币或存款货币这些既有的支付手段,用电子化的方法传递、转移以实现结算。所以,现有的电子货币可以被认为是以既有货币为基础的二次货币,还不能完全独立地作为真正流通货币的一种。（薛建兰 景朝阳）

dianzi qianming

电子签名（electronic signature） 附加于数据电讯中的,或与之有逻辑上联系的、电子形式的数据。它可以用来证明数据电讯签署者的身份,并表明签署者同意数据电讯中所包含的信息内容。广义的电子签名,是指包括各种电子手段在内的电子签名。狭义的电子签名是以一定的电子签名技术为特定手段的签名,通常指数字签名,它是以非对称加密方法产生的数字签名。所谓数字签名,就是只有信息发送者才能生成的,别人无法伪造的一段数字串,这一数字串同时也是对发送者发送信息的真实性的一个证明。电子签名具有以下几个特征:确认主体身份;确认内容的完整和准确性;收付方验收证件过程是公开的。电子签名的目的是利用技术手段对签署文件的发件人身份作出确认以及有效保障传送文件内容不被当事人篡改,不能冒名顶替传送虚假资料;以及事后不能否认已发送或已收到资料等网上交易的安全性问题。

（薛建兰 景朝阳）

dianzi shangwu

电子商务（E-commerce） 以电子为手段、借助信息处理技术而进行的商务活动。这些电子手段在传统上包括通过电报、电传、电话甚至传真方式进行的商务活动,但现在,它已经从人们理解的电子购物,发展到国际互联网技术推动的商业和市场的交易过程的电子化。它将信息网络、金融网、物流网络结合起来,把事务活动和贸易活动中发生关系的各方有机地联系起来,使得信息、资金、实物迅速流动,极大地方便各种事务活动和贸易活动。电子商务具有以下四方面的特点:(1) 它是一种数字化的交易或是一种虚拟化的交易;(2) 它是在公开环境下进行的交易;(3) 它是可以在全球范围进行的交易;(4) 它是一种高效率的交易。电子商务增加了交易机会、降低了交易成本、提高了交易效率。它给传统的交易模式带来了巨大的变化,带动了经济结构的变革,对现代经济活动产生着深远的影响。

（薛建兰 景朝阳）

dianzi shangwu fa

电子商务法（laws of E-commerce） 调整以数据电讯为交易手段而形成的因交易形式所引起的商事关系的规范体系。电子商务法的任务是保障电子商务的安全与迅捷。它具有商人法的特征,以及程式性、技术性、开发性、复合性等特点,其基本原则主要表现在中立、自治与安全三个方面。电子商务法从总体上属于私法范畴,不过其规范体系中,又包含一些具有行政管理性质的规范,如认证机构的许可与监管等,所以电子商务法体现了公法和私法的融合。从其发展趋势看,它将是21世纪商法中占主导地位的交易形式法。从操作层面看,电子商务法所运用的"功能等价"方法,是一种将数据电讯的效用与纸面形式的功能进行类比的方法,以便为电子商务创造一个富于弹性的、开放的规范体系,进而有利于多媒、多元化技术方案的应用。它实质上是传统商法价值在网络环境中的嫁接。

电子商务法的基本制度主要包括:(1)数据电讯法律制度,其具体内容包括:数据电讯概念与效力,数据电讯的收、发、归属及完整性与可靠性推定规范等;(2)电子签名的法律效力问题,其具体内容包括:电子签名的概念及其适用、电子签名的归属与完整性推定、电子签名的使用与效果等;(3)电子商务认证法律制度,其具体内容包括:认证机构的设立与管理、认证机构的运行规范及风险防范、认证机构的责任等。

(薛建兰 景朝阳)

dianzi shangwu renzheng
电子商务认证(authentication for E-commerce) 以特定的机构对电子签名及其签署者的真实性进行验证的具有法律意义的服务,即电子鉴别技术在商事交易关系中的一种具体应用。实现电子商务的一个重要基础就是必须保证电子交易的安全性(保密性、真实完整性和不可否认性),规范交易及支付过程中的欺诈行为。由于电子交易的无纸化与远隔性,整个经济体系都面临着信用的可靠度问题,电子认证可以通过"不得否认"制度,为交易当事人提供大量预防性保护,减少一方当事人抵赖的可能性;还可以对客户的身份和资信进行认证,从而为买卖各方的信用问题提供重要的措施。

(薛建兰 景朝阳)

dianzi shangwu renzheng jigou
电子商务认证机构(institution of anthentication for E-commerce) 为了解决电子商务活动中交易参与各方身份、资信的认定,维护交易活动的安全,从根本上保障电子商务交易活动顺利进行而设立的对用户的电子签名颁发数字证书的机构。认证机构是经有关部门批准成立的为电子商务交易当事人提供信用服务的受信赖的第三人。认证机构具有独立的法律人格,自主经营,自负盈亏,独立承担民事责任。认证机构的经营业务应限于向电子商务交易当事人提供信用服务,不得参与其他经济贸易活动,以保证其公正性。认证机构具备以下法律特征:独立性;中立性;可信性;责任有限性。认证机构的管理模式:官方集中管理型;民间合同约束型;行业自律型。

(薛建兰 景朝阳)

dianzi shangwu shifanfa
《电子商务示范法》(Model Law on Electronic Commerce) 联合国国际贸易法委员会为实现其促进协调和统一国际贸易法、消除因贸易法不充分和差异而对国际贸易造成不必要的阻碍这一任务,适应使用计算机技术或其他现代技术进行交易的当事方之间通讯手段发生的重大变化,于1996年通过了《贸易法委员会电子商务示范法》(简称《电子商务示范法》),主要就数据电讯的概念、书面功能等价标准、法律效力、发送与接收,及其归属等基本问题作了规定,其核心是对数据电讯法律地位的确认。

(薛建兰 景朝阳)

dianzi shuju jiaohuan shangwu
电子数据交换商务(electronic data interchange commerce, EDI) 电子商务发展初期的一种主要形式。依照国际标准组织的定义,是"将商务或行政事务按照一个公认的标准,形成结构化的事务处理或文档数据格式,从计算机到计算机的电子传输方法"。由于要实现EDI需要在技术上和经济上的大量投入,这对于中小企业而言难以实现,因此至今EDI仍未得到普及,只有大公司才有能力使用。

(刘 鹏)

dianzi zhifu
电子支付(electronic payment) 又称网上支付。以电子计算机及其网络为手段,将负载有特定信息的电子数据取代传统的支付工具用于资金流程,并具有实时支付效力的一种支付方式。电子支付作为高新技术的支付手段,对于任何一个商家或消费者来说,具有以下的特点:降低交易成本;支付行为不受时间、地域的限制;操作简单、方便;到账迅速,节省时间。电子支付分为两种类型:互联网上的电子支付和非互联网上的电子支付。

(薛建兰 景朝阳)

dianzi zhuanli shenqing zhidu
电子专利申请制度(electronic application system of patent) 通过互联网以电子文件形式提出的专利申请有关的程序和要求的法律制度。我国国家知识产权局制定了《关于电子专利申请的规定》,该规定于2004年2月12日公布并自2004年3月12日起施行。

用户协议 提出电子专利申请的,应当事先与国家知识产权局签订《电子专利申请系统用户注册协议》。开办电子专利申请代理业务的专利代理机构,应当以该专利代理机构名义与国家知识产权局签订用户协议。申请人委托已与国家知识产权局签订用户协议的专利代理机构办理电子专利申请业务的,无须另与国家知识产权局签订用户协议。

可以使用电子申请的范围 发明、实用新型和外观设计专利申请均可采用电子文件形式提出。依照我国《专利法实施细则》第99条第1款的规定向国家知识产权局提出专利国际申请的,不适用本制度。依照《专利法实施细则》第99条第2款的规定办理专利国际申请进入中国国家阶段手续的,可以采用电子形式提交《专利法实施细则》第 101 条规定的文件。

申请与受理 提交电子专利申请和相关文件的,应当遵守用户协议中规定的文件格式、数据标准、操作规范和传输方式。申请人以纸件形式提出专利申请并被受理的,在针对该专利申请的各程序中应当以纸件形式提交相关文件。除另有规定外,国家知识产权局不接受申请人以电子形式提交的相关文件。申请人提出电子专利申请并被受理的,在针对该专利申请的各程序中应当以电子形式提交相关文件。除另有规定外,国家知识产权局不接受申请人以纸件形式提交的相关文件。申请人提出电子专利申请并被受理的,对《专利法》及其实施细则和审查指南中规定必须以原件形式提交的相关文件,申请人应当提交原件的电子扫描/图像文本,并在规定或者指定期限内提交原件。申请人提出电子专利申请的,以国家知识产权局收到符合《专利法》及其实施细则规定的专利申请文件之日为申请日。国家知识产权局在收到申请人于规定期限内缴纳的专利申请费之后,向申请人发出受理通知书。申请人提交了符合《专利法》及其实施细则规定的专利申请文件,但未在规定期限内缴纳专利申请费的,国家知识产权局在发出受理通知书的同时,发出视为撤回通知书。提出电子专利申请的,应当通过互联网缴纳专利申请费和其他各项费用。对于电子专利申请,国家知识产权局以电子文件形式向申请人发出各种通知书、决定和其他文件的,申请人应当按照用户协议规定的方式获取。

(刘 鹏)

dianzi zijin huabo
电子资金划拨(electronic transfer of money) 采用纸制货币、票据之外的以电子数据传送方式所进行的无纸化的任何资金转移。电子资金划拨是以计算机技术与通信技术的结合为基础的,无论是资金划拨指示的传递,资金结算及转账,还是金融信息的提供,都不能够离开计算机网络。美国 1978 年《电子资金划拨法》(The Federal Electronic Fund Transfer Act)的定义是:不以支票、期票或其他类似票据的凭证,而是以电子终端、电话、电传设施、计算机、磁盘等,命令、指示或委托金融机构向某个账户付款或从某个账户提款。美国联邦储备委员会所制定的 E 条例(Regulation E)也采取了完全相同的定义。而联合国国际贸易法委员会(United Nations Commission on International Trade Law)所制定的《电子资金划拨法律指南》(Legal Guide on Electronic Funds Transfer)给出的定义是:电子资金划拨是指在资金划拨过程中的一个或更多的环节,以前是通过传统纸制方式完成的而现在是通过电子方式完成的。电子资金划拨最基本的,也是最广泛的用途是改变了目前主要以票据为基础的资金划拨过程的一个或多个步骤,而且通过网络成批传递资金划拨指示也降低了信息传递成本。

根据电子资金划拨服务的对象的不同与支付金额的大小,划分为:(1)消费性电子资金划拨。又称小额电子资金划拨或零售电子资金划拨,是指通过自动柜员机、销售点终端等设施在客户和银行之间进行的资金融通。主要是为国内的个人消费者提供经常性和非经常性的资金划拨服务。通常是使用各类银行卡并以直接借记的方式进行。主要包括自动柜员机(ATM)、销售终端设备(POS)、家庭银行和电话银行等。(2)商业性电子资金划拨。又称大额电子划拨或批发电子资金划拨,是指商业性用户(包括银行)与银行之间进行的资金流通。其服务对象包括货币、黄金、外汇、商品市场的经纪商,在金融市场从事交易活动的商业银行,以及从事国际贸易的工商企业。

消费性电子资金划拨和商业性电子资金划拨并无明确的数量界限,但是由于支付的金额非常之广泛,很多的电子资金划拨系统已专门化,有的主要服务于消费性个人交易,有的主要服务于商事交易。

(薛建兰 景朝阳)

diantang guanggao
店堂广告(store room advertisements) 利用店堂空间、设施发布的广告及在店堂建筑物控制地带发布的店堂牌匾广告。店堂包括:商场(店)、药店、医疗服务机构;体育场(馆);各类等候室、休息室、会议室、阅览室、展览厅(室);影剧院、歌舞厅等娱乐场所;宾馆、饭店、酒吧等营业场所;地铁车站、地下停车场;铁路、民航售票厅及营业厅;邮电、金融、证券等营业厅;各类游乐场所等。在我国,为推销商品、服务,在店堂建筑物控制地带自行设立的店堂牌匾广告(仅以企业登记核准名称为内容的标牌、匾额除外),应当向当地工商行政管理机关办理登记,同时提交下列证明文件:营业执照或者其他关于法定主体资格的证明文件;含有广告发布地点、形式的申请报告;广告样件;广告管理法规规定应当提交的其他证明文件。工商行政管理机关应当在申请人提交的证明文件齐备后予以受理,并在 10 个工作日内作出批准或者不予批准的决定,对批准设立的店堂牌匾广告核发"店堂牌匾广告发布登记证"。

各类店堂牌匾广告,属于当地人民政府户外设置规划范围,设置地点依法律、法规须经政府有关部门批准的,应当按照户外广告予以管理,可不再进行店堂牌匾广告登记。在国家禁止范围以外的店堂发布烟草广告,必须经省级以上广告监督管理机关或者其授权的省辖市广告监督管理机关批准。在店堂举办的展览、展销、模特表演和体育、文化活动等涉及广告经营的,依照《临时性广告经营管理办法》管理。店堂内发布印刷品广告、显示屏广告,分别依照《印刷品广告管理暂行办法》、《广告显示屏管理办法》管理。

(赵芳芳)

diaobo

调拨(allocate and transfer) 国有资产在不变更所有权的前提下,国家对生产企业与生产企业之间、生产企业与商业企业之间、商业企业与商业企业、地区与地区之间,把商品按国家计划进行分配,以转让的方式变更国有资产占有、使用权的资产处置行为。分为有偿调拨和无偿调拨。调拨是直接计划管理的形式,是用行政手段管理经济的一种方法。 (李 平 薛 敏)

ding'e baoxian

定额保险(sum insurance) 以非财产性的纯粹人身权益(生命、残疾)为保险标的的保险。人身权益在性质上不是财产,没有金钱价值,当然也不能确定其金钱价值,人身权益遭受保险事故损害,本身不发生直接的财产损失,因此,在以人寿保险为典型代表的定额保险中,双方当事人在订立保险合同时,只得为人身权益发生保险事故损害预先约定一个固定的保险金给付数额,这就是定额保险。在保险分类上,定额保险与损害保险相对应。定额保险不适用损害补偿原则,因此,禁止超额保险、重复保险等规则对定额保险不适用;并且,在定额保险,保险人也不享有代位权。 (李庭鹏)

ding'e guanli zhidu

定额管理制度(system of quota management) 规范企业对其劳动定额、物资消耗定额、资金定额和费用定额等实施管理的法律制度。定额是指企业在一定的生产技术条件下,生产单位产品和完成单位量工作,对人力、物力、财力的消耗、占用及利用程度的必要数量标准。劳动定额是指在一定生产技术条件下,生产单位数量的产品和完成单位量工作所规定的劳动消耗量标准;物资消耗定额是指在一定生产技术条件下,生产单位数量的产品和完成单位量工作所规定的物资消耗标准;资金定额是指为保证生产正常进行所必需的最低资金占用量;费用定额是指企业在一定生产技术条件下,生产单位数量的产品和完成单位量工作所规定的费用标准。

在我国,定额管理是企业基础管理工作中的重要方面。通过定额管理,可以提高劳动生产率,降低消耗,提高企业的管理水平。所有企业凡是能够实行定额考核的都应实行定额管理,扩大定额面,提高定额水平。

定额管理反映了一定生产技术、组织条件下企业的综合管理水平。定额管理工作,必须贯彻国家有关法律、法规、政策,符合国家基本建设定额体系,从实际出发,遵循科学、公正的原则,维护国家利益和企业的合法权益。为适应新技术、新工艺、新设备、新材料在生产中的应用,企业定额工作应当实行动态管理,及时修订定额标准。定额一经制定,必须严格执行,企业应积极为职工实现和超过定额创造条件,做好定额管理的统计和考核工作。 (许润霞)

dingqi siwang baoxian

定期死亡保险(term life insurance) 习惯上称为定期寿险。在一个确定时期,如果被保险人在规定时期内死亡,保险人向受益人给付保险金的保险形式。如果被保险人期满生存,保险人不承担给付保险金的责任,也不退还保险金。

定期寿险有如下特征:(1)由于保险人承担风险责任有确定期限,所以在保险金额相等的条件下,定期寿险保险费低于其他寿险,而且可获得较大保障。(2)许多定期寿险单规定,保险单所有人在保险期满时,被保险人不必进行体检,不论健康状况如何都可以延长保险期限。规定这项选择权是为了保护被保险人的利益,否则被保险人可能在保险期满时因健康状况不佳或其他原因不能再取得人寿保险。(3)被保险人不必体检,不论健康状况如何,均可把定期寿险单变换为终身寿险单或两全保险单的选择权。这种选择权一般只允许在一个规定的变换期内行使。(4)容易产生逆选择。投保定期寿险可以较少的支出获取较大的保障,所以在人寿保险经营中,表现为被保险人在感到或已经存在着身体不适或有某种极度危险存在时,往往会投保较大金额的定期寿险。保险公司对此采取的措施有:第一,对超过一定保险金额的保户的身体作全面、细致的检查;第二,对身体状况略差或一些从事某种危险工作的保户,提高收费标准;第三,对年龄较高身体又较差者拒绝承保。

定期寿险具有较强的保险功能。比较适合选择定期寿险的人,一是在短期内从事比较危险的工作急需保障的人;二是家庭经济境况较差,子女尚幼,自己又是一个家庭经济支柱的人。对他们来说,定期寿险是廉价的保险,可以用最低的保险费支出取得最大金额的保障,但无储蓄与投资收益。 (崔雪松)

dingzhi baoxian

定值保险(valued policy) 定值保险和不定值保险是从属于财产保险的一种分类,定值保险和不定值保险与保险价值这一概念有密切的关系,它们是确定保险价值的不同方法。定值保险是指保险人与投保人在订立财产保险合同时,双方预先对保险标的的价值作出明确的约定,发生保险事故后,双方不再对保险标的的价值进行评估,除非存在欺诈,双方对预先约定的保险价值不得争辩。

(李庭鹏)

dongshi

董事(director) 对内管理公司事务、对外代表公司与第三人进行交易活动的法人机关或自然人。法人充当董事时,应指定一名有行为能力的自然人作代理人。董事的产生一般通过选举方式来任命。在公司设立时,若是采取发起设立方式,由发起人选任;若是采取募集设立方式,由创立大会选任;在公司成立后,则由股东大会选任。董事的任期不等,但通常不超过3年。董事的连任是允许的,但须履行期满退任的手续后再度重新当选。担任董事职务,各国法律都有严格的规定,如破产者、无行为能力或限制行为能力者、公务员、公证人等均不得担任董事。根据我国《公司法》第147条的规定,有下列情形之一的,不得担任公司的董事:(1)无民事行为能力或者限制民事行为能力;(2)因犯有贪污、贿赂、侵占财产、挪用财产罪或者破坏社会经济秩序罪,被判处刑罚,执行期满未逾5年,或者因犯罪被剥夺政治权利,执行期满未逾5年;(3)担任因经营不善破产清算的公司、企业的董事或者厂长、经理,并对该公司、企业的破产负有个人责任的,自该公司、企业破产清算完结之日起未逾3年;(4)担任因违法被吊销营业执照的公司、企业的法定代表人,并负有个人责任的,自该公司、企业被吊销营业执照之日起未逾3年;(5)个人所负数额较大的债务到期未清偿。董事原则上必须持有公司的股份,且通常股份的份额有最低限制。董事退任的情况有:任期届满;本人丧失行为能力;辞职;股东会决议解任;股份转让;公司解散等。

(方文霖)

dongshi jingli de zeren

董事、经理的责任(liability of directors and managers) 董事是公司的业务执行人员,经理受董事会聘任,职务上从属于董事会,主持公司的生产经营工作。董事和经理的职权性质相同。

董事、经理对公司的责任 英美法系视董事、经理与公司的关系为信托关系,大陆法系则视为委托关系。按照英美信托法,一项有关财产的信托成立,应当推定该财产的所有权归属于受托人。委托关系不转移所有权,转移的是经营管理权。因此,英美法中,受托人处于一种优势地位,委托人处于弱势地位。为了避免受托人滥用其权利损害委托人的利益,对受托人行为的要求更为严格。大陆法国家对董事义务的规定基本上同于英美法,分为忠实义务、善管义务和竞业禁止义务。有所不同的是承担责任的认定方式。我国公司立法近似于大陆法系,规定了董事忠实义务、注意义务、竞业禁止义务。

董事、经理对公司的民事责任包括:1. 参与董事会决议对公司承担的民事责任。根据我国《公司法》的规定,董事会决议违反法律、行政法规或者公司章程,致使公司遭受严重损失的,参与决议的董事对公司负赔偿责任。但经证明在表决时曾表明异议并记载于记录的,该董事可免除责任。2. 违反忠实义务对公司承担的责任。根据《公司法》的规定,董事、高级管理人员不得有下列行为:(1)挪用公司资金;(2)将公司资金以其个人名义或其他人个人名义开立账户存储;(3)违反公司章程的规定未经股东会、股东大会或者董事会同意将公司资金借贷给他人或者以公司财产为他人提供担保;(4)违反公司章程的规定或未经股东会、股东大会同意,与本公司订立合同或者进行交易;(5)未经股东会或者股东大会同意,利用职务便利为自己或者他人谋取属于公司的商业机会,自营或者为他人经营于所任职公司同类的业务;(6)接受他人与公司交易的佣金归为己有;(7)擅自披露公司秘密;(8)违反对公司忠实义务的其他行为。3. 违反注意义务对公司承担的责任。根据《公司法》的规定,董事、经理、监事执行公司职务时违反法律、行政法规或者公司章程的规定,给公司造成损害的,应当承担赔偿责任。

在公司的结构中,董事在公司经营管理活动中处于核心地位,对董事权利的制约来源于公司和股东。应当建立公司和股东的索赔机制,确定公司和股东对董事的违法行为有权提起诉讼。公司作为诉讼主体,表现为公司的董事会作为诉讼主体,如果因董事会与违法董事存在牵连关系无法或不宜作为诉讼主体,可以由股东会或监事会提起。《公司法》规定了股东直接诉讼和派生诉讼的权利,也规定了监事会提起诉讼的权利。

在英美法系和大陆法系的部分国家如德国、日本等已经形成相对完善的股东代表诉讼制度。其机能在于通过追究董事的责任恢复公司财产损失,监督公司的经营活动。股东代表诉讼是一种公益权,提起代表诉讼的原因是为公司的整体利益。诉讼请求主要是损害赔偿,此外,还有资本充实、中止侵害行为等方式。

董事、经理对第三人的责任 公司对于董事滥用权利致使第三人受到损害的,应承担责任的观点有两种:一是董事不承担责任,由其所属的公司承担责任;二是董事和公司承担连带责任。董事非职务行为给第三人造成损失不在讨论之列。我国现行《公司法》没有明确规定董事对第三人的责任。但在实践中,这种责任形式应当存在。在公司董事会控制权力越来越大的今天,董事利用公司作为盾牌私里的违法违章行为屡屡发生,这严重侵害了股东的权益,也危及债权人的利益。如果按照吸收论全部责任都由公司承担,则公司就成了董事逃避制裁的保护伞,无法充分实现对股东和债权人的利益保护。所以,董事应当对自己的严重违法、失职行为承担责任。我国公司立法应当补充"追偿责任"和"连带责任"。两种责任承担的前提条件是:执行公司职务时,董事主观上有恶意或者重大过失,给股东或者债权人造成重大损失。公司对董事的追偿责任。在董事的行为违反法律、章程给股东或债权人造成重大损失的情况下,按照公司吸收股东行为的理论,先由公司承担赔偿责任。因股东行为的违法性、主观故意性,公司可以行使追偿权,这样,股东对第三人承担了间接的赔偿责任。当然,追偿的目的不是仅仅为了向第三人赔偿,而是以此来约束董事的行为。公司与董事承担连带责任。按照代理理论,代理人与被代理人恶意串通损害第三人的利益的,代理人应当与被代理人承担连带赔偿责任。如果董事的违法行为是执行公司的意志,给第三人造成损害的,则应由公司与董事承担连带责任。我国《证券法》规定:"发行人、上市公司公告的招股说明书、公司债券募集办法、财务会计报告、上市报告文件、年度报告、中期报告、临时报告以及其他信息披露资料,有虚假记载、误导性陈述或者有重大遗漏,致使投资者在证券交易中遭受损失的,发行人、上市公司应当承担赔偿责任,发行人、上市公司的董事、监事、高级管理人员和其他直接责任人,以及保荐人、承销的证券公司应当与发行人、上市公司承担连带赔偿责任。"在公司法中强化这种连带责任,是完善公司法的迫切任务之一。

(刘乃晗)

dongshihui
董事会(board of directors) 企业的业务执行机构。

董事会的组成 在我国,有限责任公司的董事会是公司事务的执行机构。其成员为3—13人,其中设董事长1人,可以设副董事长。有限责任公司股东人数较少和规模较小的,可以设一名执行董事,不设立董事会。国有独资公司董事会成员由国有资产监督管理部门委派,但是董事会成员中的职工代表由公司职工代表大会选举产生。董事会的任期根据公司法的规定为每届3年。股份有限公司董事会的成员为5人至19人。

董事是董事会的组成人员。董事既是公司业务执行机构即董事会的组成人员,又是由单个人构成的公司机构。董事长是公司的法定代表人,对外代表公司。董事长较之董事会更能充分地体现公司的独立企业人人格;董事长在董事会会议中,除可以以董事长的身份主持会议外,在议事和表决中,不享有任何特权。

股份有限公司的董事长主要行使以下职权:主持股东大会和召集、主持董事会会议;检查董事会会议的实施情况;签署公司股票、公司债券;在董事会闭会期间,根据需要,可以经董事会授权而行使董事会的部分职权。有限责任公司的董事长则既不具有对董事会决议执行情况的监督权,也不能根据授权行使董事会的部分职权。有限责任公司董事会设董事长1名,董事长、副董事长的产生办法由公司章程规定,协助董事长工作。董事长因故不能行使职权时,由副董事长代行其职权;副董事长因故不能行使职权时,可授权其他董事代理。股份有限公司的董事长、副董事长由董事会以全体董事过半数选举产生。有限责任公司不设董事会的,执行董事为公司的法定代表人。

独立董事,即独立于公司股东且不在公司内部任职的董事。1993年3月29日,我国国家经济贸易委员会、中国证券监督管理委员会发布《关于进一步促进境外上市公司规范运作和深化改革的意见》中规定,"公司应增加外部董事的比重。董事会换届时,外部董事应占董事会人数的1/2以上,并应有两名以上的独立董事。独立董事所发表的意见应在董事会决议中列明。公司的关联交易必须由独立董事签字后方能生效。2名以上的独立董事可提议召开临时股东大会。独立董事可直接向股东大会、中国证监会和其他有关部门报告情况"。中国证监会于2001年1月19日发出通知,要求基金管理公司必须完善治理结构,实行独立董事制度,其人数不少于公司全部董事的1/3,并多于第一大股东提名的董事人数。2001年8月6日发布《关于发布〈关于在上市公司建立独立董事制度的指导意见〉的通知》,独立董事制度在我国上市公司正式设立。

董事任期由公司章程规定,但每届任期不得超过3年。董事任期届满,连选可以连任。董事在任期届满前,股东会不得无故解除其职务。董事应当对董事会的决议承担责任。董事会的决议违反法律、行政法规或者公司章程,致使公司遭受严重损失的,参与决议的董事对公司负赔偿责任。但经证明在表决时曾表明异议并记载于会议记录的,该董事可以免除责任。

董事会的职权 董事会对股东负责,行使下列职权:(1)负责召集股东会,并向股东会报告工作;(2)执行股东会的决议;(3)决定公司的经营计划和投资方案;(4)制订公司的年度财务预算方案、决算方案;(5)制订公司的利润分配方案和弥补亏损方案;(6)制订公司增加或者减少注册资本的方案;(7)拟订公司合并、分立、变更公司形式、解散的方案;(8)决定公司内部管理机构的设置;(9)聘任或者解聘公司经理,根据其提名,聘任或者解聘公司副经理、财务负责人,决定其报酬事项;(10)制定公司的基本管理制度;(11)公司章程规定的其他职权。

董事会作为公司业务执行机构,享有公司业务执行权和对外代表公司的权利,同时,董事会也承担其责任。根据我国公司法的规定,董事会的义务包括:向股东会报告工作;召集股东会;备置公司文件供股东查阅和抄录;通知、公告公司合并或者分立;有关会计义务等。董事长的职权:召集和主持董事会会议。在股份有限公司,召集和主持董事会会议;检查董事会决议的实施情况;签署公司股票、公司债券。

董事会会议 董事会会议由董事长召集和主持;董事长不能履行职务或者不履行职务的,由副董事长召集和主持。副董事长不能履行职务或不履行职务的,由半数以上董事共同推举一名董事召集和主持。

(尚珂 蒋垣)

dongshihui de zhiquan
董事会的职权(functions and powers of a board of directors) 公司治理结构中董事会经营管理的权限。从现代各国公司法和公司制度的发展来看,适应"董事中心主义"的潮流,基本上强调股东会只能行使法律明确规定的权力,而由董事会行使股东会权力范围之外的所有其他权力,对法律没有明确规定的权力,则由董事会行使。董事会的权力一经法律规定或公司章程确认,它就是一种独立的、排他的权力,股东会无权予以剥夺、限制或变更。

1992年5月,美国法学研究所(The American Law Institute)颁布《公司治理结构的原则:分析与提案》,规定了公司董事和高级管理人员的职务与权限,监察委员会等董事委员会,董事、高级管理人员和控股股东的公正交易义务,代表诉讼等内容。这一文件促进了退休基金、投资信托等机构投资者参加公司的经营管理,也影响到世界各国对公司治理结构的研究和讨论。美国1994年的《示范公司法》(Model Business Corporation Act)规定,所有的公司权力均须由董事会行使或由董事会授权行使,公司的业务和事务也必须在董事会的指导下经营管理,但上述权力须受公司设立章程中明示限制的约束或股东协议的约束(第8.01条)。该项概括性规定中所述的"所有的公司权力"是指除州公司法、公司章程中明订了属于股东会的权力以外的其他权力。美国法学研究所起草的《公司治理结构的原则》中,将公众公司董事会的职权列举为:(1)挑选、评价、更换高级管理人员,决定其薪酬;(2)监督公司的业务经营活动;必要时可以授权其下属委员会履行其职权;(3)审查、批准公司的财务目标、公司重大计划和行动方案,公司编制财务报表所使用的审计、会计准则和惯例,并在必要时予以修正;(4)审查、批准或拟订、确定公司计划、重大交易和行动;(5)为公司高级管理人员提供建议和咨询,指导、审查各委员会、高级管理人员的工作;(6)向股东汇报工作;(7)管理公司业务;(8)履行法律规定或指定的其他职能,对无须股东会批准的事项采取行动。英国1985年颁布的《示范公司章程》明确规定:"公司的业务应由董事会管理,董事会可以行使所有公司权力,但必须遵守公司法、章程大纲、章程规则和股东会特别决议的规定,章程大纲、章程细则的修改以及股东会特别决议不得使董事会先前的行为无效。"此外,为了确保董事会的权力,英美公司法或示范章程一般不列举经营管理者的职权,以免其职权法定化以后对抗董事会的权力;经营管理者应具有哪些权力,应由董事会按"公司意思自治"原则决定,法律不加干预。

公司治理结构的核心是董事会的职能配置和权力行使,而董事会作为一个法人机构需要通过自然人董事来履行职责。因此,董事和公司的关系以及董事应当依据什么标准来履行职责,就成为公司制度中的一个重要问题。英美法学家通常以"信义义务"(fiduciary duty)理论来为董事义务寻找法理依据。"信义"概念是衡平法院在裁决关于"信任"(confidence)事务的案件中,为维护授信人的利益而发展起来的,最初在信托法中使用,后来扩展到其他法域。建立在信义理论基础之上的董事义务,主要体现在两方面:(1)谨慎行事义务。也称注意义务,其基本含义是:董事在履行职责时应合理地注意、审慎地判断、自主地决策,不得有疏忽、过失、懈怠。如何确定谨慎行事的标准,有两种作法,一种是按"普通人"的标准衡量,一种是按"普通董事"的标准衡量。美国《示范公司法》规定,董事应以一个在相似环境下处于相同位置的普通的谨慎的人的行为为标准行事。但英美法院的判例往往将标准界定为:董事必须具有一般的知识、技能和经验,并据此履行职责和采取行动,因此这就从"普通人"的标准提升到了"普通董事"的标准。但董事的谨慎行事义务并不意味着他在任何情况下都应当承担责任。如董事没有参加会议,或在会议上反对某项不当决议,或在作出决议前被高层管理人员的报告所欺骗,或另一分管执行董事出现了不当行为,则不能判定该董事存在疏忽而承担责任。但如果董事不经审阅就批准财务报告,或者对公司经营管理中存在的明显不当行为采取放任态度,那么他不能以不存在疏忽或不知情为由主张免除责任。当然,不是每一名董事都应成为公司经营管理的全职督导,他不是要对公司经营管理中的所有过失无条件承担责任。(2)忠诚义务。是指董事在履行职责时应以公司最佳利益为重而诚实地行事,不得将自己或第三者的利益放在公司利益之上,自己的行为不能与自己对公司所承担的职责和义务相冲突。对尽到忠诚义务的判断,主要从以下几方面进行:一是董事应当亲自行使"酌情权",即自己亲自对发生或将要发生的事情进行了解、斟酌、思考、判断和决策,而不能擅自将董事的权力下放给高级管理者或其他人员。在美国的一个判例(Sherman & Ellis Inc v Indiana Mutual Casualty Co)中,一家公司将董事会的大部分职责委托另一家管理公司在20年内行使,法院判决认定这是无效合同。此外,法律和判例均不认同傀儡董事和影子董事的存在,一个董事如允许自己成为他人的傀儡,按他人的指令行事,由于他是占据董事位置的"事实董事",仍然应独立承担责任。二是董事应以公司的最佳利益为重,即董事履行职责时的行为、决策应以对公司最有利为基点。凡是为了个人、亲属或第三者的利益使公司的利益受到损害或受到不公平对待,即使公司获得了部分利益,该董事的行为也不符合忠诚义务的要求。三是董事不得从事不符合法律、公司章程规定的自我交易,禁止董事从公司获得贷款或财务资助,严禁利用董事职位或职权牟取私利,如收受贿赂,转让职位,挪用、盗用或滥用公司财产,泄露公司机密,董事不得从事动机不纯的公司行为等。此外,董事还应承担对经理阶层的监督义务和对股东及社会的义务。
(沈春辉)

dongwu ziyuan guanli
动物资源管理(the administration of animal resources) 国家依法对野生动物的行政管理。我国《野生动物保护法》规定,野生动物资源属于国家所有。陆生野生动物管理的专门行政主体为各级林业行政主管部门;水生野生动物管理的专门行政主体为各级渔业行政主管部门。各级政府在野生动物保护和管理中的主要职责:(1)制订保护、发展和合理利用野生动物资源的规划和措施。(2)划定自然保护区。省、自治区、直辖市政府应当在地方重点保护野生动物的主要生息繁衍的地区和水域,划定自然保护区,其划定和管理,按照国务院有关法规办理。(3)拯救职责。国家和地方重点保护的野生动物受到自然灾害威胁时,当地政府应当及时采取拯救措施。(4)补偿义务。因保护国家和地方重点保护野生动物,造成农作物或者其他损失的,当地政府应当给予补偿,补偿办法由省、自治区、直辖市政府制定。 (马跃进 裴建军)

dujia jiaoyi xieyi
独家交易协议(exclusive dealing agreements) 又称为排他性交易。独家交易通常包括独家销售和独家购买两种类型。独家销售是指限定生产商在特定的地区内只能向某一销售商独家销售其商品而不能向其他销售商进行销售,通常情况下该协议还会要求生产商不得在协议规定的区域内直接销售其生产的产品而与该独家销售商进行竞争。独家购买是指限定销售商只能从某一生产商手里购买用于转售的一类商品,而不能向与该生产商进行竞争的其他生产商进行购买,通常该协议还可以规定该销售商只能从生产商购买相关商品而不得制造或者销售竞争产品。另外,生产商和销售商之间也可以协议要求双方当事人相互承担独家销售和独家购买的义务。

独家交易协议是生产商与销售商之间签订的纵向协议,其潜在的限制竞争性质是很明显的。独家销售协议排除了其他销售商在该特定区域内销售该商品,限制了销售商之间进行品牌内部的竞争。而独家购买协议排除了销售商向其他生产商购买同类商品的权利,限制了其他生产商与该生产商的竞争关系。如果出现这些限制竞争的后果,将会导致高价格和消费者选择受限。因此,各国一般都把独家交易协议纳入反垄断法的监控范围之内。不过,这种独家交易协议的效果在很大程度上取决于与该独家销售商品进行竞争的替代产品的获得情况,以及相关市场的集中度。如果市场上存在足够多的品牌之间的竞争,独家销售协议尽管在一定程度上限制了品牌内部的竞争,但它也提升了该品牌在整个市场中的竞争力,其结果将会加剧该品牌与其他品牌之间的竞争,并使消费者从中受益。而对于独家购买协议而言,如果市场集中度不高,且生产商之间有足够的品牌竞争,独家购买协议对市场竞争的损害也不会很严重。因此,各国在对独家交易协议进行反垄断控制的时候,一般都采取合理原则对该协议的限制竞争和促进竞争的效果进行分析,最终决定该协议是否违法。例如,欧盟竞争法就原则上允许独家交易协议,其前提条件是,该协议不能超过必要的限度,并且在市场上必须有足够的品牌之间的竞争,以减弱该协议的潜在的反竞争效果。在美国反托拉斯法中,如果独家销售协议只要求生产商承担在特定区域内不向其他销售商进行销售的义务,而存在充分的品牌内部竞争以及销售商可以自由地向该地区以外进行销售,则该独家销售协议通常就会被允许。
(李 梅)

duli dongshi zhidu
独立董事制度(system of independent director) 规范公司独立董事的任职资格、职权等的法律制度。独立董事的概念和制度源自英美法国家。为了抑制大公司滥用权力,解决内部董事不能有效行使职权的问题,独立董事制度被引入公司治理结构中。1974年成立,由大型公司的200名总裁级人物组成的"企业圆桌"组织(Business Roundtable)积极认同独立董事机制,并建议外来董事的人数应足以对董事会决策产生重大影响。1977年经美国证监会批准,纽约交易所引入一项新条例,要求本国的上市公司在1978年6月30日以前设立并维持一个全部由独立董事组成的审计委员会,这些独立董事不得与管理层有任何会影响他们作为委员会成员独立判断的关系。20世纪90年代,《密歇根州公司法》在美国各州公司立法中率先采用独立董事制度(第450条),该法规定了独立董事的任命方法以及独立董事拥有的特殊权力。其中由独立董事批准的"自我交易"法院可以从宽审查的规定特别引人注目。

在美国、英国等国的公众公司董事会中普遍存在独立董事。据1989年对《财富》杂志前1000家公司董事会的统计,74%的董事是外部董事,83%的公司中外来董事占多数,这表明独立董事在美国已形成制度。香港地区联交所于1993年11月引入对独立非执行董事的要求,即每家上市公司董事会至少有2名独立的非执行董事,如果联交所认为公司的规模或其他条件需要,可以提高最低人数的规定。英美国家建立独立董事制度的背景是其公司机关的构造为"一元制"的董事会制度,在公司机关设置上没有独立的监督机构,因而力图在现有的单层制度框架内进行监督机制的改良,通过加强董事的独立性,使董事会能够对公司管理层履行监督职责。

判断独立董事的"独立性",美国律师公会的界定是:只有董事不参与经营管理,与公司或经营管理者没有任何重要的业务或专业联系,才可以被认为是独立的。以下情形不符合"独立性":(1)与高级管理人员存在密切的家庭关系或类似关系;(2)与公司具有重大意义的业务或专业联系;(3)与公司存在持续的业务或专业联系,以致经常与高级管理人员进行交涉,如公司与投资银行或公司律师之间的关系。为了确保独立董事"独立"履行职能,论者主张董事会提名委员会多数由独立董事组成,从而可以改变传统上由行政总裁挑选董事会候选人的情况;薪酬委员会全部由独立董事组成,以履行批准管理者的薪酬之职;审计委员会由全部独立董事组成,以履行选择、决定公司审计师之职,并独立与审计师商讨有关会计和内部控制事宜。

学者和专家对独立董事制度的作用和有效性的评价莫衷一是。独立董事在实际运作中的正面效应表现为:由于独立董事不像内部董事那样直接受制于公司的行政总裁,在履行职能时较少患得患失;独立董事制度由于强化群体思维(group think),在高级管理人员无法操纵该群体时,有助于群体作出最好的决定,而群体的决定一般总是优于个人或少数人的决定。实证研究进一步表明:在解除不称职的行政总裁、将工作业绩表现与薪酬挂钩、减少薪酬、限制利润率偏低的收购、为收购谋取好价钱、防止高层管理人员收购公司等方面,独立董事发挥了积极的作用。但是,对于独立董事的引入是不是真正改进了公司的管理,认识并不一致。一种观点认为:董事越独立,他就越缺乏动力来努力工作;他越有动力努力工作,他就越不独立。此外,独立董事并不真正独立,他们对于公司经理来说,不过是"橡皮图章";独立董事可以使控股股东以公正外貌来保护自己,甚至可以使控股股东免于法律责任。

在对独立董事制度的认识上,要客观冷静分析该制度形成和发展及其起作用的特定环境和条件,并对其有效性作出客观的评价。美国公开公司的股权非常分散,以致没有一个股东能够对公司进行有效的控制,因此才导致内部人控制问题。独立董事制度正是针对这一问题而建立,希望通过对董事会这一内部机构的适当外部化对内部人形成一定的监督制约力量。在全球资本市场日益一体化的今天,国际机构投资者非常看重公司的董事会中是否包含一定数量的独立董事及独立董事将如何在公司治理中发挥作用。在我国,上市公司虽然不存在美国公众公司那样的内部人控制问题,但是由于我国上市公司中的控股股东绝大多数是国有投资主体或者国有企业,而国家作为所有者对其选择的经营管理者的监督存在不足,因而他们也成为另一种意义上的内部人。而对内部人的监督正是独立董事制度的基本功能。因而独立董事制度的引入对我国上市公司治理结构的完善和规范运作起到积极的作用。

我国已经规定上市公司的董事会必须有独立董事。但在实践中却不尽如人意:有独立董事存在的上市公司频频出现丑闻,而独立董事在其中担当了纵容、默认,甚至"保护"的角色;很多担任独立董事的知名学者、专家纷纷辞职,不甘充当傀儡。为此,独立董事制度应当完善。首先,独立董事应作为公司整体利益和中小股东利益的代表进入公司,因而不应由控股股东或其控制的董事会选择或决定独立董事候选人,在选举投票时,控股股东及其派出的董事应该回避表决。其次,明确规范独立董事的任职资格。独立董事的职责是监督企业依法运营,防止大股东以牺牲小股东的利益而谋私利,因而他们必须具有监督的能力。再次,限制独立董事的任期。最后,保持独立董事的独立性。

(迟行刚)

duli shenji zhunze

独立审计准则(**independent auditing principle**) 会计职业组织制订的旨在规范注册会计师执行审计业务、获取审计证据、形成审计结论、出具审计报告的专业标准。会计职业制订审计准则以统一审计实务的实践,始于 1938 年美国的麦克森和罗宾斯案。该案中,注册会计师的审计仅限于检查会计凭证和记账程序,并没有进行存货盘点,从而未能揭露该公司的重大舞弊行为。此案引发美国证券交易委员会及社会各界对审计实务的强烈批评,刺激了会计职业界着手统一成员会计师的执业标准,以适应社会公众的期望。1947 年,美国会计协会下设的审计程序委员会发布了《一般公认审计准则——其意义与范围》,提出了 10 条公认审计准则,对各国的审计实务都产生了重大影响。在此基础上,美国注册会计师协会发布了大量"审计准则说明"、"审计指南"和"审计解释",对会计师审计业务进行指导。独立审计准则以及职业团体编纂的《职业道德守则》《后续教育守则》等,构成了会计师执行审计以及其他业务活动的职业纪律约束。由此,会计职业界结束了仅凭审计师个人职业判断的历史,进入有章可循的阶段,即按照人所共知及公认的原则及实务标准进行审计。

(刘 燕 麻琳琳)

duibi guanggao

对比广告(comparative advertising) 经营者将其商品的质量、价格以及其他方面与其竞争者的商品进行对比的广告。在实践中,经营者诋毁竞争对手的行为常常是通过对比广告进行的。如果一个对比广告的内容是虚假的,这个广告就可以被认定为不正当竞争行为。然而,如果一个对比广告的内容是真实的,这种对比行为是否可以认定为不正当竞争行为,世界各国的法律则有着不同的规定。有些国家总体上禁止对比广告,如比利时和意大利,其理由是对比广告会损害竞争者及其商品的声誉。有些国家基本上容许对比广告,如丹麦、法国和英国,其理由是这可以满足消费者对市场信息的需求,有利于提高市场透明度。有些国家则采取折衷的办法,如德国、荷兰和瑞士。因为真实的对比广告受消费者赞成而经营者反对,在这个问题上就需要衡量两种利益。我国法律没有关于对比广告的明确规定。《反不正当竞争法》第 14 条规定,"经营者不得捏造、散布虚伪事实,损害竞争对手的商业信誉、商品声誉。"《广告法》第 12 条规定,"广告不得贬低其他市场经营者的商品或者服务。"据此可以认为,内容真实的对比广告在我国是合法的。 (王晓晔)

dui chuxu cunkuan lixi suode zhengshou geren suodeshui de shishi banfa

《对储蓄存款利息所得征收个人所得税的实施办法》(Regulations for Implementation of Levying Personal Income Tax on Income from the Interest of Savings Deposits) 我国国务院 1999 年 9 月 30 日发布,自 11 月 1 日起施行。法律规定应当就其储蓄存款利息所得缴纳个人所得税纳税人,是从中华人民共和国境内的储蓄机构取得人民币、外币储蓄存款利息所得的个人。对储蓄存款利息所得征收个人所得税的计税依据为纳税人取得的人民币、外币储蓄存款利息,采用 20% 的比例税率。对个人取得的教育储蓄存款利息所得以及国务院财政部门确定的其他专项储蓄存款或者储蓄性专项基金存款的利息所得,免征个人所得税。对储蓄存款利息所得征收个人所得税,实行代扣代缴,以结付利息的储蓄机构为扣缴义务人。储蓄存款在 1999 年 11 月 31 日前孳生的利息所得,不征收个人所得税;储蓄存款在 1999 年 11 月 1 日后孳生的利息所得,应当依照本办法征收个人所得税。 (席晓娟)

duijia

对价(consideration) 应当给付票据双方当事人认可的相对应的代价。票据的给付因税收、继承、赠与可以依法无偿取得票据的,不受给付对价的限制。

(何 锐)

dui jiuguomin jingji gaizao jieduan de jingjifa

对旧国民经济改造阶段的经济法(economic law in the period of reconstruction of old national economy) 苏联、东欧国家在社会主义革命成功之后,有计划、有步骤地对旧国民经济进行改造阶段的经济立法。其主要任务是建立社会主义公有制,将整个国民经济纳入计划经济的轨道。经济法则产生于这一阶段。

在苏联,这一时期为 1917 年至 1920 年。1917 年 11 月 8 日,全俄苏维埃第二次代表大会通过了《土地法令》。法令废除了土地占有方面的农奴制残余,宣布没收地主的 1.5 亿亩土地,并将其无偿交付给农民使用。这一法令奠定了苏联土地国有化的基础。随后,苏联又颁布了一大批各经济部门国有化的法律。1917 年 12 月,批准了《关于银行国有化的法令》,把旧国家银行和私人银行收归国有,并宣布银行由国家垄断。1917 年 11 月 4 日,发布了《工人监督条例》,规定所有的企业都归工人管理,工人监督由工厂委员会和其他委员会负责执行。1918 年 6 月 28 日,颁布了《关于大型工业企业、铁路运输企业和公用企业收归国有的法令》,收归国有的企业成为社会主义国营企业,其企业财产为全民财产。1918 年颁布了《关于商船国有化的法令》,将商船收归国有。针对全国的饥荒、粮食和其他食品的投机活动,苏俄于 1918 年 5 月发布了《粮食专卖法令》,其立法目的是实行粮食国家垄断制。法令禁止任何人保存和隐藏余粮,把全部余粮按照国家规定的价格卖给国家。国家在全国范围内,按照公平合理的办法对粮食进行分配。1919年1月颁布了《余粮收集法》,规定农民把现有的余粮按照固定的价格出售给国家,不允许通过市场自由出售。东欧国家是第二次世界大战后走上社会主义道路的。这些国家直接借用苏联的经验,从一开始便通过经济立法,恢复战后的国民经济。南斯拉夫是独立走上社会主义道路的国家。1942年2月,南斯拉夫通过了《弗坎斯基法令》,没收旧国家财产为社会主义全民财产。1946年发布了《私营企业国有化法令》,实行私营企业的国有化。同年,通过了《国营经济企业基本法》,确立了企业的法人地位,由政府管理企业。

在一种新型国家政权建立之后,国家便运用法全面解决新的国民经济问题。这种新的法现象,具有经济法的某些特征。这一时期的经济法是计划经济下的早期经济法,是"社会主义改造法"。它具有以下几个方面的特征:首先,一开始,法便是建立在国家垄断资本主义的基础之上的。这是计划经济的经济法的现成基础。其次,法是依靠人民政权的力量产生并初步发展的。国家利用新政权,全面摧毁旧的基本经济制度和法律制度,同时又制定一批新的经济法律、法规。这些经济法律、法规有力地推进了国民经济的社会主义改造。最后,法的宗旨和任务是改变所有制的性质,以及社会经济关系的性质,从而使经济法成为完全新型的经济法律。

(赵 玲)

dui shangpin zhiliang zuo yingren wujie de xujia biaoshi

对商品质量作引人误解的虚假表示(false expression leading misunderstanding on product quality) 经营者对反映商品质量的各种因素做不真实的标注,导致或足以导致购买者对商品质量产生错误认识的行为。能反映商品质量状况的因素较多,对产品制作成分、性能、规格、等级、产地、制造地、标准编号、生产日期、有效日期、使用方法等因素的文字说明或图形指示,都无形地向购买者传递商品质量信息。这些产品或包装上的对产品质量状况的文字说明或图形指示统称为产品标识。产品标识具有重要作用:从经营者的角度讲,产品标识具有宣传和介绍产品、指导购买者选购商品的作用;从购买者的角度讲,产品标识是购买者了解商品和正确使用商品的重要媒体。如果对产品标识作不真实的陈述和指示,就必然使不具备必要技术鉴别知识和手段的普通购买者对产品质量状况产生错误认识,购买不符合自己意愿的商品,甚至因不当使用而产生严重后果。对商品质量作引人误解的虚假表示这种不正当竞争行为的具体表现形式有:(1)产品未经检验或检验不合格而擅自使用产品质量检验合格证,或没有产品质量检验合格证;(2)不用中文表明产品名称、生产者名称和厂址,或作不真实的标注;(3)按规定应标明产品规格、等级、用途、技术标准、批准文号、产品批号、所有主要成分的名称而未予标明或作虚假标注;(4)限期使用的产品,不按规定标明生产日期,安全使用期或者失效日期;(5)不按规定标注警示标志或中文警示说明。

(苏丽娅)

duiwai danbao

对外担保(foreign guarantee) 中国境内机构(境内外资金融机构除外),以保函、备用信用证、本票、汇票等形式出具对外保证。根据1996年8月中国人民银行发布的《境内机构对外担保管理办法》及其实施细则的规定,或以《中华人民共和国担保法》第34条规定的财产对外抵押,或者以《中华人民共和国担保法》第4章第1节规定的动产对外质押和以第2节第75条规定的权力对外质押,向中国境外机构或者境内的外资金融机构承诺,当债务人未按照合同约定履行义务时,由担保人履行偿付义务,或者由受益人自行将抵押物或者质物折价拍卖、变卖所得的价款中优先受偿的法律行为。对外担保的债务均为以外国货币表示的外债,担保者均为我国境内资信良好,并有相当外汇资产能力的银行和其他金融机构。我国对外担保主要有以下几种类型:(1)融资担保。担保人为被担保人向受益人融资提供的本息偿还担保。融资方式包括借款、透支、发行有价债券、延期付款和银行给予的授信额度等。(2)融资租赁担保。在用融资租赁方式进口设备时,担保人向出租人担保,当承租人未按照租赁合同支付租金时由担保人代为支付。(3)补偿贸易项下的担保。补偿贸易项下的现汇履约担保,即担保人向供给设备的一方担保,如进口方在收到与合同相符的设备后未按照规定将产品支付供给设备的一方或者其指定的第三方,又不能以现汇偿付设备款及其附加的利息,则担保人按照担保金额加利息及相关费用赔偿供给设备一方。(4)境外工程承包中的担保。在境外工程承包中,担保人向招标人担保,当投标人中标或者签约后,如不履行或者不在规定的时间内履行合同,则担保人在担保的范围内向招标人支付合同规定的金额。它主要包括投标担保、履约担保和预付担保等。(5)其他具有对外债务性质的担保。

虽然我国《担保法》规定了保证、质押、抵押、定金和留置等担保方式,但对外担保只能采取对外保证、对外抵押和对外质押三种形式。担保人不得以定金或留置的方式提供对外担保。对外担保的当事人包括担保人、被担保人和受益人。根据《境内机构对外担保管理办法》,目前只有两类机构有资格对外担保:一是经批准有权经营对外担保业务的金融机构,但不包括外资金融机构;二是具有代为清偿债务能力的非金融企业法人,包括中资金融机构、内资企业和外商投资企业。除经国务院批准为使用外国政府或国际经济组织贷款进行转贷外,国家机关和事业单位不得对外担保。未经境内中资金融总部授权,其分支机构不得对外担保。被担保人是指境内内资企业、外商投资企业和境内机构在境外注册的全资附属企业及中方参股的企业。被担保人不得为经营亏损企业。被担保人为境外机构的,应当符合下列条件:(1) 被担保人为境外贸易型企业的,其净资产与总资产的比例原则上不得低于10%;(2) 被担保人为境外非贸易性企业的,其净资产与总资产的比例原则上不得低于15%。受益人是指中国境内机构以及境内的外资金融机构,即境外债权人或者境内的外资银行、中外合资银行或者外资、中外合资非银行金融机构。其中,对外保证项下的收益人为债权人;对外抵押项下的受益人为抵押权人;对外质押项下的受益人为质权人。　　　(王连喜)

duiwai diya
对外抵押(foreign mortgage) 对外担保的一种形式。债务人或者第三人不转移对规定财产的占有,将该财产作为债权的担保。债务人不履行债务时,受益人有权依照担保法规定,以该财产折价或以拍卖、变卖该财产的价款优先受偿。　　　(王连喜)

duiwai hezuo kaicai haiyang shiyou ziyuan guanli
对外合作开采海洋石油资源管理(management of marine oil resource for foreign cooperation and exploitation) 2001年9月23日我国国务院修改并公布《中华人民共和国对外合作开采海洋石油资源条例》,该条例旨在促进国民经济的发展,扩大国际经济技术合作,在维护国家主权和经济利益的前提下鼓励外国企业参与合作开采我国海洋石油资源。

我国的内海、领海、大陆架以及其他属于我国海洋资源管辖海域的石油资源,都属于中华人民共和国国家所有。在上述海域内,为开采石油而设置的建筑物、构筑物、作业船舶,以及相应的陆岸油(气)集输终端和基地,都受中华人民共和国管辖。同时,中国政府依法保护参与合作开采海洋石油资源的外国企业的投资、应得利润和其他合法权益,依法保护外国企业的合作开采活动。在《对外合作开采海洋石油资源条例》规定的范围内,合作开采海洋石油资源的一切活动,都应当遵守中国法律、法令和国家的有关规定;参与实施石油作业的企业和个人,都应当受中国法律的约束,接受中国政府有关主管部门的检查、监督。

国家对参加合作开采海洋石油资源的外国企业的投资和收益不实行征收。在特殊情况下,根据社会公共利益的需要,可以对外国企业在合作开采中应得石油的一部分或者全部,依照法律程序实行征收,并给予相应的补偿。国务院指定的部门依据国家确定的合作海区、面积,决定合作方式,划分合作区块;依据国家长期经济计划制定同外国企业合作开采海洋石油资源的规划;制定对外合作开采海洋石油资源的业务政策和审批海上油(气)田的总体开发方案。

我国对外合作开采海洋石油资源的业务,由中国海洋石油总公司全面负责。中国海洋石油总公司就对外合作开采石油的海区、面积、区块,通过组织招标,采取签订石油合同方式,同外国企业合作开采石油资源。此类石油合同经对外贸易经济合作部批准,即为有效。中国海洋石油总公司采取其他方式运用外国企业的技术和资金合作开采石油资源所签订的文件,也应当经对外贸易经济合作部批准。

石油合同各方的权利和义务 中国海洋石油总公司通过订立石油合同同外国企业合作开采海洋石油资源,除法律、行政法规另有规定或者石油合同另有约定外,应当由石油合同中的外国企业一方(以下称外国合同者)投资进行勘探,负责勘探作业,并承担全部勘探风险;发现商业性油(气)田后,由外国合同者同中国海洋石油总公司双方投资合作开发,外国合同者并应负责开发作业和生产作业,直至中国海洋石油总公司按照石油合同规定在条件具备的情况下接替生产作业。外国合同者可以按照石油合同规定,从生产的石油中回收其投资和费用,并取得报酬。外国合同者可以将其应得的石油和购买的石油运往国外,也可以依法将其回收的投资、利润和其他正当收益汇往国外。外国合同者在执行石油合同从事开发、生产作业过程中,必须及时地、准确地向中国海洋石油总公司报告石油作业情况;完整地、准确地取得各项石油作业的数据、记录、样品、凭证和其他原始资料,并定期向中国海洋石油总公司提交必要的资料和样品以及技术、经济、财会、行政方面的各种报告。外国合同者为执行石油合同从事开发、生产作业,应当在中华人民共和国境内设立分支机构或者代表机构,并依法履行登记手续。

石油作业 作业者必须根据《中华人民共和国对外合作开采海洋石油资源条例》和国家有关开采石油资源的规定,参照国际惯例,制订油(气)田总体开发方案和实施生产作业,以达到尽可能高的石油采收率。外国合同者为执行石油合同从事开发、生产作业,应当使用中国境内现有的基地;如需设立新基地,必须位于中国境内。新基地的具体地点,以及在特殊情况下需要采取的其他措施,都必须经中国海洋石油总公司书面同意。中国海洋石油总公司有权派人参加外国作业者为执行石油合同而进行的总体设计和工程设计。外国合同者为执行石油合同,除租用第三方的设备外,按计划和预算所购置和建造的全部资产,当外国合同者

的投资按照规定得到补偿后,其所有权属于中国海洋石油总公司,在合同期内,外国合同者仍然可以依据合同的规定使用这些资产。

为执行石油合同所取得的各项石油作业的数据、记录、样品、凭证和其他原始资料,其所有权属于中国海洋石油总公司。数据、记录、样品、凭证和其他原始资料的使用和转让、赠与、交换、出售、公开发表以及运出、传送出中国,都必须按照中国有关规定执行。作业者和承包者在实施石油作业中,应当遵守中国有关环境保护和安全方面的法律规定,并参照国际惯例进行作业,保护渔业资源和其他自然资源,防止对大气、海洋、河流、湖泊和陆地等环境的污染和损害。石油合同区产出的石油,应当在中国登陆,也可以在海上油(气)外输计量点运出。如需在中国以外的地点登陆,必须经国务院指定的部门批准。在合作开采海洋石油资源活动中,外国企业和中国企业间发生的争执,应当通过友好协商解决。通过协商不能解决的,由中国仲裁机构进行调解、仲裁,也可以由合同双方协议在其他仲裁机构仲裁。作业者、承包者违反规定实施石油作业的,由国务院指定的部门依据职权责令限期改正,给予警告;在限期内不改正的,可以责令其停止实施石油作业。由此造成的一切经济损失,由责任方承担。

(王 丽)

duiwai jingji maoyibu tepaiyuan banshichu zanxing tiaoli

《对外经济贸易部特派员办事处暂行条例》(Temporary Statute of Ministry of Foreign Economy and Trade Cooperation for Special Office) 1982年7月15日颁布实施,目的在于加强我国的对外经济贸易管理,规范我国的对外经济贸易活动。在我国继续实行对外经济开放政策和有较多的部门、地方、企业参与对外经济贸易活动的情况下,为了既能正确地调动各方面的积极性,大力发展对外经济贸易,又能防止自相竞争,避免发生混乱现象,必须加强对外经济贸易的经营协调和行政管理,做到统一对外、联合对外。为此,除采取其他协调管理措施外,决定在主要口岸派驻特派员,设立特派员办事处。

《对外经济贸易部特派员办事处暂行条例》共有7条,主要内容为:(1)特派员办事处的名称和地位;(2)特派员的任务;(3)特派员的权利;(4)特派员的任命、任期、组织关系和奖惩;(5)特派员办事处的人员编制、经费、生活;(6)特派员及其办事处人员的工作作风等等。随着我国行政机构的变化,对外经济贸易部整合于商务部,该条例仍然有效,但其办事处名称及相应职能都应作相应更改。

(罗大帅)

duiwai maoyi

对外贸易(foreign trade) 亦称国际贸易或进出口贸易。世界各国(地区)之间货物、劳务和商品交换活动。对外贸易是各国(地区)之间分工的表现,反映了世界各国(地区)在经济上的相互依靠。对输出货物、劳务和商品的国家(地区)来说是出口;对输入货物、劳务和商品的国家(地区)来说是进口。它在奴隶社会和封建社会就开始产生和发展,到资本主义社会,发展更加迅速。其性质和作用由不同的社会制度所决定。对外贸易的产生必须具备以下条件:一是有剩余的产品可以作为商品进行交换;二是商品交换要在各自为政的社会实体之间进行。因此,社会生产力的发展和社会分工的扩大,是对外贸易产生和发展的基础。在原始社会初期,人类处于自然分工状态,生产力水平很低,人们在共同劳动的基础上获取有限的生活资料,仅能维持本身生存的需要。因此,没有剩余产品,也就没有对外贸易。对外贸易的产生是与人类历史上三次社会大分工密切相关的。第一次社会大分工是畜牧部落从其他部落中分离出来,牲畜的驯养和繁殖使生产力得到了发展,产品开始有了少量剩余。于是在氏族公社之间、部落之间出现了剩余产品的交换。这是最早发生的交换。这种交换是极其原始的偶然的物物交换。随着生产力的继续发展,手工业从农业中分离出来,出现了人类社会第二次大分工。手工业的出现,便产生了直接以交换为目的的商品生产。商品生产和商品交换的不断扩大,产生了货币,商品交换逐渐变成了以货币为媒介的商品流通。随着商品货币关系的发展,产生了专门从事贸易的商人,于是出现了第三次社会大分工。生产力的发展,交换关系的扩大,加速了私有制的产生,从而使原始社会日趋瓦解,这就为过渡到奴隶社会打下了基础。在奴隶社会初期,由于阶级矛盾形成了国家。国家出现后,商品交换超出国界,便产生了对外贸易。

《中华人民共和国对外贸易法》(1994)对对外贸易作了如下规定:(1)对外贸易是指货物进出口、技术进出口和国际服务贸易。(2)国家实行统一的对外贸易制度,依法维护公平的、自由的对外贸易秩序;国家鼓励发展对外贸易,发挥地方的积极性,保障对外贸易经营者的经营自主权。(3)我国根据平等互利的原则,促进和发展同其他国家和地区的贸易关系。(4)我国在对外贸易方面根据所缔结或者参加的国际条约、协定,给予其他缔约国、参加方或者根据互惠、对等原则给予对方最惠国待遇、国民待遇。(5)任何国家或者地区在贸易方面对我国采取歧视性的禁止、限制或者其他类似措施的,我国可以根据实际情况对该国家或者地区采取相应的措施等。一国的对外贸易,从级别上可划分为国际贸易、区际贸易和边境贸易。在对外贸易中,各国为了维护本国的社会稳定和经济利益,通常都会制定一整套对外贸易管理法律、法规和条例,通过关税或非关税措施来调节或管制产品的进出口。我国现已制定的《中华人民共和国对外贸易法》、《中华人民共和国反倾销条例》、《中华人民共和国反补贴条例》和《中华人民共和国保障措施条例》等一系列的法律、法规和条例,确保我国的对外贸易发展秩序和公平竞争,促进我国社会主义市场经济的健康发展。

(王连喜)

duiwai maoyi bilei diaocha zhidu
对外贸易壁垒调查制度(institutions on investigation of foreign trade barriers) 我国法律规定,外国(地区)政府实施或支持实施的措施,具有贸易扭曲效果的调查制度。符合下列情形之一的,视为贸易壁垒:(1)该措施违反该国(地区)与我国共同参加的多边贸易条约或与我国签订的双边贸易协定;(2)该措施对我国产品或服务进入该国(地区)市场或第三国(地区)市场造成或可能造成不合理的阻碍或限制;(3)该措施对我国产品或服务在该国(地区)市场或第三国(地区)市场的竞争力造成或可能造成不合理的损害;(4)外国(地区)政府未能履行与我国共同参加的多边贸易条约或与我国签订的双边贸易协定规定的义务的,该做法亦视为贸易壁垒。为了开展和规范对外贸易壁垒调查工作,消除国外贸易壁垒对我国出口贸易的影响,促进对外贸易的正常发展,根据《中华人民共和国对外贸易法》及相关法规,对外经济贸易合作部制定了《对外贸易壁垒调查暂行规则》,并自2002年11月1日起施行。

《对外贸易壁垒调查暂行规则》共有5章33条,主要内容有:(1)《暂行规则》的宗旨和适用范围以及对相关概念的界定。(2)对外贸易经济合作部(以下简称外经贸部)负责对国外贸易壁垒、投资壁垒的调查工作,外经贸部指定进出口公平贸易局负责实施本规则。(3)贸易壁垒调查的申请人的条件及申请书应包括的内容:申请人的名称、地址及有关情况;对申请调查的贸易壁垒措施或做法的说明;受到该贸易壁垒措施或做法影响的产品或服务的说明、国内相关产业基本情况的说明;申请人或申请人所代表的国内企业、国内产业所受到的或可能受到的损害的说明;申请人认为需要说明的其他内容。(4)申请书应当附具的证据材料并说明其来源:证明申请调查的贸易壁垒措施或做法存在的证据材料;证明申请人受到或可能受到该贸易壁垒措施或做法损害的证据材料;申请人无法提供上述证据材料的,应当以书面形式说明理由。(5)外经贸部收到申请后审查和立案的程序。(6)外经贸部在以下情况可以作出不予立案的决定:申请人提交的申请书所描述的情况与事实明显不符;申请材料不完整,并且未在外经贸部规定的时限内提供补充材料;申请人所指控的措施或做法明显不属于本规则所指的贸易壁垒;外经贸部认为不应立案的其他情形。(7)外经贸部立案后进行调查和认定的程序。(8)外经贸部可以决定中止调查的情形:被指控措施的实施国(地区)政府承诺在合理期限内取消或调整该措施;被指控措施的实施国(地区)政府承诺在合理期限内向我国提供适当的贸易补偿;被指控国家(地区)政府承诺履行贸易条约或贸易协定的义务;外经贸部认为可以中止调查的其他情形。(9)外经贸部应当终止调查的情形:外国(地区)政府已经取消被指控的措施;外国(地区)政府已向我国提供适当的贸易补偿;外国(地区)政府已履行贸易条约或贸易协定的义务。(10)外经贸部可以终止调查的情形:申请人在调查中不提供必要的配合的;外经贸部认为可以终止贸易壁垒调查的其他情形。(11)如果被指控的措施或做法被认定构成本规则所称的贸易壁垒,外经贸部应视情况采取如下措施:进行双边磋商;启动多边争端解决机制;采取其他适当的措施。

(罗大帅)

duiwai maoyi cujin zhidu
对外贸易促进制度(institution for promotion of foreign trade) 国家为了推动对外贸易发展和维护对外贸易秩序的需要所建立的法律制度。2004年的《中华人民共和国对外贸易法》对对外贸易促进的内容、任务及实施机构作了如下规定:(1)国家根据对外贸易发展的需要,建立和完善为对外贸易服务的金融机构,设立对外贸易发展基金、风险基金。(2)国家通过进出口信贷、出口信用保险、出口退税及其他对外贸易促进措施,发展对外贸易。(3)国家建立对外贸易公共信息服务体系,向对外贸易经营者和其他社会公众提供信息服务。国家采取措施鼓励对外贸易经营者开拓国际市场,采取对外投资、对外工程承包和对外劳务合作等多种形式,发展对外贸易。(4)对外贸易经营者可以依法成立和参加进出口商会,进一步加强进出口商会的作用;有关协会、商会应当遵守法律、行政法规,按照章程对其成员提供与对外贸易有关的生产、营销、信息、培训等方面的服务,发挥协调和自律作用,依法提出有关对外贸易救济措施的申请,维护成员和行业的利益,向政府有关部门反映成员有关对外贸易的建议,开展对外贸易促进活动。(5)中国国际贸易促进组织依照章程开展对外联系,举办展览,提供信息、咨询服务和其他对外贸易促进活动。(6)国家扶持和促进中小企业开展对外贸易;国家扶持和促进民族自治地方和经济不发达地区发展贸易。以上的规定体现了我国政府加强对外贸易法制建设,依法管理对外贸易活动,支持和鼓励对外贸易发展的政策。

(王连喜　罗大帅)

duiwai maoyi fazhan jijin

对外贸易发展基金(funds for foreign trade development)　为发展对外贸易、扩大国际市场、调整出口产业结构、培育产品等目的而由国家设置的基金。其来源多从外贸企业进出口商品销售收入中按一定的比例提取,也可通过国家专项财政拨款而设立。设立对外贸易发展基金,建立出口产品基地,加强对新产品的研究与开发,有利于提高出口产品的档次,增强在国际市场上的竞争力。我国《对外贸易法》第33条规定:国家根据对外贸易发展的需要,建立和完善为对外贸易服务的金融机构,设立对外贸易发展基金、风险基金。

(王连喜)

duiwai maoyifa

《对外贸易法》(Foreign Trade Act of China)　《中华人民共和国对外贸易法》1994年5月12日全国人民代表大会常务委员会第七次会议通过,并于同年7月施行。2004年4月6日第十届全国人民代表大会常务委员会第八次会议修订,修订本于2004年7月1日起施行。

修订的《中华人民共和国对外贸易法》共11章70条。其主要内容包括:该法的适用范围、基本原则、给予外商的待遇;外贸经营者的条件和许可制、登记制、外贸代理制;货物和技术出另有规定外自由进出口;对限制进出口的实行配额制和许可证制;在国际服务贸易方面根据所缔结或者参加的国际条约、协定中所作的承诺,给予其他缔约方、参加方市场准入和国民待遇;与对外贸易有关的知识产权保护;对外贸易秩序除规定了基本原则和应禁止的五类行为外,还规定了保障条款、反倾销和反补贴;对外贸易调查规定了7种情形;对外贸易救济措施和对外贸易救济制度;对各种违法行为的制裁措施;等等。(罗大帅)

duiwai maoyi guanli fa

对外贸易管理法(foreign trade administration law)　调整对外贸易管理关系的法律规范的总称。是对外贸易法律制度的重要组成部分。广义的对外贸易管理法所调整的对象,包括对外商品交换关系、与对外商品交换活动有关的对外服务活动关系,以及国家行政机关在管理本国对外贸易活动中所形成的经济管理关系。狭义的对外贸易管理法所调整的对象仅包括国家行政机关在管理本国对外贸易活动中所形成的经济管理关系。在我国一般都是指狭义的概念。改革开放以来,我国制定颁布了一系列有关外贸管理的法律法规,其中包括《对外贸易进口试行办法》(1980年)、《关于出口许可的暂行办法》(1980年)、《外汇管理暂行条例》(1980年)、《进口货物许可制度暂行条例及其实施细则》(1984年)、《海关进出口税则》(1985年)、《关于加强外汇管理的决定》(1985年)、《违反外汇管理处罚施行细则》(1985年)、《中华人民共和国海关法》(1987年)、《海关行政处罚实施细则》(1987年)、《进出口关税条例》(1987年)、《进出口商品检验法》(1989年)、《中华人民共和国对外贸易法》(1994年制定,2004年修订)等等。另外,我国的对外贸易管理法还包括我国参加的双边和多边贸易条约和协定。

(罗大帅)

duiwai maoyi guanli jiguan

对外贸易管理机关(institution of foreign trade administration)　根据我国对外贸易法等相关法律法规的规定而行使对外贸易管理职能的各种机关。包括对外贸易主管部门、国务院其他有关部门、地方对外贸易管理机构三种类型:(1)我国的对外经济贸易主管部门是对外经济贸易合作部,现已整合为商务部,下设条法司、外贸司、外国投资司、技术进出口司等来处理贸易与投资方面的各类事务,诸如审批外贸企业的设立、发放进出口许可证、审批外商投资、补偿贸易、技术引进、加工装配等项目,并审批与此相关的涉外经济合同;(2)国务院其他有关部门根据分工也会参与对外贸易的管理工作,例如:国家计委负责全国一般商品进出口配额和宏观管理、协调工作,国家经济贸易委员会负责全国机电产品进出口的协调、管理和检查监督工作,国家科委和国防科工委负责技术进出口的技术审查工作,海关总署负责进出口货物、技术的关税征收、查验进出口许可证、查处违法行为,当然还包括国家工商行政管理局、国家进出口商品检验局等;(3)省级和计划单列市的对外贸易委(厅、局)是地方对外经济贸易的主管部门,行使类似于对外经济贸易合作部的管理职能。

(罗大帅)

duiwai maoyi guanzhi

对外贸易管制(foreign trade management and control)　在国际贸易中,各国政府或是为保护和促进国内生产、增加出口、限制进口而采取的鼓励与限制措施,或是为政治目的,对进出口采取禁止或限制的措施。它反映了有关国家对外贸易政策的要求。各国对进出口贸易管制的法律,是国家直接干预货物和商品进出口的产物,包括进口贸易的法律管制和出口贸易的法律管制两方面。进出口贸易的法律管制主要措施包括:关税制度、进出口许可证制、进口配额制、进出口商品检验制、进口押金制、政府采购制度、海关估价制、外汇管制等。我国2004年新修订的《对外贸易法》对对外贸易管制作了如下规定:第11条规定国家可以对部分货物的进出口实行国营贸易管理。实行国营贸易管理货物的进出口业务只能由经授权的企业经营;但是,国家允许部分数量的国营贸易管理货物的进出口业务由非授权企业经营的除外。实行国营贸易管理的货物和经授权经营企业的目录,由国务院对外贸易主管部门会同国务院其他有关部门确定、调整并公布。违反本条规定,擅自进出口实行国营贸易管理的货物的,海关不予放行。第12条规定对外贸易经营者可以接受他人的委托,在经营范围内代为办理对外贸易业务。第14条规定国家准许货物与技术的自由进出口;但是,法律、行政法规另有规定的除外。第16条规定国家基于下列原因,可以限制或者禁止有关货物、技术的进口或者出口:(1)为维护国家安全、社会公共利益或者公共道德,需要限制或者禁止进口或者出口的;(2)为保护人的健康或者安全,保护动物、植物的生命或者健康,保护环境,需要限制或者禁止进口或者出口的;(3)为实施与黄金或者白银进出口有关的措施,需要限制或者禁止进口或者出口的;(4)国内供应短缺或者为有效保护可能用竭的自然资源,需要限制或者禁止出口的;(5)输往国家或者地区的市场容量有限,需要限制出口的;(6)出口经营秩序出现严重混乱,需要限制出口的;(7)为建立或者加快建立国内特定产业,需要限制进口的;(8)对任何形式的农业、牧业、渔业产品有必要限制进口的;(9)为保障国家国际金融地位和国际收支平衡,需要限制进口的;(10)依照法律、行政法规的规定,其他需要限制或者禁止进口或者出口的;(11)根据我国缔结或者参加的国际条约、协定的规定,其他需要限制或者禁止进口或者出口的。上述规定体现了我国对外贸易管制的基本原则:我国对于货物、技术的进出口,实行在一定必要限度管理下的自由进出口制度。它符合我国对外经贸要建立中国特色的自由贸易制度的战略目标,也符合世界贸易发展的潮流。任何国家的对外贸易都必须为本国的社会稳定和经济发展服务,世界上从来没有无任何限制与约束的贸易自由,都应当在一定范围和时间进行管制。

(王连喜)

duiwai maoyi jihua

对外贸易计划(foreign trade plan) 我国在改革开放初期的特有的计划之一。是整个国民经济和社会发展计划的组成部分。当时,我国实行有计划的商品经济,对外贸易结合当然不能脱离整个国民经济和社会发展计划,而应成为它的支持部分;对外贸易计划于国民经济计划相互协调和促进,以保证经济和社会的发展。对外贸易计划的编制,主要是根据国民经济和社会发展计划的要求,参照对外贸易中长期计划的安排,结合各地方、各部门、各企业的具体情况来编制的。对外贸易五年计划具有承上启下的指导作用,它可与长期计划衔接又可与年度计划相连,它的实现与否,对于整个对外贸易在一个相对集中和稳定的阶段起关键性作用。对外贸易计划是我国特定历史时期的产物,它在当时为我国发展对外贸易产生了积极的作用,但随着我国经济的发展和进一步的改革开放,已不适应我国经济发展的实际需要,逐渐退出了历史舞台。

(罗大帅)

duiwai maoyi jingji hezuobu

对外贸易经济合作部(Ministry of Foreign Economy and Trade Cooperation) 简称"对外经贸部"。我国国务院下属的负责对外贸易与外商投资等事务的主管部门。下设条法司、外贸司、外国投资司、技术进出口公司等来处理贸易与投资方面的各类事务。其主要职责是:(1)研究制订发展对外经济贸易的战略方针、规则、国别政策及其他有关政策,经国务院批准后,负责组织实施;(2)制定有关对外经济贸易管理的法规、规章,并组织监督实施;(3)组织和协调管理外商投资、技术进出口、成套设备进口的对外谈判、签约,审批重大的利用外资和技术引进项目的协议和合同;(4)根据国家统一政策,指导和组织协调各地区、各部门的对外经济贸易工作;(5)依法审核并授予对外贸易经营者的经营资格;(6)会同国务院有关部门,依法制定、调整并公布限制或者禁止进出口的货物、技术目录;(7)按照国务院规定的办法,自行或者会同国务院有关部门对限制进出口的货物施行配额或许可证管理,对限制进出口的技术施行许可证管理;(8)根据国务院的规定,对属于采取保障措施和反倾销、反补贴的情况,依法进行调查,作出处理;(9)撤销有违法行为的对外贸易经营者的对外贸易经营许可。

对外贸易经济合作部现已整合于商务部,由商务部行使其原有职能。

(罗大帅)

duiwai maoyi jingyingzhe

对外贸易经营者(foreign trade dealers) 依法办理工商登记或者其他执业手续,依照有关法律、行政法规的规定从事对外贸易经营活动的法人、其他组织或者个人。

《中华人民共和国对外贸易法》对对外贸易经营者作了如下规定:(1)从事货物进出口与技术进出口的对外贸易经营,必须具备下列条件,经国务院对外经济贸易主管部门许可:有自己的名称和组织机构;有明确的对外贸易经营范围;具有其经营的对外贸易业务所必需的场所、资金和专业人员;委托他人办理进出口业务达到规定的实绩或者具有必需的进出口货源;法律、行政法规规定的其他条件。(2)对外贸易经营者依法自主经营、自负盈亏。(3)对外贸易经营者从事对外贸易经营活动,应当信守合同,保证商品质量,完善售后服务。(4)没有对外贸易经营许可的组织或者个人,可以在国内委托对外贸易经营者在其经营范围内代为办理其对外贸易业务。接受委托的对外贸易经营者应当向委托方如实提供市场行情、商品价格、客户情况等有关的经营信息。委托方与被委托方应当签订委托合同,双方的权利义务由合同约定。(5)对外贸易经营者应当按照国务院对外经济贸易主管部门的规定,向有关部门提交与其对外贸易经营活动有关的文件及资料。有关部门应当为提供者保守商业秘密。(6)对外贸易经营者在对外贸易经营活动中,应当依法经营,公平竞争,不得有下列行为:伪造、变造或者买卖进出口原产地证明、进出口许可证;侵害中华人民共和国法律保护的知识产权;以不正当竞争手段排挤竞争对手;骗取国家的出口退税。(7)对外贸易经营者在对外经营活动中,应当依照国家有关规定结汇、用汇。目前,我国对外贸易经营者主要有:专业外贸公司;外商投资企业;获得对外经营权的企业、科研院所、大专院校和高新技术企业;从事国际工程承包和劳务合作的国际合作公司等。 (王连喜)

duiwai maoyi jingyingzhe bei'an dengji zhidu
对外贸易经营者备案登记制度(institution on record and register of foreign trade operator) 对外贸易经营者是指依法办理工商登记或者其他执业手续,依法从事对外贸易经营活动的法人、其他组织或者个人的备案登记制度。为促进对外贸易的发展,加强和完善对对外贸易经营者的管理,我国商务部于2004年6月25日根据《中华人民共和国对外贸易法》制定了《对外贸易经营者备案登记办法》,自2004年7月1日起实施。

该办法共有16条,其主要内容为:(1)从事货物进出口或者技术进出口的对外贸易经营者,应当向商务部或商务部委托的机构办理备案登记;但是,法律、行政法规和商务部规定不需要备案登记的除外。对外贸易经营者未按照本办法办理备案登记的,海关不予办理进出口的报关验放手续。(2)全国对外贸易经营者备案登记工作的主管部门是商务部。(3)对外贸易经营者备案登记工作实行全国联网和属地化管理。备案登记机关必须具备办理备案登记所必需的固定的办公场所,管理、录入、技术支持、维护的专职人员以及连接商务部对外贸易经营者备案登记网络系统的相关设备等条件。(4)对外贸易经营者备案登记的程序。对外贸易经营者在本地区备案登记机关办理备案登记,向备案登记机关提交如下备案登记材料:按本办法的要求填写的登记表;营业执照复印件;组织机构代码证书复印件;对外贸易经营者为外商投资企业的,还应提交外商投资企业批准证书复印件;依法办理工商登记的个体工商户(独资经营者),须提交合法公证机构出具的财产公证证明;依法办理工商登记的外国(地区)企业,须提交经合法公证机构出具的资金信用证明文件。(5)备案登记机关应自收到对外贸易经营者提交的上述材料之日起5日内办理备案登记手续,备案登记机关在完成备案登记手续的同时,应当完整准确地记录和保存对外贸易经营者的备案登记信息和登记材料,依法建立备案登记档案。(6)登记表的失效:对外贸易经营者应凭加盖备案登记印章的登记表在30日内到当地海关、检验检疫、外汇、税务等部门办理开展对外贸易业务所需的有关手续。逾期未办理的,登记表自动失效。登记表上的任何登记事项发生变更时,对外贸易经营者应比照本办法的有关规定,在30日内办理登记表的变更手续,逾期未办理变更手续的,其登记表自动失效。对外贸易经营者已在工商部门办理注销手续或被吊销营业执照的,自营业执照注销或被吊销之日起,登记表自动失效。根据《对外贸易法》的相关规定,商务部决定禁止有关对外贸易经营者在一年以上三年以下的期限内从事有关货物或者技术的进出口经营活动的,备案登记机关应当撤销其登记表;处罚期满后,对外贸易经营者可依据本办法重新办理备案登记。 (罗大帅)

duiwai maoyiliang
对外贸易量(quantum of foreign trade) 为了反映进出口贸易的实际规模,通常以贸易指数表示的贸易量。以货币所表示的对外贸易值经常受到价格变动的影响,因而不能准确地反映一国对外贸易的实际规模,更不能使不同时期的对外贸易值直接比较。其办法是按一定期的不变价格为标准来计算各个时期的贸易值,用进出口价格指数除进出口值,得出按不变价格计算的贸易值,便剔除了价格变动因素,就是贸易量。然后,以一定时期为基期的贸易量指数同各个时期的贸易量指数相比较,就可以得出比较准确反映贸易实际规模变动的贸易量指数。 (王连喜)

duiwai maoyizhi
对外贸易值(value of foreign trade) 以货币表示的对外贸易金额。一定时期内一国从国外进口的商品的全部价值,称为进口贸易总额或进口总额;一定时期内一国向国外出口的商品的全部价值,称为出口贸易总额或出口总额。两者相加为进出口贸易总额或进出口总额,是反映一个国家对外贸易规模的重要指标。一般用本国货币表示,也可以用国际上习惯使用的货币表示。联合国编制和发表的世界各国对外贸易值的统计资料,是以美元表示的。把世界上所有国家的进口总额或出口总额用同一种货币换算后加在一起,即得世界进口总额或世界出口总额。就国际贸易来看,一国的出口就是另一国的进口,如果把各国进出口值相加作为国际贸易总值就是重复计算。因此,一般是把各国进出口值相加,作为国际贸易值。由于各国一般都是按离岸价格(FOB,即启运港船上交货价,只计成本,不包括运费和保险费)计算出口额,按到岸价格(CIF,即成本、保险费加运费)计算进口额。因此世界出口总额略小于世界进口总额。　　(王连喜)

duiwai maoyi zhixu
对外贸易秩序(foreign trade order) 根据《中华人民共和国对外贸易法》的规定,对外贸易秩序是指有关对外贸易管理的法律秩序,即国务院对外贸易管理部门与对外贸易经营者之间的管理与被管理的经济性行政法律关系。以法律来规范和维护对外贸易秩序是社会主义市场经济体制下,国家对涉外经济活动进行管理、干预和监督的最重要手段之一。《对外贸易法》规定了对外贸易经营者从事对外贸易活动的行为规范,以及主管机关在管理活动中的职责权限和行为准则:(1)对外贸易经营者应当依法经营、自负盈亏。不得伪造、变造或者买卖进出口原产地、进出口许可证;不得侵害中国法律保护的知识产权和不得以不正当竞争手段排挤竞争对手;在对外贸易经营活动中,不得实施以不正当的低价销售商品、串通投标、发布虚假广告、进行商业贿赂等不正当竞争行为;骗取国家的出口退税;逃避法律、行政法规规定的认证、检验、检疫等。(2)对外贸易经营者在对外贸易经营活动中,应当按照国家有关的规定结汇、用汇。(3)对外贸易经营者在对外贸易经营活动中,如发生倾销、补贴和保障措施的情况,国务院规定的主管部门和机构有权依照法律、行政法规的规定进行调查,作出处理。违反本法规定,危害对外贸易秩序的,国务院对外贸易主管部门可以向社会公告。　　(王连喜)

duiwai zhiya
对外质押(foreign pledge) 可分为对外动产质押和对外权利质押两种。对外动产质押是指债务人或者第三人将其动产移交债权人占有,将该动产作为债权的担保,债务人不履行偿还责任时,债权人有权依照我国《担保法》规定以该动产折价或者以拍卖、变卖该动产的价款优先受偿。对外权利质押是指以下列权利对外质押:汇票、本票、支票、债券、存款单、仓单、提单;依法可以转让的股份、股票;依法可以转让的商标专用权、专利权、著作权中的财产权;依法可以质押的其他权利。　　(王连喜)

duixiang shuo
对象说(theory of object) 关于经济法理论的一种学说。针对集成说仅仅是汇集法规而未能提出经济法调整领域的缺陷,对象说主张经济法有特定的调整对象,因此是独立的法律部门。该说有两个理论分支。一是组织经济法说。其代表人物和代表作是戈德斯密特(Goldshmidt)及其1923年出版的《帝国经济法》一书。他认为,在组织起来的经济中固有的法就是经济法,是独立的法律部门。所谓"组织经济"是指以改进生产为目的而被限制的交易经济和共同经济。他把国民经济分为交易经济(自由经济)和共同经济(垄断经济)两大类。他认为,把上述两类经济组织起来的法便是经济法。二是企业经营特别法说。这是卡斯克尔倡导的学说。他把关于企业的立法分为三类。他认为,企业雇佣关系的法是劳动法;企业作为商人从事商事活动的法是商法;而经济法则是企业经营特别法。豪斯曼进一步发挥了卡斯克耳的见解。他认为,商业活动应以历史上商法的特别规范为限。但是,由于出现了生产、加工、银行和金融等新兴领域,现今的经济活动的重点已经不再仅仅局限于商业领域,因此,关于这种类型的企业活动的法应当与企业的商业活动的法一样,寻求同等法律地位。　　(赵　玲)

duixiao maoyi
对销贸易(counter trade) 亦称"反向贸易"或"互抵贸易"。对销贸易是在过去以货换货的基础上发展起来的一种最为古老贸易方式。现在通常是指在互惠的前提下,由两个或两个以上的贸易方达成协议,规定一方的进口产品可以部分或者全部以相对方出口产品来支付,它是一种复合交易,也可说是平行贸易、产品回购、转手贸易、抵消等等多种贸易方式的总称,含义更广泛,内容更丰富,所以不能简单地称它为"易货贸易"。对销贸易不同于单边进出口,在对销贸易中,一方既是买方,又是卖方,双方都把"买"和"卖"挂起钩来。国际对销贸易的做法是,供应商以协议的形式承诺,作为销售条件,互惠交换货品,并承担规定的商业性主动行为,给买方以补偿和利益。虽然这种组织交易和交换资材的做法因不同的补偿贸易形式如易货贸易,回购,互购和抵消而异,但这些协议的一个特征是其强制性实行的成分,即:或是进口商要求,或是处于竞争因素考虑而必须为之。对销贸易是欠发达国家和中央经济计划国家常使用的一种特殊形式的交易,一般与这些国家的经济政策紧密相连。对销贸易的特点是：以货换货，进出结合（以进口抵补出口），商品作价，进出口平衡。支付方式上，既可用现汇，也可相互记账，冲账，定期结算，但总值要基本相等。

对销贸易再度兴起的原因：(1) 政治因素：从 20 世纪 60 年代以后，东西方的政治关系开始缓和，彼此都希望扩大贸易。(2) 经济因素：苏联和东欧国家为了发展本国经济和技术，希望从西方大量进口技术设备，但又缺乏外汇，对销贸易是最好的办法；从西方国家来看，20 世纪 60 年代后，高新技术有突破性发展，技术设备过剩。原材料短缺，支付能力不足，通过对销扩大产品销售市场，又开辟了原材料来源，这也是个好办法；进入 20 世纪七八十年代，由于资本主义经济危机，世界经济陷入"滞胀"阶段，贸易保护主义纷纷出笼，市场竞争激烈，各国为了维护自身利益，都采取对销贸易这一措施。

当今世界对销贸易的发展情况：(1) 20 世纪 70 年代前，主要在苏联和东欧国家进行；20 世纪 70 年代之后，在东西方之间进行；进入 80 年代，重点转移到发展中国家，辐射及南北、南南贸易之中。(2) 从参与的国家看，20 世纪 70 年代初，仅有二十多个，80 年代发展到一百多个。几乎各类国家都卷进去了。贸易额从 1976 年占世界贸易额的 20%，发展到 80 年代上升到 30%。(3) 从商品的角度看，已由初级产品发展到高科技产品和军火产品。(4) 从范围看，70 年代还带有一定地区性；到 80 年代已成为全球性贸易方式。

国际贸易中开展对销贸易既有其利，又有其弊。利的方面在于：(1) 在对外贸易中，可以不用或少用外汇；(2) 有助于打破贸易壁垒；(3) 具有融通资金和吸引外资的功能；(4) 对进出口商品定价具有灵活性；(5) 有利于更新和推销本国商品，维护生产就业水平。弊的方面在于：(1) 促使贸易保护主义发展。(2) 对销贸易是互惠的原则下进行的，这就必然造成交易局限性，使得交易对象的选择和交易达成及履行出现巨大困难。这一问题在我国对外开展补偿贸易中已充分反映出来。(3) 在对销贸易方式下，市场机制的作用受到削弱，人们往往不是按最佳价格，从最理想市场购进所需商品，也不是按理想价格把产品销往最佳的目标市场，这对一个国家来说，就难以实现通过对外贸易获得社会劳动的最大限度的节约，以取得最大的经济效益，从世界范围看，则可能造成商品流向和贸易格局的扭曲，甚至是世界资源的错误配置。　　（王连喜）

E

eluosi guanyu jingzheng he zai shangpin shichang xianzhi longduan huodong de falü

《俄罗斯关于竞争和在商品市场限制垄断活动的法律》(Russian Law on Competition and Strict Monopoly in Commercial Market) 俄罗斯为了预防、限制、排除垄断活动和不公平竞争,并促进各类商品市场的发育和有效运行,于1995年3月25日颁布了《关于竞争和在商品市场限制垄断活动的法律》。该法分总则、垄断活动、不公平竞争、联邦反垄断局的任务职能和权力、政府的特殊管制、违反垄断法规所应承受的处罚、程序规定等7章共29条。

总则部分规定了法律的立法目的、适用范围、反垄断机构以及该法所涉及的一些概念的定义;在"垄断活动"一章规定了经济实体滥用支配地位、经济实体限制竞争的协议、行政权力机构指向抑制竞争的法令和行为、行政权力机构抑制竞争的协议等垄断行为的形态;在不公平竞争一章,规定了诋毁其他经济实体、误导消费者、销售非法使用知识产权的产品、侵犯商业秘密等不公平竞争形式;在联邦反垄断局一章,规定了联邦反垄断局的任务和职能、权力、义务,相关主体的配合义务等;在政府的特殊管制一章,规定了政府对商业性组织及其联合体的创建、重组和停业的监控,国家对收购商业性组织法定资本中的股票及其他活动遵守反垄断法规的情况进行监控、强制分拆从事商务活动的商业性组织和非营利性组织、相关主体的诉讼权利等;在罚则一章,规定了相应的处罚方法。

(刘 鹏 苏丽娅)

eluosi lianbang caichan jicheng huo zengyushui

俄罗斯联邦财产继承或赠与税(property inheritance or donation tax of the Russian Federation) 俄罗斯自然人以继承或赠与方式取得特定财产时缴纳的税种。俄罗斯1991年12月12日颁布的《财产继承或赠与税法》和俄罗斯国家税务总局1995年5月30日颁布的《财产继承或赠与税计算和缴纳方法细则》是俄罗斯规范财产继承或赠与税的法律依据。1996年3月生效的《俄罗斯联邦民法典》第二部分第32条,也对在俄罗斯境内的赠与问题作出了规定。

纳税人 在俄罗斯境内以继承或赠与方式获得财产的公民,包括俄罗斯公民、外国公民和无国籍人士(不包括外交人员和领事代表机构以及国际组织成员及其家属和由于政治镇压而被非法没收或被剥夺财产的复职人员的继承人)。

课税对象 包括住房、住宅、别墅、汽车、摩托车、摩托艇、快艇、汽艇、其他交通运输工具、古董、艺术品、珠宝首饰、贵金属、宝石制作的生活用品、住宅建筑以及车库和别墅建筑合作社的股金积累、在银行机构和其他信贷机构的存款额、土地股份价值、财产股份价值、有价证券、外汇和地块;而不包括继承和赠送的车库、汽车拖车、现金和知识产权等。

税率和计税依据 按亲属等级和财产价值划分为四种情况,即财产继承税的税率、财产赠与税的税率、最低月劳动报酬等于83.49卢布时财产继承税的税率和财产赠与税的税率。各种情况税率差别很大。财产继承或赠与税以公证员或授权执行公证的公职人员发给的继承权证书和经认证的赠与合同确定的价值为基础计算和征收。经授权对继承或赠与的财产进行评估的国家代理人为:住房、住宅和别墅类由公用事业机关或保险组织负责;交通运输工具类由保险机构与交通运输技术服务有关的组织负责。

税收优惠 (1)夫妻之间继承或赠与的财产价值免税,但须出具结婚登记证明或法院承认夫妻关系事实的决定;(2)继承人和受赠人与被继承人和赠与人共同居住的住宅价值,以及对住宅建筑合作社中的股金积累价值不征税,但须呈交有关住宅管理机关或市、村、镇执行机关证明继承人与被继承人在办理继承或赠与时曾共同居住的证明;(3)为保卫苏联和俄罗斯,为履行国家和社会义务,为履行公民职责,为保护国家财产和法律秩序而牺牲的人员,继承他们的财产的价值免税;(4)一、二级残疾人继承的住房和交通运输工具的价值免征财产继承税;(5)丧失赡养人的军人家庭成员继承的交通运输工具的价值免税。地方自治机构无权向纳税人提供财产继承或赠与税的税收优惠。

征税方法 税务机关自收到公证机构有关文件后的15日内对居住在俄罗斯境内的自然人计税并向他们交付付款通知书;对居住在俄罗斯境外的自然人,应先计税并送交付款通知书,然后再领取证明财产所有权的文件。居住在俄罗斯境内的自然人,自向其送达付款通知书之日起的3个月内纳税;居住在俄罗斯境外的自然人,在其领取证明财产所有权的文件之前纳税。纳税应按规定的期限足额缴纳,纳税人未能按期纳税的,税务机关可以允许其延期或分期纳税,但最长不得超过两年,并按定期存款利率的50%缴纳利息;纳税期满,纳税人欠交的税款,按每日0.3%缴纳罚金;如果纳税人拒绝纳税,国家税务机关在法律规定的

期限内请求法院强制征收。 (薛建兰)

俄罗斯联邦地下资源使用税（underground resources utilization tax of the Russian Federation）
俄罗斯联邦针对矿床探查和鉴定、矿床勘探、矿床开采、采矿和加工生产的废料使用、与采矿无关的地下设施的建设与开发而征收的一种税。该税由《俄罗斯联邦税收法典》从原来实行的"地下资源使用权付费"修改而来，属于联邦税。该税在各级预算之间进行分配，按法律规定的比例缴入联邦预算、联邦主体预算和有关的地方预算。俄罗斯《地下资源法》和《俄罗斯联邦税收法典》均对该税作出了规定。

纳税人 获准在俄罗斯境内从事矿藏探查、勘探和开采或矿产使用的各种所有制形式的所有企业、组织、联合公司和其他法人，包括外商投资企业和外国法人，以及自然人和外国自然人。但下列人员不缴纳地下资源使用税：从事普通矿产开采用于自身需要的地块所有者；从事地质工作用于一般矿产研究的矿藏使用者；获得矿产地段用于形成具有科学意义和其他意义的特殊地质保护对象的矿藏使用者。

计税依据 按企业批发价格即不含增值税价格计算的有关工程、所开采原料和所生产产品的价值。在开采某些矿产时，课税对象还包括从地下抽取合乎质量标准的地下水的价值。

税率 分五种情况分别规定了不同的税率：（1）矿床探查和鉴定的最低税率为工程合同价值（预算造价）的1%，最高税率为2%。（2）矿藏勘探的税率以勘探工程整个工期内的定期纳税形式加以规定。从工程年预算造价3%的最低税率到5%的最高税率不等。如果延长勘探工程期，税率增加50%。（3）在开采矿藏的情况下，规定一次性纳税和定期纳税两种。一次性纳税按不低于10%的税率征收。定期纳税的税率按矿藏的种类区分，最低税率在1%—4%之间波动，最高税率在4%—16%之间波动。对超定额的原料损耗，税率比一般的税率水平高出一倍。（4）对地下设施的建设和开发，规定一次性纳税或定期纳税，其税率为建设项目预算造价和地下设施开发运营提供服务价值的1%—3%。（5）大陆架和海洋特殊经济区矿藏使用权税，按对陆地矿床规定的方法和条件纳税。

税收优惠 （1）对于在低开采效益条件下开采短缺矿产，以及开采低质量剩余储量矿产的矿藏使用者，提供矿产开采权税减让。（2）俄联邦主体在缴入其预算的数额内为某些类别的矿藏使用者（包括对矿产地和某些地段再度采掘而开采到原料的矿藏使用者以及利用改善地质地貌或改善本地区生态状况的其他措施开采地下资源的矿藏使用者）规定的免缴矿产使用权税的优惠。

征税形式 （1）货币支付；（2）用所开采矿产原料的一部分数额或矿藏使用者所生产的一部分其他产品的数额支付；（3）用完成的工程或提供的劳务支付；（4）冲抵应缴税款，作为纳税人对矿山企业法定基金的投资。 (薛建兰)

俄罗斯联邦关税（customs of the Russian Federation）
从输入俄罗斯关境或输出俄罗斯境外的商品中征收的一种间接税。关税是俄罗斯保持商品进出口和外汇收支平衡，保护国内商品生产者，保护国家经济，调节对外经济活动的重要手段。目前，俄罗斯关税收入约占联邦预算收入的20%—30%。俄罗斯关税可分为从价税、从量税和混合关税。从价税按应课税商品海关价值的百分比向货主征收；从量税根据商品的性能以及重量、数量、面积和体积等按固定税率向货主征收；混合关税是将上述两种形式结合起来的复合税率征收的关税。俄罗斯关税还有协议关税和自主关税之分。协议关税根据国际协议来规定；自主关税则由国家独立规定，不受国际文件的约束。俄罗斯的关税制度由《海关税则法》和《俄罗斯海关法典》等法律文件加以调节。此外，俄罗斯还根据1998年4月14日第63号《关于进行商品对外贸易时保护俄罗斯经济利益的措施法》第2条的规定，在实施特别保护措施时使用特别关税，包括临时性特别关税和确定性特别关税，并由俄罗斯国家海关委员会按高于正常的关税税率征收。

税率 分为进口税率和出口税率两种。进口税率首先根据商品产地国加以划分：为实行最惠国待遇国家的商品规定了基础进口关税税率；对来自不实行最惠国待遇国家的商品，进口关税税率增加一倍；对来自发展中国家的商品，进口关税税率减少50%；对来自最不发达国家的进口商品，免征进口关税；还可对某一国家实行特惠制，特惠制的具体形式有免征进口关税、降低关税税率等。进口税率有三种形式，即比例税率、定额税率和复合税率。出口关税的税率，根据出口商品的种类确定，实行比例税率和定额税率两种形式。俄罗斯关税税率由1993年5月21日颁布的《海关税则法》和俄罗斯国家海关委员会于1995年6月8日批准的关于征收关税的临时细则作出规定。

征税对象 进口关税的征收对象根据《海关税则法》和《关于俄罗斯进口关税税率》的规定确定；出口关税的征收对象根据《关于对输出俄罗斯联邦境外的某些商品实行出口税率的决定》、《关于对必须出售一部分外汇收入的方法和出口关税征收方法实行部分变更》和《海关税则法》的规定确定，俄罗斯对大数出口商品都征收出口关税,是世界上为数不多的实行出口关税的国家。

计税依据 由于俄罗斯关税税率采用三种形式,所以其计税依据也包括三种:应税商品报关价值;应税商品固定数额;应税商品报关价值和固定数额。其中,应税商品的报关价值由纳税人申报,海关则对报关价值进行监督。从1994年起,俄罗斯对进口商品报关价值的确定采取下列六种方法:进口商品交易价格法、相同商品交易价格法、同类商品交易价格法、价值扣除法、价值相加法和后备方法。

税收优惠 关税优惠措施适用于:作为人道主义无偿援助的进口商品和慈善目的的进口商品;在《俄罗斯海关法典》规定的范围内进口的商品,或在海关监督下临时出口的商品;根据俄罗斯签署的政府间协议为完成国外投资项目提供的配套商品;作为合资企业、外商投资企业法定基金或固定资产投资而进口的商品等。如果输入俄罗斯的商品来自独联体国家,根据双边自由贸易协定,这些商品免征关税。此外,《海关税则法》规定对下列用品或商品全部免征关税:进行国际客运和货运的运输工具;出口用以保障俄罗斯海上作业船队活动的物资技术供应用品,以及海上作业船队的进口产品;外国外交机构使用的商品,以及外国外交机构代表及其家庭成员个人使用的商品;按照国际条约享有免税权的自然人携带的商品;外汇和有价证券,但不包括用于收藏目的的古钱币;应当归国家所有的商品;用于提供技术援助的商品;在海关监督下按照过境制度运往第三国的商品;自然人携带的不是用于生产和商业目的的商品。

反倾销关税 为保护本国经济,俄罗斯海关还在特殊情况下征收反倾销关税。反倾销税是为保护俄罗斯联邦经济利益而对进入俄罗斯关境的商品在一定时期内确定并征收的关税。俄罗斯联邦《海关税则法》把反倾销税列为特殊的关税税种。征收反倾销税应按俄罗斯对外经济联系与贸易部1995年12月21日批准的《实施保护措施之前进行调查的程序》进行调查,确定倾销差额,然后由俄罗斯政府根据反倾销调查的结果并针对每一个个别情况确定税率,向进口商品的法人或自然人征收。反倾销关税缴入联邦预算。

(薛建兰 张巧珍)

eluosi lianbang kuangwu yuanliao jidi zaishengchan shui

俄罗斯联邦矿物原料基地再生产税(mineral raw material base reproduction tax of the Russian Federation)

属于联邦税,该税缴入联邦预算并有一部分缴入联邦主体预算,用于国家地质矿产研究工作和矿物原料基地再生产拨款的专项用途。1995年12月30日第224号《矿物原料基地再生产提成税率法》和《俄罗斯联邦税收法典》是矿物原料基地再生产税的法律依据。

纳税人 开采国家勘察的矿物的矿藏使用者,包括任何所有制形式的有权从事矿产开采的法人和外国公民。

税率 按实际开采矿产所取得并销售的初级商品的价值的百分比确定,具体为:石油(包括天然气凝析油和天然气)10%;固体燃料5%;铁矿石和铬矿石3.7%;有色和稀有金属8.2%;贵金属7.8%;金刚石3.5%;磷灰石和磷钙土3.1%;钾盐1.7%;放射性原料3%;其他矿产(包括地下水)5%;泥炭3%。矿藏使用者对其开采的全部矿物原料纳税。

计税依据 实际开采矿藏所取得并销售的经过初步加工的初级商品的价值,包括矿产本身(石油、天然气和天然气凝析油,煤炭和油母页岩,商品矿石,经初步加工的地下水,云母、石棉、建筑材料生产用原料,冶金用非金属原料);黑色、有色、稀有和放射性金属的精矿和矿物化学原料精矿;贵金属;金刚石;宝石原料(按合格产品的出产量)以及其他矿产和经初步加工的矿物原料。

税收优惠 下列矿藏使用者免税:(1)按规定的方式在属于自己的地段上开采普通矿产和地下水资源,并直接用于自己需要的地段所有者。(2)从事区域性地质和地球物理研究工作、地质摄影,以及从事普通地质矿产研究、地震预测地质工作和火山活动研究、工程地质勘测、古生物和地质生态研究、监测地下水动态等地质工作的矿藏使用者。(3)获得矿产地段用于形成具有科学、文化、美学、健康疗养和其他意义的特殊地质保护对象,如科学试验场和演习场、地质保护区、自然纪念碑、山洞和其他地下孔穴等。(4)用自有资金找矿探矿或全部补偿国家找矿探矿支出的矿藏使用者。此外,对难以开采和利用非传统方法开采的矿藏量,以及利用剥离和混合岩层,利用采矿废料进行的加工生产,均不课税。

征收方法 月均纳税额少于10000卢布的纳税人以及小企业纳税人,按上一季度产品实际销售额每季度缴纳,纳税时间为上个季度下一月的20日前(月均纳税额少于10000卢布的企业,经地方税务部门负责人的批准,可以在报告年度下个月的20日前每年纳税一次);月均纳税额在10000—100000卢布的纳税人,按上个月产品实际销售额和税率每月缴纳,纳税时间为报告月下一月的20日前;月均纳税额在100000卢布以上的纳税人,按旬缴纳,时间为每月的15日、25日和报告月下个月的5日,按报告月上个月计算的税款的1/3缴纳预付税款。

(薛建兰)

eluosi lianbang linyeshui
俄罗斯联邦林业税(forestry tax of the Russian Federation) 俄罗斯林业资源使用者缴纳的一种税。属于联邦税。1991年12月27日通过的《俄罗斯联邦税收体制的基本原则法》将该税定名为"森林资源使用费",也称"林业收入",属于联邦主体税。但1999年1月1日起生效的《俄罗斯联邦税收法典》将该税正式定名为"林业税",并列入联邦税。根据俄罗斯1993年制定的《林业法》的规定,林业税包括拨付的未砍伐林木税、采伐次等木材和松节油税、割草税、牧放牲畜税和采集野生浆果、蘑菇和药材税等。其中,拨付的未砍伐林木税占主要地位,大约占林业税总额的85%。根据1993年3月6日的《俄罗斯联邦林业法基本原则》和俄罗斯政府1993年12月13日的指令,俄罗斯制定了林业税征收方法和征收条件的基本原则,并于1993年12月14日经俄罗斯国家税务总局、财政部和林业部批准。

未砍伐林木的林业税的纳税人,是在俄罗斯林地以及人工植林区采伐木材的林业使用者(包括法人、外国人和自然人)。林业税的课税对象是拨给林业使用者的未砍伐林木的数量。该数量根据按立方米对木材采伐区或木材储量进行实际评估的结果确定。计算得出的未砍伐的林木税在伐木许可证中作记载。林业税的税率可以按单位森林资源规定,也可以按使用的每公顷森林面积规定,由联邦主体国家权力机关同联邦林业管理机关驻该地区的地区机关协商确定。拨付给森林采伐单位的未砍伐林木的林业税,由联邦主体政府规定最低税率。林业税的具体税率和额度由地方自治机构按林业招标和竞争结果确定,但地方政府规定的具体税率不能低于联邦主体政府规定的最低税率。林业税的税额是根据森林资源使用时所取得的单位产品的税率计算得出的(对某些森林资源的使用类型来说,是按许可证中指明的森林资源单位开发面积的税率计算的)。俄罗斯现行的林业税法为某些类型的纳税人规定了税收优惠。区政权机关可以对某些森林使用者规定优惠直至完全免征林业税。此外,对林业企业间伐森林时未砍伐林木的林业税也规定了优惠。林业税按以下方法缴入预算:如果按每个伐木许可证拨给500立方米以内的木材,在开伐木许可证前税款全部缴入预算;如果按每个伐木许可证拨给超过500立方米的木材,在划拨伐区资源的一年内按规定的缴纳期缴入预算;如果按伐木许可证提前采伐超过500立方米的木材,也在划拨伐区资源的一年内将税款缴入预算。按伐木许可证提前结束森林采伐时,森林使用者须按林业税税率在结束采伐后的5日内向预算提前缴纳税款。

(薛建兰)

eluosi lianbang qiye he zuzhi caichanshui
俄罗斯联邦企业和组织财产税(enterprise and organization property tax of the Russian Federation) 缴入各联邦主体预算的直接税。属于地区税。企业和组织财产税是课税基础高度稳定的税种,是联邦主体预算的稳定收入来源。《俄罗斯联邦税收法典》规定,今后要用不动产税分阶段取消企业和组织财产税。1991年12月13日颁布的《企业财产税法》,俄罗斯国家税务总局1995年6月8日颁布的《关于企业财产税计算和向预算缴纳方式的细则》和1995年9月15日《关于俄罗斯联邦外国法人财产税计算和缴纳方式的细则》,均对企业财产税的特点和实施原则作了规定。

纳税人 俄罗斯企业、机构(包括银行和其他信贷组织,不包括中央银行及其机构)、组织、法人外商投资企业及其具有独立资产负债表和结算账户的分支机构和其他类似的部门,公司和按外国法律建立的其他任何组织、国际组织和联合体及其在俄罗斯境内拥有财产的单独分部门均为企业和组织财产税的纳税人。而不包括预算经费领用机构,宗教联合会和宗教组织,残疾人社会团体所属企业,投资基金会以及农产品生产、加工和储藏企业,养鱼、捕鱼和鱼类加工企业,住宅公用事业企业,职工总数中残疾人占35%以上或残疾人和退休人员合计占50%以上的企业。

课税对象 纳税人资产负债表中反映的固定资产、无形资产、生产储备和费用。固定资产、无形资产和低值易耗品的价值在计算课税基础时按残存价值计算。对在共同活动合同范围内从事某种工作的企业,实行特殊的财产税。这类财产要在将该财产转交用于实现共同活动的合同参加者计算财产税时加以核算。由于共同活动而创造或取得的财产,应按合同规定的份额在每个参加者那里核算。

税率 税率不得超过课税基础的2%,由联邦主体国家代表权力机关根据企业活动的类型确定税率级差,不允许为个别企业单独规定税率。

税收优惠 包括两种情况。第一种是对某些企业和组织实行完全免征财产税的优惠,包括:(1)预算经费领用机构和组织、立法和执行权力机关、地方自治机构、俄罗斯联邦养老基金会、俄罗斯联邦社会保险基金会、俄罗斯联邦国家就业基金会和必需医疗保险联邦基金会的财产;(2)律师公会及其各部门的财产;(3)农产品生产、加工和储存企业,以及养鱼、捕鱼和鱼类加工企业,从事上述活动的进款超过产品销售进款总额的70%时;(4)修复整形专业化企业的财产;(5)专门用于教育和文化需要的财产;(6)国家消防局,宗教联合会和组织,民族文化协会,人民美术创作社,残疾人社会组织以及残疾人占职工总数50%以上的其他企业、机构和组织,俄罗斯各科学院的科研机构,企业和单位以及各部和部门的科研机构,投资基金会,俄罗斯中央银行及其机构,执行刑罚的企业和组织,住宅公用事业的企业、机构和组织,地方国家政权机关批准的其他市政经济的企业、机构和组织,企业注册一年内新建的企业、机构和单位的财产;(7)仅用于18岁以下青少年休息或康复的财产,按签订的合同租赁所得的财产,用于在企业形成保险储备的财产,以及根据有关国家政权机关和管理机关的决议用于建立储备的财产。第二种情况是对企业某些种类的财产免征财产税的优惠,包括:(1)全部或部分列于纳税人资产负债表中的住宅公用设施和社会文化设施的财产;(2)专门用于自然保护、防火安全和国防设施的财产;(3)用于农产品生产、加工和储存,以及用于养鱼、捕鱼和鱼类加工的财产;(4)油品管道、交通道路和通信线路等的财产;(5)通信卫星的财产等。

征税方法 按季度核算,自规定提交季度会计报表之日的5日内纳税;按年度核算,自规定提交年度会计报表之日的10日内纳税。 (薛建兰)

eluosi lianbang qiye he zuzhi lirun (shouru) shui

俄罗斯联邦企业和组织利润（收入）税（enterprise and organization profits (income) tax of the Russian Federation） 取代原来的集体企业所得税和国营企业的利润提成,于1992年1月1日开征的一种税。长期以来,俄罗斯对该税的名称表述不一,1999年1月1日正式生效的《俄罗斯联邦税收法典》将该税定名为"企业和组织利润（收入）税"。该税是直接税,其数额直接取决于经济活动的最终成果,即取决于所获得的利润。因此,该税种对投资过程和资本的逐渐增加过程都产生影响,是企业和公司的基本税种,也是保证联邦预算和联邦主体预算收入的主要税种。

纳税人 企业和组织及其分支机构,以及有单独资产负债表和结算账户的其他附属部门都是纳税人。下述企业和组织不是企业和组织利润（收入）税的纳税人:转为课税、核算和报表简化制度的小企业;股份投资基金组织;销售自己生产的农产品和狩猎品所得利润的任何组织形式的企业。

计税依据 经济主体活动的总利润。具体指产品销售利润、固定资产销售利润、其他财产（无形资产、有价证券、属于流转资金的商品物资、企业的其他资产）销售利润和营业外业务利润（如租赁财产取得的利润、按经济合同获得的罚款额、滞纳金和违约金）的总和。

税率 近几年曾几次发生变化。现行税率如下:(1)一般企业和组织利润税税率最高为35%,其中上缴联邦预算的税率为13%,上缴联邦主体预算的税率由各主体自定,但法律规定不得超过22%。(2)交易所、商检事务所、信贷保险机构、商业银行和其他从事营业性中介交易的企业利润税税率为43%,其中上缴联邦预算的税率为13%,上缴联邦主体预算的税率不得高于30%。(3)企业通过股票、债券及企业在俄联邦境内发行的有价证券所得的股息和利息收入（不包括通过国家债券及其他国家有价证券所得的收入）及在其他企业参股而得到的收入应按15%的税率纳税,并全部上缴联邦主体预算。(4)录像厅、录像带和录音带出租业务,录像和录音业务收入按70%的税率纳税,并全部上缴联邦主体预算。(5)赌场和赌博生意收入,按90%的税率纳税,并全部上缴联邦主体预算。

税收优惠 (1)从应税利润中扣除物质生产领域企业（包括以参股形式实行基本建设投资拨款的企业）用于生产性基本建设投资和住宅建设的资金,以及偿还用于上述目的的银行贷款的资金。(2)利用自有专项资金（即折旧基金）和利用银行贷款（条件是与银行机构签有专门贷款合同并严格按合同规定的目的获得和使用该贷款,并在报告期内向银行偿还贷款）进行基本建设投资费用的拨款,都可享有减少应税利润的税收优惠。(3)从应税利润中扣除用于自然保护措施基本建设投资30%的数额。(4)根据地方政府批准确定的标准,从应税利润中扣除企业用于维持列入其资产负债表的卫生机构、教育机构、文化体育机构、学龄前幼儿机构、儿童夏令营、老人和残疾人养老院费用。(5)从应税利润中扣除不超过特定比例的用于法定的慈善和公益性质的捐款。(6)职工总数中残疾人超过50%或残疾人和退休人员总数超过70%,并将所获利润的一半以上用于残疾人的社会需要的企业,其所得税减半征收。(7)各种社会团体、社会联合会、社会慈善基金、创作联合会所属企业的利润,宗教组织从事祭祀活动和销售祭祀必需品所得利润,用于实施企业章程规定活动的利润额均免税。(8)从事农产品生产和加工、民用消费品生产、建筑和建材生产的小企业,如果其上述业务的销售进款占其销售商品（工程、劳务）进款总额70%以上的,在其创建的前两年免缴企业所得税;如果企业成立后的第3年和第4年其上述业务活动的销售进款达90%以上,缴纳企业所得税的25%和50%。(9)企业出现亏损时,企业的储备基金全部用于弥补亏损,在此后五年内企业用于弥补亏损的那部分利润免征企业所得税。(10)国家和市政教育机构以及按规定方式取得从事教育活动许可证的非国家教育机构,可从其应税利润总额中扣除其用于直接满足该教育机构教育过程发展和完善需要的资金额。

纳税方式 除外商投资企业和小企业外,企业应根据纳税期的预计利润和税率在每月的15日之前按季度缴款额的1/3预缴税款。每季度结束后,企业根据应课税的实际所得利润额计算从年初开始累计的实际应纳税总额,多退少补。从1997年1月1日起,除领用经费单位、小企业和其他一些纳税人外,所有的企业都有权根据上月实际获得的利润改为按月纳税。从事经营活动取得利润的小企业和领用经费单位,根据上一报告期实际取得的利润,按季度向预算纳税。按月纳税的须在报告月下月的25日前按月度核算缴纳企业所得税;按季度核算的须在规定提交季度会计报表之日起的5日内纳税;按年度核算的须在规定提交上一年度会计报表之日起的10日内纳税。纳税人必须在付款期到来前向有关的银行机构提交向预算划拨税款的付款委托书。

(薛建兰 张巧珍)

eluosi lianbang shuiziyuan shui

俄罗斯联邦水资源税(water resources tax of the Russian Federation) 俄罗斯资源税中的一个重要税种。目的是合理使用水资源。1999年1月1日生效的《俄罗斯联邦税收法典》规定,水资源税的纳税人是所有的水资源使用者,包括不取水而使用水利设施者。水资源税的课税对象包括:利用水利设施用于抽取水和蓄水;用于水力发电工程;用于水路运输和浮运木材;用于休息娱乐目的;用于采矿、建筑、配备或开发利用管线以及其他设施和设备。水资源税的最低和最高税率由俄罗斯政府规定,而具体税率由地区执行权力机关规定。

俄罗斯目前的水资源税包括以下几种类型:(1)使用地下水资源税;(2)开采地下水的矿物原料基地再生产税;(3)工业企业从水利系统取水税;(4)向水资源设施排放污染物税。

使用地下水资源税的纳税人,是在俄罗斯进境内探查、勘探和开采地下水的各种所有制形式的所有法人和自然人。该税的征税办法、征税条件和具体税率,均在使用地下水资源许可证中规定。《俄罗斯联邦水法典》第124条规定,水资源税应按40%和60%的比例分别缴入联邦预算和联邦主体预算。

开采地下水的矿物原料基地再生产税的课税基础,是以报告期进入结算账户的产品销售进款和产品质量计算的价格为准,实际开采地下水所取得并销售的初级产品的价值。用于生产技术需要的水资源也按这类价格列入课税基础。从1996年起,开采地下水的矿物原料基地再生产税的税率为5%。开采地下水的矿物原料基地再生产税的税款,部分上缴联邦预算,其余上缴联邦主体预算,其中的一部分留归企业用于地质勘探工作的独立拨款。

工业企业从水利系统取水税的纳税人,是按国民经济部门分类法列入工业部门的企业。工业企业不仅对用于生产目的,而且对用于其他需要,如用于社会文化设施、住宅公用事业、居民日常生活服务、附属农业和渔业需要等用水,都应纳税。为促使工业企业合理用水,俄罗斯规定了每月的取水限额。开采治疗用的地下矿泉水和热力工程用水的付费和用作提取有用成分的地下工业用水的付费不缴入预算。

向水资源设施排放污染物税是对向水资源设施排放含有超标有害物质的污水,以及超过规定限额排放符合质量标准的污水等行为征收的税。该税税额的10%列入联邦预算,30%列入联邦主体预算,60%列入地方预算。列入联邦预算的资金,用于形成联邦专项生态基金。该项基金以及列入联邦主体预算和地方预算的资金,80%以上必须用于水资源设施的恢复和保护措施。

俄罗斯现行法律对水资源税的计算和缴纳规定了一些个别税收优惠措施:《地下资源法》第40条规定,在属于自己的或租赁的地段开采地下水用于自身需要的地段所有者,免征水资源税。按国家有关规定,从1996年5月20日起,降低对纳税人征收的拖延纳税的罚款额,其额度为每逾期纳税一天,按未纳税额的0.3%缴纳罚金。水资源税的纳税人应在报告月下个月的20日前纳税。纳税人在此期限内向其所在地的税务机关和俄罗斯水利部的地方机关提交规定形式的月报表。

(薛建兰)

eluosi lianbang shuishou fadian

《俄罗斯联邦税收法典》(Tax Code of the Russia Federation) 俄罗斯国家杜马于1998年7月16日通过,自1999年1月1日起生效。该法典是在1991年12月27日通过的《俄罗斯联邦税收体制的基本原则法》基础上完善与发展起来的,是俄罗斯政府为了摆脱经济危机,改善税费和其他预算缴款的征缴,经过长时间的审批通过的,是构建俄罗斯税收制度的基本法律文件。该法典标志着俄罗斯税收法律制度改革初级阶段的结束。法典的第一部分包括7篇20章142条。第1篇总则部分,具体规定了俄罗斯联邦税法的基本原则和税收法律关系的规范定义。第2篇规定了纳税人、付费人、税收代理人和征税人的概念,以及纳税人的权利和责任。第3篇规定了税务机关、海关机构和税务警察机关的职能,以及税务机关、海关机构和税务警察机关及其公职人员的义务和责任。第4篇是履行纳税义务的一般规则,对课税对象、税收基础、税期、税率、税收计算方法、纳税方式和纳税期限等内容作了明确界定。第5篇是税收报表与税收监督,规定了税收监督的形式,重点规定了税收检查的种类、实施税收检查的方法和条件,以及拟定有关文件和记录检查结果的规则。第6篇规定了税收违法的概念和税收违法的种类。第7篇是申诉与控告,规定了纳税人或其他责任人对税务机关及其工作人员的行为进行控告和申诉权利。俄罗斯联邦税收法典的第一部分为俄罗斯的税法改革和税收体制改革奠定了基础,具有十分重要的意义,是一个规范的法律文件。但是它毕竟只有142条,仅是一些原则性的规定,其不完善之处日益显现出来,需要通过制订一系列与税收法典第一部分相关的规范性法律文件使其条文具体化并不断完善。

(薛建兰)

俄罗斯联邦税务警察机关(taxation police institution of the Russian Federation) 1993年6月组建的俄罗斯联邦专门护法机关。是俄罗斯联邦经济安全保障力量的组成部分。俄罗斯联邦税务警察机关由三级机构组成:第一级为联邦税务警察总局;第二级为各联邦主体税务警察局;第三级为地方税务警察分局。俄罗斯联邦税务警察机关的主要任务包括防止、揭露和制止税收犯罪和税收违法行为,保证国家税务机关的活动安全和保护税务机关工作人员执行公务时免遭蓄意伤害,以及防止、揭露和制止税务机关的舞弊行为三项。根据上述任务,俄罗斯联邦税务警察机关执行护法和监督两个主要职能。根据《联邦税务警察机关法》,俄罗斯联邦税务警察的活动原则包括:合法性,尊重公民的权利和自由,对上级立法和执行权力机构实行报告制度并接受监督,公开活动和秘密活动相结合,不带有政治倾向,与其他国家机关和社会团体及其他国家的税务机关协同动作,税务警察机关的集中性和统一,独立性,一长制和保密性。俄罗斯《联邦税务警察机关法》规定,俄罗斯联邦税务警察机关的义务包括:(1)依法进行业务侦察和初步调查,以揭露和制止税收犯罪行为,采取措施弥补由税收违法和税收犯罪而给国家造成的损失;(2)在职权范围内对税收犯罪和税收违法案件提起诉讼;(3)受理并登记有关税收犯罪和税收违法的声明、通报和其他信息,并对其实施调查;(4)保证国家税务机关工作的安全,保护税务机关工作人员执行公务时的自身安全;(5)协助税务机关、检察机关、国家安全机关、内务部机关和其他国家机关查处税收违法和犯罪案件;(6)揭露和制止税务机关和税务警察机关中的营私舞弊行为;(7)收集和分析有关税法执行情况的信息,预测与法人和自然人课税相关的各种消极现象的发展趋势和向最高国家权力机关和管理机关通报隐瞒课税收入的典型案件。俄罗斯联邦税务警察机关的权力包括:(1)依照俄罗斯刑事诉讼法,对犯罪案件进行初步调查;(2)依照俄罗斯刑事诉讼法,对犯罪案件进行事先侦察;(3)依照联邦法规开展业务侦察活动;(4)应税务机关的要求参加税收检查;(5)行使《联邦税务警察机关法》所规定的其他权力。此外,《俄罗斯联邦税收法典》还为税务警察机关规定了与税务机关相同的责任:(1)税务警察机关对由于其不适当行为或决定,以及其公职人员和其他工作人员在执行公务时的不适当行为而给纳税人造成的损失按税收法典和其他联邦法律规定的方式,用联邦预算资金负赔偿责任。(2)税务警察机关公职人员及其他工作人员,对其不适当的行为按俄罗斯法律的规定承担责任。俄罗斯税务警察机关虽然成立只有短短几年的时间,却较好地发挥了重要作用,查处了大量的税收违法和税收犯罪案件,为国家挽回了巨大损失,取得了明显的成效。

(薛建兰)

俄罗斯联邦税制(tax system of the Russia Federation) 俄罗斯进行税制改革后形成的税收体制。1991年独立后的俄罗斯进行了税制改革,于1991年12月27日即刚刚宣告独立几天后就颁布了一系列税收法令,包括《俄罗斯联邦税收体制的基本原则法》、《俄罗斯联邦增值税法》、《俄罗斯联邦企业和组织利润税法》、《俄罗斯联邦个人所得税法》,后来又制定了《俄罗斯联邦关税法典》。这些税收法规构成了俄罗斯税制改革的主要内容和税收体制的基本框架。这次税制改革的具体内容包括:(1)将周转税改为增值税和消费税;(2)将利润上缴改为利润税;(3)把过去苏联实行的居民所得税改为自然人所得税;(4)调整进出口关税;(5)新设立若干税种,如财产税、不动产税、木材税和物价调节税等。这次税制改革还调整了中央政府和地方政府与税收的关系,按各级政府的职能和权限对税种作了划分。经过上述重大税制改革,俄罗斯在独立后的最初几年便建立了新的税收体系。但新的税收体系还存在税种繁杂,税收负担过重,有些税法条款相互矛盾和地方政府越权截留中央税收的严重问题。近几年来,为了建立能够适应市场经济发展需要的税收体制,整顿税收秩序,完善税制,俄罗斯着力采取了一些新的措施:1994年俄总统叶利钦颁布总统令,给联邦主体下放一些税收立法权,答应地方可以收费;1997年叶利钦再次颁布总统令,宣布取消各地的二百多种税费,并明确强调今后这方面的立法权不再下放给地方;叶利钦还发布了关于《俄罗斯联邦税制改革的基本方针及加强税收和纳税纪律的措施》,加大税制调整和改革的力度,开始了新一轮的税制改革;1998年7月16日俄罗斯国家杜马通过了《俄罗斯联邦税收法典》(第一部分),标志着俄罗斯税收体制法律改革初级阶段的结束。这次税制改革的具体内容包括:(1)简化税制结构,减少税种;(2)降低主要税种的税率;(3)适当提高对个人收入的纳税水平;(4)新增社会税,作为形成俄罗斯国家居民就业基金、联邦社会保险基金、联邦和地区义务医疗保险基金的来源；(5)放弃关税补贴系数法和其他一系列关税优惠。这次税制改革还在税收体制上对中央和地方关系进行了实质性的改革，主要方向是实行分税制，明确了中央政府和地方政府在职能和税收权限上的划分。首先，规定税收立法权集中在中央；其次，地方拥有一定的税收管理权限，尤其是联邦主体的执法机关和代表机关有权规定纳入地方预算税收的税率，有权新增税种。其现行的税制结构，按不同的标准可以作以下划分：按照政权机关管辖范围和税收支配权限划分，可分为联邦税、联邦主体税（或称地区税）和地方税，1999年1月1日开始施行的《俄罗斯联邦税收法典》（第一部分），详细规定了16种联邦税费，7种联邦主体或称地区税费，5种地方税费；按照税收能否转嫁来分类，可分为直接税和间接税；按照税收的用途和课税目的划分，可分为普通税和目的税，普通税用于满足经常性经费的需要，纳入国家预算用于对全国性措施的拨款，目的税或称专项税是为满足特殊经费需要而课征的税收；按照税收客体的性质分类，可分为利润（收入）课税、产品销售收益课税或称商品课税、财产课税、自然资源课税和对所产生费用额课税；按照税收客体所在地分类，可分为国内税和国境税，国内税是对国内的税收客体所征的税，国境税是课税对象通过国境时所课征的税。

(薛建兰)

eluosi lianbang tudishui
俄罗斯联邦土地税（land tax of the Russian Federation） 俄联邦一种必须缴纳的地方税。土地税包括土地税、土地租金和土地标准价格三种形式：对土地所有者、土地占有者和土地使用者课征年土地税；对出租的土地征收土地租金；对购置和赎买地块，以及为获得银行贷款而为的土地抵押，规定土地标准价格。

纳税人 包括在俄罗斯境内拥有、占有和使用土地或者租赁土地的俄罗斯法人（包括企业、联合公司、组织和机构）、外国法人、国际非政府组织和自然人（包括俄罗斯公民、外国公民和无国籍人士）。

税率 俄罗斯联邦《土地使用费法》根据土地的不同使用性质，对每类土地和每类地区规定了年平均税率。地方国家政权机关则根据该法所规定的平均税率确定具体税率，并按不同的地区制定区别税率。

课税对象和计税依据 课税对象为提供给法人和公民的土地。土地税按年度计算，从提供给法人和公民使其拥有、占有和使用的应课税土地面积征收，从房屋和建筑物用地征收。如果房屋和建筑物用地由若干法人和公民分开使用，则分别按用地的每一部分计算土地税。如果房屋和建筑物用地是属于若干法人和公民的共同财产，则按其中每一个所有者所占的相应份额计算土地税。土地租金的数额，在土地租用合同中加以规定。土地标准价格的确定方法由俄罗斯政府作出规定。确定土地标准价格以土地税基本税率为基础。具体地块的土地标准价格，按以卢布计算的相关用途的单位土地面积土地税税率的50倍确定。按不超过同类用途的土地市场价格75%的水平，确定土地标准价格额。

税收优惠 下列单位和人员完全免缴土地税：(1)国家自然保护区、森林公园和植物园；(2)在居住地从事传统手工业和民间工艺生产的公民及有关企业；(3)农业和林业类科研机构及高等学校的科研组织、实验设计和教学实验农场直接用于科研和教学目的的土地，以及林业和农作物品种试验用地；(4)靠国家预算拨款或依靠工会资金的艺术机构、电影机构、教育和卫生保健机构，国家自然保护和历史文物保护机构；(5)获得被毁坏土地用于农业需要的企业、机构、组织和公民在使用该土地的头10年内免缴；(6)卫国战争参加者和保卫苏联其他战役的参加者，凭"战争参加者证明书"享受税收优惠；(7)战争和劳动致残者、自幼残疾儿童、盲人，凭"卫国战争残废人证明书"、"享有优惠权残废人证明书"和医疗鉴定委员会的证明享受优惠；(8)文化机构、体育机构、旅游机构和体育健身方面的机构，以及任何拨款来源的体育设施；(9)高等院校、科研机构，以及俄罗斯科学院、俄罗斯医学科学院、俄罗斯农业科学院和俄罗斯教育科学院所属的企业和组织，国家科学研究中心，俄罗斯各部和部门所属的学校和科研机构；(10)保证传播国家广播电视节目的国家通讯企业，国家权力机关和管理机关以及俄罗斯国防部（提供保证其活动的用地），归国家和市政所有的疗养和康复机构。下列类型的土地不课征土地税：(1)俄罗斯边境线宽度为30米至50米地带所占用的土地，以及沿边境线5米地带供边防军无限期使用的土地；(2)居民点和公用事业单位共同使用的土地，包括用作交通线（广场、道路、胡同、街巷、沿岸街）的土地，用于满足居民日常文化需要（公园、森林公园、花园、游泳场、街心公园、水库）的土地，掩埋未有效利用的工业废料和生活废物的用地和为满足城市和乡村需要而使用的其他土地。此外，第一次成立农场的公民，自向其提供土地的5年内免征土地税；军人用于建造个人住房的地块，在缴入地区预算的那部分税款范围内免征土地税；处于农业开发阶段的土地，对法人和公民也不征收土地税，但须由地方国家权力机关对开发期实施监督。地方国家权力机关有权为所有纳税人或个别纳税人规定土地税优惠或降低税率。如果在一年内纳税人产生了土地税优惠权，则从产生优惠权的当月免缴土地税。如果在一年内丧失了优惠权，则自丧失优惠权的下月开始课税。如果一年内土地所有权、占有权和使用权由一个纳税人转给另一个纳税人,由最初的土地所有者、使用者和占有者计算和缴纳自当年的1月1日起至其丧失土地所有权和占有使用权当月的土地税;新的土地所有者、占有者和使用者则自产生土地所有权和占有使用权那个月的下个月开始缴纳土地税。计算土地标准价格时不考虑提供的土地税优惠。

征税方法 法人应缴纳的土地税,由法人直接计算,在每年7月1日之前,向税务机关提交其当年应缴税款的计算书。税务机关对其进行监督检查。对新拨用地,法人须自土地提供之日起的一个月内提交税款计算书。如果一个法人的课税对象位于不同税务机关的服务区内,应向每个税务机关提交位于该税务机关服务区内的课税对象的税款计算书。公民应缴纳的土地税,由国家税务机关进行计算,并于每年的8月1日前向公民递交纳税付款通知书。法人和公民在每年的9月15日和11月15日前分两次缴纳土地税,每次各缴纳一半。联邦主体立法权力机构和地方自治机构有权根据地方的实际情况规定另外的纳税期。土地租金的缴纳数量、缴纳办法和缴纳期限,均在土地租用合同中加以规定。土地租金可以单独缴纳,也可以与出租其他所有财产的租金合在一起缴纳,但土地租金必须划入地方预算收入。国家税务机关按规定对土地税的正确计算和及时缴纳实行监督。土地税(含土地租金)在有关的预算收支中单独开列,专门用于土地规划整治、整理地籍簿、土地保护措施的拨款,以及补偿土地使用者用于上述目的的费用和偿还实施上述措施的贷款。

(薛建兰)

eluosi lianbang xiaofeishui
俄罗斯联邦消费税(consumption tax of the Russian Federation) 包含在商品价格中由购买者支付的间接税。消费税和增值税不同:消费税的征收对象是某些有选择的商品,适用于一些大众消费品(如食盐、白糖和火柴)和奢侈品。近几年来,其适用商品的范围大大扩展,汽车、冰箱、化妆品、汽油、煤油和天然气都包括在内。对作为增值税课税对象的工程和劳务不征消费税。消费税的征收环节只限于生产环节,而不像增值税在商品生产和流通的所有环节征收。消费税是1992年独立后的俄罗斯在税制改革中确定的独立税种,《俄罗斯联邦税收法典》将其列为联邦税的重要税种之一。俄罗斯联邦实行消费税,把生产高盈利产品所得的超额利润征收到预算中,为所有企业创造了大致相同的经济活动条件。同时,为了保护民族消费市场,对进口商品也规定征收消费税。消费税在国家预算收入的形成中发挥着十分重要的作用,在1998年的联邦预算中,消费税的比重为全部税收收入的22.8%。目前,俄罗斯实行消费税的法律依据是1996年3月7日颁布的修改后的《俄罗斯联邦消费税法》、俄罗斯国家税务总局于1996年7月22日颁布的《消费税计算和缴纳条例》和1997年1月10日第12号《关于修改和补充〈联邦消费税法〉的联邦法》。

纳税人 具有法人地位、生产应税商品的企业和组织,包括这些法人具有单独平衡表和结算账户的分支机构和独立的附属部门;外国法人、国际组织、外国法人和国际组织的分支机构和其他独立部门;在俄罗斯境内建立的不具有法人地位的外国组织;在俄罗斯境内生产和销售应课征消费税商品(包括来料加工商品)的个体业主和企业;生产应课征消费税商品用于自己需要的个体业主和企业;初次销售没收的和无主的应课征消费税商品的个体业主和企业;初次销售未办理海关手续而输入俄罗斯境内的应课征消费税商品的个体业主和企业。俄罗斯海关法规定的企业和人员是进口商品的纳税人;在俄罗斯境内注册的订货人提供原材料并在境外加工的商品的消费税的纳税人是支付加工费并销售这些商品的俄罗斯企业。

课税对象 目前,俄罗斯征收消费税的商品有:用所有原料种类酿造的乙醇和含酒精溶液;酒类制品;啤酒和烟叶制品;珠宝首饰制品;石油,包括天然气凝析油;汽车用汽油;轻型汽车;某些种类的矿物原料。

计税依据 应课征消费税商品的销售额。课税对象的确定取决于应课征消费税商品的生产地(俄罗斯境内或境外),取决于商品的转让方式(卖给别人、交换或无偿转让)和所采取税率的种类(从价税率或从量税率)。

税率 包括产品成本、利润和消费税额在内的出厂价格,是确定消费税税率的基础。同时,税率的计算要求考虑预算征收消费税后的价格中剩余的利润能够保证正常工作企业的赢利率。因此,消费税税率划分的范围很大,从10%到90%不等。而且,随着有关商品价格的变化或生产商品的原材料和半成品等价格的变化,税率应作相应的调整。1997年1月10日第12号《关于修改和补充〈联邦消费税法〉的联邦法》详细规定了应课征消费税商品的消费税税率。

税收优惠 下列商品不课征消费税:(1)出口到俄罗斯境外的应课征消费税的商品(出口到独联体国家的应税商品除外),以及以商品交换方式出口的应课征消费税的商品。(2)带有手动操纵系统的轻型汽车,包括进口到俄罗斯并以联邦政府规定的方式售给残疾人的轻型汽车;酒精半成品;白兰地酒精和酿酒原料。(3)用于在俄罗斯境内生产其他应课征消费税产品的应税商品。企业对用于出口的应征消费税产品的生产和销售单独分开核算,这是享受消费税优惠措施的条件。

征纳方法　消费税的缴纳期取决于应课征消费税商品的种类。生产和销售酒精、伏特加、烈性甜酒、啤酒、汽油的企业,按旬缴纳税款。当月15日缴纳上旬税款,当月25日缴纳中旬税款,报告月度下个月的5日缴纳报告月度下旬的税款。消费税的其他纳税人每月缴纳一次税款,即在报告月度下月20日前缴纳。为便于事后监督,纳税人应每月一次即在报告月度下月的20日前按法律规定的形式向其所在地的税务机关呈递消费税报税单。

(薛建兰　张巧珍)

俄罗斯联邦销售税(sale tax of the Russian Federation)　为增加政府的财政收入,将税负由生产者向消费者转移,根据1998年7月16日俄罗斯国家杜马通过的并于1999年1月1日开始生效的《俄罗斯联邦税收法典》决定开征的一种新税。1998年7月31日,俄罗斯总统叶利钦签署的第150号《关于修改和补充〈俄罗斯联邦税收体制基本原则法〉第20条的联邦法》中增加了销售税这一新税种。销售税为联邦主体税或称地区税,其立法权和实行权在俄罗斯的各个联邦主体,是在联邦主体境内必须缴纳的税种。销售税的税率、纳税方法和期限、税收优惠、税收报表,均由联邦主体立法机关在俄罗斯法律规定的范围内独立确定。但联邦主体通过了销售税法后,必须立即向俄罗斯联邦国家税务总局通报税法的实施。由于销售税在俄罗斯是个新税种,加之各联邦主体的销售税法不统一,所以在销售税的实行过程中出现了很多问题。

纳税人　包括根据俄罗斯联邦法律建立的法人及其分支机构、代表机构和其他独立的附属部门;外国法人、公司,以及根据外国法律建立的具有民事法律能力的其他公司;国际组织及其在俄罗斯境内建立的分支机构和代表机构;不构成法人但从事经营活动并在俄罗斯境内独立销售商品(工程、劳务)用现金结算的个体业主。但不包括转为简化课税、核算和报表制度的企业和组织(实行课税简化制度的个体业主除外),以及根据俄罗斯有关法律转为认定课税制度的组织和个体业主。

课税对象　用现金结算以零售或批发方式销售的商品(工程、劳务)的价值。

税率　各地不同,由联邦主体自定,但不得超过5%。确定税收基础时,商品(工程、劳务)的价值包括增值税和消费税(应课消费税的商品)。

征税方法　法人应按上一日历月应税商品(工程、劳务)的实际销售额每月纳税,不能迟于报告月度下个月的20日。个体业主应按季度在报告季度后第二个月的5日前纳税。但联邦主体有权为上述纳税人独立确定纳税期。从事经营活动并按法律规定的方式作为个体业主注册的自然人,按提交申报表的规定期限,向其注册地的税务机关提交销售税计算表。根据应课销售税商品(工程、劳务)的预计销售进款计算预付款,并有权在一年内提交更准确的销售税计算表,提出增加或减少预计课税基础数额的理由。一年期满后,按实际销售所得进款,计算应纳入预算的税款。纳税人注册所在地的税务机关开具的付款通知书,是缴纳销售税的基础。付款通知书应在最近的付款期到来前的15日内交给纳税人。纳税人承担正确计算和及时缴纳销售税的义务,税务机关按其权限对及时和足额向预算缴税实行监督。

(薛建兰　张巧珍)

俄罗斯联邦增值税(value-added tax of the Russian Federation)　以全部生产阶段(从原料到消费品)所创造价值的增加额为征税对象的一种税。增值税是俄罗斯联邦最重要的税种,目前其收入占俄罗斯联邦预算全部收入的36%以上。俄罗斯为了与西方国家的税制接轨,保证国家预算的稳定收入来源,使税收系统化,自1992年1月1日起开始征收增值税,同时取消了周转税和销售税。增值税制度主要由《俄罗斯联邦增值税法》和1995年10月11日俄罗斯国家税务总局关于《增值税计算和缴纳方式的条例》调整。

纳税人　具有法人地位,从事生产和其他经营活动的各种组织形式和所有制形式的企业、机构和组织;从事生产和其他商业活动的外商投资企业;个体(家庭)企业、私营企业、由个体和社会组织创办的从事生产和其他商业活动的企业;具有独立结算账户并独自销售商品的各类企业的分厂、分部和其他独立分支机构;在俄罗斯境内从事生产和其他商业活动的国际联合公司和外国法人;非商业性组织,包括消费合作社、社会和宗教联合组织、从事商业活动的慈善和其他基金会;向俄罗斯境内进口商品的企业。

课税对象　全部生产阶段(从原料到消费品)所创造价值的增加值。增加值的确定办法是,从产值中扣除用于产品生产的原材料和外购半成品的价值以及其他一些费用。但由于实践中几乎不可能从产品总价值中准确划分出增加值,因此,为简化核算,不是把增加值作为增值税的课税对象,而是把全部销售额作为课税对象。

税率　分为标准税率、结算税率、特种税率三种。标准税率为10%和20%。如果企业生产和销售按不同税率课税的商品,会计部门应根据规定的税率单独分开核算,如不能保证分开核算,则采取20%的高税率。结算税率是从标准税率中派生出来的,它与标准税率计算方法不同,是把基本税率计入含增值税的最终销售价格时得出的税率。根据标准税率计算的结算税率为9.09%和16.67%,其变化取决于增值税总税率的调整。在按含增值税的价格销售商品(工程、劳务),以销售价与购买价之间的差额形式计算应税周转额,获得预付款、财政援助和贷款以及以在交易所完成交易的手续费形式获得的收入使用结算税率。特种税率是不同于结算税率的独立税率,其税率水平也为9.09%和16.67%。特种税率适用于对取得的罚款、滞纳金、违反供货合同规定义务的违约金课税。

税收优惠 俄罗斯税法规定了全国统一的,地方政府无权改动的增值税的税收优惠措施,有效地提高生产者的竞争力。税法规定40类商品和项目免征增值税。

纳税方法 增值税的纳税期取决于应税周转额、月缴款额和国民经济不同部门经济活动的特殊性。月均缴税额在3000—10000卢布的企业,根据上个日历月度的商品(工程、劳务)实际销售额,在每个月的20日前缴纳上个日历月度的税款。如果月均缴款额超过10000卢布,则按旬缴纳税款,即在本月的15日、25日和下月的5日分三次每次缴纳。企业在每月结束时根据报告月的实际周转额计算税额,并核算以前按旬缴纳的数额,然后在下月的20日前向预算补缴不足的税款,或者将多缴的税款用于支付下月的定期付款或根据纳税人的书面申请在10日内返还纳税人。月均缴税额在3000卢布以下的企业,以及全部小企业(不管月均纳税额多少),根据上个季度的商品(工程、劳务)的实际销售额,在报告季度下一个月的20日按季度缴纳报告季度的税款。新建企业和以前不是纳税人的企业,根据上月的实际周转额纳税。3个月期满后,根据该期的月均缴款额确定具体纳税期。

(薛建兰 张巧珍)

eluosi lianbang ziran huanjing wuranshui

俄罗斯联邦自然环境污染税(natural environment pollution tax of the Russian Federation) 根据俄罗斯1992年12月19日《自然环境保护法》的规定开征的一种税。1999年1月1日起生效的《俄罗斯联邦税收法典》将该税定名为"生态税"。具体种类包括:规定限度内污染物质的排放和抛弃费、废弃物的置放和其他污染费;超过规定限度污染物质的排放和抛弃费、废弃物的置放和其他污染费。需要强调的是,缴纳自然环境污染税并不能使自然资源利用者免除实施自然环境保护措施的责任,也不能免除对生态违法行为造成损害的赔偿责任。

凡按规定标准和超标准向周围环境排放和抛弃污染物质,置放废弃物和从事其他污染环境活动的企业,均是自然环境污染税的纳税人。该税的课税对象包括从固定和流动的污染源向大气排放污染物质,向地面设施、地下设施和水利设施排放污染物质,向居民点排水系统排放污水和污染物质,置放废弃物和其他的污染形式。根据1992年9月28日的《关于批准对污染环境、置放废弃物和其他有害影响物确定付费限额的制度的决定》,并经俄罗斯环境和自然环境保护部的批准,自1992年11月27日起,对排放或抛弃每吨污染物、置放每吨或每立方米废弃物规定了基础纳税标准,并确定了利用相关系数修正基础纳税标准的方法。之后每年都对自然环境污染税实行指数化,对超限额排放和抛弃污染物,纳税标准提高4倍。征收的自然环境污染税款缴入国家预算外生态基金。自然环境污染税由纳税人每季度按下列期限向生态基金划拨:如果划拨计划税款,时间为每季度最后一个月的20日前;如果划拨实际税款,1—3季度的税款应在报告季度下个月的20日前缴纳,第4季度的税款应在下一年的1月20日前划拨到生态基金。纳税人既可以用单独的几个付款委托书,也可以用一个付款委托书来划拨各种形式的应付税款,一个付款委托书中应累计全部付款形式和付款额。纳税逾期纳税的,处以每逾期一天按未缴纳税款额的0.7%计算的罚款,时间为自规定的纳税期过后的第一天至实际纳税之日止。

(薛建兰)

eluosi lianbang ziranren caichanshui

俄罗斯联邦自然人财产税(personal property tax of the Russian Federation) 在俄罗斯全境实行的一种地方税。包括房屋、建筑物税和交通运输工具税两类。俄罗斯1991年12月9日通过的《自然人财产税》和1995年5月30日俄罗斯国家税务总局颁布的《自然人财产税计算和缴纳方法细则》,是规范自然人财产税的法律依据。

纳税人 在俄罗斯拥有财产的财产所有者,包括俄罗斯公民、外国公民(包括独联体国家公民)和无国籍人士。

课税对象 包括自然人拥有的房屋、住宅、别墅、车库、其他建筑物和处所、摩托艇、快艇、汽艇、摩托雪橇、直升机、飞机、柴油机船以及其他交通运输工具如机动船、拖船、水摩托、驳船等财产,但汽车和摩托车等除外(按《俄罗斯联邦税收法典》缴纳道路交通税)。

税率 房屋和建筑物税按联邦主体代表权力机构规定的税率缴纳,税率不超过这些房屋和建筑物登记价值的0.1%;交通运输工具税的税率取决于发动机功率,其税率按法律规定的最低月劳动报酬的百分比计算。

税收优惠 俄罗斯税法对自然人财产税规定了三种税收优惠措施。第一,下列自然人完全免缴所有财产税:苏联和俄罗斯英雄、荣获三级荣誉勋章者;一、二级残疾者;卫国战争和国内战争参加者、参加过保卫苏联其他战役的军人和游击队员;卫国战争期间在军队、内务部、安全部担任过编内职务的非军职人员；在切尔诺贝利核电站事故中受到核辐射危害，依法享有社会保证优惠的人员；直接参与核武器试验、清除核装置事故的人员；失去赡养人的军人家庭的成员；在军队服役20年以上的军人及退役人员。第二，下列自然人完全免缴房屋和建筑物财产税：符合俄罗斯退休法规定的退休金领取者；现役士兵、水兵、军士、准尉、海军准尉，以及军校学员和军事建筑队的军人建设者；从军队退役人员、在阿富汗或其他有战事国家履行国际义务的人员；为执行公务而牺牲的军人和国家职员的父母和配偶。从事文化艺术活动人员和民间艺人，其所拥有的房屋和场所专门用作创作室、工作室和画室等，也免交财产税。第三，发动机功率不超过10马力或7.4千瓦的摩托艇所有者，完全免缴交通运输工具自然人财产税，但应自行向地方国家税务部门提交必要的文件和手续。

征收方式 由国家税务局按课税对象所在地计征。房屋和建筑物税按房屋和建筑物的登记价值和规定的税率每年计算纳税。当财产的登记价值难以确定时，按这类财产强制保险时的估价计算。公用事业、保险、公证和其他机关应无偿并如期向税务机关提供计算自然人财产税所必需的数字和资料，否则，处以相当于最低月劳动报酬5倍的罚款。如果课税对象在一年内由一个纳税自然人让与（买卖、交换、赠与）另一个自然人，则该课税对象的自然人财产税由原有的所有者计算并缴纳自本年度1月1日起至其丧失财产所有权的当月初的财产税；新的所有者则从财产权产生的当月即从合同在有关机构登记之日起纳税。对于公民新建的房屋和建筑物，自然人财产税自这些建筑物建成后的那一年年初开始缴纳财产税。交通运输工具税根据交通运输工具的类型和发动机功率每年缴纳。税款按计税之日的最低月劳动报酬的百分比计算。对新购置的交通运输工具，自购买后下一年的年初缴纳自然人财产税。如果交通运输工具转给其他人使用，仍由该财产的法定所有者纳税。如果交通运输工具完全损坏或报废，自报废之当月起，停止缴纳财产税。日历年度内交通运输工具所有权由一个所有者转给另一个所有者时，仍由原有的所有者自本年度1月1日起至其丧失所有权的当月初缴纳自然人财产税；而新的所有者则从财产权产生的当月起缴纳自然人财产税。纳税期满，纳税人欠缴的税款，按每日欠缴额的0.7%缴纳罚款。

（薛建兰）

eluosi lianbang ziranren suodeshui
俄罗斯联邦自然人所得税（personal income tax of the Russian Federation）
俄罗斯仅次于企业利润税和增值税而居于第三位的一个大税种。目前，俄罗斯有关自然人所得税的法规主要有两个：一个是于1991年12月7日颁布后经多次修改补充的《俄罗斯联邦自然人所得税法》；另一个是国家税务总局于1995年6月29日发布并多次补充和修改的《俄罗斯联邦自然人所得税法适用条例》。

纳税人 在俄罗斯具有或不具有永久住址的自然人，包括俄罗斯公民、居住在俄罗斯的外国公民和无国籍人。此外，外国个人公司，其在个人公司的注册国所获得的收入被视为公司所有者的收入，也缴纳自然人所得税。在俄罗斯具有永久住址的公民，是指在日历年度内在俄罗斯居住总共不少于183天的公民。

课税对象和计税依据 课税对象是自然人在一个日历年度内获得的总收入。对于在俄罗斯具有永久住址的自然人来说，课税对象是日历年度内在俄罗斯境内和境外所获得的表现为货币形式或实物形式的总收入。对于无永久住址即在日历年度内在俄罗斯居住不满183天的自然人，只对其在俄罗斯境内获得的收入课征所得税。计税依据是纳税人的年（纯）总收入，即自然人在日历年度内所获得的扣除俄罗斯所得税法规定的有据可查的与取得该收入有关的费用后的总收入。

税率 采用累进税率，现行自然人所得税的税率如下表：

1999年自然人所得税税率表

日历年度内所取得的应税总收入额	税率或税额
3万卢布以下（含3万）	12%
3万卢布至6万卢布	0.27万卢布 + 超过3万部分的15%
6万卢布至9万卢布	0.63万卢布 + 超过6万部分的20%
9万卢布至15万卢布	1.14万卢布 + 超过9万部分的25%
15万卢布至30万卢布	2.46万卢布 + 超过15万部分的35%
30万卢布以上	7.26万卢布 + 超过30万部分的45%

注：其中45%的个人所得税税率自2000年1月1日起生效

税收优惠 主要包括：(1) 从国家社会保险和社会保障系统获得的各种优抚金、养老金、补助金，不计入应税总收入之中。(2) 患放射病，以及由于切尔诺贝利核电站事故和其他辐射污染造成残疾的人，减少2万卢布的年总收入计税额。(3) 苏联和俄罗斯英雄、三级荣誉勋章获得者、国内战争和卫国战争的参加者、卫国战争的残疾者、一级和二级自幼残疾者、核辐射受害者、集中营受迫害者，其应税期总收入每月扣除相当于最低月劳动报酬5倍数额的计税收入。(4) 为保卫苏联和俄罗斯以及执行其他军务而蒙难的军人的父母和配偶,在阿富汗和其他国家履行国际义务的人员,照料自幼残疾者或一级残疾者的父母的一方、配偶或监护人,父母已高龄的三级残疾者,其应税期总收入每月扣除相当于最低月劳动报酬三倍数额的计税收入。(5)一年内收入不超过 5000 卢布的自然人,其应税期总收入每月扣除相当于最低月劳动报酬两倍数额的计税收入。(6)除上述所列举的自然人外,其他自然人应税期总收入每月可扣除相当于最低月劳动报酬一倍数额的计税收入。(7)在法律规定的最低月劳动报酬内,自然人可以从总收入中每月扣除用于供养子女和被赡养人的费用。

征收方式 自然人所得税有三种缴纳方式:第一种是按收入来源课税。在基本工作单位和其他企业主那里所获得的全部收入都要征税。每月结束时计算并扣除所得税。第二种是自然人的收入超过最低课税额,而且有两个或多个收入来源的,该自然人须在报告年度下一年的第一季度向其所在地的税务机关提交收入申报单,根据该申报单重新计算所得税。第三种是对企业主活动所得收入的课税。这些人包括自由职业者,如律师、私人开业的医师、家庭补习教师和公证员等。对企业主活动所得收入的课税要确定总收入和与取得总收入相关的支出、扣除额和折扣、年应税总收入、纳税期、税率、税额等。个体业主每年于 7 月 15 日、8 月 15 日和 11 月 15 日分三次预缴税款,每次预缴按上年收入计算的年度实际税款的 1/3。报告年度结束后,税务机关根据其实际收入计算应缴税款,多退少补。

(薛建兰 张巧珍)

eluosi shangpin shangbiao fuwu shangbiao he shangpin yuanchandi mingchengfa

《俄罗斯商品商标、服务商标和商品原产地名称法》(Russian Law of Commodity Trademark, Service Trademark and Appellations of Origin) 俄罗斯联邦最高苏维埃于 1992 年 9 月 23 日通过。该法分为三个部分。第一部分是商品商标和服务商标,主要包括商品商标和服务商标的定义及种类、商标注册及变更、拒绝注册的根据、商标优先权、集体商标、商标的使用、转让与消灭等。第二部分是商品的原产地名称,主要包括商品的原产地名称的定义、注册、使用、消灭等。第三部分是一般条款,主要包括俄罗斯联邦国家专利局的相关规定、商标侵权的法律责任、国际条约的优先适用原则等。

(田 艳)

eyi qiangzhu yuming

恶意抢注域名(vicious enrollment of domain name)

行为人以非正当目的,抢先申请注册某一域名,并给他人造成损害的行为。对于域名抢注和抢注者恶意的判定有不同的立法。国际互联网络名字与编号分配机构(ICANN)的《国际域名争议统一解决政策》中称恶意注册和使用域名的行为包括但不限于以下情形:(1)域名持有人注册或获得域名的主要目的是为了向商标或服务标记的所有者或所有者的竞争者出售、出租或其他任何形式转让域名,以期从中获取额外价值;(2)持有人注册或获得域名的目的是为了阻止商标和服务标记的持有人通过一定形式的域名在互联网络上反映其商标;(3)持有人注册域名的主要目的是破坏竞争对手的正常业务;(4)持有人的目的是通过以连接源、赞助者或连接者的形式故意制造与被侵害人所持有的商品或服务标记的混淆,以诱使互联网络用户访问恶意注册者的网站或其他联机地址,以牟取商业利益。

美国《反域名抢注消费者保护法》规定,一个人应当在由商标所有人提起的诉讼中承担责任,若该人:(1)有从该商标获利的恶意;(2)注册、交易或使用某一域名——在该域名注册时该商标具有显著性的情况下,该域名与该商标完全相同或混淆性相似;在域名注册时该商标为驰名商标的情况下,该域名与该商标完全相同或混淆性相似或淡化了该商标;或因《美国法典》第 18 编第 706 条,或《美国法典》第 36 编第 220506 条而受保护的商标、文字或名称。该法还规定了判断抢注人"恶意"的考虑因素。在判断某人是否具有恶意时,法院可以考虑但不限于下列因素:(1)该域名中含有的该人的商标或其他知识产权权利;(2)该域名中包括该人的真名或其他通常用于识别该人名称的称呼;(3)该人在与任何商品或服务的真实提供过程中,对于该域名先前进行过任何使用;(4)该人在该域名可到达的网站中,对于商标善意的非商业性使用或合理使用;(5)该人是否通过对网站在来源、主办关系、从属关系或批准关系上制造混淆的可能性,或为了牟取商业利益,或有抹黑或贬损商标的意图,故意将消费者由商标所有人所在的网上位置转移到可能侵害商标代表的商誉的该域名下可抵达网站的意图;(6)该人在申请域名注册时提供重大的误导性的错误联络信息,蓄意不保持联络信息的准确性,或该人以前曾从事类似行为;(7)该人注册或收购大量域名,且该人知道这些域名与他人所有的、在这些域名注册时具有识别性的商标完全相同或混淆性相似,或对他人所有的、在这些域名注册时具有知名度的驰名商标构成了淡化,而无需考虑各方的商品或服务。在任何案件中,若法院确认该人相信并有合理依据相信对域名的使用是合理使用或者是合法的,则不应被认定为存在"恶意"。

《中国互联网络信息中心域名争议解决办法》也

对域名的恶意注册和使用作了规定。被投诉的域名持有人具有下列情形之一的,其行为构成恶意注册或者使用域名:(1)注册或者受让域名是为了出售、出租或者以其他方式转让该域名,以获取不正当利益;(2)多次将他人享有合法权益的名称或者标志注册为自己的域名,以阻止他人以域名的形式在互联网上使用其享有合法权益的名称或者标志;(3)注册或者受让域名是为了损害投诉人的声誉,破坏投诉人正常的业务活动,或者混淆与投诉人之间的区别,误导公众;(4)其他恶意的情形。

(刘 鹏)

F

fabaofang
发包方（the party giving out a contract for a project） 在承包经营法律关系中将财产交给承包方经营并享有相应权利、承担相应义务的一方。《承包条例》明确规定，"发包方为人民政府指定的有关部门"。成为承包经营责任制中的发包方的前提条件应是对企业财产有权行使所有权。就目前而言，应当是代表国家对企业依法进行管理的政府主管部门。根据《中华人民共和国全民所有制企业法》规定的基本精神，政府主管部门代表全民，依法行使全民所有制企业财产所有权。企业按照两权分离的原则享有经营管理权。政府主管部门作为发包方，依法与承包方签订承包经营合同并有权按承包合同的规定对承包方的生产经营活动进行检查、监督。在享有权利的同时，发包方应当按承包经营合同的规定，维护承包方和企业经营者的合法权益，并在职责范围内帮助协调、解决承包方生产经营中的困难。 （方文霖）

famingren yu shejiren
发明人与设计人（inventor and designer） 发明人是对产品、方法或者其改进提出新技术方案的人。设计人是对产品的形状、构造或其结合提出适于实用的新技术方案的人，或者是对产品的形状、图案、色彩或其结合提出富有美感，并适用于工业上应用的新技术的人。发明人与设计人都只能是自然人，必须对发明创造的实质性特征作出了创造性的贡献。 （严 励）

fapiao guanli banfa
《发票管理办法》（Provisions Governing Receipts） 我国财政部 1993 年发布《中华人民共和国发票管理办法》。该办法分五个部分。

发票的印制制度 除增值税专用发票由国家税务总局统一印制外，其他发票分别由省、自治区、直辖市税务机关指定的企业印制。发票防伪专用品由国家税务总局指定的企业生产。发票应当套印全国统一发票监制章，实行不定期换版制度。发票应当使用中文印制。民族自治地方的发票，可以加印当地一种通用的民族文字；有实际需要的，也可以同时使用中外两种文字印制。发票的印制除增值税专用发票外，应当在本省、自治区、直辖市内印制。

发票的领购制度 依法办理税务登记的单位和个人，在领取税务登记证件后，向主管税务机关申请领购发票。申请领购发票的单位和个人应当提出购票申请，提供经办人身份证明、税务登记证件或者其他有关证明，以及财务印章或者发票专用章的印模，经主管税务机关审核后，发给发票领购簿。领购发票的单位和个人凭发票领购簿核准的种类、数量以及购票方式，向主管税务机关领购发票。需要临时使用发票的单位和个人，可以直接向税务机关申请办理。临时到本省、自治区、直辖市以外从事经营活动的单位或者个人，应当凭所在地税务机关的证明，向经营地税务机关申请领购经营地的发票。临时在本省、自治区、直辖市以内跨市、县从事经营活动领购发票的办法，由省、自治区、直辖市税务机关规定。税务机关对外省、自治区、直辖市来本辖区从事临时经营活动的单位和个人申请领购发票的，可以责令其提供保证人或者根据所领购发票的票面限额及数量交纳不超过 1 万元的保证金，并限期缴销发票。

发票的开具 销售商品、提供服务以及从事其他经营活动的单位和个人，对外发生经营业务收取款项，收款方应当向付款方开具发票；特殊情况下，由付款方向收款方开具发票。所有单位和从事生产、经营活动的个人在购买商品、接受服务以及从事其他经营活动支付款项时，应当向收款方取得发票。取得发票时，不得变更品名和金额。开具发票应当按照规定的时限、顺序、逐栏、全部联次一次如实开具，并加盖单位财务印章或者发票专用章；使用电子计算机开具发票，须经主管税务机关批准，并使用税务机关统一监制的机外发票，开具后的存根联应当按照顺序号装订成册。发票限于领购单位和个人在本省、自治区、直辖市内开具。任何单位和个人未经批准，不得跨规定的使用区域携带、邮寄、运输空白发票。禁止携带、邮寄或者运输空白发票出入境。开具发票的单位和个人应当建立发票使用登记制度，设置发票登记簿，并定期向主管税务机关报告发票使用情况。开具发票的单位和个人应当在办理变更或者注销税务登记的同时，办理发票和发票领购簿的变更、缴销手续。此外，任何单位和个人不得转借、转让、代开发票，未经税务机关批准，不得拆本使用发票；不得自行扩大专业发票使用范围。在发票的管理方面，开具发票的单位和个人应当按照税务机关的规定存放和保管发票，不得擅自损毁。已经开具的发票存根联和发票登记簿，应当保存 5 年。保存期满，报经税务机关查验后销毁。

发票的检查 税务机关在发票管理中应对执行《发票管理法规》的情况依法进行检查，行使检查权；

调出发票查验权;查阅复制权;询问权;使用记录、录音、录像、照相和复制等手段调查取证权。单位和个人的义务是必须接受税务机关依法检查,如实反映情况,提供有关资料,不得拒绝、隐瞒。税务机关及税务人员的义务包括税务人员进行检查时,应当出示税务检查证;税务机关需要将已开具的发票调出查验时,应当向被查验的单位和个人开具发票换票证;税务机关需要将空白发票调出查验时,应当开具收据,经查无问题的,应当及时返还。单位和个人从中国境外取得的与纳税有关的发票或者凭证,税务机关在纳税审查时有疑问的,可以要求其提供境外公证机构或者注册会计师的确认证明,经税务机关审核认可后,方可作为记账核算的凭证。发票填写情况核对卡的使用。税务机关在发票检查中需要核对发票存根联与发票联填写情况时,可以向持有发票或者发票存根联的单位发出发票填写情况核对卡,有关单位应当如实填写,按期报回。

发票违法行为的处罚 包括对违反发票管理法规行为的处罚;对违反空白发票管理规定行为的处罚;对违反发票防伪规定行为的处罚;对导致税款流失的违法行为的处罚;对税务人员发票管理违反行为的处罚。

(席晓娟 李蕾)

faxingren

发行人(issuer) 以筹资为目的,依法经批准发行有价证券的主体。即资金的需求者,为募集及发行证券筹措所需资金的企业。国外发行和上市两个阶段互相独立,并非所有发行在外的股票都要在交易所上市交易,而有可能在场外进行交易,所以监管机构对发行人不需作实质审查。而我国由于发行和上市往往连接在一起,且证券市场还处于发展初期,所以要对发行人加以严格的条件限制。我国1999年《公司法》规定,股票的发行人必须是依法设立的股份有限公司或者筹备设立股份有限公司的发起人。债券的发行人可以是政府,也可以是经批准允许发行债券的股份有限公司、有限责任公司和金融机构。可转换公司债券的发行人应是上市公司和重点国有企业。中央政府为弥补财政赤字或筹措经济建设所需资金,在证券市场上发行国库券、财政债券、国家重点建设债券等,即发行国债;地方政府可为本地公用事业的建设发行地方政府债券,我国目前禁止地方政府发行债券。对筹设中的股份有限公司而言,发行股票是为了达到法定注册资本从而设立公司;而对已经成立的股份有限公司而言,发行股票和债券的目的是为了扩大资金来源,满足生产经营发展的需要。非股份有限公司的企业经过批准,可在证券市场上发行企业债券筹集资金。金融机构,包括商业银行、政策性银行和非银行金融机构为筹措资金,经过批准可公开发行金融债券。发行人的多少和发行证券数量的多少,决定了发行市场的规模和发达程度。根据1993年的我国《股票发行与交易管理暂行条例》,A股发行人必须符合以下条件:发起人的生产经营符合国家产业政策;发起人认购的股本数额不少于公司拟发行股本总额的35%,一般不少于3000万元人民币;发起人近3年内没有重大违法行为。B股发行人的条件与A股发行人基本一致,但发行人认购总数不得少于1.5亿元人民币。境外上市外资股的发行人必须符合国家产业政策,有一定的规模、创汇能力、知名度和良好的经营管理水平、经济效益。公司债券发行人为股份有限公司的,净资产不低于3000万元人民币,有限责任公司则不低于6000万元人民币。可转换公司债券发行人须最近3年连续盈利,且净资产利润率平均在10%以上,此比率对个别特殊行业的公司或重点国有企业可有所降低。发行人应对证券发行中信息披露的真实性、准确性和完整性负责,因发行中的虚假陈述而对投资者造成的损害,发行人应承担损害赔偿责任。该责任属于严格责任,不必由原告证明发行人有故意或过失。

(刘卉)

faxing shenhe weiyuanhui

发行审核委员会(issuance examination commission) 又称股票发行审核委员会,简称发审委。是隶属于证监会,依照法律、行政法规和中国证监会的规定,对发行人的股票发行申请文件和中国证监会有关职能部门的初审报告进行审核的专业部门。发审委于1999年8月19日经国务院批准设立,其委员由有关行政机关、行业自律组织、研究机构和高等院校等推荐,由中国证监会聘任。发审委委员为25名,部分发审委员可以为专职。其中中国证监会的人员5名,中国证监会以外的人员20名。发审委委员每届任期1年,可以连任,但连续任期最长不超过3届。根据2003年《中国证监会股票发行审核委员会暂行办法》的规定,发审委的职责是:根据有关法律、行政法规和中国证监会的规定,审核股票发行申请是否符合公开发行股票的条件;审核保荐机构、会计师事务所、律师事务所、资产评估机构等证券中介机构及相关人员为股票发行所出具的有关材料及意见书;审核中国证监会有关职能部门出具的初审报告;依法对股票发行申请提出审核意见。发审委的议事规则主要如下:发审委委员应依据法律、行政法规和中国证监会的规定,结合自身的专业知识,独立、客观、公正地对股票发行申请进行审核,以投票方式对申请进行表决,提出审核意见。发审委会议表决采取记名投票方式。表决票设同意票和反对票,同意票数达到5票为通过,同意票数未达到5票为未通过;发审委委员不得弃权;发审委委员在投票时应当在表决票上说明理由;对发行人的股票发行申请只进行一次审核。发审委委员发现存在尚待调查核实并影响明确判断的重大问题,经出席会议的5名发审委委员同意,可以对该股票发行申请暂缓表决一次。发审委会议对发行人的股票发行申请表决通过后,中国证监会在网站上公布表决结果。发审委会议根据审核工作需要,可以邀请发审委委员以外的行业专家到会提供专业咨询意见,发审委委员以外的行业专家没有表决权。中国证监会通过问责制度对发审委进行监督,出现发审委会议审核意见与表决结果有明显差异时,中国证监会可以要求所有参会发审委委员分别作出解释和说明。

(刘卉)

fazhan quan
发展权(development right) 20世纪60年代以来,在广大发展中国家争取建立国际经济新秩序、促进本国发展特别是经济发展的斗争过程中出现的一项新的权利。发展权是一项人权。因为人们所有的基本权利和自由必须与人的生存,与国家政治、社会和经济的发展联系在一起;没有发展就不可能有生存,更谈不上其他的权利自由;经济的落后和社会的不发达,必然影响个人人权的充分实现。发展权是自决权的必然延伸。自决权是享有一切基本人权的先决条件。1952年联合国大会通过的《关于人民与民族的自决权的决议》中指出:"人民与民族享有自决权,然后才能保证充分享有一切基本人权。"1966年《经济、社会、文化权利国际盟约》第1条第1款规定:"所有民族均享有自决权,根据此种权利,自由决定其政治地位及自由从事其经济、社会与文化之发展。"发展权也是一项国家权利。各国对自身的发展负有主要责任,有权制订符合本国实际情况的发展政策,提高发展水平,应为个人享有其政治、经济、社会等的各项权利创设条件。发展中国家有权获得发展援助,有权分享人类科学技术进步和发展的成果和利益。《各国经济权利和义务宪章》明确规定:"每个国家都有权利和责任来选择本国发展的道路和目标,充分动员和利用本国资源,实行进步的经济改革和社会改革,并切实保证本国人能够充分参加发展的过程,充分分享发展的利益。"

1969年,阿尔及利亚的正义与和平委员会发表题为"不发达国家的发展权利的报告",首次提出了发展权的概念,在此后被逐步确认。1969年,联合国大会通过了《社会进步和发展权利宣言》。1974年5月第六届特别联大通过的《建立国际经济新秩序宣言》和行动纲领都肯定了国家的发展权利。宣言提出,在发展方面应进行国际合作;一切国家都应铭记有必要保证发展中国家的加速发展;各国有权实行认为对本国的发展合适的经济和社会制度。行动纲领要求国际社会从粮食、贸易、资金等方面向发展中国家提供发展援助;要向受最严重影响的发展中国家提供紧急发展援助,帮助它们建立自给自足的经济。同年12月第二十九届联大所通过的《各国经济权利和义务宪章》提出了通过国际合作谋求共同发展的原则。1979年联合国大会通过的《关于发展权的决议》和1986年12月联合国大会通过的《发展权利宣言》,对发展权进行了全面的阐述。

(张长利)

fa de jingji fenxi fangfa
法的经济分析方法(method of economic analysis of law) 以经济学成本效益的对比分析,研究法学理论和具体问题的一种研究方法。该方法建立在理想的社会环境模式的基础之上,分析社会成本的原因和性质,并研究如何通过法律手段降低经济成本,从而实现社会效益。法的经济分析方法的基本思路就是使人们通过对遵守法律和违反法律的成本和收益进行对比,从而引导人们的行为,并使其符合法律规定。法的经济分析方法强调效益原则,并认为这是法赖以建立的基础,也是法的唯一出发点和归宿。经济分析方法是法学研究的工具,通过使用该方法分析现行的法律规范、法律制度和法律活动,能够论证其是否是根据效益原则而制定和适用,从而促使立法和司法朝着促进效益的目标发展。但是,法的经济分析方法过分注重效益原则,并把该原则作为评价一切法律的最高标准,过分强调功利主义和经济学原理和方法,忽视其他社会因素对法的影响,因此存在片面之处。事实上,法律制度既含有经济分析方法所强调的成本收益,也涉及善恶、正义和公平等问题。不过,法的经济分析方法认识到法律和经济之间存在的密切联系,并从经济学角度论述和探讨法律问题,这无疑是对传统法学分析方法的新突破。

(赵玲)

fa de shehuihua
法的社会化(socialization of law) 法律由个人本位、个人利益向社会本位、社会利益的转化。在自由资本主义时期,不论是宪法对人权的确认,还是民商法对契约自由的保护,都体现了以个人权利为本位的法律精神。资本主义进入垄断阶段后,主要资本主义国家随着政治、经济状况的改变,采取了福利主义政策,公民的政治地位也有所提高。相应的,法的社会化倾向也越来越突出,并成为法发展的主流。法的社会化的具体表现,是对物权绝对、契约自由和私人自治这三大民法原则的修正,以及大量社会立法的产生。20世纪初,西欧、北美进行法律制度的重大改革,制定了劳工法、最低工资法、环境保护法、住房法等具有社会法倾向的法律。

(赵玲)

fading jiliang danwei

法定计量单位(legal units of measurement) 由国家法律规定强制或推荐使用的计量单位。除此以外的其他计量单位为非法定计量单位。计量单位是为了定量表示同种量的量值而约定采用的特定量,这个特定量具有名称、符号和定义,其数值为1。依照现行《中华人民共和国计量法》(全国人民代表大会1985年9月6日通过)第3条,我国的法定计量单位由国际单位制单位和国家选定的非国际单位制单位组成,以国际单位制的单位为基础,结合我国的实际情况适当选用了一些其他单位。依照国务院《关于在我国统一实行法定计量单位的命令》(1984年2月17日发布)对法定计量单位的名称、符号所作规定,我国法定计量单位的具体构成为:(1)国际单位制的基本单位,包括米(m长度)、千克/公斤(kg质量)、秒(s时间)、安(A电流)、开(K热力学温度)、摩(mol物质的量)和坎(cd发光强度)等七个彼此独立并有严格定义的基本单位;(2)国际单位制的辅助单位,共2个;(3)国际单位制中具有专门名称的导出单位,共19个;(4)国家选定的非国际单位制单位,共16个;(5)由以上单位构成的组合形式的单位;(6)由词头和以上单位所构成的十进制倍数和分数单位,目前已采用的词头共20个。 (李海灵)

fading zibenzhi

法定资本制(system of legal capital) 又称确定资本制。公司成立时,必须依据公司章程的规定,由出资人如数认足全部出资的法律制度。其基本内容是:公司设立时,必须确定其资本总额,并由出资人全部认购、缴纳;公司如需调整资本总额,必须履行一定的法律手续;公司调整资本规模,须经股东大会表决,变更公司章程中的资本总额,并办理相应的变更登记手续。法定资本制度为法国和德国公司法所创设,后为其他大陆法系国家移植,成为一种资本确定的法律制度。在法定资本制下,资本是明确的、稳定的,具有真实性和可靠性,能有效防止公司设立中的欺诈行为以及公司的滥设,保障债权人的合法权益,维护社会经济秩序。 (付 鹏)

fading zuidi changfu nengli

法定最低偿付能力(legal minimum solvency) 保险公司实际资产价值减去实际负债的差额不得小于保险监管机构规定的数额,低于规定数额的,应当增加资本金,补足差额。它是控制保险公司偿付能力的一种重要手段。 (李庭鹏)

faguo biaozhunhua xiehui

法国标准化协会(法-Association Francaise de Normalisation) 简称AFNOR。依据1901年的法律批准成立的法国标准化协会,成立于1926年,总部在巴黎。法国标准化协会是法国负责国家标准化工作的唯一机构,是组织制定产品标准、协调各部门标准化工作、官助民办、政府监督的非官方私营协会,并代表法国参加国际标准化组织(ISO)。法国标准化协会的1/4的经费由政府资助,其余的3/4的经费来自会员会费、出售标准等产品收入及其他服务收入。法国标准化协会的最高权力机构是理事会。理事会主席由法国标准化协会总会长担任。协会的日常工作由总会长及其代表负责处理。法国标准化协会下设五个部:标准部、信息部、咨询部、认证部和国际事务与法律部。标准部负责制定、修订标准,设有各技术委员会秘书处,每年发布新标准2000个。信息部负责收集、处理信息与加工,进行产品的设计与开发、销售。主要是出版标准,并汇编成册,出版标准化专著、标准目录、教材、光盘等。咨询部为企业提供各类咨询和培训服务。认证部负责产品、体系的认证服务,授予"NF"标志、"CE"标志。认证部有实验室配合做测试和检验。与少数国家有互认协议。国际事务与法律部受法国政府与欧共体委托,以合同方式处理国际事务,如处理为俄罗斯提供信息设备的合同等。其中信息部、咨询部、认证部是创收部门,工作人员不领国家津贴。

　　法国标准化协会总会长同时是法国标准化高级委员会(CSN)的主席。该委员会成立于1984年1月26日,是法国标准化的最高咨询机构和指导机构,设在政府贸易与工业部下面。委员会由政府机关、地方自治团体、工农商服务业、工会、消费者组织、标准化局、检验机构、学术界等各方面的51名代表组成。秘书处工作由法国标准化协会负责。委员会的职责是根据国家社会经济和国际形势发展的需要,向工业部长提出有关标准化方针政策的建议,并就标准化工作年度计划接受咨询,进行审议。 (麻琳琳)

faguo dengjishui

法国登记税(registration tax of France) 征税对象为法国纳税义务人在政府机关的注册和登记行为。主要有汽车注册、公司成立的注册、居留证的发放、印花税、结婚合同的订立、预售或预购合同的登记、申请专利、借款合同等。登记税的缴纳标准由税务当局统一公布。纳税主体从事的所有民事和刑事契约行为,一般都要求向政府缴纳此税,缴纳标准也由税务当局公布。 (李 蕾)

faguo dichanshui

法国地产税(land tax of France) 分为建筑地产税和非建筑地产税,属于法国的地方税。建筑地产税是对拥有房产、厂房及其附属地产者按照年度征收的税。其税率取决于房产、厂房及其附属地产的出租价值,各地标准并不一致。非建筑地产税是对拥有非建筑用地产者按年度征收的税,各地的税率标准也不一致。

(李 蕾)

法国个人所得税 (individual income tax of France)

faguo geren suodeshui

法国政府于1914年开征所得税,1959年将分类所得税制改为综合所得税制,统一征收个人所得税。1971年又将个人所得税改为所得税,这是一种直接税。征税对象是纳税义务人每年实现和取得的收益和所得。一年内在法国经常居住达到183天以上、在法国进行主要活动或者在法国有主要经济利益的个人,不论是否拥有法国国籍,均就其来源于法国境内境外的全部所得缴税。在法国没有经常居所的外国人、在法国境外有居所但在法国境内经营财产和工商企业或从事自由职业的法国人、在海外领土有住所但当地政府没有征收所得税的法国人和在海外执行公务并且享受当地免征个人所得税待遇的法国人仅就来源于法国境内的所得缴纳此税。应税所得包括工商业利润、农林受益、不动产所得、工资、薪金、养老金、年金、从事自由职业所得、流动资本收益、动产资本所得、特定公司成员报酬和转让所得。对于无限责任公司和合伙企业成员取得的红利、在法国境内没有进行营业活动的常设机构的公司取得的专业执业收入和法国公司向外国公司支付的特许权使用费均要征收个人所得税。购房贷款利息、消费贷款利息、装修、改善旧房设施、赡养老人、向慈善机构捐款、投资人寿保险、投资出租房产业等可以享受减税待遇。税额的计算采用分类综合制。具体做法是将各类所得汇总得到总净所得额,从中扣除家庭生计和其他法定扣除费用后即为应税所得。个人所得税的税率采用差额分级累进税率制,并采用申报缴纳和协商征税两种方法征缴。

(李 蕾)

法国公平交易法 (fair trading law of France)

faguo gongping jiaoyi fa

法国《公平交易法》于1986年12月1日制定,1987年1月1日施行,1987年7月6日进行了修订。该法分7章,共63条。第一章价格自由,规定了价格自由原则及其例外;第二章竞争审议委员会,规定了委员会的组织、职责、会晤及预算、咨询等;第三章反竞争行为,规定了非法联合行为、支配地位滥用的禁止及其例外、案件的司法处理及责任、竞争审议委员会与法院的关系等内容;第四章市场透明度与限制竞争行为,规定了价格及出售条件的公开,有关限制竞争行为如对消费者拒卖及搭售、出售及劳务提供附赠品、蚀本转售、维持转售价格、近似商业行为等的禁止,同时规定了在交易中产品出售者及劳务提供者的义务;第五章企业结合,规定了企业合并的申请及裁决程序;第六章调查权限,规定了调查员的种类以及调查的具体程序和权限。

(刘 鹏 苏丽娅)

法国公司车辆税 (company car tax of France)

faguo gongsi cheliangshui

征税对象为属于法国境内营业的公司的车辆。公司车辆除了缴纳税法规定的车税外,公司内部因为工作需要为雇主或雇员购买的车辆或者为了其他功用长期包车、租车3个月以上的车辆必须另行缴纳此税。

(李 蕾)

法国公司所得税 (company income tax of France)

faguo gongsi suodeshui

以法人净利润为课税对象按年度征收的一种税。是法国直接税收中仅次于个人所得税的一个重要税种。纳税义务人包括股份公司、股份有限公司、有限责任公司和选择缴纳公司所得税的其他企业,如民事公司、合伙公司、自由职业者以及从事营利活动的民间团体、非工商业性质的联合组织及政府管理的具有营利性质的服务机构。凡在法国境内从事营业活动的纳税人,不论国籍是否为法国,均须依其经营所得缴纳此税。为避免双重征税,法国公司在境外经营所得只在所在国纳税,法国政府不再对其征收所得税。公司所得税采用比例税率,百分比逐年有所下降。每届政府都会根据社会经济运行情况和所需贯彻的政策目标对公司所得税的税率作出相应的调整。一般而言,公司资产转让税率为10%—50%,基建中所获资产增值部分的税率为15%—25%。不以营利为目的的公共团体所得的税率为24%。在税款征收上采用申报预缴制。为刺激经济发展,法国政府相继对新建工业、商业和手工业企业等中小企业实行了税收优惠措施。

(李 蕾)

法国经济法思想 (idea of economic law in France)

faguo jingjifa sixiang

摩莱里(Morelly)是18世纪法国空想社会主义的代表人物,也是经济法理论的倡导者。他针对资本主义社会不平等的病症,提出了用经济法律规范调整社会经济活动的思想。其代表作是1755年发表的《自然法典》。在《自然法典》的第四篇中,摩莱里使用了"经济法"一词。这里的"经济法"的含义非常丰富:(1)经济法实质上是分配法,是关于"自然产品或人工产品的分配"的法律规范;(2)经济法的宗旨在于"从根本上消除社会恶习和祸害",从而促进理想社会的实现;(3)经济法具有仅次于宪法的崇高地位,是"基本的和神圣的法律"。他主张将一切劳动产品交到公共仓库或公共市场,然后在公民之间进行分配,力图通过按需分配和平均主义原则,保障人们的生活权利。

八十八年之后,法国的另一位空想社会主义者泰·德萨米(T. Dezamy)在其1843年出版的《公有法典》中采用了和摩莱里相同的做法,将"分配法或经济法"置于第二章"根本法"之后。但是,在承袭摩莱里的一些思想的同时,他还创造性地提出了按比例分配的思想。他认为,经济法就是其用来实现按比例分配思想、建造未来社会理想模式——公社宫、构造产品统计和分配的政治经济体制的重要分配制度。

在摩莱里之后、德萨米之前,法国重农学派学者尼古拉·博多(Nicolas Baudeau)在其《经济哲学初步入门,或文明状态分析》(1771年)一书中,曾使用过类似"经济法"的词语(直译为"经济法规")。一些观点认为,这是"在法律意义上的首次使用"。此外,法国经济学和社会学学者蒲鲁东(P. J. Proudhon)在其1865年出版的《论工人阶级的政治能力》中,也曾提及"经济法"。他认为,法律应该通过"普遍和解"的途径解决社会生活的矛盾。但是,如果不改组社会,则"普遍和解"就无法实现。而构成新社会组织基础的,就是"经济法"。因为公法因其易于导致过多限制经济自由的危险,而私法则因为其无法影响经济活动的全部结构,都无助于实现这一目标。所以,社会组织将建立在"作为政治法和民法之补充和必然结果的经济法"的基础之上。有观点认为,蒲鲁东的"经济法"概念基本上是在法律意义上使用,其不仅从抽象的意义上界定了经济法的基本特质,而且从法域归属上将其界定为公法与私法的"补充和必然结果"。这一思想比日本一些学者将经济法规入第三法域或社会法早许多。

(吕家毅 赵玲)

faguo piaojufa

法国票据法(negotiable instrument law of France) 1673年路易十四颁布的《陆上商事条例》(或称《商事敕令》,Ordinance sur le Commerce)是法国票据法的基础,也是近代票据制度成文化的典范。法国在商法典之中规定汇票和本票,支票另行立法规定。法国票据法的初期,注重票据的资金输送关系,没有将票据关系与基础关系分开,但后来进行修改,将票据关系与基础关系分开。法国票据法对票据要件的要求较松。法国法的影响及于波兰、比利时、希腊、土耳其、埃及、西班牙、意大利及拉丁美洲各国。

(何锐)

faguo qiyefa

法国企业法(enterprise law of France) 法国是大陆法系国家的典型代表,企业制度相当完善、成熟。法国也实行民商分立主义。早在1673年颁布的《商事敕令》中就专门规定了陆上商人的法律问题,其中商人部分专门规定了有关公司的法律问题。1807年通过的《法国商法典》第一编商行为中的第三章是关于公司的规定。但仅有29条的简单规定难以适应自由资本主义上升时期商事企业的蓬勃发展,一些单行的公司法规陆续问世,作为对商法典的补充。其中重要的有1867年的《公司法》、1966年的《法国商事公司法》、1979年的《可变资本投资法》等特殊类型的公司法。法国企业法在之后的频繁修订中不断走向成熟、完善。

法国实行"有计划的市场经济"体制。虽然私营经济在国民经济中占主导地位,但国有经济和公营经济成分相比其他发达资本主义国家占有更大比例,在不少行业和经济部门,以及整个国民经济运行中都有举足轻重的作用。国家通过对国有企业的控制,可以对整个国民经济运行实行强有力的宏观调控和干预管理,推动法国外向型经济的发展,促进地区发展的平衡和社会稳定。法国立法形成了独具特色的国有企业法律制度。1983年的《公营部门民主化法》对新、旧国有企业的内部结构作出了规定,由国家代表、职工代表、经济界代表组成董事会,对企业经营进行决策监督。20世纪90年代以来,在全球经济自由化浪潮的冲击及欧盟经济一体化的压力下,法国政府也推行了"非国有化"政策,使国有企业比重有所下降,但在国民经济中仍发挥重要作用。

法国商法典有独资企业的法律规范,但没有专门制定独资企业法。在法国,独资企业若要成为商法上的"商人",必须具备以营利为目的、经常实施商行为、企业主必须以自己名义实施商行为等要件。独资企业被视为企业主的个人财产,不具有法人股份,企业主也必须对其债务承担无限责任。虽然1804年的《法国民法典》和1807年的《法国商法典》都未明确赋予合伙以法人地位,但及至现代,法国法承认合伙自登记之日起就具有法人资格,这在世界各国立法中绝无仅有。法国的合伙企业可分为民事合伙和商事合伙。民事合伙适用民法典第1845、1846条的规定,订立合伙协议,具有法人资格,合伙人对合伙债务仍承担无限责任。商事合伙又可以分为具有法人资格和不具备法人资格两种。法国1966年《商事公司法》规定了无限公司、两合公司、有限责任公司和股份公司,它们自登记之日都取得法人资格。也有学者将无限公司、两合公司归入合伙企业进行研究。法国公司法较其他西方国家更为严格:对公司发起人的欺诈行为进行一系列严格的限制,对有限责任公司股东股权转让作出规定;对有限责任公司和股份有限公司有指派审计师的规定;有占其全部条文近1/10的罚则规定;等等。这也体现了在法国有计划的市场经济体制下,政府有形之手对市场主体的直接管理和调控。

第二次世界大战后,法国的中小企业取得了长足的发展,在促进农村地区经济发展、增加就业、扩大出口贸易,推进经济国际化中发挥着不可替代的作用。与之相应,法国政府也颁布了一系列的法令,对中小企业的发展进行鼓励和扶持。1995年法国通过"振兴中小企业计划",1996年制订关于保护中小企业权益的立法措施以及促进中小企业出口措施,1997年颁布关于简化中小型企业行政管理的37条措施。上述诸多法令,在财政扶助、税收优惠、银行融资、科研开发鼓励、促进出口诸方面都作出了相应的规定,为中小企业的正常发展成长提供了优越的法律环境。这也成为法国企业法的一大特色。 (姚德年 孟 然)

faguo shangbiao fa

法国商标法(trademark law of France) 法国第一部商标法颁布于1857年,1964年制定了现代意义上的商标法。目前在法国没有单独的商标立法,其商标法规定在《法国知识产权法典》第一编中,目前适用的是该法典2001年7月25日修订版。该编分为七部分,第一部分是商标的构成要件,第二部分是商标权的构成要件,第三部分是注册商标权人的权利,第四部分是商标权的转移和消灭,第五部分是集体商标,第六部分是商标侵权诉讼,第七部分是欧盟商标。法国商标法保护的商标的范围包括制造商标、商业商标、服务商标及其他特别标记,其商标的构成要件包括文字(词或词组),尤其是各种形式的名称(地名、姓氏、字母、缩略词、笔名、数字),音响标记(声音和音乐片段),图形标记(图画、边纹、浮雕、徽记、各种外形、颜色排列、组合或色调)等,其规定比很多国家广泛。 (田 艳)

faguo xiaofeishui

法国消费税(consumption tax of France) 主要征税对象为在法国境内消费的商品和劳务的税种。此税计算在商品价格内,由商人向国家交纳,是一种间接税。消费税在法国表现为三类税种,一是增值税,二是酒精烟草税,三是燃料税。增值税是法国最重要的消费税,在法国境内从事应税交易的法人或者自然人均是纳税义务人。根据征税对象性质的不同,增值税采用三档比例税率。酒精烟草税的税率根据应税项目和出售方式的不同而适用不同的规定。其中对烟草适用75.99%的税率,并且有上调趋势;酒精饮料除了缴纳20.6%的增值税外,还要增交15%至20%的额外税。燃料税的税率为80%,居全欧洲此类税率之首。

(李 蕾)

faguo yichanshui

法国遗产税(legacy tax of France) 法国于1703年开征此税,征税对象为被继承人或财产所有人死亡时遗留的财产以及有财产价值的权利。征收方法是被继承人或财产所有人死亡后将财产先分给各个继承人,然后就各继承人分得的遗产数额征税。税率的设置取决于受益人与被继承人或者财产所有人之间的关系以及受益人得到的遗产数额。具体规定为父母与子女之间0至5万法郎适用5%的税率;5万至7.5万法郎适用10%;7.5万至10万法郎适用15%;10万至340万法郎适用20%;340万至560万法郎适用30%;560万至1120万法郎适用35%;1120万法郎以上适用40%。在配偶之间0至5万法郎适用5%;5万至10万法郎适用10%;10万至20万法郎适用15%;20万至340万法郎适用20%;340万至560万法郎适用30%;560万至1120万法郎适用35%;1120万法郎以上适用40%。在兄弟姐妹之间0至150万法郎适用35%;150万法郎以上适用45%。在亲戚之间(四代以内)适用的税率为55%。其他关系人适用60%的税率。

(李 蕾)

faguo zengzhishui

法国增值税(value-added tax of France) 法国政府于1954年在学者劳莱的倡导下正式开征此税,之后征税范围不断从商业批发扩大到商业零售、农业、服务业和自由职业者,是国家税收中所占比例最大的税种,其在税收总额中的比例占到30%至45%左右。纳税义务人为在法国境内从事应税交易的法人或者自然人,其有偿提供的流动资产和劳务活动均要缴纳增值税。课税范围包括出售动产、营业资产以及权利转移、动产贸易、消费信贷和修理加工等劳务交易。产品原材料的购买价格、资产价格和服务价格中包含的增值税额可以在当期销售货物或者提供劳务所收取的增值税中抵扣。增值税采用三档比例税率,根据征税对象性质的不同而采用不同的税率。对进出口商品也要征收增值税,其中出口商品适用零税率。以农业为服务方向的人工授精站、农具站、农业互助劳务、渔民从事捕捞所得、贸易交易、储蓄交易、保险公司、经纪人所获佣金、企业出售的纸墨和报纸出版等业务和企业免予缴纳增值税。增值税应纳税额采用扣税法计算,并且以税务机关核定征收与纳税人申报缴纳相结合的方法征收税款。

(李 蕾)

falü shouquan jingji zhifa

法律授权经济执法(execution of economic law by authorization) 根据经济法律法规的授权,具有管理

公共事务职能的组织在法定授权范围内执行宪法、法律、国务院颁布的经济法规、地方性经济法规的行为。被授权者以自己的名义进行经济执法行为,由自己对外承担法律责任。

在我国,法律授权经济执法主体主要包括行业协会、技术检验和鉴定机构、全国性专业公司、社会组织和团体、基层群众组织等,常见的是国有事业单位和企业。法律授权的经济执法主体在进行被授权的经济执法行为时,具有和行政机关相同的法律地位,以自己的名义对外进行经济执法,并就自身的执法行为对外承担法律责任。

目前,我国并没有对法律授权经济执法作出一般性的立法规定,对具有管理公共事务职能的组织的授权主要由单行法律、法规根据具体情况规定。理论界主张应当尽快对法律授权经济执法的条件、程序等内容作出统一的立法规定,建立对法律授权经济执法的合法性认定标准和审查控制机制,以规范实践中大量存在的法律授权经济执法行为。对需要授权执法的经济管理事务必须由法律、法规的明确规定进行授权。法律授权经济执法事务的立法确具有客观需要。经济执法的授权机关必须拥有被授予的经济执法权力,不能授予本身不具有的经济执法权力。对法律授权经济执法的合法性也需要从授权的法律法规合格、授权与被授权主体合格、授予的经济职权合格、授权程序和形式合格等方面进行判断。　　　　(周永平)

fatizhi lilun

法体制理论(theory of law system)　我国学者刘瑞复提出的一国法律体系的划分理论。针对传统法律部门划分理论的缺陷提出的理论。传统部门法的划分方法是:法规——法部门——法体系。其基本思路是:调整同类社会关系的法规组成法部门,对不同的法部门,按照国家同私人之间的关系和私人同私人之间的关系,划分为公法和私法,这两个法域共同构成了国家的法律体系。"法规"指的是规范性法律文件。"法部门"指的是宪法、民法、商法、刑法和民事诉讼法、刑事诉讼法等法律部门。"法域"指的是公法和私法两大法域。按调整对象和调整方法对法规作部门的、法域的划分,以部门法为中心构建法的体系,是法部门划分理论的基本特点。

传统部门法划分理论适合于18世纪的社会经济状况。相对简单的类型化的社会关系,要求一部法规中的规范具有同类性,或者说由同类法规组成一部法规。自由资本主义的社会形式,决定了"政治的国家"和"经济的国家"的分离,这是法部门划分的根本动因;而以私人所有为基点的国家与社会二元发展的社会结构,使法律关系也二重化了,于是法便被分成公法和私法。但是,在垄断和国家垄断的条件下,法体系的结构发生了根本性变化。这种变化集中表现为法规的综合性。在这种情况下,法规范体系不再是法规体系,而由同类法规范组成一部法规的情况只是一种例外。因此,传统法部门之间的界限必然模糊,乃至于消失。事实上,在英美法系国家,并不存在公法、私法的划分;而在大陆法系国家,也有越来越多的学者主张法的社会化,主张私法的公法化和公法的私法化,不再热衷于私法本位论的宣传。

针对传统部门法划分理论的缺陷,法体制理论构想应运而生。法体制是指不同法律文件中的同类法规范的表现形式和实现方式的体系。其实质是对法规范配置方式的一种理论选择。法体制理论把法的体系看做一个多层级的法规范的集合体。以法规范为起始点,以同类法规范组成的法制度为上一位阶。法体制则是法制度的最高类别。若干不同的法体制的总和最终构成了一国法的体系。法体系的构成,便是法体系概念的由来。

法体制理论的基本点是:第一,法的体系不能仅仅归结为国家的立法体系或法规体系,而是以法制度为中心,包括法意识和法关系在内的法现象的综合体。此外,法体系是一个开放的体系,新法的制定和旧法的废改,都将引起法的结构、体系的更新。第二,法体制是法制度和法的调整方法类型化的统一体。传统上认为,不同类的法制度和调整方法,可以经过科学的系统化而相容,共存于一法体制中。第三,法规范——法制度——法体制——法体系,是法体制理论的分类方法。一个规范性文件同时包含不同法部门的规范,这不仅仅是为了便利该规范性文件的适用,其深刻根源更在于这些原先属于不同法部门的规范,存在机能上的统一性。在一法体制里,作为法制度基础的法规范,来自于不同的传统法部门。法体制是在法的相应领域形成的跨部门法规范的一定总和。第四,人和法都是历史的、社会的,公法、私法的划分及法部门的划分之所以是不科学的,就是因为它不能反映当代的社会条件和时代特征。在法体系中,不存在公法和私法,也不存在法部门。因此,不存在经济法部门、民法部门和其他法部门。在这里,原来意义上的法部门消失了,但是法制度还存在着。第五,法体制的结构为层级结构,而不是法部门理论所体现的水平结构或垂直结构。法体制可分为国家法体制、经济法体制、行政法体制、刑事法体制、民事法体制。诉讼是基于实体法里具体权利义务的争议形成的,诉讼法可分别纳入相应的上述法体制之中,因此诉讼法不单独划分法体制。一个国家的法体系,是由上述五个法体制构成的。这些法体制在法体系中处于不同地位。第六,对于具体规范性文件的归属,基于上述法体制类别,可根据该规范性文件的立法目的和调整范围加以确定。

（赵 玲）

fayu sanfenshuo
法域三分说（the theory of trisection of law domain） 为寻求经济法独立存在的合理性而对法域所作的一种分类。法域三分说认为，在公法和私法两大法域之外，又形成了第三法域，即以个人、国家的独立领域之间的"社会"为中介，形成的独立的法的领域。作为个人的法是私法，作为国家的法是公法，作为社会的法是社会法，它们是三个独立的法的领域。法域三分说的主要理由是：国家、个人和社会分别是公法、私法和经济法的载体。在国家与市民社会二元性的基础上，应当把"社会"作为经济法的载体；经济法是除了公法和私法之外的第三法域。法域三分说主张经济法的独立性。在法的体系中，把经济法置于与公法、私法并列的地位，这种坚持经济法独立地位的思想方法是值得肯定的。但是问题在于，国家与社会是矛盾的统一体。国家虽然凌驾于社会之上，并日益与社会相分离，但是国家是全社会的代表者。社会是由利益不同的社会集团即阶级构成的，占统治地位的社会集团的利益与国家的利益是一致的。从根本上说，不能把"社会"从国家共同体中分离出来作为法律的单独的调整客体。此外，既主张经济法属于第三法域，又主张经济法是独立的部门法，这就混淆了法域与部门法的层级性。

（赵 玲）

fanbutie chanye sunhai diaocha yu caijue guiding
《反补贴产业损害调查与裁决规定》（the Provisions on Investigation and Arbitration of Countervailing Industry Injuries） 为规范反补贴产业损害调查与裁决，根据《中华人民共和国反补贴条例》，国家经济贸易委员会2002年12月13日审议通过了《反补贴产业损害调查与裁决规定》，并于2003年1月15日起施行。

该规定共有6章62条，包括：第一章，总则；第二章，损害与因果关系的认定；第三章，产业损害调查；第四章，产业损害裁决；第五章，规避与反规避；第六章，附则。其主要内容为：（1）反补贴产业损害调查与裁决的负责机构：国家经济贸易委员会负责反补贴产业损害的调查与裁决；涉及农产品的反补贴产业损害调查，由国家经贸委会同农业部进行；国家经贸委产业损害调查局负责本规定的具体实施。（2）损害的认定：损害是指补贴对已经建立的国内产业造成实质损害或者产生实质损害威胁，或者对建立国内产业造成实质阻碍；实质损害是对国内产业已经造成的、不可忽略的损害；实质损害威胁是对国内产业尚未造成实质损害，但有证据表明如果不采取措施将导致国内产业实质损害的发生；实质阻碍是对国内产业未造成实质损害或者实质损害威胁，但严重阻碍了国内产业的建立。（3）产业损害调查申请所需的材料：《反补贴条例》规定的申请书应当包括的内容；损害的类型，是指实质损害、实质损害威胁或者对国内建立相关产业造成实质阻碍；如果涉及两个或两个以上的国家（地区），还应当分析进行累积评估的原因及理由；造成国内产业损害的其他因素及其他证据材料。（4）产业损害调查的程序和期限。（5）产业损害裁决的程序和期限。（6）产业损害裁决应当终止的情形：申请人撤销反补贴调查申请的；没有足够证据证明存在损害或者补贴和损害二者之间有因果关系的；被调查产品实际或者潜在的进口量或者损害属于可忽略不计的；通过与有关国家（地区）政府磋商达成协议，不需要继续进行反补贴产业损害调查的；国家经贸委基于公共利益等因素，认为不适宜继续进行反补贴产业损害调查的。（7）规避反补贴措施的行为：被征收反补贴税的产品在第三国（地区）组装或者加工，并向中国出口；对被征收反补贴税的产品作形式改变或加工而使之归入不征收反补贴税的关税税目，并向中国出口；向中国出口被征收反补贴税产品的零部件，并在中国组装；向中国出口被征收反补贴税产品的后期发展产品；其他。（8）反规避的措施及其他相关规定。

（罗大帅）

fanbutie cuoshi
反补贴措施（anti-subsidiary measures） 在反补贴调查中初步认定存在补贴、国内工业损害及其因果关系后，进口国当局针对补贴采取的临时性救济措施。主要是征收临时反补贴税。《反补贴协定》规定了双轨制的救济措施，即：直接通过世界贸易组织争端解决机制得到救济，通过国内反补贴法律程序得到救济。对于一项补贴，《反补贴协定》允许成员国可同时通过两种途径寻求救济，但最终的救济措施只能是在二者中择一，即或通过世界贸易组织取得救济，或通过国内反补贴法律征收反补贴税。我国国务院于2004年3月31日公布并于2004年6月1日施行的《中华人民共和国反补贴条例》第29条、第30条和第31条对反补贴措施作了如下规定：初步决定确定补贴成立，并由此对国内产业造成损害的，可以采取临时反补贴措施。临时反补贴措施采取以现金保证金或者保函作为担保的征收临时反补贴税的形式。采取临时反补贴措施，由商务部提出建议，国务院关税税则委员会根据商务部的建议作出决定，由商务部予以公告，海关于公告规定实施之日起执行。临时反补贴措施实施的期限，自临时反补贴措施决定公告规定实施之日起，不超过四个月。自反补贴立案调查决定公告之日起六十天内，不得采取临时反补贴措施。

（王连喜）

fanbutie fa
反补贴法（anti-subsidiary law） 进口国为了保护本国经济和生产者的利益，维护正常的国际经济贸易秩序，对补贴行为进行限制和调整的法律规范的总称。它主要针对出口国政府对某一行业或地区提供补贴的行为。关贸总协定认为，补贴和倾销一样，都是国际贸易中不公平竞争的行为，各缔约国均有权采取必要措施抵制和消除补贴行为对本国有关产业造成的损害或不利影响。随着资本主义国际贸易的发展，贸易保护主义的形成，在20世纪中上期加拿大、美国、新西兰、澳大利亚、日本、欧盟诸国先后制定了本国的反补贴法。西方国家现行的反补贴法基本上都是源于关贸总协定的《反补贴规则》，因此，各国目前的反补贴法的基本原则、实质要件、程序要件等相关内容都是一致的。例如，关贸总协定和各国反补贴法对征收反补贴税都提出了以下两项基本的实质要件：第一，存在着接受直接或间接出口补贴的事实；第二，对进口国国内某一产业造成实质损害或重大威胁，或严重阻碍进口某产业的建立。

反补贴法有如下两个特征：(1)反补贴法通常属于各国经济行政法的一部分。行政部门（如我国商务部）负责受理反倾销案投诉、立案、调查、初裁和终裁的工作。在行政部门终裁以前，如果行政部门没有明显的违法事实，欧美各国的法院等司法部门一般不得干预反补贴案的进展和办理事宜。各国根据反补贴法所采取的制裁方法也多以征收反补贴税作为最严厉的行政制裁措施。(2)反补贴法的目的是限制或调整生产者之间的不公平贸易行为，保护本国经济或某一部门。它能消除不公平的价格差别，并在一定程度上制止补贴，确实能起到保护本国工业免受损害的作用。在反补贴的合理限度内，生产者运用反补贴法保护自己的利益是正当、必要的；但在反补贴法实施过程中，反补贴的严厉程度一旦超越保护正当利益的限度，就成为一种贸易保护措施，一种有效程度超过关税壁垒的非关税壁垒。反补贴是关贸总协定和世界贸易组织的协议所允许的保护和鼓励自由竞争、反对不公平竞争的手段。

随着我国对外贸易的不断发展，在国外获得直接或间接补贴的产品出口到我国，在我国国内市场以较低廉的价格销售，从而损害了我国相关产业的利益的问题时有发生，反补贴作为保护贸易的手段，早已受到我国立法部门的高度重视。1994年的《中华人民共和国对外贸易法》和2004年修订的《中华人民共和国反补贴条例》对反补贴的相关制度作出了具体的规定，弥补了我国反补贴立法的空白，为维护我国的对外贸易秩序和公平竞争提供了法律依据。 （王连喜）

fanbutie shui
反补贴税（anti-subsidiary duties） 又称补偿税、抵消关税。进口国为了抵消该产品在制造、生产或输出时直接或间接地接受出口国任何形式的奖金或补贴而征收的一种特别关税。征收反补贴税在金额上不得超过这种产品在原产国或输出国制造、生产或出口时所直接或间接得到的奖金或补贴的估计金额。反补贴税是一种重要的反补贴措施，WTO和各国反补贴法对征收反补贴税提出了两项基本条件：(1)存在着接受直接或间接出口补贴的事实；(2)对进口国国内某一工业造成重大损害或重大损害的威胁，或严重阻碍进口国国内某一工业的建立。对进口国某一工业造成损害的确定必须客观地审查：(1)补贴进口产品的数量及其对国内相同产品市场价格的影响；(2)这些进口产品对国内同类产品生产者的影响。在确定补贴进口产品数量时，不仅要看绝对的增长，而且要看相对于国内生产或消费的相对增长。对补贴进口产品对价格的影响应考虑与本国同类产品的价格对比，是否存在补贴的进口产品造成进口国国内同类产品价格度下降的情况。对有关国内工业影响的分析，应包括对工业状况有影响的一切经济因素和指数的估价，例如产量、市场份额、利润、生产率、投资利润和设备利用实际或潜在的下降等因素。当某一缔约国的产品输入到另一缔约国时，不得因其免纳供出口国国内消费时所应缴纳的税捐而对其征收反补贴税，并且对同一进口产品不得既征收反倾销税，又征收反补贴税。 （王连喜）

fanbutie tiaoli
《反补贴条例》（Anti-subsidiary Regulation） 为了维护对外贸易秩序和公平竞争，根据《中华人民共和国对外贸易法》的有关规定，2001年11月26日我国国务院公布《中华人民共和国反补贴条例》，并自2002年1月1日起施行。

该条例共有6章58条，包括：第一章，总则；第二章，补贴与损害；第三章，反补贴调查；第四章，反补贴措施；第五章，反补贴税和承诺的期限与复审；第六章，附则。其主要内容包括：(1)条例的宗旨和适用范围。(2)补贴的定义及其金额的计算方式：以无偿拨款形式提供补贴的，补贴金额以企业实际接受的金额计算；以贷款形式提供补贴的，补贴金额以接受贷款的企业在正常商业贷款条件下应支付的利息与该项贷款的利息差额计算；以贷款担保形式提供补贴的，补贴金额以在没有担保情况下企业应支付的利息与有担保情况下企业实际支付的利息之差计算；以注入资本形式提供补贴的，补贴金额以企业实际接受的资本金额计算；以提供货物或者服务形式提供补贴的，补贴金额以该项货物或者服务的正常市场价格与企业实际支付的价格之差计算;以购买货物形式提供补贴的,补贴金额以政府实际支付价格与该项货物正常市场价格之差计算;以放弃或者不收缴应收收入形式提供补贴的,补贴金额以依法应缴金额与企业实际缴纳金额之差计算。对前款所列形式以外的其他补贴,按照公平、合理的方式确定补贴金额。(3)损害的定义及确定国内损害的审查事项:补贴可能对贸易造成的影响;补贴进口产品的数量,包括补贴进口产品的绝对数量或者相对于国内同类产品生产或者消费的数量是否大量增加,或者补贴进口产品大量增加的可能性;补贴进口产品的价格,包括补贴进口产品的价格削减或者对国内同类产品的价格产生大幅度抑制、压低等影响;补贴进口产品对国内产业的相关经济因素和指标的影响;补贴进口产品出口国(地区)、原产国(地区)的生产能力、出口能力、被调查产品的库存情况;造成国内产业损害的其他因素。对实质损害威胁的确定,应当依据事实,不得仅依据指控、推测或者极小的可能性。在确定补贴对国内产业造成的损害时,应当依据肯定性证据,不得将造成损害的非补贴因素归因于补贴。(4)反补贴调查申请书应包括的内容:申请人的名称、地址及有关情况;对申请调查的进口产品的完整说明,包括产品名称、所涉及的出口国(地区)或者原产国(地区)、已知的出口经营者或者生产者等;对国内同类产品生产的数量和价值的说明;申请调查进口产品的数量和价格对国内产业的影响;申请人认为需要说明的其他内容。(5)反补贴调查申请应提供的证据:申请调查的进口产品存在补贴;对国内产业的损害;补贴与损害之间存在因果关系。(6)调查机关、调查程序和期限。(7)终止反补贴调查的情形:申请人撤销申请的;没有足够证据证明存在补贴、损害或者二者之间有因果关系的;补贴金额为微量补贴的;补贴进口产品实际或者潜在的进口量或者损害属于可忽略不计的;通过与有关国家(地区)政府磋商达成协议,不需要继续进行反补贴调查的;外经贸部和国家经贸委共同认为不适宜继续进行反补贴调查的。(8)反补贴措施:临时反补贴措施;承诺;反补贴税。(9)反补贴措施的执行程序和期限以及复审。(10)其他相关规定。

随着我国加入 WTO 和我国经济的发展,以及我国政府机构的改革和《对外贸易法》的修改,国务院于2004年3月31日对《反补贴条例》作了相应的修改,主要内容如下:(1)将相关条款中的"对外贸易经济合作部(外经贸部)"修改为"商务部"。(2)将第25条修改为:"商务部根据调查结果,就补贴、损害和二者之间的因果关系是否成立作出初裁决定,并予以公告。"(3)将相关条文中的"现金保证金"修改为"保证金"。(4)将第34条第1款修改为:"商务部认为承诺能够接受并符合公共利益的,可以决定中止或者终止反补贴调查,不采取临时反补贴措施或者征收反补贴税。中止或者终止反补贴调查的决定由商务部予以公告。"(5)将第35条第1款中的"应出口国(地区)政府请求或者调查机关认为有必要,调查机关可以对补贴和损害继续进行调查"修改为"应出口国(地区)政府请求,商务部应当对补贴和损害继续进行调查;或者商务部认为有必要的,可以对补贴和损害继续进行调查"。同时,将该条第2款中的"作出补贴或者损害的肯定裁定的,承诺继续有效"修改为"作出补贴和损害的肯定裁定的,承诺继续有效"。(6)将第38条修改为:"在为完成磋商的努力没有取得效果的情况下,终裁决定确定补贴成立,并由此对国内产业造成损害的,可以征收反补贴税。征收反补贴税应当符合公共利益。"修改后的《中华人民共和国反补贴条例》自2004年6月1日起施行。

(王连喜 罗大帅)

fan buzhengdang jingzheng fa
反不正当竞争法(law against unfair competition)

规范经营者不正当竞争行为的法律。根据竞争法原理,市场竞争应当是以经济效益为基础的竞争,例如生产同类产品的企业在价格、质量、品种或者售后服务等方面的竞争。只有这种竞争,才能引导企业努力降低生产成本,改善服务,提高产品的质量,尽可能地满足消费者的需要,其结果就是合理地配置资源。相反,如果企业在市场竞争中违背诚实信用的原则,以不正当的方式例如采用假冒商标、虚假广告、窃取他人商业秘密或者诋毁竞争对手等手段非法地攫取他人的竞争优势,侵犯其他经营者和广大消费者的合法权益,就破坏了市场竞争秩序。因此,要保证市场健康有序地发展,维护市场的公平竞争秩序,国家就应当制定反不正当竞争法,制止不正当的竞争行为。

反不正当竞争法与民法侵权行为法、消费者权益保护法、知识产权法以及反垄断法有着密切的联系。世界各国的反不正当竞争法主要有三种体例:第一,民法侵权行为法作为反不正当竞争法。例如,法国法院关于不正当竞争行为的大量判决,都是依据民法典第1382和1383条关于不法行为的总则性条款作出的。第二,反不正当竞争法单行立法。如德国1896年颁布的反不正当竞争法是世界上最早的反不正当竞争法。采取这种模式的还有瑞士、日本、韩国等。第三,反不正当竞争法与反垄断法合并立法。如匈牙利1990年颁布的《禁止不正当竞争法》。该法除不仅规范了不正当竞争行为,而且对涉及市场竞争的其他行为甚至对消费者权益保护统一作出了规定。1996年,该法更名为《禁止垄断和不正当竞争行为法》。

1993年9月颁布的《中华人民共和国反不正当竞争法》是新中国第一部规范市场竞争行为的法律,它于1993年12月1日生效。这部法律共有5章33个条款,规定了总则、不正当竞争行为、监督检查和法律责任。我国目前还没有颁布《反不正当竞争法》的实施细则,但国家工商行政管理局对其中某些条款作出了释义性规定,如1993年12月发布的《关于禁止有奖销售活动中不正当竞争行为的若干规定》和《关于禁止公用企业限制竞争行为的若干规定》,1995年7月发布的《关于禁止仿冒知名商品特有的名称、包装、装潢的不正当竞争行为的若干规定》,1995年11月发布的《关于禁止侵犯商业秘密行为的若干规定》,1996年11月发布的《关于禁止商业贿赂行为的暂行规定》,1998年1月发布的《关于禁止串通投标招标行为的暂行规定》等。这说明我国的反不正当竞争法现仍处于不断完善的过程中。此外,我国的《广告法》、《商标法》、《专利法》、《著作权法》、《产品质量法》等许多法律也有关于不正当竞争行为的规定。许多地方政府还发布了地方性反不正当竞争法规,如《四川省反不正当竞争条例》。

(王晓晔)

fan buzhengdang jingzheng fa de yiban tiaokuan
反不正当竞争法的一般条款(general clauses of law against unfair competition) 反不正当竞争法规定的违反诚实信用、商业道德和善良风俗等一般性原则的条款。反不正当竞争法的一般条款涉及反不正当竞争法的立法体例问题。世界第一部反不正当竞争单行法律诞生于德国,即1896年德国《反不正当竞争法》,该法的立法者采取了法定主义的态度,比较详细地列举了市场经济实践中常见的不正当竞争行为,凡是法律未禁止的,都属于正当竞争行为。当时的立法者认为,如果制定一项一般条款,由于不正当竞争概念的可伸缩性和不确定性,会产生实际适用的不确定性,从而有悖于法律的稳定性和可预见性,如果执法者滥用则是对营业自由的限制和侵犯。所以该法对经济生活中各种违反诚实信用和商业道德、但不违反法律规定的竞争行为的调整是无力的,司法机关在处理时常引用民法侵权法的内容来对受害者予以救济,但也面临着举证责任和操作技术等方面的难题。鉴于此,1909年对该法加以修改时,即新增了作为第1条的"一般条款":"在商业交易中以竞争为目的而违背善良风俗者,可向其请求停止侵害和损害赔偿",这样就形成了具体列举和概括规定相结合的立法体例。除德国外,美国、瑞士和我国台湾地区的竞争立法中也规定有一般条款,授权行政机关或司法机关认定新的不正当竞争行为,如我国台湾地区"公平交易法"第24条,即属于一项一般条款,该条规定"除本法另有规定者外,事业亦不得为其他足以影响交易秩序之欺罔或显失公平之行为"。

反不正当竞争法的一般条款支配着整个反不正当竞争法。一方面,作为一项兜底规范,一般条款具有补充漏洞的作用,适用于某种不正当竞争行为未能为列举的特别条款所涵盖的场合,以此来克服成文法对不正当竞争行为列举的不周延性和滞后性;另一方面,一般条款中关于不正当竞争行为在性质上的规定,如"违反善良风俗"等,对于各特别条款的适用有着指导意义并可与之同时适用,而不必严格遵循特别法优于一般法的原则。同时,一般条款还是一种授权性规范,就德国反不正当竞争法来说,即是授权司法机关依据善良风俗的标准具体划定实际经济生活中正当竞争行为和不正当竞争行为的界限。经过近百年的实践,德国逐渐发展出包括诱引顾客、不当阻碍竞争对手、不当利用他人劳动成果和违反法规等几大类型的法官法的规范体系。今天法官一般不会直接适用第1条之一般条款于待决案件中,而是先从该规范体系中找出相关规范加以适用。

关于我国是否存在反不正当竞争法的一般条款,学术界存在着争论,焦点集中于对我国《反不正当竞争法》第2条第2款的理解上,概括起来主要有三种学说,即法定主义说、有限的一般条款说和一般条款说。法定主义说可能符合立法之时立法者的本意,但是在反不正当竞争领域完全排除立法者之外的判断是不可能的,因为无法满足现实的需要;有限的一般条款说认为该条仅对司法机关来说是一般条款,对行政执法机关来说则不是一般条款,突出强调了行政处罚遵循法定主义原则的事实,但是如果认定某项竞争行为是民事侵权行为性质的不正当竞争,但不构成行政违法性质的不正当竞争,亦即此项竞争行为仅仅是损害了其他经营者的合法权益,而没有扰乱社会经济秩序,这就割裂了不正当竞争这一统一概念,而且监督检查部门不能对《反不正当竞争法》明文规定以外的不正当竞争行为施加行政处罚,并不影响其认定某项行为是不正当竞争,并予以认定和制止;一般条款说在理论上具有合理性,符合实际的需要,而且在法律适用上也不存在障碍,只需认为《反不正当竞争法》第2条第2款中的"违反本法规定"包括第2条第1款"经营者在市场交易中,应当遵循自愿、平等、公平、诚实信用的原则,遵守公认的商业道德"的规定即可。而且一般条款说已为我国司法实践所采纳,并形成了一些典型案例。可以考虑今后修订《反不正当竞争法》时,在授权司法机关适用一般条款认定新的不正当竞争行为的同时,应当明确授权省级以上工商行政管理局和其他监督检查部门根据本法规定认定新的不正当竞争行为,提高行政执法的统一性,同时在法律责任部分规定相应的行政处罚条款。

(雷驰)

fan buzhengdang jingzheng falü zhidu

反不正当竞争法律制度(anti-unfair competition legal system) 规范经营者在竞争中采用违法或违反诚信原则的手段,损害其他经营者和消费者利益,扰乱社会经济秩序行为的法律制度。不正当竞争行为主要有:(1)假冒,是指经营者使用虚假表示,使人对其经营的商品和服务与他人经营的商品和服务发生混淆的行为,包括假冒注册商标、假冒知名商品、假冒他人名义、假冒质量标识。(2)滥用独占地位的行为,是指公用企业或其他依法具有独占地位的经营者滥用其独占地位,限定他人购买其指定经营者的商品,以排挤其他经营者公平竞争的行为。(3)滥用行政权力妨碍竞争的行为,即政府或其所属部门滥用职权,破坏公平竞争的行为,包括限制购买指定商品、限制其他经营者的经营活动、地区封锁。(4)商业贿赂行为,是指商品交易和服务活动中,经营者为了获得交易机会和竞争优势,通过不正当手段收买对方当事人或其成员、政府部门工作人员,以促成交易或获得优惠交易条件的行为。商业贿赂中最常见的一种形式是回扣,即按交易金额的一定比例折合的款项从交易总金额中扣除,并给予对方当事人或有关经手人。回扣与正常的折扣及佣金的区别,主要在于该笔款项是否入财务账。(5)虚假宣传行为,是指经营者利用广告或其他方法对商品品质和经营者的情况,所作的引人误解的散布和传播,包括对商品品质的虚假宣传和对商品经营者的虚假宣传。(6)侵犯商业秘密的行为。(7)倾销行为,指经营者以排挤竞争对手为目的,以低于成本的价格销售商品的行为。(8)搭售及附加不合理条件的行为,搭售,即要求交易对方当事人在购买某一商品时必须同时附带购买其他商品。附加其他不合理的条件,即在交易过程中要求对方接受其提出的不合理要求作为交易成立的条件。(9)不当有奖销售行为,包括欺骗性的有奖销售行为,利用有奖销售手段推销质次价高的商品,巨奖销售即最高奖的金额超过5000元的行为。(10)商业诽谤行为,是指经营者捏造、散布虚伪事实,损害竞争对手的商业信誉和商品声誉的行为。(11)串通投标行为,指投标者相互之间、投标者与招标者之间,抬高或压低标价,排挤竞争对手的行为。

不正当竞争行为从性质上说属于侵权行为,其行为人对受害经营者、消费者所承担的法律责任亦属于民事侵权责任。不正当竞争行为的民事责任形式通常为赔偿损失,受害经营者所受的损失可以明确确认的,按其所受的损失赔偿,其损失难以计算的,赔偿额应为侵权人在侵权期间因侵权所获得的利润,除此以外,还应当承担被侵害的经营者因调查该侵权者侵害其合法权益的不正当竞争行为所支付的合理费用。

(汪公文)

fanlongduan fa

反垄断法(antitrust laws) 市场经济国家保护公平竞争和反对垄断的法律。市场经济国家之所以需要反垄断,是因为国家要以市场竞争作为配置资源和发展国民经济的根本手段。而市场本身并不具备维护公平和自由竞争的机制。相反,处于竞争中的企业为了减少竞争压力和逃避风险,总是想通过各种手段限制竞争,谋求垄断地位。这就需要国家建立反垄断和保护竞争的法律制度。

反垄断法的传统任务是:(1)禁止卡特尔。市场上相互竞争的企业,可以通过订立协议(即卡特尔)的方式排除竞争,由此使它们的交易对手处于与一个集体垄断相对立的地位。反垄断法与这种限制竞争行为作斗争的方式就是禁止卡特尔。(2)控制企业合并。在市场上作为竞争者的企业,可以通过企业合并的方式建立经济上的垄断地位。反垄断法与这种限制竞争行为作斗争的方式就是控制企业合并,以保持市场上一定数目的竞争者,维护竞争性的市场结构。(3)禁止滥用市场支配地位。垄断者或者占市场支配地位的企业因为不受竞争的制约,它们在市场上极易滥用其市场优势。因此,即便是合法的垄断,它们对市场竞争也存在着潜在的威胁。在这种情况下,反垄断法的任务就是为新的竞争者开放市场,或在不可能或者不充分开放市场的情况下,通过对占市场支配地位企业的法律监督来代替市场上缺少的竞争机制。

在一些从计划经济向市场经济转轨的国家中,许多企业的垄断地位是基于国家的所有权或者基于国家的特许而建立起来的。要取消这些企业不合理的垄断地位,必须取消国家垄断,或者制止政府及其所属部门滥用行政权力限制竞争的行为。这就不仅需要在反垄断法中对行政垄断行为作出规定,而且需要国家进行经济体制改革和政治体制的改革。

反垄断法是一种较新的法律。美国1890年颁布的《谢尔曼法》是世界上最早的反垄断法。第二次世界大战结束后,日本在1947年颁布了《关于禁止私人垄断和确保公正交易法》,德国于1957年颁布了《反对限制竞争法》,1958年生效的《欧洲经济共同体条约》第85条至第94条(现《欧共体条约》第81条至第89条)以及欧共体理事会1989年颁布的《控制企业合并条例》也都是在世界上很有影响的反垄断法规。现在,绝大多数经济发达国家特别是OECD的成员国都颁布了反垄断法。印度和巴基斯坦在20世纪60年代就颁布了反垄断法,它们是发展中国家颁布反垄断法最早的国家。从20世纪80年代后期开始,随着世界各国经济政策总的方向转变为民营化、减少政府行政干预和反垄断,发展中国家反垄断立法的步伐也大大加快了。如秘鲁、巴西、委内瑞拉、阿根廷等美洲国家均在20世纪90年代初期颁布了反垄断法。步伐迈得最大的是中欧和东欧国家。到1991年,这些地区的绝大多数国家包括保加利亚、罗马尼亚、克罗地亚、爱沙尼亚、立陶宛、波兰、俄罗斯、匈牙利等都颁布了反垄断法。根据1999年的统计,已有84个国家颁布了反垄断法。反垄断法对于维护市场经济秩序和竞争秩序有着极其重要的意义。在美国,它被称为自由企业的大宪章;在德国,它被称为经济宪法;在日本,它被视为经济法的核心。

我国尚未颁布专门的反垄断法,但在1993年9月颁布的《反不正当竞争法》中有许多反垄断的规定,它们涉及:公用企业或者其他依法具有独占地位的经营者的限制竞争行为(第6条),政府及其所属部门滥用行政权力限制竞争行为(第7条),以排挤竞争对手为目的的低价倾销(第11条),搭售或者附加其他不合理的条件(第12条),串通投标(第15条)等。此外,1997年12月通过的《价格法》,1999年8月通过的《招标投标法》以及其他许多法规也有反垄断的规定。

(王晓晔)

fanlongduan falü zhidu
反垄断法律制度(antimonopoly law system) 规范经营者单独或联合控制市场,排除或限制其他经营者,对竞争构成实质限制的行为的法律制度。

在我国,垄断表现为两种形态,即行政型垄断与经济型垄断。所谓行政型垄断,是指由于政府的行政权作用而形成的一种垄断形式,主要有两种类型:(1)国家机关利用经济管理权分割市场;(2)行政性公司滥用优势,限制竞争。经济型垄断的一般表现形式有两种:(1)独占。经营者违反公共利益,单独或与其他经营者联合、通谋或以其他方法排斥、支配其他竞争对手,对特定领域市场进行控制的行为。(2)联合限制竞争。不同经营者通过契约或其他形式共同对特定市场中的竞争进行限制的行为,又称不当交易限制。

市场的垄断不仅会损害经营者的利益,而且会损害消费者的利益。消费者主权是通过市场的竞争机制而实现的。在垄断状态,消费者缺乏选择权,垄断经营者可以利用消费者的迫切需求而提出各种不公平交易条件。因此,完善反垄断立法,对实现消费者主权,提高产品、服务质量,维护交易的公平都具有极其重要的意义。

(汪公文)

fanlongduanfa shiyong chuwai
反垄断法适用除外(exceptions to antitrust law) 反垄断法对某些特殊经济部门实行豁免的规定。18世纪人们就已经承认,竞争虽然是配置资源的最佳方式,但有些经济领域由于其特殊的条件,优化配置资源只能在限制竞争的条件下才能实现,反垄断法从而应当对这些部门实行豁免。需要指出的是,这些部门只是不适用关于禁止卡特尔或者禁止纵向限制竞争的规定,而不能得到反垄断法的全部豁免,尤其不能得到滥用监督的豁免,从而不得凭借其市场垄断地位妨碍或者限制市场竞争,损害消费者的利益。为了保证这些实行垄断经营的行业能够向社会提供良好的服务,国家应当对这些行业制定专门的法规,加强对它们的市场监督。然而,哪些行业可以作为反垄断法适用除外的领域,这在竞争法理论中至今仍是一个争论不休的话题。大多数国家将铁路、电信、邮政、电力、自来水、煤气等传统上属于自然垄断的行业作为反垄断法适用除外的领域,在有些国家还包括银行业、保险业、农业等部门。一个明显的趋势是,世界各国都在努力减少反垄断法适用除外的领域,特别是在电信和电力部门都已经不同程度地引入了竞争机制。

(王晓晔)

fanlongduanfa yuwai shiyong
反垄断法域外适用(application of extraterritoriality of antitrust law) 一个国家将其反垄断法的适用扩展到该国的领域之外。对这一主张现在仍存在着争议。最早主张反垄断法域外适用的是美国联邦最高法院1945年的Alcoa案。这个案件的判决指出,《谢尔曼法》适用于外国企业在美国境外订立的所有协议,只要"它们的意图是影响美国的出口,而且事实上影响了美国的出口"。由此也确立了美国反垄断法域外适用的效果原则(effcts doctrine)。根据效果原则,发生在美国境外且与美国反托拉斯法的精神相抵触的任何行为,不管行为者的国籍,也不管行为的实施场所,只要该行为对美国市场竞争能够产生不良影响,美国法院对之就有管辖权。由于美国反垄断法域外适用所管辖的主体不在美国境内,这就与国际法传统的地域管辖原则存在着严重的不协调。此外,由于美国法律制度与其他国家的法律制度存在着很大差别,特别是美国法院动辄要求外国企业对美国企业支付三倍损害赔偿,美国反垄断法的域外适用被澳大利亚、加拿大以及英国等国家视为对国家主权原则的严重挑战。鉴于美国单方面适用效果原则的做法引起了外国政府和外国企业的强烈抗议,美国司法部1977年发布了《反垄断法国际适用指南》。指南指出,美国反垄断法"只应适用于那些对美国商业有着实质性和可预见影响的外国交易"。美国1982年《对外贸易反垄断修订法》也规定,"《谢尔曼法》只是适用于对美国国内或者出口贸易或者对美国企业的出口机会有着直接的、实质性的并且可以合理预见其后果的外国行为"。但在另一方面,许多国家在制定它们的反垄断法时对域外适用的做法又进行了效仿。如保加利亚1998年5月8日修订后的《竞争法》第2条第1款规定:"该法适用于保加利亚境内或者境外开展经营活动的所有企业,只要它们公开或者秘密地妨碍、限制或者破坏保加利亚国内市场的竞争,或者能够妨碍、限制或者破坏这个竞争。"

(王晓晔)

fanlongduan zhifa jigou

反垄断执法机构(enforcement authority for antimonopoly law) 又称反垄断法的执行机构。为了保障反垄断法的实施而设置的,专门负责实施反垄断法的竞争政策的行政执法机关。任何法律的生命都系于其实施,自由公平的竞争秩序的确立与维护仅有反垄断法实体规范本身是不够的,还需要有相应的机构保证其规定的有效执行。因此,确立反垄断执法机构及其职责关系到反垄断法如何有效地实施。

就世界范围来看,目前确立的反垄断执法机构主要有两种类型:一类是国家的司法机关,如美国、澳大利亚的司法部;另一类是依法设立的独立的专门机关,如美国根据《联邦贸易委员会法》设立的联邦贸易委员会,日本根据《关于禁止私人垄断和确保公平贸易的法律》设立的公正贸易委员会。通过立法创设执法机构的优点在于,能够使执法机构的地位、组织结构和运作程序一步到位,充分适应查处垄断行为的特殊性的要求,保证执行机构的超然性和独立性,有利于反垄断法切实、公正地实行。

这些国家的反垄断执行机构,有的直接隶属于国会,有的隶属于内阁总理大臣。而且,法律大都赋予其强有力的行政权、准司法权和准立法权。如美国《联邦贸易委员会法》第5条规定了联邦贸易委员会的各项权力和职责:(1)行政权,即行使行政机关具有的行政权的职能,主要是对不正当竞争及欺诈行为发布禁止令的权力,对经营者的相关资料的收集和调查权,对违反反托拉斯法的调查权,对资料和判决的公示权,国外交易情况的调查权,传唤证人听取证言、要求提供书证、复制抄录证据的权力,讯问权,同意命令权,行政指导权,向国会提出报告的权力,等等。(2)准立法权,即国会授予的制定与法律具有同等效力的行政规则和命令的权力。(3)准司法权,即对具体的违法案件进行审理和裁判的权力,又称行政裁判权。联邦贸易委员会采取类似于司法的体制和程序进行裁判,当事人对其裁判不服时可以请求联邦上诉法院进行司法审查,直至最高法院,但法院一般会尊重联邦贸易委员会所作出的这些具有专业性的裁判。联邦贸易委员会可以在联邦法院提起民事诉讼,在制约不正当或欺骗性的行为或做法的规则被违反的情况下寻求对消费者的救济办法。

在反垄断执法机构的具体设置体制上各国的做法不完全一致,这是在各自特定的历史条件下由多种因素所决定的政策选择的结果。但总体来说,西方主要国家的反垄断执法机构具有地位高、权力大、机构精干、人员专家化的共同点。我国在借鉴这些国家的做法时必须从自身的实际情况出发,建立起专门的、高效的、权威性的反垄断执法机构。

(张景丽)

fanqingxiao chanpin fanwei tiaozheng chengxu de guize

反倾销产品范围调整程序的规则(provisions on adjusting process of product scope for anti-dumping) 为保证反倾销工作的公平、公正、公开,根据《中华人民共和国反倾销条例》的有关规定,2002年12月13日对外贸易经济合作部颁布了《对外贸易经济合作部关于反倾销产品范围调整程序的暂行规则》,该规则共有10条,其主要内容为:(1)反倾销公告实施后,反倾销产品范围的调整均需在外经贸部相关对外公告中确定,海关自公告规定之日起实施。(2)外经贸部反倾销公告产品范围的调整程序按本规则进行。反倾销公告产品范围的调整程序包括申请程序和外经贸部受理申请、调查、决定及公告程序。(3)申请程序:反倾销立案公告后,有关利害关系方对调查产品范围提出异议,应在公告规定的时间内或经外经贸部同意延长的期限内向外经贸部提出调整调查产品范围的申请。反倾销初裁公告后,有关利害关系方对适用反倾销措施的产品范围提出异议,应在公告规定的时间内或经外经贸部同意延长的期限内向外经贸部提出调整适用反倾销措施的产品范围的申请。本规则所称利害关系方是指反倾销申请人、国外生产商、出口商、进口商以及其他有利害关系的组织、个人。申请应以书面形式提出。(4)申请书的内容:申请人名称及其简况,申请调整的产品。要求调整的理由、理由的详细说明及相关证据。申请调整产品的详细描述和说明。产品按如下顺序依次描述:税则号、物理特征、化学特性等,描述至能够体现该产品的唯一性和排他性;上述描述方式无法体现该产品的唯一性和排他性时,需详细说明产品的用途。申请调整的进口产品与国内同类产品异同点的详细描述和说明。国外生产商、出口商、进口商及下游用户。申请人法定代表人或其合法授权人的盖章或签字。(5)受理、调查、决定和公告程序:外经贸部对申请人递交的申请书进行核对,对符合要求的申请,予以受理;外经贸部通过问卷、实地核查、听证会等方式对申请内容的真实性进行调查和核查;外经贸部对申请内容的合理性和包括反倾销申请人在内的各利害关系方的利益进行调查,对产品的描述和说明等情况进行核查,必要时,可以聘请专家进行论证;按照上述程序规定,对符合反倾销产品范围调整条件的申请,外经贸部可以对反倾销产品范围进行调整,最迟应在最终裁定公告中对外公布;外经贸部没有收到调整产品范围的申请,根据对利害关系方提交材料的审查,也可以决定调整产品范围。(6)涉及有关反倾销复审的,产品范围的调整参照本规则执行。

(罗大帅)

fanqingxiao chanye sunhai diaocha yu caijue guiding
《反倾销产业损害调查与裁决规定》(the Provisions on the Investigation and Arbitration of Industry Injuries under Anti-dumping)

为规范反倾销产业损害调查与裁决,根据《中华人民共和国反倾销条例》,我国国家经济贸易委员会2002年12月13日审议通过了《反倾销产业损害调查与裁决规定》,并于2003年1月15日起施行。

该规定共有6章60条,包括:第一章总则;第二章损害与因果关系的认定;第三章产业损害调查;第四章产业损害裁决;第五章规避与反规避;第六章附则。其主要内容为:(1)反倾销产业损害调查与裁决的负责机构:国家经贸委负责反倾销产业损害的调查与裁决。涉及农产品的反倾销产业损害调查,由国家经贸委会同农业部进行;国家经贸委产业损害调查局负责本规定的具体实施。(2)损害的认定:损害是指倾销对已经建立的国内产业造成实质损害或者产生实质损害威胁,或者对建立国内产业造成实质阻碍;实质损害是对国内产业已经造成的、不可忽略的损害;实质损害威胁是对国内产业尚未造成实质损害,但有证据表明如果不采取措施将导致国内产业实质损害的发生;实质阻碍是对国内产业未造成实质损害或者实质损害威胁,但严重阻碍了国内产业的建立。(3)因果关系的认定。(4)累积评估:来自每一国家(地区)的倾销进口产品的倾销幅度不小于2%,并且其进口量不属于可忽略不计的;根据倾销进口产品之间以及倾销进口产品与国内同类产品之间的竞争条件,进行累积评估是适当的。上文所称的可忽略不计,是指来自一个国家(地区)的倾销进口产品的数量占同类产品总进口量的比例低于3%;但是,低于3%的若干国家(地区)的总进口量超过同类产品总进口量7%的除外。(5)反倾销调查申请书应包括的证据材料:反倾销条例规定的申请书应当包括的内容;损害的类型,是指实质损害、实质损害威胁或对国内建立相关产业造成实质阻碍;如果涉及两个或两个以上的国家(地区),还应当分析进行累积评估的原因及理由;造成国内产业损害的其他因素及其他证据材料。(6)反倾销产业损害调查的程序和期限。(7)反倾销产业损害裁决的程序和期限。(8)反倾销产业损害裁决应终止的情形:申请人撤销反倾销调查申请的;没有足够证据证明存在损害或者倾销和损害二者之间有因果关系的;被调查产品实际或者潜在的进口量或者损害属于可忽略不计的;国家经贸委基于公共利益等因素,认为不适宜继续进行反倾销产业损害调查的。(9)规避反倾销措施的行为:被征收反倾销税的产品在第三国(地区)组装或者加工,并向中国出口;对被征收反倾销税产品作形式改变或加工而使之归入不征收反倾销税的关税税目,并向中国出口;向中国出口被征收反倾销税产品的零部件,并在中国组装;向中国出口被征收反倾销税产品的后期发展产品;其他。(10)反规避的措施及其他相关规定。

(罗大帅)

fanqingxiao cuoshi
反倾销措施(anti-dumping measures) 国际贸易活动中进口国对国外商品在本国市场上的倾销所采取的抵制措施。具体是指在反倾销调查中初步认定存在倾销、国内工业损害及其存在因果关系后,进口国当局针对倾销采取的临时性救济措施,它主要包括临时反倾销措施、价格承诺和反倾销税。临时反倾销措施的形式一般包括征收临时反倾销税、提供现金保证金、保函或其他形式的担保,在一定的情况下,也可以采取预扣估计倾销税的措施。不管采取哪一种措施,其数额都不得高于临时预计的倾销幅度。为防止进口方滥用临时措施手段,一立案就征税,《反倾销协定》规定临时反倾销措施只能在反倾销案正式立案调查之后60天才能采取,并且实施期一般不超过4个月,最长不超过9个月。倾销进口产品的出口经营者在反倾销调查期间,可以向行政主管部门作出改变或者停止以倾销价格出口的价格承诺。调查机关可以建议但不得强迫出口经营者作出承诺。终局裁定确定倾销成立并由此对国内产业造成损害的,可以征收反倾销税。价格承诺是指在进口方当局作出初步裁决,认定存在倾销、工业损害及其因果关系后,出口商主动承诺提高相关商品的出口价格或停止以倾销价格出口,并且进口方当局对其承诺表示同意,致使反倾销调查程序暂时中止或终止,进而避免进口方当局采取临时措施或征收反倾销税的承诺。出口商是否作出价格承诺,不影响进口方有关当局的调查和裁定。反倾销税是指进口国为了抵消进口产品以低于其正常价值或国内价格的倾销形式在进口国市场上销售并损害进口国内产业的利益而征收的一种特别关税。征收反倾销税在金额上不得超过抵消倾销造成的损害的最大限度的估计金额,即征收反倾销税的税额可接近倾销差额,但不得超过这个差额,一旦损害已予弥补,进口国应立即停止征收反倾销税。进口国不能把征收反倾销税用作行政保护的一种手段。

目前,反倾销措施主要有反商品倾销和反外汇倾销之分,一般是对外国倾销商品征收一种进口附加税或特别关税,使其不能以低廉的价格出售,以保护国内相关产业和市场。1947年《关税与贸易总协定》对反倾销问题作了如下规定:(1)征收反倾销税的对象只限于价格倾销,即当一种商品以低于供货国国内用于消费的同类产品在正常交易时适用的可比价格,才可视为倾销。(2)进口国只有在倾销商品对其国内工业造成重大危害和重大威胁时,才能征收倾销税。(3)征收反倾销税的税额可接近倾销差额,但不得超过这个差额,一旦损害已予弥补,进口国应立即停止征收反倾销税。(4)不能把反倾销税用来作为行政保护的一种手段。但实际上,近些年各国尤其是发达国家总是利用它作为贸易保护主义的根据和进行贸易战的重要手段。

反倾销措施也是我国对外贸易救济的重要手段之一。我国国务院于2004年3月31日公布并于2004年6月1日施行的《中华人民共和国反倾销条例》第28条、29条和30条对反倾销措施分别作了如下规定:初步决定确定倾销成立,并由此对国内产业造成损害的,可以采取下列临时反倾销措施:(1)征收临时反倾销税;(2)要求提供现金保证金、保函或者其他形式的担保。临时反倾销税税额或者提供的现金保证金、保函或其他形式担保的金额,应当不超过初裁决定确定的倾销幅度。征收临时反倾销税,由商务部提出建议,国务院关税税则委员会根据商务部的建议作出决定,由商务部予以公布。要求提供现金担保金、保函或者其他形式的担保,由商务部作出决定并予以公布。海关自公告规定的实施之日起执行。临时反倾销措施实施的期限,自临时反倾销措施决定公告规定的实施之日起,不超过4个月;在特殊情况下,可以延长至9个月。自反倾销立案调查决定公告之日起60天内,不得采取临时反倾销措施。

(王连喜)

fanqingxiao diaocha

反倾销调查(anti-dumping investigation) 反倾销立案后,一国反倾销行政主管部门根据反倾销申诉人提出的申请,在一定的期限内,对被诉方的倾销、损害以及两者之间的因果关系,从事实和法律上予以查证的过程。反倾销调查程序包括申诉、立案、调查、裁决和司法审查等阶段。调查方式分为书面调查和实地调查两种。书面调查是指诉讼当事人在规定的期限内向有关行政主管部门提供各种资料和证据。实地调查是指到涉及反倾销诉讼的有关当事人、有关国家和工厂所在地进行各种有关情况的了解。根据1994年《反倾销协议》的规定,如果利害关系人不提供资料或阻碍调查,进口国主管部门可以最佳获得资料(实际上就是进口国申请人提供的资料)作出不利于受控方的裁决。协议规定,调查应在反倾销发起后一年至18个月内结束。在调查过程中,如果主管部门确信不存在所谓的倾销和损害的充分证据时,应立即停止调查。如果倾销幅度、实际的或潜在的倾销数量及损害微不足道,也应停止调查。我国国务院于2004年3月31日公布并于2004年6月1日施行的《中华人民共和国反倾销条例》对反倾销调查作了如下规定:(1)国内产业或者代表国内产业的自然人、法人或者有关组织(以下统称申请人),可以依照本条例的规定向商务部提出反倾销调查的书面申请。(2)申请书应当附具下列证据:申请调查的进口产品存在倾销;对国内产业的损害;倾销与损害之间存在因果关系。商务部应当自收到申请人提交的申请书及有关证据之日起60天内,对申请是否由国内产业或者代表国内产业提出、申请书内容及所附具的证据等进行审查,并决定立案调查或者不立案调查。在决定立案调查前,应当通知有关出口国(地区)政府。(3)在表示支持申请或者反对申请的国内产业中,支持者的产量占支持者和反对者的总产量的50%以上的,应当认定申请是由国内产业或者代表国内产业提出,可以启动反倾销调查;但是,表示支持申请的国内生产者的产量不足国内同类产品总产量的25%的,不得启动反倾销调查。在特殊情形下,商务部没有收到反倾销调查的书面申请,但有充分证据认为存在倾销和损害以及二者之间有因果关系的,可以决定立案调查。(4)立案调查的决定,由商务部予以公告,并通知申请人、已知的出口经营者和进口经营者、出口国(地区)政府以及其他有利害关系的组织、个人(以下统称利害关系方)。立案调查的决定一经公告,商务部应当将申请书文本提供给已知的出口经营者和出口国(地区)政府。商务部可以采用问卷、抽样、听证会、现场核查等方式向利害关系方了解情况,进行调查。商务部应当为有关利害关系方提供陈述意见和论据的机会。商务部认为必要时,可以派出工作人员赴有关国家(地区)进行调查;但是,有关国家(地区)提出异议的除外。(5)反倾销调查,应当自立案调查决定公告之日起12个月内结束;特殊情况下可以延长,但延期不得超过6个月。有下列情形之一的,反倾销调查应当终止,并由商务部予以公告:申请人撤销申请的;没有足够证据证明存在倾销、损害或者二者之间有因果关系的;倾销幅度低于2%的;倾销进口产品实际或者潜在的进口量或者损害属于可忽略不计的;商务部认为不适宜继续进行反倾销调查的。

(王连喜)

fanqingxiaofa

反倾销法(anti-dumping law) 进口国为了保护本国经济和生产者的利益,维护正常的国际经济贸易秩序,对倾销行为进行限制和调整的法律规范的总称。随着国际贸易的发展,贸易保护主义的形成,在20世纪初就出现了反倾销法。世界上最早制定的反倾销法国内立法是1904年加拿大反倾销法。自那之后，美国、新西兰、澳大利亚、日本、欧盟诸国相继效仿加拿大模式制定本国的反倾销法。我国现今还没有制定出成文的反倾销法，只是在1994年的《对外贸易法》第30条和国务院于2004年3月31日公布并于2004年6月1日生效实施的《中华人民共和国反倾销条例》中对反倾销的相关内容作了规定。

反倾销法有如下两个特征：(1)反倾销法通常属于各国经济行政法的一部分。行政部门负责受理反倾销案投诉、立案、调查、初裁和终裁的诉讼工作。在行政部门终裁以前，如果行政部门没有明显的违法事实，欧美法院等司法部门一般不得干预反倾销案的进展和办理事宜。各国根据反倾销法所采取的制裁方法也多以征收反倾销税为最严厉的行政制裁措施。(2)反倾销法的目的是限制或调整生产者间的不公平贸易行为，保护本国经济或某一部门。它能消除不公平的价格差别，并在一定程度上制止倾销，确实起到保护本国工业免受损害的作用。在反倾销的合理限度内，生产者运用反倾销法保护自己的利益是正当、必要的；但在反倾销法实施过程中，其严厉程度一旦超越保护正当利益的限度，它就成为一种贸易保护主义措施，一种有效程度超过关税壁垒的非关税壁垒。反倾销是关贸总协定和世界贸易组织的协议所允许的保护和鼓励自由竞争、反对不公平竞争的手段。随着我国对外贸易的不断发展，外国产品倾销中国市场，垄断某些高科技产业和新兴工业的问题时有发生，反倾销作为保护贸易的重要手段，早已受到我国立法部门的高度重视。2004年分别修订的《中华人民共和国对外贸易法》和《中华人民共和国反倾销条例》对反倾销的相关制度作出了具体的规定，弥补了我国反倾销立法的空白，为维护我国的对外贸易秩序和公平竞争提供了法律依据。综而观之，反倾销是当代国际贸易中的一个重要问题，其作为贸易保护措施的作用日益加强，反倾销法现已成为各国贸易保护使用最频繁的法律武器。

(王连喜)

fanqingxiao guanshui

反倾销关税（anti-dumping duties） 又称反倾销税。对以低于正常价格进行倾销并对进口国的同类商品造成实质性损害的外国进口商品征收的进口附加税。反倾销关税是进口国为抵制他国倾销的商品和外汇以保护本国工农业生产和国内市场，在一般进口税以外征收的一种附加关税，其税额一般按"倾销金额"征收。

(余启平)

fanqingxiao tiaoli

《反倾销条例》（Anti-dumping Regulation） 倾销是指在对外贸易交往过程中，一国生产者或出口商以低于正常价值或正常价格的价格，向另一国大量出口某种产品，对另一国同类产品产业造成实质损害或者产生实质损害的威胁，或阻碍竞争者进入同一领域的不正当竞争行为。反倾销是指国际贸易活动中进口国对国外商品在本国市场上的倾销所采取的抵制措施。目前，反倾销主要有反商品倾销和反外汇倾销之分，一般是对外国倾销商品征收一种进口附加税或特别关税，使其不能以低廉的价格出售，以保护国内相关产业和市场。为了维护对外贸易秩序和公平竞争，根据《中华人民共和国对外贸易法》的有关规定，2001年11月26日国务院公布了《中华人民共和国反倾销条例》，并自2002年1月1日起施行。

该条例共有6章59条，包括：第一章总则；第二章倾销与损害；第三章反倾销调查；第四章反倾销措施；第五章反倾销税和价格承诺的期限与复审；第六章附则。其主要内容包括：(1)条例的宗旨和适用范围。(2)倾销的定义和进口产品的正常价值、出口价格的确定方法。(3)损害的定义和确定国内损害的审查事项：倾销进口产品的数量，包括倾销进口产品的绝对数量或者相对于国内同类产品生产或者消费的数量是否大量增加，或者倾销进口产品大量增加的可能性；倾销进口产品的价格，包括倾销进口产品的价格削减或者对国内同类产品的价格产生大幅度抑制、压低等影响；倾销进口产品对国内产业的相关经济因素和指标的影响；倾销进口产品的出口国(地区)、原产国(地区)的生产能力、出口能力，被调查产品的库存情况；造成国内产业损害的其他因素。(4)反倾销调查申请书的内容：申请人的名称、地址及有关情况；对申请调查的进口产品的完整说明，包括产品名称、所涉及的出口国(地区)或者原产国(地区)、已知的出口经营者或者生产者、产品在出口国(地区)或者原产国(地区)国内市场消费时的价格信息、出口价格信息等；对国内同类产品生产的数量和价值的说明；申请调查进口产品的数量和价格对国内产业的影响；申请人认为需要说明的其他内容。(5)反倾销调查申请应附的证据：申请调查的进口产品存在倾销；对国内产业的损害；倾销与损害之间存在因果关系。(6)调查机关、调查程序和期限。(7)终止反倾销调查的情形：申请人撤销申请的；没有足够证据证明存在倾销、损害或者二者之间有因果关系的；倾销幅度低于2%的；倾销进口产品实际或者潜在的进口量或者损害属于可忽略不计的；外经贸部和国家经贸委共同认为不适宜继续进行反倾销调查的。(8)反倾销措施：临时反倾销措施；价格承诺；反倾销税。(9)反倾销措施的执行程序和期限以及复审。(10)其他相关规定。

随着我国加入WTO和我国经济的发展，以及我国政府机构的改革和《对外贸易法》的修改,国务院于2004年3月31日对《反倾销条例》作了相应的修改,主要内容如下:(1)将各条款中的"对外贸易经济合作部(外经贸部)"修改为"商务部"。(2)将第24条修改为:"商务部根据调查结果,就倾销、损害和二者之间的因果关系是否成立作出初裁决定,并予以公告。"(3)将第28条、第29条、第45条中的"现金保证金"修改为"保证金"。(4)将第33条第1款修改为:"商务部认为出口经营者作出的价格承诺能够接受并符合公共利益的,可以决定中止或者终止反倾销调查,不采取临时反倾销措施或者征收反倾销税。中止或者终止反倾销调查的决定由商务部予以公告。"(5)将第34条第1款中的"应出口经营者请求或者调查机关认为有必要,调查机关可以对倾销和损害继续进行调查"修改为"应出口经营者请求,商务部应当对倾销和损害继续进行调查;或者商务部认为有必要的,可以对倾销和损害继续进行调查"。同时,将该条第2款中的"作出倾销或者损害的肯定裁定的,价格承诺继续有效"修改为"作出倾销和损害的肯定裁定的,价格承诺继续有效"。(6)在第37条中增加"征收反倾销税应当符合公共利益"的规定,将这一条修改为:"终裁决定确定倾销成立,并由此对国内产业造成损害的,可以征收反倾销税。征收反倾销税应当符合公共利益。"(7)在第44条中增加一款作为第2款,规定:"商务部发起调查后,有充分证据证明前款所列两种情形并存的,可以对有关进口产品采取进口登记等必要措施,以便追溯征收反倾销税。"(8)将第47条中的"在调查期间未向中华人民共和国出口该产品的新出口经营者"修改为"在调查期内未向中华人民共和国出口该产品的新出口经营者"。此外还对个别文字作了修改。修改后的《中华人民共和国反倾销条例》自2004年6月1日起施行。

(王连喜 罗大帅)

fangfa biaozhun

方法标准(method standard) 以试验、检查、分析、抽样、统计、计算、测定和作业等各种方法为对象制定的标准。是为了提高工作效率,保证工作结果必要的准确一致性,对生产技术和组织管理活动中最佳的方法所作的统一规定。方法标准可根据特征分为检验和评定产品质量的方法标准、统一的作业方法标准和统一的管理方法标准。

fangfalun shuo

方法论说(theory of methodology) 从方法论的角度研究经济法的学说。该学说对经济生活和经济法,采用法社会学的研究方法。其代表人物和代表作是鲁姆夫(Rumpf)及其1922年出版的《经济法的概念》一书。他对具有实际经济内容的客观法的理解,是通过对全部法的考察进行的。由此出发,他首先将民法与商法合一。在此基础上,又将私法(民商法)的经济法与公法的经济法合一,统一为经济法体系。这个见解,实际上是在经济统一性的前提下,考虑如何实现经济法的统一性。

(赵 玲)

fanghongfa

《防洪法》(Flood Prevention Act) 1997年8月29日第八届全国人大常委会第二十七次会议审议通过了《中华人民共和国防洪法》,并于1998年1月1日起施行,我国是一个多洪灾水患的国家,洪水灾害影响范围广,破坏性强。而抗洪需要在短时间内集中全社会的力量,还要充分发挥防洪设施的防护作用。《防洪法》着重于洪灾的防范与抢险相结合,技防与物防相结合,救灾与重建相结合,是我国一部重要的防灾减灾法律。《防洪法》的主要内容有:(1)防洪规划中确定的规划保留区内不得建设与防洪无关的工矿工程设施,在特殊情况下,国家工矿建设项目应当按照基本建设程序报请批准,并征求有关水行政主管部门的意见。(2)禁止在河道、湖泊管理范围内建设妨碍行洪的建筑物、构筑物,倾倒垃圾、渣土,从事影响河势稳定、危害河岸堤防安全和其他妨碍河道行洪的活动;禁止在行洪河道内种植阻碍行洪的林木和高秆作物;禁止围湖造田;护堤护岸林木,不得任意砍伐。(3)依法启用蓄泻洪区,任何单位和个人不得阻拦、拖延;遇到阻拦、拖延时,由有关县级以上地方人民政府强制实施,因使用蓄泻洪区而直接受益的地区和单位,应当对蓄泻洪区承担国家规定的补偿、救助义务。(4)防汛抗洪实行各级人民政府行政首长负责制。(5)中央和地方财政应当安排专项资金用于防洪抢险。

(陈 韬 包剑虹)

fangsha zhisha fa

《防沙治沙法》(Sand Prevention and Control Act) 为预防土地沙化,治理沙化土地,维护生态安全,第九届全国人大常委会第二十三次会议于2001年8月31日通过了《中华人民共和国防沙治沙法》,并于2002年1月1日起施行。土地沙化是我国目前面临的严重生态问题,土地沙化蔓延的局面得不到有效遏制,北方的沙尘暴天气日益频繁。《防沙治沙法》主要从土地沙化的预防和沙化土地的治理两个方面进行了规范。《防沙治沙法》的主要内容有:(1)国务院林业部门会同农业、水利、土地、环境保护等有关部门编制防沙治沙规划,省、自治区、直辖市人民政府编制本行政区域内的防沙治沙规划,未经批准,任何单位和个人不得改变防沙治沙规划。(2)规划中沙化土地封禁保护区范围内,禁止一切破坏植被的活动。(3)禁止在沙化土地上挖砍灌木、药材及其他固沙植物,各类土地承包合同应当包括植被保护责任的内容;草原实行以产草量确定载畜量的制度;不得批准在沙漠边缘地带和林地、草原开垦荒地,已经对生态造成不良影响的,应当有计划地组织退耕还林还草。(4)在土地沙化地区,建立政府行政领导防沙治沙任期目标责任考核奖惩制度。(5)国家鼓励单位和个人在自愿的前提下,捐资或者以其他形式开展公益性的治沙活动。县级以上地方政府根据治沙的面积和难易程度,给予从事防沙治沙的单位和个人资金补助、财政贴息以及税费减免等政策优惠。

(陈 韬)

fangwei jishu chanpin
防伪技术产品(preventing counterfeiting technical products) 以防伪为目的,采用防伪技术制成的,具有防伪功能的产品。国家对防伪技术产品及防伪鉴别装置实施生产许可证制度。凡生产防伪技术产品的企业必须获得国家质检总局颁发的防伪技术产品生产许可证,才具有生产该产品的资格。申请防伪技术产品生产许可证的企业必须通过产品的防伪技术评审。防伪技术的评审由国家质检总局委托防伪技术评审机构组织防伪技术专家委员会进行。申请防伪技术产品生产许可证的企业应当具备以下条件:(1)符合有关法律、法规规定的企业设立条件;(2)企业经营管理范围应当覆盖申请取证产品;(3)产品符合相关的国家标准或者行业标准、企业标准;(4)有与所生产防伪技术产品相适应的厂房、设备、生产工艺和检测手段;(5)具有与所生产防伪技术产品相适应的技术力量和管理人员;(6)有完整的、行之有效的质量保证体系;(7)有健全、有效的安全保密制度和保密措施。具备以上条件的企业可向省级质量技术监督部门提出办理防伪技术产品生产许可证的申请,履行相关的手续,省级质量技术监督部门在接到企业申请材料后,对符合申报条件的企业发送防伪技术产品生产许可证受理通知书。根据工业产品生产许可证管理法规的有关规定,进行文件核查、现场审查、样品检测。符合发证条件的,由国家质检总局颁发防伪技术产品生产许可证,并统一公告。防伪技术产品生产企业应对所生产的产品质量负责,其产品防伪功能或者防伪鉴别能力下降,不能满足用户要求时,应当立即停止生产并报全国防伪办;给用户造成损失的,应当依法承担经济赔偿责任。

我国政府鼓励防伪中介机构发挥防伪技术产品推广应用的桥梁作用,鼓励企业采用防伪技术产品,但是防伪技术产品的使用者应当遵守下列规定:(1)必须选用获得防伪技术产品生产许可证的防伪技术产品生产企业生产的合格的防伪技术产品;(2)选用境外防伪技术产品的,必须是获得我国防伪注册登记的产品;(3)使用防伪技术产品,应当专项专用,不得擅自扩大使用范围或者自行更换;(4)停止使用或者更换、扩大防伪产品的使用范围,应当到原办理备案的质量技术监督部门办理停用或者重新备案手续;(5)保守防伪技术秘密。防伪技术产品的使用者由于选用未获得生产许可证的防伪技术产品生产企业生产的防伪技术产品、选用未获得防伪注册登记的境外防伪技术产品或者在假冒产品上使用防伪技术产品的,责令其改正,并处罚款。

防伪技术是指为了达到防伪的目的而采取的,在规定范围内能准确鉴别真伪并不易被仿制、复制的技术。防伪技术的推广应用在保护产品的知识产权方面发挥了重要的作用。因为近年来一些不法分子为了牟取暴利,专门仿冒名优和畅销产品,以假乱真、以次充好,严重扰乱了社会经济秩序,成为阻碍我国经济健康发展的一股浊流。为了遏制假冒伪劣产品,我国政府鼓励防伪技术的推广和应用,防伪技术迅速发展起来。我国的防伪技术的发展方向主要有网络防伪技术、生物防伪技术、化学防伪技术、激光防伪技术、物理防伪技术、印刷和造纸防伪技术、自动防伪技术、数码防伪技术等十多种防伪技术,这些防伪技术广泛应用于各个领域。防伪技术的应用对于预防和打击假冒违法活动,维护市场经济秩序,有效地保护产品生产者、使用者和消费者的合法权益等都发挥了积极的作用。

(麻琳琳)

fangzhen jianzai fa
《防震减灾法》(Earthquake Prevention and Disaster Reduction Act) 为了加强对地震预防和应急救助活动的管理,减轻地震灾害损失,保障国家财产和公民人身、财产安全,第八届全国人大常委会第二十九次会议于1997年12月19日通过了《中华人民共和国防震减灾法》,并于1998年3月1日起实行。《防震减灾法》分为总则、地震监测预报、地震灾害预防、地震应急、震后救灾与重建、法律责任和附则等7章,共48条。《防震减灾法》的主要内容有:(1)国家对地震预报实行统一发布制度,地震短期预报和临震预报由省、自治区、直辖市人民政府按照国务院规定的程序发布,任何单位或者从事地震工作的专业人员关于短期地震预测或者临震预测的意见,不得擅自向社会扩散。(2)重大建设工程和可能发生严重次生灾害的建设工程,必须进行地震安全性评价;并根据地震安全性评价的结果,确定抗震设防要求,进行抗震设防。(3)发生严重破坏性地震后,国务院或者地震灾区的省、自治区、直辖市人民政府可以采取交通管制等一系列紧急应急措施。(4)地震灾区的县级以上地方人民政府应当组织民政和其他有关部门和单位,迅速设置避难场所和救济物资供应点,提供救济物品,做好灾民的转移和安置工作。(5)任何单位和个人不得截留、挪用地震救灾资金和物资,各级人民政府审计机关应当加强对地震救灾资金使用情况的审计监督。　　(陈　韬)

fangzhi wuran zhuanyi zhidu
防止污染转移制度(system of preventing pollution transfer)　　防止通过转移生产设备、工具或产品等方式将可能造成的环境污染或破坏转移到其他区域的活动的管理制度。污染转移包括两个方面,一是国内污染的非法转移,通常是由经济发达地区转移到经济落后地区,由城市转移到农村。其转移方式一般是将在城市已淘汰的污染严重的设备、设施转移到无污染防治能力的地区或单位使用,或者将在城市难以处理的废弃物转移到落后地区或农村处置。二是境外污染的转嫁,通常是经济比较发达的国家地区将污染转移给其他落后国家或地区的行为和情况。污染在国家之间的转移又叫公害输出。污染转移的结果,使污染发生的范围扩大,也使污染更难治理和控制。我国《环境保护法》第34条规定,任何单位不得将产生严重污染的生产设备转移给没有防治污染能力的单位使用,以防止国内污染的非法转移,同时,我国《环境保护法》第30条还对防止境外污染转嫁作出规定,禁止引进不符合我国环境保护规定要求的技术和设备。随着经济全球化的推进和我国的成功"入世",我国面临严峻的境外污染转嫁问题。境外污染转嫁主要包括四种形式,一是通过技术转让名义将被禁止使用或已被淘汰的有害环境的技术转移到国内;二是通过联营方式将产生严重污染的生产工艺、设备从境外转移到国内;三是通过产品方式的转移;四是其他方式的转移。加入WTO以后,我国尤其要防范发达国家的污染转移到我国。环境保护立法不健全,执法不严格也是导致境外污染输入的重要原因。对此,需要进一步完善有关立法,以适应形势发展的需要。　　(王　丽　申进忠)

fangchan guanli jigou
房产管理机构(institution of housing administration)　　由国家设立的专门行使城市房地产管理职能的行政机关。1948年,根据《中共中央关于城市公共房地产问题的决定》,在老解放区的城市中设立了隶属于军事委员会的公共房产管理委员会。1950年中央人民政府设内务部,在内务部下设民政司和地政司,分管全国的房产和地产;各地方人民政府分别设立地政局或地政处。从1953年起,全国许多城市先后设立了房地产管理局,负责对城市住宅和有些非住宅的房屋进行管理。1957年,国务院成立国家城市服务部,统管全国的房地产;1958年,在商业部下设立了房地产管理局,管理全国城市房地产。1963年,国务院下设直属机构房地产管理局,管理全国的房地产,各大城市相继设立了房地产管理分局以及房管所、房管站等基层机构。1979年成立了隶属于国家建设总局的房产住宅局,负责全国住宅建设和房地产管理工作。1982年全国房产管理工作由城乡建设环境保护部归口管理(该部内设城市住宅局),县级以上地方人民政府也相应设立了有关机构。1988年后国务院机构改革,设立建设部,负责全国城乡建设行政管理,包括城乡建设规划、建筑业和房地产管理等(该部内设房地产业司)。各地则分设建设委员会(城市建设委员会)、建设厅、局(城市建设局)等机构。　　(陈志波)

fangchan quanshu dengji
房产权属登记(registration of real estate ownership)　　房产行政管理部门代表政府对房屋所有权以及由上述权利产生的抵押、典权等房屋他项权利进行登记,并依法确认房屋产权归属关系的行为。房产权属登记是房产权管理的主要行政手段,也是政府加强房地产法制管理,依法确认房地产所有权的法定手续。房产权属登记分为总登记、转让登记、变更登记和其他登记。(1)总登记,是县级以上人民政府根据需要,在一定期限内对本行政区域内的房地产进行统一的权属登记。总登记是产权登记中最基本的一种登记。(2)转让登记,是在总登记之后,因房屋买卖、交换、赠与、继承、划拨、转让、分割、合并、裁决等原因而致使其权属发生转移,必须办理产权过户手续情况时所进行的登记。(3)变更登记,是在总登记之后,房屋发生了扩建、翻建、改建、添建、部分拆除等增减情况以及相应的宅基地、院落地使用范围的增减时所进行的登记。(4)其他登记,包括更正登记、遗失登记、新建登记、限制登记、更换管理人登记、更名登记和他项权利登记等。
　　(陈志波)

fangchanshui
房产税(house tax)　　以房屋为征税对象,对拥有所有权或使用权的主体征收的一种财产税。房产税是一种地方性税收。凡是在城市、县城、建制镇和工矿区拥有房产权、使用权、代管权的单位或个人为房产税的纳税义务人。房产税的征税对象是用于生产经营的房屋,即指有屋面和围护结构、能够供人们生产经营的场所,但不包括外商投资企业、外国企业及外籍人员,华侨、香港、澳门、台湾同胞的房产。房产税的计税依据分为两种,一般依照房产原值一次减除10%至30%后的余值为计税依据,房产出租的,以房产租金收入作为计税依据。依照房产计税余值征收的房产税,税率为1.2%;依照房产租金收入计算的房产税,税率为12%。国家机关、人民团体、军队自用的房产,由国家财政部门拨付事业经费的单位自用的房产,宗教寺庙、公园、名胜古迹自用的房产,个人所有非营业用的房产以及其他经财政部批准免税的其他房产,属于免税房产。另外,企业办的各类学校、医院、托儿所、幼儿园自用的房产,作营业用的地下人防设施免征房产税,在基建工地为基建工地服务的各种工棚、材料棚、休息棚和办公室、食堂、茶炉房、汽车房等临时性房屋,在施工期间免征房产税。房产税按年征收、分期缴纳,由纳税人向房产所在地地方税务机关缴纳,房产不在同一地点的,由纳税人分别向房产所在地地方税务机关缴纳。具体纳税期限由省、自治区、直辖市人民政府规定。

(彭 皖)

fangdichan
房地产(real estate) 房产和地产的总称,是房产和地产的结合体。在法律术语上,房地产一般又称不动产,因为土地和房屋属于不可移动或一经移动就要丧失其价值的物体。地产主要是指土地及其上下一定的空间,包括地下的各种基础设施、地面道路等;房产是指建筑在土地上的各种房屋,包括住宅、厂房、仓库和商业、服务、文化、教育、卫生及办公用房等。房地产的特征:(1)固定性,又叫不可移动性。这是房地产与其他商品的最大区别。(2)特定性。由于土地是不可移动的,所以房地产所在场所是不能复制的,加上建筑材料、建筑类型、房屋新旧程度、邻里环境等因素的不同,每宗房地产都具有各自不同的特点。房地产的这种非标准化特性,是导致房地产市场不完全性的一个重要方面。特定性意味着买方和卖方容易在市场上脱节,彼此互相缺乏信息,这个市场极需要经纪人和估价人来提供市场信息。(3)稀缺性。由于土地是不可再生资源,导致房地产也具稀缺性。(4)耐久性。土地作为物质性资产和合法权益的标的,是永远不会消灭的,建筑在土地上的建筑物一般也不轻易损坏,相比于其他商品,其寿命要长得多。(5)保值性或增值性。房地产投资项目资金大、成本高、期限长、风险多,但从长远的角度讲,房地产一般均具有保值、增值的作用。

(陈志波 张旭娟 师湘瑜)

fangdichan an'jie
房地产按揭(real estate mortgage) 购房者向银行贷款来支付房款,并就所购房屋为贷款设定担保的行为。它分为现房按揭和楼花按揭。现房按揭是指购房者以所购现房向贷款银行设定物的担保,在还款期限届至而购房者不能返还贷款时,贷款银行得以行使抵押权而使其债权获实现的融资购房方式。楼花按揭是指银行、预购人、开发商在商品房预售中共同参加的一种融资活动,即由预购人依约向开发商支付部分房款,其余房款以银行贷款垫付,同时预购人就房屋所有权的请求权设定担保,并于房屋建成后在该房屋上设定抵押权而代替原担保的融资购房方式。

(陈志波)

fangdichan chengjiao jiage shenbao zhidu
房地产成交价格申报制度(declaration regulation on price of real estate transaction) 我国实行房地产成交价格申报制度。房地产权利人转让房地产,应当向县级以上地方人民政府规定的部门如实申报成交价,不得瞒报或者作不实的申报。

(张旭娟 师湘瑜)

fangdichan diya
房地产抵押(housing hypothecation) 抵押人以其合法的房地产以不转移占有的方式向抵押权人提供债务履行担保的行为。债务人不履行债务时,抵押权人有权以依法抵押的房地产拍卖所得的价款优先受偿。

房地产抵押除具有一般抵押所共有的特征,还具有一些特殊的属性:(1)房地产抵押的标的具有复杂性。一般的抵押其标的或者是不动产,或者是动产,或者是权利,是单一的。房地产抵押的标的既包括不动产,也包括权利,是复合客体。(2)房地产抵押是要式抵押,首先表现在抵押人和抵押权人应当签订书面抵押合同,其次表现在房地产抵押要办理登记。(3)房地产抵押有时间限制。我国法律对土地使用权出让的时间作了限制。以土地使用权作为抵押的,期限应当在土地使用权期限内,否则抵押无效。由于我国对土地使用权和房屋所有权采取"连动"原则,以依法取得的国有土地上的房屋作抵押时,该房屋占用范围内的国有土地使用权同时抵押。因此以房屋作抵押的,也应在土地使用权的期限内设定抵押权。

(陈志波)

fangdichan fa
房地产法(laws of real estate) 调整房地产法律关系的法律规范的总称。在这种关系里面,既有财产关系,也有非财产关系。具体而言,房地产法是调整人们在房地产权属、房地产开发、房地产经营与交易、房地产管理服务、房地产金融、涉外房地产等方面所发生的权利与义务关系的法律规范的总称。房地产法有广义与狭义之分。广义的房地产法,包括对房地产法律关系进行调整的所有法律规范,如包括宪法、民法、经济法、行政法、刑法等法律中调整房地产法律关系的若干规范,甚至还包括国务院及其各部委颁发的条例、规章、规定等。狭义的房地产法,是指冠名为房地产法的法律,在我国,一般指《中华人民共和国城市房地产管理法》。

新中国的房地产立法,是在废除了国民党旧法制的基础上建立起来的。从建国到"文化大革命"前,我国颁布了《中华人民共和国土地改革法》、《公房公产统一管理的规定》、《关于填发土地房产所有证的指示》等若干规范,并颁布了《关于私有出租房屋社会主义改造问题的报告》等政策,"文化大革命"后,围绕房地产,我国颁布了大量的法规,主要有《国家建设征用土地条例》、《村镇建房用地条例》、《城市规划条例》、《城市私有房屋管理条例》、《中华人民共和国土地管理法》等。1994年7月5日颁布的《中华人民共和国城市房地产管理法》是我国层次较高的立法,是调整房地产法律关系的最基本的法律。　　(陈志波)

fangdichan fei

房地产费(real estate charges)　在房产市场活动中所产生的各种费用。我国的房地产费主要有三种:土地使用费、房地产行政性收费和房地产事业性收费。(1)土地使用费,是指取得国有土地使用权的单位和个人,按照规定向国家交付的使用土地的费用。土地使用费的收费对象是一切使用国家土地的单位和个人。土地使用费的征收标准,因取得土地使用权方式的不同而有所不同。我国土地使用权的取得方式有两种:一是以出让方式取得土地使用权,二是以划拨方式取得土地使用权。(2)房地产行政性收费,是指房地产行政管理机关或其授权机关,履行行政管理职能管理房地产业所收取的费用。房地产行政性收费是房地产行政管理机关在房地产市场中管理职能的体现,有利于加强对房地产市场的监督与管理,促进整个房地产市场健康有序地发展。房地产行政性收费主要有以下几项:房地产权管理收费、房屋租赁管理收费。(3)房地产事业性收费,是指房地产行政管理机关及其所属事业单位为社会或个人提供特定服务所收取的费用,包括拆迁管理收费、房屋估价收费等。　　(陈志波)

fangdichan gujiashi zhiye zige

房地产估价师执业资格(certified qualification of Real Estate Appraiser)　为了加强房地产估价人员的管理,充分发挥房地产估价在房地产交易中的作用,1995年3月2日,建设部根据《中华人民共和国城市房地产管理法》,制定《房地产估价师执业资格制度暂行规定》。

房地产估价师是指经全国统一考试取得房地产估价师执业资格证书,并注册登记后从事房地产估价活动的人员。国家实行房地产估价人员执业资格认证和注册登记制度。凡从事房地产估价业务的单位,必须配备有一定数量的房地产估价师。建设部和人事部共同负责全国房地产估价师执业资格制度的政策制定、组织协调、考试、注册和监督管理工作。

房地产估价师执业资格考试　房地产估价师执业资格实行全国统一考试制度。原则上每两年举行一次。凡中华人民共和国公民,遵纪守法并具备下列条件之一的,可申请参加房地产估价师执业资格考试:(1)取得房地产估价相关学科(包括房地产经营、房地产经纪、土地管理、城市规划等,下同)中等专业学历,具有8年以上相关专业工作经历,其中从事房地产估价实务满5年;(2)取得房地产估价相关学科大专学历,具有6年以上相关专业工作经历,其中从事房地产估价实务满4年;(3)取得房地产估价相关学科学士学位,具有4年以上相关专业工作经历,其中从事房地产估价实务满3年;(4)取得房地产估价相关学科硕士学位或第二学位、研究生班毕业,从事房地产估价实务满2年;(5)取得房地产估价相关学科博士学位的;(6)不具备上述规定学历,但通过国家统一组织的经济专业初级资格或审计、会计、统计专业助理级资格考试并取得相应资格,具有10年以上相关专业工作经历,其中从事房地产估价实务满6年,成绩特别突出的。申请参加房地产估价师执业资格考试,需提供下列证明文件:(1)房地产估价师执业资格考试报名申请表;(2)学历证明;(3)实践经历证明。房地产估价师执业资格考试合格者,由人事部或其授权的部门颁发人事部统一印制,人事部和建设部用印的房地产估价师《执业资格证书》,经注册后全国范围有效。

房地产估价师执业资格注册　房地产估价师执业资格注册,参见建设部1998年8月20日制定发布,并于2001年8月15日修订重新发布的《房地产估价师注册管理办法》。建设部或其授权的部门为房地产估价师资格的注册管理机构。未取得房地产估价师注册证的人员,不得以房地产估价师的名义从事房地产估价业务。房地产估价师执业资格考试合格人员,必须在取得房地产估价师执业资格证书后3个月内办理注册登记手续。房地产估价师执业资格注册有效期一般为3年,有效期满前3个月,持房地产估价师注册证者应当到原注册机关重新办理注册手续。再次注册,应有受聘单位考核合格和知识更新、参加业务培训的证明。脱离房地产估价师工作岗位连续时间2年以上者(含),注册管理机构将取消其注册。房地产估价师执业资格注册后,有下列情形之一的,由原注册机关吊销其《房地产估价师注册证》:(1)完全丧失民事行为能力;(2)死亡或失踪;(3)受刑事处罚的。

法律责任　房地产估价师有下列行为之一的,注册单位对当事人处以警告、没收非法所得、暂停执行业

务、吊销房地产估价师执业资格证书、房地产估价师注册证,并可处以罚款,情节严重、构成犯罪的,由司法机关依法追究刑事责任:(1)涂改、伪造或以虚假和不正当手段获取房地产估价师执业资格证书、房地产估价师注册证的;(2)未按规定办理注册、变更登记和未经登记以房地产估价师的名义从事估价业务的;(3)利用执行业务之便,索贿、受贿,谋取其他不正当的利益;(4)允许他人以自己的名义从事房地产估价业务和同时在两个或两个以上估价单位执行业务的;(5)与委托人串通或故意做不实的估价报告和因工作失误,造成重大损失的;(6)以个人名义承接房地产估价业务,收取费用的;(7)因在房地产估价师及管理工作中犯严重错误,受行政处罚或刑事处罚的。房地产估价师执业资格管理部门的工作人员,在房地产估价师执业资格考试和注册管理中玩忽职守、滥用职权、构成犯罪的,依法追究刑事责任,未构成犯罪的,给予行政处分。当事人对行政处分决定不服的,可以依法申请复议或向上级人民法院起诉。 (傅智文)

fangdichan gujiashi zhuce guanli zhidu
房地产估价师注册管理制度(registration administration system of Real Estate Appraiser) 我国现行的对房地产估价师的注册管理制度。其主要法规是1998年8月20日制定发布,并于2001年8月15日修订重新发布的《房地产估价师注册管理办法》。该办法分为总则、初始注册、注册变更、续期注册、撤销注册、执业、权利与义务、法律责任、附则九章。建立房地产估价师注册管理制度的目的是为了加强对房地产估价师的注册管理,完善房地产价格评估制度和房地产价格评估人员执业资格认证制度,提高房地产价格评估水平。

国家实行房地产估价师注册制度。经全国房地产估价师执业资格统一考试合格者,即具有申请房地产估价师注册的资格。

初始注册 经全国房地产估价师执业资格统一考试合格者,应当自房地产估价师执业资格考试合格证签发之日起3个月内注册。申请房地产估价师注册,按照下列程序办理:(1)申请人向聘用单位提交申请报告、填写房地产估价师注册申请表;(2)聘用单位审核同意签字盖章后,连同《办法》第10条规定的材料一并上报注册初审机构;(3)注册初审机构自接到注册申请之日起30日内,作出是否受理其注册申请的决定;(4)注册初审机构决定受理注册申请的,签署意见后,统一报注册机构审核。经注册机构审核认定,对符合条件的申请人,应当予以办理注册手续,颁发房地产估价师注册证。

不予注册的情形:(1)不具有完全民事行为能力的;(2)因受刑事处罚,自刑事处罚执行完毕之日起至申请注册之日止不满5年的;(3)因在房地产价格评估或者相关业务中犯有错误受行政处罚或者撤职以上行政处分,自处罚、处分决定之日起至申请注册之日不满2年的;(4)受吊销房地产估价师注册证书的行政处罚,自处罚决定之日起至申请注册之日止不满5年的;(5)不在房地产价格评估机构内执业或者在两个或者两个以上房地产价格评估机构内执业的;(6)有关法律、法规规定不予注册的其他情形。

全国房地产估价师执业资格统一考试合格人员,逾期未申请或者虽经申请但未获准注册的,其资格自房地产估价师执业资格考试合格证签发之日起可保留2年。在资格保留期限内申请注册的,经审批符合注册要求的,准予注册。2年期满后再申请注册的,需参加中国房地产估价师学会或者其指定的机构组织的估价业务培训,并达到继续教育标准的,方可准予注册。

注册的房地产估价师,其注册有效期自注册之日起计为3年。

注册变更 房地产估价师因工作单位变更等原因,间断在原注册时所在的房地产价格评估机构执业后,如被其他房地产价格评估机构聘用,需办理注册变更手续。房地产估价师原注册时所在单位与变更后的所在单位不在同一省、自治区、直辖市的,应当先行办理与原注册时所在单位的解聘手续,并向原受理其注册的注册初审机构申请办理撤销注册手续。撤销注册申请被批准后,方可办理注册变更手续。

续期注册 房地产估价师注册有效期满需要继续执行房地产估价师业务的,由其聘用单位于注册有效期届满前3个月内办理续期注册手续。续期注册的有效期限为3年。

撤销注册 房地产估价师有下列情况之一的,由注册机构撤销其注册,收回房地产估价师注册证书:(1)本人未申请续期注册的;(2)有效期满未获准续期注册的;(3)完全丧失民事行为能力的;(4)受刑事处罚的;(5)死亡或者失踪的;(6)脱离房地产估价师工作岗位连续时间达2年以上(含2年)的;(7)以不正当手段取得房地产估价师证书的;(8)按照有关规定,应当撤销注册的其他情形。房地产估价师自被撤销注册、收回房地产估价师注册证书之日起,不得继续执行房地产估价师业务。被撤销注册后,具有申请房地产估价师注册资格者可以申请重新注册。

执业 房地产估价师必须在一个经县级以上人民政府房地产行政主管部门审核评定、取得房地产价格评估资质的机构内执行业务。房地产估价师执行业务,由房地产价格评估机构统一接受委托并统一收费。

权利与义务 房地产估价师享有以下权利:(1)使用房地产估价师名称;(2)执行房地产估价及其相

关业务;(3)在房地产估价报告书上签字;(4)对其估价结果进行解释和辩护。房地产估价师应当履行下列义务:(1)遵守法律、法规、行业管理规定和职业道德规范;(2)遵守房地产评估技术规范和规程;(3)保证估价结果的客观公正;(4)不准许他人以自己的名义执行房地产估价师业务;(5)不得同时受聘于两个或者两个以上房地产价格评估机构执行业务;(6)保守在执业中知悉的单位和个人的商业秘密;(7)与委托人有利害关系时,应当主动回避;(8)接受职业继续教育,不断提高业务水平。

法律责任 房地产估价师违反规定,有下列行为之一的,由县级以上人民政府房地产行政主管部门责令其停止违法活动,没收违法所得,并可处以违法所得3倍以下但不超过3万元的罚款;没有违法所得的,可处以1万元以下的罚款:(1)在估价中故意提高或者降低评估价值额,给当事人造成直接经济损失的;(2)利用执行业务之便,索贿、受贿或者谋取除委托评估合同中约定收取的费用外的其他利益的;(3)准许他人以自己的名义执行房地产估价师业务的;(4)同时在两个或者两个以上房地产价格评估机构执行业务的;(5)以个人名义承接房地产估价业务,并收取费用的。房地产估价师注册管理部门的工作人员,在房地产估价师注册管理工作中玩忽职守,滥用职权的,由上级机关或者所在单位给予行政处分;构成犯罪的,依法追究刑事责任。

(傅智文)

fangdichan guanli falü zhidu
房地产管理法律制度(legal institutions of estate management) 调整房地产及房地产关系的法律制度。在我国,它以《中华人民共和国城市房地产管理法》为核心内容。

房地产 广义的房地产,是指土地以及地上建筑物和其他定着物。狭义的房地产,是指房屋与土地在空间上结合为一体的财产形态。若土地与房屋没有结合,则不能称之为房地产。这里的土地,是指地球表面及地表之上之下延伸的一定空间;建筑物,是指在土地之上人工建筑而成的房屋和构筑物;房屋,是指在土地上建设的供人们居住、从事工作的场所,即指土地上的居民住房、工商用房、办公用房(写字楼)等建筑物及其构筑物,如铁路桥梁;构筑物,是指为房屋服务的部分,即人们不直接在内进行生产、生活的场所,如道路、桥梁、水井等等;定着物,是指定着在土地上,不发生移动、相对比较稳定的物。房产与地产有时可分,有时不可分。从物质形态上看,当土地作为耕地或者空地时,它只是地产;当在土地上建房时,地产与房产则连为一体,成为房地产。

房地产开发 房地产开发是指在依法取得国有土地使用权的土地上进行基础设施、房屋建筑的行为。其中,取得国有土地使用权是房地产开发的前提。房地产开发是以土地利用和房屋建设为投资对象而进行的生产活动。其中:土地利用通常称为土地开发或再开发,也称"三通一平"或者"七通一平"。"三通一平",就是将开发区域以外的道路、给水排水管、供电线路引入施工现场,对施工现场的地进行平整。"七通一平",包括道路通、上下水通、雨污排水通、电力通、通讯通、煤气通、热力通和平整土地。土地开发就是通过"三通一平"或者"七通一平",把自然状态的土地变为可供建造房屋和各类设施的建筑用地。土地再开发,就是在不增加城区现有土地使用面积的情况下,对城区原有土地进行再开发,即进行改造,通过一定量资金、劳动等的投入,调整用地结构,完善城市基础设施,以便提高现有土地的使用功能,提高土地利用效益。房屋建设则称为房屋开发,就是经过开发或者再开发,在基本建设条件具备的城市土地上建筑各类房屋,包括住宅、工业厂房、商业楼宇、办公用房和其他专门用房。因此,房地产开发并非仅限于房屋建设和商品房屋的开发,而是包括土地开发和房屋开发在内的开发经营活动。

房地产权属登记 也称房地产产权登记,是指法律规定的房地产管理机构依照其职权,对房地产权利人合法的土地使用权和房屋所有权以及由上述权利产生的房地产其他权利进行的持续登记。在我国,房地产权属登记的性质是房地产管理机关依照其职权所实施的行政行为,它体现了房地产管理部门与登记申请人之间管理与被管理的关系。房地产权属登记是国家确认房地产产权归属的法定程序,经过登记的房地产权,受国家法律保护,任何单位和个人不得侵权。房地产登记中的房地产权利人,是指依法享有土地使用权、房屋所有权以及房地产其他权利的自然人、法人和其他社会组织;房地产管理部门是指我国各级人民政府的房地产管理部门,是房地产登记机关。

我国现行的房地产登记制度,主要有以下特点:(1)房地产登记由不同登记机关分别登记。我国对房地产实行土地与房屋分部门管理体制,房屋所有人除申请房屋所有权登记外,还要申请国有土地使用权登记。我国大部分城市实行登记核发土地使用权与房屋所有权两证制度,只有少数城市两证合一。作为财产,房屋与土地是不可分割的,根据房屋依附于土地并且不可分割的这一特点,房地产产权登记应当是一次进行的,权属证书也应当只领取一个。而且现在的房地产登记分不同部门进行管理,也容易形成管理部门配合失调的情况,从而影响房地产权属的管理。因此,许多学者提出,应当将房地产权属登记统一到一个机关进行管理。(2)房地产权属登记为房地产权利的动态登记。当事人对房地产权利的取得、变更、丧失均必须依法登记,不经登记,不发生法律效力,不能对抗第三人。(3)房地产权属登记采取实质审查主义。登记机关对登记申请人提出的登记申请,不仅要审查形式要件,而且还必须对申请登记权利的权源证明是否有效进行严格审查,并且要进行实地勘验。(4)房地产权属登记具有较强的公信力。房地产权利一经登记机关在登记簿上注册登记,该权利便对善意第三人在法律上具有绝对效力,权利人享有不可推翻之权利,除司法判定可予以否定外,是产权唯一合法的证明。(5)房地产权属登记实行强制登记制度,我国房地产登记不是自愿登记,而属于义务范围。房地产权利初始登记后,涉及权利转移、设定、变更,权利人必须申请登记,若不登记,房地产权利便得不到法律的保护,不仅要承担相应的法律责任,而且还可能要受到行政处罚。(6)颁发权利证书。房地产登记机关对权利人申请登记的权利,按规定程序登记完毕后,由地方人民政府颁发房地产权证书。权利证书作为权利人权利之凭证,由权利人持有和保管。

房地产权属登记具有三方面的作用,即权利确认作用、权利公示作用和权属管理作用。 (曹晓燕)

fangdichan jiage pinggu jigou dengji guanli zhidu
房地产价格评估机构等级管理制度(classification administration system of the real estate appraiser institutions) 为促进房地产市场健康发展,规范房地产价格评估行为,提高房地产价格评估的专业技术水平,我国建设部于1997年1月9日根据《中华人民共和国城市房地产管理法》和《城市房地产中介服务管理规定》制定发布了《关于房地产价格评估机构资格等级管理的若干规定》对房地产评估机构资格等级管理制度作出具体规定。

房地产价格评估机构的设立 申请设立房地产价格评估机构,必须具备一定数量的房地产估价专业人员和规定的注册资本,由当地县级以上房地产管理部门进行审查,经审查合格后发给房地产价格评估机构临时资格证书,再行办理工商登记,房地产管理部门备案,一年后可申请评定房地产价格评估机构资格等级。

房地产价格评估机构资格等级分类 房地产价格评估机构实行一级、二级、三级制度。各等级的具体条件如下:一级房地产价格评估机构的条件:(1)注册资本100万元以上;(2)有7名以上(不包括离退休后的返聘人员和兼职人员,下同)取得执业资格证书并登记注册的专职房地产估价师;(3)专职房地产估价专业人员占职工总数的70%以上;(4)从事房地产价格评估业务连续4年以上;(5)每年独立承担估价标的物建筑面积10万平方米以上或土地面积3万平方米以上的评估项目5宗以上;(6)以房地产价格评估为主营业务。二级房地产价格评估机构:(1)注册资本70万元以上;(2)有5名以上取得执业资格证书并登记注册的专职房地产估价师;(3)专职房地产估价专业人员占职工总数的70%以上;(4)从事房地产价格评估业务连续3年以上;(5)每年独立承担估价标的物建筑面积6万平方米以上或土地面积2万平方米以上的评估项目5宗以上;(6)以房地产价格评估为主营业务。三级房地产价格评估机构:(1)注册资本40万元以上;(2)有3名以上取得执业资格证书并登记注册的专职房地产估价师;(3)专职房地产估价专业人员占职工总数的70%以上;(4)从事房地产价格评估业务连续2年以上;(5)每年独立承担估价标的物建筑面积2万平方米以上或土地面积8000平方米以上的评估项目5宗以上。

房地产价格评估机构的营业范围 一级房地产价格评估机构:各类房地产价格评估。可以跨省、自治区、直辖市从事评估业务。二级房地产价格评估机构:房地产买卖、租赁、抵押、企业兼并、合资入股、司法仲裁等方面的房地产价格评估。可以在其注册地的省、自治区、直辖市区域内从事评估业务。三级房地产价格评估机构:可从事建筑面积5万平方米、土地面积1.5万平方米以下的评估项目。可以在注册地城市区域内从事评估业务。临时资格机构的营业范围根据其资金和人员的相应条件确定,可在其注册地城市区域内从事评估业务。

房地产价格评估机构资格审批程序 一级房地产价格评估机构由当地县级以上房地产管理部门推荐,报省、自治区建委(建设厅)初审,初审合格后报建设部审批,颁发资格等级证书。二级由当地县级以上房地产管理部门推荐,报省、自治区建委(建设厅)审批,颁发资格等级证书,并抄报建设部。三级由当地县级以上房地产管理部门推荐,报省、自治区建委(建设厅)或其授权的部门审批,颁发资格等级证书。

房地产价格评估机构资格申报材料 申请房地产价格评估资格的机构应提交以下材料:(1)房地产价格评估机构资格申请书及其主管部门的证明文件;(2)工商登记营业执照复印件;(3)机构的组织章程及主要的内部管理制度;(4)固定经营场所的证明;(5)注册资本验资证明;(6)法人代表及负债人的任职文件;(7)专业技术人员的职称证书、任职文件及聘任合同;(8)经营业绩材料;(9)重要的房地产评估报告;(10)当地房地产管理部门规定的其他文件。

房地产价格评估机构资格等级升降及取消评估资格 房地产价格评估资格等级实行动态管理,根据机构的发展情况进行等级调整,每两年评定一次,重新授予资格等级证书。资格等级的评定与年审工作结合进行,机构年审的情况是评定资格等级的依据之一。对于年审不合格的机构,可以由等级评定初审部门提出降低其资格等级或取消评估资格意见,报审批部门批准后执行。申请升级的评估机构,应根据申请的等级在年审前半年将所需材料报相应的初审部门,初审部门在年审后将初审意见上报有关审批部门。资格等级升级应依次逐级上升,不得越级升级。每次申请升级要间隔至少两年以上。任何等级的评估机构违反国家和地方的有关法律法规,违反职业道德,情节严重的,由资格审批部门取消其评估资格。 (傅智文)

房地产价格评估制度(fangdichan jiage pinggu zhidu)(system on real estate evaluation) 我国实行房地产价格评估制度。房地产价格评估,应当遵循公正、公平、公开的原则,按照国家规定的技术标准和评估程序,以基准地价、标定地价和各类房屋的重置价格为基础,参照当地的市场价格进行评估。房屋重置价格指前一年新建的同样房屋的价格。
(张旭娟 师湘瑜)

房地产交易(fangdichan jiaoyi)(real estate transaction) 房地产转让、抵押和房屋租赁行为的总称。房地产交易按标的物性质可分为地产交易与房产交易两类:地产交易在我国迄今为止仍限于城镇国有土地使用权的出让、转让、抵押等形式。房产交易的形式主要有房产买卖、租赁、抵押、交换、典当、信托等方式,既包括了房产使用权的转让,也包括了房产所有权的交易。

房地产交易有下列特性:(1)标的物位置固定性。房地产交易的标的物房产与地产是不动产,不能移动或者一旦移动将导致物的性质与用途的改变,乃至经济价值的减少或丧失,因此,无论是交易中或交易后,房地产均不发生空间移动,交易双方运用所有权和使用权证书及合同进行交易。(2)房地产交易标的额大,专业性强。房地产价值较高,持久耐用,消费者在交易时往往持谨慎态度,房地产价格不仅取决于取得土地使用权和建造房屋的成本,还受区位因素、供求状况、支付能力、社会因素等诸多因素影响,使房地产估价既具有重要性又具有很强的专业性。(3)房地产市场在整体上是供给稀缺的市场。房地产市场在广义上讲是房地产商品流通全过程各种交换关系的总和。土地是不可再生资源,房产受土地稀缺性的限制,其供给弹性较小。(4)房地产交易中土地使用权出让行为所设定的权利义务具有承接性。在房地产交易中,出让方式取得的使用权无论采取怎样的方式交易均必须继承原出让合同确定的权利义务关系,原则上出让合同对每一次房地产交易均具有约束作用,若作重大变更,必须取得原出让方及土地管理机关的同意。(5)房地产交易的属地性。

房地产交易的这些特性决定了房地产交易中必须遵守下列特定原则:(1)房地产交易必须依法办理法定登记手续,房屋的租赁必须向房产管理部门登记备案。(2)房地产交易时,房屋所有权和土地使用权必须同时转让、抵押。(3)房地产交易价格由国家实施管理,具体内容包括:国家定期公布基准地价、标定地价和房屋重置价格作为房地产基础价格;国家实行房地产价格评估制度,实行房地产成交价格申报制度。(4)土地出让合同设定的权利、义务随土地使用权同时转移原则。(5)不得损害土地及房产经济效益原则。

房地产转让 房地产权利人通过买卖、赠与或者其他合法方式将其房地产转移给他人的行为。其他合法方式是指:(1)以房地产作价入股、与他人成立企业法人,房地产权属发生变更的;(2)一方提供土地使用权,另一方或者多方提供资金,合资、合作开发经营房地产,而使房地产权属发生变更的;(3)因企业被收购、兼并或合并,房地产权属随之转移的;(4)以房地产抵债的;(5)法律、法规规定的其他情形。房地产转让时,房屋所有权和该房屋占用范围内的土地使用权同时转让。下列房地产不得转让:(1)以出让方式取得土地使用权,不符合《房地产转让暂行条例》规定的条件的;(2)司法机关和行政机关依法裁定、决定或者以其他方式限制房地产权利的;(3)依法收回土地使用权的;(4)共有房地产,未经其他共有人书面同意的;(5)权属有争议的;(6)未依法登记领取权属证书的;(7)法律、行政法规规定禁止转让的其他情形。

房地产抵押 抵押人以其合法的房地产以不转移占有的方式向抵押权人提供债务履行担保的行为。债务人不履行债务时,抵押权人有权依法以抵押的房地产拍卖所得的价款优先受偿。依法取得的房屋所有权连同该房屋占用范围内的土地使用权,可以设定抵押权。房地产抵押,应当凭土地使用权证书、房屋所有权证书办理,抵押人和抵押权人应当签订书面抵押合同。设定房地产抵押权的土地使用权是以划拨方式取得的,依法拍卖该房地产后,应当从拍卖所得的价款中缴纳相当于应缴纳的土地使用权出让金的款额后,抵押权人方可优先受偿。房地产抵押合同签订后,土地上新增的房屋不属于抵押财产。需要拍卖该抵押的房地产时,可以依法将土地上新增的房屋与抵押财产一同拍卖,但对拍卖新增房屋所得,抵押权人无权优先受偿。

房屋租赁 房屋所有权人作为出租人将其房屋出租给承租人使用,由承租人向出租人支付租金的行为。出租人和承租人应当签订书面租赁合同,决定租赁期限、租赁用途、租赁价格、修缮责任等条款,以及双方的其他权利和义务,并向房产管理部门登记备案。

(陈志波 张旭娟 师湘瑜)

fangdichan jiaoyisuo
房地产交易所(real estate exchanges) 为改变房地产私下成交的流动状态,提高房地产交易的质量,强化房地产交易的管理,设立的进行房地产交易的固定场所。建立房地产交易所,既便于国家对房地产交易市场的管理,保障了国家的税收,又有利于提高房地产交易的数量和质量,对加快房地产流通,推动房屋商品化和土地有偿使用,发挥了重要作用。我国建设部1988年《关于建立和健全房地产交易所的通知》中规定:"为了适应在房产交易活动中,房屋所有权和土地使用权的转移,产权产籍的相互印证,以及评估、登记等法律程序上的需要,新旧住房出售应一律在交易所进行,以加强政府部门对房地产市场的管理,建立和健全市场信息网络系统,使市场经营活动规范化。为此,建议各地的房地产交易机构名称统一为房地产交易所。"房地产交易所的工作范围具有服务与管理兼顾的特点,因此房地产交易所需配备房地产价格评估人员和专业管理人员,为房地产交易提供满意的服务并对房地产交易实施有效的监管。房地产交易所实行价格公开,对其组织的房源标价出售,代售房屋公开估价,并且不定期公布最高限价。根据建设部、国家物价局、国家工商局颁布的《关于加强房地产交易市场的通知》,房地产交易所开展下列工作:(1)为房地产交易提供协议、交流信息、展示行情等各种服务;(2)开展房地产价值、价格评估;(3)提供有关房地产的法律、政策咨询,接受有关房地产交易和经营管理的委托代理业务;(4)对房地产经营交易进行指导和监督,调控市场价格,查处违法行为;(5)办理房地产交易登记、鉴证及权属转移手续。

(赵芳芳)

fangdichan jingjiren zhiye zige
房地产经纪人执业资格(certified qualification of Real Estate Broker) 我国实行房地产经纪人员职业资格制度。2001年12月18日,人事部、建设部制定发布了《房地产经纪人员职业资格制度暂行规定》和《房地产经纪人执业资格考试实施办法》,对房地产经纪人员职业资格制度进行规范。

凡从事房地产经纪活动的人员,必须取得房地产经纪人员相应职业资格证书并经注册生效。房地产经纪人员职业资格制度适用于房地产交易中从事居间、代理等经纪活动的人员。房地产经纪人员职业资格包括房地产经纪人执业资格和房地产经纪人协理从业资格。

房地产经纪人员职业资格考试 房地产经纪人执业资格实行全国统一大纲、统一命题、统一组织的考试制度,由人事部、建设部共同组织实施,原则上每年举行一次。

考试科目为"房地产基本制度与政策"、"房地产经纪相关知识"、"房地产经纪概论"和"房地产经纪实务"4个科目。考试成绩实行两年为一个周期的滚动管理。参加全部4个科目考试的人员必须在连续两个考试年度内通过应试科目,免试部分科目的人员必须在一个考试年度内通过应试科目。经国家有关部门同意,获准在中华人民共和国境内就业的外籍人员及港、澳、台地区的专业人员,符合本规定要求的,也可报名参加房地产经纪职业资格考试以及申请注册。

房地产经纪人协理从业资格实行全国统一大纲,各省、自治区、直辖市命题并组织考试的制度。建设部负责拟定房地产经纪人协理从业资格考试大纲。人事部负责审定考试大纲。各省、自治区、直辖市人事厅(局)、房地产管理局,按照国家确定的考试大纲和有关规定,在本地区组织实施房地产经纪人协理从业资格考试。凡中华人民共和国公民,遵守国家法律、法规,具有高中以上学历,愿意从事房地产经纪活动的,均可申请参加房地产经纪人协理从业资格考试。

房地产经纪人员职业资格注册 取得中华人民共和国房地产经纪人执业资格证书的人员,必须经过注册登记。申请注册的人员必须同时具备以下条件:(1)取得房地产经纪人执业资格证书;(2)无犯罪记录;(3)身体健康,能坚持在注册房地产经纪人岗位上工作;(4)经所在经纪机构考核合格。房地产经纪人执业资格注册,由本人提出申请,经聘用的房地产经纪机构送省、自治区、直辖市房地产管理部门初审合格后,统一报建设部或其授权的部门注册。准予注册的申请人,由建设部或其授权的注册管理机构核发房地产经纪人注册证。房地产经纪人执业资格注册有效期一般为3年,有效期满前3个月,持证者应到原注册管理机构办理再次注册手续。在注册有效期内,变更执业机构者,应当及时办理变更手续。再次注册者,除符合《规定》第17条规定外,还须提供接受继续教育和参加业务培训的证明。

经注册的房地产经纪人有下列情况之一的,由原注册机构注销注册:(1)不具有完全民事行为能力;(2)受刑事处罚;(3)脱离房地产经纪工作岗位连续2年(含2年)以上;(4)同时在2个及以上房地产经纪机构进行房地产经纪活动;(5)严重违反职业道德和经纪行业管理规定。

(傅智文)

fangdichan kaifa
房地产开发(real estate exploitation) 房地产开发

概念有广义和狭义之分。广义的房地产开发,一般是指从工程勘察、规划设计、征地拆迁、土地开发到房屋开发项目建设的全过程;狭义的房地产开发,多是指建设前期的开发工作,即包括工程勘察、规划设计、征地拆迁及土地的"三通一平"或"七通一平"部分。我们通常所说的房地产开发,是指广义的房地产开发。

房地产开发有如下特征:综合性强,涉及面广,房地产开发过程中,涉及诸多部门,需这些部门通力协作才能得以顺利进行;工程量大,综合成本高;建设项目种类繁多;与银行关系密切。

房地产开发应坚持以下基本原则:(1)严格执行城市规划原则;(2)坚持经济效益、社会效益、环境效益三者相统一的原则;(3)综合开发、配套建设的原则;(4)按约开发的原则;(5)严格按标准和规范设计、施工,保证开发产品质量合格的原则;(6)鼓励开发、建设居民住宅的原则。

以出让方式取得土地使用权进行房地产开发的,必须按照土地使用权出让合同约定的土地用途、动工开发期限开发土地。对于超过出让合同约定的动工开发日期满一年未动工开发的,可以征收相当于土地使用权出让金20%以下的土地闲置费;满2年未动工开发的,可以无偿收回土地使用权;但是,因不可抗力或者政府、政府有关部门的行为或者动工开发必需的前期工作造成动工开发迟延的除外。房地产开发项目的设计、施工,必须符合国家的有关标准和规范。房地产开发项目竣工,经验收合格后,方可交付使用。依法取得的土地使用权,可以依照有关法律、行政法规的规定,作价入股、合资、合作开发经营房地产。

(陈志波　张旭娟　师湘瑜)

fangdichan kaifa jingying qiye jiaofei dengjika

房地产开发经营企业交费登记卡(Fee Registration Card for Enterprise of Real Estate Development and Operation)　由各省、自治区、直辖市人民政府价格主管部门统一制定,由市、县人民政府价格主管部门印制并免费发放给房地产开发经营企业的交费登记卡。为加强房地产价格管理,规范对房地产开发经营企业的收费行为,维护房地产开发经营企业的合法权益,促进房地产业的健康发展,2003年5月30日,我国国家发展和改革委员会、监察部、建设部、国土资源部联合制定发布了关于印发《房地产开发经营企业交费登记卡试行办法》的通知。该办法适用于所有国家行政机关及其事业单位向房地产开发经营企业的收费。

交费登记卡须列明收费单位名称、收费依据、收费项目、收费标准、收费时间、收费金额、收费员姓名等有关内容。房地产开发经营企业凭"营业执照"、"资质证书"和项目立项等相关文件,到房地产开发经营项目所在地人民政府价格主管部门申领交费登记卡。交费登记卡由房地产开发经营企业持有,收费单位实施收费时填写。收费单位在向房地产开发经营企业收费时,须出示政府价格主管部门颁发的"收费许可证",并按"收费许可证"所列项目及标准收费,如实填写交费登记卡,并开具规定的票据。收费单位拒不填写或者不如实填写交费登记卡的,房地产开发经营企业有权拒缴。

县级以上人民政府价格主管部门是房地产开发经营企业交费登记卡制度的主管部门,会同监察、建设(房地产)、国土资源、企业治乱减负等部门依法对本地区房地产开发经营企业交费登记卡制度实施情况进行管理和监督。政府价格主管部门建立交费登记卡发放、查验制度,定期和不定期检查房地产开发经营企业交费登记卡制度执行情况。

房地产开发经营企业应建立健全内部成本管理制度,建立与财务账目、票据相对应的收费台账。房地产开发经营企业在向政府价格主管部门申报经济适用住房销售价格时,应提供与经济适用住房建设项目一致的交费登记卡,作为政府价格主管部门审核成本和销售价格的依据。

收费单位违反规定乱收费的,房地产开发经营企业可以向当地政府价格主管部门举报,价格主管部门依据《中华人民共和国价格法》、《价格违法行为行政处罚规定》等法律法规和国家有关收费管理规定予以处罚,监察部门和企业治乱减负领导机构要依法追究有关直接责任人和负责人的责任。

(傅智文)

fangdichan kaifa qiye

房地产开发企业(enterprises of real estate development and operation)　以营利为目的从事房地产开发和经营的企业。根据我国《城市房地产管理法》的规定,房地产开发是指在依法取得的国有土地使用权的土地上进行基础设施、房屋建设的行为。房地产经营是指房地产企业从事的与房地产有关的经营和交易活动,如房地产的转让、房地产的抵押、房屋的租赁等。由于房地产开发和经营具有高风险性、专业技术性强、建设周期较长、涉及面广的特点,其业务内容直接关系到国计民生和人民生命财产安全,法律对其设立的条件和程序规定得非常严格,房地产开发企业必须依法设立。

房地产开发企业可以分为以下几个类型:房地产开发专营公司,是专门从事房地产开发经营或者以房地产开发为主要经营内容的房地产综合开发企业。房地产开发兼营公司,是以其他经营项目为主,兼营房地产开发经营的企业。房地产开发项目公司,是以房地产开发项目为对象从事单项房地产开发经营的公司。

该类企业经建设行政主管部门审定,核发一次性"资质等级证书",便可申请单项房地产开发经营的开业登记。但其经营对象只限于批准的项目,项目开发经营完成后,应向工商行政管理局办理核销或核减经营范围的登记。

设立房地产开发企业,应当具备下列条件:有自己的名称和组织机构;有固定的经营场所;有符合国务院规定的注册资本;有足够的专业技术人员;法律、行政法规规定的其他条件。　　　　　　　　(冯春华)

fangdichan kaifa qiye zizhi

房地产开发企业资质(qualification of enterprise of real estate development and operation)　取得房地产开发资质等级证书的资格。我国房地产开发企业应当按照2000年3月29日建设部制定发布的《房地产开发企业资质管理规定》申请核定企业资质等级。

房地产开发企业资质分类要求　房地产开发企业按照企业条件分为一、二、三、四等四个资质等级。

一级资质:(1)注册资本不低于5000万元;(2)从事房地产开发经营5年以上;(3)近3年房屋建筑面积累计竣工30万平方米以上,或者累计完成与此相当的房地产开发投资额;(4)连续5年建筑工程质量合格率达100%;(5)上一年房屋建筑施工面积15万平方米以上,或者完成与此相当的房地产开发投资额;(6)有职称的建筑、结构、财务、房地产及有关经济类的专业管理人员不少于40人,其中具有中级以上职称的管理人员不少于20人,持有资格证书的专职会计人员不少于4人;(7)工程技术、财务、统计等业务负责人具有相应专业中级以上职称;(8)具有完善的质量保证体系,商品住宅销售中实行了"住宅质量保证书"和"住宅使用说明书"制度;(9)未发生过重大工程质量事故。

二级资质:(1)注册资本不低于2000万元;(2)从事房地产开发经营3年以上;(3)近3年房屋建筑面积累计竣工15万平方米以上,或者累计完成与此相当的房地产开发投资额;(4)连续3年建筑工程质量合格率达100%;(5)上一年房屋建筑施工面积10万平方米以上,或者完成与此相当的房地产开发投资额;(6)有职称的建筑、结构、财务、房地产及有关经济类的专业管理人员不少于20人,其中具有中级以上职称的管理人员不少于10人,持有资格证书的专职会计人员不少于3人;(7)工程技术、财务、统计等业务负责人具有相应专业中级以上职称;(8)具有完善的质量保证体系,商品住宅销售中实行了"住宅质量保证书"和"住宅使用说明书"制度;(9)未发生过重大工程质量事故。

三级资质:(1)注册资本不低于800万元;(2)从事房地产开发经营2年以上;(3)房屋建筑面积累计竣工5万平方米以上,或者累计完成与此相当的房地产开发投资额;(4)连续2年建筑工程质量合格率达100%;(5)有职称的建筑、结构、财务、房地产及有关经济类的专业管理人员不少于10人,其中具有中级以上职称的管理人员不少于5人,持有资格证书的专职会计人员不少于2人;(6)工程技术、财务等业务负责人具有相应专业中级以上职称,统计等其他业务负责人具有相应专业初级以上职称;(7)具有完善的质量保证体系,商品住宅销售中实行了"住宅质量保证书"和"住宅使用说明书"制度;(8)未发生过重大工程质量事故。

四级资质:(1)注册资本不低于100万元;(2)从事房地产开发经营1年以上;(3)已竣工的建筑工程质量合格率达100%;(4)有职称的建筑、结构、财务、房地产及有关经济类的专业管理人员不少于5人,持有资格证书的专职会计人员不少于2人;(5)工程技术负责人具有相应专业中级以上职称,财务负责人具有相应专业初级以上职称,配有专业统计人员;(6)商品住宅销售中实行了"住宅质量保证书"和"住宅使用说明书"制度;(7)未发生过重大工程质量事故。

新设立的房地产开发企业应当自领取营业执照之日起30日内,持相关文件到房地产开发主管部门备案。房地产开发主管部门应当在收到备案申请后30日内向符合条件的企业核发"暂定资质证书"。申请"暂定资质证书"的条件不得低于四级资质企业的条件。"暂定资质证书"有效期1年。房地产开发主管部门可以视企业经营情况延长"暂定资质证书"有效期,但延长期限不得超过2年。自领取"暂定资质证书"之日起1年内无开发项目的,"暂定资质证书"有效期不得延长。

房地产开发企业应当在"暂定资质证书"有效期满前1个月内向房地产开发主管部门申请核定资质等级。房地产开发主管部门应当根据其开发经营业绩核定相应的资质等级。

房地产开发企业资质审批管理　房地产开发企业资质等级实行分级审批。经资质审查合格的企业,由资质审批部门发给相应等级的资质证书。

房地产开发企业的资质管理　房地产开发企业资质实行年检制度。对于不符合原定资质条件或者有不良经营行为的企业,由原资质审批部门予以降级或者注销资质证书。房地产开发企业无正当理由不参加资质年检的,视为年检不合格,由原资质审批部门注销资质证书。

一级资质的房地产开发企业承担房地产项目的建设规模不受限制,可以在全国范围承揽房地产开发项目。二级资质及二级资质以下的房地产开发企业可以承担建筑面积25万平方米以下的开发建设项目,承担业务的具体范围由省、自治区、直辖市人民政府建设行政主管部门确定。

企业开发建设的项目工程质量低劣,发生重大工程质量事故的,由原资质审批部门降低资质等级;情节严重的,吊销资质证书,并提请工商行政管理部门吊销营业执照。各资质等级企业应当在规定的业务范围内从事房地产开发经营业务,不得越级承担任务。

（傅智文　赵芳芳）

fangdichan pinggu
房地产评估（real estate evaluation）　房地产专业估价人员,根据估价目的,遵循估价原则,按照估价程序,采取科学的估价方法,结合估价经验,通过对影响房地产价格因素的分析,对房地产最可能实现的房地产价格所作出的推测与判断。房地产价格评估,应当遵循公正、公平、公开的原则。

房地产价格评估依照下列程序进行:(1)申请估价。当事人应当依照规定向估价机构或估价事务所递交估价申请书。(2)估价受理。估价机构或估价事务所收到估价申请书后,应当对当事人的身份证件、标的物的产权证书及估价申请书进行审查。对符合条件者,交由估价人员承办,每个估价项目不得少于两名估价人员。(3)现场勘估。承办人员应当制定估价方案,到标的物所在地进行实地勘测估值,核对各项数据和有关资料,调查标的物所处环境状况,并做好详细记录。(4)评估报告。承办人员应综合各种因素进行全面分析,提出估价结果报告。

（陈志波）

fangdichan shichang
房地产市场（real estate market）　国有土地使用权出让、转让、出租、抵押和城市房地产转让、房地产抵押、房屋租赁等交易活动的总称。房地产市场具有一般普通市场的共性,如要求坚持平等、自愿、公平、诚实信用的原则。同时,它又有自己的若干特性:(1)综合功能。房地产是房产和地产的总称,既可用作生活资料,又可用作生产要素,因而形成综合功能市场。(2)多级市场。房地产交易包括土地使用权的出让(一级市场)及出让后的转让、抵押、租赁(二级市场),还包括投入使用的房地产买卖、抵押和房屋的租赁(三级市场)。(3)要式性。房地产属于不动产,通过登记发证确认其所有权和使用权,因此房地产交易活动属于严格的要式法律行为。(4)一定的限制性。土地是极其宝贵的资源,人多地少的矛盾在我国日趋尖锐。对房地产市场实行部分限制是从实际出发的,表现为:集体土地使用权不能直接出让;农民集体所有的土地使用权不得出让、转让或者出租用于非农业建设。(5)国家适度干预。房地产市场,实行国家宏观调控,如土地用途管制、控制城市豪华建筑项目等,与此同时充分运用市场竞争机制,既要规范化,又要尊重市场规律。

（陈志波）

fangdichan suoyouquan
房地产所有权（real estate ownership）　所有人依法对自己所有的房屋享有占有、使用、收益和处分的权利。占有权是对房屋的实际控制的权利。使用权是根据房屋的性能和用途对房屋的利用的权利。收益权是收取房屋所产生的收益的权利。处分权是在事实上或法律上对房屋进行处置的权利。依房屋所有权的主体不同,可分为公房、私房、外产房、中外合资房屋所有权和其他性质的房屋所有权。公房所有权包括国有房屋所有权和集体房屋所有权,前者是指国家对国有房产享有的所有权,后者是指劳动群众集体所有制单位享有的房屋所有权;私有房屋所有权,即由公民个人、家庭、多人共有或私营企业拥有的房屋所有权;外产房屋所有权,即外国政府、企业、社会团体、国际性机构、非政府组织和外国侨民在中国境内享有的房屋产权;中外合资房屋所有权,即由中国企业或其他经济组织与外国企业、其他经济组织或个人共同在中国境内享有的房屋所有权;其他性质的房产所有权,是指除上述五种房屋所有权以外的房屋所有权,如宗教团体等所享有的房屋所有权。

（陈志波）

fangdichan xianglinquan
房地产相邻权（neighboring right of real estate）　两个或两个以上相互毗邻的房地产所有人或使用人在对各自所有的房地产行使房地产的占有、使用、收益和处分权时,相互之间应当给予便利或者接受限制而发生的权利义务关系。房地产相邻权具有如下特征:(1)房地产相邻权的主体是两个或两个以上的房地产所有人或使用人。(2)房地产在地理位置上必须是相邻的。(3)相邻关系的客体是相邻房地产所有人或使用人行使其权利时互相给予方便所体现的利益,而非房地产本身。(4)房地产相邻关系的内容是相邻人之间的权利义务,这种权利义务主要表现为相邻各方之间应根据法律的规定或者协议的约定要求他方给予必要方便的权利和他方应当给予必要方便的义务。房地产相邻的种类主要有:因使用邻地、通道或通行而发生的相邻关系;因相邻环境保护而发生的相邻关系;因险情危害而发生的相邻关系;因相邻通风、采光、管线设置而发生的相邻关系。

（陈志波）

fangdichan xindai yewu guanli
房地产信贷业务管理（administration of credit op-

erations for urban real estate) 房地产开发贷款、土地储备贷款、建筑施工企业流动资金贷款、个人住房贷款、个人商业用房贷款、个人住房公积金委托贷款业务的管理制度。

房地产开发贷款管理 房地产开发贷款对象为具备房地产开发资质、信用等级较高、没有拖欠工程款的房地产开发企业。贷款重点支持符合中低收入家庭购买能力的住宅项目,适当限制大户型、大面积、高档商品房、别墅等项目。对商品房空置量大、负债率高的房地产开发企业,要严格审批新增房地产开发贷款并重点监控。商业银行应严格执行《建设部、国家计委、财政部、国土资源部、中国人民银行、国家税务总局关于加强房地产市场宏观调控促进房地产市场健康发展的若干意见》,对未取得土地使用权证书、建设用地规划许可证、建设工程规划许可证和施工许可证的项目,不得发放任何形式的贷款。对房地产开发企业申请的贷款,只能通过房地产开发贷款科目发放,严禁以房地产开发流动资金贷款及其他形式贷款科目发放。对房地产开发企业已发放的非房地产开发贷款,各商业银行按照只收不放的原则执行。房地产开发企业申请银行贷款,其自有资金(指所有者权益)应不低于开发项目总投资的30%。商业银行发放的房地产贷款,只能用于本地区的房地产项目,严禁跨地区使用。

土地储备贷款管理 各商业银行应规范对政府土地储备机构贷款的管理,在《土地储备机构贷款管理办法》颁布前,审慎发放此类贷款。对土地储备机构发放的贷款为抵押贷款,贷款额度不得超过所收购土地评估价值的70%,贷款期限最长不得超过2年。不得向房地产开发企业发放用于缴交土地出让金的贷款。

建筑施工企业流动资金贷款管理 要求商业银行严格防止建筑施工企业使用银行贷款垫资房地产开发项目。承建房地产建设项目的建筑施工企业只能将获得的流动资金贷款用于购买施工所必需的设备(如塔吊、挖土机、推土机等)。企业将贷款挪作他用的,经办银行应限期追回挪用资金,并向其他的商业银行通报,各商业银行不应再对该企业提供相应的信贷支持。对自有资金低、应收账款多的承建房地产建设项目的建筑施工企业,商业银行应限制对其发放贷款。

个人住房贷款管理 商业银行应进一步扩大个人住房贷款的覆盖面,扩大住房贷款的受益群体。为减轻借款人不必要的利息负担,商业银行只能对购买主体结构已封顶住房的个人发放个人住房贷款。对借款人申请个人住房贷款购买第一套自住住房的,首付款比例仍执行20%的规定;对购买第二套以上(含第二套)住房的,应适当提高首付款比例。商业银行应将发放的个人住房贷款情况登记在当地人民银行的信贷登记咨询系统,详细记载借款人的借款金额、贷款期限、借款人及其配偶的身份证号码。商业银行在发放个人住房贷款前,应到信贷登记咨询系统进行查询。

个人商业用房贷款管理 借款人申请个人商业用房贷款的抵借比不得超过60%,贷款期限最长不得超过10年,所购商业用房为竣工验收的房屋。对借款人以"商住两用房"名义申请银行贷款的,商业银行一律按照个人商业用房贷款管理规定执行。要充分发挥利率杠杆对个人住房贷款需求的调节作用。对借款人申请个人住房贷款购买房改房或第一套自住住房的(高档商品房、别墅除外),商业银行按照中国人民银行公布的个人住房贷款利率(不得浮动)执行;购买高档商品房、别墅、商业用房或第二套以上(含第二套)住房的,商业银行按照中国人民银行公布的同期同档次贷款利率执行。

个人住房公积金委托贷款业务管理 中国人民银行要求商业银行严格执行《中国人民银行关于加强住房公积金信贷业务管理的通知》的有关规定,切实加强账户管理,理顺委托关系,对违反规定的有关行为应即刻纠正。住房委托贷款业务仅限于个人住房公积金委托贷款,对使用其他房改资金(包括单位售房款、购房补贴资金、住房维修基金等)委托办理贷款业务的,商业银行一律不得承办。

(傅智文)

fangdichan ye

房地产业(real estate business) 专门从事房地产开发经营的行业。它的业务主要有两大类:一类是从事城市房地产开发和交易的,另一类是从事开发经营成片土地的,简称成片开发。在国民经济中,房地产业起着支柱地位,具有基础性和先导性的特性:(1)基础性。土地的开发和利用为人类提供着生存、发展的基础性物质条件,各行各业都离不开它。(2)先导性。房地产业是国民经济的先导产业。房地产的开发和经营过程,需要大量的资金和物资,涉及的产业十分广泛,因此,它的发展能够带动和促进相关产业的发展,起着导向作用。

(陈志波)

fangdichan zhongjie fuwu

房地产中介服务(intermediary service of real estate) 房地产咨询、房地产价格评估、房地产经纪等活动的总称。房地产咨询是为房地产活动当事人提供法律法规、政策、信息、技术等方面服务的经营活动。房地产价格评估是对房地产进行测算,评定其经济价值和价格的活动。房地产经纪是为委托人提供房地产信息和居间代理业务的经营活动。(张旭娟 师湘瑜)

fangdichan zhongjie fuwu jigou

房地产中介服务机构(organs of real estate intermediary) 房地产咨询机构、房地产价格评估机构、房地产经纪机构等为房地产交易活动提供服务的机构的总称。房地产咨询机构是从事为房地产活动当事人提供法律法规、政策信息、技术咨询服务等业务的组织。房地产价格评估机构是从事对房地产进行测算、评定其经济价值和价格等业务的组织。房地产经纪机构是从事为委托人提供房地产信息、报告订立合同的机会或者提供订立合同的媒介服务等业务的组织。

设立房地产中介服务机构应当具备下列条件:(1)有自己的名称和组织机构;(2)有固定的服务场所;(3)有必要的财产和经费;(4)有足够数量的专业人员,从事房地产咨询业务的,具有房地产及相关专业中等以上学历、初级以上专业技术职称人员须占总人数的50%以上;从事房地产评估业务的,需有规定数量的房地产估价师;从事房地产经纪业务的,需有规定数量的房地产经纪人;(5)法律、行政法规规定的其他条件。设立房地产中介服务机构,应当向工商行政管理部门申请设立登记,领取营业执照后,方可开业。

(陈志波 张旭娟 师湘瑜)

fangdichan zhuanrang

房地产转让(transfer of real estate) 房地产权利人通过买卖、赠与或者其他合法方式将其房地产转移给他人的行为。房地产转让行为是平等主体之间的民事法律行为,当事人之间法律地位平等,意思表示自愿。除此之外,房地产的转让还须遵循下列原则:(1)房地同时转让原则;(2)效益不可损原则;(3)土地使用权出让合同规定的全部权利义务随土地使用权同时转移原则;(4)遵守国家法律关于房地产价格管理及登记管理等制度原则;(5)房地产转让的属地性。

房地产转让行为的有效条件有:(1)主体具有合法资格。(2)客体符合法律要求,不受限制的房地产,均可自由转让。下列房地产禁止买卖:以出让方式取得的土地使用权不符合法定条件的,其房地产不得买卖;以划拨方式取得土地使用权的,转让房地产时须报有批准权的人民政府审批,否则不得转让;司法机关和行政机关依法裁定、决定查封或者以其他形式限制房地产权利的房地产不得转让;依法收回土地使用权的房地产不得转让;共有房地产未经其他共有人书面同意的,不得转让;权属有争议的房地产不得转让;未经依法登记领取权属证书的房地产不得转让;除依人民法院判决外,在城市改造规划实施范围内,在国家建设征用土地范围内的城市房屋,禁止转让,但禁止期限不得超过1年;寺庙、道观房地产产权一般归宗教团体所有,不得转让。下列房地产属于受到买卖限制的房地产:机关、团体、部队、企事业单位不得购买或变相购买城市私有房屋,如因特殊需要必须购买,须经县以上人民政府批准;以享受国家或企事业单位补贴廉价购买或者建造的城市私有房屋,需要出卖时只准卖给原补贴单位或房管机关;房地产开发商开发经营的商品房,属于内销商品房的只准卖给境内组织或个人;属于外销商品房的,持其"外销商品房销售许可证"或外销批文,应当卖给境外的组织或个人;房屋所有人出卖租出的城市私有房屋的,须提前3个月通知承租人,在同等条件下,承租人有优先购买权;出租人未按此规定出卖房屋,承租人可以请求人民法院宣告该房屋买卖行为无效;城市私房共有人出卖共有房屋的,在同等条件下,共有人有优先购买权;公有旧房出售时,原住户有优先购买权;职工购买旧房居住或经营一定时期后(5年),允许其出售,但原出售单位有优先购买权。(3)形式要件。房地产的转让必须订立书面合同,并须由当事人到房地产管理部门办理权属登记手续,领取房地产权属证书之后,其行为方才有效。(4)意思表示要件,房地产买卖必须在自愿平等、等价有偿的基础上进行,才能使双方当事人的利益得到保护。因此,双方的意思表示必须真实。

(陈志波)

fangwu chongzhi jiage

房屋重置价格(Appraised prices of reconstruction of houses) 在目前的建筑艺术、工艺水平、建筑材料价格、人工和运输费用等条件下,重新建造同类结构、式样、质量标准的房屋的价格。房屋的重置价格在房地产交易,特别是在房屋拆迁中的价格补偿中具有重要意义,因此《中华人民共和国城市房地产管理法》第32条规定,各类房屋的重置价格应当定期确定并公布。建立健全以基准地价、标定地价和房屋重置价格为主要手段调控、引导房地产市场价格的基本制度,规范市场行为,理顺价格关系,逐步形成土地使用权价格关系协调,房屋租售比价合理,市场服务收费有序的房地产价格体系,是房地产价格工作的基本任务。房地产价格评估机构是确定房屋重置价格的主要部门。

(赵芳芳)

fangwu zhuanzu

房屋转租(houses subletting) 房屋承租人将承租的房屋再出租的行为。由于转租会直接影响到出租人的利益,所以法律对转租行为设置了一定的限制。根据《中华人民共和国合同法》第224条的规定,承租人经出租人同意,可以将租赁物转租给第三人,第三人对租赁物造成损失的,承租人应当赔偿损失。承租人未经出租人同意转租的,出租人可以解除合同。由此可见,在我国租赁物的转租,以出租人的同意为必要。

根据《城市房屋租赁管理办法》(建设部1995年4月28日发布,1995年6月1日起施行)的规定,承租人在租赁期限内,征得出租人同意,可以将承租房屋的部分或全部转给他人。出租人可以从转租中获得收益。房屋转租,应当订立转租合同。转租合同必须经原出租人书面同意,并按《城市房屋租赁管理办法》办理登记备案手续。转租合同的终止日期不得超过原租赁合同规定的终止日期,但出租人与转租双方协商约定的除外。转租合同生效后,转租人享有并承担转租合同规定的出租人的权利和义务,并且应当履行原租赁合同规定的承租人的义务,但出租人与转租双方另有约定的除外。转租期间,原租赁合同变更、解除或者终止,转租合同也随之相应地变更、解除或者终止。

(赵芳芳)

fangwu zulin

房屋租赁(housing lease) 房屋所有人作为出租人将其房屋出租给承租人使用,由承租人向出租人支付租金的行为。房屋租赁是要式行为,必须签订书面合同。

(陈志波)

fangwu zulin hetong

房屋租赁合同(leasing contract of houses) 房屋出租人与承租人签订的明确房屋租赁的期限、用途、租金、面积、修缮责任以及双方的其他权利义务的书面协议。我国《城市房地产管理法》第53条规定:"房屋租赁,出租人和承租人应当签订书面租赁合同,约定租赁期限、租赁用途、租赁价格、修缮责任等条款,以及双方的其他权利和义务"。根据建设部《城市房屋租赁管理办法》,房屋租赁当事人签订的书面租赁合同应当具备以下条款:(1)当事人姓名或者名称及住所;(2)房屋的坐落、面积、装修及设施状况;(3)租赁用途;(4)租赁期限;(5)租金及交付方式;(6)房屋修缮责任;(7)转租的约定;(8)变更和解除合同的条件;(9)违约责任;(10)当事人约定的其他条款。我国实行房屋租赁合同登记备案制度,签订、变更、终止房屋租赁合同后30日内,合同当事人应当持房屋租赁合同、房屋所有权证书、当事人的合法证件等到市、县人民政府房地产管理部门办理登记备案手续。房屋租赁合同一经签订,租赁双方就必须严格遵守,但承租人有下列行为之一的,出租人可以终止租赁合同:(1)将承租的房屋擅自转租的;(2)擅自转让、转借他人或擅自调换使用的;(3)将承租的房屋擅自拆改结构或擅自改变房屋用途的;(4)拖欠房屋租金累计6个月以上的;(5)公有住宅用房无正当理由闲置6个月以上的;(6)利用承租房屋进行非法活动的;(7)故意损坏承租房屋的;(8)擅自买卖公有房屋使用权的;(9)法律、法规规定其他可以收回的。

(赵芳芳)

fangmao

仿冒(counterfeit) 也称假冒。经营者不正当地利用他人的商业信誉或者商品声誉的行为。目的是使自己的商品或者服务与他人的商品或者服务相混淆。我国《反不正当竞争法》第5条列举了四种仿冒行为:(1)假冒他人的注册商标,这包括:未经注册商标所有人的许可,在同一种商品或者类似商品上使用与其注册商标相同或者近似的商标;销售明知是假冒注册商标的商品;伪造、擅自制造他人注册商标标识或者销售伪造、擅自制造的注册商标标识;给他人的注册商标专用权造成其他损害的行为。(2)仿冒知名商品特有的名称、包装、装潢。根据国家工商行政管理局《关于禁止仿冒知名商品特有的名称、包装、装潢的不正当竞争行为的若干规定》,对使用与知名商品近似的名称、包装、装潢,可以根据主要部分和整体印象相近、一般购买者以普通注意力会发生误认等标准进行综合分析和认定。(3)仿冒他人的企业名称或者姓名。(4)虚假的商品标识行为,主要指以下三种行为:在商品上伪造和冒用认证标志、名优标志等质量标志;伪造产地;对商品质量作引人误解的虚假表示。

各种仿冒行为的共同之处是,一方面,它们误导消费者将假冒伪劣商品当作名优商品来购买,从而是对消费者的欺诈;另一方面,仿冒销售的商品大多是劣质商品,这不仅会影响权利人的市场销售,而且也会败坏他们的商业信誉和商品声誉。有些仿冒行为例如虚假的商品标识虽然不存在直接权利人,但是也会严重地损害市场的公平竞争,妨碍其他经营者的经营活动。仿冒行为当前是我国市场上最常见和对市场竞争损害最甚的不正当竞争行为,从而也被称为社会公害。根据我国反不正当竞争法,从事仿冒行为的不法经营者除依法承担民事损害赔偿责任外,工商行政管理部门可以根据情节责令停止违法行为、没收违法所得、罚款、吊销营业执照等。情节严重构成犯罪的,可以根据刑法追究违法者的刑事责任。我国的《专利法》、《产品质量法》、《商标法》以及《商标法实施细则》对仿冒行为的法律后果也有相应的规定。

(王晓晔)

fangmao zhiming shangpin teyou de mingcheng baozhuang zhuanghuang de xingwei

仿冒知名商品特有的名称、包装、装潢的行为(the behavior of faking the name, packaging and upholsterring of well-known marks) 经营者擅自将他人知名商品特有的商品名称、包装、装潢作相同或近似使用,造成或足以造成与他人的知名商品相混淆,使购买者误认为是该知名商品。构成仿冒知名商品特有名称、包装、装潢不正当竞争行为，必须同时具有以下条件：(1)被仿冒的商品必须是"知名商品"，知名商品是指在市场上具有一定知名度，为相关公众所熟悉的商品。通常认为，获得国家、省、部级名优商品质量标志的产品以及获得国家驰名商标称号的商品应为知名商品。(2)被仿冒的商品名称、包装、装潢必须为知名商品所"特有"，知名商品通常为经营者首先在广告宣传或市场交易中使用，具有一定的独创性，能起到与其他相同商品相区别的作用。知名商品特有的商品名称、包装、装潢之所以容易被其他人仿冒，是因为它们具有识别性功能。《反不正当竞争法》将知名商品特有的名称、包装、装潢作为禁止仿冒的对象，实际上授予了生产或经销知名商品的特定企业对这些识别性标志的独占使用权，属于知识产权范畴。(3)经营者的手段必须是"擅自使用"，所谓"擅自使用"，是指经营者未经他人同意而使用其知名商品特有的名称、包装、装潢。知名商品特有的名称、包装、装潢转让或许可他人使用，应该有书面合同作依据，并应遵守有关法律的规定，对受让人或被使用许可人经营商品的质量有严格的要求和约束。而擅自使用知名商品特有名称、包装、则是违背权利人意志，盗用他人商品声誉，损害消费者利益的不正当竞争行为，应受到法律的禁止。(4)经营者的行为"造成和他人的知名商品相混淆"。这类仿冒有两种表现形式，一是对他人知名商品特有的名称、包装、装潢擅自作相同使用；二是擅自使用与知名商品特有的名称、包装、装潢相似的名称、包装、装潢。

（苏丽娅）

fangzhipin beidong pei'e zhaobiao shishi xize

《纺织品被动配额招标实施细则》(Regulations for the Implementation of the Passive Quota Tendering for Textile) 为进一步完善纺织品被动配额招标工作，依据《中华人民共和国对外贸易法》、《中华人民共和国货物进出口管理条例》和《出口商品配额招标办法》的有关规定，我国对外贸易经济合作部于2001年12月21日出台了《纺织品被动配额招标实施细则》。该细则共有9章47条，包括：第一章总则；第二章招标管理机构；第三章投标资格；第四章评标规则及程序；第五章中标金；第六章配额上交、转让、受让和收回；第七章出口许可证；第八章罚则；第九章附则。其主要内容包括：招标管理机构即出口商品配额招标委员会和招标办公室的建制和职责，投标资格及其审查，评标规则及程序，中标金及其缴纳程序，配额上交、转让、受让和收回的程序，出口许可证的管理，惩罚规则及其程序，以及其他相关规则。

（罗大帅）

feichang shiqi jiage ganyu zhidu

非常时期价格干预制度(intervention measure institution on price during emergency period) 在突发公共事件、严重自然灾害、战争、通货膨胀时期政府干预价格的制度。为在非常时期及时有效地平抑市场价格波动，维护公共利益和社会稳定，国家发展和改革委员会2003年12月28日颁布了《非常时期落实价格干预措施和紧急措施暂行办法》，于2004年1月1日起实施。

价格干预的建议 在非常时期，当重要商品和服务价格显著上涨或者有可能显著上涨，影响经济发展和国民经济正常运行时，国务院价格主管部门或者省、自治区、直辖市价格主管部门应当向本级人民政府提出实行价格干预措施的建议；当价格总水平出现剧烈波动等异常状态，影响人民生活安定和社会稳定时，国务院价格主管部门应当向国务院提出实行价格紧急措施的建议。

干预措施 包括限定差价率或者利润率、规定限价、实行提价申报制度和调价备案制度。价格干预措施适用于价格显著上涨或者有可能显著上涨的实行市场调节价的商品和服务。价格紧急措施包括临时集中定价权限、部分或者全面冻结价格。价格紧急措施适用于实行市场调节价、政府指导价和政府定价的商品和服务。

实行价格干预的要求 实行价格干预措施或者紧急措施应当遵循经济规律，在做好非常时期商品的生产、调运和供应的组织工作的前提下，必要时可以采取价格干预措施或者紧急措施。落实价格干预措施或者紧急措施时，价格主管部门应当合理确定实施的地区、品种，把握好时机和力度，有利于促进相关商品正常生产、流通和相关服务的正常提供，有利于保持社会稳定。

干预的执行 国务院或者省、自治区、直辖市人民政府作出实行价格干预措施或者紧急措施的决定后，同级人民政府价格主管部门应当及时向社会公告实施价格干预措施或者紧急措施的具体范围和有关政策。国务院价格主管部门负责全国范围内价格干预措施或者紧急措施的落实。对符合《价格法》第30条有关规定的，国务院价格主管部门应当及时指导有关地方价格主管部门落实价格干预措施。省、自治区、直辖市价格主管部门负责价格干预措施或者紧急措施在本行政区域范围内的落实。价格主管部门对纳入价格干预措施或者紧急措施范围的商品和服务，以及可能波及的相关商品和服务，应当加强市场供求情况和价格监测，建立畅通的信息渠道，及时将市场供求和价格的监测结果上报本级人民政府和上一级价格主管部门；市场价格有可能出现异常波动时，要及时作出预警。价格主管部门应当做好价格干预措施、紧急措施的宣传工作,及时向社会公布市场供求、价格信息,引导经营者遵守价格法律、法规和政策。价格主管部门在落实价格干预措施或者紧急措施时,应当依法打击不执行价格干预措施和紧急措施的行为。应当加强价格举报值班工作,认真受理和及时查处群众的投诉举报,依法打击哄抬价格、价格欺诈、价格垄断、变相涨价等行为,确保价格干预措施或者紧急措施的实施。地方价格主管部门应当及时向本级人民政府和上一级价格主管部门报告干预措施或者紧急措施的执行情况。

对不执行价格干预措施的处罚 经营者不执行价格干预措施、紧急措施的,责令改正,没收违法所得,可以并处违法所得5倍以下的罚款;没有违法所得的,可以处4万元以上40万元以下的罚款;情节严重的,责令停业整顿,或者由工商行政管理机关吊销营业执照;构成犯罪的,移交司法机关追究刑事责任。价格主管部门在进行价格监督检查过程中,必要时可以采取责令当事人暂停相关营业、公告价格违法行为、公开曝光典型案件等措施。对拒绝按照规定提供价格监督检查所需资料或者提供虚假资料的,责令改正,予以警告;逾期不改正的,可以处5万元以下的罚款。地方各级人民政府或者各级人民政府有关部门不执行法定的价格干预措施、紧急措施的,由上级人民政府或者政府价格主管部门责令改正,并可以通报批评;对直接负责的主管人员和其他直接责任人,由政府价格主管部门建议有权部门依法给予行政处分。价格主管部门工作人员在落实价格干预措施或者紧急措施期间失职、渎职的,应当依法追究直接负责的主管人员和其他责任人的责任。

价格干预措施的解除 依据《价格法》第32条的规定,引起价格总水平剧烈波动或者商品和服务价格显著上涨的因素消除后,国务院价格主管部门或者省、自治区、直辖市价格主管部门应当按照有关程序和权限,建议本级人民政府及时解除价格干预或者紧急措施,并对社会公告。 (刘 鹏)

feifa chuanxiao

非法传销 (illegal non-store selling) 违反我国《传销管理办法》及其他有关行政规章制度的规定,从事传销的一种营销活动。传销这种经营方式自20世纪80年代末90年代初传入我国后,由于其自身存在的种种弊端,加之目前我国尚不具备开展传销经营的市场环境,虽经我国政府及有关部门严加规范和监管,但仍难以从根本上解决传销经营中存在的问题,传销经营已大量演变成国际社会所普遍禁止的"老鼠会"或"金字塔销售方式"。"老鼠会"是"金字塔销售计划"的俗称,是一种变质的"多层次传销"。根据美国联邦贸易委员会和华尔街资料显示,"老鼠会"最早成立于1964年,由美国人威廉·派屈克在加州所创,当时的公司名为"假日魔法公司",在短短的8年间其业绩从第一年的52万美元窜升至1972年的2.5亿美元。大约同时成立的"佳线产品公司"也是"老鼠会"的杰作。美国联邦贸易委员会对"金字塔销售计划"(俗称老鼠会)的定义是:"参加人付钱给公司以换取两种权利,一是销售商品的权利,另一是介绍他人加入计划而获得报酬的权利,而因介绍他人加入计划所获得报酬与销售商品给最终用户无关。""老鼠会"的特征是:(1)加入者必须交纳权利金;(2)加入者必须认购相当数量的货品而且不准退货;(3)加入者必须认购相当数量的货品,并准许退货,但犹豫期非常短暂。不法分子就是利用这种传销方式从事种种违法活动,严重损害了消费者利益,干扰了正常的经济秩序,影响了社会稳定。禁止传销经营活动,有利于保护消费者合法权益,维护市场经济秩序和社会稳定。 (郑慧玫 张维珍)

feifa zhizao xiaoshou feifa zhizao de zhuce shangbiao biaoshi zui

非法制造、销售非法制造的注册商标标识罪
(Crime of Illegally Making and selling of Others' Registered Trademark) 违反商标管理法规,伪造、擅自制造他人注册商标标识或者销售伪造、擅自制造的注册商标标识,情节严重的犯罪行为。本罪侵犯的客体既包括国家对商标的管理秩序,又包括注册商标所有人的商标专用权。客观方面表现为违反商标管理法规,伪造、擅自制造他人注册商标标识或者销售伪造、擅自制造的注册商标标识,情节严重的行为。犯本罪的,处3年以下有期徒刑、拘役或者管制,并处或者单处罚金;情节严重的,处3年以上7年以下有期徒刑,并处罚金。单位犯本罪的,实行双罚制,对单位判处罚金,并对其直接负责的主管人员和其他直接责任人员,依照上述规定处罚。 (徐中起)

fei guanshui bilei

非关税壁垒(non-tariff barriers) 除关税以外的其他各种直接或间接限制商品进口的法律或行政措施的总称。一种贸易制度,关税壁垒的对称。大致可以分为两类:(1) 直接的非关税壁垒,即由海关直接对进口商品的数量或品种加以限制的措施,包括进口配额制、进口许可证制、关税配额制以及自动出口限额等;(2) 间接的非关税壁垒,如外汇管制,购买本国货的法律,本地化比例的要求,复杂的关税手续,繁琐的卫生、安全、质量标准和包装装潢标准,以及对进口商品征收国内税等。 (余启平)

fei jinzhi longduanfa zhongxinlun

非禁止垄断法中心论(theory of centralization of non-antitrust law) 第二次世界大战之后出现的,和垄断禁止法中心论相对应的经济法学说。该说认为,经济法是规制各种有关经济关系的法。其中,"金泽说"认为,经济法是使用国家之手的社会调节法,是使用社会调节方式解决经济循环中产生的,为市民法的自动调节所无法解决的矛盾和困难的法。"今村说"认为,经济法"是依靠政府的力量来支持市区自发性的资本主义体制的法的总称"。现阶段,日本较为流行的见解认为,经济法是在公法、私法之间,并与之相并列的第三大法律部门——社会法。 （赵 玲）

fei jumin geren waihui guanli

非居民个人外汇管理(foreign exchange control over non-resident individuals) 国家外汇管理机关对非居民个人在我国境内办理外汇收支、外汇划转、结汇、购汇、开立外汇账户的行为进行管理。根据我国现行的法规规章,"非居民个人"指外国自然人(包括无国籍人)、港澳台同胞和持中华人民共和国护照但已取得境外永久居留权的中国自然人。

非居民个人外汇流入管理 非居民个人从境外汇入的外汇或携入的外币现钞,可以自己持有,也可以按照有关规定存入银行、提取外币现钞或办理结汇。非居民个人在境内银行开立外汇账户时,应遵循存款实名制原则。非居民个人持从境外汇入的外汇资金票据或银行通知单开立外汇现汇账户时,应凭本人真实身份证明的原件(包括外国护照、境外永久居留权证明原件等)办理。非居民个人从境外汇入的外汇资金应当开立外汇现汇账户存储。从境外携入的外币现钞应当开立外币现钞账户存储。非居民个人从境外汇入的外汇或境内外汇账户中提取外币现钞时,应凭本人真实身份证明到银行办理。每人每天提取外币现钞金额超过等值1万美元的,除提供本人真实身证明外,还应如实填写"非居民个人外汇收支情况表"。银行应对非居民个人填写的内容与非居民个人提供的材料进行认真核对。非居民个人办理结汇时,应如实向银行说明外汇资金结汇用途,填写"非居民个人外汇收支情况表"。银行应对非居民个人填写的内容与非居民个人提供的材料进行认真核对。非居民个人从外汇账户或外币现钞中结汇时,按照不同的限额标准,分别按照规定提供材料直接到银行或者先向外汇局申请结汇。非居民个人办理境内外汇资金划转时,应如实向银行说明外汇资金划转用途,填写"非居民个人外汇收支情况表"。银行在对非居民个人填写的内容与非居民个人提供的材料进行认真核对的基础上,只能为其办理本人同一性质外汇账户之间的资金划转。

非居民个人外汇流出管理 非居民个人需将现汇账户和现钞账户内的存款汇出境外时,直接到银行办理,并填写"非居民个人外汇收支情况表"。非居民个人在境内合法的人民币收益购汇汇出及出境时未用完的人民币兑回外汇,可以按现行有关规定办理。非居民个人在境内办理上述业务时,可以由他人代为办理。如由他人代办,应提供书面委托证明、代办人的真实身份证明原件及复印件和上述各条规定的证明材料。银行在办理非居民个人外汇业务时,应当与居民个人外汇业务进行区分,并加注标识。非居民个人携带外币现钞出入境,应当严格执行《携带外币现钞出入境管理暂行办法》中的有关规定。非居民个人从事B股交易等资本项下的外汇收支应当按照国家外汇管理局的有关规定执行。 （傅智文）

fei yinhang jinrong jigou

非银行金融机构(non-bank financial institution) 银行之外,提供吸收存款、发放贷款、信托投资、融资租赁、证券承销与经纪、保险等金融服务的金融机构。非银行金融机构具有以下特点:(1)名称中不带有"银行"字样。(2)所经营的金融业务具有多样化的特点。(3)在组织形式方面,多采用有限责任公司或股份有限公司的形式,但也有例外,如邮政储蓄机构。(4)经法定程序设立,并接受相应的金融监管机构的监管。(5)在设立条件、组织形式、业务范围等方面与商业银行有着很大的不同。(6)各类非银行金融机构之间,在业务范围、成立资格条件(包括资本金、机构设置、管理人员等)以及监管措施、内控机制等方面有差别,导致对于非银行金融机构难以统一立法加以规制,而只能采用单独立法的形式。非银行金融机构依照不同的标准可以作不同的分类,具体有以下几种分类方式:(1)根据非银行金融机构性质的不同,可分为政府性非银行金融机构和商业性非银行金融机构,前者指隶属于政府,为实现政府的经济政策而经营特定金融业务的非银行金融机构,如日本的政府公库,我国的社会保险机构等;后者指以营利为目的的非银行金融机构,它一般是各国非银行金融机构体系中的主体,如证券机构、信托机构、商业保险机构等。(2)根据非银行金融机构业务范围的不同,可分为经营银行业务的非银行金融机构和经营非银行业务的非银行金融机构,前者指可以经营普通银行一般业务的非银行金融机构,如目前许多国家都存在的信用合作金融机构;后者指经营某些特定的、法律限制一般普通银行经营的货币信用业务和金融服务的非银行金融机构,主要包括信托机构、保险机构和证券机构。(3)根据非银行金融机构功能的不同,可以分为吸收存款的非银行金融机构和不能吸收存款的非银行金融机构,前者指根据法律规定可以对社会吸收一定范围或一定期限存款的非银行金融机构，如信用合作社、储蓄机构、信托投资公司等；后者指法律规定不能对社会吸收存款，只能按规定收取一定费用或报酬的非银行金融机构，如保险公司、证券公司、融资租赁公司等。(4) 根据具体的业务种类来划分，又可分为信托投资公司、证券经营机构（主要为证券公司）、合作性金融机构（在我国主要为城乡信用合作社）、财务公司、金融租赁公司、金融资产管理公司、保险公司以及邮政储蓄机构，此种分类最为常见。

我国非银行金融机构在建国后开始得到发展，当时成立的最重要的非银行金融机构是1949年10月20日，经中华人民共和国政务院批准设立的中国人民保险公司，不过这一时期非银行金融机构发展缓慢。直至1979年10月中国国际信托投资公司成立，我国非银行金融机构才开始获得较快的发展。时至今日，我国非银行金融机构已经初具规模。按照具体的专业种类划分，主要包括信用卡公司、邮政储蓄机构、信托投资公司、企业集团财务公司、金融租赁公司、金融资产管理公司、保险公司、证券公司、投资基金管理公司、信用担保机构、证券登记公司和证券交易所等。这些不同的机构由于具体业务范围的不同，至今尚未有一部统一的非银行金融机构方面的法律，仅在中国人民银行1994年颁布的《金融机构管理规定》中对金融机构（包括非银行金融机构）的设立原则和条件，审批权限和程序，许可证管理，资本金及营运资金管理，变更，终止，罚则等作出规定。此外，由于业务范围的差异，在我国这样一个分业监管的模式下，这些非银行金融机构分属不同的机构监管。具体来说，中国银行业监督管理委员会非银行金融机构监管部承担对非银行金融机构（证券、期货和保险类除外）的监管工作。证券期货类非银行金融机构归属中国证券监督管理委员会监管，保险类非银行金融机构归属中国保险业监督管理委员会监管。　　　　　　　　　（普丽芬）

fei yinhang jinrong jigou waihui yewu

非银行金融机构外汇业务(foreign exchange businesses of non-bank financial institutions) 非银行金融机构所从事的外汇信托存款、外汇信托放款、外汇信托投资、外汇存款、外汇放款、外汇借款、外汇同业拆借、发行或代理发行外币有价证券、自营或代客外汇买卖、外汇投资、外汇租赁、外汇担保、资信调查、咨询、见证业务等业务。非银行金融机构开办外汇业务须向外汇管理局申请获得批准，其开办的业务有其他法律规范的，应当遵照执行。

外汇信托存款 包括境内外汇信托存款和境外外汇信托存款，指金融信托投资机构凭其信用，接受境内外客户委托，双方签署协议，吸收并代为营运其定额外汇资金的业务经营活动。外汇信托存款金额起点为人民币100万元以上的等值外币，存期为半年以上。存款利率按中国人民银行规定利率执行。金融信托投资机构吸收境外外汇信托存款须受国家外债规模控制。

外汇信托放款 金融信托投资机构运用吸收的外汇信托资金或自筹外汇资金对自行审定的企业或项目发放的贷款，放款对象为境内外法人。外汇信托放款利率按中国人民银行规定利率执行或在人民银行规定的幅度内浮动。金融信托投资机构办理境外外汇信托放款须报国家外汇管理局及其分局批准。

外汇信托投资 金融信托投资机构以其吸收的外汇信托资金或自筹外汇资金直接投放企业、项目或参与合资联营企业的投资，并分享其经营成果的行为过程。外汇信托投资按投资期限分为短期外汇信托投资和中长期外汇信托投资。

外汇借款 包括境内外汇借款和境外外汇借款。境内外汇借款系指非银行金融机构向境内中资金融机构按规定利率借进一定数额的外汇资金。境内外汇借款利率按中国人民银行有关规定执行。境外外汇借款系指非银行金融机构直接向境外金融机构或境内外资金融机构借进一定数额的外汇资金，以及非银行金融机构接受国际金融机构和外国政府的转贷款。境外外汇借款利率依照国际金融市场利率水平，接受国际金融机构或外国政府转贷款除外。境外外汇借款须受国家外债规模控制。

外汇同业拆借 金融机构之间临时调剂外汇资金头寸余缺的借贷行为。包括境内外汇同业拆借和境外外汇同业拆借。境内外汇同业拆借对象为经国家外汇管理局批准的境内中资金融机构。拆借双方应以合同形式明确外汇拆借的金额、期限、利率、资金用途和双方的权利、义务等或通过授信额度进行。境内外汇同业拆借的期限和利率由人民银行总行根据资金供求情况确定和调整。境外外汇同业拆借的对象为境外金融机构，境内外资银行、中外合资银行或外资中外合资的非银行金融机构。境外外汇同业拆借可通过授信额度进行，拆借利率依据国际金融市场利率水平。境外外汇同业拆入须受国家外汇管理局短期外债余额控制。

外汇存款 财务公司吸收集团内部企业的外汇资金，按规定利率付给其利息的业务经营活动。外汇存款利率按中国人民银行有关规定执行。

外汇放款 非银行金融机构利用其吸收的外汇资金或自筹外汇资金对自行审定的企业或项目发放的贷款。外汇放款对象为境内外法人。财务公司外汇放款对象仅限于集团内部企业。外汇放款利率按中国人民银行规定利率执行或在人民银行规定的幅度内浮动。

发行或代理发行外币有价证券 外币有价证券主要包括外币股票及派生产品,外币债券和外币票据等。发行外币有价证券系指非银行金融机构作为发行人在境内外证券市场上发行外币有价证券的业务经营活动。目前非银行金融机构发行外币有价证券是指发行外币债券和外币票据。代理发行外币有价证券系指非银行金融机构接受客户委托代为办理外币有价证券的发行、承销、股票分红派息或债券和票据的兑付等业务经营活动。财务公司仅限于代理集团内部企业外币有价证券的发行、承销、股票分红派息或债券和票据的兑付。非银行金融机构在境外发行或代理发行外币有价证券须受国家外债规模控制。

买卖或代理买卖外币有价证券 买卖外币有价证券系指非银行金融机构以其自有外汇资金在境内证券市场上买卖外币有价证券的业务经营活动。代理买卖外币有价证券系指非银行金融机构以代理方的身份代理客户在境内外证券市场上买卖外币有价证券,并收取一定比例手续费的业务经营活动。财务公司仅限于代理集团内部企业买卖外币有价证券。

自营或代客外汇买卖 自营外汇买卖系指非银行金融机构以其自有或自筹的外汇资金在国际外汇市场上按市场汇价进行的可自由兑换货币间的买卖经营活动,包括非银行金融机构从事资金管理所进行的外汇买卖交易活动。代客外汇买卖系指非银行金融机构接受客户委托,按其委托指令买入或卖出外汇,并根据其交易金额收取一定比例手续费的交易经营活动,包括非银行金融机构代客户从事资金管理所进行的外汇买卖交易活动。

外汇投资 非银行金融机构以投资者身份,以其自有或自筹外汇资金直接投放企业、项目或参与合资联营企业的投资,及有价证券投资等,并分享其经营成果的行为过程。

外汇租赁 金融租赁机构作为出租人用自筹或借入的外汇资金从国外厂商购进或租入承租人所需的设备,供承租人在约定的期限内使用,承租人分期向出租人支付一定的外汇租赁费的业务经营活动。非银行金融机构办理国际融资租赁须报国家外汇管理局及其分局备案。

外汇保险 投保人根据合同约定用外币支付保险费,保险机构根据合同约定承担赔偿责任并以外币支付保险金的商业保险行为。外汇保险包括财产保险和人身保险及上述保险的再保险业务。保险代理人、保险经纪人从事外汇保险经营活动须经国家外汇管理局及其分局批准。

外汇担保 非银行金融机构凭其资信,以自有外汇资金向境内外债权人或其他受益人承诺,当债务人未按合同规定偿付外汇债务时,由担保人代为履行偿付外汇债务的保证。外汇担保包括境内外汇担保和涉外担保。境内外汇担保即非银行金融机构向国内债权人或其他受益人出具的外汇担保;涉外担保即境内非银行金融机构向国外债权人或其他受益人、境内外资银行、中外合资银行或外资、中外合资非银行金融机构出具的外汇担保。

资信调查、咨询、见证业务 资信调查系指非银行金融机构接受境内外客户委托,对客户指定的有业务关系的企业的资信状况进行调查或对客户自身进行调查,以向业务对象证明其自身资信的业务经营活动;咨询业务系指非银行金融机构接受境内外客户委托,以其专门的知识、技术经验和广泛的联系回答客户有关金融业务、市场状况、经济信息等询问,并进行可行性和专题性研究以作决策依据的一种服务性业务;见证业务系指非银行金融机构为申请人提供证明,证明申请人向受益人所提供的材料属实,有履约能力,但不负任何法律责任的业务活动。

(傅智文)

fei zhiwu faming chuangzao

非职务发明创造(non-service invention) 发明人或者设计人在工作时间以外,自由完成的,职务发明以外的发明创造。非职务发明创造申请专利的权利属于发明人或设计人;申请被批准后,发明人或者设计人为专利权人。

(严 励)

fei zhuanrang beishu

非转让背书(non-negotiable endorsement) 持票人非以转让汇票权利为目的,而是以授予他人行使一定的票据权利为目的而为的背书。非转让背书分为委托背书和质押背书。

委托背书又称委任取款背书,指背书人以行使汇票权利为目的,授予被背书人一定代理权限的背书。委托背书绝对必要记载的事项包括:(1)背书人签章。(2)被背书人名称。委托收款背书相对必要记载的事项只有一项:即"委托收款"字样。委托背书的效力包括:(1)代理权授予效力。委托背书不以转移票据权利为目的,不发生票据权利转移的效力,背书人仍然是票据权利人,被背书人取得代理被背书人行使权利的权利。(2)权利证明效力。收款背书所证明的权利是代理权,而非票据权利。

质押背书又称质权背书、设质背书,指背书人以在汇票权利上设定质权为目的所为的背书。质押背书的绝对应当记载的事项与其他背书一样,包括背书人签章和被背书人名称两项。质押背书相对应当记载的事项只有一项,即"质押"字样。质押背书的效力体现在:(1)质权设定效力。被背书人经质押背书即可取得质权。(2)权利证明效力。质押背书仅证明被背书

人享有质权而非票据权利。　　　　　(何　锐)

非自愿失业(unvoluntary unemployment)　自愿失业的对称。具有劳动能力的人愿意就业，却无业可就。这种失业现象的发生责任不在失业者本人，而是与失业者本人无关的一些原因造成的，这些原因现象是劳动者主观上不愿意发生，但客观上却经常存在的社会现象，固理应为这些失业者提供失业保险待遇。

非自愿失业分为以下几个类型：摩擦性失业，指劳动者从求职到岗位提供之间的时间差而造成的失业，有些人因为工种变换、赋闲在家等待新的任命，有些劳动力则因工作地区的调动引起暂时闲置；周期性失业，是市场经济国家由于经济的周期性萎缩而导致的失业，这种失业是由商业循环引起的，每逢经济衰退，许多工人被辞退，到经济复苏又会重新被雇用；季节性失业，由于某些行业生产条件或产品受气候条件、社会风俗或购买习惯的影响，使生产对劳动力的需求出现季节性变化而导致的失业；技术性失业，劳动力市场需求结构的变化往往伴随着技术进步及产业结构的变化，由于使用新机器设备和材料，采用新的生产工艺和新的生产管理方式，出现社会局部劳动力过剩而导致的失业；结构性失业，由于经济、产业结构变化以及生产形式、规模的变化，促使劳动力结构进行相应调整而导致的失业，例如，三轮车被汽车淘汰造成相关工人失业。

此外，国外有些失业者，虽属非自愿失业，但失业原因是由失业者个人造成，责任全在本人，如由于失业者个人品行不端、严重过失而被除名、革职、开除出企事业单位，或者是由于介入劳动争端采取主动停产、罢工行为而造成本人失业。对待这类失业者也会像对待自愿失业一样，不让他们享受失业社会保险金给付。我国在这方面的规定不同于国外，我国《失业保险条例》规定："非因本人意愿中断就业的是指下列人员：终止劳动合同的；被用人单位解除劳动合同的；被用人单位开除、除名和辞退的；根据《中华人民共和国劳动法》第31条第(二)、(三)项与用人单位解除劳动合同的"。这些人员如符合领取失业保险金条件则可获得失业保险待遇。　　　　　(冯春华)

肥料登记管理制度(registration administration system of fertilizer)　境内生产、经营、使用和宣传的肥料产品的登记管理制度。为了加强肥料管理，保护生态环境，保障人畜安全，促进农业生产，根据《中华人民共和国农业法》等法律法规，我国农业部于2000年6月23日制定发布了《肥料登记管理办法》，完善了我国的肥料登记管理制度。

实行肥料产品登记管理制度，未经登记的肥料产品不得进口、生产、销售和使用，不得进行广告宣传。国家鼓励研制、生产和使用安全、高效、经济的肥料产品。肥料登记分为临时登记和正式登记两个阶段：经田间试验后，需要进行田间示范试验、试销的肥料产品，生产者应当申请临时登记。经田间示范试验、试销可以作为正式商品流通的肥料产品，生产者应当申请正式登记。

肥料登记申请　凡经工商注册，具有独立法人资格的肥料生产者均可提出肥料登记申请。生产者办理肥料登记，应按规定交纳登记费。农业部制定并发布《肥料登记资料要求》。肥料生产者申请肥料登记，应按照《肥料登记资料要求》提供产品化学、肥效、安全性、标签等方面资料和有代表性的肥料样品。农业部种植业管理司负责或委托办理肥料登记受理手续，并审查登记申请资料是否齐全。境内生产者申请肥料临时登记，其申请登记资料应经其所在地省级农业行政主管部门初审后，向农业部种植业管理司或其委托的单位提出申请。

生产者申请肥料临时登记前，须在中国境内进行规范的田间试验。生产者申请肥料正式登记前，须在中国境内进行规范的田间示范试验。对有国家标准或行业标准，或肥料登记评审委员会建议经农业部认定的产品类型，可相应减免田间试验和/或田间示范试验。境内生产者生产的除微生物肥料以外的肥料产品田间试验，由省级以上农业行政主管部门认定的试验单位承担，并出具试验报告；微生物肥料、国外以及港、澳、台地区生产者生产的肥料产品田间试验，由农业部认定的试验单位承担，并出具试验报告。肥料产品田间示范试验，由农业部认定的试验单位承担，并出具试验报告。省级以上农业行政主管部门在认定试验单位时，应坚持公正的原则，综合考虑农业技术推广、科研、教学试验单位。经认定的试验单位应接受省级以上农业行政主管部门的监督管理。试验单位对所出具的试验报告的真实性承担法律责任。有下列情形的肥料产品，登记申请不予受理：(1)没有生产国使用证明(登记注册)的国外产品；(2)不符合国家产业政策的产品；(3)知识产权有争议的产品；(4)不符合国家有关安全、卫生、环保等国家或行业标准要求的产品。对经农田长期使用，有国家或行业标准的下列产品免予登记：硫酸铵，尿素，硝酸铵，氰氨化钙，磷酸铵(磷酸一铵、二铵)，硝酸磷肥，过磷酸钙，氯化钾，硫酸钾，硝酸钾，氯化铵，碳酸氢铵，钙镁磷肥，磷酸二氢钾，单一微量元素肥，高浓度复合肥。

肥料登记审批　农业部负责全国肥料的登记审批、登记证发放和公告工作。农业部聘请技术专家和管理专家组织成立肥料登记评审委员会，负责对申请登记肥料产品的产品化学、肥效和安全性等资料进行综合评审。农业部根据肥料登记评审委员会的综合评审意见，审批、发放肥料临时登记证或正式登记证。

农业部对符合下列条件的产品直接审批、发放肥料临时登记证：(1) 有国家或行业标准，经检验质量合格的产品。(2) 经肥料登记评审委员会建议并由农业部认定的产品类型，申请登记资料齐全，经检验质量合格的产品。

肥料临时登记证有效期为一年。肥料临时登记证有效期满，需要继续生产、销售该产品的，应当在有效期满两个月前提出续展登记申请，符合条件的经农业部批准续展登记。续展有效期为一年。续展临时登记最多不能超过两次。肥料正式登记证有效期为五年。肥料正式登记证有效期满，需要继续生产、销售该产品的，应当在有效期满六个月前提出续展登记申请，符合条件的经农业部批准续展登记。续展有效期为五年。登记证有效期满没有提出续展登记申请的，视为自动撤销登记。登记证有效期满后提出续展登记申请的，应重新办理登记。经登记的肥料产品，在登记有效期内改变使用范围、商品名称、企业名称的，应申请变更登记；改变成分、剂型的，应重新申请登记。

肥料登记管理　肥料产品包装应有标签、说明书和产品质量检验合格证。标签和使用说明书应当使用中文，并符合下列要求：(1) 标明产品名称、生产企业名称和地址；(2) 标明肥料登记证号、产品标准号、有效成分名称和含量、净重、生产日期及质量保证期；(3) 标明产品适用作物、适用区域、使用方法和注意事项；(4) 产品名称和推荐适用作物、区域应与登记批准的一致；禁止擅自修改经过登记批准的标签内容。

取得登记证的肥料产品，在登记有效期内证实对人、畜、作物有害，经肥料登记评审委员会审议，由农业部宣布限制使用或禁止使用。农业行政主管部门应当按照规定对辖区内的肥料生产、经营和使用单位的肥料进行定期或不定期监督、检查，必要时按照规定抽取样品和索取有关资料，有关单位不得拒绝和隐瞒。对质量不合格的产品，要限期改进。对质量连续不合格的产品，肥料登记证有效期满后不予续展。（傅智文）

feiyong

费用(cost)　企业为销售商品、提供劳务等日常活动所发生的经济利益的流出。它代表了企业资源的不利变化，引起所有者权益的减少。费用可以从不同的角度进行分类。按照经济内容，费用可分为材料费、工资、职工福利费、折旧费、利息支出、税金等等。按照费用所应归属的会计期间，费用可以分为当期费用与非当期费用。按照配比方法，费用可以分为营业成本和期间费用，前者如产品销售成本、工程成本等，它们与特定营业收入直接相关，有明确的归属对象；后者如为组织和管理企业生产经营所发生的管理费用、为筹集生产经营所需资金等而发生的财务费用等，它们在一定营业时期内发生，但无法直接归属于任何特定对象。

费用常表现为现金的流出，但并非所有现金支出都会构成费用，例如用现金偿还债务导致企业资产与负债同时减少，但没有减少企业的所有者权益，因此不属于费用。另一方面，有些费用的发生不涉及现金的流动，如企业将生产设备的磨损以折旧费用的形式计入产品的生产成本。成本是指企业为生产产品、提供劳务而发生的各种耗费，是凝结在特定产品中的费用。

费用的确认是准确计量企业盈利状况的重要因素。企业应当合理划分期间费用和成本的界限。期间费用应当直接计入当期损益。成本应当计入所生产的产品、提供劳务的成本，当期已销产品或已提供劳务的成本应当转入当期的费用。其他费用应当由本期负担而尚未支出的，作为预提费用计入本期成本、费用；已支出但应当由本期和以后各期负担的，应当作为待摊费用，分期摊入成本、费用。　　　　（刘　燕）

fengong fenye jineng

分工分业机能(the enginery of dividing work and occupation)　经济法推动社会专业化分工，不断产生新的生产部门和行业部门，从而实现物资分流、货币分流、技术分流、劳动力分流和信息分流合理化的机能。协作是任何社会形态都存在的提高劳动生产率的主要形式，也是其他任何法律都不能回避的问题。因此，调整协作关系并不是经济法所特有的机能；经济法的特有机能在于分工分业。分工分业机能使传统经济部门、产业部门发生了变革，产生了新的具有部门交错性质或者综合性质的经济部门。比如农业部门中出现了"农工贸综合体"，这种产供销一体化的组织已经不再具有传统农业部门的特征。此外，分工分业机能使企业的生存方式、经济活动方式以及手段等发生了变革，改变了社会分工的职业传统。比如电子商务的出现，使无纸化交易替代了直接交易，使网上结算、网络税收征管等替代了传统经济活动方式，从而使人类社会经济模式发生了重大变革。在当代，分工分业机能主要表现在金融领域的"混业经营"趋势。1999年11月12日生效的美国《金融服务业现代化法案》，标志着法律对金融混业经营的确认。与混业经营相适应，将相关业种、业态统一由一个监管机构实施监管的体制，也成为一种趋势。美国1933年通过的《格拉斯·斯蒂格尔法》确立的分业经营原则，以及《金融服务业现代化法案》确立的混业经营原则，都体现了经济法的分工分

业机能。它们是在不同条件下,经济法分工分业机能的不同表现形式。　　　　　　　　　(赵　玲　邓卫卫)

fen gongsi

分公司(**branch corporation**)　受本公司管辖,不具有独立法人资格的各种经营机构。我国《公司法》第14条第1款规定:"公司可以设立分公司。设立分公司,应当向公司登记机关申请登记,领取营业执照。分公司不具有企业法人资格,其民事责任由公司承担。"由此可见,分公司没有法人地位或资格。分公司可以有自己的名称,其名称应该体现其与本公司的隶属关系,分公司还可以以自己的名义签订合同进行经营活动。分公司没有自己独立的财产,它占有、使用的财产来源于本公司的拨付,也正是因为如此,分公司不能承担独立的民事责任。此外,分公司的设立无须经过一般公司设立的各种复杂程序,而只需在当地履行简单的登记和管理手续即可。总之,分公司实际上不是法律意义上的公司,而只是本公司的组成部分的分支机构。　　　　　　　　　　　　　(方文霖)

fenlei suode shuizhi

分类所得税制(**taxation on separate income**)　也称个别所得税制,是对纳税人不同来源的所得规定不同税种,或虽以同一税种但实际上规定不同的课征办法和不同税率予以课征的所得税制度。最早创始于英国。它并不是将纳税人一定时期的各类所得加以汇总计征所得税,而是对各类所得规定不同的税率,并就所得的源泉课征所得税。我国的个人所得税,按照来源不同分为工资、薪金所得,生产、经营所得,稿酬所得,劳务报酬所得,特许权使用费所得等11类,分别按不同税率课征。分类所得税的立法依据在于,对不同性质的所得项目应适用不同的税率,使其分别承担轻重不同的税负。分类所得税制的优点之一是可以通过对不同所得适用不同税率体现差别待遇,另外可以通过广泛采用源泉课征法控制税源和节省稽征费用。但是分类所得税制不利于实行累进税率,不能按照纳税人的能力课征,从而不能较好地体现合理负担的原则。由于分类所得税制多为欧洲国家或拉美国家采用,又称为"大陆税制"。　　　　　　(余启平)

fenlei zonghe suode shuizhi

分类综合所得税制(**separate and unitary income tax**)　也称混合所得税制,它是在坚持"按能课税"原则下对个人不同来源的收入综合计算征税的同时,坚持对不同性质的收入要区别对待的原则而主张列举特定的收入项目按特定的办法和税率课税。当今大部分国家实行的都是分类综合所得税制度。　(余启平)

fenpei zhidu

分配制度(**distribution system**)　由法律所规定和确认的个人收入分配方式。分配制度是以一定的生产方式和所有制实现方式为依据,体现一定社会形态下的经济关系。所有制形式和经营方式的多样化决定收入分配机制和分配方式的多样化。在人类社会进程中,存在两种主要的个人收入分配方式:按劳分配和按生产要素分配。按劳分配是国家、集体和社会按照劳动者个人提供的劳动数量和质量,分配生活资料。按劳分配把每个劳动者的劳动和报酬直接联系起来,可以排除因凭借对生产资料的占有而占有他人劳动成果的可能,实现了劳动平等和报酬平等,有利于实现社会分配的公平与公正,使每个劳动者从物质利益上真正关心自己的劳动成果,可以充分调动劳动者的积极性,有利于社会生产力的发展。实行按劳分配是人类历史上分配制度的一场深刻革命。按生产要素分配是按投入的生产要素的多少而分配社会财富的分配方式,是生产资料所有制在分配领域的实现。按生产要素分配包括按投入生产的资本、劳动、技术、信息、土地等生产要素进行分配。在市场经济条件下它是一种在多种社会制度中通行的分配方式。

《中华人民共和国宪法》规定,社会主义公有制实行各尽所能,按劳分配的原则。在社会主义初级阶段,坚持按劳分配为主体、多种分配方式并存的分配制度。按劳分配的原则是我国社会主义分配制度的基础和主体。实行按劳分配是由生产资料的社会主义公有制决定的,是社会主义公有制的具体体现。在社会主义初级阶段,社会生产力发展水平和多种生产方式并存的状况又决定了多种分配方式必须并存。其他多种分配方式包括按个人劳动成果分配,按经营分配,按资本、土地使用权、劳动力、技术、信息等生产要素分配等方式。必须正确处理按劳分配为主体与多种分配方式的关系,鼓励一部分地区、一部分人先富起来,注重社会公平,合理调整国民收入分配格局,切实采取有力措施解决地区之间和部分社会成员收入差距过大的问题,逐步实现全体人民的共同富裕。

国家依照法律规定保护公民的私有财产权。允许和鼓励社会成员通过诚实劳动和合法经营致富。对于过高的个人收入,要依法进行有效调节;对侵吞公有财产和用偷税漏税、权钱交易等非法手段牟取利益的,必须依法予以制裁;整顿不合理收入,对凭借行业垄断的某些特殊条件获得个人额外收入的,必须纠正。经济立法必须坚持和贯彻按劳分配为主体、多种分配方式并存的制度,保护合法收入,取缔非法收入,调节过高收入。通过完善财税法律制度,合理调整国民收入分

配格局,增加财政转移支付,缩小收入差距,注重社会公平,实现共同富裕。　　　　　　　　　　(张长利)

fenshuizhi
分税制（system of tax distribution）　在中央与地方各级政府间,根据各自的职权范围划分税收收入的一种财政管理体制。分税制是国际上比较成功的处理中央与地方财政关系的一种制度。分税制的特点在于通过对税收收入的划分来确定中央和地方各级政府之间的财政分配关系。分税制具有不同的表现形式,有的根据中央与地方各自事权的划分,分别行使税收立法权,从而建立起相对独立的中央和地方税收体制,有的仅仅对税种在中央和地方之间予以划分,而税收立法权基本上集中在中央,全国形成一个统一的税收体制,有的仅仅在中央与地方之间划分税收收入,而不划分税种。确立分税制的依据包括各级政府的事权大小、各类税种的自身特征以及方便税收征管等。

我国现行的分税制是根据 1993 年《国务院关于实行分税制财政管理体制的决定》建立的。现行分税制的原则和主要内容是:按照中央与地方政府的事权划分,合理确定各级财政的支出范围;根据事权与财权相结合原则,将税种统一划分为中央税、地方税和中央地方共享税,并建立中央税收和地方税收体系,分设中央与地方两套税务机构分别征管;科学核定地方收支数额,逐步实行比较规范的中央财政对地方的税收返还和转移支付制度;建立和健全分级预算制度,硬化各级预算约束。

根据现在中央政府与地方政府事权的划分,中央财政主要承担国家安全、外交和中央国家机关运转所需经费,调整国民经济结构、协调地区发展、实施宏观调控所必需的支出以及由中央直接管理的事业发展支出。具体包括:国防费,武警经费,外交和援外支出,中央级行政管理费,中央统管的基本建设投资,中央直属企业的技术改造和新产品试制费,地质勘探费,由中央财政安排的支农支出,由中央负担的国内外债务的还本付息支出,以及中央本级负担的公检法支出和文化、教育、卫生、科学等各项事业费支出。地方财政主要承担本地区政权机关运转所需支出以及本地区经济、事业发展所需支出。具体包括:地方行政管理费,公检法支出,部分武警经费,民兵事业费,地方统筹的基本建设投资,地方企业的技术改造和新产品试制经费,支农支出,城市维护和建设经费,地方文化、教育、卫生等各项事业费,价格补贴支出以及其他支出。

根据事权与财权相结合的原则,按税种划分中央与地方的收入。将维护国家权益、实施宏观调控所必需的税种划为中央税;将同经济发展直接相关的主要税种划为中央与地方共享税;将适合地方征管的税种划为地方税,并充实地方税税种,增加地方税收收入。具体划分如下:(1) 中央固定收入包括:关税,海关代征消费税和增值税,消费税,中央企业所得税,地方银行和外资银行及非银行金融企业所得税,铁道部门、各银行总行、各保险总公司等集中交纳的收入(包括营业税、所得税、利润和城市维护建设税),中央企业上缴利润等。外贸企业出口退税,除 1993 年地方已经负担的 20% 部分列入地方上缴中央基数外,以后发生的出口退税全部由中央财政负担。(2) 地方固定收入包括:营业税(不含铁道部门、各银行总行、各保险总公司集中交纳的营业税),地方企业所得税(不含上述地方银行和外资银行及非银行金融企业所得税),地方企业上缴利润,个人所得税,城镇土地使用税,固定资产投资方向调节税,城市维护建设税(不含铁道部门、各银行总行、各保险总公司集中交纳的部分),房产税,车船使用税,印花税,屠宰税,农牧业税,对农业特产收入征收的农业税(简称农业特产税),耕地占用税,契税,遗产和赠与税,土地增值税,国有土地有偿使用收入等。(3) 中央与地方共享收入包括:增值税、资源税、证券交易税。增值税中央分享 75%,地方分享 25%。资源税按不同的资源品种划分,大部分资源税作为地方收入,海洋石油资源税作为中央收入。证券交易税,中央与地方各分享 50%。
　　　　　　　　　　(翟继光)

fenxiang shouquan
分项授权（separate authorization）　将不同的经济管理权限授予不同的管理主体的方式。分项授权的经济学依据主要是信息的不对称。如同企业行为理论中的委托—代理理论一样,所有者总是希望代理人按照自己的利益采取行动,但其不完全了解和掌握代理人的情况和行为。所有者面临如何监督的问题。市场经济中的经济主体追求利润最大化目标,政府不能充分了解其行为的正当性和合法性,政府需要对企业行为进行监督。在社会分工细化的现代,经济组织所经营的行业技术性越来越强,传统的综合部门监管难以适应这一新特点,政府监管的分工也越来越细化。现代政府对经济的管理既反映行业分工特点,也融入了产业分工的特点。

分项授权来源于分项立法。20 世纪 30 年代西方资本主义世界经济危机的大爆发要求政府采取新的管制措施挽救经济。在美国为此分项制定了若干部门法,相应的设立了若干行政机关,并分项授予相应的管理权。从 1933 年至 1940 年间,美国制定了《银行法》、《证券法》、《电信法》、《天然气法》、《民用航空法》等,设立了联邦储备委员会、证券交易委员会、联邦通讯委员会、联邦电力委员会、民用航空管制局等。现代各国,分项授权已成为政府调整经济的主要方式。

分项授权和一国的行业管理体制密不可分。作为经济运转中心的金融业，各国采取的分项授权是不同的，西方国家建立在混业经营制度基础上的授权不同于我国建立在分业经营基础上的授权，我国立法分别授权银监会、保监会、证监会分别管理银行业、保险业和证券业。我国金融业分项授权还涉及再授权的问题。按照《中国人民银行法》的规定，人民银行统一行使对金融业的市场准入监管，而业务监管权则分别授予了银监会、保监会、证监会。再如自然资源管理权力分别授予土地管理部门、矿产资源管理部门、农业部门、林业部门等分别行使。被授权同一部门内还存在级别授权，如征用耕地3亩以下，其他土地10亩以下由县级人民政府批准；耕地1000亩以上，其他土地2000亩以上的，由国务院批准。级别授权也可以根据管理客体的性质不同设定，例如，征用耕地3亩以下，其他土地10亩以下由县级人民政府批准，征用基本农田的由国务院批准。

（刘继峰）

fenxixing fuhe

分析性复核（analytical review） 审计人员对被审计单位有关财政收支、财务收支、经济指标进行研究分析，并对异常变动和异常项目予以重点关注的审计方法。审计人员应当依据专业判断来确定运用分析性复核的方式、范围和程度。审计人员运用分析性复核的主要目的是：在编制审计方案阶段，帮助审计人员确定其他审计步骤的性质、时间、范围和重点；在审计实施阶段，直接作为实质性测试程序，以提高审计效率；在审计报告阶段，对财政财务资料进行总体复核，形成或支持审计结论。审计人员在实施分析性复核前，可以参考被审计单位已有的经过分析的资料、被审计单位提供的资料和其他渠道获取的相关资料。审计人员在运用分析性复核方法时，可以将被审计单位的财政财务资料和其他经济活动资料与下列资料进行比较：同行业资料；被审计单位前期同类资料；被审计单位的计划、预算、定额等资料；审计人员根据职业判断估计的数据资料；其他资料。常用的分析性复核方法有比较分析、比率分析、趋势分析和结构分析。审计人员运用分析性复核时，应当考虑数据之间是否存在某种相关关系。如果不存在预期相关关系，审计人员不应当运用分析性复核。在编制审计方案时，审计人员应当运用分析性复核了解被审计单位的基本情况，揭示其财政收支、财务收支中可能存在的重要错误，确定其他审计步骤的性质、时间、范围和重点。在审计实施过程中，审计人员可以利用分析性复核揭示财政收支、财务收支中可能存在重要错误的项目，以确定审计重点，减少审计测试工作量。审计人员在运用分析性复核进行实质性测试时，应当考虑下列因素：所涉及审计事项的重要性；相关内部控制的健全性和有效性；用于分析性复核的财政财务资料和相关资料的可获得性、相关性、可比性和可靠性；分析性复核的目的，及对其结果依赖的程度；分析性复核的对象和信息的来源；分析性复核可代替的审计方法。在编制审计报告、作出审计结论时，审计人员应当利用分析性复核印证其他审计方法得出的结论，对被审计单位财政财务状况或经营成果情况的总体合理性作出判断，以确定是否增加审查内容。分析性复核结果的可依赖性和可信程度受以下因素影响：分析性复核的目的；分析性复核所涉及事项的重要性；分析性复核结果与针对同一审计目标实施的其他审计步骤的结论的一致性；预期分析性复核结果的正确程度；对固有风险和控制风险的评估；实施分析性复核的审计人员的能力与经验。如果被审计单位的内部控制不健全，审计人员不能过分依赖或者不能仅仅依赖分析性复核结果；如果内部控制失效，审计人员不能直接依赖分析性复核结果。当分析性复核结果显示有重要异常波动或者严重背离预期资料时，审计人员应当要求被审计单位作出解释和说明，并获取支持解释和说明的审计证据。如果被审计单位不能作出解释和说明，或作出的解释和说明不能令人信服，审计人员应当采用其他审计方法，以获取相应的审计证据。

（麻琳琳）

fenye jingying guize

分业经营规则（rules of engaging in separate business） 同一保险人不得同时兼营财产保险业务和人身保险业务。实行分业经营的理由在于财产保险和人身保险的对象不同，技术要求层次也不同，特别是承保手续、保险费的计算基础、保险金的给付方法存在很大差异，同一保险公司难以顾全周到；长期人寿保险的偿付能力关系着众多投保人的养老或对后代的抚养的经济来源，进而影响社会稳定和公共利益，人寿保险的独立经营确有其合理性。我国《保险法》第92条第2款规定："同一保险人不得同时兼营财产保险业务和人身保险业务。"

保险业实行分业经营，是20世纪初及其以前多数国家保险立法的通例，目的主要在于避免财产保险和人寿保险二类保险基金的相互混同，影响长期人寿保险的偿付能力。但分业经营并未在世界范围内获得普遍认同，英国、德国、瑞士等国颁布的保险业法，并无禁止兼业的规定。在美国，保险公司在否可以兼营财产保险业务和人寿保险业务，取决于各州立法规定。自20世纪中叶以来，各国对于保险分业经营的限制已逐步放松，所以，保险分业经营并非当今国际潮流的发展趋势。我国也顺应这种发展趋势，对分业经营的控制有所放宽，《保险法》在2002年10月修改时第92条第

2款增设规定:"经营财产保险业务的保险公司经保险监督管理机构核定,可以经营短期健康保险业务和意外伤害保险业务。"

(李庭鹏)

fengjingmingshengqu jianshe guanli

风景名胜区建设管理(construction management of scenic spot) 对在风景名胜区内进行各项建设实施规划和管理的各项规范的总称。在我国,依据《风景名胜区建设管理规定》,风景名胜区的土地、资源和设施实行有偿使用。任何单位或者个人在风景名胜区内建设房屋或其他工程等,应经风景名胜区管理机构审查同意。在风景名胜区及其外围保护地带内,不得建设工矿企业、铁路、站场、仓库、医院等同风景和游览无关以及破坏景观、污染环境、妨碍游览的项目和设施。在游人集中的游览区和自然环境保留地内,不得建设旅馆、招待所、休疗养机构、管理机构、生活区以及其他大型工程等设施。按规划进行建设的项目,其布局、高度、体量、造型和色彩等,都必与周围景观和环境相协调。

凡在风景名胜区进行的各项建设都应由建设单位填写建设选址审批书,分级上报建设行政主管部门审批。下列建设应从严控制,严格审查:公路、索道与缆车;大型文化、体育与游乐设施;旅馆建筑;设置中国国家风景名胜区徽志的标志建筑;由上级建设主管部门认定的其他重大建设项目。对这五类建设项目选址,实行分级审批。属于国家级风景名胜区的由省级建设主管部门审查后报国务院建设行政主管部门或其授权部门审批,属于省级和县(市)级风景名胜区的报省级建设行政主管部门或其授权部门审批。在各级风景名胜区进行上述五类以外的其他建设项目选址,由省级建设行政主管部门或其授权部门审批。 (刘利晋)

fengxian guanli

风险管理(risk management) 经济单位通过对风险的认识、衡量和分析,以最小的成本取得最大安全保障的管理方法。风险,又称危险,是指损失的不确定性,包括两层含义,一是可能存在损失;二是这种损失的发生是不确定的。人们可以应用多种方法进行风险管理,如规避、控制、保险等。保险是通过集中风险、分散风险、转移风险来实现风险管理的目的。投保人或被保险人通过保险合同的制度安排支付较少的保险费,将风险转移给保险公司,保险公司集中投保大众的风险,并通过收集无数笔保险费的方法建立保险赔偿基金,从而又将风险分散给投保大众承担。 (李庭鹏)

fengbishi jijin

封闭式基金(close-end fund) 也称固定型基金。基金管理公司在设立基金时,限定基金发行总额和发行期限,只要发行总额认购完成,不管是否到期,基金就封闭起来,不再接受认购申请增加股份。封闭式基金在基金存续期间不能赎回,一般也不能扩募,因此,正常情况下,基金规模是固定不变的。这是封闭式基金同开放式基金的根本区别所在。最早的英国基金和初期的美国基金都是封闭式基金,1940年,美国《投资公司法》生效后,美国证券交易委员会将管理投资公司分为"开放型"和"封闭型",开始逐渐把"开放型"称为共同投资公司,即后来的共同基金。开放式基金逐步成为基金业的主流品种。投资者购买封闭式基金可以是设立时向基金管理人或销售代理机构认购,也可以是基金上市后在证券交易所按市价购买。在后一种情况下,同买卖上市证券一样,投资者需要在价格之外支付证券交易税和手续费。因此,封闭式基金的买卖费用一般高于开放式基金。封闭式基金的交易价格主要受二级市场对该基金单位的供求关系影响。由于封闭式基金不能赎回,募集到的资金可以全部用于投资,因此基金管理人可以制定相对长期的投资策略,取得长期经营绩效。见开放式基金。

(周 尔)

fengbixing touzi jijin

封闭型投资基金(close type investment funds) 资本形成固定,且在一定期限内不能直接要求偿还或者赎回的一种基金。其特点是投资的大众所拥有的股票(受益凭证)是有固定数额的,投资者不能直接要求投资基金赎回或购买股票,而只能从经纪人手中购入股票并将股票卖给他人。投资者如果通过经纪人购买封闭型投资基金发行的股票,就要支付经纪人一定数额的佣金。佣金的计算方法与购买其他上市证券所付的佣金计算方法一致。

封闭型投资基金的经营方式与一般工业公司极为相似。它通过发行固定份额的普通股筹集资金。这些普通股的买卖方法与一般股票一样。封闭型投资基金发行普通股是一次性的,即:基金的资金额筹集完后即封闭起来,不再发行普通股,这就是为什么称这类基金为封闭型投资基金的原因。但是由于管理上的需要,这类公司亦可以通过发行优先股与公司债券,以作为它们资本结构的一部分,形成它的未偿优先债券,并且能获得银行贷款。封闭型投资基金所发行的优先股和债券具有以下的特点:(1)基金公司全部资产保证金,或根据清偿价值资产与一切负债总额加优先股的比率中,基金公司全部资产的保证金至少应占40%。(2)全部收入的保证金,或者根据投资收入与利息总额加优先股息的比例至少为2:1。(3)基金公司的定期股息来源于投资收入,与实现的资本的收益相反。封闭型的基金公司若发行优先股或公司债,对公司的普通股的股东来说,他们的收益就要受到杠杆作用的影响。如果由于通过发行优先股和公司债券所筹集的资金能给公司带来更多的利润,或当这些证券的价值上涨时,则普通股的股东就能提高收益,他们不仅可以得到更多的股息,而且还能获得资本收益。

(刘利晋)

fengjian shehui shuizhi

封建社会税制(tax system of feudal society) 战国时代,随着土地私有制的承认,我国开始进入封建社会,税收制度也随之逐步完善,并用法律的形式将其固定下来。秦统一六国后,先后颁布了《田律》、《仓律》和《徭律》,主要征收田赋、户赋和口赋。此外,还有力役。汉朝在这三律的基础上又增加了《田租税律》和《盐铁税律》等税收法规。在秦朝的赋税形式基础之上,对商人一律征收财产税,包括从事盐铁经营、手工业经营,以及其他商业贸易经营者。从三国、两晋、南北朝到隋唐,各项财政开支也不断增加,赋税立法也不断发展变化。这一时期税收制度主要有租调制、租庸调制和两税法。租调制始于三国时期的曹魏。租指田租,调指户调。租庸调制是唐朝前期在均田制基础上实行的田租、役庸、户调三种赋役制度的合称。两税法是唐朝中后期开始实行的税制。宋元明清的田赋税法中,比较典型的有明朝的一条鞭法和清朝的摊丁入亩。工商税制方面除了征税对象较奴隶社会税制的范围的变化之外,还有一个重要的法律制度是专卖制度的产生与发展。专卖制度就是国家控制某些物资的经营,不允许民间经营。专卖制度之所以被视为中国古代税制的一部分,是因为国家对盐、铁、茶、粮食、木材等重要物资时而专卖,时而征税,已经构成了中国古代赋税法不可缺少的内容之一。

(王 晶)

fuwu jiage

服务价格(service price) 各类有偿服务的收费价格。利率、汇率、保险费率、证券及期货价格,适用有关法律、行政法规的规定,不属于《中华人民共和国价格法》所规定的服务价格。服务价格是服务价值的货币表现。服务收费,依据性质不同,可分为经营性收费、事业性收费和行政性收费等。

(刘 鹏)

fuwu maoyi

服务贸易(trade in services) 根据关贸总协定乌拉圭回合达成的《服务贸易总协定》,服务贸易是指:"从一成员境内向任何其他成员境内提供服务;在一成员境内向任何其他成员的服务消费者提供服务;一成员的服务提供者在任何其他成员境内以商业存在提供服务;一成员的服务提供者在任何其他成员境内以自然人的存在提供服务。"服务贸易作为一个在经济领域被广泛引用的概念,并没有一个完全公认的定义与范围。世界贸易组织《服务贸易总协定》对服务贸易的定义主要是针对服务的不同提供方式而给出的外延式定义。服务贸易主要包括如下种类:商业服务,通信服务,建筑及有关工程服务,销售服务,教育服务,环境服务,金融服务,健康与社会服务,与旅游有关的服务,娱乐、文化与体育服务,运输服务等。

第二次世界大战后服务贸易发展的主要特点有:(1)服务贸易发展速度超过国际货物贸易发展速度,20 世纪 80 年代以来尤其如此,但波动性很大。(2)发达国家之间双向对流的服务贸易发展快于发达国家与发展中国家之间进行的服务贸易。世界上主要的服务提供国与被提供国都是发达国家,美国、法国与英国占有较大的顺差,日本与德国具有逆差。(3)国际新型服务贸易特别是电信和网络信息等服务贸易形式发展尤其迅速。传统上,在国际服务贸易中,旅游与运输是最为主要项目,在 1987 年的各国服务进口中,这两项分别占 30%,其他项目占 40%。但是,包括技术许可贸易在内的其他项目日益占有更为重要的地位,传统项目,特别是运输,其比重反而有所下降。最近几年,运输的比重下降为约 1/4,旅游则仍有约 1/3。(4)发达国家生产性服务贸易增长较快,发展中国家劳务贸易具有比较优势。

(王连喜)

fuwu maoyi zongxieding

《服务贸易总协定》(General Agreement of Trade In Service, GATS) 经关贸总协定乌拉圭回合多边贸易谈判达成的第一部管理国际服务贸易的规则。在世界贸易组织成立以后,它成为具有约束力的法律文件,是世界贸易组织多边贸易法律体系中不可分割的组成部分。

根据《服务贸易总协定》,服务贸易是指服务提供者从一国境内、通过商业现场或自然人现场向消费者提供服务,包括服务的生产、分配、营销、销售和交付,并获取外汇收入的过程。协定中规定了四种服务贸易的提供方式,包括:(1)跨境提供(不需要提供者和消费者的实际流动):从一国境内向其他国境内提供服务,即服务产品的流动,如通过电讯、邮电、计算机网络等为对方服务;(2)境外消费:涉及消费者移动到提供者国家的服务提供,在一国境内向其他国家的服务消费者提供服务,即消费者的流动,如涉外旅游;(3)商业存在:一国的服务提供者在另一国境内设立商业存在而向服务消费者提供的服务,即在进口国设立机构,如在外国设立银行、保险公司等;(4)自然人流动:需要自然人的短期移动来提供服务，一国的服务提供者在其他国境内以自然人的存在提供服务，即服务提供者的流动，如承包工程等。

《服务贸易总协定》的文本由1个序言、6个部分共29条和8个附件组成，相关文件还包括4个部长级会议决议。协定希望建立一个国际服务贸易原则和规则的多边框架，在透明和逐步自由化的条件下扩大服务贸易，促进所有贸易伙伴的经济增长和发展中国家的发展。

但是由于对服务的定义、范围没有达成一致，各国对服务贸易管理、开放的程度也不一样，因此协定的适用范围有限，规则也仅是框架性的。协定适用于各成员影响服务贸易的各种措施，这些措施包括中央、地区或地方政府当局所采取的措施，也包括代为中央、地区或地方政府行使权力的非政府机关所采取的措施，但是协定不适用于为实施政府职能而提供的服务，既不是在商业基础上提供的又不与任何一个或多个服务提供者相竞争的任何服务。

《服务贸易总协定》规定了成员的一般义务，主要包括：最惠国待遇、透明度、提供服务所需资格的相互承认、关于垄断和专营服务提供者及其他限制竞争的商业惯例的规则、实现贸易自由所应采取的措施（包括确保发展中国家更多参与的措施）等。同时协定也规定了一般义务的例外，包括一般例外和安全例外。另一方面，《服务贸易总协定》还规定了具体义务，这是相对于一般义务而言的，是指通过谈判，适用于各成员在承诺表中具体承诺范围内的服务部门，主要包括市场准入和国民待遇。是否给予市场准入，是否给予国民待遇，以一国具体列出的承诺表来决定；但是成员只有在承诺生效后三年，在发出修改或撤销某一具体承诺意向后，才可以修改或撤销具体承诺；不过成员在出现严重的收支平衡和对外财政困难或这类威胁时，可以对其已作出具体承诺的服务贸易，采取或维持必要的暂时性限制。

由于分歧，《服务贸易总协定》对空运服务、海运服务、金融服务、电信没有达成实质性规定，而仅仅定了进一步谈判的指导原则。在随后的几年里，经过艰苦的谈判，终于达成了《全球基础电信协议》、《全球金融服务贸易协议》等。　　　　　　　（罗大帅）

fubi

辅币（fractional currency）　辅助货币的简称，是主币的对称。它是指本位货币单位以下的小额货币辅助大额货币的流通，供日常零星交易和找零之用。由于辅币具有面额小、流通频繁、磨损程度较大的特点，因而多用铜镍等价值不高的金属或其合金来铸造，它的实际价值一般常常低于面额价值，为不足值的货币，仅根据法律按其名义价值流通。货币的效力并非无限法偿，而是有限法偿，即每次以辅币支付的数额有一定的限制，超过限额，收方有权拒绝接受。目前我国的辅币主要是元以下的5角、2角、1角券和铸币，以及5分、2分、1分券和铸币。　　　　　　（王连喜）

fuhui

付汇（paying foreign exchange）　经营外汇业务的金融机构根据用汇单位和个人提供的合同或者协议规定结算方式、日期、金额，从其外汇账户或者将买入的外汇支付境外的行为。1994年前，我国所有外汇支付，均须凭外汇局批准文件办理付汇手续。1994年至1996年7月，非贸易非经营性及资本项目外汇支付，须凭外汇局的批准文件办理付汇手续。1996年10月以后，只有资本项目外汇支付，须持由外汇管理局的核准件付汇。目前，我国付汇管理的主要规定有：（1）所有对外支付，均可以持规定的有效凭证和有效商业单据到外汇指定银行购汇支付，符合外汇账户收支范围的，也可以从其外汇账户中对外支付。（2）所有对外支付，不论是购汇支付还是从外汇账户中支付，经常项目外汇支付，均应凭有效凭证和有效商业单据办理。资本项目对外支付，凭外汇局的核准件办理。无法确定是经常项目的，视为资本项目外汇支付，凭外汇局的核准件办理。（3）从外汇账户对外支付或购汇支付，均应当根据有关结算方式或合同规定的日期办理，不得提前对外付款。　　　　　　　　　（王连喜）

fukuan

付款（Payment）　票据的承兑人或者付款人向持票人支付票据金额的行为。付款有以下特征：（1）付款是付款人或者代理付款人所为的行为。（2）付款是义务人依照票据记载事项支付票据金额的行为。（3）付款是产生消灭票据关系法律后果的法律行为。

按照不同标准，汇票的付款可以进行很多种分类。主要包括：（1）以是否支付全部汇票金额为标准将付款分为全部付款与部分付款。支付票据所记载全部金额的付款为全部付款；仅就票据记载金额的一部分所为的付款即为部分付款。我国不承认部分付款。（2）以是否按照法定或约定的期限支付为标准将付款分为到期付款与未到期付款。到期付款是指在法定的期限内提示付款，付款人在当日足额进行的付款；未到期付款则指在法定期限以前所进行的付款。（3）以付款方式的不同为标准可以分为转账付款与现金付款。

（田　艳）

fushuiren

负税人（person of burdening the tax）　经济上实际

负担税收的人。负税人不同于纳税人,后者是法律上的概念,前者是经济上的概念。在直接税中,纳税人一般就是负税人,而在间接税中,纳税人一般并不是负税人。负税人理论是与税负转嫁理论紧密联系在一起的。根据税负转嫁的理论,那些税负可以转嫁的税种的纳税人就不是负税人,而那些税负无法转嫁的税种的纳税人就是负税人。直接税中的纳税人,也可能不是负税人,而间接税中的纳税人,则可能是负税人。负税人在税法上不享有任何权利,当然也不承担任何义务。但由于负税人是实际上负担税负的人,因此,应尽量把负税人纳入到税法的范围之内,从而使其能够得到税法的保护,行使税法上的权利。这种纳入是立法上的纳入,即尽量减少间接税所占比重,而增加直接税所占的比重,或者说减少税负容易转嫁的税种的比重,而增加税负不易转嫁的税种的比重。

(翟继光)

fuzhai

负债(liability) 过去的交易、事项形成的现时义务。履行该义务预期会导致经济利益流出企业。企业的负债按其流动性,分为流动负债和长期负债。流动负债指将在1年(含1年)或者超过1年的一个营业周期内偿还的债务,包括短期借款、应付票据、应付账款、预收账款、应付工资、应付福利费、应付股利、应交税金、其他暂收应付款项、预提费用和一年内到期的长期借款等。长期负债指偿还期在1年或者超过1年的一个营业周期以上的负债,包括长期借款、应付债券、长期应付款等。

义务是一个法律概念,法律上的义务一般在法律规定或者合同生效时就产生。会计上的负债则必须是一方进行了一定的经济交易活动,如交付货物或者资金后,才能形成。如果任何一方都没有开始进行实质性的交易活动,仅仅就某项交易签订了合同或协议,则双方都不会形成负债。

(刘 燕)

futiaojian jiaoyi

附条件交易(conditional deal) 一种不公正交易方式,即交易时附加一定的约束性条件。如搭售、限制向第三方销售或者限制转销价格等。见搭售、纵向价格约束、纵向非价格约束。

(王晓晔)

fuzeng

附赠(the additional present) 经营者在商品交易中,附带地向交易对方无偿地提供一定数量的现金和物品的行为。附赠的特点是:(1)附赠是商品交易的从行为。在存在附赠的交易关系中,交易关系是主行为,赠与关系是从行为。经营者之所以赠与交易对方财物,是为了促成交易行为。附赠是作为交易达成的附属条件。正是作为交易达成的条件,附赠才有诱惑力,才能形成竞争优势,才可能成为排挤竞争对手的促销手段,从而引发不正当竞争,法律就此对其加以干预。(2)附赠的主体是经营者与其交易对方。提供赠品的是经营方,接受赠品的为其交易对方,即对方经营者或消费者。附赠的赠品是对不特定的所有交易对方提供的,不管对方是谁,只要与其发生交易,就提供赠品。(3)附赠的赠品包括现金和物品。现金有时以有价证券的形式出现。物品包括与所购物品完全相同的物品,还包括同种类物品和不相关物品。(4)附赠是公开进行的。附赠作为一种交易条件,是公开地给予任何一个交易对方的。(5)附赠的形式是多种多样的。依据提供附赠的标准或条件,可以把附赠归纳为以下两种形式:依据交易数量确定的方式,是指交易数量达到一定规模时,才提供一定的赠品;按交易价格确定的方式,是指交易的商品达到一定的价值时,方提供一定量的赠品。

(苏丽娅)

fuhe shuizhi

复合税制(multiple tax system) 由各种不同税种组成并相互补充的税收制度。现代国家一般都实行复合税制。关于复合税制,主要有两大观点:(1)两大税系论,主张税制由直接税和间接税构成,代表人物如德国的劳提出的赋课税和消费税,以及劳菲提出的配赋税和从率税。(2)三大税系论。一是斯泰因提出的直接税、间接税和所得税。另为瓦格纳提出的所得税、所有税、消费税,小川乡太郎提出的收得税、消费税、流通税。其中后一种分类方法为西方国家所得课税、商品课税、财产课税的理论基础。

复合税制的优点在于税源充足,能保证国家财政需要,税基具有较大的弹性,各税种互为补充,能适应财政需要的变化,缺点在于税种过多过杂,税法分布不均,征收复杂等。复合税制较单一税制先进,主要是税种的合理构成,从而形成一个相互配合协调的税制体系。需合理选择税种,正确选择税源,保持适当的税收负担。复合税制根据主体税种的多少可以分为三种基本类型:(1)单一主体税复合税制,即一种税种作为主体税种,其他税种作为辅助税种的复合税制,如以所得税作为单一主体的复合税制;(2)双主体税复合税制,即以两种税种作为主体税种,其他税种作为辅助税种的复合税制,如以商品税和所得税作为主体税种的复合税制;(3)多主体税复合税制,即以多种税种作为主体税种,其他税种作为辅助税种的复合税制,如以商品税、所得税和财产税作为主体税种的复合税制。

(史学成 翟继光)

fushi jizhangfa

复式记账法(double entry bookkeeping) 对每一笔经济业务所引起的资金变化情况,同时在有关联的两个或两个以上的账户中进行登记的方法。如一家律师事务所购买了10万元的法律图书,该项经济业务导致律师事务所的"法律图书"增加了10万元,同时也意味着事务所的"银行存款"减少了10万元。复式记账法要求对这项购买业务同时在"法律图书"和"银行存款"这两个相关联的账户中进行登记。

复式记账法是在中世纪的意大利发展起来的,其基础是商品和劳务交换的两重性,即在一项交换中,商品或劳务的让渡与对价的获取是相互依存的两个方面。当时的商人已经发现,每笔销售交易都需要记录两次:一是记录商品的减少,二是记录现金的增加;或者,在信用交易的情形下,记录"应收账款"的增加。从这种两次记录的习惯中发展出了复式记账的技术规程。意大利僧侣卢卡·帕乔利在1494年出版了《算术·几何·比与比例概要》,对这种复式记账方法进行系统的总结。会计反映的对象是资金运动,复式记账的双重反映揭示了资金运动的来龙去脉,因此自中世纪问世以来,它一直是财务会计核算的基础方法。我国在20世纪初引入以复式记账法为核心的西式簿记方法体系。

复式记账法作为会计发展的第一个里程碑,奠定了会计作为一门专门的技术,而不再是简单的算术或者统计的附庸地位。复式记账需要对交易的不同侧面进行细致的分类,因此它一方面依赖于分类账户而发展,另一方面也促进了账户分类技术的进步。复式记账不仅为会计人员提供了系统处理财务信息的逻辑方法,而且为检验会计记录的准确性提供了手段。由于一笔业务都涉及两个或两个以上的账户,对应账户之间存在平衡关系,人们可以利用这一点来检查会计数据是否存在登记错漏等错误。复式记账对于统一会计要素的计量单位,建立以"资产=负债+所有者权益"为基础的现代会计报表体系,具有重要意义。

复式记账需要对每一笔交易所引起的会计要素的增减变化进行记录,所采用的记账符号在实践中有"借"与"贷"、"收"与"付"或者"增"与"减"等多种形式,由此形成借贷记账法、收付记账法、增减记账法三种复式记账方法。西式簿记通常用"借"与"贷"。我国1993年财务会计制度改革以前,在不同的所有制、行业中分别适用借贷记账法、收付记账法、增减记账法三种复式记账方法。由于收付记账法、增减记账法都存在着资金对应关系不清晰的缺陷,因此1993年财务会计制度改革终止了这两种会计记账方法在我国的应用,统一采用借贷记账法。见借贷记账法。

(刘 燕)

fushuizhi

复税制(multiple taxation system) 见复合税制。

G

gancao mahuangcao zhuanying

甘草、麻黄草专营（monopoly of liquorice and ephedrine） 甘草、麻黄草专营制度是由2000年6月14日我国国务院制定发布的《关于禁止采集和销售发菜制止滥挖甘草和麻黄草有关问题的通知》确立的。2001年3月20日,原国家经贸委制定发布了《甘草麻黄草专营和许可证管理办法》对其进行了具体的规范。

采集甘草和麻黄草均须经采集地的县级人民政府农牧主管部门签署意见后,向省级人民政府农牧主管部门申请办理采集证。甘草和麻黄草收购许可证由商务部统一印制并授权发放。甘草和麻黄草收购许可证应当规定收购单位、经营范围、收购区域、发证时间、发证单位、有效期限等。禁止转让或买卖甘草和麻黄草收购许可证。

商务部会同农业部、国家药品监督管理局等部门制定甘草和麻黄草年度收购计划,并据此向药品收购单位发放收购许可证。国家对甘草和麻黄草收购、加工和销售实行专营和许可证制度。未取得收购许可证的企业和个人不得从事甘草和麻黄草收购、加工和销售活动。商务部主管甘草、麻黄草专营和许可证管理工作。各省、自治区、直辖市及新疆生产建设兵团商务主管部门受商务部的委托,主管本行政区域内的甘草、麻黄草的专营和许可证管理工作。

收购甘草、麻黄草的企业应当向省、自治区、直辖市及新疆生产建设兵团商务部门提出申请,经审核批准的,取得收购许可证。甘草、麻黄草专营企业以及甘草、麻黄草提取物（含麻黄素）加工企业应当向省、自治区、直辖市及新疆生产建设兵团商务部门提出申请,经初步审查合格后报商务部审核批准;商务部审核批准的,由省、自治区、直辖市及新疆生产建设兵团商务部门核发收购许可证。在各省、自治区、直辖市及新疆生产建设兵团各设立1—2个专营企业负责甘草、麻黄草跨省区调动业务和本辖区甘草、麻黄草供应计划的执行。严格控制生产区收购企业数量。

要按照谁培育、谁管理、谁受益的原则,建立甘草和麻黄草的保护和建设责任制。对苁蓉、雪莲、虫草等其他固沙植物的采挖、收购、加工和销售的管理,可比照上述对甘草和麻黄草的有关规定执行。国家和地方人民政府结合生态环境保护与建设,加大投入,积极引导和扶持人工甘草和麻黄草种植基地的建设,逐步实现甘草和麻黄草的产业化生产。国家加强对甘草、麻黄草的科学研究和技术开发,鼓励投资建设甘草、麻黄草围栏护育和人工种植基地。甘草和麻黄草年度收购计划必须确保不超过自然生产量,并禁止在难以恢复更新地区采挖和收购甘草、麻黄草。

甘草、麻黄草收购、专营企业根据国家和省、自治区、直辖市及新疆生产建设兵团商务部门下达的收购计划指标,向取得采集证的企业或农户,按指定区域、指定数量进行收购。甘草、麻黄草制品生产企业收购的甘草、麻黄草只准许本企业使用,不得转手倒卖。

禁止新建以野生甘草、麻黄草作为原料的提取物生产加工企业。对没有按照国家有关规定审批开办,以及技术和质量水平低、耗能高、污染严重、浪费资源的甘草和麻黄草制品生产和经营企业,要按照有关法规予以关闭。

甘草、麻黄草的市场供应遵循"先国内后国外、先人工后野生、先药用后其他"的原则,优先安排人工种植甘草、麻黄草等中药材供应国内医药市场,适量安排出口;限制饮料、食品、烟草等非医药产品使用国家重点管理的野生中药材资源。

（傅智文）

gangwei zerenzhi

岗位责任制（personal post responsibility system） 为提高企业内部经营管理水平,增强企业经济效益,依照企业内部分工和岗位设计,确定不同职务和岗位的职责,赋予相应的权限,明确其与其他岗位之间的协作任务,并与职工个人收入分配相联系的经济责任制形式。岗位责任制包括生产工人岗位责任制、专业技术人员岗位责任制、管理人员岗位责任制和领导人员岗位责任制等。生产工人责任制是岗位责任制的基础,以岗位专责为主要内容,包括岗位专责制、交接班制、巡回检查制、设备维修保养制、质量负责制、岗位练兵制、安全生产制、岗位核算制等具体制度。专业技术人员岗位责任制、管理人员岗位责任制和领导干部岗位责任制,通常以职责规定或细则的形式明确其职责任务、权限和利益。岗位责任制贯穿于企业内部管理的各个方面和环节,是现代化大生产的必然要求。它对于调动职工的积极性和主动性,增强职工的责任感,提高工作效率,规范协作关系,促进专业管理系统化,发扬经济民主,具有重要作用,在企业内部管理中具有重要地位。岗位责任制作用的发挥需要在政策和法律一般要求的基础上,通过市场机制的作用,引导和鼓励企业发挥主观能动性,自行设计岗位责任制来强化企业内部管理,提高经营管理水平。

（张长利）

gangkou jingying guanli guiding

《港口经营管理规定》(Administration Institution on Port Trade) 为规范港口经营行为,维护港口经营秩序,我国交通部依据《中华人民共和国港口法》和其他有关法律、法规,制定了《港口经营管理规定》,该规定于2004年4月15日公布,并自2004年6月1日起施行。

主管机关 交通部负责全国港口经营管理工作。省、自治区、直辖市人民政府交通(港口)主管部门负责本行政区的港口经营管理工作。省、自治区、直辖市人民政府、港口所在地设区的市(地)、县人民政府确定的具体实施港口行政管理的部门负责该港口经营管理工作。

资质管理 从事港口经营,应当申请取得港口经营许可。实施港口经营许可,应当遵循公平、公正和公开透明的原则,不得收取费用,并应当接受社会监督。

从事港口经营(港口理货除外),应当具备下列条件:(1)有固定的经营场所。(2)有与经营范围、规模相适应的港口设施、设备,其中:码头、客运站、库场、储罐、污水处理设施等固定设施应当符合港口总体规划和法律、法规及有关技术标准的要求;为旅客提供上、下船服务的,应当具备至少能遮蔽风、雨、雪的候船和上、下船设施;为国际航线船舶服务的码头(包括过驳锚地、浮筒),应当具备对外开放资格;为船舶提供码头、过驳锚地、浮筒等设施的,应当有相应的船舶污染物、废弃物接收能力和相应污染应急处理能力,包括必要的设施、设备和器材。(3)有与经营规模、范围相适应的专业技术人员、管理人员。从事港口理货,应当具备下列条件:(1)与经营范围、规模相适应的组织机构和管理人员、理货员;(2)有固定的办公场所和经营设施;(3)有业务章程和管理制度。从事港口装卸和仓储业务的经营人不得兼营理货业务。理货业务经营人不得兼营港口货物装卸经营业务和仓储经营业务。申请从事港口经营(申请从事港口理货除外),申请人应当向港口行政管理部门提出书面申请和下列相应文件和资料。港口行政管理部门应当自受理申请之日起30个工作日内作出许可或者不许可的决定。符合资质条件的,由港口行政管理部门发给港口经营许可证,并在因特网或者报纸上公布;不符合条件的,不予行政许可,并应当将不予许可的决定及理由书面通知申请人。申请从事港口理货,应当向交通部提出书面申请、理货人员名录以及表明其理货员身份的相应证明材料和有关资料。交通部在收到申请和相关材料后,可根据需要征求地方交通(港口)主管部门和相关港口行政管理部门意见。上述部门应当在7个工作日内提出反馈意见。交通部应当在受理申请人的申请之日起20个工作日内作出许可或者不许可的决定。予以许可的,核发港口经营许可证,并在交通部网站或者报纸上公布;不予许可的,应当将不予许可的决定及理由书面通知申请人。交通部在作出许可决定的同时,应当将许可情况通知相关港口的港口行政管理部门。交通部和港口行政管理部门对申请人提出的港口经营许可申请,应当根据情况分别作出处理。申请人凭港口行政管理部门或者交通部核发的港口经营许可证到工商管理部门办理工商登记,取得营业执照后方可从事港口业务。

经营管理 港口行政管理部门及相关部门应当保证港口公用基础设施的完好、畅通。港口经营人应当按照核定的功能使用和维护港口经营设施、设备,并使其保持正常状态。港口经营人变更或者改造码头、堆场、仓库、储罐和污水垃圾处理设施等固定经营设施,应当依照有关法律、法规和规章的规定履行相应手续。港口经营人应当依照有关法律、法规和交通部有关港口安全作业的规定,加强安全生产管理,完善安全生产条件,建立健全安全生产责任制等规章制度,确保安全生产。港口经营人应当依法制定本单位的危险货物事故应急预案、重大生产安全事故的旅客紧急疏散和救援预案以及预防自然灾害预案,并保障组织实施。

监督检查 港口行政管理部门应当依法对港口安全生产情况和本规定执行情况实施监督检查,并将检查的结果向社会公布。港口行政管理部门应当对旅客集中、货物装卸量较大或者特殊用途的码头进行重点巡查。检查中发现安全隐患的,应当责令被检查人立即排除或者限期排除。各级交通(港口)主管部门应当加强对港口行政管理部门实施《中华人民共和国港口法》和《港口经营管理规定》的监督管理,切实落实法律规定的各项制度,及时纠正行政执法中的违法行为。

法律责任 有下列行为之一的,由港口行政管理部门责令停止违法经营,没收违法所得;违法所得10万元以上的,并处违法所得二倍以上五倍以下罚款;违法所得不足10万元的,处5万元以上20万元以下罚款:(1)未依法取得港口经营许可证,从事港口经营的;(2)未经依法许可,经营港口理货业务的;(3)港口理货业务经营人兼营货物装卸经营业务、仓储经营业务的。有上述第(3)项行为,情节严重的,由交通部吊销港口理货业务经营许可证,并以适当方式向社会公布。

港口行政管理部门不依法履行职责,有下列行为之一的,对直接负责的主管人员和其他直接责任人员依法给予行政处分;构成犯罪的,依法追究刑事责任:(1)对不符合法定条件的申请人给予港口经营许可的;(2)发现取得经营许可的港口经营人不再具备法定许可条件而不及时吊销许可证的;(3)不依法履行监督检查职责,对未经依法许可从事港口经营的行为,不遵守安全生产管理规定的行为,危及港口作业安全的行为,以及其他违反本法规定的行为,不依法予以查处的。港口行政管理部门违法干预港口经营人的经营自主权的,由其上级行政机关或者监察机关责令改正。向港口经营人摊派财物或者违法收取费用的,责令退回;情节严重的,对直接负责的主管人员和其他直接责任人员依法给予行政处分。

(刘 鹏)

gaoji kuaijishi

高级会计师(senior accountant) 我国《会计专业职务试行条例》规定的职称。担任会计师的职务需满足以下条件:(1)较系统地掌握经济、财务会计理论和专业知识。(2)具有较高的政策水平和丰富的财务会计工作经验,能担负一个地区、一个部门或一个系统的财务会计管理工作。(3)取得博士学位,并担任会计师职务二至三年;取得硕士学位、第二学士学位或研究生班结业证书,或大学本科毕业并担任会计师职务五年以上。(4)较熟练地掌握一门外语。以上关于专业职务的学历和从事财务会计工作的年限要求,一般在任职时都应具备;但对确有真才实学、成绩显著、贡献突出、符合任职条件的人员,在确定其相应专业职务时,可以不受上述学历和工作年限的限制。高级会计师为高级会计专业职务,其职责为负责草拟和解释、解答在一个地区、一个部门、一个系统或在全国施行的财务会计法规、制度、办法;组织和指导一个地区或一个部门、一个系统的经济核算和财务会计工作;培养中级以上会计人才。

(刘 燕)

gaoxin jishu chanye kaifaqu

高新技术产业开发区(new and high technological industries development zone) 在一些知识、技术密集的大中城市和沿海地区相继建立起的高新技术产业开发区。为了贯彻《中共中央关于制定国民经济和社会发展十年规划和"八五"计划的建议》中关于"继续推进'火炬'计划的实施,办好高新技术开发区"的精神,加快高新技术产业的发展,我国国务院作出决定,继1988年批准北京市新技术产业开发试验区之后,在各地已建立的高新技术产业开发区中,再选定一批开发区作为国家高新技术产业开发区,并给予相应的优惠政策。

有关高新技术开发区的内容有以下几点:(1)国务院批准、国家科委审定的下列21个高新技术产业开发区为国家高新技术产业开发区:武汉东湖新技术开发区、南京浦口高新技术外向型开发区、沈阳市南湖科技开发区、天津新技术产业园区、西安市新技术产业开发区、成都高新技术产业开发区、威海火炬高新技术产业开发区、中山火炬高技术产业开发区、长春南湖—南岭新技术工业园区、哈尔滨高技术开发区、长沙科技开发试验区、福州市科技园区、广州天河高新技术产业开发区、合肥科技工业园、重庆高新技术产业开发区、杭州高新技术产业开发区、桂林新技术产业开发区、郑州高技术开发区、兰州宁卧庄新技术产业开发试验区、石家庄高新技术产业开发区、济南市高技术产业开发区。(2)上海漕河泾新兴技术开发区、大连市高新技术产业园区、深圳科技工业园、厦门火炬高技术产业开发区、海南国际科技工业园分别设在经济技术开发区、经济特区内,也确定为国家高新技术产业开发区。(3)国务院授权国家科委负责审定各国家高新技术产业开发区的区域范围、面积,并进行归口管理和具体指导。(4)国务院批准国家科委制定的《国家高新技术产业开发区高新技术企业认定条件和办法》、《国家高新技术产业开发区若干政策的暂行规定》和国家税务局制定的《国家高新技术产业开发区税收政策的规定》,应遵照执行。(5)北京市新技术产业开发试验区,除固定资产投资规模管理、出口创汇留成按现行规定执行外,其余仍按《北京市新技术产业开发试验区暂行条例》执行。

依靠我国自己的科技力量,促进高技术成果的商品化、产业化,对于调整产业结构,推动传统产业的改造,提高劳动生产率,增强国际竞争能力,具有重要意义。各地区、各有关部门对高技术产业开发区要加强领导,大力扶持,按国家的有关政策规定,促进我国高新技术产业健康发展。

(苏丽娅)

gaoxin jishu zhongxiao qiye

高新技术中小企业(small and medium-sized new and high-tech enterprise) 在当地工商行政管理机关登记注册,具有法人资格,主要从事高新技术研制、开发、生产和服务的中小型企业。根据有关规定,设立高新技术中小企业,应具备以下条件:(1)企业职工应不少于500人,其中30%以上应为具有大专以上文凭的科技人员,直接从事研发的科技人员应占10%以上;(2)企业每年用于高新技术研究和开发的经费不少于企业销售额的5%;(3)企业有主导产品并已经或能够规模化生产。高新技术中小企业的特点主要有:企业从事的产业所对应的市场具有零散、有技术活力和增长速度快的特点;高新技术处于科技前沿,对新产品、新技术的研究和开发具有很大的风险;创新是企业的命脉;企业通常与高校或科研院所有紧密的联系。

(方文霖)

geshi hetong

格式合同(model contract) 又称标准合同。由一方当事人未与对方协商事先拟定,多次重复使用的,不允许对方对其内容作任何变更的合同。格式合同的出现是由于社会化大生产所致,格式合同具有以下特点:(1) 由具有较强竞争力的经营者所拟定,消费者并没有参与合同谈判与制订的机会和地位;(2) 消费者在格式合同上签字,合同即成立,对双方均有约束力。

我国《消费者权益保护法》规定,经营者不得以格式合同、通知、声明、店堂告示等方式作出对消费者不公平、不合理的规定,或者减轻、免除其损害消费者合法权益应当承担的民事责任。格式合同、通知、声明、店堂告示等含有上述内容的,其内容无效。 (刘利晋)

geren baoxian zuzhi

个人保险组织(individual insurance society) 以个人名义承包保险业务的一种保险组织实体。1871 年英国议会通过劳合社法案成立的伦敦劳合社,又称劳埃德保险社。"劳合社"自身并非经营保险业务的保险组织,而是个人承保商集合而成的社团组织,仅为其成员提供经营场所和其他服务,其成员彼此独立、自负盈亏、单独承保,以个人全部财产对其承保风险承担无限责任。其由社员选举产生的理事会管理,下设理赔、出版、签单、会计、法律等部,并在一百多个国家设有办事处。劳合社北京代表处于 2000 年 11 月 28 日成立。该社为其所属承保人制订保险单、保险证书等标准格式,此外还出版有关海上运输、商船动态、保险海事等方面的期刊,向世界各地发行。历史上,劳合社设计了第一张盗窃保险单,为第一辆汽车和第一架飞机出立保单,近年又是计算机、石油能源保险和卫星保险的先驱。劳合社设计的条款和保单格式在世界保险业中有广泛的影响,其制定的费率也是世界保险业的风向标。劳合社承保的业务包罗万象,其对保险业的发展,特别是对海上保险和再保险作出的杰出贡献是世界公认的。20 世纪 90 年代劳合社的业务经营和管理进行了整顿和改革,允许接受有限责任的法人组织作为社员,并允许个人社员退社或合并转成有限责任的社员,其个人承保人和无限责任的特色逐渐淡薄,但这并不影响劳合社在世界保险业中的领袖地位。 (孙建立)

geren chuxuxing yanglao baoxian

个人储蓄性养老保险(endowment insurance by individual deposit) 我国多层次养老保险体系的一个组成部分,是由职工自愿参加、自愿选择经办机构的一种补充保险形式。由社会保险机构经办的职工个人储蓄性养老保险,由社会保险主管部门制定具体办法,职工个人根据自己的工资收入情况,按规定缴纳个人储蓄性养老保险费,记入当地社会保险机构在有关银行开设的养老保险个人账户,并应按不低于或高于同期城乡居民储蓄存款利率计息,以提倡和鼓励职工个人参加储蓄性养老保险,所得利息记入个人账户,本息一并归职工个人所有。职工达到法定退休年龄经批准退休后,凭个人账户将储蓄性养老保险金一次总付或分次支付给本人。职工跨地区流动,个人账户的储蓄性养老保险金应随之转移。职工未到退休年龄而死亡,记入个人账户的储蓄性养老保险金应由其指定人或法定继承人继承。实行职工个人储蓄性养老保险的目的,在于扩大养老保险经费来源,多渠道筹集养老保险基金,减轻国家和企业的负担;有利于消除长期形成的保险费用完全由国家"包下来"的观念,增强职工的自我保障意识和参与社会保险的主动性;同时也能够促进对社会保险工作实行广泛的群众监督。

个人储蓄性养老保险可以实行与企业补充养老保险挂钩的办法,以促进和提高职工参与的积极性。在目前社会保险的广度和深度远远不能充分满足人们的养老需要,企业补充养老保险计划的发展又十分有限的情况下,大力发展个人储蓄性养老保险,对于目前乃至将来一定时期内无法在新的养老保险制度下得到充分保障的劳动者,具有不可估量的意义。 (崔雪松)

geren duzi qiye

个人独资企业(individual funded enterprise) 依照《中华人民共和国个人独资企业法》在中国境内设立,由一个自然人投资,财产为投资人个人所有,投资人以其个人财产对企业债务承担无限责任的经营实体。作为企业的一种组织形式,我国的个人独资企业的概念最初见于 1988 年的《中华人民共和国私营企业暂行条例》,其中第 7 条规定:"独资企业是一人投资经营的企业。独资企业投资者对企业债务负无限责任。"

企业按组织形式可以分为公司、合伙企业和个人独资企业三种。这三种企业各具特点,与公司和合伙企业相比较,个人独资企业具有以下几个方面的特征:(1) 个人独资企业的投资者只能是一个自然人。(2) 投资者的投资和企业经营积累所形成的个人独资企业的资产归投资者个人所有,即投资人对企业的财产依法享有所有权。(3) 个人独资企业不具有独立的法人资格。(4) 投资者以其全部个人财产对企业的债务承担无限连带责任。

根据我国《个人独资企业法》第 8 条的规定,设立个人独资企业应当具备下列条件:(1) 投资人为一个自然人;(2) 有合法的企业名称;(3) 有投资人申报的出资;(4) 有固定的生产经营场所和必要的生产经营条件;(5) 有必要的从业人员。

申请设立个人独资企业,应当由投资人或者其委托的代理人向个人独资企业所在地的登记机关提交设立申请书、投资人身份证明、生产经营场所使用证明等文件。委托代理人申请设立登记时,应当出具投资人的委托书和代理人的合法证明。个人独资企业不得从事法律、行政法规禁止经营的业务;从事法律、行政法规规定须报经有关部门审批的业务,应当在申请设立登记时提交有关部门的批准文件。

个人独资企业的产权结构和责任的承担方式使得个人独资企业具有了自身的特点。个人独资企业在增加就业、促进经济和社会发展中起到很重要的作用,考虑到以上因素,我国在立法上对个人独资企业的设立条件从宽、设立程序从简,对企业的注册资本和投资人的出资方式不作硬性的规定,处处都体现出了国家对于设立个人独资企业予以鼓励的政策。　　（方文霖）

geren duzi qiye de jiesan

个人独资企业的解散(dissolution of individual funded enterprise)　个人独资企业因法定或约定的解散事由出现,停止生产经营活动并经过清算,最后消灭主体资格的法律行为。我国《个人独资企业法》第26条的规定,个人独资企业解散情形包括:(1)任意解散。个人独资企业基于投资人的意思而解散,即投资人自行解散。(2)法定解散。根据法律、行政法规的规定而解散,如个人独资企业的投资人死亡或者被宣告死亡,又没有继承人或者继承人决定放弃继承,导致个人独资企业存在的法定基本事实丧失。还有法律、行政法规规定的其他情形。(3)强制解散。个人独资企业因为主管机关的决定而解散,如个人独资企业被吊销营业执照。　　（方文霖）

geren duzi qiye de qingsuan

个人独资企业的清算(liquidation of individual funded enterprise)　解散的个人独资企业清理债权债务,分配剩余财产,了结个人独资企业的法律关系,从而归于消灭的程序。个人独资企业解散的,应当进行清算。我国《个人独资企业法》规定的关于清算的程序规则如下:(1)通知和公告。投资人自行清算的,应当在清算前15日内书面通知债权人,无法通知的,应当予以公告。债权人应当在接到通知之日起30日内,未接到通知的应当在公告之日起60日内,向投资人申报债权。(2)设立清算人。个人独资企业解散,由投资人自行清算或者由债权人申请人民法院指定清算人进行清算。(3)执行清算事务。清算人在清算期间,应执行有关事务,如清算个人独资企业的财产、清理债权债务、处理与清算有关的个人独资企业未了结的事务等。需要注意的是,清算期间,个人独资企业不得开展与清算目的无关的经营活动。在依法清偿债务前,投资人不得转移、隐匿财产。(4)财产清偿顺序。在清算过程中,个人独资企业的财产应当首先用于支付清算费用。随后,个人独资企业的财产应当按照下列顺序清偿:所欠职工工资和劳动保险费用;所欠税款;其他债务。个人独资企业在按上述顺序清偿债务后仍有剩余的,归投资人所有。个人独资企业清算时,其全部财产不足以清偿其债务的,由投资人承担无限责任,即投资人应当以其个人的其他财产予以清偿。(5)清算结束。我国《个人独资企业法》第28条的规定,在清算期间,如果以个人财产承担清偿责任后,仍不足以清偿个人独资企业的债务,应当结束清算程序。对于未能清偿的债务,由原投资人今后继续承担无限清偿责任。债权人享有在清算结束后以原投资人为债务人,继续请求清偿的权利。但是,如果债权人在5年内未向债务人提出偿债请求的,则债务人的清偿责任归于消灭。个人独资企业清算结束后,投资人或者人民法院指定的清算人应当编制清算报告,并于15日内到登记机关办理注销登记。　　（方文霖）

geren duzi qiye de quanli

个人独资企业的权利(rights of individual funded enterprise)　作为企业的一种类型,个人独资企业与其他企业一样依法享有自主经营的权利,个人独资企业的合法权益当然受到法律的保护。由于个人独资企业一般规模小、资金少,竞争能力较弱,国家应该采取措施加强对它的合法的财产权益和其他权益的保护。所以,我国《个人独资企业法》明确规定,国家依法保护个人独资企业的财产和其他合法权益。个人独资企业可以依法申请贷款、取得土地使用权,并享有法律、行政法规规定的其他权利。任何单位和个人不得违反法律、行政法规的规定,以任何方式强制个人独资企业提供财力、物力、人力;对于违法强制提供财力、物力、人力的行为,个人独资企业有权拒绝。违反法律、行政法规的规定强制个人独资企业提供财力、物力、人力的,按照有关的法律、行政法规予以处罚,并追究有关人员的责任。　　（方文霖）

geren duzi qiye de sheli

个人独资企业的设立(establishment of individual funded enterprise)　为使独资公司成立而依法进行的一系列法律行为以及法律程序的总称。根据《中华人民共和国个人独资企业法》的规定,设立个人独资企业,应当具备以下条件:(1)投资人为一个自然人。按照我国立法用语的惯例,"个人"专指自然人,不包括法人和其他组织。所以,"个人独资企业"只能以自然人为投资人。关于投资人的资格问题,我国《个人独资企业法》第16条规定,法律、行政法规禁止从事营利性活动的人,不得作为投资人申请设立个人独资企业。

例如,法官、检察官和国家行政人员,依照有关法律、行政法规,被禁止从事营利性活动,因而不能成为个人独资企业的投资人。(2)有合法的企业名称。拥有企业名称是设立个人独资企业的必备条件。《个人独资企业法》第11条规定,个人独资企业的名称应当与其责任形式及从事的营业相符合。据此,个人独资企业在其名称中不得使用"有限"或者"有限责任"字样。(3)有投资人申报的出资。由于个人独资企业是由一个自然人投资,财产为投资人个人所有,投资人以其个人财产对企业债务承担无限责任的经营实体,所以,其出资只需"申报"即可。其出资可以是货币、实物、土地使用权、知识产权或者其他财产权利。对于非货币出资,是否需要评估作价,也不作强制性规定。(4)有固定的生产经营场所和必要的生产经营条件。企业要经常、持续地从事生产经营活动,就必须有一定的营业场所和必要的生产经营条件。所谓必要的条件,就是根据个人独资企业的经营目的和经营范围,如果欠缺则无法从事生产经营活动的物质条件。(5)有必要的从业人员。

(方文霖)

geren duzi qiye de yiwu

个人独资企业的义务(obligations of individual funded enterprise) 个人独资企业遵守法律、行政法规,信守承诺,不得损害国家利益和社会公共利益的义务。作为市场主体的也不例外。根据《个人独资企业法》,在判断个人独资企业的行为是否违反了它的法定义务时,应以法律、法规的具体规定为准,不能随意将判断的依据扩大。《个人独资企业法》规定的个人独资企业的法定义务主要有三个方面:一是守法义务;二是依法纳税的义务;三是保护职工的合法权益的义务。具体包括:个人独资企业从事经营活动必须遵守法律、行政法规,遵守诚实信用原则,不得损害社会公共利益;个人独资企业应当依法履行纳税义务;个人独资企业应当依法招用职工,职工的合法权益受法律保护;个人独资企业不得从事法律、行政法规禁止经营的业务;从事法律、行政法规规定须报经有关部门审批的业务,应当在申请设立登记时提交有关部门的批准文件;个人独资企业应当依法设置会计账簿,进行会计核算;个人独资企业招用职工的,应当依法与职工签订劳动合同,保障职工的劳动安全,按时、足额发放职工工资;个人独资企业应当按照国家规定参加社会保险,为职工缴纳社会保险费。

(方文霖)

geren duzi qiyefa

《个人独资企业法》(Individual Funded Enterprise Act) 1999年8月30日第九届全国人民代表大会常务委员会第十一次会议通过,自2000年1月1日起施行。制定《中华人民共和国个人独资企业法》的目的是:规范个人独资企业的行为,保护个人独资企业投资人和债权人的合法权益,维护社会经济秩序,促进社会主义市场经济的发展。本法共6章48条。包括:总则;个人独资企业的设立;个人独资企业的投资人及事务管理;个人独资企业的解散和清算;法律责任;附则等内容。外商独资企业不适用本法。

个人独资企业的设立 设立个人独资企业应当具备的条件是:(1)投资人为一个自然人;(2)有合法的企业名称;(3)有投资人申报的出资;(4)有固定的生产经营场所和必要的生产经营条件;(5)有必要的从业人员。申请设立个人独资企业,应当由投资人或者其委托的代理人向个人独资企业所在地的登记机关提交设立申请书、投资人身份证明、生产经营场所使用证明等文件。委托代理人申请设立登记时,应当出具投资人的委托书和代理人的合法证明。个人独资企业不得从事法律、行政法规禁止经营的业务;从事法律、行政法规规定须报经有关部门审批的业务,应当在申请设立登记时提交有关部门的批准文件。个人独资企业的名称应当与其责任形式及从事的营业相符合。个人独资企业设立分支机构,应当由投资人或者其委托的代理人向分支机构所在地的登记机关申请登记,领取营业执照。

个人独资企业的投资人及事务管理 个人独资企业投资人对本企业的财产依法享有所有权,其有关权利可以依法进行转让或继承。个人独资企业投资人在申请企业设立登记时明确以其家庭共有财产作为个人出资的,应当依法以家庭共有财产对企业债务承担无限责任。个人独资企业应当依法设置会计账簿,进行会计核算。个人独资企业应当依法与职工签订劳动合同,保障职工的劳动安全,按时、足额发放职工工资;应当按照国家规定参加社会保险,为职工缴纳社会保险费;可以依法申请贷款、取得土地使用权,并享有法律、行政法规规定的其他权利。

个人独资企业的解散和清算 个人独资企业在出现投资人决定解散;投资人死亡或者被宣告死亡,无继承人或者继承人决定放弃继承;被依法吊销营业执照及法律、行政法规规定的情形时,应当解散。个人独资企业解散,由投资人自行清算或者由债权人申请人民法院指定清算人进行清算。个人独资企业解散后,原投资人对企业存续期间的债务仍应承担偿还责任。个人独资企业解散的,应当清偿财产是:所欠职工工资和社会保险费用;所欠税款;其他债务。企业清算结束后,投资人或者人民法院指定的清算人应当编制清算报告,并办理注销登记。

法律责任 提交虚假文件或采取其他欺骗手段,取得企业登记的;企业使用的名称与其在登记机关登记的名称不相符合的;涂改、出租、转让营业执照等情况责令改正,处以罚款;情节严重的,并处吊销营业执照。本法还对企业超过六个月未开业的;未领取营业执照,以个人独资企业名义从事经营活动的;侵犯职工合法权益,未保障职工劳动安全,不缴纳社会保险费用的及 投资人违反本法规定,登记机关对不符合本法规定行为等,其相关人员所应承担的法律责任,都作了具体的规定。　　　　　　　　　(寇维维　陆 炯)

geren duzi qiye fenzhi jigou

个人独资企业分支机构(branch of individual funded enterprise) 个人独资企业在自身营业场所以外设立的,以个人独资企业的财产从事本企业核定经营范围内的业务活动,从属于个人独资企业的经营机构。如分厂、分店、门市部、办事处等。个人独资企业分支机构的财产属于个人独资企业的财产,其行为属于个人独资企业的行为。个人独资企业分支机构可以以该机构的名义对外订立合同,由此所产生的权利义务和民事责任当然归属于个人独资企业。(方文霖)

geren duzi qiye shiwu guanli

个人独资企业事务管理(administration of the business of individual funded enterprise) 我国《个人独资企业法》第 19 条规定:"个人独资企业投资人可以自行管理企业事务,也可以委托或者聘用其他具有民事行为能力的人负责企业的事务管理。"可见,个人独资企业的事务有两种管理方式,其一是自行管理,其二是委托他人管理。个人独资企业投资人集企业的所有权与经营权于一身,没有实现分离。这两种方式均不会改变投资人与个人独资企业的财产权利和责任承担等方面的关系。为了保护投资人、受托人和第三人的正当权益,投资人委托或者聘用他人管理个人独资企业事务,应当与受托人或者被聘用的人签订书面合同,明确委托的具体内容和授予的权利范围。需要特别指出的是,投资人对受托人或者被聘用的人员职权的限制,不得对抗善意第三人。

为了保护投资人的合法权益,《个人独资企业法》专门规定了受托人或者被聘用人员的义务和责任。首先,受托人或者被聘用的人员应当履行诚信、勤勉义务,按照与投资人签订的合同负责个人独资企业的事务管理。受托人或者管理人在管理个人独资企业事务过程中违反合同的规定,给投资人造成损害的,应承担民事责任。其次,受托人或者被聘用管理个人独资企业的人员不得有下列行为:利用职务上的便利,索取或者收受贿赂;利用职务或者工作上的便利侵占企业财产;挪用企业的资金归个人使用或者借贷给他人;擅自将企业资金以个人名义或者以他人名义开立账户储存;擅自以企业财产提供担保;未经投资人同意,从事与本企业相竞争的业务;未经投资人同意,同本企业订立合同或者进行交易;未经投资人同意,擅自将企业商标或者其他知识产权转让给他人使用;泄露本企业的商业秘密;法律、行政法规禁止的其他行为。(方文霖)

geren shouru tiaojie shui

个人收入调节税(individual income regulation tax) 对在中国境内有住所,取得个人收入的中国公民所征收的一种个人所得税。1950 年,政务院公布的《全国税政实施要则》中已经有薪给报酬所得税,但由于中国长期实行低工资制,且个人收入来源渠道单一,因而这种税一直未开征。为了适应经济体制改革和对外开放的需要,1980 年颁布了《中华人民共和国个人所得税法》,虽然也适用于本国居民,但其征税对象主要是外籍居民,所以征税办法不完全适应中国公民的收入水平和消费水平。1984 年随着分配形式的多样化和个人收入渠道的增多,个人之间的收入差距开始拉大,社会分配不公的矛盾日益突出。为了调节部分社会成员的较高收入,缓解分配不公的矛盾,保障社会安定,更好地体现按劳分配的原则,国务院于 1986 年 9 月颁布了《中华人民共和国个人收入调节税暂行条例》,并于 1987 年 1 月 1 日起施行,适用于中国公民。缴纳个人收入调节税的,不再缴纳个人所得税。其具体内容包括:(1) 纳税义务人是具有中国国籍、户籍,并在中国境内居住,取得达到规定纳税标准收入的公民。(2) 征税对象是纳税人的应税收入,包括工资、薪金收入,承包、转包的收入,劳动报酬收入,财产租赁收入,专利权转让、专利实施许可和非专利技术的提供、转让取得的收入,投稿、翻译取得的收入,利息、股息、红利收入,以及财政部确定征税的其他收入。(3) 计税依据是取得的收入扣除规定标准的费用后的余额。并对工资、薪金收入,承包、转包的收入,劳动报酬收入,财产租赁收入实行综合征收,汇总计算,按月征收;其他应税收入分别按次征收。(4) 征收方法上采用代扣代缴和自行申报相结合的方式。(5) 税率分为按个人综合收入计税的超倍累进税率和按个人单项收入计税的比例税率两种。(6) 同时规定了一些优惠措施。开征个人收入调节税有利于深化经济体制改革,有利于坚持按劳分配的社会主义原则,防止两极分化,并增强公民的纳税观念。

1993 年 10 月 31 日第八届全国人民代表大会常务委员会第四次会议通过了关于修改中华人民共和国个人所得税法的决定,同时公布了修改后的《中华人民共和国个人所得税法》,自 1994 年 1 月 1 日起施行。《个人收入调节税暂行条例》也废止,在个人所得税领域实现了内外统一的税制。　　　　　　　(王 晶)

geren suodeshui

个人所得税(personal income tax) 对个人(自然人)在一定期间取得的各项应税所得所征收的一种税。它是各国普遍开征的一种税。我国的个人所得税规定的纳税人包括居民纳税人和非居民纳税人两类;在征税范围方面实行分类所得税制,对11个税目征收所得税;个人所得税的税率按照不同的税目适用超额累进税率和比例税率。

个人所得税的纳税人是应缴纳个人所得税的纳税义务人,分为居民纳税人和非居民纳税人。居民和非居民的概念,采用住所和居住时间两个标准来判断。对于居民纳税人就其来源于全世界的所得纳税,负有无限纳税义务。非居民纳税人以其来源于境内的所得纳税,负有有限纳税义务。我国个人所得税法规定的纳税义务人包括在中国境内有住所,或无住所而在境内居住满一年的个人以及在中国境内无住所又不居住,或无住所而在境内居住不满一年,但从中国境内取得所得的个人。

个人所得税税率是个人所得税的应纳税额与计税依据之间的比例。我国的个人所得税按照不同的税目采用了超额累进税率和比例税率两种税率:工资、薪金所得,适用超额累进税率,税率为5%至45%(税率表附后);个体工商户的生产、经营所得和对企事业单位的承包经营、承租经营所得,适用5%至35%的超额累进税率(税率表附后);稿酬所得,适用比例税率,税率为20%,并按应纳税额减征30%;劳务报酬所得,适用比例税率,税率为20%,个人一次取得劳务报酬,其应纳税所得额超过20000元,对应纳税所得额超过20000元至50000元的部分,依照税法规定计算应纳税额后再按照应纳税额加征五成;超过50000元的部分,加征十成;特许权使用费所得,利息、股息、红利所得,财产租赁所得,财产转让所得,偶然所得和其他所得,适用比例税率,税率为20%。

我国《个人所得税法》规定可以免纳个人所得税的项目是:省级人民政府、国务院部委和中国人民解放军军以上单位,以及外国组织、国际组织颁发的科学、教育、技术、文化、卫生、体育、环境保护等方面的奖金;国债和国家发行的金融债券利息;按照国家统一规定发给的补贴、津贴;福利费、抚恤金、救济金;保险赔款;军人的转业费、复员费;按照国家统一规定发给干部、职工的安家费、退职费、退休工资、离休工资、离休生活补助费;依照我国有关法律规定应予免税的各国驻华使馆、领事馆的外交代表、领事官员和其他人员的所得;中国政府参加的国际公约、签订的协议中规定免税的所得;经国务院财政部门批准免税的所得。我国《个人所得税法》规定的可以减征的项目是:残疾、孤老人员和烈属的所得;因严重自然灾害造成重大损失的;其他经国务院财政部门批准减税的。

(翟继光 余启平)

geren suodeshui fa

《个人所得税法》(Personal Income Tax Act) 《中华人民共和国个人所得税法》于1980年9月20日由第五届全国人大三次会议通过并公布,其主要适用对象是外籍人员,包括华侨和港、澳、台同胞。该法在合并原个人所得税、个人收入调节税和城乡个体工商业户所得税的基础上,根据1993年10月31日第八届全国人民代表大会常务委员会第四次会议《关于修改〈中华人民共和国个人所得税法〉的决定》第一次修正;根据1999年8月30日第九届全国人民代表大会常务委员会第十一次会议《关于修改〈中华人民共和国个人所得税法〉的决定》第二次修正。

个人所得税的纳税义务人分为居民纳税义务人与非居民纳税义务人。个人所得税的征税对象包括工资、薪金所得;个体工商户的生产、经营所得;对企事业单位的承包经营、承租经营所得;劳务报酬所得;稿酬所得;特许权使用费所得;利息、股息、红利所得;财产租赁所得;财产转让所得;偶然所得;经国务院财政部门确定征税的其他所得等11项。个人所得税的税率分为3种:一是工资薪金所得,适用9级超额累进税率。二是个体工商户的生产、经营所得和对企、事业单位的承包经营、承租经营所得,适用5级超额累进税率。三是其他所得,适用20%的比例税率。个人所得税的计税依据是纳税人取得的应纳税所得额。应纳税所得额为个人取得的每项收入减去税法规定的扣除项目或扣除金额之后的余额。不同性质的收入,其应纳税所得额的确定方法不同。个人所得税的减免采用直接减免方式,包括十项免征项目以及三项减征项目。个人所得税的纳税义务人从中国境外取得的所得,准予其在应纳税额中扣除已在境外缴纳的个人所得税税额。但扣除额不得超过该纳税义务人境外所得依照个人所得税法规定计算的应纳税额。个人所得税的征收方式实行源泉扣缴与自行申报并用法。个人各项应纳税所得有支付单位的,实行源泉扣缴,以所得人为纳税义务人,以支付所得的单位或者个人为扣缴义务人。在两处以上取得工资、薪金所得和没有扣缴义务人的,纳税义务人应当自行申报纳税。征收期限分为3种:按月扣缴或者申报纳税的,征收期限为次月7日内;按年度纳税的,征收期限为年度终了后30日内;按取得所得时间分次纳税的,征收期限为每次取得所得的7日内。个人所得税的征收地点视情况而定,具体包括:自行申报缴纳个人所得税的纳税义务人,其纳税地点为所得取得地;在中国境内两处或两处以上取得所得的,可以由纳税人选择其中一处所得取得地作为其纳税地点；从中国境外取得所得，其申报纳税地点由纳税人选定。纳税地点一经选定，若需变更应经原主管税务机关批准；源泉扣缴纳税的，扣缴义务人所在地为税收征收地点。

（席晓娟）

geren suodeshuifa shishi tiaoli

《个人所得税法实施条例》(Regulations for the Implementation of the Individual Income Tax Law) 国务院1994年1月28日发布，是为贯彻执行《中华人民共和国个人所得税法》而制定的行政法规。该条例共41条，第1条指明制定本条例的根据。第2条解释"在中国境内有住所的个人"。第3条解释"在境内居住满一年"和"临时离境"。第4条和第5条解释所得的来源地，并规定下列所得属于来源于中国的所得：因任职、受雇、履约等而在中国境内提供劳务取得的所得；将财产出租给承租人在中国境内使用而取得的所得；转让中国境内的建筑物、土地使用权等财产或者在中国境内转让其他财产取得的所得；许可各种特许权在中国境内使用而取得的所得；从中国境内的公司、企业以及其他经济组织或者个人取得的利息、股息、红利所得。第6条是对部分居民纳税人纳税义务的特殊规定，即在中国境内无住所，但是居住一年以上五年以下的个人，其来源于中国境外的所得，经主管税务机关批准，可以只就由中国境内公司、企业以及其他经济组织或者个人支付的部分缴纳个人所得税；居住超过五年的个人，从第六年起，应当就其来源于中国境外的全部所得缴纳个人所得税。第7条是对部分非居民纳税人纳税义务的特殊规定，即在中国境内无住所，但是在一个纳税年度中在中国境内连续或者累计居住不超过90日的个人，其来源于中国境内的所得，由境外雇主支付并且不由该雇主在中国境内的机构、场所负担的部分，免予缴纳个人所得税。第8条详细解释了个人所得税11项应税项目的具体含义。第9条强调，对股票转让所得征收个人所得税的办法，由财政部另行制定，报国务院批准施行。第10条解释应税所得及其计算。第11条规定了加成征收的具体方法。第12条至第21条分别解释"国债利息"、"按照国家统一规定发给的补贴、津贴"、"福利费"、"依照我国法律规定应予免税的各国驻华使馆、领事馆的外交代表、领事官员和其他人员的所得"、"减征个人所得税"、"成本、费用"、"每一纳税年度的收入总额"、"财产原值"、"合理费用"、"每次收入"等的具体含义。第22条和第23条规定财产转让所得和两人以上共同取得同一收入的征税方法。第24条至第33条规定了对捐赠的税务处理，附加减除费用的适用范围和标准以及境外纳税的税收抵免。第34条至第37条规定了纳税人和扣缴义务人纳税的程序。第38条至第44条规定个人所得税纳税程序中的一些特殊问题。第45条规定本条例开始适用的纳税年度。第46条规定，本条例由财政部会同国家税务总局解释。第47条规定，本条例自发布之日起施行。1987年8月8日国务院发布的《中华人民共和国国务院关于对来华工作的外籍人员工资、薪金所得减征个人所得税的暂行规定》同时废止。

（翟继光）

geren waihui guanli

个人外汇管理(management of personal foreign exchange) 国家对个人外汇收入和支出，以及其外汇账户进行规范管理的行为。个人外汇管理主要包括：个人外汇收入管理、个人外汇支出管理、个人外汇账户管理。

个人外汇收入管理 居民个人外汇收入系指居民个人从境外获得的、拥有完全所有权、可以自由支配的外汇收入，包括下列内容：(1) 在境外取得的经常项目下的外汇收入：专利、版权；稿费；咨询费；保险金；利润、红利；利息；年金、退休金；雇员报酬；遗产；赡家款；捐赠；居民个人合法获得的其他经常项目外汇收入。(2) 资本项目外汇收入：居民个人从境外调回的，经国内境外投资有关主管部门批准的各类直接投资或者间接投资的本金。

居民个人经常项目外汇收入，可以解付外币现钞或者兑换成人民币；居民个人资本项目外汇收入，经外汇局批准，可以解付外币现钞或者兑换成人民币。

个人外汇支出管理 居民个人外汇支出系指居民个人因私用于境外的外汇支付和投资等，包括下列内容：(1) 经常项目外汇支出：居民个人出境旅游、探亲、会亲、朝觐、留学、就医、参加国际学术活动、被聘任教等用汇；居民个人缴纳国际学术团体组织的会员费的用汇；居民个人从境外邮购少量药品、医疗器械等用汇；居民个人在境外的直系亲属发生生病、死亡、境外灾难等特殊情况的用汇；在中国境内居留满一年以上的外国人及港澳台同胞从境外携入或者在境内购买的自用物品等出售后所得人民币款项汇出的用汇；居民个人经常项目的其他外汇支出。(2) 资本项目外汇支出：居民个人对境外各类直接投资和间接投资的外汇支出。

居民个人经常项目外汇支出，可以依法向银行购汇汇出或者携带出境，也可以从其外汇账户中支付。居民个人资本项目的外汇支出，可以从其外汇账户中支出，但不得购汇支出。

个人外汇账户管理 居民个人由境外汇入的外汇或携入的外汇票据，均可以开立现汇账户存储；居民个人从境外携入或者持有的可自由兑换的外币现钞，均可以开立现钞账户存储。禁止境内居民个人将其外币现钞存储变为现汇存储。

居民个人将外汇收入存入外汇账户或者从现汇账户中提取外币现钞或将外汇账户中的外汇收入兑换成人民币,按照下列规定办理:(1)一次性存入等值1万美元以下的,直接到银行办理;(2)一次性存入等值1万美元(含1万美元)以上的,须向银行提供真实的身份证明,银行登记备案后予以办理。

除境内居民个人本人境内同一性质外汇账户(含外币现钞账户)之间的资金可以划转外,境内居民个人外汇账户不得用于办理境内账户间的划转及结算。境内居民个人到银行办理本人同一性质外汇账户之间外汇划转时,须凭本人身份证办理。

(傅智文)

geren yujiehui huikuan
个人预结汇汇款(remittance with advance settlement of individual foreign exchange) 境外分行办理境外个人向境内的外汇汇入汇款时,如汇款人要求以人民币交付收款人,境外分行先按照其总行制定的汇款日现汇买入价将所汇外汇折成人民币,告知汇款人所汇的人民币金额,再将外汇汇往指定的境内收款行,境内收款行根据境外分行的付款指令,通知解付行对收款人直接解付人民币的特定汇款方式。2003年4月28日,我国国家外汇管理局经商中国人民银行,制定颁布了《关于部分银行试行办理个人外汇预结汇汇款业务有关问题的通知》,决定允许中国工商银行、中国农业银行、中国银行和中国建设银行有条件的境外分行试行办理境外个人外汇预结汇汇款业务。

预结汇汇款的汇款人必须为境外个人,包括居民个人和非居民个人,收款人为境内居民个人。预结汇汇款只能办理个人经常项下外汇汇款,不得办理资本项下外汇汇款。预结汇汇款单笔金额暂限定在等值5万美元(含)以内。其中,等值1万美元(含)以下的汇款,境外银行可直接办理;等值1万至5万美元(含)的汇款,境外银行需审核汇款人的身份证明和资金来源证明,留存汇款人身份证明复印件和资金来源证明复印件备查。为保证境内收款行准确进行国际收支统计申报,境外分行需将下列信息传送给境内收款行:汇款人姓名、收款人姓名、汇款外汇金额、汇款人民币金额、交易性质。

境外分行在试办预结汇汇款业务时需使用其总行制定的当日汇买价进行折算。

为了避免境内收款行在办理收款转汇时所承担的风险,境外汇款行应拨付外汇资金结汇作境内收款行的人民币铺底资金。境内收款行需对人民币铺底资金设立专用账户,该账户原则上不得透支,如发生透支,不得超过一天。境内收款行需在透支行为发生两日内,将透支情况报当地人民银行备案。境内收款行需按月与境外汇款行核对人民币铺底资金的使用情况。人民币铺底资金由各家银行总行统一管理。人民币铺底资金的相应外汇规模应由各家银行总行在向人民银行申请办理"预结汇汇款"业务时统一提出,经人民银行备案及外汇局批准后确定并办理结汇手续。

试办个人外汇预结汇汇款业务应事前向中国人民银行提出申请,由中国人民银行会同国家外汇管理局审核批准。银行申请材料应当包括:申请报告、预结汇汇款业务的操作流程、境外分行基本情况、境内收款行的基本情况、预拨外汇结汇作人民币铺底资金的计划金额、汇款线路、平盘机制、内控制度、试办业务使用的汇率、汇费、境内收款行负责大额和可疑外汇交易报告和国际收支统计申报的管理办法等。

(傅智文)

geti gongshanghu
个体工商户(individual sole trader) 城乡从事个体工商业的个体经营者的总称。自改革开放以来我国的个体工商户已经发展成为国民经济中的一支重要的力量,也是市场经济的重要主体之一。根据我国《民法通则》和其他法律法规的有关规定,个体工商户在经济活动中仅享有相当于公民的法律地位,在各种法律关系中的权利和义务都不能与法人相比。开办个体工商户应具备以下条件:(1)经营者须有经营能力;(2)须有与经营规模相应的资金;(3)须有相应的场地及设施。符合条件的申请人向工商行政管理机关提交申请及有关文件,经工商行政管理部门核发营业执照即可开业。

(方文霖)

gendan xinyongzheng tongyi guanli
跟单信用证统一惯例(Uniform Customs and Practice for Documentary Letter of Credit) 在美国商会的建议下,1933年国际商会制定了《商业跟单信用证统一惯例》并正式公布实施,然后又于1951年、1962年、1974年、1983年、1993年五次修订,最新的修订本是国际商会的第500号出版物(UCP500)。该惯例为世界银行处理信用证业务所适用,是国际上通行的贸易惯例,只有信用证中明确规定对其适用,该惯例才对信用证有约束力。

《跟单信用证统一惯例》共有7章49条,主要内容包括:总则与定义、信用证的形式与通知、责任与义务、单据、杂项规定、可转让信用证、信用证款项的过户。该惯例适用于一切跟单信用证,主要是银行处理信用证业务遵循的规范。但是它并不涉及所有与信用证有关的事项,如信用证的效力、信用证的欺诈等,在适用时还需要由国内法补充调整惯例没有调整的事项。

(罗大帅)

gengdi baohu zhidu
耕地保护制度(system of protection for cultivated land) 1998年修改的《中华人民共和国土地管理法》就耕地保护问题规定的制度,其目的在于采取严格的措施保护我国业已不多的耕地资源,合理开发利用土地,促进社会经济的可持续发展。

耕地占用补偿制度 非农业建设占用耕地后,应补偿开垦新的耕地的制度。实施耕地占用补偿制度的意义在于控制耕地总量的减少,落实耕地总量动态平衡的原则。《土地管理法》第31条规定:国家保护耕地,严格控制耕地转为非耕地。国家实行占用耕地补偿制度。非农业建设经批准占用耕地的,按照"占多少,垦多少"的原则,由占用耕地的单位负责开垦与所占用耕地的数量和质量相当的耕地;没有条件开垦或者开垦的耕地不符合要求的,应当按照省、自治区、直辖市的规定缴纳耕地开垦费,专款用于开垦新的耕地。省、自治区、直辖市人民政府应当制定开垦耕地计划,监督占用耕地的单位按照计划开垦耕地或者按照计划组织开垦耕地,并进行验收。

基本农田保护制度 根据一定时期人口和国民经济对农产品的需求,以及对建设用地占用情况的预测而确定的,长期不得占用和基本农田保护区规划期内不得占用的耕地,为基本农田。我国《土地管理法》确立了基本农田保护制度,国务院还于1998年12月27日修订并重新公布了《基本农田保护条例》。主要内容有:划定基本农田和基本农田保护区,确保基本农田总量,精心保护、严格管理。实施基本农田保护制度对满足我国人口对农产品的需求和保障国民经济的持续发展具有重要意义。 (桑东莉 包剑虹)

gengdi zhanyong buchang zhidu
耕地占用补偿制度(the system of compensations to cultivated land occupied) 见耕地保护制度。

gengdi zhanyongshui
耕地占用税(farmland use tax) 对占用耕地建造房屋或进行非农业生产建筑的单位或个人征收的一种税。进行非农建设的单位或个人为纳税义务人,但外商投资企业除外。耕地占用税的计税依据为纳税人实际占用的耕地,并且根据地区的不同,实行差别定额税率。部队军事设施用地、铁路线路、飞机场跑道和停机坪用地、炸药库用地、学校、幼儿园、敬老院、医院、殡仪馆、火葬场用地以及直接为农业生产服务的农田水利设施免征耕地占用税。农村革命烈士家属、革命残废军人、鳏寡孤独以及革命老根据地、少数民族聚居地区和边远贫困山区生活困难的农户新建住宅纳税确有困难的,可以减税或免税。耕地占用税目前由财政机关负责征收。纳税人应当在土地管理部门批准占用耕地之日起30日内缴纳耕地占用税。 (彭 皖)

gengdi zongliang dongtai pingheng
耕地总量动态平衡(the dynamic balance of the total amount of the cultivated land) 通过采取一系列行政、经济、法律的措施,保证我国现有的耕地的总面积在一定时期内只能增加不能减少,并逐步提高耕地的质量。根据我国《土地管理法》的规定,省、自治区、直辖市人民政府应当严格执行土地利用总体规划和土地利用年度计划,采取措施,确保本行政区域内耕地总量不减少;耕地总量减少的,由国务院责令在规定期限内组织开垦与所减少耕地的数量和质量相当的耕地,并由国务院土地行政主管部门会同农业行政主管部门验收。个别省、直辖市确因土地后备资源匮乏,新增建设用地后,新开垦耕地的数量不足以补偿所占用耕地的数量的,必须报经国务院批准减免本行政区域内开垦耕地的数量,进行易地开垦。 (包剑虹)

gongchang qiye zhidu
工厂企业制度(system of enterprises in the form of factories) 在公司企业制度出现之前,由独资企业、合伙企业为主的工厂企业形态居主导地位时期的法律制度。独资企业是最古老的一种协作经营的组织形式。独资企业业主去世后为了使该企业能够继续存续下去,便出现了数名继承人共同拥有、共同经营的家族经营团体,后来该家族经营团体的血缘关系因外人的加入而被打破,发展出了典型意义的合伙企业。其共同投资、共同承担风险和责任的特征为后世出现的无限公司提供了制度素材。

11世纪,在地中海沿岸的港口城市出现的康孟达组织,以航海者的无限责任和出资者的有限责任相结合,被认为是两合公司的前身,也首创了有限责任制度。与康孟达组织同时出现的还有一种被称为索塞特(sociates)的合伙形式,由航海者提供三分之一的资金,非航海一方提供三分之二的资金,双方平分利润。在索塞特中,每个合伙人都被看作其他所有合伙人的代理人,并以其个人的全部财产对企业的债务负责,是一种更稳定、更持久的合伙形式。

这一时期法人制度的萌芽和发展对企业法律制度的形成有重要影响。法人制度发轫于罗马法时期。早在古罗马时期就已经存在各种各样的社团组织、国家和公共团体、地方政府、宗教组织和政治团体等。但罗马法中还没有产生现代意义上的法人概念,也不存在系统的法人制度,但罗马法实际上已经赋予"团体"以法律上的地位,并区分团体与其成员在权利义务方面的不同,实际上为后来法人制度的产生奠定了基础。

到了中世纪,社团地位日益重要,社团法被称为教会的宪法,法人制度相应地也得到了进一步的发展。中世纪欧洲一些地方已经存在一些具有法人地位的实体,他们都是经皇家或政府的特许而设立的组织,最初多集中于非经营性领域,如自治城市、寺院或牧师会等公共团体或宗教团体,后来随商品经济的发展、贸易对国家的重要性增强,政府也逐渐特许成立一些贸易团体,尤其是从事海外开发的贸易团体。这一时期,随着罗马法的复兴,罗马法中有关社团的法律被教会引进到西欧日耳曼人的各个共同体中。虽然教会法没有完全继受罗马法的内容,但是,在社团的法律人格方面教会法却不遗余力地大加推行,因为教会可以利用这种社团人格独立性所必然包含的财产独立性来为自身接受信徒捐赠,取得财产寻找法律依据。所以在教会法中不仅创设了完备的社团所有权概念,而且为了规避当时有关教会不得接受赠予的法律规定,教会法还创设了受益权的概念,从而形成了社团的独立财产制度。后来这种社团的范围逐渐扩及国家特别赞助的经营团体,商人可以自由入股参加,并按照所出股份分配利润。这些经济组织体已经突破了康孟达组织的契约性,形成了更为持久、紧密的经营共同体,以后发展成为特许设立公司的雏形。

在同期,为了共同对付教会法及世俗法对商业活动的限制,一些手工业者和商人组成的自治性的团体普遍出现。这些同业行会的名称有"基尔特"、"公会"、"汉撒同盟"等,但其主要职能都是保护同业商人的利益,垄断行业经营。13世纪至15世纪的意大利就出现了世界上第一家银行——热那亚银行,后又成立了银行家行会,被特许在征服的殖民地经营商业,盈利按各银行家出资额的比例分配,亏损亦以出资额为责任界限。同期波罗的海的新兴城市及北海诸港商人组成了规模极大的汉撒同盟,这些团体是合法的法人,它们可以在法庭起诉,拥有动产与不动产、地租、集会场所,有时甚至还有商店和手工业企业。这些同业行会实行自治管理和有限责任等制度。

商品经济不发达情况下所出现的这些工厂企业形态与现代企业相比,具有企业结构简单、内部组织没有专门的管理机构,大部分企业形态的投资者都承担无限责任等特点。与之相适应,这一时期对企业进行调控的法律规范也很不系统、很不完备,没有专门的法律对其进行系统的调整,相关的法律规范散见于其他法律中。

(金钟佑　杨禾)

gongshang baoxian

工伤保险（industrial injury insurance） 又称职业伤害保险。社会保险制度中的重要组成部分。指通过向用人单位征收养老保险费形成养老保险基金,用以保障劳动者在工作中或法定的特殊情况下,遭受事故伤害或患职业性疾病而负伤、患职业病、致残、死亡时,劳动者本人或其供养亲属能够依法从国家或社会获得医疗救治、生活保障、职业康复等物质帮助和经济补偿的一种社会保险制度。

工伤保险是世界上产生较早的社会保险项目,自德国于1884年制定《劳工伤害保险法》以来,目前世界上已有130个左右的国家或地区建立了工伤保险制度。我国《宪法》及《劳动法》第73条规定了工伤者及其亲属依法享受工伤保险待遇。劳动部1996年8月公布的《企业职工工伤保险试行办法》是落实工伤待遇的主要依据。工伤保险的作用在于:第一,保障遭受工伤事故和患职业病的职工获得医疗救治、经济补偿和职业康复的权利,保障工伤职工及其供养家属获得物质帮助的权利,尊重和肯定劳动者工作的价值和为工作奉献的精神,解除了劳动者及其家庭的后顾之忧,有利于社会安定;第二,实行工伤保险,以社会统筹的工伤保险基金为职工提供物质帮助和经济补偿,有效地分散了用人单位的工伤风险,保障用人单位在发生工伤事故后,生产能正常进行;第三,通过对保险金缴纳实行差别费率和浮动费率等措施,督促用人单位加强劳动安全卫生工作,客观上起到促进工伤预防,减少工伤危险的作用。

工伤保险作为独立的社会保险险种,其区别于其他险种的特征有:(1)投保人是用人单位,工伤保险费由用人单位或雇主缴纳,劳动者个人不缴纳任何费用。被保险人是与该用人单位建立了劳动关系的职工。(2)工伤保险所保之"险"是职业的危险,指在生产工作中的工伤事故和职业性有害因素对职工健康和生命造成的危险。(3)工伤保险实行无过错责任原则,即无论职业伤害责任属于用人单位还是属于其他人或者受伤者本人,受伤者都应得到必要的补偿。(4)工伤保险制度除了对被保险人进行补偿,还包括预防事故发生和帮助伤者康复。

劳动者享受工伤保险待遇一般需要经过工伤认定、劳动鉴定和工伤评残、工伤保险金的发放等几个程序。工伤的认定是由法律规定的机构对特定伤害是否属于工伤范围进行鉴定确认,工伤认定通常由专门的工伤认定机构或者由劳动行政部门主管;劳动鉴定是鉴定机构根据法定的鉴定标准,对工伤事故或患职业病的劳动者伤残后丧失劳动能力的程度和护理依赖程度进行的鉴定;工伤保险金的发放是劳动者因工负伤(未残疾)或死亡的,其本人或供养家属以劳动行政部门认定工伤的决定为依据,职工伤残的,以劳动鉴定委员会的鉴定结论为依据,依法享受不同的工伤保险待遇。

(张景丽)

gongshang shui

工商税（industry and business tax） 对一切从事工商业经营的单位和个人，就其销售收入和经营业务收入征收的一种流转税。1966年1月起，我国根据"合并税种、简化征收"的方针，对国营企业征税探索简化税制的办法。1971年6月财政部在总结各地试点经验的基础上，提出了实行"工商税"的意见，并草拟了《工商税条例》。同年7月，财政部向国务院提出了《关于扩大改革工商税制试点的报告》。1972年3月31日，国务院向各省、市、自治区发布了《中华人民共和国工商税条例（草案）》。经过近一年的扩大试点，自1973年起在全国范围内全面推行。

工商税的税目是按工商税征税对象不同类别分设的法定的征税税目。开始按行业划分，后来改为按产品划分，并在改革开放以后扩大了征收的范围，调整了一些税目设置。工商税采用有差别的比例税率，基本上是根据工商统一税的税率加以简化而来的，相应地作了一些调整。工商税是从价税，《工商税条例（草案）》对计税金额的计算及对各类征税对象有各种具体的规定。工商税的纳税环节是根据社会产品在生产和流通过程中各个环节的价格内包含税款的实际情况，从有利于组织财政收入，有利于调节经济和有利于监督管理出发而确定的。工业品在生产和零售两个环节征税，农产品在采购和零售两个环节征税，进口商品在进口和零售两个环节征税。随着改革开放的深入，1983年起增加在批发环节征税。

1979年以后，实行社会主义有计划的商品经济，重视了价格、税收、信贷等经济杠杆的调节作用，所以工商税已难以适应经济发展的需要。其主要的问题在于：（1）道道征税、重复征税。这种税制造成同一产品的税负随着生产过程中流转环节的多寡而增减。那些非全能企业的税负就会很高，不利于专业化的分工和社会化协作生产的扩大。（2）批发环节不课税。在1983年以前，对批发环节不征税，使税收难以发挥在流通领域的调节作用。（3）流转税的税种过于单一，不能运用各种流转税的不同的调节功能，对生产、流通和消费进行宏观的调控，只是单纯的具有财政的功能。（4）对外商投资企业实行不同的税制。因此，我国从1979年起开展了各种调查研究和试点工作。1984年工商税制实行全面改革，工商税划分为增值税、产品税和营业税三种，盐税仍为一个独立的税种。 （王 晶）

gongshang tongyi shui

工商统一税（unified tax of industry and business） 对从事工业品生产、农产品采购、外货进口、商业零售、交通运输和服务性业务的单位或个人，根据其经营业务的流转额和业务收入所征收的税。根据当年公布的《中华人民共和国工商统一税条例（草案）》，工商统一税由过去的货物税、商品流通税、营业税和印花税合并简化而成。工商统一税对工农业产品，从生产到流通，实行两次课征制。在工业环节课征一道税，在商业零售环节再征一道税。农产品只就服务性业务的纳税环节课征一道税。进口外货在进口环节，由海关代征。交通运输和服务性业务的纳税环节，在经营者取得收入以后。工商统一税共有108个税目，采取比例税率，一个税目基本上是一个税率，个别税目包括的产品种类较多，积累水平高低悬殊时，则分订几个税率。税率的确定主要根据原有对应税种的税负来推算，保证了经济的稳定性。工商统一税按实际销售收入计税，废除了过去按照商业批发牌价计算税款的办法，同时配合税收优惠措施。工商统一税在1958年至1972年的15年中，成为中国工商税收体系中的主体税种。1973年工商税制改革时，将工商统一税并入工商税。根据对外经济交往的需要，对在中国境内的外资企业和中外合资企业，仍实行工商统一税。 （王 晶）

gongshang xingzheng guanli jiguan

工商行政管理机关（administration institution of industry and commerce） 国家赋予依法行政权力的行政执法机关。各级工商行政管理机关是各级人民政府的职能机构，主管市场监督管理和行政执法。国家工商行政管理局是国务院直属职能机构，负责组织、指导、协调全国工商行政管理工作；省、自治区、直辖市工商行政管理局是同级人民政府的职能机构，负责组织、指导、协调本行政辖区内的工商行政管理工作，对同级人民政府负责并报告工作，其业务工作接受国家工商行政管理局监督与指导；市（含地、州，下同）、县（含县级市，下同）工商行政管理局，是同级人民政府的职能机构，负责本行政辖区内的工商行政管理工作，对同级人民政府和上一级工商行政管理局负责并报告工作，业务工作接受上级工商行政管理局指导。工商行政管理机关的基本任务是：确认市场主体资格，规范市场主体行为，维护市场经济秩序，保护商品生产经营者和消费者的合法权益；参与市场体系的规划、培育；负责商标的统一注册和管理；实施对广告业的宏观指导；监督管理个体、私营经济，指导其健康发展。工商行政管理组织机构的设置，坚持精简、统一、合理分工与内部权力制约的原则；工商行政管理机关在公正、效率、廉洁的原则下，依法独立行使职权，不受非法干预。工商行政管理机关实行执法监督制度，并接受各级人大、人民政府和社会的监督；同时依照法律、法规规定，或者根据实际工作需要，工商行政管理机关还可以设立从事专项管理业务的派出机构，该派出机构在派出机关授权范围内履行职责。

工商行政管理机关体制 中央工商行政管理机关为国家工商行政管理总局,内设有:办公厅、法规司、公平交易局(下设:综合处、反不正当竞争处、反垄断处、经济检查处、打击传销办公室)、消费者权益保护局、市场规范管理司、企业注册局、外商投资企业注册局、广告监管司、个体私营经济监管司、人事教育司、外事司、商标局、商标评审委员会、机关党委、老干办、纪检组监察局。其下属事业单位有:机关服务中心、经济信息中心、中国工商报社、中国工商出版社、中国消费者报社、工商学会、培训中心、市场经济监督管理研究中心、中国个体劳动者协会、中国消费者协会、中国广告协会、中华商标协会、通达商标服务中心。1998年11月24日,国务院下发《国务院批转国家工商行政管理局工商行政管理体制改革方案的通知》,决定改革工商行政管理体制,省以下工商行政管理机关实行垂直领导,省级仍实行双重领导。工商所是区、县工商行政管理局的派出机构。工商所的人员编制、经费开支、干部管理和业务工作等由区、县工商局直接领导和管理。工商所的具体行政行为是区、县工商局的具体行政行为,但有下列情况之一的,工商所可以以自己的名义作出具体行政行为:(1)对个体工商户违法行为的处罚;(2)对集市贸易中违法行为的处罚;(3)法律、法规和规章规定工商所以自己的名义作出的其他具体行政行为。上述第(1)、(2)项处罚不包括吊销营业执照。

工商行政管理机关的基本职责 国家工商行政管理总局是国务院主管市场监督管理和有关行政执法工作的直属机构。其主要职责是:(1)研究拟定工商行政管理的方针、政策,组织起草有关法律、法规草案,制定并发布工商行政管理规章;(2)依法组织管理各类企业(包括外商投资企业)和从事经营活动的单位、个人以及外国(地区)企业常驻代表机构的注册,核定注册单位名称,审定、批准、颁发有关证照并实行监督管理;(3)依法组织监督市场竞争行为,查处垄断、不正当竞争、走私贩私、传销和变相传销等经济违法行为;(4)依法组织监督市场交易行为,组织监督流通领域商品质量,组织查处假冒伪劣等违法行为,保护经营者、消费者合法权益;(5)依法对各类市场经营秩序实施规范管理和监督;(6)依法组织监管经纪人、经纪机构;(7)依法组织实施合同行政监管,组织管理动产抵押物登记,组织监督拍卖行为,查处合同欺诈等违法行为;(8)依法对广告进行监督管理,查处违法行为;(9)负责商标注册和商标管理工作,保护商标专用权,组织查处商标侵权行为,加强驰名商标的认证和保护;(10)依法组织监管个体工商户、个人合伙和私营企业的经营行为;(11)领导全国工商行政管理业务工作;(12)开展工商行政管理方面的国际合作与交流;(13)承办国务院交办的其他事项。地方国家工商行政管理机关的职责参照总局的职责确定。

(傅智文 张维珍 郑慧玫)

gongshang xingzheng guanlisuo

工商行政管理所(administrative office for industry and commerce) 工商行政管理机关的派出机构。工商行政管理所按经济区域设立,由区、县工商局根据辖区大小、经济发展情况和管理任务需要,提出具体方案,报区、县人民政府批准。其人员编制、经费开支、干部管理和业务工作等,由其派出机关直接领导和管理。1991年4月1日经国务院批准颁布实施了《工商行政管理所条例》,对工商行政管理所的基本任务、职责、具体工作范围、具体行政行为、工作程序以及其公开办事制度和工商行政管理所工作人员的行为规范等方面都作了比较详细的规定。依据该条例,工商行政管理所的基本任务是:依据法律、法规的规定,对辖区内的企业、个体工商户和市场经济活动进行监督管理,保护合法经营,取缔非法经营,维护正常的经济秩序。在《工商行政管理所条例》规定授权范围内,工商所可以自己名义履行职责。其职责主要包括:(1)办理辖区内由区、县工商局登记管理的企业的登记和年检、换照的审查手续,并对区、县工商局核准登记的企业进行监督管理;(2)管理辖区内的集贸市场,监督集市贸易经济活动;(3)监督检查辖区内经济合同的订立及履行,调解经济合同纠纷;(4)受理、初审、呈报辖区内个体工商户的开业、变更、歇业的申请事项,对个体工商户的生产经营活动进行监督管理;(5)指导辖区内企业事业单位、个体工商户正确申请商标注册,并对其使用商标进行监督管理;(6)对辖区内设置、张贴的广告进行监督管理;(7)按规定收取、上缴各项工商收费及罚没款物;(8)宣传工商行政管理法律、法规和有关政策;(9)法律、法规规定的其他工商行政管理职责。工商行政管理所的具体工作范围要由区、县工商局依照工商行政管理的有关法律、法规和规章的规定,根据辖区内管理工作的实际需要,在其职责范围内予以确定,并报上一级工商行政管理机关备案。

(张维珍 郑慧玫)

gongshangye shui

工商业税(industry and business tax) 对在中国境内的工商业以其营业额和所得额为征税对象征收的税。根据《全国税政实施要则》,我国政务院在1950年1月31日公布了《工商业税暂行条例》,对在中国境内以营利为目的的工商事业,不分国籍、经营性质、公私企业及合作事业,分别按照其营业额和所得额,计算征收工商业税。由于当时纳税人的账册、凭证不全,征收人员的经验不足,所以很难实行查账征收。因而,当时并没有将营业税和所得税根据其性质的不同规定两个不同的税种,而是根据简化税制的原则,将它们合称为工商业税。不过在具体征收时,仍强调分别按照营业税和所得税依照规定税率计算征收。所以事实上营业税和所得税仍是相对独立的两个税种,因而称为工商业营业税和工商业所得税。在《工商业税暂行条例》中还将工商业区分为固定工商业、临时商业及摊贩业。故临时商业税和摊贩牌照税亦是工商业税的组成部分。1950年12月19日对《工商业税暂行条例》作了修正,同年12月21日财政部发布了《工商业税暂行条例实施细则》,从而使税法进一步完善。工商业税的纳税人是除了国家专卖、专制事业,贫苦艺匠、家庭副业及其他经财政部批准的以外的在中国境内以营利为目的的工商事业。营业税和所得税的纳税地都是营业行为所在地。营业税和所得税分行业规定税率,营业税共规定了12档税率。所得税的税率从5%到30%,全额累进,分级计征。营业税的税基和所得税的税基也有所不同。营业额的计算不得减除任何成本和费用。征税的方法是自报查账、依率计征,自报公议、民主评定和定期定额三种。还规定了相应的账簿、凭证的管理制度,规定了违反税法者的法律责任。1958年9月13日国务院公布并实施了《工商业统一税条例(草案)》,将货物税、商品流通税、印花税和工商业营业税合并简化为工商统一税。仅保留所得税,但是征税的对象已经有了很大的改变。 （王　晶）

工商业所得税(income tax of industry and business)　简称"所得税"。工商业税中依所得额计算征收的部分。我国1950年1月31日公布的《工商业税暂行条例》和1950年12月21日财政部发布的《工商业税暂行条例实施细则》对工商业所得税作了详细的规定。

工商业所得税的基本原则是普遍纳税;区别对待;合理负担;积极引导和简化税制。其主要内容是:(1)除了国家专卖、专制事业,贫苦艺匠、家庭副业及其他经财政部批准的以外的在中国境内以营利为目的的工商营利事业均为纳税人。但公营企业的所得额,采取提取利润上交财政部的办法,不缴纳所得税,合作事业则可以酌情减免所得税。(2)税率采取全额累进税率,为5%—30%,累进的级数为14级,后改为21级。(3)根据国家建设的需要,规定了相应的减免税条款。(4)计税依据是每营业年度或实际经营期间的收入总额减除成本、费用和损失的余额。(5)征收方法分自报查账、依率计征,自报公议、民主评定和定期定额三种。每年第二季终了估征一次,年终结账后汇算清缴。

1958年营业税从工商业税中分离出来,并入工商统一税,而原来工商业税中的所得税则保留称为"工商所得税"。1985年到1988年先后颁布了集体企业所得税、城乡个体工商业户所得税和私营企业所得税等税收条例后,"工商所得税"也就消失了。1991年7月1日起实施的《中华人民共和国外商投资企业和外国企业所得税法》和1994年1月1日施行的《中华人民共和国企业所得税暂行条例》构筑了我国现在的企业所得税征税框架,囊括了原来工商业所得税的征税范围。 （王　晶）

gongye chanpin shengchan xuke

工业产品生产许可(license of industrial product manufacture)　对保护国家安全、保护人类健康或安全、保护动植物生命或健康、保护环境等重要工业产品,由国家质检总局审查合格并取得生产许可证后才可以生产的活动的许可行为。国家质检总局在充分发挥国务院各部门和行业作用的基础上,对全国工业产品生产许可证工作实施统一管理。根据工作需要,国家质检总局授权各省、自治区、直辖市质量技术监督局、各类发证产品审查部及各类发证产品检验机构,共同完成工业产品生产许可证的受理、企业生产条件审查、产品质量检验以及材料汇总上报工作。依法设置和依法授权的产品质量检验机构,须经批准方能承担生产许可证相关产品的质量检验任务。生产《实施工业产品生产许可证制度的产品目录》中所列产品的企业,应当向省级质量技术监督局提出申请。各省级质量技术监督局受理企业的申请材料后,应在7个工作日内对符合申报条件的企业发放"生产许可证受理通知书",并上报。除法律、行政法规规定的限制条件外,任何单位不得另行附加条件,限制企业申请生产许可证。全国许可证办公室自接到各省级质量技术监督局、审查部汇总的符合发证条件的企业名单和有关材料之日起1个月内完成审定。经审定,符合发证条件的,由国家质检总局颁发生产许可证。不符合发证条件的企业应当进行认真整改,2个月后方可再次提出取证申请。新建和新转产企业,应当及时向所在地省级质量技术监督局申请生产许可证。

生产许可证　国家质检总局对符合相应标准的企业,颁发的允许生产的证明文件。生产许可证有效期一般不超过5年,自证书签发之日算起。企业应当在生产许可证有效期满前6个月内,向所在地省级质量技术监督局提出换证申请。因未按时提出申请,而延误换证时间的,由企业自行承担责任。申请取证企业持"生产许可证受理通知书",其产品在自受理通知书签发之日起6个月内仍视为有证产品。在生产许可证有效期内,产品标准发生改变的,由审查部提出重新检验和评审方案,由国家质检总局组织进行补充审查;企业生产条件发生变化的(包括改建、改制、扩建、迁移获证产品的生产地点等),应当在变化后3个月内向所在地的省级质量技术监督局提出申请,并按规定程序办理变更手续。企业名称发生变化的,应当在变更名称后3个月内向所在地省级质量技术监督局提出生产许可证证书更名申请。企业应当妥善保管生产许可证证书,因毁坏或者不可抗力等原因造成生产许可证证书遗失或者无法辨认的,应当及时在省级以上主要报纸上登报声明,同时报当地省级质量技术监督局。省级质量技术监督局应当及时受理企业补领生产许可证申请,并按规定办理补领证书手续。凡取得生产许可证的产品,企业必须在产品、包装或者说明书上标注生产许可证标记和编号。获得生产许可证的企业,不得将生产许可证标记和编号转让给他人使用。获得生产许可证的企业应当保证持续生产合格的产品。销售《目录》中产品的企业,应当保证所出售的产品已获取有效的生产许可证。生产和销售实施生产许可证管理的产品的企业必须接受各地质量技术监督部门的监督和管理。

(麻琳琳)

gongye chanquan

工业产权(industrial property right) 狭义上,工业产权指受工业产权法调整而形成的独占使用权。它是一种与工商业的发展密切相关的精神财富的专有权,属于知识产权的组成部分。广义上,工业产权包括发明、实用新型、外观设计、商标、服务标记、厂商名称、货源标记、原产地名称以及制止不正当竞争的权利。这是《保护工业产权巴黎公约》所规定的工业产权的范围,即保护对象,它原则上为所有缔约国所承认。但是,由于不同国家的具体国情,对于工业产权的性质和分类各国的认识并不统一,未能达成协议。如原产地名称,制止不正当竞争的保护等,只有少数国家从法律上给予承认。我国所称的工业产权,主要是指专利权和商标权。

(严 励)

gongye zaosheng wuran fangzhi zhidu

工业噪声污染防治制度(the institution of prevention and control of pollution of industrial noise) 工业噪声是指在工业生产活动中使用固定的设备时产生的干扰周围生活环境的声音。《中华人民共和国环境噪声污染防治法》对工业噪声的防治作了以下规定:(1)达标排放原则。在城市范围内向周围生活环境排放工业噪声的,应当符合国家规定的工业企业厂界环境噪声排放标准。产生环境噪声污染的工业企业,应当采取有效措施,减轻噪声对周围生活环境的影响。(2)申报登记制度。在工业生产中因使用固定的设备造成环境噪声污染的工业企业,必须按照国务院环境保护行政主管部门的规定,向所在地的县级以上地方人民政府环境保护行政主管部门申报拥有的造成环境噪声污染的设备的种类、数量以及在正常作业条件下所发出的噪声值和防治环境噪声污染的设施情况,并提供防治噪声污染的技术资料。造成环境噪声污染的设备的种类、数量、噪声值和防治设施有重大改变的,必须及时申报,并采取应有的防治措施。工业设备运行时发出的噪声值,应当在有关技术文件中予以注明。国务院有关主管部门对可能产生环境噪声污染的工业设备,应当根据声环境保护的要求和国家的经济、技术条件,逐步在依法制定的产品的国家标准、行业标准中规定噪声限值。(3)在城市范围内从事生产活动确需排放偶发性强烈噪声的,必须事先向当地公安机关提出申请,经批准后方可进行。当地公安机关应当向社会公告。未经当地公安机关批准,进行产生偶发性强烈噪声活动的,由公安机关根据不同情节给予警告或者处以罚款。(4)排放环境噪声的单位违反规定,拒绝环境保护行政主管部门或者其他依法行使环境噪声监督管理权的部门、机构现场检查或者在被检查时弄虚作假的,环境保护行政主管部门或者其他依法行使环境噪声监督管理权的监督管理部门、机构可以根据不同情节,给予警告或者处以罚款。

(刘利晋)

gongzi

工资(wage) 用人单位根据国家的有关规定以及劳动合同和集体合同规定的标准,按照劳动的数量和质量,以货币形式定期直接支付给劳动者的劳动报酬。工资的特征是:(1)工资由劳动者基于劳动关系而获得;(2)工资的支付标准必须事先规定;(3)工资应当以法定货币形式定期支付;(4)工资的支付以劳动者提供的劳动数量和质量为依据。工资分配的基本原则是:(1)国家对工资总量实行宏观调控的原则;(2)以按劳分配为主的各种分配方式并存的原则;(3)同工同酬原则;(4)工资水平在经济发展的基础上逐步提高的原则。

工资立法概况 国际立法:1938年通过《工资和工时公约(土著人)》;1949年通过《工资保障公约》;1951年通过《同工同酬公约》(第100号);1952年通过《带薪休假公约(农业)》(第101号);1970年通过《带薪休假公约(修订)》(第132号);1976年通过《带薪年休假公约(海员)》(第146号)。

其他国家立法:世界各国工资立法的形式有所不同,有些国家是在劳动法典或劳动标准的基本法中设专章或专篇,也有许多国家制定专项工资法规。从立法内容上看,各国比较重视工资保障立法,一般对最低工资标准、工资支付手段等方面的内容作出规定。

1976年日本颁布《工资保障法》；瑞典1970年实施《雇主扣发工资条例》和《破产企业工资支付条例》。

我国劳动部1993年发布《国营企业工资总额同经济效益挂钩规定》，1994年发布《工资支付暂行规定》；1994年《劳动法》对工资进行了专章规定；劳动和社会保障部2000年发布《工资集体协商试行办法》。

工资制度 目前，我国企业、事业单位和国家机关分别实行不同的工资制度：企业和实行企业化管理的事业单位的工资制度包括等级工资制、效益工资制和岗位工资制；事业单位和国家机关的工资制度按照国务院1993年发布的《机关工作人员工资制度的改革方案》和《事业单位工作人员工资制度的改革方案》执行。工资形式是指计量劳动和支付工资的方式。工资一般包括计时工资、计件工资、奖金、津贴、补贴和年薪，以及特殊情况下支付的工资。工资应以法定货币支付，不得以实物及有价证券替代货币支付；支付工资时，用人单位必须书面记录支付劳动者工资的数额、时间、领取者的姓名以及签字，并保存两年以上备查；支付工资时，应向劳动者提供一份其个人的工资清单；工资必须在用人单位与劳动者约定的日期支付，如遇节假日或休息日，则应提前在最近的工作日支付；工资至少每月支付一次，实行周、日、小时工资制的可按周、日、小时支付工资。

特殊情况下的工资是指用人单位在非正常的条件下，依法支付给劳动者的工资。其中包括：(1) 劳动者履行国家和社会义务期间的工资。包括：依法行使选举权或被选举权；当选代表出席乡（镇）、区以下政府、党派、工会、青年团、妇女联合会等组织召开的会；出任人民法庭证明人；出席劳动模范、先进工作者大会；不脱产工会基层委员会委员因工会活动占用的生产或工作时间；其他依法参加的社会活动。(2) 加班加点工资。包括：安排劳动者延长工作时间的，支付不低于工资的150%的工资报酬；休息日安排劳动者工作又不能安排补休的，支付不低于工资的200%的工资报酬；法定休假日安排劳动者工作的，支付不低于工资的300%的工资报酬。(3) 年休假工资。(4) 探亲假工资。(5) 婚假、丧假工资。(6) 停工、停产期间的工资。

用人单位不得克扣和无故拖欠劳动者的工资。用人单位可以代扣劳动者工资的条件包括：用人单位代扣代缴个人所得税；用人单位代扣代缴应由劳动者负担的各项社会保险费用；法院判决、裁定中要求代扣的抚养费、赡养费；法律、法规规定从劳动者工资中扣除的其他费用。

劳动保障行政部门、人民银行和工会对工资待遇、工资法的执行和工资的管理享有监察权和监督权。

（邵 芬）

gongzi jiangjin fenpeiquan
工资、奖金分配权（wage, award distributes authority） 企业在根据"工效挂钩"办法确定相应提取的工资总额内，自主使用、自主分配工资和奖金的权利。它包括：(1) 企业有权根据职工的劳动技能、劳动强度、劳动责任、劳动条件和实际贡献，决定工资、奖金的分配档次。企业可以实行岗位技能工资制或者其他适合本企业特点的工资制度，选择适合本企业的具体分配形式。(2) 企业有权制定职工晋级增薪、降级减薪的办法，自主决定晋级增薪、降级减薪的条件和时间。(3) 除国务院另有规定外，企业有权拒绝任何部门和单位提出的，由企业对职工发放奖金和晋级增薪的要求。

（方文霖）

gongzi he jiangjin fenpei zhidu
工资和奖金分配制度（system of wage and award distribution） 规范企业职工工资、奖金分配管理的法律制度制度。企业的工资总额依照政府规定的工资总额与经济效益挂钩办法确定，企业在相应提取的工资总额内，有权自主使用、自主分配工资和奖金。《中华人民共和国劳动法》规定：用人单位根据本单位的生产经营特点和经济效益，依法自主确定本单位的工资分配方式和工资水平。企业工资分配是企业将符合国家政策规定，通过合法经营和职工诚实劳动所获得的集体劳动报酬分配给职工个人的全过程。搞好企业内部工资分配应遵循以下基本原则：企业职工工资随经济效益的提高而有计划、按比例逐步增长；认真贯彻按劳分配原则，把工资分配同职工个人的技术高低、责任大小、劳动轻重、劳动条件好坏、劳动贡献多少紧密联系起来，体现多劳多得、少劳少得，着力克服平均主义，同时反对收入差距悬殊；企业在认真贯彻执行国家有关工资分配的政策、法规、制度的前提下，享有从实际出发搞好内部分配的自主权；企业内部工资分配要留有余地，以丰补歉，兼顾国家、企业、职工个人三者利益，兼顾企业内部各方面利益，兼顾企业眼前利益和长远利益；坚持物质鼓励与精神鼓励相结合的原则。

最低工资制 国家实行最低工资保障制度。最低工资的具体标准由省、自治区、直辖市人民政府规定，报国务院备案。用人单位支付劳动者的工资不得低于当地最低工资标准。确定和调整最低工资标准应当综合参考下列因素：劳动者本人及平均赡养人口的最低生活费用；社会平均工资水平；劳动生产率；就业状况；地区之间经济发展水平的差异。

差别工资制 企业有权根据职工的劳动技术、劳动强度、劳动责任、劳动条件和实际贡献，决定工资、奖金的分配档次。企业可以实行岗位技能工资制或者其他适合本企业特点的工资制度，选择适合本企业的具体分配形式。企业有权制定职工晋级增薪、降级减薪的办法,自主决定晋级增薪、降级减薪的条件和时间。企业应加强定员定额的管理,建立健全科学的劳动评价制度,应从实际情况出发,改进和完善现行计时工资、计件工资、浮动工资、定额工资、承包工资、提成工资、奖金津贴等工资形式,将灵活多样的工资形式与企业基本工资制度有机地结合起来,使职工的工资收入同其提供的劳动实绩紧密相联系,根据考核结果浮动计发。

企业应正确处理企业内部各类人员的工资关系,在按照国家规定提取的工资总额范围内,根据内部各类人员的劳动差别正确确定其工资差别。企业经营者的工资收入水平,应根据本企业完成承包经营任务、经济效益提高的幅度和职工收入增长幅度以及企业规模大小、生产经营的责任轻重、风险程度等因素合理确定。企业应合理拉开技术复杂、艰苦繁重岗位职工与一般岗位职工之间的工资差距,在内部分配中应向技术复杂、艰苦繁重岗位倾斜,以利于稳定这些岗位的职工队伍;同时,应使责任重、贡献大的专业技术人员和管理人员的工资、奖金水平高于一般技术、管理人员。被企业聘任的中级、高级专业技术人员,以及被省或部级高级技术职务评审委员会确认已取得优异成绩或作出重大贡献的少数高级专业技术人员,企业在统筹考虑内部各类人员工资关系的前提下,可根据经济效益和其本人工资的具体情况予以适当安排,逐步提高到相应的工资标准。企业应建立职工考核增资制度。按照全面考核、合理使用和各尽所能、按劳分配的原则,对职工进行日常生产工作实绩的考核和技术业务理论及实际工作能力的考核,将考核结果作为增加职工基本工资的重要依据之一。

工资储备金 企业应建立健全工资储备金制度,专项存储,用于以丰补歉和深化工资制度改革。工资储备金的提留,可根据企业当年新增效益工资或奖励基金的多少和职工平均工资水平的高低区别确定。

民主监督 企业应建立健全内部工资分配的民主监督制度,充分发挥工会、职工代表大会的作用。企业经营者和职工工资调整及奖金分配方案,都要经过职工代表大会审查同意方可实行。企业劳资部门要和工会密切合作,及时地把国家对企业的分配政策、企业经济效益、内部各类人员工资奖金的分配方案以及分配结果等情况向全体职工公布。工会和职工代表大会有权对工资分配方案的实施进行检查、监督,并积极提出改进建议。 （雷雨波　周　旋）

gongzi zong'e yu jingji xiaoyi guagou
工资总额与经济效益挂钩(the total salary in relate of the economic results) 实行承包经营责任制要正确处理国家、集体和个人的利益关系。法律把"实行工资总额与经济效益挂钩"作为承包经营责任制的主要内容加以规定,为企业在正确处理其与国家利益分配关系的基础之上,对其与职工个人利益关系的调整确立了基本方式和途径,这有利于把职工工资的增长与企业效益联系起来,使工资总额增长低于劳动生产率增长幅度,进而控制消费基金的膨胀;同时也有利于调动企业职工的积极性。工资总额与经济效益挂钩的具体形式可依据国家的规定和企业的实际情况确定。在实践中常见的做法主要有:工资总额与上交税利挂钩;工资总额与实现的销售量和企业盈利挂钩;工资总额与出口创汇额挂钩;工资总额与实际工作量或完成的工作任务挂钩等等。企业可以从其生产经营的性质及内部管理的具体情况出发灵活掌握。

（方文霖）

gongzuo shijian
工作时间(work time) 又称为劳动时间,劳动者在法律规定的时间内从事生产和活动的时间。1866年第一国际代表大会根据马克思的提议,提出了"八小时工作"的口号;1919年巴黎和会通过的《国际劳动宪章》对八小时工作作了规定。1802年英国议会通过《学徒健康与道德法》;1855年澳大利亚悉尼石匠工会通过斗争,争取到八小时工作制;1908年新西兰进行了八小时工作制的立法;苏联在1917年十月革命取得胜利的第四天,即颁布了八小时工作时间令;1918年德国颁布《工作时间法》;1938年美国颁布《公平劳动标准法》;1976年日本颁布《劳动标准法》,1999年颁布《劳动基准法》;第一次世界大战后,世界上大多数国家都实行八小时工作制;1985年,在150个国际劳工成员国中,有80个国家的周工时不超过48小时,其中大部分为40小时。从20世纪70年代以来,欧美国家出现工时缩短的趋势,有的国家的周工时缩短到35小时;北欧挪威等国的周工时仅为30小时;目前,许多发达国家普遍实行6小时日工作制。工时的缩短可以造成劳动力事实上的短缺,从而可从一定的程度上避免劳动者在劳动力市场上"竞卖"自己的非人性化的现象。自20世纪90年代以来,随着资讯时代的到来,不但工时的弹性化成为普遍,而且在家里上班也成为了一些发达国家的上班方式。"变形工作时间制"的出现使传统的工时制度面临着一定的挑战。

我国最早的工作时间法是1923年北洋政府颁布的《暂行工厂通则》。新中国成立后,1952年政务院发布的《关于劳动就业的问题的决定》中有关于八小时工作制的内容;1960年中共中央发布《关于在城市坚持八小时工作制的通知》;1994年1月国务院发布《关于职工工作时间的规定》,规定从1994年3月1日起,国家机关、企事业单位和其他组织的职工,实行每日工作8小时,平均每周44小时的工作制度;1994年7月国家颁布的《中华人民共和国劳动法》第36条规定:"国家实行劳动者每日工作时间不超过8小时,平均每周工作时间不超过44小时的工时制度";1995年国务院发布《关于修改〈国务院关于职工工作时间的规定〉的决定》,确立了我国劳动者每日工作时间不超过8小时,平均每周工作时间不超过40小时的工时制度;1994年劳动部发布《关于企业实行不定时工作制和综合计算工时工作制的审判办法》。

工作时间包括工作日和工作周。

工作日的种类有:(1)标准工作日。指国家法律规定,在正常情况下,一般职工从事工作或劳动的时间。目前,我国实行的标准工作时间为每日工作8小时,每周工作时间40小时。(2)缩短工作日。指在特殊情况下劳动者实行的少于标准工作时间长度的工时形式。在特殊情况下从事劳动和有特殊情况,需要缩短工作时间的,应该按照国家有关规定审批和执行。目前,我国已实行缩短工作日的劳动者主要有:从事矿山、井下、高山、有毒有害、特别繁重体力劳动的劳动者;从事夜班工作的劳动者;哺乳期内及怀孕7个月以上的女职工;未成年工。(3)不定时工作日。指无固定工作时数限制的工作日。适用于:企业中的高级管理人员、外勤人员、推销人员、部分值班人员和其他因工作无法按标准工作时间衡量的职工;企业中的长途运输人员、出租汽车司机和铁路、港口、仓库的部分装卸人员以及因工作性质特殊,需机动作业的职工;其他因生产特点、工作特殊需要或职责范围的关系,适合实行不定时工作制的职工。(4)综合计算工作日。指分别以周、月、季、年等为周期,综合计算工作时间,但其平均日工作时间和平均周工作时间应与法定标准工作时间基本相同的工作日。适用于:交通、铁路、邮电、水运、航空、渔业等行业中因工作性质特殊,需连续作业的部分职工;地质及资源勘探、建筑、制盐、制糖、旅游等受季节和自然条件限制的行业的部分职工;其他适合实行综合计算工时工作制的职工。(5)弹性工作日。指在工作周时数不变和标准工作日的基础上,按照预先规定的办法,由职工个人自主安排工作时间长度的工作日。只要保证每天核心工作时间(上午9时至11时,下午1时半至4时半或者2时至5时)不缺勤,职工可以个人安排上下班时间。(6)非全时工作日。指少于标准工作日或缩短工作日工作时间长度的工作日。劳动者按照自己的意愿,可以在1天内只工作几小时,也可以在1周内只工作几天。适用于妇女、老年人、残疾人、退休人员等。(7)延长工作日。指超过标准工作时间长度的工作时间。我国《劳动法》第41条对延长工作时间进行了限制,然而,在以下几种特殊情况下,用人单位延长工作时间不受限制:发生自然灾害、事故或者因其他原因,威胁劳动者生命健康和财产安全,需要紧急处理的;生产设备、交通运输线路、公共设施发生故障,影响生产和公众利益,必须及时抢修的;在法定节日和公休假日内工作不能间断的;必须利用法定节日或公休假日的停产期间进行设备检修、保养的;为了完成国防紧急生产任务,或者完成上级在国家计划外安排的其他紧急生产任务,以及商业、供销企业在旺季完成收购、运输、加工农副产品紧急任务的;法律、行政法规规定的其他情形。

工作周 工作周是法律规定的劳动者在一周(7天)内从事劳动和工作的时间。工作周以日历周为计算单位,一年内有52个工作周。劳动者在一周内工作40小时,即每周工作5天、休息2天的称为"标准工作周"。

(邵芬)

gongbu tongji ziliao

公布统计资料(publication of statistics) 有关部门按照法律规定的程序和手续把统计资料向社会公开的行为。公布统计资料,是向社会提供统计信息服务、实现统计资料社会价值的重要形式。公布统计资料,便于人们了解国情国力,对国民经济和社会发展情况实行有效的、全面的监督;也使世人了解我国社会主义现代化建设的成果。《中华人民共和国统计法》第14条规定:"国家统计局和省、自治区、直辖市的人民政府统计机构依照国家规定,定期公布统计资料。各地方、各部门、各单位公布统计资料,必须经本法第12条规定的统计机构或者统计负责人核定,并依照国家规定的程序报请审批。"《统计法实施细则》明确规定:国家统计局统计调查取得的统计数据,由国家统计局公布。国务院有关部门统计调查取得的统计数据,由国务院有关部门公布;其中,与国家统计局统计调查取得的统计数据有重复、交叉的,应当在同国家统计局协商后,由国务院有关部门公布。国务院有关部门公布统计数据,应当自公布之日起10日内报国家统计局备案。县级以上地方各级人民政府统计机构和有关部门公布其统计调查取得的地方统计数据,比照上述规定执行。

(董金良)

gongkai shichang yewu

公开市场业务(open market operation) 中央银行在金融市场上公开买卖有价证券和外汇,从而起到调节货币供给和信用作用的一种业务活动。公开市场业务的作用首先是对货币供应量的影响。当经济发展需要收紧银根时,中央银行可以通过在公开市场上卖出有价证券和外汇,减少市场上相应数量的基础货币,从而增加货币供应量,引起社会信用的收缩;当银根需要放松时,中央银行可以通过在公开市场上买进有价证券和外汇,实际上等于中央银行向社会投入一定数量的基础货币,从而间接地促进社会信用的扩张。也就是说,中央银行买进或卖出有价证券意味着进行基础货币的吞吐,从而达到增加或减少货币供应量的目的。同时,中央银行通过买卖国债等有价证券,可以影响国债的供求和国债利率,从而公开市场业务还可以间接影响商业银行的利率水平和利率结构。

与其他货币政策工具相比,公开市场业务这一货币政策工具具有机动性、灵活性和柔和性的优点。中央银行可根据经济和金融发展的情况及时地、自主地运用公开市场业务这一货币政策工具,在公开市场上吞吐有价证券的数量和种类。公开市场业务的频率可快可慢,规模可大可小,其调节方向可依据市场情况随时改变。并且公开市场业务天天都可以进行,一般不会导致人们的预期心理;它在渐进和潜移默化中将货币政策的意图贯彻下去,并根据金融市场的反应随时调整操作的方向和力度,发现决策或操作有误,还可以及时修正,一般不会对银行体系产生较大突然的冲击和震动。由于公开市场业务的上述优点,目前大多数国家将公开市场业务视为中央银行进行宏观信用调节的法宝之一。

中央银行进行公开市场业务应具备一定的条件:(1)中央银行应具备强大的资金实力,这是进行公开市场业务的前提。因为只有中央银行拥有足够的资金,才能干预和控制金融市场,从而影响社会信用供给。(2)整体经济和金融市场较为发达,具备相当种类和数量的证券。只有证券数量充足、种类丰富,中央银行才能有选择地进行买卖,吞吐足够数量的货币,促进货币政策的实现。(3)金融体制健全,金融监管有效。只有这样,商业银行和其他金融机构才能对中央银行的宏观调控信息作出正确的反应。

我国金融市场的发展尚处于起步阶段,中国人民银行的公开市场业务也启动不久。但公开市场业务是较为理想的货币政策工具,随着我国市场经济体制的建立和不断完善,证券市场的进一步发展,公开市场业务这一货币政策工具必将被中国人民银行重点运用。

(王连喜)

gongkai zhaobiao caigou

公开招标采购(public bidding purchase) 采购机关或其委托的政府采购业务代理机构以招标公告的方式邀请不特定的供应商投标的采购方式,是政府采购的主要方式。我国国务院及各省、自治区、直辖市人民政府,对采用公开招标采购的采购项目作出具体规定。而公开招标采购的具体程序,由《政府采购法》作了原则性的规定。此外,财政部制定的《政府采购招标投标管理暂行办法》以及《政府采购管理暂行办法》则对政府采购中的公开招标采购作出了详细的规定。而所有招、投标行为都必须遵守《中华人民共和国招标投标法》的规定。

(杨云鹏)

gonglu

公路(highway) 联结城市、乡村和工矿基地等主要行驶汽车并具备一定技术条件和设施的道路。《中华人民共和国公路法》中的公路包括公路、桥梁、公路隧道和公路渡口。这意味着在我国公路桥梁、公路隧道和公路渡口的规划、建设、养护、经营、使用和管理方面都适用《公路法》规定的有关公路的一般规定。

根据使用任务、功能、适应的交通量,公路分为高速公路、一级公路、二级公路、三级公路、四级公路。高速公路,是专供汽车分向、分道行驶并全部控制的干线公路。一级公路是供汽车分向、分道行驶的公路。汽车分车道行驶的公路,一般能适应按各种汽车折合成小客车的远景设计年限年平均昼夜交通量为15000—30000辆。通常一级公路是连接重要的经济、政治、文化中心通往重点工矿区、港口、机场专供汽车分道行驶并部分控制出入的公路。二级公路是供汽车分向、分道行驶的公路。一般能适应各种车辆折合成中型载重汽车的远景设计年限年平均昼夜交通量为3000—7500辆。二级公路是连接政治经济中心或大工矿区、港口、机场等专供汽车行驶的公路。三级公路是供汽车分向、分道行驶的公路。能适应各种车辆折合成中型载重汽车的远景设计年限年平均昼夜交通量为1000—4000辆。三级公路是沟通县及县以上城市的一般干线公路。四级公路是供汽车分向、分道行驶的公路。一般指能适应各种车辆折合成中型载重汽车的远景设计年限年平均昼夜交通量为双车道1500辆以下,单车道200辆以下,是沟通县、乡、镇、村的支线干路。

(张旭娟 柴 坚)

gonglufa

《公路法》(Highway Act) 《中华人民共和国公路法》于1997年7月3日第八届全国人民代表大会常务委员会第二十六次会议通过,根据1999年10月31日第九届全国人民代表大会常务委员会第十二次会议《关于修改〈中华人民共和国公路法〉的决定》进行修正。制定本法的目的是:加强公路的建设和管理,促进公路事业的发展,以适应社会主义现代化建设和人民生活的需要。本法共9章87条。包括:总则、公路规划、公路建设、公路养护、路政管理、收费公路、监督检查、法律责任、附则等内容。

公路规划 公路规划是根据国民经济和社会发展以及国防建设的需要来编制,与城市建设发展规划和其他方式的交通运输发展规划相协调。

公路建设 筹集公路建设资金,除各级人民政府的财政拨款外,可以依法向国内外金融机构或者外国政府贷款。按照国家有关规定,公路建设实行法人负责制度、招标投标制度和工程监理制度等;选择具有相应资格的勘查设计单位、施工单位和工程监理单位,依照有关规定和公路工程技术标准的要求,分别签订合同,明确双方的权利义务。承担公路建设项目的单位,必须持有国家规定的资质证书,依据公路工程技术标准要求实施,以保证公路工程质量。公路建设应当贯彻保护耕地、节约用地的原则;对依法使用土地和搬迁居民,地方各级人民政府应当给予支持和协助;公路建设项目的设计和施工,应当符合依法保护环境、保护文物古迹和防止水土流失的要求。公路建设项目和公路修复项目竣工后,应当按照国家有关规定进行验收;建成的公路,应当按照国务院交通主管部门的规定设置明显的标志、标线。

公路养护 公路管理机构应当按照国务院交通主管部门规定的技术规范和操作规程对公路进行养护,保证公路经常处于良好的技术状态。国家采用依法征税的办法筹集公路养护资金。县、乡级人民政府对公路养护需要的挖砂、采石、取土以及取水,应当给予支持和协助;应当在农村义务工的范围内,按照国家有关规定组织农村居民履行为公路建设和养护提供劳务的义务。因严重自然灾害致使国道、省道交通中断,公路管理机构应当及时修复。公路管理机构负责公路用地范围内的水土保持。公路绿化工作,由公路管理机构按照公路工程技术标准组织实施。公路用地上的树木,不得任意砍伐。

路政管理 各级地方人民政府应当采取措施,加强对公路的保护。任何单位和个人不得擅自占用、挖掘公路。因修建铁路、机场、电站等其他建设工程需要占用、挖掘公路或者使公路改线的,建设单位应当事先征得有关交通主管部门的同意;影响交通安全的,还须征得有关公安机关的同意。跨越、穿越公路修建桥梁、渡槽或者架设、埋设管线等设施,以及在公路用地范围内架设、埋设管线、电缆等设施,应当事先经有关交通主管部门同意;所实施设施应当符合公路工程技术标准的要求。对公路造成损坏的,应当按照损坏程度给予补偿。不得在公路两侧一定距离内进行危及公路、公路桥梁、公路隧道、公路渡口安全的活动;可能损害公路路面的机具,不得在公路上行驶;在公路上行驶的车辆的轴载质量应当符合公路工程技术标准要求;运载不可解体的超限物品的,应当按照指定的时间、路线、时速行驶,并悬挂明显标志。

收费公路 国家允许依法设立收费公路,同时对收费公路的数量进行控制。符合国务院交通主管部门规定的技术等级和规模的下列公路,可以依法收取车辆通行费:(1)由县级以上地方人民政府交通主管部门利用贷款或者向企业、个人集资建成的公路;(2)由国内外经济组织依法受让前项收费公路收费权的公路;(3)由国内外经济组织依法投资建成的公路。收费公路的收费期限,按照收费偿还贷款、集资款的原则确定。有偿转让公路收费权的公路,收费权转让后,由受让方收费经营。国道以外的其他公路收费权的转让,必须经省、自治区、直辖市人民政府批准,并报国务院交通主管部门备案。收费公路车辆通行费的收费标准,由公路收费单位提出方案,报省、自治区、直辖市人民政府交通主管部门会同同级物价行政主管部门审查批准。收费公路的具体管理办法,由国务院依照本法制定。

监督检查 交通主管部门、公路管理机构依法对有关公路的法律、法规执行情况进行监督检查。公路监督检查人员依法在公路、建筑控制区、车辆停放场所、车辆所属单位等进行监督检查时,任何单位和个人不得阻挠。公路监督检查人员执行公务,应当佩戴标志,持证上岗。

法律责任 违反法律或者国务院有关规定,擅自在公路上设卡、收费的,由交通主管部门责令停止违法行为,没收违法所得,可以处以罚款;对负有直接责任的主管人员和其他直接责任人员,依法给予行政处分。违反规定擅自施工的,造成公路路面损坏、污染或者影响公路畅通的,在公路用地范围内设置公路标志以外的其他标志的,在公路建筑控制区内修建建筑物、地面构筑物或者擅自埋设管线、电缆等设施的,交通主管部门可以责令停止施工、责令限期拆除,并可处以罚款等处罚。构成犯罪的,依法追究刑事责任;对公路造成损害的,应当依法承担民事责任。交通主管部门、公路管理机构的工作人员玩忽职守、徇私舞弊、滥用职权,构成犯罪的,依法追究刑事责任;尚不构成犯罪的,依法给予行政处分。

(樊 华 陈 磊)

gonglu falü zeren

公路法律责任(legal liabilities of highway) 违反《中华人民共和国公路法》应承担的法律责任。分为三类:行政责任、刑事责任、民事责任。行政责任有:(1)法律或者国务院有关规定,擅自在公路上设卡、收费的,由交通主管部门责令停止违法行为,没收违法所得,可以处违法所得3倍以下的罚款,没有违法所得的,可以处2万元以下的罚款;对负有直接责任的主管人员和其他直接责任人员,依法给予行政处分;在公路用地范围内设置公路标志以外的其他标志的,由交通主管部门责令限期拆除,可以处2万元以下的罚款。(2)未经有关交通主管部门批准擅自施工的,交通主管部门可以责令停止施工,并可以处5万元以下的罚款。(3)交通主管部门有权责令停止下列行为,可以处3万元以下的罚款:擅自占用、挖掘公路的;未经同意或者未按照公路工程技术标准的要求修建桥梁、渡槽或者架设、埋设管线、电缆等设施的;从事危及公路安全的作业的;铁轮车、履带车和其他可能损害路面的机具擅自在公路上行驶的;车辆超限使用汽车渡船或者在公路上擅自超限行驶的;损坏、移动、涂改公路附属设施或者损坏、挪动建筑控制区的标桩、界桩,可能危及公路安全的。(4)未经批准在公路上增设平面交叉道口的,由交通主管部门责令恢复原状,处5万元以下的罚款。(5)在公路建筑控制区内修建建筑物、地面构筑物或者擅自埋设管线、电缆等设施的,由交通主管部门责令限期拆除,处5万元以下的罚款。(6)造成公路路面损坏、污染或者影响公路畅通的,将公路作为试车场地的,由交通主管部门责令停止违法行为,处5000元以下的罚款。(7)公路损坏,未报告的,由交通主管部门处1000元以下的罚款。(8)阻碍公路建设或者公路抢修,致使公路建设或者抢修不能正常进行,尚未造成严重损失的,处15日以下拘留、200元以下罚款或者警告。(9)损毁公路或者擅自移动公路标志,可能影响交通安全,尚不构成刑事处罚的,处15日以下拘留、200元以下罚款或者警告。(10)拒绝、阻碍公路监督检查人员依法执行职务未使用暴力、威胁方法的,处15日以下拘留、200元以下罚款或者警告。同时,违反《公路法》规定,构成犯罪的,依法追究刑事责任。违反《公路法》有关规定,对公路造成损害的,依法应当承担民事责任。交通主管部门、公路管理机构的工作人员玩忽职守、徇私舞弊、滥用职权,构成犯罪的,依法追究刑事责任;尚未构成犯罪的,依法给予行政处分。　　　　　　　　(张旭娟　柴　坚)

gonglu fushu sheshi
公路附属设施(auxiliary facilities to highway)　为保护、养护公路和保障安全畅通所设置的公路防护、管理、排水、服务、交通安全、渡运、监控、通信收费等设施、设备以及专用建筑物等。具体包括:(1)交通安全设施;(2)公路管理设施,不同等级的公路按相应规定设立公路交通标志、标线、立面标记电话、公路信息板、公路通讯、监控收费等交通管理设施;(3)公路防护设施,在各级公路上由于积雪、坠石等妨碍交通安全的地点根据实际情况设立的防护设施;(4)公路服务设施;(5)公路排水设施;(6)公路房屋管理(包括生产生活用房和场地);(7)在公路用地范围内进行的绿化(美化路容,保护环境)及其设施。　　(张旭娟　柴　坚)

gonglu gongcheng jianli
公路工程监理(highway projects supervising)　依据公路工程建设法律、法规和技术标准以及施工合同文件,综合运用法律、经济、行政和技术手段对工程建设参与者的行为和他们的责权利进行必要的协调和约束,保证工程建设井然有序地进行,达到工程建设多快好省和取得最大投资收益的行为。具体是指已经取得交通部颁发的公路工程监理资格证书的监理单位受建设单位委托或指定对施工的工程合同、质量、工期等进行全面的监督与管理。　　(张旭娟　柴　坚)

gonglu guifei
公路规费(highway toll)　依法律法规和规章设定的旨在征收以用于基础设施(公路桥梁、公路渡口、公路隧道等)的养护、维修、技改、建设和管理的专项基金。公路规费的缴纳具有强制性,征收主体是交通主管部门,缴纳的义务主体是使用公路及其设施的车辆拥有者和使用人等公路的受益人。公路规费包括公路养路费、车辆购置附加费、车辆通行费和过渡费。

公路养路费　国家按照以路养路的原则,由公路交通主管部门及其授权的公路管理机构向有车单位和个人征收的用于公路养护、维修、技术改造、改善的专项事业费。它是一种专款专用的国家预算外资金,是我国用于公路养护改善等工程中最基本最稳定的资金来源。公路养路费的特征:(1)合法性:我国公路养路费均是依照公路法等法律法规设立和征收的。(2)政策性:我国公路养路费制度从我国国情出发,按照不同的情况确定不同的收费标准。(3)有偿性:公路法养路费的缴纳人缴纳是以公路交通主管部门和管理机构为其提供公路基础设施服务与管理为代价的,体现了公路交通主管部门和管理机构与纳费户之间的交换关系。(4)强制性:养路费的缴纳人必须履行缴纳义务。(5)固定性:公路养路费的征收严格依照法律、法规进行。(6)专用性:公路养路费具有专款专用的性质。(7)时效性:公路养路费的缴纳有一个固定的期限,缴纳人必须按时履行缴纳义务,否则应承担一定的法律责任。

车辆购置附加费　依法向车辆购买者或者使用者征收的用于公路建设、加速公路发展,保证公路建设专用的长期稳定的专项资金。

车辆通行费　通过利用贷款或集资修建的公路、桥梁、隧道,可根据法律法规的规定,按照有关规章标准向有关方面缴纳的一定数额的道桥还贷、维修养护管理的专项费用。

过渡费　依法设立经营公路渡口的专营性公司或单位、部门、机构等按规定向过渡者收取的渡运费。过渡费的设立必须有法律依据,其目的在于加强公路渡口的管理,改渡为桥。过渡费主要用于改善渡口的渡运条件,以保证渡口正常的工作经费和维修经费。

（张旭娟 柴 坚）

gonglu guihua

公路规划（planning of highway） 比较全面的长远的公路发展计划。公路规划按照不同的标准,可分为国家规划、地方规划;远景目标规划、近期间发展规划;国道规划、省道规划、县道规划、乡道规划;公路网规划、公路密度规划;高速公路规划、国防公路规划等。公路规划应当根据国民经济和社会发展以及国防建设的需要编制,与城市建设发展规划和其他方式的交通运输发展规划相协调。

公路规划权限:(1)国道规划由国务院交通主管部门会同国务院有关部门并商国道沿线省、自治区、直辖市人民政府编制,报国务院批准;(2)省道规划由省、自治区、直辖市人民政府交通主管部门会同同级有关部门并商省道沿线下一级人民政府编制,报省、自治区、直辖市人民政府批准,并报国务院交通主管部门备案;(3)县道规划由县级人民政府交通主管部门会同同级有关部门编制,经本级人民政府审定后,报上一级人民政府批准;(4)乡道规划由县级人民政府交通主管部门协助乡、民族乡、镇人民政府编制,报县级人民政府批准。省道规划应当与国道规划相协调。县道规划应当与省道规划相协调。乡道规划应当与县道规划相协调。

（张旭娟 柴 坚）

gonglu jiandu jiancha

公路监督检查（supervision and inspection of highway） 为了使公路工程项目按照审定的规划、技术标准和规模组织建设,使公路建设按照国家规定的基本建设程序和有关法律、法规和技术标准实施,使工程质量符合检评标准和合同要求,并在公路建设和管理工作中注重保护环境、文物古迹和防止水土流失,以及使合理利用土地等政策得以真正落实,交通主管部门、公路管理机构对有关公路建设、养护、规划、保护的法律、法规的执行情况进行的监督检查。公路监督检查人员依法在公路、建筑控制区、车辆停放场所、车辆所属单位等进行监督检查时,任何单位和个人不得阻挠,并应为其提供方便。

（张旭娟 柴 坚）

gonglu jianshe

公路建设（construction of highway） 为公路运输行业提供或更新诸如路线、桥梁、隧道等固定资产的建设活动。具体包括:(1)公路工程基本建设:为了适应生产流通和经济发展的需要,扩大公路运输能力所进行的新建、改建、扩建和重建公路工程的项目。(2)公路工程大中修与改善,通过这种方式来提高和改善公路的通过能力,实现固定资产简单再生产和部分扩大再生产。(3)公路工程的小修与保养,由于公路工程构造物在长期使用过程中受到行车和自然因素的作用而不断损坏,因此公路工程的小修与保养是维护公路能够正常使用并实现固定资产简单再生产的重要手段。

（张旭娟 柴 坚）

gonglu jianshe yongdi

公路建设用地（land for highway construction） 按国家规定经过批准的公路建设项目的用地。包括新建公路用地以及改建、扩宽原有公路或增建其他公路设施等需要的建设用地。

（张旭娟 柴 坚）

gonglu jiaotong biaozhi

公路交通标志（highway traffic signs） 利用图形、符号和文字并在规定的位置向公路的使用者传递信息的空间装置。它属于公路安全设施,是公路的组成部分。根据我国《道路交通标志和标线》的规定,公路交通标志分为:(1)警告车辆、行人注意危险地点的警告标志;(2)禁止或限制车辆、行人交通行为的禁令标志;(3)指示车辆、行人行进方向的指示标志;(4)传递道路方向、地点、距离等信息的指路标志;(5)设在主要标志下面起辅助说明作用的辅助标志。

（张旭娟 柴 坚）

gonglu lühua

公路绿化（highway greening） 公路管理机构按照"巩固、完善、提高、发展"的方针,本着"因地制宜,宜乔则乔,宜灌则灌,宜花草则花草及全面规划、分步实施"的原则,根据《公路工程技术标准》的要求,对公路用地、边坡、分隔带及沿线空地等一切可绿化的公路用地实施绿化,从而逐步形成安全、舒适、优美的交通环境。

（张旭娟 柴 坚）

gonglu peichang he buchang

公路赔偿和补偿（indemnity and compensation for highway） 公民、法人或者其他组织因造成路产损坏,而向公路管理机构缴纳路产损坏赔(补)偿费的行为,以及建设单位经批准而占用、利用、挖掘公路或者使公路改线造成的损失,应当按照不低于该段公路原有技术标准予以修复、改建或者向公路管理机构给予相应的补偿的行为。

公路赔偿和补偿的程序 如果路产损坏事实清楚,证据确凿充分,赔偿数额较小,且当事人无争议的,可以当场处理。当场处理公路赔(补)偿案件,应当制作、送达"公路赔(补)偿通知书",收取公路赔(补)偿费,并出具收费凭证。除可以当场处理的公路赔(补)偿案件外,处理公路赔(补)偿案件应当按照下列程序进行:(1)立案。(2)调查取证。在调查取证中应当询问当事人及证人,制作调查笔录;需要进行现场勘验或者鉴定的,还应当制作现场勘验报告或者鉴定报告。(3)听取当事人陈述和申辩或听证。(4)制作并送达"公路赔(补)偿通知书";如果当事人对"公路赔(补)偿通知书"认定的事实和赔(补)偿费数额有异议的,可以向公路管理机构申请复核。公路管理机构应当自收到公路赔(补)偿复核申请之日起15日内完成复核,并将复核结果书面通知当事人。(5)收取公路赔(补)偿费。(6)出具收费凭证。(7)结案。如果办理公路赔(补)偿案件涉及路政处罚的,可以一并进行调查取证,分别进行处理。该规定不影响当事人依法向人民法院提起民事诉讼的法定权利。所得公路赔(补)偿费应当用于受损公路的修复,不得挪作他用。

(张旭娟　柴　坚)

gonglu yanghu

公路养护(maintenance of highway)　为了保护公路正常使用而进行的经常性保养、维修,预防和修复灾害性破坏,以及为提高公路使用质量和服务水平而进行的小修、保养、中修、大修、改善和改建工作。公路养护的目的及基本任务是:(1)经常保持公路及其设施处于完好状态,及时修复损害部分,保障行车安全、舒适、畅通;(2)采取正确的技术措施,提高养护质量,以延长公路的使用年限;(3)防治结合,整治公路存在的病害和隐患,逐步提高公路的抗灾能力;(4)对原技术标准过低的路段、构造物及沿线设施进行分期改善和改造、增建,逐步提高公路使用质量和服务水平。各级公路管理机构应当按照国务院交通主管部门规定的技术规范和操作规程对公路路基、路面、桥涵等构造物、排水设施、防护设施、绿化带、有关交通工程及沿线设施进行日常检查和巡查。同时,应及时修复损坏部分,周期性地进行大修和中修,改善公路技术状况。

(张旭娟　柴　坚)

gonglu yongdi

公路用地(land for highway)　公路两侧边沟(截水沟、坡脚护坡道)外缘起不少于1米范围的用地。公路用地的具体范围由县级以上人民政府在确保上述不少于1米范围的前提下酌情确定。根据《公路工程技术标准》的规定,公路用地的范围是新建公路路堤两侧排水沟外边缘外不少于1米的土地范围。在有条件的地段,高速公路、一级公路不少于3米,二级公路不少于2米的土地为公路用地。除此以外,公路用地还应包括立体交叉服务设施、安全设施、交通管理设施、停车设施、公路养护管理及绿化和苗圃等工程用地的用地范围。

(张旭娟　柴　坚)

gongping jiaoyiquan

公平交易权(fair trading right)　消费者享有的公平交易的权利。消费者在购买商品或者接受服务时,有权获得质量保障、价格合理、计量正确等公平交易条件,有权拒绝经营者的强制交易行为。公平交易的核心内容是消费者以一定数量的货币通过交易获得等量价值的商品或者服务,同时,消费者公平交易权还应包括在消费者活动过程中,双方平等自愿、公平合理地进行交易等内容。消费者的公平交易权意味着消费者的交易行为必须是在合理条件下由双方共同完成,而且消费者在这一过程中得到了其付出货币等价值的商品或者服务。同时在商品的质量担保、公平的价格和准确真实的计量条件下从事交易,这是公平交易的前提。合理条件是指不存在强迫性或者歧视性交易行为。强制性交易行为是指经营者违背消费者的意愿,采取威逼利诱、死搅蛮缠、硬性强塞等手段强行销售产品或者迫使消费者接受其服务的行为。

消费者公平交易权的内容主要包括:(1)消费者有权要求商品或者服务符合国家规定的质量标准,同时可以要求商品符合包装上所注明的质量状况说明。(2)消费者有权要求经营者的商品或者服务价格合理,即有权要求商品或者服务的价格与价值相符。商品价格和收费标准的制定,必须符合国家有关规定。(3)消费者有权要求商品或者服务的计量准确。计量准确应该包括两方面含义:一为计量器皿合格;二为计量时不得克扣斤两,要准确和充足。(4)消费者有权拒绝强制性交易行为,这是消费者享有公平交易权的重要体现。

(刘利晋)

gongshi cuigao chengxu

公示催告程序(Procedure of Public Summons for Exhortation)　人民法院根据丢失票据人的申请,以公告的方法,告知并催促利害关系人在指定期限内,向人民法院申报权利,如不申报权利,人民法院依法作出宣告票据无效的程序。

(田　艳)

gongsi

公司(company, corporation)　依照公司法设立的,以营利为目的的社团法人。公司具有以下特征:(1)公司是社团法人。首先,公司是法人,具有民事权利能力和民事行为能力,能以其独立的财产承担民事责任;其次,公司是社团法人,是由股东结合在一起而形成的团体,股东会由公司的全体股东组成,是公司的权力机构,能够就公司的一切重大事项作出决定。(2)公司是以营利为目的的社团法人。首先,公司创设的目的就是要获取利润以满足股东的需要;其次,公司必须在法律规定的范围内连续不断地从事生产性或服务性经营活动。(3)公司是以股东投资行为为基础而设立的。股东以其向公司永久性的投资行为为基础从公司获得股权,股权是与公司所有权伴生的,因此股东投资的产权模式是公司的主要特征之一。(4)公司必须依公司法设立。法人的设立必须要有法人据之设立的法律,公司作为法人型企业,它设立的条件、程序、股东出资方式、公司注册资本、公司组织机构的设立、公司的责任形式等等都由公司法具体规定。

依据不同的分类标准,可以将公司分为以下种类:依据股东所承担的责任形式不同,分为无限责任公司、有限责任公司、两合公司、股份有限公司和股份两合公司;依据公司的信用标准不同,分为人合公司、资合公司与人合兼资合公司;依据公司股份是否公开发行、是否可以自由转让的不同,分为封闭式公司与开放式公司;依据公司之间的控制后从属关系,分为母公司与子公司;根据公司的内部管理关系,分为本公司与分公司;依据国籍的不同,分为本国公司、外国公司与跨国公司。此外,还可以以不同的标准划分为关联公司、集团公司、全国性公司、地方性公司等。 (方文霖)

gongsi binggou
公司并购(merger and acquisition of company) 公司兼并与公司收购的简称(M&A)。通过用现金、股票或负债的方式取得目标公司的资产,实现目标公司的经营权的完全或部分的控制。其中,对目标公司的经营权的完全控制的行为叫做公司兼并,作为结果,目标公司不需经过清算而不复存在,而接受该公司全部资产与责任的另一公司仍然完全以其自己的名义继续经营,这在传统的公司法关于公司合并的理论中被称为吸收合并;取得对目标公司经营权部分控制权的行为叫做收购,其结果是目标公司仍然存续。显而易见,公司兼并与收购是不同的两个概念,只是在公司实务中习惯上将它们合称为公司并购。

公司并购是公司外部扩张的一种方式,作为市场经济条件下一种优胜劣汰的机制,具有调节生产、优化资源配置、增强公司实力与竞争力、推动经济和技术发展的积极作用。但同时公司并购也可能因加速推动经济的集中从而形成垄断,损害社会公共利益、经济民主,甚至影响社会稳定。为有效防止公司并购可能产生的负面影响并尽可能减少公司并购中不规范现象的产生,各国均通过一系列的立法来加以调整,我国也不例外。 (方文霖)

gongsi de hebing
公司的合并(consolidation of company) 两个或两个以上公司,订立协议依法定程序而归并为一个公司的法律行为。公司合并有两种形式:一是吸收合并,二是新设合并。前者是两个以上的公司在合并后,由其中一公司存续,其他公司的法人资格都归于消灭的行为;后者则是两个以上的公司在合并后,其法律资格都归于消灭而另创设一个新公司的行为。不管采取何种形式,因合并而消灭的公司,其权利和义务均由合并后存续或另立的公司承继。在我国,依照法律的规定,公司的合并应当由合并各方签订合并协议并编制资产负债表及财产清单。公司应当自作出合并决议之日起10日内通知债权人,并于30日内在报纸上公告。债权人自接到通知书之日起30日内,未接到通知书的自第一次公告之日起45日内,有权要求公司清偿债务或者提供相应的担保。公司合并时,未按上述要求通知或公告债权人的,责令改正,对公司处以1万元以上10万元以下的罚款。办理合并登记。公司合并以后,登记事项发生变更的,应当依法向公司登记机关办理变更登记。公司解散的,应当办理公司注销登记。设立新公司的,应当办理公司设立登记。 (方文霖)

gongsi de jiesan
公司的解散(dissolution of company) 公司因法律规定或公司章程规定的事由出现,致使公司的法人资格消灭的法律行为。公司解散可以分为任意解散和强制解散两类。任意解散也即自愿解散,乃是基于公司的意思而进行的解散。它表现为三种形式:(1)公司章程所规定的营业期限届满或者公司章程规定的其他解散事由出现;(2)根据股东会议的决议而解散;(3)因合并或分立需要解散。强制解散表现为两种形式:(1)主管机关依职权命令解散。这主要是因公司在生产经营活动中违反有关的法律、法规被依法责令关闭。(2)法院裁定解散。公司因不能清偿到期债务,被依法申请破产的,由人民法院依照破产法规定的程序裁定其解散。 (方文霖)

gongsi de qingsuan
公司的清算(liquidation of company) 公司解散后处分财产以了结债权债务关系的行为。《中华人民共和国公司法》规定,解散的公司除因合并、分立而解散外,应当在15日内成立清算组,有限责任公司的清算组由股东组成,股份有限公司的清算组由董事或者股东大会确定其人选,逾期不成立清算组进行清算的,债权人可以申请人民法院指定有关人员组成清算组进行清算。清算组应当自成立之日起10日内通知债权人,并于60日内在报纸上公告。债权人应当自接到通知书之日起30日内,未接到通知书的自第一次公告之日起45日内向清算组申报债权。清算组在清理公司财产、编制资产负债表和财产清单后,应当制定清算方案,并报股东会或者有关主管机关确认。清算组在清理公司财产、编制资产负债表和财产清单后,发现公司财产不足清偿债务的,应当立即向人民法院申请宣告破产。公司在清算时不按上述要求通知或公告债权人的,责令改正,并对公司处以1万元以上10万元以下的罚款。如果公司在进行清算时,隐匿财产、对资产负债表或财产清单作虚伪记载或者未清偿债务前分配财产的,则对公司处以隐匿财产或者未清偿债务前分配公司财产金额5%以上10%以下的罚款。对直接负责的主管人员和其他责任人员处以1万元以上10万元以下的罚款。

(方文霖)

gongsi de sheli

公司的设立(establishment of corporation) 促成公司成立并取得法人资格的一系列法律行为的总称。公司设立的条件,各国规定有所不同,主要有以下几项:(1)股东人数要符合法定数额。(2)具备法定的与其经营活动相适应的资本额。(3)有固定的住所。(4)有健全的组织管理机构。(5)有公司章程。设立公司是一种要式行为,必须遵守法律所规定的条件和程序,如确定发起人、订立章程、确定股东、履行出资、设置机关、注册登记等。关于公司设立的立法主义曾经过了特许主义、核准主义、自由主义、准则主义、严格准则主义等阶段。为防止滥设公司,加重成立要件及设立责任,加强国家对公司的监督,现代各国多采用严格准则主义。我国《公司法》第8条规定:设立有限责任公司、股份有限公司,必须符合本法规定的条件。符合本法规定的条件的,登记为有限责任公司或者股份有限公司;不符合本法规定的条件的,不得登记为有限责任公司或者股份有限公司。法律、行政法规对设立公司规定必须报经审批的,在公司登记前依法办理审批手续。

(方文霖)

gongsi de shehui zeren

公司的社会责任(social liability of company) 美国学者谢尔顿在1924年提出的概念。一经提出就在发达资本主义国家学界尤其是法学界和经济学界引起很大争论,因为它构成了对传统公司法基本理念的挑战。与传统公司法理念,即公司是公司股东为谋求其利益而存在的营利性组织不同,公司的社会责任的基本理念强调的是对公司股东以外其他利害关系人的利益保护,以纠正立法上对股东们利益的过度保护,从而体现出法律的公平性。股东以外的利害关系人包括公司的员工、客户及广大的社会公众。公司的管控者之所以有义务在为股东利益行使管理职能的同时保护公司利益关系人的利益,是因为公司作为一个社会上的人(法人),它占有和处置了社会上大部分的资源,也必须承担相应的社会责任,例如环境保护、社会经济稳定等方面责任。追求股东利益的最大化只能是公司价值的一部分。由此可以看出公司的社会责任是对公司绝对营利性的修正。

至于公司的社会责任的具体定义,目前还没有一个统一的认识。综合学者们的各种观点,可以对公司的社会责任作如下界定:公司及其管控者在追求股东利益最大化的同时,作为法人这种强势的社会主体应该负有维护和保障股东以外的利害关系人和社会公共利益的义务。与其他形态的责任相比,公司社会责任具有以下几个方面的显著特点:(1)公司的社会责任是公司道德义务和法律义务的统一体。(2)公司的社会责任以公司股东和政府以外的各种主体为公司义务的相对方。(3)公司的社会责任的主体主要是公司本身,也可以是公司的管控者。

(方文霖)

gongsi dengji

公司登记(company registration) 在公司设立、变更、终止时,申请人向公司注册登记机关提出申请,登记机关依法审查符合法定条件后核准予以登记的申请事项的行为。我国公司法确立的公司设立原则是准则原则,因此,在公司登记时需严格依据法律规定的条件,并予以公示。这一制度设计的目的在于:(1)为了保护公司的交易对象,即公司的债权人的利益。这是我国公司法立法宗旨之一。(2)便于国家对公司的经营状况有很好的把握,以此加强对市场的监管。

《中华人民共和国公司法》对公司登记有明确的规定:第30条:"股东的全部出资经法定的验资机构验资后,由全体股东指定的代表或者共同委托的代理人向公司登记机关申请设立登记。"第93条:"董事会应于创立大会结束后30日内,向公司登记机关报送下列文件,申请设立登记:……"1994年6月国务院颁布了《中华人民共和国公司登记管理条例》,明确规定了有限责任公司和股份公司的设立、变更、终止都应依照该条例办理登记。《公司登记管理条例》第4条明确规定了工商行政管理机关是公司登记机关。此外,公司登记还适用1988年发布的《中华人民共和国企业法人登记条例》和国家工商行政管理局发布的有关公司企业登记的行政规章。

在我国,公司登记通常分为设立登记、变更登记和注销登记等。设立登记是公司设立过程中所作的登记,是公司法人资格的确认。由于我国将公司登记与营业登记合并进行,所以公司只有进行了设立登记才可以以公司的名义进行经营活动。公司变更登记是对公司的名称、住所、注册资本、营业场所、法定代表人、经营范围、经营方式、经营期限、公司章程等已经注册的事项所作的变更的登记。注销登记是公司法人资格消灭的登记。

(方文霖)

gongsi faqiren de zeren

公司发起人的责任(liability of company promoter) 公司成立阶段的筹办人的责任。发起人的责任是由多种不同的责任形式组成的责任体系。既有违约责任,又有侵权责任;既有对设立中公司认股人的责任,又有对第三人的责任;既有过错责任,也有无过错责任。发起人筹办公司无外乎两种结果,即公司成立和公司设立失败。在这两种不同情况下,发起人承担不同的责任。

公司成立之发起人的责任 包括:(1)出资违约责任或赔偿责任。即发起人在公司成立后,因未履行其承诺的出资义务应承担的责任。另外,发起人在设立公司支出的费用是否合法,由董事会审核通过(股份有限公司由创立大会审核通过),没有通过的费用,应当由发起人自己承担。(2)资本充实责任。公司成立后,作为出资的实物、工业产权、专有技术、土地使用权等的实际价值低于认缴的价值,出资人应当填补其差额。资本充实责任来源于资本充实原则,该原则要求公司设立后实收资本与章程所确定的资本总额相一致。资本充实责任的实质是出资人对公司资本总额的担保,保证公司成立后公司的资本空缺能够填平。公司资本的亏空不管是由于出资人故意还是过失造成,还是由于评估人的故意或过失造成,从维护交易安全和社会秩序的要旨出发,保障公司资本的充足是必要的。因此承担填补责任的原则是无过错原则。(3)信息公开责任。在募集设立的情况下,公司的部分资本金向社会募集。发起人负有向社会公开招股说明书的义务,使社会公众充分了解设立公司的情况,决定是否投资。法律规定发起人的这种责任,可以阻止发起人滥用职权,切实保护认股人的合法权益。

公司不能成立之发起人的责任 公司不能成立,发起人承担责任是无疑义的,但对承担责任的理由有很多说法。第一种说法认为,设立中的公司不是法律上的实体,设立公司发生的权利义务由发起人承担;第二种说法认为,发起人向设立中公司的债权人和认股人承担责任;第三种说法认为,发起人作为无法人人格的社团的代表,和设立中的公司一起对债权人负连带责任。具体而言:(1)发起人之间承担连带责任。发起人设立公司首先组成发起人团体,订立发起人协议,确定共同的行为目标及各自的权利义务。发起人之间的法律关系是民事合伙。设立中的公司不具有法人资格,但已经具有了一定雏形,比如存在社员、资金等,设立中的公司是虚拟的团体,可以以该团体的名义从事一定的行为(限于公司设立行为)。(2)向认股人承担返还股款责任。投资人(认股人)购买股份的出资所有权属于该虚拟团体,发起人不享有该出资所有权。发起人基于公司章程负有对出资财产的代管权。公司不能成立,发起人承担的责任首先是财产返还责任。所谓的财产返还是将已经转移的财产所有权恢复原状,而不是按投资时财产的价值返还给出资人,即财产返还的标的是财产所有权而不是财产价值。如果标的是财产的价值,投资财产的自然减损或技术性(技术贬值)减损的价值将由发起人承担,这样的话,发起人的责任就变成了财产价值担保责任。减损的价值应该属于投资风险的范畴,由投资者自己承担。如果财产价值的减损是由于发起人的原因导致,发起人应承担赔偿责任。并且依据合伙关系所有发起人承担连带责任。(3)向债权人承担债务履行责任。发起人对债权人承担的是给付之债,债权人享有的权利是债权请求权。因此,发起人应当承担其债务履行的责任。这里的问题是,不能将未成立的公司作为独立的主体参与债务的分担,将公司设立失败后的财产返还程序等同于公司解散的财产清理程序。公司设立不等于公司的成立,无论公司设立进行到多么接近成立的阶段,公司法人的主体资格始终没有显现,也不会出现作为主体的公司享有的权利能力和行为能力。因此,其债务负担应由发起人而不是未成立的公司承担。公司设立失败,发起人需自身承担设立费用。

(何印胜 丁兆立)

gongsifa

公司法(company law, corporation law) 调整法律规定的各种公司的组织、设立、变更、解散、清算过程中发生的各种行为和关系,以及公司活动过程中发生的对内关系和部分与公司的性质有密切联系的对外关系的法律规范的总称。公司法有狭义与广义之分。狭义的公司法是指体系化地制定在一个法律文件内的公司法,如1993年12月29日第八届全国人民代表大会常务委员会第五次会议通过的《中华人民共和国公司法》。广义的公司法,除了狭义的公司法以外,还包括其他部门法中与公司的组织、设立、活动等有关的法律规范。

公司法具有以下特征:(1)公司法规范的对象是公司企业。公司是企业的一种组织形式,公司法规范的仅仅是具有公司法律特征的这种企业,而不是针对所有的企业。(2)公司法是组织法,同时兼有行为法的特征。公司法对公司的法律地位、公司的法律资格和公司的设立、变更、终止以及公司的组织机构的设置等作了明确的规定,所以,公司法是组织法。同时,公司法还对公司的内部管理活动和公司对外活动中与公司的组织特点有关的活动加以规制,如公司股票、债券的发行和转让活动。(3)公司法是强行法。公司法主要由命令性法律规范和禁止性法律规范构成,不允许法律关系主体以任何方式变更或违反,这是因为公司的设立、组织与活动不仅关系股东的利益,还直接影响到交易的安全,社会经济秩序的稳定,所以公司法体现了国家对微观经济生活的干预,是国家意志的体现。(4)公司法是具有一定国际性的国内法。公司法是国内法,各国公司法只规范本国公司的设立、组织与活动。但是,公司法又具有国际性:一方面,公司法是国际经济往来中必须考虑的法律;另一方面,公司法所规制的公司不仅有本国公司、在内国的外国公司,还有跨国公司以及外国公司的分支机构。从资本的来源看,本国公司中还有内资公司、外资公司和内资与外资合资的公司之分,这些公司都受一国公司法的调整。 (方文霖)

gongsifa shang de qingbao jishu liyong

公司法上的情报技术利用(utilization of intelligence technology regulated by the company law) 公司法规定的关于股东大会召集通知等的电子化、电子投票及公司有关文件(即财务报表)的电子化制度等情报技术。

股东大会召集通知等的电子化 根据董事会的决议,股东大会的召集通知可以用电磁方式发送。所谓电磁方式是指(1)使用电子邮件发送,(2)在公司的 web site 上下载必要的文件,(3)利用 CD-ROM 等传送信息等三种方法。但使用电磁方式发送股东大会的召集通知须事先征得股东的同意。此外,对于行使决议权的参考文件(向股东大会提交的议案内容的详细说明),如果股东事先表示同意,也可以电磁方式发送。向股东指定的电子邮件地址发送股东大会召集通知时,即使通知没有实际到达,也视为在该电子邮件通常应该到达之时到达,公司可以免责。例如,股东因电脑出现故障无法打开邮件,或股东在公司登记的电子邮件地址错误等情形,公司均免责,该电子邮件视为在其应该到达之时到达。但如果是公司将股东的电子邮件地址弄错,或者其他由于公司方面的过错致使通知没能送达股东,公司不能免责,该股东大会的决议带有瑕疵。但如果瑕疵轻微,可由法院裁量免责。

电子投票制度 根据董事会的决议,参加股东大会的股东在行使决议权时也可以使用电磁方式。具体做法为,在向股东以电子邮件方式发送股东大会召集通知时,将用于电子投票的 web site 的地址记载于电子邮件中,股东登录用于电子投票的 web site,输入 ID 和 Password,按照电子投票画面的指示行使决议权。电子投票到股东大会召开前一天为止,都可以作为有效的决议权,计入股东大会投票的法定人数。而已经进行了电子投票的股东,又实际出席股东大会行使决议权时,电子投票无效,股东大会上实际行使的决议权有效。这是因为,股东实际出席股东大会行使决议权才是公司法的初衷。

公司相关文件的电子化 2001 年的日本商法修订,确认了将董事会和股东大会的议事录、公司的财务报表以电子形式保存的制度。具体的保存方法为,使用 floppy disk 等磁性的记录方式,IC Card 等电子记录方式,或者像 CD-ROM 和 DVD-ROM 这样的光学记录方式。将像议事录这样需要署名的文件电子化时,署名也可以用电子署名代替。但该电子署名没有要求特别的方式,不要求达到电子署名法上认证事业者处理电子署名的程度。在电子化的公司文件上所附电子署名的方式由公司决定。将公司有关文件电子化后,董事必须把电子化后的文件(例如 CD-ROM 等形式的文件)在公司本部备份。根据公司法规定,赋予股东电子化文件的阅览权后,拥有阅览请求权的人可以向公司提出如下阅览请求:阅览书面资料的请求;交付书面资料的副本或抄本的请求;在书面资料电子化的情况下,通过媒体阅览电子化资料内容的请求。(例如阅览显示在 computer display 上的资料内容);在书面资料电子化的情况下,交付记载电子化资料内容的书面资料的请求。

可以电子化的文件种类繁多,主要有:公司章程,股票申请书,股东名册,股东大会议事记录,董事会议事记录,会计表册(资产负债表,损益表,营业报告书,盈余分配方案,附属明细账),监察报告书,公司债权人会议录,股份交换合同,与股份转移相关计算文件,公司分立合同,公司清算相关文件等。但是,股票和公司债券等有价证券不能电子化。 (石川耕治)

gongsi gudong

公司股东(shareholder of company) 公司作为社团法人,社员是其成立不可缺少的条件之一,这里的社员即公司的股东。所谓股东是指因对公司出资或基于其他合法原因而持有公司资本的一定份额并享有股东权利的主体。股东的含义因公司的类型、投资人向公司出资的时间以及取得股权的方式等方面的不同而不同。我国《公司法》仅规定了有限责任公司和股份公司两种类型,在有限责任公司中,股东是指在公司成立时向公司出资,或者在公司存续期间依法继受取得资本份额而享有公司权利承担义务的人;股份公司中的股东是指在公司设立时或者在公司成立后合法取得公司股份并对公司享有权利承担义务的人。

除法律法规有特别规定以外,公司股东可以是任何的自然人、法人或其他经济组织。我国公司法中的公司股东可以分为以下三种类型：一是原始股东，即参与公司设立或者认购公司首次发行股份或者出资的股东；二是继受股东，即公司存续期间依法继受取得出资或者股份的人，一般是在公司成立后因依法转让、继承、赠与或法院强制执行等原因取得股东地位的人；三是公司成立后因公司增资而加入的新股东。

（方文霖）

gongsi gufen
公司股份（share of corporation） 从公司的角度来看，股份是均分公司全部资本的最基本的计量单位。股份公司的全部资本由等额股份集合而成，股份不可再行细分。从股东的角度来看，股份是股东权存在的基础和计算股权比例的最小单位。自然人、法人随股份的持有而成为公司股东，随股份的转让而失去股东资格，股东对公司资产的"所有者权益"也以股份为计算单位。从股票的角度来看，股份是股票的价值内涵，股票是股份的存在形式。股份具有以下性质：(1) 股份具有有限责任性。公司的股东仅就其认购的股份对公司承担责任。股东所有的其他财产与公司债务无关。(2) 股份具有平等性。这不仅表现为每一股份的金额是相等的，而且表现为每一股份所代表的股东权利和义务也是相等的。例如每一股份都有一平等的表决权。(3) 股份具有证券性。股份有限公司的股份是通过股票的形式表现的，而股票是有价证券，因此股份具有证券性质。(4) 股份具有不可分性。所有股东所持有的股份总和便是公司的资本。对股份不能再行分割。(5) 股份具有可转让性。同时公司法规定，对公司的发起人、董事、监事、经理等高级管理人员转让其所持有的本公司的股份有特殊限制。 （方文霖）

gongsi qiye zhidu
公司企业制度（system of corporate enterprises） 在工厂企业制度的进一步发展中，所形成的公司形态的企业制度。目前世界各国对公司分类的名称不尽相同，但实质上可以分别归属于无限公司、两合公司、股份有限公司、有限责任公司。公司企业制度的核心，是资本制度，这是它与工厂企业制度相区别的根本标志。

无限公司由于在投资人承担无限责任方面与工厂企业形态一脉相承，所以它是最早出现的一种公司形态。欧洲中世纪出现的家族经营体已具备无限公司的雏形。随着后来法人制度的进一步发展完善，团体的财产独立性得到法律的确认和保障，家族经营体便逐渐演变成为无限公司。1673年，法国国王路易十四颁布《商事条例》，首次以成文法的方式确认了无限公司的地位，称为"普通公司"。1807年《法国商法典》改称为"合名公司"，这一概念后来被欧洲大陆的许多国家及日本商法所采用。到了20世纪，无限公司这一概念逐渐代替合名公司概念，我国南京国民政府时期的公司立法及我国台湾地区的公司法，都采用这一概念。

中世纪地中海沿岸的康孟达组织孕育了两合公司。康孟达组织出资者的有限责任与航海者无限责任的有机结合已经具备了两合公司的特征：有限责任的出资者和无限责任的经营者之间的有机结合。与隐名合伙不同，其中负有限责任的出资者也对外公开姓名，两合公司本身具有法人资格。法国1673年的《商事条例》首次规定了两合公司，1807年法国商法典继续承认两合公司，但与隐名合伙并列。无限公司与两合公司的责任承担制度与工厂企业形态没有质的区别。

工业革命后，机器大生产代替手工工场劳动进一步要求企业规模扩大，加强专业分工，于是产生了一种新的企业制度：将企业的资本金分拆成等额的若干份额，由投资者自由认购，而投资者仅以自己认购份额为限对公司承担有限责任，公司仅以自身的财产对外承担责任。学界普遍认为，17世纪初荷兰及北欧国家设立的殖民公司是股份有限公司的起源，其中以1602年荷兰东印度公司为代表，1600年成立的英国东印度公司也于1613年改组为股份有限公司。公司具有法人资格、股东承担有限责任、公司资本分成等额股份、股份的取得和转让自由等制度，是公司企业制度的基本特征。在由自由资本主义向垄断资本主义过渡的过程中，公司制度的演进也经历了一系列的变化。19世纪末，德国立法者成功地创制了有限责任公司，设立简便灵活，适用于中小企业者的经营，具有人合性和资合性相结合的优点。有限责任公司和股份有限公司一起构成了公司制度的主体，标志着公司制度的完善。

公司企业制度较之工厂企业制度时期的企业立法，无论在数量上，还是体系、内容上都有了很大的提高和改善。随着无限公司、两合公司、股份有限公司、有限责任公司的相继出现，各国立法以专门的公司法典或在商法典、民法典中对公司企业制度加以相应的规定。

（林祖松 胡红）

gongsi quanli nengli
公司权利能力（company's capacity of civil） 公司所具有的参与民事法律关系，取得民事权利，承担民事义务的资格。按照各国的法律规定，自然人和法人都具有权利能力，公司是法人的一种，当然也具有权利能力。但由于公司与自然人性质的差别和公司制度本身的要求，其权利能力受到很多限制。这些限制表现在三个方面：(1) 性质限制。公司作为法人，其人格与构成法人的自然人的人格有明显区分。自然人基于其生命、身体、性别、年龄、亲属关系等而产生的权利及义务，如生命权、身体健康权、肖像权、身份权、婚姻权、继承权、监护权以及具有人身性质的债务等，公司均不能享有或承受。除此之外，其他权利只要与公司性质不悖者，如名称权、名誉权、专利权、商标权、受遗赠权等，公司均可享有。(2)法律限制。各国民法多规定，法人在法律限制的范围内享有权利能力。公司权利能力，当然也受法律限制。这种限制主要表现在两个方面。首先，公司不得作为其他公司的无限责任股东。这种限制，主要是为了防止一公司对另外公司的债务负担过重的责任，影响本公司股东的利益。其次，解散后的公司，只能在清算范围内享有权利，承担义务。受破产宣告的公司，只在破产清理的范围内享有权利，承担义务。(3)目的限制。又称"经营范围的限制"或"所营事业的限制"。我国《民法通则》第49条规定，企业法人超出登记机关核准登记的经营范围从事非法经营时，除法人承担责任外，对法定代表人可以给予行政处分、罚款；构成犯罪的，依法追究刑事责任。这一规定表明，法人的权利能力要受到其经营范围的限制。公司作为法人，这种限制当然适用于公司。公司的权利能力始于公司成立，终于公司清算完结时。

(方文霖)

gongsi renge fouren

公司人格否认(denial of the corporate entity) 公司的人格是指公司作为民商事法律关系主体具有独立的法律地位。公司人格否认，在大陆法系，又称为直索责任，在英美法系称之为"揭开公司面纱"。该制度是在19世纪后半叶最先在美国以判例法的形式确认的。美国法官桑博恩(Sanborn)被认为是公司人格否定理论的奠基者，他在 United States v. Refrigerator Transit Co. 一案的判决书中认为："在现在之判例中，若可确立某些一般性之原则，应如下所述：公司在无充分反对理由之情形下，应视为法人。但若法人之概念，被用以破坏公共利益，使不法行为正常化，袒护诈欺或维护犯罪时，法院应将公司视为多数人之组合。"我国学者把公司人格否认界定为：是指在肯定公司具有人格的前提下，针对公司股东滥用公司法人人格，规避法律，寻求法外利益的行为，在特定的法律关系中否定公司法人资格，使虚有公司人格之名的公司与公司股东相分离，从而凸现公司股东的法律人格并使其承担的责任由有限转为无限，公司债权人可直接请求背后控制、操纵、滥用公司人格的股东以其财产对公司的债务或行为承担无限清偿责任。由此可以看出公司人格否认制度的适用须符合以下要件：(1)公司法人已取得独立人格；(2)股东实施了不正当使用或滥用公司人格之行为；(3)股东在主观上有利用公司独立人格规避法律的目的；(4)股东的这种行为造成了债权人利益或社会公共利益之损害；(5)滥用公司人格行为与债权人或公共利益损害间具有因果关系；(6)人格否认制度仅在公司财产不足以清偿债务时方得适用。

公司人格否认制度与公司人格独立制度一样，有着重要的意义。主要表现在两方面：(1)这一制度旨在否认公司在法律上的独立地位，直接排除公司法人作为独立权利主体在法律上的消极后果，而不在于对股东人格与法人人格相分离这一公司法基本理念的否认。(2)这一制度价值在于维护债权人利益，对不正当利用公司人格之股东课以承担无限责任的负担，从而维护公平和正义。

(方文霖)

gongsi xingwei nengli

公司行为能力(company's disposing capacity) 公司独立取得权利，负担义务的能力。关于公司的行为能力，学说颇不一样。法人拟制论认为，只有自然人才可以成为权利义务的主体，法人乃法律所假设，并无公司实体存在，故公司无行为能力。法人实在论认为，法人并非法律拟制的结果，而有其实体存在，故公司有行为能力。现代社会已普遍采用法人实在说。我国《民法通则》明确规定法人具有行为能力。公司为典型社团法人，当然也具有行为能力。公司的行为能力，一般通过公司的代表机关实现。公司代表机关在其权限范围内代表公司与第三人所为的行为，在法律上视为公司本身的行为，其法律效果归属于公司。关于公司代表机关实施法律行为的方式、效果等，如果无特别规定，则类推适用民法中关于代理的规定。公司行为能力始于公司成立，终于公司清算完结时，其范围与公司权利能力的范围是一致的。

(方文霖)

gongsixing jijin

公司型基金(corporation-type fund) 具有共同投资目标的投资者，依据公司法组成的以营利为目的、通过发行股份的方式筹集资金，投资于特定对象（如各种有价证券、货币）的股份制投资公司。基金持有人既是基金投资者又是公司股东，按照公司章程的规定，享有权利、履行义务。公司型基金成立后，通常委托特定的基金管理公司运用基金资产进行投资并管理基金资产。基金资产的保管则委托另一家金融机构。二者权责分明。基金资产独立于基金管理人和托管人的资产之外，即使受托的金融保管机构破产，受托保管的基金资产也不在清算之列。因此，公司型基金实际上是一种双重信托关系：首先，出资人与基金公司之间构成第一层信托关系，投资者将自己的资产交给基金公司，委托后者进行证券投资以获取较高的收益；基金公司再通过基金信托契约将基金资产委托基金管理人进行专家运作，通过基金信托契约委托商业银行等基金保管机构保管和监督，这三者形成第二层信托关系，其中基金公司是委托人,受托人是基金管理公司和基金保管机构,基金保管人也可称为监护人。基金公司通常没有自己的日常雇员,只设立一个基金董事会来代表股东的利益,负责决定公司的营业目标,选任基金管理人和基金托管人,并监督基金的各项运作。公司型基金在美国较为普遍。我国目前没有公司型基金,但《证券投资基金法》第 102 条规定:"通过公开发行股份募集资金,设立证券投资公司,从事证券投资等活动的管理办法,由国务院另行规定。"这一规定为公司型基金的设立留下了余地。

公司型基金与契约型基金的主要区别有以下几点:(1) 设立基金的法律依据不同,公司型基金依据公司法或商法设立,契约型基金则依据当事人之间所达成的信托契约设立;(2) 组织形态不同,公司型基金一般是股份公司,具有法人资格,契约型基金没有法人资格;(3) 筹资方式不同,公司型基金可以发行普通股,也可发行优先股以及公司债,契约型基金只能发行收益凭证;(4) 基金运营方式和期限不同,公司型基金除非破产清算,一般具有永久性,契约型基金依据基金信托契约建立和运作,契约期满,基金运营即告终止;(5) 当事人的责权利关系不同,这是公司型基金与契约型基金的最重要区别。公司型基金本身就是一家股份有限公司,按照公司法(或商法)设立,通过发行股票筹集基金,投资人即为股份公司的股东,凭股份领取股息或红利。和一般的股份公司一样,基金投资公司设有董事会和股东大会,一般每年召开一次股东大会,普通股股东可以参加股东大会,对公司业务有发言权和投票表决权。契约型基金的信托契约当事人包括委托人(投资人)、受托人(基金管理机构)和托管人(基金保管机构)三方,受托人通过发行收益凭证,募集社会上闲散资金形成基金,并决定运用基金投资有价证券的方向;托管人一般是商业银行,负责保管信托财产,开立独立的基金账户分别管理、定期检查,并监督基金管理人对基金资产的投资运作,委托人通过出资成为受益人,享有投资收益,但对资金如何运用没有发言权。见契约型基金。

公司型投资基金的当事人通常有四类:(1) 投资公司。是公司型投资基金的主体,其股东即为受益人,相当于契约型投资基金收益凭证的持有者。(2) 管理公司。是投资公司的顾问,提供调查资料和服务,两者之间订立管理契约,由管理公司管理一切事务,收取管理报酬。(3) 保管公司。管理公司指定银行或信托公司为保管公司,签订保管契约,保管投资的证券,并办理每日每股资产净值的核算、配发股息和过户手续等。(4) 承销公司。投资公司的股票首先由承销公司承销,再作初级分配给零售商,然后一张一张分售给投资大众。股东如果退出基金而请求公司购回股票,也由承销公司办理。

公司型投资基金相当于股份有限公司,除非依据公司法到了破产、清算阶段,否则一般都具有永久性。公司型基金的基金净资产为股东即投资者所有,投资者作为公司的股东有权对公司的重大决策进行审批、发表自己的意见,由股东选举董事会,由董事会聘请该基金公司的总经理,由总经理选聘基金经理进行基金的资产管理。如同一般的股份有限公司一样,公司型基金必须遵循基金公司章程。　　(周　尔　刘利晋)

gongsi zhangcheng

公司章程(constitution of corporation)　以书面形式固定下来的全体股东共同一致的意思表示,是关于公司的组织、内部关系和开展公司业务活动的基本规则和依据,各国公司法一般都规定,公司章程是公司成立的必备要件之一。公司章程以外的其他文件无论其合法性如何均与公司设立及法人资格无关。所以,公司章程是指导公司设立及未来运行的基本行为规范,不仅公司本身要受公司章程的约束,公司的股东或其潜在投资者均须受到公司章程之约束。事实上,国家有关监督管理机关也需要根据公司章程判断公司行为的合法性。公司章程应由发起人制定。制定章程是一种多数人的共同行为,必须经全体制订人的一致同意,才能形成,并随着公司的成立而发生效力。章程应形成书面文件,制定人应在章程上签名或盖章。有些国家,如奥地利、日本、比利时、意大利、卢森堡、荷兰规定,章程必须采用公证形式。有些国家,如美国、英国、法国则规定可采用书面文件形式,也可采用公证形式。章程的具体内容是公司从产生到消灭的主要事项,其中包括公司所享有的权利,承担的义务和责任以及组织机构的构成和职责范围等。不同种类的公司,其章程内容也不相同,但一般都包括下列事项:公司名称、住所、经营宗旨和业务范围、公司资本总额、股东或发起人的姓名及住所、有关董事会或有关执行股东的规定、盈利分配方案、解散事由、订立章程的年月日及其他有关事项。从属性分析,章程内容基本上可以归结为三大类:第一类是绝对必要事项,第二类是相对必要事项,第三类是任意记载事项。　　(方文霖)

gongsi zhili jiegou

公司治理结构(structure of corporate governance)　依据公司法的规定创设的公司的权限运作的组织结构。"公司治理"这一概念是在 20 世纪 30 年代初由美国学者贝利和米恩斯首次提出。公司治理是公司经营中内部管理体系与外部监管体系的有机结合,它有以下不同层次和范围的涵义:就管理与监控主体而言,应包括公司经营管理阶层与股东之间的相互制衡,甚至包括公司其他利害关系人之间的制衡；就管理与监控机制而言，它包括法律、企业组织权责设计、外部市场机制等各层面；就管理与监控工具而言，它又包括股东权利保护、公平对待股东原则、不同利害关系人的不同功能、信息披露及董事会的权责等。由此也可以看出，这一概念的内涵除消极的监督之外，更积极地按自治管理追求公司利润的最大化。研究公司治理的意义在于：通过建立一个合理的监督机构，使经营者能在尽到善良管理人的最大义务经营公司，以谋求全体股东和公司的利益的同时也合理对待每一位股东。

我国公司法中所规定的治理结构是以股东会为权力机关、以董事会为执行机关和以监察机关为监事会的大陆法系模式，并对员工参与管理进行了例外的规定。

组织机构相互关系的性质 在股东大会、董事会、监事会这三个机构的关系上应彼此制约，这是设计公司治理结构的一个基础性问题。董事会处于经营管理的中心地位。我国的公司法将股东大会规定为权力机构，并选举和更换董事，董事会和监事会从属于股东大会，对股东大会负责。

我国《公司法》第109条规定股份公司设经理，并列举了经理的8项职权。经理在公司治理结构中属于经营管理人员，他应履行什么样的职责取决于董事会的授权。公司法虽然规定了股东大会是公司的权力机构，并列举了11项职权，但实践中出现的情况是，股东大会往往只具有象征意义和形式意义。为保障公司治理结构的合理性，应注意解决以下问题：（1）建立以董事会为中心的公司治理结构，扩大董事会的职权范围。（2）建立多元化法定代表人制度，禁止董事长与总经理由1人兼任。（3）扩充监事会的权力，建立名副其实的监事会制度。（4）限制控股股东的权力。法律上有必要对控股股东的权力加以限制（或授权公司章程加以限制）。如控股股东不能全部占据董事、监事职位，应留出一定的比例给其他发起人、公众股股东或独立人士；限制控股股东的投票权；董事长、总经理、监事会主席的职位不能均由控股股东出任；上市公司子公司的负责人不能全部由控股股东委派；控股股东不得在章程和股东会决议中写入扩大其权益而缩小其他股东权益的内容。

公司治理结构的核心问题 公司法的立法意旨，在于通过各机关的分权制衡达到公司运营正当合理和经营的高效。传统公司法理论认为，公司是股东谋取利润最大化的工具，"股东收益最大化"被认为是公司经营的唯一目标。表现在公司治理结构上，他们将董事会看做由股东选举出来的，代表股东利益的执行股东会决议的机构；经理等高级职员是董事会从企业家市场上雇用的为股东谋利益的代理人。而公司员工是经营者为实现股东利润最大化，根据产品市场和劳动力市场的价格信号变动随意组合的生产要素，是公司的外生变量，而不是有机组成部分。权力集中于股东会，"股东会中心主义"。从公司及公司立法的发展历史分析，公司机关组织发生了质的变化。在当今世界，员工参与公司管理已经成为普遍现象，为经济民主化的标志之一。随着垄断资本主义的发展，公司规模迅速扩大，股东人数不断增加，为适应激烈的市场竞争，"谁出钱谁管理"的原则让位于"谁出钱谁决策"的原则。公司的业务执行则授权给董事会。可以说，从经营的高效出发，将公司权力集中在直接经营的董事身上是一种必然结果。　　（方文霖　雷雨波　陆　炯）

gongsi ziben

公司资本（**capital of corporation**） 公司成立时由章程所确定的由股东出资构成的财产总额。股东出资分为现金与现物（实物、权利），无限责任股东还可以劳务和信用出资。股份有限公司资本的单位一律用货币表示，凡现物出资必须折合成货币。各国公司法对股份有限公司和有限责任公司的公司资本总额有最低限制。如德国规定股份有限公司的最低资本额为10万德国马克，有限责任公司的资本总额至少为5万德国马克。法国规定股份有限公司的最低资本额为10万法国法郎（发起设立）和50万法国法郎（募集设立），有限责任公司的资本总额则不得少于2万法国法郎。我国《公司法》规定："有限责任公司的注册资本的最低限额为人民币3万元。""股份有限公司注册资本的最低限额为人民币500万元。股份有限公司注册资本最低限额需高于上述所定限额的，由法律、行政法规另行规定。"　　（方文霖）

gongyi xintuo

公益信托（**trust for public welfare**） 为了公共利益而设立的信托。《中华人民共和国信托法》设专章规定了公益信托的内容。我国法律规定，为下列公共利益目的之一而设立的信托，属于公益信托：（1）救济贫困；（2）救助灾民；（3）扶助残疾人；（4）发展教育、科技、文化、艺术、体育事业；（5）发展医疗卫生事业；（6）发展环境保护事业，维护生态环境；（7）发展其他社会公益事业。法律规定公益信托的信托财产及其收益，不得用于非公益目的。在我国公益信托的设立采用审批主义。公益信托确定其受托人，应当经有关公益事业管理机构批准，且受托人未经公益事业管理机构批准，不得辞任。公益信托应当设置信托监察人，信托监察人由信托文件规定。信托文件未规定的，由公益事业管理机构指定。公益事业管理机构的权责：（1）审查公益信托的设立，对符合法律规定的作出批准设立的决定。(2)审查确定公益事业的受托人。(3)应当检查受托人处理公益信托事务的情况及财产状况。(4)公益信托的受托人违反信托义务或者无能力履行其职责的,变更受托人。(5)公益信托成立后,发生设立信托时不能预见的情形,公益事业管理机构可以根据信托目的,变更信托文件中的有关条款。(6)核准公益信托终止后受托人作出的处理信托事务的清算报告。(7)批准公益信托终止后没有信托财产权利归属人或者信托财产权利归属人是不特定的社会公众的,受托人将信托财产用于与原公益目的相近似的目的,或者将信托财产转移给具有近似目的的公益组织或者其他公益信托的申请。公益事业管理机构违反法律规定的,委托人、受托人或者受益人有权向人民法院起诉。

(赵芳芳)

公用企业限制竞争的行为 (gongyong qiye xianzhi jingzheng de xingwei) (behaviors of forbidding competition by public enterprises)

公用企业或者其他依法具有独占地位的经营者,以排挤其他经营者的公平竞争为目的,限定他人购买其指定的经营者的商品的行为。公用企业,是指涉及公用事业的经营者,包括供水、供电、供热、供气、邮政、电讯、交通运输等行业的经营者。公用企业在市场交易中,不得实施下列限制竞争的行为:(1)限定用户、消费者只能购买和使用其附带提供的相关商品,而不得购买和使用其他经营者提供的符合技术标准要求的同类商品;(2)限定用户、消费者只能购买和使用其指定的经营者生产或者经销的商品,而不得购买和使用其他经营者提供的符合技术标准要求的同类商品;(3)强制用户、消费者购买其提供的不必要的商品及配件;(4)强制用户、消费者购买其指定的经营者提供的不必要的商品;(5)以检验商品质量、性能等为借口,阻碍用户、消费者购买、使用其他经营者提供的符合技术标准要求的其他商品;(6)对不接受其不合理条件的用户、消费者拒绝、中断或者削减供应相关商品,或者滥收费用。

(苏丽娅)

公用事业 (gongyong shiye) (public utilities)

人们日常生活和生产所必需的各项事业的总称。包括环境卫生与安全,交通运输,水、电、气、热的生产、供应与分配等内容。公用事业领域内的产品具有许多不同的特性,但具有如下两个方面的共性:(1)从技术角度来说,公用事业的产品、服务往往要通过有线或无线电、管道、公路、铁道等网络来提供,网络建设耗资费时,同样的网络难以重复建设以开展平行竞争,传统经济学理论一般是用规模经济原理进行分析,这些产品的提供具有规模效应,一个企业能以低于两个或更多企业的成本为整个市场供应,所以这些领域也被称为自然垄断行业。(2)一般认为此类产品和服务的提供是政府的职责,政府还有义务保障公用事业服务的质量和数量,而普通公民则有权利获得公用事业的服务。基于以上两个特点,公用事业传统上多由政府经营或者在私人经营时存在大量政府管制,而且传统上反垄断法将它列入适用除外的范畴。

由于诸多方面的原因,比如公用事业效率低下,政府财力不足使其愿意引入民间资本进行融资,还有WTO等国际组织推动国际市场上公用事业领域的服务和贸易的自由化等,许多国家和地区开始了以竞争机制引入公用事业领域为导向的改革,以公用事业的民营化和减少管制为特征。在公用事业中,除了部分网络和管道等基础设施行业不可能引入竞争外,其中的非垄断产业则可以进行竞争,如电力供应产业中的电力设备供应和电力供应等领域。在这些可竞争的领域,政府通过法律、法规禁止控制基础设施的公用事业企业利用自身的垄断地位排除竞争、在非垄断业务领域从事垄断经营。比如美国《公用事业管制政策法案》允许非公用事业公司进入发电和电力批发市场,1992年修订的《能源政策法》规定各类电力企业都享有平等、开放地进入输电网的权利。

1993年,我国国家工商行政管理局发布第20号令《关于禁止公用企业限制竞争行为的若干规定》,具体规定了禁止公用企业实施的六种限制竞争行为。我国《反不正当竞争法》也规定,公用企业或者其他依法具有独占地位的经营者,不得限定他人购买其指定的经营者的商品,以排挤其他经营者的公平竞争。

(雷 驰)

公有制 (gongyouzhi) (public ownership)

生产资料归社会主义国家的全体或部分劳动者共同占有和支配的一种新型的所有制形式。它是社会主义经济制度的基础和基本特征,是其区别于资本主义经济制度的根本标志。它是社会主义生产发展的基础,是全体劳动人民物质文化生活不断提高的基本条件。社会主义公有制的本质是由劳动者在全社会或社会的部分范围内运用生产资料进行生产,并凭借对生产资料的所有权获得经济利益。社会主义公有制有多种实现形式,不仅包括全民所有制经济和集体所有制经济,还包括混合所有制经济中的国有经济成分和集体经济成分。社会主义公有制在我国社会主义初级阶段的各种经济形式中占主体地位,是工人阶级实现对国家的领导和建立、加强工农联盟的基础。坚持社会主义道路,就必须不断巩固和发展社会主义公有制。经济立法必须以宪法为根本依据,坚定不移地坚持社会主义公有制,保障社会主义公有制的发展。

社会主义全民所有制是生产资料归社会全体劳动人民共同占有的一种公有制形式。我国的全民所有制经济主要是在新中国成立后,通过没收帝国主义、封建主义和官僚资产阶级的资本形成的,采取国家所有制形式,由国家作为全体人民的代表,行使对生产资料的所有权。我国已形成了比较强大的国有经济。国有经济控制国民经济的命脉,对于发挥社会主义制度的优越性,增强我国的经济实力、国防实力和民族凝聚力,具有关键性作用,必须继续发展壮大国有经济。国有经济,即社会主义全民所有制经济,是国民经济中的主导力量。

社会主义集体所有制经济是部分劳动群众共同占有生产资料的一种公有制形式,它和全民所有制形式一样,都是劳动者共同占有生产资料的所有制形式,但属于集体所有制的生产资料只为集体范围内劳动者所共有,不同的集体经济单位之间存在差别。每一个集体经济单位具有独立的经济利益,是社会主义商品生产者和经营者。我国集体所有制包括农村集体所有制和城镇集体所有制。农村集体所有制经济是我国农业中的主要经济形式。城镇集体所有制经济广泛存在于城镇的手工业、建筑业、运输业、商业、服务业、轻工业等许多行业,一部分是在新中国成立后对个体工商业进行社会主义改造后建立起来的,一部分是由劳动群众集资兴办起来的。集体所有制经济是社会主义公有制经济的重要组成部分,是同我国现阶段生产力发展水平和生产社会化程度相适应的一种公有制形式,具有很大的灵活性,能够容纳不同发展水平的生产力和不同的生产社会化程度。

改革开放以后,我国公有制形式出现了许多新的变化,产生了合作经济、股份合作经济和混合所有制等新的经济形式,是对公有制不同实现形式的探索。

(张长利)

gongzhong canyu de yuanze
公众参与的原则(principle of public participation) 在环境保护领域,公民有权通过一定的程序或途径参与一切与环境利益相关的决策活动,使得该项决策符合广大公众的切身利益的立法原则。在环境法中确立公众参与原则是民主主义理念在环境监管活动中的延伸。对于公众参与环境管理的理论依据,国外学者提出"环境公共财产论"、"公共信托论"以及公民的"环境权"理论等。环境公共财产论认为,空气、水、阳光等人类生活所必需的环境要素,不能像古典经济学的观点那样被认为是一种取之不尽、用之不竭的自然物和自由财产,环境资源就其自然属性和对人类社会的极端重要性来说,应该是人类的共享资源,是全人类的公共财产,任何人不能任意对其占有、支配和损害。作为一种公共财产,应当由代表全体公民意志的机构来管理。为此,美国学者提出了环境管理的公共信托理论,认为为了合理支配和保护共有财产,共有人委托国家来管理,因此,国家对环境的管理是基于公众的信任,受公众的委托来行使管理权的,因而国家不能滥用管理权。此外,国外学者还提出了环境权理论,认为每一个公民都享有在良好环境下生活的权利,公民的环境权是公民最基本的权利之一,应该在法律上得到确认并受法律的保护。在我国,环境保护关系到全国人民的利益,环境质量的好坏会影响到所有人的生活和健康。保持一个良好、清洁、舒适的环境既是人民的愿望,又符合人民的利益。目前我国现行法律还没有明确规定公民的环境权,但在《宪法》、《环境保护法》等法律中体现了维护人民良好生活环境的精神。同时,我国法律还规定了公民有参与国家环境管理的权利,有对污染、破坏环境的行为进行监督、检举和控告的权利。

(申进忠)

gongneng shuo
功能说(theory of function) 从经济法的功能角度研究经济法的学说。该学说的代表人物是德国学者贝姆(Böhm)和林克(Rinck)。该说认为,经济法是国家统制经济、促进和限制营业活动的法律,强调经济法在"经济统制"方面的独特机能和功用。该学说被日本经济法学家金泽良雄概括为"机能说"。该学说的意义在于把经济法同国家统制联系起来。

(赵 玲 邓卫卫)

gongtong baoxian
共同保险(co-insurance) 两人以上的保险人与投保人之间,就同一保险标的、同一保险利益、同一危险事故缔结同一保险合同的保险。根据债法原理,共同保险产生的一种多数人之债的关系,通常约定为按份之债,即每位保险人按约定的份额对投保方承担保险赔偿责任,而每位保险人按相应的比例分享保险费。共同保险应用于保险金额巨大、可能发生的保险赔偿巨大的单笔保险业务,如大型工程保险项目、航空器保险等。共同保险在性质上区别于再保险,前者数个保险人与投保方之间均发生直接的保险合同关系,后者居于再保险人地位的其他保险人与投保方之间并不发生保险合同关系。

(李庭鹏)

gongtong famingren shejiren
共同发明人、设计人(co-inventor and co-designer) 由两个或两个以上的人共同完成的发明创造,称为共同发明创造。相应地,共同发明人是指两个或两个以上的,对同一发明共同构思,并合作作出过创造性贡献的人。共同设计人是指两个或两个以上的,对同一项设计共同构思,并合作作出过创造性贡献的人。根据《中华人民共和国合同法》,合作开发完成的发明创造,除当事人另有约定的以外,申请专利的权利属于合作开发的当事人共有。

（严励）

gudong de zeren

股东的责任（liability of shareholders） 作为公司出资人的股东的责任。对于股东责任的规定,各国公司法大体相同。包括股东承担有限责任、股东承担无限责任、一部分承担有限责任一部分承担无限责任等等。股东责任主要是指其有限责任和无限责任。有限责任和无限责任是公司基本分类的依据,也是构建公司其他制度的基础。

股东的有限责任 公司的股东以其认购的出资额为限对公司承担责任。股东承担有限责任的基本依据是公司的人格独立于股东的人格。公司独立的人格来源于公司对股东投资的财产享有独立的权利、拥有独立的名称。独立人格使公司对外经营活动处于超然的地位,不受出资人个人的意志的干涉。有限责任避免个人财产受到无限追夺的风险,使个人投资风险降低到最小,从而极大地促进了资本集中,为18、19世纪公司在资本主义世界快速成长创造了条件。

有限责任既是一种责任制度,也是一整套公司法律规则的基础。以有限责任为基础,对公司企业所作的限制投资、借贷等法律规定,公司经营所必须恪守的资本确定原则、不变原则、维持原则,公司利润后提取公积金,以及公司股东会、董事会、监事会的职责及相互关系的设立,无不与公司有限责任紧密相关,这些制度共同保障公司正常生产经营,稳健发展。因此,股东有限责任制度是股份公司的本质特征。

股份有限公司和有限责任公司是有限责任制度得以运用的直接结果,有限责任制度也带来了企业管理上的革命。首先,有限责任奠定了现代公司所有权与经营权分离的治理结构。其次,投资人对经营管理人员的干预减少,监督方式多样化。投资人可以参与股东会,表达意见,也可以转让股票转嫁风险。"用手投票"和"用脚投票"形成直接监督和间接监督双重机制,促使经营管理人员积极有效地经营公司。

股东的无限责任 股东不以出资额为限对公司承担责任。它是公司不足以清偿债务时,由股东连带清偿责任。无限公司有个人企业或合伙企业性质,但公司法仍赋予无限公司以独立人格并以公司名义对外建立法律关系。当公司资产不足以清偿债务时,则由股东对公司债务负无限清偿责任。

无限责任形式,强调对债权人利益的直接保护。无限责任中债务人的责任较重,对债权人利益的保护更为充分。这些优点使无限责任制度成为现代企业一种仍存在的责任方式。无限责任制度也有消极性的一面,一旦债务人资不抵债,债权人可能陷入无法进行债务追讨的境地。而且,在现代市场经济普遍重视投入产出效率的大背景下,无限责任制度也给债权人的正常生产经营活动带来严重阻碍。

有限责任向无限责任的转变 企业的有限责任制度为投资者增加财富的同时,也为股东滥用有限责任规避法律提供了可乘之机。为了避免股东侵害债权人的利益,西方法学界提出了公司法人人格否认制度。所谓公司法人人格否认制度,是指股东的某些特定行为的发生,侵害了公司债权人的利益,而仅依照有限责任的规则保护债权人有失公平,为此可否认公司的有限责任,使股东承担无限责任的法律制度。公司法人人格否认制度原创于英美法系国家,后为大陆法系国家所继受。现已成为发达国家法律责任制度中的重要组成部分。法人人格的表现是法人独立承担责任。因此法人人格的实质内容是法人的主体资格,而形式内容是法人的责任及股东的责任。如果法人人格否认直指其主体资格,那么这种制度就等同于法人的撤销或终止。所以,法人人格否认是否定其形式内容,即否定股东的有限责任,并不涉及法人的主体资格。建立在公司的有限责任和股东的无限责任基础上的该制度是对有限责任和无限责任制度的扬弃,它的法律价值体现为,保持公司法人的人格独立,继续承担吸收社会公众分散资金进行生产经营的职能,以维护微观经济秩序的稳定。同时,追究股东利用公司有限责任的制度优势从事不正当活动,逃避债务或谋取非法利益行为的责任,实现对债权人的救济。这种责任制度的意义,在于实现公司法人投资者稳定性要求与公司债权人安全性之间的利益平衡。

我国法律尚未对"公司法人人格否认"作规定。实践中,对于设立公司后疯狂举债又即破产的事件,法律上主要依据破产法中的欺诈破产行为认定和处理。构成犯罪的,以虚假出资罪、抽逃出资罪和诈骗罪处罚。然而,仅对"欺诈破产行为"和"出资犯罪行为"进行处理,还不足以充分保障债权人的权益。对此,可以探讨在不消灭法人主体资格的前提下,认定上述行为申请破产无效,直接追究公司股东的责任。

（于鹭隆 丁兆立）

gudonghui

股东会（shareholders' meeting） 公司权力机构。各国立法细节不尽相同,但其基本方面是相同或相近的。

股东会的组成 有限责任公司的股东会、股份有限公司的股东大会均由全体股东组成。无论股东持股多少,在股东会会议上就其所持股份享有平等的权利。

股东会的职权 公司股东会依法享有下列权利:(1)决定公司的经营方针和投资计划;(2)选举和更换非由职工代表担任的董事、监事,决定有关董事、监事的报酬事项;(3)审议批准董事会的报告;(4)审议批准监事会或者监事的报告;(5)审议批准公司的年度财务预算方案、决算方案;(6)审议批准公司的利润分配方案和弥补亏损方案;(7)对公司增加或者减少注册资本作出决议;(8)对发行公司债券作出决议;(9)对公司合并、分立、变更公司形式、解散和清算等事项作出决议;(10)修改公司章程;(11)公司章程规定的其他职权。

股东会会议 《中华人民共和国公司法》第40条规定,有限责任公司股东会的首次会议由出资最多的股东召集和主持,分为定期会议和临时会议。定期会议应当按照公司章程的规定按时召开。代表1/10以上表决权的股东,1/3以上董事,监事会或者不设监事会的公司的监事提议召开临时会议的,应当召开临时会议。股份有限公司的股东大会每年召开1次年会,临时股东大会在下列情形发生后的两个月内召开:(1)董事人数不足公司法规定的人数或者公司章程所定人数的2/3时;(2)公司未弥补的亏损达股本总额1/3时;(3)持有公司股份10%以上的股东请求时;(4)董事会认为必要时;(5)监事会提议召开时;(6)公司章程规定的其他情形。《公司法》第41条规定,有限责任公司设立董事会的,股东会会议由董事会召集,董事长主持,董事长不能履行职务或者不履行职务的,由副董事长主持,副董事长不能履行职务或者不履行职务的,由半数以上董事共同推举一名董事主持。有限责任公司不设董事会的,股东会会议由执行董事召集和主持。《公司法》规定,股东会会议,要在召开15日以前通知全体股东;股东会应当对所议事项的决定作成会议记录,出席会议的股东应当在会议记录上签名。股东既可亲自出席,也可委托代理人持书面委托书出席。对于共同持有股份的股东,应由共有人指定一人出席;法人作为股东的,应有其法定代表人或代理人出席;国家授权投资的部门或机构作为股东的,应由正式指定的人员作为出席人;限制民事行为能力人或者无民事行为能力人以及破产法人为股东时,应当由其法定代理人出席;股份抵押或质押时,无记名股东须经抵押权人同意或质权人同意才能出席。

股东会会议属于一种合议制机构,行使职权主要采取决议的形式。出席者是全部股东,其中包括普通股股东、优先股股东,也包括记名股股东和无记名股股东。其中,普通股股东享有表决权,优先股股东不享有表决权。会议的表决实行"一股一权"原则,按照出资比例行使表决权。有限责任公司股东会的决议方式和表决程序依照公司法的规定,由公司章程规定。股东会决议的生效因事由的不同,其表决权的法定最低限不同。我国公司法规定,股东大会作出决议,必须经出席会议的股东所持表决权的半数以上通过。对于公司增加或者减少注册资本、分立、合并、解散或者变更公司形式、修改公司章程的决议,须经代表2/3以上表决权的股东通过。

(蒋 垣 周 琳)

gudongquan

股东权(shareholder's right) 基于股东资格而享有的权利和义务的总称。股东权这一概念既是股东法律地位的具体化,又是股东具体权利义务的抽象概括。股东权的主要内容包括:(1)管理监督权。股东对公司事务的决策权和对公司机关行为的监督权,如任免公司机关组成人员及决定其报酬;决定股利分派办法;听取公司营业报告等并决定是否同意;查阅公司账目、股东名册等文件;检查公司财产;变更公司章程;起诉董事等。(2)利益分配权。股东获得公司利益的权利,包括获得股息和红利;优先认购新股;在公司清算后,仍有剩余财产的,得按股份比例分得剩余财产。(3)股份处分权。股东决定其股份的归宿的权利,如股东可自由转让其股份,也可以自主决定将股份赠与他人。股东实现其处分权的同时,股东权连同股东资格即归消灭。股东的主要义务有:(1)按规定缴纳出资;(2)按规定储存股票;(3)在出资额限度内承担有限责任;(4)行使权利必须依法律和章程的规定。股东权按不同标准可分为共益权和自益权,法定股东权和非法定股东权,普通股东权和特别股东权,单独股东权和少数股东权等。股东权既不是单纯的物权,也不是单纯的债权,而是一种以财产权为中心展开的社员权。

(方文霖)

gufen youxian gongsi

股份有限公司(limited company by shares) 全部资本分为等额股份,股东以其所持股份为限对公司承担责任,公司以其全部资产对公司的债务承担责任的企业法人。其法律特征为:(1)股份有限公司是典型的资合公司。在股份有限公司中,股东间以资本为中心而非个人之间的相互信用为中心,只要是股票的合法持有者便是股东,股东的权利从股票上得到一定体现并随着股票的转让发生转移。(2)股份有限公司是典型的营利社团法人,其设立要求严格,组织完备,公司的所有权和经营权分离。(3)股份有限公司要达到法定人数要求。(4)股东承担有限责任。股份有限公司的每个股东的基本义务是以其所认购的股份金额为限,对公司承担有限责任,公司以其全部资产对外承担责任。(5)股份有限公司的资本均分等额,股票是股份的表现形式。股份有限公司的全部资本以一定标准分成等额的股份,每一股份所代表的资金额是相同的。股份是法律上的计量单位,又是股东地位的象征,是股东权利的凭证,更是公司向股东分派红利的数量依据。每股金额一样,同股同权,同股同利。(6)股份有限公司的股票可以在社会上公开出售并自由转让。但股东购买和转让股票时应该在法律所规定的特定场所,一般是在证券交易所进行。

(方文霖)

gufen youxian gongsi gufen de zhuanrang
股份有限公司股份的转让(transfer of shares of joint-stock limited company) 股份有限公司的股东通过转让股票而转移股份。《中华人民共和国公司法》规定,公司的股份采取股票形式,因而股份转让是通过股票的转让实现的。股东是依法持有公司股份并且其姓名或名称登记于股东名册者。股份转让实际上是股东资格和股东权的转移。

股份转让的方式 股东转让其股份,必须在依法设立的证券交易场所进行。这里的"证券交易场所",包括证券交易所和场外交易所。证券交易所是依法设立的进行证券竞价交易的场所,场外交易所是依法设立的非上市证券进行协商交易的场所。股份转让是在证券交易场所进行的,股份转让方式一般表现为股票交易的方式,而股票交易的方式因股票记名与不记名的区别而不同。其方式有以下几种:(1)交付方式。无记名股票采用交付方式转让。无记名股票一经交付,其受让人即为公司股份的持有人。(2)背书方式。记名股票采用背书方式转让。背书方式的载体是书面股票,非书面股票的转让不适用背书方式。记名股票的转让,由公司将受让人的姓名或名称及住所记载于股东名册。只有在公司的股东名册上变更姓名或名称,才能使股份转让发生法律上的效力。(3)其他方式。记名股票转让中除了背书方式之外的转让方式,是"法律、行政法规规定的其他方式"。目前我国有托管方式和无纸化方式。托管方式适用于簿记证券式股票,这种股票由公开发行股票的公司发行,由证券登记机构集中托管。上市公司股票采用无纸化交易方式,这种交易通过计算机联网在证券交易所开户、委托、成交、清算交割和过户等程序完成。

股份转让的限制 我国现行法对于股份有限公司的股份转让有以下限制:(1)发起人持有的本公司股份,自公司成立之日起1年内不得转让。公司公开发行股份前已发行的股份,自公司股票在证券交易所上市交易之日起1年内不得转让。公司的董事、监事、高级管理人员应当向公司申报所持有的本公司的股份,并在任职期间每年转让的股份不得超过其所持本公司股份总数的25%;所持本公司股份的公司股票上市交易之日起1年内不得转让。这种限制的主要目的在于维持公司资本,防止不正当地转移出资风险,以及防止公司高级职员利用自己的特殊身份进行股票内幕交易。(2)禁止公司回购本公司股份及将其作为抵押权标的。对此,我国《公司法》采取了"原则禁止,特殊例外"的立法方法。其具体适用除外,包括为减少公司资本而注销股份和与持有本公司股份的其他公司合并两种情况。(3)将股份奖励给本公司职工。国家股的转让,必须符合一定的条件。根据《股份有限公司国有股权管理办法》的规定,转让国家股应以调整投资结构为主要目的,由国家股持股单位提出申请,报国家或省级国有资产管理部门审批,非国有资产管理部门持股的股东单位转让国家股权后,须向国有资产管理部门报告转让收入的金额、使用计划及实施结果。

(魏继华 许润霞)

gufenzhi yinhang
股份制银行(joint-stock bank) 以股份公司形式设立的商业银行。股份制银行是由私人银行和合伙银行发展而来的。其显著特征是银行的资本分成等额股份,股权属于永久性投资,股东以其所持股份数对银行承担有限责任。股份制银行实行所有权与经营权相分离的原则。股东大会是最高权力机构,决定股份制银行的一切重大事项。董事会是领导和管理机构,具有执行和决策的双重职能。受聘于董事会的经理,负责银行日常的业务经营管理。监事会的职责是对董事会及其附属机构在一般业务和会计事务上进行监督。股份制银行的出现是社会化大生产和商品经济发展的产物,是筹集和吸收社会资金的最有效形式,促进了金融业的发展。成立于1694年的英格兰银行是最早的股份制银行。在我国的金融体制改革中,作为试点,于1986年组建了以公有制为主的交通银行,这是我国最早的股份制银行。目前,我国主要的股份制银行是交通银行、中信实业银行、深圳发展银行、招商银行、福建兴业银行、广东发展银行、光大银行、华夏银行、上海浦东发展银行和民生银行。股份制银行是我国国有独资商业银行改革的方向。

(卢 亮)

gupiao
股票(stock) 股份的表现形式。《中华人民共和国公司法》第126条规定:"股份有限公司的资本划分为股份,每一股的金额相等。公司股份采取股票的形式。股票是公司签发的证明股东所持股份的凭证。"

股票的特征 (1)股票是股份有限公司成立后发给股东的证明其所持有股份的凭证。(2)股票是一种以一定的财产为对价的有价证券。(3)股票是一种有价证券。《公司法》第129条规定:"股票采用纸面形式或者国务院证券监督管理机构规定的其他形式。股票应当载明下列主要事项:公司名称;公司登记成立的日期;股票种类、票面金额及代表的股份数;股票的编号;股票由董事长签名,公司盖章。发起人的股票,应当标明发起人股字样。"(4)股票是一种永久性证券。

股票的分类 依据所代表的股东权的内容不同,分为普通股和特别股。普通股指股东拥有的权利、义务相等,无差别待遇的股份。特别股指股票所代表的权利义务不同于普通股而有特别内容的股份。以股东姓名或名称是否记载于股票为标准,分为记名股和无记名股。记名股是将股东的姓名或名称记载于股票上的股份。无记名股指股票上不记载股东姓名或名称的股份。依据股份是否以金额为标准,分为额面股和无额面股。额面股指在股票票面上标明了一定金额的股份。无额面股指股票票面上不标明金额,而只标明每股占公司资本总额的一定比例的股份。在我国,根据法律之规定,股份有限公司只发行额面股。按持股主体的不同,分为国有股、法人股、个人股和外资股。国有股又分为国家股和国有法人股。前者指有权代表国家投资的机构或部门向股份公司出资形成或依法定程序取得的股份;后者指具有法人资格的国有企业、事业及其他单位以其依法占有的法人资产向独立于自己的股份公司出资形成或依法定程序取得的股份。法人股指一般企业法人或具有法人资格的事业单位和社会团体以其依法可支配的资产向股份公司出资形成或依法定程序取得的股份。个人股指单个自然人以其合法财产向股份公司投资形成或依法定程序取得的股份。外资股指由外国和我国香港、澳门、台湾地区投资者向公司投资形成或依法定程序取得的股份。依据是否以人民币认购和交易为标准,分为人民币股和人民币特别股。人民币股,又称A股,指专供我国的法人和公民(不含香港、澳门、台湾地区投资者)以人民币认购和交易的股份。人民币特种股指以人民币标明面值,以外币或港元认购和交易,专供外国和我国港澳台地区投资者购买的股份。 (李 震)

gupiao faxing

股票发行(stock issuing) 符合发行条件的股份有限公司以筹集资本或增加资本为目的,依照法定程序向社会投资人要约出售代表一定股东权利的股票的行为。

股票发行应坚持以下原则:公开、公平、公正原则;平等原则;同一条件发行原则;不低于票面金额发行原则。《中华人民共和国公司法》第127条规定:"股份的发行,实行公开、公平、公正的原则,同种类的每一股应当具有同等权利。同次发行的同种类股票,每股发行条件和价格应当相同。任何单位或者个人所认购的股份,每股应当支付相同价额。"第128条规定:"股票发行价格可以按票面金额,也可以超过票面金额,但不得低于票面金额。"股票发行可以分为设立发行和新股发行。设立发行是指公司在设立过程中发行股票。新股发行是指已经设立的股份有限公司因扩大生产经营规模或其他需要而增资发行股份的行为。

(李 震)

gupiao faxingren

股票发行人(stock issuer) 通过发行股票而筹集资金的主体。股票发行人的特征为:(1)以筹集资金或调整股权结构为目的发行股票;(2)发行主体单一,仅有股份有限公司可以发行股票;(3)股票发行主体享受权利、承担义务较债券发行人更为严格。(李 震)

guzhi qihuo zhidu

股指期货制度(the system of Stock Index Futures) 以某一股票指数作为标的物的期货品种,它并不采取实物交割方式,而是采取现金交割方式的制度。指数期货以指数点报价,每一份期货合约的价值金额为每一点代表的金额乘以指数点数。股指期货与普通的商品期货除了在到期交割时有所不同外,没有本质的区别。

推出股指期货应具备如下前提条件:首先证券市场成熟度要高、规模要大、市场流动性要好。因为从市场供给的角度来看,如果股票数量很少,总市值不大,那么市场的容量也相应较小,这样的市场很容易被有较大资金实力的机构操纵,通过控制影响较大的个股来操纵指数,这将会与通过推出股指期货来稳定市场的初衷相违背。

股指期货的功能:(1)价格发现功能。由于期货市场流动性极好,而且信息渠道畅通,"三公"原则体现得比较好,因此,一旦有信息影响大家对市场的预期,就会很快地在期货市场上反映出来,并且可以快速地传递到现货市场,从而使现货市场价格达到均衡。(2)风险转移功能。股指期货的引入,为市场提供了对冲风险的途径,如果投资者持有与股票指数有相关关系的股票,为防止未来价格下跌造成损失,投资者可以卖出股票指数期货合约,即股票指数期货空头与股票多头相配合时,投资者就避免了总头寸的风险。

股指期货有利于投资者合理配置资产。如果投资者只想获得股票市场的平均收益,或者看好某一类股票,若在股票现货市场将其全部购买,无疑需要大量的资金;而期货市场独有的保证金制度使投资者在购买股指期货时,只需少量的资金,就可跟踪大盘指数或相应的某一类股票指数,并最终达到分享市场利润的目的。当股票指数期货的市场价格与其合理定价偏离很大时,就会出现股指期货套利交易。股指期货的推出还有助于国有企业在证券市场上直接融资。股指期货可以减缓基金套现对股票市场造成的冲击。

国际上,股票指数已形成一个完整体系,指数功能趋向多元化,并根据不同目的设计不同的指数。根据指数功能不同,股票指数可分为标尺性指数与投资性指数两种。标尺性指数主要作为市场表现与绩效评估基准,用于反映股票市场的整体水平与走势;投资性指数主要用于开发各种指数投资产品。股指期货标的指数属于投资性指数中一种,它的选择原则主要有:(1)利于股指期货避险功能的发挥。开展套期保值交易,规避股市风险,是股指期货交易的主要目的。在股指期货标的选择时必须首先考虑提高投资者套期保值交易的效果,需要标的指数与全市场指数有较强的相关性。(2)便于股指期货套利交易进行。期、现货之间的套利对于保证期货价格能够正确反映基本面事实是非常重要的。另外,指数的构成应当尽量保持稳定,否则需要对现货头寸进行调整,而这将带来套利风险。(3)简单、透明,为广大投资者所接受。在选股上,应主要考虑股票的市值与流动性、总市值、流通市值、交易量、换手率等指标。(4)有一定市场覆盖率,防止市场操纵。包括的股票越多,覆盖的市值越大,市场操纵越难。另外,指数内部结构也很重要,例如以总股本加权,某些股票总股本很大但流通股很小,存在被人操纵的可能性;成分指数中如果某个股票权重过大也容易发生操纵。尽管不同国家上市的指数期货标的各不相同,但为了防止市场操纵,绝大多数指数都涵盖大的市值,一般都占到总流通市值的50%以上,而且成分股均为成交活跃的股票。(5)符合国际惯例。指数发展趋势是从地区性走向国际化,编制主体从交易所转向以指数公司为主。从世界范围看,股指期货标的指数编制主体是金融服务公司、交易所以及投资银行等,其共同特点是编制主体聘请专家或由专家担任顾问,有很强的技术支持,计算准确,发布及时,在投资人中有广泛的影响,其中尤以金融服务类公司最为成功,因为这些公司本身并不参与市场,其公正性、客观性更容易得到认同。我国股指期货标的指数编制与管理应借鉴国际惯例,也可考虑设立一个独立的指数公司进行指数的编制与管理。

股指期货一旦推出,投资者便拥有了直接的风险管理手段,通过指数期货可以把投资组合风险控制在一定的浮动范围内。股指期货还可以保证投资者把握入市时机,以准确实施其投资策略。正因为股指期货在主动管理风险策略方面所发挥的作用日益被市场所接受,所以,近二十年来,世界各地的交易所纷纷推出股指期货这一金融期货品种供投资者选择。

到目前为止,我国股市仅有现货交易,却没有有效的风险回避机制,这必将影响到我国股市健康发展。当前开发我国股指期货交易具有十分重要的意义,表现在:促进发行方式的转变,保证新股发行与顺利上市;回避股市系统风险,保护广大投资者的利益;增强市场的流动性,促进股市持久活跃;开展股指期货交易,引进双向交易机制,能够大幅度提高资金的利用效率,有利于吸引大量资金入市,促进股市的持久活跃;促进股价合理波动,充分发挥经济"晴雨表"作用。

(王连喜)

guding zichan guanli zhidu
固定资产管理制度(system of fixed assets management) 规范企业固定资产的取得、使用、保持和管理的法律制度。固定资产是指使用年限在一年以上,单位价值在规定标准以上,并在使用过程中保持原来物质形态的资产,包括房屋及建筑物、机器设备、运输设备、工具器具等。

企业应当结合本企业的具体情况,制定适合于本企业的固定资产目录、分类方法、每类或每项固定资产的折旧年限、预计净残值、折旧方法等编制成册,作为进行固定资产核算的依据;并按照管理权限,经股东大会或董事会,或经理(厂长)会议或类似机构批准,按照法律、行政法规的规定报送有关各方备案,同时备置于企业所在地,以供投资者等有关各方查阅。企业已经确定并对外报送,或备置于企业所在地的有关固定资产目录、分类方法、预计净残值、预计使用年限、折旧方法等,一经确定不得随意变更,如需变更须按上述程序,经批准后报送有关各方备案,并在会计报表附注中予以说明。

固定资产在取得时,应按取得时的成本入账。取得时的成本包括买价、进口关税、运输和保险等相关费用,以及为使固定资产达到预定可使用状态所必要的支出。在固定资产尚未交付使用或者已投入使用但尚未办理竣工决算之前发生的固定资产的借款利息和有关费用及外币借款的汇兑差额等,应当计入固定资产价值;在此之后发生的借款利息和有关费用及外币借款的汇兑差额,应当计入当期损益。接受捐赠的固定资产应按照同类资产的市场价格或者有关凭据确定固定资产价值,其时发生的各项费用,应当计入固定资产价值。融资租入的固定资产应当比照自有固定资产核算,并在会计报表附注中说明。固定资产折旧应当根据相关原则,采用年限平均法或者工作量(或产量)法计算。如符合有关规定,也可采用加速折旧法。固定资产的原值、累计折旧和净值,应当在会计报表中分别列示。为购建固定资产或者对固定资产进行更新改造发生的实际支出,应当在会计报表中单独列示。

企业定期对固定资产进行清查盘点,对于固定资产盘盈、盘亏的净值以及报废清理所发生的净损失应当计入当期损益。　　　　　　(汤黎虹　张　鹏)

guding zichan touzi fangxiang tiaojieshui

固定资产投资方向调节税(tax of adjustment for the orientation of fixed investment)　对在我国境内进行固定资产投资的单位和个人,就其固定资产投资的各种资金征收的一种税。但中外合资经营企业、中外合作经营企业和外资企业的固定资产投资例外。进行固定资产投资的单位和个人为纳税义务人。计税依据为固定资产投资项目实际完成的投资额。固定资产投资方向调节税实行差别税率。具体税目、税率参见《固定资产投资方向调节税暂行条例》所附的《固定资产投资方向调节税税目税率表》。固定资产投资方向调节税由纳税人向项目所在地的税务机关申报纳税。按固定资产投资项目的单位工程年度计划投资额预缴,年度终了后按年度实际完成投资额结算,项目竣工后按全部实际完成投资额进行清算。我国在1991年为控制投资规模、引导投资方向而开始征收固定资产投资方向调节税,但从1999年下半年起减半征收固定资产投资方向调节税,2000年暂停征收。　　(彭　皖)

guding zichan touzi fangxiang tiaojieshui zanxing tiaoli

《固定资产投资方向调节税暂行条例》(Interim Regulations Governing the Adjustment of Taxes on Orientation of Fixed Assets Investment)　1983年9月20日和1987年6月25日我国国务院相继发布了《建筑税征收暂行办法》和《建筑税暂行条例》,规定对投资行为征收建筑税。1991年4月16日国务院发布《中华人民共和国固定资产投资方向调节税暂行条例》,决定开征固定资产投资方向调节税以取代建筑税。固定资产投资方向调节税的纳税义务人是在中华人民共和国境内进行固定资产投资的单位和个人。投资方向调节税的征税范围是在中华人民共和国境内进行固定资产投资的行为,中外合资经营企业、中外合作经营企业和外资企业的固定资产投资及国家禁止发展项目的投资除外。投资方向调节税的计税依据为固定资产投资项目实际完成的投资额,其中更新改造投资项目为建筑工程实际完成的投资额。投资方向调节税根据国家产业政策和项目经济规模实行差别比例税率,具体分为0%、5%、10%、15%、30%五个档次。投资方向调节税除国务院另有规定者外,不得减免。只有对按照国家规定不纳入计划管理、投资额不满5万元的固定资产投资,其调节税的征收和减免,由省、自治区、直辖市人民政府决定。投资方向调节税由税务机关负责征收管理。纳税人应当向项目所在地税务机关办理税务登记、纳税鉴定、纳税申报等手续。投资方向调节税的征收,实行计划统一管理和投资许可证相结合的源泉控管办法,由相关金融机构及有关单位负责代扣代缴。投资方向调节税按固定资产投资项目的单位工程年度计划投资额预缴;年度终了后,按年度实际完成投资额结算,多退少补;项目竣工后,按全部实际完成投资额进行清算,多退少补。纳税人按年度计划投资额一次缴纳全年税款确有困难的,经税务机关核准,可于当年9月底以前分次缴清应纳税款。

(席晓娟)

guding zichan touzi fangxiang tiaojieshui zanxing tiaoli shishi xize

《固定资产投资方向调节税暂行条例实施细则》(Rules for Implementation of the Interim Regulations Governing the Adjustment of Tax on Orientation of Fixed Assets Investment)　我国国家税务总局1991年6月18日发布。它规定,投资方向调节税的纳税人,是用各种资金进行固定资产投资的各级政府、机关团体、部队、国营企业事业单位、集体企业事业单位、私营企业、个体工商户及其他单位和个人。作为课税对象的用于全社会的基本建设投资、更新改造投资、商品房投资和其他固定资产投资的各种资金包括:国家预算资金、国内外贷款、借款、赠款、各种自有资金、自筹资金和其他资金。作为计税依据的固定资产投资项目实际完成的投资额包括:建筑安装工程投资、设备投资、其他投资、转出投资、待摊投资和应核销投资。其中基本建设项目与其他固定资产投资,按其实际完成投资总额计税;更新改造项目,按其建筑工程实际完成投资额计税。固定资产投资项目中的综合性费用,应按项目主体工程中的单位工程税率计税。投资方向调节税和投资项目银行贷款建设期利息应计入固定资产投资总额,但事先予以扣除。　　(席晓娟)

guti feiqiwu wuran huanjing fangzhifa

《固体废弃物污染环境防治法》(the Act for Environmental Prevention and Control of Solid Waste Pollution)　我国第一部有关环境保护、防止固体废弃物污染环境的法律。1995年10月30日第八届全国人民代表大会常务委员会第十六次会议通过,自1996年4月1日起施行。《中华人民共和国固体废弃物污染环境防治法》共6章77条,包括总则;固体废物污染环境的监督管理;固体废物污染环境的防治;危险废物污染环境防治的特别规定;法律责任;附则。

　　总则　国家鼓励、支持开展清洁生产,减少固体废物的产生量;鼓励、支持综合利用资源,对固体废物实行充分回收和合理利用；鼓励、支持有利于保护环境的集中处置固体废物的措施；鼓励、支持固体废物污染环境防治的科学研究、技术开发，推广先进的防治技术和普及固体废物污染环境防治的科学知识。县级以上人民政府应将固体废物污染环境防治工作纳入环境保护规划，并采取有利于防治污染的经济、技术政策和措施。

固体废物污染环境监测管理 对在固体废物污染环境防治工作以及相关的综合利用活动中作出显著成绩的单位和个人给予奖励，对造成固体废物污染环境的单位和个人予以相应制裁。对于可能产生固废污染的项目规定：建立项目的环境影响报告书制度，对固体废物对环境的污染和影响作出评价。对于建设产生工业固体废物的项目以及建设贮存、处置固体废物的项目、建设项目需要配套建设的固体废物污染防治设施，必须与主体工程遵循三同时原则，即同时设计、同时施工、同时投产使用；固体废物污染防治设施必须经环境保护行政主管部门验收合格后，建设项目方可投入生产或者使用。县级以上人民政府环境保护行政主管部门和其他固体废物污染环境防治工作的监督管理部门，有权依据各自的职责对管辖范围内与固体废物污染环境防治有关的单位进行现场检查。

固体废物污染环境的防治 对城市生活垃圾及一般工业废弃物的收集、贮存、运输、处置作了具体规定。对于工业固体废物对环境的污染，规定合理选择和利用原材料、能源和其他资源，采用先进的生产工艺和设备，减少工业固体废物产生量；国家有关部门组织研究、开发和推广减少工业固体废物产生量的生产工艺和设备，组织推广先进的防治工业固体废物污染环境的生产工艺和设备；公布限期淘汰产生严重污染环境的工业固体废物的落后生产工艺、落后设备的名录。鼓励科研部门研制、开发回收利用固体废物技术方法、措施，防止或者减少固废对环境的影响。禁止在自然保护区、风景名胜区、生活饮用水源地和其他需要特别保护的区域内，建设工业固体废物集中贮存、处置场所和生活垃圾填埋场。禁止境外的固体废物进境倾倒、堆放、处置。转移固体废物必须有环境保护行政主管部门许可。确有必要进口列入规定目录中的固体废物用作原料的，必须经国务院环境保护行政主管部门会同国务院对外经济贸易主管部门审查许可，方可进口。

危险废物污染环境防治的特别规定 国务院有关部门制定危险废物名录，规定危险废物统一的鉴别标准、鉴别方法和识别标志。对于产生危险废物的单位，必须按照国家有关规定申报登记。从事收集、贮存、处置危险废物经营活动的单位，必须向县级以上人民政府环境保护行政主管部门申请领取经营许可证。转移危险废物的，必须按照国家有关规定填写危险废物转移联单，并向危险废物移出地和接受地的县级以上地方人民政府环境保护行政主管部门报告。从事收集、贮存、运输、利用、处置危险废物的人员，应当接受专业培训，经考核合格，方可从事相应工作。收集、贮存危险废物，必须按照危险废物特性分类进行。禁止混合收集、贮存、运输、处置性质不相容而未经安全性处置的危险废物。工作中造成危险废物严重污染环境的单位，必须立即采取措施消除或者减轻对环境的污染。应当制定在发生意外事故时采取的应急措施和防范措施，因发生事故染危害，及时通报可能受到污染危害的单位和居民，并向所在地县级以上地方人民政府环境保护行政主管部门和有关部门报告，接受调查。禁止经中华人民共和国过境转移危险废物。

法律责任 对不按照国家规定申报登记工业固体废物或者危险废物或者在申报登记时弄虚作假的、拒绝环境保护行政主管部门现场检查或者在被检查时弄虚作假的、不按照国家规定缴纳排污费等8种违法行为的处罚，作出了具体的规定。　(樊　华　陈　韬)

guashi zhifu

挂失止付(loss report of bills and payment stop) 失票人将票据丧失的事实通知票据的付款人，并指示付款人停止支付票据款项的一种票据丧失的补救办法。挂失止付仅是失票人丧失票据后可以采取的一种临时性的、旨在防止所失票据被他人冒领的救济措施。票据本身不因此而无效，失票人的票据责任也不因此而免除，失票人的票据权利也不因此而得到最终恢复。此外，挂失止付也不是失票人采取公示催告或诉讼程序以使票据权利得到最终恢复的必经程序。

(田　艳)

guanlian qiye

关联企业(correlative enterprises) 在资金、经营、购销等方面存在直接或间接控制关系，或者直接或间接同为第三者所控制，或者其他在利益上具有相互关联的关系的公司、企业或其他经济组织。1997年5月22日我国财政部发布的《企业会计准则——关联方关系及其交易的披露》中规定，在企业财务和经营决策中，如果一方直接或间接控制另一方或者对另一方施加决定性影响，或者双方同为第三方控制，这些企业就可以视为关联方。日本使用"关系企业"一词，作为彼此之间具有母子关系、参股关系而致使一方能对另一方施加决定性影响的企业联合的统称。可见，虽然"关联企业"尚未有一个公认的标准，但其本质上是数个具有控制和被控制关系的独立企业的联合。成立这种企业联合，一般是企业之间追求更大的规模效益的需要。

从性质上来说,关联企业是企业合并的一种表现形式。反垄断法中的企业合并不同于企业法意义上的企业合并。企业法意义上的企业合并是指一个或者多个企业并入一个现存的企业,或者两个以上的企业结合形成一个新的企业;而反垄断法中的企业合并还包括具有控制和被控制关系的企业。例如,美国法所规制的企业合并主要是指取得财产和取得股份。而欧共体《企业合并条例》所规定的企业合并则是指企业合并和取得支配权两类行为,其中取得支配权是指一个或几个企业通过取得另一企业的股权、财产或通过合同、人事联合等方式取得直接或间接的支配权。德国《反限制竞争法》在1998年修订之后将企业合并扩大到一个或几个企业直接或间接对另一企业在竞争方面施加显著影响的所有方式。由此可见,反垄断法意义上的企业合并泛指一个企业通过某些方式(包括狭义的企业合并)取得对另一个企业的支配性影响或决定性影响的行为和事实。而关联企业就属于广义上的企业合并,与企业集团、公司集团、跨国公司等组织在性质上具有相似性。关联企业往往运用税率差别从事逃税行为。在国际税法领域,通过转让定价(见转让定价)的方法规避高税率;在国内税法领域,利用各种政策从事逃税行为。对关联企业进行规制是税法上的重要课题。

我国《税收征收管理法》规定的应纳税款的调整制度是专门针对关联企业的。《税收征收管理法实施细则》将关联企业界定为有下列关系之一的公司、企业、其他经济组织:(1)在资金、经营、购销等方面,存在直接或者间接的拥有或者控制关系;(2)直接或者间接地同为第三者所拥有或者控制;(3)在利益上具有相关联的其他关系。《关联企业间业务往来税务管理实施办法》将外商投资企业或外国企业(以下简称企业)与另一公司、企业和其他经济组织(以下统称为另一企业)之间的关联关系具体分解为以下几种情形:(1)相互间直接或间接持有其中一方的股份总和达到25%或以上的;(2)直接或间接同为第三者拥有或控制股份达到25%或以上的;(3)企业与另一企业之间借贷资金占企业自有资金50%或以上,或企业借贷资金总额的10%是由另一企业担保的;(4)企业的董事或经理等高级管理人员一半以上或有一名常务董事是由另一企业委派的;(5)企业的生产经营活动必须有另一企业提供的特许权利(包括工业产权、专有技术等)才能正常进行的;(6)企业生产经营购进的原材料、零配件等(包括价格及交易条件等)是由另一企业所控制或供应的;(7)企业生产的产品或商品的销售(包括价格及交易条件等)是由另一企业所控制的;(8)对企业生产经营、交易具有实际控制的其他利益上相关联的关系,包括家属、亲属关系等。可以看出,我国税法对关联企业的认定基本采用了国际上通行的做法,即是从"控制"的角度来解释"关联企业",并将是否存在控制作为判定"关联企业"的基本标准。同时,不仅注重股权控制,还十分注重非股权控制;不仅涉及直接控制,也涉及间接控制。

(魏建国 宋 丽 李 梅)

guanshui

关税(customs duties) 海关根据国家制定的海关税则,对进出口货物或物品经过关境时所征收的一种税。狭义的关税指在海关税则中规定的对进出境货品征收的税,不包括海关代征的进口环节国内税。关税是世界各国普遍征收的一种税,其目的是为保护和促进国内工商业的发展,开展对外贸易,增加财政收入,实现国家收支平衡。关税的征收对象是对外贸易进出口的货物、邮递物品、旅客行李以及运输工具上服务人员所带物品。关税的纳税人是进出口货物的收(发)货人或其代理人和进口非贸易物品的所有人或收件人。关税由海关在货物和物品进入我国关境时按规定的完税价格依率计征。关税按照征收对象的流向标准,可以分为进口税、出口税和过境税;按征收目的的标准,可以分为财政关税和保护关税;按计税标准,可以分为从量税、从价税和混合关税;按税率的制定的标准,可以分为自主关税和协定关税。

关税税率为海关对进出口货物计征关税的法定比例或单位税额。按征税基础不同,可以分为从量税与从价税。目前各国多使用多栏税则制,即在税则中列出两种或者多种不同的税率栏,根据不同情况分别适用有关税率,如普通税率、优惠税率、最惠国税率、协定税率、固定税率、暂定税率、最低税率、附加税率等栏目。

关税税基为关税纳税人纳税所依据的标准或基础。关税税基一般有从价税、从量税、复合税、选择税、滑动税、指数税等。从价税是以纳税人进出口货物的价格为计税标准,按照法定税率缴纳的关税。从量税是以货物的重量、数量、容量、长度、面积等计量单位为标准课征的关税。复合税又称混合税,是从价税、从量税同时并用的一种关税。选择税是对同一货物同时制定从价关税征收标准和从量关税征收标准,执行过程中由海关选择其中一种计征的关税。滑动税是根据商品市场价格的涨落,提高或者降低其税率的关税。指数税是以进口货物在市场上价格指数的倍数为标准,依法课征的关税。

关税减免是对某些特定情况关税法律分别给予减轻关税税负和免除关税税负的优待规定。我国将关税的减免分为固定性减免、审核性减免和临时性减免:(1)固定性减免,指关税法明确规定减免关税的具体情况和条件,海关只需要查明进口在事实上符合减免税的条件,则必须依法减免关税;(2)审核性减免,指关税法律规定的减免税及减免数额应由海关审定的减免税;(3)临时性减免,关税法未明文规定减免关税,但由于其他特殊原因,收货人或其代理人要求对进口货物临时减免关税,由海关总署或者海关总署会同财政部按照国务院的规定审批减免关税。 (余启平)

guanshui bilei

关税壁垒(tariff barriers) 一种贸易制度,非关税壁垒的对称。一国用提高进口关税的办法,限制外国商品进口的措施。其目的是制约外国商品在本国市场上的竞争能力,限制外国商品进口,以保护本国商品的竞争优势,垄断国内市场。关税壁垒有时还被用作迫他国在关税和对外贸易方面让步的手段。(余启平)

guanshui hezuo lishihui

关税合作理事会(Customs Co-operation Council, CCC) 也称海关合作理事会。其前身是1947年成立的欧洲关税同盟研究团。1950年12月在布鲁塞尔大会通过《设立关税理事会公约》。于公约1952年11月生效时,理事会成立,总部设在布鲁塞尔。其主要职能是研究一切与海关技术合作有关的问题,保证各成员国关税制度的统一;起草公约和建议,提供有关关税条例和手续方面的情报和咨询;监督各项公约的实施并调解纠纷;与其他国际组织进行合作。其最高机构是理事会,下设常设技术、海关估价、品目表、财政、协调制度、政策及反欺骗斗争等委员会;总秘书处负责日常工作。我国于1983年7月18日加入该理事会。1994年10月1日更名为世界海关组织。 (余启平)

guanshui shuize

关税税则(regulations of duties) 也称进出口税则或者海关税则。根据国家的关税政策,通过一定的立法程序,对进出口其关境的应税商品或者货物、免税商品或者货物加以系统分类并规定适用不同关税税率的一览表。关税税则的主要内容包括:(1)国家实施税则的法令;(2)税则的归类总规则,即该税则中商品归类的原则;(3)各类、章和税目的注释,说明各自包括或不包括的商品以及对商品的形态、功能、用途等方面的说明;(4)税目表,包括商品分类目录和税率档两个部分。其中商品分类,我国及世界上大多数国家和地区目前采用的是关税合作理事会1952年制定的《关税合作理事会税则目录》(英文简称CCCN),亦称《布鲁塞尔税则目录》(英文简称BTN)。收录到这个税则的货物分为21大类,99章,1097个税号,以下又设次号、小号共五级。目录编排主要以货物来源为标准,结合加工深度和用途加以分类。关税税则按其税率形式不同,分为单式税则和复式税则;按其制定方式不同,分为固定税则和协定税则。 (余启平)

guanshui tongmeng

关税同盟(customs unions) 以一个单独的关税领土代替两个或两个以上的关税领土,对同盟的组成领土之间的贸易或至少对这些领土产品的实质上所有贸易,实质上已取消关税和其他贸易限制,同盟的每个成员对于同盟以外领土的贸易,已实施实质上同样的关税或其他贸易规章。关税同盟对内没有关税,对外有一个统一的关税制度和关税税境,并有一条实实在在的界限。传统上在边境运输和有限的区域安排上最惠国待遇义务有例外,GATT1994和WTO规则允许最惠国待遇对关税同盟例外,即GATT和WTO规则并不限制关税同盟的建立,相反它们允许该类安排,只要不损害同盟国国外的利益。GATT规定,GATT的各项规定不得阻止各成员在其领土之间建立关税同盟,或为建立关税同盟的需要采取某种临时协定,只要该关税同盟对未参加的各成员的贸易所实施的关税或其他贸易规章,大体上不高于或严于未建立时各组成领土所实施的关税和贸易的一般限制水平。《1994年关税与贸易总协定关于解释第24条的谅解》指出,此类协议的成员之间经济的进一步一体化可以扩大世界贸易的贡献,而如果组成领土税收和其他限制性商业规定的取消扩展所有贸易,这样的贡献将会更大,但如果为扩展到主要部门的贸易,该类贡献就会减少。建立关税同盟协定的目的是促进组成领土之间的贸易,并不得增加其他成员与这些领土之间的贸易壁垒,在组成或扩大其区域时,此类协议的成员应在最大可能程度上避免对其他成员的贸易造成不利的影响。 (王连喜)

guanyu jinchukou jingying zige guanli de youguan guiding

《关于进出口经营资格管理的有关规定》(Statute of Supervisory of Import and Export Management Competence) 我国为加快外贸经营体制改革,促进和规范各类企业从事进出口业务,而对企业进出口经营资格管理的有关问题作出的规定。该规定于2001年7月10日发布并于当日起施行;凡与该规定不符的规定,自该规定发布之日起废止。

《关于进出口经营资格管理的有关规定》的主要内容为:(1)进出口经营资格实行登记和核准制,各类所有制企业(外商投资企业、商业物资、供销社企业、边境小额贸易企业,经济特区、浦东新区企业除外,下同)进出口经营资格实行统一的标准和管理办法;(2)

对企业的进出口经营资格,按登记或核准的经营范围实行分类管理;(3)申请进出口经营权的企业资格条件和要求提交的材料;(4)办理进出口经营资格登记和核准,应符合规定的程序和要求;(5)对各类进出口企业经营行为的规范;(6)各受权发证机关要加强与工商、海关、质量监督检验检疫、外汇管理、税务等部门的沟通,建立相应的联系制度;(7)加强和完善监管体系,严格依法对违法违规企业实施行政处罚,建立有准入有退出的进出口经营资格管理体制;(8)对外经贸部和受权发证机关工作人员的责任规定;(9)受权发证机关对企业法人资格的监督;(10)该规定的适用范围;(11)已经成立的进出口公司的变更手续等等。

(罗大帅)

guanyu jinyibu kuoda guoying gongye qiye zizhuquan de zanxing guiding

《关于进一步扩大国营工业企业自主权的暂行规定》(Interim Regulation on Further Expanding Autonomy of State-Managed Industrial Enterprises) 1984年5月10日我国国务院颁布的有关国营工业企业的行政法规。这个法规对扩大企业自主权的十个方面,包括生产经营计划方面,产品销售方面,产品的价格方面,物资选购方面,资产处置方面,机构设置方面,人事劳动管理方面,工资资金方面,联合经营方面等,分别作出了规定。

(陈乃新 王顺兰)

guanyu kuoda guoying gongye qiye jingying guanli zizhuquan de ruogan guiding

《关于扩大国营工业企业经营管理自主权的若干规定》(Regulations on Expanding Autonomy of State-Managed Industrial Enterprises for Operation and Management) 1979年由我国国务院制定的有关国有工业企业的行政法规。共11条,主要规定了企业的任务是必须保证完成国家下达的各项经济计划,实行企业利润留成,逐步提高固定资产折旧率,实行固定资产有偿占用制度,实行流动资金全额信贷制度,鼓励企业发展新产品,企业有规定申请出口产品和取得外汇分成权,企业有按照国家劳动计划指标择优录用职工权,企业有机构设置决定权,减轻企业额外负担和企业的义务。

根据《国务院关于按照五个改革管理体制文件组织试点的通知》,1979年国务院在下发《关于扩大国营工业企业经营管理自主权的若干规定》的同时,还下发了《关于国营企业实行利润留成的规定》,《关于国营工业企业固定资产折旧和改进折旧费使用办法的暂行规定》,《关于国营企业实行流动资金全额信贷的暂行规定》等四个行政法规。这五个行政法规的颁布施行,是中国改革管理体制进行试点在法制上的表现。

(陈乃新 王顺兰)

guanyu rujing lüke xingli wupin he geren youdi wupin zhengshou jinkoushui banfa

《关于入境旅客行李物品和个人邮递物品征收进口税办法》(Regulations of Customs on Imposing Import Duties on Personal Belongings of Incoming Passengers and Postal Matters) 为了照顾个人进口自用物品的合理需要,简化计税手续,1991年3月5日由海关总署发布,自1991年4月1日起施行。进口税的纳税义务人是携有应税个人自用物品的入境旅客及运输工具服务人员,进口邮递物品的收件人,以及以其他方式进口应税个人自用物品的收件人。进口税的征税范围是准许应税进口的旅客行李物品、个人邮递物品以及其他个人自用物品。进口税从价计征,根据应税个人自用物品的种类确定税率,分别为20%、50%、100%、150%与200%。书报、刊物、教育专用的电影片、幻灯片等免税。纳税义务人可以自行办理纳税手续,也可以委托他人办理纳税手续。应税个人自用物品由海关按照填发税款缴纳证当日有效的税率和完税价格计征进口税。纳税义务人应当在海关放行应税个人自用物品之前缴纳税款。

(席晓娟)

guanyu shuishou guanli tizhi de guiding

《关于税收管理体制的规定》(Regulation of System of Tax Administration) 我国财政部1977年8月16日提出,经国务院1977年11月13日批转后实施的税收管理法规。1958年国务院颁布了《关于改进税收管理体制的规定》,此后对税收管理体制又作了几次调整,但存在一些问题,主要是有的规定不够明确,减税、免税权限下放多了一些。执行中,有些地方税收管理权限层层下放,扩大了减税、免税的范围,给税收工作造成了混乱。国家针对这种情况进行了税收体制的改革。主要内容是调整中央政府和地方政府之间的税收管理权限,详细规定了由国务院统一规定的项目,应报财政部批准的项目和由省、市、自治区掌握的审批和具体制定征税办法的项目。为了认真贯彻执行这一制度,国务院和财政部又陆续提出许多严格要求。这个规定明确了国家税收政策的改变、税法的颁布和实施、税种的开征和停征、税目的增减和税率的调整都由国务院统一规定。通过这个规定,我国的税收权力高度集中于中央,加强了税收的统一管理,但地方的财权与事权不能统一的弊端也随着经济体制的改革而日益暴露出来,因此也成为1994年分税制改革的动因之一。

(王晶)

《关于信托的准据法与承认信托的公约》(Convention on the Law Applicable to Trusts and Their Recognition)

简称《海牙信托公约》。为了在建立信托制度的国家之间确立其法律适用方面的共同规范,处理有关信托承认的最重要的问题,1984年10月,在荷兰海牙召开了第15届国际私法大会,会后于1985年7月1日缔结了《关于信托的准据法与承认信托的公约》。该公约共5章32条,内容包括公约的适用范围、定义、法律适用、信托的承认、一般条款以及最后条款等。

公约的第一章明确了公约的定义和适用范围,共5条。第2条给信托下了一个宽泛的定义:"在本公约中,当财产为受益人的利益或为了特定目的而置于受托人的控制之下时,'信托'这一术语系指财产授予人设定的在其生前或身后发生效力的法律关系。信托具有下列特点:(1)该项财产为独立的资金,而不是受托人自己财产的一部分;(2)以受托人名义或以代表受托人的另一个人的名义拥有信托财产;(3)受托人有根据信托的条件和法律所加于他的特殊职责,管理、使用或处分财产的权力和应尽的义务。财产授予人保留某些权利和权力以及受托人本身得享有作为受益人的权利这一事实,并不一定与信托的存在相矛盾。"大陆法系与英美法信托类似的概念可能包括在这个定义之内。该公约第3条至第5条明确了公约的适用范围,第3条规定"本公约仅适用于自愿设定并以书面证明的信托"。第4条规定"本公约不适用于与据以移转财产与受托人的遗嘱及其他行为的有效性有关的先决问题"。第5条规定"在第二章中规定的法律未对信托或对有关的信托所属的类别作出规定的范围内,本公约不应予以适用。"

第二章规定了公约的法律适用问题,共5条。第6条规定"信托应依财产授予人所选择的法律。该项选择必须是明示的或默示地规定在设定或书面证明信托的文件的条款中,必要时,须根据案件的情况予以解释。如果根据前款选择的法律未对信托或对有关的信托所属类别作出规定,该项选择不应为有效,第7条中指定的法律则应予适用。",第7条规定"如适用的法律未经选择,信托应依与之有最密切联系的法律。确定与信托有最密切联系的法律时,特别应考虑:(1)财产授予人指定的信托管理地;(2)信托财产的所在地;(3)受托人的居住地或营业地;(4)信托的目的及其目的实现地。"可见,公约充分体现了当事人意思自治原则,规定了应首先依照委托人选择适用的法律作为准据法,如果没有选择或选择无效,则应确定与信托有最密切联系的法律为准据法,并明确了判断最密切联系地应考虑的因素。

公约第三章明确了信托的承认问题,共4条。第11条规定:"根据前章规定的法律所设定的信托应作为信托而予承认。该项承认至少应意味着信托财产为独立的资金,受托人可以受托人身份起诉,以及他可以在公证人或任何其他履行官方职务的人面前以该身份出现或行事。在适用于信托的法律所要求或规定的范围内,该项承认意指:(1)受托人的个人债权人不得从信托财产中获得救济;(2)受托人破产时,信托财产不得成为其财产的一部分;(3)信托财产不得成为受托人或其配偶的婚姻财产的一部分,也不得成为受托人死后遗产的一部分;(4)如果受托人违反信托,将信托财产与其个人财产混合或让渡信托财产,则信托财产可予回复。但财产的第三方持有人的权利和义务仍应受法院地法律选择规则所确定的法律支配。"按照公约第11条,符合以上述标准所选定的国家的法律设定的信托,应该认定为信托,其结果至少应该包括两点,即信托财产构成分别的资金;受托人凭他的受托人身份能起诉或被诉。

公约第四章为一般条款。第15条规定:"本公约不阻碍法院地冲突规则指引的法律条款的适用,如果这些条款,特别是关于下列事项,不能以任意行为排除其适用:(1)对未成年人和无行为能力人的保护;(2)婚姻及于身份和财产的效力;(3)遗嘱继承或无遗嘱继承中的继承权,特别是配偶或亲属的不得取消的份额;(4)财产所有权和设定在财产上的担保利益的转移;(5)在破产事件中对债权人的保护;(6)在其他方面对善意第三人的保护。如果前款的适用致使信托无法得到承认,则法院应试用其他方法使信托之目的得以实现。"第16条规定:"不管冲突法规则如何规定,本公约不妨碍法院地即使对国际性案件也必须适用的法律条款的适用;如果另一国家与案件有足够密切的联系,那么,在例外情况下,可以给予该国具有前款述及的性质的规则以效力。任何缔约国可通过保留方式,声明其将不适用本条第二款。"

公约第五章为最后条款,对该公约的签字、批准、接受、认可、加入及生效等问题作出了明确的规定。

《海牙信托公约》缔结的目的是为了解决国际上发生的信托法律冲突以及为大陆法系国家承认和运用信托提供机会,但该公约目前只在少数几个国家生效,各国信托制度的冲突仍需要进一步地协调。但是,《海牙国际公约》为国际信托业的发展提供了很好的法律基础,对解决各国信托法律冲突指明了方向。

(赵芳芳)

《关于增强大中型国营企业活力若干问题的暂

行规定》(Interim Regulation on Enhancing Vitality of Large and Medium Size State-Managed Enterprises) 1985年9月11日我国国务院发布的有关国营企业的行政法规。这一法规特别针对增强大中型国营企业活力,作出了14项规定,包括提高经营管理水平和职工队伍素质;制订经营发展战略;企业内部要进行分级分权管理;搞好全面质量管理;降低消耗、降低成本;企业要综合利用能源、资源,鼓励企业一业为主,多种经营;发展企业之间的横向联系;改进物资供应和产品销售的办法;适当缩小指令性计划;调减调节税,增强企业自我改造能力;给部分大型企业直接对外经营权;清理、整顿公司;部门和城市都要实行政企职责分开、简政放权等。　　　　　　(陈乃新　王顺兰)

guanli jianyishu

管理建议书(management recommendation) 注册会计师针对审计过程中注意到的、可能导致被审计单位会计报表产生重大错报或漏报的内部控制重大缺陷提出的书面建议。注册会计师对审计过程中注意到的内部控制一般问题,可以口头或其他适当方式向被审计单位有关人员提出。注册会计师应当将在审计过程中注意到的内部控制缺陷以及与被审计单位的沟通情况,记录于审计工作底稿。管理建议书不应被视为注册会计师对被审计单位内部控制整体发表的意见,也不能减轻或免除被审计单位管理当局建立健全内部控制的责任。注册会计师出具管理建议书,不应影响其应当发表的审计意见。除有特别规定者外,注册会计师在征得被审计单位管理当局同意之前,不得将管理建议书的内容泄露给任何第三者。管理建议书一般应当包括下列基本内容:标题;收件人;会计报表审计目的及管理建议书的性质;内部控制重大缺陷及其影响和改进建议;使用范围及使用责任;签章;日期。管理建议书的标题应当统一规范为"管理建议书"。管理建议书的收件人应为被审计单位管理当局。管理建议书应当指明审计目的是对会计报表发表审计意见。管理建议书仅指出了注册会计师在审计过程中注意到的内部控制重大缺陷,不应被视为对内部控制发表的鉴证意见,所提建议不具有强制性和公证性。管理建议书应当指明其仅供被审计单位管理当局内部参考。因使用不当造成的后果,与注册会计师及其所在会计师事务所无关。管理建议书应当指明注册会师在审计过程中注意到的内部控制设计及运行方面的重大缺陷,包括前期建议改进但本期仍然存在的重大缺陷。管理建议书应当指明内部控制重大缺陷对会计报表可能产生的影响,以及相应的改进建议。必要时,管理建议书可说明被审计单位管理当局对内部控制重大的缺陷和

改进建议作出的反应。注册会计师在编制管理建议书之前,应当对审计工作底稿中记录的内部控制重大缺陷及其改进建议进行复核,并以经过复核的审计工作底稿为依据,编制管理建议书。管理建议书中反映的内部控制缺陷,可按其对会计报表的影响程度排列。在出具管理建议书之前,注册会计师应当与被审计单位有关人员讨论管理建议书的相关内容,以确认所述重大缺陷属实。　　　　　　(刘　燕　麻琳琳)

guangbo dianshi jiemu zhizuo jingying guanli

广播电视节目制作经营管理(management and administration on radio & television program producing) 我国国家广播电影电视总局制定的《广播电视节目制作经营管理规定》于2004年7月19日公布并自2004年8月20日起施行。广播电视节目制作经营管理制度适用于设立广播电视节目制作经营机构或从事专题、专栏、综艺、动画片、广播剧、电视剧等广播电视节目的制作和节目版权的交易、代理交易等活动的行为。专门从事广播电视广告节目制作的机构,其设立及经营活动根据《中华人民共和国广告法》等有关法律、法规管理。《广播电视节目制作经营管理规定》规定了广播电视节目制作经营的主管机关、节目制作经营业务许可、电视剧制作许可、广播电视节目制作经营的管理等内容。　　　　　　(刘　鹏)

guanggao daili

广告代理(advertising agents) 广告代理人(广告经营者)在广告被代理人(广告客户或其他广告经营者)授权的范围内,以广告被代理人的名义,从事的直接对广告被代理人产生权利义务的广告业务活动。广告代理人一般为广告公司,它处于广告活动的中间地位,一方面接受广告主委托进行广告的市场调查、信息咨询、战略策划、企业形象策划、媒介安排等工作,一方面负责向广告发布单位提供广告作品。广告代理制度是一国广告业走向成熟的重要标志,广告代理人和广告发布单位分工协作,优势互补,提高了广告的质量。广告代理人为同类产品广告主同时或先后提供广告代理服务,应当保守各广告主的商业秘密,不得为自身业务发展的需要泄漏广告主的商业秘密。国家计划委员会、国家工商行政管理局1995年《广告服务收费管理暂行办法》中规定,广告代理收费标准为广告费的15%。广告代理费来源于广告发布单位给予的佣金。

(赵芳芳)

guanggao fabuzhe

广告发布者(advertising publishers) 广告主或者

广告经营者委托的发布广告的法人或者其他经济组织。广告发布者的主体范围小于广告主和广告经营者,只能是法人或者经济组织,不包括个人。广告发布者一般是大众传播媒介,包括广播、电视、报纸、网络等。除了这些兼营广告业务的传播媒介外,还应该设立专门的从事广告业务的机构。根据《中华人民共和国广告法》第 26 条,广播电台、电视台、报刊出版单位的广告业务,应当由其专门从事广告业务的机构办理,并依法办理兼营广告的登记。广告发布者应按照国家有关规定,建立、健全广告业务的承接登记、审核、档案管理制度。 (赵芳芳)

guanggaofa

《广告法》(Advertising Act) 《中华人民共和国广告法》是我国第一部规范广告活动的法律。1994 年 10 月 27 日第八届全国人民代表大会常务委员会第十次会议通过,自 1995 年 2 月 1 日起施行。实施《广告法》的目的是:根据我国国民经济发展的需要,规范广告活动,促进广告业的健康发展,保护消费者的合法权益,维护社会经济秩序,发挥广告在社会主义市场经济中的积极作用。本法共 6 章 49 条,主要内容有:总则、广告准则、广告活动、广告的审查、法律责任、附则等。

《广告法》规定,县级以上人民政府工商行政管理部门实施对广告活动的监督管理。从事广告活动的法人、经济组织或者个人,都应当遵守我国相关法律、法规,遵循公平、诚实信用、真实、合法,符合社会主义精神文明建设的要求的原则。广告应该有利于人民的身心健康、促进商品和服务质量的提高、保护消费者的合法权益,应该遵守社会公德和职业道德,维护国家的尊严和利益。

广告准则 广告应当具有可识别性;对商品的性能、产地、用途、质量、价格、生产者、有效期限、承诺或者对服务的内容、形式、质量、价格、承诺等,应当清楚、明白;所使用数据、资料等,应当真实、准确,并注明出处;广告中涉及专利产品或者专利方法的,应当标明专利号和专利种类。不得用法律、法规禁止的内容、形式制作广告;不得用不切实际的语言制作药品、医疗器械、农药等广告;不得利用医药科研单位、学术机构、医疗机构或者专家、医生、患者的名义和形象作证明;不得做麻醉药品、精神药品、毒性药品、放射性药品等特殊药品广告;禁止利用广播、电影、电视、报纸、期刊及公共场所发布和设置烟草广告。

广告活动 广告主所进行的广告行为应当真实、合法,具备有效的证明文件,符合广告主的经营范围;广告主应当委托具有合法经营资格的广告经营者、广告发布者进行广告活动;广告经营者、广告发布者依据法律、行政法规查验有关证明文件,核实广告内容。广告经营者,应当具有必要的专业技术制作人员、制作设备,依法办理公司或者广告经营登记。国家宣传媒体所进行的广告发布业务,应当依法办理兼营广告的登记。广告发布者向广告主、广告经营者提供的媒介覆盖率、收视率、发行量等资料应当真实。广告经营者、广告发布者按照国家有关规定,建立、健全广告业务的承接登记、审核、档案管理制度。广告主、广告经营者、广告发布者之间在广告活动中,应当依法订立书面合同,明确各方的权利和义务;不得在广告活动中进行任何形式的不正当竞争;广告收费应当向物价和工商行政管理部门备案。户外广告的设置规划和管理办法,由当地县级以上地方人民政府组织广告监督管理、城市建设、环境保护、公安等有关部门制定。

广告审查 广告审查机关应当依照法律、法规作出审查决定。广告主依法提交有关证明文件,接受广告审查。利用宣传媒介发布药品、医疗器械、农药、兽药等商品及法律、法规规定审查的广告,必须在发布前对广告内容进行审查;未经审查,不得发布。

法律责任 广告监督管理机关有权责令负有责任的广告主、广告经营者、广告发布者停止发布、公开更正,没收广告费用并处罚款等,构成犯罪的,依法追究刑事责任。对利用广告对商品或者服务作虚假宣传的,发布虚假广告,使消费者的合法权益受到损害的,依法对相关责任者加以处罚;情节严重的,依法停止其广告业务;构成犯罪的,依法追究刑事责任。广告经营者、广告发布者不能提供广告主的真实名称、地址的,依法承担民事责任;对未经审查批准发布广告,或提供虚假文件的,责令停止发布,没收广告费用,并处罚款,构成犯罪的,依法追究刑事责任。社会团体或者其他组织,在虚假广告中使消费者的合法权益受到损害的,应当依法承担连带责任。广告审查机关对违法的广告内容作出审查批准决定的,对负责的主管人员及直接责任人员,由其所在单位、上级机关、行政监察部门依法给予行政处分。广告监督管理机关及相关工作人员玩忽职守、滥用职权、徇私舞弊的,给予行政处分。构成犯罪的,依法追究刑事责任。 (王光净 赵芳芳)

guanggao fuwu shoufei guanli

广告服务收费管理(pricing management of advertisement service) 根据《中华人民共和国广告法》的有关规定,为加强对广告服务收费的管理,维护市场正常秩序,促进广告业健康发展,各级人民政府的价格主管部门会同工商行政管理部门共同做好广告服务收费的管理与监督工作。广告服务收费应当坚持自愿委托与合理、公开的原则。广告经营者、广告发布者应当遵守国家的价格法规和政策,开展正当的价格竞争,提供质价相符的服务。广告服务收费标准,除国家另有规定者外,由广告经营者、广告发布者自行制定。

制定广告服务收费标准及收费办法,应当符合下列要求:(1)广告服务收费标准,应当根据提供广告服务的工作繁简和广告的覆盖面及收视率情况,以广告的服务成本为基础、加合理利润,参照当地广告市场同一期间、同一档次、同种服务项目的价格水平合理确定。(2)广告服务收费,应当实行同一广告服务项目同质同价,不能根据不同服务对象制定不同的收费标准及收费办法。(3)严格执行国家有关禁止牟取暴利的规定,广告服务的利润率不得超过省级人民政府价格主管部门会同有关业务主管部门测定公布的同一期间、同一档次的同种服务项目的平均利润率的合理幅度。广告发布者还应当将本单位的广告收费标准及收费办法通过其发布广告的媒介向社会公布。广告服务收费价目表由国务院价格主管部门统一规范式样。广告经营者、广告发布者制定的广告服务收费标准及收费办法,应依法向政府价格主管部门和工商行政管理部门备案。中央在京直属单位的广告经营者、广告发布者制定的广告服务收费标准及收费办法,向国务院价格主管部门和国家工商行政管理局备案;中央在京以外直属单位的广告经营者、广告发布者的广告服务收费备案管理,由国务院价格主管部门、国家工商行政管理局委托所在地省级价格管理部门、工商行政管理部门负责。广告经营者、广告发布者应当尊重广告主对服务项目和价格的选择权,主动向广告主介绍有关广告服务及收费的真实情况,由其自行作出选择。广告经营者、广告发布者之间开展价格竞争,不得采取垄断、哄抬价格和支付回扣费等不正当方式。各级政府价格管理部门应当会同工商行政管理部门对广告经营者、广告发布者执行价格管理规定的情况进行年度检查。对检查不合格的,除责令其改正外,不予通过工商行政管理部门开展的广告经营的年度专项检查签章。

(苏丽娅)

guanggao hangye gongping jingzheng zilü shouze
《广告行业公平竞争自律守则》(Self-regulation Documents of fair competition for Advertising Association) 1999年4月26日至27日召开的中国广告协会第四届理事会第四次会议一致通过,当年8月2日由中国广告协会发布。分总则、广告主竞争守则、广告经营者守则、广告发布者守则和负责五部分。

总则部分主要规定了《自律守则》适用于所有从事广告活动的广告主、广告经营者、广告发布者以及其他参与广告活动的经营者,以及上述主体的竞争原则等。

广告主竞争守则部分主要规定了:(1)广告主认真履行广告业务合同,按合同规定的时间和数额支付广告费,不得拖欠;(2)广告主应当尊重广告公司及其他广告服务机构的劳动,按合同规定付给广告公司服务费用;(3)采用比稿的形式选择广告公司时,广告主应对广告公司提供的策划、创意方案等支付费用,采用比稿者的任何文件,事先须征得文件所有者的同意,不得无偿占有广告经营者的劳动成果;(4)广告主不得以任何方式向广告经营者、广告发布者及广告服务机构索取个人回扣。

广告经营者守则主要有:(1)坚持公平竞争,以服务质量取胜。必须坚持政府规定的广告代理费标准,不得以给个人回扣等不正当手段争夺客户。(2)与媒体建立正常合作关系。不得采用财物或其他手段进行贿赂,以从媒体争取有利或紧俏的时间和版面。(3)不得垄断媒体购买,不得以高出媒体的公开报价转卖广告刊播时间和版面。(4)应公开媒体刊播实际收费和次数,不得有减少发布次数欺骗客户的行为。(5)不得以盗窃、利诱、胁迫等不正当手段获取其他广告经营者的商业秘密;不得以不正当手段从其他广告公司延揽高级管理人才;正常调换公司的人员,一年之内不准与原公司的客户建立合作关系。

广告发布者守则主要有:(1)必须真实地公布发行量、覆盖面,收视、收听和阅读率等资料;(2)广告价格及优惠办法必须遵循"统一、公开、公平"的原则;(3)广告价格应根据收视率、收听率、阅读率、影响面、服务质量等因素制定,并按照市场供求关系进行调整;(4)严格履行合同,不漏播、漏发广告,如发生漏播、漏发现象应向广告主、广告经营者赔偿;(5)不得强制广告主、广告经营者通过媒体指定的代理公司进行代理,不得强制搭售时间、版面或附加其他不合理的交易条件。

附则规定了违反本《守则》所需承担的后果。

(傅智文)

guanggao jiance
广告监测(administration institution of advertisement supervision) 对个案广告、类别广告、全部广告法律执行状况进行的跟踪检查。广告监测工作包括监测数据的采集汇总、分析整理、监测信息发布等。我国建立广告监测制度的目的是为了促进广告监测工作的规范化、制度化,提高广告监管工作的主动性、预见性,建立违法广告发布预警机制,有效实施对广告发布活动的动态监管。

广告监管机关通过监测发现违法广告,分析广告发布违法趋势,及时提出违法广告的社会识别预警和警示,制定监管对策措施。广告监管机关提出全年日常监测计划、监测专项经费及对本辖区系统监测工作的指导意见,并将广告监测列入工作重点。

广告监测工作应遵循法定、统一、科学的原则,即监测依据和标准法定,监测指标体系统一,监测数据处理加工手段方法科学,实现监测结果的准确和共享。省及省以下广告监管机关对在本辖区发布的广告进行监测。国家及省广告监管机关根据工作需要可以进行指定监测。在坚持日常监测的同时,广告监管机关可以根据工作需要对一定区域、一定时期、一定媒介进行集中监测。集中监测的对象、范围、内容等应根据一定时期广告监管工作形势及重点提出意见,依工作程序确定。一经确定,即属保密内容,任何人不得擅自透露。

广告监管机关应就广告监测工作建立、健全专门的数据采集、监测报告、监测档案、监测信息发布、监测对象法规培训、违法广告查处等工作制度。监测用原始资料是监测数据采集的基础,应当准确。监测原始资料由被监测单位提供的,应当有被监测单位经办人的签字。广告监测数据采集的原始资料可以委托广告监测中介机构提供,但对于监测涉及公告和通报的个案广告,应当留案备查。

广告日常监测可根据需要形成日报、周报、月报、季报或年报等监测报告。集中监测后应形成监测报告。广告监测报告应当真实、客观地反映监测结果,对典型违法广告应当进行核实。广告监管机关根据监测报告分别形成向上级机关和有关部门的《广告发布情况专报》、面向监管系统的《广告监测通报》、面向社会的《广告违法警示公告》。广告监管机关对于监测发现的危害国家利益、社会稳定、经济秩序等重大违法广告,应及时向上级和有关部门专门报告。符合紧急预警机制要求的,应依程序启动,对隐瞒不报的要依党纪政纪追究责任。《广告监测通报》应当包括监测对象的违法率、违法量、主要违法表现、发布违法广告较多的广告主、广告发布者及相关监管工作等。广告监管机关应当根据监测结果显示的广告市场动态,确定广告监管系统一定时期的监管重点,落实典型违法广告案件的查处及对违法广告主、广告经营者、广告发布者的整改。广告监管机关应当定期向社会发布《广告违法警示公告》,公告主要违法表现和典型违法广告,提醒公众注意识别。

广告监测与企业信用体系制度相结合,发布违法广告是广告活动主体信用的重要内容,对于发布违法广告严重的广告活动主体应当给予一定的信用警示和惩戒。广告监测中发现的违法或者涉嫌违法广告,根据管辖原则由各地依法调查处理。广告监管机关对于公告和通报涉及的违法广告,应当限期办理。对违法率居高不下、违法情节恶劣、违法地域广、社会影响极坏的广告发布者和典型违法广告,应部署全国或地区统一查处。

广告监管机关应视监测情况,结合广告审查员制度,组织对有关的广告主、广告经营者、广告发布者进行广告法规培训。广告监测建立监测档案制度。监测应保留原始资料。广告监测相关信息属于广告监管政务信息,需要传达和发布的,应由广告监管机关按照规定程序进行。发布信息时,可以根据情况向有关当事人通报监测结果。

国家工商行政管理总局逐步建立广告监测信息数据库,通过工商行政管理信息网与各地连通,以实现监测信息的互通、共享、兼容,最大限度发挥广告监测的作用。广告监测结果数据处理,可以委托专业数据处理机构进行,但应签订书面协议,明确各方权利、义务,以有效防止数据流失和信息泄露,维护技术方知识产权。

(傅智文)

guanggao jingyingzhe

广告经营者(advertisers) 受委托提供广告设计、制作、代理服务的法人、其他经济组织或者个人。1994年颁布的《中华人民共和国广告法》明确了广告经营者的概念,广告经营者和广告发布者概念的区分是我国广告业日趋成熟和完善的标志。随着广告所采用手段的技术含量的不断提高,广告的设计、制作等工作越来越受专业技能、专业知识以及相关条件的限制。《广告法》第26条规定,从事广告经营的,应当具有必要的专业技术人员、制作设备。国家工商管理局1988年颁布的《广告管理条例施行细则》中规定,经营广告业务的企业(包含发布企业),除符合企业登记等条件外,还应具备下列条件:有负责市场调查的机构和专业人员;有熟悉广告管理法规的管理人员及广告设计、制作、编审人员;有专职的财会人员;申请承接或代理外商来华广告,应当具备经营外商来华广告的能力。兼营广告业务的事业单位,应当具备下列条件:有直接发布广告的手段以及设计、制作广告的技术、设备;有熟悉广告管理法规的管理人员和编审人员;单独立账,有专职或兼职的财会人员。《广告法》规定了广告经营者需依法办理公司或者广告经营登记,国务院1987年颁布的《广告管理条例》规定广告经营者(包含了发布者)应当按照本条例和有关法规的规定,向工商行政管理机关申请,分情况办理审批登记手续:(1)专营广告业务的企业,发给"企业法人营业执照";(2)兼营广告业务的事业单位,发给"广告经营许可证";(3)具备经营广告业务能力的个体工商户,发给"营业执照";(4)兼营广告业务的企业,应当办理经营范围变更登记。根据《广告法》的规定广告经营者有依据法律、行政法规查验有关证明文件,核实广告内容的义务,对内容不实或者证明文件不全的广告,广告经营者不得提供设计、制作、代理服务,明知或者应知广告虚假仍设计、制作的,应当依法与广告主承担连带责任。广告经营者不能提供虚假广告主的真实名称、地址的,应当与广告发布者承担全部民事责任。广告经营者应按照国家有关规定,建立、健全广告业务的承接登记、审核、档案管理制度。

(赵芳芳)

guanggao xianshiping
广告显示屏(indicators for advertisements) 在户外或者公共场所建筑物内设置的,用以发布广告并可以即时变换内容的各类显示屏。设置广告显示屏,根据我国法律规定必须经工商行政管理机关批准。省、自治区、直辖市工商行政管理局或者其授权的市工商行政管理局负责本辖区内广告显示屏设置的批准工作。广告显示屏联网,需经省级工商行政管理局审核同意后,报国家工商行政管理局批准。未经批准擅自设置广告显示屏的,由违法行为发生地工商行政管理机关没收非法所得,处5000元以下罚款,并限期撤除;逾期不撤除,强制撤除,其费用由设置者承担。申请设置广告显示屏,应当具备下列基本条件:具有合法的广告经营资格;设置地点在户外的,应当符合《中华人民共和国广告法》的规定及当地人民政府户外广告设置规划的要求;具有熟悉广告法律、法规及国家有关政策的专职审查人员。申请办理广告显示屏审批,应当交验下列证明文件:营业执照;广告经营许可证;可行性研究报告;上级主管部门批准文件;场地使用协议;设置地点依法律、法规需经政府有关部门批准的,应当提交有关部门的批准文件;广告显示屏主办单位制定的内部管理制度;经营单位负责人情况证明;专职审查人员的资格证明。广告显示屏的设置申请,应当在设置30日前提出。工商行政管理机关在证明文件齐备后,予以受理,自受理之日起15日内,作出批准或者不予批准的决定。经审查符合规定条件予以批准设置的,核发广告显示屏登记证。由于一部分广告显示屏是在户外设置的,因此法律规定该类户外广告显示屏应当同时按《户外广告登记管理规定》的要求,办理户外广告登记。

广告显示屏应用于发布广告信息,一般不得播放非广告信息。有特殊需要播发新闻信息的,需经所在地省级新闻主管部门批准,并只限于播发国家通讯社、中央电视台、中央人民广播电台发布的和省级以上党委机关报登载的新闻,不得播发其他来源的新闻信息。有特殊需要播发其他非广告信息的,须分别经有关主管部门批准。其中播放文艺类节目,只限于符合国家有关规定的音乐电视和旅游风光片,不得播放电影、电视剧等有情节的文艺节目。广告显示屏经营单位持有关部门的批准文件,到负责批准设置的工商行政管理机关办理广告显示屏特殊信息准播证后,方可播出非广告信息。未经批准发布非广告信息或者信息来源不符合规定的,由工商行政管理机关责令停止发布,予以通报批评,撤销广告显示屏特殊信息准播证,停止广告显示屏的播放业务,处以5000元以下罚款。

(赵芳芳)

guanggao yuyan wenzi guanli
广告语言文字管理(administration of advertising language) 广告中使用的语言文字,是指普通话和规范汉字、国家批准通用的少数民族语言文字,以及在中华人民共和国境内使用的外国语言文字的管理。建立广告语言文字管理制度的目的是为促进广告语言文字使用的规范化、标准化,保证广告语言文字表述清晰、准确、完整,避免误导消费者。广告使用的语言文字,用语应当清晰、准确,用字应当规范、标准,应当符合社会主义精神文明建设的要求,不得含有不良文化内容。

广告中汉字用字应当使用普通话和规范汉字。广告中不得单独使用汉语拼音。广告中如需使用汉语拼音时,应当正确、规范,并与规范汉字同时使用。广告用语用字,不得出现下列情形:(1)使用错别字;(2)违反国家法律、法规规定使用繁体字;(3)使用国家已废止的异体字和简化字;(4)使用国家已废止的印刷字样;(5)其他不规范使用的语言文字。广告中成语的使用必须符合国家有关规定,不得引起误导,对社会造成不良影响。

根据国家规定,广播电台、电视台可以使用方言播音的节目,其广告中可以使用方言;广播电台、电视台使用少数民族语言播音的节目,其广告应当使用少数民族语言文字。在民族自治地方,广告用语用字参照《民族自治地方语言文字单行条例》执行。

广告中数字、标点符号的用法和计量单位等,应当符合国家标准和有关规定。

广告中不得单独使用外国语言文字。广告中如因特殊需要配合使用外国语言文字时,应当采用以普通话和规范汉字为主、外国语言文字为辅的形式,不得在同一广告语句中夹杂使用外国语言文字。广告中的外国语言文字所表达的意思,与中文意思不一致的,以中文意思为准。广告中使用的外国语言文字不适用上述规定的情形有:(1)商品、服务通用名称,已注册的商标,经国家有关部门认可的国际通用标志、专业技术标准等;(2)经国家有关部门批准,以外国语言文字为主的媒介中的广告所使用的外国语言文字。

广告中出现的注册商标定型字、文物古迹中原有的文字以及经国家有关部门认可的企业字号用字等,应当与原形一致,不得引起误导。广告中因创意等需要使用的手书体字、美术字、变体字、古文字,应当易于辨认,不得引起误导。

违反广告语言文字管理制度的,广告监督管理机关责令限期改正,逾期未能改正的,对负有责任的广告主、广告经营者、广告发布者处以1万元以下罚款。

（傅智文）

guanggaozhu
广告主（advertisers） 为推销商品或者提供服务，自行或者委托他人设计、制作、代理发布广告的法人、其他经济组织或者个人。广告主是参加广告活动的三主体之一，是广告效应的受益者。广告主可以通过发布广告增加其产品的销售量、提高其企业的知名度，从而提高其作为市场主体的竞争力。

（赵芳芳）

guiding xianjia
规定限价（fixed price ceilings） 国家对某种商品或者服务规定最高的或者最低的价格。经营者只能依照规定的价格或者在规定的幅度内销售商品或者提供服务。

规定限价是国家进行价格总水平调控的措施之一。《中华人民共和国价格法》第30条规定："当重要商品和服务价格显著上涨或者有可能显著上涨，国务院和省、自治区、直辖市人民政府可以对部分价格采取限定差价率或者利润率、规定限价、实行提价申报制度和调价备案制度等干预措施。"

规定限价包括规定最高价和规定最低价，《价格法》第30条仅规定了限定最高价。

规定限价一般包括以下几种方式：(1) 实行最高限价管理。确定一个最高限价，经营者销售商品或者提供服务仅能在该限价范围内进行。(2) 政府定价。政府对于某些商品或服务的价格作出规定，经营者不得以高于政府定价的价格销售商品或者提供服务。(3) 浮动价格。政府规定基准价和上下浮动的幅度，经营者销售商品或者提供服务不得超过该浮动价格。(4) 限定进口商品的价格。

（刘 鹏）

guizhixing jingzheng
规制性竞争（the regular competition） 又称导向性竞争规则。以法律的形式确认一定的竞争模式，设定竞争活动的运作范式，规定竞争主体的行为空间以及建立竞争活动的一般原则等项规则体系的总和，其他规则运作的前提。规制性竞争具体分为三种：一是引导性规范，二是行为性规范，三是界定性规范。引导性规范是指对竞争者的行为提供运作方向和运作空间的规范，实质在于将市场经济和竞争关系的客观要求外化为明确的规范，以促使竞争活动符合市场经济的客观要求。引导性规范的主要作用在于激发竞争主体的自觉意识，引导和帮助竞争者提高自身活动的优化程度，实施法律所认可的竞争行为，以便通过竞争活动促进社会的健康发展。行为性规范是指对竞争者的具体竞争行为加以规范化的规范。主要是通过将若干重复性的竞争活动中所形成的竞争习惯和其他一般经验，上升为国家法律所认可的普遍性竞争理性规则，并作为规范同类竞争活动的基本依据。它所规定的主要是行为者在竞争活动中所应遵守的基本规则、竞争行为的基本要求和有效要件、竞争行为的活动程序以及竞争行为的法律效力。界定性规范是指对社会主体的竞争活动设定范围的法律规范。这一规范存在依据是在市场经济条件下，竞争主体的自我行为意志非常强烈，利益驱动机制相当明显，竞争者的活动界域也很宽泛，竞争主体常常会有一种超越外来约束的内在冲动。这一规范的主要作用是合理确定竞争主体行为的适度界域，从而有效地实现国家对市场经济活动的宏观调控，并保证竞争活力的正常发挥。

（苏丽娅）

guofang zhuanli
国防专利（patent of national defense） 涉及国防利益以及对国防建设具有潜在作用需要保密的发明专利。涉及国防利益或者对国防建设具有潜在作用，被确定为绝密级国家秘密的发明不得申请国防专利。

为了保护有关国防的发明专利权，确保国家秘密，便利发明创造的推广应用，促进国防科学技术的发展，适应国防现代化建设的需要，根据《中华人民共和国专利法》，国务院和中央军委于2004年9月17日联合公布了《国防专利条例》，对有关国防专利的问题作了详细的规定。该条例自2004年11月1日起施行。

国防专利的特点 (1) 新颖性。在申请日之前没有同样的发明在国外出版物上公开发表过、在国内出版物上发表过、在国内使用过或者以其他方式为公众所知，也没有同样的发明由他人提出过申请并在申请日以后获得国防专利权。申请国防专利的发明在申请日之前6个月内，有下列情形之一的，不丧失新颖性：在国务院有关主管部门、中国人民解放军有关主管部门举办的内部展览会上首次展出的；在国务院有关主管部门、中国人民解放军有关主管部门召开的内部学术会议或者技术会议上首次发表的；他人未经国防专利申请人同意而泄露其内容的。有以上款所列情形的，国防专利申请人应当在申请时声明，并自申请日起2个月内提供有关证明文件。(2) 创造性。同申请日之前已有的技术相比，该发明有突出的实质性特点和显著的进步。(3) 实用性。指该发明能够制造或者使用，并且能够产生积极效果。(4) 涉及国防利益。国防专利与国防利益密切相关，或者对国防建设具有潜在作用。(5) 秘密性。由于涉及国防利益，对国防专利需要保密。同时，对于其秘密级别亦有要求，被确定为绝密级国家秘密的发明不得申请国防专利。

国防专利的管理机关 国务院国防科学技术工业主管部门和中国人民解放军总装备部分别负责地方系统和军队系统的国防专利管理工作。国防专利申请以及国防专利的保密工作,在解密前依照《中华人民共和国保守国家秘密法》和国家有关规定进行管理。

国防专利的保护期限 国防专利权的保护期限为20年,自申请日起计算。国防专利在保护期内,因情况变化需要变更密级、解密或者国防专利权终止后需要延长保密期限的,国防专利机构可以作出变更密级、解密或者延长保密期限的决定;但是对在申请国防专利前已被确定为国家秘密的,应当征得原确定密级和保密期限的机关、单位或者其上级机关的同意。

保密 被授予国防专利权的单位或者个人(以下统称国防专利权人)可以向国防专利机构提出变更密级、解密或者延长保密期限的书面申请;属于国有企业事业单位或者军队单位的,应当附送原确定密级和保密期限的机关、单位或者其上级机关的意见。

国防专利机构应当将变更密级、解密或者延长保密期限的决定,在该机构出版的《国防专利内部通报》上刊登,并通知国防专利权人,同时将解密的国防专利报送国务院专利行政部门转为普通专利。国务院专利行政部门应当及时将解密的国防专利向社会公告。

(刘 鹏)

guofang zhuanli de guanli he baohu
国防专利的管理和保护(administration and protection of patent of national defense) 涉及国防利益需要保密的专利的管理和保护。

国防专利机构出版的《国防专利内部通报》属于国家秘密文件,其知悉范围由国防专利机构确定。《国防专利内部通报》刊登下列内容:(1)国防专利申请中记载的著录事项;(2)国防专利的权利要求书;(3)发明说明书的摘要;(4)国防专利权的授予;(5)国防专利权的终止;(6)国防专利权的无效宣告;(7)国防专利申请权、国防专利权的转移;(8)国防专利的指定实施;(9)国防专利实施许可合同的备案;(10)国防专利的变更密级、解密;(11)国防专利保密期限的延长;(12)国防专利权人的姓名或者名称、地址的变更;(13)其他有关事项。

国防专利权被授予后,有下列情形之一的,经国防专利机构同意,可以查阅国防专利说明书:(1)提出宣告国防专利权无效请求的;(2)需要实施国防专利的;(3)发生国防专利纠纷的;(4)因国防科研需要的。查阅者对其在查阅过程中知悉的国家秘密负有保密义务。

国务院有关主管部门、中国人民解放军有关主管部门和各省、自治区、直辖市的国防科学技术工业管理部门应当指定一个机构管理国防专利工作,并通知国防专利机构。该管理国防专利工作的机构在业务上受国防专利机构指导。承担国防科研、生产任务以及参与军事订货的军队单位、国务院履行出资人职责的企业和国务院直属事业单位,应当指定相应的机构管理本单位的国防专利工作。

国防专利机构应当事人请求,可以对下列国防专利纠纷进行调解:(1)国防专利申请权和国防专利权归属纠纷;(2)国防专利发明人资格纠纷;(3)职务发明的发明人的奖励和报酬纠纷;(4)国防专利使用费和实施费纠纷。

除《中华人民共和国专利法》和《国防专利条例》另有规定的以外,未经国防专利权人许可实施其国防专利,即侵犯其国防专利权,引起纠纷的,由当事人协商解决;不愿协商或者协商不成的,国防专利权人或者利害关系人可以向人民法院起诉,也可以请求国防专利机构处理。

泄露国家秘密的,依照《中华人民共和国保守国家秘密法》和其他有关规定处理。 (刘 鹏)

guofang zhuanli de shishi
国防专利的实施(use of patent of national defense) 国防专利机构应当自授予国防专利权之日起3个月内,将该国防专利有关文件副本送交国务院有关主管部门或者中国人民解放军有关主管部门。收到文件副本的部门,应当在4个月内就该国防专利的实施提出书面意见,并通知国防专利机构。国务院有关主管部门、中国人民解放军有关主管部门,可以允许其指定的单位实施本系统或者本部门内的国防专利;需要指定实施本系统或者本部门以外的国防专利的,应当向国防专利机构提出书面申请,由国防专利机构报国务院国防科学技术工业主管部门、总装备部批准后实施。国防专利机构对国防专利的指定实施予以登记,并在《国防专利内部通报》上刊登。

实施的要求 实施他人国防专利的单位应当与国防专利权人订立书面实施合同,向国防专利权人支付费用,并报国防专利机构备案。实施单位不得允许合同规定以外的单位实施该国防专利。国防专利权人许可国外的单位或者个人实施其国防专利的,应当确保国家秘密不被泄露,保证国防和军队建设不受影响,并向国防专利机构提出书面申请,由国防专利机构进行初步审查后,及时报送国务院国防科学技术工业主管部门、总装备部审批。国务院国防科学技术工业主管部门、总装备部应当自国防专利机构受理申请之日起30日内作出批准或者不批准的决定;作出不批准决定的,应当书面通知申请人并说明理由。

使用费 实施他人国防专利的,应当向国防专利权人支付国防专利使用费。实施使用国家直接投入的国防科研经费或者其他国防经费进行科研活动所产生的国防专利,符合产生该国防专利的经费使用目的的,可以只支付必要的国防专利实施费;但是,科研合同另有约定或者科研任务书另有规定的除外。"国防专利实施费",是指国防专利实施中发生的为提供技术资料、培训人员以及进一步开发技术等所需的费用。国防专利指定实施的实施费或者使用费的数额,由国防专利权人与实施单位协商确定;不能达成协议的,由国防专利机构裁决。

补偿 国家对国防专利权人给予补偿。国防专利机构在颁发国防专利证书后,向国防专利权人支付国防专利补偿费,具体数额由国防专利机构确定。属于职务发明的,国防专利权人应当将不少于50%的补偿费发给发明人。

(刘 鹏)

guofang zhuanli de shouyu zhidu
国防专利的授予制度(grant institution of patent of national defense)
国防专利的申请、授予条件、审批、复审和无效宣告等制度。

国家国防专利机构负责受理和审查国防专利申请。经审查认为符合规定的,由国务院专利行政部门授予国防专利权。

申请国防专利的,应当向国防专利机构提交请求书、说明书及其摘要和权利要求书等文件。国防专利申请人应当按照国防专利机构规定的要求和统一格式撰写申请文件,并亲自送交或者经过机要通信以及其他保密方式传交国防专利机构,不得按普通函件邮寄。国防专利机构收到国防专利申请文件之日为申请日;申请文件通过机要通信邮寄的,以寄出的邮戳日为申请日。国防专利机构定期派人到国务院专利行政部门查看普通专利申请,发现其中有涉及国防利益或者对国防建设具有潜在作用需要保密的,经国务院专利行政部门同意后转为国防专利申请,并通知申请人。普通专利申请转为国防专利申请后,国防专利机构依照有关规定对该国防专利申请进行审查。

授予国防专利权的发明,应当具备新颖性、创造性和实用性等特点。见国防专利。

国防专利机构对国防专利申请进行审查后,认为不符合规定的,应当通知国防专利申请人在指定的期限内陈述意见或者对其国防专利申请进行修改、补正;无正当理由逾期不答复的,该国防专利申请即被视为撤回。国防专利申请人在自申请日起6个月内或者在对第一次审查意见通知书进行答复时,可以对其国防专利申请主动提出修改。申请人对其国防专利申请文件进行修改不得超出原说明书和权利要求书记载的范围。国防专利申请人陈述意见或者对国防专利申请进行修改、补正后,国防专利机构认为仍然不符合规定的,应当予以驳回。国防专利机构设立国防专利复审委员会,负责国防专利的复审和无效宣告工作。国防专利复审委员会由技术专家和法律专家组成,其主任委员由国防专利机构负责人兼任。国防专利申请人对国防专利机构驳回申请的决定不服的,可以自收到通知之日起3个月内,向国防专利复审委员会请求复审。国防专利复审委员会复审并作出决定后,通知国防专利申请人。国防专利申请经审查认为没有驳回理由或者驳回后经过复审认为不应当驳回的,由国务院专利行政部门作出授予国防专利权的决定,并委托国防专利机构颁发国防专利证书,同时在国务院专利行政部门出版的专利公报上公告该国防专利的申请日、授权日和专利号。国防专利机构应当将该国防专利的有关事项予以登记,并在《国防专利内部通报》上刊登。

任何单位或者个人认为国防专利权的授予不符合规定的,可以向国防专利复审委员会提出宣告该国防专利权无效的请求。国防专利复审委员会对宣告国防专利权无效的请求进行审查并作出决定后,通知请求人和国防专利权人。宣告国防专利权无效的决定,国防专利机构应当予以登记并在《国防专利内部通报》上刊登,国务院专利行政部门应当在专利公报上公布。

(刘 鹏)

guofang zhuanli de zhuanrang
国防专利的转让(assignment of patent of national defense)
国防专利的申请权人或者专利权人依照法律法规规定的程序将该权利转让于他人的行为。

国家对于转让的对象进行了限制。国防专利申请权和国防专利权经批准可以向国内的中国单位和个人转让。转让国防专利申请权或者国防专利权,应当确保国家秘密不被泄露,保证国防和军队建设不受影响,并向国防专利机构提出书面申请,由国防专利机构进行初步审查后,及时报送国务院国防科学技术工业主管部门、总装备部审批。国务院国防科学技术工业主管部门、总装备部应当自国防专利机构受理申请之日起30日内作出批准或者不批准的决定;作出不批准决定的,应当书面通知申请人并说明理由。经批准转让国防专利申请权或者国防专利权的,当事人应当订立书面合同,并向国防专利机构登记,由国防专利机构在《国防专利内部通报》上刊登。国防专利申请权或者国防专利权的转让自登记之日起生效。禁止向国外的单位和个人以及在国内的外国人和外国机构转让国防专利申请权和国防专利权。

(刘 鹏)

guoji biaozhunhua zuzhi
国际标准化组织(International Standardization

Organization) 目前世界上最大、最有权威性的非政府性的国际标准化专门机构,简称 ISO。1946 年,中、英、美、法、苏等 25 个国家的代表在伦敦召开会议,决定成立一个新的国际组织,以促进国际的合作和工业标准的统一。1947 年 2 月 23 日该组织正式成立。其主要活动是制定国际标准,协调世界范围的标准化工作,组织各成员国和技术委员会进行情报交流,以及与其他国际组织进行合作,共同研究有关标准化问题。ISO 是联合国经社理事会的甲级咨询组织和贸发理事会综合级(即最高级)咨询组织,现有成员 138 个,并与六百多个国际组织保持着协作关系。其工作语言是英语、法语和俄语,总部设在瑞士日内瓦。

ISO 章程规定,其成员分为团体成员和通讯成员。团体成员是指最有代表性的全国标准化机构,且每一个国家只能有一个机构代表其国家参加。通讯成员是指尚未建立全国标准化机构的发展中国家(或地区)。通讯成员不参加 ISO 技术工作,但可了解 ISO 的工作进展情况,经过若干年后,待条件成熟,可转为团体成员。

ISO 的组织结构主要由全体成员大会、理事会、中央秘书处等机构组成。其中,全体成员大会是 ISO 的最高权力机关,每三年召开一次。理事会是其常务领导机构,由主席、副主席和 18 个理事国组成。主席、副主席由全体会议选举产生,任期 3 年。理事会会议每年召开一次(一般在 9 月)。理事会下设执行委员会、计划委员会以及其他六个专门委员会。这六个专门委员会对所有国家开放,包括:合格评审委员会、情报委员会、标准物质委员会、发展委员会、标准化原理委员会和消费者政策委员会。ISO 的日常行政事务由中央秘书处担任,负责 ISO 技术工作的计划、协调,对各技术组织的工作进行指导,编辑出版 ISO 标准及各种出版物,并代表 ISO 与其他的国际组织联系。ISO 的技术工作是高度分散的,分别由两千七百多个技术委员会(TC)、分技术委员会(SC)和工作组(WG)承担。在这些委员会中,世界范围内的工业界代表、研究机构、政府权威、消费团体和国际组织都作为对等合作者共同讨论全球的标准化问题。

我国是 ISO 的创始国之一,但因南京国民政府拖欠会费,于 1950 年被停止会籍。1978 年 9 月 1 日,我国以中国标准化协会的名义重新进入 ISO。1988 年起改为中国国家技术监督局。现在,则是以中国国家标准化管理局的名义参加 ISO 的工作。　　(刘　鹏)

guoji biaozhunhua zuzhi hege pingding weiyuanhui
国际标准化组织合格评定委员会(the Eligibility Assessment Committee of International Standardization Orgnization)　简称 ISO/CASCO。前身是认证委员会(CERTICO),由 ISO 理事会于 1970 年建立,负责协调和推动认证工作。由于其工作逐步扩展到合格认证、实验室认可和质量体系的评定,1985 年 ISO 理事会将其名称更改为合格评定委员会。新的工作任务是研究评定产品、过程、服务和质量体系符合适用标准或其他技术规范的方法;制定有关产品认证、试验和检查的国际指南;制定有关质量体系、检验机构、检查机构和认证机构的评定和认可的国际指南;促进国家和区域合格评定制度的相互承认和认可,并在试验、检查、认证、评定和有关工作中促进采用适用的国际标准。ISO 和 IEC 各成员团体均可参加合格评定委员会,如果 ISO 的通信成员愿意,可以以观察员的身份参加。合格评定委员会及其工作组秘书处的职责委托给 ISO 中央秘书处。合格评定委员会的主席由 ISO 理事会任命。　　　　　　　　　　　　　　(麻琳琳)

guoji biaozhun wuzhi shujuku
国际标准物质数据库(International Data Bank on Certified Reference Materials)　简称 COMAR。1990 年 5 月法国、英国、德国、美国、苏联、日本和中国七个国家在法国巴黎正式签署了建立国际标准物质数据库的国际合作谅解备忘录。国际标准物质数据库下设理事会、中央秘书处(CS)和国家编码中心(CCs)。理事会负责国际标准物质数据库的工作运行及发展,任命中央秘书处及国家编码中心,制订总政策及中央秘书处工作导则。中央秘书处负责确定国际标准物质数据库检索码、累积数据库文件、建立档案、发展并向国家编码中心提供查询软件及数据库更新资料;规定各国家编码中心向国际标准物质数据库提供数据及查询软件等。中央秘书处每届任期 4 年。国家编码中心负责验证本国生产的索引码、进行编码,并按规定程序输入国际标准物质数据库,定期更新数据库,并将更新资料送交中央秘书处,向国内传播国际标准物质数据库并提供服务。国际标准物质数据库可检索的应用领域包括钢铁、有色金属、无机、有机、物理及技术特性、生物和临床、工业等八大类。　　　　　(麻琳琳)

guoji danweizhi
国际单位制(International System of Units)　1960 年第十一届国际计量大会通过并推荐采用的一种一贯性单位制。所谓一贯性单位,是指按科学定义方程所得到的导出量,当构成其单位的基本单位的系数是 1 时,该导出单位对基本单位来说,便称为一贯性单位。计量单位制是给定量制按照给定规则所建立的单位体系,不同的基本单位的选择,构成不同的限于特定领域的计量单位制。国际单位制是计量单位制的一种,涵盖了全部物理学,它是在米制——国际上最早公认的单位制——的基础上发展起来的,其中许多单位的名称和符号都沿用了米制,故有"现代米制"之称。它的国际符号 SI 来源于法文 Le Système International d'Unités 中前两字的字头。目前以米、千克、秒、安培、开尔文、摩尔和坎德拉这 7 个基本单位为基础,还包含国际单位制的辅助单位(2 个)、具有专门名称的导出单位(19 个)、SI 词头(20 个)和 SI 单位的十进制倍数和分数单位。国际计量局系统收集了国际计量大会和国际计量委员会关于国际单位制的决议和建议的内容,并附加了说明,还从国际标准化组织所通过的有关标准中摘录了实际应用规则,编辑出版了名为《国际单位制(SI)》的小册子。《中华人民共和国计量法》(全国人民代表大会 1985 年 9 月 6 日通过)第 3 条规定,我国采用国际单位制,根据国务院《关于在我国统一实行法定计量单位的命令》(1984 年 2 月 27 日发布)的规定,我国现行法定计量单位中包含了国际单位制的全部单位。

(李海灵)

guoji fanlongduan fa

国际反垄断法(international antitrust law) 世界各国统一适用的反垄断规则。早在 1947 年和 1948 年间在哈瓦那召开的贸易与就业会议上通过的世界贸易组织宪章(或称哈瓦那宪章),就有管制限制竞争性商业实践的规定。由于当时世界贸易组织流产,哈瓦那宪章没有生效。1980 年 12 月,联合国通过了《一套管制限制竞争性商业实践的多边协议的公平原则和规则》,目的是根据国家经济和社会发展目标以及现存的经济结构,通过鼓励和保护竞争、控制资本和经济力量的过度集中以及鼓励革新来扩大国际贸易,特别是要提高发展中国家在贸易和发展方面的利益。根据这个《原则和规则》,各成员国应当按照一系列禁止性的原则制定和适用自己的竞争法,这些原则包括禁止:固定商品价格的协议;串通投标;划分销售市场和客户;分配销售或者生产数量;联合抵制交易;向可能的进口商联合拒绝供货;集体抵制他人参加涉及重大竞争的安排和协会;不合理地固定出口价格;对竞争者实施掠夺行为;实施歧视性价格或者其他交易条件;以并购方式取得对企业的支配权,不合理地限制竞争;为达到非法的商业目的,采取歧视性的交易条件、搭售、附条件交易等方式限制竞争。这个《原则与规则》虽然是联合国大会的正式文件,却不具有法律约束力。这是因为它主要反映了发展中国家对限制跨国公司垄断势力和建立国际经济新秩序的要求和愿望,发达国家不愿使之成为一个具有约束力的国际公约。

20 世纪 90 年代初,随着经济全球化的潮流日趋明显,许多竞争法专家开始呼吁建立国际统一的反垄断法。1993 年 7 月,以德国马克斯—普拉克协会外国和国际专利法、版权法和竞争法研究所的费肯舍尔(Fikenscher)教授为首的专家小组向当时关贸总协定的总干事长提交过一份国际反垄断法典草案,期望它能够通过,成为世界贸易组织框架下的一个多边贸易协定。这个法典草案虽然没有通过,甚至没有机会在世界贸易组织内部进行讨论,但它是国际反垄断法的雏形,在国际上影响很大。这个草案提出了国际反垄断法的三个基本原则:第一是国内法原则,即缔约国应将国际反垄断法作为国内法进行颁布和实施,从而允许缔约国对国际反垄断法典的条款进行修改,在立法上保留一定的自主权;第二是最低标准原则,即缔约国不得放弃竞争法中最基本的内容,以便保证缔约国对国际竞争给予相同的和最低标准的保护;第三是国民待遇原则,即缔约国对单纯国内卡特尔所适用的规则和原则得立即且无条件地适用于所有的跨国案件,从而使其国内反垄断法国际化。

世界贸易组织于 1996 年底在新加坡召开的部长会议上,成立了一个贸易与竞争政策工作小组,研究贸易政策和竞争政策的关系。世界贸易组织的许多基本协定也含有保护竞争的内容,例如,《技术性贸易壁垒协定》(TBA)第 8 条第 1 款规定,成员方应采取其所能采取的合理措施,保证其领土内实施合格评定程序的非政府机构遵守 TBA 协议第 5 条关于国民待遇的规定和第 6 条关于不得采取超过必要限度的技术性贸易壁垒措施的规定。此外,成员方不得采取具有直接或者间接要求或者鼓励此类机构以与第 5 条和第 6 条的规定不一致的方式行事的效果的措施。《服务贸易总协定》第 8 条规定,成员方应确保其领域内任何垄断服务提供者在相关市场提供垄断服务时,不得违反协议第 2 条有关成员方义务的规定即国民待遇的原则以及签订协议时所作的具体承诺。《与贸易有关的知识产权协议》第 40 条要求成员方禁止在知识产权许可协议中附加限制竞争的条件。《与贸易有关的投资措施协议》第 9 条规定,在不迟于 WTO 协定生效之日后 5 年,货物贸易理事会应审议该协议是否符合有关投资政策和竞争政策的规定。《保障措施协定》禁止成员方政府鼓励或支持国有企业或私营企业采取或维持在效果上等同于政府施行的旨在对出口贸易进行限制的措施。《反倾销协议》第 3 条第 5 款规定,在确定损害时,政府当局必须考虑影响外国和国内生产者之间开展竞争的限制性贸易措施的因素。此外,1997 年 2 月订立的《全球基本电信贸易协定》也规定,缔约国有义务在国内建立竞争制度,推动本国电信领域包括短话市场、长话市场和国际电话市场以及无线电通讯领域的市场竞争。

(王晓晔)

guoji fuxing kaifa yinhang

国际复兴开发银行(the International Bank for Reconstruction and Development) 简称世界银行(the World Bank)。联合国下属的专门机构,负责长期贷款的国际金融机构。世界银行是根据1944年布雷顿森林会议上通过的《国际复兴开发银行协定》成立的。其宗旨是通过对生产事业的投资,资助成员国的复兴和开发工作;通过对贷款的保证或参与贷款及其他私人投资的方式促进外国私人投资,当成员国不能在合理的条件下获得私人资本时,则在适当条件下以银行本身资金或筹集的资金及其他资金给予成员国直接贷款,来补充私人投资的不足;通过鼓励国际投资,开发成员国的生产资源,提供技术咨询和提高生产能力,以促进成员国国际贸易的均衡增长及国际收支状况的改善。

根据世界银行的宗旨,其主要业务活动是,对发展中成员国提供长期贷款,对成员国政府或经政府担保的私人企业提供贷款和技术援助,资助他们兴建某些建设周期长、利润率偏低,但又为该国经济和社会发展所必需的建设项目。

世界银行与国际开发协会(International Development Association, IDA)、国际金融公司(International Finanace Corporation, IFC)、多边投资担保机构(Multilateral Investment Guarantee Agency, MIGA)、国际投资争端解决中心(International Centre for Settlement of Investment Disputes, ICSID)共同组成了世界银行集团(World Bank Group)。　　　　　　　　　(王连喜)

guoji guanli

国际惯例(international customs)　在长期的国际交往中,经过反复实践、反复使用而逐渐形成的并为世界上大多数国家所公认、使用或遵守的有固定内容的行为规则和具体做法。构成国际惯例必须具有两个要件:一是物质要件,即各国重复的类似行为,一般要求时间上的连续适用、空间上的普遍适用、数量上的多次不断重复和方式上的对同类问题采取一致的做法。二是心理要件,又叫法律确信,即惯例要被各国视为法律规则、具有约束力而加以遵循。

按照国际惯例的效力通常可以将其分为两类:一类是强制性规范,其适用不依当事人的意志转移,并且在适用过程中,不能随意加以更改;一类是任意性规范,只有在当事国或者当事人表示承认或采用时才对其具有约束力,并且,当事人在采用任意性惯例时可以作适当修正和补充。

在我国涉外经济法中,可以作为其渊源的国际惯例大多是任意性惯例,其适用主要分为以下几种情况:(1)我国批准或认可的国际惯例;(2)当事人明示或默示适用的惯例;(3)我国国内法及缔结和参加的国际条约中没有规定的,根据我国《民法通则》的规定,可以适用国际惯例。　　　　　　　　　(罗大帅)

guoji haiyun tiaoli

《国际海运条例》(International Shipping Act)　我国国务院发布,自2002年1月1日起施行。《中华人民共和国国际海运条例》的目的在于规范国际海上运输活动,保护公平竞争,维护国际海上运输市场秩序,保障国际海上运输各方当事人的合法权益。1990年12月5日国务院发布、1998年4月18日国务院修订发布的《中华人民共和国海上国际集装箱运输管理规定》同时废止。

本条例共7章61条:第一章总则;第二章国际海上运输及其辅助性业务的经营者;第三章国际海上运输及其辅助性业务经营活动;第四章外商投资经营国际海上运输及其辅助性业务的特别规定;第五章调查与处理;第六章法律责任;第七章附则。其主要内容为:条例的适用范围;国际船舶运输业务经营者的条件及申请程序;国际船舶代理业务经营者的条件及申请程序;国际船舶管理业务经营者的条件及申请程序;国际海上运输及其辅助性业务经营活动及其管理;外商投资经营国际海上运输及其辅助性业务的特别规定;调查与处理的范围和程序;违反本条例及相关法律法规的责任及惩罚;对于与港、澳、台地区的海运业务的规定。本条例施行前已从事国际海上运输经营活动以及与国际海上运输相关的辅助性经营活动的,应当在本条例施行之日起60日内按照本条例的规定补办有关手续。　　　　　　　　　(罗大帅)

guoji haiyun tiaoli shishi xize

《国际海运条例实施细则》(Regulations for the Implementation of International Shipping Act)　为了规范国际海上运输活动,保护公平竞争,维护国际海上运输市场秩序,保障国际海上运输各方当事人的合法权益,根据《中华人民共和国国际海运条例》的规定,交通部制定了《中华人民共和国国际海运条例实施细则》。

《实施细则》共有7章70条,包括:第一章总则;第二章国际海上运输及其辅助性业务的经营者;第三章国际海上运输及其辅助性业务经营活动;第四章外商投资经营国际海上运输及其辅助性业务;第五章调查与处理;第六章法律责任;第七章附则。其主要内容为:(1)对国际船舶运输业务、国际船舶运输经营者、国际班轮运输业务、无船承运业务经营者、国际船舶管理经营者等相关概念的界定。(2)在中国境内设立企业经营国际船舶运输业务,或者中国企业法人申请经营国际船舶运输业务,申请人应当向交通部提出申请,报送相关材料,并应同时将申请材料抄报企业所在地的省、自治区、直辖市人民政府交通主管部门。申请材料应当包括:申请书;可行性分析报告、投资协议;申请人的企业商业登记文件(拟设立企业的,主要投资人的商业登记文件或者身份证明);船舶所有权证书、国籍证书和法定检验证书的副本或者复印件;提单、客票或者多式联运单证样本;符合交通部规定的高级业务管理人员的从业资格证明。(3)中国国际船舶运输经营者在中国境内设立分支机构的申请材料包括:申请书;可行性分析报告;母公司的商业登记文件;母公司的《国际船舶运输经营许可证》副本;母公司对该分支机构经营范围的确认文件;符合交通部要求的高级业务管理人员的从业资格证明。(4)中国国际船舶运输经营者、中国无船承运业务经营者、国际船舶代理经营者、国际船舶管理经营者有下列变更情形之一的,应当向原资格许可、登记机关备案:变更企业名称;企业迁移;变更出资人;歇业、终止经营。(5)国际海上运输及其辅助性业务经营活动。(6)外商投资经营国际海上运输及其辅助性业务。(7)调查与处理的程序和措施。(8)法律责任及其他相关规定。

《实施细则》自2003年3月1日起施行。交通部1985年4月11日发布的《交通部对从事国际海运船舶公司的暂行管理办法》、1990年3月2日发布的《国际船舶代理管理规定》、1990年6月20日发布的《国际班轮运输管理规定》、1992年6月9日发布的《中华人民共和国海上国际集装箱运输管理规定实施细则》和1997年10月17日发布的《外国水路运输企业常驻代表机构管理办法》同时废止。

(罗大帅)

guoji hangkong yunshu chengyunren de peichang zeren

国际航空运输承运人的赔偿责任(liability to pay compensation of international air carrier) 《中华人民共和国民用航空法》规定,国际航空运输也实行赔偿责任限制制度。具体规定如下:(1)对每名旅客的赔偿责任限额为16600计算单位;但是,旅客可以同承运人书面约定高于本项规定的赔偿责任的限额。(2)对托运行李或者货物的赔偿责任限额,每公斤为17计算单位。旅客或者托运人在交运托运行李或者货物时,特别声明在目的地点交付时的利益,并在必要时支付附加费,除承运人证明旅客或者托运人声明的金额高于托运行李或者货物在目的地点交付时的实际利益外,承运人应当在声明金额范围内承担责任。托运行李或者货物的一部分或者托运行李、货物中的任何物件毁灭、遗失、损坏或者延误,用以确定承运人赔偿责任限额的重量,仅为该一包件或者数包件的总重量;但是,因托运行李或者货物的一部分或者托运行李、货物中的任何物件的毁灭、遗失、损坏或者延误,影响同一份行李票或者同一份航空货运单所列其他包件的价值的,确定承运人的赔偿责任限额时,此种包件的总重量也应当考虑在内。(3)对每名旅客随身携带的物品的赔偿责任限额为332计算单位。以上规定所称"计算单位",是指国际货币基金组织规定的特别提款权;其人民币数额为法院判决之日、仲裁机构裁决之日或者当事人协议之日,按照国家外汇主管机关规定的国际货币基金组织的特别提款权对人民币的换算办法计算得出的人民币数额。

(张旭娟 师湘瑜)

guoji huobi jijin zuzhi

国际货币基金组织(International Monetary Fund) 1944年7月1日至22日,在美国布雷顿森林召开45国代表参加的联合国国际货币金融会议,签订了《国际货币基金协定》。根据该协定,国际货币基金组织于1945年12月27日成立,1947年3月1日开业,并于同年11月15日成为联合国的专门机构。截至2004年4月,国际货币基金组织共有成员国184个。中国是国际货币基金组织的创始成员国之一,1980年4月17日,国际货币基金组织恢复了中国的合法席位。

国际货币基金组织的宗旨是:致力于促进汇价的稳定;促进国际货币合作及国际贸易的扩大和平衡发展,从而促进和保持成员国高水平的就业率和实际收入;协助建立成员国之间经常性交易的多边支付制度;帮助成员国逐步消除阻碍世界贸易发展的外汇限制;通过提供短期贷款,帮助成员国解决暂时的国际上的收支不平衡。

国际货币基金组织的资金来源主要是成员国认缴的份额,目前大约为2000亿美元,其中我国份额约为46亿美元。基金组织的主要机构是理事会和执行董事会;其中理事会是国际货币基金组织的最高权力机构,由各成员国委派理事和副理事各一人组成;执行董事会是国际货币基金组织的日常事务机构,行使理事会授予的一切权力。国际货币基金组织采用加权投票制,各成员国的投票权与其所缴份额密切相关。国际货币基金组织被认为是目前国际经济秩序的三大支柱之一。

(罗大帅)

guoji jinbenwei zhi

国际金本位制(international gold standard system) 以一定成色和重量的黄金作为各国货币的本位货币,并作为国际支付最后手段的制度。世界上第一次出现的国际货币体系就是国际金本位制,它是在19世纪末自发形成的。1816年,英国政府制定了《金本位制度法案》,最先实行了金本位货币制度。随后,法国、比利时、瑞士、意大利、德国、美国、俄国及日本等国纷纷仿效。19世纪末金本位制度已在各国普遍采用,从而具有国际性。由于英国当时在世界经济中占有突出的重要地位,英镑具有较强的信用能力,所以就形成了以英镑为中心,以黄金为基础的国际金本位制度。

国际金本位制的典型形式是金铸币本位制,其主要内容是:(1)用黄金规定货币所代表的价值,黄金充当国际货币,每个货币单位都有法定的含金量;(2)各国货币的汇率依据其含金量之比来确定,汇率波动受黄金输送点的限制,是较严格的固定汇率制;(3)金币可以自由铸造、自由熔化、自由流通、自由输入输出;(4)金币是各国的储备,具有无限法定偿还的能力,银行券可以自由兑换金币,货币汇率的变动只限于黄金输送点的界限内。

国际金本位制是一种比较稳定和健全的国际货币制度。它有利于国际收支平衡,有利于国际资本流动和信用发展,有利于国际贸易的发展和各国经济政策的协调。在世界经济中发挥了相当重要的促进作用。国际金本位制于 20 世纪 30 年代彻底崩溃,其原因主要有:(1)黄金的自由流动使国内经济难以平衡;(2)到 1913 年,少数国家占有了绝大多数黄金,极大地削弱了其他国家的货币基础;(3)第一次世界大战前,各国为了备战而开支剧增,大量发行纸币,使纸币兑换黄金愈加困难,破坏了自由兑换原则;第一次世界大战爆发后,资本主义国家相继停止了金币流通、兑换,并禁止黄金出口,实行浮动汇率;(4) 20 世纪 30 年代资本主义爆发经济危机前后,各国采取措施限制黄金外流,侵蚀了自由输出入原则。经济危机的猛烈冲击使资本主义各国出现了较严重的信用危机,黄金挤兑风潮时常发生,大批银行纷纷倒闭,黄金储备大量外流。

(王连喜)

guoji jinrong zuzhi daikuan
国际金融组织贷款(international finance organization loan) 国际货币基金组织、世界银行(集团)、亚洲开发银行、联合国农业发展基金会和其他国际性、地区性金融组织提供的贷款。国际金融组织的贷款,具有期限长、利率低、金额大等特点,其贷款对象一般仅局限于成员国政府。1980 年 1 月,我国加入了联合国农业发展基金会,同年恢复了在国际货币基金组织的合法席位,1995 年和 1996 年又先后加入了非洲开发银行、亚洲开发银行。目前我国与这些国际性、区域性的金融组织建立密切的联系,并从这些组织获得了数量不等的贷款。在我国,对借用国际金融组织贷款,由政府有关部门根据利用外资计划,分工负责,归口管理。

(王连喜)

guoji jingji zuzhi
国际经济组织(international economic organization) 广义的国际经济组织是指两个或两个以上的主权国家或民间团体为了实现共同的经济目标,通过缔结国际条约或达成协议而建立的具有常设机构和经济职能的国家或民间组织的联合,它包括政府间的国际组织和非政府间的国际组织。狭义的国际经济组织仅指政府间的国际经济组织。

根据国际经济组织的宗旨、职能、程序、范围的不同,一般可将其分为以下几类:(1)世界性国际经济组织,如国际货币基金组织、世界银行集团、世界贸易组织等;(2)区域性国际经济组织,如欧洲共同体(欧洲联盟)、东南亚联盟、北美自由贸易区等;(3)专业性国际组织,如石油输出国组织、世界知识产权组织、国际商品组织等。

(罗大帅)

guoji kuaiji zhunze
国际会计准则(International Accounting Standard,IAS) 国际会计准则委员会编制并发布的会计准则。供各国选择采用,以提高各国企业编制的财务报表的可比性,降低国际资本流动的信息成本。

制定背景 20 世纪下半叶以来,国际投资、融资活动迅速发展,出现全球运作的跨国公司,提出了对不同国家的财务会计信息进行综合评价的问题。各国间会计准则的差异造成信息不可比,极大地阻碍了跨国投资和融资活动,从而提出了统一各国会计准则的要求。1973 年国际会计准则委员会成立后,对各国会计实务进行了系统的梳理,陆续编纂、颁布了 26 项国际会计准则。由于此时的国际会计准则委员会主要是各国会计职业组织的联合,不具有法律意义上的权威地位,所颁布的准则基本上是认可主要发达国家对重要会计问题采用的主要方法,因此,国际会计准则类似于某一会计事项可应用的不同会计原则的汇总,这不利于提高不同国家间财务信息的可比性。1989 年,国际会计准则委员会发布了"财务报表可比性及改进意向书",开始减少会计处理中的备选方法,增加财务报表的可比性。1995 年,国际证券监管联合会委托国际会计准则委员会提出一套最为跨国证券上市和买卖所必需的核心会计原则。至 1998 年底"金融工具—确认与计量"准则出台,核心会计准则全部完成,并提交国际证券监管联合会审议。2000 年 5 月,国际证券监管者联合会原则批准了其中 30 项国际会计准则,推荐其作为跨国证券上市与买卖所应遵循的会计准则。国际会计准则是在总结发达国家会计实务基础上形成的,对统一国际会计实践有很积极的影响。对于发达国家而言,适用国际会计准则就可以极大地减少跨国融资的信息成本。对于新兴国家而言,国际会计准则为建立本国的会计制度提供了一个很好的样板。

核心准则的内容 《IAS 1—财务报告的陈报》,《IAS 2—存货》,《IAS 4—折旧会计》,《IAS 7—现金流量表》《IAS 8—本期损益,基本差错和会计政策的变更》《IAS 10—资产负债表日后事项》《IAS 11—建造合同》《IAS 12—所得税》《IAS 14—分部报告》《IAS 16—房地产、厂房和设备》《IAS 17—租赁》《IAS 18—收入》《IAS19—雇员福利》《IAS 20—政府补贴的会计处理和披露》《IAS 21—外汇汇率变动的影响》《IAS 22—企业合并》《IAS 23—借款费用》《IAS 24—关联交易的披露》《IAS 27—合并会计报表以及对子公司投资的会计处理》《IAS 28—对附属企业的投资》《IAS 29—严重通货膨胀下的财务报告》《IAS 31—联营企业权益的财务报告》《IAS 32—金融工具:披露与陈报》《IAS 33—每股盈余》《IAS 34—中期财务报告》《IAS 35—中止经营》《IAS 36—资产减损》《IAS 37—准备金、或有负债与或有资产》《IAS 38—无形资产》《IAS 39—金融工具:确认与计量》。

国际会计准则的法律地位 国际会计准则不是国际公约,也非国际惯例,而是由国际会计准则委员会这一专业机构颁布的会计规范。在2000年国际会计准则委员会改组之前,国际会计准则的性质是会计职业组织联盟所进行的会计实务的梳理和编纂工作。它对加入国际会计准则委员会的各会计师团体所在国不具有强制约束力。加入国际会计准则委员会的各成员会计职业组织的一项使命,就是劝说、影响本国的会计准则或者会计规范的制订机构、本国的工商业者以及审计人员,促使其采纳国际会计准则。2000年改组之后,国际会计准则委员会是一个中立的、民间的、以制订国际通用的会计准则为使命的国际组织。它所制订的国际会计准则是具有国际影响力的技术规范,但是否被采用仍然是各国会计准则制订机构或者立法机关自主决定的事情。即使获得了IOSCO的认可和推荐,国际会计准则也需要为各国证券监管机构和证券交易所单独确认,才能在特定国家生效。实践中,国际会计准则在许多国家获得了认可。德国、法国、比利时和意大利等国在1998每年以立法案的形式许可大公司按照国际会计准编制财务报告。欧洲所有的证券交易所以及香港、新加坡等亚洲金融中心在接受境外公司上市或者发行债券时,都接受公司按照国际会计准则编制的财务报表。2000年,欧盟委员会决定,从2005年起,在欧盟境内所有受到监管的证券交易所上市的公司按照国际会计准则编制合并财务报表,并建议各成员国将此项要求推广至非上市公司和单个公司的财务报告编制方面。然而,国际会计准则受到美国的抵制,因为美国认为国际会计准则委员会过于迎合标准较低国家的要求,会计方法选择性过多,会计准则的制订程序也不够透明。鉴于美国对跨国融资的实际影响,缺乏美国支持的国际会计准则的权威性受到一定影响。但从长远来看,一个国际统一的会计准则体系已经成为无法逆转的历史潮流。(见国际会计准则委员会)

(刘 燕)

guoji kuaiji zhunze weiyuanhui

国际会计准则委员会(International Accounting Standard Committee, IASC) 编制并发布国际会计准则的国际专业机构。

历史沿革 1973年6月,来自美国、英国、加拿大、法国、前联邦德国、日本、荷兰、澳大利亚和墨西哥等9国的16个会计职业团体,在英国发起成立了国际会计准则委员会,其目标是制订、发布国际会计准则,促进各国会计实务的协调一致。国际会计准则委员会下设理事会、咨询小组和筹划小组,其中理事会负责批准国际会计准则及征求意见稿的颁布;咨询小组负责讨论由国际会计准则委员会的工作所产生的有关原则和政策方面的事项,以及影响国际会计准则的理论或者实际问题;筹划小组协助国际会计准则委员会复核、分析和制订国际会计准则。1995年,由各国证券监管机构代表组成的国际证券监管联合会(IOSCO)与国际会计准则委员会达成协议,由后者提出了一整套为跨国证券上市和买卖所必需的核心会计原则。这标志着国际会计准则委员会的工作获得了国际承认。1997年亚洲金融危机发生后,国际社会对建立单一会计准则基本达成共识。在全球经济一体化环境下,国际会计准则制订者应当充分理解并反映全球资本市场下会计信息使用人的利益,原有的由各国会计职业团体组成的国际会计准则委员会作为会计职业的代言人,显然难以承担这一新的责任。2000年,国际会计准则委员会进行了重大改组。按照新的国际会计准则委员会宪章,改革后的国际会计准则委员会的使命是:(1)为公共利益的需要,制订一整套高质量、可以理解的、可以执行的国际会计准则,以便财务报告能为全球资本市场的参与者以及其他报表使用人进行决策提供高质量、透明且可比的信息;(2)促进各有关方使用并严格适用国际会计准则;(3)促进国内会计准则与国际会计准则的协调一致,共同达到"高质量"的标准。因此,改革后的国际会计准则委员会从会计职业国际组织正式转变为中立的、具有广泛代表性的、得到国际认同的国际会计准则的制订者。

组织机构 新国际会计准则委员会的机构有:(1)基金会,19位受托人成为基金会的成员。基金会构成国际会计准则委员会权力机构的一个重要组成部分,负责指定理事会、常设释义委员会以及咨询委员会的组成人员,审议国际会计准则委员会的计划安排,为国际会计准则委员会的运作筹款,基金会成员不得担任理事会的理事。(2)理事会,负责国际会计准则的制订。理事会由14名理事组成,任期5年,可以连任一次。担任理事的必须是财务会计方面的专业人士,对国际资本市场有深刻的了解。理事的人选不考虑地域或者国别的代表性,但是其中必须包括至少 5 名财务报表审计人的代表,3 名财务报告编制人的代表,3 名财务报告使用人的代表以及 1 名会计学者的代表。理事会主席同时又是国际会计准则委员会的总裁。首任理事会主席是英国著名会计学教授、曾任英国会计准则委员会主席的 David Tweedie 爵士。(3) 常设释义委员会,负责解释国际会计准则。常设释义委员会由 12 名委员组成,任期 3 年。常设释义委员会召开例会时,理事会必须委派 1—2 名理事参加,但无投票权。常设释义委员会对国际会计准则的解释必须上报理事会,并获得理事会批准后方可公布。(4) 咨询委员会,负责就理事会的工作议程提出建议,并向理事会反馈会计准则的实施效果。咨询委员会由 30 名委员组成,具有广泛的地域分布以及行业背景,以便充分反映与财务报告相关的各方面的意见和要求。咨询委员会委员任期 3 年,可连任一次,理事会的主席同时也是咨询委员会的主席。 (刘 燕)

guoji laogong gongyue
国际劳工公约(International Labour Convention) 国际劳工组织的一种立法形式。国际劳工组织的立法包括国际劳工公约和建议书两种形式。国际劳工公约是一种正式的国际公约,各成员国一经批准,就要承担遵守公约的义务。建议书是一种非正式的文件,不需要成员国批准,只是供成员国在制定相应的国内法律或者政策时参考,不具有约束力。国际劳工公约或者建议书的草案必须经过出席大会代表的 2/3 以上的多数国同意,才能被国际劳工大会正式通过。

国际劳工公约的产生 产业革命后,资本主义各国商品市场不断向国外扩展,其劳工也在国家间流动。各国公平竞争问题和劳工的保障问题逐渐成为一个国际性的问题,国际劳动立法问题便应运而生。最早的国际劳动立法建议是 1788 年德国南部尼克地方有人提出的星期日为休息日的倡议。1838—1859 年间,法国社会活动家李格兰曾多次向英、法、德、瑞士等国政府上书,系统地提出了制定国际劳动法的主张,均遭到各国政府的拒绝。瑞士是最先同意制定国际劳动法的国家。1880 年瑞士政府曾向各工业国发出邀请,开会讨论签订国际劳动公约的问题。虽然由于没有国家响应而未能如愿以偿,但却加深了各国对国际劳动立法的印象。1889 年,瑞士政府再一次邀请欧洲各国讨论制定国际劳动法的问题。这次邀请得到多数国家赞同。有 15 个国家参加的柏林会议于 1890 年 3 月召开,会议讨论并通过了 7 项决议:星期日休息;童工的最低年龄;青年工的每日最多工时;禁止女工童工从事危险工作;限制女工、童工做夜工;保护矿工;实施公约办法。这是第一次由各国政府正式派代表讨论国际劳动法的会议,是国际劳动立法的第一次尝试。1900 年国际劳动立法协会在巴黎正式成立。1901 年,协会在瑞士巴塞尔召开第一次代表大会,讨论柏林会议的决议;1902 年在德国科隆召开第二次代表大会,讨论禁止使用白磷和白铅的问题。1905 年正式起草了两个公约草案,提交由瑞士政府发起,并于同年召开的伯尔尼国际会议。会议通过了最早的两个国际劳工公约:(1)《关于禁止工厂女工做夜工的公约》,规定凡是使用机器和雇用 10 人以上的工厂,不得让女工在晚 10 时至翌晨 5 时之间做工;(2)《关于使用白磷的公约》,规定火柴工业不准使用白磷为原料。

国际劳动立法的发展 1912 年,国际劳动立法协会在其第七次代表大会上,决定起草《关于禁止未成年工做夜工的公约》和《关于女工和未成年工每日最多工作时间的公约》提交 1914 年的大会通过。但因第一次世界大战爆发,会议未能举行。同时,国际劳动立法也处于停顿状态。第二次世界大战结束后,国际劳工组织于 1946 年召开了第二十八届大会,恢复了公约和建议书的制定工作。从此,国际劳动立法得到了迅速而持续的发展。

截止到 2003 年 6 月,国际劳工组织一共通过了 184 项公约和 194 项建议书,内容包括劳动问题的一切方面,已经构成一个比较完整的国际劳动法体系。

国际劳工公约的分类 在实践中,国际劳工公约被区别为基本(核心)劳工公约、优先劳工公约和一般劳工公约三大类。基本国际劳工公约的内容以保护劳动者在劳动过程中的基本劳动权为主,所以又被称为核心公约。从 1995 年开始,国际劳工组织展开了全面推动核心公约的批准活动。优先公约是指其内容对于各国劳动制度与政策的形成具有重要影响的,各成员国应当加以特别注意的公约。一般公约是指除了核心公约和优先公约以外的公约。批准了基本公约与优先公约的国家,应当每两年向国际劳工局报告一次,并提交详细报告;批准了一般公约(只要有两个成员国批准即可生效)的国家,每 5 年提交一份简要报告。

我国所批准的国际劳工公约 我国南京国民政府从 1930 年起先后批准了 14 个国际劳工公约。1949 年中华人民共和国成立以后,台湾当局以"中国政府"的名义非法批准了 23 个公约。我国政府于 1984 年 5 月对旧中国政府批准的 14 个国际劳工公约经审查后予以承认,同时建议国际劳工组织取消了台湾当局对 23 个国际劳工公约的批准效力。从 1987 年我国首次批准《残疾人职业康复和就业公约》开始,截至 2005 年 12 月,包括南京国民政府批准的 14 个国际劳工公约在内,我国一共批准了 23 个国际劳工公约。

国际劳工标准既是各会员国劳动立法的标准,又是世界各国劳动立法的经验总结,对我国国内立法有很大的参考价值。国际劳工公约的批准不但有利于促进我国的劳动立法速度和提高我国的劳动标准,而且也有利于提高我国的劳动立法技术水平。（邵　芬）

国际劳工组织（International Labour Organization）

在国际劳动立法协会的基础上,国际劳工组织于1919年6月成立,最初的会员国有42个。1919年10月,国际劳工组织在华盛顿召开了第一届国际劳工大会,制定和通过了6个国际劳工公约及建议书。

国际劳工组织在1939年以前,是国际联盟附属的一个独立机构。第二次世界大战期间,国际联盟解体,国际劳工组织成为一个独立的国际组织。1946年联合国成立,国际劳工组织成为联合国负责世界劳动与社会事务的专门机构,总部设在日内瓦。1969年,国际劳工组织在其成立50周年之际荣获诺贝尔和平奖。2003年,国际劳工组织已有会员国175个。

组织机构　主要机构是国际劳工大会、理事会和国际劳工局。

国际劳工大会是国际劳工组织的最高权力机构,每年至少召开大会一次,一般每年6月初在日内瓦召开。每个会员国的代表团由"三方代表"组成,其中政府代表两名,雇主与工人代表各一名。"三方代表"的组织原则是国际劳工组织的独一无二的特色,由于"三方原则"的确立,国际劳工组织在处理劳动与社会问题时具有很大的优势。

理事会是国际劳工组织的执行机构,一般每年在日内瓦举行三次例会。理事会也按照"三方原则"组成,在56名成员中,政府代表28名,工人与雇主代表各14名。28名政府代表中,10个代表为常任理事国,由10个主要工业国家各派一名,我国也是常任理事国之一。另外18个席位由出席大会的会员国政府代表选举产生。理事会还包括代表政府的副理事28名,由出席大会的成员国政府代表选举确定;代表工人和雇主的副理事各19名,由出席大会的工人代表和雇主代表分别选举产生。国际劳工局是国际劳工组织的常设秘书处,大约有1900名工作人员,分别来自一百多个不同的国家,分布在日内瓦总部和世界各地40家办事处。

除了上述三个主要机构以外,国际劳工组织还按照亚洲和太平洋、非洲、美洲、欧洲四个地区,每隔4—6年举行一次地区会议。另外还根据不同的产业,设立了十几个产业委员会。

宗旨、目标、原则和主要活动　国际劳工组织的宗旨是:通过促进全世界劳动条件的改善和生活水平的提高,在社会正义的基础上实现持久和平,从而使全人类不分种族、信仰和性别,都有权在自由、尊严、经济保障和机会均等的条件下谋求物质福利和精神发展。

国际劳工组织的目标是《费城宣言》规定的十项原则:(1)充分就业和提高生活标准;(2)工人们所从事的工作应当能最充分地发挥他们的技能和成就,并得以为共同福利作出最大贡献;(3)作为达到上述目的的手段,在一切有关者有充分保证的情况下,提供训练以及包括易地就业和易地居住在内的迁移和调动劳动力的方便;(4)关于工资、收入、工时和其他工作条件的政策,其拟定应能保证将进步的成果公平地分配给一切人,将维持最低生活的工资给予一切就业的并需要此种保护的人;(5)切实承认集体谈判的权利和在不断提高生产率的情况下劳资双方的合作,以及工人和雇主在制定与实施社会经济措施方面的合作;(6)扩大社会保障措施,以便使所有需要此种保护的人得到基本收入,并提供完备的医疗;(7)充分地保护各行业工人的生命和健康;(8)提供儿童福利和产妇保护;(9)提供充分的营养、住宅和文化娱乐设施;(10)保证教育和职业机会均等。

国际劳工组织的基本原则是1944年《费城宣言》的规定:(1)劳动不是商品;(2)言论自由和结社自由是不断进步的必要条件;(3)任何地方的贫穷对一切地方的繁荣构成威胁;(4)反对贫困的斗争既需要在各国内部坚持不懈地进行,还需要国家间进行持续一致的努力;(5)工人和雇主代表应当以平等的身份与政府代表一起,以提高共同福利为目的,进行自由讨论和民主决策。

国际劳工组织的活动主要是从事国际劳动立法,通过其公约和建议书,也就是制定国际劳动标准,同时进行国际的技术援助和技术合作。

我国与国际劳工组织的关系　1919年,中国政府成为国际劳工组织的创始成员国。此后,中国政府一直派代表参加每年的国际劳工大会。1930年,国际劳工局在上海设立了分局（1952年撤销）。自1944年起,中国成为国际劳工组织的常任理事国。1971年11月16日我国恢复在国际劳工组织理事会的席位。1983年6月我国派代表参加了在日内瓦召开的第六十九届国际劳工大会。1985年11月,国际劳工组织在北京设立国际劳工局北京分局。在2002年第九十届国际劳工大会上,中华全国总工会副主席徐锡澄当选国际劳工组织理事会工人组副理事。（邵　芬）

国际贸易惯例（international trade customs）

在国际贸易的长期实践中、在某一行业或某一地区逐渐形成的为该行业或该地区所普遍认知、使用的商业做法或贸易习惯。它们作为确定当事人权利义务的规则对选择适用的当事人具有约束力。通过人们的整理、编纂,现在的国际贸易惯例通常表现为书面的形式。

国际贸易惯例又称商人自治法,是商人间的自治性规则,其本身不是法律,不具有普遍约束力,具有可选择性和变更性;但是对于其效用和约束力,有关国内法和国际公约予以明确肯定,即当事人有选择适用国际贸易惯例的自由,但当事人一旦加以适用,就其适用的部分即对当事人产生约束力,其解释按该国际惯例通常的含义进行。国际贸易惯例可以补充现有法律的不足,明确合同条款具有的含义,更好地确定当事人的意图和权利义务关系。

国际贸易中的惯例很多,一般说来,包括以下几个方面:(1)贸易术语方面,有《国际贸易术语解释通则》、《1932年华沙一牛津规则》等;(2)国际支付结算方面,有《托收统一规则》和《跟单信用证统一惯例》等;(3)共同海损理算方面,主要有《约克一安特卫普规则》;(4)国际货物运输方面,有国际上使用广泛的提单文本和租船合同;(5)其他方面的行业性惯例等。

(罗大帅)

guoji maoyi shuyu

国际贸易术语(international trade terms) 又称"交货条件"或"价格术语"。在国际贸易长期实践中形成的,表现为一组字母和简短概念的组合,用于划分买卖合同双方当事人之间的责任、风险、费用,并反映价格构成、交易条件的术语。国际贸易术语的使用大大简化了当事人的贸易谈判和合同订立的过程,同时又提供了确定买卖双方权利义务的规则,因此,现在的国际货物买卖合同一般都会使用贸易术语,它成为合同条款的重要组成部分。为了在世界范围内把这些术语统一起来,一些国家和国际组织就把它们加以系统的解释,供当事人采用。其中影响最大的是国际商会制定的《国际贸易术语解释通则》,以及《美国1941年对外贸易定义修订》和《1932年华沙一牛津规则》。上述的术语规则,无论哪一种都属于国际惯例,都具有选择性、非强制约束的特点,须经当事人的选择适用;同时,某些术语的含义在不同的规则中是不相同的,因此,当事人在使用某一术语时,应当注明选择的是哪一种规则。

(罗大帅)

guoji maoyi shuyu jieshi tongze 2000

《国际贸易术语解释通则2000》(the Interpretation of International Trade Terms 2000) 1999年国际商会发布了《国际贸易术语解释通则2000》,该通则于2000年1月1日实施。2000年通则在1990年通则的基础上修订而成,术语名称和种类都没有发生变化,而在费用承担上变化较大。通则包括13个贸易术语,按其排列顺序,呈现买方义务越来越小、卖方义务越来越大的特点;新的分类组合,按每一术语的第一字母将13个术语分为4组,即E组(EXW)、F组(FCA、FAS、FOB)、C组(CFR、CIF、CPT、CIP)、D组(DAF、DES、DEQ、DDU、DDP),每一组具有共同的特点;买卖双方义务均用10个项目对应列出,使人一目了然。与1990年通则不同的是,2000年通则将原来买卖双方分开排列改为逐项顺序排列。每一术语的具体内容和术语的种类,都适应电子数据和新的运输技术尤其是多式联运技术发展的需要,可以适用电子单证,可以用于集装箱运输、滚装船运输和多式联运。通则规定了它适用的范围:仅限于买卖合同当事人的权利义务,不调整买方或卖方与承运人的权利义务;通则规定的术语只涉及责任、风险、费用的划分,不涉及所有权的转移,不涉及违反以外的合同责任。而且通则所指的货物仅指有形的货物,不包括无形的货物。2000年通则虽是一套国际贸易术语,但既可以适用于跨越国境的货物买卖,也可以适用于国内的货物买卖。在适用于国内货物买卖时,通则中有关术语A2和B2项以及涉及进出口的规定就无作用。《国际贸易术语解释通则2000》是目前世界上最为普遍使用的国际贸易术语规则。

(罗大帅)

guoji minyong hangkong zuzhi

国际民用航空组织(International Civil Aviation Organization) 根据1944年芝加哥公约建立的国际组织,1947年5月13日成为联合国的一个专门机构。我国于1974年2月15日通知国际民用航空组织,承认芝加哥公约,并决定参加该组织。1974年9月我国派代表出席了该组织第二十一届大会。从1977年起,我国当选为理事会成员国。

国际航空组织是全世界范围内唯一的一个民用航空的官方权威组织,其宗旨和目的在于"发展国际航行的原则和技术,并促进国际航空运输的规划和发展",以保证全世界国际民用航空安全和有序地发展,鼓励为和平用途的航空器的设计和操作艺术,鼓励为发展国际民用航空使用的航路、机场和航行设施,满足世界人民对安全、正常、有效和经济的航空运输的需要,防止因不合理的竞争而造成经济上的浪费,保证缔约各国的权利充分受到尊重,每一缔约国均有经营国际空运企业的公平机会、避免缔约国之间的差别待遇,促进国际航行的飞行安全,普遍促进国际民用航空在各方面的发展。国际航空组织下设大会、理事会、秘书处以及各专门委员会。大会每三年举行一次,由理事会负责召集,其主要权力是决定组织的大政方针和财务预算,选举理事会成员国。理事会是该组织的常设机构和执行机构,任期三年。理事会不仅有行政管理权,而且有准立法权和准司法权。秘书处是常设行政机关,在理事会任命的秘书长领导下工作。国际民航组织的专门委员会是理事会的助手和参谋机构,包括空中航行委员会、航空运输委员会、法律委员会等。

(刘 鹏)

guoji renke luntan
国际认可论坛（International Accreditation Forum, IAF） 美国国家标准学会(ANSI)和美国认可机构(RAB)发起、有关国家认可机构自愿参加的国际性多边合作组织。成立于1993年。致力于不同国家认可机构之间开展合作。国际认可论坛的目标是:遵循世界贸易组织(WTO)的原则,通过各国认可制度的广泛交流,促进和实现质量认证的国际承认,减少或消除因质量认证而导致的贸易技术壁垒,促进国际贸易的发展。国际认可论坛的主要任务是:(1)在ISO/IEC相关国际标准和指南的基础上,协调成员认可机构的认可准则,保持其认可结果的一致性;(2)为签署国际认可论坛多边承认协议(IAF/MLA)制定认可机构同行评审准则,并组织实施;(3)协调认证和注册程序及其实施,协调合格证书内容及认可业务范围。国际认可论坛坚持对各国家认可机构开放的原则。它目前的主要活动是质量管理体系和环境管理体系认证、产品认证和人员认可。国际认可论坛现已制定发布了ISO/IEC指南的《质量体系认证机构认可基本要求》的实施说明和《环境管理体系认证机构认可基本要求》的实施说明。

国际认可论坛下设全体委员会、执行委员会和多边承认协议管理委员会。全体委员会是国际认可论坛的最高决策机构。执行委员会,在全体委员会闭会期间执行国际认可论坛政策并进行管理。国际认可论坛的多边承认协议(MLA)管理委员会,具体组织管理各国认可机构多边承认的申请和同行评审工作。国际认可论坛还设有项目组和三个工作组,即:第一工作组(WG1)为"编写指南"组;第二工作组(WG2)为"多边协议承认程序"组;第三工作组(WG3)为"新工作项目"组。国际认可论坛共有四种类别的成员:认可机构成员(首批签署多边承认协议的国家认可机构)、发展中认可机构成员、认可的认证机构和工业界及用户代表。

(麻琳琳)

guoji shanghui
国际商会（The International Chamber of Commerce, ICC） 比利时、法国、英国、意大利和美国工商业界领导人发起建立的世界各国工商业者的国际团体。成立于1919年。总部设在巴黎,活动范围主要是经济金融政策、运输通讯、生产流通广告和就业法律管理等四个方面,在国际汇兑、海外投资、双重税收、国际运输、关税等方面也有活动。1946年国际商会被承认为联合国经济及社会理事会的A种协商机构。至今已拥有来自一百三十多个国家(地区)的成员公司和协会,是全球唯一的代表所有企业的权威代言机构。国际商会以贸易为促进和平、繁荣的强大力量,推行一种开放的国际贸易、投资体系和市场经济。由于国际商会的成员公司和协会本身从事国际商业活动,因此它所制定的用以规范国际商业合作的规章,如《托收统一规则》、《跟单信用证统一惯例》、《国际贸易术语解释通则2000》等被广泛地应用于国际贸易中,成为国际贸易不可缺少的一部分。国际商会下属的国际仲裁法庭成立于1923年,院址也设在巴黎,是全球最高的贸易仲裁机构,它为解决国际贸易争议起着重大的作用。

(刘 鹏)

guoji shangye daikuan
国际商业贷款（international business loan） 我国境内机构向境外的金融机构、企业、个人或者其他经济组织以及在中国境内的外资金融机构筹借的,以外国货币承担契约性偿还义务的款项。其主要特征是:(1)借款人是境内机构,但境内的外资金融机构对国外借款不视为外债,不纳入国际商业贷款管理的范围;(2)贷款人为境外金融机构、非金融企业和个人以及中国境内外资金融机构,境内机构向中资金融机构海外分支机构借用的外汇贷款也视为国际商业贷款;(3)借款人根据借款合同要承担以外国货币偿还的义务,即以实物和本币偿还的借款不构成国际商业贷款。此外,出口信贷、国际融资租赁、以外汇方式偿还的补偿贸易、境外机构和个人外汇存款(不包括在经批准经营离岸业务银行中的外汇存款)、项目融资,90天以上的贸易项下融资以及其他形式的外汇贷款视同国际商业贷款管理。依据贷款期限长短的不同,国际商业贷款可分为短期国际商业贷款和中长期国际商业贷款。短期国际商业贷款是指1年期以内(含1年)的国际商业贷款,包括同业外汇拆借、出口押汇、打包放款、90天以上365天以下的远期信用证等。中长期国际商业贷款是指1年期以上(不含1年)的国际商业贷款,包括1年期以上的远期信用证。国际商业贷款与外国政府贷款在贷款的主体、款项的使用、贷款的利率和还款方式等方面都不同。外国政府贷款是指外国政府向我国提供的官方贷款。中国人民银行是境内机构借用国际商业贷款的审批机关,由它授权国家外汇管理局及其分局负责对境内机构借用国际商业贷款的审批、监督和管理。国际商业贷款是我国境内企业融通资金的重要方式之一,弥补了我国建设资金的不足,对我国经济的健康有序发展发挥了重要的作用。

(王连喜)

guoji shenheyuan yu peixun renzheng xiehui

国际审核员与培训认证协会(International Auditor and Training Certification Association, IATCA) 1995年7月成立的由各国质量管理机构、认可机构、认证机构组成的国际组织。旨在通过世界范围内统一审核员培训及注册制度、统一审核员培训机构和培训课程批准,以保证审核员认证水平、促进相互承认培训结果、促进国际互认质量管理体系和环境管理体系的结果。国际审核员与培训认证协会的主要活动是制定有关准则、要求等文件,举办培训班和实施同行评审、多边互认。经国际审核员与培训认证协会制定批准的主要文件有:(1)由10个国家的13个机构签署的国际审核员与培训认证协会谅解备忘录(MoU);(2)国际审核员与培训认证协会章程与协议;(3)国际审核员与培训认证协会质量管理体系审核员注册准则;(4)国际审核员与培训认证协会审核员培训课程的批准准则;(5)多边互认协议(MLA)管理程序;(6)环境管理体系(EMS)审核员注册准则;(7)国际审核员与培训认证协会验证审核员的作用导则;(8)国际审核员与培训认证协会审核员撤销、暂停和降级规定;(9)国际审核员与培训认证协会文件管理程序;(10)国际审核员与培训认证协会标志使用准则。

国际审核员与培训认证协会设执委会,委员12人,任期两年,到期后应有一半退出,其余成员任期最多为4年;下设5个工作组:审核员注册准则工作组(WG1),审核员培训课程注册准则工作组(WG2),多边承认、同行评定准则工作组(WG3),环境管理体系(EMS)审核员注册工作组(WG4)以及信息交流和支持工作组(WG5);并设同行评审管理委员会(PRMC),管理多边互认协议(MLA)成员资格申请人的同行评审。

(麻琳琳)

guoji shenji zhunze

国际审计准则(international audit standard) 1991年7月10日在国际审计指南的基础上改名形成。由于在国际审计准则发布之前许多国家都已制定了本国的审计准则或相应的审计条例,因此国际审计与鉴证准则理事会在了解、分析和研究了各国的审计法规后制定的国际审计准则,就避免了许多分析,而是更突出各国对审计工作规制的共同部分,使得国际审计准则具有一定的概括性和代表性。国际审计准则适用于会计报表审计,也可经过必要修改适用于其他信息的审计和相关服务。国际审计准则包括基本原则、必要程序以及相关指南。其基本内容主要包括如下:重要事项的介绍;责任;计划;内部控制、审计证据、利用其他人员工作的规定;审计结论报告、特殊领域规定、相关服务规定以及国际审计实务公告。

(刘 燕)

guoji shiyanshi renke hezuo zuzhi

国际实验室认可合作组织(International Laboratory Accreditation Cooperation Organization) 1996年9月在阿姆斯特丹市召开了第十四届国际实验室认可会议上,包括中国实验室国家认可委员会在内的44个实验室认可机构签署了正式成立"国际实验室认可合作组织"的谅解备忘录,标志着国际实验室认可合作组织正式成立。

国际实验室认可合作组织的目的是:协调各参加认可机构的运行程序;促进认可实验室的使用;开辟和维持情报与知识流通渠道;帮助制订和促进使用国际标准和导则;鼓励开展区域间合作,致力于避免不必要的重复性劳动;促进发展和接受互认协议;帮助有兴趣的认可机构建立它们的体系;以互补为宗旨,和其他国家、地区及国际机构开展合作。国际实验室认可合作组织的目标是:为信息交流和协调程序提供国际性论坛;建立区域组织间和参加认可机构间的互相信任;使实验室认可在世界论坛上形成统一和一致;(就以下内容)形成世界性互认协议的网络:(1)承认已获得认可实验室的报告及证书的国际等效性;(2)提高获认可实验室的报告和证书的权威性。WTO成员根据WTO/TBT协议的规则,促进报告及证书的相互接受。国际实验室认可合作组织的任务是:建立实验室认可的统一申请书和指南性文件;发表论文、指南和报告;通过评审员培训、验证试验、比对等领域的情报和专家的交流,提供互助;鼓励和督促区域间的实验室比对;建立和细化参加互认协议的评审程序和监督程序;鼓励各成员交流信息、参与实验室间的比对、协调程序;开展评审员培训的合作、参加区域性的活动;组织专家会议;建立ILAC在国际上合格评定的地位;和其他有关国际组织,例如CITAC,BIPM,ISO,IEC,OECD,OIML,UILI及WTO保持联系;向感兴趣的机构传播ILAC信息;了解并参与ISO和IEC所制定的与实验室认可有关的标准和导则;其他。

国际实验室认可合作组织的工作是通过四个委员会来进行的:第一委员会——商业应用,负责制定国际实验室认可合作组织的相互认可协议;建议在检测报告和校准证书上不使用ISO9000认证标志;研究产品或质量体系认证机构与实验室的关系;测量不确定度要求;实验室认可对国际贸易的作用。第二委员会——认可实践,负责监督与复评实验室;评审员资格和能力的确定;制定ILAC关于溯源性文件;研究检测中的不确定度;对综合实验室的认可要求;认可标志的使用规定;检查、检验和产品认证的关系;非常规工作的认可。第三委员会——实验室实践,它的主要工作是量值溯源性要求;标准物质;检测方法有效性、特性及表述;检测结果不确定度的判定;检测数据的处理和检测、校准结果的表达;修订 ISO/IEC 导则 43(1984)《实验室验证试验的建立和实施》;修订 ISO/IEC 导则 25(1990)《校准和检测实验室资格的通用要求》;质量保证与使用自动化设备的关系;制定质量手册编制的指导性文件;处理 ISO 9000 与实验室认可关系。第四委员会——会议和协调委员会,主要从有关方面为举办国际实验室认可合作组织大会的主办机构提供帮助;与各国际组织和与国际实验室认可合作组织工作有关的其他机构联系,尤其是通过出版物和其他手段传播国际实验室认可合作组织的信息;为达到国际实验室认可合作组织的目标,协调国际实验室认可合作组织各委员会承担的工作。 (麻琳琳)

guoji shouzhi

国际收支(balance of international payment) 随着世界经济和贸易的迅速发展,国际收支的定义经历了不断深化的过程,这既是国际经济发展的必然结果,同时也说明国际收支的重要性日益凸现。目前国际收支的定义虽还未形成共识,但学者们大都将其表述为:一定时期内一经济体(通常指一国或者地区)与世界其他经济体之间的各项经济交易。其中的经济交易是在居民与非居民之间进行的。经济交易作为流量,反映经济价值的创造、转移、交换、转让或削减,包括经常项目交易、资本与金融项目交易和国际储备资产变动等。也有学者将国际收支表述为:一个国家在一定时期内(通常为一年)与其他国家在国际经济交往过程中的贸易、非贸易以及资本往来的全部收入和支出。国际货币基金组织所编制的《国际收支手册》中对国际收支的定义为:国际收支是某一时期的统计表,它表明:(1)某一经济实体同世界其余地方之间在商品、劳务以及收入方面的交易;(2)该经济体的货币、黄金、特别提款权以及对其他地方之间的债权、债务的所有权的变化;(3)单方转移的平衡项目,即从会计意义上讲,为平衡不能相互抵消的上述交易和变化的任何账目所需的无偿转让和对应项目。

此外,国际收支还可以从别的角度来理解:(1)广义的国际收支和狭义的国际收支。狭义的国际收支仅对外汇收支而言,它仅指一国在一定时期内的外汇收支,仅以现在或将来具有外汇收支的国际经济交易为对象,并不包括没有外汇收支的交易。广义的国际收支是指一国在一定时期内全部经济交易所形成的对外收支,它不仅包括外汇收支,也包括并不涉及外汇收支的各种国际经济交易诸如清算支付协定项下的记账和易货贸易等所形成的货币收支。显然国际货币基金组织对国际收支的定义属于广义的国际收支范畴。目前,世界上多数国家都采用广义的国际收支概念。(2)一定时期的国际收支和一定时刻的国际收支。一定时期的国际收支是指在一定时期内(如一年或一月),一国因种种缘由而同其他国家或地区的总的货币收付行为的记录。它是事后的国际收支,反映着过去的货币收支状况,故可以编制报表。一定时刻的国际收支是指即将到来的某一特定时刻,一国应从其他国家收取的货币总额和应向其他国家支付的货币总额的对比,它强调的是将来的某一时刻一国将发生的对外货币收支状况,是事前的国际收支,显然也是狭义的国际收支。它直接与外汇供求状况相联系,并不涉及其他收支,故不能据此编制国际收支平衡表。

总之,国际收支是一国国民经济的一个重要组成部分,它反映一国经济结构的性质、经济活动的范围及经济发展的趋势,也反映该国在世界经济中所处的地位和所起的作用。一国国际收支情况的变化,对一国汇率的变动和该国的国际金融实力与地位都有重要影响。 (王连喜)

guoji shouzhi pinghengbiao

国际收支平衡表(balance forms of international payments) 亦称国际收支差额表。按照复式簿记原理,以某一特定货币为计量单位,运用简明的表格形式总括地记录和反映一经济体(一般指一国家或地区)在特定时期内与世界其他经济体间发生的全部国际经济交易情况的统计报表。一般包括经常项目、资本项目、结算或平衡项目、资本和金融项目。(1)经常项目,又称商品与劳务收支项目,是指实质资源的流动,包括进出口货物、输入输出的服务、对外应收及应付的收益,以及在无同等回报的情况下,与其他国家或地区之间发生的提供或接受经济价值的经常转移。经常项目可分为贸易收支、劳务收支、转移收支及收益收支等,是国际收支中最大的项目。(2)资本项目,是指本国与其他国家或地区进行资本输出或输入的项目,包括官方和私人的长期与短期的资本流进和流出,是国际收支平衡表的第二大项目。资本项目记载的是金融资本的交易,从期限上看可将其分为长期资本(一年以上)与短期资本(一年以内)两类。(3)结算或平衡项目,是指用来平衡经常项目与资本项目差额的项目,包括错误与遗漏、分配的特别提款权及官方储备等。(4)资本和金融项目,是指资本项目项下的资本转移、非生产/非金融资产交易以及其他所有引起一经济体对外资产和负债发生变化的金融项目。资本转移是指涉及固定资产所有权的变更及债权债务的减免等导致交易一方或双方资产存量发生变化的转移项目,主要包括固定资产转移、债务减免、移民转移和投资捐赠等。非生产/非金融资产交易是指非生产性有形资产（土地和地下资产）和无形资产（专利、版权、商标和经销权等）的收买与放弃。金融项目具体包括直接投资、证券投资和其他投资项目。国际收支平衡表的制作，目前各国有不同的编制方法，但主要项目大体相同，即支出项目均列入借方，收入项目均列入贷方。假如收入大于支出，则称为国家收支顺差；反之，则称为国际收支逆差。分析一国的国际收支平衡表，既可以了解该国的国际收支状况和经济实力，又可以了解外汇资金来源和运用情况以及储备资产的变动情况等。

(王连喜)

guoji shouzhi tongji shenbao
国际收支统计申报(reporting balance of international payments)　在中国境内所有地区（包括在中国境内设立的保税区和保税仓库等）发生的中国居民与非中国居民之间的一切经济交易，必须向国家外汇管理机关申报的制度。

国际收支统计申报主要的规范有：1995年8月30日中国人民银行制定经国务院批准的《国际收支统计申报办法》和2003年2月21日国家外汇管理局修订的《国际收支统计申报办法实施细则》。国家外汇管理局按照《中华人民共和国统计法》规定的程序，负责组织实施国际收支统计申报，并进行监督、检查；统计、汇总并公布国际收支状况和国际投资状况。

国际收支统计申报实行交易主体申报的原则，采取间接申报与直接申报、逐笔申报与定期申报相结合的办法。交易主体应当按照规定向外汇局申报其以各种支付方式（包括本外币电子支付手段和现钞等）进行的对外交易和相应的收支情况。中国居民通过境内金融机构与非中国居民进行交易的，应当通过该金融机构向国家外汇管理局或其分支局申报交易内容。中国居民通过境内金融机构从境外收入款项的，应当由解付行按照规定，通过计算机系统向外汇局传送有关国际收支统计申报信息。收款人通过境内邮政机构等从境外收入款项的和付款人通过境内邮政机构等向境外支付款项的，由邮政机构等按照有关规定进行国际收支统计申报。

中国境内办理外币兑换人民币以及人民币兑换外币业务的兑换机构应当填写汇兑业务统计申报表，并按照规定向外汇局申报其办理的汇兑业务情况。

中国境内的证券交易商以及证券登记机构进行自营或者代理客户进行对外证券交易的，应当向国家外汇管理局或其分支局申报其自营和代理客户的对外交易及相应的收支和分红派息情况；通过中国境内证券交易所进行涉外证券交易，由境内证券登记机构或证券交易所填写证券投资统计申报表，并按照规定向外汇局申报该交易以及相应的收支和分红派息情况；中国境内不通过境内证券交易所进行涉外证券交易的（包括自营和代理），由境内证券交易商或境内投资者填写证券投资统计申报表，并按照规定直接向外汇局申报其交易以及相应的收支和分红派息情况；中国境内机构在境外发行证券的，应当填写证券投资统计申报表，并按照规定直接向外汇局申报其境外证券发行以及相应的收支和分红派息等情况。

中国境内的交易商以期货、期权等方式进行自营或者代理客户进行对外交易的，应当向国家外汇管理局或其分支局申报其自营和代理客户的对外交易及相应的收支情况；中国境内不通过境内交易所（交易中心）进行涉外期货、期权等交易的，由境内交易商或境内投资者填写期货、期权交易申报表，并按照规定直接向外汇局申报其交易以及相应的收支情况。

中国境内各类金融机构应当直接向国家外汇管理局或其分支局申报其自营对外业务情况，包括其对外资产负债及其变动情况，相应的利润、利息收支情况，以及对外金融服务收支和其他收支情况，并履行与中国居民通过其进行国际收支统计申报活动有关的义务。

在中国境外开立账户的中国非金融机构，应当直接向国家外汇管理局或其分支局申报其通过境外账户与非中国居民发生的交易及账户余额。

中国境内外商投资企业以及对境外直接投资的企业，应当填写直接投资统计申报表，并按照规定直接向外汇局申报其直接投资者与直接投资企业间的所有者权益、债权债务状况以及分红派息等情况。各有关管理部门应向外汇局提供企业涉外资产划拨、收购、兼并、重组、处置的相关信息。

(傅智文)

guoji tiaoyue
国际条约(international treaty)　主权国家之间依据国际法缔结的确定缔约国之间相互权利义务的国际书面协议。国际条约根据参加条约的国家数目可以分为双边条约和多边条约；根据参与国家的范围可以分为全球性条约和区域性条约；根据条约的内容可以分为普遍性国际条约和专门性国际条约。条约的名称多种多样，包括条约、公约、协定、议定书、宪章、盟约、规约、换文、宣言和声明等。作为我国涉外经济法渊源的国际条约应该满足以下条件：首先，该国际条约是我国缔结或参加的，而且不包括我国声明保留的条款；其次，条约的内容应当是涉及国际经济贸易的。

(罗大帅)

guoji xiaofeizhe zuzhi tongmeng
国际消费者组织同盟(International Organization

of Consumer Union, IOCU) 美国消费者联盟、英国消费者协会、澳大利亚消费者协会、荷兰消费者同盟、比利时消费者协会五个组织发起,于1960年在荷兰正式登记成立。现有成员包括72个国家的近200个独立联盟以及政府供给资金的消费者协会,还有类似工会、团体赞助的消费机构。总部设在英国伦敦,总办事处设在荷兰海牙,并在马来西亚的槟城设立亚洲与太平洋办事处,在乌拉圭的蒙得维亚设拉丁美洲与加勒比海地区办事处。

国际消费者组织联盟的宗旨是在世界范围内协助并积极推动各国消费者组织及政府努力做好保护消费者利益工作;促进对消费服务进行比较、试验的国际合作;促进消费信息、消费教育和保护消费者方面的其他各种国际合作;收集、交流各国保护消费者法规及惯例;为各国家集团讨论有关消费者利益问题解决办法提供讲坛;出版有关消费者信息的资料;与联合国的机构及其他国际团体保持有效的联系,以起到能在国际范围内代表消费者利益的作用;通过联合国的机构和其他可行的方式,对发展中国家关于消费者教育和保护的发展计划,给予一切实际的援助和鼓励。

组织结构:全体大会,由各个成员组织所推选的代表组成。理事会由会议推选35名成员组成,理事会指定执行委员会。工作人员为10名领薪者。经费来源于会费和出售出版物。在联合国有关机构中具有咨询地位,这些机构是:联合国经社理事会、联合国教科文组织、联合国儿童基金会、联合国工业发展组织、消费者咨询理事会、欧洲保护消费者委员会。同时,在联合国环境规划署、联合国工业发展组织、联合国亚太经济与社会委员会、联合国国内妇女委员会中派有代表。国际消费者组织同盟统计的团体包括由消费者自发成立的团体如:志愿消费者联盟、主妇协会;由政府组织成立的消费者团体和作为政府机构保护消费者利益的部门。

1983年,国际消费者组织同盟确定每年的3月15日为"国际消费者权益日"。这是基于美国前总统约翰·肯尼迪于1962年3月15日在美国国会发表了《关于保护消费者利益的总统特别咨文》,首次提出了著名的消费者的"四项权利",即:有权获得安全保障;有权获得正确资料;有权自由决定选择;有权提出消费意见。肯尼迪提出的这四项权利,以后逐渐为世界各国消费者组织所公认,并作为最基本的工作目标。同时,选择这样一天作为"国际消费者权益日",也是为了扩大宣传,促进各国消费者组织的合作和交往,在国际范围内引起重视,推动保护消费者的活动。

中国消费者协会于1987年9月成为国际消费者组织同盟正式会员后,每年的3月15日也都组织全国各地的消费者举办大规模的"国际消费者权益日"宣传咨询服务活动,对保护消费者权益起着越来越重要的作用。

(刘利晋)

guoji yuming zhengyi tongyi jiejue zhengce
《国际域名争议统一解决政策》(the Uniform Domain Name Dispute Resolution Policy) 于1999年10月24日通过。所有获得ICANN认证,负责注册以com、net、org结尾的域名的注册服务商均接受其管辖。某些国家顶级域名(如nu、tv、ws等)的管理者也接受其管辖。该政策是域名注册服务商和客户(域名持有人)之间的约定。

《国际域名争议统一解决政策》对政策制定的目的、域名持有人的责任、域名的撤销、转让和变更、强制性域名争议解决程序、免责条款、争议中的域名的转让等作了规定。

《政策》规定,域名申请人申请域名、要求保留或恢复使用域名时,应当承担陈述义务,保证所填的内容的真实性和准确性,保证自己不是恶意注册,保证不违法使用域名。《政策》免除了ICANN及域名注册机构在域名争议中的责任,ICANN及域名注册机构不以任何形式参与域名争议双方关于域名注册与使用引发的争议,也不作为争议的一方。

《政策》还对其修订及修订后的生效问题作了规定。ICANN有权在将来的任何时候对《政策》予以修改。其修改稿在网上公布30天,期满自动生效。《政策》对修改的效力采取了以投诉时间为标准的原则,除非投诉者已经依照原政策向争议解决机构提出指控,否则政策的任何修改适用于域名持有人,而无论这种争议是发生在政策修改的生效期前或期后。

(刘 鹏)

guoji zhiwu xinpinzhong baohu gongyue
《国际植物新品种保护公约》(the International Convention for the Protection of New Variety of Plant) 1957年2月,法国外交部邀请12个国家和保护知识产权联合国际局、联合国粮农组织、欧洲经济合作组织,参加同年5月7日至11日在法国召开的第一次植物新品种保护外交大会,形成会议决议。在此基础上,拟定《国际植物新品种保护公约》(UPOV公约),并于1961年在巴黎讨论通过。1968年8月10日该公约正式生效。以后该公约又经过1972年、1978年和1991年三次修改。UPOV公约旨在确认和保护植物新品种育种者的权利,并由公约缔约国组成植物新品种保护联盟,从而形成了目前国际植物知识产权体系的基础,UPOV公约同TRIPS对植物新品种的保护基本一致,为国际上开展植物新品种的研发、技术转让、合作交流以及相关新产品贸易提供了法律框架。

但该条约也存在不足,应对以下两个问题予以足够重视,一是植物的育种不应导致生物多样性的衰退;二是为提高植物新品种的基因结构,相关基因资源的获取应有法律保障。我国经过全国人大常委会批准,于1999年4月23日成为国际植物新品种保护联盟第39个成员国。

(田艳)

guojia biaozhunhua zhidaoxing jishu wenjian

国家标准化指导性技术文件(Directive Technical Documents of National Standardization) 为仍处于技术发展过程中(如变化快的技术领域)的标准化工作提供指南或信息,供科研、设计、生产、使用和管理等有关人员参考使用而制定的标准文件。符合下列情况之一的项目,可制定国家标准化指导性技术文件:技术尚在发展中,需要有相应的标准文件引导其发展或具有标准化价值,尚不能制定为标准的项目;采用国际标准化组织、国际电工委员会及其他国际组织(包括区域性国际组织)的技术报告的项目。我国国务院标准化行政主管部门统一负责国家标准化指导性技术文件的管理工作。国家标准化指导性技术文件由国务院标准化行政主管部门编制计划,组织草拟,统一审批、编号、发布。国家标准化指导性技术文件的代号由大写汉语拼音字母"GB/Z"构成,编号由国家标准化指导性技术文件的代号、顺序号和年号(即发布年份的四位数字)构成。国家标准化指导性技术文件的制定,应该按照《国家标准管理办法》和GB/T16733《国家标准制定程序的阶段划分及代码》的有关规定办理。国家标准化指导性技术文件项目列入《国家标准制、修订项目计划》,并在文件中用"GB/Z"注明。国家标准化指导性技术文件发布后三年内必须复审,复审程序按照《国家标准管理办法》的规定。经复审决定国家标准化指导性技术文件是否继续有效、转化为国家标准或撤销。国家标准化指导性技术文件转化为国家标准,应当在国家标准的前言中予以说明。 (麻琳琳)

guojia biaozhun yingwenban fanyi chuban guanli zhidu

国家标准英文版翻译出版管理制度(management system of translation publishing of national standard English version) 国家质量技术监督局标准化部门对国家标准英文版翻译出版工作管理活动的总称。国家标准英文版翻译出版工作主要安排强制性国家标准。符合下述条件的国家标准优先列入英文版翻译出版计划:涉及国家安全;防止欺诈行为;保护人身健康和安全;动、植物生命或健康;保护环境;国际贸易及经济、技术交流需要的重要标准。国家标准英文版的翻译出版工作由国家质量技术监督局标准化部门统一管理。国家标准英文版翻译出版工作,根据需要分批、分期组织实施。未列入国家标准英文版翻译计划的标准,有关单位愿意自筹经费承担标准的翻译工作,经国家质量技术监督局标准化部门审查同意后,列入经费自筹国家标准英文版翻译出版计划。

国家标准英文版翻译出版工作的程序及要求:(1)国家标准英文版翻译出版计划项目的立项建议,原则上由各有关标准化技术委员会或技术归口单位提出,由国家质量技术监督局标准化部门审定。其他单位或个人也可以向国家质量技术监督局标准化部门提出翻译出版有关国家标准英文版的建议。(2)国家标准英文版计划项目确定后,由国家质量技术监督局标准化部门直接向标准化技术委员会或技术归口单位下达任务,下述方式按规定执行。(3)国家标准英文版的翻译工作由原起草该项国家标准的标准化技术委员会、技术归口单位具体负责组织实施。(4)国家标准英文版的翻译工作必须坚持忠实原文的原则。翻译工作承担单位应确保英文版本的内容与中文版国家标准一致。翻译工作承担单位如果在翻译过程中发现国家标准的技术内容有误或出现印刷错误,应及时向标准化技术委员会或技术归口单位及其上级主管部门报告,由标准化技术委员会或技术归口单位及其上级主管部门按照《国家标准管理办法》的规定,以标准修改通知单方式,报国家质量技术监督局批准后,方可按照修改后的内容进行翻译,同时要在出版前言中予以说明。(5)国家标准英文版翻译文稿经审校无误后,由标准化技术委员会或技术归口单位组织专家对其进行技术审查。(6)经审查通过的英文版国家标准,由标准化技术委员会或技术归口单位直接行文报送国家质量技术监督局标准化部门,上报时须附带以下材料:国家标准文本(或复印件)一份;国家标准英文译本三份、电子格式文本一份;审查会议纪要及与会专家名单各一份。

国家标准英文版翻译工作任务的下达,采取国家质量技术监督局标准化部门与承担单位、标准化技术委员会或技术归口单位三方签订合同的方式或其他方式进行。国家标准英文版的编写格式必须符合《国家标准英文版编辑出版有关规定》的要求。国家质量技术监督局标准化部门对上报的英文版标准进行程序审查;通过后,批复上报单位,并在有关新闻媒体上公告国家标准英文版出版信息。国家标准英文版的出版要求按照GB/T1《标准化工作导则》的规定执行。国家标准英文版由标准审批部门确定的正式出版单位出版。根据上级主管部门的授权或同标准审批部门签订的合同,标准英文版的出版单位享有标准英文版的专有出版权。国家标准英文版与国家标准中文版在技术上出现异义时,以中文版为准。 (麻琳琳)

国家储备粮库建设项目招标管理（bidding administration of state grain reserve storage construction project） 为确保国家储备粮库建设项目的建设质量,加强对施工招标工作的管理,规范施工招标行为,根据《中华人民共和国招标投标法》和有关国家储备粮库建设文件的精神,2001年3月27日,原国家计委和农业部联合制定发布了《国家储备粮库建设项目施工招标管理办法》,该办法的适用范围为国家储备粮库建设项目。

国家储备粮库建设项目施工招标必须坚持"公开、公平、公正和诚实信用"的原则。国家储备粮库建设项目的施工招标投标活动不受地区和部门的限制,不得因地域、所有制或隶属关系等因素对投标人采取歧视性或排斥性的政策或做法。投标人必须依法取得投标资格。任何单位和个人不得指定施工单位,投标人不得以不正当的手段取得合格资格。

国家储备粮库建设项目的仓房工程,国家规定限额以上的辅助生产工程、办公生活工程、室外工程和独立工程应通过招标的方式确定施工单位。禁止将国家储备粮库建设项目工程肢解发包,附属工程应合并发包。原则上一个国家储备粮库建设项目,工程只能发包给一个施工单位,施工单位多于两个的须报国家粮食局批准。国家储备粮库建设项目的零星工程可直接发包,但建设费用不得超过批准的概算。在投标时,准许投标人联合投标及合理分包。确定中标人后,禁止中标人转包,严格限制分包。

各省、自治区、直辖市及计划单列市计委、粮食局联合组建的粮库建设办公室(以下简称各省省级建库管理机构)负责国家储备粮库建设项目施工招标的领导、管理和协调工作,招标工作的管理权限不得下放。评标工作应吸收有关监理单位和通用图设计单位参与。各省级建库管理机构应委托具有甲级资质的招标代理机构负责本地区国家储备粮库建设项目工程的招标工作。项目单位为招标人。项目单位应根据省级建库管理机构的要求,委托具有相应资质的招标代理机构组织招标工作。项目单位应与招标代理机构签订委托合同,规定委托业务的范围、条件、责任、费用等。

投标人必须具有工业与民用建筑施工二级以上资质,其中限上项目和有浅圆仓、立筒仓项目施工任务的投标人必须具有工业与民用建筑施工一级资质。限制在之前建设项目中有劣迹的投标人参加国家储备粮库建设项目工程的投标。

施工招标的一般程序为:(1)招标准备。(2)签订代理合同。项目单位与招标代理机构签订委托合同,明确双方的责任、权利和义务。(3)资格审查。(4)编制并审查招标文件。(5)发布资格预审公告或招标公告。(6)编制标底。(7)审查并发售招标文件。(8)勘察现场。(9)招标答疑会。(10)投标文件的编制与递交。(11)开标。(12)评标。(13)定标。(14)签订合同。　　　　　　　　　　(傅智文)

国家储备粮库项目建设资金管理（administration of state grain reserve storage construction project fund） 为切实做好国家储备粮库项目的建设工作,加强项目建设资金的监管力度,确保国家粮库建设资金合理使用,依据国家有关法律法规和现行基本建设财务会计制度的规定,2001年5月30日我国国家粮食局制定发布了《国家储备粮库项目建设资金管理办法》。本办法分总则、管理职责、资金管理和资金拨付、资金使用、报告制度、监督检查、附则七章。

项目基本建设资金管理的原则是:(1)分级管理、各负其责;(2)专款专用、专人管理;(3)提高资金使用效益。

项目基本建设资金管理的基本任务是:贯彻执行粮库基本建设的各项规章制度,及时拨付、合理使用项目基本建设资金,确保项目建设资金的安全运行,做好粮库基本建设工程概预算、结算、决算及监督和考核工作,努力降低工程造价,提高资金使用效益,保证项目工程建设的顺利进行。

《管理办法》对国家粮食局、省(区、市)建库办和项目建设单位的资金管理的主要职责分别作出具体规定。

各省(区、市)建库办和项目建设单位应按照现行基本建设财务、会计制度及《关于加强中央直属储备粮库建设资金管理有关问题的通知》的文件规定,对中央预算内基本建设国债专项资金进行管理。

粮库建设资金的支出应严格控制在国家计委和国家粮食局批准的项目总投资概算范围内。各地应通过规范招标、优化设计、加强资金管理等办法控制资金使用,凡超出项目概算的投资,中央不再追加。

国家粮食局根据国家计委的投资计划和财政部的预算,向各省(区、市)下达资金计划,同时到建设银行办理资金拨付手续。各省(区、市)建库办根据项目年度投资计划和资金需求,将国家粮食局下拨的资金拨付到项目建设单位。项目建设单位发生的工程费用由建设方提出用款申请,经项目监理审核签字、项目单位法人审核签字后,根据国家有关规定,到建行办理支付手续。当工程款支付累计达到工程造价的95%时停止支付,以财政部门审核的竣工决算为依据,待工程竣工验收后结算。

项目基本建设资金应按照基本建设程序支付,在未经批准开工之前,不得支付工程款。

项目建设单位及省(区、市)建库办上报的各种信息资料要求内容完整、数字真实准确、报送及时,严禁弄虚作假。对于延期上报造成资金拨付的延误等后果,将追究省(区、市)建库办责任,并视问题严重性进行严肃处理。工程建设过程中出现下列情况的,项目建设单位应及时报告省(区、市)建库办和国家粮食局:(1)重大质量事故,24小时内上报;(2)审计发现的重大违纪问题,48小时内上报;(3)较大金额索赔,7日内上报;(4)资金严重不到位,随当月投资完成情况月报上报;(5)工期延误时间较长,随当月投资完成情况月报上报;(6)其他重大事项,随当月投资完成情况月报上报。

各省(区、市)建库办要加强对基本建设资金的监督与检查,及时了解掌握资金到位、使用和工程建设进度情况,督促建设单位加强资金管理,发现问题及时纠正。监督检查的重点内容如下:(1)有无截留、挤占和挪用基本建设资金;(2)有无计划外工程和超标准建设;(3)建设单位管理费是否按规定列支;(4)内部财务管理制度是否健全;(5)是否建立并坚持重大事项报告制度。

(傅智文)

guojia chubei yanye

国家储备烟叶(state storage of tobacco leaf) 国家为保证烟叶陈醇、提高烟叶质量、稳定卷烟配方和调节农业丰歉而储备的烟叶。为用好储备资金,加强储备管理、保证卷烟原料供应,提高经济效益,1986年4月30日,中国烟草总公司修订了《国家储备烟叶管理暂行办法》。储备烟叶只限于上、中等各等级,全部为机烤烟和麻布包装。储备烟所有权属于国家,由中国烟草总公司统一管理。在国家统一计划安排下,烟叶要有适当的储备,储备计划由总公司下达年度指令性指标,各省、自治区、直辖市烟草公司落实承储单位,组织进行。储备烟分产区储存和销区储存。产区储存是指产地收购的烟叶,由当地经营单位承担;销区储存部分是指外地调进的烟叶,主要由使用单位承担。

(傅智文)

guojiagu

国家股(state-owned equities) 有权代表国家投资的机构或部门向股份公司出资形成的股份。是一种代表国家利益的特殊股权。国家股体现的是国家(通过授权的部门或机构)与股份公司直接的产权关系。在西方国家,指政府直接投资于股份公司或购买股票所形成的股份;在中国,主要指在国有企业股份制改组中,由国有资产经评估后折价入股形成的股份。

(李 平 陈岚君)

guojia guoyou zichan guanliju qingchan hezi zhong buliang zichan chuzhi

国家国有资产管理局清产核资中不良资产处置(the disposal of bad assets of state administration bureau of state property when liquidation) 国有企业不良资产清理工作是一项盘活企业存量资产、提高企业资产利用效率、制止国有资产流失的基础管理工作。做好该项工作有利于维护国家清产核资政策的严肃性和巩固清产核资工作的成果,进一步推动企业加强管理,提高经济效益。

清产核资机构在对国有企业不良资产组织进行清理后,可具体将以下工作委托给产权转让中介机构进行:(1)清产核资机构承担接收的企业呆(坏)账债权的委托追索;(2)清产核资中清理出来的属于两年以上未使用的固定资产,以及有回收价值的应报废、待报废等固定资产,或有回收价值的超储积压或过期商品和材料等实物资产的处置和调剂。

各级清产核资机构在具体组织不良资产清理工作中指定的产权转让中介机构必须具备以下条件:(1)具备与从事产权转让中介服务相适应的场所、资金和设施;(2)拥有10名以上的财会、金融、法律、工程技术等专业人员;(3)具备健全的机构组织章程和操作规则;(4)国有资产管理部门能对其实行有效的监管。

在不良资产处置工作的具体委托过程中,应认真签订委托协议,在协议中分别明确委托对象及委托方和被委托方各自的权利、义务及违反协议应承担的相应责任。

产权转让中介机构在接受委托后,应针对委托事项的不同要求,积极采取各种有效的措施,对呆(坏)账债务人的经营情况进行调查确认,对有能力偿还的债权依法组织回收,对偿还暂时有困难而又确有收回可能的债权建立跟踪监督制度,对确属无法收回的呆(坏)账予以确认,并向委托人或债权人及时反馈情况,需调剂处置的闲置资产和报废设备应通过国家国有资产管理局建立的产权市场信息网向社会公开发布信息,通过市场竞争机制来充分发掘资产的潜在价值。产权转让中介机构也可以通过相互联网及相互委托来进行债权和资产的处置,以降低处置成本。

产权转让中介机构在实施不良资产处置工作中,应将债务和资产处置的情况及结果及时报告委托的清产核资机构,各级国资部门和清产核资机构要加强对处置收入的管理。各地国有资产管理局要切实履行对产权转让中介机构的业务指导,在不良资产的处置过程中遇有重大政策问题,要与清产核资机构互相协调、商讨解决。经商讨协调无法解决的问题,应向上一级国有资产管理和清产核资机构报告请示。 (苏丽娅)

guojia huanjing baohu gongcheng jishu guanli zhongxin

国家环境保护工程技术管理中心(national technological management centre of the environmental protection project) 为了加强和规范国家环境保护工程技术中心的建设与运行管理,促进工程技术中心的持续健康发展,我国国家环境保护总局制定《国家环境保护工程技术中心管理办法》对工程技术中心的建设与运行管理工作进行规制。

工程技术中心是国家组织重大环境科技成果工程化、产业化,聚集和培养科技创新人才、组织科技交流与合作的重要基地。环保总局根据环境保护事业发展的实际需要和国家环境科技中长期规划,编制工程技术中心建设规划;通过组织申报或者招投标等形式有重点、有步骤地实施工程技术中心建设规划。

申报条件及报批程序 凡从事环境保护科学技术研究开发的科研机构、高等院校和高新企业单位法人可申请建设工程技术中心。申请建设工程技术中心的单位应该具备下列条件:(1)申报专业技术领域符合国家环境科技发展中长期规划和环保总局工程技术中心建设规划。(2)申报专业技术在国内领先并具有影响力,拥有一定数量的专利技术和重要的科技成果。(3)拥有工艺研究、工程设计、产品开发的基本设备和条件,有环境科技成果工程化和产业化的业绩。(4)具有本领域的相关资质和基本工作条件,能够对相关领域环境科技成果转化进行经济技术分析和工程评估。(5)具有进行国内外技术交流与合作、培养和培训高水平工程技术与管理人才的基本条件和能力。(6)拥有结构合理的环境工程技术开发、设计、试验的专业技术队伍,具有良好的管理与运行机制,建立相关制度,后勤保障得力。(7)拥有较雄厚的科研资产和经济实力,在建设和运行过程中有资金保障。

申请建设工程技术中心的报批程序是:(1)符合申报范围及条件的单位,可自愿填报"国家环境保护工程技术中心建设申请书"。(2)环保总局对受理的"申请书"进行初审、现场考察和筛选,提出审查意见和初步立项计划。(3)根据初步立项计划,申报单位编制"国家环境保护工程技术中心建设可行性研究报告"。环保总局组织专家进行可行性论证;论证委员会中应以相关领域技术人员为主,论证委员会提出论证意见。(4)通过论证的"可行性报告",经环保总局批准,申报单位按"可行性报告"组织实施。(5)申报单位在申报时应明确该工程技术中心建设管理的依托单位。

建设与验收 工程技术中心建设期限一般为两年。工程技术中心在建设过程中,若需对原计划进行实质性调整,须上报环保总局,必要时组织专家重新论证,经批准后方可执行。环保总局对工程技术中心建设定期进行检查,适时处理建设中的问题。对于组织建设不力或科技开发方向发生重大变化者,应及时通知依托单位调整或终止计划的执行。

依托单位按计划完成工程技术中心建设任务后,应编写"国家环境保护工程技术中心建设总结报告"等验收文件,由主管部门向环保总局提出验收申请。环保总局组织验收委员会按照《国家环境保护工程技术中心管理办法》进行验收。通过验收的工程技术中心,环保总局予以命名授牌。对不能按期进行验收或者未通过验收的工程技术中心,环保总局根据实际情况责成依托单位采取措施限期进行整改或者终止建设。

运行与管理 环保总局科技标准司指导管理工程技术中心工作,环保总局有关司(局)参与指导工程技术中心的相关业务,依托单位具体负责工程技术中心建设和运行管理。

工程技术中心主任由依托单位推荐,征得环保总局同意后,由依托单位聘任;工程技术中心应成立管理委员会和技术委员会,委员会成员均由依托单位聘任,每届任期3年。管理委员会是工程技术中心的决策机构,负责审议其重大事项,由与工程技术中心直接利益相关的单位代表、专家和工程技术中心主任组成。技术委员会是工程技术中心的技术咨询机构,负责工程技术中心重大技术问题的审议,由相关技术领域的专家和企业家组成。工程技术中心应是独立的技术开发实体,实行管理委员会领导下的主任负责制。工程技术中心应进行机制创新和体制创新,参照现代企业制度,健全人员、财务、资产、考核等方面的规章制度。

依托单位每年应当向环保总局报送工程技术中心工作总结,向环保总局通报有关重大的科技项目和科技成果。环保总局每隔3年对工程技术中心的运行情况及绩效进行评估。对于取得突出成绩者给予表彰,对于管理不善者责成限期改进,对于整改后经评估仍不合格者,取消其工程技术中心称号。 (王 丽)

guojia huanjing baohu zhongdian shiyanshi guanli

国家环境保护重点实验室管理(national major laboratory management of environmental protection) 重点实验室是国家环境保护科技创新体系的重要组成部分,是国家组织环境科学基础研究和应用基础研究、聚集和培养优秀科技人才、开展学术交流的重要基地。国家环境保护总局根据环境保护事业发展的需要和国家环境科技中长期规划,编制重点实验室建设规划;通过组织申报或者招投标等形式有重点、有步骤地实施重点实验室建设规划。

申报条件和报批程序 凡从事环境科学基础研究

与应用基础研究,并在某一环境科研领域处于国际或国内领先地位的科研院所和高等院校单位法人可申请建设重点实验室。

申请建设重点实验室的单位应该具备下列条件:(1)有明确的研究方向和中、远期科研目标,学科方向属于环境科学发展前沿或优先发展领域,符合环保总局重点实验室建设规划;有坚实的学科基础,有原始创新能力,有承担国家重大科研任务的能力和业绩。(2)有较高水平的学科带头人和结构比较合理的科学研究队伍,具有培养高级研究人才的能力。(3)具有良好的管理及运行机制并建立了相关制度,具备良好的科学研究实验条件,包括必要的实验设施、仪器装备和技术支撑条件。(4)学术思想活跃,学术气氛良好,具备进行国内外学术交流与合作的基本条件和能力。(5)有建设重点实验室的积极性,能够保障重点实验室开展工作。

申请建设重点实验室应遵循如下报批程序:(1)凡符合重点实验室申报范围及条件的单位,可自愿填报"国家环境保护重点实验室建设申请书"。(2)环保总局对受理的"申请书"进行初步审查、筛选和考察,提出审查意见和初步立项计划。(3)纳入立项计划的申请单位填报"国家环境保护重点实验室建设计划任务书"。(4)环保总局组织由专家和管理人员组成的论证委员会,对"计划任务书"进行现场考察和论证;论证委员会由相关领域科研人员为主,论证委员会提交论证意见。(5)论证的"计划任务书",经环保总局批准,申请单位按"计划任务书"组织实施。(6)申请单位在申请时应明确该重点实验室建设管理的依托单位。

建设与验收 重点实验室建设期一般不超过两年。依托单位负责重点实验室建设经费,解决重点实验室用房及水、电、气等配套条件。环保总局在有条件的情况下支持重点实验室仪器设备购置,以改善实验条件。重点实验室在建设过程中,若需对原计划内容进行实质性调整,须上报环保总局,必要时组织专家重新论证,经批准后方可实施调整计划。依托单位按计划完成重点实验室建设任务后,应编写"重点实验室建设总结报告"等验收文件,由主管部门向环保总局提出验收申请。

环保总局组织验收委员会按照《国家环境保护重点实验室管理办法》进行验收。通过验收的重点实验室,环保总局予以命名和授牌。对不能按期进行验收或者未通过验收的重点实验室,环保总局根据实际情况责成依托单位采取措施限期进行整改或者终止建设。

运行与管理 环保总局科技标准司指导和管理重点实验室工作,环保总局有关司(局)会同科技标准司指导重点实验室的相关业务,依托单位具体负责重点实验室建设和运行管理。重点实验室要成为相对独立的科研实体,实行依托单位领导下的主任负责制;建立"开放、流动、联合、竞争"的运行机制,鼓励体制创新和机制创新。

重点实验室主任由依托单位推荐,征得环保总局同意后,由依托单位聘任,每届任期3年,可以连任。主任要全面负责重点实验室的科学研究、学术活动、人员聘任、财务支出等管理工作。重点实验室设立独立的学术委员会。学术委员会是重点实验室的学术指导机构,主要职能是把握重点实验室的研究方向,审议重大学术活动和科研计划,审批开放研究课题。学术委员会由国内外优秀专家9—11人组成,其成员由依托单位聘任,每届任期3年,可以连任。

重点实验室的事业费和运行经费由依托单位解决;重点实验室应当凭借自己的研究水平和工作质量多渠道争取经费,利用各种形式,对研究开发的科研成果和技术加以推广,增强自我发展能力。环保总局从研究项目和任务上择优支持建设和运行良好的重点实验室。重点实验室的仪器设备实行统一管理、开放使用。

重点实验室向国内外开放,吸引优秀科技人才作为客座研究人员开展合作研究。依托单位每年应当向环保总局报送重点实验室工作总结。环保总局每隔3年对重点实验室在科学研究、人才培养、对外开放和科研管理等方面进行评估,评估结果予以通报。

对综合评估排序处于前列并且分数为优秀的重点实验室,环保总局给予表彰和重点支持。对综合评估排序处于末位并且分数为不合格的重点实验室,给予警告并限期整改,整改后经评估仍不合格,取消其重点实验室的命名。

(王 丽)

guojia huanjing kongqi zhiliang biaozhun
国家环境空气质量标准(National Ambient Air Quality Standard) 国家规定的在一定时间和空间范围内所允许的空气污染物的限值。也是评判空气污染状况的标尺和制定污染物排放标准的基础。我国目前实行的是国家环境保护总局于1996年制定的《环境空气质量标准》(GB3095-1996),该标准对环境空气质量功能区划分、标准分级、污染物项目、取值时间及浓度限值、采样及分析方法、数据统计的有效性作了规定。《环境空气质量标准》规定了三类环境空气质量功能区:一类区为自然保护区、风景名胜区和其他需要特殊保护的地区,执行一级空气质量标准;二类区为城镇规划中确定的居住区、商业交通居民混合区、文化区、一般工业区和农村地区,执行二级空气质量标准;三类区为工业区,执行三级空气质量标准。环境空气质量功

能区由地级市以上环境保护行政主管部门划分,并取得同级人民政府的批准。 (陈韬)

guojia huobi churujing xian'e guanli zhidu
国家货币出入境限额管理制度(administration system on currency entry and exit) 为了加强国家货币出入境管理,维护国家金融秩序,我国对国家货币(即中国人民银行发行的人民币)出入境实行限额管理。国务院1993年1月20日发布的《中华人民共和国国家货币出入境管理办法》规定:中国公民出入境、外国人入境,每人每次携带的人民币不得超出限额,具体限额由中国人民银行规定;携带人民币出入境的,应当按照国家规定向海关如实申报;不得在邮件中夹带人民币出入境,不得擅自运输人民币出入境;违反国家规定运输、携带、在邮件中夹带人民币出入境的,由国家有关部门依法处理;情节严重,构成犯罪的,由司法机关依法追究刑事责任。根据中国人民银行于1993年2月5日发布的《关于国家货币出入境限额的公告》规定,中国公民出入境外国人入境每人每次携带的人民币限额为6000元;在开放边民互市和小额贸易的地点,中国公民出入境和外国人入境携带人民币的限额可根据实际情况由人民银行省级分行会同海关确定,报人民银行总行和海关总署批准后实施。 (官波)

guojiaji ziran baohuqu
国家级自然保护区(national natural reserves zone) 在国内外有典型意义、在科学上有重大国际影响或者有特殊科学研究价值的自然保护区。除列为国家级自然保护区的外,其他具有典型意义或者重要科学研究价值的自然保护区列为地方级自然保护区。国家级自然保护区的建立,由自然保护区所在的省、自治区、直辖市人民政府或者国务院有关自然保护区行政主管部门提出申请,经国家级自然保护区评审委员会评审后,由国务院环境保护行政主管部门进行协调并提出审批建议,报国务院批准。国家级自然保护区的名称为自然保护区所在地地名加"国家级自然保护区"。

国家级自然保护区,由其所在地的省、自治区、直辖市人民政府有关自然保护区行政主管部门或者国务院有关自然保护区行政主管部门管理。自然保护区的管理经费,由自然保护区所在地的县级以上地方人民政府安排。国家对国家级自然保护区的管理,给予适当的资金补助。已经国务院批准成立的国家级自然保护区可申请自然保护区专项补助资金。

禁止任何人进入自然保护区的核心区。因科学研究的需要,必须进入核心区从事科学研究观测、调查活动的,应当事先向自然保护区管理机构提交申请和活动计划,并经省级以上人民政府有关自然保护区行政主管部门批准;其中,进入国家级自然保护区核心区的,必须经国务院有关自然保护区行政主管部门批准。在国家级自然保护区的实验区开展参观、旅游活动的,由自然保护区管理机构提出方案,经省、自治区、直辖市人民政府有关自然保护区行政主管部门审核后,报国务院有关自然保护区行政主管部门批准;外国人进入地方级自然保护区的,接待单位应当事先报经省、自治区、直辖市人民政府有关自然保护区行政主管部门批准;进入国家级自然保护区的,接待单位应当报经国务院有关自然保护区行政主管部门批准。

我国还设立了一些特殊类型的自然保护区,其中海洋自然保护区是一种重要的类型。海洋自然保护区也分为国家级和地方级两类。国家级海洋自然保护区是指在国内、国际有重大影响,具有重大科学研究和保护价值,经国务院批准而建立的海洋自然保护区。沿海省、自治区、直辖市海洋管理部门申请建立国家级海洋自然保护区时,应向国家海洋行政主管部门提交业经同级人民政府批准的建区申报书及技术论证材料。国家海洋行政主管部门可向国务院提出建立国家级海洋自然保护区的建议。国务院有关主管部门也可会同国家海洋行政主管部门提出建立国家级海洋自然保护区的建议。国家海洋行政主管部门聘请各有关部门代表和专家组成海洋自然保护区评审委员会,负责国家级海洋自然保护区申报书及技术论证材料评审工作。申报材料经评审委员会全体委员半数以上同意后,由国家海洋行政主管部门按规定程序报国务院审批。

森林和野生动物类型自然保护区也分为国家和地方两级。森林和野生动物类型国家自然保护区,由林业部或所在省、自治区、直辖市林业主管部门管理。国家或地方森林和野生动物类型自然保护区管理机构的人员编制、基建投资、事业经费等,经主管部门批准后,分别纳入国家和省、自治区、直辖市的计划,由林业部统一安排。任何部门、团体、单位与国外签署涉及国家自然保护区的协议,接待外国人到国家自然保护区从事有关活动,必须征得林业部的同意。 (王丽)

guojia jiage zongshuiping tiaokong zhidu
国家价格总水平调控制度(state adjustment system of generel price level) 国家为了调节控制价格总水平,稳定市场价格总水平,防止价格的暴涨或者暴跌,减少或制止市场的盲目性所采用的一系列调控措施和制度的总称。价格总水平调控是为了实现国家调控经济的目标,是国家重要的宏观经济调控政策目标,是国民经济稳定发展和健康发展的必要措施。

国家价格总水平调控制度对价格的调控原则是:有目标地进行调控,即国家根据国民经济发展的需要和社会承受能力来确定市场价格总水平调控目标;有计划地进行调控,即将价格调控目标列入国民经济和社会发展计划中去;综合性进行调控,即综合运用多种政策和措施使调控目标得以实现。

国家价格总水平调控制度针对价格具体采取的调控方针是:将市场价格总水平调控目标列入国民经济和社会发展计划中,综合运用货币、财政、投资、进出口等方面的政策和措施,予以实现。

国家价格总水平调控制度对价格采取的调控手段是:(1)建立重要商品储备制度,设立价格调节基金,从而调控价格,稳定市场;(2)为适应价格调控和管理的需要,政府价格主管部门应当建立价格监测制度,对重要商品、服务价格的变动进行监测;(3)政府在粮食等重要农产品的市场购买价格过低时,可以在收购中实行保护价格,并采取相应的经济措施保证其实现;(4)当重要商品和服务价格显著上涨或者有可能显著上涨时,国务院和省、自治区、直辖市人民政府可以对部分价格采取限定差价率或者利润率、规定限价、实行提价申报制度和调价备案制度等干预措施;(5)当价格总水平出现剧烈波动等异常状态时,国务院可以在全国范围内或者部分区域内采取临时集中定价权限、部分或者全面冻结价格的紧急措施。当实行干预或者紧急措施的情形消除后,政府应当及时解除干预措施、紧急措施。

(郑冬渝)

guojia jianshe yongdi
国家建设用地(national constructional land) 国家为进行经济、文化、国防建设以及兴办社会公共事业等需要的用地。包括使用国有土地的建设用地、征用集体所有土地的建设用地、建设临时用地和联营企业的建设用地等。国家建设用地必须按照法定程序进行申请、审批。建设单位须持国务院主管部门或县级以上地方人民政府批准的设计任务书或者批文,向被征用土地所在的地方人民政府土地管理部门提出申请,经政府批准后,由土地管理部门划拨土地。一个建设项目需要使用的土地,应当根据总体规划一次申请批准;分期建设的项目,应当分期征地,不得先征后用;铁路、公路、输油、输水等管线用地,应当一次申请批准,分段办理征地手续。国家建设项目用地,由用地单位支付土地补偿费和安置补助费。

(马跃进 裴建军)

guojia jingji anquan
国家经济安全(national economic safety) 在开放型经济条件下,一国经济整体上的安全性、国家在经济政策上的自主性以及经济发展的自立性等方面所处的状况。由于各国经济发展水平不同,国家之间存在不同的利益,一国在对外开放的过程中,在分享国际分工利益的同时,也易受到来自外部的各种不利影响,对国家经济主权的独立性形成挑战。因此,有效保障国家经济安全是维护国家经济主权的重要内容。主要表现为:在对外开放的过程中,一国能否独立自主地制定和实施本国的经济发展战略和经济金融政策;能否有效地调控国民经济健康地运行;能否自力更生地发展本国经济,不受发达国家的控制;能否有效地防范和应对来自外部的经济危机、金融危机等的冲击和影响;能否有效保持本国民族产业的生命力,增强竞争力;能否维护本国关税、财政自主权;本国的国际经济地位能否得到认可;在与其他国家进行经济交往时,能否避免其对本国经济主权的干涉,等等。

为维护国家经济安全,必须从战略高度把握国家经济安全这样一个巨大系统,制定和实施有效的国家经济安全战略;牢固树立国家经济安全观念;建立国家经济安全评估指标体系和监测体系;提高国民经济的整体素质,建立必要的战略储备和保障体系;制定合理的产业发展政策,提高产业规模经济效益和国际竞争力,保护产业安全;加快金融领域的改革,促进机制创新,建立有效防范和规避金融风险的措施和体系;处理好坚持对外开放与维护国家经济安全的关系;应重视参与国际经济合作,积极参加国际经济规则的制定和国际经济事务的决策,促进建立国际经济新秩序;积极维护本国经济主权,保护本国的自然资源;维护国家经济安全重在预防,在风险产生之前未雨绸缪。

(张长利)

guojia jingji jiguan
国家经济机关(state economic institution) 依法承担政治、经济、文化、军事等国家任务的机构中,专门领导和进行国家经济活动的机构。国家经济机关既拥有经济权力,担负具体经济调控的任务,又以权利主体的身份参加经济活动,是完全意义上的经济法主体。根据法律规范的规定,国家经济机关的基本职能包括:在调查研究的基础上进行综合决策,依据法定权力制定国家的经济发展方针、政策和规章制度,并通过一系列方针、政策和规章制度的组织实施,引导国民经济的协调发展;利用宏观调控手段调节和引导社会生产、流通、分配和消费,协调各地区、各部门、各行业和各企业间的经济关系;发展基础性设施,为社会生产和经济组织的经济活动提供服务;建立和实施经济监督机制,对社会进行全面经济监督,在权限范围内查处扰乱、破坏国民经济秩序的活动。国家经济机关可以被划分为部门经济机关、职能经济机关和综合经济机关。

(唐 倩)

guojia jingji zhuquan

国家经济主权(national economic sovereignty) 国家对其全部财富、自然资源和对内对外的一切经济事务上所享有的全面、平等、完整、永久、独立自主的经济权力,是国家主权在经济领域的体现。

国家主权是一个涵义广泛的概念,既包括政治主权,也包括经济主权、社会主权以及文化主权等诸方面的独立自主权。主权国家对于本国境内的各种自然资源享有绝对的控制权和处置权,对于本国境内的一切经济活动、对本国对内对外的一切经济事务都享有绝对的管理权和和监督权,这本来是主权这一概念的题中应有之义。但是广大发展中国家在获得完全独立之前,或者是完全没有独立的主权,或者是主权残缺不全。在获得政治独立以后相当长的时期里,它们的自然资源及有关的经济命脉仍被发达国家所控制,经济上并未获得真正独立。从实质上来说,在这里,政治独立和经济独立,政治主权和经济主权被人为割裂开了。广大发展中国家为争取经济主权和经济独立进行了坚持不懈的斗争和努力。在当代开放经济条件下,出现了一些削弱、限制主权的主张,其实质是为少数超级大国的利益服务的。因此,坚持和维护国家经济主权尤有必要。

1962 年 12 月联合国大会第十七届会议通过的《关于自然资源永久主权的宣言》正式确立了各国对本国境内的自然资源享有永久主权的基本原则。1974 年 5 月联合国大会第六届特别会议通过了《建立国际经济新秩序宣言》和《建立国际新秩序行动纲领》,1974 年 12 月联合国大会第二十九届会议通过了《各国经济权利和义务宪章》,不但再次确认和强调了各国对本国境内的全部自然资源享有完整的和永久的主权,而且确认和强调各国对本国境内的一切经济活动也享有完整的和永久的主权。根据联合国大会的上述基本文献和其他有关决议,国家经济主权的内容主要包括:(1) 各国对其境内一切自然资源和财富享有永久主权。为了保护这些资源,各国有权采取适合本国情况的各种措施,对本国的自然资源以及开发事宜进行自由的、充分的、有效的控制和管理,包括有权实行国有化和把所有权转移给本国国民。任何国家都不应遭受任何形式的胁迫和阻挠。(2) 各国对其境内的外国资产享有国有化和征收的权力。国有化是国家基于公共利益的需要,通过立法行为,对某种财产或私有权全部或部分实行征收,收归国家所有。采取国有化或征收的国家应当考虑本国有关法律规定和相关情况,给予适当的补偿。因此所引起的争议,适用征收国国内法,由其国内法院管辖。(3) 各国对其境内的外国投资者以及跨国公司的活动享有监督管理权。各国有权按照其法律的规定,对其境内的外国投资者、跨国公司加以监督和管理,有权加以限制。外国投资者和跨国公司必须遵守所在国的法律,接受监督和管理。(4) 各国对本国内部以及一切涉外经济活动,享有完全的、充分的独立自主权力。各国有权独立地选择本国的经济制度,有权独立自主地制定本国各种经济政策和法律,独立自主地确立国际经济关系,处理国际经济事务,对外缔结和参加国际经济条约,开展对外经贸往来,不受任何国家或国际组织的干涉、压制和威胁。(5) 各国享有对世界性经济事务的平等参与和决策权。各国不论大小、强弱、贫富,均有权平等参与世界性的经济事务,享有平等的决策权力。 (张长利)

guojia jiuzai beihuang zhongzi chubei daikuan tiexi zijin

国家救灾备荒种子储备贷款贴息资金(State Subsidization Fund for Subsidized Loan For Seeds Storage for Relief and Preparation for Disaster and Shortage) 为了加强国家救灾备荒种子储备贷款贴息资金的管理,保证国家救灾备荒种子储备任务顺利完成,1996 年 8 月 9 日,我国财政部、农业部联合制定发布了《国家救灾备荒种子储备贷款贴息资金管理办法》,对国家救灾备荒种子储备贷款贴息资金的拨付和监督管理进行了规定。

国家实行救灾备荒种子储备制度的目的是为了保证灾区及时用上良种,尽快恢复农业生产。国家救灾备荒种子储备贷款贴息资金是中央财政为保证国家储备救灾备荒种子任务顺利完成而设立的预算内专项资金。

根据农业生产和救灾的需要,国家救灾备荒种子储备年度为每年 10 月 1 日至翌年 9 月 30 日。农业部每年根据自然灾害发生规律制定种子储备年度国家救灾备荒种子的收储计划,商财政部同意后,于每年 7 月 1 日前下达到各承储省农业厅。每年 10 月 15 日之前,各承储省农业厅将上年 10 月 1 日至当年 9 月 30 日所储备救灾备荒种子的贷款贴息申报表及承储单位所在银行出具的收息原始凭证复印件上报农业部。农业部对各省上报的贷款贴息申报表审核汇总后,连同原始凭证于每年 10 月 31 日之前报财政部。财政部审核后于每年 11 月初将贴息资金一次拨付给农业部,由农业部拨给承储省农业厅,同时抄送财政部。

各承储单位储备国家救灾备荒种子使用银行贷款,财政部每年对承储单位使用的银行实际贷款按年利率 11.34% 实行全额贴息。超过 11.34% 的利息由承储单位自行负担;低于 11.34% 的利息,可用于与种子储备有关的保管、政策性亏损等支出,但不得挪作他用。

国家救灾备荒种子储备贴息资金必须专款专用,

凡有挪用资金行为的,一经查出,将追究有关人员的责任,并收回其贴息资金。承储省农业厅要认真落实国家救灾备荒种子储备任务,在储备任务结束后,要将贴息资金安排使用的详细情况和储备情况上报财政部和农业部。财政部和农业部不定期地对贴息资金的使用情况进行检查。

(傅智文)

guojia longduan jieduan de jingjifa
国家垄断阶段的经济法(economic law in the period of state monopoly) 19世纪末20世纪初,国家垄断资本主义最终形成。为了应对经济危机、应对战争,各国加强了经济立法,并利用法律对国民经济进行综合调整。至此,完全意义上的经济法形成了。

第一次世界大战前和第一次世界大战期间的经济立法 在第一次世界大战期间,德国颁布了《授权法》和《战时经济管理法》。1914年8月,德国议会颁布了《战时授权法案》,授权政府对战时经济进行全面控制。1916年,制定了《确保战时国民粮食措施令》,对粮食生产和流通进行管制。日本制定了战时经济统制法。比如1914年的关于战时工业原料出口管理文件;1917年的对敌交易禁止法令、黄金出口禁止法令、战时船舶管理法令;1918年的军需工业动员法。此外,日本还制定了与战争目的直接相关的立法。比如1914年的战时海上保险补偿法;1917年的战时海上再保险法;1918年的军用汽车补助法等。法国为了摆脱战时经济困境,进行了一系列的经济立法。包括:扶助军事工业生产立法;对战时经济有重大影响的部门采取特殊措施的立法;关于一切经济活动由国家限制的立法;日用必需品配给制立法;工业采用新的技术装备,推行机械化、标准化立法等。美国虽然并没有直接卷入欧洲战场,但是在第一次世界大战开始之际便加强了对国民经济的全面控制,并进行了一系列的经济立法。比如,颁布了收归国有或者由政府直接管理的企业的立法;关于工业原料的生产、价格、分配和进出口的管理立法;关于保证小麦、马铃薯最低价格的立法等。

第一次世界大战后的经济立法 德国战败之后,经济变动剧烈。为此,德国继续战前、战时对国民经济进行管制的做法,并进行了一系列的经济立法。在1924年至1929年的经济全面恢复时期,德国根据"道威斯计划",进行了货币改革立法,以及"产业合理化"运动立法。日本也进行了以全面恢复国民经济为目的的立法,主要是:农业补助金立法;稳定物价立法;促进垄断立法;中小企业立法;国有公司和国家管理立法。战后美国的经济迅速膨胀。为了刺激经济的增长,美国也制定了一系列经济立法。比如"资本主义合理化"法,促使企业更新固定资产和扩大再生产;标准化法,推进生产社会化;新购销法,规定对汽车、家具等高档耐用品实行分期付款办法。战后,英国的经济长期萧条。其经济立法具有恢复经济和危机对策法的特点。

大危机时期的经济立法 1929年至1933年,爆发了世界性的经济危机。这次危机是空前的,具有异常的破坏作用,史称"大危机"。德国在大危机的冲击下,颁布了一系列强化垄断和国家垄断立法。包括强制卡特尔立法;经济机构立法;对垄断企业的补助金立法和贷款立法。日本的立法主要包括以下六个方面:农村更生合理化立法;农村负债整理及资金融通立法;强化垄断立法;卡特尔统制组合和立法;国有企业立法;强化国家管理立法。1933年,美国国会通过了授权法案。根据该法案,总统罗斯福主持制定了一系列法律。这些"新政"立法主要有:(1)防止全国财政信贷崩溃的立法;实行国家对工业经济的管理和控制的立法;稳定农业生产立法。英国为了应对经济危机,重点采取了三个方面的法律措施:贸易统制立法;刺激国内投资立法;生产、产业合理化立法。

第二次世界大战时期的经济立法 第二次世界大战期间的经济立法并不是第一次世界大战期间经济立法的简单重复。第二次世界大战期间的经济立法无论在立法规模、立法程度,还是在立法质量上,都远远超出第一次世界大战时的水平。但是,严格的经济管制立法,物资、物价、劳动力等方面的全面统制立法,是第一次世界大战和第二次世界大战期间都加以实行的法律措施。第二次世界大战期间,各国重视经济机构立法,组建战时领导全国经济的机构。这些机构比第一次世界大战时的机构更为庞大,权力也更为广泛。比如,德国在"国防军"最高指挥部下设经济总署,负责管制全国经济;美国设立战时生产管理局,该局是战时生产的最高领导机关。日本对战时经济有了新的认识。日本认为,仅仅从物资、物价和资金等方面对经济进行控制是不够的,还必须建立全新的企业体制和经济体制。在重要的产业部门,日本成立了"统制会",发布了重要的产业团体令;为了实行编制组合,发布了工商组合法、编制会社令等重要规范性文件。第二次世界大战期间,税法、国债法、货币法、资源和劳动力调配法等都得到了进一步的完善。比如,美国税法采用降低起征点、扩大纳税对象、提高税率、开征超额利润税等办法,调整税收关系。

这一阶段的显著特点就是国家垄断的形成、确立和发展。这一阶段充斥着经济危机和世界大战。经济危机、世界大战,意味着国家垄断经济发展的特殊格局。这种格局对于形成阶段的经济法有了特定的要求。为了对国民经济进行军事化调节,要求全面管制立法;为了应对经济危机,要求危机对策法;为了阻止战争,要求恢复助成法。上述法律的立法目的、基本内容和作用都不尽相同。但是,它们却具有共同的内涵,即把经济关系和经济联系看作一个整体,对作为整体的国民经济进行国家调节。这种调节是通过经济法加以实现的。

这一时期的经济法,不再是经济干预法,而是体现国家垄断的法律;不再是对市民法秩序的补充和修正的法律,而是超越市民法的,具有独立调整领域的法律。这些法律具有共同的特质,即站在国民经济总体运行的立场上,对整个国民经济运行进行调整。这是完备意义上的经济法。　　　　（赵　玲　邓卫卫）

guojia lüyou dujiaqu

国家旅游度假区(national tourist and holiday resort)　符合国际度假旅游要求,以接待海外旅游者为主的综合性旅游区。国家旅游度假区,应有明确的地域界限,适于集中建设配套旅游设施,所在地区旅游度假资源丰富,客源基础较好,交通便捷,对外开放工作已有较好基础。国家旅游度假区的产品结构多样化,观光与度假相结合,区内建设有综合服务,度假别墅,景观旅游,休闲疗养,游乐中心等设施和场所。我国现在批准设立的国家旅游度假区有 11 处:青岛石老人旅游度假区、大连金石滩旅游度假区、太湖旅游度假区、杭州之江旅游度假区、横沙岛旅游度假区、武夷山旅游度假区、湄州岛旅游度假区、广州南湖旅游度假区、北海银滩旅游度假区、昆明滇池旅游度假区、三亚亚龙湾旅游度假区。

各国对旅游业的立法都十分重视,比如日本制定的有《旅游基本法》、《国际饭店法》、《国际旅游城市建设法》,美国颁布的有《旅游政策法》。国际上,产生了诸如太平洋地区旅游协会、世界旅游组织、世界旅行社联合会等旅游组织,制定了《国际旅游业新规程》等一系列国际公约和惯例。

我国于 1992 年 8 月 17 日发布《国务院关于试办国家旅游度假区有关问题的通知》,规定设立国家旅游度假区是为进一步扩大对外开放,开发利用我国丰富的旅游资源,促进我国旅游业由观光型向观光度假型转变,加快旅游事业发展。国家鼓励外国和台湾、香港、澳门地区的企业、个人投资开发旅游设施和经营旅游项目。试办国家旅游度假区,是旅游业深化改革、扩大开放,改变我国旅游产品结构,提高旅游产品档次,提高国际竞争力的一项重要部署。

该通知还针对国家旅游度假区制定了一系列相应的优惠政策:在区内兴办的外商投资企业,其所得税减按 24% 的税率征收;其中生产性外商投资企业,经营期在 10 年以上的,从企业获利年度起,第一年和第二年免征企业所得税,第三年至第五年减半征收企业所得税。区内的外商投资企业在投资总额内进口自用的建筑材料、生产经营设备、交通工具和办公用品;常驻的境外客商和技职人员进口的安家物品和自用交通工具,在合理数量范围内,免征关税和进口工商统一税,为生产出口旅游商品而进口的原材料、零部件、元器件、配套件、辅料、包装物料,海关按保税货物的有关规定办理。建设度假区基础设施所需进口的机器、设备和其他基础物资,免征进口关税和产品税(增值税)。区内可开办使用国产车的中外合资经营的旅游汽车公司。对其购买的国产车,在核定的数量内,国家免征横向配套费、车辆购买附加费和特别消费税。对国内企业在区内开办的旅游汽车公司,可比照上述政策执行,这些车辆限于区内旅游汽车公司自用,不得转售。区内的开发建设用地,按《中华人民共和国城镇国有土地使用权出让和转让暂行条例》办理。土地出让金从该区批准兴办之日起,5 年内留在区内用于基础设施建设。区内的旅游外汇收入,从该区批准兴办之日起,外汇额度 5 年内全额留成,用于区内自我滚动发展。

国家旅游度假区对外汇创收、带动当地经济开发、增进国内旅游业发展有很大的作用,其综合性较强,涉及面广。我国国家旅游度假区还存在一些问题,比较突出的是度假区的开发规模、环境保护、游客利益保障问题。而在这方面的立法还很不完善。　　（周　燕）

guojia shenji

国家审计(governmental auditing)　由国家审计机关所实施的审计。其审计对象主要是政府财政收支及国有单位的财务收支。国家审计是一种法定审计,被审计单位不得拒绝。审计机关作出的审计决定,被审计单位和有关人员必须执行。由于各国的政治、经济制度不同,国家审计体制也各不相同。按隶属关系的不同进行分类,国家审计体制可分为立法型、行政型、司法型和独立型。立法型国家审计体制的特点是,审计机关直接受议会或国会领导,对议会负责,向议会报告工作。这种模式源于英国,完善于美国,目前西方多数国家都采用了这种模式,而以英国、美国和加拿大为代表。行政型国家审计体制的特点是,审计机关直接受政府领导,作为政府的一个部门,对政府或内阁总理(首相)负责,向政府或国家元首报告工作。该体制由苏联率先建立,后来东欧一些国家和我国也采用了这种体制。目前采用这种体制的代表性国家还有瑞典、泰国、沙特阿拉伯等。司法型国家审计体制的特点是,国家设立审计法院,审计法院行使部分行政审判权,拥有一定的司法裁判权。法国是司法型国家审计体制的开拓者,后来在西欧大陆和南美一些国家如意大利、西班牙和巴西等国也都建立了审计法院。各国审计法院的具体职权不尽相同,但概括起来,主要有审计权和司法裁判权两个方面。审计职权主要包括账目审查权、调查权、索取资料权等。司法裁判权主要包括罚款、司法判决权等。独立型国家审计体制的特点是国家审计机关独立于国家立法机关、行政机关和司法机关之外,并且不对它们负责,不受制于它们,而是独立行使职权,只受法律的约束。目前这种类型的国家审计体制主要是以德国和日本为代表。

我国的国家审计体制属行政型。《中华人民共和国宪法》第91、109条对我国国家审计体制进行了规定:国务院设立审计机关,对国务院各部门和地方各级政府的财政收支,对国家的财政金融机构和企业事业组织的财务收支,进行审计监督。审计机关在国务院总理领导下,依照法律规定独立行使审计监督权,不受其他行政机关、社会团体和个人的干涉。县级以上的地方各级人民政府设立审计机关。地方各级审计机关依照法律规定独立行使审计监督权,对本级人民政府和上一级审计机关负责。 (邱学文)

guojia shenji jiandu yuanze
国家审计监督原则(the principles for governmental auditing supervision) 国家审计机关和审计人员在具体实施审计的过程中必须遵循的基本原则。根据《中华人民共和国宪法》和《中华人民共和国审计法》的规定,国家审计监督原则有四项:(1)依法审计原则。审计机关必须依照国家法律、法规和政策的规定进行审计监督。我国的《宪法》第91、109条和《审计法》第3条都对依法审计原则进行了规范。依法审计原则的含义总的包括两个方面的内容,即审计机关必须依法进行审计监督,被审计单位和社会有关方面必须依法接受和支持审计监督。(2)独立审计原则。审计机关依照法律规定独立行使审计监督权,不受其他行政机关、社会团体和个人的干涉。审计的独立性具体表现为组织上的独立、人员上的独立、工作上的独立和经济上的独立。组织上的独立指审计机构单独设置,与被审计单位没有组织上的隶属关系。人员上的独立指审计机关负责人的任免应依据《宪法》和《审计法》的规定,审计人员与被审计单位不存在经济利害关系,不参与被审计单位的经营管理活动。工作上的独立指审计机关在业务上依法独立行使审计监督权,不受其他部门和个人任何方式的干涉。经济上的独立指应有能满足审计机关工作需要的独立预算资金,以免在经费方面受到行政、财政部门的约束,而影响职权的独立行使。(3)客观公正原则。审计机关和审计人员办理审计事项应当客观公正,实事求是。客观公正原则主要内容可以概括为以下三点:审计监督活动应当坚持实事求是;审计机关和审计人员对审计事项及审计查证的事实应持客观的态度,不能主观臆断;审计机关和审计人员在审计工作中,应当保持公正的立场,对审计事项或审计工作过程中发现的问题作出客观的评价,提出准确的审计意见。(4)保守秘密原则。审计机关和审计人员办理审计事项,应当保守秘密。保守秘密原则的内容包括保守国家秘密和保守商业秘密,分别适用《中华人民共和国保守国家秘密法》和《中华人民共和国反不正当竞争法》。 (邱学文)

guojia shenji zhunze
国家审计准则(the standards for governmental auditing) 对国家审计人员、国家审计行为的规范性要求,国家审计工作应遵循的标准。美国会计总署(GAO)从20世纪60年代中期开始进行国家审计准则的研究,到1972年颁布了世界上第一个国家审计准则。该准则经多次修订,不仅成为规范美国国家审计的客观标准,也成了其他国家制定国家审计准则的范本。中华人民共和国审计署自1989年开始着手制定国家审计准则,自1996年12月起陆续发布了38个审计规范。自2000年1月28日起,审计署又陆续发布新的国家审计准则。新的中国国家审计准则体系是中国审计法律规范体系的组成部分,它由国家审计基本准则、通用审计准则和专业审计准则、审计指南三个层次组成:(1)国家审计基本准则。是制定其他审计准则和审计指南的依据,是中国国家审计准则的总纲,是审计机关和审计人员依法办理审计事项时应当遵循的行为规范,是衡量审计质量的基本尺度。国家审计基本准则由总则、一般准则、作业准则、报告准则、审计报告处理准则、附则共6章47条组成。(2)通用审计准则与专业审计准则。通用审计准则是依据国家审计基本准则制定的,是审计机关和审计人员在依法办理审计事项,提交审计报告,评价审计事项,出具审计意见书,作出审计决定时,应当遵循的一般具体规范。专业审计准则是依据国家审计基本准则制定的,是审计机关和审计人员依法办理不同行业的审计事项时,在遵循通用审计准则的基础上,同时应当遵循的特殊具体规范。(3)审计指南。是对审计机关和审计人员办理审计事项提出的审计操作规定和方法,为审计机关和审计人员从事专门审计工作提供可操作的指导性意见。 (邱学文)

guojia shiwu biaozhun guanli
国家实物标准管理(administrative regulations of national material standard) 国家实物标准的承制单位为提高实物标准的质量,保证文字标准实施和制定,对以实物形态出现的国家实物标准实行管理的制度。国家实物标准或称标准样品,简称标样。国家实物标准要根据实施和制定文字标准的需要研制。在我国,国家实物标准的承制单位,由主管部门或全国实物标准委员会向国家标准局推荐,国家标准局审查批准。国家实物标准承制单位,应根据国家标准局和主管部门的统一规划和供需情况组织生产和供应。国家实物标准的鉴定和定值,由国家标准局和主管部门授权的有关单位或全国实物标准委员会负责。鉴定和定值后的国家实物标准,由承制单位报主管部门或全国实物标准委员会审核同意后,报国家标准局发布。报批时应提交下列资料:(1)实物标准研制报告;(2)实物标准质量鉴定定值报告;(3)国内外同种实物标准主要特性参数对照表;(4)实物标准的物理状态、规格、数量、包装、成本、价格;(5)实物标准说明书;(6)实物标准3套。国家实物标准,由国家标准局统一编号,并发给质量合格证书。国家实物标准的编号方法为国家实物标准代号"GSB"加《标准文献分类法》的一级类目、二级类目的代号与二级类目范围内的顺序号、年代号相结合的办法。国家实物标准应规定有效使用日期。逾期的实物标准须经复验后予以确认或废除。国家实物标准的质量监督由国家标准局授权的单位负责。国家实物标准的复验由国家标准局和主管部门授权的单位负责。对国家实物标准的定值有异议的单位,可向主管部门或全国实物标准委员会提出复验要求,必要时由国家标准局组织有关单位进行仲裁检验。国家实物标准由批准的承制单位和主管部门,省、直辖市、自治区标准(标准计量)局指定的单位发放。任何单位和个人不得假冒国家实物标准进行销售和倒卖。

(麻琳琳)

guojia shiyan dongwu zhongzi zhongxin
国家实验动物种子中心(state seed center of experimental animal) 1998年5月12日,我国科学技术部根据《科研条件发展"九五"计划和2010年远景目标纲要》以及《实验动物质量管理办法》,为加强实验动物质量标准化、规范化管理,科学地维持和管理我国的实验动物资源,制定发布了《国家实验动物种子中心管理办法》。《办法》分总则、任务、组织机构、经费和管理、监督和检查、附则6章。

国务院科技主管部门根据国家科学技术发展的需要,择优建立各品种的国家实验动物种子中心,必要时各品种实验动物种子中心可设分中心和特定品种、品系保种站。国家实验动物种子中心受各自的主管部门领导,业务上接受科技主管部门的指导和监督。

国家实验动物种子中心的主要任务是:(1)引进、收集、保存实验动物品种品系;(2)研究实验动物保种新技术;(3)培育实验动物新品种、品系;(4)为国内外用户提供标准的实验动物种子。国家实验动物种子中心统一负责实验动物的国外引种和为用户提供实验动物种子。国家实验动物种子中心进行国际交流和合作,需报科技主管部门审批。

国家实验动物种子中心,可以是依托于科研院所或高等院校的相对独立的实体,也可以是独立法人。国家实验动物种子中心负责指导和协调分中心和保种站的业务工作。国家实验动物种子中心必须具备以下基本条件:(1)长期从事实验动物保种工作;(2)有较强的实验动物研究技术力量和基础条件;(3)有合格的实验动物繁育设施和检测仪器;(4)有突出的实验动物保种技术和研究成果。非独立的国家实验动物种子中心的工作,由其依托单位负责监督和检查,并对其正常运行给予必要的技术支撑和后勤保障。国家实验动物种子中心主要负责人的任免要报科技主管部门备案。

国家实验动物种子中心设学术委员会,由学术委员会确立国家实验动物种子中心业务目标,并对其技术成果进行评价。

国家实验动物种子中心的申请、审批程序:(1)科技主管部门组织实验动物方面的专家,推荐国家实验动物种子候选单位;(2)凡经多数专家推荐的候选单位,均可提出申请,填写申请书并附相关资料,由各省(自治区、直辖市)科技主管部门或行业主管部门,报科技主管部门;(3)科技主管部门接受申请后,组织专家组,对申请单位进行考察、评审,必要时可进行答辩;(4)科技主管部门批准。

经批准的国家实验动物种子中心,由其主管部门提供必要的建设费用,科技主管部门给予一次性补贴经费。国家实验动物种子中心日常运行费用自行解决或由依托单位负责解决,也可以通过面向社会服务收入补充部分运行费用。对于实验动物种子供应,国家实验动物种子中心根据有关部门的规定制定收费标准。国家实验动物种子中心应当建立和健全各项严格的管理制度和系统的实验动物谱系档案,加强对实验动物质量及相关设施的监控。国家实验动物种子中心应当采取有力措施,保持不同层次业务骨干的相对稳定,对与保种、育种工作有关的人员必须进行专业培训,持证上岗。

国家实验动物种子中心应当接受国家实验动物质量检测机构的定期和不定期检查。对检查中发现的问题,国家实验动物种子中心应提出整改方案,限期改正,并接受复检。对问题较严重又没有整改措施的国家实验动物种子中心,科技主管部门给予警告。警告后仍不改正的,取消其中心资格。向用户提供不合格的实验动物种子,造成用户经济损失的,国家实验动物种子中心应予以赔偿,并负责更换合格的种子。情节严重的,依法追究直接责任人的法律责任。(傅智文)

guojia shuangchong shenfen

国家双重身份(two-identity of a nation) 在垄断和国家垄断条件下,国家既具有经济管理主体身份,又具有经济活动主体身份。是经济法产生的国家前提。垄断资本主义经济阶段的国家与自由资本主义经济阶段的国家存在直接的继承性,但是也存在与之不同的自身特征和立法要求。

在资本主义条件下,国家是凌驾于社会之上,并日益与社会相脱离的力量。同时,国家又以全社会的正式代表者的名义存在。在失去了自律性的自由放任市场经济面临全面危机的情况下,国家不得不担负起领导社会的责任。由此,国家获得了"共同的即社会的职能"。在形式上,国家的"社会机能"与"阶级机能"分离了。随着经济垄断的发展,要求立法反映"社会公益"、"社会福利"、"社会经济的健全稳定发展"、"社会责任"和"社会经济秩序"等,并将其规范化。

在垄断资本主义阶段,国家主要有两种经济活动方式:一是由国家调节产品的产量和商品流通,这是国家的经济调节活动;二是一种完全新型的经济活动,即国家以生产资料所有者的身份参加社会经济过程。国家参与经济活动,已经成为作为公共权力的国家自身存在的一个条件。国家的经济职能日益凸现,在形式上,"经济的国家"与"政治的国家"分离了。在这一发展阶段,日臻完备的政治立法依然维持着,但是经济立法被提到了首位。这是市场经济国家立法史上的重大转折。

按照西方学者的观点,在自由资本主义阶段,国家的任务是对内维持国内的安定与秩序,对外保卫国家安全。到了现代,国家的任务出现了一些新变化。国家一方面采取提高劳动者生活水平的立法,保障劳动权、团结权、集体交涉权和争议权,改善劳动条件等立法,以缓解社会矛盾;另一方面,国家担负起对垄断、不正当竞争行为的立法控制的职责。

国家的双重身份,改变了公法、私法的内涵,打破了它们之间的界限。在经济关系领域,随着私法的公法化和公法的私法化,一种新的法律诞生了。它不是原来意义上的公法,也不是原来意义上的私法,而是新兴的经济法。

(赵 玲 邓卫卫)

guojia shuiwu zongju

国家税务总局(State Administration of Taxation) 我国国务院主管税收工作的直属机构。是我国宏观调控法的主要主体。其主要职责是:(1)拟定税收法律法规草案,制定实施细则;提出国家税收政策建议并与财政部共同审议上报,制定贯彻落实的措施。(2)参与研究宏观经济政策、中央与地方的税权划分,提出完善分税制的建议;研究税负总水平,提出运用税收手段进行宏观调控的建议;制定并监督执行税收业务的规章制度;指导地方税收征管业务。(3)组织实施税收征收管理体制改革;制定征收管理制度;监督检查税收法律法规、方针政策的贯彻执行。(4)组织实施中央税、共享税、农业税及国家指定的基金(费)的征收管理;编报税收长远规划和年度税收收入计划;对税收法律法规执行过程中的征管和一般性税政问题进行解释;组织办理工商税收减免及农业税特大灾歉减免等具体事项。(5)开展税收领域的国际交流与合作;参加涉外税收的国际谈判,草签和执行有关的协议、协定。(6)办理进出口商品的税收及出口退税业务。(7)管理国家税务局系统的人事、劳动工资、机构编制和经费;管理省级国家税务局的正副局长及相应级别的干部,对省级地方税务局局长任免提出意见。(8)负责税务队伍的教育培训、思想政治工作和精神文明建设;管理直属院校。(9)组织税收宣传和理论研究;组织实施注册税务师的管理;规范税务代理行为。(10)承办国务院交办的其他事项。

国家税务总局对全国国税系统实行垂直管理,协同省级人民政府对省级地方税务局实行双重领导。

(卢炯星)

guojia suoyouquan

国家所有权(state property ownership) 也称国家财产所有权。国家对国有财产享有的占有、使用、收益和处分的权利。国家所有权是国家所有制在法律上的表现。根据《中华人民共和国宪法》第6条的规定,我国经济制度的经济基础是生产资料的社会主义公有制,包括全民所有制和劳动群众集体所有制。社会主义全民所有即国家所有,因为除国家以外全民不可能在人民代表大会之外另行创设一个行使其财产权的主体,所以,国家是代表全体人民的国家所有权的主体。

国家所有权具有以下特征:第一,主体的唯一性。国家所有权的主体唯一性观点是由苏联法学家维涅吉克托夫首倡的。国有财产是国家发挥政治、经济、文化职能的物质基础,国家是国家财产所有权的唯一主体,其他任何主体包括国家机关和国有企业,都不能代表全体人民的意志,成为国家所有权的主体。第二,国家不直接管理国有财产。国家是国家财产所有权的唯一主体,但国家通常不能直接管理自己的财产,为了使国有财产得到最大限度的利用,国家创设出其他权利来实现其所有权,使国有财产的所有权和经营管理权发生分离。国家授权各级国家机关、国有企事业单位和社会团体,在法定范围内对国有财产行使占有、使用、收益和依法处分的权利。对国有资产,国家实行"国家统一所有、政府分级管理、企业自主经营"的体制,专门设立国有资产管理部门,对国有资产实施监管,保护国有资产不受侵犯,确保国有资产保值、增值。国有企业对国家投资形成的企业财产享有经营权,依法对国有资产行使占有、使用、收益和处分的权利。在经济实践中,国家所有权的具体实现方式具有多样性,可以采取承包、租赁、股份制等多种形式落实企业的经营权。如《中华人民共和国全民所有制工业企业法》第2条第2款和第4款规定:"企业的财产属于全民所有,国家依照所有权和经营权分离的原则授予企业经营管理。企业对国家授予其经营管理的财产享有占有、使用和依法处分的权利。企业根据政府主管部门的决定,可以采取承包、租赁等经营责任制形式。"这样,在国家所有权的行使和实现过程中就派生出了国有资产管理权和国有企业经营权。第三,国家对企业使用国有财产所产生的收益拥有分配权。国家通过立法规定国有企业的利润分配,以税收的形式取得国有财产收益的一部分,另一部分以税后利润的形式留给企业自主支配。第四,国家享有国有财产的最终处分权。国有企业对国家授权经营的国有财产享有经营权,依法占有、使用、收益和处分,可以决定一般固定资产的出租、抵押或出售,以及关键设备、成套设备或重要建筑物的出租,但对于关键设备、成套设备或重要建筑物的抵押和出售,须经主管部门批准。而且企业处置生产性固定资产的收入,必须用于企业设备更新和技术改造。因此,国有企业不享有国有财产的完全处分权,最终处分权仍属于国家。第五,国家所有权的客体具有无限广泛性。任何可以被人类控制、支配并能满足社会生产和生活需要的财产,都可以成为国有财产。根据1982年《宪法》第9条的规定,除法律规定属于集体所有的森林、山岭、草原、荒地、滩涂以外,矿藏、水流、森林、山岭、草原、荒地、滩涂等自然资源属于国家所有,即全民所有。除了法律直接规定国有财产以外,国家所有权还可以以国家没收、赎买、税收、征收、征购、处罚、接受赠予等方式产生。另外,根据法律规定,所有权不明的财产推定为国家所有。当国家与集体或者公民个人之间对财产所有权的归属发生争议,如果争议各方对都不能证明对争议财产的所有权的,则推定该财产归国家所有。第六,国家所有权神圣不可侵犯。根据《宪法》第12条的规定,社会主义的公共财产神圣不可侵犯,禁止任何组织或者个人用任何手段侵占或者破坏国家的财产。经营管理国有财产的单位和个人,均负有妥善管理、保护和合理利用国有财产的义务,不得玩忽职守,造成国有财产流失,更不得以任何手段非法挪用、侵吞或破坏。对于侵犯国家所有权的非法行为,将依法追究法律责任。而且,追索被不法占有的国有财产,不受诉讼时效的限制,不问占有人是否有过错,善意还是恶意,也不论财产经过几次转手,国家均可以追回。如果原物已经灭失,侵权人应当赔偿损失。

(刘砚海)

guojia tongji diaocha

国家统计调查(national statistical investigation) 全国性基本情况的统计调查。它反映了国民经济和社会发展的基本情况,为党和国家科学决策和宏观管理及编制、检查国家计划执行情况提供所需要的全国性的统计调查。它包括国家统计局单独拟订的和国家统计局与国务院有关部门共同拟订的统计调查项目。国家统计调查计划中属于新的、重大的统计调查项目,由国家统计局报国务院审批;属于经常性的、一般性的统计调查项目,由国家统计局审批。

(董金良)

guojia tongji diaocha zheng

国家统计调查证(investigation certificate of state statistics) 全国统计系统的调查人员在执行国家统计调查任务时证明其身份的专用证件。调查人员在进行调查活动时,应当主动向有关统计调查对象出示国家统计调查证。县级以上各级人民政府统计机构的工作人员,可持工作证依法执行统计调查任务。国家统计调查证由国家统计局统一印制,分级核发和管理。下列调查人员,发给国家统计调查证:纳入国家编制管理的农村社会经济调查队、城市社会经济调查队、企业调查队的调查人员及其聘用期在1年以上的调查人员;承担国家统计调查任务的地方调查队的调查人员及其聘用期在1年以上的调查人员。下列调查人员,发给临时国家统计调查证:农村社会经济调查队、城市社会经济调查队、企业调查队聘用期不满1年的调查人员;承担国家统计调查任务的地方统计调查队聘用期不满1年的调查人员;参加抽样调查及其他全国一次性调查的人员。各项全国性普查的普查员,应发给普查员证。普查员证由县级以上人民政府统计机构统一核发、管理。经过批准使用的国家统计调查证,应在显著位置标明下列内容:发证机关及其编号;调查范围、调查内容、有效期限;本人所在单位名称及其发证日期。经批准取得国家统计调查证的调查人员的职责是:宣传、贯彻统计法律、法规和规章;依法独立行使统计调查、统计报告、统计监督的职权,不受侵犯;要求有关统计调查对象依法准确、及时提供统计资料;检查统计资料的准确性,依法要求改正不确实的统计资料;对在调查中获得的调查对象的个人隐私和商业秘密,负有保密义务。调查人员应妥善保管国家统计调查证,不得涂改、转借、故意毁损或用作与统计调查无关的活动。有下列情况之一的,持证者须交回国家统计调查证:国家统计调查证的有效期限届满的;调离统计系统的;已办理离、退休手续的。有下列情况之一的,由发证单位收缴国家统计调查证,并视情节轻重对责任人员进行批评教育或者给予行政处分：涂改、转借、故意毁损国家统计调查证的；超过规定的调查范围、调查内容和有效期限使用国家统计调查证的；利用国家统计调查证从事与统计调查无关的活动的。国家统计调查证遗失、被盗的，本人需作出书面检查，及时报发证单位备案，并按原办理程序补办手续。发证单位应公开声明作废。国家统计调查证非故意毁损的，应按原申办程序，重新补办。任何单位和个人违反规定，仿造、篡改或者冒用国家统计调查证的，由县级以上人民政府统计机构责令改正，予以警告。情节严重的，提请公安机关依照《治安管理处罚条例》处理。

（麻琳琳）

guojia tongji guanli tizhi

国家统计管理体制（national statistical management system） 国家组织管理政府统计工作的体系和制度，表现为国家对政府统计组织与管理结构中各层次、各部分之间隶属关系、职责范围、管理方式等一系列问题的制度化和法律化的规定。国家统计管理体制是统计工作中一项带有根本意义的基础性制度，它决定着一个国家统计资源的投入方式、统计活动的产出质量以及统计工作的总体效益，从根本上决定着整个国家的统计工作建设和发展水平。我国建立集中统一的统计系统，实行统一领导、分级负责的统计管理体制。国务院设立国家统计局，负责组织领导和协调全国统计工作。各级人民政府、各部门和企业事业组织，根据统计任务的需要，设置统计机构和统计人员。国家机关、社会团体、企业事业组织和个体工商户，以及在中国境内的外资、中外合资和中外合作经营的企业事业组织，必须依照统计法和国家有关规定，提供统计资料，不得虚报、瞒报、拒报、迟报，不得伪造、篡改。基层群众性自治组织和公民有义务如实提供国家统计调查所需要的情况。各地方、各部门、各单位的领导人领导和监督统计机构、统计人员和其他有关人员执行统计法和统计制度。各地方、各部门、各单位的领导人对统计机构和统计人员依照统计法和统计制度提供的统计资料，不得修改；如果发现数据计算或者来源有错误，应当责成统计机构、统计人员和有关人员核实订正。统计机构和统计人员实行工作责任制，依照统计法和统计制度的规定，如实提供统计资料，准确及时完成统计工作任务，保守国家机密。（董金良）

guojia tongji xinxi zidonghua

国家统计信息自动化（national statistical information automation） 国家有计划地加强统计信息处理、传输技术和数据库体系的现代化建设，有计划地用现代信息技术装备各级人民政府统计机构，建立健全国家统计信息自动化系统。国务院各部门应根据工作需要，有计划地用现代信息技术装备本部门及其管辖系统的统计机构。县级以上各级人民政府应当将国家统计信息工程建设列入发展计划。国家统计信息工程建设，由国家统计局统一领导，县级以上地方各级人民政府统计机构分级负责。

（董金良）

guojia touzi tudi kaifa zhengli xiangmu jungong yanshou

国家投资土地开发整理项目竣工验收（checking and accepting of completion of land-developing project of state investment） 2002年1月21日国土资源部发布《国家投资土地开发整理项目竣工验收暂行办法》，该规章对国家投资土地开发整理项目竣工验收制度进行了规定。国家投资土地开发整理项目是指国家投资土地开发整理重点项目、示范项目。竣工验收内容主要包括：项目计划任务完成情况，项目规划设计与预算执行情况，工程建设质量、资金使用与管理情况，土地权属管理、档案资料管理情况以及工程管护措施等。竣工验收技术标准参照国土资源部制定的《土地开发整理项目验收规程》（TD/T1013-2000）和其他相关规范执行。国土资源部统一组织竣工验收。地方各级国土资源管理部门协助做好竣工验收工作。县级国土资源管理部门根据项目承担单位提出的项目竣工申请，组织开展项目竣工自查；自查合格的项目，向省级国土资源管理部门提出竣工初验申请。省级国土资源管理部门受理竣工初验申请后，及时组织竣工初验；竣工初验合格的项目，每年一次集中向国土资源部提出竣工验收申请。

申请竣工验收应提交以下材料：（1）竣工验收申请；（2）项目竣工报告，内容主要包括：项目建设任务完成情况、工程建设质量情况、资金使用与管理情况、土地权属调整情况、工程管护措施、投资预期效益分析、项目组织管理的主要措施与经验、存在问题与改进措施以及文档管理情况等；（3）项目建设情况表、项目经费收支情况表、项目投资预期效益表、土地开发整理前后土地利用结构变化情况表；（4）竣工验收图、土地开发整理后的土地利用现状图或地籍图；（5）项目财务决算与审计报告；（6）项目工程监理总结报告。

国土资源部受理竣工验收申请后，组织工程技术、财务、管理等有关专家，组成竣工验收组，开展竣工验收。竣工验收组对验收报告内容负责。竣工验收时，项目承担单位应向竣工验收组提供以下备查材料：（1）项目竣工申请；（2）项目竣工报告与有关表、图；（3）项目财务决算与审计报告；（4）项目工程监理总结报告；（5）项目可行性研究报告；（6）立项申请及有关批准文件；（7）项目规划设计和预算书；（8）项目实施方案;(9)有关合同书、协议书和任务委托书;(10)项目招投标有关材料;(11)项目工程质量监理、检验有关资料;(12)项目投资预期效益情况报告;(13)土地权属调整情况报告;(14)有关影像资料;(15)其他有关材料。

竣工验收组在验收中如发现截留、挪用、坐支项目资金等重大问题,应中止验收。竣工验收组在验收工作结束后,向国土资源部提交竣工验收报告。竣工验收报告主要内容包括:(1)竣工验收工作概况;(2)竣工验收内容的认定意见;(3)项目实施存在问题和建议;(4)竣工验收结论。国土资源部审定竣工验收合格的项目,由部批复有关省、自治区、直辖市国土资源管理部门。国土资源部审定竣工验收不合格的项目,由部提出整改意见,项目承担单位负责整改。地方各级国土资源管理部门负责项目整改的监督管理工作。整改结束后,就整改内容重新进行竣工验收。项目竣工验收费按财政部、国土资源部《新增建设用地土地有偿使用费财务管理暂行办法》(财建〔2001〕330号)有关规定执行。使用耕地开垦费、土地复垦费等完成的土地开发整理项目的竣工验收参照《国家投资土地开发整理项目竣工验收暂行办法》规定执行。竣工验收有关人员应严格遵守相关规定和廉政要求,客观公正地开展竣工验收工作。在竣工验收中,出现弄虚作假、徇私舞弊行为,按有关规定严肃查处;构成犯罪的,依法追究刑事责任。国家投资土地开发整理补助项目的竣工验收由省级国土资源管理部门组织进行。竣工验收的有关要求参照《国家投资土地开发整理项目竣工验收暂行办法》执行。竣工验收结果报国土资源部备案。

(王 丽)

guojia touzi tudi kaifa zhengli xiangmu shishi guanli
国家投资土地开发整理项目实施管理(execution management of land-developing project invested by nation) 由国家投资的土地开发整理项目的管理。包括重点项目、示范项目和补助项目。项目实施管理坚持下列基本原则:权利、义务和责任相统一的原则;公开、公平、公正的原则;简化程序、提高效率的原则。国土资源部统一对项目实施进行监督管理;县级以上地方国土资源管理部门负责本行政区域内项目实施监督管理。项目承担单位组织实施项目,并对项目建设履行项目法人责任,对投资方负责。项目承担单位的管理和技术人员应该能够满足项目实施的需要。项目实施推行项目法人制、招投标制、工程监理制、合同制、公告制。

实施准备 财政部、国土资源部下达项目计划与预算后,县级国土资源管理部门应当提请当地政府成立项目实施领导小组,负责协调解决项目实施中的有关问题。县级国土资源管理部门按照有关规定核实项目涉及土地地类、面积、界址、权属及补偿方案等,保证地类、面积准确,界址清楚,权属合法,权属调整方案和补偿方案等无争议,为施工创造条件。项目承担单位对项目实施进行现场全程管理,并做好下列实施准备工作:(1)组织招标、设备和材料采购等咨询服务;(2)组织工程招投标,签订工程承包合同,委托工程监理;(3)编制项目年度实施方案、项目建设进度计划和用款计划;(4)组织编制施工设计图;(5)建立工程工期、质量和资金使用管理等相关制度。项目承担单位完成项目实施准备后,对项目实施情况进行总结,提出项目开工申请报告,经项目所在县级国土资源管理部门审核同意后,项目开始施工。项目承担单位应发布项目公告,接受群众和社会监督。有关单位和个人对项目实施有异议的,项目承担单位应负责解决;解决不了的,提请项目实施领导小组解决;属于重大问题的,由县级国土资源管理部门报上级国土资源管理部门研究解决。

工程施工 工程开工后,项目承担单位在施工过程中要建立现场办公会制度,召集施工、工程监理、设计等单位协调解决施工过程中施工进度、工程质量、资金使用和项目规划设计执行中出现的问题。项目施工单位按照项目规划设计、施工设计和施工技术标准进行施工,对出现质量问题或竣工验收不合格的建设工程负责返修;项目施工单位应当建立质量责任制,确定工程项目经理、技术负责人和施工管理负责人;在施工过程中发现规划设计和施工设计有差错的,项目施工单位应当及时提出意见和建议。项目工程监理单位应当依照法律、法规以及有关技术标准、规划设计和相关合同,代表项目承担单位对工程质量实施监理,并承担监理责任。项目工程监理单位应当选派具备相应资格的监理人员进驻施工现场;应当按照工程监理规范的要求,对项目建设工程实施监督,控制工程建设的投资、建设工期和工程质量。单体工程任务完成后,项目工程监理单位应当签署意见。未经项目工程监理单位签署合格意见的,项目承担单位不得拨付工程款,项目施工单位不得进行下一道工序的施工。项目设计单位对项目实施中有关规划设计进行咨询、指导;规划设计需要变更的,负责按要求修改。在施工过程中,各有关单位要严格执行项目计划与支出预算和规划设计。确需变更规划设计的,按以下情形处理:(1)不涉及项目建设位置、建设总规模、新增耕地面积和项目支出预算调整的,由项目承担单位研究解决;(2)涉及项目建设位置、建设总规模、新增耕地面积或项目支出预算调整的,由项目承担单位报原批准机关批准。因规划设计变更,造成土地权属重新调整的,应按规定对原权属调整方案补充、说明,并报项目所在县级国土资源管理部门确定。

竣工验收准备　项目建设任务完成后,项目承担单位按照合同规定,做好项目建设自检工作。项目建设自检应当具备下列条件:(1)项目施工单位已提交交工报告、工程竣工图、工程保修书;(2)项目工程监理单位已提交监理报告;(3)有完整的技术档案和施工管理资料。

项目竣工验收按照《国家投资土地开发整理项目竣工验收暂行办法》(国土资发200321号)有关规定执行。项目承担单位按照有关规定,及时收集、整理项目实施过程中的有关文件、资料、图件等;建立、健全项目档案,并在项目竣工验收后,及时向县级国土资源管理部门移交项目档案。

监督检查　各级国土资源管理部门要建立监督检查制度,对项目施工进度、工程质量、资金使用、廉政建设等情况进行监督检查;研究解决项目实施中出现的重大问题。各级国土资源管理部门按照有关法规,对项目实施中的不正当行为予以纠正;对违法违纪的责任人进行查处;情节严重、构成犯罪的,移交司法机关依照有关法律追究刑事责任。任何单位和个人对项目建设工程的质量事故、质量缺陷有权检举、控告、投诉。

(王　丽)

guojia tudi suoyouquan
国家土地所有权(national land ownership)　国家代表全体人民对其拥有所有权的土地享有占有、使用、收益和处分的权利。国家土地所有权的唯一主体是国家,国家土地管理机关和其他有关国家机关依照法律规定代表国家行使国家土地所有权的部分职能。国家土地所有权的客体范围在种类上是无限的,任何种类的土地都可成为国家土地所有权的客体。依照《中华人民共和国土地管理法实施条例》第2条规定,下列土地属于全民所有即国家所有:(1)城市市区的土地;(2)农村和城市郊区中已经依法没收、征收、征购为国有的土地;(3)国家依法征用的土地;(4)依法不属于集体所有的林地、草地、荒地、滩涂及其他土地;(5)农村集体经济组织全部成员转为城镇居民的,原属于其成员集体所有的土地;(6)因国家组织移民、自然灾害等原因,农民成建制地集体迁移后不再使用的原属于迁移农民集体所有的土地。

国家土地所有权的取得方式主要有两种:(1)法定所有取得,由法律直接规定一定的土地属于国家所有;(2)征用取得,国家为公共利益的需要时,可以依法以征用方式将集体所有的土地变更为国家所有。

(马跃进　裴建军)

guojia waihui guanliju
国家外汇管理局(National Administrative Bureau of Foreign Exchange)　负责国内所有外汇交易的监督与管理的国家行政机关,其管理职责主要通过设在各省、市、自治区、经济特区等地方一级的外汇管理局来实施。外汇管理局的主要职责是:(1)设计、推行符合国际惯例的国际收支统计体系,拟定并组织实施国际收支统计申报制度,负责国际收支统计数据的采集,编制国际收支平衡表。(2)分析研究外汇收支和国际收支状况,提出维护国际收支平衡的政策建议,研究人民币在资本项目下的可兑换。(3)拟定外汇市场的管理办法,监督管理外汇市场的运作秩序,培育和发展外汇市场;分析和预测外汇市场的供需形势,向中国人民银行提供制定汇率政策的建议和依据。(4)制定经常项目汇兑管理办法,依法监督经常项目的汇兑行为;规范境内外外汇账户管理。(5)依法监督管理资本项目下的交易和外汇的汇入、汇出及兑付。(6)按规定经营管理国家外汇储备。(7)起草外汇行政管理规章,依法检查境内机构执行外汇管理法规的情况,处罚违法违规行为。(8)参与有关国际金融活动。(9)承办国务院和中国人民银行交办的其他事项。

(罗大帅)

guomin daiyu
国民待遇(national treatment)　亦称"平等待遇"。国家对外国的自然人和法人在本国进行民商事活动所采取的一种制度。它是指一国在本国立法或通过国际条约赋予在本国境内的外国自然人和法人同本国人享有同等的民事权利和承担同等的民事法律义务,即给予外国人与本国人相同的待遇。国民待遇原则适用于本国与外国之间,禁止对来自外国的进口产品和国内产品产生歧视待遇。国民待遇制度肇始于1804年的《法国民法典》,它以自由贸易为理论依据,在互惠原则的基础上,通过国家间的协议确立起来的,缔约方往往在有关条约中明确规定国民待遇的适用对象。自此之后,它为各国采用。国民待遇原则在《关贸总协定》(GATT)、《服务贸易总协定》(GATS)和《与贸易有关的知识产权协定》(TRIPS)中都有规定,但它只有在产品、服务或具有知识产权的产品进入市场后才适用,是对最惠国待遇的补充,二者共同构成不歧视待遇。国民待遇制度严格讲就是外国商品或服务与进口国国内商品或服务处于同等待遇的制度。

在世界贸易组织框架内,国民待遇制度在货物贸易中包括三个主要内容:第一,一成员不能以任何直接或间接的方式对进口产品征收高于对本国相同产品所征收的国内税或其他费用。第二,在有关销售、分销、购买、运输或使用的法规等方面,进口产品必须享受与同类国内产品相同的待遇。第三,任何成员不能以直接或间接方法对产品的混合、加工或使用有特定数量或比例的国内数量限制,或强制规定优先使用国内产品。如国产化要求、进口替代要求均被视为直接或间接对外国产品构成歧视,违反国民待遇规定。第四,成员不得用国内税、其他国内费用或定量规定等方式,为国内工业提供保护。

国民待遇制度在实施中应特别注意三个重要方面:其一,任何成员不能以某种产品不受关税约束而本身又可对该产品征收更高关税为理由,对其征收更高的国内税。其二,国民待遇必须在每宗进口产品案中都得到履行。因此,不能以某种产品获得了其他方面更优惠的待遇,或该产品出口国的其他出口产品获得了更为优惠的待遇为理由而对该产品实行歧视。其三,当某种产品在一国内不同地区享有不同待遇时,其中最优惠的待遇应给予进口相同产品。

在货物贸易中,世贸组织对国民待遇的实施也有例外规定:首先,国民待遇义务不适用于政府采购。其次,国民待遇义务并不禁止单独支付给某种产品国内生产者的补贴。再次,国民待遇制度并不禁止有关电影片的国内放映数量限制。最后,世贸组织允许发展中国家自1995年1月1日起的5年中对使用国内产品进行补贴。对于最不发达国家,这一期限延长为8年。

由于服务贸易与货物贸易的差异及其自身的复杂性,世贸组织对二者有关国民待遇的要求大有区别。服务贸易中国民待遇是以世贸组织成员间在平等基础上通过谈判方式达成协议,根据协议在不同行业中不同程度地履行国民待遇。对于与贸易有关的知识产权领域的国民待遇,世贸组织规定每一成员向其他成员的国民就知识产权的保护提供的待遇不得低于其给予本国国民的待遇。同时允许各成员在涉及工业产权的保护领域中,凡有关司法行政程序、司法管辖权问题的法律都可声明保留,不给予外国人以国民待遇,这也符合国际社会的通常做法。

国民待遇的形式:(1)从目前各国的立法和司法实践来看,国民待遇可以分为附条件的国民待遇和无条件的国民待遇。无条件国民待遇是指不附带任何条件地将内国法律赋予内国人的各种权利,同样给予在本国境内的外国人。有条件的国民待遇,亦称"互惠国民待遇",是指内国给予外国人国民待遇,以该外国人所属国也给予内国人以国民待遇为条件。(2)从赋予国民待遇的内容来看,它可分为形式上的国民待遇和实质上的国民待遇。通常情况下,国家之间在民事领域签订互惠协定,属形式上的互惠。如果互惠协定中专门约定的权利范围完全相等,则是实质互惠。当前国际实践中多数实行的是有条件的(互惠的)和形式上的国民待遇。

当前的国民待遇的特点:(1)当今的国民待遇是一种互惠待遇,但并非一定以条约和法律上的规定为条件。为了防止内国公民在外国受到歧视,大多同时采取对等原则加以限制。(2)依国民待遇原则,外国人与内国人处于相同的民事法律地位系仅就一般原则而言,并非指外国人在内国享有的具体的民事权利与内国人一模一样。各国在采用国民待遇原则时,出于种种原因,总要规定若干限制。如许多国家规定,外国人不得享有土地所有权和内国公民的选举权与被选举权等。

我国在双边投资保护协定中一般不采用国民待遇制度,但随着中国经济体制改革的深入,特别是加入世界贸易组织后,国民待遇制度将会逐渐成为我国投资条约或协定中规定的重要待遇制度,如《中日投资协定》的有关条款规定:"缔约任何一方在其境内给予缔约另一方国民或公司就投资财产、收益及与投资有关的业务活动的待遇,不应低于给予该缔约一方国民或公司的待遇。"国民待遇的适用范围一般主要包括采购原辅材料、电力或燃料、各类生产工具、在国内外借款、在国内外销售产品、引进技术、在国外设立分支机构等。国民待遇标准,符合国家之间的主权平等原则,也符合经济领域平等竞争的规则和属地优越权原则。

(王连喜)

guomin jingji tixihua
国民经济体系化(systemization of national economy) 社会分工不断深化,新的产业部门相继出现,各经济主体之间相互依存而形成的国民经济。19世纪末20世纪初,电工器材工业、化学工业、汽车工业、石油工业等新兴工业部门不断产生并迅速发展。在新兴工业部门形成的同时,在既有生产部门的内部也发展出许多新的生产类别,使这些行业进一步扩大。这一时期,社会经济形成了以中枢生产部门为轴心的连锁性和基本经济过程的连续性。社会各经济部门、同一经济部门的各个经济单位不再是孤立的、分割的,而是相互衔接、互相补充的。社会经济形成了有机联系的整体,从而形成了国民经济的体系化。

(赵 玲 邓卫卫)

guomin jingji yunxingfa
国民经济运行法(law to regulate the function of national economy) 调整一国国民经济运行中形成的经济关系的法律规范的总称。国民经济运行是经济法概念形成的基础。在研究经济法时,必须把经济法放到国民经济运行中去考察。经济法是调整国民经济运行过程的法。

经济法调整宏观调控机制与市场机制相结合的国民经济统一运行过程。宏观调控机制的基本特点是:由统一的社会中心(国家)按照全社会及其成员的需要,对整个国民经济进行自觉调节。市场机制的基本特点是:以市场竞争为中心,通过市场供求关系和价格变动来进行商品生产和商品交换。宏观调控机制、市场机制的特点,反映了社会经济关系中不同层次的特征。前者表明社会再生产过程中的调节联系和组织联系,后者表明社会再生产过程中的商品货币联系。经济法是对宏观调控机制和市场机制进行统一调整的法。在每一项经济立法中,都要实现两者的整合。

经济法是调整国民经济运行的法律。从这个意义上讲,经济法是国民经济运行法。经济法之所以被界定为国民经济运行法,主要是出于以下几个方面的原因:第一,国民经济运行法是使经济法成为新的法律领域、填补法的空白的根本原因和标志。从自由放任经济失去自律性,到国民经济总体运行的形成,再到如何利用法律解决国民经济的良性运行问题,都反映了社会经济对新法的客观要求。国民经济运行的总体目标是总需求与总供给的平衡。背离这一目标,或者两者之间失衡,都会导致经济混乱。究其法律上的原因,可以说是作为私法的市民法的调整造成的。这就需要以国民经济总体运行为立法目标的经济法的调整。第二,国民经济运行法决定了经济法的作用领域。国民经济运行法作用于国民经济运行过程始终,即整个社会再生产的过程,具体为生产—分配—交换—消费的经济过程。在这一过程中,又存在经济周期,即过热—萧条—危机—恢复四个阶段。目前所谓的"新经济"、"知识经济"等,也都不可能改变经济周期。第三,国民经济运行法,限定了经济法的宗旨、本质属性和机能,也限定了经济法规范的基本特征。经济法的宗旨就是实现法对国民经济运行的调整,确保国民经济的良性运行。在这里,民事关系依然存在,但是为了实现国民经济的良性运行,经济法便确定了对这一关系的"再调整"的属性。国民经济运行是统一的,也是不断分工、分业的。经济法对这种经济运行的调整,必然具有统一和分工、分业的双重机能。在国民经济运行过程中所形成的经济关系,是经济平等关系、经济结构关系和经济周期关系,从而限定了经济法规范的基本特征。

规定了经济法的存在和作用领域。国民经济运行,是指一国范围内的所有的经济部门、经济单位和经济环节所组成的有机联系的统一整体,通过一定的原则、程序、方式和手段,实现经济的运转。国民经济是统一的、不可分割的运行整体。在思维抽象上,国民经济运行可分为微观经济运行、中观经济运行和宏观经济运行。微观经济和宏观经济的概念,是在产生国民经济总体运行的需要和要求的时期出现的。中观经济的概念,也改变了自由放任条件下的市场概念的内涵。国民经济运行,不是微观经济运行、中观经济运行和宏观经济运行的简单相加,而是三者相互联系、相互渗透、相互制约的有机整体。相应的,国民经济运行要素就包括了微观经济运行要素、中观经济运行要素和宏观经济运行要素。

(赵 玲 邓卫卫)

guonei chanye

国内产业(domestic industry) 国内同类或直接竞争产品的全部生产商,或其国内同类或直接竞争产品总产量占此类产品国内生产总量主要部分的生产商。既可以是全国性生产商,也可以是主要生产商。在确定国内产业时,一般应排除那些与被诉产品的进口或出口有关系的生产商,或其本身就是被诉产品的生产商。确定国内产业是确定损害与因果关系的前提条件。《中华人民共和国反倾销条例》第 11 条规定:国内产业,是指中华人民共和国国内同类产品的全部生产者,或者其总产量占国内同类产品全部总产量的主要部分的生产者;但是,国内生产者与出口经营者或者进口经营者有关联的,或者其本身为倾销进口产品的进口经营者的,可以排除在国内产业之外。在特殊情形下,国内一个区域市场中的生产者,在该市场中销售其全部或者几乎全部的同类产品,并且该市场中同类产品的需求主要不是由国内其他地方的生产商提供的,可以视为一个单独产业。《中华人民共和国保障措施条例》第 10 条对国内产业的规定与《反倾销条例》的规定不同,国内产业不仅包括相同产品的生产商,还包括直接竞争产品的生产商,前者的范围比后者大。国内产业范围的大小直接影响到损害和因果关系的确定,而国内产业的确定又以相同产品为基础。

(王连喜)

guonei maoyi biaozhunhua tixi jianshe zhuanxiang zijin

国内贸易标准化体系建设专项资金(special fund for construction of standardization system of internal trade) 商务部为加强国内贸易标准化体系建设专项资金(以下简称标准化建设专项资金)的管理,确保经费合理、有效使用,根据《商务部预算管理暂行规定》、《商务部部机关项目支出预算管理暂行办法》和国家质检总局《国家标准制修订项目经费管理暂行规定》(国质检财〔2003〕30 号),于 2004 年 8 月 9 日制定公布了《国内贸易标准化体系建设专项资金管理暂行办法》,对国内贸易标准化体系建设专项资金的管理作出了全面规定。该办法分总则、预算的编报与执行、附则三章。

商务部市场体系建设司是商务部统一管理和组织协调国内贸易标准化工作的职能部门,负责会同商业改革司、市场运行调节司等有关司局研究提出制订、修订国内贸易行业标准项目年度计划(含增补计划),并编报国内贸易标准化体系建设项目支出预算(以下简称项目支出预算)。商务部规划财务司是标准化建设专项资金的主管部门。标准化建设专项资金的安排与管理坚持突出重点,统筹安排,严格管理,追踪问效的原则。

标准化建设专项资金的开支范围包括与国内贸易标准化建设直接相关的资料费(材料费)、调研费、试验费、会议费、技术审查费、公告与印刷费、复审费等。

市场体系建设司每年依据年度标准化工作安排,会同有关司局提出年度标准制订、修订计划;按照商务部统一部署,编制市场标准化体系建设项目支出预算,报规划财务司。

财政部批复商务部部门预算后,规划财务司根据财政部对国内贸易标准化体系建设项目支出预算的批复,通知市场体系建设司。市场体系建设司根据规划财务司批复的项目支出预算,组织相关司局开展国内贸易标准体系建设工作,并对单项标准所需经费逐项核定,经本司司长办公会讨论通过后,通过招标等方式择优选定项目承办单位,并与项目承担单位签订项目委托合同。项目委托合同应对委托内容、时间与数量要求、成果形式、费用支付方式、知识产权以及违约责任等作出明确约定。在标准项目送审稿通过专家评审合格后,项目经费直接拨付到项目承担单位(或牵头单位)。

未列入年度标准制订、修订项目计划(含增补计划)的标准原则上不予补助。

项目经费的请领、拨付按照《商务部项目支出预算管理暂行办法》的有关规定执行。　　(傅智文)

guonei maoyi hangye biaozhun

国内贸易行业标准(business standard for domestic trade)　依据国内贸易标准化体系的发展规划,制订或修订的市场体系建设中产(商)品生产、流通和服务业以及市场经营条件、管理与服务等相关标准。国家标准化管理委员会发出了《关于调整国内外贸易标准化归口管理部门的复函》(国标委农轻函〔2004〕19号),明确商务部为国内贸易标准化归口管理部门,将原国家质量技术监督局、原国家国内贸易局《关于加强商业标准化管理工作的通知》(质技监局标函〔2001〕36号)和《关于加强物资流通标准化管理工作的通知》(质技监局标函〔2001〕37号)所确定的国内贸易标准化管理工作,一并调整由商务部管理。商务部于2004年4月16日制定发布了《关于加强国内贸易标准化工作的通知》(商建发〔2004〕297号),对做好国内贸易标准化工作提出了具体的建议和措施。

标准化工作意义重大,它是加强市场体系建设的重要任务:国内贸易标准化工作是提高流通现代化水平的重要技术基础,是规范市场经济秩序、保障人民群众消费安全的有效措施,也是市场经济条件下政府部门行使职能的重要手段。目前,我国商品经营场所、储运设施、流通信息、商品质量、检验检测以及服务规范等的标准化水平很低,标准不统一、体系不健全、结构不合理等问题十分突出,不适应流通现代化发展的需要。各地方要加强标准化工作,并报商务部市场体系建设司。

国内贸易标准化工作的现状的调查分析由地方商务主管部门进行。商务部门对涉及国内贸易的国家标准、行业标准在本地区的管理实施情况进行检查;对现行地方标准,要从市场适用性、技术水平、质量、范围以及实施情况等方面进行分析;对企业标准作出评估。

国内贸易标准的实施推广是标准化工作的首要任务。国内贸易标准化应建立起由政府推动、市场引导、企业参与的标准化实施和监督机制。注重标准实施过程中的监督检查和信息反馈,由商务部门建立健全标准实施跟踪和监督检查工作制度。充分发挥龙头企业在国内贸易标准化工作中的示范和辐射效应,积极发挥行业协会、科研机构及企事业单位在标准化实施中的作用,逐步形成科学合理的标准化推广和服务体系。

商务主管部门负责协调与组织,加快完善以各专业技术委员会、行业协会、科研机构和企事业单位等为主的标准研究和制修订队伍;建立以政府与行业协会、流通企业及消费者共同推动的标准化实施队伍。加强对从事标准化工作的研究管理人员、标准制修订人员和推广应用人员的专业知识培训。加强流通领域标准化工作的国际合作和交流,争取更多的从事标准化工作人员参与国际标准化组织机构的活动和国际标准制修订工作,使国内贸易标准的采用、实施和推广成为各类市场主体的自觉行动。　　(傅智文)

guotu ziyuan biaozhunhua guanli

国土资源标准化管理(standardization management of national land resource)　国土资源标准化工作在国土资源调查、规划、管理、保护和合理利用方面的管理制度。国土资源标准化工作的主要任务是贯彻国家有关标准化工作的法律、法规和方针、政策,组织制定和实施国土资源标准化工作的规划、计划,建立并完善国土资源技术标准体系,组织制(修)定国土资源标准,并对标准的实施进行监督。国土资源标准化管理工作是国土资源管理工作的重要组成部分,国土资源标准化工作纳入国土资源发展计划。国土资源标准是指土地资源、矿产资源、海洋资源管理的技术标准、规程、规范。

国土资源工作领域内,需要在全国范围内统一的技术要求,应当制定国家标准;需要在国土资源相关行业范围内统一的技术要求,应制定相应行业标准;尚无国家标准和行业标准,而又需要在省、自治区、直辖市范围内统一的国土资源技术要求,应制定相应地方标准。国土资源国家标准及行业标准分为强制性标准和推荐性标准。国土资源强制性标准是指保障人体健康、人身、财产安全的标准和法律、行政法规规定强制执行的标准,其他标准是推荐性标准。

对下列需要统一的技术要求,应制定国土资源标准:(1)国土资源术语、分类、代号、代码、符号、图式、图例及制图方法;(2)国土资源信息化技术要求;(3)土地资源的调查、监测与评价、土地分等定级与估价技术要求;(4)土地资源规划、整理、利用与保护技术要求;(5)陆地、海洋地质调查技术要求;(6)矿产资源的规划、调查、评价及勘查、保护与合理利用技术要求,地下水资源调查、评价与监测技术要求;(7)地质环境的规划、勘查、开发合理利用及保护技术要求;(8)地质矿产勘查技术方法和地质实验测试技术方法及标准样品;(9)地质勘查资质评定技术要求;(10)探矿权、采矿权评估技术要求;(11)国土资源管理需要制定的其他技术要求。国土资源标准化工作应认真分析研究国际标准和国外先进标准,并结合我国国土资源工作的实际情况,积极采用国际标准和国外先进标准。

国土资源标准化机构及其职责 国土资源标准化工作由国土资源部国际合作与科技司归口管理,其主要职责是:(1)贯彻国家标准化工作的法律、法规和方针、政策,并制定国土资源管理范围内的实施办法;(2)组织制定国土资源标准化工作发展规划与年度计划,建立和完善国土资源技术标准体系;(3)组织草拟国土资源国家标准,对国土资源行业标准实行统一组织、统一计划、统一审查、统一编号、统一批准发布;(4)指导各省、自治区、直辖市国土资源行政主管部门的标准化工作,组织国土资源标准的宣传、贯彻、实施及监督检查工作。

全国国土资源标准化技术委员会(以下简称技术委员会)是经国务院标准化行政主管部门批准,由国土资源部管理的专门从事国土资源标准化工作的技术工作组织,其成员由国土资源工作领域内从事生产、科研、教学和管理工作方面的专家组成。技术委员会的主要任务是提出国土资源标准化工作的方针、政策、技术措施和制定、修订国土资源标准的规划、年度计划的建议,制定国土资源技术标准体系表,协助国土资源标准的制定、修订和复审工作,承担国土资源标准的审查工作。

国土资源标准的制定、修订、审批及发布 制定国土资源标准应遵循下列原则:(1)符合国家有关标准化工作的法律、法规和方针、政策要求,技术先进、经济合理、切实可行,有利于促进科技进步与创新及科成果转化;(2)有利于合理利用和保护国土资源,提高国土资源的社会效益、经济效益和环境效益;(3)有利于建立科学合理的国土资源技术标准体系;(4)积极采用国际标准及国外先进标准。

国土资源国家标准、行业标准的制定、修订、审批及发布工作应遵循下列程序和要求:(1)承担标准制定、修订任务的单位,应依据《国家标准管理办法》或《行业标准管理办法》的要求,拟订标准制定、修订设计方案,起草标准征求意见稿,同时编写标准《编制说明》及有关附件,送交生产、科研、教学、管理部门等有关单位和技术委员会(或分技术委员会)、技术归口单位广泛征求意见。(2)承担标准制定、修订任务的单位要对各方面的反馈意见进行认真分析研究,修改补充标准征求意见稿,编制标准送审稿及有关附件,报送国土资源部国际合作与科技司组织审查。(3)国土资源部国际合作与科技司和有关业务主管机构组织技术委员会和技术归口单位,对标准送审稿进行技术审查和标准化审查,并提出《标准审查会议纪要》或《标准函审意见》。(4)承担标准制定、修订任务的单位按照《标准审查会议纪要》或《标准函审意见》的要求,对标准送审稿认真修改,完成标准报批稿及其附件,报送技术委员会和技术归口单位。(5)技术委员会和技术归口单位对上报的标准报批稿及其有关附件进行技术审查和标准化审查后,报送国土资源部国际合作与科技司。强制性技术标准报批稿,应在其审批、发布前7个月报送国土资源部国际合作与科技司。(6)国土资源部国际合作与科技司经征求有关业务主管机构的意见,对标准报批稿及其附件进行审查后,属国家标准的,报国务院标准化行政主管部门批准、编号发布;属行业标准的,报国土资源部批准、编号发布。

国土资源地方标准的发布依照国务院标准化行政主管部门颁布的《地方标准管理办法》执行。省、自治区、直辖市国土资源行政主管部门制定地方国土资源标准化管理规定,应当征求国土资源部意见,并经过批准。

国土资源标准的实施与监督 国土资源标准一经发布,属于强制性的国家标准和行业标准,必须严格执行。行政法规要求强制执行的推荐性标准,自动变更为强制性标准。鼓励采用推荐性的国家标准和行业标准。国土资源部国际合作与科技司和有关业务主管机构,组织国土资源标准的实施与监督检查,组织并委托有关单位承担国土资源行业标准的宣传贯彻和培训工作。国土资源标准化研究成果属于科技成果,纳入国土资源科技成果奖励范围。

(王 丽)

guotu ziyuan keji chengguo guanli
国土资源科技成果管理(management of scientific

and technological achievement of national land resource department) 对国土资源科技成果的科学化、规范化、知识产权保护、科技成果共享和转化的管理。国土资源部制定《国土资源部科技成果管理办法(试行)》,对列入国家各类科技计划、部门科技发展计划的科学技术研究成果进行法律化管理。

为便于科技成果管理,将国土资源科技成果划分为四类:(1)基础研究类科技成果;(2)应用基础研究类科技成果;(3)技术开发类科技成果;(4)软科学类科技成果。国土资源部科技成果管理由部国际合作与科技司和项目承担单位共同负责。国际合作与科技司在部信息中心下设科技成果管理办公室,负责部门的科技成果登记、科技成果数据库管理、科技成果统计分析、国内外科技信息跟踪等。

各项目承担单位的科技成果管理机构,负责本单位及下属单位科技成果的原始档案管理工作,对已归档的科技成果逐步实现社会共享;负责向部科技成果管理办公室报送本单位需要登记的科技成果有关材料。各项目承担单位在项目验收之前,必须向本单位的科技成果管理部门汇交科技成果原始档案,然后向部科技成果管理办公室办理成果登记手续。科技成果的原始档案包括各种原始观测记录、野外观测数据、野外记录本、原始分析测试数据、有注释文档的源程序和操作手册、文字报告及有关的电子版本资料。各项目承担单位在完成科技成果原始档案归档后,方可到部科技成果管理办公室办理登记手续。各项目承担单位在部科技成果管理办公室办理科技成果登记时,必须提交相关材料。凡符合登记要求的科技成果,给予正式登记,并出具《科技成果登记证明书》。

两个或两个以上单位共同完成的科技成果,由其第一承担单位负责,向科技成果管理办公室办理登记手续。对于已登记的科技成果,如果得到专家、中介机构、应用单位的评价,可在两年内向部科技成果管理办公室补交相关证明材料;如果根据验收委员会及有关专家的意见,对科研报告作重大修改的,应及时向部科技成果管理办公室提供新版本的报告。科技成果评价和验收办法按照国家和部门有关规定执行。

科技成果登记后,国土资源部科技主管部门将上网公布其成果简介、创新点等。对于基础类研究成果,将逐步发布科研报告、与主要结论有关的关键数据,以实现成果共享。对于技术开发类科技成果,需要申请专利的项目要及时办理申请手续;不宜申请专利但有商业价值的智力成果,应作为商业秘密加以保护,保密一定时间后,部科技成果主管部门将根据情况对研究成果向社会公开。对于应用基础类研究成果,应根据实际情况,参照基础类研究成果或技术开发类研究成果进行登记与管理。对于软科学类参照基础类研究成果进行管理。已登记的科技成果,凡涉及国家机密的,按有关法律法规实行管理。国土资源部科技主管部门可根据需要调用保存在各项目承担单位的科技成果原始档案。部科技成果管理办公室将按有关规定将已登记的科技成果向社会开放。对于及时完成科技成果登记的单位和科研人员,可以无偿查阅已登记科技成果信息。部科技成果管理办公室编写国土资源部科技成果年度报告,向社会发布。国土资源部科技主管部门将根据国家及有关部门的奖励办法,从已登记的成果中择优推荐国家级奖励项目。

科技成果管理机构的工作人员,在工作中玩忽职守、以权谋私,违反有关规定,向他人提供或者转让科技成果汇交单位商业秘密的,应当依据有关法规追究其法律责任。科技成果完成单位或个人,在对内对外的科技活动及其他各种社会、经济活动中,凡是泄露国家秘密和单位技术秘密的,一经查实,按照有关法规追究法律责任。科技工作者应遵守《关于科技工作者行为准则的若干意见》的要求,规范自身行为,提高职业道德。对违反科技工作者行为准则的不良行为,一经查实,各级科技管理部门应给予相应行政处理,触犯法律的,依法追究有关当事人的法律责任。　　(王　丽)

guotu ziyuan keji xiangmu guanli
国土资源科技项目管理(management of scientific and technological project of national land resource department) 以国家财政资金投入为主,纳入部科学技术发展计划实施的项目,包括软科学研究项目的管理。国土资源部科技项目管理制度是实现国土资源部科技项目管理科学化、规范化、制度化的专门立法。地方国土资源管理部门安排的重大科技项目,经部批准可纳入部科技发展计划。科技项目由部科技主管部门统一归口管理,其中软科学研究项目由部政策法规主管部门负责管理,各有关单位分工实施。

项目立项　国家科技项目由部科技主管部门按照相关管理办法申报立项、组织实施。部科技项目实行分类管理,其中部科技研究项目由部科技主管部门负责立项,软科学研究项目由部政策法规主管部门负责组织立项,其他研究项目由相应项目主管部门立项。

经费管理　各类科技项目经费必须严格按照国家和部制定的有关管理办法执行。科技项目预算一经批复,项目承担单位须严格执行项目支出预算。部科技主管部门和部财务主管部门要加强项目和预算执行情况的监督检查,及时交换意见。

项目实施　科技项目承担单位一般不得为实施项目在正规机构序列外成立专门机构。确需成立专门机构的,必须报部机构编制主管部门批准。各科技项目主管部门根据项目合同对项目执行情况进行经常性监督检查,重点项目在执行中期要进行评估。科技项目实行年度执行情况报告制度。

科技项目获得的研究成果,包括专著、论文、软件、标准(规程、规范)、数据库、专利、仪器设备等均应载明项目来源、名称及编号。项目承担单位在科技项目合同期满后3个月内应完成项目结题工作,向项目主管部门提交《国土资源部科技项目结题报告》和研究成果。逾期不报的,视为未按时完成研究计划,其成果不予验收;项目负责人不得承担新的科技计划项目。

项目验收、鉴定和评审 列入部科技发展计划的项目必须进行验收。国家科技项目的验收按照相关项目验收办法执行,部科技项目由项目主管部门在合同期满后4个月内组织验收。一般性软科学研究项目由项目主管部门组织验收,重大软科学研究项目由项目主管部门会同部政策法规主管部门组织验收。项目验收以批准的项目可行性论证报告、项目合同确定的考核目标为依据,对项目完成合同规定任务情况、取得的科技成果和应用效果、经费使用的合理性等作出客观评价。科技项目完成后应及时编制项目经费决算表。

科技成果鉴定由部科技主管部门和部政策法规主管部门分别按照国家《科学技术成果鉴定办法》和国家《软科学研究成果评审办法》组织执行。科技成果经验收、鉴定或评审后,由部科技主管部门按照《保守国家秘密法》和《科学技术保密规定》、《国土资源管理工作国家秘密范围的规定》对成果进行密级划分,涉及国家和部门秘密的科技成果应确定使用范围。科技项目取得的知识产权的归属与分享,依照国家知识产权的有关法律法规办理,合同中另有专门约定的,按约定办理。

科技成果登记 部科技主管部门是科技成果管理的行政主管机构。省级国土资源主管部门和部直属单位科技管理机构负责本单位的科技成果管理工作。在国土资源部信息中心设立部科技成果管理办公室,承担科技成果登记、统计分析、科技保密、科技奖励等方面的工作。列入部科技发展计划项目取得的研究成果在项目验收、鉴定或评审前必须由项目第一承担单位办理科技成果登记。科技成果按照基础理论成果、应用技术成果和软科学研究成果进行登记。科技项目完成后须先在本单位的科技管理部门汇交科技成果原始档案。

科技成果发布与使用 国土资源部在保证国家利益、国家安全和社会公共利益的基础上,鼓励科技成果及时转化,充分保障项目承担单位和项目研究人员的技术权益和经济利益,激励科技创新。部按照有关规定对已登记的科技成果信息适时进行公布。基础理论成果和应用技术成果,原则上应向社会公开。对于已申请专利的成果按照知识产权保护有关法规的规定执行;对不宜申请专利但有商业价值的智力成果,可作为商业秘密加以保护。软科学研究成果的发布与使用,由项目主管部门提出建议并报部政策法规主管部门审查同意后实施。

涉及国家利益、国家安全和社会公共利益的科技成果按照《保守国家秘密法》和《科学技术保密规定》、《国土资源管理工作国家秘密范围的规定》确定密级后使用。涉及国土资源重要数据、重大政策和战略问题的阶段性研究成果和最终研究成果,以及发布后可能对国家和社会造成重要影响的研究成果,发布工作须经项目承担单位提出,由部科技主管部门或部政策法规主管部门审核后,报部保密委员会审批。

擅自发布涉密科技成果内容对国家造成损害或不良影响的,应当依据有关法律法规给予有关责任人员以行政处分,并追究其所在单位主管领导责任;构成犯罪的,依法追究刑事责任。　　　　　　(王 丽)

guotu ziyuan tingzheng zhidu
国土资源听证制度(hearing system of national land resource) 为规范国土资源管理活动,促进依法行政,提高国土资源管理的科学性和民主性,保护公民、法人和其他组织的合法权益而设立的听证制度。

听证由拟作出行政处罚、行政许可决定,制定规章和规范性文件、实施需报政府批准的事项的县级以上人民政府国土资源行政主管部门组织。主管部门依职权或者依当事人的申请启动听证。具体办理听证事务的法制工作机构为听证机构;但实施需报政府批准的事项可以由其经办机构作为听证机构。需报政府批准的事项,是指依法由本级人民政府批准后生效但主要由主管部门具体负责实施的事项,包括拟定或者修改基准地价、组织编制或者修改土地利用总体规划和矿产资源规划、拟定或者修改区域性征地补偿标准、拟定拟征地项目的补偿标准和安置方案、拟定非农业建设占用基本农田方案等。

主管部门组织听证,遵循公开、公平、公正和便民的原则,应当充分听取公民、法人和其他组织的意见,保证其陈述意见、质证和申辩的权利。依职权组织的听证,除涉及国家秘密外,以听证会形式公开举行,并接受社会监督;依当事人的申请组织的听证,除涉及国家秘密、商业秘密或者个人隐私外,听证公开举行。法律、法规和规章规定应当听证的事项,当事人放弃听证权利或者因情况紧急须即时决定的,主管部门不组织听证。听证参加人包括拟听证事项经办机构的指派人员、听证会代表、当事人及其代理人、证人、鉴定人、翻译等。听证一般由一名听证员组织;必要时,可以由3或5名听证员组织。

听证会应按法定程序进行。记录员应当将听证的全部活动记入笔录。听证笔录经听证参加人确认无误或者补正后当场签字或者盖章;无正当理由又拒绝签字或者盖章的,记明情况附卷。公开举行的听证会,公民、法人或者其他组织可以申请参加旁听。主管部门应当组织听证的情形包括:(1)拟定或者修改基准地价;(2)编制或者修改土地利用总体规划和矿产资源规划;(3)拟定或者修改区域性征地补偿标准。直接涉及公民、法人或者其他组织的重大利益的,主管部门根据需要可以组织听证的情形包括:(1)制定规章和规范性文件;(2)主管部门规定的其他情形。

主管部门以上事项举行听证的,应当在举行听证会30日前,向社会公告听证会的时间、地点、内容和申请参加听证会须知。符合主管部门规定条件的公民、法人和其他组织,均可申请参加听证会,也可推选代表参加听证会。听证机构应当在举行听证会的10个工作日前将听证会材料送达听证会代表。听证会代表应当亲自参加听证,并有权对拟听证事项的必要性、可行性以及具体内容发表意见和质询,查阅听证纪要。听证机构应当在举行听证会后根据听证笔录制作听证纪要。主管部门应当参照听证纪要依法制定规章和规范性文件;在报批拟定或者修改的基准地价、编制或者修改的土地利用总体规划和矿产资源规划、拟定或者修改的区域性征地补偿标准时,应当附具听证纪要。

有下述情形之一的,主管部门在报批之前,应当书面告知当事人有要求举行听证的权利:(1)拟定拟征地项目的补偿标准和安置方案的;(2)拟定非农业建设占用基本农田方案的。有下述情形之一的,主管部门在作出决定之前,应当书面告知当事人有要求举行听证的权利:(1)较大数额罚款、责令停止违法勘查或者违法开采行为、吊销勘查许可证或者采矿许可证等行政处罚的;(2)国有土地使用权、探矿权、采矿权的许可直接涉及申请人与他人之间重大利益关系的;(3)法律、法规或者规章规定的其他情形。当事人对上述事项要求听证的,主管部门应当组织听证。听证机构收到听证的书面申请后,应当对申请材料进行审查,不符合法定条件的作出不予受理的决定。符合听证条件的,应当制作《听证通知书》,并在听证的7个工作日前通知当事人和拟听证事项的经办机构。主管部门应当根据听证笔录,作出行政许可决定,依法作出行政处罚决定;在报批拟定的拟征地项目的补偿标准和安置方案、非农业建设占用基本农田方案时,应当附具听证笔录。

(王　丽)

guotu ziyuan yinxiang ziliao guanli
国土资源音像资料管理(management of sound and video materials of national land resource)　以国土资源工作为题材或主要内容,具有保存、利用价值的录音带、录像带、VCD、影片和电视片等音像资料的管理。2003年2月8日国土资源部发布《国土资源音像资料管理办法》以规范国土资源音像资料的收集、管理、保护和利用工作,充分发挥国土资源音像资料在国土资源管理和宣传工作中的作用。国土资源音像资料是国土资源档案的重要组成部分,是党和国家的重要史料。

国土资源部办公厅是国土资源音像资料工作的主管部门。国土资源部宣传教育中心为国土资源音像资料工作机构,负责国土资源音像资料的收集、整理、保护、利用及其他相关活动。国土资源音像资料向国土资源系统和社会开放,实行有偿使用。使用国土资源音像资料应按规定办理有关手续,严格执行国家有关政策法规,保护音像资料著作权人的合法权益。

(王　丽)

guowuyuan guanyu shixing fenshuizhi caizheng guanli tizhi de jueding
《国务院关于实行分税制财政管理体制的决定》(Decision of the State Council on Implementing the Tax Division Management System)　国务院1993年12月15日颁布,1994年1月1日起实施,确定了分税制财政管理体制。该决定共分四部分。第一部分阐述分税制财政体制改革的必要性:一方面原有财政包干体制其弊端日益明显,已经不适应社会主义市场经济发展的要求,必须尽快改革;另一方面根据建立社会主义市场经济体制的基本要求,并借鉴国外的成功做法,要理顺中央与地方的分配关系,必须进行分税制改革。第二部分是分税制财政体制改革的指导思想:正确处理中央与地方的分配关系,调动两个积极性,促进国家财政收入合理增长;合理调节地区之间财力分配;坚持统一政策与分级管理相结合的原则;坚持整体设计与逐步推进相结合的原则。第三部分是分税制财政管理体制的具体内容:(1)中央与地方事权和支出的划分。根据现在中央政府与地方政府事权的划分,中央财政主要承担国家安全、外交和中央国家机关运转所需经费,调整国民经济结构、协调地区发展、实施宏观调控所必需的支出以及由中央直接管理的事业发展支出;地方财政主要承担本地区政权机关运转所需支出以及本地区经济、事业发展所需支出。(2)中央与地方收入的划分。根据事权与财权相结合的原则,按税种划分中央与地方的收入。将维护国家权益、实施宏观调控所必需的税种划为中央税;将同经济发展直接相关的主要税种划为中央与地方共享税;将适合地方征管的税种划为地方税,并充实地方税税种,增加地方税收入。(3)中央财政对地方税收返还数额的确定。(4)原体制中央补助、地方上解以及有关结算事项的处理。第四部分是配套改革和其他政策措施:(1)改革国有企业利润分配制度。(2)同步进行税收管理体制改革。建立以增值税为主体的流转税体系,统一企业所得税制。从1994年1月1日起,在现有税务机构基础上,分设中央税务机构和地方税务机构。(3)改进预算编制办法,硬化预算约束。实行分税制之后,中央财政对地方的税收返还列中央预算支出,地方相应列收入;地方财政对中央的上解列入地方预算支出,中央相应列收入。中央与地方财政之间都不得互相挤占收入。(4)建立适应分税制需要的国库体系和税收返还制度。(5)建立并规范国债市场。(6)妥善处理原由省级政府批准的减免税政策问题。(7)各地区要进行分税制配套改革。 (席晓娟)

国务院国家发展和改革委员会 (National Development and Reform Commission)

guowuyuan guojia fazhan he gaige weiyuanhui

国务院组成机关。国家发展和改革委员会是综合性国家经济机关,也是重要的宏观调控机构,其职责是:(1)拟订并组织实施国民经济和社会发展战略、中长期规划和年度计划;提出国民经济发展和优化重大经济结构的目标和政策;提出运用各种经济手段和政策的建议;受国务院委托向全国人大作国民经济和社会发展计划的报告。(2)研究分析国内外经济形势和发展情况,进行宏观经济的预测、预警;研究涉及国家经济安全的重要问题,提出宏观调控政策建议,综合协调经济社会发展;负责日常经济运行的调节,组织解决经济运行中的有关重大问题。(3)负责汇总和分析财政、金融等方面的情况,参与制定财政政策和货币政策,拟订并组织实施产业政策和价格政策;综合分析财政、金融、产业、价格政策的执行效果,监督检查产业政策、价格政策的执行;制定和调整少数由国家管理的重要商品价格和重要收费标准;负责全口径外债的总量控制、结构优化和监测工作,保持国际收支平衡。(4)研究经济体制改革和对外开放的重大问题,组织拟订综合性经济体制改革方案,协调有关专项经济体制改革方案;提出完善社会主义市场经济体制、以改革开放促进发展的建议,指导和推进总体经济体制改革。(5)提出全社会固定资产投资总规模,规划重大项目和生产力布局;安排国家财政性建设资金,指导和监督国外贷款建设资金的使用,指导和监督政策性贷款的使用方向;引导民间资金用于固定资产投资的方向;研究提出利用外资和境外投资的战略、总量平衡和结构优化的目标和政策;安排国家拨款的建设项目和重大建设项目、重大外资项目、境外资源开发类和大额用汇投资项目;组织和管理重大项目稽查特派员工作。(6)推进产业结构战略性调整和升级;提出国民经济重要产业的发展战略和规划;研究并协调农业和农村经济社会发展的有关重大问题,衔接农村专项规划和政策;指导工业发展,推进工业化和信息化;制定工业行业规划,指导行业技术法规和行业标准的拟订;拟订石油、天然气、煤炭、电力等能源发展规划;推动高技术产业发展,实施技术进步和产业现代化的宏观指导;指导引进的重大技术和重大成套装备的消化创新工作。(7)研究分析区域经济和城镇化发展情况,提出区域经济协调发展和实施西部大开发战略的规划,提出城镇化发展战略和重大政策措施;负责地区经济协作的统筹协调,指导地区经济协作工作。(8)研究分析国内外市场状况,负责重要商品的总量平衡和宏观调控;编制重要农产品、工业品和原材料进出口总量计划,监督计划执行情况,并根据经济运行情况对进出口总量计划进行调整;管理粮食、棉花、食糖、石油和药品等重要物资和商品的国家储备;提出现代物流业发展的战略和规划。(9)做好人口和计划生育、科学技术、教育、文化、卫生等社会事业以及国防建设与国民经济发展的衔接平衡;提出经济与社会协调发展、相互促进的政策,协调社会事业发展的重大问题。(10)推进可持续发展战略,研究拟订资源节约综合利用规划,参与编制生态建设规划,提出资源节约综合利用的政策,协调生态建设和资源节约综合利用的重大问题;组织协调环保产业工作。(11)研究多种所有制经济的状况,提出优化所有制结构和企业组织结构的建议,促进各种所有制企业的公平竞争和共同发展;研究提出促进中小企业和非国有经济发展的政策措施,加强宏观指导,协调发展中的重大问题。(12)研究提出促进就业、调整收入分配、完善社会保障与经济协调发展的政策,协调就业、收入分配和社会保障的重大问题。(13)拟订和制定国民经济和社会发展以及经济体制改革、对外开放的有关行政法规和规章,参与有关法律、行政法规的起草和实施。(14)承办国务院交办的其他事项。根据国务院规定,管理国家粮食局、国家烟草专卖局。

根据主要职责,国家发展和改革委员会设下列职能机构:办公厅、政策研究室、发展规划司、国民经济综合司、经济运行局(国务院减轻企业负担部际联席会议办公室)、经济体制综合改革司、固定资产投资司、产业政策司、国外资金利用司、地区经济司(国家气候变化对策协调小组办公室)、农村经济司、能源局(国家石油储备办公室)、交通运输司、工业司(国家履行《禁止化学武器公约》工作领导小组办公室、稀土办公室、盐业办公室)、高技术产业司、中小企业司、环境和资源综合利用司、社会发展司、经济贸易司、财政金融司、价格司、价格监督检查司、就业和收入分配司、法规司、外事司。

保留国民经济动员办公室、重大项目稽查特派员

办公室和国家物资储备局。　　　　（卢炯星）

guowuyuan jigou gaige
国务院机构改革(the state council institutional reform)　2003年3月10日,第十届全国人民代表大会第一次会议审议了国务院机构改革方案,决定批准《国务院机构改革方案》。

　　这次机构改革是在过去5年改革的基础上进行的。1998年以来,我国对政府机构进行了重大改革,主要是进一步把综合经济部门改组为宏观调控部门,调整和减少专业经济部门,加强执法监管部门。1998年,国务院组成部门由40个减少到29个,内设机构也精简了1/4;2001年,又撤销了9个国家行业主管局。同时,机关人员编制由3.2万名减少为1.67万名,精简近50%。地方各级政府机构也进行了相应改革。

　　过去5年的政府机构改革,是改革开放以来力度最大的一次机构改革,成效十分显著,主要表现在:政府职能转变和政企分开有新的突破,政府组织结构得到优化,部门职责关系进一步理顺,机关人员结构明显改善,管理方式和工作作风得到改进。

　　随着改革开放和现代化建设的不断推进以及我国加入世贸组织,现行政府机构和职能还存在着一些不适应的问题,需要通过深化改革加以解决。这些问题包括:为深化国有资产管理体制改革,中央政府和省、市(地)两级地方政府要建立管资产和管人、管事相结合的国有资产管理机构;为适应经济体制改革同经济发展和经济结构调整关系越来越紧密的新形势,需要将政府推进经济改革与发展的职能整合起来;部门之间职责分工不够合理和交叉问题有待进一步理顺,如进出口贸易,原国家计委管农产品进出口计划和组织实施,原国家经贸委管重要工业品、原材料进出口计划,原外经贸部管机电产品和技术进出口等;行政审批制度改革远未到位;为改进金融服务,防范和化解金融风险,需要有专业机构加强对银行业的监管;为适应内外贸业务相互融合的发展趋势和加入世贸组织的新形势,需要改变内外贸分割的体制;食品安全、生产安全、事关广大人民群众的生命财产安全,迫切需要加强这方面的监管工作,等等。这些问题,有些是带全局性的,有些则是比较突出的,有待通过机构改革加以解决。

　　根据党的十六大提出的深化行政管理体制改革的任务和十六届二中全会审议通过的《关于深化行政管理体制和机构改革的意见》,这次国务院机构改革,是推动我国上层建筑更好地适应经济基础的一项重要的制度建设和创新。在过去改革取得明显成效的基础上进一步解决突出的矛盾和问题。其主要任务是:(1)深化国有资产管理体制改革,设立国务院国有资产监督管理委员会;(2)完善宏观调控体系,将国家发展计划委员会改组为国家发展和改革委员会;(3)健全金融监管体制,设立中国银行业监督管理委员会;(4)继续推进流通管理体制改革,组建商务部;(5)加强食品安全和安全生产监管体制建设,在国家药品监督管理局基础上组建国家食品药品监督管理局,将国家经济贸易委员会管理的国家安全生产监督管理局改为国务院直属机构;(6)将国家计划生育委员会更名为国家人口和计划生育委员会;(7)不再保留国家经济贸易委员会、对外贸易经济合作部。

　　改革后除国务院办公厅外,国务院组成部门如下:(1)中华人民共和国外交部;(2)中华人民共和国国防部;(3)中华人民共和国国家发展和改革委员会;(4)中华人民共和国教育部;(5)中华人民共和国科学技术部;(6)中华人民共和国国防科学技术工业委员会;(7)中华人民共和国国家民族事务委员会;(8)中华人民共和国公安部;(9)中华人民共和国国家安全部;(10)中华人民共和国监察部;(11)中华人民共和国民政部;(12)中华人民共和国司法部;(13)中华人民共和国财政部;(14)中华人民共和国人事部;(15)中华人民共和国劳动和社会保障部;(16)中华人民共和国国土资源部;(17)中华人民共和国建设部;(18)中华人民共和国铁道部;(19)中华人民共和国交通部;(20)中华人民共和国信息产业部;(21)中华人民共和国水利部;(22)中华人民共和国农业部;(23)中华人民共和国商务部;(24)中华人民共和国文化部;(25)中华人民共和国卫生部;(26)中华人民共和国家人口和计划生育委员会;(27)中国人民银行;(28)中华人民共和国审计署。

　　根据《国务院组织法》的规定,国务院组成部门的调整和设置,由全国人民代表大会审议批准。设立国务院国有资产监督管理委员会、中国银行业监督管理委员会,组建国家食品药品监督管理局,调整国家安全生产监督管理局的体制,由国务院审查批准。

（卢炯星）

guoying gongchang changzhang gongzuo zanxing tiaoli
《国营工厂厂长工作暂行条例》(Interim Regulation on State-Managed Factory's Director)　1982年1月2日中共中央、国务院颁发的有关国营工厂厂长的一个政策性文件,同时也是一个行政法规。本条例共7章,28条。第一章,总则;第二章,厂长的任免;第三章,厂长的责任;第四章,厂长的职权;第五章,指挥系统及其责任制;第六章,对厂长的奖惩;第七章,附则。本条例主要规定了工厂实行党委领导下的厂长负责制。本条例原则上也适用于国营矿山、交通运输、邮电、电力、地质、建筑施工企业和独立核算的工业公司。

(陈乃新 王顺兰)

guoying gongye qiye gongzuo tiaoli (cao'an)

《国营工业企业工作条例(草案)》(**Regulation on Operation of the State-Owned Industrial Enterprises (Draft)**) 1961年由中国共产党中央委员会起草制定的有关国营工业企业的重要的政策性文件,也称《工业七十条》。

《国营工业企业工作条例(草案)》除总则外,有10章,共70条。第一章,计划管理;第二章,技术管理;第三章,劳动管理;第四章,工资、奖励、生活福利;第五章,经济核算和财务管理;第六章,协作;第七章,责任制度;第八章,党委领导下的厂长负责制;第九章,工会和职工代表大会;第十章,党的工作。

《国营工业企业工作条例(草案)》主要规定了国营工业企业的主体地位,强调它是社会主义全民所有制的经济组织,又是独立的生产经营单位,都有按照国家规定独立进行经济核算的权利。规定了企业的根本任务和责任制,节约和经济核算原则,统一领导、分级管理原则。规定了企业中的职工代表大会制度,规定了中国共产党在企业中的组织是企业工作的领导核心,以及党委领导下的行政管理上的厂长负责制等制度。

《国营工业企业工作条例(草案)》是我国在计划经济体制下形成的有关国营企业的重要的政策性文件,它对规范国营企业具有重要意义,对提高管理水平,发展国营经济有重要作用,对中国后来在市场取向的改革中全民所有制企业的立法有重要影响。

(陈乃新 王顺兰)

guoying gongye qiye zanxing tiaoli

《国营工业企业暂行条例》(**Interim Regulation on State-Managed Industrial Enterprises**) 1983年4月1日国务院颁布的有关国营工业企业的一个行政法规。《国营工业企业暂行条例》共10章84条。第一章,总则;第二章,企业的开办和关闭;第三章,企业的权限和责任;第四章,职工的权利和责任;第五章,企业的组织领导;第六章,企业与主管单位的关系;第七章,企业与其他企业事业单位的关系;第八章,企业与地方人民政府的关系;第九章,奖励与惩罚;第十章,附则。这个条例较全面地规定了立法宗旨,国营工业企业的主体地位和任务,规定了党委领导下的厂长(经理)负责制,党委领导下的职工代表大会制,规定了企业要实行经济责任制等。这个条例从颁布之日起施行,适用于国营工厂(工业公司)和国营的矿山、交通运输、邮电、电力、地质、森工、建筑施工企业。

(陈乃新 王顺兰)

guoying gongye qiye zhigong daibiao dahui zanxing tiaoli

《国营工业企业职工代表大会暂行条例》(**Interim Regulation on the Staff and Workers' Congress of State-Managed Industrial Enterprises**) 1981年7月13日中共中央、国务院转发的有关国营工业企业职工代表大会的一个重要的政策性文件,同时也是一个行政法规。

《国营工业企业职工代表大会暂行条例》共6章18条。第一章,总则;第二章,职权;第三章,职工代表;第四章,组织制度;第五章,工作机构;第六章,附则。这个条例以宪法为依据,规定在实行党委领导下的厂长负责制的同时,建立和健全党委领导下的职工代表大会制,规定职工代表大会(职工大会)是企业实行民主管理的基本形式,是职工群众参加决策和管理、监督干部的权力机构。这对发扬职工群众主人翁的责任感,保障职工群众当家做主管理企业的民主权利,有重要意义。本条例原则上也适用于国营矿山、交通运输、邮电、电力、地质、森工、建筑施工企业和独立核算的工业公司。

(陈乃新 王顺兰)

guoying qiye

国营企业(**state-managed enterprises**) 在实行社会主义计划经济的条件下,全民所有制企业的一种法律形态。国营企业根据企业所属的经济部门,可划分为国营的农业企业、工业企业、建筑企业、交通运输企业、商业企业、金融企业等;根据企业规模,可划分为大型国营企业和中小型国营企业;根据企业隶属关系,可划分为中央国营企业和地方国营企业。在中国有关国营企业的企业法中,多以国营工业企业为例制定法律法规。国营工业企业作为社会主义的全民所有制的经济组织,它的生产活动,服从国家的统一计划;它的产品,由国家统一调拨;它按照国家的规定,上缴利润和缴纳税收。国营工业企业又是独立的生产经营单位,都有按照国家规定独立进行经济核算的权利。它对国家交给的固定资产和流动资金,负全部责任,没有经过国家管理机关的批准,不能变卖或者转让。它有权使用国家交给的固定资产和流动资金,按照国家计划进行生产。它有权同别的企业订立经济合同。它有权使用国家发给的企业奖金,来改善企业的劳动条件和职工生活。

在实行社会主义市场经济的条件下国营企业作为全民所有制企业的一种法律形态变更为另一种法律形

态即都要改制为公司制企业,国营企业也随之变更为国有企业。但是,对于某些不能进行公司制改建的特殊企业,仍然要采取国营形式,可以称为国有国营企业,即国家单独投资设立并由国家直接控制和管理的国有企业。国家对这些企业的管理仍然需要采用计划管理的方式,实行指令性计划或指导性计划。

(陈乃新 王顺兰)

guoyou caoyuan ziyuan guanli

国有草原资源管理(the administer of national grassland resources) 国家对草原资源的开发利用、经营保护等方面进行计划、组织、调控和监督活动的总称。

国有草原资源管理体制 国家对草原资源实行所有权与使用权适当分离的管理体制。(1)草原的所有权和使用权受国家法律保护。我国《草原法》第4条第1款规定:"草原属于国家所有,即全民所有,由法律规定属于集体所有的草原除外。"国有草原可以由全民所有制单位使用,也可以由集体和个人承包从事畜牧业生产。(2)实行草原所有权和使用权登记制度。由各级人民政府负责登记造册,核发证书,确认所有权和使用权。(3)人民政府的农牧业主管部门负责草原资源的管理工作。其主要任务是:普查草原资源,建立档案,制定开发利用和保护规划,处理草原权属纠纷,监督草原法规的执行和打击破坏草原资源的犯罪行为。

国有草原资源开发管理 国家对各种有效利用和培育草原资源活动的管理。目的在于提高草原资源的经济效益和社会效益。主要包括:(1)确定放牧强度,防止草原沙化或者退化。(2)建立畜牧业基地,提高草场单位面积畜产品产量。(3)发展人工草场,建立牧草繁育生产基地,丰富草场资源。(4)合理开发利用草原灌木、药材、野生动植物和自然景观资源,提高草场综合利用效益,发展草原旅游事业。

国有草原资源保护管理 国家为防止和避免草原资源遭受污染和破坏而进行的管理。主要是禁止开垦草原,禁止在草原上造田,防止水土流失和草原沙化,未经政府批准,不得在草原上挖采野生植物和药材等。建立草原防火制度和防治鼠虫害制度。

(马跃进 裴建军)

guoyou duzi gongsi

国有独资公司(the national exclusive investment corporation) 国家授权投资的机构或者国家授权的部门单独投资设立的有限责任公司。其有两个特征:(1)投资者主体的单一性和法定性。即它的投资者只有一个,而且只能是法律规定的国家授权投资的机构或者国家授权的部门。这是国有独资公司与一般的有限责任公司相区别之处。(2)投资者责任的有限性。即它的投资者对公司债务承担有限责任。这是国有独资公司与一般的独资企业相区别之处。《中华人民共和国公司法》规定,国务院确定的生产特殊产品的公司或者属于特定行业的公司,必须采用国有独资公司的形式。国有独资公司的章程由国家授权投资的机构或者国家授权的部门依照《公司法》的规定制定,或者由董事会制订,报国家授权投资的机构或国家授权的部门批准。国有独资公司不设股东会,由国家授权投资的机构或者国家授权的部门,授权公司董事会行使股东会的部分职权,决定公司的重大事项,但公司的合并、分立、解散、增减资本和发行公司债券,必须由国家授权投资的机构或者国家授权的部门决定。国有独资公司监事会主要由国务院或者国务院授权的机构、部门委派的人员组成,并有公司职工代表参加。监事会的成员不得少于3人。

(方文霖)

guoyou feijingyingxing zichan zhuan jingyingxing zichan guanli

国有非经营性资产转经营性资产管理(management of state-owned assets from non-managerial to managerial) 行政事业单位在保证完成本单位正常工作的前提下,按照国家有关政策规定将非经营性资产转作经营使用的经济行为的管理。国有非经营性资产是行政事业单位为完成国家行政任务和开展业务活动所占有、使用的资产。经营性资产是行政事业单位用于从事生产经营活动的资产。这是适应发展市场经济的需要,增强单位的活动,使事业与经济建设协调发展,减轻国家财政负担的一条重要途径。根据《行政事业单位国有资产管理办法》(国家国有资产管理局、财政部1995年2月15日发布)的规定,非经营性资产转经营性资产的主要方式有:(1)用非经营性资产作为初始投资,在工商行政管理部门领取《企业法人营业执照》,兴办具有企业法人资格的经济实体;(2)用非经营性资产对外投资、入股、合资、联营;(3)用非经营性资产作为注册资金,在工商行政管理部门领取《营业执照》,兴办不具有法人资格的附属营业单位;(4)用非经营性资产对外出租、出借;(5)国有资产管理部门和经财政部门认可的其他方式。另外,根据《事业单位非经营性资产转经营性资产管理实施办法》(国家国有资产管理局1995年9月13日发布,国资事发〔1995〕89号)的规定,事业单位的下列资产不准转作经营性使用:国家财政拨款;上级补助;维持事业正常发展、保证完成事业任务的资产。

根据上述两个办法的规定,对非经营性资产转经营性资产的管理包括以下几个方面的内容:(1)审批程序。行政事业单位将非经营性资产转经营性资产需报经主管部门审查核实,报同级国有资产管理部门批准,一次性转作经营的资产,其价值量数额较大的,需报经同级财政部门批准。用非经营性资产兴办具有法人资格的经济实体,须持有主管部门的批准文件、出资单位的财务报表、资产评估确认证书或主管部门出具的资产证明,到同级国有资产管理部门办理产权登记手续。行政事业单位办理申报手续时,应提交下列文件、证件及有关材料:向主管部门提交的申请报告;可行性论证报告;拟开办经济实体的章程;投资、入股、合资、合作、联营、出租、出借的意向书、草签的协议或合同;拟投出资产的清单、近期财务报表;《中华人民共和国国有资产产权登记证(行政事业单位)》;其他需要提交的文件、证件及材料。主管部门审核时应认真审查项目,核实资产并出具下列文件、材料:对申请报告的批复;法定代表人任命书;对申报单位提供文件、材料的审查意见;其他需要出具的文件、材料。国有资产管理部门根据申报单位和主管部门提供的文件、证件及材料,审批非经营性资产转作经营性使用的行为,出具批复文件。(2)资产评估。非经营性资产转经营性资产,要按照《国有资产评估管理办法》(国务院91号令)进行评估,核定其价值量,作为国家投入的资本金,并以此作为占有、使用该部门国有资产的保值、增值考核基础。(3)权利与责任。行政事业单位对批准转作经营的资产,享有收益权,承担投入资产的安全完整和保值增值的监督责任。(4)有偿使用。对行政事业单位非经营性资产转经营性资产,应坚持有偿使用原则,以其实际占用的国有资产总额为基数,征收一定比例的国有资产占用费,用于行政事业单位固定资产的更新改造。各级国有资产管理部门有权对行政事业单位非经营性资产转经营性资产的经济收益、收益分配等情况进行监督检查,及时纠正存在的问题。(5)所有权性质不变。行政事业单位非经营性资产转经营性资产,其资产的国家所有性质不变。除国家另有规定者外,不得用国有资产开办集体性质的企业。(6)经营性企业法人的监管。行政事业单位开办的具有企业法人资格的经营性企业,按照《国有企业财产监督管理条例》(国务院159号令)实施监管。(7)法律责任。行政事业单位在申办非经营性资产转经营性资产的过程中,不得弄虚作假,主管部门不得出具伪证,国有资产管理部门不得徇私舞弊。对违反相关法律规定的,要追究单位负责人和直接责任人的经济责任和行政责任,构成犯罪的交由司法部门处理。对用非经营性资产转经营性使用的,不履行报批手续的单位,国有资产管理部门不予产权登记和年检,按违反财经纪律予以处理,并收缴投出的资产及所得收益。

(马跃进 孙晓红)

guoyou gongye qiye wuzi caigou guanli zanxing guiding

《国有工业企业物资采购管理暂行规定》(Interim Regulation on Procurement of State-owned Industrial Enterprise) 1999年4月1日,为了规范国有工业企业的采购行为,加强对企业采购的监督和管理,防止国有资产的流失,国家经济贸易委员会制定并颁布了《国有工业企业物资采购管理暂行规定》(以下简称《暂行规定》)。从法律的类型来看,该《暂行规定》属于部门规章。

《暂行规定》共计7章29条。在第一章总则部分,表明了制定该规定的目的,并就企业采购的范围以及采购原则作出了明确的规定。依照规定,国有交通运输、建筑安装、地质勘探、商业、外贸、邮电、水利、科技等国有工业企业,在购买原材料、燃料、辅料、零部件、设备、配件、办公用品、劳动保护用品中的决策、价格监督、质量检验等行为,都必须严格按照《暂行规定》进行操作,而企业应当按照科学有效、公开公正、比质比价、监督制约的原则,建立健全采购管理的各项制度,防止采购过程中的不正当行为发生。围绕总则确定的原则和目的,在《暂行规定》的第二章到第六章,就采购的决策管理,采购的方式、采购的监督以及采购的责任和奖惩制度作出了明确的规定。

依照第29条的规定,《国有工业企业物资采购管理暂行规定》于1999年5月1日起施行。 (杨云鹏)

guoyougu gudong rengou shangshi gongsi peigu zhidu

国有股股东认购上市公司配股制度(system of allocation of share of purchasing shares from listed company by state-owned shareholders) 为了规范国有股股东行为,维护国有股权益,促进国有企业资产存量优化配置,提高规模经济水平,国有股股东认购上市公司配股的规定。

各级国有资产管理部门应认真做好国有股股东认购上市公司配股规划,对所属的上市公司国有股有关情况和预计配股方案应当进行充分分析,指导和督促国有股股东严格执行证券监管部门和国有资产管理部门有关配股方面的规定,于每年年初确定国有股股东认购上市公司配股的规划,规划包括达到条件的配股公司数量、名称、效益情况、预计配股方案、国有股股东认购应配股份数量和方式等。该规划应于所属本年度首家拟配股的上市公司申报配股材料前报国家国有资产管理局企业司。

各级国有资产管理部门要在切实保障国有股权益的前提下,按照有利于上市公司经营业绩成长的原则,对上市公司的配股资金和优质资产进行规划,逐步打破部门、地区封锁,鼓励和帮助国有股股东通过多种形式认购上市公司配股,包括利用实体资产(生产线、厂房、土地使用权等)或整体国有企业的净资产及其拥有的某一企业的股权认购配股,促进上市公司发展,带动所在地经济。国有股股东以资产认购配股时,应对这部分资产进行分析,要将有发展前景、能尽快创造效益、高质量的资产注入上市公司,保证上市公司进一步增强盈利能力。国有股股东以实体资产认购配股时,应尽可能地用整体资产如整条生产线、整台设备等认购。用实体资产认购配股时,应依法对这部分资产进行评估。

上市公司配股时,国有股股东在认购上市公司配股工作中应当严格执行国有股权管理的有关规定,凡国有股股东以非现金方式认购配股及未全额认购应配股份的,一律由中央企业主管部门或省级国有资产管理部门初审后报国家国有资产管理局复审。

上市公司配股时,国有股股东应在上市公司股东大会召开前10个工作日履行有关审批事项。根据国有资产管理部门的复审意见,国有股股东方可在股东大会上就配股问题进行表决。今后,凡擅自在股东大会上就配股有关事宜进行表决,从而损害国有股权益的,各级国有资产管理部门将依法追究其法律责任。

(苏丽娅)

guoyou guquan

国有股权(state-owned share) 国家股和国有法人股统称为国有股权。组建股份公司,视投资主体和产权管理主体的不同情况,分别构成"国家股"和"国有法人股"。国家股是指有权代表国家投资的机构或部门向股份公司出资形成或依法定程序取得的股份。在股份公司股权登记上记名为该机构或部门持有的股份。国有法人股是指具有法人资格的国有企业、事业及其他单位以其依法占用的法人资产向独立于自己的股份公司出资形成或依法定程序取得的股份。在股份公司股权登记上记名为该国有企业或事业及其他单位持有的股份。国家国有资产管理局、国家经济体制改革委员会于1994年11月3日发布《股份有限公司国有股权管理暂行办法》,自发布之日起施行。

国有股权的管理 国有资产管理部门是国有股权行政管理的专职机构。股份公司国有股权管理应遵循以下原则:(1)贯彻以公有制为主体的方针,保证国有股权依国家产业政策在股份公司中的控股地位。国家根据中长期发展规划和产业政策的要求,灵活调节股份投资方向,确保宏观经济运行方向和按比例协调发展。(2)坚持政企职责分开,维护国有资产权益,依法落实股份公司法人财产权。(3)促进国有资产合理配置,优化国有资产投资结构,提高国有资产运营效益。(4)保障国有股权益,做到与其他股权同股、同权、同利。国有股权行使单位要坚持股权平等的原则,既要避免干预企业经营权,也要防止和制止各种损害国有股权的行为和倾向。

国有股持股单位 国有企业改建为股份公司必须明确国家股或国有法人股持股单位。国家股权应由国家授权投资的机构持有,在国家授权投资的机构未明确前,也可由国有资产管理部门持有或由国有资产管理部门代政府委托其他机构或部门持有。国家股权委托持有的,国有资产管理部门应与被委托单位办理委托手续,订立委托协议,明确双方在行使股权、股利收缴、股权转让等方面的权利和义务。国家授权投资的机构持有国家股权的,国有资产管理部门代授权方拟定有关协议。国有法人股应由作为投资主体的国有法人单位持有并行使股权。

国有股股权行使方式 国有股持股单位须依法行使股份公司的国有股权,维护国有股的权益,对国有股权益的安全完整负责。国有股持股单位必须妥善保管股票或其他股权凭证。国有股持股单位可委派法定代表人或其指定的代理人出席股东大会,审议和表决股东大会议程上的事项。国有股持股单位通过出席股东大会的代表提名董事、监事候选人或提出罢免董事、监事的动议,并依持股比例参加投票、表决。受国有股持股单位委派出席股东大会的代表人或代理人,应按持股单位的利益和意志行使股东权利。国有股持股单位不得委托任何自然人作为国有股股东,并以个人名义行使国有股股权。明确为某一持股单位持有的国有股权,不得分割为若干部分委派一个以上的股东代理人分别行使。非经法定程序,国有股持股单位不得直接指定任何人担任公司董事,也不得要求任何董事只代表国有股持股单位的利益行事或事先单方面向国有股持股单位报告应当向全体股东同时披露的重要信息。公司的全体当选董事,不论是否由国家股持股单位提名,均应代表全体股东的利益,对全体股东负责。

国有股股权的收入 经股东大会决议采取分配现金股利方式的,国有股持股单位应按时足额收缴国有股应分得的股利,不得以任何方式放弃国有股的收益权。国家股股利收入由国有资产管理部门监督收缴,依法纳入国有资产经营预算并根据国家有关规定安排使用。国有法人股股利由国有法人单位依法收取,按《企业财务通则》的有关规定核算。国有股持股单位不得将国有股应分得的股利单方面留归股份公司使用。国有股持股单位在股东大会决定送配股等事宜时,须从维护国有股利益出发,不得盲目赞成配股或放弃配股权;不得同意国有股权分派现金股利而其他股权分派等值红股及其他不规范、不公正的分配方案。国有股持股单位不得以任何理由、任何方式同意单方面缩小国有股权比例。

国有股股权的增购 国有股持股单位可根据国家产业政策、经营策略及有关法规增购股份。完成增购股份并增加国家股权后,须报国有资产管理部门备案。

国家股权的转让 国有股权可以依法转让。国家股权的转让应符合以下规定:(1)转让国家股权应以调整投资结构为主要目的。(2)转让国家股权须遵从国家有关转让国家股的规定,由国家股持股单位提出申请,说明转让目的、转让收入的投向、转让数额、转让对象、转让方式和条件、转让定价、转让时间以及其他具体安排。(3)转让国家股权的申请报中华人民共和国国家国有资产管理局和省级人民政府国有资产管理部门审批;向境外转让国有股权的(包括配股权转让)报中华人民共和国国家国有资产管理局审批;国家股转让数额较大,涉及绝对控股权及相对控股权变动的,须经中华人民共和国国家国有资产管理局会同国家体改委及有关部门审批。非国有资产管理部门持股的股东单位转让国家股权后,须向国有资产管理部门报告转让收入的金额、转让收入的使用计划及实施结果。国家股配股权转让须遵从证券监管的有关规定。国家股权转让收入应纳入国有资产经营预算收入,用于购买须由国家控股的股份制企业的配股或购入其他股权等国有资产经营性投资。

(马跃进　师湘瑜)

guoyou guquan jieding
国有股权界定 (definition of state-owned share) 股份公司设立时,应区分改组设立和新设成立两种不同情况。(1)国有企业改建为股份公司的股权界定:有权代表国家投资的机构或部门直接设立的国有企业以其全部资产改建为股份公司的,原企业应予撤销,原企业的国家净资产折成的股份界定为国家股。有权代表国家投资的机构或部门直接设立的国有企业以其部分资产(连同部分负债)改建为股份公司的,如进入股份公司的净资产(指评估前净资产,下同)累计高于原国有企业净资产50%(含50%),或主营生产部分全部或大部分资产进入股份制企业,其净资产折成的股份界定为国家股;进行股份公司的净资产低于50%(不含50%),其净资产折成的股份界定为国有法人股。国家另有规定的从其规定。国有法人单位(行业性总公司和具有政府行政管理职能的公司除外)所拥有的企业,包括产权关系经过界定和确认的国有企业(集团公司)的全资子企业(全资子公司)和控股子企业(控股子公司)及其下属企业,以全部或部分资产改建为股份公司,进入股份公司的净资产折成的股份界定为国有法人股。(2)新建设立股份公司的股权界定:国家授权投资的机构或部门直接向新设成立的股份公司投资形成的股份界定为国家股。国有企业(行业性总公司和具有政府行政管理职能的公司除外)或国有企业(集团公司)的全资子企业(全资子公司)和控股子企业(控股子公司)以其依法占用的法人资产直接向新设立的股份公司投资入股形成的股份界定为国有法人股。应界定为国家股的不得界定为国有法人股。国有企业(指单一投资主体的企业)改组设立股份公司时,其占有使用的资产经评估确认后,须将净资产一并折股,股权性质不得分设;其股权要由国有股持股单位统一持有,不得由不同部门或机构分割持有。

(马跃进　师湘瑜)

guoyou guquan konggu
国有股权控股 (shareholding of the state owned share) 国有企业进行股份制改组,要按《在股份制试点工作中贯彻国家产业政策若干问题的暂行规定》,保证国家股或国有法人股(该国有法人单位应为国有独资企业或国有独资公司)的控股地位。国有股权控股分为绝对控股和相对控股。绝对控股是指国有股权持股比例占50%以上(不含50%);相对控股是指国有股权持股比例高于30%低于50%,但因股权分散,国家对股份公司具有控制性影响。计算持股比例一般应以同一持股单位的股份为准,不得将两个或两个以上国有股权持股单位的股份加和计总。国有资产严禁低估作价折股,一般应以评估确认后净资产折为国有股的股本。如不全部折股,则折股方案须与募股方案和预计发行价格一并考虑,但折股比率(国有股股本/发行前国有净资产)不得低于65%。股票发行溢价倍率(股票发行价格/股票面值)应不低于折股倍数(发行前国有净资产/国有股股本)。净资产未全部折股的差额部分应计入资本公积金,不得以任何形式将资本(净资产)转为负债。净资产折股后,股东权益应等于净资产。

(马跃进　师湘瑜)

guoyouhua
国有化 (nationalization of ownership) 国家基于公共利益的需要对原属于私人或外国政府所有财产的全部或一部分,采取收归国有的一种政策强制措施,是行使国家主权所固有的权限。由于国家法学说及案例对国有化问题存在歧见,目前对"国有化"一词还没有确切的定义。在国有化的合法性问题上,在发达国家和发展中国家之间,一直存在着尖锐的对立。发达国家把国有化划分为违法的国有化和合法的国有化,其区分的标准是:(1)国有化是否出于国家的公共利益;(2)是否对外国投资者采取无差别待遇;(3)是否对外国投资者予以公正补偿。前两个标准为一般所公认。对于第三个标准,则存在严重分歧,尤为发展中国家所普遍反对。国有化权利是主权国家所固有的属性。作为主权国家,为了公共利益和公共安全,只要没有对外国国民加以歧视,完全有权对国内的外国财产依法律规定,按法定程序实行国有化。特别是对于发展中国家,实行国有化是基于民族自决权,维护国家经济主权,摆脱外国资本统治,确立本国经济所必需的。

国有化见诸许多重要的国际文件中,其中最重要的包括联合国通过的有关决议和宣言,国有化的合法性毋庸置疑。例如,早在1952年联合国大会通过的《关于自由开发自然财富和自然资源的权利的决议》中就已明确,"自由利用和开发自然财富和资源的人民的权利,是国家主权所固有的权利,是完全符合联合国宪章的目的和原则的"。联合国大会1962年通过的《关于自然资源永久主权宣言》宣布,主权国家对其领土内或管辖范围内财产的国有化,没收或征收应基于公认的优于纯属于个人的或私人的利益之公共利益、国家安全或国家利益。遇此情况,相关财产所有者应该得到适当的赔偿。如就赔偿问题发生争议,当事人应首先用尽当地救济。1974年通过的《关于建立新的国际经济秩序宣言》再次阐明国家对其自然资源的主权权力。该宣言宣布,各国认为所有主权国家不论其经济和社会制度如何,均应享有公平和主权平等的权力,均具有互相依赖的关系,具有共同利益,应相互合作建立新的国际经济秩序,以改变现存的不平等和不公正现象,从而根除发达国家和发展中国家日益扩大的鸿沟,并保证世界经济和社会的持续健康发展。为实现上述目标,每个国家均应对其自然资源和所有经济活动具有完全的永久的主权。为保护上述资源,每一个国家均有权对其实行有效控制,有权采取适合其本国国情的方法开发上述自然资源,包括实行国有化,或向其国民移交所有权,即国家完全的永久的主权之行使。任何国家在行使上述权力时,均不应受到来自第三方的经济、政治或其他形式的胁迫。《各国经济权利义务宪章》明确规定,每一个国家对其财产、自然资源和经济活动均具有并应自由行使完全的永久的主权,包括拥有使用和支配的权力。每一个国家均有权对在其管辖范围内的外国投资,根据其本国法律,以及国家总目标及优先项目加以规范和行使权力。任何一个国家均不应被迫给予外资优惠。每一个国家均有权将外国拥有的财产国有化、没收或转移其所有权,但采取此类行动的国家应作出适当的赔偿,并应参照该国认为相关的法律与情势。除另有协议外,与赔偿相关的争议应由当事人提请实行国有化国家的法院依该国的法律解决。

在国际案例中,对1951年—1952年伊朗征收英伊石油公司、1956年埃及收回苏伊士运河公司、20世纪60年代以后巴西、智利、古巴、秘鲁等拉美国家大量征收外资铜矿、石油等企业,都肯定了国有化法令和国有化行为在国际法上的合法性。

当代许多多边国际条约和规范性文件,如能源宪章条约、北美自由贸易区协定、世界银行外国直接投资待遇指引等,均承认主权国家为了公共利益有权对外国资产国有化。

各国的外资立法一般规定有权将外资收归国有。有的国家规定必须经过一定年限,如10年、20年不等,实行国有。有的国家规定必要时给予补偿进行征用,对具体的补偿金额、种类及支付方法,则按国际惯例由当事人协商决定。有的国家在外资立法之外,专门制定国有化特别法令,规定对外资进行征用。如苏俄于1917年、1918年分别颁布了有关银行、工业、商业等国有化法令,其中都包括外国资产在内。也有少数国家的外资立法规定不实行征用,但不是放弃国有化的主权权力。如我国《外资企业法》规定,国家对外资企业不实行国有化和征收;在特殊情况下,根据社会公共利益的需要,对外资企业可以依照法律程序实行征收,并给予相应的补偿。

国有化的方式包括一次征用方式和逐步征用方式。一次征用即一次性地将外国资产加以征用;逐步征用,即东道国合营者在一定年限内,按一定比例分期取得外国投资者所持有的股份达到51%以上,或最终取得全部股份,从而对外国财产加以征收。(张长利)

guoyouhua de buchang

国有化的补偿(compensation for nationalization of ownership) 因实行国有化而由国家支付的补偿。国有化问题中的焦点问题。国有化的补偿问题不是构成国有化本身的要件,不能成为国有化合法与否的标准。目前,国际上对国有化补偿问题有三种理论,即全部补偿论、不予补偿论和适当补偿论。

全部补偿论 西方国家及一些学者主张,实行国有化的国家应"充分、即时、有效"地向财产被国有化的外国人支付全部被征用财产的全部价值、直到实际支付前的利息的总和。这一理论是以保护私有财产不可侵犯、反对不当得利等私法原则为基础得出的结论。这一理论是不能成立的。因为国有化本身不是目的,而是推动发展中国家社会、政治和经济改革和进步的重要手段,是国际法上的合法行为。不能运用国内法的私有财产不可侵犯、不当得利等原则对国有化加以评价。如果要求完全补偿,就会失去国有化的意义,不但使国有化的国家达不到进行国有化的政治经济目的,还可能给国有化的国家带来经济上的困难,阻碍其社会经济的发展。从实践来看,由于国有化的范围广,规模大,资产多样,方式不同,没有统一标准,要对资产进行估价、确定补偿金额是极其困难的,完全补偿在技术操作上也很困难。

不予补偿论 这一理论认为,在历史上存在着国有化不予补偿的先例。根据国家主权原则,是否对国有化进行补偿是一国主权范围内的事情,应由国有化国家国内法决定。国际法并未确定实行国有化的国家必然要进行补偿的原则。根据国家对自然资源的永久主权原则,一国主张收回以前被外国人占有的自然资源,是在行使自己的主权权力,不存在予以补偿的问题。根据国民待遇原则,如果一国在实行国有化时对其本国国民不予补偿,那么,对外国人也不应给予补偿。如果外国企业的行为损害了所在国的经济利益,该国对企业进行国有化实际是一种制裁,就不应补偿。因此,对国有化不承担补偿义务。在联合国大会关于国家对自然资源永久主权问题的讨论及决议过程中,发展中国家一直坚持这一主张。但实际上如果一国自由承担国有化补偿的条约义务时,则该国应受该自由承担的有效条约义务的限制。承担条约义务与主权原则并行不悖。在实践中,一些原来主张不予补偿的国家后来也给予了补偿。

适当补偿论 这是一种较为合理可行、符合现代新的国际经济秩序和法律秩序要求的主张,为第三世界国家和许多学者所支持。他们认为,传统国际法从来没有确立国家必须对国有化负补偿义务的原则。国有化及其补偿问题根本不是国际义务,不应由国际解决,除非国家违反国际法上内外国人平等待遇原则及条约义务。适当补偿的合理根据是公平互利原则和国家对其自然资源永久主权。1962 年联合国大会《关于对自然资源永久主权的决议》及 1974 年《各国经济权利与义务宪章》确立了新的原则,即关于国有化给予适当补偿,要考虑到实行国有化国家的法律及该国认为有关的一切情况,而且因补偿所引起的任何争议,均应由实行国有化的国家的法院,依照其国内法加以解决。这两个文件具有重要意义,反映了发展中国家的意愿。适用这一理论的特点是倾向于互相协商解决。

国家之间可以基于平等互利的原则,在双边投资协定中订入国有化补偿的问题。只有在国家违反协定的情况下,才必须承担国际责任。

有一些国家,如秘鲁、阿尔及利亚、苏丹等,通过国内立法,对国有化补偿问题作了规定。　　(张长利)

guoyou kuangchan ziyuan guanli
国有矿产资源管理(the administration of national mine resources) 根据国家法律法规对国有矿产资源进行勘查、开采、经营和保护等计划、组织、调控和监督行为的总称。矿产资源属于国家所有,国家对矿产资源拥有专有权。未经国家授权部门的批准,任何单位和个人不得擅自勘查、开采、买卖、出租、抵押和转让矿产资源。

矿产资源管理机构 各级政府的地质矿产主管部门是矿产资源的管理机构。其主要职能是:(1)组织矿产资源的勘查,建立矿产资源档案;(2)编制矿产资源综合开发利用和保护规划;(3)指导依法勘查、开采,指导经营矿产资源的单位和个人开展业务活动;(4)监督检查矿产资源法律法规的执行;(5)配合司法部门打击各种破坏矿产资源的犯罪行为。

矿产资源管理基本制度 主要包括:(1)矿产资源勘查统一登记制度。我国《矿产资源勘查登记管理暂行办法》规定:凡在我国领域及管辖海域内从事区域地质调查,金属矿产、非金属矿产、能源矿产的普查和勘探,地下水、地热、矿泉水资源等勘查的,必须向地质矿产主管部门申请登记,领取矿产资源勘查许可证,取得探矿权。否则,视为违法行为。(2)地质资料统一管理制度。按照我国《全国地质资料汇交管理办法》的规定,凡在我国领域及管辖海域从事地质工作的单位和个人,均应按规定向国家汇交地质资料。这些地质资料包括区域地质调查、矿产、石油、天然气、海洋、水文、工程、环境、灾害、地震地质资料、地质矿产科学研究成果及综合分析资料等。(3)采矿登记审批制度。凡是开采矿产资源的单位和个人,必须向地质矿产主管部门办理采矿登记手续,申请采矿许可证,取得矿产资源开采权。未取得采矿权的,不得进行采矿活动。

矿产资源开发管理 国家对矿产资源进行合理开采、综合利用、有效经营的管理活动。其主要包括以下内容:(1)计划管理。对矿产资源开发实行统一规划、统一登记、统一管理矿产资源资料。(2)综合勘查、开采、利用管理。对主要矿产、共生矿、伴生矿进行综合勘查,综合开采,降低采矿成本,综合利用各种矿产。(3)实行国营开采为主,集体和个人开采为辅。巩固和发展国有矿山企业,扶持、引导集体和个体采矿。(4)有偿开采管理。任何开采矿产资源的单位和个人,必须按照国家规定缴纳资源税和资源补偿费。

矿产资源保护管理 为防止国有矿产资源遭受破坏而对矿产资源的开采经营进行的管理活动。主要包括:(1)采矿许可证管理。严格管理采矿许可证的审批和发放,申请许可证的单位和个人必须有科学的开采方案、一定的生产技术条件、安全与环境保护的措施。按国家规定,某些矿产品由国家进行统一收购和销售;采矿权不得买卖、出租和抵押;严厉打击擅自采矿的违法行为。(2)采矿范围管理。采矿单位和个人必须在规定的矿区范围内采矿,以保证矿产资源的合理开采,维护采矿权不受侵犯。(3)采矿施工管理。采矿单位和个人应当按照批准的设计进行施工,以保证有序开采、有效开采,避免矿产资源的破坏。(4)矿产资源监督管理。实行矿产督察员制度,加强对矿山企业的矿产资源开发利用和保护的监督管理,成立护矿组织,打击不法分子盗窃、哄抢和破坏矿产资源的犯罪行为。

(马跃进　裴建军)

guoyou qiye

国有企业(State-owned Enterprise) 有广义和狭义之分。广义的国有企业包括全民所有制企业、国家控股的股份公司、国家控股的有限责任公司、国有独资企业和两个以上的国有企业设立的有限责任公司;狭义的国有企业仅指全民所有制企业、国有独资企业和两个以上的国有企业设立的有限责任公司。通常情况下,国有企业是指狭义上的国有企业。国有企业又称全民所有制企业(计划经济时期曾称为国营企业),是指企业资产归国家所有,依法设立的自主经营、自负盈亏、独立核算的社会主义的商品生产者和经营单位。国有企业的具体形式有全民所有制企业、国有独资公司、国家控股公司等。

国有企业除具备一般企业的共性外,还有以下几个主要特点:第一,企业投资主体的单一性。国家是国有企业的唯一投资主体,即企业财产完全为国家所拥有,国有企业的财产属于以社会主义国家为代表的全体人民所有。这是国有企业与其他所有制形式企业的根本区别。实践中一般是由各级有关政府主管机关或其授权的部门代表国家行使投资权。应说明的是,随着市场机制条件下我国对国有企业推行公司制改造进程的加速,不少单一投资主体的国有企业已被产权多元化的股份制企业所取代。在理论上,我们把主要由国家出资或由国家控股的企业也称为广义上的国有企业。第二,经营目标的双重性。在国有企业的目标构成中,追求利润最大化和实现社会公益是两个并行不悖的目标。国家为了实现特定的社会公益目标,往往对企业采取较多的宏观调控措施甚至一些必要的干预手段,以保证国家调控经济职能的实现及国民经济和社会发展计划的完成。为此,《中共中央关于国有企业改革和发展若干重大问题的决定》(1999年9月22日)明确指出:"国有经济需要控制的行业和领域主要包括:涉及国家安全的行业,自然垄断的行业,提供重要公共产品和服务的行业,以及支柱产业和高新技术产业中的重要骨干企业。"总之,国有企业兼具营利法人和公益法人的特点。第三,国有企业无论规模大小,均有法人资格。一般而言,企业是否具有法人资格是由民商事法律加以规定的,其中会对法人资格的获取条件和设立条件作出具体规定,由投资者依法申请设立,而国有企业的法人资格是由法律强制规定的。第四,国有企业实行所有权与经营权相分离的制度。依据现有法律,国家是国有企业或者国家控股企业中的国有资产拥有所有权,企业仅仅对这一部分国有资产享有经营权,企业依据经营权而取得法人资格。

在实行社会主义市场经济的条件下,国有企业主要包括国有独资公司和国有控股公司:

国有独资公司 国家授权投资的机构或国家授权的部门单独投资设立的有限责任公司。在中国,由国务院确定的生产特殊产品的公司或者属于特定行业的公司,应当采取国有独资公司形式。国有独资公司的资产属于国家所有。经营管理制度健全、经营状况较好的大型的国有独资公司,可以由国务院授权行使资产所有者的权利。国有独资公司的资产转让,依照法律、行政法规的规定由国家授权投资的机构或者国家授权的部门办理审批和财产转移手续。国有独资公司的公司章程由国家授权投资的机构或者国家授权的部门依照《中华人民共和国公司法》制定,或者由董事会制订,报国家授权投资的机构或者国家授权的部门批准。国有独资公司的组织结构比较特殊:第一,国有独资公司不设股东会,由国家授权投资的机构或者国家授权的部门,授权公司董事会行使股东会的部分职权,决定公司的合并、分立、解散、增减资本和发行公司债券,必须由国家授权投资的机构或者国家授权的部门决定。第二,国有独资公司设立董事会,依照《公司法》关于有限责任公司董事会职权的有关规定和国有独资公司董事会可依法行使股东会的部分职权的规定行使职权;公司董事会每届任期为3年,公司董事会成员为3至9人,由国家授权投资的机构或者国家授权的部门按照董事会的任期委派或更换,董事会成员中应当有职工代表,职工代表由公司民主选举产生;董事会设董事长一人,可以视需要设副董事长,董事长、副董事长,由国家授权的机构或者国家授权的部门从董事会成员中指定;董事长为公司的法定代表人。第三,国有独资公司设经理,由董事会聘用或者解聘。经理按照《公司法》的有关规定行使职权。国有独资公司的董事会成员经国家授权投资的机构或者国家授权的部门同意可以兼任本公司的经理;国有独资公司的董事长、副董事长、董事、经理,未经国家授权投资的机构或者国家授权部门的同意,不得兼任其他有限责任公司、股份有限公司或者其他经营组织的负责人。国有独资公司的其他事项按照《公司法》的有关规定办理。

国有控股公司 国家授权投资的机构或者国家授权的部门投资并控股设立的股份有限公司。国有控股公司的设立、组织机构(股东大会、董事会、经理、监事会)、股份发行和转让,公司上市,公司债券,公司财务、会计,公司合并、分立,公司破产、解散和清算,均按照《公司法》有关股份有限公司的规定办理。见"国营企业"。

(方文霖　陈乃新　王顺兰)

国有企业不良资产清理（checkup on bad assets of national-owned enterprises） 国有企业在清产核资工作中清理出来的逾期应收账款或呆账、有问题的长期投资、闲置以及毁损、待报废或报废固定资产、超储积压的商品或材料等的管理。是为进一步巩固清产核资成果，强化国有企业财产基础管理工作，促进企业提高资产配置质量，根据国务院《国有企业财产监督管理条例》和全国清产核资总体工作方案而制定。

国有企业不良资产清理是指在全国范围内对国有企业在清产核资中清出的各类不良资产，分批组织进一步复核清理和分类排队，认定可能回收项目或资产，并组织登记、回收、追索或委托监管的工作。开展国有企业不良资产清理工作的目的是，以全国清产核资工作为基础，促进企业不良资产的转化，解除部分企业间的债权、债务关系，推动闲置资产的调剂利用，减少资产损失，帮助企业解决实际问题，建立健全国有企业资产合理配置的有效机制，树立企业资信观念，维护国有资产的完整与安全。

国有企业不良资产清理工作，采取统一组织和企业自愿参加相结合的原则进行。凡是在清产核资中清出的各类不良资产，企业在清产核资结束后两年内尚未自行积极组织处置的，均应纳入统一清理和回收范围。

清理复核和登记汇总 国有企业不良资产的清理工作，由各级清产核资机构负责组织。中央企业的清理工作可委托所在地清产核资机构办理。对不良资产的复核清理工作，要以实事求是的原则，按照清产核资规定的财产清查方法严格进行。对企业在清产核资中申报的各项不良资产要组织逐项认定，对当时遗漏或清产核资后期所发生的不良资产，可由企业按照清产核资的有关规定进行申报，经企业主管部门和同级清产核资机构批准后，纳入统一清理范围。企业在不良资产复核清理的基础上，要对各类不良资产进行分类排队，分别列出可回收和不可回收项目（或资产）清单，并对可能回收项目（或资产）组织认定。企业对清出的可回收和不可回收的不良资产，要分别按照类别、名称、数额、发生时间、基本原因、债务单位等进行详细登记造册，并经企业主管部门复核后，上报同级清产核资机构。

逾期账款及呆坏账的追索 凡企业在清产核资工作中清理出来的实际已经发生的逾期应收账款及呆（坏）账，均须纳入此次不良资产的专项清理和追索范围之中。

国有企业在清产核资中经批准作冲销国家资本金处理的呆（坏）账，除有司法证明材料证实无法追索的，均要向同级清产核资机构办理债权追索委托手续，做到账销案存。

企业呆（坏）账债权的委托追索，可由同级清产核资机构承担接收，企业在委托呆（坏）账债权追索时，需提交经企业法定代表人签字的呆（坏）账委托追索书，并提供每笔呆（坏）账追索的具有法律效力的债权凭证。

清产核资机构在接收呆（坏）账债权后，应认真组织力量或指定专门机构，对呆（坏）账债务人的经营情况进行调查确认，对有能力偿还的债权依法组织收回；对暂时偿付有困难而又确有收回可能的债权建立跟踪监督制度；对确属无法收回的呆（坏）账予以确认，并向债权人及时反馈情况。无法收回的呆（坏）账予以确认，并向债权人及时反馈情况。

债务人必须履行偿债义务，各级清产核资机构应依法清理的情况是：（1）债务企业有意拖欠形成逾期账款或呆（坏）账的。（2）债务企业挪作他用形成逾期账款或呆（坏）账的。（3）债务企业无正当合法理由撕毁合同形成逾期账款或呆（坏）账的。

各级清产核资机构应按照债权人要求对债务人进行跟踪监督，视经营情况随时进行清理的情况：（1）债务企业因"三角债"等客观原因一时无力偿还的。（2）债务企业暂时处于停产、歇业、整顿状态，今后有可能复苏的。（3）债务企业债权债务发生转移，整体经营状况处于改善趋势的。

对已作核销国家资本金处理的呆（坏）账，企业不积极追索或拒不委托追索，又无合法依据证明，各级清产核资机构经核实后应责成企业重新进行清产核资，并按有关规定对当事人或经营者进行必要处罚。对由此造成国有资产损失的，应移交司法部门处置。各级清产核资机构应在本地区内，积极组织企业间拖欠债务的相互清缴和账务对冲，帮助部分企业解除债务，实现正常生产经营秩序。

不良投资委托监管 凡在清产核资中纳入长期投资清查范围，企业以资金、设备、技术、物资、土地等对其他单位投资、合资、联营、入股、参股等的股权或资本金份额，经资金核实后确认为不良长期投资的，均在此次清理范围之中。

企业在清产核资后，必须加强对各类不良长期投资的管理，对因自身原因不能直接参与管理或已失去控制的长期投资，可向同级清产核资机构提出委托监管的申请，经协调交由受资企业所在地清产核资机构进行委托监管。

同级清产核资机构在接到企业要求委托监管不良长期投资的申报，并经核查确认有关投资手续后通知受资企业，依法履行监管权利，其具体内容如下：（1）定期了解受资企业的财务变化情况。（2）有权提出对受资企业经营进行审计的建议。（3）有权对受资企不合理的支出提出意见。(4)有权要求受资企业在具备偿付能力时优先履行回报义务等。

受资企业在接到投资方及被委托监管机构的通知后,应定期、及时、准确地报告本企业经营管理情况,其具体内容如下:(1)投资项目的运行现状。(2)投资项目的盈利(或亏损)数据。(3)投资项目的运行目标及执行情况等。

接受委托监管的清产核资机构应积极履行监督管理职责,帮助受资企业加强管理提高经济效益,并定期向委托方提供投资项目的运行情况。各地方的清产核资机构要相互配合,不得无故拒绝地方的委托。

闲置资产的清理和调剂 闲置资产是指企业在清产核资中清理出来的属于两年以上未使用的固定资产,以及有回收价值的应报废、待报废等固定资产,或有回收价值的超储积压或过期商品和材料等实物资产。

企业对清产核资清理出的各类闲置实物资产要认真复核、分类排队,并积极组织自行处置。对企业有能力自行调剂、利用的闲置资产,鼓励和支持企业自行处置;凡是企业在清产核资后两年内没有组织处置或无力处置的闲置资产,均应参加清产核资机构指定的专职机构的调剂。

对价值较低、技术水平较差的闲置资产,由企业或资产转让机构按照市场交易价值组织调剂;对价值较高、大型或特大型或引进设备等闲置资产,其调剂价格要严格按照资产评估管理方法,由具有评估资格的资产评估中介机构进行评估后确定,并通过定期发布信息、公开拍卖等多种方式进行。鼓励本地区国有企业间相互置换需用的闲置资产,并由清产核资机构按照现行有关规定核增或核减企业固定资产,对其差额部分由交换单位协商或由使用单位补足。

对国家明令淘汰、限制使用的设备,企业主管部门及各级清产核资机构要严格把关,及时予以销毁,防止流入生产领域,给国家造成新的损失。

所有企业应积极开展闲置资产的处理,对尚有修复利用价值的资产应及时组织修复处理,对只有残余价值的资产也要积极回收。凡闲置时间在两年以上的资产,企业不积极作处理调剂,各级清产核资机构应采取有效措施纳入调剂范围;企业因长期闲置及拒绝清理造成资产报废的,应追究有关当事人责任。

(苏丽娅)

guoyou qiye changzhang de zeren
国有企业厂长的责任(liability of state-owned enterprise managers) 有关全民所有制企业的法律、法规规定的企业厂长的责任。国有企业不是历史的概念,无论现在还是将来,国有企业都将作为一种稳定的主体存在。这种状况不仅仅局限在我国,西方国家同样需要保留国有企业。在我国,随着国有企业改革的深化,部分国有企业转变为公司制,另一部分将按照国有企业的本来面目保存下来,作为国家经济调控的载体。厂长的责任指这部分企业的厂长应承担的责任。

按照国有企业的属性,其承担的责任有两个方面:执行国家经济政策和从事经营性活动。因此,厂长的责任应当围绕着两项职责设定。主要包括:(1)对国家的政策执行责任。厂长应根据宏观经济计划目标,制定企业年度经营目标并组织实施该计划。(2)对社会公众的责任。厂长应当通过严格的质量管理,保障产品质量达到根据规定的标准。(3)对企业内部职工的责任。厂长应不断改善企业的劳动条件、重视安全生产、环境保护,改善职工的物质文化条件。(4)非国家经济政策导致财产损失的工作责任。企业经营管理不善,造成经营性亏损,厂长对企业财产的经营后果负有直接的经营责任。其责任形式可以是行政或经济处罚。

(阎文军 邓卫卫)

guoyou qiye de yiwu
国有企业的义务(obligation of state-owned enterprise) 国有企业依照法律规范必须为一定行为或不为一定行为的责任。企业的义务是相对于企业的权利而言的。全民所有制企业的权利和义务相互依存、不可分割,企业只有认真履行义务才能保证其权利的正确行使。企业享有权利、履行义务都是为了保证企业的生产经营活动的顺利进行,以实现其根本任务。依据《中华人民共和国全民所有制工业企业法》的相关规定,企业必须完成指令性计划;必须履行依法订立的合同;必须保障固定资产的正常维修、改进和更新设备;必须遵守国家关于财务、劳动工资和物价管理等方面的规定,接受财政、审计、劳动工资和物价等机关的监督;必须保证产品质量和服务质量,对用户和消费者负责。企业必须提高劳动效率,节约能源和原材料,努力降低成本。企业必须加强保卫工作,维护生产秩序,保护国家财产;必须贯彻安全生产制度,改善劳动条件,做好劳动保护环境保护工作,做到安全生产和文明生产;应当加强思想政治教育、法制教育、国防教育、科学文化教育和技术业务培训,提高职工队伍的素质;应当支持和奖励职工进行科学研究、发明创造,开展技术革新、合理化建议和社会主义劳动竞赛活动。

(方文霖)

guoyou qiye fa
国有企业法(state-owned enterprise law) 国有企业法可从狭义和广义两种意义上来理解。广义的国有企业法是指调整和规范国有企业设立、组织、运行、管理、变更、解散等行为的规范性文件。狭义的国有企业法是指1988年4月13日全国人民代表大会第一次会议通过的《中华人民共和国全民所有制工业企业法》，该法除适用于国有工业企业外，其原则也适用于全民所有制交通运输、邮电、地质勘探、建筑安装、商业、外贸、物资、农林、水利企业。

国有企业法的立法目的是确定国有企业在社会主义市场经济中的法律地位，明确国有企业和作为国有企业唯一出资人的国家在企业中的权利和义务，以及企业与政府的关系，使其真正做到自主经营、自负盈亏、自我发展和自我约束，从而不断壮大国有经济。国有企业法的主要内容包括：企业的法律地位，设立程序，企业生产经营管理制度，企业的权利义务，内部机构的设置和企业的合并、分立、转产、关闭、整顿制度，企业破产清算制度，法律责任等。

伴随着国有企业改革的进程，我国一系列的法律法规相继制定出来，国有企业立法已逐渐完善。

（方文霖）

guoyou qiye jingyingquan
国有企业经营权（management right of state-owned enterprise） 在我国经济体制改革过程中，针对国有企业转换经营机制的要求，而逐渐形成的国有企业对国家财产所享有的生产经营管理的权利。1986年《民法通则》第82条赋予全民所有制企业对国家授权其经营管理的财产以经营权。1988年《全民所有制工业企业法》第2条第2款对经营权及其具体内容规定为"企业的财产属于全民所有，国家依照所有权和经营权分离的原则授予企业经营管理。企业对国家授予其经营管理的财产享有占有、使用和依法处分的权利"。该法列举了13项经营权；1991年的《全民所有制工业企业转换经营机制条例》着重对企业经营权和企业自负盈亏的责任作了具体规定，并将企业经营权的具体内容细化为14项。党的十四届三中全会通过的《关于建立社会主义市场经济体制若干问题的决定》以及随后的《公司法》已不再使用"国有企业经营权"这一提法，而换用"企业法人财产权"这一术语。由于认为作为投资者的国家对企业拥有所有权，所谓的"企业法人财产权"，其本质上仍是一种在原有国有企业经营权基础上扩大了范围的经营权。1994年国务院颁布的《国有企业财产监督管理条例》第四章专门对"企业法人财产权"作了系统规定："企业享有法人财产权，依法独立支配国家授予其经营管理的财产。政府和监督机构不得直接支配企业法人财产。除法律、行政法规另有规定外，政府和监督机构不得以任何形式抽取注入企业的资本金，不得调取企业财产，不得以任何名义向企业收取任何费用。"这实际上也是对国有企业经营权的规定。

我国法学界关于企业财产权性质的理论，早期受苏联"双重所有权"（国家享有信托人所有权、企业享有受托人所有权）理论、经营管理权理论的影响，提出了种种学说：用益权说、经营权说、结合权说、双重所有权说、综合权说等。由于受当时认识条件及实践的限制，其认识都在不同程度上局限于经营权的范围，只不过对其具体权利种类的归纳有所差异，即使双重所有权说也仅将经济意义上的所有权赋予企业，而投资者仍享有法律意义上的所有权，其实企业所享有的不过是范围广一点的经营权。

依有些学者归纳，国有企业经营权由国家将其所有权中分离出去的一定范围的占有、使用、收益和处分四方面的权能组成。占有权是企业对国有的固定资产和流动资金实际控制的权利，是企业从事生产经营活动的基础，也是企业享有其他财产权的前提。占有权是一种静态的、实际控制财产的权利，企业享有直接的占有权，国家只享有间接的占有权。使用权是指企业依法地独立利用国有财产的权利，企业有权在国家计划指导下，自行安排生产社会需要的产品或者为社会提供服务，企业有权依照国务院规定支配使用留用资金。收益权是指企业通过利用国有财产而获取一定利益的权利。企业作为以营利为目的的经济组织，即使是国有企业，只有赋予其分享经营收益的权利才能提高其经济运作的效率。处分权是企业依法享有的对生产资料和劳动产品进行事实上和法律上处分的权利。处分权是企业对外开展经营活动的基础，否则就无法与交易相对方就原材料和产品进行交易。依我国法律，国有企业处分权包括生产经营计划权、经营方式选择权、定价权、产品自销权、物资选购权、投资权、固定资产处分权。我国相关立法依国有企业经营权的具体内容而将其分为企业生产经营决策权、投资决策权、产品定价权、进出口经营权、劳动、人事、分配权等内容。

（魏继华 于挚隆）

guoyou qiye xingwei
国有企业行为（act of state-owned enterprise） 国有企业参与经济活动以实现国家目的和参与市场竞争的行为。

国有企业作为由国家出资组建的经济实体，其存续始终担负着弥补市场失灵的任务。国有企业是一种新的经济主体，国有企业行为的方式和行为的范围与一般企业有别。国有企业是向社会提供公共产品或服务，其经营的范围是公共产品，如道路、邮政、电信等基础产业，这些领域一般投资大、资金回收期长，私人企业不愿介入或无力介入。而其经营的行为中，企业也不能以追求利润为唯一目标。这些方面，使得国有企业不能采取"灵活多样"的措施提高经济效益,同其他企业形态相比较,社会效益也是国有企业行为的主要目标。

国有企业行为的国家目的性,源于企业财产所有权的外在性。国有企业由中央或地方政府出资,出资者拥有企业财产的全部或部分所有权,企业拥有经营权。企业的生产经营行为受出资者的控制。所有者对企业进行控制的理由,是保证企业行为的目标为公共利益服务。这一特性,表现在企业行为的各个方面:从企业的设立到企业的终止需经过批准;存续期间的重大经营行为受到限制,如企业的重要资产处置、企业形式的改变、企业主要负责人的安排等,均需要经政府有关部门的批准。

国有企业作为生产经营单位,要向社会提供物品和服务以保证取得一定的营业收入,因而国有企业自然具有追求收入增长和提高效率的行为动机,这就是国有企业作为企业的市场竞争性。国有企业的市场竞争性主要表现在企业行为的独立性。企业要进行生产,必须面向市场,灵活调节产品的生产结构,因而国有企业应当具有经营自主性。

国有企业行为的两重性,表现为追求国家公共目标和实现企业效率的统一。然而,国有企业的国家目的性与企业行为的市场竞争性之间存在矛盾。国家在贯彻政策目标的过程中,就需要在这两重性之间进行权衡。在不同的历史发展阶段,西方国家国有化、民营化的交替出现,就是国有企业的两重性之间内在矛盾的反映。西方国家自20世纪30年代以来,无论是实行国有企业私有化,还是通过国有化增强国家对企业的调控权力,都是这种两重性的表现。英国保守党在50年代的执政过程中,曾把工党执政时期建立的一些国有企业,如钢铁工业和运输业中的一部分企业私有化,但在其后,工党在60年代、70年代的两度上台执政期间,又掀起了更大的国有化运动,使英国的国有化走在西方国家的最前列。法国在戴高乐政府、密特朗政府执政期间,两度掀起国有化高潮,对前任政府的私有化政策和措施予以纠正,推动国有经济发展到了更大规模。80年代,英国的撒切尔政府和法国的希拉克政府都推行私有化政策。

总之,国家目的性与市场竞争性的对立统一,是国有企业的固有属性。在我国,应当注意协调二者的关系,保障国有企业稳定发展。　　　(张　鹏　孙媛媛)

guoyou senlin ziyuan chanquan guanli

国有森林资源产权管理(management of forest reserves right)　国有森林资源包括国有林地、林木其产权归属、产权登记和经营范围的确定的管理。在实行产权管理过程中,全国国有林业单位(包括国有林区林业局、国营林场、自然保护区、国营苗圃、森林公园等)和非林业单位使用的国有林地及经营的国有林木,其产权登记以及产权管理的日常工作,由国有资产管理部门委托同级林业主管部门办理,东北、内蒙古国有林区的产权登记和日常管理工作由林业部或林业部派出的机构办理。每年将产权管理和产权登记情况汇总后报同级国有资产管理部门。因国家建设、勘察设计、修筑工程设施、开采矿藏占用国有林地,致使林地产权发生变更,且林地变为非林地的,经林业主管部门同意后,由土地管理部门办理土地使用权变更手续,核发《国有土地使用证》。按照国务院《国有资产评估管理办法》的有关规定精神,国有森林资源资产评估管理办法由国家国有资产管理局和林业部共同制定,报国务院批准执行。森林资源资产的占有单位发生森林资源资产产权变动时,应向当地林业行政主管部门提交森林资源资产产权变动申请书及有关材料。资格审查合格后,国有森林资源资产产权变动由上一级林业行政主管部门审批。

国有林地、林木资产登记、定级、估价以及林地使用情况复核所需费用,由林业主管部门按照有关规定收取。　　　　　　　　　　　　　(王　丽)

guoyou senlin ziyuan guanli

国有森林资源管理(the administration of national forest resources)　国有林地、林木资源的管理体制和管理方法。根据国家国有资产管理局、林业部《关于加强国有森林资源产权管理的通知》(1993年5月27日)的规定,国有森林资源产权归属、产权登记和经营范围的确定,以县以上地方人民政府和国务院授权部门核发的《国有林权证》(或《山林权证》)为准。在实行产权管理过程中,全国国有林业单位(包括国有林区林业局、国营林场、自然保护区、国营苗圃、森林公园等)和非林业单位使用的国有林地及经营的国有林木,其产权登记以及产权管理的日常管理工作,由国有资产管理部门委托同级林业主管部门办理,东北、内蒙古国有林区的产权登记和日常管理工作由林业部或林业部派出的机构办理。每年将产权管理和产权登记情况汇总后报同级国有资产管理部门。

国有森林资源管理的主要内容包括:(1)国家设立专职机构对国有森林资源进行统一管理。国务院设立林业部主管全国工作,各级地方政府设立林业部门管理本地区林业工作。林业主管部门的主要职责是组织林业资源的调查、确认权属;制定林业发展规划和林木经营方案;监督森林培植、种植和经营管理活动,管理和监督森林采伐利用;森林保护管理,包括建立、健全护林机构,森林防火及病虫害的防治,严禁毁林开荒及乱砍滥伐,建立自然保护区等。(2)国家设立林业执法机构维护林区治安,打击破坏森林资源的犯罪分子,保护森林资源。(3)国有森林资源实行多种经营体制。对成片国有森林、林地等,主要由国营林业局、国营林场统一经营管理;对机关、团体、部队、学校以及全民所有制企业等单位营造的林木,由营造单位自主经营;对宜林荒山荒地,可以由集体或者个人承包造林。国家支付承包造林费的,所造林木归国家所有;其他情况除按承包合同规定外归承包者所有。

(马跃进 裴建军)

guoyou tudi

国有土地(national land) 有广义、狭义之分。广义的国有土地,是指一个国家主权管辖的地球上某一部分的地域空间,包括一个国家的陆地、河流、湖泊、内海、领海大陆架及它们的下层和它们(大陆架除外)的上空。狭义的国有土地,是指所有权属于全民所有的土地,即国家所有的土地。在我国,狭义的国有土地包括依据《宪法》和《土地管理法》的规定,国家划拨给国有企、事业单位使用的土地;城市市区土地;城镇建设已经使用的土地;国家建设依法征用集体所有的土地;国家划拨给机关、企事业单位、军队的农、副、伙生产和职工家属生产使用的土地等。

国有土地的特征 包括物质特征和社会特征。国有土地的物质特征是指土地本身所具有的性质,与其他生产资料相比,其特征是:土地面积的有限性;土地本身的不可替代性与非再生性;土地空间位置的固定性;土地使用价值的永续性、广泛性。国有土地的社会特征是土地的国家垄断性和可改良性。

国有土地管理 国家依法对国有土地的清理、规划、开发与保护进行计划、组织、协调与监督等行政管理活动的总称。国有土地管理的内容包括:(1)搞好土地管理的法制工作,制定国家和各级地方政府的土地法和各种资源的保护法,对城市、农村和专用土地进行全面管理;(2)制定和实施土地调查、登记、统计和审批管理制度;(3)建立和调整相应的土地管理机构,并开展土地管理法规的宣传教育;(4)对乱占、乱用土地的现象进行综合治理。我国国有土地管理当前的重点工作是加强对土地资源的保护,在城镇、工矿、道路、各种公用设施和农村居民点等基本建设中,周密规划和严格控制占用的土地,特别防止占用大量耕地。在采矿和工程开发中,要按规定实现土地复垦。除此之外,土地管理部门可配合有关部门,坚持植树造林,禁止毁林开荒、破坏草原,控制水土流失和土地沙漠化、石质化的发展,促进生态环境良性循环。

(马跃进 裴建军)

guoyou tudi dengji

国有土地登记(the registration of national land) 国家确认国有土地权属及其性质,并借以了解该土地所在位置、数量、质量和用途等状况的一项法律制度。土地登记是处理土地权属争议和土地纠纷的重要依据,只有办理土地登记的土地权利,才是合法、受法律保护的土地权利。土地登记按登记的有关事项内容可分为初始登记、变更登记和注销登记。县级以上人民政府土地管理部门负责对国有土地使用权的出让、转让、出租、抵押、终止及有关的地上建筑物、其他附着物进行登记和监督检查。

(马跃进 裴建军)

guoyou tudi shiyongquan

国有土地使用权(the use right of national land) 依照法律规定所取得的对国有土地开发利用的权利,包括对国有土地的占有、使用、一定的收益和一定意义上的处分权。国有土地使用权可依法定方式划拨、确定或转让给全民所有制单位、集体所有制单位、个人、三资企业或外国组织使用。

国有土地使用权的确认 全民所有制单位、集体所有制单位以及个人都可以依法取得除地下资源、埋藏物和市政设施之外的国有土地使用权,进行土地开发、利用和经营。单位和个人依法使用的国有土地,由县级以上地方人民政府登记造册,核发国有土地使用权证书,确认使用权。从土地使用权人手中依法转让取得国有土地使用权,应进行变更登记,更换土地证书。

国有土地使用权的取得方式 主要有四种:(1)依法确定或划拨取得。具有相应权限的政府机构可以依照法律规定将一定的国有土地划拨或确定给一定的社会组织、经济组织和个人使用。(2)有偿转让取得。城镇国有土地依法可以用出让、转让、出租和抵押、变卖等方式取得土地的使用权。(3)开发取得。经县级以上政府批准,开发国有荒山、荒地、滩涂用于农、林、牧、渔业生产的,开发单位可因其开发行为取得国有土地的使用权。(4)复垦取得。企业用自有资金或者贷款进行土地复垦的,复垦后可以取得该国有土地的使用权。

国有土地使用权的收回 《中华人民共和国土地管理法》第58条规定,有下列情形之一的,由有关人民政府土地行政主管部门报经原批准用地的人民政府或者有批准权的人民政府批准,可以收回国有土地使用权:(1)为公共利益需要使用土地的;(2)为实施城市规划进行旧城区改建,需要调整使用土地的;(3)土地出让等有偿使用合同约定的使用期限届满,土地使用者未申请续期或者申请续期未获批准的;(4)因单位撤销、迁移等原因,停止使用原划拨的国有土地的;(5)公路、机场、矿场等经核准报废的。另外,第37条规定,已经办理审批手续的非农业建设占用耕地,连续

2年未使用的,经原批准机关批准,由县级以上人民政府无偿收回用地单位的土地使用权;该幅土地原为农民集体所有的,应当交由原农村集体经济组织恢复耕种。

(马跃进 裴建军)

guoyou tudi shiyongquan churang

国有土地使用权出让(the selling of national land use right) 国家以土地所有者的身份将土地使用权在一定年限内让与土地使用者,并由土地使用者向国家支付土地使用权出让金的行为。土地使用权的出让条件由市、县人民政府土地管理部门、城市规划和建设管理部门、房产管理部门确定,土地管理部门实施;土地使用权的出让合同由土地管理部门按照平等、自愿、有偿的原则与土地使用者签订;土地使用者交付土地使用权出让金后,方可办理登记、领取土地使用权证;土地使用者未按合同规定的期限和条件开发利用土地,土地管理部门可以采取纠正、警告、罚款、无偿收回土地使用权等措施;土地使用权出让可以采取协议、招标、拍卖等方式。

(马跃进 裴建军)

guoyou tudi shiyongquan chuzu

国有土地使用权出租(the leasing of use right of national land) 国有土地使用者作为出租人将国有土地使用权随同地上建筑物、其他附着物租赁给承租人使用,由承租人向出租人支付租金的行为。土地使用权出租应当签订租赁合同;出租人应当履行土地使用权出让合同并办理登记;未按出让合同规定投资开发和利用土地的,土地使用权不得出租。

(马跃进 裴建军)

guoyou tudi shiyongquan diya

国有土地使用权抵押(the mortgage of use right of national land) 国有土地使用者与他人有债务关系时,将国有土地使用权作为债务履行的担保,在不能履行债务时,债权人有权将用作担保的土地使用权按合同规定予以处分,并以处分收益补偿土地使用者所欠债务的行为。国有土地使用权抵押人与抵押权人应当签订抵押合同,并办理抵押登记,国有土地使用权抵押合同不得违背该国有土地使用权出让合同。国有土地使用权抵押时,其地上建筑物、其他附着物随之抵押;地上建筑物、其他附着物抵押时,其使用范围内的土地使用权随之抵押。抵押人到期未能履行债务或在抵押合同期间宣告解散、破产的,抵押权人有权依照法律法规和抵押合同的规定处分抵押财产;因处分抵押财产而取得土地使用权和地上建筑物、其他附着物所有权的,应当按规定办理过户手续;抵押权因债务清偿或者其他原因而丧失的,应当按规定办理注销登记。

(马跃进 裴建军)

guoyou tudi shiyongquan zhuanrang

国有土地使用权转让(the transfer of national land use right) 国有土地使用者将国有土地使用权再转移的行为,包括出售、交换和赠与。国有土地使用权转让时,应当签订转让合同,国有土地使用权的权利和义务随之转移,其地上建筑物、其他附着物所有权随之转让,但应办理过户手续。转让地上建筑物、其他附着物所有权时,其使用范围内的国有土地使用权随之转让,但地上建筑物、其他附着物作为动产转让的除外。土地使用权转让价格明显低于市场价格的,市、县人民政府有权优先购买,土地使用权转让价格不合理上涨时,人民政府可以进行干预。改变土地用途的,应当重新签订土地使用权转让合同,并办理登记。

(马跃进 裴建军)

guoyou tudi youchang shiyong

国有土地有偿使用(the system of compensated use of national land) 国家把一定年限的土地使用权出让给土地使用者,同时要向土地使用者收取一定的费用。土地使用权出让基本原则是土地所有权和使用权必须分离。有偿用地应该是平等、自愿、有偿的原则,充分合理利用土地的原则,不允许土地闲置。出让方式包括招标、拍卖、协议以及一种新的形式——挂牌。挂牌实际上是介于拍卖和招标之间的一种形式。挂牌更多地体现为一种公示制度,挂牌之后,公示期间,谁都可以竞投。出让最高年限主要分三大类规定:居住类是70年,包括住宅、别墅、公寓;商业类是40年,主要含商业、娱乐、宾馆、金融等;其他类是50年,包括工业、办公、文教、体育、科技等。国家实行国有土地有偿使用制度,有利于合理地利用土地,减少不必要的浪费,同时也是国家作为土地所有者的收益权得以实现的有力保障。

(包剑虹)

guoyou zhuanye yinhang

国有专业银行(state-owned professional bank) 国家独资或控股的从事某一方面信用业务的银行机构。在我国,国有专业银行是特定历史阶段的产物,是在中国人民银行独立行使中央银行职能后,按照所在行业或领域及其业务范围对银行进行分类的产物。国有专业银行担负着相关行业或领域的金融服务的任务,既包括商业性金融服务,也包括政策性金融服务。1994年以前,中国工商银行是办理工商信贷和城镇储蓄业务的专业银行;中国银行是国家外汇、外贸专业银行;

中国人民建设银行是办理固定资产投资的国家专业银行;中国农业银行是办理农村金融业务的专业银行。四大国有专业银行在业务、人员和资金上依附于政府,产权不清晰,权责不明确,造成经营效率的极其低下。1994年,三家政策性银行成立,将四大专业银行的政策性金融业务剥离。根据党的十四届三中全会精神和《国务院关于金融体制改革的决定》及其他文件,要将四大国有专业银行改造为现代商业银行。1995年通过的《商业银行法》进一步确立了四大国有专业银行的改革方向。目前,四大国有商业银行正向具备现代企业制度的股份制银行改革和转变。　　(卢 亮)

guoyou zichan

国有资产(state-owned assets) 属于国家所有的资产。包括两类:自然界自身运动形成的资产(如土地、河流、森林、矿藏等)和人类自身的生产活动中创造、加工、开发和利用形成的资产。国有资产的范围包括:(1)国家以各种形式对企业的投资和投资收益;(2)国家向行政事业单位拨款所形成的资产;(3)由于国家财政预算内支出,或虽未列入预算但实质上是属于国家资金的支出所形成的资产;(4)接受馈赠而取得的资产;(5)在中国境内的无主资产,除法律另有规定外,应认定为国有资产;(6)其他依法应属于国有的资产。国有资产的存在形态主要有以下六类:(1)经营性资产和非经营性资产;(2)不动产及其附属物;(3)实物形态的资产及其附属物;(4)知识产权、商誉及相当于上述权利的其他无形资产;(5)货币、有价证券以及出资形成的权利;(6)基于"资源性国有资产"的占有所形成的权利(如土地使用权、租借保有权、采矿权等)。

经营性国有资产 也可称为"企业国有资产"。具体指国家作为投资者,投资于企业用于生产经营领域,并以此为物质基础来实现增值和提高效益的国有资产及其权益。即以营利为目的投入经营的国有资产。包括:生产、流通等领域从事经营的企业,而且包括一些服务行业、实行企业化管理的事业单位或利用非经营性国有资产创收的单位。经营性国有资产通过不断的运动实现自身的价值和增值,其经营方式也是多种多样(如直接经营、间接经营、承包经营、股份经营、联合经营等)。经营性国有资产是国有资产中最活跃、最重要的部分,也是国有资产增量不断扩大的基础。

非经营性国有资产 经营性国有资产的对称。主要指行政事业单位不以营利为目的国有资产及没有启用的国有资产。非经营性国有资产由各级党政机关、人民团体、科学、教育、卫生、体育等机构,用于非生产经营活动,以此实现各自的行政或社会公益服务职能。这类资产在使用过程中虽然也存在自身价值的保值问题,但一般不能实现自身价值的增值,其使用单位的开支主要依赖于国家预算。

资源性国有资产 大自然形成的,通过开发利用可以成为具有价值和使用价值的国家自然资源(如土地、山岭、草原、滩涂、矿藏、水流、森林等)。资源性国有资产一般委托给有关地质、矿产、土地、海洋等资源部门监管。

扶持性国有资产 "国家扶持基金"以及因享受税前还贷、以税还贷政策形成的资产中国家税收应收未收部分。可以按照国家有关规定,单独列账。国家对扶持性国有资产保留特定条件下的最终处理权,但不参与管理和收益。

待界定资产 在进行国有资产产权界定工作中,因情况复杂,既无确切根据将其界定为国有资产,又无准确规定将其界定为非国有资产的资产,即一时难以界定清楚产权关系的资产。　　(李 平　陈岚君)

guoyou zichan baozhi zengzhi kaohe

国有资产保值增值考核(examination of value maintenance and increase of state-owned assets) 国家对国有企业各种形式的投资以及投资收益形成的,或者依法认定取得的国家所有者权益的考核。具体包括资本金、资本公积金、盈余公积金和未分配利润等。用公式表示为:国有资产(国家所有者收益)=国家资本＋专用拨款及各项建设基金形成的资本公积＋(资本公积－专用拨款及各项建设基金形成的资本公积＋盈余公积＋未分配利润)×国家资本÷实收资本。

国有资产保值是指企业在考核期内期末国家所有者权益等于期初国家所有者权益。国有资产增值是指企业在考核期内期末国家所有者权益大于期初国家所有者权益。国家国有资产管理局、财政部、劳动部于1994年12月31日颁布《国有资产保值增值考核试行办法》,自1995年1月1日起执行。

国有资产保值增值考核 国有资产保值增值考核以考核期企业财务报告中的所有者权益价值为依据,暂不考虑货币时间价值以及物价变动因素的影响。国有资产保值增值指标为:国有资产保值增值率＝(期末国家所有者权益÷期初国家所有者权益)×100%。企业国有资产保值增值率等于100%,为国有资产保值;国有资产保值增值率大于100%为国有资产增值。亏损企业暂用减亏额作为保值增值指标。为了准确考核企业国有资产保值增值状况,国家在考核企业国有资产保值增值的同时,还应参考国有资产的经营效益指标。具体包括:(1)净资产收益率＝(税后净利÷所有者权益)×100%;(2)总资产收益率＝(税后净利÷资产总额)×100%;(3)成本费用利润率＝(利润总额÷成本费用总额）×100％。企业国有资产保值增值考核一般以年度作为考核期。由于特殊原因需要缩短或延长的，由国有资产管理部门决定。国有资产保值增值指标考核值由国有资产管理部门核定，会同财政部门下达。国有资产保值增值指标考核值按下列程序核定：企业提出国有资产保值增值指标考核值申报方案和达到考核标准的具体实施方案，连同必要的说明材料，在考核年度开始之后两个月内报送国务院授权的监督机构（以下简称监督机构）和国有资产管理部门；监督机构对企业提出的国有资产保值增值指标值申报方案以及具体实施方案进行审查汇总后，在一个月内报同级国有资产管理部门核定。

企业总结分析报告 考核年度终了，企业按照批准的保值增值指标考核值和具体实施方案对实际执行情况和结果进行检查、总结。总结分析报告连同财务报告及时报送监督机构和国有资产管理部门。监督机构对企业总结分析报告及监事会提交的工作报告汇总后提出处理意见，报同级国有资产管理部门会同财政部门核定。企业总结分析报告应包括以下内容：（1）考核期扣除客观因素后，企业国有资产保值增值指标的完成情况及因素分析。（2）具体客观因素。主要包括：在考核期内因国家对企业的各种投资增加的资本金；在考核期内因国家专项拨款、各项建设基金增加的资本公积金；在考核期内企业由于国家对企业实行先征收后返还办法增加的资本金或资本公积金；在考核期内企业按国家规定进行资产重估、评估增加或减少的资本公积金；在考核期内企业按国家规定进行清产核资增加或减少的所有者权益；在考核期内企业接受捐赠增加的资本公积金；在考核期内国有资产管理部门确认的其他增加或减少所有者权益的因素。（3）其他需要说明的情况和问题。（4）进一步做好国有资产保值增值工作的措施、意见。（5）企业国有资产保值增值指标考核情况表。

厂长（经理）的经营责任 厂长（经理）作为企业的法定代表人，对企业国有资产保值增值承担经营责任，并与其个人收入挂钩。（1）完成核定的国有资产保值增值指标和其他有关指标考核值的厂长（经理），可按《国有企业厂长（经理）奖惩办法》和国家关于国有企业经营者年薪制的规定，取得基本收入，并视保值增值指标及有关考核指标的完成情况获取风险收入；没有完成核定的保值增值及有关考核指标考核值的，不得获取风险收入，并适当扣减基本收入。（2）对连续超额完成国有资产保值增值指标考核值的厂长（经理），可适当增加其风险收入。对无特殊原因连续两年未完成核定的国有资产保值增值指标考核值的企业厂长（经理），按有关规定予以经济和行政处罚。具体奖惩办法由国家国有资产管理局会同有关部门根据《国有企业厂长（经理）奖惩办法》和国有企业经营者年薪制办法另行作出具体规定。（3）由于经营管理不善和决策失误或其他主观原因，使企业国有资产遭受损失的，依情节轻重和损失大小按有关规定对企业厂长（经理）和责任人予以核减基本收入、免职，并追究其经济、行政直至法律责任。（4）企业在上报保值增值指标完成情况时，有弄虚作假行为的，要追究厂长（经理）和责任者的经济、行政直至法律责任。

（马跃进 师湘瑜）

guoyou zichan chanquan dengji
国有资产产权登记（title registration of state-owned assets） 国有资产管理部门代表政府对占有国有资产的各类企业的资产、负债、所有者权益等产权状况进行的登记。依法确认产权归属关系的行为。国有企业、国有独资公司、持有国家股权的单位以及以其他形式占有国有资产的企业（以下统称企业），应当依法办理产权登记。产权登记包括：产权占有登记、产权变动登记、产权注销登记。

产权占有登记 已取得法人资格的企业向产权登记机关申办占有产权登记，应填写《企业国有资产占有产权登记表》，并提交以下文件：经注册会计师审查的或财政部门核定的企业上一年度财务报告；国有资本各出资者的出资证明文件；企业章程；《企业法人营业执照》副本；企业清产核资的有关批复文件；企业的出资者是机关、事业单位和社会团体法人的，应当提交《中华人民共和国国有资产产权登记证（行政事业单位）》；产权登记机关要求提交的其他文件、资料。产权登记机关核准企业占有登记后，向企业核发产权登记证。

产权变动登记 企业发生以下变动时：企业名称、住所或法定代表人改变、企业组织形式发生变动、企业国有资本额发生增减变动、企业国有资本出资者发生变动的，应当于工商行政管理部门核准变动登记后30日内向原产权登记机关办理变动产权登记。

产权注销登记 企业解散、被依法撤销或被依法宣告破产的，应当办理产权注销登记。企业解散的，应当在向工商行政管理部门申请企业法人注销登记前30日内，向原产权登记机关申办注销产权登记。企业被依法撤销的，应当于工商行政管理部门批准之日起30日内向原产权登记机关申办注销产权登记。企业被依法宣告破产的，应当自法院裁定之日起60日内由企业破产清算机构向原产权登记机关申办注销产权登记。

企业国有资产产权登记机关 县级以上各级人民政府国有资产管理部门，按照产权归属关系办理产权登记。国有资产管理部门根据工作需要，可以按照产权归属关系委托政府有关部门或者机构办理产权登记。

产权登记年度检查制度　产权登记实行年度检查制度。企业应当于每一年度终了后90日内,办理产权年度检查登记,向国有资产管理部门提交财务报告和国有资产经营年度报告书,报告下列主要内容:(1)出资人的资金实际到位情况;(2)企业国有资产的结构变化,包括企业对外投资情况;(3)国有资产增减、变动情况;(4)国务院国有资产管理部门规定的其他事项。

(李　平　薛　敏)

guoyou zichan chanquan dengji dang'an guanli zhidu
国有资产产权登记档案管理制度(the archives management institution about title registration of national property)　国有资产管理部门在办理产权登记中直接形成的国有资产产权登记表、证书和记载上述信息的计算机软盘以及企业提交的有关文件、证明、报表等具有保存价值的文件材料的管理制度。产权登记档案工作在国家档案局统筹规划、组织协调下,由国有资产主管机关统一领导,实行分级管理,同时接受同级档案行政管理部门和上级国有资产管理部门的指导、监督。产权登记档案管理的任务是收集、整理、保管产权登记档案材料,并提供利用等服务。国有资产管理部门应配备具有专业知识的专职人员负责管理,建立健全工作制度,确保国有资产产权登记档案的完整、准确、系统、安全和有效利用。

立卷与归档　产权登记档案材料归档范围是:(1)经审定的各类国有资产产权登记表。(2)有关部门或单位批准企业、单位设立、变动、终止的文件。(3)国有资本金数额及来源证明。(4)企业章程。(5)经工商行政管理机关批准的企业名称、住所、法定代表人等变更文件及上述事项变更后的《企业法人营业执照》副本复印件。(6)国有资产经营年度报告书。(7)收回的产权登记证书。(8)境外国有资产以个人名义持有国有股权或拥有物业产权办理委托转名法律手续的法律文本(副本)及境外企业产权登记的其他有关材料。(9)行政事业单位产权登记的其他有关材料。(10)载有上述信息的计算机软盘。(11)管理部门需要的其他具有保存价值的材料。产权登记档案的立卷原则:保持文件之间的有机联系,区别不同的保管期限;以户为单位,一户一卷,或一户数卷。产权登记档案的归档方法:(1)产权登记档案的立卷工作应由产权登记人员负责。(2)产权登记人员将办理完毕的产权登记文件材料收集齐全,按《国有资产产权登记档案管理暂行办法实施细则》的要求组成案卷。(3)立成案卷的产权登记档案应及时向本单位档案部门或档案管理人员归档并办理归档手续。(4)产权登记档案在国有资产管理部门保存一定时期后,按国家档案管理的有关规定向同级综合档案馆移交。

保管与利用　产权登记档案应配备专用设备单独存放,不得与其他文件资料混存。做到防盗、防光、防潮、防尘、防虫、防火等。对磁性载体档案,还应做好防病毒等工作。产权登记档案的保管期限分为永久、长期和短期。档案管理人员工作变动时,应将其保管的产权登记档案清点核实,并办理档案移交手续。产权登记档案的排列方法:类——户——年(产权登记)。产权登记档案应编制必要的检索工具以方便查找和利用。本单位工作人员查阅产权登记档案时,需经业务主管领导批准,并向档案管理人员办理登记手续后,方可查阅;外单位人员查阅档案,需持本单位介绍信及本人证件,经主管领导批准,并履行登记手续后,方可查阅。查阅者不得在案卷资料上修改、涂抹、拆取、标注和损毁。未经许可不得擅自抄录、复印。

鉴定与销毁　档案管理人员应定期会同产权登记业务承办人员,对保管的档案材料进行鉴定,对保管期限已满的产权登记档案提出处理意见,报主管领导批准后销毁。档案材料销毁时,应指定两人以上进行监销,注意保密,监销人应在监销清册上签字。已销毁的案卷材料,应在有关条目备注栏内注明。

(苏丽娅)

guoyou zichan chanquan jiufen
国有资产产权纠纷(title dispute of state-owned assets)　有关当事人因财产所有权及经营权、使用权等产权归属不明而发生的争议。包括不同所有制主体之间因资产所有权归属而引起的纠纷,也包括国有单位之间在财产最终所有权属于国家的前提下因管辖权、经营权或使用权等权属不明而引起的纠纷。

产权纠纷处理程序　全民所有制单位之间因对国有资产的经营权、使用权等发生争议而产生的纠纷,应在维护国有资产权益的前提下,由当事人协商解决。协商不能解决的,应向同级或共同上一级国有资产管理部门申请调解和裁定,必要时报有权管辖的人民政府裁定。对国有资产管理部门的裁定不服,可以自收到裁定书之日起15日内,向上一级国有资产管理部门申请复议,上一级国有资产管理部门应当自收到复议申请之日起60日内作出维持、变更或撤销原具体行政行为或责令被申请人补正、限期履行和重新作出具体行政行为的复议决定。全民所有制单位与其他经济成分之间发生的产权纠纷,由全民单位提出处理意见,经同级国有资产管理部门同意后,与对方当事人协商解决。协商不能解决的,依司法程序处理。

国有资产产权纠纷调处　国有资产管理部门依据我国有关法律法规的规定,对发生在国有单位之间的国有资产产权纠纷案件进行行政调解或裁决的行为。国有资产产权调处是一种政府行政行为,属于行政权的范畴。产权纠纷调处的目的是争议各方在自愿的基础上达成和解协议。要坚持"调解为主,慎用裁决"的原则。

国有资产产权纠纷调处委员会 我国专门负责国有资产产权纠纷调处事宜的机构。一般在各级国有资产管理部门中设置。各级调处委员会由不少于5人的委员组成。除国有资产管理部门的人员参加外,还可适当聘请有关专家担任委员,委员会主任须由国有资产管理部门的负责人担任。国家国有资产管理局调处委员会的职责包括:(1)调处中央单位之间的国有资产产权纠纷;(2)调处地方与中央单位之间的国有资产产权纠纷;(3)调处不属于一个省(自治区、直辖市)所辖范围的地区之间的国有资产产权纠纷;(4)处理不属于上述范围之内,但在全国有重大影响的国有资产产权纠纷;(5)审查中央级全民单位在与其他所有制单位发生产权纠纷时提出的协调意见;(6)向国务院报告有关国有资产产权纠纷工作中的重大问题;(7)指导中央部门及地方的国有资产产权纠纷的调处工作。地方各级调处委员会对其所辖范围内的国有资产产权纠纷调处工作负责。

国有资产产权纠纷调处申诉书 当事人之间发生国有资产产权纠纷经双方协商不能解决,一方当事人向国有资产产权纠纷调处委员会请求调处时必须提交的书面文件。申诉书的内容包括:(1)申诉人与被诉人的名称、地址及法定代表人;(2)产权纠纷的主要情况;(3)申诉人的请求及所依据的理由;(4)申诉人的签名(盖章)。提交的调处申诉书应同时附具申诉人要求所依据事实的证明文件。

国有资产产权纠纷调解书 由国有资产产权纠纷调处委员会制作的法律文书,是结束国有资产产权纠纷调处、终结产权纠纷案件的法律形式之一。调解书应当写明申诉请求、案件事实和调解结果。调解书按国家国有资产管理局调处委员会统一制定的格式制作。

国有资产产权纠纷裁决书 由国有资产产权纠纷调处委员会制作的法律文书,是结束国有资产产权纠纷调处、终结产权纠纷案件的法律形式之一。裁决书应当注明申诉人与被诉人的名称、法定代表人、委托代理人,写清案由及裁决的有关法律依据,并告知当事人对行政裁决意见不服可以在规定期限内向上一级国有资产管理部门申请行政复议的权利。

国有资产产权纠纷的行政复议 国有资产产权纠纷当事人对国有资产产权纠纷裁决不服,在法定期限内向上一级国有资产管理部门提出请求的法律程序。复议机关经过审理,可作出维持、变更或撤销原具体行政行为或责令被申请人补正、限期履行和重新作出具体行政行为的复议决定。 (李平 薛敏)

guoyou zichan jiandu guanli jigou
国有资产监督管理机构(institutions of supervision and control over state-owned assets) 国务院国有资产监督管理机构是代表国务院履行出资人职责、负责监督管理企业国有资产的直属特设机构。省、自治区、直辖市人民政府国有资产监督管理机构,设区的市、自治州级人民政府国有资产监督管理机构是代表本级政府履行出资人职责、负责监督管理企业国有资产的直属特设机构。上级政府国有资产监督管理机构依法对下级政府的国有资产监督管理工作进行指导和监督。国有资产监督管理机构应当向本级政府报告企业国有资产监督管理工作、国有资产保值增值状况和其他重大事项。

国有资产监督管理机构的主要职责是:(1)依照《中华人民共和国公司法》等法律、法规,对所出资企业履行出资人职责,维护所有者权益;(2)指导推进国有及国有控股企业的改革和重组;(3)依照规定向所出资企业派出监事会;(4)依照法定程序对所出资企业的企业负责人进行任免、考核,并根据考核结果对其进行奖惩;(5)通过统计、稽核等方式对企业国有资产的保值增值情况进行监管;(6)履行出资人的其他职责和承办本级政府交办的其他事项;(7)国务院国有资产监督管理机构除以上规定的职责外,还可以制定企业国有资产监督管理的规章、制度。

国有资产监督管理机构的主要义务是:(1)推进国有资产合理流动和优化配置,推动国有经济布局和结构的调整;(2)保持和提高关系国民经济命脉和国家安全领域国有经济的控制力和竞争力,提高国有经济的整体素质;(3)探索有效的企业国有资产经营体制和方式,加强企业国有资产监督管理工作,促进企业国有资产保值增值,防止企业国有资产流失;(4)指导和促进国有及国有控股企业建立现代企业制度,完善法人治理结构,推进管理现代化;(5)尊重、维护国有及国有控股企业经营自主权,依法维护企业合法权益,促进企业依法经营管理,增强企业竞争力;(6)指导和协调解决国有及国有控股企业改革与发展中的困难和问题。 (马跃进 师湘瑜)

guoyou zichan jiandu guanli jigou de sheli
国有资产监督管理机构的设立(establishment of institutions of supervision and control over state-owned assets) 国务院,省、自治区、直辖市人民政府,设区的市、自治州级人民政府,分别设立国有资产监督管理机构。国有资产监督管理机构根据授权,依法履行出资人职责,依法对企业国有资产进行监督管理。企业国有资产较少的设区的市、自治州,经省、自治区、直辖市人民政府批准,可以不单独设立国有资产监督管理机构。各级人民政府应当严格执行国有资产管理法律、法规,坚持政府的社会公共管理职能与国有资产出资人职能分开,坚持政企分开,实行所有权与经营权分离。国有资产监督管理机构不行使政府的社会公共管理职能,政府其他机构、部门不履行企业国有资产出资人职责。国有资产监督管理机构应当依照《企业国有资产监督管理暂行条例》和其他有关法律、行政法规的规定,建立健全内部监督制度,严格执行法律、行政法规。

(马跃进 师湘瑜)

guoyou zichan liushi

国有资产流失(decrease of state-owned assets) 因国有资产产权关系不明、法人治理结构不健全、产权交易市场不完善、执法体制改革滞后以及监管不力、决策不科学等多种原因导致的国有资产权益的减少。国有资产流失的本质是国有资产权益的减少。

(李 平 薛 敏)

guoyou zichan liushi chachu zhidu

国有资产流失查处制度(the investigation and prosecution institution of decrease of state-owned assets) 全国各级国有资产管理部门按照《国有企业财产监督管理条例》赋予的职责,开展国有资产流失查处工作。

作为应予查处的国有资产流失必须是法律明确禁止的、人为造成的、并应当承担责任的国有资产权益损失。认定为国有资产流失的条件是:(1)造成国有资产流失的违法主体必须是国有资产的经营者、占用者、出资者或管理者;(2)违法主体必须对违法行为的发生具有主观故意或者过失,即具有过错;(3)必须是违反法律、行政法规和规章的行为;(4)必须有国有资产流失的结果发生,或不加制止必然产生国有资产流失的后果。

国有资产管理部门查处的违反法律、法规及国有资产管理的有关规定,侵害国家所有者权益,造成国有资产损失的行为,主要包括下列几种:(1)在发生应当进行资产评估的情形时,不按规定进行评估,或者在评估中故意压低资产评估价值,造成国有资产权益损失的行为;(2)在进行国有资产产权转让时,违反国家规定或超越法定权限,将国有资产低价出让或无偿转让给非全民单位或者个人,造成国有资产权益损失的行为;(3)在处置国有有形资产或无形资产时,违反国家规定或超越法定权限,擅自处置,造成国有资产权益损失的行为;(4)在国有企业承包或租赁经营中,违反国家规定,低价发包或出租,造成国有资产权益损失的行为;(5)在国有企业股份制改造时,违反国家规定将国有资产低价折股、低价出售,或者无偿分给个人,造成国有资产权益损失的行为;(6)在公司制企业、中外合资、合作企业设立或经营管理过程中,国有股持股单位或其委派的股权代表、中方出资者、合作者与他人恶意串通,损害国家所有者权益或对损害国家所有者权益的行为不反对、不制止,造成国有资产权益损失的行为;(7)国有企业经营者在行使经营权时,不受所有者约束,滥用企业经营权,造成国有资产权益损失的行为;(8)国有资产运营、管理机构在行使出资权、管理监督权时,违反规定,非法干预企业经营权,造成国有资产权益损失的行为;(9)在企业重组中,不依法办理资产转移手续,或借机逃避国家债务,造成国有资产权益损失的行为。

查处国有资产流失案件的程序是:受理核实、立案调查、追索处理。国有资产流失案件的来源,包括公民或组织检举、控告的,上级交办的,有关机关移送的,违法违规者自述的,查处机关发现的。国有资产管理部门按照分级管理的原则受理国有资产流失案件,并对所受理的案件进行受理登记。核实主要是向有关知情人(包括被举报人)核实了解所举报的问题,查阅有关原始资料,取得基本证据。对确有国有资产流失后果或流失危险的基本事实,应当追究当事人有关责任的案件,应予立案调查。对立案调查的案件应进行立案登记建档。调查主要是取得有关违法行为较全面的证据,包括知情人的证词、知情单位出具的证明材料,以及被调查人或被调查单位的说明和辩词等材料。调查取证时必须有两名以上的工作人员参加。对认定为国有资产流失案件的,应当责令造成国有资产流失的单位纠正违法行为、依法挽回或制止国有资产的流失,并按照行政处罚的有关法规对有关责任人给予行政处罚。对上级交办的或有关机关移送的流失案件的调查处理情况,要及时通报有关部门。对立案调查后,因证据不足,不能认定为国有资产流失的,要及时予以撤案,并书面通知被调查单位或其上级主管部门。对涉嫌触犯刑法的,应当移送司法机关。

查处国有资产流失案件要坚持重在制止和挽回损失的原则。对于将造成国有资产流失的合同,应责令被查单位依法向人民法院或依合同约定向仲裁机构提起诉讼或仲裁申请,请求认定合同无效。对于已进入司法程序涉及国有资产流失的经济、民事案件,国有资产管理部门在查处其中国有资产流失问题的同时,可向司法机关提供案件中有关违反国有资产管理法规造成国有资产流失的情况,及供其参考的维护国有资产合法权益的建议,但不得干预正常的司法程序。

国有资产流失查处工作要与国有资产的基础管理工作相结合,通过国有资产流失查处工作发现和弥补基础管理工作中的不足,通过加强基础管理工作防止国有资产流失,堵塞国有资产流失的漏洞。

国有资产管理部门要定期向同级政府和上级国有资产管理部门报告国有资产流失情况,并提出或制定相应的措施。对较重大案件的调查处理,应事先请示同级政府;对于政策上难以把握的案件,应事先请示上一级国有资产管理部门;对于难以查处的较重大的案件,可报送上一级国有资产管理部门查处。

加强国有资产流失查处机构和队伍建设。各级国有资产管理部门都要指定相应的处(科)室、负责国有资产流失查处工作,并充实力量,配备政治素质好、业务水平高、具有一定法律知识的工作人员。

(苏丽娅)

guoyou zichan pinggu
国有资产评估(evaluation of state-owned assets) 由专门的资产评估机构及其人员,根据特定目的在遵循经济规律和有关政策法规的前提下,以现有资料为基础,在真实性、科学性、可行性原则的指导下,按照法定程序,运用科学方法,对国有资产现行价值进行评定和估算并发表专业意见的行为。其评估的国有资产范围主要为固定资产、流动资产、无形资产、其他资产等。

资产评估机构 依据国家资产评估相关法律、法规而设立,取得国有资产管理行政主管部门颁发的资格证书,从事资产评估工作的机构。以中立者的身份为委托人提供流动资产、房地产、机器设备、在建工程、无形资产、递延资产等相关资产估价。

注册资产评估师 经过国家统一考试或认可,取得执业资格,并依法进行注册登记的资产评估专业人员。

评估程序 资产评估工作的各个具体步骤按逻辑关系进行的先后次序安排,是资产占用单位、资产评估机构及与资产评估相关的其他方都应遵守的操作规范。主要包括申请立项、资产清查、评定估算、验证确认四个环节。

评估基准日 资产评估的目的是为了确定资产某一具体时间的价格,这一时间通常用日来表示,被称作评估基准日,又称作估价期日,它是确定资产价值的基准时间,也是评估结论开始形成的一个特定时日。

资产评估结果报告书 在清查资产,全面掌握被评估资产相关资料的基础上,对资产的价值进行具体的估算,从而得出评估结果,并向委托方提交的资产评估的报告。报告的内容应当全面、及时、客观。正文的主要内容包括:(1)评估机构名称、委托单位名称;(2)评估资产的范围、名称和简单说明;(3)评估基准日期,评估原则;(4)评估所依据的法律、法规和政策,评估方法和计价标准;(5)对具体资产评估的说明;(6)评估结论:包括评估价值和有关文字说明;(7)附件名称,评估起止日期和评估报告提出日期;(8)评估机构负责人、评估项目负责人签名,并加盖评估机构公章;(9)其他。附件:(1)资产评估汇总表、明细表;(2)评估方法说明和计算过程;(3)与评估基准日有关的会计报表;(4)资产评估机构评估资格证明文件复印件;(5)被评估单位占有资产的证明文件复印件;(6)其他与评估有关的文件资料。

资产评估结果确认申请报告 国有资产占有单位在收到资产评估机构提交的资产评估报告书后,向批准评估立项的国有资产管理行政主管部门提交的请求确认资产评估结果独立公正,科学合理的书面报告。主要内容:资产占有单位名称、隶属关系、评估目的、评估范围、起止日期、评估基准日、评估结果,以及资产占有单位(委托方)对资产评估机构工作的简要评价意见等。

资产评估结果确认通知书 国有资产管理行政主管部门或受其委托的上级主管部门以及其他机构对资产评估报告书进行审核验证,对符合独立公正,科学合理标准的评估结果予以确认后,向申请单位发出的一种肯定性书面通知。其内容包括:(1)国有资产占有单位名称及其上级主管部门;(2)资产评估机构名称;(3)评估目的、范围;(4)总资产、净资产评估值及各类资产评估值;(5)评估基准日;(6)确认日期及盖章。审核验证意见作为资产评估结果确认通知书的附件。

资产评估方法 资产评估机构进行资产评估时,根据不同的评估目的和评估对象,所采用的评定和估价方法。(1)收益现值法:将估算所得被评估资产在剩余寿命期内每年或每月的预期收益,按照适当的折现率折算成现值,然后累加得出评估基准日时资产现值的资产评估方法。(2)重置成本法:在现行条件下,确定被评估资产全部更新的重置成本,然后减去该项资产已发生的实体性陈旧贬值、功能性陈旧贬值和经济贬值,以之差额估算资产价值的方法。(3)现行市价法:通过市场调查,在市场上选择一个或几个与评估标的同类或类似的资产作为参照对象,针对各种价值影响因素,将比较对象的成本价格与交易条件逐一分析比较,通过对比和调整估算出评估对象价值的方法。(4)清算价格法:以企业清算时其资产的可变现价值为标准,对被评估资产进行价值评估的评估方法。

(李 平 贺 玲)

guoyou zichan pinggu de tiaojian
国有资产评估的条件(condition of evaluation of state-owned assets) 对各类占有国有资产的企业和事业单位相关国有资产进行的评估。主要包括:(1)整体或部分改建为有限责任公司或者股份有限公司;(2)以非货币资产对外投资;(3)合并、分立、清算;

(4)除上市公司以外的原股东股权比例变动;(5)除上市公司以外的整体或者部分产权(股权)转让;(6)资产转让、置换、拍卖;(7)整体资产或者部分资产租赁给非国有单位;(8)确定涉讼资产价值;(9)法律、行政法规规定的其他需要进行评估的事项;(10)占有单位有其他经济行为,当事人认为需要的,可以进行国有资产评估。

占有单位有下列行为之一的,可以不进行资产评估:(1)经各级人民政府及其授权部门批准,对整体企业或者部分资产实施无偿划转;(2)国有独资企业、行政事业单位下属的独资企业(事业单位)之间的合并、资产(产权)划转、置换和转让。占有单位有下列行为之一的,应当对相关非国有资产进行评估:(1)收购非国有资产;(2)与非国有单位置换资产;(3)接受非国有单位以实物资产偿还债务。 (马跃进 师湘瑜)

guoyou zichan pinggu weifa xingwei chufa zhidu
国有资产评估违法行为处罚制度(the punishment institution of lawbreaking on state property assessment) 规范国有资产评估行为,加强国有资产评估管理,保障国有资产权益,维护社会公共利益的处罚制度。根据《国有资产评估管理办法》、《国务院办公厅转发财政部〈关于改革国有资产评估行政管理方式加强资产评估监督管理工作意见〉的通知》及其他有关法律、行政法规的规定而制定。

资产评估机构在国有资产评估活动中违反有关法律、法规和规章,应予行政处罚的,适用该制度。省级人民政府财政部门(或国有资产管理部门,下同)负责对本地区资产评估机构(包括设在本地区的资产评估分支机构)的违法行为实施处罚。对严重评估违法行为,国务院财政部门可以直接进行处罚。

资产评估机构违法行为的处罚种类:(1)警告;(2)罚款;(3)没收违法所得;(4)暂停执行部分或者全部业务,暂停执业的期限为3至12个月;(5)吊销资产评估资格证书。

资产评估机构与委托人或被评估单位串通作弊,故意出具虚假报告的,没收违法所得,处以违法所得1倍以上5倍以下的罚款,并予以暂停执业;给利害关系人造成重大经济损失或者产生恶劣社会影响的,吊销资产评估资格证书。

资产评估机构因过失出具有重大遗漏的报告的,责令改正,情节较重的,处以所得收入1倍以上3倍以下的罚款,并予以暂停执业。资产评估机构冒用其他机构名义或者允许其他机构以本机构名义执行评估业务的,责令改正,予以警告。资产评估机构向委托人或者被评估单位索取、收受业务约定书约定以外的酬金或者其他财物,或者利用业务之便,谋取其他不正当利益的,责令改正,予以警告。

资产评估机构有下列情形之一的,责令改正,并予以警告:(1)对其能力进行虚假广告宣传的;(2)向有关单位和个人支付回报或者介绍费的;(3)对委托人、被评估单位或者其他单位和个人进行胁迫欺诈、利诱的;(4)恶意降低收费的。资产评估机构与委托人或者被评估单位存在利害关系应当回避没有回避的,责令改正,并予以警告。资产评估机构泄露委托人或者被评估单位商业秘密的,予以警告。

资产评估机构不按照执业准则、职业道德准则的要求执业的,予以警告。资产评估机构拒绝、阻挠相关部门依法实施检查的,予以警告。资产评估机构有下列情形之一的,应当从轻、减轻处罚:(1)主动改正违法行为或主动消除、减轻违法行为危害后果的;(2)主动向有关部门报告其违法行为的;(3)主动配合查处违法行为的;(4)受他人胁迫有违法行为的;(5)其他应予从轻、减轻处罚的情形。

资产评估机构有下列情形之一的,应当从重处罚:(1)同时具有两种或两种以上应予处罚的行为的;(2)在两年内发生两次或两次以上同一性质的应予处罚的行为的;(3)对投诉人、举报人、证人等进行威胁、报复的;(4)违法行为发生后隐匿、销毁证据材料的;(5)其他应予从重处罚的情形。

省级以上人民政府财政部门作出行政处罚决定之前,应当告知资产评估机构作出行政处罚决定的事实、理由及依据,并告知当事人依法享有的权利;作出较大数额罚款、暂停执业和吊销资产评估资格证书的处罚决定之前,应当告知资产评估机构有要求举行听证的权利。资产评估机构要求听证的,拟作出行政处罚的省级以上人民政府财政部门应当按照《财政部门行政处罚听证程序实施办法》的有关规定组织听证。资产评估机构对处罚决定不服的,可以依法申请行政复议或提起行政诉讼。注册资产评估师在国有资产评估中有违法行为的,按照有关规定处理。 (苏丽娅)

guoyou zichan pinggu xiangmu bei'an zhi
国有资产评估项目备案制(recording system of evaluation item for state-owned assets) 国有资产占有单位按有关规定进行资产评估后,在相应经济行为发生前将评估项目的有关情况专题向财政部门(或国有资产管理部门,下同)、集团公司、有关部门报告并由后者受理的行为。财政部于2001年12月31日发布《国有资产评估项目备案管理办法》,自发布之日起施行。办理备案手续需报送以下文件材料:(1)占有单位填报的《国有资产评估项目备案表》;(2)资产评估报告(评估报告书、评估说明和评估明细表可以软盘方式报备);(3)其他材料。办理备案手续应当遵循以下程序：(1)占有单位收到评估机构出具的评估报告后，对评估报告无异议的，应将备案材料逐级报送财政部门(集团公司、有关部门)；(2)财政部门(集团公司、有关部门)收到占有单位报送的备案材料后，对材料齐全的，应在10个工作日内办理备案手续；对材料不齐全的，待占有单位或评估机构补充完善有关材料后予以办理。评估项目备案后，需对评估结果进行调整的，占有单位应自调整之日起15个工作日内向原备案机关重新办理备案手续，原备案表由备案机关收回。

国有资产评估项目备案的管理 国有资产评估项目备案工作实行分级管理。中央管理的企业集团公司及其子公司，国务院有关部门直属企事业单位的资产评估项目备案工作由财政部负责；子公司或直属企事业单位以下企业的资产评估项目备案工作由集团公司或有关部门负责。地方管理的占有单位的资产评估项目备案工作比照上述规定的原则执行。评估项目涉及多个国有产权主体的，按国有股最大股东的资产财务隶属关系办理备案手续；持股比例相等的，经协商可委托其中一方办理备案手续。

评估项目备案统计报告制度 财政部门应当建立评估项目备案统计报告制度。中央管理的企业集团公司或有关部门应于每季度终了15个工作日内将备案项目情况统计汇总后上报财政部；省级(含计划单列市，下同)财政部门应于每年度终了30个工作日内将本省备案项目情况统计汇总后上报财政部。

（马跃进　师湘瑜）

guoyou zichan pinggu xiangmu choucha

国有资产评估项目抽查(selective examination of evaluation item of state-owned assets) 各级财政部门或国有资产管理部门定期或不定期地选取具体评估项目，对评估各方当事人相关行为和评估报告的真实性、合法性进行检查，依法行使监督职能的行为。抽查的具体评估项目是按照《国有资产评估管理若干问题的规定》应当进行评估的各类国有资产评估项目。

国有资产评估项目抽查的管理 各级财政部门负责组织实施其管辖范围内的评估项目的抽查工作。财政部可以根据需要决定评估项目的专项抽查工作，并组织实施。财政部门根据需要，可以委托集团公司、有关部门进行评估项目抽查工作。财政部门应当建立评估项目抽查结果公告制度。对于在抽查工作中发现的重大、典型案件，应将抽查情况和处罚结果在新闻媒体上公告。财政部门应当建立评估项目抽查工作报告制度。省级(含计划单列市)财政部门应于每年度终了60个工作日内将本省项目抽查及处罚情况汇总后上报财政部。

国有资产评估项目抽查程序 国有资产评估项目抽查工作应当遵循以下程序：(1)准备阶段。选取评估项目，研究、拟定抽查计划，确定具体抽查内容；组织不少于2人的相关人员成立抽查小组；抽查小组在实施抽查前5个工作日将《评估项目抽查通知书》下达给当事人。(2)检查阶段。抽查小组对评估项目当事人的具体工作进行检查；对重大、疑难的问题，财政部门可委托专家进行鉴定并作出结论；抽查小组起草《评估项目结果报告》，对应当予以行政处罚的，提出初步意见，报告同级财政部门。(3)告知阶段。财政部门在作出行政处罚决定之前，应当告知当事人拟作出处罚决定的事实、理由及依据，并告知当事人依法享有的权利。(4)处理阶段。财政部门下达《行政处罚决定书》；对有关单位或个人的违法违纪行为，财政部门可以建议提交有关部门处理，涉嫌犯罪的，移送司法机关处理。

国有资产评估项目重点抽查内容 国有资产评估项目抽查工作围绕评估各方当事人相关行为和评估报告的真实性、合法性进行，重点检查以下内容：(1)占有单位经济行为的合法性；(2)被评估的资产范围与有关经济行为所涉及的资产范围；(3)占有单位提供的产权证明文件、生产经营资料及财务资料的真实性、完整性；(4)评估机构和评估人员的执业资格；(5)资产账面价值与评估结果的差异；(6)经济行为的实际成交价与评估结果的差异；(7)现场勘查活动及评估现场工作记录；(8)评估工作底稿；(9)必要的资产清查、函证工作；(10)评估依据的合理性；(11)评估报告对重大事项及对评估结果影响的披露程度；(12)其他。

（马跃进　师湘瑜）

guoyou zichan pinggu xiangmu hezhun de guanli

国有资产评估项目核准的管理(management of authorization of evaluation item of state-owned assets) 经国务院批准实施的重大经济事项涉及的国有资产评估项目，由财政部负责核准。经省级(含计划单列市)人民政府批准实施的重大经济事项涉及的国有资产评估项目，由省级财政部门(或国有资产管理部门，下同)负责核准。国有资产占有单位(以下简称占有单位)在委托评估机构之前，应及时向财政部门报告有关项目的工作进展情况；财政部门认为必要时，可对该项目进行跟踪指导和检查。财政部门应当建立评估核准项目统计报告制度，在每年度终了30个工作日内将本省评估核准项目情况统计汇总上报财政部。

国有资产评估项目核准程序 国有资产评估项目核准工作应当按照以下程序进行：(1)占有单位收到评估机构出具的评估报告后应当上报其集团公司或有关部门初审，经集团公司或有关部门初审同意后，占有单位应在评估报告有效期届满前两个月向财政部门提出核准申请。占有单位提出资产评估项目核准申请时,应向财政部门报送下列文件:(1)集团公司或有关部门审查同意转报财政部门予以核准的文件;(2)资产评估项目核准申请表;(3)与评估目的相对应的经济行为批准文件或有效材料;(4)资产重组方案或改制方案、发起人协议等其他材料;(5)资产评估机构提交的资产评估报告(包括评估报告书、评估说明和评估明细表及其软盘);(6)资产评估各当事方的承诺函。(7)财政部门收到核准申请后,对符合要求的,应在20个工作日内完成对评估报告的审核,下达核准文件;不符合要求的,予以退回。财政部门认为必要时可组织有关专家参与审核。财政部门主要从以下方面予以审核:(1)进行资产评估的经济行为是否合法并经批准;(2)资产评估机构是否具备评估资质;(3)主要评估人员是否具备执业资格;(4)评估基准日的选择是否适当,评估报告的有效期是否明示;(5)评估所依据的法律、法规和政策是否适当;(6)评估委托方是否就所提供的资产权属证明文件、财务会计资料及生产经营管理资料的真实性、合法性作出承诺;(7)评估过程、步骤是否符合规定要求;(8)其他。

(马跃进 师湘瑜)

guoyou zichan shouyi

国有资产收益(profits of state-owned assets) 国家凭借对生产资料的所有权,参与社会收益分配而获得的收益。就企业而言,国有资产收益是指国家作为国有资产的所有者,以其投入企业的国有资本,从企业获取的投资收益。具体包括:(1)国有企业应上缴国家的利润;(2)股份有限公司中国家股应分得的股利;(3)有限责任公司中国家作为出资者按照出资比例应分取的红利;(4)各级政府授权的投资部门或机构以国有资产投资形成的收益应上缴国家的部分;(5)国有企业产权转让收入;(6)股份有限公司国家股股权转让(包括配股权转让)收入;(7)有限责任公司国家出资转让的收入;(8)其他非国有企业占用国有资产应上缴的收益;(9)其他按规定应上缴的国有资产收益。

被列入同级政府预算的国有资产收益,用于国有资产再投资,调整产业结构,补充国有企业资本金,增购有关股份公司的股权及购买配股等。

(马跃进 师湘瑜)

guoyou zichan shouyi shoujiao de guanli

国有资产收益收缴的管理(management of collection of profits of state-owned assets) 由财政部门会同国有资产管理部门负责的国有资产收益收缴的管理工作。财政部、中国人民银行、国家国有资产管理局于1994年11月4日颁布《国有资产收益收缴管理办法》,自1995年1月1日起施行。国有资产收益应按中央、地方产权关系和现行财政体制,分别列入同级政府国有资产经营预算。中央国有企业国有资产收益的收缴工作,由财政部、国家国有资产管理局授权财政部驻各省、自治区、直辖市、计划单列市财政监察专员办事机构负责,国家国有资产管理局负责监缴。地方国有资产收益的收缴办法,由各省、自治区、直辖市人民政府根据本办法并结合本地区具体情况制定,报财政部、国家国有资产管理局备案。国有资产收益分别下列情况收缴入库:(1)国有企业应上缴国家的利润,由财政部门会同国有资产管理部门根据企业情况核定收缴方案后下达执行。(2)股份有限公司分配现金股利时,应坚持同股同利的原则,国家股的持股单位不得放弃国家股的收益权。国家股股利经国有资产管理部门和财政部门确认后及时上缴。(3)有限责任公司分配红利时,国家按出资比例分取的红利经国有资产管理部门和财政部门确认后及时上缴。(4)国有企业产权转让收入和股份有限公司国家股股权转让收入(包括配股权转让收入)以及有限责任公司国家出资转让收入,由国有资产管理部门会同财政部门确认后上缴。(5)其他非国有企业占用国有资产应上缴的收益,应按国有资产管理部门会同财政部门确定的比例上缴。(6)其他应缴的国有资产收益按财政部门、国有资产管理部门的有关规定上缴。国有企业上缴国有资产收益采用按月预缴、全年清算的办法,其他国有资产收益在确定后10日内入库。财政监察专员办事机构及各省、自治区、直辖市国有资产收益收缴部门应按月(季、年)编报国有资产收益汇总表,报送财政部、国家国有资产管理局。国有企业及非国有企业应按规定将国有资产收益及时足额入库,凡拖欠、挪用、截留及私分国有资产收益的,按照《关于违反财政法规处罚的暂行规定》及其实施细则的有关规定进行处理。

(马跃进 师湘瑜)

guoyou zichan shouquan jingying

国有资产授权经营(authorized management of state-owned assets) 由国有资产管理部门将企业集团中紧密层企业的国有资产统一授权给核心企业经营和管理,建立核心企业与紧密层企业之间的产权纽带,增强集团凝聚力,使紧密层企业成为核心企业的全资子公司或控股子公司,发挥整体优势的经营活动。国家国有资产管理局、国家计委、国家体改委、国务院经贸办于1992年9月11日颁布《关于国家试点企业集团国有资产授权经营的实施办法(试行)》,自1992年9月11日实施。

国有资产授权经营的授权方　国有资产授权经营的授权方为国有资产管理部门,国有资产管理部门以国有资产所有权专职管理部门的身份进行授权。授权方负责:(1)审批企业集团国有资产授权经营试点方案;(2)决定列入授权范围的紧密层企业名单,核定试点企业集团核心企业、紧密层企业和其他成员企业占用的国有资产价值量,确认核心企业在紧密层企业(全资子公司、控股子公司)和其他成员企业(参股、关联公司)中应拥有的产权(股权),以使核心企业对上述国有资产实行统一经营,在试点企业集团内部形成和强化资产联结纽带;(3)审批企业集团涉及授权范围的重大事项;(4)会同有关部门检查、监督、考核企业集团核心企业经营管理授权范围内国有资产的业绩,提出奖惩建议,对于经营不善,未达到试点方案预期目标,造成国有资产损失的,可提出改进要求,直至停止授权;(5)与有关方面进行协调,为企业集团授权经营试点和改革发展创造必要的条件。

国有资产授权经营的被授权方　国有资产授权经营的被授权方是指企业集团的核心企业。被授权方负责:(1)提出企业集团国有资产授权经营的试点方案,包括拟列入授权范围的紧密层企业名单;(2)依法经营授权范围内的国有资产,统一对国有资产管理部门负责授权范围内国有资产的保值和增值;(3)决定集团公司和全资子公司的经营方式,参与决定控股子公司的经营方式;根据集团整体发展的要求,统一决定授权范围内国有资产的配置和管理办法,及企业组织结构和领导体制;就涉及授权范围的兼并、合并、股份制改组、资产交易和产权(股权)转让等事项作出决定,或提出方案报批;(4)接受授权方保障国有资产权益的监督、指导和政府综合部门、主管部门宏观调控的指导,并定期报告企业集团经营和发展情况。

(马跃进　师湘瑜)

guoyou zichan zhanyou danwei

国有资产占有单位(occupancy units of state-owned assets)　合法占有国有资产的单位。根据《国有资产评估管理办法》和《国有资产评估管理办法实施细则》的规定,国有资产占有单位包括以下6类:(1)国家机关、军队、社会团体及其他占有国有资产的社会组织;(2)国营企业、事业单位;(3)各种形式的国内联营和股份经营单位;(4)中外合资、合作经营企业;(5)占有国有资产的集体所有制单位;(6)其他占有国有资产的单位。

(李　平　陈岚君)

guocuo zeren

过错责任(fault liability)　有主观过错的行为人对违法行为及其损害后果所应当承担的责任。违法行为基于主观故意或过失而成立,是过错责任的特征。过错责任的根据是:以行为侵害结果的预测可能性或计算可能性为前提;主体对自己的意思表示承担法律后果;对自己的行为后果负责。

在封建社会,法律责任的判定长期实行加害责任原则,是否承担法律责任主要依赖于加害事实考察和认定,不注重行为人主观心态的不同。只要发生了加害事实,责任方就应当承担法律责任。罗马帝国由于受发达的商品经济和民主政治的影响,在法律责任领域确立了过错责任原则。古罗马的平民会议通过的"阿奎利亚法"采用了以过错为责任要件的法律责任制度,这些规则在后来的查士丁尼国法大全中得到进一步的系统完善。罗马法复兴运动使得过错责任随着罗马法在欧洲各国的推行也得到了推广和普及。当时,由于处于自由资本主义的发展阶段,商品经济的进一步发展客观上必然要求在法律制度上确立能够限制责任、保护责任方的法律制度,而过错责任的"无过错,无责任"的立法功效完全符合这一时期社会发展的客观需要:只对有意识、主观上能控制的行为所造成的损害负责,限制了经济活动主体的法律责任范围,客观上刺激了经济主体进行大规模的经济活动;对无意识、无法预料的行为对外所造成的损害不负法律责任能够保障经济活动的可预测性和可计算性,为经济的发展提供便利条件。各国法典相继确立了以过错责任为判定法律责任的基本原则。

(黄军辉)

H

haiguan

海关（customs） 一国对进出关境的活动行使监督管理权力的国家行政机关。其主要职责是管理进出关境的运输工具、货物、物品，征收关税和其他税、费，查缉走私活动，并编制海关统计和办理其他海关业务等。

中国海关是国务院直属机构，实行集中统一的垂直领导管理体制。这一体制的特点主要体现在：中国海关的最高领导机关是海关总署，统一管理全国海关，海关总署最高行政领导是署长；国家在对外开放口岸和海关监管业务集中的地点设立海关，海关的隶属关系不受行政区划的限制；各地海关依法独立行使职权，向海关总署负责，不受地方政府及其他机关干预。除广东分署、天津、上海特派办和海关院校外，全国共设有41个直属海关。

根据《中华人民共和国海关法》，海关的主要职责有四项：(1)进出境监管：海关依照《海关法》规定，对进出境运输工具、货物、行李物品、邮递物品和其他物品进行监管。(2)征收关税和其他税：海关税收是国家财政收入的重要来源，也是国家实施宏观调控的重要工具。根据法律规定，中国海关除担负征收关税任务外，还负责对进口货物征收进口环节增值税和消费税。(3)查缉走私：法律规定，海关是查缉走私的主管部门。中国海关为维护国民经济安全和对外贸易秩序，对走私犯罪行为给予坚决打击。我国实行"联合缉私、统一处理、综合治理"的缉私体制，海关在公安、工商等其他执法部门的配合下，负责组织、协调和管理缉私工作，对查获的走私案件统一处理。同时，全国海关坚决查缉毒品、文物、武器弹药、濒危动植物和反动、淫秽、盗版、散发性宗教宣传品等走私违法犯罪活动，积极配合有关部门开展打击骗汇、骗退税、制售假冒伪劣等经济犯罪的斗争，以维护国家经济安全和社会稳定。(4)编制海关统计：根据《海关法》规定，编制海关统计是中国海关的一项重要业务。

海关统计是国家进出口货物贸易统计，负责对进出中国关境的货物进行统计调查和分析，科学、准确地反映对外贸易的运行态势，实施有效的统计监督。海关总署按月向社会发布我国对外贸易基本统计数据，定期向国家统计局、国际货币基金组织、世界贸易组织及其他有关国际机构报送中国对外贸易的月度和年度统计数据，数据发布的及时性居世界领先地位。海关定期编辑出版《中国海关统计》月刊和年鉴，为社会各界提供统计信息资料和咨询服务。（罗大帅）

haiguanfa

海关法（customs law） 调整海关在监督管理进出口关境活动中发生的涉外经济管理关系的法律规范的总称。我国的第一部海关法是1951年5月1日颁布实施的《中华人民共和国暂行海关法》。现行的海关法是1987年7月1日起生效施行，2000年7月8日修正的《中华人民共和国海关法》。其他有关海关管理关系的法规有《进出口关税条例》、《进出口税则》、《海关行政处罚实施细则》、《海关对经济技术开发区进出境货物的管理规定》、《海关对沿海开放地区进出境货物的管理规定》、《海关对进出境国际航行船舶及其所载货物、物品监管办法》、《知识产权海关保护条例》、《海关对职业报关企业的管理规定》、《海关对代理报关企业的管理规定》等。

《中华人民共和国海关法》共分9章：第一章，总则；第二章，进出境运输工具；第三章，进出境货物；第四章，进出境物品；第五章，关税；第六章，海关事务担保；第七章，执法监督；第八章，法律责任；第九章，附则。主要内容包括：(1)对几个重要的海关用语的定义；(2)海关的建制、权利以及海关工作人员的职责；(3)运输工具的进出境的海关手续和检查、监管；(4)进出境货物的报关、结关、放行、检查和监督；(5)进出境物品的海关监管、查验和放行；(6)进出口货物纳税人的义务、关税的缴纳及其减免、补交、退税，纳税人同海关发生纳税争议的解决程序；(7)对走私罪、违反海关监管的行为的处罚以及当事人对海关处罚异议的处理程序。（罗大帅）

haiguan gujia

海关估价（customs evaluation） 又称海关价格。海关按照从价标准征收关税时，根据法律规定的估价准则确定进出口货物完税价格的制度。海关估价制度的主要内容是确定完税价格的价格准则或者价格基础。海关完税价格的高低与海关税率一样能影响税额的多少。当前国际上最通行的海关估价是海关合作理事会1950年制定的《布鲁塞尔海关征税货物估价公约》，它规定了5种依次使用的海关估价方法：(1)交易价格以发票价格表示，即进口商品实际支付或者应付的价格；(2)如对发票有怀疑，不能按交易价格估定，则可以采用在同时或者相近时期向同一进口国出口同样的产品的交易价格作为海关估价的标准；(3)如找不到同样产品的交易价格，则可以类似商品的交易价格作为海关估价的标准；(4)如上述三种方法都不能采用，则可以按可比商品结关后再进口国出售的价格减去押金、利润、运输保险费、关税和销售税以及其他费用后估定；(5)按进口商品的生产成本加利润和销售费用计算出一个价格作为计征关税的基础。 （余启平）

haiguan guanyu yidi jiagong maoyi de guanli banfa
《海关关于异地加工贸易的管理办法》（Management Measures of Process Trade in Another Place of Customs of the People's Republic of China） 为了促进加工贸易健康发展，加强和规范海关对异地加工贸易的管理，根据《中华人民共和国海关法》和国务院批准的国家经贸委等部门《关于进一步完善加工贸易银行保证金台账制度的意见》及其他有关规定而制定的，该办法自1999年10月1日起实施。

《中华人民共和国海关关于异地加工贸易的管理办法》共有13条，其主要内容包括：异地加工的含义，即加工贸易经营单位将进口料件委托另一直属海关关区内加工生产企业开展的加工业务，不包括加工出口产品过程中某一加工工序的外发加工业务；委托加工合同；经营单位开展异地加工贸易的条件；《中华人民共和国海关异地加工贸易申请表》；《中华人民共和国海关异地加工贸易回执》；异地加工贸易的申请程序；海关对开展异地加工贸易的经营单位和加工企业实行分类管理，如果两者的管理类别不相同，按其中较低类别采取监管措施；异地加工贸易合同执行过程中，如有走私违规行为或无法正常核销结案的，加工企业主管海关应负责将台账保证金转税和罚款；对违反本规定，构成走私、违规的，由海关依照《海关法》及《海关法行政处罚实施细则》有关规定处理；等等。 （罗大帅）

haiguan jicha
海关稽查（inspection of customs） 海关依法对进出境的运输工具、货物、行李物品、邮递物品和其他物品予以审查和检查的活动。海关在稽查中享有以下权力：(1)检查进出境运输工具，查验进出境货物、物品，对违反海关法或者其他有关法律、行政法规的，可以扣留。(2)查阅进出境人员的证件；查问违反海关法或者其他有关法律、行政法规的嫌疑人，调查其违法行为。(3)查阅、复制与进出境运输工具、货物、物品有关的合同、发票、账册、单据、记录、文件、业务函电、录音录像制品和其他资料；对其中与违反海关法或者其他有关法律、行政法规的进出境运输工具、货物、物品有牵连的，可以扣留。(4)在海关监管区和海关附近沿海沿边规定地区，检查有走私嫌疑的运输工具和有藏匿走私货物、物品嫌疑的场所，检查走私嫌疑人的身体；对有走私嫌疑的运输工具、货物、物品和走私犯罪嫌疑人，经直属海关关长或者其授权的隶属海关关长批准，可以扣留；对走私犯罪嫌疑人，扣留时间不超过24小时，在特殊情况下可以延长至48小时。在海关监管区和海关附近沿海沿边规定地区以外，海关在调查走私案件时，对有走私嫌疑的运输工具和除公民住处以外的有藏匿走私货物、物品嫌疑的场所，经直属海关关长或者其授权的隶属海关关长批准，可以进行检查，有关当事人应当到场；当事人未到场的，在有见证人在场的情况下，可以径行检查；对其中有证据证明有走私嫌疑的运输工具、货物、物品，可以扣留。(5)在调查走私案件时，经直属海关关长或者其授权的隶属海关关长批准，可以查询案件涉嫌单位和涉嫌人员在金融机构、邮政企业的存款、汇款。(6)进出境运输工具或者个人违抗海关监管逃逸的，海关可以连续追至海关监管区和海关附近沿海沿边规定地区以外，将其带回处理。(7)海关为履行职责，可以配备武器。(8)法律、行政法规规定由海关行使的其他权力。各地方、各部门应当支持海关依法行使职权，不得非法干预海关的执法活动。 （翟继光）

haiguan jianguan
海关监管（customs management and supervision） 海关代表国家，依照《中华人民共和国海关法》和其他相关法律、法规，对进出关境的有关活动实施监督、审核、检查的一种行政管理行为。海关监管是海关的一项基本职能，它可以分为进出境运输工具的监管、进出境货物的监管和进出境物品的监管。《海关法》规定，所有载运人员、货物、物品的各种进出境运输工具和进出境货物、物品都必须在设立海关的地点进出，向海关申报，接受海关的监管。海关监管的货物，未经海关许可，任何单位和个人不得开拆、提取、交付、发运、调换、改装、抵押、转让或者更换标记。 （罗大帅）

haiguan zongshu
海关总署（Customs General Administration of the People's Republic of China） 国务院直属的对进出关境的活动行使监督管理的国家行政机关。根据我国现行的海关行政体制，海关为中央行政机关，在国务院设立海关总署，统一管理全国海关。海关总署下设多个职能部门，共同协调履行其职责。海关总署所行使的职权范围主要包括以下方面：(1)参与制定与海关业务有关的法律与行政法规，并代表国家参与有关的国际条约与协定的谈判和签订；(2)执行国家有关海关的法律、法规，并检查和督促各地海关的执法工作；(3)组织管理全国各地海关机构与业务；(4)审核和处理走私及其他违反海关法规的案件，审理有关纳税

争议和对海关处罚决定的复议申请。　　（罗大帅）

haishangfa
《海商法》（Maritime Code of the People's Republic of China）　《中华人民共和国海商法》于1992年11月7日第七届全国人民代表大会常务委员会第二十八次会议通过，并于1993年7月1日正式实施。它是一部关于调整海上运输关系和船舶关系的法律，对涉外经济贸易的发展有着重要影响。

共有15章278条：第一章，总则；第二章，船舶；第三章，船员；第四章，海上货物运输合同；第五章，海上旅客运输合同；第六章，船舶租用合同；第七章，海上拖航合同；第八章，船舶碰撞；第九章，海难救助；第十章，共同海损；第十一章，海事赔偿责任限制；第十二章，海上保险合同；第十三章，时效；第十四章，涉外关系的法律适用；第十五章，附则。其主要内容包括：(1) 海商法的适用范围；(2) 船舶所有权、抵押权、优先权的有关规定；(3) 船长、船员的任职资格和职责；(4) 海上货物运输合同；(5) 海上旅客运输合同；(6) 租船合同；(7) 海上拖航合同；(8) 船舶碰撞；(9) 海难救助；(10) 共同海损；(11) 海事赔偿责任限制；(12) 海上保险合同；(13) 各类海事案件的时效，等等。

随着我国加入世界贸易组织和进一步的改革开放，我国《海商法》必然要进行适当的修改，以更符合国际上的做法和更适于我国经济的发展。　（罗大帅）

haishang jiaotong anquan fa
《海上交通安全法》（Safety Law of Sea Traffic）　1983年9月2日第六届全国人民代表大会常务委员会第二次会议通过。其立法目的是，加强海上交通管理，保障船舶、设施和人命财产的安全，维护国家权益。本法适用于在中华人民共和国沿海水域航行、停泊和作业的一切船舶、设施和人员以及船舶、设施的所有人、经营人。中华人民共和国港务监督机构，是对沿海水域的交通安全实施统一监督管理的主管机关。本法共12章53条，包括：总则，船舶检验和登记，船舶、设施上的人员，航行、停泊和作业，安全保障，危险货物运输，海难救助，打捞清除，交通事故的调查处理，法律责任，特别规定，附则等部分。

船舶检验和登记　船舶和船上有关航行安全的重要设备必须具有船舶检验部门签发的有效技术证书。船舶必须持有船舶国籍证书，或船舶登记证书，或船舶执照。

船舶、设施上的人员　船舶应当按照标准定额配备足以保证船舶安全的合格船员。船长、轮机长、驾驶员、轮机员、无线电报务员话务员以及水上飞机、潜水器的相应人员，必须持有合格的职务证书，其他船员必须经过相应的专业技术训练。设施应当按照国家规定，配备掌握避碰、信号、通信、消防、救生等专业技能的人员。船舶、设施上的人员必须遵守有关海上交通安全的规章制度和操作规程，保障船舶、设施航行、停泊和作业的安全。

航行、停泊和作业　船舶、设施航行、停泊和作业，必须遵守中华人民共和国的有关法律、行政法规和规章。外国籍非军用船舶，未经主管机关批准，不得进入中华人民共和国的内水和港口；出现人员病急、机件故障等意外情况时，可以在进入的同时向主管机关紧急报告，并听从指挥。外国籍军用船舶，未经中华人民共和国政府批准，不得进入中华人民共和国领海。国际航行船舶进出中华人民共和国港口，必须接受主管机关的检查，必须由主管机关指派引航员引航；通过交通管制区、通航密集区和航行条件受到限制的区域时，必须遵守中华人民共和国政府或主管机关公布的特别规定。本国籍国内航行船舶进出港口，必须办理进出港签证。未经主管机关特别许可外，禁止船舶进入或穿越禁航区。大型设施和移动式平台的海上拖带，必须经船舶检验部门进行拖航检验，并报主管机关核准。主管机关发现船舶的实际状况同证书所载不相符合时，有权责成其申请重新检验或者通知其所有人、经营人采取有效的安全措施。主管机关认为船舶对港口安全具有威胁时，有权禁止其进港或令其离港。船舶、设施有违反中华人民共和国有关的法律、行政法规或规章，主管机关有权禁止其离港，或令其停航、改航、停止作业。

安全保障　在沿海水域、港区内使用岸线进行水上水下施工以及划定相应的安全作业区，必须报经主管机关核准公告。无关的船舶不得进入安全作业区。施工单位不得擅自扩大安全作业区的范围。在沿海水域划定禁航区，必须经国务院或主管机关批准；为军事需要划定禁航区，可以由国家军事主管部门批准；禁航区由主管机关公布。未经主管机关批准，不得在港区、锚地、航道、通航密集区以及主管机关公布的航路内设置、构筑设施或者进行其他有碍航行安全的活动。出现损坏助航标志或导航设施的，立即向主管机关报告。航标周围不得建造或设置障碍物。航标和航道附近有碍航行安全的灯光，应当妥善遮蔽。水上作业、水下工程做好善后处理，不得遗留安全的隐患。在未妥善处理前，必须负责设置规定的标志，并准确地报告主管机关。港口码头、港外系泊点，装卸站和船闸，加强安全管理，保持良好状态。主管机关根据海上交通安全的需要，确定、调整交通管制区和港口锚地。港外锚地的划定，由主管机关报上级机关批准后公告。主管机关按照国家规定，负责统一发布航行警告和航行通告。有关部门应当保持通信联络畅通，保持助航标志、导航设施明显有效,及时提供海洋气象预报和必要的航海图书资料。船舶、设施发生事故,主管机关有权采取必要的强制性处置措施。

危险货物运输 船舶、设施储存、装卸、运输危险货物,必须具备安全可靠的设备和条件,遵守国家关于危险货物管理和运输的规定。船舶装运危险货物,必须向主管机关办理申报手续,经批准后,方可进出港口或装卸。

海难救助 船舶、设施或飞机遇难时,除发出呼救信号外,还应当迅速将出事时间、地点、受损情况、救助要求以及发生事故的原因,向主管机关报告。遇难人应当采取一切有效措施组织自救。事故现场附近的船舶,应当尽力救助遇难人员,并迅速向主管机关报告现场情况和本船舶、设施的名称、呼号和位置。发生碰撞事故的船舶、设施,应当互通名称、国籍和登记港,尽可能救助遇难人员;当事船舶不得擅自离开事故现场。主管机关接到求救报告后,应当立即组织救助,听从主管机关的统一指挥。外国派遣船舶或飞机进入中华人民共和国领海或领海上空搜寻救助遇难的船舶或人员,必须经主管机关批准。

打捞清除 对影响安全航行、航道整治以及有潜在爆炸危险的沉没物、漂浮物,其所有人、经营人应当在主管机关限定的时间内打捞清除。否则,主管机关有权采取措施强制打捞清除,其全部费用由沉没物、漂浮物的所有人、经营人承担。未经主管机关批准,不得擅自打捞或拆除沿海水域内的沉船沉物。

交通事故的调查处理 船舶、设施发生交通事故,应当向主管部机关递交事故报告书和有关资料,并接受调查处理;事故的当事人和有关人员,必须如实提供现场及事故情况;主管机关查明原因,判明责任。

法律责任 对违反本法的,主管机关可视情节,给予警告;扣留或吊销职务证书;罚款等处罚。当事人对主管机关给予的处罚不服的,可以向人民法院起诉;期满不起诉又不履行的,由主管机关申请人民法院强制执行。因海上交通事故引起的民事纠纷,可以由主管机关调解处理,不愿意调解或调解不成的,当事人可以向人民法院起诉;涉外案件的当事人,还可以根据书面协议提交仲裁机构仲裁。对违反本法构成犯罪的人员,由司法机关依法追究刑事责任。

国家渔政渔港监督管理机构,在以渔业为主的渔港水域内,行使本法规定的主管机关的职权,具体实施办法由国务院另行规定。海上军事管辖区和军用船舶、设施、军事作业的管理,以及公安部船舶的管理等,由国家有关主管部门依据本法另行规定。 (林爱君)

haishui shuizhi biaozhun

海水水质标准(**sea water quality standard**) 国家环境质量标准的一种,是判断海水污染状况和进行海洋环境监管活动的依据。国家质量技术监督局制定的《海水水质标准》规定,按照海域的不同功能和使用目标,将海水水质分为四类:第一类适用于海洋渔业水域、海上自然保护区和珍稀濒危海洋生物保护区;第二类适用于水产养殖区、海水浴场、人体直接接触海水的海上运动或娱乐区、与人类食用直接有关的工业用水区;第三类适用于一般工业用水区和滨海风景旅游区;第四类适用于海洋港口水域和海洋开发作业区。按照《近岸海域环境功能区管理办法》的规定,近岸海域环境功能区也依次分为四个类别,对近岸海域环境功能区的海水水质实行分类管理,强制执行相应类别的海水水质标准。近岸海域环境功能区是海洋功能区划制度的深化,而海洋功能区并没有规定具体水质保护目标,这说明海水水质标准在控制近岸海域环境污染,保护和改善近岸海域环境中的重要作用。 (陈 韬)

haixia liang'an jingmao xietiaohui yu haixia liang'an shangwu xietiaohui tiaojie guize

《海峡两岸经贸协调会与海峡两岸商务协调会调解规则》(**Provision on Intermediation between Coordination Committee of Economy and Trade Across the Taiwan Straits and Coordination Committee of Commerce**) 海峡两岸经贸协调会(下称经贸协调会)与海峡两岸商务协调会(下称商务协调会),为了以调解方式共同协助解决海峡两岸当事人之间所发生的经济、贸易、运输和其他商务方面的争议,特制定了《海峡两岸经贸协调会与海峡两岸商务协调会调解规则》,并自1991年3月16日起施行。

该《调解规则》共有4章31条,包括:第一章,总则;第二章,组织;第三章,调解程序;第四章,附则。其主要内容为:(1)宗旨和适用范围以及适用原则。(2)经贸协调会与商务协调会的调解工作由各自的调解仲裁委员会专门负责,两个协调会各自的秘书处提供调解行政管理方面的协助;经贸协调会与商务协调会各自设立调解员名册,调解员由各自聘请的具有经济、贸易、投资、运输和其他商务方面或法律方面专门知识及实际经验的公正的人士担任。(3)当事人申请调解时应办理的手续。(4)调解的程序以及相关费用的缴纳。(5)调解程序的终止。(6)对调解员的规定。 (罗大帅)

haiyang chichao xinxi guanli

海洋赤潮信息管理(**management of oceanic red tide message**) 规范我国管辖海域内赤潮信息的汇集、处理、发布等活动的管理。为了加强对海洋赤潮信息的管理,充分发挥赤潮信息在赤潮防治工作中的作用,规范赤潮信息发布行为,有效预防和减轻赤潮灾害,国家海洋局于2002年1月22日发布《国家海洋局关于实施海洋赤潮信息管理暂行规定》,该规定所指赤潮信息是在赤潮监测监视、预测预报和灾害评估活动中获取或形成的有关赤潮环境条件、状态与性质、发生发展趋势、危害及影响等方面的数据、文字、图表、图像资料。

国家海洋局负责全国赤潮信息的归口管理。国家海洋局北海、东海、南海分局(以下简称分局)、沿海省、自治区、直辖市及计划单列市海洋厅(局)(以下简称省市海洋局)分别负责本海区和本地区赤潮信息的管理。

赤潮信息的汇集及处理 分局、省市海洋局负责组织赤潮监测监视、灾害评估信息的获取和汇集工作,建立有效的信息汇集渠道,保证赤潮信息汇集的畅通。省市海洋局获取的赤潮信息应按时向所在海区分局汇交。分局获取及汇集的赤潮信息应按时向国家海洋环境预报中心(以下简称预报中心)、国家海洋环境监测中心(以下简称监测中心)和国家海洋信息中心(以下简称信息中心)汇交。有赤潮发生时,每月2日前将上月本海区赤潮发生情况汇总报国家海洋局。局属其他有关单位获取的赤潮信息应及时向预报中心、监测中心和信息中心汇交,同时提交有关分局。预报中心、监测中心直接获取的赤潮信息应相互提交,并及时提交信息中心和有关分局。赤潮监测监视信息应在现场工作结束后及早汇交。其中,海上赤潮监测信息应在48小时内汇交;航空遥感监视监测信息应在飞机着陆后4小时内汇交;卫星遥感监测资料应在卫星过境后8小时内汇交。

赤潮信息的发布 赤潮信息实行统一发布制度。国家海洋局、分局和省市海洋局负责赤潮信息发布工作的管理。通过广播、电视、报纸、电信等媒体向社会发布赤潮信息须经国家海洋局、分局或省市海洋局的许可。任何单位和个人,未经许可不得向社会散布赤潮信息。赤潮信息的发布内容包括:赤潮发生的时间、地点、范围、生物种类、生物毒性、生物密度、漂移路径、发展趋势、发生条件等监测监视、预测预报信息,以及赤潮造成的直接经济损失、间接经济损失、对海洋生态环境影响及对人类健康危害等赤潮灾害评估信息。

法律责任 从事赤潮信息汇集、处理和发布等活动的工作人员,违反《国家海洋局关于实施海洋赤潮信息管理暂行规定》,造成严重损失的,由其所在单位酌情给予行政处分。未经批准,擅自向社会发布或传播赤潮信息的,由国家海洋局、省市海洋局责令其立即停止违规行为,纠正错误;造成不良影响的,予以通报批评、警告。对外提供未公开的赤潮信息,应按海洋工作中有关国家秘密的具体规定办理。 (王 丽)

海洋功能区划(the zoning of marine function) 依据海洋的自然属性和社会属性,以及自然资源和环境特定条件,界定海洋利用的主导功能和使用范畴的制度。海洋功能区划是制定全国海洋环境保护规划和重点海域区域性海洋环境保护规划的依据,从而可以引导海域的使用方向,保护和改善海洋生态环境。2002年国家海洋局公布的《全国海洋功能区划》将我国管辖的海域划定为港口航运区、渔业资源利用与养护区、旅游区、海水资源利用区、工程用海区、海洋保护区、特殊利用区、保留区等10种主要海洋功能区,还确定了渤海、黄海、东海、南海四大海区30个重点海域的主要功能和开发保护要点。《全国海洋功能区划》还规定了推行海洋功能区划制度的阶段目标:2005年实现重点海域的开发利用基本符合海洋功能区划,控制住近岸海域环境质量恶化的趋势;2010年严格实行海洋功能区划制度,实现海域开发利用符合海洋功能区划,生态环境质量得到改善,海洋经济稳步发展。 (陈 韬)

《海洋环境保护法》(Marine Environment Protection Act) 1982年8月23日,第五届全国人民代表大会常务委员会第二十四次会议通过,1983年3月1日始实施。1999年12月25日,第九届全国人民代表大会常务委员会第十三次会议通过对《中华人民共和国海洋环境保护法》修订,2000年4月1日起施行。制定本法的目的,是为保护和改善海洋环境,保护海洋资源,防治污染损害,维护生态平衡,保障人体健康,促进经济和社会的可持续发展。本法共10章98条,包括:总则;海洋环境监督管理;海洋生态保护;防治陆源污染物对海洋环境的污染损害;防治海岸工程建设项目对海洋环境的污染损害;防治海洋工程建设项目对海洋环境的污染损害;防治倾倒废弃物对海洋环境的污染损害;防治船舶及有关作业活动对海洋环境的污染损害;法律责任;附则等部分。

海洋环境监督管理 国家海洋行政主管部门会同国务院及地方有关部门拟定全国海洋功能区划,制定海洋环境保护规划,报国务院批准;沿海地方各级人民政府根据其海洋功能区划,建立海洋环境保护区域合作组织,负责实施海洋环境保护规划、污染防治和生态保护工作。跨区域的海洋环境保护工作,由有关沿海地方人民政府协商,或者由上级人民政府协调解决。国家和地方人民政府制定海洋环境质量标准。海洋环境监督管理部门实行联合执法,对海上污染事故或者违反本法规定的行为,及时予以制止或调查取证。

海洋生态保护 国家采取有效措施,保护有典型性、代表性的海洋生态系统、海洋生物的天然分布区及重要海洋自然历史遗迹和自然景观。对有经济、社会价值的已遭到破坏的海洋生态，进行整治和恢复。国家有关部门根据需要，经国务院批准，选划、建立海洋自然保护区、特别保护区。

防治陆源污染物对海洋环境的污染损害 向海域排放污染物，必须严格执行国家或者地方规定的标准和有关规定。入海排污口位置的选择，应当根据有关规定，经科学论证，报行政主管部门审查批准。环境保护主管部门和水行政主管部门加强入海河流管理，使入海河口的水质处于良好状态。

防治海岸工程建设项目对海洋环境的污染损害 海岸工程建设项目，应把防治污染所需资金纳入建设项目投资计划。在需要保护的海洋区域，不得从事污染环境、破坏景观的海岸工程项目建设或者其他活动。海岸工程建设项目的单位，必须在建设项目可行性研究阶段，编报环境影响报告书，经海洋行政主管部门提出审核意见后，报环境保护行政主管部门审查批准。海岸工程建设项目的环境保护设施，必须与主体工程同时设计、同时施工、同时投产使用。禁止在沿海陆域内新建不具备有效治理措施的、严重污染海洋环境的工业生产项目。兴建海岸工程建设项目，必须采取有效措施，保护国家和地方重点保护的野生动植物及其生存环境和海洋水产资源。

防治海洋工程建设项目对海洋环境的污染损害 海洋工程建设项目在可行性研究阶段，建设项目单位需编报海洋环境影响报告书，由海洋行政主管部门核准，并报环境保护行政主管部门备案，接受环境保护行政主管部门监督。海洋工程建设项目，使用的建筑材料、作业方式都应符合国家有关规定。勘探开发海洋石油，必须编制溢油应急预案，报国家海洋行政主管部门审查批准。

防治倾倒废弃物对海洋环境的污染损害 任何单位未经国家海洋行政主管部门批准，不得向中华人民共和国管辖海域倾倒任何废弃物。国家海洋行政主管部门制定海洋倾倒废弃物评价程序和标准。国家海洋行政主管部门选划海洋倾倒区，经国务院环境保护行政主管部门提出审核意见后，报国务院批准。临时性海洋倾倒区由国家海洋行政主管部门批准，并报国务院环境保护行政主管部门备案。

防治船舶及有关作业活动对海洋环境的污染损害 任何船舶及相关作业不得污染我国海洋环境，船舶必须持有防止海洋环境污染的证书与文书、必须配置相应的防污设备和器材，要如实记录污染物排放状况。防止海难事故造成海洋环境的污染；建立船舶油污保险、油污损害赔偿基金制度。载运具有污染危害性货物进出港口的船舶，必须事先向海事行政主管部门申报。经批准后，方可进出港口、过境停留或者装卸作业。港口、码头、装卸站和船舶修造厂必须备有足够的污染物、废弃物的接收设施，按照有关规定进行污染物的处理。船舶发生海难事故，国家海事行政主管部门有权强制采取避免或者减少污染损害的措施。

法律责任 不符合本法规定向海域排放污染物或者不适当处理环境污染事故的、拒绝现场检查，或者在被检查时弄虚作假的、私设入海排污口的、擅自拆除、闲置环境保护设施的，经中华人民共和国管辖海域，运输、转移危险废物等行为的，其责任部门承担相应责任。海岸工程、海洋工程建设项目未按规定投产使用的，环保部门依法处罚并采取补救措施；对使用含超标准放射性物质或者易溶出有毒有害物质材料的、向已经封闭的倾倒区倾倒污染物的、或将境外废弃物在我国海域倾倒造成海洋环境污染的，及其他不符合本法要求的行为，国家海洋行政主管部门对其责任人员予以惩处并排除危害。对于船舶、石油平台和装卸油类的港口、码头、装卸站不编制溢油应急计划的，有关部门予以警告，或者责令限期改正。造成海洋环境污染损害的责任者，应当排除危害，并赔偿损失；完全由于第三者的故意或者过失，破坏污染环境造成重大损失的，责任者负赔偿责任。造成海洋环境污染事故的单位，根据所造成的危害和损失处以罚款；对责任人员予以行政处分。海洋环境监督管理人员有滥用职权、玩忽职守、徇私舞弊行为的依法给予行政处分；构成犯罪的追究刑事责任。

（黄明明　陈　韬）

haiyang qingfei xuke zhidu

海洋倾废许可制度（license system of dumping waste into the sea） 国家海洋行政主管部门对向我国管辖的海域内倾倒废弃物和其他物质的活动，实行特别许可和监督的管理制度。海洋倾废许可制度利用了海洋的自净功能和环境容量，但如果不加以严格控制将严重损害到海洋环境质量。凡向海洋倾倒废弃物的废弃物所有者及疏浚工程单位，都应事先向主管部门申请办理倾倒许可证，按规定的格式填报倾倒废弃物申请书，并附报废弃物特性和成分检验单。主管部门在接到申请书之日起两个月内予以审批，对同意倾倒者应发给废弃物倾倒许可证。倾倒许可证应注明倾倒单位、有效期限和废弃物的数量、种类、倾倒方法等事项，主管部门根据海洋生态环境的变化和科学技术的发展，可以更换或撤销许可证。主管部门根据废弃物的毒性、有害物质含量和对海洋环境的影响等因素将许可证分为三类，倾倒列入我国《海洋倾废管理条例》附件一的废弃物须申请办理紧急许可证，紧急许可证为一次性使用许可证；倾倒列入附件二的废弃物须申请办理特别许可证，特别许可证有效期不超过6个月；倾倒未列入附件一和附件二的低毒或无毒的废弃物，申请办理普通许可证,普通许可证的有效期不超过1年。获准向海洋倾倒废弃物的单位,应当按许可证注明的期限和条件,到指定的区域进行倾倒,并如实地详细填写倾倒情况记录表,将记录表报送主管部门。

(陈 韬)

haiyang xingzhengchufa shishi

海洋行政处罚实施(the enforcement of marine administrative punishment) 单位和个人违反海域使用、海洋环境保护、铺设海底电缆管道、涉外海洋科学研究管理等海洋法律、法规或者规章,海洋行政处罚实施机关依法给予海洋行政处罚。海洋行政处罚是一种特殊的行政处罚。《海洋行政处罚实施办法》规定了我国的海洋行政处罚实施制度。

县级以上各级人民政府海洋行政主管部门是海洋行政处罚实施机关(以下简称实施机关)。实施机关设中国海监机构的,海洋行政处罚工作由所属的中国海监机构具体承担;未设中国海监机构的,由本级海洋行政主管部门实施。中国海监机构以同级海洋行政主管部门的名义实施海洋行政处罚。上级实施机关有权监督、纠正下级实施机关的海洋行政处罚。上级中国海监机构经同级实施机关同意,可以以同级实施机关的名义对下级实施机关实施的海洋行政处罚进行监督,并协助行政监察部门依法追究行政责任。

(王 丽)

haiyang ziyuan guanli

海洋资源管理(the administration of sea resources) 国家依法对海洋资源所进行的行政管理。海洋资源的管理,一方面有利于维护国家的主权和经济利益,另一方面有利于开发利用海洋资源。海洋资源管理包括:建立海洋资源自然保护区,海岸防护,海洋灾害的防御等。

(马跃进 裴建军)

haiyang ziran baohuqu

海洋自然保护区(marine natural reserve) 为了保护海洋自然生态环境和海洋资源,把有独特保护价值的一定面积的海岸、河口、岛屿、湿地或海域划分出来进行特殊管理的区域。根据我国《海洋环境保护法》和《海洋自然保护区管理办法》的规定,划为海洋自然保护区必须具备以下条件之一:(1) 典型的海洋地理区域、有代表性的自然生态区域,以及遭受破坏但经保护能恢复的海洋自然生态区域;(2) 海洋生物物种高度丰富的区域,或者珍稀、濒危海洋生物物种的天然集中分布区域;(3) 具有特殊保护价值的海域、海岸、岛屿、滨海湿地、入海河口和海湾等;(4) 具有重大科学文化价值的海洋自然遗迹所在区域;(5) 其他需要予以特殊保护的区域。我国的海洋自然保护区分为国家级和地方级两大类。1990 年国务院首批公布了河北省昌黎黄金海岸等五个自然保护区,到目前已经建立了20 个国家级自然保护区和五十多个地方级自然保护区,包括了海湾保护区、海岸泻湖保护区、珊瑚礁保护区、红树林保护区和海洋自然历史遗址保护区等不同类型。海洋自然保护区可根据自然环境、自然资源状况和保护需要划为核心区、缓冲区、实验区。海洋自然保护区还可以设立绝对保护期,除了经保护区管理机构批准的科学研究、教学实习等适当活动以外,保护区内禁止从事任何损害保护对象的活动。

(陈 韬)

haiyu shiyong shenqing shenpi

海域使用申请审批(examination and approval of using sea area) 县级以上人民政府海洋行政主管部门按照审批权限和《海域使用申请审批暂行办法》的规定,负责海域使用申请的受理、审查、审核和报批工作。海域使用申请审批制度的设置旨在加强海域使用管理,规范海域使用申请审批工作。该制度主要规定在 2002 年 4 月 5 日国家海洋局发布的《海域使用申请审批暂行办法》中。

受理海域使用申请的海洋行政主管部门为受理机关;有审批权政府的海洋行政主管部门为审核机关;受理机关和审核机关之间的各级海洋行政主管部门为审查机关。下列项目的海域使用申请,由国家海洋局直接受理:(1) 国家重大建设项目;(2) 国家级保护区内的项目;(3) 倾倒区项目;(4) 国家直接管理的电缆管道项目;(5) 油气及其他海洋矿产资源勘查开采项目;(6) 跨省、自治区、直辖市行政区域的项目;(7) 其他由国务院或国务院有关部门依法审批的项目。

国家海洋局直接受理项目以外的海域使用申请,由县级海洋行政主管部门受理。未设海洋行政主管部门的,由上一级海洋行政主管部门受理。跨行政区域的海域使用申请,由共同的上一级海洋行政主管部门受理。申请使用海域的单位和个人,应当向受理机关提交相关材料。受理机关在收到海域使用申请后,应当对项目进行初审,申请的项目用海必须符合下列条件:(1) 符合海洋功能区划和海域使用规划;(2) 申请海域没有设置海域使用权;(3) 申请海域的界址、面积清楚。受理机关应当在收到海域使用申请之日起 15 个工作日之内,签署初审意见。凡符合初审条件的项目用海,受理机关必须及时上报。

审查机关在收到受理机关报送的申请材料后,应当对下列事项进行审查:(1) 是否符合海洋功能区划和海域使用规划;(2) 该海域是否计划设置更重要的海域使用权。审查机关应当在收到受理机关报送的申请材料之日起15个工作日之内,完成项目用海审查、签署审查意见和上报工作。不论是否同意批准该项目用海,审查机关均须按时上报。

审核机关应当在收到审查机关报送的申请材料之日起30个工作日之内(不含海域使用论证工作时间),提出建议批准或者不予批准的审核意见。对建议批准的,报同级人民政府批准;对不予批准的,由审核机关书面通知海域使用申请者,并说明原因。审核机关report同级人民政府审批项目用海时,应当报送以下材料:《海域使用审批呈报表》;海域使用论证报告及其评审结论;其他有关的材料。海域使用申请经政府批准后,由审核机关向海域使用申请者送达《海域使用权批准通知书》,并按规定为海域使用申请者办理用海手续。国务院批准用海的,由国家海洋局办理海域使用权登记,颁发《海域使用权证书》;地方人民政府批准用海的,由批准用海的人民政府(或授权本级海洋行政主管部门)办理海域使用权登记,颁发《海域使用权证书》。

负责办理海域使用权登记的机关,应当在海域使用权登记后一个月内以适当方式进行公告。《海域使用权登记册》是海域使用权及其他相关权利的法律依据。《海域使用权证书》是海域使用者持有的法律凭证。经审批的用海工程项目竣工后,审核机关应当在投入使用前,对工程建设情况进行核查。对不按规定使用海域的,按照《海域使用管理法》第46条进行查处。已批准使用的项目用海,应当接受审核机关的审查,并按规定办理手续。逐年缴纳海域使用金的,应当在审核机关规定的期限内,接受年度审查。一次性缴纳或者分次缴纳海域使用金的,应当在审核机关指定的期限内接受审查。县级以上人民政府海洋行政主管部门应当对所辖海域内审批的用海项目进行统计,并建立公开查询机制。

同一项目用海含不同用海类型的,应当将各种类型用海整体逐级上报,按各级人民政府审批权限自上而下分别审批。海域使用权期限届满,需要申请续期的海域使用权人应当在法律规定的期限内,向原批准用海的人民政府海洋行政主管部门提出申请。经审核,不存在需要收回海域使用权事由的,由审核机关报同级人民政府批准续期。各级人民政府及海洋行政主管部门应当严格按照本级的审批权限行使审批权。对超越审批权限非法批准使用海域的,或者化整为零、分散审批的,应当按照《海域使用管理法》第43条规定进行查处;给当事人造成损失的,审批机关应当承担赔偿责任。

(王 丽)

hanjinliang

含金量(gold content) 又称"金平价"。货币含金量的简称。它是指国家通过立法程序规定的本位货币所含的纯金的数量,通常用"克"来表示,如20世纪40年代美国政府规定1美元含金量为0.888671克。世界上并不是所有国家的本币都含有含金量。例如,美国政府和法国政府分别规定美元和法郎有含金量,而我国的人民币目前却并没有规定含金量。一般来说,含金量仅仅作为决定货币对外汇率的基础,并不能用纸币(如美元)向发行银行兑换黄金。

美元的含金量经过数次变动。1934年1月31日以前,美元含金量为1.50466克。1934年1月31日,含金量减至0.88861克,黄金官价由每盎司20.67美元提高到35美元。贬值后的美元不能兑现,仅外国中央银行可按官价向美国兑换黄金。1946年12月18日,国际货币基金组织正式公布美元含金量为0.88867克,1971年8月15日,美国宣布美元完全停止按官价自由兑换,美元含金量贬为0.818513克,对"特别提款权"比价由原来的1:1贬至1.08571美元等于1"特别提款权"。1973年2月12日,美元再次贬值,含金量减为0.73662克,对特别提款权比价贬至1.20635美元等于1"特别提款权"。美元汇价走向浮动。

(王连喜)

hanguo caichanshui

韩国财产税(property tax of South Korea) 韩国对建筑物、船只、飞机等财产征收的一种税,是地方税中一个重要的税种。财产税的纳税人是自核定的基准日起,在建筑税账簿内注册的建筑物主、在船税账簿内注册的船主和在飞机税账簿内注册的飞机机主。征税对象是建筑物、船只、飞机等财产。财产税的计税依据是建筑物、船只、飞机的现行标准价值。税率是根据建筑物、船只和飞机分别设计的。对建筑物适用税率根据建筑用途不同,分为四类:高尔夫球场用房别墅、高档娱乐场所的为5%;工厂建筑物的为0.6%;其他房屋的为0.3%;居住用房划分了6档税率,分别为:0.3%、0.5%、1%、3%、5%、7%。船只的税率分为两种,一种是高级船,税率为5%;另一种为其他船,税率为0.3%。飞机的税率为0.3%。税法还规定了免税财产和起征点,包括:(1)国家、地方自治实体、外国政府机构拥有的财产;(2)非营利组织直接用于提供宗教、教育设施等方面的财产;(3)当财产税额不足2000韩元时,不征财产税。

(薛建兰)

hanguo geren suodeshui

韩国个人所得税(personal income tax of South Korea) 韩国对个人所得征收的一种税。开征时间为1948年。目前,个人所得税是直接税中的主要税种之一。由于标准免税额相当高,个人所得税的税负较轻,因而占GNP的比重较低。适用的法律法规有:《所得税法》、《所得税法实施法令》、《所得税法实施条例》。所得税处负责计划、起草、解释个人所得税。

纳税人 包括居民纳税人和非居民纳税人。凡在韩国境内定居或居住满一年的个人为居民纳税人。被国内居民或国内公司雇佣但在境外工作的行政人员、经理和员工，也属于居民纳税人。除居民纳税人之外的为非居民纳税人。

征税对象 居民纳税人就来源于全世界范围内的收入纳税；非居民纳税人只就来源于韩国的收入纳税。以下各类收入不需缴纳所得税：(1) 用于公共物品的收入；(2) 稻田或旱田的租赁收入；(3) 农场主从事辅助经营项目中获取的营业利润；(4) 工资、薪金所得和退休金所得；(5) 资本收益；(6) 其他所得，包括国民保障法规定的补偿，依法被授予奖章或其他公共奖励而取得的资金或其他财产，雇员因创造与其工作相关的有价值的发明而从雇主手中取得的津贴。

应纳税额的计算 居民纳税人和非居民纳税人的收入按照综合所得税制和分类所得税制纳税。根据综合所得税制，不动产租赁所得、营业所得、工资薪金所得、临时性的资产收益以及其他所得均应加总按照累进税率纳税。利息和红利1997年之前是综合纳税，1997年之后暂时排除在综合所得税制之外。目前分别按照22%和20%的税率缴纳预提所得税。根据分类所得税制，资本收益、退休收入和伐木收入分别按照不同的税率征税。

税率 (1) 综合所得的所得税额按超额累进税率计算，见表：

基本税率表 （单位：元）

税基		税率		
大于	不大于	税额+	%	数额超过……元
0	10000	0	10	0
10000	40000	1000	20	10000
40000	80000	7000	30	40000
80000		19000	40	80000

(2) 伐木收入的税率同综合所得的适用税率。(3) 资本收益的税率如下：拥有土地或建筑物超过2年的为30%—50%；持有土地或建筑物少于2年的为50%；转让未登记财产为75%；未上市公司分红为20%。

计税依据 综合应税所得税为综合应税所得总额扣除个人免税额后的余额。分类所得税基是退休收入、伐木收入和资本收益。应税所得是以下各项收入项目的总和：(1) 利息收入；(2) 股息收入；(3) 不动产租赁所得；(4) 营业利润；(5) 工资薪金所得，是指在已作过扣除后作为计算工薪所得税基的总所得；(6) 退休收入，是指按规定对总收入进行扣除后的余额；(7) 资本收益；(8) 伐木收入；(9) 其他所得。

综合所得的免税和扣除项目包括：(1) 基本免税额，拥有综合所得的居民允许扣除的免税额为每年100万元乘以纳税人家庭人数。(2) 额外免税。以下居民除适用基本免税外，每年从综合所得中扣除50万元：65岁或65岁以上的人；总统法令中所规定的残疾人；单身女人或单身男人有一个不满6岁的直系晚辈。(3) 特别扣除。

预提税 总统法令规定的利息、股息或营业利润的纳税人，以及A级工薪收入、退休收入、其他收入的纳税人，支付人在其支付前要扣缴所得税，即为预提税。预提税的税率为：(1) 利息所得。5年期或更长期的长期储蓄利息以及5—10年期的长期债券利息适用30%的税率；10年期以上的长期债券的利息以及非商业贷款利息适用25%的税率；其他利息适用22%的税率。(2) 股息所得适用20%的税率。(3) 个人劳务、医疗保健服务等营业收入在扣除增值税后，按总收入的3%征税。(4) A级的工薪收入。基本税率适用于综合所得纳税。(5) A级解职收入适用基本税率。(6) 其他收入按照20%的税率扣缴所得税。

税收抵免 (1) 股息收入的税收抵免。当居民来源于国内公司股息收入计入综合所得时，将股息收入的19%加入到股东实际获得的股息数额中并根据这个数字计算股东的个人所得税，被附加的19%的股息收入，可以从计算出的个人所得税额中抵扣。(2) 国外税收抵免。当居民已付外国所得税时，已付税额可在国内所得税额中限额扣除，抵扣限额等于所得税额乘以国外所得占全部应税所得的比率。如已付外国所得税额超过扣除限额时，超过部分可在5年内结转扣除。(3) 自然灾害损失的税收抵免。当居民的自然灾害损失为其营业资产总值的30%或以上时，抵免额等于没有抵扣时的应纳税额乘以损失资产价值占总资产价值的比率。(4) 工薪阶层的特别税收抵免。每年应纳税额不到60万元的工薪所得者可从所得税额中抵扣30%，其中税额少于50万元的可以抵扣45%。

税收征管 税收征管包括免税项目、纳税申报和法律责任。免税项目包括：(1) 综合应税所得。韩国政府或外国政府按照协议派往韩国工作的外国人获得的工资；非居民和外国居民进行国际航运或国际航空取得的经营收入，在双方互惠原则的基础上实行免税。(2) 资本收益。(3) 股票期权的免税。个人纳税人以日历年度作为纳税年度，即1月1日至12月31日。如居民去世，则为1月1日到去世日。如居民成为非居民，则为1月1日到出国日。个人所得税为自行计算申报，要求纳税人填写纳税申报表并在特定申报日期正确缴纳税款。从1月1日到6月30日预付综合所得税款。当纳税人没有全额缴纳当年应纳所得税时,政府将在纳税截止后三个月内向纳税者追征未缴纳的税款。居民纳税人的纳税地点为纳税人的住所或居所所在地。非居民纳税人的纳税地点为经营活动所在地(固定住所)或收入来源地。应承担法律责任的行为包括:(1)未填写申报表;(2)未纳税或纳税不足;(3)未扣缴税款;(4)未上报扣缴发票;(5)未收集相关的税务发票;(6)未能保留充分的会计资料和凭证。

(薛建兰 卢海燕)

hanguo gongsi suodeshui
韩国公司所得税(company income tax of South Korea) 韩国对公司所得征收的一种税。开征时间为1948年。它是直接税中的主要税种之一。适用的法律有《公司税法》、总统级法令《公司税法实施法令》以及部长级条例《公司税法实施条例》。公司税处负责计划、起草、解释有关公司所得税的法律。

纳税人和征税对象 纳税人包括本国企业和外国企业。本国企业就其在世界范围内的所得纳税;外国企业仅限于其来源于韩国的所得纳税。征税对象为:(1)每一营业年度的收入;(2)资本收益;(3)清算收入(非营利性国内外公司予以免税)。但是对于外国公司清算所得、政府出于宏观税收政策而放弃征税权的那部分收入和公共福利信托的财产收入,不课征公司税。

计税依据和税率 国内公司的公司税的计税依据是所得额,即每一营业年度的收入依次扣除下列项目后的余额:每一营业年度开始日之前的5年内结转过来的亏损;根据公司税法及其他相关法律规定的非应税收入和根据减免税控制法及其他法律规定的可扣除收入。在韩国有营业场所的外国公司的计税依据是来源于国内的每一营业年度的总收入依次扣除下列项目后的余额:从每一营业年度开始之日起前5年以内的亏损额中(仅限于发生在韩国的),还未在下一营业年度中计算收入税基的被弥补的余额;根据《公司所得税法》和其他法律规定的免税收入;所属外国公司的总公司或其主要办公场所在本国,且该国对韩国的航运或空运公司给予同样的税收豁免,则该公司从事海外运输(航运或空运)而增加的收入。在韩国没有经营场所的外国公司的所得额是其从国内获得的收入,根据互惠原则,可将其从事海外航运或空运的收入从国内收入中扣除,其余额为所得额。国内公司清算收益应缴公司所得税的计税依据是其清算收入额。国内公司的公司税税率:国内私人公司适用的税率:不超过1亿韩元的为16%;超过1亿韩元的部分为28%。国内公营公司适用的税率:农业、渔业和家畜的联合协会为12%;其他国内公营公司:不超过1亿韩元的为16%;超过1亿韩元的部分为25%。当某人向某公司支付利息收入时,需按下列规定的税率抵扣公司所得税(预提税),并且于下月10日向税务机关缴纳:(1)证券投资信托的利润分配为22%;(2)非商业贷款的利息为25%;(3)所得税法规定的利息为22%。如果一个信托基金收到利息收入以及信用债券和有价债券的贴现额,应视同公司征收预提税。对在国内有经营场所的外国公司征收的公司所得税的适用税率与对国内的公司按此税基(作一些细节的修正)征收所得税的适用税率相同。在韩国境内没有机构场所的外国公司,应就来源于韩国境内的收入征收预提税。预提税采用源泉扣缴的办法。

资本收益的特别附加税 因为公司的资本收益税税率低于个人的资本收益税税率,所以对公司的资本收益征收特别附加税。公司的资本收益首先与公司的一般应税收入一起缴纳公司所得税,在缴纳了一般公司所得税后,再以此为税基计算和征收特别附加税。因此,对公司的资本收益进行了重复课税。税基是因转让土地、建筑物或相关的权益以及转让有价证券或股票而实现的利润。特别附加税税率为:未经注册的转让为资本收益的30%;其他情况的转让为资本收益的15%。但对下列资本收益不征收资本收益的特别附加税:因宣告破产而增加的收益;因该公司直接用于种植的农用土地的交易、分割和合并而增加的收益(仅限于用于交易、分割和合并的两块土地的价值差异不超过其中较大土地价值的1/4的情形)。

税收抵免 一是国内灾害损失的税收抵免。当国内公司由于受灾而损失总资产的30%或更多时,可视为有纳税困难,允许其进行税收抵免。从公司税中抵免的税额按损失价值与总价值的比率计算。二是在国外已纳税的抵免:(1)当国内公司在国外已付或应付外国公司税时,这部分税额可以从公司税中扣除,按来源于国外的所得占总应税所得的比率来计算应扣除税额。如果在国外已付或应付的税额超过规定的抵免限额,将其与当年应纳公司税相比,超过部分可结转抵免5年。(2)如果韩国和外国公司所在国家之间现有的税收条约允许,那么限定条件的子公司交纳的外国税收可以在母公司的股息收入中进行外国税收抵免。限定条件的子公司是指从股息申报之日起连续6个月以上国内公司拥有其20%或更多的股份。(3)当本国企业来源于国外的收入在收入来源国免于征税时,在计算国外税款抵扣时,仍然要考虑这部分抵扣税金。

税收征管 公司所得税申报表必须在营业年度结束日后的3个月内填写。营业期超过6个月的本国公司应从营业期开始之日起设定6个月的时期作为其期中预缴时间。公司需在当前所得税申报期内纳税。本国公司的纳税地点是公司总部或主要办事机构的注册地。在韩国有常设机构的外国公司的经营场所为其常设机构所在地。在韩国无常设机构的外国公司,若通过不动产转让、土地或房产转让、出售木材取得收入,其营业地点为交易发生地。如果一个外国公司在韩国有两个或两个以上常设机构,其纳税的经营地点是主要常设机构所在地。在这种情况下,当年营业收入额最大的常设机构为主要常设机构。税款滞纳罚金包括:(1)未作账簿记录或填写申报表的;(2)隐瞒收入的;(3)未缴税或缴纳不足的;(4)未扣缴税款的;(5)未公布资产负债表的;(6)未能呈交合并财务报表的;(7)未能取得证明文件的;(8)没有编制股票转让状况表的;(9)没有营业报告的;(10)未能提交收据的。

(薛建兰　卢海燕)

hanguo guofangshui

韩国国防税(national defense tax of South Korea) 以国内直接税、间接税、关税和地方税的纳税人以及广告出资人的相关税额、进口价格和广告费为征税对象的一种税。20世纪70年代全球性通货膨胀对韩国经济产生了一定的冲击,在此期间,政府采取一些财政措施来处理国外经济发展所引发的一些问题,对税制进行了调整和改革。为取得充裕的国防收入,1975年7月,韩国颁布了国防税法,开征国防税。国防税的纳税人为国内直接税、间接税、关税和地方税的纳税人以及广告出资人;国防税的税率为0.2%—30%;税基为相关的税额、进口价格和广告费。国防税为临时增设的中央税,国防税法确定的征收期为5年,即1975—1980年,实际上被延期征收,直到1990年12月31日才被废止。

(薛建兰)

hanguo guojia chanye jishu zhengce

韩国国家产业技术政策(national industrial technology policy of South Korea) 韩国为推行国家发展战略而制定的产业技术政策。1962年以来,韩国经济经历了持续三十余年的高速增长。促进韩国经济发展成功的因素是多方面,在经济发展过程中形成和不断完善的产业技术政策是其中的重要因素之一。在韩国经济起飞和快速工业化的整个过程中,随着韩国国家战略的变化,韩国的国家产业技术政策经历了四个阶段的发展。20世纪60年代是韩国产业技术政策的发源时期,主要的目标是促进企业引进外国技术,形成韩国经济发展的技术基础结构。70年代是韩国国家产业技术政策的形成时期,主要目标是强化引进技术的消化吸收,促进研究开发能力的形成,以推动韩国重化工业的发展。80年代是韩国国家产业技术政策的发展时期,主要目标是强化产业技术的自主研究开发,大力促进技术密集型产业的发展,推动产业结构的转变。90年代以来,韩国的国家产业技术政策主要的目标是在关键技术领域赶超发达国家水平,全面促进韩国国际竞争能力的提高。

当前韩国政府的目标是到21世纪初在科技方面达到七国集团成员国的水平。为实现这一目标,韩国政府制定了以下政策:政府将进一步加强1982年以来就开始实施的、旨在加强主要产业国际竞争力和为未来产业发展奠定基础的国家研究开发项目计划。重点将放在高技术和核心技术领域,如生物技术、新材料、工程、大科学和包括航天、海洋、原子能、高精度技术等跨学科技术。在执行这些项目计划时,韩国政府大力鼓励私营企业的广泛和积极参与。政府将促进基础科学的发展,并将特别强化创造性科学家和能够推动科学技术全球化的高水平技术人才的培养。韩国高等科技学院将被建设成为世界一流的尖端的教育和研究机构。为促进基础科学研究,到2001年,对高等院校的研究开发投资将增加到研究开发投资总额的12%。将扩充科学研究中心、工程研究中心和区域研究中心等以促进基础科学研究。在采取这些措施的同时,政府将通过持续的投资大力改善科学技术领域的高等教育。作为基础科学研究的一个机构,政府将建立"韩国高等研究院",邀请世界知名的科学家和有发展前途的青年科学家到这个研究院从事他们各自领域的研究。政府还为私营企业提供一系列的支持和鼓励措施,包括税收政策和财务援助,以加速产业技术创新。通过这些政策措施,韩国政府的目的是刺激私营企业的研究开发活动。政府将以核能的安全使用方面实现技术自主为目标。为此,将调整核能开发的长期目标和方向。此外,韩国政府将在核电厂设计、建造和运营的经验和技术积累的基础上扩大对外技术合作和技术转让。韩国将积极参与国际核聚变研究项目计划。政府将努力在青年和社会公众中间强化科学和技术意识,促进一个健康的科学和技术文化的形成。通过联合研究项目,促进科学家和科技信息交流,邀请外国科学家到韩国研究,与外国研究机构交流研究开发实验室,促进、加强科学和技术的国际合作。韩国政府一直在努力扩大双边和多边的国际合作。到1995年底,韩国政府已经与三十多个国家互换了科技合作协定。

(崔雪松)

hanguo jiaoyushui

韩国教育税(education tax of South Korea) 属于间接税种之一,1981年12月5日设立。教育税是为了保证政府有足够的资金完善公共教育系统而开设的一种附加税。设立时拟定为一种临时税,定于1982年1月1日开始征收,截止到1986年12月31日,但实际上延期到1997年12月31日。根据对《教育税法》的修订,从1991年1月1日起,教育税成为一种永久性的固定的中央税。对教育税适用的法律有《教育税法》、《教育税法实施法令》、《酒税法》、《特别消费税法》、《地方税法》和《运输税法》等。

纳税人 包括以下五类:(1) 特别消费税法中所规定的特别消费税纳税人(缴纳 LPG 和 LNG 特别消费税的纳税人除外);(2) 注册税、博彩税、居民所得税、财产税、土地综合税、烟草消费税及地方税法中规定的机动车税的纳税人;(3) 运输税法中规定的纳税人;(4) 在韩国境内从事银行和保险业务的个人;(5) 酒税中除烈酒、米酒、药酒和白酒之外的纳税人。

征税对象 特别消费税法中规定的特别消费税的应纳税收入;地方税法规定的注册税、博彩税、居民所得税、财产税、土地综合税、烟草消费税及机动车税的应纳税收入;运输税法规定的纳税人取得的收入;《酒税法》第 1 条规定的酒税的应纳税收入;在韩国境内从事银行和保险业务的应纳税收入。银行和保险业的纳税人,用于公共福利目的的信托财产所获利润收入免征教育税。

计税依据和税率 计税依据为银行和保险业的总收入,税率 0.5%;特别消费税的应纳税额,税率为 30%(对煤油税率为 15%);居民所得税的应纳税额,税率为 10%(对人口超过 50 万的城市税率为 25%);注册税的应纳税额,税率为 20%;博彩税的应纳税额,税率为 50%;财产税的应纳税额,税率为 20%;土地综合税的应纳税额,税率为 20%;机动车税的应纳税额,税率为 30%;运输税的应纳税额,税率为 15%;酒税的应纳税额,税率为 10%(酒税税率超过 80% 时为 30%);烟草消费税的应纳税额,税率为 40%。

税收征管 按季征收,对纳税人中的前三项纳税人按照特别消费税法或地方税法的有关条款申报和缴纳特别消费税与地方税时,应随即申报和缴纳教育税。对经营银行或保险业务的纳税人,要在相应的期限内到区税务机关填写教育税申报表并缴纳税款;对特别消费税税额或酒税税额课征的教育税,依照特别消费税法或酒税法予以核定和征收。对注册税、博彩税、居民税、财产税、土地综合税和机动车税的税额课征的教育税,依照地方税法予以核定和征收。税法规定对纳税人未足额缴纳或只缴纳一部分教育税的行为,须进行处罚,处罚金额为未缴税款的 10%。

(薛建兰)

hanguo shuizhi

韩国税制(tax system of South Korea) 1948 年随着韩国政府的建立而确立起来税收制度。现行税制经过了八个阶段的税制改革,形成了 16 种国税、16 种地方税的税收体系。国税可分为国内税、特定目的税和关税。目前韩国实行的国内税包括:所得税、公司税、遗产税、赠与税、资产重估税、超额利润税、土地增值税等 7 项直接税;增值税、特别消费税、酒税、电话税、印花税、证券交易税等 6 项间接税。其中国税收入占绝对比重。韩国宪法规定了地方自治原则,地方政府有权在宪法规定之下估算和征集地方税。国税和地方税分别在有关国税和地方税的调整等法律中加以规定,国家与地方自治团体不得以任何名目制定上述法律规定的赋税品种以外的税种。韩国税制具有下列特点:国税与地方税并存,国税收入占绝对比重;间接税与直接税并存,以间接税为主;直接税中的个人所得税收入占 GNP 比重较低;在间接税中以增值税和特种货物税等税种相配合,共同发挥调节作用。韩国未来税制改革的重点在于:一是简化税制;二是在中央政府与地方政府之间重新分配税基;三是提高保有不动产的税负;四是综合所得税的审查;五是税收管理的改革。

(薛建兰 卢海燕)

hanguo tebie xiaofei shui

韩国特别消费税(special consumption tax of South Korea) 对销售、制造、运输和经营特殊应税消费品的人征收的一种税。开征时间为 1977 年 7 月 1 日。特别消费税是间接税中的税种之一。适用的法律有《特别消费税法》、总统级法令《特别消费税法实施法令》以及部长级条例《特别消费税法实施条例》。消费税处负责计划、起草、解释特别消费税法。

纳税人 销售、制造、运输和经营特殊应税消费品的单位和个人。

征税对象及税率 应税货物分为四大类。第一类:按 30% 的税率征收特别消费税。第二类:1997 年 7 月底之前按 10.5% 的税率征收特别消费税。第三类:按 10% 的税率征收特别消费税。第四类:超过总统法令规定的价格(100 万韩元)的部分按率征收特别消费税,分为两组。第一组为汽车,按排气量的大小征税,税率在 20% 和 10% 之间。第二组为汽油、柴油、煤油、石油和原油,按升征收定额税款。下列货物不征收特别消费税:(1) 征收酒税的货物及酒精含量超过 1% 的货物;(2) 根据《人参行业法》、《畜牧产品加工法》、《药物和化妆品及医药设备法》、《食物卫生法》没收的货物;(3) 个人制造为本人或家庭成员(不包括公司)使用的物品;(4) 根据《关税法》适用简易征税办法的货物。

计税依据 分为五类:(1) 上述应税货物之外的应税货物的制造或贩运为其出厂价;(2) 销售第一类第一组应税货物为其售价;(3) 应税娱乐场所的服务价格;(4) 进口应税货物,为其关税申报价格或征税价格(报关价格加上关税);特别消费税、教育税和增值税的税款不包括在税基内。

税收抵免 符合下列条件之一的,已征或应征特别消费税的货物或原材料,其已征或应征的特别消费税可以从相应的纳税额中抵扣:(1)购于其他销售者或制造者或来自于保税区,并用于销售的第四类第一组规定的应税货物(如,珠宝、珍珠等);(2)来自于工厂或保税区并直接用于制造或加工其他应税货物的货物;(3)在经过某些特殊加工后,从工厂或保税区运出的货物。

免税项目 包括对出口或用于供应驻韩外国军队的货物免征特别消费税;外交免税和外币结算免税。另外还包括符合法定条件的免税项目,主要为用于公益目的项目以及用于军事、国防以及捐赠的项目等。符合下列项目之一的已征或应征特别消费税的货物,已纳特别消费税额可以退税(或扣除):(1)对由应税原材料制成的应税货物免税;(2)用于出口或供应驻韩外国军队的应税货物;(3)外国外交机关及相似的组织用于医疗、医药化肥制造、航空、远洋船舶、深海捕捞船舶的应税石油及其石油产品;(4)退回的应税货物(不包括已使用过的物品,但包括根据《消费者保护法》退回的已使用物品)。

(薛建兰 卢海燕)

hanguo xianzhi longduan he gongping jiaoyi fa
《韩国限制垄断和公平交易法》(Restriction of Monopoly and Fair Trading Act of South Korea) 制定于1980年12月31日,并分别于1986年、1990年、1992年和1994年进行了修订。修订后的法律分14章。第一章"总则",规定了该法的立法目的是防止厂商滥用市场支配地位,防止经济力量的过度集中,规制不正当协同行为和非公平交易,促进自由公正竞争,以保护消费者、实现国民经济均衡发展。该章还对法律所涉及的术语作了概念上的限定。第二章"禁止滥用市场支配地位",规定了滥用市场支配地位的情形、市场支配地位的认定、滥用市场支配地位应当承担的法律责任。第三章"限制企业联合并抑制经济权势的集中",规定了对企业联合、控股公司设立、相互出资、出资总额等的限制,以及企业联合的申报义务、大型企业集团的认定标准,相关行为的法律责任等。第四章"规制不正当协同行为",规定了不正当协同行为的情形、豁免情形以及相应的法律责任。第五章"禁止不公正交易行为",规定了不公正交易行为的表现情形及其法律责任。第六章"厂商团体",规定了组建厂商团体的申报义务、禁止厂商团体为的行为及其法律责任。第七章"对维持转售价格的限制",规定了维持转售价格行为的表现形式、经营者的申报义务及法律责任。第八章"对缔结国际契约的限制",规定了不正当缔结国际限制竞争性契约的限制,对国际契约的审查及其法律责任。第九章"专职执行机构",规定公平交易委员会为处理公平交易案件的专门机构,该章详细规定了公平交易委员会的地位、权力、管辖范围、组成、工作程序等。第十章"事实调查等活动的手续",规定了认定、调查违反限制垄断和公平交易法的程序。第十一章"损害赔偿",规定了垄断或不正当竞争给其他经营者造成损失的民事赔偿。第十二章"豁免",规定了为法律所豁免的情形。第十三章"补充条款",规定了相关工作人员的保密义务、法律修订和实施时的协商、有关行政机构领导人的协调等事项。第十四章"罚则",对违反该法的行为应当施以的处罚作了规定。

(刘 鹏 苏丽娅)

hanguo xiangcun fazhan tebieshui
韩国乡村发展特别税(special tax of development of country of South Korea) 以公司税、个人所得税、关税、购置税、注册税的免税额、储蓄利息的减税额和证券交易税、特别消费税、购置税、土地综合税和博彩税的应纳税额为课征对象的一种税。韩国政府为扶持乡村社会和农村工业的发展,于1994年7月开始征收乡村发展特别税,以筹集税收收入为各种乡村发展项目提供资金。它是间接税中的税种之一。适用的法律有《乡村发展特别税法》、总统级法令《乡村发展特别税法实施法令》。乡村发展特别税的纳税人分为6类:根据《免税和减税管理办法》、《地方税法》、《关税法》的有关规定,享受个人所得税、公司税、关税、购置税或注册税减免税优惠,从而减轻了上述各税纳税义务的个人和公司;公司税应税所得超过5亿韩元的公司;特别消费税的纳税人;证券交易税的纳税人;购置税、博彩税的纳税人;土地综合税的纳税人。计税依据和税率为:(1)个人所得税、公司税、关税、购置税、注册税的免税额,税率20%;(2)储蓄利息的减税额,税率10%;(3)证券交易税,税率0.15%;(4)公司税税基超过5亿韩元的金额,税率2%;(5)特别消费税,税率10%;(6)购置税,税率10%;(7)土地综合税,税率10%—15%;(8)博彩税,税率20%。以下5类可以享受免税:国家、地方自治团体;对新成立的中小型企业税收减免;根据《免税和减税管理法》第94条,给予外国金融机构的税收减免;总统令中规定的对小面积家庭住所或小农户的购置税税收减免;总统令批准的多边或双边协定中规定的关税减免。韩国乡村发展特别税的有效期从1994年7月1日至2004年6月30日,有效期限为10年。

(薛建兰)

hanguo yichanshui
韩国遗产税(death tax of South Korea) 韩国对继承的财产征收的一种税。开征时间为1948年。它是直接税中的主要税种之一。虽然税率较高,但由于对资产的价格评估远低于真实价格,收入较少。适用的法律有《遗产和赠与税法》、总统级法令《遗产和赠与税法实施法令》以及部长级条例《遗产和赠与税法实施条例》。

纳税人 通过继承或遗赠获得财产,且在韩国有住所的居民继承人和在韩国境内通过继承或遗赠获得财产的非居民继承人。居民继承人指在韩国境内拥有住所或居住时间在1年以上的继承人。遗产税的纳税人不仅指个人,还包括办公场所在韩国境内的非营利法人。继承人是营利法人的则免除遗产税纳税义务。

征税对象 居民通过继承或遗赠获得的所有财产;非居民通过继承或遗赠获得的在韩国境内的所有财产。包括:从继承开始之日起直接继承的财产和因遗赠者死亡或失踪而生效的赠与财产;继承开始日前10年内赠给继承人的财产;继承发生前5年内赠给非继承人的财产。

计税依据和税率 计税依据为通过继承或遗赠获得的所有财产数额减去各种扣除后的余额。遗产税的扣除内容比较复杂,包括:(1) 一般扣除项目:税费,即被继承人应承担的租税、公共费用、会费等;500万到1000万韩元的丧葬费;继承人能证明其因继承遗产或获得遗赠而必须承担的被继承人尚未清偿的税费以外的债务;进口税。(2) 分类扣除项目:适用于被继承人为居民的情况,它又分为基础扣除和附加扣除。基础扣除总额为2亿韩元;附加扣除是在基础扣除的基础上追加。其中,继承的家庭产业为1亿韩元;继承的农场、渔场、林场最高为2亿韩元;受抚养家属扣除每人3000万韩元;未成年人扣除(未满20岁之前),每年每人允许扣除500万韩元;老年人扣除(年逾60岁),其每年的扣除为3000万韩元;残疾人扣除(在其75岁之前),每年可扣除500万韩元。(3) 综合扣除:综合扣除总额为5亿韩元。纳税人可以在分类扣除(不包括附加扣除)和综合扣除方法中作出选择。

遗产税适用税率表

金额单位:百万韩元

应纳税遗产额		应纳税额		
超过	不高于	税额+	税率%	超过……韩元
	100		10	
100	500	10	20	100
500	1000	90	30	500
1000	5000	240	40	1000
5000		184	50	5000

如果遗赠者指定其孙子、外孙或孙女、外孙女作为受益人,则该项遗产将被加征30%的附加税。

税收抵免 被继承人为居民的,其向外国缴纳的遗产税税额,可获外国税收抵免;包含在遗产中的赠与财产所缴纳的赠与税可获赠与税抵免;及时上交纳税申报表的纳税人可获10%的正确纳税申报抵免;短期内再继承的财产,可获累进抵免。如果财产继承行为发生后10年内由于继承人或者受遗赠人死亡,再次开始继承的,再继承财产的前次已纳税额可从此次应纳税额中扣除。

税收征管 韩国遗产税的起征点是20万韩元。对以下项目不征收遗产税:遗赠给国家、地方自治团体或者公共团体的财产;按照《政党法》的规定向政党遗赠的财产;《民法》及总统令规定免税范围内的财产;按照总统令的规定,企业的劳动福利基金和类似的财产,为对团体的遗赠,不征收遗产税;《文化财产保护法》规定的国家指定的文化财产及市、道指定的文化财产;社会一般概念上认定的灾难救助基金、治疗费和类似的财产,可以视同为总统令规定的财产;对烈士继承的遗产。

通过继承或遗赠获得财产的人,应在继承开始后的6个月内,连同对扣除额的详细说明,如对继承财产的种类、数量、估价、财产分割证明等总统令规定的所有文件,一并向税务部门自行申报。如果被继承人或继承人的住所在国外,纳税申报期限延长为9个月。税务部门根据纳税人填报的纳税申报表决定其应税价值,依此计算出的应纳税额可直接缴纳给当地税务部门,也可缴纳给韩国银行或邮政部门。如果遗产税应纳税额超过1000万韩元,纳税人可以以不动产或有价证券支付税款。同时,税务部门可根据纳税人的申请,区别不同情况允许其在3—7年内以年度延期缴纳的方式纳税。一般情况下,延期缴纳的期限为3年,但家庭产业为5年,继承财产中家庭产业占50%以上的(向非继承人遗赠的财产除外)为7年。延期缴纳的期限从接到纳税通知之日起计算。对延期缴纳的税额须加收利息。

纳税地税务主管部门应在纳税申报之日起6个月内,对遗产或赠与税的计税依据与应纳税额进行核定,对未自行申报或者申报与事实不符或有误差的,应在调查后进行调整并重新作出决定,同时将调整情况通知继承人或受遗赠者。

韩国遗产税的纳税地点为继承开始地,继承开始地指被继承人住所所在地,没有住所或情况不清楚的,指其居住地;继承开始地在国外的,以韩国国内财产所在地为纳税地点;继承财产在两个以上所在地的,以主要财产所在地为纳税地点。

(薛建兰 卢海燕)

hanguo yinhuashui

韩国印花税(stamp duty of South Korea) 韩国对创建、转移、变更财产所有权而订立相应文书的单位和个人征收的一种税。它是间接税中的税种之一。适用的法律有《印花税法》、总统级法令《印花税法实施法令》以及部长级条例《印花税法实施条例》。消费税处负责计划、起草、解释印花税法。韩国印花税的纳税人为创建、转移、变更财产所有权而订立相应文书的单位和个人。税率采用分级定额和定额税率两种。采用分级定额税率的印花税,其计税依据为契约上实际记载的数额;采用定额税率的印花税,其计税依据为契约、文书的份数。以下项目享受免税:由政府和地方自治机构订立的文书;提交给政府的关于向公共事业捐赠的文书;与财政资金有关的文书;由慈善或救济组织提供的关于其自身业务的文书;货仓契约;关于房屋的出租与委托保管业务的合同;面值低于1万韩元的商品赠券;票据的担保和验收文书;流通证券的副本或复印件;抵押的支票、存折;关于商业交易的汇票;关于交通运输文书;汽车票、火车票、船票和入场券以及进出口合同。印花税的缴纳方式是在订立文书时,通过购买印花并在文书上贴花的方式缴纳印花税。税务官员以现金的方式收取印花税,并通过在印花上盖章或使用专门的仪器对印花予以注销。

(薛建兰)

hanguo zengzhishui

韩国增值税(value-added tax of South Korea) 韩国对供应货物、提供服务的个人和单位征收的一种税。开征时间为1977年7月1日起。增值税是间接税中的主要税种之一,它是韩国税收的主要来源。适用的法律有《增值税法》、总统级法令《增值税法实施法令》以及部长级条例《增值税法实施条例》。纳税人为在营业过程中独立供应货物或提供劳务的个人、企业、中央和地方政府、地方性行业协会、任何团体以及基金会。征税对象包括:提供的货物和劳务;以及进口货物。增值税应纳税额为纳税人提供货物或劳务所发生的销项税额扣除进项税额的差额。销项税额为应税销售额乘以适用税率。应税货物或劳务的销售额为以下特定项目的价值全额,但增值税不包括在内:(1)提供的货物或劳务以货币为报偿的,为货币交易额;(2)提供的货物或劳务以非货币的形式为报偿的,为货物或劳务的公开市场价格;(3)实际交易价格过分低于正常交易价格或者没有交易价格的货物或劳务,为货物和劳务的公开市场价格;(4)交易停歇期间的存货,为存货的公开市场价格。自我提供(自产自用)的货物或劳务的销售额是:普通自用的货物或劳务是其公开市场价格。特殊交易的是:(1)分期付款或延期付款的,为合约规定的每一期的应收货款;(2)赊销的为赊销货物的全部金额;(3)根据完工程度付款的,期中付款或持续提供的货物或劳务的为合约规定的每一期的应收货款。经营商使用免征增值税的农产品、畜牧产品、水产品和林业产品为原材料生产和加工应税产品的,无论货物是在国内使用还是出口,其进项税额按照购入价3/103计算抵扣。

经营商赊销应税货物或劳务,因购买方拒付货款、破产或其他原因而未收回的应收货款,经营商将其作为坏账处理。这些货物或劳务的增值税按以下方法处理:经营商可在发生坏账期间内的增值税销项税额中扣减未收取的税额。可扣减的增值税额 = 坏账金额 × 10/110;而政府可相应将购货方已经抵扣了的进项税额扣回。不能扣除的进项税额包括:(1)经营者未取得税收发票或者没有向政府呈送每一笔业务的汇总税收发票,或者经营者全部或部分应记账业务未记账,税收发票的内容与实际交易有出入等,其进项税额均不得抵扣。但是,根据国税基本法修正其申报税基的纳税人、税基和应缴税款或应退税款经税务当局修正过的纳税人、经税务机关批准进行信用销售的纳税人,其提交的税收发票的进项税额可从销项税额中抵扣。(2)与经营活动没有直接联系的费用所含的进项税额。(3)用于非营利目的的小汽车的购置和维护所发生的进项税额。(4)提供免税货物或劳务所发生的购进货物或劳务的进项税额(包括与投资有关的进项税额)。(5)总统法令所规定的娱乐费或类似支出的进项税额。(6)登记注册前的进项税额。增值税不含价格的增值税税率为10%。但对零售商而言,对其含税价格适用的税率为10/110。但下列货物和劳务的提供适用零税率,进项税额予以退还:出口货物;由船只或飞机承载的国际运输;在韩国境外提供劳务;其他为赚取外汇收入而提供的货物或劳务。零税率仅适用于居民业户或国内公司。但是,根据互惠原则,零税率也适用于从事国际海运或航空运输的非居民业户和公司。对下列货物或劳务的提供予以免税,但进项税额不予退还:基本生活必需品和劳务;社会福利服务;与文化有关的货物或劳务;类似于劳务的私人服务;其他货物或劳务;进口免税货物;2003年12月31日前,直接提供给渔业合作中央委员会以便在岛屿地区辅助私人发电的石油产品;2003年12月31日前,为工厂、矿区、建筑工地和学生雇员福利餐厅等直接提供膳食服务。增值税纳税期限分为两个期间:第一期间为1月1日至6月30日,第二期间为7月1日至12月31日。

(薛建兰 卢海燕)

hanguo zengyushui

韩国赠与税(gift tax of South Korea) 以从有特殊关系的人处直接或间接地得到无偿让渡的、可以计算其经济价值的有形或无形的财产为征税对象的一种税。开征时间为1948年。它是直接税中的税种之一。适用的法律有《遗产和赠与税法》、总统级法令《遗产和赠与税法实施法令》以及部长级条例《遗产和赠与税法实施条例》。财产税处负责计划、起草、解释有关赠与税的法律和规定。

纳税人 通过赠与获得财产且在韩国有住所的居民受赠人;在韩国境内通过赠与获得财产的非居民受赠人。纳税人不仅指个人,还包括办公场所在韩国境内的非营利法人。赠与税只在两种情况下征收:赠与的财产在韩国境内;受赠人在韩国有住所。

征税对象 通过赠与无偿获得的有形或无形财产。但下列赠与财产为非应税财产:(1)赠与中央或地方政府的财产;(2)从国家或自治团体得到的赠与财产;(3)政治党派根据政党法的规定获得的赠与财产;(4)总统令规定数额内的、社会一般概念认定的灾害救济金、治疗费及其他与此类似的资金;(5)总统令规定的团体接受赠与财产数额内的、作为会社内劳动福利基金法规定的会社内部劳动福利基金以及其他类似的资金;(6)总统令规定的团体接受赠与财产数额内的、作为依据《信用保证基金法》成立的信用保证基金及其他与此类似的资金;(7)加入按照总统令规定条件建立的从业者团体的国内法人的从业者,通过该团体获得该法人的股票,如果该从业者相当于总统令规定的小额股东的水平,因其股票面值和时价的差额而得到的利益额;(8)用赠与支付的学费、奖学金等;(9)作为赠与的床、床单、纪念品以及庆祝和丧葬赠与。

计税依据和税率 计税依据为所有可转换成货币或经济形态的赠与财产的法定或实际的经济价值。税率采用超额累进税率,共分五档。如下表。

赠与税税率表

金额单位:百万韩元

计税依据		税率		
超过	不高于	税额+	%	超过……韩元
	100		10	
100	500	10	20	100
500	1000	90	30	500
1000	5000	240	40	1000
5000		184	45	5000

扣除项目 包括:(1)损失扣除:法律允许对由于自然灾害及其他不可预见情况造成的损失进行扣除,扣除的额度等于遭受损失的额度。(2)家庭扣除:如果居民受赠人接受下列人员的赠与可获得扣除,但前提条件是10年之内的扣除总量以及各项扣除之和不得超过下述各项列明的扣除之和:来自配偶的赠与最高可扣除5亿韩元;来自直系家庭成员的赠与,最高扣除额为3000万韩元,但如果受赠人是未成年人,则允许扣除额降为1500万韩元以内;来自其他家庭成员的赠与,其最高扣除额为500万韩元。如果赠与者指定其孙子/外孙或孙女/外孙女作为受赠人,则该项赠与将被加征30%的附加税。

税收抵免 (1)向外国缴纳的赠与税税额,可获得外国税收抵免;(2)如一项赠与财产中包含一部分已纳过赠与税的财产,则该财产已纳赠与税可获得赠与税抵免;(3)及时上交纳税申报表的纳税人可获得10%的准确纳税申报的抵免。

税收征管 赠与税的纳税义务人,应在接受赠与财产后3个月内连同申报扣除详细情况的说明,一并填写纳税申报表,向纳税地点的主管税务机关申报。政府根据纳税人填报的纳税申报表决定应税价值及应纳税额。税款可直接缴纳给主管税务机关,也可通过韩国银行或邮政部门缴纳。赠与税以受赠人住所所在地为纳税地点;没有住所或者住所不清楚的,以其居住地为纳税地点;当受赠人为非居民或者受赠人的住所及居住地不清楚时,以赠与者住所或居住地为纳税地点;当受赠人与赠与人都是非居民或者其住所及居住地皆不清楚时,以财产所在地为纳税地点。

(薛建兰)

hanguo zhengquan jiaoyi shui

韩国证券交易税(securities transaction tax of South Korea) 以证券转让的价值为征税对象的一种税。它是间接税中的税种之一。适用的法律有《证券交易税法》、总统级法令《证券交易税法实施法令》以及部长级条例《证券交易税法实施条例》。消费税处负责计划、起草、解释证券交易税法。纳税人为从事证券转让的证券结算公司、证券公司和证券转让者。征税对象为根据商业准则和特别法案建立的公司的股票转让,或根据商业准则和特别法案建立的合伙公司、有限公司、有限责任公司的股权的转让。但是,在国外上市的股票转让、非居民或非居民之间(他们持有整个公司的股份比例小于10%,时间超过5年)的股票的场外转让,不在征税范围内。计税依据是转让的证券的总价值。税率为0.5%。若总统签署命令采某项政策扶植资本市场,证券交易税的税率可以降到零。纳税人应在交易后的第二个月10日内填写纳税申报表并向政府纳税,由证券结算公司和证券公司在交易时征收。

(薛建兰)

hanguo zhengfu caigou zhidu

韩国政府采购制度(government procurement of South Korea) 韩国由专门的政府部门负责公共部门所需的物资的计划审批、合同的制订、签订、价格的确定以及货物的供应公共市场集中采购制度。

为规范政府采购行为,韩国先后制定了《供货商或制造商的登记程序与资格的规定》、《标底制作的程序和方法》《国内外采购条款》《投标商资格条件》等法律、法规。这些规范,对政府采购的原则、程序、方式等问题作出了详细的规定。

政府采购的原则和政策包括:政府采购要符合国家的宏观经济政策,实现经济调控与物价稳定,增加就业率,积极支援科技型骨干产业以及提高预算效率性;政府采购要透明公正;要简化行政程序,提高政府采购的效率,发展知识经营系统,积极利用 EDMS(Electronic Date Management System)电子文件管理系统,讲求经济效率。

依韩国《国家合同法》的规定,金额超过 5000 万韩元的政府采购合同,就必须由中央政府专设的采购部门"采购供应厅"执行。采购合同金额在 2000 万韩元以上时,就必须使用竞争的程序授予合同,而当采购金额在 2000 万韩元以下或采购内容涉及机密时,则可用直接洽谈的方式签订合同,即用随意合同的方式采购。韩国还极为重视对政府采购的监督,采购供应厅对采购的组织过程的参与,以及对签订合同前后的各项工作的监督和追查,即是例证。而采购供应厅下设的直接由厅长管辖的"规格制定委员会"则通过设计招标文件和合同文本对政府采购进行监督。

(杨云鹏)

hangye jiagé zìlǜ
行业价格自律(self discipline of price of industry) 由各行业协会统一确定该行业的市场价格,并要求全体成员执行该价格的行为。主要是源于我国 1998 年各个行业纷纷出台的"价格自律"。例如由行业协会确定商品或服务的最低销售价格,或者规定标准价格、价格的上涨率或上涨幅度,或对影响实质性定价的回扣、手续费、折扣作出限制等。我国国家经贸委在 1998 年 8 月 17 日出台的《关于部分工业产品实行行业自律价的意见》明确地表现出以行政干预为手段,强行要求企业按照行业制定的最低限价销售商品。实行行业价格自律往往是为了协调同业关系,避免行业内部的激烈竞争,但从反垄断的角度来看,该行为实质上限制了市场竞争。

这些行为对自由竞争的破坏是很明显的,其中又以所谓的"行业自律价"为甚。因为,在市场经济条件下,价格竞争是市场主体最重要最基本的竞争方式,因而消除或限制价格竞争的行为就成为最为严重的反竞争行为。这种由行业协会出面操纵、制定或认可的行业自律价,表面上是代表了全行业的共同利益,实质上是对市场价格的强行性限制,是一种变相的横向固定价格协议,应当受到反垄断法的监控。

但需要注意的是,行业协会本身并不是经营者,因此这种"行业价格自律"与同行竞争者之间的横向价格协议又有所不同,我们在对"行业价格自律"行为进行反垄断法控制的时候,就要更多地考虑各种合理的因素,如果"行业价格自律"有利于克服当前的经济不景气状态,有利于促进社会整体经济利益,那么在依据"合理性原则"对该行为的限制竞争性与社会利益性进行利益权衡之后,就有可能因为该行为利大于弊而受到反垄断法的豁免。不过,原则上,"行业价格自律"应当被禁止。

(李 梅)

hangye longduan
行业垄断(the industry monopoly) 公用企业以及其他依法具有独占地位的经营者滥用行业优势,实施的限制竞争行为。它主要表现为:限定他人购买其自己的或者其指定的其他经营者的商品(包括服务);限定他人只能购买和使用其附带提供的相关商品,不得购买和使用其他经营者提供的符合技术标准要求的同类商品;限定他人只能购买和使用其指定的经营者生产或者经销的商品,不得购买或使用其他经营者提供的符合技术标准要求的同类商品;强制他人购买其提供的不必要的商品及配件;强制他人购买其指定的经营者提供的不必要的商品;以检验商品质量、性能为借口,或者以拒绝或拖延提供服务、滥收费用等方式,阻碍他人购买、使用其他经营者提供的符合技术标准要求的其他的商品,或者对不接受其不合理条件的用户、消费者拒绝、中断或者削减供应相关的商品,迫使他人购买其指定的商品;一些行业垄断者与行政机关或者公用企业等相互串通,借助他人的优势地位实施限制竞争行为;利用交叉补贴等手段排挤他人公平竞争。

(苏丽娅)

hangye xiehui
行业协会(trade association) 商会的一种形式,同一行业内企业自愿参加实行民主管理的非营利性自律组织。行业协会一般是指由同行业的经营者自愿组成的非营利性的社会团体法人。作为一种独立的社团法人,行业协会以同一行业的共同利益为目的,为同行经营者提供各种服务,同时,它也能够在章程规定的范围内,按照章程规定的情形和方式约束协会成员的行为。其特有的沟通、协调、服务和监督职能在很多情形下都可以很好地维护协会成员的利益,引导协会成员从事有利于公平竞争的行为,从而实现行业利益的最大化。但在另一方面,作为同业竞争者的联合组织,行业协会在本能上有进行联合行为的倾向。在实践中,行业协会往往对协会成员实行业务统一管理,尤其在同业经营者处于激烈竞争的时候,行业协会就很容易把其协调能力转化为共谋的能力,组织协会成员进行限制竞争性行为。例如在协会成员之间进行协调,由成员共同决定商品或服务的价格,或者在各成员之间划分市场、限制产量,或者组织成员对非协会成员企业的经济活动进行抵制、排斥等。 （张旭娟　王飞雪）

hangkong huoyundan

航空货运单(waybill of aviation)　航空货物运输的凭证。它是订立航空货物运输合同,接受货物和运输条件的初步证据。它表明承运人承诺接受一定的货物,并同意按照双方的约定将货物运送到目的地点,交付给托运人指定的收货人;它同时还表明托运人同意将货物移交给承运人,并支付约定的运费。根据国务院民用航空主管部门的有关规定,航空货运单至少应包括如下内容:(1)出发地点和目的地点。(2)出发地点和目的地点均在中华人民共和国境内,而在境外有一个或数个约定的经停地点的,至少注明一个经停地点。(3)货物运输的最终目的地点、出发地点或者约定的经停地点之一不在中华人民共和国境内,依照所适用的国际航空运输公约的约定,应当在货运单上声明此项运输适用该公约,货运单上应当载有该项说明。其中出发地点和目的地点是指货物的起运地点和货物应到达的目的地点。

航空货运单不是航空货物运输合同本身,而是航空货物合同订立的证据。它与客票、行李票一样都是一种初步的证据。初步证据的证据力是基本的,在没有相反的证据证明时,它是充分的、有效的;同时它的证据力又是初步的,而不是最终的,在有相反证明时,它又是可以被推翻的。 （张旭娟　柴　坚）

hangkong kuaidi

航空快递(aviation express)　航空快递企业利用航空运输,收取发件人托运的快件并按约向发件人承诺的时间将其送交指定地点或者收件人,掌握运送过程的全部情况并能将即时信息提供给有关人员查询的门对门速递服务。根据《中国民用航空快递业管理规定》,航空快递业务实行的是许可制。中国民用航空总局对航空快递业务实施行业管理,核发经营许可证。中外合资或者合作设立航空快递企业,除按国家有关规定经有关部门审批外,还应当按规定经民航总局审核同意。中国民用航空地区管理局根据民航总局的授权,对所辖地区的航空快递业务实施管理和监督。

经营航空快递业务的企业,应当具备下列条件:(1)符合民航总局制定的航空快递发展规划、有关规定和市场需求;(2)具有企业法人资格;(3)企业注册资本不少于 2500 万元;(4)具有固定的独立营业场所;(5)具有必备的地面交通运输设备、通讯工具和其他业务设施;(6)具有较健全的航空快递网络和电脑查询系统;(7)具有与其所经营的航空快递业务相适应的专业人员;(8)民航总局认为必要的其他条件。

经民航总局批准,航空快递企业可以在机场设立航空快件专门接收站点,集中办理托运或者提取航空快件的手续。进港、出港的航空快件,应当通过该专门接收站点统一向航空承运人托运或者提取。

发运航空快件,应当填写航空快递单。航空快递单由发件人填写,连同航空快件交给航空快递企业。经发件人和航空快递企业签字或盖章的航空快递单,是航空快递合同订立的初步证据。

航空快件运价,是指自发件人交付航空快件至该航空快件送达直投区内收件人全程运输的航空快件运输价格。航空快件在递送过程中毁灭、遗失、损坏或者延误时的损害赔偿责任,由航空快递企业和发件人约定,但是不得免除故意或者重大过失情况下的责任。

（刘　鹏）

hangkongqi

航空器(aircraft)　国际上对航空器所下的定义,被普遍接受的是 1919 年巴黎公约所表述的"航空器是大气层中靠空气反作用作支撑的任何器械"。这里的航空器不仅包括重于空气的飞机、滑翔机、飞船等,而且包括轻于空气的如热气球、氢气球等。判断是否是航空器的关键在于该器械是否"靠空气的反作用作为支撑"。一般认为,火箭是靠其自身燃料燃烧所发生的冲力作支撑,因而不属于航空器。1967 年国际民航组织对航空器的定义作了适当的修改,成为"航空器是大气中任何靠空气反作用力而不是靠空气对地(水)面的反作用力作支撑的任何器械",其目的在于排除气垫船。

我国《民用航空法》未对航空器作统一的定义,仅将民用航空器与国家航空器作了简单的区分。

（刘　鹏）

hangkong renyuan

航空人员(aviation personnel)　包括从事民用航空活动的空勤人员和地面人员两类。凡只在地面工作的航空人员,统称为地面人员。地面人员包括:民用航空器维修人员、空中交通管制员、飞行签派员、航空电台通信员等。在运行中的航空器上工作的航空人员,统称为空勤人员。空勤人员包括:驾驶员、领航员、飞行机械人员、飞行通信人员等。 （张旭娟　柴　坚）

hebing

合并(merger)　反垄断法上的合并与民法、公司法上的合并具有不完全相同的含义。我国的《民法通则》、《合同法》、《公司法》中都有关于"合并"的规定,但前两者没有对其内涵加以解释,目前只有《公司法》的规定较为详细。《公司法》第173条规定:"公司合并可以采取吸收合并或者新设合并。一个公司吸收其他公司为吸收合并,被吸收的公司解散。两个以上公司合并设立一个新的公司为新设合并,合并各方解散。"民法上的合并中,都涉及现有法人的主体资格的变化,即被合并的法人不复存在,甚至合并各方都不复存在而共同组成一个新设的法人。公司法上的合并与此道理相同,即两个或两个以上的公司按照法律规定或者合同约定,合并成一个公司,也分为新设合并与吸收合并。

经济合作暨发展组织(OECD)对"merger"的解释为:"两个或者多个企业并入一个现存的企业,或者结合形成一个新企业。"《大不列颠百科全书》对"merger"的解释是:"指两家或更多的独立的企业合并组成一家企业,通常由一家占优势的企业吸收一家或更多的企业"(我国有学者将"merger"译成"兼并",鉴于我国法律中对兼并的规定不尽严谨,为了避免混淆,此处采通说只将其译为"合并")。可见,在西方以至国际上对"merger"的界定,和我国公司法中所指的"合并"含义是一致的,即"merger"可分为两类:新设合并(statutory merger)与吸收合并(consolidation merger)。

反垄断法合并控制制度中的合并不仅仅包括民法或者公司法意义上的合并,而是一个广义的概念,指只要一个企业通过某种方式取得对另一个企业的支配权,这两个企业就可以被认为是实现了合并(见企业合并控制)。因此可以把民法或者公司法意义上的合并称为狭义的合并,而把反垄断法意义上的合并称为广义的合并。那么,OECD和英国法中的"merger"对应到我国法律上的涵义即为狭义的合并。广义的合并包括:(1)民法或者公司法意义上的合并,即狭义的合并。(2)获取或收购,即收购企业与被收购企业在不改变各自的法律主体资格的前提下,通过改变股权的方式取得对被收购企业的实际控制,成为事实上而不是法律上的统一主体。(3)两个或者两个以上的企业在保留各自独立法律人格的前提下,通过协议、联营、人事联合等方式形成控制与被控制的关系。

由于反垄断法中的合并具有比较宽的含义,反垄断法中开始用"集中"(concentration)、"集中控制"(control of concentration)取代"合并"和"合并控制"。实际上,"集中"和"集中控制"更适合在反垄断法上使用,这样不仅和民法或公司法上狭义的合并区分开来,而且更准确地反映出反垄断法规制的市场力量。我国竞争法中出现的"合并"和"合并控制"实际就是在"集中"和"集中控制"的意思层面上使用的。 (张景丽)

hege jingnei jigou touzizhe jizhi
合格境内机构投资者机制(Qualified Domestic Institutional Investors, QDII) 一国在货币没有实现完全可自由兑换、资本项目尚未完全开放的情况下,允许内地投资者往海外资本市场进行投资的一项过渡性的制度。QDII意味着将允许内地居民对外投资境外资本市场,QDII将通过中国政府认可的机构来实施,内地居民将所持外币通过基金管理公司投资港股。它由香港特别行政区政府部门最早提出,与CDR(预托证券)、QFII(外国机构投资者机制)一样,将是在外汇管制下内地资本市场对外开放的权宜之计。而且由于人民币不可自由兑换,CDR、FDII在技术上有着相当难度,相比而言,QDII的制度障碍则要小很多。

QDII机制的运作涉及以下三个核心问题:首先是投资者的资格认定。为了严格控制风险,应本着稳妥渐进,宁缺毋滥的原则。最初获准进入境外证券市场的国内机构投资者只能是综合类证券公司或基金管理公司,且必须满足以下条件的一项:(1)若是在境外设有分支机构的证券公司,要求其境外分支机构在注册地最近两年内没有违规记录,且经营业绩稳定,资产状况良好。(2)若是未设有境外分支机构的证券公司,要求资产规模在300亿元人民币以上,资产状况良好,从事国内证券投资或资产委托管理业务3年以上,且最近3年连续盈利,有健全的风险控制制度。(3)若是基金管理机构,要求公司成立满3年,且经营证券投资基金资产总额在50亿元人民币以上。

其次是资金进出的监控。在资金进出的监控上,可采用的方法是:(1)在资本项目下设立专门的QDII账户,并为每一个通过QDII资格认定的国内投资机构建立二级账户,该账户资金流程接受外汇管理局的监控。(2)国内投资机构在通过审批半年内,按批准的规模在境内公开发行外汇基金,并将资金汇出境外。为了避免投机行为,首批资金在汇出后的1年之内,没有正当理由,不得回流国内投资。1年以后,资金可以根据实际情况返回一定比例资金投资国内B股市场,但必须事先报经中国证监会和外管局审批,并接受外汇管理局专门部门和证券监管部门的监控。(3)投资机构的资金必须汇往事先报国内外管局备案的境外银行资金往来账户,而投资机构的股票买卖则必须通过国内券商设在境外的分支机构代理,并在事先报经中国证监会备案的境外交易所的股东账户进行,投资机构的上述银行资金往来账户、股东账户要相互连接,并与其在国内资本账户下的特别账户形成相互对应的关系。(4)外汇管理部门的QDII专门机构进行QDII下的资金规模控制,每年公布许可的输出资金规模,然后由证监会审批当年认可的QDII数量和相应可募集基金的份额。

最后是许可投资的证券品种和比例限制。原则上国内监管机构不对此作出规定,而遵从所在国的相应交易法规,但考虑到中国的特殊国情,为了切实保护境内居民投资者的利益,在初始阶段,只允许QDII投资香港证券市场上的国企、红筹股和蓝筹股,同时对每个QDII持有单个上市公司股份的比例也作出一定限制。单个QDII不得购买上市公司5%的股份,或持有同一上市公司股票按成本价计算的总市值不得超过QDII净资产的10%。

随着国内金融市场开放程度的不断扩大,对QDII的资格要求应逐渐放宽。可采取如下措施:(1)逐步增加QDII的类别,使QDII主体从内资券商、基金管理公司,拓展到内资保险公司、内资证券公司拥有控股权的海外证券商、政府投资机构和养老基金;(2)放松经营年限要求;(3)放松实力要求;(4)放松证券投资品种要求。对于资金的进出监管,也应根据国内金融市场的变化,结合QDII制度实施的状况以及海外市场发展的实际情况进行调整。 （王连喜）

hege jingwai jigou touzizhe jizhi
合格境外机构投资者机制(Qualified Foreign Institutional Investor, QFII) 在一些国家和地区,特别是新兴市场经济的国家和地区,由于货币没有实现完全可自由兑换、资本项目尚未完全开放的情况下,有限度地引进外资、开放资本市场的一项过渡性的制度。包括韩国、我国台湾地区、印度和巴西等市场的经验表明,在货币未自由兑换时,QFII不失为一种通过资本市场稳健引进外资的方式。其主要是管理层为了对外资的进入进行必要的限制和引导,使之与本国的经济发展和证券市场发展相适应,控制外来资本对本国经济独立性的影响、抑制境外投机性游资对本国经济的冲击、推动资本市场国际化、促进资本市场健康发展。这种制度要求外国投资者要进入一国证券市场时,必须符合一定的条件,得到该国有关部门的审批通过,对外资进入进行一定的限制。它限制的内容主要有:资格条件、投资登记、投资额度、投资方向、投资范围、资金的汇入和汇出限制等等。

QFII属于有约束条件的外资引进机制,其限制主要体现在两方面:外资机构的准入资格和进入条件,即何等规模、何种类型的外资机构有资格投资境内市场,投资标的是否包括债券、货币市场工具和股票等。事实上,QFII的实际运作包括专门账户管理、外汇风险控制、资本利得的进出管理等,牵涉面非常广,需要相关部门通力配合,出台相关配套措施,防止热钱过度投机炒作,避免QFII冲击外汇市场,扰乱外汇管理秩序。在当前人民币资本项目下尚未自由兑换的形势下,在中国的资本市场上引进QFII制度对证券市场的发展意义深远。它有利于促进我国证券市场尽快与国际惯例接轨,提升中国资本市场的整体水准。

截至2004年10月31日,我国外汇管理局已批准QFII投资额度,总计30亿美元。目前已获准投资额度的合格境外机构投资者(QFII)名单如下:(1)瑞士银行有限公司(UBS Limited),托管行是花旗银行上海分行,投资额度是8亿美元,现已开立人民币特殊账户;(2)野村证券株式会社（Nomura Securities Co., Ltd）,托管行是花旗银行上海分行,投资额度是5000万美元,已开立人民币特殊账户;(3)花旗环球金融有限公司(Citigroup Global Markets Limited),托管行是渣打银行上海分行,投资额度是4亿美元,已开立人民币特殊账户;(4)摩根士丹利国际有限公司(Morgan Stanley & International Limited),托管行是汇丰银行上海分行,投资额度是3亿美元,已开立人民币特殊账户;(5)高盛公司(Goldman Sachs & Co.),托管行是汇丰银行上海分行,投资额度是5000万美元,已开立人民币特殊账户;(6)香港上海汇丰银行有限公司(The Hongkong and Shanghai Banking Corporation Limited),托管行是中国建设银行,投资额度是1亿美元,已开立人民币特殊账户;(7)德意志银行(Deutsche Bank AG),托管行是花旗银行上海分行,投资额度是2亿美元,已开立人民币特殊账户;(8)荷兰商业银行(ING Bank N.V.),托管行是渣打银行上海分行,投资额度是5000万美元,已开立人民币特殊账户;(9)摩根大通银行(JPMorgan Chase Bank),托管行是汇丰银行上海分行,投资额度是5000万美元,已开立人民币特殊账户;(10)瑞士信贷第一波士顿(香港)有限公司(Credit Suisse First Boston(Hong Kong) Limited),托管行是中国工商银行,投资额度是5000万美元,已开立人民币特殊账户;(11)日兴资产管理公司(Nikko Asset Management Co., Ltd),托管行是交通银行,投资额度是2.5亿美元,已开立人民币特殊账户;(12)渣打银行香港分行(Standard Chartered Bank Hong Kong),托管行是中国银行,投资额度是7500万美元,已开立人民币特殊账户;(13)恒生银行有限公司(Hang Seng Bank Limited),托管行是中国建设银行,投资额度是5000万美元,已开立人民币特殊账户;(14)大和证券SMBC株式会社(Daiwa Securities SMBC Co., Ltd),托管行是中国工商银行,投资额度是5000万美元,已开立人民币特殊账户;(15)美林国际(Merrill Lynch International),托管行是汇丰银行上海分行,投资额度是7500万美元,已开立人民币特殊账户;(16)雷曼兄弟国际(欧洲)公司(Lehman Brothers International Europe),托管行是中国农业银行,投资额度是7500万美元,已开立人民币特殊账户;(17)比尔盖茨—美林达基金(Bill & Melinda Gates Foundation),托管行是汇丰银行上海分行,投资额度是1亿美元,已开立人民币特殊账户;(18)荷兰银行(ABN AMRO Bank N.V.),托管行是汇丰银行上海分行,投资额度是7500万美元,已开立人民币特殊账户;(19)法国兴业银行(Societe Generale),托管行是汇丰银行上海分行,投资额度是5000万美元,已开立人民币特殊账户。 (王连喜)

hege jingwai jigou touzizhe jingnei zhengquan touzi waihui guanli

合格境外机构投资者境内证券投资外汇管理(management of foreign exchanges used for domestic stock investments of Qualified Foreign Institutional Investors) 国家外汇管理局对合格境外机构投资者在中国境内证券市场的投资行为进行规范和管理,以维护中国外汇市场的稳定和国际收支的平衡的制度。合格境外机构投资者,是指符合规定的条件,经中国证券监督管理委员会批准投资于中国证券市场,并取得国家外汇管理局(以下简称国家外汇局)额度批准的中国境外基金管理机构、保险公司、证券公司以及其他资产管理机构。合格投资者应当委托境内商业银行作为托管人托管资产并代为完成所要求的各项手续,委托境内证券公司办理在境内的证券交易活动。

托管人在外汇管理方面应履行下列职责:(1)办理合格投资者的有关结售汇、收付汇和人民币资金结算业务;(2)监督合格投资者的投资运作,发现其投资指令违反外汇管理规定的,及时向国家外汇局报告;(3)在为合格投资者开立人民币特殊账户,以及办理合格投资者汇入本金、汇出本金或者收益手续时,应在合格投资者外汇登记证(以下简称外汇登记证)上准确填列;(4)在合格投资者汇入本金、汇出本金或者收益两个工作日内,向国家外汇局报告;(5)每月结束后5个工作日内,向国家外汇局报告上个月合格投资者人民币特殊账户的收支情况和投资损益情况;(6)每个会计年度结束后3个月内,编制关于合格投资者上一年度境内证券投资情况的年度财务报表,经中国注册会计师审计后报送国家外汇局;(7)保存合格投资者的资金汇入、汇出、兑换和人民币资金往来记录等相关材料,保存的时间应当不少于15年;(8)根据国家有关外汇管理规定进行国际收支统计申报;(9)国家外汇局根据审慎监管原则规定的其他职责。

国家外汇局根据资本市场和国际收支情况,可以调整单个合格投资者上述申请投资额度的上下限。2002年11月18日国家外汇管理局颁布的《合格境外机构投资者证券投资外汇管理暂行规定》规定为单个合格投资者不低于等值5000万美元的人民币,不高于等值8亿美元的人民币。

合格投资者申请将全部投资额度或部分投资额度转让给其他合格投资者的,应由转让方和受让方各自持相关文件向国家外汇局提出转让申请,国家外汇局经商中国证监会后作出批准或不批准的决定。

经国家外汇局批准,合格投资者应当而且只能在托管人处开立一个人民币特殊账户,人民币特殊账户的收入范围包括:结汇资金(外汇资金来源于境外,且累计结汇的外汇资金不得超过已批准的投资额度)、卖出证券所得价款、现金股利、活期存款利息、债券利息。人民币特殊账户的支出范围包括:买入证券支付价款(含印花税、手续费等)、境内托管费和管理费、购汇资金(用于汇出本金及收益)。该账户的资金不得用于其他用途。

资金汇入汇出该账户,须遵循国家外汇局的相关规定。

国家外汇局对合格投资者的外汇登记证实行年检制度。国家外汇局应将外汇登记证的年检情况通报中国人民银行和中国证监会。合格投资者外汇登记证未能通过年检的,由国家外汇局商中国人民银行和中国证监会后决定合格投资者资金的退出方案。

国家外汇局可以对合格投资者、托管人、证券公司、证券交易所、证券登记结算机构进行现场检查。被检查的机构应当接受并配合检查。

合格投资者超过国家外汇局批准的投资额度或超过投资额度有效期汇入本金的,或托管人为合格投资者办理超过国家外汇局批准的投资额度或超过投资额度有效期汇入本金的,由国家外汇局予以警告,限期改正,并处以不超过3万元人民币的罚款。 (傅智文)

hehuo qiye

合伙企业(enterprise of partnership) 依照《中华人民共和国合伙企业法》在中国境内设立的由各合伙人订立合伙协议,共同出资、合伙经营、共享收益、共担风险,并对合伙企业债务承担无限连带责任的营利性组织。与其他市场主体相比,合伙企业具有以下特征:合伙企业不具有法人资格;合伙人对合伙企业的债务承担无限连带责任;合伙企业的设立和内部管理以合伙协议为基础;各合伙人共同出资、共同经营、收益共享、风险共担。

根据《合伙企业法》第8条的规定,合伙企业的设立须符合以下条件:(1)有两个以上合伙人,并且都是依法承担无限责任者。法律对合伙人的人数作了下限的规定而没有上限的要求,但是合伙人应该对合伙企业的债务承担无限连带责任,这就隐含了对合伙人的两项要求,一是合伙人必须具有完全的民事能力,否则无法承担民事责任;二是合伙人之间应该具有一定的信任关系。此外,法律法规禁止从事营利性活动的人,不能成为合伙人。法律没有规定企业法人是否可以作为合伙企业的合伙人,但根据一般的法理,具有法人资格的企业不能作为合伙企业的合伙人。(2)有书面合伙协议。合伙协议是合伙企业最重要的内部法律文件,是确定合伙人之间权利义务关系的基本依据,也是合伙企业得以设立的基础。(3)有各合伙人实际缴付的出资。合伙人应该按照合伙协议约定的出资方式、数额和缴付出资的期限履行各自的出资义务。法律对于合伙人的出资总额没有具体的要求,而且,允许合伙人用货币、实物、土地使用权、知识产权或者其他财产权利出资。经全体合伙人的协商一致,合伙人还可以用劳务出资,具体的评估办法由全体合伙人确定。(4)有合伙企业的名称。企业的名称是企业区别于别的企业的标志,其对于企业维护自身利益,保护交易相对人的利益以及维护市场经济秩序都具有重要意义。《合伙企业法》规定合伙企业可以有自己的名称,但是在其名称中禁止使用"有限"或者"有限责任"的字样。(5)有经营场所和从事合伙经营的必要条件。合伙企业的经营场所是合伙企业开展业务活动的必要条件,也是确定合伙企业的住所的依据。合伙企业住所又与企业登记地、债务的履行、诉讼管辖等密切相关。因此,合伙企业的经营场所具有十分重要的法律意义。

合伙企业在投资来源、经营管理以及风险承担方面的社会化程度较低,但是,它又有设立简便灵活、组织形式简单、经营管理便利的特点,加之我国还处于社会主义初级阶段,市场经济刚刚建立起来,合伙企业这种企业组织形式在很长时期内还将对我国经济和社会发展起到很大的作用。　　　　　　　　　(方文霖)

hehuo qiye caichan

合伙企业财产(property of partnership) 为经营合伙事务所集合的各种财产的总称。《中华人民共和国合伙企业法》第19条规定:"合伙企业存续期间,合伙人的出资和所有以合伙企业名义取得的收益均为合伙企业的财产。"由此可见,合伙企业的财产可以分为两个部分:合伙人的出资和合伙企业的收益。从具体形态看,合伙企业财产既可以是有形物或无形物,也可以是物权或知识产权,还可以是积极财产或消极财产。从性质上看,合伙企业的财产属于合伙人的共有财产。

由于合伙企业财产归合伙人共有,因此,对于合伙企业财产应该按照调整共有财产关系的法律要求和《合伙企业法》的规定,由全体合伙人按照法律的规定和合伙协议的约定共同管理和使用。为了保护合伙企业交易对方的合法权益,合伙人应该维护合伙企业财产的完整,除法律另有规定外,合伙企业在进行清算前,合伙人不得请求分割合伙企业的财产。否则,合伙企业不得以此对抗不知情的善意第三人。合伙企业具有很强的人合性,即合伙人之间具有相当的信任关系,因此《合伙企业法》规定合伙企业存续期间,合伙人向合伙人以外的人转让其在合伙企业中全部或部分财产份额,须经其他合伙人一致同意。合伙人向合伙人以外的人转让出资的,在同等条件下,其他合伙人有优先受让权。合伙人之间转让财产份额,转让人须履行通知义务。

合伙人以其在合伙企业中的财产份额出质的,须经其他合伙人一致同意,否则出质行为无效,或作退伙处理。这是因为,合伙人的财产份额出质,可能导致该出质的财产份额被强制执行,进而影响到合伙企业的存续和经营。　　　　　　　　　(方文霖)

hehuo qiye de qingsuan

合伙企业的清算(liquidation of partnership) 解散的合伙企业清理债权债务,分配剩余财产,了结合伙企业的法律关系,从而归于消灭的程序。合伙企业解散的,应当进行清算。我国《合伙企业法》第59条规定了四种在合伙企业解散后确定清算人的方式:(1)清算人由全体合伙人担任;(2)未能由全体合伙人担任清算人的,经全体合伙人过半数同意可以自合伙企业解散后15日内指定一名或数名合伙人担任清算人;(3)经全体合伙人过半数同意,在合伙企业解散后15日内委托第三人担任清算人;(4)合伙企业解散后15日内未确定清算人的,合伙人或者其他利害关系人可以申请由人民法院指定清算人。根据以上规定,合伙企业设立时,合伙人可以在合伙协议中约定其中一种清算人的确定方式;如果未作约定,在合伙企业解散后确定清算人时,可以在上述四种方式中任选一种,全体合伙人达成一致意见即可。　　　　(方文霖)

hehuo qiye de shouyi

合伙企业的收益(profit of partnership) 合伙企业在存续过程中对外开展营业活动时,用自己的名义获得的营业收入和其他收益。这些收益在未按合伙协议的约定分配给合伙人之前,与合伙人的出资一样,属于合伙企业的财产。合伙企业的收益由合伙人依照合伙协议约定的比例进行分配,合伙协议未约定分配方案的,合伙企业的收益由各合伙人平均分配。合伙企业存续期间,合伙人依照合伙协议的约定或者经全体合伙人决定,可以增加对合伙企业的出资,用于扩大企业的经营规模或者弥补亏损。合伙企业年度的或者一定时期的收益分配的具体方案,由全体合伙人协商决定或者按照合伙协议约定的办法决定。　　(方文霖)

hehuo qiye fa

《合伙企业法》(Partnership Business Act) 1997年2月23日第八届全国人民代表大会常务委员会第二十四次会议通过,自1997年8月1日起施行。制定本法的目的是:规范合伙企业的行为,保护合伙企业及其合伙人的合法权益,维护社会经济秩序,促进社会主义市场经济的发展。本法共9章78条,包括:总则;合伙企业的设立;合伙企业财产;合伙企业的事务执行;合伙企业与第三人关系;入伙、退伙;合伙企业解散、清算;法律责任;附则等部分。

合伙企业的设立 设立合伙企业,应当具备的条件是:(1)有两个以上合伙人,并且都是依法承担无限责任者;(2)有书面合伙协议;(3)有各合伙人实际缴付的出资;(4)有合伙企业的名称。合伙协议应载明《合伙企业法》规定的事项。合伙协议经全体合伙人签名、盖章后生效。合伙人依照合伙协议享有权利,承担责任。经全体合伙人协商一致,可以修改或者补充合伙协议。申请合伙企业设立登记,应当向企业登记机关提交登记申请书、合伙协议书、合伙人身份证明等文件。合伙企业的营业执照签发日期,为合伙企业成立日期。合伙企业设立分支机构,应当向分支机构所在地的企业登记机关申请登记,领取营业执照。

合伙企业财产 合伙企业存续期间,合伙人的出资和所有以合伙企业名义取得的收益均为合伙企业的财产,由全体合伙人依照本法共同管理和使用。企业清算前,合伙人不得请求分割企业的财产。合伙人以外的人依法受让合伙企业财产份额的,经修改合伙协议即成为合伙企业的合伙人,依照修改后的合伙协议享有权利,承担责任。

合伙企业的事务执行 各合伙人对执行合伙企业事务享有同等的权利,可以由全体合伙人共同执行合伙企业事务,也可以由合伙协议约定或者全体合伙人决定,委托一名或者数名合伙人执行合伙企业事务。执行合伙企业事务的人员,应当依照约定向全体合伙人报告事务执行情况以及企业的经营状况和财务状况,其所产生的收益归全体合伙人,亏损或者民事责任,由全体合伙人承担。合伙人有权查阅账簿以了解企业的经营状况和财务状况。合伙人可以对其他合伙人执行的事务提出异议。必须经全体合伙人同意的事务有:处分合伙企业的不动产;改变合伙企业名称;转让或者处分合伙企业的知识产权和其他财产权利;向企业登记机关申请办理变更登记手续;以合伙企业名义为他人提供担保;聘任合伙人以外的人担任合伙企业的经营管理人员;依照合伙协议约定的有关事项。合伙企业年度的或者一定时期的利润分配或者亏损分担的具体方案,由全体合伙人协商决定或者按照合伙协议约定的办法决定。被聘任的经营管理人员应当在合伙企业授权范围内履行职务。

合伙企业与第三人关系 合伙企业对合伙人执行合伙企业事务以及对外代表合伙企业权利的限制,不得对抗不知情的善意第三人;对其债务,应先以其全部财产进行清偿;企业财产不足清偿到期债务的,各合伙人应当承担无限连带清偿责任。合伙企业中某一合伙人的债权人,不得以该债权抵销其对合伙企业的债务;个人负有债务,其债权人不得代位行使该合伙人在合伙企业中的权利。对该合伙人的财产份额,其他合伙人有优先受让的权利。

入伙、退伙 新合伙人入伙时,应当经全体合伙人同意,并依法订立书面入伙协议;原合伙人应当向新合伙人告知原合伙企业的经营状况和财务状况;新合伙人与原合人享有同等权利,承担同等责任。合伙协议约定企业的经营期限的,合伙人在下列情形下可以退伙:(1)合伙协议约定的退伙事由出现;(2)经全体合伙人同意退伙;(3)发生合伙人难于继续参加合伙企业的事由;(4)其他合伙人严重违反合伙协议约定的义务。未约定企业的经营期限的,合伙人在不给合伙企业事务执行造成不利影响的情况下,可以退伙,但应当提前通知其他合伙人。合伙人有本法规定情形时,当然退伙;经其他合伙人一致同意,可以决议将其除名。合伙人退伙的,其他合伙人应当与该退伙人按照退伙时的合伙企业的财产状况进行结算,退还退伙人的财产份额。退伙人对其退伙前已发生的合伙企业债务,与其他合伙人承担连带责任。企业登记事项因退伙、入伙、合伙协议修改等发生变更或者需要重新登记的,应当在本法规定时间内,向企业登记机关办理有关登记手续。

合伙企业解散、清算 合伙企业可以解散的条件是:(1)合伙协议约定的经营期限届满,合伙人不愿继续经营的;(2)合伙协议约定的解散事由出现;(3)全体合伙人决定解散;(4)合伙人已不具备法定人数;(5)合伙协议约定的合伙目的已经实现或者无法实现;(6)被依法吊销营业执照;(7)出现法律、行政法规规定的合伙企业解散的其他原因。企业解散后应当进行清算,并通知和公告债权人。合伙企业解散后,原合伙人对合伙企业存续期间的债务仍应承担连带责任。清算结束,应当编制清算报告,经全体合伙人签名、盖章后,在15日内向企业登记机关报送清算报告,办理合伙企业注销登记。 (徐培强 方文霖)

hehuo qiye jiesan

合伙企业解散(dissolution of partnership) 由于法律规定的原因或者当事人约定的原因而使全体合伙人之间的合伙协议终止,合伙企业的事业终结,全体合伙人的合伙关系归于消灭。依照我国《合伙企业法》第57条的规定,合伙企业在发生下列情形之一时,应当解散:(1)合伙协议约定的经营期限届满,合伙人不愿继续经营的。如果合伙协议约定的经营期限届满后,全体合伙人继续经营合伙事业而未有合伙人表示异议,则视该合伙企业仍然存续。(2)合伙协议约定的解散事由出现。依照我国《合伙企业法》第 13 条的规定,合伙协议中应当载明"合伙企业的解散"事项。一旦有关事由出现,即会引起合伙企业的解散。(3)全体合伙人决定解散。合伙企业因全体合伙人同意而设立,当然也可以因全体合伙人同意而解散。全体合伙人决定解散合伙企业的性质,属于合意终止合伙协议。这种解散,不论合伙企业是否定有存续期限,均可适用。(4)合伙人已不具备法定人数。合伙企业必须有两个以上合伙人,如合伙企业仅剩一名合伙人,则合伙企业终止。(5)合伙协议约定的合伙目的已经实现或者无法实现。合伙的目的已经实现,是指合伙协议约定的具体事业已经做完。合伙的目的无法实现,是指合伙经营的事业因主观预测错误或者客观情况变化,而使合伙经营的目的不能实现。这里的"不能实现",不仅仅是指事实上不能实现,而且也包括在法律上不能实现的情况。比如,合伙企业所从事的业务为国家法律所禁止、因合伙人缺乏经验而不能继续经营等。合伙的目的无法达到,合伙企业即失去存在价值,合伙应归于解散。(6)合伙企业的营业执照被依法吊销。这属于合伙企业进行违法活动或从事违反公序良俗的活动时被强制解散的情形。(7)出现法律、行政法规规定合伙企业解散的其他原因。 (方文霖)

hehuoren de chuzi
合伙人的出资(investment of partner) 合伙人为实现共同的经济目的,成立合伙企业而根据合伙协议共同作出的向合伙企业投资的行为。向合伙企业出资是合伙人最基本的义务,也是合伙企业得以成立的基础性条件。同时,合伙人的出资还是合伙企业财产的最原始构成部分。我国《合伙企业法》规定,合伙人可以用货币、实物、土地使用权、知识产权或其他财产权利等出资;经全体合伙人协商一致,合伙人也可以用劳务出资。在合伙企业存续期间,合伙人依照合伙协议的约定或者全体合伙人决定,可以增加对合伙企业的出资,以用于扩大经营规模或者弥补亏损。 (方文霖)

hehuo xieyi
合伙协议(partnership contract) 合伙企业最重要的内部法律文件,是确定合伙人之间权利义务关系的基本依据。它的内容是否完备公平,将直接影响到各合伙人的利益。因此,欲设立合伙企业,首先就必须订立合伙协议。(1)订立合伙协议的原则。我国《合伙企业法》第 4 条规定,订立合伙协议,设立合伙企业,应当遵循自愿、平等、公平、诚实信用原则。(2)订立合伙协议的有效要件。《合伙企业法》规定,合伙协议必须采用书面形式,其内容不得违反法律和社会公共利益;合伙协议的当事人必须具有订立合伙协议的民事行为能力;合伙协议当事人的意思表示必须真实。(3)合伙协议的主要条款。合伙协议的主要条款是合伙协议的核心内容,是根据法律的要求和合伙关系的性质以及营业目的的需要而由当事人订立的合同事项。根据我国《合伙企业法》第 13 条的规定,合伙协议应当载明下列事项:合伙企业的名称和主要经营场所的地点;合伙目的和合伙企业的经营范围;合伙人的姓名及其住所;合伙人出资的方式、数额和缴付出资的期限;利润分配和亏损分担办法;合伙企业事务的执行;入伙与退伙;合伙企业的解散与清算;违约责任。合伙协议还可以载明合伙企业的经营期限和合伙争议的解决方式。 (方文霖)

helihua kate'er
合理化卡特尔(reasonable cartel) 生产同类产品的企业约定统一使用某个标准或者某个型号的卡特尔。这种卡特尔有时也含有价格条款或者建立统一采购或销售组织的条款。德国联邦卡特尔局批准这类卡特尔的前提条件是,它们必须以高效率和高生产率的方式,提高成员企业在技术、经济和组织方面的效益,而且该经济效益得以低价方式使消费者受惠。一般来说,企业提高效益不需要订立卡特尔,但是,如果订立卡特尔是提高效益的唯一手段时,这种卡特尔就可以得到豁免。 (王晓晔)

heli qidai jieshi guize
合理期待解释规则(reasonable expectation rule) 保险条款或保险合同整体的含义清楚和明确,但令普通的投保人或被保险人意外,以至于保险合同不能实现投保人订立合同所期望的正当和合理目的,或者投保人认为保险合同显失公平和显失合理提出质疑而发生争议时,法院基于公平和公共政策的考虑,拒绝按照该意旨清楚和明确的保险条款的文义去执行,而改为依照投保人内心合理期望的内容去解释和执行该争议保险条款。是美国保险法发展出来的一种有重要影响的保险合同解释规则。美国著名的 Keeton 法官在总结过去几十年的无数保险判例的基础上指出许多保险判例的判决名义上分别以疑义不利解释规则、显失公平、公共政策、禁止反悔等法理作为裁判的理由,但它们实际上体现了一种共同的理念和判断,这就是以投保方的合理期待为导向,于是 Keeton 法官于 1970 年在哈佛大学法律评论上发表的题为《在保险法上存在的与保单条款不相一致的权利》的奠基性论文中正式提出了合理期待规则,并在理论上作了体系化的论证和说明。合理期待规则对美国的保险法带来了革命性的变化,其法律意义在于:为维护投保方利益,实现保险交易的公平和实质自由,可以应用合理期待法则去规制保险人的行为,包括做到缔约程序的公正和合同内容的实质公平两个方面。在缔约程序上,保险人应向投保方履行告知义务,提供充分和完全的保险信息,对重要的保险条款及其相互之间的关系作出准确和全面的解说,尤其那些可能使普通的保险外行人感到意外的保险条款更应向投保人解释清楚,否则,投保方将诉求合理期待规则对那些令其意想不到的条款提供救济。在保险合同内容的实质公平上,限制保险人随心所欲规定保单条款的自由,要求保险人在设计保单条款时应考虑双方利益的平衡和公平。

(李庭鹏)

heli yuanze

合理原则(rule of reason) 反垄断法的一个基本原则。美国联邦最高法院 1911 年在美孚石油公司案中最早使用这个原则解释了《谢尔曼法》。根据合理原则,市场上的反竞争行为并不必然违法,其合法性或违法性应视具体案件的具体情况而定。有些行为虽然出于限制竞争的目的,或者能够产生限制竞争的后果,但如果它们同时还具有推动竞争的作用,或者能够显著改善企业的经济效益,从而能够更好地满足消费者的需求,或者有利于整体经济利益或者社会公共利益时,应当被视为合法。因此,世界各国的反垄断法对限制竞争行为一般都有豁免规定,如德国《反对限制竞争法》第 8 条第 1 款规定,在例外情况下,联邦经济部长可出于对整体经济和社会公共利益的考虑,批准对竞争有严重影响的卡特尔。在各国反垄断法中,合理原则是基本原则,本身违法原则仅适用于个别类型的反竞争行为。

(王晓晔)

hezi caiwu gongsi

合资财务公司(joint venture finance company) 依照中华人民共和国有关法律、法规的规定,外国的金融机构同中国的金融机构在中国境内合资经营的财务公司(简称合资财务公司),设立外资金融机构的地区,由国务院确定。合资财务公司必须遵守中华人民共和国法律、法规,不得损害中华人民共和国的社会公共利益。其正当经营活动和合法权益受中华人民共和国法律保护。中国人民银行是管理和监督外资金融机构的主管机关;外资金融机构所在地区的中国人民银行分支机构对本地区外资金融机构进行日常管理和监督。

合资财务公司的最低注册资本为 2 亿元人民币等值的自由兑换货币,其实收资本不低于其注册资本的 50%。合资财务公司,申请者应当具备下列条件:(1) 合资各方均为金融机构;(2) 外国合资者在中国境内已经设立代表机构;(3) 外国合资者提出设立申请前一年年末总资产不少于 100 亿美元;(4) 外国合资者所在国家或者地区有完善的金融监督管理制度。

合资财务公司设立程序包括:(1) 由合资各方共同向中国人民银行提出书面申请,并提交中国人民银行要求提供的资料。(2) 中国人民银行对设立外资金融机构的申请初步审查同意后,发给申请者正式申请表。申请者自提出设立申请之日起满 90 日未接到正式申请表的,其设立申请即为不予受理。(3) 申请者应当自接到正式申请表之日起 60 日内将填写好的申请表连同中国人民银行要求的相关文件报中国人民银行审批。(4) 自接到中国人民银行批准文件之日起 30 日内,应当筹足其实收资本或者营运资金,并调入中国境内。(5) 经中国注册会计师验证后依法向工商行政管理机关办理登记,并依法自开业之日起 30 日内向税务机关办理税务登记。外资金融机构在中国人民银行审查批准后的 30 日内,应当向国家外汇管理局领取《经营外汇业务许可证》。

合资财务公司按照中国人民银行批准的业务范围,可以部分或者全部经营下列种类的业务:(1) 每笔不少于 10 万美元,期限不少于 3 个月的外汇存款;(2) 外汇放款;(3) 外汇票据贴现;(4) 经批准的外汇投资;(5) 外汇担保;(6) 自营和代客户买卖外汇;(7) 资信调查和咨询;(8) 外汇信托;(9) 经批准的本市业务和其他外市业务。

(刘利晋)

hezi tielu yu difang tielu xingche anquan guanli zhidu

合资铁路与地方铁路行车安全管理制度(institutions on administration for safety travel of joint venture railway and district railway) 为规范对合资铁路与地方铁路运输企业的行车安全管理,依据《中华人民共和国铁路法》和《铁路运输安全保护条例》等有关法律法规,而制定的合资铁路与地方铁路行车安全管理办法。

铁道部《合资铁路与地方铁路行车安全管理办法》于 2000 年 10 月 1 日开始实施。共 8 章 29 条,包括:第一章,总则;第二章,安全管理责任;第三章,运营条件;第四章,设备和运营安全管理;第五章,道口安全管理;第六章,行车事故处理和安全情况通报;第七章,罚则;第八章,附则。其主要内容为:(1) 宗旨和适用范围。(2) 管理机构:铁道部依法行使对合资铁路、地方铁路行车安全管理的职责,监督、检查铁路行车安全管理规章、标准和办法的落实情况,纠正违反铁路行车安全管理规章、标准和办法的行为;铁道部授权铁路局对指定的合资、地方铁路企业的行车安全管理工作进行监督、检查和业务指导。(3) 安全管理责任:合资铁路企业的控股单位和地方铁路企业的上级行政主管部门是该企业行车安全工作的主管部门,对其行车安全工作负管理责任;合资、地方铁路企业是本企业行车安全的责任主体,其法定代表人是本企业行车安全管理工作的第一责任人。(4)运营条件:合资、地方铁路经初验合格后可进行临管运营,开行货物列车;经其主管部门组织安全评估合格后,方可开行管内旅客列车;合资、地方铁路经正式验收,并由铁道部或铁道部授权的机构对其固定设备、移动设备、规章制度、安全管理及人员素质进行安全评估合格后,允许国家铁路运输企业的旅客列车进入合资、地方铁路运行;合资、地方铁路企业的旅客列车经铁道部或铁道部授权的机构评估合格、符合国家机车车辆技术标准的,允许进入国家铁路运行;合资、地方铁路企业具备条件并经铁道部审核批准后,方可开办军事运输和超限、超长、鲜活易腐、危险品等特种货物运输。(5)合资铁路企业内的固定设备、移动设备及客、货运主要设施和配套设施的设置,应符合《铁路技术管理规程》的标准;设备、设施的运用、检修、管理应符合铁道部规定的运用、检修、管理标准和要求。(6)道口安全管理以及行车事故处理和安全情况通报。(7)法律责任及其他相关规定。

(罗大帅)

hezuo yinhang
合作银行(cooperative bank) 由一国或地区管辖内自然人、企业法人和其他经济组织入股组成的互助性金融机构。最初是作为为较为落后的农业和传统手工业提供融资服务的互助组织而出现的。合作银行的产生比商业银行要晚,是在合作经济思想指导下的合作运动的产物。"合作"一词源于拉丁文,其原意是指成员之间的共同协作或行动。19世纪三四十年代日益高涨的合作社运动在信用领域的自然结果便是信用合作机构的产生。合作银行是金融机构体系中的一个分支。其特点在于,从组织方式上看,它具有自由参与、民主平等的合作性,并体现公共积累,利润返还,股金分红的分配原则。从经营宗旨上看,具有互助性和非营利性,既是具有法人地位的金融企业,又是一种服务性社团组织。合作银行的组织形式有两种,一种是在各类信用合作社以外单独建立自己的机构体系,并与其他信用合作社相互协调和配合,另一种是信用合作社的地区或全国的联合组织。合作银行的负债业务主要是通过组织合作社存款、发行债券和向国外借款的方式筹集长期资金。在我国,合作银行是指由符合条件的城市和农村信用合作社改组而成的商业银行,包括城市合作银行和农村合作银行。目前城市合作银行较为普遍,首家农村合作银行——浙江省宁波市鄞州合作银行,已于2003年4月9日成立。 (卢 亮)

hedao caisha xuke zhidu
河道采砂许可制度(licensing system for sand quarrying from river) 河道采砂须经河道主管部门的批准方可进行的制度。河道砂石是河床的铺垫层,维系河势的稳定和河道、堤岸的安全,实行有序的采挖,既可以起到疏浚河道的作用,又可以满足经济建设的需要。1990年,水利部、财政部、国家物价局就联合颁布了《河道采砂收费管理办法》,对河道采砂规定实行许可证制度。2001年,国务院又颁布了《长江河道采砂管理条例》,规定长江河道的采砂管理工作由长江水利委员会和地方水行政部门负责。在我国新《水法》中,明确了国家实行河道采砂许可制度,授权国务院制定具体的实施办法以及违反河道采砂许可的行政处罚规定。同时,《水法》还规定,在河道管理范围内采砂,影响河势稳定或者危及堤防安全的,有关县级以上人民政府水行政主管部门应当划定禁采区和规定禁采期,并予以公告。

(包剑虹)

hedao guanli zhidu
河道管理制度(river management institution) 河道的整治与建设、河道保护、河道清障、经费管理等制度。依照《中华人民共和国河道管理条例》,河道指中华人民共和国领域内的内河道(包括湖泊、人工水道、行洪区、蓄洪区、滞洪区)。国务院水利行政主管部门是全国河道的主管机关。各省、自治区、直辖市的水利行政部门是该行政区的河道主管机关。河道防汛和清障工作实行地方人民政府行政首长负责制。各级人民政府河道监理人员,必须按照国家法律、法规,加强河道管理,执行供水计划和防洪调度命令,维护水工程和人民生命财产安全。一切单位和个人都有保护河道堤防安全和参加防汛抢险的义务。

国家对河流实行按水系统一管理和分级管理相结合的原则。长江、黄河、淮河、海河、珠江、松花江、辽河等大江大河主要河段,跨省、自治区、直辖市的重要河段,省、自治区、直辖市之间的边界河道,由国家授权的江河流域管理机构管理,或者由上述江河所在省、自治区、直辖市的河道主管机关根据流域统一规定实施管理。其他河道由省、自治区、直辖市或者市、县的河道主管机关实施管理。河道划分等级,河道等级标准由国务院水利行政主管部门制定。

河道堤防的防汛岁修费,按照分级管理的原则,分别由中央财政和地方财政负担,列入中央和地方年度财政预算。在河道管理范围内采砂、取土、淘金,必须按照经批准的范围和作业方式进行,并向河道主管机关缴纳管理费。收费的标准和计收办法由国务院水利行政主管部门会同国务院财政主管部门制定。

对违反《河道管理条例》规定,造成国家、集体、个人经济损失的,受害方可以请求县级以上河道主管机关处理。受害方也可以直接向人民法院起诉。当事人对河道主管机关的处理决定不服,可以在接到通知之日起15日内,向人民法院起诉。河道主管机关的工作人员以及河道监理人员玩忽职守、滥用职权、徇私舞弊的,由其所在单位或者上级主管机关给予行政处分;对公共财产、国家和人民利益造成重大损失的,依法追究刑事责任。

(刘利晋)

hecailiao guanzhi
核材料管制(system of nuclear material control) 为保证核材料的安全与合法利用,防止被盗、破坏、丢失、非法转让和非法使用,对核材料进行严格的管制制度。根据《中华人民共和国核材料管制条例》,国家对核材料实行许可证管理制度,国务院核安全、核工业主管行政部门和国防科学技术委员会分别负责民用核材料安全监督、核准核材料许可证,全国核材料管理、审查颁发核材料许可证和涉及国防核材料的安全监督、核准核材料许可证。持有核材料数量达到法定限额的单位,必须申请核材料许可证,许可证由国务院核工业主管行政部门审查并报国务院核安全主管行政部门或国防科学技术委员会核准后颁发。许可证持有单位应遵守法律和法规,对所持有的核材料负全面责任,直至核材料安全责任合法转移为止,接受政府主管行政部门的管理和监督;必须建立专职机构或指定专人负责保管核材料,严格交接手续,建立账目与报告制度,保证账物相符;建立核材料衡算制度和分析分析测量系统,应用批准的分析测量方法和标准,达到规定的衡算误差要求,保证核材料收支平衡;应在公安部门的指导下对生产、使用、储存和处置核材料的场所建立严格的安全保卫制度,采用可靠的安全防范措施,严防盗窃、破坏、火灾等事故的发生;必须切实做好核材料及其有关文件、资料的安全保密工作。凡涉及国家秘密的文件、资料,要按国家保密规定,准确划定密级,制定严格的保密制度,防止失密、泄密和窃密;发现核材料被盗、破坏、丢失、非法转让和非法使用的事件,当事单位必须立即追查原因,追回核材料,并迅速报告其上级主管部门和当地公安局;核材料运输必须遵守国家有关规定,制定运输保卫方案,确保运输途中安全。(张 璐)

henengfa
核能法(nuclear energy law) 调整核能科学研究和开发利用及其规制所产生的社会关系,用以维持社会公共利益,保证核能安全、合理、有效利用和保护环境的法律规范的总称。目前,中国尚未有专门的成文核能法,有关的立法工作正处于立法调研和前期准备阶段。

核能法的调整对象 核能法调整的核能关系分为两类:第一,核能科学研究主体和开发利用主体与政府之间因核能科学研究和开发利用主体权利能力取得、变更和终止而发生的核能支配关系。核能支配关系是核能科学研究和开发利用财产权界定及运作的前提,是有关主体从事核能研究和开发利用的基础,是核能法的主要规范对象。第二,核能科学研究主体和开发利用主体与政府之间因政府对核能科学研究和开发利用的规制所发生的核能事业关系。核能科学研究主体和核能开发利用是核能事业的两大支柱,然而二者与政府规制是不可分的,核能科学研究是政府监督下进行的有关开发和实验科学发现等活动,核能开发利用则是在政府管制下进行的活动,核工业不是纯市场和商业性的物质活动,而是受到政府严格管制的市场和商业性活动。

核能法的功能 核能是高密度矿产能源,能有效率地提供安全、干净、廉价和经济的能源,但核能又是危险性大、风险性高、污染性强、突发性明显,且易造成人身和财产重大损失的能源。然而为解决能源问题,各国不得不开发利用核能,而且现代科技已证明核能的潜能,但必须通过相关的核能立法保证核能开发利用的安全、有效和减少污染,增强核能的社会承受能力,建立公众对发展核能的信心。核能法在此方面的功能主要表现在以下三方面:首先,通过建立统一的政府规制主体制度,集中资金的使用,减少危险和防治核污染,改善对核能开发利用的安全管制,使核电站的决策和经营管理与核安全分离,代表公共利益和全社会实现核原料、核燃料、核反应堆和核废料全过程的统一规制。其次,通过对核能的开发利用主体资格取得的法律制度安排,提高核能技术水平和安全环保的要求,降低核能投资风险,逐步实现核能科学研究和开发利用的规范化。最后,以核能立法的权威性和确定性,保证核能开发利用成为安全、合理和有效率的连续稳定的物质活动,促进核工业的稳定发展,从而使公众接受发展核能有制度上的保证。

(张 璐)

heneng kuangyequan
核能矿业权(nuclear energy mining industry rights) 依法经政府许可对核能矿产进行勘探开采并取得矿产品的权利。核能矿业权有三个特点:第一,核能法和矿业法是核能矿业权的共同依据。基于核能矿产属于固体矿产的性质,核能矿产的勘探和开发要受核能法和矿业法的双重规范,而核能法是特别法。第二,核能矿业权是矿业权中的特别权利,其权利的取得、变更和终止一般在矿业部门行政许可批准前须经核能主管部门的认可,否则不产生效力,如法国《矿业法》第26条规定:"所有包括核能工业所用物质的许可证的设立、续展以及让与或放弃的批准都必须经核能委员会同意。"个别国家甚至直接授权由核能主管部门许可和批准。第三，核能矿业权是限制较多的矿业权。作为高密度能源矿产，核能矿产的勘探开采较其他矿产特别是能源矿产容易产生大规模危险和污染，因此，只有具备一定法定条件的投资者才能成为核能矿业权主体，如一些国家规定核能矿业权人只能是国有企业，而且核能矿业权人负有更多的安全、环境保护和接受政府监督检查的义务。

根据我国现行立法的有关规定，在中华人民共和国领域及其管辖的海域内从事核能矿产资源的勘查和开采，必须申请登记，领取核能矿产资源勘查许可证和核能矿山企业采矿许可证，取得探矿权和采矿权。核能矿产资源勘查许可证实行二级登记发证。国务院核工业主管部门负责国家地质规划计划的一、二类项目，中外合作勘查项目，外国企业勘查项目；其他勘查项目由其授权的部门负责。申请登记的必须是具有法人地位的勘查单位，提交批准的勘查计划、勘查工作区图等文件，并具有与勘查项目相适应的技术力量、人员、仪器、资金及安全保护的环保措施。除协作项目外，同一地区勘查许可排他；数个申请，择优登记许可。核能矿产资源勘查许可证有效期以勘查项目工作期为准，最长不超过5年，延长时间不超过5年。核能矿山企业采矿许可证由国务院核工业主管部门颁发。开办核能矿山企业（国家禁止个体开采）应有计划任务书和经批准的地质勘探报告、可行性研究报告、本地调查、主管部门审批意见、环境影响报告等文件，经申请登记审查后发给采矿许可证。国务院核工业主管部门具体确定矿区范围，出具矿区范围证明并书面通知当地政府予以公告。采矿许可证有效期以国家批准的矿山设计年限为准。国务院核工业主管部门对核能矿产资源开发利用和保护进行监督管理。 （张　璐）

heneng zhengfu guizhi zhuti zhidu
核能政府规制主体制度(the regulating subject of nuclear energy government)　政府中确定专门的部门对核能科学研究和开发利用进行规制的核能法律制度。这项制度要求在中央政府中设立专门的政府主管部门（如法国的核能委员会、日本的核能委员会、核能安全委员会），代表政府统一对核能科学研究和开发利用进行规制。这个政府主管部门的职责主要包括：对核能开发利用作出规划，制定核能政策特别是安全政策，批准和许可从事核工业，协调各部门核能开发利用的有关事务，管理核能开发利用经费，对核原料物质、燃料物质及核能反应堆及其安全进行管制，促进核能技术创新和技术培训，核能开发利用的调查统计，进行核能安全和防止核放射检查和监督，排除核能开发利用所带来的障碍。这项制度还包括确立核能政府主管部门与相关部门的关系，及其行使权力的程序和处罚权，以及强制措施的内容。 （张　璐）

hengxiang hebing
横向合并(horizontal merger)　又称水平合并。处于同一生产经营阶段，生产或销售同一类型产品或提供同种服务的企业之间的合并。

横向合并的直接结果是消除参与合并的企业之间原有的竞争关系，从而在该市场上形成一个更大的经营者，并增加市场的集中度。尤其是在市场参与者不多的情况下更会如此。如果参与横向合并的企业中有某一企业在合并前就已经具有相当的市场力量，那么该合并就会强化其市场地位，增强其滥用其市场力量的可能性。同时，由于企业合并后企业规模得以扩大，市场竞争力得以提高，从而可能限制潜在的竞争者进入市场，增加了市场进入壁垒。尤其是，当实施合并的企业与其他未实施合并的企业之间存在直接或间接的控制和被控制的关系时，例如存在母子公司的关系时，两个企业的合并就很可能是两个企业群或企业集团的合并，这样的合并无疑更有可能提高合并后企业的市场力量，对其他竞争者进入市场造成障碍，从而限制或破坏市场竞争。另外，横向合并还会促使保留在市场中的企业更容易从事联合限制竞争行为，例如固定价格、划分市场、联合抵制等。

由于横向企业合并对市场竞争的影响比较明显，而纵向合并和混合合并一般不会限制市场竞争，所以各国对纵向合并和混合合并一般都不加以禁止，而把控制重心放在横向企业合并行为上。在实体法方面，根据各国反垄断法，一个合并如果能够产生或者加强市场支配地位，一般就可以认为这个合并能够严重限制市场竞争，从而有必要禁止这个合并。但是，有些合并一方面严重限制竞争，另一方面又推动竞争，这就需要对合并的利弊进行权衡。

实践中，在分析一个横向合并是否具有反竞争效果时，各国一般首先会审查该市场的集中度和参与合并企业的市场份额，一个集中度较高的市场与一个集中度较低的市场相比较，在前一种市场上的企业合并往往会受到比较严格的限制。如果企业合并后的市场集中度迅速上升或者参与合并的企业的市场份额过大，该项合并行为通常会被禁止。不过，市场集中度和企业的市场份额并不是分析合并对市场竞争影响的决定性因素。因为一个较高的市场份额本身并不足以说明企业就有能力毫无顾忌地从事限制市场竞争的行为，另外，允许具有较高市场份额的企业合并还可以提高本国企业的国际竞争力。因此，各国在分析一个横向合并是否具有反竞争效果时，除了审查市场的集中度和参与合并企业的市场份额外,还将综合考虑影响竞争的其他因素,这包括企业的财力和经营情况、采购或销售的渠道、企业集中对其他竞争者的影响和对潜在竞争者造成的市场进入障碍、合并后企业的经济效益,同时也要考虑特定市场上尤其是高新技术市场上可相互替代的产品和新产品的利用以及参与国际竞争的情况等因素,另外也可以适当考虑参与合并的企业是否具有独占市场或限制竞争的意图等。总之,要对企业合并进行综合分析,以尽可能客观地判断合并行为对市场竞争的影响,并准确地认定企业的市场支配地位。

在程序法方面,为了控制企业合并,反垄断法一般都规定了企业合并的事前申报制度,即规模达到一定程度的企业在实施合并前应向反垄断执法机关提出申请,由执法机关依照法律要求对其合并进行审查,视其对市场竞争的影响情况而决定是否准予合并。其具体内容主要包括申报企业的范围、申报的方式以及应当提交的材料、主管机关的审查期限、合并的禁止期限等。这一措施可以确保政府主管部门在事前能够对该企业合并是否将产生限制市场竞争效果进行判断,从而能够有效控制可能形成的垄断势力。

(李 梅)

hongtai jiage

哄抬价格(bidding up price) 捏造、散布涨价信息,哄抬价格,推动商品价格过高上涨的行为。哄抬价格属于《中华人民共和国价格法》所禁止的经营者不正当定价行为。哄抬价格包括以下构成要件:(1)捏造、散布涨价信息;(2)哄抬价格;(3)行为导致商品价格过高上涨。只有商品价格过高上涨才能认定为哄抬价格,导致商品价格一般上涨的,不认为是哄抬价格。

哄抬价格的表现形式多种多样,主要包括以下几种:(1)经营者自行或者指示他人捏造涨价信息,增加消费者或其他经营者购买欲望,并乘机抬价,谋取不正当利润;(2)经营者自行或者指使他人捏造涨价信息,干扰市场交易秩序;(3)联手提价,经营者相互串通,有意识地人为抬高某种或某类商品的价格,从中谋取不正当利润;(4)故意惜售或囤积某类商品,待价而沽,从而扰乱正常的市场秩序,从中牟利;(5)以虚假的报价单、文书等故意抬价,推动市场价格的上涨。

(刘 鹏)

hongguan jingji yunxing

宏观经济运行(the function of macro-economy) 国民经济全局及关系国民经济全局的重大经济活动。比如国家财政、固定资产投资、劳动工资、物价水平等。它不是国民经济的全部,但它是国民经济中具有决定意义的部分。宏观经济运行的主体,主要是国家(政府)。宏观经济运行的行为,集中表现为宏观调控行为。宏观经济的运行机制,是通过经济总量的联系机制实现的。宏观经济运行的目标是实现总供给和总需求的平衡。

(赵 玲)

hongguan jingji zhengce

宏观经济政策(macroeconomic policy) 国家在一定时期内按照宏观调控目标的要求而制定的组织、调节、控制经济活动的行为规范和准则,是国家宏观调控经济运行,保障市场经济健康发展的重要工具。宏观调控基本政策包括财政政策、货币政策、产业政策和收入分配政策等。

财政政策 财政政策包括财政收入政策、财政支出政策和债务政策。其中财政收入政策主要是指税收政策,财政支出政策主要是指财政投资政策、财政补贴政策等。在国家干预经济运行结构方面,主要是通过产业间、地区间的差别税率和财政投资的不同规模,配合产业政策和区域经济政策,影响经济结构的形成和变化,以此来协调社会投资结构、产业结构,促进整个国民经济结构的调整和优化。

货币政策 货币政策主要是由中央银行实施的,它对经济运行的干预主要集中在总量和结构两个方面。在总量调节上,通过提高利率、控制货币发行量等措施,将形成较紧的货币政策,有助于增加储蓄,降低社会投资和消费需求;相反,降低利率、增加货币发行量和市场上的货币流通量等措施,将形成较宽松的货币政策,有助于增加社会需求总量。在产业间、地区间实行差别利率等倾斜信贷政策,同样是调整经济结构的有力措施。

产业政策 它是国家为实现一定的经济和社会发展目标,调整产业结构和生产力布局,从增加有效供给方面促使社会总需求与总供给平衡的措施总和。产业政策以调控经济结构为主,通过产业政策实施,使社会资源在产业之间、行业之间、企业之间和地区之间得到优化配置,实现产业结构高度化。产业政策以调控供给为主,通过对供给的源泉和基础即产业的活动过程进行调控,使供给在总量和结构上都适应社会需求,实施国家的宏观调控。

收入分配政策 它是以国民收入分配过程为直接调节对象的,通过变动国民收入最终分配(即总需求)调节社会供求关系。通过变动收入分配,兼顾积累与消费,促使总供给与总需求实现大体平衡。

以上宏观调控政策的贯彻实施,经实践检验取得经验,上升到法律即将宏观调控政策法制化。坚持宏观调控政策的法制化,须尽量将宏观调控措施和政策纳入法律的规范范畴,并以法律的形式加以表现。

(卢炯星)

宏观竞争（macroscopic competition） 一个国家的不同部门之间或不同产业之间所进行的竞争。这种竞争的主要内容包括：满足同类需要的代用品之间的竞争；满足不同种类需要的有关产品之间的竞争；以及为取得优良的投资领域而展开的竞争。一般来说，两个部门的产品的效用越接近，它们之间的替代关系就越明显；产品的供给弹性和需求的交叉弹性越高，其生产者之间的竞争就越激烈和更具有针对性。满足不同种类需要的有关产品之间的竞争则是由争夺社会成员的可自由支配的收入而引起的。随着城乡居民收入的增多和消费需求多样化，可自由支配的收入的相对量和绝对量都会大幅度增加，同种类需要的不同产品之间的竞争也相当激烈。部门之间竞争的另一类十分重要的表现形式是为取得较为有利的投资领域而展开的竞争，其目的是为了争夺较高的收益，具体表现是劳动者、资金和其他生产要素在不同部门之间的流动。

（苏丽娅）

宏观调控（macroeconomic adjustment and control） 又称宏观经济调控。对国民经济总体的供求关系进行调节和控制。国民经济总体的供求关系，指社会总供给和社会总需求关系。社会总供给是指国民经济在一定时期内能够提供给社会的全部商品和劳务总量。社会总需求是指全社会生产需求和消费需求的总和。要使国民经济保持持续、健康的发展，就必须努力保持总供给和总需求的平衡。而要保持总供给和总需求的平衡，就必须加强宏观经济调控。宏观经济调控一般通过宏观调控经济政策和宏观调控法律等实现。

宏观调控也指国家为实现宏观经济的总量平衡和经济结构的优化，保证经济持续、稳定、健康发展，而对国民经济总体活动进行的调节和控制。从狭义上讲，它仅指货币收支总量、财政收支总量和外汇收支总量的调节和控制；但从广义上，人们通常又把政府为弥补市场缺陷而采取的其他有关方面的宏观措施也纳入宏观调控的范畴。

经济学界和法学界的学者们对宏观调控的定义各不相同，但是明显可以找出共同点：(1) 宏观调控的基础是市场经济，宏观调控的形式和侧重点因市场经济模式的不同而不同，但是市场经济都不能没有宏观调控；(2) 政府是宏观调控的重要主体，政府有调控经济的职能；(3) 宏观调控的目的是实现供求总量的平衡、经济结构优化、国民经济持续稳定发展；(4) 宏观调控的对象是社会总供给和总需求；(5) 宏观调控与市场调节的关系，宏观调控具有纠正和补充市场调节不足的作用，但其任务不是代替市场调节而是为了促进和保持市场调节作用的充分发挥；(6) 宏观调控的着眼点是为了社会整体利益而不仅仅是为了国家利益。

在我国，"宏观调控"是经济体制改革中新出现的一个概念，1984年《中共中央关于经济体制改革的决定》中出现了"宏观调节"的提法，到1993年第八届全国人大第一次会议通过了《中华人民共和国宪法修正案》，明确规定："国家实行社会主义市场经济。国家加强经济立法，完善宏观调控。"正式确立"宏观调控"这一概念。

（肖方扬 卢炯星）

宏观调控的对象和目标（object and goal of macro adjustment and control） 宏观调控的对象是指需要国家调节的经济活动和经济关系，或者称为宏观调控的内容。对宏观调控的对象的论述中，比较有代表性的观点有：国民经济总体活动；总需求和总供给。有学者认为宏观调控的对象具体包括：国家经济发展的中长期计划，国家年度的预决算，国家重大产业政策，物价、利率、汇率和社会分配政策等。也有学者认为宏观调控的对象主要包括：国民经济总量，产业结构，物价、就业、分配、进出口，竞争环境，生态环境，人口增长率。

宏观调控的目标，是指国家干预市场进行宏观调控所要追求的效果。宏观调控的目标在经济学界和经济法学界取得了比较一致的观点。宏观调控的主要目标是：经济稳定增长，重大经济结构优化，物价总水平基本稳定，充分就业，公正的收入分配，国际收支平衡等。

（肖方扬）

宏观调控的模式（mode of macro adjustment and control） 根据一系列经济和政府干预行为的特征，将世界各国的宏观调控分为不同的模式。由于历史文化传统和社会经济存在差别，世界各国市场经济的模式以及国家对宏观经济调控的方式也不同。世界经济合作和发展组织在1991年《转换到市场经济》的研究报告中提出，成功的市场经济有三种主要模式：美国的消费者导向型；法国、日本的行政管理型市场经济模式；德国和北欧的社会市场经济模式。我国也有学者根据宏观调控政策、手段和机构设置等特征将其分为四种类型：英法为代表的财政主导型、德国为代表的金融主导型、韩国为代表的计划主导型、美日为代表的混合型。美国的宏观调控主要是通过运用财政货币政策保持经济的稳定，制定法律反对垄断和不公平竞争，政府不制定统一的国家计划，政府干预的范围较少，其侧重点在于保护消费者利益，促进私人消费；法国实行的是有计划调节的市场经济，计划是指导性的，主要包括分析国民经济现状、预测经济发展前景、提高市场综合信息和协调各方面经济活动;德国的社会市场经济模式,就是有宏观控制的市场经济,既反对经济上的自由放任,又反对市场统得太紧管得太死,国家尽量少干预但是又给予必要的干预;日本的市场经济模式以市场竞争机制为基础,政府有效发挥"行政指导",实施强有力的计划诱导和政府干预;瑞典模式是以社会福利体系为核心建立起来的,更加重视分配领域中的公平目标,建立和保持了一种以高税收为前提的高福利体制。当然,各国的市场经济体制是随着社会经济的发展而不断发展变化的,总的趋势是宏观调控间接化。

我国的国情决定了我国的宏观调控模式,不能照搬他国,但是有必要大胆吸收一切有益经验,首先,实行市场经济,充分发挥市场主体的主动性,打破地方封锁、地方势力,建立全国统一的大市场,为宏观调控顺利进行创造环境;其次,改变干预市场的方式,减少行政色彩,采用间接调控方式干预;最后,对市场主体要加强信息引导,加强行政指导,采用利益诱导,使其能够把握并配合国家的宏观经济政策。通过综合运用各种法律、经济手段,必要时采取行政手段,建立中国特色的宏观调控模式。 (肖方扬)

hongguan tiaokong fa
宏观调控法(macroeconomic adjustment and control law) 国家在调整国民经济的运行,调节和控制宏观经济活动过程中发生的社会经济关系的法律规范的总称。国民经济是指一国物质生产部门和非物质生产部门的总和,以及社会产品再生产、分配、交换和消费的总过程,是一个不可分割的整体。

国民经济运行有宏观和微观两个层次。市场机制主要侧重于微观层次,直接支配企业的生产经营活动,而调整这些活动的法律为微观经济法,例如市场监管法等。宏观调控法侧重于宏观层次,国家通过政府及经济管理机关,以市场为基础,运用计划、财政、金融、税收、价格等,调节和控制宏观经济活动,而调整这些经济活动的法律为宏观调控法。

宏观调控法不同于宏观调控,作为法律,它是宏观调控法治化的表现形式,是宏观调控法理论最基本的范畴,是构建宏观调控法理论体系的逻辑起点。经过数年的努力,我国理论界终于趋于达成共识:第一,宏观调控法是法律,是有关宏观调控的法律规范构成的有机整体。看起来这是一个常识,但是在我国却有无比重要的意义。我国曾长期实行高度集中的计划经济,政府主宰了几乎全部的经济生活,即使经过二十多年的改革,在人们的一般观念中,宏观调控仍然是政府的专利,由政府说了算,所谓宏观调控法也就是政府宏观调控意志和政府的宏观调控行为。而上述的定义则告诉我们,宏观调控法是法律,政府的宏观调控意志和行为应当受到法律的约束。其意义在于:它既是宏观调控"法治化"的起点,更是宏观调控法治化的思想基石。第二,宏观调控法的特有对象是宏观调控关系。将宏观调控法的调整对象界定为宏观调控关系,不仅揭示了该法的特定调整领域,而且更揭示了作为调控主体的国家与作为受控主体的市场主体在宏观调控法中的正确位置:宏观调控法不是政府管理市场主体的工具,而是同时制约政府和市场主体宏观调控行为;无论调控方还是受控方,在宏观调控中都享有一定的权利,并负有一定的义务,尽管双方地位不具有对等性,但都必须依法行事。

宏观调控法具有法固有的调整人的行为或社会关系的规范,其形式上具有规范性、一般性或概括性的特征。是由国家制定和认可的,具有权利、义务内容的社会规范。宏观调控法除了依靠国家强制力保证实施的社会规范特征外,还有本身特有的特征,包括以下几方面的内容:(1)宏观调控法具有宏观性、总体性的特征。(2)宏观调控法的主体一方必定是国家及其授权宏观经济管理部门包括经济职能部门或综合经济部门。(3)宏观调控法中各主体经济权利与义务之间具有相对不对等性。(4)宏观调控法具有相对的变动性。

我国宏观调控的主要任务为"保持经济总量的基本平衡,促进经济结构的优化,引导国民经济持续、快速、健康发展"。保持经济总量的基本平衡是指:保持总需求和总供给之间的大体平衡。社会总需求包括投资需求、消费需求和出口需求;社会总供给是指一国国民生产总量和进口量。使总需求和总供给在价值形态和实物形态上做到总体平衡,是保持国民经济正常运行,避免大起大落的基本条件。结构优化是要求资源配置合理化。保持不同产业和部门通过适当的投入产出,彼此间形成最佳组合的比例关系,使各种资源相互作用形成合力,使资源创造出最好的经济效益。以上宏观调控的主要任务,从总量、结构、速度和质量方面,概括了宏观经济发展中的主要问题,应该成为我国宏观调控法的立法宗旨,并在宏观调控法中加以规定。

党的十六大报告确定了宏观调控的主要目标是:"促进经济增长、增加就业、稳定物价、保持国际收支平衡",这意味着我国宏观调控目标体系的定位将更加符合社会主义市场经济体制的要求。

宏观调控四个基本目标的确立,具有重要的现实意义。经济增长是衡量经济全面发展的主要指标,是一个宽泛、综合的概念,投资和消费需求的增减最终会体现到经济增长的变化上来。增加就业能够更加充分地利用劳动力要素,而且能促进城乡居民收入增长,这既是经济健康发展的标志,也是社会公平和稳定的体现。稳定物价是经济健康、平衡发展的保证,财政政策和货币政策的变化一般都会导致物价的变动。国际收支是在一定时期内一个国家或地区与其他国家或地区之间进行的全部经济交易的系统记录。随着开放型经济迅速发展,保持国际收支平衡,实现外部平衡,可以为内部平衡(物价稳定和充分就业)创造良好的条件。

我国尚未制定一部统一的宏观调控法,但颁布了大量有关宏观调控的法律、法规和规章,例如:《中国人民银行法》、《统计法》、《预算法》、《税收征收管理法》、《价格法》、《审计法》、《基本建设投资管理办法》、《对外贸易法》、《中外合资经营企业法》、《增值税暂行条例》、《境外投资外汇管理办法》等。目前,宏观调控法是由许多调整宏观调控关系的法律、法规及规范性文件构成。因此,这些法律、法规、规范性文件的总称为宏观调控法。

关于宏观调控基本法,许多经济法学者都主张制定,还提出了内容上的构架,主要有:(1)明确国家宏观调控的目标、方针、基本方式、职权和职责;(2)宏观调控行为的程序;(3)设定宏观调控的方式;(4)明确界定政府及其主要领导人在宏观调控方面的失职行为及其法律责任;(5)明确市场失灵的情况下政府的经济职能。宏观调控基本法的制定是有非常大的难度的,这是由市场经济和宏观调控本身的复杂性决定的。

(肖方扬 卢炯星)

hongguan tiaokongfa de yuanze
宏观调控法的原则(the principles of macroeconomic adjustment and control law) 国家在制定、执行宏观调控措施中应当遵循的基本准则。宏观调控法的基本原则是宏观调控法本质属性在法律精神要求方面的体现,也是宏观调控法价值的具体反映,是指导宏观调控立法的基本思想。

我国学者对宏观调控法的原则有逐步趋同的趋势。根据我国实行社会主义市场经济体制和宏观经济调控法的实际,宏观调控法的基本原则应包括决策集权与协调发展原则、权力制约原则、维护受控者权利原则、保障宏观调控理性化运行的原则、调控手段法治化的原则。

决策集权与协调发展原则 决策集权原则有两层含义:其一,宏观调控决策权不能由各种各样的部门和机构分散行使;其二,宏观调控决策权必须控制在较高层次的国家机构手中。宏观经济调控必须总揽全局,统筹兼顾、全面安排,因此,宏观经济调控权,包括货币的发行、基准利率的确定、汇率的调整和重要税种税率的调整等,必须集中在中央。这是保证经济总量的平衡、经济结构的优化和全国市场的统一的需要。以便统一协调,合理安排。同时又要照顾地方特点,给地方以部分机动权。

应当指出的是,我们强调决策集权原则,并不意味着政府部门或地方政府就不享有一定的决策权和参与权。首先,在国家宏观调控的决策过程中,他们也享有相应的评议权和建议权;其次,在国家宏观调控决策的范围内,他们享有一定的自主决策权;第三,在国家宏观调控决策形成并生效后,他们是最主要的实施主体。我国地广人多,情况复杂,经济发展不平衡,所以还必须赋予省、自治区、直辖市以必要的权力,使其能按照国家的法律、法规和宏观政策,制定地区性的法规、政策和规划,通过地方税收和预算,调节本地区的经济活动,充分利用本地资源,促进本地区的经济和社会发展。

权力制约原则 也有人称之为"国家权力的制衡"。在宏观调控过程中,调控者拥有无比强大的权力,调控者与受控者的法律地位不平等,极易导致权力滥用、低效运行等逆向效应,使国家的经济发展同时面临"市场失灵"和"政府失灵"的双重风险。因此,对宏观调控关系的调整,重点在于控制政府的宏观调控行为,宏观调控法首先是规范和管理调控者的法。坚持权力制约原则,就必须从经济民主的理念出发,一方面要合理分配权力、强化权力制约,做到权利、义务和法律责任的严格一致,另一方面要赋予市场主体、社会公众以广泛而有力的异议、抗辩和监督的权利。体现在立法中,就是要建立严格的决策提议、初步审查、预期公告、异议和评估、公开论证(或听证)、最终批准的决策机制;构造国家机构之间的监督制约机制,确立宏观调控机关及其个人的法律责任制度;建立过错追究机制等等。

维护受控者权利原则 宏观调控中的受控主体是指宏观调控措施涉及的单位和个人,其中市场主体是其最主要的构成部分。宏观调控在多数情况下可能会对市场主体产生不利的影响,甚至可能会从根本上牺牲一部分市场主体的利益,受控主体应当服从和承受,但这并不意味着受控主体在宏观调控中不享有任何法律权利,也不意味着受控主体仅仅是被动地接受宏观调控的结果。法律在赋予受控主体必须接受国家宏观调控的同时,必须赋予并充分顾及受控主体应有的权利。受控主体在宏观调控中的权利,主要包括以下四项:一是参与权,即受控主体有参与宏观调控决策、实施的权利,如可以通过立法赋予其决策知情权、反映意愿权、建议权和异议权等;二是监督权,如对宏观调控决策、实施机构的活动进行监督的权利;三是获得补偿权,即如果某一项宏观调控措施从根本上损害了受控主体的利益,那么这项措施就应当适当考虑给予相应的补偿;四是求偿权,如因宏观调控决策错误、实施中出现严重偏差或者调控机关的工作人员损害了受控主体的利益,受控主体都有依法要求获得赔偿的权利。

保障宏观调控理性化运行的原则 宏观调控法的最基本的价值就是要通过制度设计保障宏观调控沿着其本旨方向运行。立法对宏观调控行为的理性控制主要通过以下制度设计来完成：一是在立法中规定确立宏观调控措施的实体评判标准，如任何宏观调控措施均应符合市场安全、市场效率、总供给与总需求的平衡、可持续发展的要求；二是建立实体评判标准的程序保障措施，如决策的建议审批制、公告和征求意见制、方案的听证制和评估制、专家论证制、实施的监督和信息反馈制等；三是建立纠错制度，如一旦发现所采取的措施有悖其初衷，不符合前述实体标准，即应当停止实施，又如在实施中出现了过度行为，则应采取补救措施予以及时校正；四是建立法律责任制度，追究错误调控行为的法律责任，并赋予受害人通过申诉、诉讼获得救济的权利。

调控手段法治化的原则 宏观调控包括行政、经济和法律三大手段，而这三大手段又是并行不悖的。的确，从经济学的角度而言，提出"三手段说"，是无可非议的。在法治社会中，行政和经济手段，都必须在法律允许的范围内才能作出，也只有在法律的认可和保护下才能实施；法治与市场经济的关系决定了经济和行政手段，最终都应纳入法治化的轨道。因此，在本质上，经济手段与行政手段只有依照法律的程序决策和实施，或者只有经过法律的认可，才有合法存在和运行的根据。坚持宏观调控手段的法治化，就必须尽量将宏观调控措施纳入法律的规范范围，并以法律的形式加以表现。

（李昌麒 卢炯星 肖方扬）

hongguan tiaokongfa de zuoyong

宏观调控法的作用（the function of macroeconomic adjustment and control law） 宏观调控法是经济法体系中的重要组成部分。随着我国市场经济体制的建立，国家对宏观经济的管理和调控越来越重要，因此，宏观调控法在国民经济运行中发挥越来越重要的作用，所以，宏观调控法在经济法体系中的地位越来越高，逐步上升到经济法体系中的核心地位。

宏观调控法处于经济法的核心地位是逐步发展起来的。是随着我国经济体制改革的不断深入而确立起来的。在计划经济时期，国民经济的运行基本上是通过计划实现的。其中国家的指令性计划，企业必须执行，具有强制的效力，企业完不成指令性计划，要承担相应的法律责任。因此，在1979年之前，计划法处于经济法的核心地位，在经济法中素有"龙头法"之称。

我国经济体制改革重要成果之一是转变政府的职能，由直接管理经济变为间接调控管理经济。反映在宏观调控法中，规定各级政府的职责转变，以宏观调控法的形式确定下来，确保政府依法行政。

宏观调控法有利于引导经济体制改革深入进行。经济体制改革的进一步深入，我国加入世界贸易组织，21世纪将是知识经济的时代，信息产业的发展，将促进我国经济的更快发展。在发展过程中许多经济活动和经济过程需要宏观调控法调整。由于宏观调控法具有一定的前瞻性，可以引导经济体制深入发展。

宏观调控法规范宏观调控法律关系主体，依法赋予经济法主体的法律地位和权力，使宏观调控法主体在法律规范的范围内，依法行使宏观调控的权利和义务，避免宏观调控法主体对微观经济行为的非法干预。

宏观调控法对宏观调控法律关系客体的规范，使各级政府和经济管理机关依法履行宏观调控行为，使宏观调控法调控主体在履行宏观经济决策行为、宏观经济管理行为、宏观经济协调行为、宏观经济引导行为、宏观经济限制行为和宏观经济监督行为等过程中，依法行使各种调控行为，避免盲目性和失误，保障宏观经济调控的顺利进行。

宏观调控法规范各种宏观调控法律关系主体的权利和义务。使各宏观调控法的主体，依法行使法律赋予的权利（力），履行法律规定的义务（责任），对宏观调控主体的越权行为，造成不良影响和经济损失的，给予行政处分和经济赔偿。对于受控主体的合法权益给予保护，对各宏观调控法主体的行为进行监督，保证国民经济的正常运行和宏观经济活动和过程依法顺利进行。

现代市场经济，都是有宏观调控的市场经济。宏观调控的市场经济离不开宏观调控法的调整。我国实行社会主义市场经济，必须加强宏观调控法立法和执法，保证国民经济有序运行。宏观调控法对保持我国经济总量的基本平衡，总需求和总供给的基本平衡，促进经济结构的优化，弥补市场调节的不足，保证国民经济持续、快速、健康发展等方面，将起到越来越重要的作用。

（卢炯星）

hongguan tiaokongfa lifa

宏观调控法立法（legislation of macroeconomic adjustment and control law） 由中央政府对国民经济运行进行调控的立法。1979年以后，实行改革开放，国家制定了大量的经济法律、法规，其中相当一部分属于宏观调控法。其主要体现在全国人大颁布的法律、国务院及有关部委颁布的宏观调控的行政法规、规章以及其他规范性文件之中，主要有以下几方面的内容：

关于计划、统计的立法 1979年以后，我国先后制定了一系列专门调整计划关系的条例、规定和决定等规范性文件，如1984年10月国务院颁布的《关于改进计划体制的若干暂行规定》，1987年3月颁布的《关于大型工业联营企业在国家计划中实行单列的暂行规定》,1997年8月《国家技术创新设计计划管理办法》、《土地资产管理"十五"计划纲要》。关于专门调整统计关系的法律、法规有:1983年第六届全国人大常委会第三次会议通过了统计工作的基本法《中华人民共和国统计法》,1987年国务院批准了《统计法实施细则》,1996年第八届全国人大常委会第十九次会议通过了《关于修改〈中华人民共和国统计法〉的决定》、2000年6月国家统计局颁布《中华人民共和国统计法实施细则》,国家统计局颁布《部门统计调查项目管理暂行办法》,2001年11月30日对外贸易经济合作部颁布《国外经济合作业务统计制度》,2002年11月对外贸易经济合作部、国家统计局颁布《对外直接投资统计制度》、2003年1月颁布《电子信息产业统计工作管理办法》、国家外汇管理局颁布《国际收支统计申报办法实施细则》等。

关于财政、税收的立法 我国于1991年9月国务院发布了《国家预算管理条例》,1994年第八届全国人大常委会第二次会议通过了《预算法》,2000年7月财政部颁布《财政性投资基本建设项目工程概、预、决算审查若干规定》,2000年11月财政部《中央预算资金拨付管理暂行办法》,2001年2月颁布《政府采购资金财政直接拨付管理暂行办法》、2001年5月颁布《财政农业专项资金管理规则》、2001年7月财政部颁布《中央部门基本支出预算管理试行办法》,2001年11月财政部颁布《财政预算资金拨付管理暂行办法》,2003年7月财政部颁布《2003年农村税费改革中央对地方转移支付办法》等。税收方面的立法有:1992年9月全国人大常委会通过《中华人民共和国税收征收管理法》,1993年国务院颁布《中华人民共和国税收征收管理法实施细则》,1993年11月26日国务院第12次常务会议通过了下列六个税收法规,并同时于1994年1月1日施行:《中华人民共和国增值税暂行条例》、《中华人民共和国消费税暂行条例》、《中华人民共和国营业税暂行条例》、《中华人民共和国土地增值税暂行条例》、《中华人民共和国企业所得税暂行条例》、《中华人民共和国资源税条例(草案)》,同时实施的还有新修订的《中华人民共和国个人所得税法》(该法1999年8月第2次修正),2001年4月全国人大常委会颁布《中华人民共和国税收征收管理法》等。

关于金融调控的立法 从1979年以来,国务院在金融机构、货币管理、信贷管理、金银管理、外汇管理等方面制定了许多法律、法规,主要有:1983年颁布的《金银管理条例》,1985年颁布的《关于加强外汇管理的决定》、《国家金库条例》,1986年颁布的《银行管理暂行条例》,1988年颁布的《现金管理暂行条例》、《关于进一步控制货币稳定金融的决定》,1988年3月发布《中国人民银行货币发行管理制度(试行)》,1993年颁布的《关于金融体制改革的决定》、《国家货币出入境管理办法》,1995年3月第八届全国人大通过《中国人民银行法》,2003年12月全国人民代表大会常务委员会修改《中华人民共和国中国人民银行法》,1995年5月全国人大常委会颁布《商业银行法》(2003年12月修改),1996年1月国务院发布(1997年1月修改)《中华人民共和国外汇管理条例》,1999年2月发布《金融违法行为处罚办法》,2000年2月发布《人民币管理条例》。另外我国制定了《国家开发银行章程》、《中国农业发展银行章程》,2001年6月中国人民银行颁布《网上银行业务管理暂行办法》等。

关于投资的立法 1984年9月颁布《关于改革建筑业和基本建设管理体制若干问题的暂行规定》,1986年7月国务院颁布《关于控制固定资产投资规模的若干规定》,1988年6月国家计委颁布《国家基本建设基金管理办法》,1992年颁布《关于建设项目实行业主责任制的暂行规定》,1993年颁布《关于加强固定资产投资宏观调控的具体措施》,1995年颁布《关于进一步加强借用国际商业贷款宏观管理的通知》,1996年6月,国家计委颁布《国家重点项目管理办法》,1999年8月公布的《招标投标法》、建设部颁布《建设工程施工许可证管理办法》、2000年7月国家计委颁布《国家重大项目稽察办法》、对外贸易经济合作部发布《关于外商投资企业境内投资的若干规定》、2001年12月国家发展计划委员会公布《国家计委关于促进和引导民间投资的若干意见》,2003年10月颁布《证券投资基金法》等。

关于产业调节的立法 改革开放以后,我国重视产业发展的立法。国务院于1989年3月发布了《关于当前产业政策的决定》及通过《当前的产业发展序列目录》;1992年中共中央、国务院作出了《关于加快发展第三产业的决定》、1993年7月2日第八届全国人民代表大会常务委员会第二次会议通过《中华人民共和国农业法》,1994年国务院先后通过《90年代国家产业政策纲要》、1997年9月国家计划委员会颁布的《水利产业政策》及《水利产业政策实施细则》、1997年12月国家计划委员会颁布《当前国家重点鼓励发展的产业、产品和技术目录》,1999年8月中共中央、国务院发布《关于加强技术创新发展高科技实现产业化的决定》、2000年6月国家经济贸易委员会、国家发展计划委员会、对外贸易经济合作部颁布《中西部地区外商投资优势产业目录》、2000年7月国务院颁布《鼓励软件产业和集成电路产业发展的若干政策》、科技部公布《国家高新技术产业开发区高新技术企业认定条件和办法》,2001年6月国家经贸委等部门颁布《关于加强发展环保产业的意见》,2001年12月国家计委颁布《"十五"期间加快发展服务业若干政策措施的意见》，2002年2月国务院公布《指导外商投资方向规定》，2002年6月第九届全国人民代表大会常务委员会通过《中华人民共和国中小企业促进法》、颁布《国家产业技术政策》，2003年6月中共中央、国务院公布《关于加快林业发展的决定》，等。

关于价格的立法 国务院1987年颁布的《中华人民共和国价格管理条例》，1988年国家物价局发布的配套法规《关于价格违法行为的处罚规定》和《关于税收、财务、物价大检查查处价格违法行为若干政策界限的规定》，1997年12月29日第八届人大常委会第二十九次会议审议通过并于1998年5月1日正式实施的《中华人民共和国价格法》标志着我国新的价格制度的确立。1999年2月国家计委公布《价格监测规定》，1999年8月国家计委公布《价格认证管理办法》，2000年4月国家发展计划委员会公布《价格监督检查管辖规定》，2001年《政府价格决策听证办法》2001年12月颁布《政府制定价格行为规则（试行）》，2002年3月对外贸易经济合作部公布《反倾销价格承诺暂行规则》，2003年4月颁布《价格监测规定》，2003年6月国家发展改革委员会公布《制止价格垄断行为暂行规定》，2003年10月国家发展和改革委员会发布《非常时期落实价格干预措施和紧急措施暂行办法》等。

关于审计的立法 1994年8月公布《中华人民共和国审计法》，1997年10月国务院公布《审计法实施条例》，2000年颁布《审计机关审计方案准则》、《审计机关审计复核准则》、《审计机关审计报告编审准则》，2000年1月审计署颁布《中华人民共和国国家审计基本准则》，2002年12月审计署颁布《审计机关审计项目计划管理办法》，2003年颁布《关于内部审计工作的规定》，2004年2月国务院国有资产监督管理委员会颁布《中央企业财务决算审计工作规则》等。

关于国际收支平衡的立法 我国国际收支平衡方面的立法，主要涉及国际收支、对外贸易、外商投资、海外投资、外汇管理、外债管理等方面的立法。1999年9月国家外汇管理局颁布《国际收支及外汇收支统计分析考核办法》，2003年1月国家外汇管理局颁布《国际收支统计间接申报核查制度（试行）》，国家外汇管理局发布《国际收支统计申报方法》，2003年2月国家外汇管理局颁布《国际收支统计申报办法实施细则》等。

2001年11月颁布《反倾销条例》、《反补贴条例》，1999年1月发布《出口商品配额招标办法》，2001年4月国务院颁布《国务院关于进一步加强和改进外汇收支管理的通知》，《中华人民共和国外资金融机构管理条例》，2002年9月颁布《对外贸易壁垒调查暂行规则》、12月颁布《关于保障措施产品范围调整程序的暂行规则》、《反倾销产业损害调查与裁决规定》、《反补贴产业损害调查与裁决规定》，出口退税等方面的法规有：1994年2月国家税务总局发布《出口货物退（免）税管理办法》等。外债方面：1987年发布《外债统计监测规定》及其《实施细则》和《外汇（转）贷款登记管理办法》；1987年9月中国人民银行发布《关于中国境内机构在境外发行债券的管理规定》，1996年颁布新的《外汇管理条例》，1998年1月外汇管理局颁布新的《境内机构借用国际商业贷款管理办法》，1999年1月国家外汇管理局颁布了《关于完善资本项目外汇管理有关问题的通知》，2003年1月国家发展计划委员会、财政部、国家外汇管理局颁布《外债管理暂行办法》等。

随着我国经济体制改革的不断深入，市场经济的建立和完善，更需要加强进行宏观经济调控方面的立法。经济工作"坚持扩大内需的战略方针，加强和改善宏观调控。"而加强和改善宏观调控需要各项配套的措施和经济政策的法治化等各项手段。

我国目前宏观经济调控的立法还很不完善，我国尚未制定宏观调控基本法《宏观调控法》、《国民经济和社会发展计划法》；其他宏观调控的法律例如《财政法》、《投资法》等还没有制定，产业政策的立法也还不完善。加入WTO，国家职能的转变，需要进一步加强和完善国家宏观调控的立法。

（卢炯星）

hongguan tiaokong falü guanxi

宏观调控法律关系（legal relationship of macroeconomic adjustment and control law） 宏观调控法调整的国家在宏观经济调控过程中发生的宏观经济调控主体和被调控主体之间的权利义务关系。宏观调控法律关系除具备法律关系的一般特征之外，还具有自己的特征，表现在：宏观调控法律关系的主体有一方必定是国家或国家宏观经济管理机关，宏观调控法律关系的内容涉及宏观调控法律关系主体在国家宏观经济调控过程中形成的权利义务关系；宏观调控法律关系的客体是宏观经济调控主体指向的对象即宏观经济决策行为、宏观经济调控行为、宏观经济监督行为等。

国家宏观调控法调整的不同内容和体系，构成各种不同的宏观调控法律关系。例如国民经济总收入法律关系；国民经济总支出的法律关系；国际收支平衡的法律关系等。根据宏观调控法调整各种具体的宏观经济关系，可以将宏观调控法律关系分为：国民经济和社会发展计划法律关系；统计法律关系；财政法律关系；税收法律关系；金融法律关系；投资法律关系；产业结构调整法律关系；价格法律关系；国际收支平衡法律关系；经济审判法律关系等。

宏观调控法律关系的构成要素与法律关系构成要素相同，即由宏观调控法律关系主体、宏观调控法律关系客体和宏观调控法律关系的内容(权利、义务)三要素构成。

(卢炯星)

hongguan tiaokong falü guanxi keti

宏观调控法律关系客体(the objects of legal relationship of macroeconomic adjustment and control law) 宏观调控法律关系主体双方在国家宏观经济调控过程中的权利、义务所共同指向的对象。作为宏观调控法律关系的客体行为是指特定行为。宏观调控法律关系客体主要是宏观经济调控行为。 (卢炯星)

hongguan tiaokong falü guanxi neirong

宏观调控法律关系内容(the contents of the legal relationship of macroeconomic adjustment and control law) 可以分为宏观经济调控主体的权利和义务以及宏观经济受控主体的权利和义务。

宏观经济调控主体的权利是指:国家对国民经济进行宏观调控过程中产生的,有关国家经济调控主体依法可以为或不为一定行为和要求他人为或不为一定行为的资格。宏观经济调控主体享有以下权利:宏观经济决策权及调控权;宏观经济协调权;宏观经济管理权;宏观经济运行监督权等。

宏观经济决策权及调控权 指国家宏观经济调控机关及其负责人员对于国家未来经济发展目标及实现目标的措施、步骤等作出选择和决定的权利。具体表现在:(1)国民经济发展方针、战略和经济政策制定权。它的表现形式为制定、下达国家政策性文件,以及根据其精神制定有关经济方面的法规。该权利的行使主要是全国人大和国务院及有关部委。(2)计划权。即编制、批准和下达国家各种经济计划(包括长期计划、五年计划、年度计划)的权利。计划权是国家经济决策权的主要表现形式,由各级国家计划委员会行使。(3)货币政策的决定权,由国务院和中国人民银行行使。(4)财政政策的决定权,由国家财政部门行使。(5)税收政策决定权,由国家税务机关行使。(6)重大经济措施(建设项目)决定权,由国务院和有关部委行使。(7)产业政策的制定权,由全国人大和国务院有关部门行使。(8)物价政策的制定权,由国家物价管理委员会行使。(9)国际收支平衡的决策权,由商务部、国家外汇管理局等行使。国家机关作出的宏观经济决策,对国民经济的活动具有直接的指导作用。

宏观经济协调权 指国家宏观经济管理机关在宏观经济调控过程中,为了解决经济体制改革中发生的各种矛盾,采取综合治理方法协调解决这些矛盾的权利。例如为了解决分配不公的矛盾,国家采取货币政策、税收政策和分配政策等进行协调解决。这种协调既包括对宏观经济计划的协调,如计划机关在编制计划时,为求得各种平衡而进行的协调工作;又包括对具体经济活动的协调,如地区、部门利益的协调等。

宏观经济管理权 指国家宏观经济管理主体基于职权或法律赋予其管理经济的权能。包括命令权、禁止权、许可权、批准审核权、撤销免除权、确认权、倡导权、奖惩权等。(1)命令权即国家宏观经济管理主体要求被管理主体为一定经济行为或不为一定经济行为的权力。命令权是经济管理机关单方面的行为,不需取得被管理主体的同意,就可以产生必须服从的结果。(2)禁止权即国家宏观经济管理主体依法禁止被管理主体为一定经济行为的权利。(3)许可权即国家宏观经济管理主体依法对特定人或特定事不予禁止或解除禁令的权利。许可权的行使,一般由经济管理机关颁发许可证。(4)审核、批准权。审核权是指国家宏观经济管理主体对所属单位的经济行为的合法性和真实性进行审查认可的权利;批准权是指国家经济管理机关依法同意特定人取得某种法律资格或者实施某种经济行为的权利。(5)撤销、免除权。撤销权是指国家宏观经济管理主体依法对某种法律资格予以取缔或者消灭的权利;免除权是指国家经济管理主体依法解除特定人某种作为义务的权利。(6)确认权即国家宏观经济管理主体或审判机关对有争议的法律事实或者法律关系依法宣告是否存在或有效的权利。(7)倡导权即国家宏观经济管理主体提倡、引导和鼓励被管理主体为或不为一定经济行为的权利。(8)奖惩权即国家宏观经济管理主体对那些模范执行国家宏观调控法律、法规,取得显著成绩的单位或者个人给予物质和精神奖励的权利;对于那些违反或不执行国家宏观调控法律、法规,妨害司法人员执行公务,损害消费者权益的行为,给予惩罚的权利。

宏观经济运行监督权 国家宏观经济管理主体对生产和再生产各个环节进行监察和督导的权力。

宏观经济调控主体除了国家法律赋予其宏观调控权利外,还必须承担下列义务:依法进行宏观调控的义务,即在法律规定的职权范围内,依法履行宏观调控的权利;尽职尽责的义务。宏观经济调控主体必须严格履行各自的职责,法律赋予的宏观经济调控权不能抛弃,也不能超越法律规定的权限履行宏观调控权,也不能违法侵犯被调控主体的合法权益,否则应承担赔偿责任;提供物质保证的义务,宏观经济调控主体在下达指令性计划指标时,须提供相应的物质保证,以保证指令性计划的贯彻落实;尊重受控主体经营管理自主权的义务。宏观经济调控主体在履行宏观调控权利时,应尊重受控主体经营管理自主权,不能直接干预受控主体具体的经营管理活动,不能乱摊派等;法律规定的其他宏观经济调控义务。

(卢炯星)

hongguan tiaokong falü guanxi zhuti

宏观调控法律关系主体（the subjects of the legal relationship of macroeconomic adjustment and control law） 参与宏观调控法律关系的双方。是在宏观调控法律关系中依法享有宏观调控权利和承担相应经济义务的当事人。

宏观调控法的主体包括两类，即宏观调控主体和宏观受控主体。宏观调控主体主要是指拥有宏观经济调控权力，依法执行宏观调控职责，综合运用各种手段影响国民经济运行的法定的国家宏观经济管理机关，例如全国人大、国务院、国家计委、财政机关、税务机关、中国人民银行、工商行政管理局等；受控主体则是指接受宏观调控主体的权力、行为约束和影响的特定的或不特定的企业组织和个人。宏观调控法律关系有其特殊性，在这种关系中，调控主体是特定的，而受控主体一般情况下是不特定的。研究宏观调控法律关系，首先要研究宏观调控主体。

宏观调控主体 社会主义市场经济条件下宏观调控主体的设置，应与现有的政府机构改革配套进行。当前要突出解决三方面的问题：一是设立宏观经济调控的最高协调机构；二是加强综合管理部门和监督部门；三是减少和撤并专业部门。通过政府机构的改革，形成宏观经济调控健全经济决策系统、宏观经济协调系统、宏观经济监督系统、宏观经济信息咨询系统等组织系统。而相对应宏观调控法的调控主体主要包括：

（1）国家权力机构。宏观经济决策系统主要是国家权力机构及其执行机构。全国人民代表大会及其常务委员会是最高权力机关，执行立法权和决策权。法律的制定，重大宏观经济决策的采取，都要由全国人民代表大会及其常务委员会进行。此外，国务院也有一定的制定和发布经济法规的权力，及参与重大经济问题的决策的权力。在我国，重要的、全国性的经济法律、法规的制定，必须由全国人大（包括其常委会）和国务院进行；重要的涉及经济全局的经济决策的作出，必须在全国人大和国务院进行充分讨论后才能决定。因此，在立法上必须明确全国人大及国务院在宏观决策方面各自的权限以及决策的程序，充分发挥它们在宏观决策方面的作用。

（2）国务院及职能部门。国务院及职能部门主要是由国务院及其各职能部门组成的。其中包括国务院的各部委，具体可分为两类：一类是按部门划分的经济管理机关，如工业、农业、商业、交通、能源部门等；另一类是综合经济职能部门，它们是计划、组织、指挥、协调宏观经济运行的职能部门，如中国人民银行、财政部、国家发展和改革委员会、商务部、税务总局、物价总局、证券的管理与监督机构等。

（3）宏观经济监督部门。宏观经济监督部门是指对宏观经济的运行状况、发展趋势等进行监督、检查和预测警戒的各类组织，除上述各政府职能部门和综合经济管理部门均有一定监督检查任务外，主要监督、检查部门是国家的财务部门、人民银行、中国银行业监督管理委员会（简称银监会）、证监会、保监会、审计部门、统计部门、质量监督部门、物价部门、工商行政管理部门等。

（4）宏观经济信息部门。宏观经济信息部门是指为宏观经济的运行提供经济信息、咨询服务，以经济运行的状况进行信息反馈的系统。主要有国家信息产业部、统计机构、物价部门、审计机构以及群众性的或社会性的经济研究和预测机构等。

宏观经济调控受控主体 宏观经济调控的受控主体是指企业及其他经济组织和个人。在我国，企业按照所有制不同分类可以分为：国有企业、集体企业、私营企业（合伙）、外商投资企业（包括中外合资经营企业、中外合作经营企业和外资企业）、有限责任公司、股份有限公司、联营企业（紧密型联营企业、半紧密型联营企业、松散型联营企业）、企业集团（集团公司、半紧密型集团、松散型集团）等。

随着我国社会主义市场经济的建立，参照国际惯例，我国企业的组织形式逐步按照资本划分，将来可以将全部企业分为三类即公司（包括有限责任公司、股份有限公司、国有公司、集团公司、母公司、子公司、分公司、中外合资公司、中外合作公司、外资公司等）、合伙企业和独资企业。将来宏观经济受控主体主要由这三类企业构成。

这些宏观经济受控主体的主要职责是遵法守纪、合法经营、接受宏观经济调控的引导和组织。为此，一方面要加快进行企业经营机制的转换，塑造合格的市场主体，使企业成为真正独立的商品生产者和经营者；另一方面要加强法制教育，使这些经济实体和个人依法自律，在法律约束下，自觉接受宏观调控的引导、管理和监督。

（卢炯星）

hongguan tiaokongquan

宏观调控权（power of macro adjustment and control） 宪法和法律赋予特定的公权力机关对社会经济整体进行决策、指导、组织、规范等活动的权力的总称。

关于宏观调控权的性质，有认为是行政权的，或者认为是独立于立法权、行政权、司法权的第四类权力。可以明确宏观调控权不单纯地属于行政权的权力，立法机关（权力机关）通过立法、预算决算、通过控制货币发行等形式进行宏观调控。宏观调控权必须有宪法或者法律的明确授权，基于宏观调控职能的特定化以及宏观调控权的专属行使，也可以认为，宏观调控权不同于一般的行政机关都能够行使的行政权。

宏观调控权主要集中在中央国家机关和中央行政机关,同时,宏观调控权也应当有层级性和级别。中央一级的宏观调控权应当合理进行分配,在权力机关和执行机关,执行机关之间都应当进行合理的分工。地方政权组织也应当享有一定的宏观调控权,我国的地方尤其是省级地方,并不比一般的国家小,也存在着许多地方经济失衡上的问题,授予省级地方以一定的宏观调控权,有利于更好地创造协调发展的市场环境。因此,我国的宏观调控权配置必须以中央为中心,同时赋予省级地方政府以适当的宏观调控权,但是必须统一行使的除外,如货币等。 (卢炯星)

宏观调控手段 (means of macro adjustment and control)

国家在进行宏观调控时,所采取的形式和方法。就大类来讲,世界各国宏观调控的方式无外乎三种:经济手段、法律手段和行政手段。但对三种手段的关系、内容和作用上仍存在不同的意见。

经济手段 一般认为,经济手段是国家宏观调控的重要手段。经济手段实质上是指经济政策手段,即通过制定、实施经济政策的方式,引导、协调、影响经济的发展。经济政策的内容主要有:经济计划、产业政策,财政、货币政策,收入分配政策,区域发展政策等。市场经济条件下的经济计划,不同于计划经济中的行政控制,在市场中起到指导、调解宏观经济的作用。(1)产业政策。产业政策包括产业结构政策、产业组织政策、产业技术政策和对外贸易政策等。它们是国家干预、规划和诱导产业形成和发展的一种极为重要的手段。国家制定产业政策的目的,在于引导有限的社会资源在各产业部门之间以及产业内部得到优化配置,建立高效的和均衡的产业结构,以促进国民经济的持续、稳定、协调发展。(2)财政、货币政策。财政政策包括财政收入政策和财政支出政策,国家根据经济运行的不同情况,灵活地加以运用,变更税收或者改变补贴、国家采购、国家投资等等形式进行。而货币政策则是通过调节货币供应量、利率、汇率水平来调节总供给。(3)收入分配政策。国家对收入政策的调控,主要是通过规定收入总量及其结构和调解收入分配的基本方针与原则来加以实现的。(4)地区经济发展政策。几乎各国都不同程度地存在地区经济发展不平衡的问题,这就要求国家通过经济计划和运用财政、金融等政策,经济资源的合理配置,地区间的分工协作,转移支付和产业政策等手段,促进经济落后地区赶上经济发达地区。

法律手段 法律手段包括立法手段、司法手段和执法手段。不少学者指出,立法对市场经济的宏观调控可以分为两个层次,一是国家最高权力机关通过制定根本法和基本法,规定国家的经济制度,国家的发展目标、经济管理体制,以及制定经济社会发展中长期规划等形式,对国民经济直接地进行宏观总量的规划和调节;二是制定规范市场行为、市场秩序和市场管理的法律、法规。司法和执法手段,即宏观调控的法律、法规通过司法机关和政府的职能部门严格的执行来保障其全面实施。

行政手段 行政手段是指政府为了执行宏观调控任务而采取的行政措施。在市场条件下,政府作为公共权力的代表,依法对国民经济总体活动进行引导、管理和服务。行政手段一般只在特殊的情形,比如灾荒、物价极度飞涨等出现时才可以采取。

经济、法律、行政手段作为国家对宏观经济调控的三种手段,它们不是并列的,具有层次性和交叉性。其中,经济手段使用广泛,通过中介渗透到具体经济活动中;法律手段具有中枢作用,调节的对象宏大且相对抽象;行政手段介于二者之间。经济手段需要通过制定相应的经济政策、法规体现和执行,有些法律、行政手段有经济内容。 (肖方扬)

宏观调控与市场机制相结合原则 (principle of unification of macroeconomic adjustment and control combined with market mechanism)

经济法在调整国民经济运行过程中,以国家宏观调控为指导、市场机制为基础,两者协调、统一地发挥作用,以实现经济法调整的任务和功能的立法原则。这一原则是经济法基本原则的主导。削弱或取消这一原则,将使经济法归于自由主义市民法或高度集中型的行政权力法。

宏观调控是国家从国民经济运行的全局出发,运用各种经济手段,对国民经济总体的供求关系进行调节和控制。宏观调控属于国民经济运行机制范畴。宏观调控是现代市场经济的有机组成部分,是市场经济的客观要求。在社会主义市场经济条件下,虽然市场机制在资源配置中占有基础地位,发挥积极作用,但市场机制本身也存在着缺陷和不足,存在市场失灵问题。如果单纯依靠市场机制进行调节,其结果就无法保证实现国家的经济发展战略目标,无法满足社会主义生产目的的需要,无法根据社会化大生产的要求按比例地配置资源,无法保持社会经济总量的平衡,无法保证社会各个部门和社会再生产各个环节比例协调,无法协调多元化、多层次的利益关系,不能保证经济发展的正确方向,因而必须加强对国民经济运行的宏观调控,以弥补市场机制的缺陷和不足,引导市场机制发挥作用。通过宏观调控,促进经济结构优化,保持经济总量平衡,增加就业,稳定物价,保持国际收支平衡,实现国民经济稳定增长。宏观调控是对国民经济总体的供求关系进行调节和控制,包括对总量平衡和结构平衡的调控,以间接手段为主要的调控方式,以经济利益为实现调控目的的主要手段。社会主义市场经济中的宏观调控既不同于传统市场经济下主要依靠"看不见的手"所进行的调节,也不同于计划经济体制下主要采取直接计划管理方式,而是通过市场这一中间环节进行间接调控。

现代市场经济是市场机制对资源配置起基础性作用的经济体制。市场机制是指在市场竞争中,由供求关系决定各种生产要素的价格,各个追求自身利益最大化的市场主体在价格信号指引下决定自己的市场行为,从而通过市场行为在全社会进行各种资源的配置,影响市场供求关系,使社会供给的结构不断趋向于同社会需求结构相适应的调节机制。市场机制是价值规律作用的机制,价格机制、供求机制和竞争机制是最主要的市场机制。市场机制是一种非常有效的经济利益协调机制、信息机制、经济激励机制和竞争促进机制。经济法的实现,离不开市场机制的作用。

现代市场经济是在政府的宏观调控下市场机制对资源配置起基础性调节作用。宏观调控并非市场机制的替代手段,其目的在于弥补市场机制的缺陷和不足,纠正市场的自发性、盲目性和滞后性。所以在市场机制能够发挥最有效调节作用的领域,就要保证市场机制的运作,而不能代之以宏观调控措施;在市场机制不能有效调节的领域就应该充分发挥宏观调控的功能,确保整个国民经济运行保持良好的态势。实现宏观调控与市场机制相结合,保持二者平衡协调,作用适度,是社会主义市场经济对经济立法的客观要求。市场是国家依法进行间接宏观调控的中间环节,宏观调控必须在市场机制调节的基础上进行,通过市场调整企业活动。经济立法既应该充分发挥市场机制对资源配置的基础性作用,又要发挥宏观调控的导向性作用,实现两者有机结合,促进社会经济协调、稳定和发展,在维护社会经济总体效益的前提下,同时兼顾各方经济利益。在我国,建立市场经济体制是由国家启动和主导的,国家参与宏观调控的机会更多,对此经济法应予承认,但同时也应注意不要借口宏观调控用计划的手段代替市场的调节,从而限制市场经济的运行,降低经济活力,阻碍经济的发展。

有些学理上所概括的"经济民主原则"、"调制适度原则"、"调制绩效原则"、"维护公平竞争原则"、"市场竞争原则"与"宏观调控原则"、"坚持计划调节和市场调节相统一原则"、"国家统一管理和企业独立自主相结合原则"、"经济管理中民主集中制原则"、"保护社会主义竞争原则"、"市场主体自主原则"等,都从属于宏观调控与市场机制相结合原则的范畴。

(张长利)

houshou

后手(subsequent holder) 票据签章人之后签章的其他票据债务人。

(何 锐)

hulianwang shangwang fuwu yingye changsuo liansuo jingying guanli

互联网上网服务营业场所连锁经营管理(Administration of Chain Business Sites of Internet Access Services) 若干互联网上网服务营业场所在连锁经营企业总部的统一管理下,严格按照连锁经营的组织规范,统一经营方针、统一服务规范、统一形象标识、统一营业场所风格,并且统一上网首页和统一计算机远程管理的经营组织形式。主要包括直营连锁和特许(或称加盟)连锁两种组织形式。互联网上网服务营业场所连锁经营管理制度的法律规范依据主要是文化部2003年4月23日依据《互联网上网服务营业场所管理条例》和《国务院办公厅转发国务院体改办国家经贸委关于促进连锁经营发展若干意见的通知》制定公布的《关于加强互联网上网服务营业场所连锁经营管理的通知》。

对于互联网上网服务营业场所连锁经营的管理,文化部要求各地文化行政部门要坚持从严审批、从严管理、从严控制总量、从严打击违法经营,同时通过促进和规范互联网上网服务营业场所连锁经营,力争让规模化、连锁化、主题化、品牌化的网吧等互联网上网服务营业场所逐步占据市场主流。

文化部负责全国性和跨省(自治区、直辖市)连锁经营的互联网上网服务营业场所连锁经营企业的审批;省、自治区、直辖市文化行政部门负责审批在本行政辖区内从事连锁经营的互联网上网服务营业场所连锁经营企业的审批,并报文化部备案。各省、自治区、直辖市文化行政部门要对互联网上网服务营业场所连锁经营企业及其连锁门店的数量和布局进行合理规划,既要防止独家垄断,又要避免恶性竞争。每个省(自治区、直辖市)审批设立的互联网上网服务营业场所连锁经营企业不超过3家,全国性互联网上网服务营业场所连锁经营企业原则上不超过10家。要在严格控制总量的前提下优先审批互联网上网服务营业场所连锁经营企业的直营连锁门店,从严审批新设立的特许连锁门店,鼓励和支持互联网上网服务营业场所连锁经营企业在商业自愿的原则下收购、兼并、联合、重组、参股、控股现有的互联网上网服务营业场所经营单位。今后要在城市和有条件的农村地区停止审批非连锁经营的互联网上网服务营业场所。

互联网上网服务营业场所连锁经营企业及其连锁门店应当自觉接受当地文化行政部门的日常监督管理。凡连锁门店受到停业整顿以上行政处罚的,当地文化行政部门应当将处罚决定逐级上报至连锁经营企业发证部门备案。一年以内累计受到两次以上停业整顿以上行政处罚的特许连锁门店,连锁经营企业应当终止与该门店的特许经营关系;一年以内3%以上连锁门店受到停业整顿以上行政处罚的,发证部门应当责令连锁经营企业进行整改;一年以内3%以上连锁门店被吊销《网络文化经营许可证》的,取消连锁经营企业的连锁经营资格。 (傅智文)

户外广告(outdoor advertisements) 以各种形式在户外设置、悬挂、张贴的广告。国家工商行政管理局1995年颁布的《户外广告登记管理规定》第2条规定,户外广告包括:(1)利用公共或者自有场地的建筑物、空间设置的路牌、霓虹灯、电子显示牌(屏)、灯箱、橱窗等广告。(2)利用交通工具(包括各种水上漂浮物和空中飞行物)设置、绘制、张贴的广告。(3)以其他形式在户外设置、悬挂、张贴的广告。《中华人民共和国广告法》第32条规定有下列情形之一的,不得设置户外广告:利用交通安全设施、交通标志的;影响市政公共设施、交通安全设施、交通标志使用的;妨碍生产或者人民生活,损害市容市貌的;国家机关、文物保护单位和名胜风景点的建筑控制地带;当地县级以上地方人民政府禁止设置户外广告的区域。户外广告的设置规划和管理办法,由当地县级以上地方人民政府组织广告监督管理、城市建设、环境保护、公安等有关部门制定。

我国实行户外广告登记管理制度,未经工商行政管理机关登记,任何单位不得发布户外广告。申请户外广告登记,应当具备下列基本条件:依法取得与申请事项相符的经营资格;拥有相应户外广告媒体的所有权;广告发布地点、形式在国家许可的范围内,符合当地人民政府户外广告设置规划的要求;户外广告媒体一般不得发布各类非广告信息,有特殊需要的,应当符合国家有关规定。凡办理户外广告登记,应当向工商行政管理机关提出申请,填写"户外广告登记申请表",并提交下列证明文件:营业执照;广告经营许可证;广告合同;场地使用协议;广告设置地点,依法律、法规需经政府有关部门批准的,应当提交有关部门出具的批准文件。经工商行政管理机关审查符合规定的,核发"户外广告登记证",并由登记机关建立户外广告登记档案。户外广告必须按登记的地点、形式、规格、时间等内容发布,不得擅自更改。户外广告登记后,3个月内未予发布的,应当向原登记机关申请办理

注销登记。由于户外广告会影响所在区域的市容市貌,因此法律规定各种户外广告设施的设计、制作和安装、设置,应当符合相应的技术、质量标准,不得粗制滥造,并应当定期维修、保养,做到整齐、安全、美观。个体工商户、城乡居民个人张贴各类招贴广告,应当在县(区)工商行政管理机关专门设置的公共广告栏内张贴,并到设置地工商行政管理所办理简易登记手续。公共广告栏的管理办法,由当地工商行政管理局依照有关法律、行政法规制定。 (赵芳芳)

huafei nongyao nongmo zhuanying
化肥、农药、农膜专营(monopoly of fertilizer, pesticide and agricultural plastic films) 我国的化肥、农业、农膜等农资产品的专营管理制度是国务院1988年9月28日制定发布的《关于化肥、农药、农膜实行专营的决定》确立的,之后国务院及其所属部门对农资专营管理做了具体规定,主要有:原商业部1988年12月28日制定发布的《关于做好化肥、农药、农膜等农资商品余缺调剂的通知》、国务院1989年12月28日制定发布的《关于完善化肥、农药、农膜专管办法的通知》、海关总署1990年3月9日制定发布的《关于执行〈国务院关于完善化肥、农药、农膜专营办法的通知〉的通知》、1990年3月23日农业部和原国家工商行政管理局联合制定发布的《关于贯彻〈国务院关于完善化肥、农药、农膜专营办法的通知〉的通知》、1991年2月16日原商业部制定发布的《关于进一步做好化肥、农药、农膜专营工作的通知》、1992年10月25日国务院制定发布的《关于加强化肥、农药、农膜经营管理的通知》,以及其他一些关于化肥、农药、农膜的专项规定。生产主管部门对生产企业要严格实行"生产许可证"制度。工厂要实行产品质量的出厂责任制。

国家委托中国农业生产资料公司和各级供销合作社的农业生产资料经营单位对化肥、农药、农膜实行专营,其他部门、单位和个人一律不准经营上述商品。专营部门要坚持为农业服务的宗旨,进一步转变企业机制,减少经营环节,合理组织运输,降低费用开支,提高企业和社会经济效益。

大、中型化肥厂生产的优质化肥,无论是计划内还是计划外超产肥,均由专营部门统一收购。计划外超产化肥由工商企业签订合同,按优惠价格收购。地方小化肥厂生产的化肥,实行专营部门与工厂合同订购或联销、代销,或由工厂直接销售给农民使用。具体采取哪种形式,由当地政府确定。农药厂、农膜厂生产的农药、农膜,凡纳入统一分配计划的,由专营部门统一收购。非统配计划的品种,原则上实行当地专营部门与工厂合同订购,也可实行联销或代销。

进口化肥、农药、农膜(含原料)由国家实行计划

管理。2002年7月18日原外经贸部制定公布的《原油、成品油、化肥国营贸易进口经营管理试行办法》规定:国家对化肥进口实行国营贸易管理。对实行国营贸易管理的货物,国家允许非国营贸易企业从事部分数量的进口。国家、地方和有关部门进口的化肥、农药、农膜,均由经贸部的有关进出口总公司按国家计划统一对外订货。除农垦系统和外贸出口基地自用部分(不准倒卖)外,全部交中国农资公司和各级供销合作社统一经营(包括易货进口商品)。省间集资、与国外合资生产的化肥、农药在国家计委平衡后,由专营部门经营。对地方进口的化肥、农药、农膜要委托中国农资公司代办。

国家建立化肥、农药、农膜储备制度。该储备任务由中国农资公司和省(区、市)供销合作社两级专营单位承担,储备数量由国务院或省级政府审定。

基层农业技术推广单位结合有偿技术服务所用少量化肥、农药、农膜,由县专营批发部门或基层供销合作社按计划供应。允许有偿转让给农户,但不准进行商业经营或者倒买倒卖。有些农药小品种,基层供销合作社可委托基层农业技术推广单位代销。

(傅智文)

huafei gouxiao zhidu
化肥购销制度(fertilizer trading system) 我国化肥流通体制改革中拓宽化肥流通渠道,扩大企业经营自主权的化肥购销制度。1998年11月16日,国务院在《关于深化化肥流通体制改革的通知》中明确指出,国家取消国产化肥的统购计划,由化肥生产和经营企业自主进行购销活动。化肥生产企业可以将自产化肥销售给各级农资公司和农技推广站、土肥站、植保站(简称农业"三站")以及以化肥为原料的企业,也可以设点直接销售给农民。农业"三站"经营的化肥可以从各级农资公司进货,也可以直接从化肥生产企业进货;可以将化肥供应到具有技术服务项目的单位,也可以直接销售给农民。保留允许农垦、林业、烟草、军队在本系统内销售化肥的做法,其化肥来源可以委托农资公司代购,也可以从化肥生产企业自行采购。赋予中国化工进出口总公司化肥内贸经营权。除上述单位外,其他单位和个人不得从事化肥批发业务。

国家鼓励适度竞争,目的是促使化肥经营单位加强内部管理,减少流通环节,降低流通费用,强化服务功能,从单一经营型向服务经营型转化。国家同时鼓励化肥生产、经营企业打破系统和行业界限,通过发展工商联营、组建集团等多种形式的联合,优势互补,共同做好化肥产销工作。此外,为使化肥购销行业的竞争有序进行,国家工商行政管理局还于2000年9月22日发布了化肥买卖合同的示范文本,该范本依据《中华人民共和国合同法》的规定,结合化肥购销的特点,对合同条款作出了详细规定,而且,该范本还将公证或鉴证作为合同成立的要件。

(杨云鹏)

huafei jiage zhidu
化肥价格制度(system of fertilizer price) 自1998年国务院《关于深化化肥流通体制改革的通知》下发执行以后,我国形成的政府指导下市场形成化肥价格的制度。化肥的出厂价格由政府定价改为政府指导价,国家计委只对大型氮肥企业(合成氨年生产能力在30万吨以上)生产的化肥制定中准出厂价和上下浮动幅度,供需双方可以在浮动幅度内根据淡、旺季及市场情况协商确定具体价格。中准出厂价根据化肥生产成本和市场供求的变化适时进行调整。

放开化肥零售价格,必要时省级物价部门可以对部分品种规定最高限价。

(杨云鹏)

huafei jinkou guanshui pei'e guanli
化肥进口关税配额管理(administration of the import tariff quota for fertilizer) 在公历年度内,国家确定实行关税配额管理的化肥品种以及年度市场准入数量,在确定数量内的进口适用关税配额内税率,超过该数量的进口适用关税配额外税率。化肥进口关税配额为全球配额。我国的化肥进口关税配额管理制度的主要法律规范是2002年1月15日原国家经贸委与海关总署共同制定发布的《化肥进口关税配额管理暂行办法》。该办法分总则、化肥关税配额管理机构、关税配额内进口、关税配额有效期及其调整、国营贸易和非国营贸易、罚则和附则七章。

负责全国的化肥关税配额管理工作由国内贸易主管部门(原国家经贸委,现为商务部)主管,公布实行关税配额管理的化肥品种和年度配额总量,并同时公布由国务院关税税则委员会确定的关税配额商品税目及配额内外税率。其授权的化肥关税配额管理机构负责管辖范围内化肥进口关税配额的发证、统计、咨询和其他授权工作。

海关对化肥进口关税配额商品依法实行监管、征税、稽查和统计,并负责定期公布化肥进口关税配额商品进口情况。

对原产于与我国订有关税互惠协议的国家或地区的进口关税配额化肥,按《中华人民共和国海关进出口税则》规定的配额内税率或者配额外优惠税率征税。对原产于与我国未订有关税互惠协议的国家或地区的进口关税配额化肥,按配额外普通税率征税;经国务院关税税则委员会特别批准,也可以按配额内税率或者配额外优惠税率征税。

凡在我国工商行政管理部门登记注册的企业(以下简称为"申请单位"),在其经营范围内均可向所在地区的授权机构申请化肥进口关税配额。

国家对化肥进口实行国营贸易管理。国营贸易企业名单由商务部确定并对外公布。凡具有化肥进口经营权的企业均可按关税配额外税率进口化肥,没有数量限制,无须许可,海关凭进口合同按配额外税率征税验放。

进口关税配额仅限于申请单位自用,"化肥进口关税配额证明"不得转让或者倒卖。对违反规定的,国家经贸委负责收回其"化肥进口关税配额证明";情节严重的,取消其申请进口关税配额资格;构成犯罪的,依法追究刑事责任。 　　(傅智文)

huafei jinkou zhidu
化肥进口制度(system of import of fertilizer) 我国对进口化肥实行进口配额内管理和配额外管理。依据国家经济贸易委员会和海关总署于2002年1月15日发布的《化肥进口关税配额管理暂行办法》,国家按照公开、公平、公正和非歧视的原则管理化肥进口。国家确定实行关税配额管理的化肥品种以及年度市场准入数量,在确定数量内的进口适用关税内税率,超过该数量的进口适用关税配额外税率。实行关税配额管理的化肥品种和年度配额总量由国家经贸委对外公布,并同时公布由国务院关税税则委员会确定的关税配额商品税目及配额内外税率。国家经贸委负责化肥进口关税配额的总量管理、发放分配、组织实施和执行协调。凡在中华人民共和国工商行政管理部门登记注册的企业,在其经营范围内均可向所在地区的授权机构申请化肥进口关税配额。国家经贸委将关税配额总量分配给国营贸易企业和非国营贸易企业。进口关税配额仅限于申请单位自用,"化肥进口关税配额证明"不得转让或倒卖。凡具有化肥进口经营权的企业均可按照关税配额外税率进口化肥,没有数量限制,无须许可,海关凭进口合同按额外税率征税验收。

中国化工进出口总公司和中国农业生产资料集团公司为国家指定的化肥进口代理公司,其他任何企业,均不得从事化肥进口代理业务,不得擅自对外询价,签订化肥进口合同。除边境小额贸易、易货贸易、捐赠、利用外资贷款、经济特区自用进口以及外商投资企业自用进口外,其他贸易方式进口化肥必须委托上述两家公司代理。国营贸易配额持有者必须委托国营贸易企业进口。代理公司收取的进口化肥代理手续费,不得高于国家核定的标准。　　(杨云鹏)

hafei jinkou zuzhi guanli zhidu
化肥进口组织管理制度(management system of organization of import of chemical fertilizer) 化肥是关系国计民生的大宗重要商品,为进一步加强和完善对化肥进口的宏观调控,建立公开、公平、公正、效益的进口管理机制,维护化肥正常的进口经营秩序和国内营销秩序,根据我国《对外贸易法》、《海关法》、《进口货物许可制度暂行条例》和国务院关于化肥进口管理的有关规定,原对外贸易经济合作部于1999年1月29日制定发布了《化肥进口组织实施办法》的通知,由现商务部组织实施。

化肥进口需要由代理进口企业代理。代理进口企业是指依照该办法规定,有资格从事自营或代理化肥进口的外经贸企业。列入进口化肥计划的国内用户和代理进口企业是委托与代理关系,代理进口企业受使用进口化肥计划的国内用户委托,代理进口化肥。进口化肥的国内用户或代理进口企业为同一法人时,可以自行进口化肥。其他任何未经核定的公司不得自营或代理进口化肥。 　　(傅智文)

huafei liutong tizhi
化肥流通体制(circulation system of fertilizer) 取消国产化肥指令性生产计划和统配收购计划,由化肥生产和经营企业自主进行购销活动的体制。自国务院1988年9月28日制定发布的《关于化肥、农药、农膜实行专营的决定》确立化肥专营制度以后,我国国内市场形势有了较大的变化。化肥生产和流通体制中现行的管理方式不能适应市场供求形势的变化,生产和经营企业亏损严重;经营环节较多,费用较高;价格形成机制不灵活,难以发挥调节市场的作用;进口代理机制不完善;市场秩序不规范。国务院于1998年11月16日制定发布了《关于深化化肥流通体制改革的通知》(国发〔1998〕39号),对我国化肥流通体制进行了改革,从总量、企业经营权、进口等方面作出了规定,但仍然实行化肥专营制度。

国家对化肥流通的管理由直接计划管理为主改为间接管理为主,发挥市场配置化肥资源的基础性作用。取消指令性计划后,为避免市场的盲目性,国家计委仍应会同有关部门搞好全国化肥的总量平衡和宏观调控,进行必要的省际产需平衡衔接,协调大型化肥生产企业和缺肥地区的供需关系。化肥生产企业可以将自产化肥销售给各级农资公司和农技推广站、土肥站、植保站(简称农业"三站")及以化肥为原料的企业,也可以设点直接销售给农民。化肥出厂价格由政府定价改为政府指导价。放开化肥零售价格,必要时省级物价部门可以对部分品种规定最高限价。各种贸易方式和渠道进口化肥均纳入进口配额管理。继续实行中央化肥救灾储备制度。铁路、交通、港口等单位应优先保证化肥及其原材料的运输,并对有经营资格的单位调运

农用化肥和磷矿石实行优惠运价。　　（傅智文）

huafei youhui zhidu
化肥优惠制度(system favor for fertilizer)　为保证化肥生产和流通的顺利进行,我国对化肥实行优惠的制度。有关部门应优先保证、均衡供应化肥生产所需的石油、天然气、煤炭、矿石、电力等原材料和能源；铁路、交通、港口等单位应优先保证化肥及其原材料的运输,并对有经营资格的单位调运农用化肥和磷矿石实行优惠运价。对化肥生产、经营和国内短缺品种进口实行税收优惠政策。国有商业银行在规定的企业资产负债比例之内,优先安排化肥生产、经营所需资金,要与生产、经营单位密切配合,加强资金管理,防止挤占挪用。　　（杨云鹏）

huagong chanpin biaozhunhua
化工产品标准化(standardization of chemical products)　我国全国化工部门和化工行业归口管理的化工产品的标准化工作。化工产品标准化工作的主要任务是在全国化工行业范围内组织制定修订化工产品标准,组织实施和对实施进行监督。化工产品标准化是我国化工行业现代化的一项综合性技术基础工作,各级有关行政主管部门应加强领导和管理,并将其纳入本部门工作计划。化学工业部统一领导和管理全国化工产品标准化工作,根据工作需要,各有关部门可设置相应的标准化机构,加强对化工产品标准化工作的组织领导和管理。化学工业部责成科技司负责全国化工产品标准化工作。化工行业设置有关化工专业标准化技术委员会和化工专业标准化技术归口单位。化学工业产品受国务院标准化行政主管部门委托负责领导和管理全国有关化工专业标准化技术委员会；化工专业标准化技术归口单位业务上受化学工业部科技司领导。各省、自治区、直辖市和县级以上人民政府有关化工厅（局）应设置专门机构或人员负责本行政区域内的化工产品标准化工作。化工企业可设置相应的标准化科（室）、组,在企业法人代表或其授权的厂级负责人领导下,负责企业的标准化工作。全国各化工专业标准化技术委员会由化学工业部推荐,经国务院标准化行政主管部门审核聘请的各方面专家组成,负责专业领域内跨行业和全国性标准化技术工作,具体履行职责按《全国专业标准化技术委员会章程》执行。化学工业部各化工专业标准化技术归口单位,负责本专业范围内标准化工作,必要时可代表化学工业部协调和处理本专业范围内的标准化问题,其具体职责依据《化学工业专业标准化技术归口工作细则》。各省、自治区、直辖市人民政府化工厅（局）分工管理本行政区域内本部门、本行业的化工产品标准化工作。化工产品标准分为国家标准、行业标准、地方标准和企业标准。制定化工产品标准的原则：(1)有利于保障安全和人民的身体健康,保护国家和消费者的利益,保护环境；(2)有利于合理利用国家资源,推广科学技术成果,提高经济效益,符合使用要求,做到技术先进、经济合理、安全可靠；(3)有利于促进对外经济技术合作和对外贸易；(4)有利于生产、管理、经营、开发新产品中统一技术要求及管理要求；(5)行业标准不得与有关国家标准相抵触,有关行业标准之间,保持协调、统一,不得重复；(6)鼓励积极采用国际标准、国外先进标准,积极参与制定国际标准；(7)应与有关法规和标准协调配套一致；(8)发挥行业协会、科学技术研究机构和学术团体的作用；(9)贯彻军民结合、军民通用的方针；(10)法律、法规对标准的制订另有规定的,依照法律、法规规定执行。　　（麻琳琳）

huaxue gongye jishu yinjin he shebei jinkou biaozhunhua shencha zhidu
化学工业技术引进和设备进口标准化审查制度(review mechanism of standardization of import of chemical industrial technology and equipment)　化学工业技术引进和设备进口的各级主管部门、标准化管理部门和引进单位,加强对化学工业技术引进和设备进口中标准化工作的管理活动的总称。化学工业技术引进和设备进口（以下简称引进项目）的范围包括：从国外购买的设备制造技术及成套或配套的工艺技术等技术软件；与国外企业合作设计、合资经营制造的产品；进口的成套设备、生产线及大型关键设备；为引进技术所需进口的单项设备。纯属向国外返销的产品和零星进口单项设备,不属于这里的引进项目的范围。

引进项目的主管部门和项目引进单位应指定专人负责引进项目全过程的标准化工作。引进项目的全过程,如项目建议书、可行性研究、谈判签约、出国考察、人员培训、项目实验、验收、消化吸收等都应加强标准化工作。　　（麻琳琳）

huazhuangpin guanggao
化妆品广告(advertisement for cosmetics)　利用各种媒介或者形式宣传和推广以涂擦、喷洒或者其他类似的办法,散布于人体表面任何部位（皮肤、毛发、指甲、口唇等）,以达到清洁、消除不良气味、护肤、美容和修饰目的的商品的广告。在我国,广告主申请发布化妆品广告,必须持有下列证明材料：营业执照；"化妆品生产企业卫生许可证"；"化妆品生产许可证"；美容类化妆品,必须持有省级以上化妆品检测站（中心）或者卫生防疫站出具的检验合格的证明；特殊用途化妆品(用于育发、染发、烫发、脱毛、美乳、健美、除臭、祛斑、防晒的化妆品),必须持有国务院卫生行政部门核发的批准文号;化妆品如宣称为科技成果的,必须持有省级以上轻工行业主管部门颁发的科技成果鉴定书;广告管理法规、规章所要求的其他证明。广告客户申请发布进口化妆品广告,必须持有下列证明材料:国务院卫生行政部门批准化妆品进口的有关批件;国家商检部门检验化妆品合格的证明;出口国(地区)批准生产该化妆品的证明文件(应附中文译本)。我国法律规定,化妆品广告禁止出现下列内容:化妆品名称、制法、成分、效用或者性能有虚假夸大的;使用他人名义保证或者以暗示方法使人误解其效用的;宣传医疗作用或者使用医疗术语的;有贬低同类产品内容的;使用最新创造、最新发明、纯天然制品、无副作用等绝对化语言的;有涉及化妆品性能或者功能、销量等方面的数据的;违反其他法律、法规规定的。广告客户对可能引起不良反应的化妆品,应当在广告中注明使用方法及注意事项。广告经营者承办或者代理化妆品广告,应当查验证明,审查广告内容。对不符合规定的,不得承办或者代理。　　　　　　　　　　(赵芳芳)

huafen shichang
划分市场(market allocations)　又称分割市场行为。市场主体就相互之间分割销售范围所达成的协议。这种销售范围的分割既包括划分地理市场,也包括分配客户等形式,通常是指对地理市场的划分。从广义上来说,划分市场有横向划分市场和纵向划分市场之分。前者是指竞争者之间就分割市场所达成的协议,又称为市场卡特尔,通常所说的划分市场就是指这种竞争者之间的横向划分。后者是指在流通领域由生产者和销售者进行销售地区的划分,例如,生产者在某一地区内的独家销售协议,以及在特许经营协议中对销售区域的限定等。

无论是横向划分还是纵向划分,都会产生限制市场竞争的消极后果。就横向划分而言,由于它是竞争者之间共同分割市场,因而在特定的地区内往往就由某一特定的生产者或销售者居于独占地位,排除了他人在该地区内进行竞争的权利,其结果往往增强了该独占者在该地区内的市场势力,使其容易抬高价格,限制消费者的选择权利,最终会损害消费者的利益。横向划分市场直接取消了横向竞争,其对市场竞争的破坏作用非常明显,因而各国反垄断法对横向划分市场行为的控制一般都比较严厉,对其适用本身违法原则,即竞争者之间的横向划分协议一般都视为违法行为。

就纵向划分市场而言,生产者通过协议,在给予销售者一定利益的同时,限制其销售区域,禁止其向其他同一品牌销售商的销售地区销售产品。这样做,限制了同一品牌的销售商之间的相互竞争,有利于生产者最大限度地赚取利润。一般而言,纵向划分市场对市场竞争的负面影响没有横向划分协议那么严重,因为纵向划分市场在限制品牌内部竞争的同时,也可以提升该品牌在整个市场中的竞争力,从而促进品牌之间的竞争,因此,在大多数国家,对这种纵向划分市场协议都采取合理原则进行分析,如果该纵向划分协议不包括诸如固定价格等严重限制竞争条款,则该协议一般都可以得到允许。　　　　　　　　(李　梅)

huaxian
划线(cross)　支票的出票人或者持票人在支票正面划两道平行线,或者在其线内记载银行或者其他法定金融机构,付款人仅得对银行或其他法定金融机构支付票据金额。在票面划线两道,或者在两线内记明"银行业者"或同义字样者,为普通划线;在两线内记明银行业之名称者,为特别划线。普通划线得改为特别划线,但特别划线不得改为普通划线。　　(田　艳)

huanjing baohufa
《环境保护法》(Environmental Protection Act)　《中华人民共和国环境保护法》于1989年12月26日第七届全国人民代表大会常务委员会第十一次会议通过,并自公布之日施行。制定本法的目的是:保护和改善生活环境与生态环境,防治污染和其他公害,保障人体健康,促进社会主义现代化建设的发展。本法共有6章47条,包括:总则、环境监督管理、保护和改善环境、防治环境污染和其他公害、法律责任、附则等内容。

本法适用于中华人民共和国领域和中华人民共和国管辖的其他海域。国务院环境保护行政主管部门,对全国环境保护工作实施统一监督管理。国家海洋行政主管部门、港务监督、渔政渔港监督、军队环境保护部门和各级公安、交通、铁道、民航管理部门,依照有关法律的规定对环境污染防治实施监督管理。县级以上人民政府的土地、矿产、林业、农业、水利行政主管部门,依照有关法律的规定对资源的保护实施监督管理。

环境监督管理　国务院环境保护行政主管部门制定国家环境质量标准,国家环境质量标准中未作规定的项目可由省、自治区、直辖市人民政府制定,并报国务院环境保护行政主管部门备案。国务院环境保护行政主管部门根据国家环境质量标准和国家经济、技术条件,制定国家污染物排放标准。省、自治区、直辖市人民政府对国家污染物排放标准中未作规定的项目,可以制定地方污染物排放标准;对国家污染物排放标准中已作规定的项目,可以制定严于国家污染物排放标准的地方污染物排放标准。地方污染物排放标准须报国务院环境保护行政主管部门备案。

保护和改善环境。地方各级人民政府,应当对本辖区的环境质量负责,采取措施改善环境质量;对具有代表性的自然生态系统区域,采取措施加以保护,严禁破坏。在划定的需要特别保护的自然区域内,不得建设污染环境的工业生产设施;不得排放超过规定的排放标准污染物;其污染物排放超过规定的排放标准的设施,限期治理。加强对农业环境的保护,防止生态失调现象的发生和发展。加强对海洋环境的保护。制定城市规划,确定保护和改善环境的目标和任务。新建工业企业和现有工业企业的技术改造,应当采取资源利用率高、污染物排放量少的设备和工艺,采用经济合理的废弃物综合利用技术和污染物处理技术。建设项目中防治污染的设施,必须与主体工程同时设计、同时施工、同时投产使用。防治污染的设施必须经原审批环境影响报告书的环境保护行政主管部门验收合格后,方可投入生产或者使用。排放污染物的企业事业单位,必须依照国务院环境保护规定申报登记;缴纳超标准排污费,并负责治理。对造成环境严重污染的企业事业单位,限期治理。禁止引进不符合我国环境保护规定要求的技术和设备。生产、储存、运输、销售、使用有毒化学物品和含有放射性物质的物品,必须遵守国家有关规定,防止污染环境。

法律责任。违反本法规定,有下列行为时,环境保护行政主管部门或者有监督管理权的部门可以根据情节,给予警告或者处以罚款:(1)拒绝接受环境保护管理部门现场检查或者在被检查时弄虚作假;(2)拒绝或者谎报国家规定的有关污染物排放申报事项的;(3)不按国家规定缴纳超标准排污费;(4)引进不符合我国环境保护规定要求的技术和设备;(5)将产生严重污染的生产设备转移给没有污染防治能力的单位使用的。对于违反本法规定,造成重大环境污染事故,导致公私财产重大损失或者人身伤亡的严重后果的;违反本法规定,造成土地、森林、草原、水、矿产、渔业、野生动植物等资源的破坏的,依法追究法律责任。环境保护监督管理人员滥用职权、玩忽职守、徇私舞弊的,由其所在单位或者上级主管机关给予行政处分;构成犯罪的,依法追究刑事责任。(黄明明 傅智文)

huanjing baohu kexue jishu jiangli zhidu
环境保护科学技术奖励制度(scientific and technological reward system system of environmental protection) 中国环境科学学会是为了奖励在环境保护科学技术活动中作出突出贡献的单位和个人,调动广大环保科学技术工作者的积极性和创造性,促进环保科技事业发展而设立的环境保护科学技术奖。环保科技奖坚持尊重知识、尊重人才的方针,遵循精神奖励与物质奖励相结合的原则,以精神奖励为主,物质奖励为辅。环保科技奖面向全社会,凡涉及环境保护领域科学技术成果的完成单位或组织均可申报。环保科技奖的推荐、评审和授奖,实行公开、公平、公正原则。

设立环境保护科学技术奖励委员会(以下简称"奖励委员会"),负责对环保科技奖励工作进行指导和监督。奖励委员会根据每年申报项目情况,聘请环保及相关领域的专家、学者组成当年的环境保护科学技术奖评审委员会,负责对当年环保科技奖的评审工作。奖励委员会下设环境保护科学技术奖励工作办公室,奖励工作办公室由国家环境保护总局科技标准司和中国环境科学学会工作人员组成,负责环保科技奖励的日常工作。

环保科技奖每年评审一次,奖励项目分为环境保护技术类研究项目和环境保护软科学类研究项目两类。环保科技奖设一等奖、二等奖、三等奖。(王 丽)

huanjing baohu tong jingji jianshe shehui fazhan xiang xietiao de yuanze
环境保护同经济建设、社会发展相协调的原则(principle of harmonious development between environmental protection, economic construction and social development) 以实现经济社会的可持续发展为目标,将经济建设、城乡建设和环境建设同步规划、同步实施、同步发展,以求得经济效益、社会效益和环境效益的统一的原则。习惯上人们将其概括为"三项建设三同步和三统一"。该原则是在1983年12月召开的我国第二次全国环境保护会上提出,并在《环境保护法》中得到确立的。《环境保护法》第4条作出明确规定:"国家制定的环境保护规划必须纳入国民经济和社会发展计划。国家采取有利于环境保护的经济政策和措施,使环境保护工作同经济建设和社会发展相协调。"该原则概括地阐明了环境与发展的关系。环境保护同经济建设、社会发展相协调的原则的核心和理论基础是"协调发展"的思想,它体现了维持地球生态平衡的客观要求,同国际社会关于环境保护方面的可持续发展思想相一致。从生态学角度看,地球是一个与外界和其他星球相对独立的封闭系统,人类和其他得以在地球上生存的生物一样,都必须适应地球的生态系统,否则就无法生存下去。这就要求将环境与发展结合起来考虑,只有使经济和社会的发展建立在地球生态系统的承受能力之内,人类才能持续繁衍和生存在地球环境之中。然而在维持生态系统与寻求发展的关系上一直存在着争论。1987年世界环境与发展委员会发表的《我们共同的未来》报告为世界各国的环境政策和发展战略提出了一个基本的指导原则即可持续发展原则,所谓可持续发展是指既满足当代人的需要,又不对后代人构成威胁。我国的"协调发展"

原则与可持续发展原则实质精神是一致的,只是侧重点有所不同,前者从横向关系对环境保护和经济、社会发展提出要求,侧重于当代人的发展,后者从纵向关系对环境保护和经济、社会发展提出要求,侧重当代人及其子孙后代的永续发展。实现环境保护同经济建设、社会发展相协调原则要求做到:(1)三项建设做到三同步。其中有两个重要环节,即同步规划和同步建设。前者主要解决将环境保护纳入经济和社会发展计划和合理布局的问题,后者则主要是在城市建设、工业建设、农业建设、交通建设等重大建设中同时解决可能存在的环境污染和破坏问题。(2)三种效益做到三统一。三种效益的统一可以有效防止片面强调经济效益的弊端,从理论上讲是完全正确的,但实践中真正实现环境效益与经济效益、社会效益三者的统一并非易事,往往需要对三者进行利益衡量。 (申进忠)

huanjing baohu xingzhengxuke tingzheng zhidu
环境保护行政许可听证制度(hearing system of environmental protection Licensing) 2004年6月17日我国国家环境保护总局发布《环境保护行政许可听证暂行办法》,规定了环境保护行政听证许可制度。

环境保护行政听证许可制度的立法目的是为了规范环境保护行政许可活动,保障和监督环境保护行政主管部门依法行政,提高环境保护行政许可的科学性、公正性、合理性和民主性,保护公民、法人和其他组织的合法权益。保障公众参与环境管理,实现民主决策,是设立环境保护听证制度的立法宗旨。

环境保护行政听证许可的执行机关是县级以上人民政府环境保护行政主管部门。听证的适用范围:(1)按照法律、法规、规章的规定,实施环境保护行政许可应当组织听证的;(2)实施涉及公共利益的重大环境保护行政许可,环境保护行政主管部门认为需要听证的;(3)环境保护行政许可直接涉及申请人与他人之间重大利益关系,申请人、利害关系人依法要求听证的。另外,除国家规定需要保密的建设项目外,建设以下所列项目的单位,在报批环境影响报告书前,未依法征求有关单位、专家和公众的意见,或者虽然依法征求了有关单位、专家和公众的意见,但存在重大意见分歧的,环境保护行政主管部门在审查或者重新审核建设项目环境影响评价文件之前,可以举行听证会,征求项目所在地有关单位和居民的意见:(1)对环境可能造成重大影响、应当编制环境影响报告书的建设项目;(2)可能产生油烟、恶臭、噪声或者其他污染,严重影响项目所在地居民生活环境质量的建设项目。

《环境保护行政许可听证暂行办法》还规定对可能造成不良环境影响并直接涉及公众环境权益的工业、农业、畜牧业、林业、能源、水利、交通、城市建设、旅游、自然资源开发的有关专项规划,设区的市级以上人民政府在审批该专项规划草案和作出决策之前,指定环境保护行政主管部门对环境影响报告书进行审查的,环境保护行政主管部门可以举行听证会,征求有关单位、专家和公众对环境影响报告书草案的意见。但国家规定需要保密的规划除外。

环境保护行政许可的听证活动,由承担许可职能的环境保护行政主管部门组织,并由其指定听证主持人具体实施。听证主持人应当由环境保护行政主管部门许可审查机构内审查该行政许可申请的工作人员以外的人员担任。环境行政许可事项重大复杂,环境保护行政主管部门决定举行听证,由许可审查机构的人员担任听证主持人可能影响公正处理的,由法制机构工作人员担任听证主持人。 (王 丽)

huanjing biaozhi
环境标志(environmental labelling) 表明产品在生产和使用的过程中达到环境保护节能、节水、低污染、低毒、可再生、可回收的相关要求,促进生态环境的维护,倡导"绿色消费"的标志。最早使用环境标志的国家是德国,1977年德国实施了"蓝色天使"环境标志计划。1994年5月17日,中国环境标志产品认证委员会正式成立。自2000年起ISO14020系列标准陆续转化为国家标准,我国于2003年11月底开始使用依据ISO14020标准评定出的统一的环境标志,环境标志分为三种类型:第一类环境标志要求有一个量化的产品性能和环境信息的数据清单;第二类环境标志涉及12项清洁生产自我承诺的环境声明,并要求被验证属实;第三类环境标志要求产品的关键技术指标达标,企业公布这些环境信息。以上三类标志都要求经过第三方认证机构的认证、检验。我国境内的企业(包括三资企业)和境外企业及其代销商均可以提出环境标志的产品认证,认证证书和环境标志使用有效期为3年,愿意继续认证的企业应当在有效期终止前3个月重新提出申请,否则不得继续使用环境标志。 (陈 韬)

huanjing biaozhun
环境标准(standards for environment) 国家为了保护人类健康、生态平衡,维护环境质量、控制污染,按照法定程序制定的各种技术规范的总称。我国《环境标准管理办法》已于1999年1月5日经国家环境保护总局局务会议讨论通过。根据该办法,环境标准分为国家环境标准、地方环境标准和国家环境保护总局标准。国家环境标准包括国家环境质量标准、国家污染物排放标准(或控制标准)、国家环境监测方法标准、国家环境标准样品标准和国家环境基础标准。地方环境标准包括地方环境质量标准和地方污染物排放标准

（或控制标准）。至2003年底，我国共制定发布了各类国家环境保护标准近500项。一些省级人民政府根据环境管理工作的需要，批准发布了数十项地方环境质量标准和污染物排放标准。

环境标准分为强制性环境标准和推荐性环境标准。环境质量标准、污染物排放标准和法律、行政法规规定必须执行的其他环境标准属于强制性环境标准，强制性环境标准必须执行。强制性环境标准以外的环境标准属于推荐性环境标准。国家鼓励采用推荐性环境标准，推荐性环境标准被强制性环境标准引用的，也必须强制执行。

环境质量标准，指为维护一定的环境质量，对一定的时间和空间范围内，环境中的有害物质（或因素）的含量所作的限制性规定。它反应国家对环境质量的要求和控制污染的目标。国家环境质量标准由国务院环境保护行政主管部门制定。省、自治区、直辖市人民政府对国家环境质量标准中未作规定的项目，可以制定地方环境质量标准，并报国务院环境保护行政主管部门备案。

污染物排放标准，指为实现环境质量标准，结合技术经济条件和环境特点，限制排入环境中的污染物或对环境造成危害的其他因素，对排放到一定环境中的污染物的数量或者浓度所作的限制性规定。国务院环境保护行政主管部门根据国家环境质量标准和国家经济、技术条件，制定国家污染物排放标准。省、自治区、直辖市人民政府对国家污染物排放标准中未作规定的项目，可以制定地方污染物排放标准；对国家污染物排放标准中已作规定的项目，可以制定严于国家污染物排放标准的地方污染物排放标准。地方污染物排放标准须报国务院环境保护行政主管部门备案。凡是向已有地方污染物排放标准的区域排放污染物的，应当执行地方污染物排放标准。

国家环境标准样品标准，是指为保证环境监测数据的准确、可靠，对用于量值传递或质量控制的材料、实物样品，制定国家环境标准样品。

国家环境基础标准，是指对环境保护工作中，需要统一的技术术语、符号、代号（代码）、图形、指南、导则及信息编码等，制定国家环境基础标准。 （傅智文）

huanjingfa
环境法（environment law） 关于以保护和改善生活环境和生态环境为目的，防治污染和其他公害的法律规范的总称。环境法在各国名称各异，如污染控制法（欧洲大部分）、自然保护法（俄罗斯和东欧）、公害法（日本）和环境法（美国），内容没有很大区别。现代的环境法，除了具有防治污染的任务之外，还有改善环境的功能，所以现在趋向于用环境法（日本已经修订《公害对策基本法》为《环境基本法》）。

环境保护的法律规范可以追溯到古代，外国如古罗马法中规定管理好海洋等共有资源以供全体公众享用；我国在夏禹时期就有"禹之禁，春三月山林不登斧，以成草木之长"。到了秦朝，规定更加详细，专门有《田律》对土地、森林、动植物进行保护。

近代外国环境法的发展中出现单行的环境保护法规。如英国19世纪中期公布的《水质污染控制法》、《制碱业管理办法》、《河流污染防治法》，美国、日本等也制定了一些单行的法规。20世纪前60年中，发生了非常严重的公害事件，环境法在这个时期也得到了非常迅速的发展，但是仍然以单行法规为主。进入60年代以后，各国相继颁布了环境法的基本法，由个别走向一般，开始走向综合全面的环境治理，环境立法从污染防治走向整个自然环境的保护，提出了可持续发展的概念，并以此为指导思想。

我国环境法的制定，也经历了从单行法规到一般法律的过程。从新中国建立到20世纪70年代初，我国在水土保持、土地保护、饮用水以及森林保护方面都颁布了法规。进入70年代后，环境问题日益突出，我国开始加强环境保护工作，并制定了一些法规。1979年3月，制定了《中华人民共和国环境保护法（试行）》，之后我国的环境立法大大加快，80年代制定了关于海洋环境保护、水污染环境防治、噪声防治、大气污染防治等方面的法律以及法规等，90年代对这些法律进行了大规模的修订和补充，现在我国环境法体系已经基本完善。 （傅智文 麻琳琳）

huanjing guihua zhidu
环境规划制度（environmental planning system） 关于对一定时期内环境目标和措施作出的总体部署和安排的制度。作为对环境进行保护和宏观监管的重要制度，环境规划受到世界各国的充分重视和运用。我国早在1979年颁布的《环境保护法（试行）》中就提出了"全面规划，合理布局"的方针。我国现行环境保护法更是明确规定，县级以上人民政府环境保护行政主管部门，应当会同有关部门对管辖范围内的环境状况进行调查和评价，拟订环境保护规划，经计划部门综合平衡后，报同级人民政府实施，国家制定的环境保护规划必须纳入国民经济和社会发展规划。在环境规划中，土地利用规划作为贯彻预防原则，防止污染从而改变被动治理的根本措施和有效方法得到各国的重视。土地利用规划制度是指国家根据各地区的自然条件、资源状况和经济发展需要，通过制定土地利用的全面规划，对城镇设置、工农业布局、交通设施等进行总体安排，以保证社会经济的可持续发展，防止环境污染和生态破坏。任何影响环境的建设、开发和规划活动，都需要在一定空间和地区上进行,从而占用一定的土地。通过土地利用规划,控制土地的使用权,就能从总体上控制各项活动,做到全面规划,合理布局,制定出对环境影响最小,又有利于经济发展的土地利用的最佳方案。土地利用规划包括:(1)土地利用总体规划。土地利用总体规划是指各级政府依据国民经济和社会发展规划、国土整治和资源保护的要求、土地供给能力及各项建设对土地的需求,对土地的使用所进行的总体安排。我国的《土地管理法》专设土地利用总体规划一章,对有关内容作出了明确规定。按照我国土地管理法的规定,土地利用总体规划实行逐级审批制度。土地利用总体规划一经批准,必须严格执行,经批准的土地利用总体规划的修改,须经原批准机关批准,未经批准,不得改变土地利用总体规划的土地用途。此外,我国的《土地管理法》还规定了编制土地利用总体规划应遵守的原则以及一些限制性规定,如编制土地利用总体规划须保护基本农田,控制非农业建设占用农地,提高土地利用率,统筹安排各类、各区域用地,保护和改善生态环境,保障土地的可持续利用,同时编制土地利用总体规划还须受到建设用地总量、耕地总量的限制等等。(2)城市规划。城市规划是一定时期内城市发展计划和各项建设的综合部署,它是城市各项建设、工程设计和城市管理的依据,具有法律效力。城市规划一经制定和批准,各项建设必须依据规划来进行。城市规划分为总体规划和详细规划,总体规划具有方向性,主要规定涉及城市发展的基本问题,如城市的性质、规模、各项建设的总布局等,详细规划是总体规划的具体化,并以总体规划为依据,主要对近期建设和新建改建的各项建设作出具体安排。我国1989年12月颁布了《城市规划法》,对城市规划的基本原则、任务、城市规划的制定,城市新区开发和旧区改建以及城市规划的实施等内容作出了规定。(3)村镇规划。村镇规划适用于农村各级居民点,包括集镇和不同规模的村庄。村镇规划的主要任务是确定村镇的性质和发展规模,合理安排用地和各种建设项目。村镇规划也分总体规划和建设规划两部分,总体规划确定村镇的布点和各项建设的全面部署,建设规划要依据总体规划,确定各项定额指标,安排各项建设用地和建设方案。由于中国的土地绝大部分在农村,因此做好村镇规划对于整个国土整治、资源开发、农业规划、环境保护和生态平衡具有重要意义。

(申进忠)

huanjing jiance zhidu

环境监测制度(environmental monitoring system) 人们对生存的自然环境状态进行监视、测定的活动的制度。对环境进行有效监督,首先必须掌握环境状况和环境变化趋势,这就需要进行经常性的科学预测。可靠的预测是进行有效环境监督的基础和前提。我国《环境保护法》规定,国务院环境保护行政主管部门建立监测制度,制定监测规范,会同有关部门,组织监测网络,加强对环境监测的管理。国务院和省、自治区、直辖市人民政府的环境保护行政主管部门,应当定期发布环境状况公报。环境监测的主要任务是对环境中各项要素进行经常性监测,掌握和评价环境质量状况及其发展趋势;对各有关单位排放污染物的情况进行监视性监测;为政府部门执行各项环境法规、标准,全面开展环境管理工作提供标准、可靠的监测数据和资料;开展环境测试技术研究,促进环境监测技术的发展。环境监测的对象主要是污染源和环境质量状况。目前,我国环境保护系统设置了监测站,形成了比较完善的监测网络,并纳入了环境行政主管部门的工作轨道。

(申进忠 王 丽)

huanjing jiandufa

环境监督法(environmental supervising law) 是基于环境保护目的调整对经济过程的环境影响进行监督而形成的环境监督关系的法律规范的总称。是经济监督法的重要组成部分。它主要规定环境标准、防治环境污染和其他公害以及对自然资源开发进行监督的体制和措施,环境监督法主要包括环境保护监督法和自然资源保护监督法两大部分。随着人类对环境认识的提高和环境保护意识的增强,强化环境监督,加强环境保护成为当今经济监督法中最具活力的部分之一。

(申进忠)

huanjing jiandu falü tixi

环境监督法律体系(legal system of environmental supervision) 规范环境监督的法律、法规及部门规章构成的整体。我国的环境保护立法经历了一个逐渐完善的过程,大体上可分为四个阶段。从20世纪50年代到70年代为第一阶段,这个时期主要制定了一些保护自然资源方面的法规,如《水土保持纲要》、《森林保护条例》等;第二阶段是70年代初以后环境立法的初步发展阶段,这一阶段的特点是开始由资源保护转向污染防治,尤其是1972年斯德哥尔摩人类环境大会之后,我国开始重视对环境污染的防治立法,如1973年国务院发布了《保护和改善环境的若干规定(试行草案)》;第三个阶段是70年代末到80年代末,这个阶段的突出特点是综合性环境立法建立阶段,最突出的是1979年,我国第五届全国人大常委会第十一次会议通过了《中华人民共和国环境保护法(试行)》;第四阶段是90年代初至今,是环境立法的完善和体系化阶段,目前已经建立了比较完善的环境保护法律体系。我国环境监督法律体系主要包括如下几个方面:(1)宪法中有关环境保护的规定。我国《宪法》第26条规定："国家保护和改善生活环境和生态环境,防止污染和其他公害"。第9条第1款规定："矿藏、水流、森林、山岭、草原、荒地、滩涂等自然资源,都属于国家所有,即全民所有;由法律规定属于集体所有的森林和山岭、草原、荒地、滩涂除外。"第10条第1、2款规定："城市的土地属于国家所有。农村和城市郊区的土地,除由法律规定属于国家所有的以外,属于集体所有;……"第9条第2款还规定："国家保障自然资源的合理利用,保护珍贵的动物和植物。禁止任何组织或者个人用任何手段侵占或者破坏自然资源。"第10条第5款规定："一切使用土地的组织和个人必须合理地利用土地。"这些规定不仅明确了自然资源的所有权归属,还强调了对自然资源的严格保护和合理利用,以防止因自然资源的不合理开发导致环境破坏。此外《宪法》还对名胜古迹、珍贵文物和其他主要历史文化遗产的保护作出了规定。宪法的上述规定为我国的环境保护活动和环境监督立法提供了指导原则和立法依据。(2)环境保护基本法,即1989年12月颁布的《中华人民共和国环境保护法》。作为一部综合性的环境保护基本法,该法对环境监督管理、保护和改善环境、防治污染和其他公害、法律责任等作出了规定,成为诸多单行环境保护法规的立法依据。(3)环境保护单行法规。主要可分为两类,一是关于自然资源保护的,如《水法》、《土地管理法》、《渔业法》、《矿产资源法》、《森林法》、《草原法》、《水土保持法》、《野生动物保护法》、《野生植物保护条例》、《自然保护区条例》、《取水许可证实施办法》、《土地管理法实施条例》、《矿产资源法实施细则》、《水土保持法实施细则》、《渔业法实施细则》等;二是有关环境保护与污染防治的,如《海洋环境保护法》、《大气污染防治法》、《水污染防治法》、《固体废物污染防治法》、《环境噪声污染防治法》、《放射性污染防治法》、《化学危险物品安全管理条例》、《农药安全使用规定》以及《大气污染防治法实施细则》、《水污染防治法实施细则》、《征收排污费暂行办法》、《建设项目环境保护管理办法》等。此外,还有有关环境监督的行政处罚规章,如《环境保护行政处罚办法》等。(4)环境标准。环境标准是国家为维护环境质量、控制污染,保护人群健康、社会财富和生态平衡而制定的各种技术指标和规范的总称。环境标准具有强制执行力,属于技术法规范畴,它为环境监督提供重要的技术支撑和依据,是环境监督法体系中一个特殊而又不可缺少的重要组成部分。我国的环境标准体系分为两级三类,两级即国家级和地方级;三类即包括环境质量标准、污染物排放标准以及环境保护基础标准和方法标准。我国已经颁布的主要环境质量标准有《大气环境质量标准》、《地面水环境质量标准》、《渔业水质标准》、《海水水质标准》、《农田灌溉水质标准》、《生活饮用水标准》、《城市区域环境噪声标准》、《工业企业环境噪声卫生标准》、《放射防护规定》、《微波辐射暂行卫生标准》、《核电厂环境辐射防护规定》等。污染物排放标准可分为工业生产污染物排放标准和工业产品污染物排放标准两种。前者用于控制生产过程的污染物排放,如《钢铁工业污染物排放标准》、《水泥工业污染物排放标准》、《防治印染工业水污染物排放标准》等;后者用于控制产品使用过程中的污染物排放,如《锅炉烟尘排放标准》、《船舶污染物排放标准》、《农药安全使用标准》等。基础标准和方法标准主要有《制定地方水污染物排放标准的技术原则与方法》、《制定地方大气污染物排放标准的技术原则与方法》、《大气飘尘测定方法》、《锅炉烟尘测试方法》等。

(申进忠)

huanjing jiandu fangshi

环境监督方式(the way of environmental supervising) 广义上包括国家环境监督和社会环境监督的监督方式。国家环境监督指的是国家环境行政监督,它通过各级政府的环境保护机关以法律的形式和国家的名义,在全国范围内行使对环境保护工作的执行、指挥、组织、监督诸职能,并对全社会环境保护进行预测和决策。而所谓社会环境监督,是指除国家环境行政监督以外的一切监督活动,是其他环境监督主体在国家法律指导下以及在国家环境管理机构组织下进行的环境监督活动。本处讲的环境监督主要指的是国家环境监督。国家进行环境监督的方式主要包括环境监督行政执法、环境行政合同、环境行政指导以及环境行政司法等。

环境监督行政执法 环境监督行政执法是指环境监督行政主体依法对环境行政监督相对人采取的直接影响其具体权利义务的行为,或对相对人是否正当行使权利和义务的情况进行监督检查的行为。环境行政执法手段主要有以下几种:(1)环境行政监督检查。是对行政相对人执行环境法律法规情况进行的监督检查。可分为一般检查与特定检查、事前检查与事后检查等。环境行政监督检查必须依照法定程序和形式进行。(2)环境行政许可。指行政主体应相对人的申请,经审查依法授予相对人从事某种环境法律所禁止的事项的权利和资格。环境行政许可主要是通过颁发许可证的方式体现出来。(3)环境行政处罚。是环境行政主体对违反环境法律、法规的相对人给予的一种惩戒或制裁。值得注意的是在环境领域,行政处罚具有其自身的特点和形式。除环境保护法规定对单位可以采取批评、警告、罚款或责令赔偿损失、停产治理等措施外,各单行法规对行政处罚措施还作出了一些新的规定。(4)环境行政强制执行。指环境行政相对人不履行环境法律、法规所科以的义务时,环境行政整体以强制方式促使其履行的行为。环境行政强制执行包括直接强制和间接强制两种,直接强制适用于对人身强制拘留、对财物的扣留或限制使用,对场所的侵入等情况;间接强制执行包括代执行、执行罚等。

环境监督行政合同 环境监督行政合同是环境监督管理机关与相对人之间为保护和改善环境,以双方意思表示一致,确立、变更或消灭相互权利义务的协议。环境行政监督合同作为合同的一种,一方面具备合同的基本属性,同时又具有特殊性,主要表现为合同当事方之间存在管理和被管理的关系,虽然要求双方意思表示一致,但又允许环境监督管理机关保留一定的特权,如在合同的履行中,环境监督管理机关有权要求相对人本人履行、有权指挥合同履行、有权单方面变更合同标的、有权解除合同以及制裁权等。环境行政合同作为一种灵活的行政行为,是双方意思表示一致与保留环境行政监督管理机构一定特权的有机统一体,既能发挥相对人的积极性又保留了监督者的一定特权,在很大程度上可以弥补单纯行政命令的不足,在环境监督管理中发挥着日益重要的作用。

环境监督行政指导 环境监督行政指导是指环境监督管理机关为谋求环境保护的目标实现,而对相对人的行为提出的劝告、建议、指示、希望等非权力行为的总称。它不同于环境监督行政行为,对相对人不具有法律约束力,是建立在相对人任意合作基础上的一种环境监督方式,往往通过向服从指导的相对人提供一定的利益来引导相对人的行为,达到环境监督的目的。

环境监督行政司法 环境监督行政司法是指享有环境行政司法权的环境行政主体,依法对环境行政争议和环境民事纠纷进行复议、调解的行为。环境监督行政行为是带有司法性质的行政行为。环境行政司法主要包括环境行政复议和环境行政调解。环境行政复议是指环境行政主体,在环境行政执法过程中与相对人发生争议时,以相对人的申请,由该行政主体或其上级机关对引起争议的行政行为进行复查的制度。环境行政调解是指由环境行政主体主持的,促使环境民事纠纷双方当事人依据环境法律规定,在自愿原则基础上达成协议,解决纠纷的行政司法活动。 (申进忠)

huanjing jiandu guanli

环境监督管理(supervision and management of environment) 国家采取各种措施,对环境进行保护,对影响环境的活动进行规划、调整和监督,以达到环境、经济和人类和谐发展的目的的监督管理。

我国的环境监督管理机构职能分配是:

国务院环境保护行政主管部门,对全国环境保护工作实施统一监督管理。县级以上地方人民政府环境保护行政主管部门,对本辖区的环境保护工作实施统一监督管理。国家海洋行政主管部门、港务监督、渔政渔港监督、军队环境保护部门和各级公安、交通、铁道、民航管理部门,依照有关法律的规定对环境污染防治实施监督管理。县级以上人民政府的土地、矿产、林业、农业、水利行政主管部门,依照有关法律的规定对资源的保护实施监督管理。

我国主要的环境监督管理方法有:(1)制定环境标准和其他标准。国务院环境保护行政主管部门制定国家环境质量标准。省、自治区、直辖市人民政府对国家环境质量标准中未作规定的项目,可以制定地方环境质量标准,并报国务院环境保护行政主管部门备案。国务院环境保护行政主管部门根据国家环境质量标准和国家经济、技术条件,制定国家污染物排放标准。省、自治区、直辖市人民政府对国家污染物排放标准中未作规定的项目,可以制定地方污染物排放标准;对国家污染物排放标准中已作规定的项目,可以制定严于国家污染物排放标准的地方污染物排放标准。地方污染物排放标准须报国务院环境保护行政主管部门备案。凡是向已有地方污染物排放标准的区域排放污染物的,应当执行地方污染物排放标准。(2)建立环境检测网。国务院环境保护行政主管部门建立监测机构,制定监测规范,会同有关部门组织监测网络,加强对环境监测的管理。国务院和省、自治区、直辖市人民政府的环境保护行政主管部门,应当定期发布环境状况公报。县级以上人民政府环境保护行政主管部门,应当会同有关部门对管辖范围内的环境状况进行调查和评价,拟订环境保护规划,经计划部门综合平衡后,报同级人民政府批准实施。(3)环境影响报告制度。建设污染环境的项目,必须遵守国家有关建设项目环境保护管理的规定。建设项目的环境影响报告书,必须对建设项目产生的污染和对环境的影响作出评价,规定防治措施,经项目主管部门预审并依照规定的程序报环境保护行政主管部门批准。环境影响报告书经批准后,计划部门方可批准建设项目设计任务书。(4)现场检查制度。县级以上人民政府环境保护行政主管部门或者其他依照法律规定行使环境监督管理权的部门,有权对管辖范围内的排污单位进行现场检查。被检查的单位应当如实反映情况,提供必要的资料。检查机关应当为被检查的单位保守技术秘密和业务秘密。 (傅智文)

huanjing jiandu tizhi

环境监督体制(environmental supervising system) 为执行国家的环境监督管理职责所建立的环境监管的

专门机构体系。环境保护的综合性和广泛性特点决定了环境监督管理不能单独由环境保护专门机构来完成，必须建立科学、完整的环境监督体系。我国环境监督体系经历了四次调整，逐渐加强和完善。我国目前环境监督体制已建立起了统一监督管理与部门分工管理相结合的较为完善的体制。所谓统一监督，是指制定环境保护政策，开展环境立法，进行环境规划，制定、颁布环境标准并监督政策、法规、规章、规划和标准的实施。部门分工管理是指相关部门依照法定职权对其分管范围的环境保护工作进行具体的监督管理。国家环境保护总局是国务院环境保护行政主管部门，依法对全国环境保护工作实施统一监督管理。在各省、市、县人民政府设立地方环境保护行政主管部门，也依法对辖区范围内的环境保护工作实施统一监督管理。另外，在各级政府综合部门、资源管理部门和工业部门设立的环境保护机构，则负责本部门的环境与资源保护工作，实施部门分工管理。国家环境保护总局在对全国环境保护工作实施统一监管方面，具有以下职责：(1) 拟订国家环境保护的方针、政策和法规，制定行政规章，对重大经济技术政策、发展规划及重大经济开发计划进行环境影响评价；拟订国家环境保护规划；组织拟订和监督实施国家确定的重点区域、重点流域污染防治规划和生态保护规划。(2) 指导、协调和监督海洋环境保护工作。(3) 监督开发利用自然资源的活动；重要生态环境建设和生态破坏恢复工作；监督检查自然保护区、风景名胜区、森林公园及生物多样性保护、野生动植物保护、荒漠化防治工作。(4) 指导、协调和解决各地方、各部门及跨地区流域的重大环境问题；调查处理重大环境污染事故和生态破坏事件；负责环境监理和行政稽查。(5) 制定和发布国家环境标准；发布国家环境状况公报；参与编制国家可持续发展纲要。(6) 制定和组织实施各项环境管理制度；审订开发建设活动环境影响报告书；负责农村生态环境保护。(7) 组织环境保护科技发展、重大科研和技术示范工程；管理全国环境保护管理体系和环境标志认证。(8) 负责环境监测、统计、信息工作；指导协调环境保护宣传教育和新闻出版工作。(9) 拟订国家关于全球环境问题的基本原则；管理环境保护的国际合作与交流；管理和协调国际条约国内履约活动。(10) 负责核安全、辐射环境、放射性废物管理工作。为保护上述职能的完成，国家环境保护总局具有以下权限：依据宪法、法律和行政法规，制定行政规章，采取行政措施，发布决定、命令；对违反国家环境保护规定的个人、组织，依法进行行政处理或依法给予行政处罚；根据当事人的申请，依法裁决有关环境保护的争议案件；依法审查个人、组织不服行政决定而提起的行政复议申请；对拒不执行国家环境保护总局的决定、命令的个人或组织，依法采取强制措施；根据环境保护工作的需要，可向有关省、自治区、直辖市人民政府和国务院部门就环境保护事务提出工作建议并要求其作出答复；法律、法规赋予的其他权限。

(申进忠)

huanjingquan

环境权(right of environment) 公民享有在适宜健康环境中生活，环境质量不被降低并合理利用环境资源的权利。第二次世界大战以后，生态环境危机成为对人类生存的直接威胁和制约社会经济发展的重要因素。环境权的理念就发端于20世纪六七十年代的世界环境保护运动，之后环境权在立法方面得到一定的确认。美国1969年《国家环境政策法》规定："每一个人都应当享受健康的环境，同时每一个人也有责任对维护和改善环境作出贡献。"1972年联合国人类环境会议通过的《人类环境宣言》规定："人类有权在一种能够过尊严和福利的生活的环境中，享有自由、平等和充足的生活。"芬兰、韩国、葡萄牙、巴西、菲律宾、瑞典等国也在宪法或者环境保护法中对环境权作了规定。我国《环境影响评价法》第11条提到："专项规划的编制机关对可能造成不良环境影响并直接涉及公众环境权益的规划，应当举行论证会、听证会，或者采取其他形式征求有关单位、专家和公众的意见。"环境权是一种概括性的权利，它包括宁静权、日照权、通风权、眺望权、清洁空气权、清洁水权、优美环境享受权、公民环境知情权、环境立法参与权、环境管理监督权和环境诉讼参与权。环境权作为独立的新型权利一方面对传统法学提出了挑战，另一方面也有待完善。 (陈 韬)

huanjing wuran

环境污染(environmental pollution) 人们利用的物质或者能量直接或间接地进入环境，导致对自然的有害影响，以至于危及人类健康、危害生命资源和生态系统，以及损害或者妨碍舒适性和环境的其他合法用途的现象。1974年经合组织在一份建议书中提出的环境污染的概念，我国环境法律法规中未对"环境污染"一词做解释，《环境保护法》第24条对环境污染和其他公害，使用列举式的方法来阐释："在生产建设或者其他活动中产生的废气、废水、废渣、粉尘、恶臭气体、放射性物质，以及噪声、振动、电磁波辐射等对环境的污染和危害"。从上述定义可以看出，构成环境污染需要具备几个要件：(1) 由人类活动引起；(2) 对环境造成破坏；(3) 影响环境的正常用途。

按照被污染对象可以将环境污染分为以下几类：(1) 大气污染，是指由于人类活动，向大气排放了某些物质，其浓度达到足以影响人类有效利用大气，导致大气质量恶化，甚至危害人体健康，破坏自然生态系统。

引起大气污染的污染物主要有：烟尘、二氧化硫、一氧化碳、氮氧化物、光化学烟雾、颗粒物、放射性物质等，主要来源于工业燃烧、交通工具，以及生活废气。(2) 水污染，是指由于外来物质进入水体，导致水质恶化，破坏水体原有用途，危害人体健康和生态系统的现象，一般意义上的水污染不包括海洋污染。水污染的污染物主要有：有毒物质、致病物质、耗氧物质、热污染物质、油类物质、悬浮物、放射性物质等，主要来源于工农业废水、生活污水、意外事故等。(3) 海洋环境污染，是指由于人类活动，直接或者间接的将物质或能量排入海洋环境，损害海水质量危害海洋生态平衡，以致危害人类合理利用海洋资源的现象。主要的污染物有废弃物、石油、船舶排放污染物等。主要来源于陆地生产生活、海上石油开发、倾倒废弃物、海岸工程等。(4) 土壤污染，是指由于人类活动改变了土壤的物理化学性质，导致其肥力下降，甚至不适合种植的现象。产生土壤污染的主要活动有：工业污染、不正确地使用农药化肥、重金属污染、放射性物质。(5) 噪声污染，是指由于人类活动产生的噪声超过一定的标准，干扰人们的正常生活、工作和学习的现象。产生噪声的活动主要有：工业生产、建筑施工、交通工具以及其他生产、生活活动。

环境法所保护的环境，是指一国的立法所保护的环境，一般都会在法律条文中明确规定。如《中华人民共和国环境保护法》第2条规定："本法所称环境，是指影响人类生存和发展的各种天然的和经过人工改造的自然因素的总体，包括大气、水、海洋、土地、矿藏、森林、草原、野生生物、自然遗迹、人文遗迹、自然保护区、风景名胜区、城市和乡村等。"美国的《国家环境政策法》规定："国家各种主要的自然环境，人工环境或者改造的环境的状态和情况，其中包括但不局限于，空气和水——包括海域、港湾河口和淡水；陆地环境——森林、干地、湿地、山脉、城市、郊区和农村环境。"日本《公害对策基本法》第2条："本法所称'生活环境'，是指与人类生活密切关系的财产，与人类生活有密切关系的动物和植物，以及这些动植物的生存环境。"从上述定义可以看出，法律保护的环境，必须是现阶段人类的行为和活动能够控制和影响的环境要素，或者说只有受人类行为影响的环境才需要法律的保护。

（傅智文）

huanjing wuran zhili sheshi yunying zizhi xuke guanli
环境污染治理设施运营资质许可管理（licensing management of qualification for the running of environmental pollution control facility） 在我国，环境污染治理设施运营资质许可管理制度主要规定在国家环境保护总局 2004 年 11 月 8 日公布的《环境污染治理设施运营资质许可管理办法》（国家环境保护总局令第 23 号）中，该制度适用于在中华人民共和国领域内从事环境污染治理设施运营的活动。该制度所称环境污染治理设施运营，是指专门从事污染物处理、处置的社会化有偿服务或者以营利为目的根据双方签订的合同承担他人环境污染治理设施运营管理的活动。

国家对环境污染治理设施运营活动实行运营资质许可制度。从事环境污染治理设施运营的单位，必须按照申请获得环境污染治理设施运营资质证书（以下简称资质证书），并按照资质证书的规定从事环境污染治理设施运营活动。未获得资质证书的单位，不得从事环境污染治理设施运营活动。

（王丽）

huanjing wuran zhili sheshi yunying zizhi zhengshu
环境污染治理设施运营资质证书（certificate of qualification for the running of environmental pollution control facility） 我国对环境污染治理设施运营活动实行运营资质许可制度，环境污染治理设施运营资质证书是对从事环境污染治理设施运营的单位的资格认定，未获得资质证书的单位，不得从事环境污染治理设施运营活动。

资质证书按照运营业务范围和污染物处理处置规模分为"甲级环境污染治理设施运营资质证书"、"乙级环境污染治理设施运营资质证书"，甲、乙级资质证书各分为正式证书和临时证书两种。甲级资质证书和乙级资质证书有效期为 3 年，临时甲级资质证书和临时乙级资质证书有效期为 1 年。各级环境污染治理设施运营资质分为生活污水、工业废水、除尘脱硫、工业废气、工业固体废物（危险废物除外）、生活垃圾、自动连续监测等专业类别。资质证书由国家环境保护总局按照环境污染治理设施运营资质分级分类标准统一编号、印制。环境污染治理设施运营资质分级分类标准由国家环境保护总局制定。

环境污染治理设施运营资质证书包括下列主要内容：(1) 法人名称、法定代表人、住所；(2) 运营类别与级别；(3) 有效期限；(4) 发证日期和证书编号。

（刘利晋）

huanjing yingxiang pingjiafa
《环境影响评价法》（Environmental Impact Assessment Act） 《中华人民共和国环境影响评价法》2002 年 10 月 28 日第九届全国人民代表大会常务委员会第三十次会议通过，自 2003 年 9 月 1 日起施行。制定本法的目的是：为了实施可持续发展战略，预防因规划和建设项目实施后对环境造成不良影响，促进经济、社会和环境的协调发展。本法共五章 38 条，包括总则、规划的环境影响评价、建设项目的环境影响评价、法律责任、附则等部分。

规划的环境影响评价 国务院有关部门、设区的市级以上地方人民政府及其有关部门,对其组织编制的土地利用及工业、农业等资源开发的有关规划,在编制过程中应组织进行环境影响评价,编写环境影响说明书,对规划实施后可能造成的环境影响作出分析、预测和评估,提出预防或者减轻不良环境影响的对策和措施;并报送规划审批机关。在报送审批前,应以多种形式,征求有关单位、专家和公众的意见,国家规定需要保密的情形除外。进行环境影响评价的规划的范围,由国务院环境保护行政主管部门会同国务院有关部门规定,报国务院批准。规划实施后,编制机关应当及时组织跟踪评价,并将评价结果报告审批机关;发现有明显不良影响的,应当及时提出改进措施。国务院环境保护行政主管部门会同国务院有关部门制定影响报告书的审查办法。在审批中未采纳环境影响报告书结论以及审查意见的,应当作出说明,并存档备查。

建设项目的环境影响评价 国家根据建设项目、可能造成环境的影响程度,对建设项目可能环境影响评价实行分类管理,编制环境影响报告说明并进行相应的分析、评价。建设项目建设过程中,单位依据国家有关规定实施环境影响评价报告登记制度,填写建设项目环境影响报告,经上报审批后方可实施。建设项目的环境影响报告书应当包括建设项目概况;项目周围环境现状;项目对环境可能造成影响的分析、预测和评估;项目环境保护措施及其技术、经济论证;对环境影响的经济损益分析;项目实施环境监测的建议;影响评价的结论等内容。涉及水土保持的建设项目,还必须有经水行政主管部门审查同意的水土保持方案。国务院环境保护行政主管部门制定环境影响报告表和环境影响登记表的内容和格式。为建设项目环境影响评价提供技术服务的机构,应当经国务院环境保护行政主管部门考核审查合格后,颁发资质证书,公布机构名单。按照资质证书规定的等级和评价范围,从事环境影响评价服务,并对评价结论负责。国务院环境保护行政主管部门制定环境影响评价机构的资质条件和管理办法,建设单位自主选择环境影响评价的机构。建设项目的环境影响评价文件,由建设单位按照国务院的规定,报有审批权的环境保护行政主管部门审批;在规定的时间内,分别作出审批决定,并书面通知建设单位。

国务院环境保护行政主管部门负责审批:(1)核设施、绝密工程等特殊性质的建设项目;(2)跨省、自治区、直辖市行政区域的建设项目;(3)由国务院审批的或者由国务院授权有关部门审批的建设项目。除此以外的建设项目的环境影响评价文件的审批权限,由省、自治区、直辖市人民政府规定。建设项目可能造成跨行政区域的不良环境影响,有关环境保护行政主管部门对该项目的环境影响评价结论有争议的,其环境影响评价文件由共同的上一级环境保护行政主管部门审批。文件经批准后,建设项目的性质、规模、地点、采用的生产工艺等情况发生重大变动的,应当重新报批环境影响评价文件。建设项目的环境影响评价文件未经法律规定的审批部门审查或者审查后未予批准的,该项目审批部门不得批准其建设,建设单位不得开工建设。在项目建设、运行过程中产生不符合经审批的环境影响评价文件的情形的,建设单位应当组织环境影响的后评价。环境保护行政主管部门应当对建设项目投入生产或者使用后所产生的环境影响进行跟踪检查,对造成严重环境污染或者生态破坏的,应当查清原因、查明责任,依法追究其法律责任。

法律责任 规划编制机关违反本法规定,造成环境影响评价严重失实的,对直接负责的主管人员和其他直接责任人员,由上级机关或者监察机关依法给予行政处分。规划审批机关对专项规划草案和项目建设的,违法予以批准的,对直接负责的主管人员和其他直接责任人员,由上级机关或者监察机关依法给予行政处分,构成犯罪的,依法追究刑事责任。提供环境影响评价技术服务的机构在环境影响评价工作中不负责任或者弄虚作假,由授予环境影响评价资质的环境保护行政主管部门降低其资质等级或者吊销其资质证书,并处罚款;构成犯罪的,依法追究刑事责任。建设单位未依法报批建设项目环境影响评价文件,或者未经审批部门审核同意,擅自开工建设的,由有权审批该项目环境影响评价文件的环境保护行政主管部门责令停止建设,限期补办手续;逾期不补办手续的,可以处以罚款,对建设单位直接负责的主管人员和其他直接责任人员,依法给予行政处分。军事设施建设项目的环境影响评价办法,由中央军事委员会依照本法的原则制定。

(林爱珺 陈 韬)

huanghe shuiquan zhuanhuan guanli

黄河水权转换管理(management of water right transfer of Yellow-river) 优化配置、高效利用黄河水资源,规范黄河水权转换行为管理制度。以下所称水权是指黄河取水权,所称水权转换是指黄河取水权的转换。直接取用黄河干支流地表水和流域内地下水的取水人,依法向具有管辖权的黄河水利委员会(以下简称黄委)或地方各级人民政府水行政主管部门申请领取取水许可证,并交纳水资源费,取得黄河取水权。进行水权转换的省(自治区、直辖市)应制定初始水权分配方案和水权转换总体规划。黄河水权转换应当在本省(自治区、直辖市)范围内进行。水权转换出让方必须是依法获得黄河取水权并在一定期限内拥有节余水量或者通过工程节水措施拥有节余水量的取水人。

　　黄河水权转换应遵循以下原则：总量控制原则；统一调度原则；水权明晰原则；可持续利用原则；政府监管和市场调节相结合的原则。黄委和地方各级人民政府水行政主管部门应按照公开、公平、公正的原则加强黄河水权转换的监督管理，切实保障水权转换所涉及的第三方的合法权益，保护生态环境，充分发挥市场机制在资源配置中的作用，实行水权有偿转换，引导水资源向低耗水、低污染、高效益、高效率行业转移。

　　按照黄河取水许可审批权限由黄委审批发放取水许可证或所在省（自治区、直辖市）无余留水量指标的，水权转换由黄委审查批复。其他水权转换由省级人民政府水行政主管部门审查批复，审查批复意见应在15日内报黄委备案。水权转换总体规划由省级人民政府水行政主管部门会同同级发展计划主管部门结合流域或区域水资源综合规划进行编制，报黄委审查。

　　黄河水权转换双方需联合向所在省级人民政府水行政主管部门提出水权转换申请。黄委应对水权转换材料进行全面审核。水权转换申请经审查批复后，省级人民政府水行政主管部门应组织水权转换双方正式签订水权转换协议，制订水权转换实施方案。

　　出现下列情况之一的，黄委可暂停或取消该水权转换申请项目：（1）节水工程未通过验收或节水工程未投入使用而受让方擅自取水的；（2）水权转换申请获得批准后未签订水权转换协议或两年内水权转换节水工程未开工建设的。对于已经生效的水权转换，水权转换双方违反取水许可管理的规定，按照国务院《取水许可制度实施办法》和水利部《取水许可监督管理办法》的规定，给予警告、罚款直至吊销取水许可证的处区。因不执行调度指令或监督管理不善，造成所辖黄河干流河段出现断流的，5年内暂停有关省（自治区）水权转换申请的受理和审批工作。出现下列情形之一的，1年内暂停有关省（自治区、直辖市）黄河水权转换项目的受理和审批工作：（1）省（自治区、直辖市）实际引黄耗水量连续两年超过年度分水指标或未达到同期规划节水目标的；（2）不严格执行黄河水量调度指令，省（自治区）入境断面流量达到调度控制指标，而出境断面下泄流量连续10天比控制指标小10%及其以上的。越度审批或未经批准擅自进行黄河水权转换的，该水权转换项目无效，在年度用水计划中不予分配用水指标，并在一年内暂停有关省（自治区、直辖市）黄河水权转换项目的受理和审批工作。

（王　丽）

huangjin chubei
黄金储备（**gold reserve**）　一国货币当局持有的，用以平衡国际收支，维持或影响汇率水平，作为金融资产而储备的金块、金币总额。黄金储备在稳定国民经济、抑制通货膨胀、提高国际资信等方面有着特殊作用。黄金储备的管理意义在于实现黄金储备最大可能的流动性和收益性。作为国际储备的主要形式之一，黄金储备在流动性上有其自身存在局限性，因此应考虑其适度规模的问题。确定黄金储备规模的参考因素：（1）国际收支状况；（2）外债水平；（3）外汇储备水平。目前运用黄金储备的形式主要分为：直接营运、间接周转和资产组合。（1）直接营运是指一国货币当局利用国际金融市场的各种契机，采用各种营运手段，直接参与黄金市场的交易活动。（2）间接周转是指一国货币当局通过制售金币，开展黄金租赁，办理黄金借贷等业务，间接地实现黄金储备增值、保值的目的。（3）资产组合是指将一定的黄金储备按照流动性、收益性的原则，及时转换成收益性高、流动性比较强的外汇储备，并根据市场汇率的变动情况，再进行适当调整。我国对黄金储备的运用主要有两种形式：（1）通过国际黄金市场，采取现货、期货以及选择权等交易方式，提高黄金储备营运的收益率。（2）通过发行、经销各种金币，实现库存黄金的增值。保管黄金外汇储备是各国中央银行的基本职责之一，同时也是其主要的资产业务。20世纪30年代初，随着资本主义各国相继取消金本位制，纸币不再能兑换黄金，特别是1978年4月1日生效的国际货币基金组织第二次修正协定，取消了有关黄金条款之后，黄金的作用日趋削弱，尽管目前黄金仍然是主要的国际储备资产和国际结算的最后手段。一国的黄金储备的多少在一定程度上关系到它的国际支付能力和本国货币的国际信用。随着国家储备资产的形式的多样化，近年来黄金储备在各国的国际储备中所占的比例在逐渐减少。

（王连喜）

huise quyu cuoshi
灰色区域措施（**grey area measure**）　国际贸易中不在关贸总协定的范围之内的，不受总协定法律规则管辖和监督的保护性贸易限制措施。由于其绕开关贸总协定，缺乏透明度，政府是否参与也模糊不清，故被称为灰色区域措施。目前，在国际贸易中表现为采用灰色区域措施主要有：自动出口限制、自愿节制限制或有秩序销售安排以及由政府认可或支持的出口卡特尔或个别生产行业间的销售安排等。灰色区域措施的特征如下：（1）出口方"自动"承诺限制，进口方既达到削减进口目的，又绕开了总协定法律的约束；（2）大多数出口方与进口方达成的双边或多边协定，实质上是出口国迫于进口压力不得已而采取的行动；（3）一般由进口国贸易主管部门私下确定，透明度较差。灰色区域措施自20世纪50年代末60年代初产生以来，迅速发展，现已成为国际贸易中实施范围最广，发展速度最快的非贸易壁垒形式。它有悖于关贸总协定的多边无条件最惠国待遇原则,对关贸总协定危害极大。

(王连喜)

huikou

回扣(brokerage) 经营者为了销售或购买商品,在账外暗中给予交易对象或有关人员的财物。其基本特征是:(1)它是由买方或卖方支付交易相对人的财物,不是支付给中间人的劳务报酬。由卖方支付给买方或其代理人的回扣称为"顺向回扣",实际上是卖方从买方支付的价款或服务酬金中折算一定比例回退给买方或有关人员。回扣一词是对顺向回扣支付过程的一种形象表达。顺向回扣是回扣的主要形式。(2)回扣的客体是财物。主要是指金钱或有价证券,常以酬谢费、好处费、奖励费、劳务费、提成费、管理费等各种"费"的名目出现。有时,人们对回扣作广义理解,物品和物质性利益也可以成为回扣客体。(3)回扣的支付和接受是通过"账外暗中"的秘密方式进行的。这是认定交易双方额外支付或接受财物的行为是合法行为还是违法行为的最重要的依据。对什么是回扣以及回扣的性质如何,人们有着各种不同的认识。在现实经济生活中,回扣一词用得越来越滥,有的把根本不属于回扣范畴的折扣佣金咨询费等费用也视为回扣。我国《反不正当竞争法》一分为二地对待回扣,反对账外暗中的回扣落入私人腰包或单位小金库,允许公开明示的折扣佣金等合法促销手段。

(苏丽娅)

huidui

汇兑(exchange) 汇款人委托银行将款项汇给异地收款人的一种结算方式。汇兑分信汇、电汇两种,由汇款人选择使用。汇兑凭证必备事项:标明"信汇"或"电汇"的字样;无条件支付的委托;确定的金额;收款人名称;汇款人名称;汇入地点、汇入行名称;汇出地点、汇出行名称;委托日期;汇款人签章。汇兑的结算程序:汇款人委托开户银行汇款,填写信汇或电汇凭证;汇款人开户银行将汇出款项划转收款人开户银行;收款人开户银行通知收款人汇款已入账或通知收款人来银行领取汇款;收款人根据有关凭证一次或分次使用款项。汇兑规则包括如下几种:

汇出规则 汇款人委托银行办理汇兑应向汇出银行填写必备事项。应在信汇、电汇凭证上注明"留行待取"字样。个体工商户和个人需要在汇入银行支取现金的,应在信汇、电汇凭证"汇款金额"大写栏,先填写"现金"字样,后填写汇款金额。汇兑没有金额起点的限制。

支取规则 汇入银行对开立账户收款人的款项,应直接转入收款人的账户。在银行开立账户的收款人,凭信汇、电汇取款通知单并填写有关内容向汇入银行支取款项,同时交验足以证实收款人身份的证明等。分次支取的,应以收款人的姓名开立临时账户。

退汇规则 汇款人对汇出款项要求退汇时,应提交正式函件、本人身份证、原有信汇、电汇回单向汇出银行申请退汇,由汇出银行通知汇入银行,经汇入银行证实汇款确未支取,方可退汇。汇入银行对于收款人拒绝接受的汇款,应立即办理退汇。汇入银行对于发出取款通知,经过两个月仍未交付的汇款,也可主动办理退汇。

汇兑的撤销 汇款人对汇出银行尚未汇出的款项向汇出银行申请撤销的行为。在申请撤销时,汇款人应出具正式函件或本人身份证件及原信汇、电汇回单;汇出银行只有在查明确未汇出款项,并收回原信汇、电汇回单时,方可办理撤销手续。

(周梁云)

huilü

汇率(exchange rate) 又称汇价或外汇行市。一个国家的本国货币和另一个国家货币之间兑换的比率,亦即在外汇市场上买卖外汇的价格。它是外汇买卖的折算标准。在实行纸币流通的制度下,各国政府一般都参照过去流通中金属货币的含金量,以法律的形式规定纸币每一单位的含金量,即通常所说的黄金平价。两种货币的黄金平价之比即是它们之间的汇率。要确定两种货币的汇率,首先要确定用哪种货币作为定值标准,称作汇率的标价方法。外汇汇率的变化一般受货币发行国的国际收支状况以及其他经济、政治因素的影响。顺差国的货币在外汇市场上供不应求,其价值上升;反之,逆差国的货币在外汇市场上供过于求,其价值下降。一国货币汇率的升降,在一定程度上反映出该国的国际收支状况和金融地位,同时对货币发行国的国际收支和经济发展也产生一定的影响。

汇率按照不同的标准可分为如下几类:(1)根据一国货币与他国货币兑换是否固定,可将汇率分为固定汇率和浮动汇率。固定汇率是指一国货币与他国货币的兑换比率基本固定的汇率。浮动汇率是指一国货币与他国货币的兑换比率不固定,而由外汇市场供求自发决定的汇率。(2)根据一国汇率是由国家货币管理机构规定的还是买卖双方协议的,可将汇率分为官方汇率(又叫法定汇率)和市场汇率。(3)根据买卖外汇的不同时刻,可将汇率分为买入汇率和卖出汇率。买入汇率是指银行向其他银行或金融机构及客户买入外汇时的汇率。卖出汇率银行向其他银行或金融机构及客户卖出外汇时的汇率。

在表示汇率的方法上,通常采用另一国的货币来表明本国货币的价格。汇率有以下两种标价方法:(1)直接标价法,是指以外币为定值标价方法的标价法，外币数额固定，如采用 1 个、100 个、10000 个或 10 万个外国货币单位折算成若干个本国货币来表示汇率；现在绝大多数国家（包括我国）的外汇牌价就是采用直接标价法。（2）间接标价法，是指以本国货币为定值标准的标价法，如采用 1 个或 100 个本国货币单位折算成外国货币来表示汇率，现英国和美国就是采用间接标价法来表示英镑和美元的汇价。汇价有买入价与卖出价之分，二者相差幅度一般在 1% — 5% 之间，各国规定不一。我国规定的卖价高于买价 5%。买卖价之间的平均价为中间价。我国外汇管理局在公布人民币外汇牌价时，同时公布人民币对一种外汇的两种牌价，前面的价格是我国买入外汇的牌价，后面的是银行卖出外汇的牌价，买卖价的差额是银行兑换外汇的手续费。在国际结算中，人民币对各种外币的比价按国家外汇管理局北京时间上午 11 时公布的中间价办理。进出口贸易中发生的外币对人民币的折算按国家外汇管理局当天公布的人民币汇价为准，出口收汇按买入价结算，进口付汇按卖出价结算。

(王连喜)

huipiao

汇票(bills of exchange)　出票人签发的，委托付款人在见票时或者在指定日期无条件支付确定的金额给收款人或者持票人的票据。汇票的特征是：（1）汇票是票据的一种，因此具有票据的法律特征；汇票必须符合法定要式；汇票是债权凭证，汇票权利必须凭票行使；汇票是流通证券；汇票是无条件支付命令。（2）汇票是出票人委托付款人支付的票据。（3）汇票上须有一定的到期日，但不一定是见票即付。（4）汇票中有三个基本当事人，即出票人、付款人和收款人。

按照不同的标准，汇票可以有如下分类：（1）根据出票人的不同，可以将汇票分为银行汇票和商业汇票。银行汇票是出票银行签发的，由其在见票时按照实际结算金额无条件支付给收款人或者持票人的票据。商业汇票是出票人签发的，委托付款人在指定日期无条件支付确定的金额给收款人或者持票人的票据。商业汇票根据承兑人的不同，又分为银行承兑汇票和商业承兑汇票。银行承兑汇票由银行承兑，商业承兑汇票由银行以外的付款人承兑。（2）根据汇票上指定的到期日方式的不同，可以将汇票划分为即期汇票和远期汇票。即期汇票是见票即付的汇票，所谓见票，指持票人向付款人提示付款。这种汇票又可分为三种类型：第一，汇票上明确记载"见票即付"字样的；第二，汇票上未记载付款日期的；第三，汇票上记载的到期日与出票日相同的。远期汇票是指汇票上记载了一定的付款日期，在该日期到来之前，不得提示付款的汇票。远期汇票又分为：定日付款的汇票，又称为定期付款的汇票，指出票人记载一定的日期为到期日，于到期日付款的汇票；计期汇票，指出票人没有记载固定的到期日，而是记载在出票日后经过一定期间付款的汇票；见票后定期付款的汇票，又称为注期汇票，指出票人记载见票后一定期间付款的汇票。（3）根据汇票上记载权利人的方式不同，可将汇票分为记名式汇票、指示式汇票和无记名式汇票三种。记名式汇票又称抬头汇票，指出票人在票面上明确记载收款人姓名或名称的汇票。指示式汇票人不仅明确记载收款人的姓名和名称，而且附加"或其指定的人"字样的汇票。无记名式汇票是指出票人没有记载收款人的姓名或名称，或仅记载"将票据金额付与来人或持票人"字样的汇票。（4）根据汇票当事人的资格是否兼任，可将汇票分为一般汇票和变式汇票。一般汇票是指汇票关系中的三个基本当事人即出票人、付款人和收款人分别由不同的人充当，互不兼任。变式汇票是指汇票关系中的一个当事人同时充任两个以上汇票当事人资格。根据当事人兼任的资格，变式汇票又可分为指己汇票、付受汇票、对己汇票和己付己受汇票四种。指己汇票，又称己受汇票，是指出票人以自己为收款人的汇票，即汇票的出票人和收款人为同一人。付受汇票是指以付款人为收款人的汇票，即付款人与收款人同为一人的汇票。对己汇票，又称己付汇票，是指出票人以自己为付款人的汇票，即汇票的出票人和付款人为同一人。己付己受汇票，是指出票人以自己为收款人和付款人的汇票，即出票人、付款人和收款人均为同一人的汇票。（5）根据汇票上票据行为的发生地的不同，可将汇票分为国内汇票和涉外汇票。国内汇票是指汇票上的全部行为都发生在本国境内的汇票。涉外汇票是指出票、背书、承兑、保证、付款等行为中既有发生在本国境内又有发生在本国境外的汇票。（6）根据付款要求是否跟有单距可将汇票分为光票和跟单汇票。光票是指无须附其他单据，付款人或承兑人即可付款或承兑的汇票。跟单汇票又称押汇汇票、信用汇票，是指必须附具与交易有关的单据才能获承兑、付款的汇票。跟单汇票又可分为以下三种：第一，信用证跟单汇票，是指出口商依据信用证上所载条款，备妥一切单据并签发交单银行为收款人、开证银行为付款人的汇票。第二，承兑交单汇票，是指付款人或承兑人在承兑汇票后即可先行取得附随的单据，凭此办理相关手续提取货物并于到期日再行付款的跟单汇票。第三，付款交单汇票，是指付款人在付讫汇票金额之后始能取得附随单据，以办理相关手续提取货物的押汇汇票。（7）以发行和付款的地域为标准，可将汇票分为本国汇票和外国汇票。本国汇票是指出票地和付款地（或付款人）同在一国境内的汇票。外国汇票是指除本国汇票以外的任何汇票。

(田艳)

huipiao baozheng

汇票保证(guaranty) 汇票债务人以外的第三人担保汇票债务履行的行为。 （田 艳）

huipiao chengdui de chengxu

汇票承兑的程序(the procedure of acceptance) 票据法规定的持票人和付款人进行汇票承兑的顺序。汇票承兑的程序由持票人提示承兑、付款人承兑或拒绝承兑和汇票的回单与交还构成。

　　提示承兑　指持票人向付款人出示汇票,并要求付款人承诺付款的行为。根据我国《票据法》的规定,定日付款、见票后定期付款、出票后定期付款的汇票应提示承兑,而见票即付的汇票则不需要提示承兑。提示承兑不是票据行为,而是承兑这一票据行为的前提和必要手续。提示承兑包含两个方面的含义,一是持票人须将汇票出示给付款人,以显示其是汇票的占有者,以及对方是汇票上记载的付款人;二是持票人须向付款人作出请求承兑的意思表示,即表示出示汇票的意图。持票人向付款人提示承兑后,付款人应当向持票人签发收到汇票的回单。

　　承兑或者拒绝承兑　持票人按照提示承兑期间向付款人提示汇票请求承兑后,付款人应在一定的时间内作出承兑或者拒绝承兑的决定。如果付款人拒绝承兑,持票人可请求作成拒绝承兑证书并提起期前追索;如果付款人同意承兑,应当在汇票正面记载"承兑"字样,并签章。至于承兑的时间,我国《票据法》规定,付款人对向其提示承兑的汇票,应当自收到提示承兑的汇票之日起3日内承兑或者拒绝承兑。

　　汇票的回单与交还　在付款人决定是否对持票人提示承兑的汇票进行承兑的考虑时间内以及在汇票上作承兑记载时,都要临时占有汇票,因此,当付款人收到持票人提示承兑的汇票时,必须向持票人签发收到汇票的回单,以证明持票人是汇票的所有人。回单上应当记明汇票提示承兑的日期并签章。付款人在汇票正面记载完"承兑"字样并签章后,应当立即将汇票交还给持票人。 （田 艳）

huipiao chupiao

汇票出票(issue of bills of exchange) 出票人依照法定方式作成汇票、设立汇票的权利和义务并予以发行的票据行为。从内容上看,汇票的出票表现为一种支付的委托,即出票人委托付款人向收款人支付一定金额的行为。但这种委托具有单方行为性,只是给予付款人可以支付一定金额的资格,并不发生付款人的绝对付款义务。

　　汇票出票的款式,又称为汇票出票的格式,是指出票人根据票据法的规定在汇票上应为的或可以为的各种记载,分为绝对必要记载的事项、相对必要记载的事项、任意记载的事项、不生票据法上效力的记载事项、不得记载的事项。

　　绝对必要记载的事项　我国《票据法》第22条规定了7项。(1)标明"汇票"的字样,这种记载被称为"票据文句"。(2)无条件支付的委托,所谓支付的委托,是指出票人委托他人支付票据金额的意思表示。(3)确定的金额。汇票金额是出票人记载于汇票上要求付款人支付的金额。所谓确定的金额是指汇票上记载的金额必须是具体确定的,票据金额必须以中文大写和数码同时记载,而且二者必须一致,二者不一致的,票据无效。另外,我国《支付结算办法》规定,银行汇票除了出票金额外,还需填写实际上结算金额和多余金额,否则银行不予受理付款。(4)付款人名称。付款人是受出票人委托支付票据金额的人,付款人在汇票关系中只是关系人,并不负担票据债务。但付款人一经对汇票承兑后,即成为汇票关系中的主债务人。(5)收款人名称。收款人是出票时票据上的权利人,又称为最初的权利人。汇票上收款人名称的记载方式有三种,记名式汇票上必须记载收款人名称;指示式汇票上除记载收款人名称外,还附记"或其指定的人"文字;无记名式汇票则无须记载收款人名称或将收款人笼统地记载为"来人"、"持票人"。(6)出票日期,是汇票上记载的签发票据的日期。出票日期是否真实,与汇票的效力无关。(7)出票人签章。银行汇票的出票人在票据上签章,应为经中国人民银行批准使用的该银行汇票专用章加其法定代表人或其授权经办人的签名或者盖章。其他人的签章为:个人在票据上的签章,应为该个人的签名或者盖章。

　　相对必要记载的事项　相对必要记载的事项是指出票人应当在票据上记载,如果不记载,并不影响汇票的效力,而依法律进行推定的事项。相对应当记载事项包括付款日期、付款地和出票地。付款日期,又称到期日,是汇票上记载的应当付款的日期。持票人对票据的出票人和承兑人的权利,自票据到期日起两年不行使而消灭。未记载付款日期的汇票,视为见票即付。付款地,是指支付票据金额的地域。出票人应当在汇票上记载付款地,如果没有记载,推定付款人的营业场所、住所或者经常居住地为付款地。出票地,指汇票上记载的签发汇票的地点。如果未记载出票地,推定出票人的营业场所、住所或者经常居住地为出票地。

　　任意记载的事项　是否记载由出票人决定,一旦出票人记载即产生票据法上效力的事项。根据我国《票据法》的有关规定,汇票可以记载的事项共有两项:不得转让。汇票当事人对汇票支付的货币种类的约定。

不生票据法上效力的记载事项 除以上绝对应当记载的事项、相对应当记载的事项和可以记载的事项以外，汇票当事人还可以在汇票上记载其他事项，但该记载事项不具有汇票上的效力，但是能够产生其他法上的效力。

不得记载的事项 如附条件的委托支付。

汇票出票的效力指汇票出票后，对当事人产生的票据法上的效力。包括：(1) 对出票人的效力。担保承兑，是指持票人请求付款人承兑时，如果遭到拒绝，出票人应依票据法的规定就持票人的请求负一定的偿还责任；担保付款，是指持票人在法定期限向付款人请求付款遭到拒绝时，出票人对持票人负一定的偿还责任。(2) 对付款人的效力，是使其取得对汇票进行承兑和付款的资格。付款人是否承兑付款自己决定，一旦他对汇票进行承兑，就成为承兑人，是汇票上的债务人，必须对汇票付款。付款人对汇票进行付款后，票据关系即告消灭。(3) 对收款人的效力。出票人作成汇票并将其交付收款人后，收款人便取得了汇票上的一切权利，即付款请求权和追索权。除了付款请求权和追索权外，收款人还有权将汇票背书转让。 （田 艳）

huipiao de daoqiri
汇票的到期日(maturity of bills of exchange) 汇票上记载的应该付款的日期，即票据债务人依照汇票上所载文义履行付款义务的日期。我国《票据法》第25条规定："付款日期可以按下列形式之一记载：1. 见票即付；2. 定日付款；3. 出票后定期付款；4. 见票后定期付款。前款规定的付款日期为汇票到期日。"从以上规定可知，我国的汇票到期日有以下四种：(1) 见票即付，是指持票人一经提示，付款人即应付款。这种到期日的汇票俗称为即期汇票，出票人可以明确记载"见票即付"、"即期付款"等字样，也可以不记载到期日，未记载到期日的汇票，视为见票即付。(2) 定日付款，是指在汇票上明确记载特定的年月日为到期日，这种到期日的汇票又称定期汇票或板期汇票。这里所谓的定日，只要就汇票文义认为特定即可。(3) 出票日后定期付款，是指自出票日后经过一定的期间而付款，这种汇票又称为计期汇票。所谓"一定的期间"，是由出票人在出票时确定的，具体应该多少天，由出票人任意记载。(4) 见票日后定期付款，指见票后经过一定的期间而付款，这种汇票又称为注期汇票。所谓见票日后的一定期间，并非由付款人在承兑时指定，而是由出票人在出票时确定，仅凭见票计算而已。 （田 艳）

huipiao de fuben
汇票的复本(parts of a set of bills of exchange) 汇票的出票人就同一汇票关系所签发的数份完全相的汇票。每一份都称为复本，在发行的时间上可能有先后之分，但从其效力上看，则没有正副、主从之别。我国《票据法》没有规定汇票的复本。 （田 艳）

huipiao de tengben
汇票的誊本(copies of bills of exchange) 汇票的持票人以背书或保证为目的，依据汇票的原本而作成的誊写本，俗称草票。我国《票据法》没有规定汇票的誊本。 （田 艳）

huipiao de zhuisuoquan
汇票的追索权(recourse on bills of exchange) 汇票到期被拒绝付款或期前不获承兑或有其他法定原因时，持票人在依法履行或者保全了汇票权利手续以后，可以向汇票的背书人、出票人或者其他债务人请求偿还汇票金额、利息及其他法定款项的一种票据上的权利。按照不同标准，汇票追索权有以下分类：(1) 依照持票人行使追索权的时间不同，分为期前追索权和到期追索权两类。期前追索权是指在票据上记载的到期日到来之前，出现汇票被拒绝承兑，承兑人或者付款人死亡、逃匿，承兑人或者付款人被依法宣告破产或者因违法被责令终止业务活动等法定事由时，持票人有权向汇票的债务人要求支付汇票金额及有关费用的权利。到期追索权是指票据到期后因得不到付款，持票人有权向汇票的债务人要求支付汇票金额及有关费用的权利。(2) 依照行使追索权人的不同，追索权可以分为最初追索权和再追索权两类。最初追索权又称初次追索权，是指持票人向汇票上的所有债务人行使的追索权。再追索权是指清偿了最初追索金额后的汇票债务人请求其他汇票债务人向其支付已清偿的全部金额及其利息和发出通知书费用的权利。 （田 艳）

huipiao fukuan
汇票付款(payment of bills of exchange) 汇票的承兑人或者付款人向持票人支付汇票金额的行为。汇票付款有以下特征：付款是付款人或者代理付款人所为的行为；付款是义务人依照票据记载事项支付票据金额的行为；付款是产生消灭票据关系法律后果的法律行为。 （田 艳）

huipiao fukuan de chengxu
汇票付款的程序(procedure of payment of bills of exchange) 票据法规定的，付款人向持票人付款的顺序，主要包括持票人提示付款、付款人付款、持票人交给付款人汇票。

提示付款 是指持票人向付款人或者代理付款人出示票据请求其付款的行为。提示付款确认合法真实的票据权利人、保全追索权和确定见票即付和见票后定期付款的到期日具有重要意义。提示付款的当事人包括：(1)提示人，是指有权向票据债务人提示付款的人，通常指持票人。(2)被提示人，即是接受付款提示的人，主要指付款人、付款人委托的付款银行和票据交换系统。所谓的票据交换系统，在我国是指在同一票据交换地区由当地的人民银行主持，由各个金融单位参与，为了交换、结算票据以及其他有价证券的方便而组成的协作性组织。提示付款的期间，指提示人向被提示人出示票据并请求其付款的法定期限。我国《票据法》规定了两种提示付款期间：(1)见票即付的汇票，其提示付款期间为自出票日1个月。(2)定日付款、出票后定期付款、见票后定期付款的汇票，其提示付款期间为到期日起10日内。提示付款的地点，原则上持票人应当按照汇票上记载的付款地提示付款。持票人在法定期间内提示付款后，如被提示人拒绝付款，持票人可据此作成拒绝证明，向其他汇票债务人追索。如未在法定期间提示付款，则丧失对其全部前手的追索权。但如持票人将未提示付款的原因作出说明，承兑人或付款人仍应对持票人承担付款责任。

付款人付款 只要持票人在法定期间内提示付款，付款人必须在当日足额付款。所谓当日，指付款人承诺付款时起至当天正常经营活动结束时止这段时间。付款人或其代理付款人付款时应审查背书的连续、提示付款人的合法身份证明或有效证件。如付款人或其代理付款人付款时未尽审查义务，即有恶意或重大过失，应承担法律责任。按照司法解释，恶意或重大过失主要包括：(1)未对提示付款人的合法身份证明或者有效证件以及汇票背书的连续性履行审查义务而错误付款的；(2)公示催告期间对公示催告的票据付款的；(3)收到法院止付通知后付款的；(4)其他以恶意或者重大过失付款的。所谓重大过失，指付款人或者代理付款人未能识别出伪造、变造的票据或者身份证件而错误付款。

签收与交票 持票人获得付款后，应当在汇票上签收，并将汇票交给付款人。　　　　　(田 艳)

huipiao zhuisuoquan de keti
汇票追索权的客体(objects of recourse on bills of exchange) 追索权利和义务所指的对象。持票人有权向被追索人要求支付汇票金额、汇票利息和有关费用。最初追索权的客体包括汇票金额及当事人约定的利息，同时也包括一定日期的法定利息和一些必要的费用。必要的费用，通常是指作成拒绝证书的费用、通知的费用、计算书作成费用、调查被追索人住址的费用、邮政费用等，但不包括诉讼费和律师费。再追索权的客体包括已清偿的全部金额及其利息和发出通知书的费用。
　　　　　　　　　　　　　　　(田 艳)

huipiao zhuisuoquan de xingshi yaojian
汇票追索权的行使要件(requirement of performance of recourse on bills of exchange) 票据法规定的行使追索权必须具备的条件。分为实质要件和形式要件两类，只有在实质要件和形式要件同时具备的情形下，持票人才能依法行使汇票追索权。实质要件，指票人行使追索权的法定原因，即其所持汇票不获承兑或不获付款。到期追索的原因是汇票到期被拒绝付款。期前追索的原因包括汇票被拒绝承兑，承兑人或者付款人死亡、逃匿，承兑人或者付款人被依法宣告破产或者因违法被责令终止业务活动。形式要件，指行使追索权或履行法定保全追索权应履行的手续或程序，包括遵期提示承兑或提示付款、履行通知义务。汇票提示承兑或提示付款必须在法定期间内行使。否则，除汇票被拒绝承兑，承兑人或者付款人死亡、逃匿，承兑人或者付款人被依法宣告破产或者因违法被责令终止业务活动外，持票人丧失对其前手的追索权。持票人提示承兑或者付款，而承兑人或者付款人拒绝承兑或付款的，应作成拒绝证明并交付给持票人。所谓拒绝证明，指票据法规定的，对持票人依法提示承兑或者提示付款的而被拒绝，或者无法提示承兑或者提示付款的事实具有证明效力的文书。拒绝证明包括被拒绝承兑的证明、被拒绝付款的证明和退票理由书。被拒绝承兑的证明由承兑人作成并签章，被拒绝付款的证明由付款人作成并签章。一般而言，应包括如下内容：被拒绝承兑、付款的票据的种类及其主要记载事项；拒绝承兑、付款的事实依据和法律依据；拒绝承兑、付款的时间；拒绝承兑人、拒绝付款人的签章。所谓退票理由书，指承兑人或付款人或付款人委托的付款银行出具的，记载不承兑或不付款理由的书面证明文明。退票理由书应包括以下内容：所退票据的种类；退票的事实依据和法律依据；退票时间；退票人签章。此外，在因承兑人或者付款人死亡、逃匿或其他原因而不能取得拒绝证明时，可依法取得其他有关证明，主要包括医疗或者有关单位出具的承兑人、付款人死亡证明；司法机关出具的承兑人、付款人逃匿的证明；公证机关出具的具有拒绝证明效力的文书。如果承兑人或者付款人被依法宣告破产或者因违法被责令终止业务活动时，人民法院的有关司法文书或者有关行政主管部门的处罚决定也具有拒绝证明的效力。持票人不能出示拒绝证明、退票理由书或者未按照规定期限提供其他合法证明的，丧失对其前手的追索权，但是，承兑人或者付款人仍应当对持票人承担责任。

被拒绝事由的通知,又称为追索通知,一般是指汇票上的追索权人为向其前手行使追索权而在法定期限内将汇票不获承兑或不获付款的事实情况告知其前手的行为。被拒绝事由通知的当事人,分为通知人和被通知人。通知人是承担被拒绝事由通知义务的汇票当事人,主要指持票人及其前手。被通知人指有权利接受被拒绝承兑或者被拒绝付款的事由通知的汇票当事人,包括出票人、背书人、保证人和其他汇票债务人。持票人及其他通知人履行其通知义务时都须以书面形式进行。通知的期限指据法规定的持票人向其前手或者收到通知的被通知人再向其前手发出拒绝事由通知的期间。我国《票据法》第66条规定:持票人应当自收到被拒绝承兑或者被拒绝付款的有关证明之日起3日内,将被拒绝事由书面通知其前手;其前手应当自收到通知之日起3日内书面通知其再前手。持票人也可以同时向各汇票债务人发出书面通知。通知应当记明汇票的主要记载事项和说明已被退票的事实。持票人未按照法定期限发出被拒绝事由的通知的,仍可行使追索权。因延期通知给其前手或者出票人造成损失的,由没有按照法定期限为通知的当事人,承担对该损失的赔偿责任,但所赔偿的金额以汇票金额为限。

(田 艳)

huipiao zhuisuoquan de zhuti
汇票追索权的主体(subjects of recourse on bills of exchange) 享有追索权利和承担追索义务的当事人。追索权的主体主要包括追索权人和被追索权人。依法享有追索权的人称为追索权人或追索人,可以分为最初追索权人和再追索权人。最后的持票人即是最初追索人,又称为基本追索权人。再追索权人指因清偿而取得追索权的人。追索人行使追索权所针对的义务人,即负有清偿汇票债务的人是被追索人。被追索人主要包括背书人、出票人和其他票据债务人。

(田 艳)

huipiao zhuisuoquan xingshi de xiaoli
汇票追索权行使的效力(effects of performance of recourse on bills of exchange) 行使汇票追索权对于追索关系当事人的效力。对追索权人而言,向被追索人行使追索权而受清偿后,其票据权利归于消灭,应当向被追索人交付汇票和有关拒绝证明,并出具所收到利息和费用的收据。对于被追索人而言,汇票的出票人、背书人、承兑人和保证人对持票人负有法定的连带责任。我国《票据法》赋予持票人选择追索权、变更追索权和代位追索权。选择追索权,又称"飞跃追索权",是指持票人可以不按照汇票债务人的先后顺序,对其中任何一人、数人或者全体行使追索权。变更追索权,又称"转向追索权",是指持票人对汇票债务人中的一人或者数人已经进行追索的,对其他债务人仍可以行使追索的权利。代位追索权,又称"再追索权",指被追索人对持票人已为清偿后,与持票人享有同样的权利,可以向其前手的汇票债务人行使选择追索权或变更追索权。被追索人依照法律的规定清偿完债务后,其责任解除,即作为票据债务人的被追索人,依其追索义务的履行,而使自己的票据债务消灭,不再承担票据义务。被追索人基于清偿而取得汇票,与持票人享有同一权利。被追索人因清偿而取得票据产生抗辩切断的效力,当其进行再追索时,票据债务人不得以自己与出票人或专利号被追索人的前手之间的抗辩事由,对抗被追索人;但若该被追索人未履行与票据债务人之间约定义务,以致两者之间存在直接的债权债务关系的,票据债务人有权以此为由主张抗辩权,拒绝履行其偿还义务。

(田 艳)

huilin xingwei
毁林行为(behavior to damage forest) 人们在对森林进行开发利用或在从事其他的社会活动中,不正确地利用森林、破坏森林或损坏森林的生态功能的一系列行为。在现实生活中,各种各样的毁林行为时有发生,严重地破坏了我国的森林资源,对此,森林法以及相关法规都明确予以禁止。我国《森林法》第23条规定:"禁止毁林开垦和毁林采石、采砂、采土以及其他毁林行为;禁止在幼林地和特种用途林内砍柴、放牧;进入森林和森林边缘地区的人员,不得擅自移动或者损坏为林业服务的标志。"对毁林行为的法律责任规定在第44条:"违反本法规定,进行开垦、采石、采砂、采土、采种、采脂和其他活动,致使森林、林木受到毁坏的,依法赔偿损失;由林业主管部门责令停止违法行为,补种毁坏株数1倍以上3倍以下的树木,可以处毁坏林木价值1倍以上5倍以下的罚款;违反本法规定,在幼林地和特种用途林内砍柴、放牧致使森林、林木受到毁坏的,依法赔偿损失;由林业主管部门责令停止违法行为,补种毁坏株数1倍以上3倍以下的树木;拒不补种树木或者补种不符合国家有关规定的,由林业主管部门代为补种,所需费用由违法者支付。"同时,在《森林法实施条例》第21条和第22条也规定了禁止毁林开垦、毁林采种和违反操作技术规程采脂、挖笋、掘根、剥树皮及过度修枝的毁林行为。25度以上的坡地应当用于植树、种草。25度以上的坡耕地应当按照当地人民政府制定的规划,逐步退耕,植树和种草。在该条例的第41条中规定了毁林行为法律责任:违反实施条例规定,毁林采种或者违反操作技术规程采脂、挖笋、掘根、剥树皮及过度修枝,致使森林、林木受到毁坏的,依法赔偿损失,由县级以上人民政府林业主管部门责令停止违法行为,补种毁坏株数1倍至3倍的树木,可以处毁坏林木价值1倍至5倍的罚款;拒不补种树木或者补种不符合国家有关规定的,由县级以上人民政府林业主管部门组织代为补种,所需费用由违法者支付。违反森林法和实施条例规定,擅自开垦林地,致使森林、林木受到毁坏的,依照《森林法》第44条的规定予以处罚;对森林、林木未造成毁坏或者被开垦的林地上没有森林、林木的,由县级以上人民政府林业主管部门责令停止违法行为,限期恢复原状,可以处非法开垦林地每平方米10元以下的罚款。　　（刘　鹏）

一项合并时,基本上就不再考虑企业的绝对规模和财力了。美国司法部在1984年修订《合并指南》时,就放弃了传统的横向合并、纵向合并、混合合并的三分法,而是采取了横向合并与非横向合并的两分法,以强调只有横向合并才是合并政策关注的核心,对于包括混合合并在内的非横向合并,《合并指南》采取了非常宽容的态度。而1992年的《合并指南》直接就称为《横向合并指南》。这充分说明,美国对纵向合并和混合合并一般都不再干预。而这也是当今世界各国对混合合并的反垄断控制的发展趋势。　　（李　梅）

hunhe hebing
混合合并（conglomerate mergers）　　处于不同的市场上的企业之间的合并。参与合并的企业之间既不存在竞争关系,也不存在买卖关系。美国学者将混合合并分为三种形式:一是产品扩张型合并,它往往表现为产品具有互补关系的企业之间的合并,例如一家企业经常需要另一家企业生产其所不能生产而又与其生产和销售有关的产品时,它就会与另一家企业合并,这就是产品扩张型合并（不过,产品扩张型合并在德国《反对限制竞争法》中被视为横向企业合并）。二是市场扩张型合并,即生产同类产品或提供同类服务,但市场区域不同的企业之间的合并。其与横向合并的区别主要在于市场区域的不同。例如,一个企业为了扩大竞争地盘而对它尚未渗透的地区的生产同类产品的企业进行合并。三是纯粹的合并,即将那些生产和经营彼此毫无关系的产品或服务的企业之间的合并。

虽然混合合并不会直接限制市场竞争,但它涉及混合合并企业之间的交叉补助,便于实施针对小的竞争者的掠夺性定价,而且混合合并很有可能使合并后的企业在资产规模上具有比其他经营者更大的竞争优势。依美国企业合并法的观点,从长远发展的眼光看,混合合并能够推动经济的集中和市场势力的增长,因而应当予以法律控制。在禁止混合合并的法律判例中美国形成了一系列的控制理论,例如潜在竞争理论、构筑防御设施理论、互惠交易理论等。按照构筑防御设施理论,如果参与合并的一方实力强大,另一方企业虽然规模较小但在另一个市场上已经占据了市场支配地位,那么该合并就会进一步恶化小企业的市场竞争环境,这种混合合并就应当被禁止。德国1980年修订的《反对限制竞争法》中也有类似的规定。

不过,经济规模本身并不能单独成为对混合合并进行反垄断控制的理由,而且,混合合并还有利于企业筹集资金,改善经营管理等积极效果,因此,世界各国对混合合并都采取了越来越宽松的态度,在大多数情形下都允许企业间的混合合并。例如,德国《反对限制竞争法》经过1998年第六次修改后,在禁止或批准

hunhe suoyouzhi jingji
混合所有制经济（economy of mixed ownership）　　由不同性质的资本联合、融合或参股而形成的一种股份制经济或以股份制为基础的经济成分。人们对发展混合所有制经济的认识不断深化。中共十四届三中全会通过的《中共中央关于建立社会主义市场经济体制若干问题的决定》提出,随着不同性质的产权的流动和重组,财产混合所有制的经济单位将会越来越普遍,新的财产混合所有结构也会不断形成。中共十五大报告进一步阐述了公有制与混合所有制的关系,提出公有制经济不仅包括国有经济和集体经济,还包括混合所有制经济中的国有成分和集体成分。中共十五届四中全会通过的《中共中央关于国有企业改革和发展若干重大问题的决定》进一步提出,要通过规范上市、中外合资和企业互相参股等形式,将宜于实行股份制的国有大中型企业尤其是优势企业,改为股份制企业,发展混合所有制经济。中共十六大报告强调,除极少数必须由国家独资经营的企业外,积极推行股份制,发展混合所有制经济。在此基础上,中共十六届三中全会更加明确地提出,要大力发展国有资本、集体资本和非公有资本等参股的混合所有制经济。

大力发展国有资本、集体资本和非公有资本等参股的混合所有制经济,是基于我国现阶段生产资料所有制结构的特点,搞活国有经济,巩固和发展公有制经济,促进生产力发展的需要。大力发展混合所有制经济,有利于发挥国有经济的主导作用和坚持公有制经济的主体地位,完善社会主义初级阶段的基本经济制度,最大限度地解放和发展生产力。　　（张长利）

huobi baozhi tiaokuan
货币保值条款（clauses of inflation-proof guarantee for currency）　　在双边协定或涉外经济合同中,为了避免因为汇率变动而给一方当事人造成损失的风险,选择某种与合同货币不一致的、价值稳定的货币,将合同货币金额转换用所选货币来表示,在结算或清偿时,按所选货币表示的金额以合同货币来完成收付的

条款。

货币保值条款主要有以下几种形式：物价保值条款，是指合同签订时以合同货币和货币的出口制成品指数之间的比例，来确定当时合同货币的实际价值，到需要支付时，若该指数有变，即按新的比例来确定货币数额。物价保值条款适合以美元计价或支付、标的大、时间长的合同，其出口制成品指数由《联合国统计月报》来确定。外汇保值条款，又叫硬货币保值条款，是指在合同中规定以硬货币计价，用软货币支付，记录两种货币当时的汇率，在执行合同过程中，如果由于支付货币的汇率下浮，则合同中的金额要等比例调整，按照支付日的支付货币的汇率计算。特别提款权保值条款，又叫一篮子货币保值条款，是指在合同中规定以特别提款权（一篮子货币）计价，用软货币支付，记录它们之间当时的汇率，在执行合同过程中，如果由于支付货币的汇率下浮，则合同中的金额要等比例调整，按照支付日的支付货币的汇率计算。特别提款权是国际货币基金组织创设的一种国际储备和记账单位，从1981年起，由美、英、法、德、日五国货币按不同比例组成。黄金保值条款，是指规定计价或支付货币的单位含金量，到实际支付时，不管该货币的含金量是否变化，仍按合同条款中规定的含金量计算应付的货币数量。黄金保值条款在固定汇率时期广泛使用，但是在1978年黄金价格浮动后已很少使用。

（罗大帅）

huobi fenliu jineng
货币分流机能（the enginery of monetary shunt） 经济法保障资金流量、流向合理化，提高资金使用效益的机能。国民经济的良性运行，有赖于稳定的货币流通。合理的资金流量、流向，能够使经济结构和产业结构趋于合理。

（赵 玲）

huobi gongyingliang
货币供应量（money supply） 一国市场上某一时点流通中的货币量，它是各国中央银行（或国家银行）编制和公布的主要经济统计指标之一。货币供应量的现实水平是一国制定货币政策的依据，由于目前经济学家对货币的界定还未达成共识，以及各国的经济金融历史沿革及发展和现实情况不同，各国中央银行公布的货币供应量指标不尽相同。

当前经济学界对货币供应量有广义货币供应量和狭义货币供应量之分。广义货币供应量是指商业银行定期存款的总和，是内容比较广泛的中央银行货币供应量统计指标。由于各种定期存款一般都可以提前支取变成现实的购买力，把它计算在货币供应量之中，可以更全面地反映货币流通状况。广义货币供应量分类指标的多少，在一国经济、金融发展的不同阶段也有变动。狭义货币流通量是指流通中的现金与商业银行活期存款的总和。它是各国货币供应量总计中的一个基本指标，也是中央银行制定和执行货币政策的重要观测根据。狭义货币供应量中的现金由银行券和辅币（硬币）构成，大部分流出银行体系之外，为社会公众所持有，成为流通中的现金；小部分留存银行，作为银行的现金准备，以备存款人提取，不构成货币流通量。商业银行的活期存款是狭义货币流通量中的"存款通货"。存款人可据此签发支票，进行流通或转让，具有流通手段和支付手段的功能。

（王连喜）

huobi guanxi tiaozheng jizhi
货币关系调整机制（mechanism of the regulation of monetary relation） 经济法对货币市场形成的经济关系的调整机制。金融市场包括了货币市场和资本市场。货币市场与资本市场的区分标准在于资金流通的期限。不论是货币市场，还是资本市场，都离不开货币的发行。货币发行量取决于货币需求量，货币需求量又取决于两个因素，一是现金交易的商品和劳务的价格总额，即待售商品和劳务的数量乘以单位商品和劳务的价格；二是货币流通的平均速度。其中，货币需求量与第一个因素成正比，与第二个因素成反比。在金融市场，即货币市场和资本市场，也存在资金需求与资金供给之间的平衡问题。上述供求平衡规律反映在立法上，货币发行法律制度、金融法律制度，如银行信贷、票据贴现、同业拆借、短期债券等，资本法律制度，如证券投资、信托投资、中长期债券等，都要遵循货币总供给与总需求的平衡。

（赵 玲）

huobi jiliang yu bizhi wending jiashe
货币计量与币值稳定假设（assumption of currency measurement and stability） 以货币来计量、记录和报告会计主体的生产经营活动，是由货币本身的固有属性来决定的。因为其他的计量单位，比如长度、重量单位，都只能相对特定物品，从一个侧面反映企业的生产经营状况，而无法将各种经营活动中的各种物品加以总的比较。只有作为商品一般等价物的货币，因其具有的价值尺度、流通功能和储存价值功能，才能作为衡量一般商品价值的共同尺度。因此，为全面反映企业的生产经营情况，会计核算需要用货币来统一计量。

整套财务报告以货币作为基本衡量单位，而且假设货币的币值是基本稳定的，不存在因不同时期币值的变化而调整账面数据的问题。我国《会计法》规定，会计核算以人民币为记账本位币。业务收支以人民币以外的货币为主的单位，可以选定其中一种货币作为记账本位币，但是编报的会计报表应当折算为人民币。

《企业会计准则》规定，各项财产物资应当按照取得时的实际成本计价。物价变动时，除国家另有规定外，不得调整其账面价值。货币是会计信息系统记录、计量、描述企业的经营活动和财务成果的基本工具。由于经营活动是持续进行的，只有假设币值稳定，不同时期进入企业的资产、负债项目进行加总才有意义。这一假设也意味着，会计信息是有局限性的。财务报表的内容只限于那些能够用货币来计量的经济活动。对于那些只能用文字描述的信息，如人力资本、产品质量等，就无法进入财务报表中。此外，货币本身也存在价值波动，体现为货币购买力的变化。在通货膨胀导致货币购买力大幅度下降的情况下，维持币值稳定的会计假设，可能歪曲企业真实的财务状况，误导报表使用人。在20世纪70年代的世界性的通货膨胀后，各国试图通过不同的方法消除货币价值变动对财务报表的不利影响，如对固定资产按照重置成本进行估价，对存货采用后进先出法等。英国、荷兰等国家允许企业在通货膨胀达到一定程度时，采用一般物价变动水平会计准则来调整资产计价，即按照通货膨胀系数对资产的历史成本进行调整，同时要求企业披露按照币值不变假设与历史成本原则编制的财务报表。（刘　燕）

huobi zhengce gongju
货币政策工具（monetary policy instrument）　中央银行为了有效实施货币政策，实现货币政策目标而运用的调控手段。也是中央银行开展金融业务所必需的调控手段。货币政策是一种以间接调控为主的宏观经济政策，它的实现主要依赖于中央银行开展的金融业务对金融机构的行为进行引导。中央银行的金融业务活动与一般的金融业务活动有着本质的区别。一般的金融业务活动，即商业银行和非银行金融机构所从事的金融业务活动，是以赢利为根本目标，而中央银行的金融业务活动则是为了执行国家货币政策，保证国家货币政策目标的实现，不能以赢利为目的。故中央银行的各项金融业务活动一般都要体现货币政策的要求。

根据货币政策工具作用的对象和效果的不同，理论上将货币政策工具分为一般性货币政策工具、选择性货币政策工具、直接信用控制和间接信用控制等四大类。一般性货币政策工具是指以整个金融系统的资产运用和负债经营活动为对象，对整个社会的信用和货币供需状况都将产生影响的货币政策工具，主要包括再贴现政策、法定存款准备金、公开市场业务、再贷款及基准利率等，其作用在于控制和调节货币供应量。选择性货币政策工具是指以个别金融机构的资产运用和负债经营活动与整个金融系统的资产的运用与负债经营活动为对象，影响某些特殊经济领域中的信用和货币状况的货币政策工具，主要包括证券市场信用控制、消费信用控制、信贷计划及贷款限额管理、特种存款账户、优惠利率、不动产信用管理和预缴进口保证金等，其作用对象不是针对整个信用量或货币量。直接信用控制，是指国家直接以行动命令或其他方式，直接对金融机构，尤其是商业银行的信用活动所进行的控制，主要包括利率最高限额、流动性比例、信用配额和直接干预，这种货币政策工具的特征是不借助于市场机制，带有较强的行政干预的特点。间接信用控制，是指中央银行利用自己在金融体系中的特殊地位和威望，通过道义劝告等手段，间接影响商业银行的信用创造。

各国中央银行都根据本国的具体情况灵活选择和变换货币政策工具，市场经济发达的国家常用的货币政策工具主要有三种：法定存款准备金、再贴现和公开市场业务，被称为货币政策的三大法宝。我国的《中国人民银行法》第22条规定，中国人民银行为执行货币政策，可以运用如下货币政策工具：（1）要求金融机构按照规定的比例缴存存款准备金；（2）确定中央银行基准利率；（3）为在中国人民银行开立账户的金融机构办理再贴现；（4）向商业银行提供贷款；（5）在公开市场上买卖国债和其他政府债券及外汇；（6）国务院确定的其他货币政策工具。上述货币政策工具的选择，体现了中国人民银行对货币信贷总量的调控，将由主要依靠信贷规模管理逐步转为运用社会信贷规划、法定准备金、基准利率、再贴现、再贷款、公开市场业务等手段。同时，中国人民银行在必要时，经国务院同意，还可以运用其他货币政策工具，例如，贷款限额、道义劝告等。贷款限额管理不但可以调控总量，在当前几大商业银行系统内资金调度不灵的情况下，还具有调整结构的作用，故目前仍是控制信息总量和货币供应量的主要手段之一。《中国人民银行法》关于货币政策工具种类的规定，是在完善货币政策操作系统内容的基础上对适合我国经济运行机制特点的金融调控模式的确定；它既为金融改革指明了方向，又充分考虑到我国的实际情况，保证了对金融领域以直接控制为主向间接调控平稳过渡，为中国人民银行履行金融宏观调控等职能提供有力的法律保障和广泛的操作空间，确保经济平稳、健康的发展。（王连喜）

huobi zhengce weiyuanhui
货币政策委员会（committee of monetary policy）　我国中央银行制定货币政策的咨询议事机构。它的人员组成及调整，由国务院决定，一般由银行家、经济学专家和政府宏观调控部门的负责人组成。其职责是，在综合分析宏观经济形势的基础上，依据国家的宏观经济调控目标，讨论下列货币政策事项，并提出建议：

(1)货币政策的制定、调整;(2)一定时期内的货币政策控制目标;(3)货币政策工具的运用;(4)有关货币政策的重要措施;(5)货币政策与其他宏观经济政策的协调。货币政策委员会实行例会制度,在每季度的第一个月份中旬召开例会。货币政策委员会主席或者1/3以上委员联名,可以提议召开临时会议。货币政策委员会委员应当出席货币政策委员会会议,并就有关货币政策事项提出意见和建议,但不享有表决权。

(卢 亮)

huowu he jishu jinchukou xianzhi

货物和技术进出口限制（restriction of imports and exports of goods and technology） 在国家准许货物与技术的自由进出口条件下,法律、行政法规另有规定的限制。

我国《对外贸易法》第16条规定:国家基于下列原因,可以限制或者禁止有关货物、技术的进口或者出口:(1)为维护国家安全、社会公共利益或者公共道德,需要限制或者禁止进口或者出口的;(2)为保护人的健康或者安全,保护动物、植物的生命或者健康,保护环境,需要限制或者禁止进口或者出口的;(3)为实施与黄金或者白银进出口有关的措施,需要限制或者禁止进口或者出口的;(4)国内供应短缺或者为有效保护可能用竭的自然资源,需要限制或者禁止出口的;(5)输往国家或者地区的市场容量有限,需要限制出口的;(6)出口经营秩序出现严重混乱,需要限制出口的;(7)为建立或者加快建立国内特定产业,需要限制进口的;(8)对任何形式的农业、牧业、渔业产品有必要限制进口的;(9)为保障国家国际金融地位和国际收支平衡,需要限制进口的;(10)依照法律、行政法规的规定,其他需要限制或者禁止进口或者出口的;(11)根据我国缔结或者参加的国际条约、协定的规定,其他需要限制或者禁止进口或者出口的。第17条规定:国家对与裂变、聚变物质或者衍生此类物质的有关的货物、技术进出口,以及与武器、弹药或者其他军用物资有关的进出口,可以采取任何必要的措施,维护国家安全。在战时或者为维护国际和平与安全,国家在货物、技术进出口方面可以采取任何必要的措施。第18条规定:国务院对外贸易主管部门会同国务院其他有关部门,依照本法第16条和第17条的规定,制定、调整并公布限制或者禁止进出口的货物、技术目录。国务院对外贸易主管部门或者由其会同国务院其他有关部门,经国务院批准,可以在本法第16条和第17条规定的范围内,临时决定限制或者禁止前款规定目录以外的特定货物、技术的进口或者出口。

货物和技术进出口限制是货物和技术进出口自由原则的例外,是国家维护其利益的体现。 (罗大帅)

huowu jinchukou

货物进出口（imports and exports of goods） 一国境内的公司、企业、其他组织或者个人,以贸易的方式,从境外的公司、企业、其他组织或者个人取得某种货物或者向境外的公司、企业、其他组织或者个人提供某种货物。货物进出口与国际货物贸易紧密相连,区别在于它们所持的立场和角度不同。国家根据本国的利益对货物的进出口采取不同的原则。我国采取的是有限制的货物自由进出口原则,《对外贸易法》第14条规定:"国家准许货物与技术的自由进出口。但是,法律、行政法规另有规定的除外。" (罗大帅)

huowu jinchukou guanli tiaoli

《货物进出口管理条例》（Regulation of Goods Imports and Exports Management of China） 《中华人民共和国货物进出口管理条例》自2002年1月1日起施行。1984年1月10日国务院发布的《中华人民共和国进口货物许可制度暂行条例》,1992年12月21日国务院批准、1992年12月29日对外经济贸易部发布的《出口商品管理暂行办法》,1993年9月22日国务院批准、1993年10月7日国家经济贸易委员会、对外贸易经济合作部发布的《机电产品进口管理暂行办法》,1993年12月22日国务院批准、1993年12月29日国家计划委员会、对外贸易经济合作部发布的《一般商品进口配额管理暂行办法》,1994年6月13日国务院批准、1994年7月19日对外贸易经济合作部、国家计划委员会发布的《进口商品经营管理暂行办法》,同时废止。

《中华人民共和国货物进出口管理条例》共有8章77条:第一章总则;第二章货物进口管理;第三章货物出口管理;第四章国营贸易和指定经营;第五章进出口监测和临时措施;第六章对外贸易促进;第七章法律责任;第八章附则。

国家准许货物的自由进出口,依法维护公平、有序的货物进出口贸易;除法律、行政法规明确禁止或者限制进出口的以外,任何单位和个人均不得对货物进出口设置、维持禁止或者限制措施。属于禁止进出口的货物,不得进出口;国家规定有数量限制的限制进出口货物,实行配额管理,其他限制进出口货物,实行许可证管理;进出口属于自由进出口的货物,不受限制。国家可以对部分货物的进出口实行国营贸易管理。国务院外经贸主管部门负责对货物进出口情况进行监测、评估,并定期向国务院报告货物进出口情况,提出建议。国家为维护国际收支平衡,包括国际收支发生严重失衡或者受到严重失衡威胁时,或者为维持与实施经济发展计划相适应的外汇储备水平,或者为加快建立国内特定产业,在采取现有措施无法实现等多种情况下,可以采取限制或者禁止进口的临时措施。国家采取出口信用保险、出口信贷、出口退税、设立外贸发展基金等各种措施,促进对外贸易发展等等。

(罗大帅)

huowu jinkou xukezheng guanli banfa

《货物进口许可证管理办法》(Management Measures of Goods Import License) 是根据《中华人民共和国对外贸易法》和《中华人民共和国货物进出口管理条例》,于2001年第9次对外经济贸易合作部部长办公会议讨论通过,并商海关总署同意,于2001年12月20日公布,并自2002年1月1日起施行。此前有关管理规定凡与本办法不一致的,一律以本办法为准。《货物进口许可证管理办法》共有7章36条,其主要内容包括:进口许可证的归口管理部门;许可证事务局;进口许可证;进口许可证的签发条件和程序;进口许可证申请表;进口许可证的有效期;进口许可证的延期;进口许可证的更改;进口许可证的遗失处理;进口许可证的查询;检查和处罚条款;该办法的适用范围等。

(罗大帅)

huowushui

货物税(goods tax) 对规定应税货物按其流转额征收的税。纳税人是货物的产制人或购进人,实际负税人一般是货物的消费者,故又称间接消费税。选择征税的货物一般基于两个目的:一是财政目的;一是调节经济的目的。因此货物税的征税对象一般为销量大、消费弹性小的消费品,或者是要运用税收进行特定调节,以配合某种经济政策、社会政策。货物税税源集中,征收方便,同时按流转额课征,不受成本变动影响,收入稳定、及时、可靠。当国家财政经济状况发生变化,财政经济政策需要进行调整以协调生产、市场、消费间的矛盾时,货物税的征收范围或者税率往往作出相应的调整。

中国对物征税的历史悠久,始于西周。到西汉时期,对货物征税明显形成制度。以后各代对物征税的制度不仅延续下来,而且随着商品经济的发展,征税的范围还有所扩大,征税办法也渐趋规范。至清朝末年和民国初年所征收的统捐、统税等,虽然无货物税之名,征税方法也不相同,但大多属货物税性质,并与关税、盐税并列成为中央财政收入的三大支柱。为了弥补庞大的财政赤字和维持战时支出,国民政府于1941年7月颁布《货物统税暂行条例》,1946年11月,又将该条例修正为《货物税条例》,把对物征税的范围进一步扩展,计税依据也由从量改为从价计征。中华人民共和国的货物税,于1950年1月30日,经中央人民政府公布《货物税暂行条例》始在全国统一实施。在税收负担上体现了生产资料轻于消费资料,人民生活必需品轻于普通消费品,普通消费品轻于奢侈品的原则。1958年税制改革,将货物税并入工商统一税。

1950年征收的货物税是对产制的某些货物,按货物品目,就生产环节征收的一种税。它以列举的货物为征税对象,对应税货物只征一次税,凡已经缴纳过货物税的货物即通行全国,如不经加工改制,就不再征同种税。从价计征,但对于计税依据的价格并不是具体纳税人的出厂价,而是实行评价核税的办法,有利于在物价不稳定的时候,保证财政收入,加强宏观调控。而且货物税的征收管理权限高度集中于中央人民政府和财政部,任何地方政府对货物税均无减税和免税的权力。对出口货物则根据经济政策实行退税办法,以促进对外贸易发展。

(王 晶)

huowu yunshu baoxian

货物运输保险(cargo insurance) 托运人与保险公司之间有关保险权利义务的协议。托运人在托运货物时,可以自愿向保险公司提出办理货物运输保险,保险公司按照保险合同的约定承担赔偿责任。

(张旭娟 师湘瑜)

huoyuan biaoji

货源标记(indications of source) 表示商品是由特定的国家、地区、地方或场所生产、制造或加工而使用的文字或标记。从广义上理解,货源标记可以包含原产地名称。原产地名称实际上是因商品的质量、信誉或其他特征与某地域有密切联系而特殊使用的一种产地文字标志。原产地名称和货源标记的区别在于:货源标记只是表示商品出处的标志;原产地名称除能表示商品出处外,还具有保证质量的作用,表示该商品与该地的地理条件这一使其质量驰名的因素有关。原产地名称是以文字为表现形式的实际存在的地理名称或行政区划名称,而货源标记既可能由文字构成,也可能由图形或符号构成。

(徐中起)

I

ISO 14000 huanjing guanli xilie biaozhun

ISO14000环境管理系列标准(ISO14000 Serial Environmental Management Standards) 国际标准化组织 ISO 于1996年制定的一套组织内部的环境管理体系建立、实施与审核的通用标准。它包括了环境管理体系、环境审核、环境行为评价分析、环境标志、生命周期分析等内容。目前 ISO 一共颁布了六项环境管理标准,其中 ISO14001 标准是 ISO14000 系列标准的核心标准。它规定了组织内环境管理体系建立、实施的基本模式和17项要素。ISO14000 环境管理系列标准并非强制性标准,但是由于它的权威性和实用性而被许多国家接受。ISO14000 系列标准是组织根据自愿原则而加以适用的,通过建立和保持一个符合要求的环境管理体系,确定环境方针、制定环境管理方案、进行环境评审,从而达到改善和提高环保质量的目的。在国际贸易领域,实行 ISO14000 系列标准还有减少贸易壁垒的作用,因为 ISO14000 系列标准并不是减少污染的具体量化标准,而是以本国的环境保护法律法规为主要依据,可以减少一些国家以"环保"为名而采取的贸易保护措施。1997年4月,我国国家技术监督局将 ISO14000 系列标准中已颁布的前5项标准等同转化为我国国家标准,同时,国务院批准成立了中国环境管理体系认证指导委员会,统一管理我国的 ISO14000 认证工作。申请环境管理体系认证的组织(包括中外合资、合作、外资企业)应具备以下基本条件:(1)遵守国家及地方有关环境保护法规、标准及总量控制标准。(2)已按 ISO14001 标准建立环境管理体系,并至少运行三个月以上。ISO14000 认证证书有效期为3年,3年后要申请复审,重新注册获得证书。 (陈 韬)

J

jidianbu guoyou zichan pinggu guanli zhidu

机电部国有资产评估管理制度（the assessment and management institution of national property of the ministry of mechanism and electron） 机电部国有资产评估的组织工作按照资产占有单位的隶属关系，由行政主管部门负责，凡部所属企、事业单位、合资单位需要进行国有资产评估工作的，都要按制度规定的程序办理的管理制度。

机电部国有资产评估管理制度评估范围 机械电子工业部所属国有资产占有单位，凡有下列情况之一的，都必须进行资产评估，否则该项经济行为或合同无效：资产拍卖、转让；企业兼并、出售、联营、股份经营；与外国公司、企业和其他经济组织或个人开办中外合资经营企业、或中外合作企业；企业破产清算；依照国家有关规定需要进行资产评估的其他情形。国有资产占有单位有下列情形之一，当事人认为需要的，可以进行资产评估：资产抵押及经济担保；企业租赁；企业资产保险、承包经营；需要进行资产评估的其他情形。

申请立项 机电部主管国有资产的部门为经济调节司。机电部所属企、事业单位，机电部归口管理的计划单列单位和资产较大的中外合资项目，需要进行资产评估的，均应向部经济调节司申报。资产占有单位向部经济调节司申请立项时要填报资产评估立项申请书一式三份，并提供下列资料：进行评估的财产目录；立项前的年度或季度会计报表；其他有关资料（包括经济行为的各类批准文件）。部经济调节司在收到资产评估立项申请书并经审查后，报国家国有资产管理局审批，或由国家国有资产管理局授权进行审批，并于10天内将审批意见通知申请单位。

资产评估 申请单位在收到资产评估通知书后，即可委托具有资产评估资格的机构进行资产评估，并向资产评估机构如实提供与被评估资产有关的数据资料以及有关证明文件（包括经济行为的批准文件、财产目录、会计报表、立项批准通知等）。资产评估工作进行前，委托资产评估的国有资产占有单位应与被委托的资产评估机构签订委托资产评估协议或合同，按照委托单位要求和国家有关资产评估的规定进行资产评估。在协议书或合同规定的时间内，向委托单位提出资产评估结果报告。

验证确认 申报单位收到资产评估机构的资产评估结果报告书后，报部经济调节司进行初审，并提出对资产评估结果的确认意见。部经济调节司将资产评估结果报告书及初审意见报国家国有资产管理局确认或经国家国有资产管理局授权进行确认后，向资产占有单位下达确认通知书，据以确定资产的价值。（3）资产占有单位，对确认通知书有异议，可在收到通知书之日起，15日内向部经济调节司提出转报国家国有资产管理局的复核申请，由国家国有资产管理局作出裁定后下达裁定通知书。

各地机电工业主管部门，可参照上述办法组织所属国有资产占有单位的资产评估工作，评估项目需报部立项的，可与部经济调节司国有资产管理处联系。该制度试行期间如遇与国家国有资产管理局颁发的有关制度发生抵触时，均以国家国有资产管理局颁发的制度为准。

（苏丽娅）

jidian chanpin chukou zhuanxiang waihui daikuan shiyong guanli banfa

《机电产品出口专项外汇贷款使用管理办法》（Administrative Regulations on the Using Special Foreign Exchange Loans for Export of Machinary and Mechanical and Electrical Product） 1996年8月20日中国国家经济贸易委员会为了完善机电产品出口专项外汇贷款的管理，促进国民经济和对外贸易的健康发展，颁布实施了《机电产品出口专项外汇贷款使用管理办法》。该管理办法的内容总共8条，规定了机电产品出口专项外汇贷款专项的用途，申请贷款的主体、条件和程序等，其内容主要有：（1）机电产品出口专项外汇贷款专项用于机电产品出口所需进口原料、材料、辅料及配套元器件，此项贷款期限不超过1年，贷款利率按中国银行总行规定的外汇流动资金贷款利率执行。（2）凡要求使用中国银行机电产品出口专项外汇贷款的出口企业，应于每年9月底前就下一年的用款计划向地方机电办和当地中国银行提出书面申请。地方机电办和中国银行各分行应于每年10月底前将汇总的用款计划分别报国家机电办和中国银行总行。（3）在国家确定年度机电产品出口专项外汇贷款计划后，中国银行总行将会同国家机电办根据各地的用款计划，共同确定分配方案。（4）国家机电办和各地机电办在确定的控制规模内（包括专项贷款回收再贷），向中国银行总行和地方分行书面推荐项目。中国银行总行和地方分行对机电办推荐的项目进行审查，并将审查意见通报机电办后向企业发放贷款。如另外选择条件好的项目，银行与地方机电办取得一致意见后向企业贷款。（5）各有关中国银行省、直辖市和计划单列市分行要建立机电产品出口专项外汇贷款账户，做到逐笔核贷、期限管理、跟踪检查，各地分行不再将计划下达到有关支行。(6) 各地机电办要与中行当地分行密切配合，对获得专项贷款的企业进行统计、登记。及时跟踪企业借款、进料、出口、经济效益及还款的全过程，每年1月份对上年使用贷款的情况进行统计，报送国家机电办。(7) 在京的机电外贸（工贸）总公司可直接向中国银行总行申请贷款，同时抄报国家机电办。总行对评审通过的项目应及时抄送国家机电办。(8) 凡使用贷款的企业，必须认真落实还款来源，签订借款合同，确保贷款按期收回。利用专项贷款进口料件加工出口所收回的外汇，应首先用于归还银行贷款的本息。各级机电办、中国银行各级分行要互相配合，共同落实借款企业还款计划。　　　　（王连喜）

jidian xinchanpin biaozhunhuafa shencha zhidu
机电新产品标准化法审查制度(review mechanism of standardization of new electromechanical products) 各部门、各行业列入新产品计划的 机械、仪器仪表、电工、电子、电讯、无线电等方面的机电产品必须按照法定程序进行审查的制度。在我国标准化审查的机电新产品，是指填补空白的产品；在性能、结构、技术指标等方面与老产品有显著改进和提高的产品。审查范围是各部门、各行业列入新产品计划的 机械、仪器仪表、电工、电子、电讯、无线电等方面的机电产品。新产品标准化审查，根据新产品计划，一般分为国家审查、部门审查、地方审查和基层审查四种形式。国家审查的新产品项目，由国家标准总局或委托有关单位参加标准化审查。部、委、总局审查的新产品项目，由国务院有关部。委、总局的标准化管理机构或委托下属有关单位参加标准化审查。地方审查的新产品项目，由地方标准局参加或组织标准化审查，或委托厅、局（公司）参加或组织标准化审查。基层单位审查的新产品项目，由企业、事业单位的标准化专业人员参与进行标准化审查。但对新产品的鉴定和投产，必须报请有关主管部门并会同同级标准化管理机构进 行审批。各级新产品标准化审查项目，必须在各级组织新产品审查单位的工作计划中具体安排，以保证审查工作 有领导、有计划、有组织地进行。新产品审查时，组织审查 的单位应通知同级标准化机构参加。新产品标准化审查中，标准化人员有权拒绝在不符合标准化要求的技术文件和图样上签字。凡未经标准化人员签字的技术文件和图样不能生效。从编制新产品设计任务书到设计、试制、鉴定的各个阶段，必须充分考虑标准化的要求。因此各个生产、建设、科研、设计管理部门和企业、事业单位，都要按照规定，认真进行标准化审查。　　　　　　　　　　　　　（麻琳琳）

jigou touzizhe
机构投资者(institutional investor) 广义上是用自有资金或者从分散的公众手中筹集的资金专门进行有价证券投资活动的法人机构。在证券市场上，凡是出资购买股票、债券等有价证券的个人或机构，统称为证券投资者。参考成熟市场化国家的实践，机构投资者可以视为特定个人投资者的组织。在西方国家，以有价证券投资收益为其重要收入来源的证券公司、投资公司、保险公司、各种福利基金、养老基金及金融财团等，一般被称为机构投资者。其中，最典型的是专门从事有价证券投资的共同基金。证券投资基金一般以公司形式存在，又称投资公司，指发行面额凭证设立，主要从事投资、再投资和证券交易，且拥有和购买价值超过其本身资产总值的40%的投资证券的公司。在我国，机构投资者指有证券自营业务资格的证券经营机构，主要有符合证券公司和证券投资基金等。参与金融市场活动的个人投资者，都不同程度地需要通过某个适合于自己的机构来进行市场的交易，个人投资者的特定利益总要通过某种类型的机构投资者来体现，因而市场中不同个人的交易活动很大程度上体现为不同机构主体之间的交易。机构投资者与市场这两者是密不可分的。所谓市场化，对于金融来说，就是投资决策的分散化过程，即有着不同利益要求的不同投资者共同地影响投资决策的形成，而不是由少数或单一的机构或实体决定投资决策。特定的个人投资者要使自己的利益要求得到体现和保证，仅凭个人的力量是绝对不可能的，只能通过机构形式组织起来。机构投资者是投资决策分散化的一个基本制度前提，正是由于有了机构投资者，不同个人投资者的利益才能够得到体现。机构投资者和个人投资者相比，具有投资管理专业化、投资结构组合化、投资行为规范化等特点。　　（刘　卉）

jiben caoyuan
基本草原(basic grassland) 非基本草原的对称。我国《草原法》第 42 条规定，国家实行基本草原保护制度，并对基本草原实施严格管理。基本草原包括：重要放牧场；割草地；用于畜牧业生产的人工草地、退耕还草地以及改良草地、草种基地；对调节气候、涵养水源、保持水土、防风固沙具有特殊作用的草原；作为国家重点保护野生动植物生存环境的草原；草原科研、教学试验基地；国务院规定应当划为基本草原的其他草原。实行基本草原保护制度，对于保护草原生态环境的平衡，保障草原畜牧业的可持续发展都具有重大意义。　　　　　　　　　　　　　　　　（刘　鹏）

jiben jingji guanxi tiaozheng jizhi
基本经济关系调整机制(mechanism of the regula-

tion of basic-secial relations) 经济法对"横向截面"的经济关系进行调整的法律机制。基本调整机制包括货币关系调整机制、投资关系调整机制、企业经济关系调整机制和消费关系调整机制。每一种调整机制的目的,以及四种调整机制的总体目的,都是维持国民经济的平衡,即总供给和总需求的平衡。这也体现了经济法的目的。

经济法对基本社会经济关系的调整,存在两种法律系统:一个是"适当化法律系统";另一个是"非适当化法律系统"。前者的流程为:经济流通法——规模适当立法——行为约束立法——适度消费立法。后者的流程为:财产流通法——规模失控立法——行为失禁立法——超前消费立法。两种法律系统的作用机制有三种:一是适当化法机制,这是经济法调整的理想机制;二是适当化法与非适当化法交错机制,这是经济法调整的常见机制;三是非适当化法机制,这种机制会对国民经济运行造成损害。对于上述三种经济法调整机制,有两点需要明确。(1)适当化法和非适当化法并不是某一部单独的法律规范,而是众多相关法律规范的综合。实现总供给与总需求平衡的目标,也是这些法律规范综合作用的结果。(2)适当化法和非适当化法交错机制以及非适当化法机制的成因是诸多客观原因造成的。如经济法调整出现空白;法律规范之间缺乏协调,造成逆向的效力抵消或者同向的效力过大等。所以即使若干单行经济法律或法规是符合经济法目的的,但是如果多部经济法律或法规综合起来,出现了上述一种或多种情况,也会形成适当化法和非适当化法交错机制或非适当化法机制。经济法实际上是一系列经济立法的综合。在同一经济周期中,上述经济立法具有相同的立法宗旨和目的,不存在系统内部法律之间的冲突。当然,在上述经济法系统中,也会存在个别法律的调整,但是整个经济法系统是稳定的。在同一经济周期的不同经济阶段,经济立法都具有"矫正"性质。在不同经济周期的相应经济阶段,经济立法也是相同或者相似的。 (赵 玲 邓卫卫)

jiben jingji quanxian
基本经济权限(basic extent of economic power) 经济法基于调整国民经济运行的需要,为主要的经济法主体配置的经济权限的基本种类。根据现有的经济法规范,我国经济法主体的基本经济权限主要包括经济职权、国家所有权、集体所有权、经营管理权、企业经营权、承包经营权、企业财产权、经济债权和经济请求权等。(1)经济职权。经济职权是国家经济机关在组织和调节国民经济运行过程中依法获得的具有命令和服从性质的经济权限。经济职权是经济组织活动中经济组织主体所享有的经济权力,即国家经济机关在经济管理活动中所享有的权力。(2)国家所有权。国家所有权是指国家对国有财产享有的占有、使用、收益和处分的权利,即国家财产所有权。国家所有权是国家所有制在法律上的表现,国家是代表全体人民的国家所有权的唯一主体。(3)集体所有权。集体所有权是指劳动群众集体组织对其公共财产依法享有的占有、使用、收益和处分的权利,集体所有即集体组织全体成员所有。集体所有权是社会主义集体所有制在法律上的表现。(4)经营管理权。经营管理权既不是单纯的企业经营权,也不是单纯的国有资产管理权,而是指国家经济机关、国有企业和其他公有主体在法律规定或授权范围内对国有财产进行管理和自主经营的权力和权利之和。(5)企业经营权。经济法意义上的企业经营权主要指国有企业经营权和集体企业经营权,是国有企业或集体企业对国家授予的财产或者集体组织的财产依法行使占有、使用、收益和处分的权利。(6)承包经营权。承包经营权是指公民、经济组织或者经济组织的内部成员或单位按照其与国家、集体或者经济组织的承包经营合同,依法对国家或集体所有的财产享有占有、使用和收益的权利。承包经营权是承包经营责任制在法律上的反映。(7)企业财产权。企业财产权是企业法人对其财产所享有的完全所有和独立支配的权利,即企业法人财产权。因为国有企业和集体企业就国家和集体组织授予的财产只享有经营权,从这个意义上说,企业财产权主要是指私人投资的企业法人对企业财产所享有的所有权,即对企业财产的完全占有、使用、收益和处分的权利。(8)经济债权。经济债权是经济法主体在共同经济活动中所享有的要求对方当事人为一定行为或不为一定行为的经济权利。所谓共同经济活动,是为实现一定经济目的的当事人之间进行的经济活动。(9)经济请求权。经济请求权是经济法主体在经济管理关系中请求管理者为一定行为或不为一定行为,或者其经济权益受到侵害时要求赔偿和请求有关机关予以保护,或者对其经济纠纷请求有关组织和机关解决的权利。 (刘砚海)

jiben nongtian baohu zhidu
基本农田保护制度(the system of protecting the basic farmland) 国家对基本农田实行特殊的保护的制度。基本农田是指一定时期出于人口和社会经济发展对农产品的需要,依据土地利用总体规划确定的不得占用的耕地。基本农田保护制度的主要内容包括基本农田的规划、划定、保护、监督管理以及违反基本农田保护规定的法律责任等内容。

依照我国的相关法律,基本农田包括下列耕地:(1)经国务院有关主管部门或者县级以上地方人民政府批准确定的粮、棉和油的生产基地内的耕地,这类耕地是基本农田的主体,它向社会公众提供日常生产所需的农产品,因此具有重大的社会意义和经济意义。(2)有良好的水利和水土保持设施的耕地,正在实施改造计划以及可以改造的中、低产田。这些耕地因为具有良好的生态条件,经过改造即易成为良田,对实现耕地保护目标具有重要意义。(3)城市蔬菜生产基地,这是保障和维持市民正常生活水平的物质保障。(4)农业科学、教学试验田。(5)国务院规定应当划入基本农田保护区的其他耕地。根据土地利用总体规划,铁路、公路等交通沿线,城市和村庄、集镇建设用地周边的耕地,应当优先划入基本农田保护区,需要退耕还林、还牧的耕地,不应当纳入基本农田保护区。基本农田保护区以乡镇为单位划定区域,由县级人民政府土地行政主管部门会同同级农业行政主管部门组织实施。划定的基本农田保护区由县级人民政府设立保护标志,予以公告。由县级人民政府的土地行政主管部门建立档案,并抄送同级农业行政主管部门。同时,按照我国《土地管理法》和《基本农田保护条例》规定,各省、自治区和直辖市划定的基本农田应占本行政区域内耕地的80%以上,具体数量指标根据全国土地利用总体规划逐级分解下达。(包剑虹 曹晓燕)

jiben yanglao baoxian zhidu

基本养老保险制度(basic endowment insurance system) 又称国家基本养老保险。按国家统一政策规定强制实施的为保障广大离退休人员基本生活需要的一种养老保险制度。在我国,20世纪90年代之前,企业职工实行的是单一的养老保险制度。1991年,《国务院关于企业职工养老保险制度改革的决定》中明确提出:"随着经济的发展,逐步建立起基本养老保险与企业补充养老保险和职工个人储蓄性养老保险相结合的制度"。从此,我国逐步建立起多层次的养老保险体系。在这种多层次养老保险体系中,基本养老保险可称为第一层次,也是最高层次。

根据我国生产力发展水平和人口众多且老龄化发展迅速的情况,企业职工养老保险制度改革要处理好国家利益、集体利益和个人利益,目前利益和长远利益,整体利益和局部利益的关系,主要是对现行的制度办法进行调整、完善。考虑到各地区和企业的情况不同,各省、自治区、直辖市人民政府可以根据国家的统一政策,对职工养老保险作出具体规定,允许不同地区、企业之间存在一定的差距。

1997年《国务院关于建立统一的企业职工基本养老保险制度的决定》,制订了社会统筹与个人账户相结合的养老保险制度改革方案,建立了职工基本养老保险个人账户,促进了养老保险新机制的形成,保障了离退休人员的基本生活,企业职工养老保险制度改革取得了新的进展。但是,由于这项改革仍处在试点阶段,目前还存在基本养老保险制度不统一、企业负担重、统筹层次低、管理制度不健全等问题,必须按照党中央、国务院确定的目标和原则,进一步加快改革步伐,建立统一的企业职工基本养老保险制度,促进经济与社会健康发展。企业职工养老保险要贯彻社会互济与自我保障相结合、公平与效率相结合、行政管理与基金管理分开等原则,保障水平要与我国社会生产力发展水平及各方面的承受能力相适应。进一步扩大养老保险的覆盖范围,基本养老保险制度要逐步扩大到城镇所有企业及其职工。城镇个体劳动者也要逐步实行基本养老保险制度,其缴费比例和待遇水平由省、自治区、直辖市人民政府参照本决定精神确定。为有利于提高基本养老保险基金的统筹层次和加强宏观调控,要逐步由县级统筹向省或省授权的地区统筹过渡。待全国基本实现省级统筹后,原经国务院批准由有关部门和单位组织统筹的企业,参加所在地区的社会统筹。

(崔雪松)

jiben yanglaojin

基本养老金(basic old age pension) 国家有关文件规定,在劳动者年老或丧失劳动能力后,根据他们对社会所作的贡献和所具备的享受养老保险资格或退休条件,按月或一次性以货币形式支付的保险待遇,主要用于保障职工退休后的基本生活需要。在我国实行养老保险制度改革以前,基本养老金也称退休金、退休费,是一种最主要的养老保险待遇。1991年,《国务院关于企业职工养老保险制度改革的决定》(国发〔1991〕33号)规定:随着经济的发展,逐步建立起基本养老保险与企业补充养老保险和职工个人储蓄性养老保险相结合的制度。1997年,《国务院关于建立统一的企业职工基本养老保险制度的决定》(国发〔1997〕26号)中更进一步明确:各级人民政府要把社会保险事业纳入本地区国民经济与社会发展计划,贯彻基本养老保险只能保障退休人员基本生活的原则,为使离退休人员的生活随着经济与社会发展不断得到改善,体现按劳分配原则和地区发展水平及企业经济效益的差异,各地区和有关部门要在国家政策指导下大力发展企业补充养老保险,同时发挥商业保险的补充作用。目前,按照国家对基本养老保险制度的总体思路,未来基本养老保险目标替代率确定为58.5%。由此可以看出,今后基本养老金主要目的在于保障广大退休人员的晚年基本生活。

养老金作为支付给退休职工用于保障日后生活的资金,人们对其性质的认识,曾经产生两种主要观点:一是"社会福利观",二是"劳动报酬观"。社会福利观认为,职工在职时取得工资收入,体现按劳分配;在退休后领取养老金是对剩余价值的分配,体现国家和企业对职工的关怀。我国传统体制下的养老金支付即是该观点的体现,养老金支付往往由国家和企业包揽,企业职工在职服务期间并不确认养老金费用。随着市场经济的发展,这一观点的弊端日渐暴露,一是养老金费用没有预提,企业无法估计未来应付养老金数额;二是成本和收益不相配比,使得企业各期的损益缺乏可比性,不利于企业间的竞争。劳动报酬观克服了社会福利观的弊端,它认为养老金是劳动力价值的组成部分,是职工在职服务期间提供劳务所赚取的劳动报酬的一部分,职工退休后领取的养老金,是以其在职时提供服务为依据的,其实质是递延工资。因此,会计处理不再作为一项营业外支出,而是在劳务发生时就确认为当期的成本费用。这样,一方面企业确认和计量在职职工的养老金费用,计入当期成本;另一方面也就负有为职工提存养老金的义务。这一观点已被世界各国会计界普遍接受。现行养老金会计核算的原则也就是建立在该观点基础上的。

(崔雪松)

jichu sheshi lilun
基础设施理论(doctrine of essential facilities) 美国反垄断实践中对某些凭借其基础设施而实施不合理反竞争行为的垄断企业提出的一种理论。美国法院1912年关于铁路终端协会的判决中,将自然垄断企业无理拒绝其他企业入网或者拒绝使用其基础设施的行为认定为是垄断行为。这个理论从而也被称为"基础设施理论"。适用这个理论的前提条件是:(1)一个企业垄断了网络或者基础设施;(2)竞争者不可能重复建设这种设施;(3)垄断者拒绝竞争者进入设施;(4)竞争者实际上存在着使用该基础设施的可行性。这种基础设施不仅仅是指网络,但网络无疑是最重要的基础设施。1982年美国法院就是根据这个理论,认定AT&T公司违反了《谢尔曼法》第2条。其他许多国家现在也是依据这个理论在网络部门或者被视为自然垄断的行业引入了竞争机制。

(王晓晔)

jijin faqiren
基金发起人(fund promoter) 发起设立基金的机构。在基金的设立过程中起着重要作用。国外基金的发起人大多数为有实力的金融机构,可以是一个也可以是多个。由于基金发起人对基金的设立有重大影响,因此,一些国家和地区对发起人应具备的条件都有较为严格的要求。我国《证券投资基金管理暂行办法》(1997年)规定,基金发起人至少为两人,且必须具备以下条件:主要发起人是按照国家有关规定设立的证券公司、信托投资公司及基金管理公司;基金发起人必须拥有雄厚的资本实力,其实收资本不少于3亿元人民币;基金的主要发起人有3年以上从事证券投资的经验及连续盈利的记录;基金发起人有健全的组织机构和管理制度,财务状况良好,经营行为规范等。基金发起人的主要职责包括:(1)拟订基金契约及其他相关法律文件,向主管机关提出设立基金的申请,筹建基金;(2)认购和持有一定数量的基金单位;(3)在基金不能成立时,承担募集费用,并将已募集的资金加算利息退还认购人。《证券投资基金法》(2003年)不再使用"发起人"的概念,规定由基金管理人(基金管理公司)负责证券投资基金的募集。

(周 尔)

jijin fen'e chiyouren
基金份额持有人(fund holder) 认购和持有基金单位的基金投资者。在公司型基金中,基金持有人是公司股东;在合伙型基金中,基金持有人是有限合伙人;在信托型基金中,基金持有人则是基金契约的当事人,是信托关系中的委托人和受益人。我国《证券投资基金法》(2003年)规定,基金持有人主要享有以下权利:(1)分享基金财产收益;(2)参与分配清算后的剩余基金财产;(3)依法转让或者申请赎回其持有的基金份额;(4)按照规定要求召开基金份额持有人大会;(5)对基金份额持有人大会审议事项行使表决权;(6)查阅或者复制公开披露的基金信息资料;(7)对基金管理人、基金托管人、基金份额发售机构损害其合法权益的行为依法提起诉讼;(8)基金合同约定的其他权利。

(周 尔)

jijin guanliren
基金管理人(fund manager) 凭借专门的知识和经验,运用所管理基金的资产,根据法律、法规及基金章程或基金契约的规定,按照科学的投资组合原理进行投资决策的机构,基金资产的管理者和运用者。基金收益的好坏取决于其管理运用基金资产的水平的机构。为有效保护投资者,各国均规定基金管理人只能由依法取得基金管理资格的专门机构担任,这种机构在英国称为投资管理公司,在日本多称投资信托公司,在美国和我国称为基金管理公司。一般而言,要申请成为基金管理人,应依照本国或本地区的有关证券投资信托法规,经政府有关主管部门审核批准后,方可取得基金管理人的资格。审核内容主要包括:基金管理公司是否具有一定的资本实力及良好的信誉,是否具备经营、运作基金的硬件(如固定的场所和必要的设施等),是否具有专门的人才及明确的基金管理计划。在我国,设立基金管理公司必须符合《证券投资基金法》(2003年)的规定,和证监会的有关规定,并由证监会负责审批。对基金管理公司的资格有以下几个方面的要求：(1) 有符合本法和《中华人民共和国公司法》规定的章程；(2) 注册资本不低于1亿元人民币，且必须为实缴货币资本；(3) 主要股东具有从事证券经营、证券投资咨询、信托资产管理或者其他金融资产管理的较好的经营业绩和良好的社会信誉，最近3年没有违法记录，注册资本不低于3亿元人民币；(4) 取得基金从业资格的人员达到法定人数；(5) 有符合要求的营业场所、安全防范设施和与基金管理业务有关的其他设施；(6) 有完善的内部稽核监控制度和风险控制制度；(7) 法律、行政法规规定的和经国务院批准的国务院证券监督管理机构规定的其他条件。基金管理人的主要职责是：(1) 依法募集基金，办理或者委托经国务院证券监督管理机构认定的其他机构代为办理基金份额的发售、申购、赎回、备案和登记事宜；(2) 对所管理的不同基金财产分别管理、分别记账，进行证券投资；按照基金合同的约定确定基金收益分配方案，及时向基金份额持有人分配收益；(3) 进行基金会计核算并编制基金财务会计报告、中期和年度报告；(4) 计算并公告基金资产净值，确定基金份额申购、赎回价格；(5) 办理与基金财产管理业务活动有关的信息披露事项；(6) 召集基金份额持有人大会；(7) 保存基金财产管理业务活动的记录、账册、报表和其他相关资料；(8) 以基金管理人名义，代表基金份额持有人利益行使诉讼权利或者实施其他法律行为；(9) 国务院证券监督管理机构规定的其他职责。

（周 尔）

jijin tuoguanren

基金托管人（fund trustee） 负责保管基金资产的机构。为保证基金资产的安全，基金按照资产管理和保管相分离的原则运作：基金管理人负责投资分析和决策，并向基金托管人发出买进、卖出证券的指令；基金托管人负责为基金资产开立独立的银行账户和证券账户，并按照基金管理人的指令进行银行账户的款项收付及证券账户的资金和证券清算。由于基金托管人在基金资产安全运作中的特殊作用，各国(地区)的基金监管法规都对基金托管人的资格有严格要求，基金托管人通常由具备一定条件的商业银行、信托公司等专业性金融机构担任。我国对基金托管业务实行审批制根据《证券投资基金法》(2003年)的规定，申请取得基金托管资格，应当具备下列条件，并经国务院证券监督管理机构和国务院银行业监督管理机构核准：(1) 净资产和资本充足率符合有关规定；(2) 设有专门的基金托管部门；(3) 取得基金从业资格的专职人员达到法定人数；(4) 有安全保管基金财产的条件；(5) 有安全高效的清算、交割系统；(6) 有符合要求的营业场所、安全防范设施和与基金托管业务有关的其他设施；(7) 有完善的内部稽核监控制度和风险控制制度；(8) 法律、行政法规规定的和经国务院批准的国务院证券监督管理机构、国务院银行业监督管理机构规定的其他条件。基金托管人的主要职责是：(1) 安全保管基金财产；(2) 按照规定开设基金财产的资金账户和证券账户；对所托管的不同基金财产分别设置账户，确保基金财产的完整与独立；(3) 保存基金托管业务活动的记录、账册、报表和其他相关资料；(4) 按照基金合同的约定，根据基金管理人的投资指令，及时办理清算、交割事宜；(5) 办理与基金托管业务活动有关的信息披露事项；(6) 对基金财务会计报告、中期和年度基金报告出具意见；(7) 复核、审查基金管理人计算的基金资产净值和基金份额申购、赎回价格；(8) 按照规定召集基金份额持有人大会；(9) 按照规定监督基金管理人的投资运作；(10) 国务院证券监督管理机构规定的其他职责。

（周 尔）

jizhun dijia

基准地价（base land price） 土地管理部门组织评估并经同级政府确认的城镇所在地各级土地或均质地域及其商业、工业、住宅等土地利用类型的土地使用权单位面积平均价格。实际存在的宗地价格、收益是确定基准地价的基础。从分析土地收益入手，收集实际存在的宗地价格资料，然后选择确定资本化比率，是确定基准地价的基本方法。基准地价的主要作用有以下几个方面：(1) 基准地价客观地反映了土地价值量大小及变动趋势，表明了土地利用的经济效果；(2) 为国家计征土地使用税、土地增值税等税费提供依据；(3) 加强国家宏观管理的手段，调整经济活动在空间布局的经济杠杆；(4) 进一步评估标定地价、出让底标等宗地地价的基础，起到估算初值和修订初始值的作用。

（李 平 肖 锋 张旭娟 师湘瑜）

jizhun huijia

基准汇价（base exchange price） 在我国，中国人民银行每日公布银行间外汇市场人民币对美元、日元、港币的市场交易中间价，该中间价是各外汇指定银行之间以及外汇指定银行与客户之间人民币对美元、日元、港币买卖的交易基准汇价。

（王连喜）

jizhun lilü

基准利率（benchmark rate） 中央银行对金融机构的存款、贷款利率。整个社会利率体系一般包括法定利率、基准利率、浮动利率、差别利率、优惠利率及加息利率等各种利率。基准利率是整个社会利率体系中处于主导作用的基础利率，它的水平的确定和变化决定着其他各种利率水平的确定和变化，因而基准利率在利率体系中居于核心地位,是中央银行利率政策最主要的部分。各国确定的基准利率并不完全相同,在市场经济比较发达的国家中,一般以中央银行的再贴现率为基准利率,有些国家还包括中央银行的再贷款利率、基金利率等,金融机构的利率一般是照此基准利率并根据市场情况自行确定的。例如,美国是以联邦资金市场利率为基准利率。在计划经济体制国家中,一般由中央银行制定基准利率,并规定金融机构的利率水平以此利率为准或在一定的范围浮动,又称为法定利率。我国《中国人民银行法》将基准利率与再贴现、再贷款视为货币政策工具,故我国的基准利率是法定利率。目前我国的基准利率以一年期的存款利率和贷款利率为核心。

我国的《中国人民银行法》将中央银行的基准利率确定为货币政策工具之一,是由基准利率和货币政策目标的关系所决定的。中央银行提高基准利率,将会直接影响商业银行向中央银行筹资的成本,从而迫使商业银行调高放贷利率。同时也意味着向资本市场和货币市场发出中央银行收紧银根的信号,引导资金市场的价格上升,抑制社会资金向短期资金市场和长期资本市场流入。二者综合作用的结果是减少了货币投入,抑制信息总量,进而预防和抑制通货膨胀。反过来说,中国人民银行降低基准利率就会起到增加货币投放,扩大社会信贷规模,促进经济增长的作用。自1993年以来,中国人民银行曾四次上调、两次下调基准利率,对金融机构的各种利率产生了巨大的影响,并且对于控制物价波动和推动经济发展发挥了重大的作用。

由于基准利率是中央银行对金融机构的存贷利率,因而在正常情况下,它总是处于整个利率体系中的最低水平。中央银行确定基准利率一般遵循以下两个原则:第一,基准利率中的贷款利率要高于客户在金融机构存款的平均利率。因为只有这样才能使金融机构向中央银行贷款的成本高于向社会筹集资金的成本,从而抑制金融机构向中央银行申请贷款。第二,基准利率中的存款利率要低于其贷款利率,同时又要高于客户在金融机构存款的平均利率。因为只有这样才能使金融机构在中央银行的存贷利率始终处于盈亏临界点的水平上。

(王连喜)

jiqi waihui jiaoyi

即期外汇交易(spot foreign exchange transaction) 银行同业或商业客户之间在外汇买卖契约成立后,原则上于两个营业日内办理交割的外汇交易。在国际外汇市场上存在各式各样的外汇交易形式,根据交割时间的不同,可以分为即期外汇交易和远期外汇交易。这两种交易方式都属现汇交易,是外汇交易的最重要交易方式。由于外汇交易成交当天买卖双方都需一定的处理时间,所以一般当天不算营业日,而从交易后的第二个营业日开始交割,但有些国家(如德国)较为特殊,成交当天算一个营业日。若外汇交易是出于不同国家的银行所作,则交割日应为双方共同营业日;若交割日适逢银行假日,则应顺延至次日。如果客户要求银行于成交日或次日前办理交割,则银行有权在成交价基础上加收一定的利差,因为此时银行承担了两种货币市场拆放利率变化的风险,如银行提前收进利率较低的货币而付出利率较高的货币,就肯定会遭受损失。即期外汇交易的汇率,是由买卖双方当场交货时货币的供求情况决定的,因交割及时,所以汇率比较高。即期外汇交易尽管在成交后短时间内办理交割,但实际上交易双方仍会由于时差的存在而承担外汇风险。即期外汇交易形成的即期外汇交易市场是外汇交易市场最重要的组成部分,其基本功能是进行货币兑换,在最短的时间内实现购买力的国际转移。即期外汇市场交易应遵循公开、公平、公正和诚实信用的原则。

(王连喜)

jibing baoxian

疾病保险(disease insurance) 又称病伤保险、健康保险。有狭义和广义之分。广义的疾病保险包括生育保险、死亡保险在内;狭义的疾病保险仅指劳动者及其供养的亲属患病或非因工负伤,发生困难时在生活和医疗方面获得物质帮助的一种社会保险制度。以下所述疾病保险是指狭义的疾病保险,其中在医疗方面获得物质帮助被称为医疗保险,除此以外疾病保险还包括被保险人医疗期间的休养、工资、病伤救济和医疗服务等。

疾病保险是起源于欧洲中世纪手工业者自发成立的"行会"中,每个成员定期缴纳的帮助病人渡过难关的会费,是最早的社会保险项目。1883年法国政府颁布的《劳工疾病保险法》标志着疾病保险作为一种强制性社会保险制度的开始。我国从20世纪50年代开始在城镇职工中实行的劳动保险制度包括了疾病保险的内容,对于在实施范围内的职工患病或非因工负伤,给予生活救济,发给病假工资。医疗服务方面分别对企业职工实施劳保医疗和对机关、工业单位、社会团体职工实施公费医疗。由于历史原因我国长期实行医疗保险资金全部由国家或企业包起来的制度,这严重脱离了我国经济发展水平和国情。目前,我国疾病保险制度仍在改革之中,现在已经初步确立了我国疾病保险基金来源与层次结构,以及保险费用实行社会统筹的基本原则。

国务院于1998年12月下发了《国务院关于建立城镇职工基本医疗保险制度的决定》,部署全国范围内全面推进职工医疗保险制度改革工作,要求 1999 年内全国基本建立职工基本医疗保险制度。根据该决定的规定,城镇职工基本医疗保险制度的覆盖范围为:城镇所有用人单位,包括企业(国有企业、集体企业、外商投资企业、私营企业等)、机关、事业单位、社会团体、民办非企业单位及其职工。乡镇企业及其职工、城镇的个体经济组织业主及其从业人员是否参加基本医疗保险,由各省、自治区、直辖市人民政府决定。医疗保险费由用人单位和个人共同缴纳。用人单位缴费率控制在职工工资总额的 6% 左右,职工缴费率一般为本人工资收入的 2%。退休人员参加基本医疗保险,个人不缴纳基本医疗保险费。

世界各国疾病保险待遇的内容主要有三项:疾病津贴、医疗补助和供养亲属的医疗补助。(1)疾病津贴是对受保人因疾病中断工作而给予的帮助。疾病津贴的金额按受保人平均收入的一定比例发放,一般规定为受保人工资的 50%—75%。但大多数国家的疾病津贴金额法律一般明文规定最高限额,或者间接规定缴纳保险费和享受疾病津贴待遇的收入最高限额。(2)医疗补助也称医疗照顾,是指受保人可以享受的疾病医疗服务。各国疾病保险为受保人提供医疗服务的种类不尽相同,但一般都包括各种医生的治疗,一定的住院治疗以及必要的药品供应。(3)供养亲属的医疗补助,各国规定在向受保人提供医疗补助的同时,也应向他们的亲属提供类似的服务。我国关于疾病保险待遇的规定有以下主要内容:(1)医疗期间待遇。包括医疗保险待遇和疾病津贴(病假工资)。医疗保险项目主要有规定范围的药品费用、规定的检查费用和治疗费用、规定标准的住院费用。疾病津贴在职工患病或非因工受伤停止工作满一个月以上的,单位停发工资而改换为给付工资一定比例的疾病津贴。(2)致残待遇。职工患病或非因工受伤致残的在医疗期内医疗终结或期满后,经用人单位申请,劳动鉴定机构进行劳动能力鉴定并确定残废等级,享受不同等级的致残待遇。(3)职工亲属医疗待遇。在 1998 年《国务院关于建立城镇职工基本医疗保险制度的决定》中未对职工亲属医疗待遇作规定。 (张景丽)

jicheng dianlu butu sheji zhuanyongquan
集成电路布图设计专用权(exclusive right for the use of design of integrated circuit) 集成电路中至少有一个是有源元件的两个以上元件和部分或者全部互连线路的三维配置,或者为制造集成电路而准备的上述三维配置。集成电路布图设计专用权是指权利持有人对其集成电路布图设计进行复制和商业利用的专有权利,是一项独立的知识产权,包括复制权和商业利用权。复制权是权利人控制其布图设计复制利用的权利。权利人可以自己复制,也可以授权他人复制。商业利用权是专用权人为商业目的利用布图设计或含有布图设计的集成电路的权利。

我国已在 1989 年 5 月通过的世界知识产权组织《关于集成电路的知识产权条约》文本上签字。我国尚未制定有关集成电路布图设计的专门法,但依据民法基本原理,除对集成电路布图设计专用权的法定限制外,未经权利人许可对受保护的布图设计进行复制和商业利用都属于侵害集成电路布图设计专用权的侵权行为。 (徐中起)

jicheng dianlu butu sheji zhuanyongquan de xianzhi
集成电路布图设计专用权的限制(limitations to exclusive right for the use of design of integrated circuit) 对集成电路布图设计专用权的限制主要是:(1)合理使用。下列行为可以不经布图设计权利人许可,不向其支付报酬:为个人目的或者单纯为评价、分析、研究、教学等目的复制受保护的布图设计的;在依据前项评价、分析受保护的布图设计的基础上,创作出具有独创性的布图设计的;对自己独立创作的与他人相同的布图设计进行复制或者将其投入商业利用的。(2)权利穷竭。也称权利用尽,是指受保护的布图设计、含有该布图设计的集成电路或者含有该集成电路的物品,由布图设计权利人或者经其许可的其他人投放市场后,他人再次商业利用的,可以不经布图设计权利人许可,不向其支付报酬。(3)强制许可。也称非自愿许可,是指在国家出现紧急状况或非常情况时,或者为了公共利益的目的,国务院知识产权行政部门可以给予使用其布图设计的强制许可(非自愿许可)。取得该强制许可(非自愿许可)的单位或个人应当向布图设计权利人支付合理的报酬。(4)反向工程。(5)善意侵权。即基于善意,不知是侵权商品而购买并销售含有非法布图设计的集成电路。

布图设计专用权的保护期为 10 年,自布图设计登记申请之日或者在世界任何地方首次投入商业利用之日起计算,以较前日期为准。但是无论是否登记或者投入商业利用,布图设计自创作完成之日起 15 年后,不再受保护。 (徐中起)

jicheng shuo
集成说(theory of integration) 又称搜集说。对新的法现象用"经济法"的名称加以综合整理的学说。该学说着眼于法规的"集合",把国家干预、战时经济控制或管制以及战后复兴经济等法规编纂成集,并将其命名为经济法。其代表人物和代表作是德国学者努斯鲍姆及其 1922 年出版的《德国新经济法》一书。此外,还有学者将韦斯特霍夫、多赫欧也归入此派学说。

努斯鲍姆把调整实际经济生活的法分为经济法、财政法和民法。他认为,经济法是以直接影响国民经济为立法目的的法,而作为间接影响国民经济的法的财政法和以个人生活为对象的民法,则不包括在经济法之内。集成说虽然没有揭示出经济法作为独立的法律部门的理论依据,但它试图以经济生活的实际为根据而对法律事实进行研究,这是可取的。 （赵 玲）

jimao shichang

集贸市场(fair trade market) 以集市贸易交易形式进行商品交易的活动场所。集贸市场是我国社会主义统一市场的组成部分。由一个主体开办,多个主体入场进行交易的有形商品交易市场,主要指消费品市场,包括日用工业品市场、农副产品市场及综合市场等。市场经营主体必须有多种经济成分和各种经济组织形式的经营者参与,经营者必须持有营业执照等证件。经营者在市场交易中应遵循自愿、平等、公平、诚实信用的原则,遵守公认的商业道德,守法经营。
（张维珍 郑慧玫）

jiti hetong

集体合同(collective contract) 又称团体协约或集体协议。用人单位与本单位职工根据法律、法规和规章的规定,就劳动报酬、工作时间、休息休假、劳动安全卫生、职业培训、保险福利等事项,通过集体协商签订的书面协议。国际劳工组织1951年《集体协约建议书》(第51号)规定:"'集体协约'系指有关劳动与就业的书面协议。"我国《劳动法》和《工会法》都对集体合同作出了规定。1994年劳动部首次发布《集体合同规定》,对集体合同签订原则和程序、集体合同的内容及其审查、集体合同争议的处理等作了具体规定。2004年1月,劳动和社会保障部再次发布了《集体合同规定》。

集体合同的特征 (1)集体合同的主体由法律设定,集体合同主体的一方为用人单位,另一方为本单位的职工;(2)集体合同签订的方式应当采取集体协商的方式,集体协商主要采取协商会议的形式;(3)集体合同必备条款由法律设定;(4)集体合同是要式合同。(5)集体合同可就集体协商的某项内容签订专项书面协议。

集体合同订立的程序 (1)双方协商,拟订集体合同草案。(2)讨论通过。经双方协商代表协商一致的集体合同草案或专项集体合同草案应当提交职工代表大会或者全体职工讨论。职工代表大会或者全体职工讨论集体合同草案或专项集体合同草案,应当有2/3以上职工代表或者职工出席,且须经全体职工代表半数以上或者全体职工半数以上同意,集体合同草案或专项集体合同草案方获通过。(3)签字。集体合同草案或专项集体合同草案经职工代表大会或者职工会通过后,由集体协商双方首席代表签字。符合《集体合同规定》的集体合同或专项集体合同,对用人单位和本单位的全体职工具有法律约束力。(4)审查。集体合同或专项集体合同签订或变更后,应当自双方首席代表签字之日起10日内,由用人单位一方将文本一式三份报送劳动保障行政部门审查。劳动保障行政部门对报送的集体合同或专项集体合同应当办理登记手续。(5)公布。劳动保障行政部门自收到文本之日起15日内未提出异议的,集体合同或专项集体合同即行生效。集体合同或专项集体合同,应当自其生效之日起由协商代表及时以适当的形式向本方全体人员公布。

集体合同的变更和解除 有下列情形之一的,双方协商代表协商一致,可以变更、解除集体合同或专项集体合同:(1)用人单位因被兼并、解散、破产等原因,致使集体合同或专项集体合同无法履行;(2)因不可抗力等原因致使集体合同或专项集体合同无法履行或部分无法履行;(3)集体合同或专项集体合同约定的变更或解除条件出现的;(4)法律、法规、规章规定的其他情形。变更或解除集体合同、专项集体合同适用集体协商程序。

集体合同的终止 集体合同或专项集体合同期限一般为1至3年,期满或双方约定的终止条件出现,即行终止。集体合同或专项集体合同期满前3个月内,任何一方均可向对方提出重新签订或续订的要求。

集体合同的管辖和监督 集体合同或专项集体合同审查实行属地管辖,具体管辖范围由省级劳动保障行政部门规定。中央管辖的企业以及跨省、自治区、直辖市的用人单位的集体合同应当报送劳动保障部或劳动保障部指定的省级劳动保障行政部门。县级以上劳动保障行政部门对本行政区域内用人单位与本单位职工开展集体协商、签订、履行集体合同的情况进行监督,并负责审查集体合同或专项集体合同。

集体合同争议的处理 因履行集体合同发生的争议,当事人协商解决不成的,可以依法向劳动争议仲裁委员会申请仲裁。
（邵 芬）

jiti keji qiye chanquan jieding

集体科技企业产权界定(definition of property right of collective-owned enterprise engaged in science and technology) 集体科技企业是指以科技人员为主体,按照"自筹资金,自愿组合,自主经营,自负盈亏"的原则创办和经营,主要从事技术开发、技术转让、技术咨询、技术服务和科技成果产业化业务,在工商行政管理机关注册为集体所有制性质的企业法人。国家科学技术委员会、国家国有资产管理局于1996年2月27日发布《集体科技企业产权界定若干问题的暂行规定》,自发布之日起施行。该规定适用于经各级科学技术委员会认定或审批的集体科技企业(含高新技术企业)。

集体科技企业产权界定具体包括:(1)集体科技企业开办和发展过程中,国有企事业单位拨入的货币、实物及所有权属于国家的土地使用权等资产,已约定投资关系、债权关系或无偿资助关系的,依约定界定产权。没有约定的,按照下列原则处理:当事人通过协商,依法重新确定投资或债权关系,约定相应的资产权益,经科技管理部门审核后,到国有资产管理部门确认并核准登记;协商不成的,凡国有企事业单位已经收取资产占用费、管理费、实用资产折旧费等,而未承担企业经营风险的,界定为债权关系;所收费用已超过拨入资产本息总额的,对企业不再拥有资产权益。凡国有企事业单位对企业行使出资者权益、承担出资者风险的,界定为投资关系。(2)集体科技企业实施的国有企事业单位拥有的技术成果,已有协议约定投资或债权关系的,依约定界定产权。没有约定的,当事人可依法通过协商重新约定,经科技管理部门审核后,到国有资产管理部门确认并办理产权登记手续。协商不成的,按下列原则处理:对现已成为企业主管产品核心技术,仍具有市场竞争优势的高新技术成果,由当地科技管理部门会同同级国有资产管理部门,根据技术创新各阶段当事人各方的人力、物资、资金以及其他技术成果的实际投入情况,界定为投资或债权关系。国有企事业单位依据界定结果享有出资者权益或者获得成果转让和使用收益。对企业仍在实施的一般性技术成果,国有企事业单位获得适当补偿后,对企业不再拥有资产权益。对现已成为公知技术、已超过专利保护期限或已失去市场竞争能力的技术成果,不再追溯国有企事业单位的资产权益。(3)集体科技企业与国有企事业单位通过合作、委托等方式研究开发所产生的技术成果,按照协议的约定划分资产权益。未定协议或协议中没有约定的,根据《专利法》、《合同法》和国有资产管理等有关法律法规的规定处理。(4)与集体科技企业有关的挂靠关系、贷款担保关系等,对企业一般不构成资产权益;但履行了连带责任的,应予追索清偿,或经协商并报国有资产管理部门批准后转为投资。(5)集体科技企业按国家有关规定享受的税收减免等优惠政策所得,除明确规定为"国家扶持基金"的,不界定为国有资产。"国家扶持基金"以及因享受税前还贷、以税还贷政策形成的资产中国家税收应收未收部分,界定为扶持性国有资产。国家对扶持性国有资产保留特定条件下的最终处置权,不参与管理和收益。集体科技企业对扶持性国有资产有义务保持其安全、完整和有效使用。(6)集体科技企业中无明确拨入主体的资产,以及接受无偿资助和捐赠所形成的资产,归企业劳动者共同占有。(7)集体科技企业中属于职工个人投资形成的资产,产权归个人所有。

集体科技企业的产权界定工作,应当按照"谁投资,谁所有"和"鼓励改革,支持创业"的原则,客观公正地进行,积极妥善地解决历史遗留问题。集体科技企业的产权界定工作,由地(市)级以上科技管理部门会同同级国有资产管理部门组织进行。发生下列情形之一的,应当首先进行产权界定:(1)创办中外合资、中外合作经营企业;(2)实行兼并、出售、联营、股份制或股份合作制改造;(3)依法需要进行产权界定的其他情形。集体科技企业与国有企事业单位之间发生产权争议时,由科技管理部门会同国有资产管理部门组织界定。科技管理部门会同国有资产管理部门,根据当事人提出的产权界定书面申请,可调解解决产权争议;经调解不能达成协议的,由国有资产管理部门会同科技管理部门,在查清事实的基础上,根据国家有关法律、法规裁决。当事人对裁决结果不服的,可提请行政复议。科技管理部门和国有资产管理部门有义务保护产权争议当事人的商业秘密。 (马跃进 师湘瑜)

jiti longduan

集体垄断(collective monopoly) 又称联合垄断、集体独占、集体性支配或拟制独占。两个以上的企业在一致对外的关系中所具有的支配市场的地位。换言之,集体垄断是指两个或者多个经济上和法律上独立的企业所共同或者集体拥有的支配地位。这种地位在反垄断法上被视同一个独占者的地位。集体垄断和独占垄断、寡头垄断的区别在于:独占垄断又称完全垄断,指一家企业对整个行业的生产、销售和价格有完全的排他性的控制能力,即在该企业所在的行业内,不存在任何竞争。这是典型意义上的垄断,也为各国法律所严格规制。寡头垄断又称寡占,是指市场上只有为数不多的企业生产、销售某种特定的产品或者服务的状况。每个企业都在市场上占有一定的份额,对产品或服务的价格实施了排他性的控制,但它们之间又存在一定的竞争。而集体垄断则是多个相互间有竞争关系并有相当经济实力的企业,通过一定的法律形式(如限制竞争协议等),联合控制某一产业的市场或销售的状态。

从德国反限制竞争法来看,构成集体独占必须满足两个要件:(1)在企业之间不存在实质性的竞争或实际上不存在价格竞争。这里的问题是如何理解不存在实质性的竞争。在欧共体初审法院的早期判决中就有这样的观点,即"认定集体垄断的前提条件是,这些企业之间存在着结构上的联系"。这种结构上的联系就是指企业间通过订立协议、授予许可证或者因为共同使用某个基础设施,一个企业从而得以某种方式受制于另一个企业。尽管后来欧共体初审法院强调在认定集体独占时关键是要考虑企业间的客观经济联系,这种联系并不需要企业之间必然存在着一种协议,但仍然肯定经济联系有时会表现为结构联系。(2)在对外方面,这些企业必须共同拥有垄断、准垄断或突出的市场地位。

在欧盟,《罗马条约》第86条规定的滥用支配地位的行为主体是"一个或者多个企业",多个企业实施滥用行为的情况被称为集体性支配地位(collective dominance)。对两个或者多个企业根据卡特尔协议实施的行为,欧盟委员会一直试图确定其为集体性支配。除此以外,美国《谢尔曼法》第2条、我国台湾地区《公平交易法》第5条第2款都规定了集体垄断。日本、韩国等许多国家和地区的反垄断立法也都有相应的规定。

(张景丽)

jiti qiye

集体企业(collective-owned enterprise) 在城乡举办的、财产属于劳动群众集体所有、实行共同劳动、在分配方式上以按劳分配为主体的各种经济组织。集体所有制经济是我国社会主义公有制经济的重要组成部分。集体所有制企业从其资金来源、分布区域等因素来划分,可以分为城镇集体所有制企业和乡村集体所有制企业两大部分。集体所有制企业具有如下几个基本特征:(1)企业财产属劳动群众集体所有。企业财产既不属于国家所有,也不属于该企业的任何个人所有,而是归某一特定的劳动群众集体所有。这一群众集体对企业财产享有占有、使用、收益和处分的权利,集体企业的财产及其合法权益受国家法律保护,同时企业应以其全部财产独立承担民事责任。集体企业财产上这种集体所有的特征,是它与国有企业、私营企业的最大区别。(2)企业享有充分的独立经营自主权。现有各种集体企业的生产经营范围,覆盖到工业、商业、建筑业、运输业、种植业、养殖业等各个行业,它们在生产经营方面享有比国有企业更为完整和独立的自主权,可以自主安排生产、经营、服务活动。集体企业的这一特点是由其生产资料属于集体所有的本质特征所决定的,从某种意义上说是集体所有权派生出来的必然结果。(3)企业在其内部领导体制上有特殊性。集体企业在所有权、经营权等方面有其自身的特点,也直接影响到企业的决策、执行、监督机制,因此,在企业厂长(经理)、职工代表大会等各自的地位、职权和作用方面,集体企业都具有和国有企业、私营企业等完全不同的特点。

(方文霖)

jiti qiye de biangen

集体企业的变更(alteration of collective-owned enterprise) 集体企业的合并、分立、停业、迁移或者主要登记事项的变更,必须符合国家的有关规定,由企业提出申请,报经原审批部门批准,并依法向原登机关办理变更登记。集体企业的合并和分立,应当遵照自愿平等的原则,由有关各方依法签订协议,处理好债权债务、其他财产关系和遗留问题,妥善安置企业人员。合并、分立前的集体企业的权利和义务,由合并、分立后的法人享有和承担。

(方文霖)

jiti qiye de changzhang

集体企业的厂长(factory director of collective-owned enterprise) 集体企业实行厂长(经理)负责制,但厂长的职权受到很大的限制,表现在他并无重大问题的决策权,应对企业职工代表大会负责,执行职工代表大会的决议,定期向职工代表大会报告工作,听取意见,并接受监督。厂长(经理)主要由企业职工代表大会选举或招聘。选举和招聘的具体办法,由省、自治区和直辖市人民政规定。由集体企业联合经济组织投资开办的集体企业,其厂长(经理)可以由该联合经济组织任免。投资主体多元化的集体企业,其中国家投资达到一定比例的,其厂长(经理)可由上级管理机构按照国家有关规定任免。厂长的职权是:(1)领导和组织企业日常生产经营和行政工作;(2)主持编制并向职工代表大会提出企业的中长期发展规划、年度生产经营计划、固定资产投资方案;(3)主持编制并向职工代表大会提出企业机构设置的方案,决定劳动组织的调整方案;(4)按照国家规定任免或者聘任、解聘企业中层行政领导干部,但法律、法规另有规定的,从其规定;(5)提出企业年度财务预算、决算方案和利润分配方案;(6)提出企业的经济责任制方案、工资调整方案、劳动保护措施方案、奖惩办法和其他重要的规章制度;(7)奖惩职工;(8)遇到特殊情况时,提出召开职工代表大会的建议;(9)企业章程规定的其他职权。

(方文霖)

jiti qiye de sheli

集体企业的设立(establishment of collective-owned enterprise) 根据法律、法规的规定,设立集体企业必须具备下列条件:(1)有企业名称、组织机构和企业章程;(2)有固定的生产经营场所、必要的设施,并符合规定的安全卫生条件;(3)有符合国家规定并与其生产经营和服务规模相适应的资金数额和从业人员;(4)有明确的经营范围;(5)能够独立承担民事责任;(6)法律、法规规定的其他条件。设立集体企业应经省、自治区、直辖市人民政府规定的审批部门批准,并依法经工商行政管理机关核准登记,领取"企业法人营业执照",取得法人资格后,方得开始生产经营活动。设立集体企业的审批部门,法律、法规有专门规定的,从其规定。集体企业应当在核准登记的经营范围内从事生产经营活动。 (方文霖)

jiti qiye de zhigong daibiao dahui
集体企业的职工代表大会(workers and staff representative assembly of collective-owned enterprise) 集体企业的权力机构。其职权是:(1)制定、修改集体企业章程;(2)按照国家规定选举、罢免、聘用、解聘厂长(经理)、副厂长(副经理);(3)审议厂长(经理)提交的各项议案,决定企业经营管理的重大问题;(4)审议并决定企业职工工资形式、工资调整方案、奖金和分红方案、职工住宅分配方案和其他有关职工生活福利的重大事项;(5)审议并决定企业的职工奖惩办法和其他重要规章制度;(6)法律、法规和企业章程规定的其他职权。集体企业的职工代表大会,可以设立常设机构,负责职工代表大会闭会期间的工作。常设机构的人员组成、产生方式、职权范围及名称,由集体企业职工代表大会规定,报上级管理机构备案。 (方文霖)

jiti qiye de zhongzhi
集体企业的终止(termination of collective-owned enterprise) 集体企业有下列原因之一的,应当予以终止:(1)企业无法继续经营而申请解散,经原审批部门批准;(2)依法被撤销;(3)依法宣告破产;(4)其他原因。集体企业终止,应当依照国家有关规定清算企业财产。企业全部财产按照下列顺序清偿各种债务和费用:(1)清算工作所需各项费用;(2)所欠职工工资和劳动保险费用;(3)所欠税款;(4)所欠银行和信用合作社贷款以及其他债务。集体企业财产如果不足清偿同一顺序的清偿要求,按照比例分配。集体企业仅以其全部财产独立承担民事责任。集体企业财产清算后的剩余财产,按照下列办法处理:(1)有国家、本企业外的单位和个人以及本企业职工个人投资入股的,应当依照其投资入股金额占企业总资产的比例,从企业剩余财产中按相同的比例偿还;(2)其余财产由企业上级管理机构作为该企业职工待业和养老救济、就业安置和职业培训等费用,专款专用,不得挪作他用。集体企业终止,必须依法办理注销登记并公告。 (方文霖)

jiti qiye fa
集体企业法(collective-owned enterprise law) 调整集体所有制企业设立、生产经营管理活动和企业与政府有关部门关系法律规范的总称。目前,我国并未统一制定一部集体企业法,对集体所有制企业的规制主要有《宪法》、《民法通则》、《公司法》以及国务院颁布的两部条例,即 1991 年 9 月 9 日《中华人民共和国城镇集体所有制企业条例》和 1990 年 6 月 3 日《中华人民共和国乡村集体所有制企业条例》。此外,还有农业部等部委颁布的若干部委规章。

我国的集体企业法在调整、规范、指导企业行为和内外经济关系时,遵循以下基本准则:维护集体企业的合法权益;除少数企业外,一般不赋予集体企业以法人资格;实现厂长(经理)负责制;实行按劳分配为主,按股分红为辅。 (方文霖)

jiti qiye guoyou zichan chanquan jieding
集体企业国有资产产权界定(definition of property right of state-owned assets in collective-owned enterprise) 国家依法划分和认定存在于集体所有制企业中国有资产的所有权归属,并明确国家作为所有者对这部分国有资产行使权利的财产范围和管理权限的法律行为。1994 年 11 月 25 日,我国国有资产管理局发布《集体企业国有资产产权界定暂行办法》,自发布之日起施行。本办法适用于注册为集体所有制性质的各种城镇集体企业(含合作社)资产的产权界定。各级国有资产管理部门是产权界定的主管机关,国有资产管理部门应会同有关部门负责组织实施产权界定工作。集体企业产权界定应分步实施,但发生下列情形,应当首先进行产权界定:(1)与外方合资、合作的;(2)实行公司制改组或股份合作制改造和与其他企业联营的;(3)发生兼并、拍卖等产权变动的;(4)由全民单位投资创办的集体企业,全民单位正进行清产核资的;(5)其他情形。产权界定应从查账入手,应当查阅财政、银行和其他部门的拨款拨物账单、投资单位拨入资金或实物的证明或收据,以及税务部门给予企业减免税等优惠的文件规定和减免数额;还可对照检查企业收款收物账和享受减免税额,上下结合,以确定国家投资或拨入资产。由于历史等原因,拨入资产手续不全,账单不存的,可以事实为依据,确定拨入资产。产权界定可依下列程序进行:(1)建立由国有资产管理部门、企业主管部门、财税部门、社会公正性中介机构和企业参加的产权界定小组,具体负责企业产权界定工作;(2)查阅有关资料和原始凭证;(3)进行清理和界定;(4)经界定属于国有资产的,由企业填报"国有资产产权界定表",报同级国有资产管理部门认定;(5)经认定的国有资产,要明确管理主体,办理有关法律手续;(6)调整会计项目,属于政府部门投资的办理产权登记手续。

集体企业国有资产产权界定遵循以下原则:(1)"谁投资,谁拥有产权"的原则,即从资产的原始来源入手,界定产权。凡国家作为投资主体,在没有将资产所有权让渡之前,仍享有对集体企业中国有资产的所有权。(2)在产权界定过程中,应本着"立足今后加强管理,历史问题处理适度"的工作原则,实事求是,公平公正地进行界定。既要维护国有资产所有者正当权益,也不得损害集体企业所有者的合法利益。(3)进行产权界定,应保持国家对集体经济法律、法规、政策的连续性和协调性。　　　　　　(马跃进　师湘瑜)

jiti qiye suodeshui

集体企业所得税(collective-owned enterprise income tax)　对从事生产经营的集体企业就其生产经营所得和其他所得征收的一种法人所得税。对集体企业征收所得税,是国家参与集体所有制企业利润分配的重要措施,也是国家税收的重要来源。通过征收此税,国家可以调节企业的利润分配,加强对集体企业的财务监督。1985年以前,我国对集体企业一直是按工商所得税的有关规定征收,国营企业上缴利润的制度改为征收企业所得税后,为了实行合理负担政策,对集体企业利润水平进行必要的调节,并完善集体企业所得税的征税办法,以正确处理国家、集体、个人的利益关系,1985年4月11日国务院发布了《中华人民共和国集体企业所得税暂行条例》,同年7月22日财政部颁布了《中华人民共和国集体企业所得税暂行条例实施细则》,从而建立了独立的集体企业所得税制度。集体企业所得税的纳税人是所有从事工业、商业、服务业、建筑安装业、交通运输业以及其他行业生产经营、实行独立核算的集体企业。计税依据是集体企业纳税年度的收入总额减除成本、费用、国家允许在所得税前列支的税金和营业外支出后的余额。集体企业所得税部分行业和企业规模实行统一的8级超额累进税率。最低一级是全年所得额在1000元以下的,税率为10%,最高一级是全年所得额在20万元以上的部分,税率为55%。集体企业所得税实行按年计征,按季或按月预缴,年终汇算清缴,多退少补的征收方法。为了促进集体经济发展和支持农业生产,以及边远贫困地区改变经济落后面貌,对集体企业所得税还规定了一些税收优惠政策和税收减免的照顾措施。1994年税制改革时,取消了按企业所有制形式设置所得税的办法,将集体企业所得税与国营企业所得税、私营企业所得税合并,统一征收内资企业所得税。　　(王　晶)

jiti qiye zhigong de quanli

集体企业职工的权利(right of workers and staffs of collective-owned enterprise)　集体企业的职工依照法律、法规和集体企业章程行使管理企业的权利。凡经本人提出申请,承认并遵守集体企业章程,被集体企业招收,即可成为该集体企业的职工。集体企业依法实行民主管理,职工的民主管理权利受法律保护。集体企业职工依照法律、法规的规定,在集体企业内享有下列权利:(1)企业各级管理职务的选举权和被选举权;(2)参加企业民主管理、监督企业各项活动和管理人员的工作;(3)参加劳动并享受劳动报酬、劳动保护、劳动保险、医疗保健和休息休假的权利;(4)接受职业技术教育和培训,按照国家规定评定业务技术职称;(5)辞退;(6)享受退休养老待遇;(7)其他权利。
　　　　　　　　　　　　(方文霖)

jiti qiye zhigong de yiwu

集体企业职工的义务(obligation of workers and staff of collective-owned enterprise)　集体企业职工应当履行下列义务:(1)遵守国家的法律、法规和集体企业的规章制度、劳动纪律,以企业主人的态度从事劳动,做好本职工作;(2)执行职工(代表)大会决议,完成任务;(3)维护企业的集体利益;(4)努力学习政治、文化和科技知识,不断提高自身素质;(5)法律、法规和企业章程规定的其他义务。　　(方文霖)

jiti suoyouquan

集体所有权(collective ownership)　劳动群众集体组织对其公共财产依法享有的占有、使用、收益和处分的权利。集体所有即集体组织全体成员所有。集体所有权是社会主义集体所有制在法律上的表现。根据1982年12月4日第五届全国人民代表大会第五次会议通过的《中华人民共和国宪法》第6条的规定,我国经济制度的经济基础是生产资料的社会主义公有制,包括全民所有制和劳动群众集体所有制。

集体所有权具有以下特征:(1)根据我国宪法和有关法律的规定,集体所有权的主体是城乡范围内的各种集体经济组织。它包括城镇中手工业、工业、建筑业、运输业、商业、服务业等行业的各种形式的经济合作组织,和农村的生产、供销、信用、消费等各种形式的经济合作组织,举办乡村集体所有制企业的乡或村集体组织,举办城镇集体所有制企业的城镇集体组织。这些经济组织主要是以成员户籍为划分标准的社区,如乡、镇、村、市、区、街道等。从理论上说,集体所有权属于社区内的全体成员,但由于社区内成员的自治能力不强,或者说难以在现有的人民代表大会之外创设一个能代表社区全体成员行使集体财产所有权的组织,实际上,集体所有权主要是由相应的基层政权组织,如乡镇政府、村民委员会、市、区政府、街道办等行使。如1990年国务院发布的《乡村集体所有制企业条例》第18条的规定,乡村集体企业的财产属于举办该企业的乡或者村范围内的全体农民集体所有,由乡或者村的农民大会或农民代表会议或者代表全体农民的集体经济组织行使企业财产所有权。而在实际执行过程中,乡村集体企业的财产所有权往往是由乡镇政府或村民委员会来行使的。另外,我国改革开放以来新兴的合作制经济属于集体所有制经济,其中新设立的合作制经济组织,如合作社、股份合作制企业,是该组织集体财产的所有权人。(2)集体所有权的客体具有广泛性。根据1982年《宪法》第9条、第10条的规定,一定范围的森林、山岭、草原、荒地、滩涂可依法为集体所有;农村和城市郊区的土地,除法律规定属于国家所有的以外,属于集体所有;宅基地和自留地、自留山属于集体所有。一切属于集体经济组织的公共财产,如集体企业财产、各种生产资料、文化、卫生、体育和生活设施、公共积累等,都是集体所有权的客体。(3)集体所有权的行使应贯彻所有权和经营权两权分离的原则,实行规范化的经营。表现为:集体企业的财产由集体组织授权企业自主经营,企业享有经营权。根据《乡村集体所有制企业条例》第6条、第19条,乡村集体企业实行自主经营、独立核算、自负盈亏。企业所有者可以决定企业实行承包、租赁等多种经营责任制形式进行经营,有权决定企业的经营方向、经营形式、厂长人选或者选聘方式、企业税后利润在所有者和企业之间的分配比例,有权决定企业的分立、合并、迁移、停业、终止和申请破产。企业所有者应当尊重企业的经营自主权。对集体所有的土地、森林、山岭、草原、荒地、滩涂和大型生产资料等实行承包经营,农民或其他经营者依法享有承包经营权,按照承包合同依法对集体财产占有、使用和收益。(4)根据1982年《宪法》第12条,社会主义的公共财产神圣不可侵犯,禁止任何组织或者个人用任何手段侵占或者破坏集体的财产。对集体的土地除国家依法征用外,任何组织和个人一律不得侵占或买卖。法律禁止无偿平调、无偿占有、扣用、挪用集体所有财产,禁止任意征用、征购或侵占、损毁集体财产,禁止非法向集体经济组织摊派、征收各种费用,禁止挥霍浪费集体所有的财产,禁止一切侵犯集体财产所有权的行为。 (刘砚海)

jiti xieshang

集体协商(collective negotiation) 亦称集体谈判或团体交涉,在我国又称平等谈判。用人单位与其职工代表为签订集体合同进行商谈的行为。国际劳工组织《促进集体谈判公约》(1981年第151号)将集体协商规定为"'集体谈判'一词适用于一个雇主、一些雇主或一个或数个雇主组织为一方同一个或数个工人组织为一方之间","进行的所有谈判。"在我国,集体协商是签订集体合同的必经程序,集体协商的内容和标准就是集体合同的内容和标准。

集体协商的特征是:(1)集体协商代表的人数对等。集体协商代表是用人单位内部的工会或职工代表与用人单位代表,双方人数对等,并且各派一名首席代表;(2)集体协商双方代表的法律地位平等;(3)集体协商的劳动标准不得低于国家的标准。

集体协商的原则包括:遵守法律、法规、规章及国家有关规定;相互尊重,平等协商;诚实守信,公平合作;兼顾双方合法权益;不得采取过激行为。

集体协商的内容 (1)劳动报酬。劳动报酬的内容应该包括:用人单位工资水平、工资分配制度、工资标准和工资分配形式;工资支付办法;加班、加点工资及津贴、补贴标准和奖金分配办法;工资调整办法;试用期及病、事假等期间的工资待遇;特殊情况下职工工资(生活费)支付办法;其他劳动报酬分配办法。(2)工作时间。工作时间的内容应该包括:工时制度;加班加点办法;特殊工种的工作时间;劳动定额标准。(3)休息休假。休息休假的内容包括:日休息时间、周休息日安排、年休假办法;不能实行标准工时职工的休息休假;其他假期。(4)劳动安全与卫生。劳动安全卫生的内容包括:劳动安全卫生责任制;劳动条件和安全技术措施;安全操作规程;劳保用品发放标准;定期健康检查和职业健康体检。(5)补充保险和福利。补充保险和福利的内容包括:补充保险的种类、范围;基本福利制度和福利设施;医疗期延长及其待遇;职工亲属福利制度。(6)女职工和未成年工特殊保护。女职工和未成年工特殊保护的内容包括:女职工和未成年工禁忌从事的劳动;女职工的经期、孕期、产期和哺乳期的劳动保护;女职工、未成年工定期健康检查;未成年工的使用和登记制度。(7)职业技能培训。职业技能培训的内容包括:职业技能培训项目规划及年度计划;职业技能培训费用的提取和使用;保障和改善职业技能培训的措施。(8)劳动合同管理。劳动合同管理的内容包括:劳动合同签订时间;确定劳动合同期限的条件;劳动合同变更、解除、续订的一般原则及无固定期限劳动合同的终止条件;试用期的条件和期限。(9)奖惩。奖惩的内容包括:劳动纪律;考核奖惩制度;奖惩程序。(10)裁员。裁员的内容包括:裁员的方案;裁员的程序;裁员的实施办法和补偿标准。(11)集体合同期限。集体合同是一种有固定期限的合同,其期限为1—3年。(12)变更、解除集体合同的程序。(13)履行集体合同发生争议时的协商处理办法。(14)违反集体合同的责任。违反集体合同的责任是集体合同的保证条款。其内容应该包括:双方当事人违约时应该承担何种责任,如何确认违约责任,免责条款等。(15)双方认为应当协商的其他内容。双方认为应当协商的其他内容是对未尽事项的补充。

集体协商的程序 集体协商任何一方均可就签订集体合同或专项集体合同以及相关事宜,以书面形式向对方提出进行集体协商的要求。一方提出进行集体协商要求的,另一方应当在收到集体协商要求之日起20日内以书面形式给以回应,无正当理由不得拒绝进行集体协商。用人单位无正当理由拒绝工会或职工代表提出的集体协商要求的,按照《工会法》及有关法律、法规的规定处理。集体协商未达成一致意见或出现事先未预料的问题时,经双方协商,可以中止协商。中止期限及下次协商时间、地点、内容由双方自定。

集体协商争议的处理 (1)由双方当事人协商;(2)当事人一方或双方可以书面向劳动保障行政部门提出协调处理申请;(3)劳动保障行政部门认为必要时也可以进行协调处理。协调处理机构人员由劳动保障行政部门、同级工会和企业组织等三方人员组成。

(邵 芬)

jiti xieshang daibiao

集体协商代表(representative of collective negotiation) 按照法定程序产生并有权代表本方利益进行集体协商的人员。集体协商双方的代表人数应当对等,每方至少3人,并各确定1名首席代表。职工一方的协商代表由本单位工会选派。未建立工会的,由本单位职工民主推荐,并经本单位半数以上职工同意。职工一方的首席代表由本单位工会主席担任。工会主席可以书面委托其他协商代表代理首席代表。工会主席空缺的,首席代表由工会主要负责人担任。用人单位一方的协商代表,由用人单位法定代表人指派,首席代表由单位法定代表人担任或由其书面委托的其他管理人员担任,但首席代表不得由非本单位人员代理,用人单位协商代表与职工协商代表不得相互兼任。集体协商双方首席代表可以书面委托本单位以外的专业人员作为本方协商代表,委托人数不得超过本方代表的1/3。协商代表履行职责的期限由被代表方确定。

集体协商代表的职责 (1)参加集体协商;(2)接受本方人员质询,及时向本方人员公布协商情况并征求意见;(3)提供与集体协商有关的情况和资料;(4)代表本方参加集体协商争议的处理;(5)监督集体合同或专项集体合同的履行;(6)法律、法规和规章规定的其他职责。

集体协商代表的义务 (1)协商代表应当维护本单位正常的生产、工作秩序,不得采取威胁、收买、欺骗等行为;(2)协商代表应当保守在集体协商过程中知悉的用人单位的商业秘密。

集体协商代表权利的保护 (1)企业内部的协商代表参加集体协商视为提供了正常劳动。(2)职工一方协商代表在其履行协商代表职责期间劳动合同期满的,劳动合同期限自动延长至完成履行协商代表职责之时,除出现下列情形之一,用人单位不得与其解除劳动合同:严重违反劳动纪律或用人单位依法制定的规章制度的;严重失职、营私舞弊,对用人单位利益造成重大损害的;被依法追究刑事责任的。(3)职工一方协商代表履行协商代表职责期间,用人单位无正当理由不得调整其工作岗位。职工一方协商代表就以上的权利享受与用人单位发生争议的,可以向当地劳动争议仲裁委员会申请仲裁。

集体协商代表的更换 工会可以更换职工一方协商代表;未建立工会的,经本单位半数以上职工同意可以更换职工一方协商代表。用人单位法定代表人可以更换用人单位一方协商代表。协商代表因更换、辞任或遇有不可抗力等情形造成空缺的,应在空缺之日起15日内按有关规定产生新的代表。

(邵 芬)

jiyue jineng

集约机能(the enginery of intensivism) 经济法集中国家的经济力,保障国民经济良性运行和健康发展,全面实现经济集约化的机能。它主要表现在以下几个方面:(1)促进集约经营。通过经济法,把生产资料、资金、技术和劳动力集中在同一生产上,而不是分散在若干不同的生产上,从而提高经济效益,促进社会生产力的发展。(2)促进经济联合。通过经济法形成横向经济联合和垂直经济联合,以实现生产集中和资本集中。(3)促进统一市场的形成和发育。通过经济法,打破分割的市场、地方保护主义的市场,使市场得以按照商品经济的规律形成和发展。(4)促进与国际经济的联系。经济法使本国经济在独立自主的基础上,不断扩大双边、多边及国际经济联系,提高本国经济竞争力和经济实力。

(赵 玲)

jihua

计划(plan) 未来行动的方案。它包括三个主要特征:它必须与未来有关;它必须与行动有关;它必须有某个机构负责促进这种未来行动。

计划法中的计划指国家计划,即国民经济和社会发展的总体规划和全面设计。它是国家对某一时期内整个社会再生产的主要方面作出的总体部署与安排,是国家组织、管理、掌握、控制社会经济的必要手段。为了弥补市场固有的市场失灵、盲目竞争的缺陷,保证市场经济的稳定、协调与高速发展,计划发挥着其不可替代的作用。其作用在于根据国情合理地制定国民经济和社会发展的战略、目标、速度、规模和效益,合理地安排生产力布局和产业结构,促进供求平衡,物价稳定,并为企业的微观经济决策提供信息,引导其健康发展。计划是现代市场经济国家干预经济进行宏观调控的必要手段之一。

计划的性质 在不同的经济体制下,计划的性质是不同的。计划经济体制下,国家计划是指令性的。在社会主义市场经济体制下,国家计划在总体上是指导性的,国家计划是国家的综合纲领,集中体现宏观调控的总体目标。市场经济体制下的国家计划,具有三个基本特征:(1)国家计划具有宏观性。国家计划的制定对象基本上都是全国性的,是对国家的未来作出的总体规划与部署。国家计划的宏观性还表现在,它不对市场主体即企业的经营活动进行直接的调整,而着眼于整体,以市场为基础,尊重经济规律作出整体规划,以间接的经济、法律等手段,引导市场主体遵循其计划,既维护了经济的统一协调发展,又尊重了市场主体的自主经营权。总之,国家计划的宏观性就是其在范围上的全面性,内容上的综合性,调节手段的间接性,以及由此所决定的在计划方案上的粗线条性、轮廓性。(2)国家计划在时间上具有中长期性。按计划时间可把计划分为三类:短期、中期、长期。短期计划即年度计划,中期计划一般为3到7年,长期计划一般是10到20年的远景规划。国家计划之所以具有中长期性,主要是由于其面临问题复杂性和涉及时间的长期性决定的。总之,国家计划多为中长期计划,短期计划只是中长期计划的具体实施步骤,没有中长期计划,国家计划也就失去了其存在的意义。(3)国家计划具有战略性与指导性。这是由国家计划的作用与目的决定的。市场经济下,国家计划制定的目的就是弥补市场调节手段的不足,促进国民经济持续、快速、健康的发展,这就要求国家计划的制定具有战略性与指导性,站在整个社会发展的高度,遵从市场规律,同时考虑到计划制定者的局限性。

计划的职能 市场经济条件下,国家计划具有以下职能:(1)预测经济前景,提供宏观经济信息指导。(2)确定国家与社会发展的宏观经济目标。这也是国家计划的最基本内容。(3)发挥计划的调节作用,弥补市场机制的固有缺陷。这既是计划的重要职能,又是计划在市场经济条件下存在的重要原因。

计划调控 计划调控是指国家为使计划目标在社会生活中全面实现,而运用各种手段,对宏观经济发展进行调节与控制的行为。我国计划调控的形式有以下几种:(1)指令性计划,指国务院及其明确授权的部门和地方人民政府,依法定权限和程序,对关系到国计民生的重要产品中需要由国家调拨分配的部分,对关系经济全局的重大经济活动,制定和逐级下达的必须保证执行的计划指标。(2)指导性计划,指国家用于指导和调控国民经济和社会事业发展,对除指令性指标以外的其他重要产品、建设项目和经济活动下达的通过有关部门管理的,主要依靠经济手段促使其实施的计划指标。(3)政策性计划,指以经济和社会政策为对象和内容的计划形式。国家通过对各种主要经济、社会政策的规划设计和实施运用,调节经济系统的功能和指导经济生活的运行,创造稳定的、良好的宏观经济环境。

计划和规划 计划和规划二者并无本质区别。不过,计划多用于中短期计划,规划习惯用于长期计划和专项计划,如我国的《国民经济和社会发展十年(1991—2000)规划》。一般来说,规划的内容比较简略,是粗线条的。

计划和计划经济 计划和计划经济是两个有区别的概念。计划经济是指一种经济体制,一般是指以国家计划为配置社会资源的基本手段的高度集中的经济体制。计划经济体制下必然运用计划手段,但是,不能说运用计划手段就是实行计划经济体制,因为市场经济体制也有计划。

计划和计划体制 计划体制是计划管理的制度的总称。有计划和计划管理,必然有计划体制。计划的作用、性质、范围、程度取决于不同的计划体制。计划体制改革,是指转变计划管理的职能,更新计划观念,改革计划方法,但不是否定计划的作用。

计划与市场 计划与市场是一组相对应的范畴,是资源配置的两种不同调节机制。传统计划经济体制以计划调节为资源配置的唯一机制,传统市场经济体制以市场调节为资源配置的唯一机制,而现代市场经济则并用两种机制对资源进行配置。市场调节与计划调节并不是对立的,而是相互作用的,那种认为现代市场经济排除计划调节的认识是不正确的。我国实行社会主义市场经济体制以来,传统的计划概念及体制得到了根本转变。传统计划体制以指令性计划为主,计划调节的对象直接指向企业,这一缺陷已成为学界共识;现代市场经济的计划调节以指导性计划为主,计划不直接面对企业,而是通过市场间接调控企业行为,并以此促进国民经济的总量平衡、结构合理和协调发展。

(赵 燕 王兴运)

jihua fazhan zhidu
计划发展制度(system of planned development)可再生能源计划发展制度是政府依法制定可再生能源未来发展方案并付诸实施的法律制度。计划发展制度适用于可再生能源开发利用的各个方面,是确定一国可再生能源发展方向的重要手段,因而是各国普遍采用的可再生能源法律制度。这项制度一般由计划制定和计划实施构成。计划制定主体一般是政府主管部门,如美国的能源部、韩国的动力资源部。计划事项一般包括:计划目标和期间,拟开发技术种类和目标,计划推进方式,预算资金等内容,计划一般由计划制定主体实施。如韩国1987年的《替代能源开发促进法》明确规定了可再生能源计划发展的计划制定主体和程序,计划实施等内容。有些国家的计划不一定是法律制度,却通过行政程序得到了有力的贯彻,并发挥了很好的作用,如日本先后实行的"绿色能源计划"、"日光计划"、"月光计划"。

(张璐)

jihuafa
计划法(plan law) 关于国民经济和社会发展计划的编制、审批、实施和监督的法律规范的总称。

调整范围 计划法的调整对象是计划关系,即是国家运用计划手段,对国民经济进行一定程度和一定范围的干预、调控、组织、管理过程中产生的社会关系,具体表现为国家计划的决策、编制、审批、下达、执行、调整、监督、检查过程中所产生的社会关系。它主要是在国家宏观经济计划的制订和实施中产生的,以各种主体之间的责、权、利为内容的计划关系。这些计划关系大体可分为两类:一类为间接计划关系,即国家主要通过运用各种经济政策、经济杠杆和经济法规来引导各企事业单位,使其经济活动纳入国家计划的轨道,完成国家计划任务时所产生的计划关系。另一类是直接计划关系,即由国家直接下达指令性的计划指标,规定计划任务;同时国家也相应地为这些单位提供进行生产经营所必需的各种条件,由企事业单位保证完成国家计划时所产生的计划关系。

法律地位 计划法是经济法的"龙头法"。在市场经济体制下,计划依然是国家对市场经济进行事前调节和宏观调控的重要手段,同时,它还体现着各种经济政策和经济手段的协调,体现着市场机制运行的方向和目标。因此,国家必然要把计划加以法律化,并以此作为国家进行宏观调控和引导经济运行的依据,这就使得计划法的存在显得十分必要和重要,并且现代市场经济的发展对计划法制提出了比以前更高的要求。因而,无论是在计划经济体制下,还是在市场经济体制下,计划法都是经济法的"龙头法"。

基本原则 计划法的原则,是贯穿于计划法的立法、执法、司法、守法和法律监督的全过程的指导思想和根本准则。(1)遵循市场经济规律原则。在市场经济体制下,遵循客观规律就是要以市场为配置资源的基础方式,注重自觉运用价值规律,充分发挥市场调节的作用。对于计划法来说,就是只有在市场缺陷导致市场无法自我调节的时候,包括计划在内的宏观调控等手段才可以起补位的调节作用。(2)综合平衡与协调原则。计划立要从整个国民经济的协调发展和社会经济总体效益出发来调整国民经济结构和经济政策关系,以促进社会经济的协调、稳定和发展。(3)兼顾国家、集体、个人三方利益原则。兼顾国家、集体、个人三方利益原则,在实体上要求在强调和保证中央计划的统一性的同时,也不能忽视对集体和个人利益的保护;在程序上要求以国家利益为重,以集体利益为次重,但是,在某些特殊情况下,应当允许集体或地方的利益优先于国家利益。反映在计划法上,就是要明确界定中央和地方的计划权限,注重由于地区各方面条件的差异,赋予计划以一定的灵活性。

基本任务 依据社会主义市场经济规律的基本要求,从我国的实际情况出发,计划法规定的国家计划的总体任务应主要包括三个方面:(1)合理确定国民经济和社会发展的战略、宏观调控目标和产业政策;(2)搞好经济预测;(3)规划基本经济结构、生产力布局、国土整治和重点建设。对国家计划任务的法律规范,昭示了计划的功能,对各具体计划的制定和实施具有重要的指导意义。

立法现状 我国非常重视对计划关系的法律调整,先后制定了《国民经济计划编制暂行办法》(1952年1月)、《关于编制国民经济年度计划暂行办法(草案)》(1953年8月)、《中华人民共和国国家计划委员会暂行组织通则》(1955年10月)、《关于改进计划管理体制的规定》(1958年9月)、《关于改进计划体制工作的若干暂行规定》(1984年10月)、《关于大型工业联营企业在国家计划中实行单列的暂行决定》(1987年3月)等一系列法律法规。这些法律法规对于加强当时的计划工作和完善我国的计划法制发挥了重要的作用。但由于形势的发展变化,特别是我国市场经济体制的建立,这些法律法规已不能完全适应经济发展的需要,尽快制定中国特色的计划法已迫在眉睫。

(王兴运 赵燕)

jihua falü guanxi
计划法律关系(plan legal relation) 在计划过程中所产生的权利义务关系。它是在计划的编制、审批、下达、执行、调整、监督检查过程中发生的权利义务关系,主要包括国民经济各部门之间、上下级之间、区域之间和社会再生产各个环节之间所发生的所有计划法律关系。计划法律关系具有间接性、广泛性、综合性的特征。所谓间接性是指它一般不具有直接性的经济内容,而主要是有关计划的职责、权限、权利与义务等内容。所谓广泛性是指计划法涉及社会经济生活的方方面面,具有战略的综合指导意义。所谓综合性是指计划法律关系既包括上下级计划部门之间、下达部门与执行单位之间的具有隶属性质的计划关系,又包括平等主体之间分工协作共同完成计划的平等的计划关系,两者并存。计划法律关系的要素包括计划法律关系的主体、内容和客体。

计划法律关系的主体 计划法律关系主体,简称计划主体,是指依照计划法享有权利并承担义务的计划法律关系的参加者或当事人。按照计划程序的不同阶段,可以将计划主体分为计划管理主体、计划执行主体和计划监督检查主体。(1) 计划管理主体。亦可称为计划权力主体,是指在计划的制订与实施过程中,依据计划法享有管理职责的国家经济管理机关,简称为计划机关。(2) 计划执行主体。是指具体履行计划的有关组织,既包括国家机关,也包括企业法人和非法人组织。这类主体具有普遍性和不确定性。所谓普遍性,是指凡是一般的市场经济主体,均可成为计划执行主体;所谓不确定性,是指它们在实践中又不一定都是计划执行主体,而是要看它们是否参与到具体的计划法律关系当中。(3) 计划监督检查主体。是指对计划从制订到实施的全过程进行监督、检查的计划主体。计划监督检查主体的范围要远远大于前两类主体。

计划法律关系的内容 计划法律关系的内容是指计划法律关系主体所享有的计划权利和所承担的计划义务。计划权利和义务的具体内容和范围因主体的法律地位和处于直接计划和间接计划的不同而不同。在间接计划关系中,当主体是企事业单位时,其计划权利和义务的履行只能是间接的,如不履行,所受到的只是经济政策、经济杠杆的惩罚,而不会是国家机关的直接制裁。但在直接计划关系中,主体的权利义务是对应的,一方的权力就是他方的义务,任何一方不履行义务,都要向对方承担相应的责任,受到直接的制裁。

计划法律关系的客体 计划法律关系的客体是指计划法律关系的权利和义务所共同指向的对象。主要是指计划行为和计划任务。计划行为是指计划的编制、审批、下达、执行、调整、修改、监督检查过程中,计划主体所进行的行为。计划任务是指以价值指标和实物指标形式所表现的社会产品和以指标形式所体现的其他计划任务。它通过计划体系和计划指标反映出来。

(王兴运 赵 燕)

jihua falü zeren

计划法律责任(liability of plan legal) 违反计划法所应承担的法律责任,是法律责任在计划法领域的具体化。承担计划法律责任的主体包括国家、计划管理主体和计划执行主体三类。其中计划管理主体和计划执行主体又有单位和个人之分。在这三类责任主体中,计划管理主体和计划执行主体是主要的责任主体,国家则只在计划执行主体遭受巨大损失,不宜、也无法单独承受时,承担国家赔偿责任。

计划违法行为是指违反计划法律规范应追究其计划法律责任的行为。计划违法行为违反计划法律规范,影响计划的制定与执行,给国民经济和社会发展造成十分严重的损害后果。计划违法行为因违法行为发生的环节不同可分为:

计划制订中发生的违法行为。包括缺乏科学根据和充分论证的决策失误;违反决策程序,决定计划任务和项目造成巨大失误和经济损失;违反计划法规定的权限和程序,擅自制订、上报、审批、下达、修改计划或建设项目;违反计划法规定的权限和程序,未经计划部门综合平衡列入计划,擅自实施建设项目;在计划编制上报、审批、下达、调整过程中弄虚作假;不按规定提供和上报有关计划制定和实施的数字、资料及其他情况,泄露国家计划秘密等。

计划实施中的违法行为。包括执行指令性计划弄虚作假,造成严重经济损失;不按要求执行指令性计划;擅自将国家指令性计划产品转为计划外自行销售;截流、套购和非法挪用、转让国家计划统配物资、资金;利用职权索贿受贿;负有监督检查职责的机关和人员对应监督检查的不检查或怠于检查造成损失的以及对检查中发现的问题未及时上报或对违法行为应予制止而未予制止,造成严重损失的。

计划法律责任可分为三类:民事责任、行政责任、刑事责任。

计划法律责任的追究一般以过错责任为原则,责任人是否有故意或过失是其是否承担责任的一个标准,但也不排除应用法定的无过错责任及不可抗力等的免责。

(赵 燕 王仙芳)

jihua jiandu jiancha

计划监督检查(inspection of plan supervision) 在国民经济和社会发展计划的执行过程中,对执行单位完成计划的情况进行察看和督促,并明确存在问题的计划管理行为。计划的监督检查是职能部门和被检查单位对国家应尽的法定义务,是计划程序的重要组成部分,也是增强计划的严肃性,提高计划水平的重要环节。我国法律规定,计划的监督检查机关主要有:各级权力机关、各级行政管理机关、职能部门等。上述部门有权对同级和下级计划执行情况进行监督检查,同时有义务将检查情况及时向权力机关和上级机关报告。计划执行单位有义务接受有关机关的监督和检查,并如实提供数据、报告资料等。

计划的监督检查因监督检查的机关不同而分为如下几种类型:(1) 权力机关的监督检查。即各级人民代表大会及其常委会,对同级计划的执行情况进行监督和检查。各级人大及其常委会是法定的监督机关,是计划的审批机关,能更有效地监督检查计划的执行情况。(2) 行政管理机关的监督检查。即各级人民政府和纪委及其主管部门,对所属单位计划实施情况进行经常性的监督检查。(3)职能部门的监督检查。即统计、财政、银行、物价、税收、审计和工商行政管理等职能部门，在各自职能范围内对计划的执行情况进行监督和检查。在检查中，如发现计划执行单位有违反计划法和其他有关法规的情况，拒绝和阻挠监督检查计划执行情况和弄虚作假的，职能部门有权给予警告、通报、经济制裁或提交上级主管部门追究其责任。(4)社会的监督检查。即人民群众的监督检查，这是最经常的、最直接的、最广泛的监督检查。

计划监督检查的内容：计划制定和实施是否符合法定程序；计划的内容是否符合事实；保证计划执行的政策和措施是否落实及其落实的情况；计划执行过程中是否有违法行为等。

计划的监督检查可采用多种方法，除大量地运用统计资料，进行经济定量分析外，还要深入实际，调查研究，利用抽样调查、典型调查、现场考察、举行小型座谈会、听取和研究下级的计划检查报告等方法。

（赵　燕　王兴运）

jihua jingji

计划经济（planned economy） 在生产资料公有制基础上有计划地发展国民经济的一种经济制度。计划经济具有以下基本特征：(1)生产资料所有制以公有制为基础。生产资料公有制的比重越高，特别是生产资料全民所有制的比重越高，越有利于实行计划经济。虽然在不同的计划经济体制下，所有制的结构会不同，但生产资料公有制都占主导地位。(2)经济决策权高度集中。宏观经济决策权集中于中央政府，微观经济决策权也高度集中于中央政府。(3)计划是经济调节的主要手段，计划在经济资源配置中发挥着基础性作用。(4)行政管理是政府管理国民经济的主要方式，行政强制和精神动员是主要的经济刺激手段。(5)信息纵向传递。计划的制定和执行、行政命令的下达和执行都依赖于纵向的信息传输。

传统理论认为，实行计划经济，可以使国家按照客观经济规律，从国民经济的实际情况出发，制定统一计划，合理配置人力、物力、财力，使整个社会生产和再生产有计划地进行，实现社会生产和社会需要之间的平衡，符合社会化大生产的要求。我国曾长期实行计划经济体制。从实际情况来看，计划经济在一段时间内确实发挥了很大作用。通过实行计划经济体制，我国的经济建设取得了巨大成就，社会生产力得到巨大发展，人民生活水平得到了显著提高，综合国力得到大幅提升。但是，计划经济体制应当从实际情况出发进行改革，建立符合社会主义基本国情的社会主义市场经济体制。

（张长利）

jihua jingji guojia de jingjifa

计划经济国家的经济法（economic law in planned economy country） 计划经济国家是从经济体制的角度对社会主义国家所作的一种理论概括。计划作为经济手段，在资本主义国家和社会主义国家都存在，但是作为经济体制，则将两种类型的国家划分为市场经济国家和计划经济国家。计划经济体制是一种国家通过计划来调节国民经济的体制。在社会主义国家中，苏联和东欧国家在发生剧变后，已经采取了资本主义的市场经济体制。计划经济国家的经济法指的是苏联和东欧国家剧变之前的经济立法情况。

（赵　玲）

jihua jingji weizhu shichang tiaojie weifu

计划经济为主、市场调节为辅（relying mainly on planned economy with market adjustment subsiding） 我国改革开放初期，在对传统高度集中的计划经济体制进行改革的过程中，对计划与市场关系的一种认识和概括。其主要内容是，我国在公有制基础上实行计划经济；有计划的生产和流通，是我国国民经济的主体。同时，允许对部分产品的生产和流通不做计划，由市场来调节，也就是说，根据不同时期的具体情况，由国家统一计划划出一定的范围，由价值规律自发地起调节作用。这一部分是对计划生产和流通的补充，是从属的、次要的，但又是必需的、有益的。1982年中共十二大报告正式提出："正确贯彻计划经济为主、市场调节为辅的原则，是经济体制改革中的一个根本性问题。""计划经济为主、市场调节为辅"原则的提出，是对把计划经济与商品经济完全对立起来的传统观念的重要突破，具有重要意义。在这一原则指导下，在社会主义经济中开始引入和发挥市场机制的作用，重视价值规律的作用。从1978年至1984年，"计划经济为主、市场调节为辅"成为经济改革的指导模式。但是，这一概括仍然没有认识清楚计划与市场的关系，把计划当作社会主义制度的本质，计划是国民经济运行的基础，而市场调节只是补充，二者作用于不同的经济领域，计划排斥市场调节，二者不能相互混淆。因此，这一原则作用有限。

（张长利）

jihua jingji yu shichang tiaojie youji jiehe

计划经济与市场调节有机结合（combination of planned economy and market adjustment） 在我国经济体制改革的特定阶段对计划与市场关系的一种认识，是从1989年以后开始的治理整顿期间经济运行的目标模式。这里的计划经济概念已与传统的计划经济概念不同，不仅包括指令性计划，还包括指导性计划，重视供求、价格、竞争等市场机制的作用，认为指导性计划可以与市场机制有机结合。其主要内容是:(1)我国社会主义经济是以公有制为基础的有计划商品经济,实行计划经济同发展商品经济不是彼此排斥而是相互统一,既要发挥计划经济的优越性,又要发挥市场调节的积极作用。(2)计划经济与市场调节应当有机结合,结合的形式大体上有三种:一是指令性计划,但其制定和实施也必须考虑市场供求关系和自觉运用价值规律;二是指导性计划,为经济活动指明方向和目标,主要依靠经济政策和经济杠杆促其实现;三是市场调节,是在国家总体计划指导和法律约束下,通过市场供求关系和价格变动来进行的。(3)这三种结合形式的具体运用和比例关系,应当根据不同所有制性质和不同企业、不同社会生产环节和领域、不同产业和产品而有所不同,并且应当根据不同时期的实际情况经常进行必要的调整和完善。(4)在宏观上自觉注意综合平衡,协调重大比例关系,并综合运用经济、法律、行政手段调控经济运行。根据"计划经济与市场调节有机结合"的原则,在实践中对关系国计民生的重要产品的生产和分配,仍实行指令性计划管理,对其他大量的产品主要实行指导性计划和市场调节;对固定资产投资和重要建设项目,实行政府决策和计划管理,同时在投资使用、项目设计和施工管理上引入市场竞争机制;对全民所有制大中型企业的重要经济活动实行指令性计划或指导性计划管理为主,对城乡集体经济主要实行指导性计划或市场调节,对个体经济、私营经济和外资企业实行市场调节。

(张长利)

jihua shishi

计划实施(action of plan) 计划的执行。是继计划编制、审批后的又一个基本环节。它是计划在国民经济和社会发展中发挥指导、组织和管理作用的必经程序和决定性阶段。在我国,计划经法定程序正式批准后,便具有法律效力,一般不作修改或调整。除非遇到以下特殊重大情况:发生了特殊重大的自然灾害,严重影响了原定计划任务的完成;发生了未能预料的重大情况,必须改变计划;国际关系发生重大变化,严重影响国内经济生活;发生其他特殊重大情况,必须改变计划等等。

计划的实施因指令性和指导性计划指标的要求不同而不同。对国家下达的具有强制性的指令性计划指标,有关部门、地方和单位必须按计划要求执行,否则,要承担法律责任。其中,因指令性计划指标分为必成指标和限额指标两种,计划执行单位对国家下达的必成指标,必须按要求保证完成和超额完成,对国家下达的限额指标,则要严格控制,不得层层加码,任意突破。对国家下达的不具有强制性和约束力的指导性计划,有关部门、地方和单位,应按国家计划的总体要求和指导方向,根据原材料、能源、资金的可能性和市场需要,自行安排生产和销售。国家则主要通过运用各种经济杠杆和经济法规手段,促进计划的实现。

计划实施手段有经济手段、法律手段和行政手段。经济手段是通过调整经济利益关系而间接发挥其调节作用,它包括实施各种经济政策措施和利用经济杠杆等。法律手段主要是通过经济立法和执法来调节经济活动。行政手段是指政府机构运用行政权力对市场、企业和有关经济活动所进行的超经济行政强制。在社会主义市场经济条件下,计划的实施主要应采用经济办法和法律手段,通过宏观引导,使各单位的主要经济活动符合国家计划的要求。具体实施可从以下几方面进行:其一,把国家计划任务和有关的经济政策措施作为信息,向全社会各企业和基层单位公布,由他们根据提供的信息编制本单位的计划,以使国家计划得以具体落实。其二,广泛推广经济合同制,既遵从了国家的发展计划又充分发挥了市场主体的能动性。其三,通过国家下达极少量、必要的指令性计划指标来落实,仅限于特定行业、特定部门、特定产品,且不能违背市场规律。

在市场经济体制下,国家经济计划大多不具有强制性,只起到指导作用,主要靠经济、法律手段来加以贯彻。在通过各种手段来实现计划目标的情况下,计划的协调就日显重要。在计划实施协调过程中,应注意解决以下问题:(1)协调的范围。在社会主义市场经济体制下,由于指导性计划范围的不断扩大,计划协调的范围也日渐扩大。在大多数情况下,计划执行单位都可以进行计划实施协调。(2)协调的方法。在计划实施协调中,应广泛和大力推行合同制。计划执行单位可以以合同的方式进行协作,共同完成国家的经济计划。(3)协调的权限。涉及整个国家宏观方面的协调,由国务院计划主管部门负责。国务院计划主管部门,负责全国的经济政策、经济杠杆和有关重大经济活动的协调。地方各级计划主管部门负责本地区内的协调。(4)资料的提供。为保证计划协调的有效、及时,财政、金融、统计等部门有义务为计划主管部门及时提供有关资料。

(赵 燕 王兴运)

jihua tixi

计划体系(plan system) 国民经济和社会发展的各种计划有机结合的统一整体。我国的国民经济和社会发展计划体系由各个环节、各个层次、各种期限、各种性质的计划组成。按层次划分,可分为国家计划、地方计划和部门计划;按期限划分,可分为长期计划、中期计划和年度计划;按性质划分,可分为指令性计划和指导性计划;按内容划分,可分为生产计划、固定资产投资计划、物资分配计划、商业外贸计划、利用外资和外汇计划、物价计划、劳动工资计划、人口计划、文教卫生计划等三十多种内容不同的计划。按范围划分，可分为综合计划、行业计划、和专项计划。

　　国家计划　国家计划是由国家计委负责组织编制，国务院审定，全国人民代表大会审议批准的计划。国家计划规定全国的经济和社会发展的战略目标、方向、主要任务和实施措施、产业政策，做好全国的综合平衡和生产力布局等。国家计划在整个计划体系中居于主导地位，是制定地方计划和部门计划的依据。

　　地方计划　地方计划是指省、自治区、直辖市和计划单列市、市、县等所编制的计划。地方计划是国家计划在各地方的具体化，它根据国家计划，结合本地区的实际情况，确定本地区的经济和社会发展的具体目标、任务、措施。

　　部门计划　部门计划是指经济主管部门编制的本部门所属行业的经济发展计划，它根据国家计划的总体要求和有关控制指标制定，并与国家计划基本一致。

　　长期计划　长期计划又称为长远规划或远景规划，指国家经济和社会发展10年或10年以上的计划。长期计划是一种战略性的计划，在计划体系中处于主导地位。它解决国民经济和社会发展中阶段转换、发展模式变换等具有长期性、方向性的问题。侧重确定发展方向和战略目标，规划发展战略重点、发展速度和重大比例关系，科技发展方向、重大建设和技术改造项目、生产力布局和战略措施等。长远计划是制定中期、短期计划的依据，它有利于充分吸收技术进步的成果，有效的完善产业结构、技术结构，改善地区布局，创造良好的生态环境，具有动员、鼓舞群众的重大作用。

　　中期计划　中期计划即5年计划，是长期计划的具体化，又是年度计划的依据，在计划体系中占有举足轻重的地位。中期计划是实现长期计划的阶段性计划，主要解决中期经济发展中的总量和结构矛盾，实现资源的合理配置。中期计划是衔接长期计划和年度计划的纽带，它不仅适应大量经济发展过程的阶段要求，而且比长期计划期限短，预见性好，指导作用优越于长期计划。

　　短期计划　一般是指年度计划，是根据长期计划和中期计划的要求和本年度的具体情况制定的具体执行计划。其内容比中期计划更具体一些，主要是对中期计划确定的政的目标、任务加以落实，在保证中长期计划的稳定性和连续性的同时，根据国内外经济环境的变化对中长期计划进行适当的调整或提出具体的计划任务和政策，针对经济运行中的各种突出矛盾，提出具体的宏观控制目标，采取正确的政策措施实现年度宏观控制目标。

　　综合计划　综合计划是指国家依法制定的国民经济和社会发展计划，是国民计划体系中最重要的计划形式，包括国民经济、科技进步和社会事业三大方面的内容。

　　行业计划　行业计划是全国性的各行业、部门系统的计划，是综合计划中有关内容的具体化，包括行业发展目标、发展方向、发展重点等内容。

　　专项计划　专项计划是某一重要领域或特定时期的专门计划，是国家为实现特定目标而制定的特殊计划。

　　在社会主义市场经济体制下，中央计划、部门计划、地方计划、综合计划、行业计划、专项计划、长期计划、中期计划、短期计划等都同等重要，不可或缺，它们有机结合共同构成了完整的计划体系，密切联系保证了计划的科学性、连续性和稳定性，互相配合促进了国民经济的稳定、协调和发展。　　　（赵　燕　王兴运）

jihua tiaozheng

计划调整（adjustment of plan）　在计划执行过程中，因情况变化，依法定权限和程序对计划的变更和修改。计划一经下达，必须严肃对待，只有在出现法定应予变更和修改的事由时，才得变更修改。

　　计划调整原因　国民经济和社会发展计划，经法定程序正式批准后便具有法律效力，一般不作修改或调整。只有遇到下列特殊情况时，才能修改或调整计划：(1) 发生特殊重大的自然灾害，严重影响原定计划任务完成的。(2) 发生未能预料的重大情况，必须改变计划的。(3) 国际关系发生重大变化，严重影响国内经济生活的。(4) 发生其他特殊重大情况，必须改变计划的。

　　计划调整种类　无论是中央计划、部门计划，还是地方计划，当发生上述可修改或变更的情况时，均可以进行调整。计划调整依据不同的标准，可以进行不同的分类。依据调整范围的不同，计划调整可分为全部调整和部分调整；依据调整内容的不同，计划调整可分为计划执行主体的调整和计划指标的调整；依据调整时间的不同，计划调整可分为计划实施前的调整和计划实施中的调整。无论那种调整，都必须基于法定的原因。

　　计划调整程序　计划调整和计划制定一样都必须严格按照法定程序，依法进行。具体来讲，全国性的国民经济和社会发展计划的调整由国务院批准，地方性的国民经济和社会发展计划的调整由同级地方人民政府批准。要求调整计划的时间，一般应在当年前三季度进行。除特殊情况外，不能临近年终再要求调整。同时，计划的调整必须坚持实事求是的原则，不能为了局部利益，能完成的计划而借口完不成要求调整。

　　国民经济和社会发展计划是一个有机联系的整体，某一计划的修改可能影响到其他机关计划的执行，所以计划的调整要严肃慎重，必须事先与有关单位协调。调整计划的审批权限和审批程序,应按分级管理的规定,按原计划的审批权限和程序,由原审批关审批。
(王兴运　赵燕)

jihua zhibiao tixi
计划指标体系(plan target system)　一国计划之中的全部指标总和构成计划指标体系。计划指标是计划的有机组成部分,是计划的具体量化表现,在计划立法中不可或缺。计划指标通常由指标名称和指标数值两部分组成。指标名称指经济和社会发展现象的总体特征。指标数值指指标名称的数量表现,有绝对数和相对数之分。计划指标用来规定计划期内经济、社会和科技发展的方向、目标、规模、速度、比例和效益。建立科学的计划指标体系,对有效地定量地组织和管理国民经济和社会发展,具有十分重要的意义。计划指标依据不同的标准,可以分为不同的类型:根据计划指标的内容不同,计划指标可分为数量指标和质量指标;根据计划指标的表现形式不同,计划指标可分为实物指标和价值指标;根据计划指标的法律效力不同,计划指标可分为指令性计划指标和指导性计划指标。根据计划指标的法律效力不同,将计划指标划分为指令性计划指标和指导性计划指标是计划指标的最基本划分,在计划立法中有着特殊的意义,历来是学术界研究的重点课题。

指令性计划指标　国家特定机关以法令形式下达的、计划主体必须严格执行和完成的指标形式。指令性计划指标具有法律强制性,计划单位和执行单位都不得擅自修改和调整,更不能加以抵制。下达指令性计划的部门,要相应安排好该计划指标所需要的生产条件,由于主观原因不能完成指令性计划指标的,要承担相应的法律责任。计划的执行单位认为计划指标与实际情况不符,需要修改时必须上报下达计划单位批准,计划执行单位不得擅自修改和变更。指令性计划指标一般分为高限指标和低限指标两种形式。高限指标严格控制不得任意突破;低限指标要求执行单位必须保证完成或超额完成。指令性计划指标目录由国家发展计划委员会提出,报国务院批准。目前,我国指令性计划仅限于关系国计民生的重大经济活动和极少数重要产品领域。

指导性计划指标　不具有法律强制力,国家运用经济杠杆所反映的指标形式。指导性计划指标虽然不具有强制性,但对执行单位的市场活动具有极大的参考价值,间接调控国民经济的运行。指导性指标给计划执行单位以一定的机动权,有利于发挥企业的积极性和主动性,有利于市场经济的发展。但是,应该注意的是,指导性计划没有法律强制力不等于没有任何约束力,如果执行单位损害全局利益,国家应予以干预和协调。

在传统计划体制下,基本上是单一的指令性计划指标。实践证明,单一的指令性计划指标体系,限制了企业自主权,影响了企业在市场经济活动中主动性、适应性的发挥,存在着诸多缺陷。在社会主义市场经济体制下,计划立法应将单一的指令性计划指标体系,转型为指令性计划指标与指导性指标相结合,并应扩大指导性计划指标范围,缩小指令性计划指标范围,充分发挥市场调节的机制。
(王兴运　赵燕)

jihua zhiding
计划制定(the making of plan)　计划编制机构根据社会经济形势及发展趋势和宏观经济规律的要求,对涉及国民经济全局和长远发展的战略目标、战略步骤、具体措施进行论证、编制、审议等的行为。依法调整计划制定的社会关系,对于保证计划编制的可行性、科学性具有重要作用。实践证明,只有将计划纳入法制轨道,计划的宏观调控性才得以实现,否则,就会适得其反,甚至会干扰市场经济的良性运行。

计划制定机构　在我国,根据计划内容的不同,计划由不同的机构编制。全国性的国民经济和社会发展计划由国务院编制和管理,由国家发展计划委员会负责编制的具体工作;全国性的行业计划由国务院各个部门负责编制;地方性的国民经济和社会发展计划由地方人民政府编制和管理,同级人民政府的计划发展委员会负责具体的编制工作。国家发展计划委员会是全国国民经济和社会发展计划的具体编制者,在计划制定过程中承担着重要的职责。

计划制定程序　(1)正确掌握计划信息。计划信息是编制计划的基础,是计划工作的出发点,只有正确掌握了计划信息才有可能正确的制定行之有效的计划。(2)进行计划预测。计划预测就是在正确理论指导下,借助于科学知识和手段,对未来经济和社会发展的趋势和状况进行分析,并作出科学的估计,为计划决策提供依据,以减少计划决策的盲目性,提高计划的科学性。(3)做好综合平衡。综合平衡是国民经济综合平衡的简称,就是对全社会的人力、物力、财力统一进行协调,合理安排,从总体上求得社会生产和社会需要之间的平衡,使社会生产能大体上按比例协调发展。(4)计划决策。计划决策就是在计划预测和综合平衡的基础上,运用科学的理论和方法,对经济和社会发展的目标和实现目标的途径和措施进行最优选择,从多种方案中,选择比例关系最为合理、发展速度适当、经济效益最好的方案。

决策程序一般应分为以下几个阶段:(1)提出初步设想方案阶段。为了保证计划的科学性和可行性,国家计委先要对整个国民经济、科学技术和社会事业发展状况进行全面深入地研究调查,并对当年国民经济和社会发展计划执行情况进行分析和预测,在此基础上经过综合平衡后提出计划轮廓和设想,并上报国务院审议。经国务院审议通过以后,再向各省、自治区、直辖市和国务院各部门发出编制计划的通知,明确编制计划的指导思想、基本原则、主要任务、计划目标和要求。(2)编制计划草案阶段。各省、自治区、直辖市和国务院各部门接到国家计委编制计划的通知以后,结合各自的实际情况,对所属地区和部门提出编制计划的具体要求。所属地区和部门根据上级部门提出的具体要求,结合自己的具体情况,按规定的时间,按隶属的关系逐级编制计划草案。各省、自治区、直辖市和国务院各部门将所属单位上报的计划草案进行综合平衡,然后制定出本地区、本部门的计划草案,报送国家计委。国家计委在各省、自治区、直辖市计委和国务院各部门报送的计划草案的基础上,根据原则性和灵活性相统一的原则,经过高层次的综合平衡后,正式编制国家计划草案。

计划的审议程序 各级人民代表大会及其常委会是审议、批准和监督计划执行的国家权力机关。全国性的综合计划和专项计划由全国人民代表大会审议批准。地方计划由地方同级人民代表大会审议批准。全国的和地方的行业计划和专项计划,则分别由国务院和同级人民政府批准。除此之外,任何单位和个人都无权审批计划。不按法定权限和程序审批的计划是无法律效力的。

(王兴运 赵 燕)

jijia huobi

计价货币(pricing currency) 买卖合同中用来计算货价和结算货款的货币。可以是出口国家的货币,也可以是进口国家的货币,或两个都不用,采用第三国货币,但是这种货币一般都是可以自由兑换的国际通用的货币,通常出口多采用硬币,进口用软币较为有利。但在实际业务中要看具体情况,不能一概而论。为适应我国加入世贸组织后的新形势,便利企业开展国际贸易活动,国家外汇管理局发布了《关于境内机构对外贸易中以人民币作为计价货币有关问题的通知》,明确了境内机构在签订进出口合同时,可采用人民币作为计价货币,结算时境内机构应当按照结算当日银行挂牌汇价,将合同中约定的人民币金额折算成银行挂牌货币对外支付,并按相关规定办理出口收汇和进口付汇核销手续。该《通知》的发布,使境内机构在对外贸易中采用的结算方式更为灵活,有利于境内机构防范汇率风险,进一步提高其国际竞争力,积极促进我国对外贸易的开展。

(王连喜)

jiliang

计量(metrology) 最基本的含义是用已知的量对未知物体的物理量进行测量。人类为了生存和发展必须对自然加以认识、利用和改造,而自然界的一切事物都是由一定的量组成的,要想区分不同的量,就需要对其进行定性分析和定量确认,因此,应该说计量活动自有人类社会以来就产生了。计量发展与社会的发展是交互的,在历史上大致可以分为三个阶段:第一阶段是古典计量阶段,以权力和经验为主,没有或者没有充分的科学依据,作为计量水平主要体现的计量基准相当简陋。第二阶段是经典计量阶段,以1875年"米制公约"的签订为标志,计量进入了以科技为基础的发展阶段,采用宏观实物基准。第三阶段是现代计量阶段,其基本标志是由经典理论转向量子理论,由宏观实物基准转向微观量子基准。迄今为止,国际上已确立的量子计量基准有米、秒、伏特、欧姆等。

计量在我国传统上称为"度量衡",其原始含义是关于长度、容积和质量的测量,主要器具为尺、斗和秤。为了适应科技、经济和社会发展的需要,从20世纪50年代起,逐渐以计量取代了度量衡。计量在现代科技中是实现单位统一和量值准确可靠的测量,与一般测量相比,具有更严格的要求。由于测量的实践知识在计量学中的基础性地位,计量也常作为计量学的简称。计量在传统上属于物理学的范畴,是物理学的分支,但随着科技进步、经济和社会发展,计量已突破了传统的物理量的范畴,扩展到化学量以及工程量的计量测试,近年来甚至波及生理量和心理量等的计量测试。当代的计量在科技领域,有所谓"十大计量",涵盖了几何量(也叫长度)、热工、力学、电磁、无线电、时间频率、声学、光学、化学和电离辐射计量等方面。此外,计量逐渐介入了一些新的领域,如生物工程、环保工程、宇航工程等的计量测试,甚至已经从自然科学扩展到社会科学。计量的内容主要体现于下列方面:(1)计量单位与单位制;(2)计量器具;(3)量值传递、溯源与检定测试;(4)物理常数以及材料与物质特性的测定;(5)测量误差、测量不确定度与数据处理以及计量人员的专业技能;(6)计量管理。对计量的一种分类是:(1)科学计量,即基础性、探索性、先行性的计量科学研究;(2)工程计量,也叫工业计量,即各种工程、工业企业中的应用计量;(3)法制计量,即为了保证公众安全、国民经济和社会发展,根据法制、技术和行政管理的需要,由政府或官方授权进行强制管理的计量。法制在当代计量发展中的作用日趋重要,体现于计量事务管理的各个方面,包括制定和贯彻计量法律、法规、推行法定计量单位,建立和管理法定计量机构、计量基准和标准,进行计量检定,对计量方法和计量精确度以及计量人员的专业技能等作出明确规定,对制造、销售、进口和使用中的计量器具依法进行的管理,计量纠纷的解决等。这些事项构成计量法律规范的主要内

容。　　　　　　　　　　　　　（李海炅）

jiliang biaozhun qiju

计量标准器具(instrument of standards measurement)　简称计量标准。准确度低于计量基准的,用于检定其他计量标准或工作计量器具的计量器具。计量标准在量值传递过程中,处于中间环节,起着承上启下的作用,即将计量基准所复现的单位量值,通过检定逐级传递到工作计量器具,从而确保工作计量器具量值的准确可靠,确保各部门、各单位所进行的测量达到统一。计量标准器具按其使用范围和管辖范围又可分为社会公用计量标准器具、部门计量标准器具和企业、事业单位使用的计量标准。社会公用计量标准是指经过政府计量行政部门考核、批准,作为统一本地区量值的依据,在社会上实施监督而具有公证作用的计量标准。部门计量标准是指省级以上政府有关主管部门可以根据本部门的特殊需要建立计量标准,在本部门内使用,作为统一本部门量值的依据。企业、事业单位计量标准是企业、事业单位根据生产、科研和经营管理的需要,经与其主管部门同级的政府计量行政部门考核合格后,可以在本单位内部建立计量标准,作为统一本单位量值的依据。　　　　　　　（邢造宇）

jiliang fa

计量法(metrological law)　调整在保障国家计量单位制的统一和量值的准确可靠的过程中,机关、团体、部队、企业事业单位和个人之间,在建立计量基准器具、计量标准器具,进行计量检定,制造、修理、销售、使用计量器具等方面所发生的各种法律关系以及使用计量单位、实施计量监督等方面发生的各种法律关系的法律规范的总称。在我国,计量法有广义和狭义之分:广义包括《中华人民共和国计量法》(全国人民代表大会1985年9月6日通过)和《中华人民共和国计量法实施细则》(1987年1月19日发布),以及与计量行政法规、计量行政规章、地方性计量法规、地方计量规章和计量司法解释,以及强制性计量技术规范和强制性计量技术标准;狭义仅指《中华人民共和国计量法》。

《计量法》制定的目的是,为了加强计量监督管理,保障国家计量单位制的统一和量值的准确可靠,有利于生产、贸易和科学技术的发展,适应社会主义现代化建设的需要,维护国家、人民的利益,制定本法。本法共6章35条,包括总则、计量基准器具、计量标准器具和计量检定、计量器具管理、计量监督、法律责任、附则等内容。在中华人民共和国境内,建立计量基准器具、计量标准器具,进行计量检定,制造、修理、销售、使用计量器具,必须遵守本法。国家采用国际单位制。国务院计量行政部门对全国计量工作实施统一监督管理。县级以上地方人民政府计量行政部门对本行政区域内的计量工作实施监督管理。

计量基准器具、计量标准器具和计量检定　国务院计量行政部门负责建立各种计量基准器具,作为统一全国量值的最高依据。县级以上地方人民政府计量行政部门根据本地区的需要,建立社会公用计量标准器具,经上级人民政府计量行政部门主持考核合格后使用。企业、事业单位根据需要,可以建立本单位使用的计量标准器具,其各项最高计量标准器具经有关计量行政部门主持考核合格后使用。县级以上人民政府计量行政部门对社会公用计量标准器具,部门和企业、事业单位使用的最高计量标准器具,以及用于贸易结算、安全保护、医疗卫生、环境监测方面的列入强制检定目录的工作计量器具,实行强制检定。实行强制检定的工作计量器具的目录和管理办法,由国务院制定。计量检定必须按照国家计量检定系统表进行。国家计量检定系统表由国务院计量行政部门制定。计量检定必须执行计量检定规程。国家计量检定规程由国务院计量行政部门制定。计量检定工作应当按照经济合理的原则,就地就近进行。

计量器具管理　制造、修理计量器具的企业、事业单位,必须具备与所制造、修理的计量器具相适应的设施、人员和仪器设备,经政府计量行政部门考核合格,取得"制造计量器具许可证"或者"修理计量器具许可证",并依法办理营业执照。生产计量器具新产品,必须经省级以上人民政府计量行政部门对其样品的计量性能考核合格,方可投入生产。制造、修理的计量器具必须进行检定,保证产品计量性能合格,合格产品应出具产品合格证。进口的计量器具,必须经省级以上人民政府计量行政部门检定合格后,方可销售。个体工商户制造、修理计量器具的范围和管理办法,由国务院计量行政部门制定。

计量监督　县级以上人民政府计量行政部门,根据需要设置计量监督员。计量监督员管理办法,由国务院计量行政部门制定。县级以上人民政府计量行政部门可以根据需要设置计量检定机构,或者授权其他单位的计量检定机构,执行强制检定和其他检定、测试任务。处理因计量器具准确度所引起的纠纷,以国家计量基准器具或者社会公用计量标准器具检定的数据为准。

中国人民解放军和国防科技工业系统计量工作的监督管理办法,由国务院、中央军事委员会依据本法另行制定。　　　　　　　（李海炅　刘英钧）

jiliang falü zeren

计量法律责任(liability of metrological law)　计量

法律关系主体违反计量法律规范所应承担的法律后果。依照《中华人民共和国计量法》的规定，按照责任方式的不同，计量法律责任可以分为行政责任和刑事责任两类。

根据责任主体的不同，行政责任又可以分为：(1)一般主体责任。伪造、盗用、倒卖强制检定印、证的，没收其非法检定印、证和全部违法所得，可并处2000元以下的罚款。(2)经营主体责任。未取得"制造计量器具许可证"、"修理计量器具许可证"制造或者修理计量器具的，责令停止生产、停止营业，封存制造、修理的计量器具，没收全部违法所得，可并处相当其违法所得10%至50%的罚款；个体工商户制造、修理国家规定范围以外的计量器具或者不按照规定场所从事经营活动的，责令其停止制造、修理，没收全部违法所得，可并处500元以下的罚款；制造、销售未经型式批准或样机试验合格的计量器具新产品的，责令其停止制造、销售，封存该种新产品，没收全部违法所得，可并处3000元以下的罚款；制造、修理的计量器具未经出厂检定或者经检定不合格而出厂的，责令其停止出厂，没收全部违法所得，情节严重的，可并处3000元以下的罚款；销售的计量器具不合格的，没收违法所得，可并处；经营销售残次计量器具零配件的，责令其停止经营销售，没收残次计量器具零配件和全部违法所得，可并处2000元以下的罚款，情节严重的，由工商行政管理部门吊销其营业执照；制造、销售和进口国务院规定废除的非法定计量单位的计量器具和国务院禁止使用的其他计量器具的，责令其停止制造、销售和进口，没收计量器具和全部违法所得，可并处相当其违法所得10%至50%的罚款；进口计量器具，未经省级以上人民政府计量行政部门检定合格而销售的，责令其停止销售，封存计量器具，没收全部违法所得，可并处其销售额10%至50%的罚款；制造、销售以欺骗消费者为目的的计量器具的单位和个人，没收计量器具和违法所得，可并处2000元以下的罚款。(3)使用主体责任。使用非法定计量单位的出版物，责令其停止销售，可并处1000元以下的罚款；部门和企业、事业单位和各项最高计量标准，未经有关人民政府计量行政部门考核合格而开展计量检定的，责令其停止使用，可并处1000元以下的罚款；属于强制检定范围的计量器具，未按照规定申请检定和属于非强制检定范围的计量器具未自行定期检定或者送其他计量检定机构定期检定的，以及经检定不合格继续使用的，责令其停止使用，可并处1000元以下的罚款；使用不合格的计量器具或者破坏计量器具准确度，给国家和消费者造成损失的，责令赔偿损失，没收计量器具和违法所得，可并处；使用不合格计量器具或者破坏计量器具准确度和伪造数据，给国家和消费者造成损失的，责令

赔偿损失，没收计量器具和全部违法所得，可并处2000元以下的罚款；使用以欺骗消费者为目的的计量器具的，没收计量器具和违法所得，处以罚款。(4)检测主体责任。未取得计量认证合格证书的产品质量检验机构，为社会提供公证数据的，责令其停止检验，可并处1000元以下的罚款；负责计量器具新产品定型鉴定、样机试验的单位，对申请单位提供的样机和技术文件、资料违反保密义务，应当按照国家有关规定，赔偿申请单位的损失，并给予直接责任人员行政处分；计量检定人员有伪造检定数据、出具错误数据给送检一方造成损失、违反计量检定规程进行计量检定、使用未经考核合格的计量标准开展检定、未取得计量检定证件执行计量检定的行为之一的，给予行政处分。(5)监督主体责任。计量监督管理人员违法失职，徇私舞弊，情节轻微的，给予行政处分。

刑事责任又可以分为：(1)一般主体责任。伪造、盗用、倒卖强制检定印、证构成犯罪的，依法追究刑事责任。(2)经营主体责任。制造、销售以欺骗消费者为目的的计量器具的，情节严重的，对个人或者单位直接责任人员，依法追究刑事责任；制造、修理、销售的计量器具不合格，造成人身伤亡或者重大财产损失的，对个人或者单位直接责任人员追究刑事责任。(3)使用主体责任。使用以欺骗消费者为目的的计量器具情节严重的，并对个人或者单位直接责任人员按诈骗罪或者投机倒把罪追究刑事责任。(4)检测主体责任。负责计量器具新产品定型鉴定、样机试验的单位，构成犯罪的，依法追究刑事责任；计量检定人员因伪造检定数据、出具错误数据给送检一方造成损失、违反计量检定规程进行计量检定、使用未经考核合格的计量标准开展检定、未取得计量检定证件执行计量检定的行为之一构成犯罪的，依法追究刑事责任。(5)监督主体责任。计量监督管理人员违法失职，徇私舞弊，构成犯罪的，依法追究刑事责任。　　(李海炅)

jiliang guanli tizhi

计量管理体制(management system of metrology) 用以实现国家计量单位制度的统一和全国量值准确可靠的组织、人员和手段等构成的制度体系。依照现行《中华人民共和国计量法》第4条的规定，我国按行政区划对计量工作采用统一管理与分工管理相结合的管理体制。全国计量工作由国务院计量行政部门负责实施统一监督管理。县级以上（含县级）人民政府计量行政部门除了行使政府机关的管理职能，负责监督管理本行政区域内的计量工作以外，还要监督本行政区内的机关、团体、部队、企业事业单位和个人遵守与执行计量法律、法规。国务院计量行政部门是指国家质量监督检验检疫总局。

国务院计量行政部门的计量工作职责是:(1)贯彻执行国家计量工作的方针、政策和规章制度;(2)制定和协调计量事业的发展规划;(3)推行国家法定计量单位;(4)组织实施计量技术标准;(5)监督检查计量法律、法规的实施情况;(6)统一管理全国的计量认证工作;(7)调解计量纠纷,组织仲裁检定。

地方政府计量行政部门的计量工作职责是:(1)贯彻执行国家计量工作的方针、政策和规章制度,并制定在本行政区域实施的具体办法;(2)制定和协调地方计量工作发展规划;(3)在本行政区域组织实施计量技术标准;(4)监督检查本行政区域计量法律、法规的实施情况;(5)对本行政区域的计量纠纷,进行计量调解和仲裁检定。

计量管理人员包括计量行政主体的管理人员,计量监督员,计量检定机构的检定、测试人员,以及计量认证机构人员等。作为管理手段,计量管理体制包含的具体管理制度有计量单位制度、计量检定制度、计量型式批准制度、计量认证制度和计量许可制度等。

(李海炅)

jiliang guanli zhidu

计量管理制度(management system of metrology) 规范企业用科学的方法和手段,对生产经营活动中的量和质的数值进行测定,以为企业的生产和经营提供准确数据的计量活动进行管理的法律制度。《中华人民共和国计量法》对计量基准器具、计量标准器具的建立,计量检定,以及计量器具的制造、修理等作了规定。

计量器具指能用以直接或间接测出被测对象量值的装置、仪器仪表、量具及用于统一量值的标准物质,包括计量基准器具、计量标准器具和工作计量器具。计量基准是指用以复现和保存,经国务院计量行政部门批准,作为统一全国量值最高依据的计量器具计量单位量值。计量标准器具,简称计量标准,是指准确度低于计量基准的,用于检定其他计量标准或工作计量器具的计量器具。我国对制造、修理计量器具实行许可证制度,对制造、修理计量器具的企业、事业单位进行考核,颁发许可证,是对其制造、修理计量器具资格的计量认证。

计量检定是指为评定计量器具的计量性能,确定其是否合格所进行的全部工作。计量检定分为强制检定和非强制检定两种形式。强制检定是指由县级以上人民政府计量行政部门指定的法定计量检定机构或授权的计量检定机构,对计量器具实行的定点定期检定。检定周期由执行强制检定的计量检定机构根据计量检定规程,结合实际使用情况确定。社会公用计量标准,部门和企业、事业单位使用的最高计量标准,为强制检定的计量标准。强制检定的计量标准和强制检定的工作计量器具,统称为强制检定的计量器具。非强制检定是指由使用单位自己依法进行的定期检定;本单位不能检定的,送有权对社会开展量值传递工作的其他计量检定机构进行的检定。县级以上人民政府计量行政部门应对其进行监督检查。

计量基准器具的使用必须具备下列条件:经国家鉴定合格;具有正常工作所需要的环境条件;具有称职的保存、维护、使用人员;具有完善的管理制度。计量基准器具的量值应当与国际上的量值保持一致。计量标准器具的使用,必须具备下列条件:经计量检定合格;具有正常工作所需的环境条件;具有称职的保存、维护、使用人员;具有完善的管理制度。社会公用计量标准对社会上实施计量监督具有公证作用。

国务院计量行政部门和县级以上地方人民政府计量行政部门是监督计量法律、法规贯彻实施的监督管理机构。国家技术监督局作为国务院的计量行政管理机构,负责对全国的计量工作实施统一监督管理。县级以上地方人民政府计量行政部门负责对本行政区内的计量工作实施监督管理。

计量认证是对质量检验机构的计量检定、测试能力、可靠性进行考核,证明其为社会提供公正数据的资格。计量认证包括计量检定室认证、产品质量检验机构的计量认证、企业的计量认证。产品质量检验机构计量认证的内容包括:计量检定、测试设备的工作性能;计量检定测试设备的工作环境和人员的操作技能;保证量值统一准确的措施及检测数据公正可靠的管理制度。

(许润霞)

jiliang jigou

计量机构(metrological agency) 为保障国家计量单位制度的统一和全国量值的准确可靠而建立的制定、实施计量技术标准以及对这些活动进行监督的部门体系。依照现行《中华人民共和国计量法》,我国的计量机构由管理机构、检定机构和产品质量检验机构组成。(1)管理机构。包括:国务院计量行政管理部门,全国计量工作实施统一监督管理;县以上地方各级政府计量行政管理部门,对本行政区域内的计量工作实施监督管理。(2)检定机构。是指承担计量检定工作的有关技术机构,有以下几类:一是法定检定机构,是由县级以上人民政府计量行政部门依法设置的计量技术机构,或者根据县级以上人民政府计量行政部门授权的专业性或区域性计量技术机构;二是授权检定机构,是依据县级以上人民政府计量行政部门的授权进行计量工作的计量技术机构,可以建立社会公用计量标准,对其内部使用的强制检定计量器具执行强制检定,承担法律规定的计量标准考核、制造、修理计量器具条件的考核、定型鉴定、样机试验、仲裁检定,产品质量检验机构的计量认证,法定计量检定机构进行的非强制检定,以及面向社会进行的非强制检定;三是其他检定机构,指有权对社会开展量值传递工作的其他计量技术机构,依法对使用单位送检的强制检定的计量器具进行定期检定;四是使用单位,对自己使用的非强制检定的计量器具,依法进行定期检定。(3)产品质量检验机构,是其计量检定、测试的能力和可靠性考核合格,取得计量认证合格证书,面向社会从事产品质量评价工作的技术机构,依法可以为社会提供公证数据。属全国性的产品质量检验机构,向国务院计量行政部门申请计量认证;属地方性的产品质量检验机构,向所在的省、自治区、直辖市人民政府计量行政部门申请计量认证。 (李海灵)

jiliang jizhun de guoji bidui he jianding

计量基准的国际比对和检定(the international verification and comparison of the primary standards of metrology) 国际计量局在规定的条件下,对相同准确度等级的同类计量基准之间的量值进行比较。计量基准进行国际比对或定期检定是为了使其量值与国际计量基准的量值保持一致。自1875年建立米制公约组织以来,计量的统一性就成为一项共同的国际事业。国际比对工作由国务院计量行政部门根据需要统一安排。每次比对和检定的结果,保存和使用计量基准的单位要向国务院计量行政部门备案。我国目前已经建立十大类80个计量参数的132种计量基准。通过国际比对和检定,达到国际水平的有18种。

(李海灵)

jiliang jizhun qiju

计量基准器具(primary instrument of measurement) 简称计量基准。用以复现和保存计量单位值,经国务院计量行政部门批准,作为统一全国量值的最高依据的计量器具。它是统一全国量值的最高依据,即对某项测量参数来说,全国只有一个或者一组计量基准,而且由国务院计量行政部门统一规划、组织建立,其他部门无权决定和建立国家计量基准。计量基准是全国自上而下进行量值传递的起始端,又是自下而上进行量值溯源的最终端,同时,它又可以代表国家参加国际对比,使国家量值和国际上的量值保持一致。计量基准之下,一般还建立副基准和工作基准。通过直接或间接与计量基准比对来确定量值,并经国家鉴定批准的计量器具,被称为副基准。建立副基准的目的是代替计量基准的日常使用,也可验证计量基准的变化。工作基准是指经与计量基准或副基准比对,并经国家鉴定合格,实际用以检定计量标准的计量器具,建立工作基准的目的是为了防止副基准尤其是计量基准由于使用频繁而丧失应有的准确度。

(李海灵)

jiliang jishu guifan

计量技术规范(regulation of metrological technology) 用于实现计量单位统一和量值准确的技术文件。它包括规定计量基准、计量标准在内的各种计量器具和计量装置的研究开发、设计制造、保存、使用、维修等技术的文件,我国习惯上把直接用于生产的测试技术文件也归入计量技术规范的范畴。计量技术规范虽然是从事计量技术工作的依据,在性质上不属于法律规范,但根据ISO/IEC指南2《标准化与相关活动的基本术语及其定义》中"它(技术法规)可以直接是一个标准、规范或规程,也可以引用或包含一项标准、规范或规程的内容"的界定,计量技术规范在被计量技术法规引用时可以成为具有强制效力的法规。在国外,计量技术规范一般不带强制性,只有引用了计量技术规范的法规才带有强制性,对有关主体有约束力。我国的情况有所不同,除了上述技术意义上的计量规范,根据现行《中华人民共和国计量法》和《中华人民共和国标准化法》,我国计量技术规范中的国家计量检定系统表、计量检定规程、由各行业主管部门发布的有关计量技术要求的规定(如电力部《电力工业锅炉监察规程》、铁道部《铁路电力安全规程》等)以及强制性计量技术标准等都有法律上的强制效力,因此这些计量技术规范成为实质上的计量技术法规。

(李海灵)

jiliang jiandu

计量监督(metrological supervision) 国家计量主管部门按照计量法律、法规的要求所进行的具有强制性的计量管理。计量监督体现了计量立法最基本的特征,其目标在于解决关系国家计量单位制度的统一和全国量值的准确可靠的问题,也就是解决可能影响生产建设和社会经济秩序,造成损害国家和人民利益的计量问题。

《中华人民共和国计量法》第四章、《中华人民共和国计量法实施细则》第六章都是计量监督的专章,此外,由于计量监督涉及多个方面,其规定在计量法律法规中随处可见。主要内容包括:(1)我国的计量监督是按照行政区域实行统一领导,分级负责的体制。(2)计量单位制。我国允许使用的计量单位是国家法定计量单位,其名称、符号由国务院公布。非国家法定计量单位的废除办法按照国务院的有关规定执行。(3)计量检定制度。社会公用计量标准,部门和企业、事业单位使用的最高计量标准,由县级以上人民政府计量行政部门指定的法定计量检定机构或授权的计量检定机构,实行定点定期检定。除了强制检定的计量器具以外的其他依法管理的计量标准和工作计量器具,由使用单位自己依法进行的定期检定,或者本单位不能检定的,送有权对社会开展量值传递工作的其他计量检定机构进行的检定。县级以上人民政府计量行政部门应对其进行监督检查。(4)计量定型鉴定和型式批准制度。凡制造在全国范围内从未生产过的计量器具新产品,必须经过定型鉴定。定型鉴定合格后,应当履行型式批准手续,颁发证书。(5)计量认证制度。为社会提供公证数据的产品质量检验机构,必须经省级以上人民政府计量行政部门计量认证。(6)计量许可制度。制造、修理计量器具的企业、事业单位和个体工商户,必须具备与所制造、修理的计量器具相适应的设施、人员和检定仪器设备,经县级以上人民政府计量行政部门考核合格,取得"制造计量器具许可证"或者"修理计量器具许可证"。县级以上人民政府计量行政部门应当对制造、修理的计量器具的质量进行监督检查。监督检查的形式,包括抽样检定或监督试验。(7)未经国务院计量行政部门批准,不得制造、销售和进口国务院规定废除的非法定计量单位的计量器具和国务院禁止使用的其他计量器具。(8)对于计量违法行为,有完整的法律责任体系,包括行政责任和刑事责任。

(李海灵)

jiliang jianding

计量检定(metrological examination and determination) 又称检定,全称计量器具检定。为评定计量器具的计量性能,确定其是否符合法定要求,依据国家计量检定系统表和计量检定规程等技术规范所进行的全部工作。按照计量检定规程的要求,这些工作包括:通过具体检验活动,确定计量器具的计量特性,如准确度、稳定度、灵敏度等,并出具证书或加盖印记以判断其是否合格。国家计量检定系统表,简称国家计量检定系统,是指由文字和框图构成的从计量基准到各等级的计量标准直至工作计量器具的检定程序所作的技术规定。因其内容包括计量器具的名称、测控范围、准确度和检定方法等,反映了测量某个量的各级计量器具的概况,所以又称"计量器具等级图"。按照《中华人民共和国计量法》第9条的规定,计量检定分为两类:一类是强制检定,是指由县级以上人民政府计量行政部门指定的法定计量检定机构或授权的计量检定机构,对强制检定的计量器具实行的定点定期检定。检定周期由执行强制检定的计量检定机构根据计量检定规程,结合实际使用情况确定。另一类是非强制检定,对强制检定范围以外的计量器具所进行的一种依法检定。包括由计量器具使用单位自己依法进行检定,或者委托具有社会功用计量标准或授权、对社会开展量值传递工作的其他计量检定机构进行的检定,或者企业、事业单位对制造、修理的计量器具按计量检定规程执行的出厂检定。它与强制检定的主要区别在于:强制检定由政府行政计量部门实施监督管理,非强制检定由县级以上人民政府计量行政部门对其进行监督检查。《计量法》第11条确定了计量检定工作应当遵循的"经济合理、就地就近进行"的原则,要求组织量值传递不受行政区划和部门管辖的限制,要充分利用现有的计量检定设施,合理地部署计量检定网点。

(李海灵)

jiliang jianding guicheng

计量检定规程(regulatory procedure of metrological examination and determination) 又称检定规程,全称计量器具检定规程。对计量器具的计量特性、检定项目、检定条件、检定方法、检定周期以及检定结果的处理作出具体规定的法定技术文件。依照《中华人民共和国计量法》第10条第2款的规定,计量检定规程包括:(1)国家计量检定规程,是为评定计量器具的计量特性,由国务院计量行政部门制定,作为检定依据,在全国范围内施行的法定技术文件。(2)部门计量检定规程,是在没有国家计量检定规程的情况下,由国务院有关主管部门制定在本部门内施行的技术文件。(3)地方计量检定规程,是在没有国家计量检定规程的情况下,由省、自治区、直辖市人民政府计量行政部门制定的在本行政区内施行的技术文件。部门计量检定规程和地方计量检定规程须向国务院计量行政部门备案。此外在实践中,无上述检定规程的情况下,企事业单位根据生产发展需要可以自行制定企业检定规程,报有关计量行政部门备案,但这属于企业标准,而不是计量技术法规。国家计量检定规程的统一代号是JJG,部门计量检定规程的代号是在JJG后括注行业中文简称,地方计量检定规程的代号是在JJG后括注地方简称。计量检定规程的编写应按照《计量器具检定规程编写规则》执行。计量检定规程是计量检定人员从事检定工作的依据,其水平是一个国家计量技术和计量管理水平的标志。

(李海灵)

jiliang jianding xitongbiao

计量检定系统表(the systemic sheet of metrological verification) 为规定量值传递程序而制定的一种规范性技术文件,也就是从计量基准到各等级的计量标准直至工作计量器具的检定程序的技术规定。其作用是把实际用于测量的工作计量的量值和国家计量基准所复现的量值联系起来,构成一个完整的、科学的、从计量基准到计量标准直至工作计量器具的检定程序,一般呈金字塔形,最高层次的计量基准只有一个。

（李海灵）

jiliang qiju

计量器具（measurement instrument） 能用以直接或间接测出被测对象量值的装置、仪器仪表、量具和用于统一量值的标准物质。按照《中华人民共和国计量法》,依计量器具在我国检定系统中的位置不同,可分为计量基准、计量标准和工作计量器具三类。（1）计量基准是计量基准器具的简称,是在特定计量领域复现和保存计量单位量值并具有最高计量特性的计量器具,包括:国家计量基准器具,简称国家基准,是经国家正式确认,具有当代或本国科学技术所能达到的最高计量特性的计量基准。在我国是指经国务院计量行政部门批准建立,作为统一全国量值最高依据的计量器具。计量基准的量值应当与国际上的量值保持一致。（2）计量标准是计量标准器具的简称,是指准确度低于计量基准的,用于检定其他计量标准或工作计量器具的计量器具。计量标准一般不能自行定度,而必须直接或间接地接受计量基准的量值传递。计量标准包括以下几类:一是社会公用计量标准器具,简称社会公用计量标准,是指经过县及以上地方人民政府计量行政部门考核、批准,作为统一本地区量值的依据,在社会上实施计量监督具有公证作用的计量标准;二是部门计量标准器具,简称部门计量标准,是在社会公用计量标准不能适应某部门专业特点的特殊需要时,由国务院有关主管部门和省、自治区、直辖市人民政府有关主管部门建立,其各项最高计量标准器具经同级人民政府计量行政部门主持考核合格后,在本部门使用的计量标准器具;三是单位计量标准器具,简称单位计量标准,是由企业、事业单位建立,其各项最高计量标准器具经有关人民政府计量行政部门主持考核合格后,在本单位使用的计量标准器具。（3）工作计量器具,也称普通计量器具,是指一般日常工作中现场测量所使用的计量器具。普通计量器具不是计量标准,但具有一定水平的计量性能,可以获得某给定量的测量结果,这是计量器具与一般器具的根本区别。计量器具还可以根据检定方式的不同进行分类:一类是强制检定计量器具,是县级以上人民政府计量行政部门实行强制检定的计量器具;另一类是非强制检定计量器具,是实行强制检定以外的由使用单位自行定期检定或者送其他计量检定机构检定的计量器具。

国际上通行的分类法,只将计量器具分为两类:一类是普通计量器具（或称工作计量器具）,用于现场测量;另一类是标准计量器具,用于复现单位和检定校准。按最新的定义,计量标准是实现、保存或复现量的单位或一个或多个量值作为标准的实物量具、测量仪器、标准物质或测量系统,可以分为初级标准和次级标准两类。凡是通过与相同量的初级标准比对而定值的标准,均为次级标准。因而计量标准一词国际上和国内的概念不同。我国的计量基准相当于国外的"原始计量标准"或"最高计量标准"。

（李海灵）

jiliang qiju de shiyong

计量器具的使用（use of measurement instruments） 通过技术法律对使用计量器具的行为进行管理的制度。按照《中华人民共和国计量法》和《中华人民共和国计量法实施细则》第五章对计量器具的使用所作的专门规定,只有法定计量器具才可以使用,并且其使用要遵循法定原则、符合相应的法律规定。这些规定主要包括:(1)使用原则。包括:使用计量器具不得破坏其准确度;任何单位和个人不准在工作岗位上使用无检定合格印、证或者超过检定周期以及经检定不合格的计量器具。(2)使用范围。不同计量器具有不同的使用范围:计量基准作为统一全国量值的最高依据,用于全国各级计量标准和工作计量器具的量值传递和量值溯源;计量标准用于特定范围内检定其他计量标准或工作计量器具,根据其种类的不同各有具体要求,如社会标准器具作为统一本地区量值的依据,在社会上实施计量监督具有公证作用;部门计量标准器具在本部门内部使用,作为统一本部门量值的依据,单位计量标准器具在本单位内部使用,作为统一本单位量值的依据;工作计量器具用于一般日常工作中现场测量。(3)必备条件。计量基准器具必须具备下列条件:经国家鉴定合格;具有正常工作所需要的环境条件;具有一定称职的保存、维护、使用人员;具有完善的管理制度。非经国务院计量行政部门批准,任何单位和个人不得拆卸、改装计量基准或者自行中断其计量检定工作。计量标准器具必须具备下列条件:经计量检定合格;具有正常工作所需要的环境条件;具有一定称职的保存、维护、使用人员;具有完善的管理制度。工作计量器具的条件:经计量检定合格;配备的计量检测设施与生产、科研、经营管理相适应;具有完善的管理制度。(4)批准程序。计量基准器具经国务院计量行政部门审批并颁发计量基准证书后,方可使用。社会标准器具由县级以上地方人民政府计量行政部门建立的本行政区域内最高等级的社会公用计量标准,须向上一级人民政府计量行政部门申请考核;其他等级的,由当地人民政府计量行政部门主持考核。经考核符合计量标准器具条件并取得考核合格证的,由当地县级以上人民政府计量行政部门审批颁发社会公用计量标准证书后,方可使用。部门计量标准经同级人民政府计量行政部门主持考核合格后,才能在本部门内开展检定。工作计量标准由企业、事业单位向与其主管部门同级的人民政府计量行政部门申请考核,乡镇企业向当地县级人民政府计量行政部门申请考核,经考核符合计量标准器具条件并取得考核合格证的,企业、事业单位方可使用,并向其主管部门备案。与法律允许使用的计量器具相对,《计量法》第 14 条规定,不得使用的是非法定计量单位的计量器具,以及国务院禁止使用的其他计量器具,即经实践证明结构不合理或计量性能已不符合法制管理要求,由国务院明令禁止的计量器具。

(李海炅)

jiliang qiju de xiaoshou

计量器具的销售(sale of measurement instruments) 是通过技术法律对销售计量器具的市场行为进行管理的制度。《中华人民共和国计量法》为不同类型计量器具的销售设置了履行不同手续的监督管理制度,《中华人民共和国计量法实施细则》第五章更是对计量器具的销售作了专门规定。(1)县级以上地方人民政府计量行政部门对当地销售的计量器具实施监督检查,有产品合格印、证和"制造计量器具许可证"标志的计量器可以销售,任何单位和个人不得经营销售残次计量器具零配件。(2)省级以上人民政府计量行政部门型式批准或样机试验合格的计量器具新产品可以销售。(3)经国务院计量行政部门批准,可以因特殊需要销售国务院规定废除的非法定计量单位的计量器具和国务院禁止使用的其他计量器具。(4)经省级以上人民政府计量行政部门检定合格后,可以销售进口的计量器具。(5)经国务院计量行政部门型式批准,外商可以在中国销售计量器具。经营者违法销售计量器具的,按照计量法的规定,由计量行政部门根据不同情况给予行政处罚,情节严重的由司法机关追究刑事责任。

(李海炅)

jiliang qiju dingxing jianding

计量器具定型鉴定(design appraisement of measurement instrument) 对在全国范围内从未生产过的(含对原有产品在结构、性能、材质、技术特征等方面做了重大改进的),或者在全国范围内虽已定型生产,而本单位未生产过的计量器具新产品样机的计量性能进行全面检验、审查和考核。依照《中华人民共和国计量法》(全国人民代表大会 1985 年 9 月 6 日通过)的规定,定型鉴定由国务院计量行政部门统一监督管理,由其授权的技术机构进行,其程序为意图制造计量器具新产品的企业、事业单位提出申请,并提供有关技术文件、资料,由省级以上人民政府计量行政部门对其新产品的样品进行考核,包括计量特性、环境试验和机械性能试验,以及稳定性、可靠性的寿命试验,以保证计量器具的原理、结构和性能等具有一定的先进性、科学性和实用性,符合计量法律的要求。

(李海炅)

jiliang qiju xinchanpin

计量器具新产品(new products of measurement instruments) 本单位未生产过的计量器具。一般包括:既是本单位未生产过的计量器具新产品,同时也是在全国范围内从未生产过的;虽然在全国范围内已经生产过,但在本单位未生产过,属于初次生产;本单位增加的其他类型计量器具的生产;本单位增加的同类型、同系列中的新产品,或者老产品在结构、性能、材质技术等方面有重大的改进。

(邢造宇)

jiliang qiju xingshi pizhun

计量器具型式批准(model approval of measurement instrument) 通过技术法律认可计量器具新产品的型式。可以分为两类:一类是制造型式批准,依照《中华人民共和国计量法》第 13 条的规定,制造在全国范围内从未生产过的计量器具新产品,必须进行计量器具新产品定型,型式批准是定型的法定方式之一。型式批准由意欲制造计量器具新产品的企业、事业单位提出申请,当地省级人民政府计量行政部门办理批准手续,颁发证书。省级人民政府计量行政部门批准的型式,经国务院计量行政部门审核同意后,作为全国通用型式,予以公布。另一类是销售型式批准,依照《中华人民共和国计量法实施细则》第 22 条的规定,外商在中国销售计量器具,须向国务院计量行政部门申请型式批准。

(李海炅)

jiliang qiju xukezheng zhidu

计量器具许可证制度(licensing system for measurement instrument) 由计量行政部门对制造、修理计量器具的企业、事业单位或个体工商户进行考核,颁发许可证,使之具有制造、修理规定范围内计量器具的资格的制度。计量器具许可证制度是行政许可的一种。依照《中华人民共和国计量法》的规定,分为制造许可和修理许可两大类。按照经营主体的不同,还可以作进一步的分类,不同许可在资格考核方面有所区别:(1)企业、事业单位制造许可。由企业、事业单位向与其主管部门同级的人民政府计量行政部门提出申请,经考核具有相应的生产、检定条件,发给"制造计量器具许可证",准予使用国家统一规定的标志和批准营业。其中乡镇企业向当地县级人民政府计量行政部门申请考核发证。(2)企业、事业单位修理许可。由面向社会开展经营性计量器具修理业务的企业、事业单位,向当地县(市)级人民政府计量行政部门提出申请,经考核合格,发给"修理计量器具许可证",准予使用国家统一规定的标志和批准营业。当地不能考核的,向上一级地方人民政府计量行政部门申请。(3)个体工商户制造、修理许可。向当地县(市)级人民政府计量行政部门提出申请,经考核合格,发给"制造计量器具许可证"或者"修理计量器具许可证",可以生产产品结构简单,制造、修理容易,根据我国当前个体工商户的一般技术水平和生产、检定条件,能够制造、修理并可以保证质量的简易计量器具。允许制造的计量器具的具体范围由国务院计量行政部门制定的《个体工商户制造、修理计量器具管理办法》确定。但异地经营,须经所到地方的人民政府计量行政部门重新验证核准。对申请"制造计量器具许可证"和"修理计量器具许可证"的企业、事业单位或个体工商户要由计量管理机关从生产设施、出厂检定条件、人员的技术状况、有关技术文件和计量规章制度等方面进行考核。

(李海灵)

jiliang renzheng

计量认证(metrological attestation) 政府计量行政部门对有关技术机构计量检定、测试的能力和可靠性进行的考核和证明。《中华人民共和国计量法》第三章中关于计量许可证制度规定有时也被认为是对制造、修理计量器具资格的计量认证,但我国严格意义上的计量认证制度的法律依据是《计量法》第 22 条,由《中华人民共和国计量法实施细则》第五章确立,专指对产品质量检验机构的计量认证,目的在于证明其在认证的范围内,具有为社会提供公证数据的资格。计量认证是产品质量检验机构取得合格证书、开展产品质量检验工作的前提条件,它包括一系列制度设置:(1)认证机构。由省级以上人民政府计量行政部门负责;具体考核工作,由其指定所属的计量检定机构或授权的技术机构进行。(2)认证对象。为社会提供公证数据的产品质量检验机构,是指面向社会从事产品质量评价工作的技术机构。(3)认证内容。主要包括:计量检定、测试设备的性能;计量检定、测试设备的工作环境和人员的操作技能;保证量值统一、准确的措施及检测数据公正可靠的管理制度。(4)认证原则。由政府计量行政部门对产品质量检验机构实行强制认证。(5)认证形式:一种是主体资格认证,指新设检验机构为获得资格而申请的计量认证;另一种是单项计量认证,指已经取得计量认证合格证书的产品质量检验机构,需新增检验项目时,按照规定申请的计量认证。(6)认证程序。首先,由产品质量检验机构提出计量认证申请,属全国性的产品质量检验机构,向国务院计量行政部门申请计量认证;属地方性的产品质量检验机构,向所在的省、自治区、直辖市人民政府计量行政部门申请;然后由上述计量行政部门应指定所属的计量检定机构或者被授权的技术机构按照认证内容进行考核;最后经考核合格发给计量认证合格证书。(7)认证监督。省级以上人民政府计量行政部门有权按照计量认证内容,对计量认证合格的产品质量检验机构进行监督检查。

(李海灵)

jiliang shouquan

计量授权(metrological authorization) 根据法律的授权性规范或者有行政机关的委托而享有执行计量事务的权限。依照现行《中华人民共和国计量法》的规定,计量授权有两种情形:一是《计量法》对行政机关的授权,包括:授权国务院公布国家法定计量单位,废除非国家法定计量单位,制定国家计量检定系统表、国家计量检定规程和部门计量检定规程,授权国务院根据《计量法》制定其实施细则,对全国计量工作实施统一监督管理;授权省级以上人民政府制定地方计量检定规程,县级以上地方人民政府对本行政区域内的计量工作实施监督管理以及监督本行政区内遵守与执行计量法律、法规。二是行政机关在其权限范围内对技术机构的授权,包括:授权建立计量基准、社会公用计量标准和工作计量基准;授权专业性或区域性计量检定机构作为法定计量检定机构;授权有关单位的计量技术机构对其内部使用的强制检定计量器具执行强制检定;授权有关技术机构承担计量标准、计量认证、申请制造修理计量器具许可证的技术考核,仲裁检定,计量器具新产品定型鉴定、样机试验、标准物质定级鉴定,进口计量器具的检定,计量器具产品质量监督试验以及对社会开展检定工作。

(李海灵)

jiliang tiaojie yu zhongcai jianding

计量调解与仲裁检定(measurement mediation and arbitrative examination and determination) 计量调解是当事人因计量器具准确度而产生纠纷后,在计量主管行政机关的主持下,通过相互沟通消除分歧,就计量纠纷的解决达成一致的方法。是行政调解的一种。仲裁检定是由计量行政机关用计量基准或社会公用计量标准所进行的以裁决为目的的计量检定、测试活动的统称。计量调解与仲裁检定都是计量纠纷的诉讼外处理机制。计量调解程序应当由计量纠纷当事人向县级以上人民政府计量行政机关提出申请而启动;一方不愿调解的,计量行政机关不能受理;调解协议应当在当事人自愿的基础上达成;协议内容不得违反国家法律;一方当事人不愿继续调解的,应当终止调解。仲裁检定程序的启动有两种方式:一种是由计量纠纷当事人向提出申请,另一种是根据司法机关、合同管理机关、涉外仲裁机关或者其他单位的委托。具体的检定测试可以由计量行政机关指定有关计量检定机构进行。仲裁检定的性质比较模糊,与后来颁布的一些法律产生了矛盾,因此可以考虑将其社会化,纳入我国的仲裁体系不失为可行之策。　　　　　(李海灵)

jishui yiju
计税依据(standard of the computation of tax)　见税基。

jizhang danwei
记账单位(accounting unit)　又称记账本位币。会计工作中使用的货币。我国会计核算以人民币为记账本位币。人民币是我国的法定货币,在我国境内具有广泛的流通性。因此,《会计法》以法律形式明确规定我国境内各单位的会计核算以人民币为记账本位币,各单位的一切经济业务事项一律通过人民币进行会计核算反映。收支业务以外国货币为主的单位,也可以选定某种外国货币作为记账本位币,但是编制的会计报表应当折算为人民币反映。境外单位向国内有关部门编报的会计报表,应当折算为人民币反映。会计核算原则上以人民币为记账本位币。业务收支以人民币以外的货币为主的单位,可以选定其中一种货币作为记账本位币。随着我国对外开放的进一步扩大,外商投资企业不断增多,对外贸易与合作发展迅速,人民币以外的其他币种在一些单位的日常会计核算中明显增多,有的占据了支付的主导地位,如果要求这些单位平时的每笔外币核算业务都折算为人民币计算,不仅影响其经济业务往来,而且也会加大会计工作量。因此,《会计法》作出了业务收支以人民币以外的货币为主的单位,可以选定其中一种货币作为记账本位币的规定,体现了适应性原则。编报的财务会计报告必须以人民币反映。以人民币以外的货币为记账本位币的单位,在编制财务会计报告时,应当依据国家统一的会计制度的规定,按照一定的外汇汇率折算为人民币反映,以便于财务会计报告使用者阅读和使用,也便于税务、工商等部门通过财务会计报告计算应交税款和进行工商年检。这是我国宏观经济管理和人民生活的客观要求,也是一国主权的体现。　　(麻琳琳　曾章伟)

jinianbi
纪念币(commemorating currency)　具有特定主题的限量发行的人民币。人民币除有主币和辅币之外,还有一种纪念币。它也是我国的法定货币,只能由中国人民银行统一发行。纪念币通常是国家为了纪念国内重大政治事件、重大历史事件、传统文化、杰出人物、珍稀动物、宗教和体育等有特殊意义的事物或根据特殊需要而有选择、有控制地发行的铸币。纪念币分为两种:一种是铜镍合金和钢心镀镍,与同面额的纸币的价值相等,在市场上流通;另一种为金银币,不参与市场流通,购买者把它视为一种稀有珍贵的特种工艺品加以收藏,或作为价值手段和珍贵赠品。1979年经国务院批准,中国人民银行于当年向国内外发行第一套纪念币——中华人民共和国成立30周年纪念金币。金银纪念币的发行,增加了我国货币品种,也为钱币收藏者增加了珍贵的货币收藏品种,同时有利于促进我国铸造货币技艺的提高。　　　　　　(王连喜)

jigong xuexiao peixun
技工学校培训(technical school training)　技工学校招收学生并对其进行系统的职业技能和文化教育,以培养合格的中级技术工人的培训。

技工学校培训制度的内容包括:(1)举办条件。应有固定的校舍、实习实验场所、设备、体育活动场地;应有专职的行政管理人员、教学人员和其他必需的教学、生产辅助人员;应有切实可行的教学计划、教学大纲、教材、图书资料以及有稳定可靠的经费来源,在校学生不得低于200人。(2)招生对象。主要招收初中毕业生,个别工种或专业确实需要的,也可招收高中毕业生,但须经省级劳动行政部门批准;被招者须身体健康,未婚,年龄一般为15至22周岁。(3)专业设置、培养目标和学制。专业设置应选择操作技术比较复杂,技术理论知识要求较高,符合社会经济需要;培养急需的缺门、短线工程或专业所需人才,并密切注视相适应新技术、新工种、新产业对人才提出的新需求。培养目标为政治思想好,身体健康,能够掌握本工种(专业)所需要的文化知识和技术理论知识,熟练地掌握本工种(专业)的基本操作技能、完成本工种(专业)中级技术水平的作业的技术工人。初中毕业生入校者学制为3年,高中毕业生入校者学制为1至2年。
　　　　　　(邵　芬)

jishu biaozhun
技术标准(technic standards)　为某一产品或服务确立的一套技术规范。随着经济的发展和高新技术不断应用于人们的生活,无数产品都实现了标准化。产品和服务的规格标准以及相关的技术标准,不仅可以给企业带来生产上的规模效益,而且也给消费者使用相应产品或享用相应服务带来了很大的便利。标准可以告知消费者重要的产品信息,使其能够对需要购买的商品作出更好的消费决策,对有关消费者人身安全的商品或服务方面确立最低标准也有利于保障消费者的健康和安全。

按照设定主体不同,我们一般可以把标准划分为三类:一类是指由政府或政府授权的标准化组织建立的标准,也就是通常所说的"法定标准";一类是由民间的标准化组织或企业联盟设定的标准;一类是由单个企业或者具有垄断地位的极少数企业在激烈的市场竞争中经过优胜劣汰生存下来所形成的"事实标准"。反垄断法所规制的主要是后两种标准。

事实标准的出现是知识经济时代的一个新特点。在传统意义上,标准是对产品规格和技术所设定的一个平均判断尺度,是属于公共领域的技术。但在当今知识经济时代,标准已经与知识产权紧密结合,表现出了知识经济条件下"技术专利化、专利标准化、标准垄断化"的市场竞争规则。在现代市场中,企业积极开发新技术是企业进行竞争的重要手段。当企业的某一技术在市场的在激烈竞争中经过优胜劣汰生存下来,并在该行业中占据垄断地位时,这一技术就会转化成为该市场的事实标准。现实中,这种在市场竞争中获取了垄断地位的企业所确立的事实标准一般都是通过在技术上设定知识产权来确保其正常实施的。一方面,该技术标准对技术要达到的水平划了一道线,排除了未达到此线的不合格技术,而没有达到该技术标准的企业则可以通过支付相应的许可使用费而获得该达标的生产技术,从而使得该技术标准得到普及。另一方面,知识产权的排他性又在市场准入方面形成垄断,排斥不符合技术标准的产品,从而达到获取巨额利润或者排斥竞争对手的目的。就目前来看,技术标准的建立主要集中在信息网络等高新技术产业领域,其所包含的知识产权一般包括技术标准文件本身的著作权、必要的专利权、技术标准体系的商标权、标识权等,但对绝大多数技术标准体系而言,专利权是技术标准的核心。正是因为技术标准与知识产权紧密结合,企业才能维护和实施其所确立的事实标准。

可见,在知识经济时代,技术标准已不再是公共领域中的一个平均判断尺度,它与知识产权相结合,直接体现了为竞争服务的作用。但如果不对此加以合理的规制,这种技术标准也会产生妨碍和限制竞争的问题。一方面,拥有该技术标准的企业将会永续地保持其垄断地位。并且,该企业还可能滥用其"事实标准"所获得的垄断地位,并通过实施排他行为将其垄断地位不公平地扩展到相邻的市场领域。另一方面,除了由单个企业独自设定的技术标准外,还存在着由数个企业联合起来设定行业技术标准的情况。在这种情况下,企业间为设定统一的标准而开展的协调行为就极有可能是一种联合限制竞争行为。因为,单个企业设定的技术标准是经过激烈的市场竞争后才形成的,是市场竞争的最终结果,因而是得到市场公认的。而企业联盟统一设定的标准是否为该行业领域所实际需要,外界是很难知道的。而且,技术标准虽然具有统一性和普及性,但并不一定代表该行业内的最高水平。通过企业间相互协调形成的行业标准往往会对大企业有利,而拥有先进技术的中小企业则常常受到排挤或被忽视。由于新技术所形成的新标准会对既存企业的优势地位构成直接的威胁,因此在行业内就很容易产生抵制新技术成为行业标准的联合行动,例如大型企业联合起来故意采用限制性标准,排斥革新的低价产品,通过该限制性标准来维护其固定价格。这些联合行为都严重破坏了公平的市场竞争秩序。

这些由技术标准所带来的限制竞争性行为实质上是对技术标准的滥用。要恢复市场应有的竞争秩序,就必须从反垄断法的角度来对其进行规制。一般来说,对于单个企业在市场中所形成的技术标准,反垄断执法机关应在企业形成市场垄断地位之前尽可能早地加入并予以干预和规制,而在企业已经形成垄断地位的情况下就要防止其滥用垄断势力,通常可以采取市场结构规制方法对企业进行强制性分割,或者采取行为规制方法对维持技术标准的垄断地位的知识产权进行弱化。由于分割企业将会直接破坏激励企业成长的激励机制,同时也会造成社会浪费,因此理论界一般认为采取弱化知识产权的方法比较适宜。而对企业间利用技术标准进行的联合限制竞争行为,如果该行为明显是以限制竞争为目的,则被视为当然违法,除此之外,则一般依据"合理性原则"在该联合行为所带来的限制竞争性与标准所带来的社会利益之间进行利益的权衡,最终来确定其是否具有违法性。

(李 梅)

jishu fenliu jineng

技术分流机能(the enginery of technological shunt) 经济法促进技术在国民经济各部门以及各主体之间的转移的机能。技术分流是技术商品交换发展的重要前提。经济法通过规定技术交换的法律规则,促进技术分流,从而保障技术水平的发展和生产水平的提高。

(赵 玲)

jishu jinchukou

技术进出口(imports and exports of technology) 不同国家的当事人以技术为标的所进行的特殊交易,拥有技术的一方将自己的技术提供给位于他国境内的另一方当事人,允许另一方使用该技术制造或销售产品及其他商业行为,并由另一方支付技术转让或许可费用的贸易活动。技术进出口的方式多种多样,具体采取哪种方式需根据实际情况确定,主要包括:涉外技术的买卖、许可、专有技术许可、设备或其他资本货物的买卖和进口、特许和经营、咨询协议、交钥匙工程、合营、兼并等等。

涉外技术转让与国际技术贸易紧密相连,区别在于它们所持的立场和角度不同。国家根据本国的利益对技术进出口采取不同的原则,我国采取的是有限制的自由技术进出口原则,我国《对外贸易法》第14条规定:"国家准许货物与技术的自由进出口。但是,法律、行政法规另有规定的除外。" (罗大帅)

《技术进出口管理条例》(Regulation of Technology Imports and Exports Management of China)

《中华人民共和国技术进出口管理条例》于2002年1月1日起施行,1985年5月24日国务院发布的《中华人民共和国技术引进合同管理条例》和1987年12月30日国务院批准、1988年1月20日对外经济贸易部发布的《中华人民共和国技术引进合同管理条例施行细则》同时废止。

《中华人民共和国技术进出口管理条例》共有5章55条:第一章总则;第二章技术进口管理;第三章技术出口管理;第四章法律责任;第五章 附则。

国家准许技术的自由进出口;但是,法律、行政法规另有规定的除外。国务院有关部门按照国务院的规定,履行技术进出口项目的有关管理职责。对属于自由进出口的技术,实行合同登记管理;进口属于自由进出口的技术,合同自依法成立时生效,不以登记为合同生效的条件。属于限制进出口的技术,实行许可证管理;未经许可,不得进出口;进出口属于限制进出口的技术,应当向国务院外经贸主管部门提出技术进出口申请并附有关文件。属于禁止进出口的技术,不得进出口。条例还规定了各方违反技术进出口管理规定和相关法律的法律责任以及处理方法。 (罗大帅)

技术开发投资制度(system of investment of technology development)

政府和开发利用者依法向技术开发事业进行投资的法律制度。投资是技术开发事业的基础,然而技术开发事业投资却不是传统意义的投资,即旨在获得连续收益的资本使用,而是一种社会成本,外部经济投入,这是由技术开发事业本身的性质所决定的,因此,技术开发投资是依靠法律制度安排推动并予以规范的活动。该项制度的主要内容包括投资构成、资金使用范围和资金使用方式等方面。投资构成一般分为政府投资和开发利用者投资,政府投资是技术开发投资的主要部分。(1)政府投资分为财政拨款和技术开发基金,都是预算资金按年度列支的。其使用范围一般包括:资源调查、研究开发、技术评价、技术情报的收集分析与提供、技术指导和普及、技术成果运用和促进、国际合作、学术活动、技术经济和效率以及技术和环境影响等。财政拨款一般是按预算费用使用和管理的,资金的使用者具有明确的可再生能源技术开发任务。技术开发基金有的按预算经费使用,有的则采用签订协议的办法,政府将技术开发经费部分或全部捐赠给有关技术开发的研究机关、产业技术开发组织、大学及有技术开发能力者,当然技术开发经费的捐赠需要严格的审查程序。(2)开发利用者的技术开发投资一般是企业经营者根据自己的需要进行的,其资金的使用范围和使用方式是由企业经营者选择和决定的。当政府的投资不足,而技术开发急需时,政府可以劝告有关能源关联产业的经营者向技术开发事业投资,但政府可以在其预算经费中,优先支援开发利用者所需的部分资金,不过开发利用者按政府劝告所进行的技术开发事业投资的使用范围同政府投资应该是一致的。 (张 璐)

技术信息(the technology information)

称技术秘密,或称专有技术。不为公众所知悉、能为权利人带来经济利益、具有实用性并经权利人采取保密措施的非专利技术和技术信息。确定方式国家没有做具体规定,由权利人自己决定,但应有记载和标志,这是司法判案的重要法律文件。保密措施是指:(1)技术秘密权利人与知悉或者可能知悉该技术秘密的有关人员签订了技术秘密保护协议;(2)技术秘密权利人把该技术秘密保护要求明确告知有关人员;(3)技术秘密权利人对该技术秘密的存放、使用、转移等环节采取了合理、有效的管理办法;(4)其他有关保密措施。以合作或者委托研究开发所形成的技术秘密,其权益归属依当事人书面约定的办法确定;没有约定的,当事人均有使用和转让该技术秘密的权利。但是,属委托开发的研究开发方在向委托方交付技术秘密之前,不得将该技术秘密转让给第三方。不同单位或者个人独立研究开发出同一技术秘密的,其技术秘密权益分别归该单位或者个人所有。单位应当建立和健全技术秘密保护制度,确定技术秘密保护管理机构和专职、兼职管理人员,采取有效措施,保护本单位的技术秘密。单位应当对其技术秘密加以明示,其方式为:(1)在技术资料档案上,加盖技术秘密标识;(2)对不能加盖技术秘密标识的模型、样品、数据、配方、工艺流程等,以书面形式明示;(3)其他的明示方式。 (苏丽娅)

技术引进合同(contract of import of technology)

中华人民共和国境内的公司、企业、团体或个人(即受方),通过贸易或经济技术合作的途径,向中华人民共和国境外的公司、企业、团体或个人(简称供方)支付一定费用获得技术,而签订的书面的技术引进合同。这里的技术包括:(1)专利权或其他工业产权的转让或许可;(2)以图纸、技术资料、技术规范等形式提供的工艺流程、配方、产品设计、质量控制以及管理等方面的专有技术;(3)技术服务。

技术引进合同应当订明下列事项:合同名称;引进标的技术的内容、范围和要求;引进技术达标考核检验的标准、期限、措施及风险责任的承担;引进技术的保密义务,改进技术的归属和分享;价款或者报酬总价和各分项价格,以及支付方式;违约损失赔偿额的计算方式;争议的解决办法;名词和术语的解释。与履行合同有关的附件资料,可根据当事人的协议作为技术引进合同的组成部分。

技术引进合同包括以下几种,而且不论供方国别和地区、受方资金来源和偿付方式,均应当按照有关规定向审批机关申请办理审批手续:(1)工业产权的转让或者许可合同。工业产权的转让或者许可合同是指涉及发明专利权、实用新型专利权、外观设计专利权以及商标权的转让或者许可的合同(仅涉及商标权转让的合同除外)。(2)专有技术许可合同。专有技术许可合同是指提供或者传授未公开过、未取得工业产权法律保护的制造某种产品或者应用某项工艺以及产品设计、工艺流程、配方、质量控制和管理等方面的技术知识的合同。(3)技术服务合同。技术服务合同是指供方利用其技术为受方提供服务或者咨询以达到特定目标的合同,包括受方委托供方或者与供方合作进行项目可行性研究或者工程设计的合同,雇用外国地质勘探队或者工程队提供技术服务的合同,委托供方就企业技术改造、生产工艺或者产品设计的改进和质量控制、企业管理提供服务或者咨询的合同等(聘请外国人在中国企业任职的合同除外)。(4)含工业产权的转让或者许可、专有技术许可或者技术服务任何一项内容的合作生产合同和合作设计合同。(5)含工业产权的转让或者许可、专有技术许可或者技术服务任何一项内容的成套设备、生产线、关键设备进口合同。(6)审批机关认为应当履行审批手续的其他技术引进合同。
(刘利晋)

jishu yinjin hetong zhong de xianzhixing tiaokuan
技术引进合同中的限制性条款(restrict clause of contract of import of technology) 在技术引进合同中,供方向受方施加的不合理的限制性要求的条款。在签订技术引进合同时,转让方不能强迫受让方接受限制性条款,受让方也不应当因为急需先进技术而接受。

我国有关限制性条款的规定主要是:供方不得强使受方接受不合理的限制性要求;未经审批机关特殊批准,合同不得含有下列限制性条款:(1)要求受方接受同技术引进无关的附带条件,包括购买不需要的技术、技术服务、原材料、设备或产品;(2)限制受方自由选择从不同来源购买原材料、零部件或设备;(3)限制受方发展和改进所引进的技术;(4)限制受方从其他来源获得类似技术或与之竞争的同类技术;(5)双方交换改进技术的条件不对等;(6)限制受方利用引进的技术生产产品的数量、品种或销售价格;(7)不合理地限制受方的销售渠道或出口市场;(8)禁止受方在合同期满后继续使用引进的技术;(9)要求受方为不使用的或失效的专利支付报酬或承担义务。未经审批机关批准,合同中不得含有限制受方利用引进技术生产的产品出口的条款。但属下列情况之一的除外:供方已签订独占许可合同的国家和地区;供方已签订独家代理合同的国家和地区。
(刘利晋)

jishu yinjin he shebei jinkou biaozhunhua shencha guanli zhidu
技术引进和设备进口标准化审查管理制度(review and management mechanism of standardization of introduction of technology and equipment import) 为了保证技术引进和设备进口项目的经济效益得到充分发挥,对技术引进和设备进口的标准化进行审查的工作。在我国,技术引进和设备进口工作的全过程,都应加强标准化工作,应有熟悉标准化业务的专家或专业技术人员参加。技术引进和设备进口标准化审查管理的范围包括:从国外购买的设备制造技术;与国外企业合作设计、合资经营制造的产品;进口成套设备(包括生产线)及大型关键设备;为引进技术所需进口的单项设备。纯属向国外返销的产品和零星进口的单项设备,不属于技术引进和设备进口标准化审查的范围。

技术引进和设备进口项目标准化审查的主要原则是:(1)该项目是否符合我国设备品种规格的发展方向;(2)该项目采用的标准是否有利于改善我国的标准体系;(3)该项目是否有利于提高我国技术装备的配套能力和充分利用我国资源,并有利于节约能源。技术引进和设备进口项目标准化审查应注意的事项,包括以下三项:(1)国际标准,我国国家标准、专业标准是技术引进和设备进口项目标准化审查的主要依据。引进技术的标准和我国现行国家标准、专业标准协调一致的,应采用我国标准;若我国现行标准不能满足引进技术的要求或暂无相应标准时,可直接采用国际标准;如国际标准也低于引进标准时,则应采用引进技术的标准。(2)技术引进和设备进口项目的计量单位应采用国际单位制。我国原则上不引进英制设备。重大项目中如有英制问题时,应慎重研究,采取有效处理措施请项目的审批部门批准。(3)技术引进和设备进口中涉及的电流、电压、工业频率等级,仪器、仪表及计算机等的输入、输出接口,各类结构和建筑限界,环境条件以及有关安全、卫生、环境保护等要求,必须符合我国有关的标准和规定。技术引进和设备进口项目的标准化审查与技术引进和设备进口整个项目的审查应该一起进行。技术引进和设备进口标准化审查一般分为三种形式:(1)凡由国务院或国家计委、国家经委和国家科委组织审批的引进项目,由国家标准局或由该局委托的有关部门组织人员参加审查;(2)凡由国务院主管部门审批的项目,由国务院有关部、委、公司的标准化管理机构或由其委托的下属单位组织人员参加审查;(3)凡由省、市、自治区人民政府审批的项目,由省、市、自治区标准化管理机构或由该机构委托的有关厅、局(公司)组织人员参加审查。在编写技术引进和设备进口的项目建议书时,应考虑标准化情况,必要时可进行初步的标准化分析。参加对外谈判的人员,应充分反映我国标准化的要求,认真分析研究对方的标准情况,注意引进标准资料的配套完整性。

(麻琳琳)

jishou maoyi

寄售贸易(consignment trade) 货主事先将货物运往寄售地点,委托代售人按照事先协议约定的条件,在当地市场上代为销售的贸易方式。货物售出后,代售人与寄售人按照规定的方式结算货款。寄售业务是一种信托业务,属一种委托代理性质。寄售贸易的特点有:(1)寄售人与代售人之间是委托和受委托的关系;(2)先发货后成交,凭实物买卖;(3)货物售出前,风险、费用归卖方(寄售人)承担。寄售贸易费用和风险的负担:因寄售方式是先发货后成交,货物售出之前所有的开支,如运费、保险费、仓储费、进口税等,均由寄售人(卖方)负担。也有由双方负担的,但代售人的佣金要提高,或以其他方式得以补偿。货物售出之前,所有风险也由寄售人负担。寄售贸易的货款收付。寄售方式成交,一般是货物售出后再收回货款。收款主要有如下几种:(1)记账办法,定期或不定期进行结算,由代售人将款汇给寄售人;(2)有的采用托收方式收取货款,有的加订"保证收取货款协议";(3)有的为了加速资金周转,采用D/A方式托收,由寄售人开出跟单汇票,然后由代售人承兑后的汇票进行贴现。

(王连喜)

jiagong maoyi

加工贸易(process trade) 一国通过各种不同的方式,进口原料、材料或零件,利用本国的生产能力和技术,加工成成品再出口,从而获得以外汇体现的附加价值。

加工贸易是以加工为特征的再出口业务,其方式多种多样,常见的加工贸易有:(1)进料加工。又叫进养出,指用外汇购入国外的原材料、辅料,利用本国的技术、设备和劳力,加工成成品后,销往国外市场。这类业务中,经营的企业以买主的身份与国外签订购买原材料的合同,又以卖主的身份签订成品的出口合同。两个合同体现为两笔交易,它们都是以所有权转移为特征的货物买卖。进料加工贸易要注意所加工的成品在国际市场上要有销路。否则,进口原料外汇很难平衡,从这一点看进料加工要承担价格风险和成品的销售风险。(2)来料加工。它通常是指加工一方由国外另一方提供原料、辅料和包装材料,按照双方商定的质量、规格、款式加工为成品,交给对方,自己收取加工费。有的是全部由对方来料,有的是一部分由对方来料,一部分由加工方采用本国原料的辅料。此外,有时对方只提出式样、规格等要求,而由加工方使用当地的原、辅料进行加工生产。这种做法也称为"来样加工"。(3)装配业务。指由一方提供装配所需设备、技术和有关元件、零件,由另一方装配为成品后交货。来料加工和来料装配业务包括两个贸易进程,一是进口原料,二是产品出口。但这两个过程是同一笔贸易的两个方面,而不是两笔交易。原材料的提供者和产品的接受者是同一家企业,交易双方不存在买卖关系,而是委托加工关系,加工一方赚取的是劳务费,因而这类贸易属于劳务贸易范畴。它的好处是:加工一方可以发挥本国劳动力资源丰富的优势,提供更多的就业机会;可以补充国内原料不足,充分发挥本国的生产潜力;可以通过引进国外的先进生产工艺,借鉴国外的先进管理经验,提高本国技术水平和产品质量,提高本国产品在国际市场的适销能力和竞争能力。当然,来料加工与装配业务只是一种初级阶段的劳务贸易,加工方只能赚取加工费,产品从原料转化为成品过程中的附加价值,基本被对方占有。由于这种贸易方式比进料加工风险小,目前在我国开展得比较广泛,获得了较好的经济效益。(4)协作生产。它是指一方提供部分配件或主要部件,而由另一方利用本国生产的其他配件组装成一件产品出口。商标可由双方协商确定,既可用加工方的,也可用对方的。所供配件的价款可在货款中扣除。协作生产的产品一般规定由对方销售全部或一部分,也可规定由第三方销售。

(王连喜)

jiagong maoyi huowu jianguan

加工贸易货物监管(supervision and administration of goods of process trade) 加工贸易货物,是指加工贸易项下的进口料件、加工成品以及加工过程中产生的边角料、残次品、副产品等。加工贸易企业,包括经海关注册登记的经营企业和加工企业。为了促进加工贸易健康发展,规范海关对加工贸易货物管理,根据《中华人民共和国海关法》及其他有关法律、行政法规,我国海关总署于2004年1月7日制定了《中华人民共和国海关对加工贸易货物监管办法》,并自2004年4月1日起施行。

该《监管办法》共有5章50条,包括:第一章总则;第二章加工贸易货物备案;第三章加工贸易货物进出口、加工;第四章加工贸易货物核销;第五章法律责任。其主要内容包括:(1)经营企业办理加工贸易货物备案的程序及应当提交的单证:主管部门签发的同意开展加工贸易业务的有效批准文件;经营企业自身有加工能力的,应当提交主管部门签发的"加工贸易加工企业生产能力证明";经营企业委托加工的,应当提交经营企业与加工企业签订的委托加工合同、主管部门签发的加工企业的"加工贸易加工企业生产能力证明";经营企业对外签订的合同;海关认为需要提交的其他证明文件和材料。(2)海关不予备案并且书面告知经营企业的情形:进口料件或者出口成品属于国家禁止进出口的;加工产品属于国家禁止在我国境内加工生产的;进口料件属于海关无法实行保税监管的;经营企业或者加工企业属于国家规定不允许开展加工贸易的;经营企业未在规定期限内向海关报核已到期的加工贸易手册,又向海关申请备案的。(3)海关可以在经营企业提供相当于应缴税款金额的保证金或者银行保函后予以备案的情形:涉嫌走私、违规,已被海关立案调查、侦查,案件未审结的;因为管理混乱被海关要求整改,在整改期内的。(4)海关有理由认为其存在较高监管风险的,可以比照前述规定办理,并书面告知有关企业的情形:租赁厂房或者设备的;首次开展加工贸易业务的;加工贸易手册申请两次或者两次以上延期的;办理加工贸易异地备案的。(5)海关不予批准外发加工业务的情形:经营企业或者承揽企业涉嫌走私、违规,已被海关立案调查、侦查,案件未审结的;经营企业将主要工序外发加工的;经营企业或者承揽企业生产经营管理不符合海关监管要求的。

(罗大帅)

jianada lianbang geren suodeshui

加拿大联邦个人所得税(individual income tax of the Canadian Commonwealth) 按照分税制财政体制的要求,加拿大的个人所得税由联邦政府和地方政府分享,其中联邦个人所得税的比例占63%。一个纳税年度内在加拿大境内居住超过183天的人或其家人居住在加拿大以及与加拿大仍有频繁社会交往的加国居民属于税收居民,其来源于世界范围的所得均要缴纳个人所得税,非税收居民仅就在加拿大境内从事经营或提供个人劳务的所得及处置在加拿大的资产的资本所得缴纳。魁北克省的居民可以享受占应缴纳的基本联邦税额的16.5%的减税额,但每人仍须按应纳税额另外缴纳3%的临时附加税。税务条例中规定了四种应课税收入,即薪酬收入、生意收入、投资收入和资产增值。计算应纳税额时需从应课税收入中减除符合扣除项目和免税项目的所得额。联邦个人所得税采行超额累进税率以实现社会公平。随着纳税人的收入额的增长,适用的税率也相应提高。税收级差每年都作调整。

(李蕾)

jianadasheng geren suodeshui

加拿大省个人所得税(individual income tax of Canadian province) 按照分税制财政体制的要求,加拿大的个人所得税除了由联邦政府享有外,省和地区政府也分享大致37%的份额。省个人所得税是按联邦个人所得税的应纳税额的百分比计征的。所得不是来源于一省或者所得是非居民在加拿大境内获取的,不予征收省个人所得税,但是另行征收47%的联邦附加税。其中魁北克省实行独立的所得税制度,根据该省税法规定,应税所得额超过7000加元的适用16%税率;超过50000加元的适用26%税率。纳税人从中可以获得一定量的股息税的抵免。

(李蕾)

jianada xintuoye

加拿大信托业(trust in Canada) 加拿大是资本主义国家中信托业发展较早的国家之一。加拿大原属英联邦成员国之一,其信托制度继承了英国的信托原理,具有较为浓厚的英国色彩,又因与美国相接壤,所以信托制度而其发展则受到美国信托业的很大影响。

总的说来,加拿大的信托业务在19世纪并不发达,到20世纪初,全国信托公司仅有十余家,1927年增至62家,目前,全国信托公司约九十余家。加拿大信托业的正式形成得益于建房协会向抵押贷款公司的逐渐演化。在最初阶段,每个成员在建房协会定期投入一定资金,当成员投入的资金增长到一定数额,即将投入的资金贷给协会成员中利息给付最高者或经过抽签决定的对象,获得贷款的成员在约定的期限内分期偿还资金,使建房协会逐渐向抵押贷款公司转化,最终导致了加拿大正式的信托机构的产生。加拿大信托公司具有两个职能,即作为受托人代人管理财产和安排投资的信托资产职能和作为金融中介机构具有吸收存款和发放贷款的职能。信托公司为受托人代人管理财产和安排投资的信托资产职能为其主要职能,但是在第二次世界大战后,其作为金融中介机构具有吸收存款和发放贷款的职能迅速发展起来,成为信托公司越来越重要的职能。加拿大信托公司的各项资金来源中,吸收的私人储蓄存款,特别是定期存款和发行的信用债券占了很大比重,信托公司提供的私人储蓄服务与注册银行完全相同,但是由于信托公司没有法定准备金率的限制,所以它的资本成本比注册银行要低,因此在吸收存款上具有较强的竞争力和吸引力。

信托公司在加拿大金融机构体系中具有相当重要的地位,是加拿大金融业"四大支柱"之一,它可以经营银行业务,但是银行却不能经营信托业务。加拿大和英国一样,判例法为其规范信托关系法律的核心。加拿大的信托公司既可在联邦立法机构注册,也可在省立法机关注册,除了少数几个规模较大的信托公司是在联邦立法机构注册的以外,其他信托公司一般都是在省立法机关注册。到目前为止,加拿大各州均有自己的信托公司法,联邦政府在1912年颁布的《信托业法》经多次修改,但对各州仍具有法律效力。信托公司不管是在哪个省取得的注册资格,都必须在从事经营的各省份内的有关管理机构登记并接受监督。加拿大存款保险公司为所有的信托公司吸收的存款提供保险,同时它还执行着信托公司的最终贷款人职能。所有在联邦注册的信托公司都直接是存款保险公司的正式成员,各省注册的机构可以经省立法机构的批准,申请加入存款保险公司的保险计划。　　（赵芳芳）

jiaqiang lüyou shichang guanli

加强旅游市场管理(strengthen administration on tour market)　　近年来,在我国旅游业迅速发展过程中,也出现了一些不规范的现象。为进一步加强对旅游市场的管理,国家旅游局、公安部、国家工商行政管理局决定,在全国开展旅游市场专项治理活动。

旅游市场专项治理,目标是规范市场、整顿不法经营、保护合法经营、促进健康发展。其内容主要有:(1)打击无证、无照经营和超范围经营。具体是:取缔无证、无照经营;查处超范围经营;查处旅行社经营和管理中存在的违法、违规行为;整顿一日游市场,提高国内旅游服务质量。(2)各地旅游、公安、工商行政管理部门接到通知后,要积极向当地政府汇报,根据全国总体部署和本地实际情况作出具体安排。(3)根据当前旅游秩序的状况和特点,对属于旅行社经营方面的问题,主要通过旅行社自查、重新审核旅行社业务经营许可证、营业执照和导游证的办法进行;属于旅行社经营出国旅游方面的问题,由各地旅游、公安部门进行检查。对属于无照或超范围经营旅游业务的企业,由工商行政管理部门依据登记管理的有关法规予以取缔或查处。(4)为加强对专项治理工作的指导,成立全国旅游市场专项治理协调小组(简称协调小组)。为加强对旅游市场的日常监督和检查,国家旅游局根据需要在全国聘请旅游市场检查员。负责向全国协调小组和省级工作机构报告旅游市场方面的情况,评估各地旅游服务质量。(5)专项治理工作,要在整顿违法经营的同时,充分利用新闻媒介宣传旅游,开展旅游质量万里行活动,宣传旅游、工商行政管理、出入境管理等方面的法规,宣传和树立消费者信得过的旅游企业和旅游产品,把此项工作与全国消费者权益保护工作和旅游业的质量管理工作,以及中国优秀旅游城市创建和评比活动结合起来,促进旅游业的健康发展。(6)在专项治理的同时,要继续建立和健全各项旅游市场管理制度,在旅游业务管理、出国旅游市场、旅游消费者权益保护、对非法经营的处罚等方面作出进一步的规定。各地在贯彻专项治理工作安排时,可有针对性地采取加强市场管理的措施。(7)各地旅游、公安、工商行政管理部门加强配合,在治理工作中建立联合办公、联合执法制度,治理工作中遇到的政策性问题应当及时请示。　　（苏丽娅）

jiayouzhan texu jingying guanli

加油站特许经营管理(management for the franchise of gas station)　　特许人通过签订合同将有权许可他人使用的与加油站经营有关的商号、注册商标、专有技术、经营模式、经营技术、服务标准等授予其他加油站使用,被授权的加油站按照合同约定在统一特许经营体系下从事成品油零售经营及相关服务,并向授权企业支付相应费用的管理。其中,授予他人特许经营权的企业为特许人,被授予使用特许经营权的加油站称为被特许人。在我国,现行的主要法律规范依据是原国家经贸委于2002年8月26日制定公布的《国家经济贸易委员会关于规范加油站特许经营的若干意见》(国经贸贸〔2002〕631号)。加油站特许人为中石油公司、中石化公司及其授权的子公司。其子公司按照母公司授权范围在各地开展加油站特许经营活动。　　（傅智文）

jiage

价格(price)　　商品价值的货币表现。是商品与货币的交换比例,反映着一定的生产关系。价值是价格的基础和核心,价格归根到底是由价值决定的,货币则是价格的标志,是价值的外在表现形式。一个国家的价格问题,与这个国家的经济发展有着密切联系。在供求不变的条件下,如货币价值不变,则商品价格同商品价值成正比关系,也就是说,商品价值越大,价格越高,商品价值越小,价格越低;反过来,如商品价值不变,则商品价格同货币价值成反比关系,即货币价值越大,商品价格越低,货币价值越小,商品价格越高。这个规律反映了商品价格归根到底是由商品包含的社会必要劳动量及价值所决定的。由于价格是由价值决定的,因此经营者往往就会进行必要的技术改造,降低单位产品价值,以最小的成本获得最大的利润,经营者尊重价值规律,是取得经济效益的很好途径。但是价格的运动规律也随市场供求关系的变动而变动。市场求大于供,价格就会提高,可以高于价值或者生产价格;市场供大于求,则出现价格的降低,可以低于价值或者低于生产价格。在商品生产中,价格脱离价值是经常性发生的现象,但是从总体上来说,价格和价值还是大体相符的。

在经济生活中,价格具有多种功能,主要包括:(1)信息传导功能。它是指人们可以通过价格的变化了解商品充裕或者稀缺的情况。因为价格反映商品供求情况,因此价格的上涨或者下跌正是商品稀缺或者充裕的表现。(2)资源配置功能。它是指通过价格的变动来指引资源流向的变动。(3)促进技术进步、降低生产成本功能。它是指通过价格的变动来引导企业促进技术进步,降低生产成本。但是如果价格机制不科学,价格不反映价值或者大大背离价值,价格的正常功能也无法发挥的。

价格可以分为商品价格和服务价格。商品价格是各类有形产品和无形资产的价格,按照生产部门的不同又分为工业产品价格、农业产品价格、建筑产品价格等;服务价格是指各类有偿服务的收费,主要包括运输价格、保管价格、加工价格、修理价格、医疗价格、饮食服务价格、邮政电讯价格等各种有偿服务的收费。价格还可以分为市场调节价、政府定价、政府指导价等价格。市场调节价是指经营者自主制订,通过市场竞争形成的价格;政府定价是指依照价格法规定,由政府价格主管部门或者其他有关部门,按照定价权限和定价范围所制定的价格;政府指导价是指依照价格法的规定,由政府价格主管部门或者其他有关部门按照定价权限和定价范围规定基准价及其浮动幅度,指导经营者制定的价格。

价格的制定应当符合价值规律和市场供求变化,大多数商品和服务价格实行市场调节价,极少数商品和服务价格实行政府指导价或者政府定价。

在市场经济条件下,价格构成包括的要素有:生产商品的社会平均成本,即生产成本,还包括税金、利润和正常的流通费用。生产成本即生产过程中所消耗的费用。成本可以分为总成本和平均成本,总成本是生产某一特定产量的产品所需要的成本总额,包括固定成本和可变成本两部分。固定成本是指在一定限度内不随产量变动而变动的费用,比如厂房。由于厂房的消耗不与产量有关,损耗是固定的,由此形成的费用就是固定成本。可变成本是随产量变动而变动的费用,如原材料的消耗。平均成本是分摊于每个生产单位产品的成本。生产成本反映生产者劳动生产率高低、原材料和动力消耗状况、设备利用状况、生产技术和管理水平状况,降低成本可以降低价格。流通费用是指用于商品流通的各种费用,包括纯流通费用和生产性流通费用两种。前者属于非生产性开支,本身不增加商品的价值,后者属于生产过程在流通领域继续所需的费用,会增加商品的价值,同生产费用一样。

在价格构成要素的诸要素中,成本对价格有决定性影响,生产成本在价格构成中所占的比重最大,包括生产过程中所消耗的生产资料价值和劳动者的劳动报酬;流通费用主要用于补偿流通中消耗部分。利润是企业产品销售收入扣除成本和税金后的余额部分,是生产者为社会创造的价值。税金和利润来源于社会纯收入,是国家税收和企业收益的来源。分析价格构成的目的是为了更合理地制定价格,避免社会财富的浪费,指引经营者努力降低成本,节约社会劳动,提高经济效益。

(郑冬渝)

jiage chengnuo

价格承诺(price promise) 在进口方当局作出初步裁决存在倾销、工业损害及其因果关系后,出口商主动承诺提高相关商品的出口价格或停止以倾销价格出口,并且进口方当局对其承诺表示同意,致使反倾销调查程序暂时中止或终止,进而避免进口方当局采取临时措施或征收反倾销税的承诺。出口商是否作出价格承诺,不影响进口方有关当局的调查和裁定。进口当局可以向出口商提出价格承诺的建议,但不能强迫出口商达成价格承诺协议。在达成价格承诺协议后,出口商要定期提供执行该协议的资料,如果违反,进口方当局可以立即采取临时反倾销措施,甚至可以对采取临时措施之日前不足90天进入进口方消费市场的倾销产品征收追溯性反倾销税,但这种追溯不得适用于违反价格承诺前就已进口的产品。价格承诺一直有效,直至能抵消倾销造成的损害。若行政复议的结果认为价格承诺不在合理,则应予以终止。承诺的价格提高不得高于须抵消的倾销幅度,如果提价幅度小于倾销幅度即可消除对国内产业的损害,该提价也是可取的。总的来说,价格承诺与征收反倾销税相比,对出口商是利大于弊。因价格提升可增加其外汇收入,一旦市场变化撤回其承诺较为容易。

(王连喜)

jiagefa

《价格法》(Price Act) 《中华人民共和国价格法》1997年12月29日第八届全国人民代表大会常务委员会第二十九次会议通过,1998年5月1日起施行。制定本法的目的是,根据我国经济发展的需要,规范价格行为,发挥价格合理配置资源的作用,稳定市场价格总水平,保护消费者和经营者的合法权益,促进社会主义市场经济健康发展。本法共7章48条,包括:总则;经营者的价格行为;政府的定价行为;价格总水平调控;价格监督检查;法律责任;附则等部分。本法适用范围是中华人民共和国境内发生的价格行为。

我国《价格法》的主要内容有：

经营者的价格行为 商品价格和服务价格，除依照法律规定，适用政府指导价或者政府定价外，实行市场调节价，由经营者自主制定。经营者进行价格活动，享有的权利是：自主制定属于市场调节的价格；在政府指导价规定的幅度内制定价格；制定属于政府指导价、政府定价产品范围内的新产品的试销价格；检举、控告侵犯其依法自主定价权利的行为。

政府的定价行为 政府在必要时可以实行政府指导价或者政府定价，其商品和服务为：与国民经济发展和人民生活关系重大的极少数商品价格；资源稀缺的少数商品价格；自然垄断经营的商品价格；重要的公用事业价格；重要的公益性服务价格。政府指导价、政府定价的定价权限和具体适用范围，以中央和地方的定价目录为依据。中央定价目录由国务院价格主管部门制定、修订，报国务院批准后公布。地方定价目录由省、自治区、直辖市人民政府价格主管部门按照中央定价目录规定的定价权限和具体适用范围制定，经本级人民政府审核同意，报国务院价格主管部门审定后公布。

价格总水平调控 国家根据国民经济发展的需要和社会承受能力，确定市场价格总水平调控目标，列入国民经济和社会发展计划，并综合运用货币、财政、投资、进出口等方面的政策和措施，予以实现。政府可以建立重要商品储备制度，设立价格调节基金，调控价格，稳定市场。为适应价格调控和管理的需要，政府价格主管部门应当建立价格监测制度，对重要商品、服务价格的变动进行监测；在粮食等重要农产品的市场购买价格过低时，可以在收购中实行保护价格，并采取相应的经济措施保证其实现；当重要商品和服务价格显著上涨或者有可能显著上涨，国家各级政府可以对部分价格采取限定差价率或者利润率、规定限价、实行提价申报制度和调价备案制度等干预措施。

价格监督检查 县级以上各级人民政府价格主管部门，依法对价格活动进行监督检查，并对价格违法行为实施行政处罚。政府价格主管部门进行价格监督检查时，可以行使的职权是：询问当事人或者有关人员，并要求其提供证明材料和与价格违法行为有关的其他资料；查询、复制与价格违法行为有关的账簿、单据、凭证、文件及其他资料，核对与价格违法行为有关的银行资料；检查与价格违法行为有关的财物，必要时可以责令当事人暂停相关营业；在证据可能灭失或者以后难以取得的情况下，可以依法先行登记保存，当事人或者有关人员不得转移、隐匿或者销毁。消费者组织、职工价格监督组织、居民委员会、村民委员会等组织以及消费者，有权对价格行为进行社会监督。新闻单位有权进行价格舆论监督。

法律责任 经营者、地方各级人民政府或者各级人民政府有关部门以及价格工作人员违反价格法律规定，应承担法律责任，包括民事责任、行政责任和刑事责任。

（黄明明）

jiage falü zeren

价格法律责任（legal liability of price） 价格执行者即经营者、各级人民政府价格主管部门以及有关部门即价格制定者或管理者等有关主体就价格违法行为所承担的法律责任。价格违法行为是指违反价格法以及价格政策的各种行为。价格法律责任包括民事责任、行政责任和刑事责任。

经营者的价格违法行为以及违反价格法所应当承担的法律责任主要包括：（1）经营者不执行政府指导价、政府定价以及法定的价格干预措施、紧急措施的，所承担的法律责任包括：责令改正，没收违法所得，可以并处违法所得5倍以下的罚款；没有违法所得的，可以处以罚款；情节严重的，责令停业整顿。（2）经营者有价格不正当行为之一的，责令改正，没收非法所得，可以并处违法所得5倍以下的罚款；没有违法所得的，予以警告，可以并处罚款；情节严重的，责令停业整顿，或者由工商行政管理机关吊销营业执照。（3）经营者因价格违法行为致使消费者或者其他经营者多付价款的，应当退还多付部分；造成损害的，应当依法承担赔偿责任。（4）经营者违反明码标价规定的，责令改正，没收非法所得，可以并处5000元以下的罚款。（5）经营者被责令暂停相关营业而不停止的，或者转移、隐匿、销毁依法登记保存的财物的，处相关营业所得或者转移、隐匿、销毁的财物价值1倍以上3倍以下的罚款。（6）拒绝按照规定提供监督检查所需资料或者提供虚假资料的，责令改正，予以警告；逾期不改正的，可以处以罚款。

地方各级人民政府或者有关人民政府有关部门违反价格法的规定，超越定价权限和定价范围擅自制定、调整价格或者不执行法定的价格干预措施、紧急措施的，责令改正，并可以通报批评；对直接负责的主管人员和其他直接责任人员，依法给予行政处分。

价格工作人员泄漏国家秘密、商业秘密以及滥用职权、徇私舞弊、玩忽职守、索贿受贿，尚不构成犯罪的，依法追究行政责任；构成犯罪的，依法追究刑事责任。

（郑冬渝）

jiage guanli falü zhidu

价格管理法律制度（legal system of price management） 价格管理法律制度中所指的价格通常包括商品的价格和服务收费标准。商品的价格（物价）包括各种商品在流通过程各环节的价格。服务收费,是指各种服务部门在为社会或个人提供服务时所收取的费用。价格管理的一般内容包括:(1)价格构成。商品的价格构成包括生产成本、税金、利润及正常的流通费用。社会平均成本,指生产这一商品所必需的社会必要劳动消耗,包括物化劳动的消耗和活劳动消耗。税金,即为缴纳国家税收而支出款项。流通费用,是指在流通过程中所支出的费用。(2)价格的制定。价格的确定有三种方式:一是由国家物价部门及业务主管部门直接定价,通常称为国家定价。二是由国家规定一定的幅度,包括最高或最低界限,由经营者在国家规定的范围内确定具体的价格,一般称为国家指导价。三是由交易当事人根据商品和服务的具体情况以及市场供求状况,在交易过程中,自己确定价格,通常称为市场调节价。国家定价由县级以上各级人民政府物价部门及业务主管部门按照规定的权限制定。实行国家定价的商品和服务主要是关系国计民生的重要商品和服务。国家指导价由县级以上人民政府物价部门、业务主管部门按规定的权限制定。市场调节价由经营者自行确定或由经营者在交易过程中与交易相对方当事人协商确定,但必须接受国家的价格管理、监督。(3)价格调整。它包括:适用范围的调整和价格标准的调整。(4)价格调节。指对实行市场调节价的商品和服务价格由国家采取一定的措施进行调节。具体方式包括:调节供求量;价格补贴;实行最高限价和最低保护价;提价申报。(5)价格表示。通过一定的方式将商品的价格或服务收费标准向对方当事人或一般公众所进行的表达。通常有两种形式,即口头形式与书面形式。(6)价格的监督。包括国家监督、社会监督以及内部监督。国家监督是指国家有关部门在其职权范围内对各种商品服务经营者和收费单位价格行为依法实施的监督。社会监督是指由有关社会组织、人民群众对商品服务经营者的价格行为实施的监督。内部监督是指商品和服务经营者或其他收费单位的物价人员和物价监督组织对其自身的价格行为进行的监督。国家监督是价格监督最有效、最常见的形式。国家监督的主要制度有:价格检查制度,提价备案制度,定期审价制度和价格监测报告制度。　　　　　　　(汪公文)

jiage jiance diaochazheng guanli

价格监测调查证管理(administration on investigation certificate of price monitoring) 在政府价格主管部门的价格监测机构中专门从事价格监测调查工作的人员进行价格监测、调查活动时所持的执行价格监测调查任务的工作人员的专用凭证。在我国,为加强价格监测调查证管理,规范价格监测人员行为,国家发改委制定了《价格监测调查证管理办法》,对价格监测调查证的管理做了详细的规定。该办法于2003年6月21日公布,2003年8月1日起实施。

主管机关 国务院价格主管部门负责价格监测调查证的管理,制定全国统一的价格监测调查证制度;省、自治区、直辖市政府价格主管部门负责本行政区内的价格监测调查证的管理,做好价格监测调查人员考核、发证及监督管理工作。

领取资格 领取价格监测调查证人员应具备以下条件:(1)在价格监测机构中的价格监测专业岗位上工作;(2)遵守价格法律法规,具有良好的政治素质和较强的工作责任心;(3)具备从事价格监测调查工作所需的专业知识和较强的业务能力。

调查证的使用 价格监测人员在执行价格监测调查任务时应出示价格监测调查证并依照规定程序进行,有权要求有关单位和个人提供价格情况及相关资料,接受价格监测、调查单位和个人应予以配合。价格监测人员在进行价格监测调查活动中,应当遵循法律法规,严守工作纪律,恪守职业道德。

价格监测调查证由国务院价格主管部门的价格监测机构按照规定的式样统一制作。价格监测调查证是专用证件,只限于领证人员本人使用,不得代替其他证件使用,也不得伪造、转借或擅自销毁。若证件遗失,持证者应及时向原核发证件的部门提出补发证件的申请,经审核无误后予以补发,补发证件编码仍用原证件编码。价格监测人员调离价格监测岗位时,应及时上缴价格监测调查证。　　　　　　　(刘　鹏)

jiage jiance zhidu

价格监测制度(price monitoring institution) 政府价格主管部门对重要商品和服务价格的变动情况进行跟踪、采集、分析、预测、公布的活动制度。为科学、有效地组织价格监测工作,保障价格监测数据的真实性、准确性和及时性,发挥价格监测在宏观经济调控和价格管理中的重要作用,正确引导生产、流通和消费,保持市场价格总水平的基本稳定,我国国家发展和改革委员会根据《中华人民共和国价格法》,制定了《价格监测规定》,于2003年4月9日公布,并于2003年6月1日起实施。

基本任务 价格监测的基本任务是调查和分析重要商品、服务价格,以及相关成本与市场供求的变动情况;跟踪反馈国家重要经济政策在价格领域的反映;实施价格预测、预警,并及时提出政策建议。

价格监测的机关 国务院价格主管部门负责组织和协调全国价格监测工作,县级以上各级人民政府价格主管部门负责组织和协调本地区的价格监测工作。价格监测的具体工作,由各级人民政府价格主管部门的价格监测机构及相关业务机构负责实施。

监测报告 国务院价格主管部门制定全国统一的价格监测报告制度,规定价格调查和价格信息采集、汇总、计算、传输、报告、分析、公布的具体办法,以及相应的价格监测项目、指标、代码、表式的统一标准,适时调整监测项目、标准及监测周期。省、自治区、直辖市人民政府价格主管部门可根据本行政区域内经济活动的实际情况和价格工作的需要,制定或授权下级人民政府价格主管部门制定补充的价格监测项目和标准,但不得与国家制定的价格监测报告制度相抵触。补充的价格监测项目和标准,应报国务院价格主管部门备案。

价格监测措施 价格监测以定点监测和周期性价格监测报表为基础,并开展专项调查、临时性调查、非定点监测等,加强对重要商品、服务价格的动态监测和变化趋势分析,提高价格监测的时效性和准确性。

定点监测 政府价格主管部门应根据价格监测报告制度的规定指定有关国家行政机关、企事业单位以及其他组织作为价格监测定点单位,并发给证书或标志牌。价格监测定点单位因生产、经营品种调整,以及其他原因,不能及时、准确提供价格监测资料的,负责指定工作的价格主管部门应及时进行调整,另行指定价格监测定点单位。

价格监测调查 价格监测有关单位和个人有义务接受政府价格主管部门的价格监测调查。价格定点监测指定单位,应按照监测报告制度规定的内容和时间提供真实可靠的价格监测资料,提供的价格监测资料必须经本单位负责人审核。非定点监测的单位及个人,有义务配合价格调查工作。价格监测定点单位应建立价格监测的内部管理制度,对本单位的价格监测资料整理、报送实行监督,以保证价格资料的真实性、时效性;任何人不得虚报、瞒报、拒报、迟报,不得伪造、篡改价格监测资料。价格监测工作人员收集价格资料时,应按照价格监测报告制度规定的内容、标准、方法、时间和程序进行。实行价格监测调查证制度,价格监测工作人员须持证进行监测、调查活动。县级以上各级人民政府价格主管部门要向同级人民政府和上级价格主管部门及时上报价格监测报告和价格形势分析报告,反映重要商品和服务的价格变动以及价格政策执行情况,提出政策建议。

信息公布 政府价格主管部门应向社会公布重要商品和服务价格监测、预测信息,或由政府价格主管部门的监测机构按有关制度规定向社会发布价格监测、预测信息。属于国家机密、商业秘密的价格监测资料,不得对外公布,也不得用于政府宏观调控和价格工作以外的任何其他目的。

(刘 鹏)

jiage jiandu jiancha
价格监督检查(price supervision and inspection) 政府各级价格主管部门以及各种消费者组织、职工价格监督组织、居民委员会、村民委员会等组织以及消费者个人,对违反价格法规定的各种行为所进行的监督检查活动的总称。价格监督检查包括价格的监督和价格的检查两个方面。价格检查主要是各级人民政府价格主管部门行使的职权。其检查权包括检查权和处罚权。政府价格监督又包括两个方面,即国家的监督和社会的监督。监督的目的是为了保证价格法律法规的贯彻实施、防止非法价格活动、保证价格的合法性和稳定性。

价格监督检查的机构是县级以上各级人民政府价格主管部门,具体行使监督检查权的是人民政府各级具有价格监督检查职权和处理价格违法行为职权的价格主管部门。在中央一级是国家发展与计划委员会设立的价格检查司行使价格监督检查的职权,负责组织领导全国价格监督检查工作;在地方是县级以上各级人民政府价格主管部门设立的价格监督检查机构。地方各级价格监督检查机构接受上级价格监督检查机构的业务指导。地方各级人民政府价格主管部门的价格监督检查单位负责对同级人民政府业务主管部门、下级人民政府以及本地区的企业、事业单位和个体工商户执行价格法规、政策进行监督检查。

政府价格主管部门所设的监督检查机构在进行价格监督检查时,可以行使以下职权:(1)询问当事人或者有关人员,并要求其提供证明材料和与价格违法行为有关的其他资料;(2)查询、复制与价格违法行为有关的账簿、单据、凭证、文件及其他资料,核对与价格违法行为有关的银行资料;(3)检查与价格违法行为有关的财物,必要时可以责令当事人暂停相关营业;(4)在证据可能灭失或者以后难以取得的情况下,可以依法先行登记保存,当事人或者有关人员不得转移、隐匿或者销毁。除了政府部门对价格的监督检查以外,有关的社会团体,如消费者协会以及消费者也可以对价格执行情况进行监督检查。消费者在进行消费的过程中,如果发现经营者有哄抬物价、扰乱价格的行为,也可以向有关价格主管部门或者有关部门进行检举、揭发。

价格监督检查的形式有三种:(1)国家价格监督检查。是指国家设立专门机构负责对价格进行监督检查的专门活动。这是国家对价格管理的具体表现。(2)社会监督检查。是指社会组织和消费者对价格监督检查的活动。社会组织包括消费者协会、居民委员会、村民委员会等社会组织,新闻单位的舆论监督也属于社会监督检查。(3)单位内部的监督检查。是指企业、事业单位内部职工价格监督组织和职工对价格进行监督检查的活动。

(郑冬渝)

jiage jianzhengshi

价格鉴证师（value appraiser） 通过全国统一考试,取得"价格鉴证师执业资格证书",经注册登记后,从事涉案标的价格鉴定、认证、评估工作关键岗位上的专业人员。凡从事价格鉴证业务的机构,必须配备有一定数量的价格鉴证师。在我国,价格鉴证师执业资格实行全国统一考试制度。原则上每两年举行一次。中华人民共和国公民,遵纪守法并具备下列条件之一者,可申请参加价格鉴证师执业资格考试:(1)取得经济、法律专业中专学历,从事价格鉴证相关工作满7年。(2)取得经济、法律专业大学专科学历,从事价格鉴证相关工作满5年。(3)取得经济、法律专业大学本科学历,从事价格鉴证相关工作满3年。(4)取得经济、法律专业硕士学位、第二学士学位或研究生学历,从事价格鉴证相关工作满1年。(5)取得价格鉴证相关专业博士学位。(6)通过国家统一组织的经济、会计、审计专业技术资格考试,取得初级资格,从事价格鉴证相关工作满6年。价格鉴证师执业资格考试合格者,由人事部或其授权的部门颁发"价格鉴证师执业资格证书"。该证书全国范围有效。价格鉴证师执业资格考试合格人员,应在规定时间内办理注册登记手续。价格鉴证师执业资格的注册,由本人提出申请,所在单位考核同意,送所在省、自治区、直辖市价格主管部门初审合格后,报国家发展计划委员会或其授权部门统一办理注册手续,由国家发展计划委员会核发"价格鉴证师注册证"。

价格鉴证师在经批准的价格鉴证机构执业,根据司法机关、行政执法机关和仲裁机构办理价格鉴定、认证、评估的需要,接受委托,执行相应业务,不得同时在两个以上价格鉴证机构执业。价格鉴证师具有在价格鉴证报告上签字的权力,并对价格鉴证报告的合法性负责,应当遵守价格鉴证法规、执业守则及技术规程,保证价格鉴证结果的客观公正,接受继续教育和按规定参加执业培训,为委托人保守秘密。价格鉴证师承办业务,由其所在单位统一受理并与委托人签订委托合同。价格鉴证师执行业务,可以根据需要查阅委托人的有关文件和资料,查看委托人的业务现场和设施,要求委托人提供必要的协助。价格鉴证师与委托人有利害关系的,应当回避。委托人也可以要求有利害关系的价格鉴证师回避。

（刘 鹏）

jiage kate'er

价格卡特尔（price cartel） 生产或者销售同类商品或者服务的企业相互商定价格的行为。包括固定价格、规定最低限价、最高限价或者价格的构成。在市场经济条件下,价格是调节社会生产和需求的最重要机制。商品的价格一旦被固定下来,价格传递供求信息的功能和调节生产的功能就丧失殆尽,其结果是劣质企业不能被淘汰,优势企业得不到较好的经济效益。由于被固定的价格一般都超过在有效竞争条件下的价格水平,因而也会损害消费者的利益。因此,价格卡特尔是对竞争危害最甚的卡特尔,属于各国反垄断法的首禁之列。我国《价格法》第14条第1款规定,经营者不得相互串通,操纵市场价格,损害其他经营者或者消费者的合法权益。根据该法第40条,这种违法行为的后果是被责令改正,没收违法所得,并处违法所得5倍以下的罚款;情节严重的,责令停业整顿,或由工商行政管理机关吊销营业执照。根据该法第41条,经营者因价格违法行为致使消费者或者其他经营者多付价款的,应当退回多付部分;造成损害的,依法承担赔偿责任。

（王晓晔）

jiage longduan xingwei guizhi

价格垄断行为规制（regulatory system on price monopoly） 对于经营者通过相互串通或者滥用市场支配地位,操纵市场调节价,扰乱正常的生产经营秩序,损害其他经营者或者消费者合法权益,或者危害社会公共利益的行为的法律限制。为制止价格垄断行为,促进公平竞争,保护经营者和消费者的合法权益,我国国家发展和改革委员会根据《中华人民共和国价格法》,制定了《制止价格垄断行为暂行规定》,确立了对价格垄断行为的规制制度。

经营者的认定 在价格行为上依照《价格法》的规定享有权利的经营者,应当是依法取得经营资格的合法经营者;凡在经营活动中有《价格法》规定的应受处罚的价格违法行为,不论违法者是否依法取得经营资格,都应依法处罚。

禁止的价格垄断行为 (1)经营者之间不得通过协议、决议或者协调等串通方式实行下列价格垄断行为:统一确定、维持或变更价格;通过限制产量或者供应量,操纵价格;在招投标或者拍卖活动中操纵价格;其他操纵价格的行为。(2)经营者不得凭借市场支配地位,在向经销商提供商品时强制限定其转售价格。经营者不得凭借市场支配地位,违反法律、法规的规定牟取暴利。经营者不得凭借市场支配地位,以排挤、损害竞争对手为目的,以低于成本的价格倾销;或者采取回扣、补贴、赠送等手段变相降价,使商品实际售价低于商品自身成本。经营者不得凭借市场支配地位,在提供相同商品或者服务时,对条件相同的交易对象在交易价格上实行差别待遇。对经营者有上述所列价格垄断行为的,由政府价格主管部门依法认定。

价格垄断的处罚 经营者有价格垄断行为的,可以予以下列处罚:(1)责令改正;(2)没收违法所得;

(3)并处违法所得5倍以下的罚款;(4)没有违法所得的,给予警告,可以并处3万元以上30万元以下的罚款;(5)情节严重的,责令停业整顿,或者由工商行政管理机关吊销营业执照。

政府及其所属部门应当依法保护经营者的定价自主权,不得对市场调节价进行非法干预。政府鼓励、支持、保护一切组织和个人对价格垄断行为进行社会监督。政府价格主管部门可以对价格垄断行为的举报人给予奖励,并应当为举报人保密。 (刘 鹏)

jiage qizha

价格欺诈(cheat in price) 利用虚假的或者使人误解的价格手段,诱骗消费者或者其他经营者与其进行交易的行为。价格欺诈属于《中华人民共和国价格法》禁止的经营者不正当定价行为。

价格欺诈包括以下构成要件:(1)经营者利用虚假的或者使人误解的价格手段欺骗消费者或者其他经营者;(2)消费者或者其他经营者因此而陷于错误认识;(3)消费者或者其他经营者基于此种错误认识进行交易行为,合法利益受到损害。

价格欺诈的表现形式多种多样,主要包括以下几种:经营者收购、销售商品和提供有偿服务的标价行为下列情形之一:(1)标价签、价目表等所标示商品的品名、产地、规格、等级、质地、计价单位、价格等或者服务的项目、收费标准等有关内容与实际不符,并以此为手段诱骗消费者或者其他经营者购买;(2)对同一商品或者服务,在同一交易场所同时使用两种标价签或者价目表,以低价招徕顾客并以高价进行结算;(3)使用欺骗性或者误导性的语言、文字、图片、计量单位等标价,诱导他人与其交易;(4)标示的市场最低价、出厂价、批发价、特价、极品价等价格表示无依据或者无从比较;(5)降价销售所标示的折扣商品或者服务,其折扣幅度与实际不符;(6)销售处理商品时,不标示处理品和处理品价格;(7)采取价外馈赠方式销售商品和提供服务时,不如实标示馈赠物品的品名、数量或者馈赠物品为假劣商品;(8)收购、销售商品和提供服务带有价格附加条件时,不标示或者含糊标示附加条件。经营者收购、销售商品和提供有偿服务,采取下列手段之一:(1)虚构原价,虚构降价原因,虚假优惠折价,谎称降价或者将要提价,诱骗他人购买;收购、销售商品和提供服务前有价格承诺,不履行或者不完全履行;(2)谎称收购、销售价格高于或者低于其他经营者的收购、销售价格,诱骗消费者或者经营者与其进行交易的;(3)采取掺杂、掺假,以假充真,以次充好,短缺数量等手段,使数量或者质量与价格不符的;(4)对实行市场调节价的商品和服务价格,谎称为政府定价或者政府指导价。 (刘 鹏)

jiage qishi

价格歧视(price discrimination) 经营者对处于相同地位的交易对手使用不同的价格条件,致使某些交易对手在竞争中处于不利地位的行为。对不同交易对手实施不同的待遇,这属于私法上的合同自由,因而也是合法的行为。然而,合法歧视行为的前提条件是,交易对手存在着选择商品的可能性,即市场上存在着竞争。如果一个生产商在市场上取得了支配地位,一个购买者出于经济原因必须向该生产商购买某种商品,这个购买者就不存在选择的可能性。在这种情况下,如果这个购买者以不利的价格条件购买了商品,他在竞争中就处于不利地位。美国1936年的《鲁滨逊—帕特曼法》,就是对20世纪30年代经济萧条中出现的跨地区连锁店的反映。人们当时普遍认为,连锁店的成功是因为有利的进货条件,特别是生产商给予大幅度的价格折扣。如果生产商给予某些销售商的价格优惠不是从成本出发,而是因为对方有着市场优势地位,这就不仅使广大中小企业失去公平竞争的机会,而且也会进一步加强市场优势地位,从而长期地损害市场竞争。然而,如果价格歧视行为是出于成本考虑,例如,大型超级市场的进货因为存在着销售成本优势,生产商就可能会给予较大的价格折扣,这种价格歧视虽然不利于中小零售企业,但这种行为在经济上是合理的。在实践中,价格歧视行为往往同时存在着成本因素和市场势力因素,从而使反垄断法的执法机关陷于效率与公平的冲突之中。在这种情况下,反垄断执法机关应当根据国家的竞争政策来确定,一个价格歧视主要是出于对某些经营者的歧视,还是市场上有效竞争的表现。在原则上,实施价格歧视行为的企业市场势力越大,这种歧视对市场竞争的危险也越大。 (王晓晔)

jiage renzheng

价格认证(price authentication) 依法设立的价格鉴证机构接受各类市场主体及公民的委托,对其提出的各类商品或财产和有偿服务项目的价格进行的公证性认定。依照我国法律,因生产经营、合同签订、抵押质押、理赔索赔、实物应税、物品拍卖、资产评估、财产分割、工程审价、清产核资、经济纠纷、法律诉讼、司法公证等情形,需要对相关物品或服务价格及有关事项证明时或者为了证实价格的合法性、合理性,可以委托价格鉴证机构进行价格认证。价格鉴证机构认证后,按照规定的程序出具"价格认证书"。价格鉴证机构出具的"价格认证书",当事人可以作为举证的证明。经司法机关、行政执法部门和仲裁机构确认后,可以作为司法机关、行政执法部门和仲裁机构办理各类案件的证据。国务院及地方人民政府价格主管部门是价格认证工作的主管部门,依法设立的价格鉴证机构是受理价格认证的专业机构,其他任何机构或者个人出具的价格证明不具备价格公证性效力。

价格认证应当遵循合法性原则与合理性原则。认证价格行为的合法性是指价格认证要以《价格法》为准则,按照有价格管理权限的部门制定的有关价格管理规定为依据。其他任何组织和机构越权制定的各种有关价格的规定,不得作为界定价格行为合法性的依据。认证价格水平的合理性是指价格认证应当遵循以下原则:(1)实行政府指导价的商品或服务价格,应当在国家规定的幅度、利润率或者管理办法之内。(2)实行市场调节价格的商品和服务,在正常生产经营情况下,价格应当不低于生产企业的生产成本或者经销企业的进货成本,不超过国家规定的利润率或者进销差率;合理的价格应当接近该商品的行业生产平均成本加社会平均利润。

委托价格认证,应当送交"价格认证委托书"。"价格认证委托书"应当包括以下内容:(1)价格认证的理由和要求;(2)价格行为人的有关证件或者证明材料;(3)认证事项的行为和情景描述;(4)认证事项涉及物品的品名、牌号、规格、种类、数量、生产成本以及购进价格等资料;(5)物品被使用、损坏程度的记录,重要的物品应当附照片;(6)认证事项的地域范围和有效日期;(7)其他需要说明的情况。价格鉴证机构受理委托人的"价格认证委托书"时,应当认真审核委托书的各项内容和要求,如委托书所提要求无法做到的,应当立即与委托人协商;委托的价格认证事项不符合国家法律法规的,应当不予受理。 (刘 鹏)

jiage tixi

价格体系(price system) 价格的种类和各种价格形式之间的相互关系的总称。价格体系根据不同的标准,可以进行不同的分类。在我国,价格体系可以从以下方面进行分类:第一,按照国民经济不同的部门来划分,可以分为:工业品价格、农产品价格、建筑产品价格、交通运输价格、邮政电讯价格、饮食服务价格等等;第二,按照商品的流通环节来划分,可以分为:工业品出厂价格、农产品收购价格、商品批发价格、商品零售价格、商品的地区差别价格、商品的季节差别价格等;第三,按照国家对价格的调控手段来划分,可以分为:市场调节价、政府定价、政府指导价;第四,从价格的种类上划分,可以分为:商品价格和服务价格;第五,从价格的性质上来划分,可以分为:非计划价格和计划价格,市场调节价属于非计划价格,政府定价和政府指导价属于计划价格。

在改革开放的过程中,我国对价格体系进行了改革,使价格体系更加符合国民经济发展的客观要求。改革的主要内容有:逐步放开过去国家管死的价格,由经营者根据市场情况自主定价,通过必要的竞争形成合理的价格,使价格更加符合价值规律的要求;将政府定价限定在极少数商品上,解决了工农业商品地区差价、质量差价、季节差价以及服务收费不合理等问题,放开了一部分农产品价格;取消了国家补贴价等,建立起了合理的价格体系,为市场经济发展提供了更好的价格机制。

(郑冬渝)

jiage tingzheng

价格听证(Hearing of Witness in Price) 又称政府价格决策听证。制定、调整、实行政府指导价或者政府定价的重要商品和服务价格前,由政府价格主管部门组织社会有关方面,对制定价格的必要性、可行性进行论证。实行政府价格决策听证的主要是关系群众切身利益的公用事业价格、公益性服务价格和自然垄断经营的商品价格。价格听证采取听证会的形式。

听证会的组织,以商品和服务的定价主体的不同而有所区别。国务院价格主管部门和其他有关部门定价的商品和服务价格,由国务院价格主管部门组织听证,其中,在一定区域范围内执行的商品和服务价格,也可以委托省、自治区、直辖市人民政府价格主管部门组织听证。省、自治区、直辖市人民政府价格主管部门和其他有关部门定价的商品和服务价格,由省、自治区、直辖市人民政府价格主管部门组织听证,也可以委托市、县人民政府价格主管部门组织听证。省、自治区、直辖市人民政府授权市、县人民政府定价的商品和服务价格,由市、县人民政府价格主管部门组织听证。

价格听证的程序包括申请——受理——审查——听证——价格决策等几个阶段。

申请制定应当听证的价格的经营者或其主管部门为价格听证的申请人。申请人应当按照定价权限的规定向政府价格主管部门提出书面申请。经营者可以委托有代表性的行业协会等团体作为申请人。在无申请人的情况下价格决策部门认为需要制定、调整关系群众切身利益的公用事业价格、公益性服务价格和自然垄断经营的商品价格,应当依据定价权限,提出定价方案,并由政府价格主管部门组织听证。政府价格主管部门收到书面申请后,应当对申请材料是否齐备进行初步审查、核实,申请材料不齐备的,应当要求申请人限期补正。具有下列情形之一的,政府价格主管部门不予受理:(1)申请制定的价格不在定价权限内的;(2)制定价格的依据和理由明显不充分的;(3)申请制定的价格不属于听证项目,政府价格主管部门认为不必要听证的。

政府价格主管部门对书面申请审核后,认为符合听证条件的,应当在受理申请之日起20日内作出组织听证的决定,并与有定价权的相关部门协调听证会的有关准备工作。政府价格主管部门应当在作出组织听证决定的三个月内举行听证会,并至少在举行听证会10日前将聘请书和听证材料送达听证会代表,并确认能够参会的代表人数。听证会应当在2/3以上听证会代表出席时举行。听证会按下列程序进行:(1)听证主持人宣布听证事项和听证会纪律,介绍听证会代表;(2)申请人说明定价方案、依据和理由;(3)政府价格主管部门介绍有关价格政策、法律、法规、初审意见及其他需要说明的情况;(4)政府价格主管部门要求评审机构对申请方的财务状况进行评审的,由评审机构说明评审依据及意见;(5)听证会代表对申请人提出的定价方案进行质证和辩论;(6)申请人陈述意见;(7)听证主持人总结;(8)听证会代表对听证会笔录进行审阅并签名。政府价格主管部门应当在举行听证会后制作听证纪要,并于10日内送达听证会代表。价格决策部门定价时应当充分考虑听证会提出的意见。听证会代表多数不同意定价方案或者对定价方案有较大分歧时,价格决策部门应当协调申请人调整方案,必要时由政府价格主管部门再次组织听证。需要提请本级人民政府或者上级价格决策部门批准的最终定价方案,凡经听证会论证的,上报时应当同时提交听证纪要、听证会笔录和有关材料。政府价格主管部门应当向社会公布定价的最终结果。

(刘 鹏)

jiage tuijian

价格推荐(recommendation of price) 生产商对其销售商就其所供的商品的转售价格作出的没有约束力的推荐。这特别是指对名牌产品的价格推荐。价格推荐因为仅仅是推荐意见,销售商没有义务一定按照生产商的推荐价格销售商品,这就不会排除销售商之间的价格竞争。为了扩大销售,绝大多数商品的零售价格事实上均低于生产商的推荐价格。此外,生产商向销售商推荐转售价格还有利于提高市场的透明度。特别是在销售网点不多的偏远地区,产品上的价格推荐可以保护消费者不受销售商的高价剥削。因此,价格推荐在各国的反垄断法中一般被视为合法的行为。如果生产商为了使销售商遵守自己的推荐价格,采取抵制交易等手段对其销售商施加压力,这种推荐价格事实上就具有约束力,从而构成一种违法的行为。

(王晓晔)

jiage weifa xingwei jubao zhidu

价格违法行为举报制度(institution for report of acts of violation of the price law) 在我国,为保障公民、法人或者其他组织依法行使举报价格违法行为的权利,规范价格主管部门对价格违法行为举报的处理,国家发展和改革委员会根据《中华人民共和国价格法》等法律、行政法规,制定了《价格违法行为举报规定》,并于2004年8月19日颁布,2004年10月1日起实施。该规定详细规定了价格违法行为的举报制度。

举报人包括公民、法人或者其他组织,外国人、无国籍人、外国组织举报在中华人民共和国境内发生的价格违法行为,也属于举报人。举报可以采用书信、来访、电话等形式。

经营者有下列行为之一的,举报人可以向价格主管部门举报,价格主管部门应当予以受理:(1)相互串通,操纵市场价格,损害其他经营者或者消费者合法权益的行为;(2)在依法降价处理鲜活商品、季节性商品、积压商品等商品外,为了排挤竞争对手或者独占市场,以低于成本的价格倾销,扰乱正常的生产经营秩序,损害国家利益或者其他经营者的合法权益的行为;(3)提供相同商品或者服务,对具有同等交易条件的其他经营者实行价格歧视的行为;(4)捏造、散布涨价信息,哄抬价格,推动商品价格过高上涨的行为;(5)利用虚假的或者使人误解的价格手段,诱骗消费者或者其他经营者与其进行交易的行为;(6)采取抬高等级或者压低等级等手段收购、销售商品或者提供服务,变相提高或者压低价格的行为;(7)违反法律、法规的规定牟取暴利的行为;(8)不执行政府指导价、政府定价的行为;(9)不执行法定的价格干预措施、紧急措施的行为;(10)违反明码标价规定的行为;(11)在接受价格监督检查时提供虚假资料的行为;(12)应当由价格主管部门受理的其他价格违法行为。

有下列情形之一的,价格主管部门不予受理,并酌情予以回复:(1)举报内容不属于价格主管部门职责管辖范围的;(2)没有明确的被举报人或者被举报人无法查找的;(3)就同一事项已经向有关机关举报、申请复查、行政复议、仲裁或者提起诉讼,有关机关没有作出不予受理决定或者不予受理裁定的;价格主管部门对同一价格违法行为已经作出处理决定的;(4)不属于价格违法行为举报受理范围的其他情形。咨询价格法律、法规、规章、政策或者对价格工作的建议、疑义等的来信、来访、来电,不属于举报。

举报人举报价格违法行为,应当提供以下内容:(1)被举报人的名称、地址;(2)被举报人违反价格法律、法规、规章或者规范性文件的事实及有关证据;(3)举报人要求答复的,应当提供联系方式。县级以上各级价格主管部门是价格违法行为举报的主管机关,具体工作由其价格监督检查机构(价格举报中心)办理。价格主管部门办理价格违法行为举报的主要职责是:(1)对举报内容进行审查,提出分类处理意见;(2)依法办理本级价格主管部门直接受理、上级机关交办或者其他部门转交的价格违法行为举报;(3)指导下级价格主管部门办理价格违法行为举报工作;

(4)对价格违法行为举报情况进行统计、分析,视情况公布相关信息;(5)对举报价格违法行为的有功人员进行鼓励;(6)负责价格违法行为举报工作的其他有关事宜。

价格违法行为举报由价格违法行为发生地的价格主管部门受理。有管辖权的两级以上(含两级)价格主管部门同时收到举报的,由上级价格主管部门决定受理机关。价格主管部门收到举报,予以登记,对举报的具体内容进行审查,属于不予受理的情形的,不予受理;其他举报,由本机关直接受理或者交由下一级价格主管部门办理。交由下一级价格主管部门办理的,应当自收到之日起5个工作日内发出交办函。举报人来访或电话举报的,可以直接告知举报人向当地价格主管部门举报。上级价格主管部门在交办函中要求下一级价格主管部门受理的,下一级价格主管部门应当直接受理。其他举报交办件,下一级价格主管部门可以根据举报内容决定受理机关。

价格主管部门对受理的价格违法行为举报,应当依法处理,并承担相应的法律责任。上级价格主管部门交办的,应当将办理结果报上级价格主管部门。举报人、被举报人愿意协商解决的,可以由举报人、被举报人达成协商解决协议并予执行,同时向价格主管部门提供协商解决的必要证据。

价格违法行为举报的办结包括:(1)举报人在举报办理过程中对举报事项提起复议或者诉讼,有关机关没有作出不予受理决定或者裁定的;(2)举报人、被举报人达成协商解决协议并已执行完毕的;(3)举报人主动要求终止举报的;(4)被举报人已将多收价款退还举报人的;(5)应当视为办结的其他情形。举报办结后,举报人要求答复且有联系方式的,价格主管部门应当在办结后5个工作日内将办理结果以书面或者口头方式告知举报人。举报人对办理结果不满意,可以再次举报,也可以依法申请行政复议或者提起行政诉讼。举报人再次举报,但没有提供新的价格违法行为事实或者新的理由的,价格主管部门可以不再受理。举报办结后,对通过举报发现的价格违法行为,价格主管部门应当依法实施行政处罚。价格主管部门对社会影响大的价格举报典型案例,可以通过新闻媒体予以公布。

价格主管部门应当为举报人保密。对举报价格违法行为的有功人员,价格主管部门可以按有关规定给予鼓励。价格主管部门在举报工作中不依法履行职责、推诿拖延的,上级价格主管部门应当通报批评。价格主管部门工作人员在举报工作中玩忽职守、徇私舞弊,给工作造成损失的,以及态度恶劣,产生不良影响的,给予批评教育或者行政处分;构成犯罪的,移交司法机关依法追究刑事责任。对国家行政机关乱收费行为的举报,亦适用本举报制度。

(刘 鹏)

jiamao taren zhuce shangbiao xingwei

假冒他人注册商标行为(infringement behavior of use of trade mark in the name of others) 未经注册商标所有人的许可,在同一种商品或者类似商品上使用与注册商标相同或者近似的商标的行为,也就是侵犯注册商标专用权的行为。假冒注册商标行为的表现形式有以下几种:未经注册商标所有人许可,在同一种或类似商品上使用与其注册商标相同或近似的商标;销售侵犯他人注册商标专用权商品;伪造、擅自制造他人注册商标标识和销售伪造、擅自制造的注册商标标识;未经商标注册人同意,更换其注册商标并将其更换商标的商品又投入市场;在同种或类似商品上,将与他人注册商标相同或近似的文字、图形作为商品名称或商品装潢使用,并足以造成误认;故意为侵犯他人注册商标专用权行为提供仓储、运输、邮寄、隐匿等便利条件。

(苏丽娅)

jiamao taren zhuanli he maochong zhuanli xingwei de chachu

假冒他人专利和冒充专利行为的查处(check and punishment on act of passing off other's patent & forged patent) 管理专利工作的部门发现或者接受举报发现假冒他人专利和冒充专利行为的,应当及时立案,并指定两名或者两名以上案件承办人员进行查处。

在我国查处假冒他人专利和冒充专利行为由行为发生地的管理专利工作的部门管辖。管理专利工作的部门对管辖权发生争议的,由其共同的上级人民政府管理专利工作的部门指定管辖;无共同上级人民政府管理专利工作的部门的,由国家知识产权局指定管辖。

管理专利工作的部门作出行政处罚决定前,应当告知当事人作出处罚决定的事实、理由和依据,并告知当事人依法享有的权利。当事人有权进行陈述和申辩,管理专利工作的部门对当事人提出的事实、理由和证据应当进行核实。经调查,假冒他人专利和冒充专利行为成立的,管理专利工作的部门应当制作处罚决定书。经调查,假冒他人专利和冒充专利行为不成立的,管理专利工作的部门以撤销案件的方式结案。

在处理专利侵权纠纷、查处假冒他人专利或者冒充专利行为过程中,管理专利工作的部门可以根据需要依职权调查收集有关证据。管理专利工作的部门调查收集证据可以采取抽样取证的方式。涉及产品专利的,可以从涉嫌侵权的产品中抽取一部分作为样品;涉及方法专利的,可以从涉嫌依照该方法直接获得的产品中抽取一部分作为样品。被抽取样品的数量应当以能够证明事实为限。管理专利工作的部门进行抽样取证应当制作笔录,写明被抽取样品的名称、特征、数量。笔录由案件承办人员、被调查的单位或个人签字或盖章。

在证据可能灭失或者以后难以取得,又无法进行抽样取证的情况下,管理专利工作的部门可以进行登记保存,并在7日内作出决定。经登记保存的证据,被调查的单位或个人不得销毁或转移。管理专利工作的部门进行登记保存应当制作笔录,写明被登记保存证据的名称、特征、数量以及保存地点。笔录应当由案件承办人员、被调查的单位或个人签名或盖章。

管理专利工作的部门调查收集证据、核实证据材料的,有关单位或个人应当如实提供,协助调查。管理专利工作的部门需要委托其他管理专利工作的部门协助调查收集证据的,应当提出明确的要求。接受委托的部门应当及时、认真地协助调查收集证据,并尽快回复。

管理专利工作的部门认定专利侵权行为成立,作出处理决定的,应当责令侵权人立即停止侵权行为,采取下列制止侵权行为的措施:(1)侵权人制造专利产品的,责令其立即停止制造行为,销毁制造侵权产品的专用设备、模具,并且不得销售、使用尚未售出的侵权产品或者以任何其他形式将其投放市场;侵权产品难以保存的,责令侵权人销毁该产品。(2)侵权人使用专利方法的,责令其立即停止使用行为,销毁实施专利方法的专用设备、模具,并且不得销售、使用尚未售出的依照专利方法所直接获得的产品或者以任何其他形式将其投放市场;侵权产品难以保存的,责令侵权人销毁该产品。(3)侵权人销售专利产品或者依照专利方法直接获得产品的,责令其立即停止销售行为,并且不得使用尚未售出的侵权产品或者以任何其他形式将其投放市场;尚未售出的侵权产品难以保存的,责令侵权人销毁该产品。(4)侵权人许诺销售专利产品或者依照专利方法直接获得产品的,责令其立即停止许诺销售行为,消除影响,并且不得进行任何实际销售行为。(5)侵权人进口专利产品或者依照专利方法直接获得产品的,责令侵权人立即停止进口行为;侵权产品已经入境的,不得销售、使用该侵权产品或者以任何其他形式将其投放市场;侵权产品难以保存的,责令侵权人销毁该产品;侵权产品尚未入境的,可以将处理决定通知有关海关。(6)停止侵权行为的其他必要措施。

管理专利工作的部门作出认定专利侵权行为成立的处理决定后,被请求人向人民法院提起行政诉讼的,在诉讼期间不停止决定的执行。侵权人对管理专利工作的部门作出的认定侵权行为成立的处理决定期满不起诉又不停止侵权行为的,管理专利工作的部门可以申请人民法院强制执行。

假冒他人专利,涉嫌触犯《刑法》第216条的,由管理专利工作的部门移送司法机关依法追究刑事责任。伪造或者变造专利证书,涉嫌触犯《刑法》第280条规定的,由管理专利工作的部门移送司法机关追究刑事责任。

管理专利工作的部门认定假冒他人专利、冒充专利行为成立的,应当责令行为人采取下列改正措施:(1)在制造、销售的产品、产品的包装上标注他人的专利号的,或者制造、销售有专利标记的非专利产品的,责令行为人立即消除该专利标记和专利号;专利标记和专利号与产品难以分离的,责令行为人销毁该产品。(2)在广告或者其他宣传材料中使用他人的专利号的,或者在广告或者其他宣传材料中将非专利技术称为专利技术的,责令行为人立即停止发布该广告或者停止散发该宣传材料,消除影响,并上缴尚未发出的宣传材料。(3)在合同中使用他人的专利号的,或者在合同中将非专利技术称为专利技术的,责令行为人立即通知合同的另一方当事人,改正合同的有关内容。(4)伪造或者变造他人的专利证书、专利文件或者专利申请文件的,或者伪造或者变造专利证书、专利文件或者专利申请文件的,责令行为人立即停止上述行为,上缴其伪造或者变造的专利证书、专利文件或者专利申请文件。(5)其他必要的改正措施。管理专利工作的部门认定假冒他人专利、冒充专利行为成立,作出处罚决定的,应当予以公告。

管理专利工作的部门认定假冒他人专利行为成立的,可以按照如下方式确定行为人的违法所得:(1)销售假冒他人专利的产品的,以产品销售价格乘以所销售产品的数量作为其违法所得;(2)订立假冒他人专利的合同的,以收取的费用作为其违法所得。

管理专利工作的部门作出处罚决定后,当事人向人民法院提起行政诉讼的,在诉讼期间不停止决定的执行。假冒他人专利和冒充专利行为的行为人应当自收到处罚决定书之日起15日内,到指定的银行缴纳处罚决定书写明的罚款;到期不缴纳的,每日按罚款数额的3%加处罚款。

拒绝、阻碍管理专利工作的部门依法执行公务的,由公安部门根据《治安管理处罚条例》的规定给予处罚;情节严重构成犯罪的,由司法机关依法追究刑事责任。

(刘 鹏)

jiamao weilie juanyan jianbie jianyan zhidu
假冒伪劣卷烟鉴别检验制度(authentication and checkout institution of counterfeit and fake cigarette) 为加强假冒伪劣卷烟鉴别检验的管理,确保假冒伪劣卷烟鉴别检验工作的科学性、公正性和权威性而设立的制度。2002年10月15日,我国国家烟草专卖局根据《中华人民共和国产品质量法》、《中华人民共和国商标法》、《中华人民共和国烟草专卖法》、《中华人民共和国烟草专卖法实施条例》、《烟草行业产品质量监督管理办法》及其他相关法律法规，制定发布了《假冒伪劣卷烟鉴别检验管理办法（试行）》。

假冒伪劣卷烟鉴别检验机构与职责 具有法定地位并具备相应承检能力的国家级、省级烟草质量监督检测机构，经国家烟草专卖局和省级以上（包括省级）质量技术监督部门审查认可并授权，方可开展假冒伪劣卷烟的鉴别检验工作。国家烟草质量监督检验中心的职责为：(1) 承担各类卷烟的鉴别检验和仲裁性鉴别检验；(2) 负责建立用于卷烟鉴别的卷烟标准样品系统库，并组织其使用和发放；(3) 负责制定卷烟鉴别检验技术文件；(4) 组织开展鉴别检验技术的研究、培训与交流。省级烟草质量监督检测站的职责为：(1) 承担授权辖区内流通的各类卷烟的鉴别检验和仲裁性鉴别检验；(2) 负责授权辖区内卷烟生产企业有关卷烟产品技术资料的整理上报和标准样品的认定；(3) 开展或参与鉴别检验技术的研究与交流。卷烟生产企业、国外卷烟销售商等负责提供鉴别检验用的标准样品，并应对其有效性和真实性负责。鉴别检验机构不能对委托的样品作出明确判定时，有权向有关专业部门索取技术资料，有关部门应给予配合；也可委托其他鉴别检验机构进行鉴别检验。鉴别检验工作应坚持公正、公平、科学的原则，任何行政机关、社会团体和个人不得加以干预。鉴别检验机构应按要求作出准确真实的鉴别检验结论，出具合法的鉴别检验报告，不得伪造、涂改鉴别检验记录。因故意或者重大过失造成鉴别检验报告与事实不符，并对当事人的合法权益造成损害的，应当承担相应的法律责任。鉴别检验人员要遵守职业纪律，保持良好的行为规范，对涉及的原始记录、鉴别检验结论和客户秘密负有保密的义务，不得随意将鉴别检验情况泄露给他人。否则，一经查实，追究其相应的行政、法律责任。

假冒伪劣卷烟鉴别检验的受理 鉴别检验的受理范围为：(1) 各级司法机关、行政机关、仲裁机构及法定消费者维权组织委托的各类卷烟；(2) 合法卷烟经营单位委托的各类卷烟；(3) 争议双方当事人委托的各类卷烟；(4) 经授权的其他鉴别检验机构委托或申请仲裁性鉴别检验的各类卷烟等。申请鉴别检验的委托方应向鉴别检验机构提供鉴别检验样品来源说明等资料，其样品数量应足以满足鉴别检验的需要。鉴别检验机构接受委托的，应与委托方签订鉴别检验委托书，明确委托事项。鉴别检验机构有权不予受理下列委托：(1) 争议双方一方当事人单独委托的；(2) 未提供相关资料的；(3) 样品数量不能满足鉴别检验需要的；(4) 无法获得有效标准样品的；(5) 因技术条件限制无法鉴别检验的；(6) 质检中心已经作出过仲裁性鉴别检验的；(7) 司法机关、行政机关、仲裁机构已经作出生效判决或决定的；(8) 其他不予受理的情形。

假冒伪劣卷烟鉴别检验的依据和方法 鉴别检验的依据为：(1) 卷烟标准样品；(2) 现行国家系列标准及相关检验标准；(3) 国家有关打击假冒伪劣产品方面的法律、法规；(4) 其他足以判定假冒伪劣的依据。假冒伪劣卷烟的鉴别检验采用对比方式，即以相应卷烟标准样品与鉴别检验样品进行对照分析，从而得出合乎逻辑的判定结果和结论。方法有感观鉴别检验法、评吸鉴别检验法和仪器鉴别检验法等。

假冒伪劣卷烟鉴别检验工作 从事鉴别检验的人员须经相关的专业技术培训并考核合格，取得经授权的上一级鉴别检验机构颁发的上岗证书。由委托方自行抽样的鉴别检验，其鉴别检验结论仅对送检的样品负责。当鉴别检验包括抽样时，鉴别检验机构要成立有委托方参加的抽样小组，并根据有关抽样规定制定抽样方案。鉴别检验应严格按照《假冒伪劣卷烟鉴别检验规程（试行）》（2002年10月15日）及有关标准规定执行。鉴别检验机构应加强对卷烟标准样品的管理，确保其真实有效。出具鉴别检验报告的鉴别检验必须予以留样，留样数量应满足再次鉴别检验与判定的需要，留样期限一般为3个月。鉴别检验机构一般应在受理委托之日起7个工作日内出具鉴别检验报告。

假冒伪劣卷烟鉴别检验结论认定 鉴别检验结论一般分为假冒卷烟、假冒伪劣卷烟和真品卷烟三种。特殊情况可加标注。认定为假冒卷烟的情形：(1) 假冒他人注册商标的；(2) 伪造或冒用卷烟产地、企业名称、地址或代号的；(3) 国家其他法律、法规中明确为假冒的。假冒卷烟若同时有下列情形之一的认定为假冒伪劣卷烟：(1) 变质变味的；(2) 掺杂使假的；(3) 以假充真、以次充好的；(4) 质量不符合现行国家系列标准的；(5) 国家有关法律、法规明令禁止生产、经销的；(6) 国家其他法律、法规中明确为伪劣的。与标准样品无显著差异的且无伪劣情形的卷烟为真品卷烟。委托方对鉴别检验结论有异议的，应在收到鉴别检验报告之日起15日内向原鉴别检验机构申请复检。委托方对复检结论仍有异议的，可向上级主管部门申请仲裁性鉴别检验，并由主管部门组织仲裁。国家卷烟质量监督检验中心的仲裁性鉴别检验为最终裁决结论。复检和仲裁性鉴别检验的样品原则上从留样中抽取。

（傅智文）

jiamao zhuce shangbiaozui
假冒注册商标罪（crime of counterfeiting registered trade marks） 违反国家商标管理法规，未经注册商

标所有人许可,在同一种商品上使用与其注册商标相同的商标,情节严重触犯刑法的行为。本罪既侵犯了国家的商标管理秩序,也损害了注册商标所有人的商标专用权。客观方面表现为违反商标管理法规,未经注册商标所有人许可在同一种商品上使用与其注册商标相同的商标,情节严重的行为。在同种商品上使用同种商标是构成本罪的两个必须同时具备的要件。本罪主体为一般主体。本罪在主观方面必须是出于故意。犯假冒注册商标罪的,处3年以下有期徒刑或者拘役,并处或者单处罚金;情节特别严重的,处3年以上7年以下有期徒刑,并处罚金。单位犯本罪的,实行双罚制,对单位判处罚金,并对其直接负责的主管人员和其他直接责任人员,依照上述规定处罚。（徐中起）

jiayao

假药（fake medicines; bogus medicines） 以非药品冒充药品或者以他种药品冒充此种药品或者药品所含成分与国家药品标准规定的成分不符的药品。按假药论处的情形有:(1)国务院药品监督管理部门规定禁止使用的;(2)依照法律必须批准而未经批准生产、进口,或者依照法律必须检验而未经检验即销售的;(3)变质的;(4)被污染的;(5)使用依照法律必须取得批准文号而未取得批准文号的原料药生产的;(6)所标明的适应症或者功能主治超出规定范围的。国家禁止生产（包括配制）销售假药。　　（张旭娟　师湘瑜）

jiayuanqi xinyongzheng

假远期信用证（false usance letter of credit） 又称买方远期信用证。买卖双方原来的合同定为即期付款,但是进口方又要求出口方开出远期汇票,在信用证上说明这张远期汇票可以即期议付,由付款人负责贴现,贴现的费用和利息由进口方负担,即名义上为远期,实际上是即期的信用证。一般在两种情况下采用假远期信用:(1)进口商利用银行信用和较低的贴现利息来融通资金,做更多的买卖;(2)有些国家外汇紧张,外汇法令规定:凡是进口商品一律要使用远期信用证,如果按规定的话,买卖就做不成,因出口方要即期付款。在这种情况下,为了使买卖做成,就必须使用假远期信用证。所以假远期信用证需要具备三个条件:(1)付款行保证这种远期汇票负责贴现,把远期汇票当即期使用;(2)贴现的利息和费用由进口方来负担,在合同中予以明确;(3)出口方要100%收到货款。假远期信用证与一般远期信用证具有如下区别:(1)开证的基础不同;假远期信用证是以即期付款合同为基础;一般的远期信用证,是以远期付款合同为基础。(2)信用证的条款不同:假远期信用证,明确规定远期汇票当即期使用;一般远期信用证,只规定利息由谁负担的条款。(3)利息负担不同:假远期信用证的利息由进口方负担;一般远期信用证的利息由出口方负担（也有由进口方负担的）。(4)收汇时间不同:假远期信用证,出口方即期收汇;一般远期信用证,汇票到期日才能收汇。　　（王连喜）

jianjie maoyi

间接贸易（indirect trade） "直接贸易"的对称,是指商品生产国与商品消费国贸易双方不直接进行洽谈和结算,而是通过第三国商人转手进行买卖商品的行为。因而对第三国而言,就是转口贸易。转口贸易是指生产国与消费国之间通过第三国所进行的贸易。即使商品直接从生产国运到消费国去,只要两者之间并未直接发生交易关系,而是由第三国转口商分别同生产国与消费国发生交易关系,仍然属于转口贸易范畴。对生产国而言是间接出口,对消费国而言是间接进口。间接贸易主要是基于政治上的原因（如两国之间尚未建立正式的外交关系和通商关系）,或是为了应付别国施加给本国商品的贸易限制及歧视而发生的。交易的货物一般由商品生产国运往第三国,再由第三国转运到商品消费国,也可以由商品出口国直接运至进口国。　　（王连喜）

jianbing

兼并（merger） 一个企业购买其他企业的产权,使其他企业失去法人资格或改变法人实体的一种行为。不通过购买方式实行的企业之间的合并,不属本办法规范。"兼并"是我国企业法中的一个概念,公司法中使用"合并"而没有"兼并"的概念。在竞争法中,有人将"兼并"和"合并"作为同义语使用,把"merger"译为"兼并或合并";有人把兼并界定为合并的一种即吸收合并。1989年国家体改委、国家计委、财政部、国家国有资产管理局发布的《关于企业兼并的暂行办法》。该办法指出了实施兼并的方式即一个企业有偿购买另一个企业的产权,后果体现为被兼并企业丧失法人资格或者改变法人实体,这里改变法人实体的含义为控制权发生变化,投资主体改变,或者资产被其他企业所购买。《关于企业兼并的暂行办法》中规定了企业兼并主要有四种形式:(1)承担债务式,即在资产与债务等价的情况下,兼并方以承担被兼并方债务为条件接收其资产;(2)购买式,即兼并方出资购买被兼并方企业的资产;(3)吸收股份式,即被兼并企业的所有者将被兼并企业的净资产作为股金投入兼并方,成为兼并方企业的一个股东;(4)控股式,即一个企业通过购买其他企业的股权,达到控股,实现兼并。1996年财政部颁布的《企业兼并有关财务问题的规定》对兼并的概念进行了修正,突破了兼并必须采用购买方式的限制,该法规定兼并是指"一个企业通过购买等有偿方式取得其他企业的产权,使其丧失法人资格或虽然保留法人资格但改变投资主体的一种行为"。

吸收股份式兼并在法律上表现为被兼并企业的净资产全部转换为存续企业的股份,前者随股份转换而终止,其债务也由后者承担,从法律性质上说吸收股份式兼并是典型的吸收式合并,合并各方的债务应由合并后的企业承担;购买式兼并中兼并方购买被兼并企业的资产,但不承担被兼并企业的债务。因而兼并不影响兼并双方的法人资格。同时控股式兼并也以不改变被兼并企业的法人地位为前提,购买被兼并企业的股权并取得被兼并企业的经营管理决策权。因此,购买式兼并和控股式兼并的表现形态即为对企业的收购。若购买式兼并中兼并方购买了被兼并方的全部资产,则二者实现了吸收合并;承担债务式兼并和实践中存在的购买净资产式兼并则因兼并双方企业性质的不同和兼并合同约定的不同而呈现出狭义的合并或者收购的不同法律性质。

因此,从严格的法律意义上说,兼并并不是一个具有严密逻辑的法律概念,对其在法律上的定位是通过对兼并的表现形态的分析而界定为狭义的"合并"或"收购"。

(张景丽)

jianduquan

监督权(right of supervision) 消费者享有的对商品和服务以及保护消费者权益工作进行监督的权利。消费者对经营者的监督是最直接、最经常的监督。消费者可以对商品和服务的质量、价格、计量、侵权、行为等问题以及保护消费者权益工作,有向有关经营者或机构提出批评、建议或进行检举、控告的权利。消费者的监督权对于维护消费者的合法权益有着重要的作用。通过消费者的监督,可以促使经营者提高商品和服务质量以及经营水平,促使从事保护消费者权益的国家机关及其工作人员改进工作作风,全心全意为消费者服务。根据本条规定,监督权可具体表现为:消费者有权检举、控告侵害消费者权益的行为和国家机关及其工作人员在保护消费者权益工作中的违法失职行为,有权对保护消费者权益工作提出批评、建议。

必须明确,消费者监督权的行使,既可以与购买、使用商品或接受服务行为有关系,也可以毫无关系。消费者购买、使用某种商品或接受某种服务时当然可以提出批评、建议或进行检举、控告。没有进行某种消费的也可以提出批评、建议或进行检举、控告。另外,消费者行使监督权应当是善意的。监督权和无理取闹、恶意诽谤有严格区别,消费者不能以行使权利为由作出违法的事情。

(刘利晋)

jianshi de zeren

监事的责任(liability of supervisors) 作为公司监督机构成员的监事的责任。监事有不同于董事的特殊性。英美法不设监事会,在大陆法上有必设机构和选择设立两类形式,我国公司法将监事或监事会作为必设机构。凡作为必设机构处理的,意图在于加强对董事的制衡。监事的责任具有两重性。首先,具有与董事责任相同的某些责任,即应该承担具有管理性质的监事责任;另外享有对董事经营的监督义务。监事还应该承担失于监督的责任。监事职责的特殊性,要求监事比其他公司管理人员更加严于职守,悉心善管。监事的责任形式主要是赔偿,即监事疏于履行职责给公司造成损害的,应当对公司承担赔偿责任。

(刘乃晗)

jianshihui

监事会(board of supervisors) 规范股份有限公司、有限责任公司监督机构的设置、职权及其成员任职资格的法律制度。经营规模较大的,设立监事会,其成员不得少于3人。监事会应在其组成人员中推选一名召集人。监事会由股东代表和适当比例的公司职工代表组成,监事会中的职工代表由公司职工民主选举产生。监事的任期每届为3年,任期届满,连选可以连任。股东人数较少和规模较小的有限责任公司,可以设1至2名监事。董事、经理及财务负责人不得兼任监事。监事会中的职工代表由公司职工民主选举产生。监事的任期每届为3年,连选可以连任。监事列席董事会会议。监事会行使下列职权:(1)检查公司财务;(2)对董事、经理执行公司职务时违反法律、法规或者公司章程的行为进行监督;(3)当董事和经理的行为损害公司的利益时,要求董事和经理予以纠正;(4)提议召开临时股东会;(5)公司章程规定的其他职权。

(迟行刚)

jianshao yancao gongying de cuoshi

减少烟草供应的措施(measures relating to the reduction of supply for tobacco) 世界卫生组织批准的《烟草控制框架公约》规定了减少烟草供应的措施。

关于非法贸易 应采取和执行有效的立法、实施、行政或其他措施,以确保所有烟草制品每盒和单位包装以及此类制品的任何外包装有标志以协助各缔约方确定烟草制品的来源,并且根据国家法律和有关的双边或多边协定协助各缔约方确定转移地点并监测、记录和控制烟草制品的流通及其法律地位。应酌情并根据国家法律促进国家机构以及有关区域和国际政府间组织之间在调查、起诉和诉讼程序方面的合作,以便消除烟草制品非法贸易。应特别重视区域和次区域级在打击烟草制品非法贸易方面的合作。应努力采取和实施进一步措施,适宜时,包括颁发许可证,以控制或管制烟草制品的生产和销售,从而防止非法贸易。

关于向未成年人销售烟草　应在适当的政府级别采取和实行有效的立法、实施、行政或其他措施禁止向低于国内法律、国家法律规定的年龄或18岁以下者出售烟草制品。这些措施可包括:(1)要求所有烟草制品销售者在其销售点内设置关于禁止向未成年人出售烟草的清晰醒目告示,并且当有怀疑时,要求每一购买烟草者提供适当证据证明已达到法定年龄;(2)禁止以可直接选取烟草制品的任何方式,例如售货架等出售此类产品;(3)禁止生产和销售对未成年人具有吸引力的烟草制品形状的糖果、点心、玩具或任何其他实物;(4)确保其管辖范围内的自动售烟机不能被未成年人所使用,且不向未成年人促销烟草制品。应禁止或促使禁止向公众尤其是未成年人免费分发烟草制品。应努力禁止分支或小包装销售卷烟,因这种销售会提高未成年人对此类制品的购买能力。防止向未成年人销售烟草制品的措施宜酌情与本公约中所包含的其他规定一并实施,以提高其有效性。当签署、批准、接受、核准或加入本公约时,或在其后的任何时候,缔约方可通过有约束力的书面声明表明承诺在其管辖范围内禁止使用自动售烟机,或在适宜时完全禁止自动售烟机。宜酌情采取和实行有效的立法、实施、行政或其他措施,禁止由低于国内法律、国家法律规定的年龄或18岁以下者销售烟草制品。

对经济上切实可行的替代活动提供支持　各缔约方应相互合作并与有关国际和区域政府间组织合作,为烟草工人、种植者,以及在某些情况下对个体销售者酌情促进经济上切实可行的替代生计。　　(傅智文)

jianshao yancao xuqiu de cuoshi
减少烟草需求的措施(measures relating to the reduction of demand for tobacco)　世界卫生组织批准的《烟草控制框架公约》规定了减少烟草需求的措施。

减少烟草需求的价格和税收措施　各缔约方承认价格和税收措施是减少各阶层人群特别是青少年烟草消费的有效和重要手段。在不损害各缔约方决定和制定其税收政策的主权时,每一缔约方宜考虑其有关烟草控制的国家卫生目标,并酌情采取或维持可包括以下方面的措施:(1)对烟草制品实施税收政策并在适宜时实施价格政策,以促进旨在减少烟草消费的卫生目标;(2)酌情禁止或限制向国际旅行者销售和/或由其进口免除国内税和关税的烟草制品。各缔约方应根据第21条在向缔约方会议提交的定期报告中提供烟草制品税率及烟草消费趋势。

减少烟草需求的非价格措施　各缔约方承认综合的非价格措施是减少烟草消费的有效和重要手段。每一缔约方应采取和实行有效的立法、实施、行政或其他措施,并应酌情为其实施直接或通过有关国际机构开展相互合作。缔约方会议应提出实施这些条款规定的适宜准则。

防止接触烟草烟雾　各缔约方承认科学已明确证实接触烟草烟雾会造成死亡、疾病和功能丧失。每一缔约方应在国家法律规定的现有国家管辖范围内采取和实行,并在其他司法管辖权限内积极促进采取和实行有效的立法、实施、行政和/或其他措施,以防止在室内工作场所、公共交通工具、室内公共场所,适当时,包括其他公共场所接触烟草烟雾。

烟草制品成分管制　缔约方会议应与有关国际机构协商提出检测和测量烟草制品成分和燃烧释放物的指南以及对这些成分和释放物的管制指南。经有关国家当局批准,每一缔约方应对此类检测和测量以及此类管制采取和实行有效的立法、实施和行政或其他措施。

烟草制品披露的规定　每一缔约方应根据其国家法律采取和实行有效的立法、实施、行政或其他措施,要求烟草制品生产商和进口商向政府当局披露烟草制品成分和释放物的信息。每一缔约方应进一步采取和实行有效措施以公开披露烟草制品有毒成分和它们可能产生的释放物的信息。

烟草制品的包装和标签　每一缔约方应在本公约对该缔约方生效后3年内,根据其国家法律采取和实行有效措施以确保:(1)烟草制品包装和标签不得以任何虚假、误导、欺骗或可能对其特性、健康影响、危害或释放物产生错误印象的手段推销一种烟草制品,包括直接或间接产生某一烟草制品比其他烟草制品危害小的虚假印象的任何词语、描述、商标、图形或任何其他标志,其可包括"低焦油"、"淡味"、"超淡味"或"柔和"等词语;(2)在烟草制品的每盒和单位包装及这类制品的任何外部包装和标签上带有说明烟草使用有害后果的健康警语,并可包括其他适宜信息。这些警语和信息应经国家主管当局批准,应轮换使用,应是大而明确、醒目和清晰的,宜占据主要可见部分的50%或以上,但不应少于30%,可采取或包括图片或象形图的形式。

除上述警语外,在烟草制品的每盒和单位包装及这类制品的任何外部包装和标签上,还应包含国家当局所规定的有关烟草制品成分和释放物的信息。

每一缔约方应规定,上述警语和其他文字信息,应以其一种或多种主要语言出现在烟草制品每盒和单位包装及这类制品的任何外部包装和标签上。

每一缔约方应酌情利用现有一切交流手段,促进和加强公众对烟草控制问题的认识。为此目的,每一缔约方应采取和实行有效的立法、实施、行政或其他措施以促进:(1)广泛获得有关烟草消费和接触烟草烟雾对健康危害,包括成瘾性的有效综合的教育和公众意识规划;(2)有关烟草消费和接触烟草烟雾对健康的危害,以及戒烟和无烟生活方式的益处的公众意识;(3)公众根据国家法律获得与本公约目标有关的关于烟草业的广泛信息;(4)针对诸如卫生工作者、社区工作者、社会工作者、媒体工作者、教育工作者、决策者、行政管理人员和其他有关人员的有关烟草控制的有效适宜的培训或宣传和情况介绍规划;(5)与烟草业无隶属关系的公立和私立机构以及非政府组织在制定和实施部门间烟草控制规划和战略方面的意识和参与;(6)有关烟草生产和消费对健康、经济和环境的不利后果信息的公众意识的获得。

烟草广告、促销和赞助 各缔约方认识到广泛禁止广告、促销和赞助将减少烟草制品的消费。每一缔约方应根据其宪法或宪法原则广泛禁止所有的烟草广告、促销和赞助。根据该缔约方现有的法律环境和技术手段,其中应包括广泛禁止源自本国领土的跨国广告、促销和赞助。就此,每一缔约方在公约对其生效后的5年内,应采取适宜的立法、实施、行政和/或其他措施,并应按第21条的规定相应地进行报告。因其宪法或宪法原则而不能采取广泛禁止措施的缔约方,应限制所有的烟草广告、促销和赞助。根据该缔约方目前的法律环境和技术手段,应包括限制或广泛禁止源自其领土并具有跨国影响的广告、促销和赞助。就此,每一缔约方应采取适宜的立法、实施、行政和/或其他措施并按第21条的规定相应地进行报告。根据其宪法或宪法原则,每一缔约方至少应:(1)禁止采用任何虚假、误导或欺骗或可能对其特性、健康影响、危害或释放物产生错误印象的手段,推销烟草制品的所有形式的烟草广告、促销和赞助;(2)要求所有烟草广告,并在适当时包括促销和赞助带有健康或其他适宜的警语或信息;(3)限制采用鼓励公众购买烟草制品的直接或间接奖励手段;(4)对于尚未采取广泛禁止措施的缔约方,要求烟草业向有关政府当局披露用于尚未被禁止的广告、促销和赞助的开支。根据国家法律,这些政府当局可决定向公众公开并根据第21条向缔约方会议提供这些数字;(5)在5年之内,在广播、电视、印刷媒介和酌情在其他媒体如因特网上广泛禁止烟草广告、促销和赞助,如某一缔约方因其宪法或宪法原则而不能采取广泛禁止的措施,则应在上述期限内和上述媒体中限制烟草广告、促销和赞助;(6)禁止对国际事件、活动和/或其参加者的烟草赞助;若缔约方因其宪法或宪法原则而不能采取禁止措施,则应限制对国际事件、活动和/或其参加者的烟草赞助。各缔约方应合作发展和促进消除跨国界广告的必要技术和其他手段。已实施禁止某些形式的烟草广告、促销和赞助的缔约方有权根据其国家法律禁止进入其领土的此类跨国界烟草广告、促销和赞助,并实施与源自其领土的国内广告、促销和赞助所适用的相同处罚。

与烟草依赖和戒烟有关的降低烟草需求的措施 每一缔约方应考虑到国家现状和重点,制定和传播以科学证据和最佳实践为基础的适宜、综合和配套的指南,并应采取有效措施以促进戒烟和对烟草依赖的适当治疗。为此目的,每一缔约方应努力:(1)制定和实施旨在促进戒烟的有效的规划,诸如在教育机构、卫生保健设施、工作场所和体育环境等地点的规划;(2)酌情在卫生工作者、社区工作者和社会工作者的参与下,将诊断和治疗烟草依赖及对戒烟提供的咨询服务纳入国家卫生和教育规划、计划和战略;(3)在卫生保健设施和康复中心建立烟草依赖诊断、咨询、预防和治疗的规划;(4)依照第22条的规定,与其他缔约方合作促进获得可负担担起的对烟草依赖的治疗,包括药物制品。此类制品及其成分适当时可包括药品、给药所用的产品和诊断制剂。

(傅智文)

jianshao ziben

减少资本(reduction of capital) 简称"减资"。公司为保障财务平衡而减少章程中规定的资本总额。在公司实际运营中,如存在财产状况恶化,严重亏损,净资产额明显低于资本总额,以及应缩小生产经营规模等情况,致使公司不得不采取减少资本总额的办法以维持正常运营时,可减少公司资本总额。我国《公司法》原则性规定公司可以减少资本,但对公司未作有限责任公司和股份有限公司的区分。我国《企业法人登记管理条例》第41条曾经规定如公司实有资本比注册资本减少20%,公司应当办理公司变更登记手续。

我国的立法限制主要包括:(1)企业形式上的限制。在企业形式上,中外合资经营企业、外资企业、中外合作经营企业,均不得减少注册资本。《中外合资经营企业法实施条例》规定,合营企业在合营期内不得减少其注册资本。《外资企业法实施条例》规定,外资企业在经营期内不得减少其注册资本。《中外合作经营企业实施条例》规定,合作企业注册资本在合作期限内不得减少,但是,因投资总额和生产经营规模等变化,确需减少的,须经审查批准机关批准。(2)减少资本数额上的限制。《公司法》第178条规定,公司减少资本后的注册资本不得低于法定的最低限额。(3)减资方法的限制。《公司法》第143条规定,股份公司不得收购本公司的股票,但为减少资本而注销股份、与持有本公司股票的其他公司合并,或者将股份奖励给本公司职工的除外。国外有以"股份合并"方式减资的规定。截至目前,我国尚无关于股份合并的明确规定,但上市公司股份合并前,须报请证券监管部门审批,并采取同比例缩股原则。

减少资本的程序 公司减少资本必经一定程序进行。有些情况法律还规定了特别程序,如我国国有独资公司减少资本,必须由国家授权投资的机构或者国家授权的部门决定。(1)股东会特别决议。有限责任公司减少资本,要由董事会制订公司减少注册资本的方案,提交股东大会讨论,由股东会作出决议,须经代表 2/3 以上表决权的股东通过。股份有限公司减少资本,要由股东大会作出决议,须经出席会议的股东所持表决权的半数以上通过。股东会决议还包括修改公司章程中关于原资本总额的决定。(2)通知债权人并公告。减少资本关系到公司债权人的利益,因而各国公司法多有有利于保护债权人利益的规定,一般都授予公司债权人在减资前获得清偿,或者获得公司提供的财产担保。我国《公司法》第 178 条规定,公司需要减少注册资本时,必须编制资产负债表及财产清单。公司应当自作出减少注册资本决议之日起 10 日内通知债权人,并于 30 日内在报纸上公告。债权人自接到通知书起 30 日内,未接到通知书的自第一次公告之日起 45 日内,有权要求公司清偿债务或者提供相应的担保。(3)办理变更登记。减少资本,修改公司章程,都属于原登记事项的变更,因而应依法向公司登记机关办理变更登记手续。我国《企业法人登记管理条例》第 17 条规定的变更登记事项中,有"注册资金"一项。至于办理变更登记的时间,一般情况是:在公司通知债权人并发布公告后,即可申请减资变更登记,不需等公告后的异议期届满后办理。如财务机关等有权机关向登记机关提出限制办理请求,登记机关可予配合。

减少资本的方法 有限责任公司减资,一般采用按股东出资比例减少各股东出资数额的方法。股份有限公司减资,可概括为以下三种方法:(1)减少股份数额。即依照法律规定,经股东会特别决议,修改公司章程,销除特定股份,从而减少股份总数。一般做法是:按照股东会决议销除的条件和方法,全体股东均销除一定数额的所持股份。此外,也可采用"并股"方法,按一定比例,将股东所持股份由多数合并成少数,从而达到减资目的。减少股份数额关系到股东的利益,应依据股东平等原则进行。(2)减少股份金额。这是公司为减少资本而减少每股金额的方法。这种方法不改变公司股份总数,但减少每股金额,以达到减少资本的目的。按照股东会特别决议规定的每股核减的金额,返还给股东,以减少公司资本,这是通常减少股份金额的方法。此外,也将原股份金额折减后注销,并不返还给股东,但在公司财务会计上以折减金额抵销亏损数额的方式达到减少公司资本的目的。可同时合并使用上述两种方法,既减少公司股份总额,同时也减少每股的金额。

(王光净)

jiandaocha

"剪刀差"(price scissors) 工业产品的价格高于其价值,农业产品的价格低于其价值,两者不断偏离,就像张开的剪刀一样。这实质上反映着工业与农业之间的利益关系。这种以不等价交换为实质的工农业产品价格剪刀差是以牺牲农民和农业的利益为前提的。为了切实保护农民利益,我国采取宏观调控措施,使化肥、农药、农用薄膜、农业机械和农用柴油等主要农业生产资料与农产品之间保持合理的比价,以调动农民的积极性。

(张旭娟)

jianyan zhengshu

检验证书(inspection certificate) 各种进出口商品检验证书、鉴定证书和其他证明书的统称,是对外贸易有关各方履行契约义务、处理索赔争议和仲裁、诉讼举证,具有法律依据的有效证件,也是海关验放、征收关税和优惠减免关税的必要证明。

商检证书的种类和用途主要有:(1)品质检验证书,是出口商品交货结汇和进口商品结算索赔的有效凭证;法定检验商品的证书,是进出口商品报关、输出输入的合法凭证。商检机构签发的放行单和在报关单上加盖的放行章có与商检证书同等通关效力,签发的检验情况通知单同为商检证书性质。(2)重量或数量检验证书,是出口商品交货结汇、签发提单和进口商品结算索赔的有效凭证;出口商品的重量证书,也是国外报关征税和计算运费、装卸费用的证件。(3)兽医检验证书,是证明出口动物产品或食品经过检疫合格的证件。适用于冻畜肉、冻禽、禽畜罐头、冻兔、皮张、毛类、绒类、猪鬃、肠衣等出口商品。是对外交货、银行结汇和进口国通关输入的重要证件。(4)卫生/健康证书,是证明可供人类食用的出口动物产品、食品等经过卫生检验或检疫合格的证件。适用于肠衣、罐头、冻鱼、冻虾、食品、蛋品、乳制品、蜂蜜等,是对外交货、银行结汇和通关验放的有效证件。(5)消毒检验证书,是证明出口动物产品经过消毒处理,保证安全卫生的证件。适用于猪鬃、马尾、皮张、山羊毛、羽毛、人发商品,是对外交货、银行结汇和国外通关验放的有效凭证。(6)熏蒸证书,是用于证明出口粮谷、油籽、豆类、皮张等商品,以及包装用木材与植物性填充物等,已经过熏蒸灭虫的证书。(7)残损检验证书,是证明进口商品残损情况的证件。适用于进口商品发生残、短、渍、毁等情况;可作为受货人向发货人或承运人或保险人等有关责任方索赔的有效证件。(8)积载鉴定证书,是证明船方和集装箱装货部门正确配载积载货物,作为证明履行运输契约义务的证件。可供货物交接或发生货损时处理争议之用。(9)财产价值鉴定证书,是作为对外贸易关系人和司法、仲裁、验资等有关部门索赔、理赔、评估或裁判的重要依据。(10)船舱检验证书,证明承运出口商品的船舱清洁、密固、冷藏效能及其他技术条件是否符合保护承载商品的质量和数量完整与安全的要求。可作为承运人履行租船契约适载义务,对外贸易关系方进行货物交接和处理货损事故的依据。(11)生丝品级及公量检验证书,是出口生丝的专用证书。其作用相当于品质检验证书和重量或数量检验证书。(12)产地证明书,是出口商品在进口国通关输入和享受减免关税优惠待遇和证明商品产地的凭证。(13)舱口检视证书、监视装/卸载证书、舱口封识证书、油温空距证书、集装箱监装/拆证书,作为证明承运人履行契约义务,明确责任界限,便于处理货损货差责任事故的证明。(14)价值证明书,作为进口国管理外汇和征收关税的凭证。在发票上签盖商检机构的价值证明章与价值证明书具有同等效力。(15)货载衡量检验证书,是证明进出口商品的重量、体积吨位的证件。可作为计算运费和制订配载计划的依据。(16)集装箱租箱交货检验证书、租船交船剩水/油重量鉴定证书,可作为契约双方明确履约责任和处理费用清算的凭证。

(王连喜)

jianpiao

见票(on presentation) 本票的出票人,因持票人的提示,为确定见票后定期付款本票的到期日,在本票上记载"见票"字样并签章的票据行为。见票是本票的特有制度,类似于汇票的承兑。但是,见票是为了确定付款日期,而承兑是为了确定付款人是否承担付款责任。

(田 艳)

jiancai biaozhun

建材标准(standards on building materials) 建筑材料所应达到的标准。我国《建筑材料行业标准化管理办法》对建材标准作了较为详细的规定。依照不同的分类方法,建材标准可以分为国家标准和行业标准、强制性标准和推荐标准、企业标准和产品标准等。

对需在全国建材行业内统一的下列技术要求,应当制定国家标准(含标准样品的制作):(1)通用技术术语、符号、代号(含代码)、文件格式、制图方法等技术语言要求。(2)保障人体健康和人身、财产安全的技术要求,如重要产品的生产、贮存、运输和使用中的安全卫生要求,环境保护的技术要求。(3)重要的基本原料、材料的技术要求,如对基建工程质量有较大影响的材料;对其他行业重要产品的质量有重大影响的原料、材料;节能材料,节约资源的原料;对安全、卫生有明确要求的材料等的技术要求。(4)国家需要控制的重要产品的技术要求。主要包括国家计划管理的产品、国家控制价格的产品以及国家颁发进口许可证的商品、量大面广的需要统一的、通用的、互换性产品的技术需要。(5)国家需要控制的通用试验、检验方法,抽样方案及方法;跨行业使用、军民通用的试验方法。(6)工业生产、信息、能源、资源等通用的管理技术。有完全对应的国际标准及国外先进标准,可考虑制定为国家标准。技术要求达不到国际一般水平的,不得制定为国家标准。需要在全国一两个行业范围内统一和适用的技术要求,应当制定行业标准,主要对象是产品标准及其有关的基础、方法标准(含标准样品的制作):(1)建材行业通用的技术术语、符号、代号、文件格式等技术语言要求。(2)一般产品的生产、贮存、运输中的安全、卫生要求。(3)产品的设计、生产、检验、包装、贮存、运输、使用、维修方法。(4)一般的原料、材料、产品的技术要求,行业内需要统一的产品技术要求;新开发的原料、材料、产品的技术要求;国家或部门需要控制的某些产品的技术要求。(5)一般原料、材料、产品的试验、检验方法,抽样方案及方法。(6)行业内通用的管理技术要求。

建材标准分为强制性标准和推荐性标准。下列标准属于强制性标准:(1)重要的涉及技术衔接的通用技术语言、互换配合的标准。(2)需要控制的重要的通用的试验、检验方法标准,能源检测、计算方法标准。(3)安全、卫生标准,环境质量标准,环境保护的污染物排放标准。(4)通用能耗设备的用能标准,通用能耗定额标准。(5)国家需要控制的原料、材料标准及重要的产品标准,如:对基建的工程质量有重大影响的材料标准、节能材料标准,对其他行业的产品质量有较大影响的原料、材料标准,节约资源的原料标准,对安全、卫生有明确要求的材料标准,国家计划管理产品的标准,国家控制价格产品的标准,国家颁发进口许可证商品的标准。除了强制性标准以外的标准是推荐性标准。

对没有国家标准和行业标准而又需要在省、自治区、直辖市范围内统一的建材产品的安全、卫生要求,环境保护、节约能源等要求,可以按照相关规定制定地方标准。

企业标准应包括以下几种:(1)企业生产的产品,没有国家标准、行业标准的,制定企业标准。(2)为提高产品质量和技术进步制定的严于国家标准、行业标准的企业标准。(3)对国家标准、行业标准的选择或补充规定。(4)工艺、工装、半成品和方法标准。(5)生产经营活动中的管理标准和工作标准。

产品标准(不包括企业内部使用的标准)均应向当地标准化行政主管部门和建材行业主管部门备案。

国家建材局直属企业的产品标准应向国家建材局生产管理司和企业所在省、自治区、直辖市标准化行政主管部门备案,并同时抄送国家建材局标准化研究所,其企业代号由国家建材局生产管理司统一规定。

建材行业强制性标准和推荐性标准按下列原则确定其适用范围和相互关系:(1)强制性标准在规定范围内依法强制执行。(2)推荐性标准,国家鼓励企业自愿采用。既可部分采用,也可全部采用。推荐性标准亦可用于经济合同中。推荐性标准作为认证标准、发放生产许可证标准时,在规定的适用范围内强制执行。(3)推荐性标准中引用强制性标准时,被引用标准属性不变。(4)强制性标准引用推荐性标准时,被引用的推荐性标准在强制性标准范围内强制执行。(5)推荐性标准,企业一旦自愿采用,就应纳入企业标准体系,具有强制性。

(刘 鹏)

jianli gonggu jihua jingji jichu jieduan de jingjifa
建立、巩固计划经济基础阶段的经济法(economic law in the period of construction and confirmation of planned economy) 苏联、东欧国家一定历史阶段的经济立法。苏联、东欧国家这一阶段的经济立法,大致包括国民经济恢复时期的立法、实现国家工业化和农业集体化时期的立法、巩固和发展公有制经济时期的立法。这一历史阶段,是计划经济经济法的形成和发展阶段。

本时期的立法概况 在苏联,这一历史时期自1921年至1956年。1921年后,苏联实行"新经济政策",经济立法主要表现在以下几个方面:在农业上,用实物税代替余粮收集制;在工业上,实行企业租贷制,其中个别企业允许租赁给外国资本家。1929年,苏联通过了第一个五年计划,这部五年计划具有法律性质。1932年,制定了《集体农庄法》,全面推行"集体农庄"这种新的农村集体组织形式。1932年8月,颁布了《关于保护社会主义所有制法律》,规定集体农庄财产同全民所有制财产一样,具有同等重要意义。在巩固国营企业的基础上,开始企业的改组与联合。1923年制定了第一个《托拉斯条例》、1927年制定了《国家工业托拉斯新规程》,以推动国民经济的发展。1935年2月,通过了《农业劳动组合章程》,规定农村土地归集体农庄集体永远所有,规定了个体经济的范围。1939年,通过了《关于发展集体农庄公有畜牧业的措施》。1936年,苏联颁布了新宪法,确定了社会主义经济的基本原则和指导方针。在南斯拉夫,这一历史时期自1946年至1963年。1946年,南斯拉夫通过了《计划法令》,开始实行对国民经济进行计划管理。1950年起,南斯拉夫决定实行"自治制度"。这一自治制度可以分为两个阶段:1950年至1963年为实行"工人自治"阶段;1963年至南斯拉夫解体为实行"社会自治"阶段。1950年6月,通过了《劳动集体管理国家经济企业和高级经济联合组织基本法令》,规定工人有权管理经济企业。此后,又发布了一系列法令,明确规定生产者享有自治权力。1953年11月,通过了宪法,规定生产者的基本权利,包括管理权、计划权、收入分配权和工资报酬权等。在东欧国家,捷克斯洛伐克于1958年颁布了《社会主义组织间经济关系法》。1964年6月4日,颁布了世界上第一部经济法典《捷克斯洛伐克社会主义共和国经济法典》,共12篇,400条。该法典规定社会经济活动的基本原则、手段和准则,将经济法定义为"经济法调整在国民经济管理和社会主义组织的经济活动中所发生的经济关系"。罗马尼亚早在20世纪50年代就制定了《经济合同法》,后来又制定了《国民经济发展计划法》。民主德国于1952年采取了一系列措施,赋予企业在国家计划范围内的若干经济权利。其宪法规定:"国家所有制能够为社会带来最大成果。社会主义计划经济和社会主义经济法是为这一目的服务的。"

本时期的立法特点 这一历史时期的经济法,适应于苏联等国社会经济发展的进程。它随着国民经济的社会主义改造而产生,随着社会主义公有制的发展而发展,随着计划经济体制的形成而初具规模。与计划经济体制相适应,经济法具有较强的"计划经济法"的性质和特征。首先,国家通过经济法将国民经济纳入经济计划的轨道。无论是有关经济部门的立法,还是经济活动的立法,都是为了保障国民经济有计划、按比例的发展。其次,经济法是适应计划经济体制的需要而发展起来的。在企业与国家的关系上,企业以国家经济目的为目的,不享有独立于国家的权益,立法明确规定企业必须完成国家的计划任务。最后,经济法确认计划经济属于基本经济制度,实行社会主义公有制和按劳分配。经济基础的变化,使反映自由市场经济的私法归于消失。

(赵 玲)

jianshe gongcheng chengbao
建设工程承包(undertaking contracted construction) 承包单位(勘察设计、施工安装单位)通过一定的方式取得工程项目建设合同的活动。在我国,承包建筑工程的单位应当持有依法取得的资质证书,并在其资质等级许可的业务范围内承揽工程。禁止建筑施工企业超越本企业资质等级许可的业务范围或者以任何形式用其他建筑施工企业的名义承揽工程。禁止建筑施工企业以任何形式允许其他单位或者个人使用本企业的资质证书、营业执照,以本企业的名义承揽工程。大型建筑工程或者结构复杂的建筑工程,可以由两个以上的承包单位联合共同承包。共同承包的各方对承包合同的履行承担连带责任。两个以上不同资质等级的单位实行联合共同承包的，应当按照资质等级低的单位的业务许可范围承揽工程。禁止承包单位将其承包的全部建筑工程转包给他人，禁止承包单位将其承包的全部建筑工程肢解以后以分包的名义分别转包给他人。建筑工程总承包单位可以将承包工程中的部分工程发包给具有相应资质条件的分包单位；但是，除总承包合同中约定的分包外，必须经建设单位认可。施工总承包的，建筑工程主体结构的施工必须由总承包单位自行完成。建筑工程总承包单位按照总承包合同的约定对建设单位负责；分包单位按照分包合同的约定对总承包单位负责。总承包单位和分包单位就分包工程对建设单位承担连带责任。禁止总承包单位将工程分包给不具备相应资质条件的单位。禁止分包单位将其承包的工程再分包。

（张旭娟　师湘瑜）

jianshe gongcheng zhiliang

建设工程质量(quality of construction project)　　在国家现行的有关法律、法规、技术标准、设计文件和合同中，对工程的安全、适用、经济、美观等特性的综合要求。建设工程是指房屋建筑、土木工程、设备安装、管线敷设等工程。在我国，国家鼓励推行科学的质量管理方法，采用先进的科学技术，鼓励企业健全质量保证体系，积极采用优于国家标准、行业标准的企业标准建造优质工程。地方、部门和企业可奖励对提高工程（产品）质量有贡献的单位和人员。国务院建设行政主管部门负责全国建设工程质量的监督管理工作。县级以上地方人民政府建设行政主管部门负责本行政区域内的建设工程质量监督管理工作。国务院工业、交通行政主管部门负责所属的专业技术强的大中型建设项目的质量监督管理工作。建设行政主管部门必须加强对勘察设计、施工、监理、构配件生产单位的资格（质）等级、生产许可证和业务范围的管理，监督各单位在资格（质）等级和允许的业务范围内从事活动。加强对建设单位与发包工程项目相适应的技术、经济管理能力和编制招标文件及组织开标、评标、定标能力的审查。建设单位不具备上述能力的，应委托建设监理或咨询单位代理。实行建设工程质量监督制度。凡新建、扩建、改建的工业、交通和民用、市政公用工程（含实施监理的工程）及构配件生产，均应由建设行政主管部门或国务院工业、交通行政主管部门授权的城市或专业质量监督机构实施质量监督。建设工程质量监督、检测机构必须具备相应的监督、检测条件和能力，经省级以上人民政府建设行政主管部门、国务院工业、交通行政主管部门或其授权的机构考核合格后，方可承担建设工程质量监督、检测任务。

国家对工程质量实行以抽查为主要方式的监督检查制度。抽查工作由国务院建设行政主管部门统一规划和组织。国务院工业、交通行政主管部门和县级以上地方人民政府建设行政主管部门在本专业本行政区域内组织监督抽查。建设工程质量抽查的结果应当公布。建设工程实行按质论价。对质量达到优良等级的工程实行优价；对达不到国家标准规定的合格要求或合同中规定的相应等级要求的工程，要扣除一定幅度的承包价。

根据国家有关规定，推行企业质量体系认证制度。企业根据自愿原则可以向国务院建设行政主管部门或其授权的认证机构申请企业质量体系认证。经认证合格的，由认证机构向该企业颁发企业质量体系认证证书。根据国家有关规定，对重要的建筑材料和设备，推行产品质量认证制度。经认证合格的，由认证机构颁发质量认证证书，准许企业在产品或其包装上使用质量认证标志。使用单位经检验发现认证的产品质量不合格的，有权向产品质量认证机构投诉。对尚没有经过产品质量认证的建筑材料、设备等，省、自治区、直辖市建设行政主管部门可以推荐使用。

建设工程质量应按现行的国家标准、行业标准规定的质量要求进行验评，未经验评或验评不合格的工程不得交付使用。用户有权就建设工程质量问题，向设计、施工单位查询；向建设行政主管部门反映，有关单位或部门应当负责处理。保护用户权益的社会组织可以就用户反映的建设工程质量问题，建议有关单位或部门负责处理，支持用户对因建设工程质量造成的损害向人民法院起诉。从事工程质量监督的工作人员滥用职权、玩忽职守、徇私舞弊、贪污受贿，构成犯罪的，依法追究刑事责任；不构成犯罪的由其所在单位或上级主管部门给予行政处分。

（麻琳琳）

jianshe jingying zhuanyi

建设—经营—转移(build-operate-transfer)　　也称"BOT"。典型的 BOT 形式，是政府同私营部门（在我国表现为外商投资）的项目公司签订合同，由项目公司筹资和建设基础设施项目。项目公司在协议期内拥有、运营和维护这项设施，并通过收取使用费或服务费用，回收投资并取得合理的利润。协议期满后，这项设施的所有权无偿移交给政府。BOT 方式主要用于发展收费公路、桥梁、隧道、发电厂、铁路、废水处理设施和城市地铁等基础设施项目。

BOT 的雏形发端于 19 世纪后期的北美大陆。当时，在交通部门中开始允许北方工业财阀投资建筑铁路和一级公路，建成后定期定点向客户收取经营费用，投资及利润收回后，以无偿或低于市价的价格转让给政府公共部门。后来这一方式渐渐推广应用于国内港口码头、桥梁隧道、电厂地铁等公共工程。现代意义上的BOT于1984年最先出现在土耳其,其名称也是当时的土耳其总理奥扎尔提出的。由于改革了对基础设施项目投资的传统做法,集融资、建设、经营和转让功能于一体,BOT方式日益得到发展中国家乃至发达国家的青睐,成为国际流行的一种投资方式。自20世纪80年代中后期以来,BOT方式在全球发展很快,比较著名的BOT项目有英吉利海峡隧道、香港东区海底隧道、马来西亚北南高速公路、菲律宾那法塔斯电站等。

1993年以来,我国开始研究规范地引进BOT投资方式及利用的问题。力图通过建立BOT投资的专门管理制度和规范的操作程序,以推动BOT在中国的发展。1993年11月,我国第一家专业从事BOT投资的商业实体正式成立了。它的成立标志着我国BOT项目的试点和探索进入了一个新的阶段。目前我国已正式批准了三个BOT项目,许多省、市也乐于考虑用BOT修建公路、桥梁、隧道、发电厂等。近年来一些探索性项目表明,发展我国的基础设施,BOT是一个非常可行的方式。不仅有利于减轻政府基础投资压力,转嫁项目风险,促进我国产业结构的优化,同时还有利于吸收外国先进管理经验和技术等。　　(刘利晋)

jianshe xiangmu huanjing baohu guanli

建设项目环境保护管理(the environmental protection management of construction project)　在中华人民共和国领域和中华人民共和国管辖的其他海域内建设对环境有影响的建设项目,均应当适用我国《建设项目环境保护管理条例》。建设产生污染的建设项目,必须遵守污染物排放的国家标准和地方标准;在实施重点污染物排放总量控制的区域内,还必须符合重点污染物排放总量控制的要求。工业建设项目应当采用能耗物耗小、污染物产生量少的清洁生产工艺,合理利用自然资源,防止环境污染和生态破坏。改建、扩建项目和技术改造项目必须采取措施,治理与该项目有关的原有环境污染和生态破坏。

国家实行建设项目环境影响评价制度。建设项目的环境影响评价工作,由取得相应资格证书的单位承担,国家对从事建设项目环境影响评价工作的单位实行资格审查制度建设项目需要配套建设的环境保护设施,必须与主体工程同时设计、同时施工、同时投产使用。流域开发、开发区建设、城市新区建设和旧区改建等区域性开发,编制建设规划时,应当进行环境影响评价。海洋石油勘探开发建设项目的环境保护管理,按照国务院关于海洋石油勘探开发环境保护管理的规定执行。军事设施建设项目的环境保护管理,按照中央军事委员会的有关规定执行。

建设项目环境影响报告书、环境影响报告表或者环境影响登记表经批准后,建设项目的性质、规模、地点或者采用的生产工艺发生重大变化的,建设单位应当重新报批建设项目环境影响报告书、环境影响报告表或者环境影响登记表。建设项目环境影响报告书、环境影响报告表或者环境影响登记表自批准之日起满5年,建设项目方开工建设的,其环境影响报告书、环境影响报告表或者环境影响登记表应当报原审批机关重新审核。

建设项目需要配套建设的环境保护设施,必须与主体工程同时设计、同时施工、同时投产使用,即"三同时"。建设项目的初步设计,应当按照环境保护设计规范的要求,编制环境保护篇章,并依据经批准的建设项目环境影响报告书或者环境影响报告表,在环境保护篇章中落实防治环境污染和生态破坏的措施以及环境保护设施投资概算。建设项目的主体工程完工后,需要进行试生产的,其配套建设的环境保护设施必须与主体工程同时投入试运行。建设项目试生产期间,建设单位应当对环境保护设施运行情况和建设项目对环境的影响进行监测。分期建设、分期投入生产或者使用的建设项目,其相应的环境保护设施应当分期验收。建设项目需要配套建设的环境保护设施经验收合格,该建设项目方可正式投入生产或者使用。

(刘利晋)

jianshe xiangmu yongdi yushen guanli

建设项目用地预审管理(preparatory examination management land for construction)　2004年10月29日我国国土资源部第九次部务会议修订通过《建设项目用地预审管理办法》,该办法于2004年12月1日起施行。立法规定建设项目用地预审管理制度的目的在于保证土地利用总体规划的实施,充分发挥土地供应的宏观调控作用,控制建设用地总量。所谓建设项目用地预审,是指国土资源管理部门在建设项目审批、核准、备案阶段,依法对建设项目涉及的土地利用事项进行的审查。预审遵循下列原则:符合土地利用总体规划、保护耕地,特别是基本农田;合理和集约利用土地;符合国家供地政策。

建设项目用地实行分级预审。需人民政府或有批准权的人民政府发展和改革等部门审批的建设项目,由该人民政府的国土资源管理部门预审。需核准和备案的建设项目,由与核准、备案机关同级的国土资源管理部门预审。需审批的建设项目在可行性研究阶段由建设用地单位提出预审申请。需核准、备案的建设项目在申请核准、备案前,由建设用地单位提出预审申请。

应当由国土资源部预审的建设项目,国土资源部委托项目所在地的省级国土资源管理部门受理,但建设项目占用规划确定的城市建设用地范围内土地的,委托市级国土资源管理部门受理。受理后,提出初审意见,转报国土资源部。涉密军事项目和国务院批准的特殊建设项目用地,建设用地单位可直接向国土资源部提出预审申请。应当由国土资源部负责预审的输电线塔基、钻探井位、通讯基站等小面积零星分散建设项目用地,由省级国土资源管理部门预审,并报国土资源部备案。建设用地单位申请预审,应当提交下列材料:(1)建设项目用地预审申请表;(2)预审的申请报告,内容包括拟建设项目基本情况、拟选址情况、拟用地总规模和拟用地类型、补充耕地初步方案;(3)需审批的建设项目还应提供项目建议书批复文件和项目可行性研究报告。项目建议书批复与项目可行性研究报告合一的,只提供项目可行性研究报告。

受国土资源部委托负责初审的国土资源管理部门在转报用地预审申请时,应当提供下列材料:(1)初审意见,内容包括拟建设项目用地是否符合土地利用总体规划、是否符合国家供地政策、用地标准和总规模是否符合有关规定、补充耕地初步方案是否可行等;(2)标注项目用地范围的县级以上土地利用总体规划图及相关图件;(3)属于《土地管理法》第26条规定情形,建设项目用地需修改土地利用总体规划的,应当出具经相关部门和专家论证的规划修改方案、建设项目对规划实施影响评估报告和修改规划听证会纪要。

符合《建设项目用地预审管理办法》规定的预审申请,国土资源管理部门应当受理和接收。不符合的,应当场或在5日内书面通知申请人和转报人,逾期不通知的,视为受理和接收。受国土资源部委托负责初审的国土资源管理部门应当自受理之日起20日内完成初审工作,并转报国土资源部。预审的主要内容包括:(1)建设项目用地选址是否符合土地利用总体规划,是否符合土地管理法律、法规规定的条件;(2)建设项目是否符合国家供地政策;(3)建设项目用地标准和总规模是否符合有关规定;(4)占用耕地的,补充耕地初步方案是否可行,资金是否有保障;(5)属《土地管理法》第26条规定情形,建设项目用地需修改土地利用总体规划的,规划的修改方案、建设项目对规划实施影响评估报告等是否符合法律、法规的规定。

国土资源管理部门应当自受理预审申请或者收到转报材料之日起20日内,完成审查工作,并出具预审意见。20日内不能出具预审意见的,经负责预审的国土资源管理部门负责人批准,可以延长10日。预审意见应当包括对《建设项目用地预审管理办法》第10条规定内容的结论性意见和对建设用地单位的具体要求。预审意见是建设项目批准、核准的必备文件,预审意见提出的用地标准和总规模等方面的要求,建设项目初步设计阶段应当充分考虑。建设用地单位应当认真落实预审意见,并在依法申请使用土地时出具落实预审意见的书面材料。建设项目用地预审文件有效期为两年,自批准之日起计算。已经预审的项目,如需对土地用途、建设项目选址等进行重大调整的,应当重新申请预审。核准或者批准建设项目前,应当依照《建设项目用地预审管理办法》规定完成预审,未经预审或者预审未通过的,不得批准农用地转用、土地征收,不得办理供地手续。

(王 丽 刘利香)

jianshe yongdi guanli

建设用地管理(management of land for construction) 实施土地资源利用管理,调控基本建设规模的有力手段。在我国,加强建设用地管理,对于贯彻"十分珍惜和合理利用每寸土地,切实保护耕地"的基本国策,科学、高效、节约开发利用土地资源,促进国民经济持续发展具有重要作用。我国《土地管理法》明确规定:任何单位和个人进行建设,需要使用土地的,必须依法申请使用国有土地;建设占用土地,涉及农用地转为建设用地的,应当办理农用地转用审批手续;征用基本农田,征用基本农田以外的耕地超过35公顷的,征用其他土地超过70公顷的,由国务院批准;征用土地的,按照被征用土地的原用途给予补偿;乡镇建设涉及占用农用地的,应先办理农用地转用审批;农村集体所有的土地的使用权不得出让、转让或者出租用于非农业建设;等等。

(桑东莉)

jianshe yongdi guihua xukezheng

建设用地规划许可证(license for layout of construction land) 由建设单位或者个人提出建设用地申请,城市规划行政主管部门根据规划和建设项目的用地需要,确定建设用地位置、面积、界限的法定凭证。建设单位或者个人在取得建设用地规划许可证后,方可向县级以上地方人民政府土地管理部门申请用地,经县级以上人民政府审查批准后,由土地管理部门划拨土地。

建设工程规划许可证由城市规划行政主管部门根据城市规划提出的规划设计要求核发,用于确认建设工程是否符合城市规划要求的法律凭证。建设单位或者个人在取得建设工程规划许可证件和其他有关批准文件后,方可申请办理开工手续。 (张旭娟 师湘瑜)

jianzhu cailiao hangye biaozhunhua guanli

建筑材料行业标准化管理(standardization management of building material industry) 为了加强建筑材料行业标准化工作的管理,适应建材工业生产和发展的需要,国家建筑材料工业局1992年7月1日发布《建筑材料行业标准化管理办法》,对建筑材料行业标准化问题进行专门规范。

建材行业标准化工作的任务是根据国民经济建设发展的需要与行业特点,制订并实施各类标准和对标准的实施进行监督,以促进建材行业及企业、事业单位的技术进步,保证和促使建材产品质量提高,保护用户或消费者的利益,在经济、科技及管理等社会实践中建立最佳秩序和创造最大经济效益、社会效益。

国家建材局负责领导全国建材行业的标准化管理工作,其具体任务由国家建材局生产管理的企业负责组织实施。国家建材局在标准化管理方面履行下列职责:(1)贯彻国家标准化工作的法律、法规、方针、政策,制订在建材行业实施的具体办法。(2)制订建材行业标准化工作规划、计划,组织和协调全国建材行业的标准化工作。(3)组织实施国家标准制订、修订计划;组织制订、修订行业标准,审批、发布建材行业标准。(4)指导各级建材行业主管部门的标准化工作;受理建材地方标准和国家建材局所属企业的企业产品标准的备案。(5)组织建材行业实施标准,对标准实施情况进行监督检查。(6)编制标准化工作人员培训规划并组织实施。(7)组织管理建材行业国际标准化工作。(8)受国家技术监督局委托管理有关的标准化技术委员会,对专业标准化技术归口单位进行业务领导。(9)负责组织引进设备和技术的标准化审查工作及重要新产品鉴定的标准化审查。

省、自治区、直辖市建材工业主管部门管理其行政区域内建材行业的标准化工作,履行下列职责:(1)贯彻国家和建材行业标准化工作的法律、法规、方针、政策,并制订实施的具体办法。(2)制订本行政区域行业的标准化工作规划、计划,并组织实施。(3)受委托承担有关国家标准、行业标准以及地方标准的草拟任务,指导企业制订企业标准。(4)在本行政区域内组织建材行业实施标准,对标准实施情况进行监督检查。(5)负责组织开展企业标准化工作,受委托负责组织采用国际标准和国外先进标准的验收。(6)组织企业标准化管理人员的培训与考核。(7)负责所属企业的企业标准备案工作。

市、县建材行业主管部门负责组织其行政区域内的建材企业贯彻国家和行业的标准化法律、法规、方针、政策;实施国家、行业、地方标准,指导企业制订企业标准,并对标准的实施情况进行监督检查;负责所属企业的企业标准备案工作;每年年底向所在省级建材行政主管部门报送企业标准备案汇总结果。

建材专业标准化技术委员会是在一定专业领域内从事全国性标准化工作的技术工作组织,负责本专业的标准化技术归口工作,按有关规定行使职责。

建材专业标准化技术归口单位负责本专业范围内的标准化技术归口工作。归口单位由所在单位主要技术负责人领导,归口单位的任务是:(1)协助国家建材局标准化研究所进行建材行业标准化管理工作,处理审查标准过程中的技术争议。(2)承担和组织本专业国家标准和行业标准的起草与研究工作。(3)负责和组织本专业国际标准和国外标准的分析、研究、验证及采用工作。(4)开展本专业基础标准、基础理论、检测技术与方法及有关课题的研究工作。(5)负责组织编制本专业标准化体系表规划与计划,以及标准的复审工作。(6)负责国际标准化组织中对口的技术委员会的技术工作。(7)宣传贯彻本专业的标准,了解和掌握本专业技术标准贯彻执行情况,负责本专业标准的解释工作。

(刘 鹏)

jianzhufa

《建筑法》(Building Act) 《中华人民共和国建筑法》由第八届全国人民代表大会常务委员会第二十八次会议于1997年11月1日通过,自1998年3月1日起施行。调整在中华人民共和国境内从事建筑活动和实施对建筑活动的监督管理过程中所形成的社会关系的法律规范。其调整对象主要有两种:(1)从事建筑活动过程中所形成的一定的社会关系;(2)实施建筑活动管理过程中所形成的一定的社会关系。《建筑法》是为了加强对建筑活动的监督管理,维护建筑市场秩序,保证建筑工程的质量和安全,促进建筑业健康发展而制订的。本法共分八章。第一章总则。主要规定了立法目的、适用范围、建筑活动的定义及其要求。第二章建筑许可。规定了建筑工程施工许可、从业资格。第三章建筑工程发包与承包。规定了建筑工程发包与承包的一般规定,发包、承包的要求与程序。第四章建筑工程监理。规定了国家推行建筑工程监理制度,国务院可以规定实行强制监理的建筑工程的范围,以及建设单位与其委托的工程监理单位的书面委托监理合同的内容、要求及权限。第五章建筑安全生产管理。规定了建筑工程安全生产管理的方针和制度,明确规定了施工企业和作业人员在施工过程中,应当遵守有关安全生产的法律、法规和建筑行业安全规章、规程,不得违章指挥或者违章作业。第六章建筑工程质量管理。规定了建筑工程勘察、设计、施工的质量必须符合国家有关建筑工程安全标准的要求、国家对从事建筑活动的单位推行质量体系认证制度,以及施工企业在工程设计或者施工作业中,应依照的法律、行政法规规定和建筑工程质量、安全标准。第七章法律责任。规定了因违反该法规定应承担的法律责任。第八章附则。规定了本法关于施工许可、建筑施工企业资质审查和建筑工程发包、承包、禁止转包,以及建筑工程监理、建筑工程安全和质量管理的规定,适用于其他专业建筑工程的建筑活动,具体办法由国务院规定。建设行政主管部门和其他有关部门在对建筑活动实施监督管理中，除按照国务院有关规定收取费用外，不得收取其他费用。省、自治区、直辖市人民政府确定的小型房屋建筑工程的建筑活动，参照本法执行。依法核定作为文物保护的纪念建筑物和古建筑等的修缮，依照文物保护的有关法律规定执行。抢险救灾及其他临时性房屋建筑和农民自建低层住宅的建筑活动，不适用本法。军用房屋建筑工程建筑活动的具体管理办法，由国务院、中央军事委员会依据本法制定。

（张旭娟　师湘瑜）

jianzhu gongcheng fabao

建筑工程发包（giving out a contract for a construction project）　建筑单位采用一定的方式，在政府管理部门的监督下，遵循公开、公正、平等竞争的原则，择优选定设计、勘察、施工等单位的活动。建筑工程依法实行招标发包，对不适于招标发包的可以直接发包。建筑工程实行公开招标的，发包单位应当依照法定程序和方式，发布招标公告，提供载有招标工程的主要技术要求、主要的合同条款、评标的标准和方法以及开标、评标、定标的程序等内容的招标文件。开标应当在招标文件规定的时间、地点公开进行。开标后应当按照招标文件规定的评标标准和程序对标书进行评价、比较，在具备相应资质条件的投标者中，择优选定中标者。建筑工程招标的开标、评标、定标由建设单位依法组织实施，并接受有关行政主管部门的监督。建筑工程实行招标发包的，发包单位应当将建筑工程发包给依法中标的承包单位；建筑工程实行直接发包的，发包单位应当将建筑工程发包给具有相应资质条件的承包单位。提倡对建筑工程实行总承包，禁止将建筑工程肢解发包。建筑工程的发包单位可以将建筑工程的勘察、设计、施工、设备采购一并发包给一个工程总承包单位，也可以将建筑工程勘察、设计、施工、设备采购的一项或者多项发包给一个工程总承包单位；但是，不得将应当由一个承包单位完成的建筑工程肢解成若干部分发包给几个承包单位。

（张旭娟　师湘瑜）

jianzhu gongcheng jishu zhuanjia weiyuanhui

建筑工程技术专家委员会（Construction Technologist Committee）　在国务院建设行政主管部门领导下，协助政府主管部门从事建筑工程（含市政工程，下同）勘察、设计和施工技术质量监督、管理、仲裁与咨询等的组织。专家委员会工作的宗旨是贯彻国家的法律法规和技术标准、规范，推进行业技术进步，受政府委托监督建筑工程勘察、设计、施工质量，为提高建筑工程质量和水平提供技术服务。

专家委员会的职责范围与基本任务是：(1)协助政府主管部门制定与贯彻勘察、设计和施工技术政策、质量法规，进行有关的咨询与技术服务；(2)协助政府主管部门制订行业规划，推广新技术、新材料、新设备和新工艺；(3)受政府主管部门委托，承担行业技术与质量管理（包括重大工程项目的质量监督、勘察设计方案优化与审查、重大工程质量事故的鉴定与仲裁等）有关问题的调查、分析、鉴定工作并提出处理意见和建议；(4)参与重大投资项目的可行性研究与风险性评估，受理组织建设项目的技术咨询；(5)受聘参加大型建筑、市政工程招投标的评标活动；(6)参加建筑工程勘察、设计文件中规定采用的新技术、新材料，可能影响建设工程质量和安全，又没有国家技术标准的审定工作。

专家委员会由建筑行业的知名工程技术专家若干人组成。专家委员会设以下组织机构：勘察与岩土工程专家组；建筑结构专家组；市政工程专家组；建筑施工专家组；建筑智能化技术专家委员会。建筑工程技术专家委员会办公室，负责专家委员会的日常工作。该办公室设在建设部工程质量安全监督与行业发展司。专家委员会的专家由省级以上建设行政主管部门和有关方面审查推荐，国务院建设行政主管部门审定后聘任，每届任期3年，任期满后可根据工作需要连聘连任。受聘专家如工作不力，造成责任事故，视情节轻重由主管部门提出警告或取消专家委员会委员资格。

专家委员会工作程序是：(1)根据政府主管部门委托的工作任务和内容，制订实施计划。(2)根据工程项目的特点、规模与主题内容，确定专家人选，组成专家工作小组。(3)根据工作任务内容，采取分头审议、专项调研、集体讨论协商等方式进行。审议结论应按少数服从多数的原则，最终以专家组或专家委员会的一致意见上报主管部门。(4)讨论审查中，专家组内少数持不同意见的专家，可保留并将意见报专家委员会备案。对一些争议较大的原则问题，应报专家委员会办公室提请专家委员会复议。(5)专家委员会根据委托工作任务和内容不定期召开工作会议。

（刘　鹏）

jianzhu gongcheng jianli

建筑工程监理（supervision of construction）　工程监理单位接受建设单位的委托，依照法律、行政法规及有关的技术标准、设计文件和建筑工程承包合同，对承包单位在施工质量、建设工期和建设资金使用等方面，代表建设单位实施监督，工程监理人员认为工程施工不符合工程设计要求、施工技术标准和合同约定的，有权要求建筑施工企业改正。工程监理人员发现工程设计不符合建筑工程质量标准或者合同约定的质量要求的，应当报告建设单位要求设计单位改正。工程监理单位与被监理工程的承包单位以及建筑材料、建筑构配件和设备供应单位不得有隶属关系或者其他利害关系。工程监理单位不得转让工程监理业务。工程监理单位不按照委托监理合同的约定履行监理义务,对应当监督检查的项目不检查或者不按照规定检查,给建设单位造成损失的,应当承担相应的赔偿责任。工程监理单位与承包单位串通,为承包单位谋取非法利益,给建设单位造成损失的,应当与承包单位承担连带赔偿责任。　　　　　　　　　　　（张旭娟　师湘瑜）

jianzhu gongcheng zhiliang baoxiu zhidu

建筑工程质量保修制度(warranty of construction quality)　　建筑工程实行质量保修制度。建筑工程的保修范围应当包括地基基础工程、主体结构工程、屋面防水工程和其他土建工程,以及电气管线、上下水管线的安装工程,供热、供冷系统工程等项目;保修的期限应当按照保证建筑物合理寿命年限内正常使用,维护使用者合法权益的原则确定。具体的保修范围和最低保修期限由国务院规定。任何单位和个人对建筑工程的质量事故、质量缺陷都有权向建设行政主管部门或者其他有关部门进行检举、控告、投诉。
（张旭娟　师湘瑜）

jianzhu gongcheng zhiliang guanli

建筑工程质量管理(administration on construction quality)　　国家现行的有关法律、法规技术标准、设计文件和合同对工程安全、适用、经济、美观等特性的综合要求。它包括纵向和横向两个方面的管理。纵向方面的管理主要是指建设行政主管部门及其授权机构对建设工程质量的监督管理;横向方面的管理主要指设工程各方,如建筑单位、勘察设计单位、施工单位等的质量责任和义务。国家对从事建筑活动的单位推行质量体系认证制度。从事建筑活动的单位根据自愿原则可以向国务院产品质量监督管理部门或者国务院产品质量监督管理部门授权的部门认可的认证机构申请质量体系认证。经认证合格的,由认证机构颁发质量体系认证证书。　　　　　　（张旭娟　师湘瑜）

jianzhu huodong

建筑活动(construction activities)　　各类房屋建筑及其附属设施的建造和与其配套的线路、管道、设备的安装活动。建筑活动应当确保工程质量和安全,符合国家的建筑工程安全标准。建筑活动是建筑法所要规范的核心内容。但建筑法中关于施工许可、建筑施工企业资质审查和建筑工程发包、承包、禁止转包,以及建筑工程监理、建筑工程安全和质量管理的规定,适用于其他专业建筑工程的建筑活动。　（张旭娟　师湘瑜）

jianzhu shigong zaosheng wuran fangzhi zhidu

建筑施工噪声污染防治制度(the institution of prevention and control of noise pollution of construction)　　在建筑施工过程中产生的干扰周围生活环境的声音污染防治制度。《环境噪声污染防治法》对建筑施工噪声防治作了以下规定:(1) 达标排放原则。在城市市区范围内向周围生活环境排放建筑施工噪声的,应当符合国家规定的建筑施工场界环境噪声排放标准。(2) 申报登记制度。在城市市区范围内,建筑施工过程中使用机械设备,可能产生环境噪声污染的,施工单位必须在工程开工 15 日以前向工程所在地县级以上地方人民政府环境保护行政主管部门申报该工程的项目名称、施工场所和期限、可能产生的环境噪声值以及所采取的环境噪声污染防治措施的情况。(3) 在城市市区噪声敏感建筑物集中区域内,禁止夜间(22 点至晨 6 点之间的期间)进行产生环境噪声污染的建筑施工作业,但抢修、抢险作业和因生产工艺上要求或者特殊需要必须连续作业的除外。因特殊需要必须连续作业的,必须有县级以上人民政府或者其有关主管部门的证明。夜间作业,必须公告附近居民。"噪声敏感建筑物"是指医院、学校、机关、科研单位、住宅等需要保持安静的建筑物。"噪声敏感建筑物集中区域"是指医疗区、文教科研区和以机关或者居民住宅为主的区域。建筑施工单位违反规定,在城市市区噪声敏感建筑的集中区域内,夜间进行禁止进行的产生环境噪声污染的建筑施工作业的,由工程所在地县级以上地方人民政府环境保护行政主管部门责令改正,可以并处罚款。
（刘利晋）

jianzhuwu jieneng guanli zhidu

建筑物节能管理制度(administration system of economizing on energy of building materials)　　建筑物的设计和建造应依照有关法律、行政法规的规定,采用节能型的建筑结构、材料、器具和产品,提高保温绝热性能,减少采暖、制冷、照明的单位耗能。在现代化建设过程中,建筑物耗能的比重将有大幅度增长,目前由于建筑隔热标准偏低,设备效率不高,在能源利用方面存在着很大的浪费。因此,一些国家的法律中规定:在规划和设计上要全面考虑房屋建筑的合理用能和节能技术,根据建筑功能需要和当地日照等气候条件,合理确定建筑物的结构和布局。如朝向、间距、门窗尺寸和层高,提高建筑物的保温隔热性能,发展空心砖、加气混凝土等节能型的建筑材料和各种新型墙体结构。提高建筑设备和器材的能源利用效率,研究改进采暖、空调、动力、电器照明、给排水卫生系统的工艺设计,采用节能型设备，注意废热、余热的回收利用，搞好设备维护和运行管理，按照经济合理的原则积极开发利用太阳能等可再生能源，减少常规能源的消耗。建筑物节能是西方工业化国家节能管理的重要内容，各国能源法规有的设专章、有的列专条专款，具体规定建筑物节能的标准和措施。例如，日本《能源使用合理化法》第三章，就是关于"与建筑物有关的措施"。我国的《节约能源法》也明文规定：建筑物的设计和建造应当依照有关法律、行政法规的规定，采用节能型的建筑结构、材料、器具和产品，提高保温隔热性能，减少采暖、制冷、照明的能耗。这些具体明确的规定，有力地推动了建筑物的节能管理工作。 （张 璐）

jianzhuwu qufen suoyouquan
建筑物区分所有权(part ownership of buildings)
在我国，一般认为同一建筑物的各个部分为若干所有者共同所有时，每一所有者所享有的所有权。对于建筑物区分所有权的概念的界定，长期以来，学术界存在很大的分歧。主要有如下几种观点：(1) 一元论说，又称"一元主义"或"一元论"。该学说又可分为专有权说和共有权说。专有权说最早为法国学者所提出。该学说认为，建筑物区分所有权是指区分所有权人在区分所有建筑物专有部分上所享有的权利——专有所有权。共有权说则将区分所有建筑物整体视为全体区分所有权人所共有。(2) 二元论说。二元论说认为，建筑物区分所有权是指由区分所有建筑物专有部分所有权与共用部分持分权所构成。(3) 新一元论说，亦称"享益部分说"，认为建筑物区分所有权是指区分所有人在区分所有建筑物"享益部分"上所享有的权利，这一权利是由被分割的建筑物专有部分上成立的排他所有权和在共用部分上成立的限定的(共有的)享有权所构成的。(4) 三元论说，又称"最广义区分所有权说"，为德国学者所倡导，认为，建筑物区分所有权是由区分所有建筑物专有部分所有权、共用部分持分权以及因共同关系所生的成员权所构成。 （陈志波）

jianzhu xuke
建筑许可(construction permission) 国家实行建筑许可管理制度。建筑许可包括建筑工程施工许可和从业资格两种。

建筑工程施工许可 指建设行政主管部门依据法定程序和条件，对建筑工程是否具备施工条件进行审查，对符合条件者准许开始施工并颁发施工许可证的一种制度。建筑工程开工前，建设单位应当按照国家有关规定向工程所在地县级以上人民政府建设行政主管部门申请领取施工许可证；但是，国务院建设行政主管部门确定的限额以下的小型工程除外。按照国务院规定的权限和程序批准开工报告的建筑工程，不再领取施工许可证。申请领取施工许可证，应当具备下列条件：(1) 已经办理该建筑工程用地批准手续；(2) 在城市规划区的建筑工程，已经取得规划许可证；(3) 需要拆迁的，其拆迁进度符合施工要求；(4) 已经确定建筑施工企业；(5) 有满足施工需要的施工图纸及技术资料；(6) 有保证工程质量和安全的具体措施；(7) 建设资金已经落实；(8) 法律、行政法规规定的其他条件。施工许可证由工程所在地县级以上人民政府建设行政主管部门，应当自收到申请之日起15日内，对符合条件的申请颁发施工许可证。

施工许可证的有效期限 建设单位应当自领取施工许可证之日起3个月内开工。因故不能按期开工的，应当向发证机关申请延期；延期以两次为限，每次不超过3个月。既不开工又不申请延期或者超过延期时限的，施工许可证自行废止。因故不能按期开工超过6个月的，建设单位应当重新办理开工报告的批准手续。

从业资格制度 指国家对从事建筑活动的单位(企业)和人员实行资质或资格审查，并许可其按照相应的资质、资格条件从事相应建筑活动的制度。它包括从事建筑活动的单位资质制度和从事建筑活动的个人资格制度两类。(1) 从事建筑活动的单位资质制度。指建设行政主管部门对从事建筑活动的建筑施工企业、勘察单位、设计单位和工程监理单位的人员素质、管理水平、资金数量、业务能力等进行审查，以确定其承担任务的范围，并发给相应等级的资质证书的一种制度。(2) 从事建筑活动的个人资格制度。指建设行政主管部门及有关部门对从事建筑活动的专业技术人员，依法进行考试和注册，并颁发执业资格证书的一种制度，使其在执业资格证书许可的范围内从事建筑活动。 （张旭娟 师湘瑜）

jianzheng guanggao
荐证广告(the recommended advertisement) 由名人、专家、消费者信赖的组织等，通过推荐、题词、保证、证明书、推荐书、感谢信等方式，以便说服、刺激潜在的消费者购买商品。广告主的目的是利用推荐、题词、保证、见证者的知名度、专业性、代表性，吸引视听者的注意，以便说服、刺激潜在的消费者的购买商品。其常见形式是：由名人或者专家荐证其所属专业领域的商品，如网球冠军推荐某种网球拍；名人或专家推荐与其专业领域相关的商品，如赛车手推荐汽车的配件；名人、专家推荐与其专业领域不相关的商品；有关组织对某种商品进行检测、认定等。由于荐证者的知名度或专业水平，其对商品的推荐等往往很有说服力。如果荐证内容属实或者不引人误解，荐证方式不失为一种有效的竞争手段；如果荐证的内容不实或引人误解，则会损害消费者权益及危害竞争秩序。专家荐证是指专业人员作为具有专业知识和熟练技术的人员是向普通消费者作荐证广告的，应当使消费者依其使用也能享受到商品的效果。团体荐证是集合体所作的荐证，应当是公正反映的荐证。如果专业团体荐证的是专业领域的产品，则其经验应当超越其成员的经验，其判断代表一个团体。　　　　　　　　　　　　（苏丽娅）

奖励综合利用的原则(principle of award of comprehensive utilization)　　国家通过财政、金融、税收等经济手段和其他政策手段，鼓励工业企业将物质生产过程和消费过程中排放的废弃物质予以最大限度的回收利用，以减轻废弃物质对环境造成的压力和减少对人民生活造成的损害的立法原则。当今世界各国，由于工业和城市的大发展，生产和生活废弃物的排放量以惊人的速度持续增加，废弃物的回收、利用和处理引起各国的普遍重视。开展资源综合利用是一项重大的技术经济政策，对合理利用资源，增加社会财富，提高经济效益，保护自然环境，都有重要的意义。对于我国而言，鼓励对废物的综合利用尤其具有重要性：(1)我国现有的工业企业和各种资源的开发由于设备、技术和管理上的多种原因，总的来说对资源和能源的有效利用率都比较低，许多应该回收利用和循环使用的资源大量废弃排入环境，成为三废污染物，这既浪费了资源，又污染了环境。(2)在我国工业污染物的排放中，现有的国有老企业所占比重最大，而这些企业的污染治理需要庞大的资金投入，就目前国家财力而言，统一解决难度较大。通过奖励综合利用调动企业治理污染的积极性，会大大加快我国工业污染治理的步伐。国家资源综合利用的内容很多，但集中立法还较少。目前有普遍意义的做法是国家鼓励企业积极开展综合利用，对综合利用资源的生产和建设，实行优惠政策。享受优惠待遇的范围，按照《资源综合利用目录》执行。国家可以根据实际情况，对《资源综合利用目录》进行调整。国家设立综合利用奖，奖励对发展综合利用有贡献的单位和个人。　　　　　（申进忠　王　丽）

交叉授权(cross authorization)　　将某一项权限分别授予不同的经济法主体。交叉授权不同于分项授权，分项授权是将一项权力交一个主体行使。在专业管理的前提下，某些管理事项会在相关专业领域以不同的方式出现，由专业管理机关按照各自的管理职责分别管理该事项比统一于某一个管理机构更易于协调管理。例如，对机动车辆污染大气实施监管的权限交叉授予各级公安、交通、铁道、渔业部门。　（刘继峰）

交割违约责任(liability for breach of delivery)　　期货合约的实物交割中，买卖双方不履行交付的义务而应承担的民事法律后果。下列行为属于交割违约：(1)在规定交割期限内卖方未交付有效仓单的；(2)在规定交割期限内，买方未解付货款或解付不足的；(3)卖方未按规定的时间、质量、数量交付的标的物的；(4)买方未按规定时间提货的；(5)交易所委托的仓库接受卖方货物时，未履行验收的义务、未在规定期限内提出异议或因其保管不善造成损失的。

交割违约应承担违约责任，但违约责任的主体是期货交易所。期货交易中，期货交易所承担保证期货合约履行的责任。任何一方不能如期全面履行期货合约规定的义务时，交易所均应代为履行，未代为履行的，应承担赔偿责任。交易所在代为履行后，享有向不履行义务一方追偿的权利，并有权要求不履行义务一方支付违约金。　　　　　　　　（陈兴华）

交通运输噪声污染防治制度(the institution of prevention and control of noise pollution of traffic)　　机动车辆(汽车和摩托车)、铁路机车、机动船舶、航空器等交通运输工具在运行时所产生的干扰周围生活环境的声音的污染防治制度。《中华人民共和国环境噪声污染防治法》对交通运输噪声污染防治作了以下规定：(1)禁止制造、销售或者进口超过规定的噪声限值的汽车。(2)在城市市区范围内行使的机动车辆的消声器和喇叭必须符合国家规定的要求。机动车辆必须防治环境噪声污染。机动车辆在城市市区范围内行驶，机动船舶在城市市区的内河航道航行，铁路机车驶经或者进入城市市区、疗养区时，必须按照规定使用声响装置。警车、消防车、工程抢险车、救护车等机动车辆安装、使用警报器，必须符合国务院公安部门的规定；在执行非紧急任务时，禁止使用警报器。机动车辆不按照规定使用声响装置的，由当地公安机关根据不同情节给予警告或者处以罚款。机动船舶不按照规定使用声响装置的，由港务监督机构根据不同情节给予警告或者处以罚款。铁路机车不按照规定使用声响装置的，由铁路主管部门对有关责任人员给予行政处分。(3)城市人民政府公安机关可以根据本地城市市区区域声环境保护的需要，划定禁止机动车辆行驶和禁止其使用声响装置的路段和时间，并向社会公告。(4)建设经过已有的噪声敏感建筑物集中区域的高速公路和城市高架、轻轨道路，有可能造成环境噪声污染的，应当设置声屏障或者采取其他有效的控制环境噪声污染的措施。在已有的城市交通干线的两侧建设噪声敏感建筑物的,建设单位应当按照国家规定间隔一定距离,并采取减轻、避免交通噪声影响的措施。在车站、铁路编组站、港口、码头、航空港等地指挥作业时使用广播喇叭的,应当控制音量,减轻噪声对周围生活环境的影响。穿越城市居民区、文教区的铁路,因铁路机车运行造成环境噪声污染的,当地城市人民政府应当组织铁路部门和其他有关部门,制订减轻环境噪声污染的规划。铁路部门和其他有关部门应当按照规划的要求,采取有效措施,减轻环境噪声污染。除起飞、降落或者依法规定的情形以外,民用航空器不得飞越城市市区上空。城市人民政府应当在航空器起飞、降落的净空周围划定限制建设噪声敏感建筑物的区域;在该区域内建设噪声敏感建筑物的,建设单位应当采取减轻、避免航空器运行时产生的噪声影响的措施。民航部门应当采取有效措施,减轻环境噪声污染。

(刘利晋)

jiaozhengxing jingzheng falü guifan
矫正性竞争法律规范(the remedial competition) 以维护和恢复正常的竞争关系为目的,对竞争活动中的超常行为作出否定性的评价,并予以相应的法律上的处理的法律规范。主要包括保护性竞争规范和淘汰性竞争规范。保护性竞争规范是指对竞争关系中的超常行为直接作出否定评价并作出相应处理的规范,主要表现形式是禁止性规范和制裁性规范,其中以制裁性规范为主。因为制裁性规范的实施本身就体现了保护合理竞争关系。这种规范的主要作用是通过对不正当竞争行为的强制矫正以达到保护正当竞争的行为。淘汰性竞争规范是指以否认竞争失败者的存在价值并取消其主体资格为内容的法律规范。竞争关系的直接后果是优胜劣汰,因此作为竞争关系法律体现的竞争规则就应体现经济要求。淘汰性法律规范的主要目的是通过法律手段,剥夺已经丧失存在意义的在竞争中处于极度劣势的竞争主体的合法资格,将之淘汰出市场主体和竞争主体的范围;同时也是肯定了居于优势地位的竞争主体的存在价值。矫正性竞争法律规范对于引导正常竞争关系的形成和促进市场经济的发展有极其重要的作用。没有矫正性竞争法律规范,就没有正常的竞争关系。

(苏丽娅)

jieneng biaozhun yu xian'e guanli zhidu
节能标准与限额管理制度(system of economizing on energy standard and energy norm management) 确认能源节约与浪费的尺度,制定节能标准与限额,是政府对节能实行宏观管理的重要措施,也是衡量用能单位是否达到节能要求的准则。运用标准与限额能使节约能源法律更具操作性,使节能管理工作有章可循,这一制度的逐步健全,将进一步推动节能工作的健康发展。综观各国的节约能源管理,都制订了各类节能标准与限额,并纳入本国的节能法律体系和标准化管理系列,节能标准与限额管理制度是国际通行的节能管理制度。如日本为实施《能源使用合理化法》,先后制订了一系列标准和限额,涵盖工厂、建筑物、空调器、轿车、住宅、建筑材料等诸多领域。《中华人民共和国节约能源法》也明确规定,国务院标准化行政主管部门制定有关节能的国家标准,省级以上人民政府管理节能工作的部门,应当会同同级有关部门,对生产过程中耗能较高的产品制订单位产品能耗限额。正是由于规定了一系列能耗标准和限额,使节约能源法律的实施有了具体的依据,大大推动了节能管理工作。

(张 璐)

jieneng jishu jinbu zhidu
节能技术进步制度(system of economizing on energy technology improvement) 实现节能目标,促进节能技术进步与创新的法律制度。推进节能技术进步作为一项长期的战略目标,其实现必须由政府积极而有效的参与。在节能技术开发方面,国家应鼓励、支持开发先进节能技术,确定开发先进节能技术的重点和方向,建立和完善节能技术服务体系,培育和规范节能技术市场;在节能项目扶持方面,应由国家组织实施重大节能科研项目、节能示范工程,提出节能推广项目,引导企业事业单位和个人采用先进的节能工艺、技术、设备和材料,并通过国家制定优惠政策,对节能示范工程和节能推广项目给予支持;在节能技术引进方面,国家应鼓励引进境外先进的节能技术和设备,禁止引进境外落后的用能技术、设备和材料;在资金倾斜方面,中央和地方的各级政府安排的科学研究资金中应当安排节能资金,用于先进节能技术研究。通过对节能技术进步的全面支持,有效推进节能技术的创新与进步,为节能管理工作的展开提供技术方面的有力保障。

(张 璐)

jieshui zhidu
节水制度(system of economical use of water) 节约用水,实现水资源持续利用的制度。《中华人民共和国水法》关于节水制度的主要规定有:国家厉行节约用水,大力推行节约用水措施,推广节约用水新技术、新工艺,发展节水型工业、农业和服业,建立节水型社会。各级人民政府应当采取节约用水措施,加强对节约用水的管理,建立节约用水技术开发推广体系,培育和发展节约用水产业。单位和个人有节约用水的义务。各级人民政府应当推行节水灌溉方式和节水技术,对农业蓄水、输水工程采取必要的防渗漏措施,提高农业用水效率。工业用水应当采用先进技术、工艺和设备,增加循环用水次数,提高水的重复利用率。城市人民政府应当因地制宜地采取有效措施,推广节水型生活用水器具,降低城市供水管网漏失率,提高生活用水效率;加强城市污水集中处理,鼓励使用再生水,提高污水再生利用率。新建、扩建、改建建设项目,应当制定节水措施方案,配套建设节水设施。节水设施应与主体工程同时设计、同时施工、同时投产。供水企业和自建供水设施的单位应当加强供水设施的维护管理,减少水的漏失。 (桑东莉)

jieyue nengyuanfa
节约能源法(economizing on energy resources law) 调整人们在利用能源以及从事相关活动中所发生的各种社会关系的法律规范的总称。"利用能源"是指人们在从事物质资料生产和满足生活消费需求的过程中利用能源的活动。在能源的利用过程中,从对能源资源的配置来看,既有市场配置,也有计划配置;从利用能源的品种来看,既有煤炭、原油、天然气、生物质能等一次能源,也有电力、蒸汽、煤气等二次能源;从用能的对象来看,既有不同行业各具特点的用能,也有城乡居民的个人生活用能;从对用能的管理来看,既有政府的宏观调控手段,也有对用能单位各种用能行为的管理;从对用能技术要求来看,既要鼓励推进先进用能技术,又要限制、淘汰高耗能的用能设备和产品;从用能的环节来看,包括能源开采中的用能,以及加工转换、输送、分配、供应、储存,一直到终端使用等等。"相关活动"是指影响能源效率的活动,如国民经济的结构调整,用能设备性能的改变等。《中华人民共和国节约能源法》已于 1997 年 11 月 1 日由全国人大常委会颁布,自 1998 年 1 月 1 日起施行。

节约能源法的调整对象概括起来,主要有下列方面:(1) 节能管理关系,主要表现为各级政府的管理,各级政府节能行政主管部门的管理,以及各级政府中的有关部门按照职责分工对节能的管理。这些管理都具体体现在政府行为上,节约能源法是根据能源利用过程中的不同情况特别设定的。(2) 其他经济关系,人们在利用能源以及从事相关的活动时,会涉及财政、税收、金融、环境保护、标准、计量、统计等关系,其中有些内容是由节约能源法给予特别调整的。

节约能源法对利用能源过程中的每个环节实现能源利用的合理化,对那些由于用能不合理、不实施科学管理,以及用能方式落后等原因所形成的各种损失、浪费能源的行为进行法律调整,以提高能源效率,保障国家经济建设和提高人民生活水平。 (张 璐)

jieyue nengyuanfa
《节约能源法》(Economizing on Energy Resources Act) 《中华人民共和国节约能源法》于 1997 年 11 月 1 日由第八届全国人民代表大会常务委员会第二十八次会议通过,自 1998 年 1 月 1 日起施行。制定本法的目的是:推进全社会节约能源,提高能源利用效率和经济效益,保护环境,保障国民经济和社会的发展,满足人民生活需要。本法共 6 章 50 条,包括:总则、节能管理、合理使用能源、节能技术进步、法律责任、附则等部分。节能是国家发展经济的一项长远战略方针。国家鼓励开发、利用新能源和可再生能源。

节能管理 国务院管理节能工作的部门主管全国的节能监督管理工作;国务院有关部门在各自的职责范围内负责节能监督管理工作。国家在基本建设、技术改造资金中安排节能资金,支持能源的合理利用以及新能源和可再生能源的开发。地方人民政府安排节能资金,用于支持能源的合理利用以及新能源和可再生能源的开发。固定资产投资工程项目的可行性研究报告,要包括合理用能的专题论证,禁止新建技术落后、耗能过高、严重浪费能源的工业项目。国务院标准化行政主管部门制定有关节能的国家标准。国务院管理节能工作的部门对生产量大面广的用能产品的行业加强监督,督促其采取节能措施,努力提高产品的设计和制造技术,逐步降低本行业的单位产品能耗。省级以上管理节能部门,对生产过程中耗能较高的产品制定单位产品能耗限额。国家对落后的耗能过高的用能产品、设备实行淘汰制度,对重点用能单位要加强节能管理。

合理使用能源 用能单位应当加强节能管理,制订并实施本单位的节能技术措施,降低能耗;加强能源计量管理,健全能源消费统计和能源利用状况分析制度;建立节能工作责任制,对节能工作取得成绩的集体、个人给予奖励。生产、销售用能产品和使用用能设备的单位和个人,必须在国家规定的期限内,停止生产、销售国家明令淘汰的用能产品,停止使用国家明令淘汰的用能设备,并不得将淘汰的设备转让给他人使用。重点用能单位应当按照国家有关规定定期报送能源利用状况报告;其能源管理岗位,聘任能源管理人员,并向有关部门备案。能源管理人员负责对本单位的能源利用状况进行监督、检查。单位职工和其他城乡居民使用能源应当按照国家规定计量和交费。

节能技术进步 国家组织实施重大节能科研项目、节能示范工程,提出节能推广项目,引导企业事业单位和个人采用先进的节能工艺、技术、设备和材料。国家鼓励引进境外先进的节能技术和设备,禁止引进境外落后的用能技术、设备和材料。建筑物应采用节能型的建筑结构、材料、器具和产品,提高保温隔热性能,减少采暖、制冷、照明的能耗。各级人民政府应当加强农村能源建设,开发、利用沼气、太阳能、风能、水能、地热等可再生能源和新能源。国家鼓励发展通用节能技术。

法律责任 新建国家明令禁止新建的高耗能工业项目的,由县级以上人民政府管理节能工作的部门提出意见,报请同级人民政府按照国务院规定的权限责令停止投入生产或者停止使用。生产耗能较高的产品的单位,超过单位产品能耗限额用能的、生产销售国家明令淘汰的用能产品的、使用国家明令淘汰的用能设备的、或将淘汰的用能设备转让他人使用的,人民政府管理节能工作部门责令停止使用,视情节给以处罚。未在产品说明书和产品标识上注明能耗指标、使用伪造的节能质量认证标志或者冒用节能质量认证标志的,由县级以上人民政府管理产品质量监督工作的部门予以查处。国家工作人员在节能工作中滥用职权、玩忽职守、徇私舞弊,依法追究其责任。

(陆 炯 郭 庆)

jiegou weiji kate'er

结构危机卡特尔(cartel against structural crisis) 在市场萧条和产品滞销的情况下,同一行业的企业为协调生产能力、避免生产过剩而订立的卡特尔。这种卡特尔往往含有限制产品的价格和生产数量的内容。因为市场竞争不可能迅速解决生产过剩的问题,如果不允许企业进行生产协调,就会产生灾难性的价格竞争,对社会资源和生产造成巨大的损害。因此,各国反垄断法原则上允许这种卡特尔得到豁免。然而,因为这种卡特尔对市场竞争的损害非常严重,它们只能在例外的情况下得到豁免。根据德国《反对限制竞争法》的规定,联邦经济部长可出于对整体经济和社会公共利益的考虑,批准对竞争有严重影响的卡特尔。如果个别经济部门绝大多数企业的生存受到直接的威胁,且消除这种威胁没有比限制竞争更经济和更合理的方式时,经济部长就可以批准这种卡特尔。日本将这种卡特尔称为不景气卡特尔。根据日本《禁止私人垄断和确保公正交易法》的规定,豁免这种卡特尔的前提条件是:(1)该商品的供给和需求存在着显著的不平衡;(2)该商品的价格低于平均成本;(3)行业中绝大多数企业难以维持生产;(4)这种状态难以通过生产合理化的措施得到解决。因为这种卡特尔得到豁免的机会很少,所以在实践中的意义不大。 (王晓晔)

jiegou zhuyi xuepai

结构主义学派(structuralism school of thought) 传统的产业组织理论以贝恩为代表,出现在20世纪60年代,该理论主要涉及厂商之间的经济行为和关系,强调市场结构对行为和绩效的影响作用,被视为"结构主义"。结构主义学派是以新古典理论为出发点。结构主义主要建立在两项经验性研究基础上,即对经济绩效的衡量和结构与绩效关系。贝恩用企业的市场集中度来测量市场结构,用回报率来测量绩效,考察了1936—1940年的42个美国样本制造业,得出的结论是集中度与经济绩效正相关的关系。贝恩第二项研究是用进入壁垒来测量市场结构,检验了20个美国制造业的进入壁垒和利润的关系。结果进一步发现了集中度和利润之间的正相关性,并发现平均回报率在高壁垒条件下明显地高于低壁垒的现象。

围绕着这些经验研究结论的解释,贝恩建立了市场结构决定市场行为,特别是市场绩效的理论假定。所谓市场结构主要是涉及影响竞争过程的市场特征,主要强调进入壁垒条件,包括厂商的规模及其分布、产品差异化程度、厂商的成本结构及政府管制程度。行为主要包括产品定价和非价格行为。贝恩强调市场结构影响单个厂商的经济行为,包括直接和间接两个方面。直接影响,如厂商的内部组织结构,包括用工策略、工作条件等;间接影响,如厂商内部资源配置及其产品定价和竞争策略。绩效,主要是通过规范的"好坏"标准对满足特定目标的经济行为的评价。模型主要的理论逻辑包括:其一,在结构—行为—绩效中,模型运用了微观经济学分析的推论。产业的绩效取决于卖方和买方的行为,卖方和买方的行为取决于市场结构。结构反过来又取决于基本状况,如技术和产品需求等条件。其二,从理论的逻辑来看,更多地强调了市场结构是导致厂商不同行为和绩效的主要因素。其中进入壁垒构成了市场结构决定性的要素,导致进入壁垒的因素是现有厂商规模经济、产品差异化、绝对成本优势。其三,更加强调经验性的研究,由于结构主义的主要理论结论都是通过经验性分析得出,即关于集中度、进入壁垒与绩效的关系。在理论解释上,很大程度依赖这种经验性的分析变量的设定、时间和条件。其四,结构主义的反托拉斯含义十分明显:反托拉斯政策不应该关注于企业的行为,而更多地关注于市场结构。

结构主义学派的结构—行为—绩效最具开创性的意义是建立了产业组织理论的分析框架和分析范围,在大量的经验性分析中运用了主流微观理论的推论并提出了问题,大大深化了厂商理论的微观经济研究。

(崔雪松)

jiehui

结汇(settlement of exchange accounts) 中国境内的外汇收入所有者将其取得的外汇收入按规定出售给外汇指定银行,外汇指定银行按一定汇率付给等值本币的行为。结汇有强制结汇、意愿结汇和限额结汇等多种方式。强制性结汇是指外汇收入所有者的所有外汇收入必须按规定卖给指定银行,不允许私下保留外汇。意愿结汇是指外汇收入所有者的外汇收入可以按规定卖给外汇指定银行,也可以开立外汇账户保留,结汇与否由外汇收入所有者自己决定。限额结汇是指外汇收入所有者的外汇收入在国家核定的数额内可不结汇,超过限额的必须按规定卖给外汇指定银行。结汇制度是我国外汇管理的重要制度之一,在不同的历史时期,我国实行不同的结汇管理制度和制定不同的外汇管理法规。1994年以前,因我国是按照企业的性质和管理对象的不同来分别制定外汇管理法规,故有关结汇的管理散见于不同的外汇管理法规中;1994年外汇管理体制改革后,取消了外汇留成和上缴,建立了银行结汇制度,才开始制定统一的结汇制度管理规定。1994年3月,根据外汇管理体制改革要求,经国务院批准,国家外汇管理局发布施行了《结汇、售汇及付汇管理暂行规定》,对境内机构(包括外商投资企业)、驻华机构、个人及来华人员的外汇结汇作了较详细的规定。1996年7月1日,在将外商投资企业纳入结售汇体系的同时,修改、制订了《结汇、售汇及付汇管理规定》,取消了经常项目下的兑换限制,并且按照国际货币基金组织对外汇收支的划分,将其分为经常项目结汇、售汇及付汇和资本项目结汇、售汇及付汇;对境内机构、驻华机构、居民个人及来华人员的结汇作了更为详细的规定。1996年7月制定了《资本项目外汇收入结汇管理暂行办法》,明确了资本项目允许结汇的范围和结汇的核准及结汇程序。1997年7月发布实施了《经常项目外汇结汇管理办法》,对经常项目外汇的具体审核凭证、程序进行了规定。

目前,我国结汇管理的主要规定有:(1)外商投资企业经常项目外汇收入,在外汇管理局核定的最高金额内可以保留外汇,也可以结汇。超过外汇局核定的最高金额,必须结汇或通过外汇调剂中心卖出。符合规定条件的外贸公司和外工贸公司经常项目外汇收入,在外汇局核定的最高限额内,可以保留外汇,也可以结汇;超过外汇核定的最高限额,必须结汇。(2)凡未有规定或未经核准可以保留的经常项目外汇收入必须结汇。凡未有规定或未经核准结汇的资本项目外汇收入不得结汇。凡无法证明属于经常项目的外汇收入,均应当按照资本项目外汇结汇的有关规定办理。(3)资本项目外汇结汇一次在等值3000美元以下的,到所在地外汇局办理"资本项目结汇核准件";一次结汇在等值3000美元以上的,由所在地外汇局转报国家外汇管理局核准;累计结汇超过3000美元以上的,由所在地外汇局转报国家外汇管理局备案。(4)对于单笔超过等值1万美元的现钞结汇,银行应当办理结汇登记,并按季向外汇局报送境内机构外币现钞结汇统计表。

(王连喜)

jieshe quan
结社权(right of association) 消费者享有的依法成立维护自身合法权益的社会团体的权利。结社权是我国宪法赋予公民的一项基本权利,消费者依法成立维护自身利益的社会团体,是结社权在消费权益保护领域的具体化,是我国宪法基本原则的具体化。成立消费者社会团体,也是国家鼓励全社会共同保护消费者合法权益的体现。成立消费者社会团体的重要意义和作用是:(1)消费者依法组织社会团体,可以通过自己的组织和活动,维护消费者的权益,并积极参与和了解国家消费法律、法规的规定以及更高效地对生产经营者进行社会监督。(2)经营者的规模化、专业化使得消费者与经营者在消费活动实践过程中处于不平等地位,建立消费者社会团体,可以把消费者组织起来,形成对商品和服务的广泛的社会监督。(3)消费者社会团体可以向消费者推荐、介绍合格的商品或服务,可以向消费者讲解消费方面的有关知识,指导消费者的消费行为,增强消费者的自我保护意识。(4)消费者社会团体可以支持、代表消费者诉讼,可以积极促进一些侵害消费者利益的行为及时得到处理,政府机构也可以集思广益,及时改进工作制订措施。

消费者创设消费者保护组织,必须按照规定的条件、程序以及权限进行,否则将使团体处于非法境地。同时在社会团体合法成立后,还应该受业务主管部门和登记机关的双重管理。不得从事营利性服务,应积极开展维护消费者权利的活动。消费者社会团体在我国目前主要是中国消费者协会和地方各级消费者协会。但是,消费者社会团体,并不仅仅指消费者协会,它可以指消费者维护自己的合法权益而成立的各种类型的群众性社会组织。

(刘利晋)

jiechu laodong hetong jingji buchang
解除劳动合同经济补偿(economic compensation for dissolution of employment contract) 因解除劳动合同而由用人单位给予劳动者的一次性的经济补偿金。为了维护劳动者的合法权益和制约用人单位解除劳动合同的行为,《中华人民共和国劳动法》第28条规定:"用人单位依据本法第24条、第26条、第27条的规定解除劳动合同的,应当依照国家有关规定给予经济补偿。"同时,1994年12月3日劳动部制订的《违反和解除劳动合同的经济补偿办法》,对解除劳动合同的经济补偿给予了具体的规定:(1)经劳动合同当事人协商一致,由用人单位解除劳动合同的,用人单位应根据劳动者在本单位工作年限,每年发给相当于1

个月工资的经济补偿金,最多不超过12个月。工作时间不满1年的按1年的标准发给经济补偿金。(2)劳动者患病或者非因工负伤,经劳动鉴定委员会确认不能从事原工作、也不能从事用人单位另行安排的工作而解除劳动合同的,用人单位应按其在本单位的工作年限,每年发给相当于1个月工资的经济补偿金,同时还应发给不低于6个月工资的医疗补助费。患重病和绝症的还应增加医疗补助费,患重病的增加部分不低于医疗补助费的50%,患绝症的增加部分不低于医疗补助费的100%。(3)劳动者不能胜任工作,经过培训或者调整工作岗位仍不能胜任工作,由用人单位解除劳动合同的,用人单位应按其在本单位工作的年限,工作时间每满1年,发给相当于1个月工资的经济补偿金,最多不超过12个月。(4)劳动合同订立时所依据的客观情况发生重大变化,致使原劳动合同无法履行,经当事人协商不能就变更劳动合同达成协议,由用人单位解除劳动合同的,用人单位按劳动者在本单位工作的年限,工作时间每满1年发给相当于1个月工资的经济补偿金。(5)用人单位濒临破产进入法定整顿期间或者经营状况发生严重困难,必须裁减人员的,用人单位按被裁减人员在本单位工作的年限支付经济补偿金。在本单位工作的时间每满1年,发给相当于1个月工资的经济补偿金。用人单位解除劳动合同后,未按规定给予劳动者经济补偿,除全额发给经济补偿金外,还须按该经济补偿金数额的50%支付额外经济补偿金。(6)各项经济补偿金的工资计算标准,是指企业正常生产情况下劳动者解除合同前12个月的月平均工资。因劳动者患病或因工负伤、订立劳动合同时所依据的客观情况发生重大变化、裁员而由用人单位解除劳动合同时,如果劳动者的月平均工资低于企业月平均工资的,按企业月平均工资的标准支付。(7)"工作时间不满1年"包括两种情形:第一种情况是指职工在本单位的工作时间不满1年;第二种情形是指职工在本单位的工作时间超过1年,但余下的工作时间不满1年。计发经济补偿金时,对上述不满1年的工作时间都按工作1年的标准计算。

用人单位解除劳动合同后,未按规定给予劳动者经济补偿的,除全额发给经济补偿金外,还须按该经济补偿金数额的50%支付额外经济补偿金。劳动合同解除时,具有下列情形之一者,用人单位可以不向劳动者支付经济补偿金:(1)单位依据《劳动法》第25条解除劳动合同的;(2)劳动者在试用期内通知用人单位解除劳动合同的;(3)双方协商解除劳动合同的情况下,劳动者主动提出解除劳动合同的;(4)劳动者在劳动合同期限内,由于主管部门调动或转移工作而被解除劳动合同,未造成失业的;(5)用人单位发生分立或合并后,分立或合并后的用人单位依据实际情况与原用人单位的劳动者重新签订劳动合同的;(6)职工获批准出境定居而解除劳动合同的;(7)离退休人员被再次聘用而签订的聘用协议被解除的。

(邵 芬)

jiejue geguo he qita guojia guomin zhijian touzi zhengduan de gongyue
《解决各国和其他国家国民之间投资争端的公约》(Convention on the Settlement of Investment Disputes Between States and Nationals of other States) 国家与他国国民之间的投资争议属于国际投资争议的一种。为了给解决一缔约国与另一缔约国国民之间由于在东道国投资而产生的争议提供便利,1965年一些国家共同签订了《解决各国和其他国家国民之间投资争端的公约》(简称《华盛顿公约》)。根据该公约设立了解决投资争议国际中心,是世界银行所属的专门处理国家与他国国民之间的投资争议的国际机构,总部设在美国首都华盛顿。国际投资是资本的跨国流动,是相对于国内投资而言的,通常认为广义的国际投资包括国际直接投资和国际间接投资。

《解决各国和其他国家国民之间投资争端的公约》共有10章75条和序言,包括:序言;第一章,解决投资争端的国际中心;第二章,中心的管辖;第三章,调停;第四章,仲裁;第五章,调停人和仲裁人的更换和取消资格;第六章,程序的费用;第七章,程序进行的地点;第八章,缔约国之间的争端;第九章,修改;第十章,最后条款。其主要内容为:(1)条约的宗旨和产生效力的条件。(2)解决投资争议国际中心的建立和组织。(3)行政理事会的组成和职权及其行使程序。(4)秘书处的组成和职责。(5)解决投资争议国际中心的法律地位、豁免和特权。(6)争议解决中心对案件的管辖范围和解决办法。(7)其他的相关事项。

(罗大帅)

jiedu yaopin
戒毒药品(medicines for abandoning drug habits) 控制并消除滥用阿片类药物成瘾者的急剧戒断症状与体征的药品。含有麻醉药品的戒毒药品简称麻醉性戒毒药品,不含有麻醉药品的戒毒药品简称非麻醉性戒毒药品。

戒毒药品的生产 生产麻醉性戒毒药品,需按照《麻醉药品管理办法》的规定由国家指定的药品生产企业进行生产;非麻醉性戒毒药品由符合《药品管理法》规定的药品生产企业进行生产。戒毒药品投入生产,需由取得《药品生产企业许可证》的生产单位或研制单位,凭戒毒新药证书(副本)向卫生部提出生产该药的申请,并提供样品由卫生部审核发给批准文号。戒毒药品的生产企业,必须建立质量检验机构,严格实行生产全过程的质量控制和检验。戒毒药品出厂前,须经质量检验,符合国家标准的产品方可出厂。

戒毒药品的供应 省级卫生行政部门应于每年10月底之前将辖区内下一年度麻醉性戒毒药品的需用计划审核汇总后报卫生部药政管理局。卫生部药政管理局会同有关部门综合平衡后,将使用及供应计划一并下达,临时需要的少量品种可由戒毒医疗机构直接向当地卫生厅(局)提出申请,经审查同意后报卫生部药政管理局审核批准,经批准后由指定的单位供给。非麻醉性戒毒药品可由戒毒医疗机构按有关规定向药品经营单位购买。麻醉性戒毒药品进出口应按照《麻醉药品管理办法》的规定办理,非麻醉性戒毒药品的进口按《进口药品管理办法》的规定办理。戒毒药品的进口检验由卫生部药政管理局指定药品检验所按《进口药品管理办法》的有关规定办理。

戒毒药品的使用 戒毒药品只供应经国家批准的戒毒医疗机构开展戒毒治疗使用。医生应当根据阿片类成瘾者戒毒临床使用指导原则合理使用戒毒药品,严禁滥用。麻醉性戒毒药品的处方要按规定留存两年备查。麻醉性戒毒药品的生产供应单位和使用单位应当建立该药品的收支账目,按季度盘点,做到账物相符。戒毒医疗机构购买的麻醉性戒毒药品只准在本单位使用,不得转售。

(张旭娟 师湘瑜)

jiedu yaopin guanli banfa

《戒毒药品管理办法》(Regulations of Medicines for Abandoning Drug Habits) 卫生部为加强戒毒药品的管理,保证戒毒药品质量,对滥用毒品者实施有效的治疗,按照《中华人民共和国药品管理法》和《全国人民代表大会常务委员会关于禁毒的决定》的有关规定专门制订的办法。第一章总则。主要规定该办法的立法宗旨以及戒毒药品的定义。第二章戒毒药品的研制、临床研究和审批。规定了戒毒药品研制计划的报批程序,戒毒药品的分类及审批规定。第三章戒毒药品的生产和供应。主要规定了生产麻醉性戒毒药品和非麻醉性戒毒药品的审批、研制、生产、供给及质量检验问题。第四章戒毒药品的包装和运输。规定了戒毒药品的包装和运输应符合《药品管理法》及本办法的要求。第五章戒毒药品的使用。规定了戒毒药品只供应经国家批准的戒毒医疗机构开展戒毒治疗使用,严禁滥用。第六章附则。规定了对违反本办法规定的单位或者个人,由县以上卫生行政部门按照《药品管理法》和有关行政法规的规定处罚。构成犯罪的由司法机关依法追究其刑事责任。其目的是为了加强戒毒药品的管理,保证戒毒药品质量,对滥用毒品者实施有效的治疗,以更好地保护人民群众的健康与安全。

(张旭娟 师湘瑜)

jiedai jizhangfa

借贷记账法(debit-credit bookkeeping) 以"借"、"贷"为记账符号的一种复式记账方法。借贷记账法的雏形,是中世纪意大利城市国家的银钱业对客户的存款、放款、结算等业务的记录方法。当时经营银钱业的商人在其账簿中为每个客户开立一个户头,账户被分成两部分,分别记录客户在银号的存款以及银号对客户放款的情况,并分别注明"借入"、"贷出"。银钱业的记账方法被僧侣兼数学家卢卡·帕乔利在其著作《算术·几何·比与比例概要》中总结记录下来。该书1494年出版后,以借贷记账法为代表的复式记账法很快成为商业界普遍使用的会计记账方法,并进一步在其他欧洲国家流行开来。"借"、"贷"也就成为通用的记账符号,账户的左右两方也被称为"借方"和"贷方"。当然,作为一种商业通用的会计记账方法,"借"和"贷"这两个记账符号现在仅仅表示"增加"或"减少",与一般语义中的"借款"、"贷款"已经没有任何联系。对于资产、费用要素,"借"或者账户借方表示增加,"贷"或者账户贷方表示减少;对于负债、所有者权益、收入与利润要素,"借"或者账户借方表示减少,"贷"或者账户贷方表示增加。借贷记账规则可以用一句话概括:有借必有贷,借贷必相等。

(刘 燕)

jinbi benweizhi

金币本位制(gold coin standard system) 以金币为本位货币或主币的币制,即以一定成色和重量的黄金为本位货币的制度。金本位制的一种类型。在金币本位下,单位货币都有一定"含金量"(gold content),并据以铸造金币;持有黄金者可以自由买卖黄金或自行把黄金拿到官方铸币厂铸造金币。在金币本位制下,黄金和金币还均可自由输出输入,对外币采用以含金量为基础的固定汇率,两种金币含金量的比率即为它们之间的兑换汇率。在金币本位制下,银行发行的银行券(bank note)可以代替金币流通;银行券是作为一种信用票证起货币作用,即银行券持有者可随时向发行该券的银行兑换金币或等量黄金。英国在1816年颁布的《金本位法》规定,1盎司黄金等于3镑17先令10.5便士。1819年又颁布法令规定,英格兰银行的银行券在1821年能兑换金条,2年后能兑换金币,并取消对金币熔化或铸造及黄金出口的限制。根据1844年《英格兰银行条例》规定,英格兰银行为独占发行银行券的中央银行,该行发行没有黄金担保的银行券以1400英镑为限,超过限额的发行部分要提供100%的黄金或白银担保。英国自颁布《英格兰银行条例》后，银行券开始由信用票证成为一种法定货币，并与金币同时流通。继英国后，德国（1871 年）、美国（1873 年）、荷兰（1875 年）、法国（1877 年）、奥地利（1892 年）、俄国（1894 年）、日本（1897 年）、拉丁货币联盟的比利时、瑞士、意大利于 19 世纪末相继实行金币本位制。20 世纪初，大多数资本主义国家采用了金币本位制。金币本位制是纯粹的金本位制，但流通中的货币不限于金币，还有银、铜、镍等金属辅币和银行券辅币。辅币也有含金量，能稳定地代表一定量的黄金进行流通。特别是在第一次世界大战期间，由于交战国要用黄金去换军火，将流通中的金币全部回收，流通银行券和金属辅币，实行战时必需品配给制和严格的外汇管制。第一次世界大战后，一些国家特别是战败国百废待兴，支出剧增，发行大量无充分黄金担保的银行券，并逐步限制用银行券兑换黄金。所以，银行券对金币本位制向金块本位制和金汇本位制的过渡起了重要的转换作用。 （王连喜）

jinhuidui benweizhi

金汇兑本位制（gold exchange standard system）亦称"虚金本位制"。货币单位仍规定含金量，但国内的金币不能自由流通，只流通银行券且流通中的银行券并不能直接兑换黄金但能兑换外汇的制度。第一次世界大战后，有的国家未经历金块本位制即从金币本位制直接过渡到金汇兑本位制，流通银行券，只是这种银行券虽然规定了单位含金量，但实际上对内并不能直接兑换黄金。两国银行券含金量的比率就是二者之间的兑换汇率。本国银行券可对外按照此汇率自由兑换黄金或自由兑换可兑换黄金的外国银行券。1922 年热那亚经济和金融会议曾建议采取金汇兑本位制，但未得到各国批准。1924 年的战败国德国，由于国库黄金被用于战争赔款，率先由战前的金币本位制直接改为金汇兑本位制。随后大约有三十余国仿效。美国当时因国内黄金储备较多仍实行金币本位制，英法则采用金块本位制。这样，以美元、英镑、法郎占主导地位国际金汇兑制运作起来。各国一旦发生逆差时，一般先动用外汇，不足弥补时才以黄金作为最后清算手段。金汇兑本位制是特定历史条件下的产物，是当时有利于国际经济发展的较好制度，但其自身也有不少缺陷。在 20 世纪 30 年代前后持续的世界经济危机的冲击下，各国先后被迫贬值货币，相继放弃实行各种金本位制而实行外汇管制，如英国 1931 年、美国 1933 年、法国 1936 年终止实行金本位制，普遍改为实行纸币本位制，因而金汇兑制度崩溃，货币集团形成。 （王连喜）

jinkuai benweizhi

金块本位制（gold bullion standard system） 金本位制的一种类型。金块本位制的金块并非流通金块，它是以一定成色和重量的黄金作为本位货币，但辅币须达到一定数量方可兑换成黄金的制度，如流通中的银行券可在法定条件下兑换金块。它实际上是一种有限制的金本位制。英国于 1925 年至 1931 年期间实行金块本位制，1925 年颁布的《新金本位制》规定，法定兑换金块以 1600 英镑起兑，折合黄金 400 盎司，即规定最低相当于 400 盎司的银行券才能兑换金块。法国 1928 年实行的金块本位制规定至少需要法定持有银行券 215,000 法郎才能向发行银行券的银行兑换金块。故这种金本位制被称作"富豪的金本位制"。金块本位制是特定历史条件下的产物，是弱化了的金本位制，因为：（1）英国第一次世界大战后成为债务国，英镑在国际货币金融体系中的地位日趋下降，不再占有统治地位；（2）战后黄金价格保持原有水平，黄金生产到 1922 年却下降了 1/3；（3）1927 年 25 个国家的储备总额中外汇占 42%，且各国多采用纸币流通。因此，纯金本位制的做法很难恢复。 （王连喜）

jinrong jigou

金融机构（financial institution） 又称金融中介。进行资金融通的组织和部门，是金融市场的主要参与者，是金融体系的主要组成部分。金融机构是为满足社会经济发展过程中的融资、投资、风险转移等需求而产生的，是商品经济和货币信用发展的必然产物。世界上最早的金融机构是货币兑换组织，出现在中世纪的欧洲。我国早在西周时期，货币经济已经相当发达，信用放款也较为普遍，有了官府向居民赊贷实物或货币的金融机构，称为"泉府"。从不同的角度可对金融机构进行不同的分类。按融资方式分为间接金融机构和直接金融机构，如商业银行为间接金融机构，投资银行和证券公司为直接金融机构；按职能不同分为金融管理机构和金融运行机构，如中央银行为金融管理机构，商业银行为金融运行机构；按业务特征分为银行和非银行金融机构。在我国，银行分为商业银行和政策性银行，非银行金融机构包括信用卡公司、邮政储蓄机构、信托投资公司、企业集团财务公司、金融租赁公司、金融资产管理公司、保险公司、证券公司、投资基金管理公司、信用担保机构、证券登记公司、证券交易所等。其特征在于经营对象是各类金融服务产品，经营面临较大风险，经营范围广泛，具有系统性的组织结构等。金融机构在经济运行中发挥着便利支付结算、促进资金融通、降低交易成本、改善信息不对称、转移与管理风险等功能。随着经济金融化程度的提高和金融市场的发展，现代金融理论强调，金融机构就是生产金融产品、提供金融服务、帮助客户分担风险同时能够有效管理自身风险以获利的机构，金融机构盈利的来源就是承担风险的风险溢价。 （卢 亮）

jinrong jigou chexiao

金融机构撤销(revoke of banking institution) 中国人民银行对经其批准设立的具有法人资格的金融机构依法采取行政强制措施,终止其经营活动,并予以解散。金融机构有违法违规经营、经营管理不善等情形,不予撤销将严重危害金融秩序、损害社会公众利益的,应当依法撤销。金融机构依法被撤销的,应依法成立清算组进行清算。清算期间,清算组履行下列职责:(1)保管、清理被撤销的金融机构财产,编制资产负债表和财产清单;(2)通知、公告存款人及其他债权人,确认债权;(3)处理与清算被撤销的金融机构有关的未了结业务;(4)清理债权、债务,催收债权,处置资产;(5)制作清算方案,按照经批准的清算方案清偿债务;(6)清缴所欠税款;(7)处理被撤销的金融机构清偿债务后的剩余财产;(8)代表被撤销的金融机构参加诉讼、仲裁活动;(9)提请有关部门追究对金融机构被撤销负有直接责任的高级管理人员和其他有关人员的法律责任;(10)办理其他清算事务。

被撤销的金融机构的下列财产,作为清偿债务的清算财产:(1)清算开始之日起被撤销的金融机构全部财产,包括其股东的出资及其他权益、其全资子公司的财产和其投资入股的股份;(2)清算期间被撤销的金融机构依法取得的财产;(3)被撤销的金融机构的其他财产。撤销决定生效之日前,被撤销的金融机构恶意转移或者变相转移财产的行为无效;由此转移和变相转移的财产由清算组负责追回,并入清算财产。

被撤销的金融机构清算财产,应当先支付个人储蓄存款的本金和合法利息。被撤销的金融机构的清算财产支付个人储蓄存款的本金和合法利息后的剩余财产,应当清偿法人和其他组织的债务。被撤销的金融机构的清算财产清偿债务后的剩余财产,经清算应当按照股东的出资比例或者持有的股份比例分配。

清算结束后,清算组应当制作清算报告、清算期内收支报表和各种财务账册,报中国人民银行确认。清算结束后,清算组应当向工商行政管理机关办理注销登记手续,被撤销的金融机构股东的资格终止,被撤销的金融机构即行解散,由中国人民银行予以公告。被撤销的金融机构的各种会计凭证、会计账册、会计报表等资料以及有关营业、清算的重要文件,应当在注销登记后由中国人民银行指定的机构负责保管。审计机关应当对被撤销的金融机构负责人进行审计。

(刘 鹏)

jinrong jigou yansheng chanpin jiaoyi yewu guanli zhidu

金融机构衍生产品交易业务管理制度(administration institution on banking derivatives trade) 金融机构关于衍生产品交易的风险管理和内部控制制度。

市场准入管理 金融机构申请开办衍生产品交易业务应具备下列条件:(1)有健全的衍生产品交易风险管理制度和内部控制制度;(2)具备完善的衍生产品交易前、中、后台自动联接的业务处理系统和实时的风险管理系统;(3)衍生产品交易业务主管人员应当具备5年以上直接参与衍生交易活动和风险管理的资历,且无不良记录;(4)应具有从事衍生产品或相关交易2年以上、接受相关衍生产品交易技能专门培训半年以上的交易人员至少2名,相关风险管理人员至少1名,风险模型研究人员或风险分析人员至少1名;以上人员均需专岗人员,相互不得兼任,且无不良记录;(5)有适当的交易场所和设备;(6)外国银行分行申请开办衍生产品交易业务,其母国应具备对衍生产品交易业务进行监管的法律框架,其母国监管当局应具备相应的监管能力;(7)中国银行业监督管理委员会规定的其他条件。

政策性银行、中资商业银行(不包括城市商业银行、农村商业银行和农村合作银行)、信托投资公司、财务公司、金融租赁公司、汽车金融公司开办衍生产品交易业务,应由其法人统一向中国银行业监督管理委员会申请,由中国银行业监督管理委员会审批。城市商业银行、农村商业银行和农村合作银行开办衍生产品交易业务,应由其法人统一向当地银监局提交申请材料,经审查同意后,报中国银行业监督管理委员会审批。外资金融机构开办衍生产品交易业务,应向当地银监局提交由授权签字人签署的申请材料,经审查同意后,报中国银行业监督管理委员会审批;外资金融机构拟在中国境内两家以上分行开办衍生产品交易业务,可由外资法人机构总部或外国银行主报告行统一向当地银监局提交申请材料,经审查同意后,报中国银行业监督管理委员会审批。

风险管理 金融机构应当按照衍生产品交易业务的分类,建立与所从事的衍生产品交易业务性质、规模和复杂程度相适应的风险管理制度、内部控制制度和业务处理系统。金融机构高级管理人员应了解所从事的衍生产品交易风险;审核批准和评估衍生产品交易业务经营及其风险管理的原则、程序、组织、权限的综合管理框架;并能通过独立的风险管理部门和完善的检查报告系统,随时获取有关衍生产品交易风险状况的信息,在此基础上进行相应的监督与指导。

金融机构高级管理人员要决定与本机构业务相适应的测算衍生产品交易风险敞口的指标和方法,要根据本机构的整体实力、自有资本、盈利能力、业务经营方针及对市场风险的预测,制定并定期审查和更新衍生产品交易的风险敞口限额、止损限额和应急计划,并对限额情况制定监控和处理程序。金融机构分管衍生产品交易与分管风险控制的高级管理人员应适当分离。

金融机构应制订明确的交易员、分析员等从业人员资格认定标准。

中国银行业监督管理委员会有权随时检查金融机构有关衍生产品交易业务的资料和报表,定期检查金融机构的风险管理制度、内部控制制度和业务处理系统是否与其从事的衍生产品交易业务种类相适应。

法律责任 金融机构的衍生产品交易人员违反本办法及所在机构的有关规定进行违规操作,造成本机构或者客户重大经济损失的,该金融机构应对直接负责的高级管理人员及其他直接负责该项业务的主管人员和直接责任人员给予记过直至开除的纪律处分;构成犯罪的,提交司法机关依法追究刑事责任。

金融机构未经批准擅自开办衍生产品交易业务,由中国银行业监督管理委员会依据《金融违法行为处罚办法》的规定实施处罚。非金融机构违反规定,向客户提供衍生产品交易服务,由中国银行业监督管理委员会予以取缔,并没收违法所得;构成犯罪的,提交司法机关依法追究刑事责任。金融机构未按照规定或者中国银行业监督管理委员会的要求报送有关报表、资料以及披露衍生产品交易情况的,中国银行业监督管理委员会根据金融机构的性质分别按照《中华人民共和国银行业监督管理法》、《中华人民共和国商业银行法》、《中华人民共和国外资金融机构管理条例》等法律、法规及相关金融规章的规定,予以处罚。金融机构提供虚假的或者隐瞒重要事实的衍生产品交易信息的,由中国银行业监督管理委员会依据《金融违法行为处罚办法》的规定予以处罚。

中国银行业监督管理委员会发现金融机构未能有效执行从事衍生产品交易所需的风险管理制度和内部控制制度,可暂停或终止其从事衍生产品交易的资格。

(刘 鹏)

jinrong jituan

金融集团(financial group) 母公司和大部分子公司以综合性的金融业务为主体,兼营其他行业的集团公司。主要有以下几种模式:(1)银行控股公司的集团化模式。其主要特征是:集团的控股公司为一家银行,具有银行牌照;该公司全资拥有或绝对控股一些包括商业银行、投资银行(证券公司)、保险公司、金融服务公司以及非金融性实体在内的附属机构或子公司;其拥有或绝对控股的附属机构或子公司都具有独立法人资格,都分别具有相关的营业执照,独立对外开展相关的业务和承担相应的民事责任,最高决策层一般都直接或间接地由控股公司的董事会决定。这一模式在欧洲及1999年《金融现代化法案》出台前的美国比较典型。(2)金融控股公司的集团化模式。其主要特征是:集团的控股公司为一非银行金融机构或金融集团,并取得相应的金融牌照;该公司全资拥有或控股一些包括银行、证券公司、保险公司、金融服务公司以及非金融性实体等附属机构或子公司,这些附属机构或子公司都具有独立法人资格,都有相关的营业执照,都可独立对外开展相关的业务和承担相应的民事责任;集团公司董事会有权决定或影响其子公司最高管理层的任免决定及重大决策。这一模式在欧美较为流行,例如瑞士信贷集团、美国的花旗集团和大通集团等,特别是在美国1999年《金融现代化法案》通过后,将有一些银行控股集团公司改为金融控股集团公司,同时还会出现一些新的金融控股集团公司。(3)非金融控股公司的集团化模式。其主要特征是:集团的控股公司不是金融机构,而是一个非金融机构的经济实体,其牌照也是非金融机构牌照;其全资拥有或控股包括银行、证券公司、保险公司、其他金融服务公司以及非金融性实体在内的附属公司或子公司;这些子公司具有独立法人资格,具有独立营业执照,独立对外开展相关的业务和承担相应的民事责任;这些子公司的最高决策层及其重大决策都直接或间接地受制于集团公司的董事会。这一模式的重要特征是非金融机构控股金融机构,比较典型的代表有英国汇丰集团、中国光大集团和中信集团等。(4)联合体型的集团化模式。其主要特征是:集团最高控制层并不是一个金融机构或非金融性实体,而是一个管理委员会或者空壳公司;管理委员会的成员一般是由大股东或其代表、受聘的知名管理专家等组成;其管理控制着银行、证券公司、保险公司以及其他非金融性公司等附属机构;这些附属机构都是独立法人,有独立营业执照,都独立对外开展相关的业务和承担相应的民事责任;但这些公司都直接或间接地接受管理委员会的控制与管理。金融集团与金融控股公司(见金融控股公司)是两个较为相似的概念,二者之间尚无一个明显的区分界限,有人认为这是两个相同的概念。

(普丽芬)

jinrong konggu gongsi

金融控股公司(financial shareholding company) 在同一控制权下,完全或主要在银行业、证券业、保险业中至少两个不同的金融行业提供服务的金融集团。金融控股公司分为纯粹控股公司和经营性控股公司两种类型,纯粹控股公司本身并不直接从事生产或经营活动,它只是通过控制子公司的股权来支配被控股公司的重大决策和经营活动,如中国的光大集团公司;而经营性控股公司的母公司既从事股权控制,又从事实际业务经营。与制造业控股公司不同,金融控股公司的投资方式以间接投资或组合投资为主,除了一般性的商业银行业务外,还从事保险业务、证券业务、投资业务、信托业务以及融资租赁和商贸服务等业务,几乎涵盖所有的金融业务。但是金融控股公司又有别于混业经营,因为它本身只是一种法人体制,具体的证券业务和保险业务等都是由下属的子公司进行,而不是公司下属的部门经营,因此,金融控股公司是介于分业经营和混业经营之间的一种经营方式,其特点是:(1)集团控股,联合经营。即存在一个作为集团母体的控股公司,该控股公司既可以是一个单纯的投资机构,如金融控股公司,也可以是以一项金融业务为载体的经营机构,如银行控股公司、保险控股公司等。(2)法人分业,风险隔离。即不同金融业务分别由不同法人经营,以实现不同金融业务间的风险隔离,并对内部交易起到遏制作用。(3)财务并表,各负盈亏。即控股公司对控股51%以上的子公司在会计核算时合并财务报表,以防止各子公司资本金及财务损益的重复计算,避免过高的财务杠杆;同时,各子公司具有独立法人地位,控股公司对子公司的责任、子公司相互之间的责任,仅限于出资额,从而实现子公司与集团整体的风险隔离。金融控股公司的产生与金融自由化有着密切的联系。20世纪二三十年代以后,由于爆发了严重的世界经济危机,美国等一些西方发达国家对于金融市场开始加强监管,并确立了分业经营的金融体制,原则上一个公司不得同时经营银行、证券或保险业务。第二次世界大战后特别是20世纪八九十年代以来,金融市场的发展使得放松管制成为各国金融改革的目标,分业经营的金融体制被认为不再能促进金融业的自由竞争和实现资金的最优配置。美、日等发达国家先后修改本国的金融法,打破金融业分业经营的限制,允许混业经营。如1999年美国的《金融服务现代化法》即规定,除银行业仍然不得直接控股商业公司外,银行、证券、保险可以相互兼营。日本也制定了《金融控股公司法》(即《由控股公司解禁所产生的有关金融诸法整备之法律》),允许混业经营。解禁之后,在美国、日本,已经成立了花旗集团、瑞穗集团等一批有影响力的大型金融控股公司。

我国于20世纪80年代初至90年代中期实行的是金融混业经营,当时出现了专业银行"全能化"以及非银行金融机构"银行化"的情况。但是与这种混业经营相伴随的是1993年前后我国金融市场出现了秩序混乱的局面。有鉴于此,1995年制定的《中华人民共和国商业银行法》正式确立了分业经营的金融体制。近年来,随着我国金融市场的发展以及金融服务业的开放程度的加深,分业经营的限制已经逐步放宽,金融控股公司开始出现。2002年中国国际信托投资公司成立了中信控股有限责任公司,这也是我国境内成立的第一家金融控股公司。

(普丽芬)

jinrong qihuo jiaoyi
金融期货交易(the exchange of financial future) 交易者在特定的交易所通过公开竞价方式成交,承诺在未来特定日期或期间内,以事先约定的价格买入或卖出特定数量的某种金融商品的交易方式。金融期货交易具有期货交易的一般特征,但与商品期货相比,其合约标的物不是实物商品,而是金融商品,如外汇、债券、股票指数等。

基础性金融商品的价格主要以汇率、利率等形式表现。20世纪70年代初外汇市场上固定汇率制的崩溃,使金融风险空前增大,直接诱发了金融期货的产生。1944年7月,44个国家在美国新罕布什尔州的布雷顿森林召开会议,确立了布雷顿森林体系,实行双挂钩的固定汇率制,即美元与黄金直接挂钩,其他国家货币与美元按固定比价挂钩。布雷顿森林体系的建立,对第二次世界大战后西欧各国的经济恢复与增长以及国际贸易的发展都起到了重要的作用。同时,在固定汇率制下,各国货币之间的汇率波动被限制在极为有限的范围内(货币平价的±1%),外汇风险几乎为人们所忽视,对外汇风险管理的需求也自然不大。

进入20世纪50年代,特别是60年代以后,随着西欧各国经济的复兴,其持有的美元日益增多,各自的本币也趋于坚挺,而美国却因先后对朝鲜和越南发动战争,连年出现巨额贸易逆差,国际收支状况不断恶化,通货膨胀居高不下,从而屡屡出现黄金大量外流、抛售美元的美元危机。在美国的黄金储备大量流失,美元地位岌岌可危的情况下,美国于1971年8月15日宣布实行"新经济政策",停止履行以美元兑换黄金的义务。为了挽救濒于崩溃的固定汇率制,同年12月底,十国集团在华盛顿签订了"史密森学会协定",宣布美元对黄金贬值7.89%,各国货币对美元汇率的波动幅度扩大到货币平价的±2.25%。1973年2月,美国宣布美元再次贬值10%。美元的再次贬值并未能阻止美元危机的继续发生,最终,1973年3月,在西欧和日本的外汇市场被迫关闭达17天之后,主要西方国家达成协议,开始实行浮动汇率制。

在浮动汇率制下,各国货币之间的汇率直接体现了各国经济发展的不平衡状况,各类金融商品的持有者面临着日益严重的外汇风险的威胁,规避风险的要求日趋强烈,市场迫切需要一种便利有效的防范外汇风险的工具。在这一背景下,外汇期货应运而生。1972年5月,美国的芝加哥商业交易所设立国际货币市场分部,推出了外汇期货交易。当时推出的外汇期货合约均以美元报价,其货币标的共有7种,分别是英镑、加拿大元、西德马克、日元、瑞士法郎、墨西哥比索和意大利里拉。后来,交易所根据市场的需求对合约作了调整,先后停止了意大利里拉和墨西哥比索的交易,增加了荷兰盾、法国法郎和澳大利亚元的期货合约。继国际货币市场成功推出外汇期货交易之后,美国和其他国家的交易所竞相仿效,纷纷推出各自的外汇期货合约,大大丰富了外汇期货的交易品种,并引发了其他金融期货品种的创新。1975年10月,美国芝加哥期货交易所推出了第一张利率期货合约——政府国民抵押贷款协会(GNMA)的抵押凭证期货交易,1982年2月,美国堪萨斯期货交易所(KCBT)开办价值线综合指数期货交易,标志着金融期货三大类别的结构初步形成。

目前,在世界各大金融期货市场,交易活跃的金融期货合约有数十种之多。根据各种合约标的物的不同性质,可将金融期货分为三大类:外汇期货、利率期货和股票指数期货,其中影响较大的合约有美国芝加哥期货交易所(CBOT)的美国长期国库券期货合约、东京国际金融期货交易所(TIFFE)的90天期欧洲日元期货合约和香港期货交易所(HKFE)的恒生指数期货合约等。

金融期货问世至今不过只有短短二十余年的历史,但其发展速度却比商品期货快得多。目前,金融期货交易已成为金融市场的主要内容之一,在许多重要的金融市场上,金融期货交易量甚至超过了其基础金融产品的交易量。　　　　　　　(王连喜)

jinrong qiye guoyou zichan chanquan dengji guanli zhidu

金融企业国有资产产权登记管理制度(the management institution of registration for state-owned property rights of financial enterprise)　为了做好金融企业国有资产产权登记管理工作,切实清理核实金融企业国有资本占有和变动情况,在我境内或境外设立的金融企业,凡其实收资本包括国家资本金的,均须按规定办理国有资产产权登记管理工作的管理制度。

金融企业国有资产产权登记管理工作按照统一政策、分级管理的原则,由县级以上(含县级,下同)主管财政机关组织实施。主管财政机关按以下原则确定:(1)财政部金融司负责中央直管金融企业及其分支机构、子公司和投资实体的国有资产产权登记管理工作,依法颁发或收回产权登记证明;(2)财政部驻各地财政监察专员办事处负责办理由中央直管金融企业在当地设立、现已完全脱钩,但国有资本及其应享有的权益尚未依法收回或转让的投资实体的国有资产产权登记管理工作,依法颁发或收回产权登记证明;(3)县以上地方财政部门有关金融企业财务管理处(室)原则上负责同级地方政府出资的金融企业及其分支机构、子公司和投资实体的国有资产产权登记管理工作,依法颁发或收回产权登记证明。两个及两个以上国有资本出资人共同投资设立的金融企业,按国有资本额最大的出资人的产权归属关系确定产权登记的主管财政机关。若国有资本各出资人出资额相等,则按推举的出资人的产权归属关系确定产权登记的主管财政机关,其余出资人出具产权登记委托书。对产权登记主管财政机关有争议的,须报请上一级主管财政机关裁定。

金融企业国有资产产权登记管理工作主要包括国有资产产权占有登记、变更登记、注销登记以及年度检查审核等工作。各级主管财政机关依法履行以下职责:(1)依法确认金融企业产权归属,理顺产权关系;(2)掌握金融企业国有资产占有、使用和变动状况;(3)监督国有及国有控股金融企业的出资行为;(4)备案金融企业对外担保以及资产被司法冻结等产权或有变动事项;(5)检查金融企业国有资产经营状况;(6)在汇总、分析的基础上,编制并向同级政府和上级主管财政机关呈报国有资产产权登记与产权变动状况分析报告。主管财政机关在日常监管过程中,对金融企业涉及国有资产产权变动的重大事项,有权依法行使出资人的各项权利。

金融企业发生下列情形之一的,须申办变动产权登记:(1)名称、住所或法定代表人改变;(2)组织形式发生变动;(3)国有资本出资人发生变动;(4)国有资本额发生增减变动;(5)主管财政机关认定的其他变动情形。金融企业发生下列情形之一的,须向主管财政机关申办注销产权登记:(1)解散、被依法撤销或被依法宣告破产;(2)转让全部国有产权或改制后不再设置国有股权;(3)主管财政机关认定的其他情形。

金融企业应当于每个公历年度终了后90日内,办理工商年检登记之前,向主管财政机关申办产权登记年度检查,提供以下资料:(1)经注册会计师审计的或财政部门核定的上一年度财务报告;(2)产权登记证副本和《企业法人营业执照》副本;(3)上一年度国有资产经营报告书;(4)主管财政机关指定的其他文件、资料。金融企业提交的反映上一年度国有资产经营状况和产权变动状况的报告书。

主管财政机关应当妥善保管金融企业申办国有资产产权登记的原始资料,建立产权登记档案。金融企业的产权登记主管财政机关发生变更的(包括从原国有资产管理部门转交给同级财政部门),原产权登记管辖机关须将该企业产权登记档案材料整理、归并后移交新的产权登记管辖机关。金融企业须在规定期限内向主管财政机关如实申报国有资产产权登记、变更和注销的原始资料。

该制度适用于商业银行、保险公司、政策性银行或保险公司、金融资产管理公司、证券公司、信托投资公司、租赁公司、城市信用社和农村信用社等金融类企业。中国人民银行、中国证监会和中国保监会及其所办经济实体的国有资产产权登记管理工作,比照该制度执行。企业集团内部的财务公司,另按财政部的产权登记制度办理。各级主管财政机关可依据该制度制定本级国有资产产权登记管理的工作程序,并报上一级主管财政机关备案。

(苏丽娅)

jinrong xukezheng guanli zhidu

金融许可证管理制度(administration institution on banking license) 中国银行业监督管理委员会依法颁发的特许金融机构经营金融业务的许可证管理制度。金融许可证的颁发、更换、扣押、吊销等由银监会依法行使,其他任何单位和个人不得行使上述职权。金融许可证载明下列内容:(1)机构编码(金融机构实行全国统一编码);(2)机构名称(农村信用合作机构以括号注明法人机构或分支机构);(3)依据的法律法规;(4)机构批准成立日期;(5)营业地址;(6)颁发许可证日期;(7)银监会或其派出机构的公章。金融许可证适用于银监会监管的、经批准经营金融业务的金融机构。金融机构包括政策性银行、商业银行、金融资产管理公司、信用合作社、邮政储蓄机构、信托投资公司、企业集团财务公司、金融租赁公司和外资金融机构等。

管理机关 银监会对金融许可证实行分级授权、机构审批权与许可证发放权适当分离的管理原则。(1)银监会负责其直接监管的金融法人机构(政策性银行、国有独资商业银行、股份制商业银行、金融资产管理公司、信托投资公司、企业集团财务公司、金融租赁公司等)金融许可证的颁发与管理;负责外国独资银行及其分行、中外合资银行及其分行、外国银行分行、外国独资财务公司和中外合资财务公司等外资金融机构金融许可证的颁发与管理。(2)银监会省(自治区、直辖市)局、直属分局负责下列机构金融许可证的颁发与管理:本辖区内政策性银行、国有独资商业银行、股份制商业银行分行(含异地支行);金融资产管理公司分支机构(办事处);城市商业银行法人机构及其分支机构;外资银行分行以下(不含分行)机构;除银监会直接监管外的信托投资公司、企业集团财务公司、金融租赁公司等非银行金融机构及其分支机构;城市信用联社、农村信用联社(省级、地市级)、农村商业银行法人机构;所在地金融机构同城营业网点。(3)银监会地区(市、州)分局负责上述机构以外的其他金融机构及其分支机构金融许可证的颁发与管理。

许可证发放 发生下列情形,金融机构应当向银监会或其派出机构申请换发金融许可证:(1)机构更名;(2)营业地址(仅限于清算代码)变更;(3)许可证破损;(4)许可证遗失;(5)银监会或其派出机构认为其他需要更换许可证的情形。机构更名和营业地址变更应当将旧证缴回银监会或其派出机构,并持相关材料换领金融许可证。许可证破损应在重新申领许可证时缴回原证。许可证遗失,金融机构应当在银监会或其派出机构指定的报纸上声明原许可证作废,重新申领许可证。金融许可证实行机构编码终身制原则。金融机构除发生更名、营业地址(仅限于清算代码)变更、被撤销等原因外,机构编码一旦确定则不再改变。金融许可证如遗失或破损,再申请换领许可证时,原机构编码继续沿用。金融许可证如被吊销,该机构编码自动作废,不再使用。金融许可证颁发或更换时,应在银监会或其派出机构指定的全国公开发行的报纸上进行公告。金融许可证被吊销或注销时,也应在银监会或其派出机构指定的报纸上进行公告。

法律责任 任何单位和个人不得伪造、变造金融许可证。金融机构不得出租、出借、转让金融许可证。银监会及其派出机构应当加强金融许可证的信息管理,建立完善的机构管理档案系统,依法披露金融许可证的有关信息。金融机构有下列行为之一的,由中国银行业监督管理委员会责令限期改正,给予警告;逾期不改正的,可以处以3万元以下罚款;情节严重的,可以取消其直接负责的高级管理人员的任职资格:(1)不按规定换领金融许可证;(2)损坏金融许可证;(3)遗失金融许可证且不向银监会报告;(4)未在营业场所公示金融许可证;(5)伪造、变造、出租、出借、转让金融许可证。商业银行出租、出借、转让金融许可证的,依照《中华人民共和国商业银行法》的有关规定进行处罚。伪造、变造商业银行金融许可证的,依照《中华人民共和国商业银行法》等有关法规进行处罚。

(刘 鹏)

jinrong yansheng chanpin jiaoyi

金融衍生产品交易(banking derivatives trade) 具有远期、期货、掉期(互换)和期权中一种或多种特征的结构化金融工具的交易。金融衍生产品,是指一种金融合约,其价值取决于一种或多种基础资产或指数,合约的基本种类包括远期、期货、掉期(互换)和期权。衍生产品是英文(derivatives)的中文意译。其原意是派生物、衍生物的意思。金融衍生产品通常是指从原生资产(underlying assets)派生出来的金融工具。

金融机构衍生产品交易业务可分为两大类:(1)金融机构为规避自有资产、负债的风险或为获利进行衍生产品交易。金融机构从事此类业务时被视为衍生产品的最终用户。(2)金融机构向客户(包括金融机构)提供衍生产品交易服务。金融机构从事此类业务时被视为衍生产品的交易商,其中能够对其他交易商和客户提供衍生产品报价和交易服务的交易商被视为衍生产品的造市商。

为对金融机构衍生产品交易进行规范管理,有效控制金融机构从事衍生产品交易的风险,中国银行业监督管理委员会根据《中华人民共和国银行业监督管理法》、《中华人民共和国商业银行法》及其他有关法律、行政法规,制定了《金融机构衍生产品交易业务管理暂行办法》,自2004年3月1日起施行。

中国银行业监督管理委员会是金融机构从事衍生产品交易业务的监管机构。金融机构开办衍生产品交易业务,应经中国银行业监督管理委员会审批,接受中国银行业监督管理委员会的监督与检查。非金融机构不得向客户提供衍生产品交易服务。金融机构从事与外汇、股票和商品有关的衍生产品交易以及场内衍生产品交易,应遵守国家外汇管理及其他相关规定。

(刘 鹏)

jinrong zichan guanli gongsi

金融资产管理公司(management company of financial assets) 由国家出面专门设立的、以处理银行不良资产为使命的暂时性金融机构,具有专门设立、处理不良资产为目的和有特定存续期的使命特征,以及为满足资产处置需要而被赋予的较为宽泛业务范围的功能特征。

在20世纪80年代,随着金融全球化、国际资本流动的加速、国际金融领域的创新和深化以及一些国家的转制,在许多国家和地区出现了直接损害银行的稳健与安全的巨额不良资产,导致了整个银行业的危机。为了化解这种危机,美国在20世纪80年代末成立了重组信托公司,专门处理储蓄贷款机构和银行的不良资产。这就是第一家金融资产管理公司,随后,许多国家都效仿美国,先后设立了金融资产管理公司,不过各国对金融资产管理公司的称谓不尽相同,如日本叫"整理回收银行",泰国有"金融业重组局"和"资产管理公司",美国称"重组信托公司"。具体到我国,为降低国有商业银行的不良资产比例,防范和化解金融风险,同时促进国有大中型企业深化改革,摆脱困境,在借鉴国外经验的基础上,1999年以来,我国相继成立了中国信达、东方、长城和华融四家金融资产管理公司,分别用于处理从中国建设银行、中国银行、中国农业银行和中国工商银行中剥离的不良资产。2000年开始实施的《金融资产管理公司条例》对金融资产公司的设立、经营管理等作出了规范。按照条例的规定,我国的金融资产管理公司是指经国务院决定设立的,收购国有银行不良贷款、管理和处置由此形成的金融资产的国有独资非银行金融机构。该机构为过渡性金融机构,由政府注资管理,原则上公司的存续期限不超

过10年。金融资产管理公司以最大限度保全资产、减少损失为主要经营目标,采用收购、重组、债务追偿、资产置换、租赁、转让与销售、债转股、资产证券化等形式多样的手段处置不良资产,并接受中国人民银行、财政部和中国证券监督管理委员会相应的监管。

(普丽芬 王连喜)

jinrong zulin gongsi

金融租赁公司(financial lease company) 以经营融资租赁业务为主的非银行金融机构。金融租赁公司发起于1952年8月的美国,由于它兼有输出资本与吸收外资、货物和引进先进技术、设备的双重职能,因此,产生后即获得较大的发展。到了20世纪60年代中期,美国政府正式批准美国金融界进入金融租赁市场,此举使美国金融租赁行业的发展突飞猛进。同时,也促使欧洲各国金融界、日本金融界纷纷效仿。进入80年代,融资租赁发展更为迅速,相继被一些亚洲、拉美等发展中国家引入,我国也在这个时期引入了融资租赁公司。2000年中国人民银行颁布了《金融租赁公司管理办法》,对金融租赁公司的机构设立及管理、业务范围、监督管理、整顿、接管及终止等作出规定。按照该办法的规定,金融租赁公司的业务范围主要包括:直接租赁、回租、转租赁、委托租赁等融资性租赁业务;经营性租赁业务;接受法人或机构委托租赁资金;接受有关租赁当事人的租赁保证金;向承租人提供租赁项下的流动资金贷款;有价证券投资、金融机构股权投资;经中国人民银行批准发行金融债券;向金融机构借款、外汇借款,同业拆借业务;租赁物品残值变卖及处理业务,经济咨询和担保;中国人民银行批准的其他业务。

(普丽芬)

jinyin guanli falü zeren

金银管理法律责任(liabilities for breach of bullion regulation) 在国家对金银实行统一管理、统购统配政策时期违反《中华人民共和国金银管理条例》的规定所应承担的法律责任。《金银管理条例》规定:违反金银收购制度,擅自收购、销售、交换和留用金银的,由中国人民银行或者工商行政管理机关予以强制收购或贬值收购,工商行政管理机关可另处以吊销营业执照;情节严重的,工商行政管理机关可并处以罚款,或者单处以没收。违反金银收购制度,私自熔化、销毁、占有出土无主金银的,由中国人民银行追回实物或者由工商行政管理机关处以罚款。违反金银配售制度,擅自改变金银使用用途或者转让金银原材料的,由中国人民银行予以警告,或者追回已配售的金银;情节严重的,处以罚款直至停止供应。违反金银经营单位管理制度,未经批准私自经营的,或者擅自改变经营范围

的,或者套购、挪用、克扣金银的,由工商行政管理机关处以罚款或者没收;情节严重的,可并处以吊销营业执照、责令停业。违反金银管理规定,将金银计价使用、私相买卖、借贷抵押的,由中国人民银行或者工商行政管理机关予以强制收购或者贬值收购;情节严重的,由工商行政管理机关处以罚款或者没收。违反金银进出国境管理规定或者用各种方法偷运金银出境的,由海关依据金银管理法规和国家海关法规处理。公安、司法、海关、工商行政管理、税务等国家机关违反金银收购制度,自行处理依法没收的金银或者以其他实物顶替的,由中国人民银行予以收兑,直接责任人员由有关单位追究行政责任。违反金银管理规定,已构成犯罪行为的,由司法机关依法追究刑事责任。

(徐中起 王玄玮)

jinyin guanli tizhi gaige

金银管理体制改革(reform on bullion administration) 为适应我国社会主义市场经济发展需要,实现金银资源的合理配置,进一步促进金银的生产和消费,国家从20世纪90年代开始推行金银管理体制改革。

1999年10月18日,中国人民银行经国务院批准发布了《关于白银管理改革有关问题的通知》,其主要内容为:按照社会主义市场经济的要求,取消白银统购统配的管理体制,放开白银市场,允许白银生产企业与用银单位产销直接见面;从2000年1月1日起,人民银行不再办理白银收购、配售业务;取消对白银生产企业免征增值税和拨付白银地勘资金的特殊政策;取消对白银制品加工、批发、零售业务的许可证管理制度(银币除外),对白银生产经营活动按照一般商品的有关规定管理;支持和鼓励国内白银生产企业有计划地组织白银出口,出口白银(银币、银银制品和国家库存白银除外)按外经贸部制定的《白银出口管理暂行办法》办理;适当限制白银及其制品进口,进口白银及其制品按照中国人民银行和海关总署制定的《白银进口管理暂行办法》办理;利用现有的有色金属交易市场组织白银上市交易。

2002年10月30日,我国第一家黄金交易的专业市场——上海黄金交易所正式开业。中国人民银行办公厅于2002年10月25日下发了《关于当前黄金管理工作有关问题的通知》,规定自上海黄金交易所正式开业后,人民银行只收购成色低于99.95%(不含99.95%)的黄金,但最低成色不得低于98%;人民银行不再办理黄金配售业务,企业用金需求通过黄金交易所解决。在较短的过渡时期之后,黄金收购业务也将停止。上海黄金交易所的开业运行,结束了我国长达半个世纪之久的黄金管制,标志着我国黄金管理体制改革取得了实质性进展。 (徐中起 王玄玮)

jinyin guanli tiaoli

《金银管理条例》(Regulation on Bullion Administration) 国务院颁布的关于金银管理制度的行政法规,自1983年6月15日起实施。该《条例》共7章,35条。其内容包括:第一章,总则;第二章,对金银收购的管理;第三章,对金银配售的管理;第四章,对经营单位和个体银匠的管理;第五章,对金银进出国境的管理;第六章,奖励与惩罚;第七章,附则。为贯彻执行该《条例》,中国人民银行于1983年12月28日颁布了《中华人民共和国金银管理条例施行细则》,该《细则》共23条,由中国人民银行负责解释。在我国有计划的商品经济时期和社会主义市场经济初期,《中华人民共和国金银管理条例》对国家加强金银管理、保证国家经济建设对金银的需要、取缔金银走私和投机倒把活动,发挥了重要的规范作用。随着我国社会主义市场经济体制的不断深入,国家开始推行金银管理体制改革,逐步放开了白银市场和黄金市场,该《条例》中规定的国家对金银实行统一管理、统购统销的政策已经在实践中被国家有关新的黄金管理政策和白银管理政策所取代。

(徐中起 王玄玮)

jinyin guanli zhidu

金银管理制度(bullion administration system) 国家规范金银管理机构、管理方式、管理范围、管理环节等方面的法律制度。1999年以前,我国执行《中华人民共和国金银管理条例》规定的金银管理制度,其主要内容是:国家对金银实行统一管理、统购统配的政策。中华人民共和国境内机构的一切金银的收入和支出,都纳入国家金银收支计划。境内机构所持的金银,除经中国人民银行许可留用的原材料、设备、器皿、纪念品外,必须全部交售给中国人民银行,不得自行处理、占有。在中华人民共和国境内,一切单位和个人不得计价使用金银,禁止私相买卖和借贷抵押金银。中国人民银行是国家管理金银的主管机关。中国人民银行负责管理国家金银储备;负责金银的收购与配售;会同国家物价主管机关制定和管理金银收购与配售价格;会同国家有关主管机关审批经营(包括加工、销售)金银制品、含金银化工产品以及从含金银的废渣、废液、废料中回收金银的单位,管理和检查金银市场;监督金银管理法规的实施。国家金银管理的"金银"范围包括:矿藏生产金银和冶炼副产金银;金银条、块、锭、粉;金银铸币;金银制品和金基、银基合金制品;化工产品中含的金银;金银边角余料及废渣、废液、废料中含的金银。铂(即白金),按照国家有关规定管理。属于金银质地的文物,按照《中华人民共和国文物法》的规定管理。

为了适应社会主义市场经济发展的需要,我国先后进行了白银管理体制改革和黄金管理体制改革。1999年,国家取消了白银统购统配的管理体制,取消了对银制品加工、批发、零售业务的许可证管理制度,放开了白银市场。2002年,国家建立了第一个黄金交易的专业市场——上海黄金交易所,基本放开了黄金市场,结束了我国长达半个世纪之久的黄金管制。

(徐中起 王玄玮)

jinyin jinchu guojing guanli

金银进出国境管理(administration on bullion entry and exit) 1999年以前,我国执行《中华人民共和国金银管理条例》规定的金银进出国境管理制度,其主要内容是:携带金银进入中华人民共和国国境,数量不受限制,但是必须向入境地中华人民共和国海关申报登记。携带或复带金银出境,中华人民共和国海关凭中国人民银行出具的证明或者原入境时的申报单登记数量查验放行;不能提供证明的或超过原入境时申报登记的数量的,不许出境。携带在中华人民共和国境内供应旅游者购买的金银饰品(包括镶嵌饰品、工艺品、器皿等)出境,中华人民共和国海关凭国内经营金银制品的单位开具的特种发货票查验放行。无凭据的,不许出境。中华人民共和国境内的外资企业、中外合资企业,从国外进口金银作产品原料的,其数量不限;出口含银量较高的产品,须经中国人民银行核准后放行。未经核准或超过核准出口数量的,不许出境。在中华人民共和国境内的中国人、外国侨民和无国籍人出境定居,每人携带金银的限额为:黄金饰品1市两(16两制,下同,折合31.25克),白银饰品10市两(312.50克),银质器皿20市两(625克),经中华人民共和国海关查验符合规定限额的放行。1999年后,这一制度在实践中被国家有关新的金银管理政策所取代。

(徐中起 王玄玮)

jinyin jingying danwei shenpi

金银经营单位审批(bullion business approval) 1999年以前,我国执行《中华人民共和国金银管理条例》规定的金银经营单位审批制度,其主要内容是:申请经营(包括加工、销售)金银制品、含金银化工产品及从含金银的废渣、废液、废料中回收金银的单位,必须按照国家有关规定和审批程序经中国人民银行和有关主管机关审查批准,在工商行政管理机关登记发给营业执照后,始得营业。经营单位必须按照批准的金银业务范围从事经营,不得擅自改变经营范围,不得在经营中克扣、挪用和套购金银。金银质地纪念币的铸造、发行由中国人民银行办理,其他任何单位不得铸造、仿造和发行。委托、寄售商店,不得收购或者寄售金银制品、金银器材。珠宝商店可以收购供出口销售的带有金银镶嵌的珠宝饰品,但是不得收购、销售金银制品和金银器材。金银制品由中国人民银行收购并负责供应外贸出口。边疆少数民族地区和沿海侨眷比较集中地区的个体银匠,经县级以上中国人民银行以及工商行政管理机关批准,可以从事代客加工和修理金银制品的业务,但不得收购和销售金银制品。1999年10月18日,中国人民银行发布了《关于白银管理改革有关问题的通知》,取消了对白银制品加工、批发、零售业务的许可证审批,明确了对白银生产经营活动按照一般商品的规定管理。

(徐中起 王玄玮)

jinyin peishou zhidu

金银配售制度(bullion quota system) 1999年以前,我国实行金银统一配售的制度。《中华人民共和国金银管理条例》及《中华人民共和国金银管理条例施行细则》规定:凡需用金银的单位,必须按照规定程序向中国人民银行提出申请使用金银的计划,由中国人民银行审批、供应。中华人民共和国境内的外资企业、中外合资企业以及外商订购金银制品或者加工其他含金银产品,要求在国内供应金银者,必须按照规定程序提出申请,由中国人民银行审批予以供应。中国人民银行各级分支机构或其委托机构,必须对申请使用金银单位的生产计划、产品质量、产品销路、金银消耗定额、产品合格率、金银库存以及含金银"三废"回收等情况,进行审核,逐级上报,中国人民银行总行统一平衡后,下达年度金银配售计划。金银配售计划指标,当年有效,跨年作废。使用金银的单位,必须建立使用制度,严格做到专项使用、结余交回。未经中国人民银行许可,不得把金银原料(包括半成品)转让或者移作他用。1999年以后,这一制度在实践中被国家有关新的金银管理政策所取代。

(徐中起 王玄玮)

jinyin shipin biaoshi guanli

金银饰品标识管理(management of identification of gold and silver ornaments) 为规范金银饰品标识,引导金银饰品生产、经营企业正确标注和检查金银饰品标识的活动的总称。金银饰品是指由金、银、铂等贵金属材料及其合金制成的饰品。国家质量技术监督局负责全国金银饰品标识的监督管理工作,各级质量技术监督局负责本行政区域内的金银饰品标识的监督管理工作。经营者不得经营无印记、无标识物及标识内容不符合规定的金银饰品。每件金银饰品应当具有标识,标识包括印记和其他标识物。金银饰品标识应当清晰、牢固、易于识别。金银饰品印记应当包括材料名称、含金(银、铂)量。单件金银饰品重量小于0.5克或确难以标注的,印记内容可以免除。一件金银饰品由金、银、铂三种贵金属的两种或三种制作的,所用贵金属材料的名称和含金(银、铂)量均应作为印记内容。金银饰品印记应当由生产者打印在金银饰品上。材料名称应当按照国家标准、行业标准的规定执行,可以用元素符号表示。含金(银、铂)量应当按照国家标准、行业标准的规定执行。金银饰品的其他标识物可以是一个或者数个,其他标识物的内容应当包括金银饰品名称、材料名称、含金(银、铂)量、生产者名称、地址、产品标准编号、产品质量检验合格证明;按重量销售的金银饰品还应当包括重量。金银饰品其他标识物的内容由生产者进行标注,生产者与经营者对标注其他标识物的内容有协议的,按协议执行。金银饰品其他标识物所用文字应当为规范中文;可以同时使用汉语拼音和外文。金银饰品名称应当按照国家标准、行业标准规定标注。生产者名称、地址应当是具有金银饰品生产资格的依法登记注册的法人名称、地址。有下列情形之一的,相应予以标注:(1)独立承担法律责任的集团公司或者其子公司,对其生产的金银饰品,应当标注各自的名称、地址;(2)依法不能独立承担法律责任的集团公司的分公司或者集团公司的生产基地,对其生产的金银饰品,可以标注集团公司和分公司或者生产基地的名称、地址,也可以仅标注集团公司的名称、地址;(3)按照合同或者协议的约定相互协作,但又各自独立经营的企业,在其生产的金银饰品上,应当标注各自的生产者名称、地址;(4)受委托的企业为委托人加工的金银饰品,在该产品上应当标注委托企业的名称、地址;(5)进口金银饰品可以不标注生产者的名称、地址,但应当标明该产品的原产地(国家/地区,下同),以及代理商或者进口商或者销售商在中国依法登记注册的名称、地址。国内生产并在国内销售的金银饰品,应当标明生产企业执行的国家标准、行业标准、地方标准或者经备案的企业标准编号。其他标识物上可以标注金银饰品的产地。生产者标注的金银饰品的产地应当是真实的。金银饰品的产地应当按照行政区域概念进行标注。金银饰品的产地,是指金银饰品的最终制作地、加工地或者组装地。获得产品质量认证的金银制品,可以在认证有效期内生产的该种金银饰品的其他标识物上标注认证标志。生产者按照合同为用户特制的金银饰品,其标识可以按照合同的要求标注。

(麻琳琳)

jinyin shougou zhidu
金银收购制度(bullion procurement system) 1999年以前,我国实行金银统一收购的制度。《中华人民共和国金银管理条例》及《中华人民共和国金银管理条例施行细则》规定:金银的收购,统一由中国人民银行办理。除经中国人民银行许可、委托的以外,任何单位和个人不得收购金银。从事金银生产的单位和个人所采炼的金银,必须全部交售给中国人民银行,不得自行销售、交换和留用。国家鼓励经营单位和使用金银的单位,从伴生金银的矿种和含金银的废渣、废液、废料中回收金银,但侨资企业、外资企业、中外合资经营企业及外商不得经营回收金银的业务。境内机构从国外进口的金银和矿产品中采炼的副产金银,除经中国人民银行允许留用的或者按照规定用于进料加工复出口的金银以外,一律交售中国人民银行,不得自行销售、交换和留用。个人出售金银,必须卖给中国人民银行。一切出土无主金银,均为国家所有,任何单位和个人不得熔化、销毁或占有。公安、司法、海关、工商行政管理、税务等国家机关依法没收的金银,一律交售给中国人民银行,不得自行处理或者以其他实物顶替。没收的金银价款按照有关规定上缴国库。1999年以后,这一制度在实践中被国家有关新的金银管理政策所取代。

(徐中起 王玄玮)

jinchujing dongzhiwu jianyifa
进出境动植物检疫法(quarantine law of animal and plant of entry and exit) 调整在对进出境动植物进行检疫的过程中所产生的社会关系的法律规范的总称。广义的进出境动植物检疫法是指《中华人民共和国进出境动植物检疫法》、《中华人民共和国进出境动植物检疫法实施条例》,此外还有若干具体的办法和名录,如《中华人民共和国禁止携带、邮寄进境的动物、动物产品和其他检疫物名录》、《中华人民共和国进境动物一、二类传染病、寄生虫病名录》、《中华人民共和国进境植物检疫禁止进境物名录》、《中华人民共和国进境植物检疫危险性病、虫、杂草名录》等。狭义的进出境动植物检疫法就是指《中华人民共和国进出境动植物检疫法》。

我国的动植物检疫及其法律制度是随着进出口贸易发展而逐步建立起来的,早期的动植物检疫带有明显的半殖民地色彩。鸦片战争以后,欧美各国用武力打开了中国的通商大门,迫使清政府签署一系列不平等条约,中国的进出口贸易也都由外国商人所垄断,动植物检疫也同样受帝国主义列强的控制。1928年12月南京国民政府农矿部颁布了《农产物检查条例》,这是中国最早颁布的植物检疫法规。1934年南京国民政府制定公布了《实业部商品检验局植物病虫害检验实施细则》,这是旧中国进出口植物检疫工作的基本法令。

中华人民共和国成立以后,尤其是十一届三中全会以后,我国的进出境动植物检疫法律制度逐步建立健全。《中华人民共和国进出境动植物检疫法》于1991年10月30日颁布,并于1992年4月1日起开始施行。该法共8章50条,包括总则、进境检疫、出境检疫、过境检疫、携带和邮寄物检疫、运输工具检疫、法律责任及附则等规范。该法系我国进出口植物检疫工作的基本法。1996年12月2日国务院又颁布了《中华人民共和国进出境动植物检疫法实施条例》，并于1997年1月1日起开始施行。该实施条例共10章68条，包括总则、检疫审批、进境检疫、出境检疫、过境检疫、携带和邮寄物检疫、运输工具检疫、检疫监督、法律责任及附则等内容。该《实施条例》的颁布提高了《进出境动植物检疫法》的可操作性，并完善了我国进出境动植物检疫的法律制度。　　　　（邢造宇）

jinchujing jianyi

进出境检疫（entry and exit quarantine）　为了防止人、动物或植物传染病、虫、害从外地传入本地区所采取的强制性的措施。因为检疫的最早萌芽出现在14世纪中叶的欧洲，当时欧洲大陆流行黑死病、霍乱、黄热病等严重威胁人类的生命安全的疾病。在威尼斯，为了防止这些疾病的传染和蔓延，口岸当局要求外来船只的船员隔离滞留船上，经过40天的观察和检查，如没有发现疫病，才允许船上人员离船登陆。此后这种"隔离"的方法逐步成为国际上普遍认同的卫生防疫（卫生检疫）的措施，因而发展形成了"检疫"的概念。原始的"隔离"检疫措施是防范人类的疫病蔓延而采取的手段，当"隔离"这种原始有效的方法在国际上被普遍采用的同时，也被人们逐步运用到阻止动物、植物危险性病虫害的传播方面，产生了动物检疫和植物检疫（即动植物检疫）。进出境检疫按"检疫"的对象来分，可分为进出境卫生检疫和进出境动植物检疫。

进出境卫生检疫是为了防止人类传染病的传播或蔓延所采取的强制性预防措施，是为保护人体健康，而针对人类的传染病进行的检疫。第32届世界卫生大会规定，危害最严重的鼠疫、霍乱、黄热病为国际检疫传染病，同时还规定流行性感冒、疟疾、脊髓灰质炎、流行性斑疹伤寒和回归热为监测传染病。我国根据中国的国情，又增加了登革热为监测传染病。为了净化国内卫生环境，维护国家的卫生主权，根据《中华人民共和国外国人入境出境管理法实施细则》规定，患有精神病、麻风病、艾滋病、性病、开放性肺结核的外国人不准入境；根据《中华人民共和国国境卫生检疫法》及其《实施细则》规定，出入境的人员、交通工具、运输设备以及可能传播检疫传染病的行李、货物、邮包等物品，都应当接受检疫，经出入境检验检疫机构许可方准入境或出境。

动植物检疫是为防止动物传染病、寄生虫病和植物危险性病、虫、杂草以及其他有害生物（简称病、虫、害）的传播或蔓延所采取的强制性预防措施，是为了保护农、林牧、渔业生产和人体健康，而针对动植物的病、虫、害进行的检疫。植物检疫最早的范例产生于1660年的法国。当年法国通过一项铲除小檗并禁止其传入的法令，来防止小麦秆锈病的流行。动物检验的最早的范例产生于1866年的英国。为了控制牛瘟的蔓延，英国签署了一项法令，批准采取紧急措施，扑杀受进口种牛传染的全部病牛。据史料记载，中国最早出现动物检疫是在1903年，检疫来自沙俄的各种肉类食品。目前，根据《中华人民共和国进出境动植物检疫法》及其《实施条例》的规定，禁止动植物病原体（包括菌种、毒种等）、害虫及其他有害生物；动植物疫情流行的国家和地区的有关动物、动植物产品和其他检疫物；动物尸体；土壤等物的进境。并且依照《进出境动植物检疫法》规定对进出境的动植物、动植物产品和其他检疫物，装载动植物、动植物产品和其他检疫物的装载容器、包装物，以及来自动植物疫区的运输工具，实施检疫。

中国进出境检疫始于20世纪30年代，历经数十个年头，中国在对外开放的港口、机场、车站和各省市、自治区动物流动聚集的地方都设有检疫机关，担负着进出境人员、植物和动物及其产品的检疫任务。目前已形成了较为完善的检疫体系。　　　（邢造宇）

jinchujing youjiwu jianyi

进出境邮寄物检疫（quarantine administration of entry and exit postal articles）　为做好进出境邮寄物的检疫工作，防止传染病、寄生虫病、危险性病虫杂草及其他有害生物随邮寄物传入、传出国境，保护我国农、林、牧、渔业生产安全和人体健康，根据《中华人民共和国进出境动植物检疫法》及其实施条例、《中华人民共和国国境卫生检疫法》及其实施细则、《中华人民共和国邮政法》及其实施细则等有关法律、法规的规定，国家质量监督检验检疫总局与国家邮政局于2001年6月15日联合制定发布了《进出境邮寄物检疫管理办法》（国质检联〔2001〕34号）。该办法适用于通过邮政进出境的邮寄物（不包括邮政机构和其他部门经营的各类快件）的检疫管理。

邮寄物是指通过邮政寄递的下列物品：(1) 进境的动植物、动植物产品及其他检疫物；(2) 进出境的微生物、人体组织、生物制品、血液及其制品等特殊物品；(3) 来自疫区的、被检疫传染病污染的或者可能成为检疫传染病传播媒介的邮包；(4) 进境邮寄物所使用或携带的植物性包装物、铺垫材料；(5) 其他法律法规、国际条约规定需要实施检疫的进出境邮寄物。

国家质量监督检验检疫总局统一管理全国进出境邮寄物的检疫工作，国家质检总局设在各地的出入境检验检疫机构负责所辖地区进出境邮寄物的检疫和监管工作。检验检疫机构可根据工作需要在设有海关的邮政机构或场地设立办事机构或定期派人到现场进行检疫。邮政机构应提供必要的工作条件,并配合检验检疫机构的工作。检验检疫机构对邮寄物的检疫应结合海关的查验程序进行,原则上同一邮寄物不得重复开拆、查验。

依法应实施检疫的进出境邮寄物,未经检验检疫机构检疫,不得运递。

(傅智文)

款,但是最长不得超过6个月。进出口货物放行后,海关发现少征或者漏征税款的,应当自缴纳税款或者货物放行之日起1年内,向纳税义务人补征税款。海关发现多征税款的,应当立即通知纳税义务人办理退还手续。纳税义务人、担保人对关税纳税义务有异议的,应当缴纳税款,并可以依法向上一级海关申请复议。对复议决定不服的,可以依法向人民法院提起诉讼。

(汤洁茵)

jinchukou guanshui tiaoli
《进出口关税条例》(Regulations of Import and Export Tariff) 《中华人民共和国进出口关税条例》于2003年10月29日由国务院第26次常务会议通过,自2004年1月1日起施行,在该条例下还包括国务院制定的《中华人民共和国进出口税则》、《中华人民共和国进境物品进口税税率表》。关税的纳税义务人是进口货物的收货人、出口货物的发货人、进境物品的所有人。关税的征税对象是中华人民共和国准许进出口的货物、进境物品。关税实行差别比例税率,将同一税目的货物分为进口税率和出口税率两类。进口关税设置最惠国税率、协定税率、特惠税率、普通税率、关税配额税率等税率,在一定期限内可以实行暂定税率。关税配额内的进口货物,适用关税配额税率。任何国家或者地区违反与中华人民共和国签订或者共同参加的贸易协定及相关协定,对中华人民共和国在贸易方面采取禁止、限制、加征关税或者其他影响正常贸易的措施的,对原产于该国家或者地区的进口货物可以征收报复性关税,适用报复性关税税率。

进出口货物,适用海关接受货物申报进口或者出口之日实施的税率。关税的计税依据为进口货物的完税价格,由海关以成交价格以及该货物运抵中华人民共和国境内输入地点起卸前的运输及其相关费用、保险费为基础审查确定。以租赁方式进口的货物,货物的租金作为完税价格。出口货物的完税价格由海关以该货物的成交价格以及该货物运至中华人民共和国境内输出地点装载前的运输及其相关费用、保险费为基础审查确定。进出口货物的成交价格不能确定的,海关经了解有关情况,并与纳税义务人进行价格磋商后,可以估定该货物的完税价格。进口货物的纳税义务人应当自运输工具申报进境之日起14日内,出口货物的纳税义务人除海关特准的外,应当在货物运抵海关监管区后、装货的24小时以前,向货物的进出境地海关申报。进出口货物关税,以从价计征、从量计征或者国家规定的其他方式征收。纳税义务人应当自海关填发税款缴款书之日起15日内向指定银行缴纳税款。纳税义务人未按期缴纳税款的,从滞纳税款之日起加收滞纳金。纳税义务人因不可抗力或者在国家税收政策调整的情形下,不能按期缴纳税款的,可以延期缴纳税

jinchukou huowu shenbao guanli zhidu
进出口货物申报管理制度(administrative institutions of declaration of import and export goods) 进出口货申报是指进出口货物的收发货人、受委托的报关企业,依照《中华人民共和国海关法》以及有关法律、行政法规和规章的要求,在规定的期限、地点,采用电子数据报关单和纸质报关单形式,向海关报告实际进出口货物的情况,并接受海关审核的行为。为规范进出口货物的申报行为,依据《海关法》及国家进出口管理的有关法律、行政法规,海关总署于2002年12月23日制定了《中华人民共和国海关进出口货物申报管理规定》,并自2003年11月1日起施行。

该《管理规定》共有6章35条,包括:第一章,总则;第二章,申报要求;第三章,特殊申报;第四章,申报单证;第五章,报关单证明联、核销联的签发和补签;第六章,附则。其主要内容为:(1)宗旨和适用范围以及相关概念的含义。(2)进出口货物申报的程序和期限。(3)报关企业接受进出口收发货人的委托,办理报关手续时,应当对委托人所提供情况的真实性、完整性进行合理审查。报关企业未对进出口货物的收发货人提供情况的真实性、完整性履行合理审查义务或违反海关规定申报的,应当承担相应的法律责任。(4)海关接受进出口货物的申报后,申报内容不得修改,报关单证不得撤销;确有法定正当理由的,收发货人、受委托的报关企业向海关递交书面申请,经海关审核批准后,可以进行修改或撤销。(5)特殊申报的程序。(6)进、出口货物报关单应当随附的单证。(7)报关单证明联、核销联的签发和补签。(8)法律责任及其他相关规定。

(罗大帅)

jinchukou huowu yuanchandi zhidu
进出口货物原产地制度(institutions of rule of origin of import and export goods) 为了正确确定进出口货物的原产地,有效实施各项贸易措施,促进对外贸易发展,2004年8月18日国务院制定了《中华人民共和国进出口货物原产地条例》,并自2005年1月1日起施行。进出口货物的原产地包括:完全在一个国家(地区)获得的货物,以该国(地区)为原产地;两个以

上国家(地区)参与生产的货物,以最后完成实质性改变的国家(地区)为原产地。

《进出口货物原产地条例》共有 27 条,其主要内容为:(1)条例的宗旨和适用范围及货物原产地的含义。(2)完全在一个国家(地区)获得的货物的范围。(3)在确定货物是否在一个国家(地区)完全获得时不考虑的因素。(4)确定进出口货物原产地的程序和期限。(5)法律责任和相关概念的界定以及其他辅助性规定。

(罗大帅)

jinchukou quan
进出口权(import and export authority) 企业所享有的进出口贸易的权利。这一项权利包括以下 6 点内容:(1)有权选择外贸代理企业,参与同外商谈判。(2)有权自主使用留成外汇和进行外汇调剂。(3)有权在境外提供劳务。企业根据国家规定,可以在境外承揽工程、进行技术合作或者提供其他劳务。(4)有权根据国家规定进口自用的设备和其他物资。(5)有权依法享有进出口经营权,在获得进出口配额、许可证等方面,享有与外贸企业同等的待遇。(6)有进出口经营权的企业,有权根据业务需要,确定本企业经常出入境的业务人员名额,报政府主管部门批准。有权根据对外业务的实际需要,自主使用自有外汇安排业务人员出境。

(方文霖)

jinchukou shangpin choucha guanli zhidu
进出口商品抽查管理制度(sampling inspection of import and export commodity) 国家质量监督检验检疫总局对进出口商品所进行的抽查检验和监督管理的活动。由国家质量监督检验检疫总局统一管理全国进出口商品的抽查检验工作,确定、调整和公布实施抽查检验的进出口商品的种类。国家质检总局设在各地的出入境检验检疫机构负责管理和组织实施所辖地区的进出口商品抽查检验工作。国家质量监督检验检疫总局根据情况可以公布抽查检验结果、发布预警通告、采取必要防范措施或者向有关部门通报抽查检验情况。进出口商品抽查检验的重点是涉及安全、卫生、环境保护,国内外消费者投诉较多,退货数量较大,发生过较大质量事故以及国内外有新的特殊技术要求的进出口商品。经检验检疫机构抽查合格的出口商品,签发抽查情况通知单;不合格的进出口商品,签发抽查不合格通知单,并在检验检疫机构的监督下进行技术处理,经重新检测合格后,方准出口;对于不能进行技术处理或者经技术处理后,重新检测仍不合格的,不准予出口。无正当理由拒绝抽查检验及不寄或者不送被封样品的单位,其产品视为不合格,国家质量监督检验检疫总局根据规定对拒绝接受抽查检验的企业予以公开曝光。检验检疫机构不得对同一批商品进行重复抽查检验,被抽查单位应当妥善保管有关被抽查的证明。

(麻琳琳)

jinchukou shangpin fuyan
进出口商品复验(reinspection of import and export commodities) 进出口商品报验人对商检机构的检验结果有异议,向原商检机构或者其上级商检机构以至国家商检局申请再次检验,由受理申请的商检机构实施复验的制度。报验人申请复验,应当在收到商检机构检验结果之日起 15 天内提出。报验人申请复验,应当保持原报验商品的包装、铅封、标志和数量。受理复验的商检机构应当自收到复验申请之日起 45 天内作出复验结论。国家商检局应当自收到复验申请起 60 天作出复验结论。国家商检局的复验结论为终局结论。如果复验结果与原检验结果不一致时,受理复验的商检机构或者国家商检局应当对检验工作予以评价,如属原检验机构责任的,其复验费用由原检验机构负担。但报验人或者其他贸易关系人向人民法院起诉,人民法院已经受理的,不得申请复验。

(王连喜)

jinchukou shangpin jianyan
进出口商品检验(inspection of import and export commodities) 在对外贸易中,国家商检部门、商检机关或检查机构依照国家标准或合同规定对进出口商品的质量、规格、包装、数量、重量是否符合安全和卫生要求等所进行的查验、鉴定和监管的制度。进出口商品检验分为法定检验和非法定检验(又称普通检验)两部分。法定检验是指根据有关法律、法规,对规定范围的进出口商品实施强制性检验。法定检验的进出口商品主要包括以下几类:(1)列入《商检机构实施检验的进出口商品种类表》的进出口商品。(2)依据《中华人民共和国食品卫生法》和《中华人民共和国进出境动植物检疫法》须进行商检的出口食品和进出境的动植物,诸如家禽、畜类及其产品、水产品、野生动物和野禽类肉等。(3)对运装出口易腐烂变质物品、冷冻品的船舱、集装箱等装运工具进行适载检验。(4)对出口危险货物包装容器的性能进行鉴定。(5)根据有关国际条约规定须经商检机构检验的进出口商品,以及根据我国其他法律、法规规定必须经商检机构检验的进出口商品。根据《中华人民共和国进出口商品检验法》的规定,凡属法定检验的进口商品,未经检验的,不准销售,不准使用;凡属法定检验机构的出口商品,检验未经合格的不准出口。非法定检验是指进出口商品由对外贸易关系人自行决定的有关部门进行的检验。非法定检验商品主要指法定检验以外的进出口商品。非法定检验出口商品,可由生产单位、供货单位或外贸企业自行检验;商检机构对普通检验出口商品,可以在生产、经营单位检验的基础上定期或不定期地抽查检验。出口商品经检验不合格的不准出口。

为了维护对外贸易有关当事人的合法权益和国家的信誉,促进国内外生产和对外贸易的发展,我国建立了进出口商品检验制度,并设立了国家进出口商品检验局及药物、动植物检验机构,对进出口商品的质量、规格及数量等方面实施监督管理。对进出口商品实施检验的目的,在进口方面主要是防止不符合卫生标准的食品、药物或带有病、虫害动植物及其产品的进口,以保障人民的生命、健康和农业、畜牧业生产,并对残损短缺或品质、规格不符合合同规定货物提供鉴定证明,作为外贸企业对外索赔或退货、换货的依据,以维护有关当事人的利益。在出口方面主要是通过检验和鉴定,保证出口商品的质量、规格、数量等符合国家的出口标准或外贸合同的要求,以维护我国出口商品的信誉。　　　　　　　　　　　　　　(王连喜)

jinchukou shangpin mianyan zhidu

进出口商品免验制度(exempt from inspection system of import and export commodity)　　列入必须实施检验的进出口商品目录的进出口商品,由收货人、发货人或者其生产企业提出申请,经国家质量监督检验检疫总局审核批准,可以免予检验的制度。进出口商品免验制度为保证进出口商品质量,鼓励优质商品进出口,促进对外经济贸易的发展方面发挥了重要的作用。国家质检总局统一管理全国进出口商品免验工作,负责对申请免验生产企业的考核、审查批准和监督管理工作。国家质检总局设在各地的出入境检验检疫机构负责所辖地区内申请免验生产企业的初审和监督管理。申请进出口商品免验应当符合以下条件:(1)申请免验的进出口商品质量应当长期稳定,在国际市场上有良好的质量信誉,无属于生产企业责任而引起的质量异议、索赔和退货,检验检疫机构检验合格率连续3年达到100%;(2)申请人申请免验的商品应当有自己的品牌,在相关国家或者地区同行业中,产品档次、产品质量处于领先地位;(3)申请免验的进出口商品,其生产企业的质量管理体系应当符合 ISO 9000 质量管理体系标准或者与申请免验商品特点相应的管理体系标准要求,并获得权威认证机构认证;(4)为满足工作需要和保证产品质量,申请免验的进出口商品的生产企业应当具有一定的检测能力;(5)申请免验的进出口商品的生产企业应当符合《进出口商品免验审查条件》的要求。对下列与大众生活息息相关的进出口商品不予受理免验申请:食品、动植物及其产品;危险品及危险品包装;品质波动大或者散装运输的商品;

需出具检验检疫证书或者依据检验检疫证书所列重量、数量、品质等计价结汇的商品。　　(麻琳琳)

jinkou feiwu yuanliao jingwai gonghuo qiye zhuce

进口废物原料境外供货企业注册(registration of foreign enterprise supplying importing waste)　　对申请进口废物原料(废船舶除外)境外供货企业的注册管理。

国家质检总局统一管理境外企业的注册管理工作。凡向中国出口废物原料的境外企业,必须向国家质检总局申请注册。未获得注册的境外企业的废物原料,不允许进口,口岸检验检疫机构不受理其报检。申请注册的境外企业必须具备以下条件:(1)是所在国家(地区)合法的经营企业;(2)有固定的办公或加工场所,具有一定的经营规模;(3)熟悉、掌握中国环境保护技术法规和相关环境保护控制标准,并具备相应的基础设施和检验能力;(4)应建立质量保证或环境质量管理体系(获 ISO 14000 证书)或提供相应的认证资格证书,或相应制度且形成文件并已实施;(5)具有相对稳定的供货来源,并对供货来源有环保质量控制措施;(6)近3年内未发现过重大的安全、卫生、环保质量问题。

国家质检总局收到注册申请书面材料之日起30日内,作出是否受理的决定:(1)经审查符合要求的,签发《进口废物原料境外供货企业注册申请受理通知书》;(2)经审查不符合要求的,应当通知申请人在30日内补正,逾期未补正的,视为撤销申请;(3)经审查不符合相关规定的,不予受理申请并通知申请人。国家质检总局在签发《进口废物原料境外供货企业注册申请受理通知书》后,组织评审人员对申请的境外企业进行考核。考核分文件审核和现场考核两部分进行,以验证境外企业申请资料的完整性、真实性,查证其内部管理及质量控制措施的有效性,测量和评估其保证输出产品符合中国环境保护控制标准要求的能力。

国家质检总局对评审组提交的评审报告进行审核,经审核符合规定条件的,由国家质检总局予以注册,并颁发《进口废物原料境外供货企业注册证书》,授予编号。注册证书有效期为3年,期满要求续延的,申请人应在有效期满前3个月向国家质检总局提出续延申请。境外企业的注册项目(法人、地址)发生变更时,应在3个月内向国家质检总局办理变更手续。已获注册的境外企业发生法定情况之一的,国家质检总局可对其作出暂停受理报检,直至取消注册资格的决定;被国家质检总局取消资格的企业,3年内不受理其申请。国家质检总局或其授权的机构负责境外企业获证后的日常监督管理工作,授权的机构应将监督管理

的情况报送国家质检总局。 （王　丽）

jinkou jidian chanpin biaozhunhua guanli
进口机电产品标准化管理（standardization management of imported electromechanical products）进口单位进口列入《进出口机电产品标准化管理目录》的机电产品依据强制性标准自行检查，经国务院有关行政主管部门或省、自治区、直辖市、计划单列市人民政府标准化行政主管部门备案，并签发《进口机电产品标准化管理备案证书》的活动。《进出口机电产品标准化管理目录》由国务院标准化行政主管部门根据强制性的国家标准、行业标准和法律、行政法规规定强制执行的标准制定。凡列入《进出口机电产品标准化管理目录》的产品，各级机电产品进口管理机构应以管理部门签发的《进出口机电产品标准化管理备案证书》作为办理进口手续的依据之一。

国务院标准化行政主管部门统一管理全国进口机电产品的标准化管理工作，履行下列职责：制定管理工作的方针、政策和有关规定；对标准化管理工作进行监督、检查；指导、协调和处理有关管理工作的重大问题；统一印制《进出口机电产品标准化管理备案证书》。国务院有关行政主管部门和省、自治区、直辖市、计划单列市人民政府标准化主管部门负责本部门、本地区进口机电产品的标准化管理工作，履行下列职责：贯彻标准化管理工作的方针、政策，提出《进出口机电产品标准化管理目录》的修改建议；负责管理备案工作，签发《进出口机电产品标准化管理备案证书》；处理有关的争议问题，若发生重大问题，应及时向国务院标准化行政主管部门报告；向进口单位提供有关的咨询服务；定期向国务院标准化行政主管部门和国家机电产品进出口办公室报送备案产品情况及进口企业名录。

进口机电产品标准化管理实行进口单位自检为主的原则，进口单位应保证进口的机电产品符合我国强制性标准的要求。进口单位经自检合格后向管理部门递交《进口机电产品标准化管理备案申报表》并提供下列技术资料：进口机电产品标准化管理自检报告；有关进口产品的技术标准或技术要求的原文和中文文本；国（境）外产品生产厂家或国家及公认的检验机构或认证机构出具的产品符合我国强制性标准的证明材料；产品使用说明书和产品图片；其他需要提供的证明材料。标准化管理部门应在5个工作日内对进口单位递交的《进口机电产品标准化管理备案申报表》和有关技术资料进行形式审查，符合要求的予以受理，并在受理后5个工作日内完成备案，签发《进出口机电产品标准化管理备案证书》；对于不符合要求的，不予受理，并说明理由。进口单位应对其提供的《进口机电产品标准化管理备案申报表》以及有关技术资料负责，不得提供不实的自检报告、技术资料；不得伪造、冒用、涂改和转让《进出口机电产品标准化管理备案证书》。 （麻琳琳）

jinkou kate'er
进口卡特尔（import cartel）进口企业为协调进口而订立的协议。其目的是对付国外经济实力强大的进口商，降低进口价格，改善进口条件。由于进口卡特尔在实践中极为罕见，这样的法律规定没有现实意义。 （王晓晔）

jinkou pei'e zhi
进口配额制（import quota system）亦称"进口限额制"。在国际贸易中，进口国为保护国家利益而采取的直接限制进口的一种重要措施。是指国家在一定时期内对某些商品的进口数量或金额加以限制，限额内的商品准予进口，超过限额的不准进口或征收较高的关税或罚款。配额制随着世界贸易保护主义的盛行而有加剧之势。配额主要有绝对配额和关税配额两种。绝对配额是指在一定时期内，对某些商品的进口数量或金额规定一个最高额度，达到这个额度后便不准进口。其中又分为全球配额和国别或地区配额两种。关税配额是指对商品进口的绝对数额不加限制，对在一定时期内，在规定的配额以内的进口商品，给予低税、减税或免税待遇，但对超出配额的进口商品征收较多的关税、附加税或罚款。按商品的来源，可分为全球性关税配额和国别或地区关税配额；按征收关税的目的，可分为优惠性关税配额和非优惠性关税配额。进口配额管理主要分为机电产品配额管理和一般商品配额管理。机电产品进口配额管理品种，由国家机电产品进出口办公室会同有关部门，根据国内经济发展和我国签订的国际协定来确定和调整，报国务院批准后公布实施。机电产品配额管理有汽车、电视机、录像机等18种。一般商品进口配额管理是指除机电产品以外的所有需要进行配额管理的进口商品。国家计委按照国民经济发展计划和国家产业政策的要求，负责全国的一般商品进口配额的宏观管理和协调工作。实行进口配额管理的一般商品品种的调整，由国家计委会同有关部门提出建议，报国务院批准后公布施行。一般商品进口配额管理有原油、成品油、羊毛、汽车轮胎、酒、粮食等18种。 （王连喜）

jinkou yaopin de zhuce shenpi zhi
进口药品的注册审批制（regulations on registration and approval of import medicine）进口药品必须取得中华人民共和国国家药品监督管理局核发的

《进口药品注册证》,并经国家药品监督管理局授权的口岸药品检验所检验合格的制度。国家药品监督管理局主管药品的审批和监督管理工作,地方各级药品监督管理部门主管辖区内进口药品的监督管理工作。进口药品必须是临床需要、安全有效、质量可控的品种。进口药品必须符合《中华人民共和国药品管理法》和其他有关法律法规的规定,必须接受国家药品监督管理局对其生产情况的监督检查。

申请注册的进口药品必须获得生产国国家药品主管当局注册批准和上市许可。进口药品的生产厂必须符合所在国药品生产质量管理规范和中国药品生产质量管理规范(GMP)的要求,必要时须经国家药品监督管理局核查,达到与所生产品种相适应的生产条件和管理水平。进口药品的注册须由国外制药厂商驻中国的办事机构或其在中国的注册代理提出申请,填写《进口药品注册证申请表》,连同按规定的资料,报国家药品监督管理局审批。国外制药厂商驻中国的办事机构或其在中国的注册代理必须是在中国工商行政管理部门登记的合法机构。申报资料的具体要求,按照《进口药品申报资料细则》的规定执行。具有下列情形之一的药品,其进口注册申请将不予批准:(1)申请注册的进口药品没有获得生产国国家药品主管当局注册批准和上市许可。进口药品的生产厂没有符合所在国药品生产质量管理规范和中国药品生产质量管理规范(GMP)的要求,必要时须经国家药品监督管理局核查,达到与所生产品种相适应的生产条件和管理水平。(2)申报资料不符合中国进口药品注册审批要求的。(3)临床使用中存在严重不良反应的。(4)临床疗效不确切或所报临床资料无法说明药品的确切疗效的。(5)质量标准及检验方法不完善,质量指标低于中国国家药品标准、中国生物制品规程或国际通用药典以及已注册同类品种的企业标准的。(6)含有中国禁止进口的成分的。(7)其他不符合中国有关法律、法规和规定的。

已取得《进口药品注册证》的进口药品,下列情形属补充申请:(1)《进口药品注册证》注明的通用名称、商品名、公司名称、生产厂名称等改变。(2)质量标准、生产工艺、有效期等改变。(3)适应症增加。(4)说明书内容改变。(5)包装和标签式样、内容改变。(6)处方中辅料改变。(7)产地改换。(8)药品规格改变或增加。(9)包装规格改变或增加。(10)其他对标准注册时申请内容有任何改变的。补充申请需填写《进口药品补充申请表》连同《进口药品申报资料细则》规定的补充申请资料,报国家药品监督管理局审查批准。申请增加适应症,须在中国进行临床试验;药品质量标准改变的,须进行质量标准复核。改换产地、增加药品规格的补充申请,必须在原《进口药品注册证》有效期满至少12个月前提交;不足12个月的,可按照《进口药品注册证》的换发和审批的规定,申请换发《进口药品注册证》,同时申请改换产地、增加药品规格。改换产地、增加药品规格的补充申请经国家药品监督管理局审查批准后,核发新产地、新增加药品规格的《进口药品注册证》,新注册证号为原注册证号前加字母B构成,注册证有效期以原注册证为准。《进口药品注册证》规定内容的补充申请,如变更包装规格、通用名称、商品名、公司名称、生产厂名称等、国家药品监督管理局审查批准后,核发新的《进口药品注册证》,原注册证即行作废,并由国家药品监督管理局收回;增加包装规格的补充申请,包括进口分装生产所需大包装规格,国家药品监督管理局审查批准后核发新的《进口药品注册证》,原注册证可继续使用。新注册证号为原注册号前加字母B构成,注册证有效期以原注册证为准。进口药品中文说明书和质量标准的补充申请,经国家药品监督管理局审查批准后,下发修订后的说明书和质量标准,原说明书和质量标准即行废止。进口药品的包装、标签的式样和内容仅有微小改变的,应向国家药品监督管理局申报备案。

(张旭娟 师湘瑜)

jinkou yaopin jinkou jianyan

进口药品进口检验(inspection on import medicine) 国家药品监督管理局根据进口药品管理工作的需要,设立口岸检验所,负责已注册品种的口岸检验工作。中国药品生物制品检定所负责对进口药品检验工作进行组织、协调和指导,对有争议的检验结果进行技术仲裁,其对进口药品的技术仲裁结果为最终结论。进口药品必须按照《进口药品注册证》载明的质量标准,逐批全项检验。进口药品必须从口岸药品检验所所在城市的口岸组织进口。从其他口岸进口的,各口岸药品检验所不得受理检验。生物制品的进口检验,由中国药品生物制品检定所负责或国家药品监督管理授权的口岸药品检验所负责。进口药品到达口岸后,进口单位须填写《进口药品报验单》,持《进口药品注册证》(正本或副本)原件,到所在口岸药品检验所报验,并报送有关资料。如果是预防性生物制品、血液制品,还须同时出具国家药品监督管理局核发的《生物制品进口批件》;进口药材应同时出具国家药品监督管理局核发的进口药材批件。口岸药品检验所在收到《进口药品报验单》后,应及时查验进口单位报送的全部资料,核对药品数量,符合要求的,发给《进口药品报验证明》。海关放行后7日内,进口单位应将已交讫的海关税申报所在口岸药品检验所,并联系到存货地点现场抽样。口岸药品检验所应将所有进口货物数量与海关税单核对一致并完成抽样后,签署《进口药抽样录单》并将全部货物予以加封。未经检验合格的进口药品不得擅自拆封、调拨和使用。口岸药品检验所抽样后,应及时检验,并在规定时间内出具《进口药品检验报告书》。《进口药品检验报告书》应明确标有"符合规定,准予进口"或"不符合规定,不准进口"的检验结论。需索赔的,应及时出具英文《进口药品检验报告书》。进口检验的样品留存2年。对检验符合规定的进口药品,口岸药品检验所应及时启封,允许调拨、销售和使用;不符合规定的进口药品就地封存。进口单位对检验结果有异议时,应在收到《进口药品检验报告书》30日内向原口岸药品检验所申请复验;如对复验结果仍有异议的,可在收到复验结果30日内向中国药品生物制品检定所申请仲裁检验。未申请复验或经仲裁仍不合格的,不合格药品由存货地省级药品监督管理局监督处理。对检出的不合格进口药品,各口岸药品检验所须在7日内将检验报告书报国家药品监督管理局和中国药品生物制品检定所,同时送其他口岸药品检验所和存货地省级药品监督管理局。

(张旭娟 师湘瑜)

jinkou yaopin zhucezheng
进口药品注册证(registration certificate of imported medicine) 国家药品监督管理局核发的允许国外生产的药品在中国注册、进口和销售使用的批准文件。国家药品监督管理局各口岸药品检验所凭《进口药品注册证》接受报验。《进口药品注册证》分为正本和副本,自发证之日起,有效期为3年。《进口药品注册证》按统一格式编号,为注册证号。注册证号由字母X(Z或S)后接八位阿拉伯数字组成,前四位为公元年号,后四位为年内顺序编号;其中Z代表中药,S代表生物制品,X代表化学药品。《进口药品注册证》规定以下内容:药品通用名称、商品名、主要成分、剂型、规格、包装规格、药品有效期、公司、生产厂名称及地址;注册证有效期、检验标准、注册证证号、批准时间、发证机关及印鉴等。批准注册品种的每个不同规格,分别核发《进口药品注册证》;每个《进口药品注册证》最多登载两个包装规格。《进口药品注册证》只对载明的内容有效,其任何内容的改变必须报国家药品监督管理局审核批准。对部分批准进口注册的原料药、辅料、制剂半成品,国家药品监督管理局将在《进口药品注册证》备注中,限定其使用范围。

在注册证期满6个月前,国外制药厂商驻中国的办事机构或其在中国的注册代理应向国家药品监督管理局提出换证申请。超过注册证有效期的按新申请注册品种管理。申请换发《进口药品注册证》须填写《换发进口药品注册证申请表》,并报送相关资料。申报资料的具体要求,按《进口药品申报资料细则》的规定

执行。药品处方中辅料、生产工艺、质量标准和说明书等有变化的,须同时报送以下资料:(1)修改理由及其说明。(2)生产国国家药品主管当局批准此项修改的证明文件。(3)此项修改所依据的实验研究资料。国家药品监督管理局对申请换发《进口药品注册证》的品种进行审查,必要时,可安排质量考核或临床再评价,符合要求的,批准换发《进口药品注册证》,发给新的注册证号。有下列情形之一的进口药品,其换发《进口药品注册证》申请将不予批准:(1)发现严重不良反应的。(2)临床疗效不确切、质量不稳定的。(3)口岸检验两批不合格的。(4)已被国家药品监督管理局处罚两次以上(含两次)的。(5)其他不符合中国有关法律、法规和规定的。 (张旭娟 师湘瑜)

jinyun guiding
禁运规定(embargo regulations) 公共航空运输企业不得运输法律、行政法规规定的禁运物品的规定。禁止旅客随身携带法律、行政法规规定的禁运物品乘坐民用航空器。禁止旅客随身携带危险品乘坐民用航空器。除因执行公务并按照国家规定经批准外,禁止旅客携带枪支、管制刀具乘坐民用航空器。禁止违反国务院民用航空主管部门的规定,将危险品作为行李托运。危险品是指对运输安全构成威胁的易燃、易爆、剧毒、易腐蚀、易污染和放射性物品。

(张旭娟 师湘瑜)

jinzhi jiaoyi xingwei
禁止交易行为(act of forbiding trade) 证券法律所禁止的,在证券发行、交易等活动过程中发生的,各证券市场主体用欺诈方式损害他人利益,破坏市场秩序的行为。

包括内幕交易、操纵市场、欺诈客户和其他禁止交易行为。 (傅智文)

jinzhi longduanfa zhongxin lun
禁止垄断法中心论(theory of centralization of anti-trust law) 第二次世界大战之后出现的,和非以垄断禁止法为中心论相对应的经济法学说。该说认为,经济法是国家对市场支配行为进行规制的法律。随着限制自由竞争的市场支配行为的出现,国家为了维持竞争秩序而介入市场。所以应当把市场支配行为作为经济法的独特的规制对象,这也就是经济法与其他法律部门相区别的原因所在。所以,禁止垄断法应当是经济法的核心。其中,"正田说"认为,经济法是规制以垄断为中心的经济从属关系法;"丹宗说"认为,经济法是国家规制市场支配的法,是国家为维持竞争秩

序而介入市场的法。　　　　　　（赵　玲）

jinzhi xiaoshou shiyong de jinkou yaopin

禁止销售、使用的进口药品（import medicine being prohibited from sale and applying）　国家规定的禁止在我国境内销售和使用的进口药品。包括：（1）未取得《进口药品注册证》、《生物制品进口批件》或《进口药材批件》进口的药品。（2）伪造、假冒《进口药品检验报告书》销售的药品。　（张旭娟　师湘瑜）

jinzhi yong fuyinji fuyin renminbi

禁止用复印机复印人民币（prohibition of counterfeiting RMB from copy machine）　为了维护人民币的正常流通，1984年10月22日国务院办公厅转发了中国人民银行、公安部《关于禁止用复印机复印人民币的报告》，该报告规定，严禁复印货币、外汇兑换券和有价证券、有价票证（经政法和纪检部门批准，在刑事、民事诉讼活动和纪检工作中需作为法律、纪检证据的除外）。对用复印机复印人民币的行为，应分别情况严肃处理。确属不是有意伪造人民币的，应予批评教育，造成不良后果的，应给予行政处分。对有意伪造人民币的不法分子，应按照《刑法》规定处罚。各地如发现用复印机复印的人民币，要及时报告当地公安机关和人民银行。　　　　　　　　　（官　波）

jinzhi zai xuanchuanpin chubanwu ji youguan shangpin shang shiyong renminbi waibi he guojia zhaiquan tuyang

禁止在宣传品、出版物及有关商品上使用人民币、外币和国家债券图样（prohibition of use of designs of RMB, foreign currency and treasury bill on propaganda and publication and materials concerned）　中国人民银行、公安部、国家工商行政管理局、新闻出版局、电影电视部联合于1991年3月26日发出《关于禁止在宣传品、出版物及有关商品上使用人民币、外币和国家债券图样的通知》，强调任何单位和个人不得以任何形式模仿人民币式样印制内部票券，禁止用复印机复印人民币，禁止采用完整的人民币、外币和国家债券图样（不论是原大或缩印样）印刷广告宣传品、出版物及其他商品。各地的印刷、出版、影视、广告及其他商品制作部门要严格按照国务院和中国人民银行的有关规定，加强对广告宣传品、出版物及有关商品的制作审批管理，以有效地防止完整的人民币、外币和国家债券图样在广告宣传品、出版物及有关商品上再度出现。各级工商行政管理机关应加强对印刷、复印企业的监督管理，各地工商、新闻出版行政管理部门应坚决、及时查封和就地销毁市场上出售的印有完整人民币、外币和国家债券图样的广告宣传品、出版物及有关商品；对已经售出的，可处销售款等值以下的罚款，同时，追究有关单位及其制作审批部门的责任。　　　　　　　　　（官　波）

jingchang xiangmu keduihuan

经常项目可兑换（current account convertibility）本国居民可在国际收支经常性往来中将本国货币自由兑换成其所需的货币。国际货币基金组织对经常项目可兑换性作了明确的定义，在《国际货币基金组织协定》第八条款中对基金成员国在可兑换性方面应承担的义务作了具体的规定：（1）避免对经常性支付的限制，各会员国未经基金组织的同意，不得对国际经常往来的支付和资金转移施加汇兑限制。（2）不得实行歧视性的货币措施或多种汇率措施。歧视性的货币措施主要是指双边支付安排，它有可能导致对非居民转移的限制以及多重货币做法。（3）兑付外国持有的本国货币，任何一个成员国均有义务购其他成员国所持有的本国货币结存，但要求兑换的国家能证明。总之，经常项目可兑换，是指一国对经常项目国际支付和转移不予限制，并不得实行歧视性货币安排或者多重货币制度。这是一国成为《国际货币基金经织协定》第八条款国后必须承担的国际义务。我国于1996年12月宣布接受国际货币基金组织第八条款，实现人民币经常项目可兑换。　　　　　　（王连喜）

jingchang xiangmu waihui

经常项目外汇（foreign exchange of current account）　国际收支中经常发生的交易项目，包括贸易收支、劳务收支、单方转移等项目中发生的外汇。我国现已实现人民币经常项目下可兑换，国家对经常性国际支付和转移不予限制。《国际货币基金组织协定》第8条第2款规定成员国有义务避免限制经常性外汇支付。我国1997年《外汇管理条例》在经常项目外汇的管理上，实行对居民从严、对非居民从宽的原则。境内机构的经常项目外汇必须遵守以下规定：（1）境内机构的经常项目外汇必须调回境内，不得违反国家有关规定将外汇擅自存放在境外。（2）境内机构的经常项目的外汇收入，应当按照国务院关于结汇、售汇及付汇管理的规定卖给外汇指定银行，或者经批准在外汇指定银行开立外汇账户。（3）境内机构经常项目使用的外汇，应按照国务院关于结汇、售汇及付汇的规定，持有效凭证和商业单据向外汇指定银行购买支付。（4）境内机构的出口收汇和进口付汇，应当按照国家关于出口收汇核销管理和进口付汇核销管理的规定办理核销手续。经常项目下个人外汇管理应遵循如下规定:(1)属于个人所有的外汇,可以自行持有,也可以存入银行或者卖给外汇指定银行;个人的外汇储蓄存款,实行存款自愿、取款自由、存款有息、为储户保密的原则。(2)个人因私用汇,在规定限额以内购汇。超过规定限额的个人因私用汇,应当向外汇管理机关提出申请,外汇管理机关认为其申请属实的,可以购汇。个人携带外汇进出境,应当向海关办理申报手续;携带外汇出境,超过规定限额的,还应当向海关出具有效凭证。(3)个人移居境外的,其境内资产产生的收益,可以持规定的证明材料和有效凭证向外汇指定银行购汇汇出或者携带出境。(4)居住在境内的中国公民持有的外币支付凭证、外币有效证券等形式的外汇资产,未经外汇管理机构批准,不得携带或者邮寄出境。经常项目下外国驻华机构和来华人员的外汇管理应当遵循以下规定:(1)驻华机构和来华人员的合法人民币收入,需要汇出境外的,可以持有关证明材料和凭证到指定外汇银行兑付。(2)驻华机构和来华人员由境外汇入或者携带入境的外汇,可以自行保存,可以存入银行或者卖给外汇指定银行,也可以持有效凭证汇出或者携带出境。

(王连喜)

jingjiren guanli

经纪人管理(administration of broker) 对于在经济活动中,以收取佣金为目的,为促成他人交易从事居间、行纪或者代理等经纪业务的公民、法人和其他经济组织进行管理的活动。其目的是确立经纪人的法律地位,保障经纪活动当事人的合法权益,规范经纪行为,促进经纪业的健康发展。经纪人的合法权益受国家法律保护,任何单位和个人不得侵犯。

各级工商行政管理机关负责对经纪人进行监督管理。其主要职责是:(1)经纪资格的认定;(2)经纪人的登记注册;(3)依照有关法律、法规和相关规定,对经纪活动进行监督管理,保护合法经营,查处违法经营;(4)指导经纪人自律组织的工作;(5)国家赋予的其他职责。具备下列条件的人员,经工商行政管理机关考核批准,取得经纪资格证书后,方可申请从事经纪活动:(1)具有完全民事行为能力;(2)具有从事经纪活动所需要的知识和技能;(3)有固定的住所;(4)掌握国家有关的法律、法规和政策;(5)申请经纪资格之前连续3年以上没有犯罪和经济违法行为。从事金融、保险、证券、期货和国家有专项规定的其他特殊行业经纪业务的,还应当具备相应的专业经纪资格证书。已取得经纪资格证书的人员,经专门考核合格,取得专业经纪资格,由工商行政管理机关会同有关部门发给专业经纪资格证书。符合下列条件的人员,可以申请领取个体工商户《营业执照》,成为经纪人:(1)有固定的业务场所;(2)有一定的资金;(3)取得经纪资格证书;(4)有一定的从业经验;(5)符合《城乡个体工商户管理暂行条例》的其他规定。个体经纪人以自己的名义从事经纪活动,并以个人全部财产承担无限责任。除经纪人事务所、经纪公司、个体经纪人外,其他经济组织从事经纪活动,需经所在地工商行政管理机关核准,并办理登记注册。

经纪人依法进行经纪活动,受国家法律保护,任何单位和个人不得非法干预。凡国家允许进入市场流通的商品和服务项目,经纪人均可进行经纪活动;凡国家限制自由买卖的商品和服务,经纪人应当遵守国家有关规定在核准的经营范围内进行经纪活动;凡国家禁止流通的商品和服务,经纪人不得进行经纪活动。经纪人从事经纪活动所取得的佣金是合法收入。

(苏丽娅)

jingjifa

经济法(economic law) 调整国民经济运行过程中形成的经济关系的法律规范的总和。这一定义是由"国民经济运行"、"经济关系"和"经济法律规范"三个要素构成的。这三个要素是经济法定义的核心要素,它限定了经济法的基本含义,是经济法与其他法相区别的主要标志。国民经济运行要素规定了经济法的存在和作用领域,即经济法存在于国民经济运行过程之中,并且作用于国民经济运行。经济关系要素规定了经济法调整的具体领域,即经济法调整国民经济运行过程中参与经济活动的主体之间所形成的经济关系。经济法律规范是经济法的构成基础,即经济法是由跨部门法的、失去部门法属性的、具有经济性这一共同本质和同一调整机能的经济法律规范所构成的。

(赵 玲 邓卫卫)

jingjifa benzhi shuxing

经济法本质属性(essential attributes of economic law) 经济法是调整国民经济运行的法,它的本质属性是对基础性经济关系和调节性经济关系,即复合经济关系,进行调整的法律。法的本质属性是法的根本含义,是法与法相区别的依据。法的本质属性,可以从两个层面加以界定。在法与其他社会规范的相互关系层面上,法的本质属性是其社会性、阶级性;在法体系内部,法与法的相互关系的层面,某一法的本质属性是它作为本法的特殊规定性。

基础性经济关系是基本的、本原性的关系,它是社会经济关系的基础;调节性经济关系是国家为了适应国民经济运行的需要,从国民经济总体立场出发,对基础性经济关系进行调节所形成的关系。在生产社会化的条件下,基础性经济关系与调节性经济关系都不可能单独存在。国民经济运行所形成的关系,是复合经济关系。调整这样的经济关系的法,可称之为"复合关系法"。在人类社会经济未形成和确立"国民经济运行"之前,调整自然经济或简单商品经济的法,是"经济权力法";调整自由放任市场经济的法,是"经济权利法"。经济法作为调整复合经济关系的法,既与经济权力法、经济权利法区别开来,又与所谓"经济民法"、"经济行政法",乃至"经济刑法"区别开来。

复合经济关系包括经济活动复合经济关系和经济组织复合经济关系两个方面。其中,经济活动复合经济关系包括所有权复合经济关系、交易复合经济关系,以及分配和消费复合经济关系。经济组织复合经济关系包括经济管理复合经济关系、经济支配复合经济关系、经济强制复合经济关系、经济监督复合经济关系,以及经济处罚复合经济关系。 (赵 玲)

jingjifa daxitong
经济法大系统(large system of economic law) 经济法在经济法系统内部,按照一定的规律进行的对国民经济的调整所形成的体系。它是经济法机制形成的前提条件。经济法系统具有四个方面的基本特征。第一,体系的合理性。包括经济法体系存在的合理性和体系结构的合理性。体系存在的合理性指经济法体系具有自己的宗旨和目标,即维持国民经济的总供给与总需求的平衡。体系中的组成部分虽然各自具有具体的宗旨和目标,但这些宗旨和目标都统一于经济法体系的宗旨和目标之中。体系结构的合理性指经济法体系内部诸多构成要素之间紧密联系。经济法系统内部的构成要素,按照不同的标准可以作出不同的分类。如果从时间顺序的推延来看,具有立法、执法、守法、司法、法律监督等系统构成要素。将上述要素连接起来,即构成经济法的运行机制。如果从空间角度来看,也存在经济法体系的诸多亚体系,如主体系统、规范系统、价值系统、秩序系统等。这些体系也可以被理解为经济法系统的构成要素。上述亚体系也由许多要素构成,如经济法的规范系统包括规则、原则和法律制度等要素。第二,体系的规模较大。规模大是经济法体系的显著特征。经济法体系内部诸多要素之间有机联系,并作用于国民经济运行,构成了经济法机制。就经济法规范而言,立法者通过对立法需求进行评价,进行价值整合,实现诸多经济法规范和谐统一。这种价值上的整合,在形式上反映为经济法规范之间的整合。第三,行为反映的关联性和整体性。动态经济关系的变化,必然导致经济法调整的变化。经济法调整的变化,既包括经常发生的经济法的立、改、废,还涉及经济执法和经济司法等多种构成要素的链状变化。第四,经济法体系结构具有多重从属结构。经济法体系是由诸多组成部分构成的,而每一部分又由诸多要素构成。就经济法律制度而言,诸多经济法律、法规、规章以及散见于其他法律规范中的经济法律规范,按照一定的类型组成种经济法律制度;若干经济法律制度又组成类经济法律制度;若干类经济法律制度最终构成经济法体制。这种从属结构,确保了经济法体系的统一性和调整的有效性。 (赵 玲)

jingjifa de baozhang jizhi
经济法的保障机制(mechanism of the protection of economic law) 保障经济法的立法目的得以实现的机制。经济法由形式转化为现实时,其立法目的不一定能够得到完全实现。主要原因在于两个方面:一方面是主体的行为不合法,从而产生社会冲突,导致经济立法所分配的利益无法在主体之间得到有效配置;另一方面是经济法律所分配的利益资源有限。针对这两种情况,经济法主要有两种保障机制:一是冲突解决机制;二是资源增益机制。冲突解决机制包括协商、调解、经济仲裁、经济行政处理、经济司法等。资源增益机制涉及经济立法作出增益决策、经济执法实现利益增益,以及经济司法保障利益增益。 (赵 玲)

jingjifa de bijiao fangfa
经济法的比较方法(method of comparison in economic law) 对经济法律以及经济法理论进行比较研究的方法。比较的内容主要包括:经济法与相邻法及其他法的比较;不同法系的经济法的比较;一国之内不同历史时期的经济法理论和实践的比较;各国经济法学说、流派的比较等。其中重要的是,不同经济基础的国家之间有关经济法理论和实践的比较,以及各国经济法作用机制的比较。经济基础不同,经济法的性质也不同。即使是同一类型的经济法,由于具体的立法目的、制定机关和制定程序的不同,也决定了经济法具有不同的渊源和形式。在同一经济发展阶段,具有相同经济基础的国家,由于各国的国家制度、政治和经济观点、法律意识、历史传统、民族特点、习惯、地理环境、国内各种政治力量对比关系,以及国际经济环境等的不同,其经济法也不同。经济法的调整对象是国民经济运行过程中产生的关系,因此不同国家的经济立法存在大体相同或者相近的条文。但是,由于作用机制的不同,即使是相同或者相近似的法律条文,也会产生不同的社会经济效果。因此,在经济法研究中,应当采用比较的研究方法。 (赵 玲 白 彦)

jingjifa de fanwei jizhi
经济法的范围机制(mechanism of economic law's scope) 经济法的调整的范围,经济立法的规模以及经济法的制定和适用领域诸多方面的存在机制。在经济法的调整范围上，按照不同的标准可以作出不同的划分。以调整的经济关系的性质，可以将调整对象分为市场规制关系和宏观调控关系。按照经济法调整的等级的不同，可以将调整对象分为专门由法律调整的对象；由国家部委规章和地方法规、规章调整的对象；无条件地由任何规范性文件调整的对象。在立法规模上，不能把立法规模仅仅理解为经济法律、法规在数量方面的多寡，而且还应当理解为经济法律、法规的完善化和系统化。同时，还应当强调对现行立法进行及时的清理，以解决立法的繁杂和互不协调的问题。在经济法的制定和适用领域上，全国性的经济立法，由国家权力机关制定，并在全国适用；地方性经济法规，则由地方权力机关制定，并在该地区适用。这与其他法律的制定和适用领域方面的理论是相同的。但是，经济立法具有特殊性，即存在地方保护主义问题。因此，必须强调地方立法的国家意志性与地方意志性的统一。

（赵 玲）

经济法的方法论原则（methodological principles in economic law）

唯物辩证法是经济法理论研究的基本方法论原则，在方法论体系中居于主导地位。唯物辩证法是关于自然界、人类社会、思维和发展的最一般规律的科学。它是由客观现象的内部矛盾引起的发展，在发展中认识客观现象的理论和方法。这是将唯物辩证法与具体的研究方法加以区别的根本原因。唯物辩证法贯穿于经济法理论的所有领域。运用唯物辩证法，能够揭示经济规律、经济法律关系，以及经济法学科的本质。唯物辩证法对于经济法学科的研究具有重要意义。从国民经济运行的历史和现状出发，研究法律调整的规律性；从法与经济的关联性出发，研究经济关系和法律关系的统一性，以及具体的表现形式和实现方法等；从矛盾的观点出发，研究国民经济本身的矛盾、经济法律、法规本身的矛盾，以及经济与法的矛盾和解决途径、手段和方式；从历史性、社会性出发，研究利益关系、阶级关系，以及利益、阶级对法的要求；研究经济法的发展、变化；研究经济法的范畴、体系的社会规定性。唯物辩证法是毫无片面性的学说，应当加强唯物辩证法对经济法学科建设的指导。

（赵 玲 白 彦）

经济法的基础调整机制（mechanism of basic-regulation of economic law）

经济法调整基本经济关系和周期性经济关系的机制。经济法机制是多层次的复杂系统的链状的运行过程。经济法基础机制包括两个方面：一是基本调整机制，即基本社会经济关系的调整机制；二是周期调整机制，即周期性经济关系的调整机制。经济法的其他机制，都是由基础机制派生出来的。两种机制产生于同一调整过程，因此是不可分割的。之所以将其区分为两种调整机制，是一种理论上的抽象。基本调整机制主要针对的是"横向截面"的经济关系。相应的，存在四种下一位阶的调整机制，即货币关系调整机制、投资关系调整机制、企业经济关系调整机制和消费关系调整机制。周期调整机制主要针对的是"纵向截面"的经济关系。相应的，也存在四种下一位阶的调整机制，即经济过热运行期调整机制、经济萧条运行期调整机制、经济危机运行期调整机制和经济恢复运行期调整机制。

（赵 玲）

经济法的结构机制（mechanism of economic law's structure）

经济法体制中的各种经济法规范、法制度等构成有机联系的统一整体。国民经济结构是经济法结构的基础。与国民经济结构相适应，经济法结构一般包括：产业法结构、分配法结构、交易法结构、消费法结构。从经济法的创设主体出发，经济法结构还可以分为法律结构、行政法规结构和地方性法规结构等。在经济立法的规模上，虽然经济法律、法规的数量是构成经济法系统的基本要素之一，但更应强调诸多经济立法之间的有机整合，即构成逻辑上紧密联系的统一整体。比如，由于行政法规数量较大，彼此之间难免存在冲突之处；相当多的地方性经济法规与法律，乃至宪法相抵触，因此有必要及时对法的结构关系进行适当清理。法的结构机制的概念，对于如何处理现有经济法结构，使之合理化，以及在结构性变动中使之趋于优化等问题，是非常必要的。

（赵 玲）

经济法的禁止性调整（blocking regulation of economic law）

指令性调整的方式之一。法律、法规直接规定不允许经济法主体进行某种活动的调整方法。禁止性调整从否定方面认识、描述经济法的规范运作，一般在法规范中使用"禁止"、"不准"、"不得"、"制止"、"不允许"等字样。因违禁行为能够直接定性并产生相应的法律后果，所以禁止条款必须十分明确。我国企业法以禁止方式调整的有两种情况：其一，确定禁止经营的范围。《中外合资经营企业法实施条例》第5条规定，申请设立合营企业有下列情况之一的，不予批准：有损中国主权的、违反中国法律的、不符合中国国民经济发展要求的、造成环境污染的等。禁止举办外商投资企业的具体领域包括：国防工业；新闻；广播；邮政；国内航空等。其二，规定禁止的具体行为。

例如公司法规定,公司不得收购本公司的股票;合伙企业法规定,合伙企业不得在其名称中使用"有限"或"有限责任"字样。禁止与不作为不同。不作为是指行为人有实施某种行为的特定义务并且能够实施,却消极地不实施这种行为。禁止的法律要求是"不应当为"、"不作为",若作为则行为无效。不作为的法律要求是"应当为",若不为则违法。

禁止性调整所要求的主体包括一般市场主体,也包括管理主体,即国家经济管理机关。如《产品质量法》第5条规定了禁止生产者、销售者进行伪造、冒用、欺诈等行为,该法第50条、53条则规定了生产者、销售者违反第5条时应受的制裁。再如《税收征收管理法》第28条规定了税务机关不得违反法律、行政法规的规定开征、停征、多征、少征、提前征收、延缓征收或者摊派税款。该法第83、84条则规定了税务机关违反第28条时应承担的法律责任。 (刘继峰)

jingjifa de kongzhilun fangfa
经济法的控制论方法(method of cybernetics in economic law) 研究经济法采用复杂动态系统中的指挥、控制、协调及自调、反馈等方法。控制论着眼于对象系统的综合性,并从控制的观点来研究系统的运动、演变的规律。经济法理论研究采用控制论的方法,在把国民经济总体运行及其法律调整作为一个系统的基础上,解决系统与子系统之间,以及子系统与子系统之间的协调关系和反馈关系;研究对国民经济运行进行法律控制的规律;认识法律调整机制内部的各个法律规范、法律制度的相互作用原理。 (赵 玲)

jingjifa de qiangzhixing tiaozheng
经济法的强制性调整(coercive/compulsory regulation of economic law) 任意性调整的对称。传统理论认为,经济法是对于市民法的自由放任经济加以变更和修正的法,为保障其调整的效果,必然采取以权力为基础的强制性调整方法。强制性调整的合理性在于,把握住了经济法调整的基本特点。但强制性调整作为经济法的唯一调整方式则脱离了经济法律制度的具体调节方式。

早期对经济法调整方式的研究中,基于经济法是对民法矫正的认识,多将强制性调整视为区别于民法的任意性调整的一种特有的方式看待,带有与私法对应的公法的调整方法的特征。日本学者金泽良雄认为,强制性调整包括三种情况:第一种,在一定行为被一律禁止是十分必要的情况下,例如刑法中对经济犯罪行为的调整;第二种,在法律规定的范围内,为适合更具体的情况,在有必要授权行政机关行使权力的情况下采用,例如自然资源开发利用的许可;第三种,在为了满足特定的调节的要求,有必要对私法关系加以变更、修改的情况下,例如对合同关系的矫正。

强制性调整,只能依法进行。法律的强制性调整要求经济主体必须为或不为、禁止为一定行为的调整方式。强制性调整不仅仅指后果模式强制性。法律规范的构成包括假定、处理和制裁,强制性调整指三要素的同时强制性。不能以强制性制裁代替强制性调整或以为强制性调整仅指制裁的强制性。

强制性调整不仅仅是经济法的独有调整方式,其可以普遍适用于刑法、行政法的调整,经济法强制性调整的独特性只能依强制性调整的具体表现是什么体现出来,经济法的强制性调整包括指令性调整中的限定方式、禁止方式、义务方式、指示方式;修正性调整、引导性调整的价值方式。当代,对经济法调整方式的认识已经摆脱了部门法"特有"、"独有"的单一性认识,经济法的调整方式有多种,强制性只是诸多调整方式分类特点的一种高度抽象,因此,强制性调整已被更为具体的调整方法所取代。 (刘继峰)

jingjifa de shouquanxing tiaozheng
经济法的授权性调整(authorizational regulation of economic law) 授权性调整属于指令性调整方式,是指国家立法者通过授予相关国家机关以及从事经济活动的自然人、法人和其他组织以权利来协调经济运行的调整方式。授权的主体是国家立法者,包括立法机关和享有行政立法权的行政机关。授权性调整一般表现为"可为模式"的规则,立足于当事人意思自治,强调主体有权做或不做一定行为。与此不同,经济法的授权性调整,立足于国家协调经济运行的意志,强调被授予的权力(利)的非固有性和来源的合法性。

根据授权内容的不同,经济法的授权性调整可以分为通过授予权力进行调整或通过授予权利进行调整两种类型。前者主要表现为向国家机关授予经济管理职权,并成为其协调经济运行的权力来源的依据,比如《中华人民共和国价格法》中授权价格主管部门对特定商品和服务制定政府指导价和政府定价,《中华人民共和国中国人民银行法》授权中国人民银行执行货币政策职能,《中华人民共和国银行业监督管理法》授权国务院银行业监督管理机构负责对全国银行业金融机构及其业务活动进行监督管理等,被授权主体对此种权力不得随意转让、放弃,应当按照法律的规定严格履行。此外,被授予权力的主体不限于国家机关,还包括某些组织和个人,比如《中华人民共和国税收征收管理法》中规定的扣缴义务人,相对于纳税人来说,即是在行使公权力。后者主要表现授予平等经济法律关系中的一方当事人权利,以保护其合法权益,通常该方当事人相对于另一方来说处于实质上不平等的地位,如消费者,《中华人民共和国消费者权益保护法》即赋予其知情权等一系列权利,以矫正这种事实上的不平等,并进而维护市场经济秩序,当然,此等权利当事人可以放弃。需要指出的是,经济法通过授予私权利进行调整经济关系时,相对应的是对方当事人的义务,有时法律也会以直接规定该方当事人义务的方式来进行调整,比如《中华人民共和国证券法》中规定的上市公司的强制信息披露义务,这视法律实施的方便和保护法益的侧重不同而定。

(刘继峰)

jingjifa de tiaozheng fanwei

经济法的调整范围(regulatory scope of economic law) 自经济法产生以来,人们一直热衷于经济法调整对象的研究。我国学者对经济法调整对象的研究,基本是在改革开放以后形成的,最初的观点主要受苏联以 B. B. 拉普捷夫为代表的现代经济法学派的影响,认为经济法的调整对象是纵向和横向的经济关系即"纵横经济关系",这种主张是以经济关系的向性作为比喻,将经济管理关系比喻为纵向经济关系,将经济组织进行经济活动中产生的经济协作关系比喻为横向的经济关系。认为,在社会主义条件下,国家是整个社会主义经济的组织者和领导者,无论进行经济活动还是领导经济活动,都形成统一的社会主义经济关系,在社会主义经济关系中,经济要素与计划、组织要素结合在一起,调整纵向经济关系和横向经济关系的法律规范组成一个统一的经济法部门。

目前,学术界对经济法的调整对象问题尚未形成一致的看法。实际上,关于经济法的调整问题,可以首先确定经济法的调整领域,在确定了经济法的调整领域后,随着经济法学术研究的推进,人们在逐渐认识和把握经济法的内涵和本质后,将会就经济法的调整问题形成共识。经济法的调整领域突破了传统法理将行为确定为法律调整对象的限制,当代经济法调整的客体除行为外,还应包括主体、行为、关系、状态结构等等,经济法调整的领域是国民经济运行中产生的经济关系,这种经济关系是国民经济运行过程中,基于经济活动所形成的主体间的相互关系,它是生产社会化、国民经济体系化和垄断经济国际化的产物。国民经济运行是相互依存、相互制约的产业部门、经济环节,通过一定程序、方式和手段而实现的社会经济运转,国民经济运行的要素包括运行目标、运行主体、运行过程、运行机制和运行态势等,国民经济运行关系是统一的、总合型的、周期性经济关系,构成一个有机整体,集中表现为国民经济的结构关系、平衡关系、比例关系、周期关系和区域关系等,各个具体经济关系之间相互联系、相互制约,形成一个不可分割的统一体。国民经济运行中产生的经济关系的具体范围是从国民经济运行总体出发确定的,是国民经济运行过程中形成的经济关系的表现,国民经济运行中形成的经济关系具体范围包括经济组织关系、经济活动关系、经济竞争关系、经济调控关系、经济管理关系、经济监督关系和涉外经济关系。

(吕家毅 刘继峰)

jingjifa de tiaozheng fangshi

经济法的调整方式(regulatory ways/methods of economic law) 经济法规范作用于国民经济运行并对其形成的具体经济关系进行调整的方式。

经济法的调整方式与现代国家活动方式改变紧密相关,国家借助于法,实现对国民经济的组织和领导,从而使经济活动主体相互之间、国家与经济活动主体之间所形成的经济关系按照法所需要的方向、限度得到调整,以保障国民经济良性运行。

与民商法及行政法调整方式相比较,经济法调整的方式具有多样性。调整方式多样性的存在是由于经济的复杂性和国家身份的多元性决定的。国家既是政治主体也是经济主体,国家履行行政职能,也执行经济职能。当代市场经济主体的广泛性决定了经济关系具有多层次、立体性特征,简单商品经济时期单一经济关系被多元经济关系代替。它要求国家参与到社会经济生活之中发挥经济调节职能,但又不能替代和取消社会经济的自身调节。国家在依法行使经济职能时依据不同的目标施以不同的调整方法,经济法由此被赋予了多种调控方式。

在经济法的发展历史上,曾将经济法的调整方式与经济法律责任形式混淆在一起,认为经济法的调整方式就是民事制裁的方式、行政制裁的方式、刑事制裁的方式等。法的制裁方式是法律责任的保障形式,其前提是法律义务的违反,表达的是对消极的法律后果的补救。在经济法律关系问题上,调整方式是经济法律关系产生的前提。经济法律制裁方式是维护经济法律关系的手段,是规范方式和后果形式,不能与调整方式混淆。

经济法调整方式主要包括:指令性调整、修正性调整、引导性调整、参与性调整、惩罚性调整。每种调整方式还有其子方式。

传统法学认为的强制性调整和任意性调整的二元划分,是建立在公法和私法对立基础上的,经济法产生过程中的公法私法化和私法公法化,打破了公法、私法的二元划分,相对应的调整方式的二元划分也失去了存在的基础。

(刘继峰)

jingjifa de tiaozheng fangshi jiegou

经济法的调整方式结构(structure of regulatory ways/methods of economic law) 作用于国民经济运

行并对其形成的具体关系进行法律调整的诸多相互功能不同的调整方式的有机搭配与排列。

法的调整方式结构产生的条件是法制度具有多重结构。仅依靠一种调整方式的法制度内部不存在方式结构。经济法的调整方式适应国民经济的复杂性而具有多样性，即经济法的指令性调整方式、修正性调整方式、引导性调整方式、参与性调整方式、激励性调整方式。

经济法调整方式结构是统一综合结构，不是单一结构；经济关系的广泛性和多层次性决定了经济法的调整方式不可能限于一种，多种调整方式不是孤立的，它们是处于共同的法益之下，即保障国民经济良性运行的各种手段的有机联系整体。某一种调整方式的运用将改变相应的经济关系，这种经济关系的改变为适用其他经济法调整方式提供了经济基础，所以各种经济法调整方式相继适用或几种经济法调整方式同时适用是调整结构的特点。

经济法调整方式结构是跨部门法结构，不是某一传统部门法的结构。建立在异质性法规范基础上的现代法部门内部的公法性规范和私法性规范的交错，改变了部门法原有的意义。法规范本身包含的调整方法已经超过了法部门的公、私法属性范畴，例如属于私法的公司法中包含有自治性调整、禁止性调整、限制性调整等，后两者就是经济法属性的规范。经济法的调整方式还体现在其他民商事部门法之中。

经济法调整方式结构是权力和权利的复合结构，不是单纯的权力调整结构或权利调整结构。经济法调整方式的内部结构要素包括权利和权力。经济法的调整区别于单纯的权利调整，即当事人之间的私法自治性调整，或单纯的权力调整，即公法强制性调整，而是权力和权利的复合调整。

（刘继峰）

jingjifa de xitonglun fangfa
经济法的系统论方法（method of systematical theory in economic law） 系统论的基本思想是把经济法对象当作结构、功能和行为的集合体进行研究的方法。系统论方法的基本特征是，在把握系统的概念、基本组成和性质的基础上，对对象从整体上进行分析。经济法理论把经济法制度、经济法意识和经济法律关系作为集合体加以研究。在经济法理论里，其研究对象的结构、功能和行为都必须按照一定目的和一定方向实现整合。应用系统论方法，能够解决经济立法的系统化、完善化；建立经济法理论的逻辑结构；引入一般范畴、共有范畴的恰当性问题。

（赵玲 白彦）

jingjifa de xianzhixing tiaozheng
经济法的限制性调整（restrictive regulation of economic law） 法律、法规直接规定了主体、行为、份额、时间、地域等界限范围的调整方式。

限定方式是处于自由和禁止之间一种方式，表明一种附条件的许可关系。法理学上的限制性调整主要基于两个理由：自然界的要求和社会利益的需要。自然界的要求主要是自然资源的有限性和自然环境的共有性，这些特性要求经济主体必须合理开发、利用自然资源和环境。社会利益指公共秩序、社会整体效率、消费者利益等，基于社会利益的需要，企业的行为不再属于自治性调整，而是法律强制性调整。

经济法限定方式调整的依据同样基于上述原因。经济法通过限定主体、行为、份额、时间、地域等界限范围，保障国民经济运行良好。对主体的限定，包括经济管理主体和经济权利主体。经济管理主体包括部门经济机关、职能经济机关和综合经济机关。不同的经济机关的职能被依法限定，如土地管理权限属于国土资源管理部门，税收管理属于税务机关。经济权利主体包括设立主体的限制和经济组织的权利能力限制。设立主体的限制体现在我国企业法中，如《中华人民共和国中外合资经营企业法》限定中方投资者是法人、其他经济组织，不包括个人。合伙企业、个人独资企业主体限定为自然人，不包括法人。权利能力直接表现为经济主体的资金实力和经营风险，其一经确定不得任意更改。对经济行为的限定主要源于社会公共利益，如企业从事经济活动的限定。对份额的限定是经济法数学方法的运用，经济法通过定量分析与定性分析结合，保障经济行为的度。如《中外合资经营企业法》规定外方投资者的投资不得低于注册资本的25％。时间的限定，如外商投资企业采取一次缴纳出资的，应在取得营业执照后6个月内支付，发起人应当在获得验资机构的验资证明后30天内召开创立大会等等。地域限定，如经济技术开发区的企业实行税收优惠等。

（刘继峰）

jingjifa de xinxilun fangfa
经济法的信息论方法（method of information theory in economic law） 运用信息论的观点，把经济法研究对象抽象为一个信息变换系统，把对象看作是信息的获取、传递、加工处理、输出、反馈即信息流动过程的研究方法。信息论方法是从信息系统的活动中揭示对象的运动规律的一种科学方法。在信息论方法看来，一个系统之所以能够做合乎目的的运动，是由于其中存在正常的信息流，特别是存在反馈信息。一旦信息流中断或者受阻，系统就不能维持正常的运动。而两个以上的系统之间的相互作用、相互联系，也只有通过信息流动并不断进行信息交换，才能够实现。经济法理论研究采用信息论方法，能够解决经济立法可行

性、适时性的论证；经济法规实施的社会效果的反馈；经济执法、司法系统的改进等。　　　　（赵玲　白彦）

jingjifa de yiwuxing tiaozheng

经济法的义务性调整（obligatory regulation of economic law）　是指国家在协调本国国民经济运行过程中所发生的经济关系时，通过制定相关的经济法律、法规，明确规定经济法律关系主体必须为或不为一定行为以及违反这种规定的否定性法律后果，并以行政和司法的措施保证其实现的调整方式。从属于经济法的指令性调整方式。

从法理学的角度来看，法律是以权利和义务为机制来调整人的行为和社会关系的，权利和义务是法律规范的核心内容，这就意味着，法律主要是通过权利性调整（也称为授权性调整）和义务性调整来实现法律的目的。经济法作为国民经济运行之法，其根本目的在于通过建立一整套经济法律法规，以实现国民经济的良性运行。经济法的义务性调整，主要体现为法律强制性的义务性调整，即国家通过义务性法律规范，明确规定法律关系主体必须为或不为一定行为，并在法律实施过程中由国家强制力保障法律关系主体依法行为，从而将这种义务性法律规范转化为国家与相关主体的经济法律关系，实现法律对社会经济关系的调整。

在经济法律关系中，这种义务性调整方式分散在各种具体法律制度中，义务包括作出一定行为和不作出一定行为两个方面，即积极义务和消极义务。积极义务如，市场主体在市场准入时必须进行工商登记制度，以及在经营药品生产、烟草经营、金融领域、广告经营等必须经过审批许可；不作为义务如董事不得从事内幕交易。《中华人民共和国产品质量法》详细规定了生产者和销售者在确保产品符合保障人身安全标准、遵守产品表示制度等方面的义务和责任，而在《中华人民共和国消费者权益保护法》中也明确规定了经营者在保障商品质量、提供真实信息、尊重消费者人格权利等方面的义务。这些义务性规范一般都内容具体、责任明确，为经济法的适用奠定了基础。
　　　　　　　　　　　　　　　　　（刘继峰）

jingjifa de zhicaixing tiaozheng

经济法的制裁性调整（punitive regulation of economic law）　国家机关对违法者依据法律、法规直接规定经济法上的责任形式实施的强制性的惩罚措施的调整方式。

法律制裁是法律责任的结果，法律责任是法律制裁的前提条件。法律责任依据部门法的划分分为民事责任、行政责任、刑事责任和违宪责任。经济法的制裁性调整融合了民事责任、行政责任和刑事责任，主要包括三个方面，第一是财产制裁，即赔偿金、违约金、罚款、没收等。在赔偿金中又分为一般性赔偿和惩罚性赔偿两种。惩罚性赔偿体现为承担超出受到损失之外的赔偿。惩罚性赔偿是基于对弱势群体的特殊保护而产生的，其目的是为了阻吓、惩戒违法者。《中华人民共和国消费者权益保护法》第49条规定的"双倍赔偿"即为惩罚性赔偿。另外，反不正当竞争法或反垄断法因涉及侵害消费者利益往往也规定了惩罚性赔偿，如我国台湾地区的《公平交易法》第32条规定了"如为事业之故意行为，得依侵害情节，酌定损害额以上之赔偿。但不得超过已证明损害额之3倍"。美国"克莱顿法"第4条规定："任何个人如果其经营或财产所受到的损害是由于反托拉斯法所禁止的任何行为而引起的，他将得到他所蒙受的实际损失的3倍赔偿。"在我国有学者认为，区别于行政罚款和一般民事赔偿，惩罚性赔偿是经济法所特有的赔偿制度。第二，组织管理制裁，是对经济组织的违法行为施以否定性评价或限制、停止其经营或主体资格的措施。包括警告、批评、限价出售、停止营业、吊销营业执照等。财产制裁可能不影响组织营业资格，也可以和组织管理制裁同时使用。在上述制裁方式中，最严厉的组织管理制裁是吊销营业执照，经济组织一经被处以该项制裁，即停止了其经营资格，在清理债权、债务之后，其主体资格也将取消。第三，司法制裁和仲裁制裁。这是从控制方式上确认经济法制裁形式。司法制裁是法院判决作出的制裁；仲裁制裁是仲裁机关裁决作出制裁。司法制裁和仲裁制裁都具有强制性。
　　　　　　　　　　　　　　　　（刘继峰）

jingjifa de zhouqixing tiaozheng jizhi

经济法的周期性调整机制（mechanism of periodical regulation of economic law）　国民经济的运行是一个动态的系统。在市场经济条件下，经济发展具有周期性或周期性波动。按照经济学原理，国民经济的运行周期分为四个阶段，第一个阶段是经济过热期，第二个阶段是经济萧条期，第三个阶段是经济危机期，第四个阶段是经济恢复运行期。经济法依据这一规律，进行阶段性的、有针对性的调整。相应的，形成了四种调整机制，即经济过热运行期调整机制、经济萧条运行期调整机制、经济危机运行期调整机制和经济恢复运行期调整机制。

在这四种调整机制中，存在两种立法系统，一个是"反周期法"，另一个是"顺周期法"。相应的，存在两种调整规则：一个是"反周期法"的"逆风规则"；另一个是"顺周期法"的"顺风规则"。反周期法调整机制虽然不能改变经济周期，但是能弱化经济波动，使国民经济平稳运行。顺周期法调整机制会加大经济波动，使国民经济恶性循环。经济规律属于客观规律,而立法则属于主观范畴。经济规律本身与如何利用经济规律不同。反周期法调整机制就是正确利用客观经济规律的结果。　　　　　　　　　　　　　（赵 玲）

jingjifa de zhushi fangfa
经济法的注释方法（method of notation in economic law） 对经济法律、法规的具体条文加以解释,以求得对其正确理解和适用的方法。作为理论研究方法,这种解释属于学理解释。学理解释一般包括文字解释、条理解释和逻辑解释三种。文字解释,是对语言文字的解释,多指对概念、术语的释义。由于同一概念、术语在不同的法规中可能具有不同的含义,因此需要对其从文字上加以解释。条理解释,就是系统的解释法规的内容,特别是具体条文。针对同一内容,由于立法目的和规制角度的不同,不同的法规可能有不同的规定。因此,条理解释应当以宪法为依据,注意法律、法规之间的联系,以求得对该法律、法规进行正确的解释。逻辑解释,是通过对法律、法规的内容和所用的概念的内在逻辑关系所作的分析,对法律、法规进行的解释。立法的目的在于实施法律,为了保证正确适用法律,对法规进行解释是非常必要的。但是,不能把注释方法作为研究法律的唯一方法,否则,很容易形成注释法学。　　　　　　　　　　（赵 玲）

jingjifa de zhuangtai jizhi
经济法的状态机制（mechanism of economic law's state） 经济法运行的各个阶段,即经济法在立法、执法、司法和守法各个阶段的实际效果。经济法的状态机制之一是相抵状态。经济立法的总目是一致的,但是由于具体的经济法规在功能和作用方向上不能产生同步的调整效应,因此它们的作用在实际上相互抵消。造成这种状态的主要因素在于:不同经济发展阶段、不同经济周期的立法目标有所不同;若干经济法规范在功能上的非互补性;执法、守法与经济法规定的差异性。经济法状态机制之二是空壳状态。经济法规范脱离经济规律,因而不能对经济产生实际效果。经济法的作用从法的规范之中离析出来,造成经济法规范的空壳化。经济法状态机制之三是连销倾斜状态。经济法顺周期而动,则会造成更大的经济波动。这些经济法既是"倾斜的",又是"连销的"。经济法状态之四是同步匹配状态。经济法规范应经济需求而产生,诸多经济法规范构成有机联系的统一整体,按照统一的目的进行调整,发挥整体性功能。同步匹配状态是经济法的理想状态。　　　　　　　　　（赵 玲）

jingjifa fangfalun
经济法方法论（methodology of economic law） 关于经济法方法体系的学说。广义上的经济法方法论是关于经济法理论和实践的方法的总原则和方法工具体系的理论,是关于经济法主体活动结构、逻辑组织,以及活动结果和活动方式的学说。经济法是一门新兴学科、边缘学科和发展中的学科。正确理解方法和方法论的问题,对于经济法理论体系的形成和完善,具有关键意义。各学科的发展史和思想史表明,正确的研究方法和科学的方法论,能够使这些学科摆脱幼稚,不断完善。因此,方法和方法论问题,是经济法理论研究中的重要问题。

当前,在国内外的经济法理论研究的方法论上,大体表现在构建体系、逻辑结构、范畴和基本理论等方面。第一,在构建体系方面,改变从经济学现成理论出发,依照部门经济的内容和序列,汇集经济法规,在基本附属经济法规的基础上构建经济法体系的方法。这种体系的构建方法,是从经济学的现成抽象出发,而不是从经济——法律的双向联系机制这一客观具体出发,因此是片面的。经济法理论的构建,应当从经济上的法律问题出发,通过经济学方法等研究方法加以分析、论证,从而得出法学上的结论。第二,在逻辑结构上,要求经济法的体系是逻辑的,而不是板块式的。任何一门学科的结构都应当是逻辑的,具有逻辑起点、逻辑主线,其理论内容也具有逻辑联系。第三,在范畴上,要求形成学科特有的基本概念和范畴。是否能够形成特有的范畴和范畴体系,是该门学科能否独立的重要标志。一门学科的范畴体系,是由各学科通用的一般范畴、相邻学科的共有范畴和本学科的自有范畴组成的。建立经济法学科的范畴体系,应当以严格可靠的范畴为依据,形成新概念、新范畴;恰当地引入相邻学科的科学范畴;确定范畴序列和联系链条。其中,最为重要的是,应当形成经济法学科特有的概念和范畴,并逐步形成范畴体系。此外,在引入其他学科的范畴时,应当把这些范畴固有的内涵和外延,注意引入的条件,不能把这些范畴作为自己学科的固有范畴。第四,在基本理论上,要求深入阐明、论证自己学科的特殊属性,并从该特殊属性出发,把握理论基本点和理论环节。应当对经济法理论的特殊属性进行研究。

经济法是新兴学科、边缘学科和发展中的学科,因此对方法论有特定的要求。新兴学科要求新的研究方法和新的方法论。国民经济运行的整体性和经济法律的整体性,是全新的经济事实和法律实施。经济法对于这种整体性的把握,应当借助于新的方法和方法论。比如系统论、控制论、信息论等。系统论把研究对象看作一个系统。系统由若干子系统构成,子系统之间相互联系、相互制约。运用系统论的方法,能够从整体上把握经济法理论的对象系统,并根据整体性的结果,把握理论发展的方向。控制论是从整体上对研究对象和客体进行控制的方法。这一方法,有助于经济法理论中有关对国民经济运行进行有效调节、控制和监督的理论研究。信息论注重信息的收集、处理和输出。这一方法,对于研究经济立法的可行性、经济执法和经济司法的适法性等,都具有重要作用。现有的研究资料表明,经济法理论和"新三论",即系统论、控制论和信息论,几乎同时出现。它们产生于大体相同的社会条件。经济法是一门边缘学科,学科之间的相邻领域是边缘学科的生长点。因此,交叉性是边缘学科的显著特征。经济法学科涉及许多领域,除经济学之外,还与管理学、自然科学、技术科学,以及其他法学领域密切相关。在经济法将属于不同领域的知识在新的条件下综合时,应当重新界定它们的性质、地位和功能,即经济法应当具有本学科的本质的规定性和表现形式。因此,科学抽象法成为经济法理论研究的基本方法。进行经济法理论研究,应当始终采用"从抽象上升到具体"的方法,在分析经济法学科与相邻学科的区别和联系中,界定自身的特殊属性。　　(赵　玲　白　彦)

jingji fagui
经济法规(economic regulation)　国家最高行政机关在法定职权范围内或者根据全国人民代表大会及其常委会的授权所制定的调整国民经济运行过程中形成的经济关系的规范性文件,以及省、自治区和直辖市的人民代表大会及其常委会根据本地区的具体情况和实际需要,在法定权限内制定的适用于调整本地区经济关系的规范性文件。经济法规立法是经济法的重要渊源,其效力仅次于宪法和经济法律。最高国家行政机关或省、自治区和直辖市的人民代表大会及其常委会依照法定职权和程序或者授权,进行制定、修改、废止调整国民经济运行过程中形成的经济关系的规范性文件的活动。

经济法规包括国务院颁布的经济法规和地方性经济法规。国务院颁布的经济法规全面具体地调整国民经济运行中某一方面的社会经济关系或者经济事项,除了根本性的需要由宪法和经济法律立法来加以调整的经济关系外,都可以加以规定。全国人民代表大会及其常委会可以根据需要授权国务院制定经济法规,也就是经济立法。授权经济立法和国务院依据职权颁布的经济法规具有同等效力。国务院颁布的经济法规应当在公布后的30日内报全国人民代表大会常务委员会备案。地方性经济法规调整需要根据地方的实际情况对经济法律和国务院颁布的经济法规作具体规定的经济事项,属于地方性经济运行中遇到的经济事项,以及国家尚未制定法律或者国务院没有颁布经济法规的经济事项。在国家制定的法律或者国务院颁布的经济法规生效后,地方性经济法规同法律或者国务院颁布的经济法规相抵触的规定无效,制定机关应当及时予以修改或者废止。省、自治区、直辖市的人民代表大会及其常务委员会制定的地方性法规应当在公布后的30日内报全国人民代表大会常务委员会和国务院备案。此外,作为国家最高行政机关的国务院所发布的对国民经济运行中形成的经济关系进行调整的决定和命令同国务院制定的经济法规具有同等的法律效力,也是经济法律的渊源。省、自治区的人民政府所在地的市,经济特区所在地的市和经国务院批准的较大的市的人民代表大会及其常务委员会可以根据本市的具体情况和实际需要,在不同宪法、法律、国务院颁布的经济法规和本省、自治区的地方性法规相抵触的前提下,可以制定地方性经济法规,报省、自治区的人民代表大会常务委员会批准后施行。较大的市的人民代表大会及其常务委员会制定的地方性法规应当在公布后的30日内由省、自治区的人民代表大会常务委员会报全国人民代表大会常务委员会和国务院备案。

(周永平)

jingjifa jineng
经济法机能(the enginery of economic law)　经济法的作用和功能的机理。不同的法有不同的机能,只有理解法的机能,才能揭示出某一种法特定性,从而将这种法和其他的法区别开来。寻找这种特定性形成的机理,从而真正把握这一事物,是科学研究的任务。"法的机能"术语创始于德国。德国学界将法的机能理解为法的"功效",即法的"有效性"。日本学者引入这一术语时,译为日文汉字"法的机能"。但是,这仍然是在"功能"的层面加以理解和使用。事实上,德日学者的观点未能揭示"法的机能"的实质含义。

准则功能、强制功能、保护功能和制裁功能,是法普遍具有的功能。经济法也具有这些功能。但是,这些功能在不同的法上的表现形式和实现的机理是不同的。这就涉及法的机能问题。我国法学学者刘瑞复引进法的机能术语,定义为法的作用和功能的机理,并从三个层面加以理解:(1)在社会规范层面上,国家意志性是法的机能之源,这一机能与道德规范、宗教规范和机能存在根本的区别。(2)在法体制层面上,国家法、经济法,以及行政法、刑法和民法除了共同具有法的一般机能之外,又具有各自的机能。比如国家法作为社会运行根本法的机能;经济法作为基础法的机能;行政法和刑法作为辅助法的机能等。(3)在同一法体制下的法制度层面上,不同的法律制度又具有不同的机能,比如合同法律制度中的经济合同、劳动合同、技术合同、民事合同、行政合同和国际经济合同等合同制度的机能又不尽相同。

经济法是调整国民经济运行过程中形成的经济关

系的法律制度,旨在保障国民经济统一、综合、协调、均衡发展。经济法具有统一综合机能和分工分业机能,即综合组织国民经济统一运行的机能和推动社会专业化分工,不断产生新的生产部门和行业,保障商品交换量的扩大和质的提高,实现物质分流、货币分流、技术分流、劳动力分流和信息分流合理化的机能。统一综合机能是通过组织机能和集约机能实现的。国家通过经济法,统一组织国民经济运行,从而把社会经济组织起来,进而实现国民经济的组织化。同时,国家通过经济法集中国家的经济力量,全面实现经济的集约化,以保障国民经济的良性运行和健康发展。 (赵 玲)

jingjifa jizhi
经济法机制(mechanism of economic law) 在经济法系统内部各要素之间相互联系、相互制约所产生的功能及作用的原理。经济法机制作为独立的经济法范畴之一,对于深入研究经济法的调整方法,对于研究对国民经济运行的最佳调整,对于保障国民经济的良性运行,以及保障经济立法的科学性,都具有重要意义。对经济法机制的研究,涉及经济法机制的形成条件、经济法机制的时间和空间存在形式等方面。经济法机制源于对国民经济运行的调整,是指从经济法律规范的形成到实施、再到经济法律秩序的形成的综合性原理。"机制"一词源于希腊文,意指机器的构造和工作原理,比如计算机的机制、发动机的工作机制,机动车的制动机制等。生物学引入这一概念,用来表示有机体的构造、功能和相互关系。后来,自然科学中普遍使用机制来表示某些自然现象的物理、化学规律,比如优选法中优化对象的机制。"机制"一词被引入社会科学研究之后,使用得较为混乱,词义也比较复杂。经济学中"市场机制"一次使用得极为广泛,社会学中也出现了"社会机制"这一概念。当前法学界所使用的"机制"一词所表达的含义,大体上是指"法律规定"。在国民经济一体化的情况下,必然形成国民经济的运行机制,而经济法机制就是经济规律、经济机制在法律上的客观要求和直接结果。 (赵 玲)

jingjifa jiben yuanze
经济法基本原则(the basic principle of economic law) 在经济法领域处于指导地位,指示经济活动的基本方向和基本模式,贯穿于经济法的立法、执法、司法、守法的所有环节和过程,具有普遍制约性、统率性、标准性、稳定性、抽象性的根本准则。

经济法基本原则具有以下的特征:首先,经济法基本原则既要体现经济法的宗旨,又应高于经济法的具体规则,是具有抽象性、统率性和标准性的规则,是衍生其他规则的规则。经济法领域存在着诸多具体原则和具体规则。经济法基本原则统领具体原则和具体规则,而具体原则和具体规则则是基本原则的衍生物,不能与基本原则相抵触。其次,经济法基本原则是经济法领域所特有的原则,而不是各法域所通用的一般法律原则,更不是其他非法律领域的原则。法律原则是多种多样的,凡与经济法无关的原则,如其他法域原则或法制度原则等都不应属于经济法基本原则。经济法基本原则具有法律规则的性质,而其他非法律领域的原则,如经济领域的原则、社会领域的原则等不具有法律规则性质,更不属于经济法基本原则。再次,经济法基本原则是经济法领域中具有普遍制约意义的法律原则,是对经济法具有全局性、根本性的概括。在经济法领域中,只有那些体现国家基本政策、基本方针,关系经济法全局性的、重大问题的原则,才能归结为基本原则,而仅在某些经济法制度中起指导作用的原则不能作为经济法基本原则。经济法基本原则是对于经济法的实现具有普遍意义的法律原则。它存在于经济法的立法、执法、司法、守法的所有环节,贯穿于经济法调整的全过程。只在某些领域、某些环节和某些过程中起作用的原则,不能成为基本原则。

由于我国目前尚未制定经济基本法,现在所提出的经济法基本原则是学理上的概括。确立经济法基本原则必须以宪法和法律法规的规定为立法根据。宪法对我国的基本经济制度、所有制结构、经济体制改革以及宏观调控和经济立法都作了原则性、全面性、系统性规定。这些规定,是确定经济法基本原则的根本依据。

正确利用经济规律正是经济法基本原则形成的根本基础。

经济法基本原则的功能表现为:(1)经济法基本原则对经济法的立法、执法、司法和守法具有指导作用。经济法基本原则在经济法体系中起着基本规则的作用,可以有效弥补经济法作为成文法的局限性,克服法律普遍性与个别性的矛盾,有助于正确理解和解释经济法的其他条文,在经济法的实现过程中发挥作用。它是经济法立法的基础和前提,是制定经济法律、法规的立法准则和基本依据。经济法的立法是对经济法基本原则规定的体现。经济执法机关的经济执法活动必须依法进行,其职能、权限范围、执法程序、活动方式等不但要符合经济法律、法规的规定,而且要受经济法基本原则的制约。经济法主体必须遵守经济法律、法规,但在法律没有规范的领域,遵守经济法基本原则就具有重要意义。经济法基本原则也是经济司法活动的依据和准绳。(2)经济法基本原则具有协调、统一整个经济法体系的功能。经济法基本原则统领经济法具体原则,统率经济法的其他规则。经济法的其他规则不能与基本原则相冲突或相违背。经济法基本原则是经济法制度和规范的制定依据和指针,经济法制度和规范建立在基本原则之上,可以防止制度之间、规范之间出现冲突,防止法律规范背离经济法价值和宗旨,防止经济法在实施时偏离固有的目的,使经济法体系内部相互衔接、相互协调。 (张长利)

jingjifa jiben yuanze de shiyong
经济法基本原则的适用(application of the basic principle of economic law) 经济法的适用不仅仅是法律条文的适用,而且包括经济法基本原则的适用。经济法基本原则贯穿于经济法实现的所有环节和过程,适用于经济立法、经济守法、经济执法、经济司法和经济仲裁的所有环节和过程。(1)经济立法方面的适用。国家机关制定的经济法制度是形成经济法秩序的前提。国家机关按照法定权限和程序所创制的经济规范性文件,必须贯彻经济法基本原则,规范性文件的具体原则是对基本原则的具体化,受基本原则的统领。具体经济法律、法规的制定、修改、补充和废止,都要体现经济法基本原则的指导和制约。授权立法和委托立法也要贯彻、体现经济法基本原则。(2)经济守法方面的适用。经济组织、国家经济机关必须守法,不仅遵守法律条文,也要遵守经济法基本原则和具体原则。这就要求经济组织的经济活动和国家经济机关的经济监管活动自觉遵守法律,以基本原则为指针。在法律没有规范的经济活动和经济关系领域,遵守经济法基本原则有突出意义。这种场合下,经济组织和国家经济机关的活动必须适合于立法原则、立法宗旨和立法精神,这是遵守经济法基本原则的基本要求。(3)经济执法方面的适用。国家经济执法机关在代表国家贯彻实施经济法律的时候,无论是颁布规范性文件、行使权限,还是法律授权执法,都不仅仅是执行法律条文,还要适用经济法基本原则,受经济法基本原则和具体原则的制约。在法无明文规定,或法律规定存在冲突,或法律赋予执法机关自由裁量权时,国家经济执法机关的活动和决定必须适合于立法原则、立法宗旨。(4)经济司法与经济仲裁方面的适用。司法机关和仲裁机构审理案件,必须依照法律进行,正确适用法律,受经济法基本原则的指导和制约。在审理案件的过程中,为了解决法律普遍性和具体案件特殊性的矛盾,司法裁判和仲裁裁决必须在经济法基本原则的指导和制约下进行。在法律无明文规定时,或法律规定的涉及自由裁量权的选择性条款或弹性条款,或者法律规定相互冲突时,经济法基本原则可以作为判决和裁决的依据,使司法和仲裁活动具有适法性。 (张长利)

jingjifa jiben yuanze de yiju
经济法基本原则的依据(the legal basis of establishing the basic principles of economic law) 经济法基本原则虽然没有经济基本法的依据,但仍然具有宪法依据和法律法规依据。其一,宪法依据。宪法是国家的根本大法,它规定了我国经济法律的根本原则、基本经济制度,对我国的基本经济制度、所有制结构、经济体制和经济政策以及宏观调控和经济立法等都作了全面性、系统性的原则规定。经济法基本原则的确立必须以宪法的原则规定为根本依据,体现宪法的根本原则。如宪法关于社会主义基本经济制度的原则性规定,需要在经济法基本原则中得到体现。实行社会主义基本经济制度原则即是依据宪法的规定确立的。其二,经济法律、法规依据。经济法律、法规的规定,是宪法原则的具体化。经济法基本原则的确立除了必须依据宪法的原则性规定之外,还必须依据经济法律、法规的原则规定。在经济法律、法规存在原则规定的情况下,可以直接根据经济法律、法规普遍存在的原则规定进行归纳、总结,确定经济法基本原则。如经济法律、法规中普遍存在关于经济利益、经济权利和经济责任的规定,在将其中的权、责、利作统一把握之后,形成经济法的权责利统一原则。在经济法律、法规没有直接规定的情况下,可通过经济法律、法规所体现的立法宗旨、立法目的、立法任务以及立法精神等,提炼出经济法的基本原则。如许多经济法律、法规中规定立法的目的、任务或精神是为了依法进行国家宏观调控,完善市场机制,保障市场运行,并规定了具体措施,反映了经济法的宗旨。依据经济法律、法规中有关国家宏观调控和市场运行的规定精神,就可以把宏观调控与市场机制相结合的原则提升为经济法基本原则。

(张长利)

jingjifa jiazhi
经济法价值(values of economic law) 经济法的内在规定性。经济法的价值是秩序和效益。经济法是对国民经济运行进行法律调整的法。它克服了传统法调整丧失自律性,而使国民经济运行实现内部协调一致、稳定有序的发展。秩序是全体社会成员按照要求,进行适合于一定社会关系类型的活动,从而形成的相互关系的状态。法的秩序的形成过程,也是法的价值的形成过程。法律是社会共同利益和利益需求的表现,但却为统治阶级利益所决定。法律将利益确定为权益,进行权力、权利、义务的分配和再分配,这种分配和再分配的焦点就是效益。马克思主义政治经济学认为,价值是凝结在商品当中的无差别的人类劳动。价值属于物的内在属性,使用价值和交换价值是价值的外化表现。价值反映的是人与人之间的关系,使用价值反映的是人与物之间的关系。反映在法学研究中,法的使用价值和价值是不同的。法的使用价值是指法的有用性,比如维持社会秩序,保障主体利益等。

不论在何种社会,法的使用价值都是相似的,但是不同社会中,法的价值却是各异的。法的价值是法律对经济所有制的体现。由于不同社会的所有制形式不同,人与人之间的关系也存在本质的差异,从而导致法的价值的差异。有观点认为,法的价值在于法的有用性。但是,有用性是法的使用价值,而不是价值。这种观点是经济上物化在法律上物化的表现。至于公平和正义,这也是对法的价值的抽象理解。由于所有制形式的不同,人与人之间的关系也不尽相同,因此不可能存在绝对公平和正义。公平和正义属于人对法的主观判断,但价值是客观存在的,而不是主观评价的产物。因此,法的价值不在于公平和正义。

(赵 玲)

jingjifa jiangli

经济法奖励(encouragement in economic law) 又称经济法上的奖励、经济法律奖励、遵守经济法的奖励等,是经济法律后果的一种,一般认为其是指经济法主体因为遵守经济法律、法规的规定而享有的有利的肯定性法律后果。经济法奖励和经济法责任协同配合,是经济法秩序的重要保障。

经济法是调整经济法主体在国民经济运行过程中所进行的经济行为的行为规范,其逻辑结构一般包括行为模式和法律后果两部分。经济法的行为模式是关于经济法主体的权利和义务的规定,明确界定经济法主体可以做什么和不可以做什么,为经济法主体的行为确立标准。经济法的法律后果包括两种情况:对经济法主体所进行的经济违法行为的否定性评价,对经济法主体所进行的法律所鼓励、倡导的合法行为的肯定性评价。经济法律后果中的前者是以法律责任的形式表现的,后者则以经济法奖励的形式表现。

经济法秩序的实现也必须针对不同的情况、采取不同的法律后果模式。除了对违法行为的禁止性法律后果的规定以外,对法秩序的实现有所助益的行为规定肯定的奖励性法律后果,也是对复杂的经济活动进行有效调整、实现经济法秩序的客观需要。在理论上有观点认为经济法奖励在经济法秩序的形成中占有重要地位,立法中既对经济法责任又对经济法奖励作出规定是经济法的重要特征之一。有观点将经济奖励和惩罚相结合归纳为经济法的原则之一。有观点提出提倡性法律规范的概念,将奖励纳入法律规范结构体系之中,并主张经济法应既采取强行性规范方式,又有许多任意性规范,尤其注重采取大量提倡性规范方式,实行提倡性规范与必要的强行性规范和任意性规范相结合;既规定经济法责任和经济法制裁等否定式法律后果,又注重采用奖励这种肯定式法律后果形式,实行制裁和奖励相结合是经济法的调整方法的特点,这种独特的调整方法是经济法区别于其他部门法的重要特征。

反对观点认为,经济法律规范的逻辑结构中的法律后果部分不应当包括经济法奖励。法律是以禁止性行为规范为主的规范性文件,是通过对立法者所不希望出现的行为规定否定性的法律后果并通过国家机关强制实施来实现理想的法秩序。对作为国家经济调控相对方的经济组织或者个人来讲,法律没有明确禁止的行为就被推定为允许进行,法律的作用在于圈定经济法主体不许涉足的范围,其余的空间即使法律没有明确授权可以进行,也应当被推定为可以进行。而经济立法中大量出现的经济法奖励是经济活动当事人在经济活动中所享有权利的一种具体体现,并非独立的与经济法责任相并列的一种经济法调整方式。在理论归纳上,这种经济法奖励应当纳入经济法主体权利的范畴,而非与经济法责任并列的范畴。

经济法奖励措施,包括对国家经济机关的奖励和对经济活动主体的奖励两类。对国家经济机关的奖励,也被称为对调制主体的奖励措施,包括颁发奖金或者奖品等物质奖励和通令嘉奖、授予荣誉称号等精神奖励,对国家经济机关的工作人员也可以适用如上奖励措施。对经济活动主体的奖励措施,也被称为对调制受体的奖励措施,包括减免或者部分返还应上缴的税收、利润;信贷优惠;物质供应优惠;财政补贴;颁发奖金等物质奖励。还包括通令嘉奖;授予单位、个人或产品荣誉称号等精神奖励。

(黄军辉)

jingjifa keti

经济法客体(object of economic law) 经济法律规范所指向的对象。是经济法主体针对的以物质的、精神的、行为的形式所体现的法律客体。经济法的客体与经济法律关系的客体是不同的,经济法律关系的客体是经济法客体中属于依法建立的经济关系中的客体,是经济法律关系主体权力(利)、义务所指向的对象。经济法客体在特征上具有法定性、广泛性、社会性、时代性。经济法客体的法定性是指经济法客体限定于经济法律法规所指向的对象,超越经济法律法规的范围,则不属于经济法的客体。比如普通民事主体之间的交易行为不属于经济法律规范调整的范围,因而不属于经济法的客体。经济法客体的广泛性是指经济法客体的多样化,它涉及社会经济生活的方方面面,其种类多于其他法律规范的客体。比如自然资源,它不是传统民商法的客体,但却是经济法的客体。经济法客体的社会性是指经济法客体是国民经济运行中形成的法的客体,这种客体是社会化客体,以体现社会公共性为其出发点和目的。经济法客体的时代性是指经济法的客体建立在一定的社会生产力水平和一定的社会经济基础之上,受社会生产力水平和经济关系的影响,因此在不同的生产力水平上、在不同的社会历史条件下,经济法律规范所指向的对象是不同的,经济法客体的范围是发展的。
(任学青)

jingjifa lilun de chuangli
经济法理论的创立(foundation of economic law theory) 经济法理论是世界法学领域的新成果,是法学发展符合社会经济发展规律和立法发展规律的表现。但是,新的社会经济条件的形成,以及新的立法的产生都是一个过程。与此相伴,新的法思想的产生也是一个过程,而且是一个不断修正的过程。

经济法理论是在一定的历史条件下出现的。经济法的创立具有三个基本条件。一是社会物质条件。社会化大生产是经济法理论创立的物质条件。社会化大生产主要体现在生产社会化、国民经济体系化和经济国际化三个方面。生产的社会化又导致了资本社会化和劳动社会化。当资本主义发展到大机器工业阶段时,社会化大生产便形成了。在社会化大生产条件下,经济活动不再是孤立的、分散的,而是相互联系、密切配合的。与之相适应,需要一种能够对这种相互联系的经济活动进行统一调整的法。这种法就是经济法。二是法思想条件。社会本位法思想是经济法理论创立的法思想条件。与生产社会化、国民经济体系化和垄断资本主义经济国际化的转变相适应,法思想经历了从个人本位法思想向社会本位法思想的转变。社会本位法思想揭示了新的法现象的本质,从而使创立经济法理论成为可能。三是法律条件。社会经济调节法的产生和发展是经济法理论创立的法律条件。随着权利法向社会经济调节法的演变,权利法无法再居于主导地位,一种新的法律便诞生了。这是经济法理论创立的法律基础。
(赵 玲)

jingjifa lilun yanjiu duixiang
经济法理论研究对象(objects of the study of economic law theory) 经济法理论是研究国民经济运行法律调整规律的科学。它所要实现的就是如何对国民经济运行实行最优法律调整。国民经济通常是指在一国范围之内的各个产业部门的总和,以及社会经济活动的总过程。国民经济运行问题的出现,以及将其作为重大社会问题的提出,产生于自由资本主义过渡到垄断资本主义、特别是国家垄断资本主义阶段。19世纪末20世纪初,自由资本主义已经完全失去了自律性,必须靠他律性来维持。国民经济的总体运行,必须借助于国家和法律。

国民经济运行的法律调整,与对"一定经济关系"的调整是不同的。它是一种综合性调整,即站在国民经济总体运行的立场,而不是站在局部经济关系的立场上所进行的调整。它是建立在国民经济运行中所发生的经济关系的联系机制的基础之上所进行的调整。经济关系的联系机制是经济法调整的出发点和落脚点,是形成经济法的统一性,形成经济法的调整机制的根源。
(赵 玲)

jingji falü
经济法律(economic law) 全国人民代表大会及其常委会所制定的调整国民经济运行过程中形成的经济关系的规范性文件。经济法律是经济法的重要渊源。全国人民代表大会及其常委会依照法定职权和程序,进行制定、修改和废止调整国民经济运行过程中形成的经济关系的规范性文件的活动。

经济法律的内容包括基本经济法律和基本经济法律以外的经济法律。基本经济法律比较全面地调整国民经济整体运行中某一方面的基本社会经济关系,由全国人民代表大会制定和修改。基本经济法律以外的经济法律调整基本经济法律调整以外的比较具体的社会经济关系,由全国人民代表大会常委会制定和修改。在全国人民代表大会闭会期间,全国人民代表大会常委会有权对基本经济法律进行部分修改,但不能同该法律的基本原则相抵触。此外,全国人民代表大会及其常委会颁布的对国民经济运行中形成的经济关系进行调整的规范性决议、决定同全国人大及其常委会制定的法律具有同等的法律效力,也是经济法律的渊源。这些决议、决定通常是对已经颁布生效的规范性文件进行修改或补充,与被修改或补充的规范性文件具有同等效力。
(周永平)

jingji falü guanxi
经济法律关系(legal relations of economic law) 经济法主体在参加体现国家协调国民经济运行的经济关系时,根据经济法律规范的规定所形成的,以经济权力、经济权利和经济义务为内容的,受国家强制力保护的权力(利)、义务关系。经济法律关系由经济法律关系主体、经济法律关系内容和经济法律关系客体三个要素构成。

"法律关系"这一概念,首先出现于19世纪德国和法国的民法著作中,后被分析法学家引入法理学领域,成为法学的一般概念。法律关系是凝结着国家意志的法律规范作用于社会生活的结果,任一法律部门对特定现实社会关系的规定和调整形成该法律关系,是特定现实社会关系的法律化。经济法律关系是经济法对国家协调国民经济运行所发生的社会关系进行规定和调整的结果。经济法所调整的国家协调国民经济运行关系是一种新型的经济关系,与一般经济关系相比,它具有总和性、统一性、周期性的特征。国家制定经济法的目的,在于通过确立各种经济法主体法律地位、经济活动和经济关系规则,明确各方当事人在国家协调国民经济运行过程中的权力(利)、义务关系,在此基础上集中国家的经济力,综合组织国民经济的统一运行,保障国民经济良性运行和健康发展,实现社会整体利益。

与其他法律关系相比,经济法律关系具有以下特征:首先,经济法律关系是一种反映国家协调国民经济运行的意志,实现经济法律关系主体实质平等的法律关系。在国家协调国民经济运行过程中所发生的经济法律关系,具有明显的国家意志性,是国家权力向经济社会的渗透。经济法律关系的国家意志性主要表现在:参加经济法律关系的主体主要是国家和国家机关,社会组织和自然人的经济活动不处于主导地位;经济法律关系主体的经济活动与国家对国民经济运行的协调相联系,致使主体的经济活动目的和意志受到限制,当事人的意志只有在符合国家意志或国家意志许可的范围内才能得到体现;国民经济运行关系既表现为一定的内部关系,也表现为一定的外部关系,但要上升为经济法律关系,取决于国家是否对其实施协调,当国家基于实现社会整体利益的要求,依法对国民经济运行进行协调时,方能使一些基础性经济关系形成调节性经济关系,由经济法对该复合关系进行调整,由此形成经济法律关系。其次,经济法律关系主体具有法律地位的复杂性和范围的广泛性。经济法律关系主体的资格,来自于经济法律规范的直接规定。由于经济法律规范赋予各种经济法主体的经济权力(利)和义务不同,致使同一主体在同一经济法律关系中具有不同的法律地位。例如国家计划机关在参加计划实施法律关系时,既是权力主体又是义务主体,而计划实施单位则既是权利主体又是义务主体。经济法律关系主体范围的广泛性表现在,凡是参加国民经济运行过程中形成经济关系,并为经济法律、法规调整的主体,都是经济法律关系的主体,包括:国家、国家机关、社会组织、经济组织的内部组织、个体工商户、农村承包经营户以及自然人。再次,经济法律关系的内容表现为经济法主体享有经济权力、经济权利和承担经济义务,构成经济权力与经济义务和经济权利与经济义务的模式。经济权力是国家依法对国民经济进行调节的权力,是国家权力的重要组成部分。依据国家对国民经济调节的要求,经济法律关系中的经济权力从结构上主要表现为经济组织权力、经济支配权力、经济强制权力、经济处罚权力、经济监督权力。经济权力由国家经济机关单方面代表国家行使,不能转让和放弃。经济权利是经济法主体依据法律规定或合同约定,通过经济活动,实现其经济目的和利益的行为资格,经济权利不可放弃但可以转让,只是这种转让不仅取决于当事人的意志,更要体现国家的意志,与民事权利的转让不同。经济义务是经济法主体依据经济法律、法规和当事人的约定应当承担的责任。在经济法律关系中,由于国家和国家经济机关具有双重主体资格,因此,经济义务既表现为对权力主体的义务,也表现为对权利主体的义务。当国家和国家经济机关以国民经济组织主体的身份参加经济关系时,国家和经济机关行使经济权力,社会组织和自然人有服从的义务;当国家和经济机关以国民经济活动主体的身份参加经济关系时,其与当事人之间是经济权利和经济义务关系。与民事义务所不同的是,经济法主体承担的经济义务具有法定性,一般情况下不允许转移。

根据经济法律规范调整的具体经济关系不同,经济法律关系可分为经济组织法律关系、经济活动法律关系、经济竞争法律关系、经济调控法律关系、经济管理法律关系、经济监督法律关系、涉外经济法律关系;根据经济法律关系的实现方式的不同,经济法律关系可分为指令性经济法律关系、修正性经济法律关系、引导性经济法律关系、参与性经济法律关系。经济法律关系形成的根据是经济法律事实,即由具体经济法律规范规定、依法能够引起经济法律关系产生、变更和终止的客观情况。

(唐 倩)

jingji falü guanxi baohu

经济法律关系保护(protection of economic legal relations) 运用国家强制力监督经济法主体正确行使经济权力或经济权利,切实履行经济义务,依法追究违法者的法律责任,保护国家、集体、个人乃至全社会的共同利益,保持国民经济的健康发展和社会经济秩序的稳定性。经济法主体所享有的经济权力或经济权利,以及所负有经济义务具有法定性,一般情况下,经济法主体能够自觉遵守经济法律、法规,正确执行和适用经济法律、法规,保证其所行使经济权力的合法性、经济权利的不违法性,遵守经济义务。然而,应当注意到,各经济法主体都有自身意志和利益,当自身利益与社会公共利益相矛盾时,在缺乏必要的权力(利)监督和制约机制的状态下,经济法主体则可能基于其逆法意识、违法意识、犯罪意识,在行使经济权力、经济权利和履行经济义务过程中,出现规避或者违反经济法律、法规的规定而滥用经济权力,或者谋取非法利益的现象,致使社会整体利益受到妨碍和侵害,进而影响社会经济的稳定发展。因此,运用国家强制力保护经济法律关系是经济法律制度的组成部分。

保护经济法律关系有多种方法和途径,其中经济法立法、执法和经济司法构成了经济法律关系的保护体系。经济法立法是国家机关依据法定权限和程序,创制、修改、废止经济规范性文件的活动。完善的经济法立法是保护经济法律关系的基础,经济法主体的经济权力、经济权利和经济义务都来自于经济立法,没有经济法的规定,便没有经济法律关系。在社会主义市场经济体制下,必须具有大量有中国特色的社会主义市场经济的、充满时代特征的经济法律制度和规则,然而,我国尚处于社会主义市场经济的初级阶段,经济法立法的理论准备与实践经验均不充分,虽然根据建立社会主义市场经济体制和国民经济发展的需要制定出一些经济法律、法规,对国民经济的协调发展发挥了重要的作用,但是也存在诸多问题,例如,现行经济法律规范的质量和数量还无法满足市场经济向纵深发展的需求,经济法的立法体制、立法程序、立法技术不能充分表现经济法的立法特点等,因此,经济法的立法亟待加强和完善。经济法执法是国家行政机关依照法律规定的权限和程序,贯彻实施经济法的活动。经济法执法的过程也是经济法律关系权力(利)义务的实现的过程。国家行政机关作为经济法执法主体的资格来自于法律的规定,因此,其所行使的经济权力,既不能转移、抛弃或委托行使,也不能超过法定的限度,法律禁止任何滥用经济法执法权的行为。同时,经济法执法具有执行力和强制力的特征,国家行政机关代表国家执行法律,通过对经济组织或其他经济法主体的经济违法行为实行强制履行、行政处分、行政处罚和行政复议等手段实现经济法律关系的保护,确定并追究经济违法者的行政责任。经济司法是国家司法机关依据法律规定的职权和程序,适用经济法律规范处理具体经济案件的活动,是国家司法制度的重要组成部分。经济司法是经济法律关系的最后保障之一,其基本特征是:国家司法机关依法定程序和经济法律规范,对经济案件所作出的终局裁决具有强制性,任何社会组织和个人都不得擅自改变和违抗,以法律的强制力保障经济法律关系主体的经济权力(利)和经济义务的实现。另外,依法设立的仲裁机关对经济案件的仲裁,也是经济法律关系的保护方式之一。经济仲裁是仲裁机关以第三者的身份,依照法定程序对特定经济纠纷或争议进行调解、裁决。由于经济仲裁是非国家司法机关依法对经济案件所进行的调处活动,其生效裁决具有法律效力,因此,经济仲裁对经济法律关系也会起到保护作用。　　　　　　　　　　　　　(任学青)

jingji falü guanxi de biangeng

经济法律关系的变更(change of economic legal relations)　经济法律关系主体、客体、内容的变化。经济法律关系变更,既可以是全部经济法律关系要素的变更,也可以是部分要素的变更。主体的变更,表现为权利义务的转移、受让或继受取得;内容的变更,表现为权利义务的增减;客体的变更是经济法律关系主体享有权利、承担义务所指向对象的改变,包括全部改变和部分改变。其中,经济法律关系主体的变更,一般仅涉及一方主体的变更。比如,国务院机构改革中,某些经济职能部门的取消,使得特定的经济职权发生主体之间的转移,从而导致经济法律关系的变更。经济法律关系客体的变更势必动摇经济法律关系主体之间的具体权力(利)、义务关系,从而改变经济法律关系的内容。经济法律关系内容的变更是指经济法律关系主体之间具体经济权力(利)、经济义务的改变或内容的变更。比如,国家经济职能部门某些经济审批权限的取消必将导致经济法律关系的变化。经济法律关系变更的基础是经济法律事实的出现。经济法律关系的变更必须依法进行,否则,不发生变更的法律效力。当然,经济法律关系一经合法变更,即在经济法律关系主体之间产生新的权力(利)、义务关系。　　(任学青)

jingji falü guanxi de chansheng

经济法律关系的产生(creation of economic legal relations)　在经济法主体之间形成一定的经济权力(利)、义务关系,是特定经济法律关系的起始阶段。它使原本没有权力(利)、义务关系的经济法主体之间产生确定的经济法律关系。经济法律关系产生的原因是经济法律事实,包括经济法律行为和经济法律事件。因经济法律行为的出现产生经济法律关系是经济法主体之间有意识的经济活动的法律后果,大多数经济法律关系是因经济法主体有意识的经济法律行为而产生的,这是经济法律关系产生的主要原因。具体讲,主要包括因政府调节性经济活动而导致经济法律关系的产生、因政府经营性经济活动而导致经济法律关系的产生、因经济组织的组织性经济活动而导致经济法律关系的产生、因经济组织的经营性经济活动而导致经济法律关系的产生、因市场服务性中介组织的经济活动而导致经济法律关系的产生、因市场监督性中介组织的经济活动而导致经济法律关系的产生、因市场自律性中介组织的经济活动而导致经济法律关系的产生等。比如,经济职能部门对市场主体非法经营活动的查处行为引起他们之间经济管理法律关系的发生。因经济法律事件的出现产生经济法律关系是不以经济法主体的主观意志为转移而发生的客观事件的法律后果,是经济法律关系产生的偶然原因。在经济法律事件中,自然现象和社会现象都可能产生经济法律关系。　　　　　　　　　　　　(任学青)

jingji falü guanxi de zhongzhi

经济法律关系的终止(termination of economic legal relations)　经济法律关系主体之间经济权力(利)、经济义务的消灭。经济法律关系终止的法律后果是原本存在的经济法律关系不复存在。经济法律关系终止的原因是经济法律事实，包括经济法律行为和经济法律事件。因经济法律行为终止经济法律关系是经济法主体之间有意识的经济活动的法律后果，大多数经济法律关系的终止是由经济法主体有意识的经济法律行为导致的，这是经济法律关系终止的主要原因。因经济法律事件终止经济法律关系是不以经济法主体的主观意志为转移而发生的客观事件的法律后果，是经济法律关系终止的偶然原因。在经济法律事件中，自然现象和社会现象都是终止经济法律关系的原因。经济法律关系的终止主要表现在以下两个方面：其一，经济法律关系主体的消灭导致的终止；其二，经济义务的履行导致的终止。

（任学青）

jingji falü guanxi goucheng yaosu
经济法律关系构成要素（elements of economic legal relations） 构成经济法律关系不可缺少的组成部分。经济法律关系作为经济法律规范规定和调整国家在协调国民经济运行过程中所发生的各种经济关系的结果，包括三个构成要素，即经济法律关系主体、经济法律关系内容和经济法律关系客体。经济法律关系主体是经济法律关系的参加者或当事人，依据经济法律规范的规定，能够在经济法律关系中享有经济权力或经济权利，承担经济义务的国家、国家机关、经济组织、经济组织内部机构以及个人。经济法律规范在对国家协调经济运行关系进行调整时，首先规定主体资格，任何主体只有具备经济法律规范所规定的主体资格，才能承受经济权力（利）和经济义务。因此，经济法律关系的主体资格具有法律规定性。经济法律关系内容是经济法律关系主体依法所行使或享有的经济权力或经济权利，以及应当承担的经济义务。在经济法律关系中，经济权力、经济权利和经济义务形成两种关系模式：即经济权力——经济义务模式和经济权利——经济义务模式。经济权力是国家或国家机关在经济法律关系中所行使的权力，它只能依据经济法律规范产生，并在法律规定的范围内行使，凡未经法律授权，任何人不得为之。经济权利是经济法律关系主体依据经济法律规范的规定或当事人的约定所享有的，实现经济目的的行为资格。在经济法律关系中，经济权利主体所享有的经济权利，不仅受到对方当事人经济义务的限定，还要受到自身经济义务的限定，从而使其权利空间受到限制，如消费者权利的行使要同时受到经营者的义务与消费者自己的义务的限定。因此，经济权利与经济义务之间并非简单的对立关系，而是互相渗透、互相依赖的关系，不同于民事权利和民事义务的相互限定性。经济义务是经济法律关系主体为满足权力主体或权利主体要求，依法应当履行的责任。经济义务既可源于经济法律规范的规定，也可由当事人约定，但当事人对经济义务的约定要符合经济法律规范的规定。经济法律关系的客体是经济法律关系主体相互行使经济权力（利）、承担经济义务所指向的对象。任何一种关系都需要通过中介而发生，经济法律关系客体就是经济法律关系主体间形成经济权力（利）、义务关系的中介，它包括物质的、精神的和行为的三种基本形式。

（唐倩）

jingji falü guanxi jiben leixing
经济法律关系基本类型（basic types of economic legal relations） 经济法律关系的客观表现的分类。经济法律关系的基本类型，取决于经济法所调整的经济关系的范围，而经济法所调整的经济关系又由国家对国民经济运行进行协调的程度所决定，所以，经济法所调整的经济关系在国民经济发展的不同时期有不同的范围。在我国现阶段的市场经济体制下，国家在协调国民经济运行过程中需要由经济法律规范规定和调整的经济关系，主要有经济组织关系、经济活动关系、经济调控关系和经济监督关系。由此，经济法律关系一般表现为四个方面：第一，市场主体法律关系。主体作为一个法律范畴，是一定法律部门所调整的社会关系的当事人，即在法律关系中享有权力（利）和承担义务的个人、组织和国家机关等。经济法在对经济组织关系进行调整时，首先规定主体资格和地位，作为其承受法律规定的权力（利）和义务的条件，同时确定其内部组织结构以及内部和外部的组织规则，因此，市场主体法律关系主要表现为因设立、变更、终止市场主体而发生的经济法律关系；因市场主体划分内部组织结构、设立分支机构、确定各个部门职权、实行内部管理和分工协作而发生的经济法律关系；因国家或国家机关对市场主体实施组织管理行为而发生的经济法律关系；因市场主体相互之间的合并、分立而发生的经济法律关系。第二，市场秩序管理法律关系。依法设立的市场主体依据其法律地位和经济权限参加经济活动，行使或享有经济权力或权利，承担经济义务，并以市场为载体进行经济竞争活动。基于市场主体的营利性、竞争性特征以及经济力量和社会地位的差异，某些主体的经营行为可能侵犯其他主体的经济权利，并进而妨碍社会经济秩序的稳定，对此，国家或其授权机关应当依法实施管理，规定和调整市场主体的经营行为，通过建立和维护自由、公平的市场竞争秩序，维护各类市场主体的经济权利。由此所发生的市场秩序管理法律关系，主要有禁止不正当竞争法律关系、反垄断法律关系、产品质量管理法律关系、消费者权益保护法律关系、反倾销法律关系等。第三，宏观调控法律关系。在市场经济体制下，国家不是市场经营主体，不直接从事或干预市场经营主体的经济活动;然而,国家有义务从社会整体利益出发,在协调国民经济运行过程中,依法用间接的宏观调控措施,规定或调整市场经营主体的经济活动,引导和维护市场运行的安全。国家依法实施的宏观调控行为形成宏观调控法律关系,主要有计划法律关系、预算法律关系、财政法律关系、税收法律关系、价格法律关系、金融法律关系、环境与自然资源法律关系等。第四,社会保障法律关系。市场主体的经济权利应当是平等的,然而,由于具体经济关系中主体地位和信息的不对称,导致部分主体的经济权利受到其他主体的侵犯和妨碍,成为市场弱势群体,其利益需要国家的特殊保护,由此形成社会保障法律关系,如劳动法律关系、物质帮助法律关系、社会保险法律关系等。

(唐倩)

jingji falü guanxi keti

经济法律关系客体(object of economic legal relations) 经济法律关系主体权力(利)、义务所指向的对象。是经济法律关系的三大构成要素之一。经济法律关系客体是经济法律关系主体建立权力(利)、义务关系的决定性条件,是其权力(利)、义务关系发生、变更、终止的基础。经济法律关系是以经济法律关系客体为中介所建立起来的,正是以经济法律关系客体为中介,才会实际上形成主体相互间的权力(利)、义务关系;没有经济法律关系客体,经济权力(利)就会落空。

经济法律关系客体是一种新型的法律关系客体,它与以罗马法为基础逐步形成的传统法律关系客体是不同的。其一,经济法律关系客体是国民经济运行中形成的经济关系的客体,这种客体,是社会化客体。经济法律关系是基于社会化客体建立起来的,社会化客体的属性和特征,决定了经济法律关系客体必然与传统法律关系客体具有不同的属性和特征。其二,经济法律关系客体的范围更为广泛,它不仅仅局限于实物形态,还存在非实物形态,如电子网络无实物形态,它是通过计算机通讯网络传递的一定经济信息。这种客体,是传统法学中所没有的,传统法也无法调整这样的客体。其三,经济法律关系客体超越了传统法学上物的内涵和外延,不再是传统的法律关系上的物。比如,传统法没有自然资源概念,对于这种资源也不是从资源配置的意义上去理解的。随着社会生产力的高度发展和经济关系的新变化,物质资料的范围和种类不断扩大和增多,其中的大部分物质资料的种类是新出现的,它们没有被传统法规范过;而且,这些物质资料与传统法上的物有不同的性质。这样,经济法律关系客体便具有一系列新特点。

基于经济法律关系客体的性质、特征和基本范围,可将经济法律关系客体分为四类,即自然资源、产品资料、经济行为和信息资源。其中,自然资源是自然界中天然的为人类利用的物质和能量的总称,包括土地、水、森林、草原等可更新资源、矿产等不可更新资源和大气、太阳能、风能等无限性资源。产品资料是人们改造自然、生产物质资料过程中生产的产品,包括用于社会生产的生产资料和用于人们生活的生活资料两类。经济行为是经济法律关系主体进行经济活动并能发生一定经济后果的行为,具体可分为政府的经济行为、经济组织的经济行为和市场中介组织的经济行为三大类。信息资源是指人类智力创造的以一定载体表现的知识成果,分为一般信息资源和信息资源网络。

(任学青)

jingji falü guanxi neirong

经济法律关系内容(content of economic legal relations) 经济法主体依照经济法规范所享有的经济权力、经济权利和承担的经济义务。经济法律关系内容是构成经济法律关系的实质性要素,是联系经济法律关系主体和客体的纽带。其中,经济权力是国家经济机关为了实现国家的经济目的,依法对国民经济进行调节或干预的权力。经济权力以国家权力为后盾,具有强制力,产生命令与服从的法律效力,任何社会经济组织和公民个人都必须服从国家经济机关依据法律赋予的经济权力所作出的决定。经济权利是经济法主体为实现其经济目的,依据法律规定或合同约定所获得的,自己为或不为一定行为和要求他人为或不为一定行为的资格。经济权利不具有命令与服从的效力,它所涉及的经济法主体之间的关系状态是对等的。经济义务是经济法主体为满足经济权力主体或经济权利主体的要求,依法必须为一定行为或不为一定行为。经济义务是法律设定或当事人约定的义务,经济法主体应依法履行,否则应承担相应的法律责任。

经济法律关系的内容具有以下特征:第一,经济权力(利)和经济义务的经济性。经济法是调节或干预国民经济运行的法,其内容直接反映了经济规律的要求,目的在于实现一定的经济效益。这就决定了作为经济法律关系内容的经济权力(利)和经济义务都是围绕国民经济活动而产生的,其内容具有经济性。这一特征使经济法律关系区别于行政法律关系。第二,经济权力与经济权利的复合性。现代各国的经济发展实践证明,国民经济的运行是一种总体运行,具有统一性。国民经济运行的统一性决定了经济关系的统一性,即经济组织关系和经济活动关系的不可分割性,决定了经济法主体的活动既包括经济权力活动,也包括经济权利活动,两者相互联系、相互制约,缺一不可。

如果只有权力活动,经济组织和经济活动完全采取命令与服从的方式,社会经济就会僵化;而只有权利活动,经济组织和经济活动完全采取市场主体意思自治的方式,则国民经济运行就会失控,导致经济秩序混乱。经济权力与经济权利的相互制约性,决定了任何经济权力的实现离不开经济权利基础,而经济权利的实现也离不开经济权力的作用。所以,经济法主体在经济法律关系中所享有的,既不是单纯的行政权力,也不是单纯的民事权利,而是经济权力和经济权利的有机复合。因此,不能把经济法律关系的内容简单地归结为经济法主体的权利和义务。经济权力和经济权利的复合性表现为:当经济法主体以经济组织关系主体身份参加经济关系时,所形成的当事人之间的关系是经济权力、经济义务关系,但经济权利渗透、参与其中。如国有资产管理部门对国有企业进行国有资产管理过程中,当事人之间主要是管理与服从的经济权力和经济义务关系,但同时企业享有经营决策权、法定的资产处置权等经济权利,国有资产管理部门和企业上级主管部门不得侵犯。当经济法主体以经济活动主体身份参加经济关系时,所形成的当事人之间的关系是经济权利、经济义务关系,但经济权力渗透、参与其中。如政府定价商品的买卖合同中,合同当事人之间的关系主要是经济权利、经济义务关系,但商品的价格是由价格主管部门依法制定的,非由当事人协商确定,这又是一种经济权力关系。第三,经济义务的双重性。在经济法律关系中,由于经济法主体经济权力和经济权利的复合性,就决定了经济法主体承担的经济义务,既包括对经济权力主体的义务,也包括对经济权利主体的义务,具有双重性。如国有企业在合并、分立、处分重要资产时,既要承担对对方当事人的义务,也要承担对国家的国有资产保护的义务。第四,经济权力(利)与经济义务的一体性和一致性。在经济法律关系中,经济权力(利)与经济义务具有一体性,表现为:国家经济机关的经济权力也是其对国家、社会和公民应尽的职责和义务,必须正确行使,不能放弃,更不能玩忽职守、滥用职权;国有和集体经济组织的经营管理权、债权等经济权利,也是其对国家和集体的义务,不得随意抛弃。经济权力(利)与经济义务还应具有一致性,这种一致性表现为国家经济机关所享有的经济权力和承担的经济义务应当相一致,即做到权责相当,以免权重责轻导致专权擅权,滋生贪污腐败,或者权轻责重令人畏缩不前,导致推诿扯皮;经济权利和经济义务的一致性表现为经济法主体之间权利和义务的对等性,应遵循等价有偿的原则,享有权利的同时需履行相对应的义务,反之亦然。第五,经济权力、经济权利和经济义务的社会本位。作为经济法律关系内容的经济权力、经济权利和经济义务的社会本位是由经济法的社会本位属性所决定的。经济法之所以产生,就在于以权利为本位的传统民法和以行政权力为本位的行政法都无法对现代国民经济的统一运行发挥有效的调节作用,而以社会整体经济利益为本位的经济法恰恰适应了现代国家调控国民经济运行的需要。经济法的社会本位决定了经济法律关系中为经济法主体配置的经济权力、经济权利和经济义务必须与社会整体经济利益相一致,即以社会为本位。因此,经济法律关系的内容既不以权利(力)为本位,也不以义务为本位,而是以社会为本位。

(唐 倩)

jingji falü guanxi queli
经济法律关系确立(establishment of economic legal relations) 使特定的经济法律关系处于某种确定状态。经济法律关系主体的确立包括以下三种状态:经济法律关系的发生、经济法律关系的变更和经济法律关系的终止。经济法律关系的发生,是经济关系的当事人之间,依据具体法律规范的规定,形成经济法律关系,经济关系的当事人成为经济法律关系主体,并依法享有权力(利),承担义务,实现各自的经济目的。经济法律关系的变更,是指由于出现了某种情况,使得已经存在的经济法律关系在主体、内容、客体发生变更,从而形成另外经济法律关系的状态。经济法律关系变更,既可以是全部经济法律关系要素的变更,也可以是部分要素的变更。主体的变更,表现为权利义务的转移、受让或继受取得;内容的变更,表现为权利义务的增减;客体的变更是经济法律关系主体享有权利、承担义务所指向对象的改变,包括全部改变和部分改变。经济法律关系的终止,是经济法律关系因某种原因而发生消灭的状态。经济法律关系的确立是经济法律事实的结果,而经济法律事实是指能够引起经济法律关系发生、变更和终止的客观情况,它包括事件和行为两大类。

(任学青)

jingji falü guanxi zhuti
经济法律关系主体(subject of economic legal relations) 依据经济法律规范规定参与具体经济法律关系,行使或享有经济权力(利),承担经济义务的当事人。在经济法律关系中,享有经济权力或经济权利的一方是权力主体或权利主体,承担经济义务的一方是义务主体。"主体"作为哲学上的名词,指有认识能力和实践努力的人,仅指自然人;作为法律用语,主体同样也是指人,但不限于自然人。经济法律关系主体是为经济法律规范所规定并调整的,在所参加的国家协调经济运行关系中,承受权力(利)义务的人。经济法律关系主体资格,来自于经济法律规范直接规定。

由于经济法是调整国家协调经济运行关系的法,

其目的在于通过确立各种经济法主体参加经济法律关系的法律地位和经济活动规则,明确各方当事人在国家协调国民经济运行关系中的权力(利)义务,以在此基础上集中国家的经济力,综合组织国民经济的统一运行,保障国民经济良性运行和健康发展,实现社会整体利益。基于此,经济法律关系主体资格、活动规则及其权力(利)义务的规定,应当符合国家协调国民经济运行和实现社会整体利益的要求,并具备如下要件:一是要具有一般法律地位,即通过法律规范对其性质、类别、职能、组织的产生和终止、财产归属关系的确定,赋予其经济法主体的法律地位,使其具有与国家或其他经济组织设立经济关系的资格。取得一般法律地位,是经济主体成为经济法律关系主体的基础和必备要件,否则,便没有参加现实经济关系的资格。二是要参加具体经济关系,包括参加经济组织关系和经济活动关系,使经济法主体资格转化为能够实际承受经济权力(利)和经济义务的经济法律关系主体。经济法律规范对各种经济法主体所参加的经济关系规定有不同的经济权力(利)和经济义务,经济法主体通过参加具体经济关系,依法行使权力(利)、承担义务,方可实现一定的经济目的,同时,其主体地位也发生变化,由经济法主体转变为经济法律关系主体。依据经济法律规范的规定,能够成为经济法律关系主体的经济法主体包括国家、国家机关、社会组织、经济组织内部机构、个体工商户、农村承包经营户以及自然人。 (唐 倩)

jingji falü guifan yaosu
经济法律规范要素(factors of economic law norms) 经济法定义要素中的经济性法律规范。"经济性"是指同社会物质生产力的一定发展阶段相适应的经济活动、经济关系的总和。具有经济性的法律规范,是经济法律规范,它具有独立的规范特征。

第一,失去部门法属性的法律规范。经济法律规范具有跨部门法的性质,本身不具有部门法属性。依据传统的部门法划分理论,法被划分为若干部门,比如国家法、民商法、行政法、刑法,以及诉讼法等。每一部门法的规范,都具有同类性、部门性。经济法是适应生产的社会化和法的社会化、在部门法分化的基础上产生的法,其法律规范具有"跨部门性"。相应的,经济法规范失去了部门法属性。当代立法的综合性特征,决定了在一个规范性文件中包含着不同部门法的规范。这不仅是立法机关出于立法便利的考虑,也反映了当代立法的规律。经济法规范存在于这些综合性的法律、法规之中。但是,在这些经济法规范类型化为经济法制度时,它将脱离某一部门法。

第二,属于法规范体系的法律规范。法规体系与法规范体系不是同一范畴。在先前的立法中,某一法规的法规范具有同类性。在这种情况下,法规范可以与法规在相同意义上使用。但是,在当代立法中,某一法规不仅由具有同类性的法规范构成,而且还包括了其他性质的法规范。如果将某一法规划入某一部门法的领域,然后将属于该部门法的法规范综合起来,共同构造某一部门法体系的做法,在逻辑上是混乱的。因此,法的分类必须以法规范为基点,而不能以法规为基点。相应的,通过对具有相同属性和机能的法规范作出类型化的综合,使之形成法制度,从而以法制度为基础对法进行重新划分。

第三,调整国民经济运行的法律规范。经济法律规范是具有经济性这一共同本质、具有同一调整机能的法规范。经济法律规范是调整在国民经济运行过程中形成的经济关系的法规范。这些法规范的一定总和,就构成经济法。如果不是调整在国民经济运行过程中形成的经济关系的法规范,则不是经济法律规范。就相邻法规范而言,调整行政权力的法规范、调整自然人身份关系的法规范,都被排除在经济法律规范之外。在调整自然人身份关系的法规范中,调整由身份关系派生的财产关系的法规范,一般也不属于经济法律规范。 (赵 玲)

jingji falü lianxi zhuti
经济法律联系主体(subject of economic legal connection) 由经济法律规范规定其法律地位,具有一般权利和义务能力,但没有参加现实经济法律关系的经济主体。法律联系是经济主体从事经济活动的静态出发点,在市场经济体制下,经济主体的经营地位和活动普遍受到法律规范的规定和调整。任何经济主体若要从事具体经济活动,必须事先取得法定的经济活动主体资格,成为经济法律联系主体,否则,便不能通过合法的地位和经济活动规则谋取相应经济利益。因此,经济主体的法律联系是为其参加经济法律关系提供资格或可能性,取得经济法律联系主体资格也就获得了经济法主体资格。经济法律联系主体制度,实际上是经济法主体制度的组成部分,是经济法律关系主体制度的基础,而经济法律规范则是经济主体成为经济法律联系主体的根据,任何经济主体一旦依法成为经济法律联系主体,就具备了参加经济法律关系的法律地位和一般权利义务能力。然而,经济法律联系主体与经济法律关系主体有明显区别:一是经济法律联系主体是经济法主体的静态表现,并不参加具体的经济关系,各个经济法律联系主体之间不存在相互作用的主体行为和不可分割的权利义务关系;而经济法律关系主体则是经济法主体在参加具体经济关系后,所发生的地位转变,经济法律关系主体可以直接行使经济权力(利)、承担经济义务,并以此实现自己的经利益。二是经济法律联系主体制度,在于规定经济主体的法律地位和资格;而经济法律关系主体制度,则是确定主体相互之间的权利义务。 (唐倩)

jingji falü shijian
经济法律事件(economic legal event) 经济法律事实的一种类型。不以经济法主体的主观意志为转移而发生的客观事实。作为能够引起经济法律关系产生、变更和终止的客观事实,经济法律事件应当具备以下要件:一是经济法律事件必须是经济法律、法规规定或认可的客观事件,否则,若不符合经济法律、法规的构成要件,则不可能合法地产生经济法律关系的运动;二是经济法律事件是不以具体经济法律关系当事人的意志为转移的客观实在,否则,就不是经济法律事件而是经济法律行为;三是经济法律事件能够导致经济法律关系的产生、变更和终止。经济法律事件可以是自然现象,如自然灾害;也可以是社会现象,如军事行动、政府禁令等。 (任学青)

jingji falü shishi
经济法律事实(economic legal fact) 由具体经济法律规范规定、依法能够引起经济法律关系产生、变更和终止的客观情况,是经济法律关系产生、变更和终止的原因。在静态的状态下,经济法主体之间并不当然地产生经济法律关系,只有当一定的客观情况发生时,才产生对应的经济法律关系;经济法律关系的变更和终止亦是如此。但是,并不是所有的客观情况都是经济法律关系确立的原因,作为经济法律事实的客观情况必须符合一定的构成要件:首先,经济法律事实必须是经济法律、法规所规定或认可的客观情况;其次,经济法律事实是能够引起经济法律后果的事实,它必将与一定的经济权力(利)、义务关系相联系。根据经济法律事实与经济法主体的主观意志是否有关,可以将其分为经济法律行为和经济法律事件。经济法律行为是指经济法主体在国民经济运行过程中所进行的有意识的经济活动,经济法律事件是指不以经济法主体的主观意志为转移而发生的客观事实。 (任学青)

jingji falü xingwei
经济法律行为(economic legal behavior) 经济法律事实的一种类型,经济法主体在国民经济运行过程中所进行的有意识的经济活动。与作为经济法律关系客体的经济行为不同,经济法律行为有其特定的含义:一是经济法律行为是由经济法律、法规规定和认可的行为。二是经济法律行为是发生经济法律后果的经济行为,即经济法律行为能够引起经济法律关系的产生、变更和终止。与经济法律事件相比,经济法律行为反映了经济法主体的主观意志,是能动的法律事实。与经济行为相对应,经济法律行为主要包括政府的经济法律行为、经济组织的经济法律行为和市场中介组织的法律经济行为三大类。政府的经济法律行为主要是指国家经济机关代表政府所为的经济法律行为,比如,政府职能经济部门依法对经济组织进行监督检查的行为、依法对市场主体的非法行为实施制裁的行为等。经济组织的经济法律行为是指经济组织在经济法的范围内所进行的有意识的经济活动,比如,设立部门组织机构的行为、筹集资金的行为等。市场中介组织的经济法律行为是指市场中介组织在经济法的范围内所进行的有意识的经济活动,比如,中介组织制定相关行业规范的行为、提供中介服务的行为等。 (任学青)

jingji falü zhidu
经济法律制度(economic law system) 类型化的经济法律规范。经济法律制度是构成经济法体制的基础,是经济法体制的基本单位,是媒介经济法律规范和经济法体制的中心环节。经济法律制度共分为七类,即经济组织法律制度、经济活动法律制度、经济竞争法律制度、经济调控法律制度、经济管理法律制度、经济监督法律制度,以及涉外经济法律制度。这七类经济法律制度共同构成了经济法体制。 (赵玲)

jingji falü zhidu tixi
经济法律制度体系(system of economic law) 为经济法所规范形成的法律制度的体系。传统理论按照调整对象将法划分为公法、私法,但是随着经济关系的日益多元化,这种单纯的部门法划分理论难以适应时代的需要。因此,应当改变法是法律规范体系的传统观念,建立法是法制度体系的基本观点。

经济法包括七种相互联系、相互依存的经济法律制度,即经济组织法律制度、经济活动法律制度、经济竞争法律制度、经济调控法律制度、经济管理法律制度和经济监督法律制度。在全球化的背景下,各国国内的经济关系延伸到了国外,从而形成了一国的涉外经济关系。对此的法律调整,形成了涉外经济法律制度。

经济组织法律制度,主要分布于全民所有制工业企业法、中外合资经营企业法、中外合作经营企业法、私营企业法、外资企业法、独资企业法、合资企业法和公司法等法律、法规中。其基本经济法律制度有设存制度、人事制度、生产经营制度、资本制度、设备制度等。

经济活动法律制度,主要分布于金融法、价格法、物资法、期货法、证券法、票据法、房地产法、工业产权法、公共采购法、保险法、技术和信息法、广告法等法律、法规中。其基本经济法律制度包括经济组织自主经济活动,及其经济限制制度。

经济竞争法律制度,主要分布于经济竞争法、经济联合法、企业兼并及收购法、反垄断法、市场进出入法、生产经营领域法和反不正当竞争法等法律、法规中。其基本经济法律制度主要有申报制度、登记制度、认定制度、适用除外制度、监管制度等。

经济调控法律制度,主要分布于国民经济增长法、区域经济法、计划法、预算法和货币法、水法、固定资产投资法等法律、法规中。其基本经济法律制度主要体现在这些法律、法规所规定的法律制度中。

经济管理法律制度,主要分布和集中于市场管理法、行业管理法、外国经济组织管理法和国有资产管理法等法律、法规中。其基本经济法律制度主要有专营专卖制度、无店铺销售制度、商会制度、国有资产评估制度、国有资产产权制度等。

经济监督法律制度,主要分布于产品质量法、标准化法、会计法、统计法、审计法、计量法,以及环境保护法、消费者保护法等法律、法规中。其基本经济法律制度有核算监督制度、技术监督制度、环境监督制度和消费者监督制度等。

涉外经济法律制度,主要分布于外贸法、外汇法、外税法、进出口货物检验、保险补偿法、反倾销法,以及对外劳务、技术法等法律、法规中。其基本经济法律制度有货物和技术进出口制度、国际服务贸易制度、反倾销和反补贴制度、进出口商品检验制度、外汇管理制度、涉外税收制度等。　　　　　(赵　玲)

jingji falü zhuti

经济法律主体(subject of economic law)　见经济法主体。　　　　　　　　　　　　　(唐　倩)

jingji faren

经济法人(economic legal person)　具有权利主体资格,依据国有资产或国家授予的资产进行经济活动的社会组织。在市场经济进入垄断阶段后,伴随着国家垄断资本主义的发展,生产资料的国有化趋势得到加强,出现了"国家公司"、"政府企业"、"公用事业部门"等国有企业,因具有法人资格,被称为经济法人。与传统法人相比,经济法人具有明显特征:首先,经济法人是具有权利主体资格,并以国有资产或国家授予的资产进行经济活动的企业法人。在经济活动中,经济法人要同时实现国家和企业双重经济目的。其次,经济法人的资产属于国家,企业享有经营管理权,是经营、管理国有资产的法人。由于企业的财产归国家所有,属于社会共同财富,所以,企业不能以自己独立意志支配该财产,应当由国家通过国家机关实施企业财产的管理。最后,经济法人的经营宗旨、业务范围及经营管理规则与方式,受到国家意志或利益的限制。这主要表现在经济法人在国有资产的管理、企业人事任免、企业经济活动监督等方面。例如,国家设立专项制度对国有资产进行直接监督管理;国家对国有企业拥有人事任免权;国有企业的重要经济活动处于国家的经常监督之下;财务会计资料接受国家审计机关的审计检查等。这一特征不仅使经济法人与传统法人相区别,而且使其区别于经济法的其他主体。由于经济法人不享有企业财产所有权,不具备支配企业资产的全部权能,虽然作为权利主体,能够依法从事经济活动,但并不具有传统法人的法律地位,不能等同于传统法人,而是独立于传统法人的新的法人。　(唐　倩)

jingjifa shixian jizhi

经济法时限机制(mechanism of the period of economic law)　按照经济法对国民经济运行进行调整的顺序关系和时点关系所体现出来的经济法实现的机制。它的依据是经济法调整规律和经济运行规律。国民经济运行的周期性变动将产生经济活动、经济关系的相应变动,从而导致经济法调整的周期性变动。经济法的时限机制包括经济法的制定时限机制、作用时限机制和实现时限机制。经济法的制定时间,对国民经济运行具有决定性的影响。国民经济的运行,具有阶段性特征。不同经济阶段具有不同的立法要求,因此应当将经济法的制定的适时性列于首位。经济法的作用,受到经济法产生效力的具体时间的约束,每一经济领域的经济过程是不同的,因此经济法在那里发生效力的时间并不相同。立法者应当具有经济过程时间差决定经济法的作用时间差的观念,并根据不同经济领域的经济过程,及时、有针对性地进行科学立法。如果经济法不能在国民经济运行中得以切实实现,那么再完善的法也无异于一纸空文。经济法的实现不仅依赖于经济法的作用,还依赖于对经济法的遵守。由经济法的作用过程过渡到经济法的遵守过程的这一时间段,是"实现的时限"。

经济法时限机制是依据经济过程的规律以及经济法的调整规律概括出来的。经济法时限机制的概念不同于传统的法的时间效力(时效)的概念。首先,经济法实现机制的概念是对法的时效这一概念的深化。法的时效的首要含义是法的有效期间。前者并不是一般地研究法何时生效,何时失效,而是着重研究经济法的制定时间、公布时间和实施时间的适时性,并使之与经济过程、经济动态平衡和未来发展联系在一起。如果经济情况已经发生了变化,而经济法才刚刚制定、实行,或者仍未被废止,那么所谓的经济法的适用便无实际意义。其次,在法的废止上,经济法具有特殊性。法的时效的另一个含义是法的废止。法的废止一般有下列情形:新法公布,旧法废止;因法的特定情况的消失,法自然失效废止;依照特别决议、命令而废止。经济法作为调整国民经济周期运行的法,在不同的经济阶段,同一经济周期的经济立法的立法目的、调整方式、法的实施后果,基本上是相同的。因此,不存在属于同一运行周期的经济立法之间相互否定的问题。比如,在经济过热期,制定和实施增税法,不存在以后的经济阶段出现的经济过热期的增税法否定前一过热期的增税法,即变成减税法的问题。此外,在同一经济阶段的不同经济周期,经济立法具有"矫正"性质。比如,在经济过热运行期,制定和实施增税法;在危机运行期,制定和实施减税法等。

(赵 玲)

jingjifa shishi

经济法实施(implementation of economic law) 也称经济法的实现、经济法制的实现。将静态的经济立法转化为现实经济关系中的法制,是被经济法所规范的客观存在的社会关系的现实化。在一般法理层面,法的实现是来源于苏联的法学术语,指社会关系主体按照法律规范的要求,实施或者不实施一定的行为,从而形成彼此间的相互关系,即通过社会关系主体的现实具体活动将法律制度所欲达到的调整目标实现的过程。经济法的实现是经济法秩序的目标和终点;经济法的实现可以形成稳固的经济法秩序。经济法属于社会的上层建筑,其只有作用于社会经济基础将所欲规范的社会关系现实化,即通过经济法的实现过程才能实现调整目标、体现存在价值。经济法实施主要环节包括:经济守法、经济执法、经济司法和经济仲裁。

(周永平)

jingjifa xiangguan guanxi

经济法相关关系(correlations inside economic law) 经济法系统内部诸组成部分(要素)之间相互联系,存在目的上和具体运作上的一致性。经济立法、执法、守法、司法、法律监督等系统构成要素之间应当紧密相连,从而构成有效的经济法的运行机制。从空间角度考察,经济法体系中的诸多亚体系,如主体系统、规范系统、价值系统、秩序系统等具有目标和宗旨上的一致性。从经济法的规范系统来考察,只有经济法规范之间存在相关关系,才存在经济法调整机制问题。经济法规范之间的相关关系存在两种情况。第一种是调整客体同一的经济法规范之间的相关关系。如价格构成法规范、定价规范、价格调节法规范、价格管理法规范等。这些规范调整的都是价格关系,它们之间相互配合、相互依存。第二种是调整客体非同一的经济法规范之间的相关关系。这种经济法规范之间相关关系的形成不是基于同一调整客体,但是其调整目的和宗旨是相同的,因此能够形成相关关系。经济法规范之间的相关性,体现了经济法规范之间联系的密切程度、表现形式、相互关系的类型等,从而形成调整机制。

(赵 玲)

jingjifa xingtai jizhi

经济法形态机制(mechanism of the form of economic law) 经济法的存在范围、存在结构以及存在状态,以及在此基础上形成的各要素之间的相互关系的机制。包括范围机制、状态机制和结构机制等。经济法的范围机制,是指经济法的调整对象的范围,经济立法的规模以及经济法的适用领域诸多方面的存在机制。经济法的状态机制,是指经济法运行的各个阶段的实际效果。经济法的结构机制,是经济法体制中的各种经济法规范、法制度等构成有机联系的统一整体。经济法的形态机制与经济法的"地之效力"是两个不同的概念。经济法的"地之效力"是指经济法的地域适用范围。经济法的形态机制则不仅研究经济法的地域适用范围,更研究经济法的调整对象的范围,经济法的结构以及经济法的状态机制。研究经济法的形态机制的意义在于,以经济的周期性变动和国民经济的动态平衡为出发点,研究经济法的存在形式、作用机制和实现机制,从而解决国民经济良性运行的法律调整问题。

(赵 玲)

jingji faxue

经济法学(doctrine of economic law) 研究经济法调整规律的法学学科。它属于法学的范畴,与法学的其他学科有着密切的联系。在法学体系中,经济法学是一门独立的学科,因为它具有特定的研究对象。经济法学是一门重要的学科,因为它对加强经济法制建设,维护市场经济秩序起到重要作用。经济法学和经济法是既相互区别,又相互联系的两个概念。它们之间的区别在于:经济法学属于学科范畴,而经济法则属于法体制范畴;经济法学具有特定的研究对象,而经济法则具有特定的调整范围。它们之间的联系在于:经济法是经济法学的研究对象;经济法学的产生和发展,为经济法的发展提供了学术基础。

(赵 玲)

jingjifa yaosu zhenghexing

经济法要素整合性(conformity of economic law elements) 具有各自具体的性质、功能、作用和价值倾向不同经济法构成要素,在整体上相互配合,进行统一调整。要素相关性解决了经济法诸多构成要素之间的相互关系的性质,只有具有相互关系的诸要素之间才能形成调整机制。"整合"是对冲突的协调与调整。经济法系统内部诸要素之间的冲突的存在表明,不同要素所代表的价值倾向互不相同,甚至是对立的。对诸要素进行"整合"的目的在于,发现和探求价值之间的互补规律和互利规律,从而使要素与要素能够得以有机结合,形成共同的价值倾向,并发挥经济法调整的最大效用。

(赵 玲)

jingjifa yiwu

经济法义务(duty of economic law) 经济法主体依照法律规定应当为一定行为或者不得为一定行为的约束。经济法义务的存在是为了满足经济权力或者经济权利实现的需要。经济法义务是一个存在于主体间的相互关系的概念范畴。经济法义务本身不具有可惩罚性。经济法义务是一种法律约束,由义务主体自觉履行。

经济法义务是经济法责任的前提,经济法义务和经济法责任有一种前后相继的关系。

从义务主体的不同,经济法义务可以分为国家经济机关的义务和经济组织、个人的义务。其中,国家经济机关的义务是职权义务,是国家经济机关根据经济法律法规所规定的职责和权限范围应当对国民经济运行实施管理行为。从义务的对象不同,经济组织、个人的义务又可以分为对国家的义务和对当事人的义务。对国家的义务是经济组织和个人依据经济法律法规的规定在国民经济运行过程中对国家所负有的为或者不为一定行为的约束。对当事人的义务是经济组织和个人依据经济法律法规的规定或者约定、在经济活动中对其他经济组织或者个人所负有的为或者不为一定行为的约束。

(黄军辉)

jingjifa zaoqi xueshuo

经济法早期学说(theories of economic law in early stage) 作为法学范畴意义上,而不是语义学意义上的经济法术语,最早出现在 1906 年德国创刊的《世界经济年鉴》上。对经济法概念展开的法学意义上的讨论,始于第一次世界大战之后的德国法学会。将经济法作为法学的分支学科的研究,则始于卡斯克耳(W. Kaskel)的《经济法的概念和构成》论文。随后,有关经济法的各种思想、观点、理论和学说便各派林立。在大陆法系的德国和日本,经济法学说较为发达,比如集成说、对象说、历史观说、方法论说、功能说以及经济统制法论、垄断禁止法中心论等。但是,在英美法系国家,比如英国、美国和比利时等国,则不存在完整的经济法理论,但是却存在一些经济法思想。

国外的经济法学说对于经济法理论的产生和发展,作出了开拓性的贡献。在相当长的时期内,经济法理论就是在此基础上扩展并深入下去的。这些学说中的诸多见解,具有科学的成分,是经济法理论的起始科学。正是以此为起点,经济法理论才得以逐步形成一门科学。学说中提出的经济法是独立的法律领域的思想,对于研究社会经济运行、法律变迁,以及立法、司法的进步具有重要的理论价值和实践意义。当然,同其他早期学科一样,早期的经济法学说不能摆脱其历史局限性,仍然具有"早期"研究的特征,即处于个别研究、个别论证的阶段,还没有形成严密的科学系统;对既存的社会经济制度和立法的研究,具有描述性和辩护性;未能揭示经济系统、法律系统本身,以及两者之间内部联系的有机性和规律性。

(赵 玲)

jingjifa zeren

经济法责任(responsibility of economic law) 法律责任的一种。经济法主体因为违反经济法律、法规的规定而应承担的不利后果。经济法责任是经济法秩序的重要保障。

经济法责任属于法的适用的概念范畴,处于保护性法律关系的开始阶段。经济法责任具有可惩罚性。经济法责任是不履行经济法义务的后果。经济法责任是对违反经济法义务结果的确认,依靠特定国家机关通过法定程序来实现。

经济法责任的独立性 责任是违反法定义务的法律后果,只要承认了经济法的独立法律地位,违反经济法规范所承担的法律后果就是经济法责任。在经济法责任肯定观点中,由于对经济法律责任的定位和具体内容的分析不同,又主要分为三种观点:(1)经济法责任是独立的、新型的法律责任,是对刑事责任、民事责任和行政责任的整合和提升,是更高位阶的法律责任,不同于传统的法律责任,具有自己的独特性。(2)经济法责任是和刑事责任、民事责任和行政责任相并列的责任类型,调整经济法领域的社会关系,不同于传统的法律责任类型。(3)经济法责任包括固有责任和援用责任,是传统法律责任和新型的经济法上特有责任的结合和总称。

经济法责任的特征 经济法律责任的设定体现出很强的社会性、公益性;承担经济法责任的违法行为损害了社会公共利益,通过经济法责任的实施来维护社会整体利益。从经济法责任归责基础的角度,社会性特征体现在作为现代法的经济法必须对经济整体运行所产生的社会成本进行调整,实现私人成本和社会成本之间的均衡,在责任制度上就要突破民事责任注重个体利益补偿的模式,从弥补社会成本角度加以考虑。从未来发展看,经济法责任的社会性特征也应体现在经济法责任的实现方面,经济法责任的实现也要体现社会公共干预和公众参与,应当扩大有权提起经济法

责任追究的主体范围,从传统的直接利害关系者扩大到公共利益相关者,并建立相应的经济公益诉讼制度。经济法责任的社会性特征是由经济法的社会公益性、以整个国民经济运行的整体利益为出发点的立法宗旨所决定的。

理论界一般认为,经济法责任还具有以下特征:(1)经济法责任产生的前提和基础具有双重性,既可以因为违反经济法义务而产生,也可以因为不履行经济法职权而产生。(2)经济法责任的主体是违反了经济法规范的经济法主体,包括国家机关、企事业单位和自然人。(3)经济法责任是一种法律上的责任,因违反经济法律、法规所规定的或者当事人约定的经济法义务而产生。(4)经济法责任的功能和目的因为主体不同而具有差异性,追究政府机关经济法责任的功能主要是为了补偿市场主体的经济损失,惩罚性体现不明显,而追究市场主体的经济法责任主要是惩罚其违法行为,补偿性体现不明显,总体上经济法责任以实现社会经济整体顺畅运行为的经济法宗旨为目标,不同于以补偿损失、恢复原状为原则的民事责任。(5)经济法责任的对象具有具有广泛性,包括对当事人、国家、社会的责任。(6)经济法责任的内容具有复合性,剥夺或者限制违法的经济法主体的经济权力和经济权利。(7)经济法责任在形式上具有复合性,主要表现为一种组织(团体)责任和个体责任的结合。经济组织违反经济法律法规时经济组织和法定代表人或者对违法行为有直接责任的工作人员都应承担法律责任。(8)经济法责任具有经济性的特征。经济法责任是在国民经济运行中发生,是因为经济活动和国家经济调节管理活动引起的。(9)复合责任论的观点认为双重性也是经济法责任的特征,违反经济法义务的法律责任既包括经济法自身所特有的责任,也包括其他法律所规定的责任。

经济法责任的认定原则 经济法责任的认定首先要遵守经济法责任的构成要件,还要坚持以下原则:(1)经济法责任法定原则。在经济法责任认定中应当严格根据法律的规定来确定经济法责任是否存在以及经济法责任的种类及形态。(2)经济法责任与经济违法行为违法的程度相适应原则。经济法责任轻重的认定应当依据产生该经济法责任的经济违法行为的社会危害程度或者后果严重程度,认定经济法责任的大小应当与之相适应。(3)经济法责任不重复追究。对于已经追究经济法责任的行为,不得适用同种经济法律规范再追究其经济法责任;对于可以选择适用经济法律、法规追究经济法责任的行为,没有法律的特别规定,不得同时适用两种或者两种以上的经济法律规范加重追究其经济法责任。

经济法责任的综合论观点将经济法责任分为经济法上的民事责任、经济法上的行政责任和经济法上的刑事责任,认为经济法责任是刑事责任、民事责任和行政责任的综合,所以主张经济法责任的认定原则也包括了某些民事、刑事和行政责任认定的原则,经济法责任的认定是人民法院、仲裁机构和行政机关的职责;当事人在法律规定的范围内,也具有一定的认定权。

经济法责任的类型 经济管理责任,指国家经济机关的工作人员、经济组织的成员在执行公务时,因实施违法行为或其他依法应承担责任的行为而导致的责任。职务责任是有具体进行经济活动的行为人因履行公务而造成的,应当首先由引发该责任的直接行为人的所属组织或单位来承担。该组织或单位承担以后可以追究该直接责任人员的法律责任。

非职务责任,指经济法主体以自己的身份从事经济活动而产生的责任。是和职务责任相对应的概念。非职务责任的形成并非由于履行职务的原因,和直接责任人所属的组织或单位没有关系,该责任应当由行为人个人承担。

财产责任,指强制责任人用财产来补偿权利人损害的责任形式。财产责任是以财产为内容的责任形式。对财产的处分是经济活动中经常运用的一种责任承担方式,是经济法中主要的责任形式。

非财产责任,指强制责任人用财产以外的方式来补偿权利人损害的责任形式。非财产责任是不以财产为责任内容的责任形式,其责任的承担要求责任人为或者不为一定的非以财产为内容的行为作为对权利人的补偿。

经济法责任的综合论观点认为经济法责任是刑事责任、民事责任和行政责任的整合和提升,所以将经济法责任分为经济法上的民事责任、经济法上的行政责任和经济法上的刑事责任。　　(黄军辉)

jingjifa zeren de goucheng yaojian
经济法责任的构成要件(key elements of constitution of responsibility of economic law) 认定经济法责任所必须具备的构成因素。经济法责任的构成要件的确定是实践中认定、追究经济法责任的前提。理论界对经济法责任构成要件的归纳大体上都遵循主客观相结合的原则,从主体的主观意识状态、客观行为后果、行为本身的适法性、行为和后果之间的关联性等方面加以认定。

一般认为,经济法责任的构成要件包括四个方面:(1)经济法主体主观上具有故意或过失的意识状态。过错和无过错归责原则相结合是经济法责任主观要件的一大特点。(2)经济法主体实施了违法行为(包括作为和不作为)或者滥用了经济职权或权利。(3)经济法主体的行为造成了损害后果,损害后果可以是有

形的和无形的。(4) 经济主体的行为和损害后果之间具有因果关系。　　　　　　　　　　（黄军辉）

经济法制（rule by economic law）　在我国,经济法制主要有狭义和广义两种含义。狭义的经济法制指一国的经济法律和法律制度;广义的经济法制指社会经济法律制度和秩序的总和,是由经济立法、经济守法、经济执法、经济司法和经济仲裁所组成的经济法律制度和秩序。经济立法是经济法制的前提,经济执法、司法和仲裁是经济法制的保障,经济法制有赖于全社会经济守法观念的培养。经济法秩序的适应性、矛盾性和动态性的特点也使得经济法制既是规定性的,又是实践性的,是静态法制和动态法制的综合体。

在西方法学界,经济法制也是经济法秩序的同义词,指经济法律所设定、维持的一种社会制度。
　　　　　　　　　　　　　　　（周永平）

经济法制裁（sanction from economic law）　又称经济法上的制裁。依照经济法律、法规的具体规定,由有权限的国家机关、司法机关和仲裁机构所采取的对经济违法行为追究法律责任的措施。经济法制裁的本质属性是法律责任措施。实施经济法律制裁的主体是有权限的国家机关以及人民法院、经济仲裁机构。经济法制裁必须依照法定程序实行。经济法制裁的功能包括:财产惩罚功能,使受罚方承担不利的经济后果;保障权益功能,恢复受保护方的合法利益;维护社会经济秩序功能;恢复经济法制功能,实现经济法秩序。

经济法制裁是使经济法责任主体承担具体的不利的法律后果。经济法责任是一种特殊义务,是经济法主体不履行经济义务所应承担的惩罚性结果。经济法制裁是追究经济法责任的一定措施。也有观点认为经济法制裁与经济法责任的主体不同,经济法责任的主体可以是政府机关和市场主体,而经济法制裁的主体只能是市场主体。

从不同的角度可以对经济法制裁进行不同的分类:

从内容是否和财产有关,经济法制裁可以分为经济制裁和非经济制裁。经济制裁是指以财产利益的减损为内容的追究法律责任的措施,主要包括赔偿经济损失、赔付违约金、没收财产、强制收购、罚款、罚交滞纳金、罚息、收缴应上缴收入、没收非法所得、收购、征用、没收财产等。非经济制裁是除了经济制裁以外的其他经济法制裁。从制裁的性质又可以将非经济制裁分为经济行为方面的制裁、经济信誉制裁、经济管理行为制裁。经济行为方面的制裁是经济法义务的违反者以其经济行为受到某种限制作为代价的承担责任的方式,主要包括强制整顿、强制停业、吊销生产许可证或营业执照、强制解散、限制从事某些经济活动的资格等。经济信誉制裁是经济法义务违反者以其经济信誉受到损失为代价承担责任的方式,主要包括通报批评、撤销荣誉称号等。经济管理行为制裁是违反经济法所规定的经济管理义务的国家经济机关及其工作人员,以其经济管理行为受到某种限制为代价承担责任的方式,主要包括责令修改、调整原所下达的计划指标、责令减免被管理主体原来规定上交的利润和收费、撤销摊派、停止、纠正或撤销不恰当管理行为、撤销或调整其有关经济管理职权等。

从范围上可以将经济法制裁分为广义的经济法制裁和狭义的经济法制裁。广义的经济法制裁指从经济上惩罚违法和犯罪行为的一种手段,包括了刑法、民法、行政法、经济法中有关经济制裁的规定。狭义的经济法制裁指国家专门机关(包括人民法院、经济仲裁机关、国家经济机关),根据经济法的规定,对经济违法主体所采取的使其承担不利后果的紧急性强制措施。

从不同法律关系中主体的不同将经济制裁分为经济管理法律关系中违法当事人应承担的经济法律制裁、指令协作法律关系中违法当事人应承担的经济法律制裁、内部经济法律关系中违法当事人应承担的经济法律制裁。

从接受经济制裁的主体不同可以分为政府机关的经济法制裁和经济主体的经济法制裁。政府机关的经济法制裁是指政府经济机构对其违反经济法义务或不当行使经济法权力的行为追究法律责任的方式,包括经济侵权制裁和经济补偿制裁。经济侵权制裁包括赔偿损失、返还利益、停止侵权行为和罚款;经济补偿制裁包括支付赔偿费和安置费、恢复原状、采取补偿措施。经济主体的经济法责任是指对经济主体违反经济义务的行为追究法律责任的方式,包括强制履行制裁、经济补偿制裁、经济惩罚制裁。强制履行制裁包括强制许可实施、强制划拨、强制扣款、强制收兑、强制退还、强制收购、强制扣缴;经济补偿制裁包括责令赔偿损失、支付违约金、补缴税款、责令恢复原状;经济惩罚制裁包括中止或终止行为能力、剥夺权利能力和经济惩罚等。中止或终止行为能力具体包括限期停产整顿、责令停止销售、责令停止生产、营业;剥夺权利能力具体包括撤销生产许可证、吊销营业制造、注销许可证等;经济惩罚具体包括罚款、没收产品和非法所得、没收财物、加收滞纳金、加收利息、销毁伪劣产品等。

从引起制裁的原因的不同可以将经济法制裁分为违反经济法律规范的制裁和未完成经济义务的制裁。违反经济法律规范的制裁是指因为违反经济法律的强制规定的责任追究方式。未完成经济义务的制裁指因

为违反经济法主体之间通过协商所约定的经济义务的责任追究方式。　　　　　　　　　　（黄军辉）

jingjifa zhidu
经济法制度（legal system of economic law）　本质相同、机能统一的同类性经济法律规范的总和。经济法制度是媒介经济法规范和经济法体制的中心环节。经济法制度是同类经济法规范的类型化，是经济法规范的基本类型；经济法规范包含于经济法制度之中并决定经济法制度的结构。另一方面，经济法制度又是经济法体制的基本单位，是经济法体制构成的基础。也有观点在更广义的层面使用法制度的概念，法制度被认为是依据法律所设定、维持的一种社会制度。

　　社会关系的结构是经济法制度的基础，决定着经济法制度的结构。社会经济关系的类型是对一定历史的、社会的具体社会经济关系进行高度抽象而形成的科学分类，决定着经济法制度的分类。依照经济法体制内部各个法律制度之间的相互关系可以将其分为经济组织法律制度、经济活动法律制度、经济竞争法律制度、经济调控法律制度、经济管理法律制度、经济监督法律制度、涉外经济法律制度。其中，经济组织法律制度是整个经济法体制的前提法，居于逻辑起始法的地位；经济活动法律制度整个经济法体制的基础法；经济竞争法律制度是经济法体制的限制法，居于秩序法的地位；经济调控法律制度是经济法体制的主导法，居于导向法的地位；经济管理法律制度是经济法体制的处理法，居于执行法的地位；经济监督法律制度是经济法体制的矫正法，居于保障法地位；涉外经济法律制度是经济法相对独立的组成部分，居于延伸法的地位。

　　经济法制度是经济法秩序的前提和出发点。社会经济关系是一个统一的整体，不存在绝对孤立的单个经济主体之间的社会经济关系。任何一个社会经济关系从不同的角度分析就会与不同的经济法律规范发生联系，也就必然为多种经济法律规范所调整，形成一定的经济法律关系。具有同类性的经济法律规范的总和，也就是经济法制度就成为经济法主体进行经济行为、实现经济法秩序的前提和基础。　　（周永平）

jingjifa zhixu
经济法秩序（order of economic law）　经由经济法调整后的社会关系所达到的一种有序的状态。在一般法理层面，法律通过系统性地调整社会关系，实现社会的有序运作，从而建立和谐的法秩序。具体到经济法领域，经济法秩序是由经济法所建立和保护的社会经济秩序，是社会经济秩序的特殊形式，是社会关系主体的权力、权利、义务的全面实现。经济法秩序是法秩序在经济法领域的表现，是主体按照经济法的要求，进行适合于一定经济关系类型的活动，从而形成的相互关系状态。经济法通过规范人们的行为，调整社会关系，维护所期望的社会秩序。从经济法的价值角度探讨经济法秩序，可以认为秩序是经济法的第一层次的价值。从经济法宗旨的角度来认识经济法秩序的意义，理想的经济法秩序是经济法的宗旨，即通过协调运用各种调解手段来弥补传统民商法调整的缺陷，以不断解决个体的营利性和社会公益性的矛盾，从而促进经济稳定增长，保障社会公共利益，保障基本人权，调控和促进经济与社会的良性运行和协调发展。从经济法的基本范畴角度认识经济法秩序，秩序被认为是经济法的基本范畴之一，经济法秩序并且具有自发性、开放性、规制性和自由性的特征。

　　经济法秩序总说　经济法秩序的含义是由经济法媒介而形成的社会秩序，是通过经济法制度的调整所要达到的理想的社会状态，其具体包含如下含义：经济法制度所体现的国家意志通过经济法的立法、执法和司法活动在社会生活中得以贯彻并实现的状态；通过经济法制度中鼓励性法律规范的刺激性调整或者禁止性法律规范的抑止性调整使得经济法主体具体享有经济权力或权利、承担的经济义务的合法状态；作为重要经济法主体的国家机关正确执行和适用经济法律以达到理想社会秩序的状态。经济法秩序的形成过程，是经济法的实现过程；经济法秩序是经济法实现的结果。从经济法价值角度来看，秩序是经济法的首要价值，经济法所要实现的秩序是关于经济领域和经济生活的秩序；是重在维护社会经济总体结构和运行的秩序，其侧重于从社会整体角度来协调和处理个体与社会的关系，其关注的重点不同于民商法秩序，也不同于行政法秩序，是超越统治者国家利益、关注社会利益的秩序。从经济法宗旨的角度来看，理想的经济法秩序包括实现经济法调整的直接目标和实现最高目标两种不同层次的秩序状态。实现直接目标的秩序状态是解决效益和公平、个体的营利性和社会公益性两对矛盾。实现更深层次目标的秩序状态是经济法在宏观调控和市场规制过程中提高经济运行效率来促进经济稳定增长，通过经济法对经济进行宏观调控和市场规制过程中兼顾经济公平和社会公平来保障社会公共利益和基本人权。全面实现上述目标，就可以达到经济法最高目标的秩序状态，即调控和促进经济和社会的良性运行和协调发展。

　　经济法秩序包括经济法制度、经济法行为和经济法实施三个构成要素。经济法制度是经济法秩序的前提；经济法行为是经济法秩序的直接内容；经济法实施是维护经济法秩序的基本手段。

　　经济法秩序的分类是依照一定的标准对经济法秩序的基本结构进行划分。按照经济法调整社会经济关系的状态,可以分为:经济组织法秩序、经济活动法秩序、经济竞争法秩序、经济调控法秩序、经济管理法秩序、经济监督法秩序和涉外经济法秩序。

经济法秩序的特征决定于其与社会经济关系的直接关联性:经济法秩序建立在社会经济关系的基础之上,反过来又制约社会经济关系。

经济法秩序的适应性 经济法秩序是社会经济秩序的法律表现,具有适应于社会基本经济制度和经济体制的特征。社会基本经济制度和经济体制是经济法秩序的决定性基础。

经济法秩序的矛盾性 经济法秩序的存在以作为社会存在和发展根源的经济矛盾为基础,它的结构、层次、要素、性质和发展方向都为经济矛盾所决定。经济法秩序的矛盾性是经济法秩序发展完善、逐渐与社会基本经济制度和经济体制相适应的动力。

经济法秩序的动态性 经济法秩序在保持一定稳定性的前提下,根据社会环境和经济条件的变化不断改变自己的存在状态和方向。社会经济运动是经济法秩序发展的决定性因素;经济法秩序适应社会各种因素的变化,不断被调解和修正;经济法秩序由非均衡到均衡,再由均衡到非均衡,周而复始地发展变化;经济法秩序的发展表现为从低级状态向高级状态的转化,不断趋向优化。经济法秩序的稳定是动态的稳定,既要保持经济法秩序的现实状态,又要对与经济规律不相适应的现实状态加以改变。

经济法秩序的层次性 通过经济法的调整所欲达到的理想社会秩序可以分为低层次和高层次的不同秩序状态。较低层次的秩序状态是指在解决效率和公平、个体的营利性和社会公益性两对矛盾的基础上,通过提高经济运行效率来促进经济稳定增长、保障社会公共利益和基本人权。高层次的秩序状态是指通过全面实现上述目标以达到经济法调控和促进经济和社会的良性运行和协调发展的目的。

也有观点借鉴哲学研究成果,从经济法基本范畴角度将秩序的特征归纳为自发性、开放性、规则性、自由性,并强调其和设计性、封闭性、命令性、专制性的区别。

(周永平)

jingjifa zhixu de zhang'ai
经济法秩序的障碍(impediment of order of economic law) 约束、阻碍、破坏经济法秩序稳定和向优化方向发展的各种因素的总称。经济法秩序的障碍在国民经济领域主要体现在如下几个方面:国民经济管理中部门立法和地方立法、专家立法的局限性的障碍;经济程序法不完备的障碍;经济法主体逆法意识的障碍;国家经济机关滥用经济权限的障碍。从社会经济基础的角度,经济法秩序的障碍可以分为:市场经济内部障碍是产权不清及与此相关的市场发育不完善;市场经济的外部障碍是国家对经济运行过度的行政干预。从障碍主体的角度,经济法秩序的障碍可以分为:当事人造成的障碍;法院造成的障碍;社会造成的障碍。有观点从更为宏观的角度认为,良法标准模糊不清、缺乏对法律的信仰、法律尚未取得至上地位是目前我国整体的法秩序建设最主要的障碍。

为了克服经济法秩序的障碍,应当加强部门和地方性规范性文件的整理和系统化,使之相互协调配合,实现共同的经济法秩序目标;建立健全对部门和地方立法的监督制度;扩大专家立法的人员范围,将具有成熟的实际经验的专门人才吸纳进来,在立法过程中注重实际调查研究;加强程序法的立法工作,在经济立法活动中不仅要强调实质内容的合理性,也要重视其形式的系统化,尤其应当注重对经济活动程序法和经济监督程序法的立法;在立法和执法、司法活动中应充分考虑到企业逆法意识存在的客观性和危害性,在制定经济法律制度的时候,就应针对企业在逆法意识作用下可能从事的违法行为,制定尽量完善的经济法律制度,在经济执法和法律适用过程中也要高度重视企业逆法意识的存在,在实施经济法律的各个环节去避免逆法行为的出现;强调依法行使经济权限来约束国家经济机关滥用经济权限,使得国家经济机关颁布的规范性文件不得与宪法和法律相抵触,让其他经济主体承担义务或减损其经济权利的行为必须有法律依据才能作出,在职权范围内自由处理经济事务时也必须考虑到法律的规定及立法精神的要求。针对经济法存在的内外两大障碍,为了保障市场主体的独立地位、消除经济法运行的内部障碍,经济法必须明确对市场主体的产权加以界定和充分保护,必须依法确立市场主体的独立主体资格,以满足市场经济运作的最基本的要求,从而为经济法的有效运作提供良好的市场经济方面的基础。另一方面,通过消除行政机关的直接干预克服经济法运行的外部障碍,把企业变成能够独立自主地进行经济活动的真正独立的市场主体。

针对造成障碍的不同主体也应当采取不同的对策加以处理。针对对不执行法院的判决和裁定的危害性缺乏足够认识、有履行能力却故意拖延或者抗拒执行的当事人,应当严格执行滞纳金等制裁措施,对逾期不执行的当事人采取处罚措施;对于经济效益差、达到破产条件的企业法人,通过破产程序了结执行难的问题;对于情节严重的拒不执行的单位和个人,运用刑法的抗拒执行罪加以刑事处罚。针对法院存在的审判和执行相脱离、只顾审判、不考虑执行的问题,应当树立执行人员的正确执法意思、加强执法力量,严格执行的审期制度,对因收受贿赂而拖延案件审理、造成败诉方转移财产的审判人员要严肃处理。针对社会上存在的执行意识淡薄、一些单位尤其是某些金融机构对法院的冻结令、支付令采取不支持、不配合甚至对抗态度的现象,应当营造一个良好的执行环境:在全社会范围内牢固树立保障债权人利益的思想,不能让违法者有利可图;要坚决制止执行过程中的地方保护主义;在委托执行中,被委托法院要从国家法制统一的高度出发,积极协助其他法院执行,对拒绝委托执行或者对委托执行采取消极态度的法院以及直接责任人员,应将这种行为作为劣迹记入对该法院或者人员的考核内容,使其承担不利后果。在更为宏观的社会意识层面,保持法律的稳定性以树立法律的权威性,并培养民众对法律的信仰则是克服目前我国法秩序障碍、实现法秩序的重要措施。

(周永平)

jingjifa zhuti

经济法主体(subject of economic law) 依据经济法律规范的规定,参加或能够参加经济法律关系,依法享有经济权力(利)、承担经济义务的人。经济法主体资格是由经济法律规范确定的,取得经济法主体资格应当具备三个条件:一是具有一般法律地位。即通过法律规范对社会关系的参加者的性质、类别、职能、组织的产生和终止、财产归属关系的规定,赋予其经济法主体的法律地位,使其具有与国家或其他经济组织设立经济关系的资格。二是要具有经济权限。任何法律主体都是权利义务的承担者,是权利义务的统一体,没有作为法律规范的权利与义务,便没有法律主体的存在。因此,经济权限是任何法律主体的基本出发点和终极目标。经济法律规范对不同的经济法主体都规定有不同的经济权力(利)和经济义务,依法取得一般法律地位的社会关系主体只有参加具体经济关系,依法享有权力(利)、承担义务,方能实现其一定经济利益,体现出其作为经济法主体的地位与价值。所以,参加具体经济关系,包括经济组织关系和经济活动关系,是经济法主体的实现方式。三是能够对自己违反经济法律规范的行为承担责任。经济法主体在参加国家协调经济运行关系时,应当遵守经济法律规范的规定,依法行使经济权力承担经济义务。但也不可避免地会出现违反经济法律规范的行为,对此,经济法主体负有承担不利后果的责任,即承担经济责任和法律责任,如不自觉履行,则相对人可以依法行使保护请求权。依据法律规范的规定,经济法主体包括国家、国家机关、社会组织、经济组织内部机构、个体工商户、农村承包经营户以及自然人。

(唐 倩)

jingjifa zhuti xingshi

经济法主体形式(forms of subject of economic law) 凡依经济法律规范规定,参加国家协调国民经济运行过程中所形成的经济关系的当事人,都是经济法主体。根据各个主体参加经济活动的职能和目的不同,经济法主体可分为五种形式:(1)国家。国家是特殊经济法主体。首先,它是国家所有权主体。国家作为政权的承担者被确认为根据全体人民的意志对国家财产加以占有、使用和支配,使国家成为国家财产的唯一主体。其次,国家是实行宏观经济调控的唯一主体。宏观调控是现代国家的重要职能,离开了宏观调控,社会经济不可能有效运转,而国家的社会中心地位决定其必然成为宏观经济调控的唯一主体。再次,国家是经济活动的参加者。国家所有权主体的特殊性,决定了在一般情况下,国家不以所有权主体的身份参加经济活动,而是以权力主体的身份出现;但在特殊情况下,国家以自己的名义参加经济活动,以权利主体资格出现,享有经济权利,承担经济义务。(2)国家机关。国家机关是重要的经济法主体,不仅行使经济权力,发挥国家调节、管理、监督国民经济的作用,而且也进行经济活动,享有经济权利,承担经济义务,在职能性活动中实现经济权力与经济权利的结合。(3)社会组织。凡参加经济活动的社会组织均为经济法主体,其中,经济组织是最普通的经济法主体。(4)经济组织的内部组织。在实行统一领导的经济组织内部,专业生产经营单位和经济联合组织内部成员单位,享有一定的经营管理权,并能承担一定经济义务,因此,也是经济法主体之一。(5)个体工商户、农村承包经营户和自然人。个体工商户,特别是农村承包经营户,是新的经济法主体形式,虽然其经营规模不大,但数量众多,它们的活动也与国民经济整体运行联系在一起,对国民经济的协调发展具有重要作用。

(唐 倩)

jingjifa zhuti zige

经济法主体资格(capacity of subject of economic law) 为经济法律、法规所规定并予以保护的主体参加经济关系的能力和条件。它包括取得经济法主体资格和实现经济法主体资格。法律在对社会关系进行调整时,首先要规定主体资格或主体地位,明确主体赖以活动的静态出发点。主体资格是国家要求当事人参加法律关系时必须具备的条件,只有当事人具备主体资格,才能承受法律规定的权利和义务。经济法主体资格是由经济法律规范确定的,它包括三方面内容:一是规定经济法主体的一般法律地位。即通过法律规范对社会关系的参加者的性质、类别、职能、组织的产生和终止、财产归属关系作出规定,赋予其经济法主体的法律地位,使其具有与国家或其他经济组织设立经济关系的可能性。二是规定经济法律关系主体的经济权限。任何法律主体都是权利义务的承担者,是权利义务的统一体,没有作为法律规范的权利与义务,便没有法律主体的存在。因此，经济权限是任何法律主体的基本出发点和终极目标。经济法律规范对不同的经济法主体都规定有不同的经济权力（利）和经济义务，依法取得一般法律地位的社会关系主体只有参加具体经济关系，包括经济组织关系和经济活动关系，依法享有权力（利）、承担义务，不仅实现了一定经济利益，也实现了经济法主体资格。三是规定经济法主体违反经济法律规范应当承担的责任。经济法主体在参加国家协调经济运行关系时，应当遵守经济法律规范的规定，依法行使经济权力承担经济义务。但也不可避免地会出现违反经济法律规范的行为，对此，经济法律规范要求经济法主体承担不利后果，即承担经济责任和法律责任，如果相对人因此遭受损害，可以依法行使保护请求权。依据法律规范的规定，国家、国家机关、社会组织、经济组织内部机构、个体工商户、农村承包经营户以及自然人依法具有经济法主体资格。 （唐倩）

jingjifa zhuti zige qude

经济法主体资格取得（acquirement of capacity of subject of economic law） 经济法律规范对经济法主体资格的认定。法律在对社会关系进行调整时，首先要规定主体资格，主体资格是国家要求当事人参加法律关系时必须具备的条件，只有当事人具备主体资格，才能承受法律规定的权利和义务。通常，法律是以"契约"或"身份"确定法律关系主体的权利和义务。在经济法中，主体法律资格的认定主要在于身份的确认，只要具备了经济法律规范规定的身份要件，就能参加经济关系，成为具体经济法律关系的主体。按身份确定经济法主体资格，是由经济法所调整的经济关系决定的。经济法是规定和调整国家在协调国民经济运行过程中所发生的经济关系的法律规范，其主体的权力（利）义务应当与国民经济的稳定发展相联系，而国民经济的稳定发展要求部分主体要享有经济权力，在经济法律关系中行使经济管理、经济监督、经济调控等经济职权，而其他主体一方面要受到经济权力的限制，另一方面也可以既享有经济权利又承担经济义务。以身份确定法律主体资格，存在主体地位的不平等和权力（利）义务的不对等，但各法律主体权力（利）义务的实现，却能够矫正社会经济活动中客观存在的，因经济力量、社会地位等方面的差距所形成的不平等，并以此集中社会经济力，推动国民经济的协调发展，实现社会整体利益。依经济法律规范，法律主体资格从以下两方面认定：一是确定主体的一般法律地位。即通过法律规定主体的类别、性质、职能（生产、经营、管理等）、组织的产生和终止、财产所有权形式等，确定其一般法律地位，作为其参加经济关系的前提条件。二是规定其经济权限。即对不同主体分别规定不同的权力（利）和义务，作为其参加具体经济关系的依据和法律界限。因此，经济法主体资格主要是依法取得的，没有法律根据，任何社会主体都不能取得经济法主体资格。同时，在经济法中，部分主体的法律资格是以契约确定的。从表面看来，契约主体的法律地位都是平等的，权利义务也是对等的，而实质上，如果契约双方分别是经济实力、社会实力、信息集中能力有巨大差异的当事人时，这种平等就只是一种形式上的平等。在此情况下，如果任由契约双方当事人自己确定相互之间的权利义务关系，不仅会导致当事人之间出现不公平的后果，而且会影响国民经济的安全运行，损害社会整体利益。对此，经济法必须予以规范和调整，该主体的法律资格则由契约确定，而非法律规定。 （唐倩）

jingjifa zongzhi

经济法宗旨（main goal of economic law） 经济法总体的、最终的目的和任务。从法与法区别的角度来看，经济法的宗旨是经济法所要实现的特有的目的，是贯穿于经济法理论研究和经济立法、守法、执法、司法的基点。在理论上，对经济法宗旨的研究往往与经济法的概念、体系、地位及调整范围和方式等经济法基本理论联系起来。经济法的宗旨是研究经济法体系、地位及调整范围和调整方式问题的指针，也是确定经济法调整的具体对象和基本方式的基础和前提。

从理论层次上，经济法的宗旨可概括为经济法的根本目的、经济法的一般目的、经济法的具体目的三个层次。经济法的根本目的与一般目的、具体目的的三者之间，既存在同一性，有又各自的特殊性。在同一性方面，它们都属于经济立法的范畴，其根本含义是相同的，都服从和服务于经济法的宗旨，即为什么要制定经济法、经济立法要解决什么问题。在特殊性方面，首先，经济法的根本目的与经济法的一般目的、具体目的处于不同的理论层次。根本目的是通过经济法的全部立法从经济法体制总体上总结出来的，一般目的是通过各个经济法律法规概括出来的，而经济法的具体目的是从每一个具体的经济法律法规直接表现出来的。其次，它们的作用不同。根本目的是总纲，对全部经济立法起指导性作用，一般目的对经济法律、法规起制约作用。另外，经济法的根本目的和一般目的是学理上的概括，是通过对每一经济法律、法规关于具体立法目的的分析、综合而总结出来的，经济法的具体目的是在具体的法律、法规中直接体现出来的。经济法的根本目的是指经济法要实现的最终目标即国民经济良性运行。确立经济法的根本目的应立足于经济法理论的研究对象、经济法的概念、内涵等基本问题。经济法理论是研究国民经济运行法律调整规律的科学，其要回答的最本质、最核心的问题是如何实现对国民经济运行进行最优法律调整,对国民经济运行进行法律调整的目的是要实现国民经济的良性运行。对国民经济运行的法律调整决定了经济法的调整目的,也可以说,经济法的根本目的是由国民经济运行法这一内涵决定的,国民经济统一运行过程,是宏观调控机制与市场机制相结合的过程,也应是经济法对其进行集中、统一、综合调整的过程,宏观调控机制在市场机制的制约下,使经济法对国民经济的调节符合经济规律的客观要求,实现良性运行状态。每一项经济立法都体现了宏观调控与市场机制的有机结合,体现国民经济良性运行状态对立法的要求。国民经济运行状态及发展趋势即国民经济运行态势是经济法的目的点,国民经济运行的态势是由低质态向高质态的过渡。尽管各国对经济法根本目的的表述方式有所不同,但所反映的经济法根本目的的本质是共同的,其核心都可归结为实现国民经济良性运行。经济法的根本目的是一切经济立法的指针,贯穿经济法制的全过程,经济立法、守法、执法、司法都应适合并服务于经济法的根本目的。经济法的一般目的是经济法立法所要解决的基本问题。在根本目的与一般目的的关系上,一般目的服从和服务于根本目的,一般目的是根本目的的具体体现。每一经济法律、法规的制定,都有其具体的目标,各个法律、法规在相同的大前提下,其具体的立法目的并不相同,所要解决的问题千差万别,一般目的是具体目的的总概括。经济法的一般目的包括三个方面:其一,确立经济活动、经济关系的规则。市场经济要求建立完善的法制,经济主体依法进入市场,进行经济活动,建立经济关系,必须按照法律规则从事经济活动,法律规则是经济活动的必要条件,是经济法的调整功能得以发挥的前提。确立法律规则有两方面的目的:一是对经济活动、经济关系本身进行有针对性的调整;二是为国家调节经济活动、经济关系提供准则。其二,实现国民经济总体利益。国民经济总体利益,在一定程度上反映了经济主体利益、国家利益和社会公共利益的总和,表现为竞争秩序的维持、经济平衡发展和保障社会公共利益。为维护并实现国民经济总体利益,经济法必须解决好总需求和总供给的矛盾及产业结构与消费结构的矛盾,正确处理企业利益与国家利益、局部利益与总体利益、短期利益与长远利益的关系,以保证国民经济稳定健康发展。其三,维护社会经济秩序。维护良好的社会经济秩序,保证国民经济各主体的正常经济活动,是经济发展的基本条件。法秩序是社会经济秩序的特殊形式,当经济法制在社会经济关系中得以实现时,便形成经济法秩序。保障经济法秩序的稳定,是保障社会秩序稳定的重要前提和内容,它既是国家立法目标,也是社会经济秩序的内在要求。为实现这一立法目的,要求经济主体按照经济立法的规定,实施合法的行为,彼此间形成规范的相互关系;要求国家经济机关积极执法,同时,非有法律依据,不得利用经济权限使经济主体承担不法义务或侵害其权利;要求司法机关和仲裁机构正确适用法律,保证经济司法的合法性、适法性。经济法的具体目的是指每一经济法律、法规各自的立法目的。具体目的是从每一法律、法规中具体表现出来的。在具体目的与一般目的的关系上,具体目的服从和服务于一般目的,具体目的是一般目的的在具体经济法律、法规中的体现。

(吕家毅 刘继峰)

jingji fanzui xingwei
经济犯罪行为(behavior of economic crime) 经济法主体实施的违反经济法律规定、社会危害性严重、需要以刑罚手段加以惩罚的违法行为。在刑法学界,存在对经济犯罪行为的不同界定。广义的经济犯罪行为指一切侵害社会主义经济关系,依照法律应当受到刑法处罚的行为,其外延包括破坏国家经济管理活动的行为、侵害社会主义所有制关系的行为、攫取公私财物的行为、利用职权非法牟利的行为等。狭义的经济犯罪行为仅指发生于社会经济活动和经济管理中的犯罪行为,其外延主要限定于破坏国家经济管理活动的行为。在经济法学界对经济犯罪行为的研究多集中于国民经济整体运行过程中所发生的犯罪行为。

经济犯罪行为是犯罪行为的一种,其定罪和量刑要依照刑法的具体规定,从犯罪的主体、犯罪的客体、犯罪的主观方面、犯罪的客观方面进行认定。一般来讲,经济犯罪的主体是具有刑事责任能力的公民、法人和其他经济组织;经济犯罪行为侵犯的客体是法律所保护的社会主义经济关系和经济秩序;经济犯罪行为的客观方面指经济犯罪主体实施了破坏社会经济秩序的行为;经济犯罪行为除少数为过失犯罪外,大多数都属于故意犯罪。与其他犯罪行为相比,经济犯罪行为具有隐蔽性、复杂性和易变性的特点。

目前我国《刑法》关于经济犯罪行为的规定多集中于第三章、第五章、第六章和第八章中,包括生产、销售伪劣商品行为,走私行为,妨害对公司、企业管理秩序行为,破坏金融管理秩序行为,金融诈骗行为,危害税收征管行为,侵犯知识产权行为,扰乱市场秩序行为,破坏环境资源保护行为,贪污贿赂行为,等等。

(周永平)

jingji gongyi susong
经济公益诉讼(the economic litigation for public interest) 为维护社会公共经济利益,由国家司法机关根据法律规定的职权和程序,对个人或者经济组织违反经济法、侵害社会公共利益的行为适用经济法律进行处理的活动。经济公益诉讼的目的是为了维护社会公共利益；原告的范围广泛，包括任何公民、社会组织或者国家；原告资格特殊，不需要和案件事实有直接的利害关系；原告的作用主要在于启动经济公益诉讼程序，对公益标的本身没有处分权；原告在诉讼中的地位特殊，对诉讼标的的处分权受到限制。

美国是典型的实行经济公益诉讼的国家，其经济公益诉讼集中在反垄断法领域。1890年美国国会通过的《谢尔曼法》中规定了检察官可以依司法部长的指示或者以美国国家的名义，对垄断性的托拉斯提起诉讼，这已经具备了经济公益诉讼的雏形。1914年的《克莱顿法》则进一步规定，对违反反托拉斯法造成的威胁性损失或损害，任何个人或者社会组织都可向对当事人有管辖权的法院起诉和获得禁止性救济。并且据此提出的任何诉讼中，若原告实质上占有优势，法院将奖励原告诉讼费，包括合理的律师费。在经济公益诉讼的具体制度设计上，各个国家的规定不尽相同。大陆法系国家多采用直接起诉的方式，公民可以对损害社会公益的违法行为直接提起经济公益诉讼；英美法系国家则一般要求公民在起诉前必须先请求相关的国家机关进行处理，只有在该机关不作为的情况下，公民才能向法院直接提起公益诉讼。另外，大多数国家立法要求公益诉讼必须针对已经对社会经济造成实际损害的经济违法行为提起；而美国的反垄断法则规定对可能造成经济损害的垄断也可以提起诉讼，起诉条件更为宽泛。

现代社会是一个高度复杂的系统，其复杂程度远远超过了以往的农业、工业社会，社会的各个子系统高度依赖、相互影响。现代社会中生产社会化所带来的经济活动复杂化、各种社会因素的联系的紧密化使得一个单独的违法行为所造成的危害影响的范围比以往扩大很多，比如：经济垄断行为、环境污染行为所造成的损害直接或者间接危及社会大众的利益，传统诉讼法中要求当事人必须与案件事实具有直接利害关系的规定，已经不能适应现代大规模经济受害案件救济的需要。在复杂的经济关系中，仅依靠传统的由国家行政机关主动查处的方式对社会公益造成损害的经济违法行为进行管理，不能及时有效解决这些问题。赋予没有直接利害关系的一般公民或者社会组织以提起诉讼的权利，可以有效地制裁此类经济违法行为。另外，我国还有相当数量的国有资产，如何使这些代表民众利益的国有资产保值增值，更加有效地追究国有资产流失的责任，也需要经济公益诉讼制度的辅助。

经济公益诉讼制度是典型的经济法特有的诉讼制度，是和经济法相对应的经济诉讼法律制度。经济法以社会整体利益为调整对象的特点决定了经济法的诉讼制度必然要以社会公共利益为出发点和归宿。我国以往的经济诉讼和其他诉讼多以参加主体的身份进行区分，社会经济组织之间进行的诉讼就是经济诉讼，审判实践和经济法理论体系相脱节；撤销经济庭所遵行的依照民事诉讼、行政诉讼和刑事诉讼程序来解决经济诉讼问题的方式，又人为割裂同一经济纠纷的审判过程，使得经济纠纷的审判复杂化，增加诉讼成本，而且各种审判方式之间易产生矛盾，不利于经济法秩序的实现。理论界普遍主张恢复经济庭的设置，建立统一的经济公益诉讼的主张。在我国，目前经济公益诉讼主要还停留在理论研究层面，司法实践中应首先对现行诉讼法中的直接利害关系人制度进行改革，放宽对原告的资格限制，解决无直接利害关系的原告起诉资格于法无据的法律障碍。

(周永平)

jingji guanli guanxi

经济管理关系(economic management relationship) 国家经济机关、社会组织和经济组织在管辖、处理经济事务中形成的经济关系。经济管理关系不包括宏观经济调控关系和企业内部管理关系。两者分别属于与经济管理关系并列的经济关系。

经济管理关系的范围包括：市场管理关系、行业管理关系、企业管理关系、自然资源和国有资产管理关系。市场管理关系是因管理市场而形成的关系。行业管理关系是因行业管理形成的关系，包括对同业商会、行业协会、外国商会、外国企业常驻代表机构以及特种行业、特殊企业等管理形成的关系。企业管理关系是企业活动中接受国家机关或行业组织管理而形成的关系。企业管理关系发生在企业的生产经营活动中，涉及方面较广，包括对企业资质的管理；对企业生产条件的管理，如安全、卫生条件；对企业产品的管理，如质量管理；对企业市场行为的管理等。自然资源和国有资产管理关系是由国家或国有资产管理公司对自然资源和国有资产管理形成的关系。

(刘继峰)

jingji guanliquan

经济管理权(economic management power) 国家经济机关在对国民经济进行调节和管理时依法获得的可以为或不为一定行为或者要求他人为或不为一定行为的资格。经济管理权是经济法律关系中最重要的经济权限，它具有以下特征：第一，经济管理权实质上是国家经济机关依照经济法规范所获得的经济职权和职责。但对于国家和社会来说，经济管理权更是国家经济机关的一种职责和义务，国家经济机关必须依法行使，不得随意转让他人或者放弃，否则就是一种失职行为，应该受到法律的制裁。第二，经济管理权是国家经济职能发挥的体现，是国家权力的一部分。第三，经济管理权具有命令与服从的性质。经济管理权是国家经济机关代表国家实现其经济职能的体现，它以国家强制力为后盾。在国家经济机关依法行使经济管理权时,被管理者必须服从。国家经济机关必须依法行使经济管理权,不得超越法律规定的范围和界限,不得滥用职权。法律未明文规定的权力,经济机关不得行使。

根据国家经济机关对国民经济进行调节和管理的方式的不同,可将经济管理权划分为经济决策权、组织实施权和经济纠纷调处权三类。 （刘砚海）

jingji guizhang
经济规章(economic rule) 国务院各部、委员会、中国人民银行、审计署和具有经济管理职能的直属机构,根据法律和国务院颁布的经济法规、决定、命令,在本部门的权限范围内,制定的调整国民经济运行过程中形成的经济关系的规范性文件,以及省、自治区、直辖市和较大的市的人民政府,根据法律、国务院颁布的经济法规和本省、自治区、直辖市的地方性法规以及本地区的具体情况和实际需要,在法定权限内制定的适用于调整本地区经济关系的规范性文件。经济规章是经济法的重要渊源,其效力次于宪法和经济法律和经济法规。

经济规章包括部门经济规章和地方经济规章。经济规章具有法律性和政策性双重特点。经济规章的法律性体现在经济规章是对经济法律的内容作出具体规定,是经济执法的重要方式。经济规章的政策性体现在经济规章可以根据经济政策的需要在法律规定的范围内进行规定,国家经济机关可以以制定经济规章的方式来落实经济政策的精神,从而实现经济政策目标。国务院各部、委员会、中国人民银行、审计署和具有经济管理职能的直属机构制定的经济规章具体调整其职权范围内的涉及国民经济运行中特定方面的社会经济关系或者经济事项。依照《中华人民共和国立法法》的要求,部门经济规章规定的事项应当属于执行法律或者国务院颁布的经济法规、决定、命令的事项。地方经济规章调整需要根据地方的实际情况对执行法律、国务院颁布的经济法规、地方性经济法规的规定制定规章的经济事项以及属于本地方区域的具体经济管理事项。此外,部门经济规章和地方经济规章应当在公布后的30日内报国务院备案;地方经济规章应当同时报本级人民代表大会常务委员会备案;较大的市的人民政府制定的地方经济规章应当同时报省、自治区、人民代表大会常务委员会和人民政府备案。2001年国务院颁布了《规章制定程序条例》,对规章制定的原则、立项、起草、审查、决定和公布、解释与备案等问题作出了详细规定。 （周永平）

jingji guojihua
经济国际化(internationalization of economy) 各国经济之间相互联系、相互影响的状态。完备的市场要素和市场竞争,使各地区、各国之间的商品交换活动发生了量的扩大和质的变化,从而使经济联系拓展到了全球,进而形成了垄断资本主义经济的国际化。生产社会化和国民经济体系化将市场经济推向了更高的阶段。在商品输出的同时,资本输出的比例越来越大。各地区、各国之间的经济关系的资本联结,使生产关系日益巩固并具有持久性特征。劳动力、技术商品的交换关系不断深化,国内生产也演变为国际化生产。随着资本输出和垄断组织的进入,各国经济基本上都被卷入了世界市场网络,从而使垄断资本主义市场经济具有了国际性质。垄断资本主义经济国际化的标志是贸易自由、世界市场的建立、工业生产以及与之相适应的生活条件趋于一致。 （赵 玲）

jingji guore yunxingqi de tiaozheng jizhi
经济过热运行期的调整机制(mechanism of the regulation of overheating economy) 消费和投资需求双重膨胀的经济周期的经济法调整机制。在这一阶段,物价上涨幅度过高,通货膨胀明显,国际支出大于收入。经济过热集中表现为国民经济增长速度过高、过快。在这一时期,存在两种法律调整机制。一种是限制增长速度立法,这是为了防止和控制经济过热而采取的限制性立法措施。如通过扩大税基、提高税率,减少可支配货币量;通过提高存款、贷款利率,减少消费、减小信贷资金规模;通过提高进口税率、减少进口环节的税收优惠措施,限制进口,防止国际收支不平衡等等。限制国民经济增长速度过快的立法是上述一系列经济法律规范的综合。一种相反的法律系统是促进增长速度的立法。这种立法不是对过热经济的控制,而是促进已经过热的经济继续过热。这种立法缩短了经济萧条期,从而使国民经济在经过短暂的萧条期之后,迅速走向危机。促进增长速度的立法也是一整套规范的综合。 （赵 玲）

jingji hefa xingwei
经济合法行为(lawful economic acts) 经济法主体实施的能够产生有效法律后果的符合法律规定的经济行为。经济法律行为是最常见、最重要的经济合法行为。

构成经济合法行为的要素包括:(1) 经济法主体应具有相应的经济行为能力,即依法以自己的行为行使经济权力(利)和履行经济义务的资格,这是经济法主体进行经济活动,参与经济法律关系的必备条件。一般来讲,在我国经济发展的现阶段,不同经济法主体的经济行为能力是不同的。行为者只有在自己的行为能力范围内实施的经济行为才能产生合法有效的法律后果。(2)经济法主体必须依法定形式和程序为一定的经济活动。经济行为的实施必须借助相应的手段,其形式和程序是保证经济法律后果有效的必要途径。合法的形式和程序是经济合法行为的必备要件。(3)经济法行为的内容必须合法。内容合法是结果合法的前提和保障,经济合法行为的内容必须是法律规定或认可的。但是,社会的需要和社会的意识常常是或多或少走在法律的前面的,针对没有经济法律法规具体规定的经济法行为的合法性,需要依照不违反社会利益和他人利益的标准进行判断,具体表现在:该行为不违反我国社会的各项原则;根据各法律制度判断具体行为的目的;主体实现自己的权益的手段为法律所许可。

因实施行为的主体不同,经济合法行为分为社会组织的经济合法行为和公民的经济合法行为。对于公民来讲,没有被经济法律规范所禁止的行为都是合法行为,也就是"法无明文规定也可为"。对经济组织来讲,只能进行经济法律规定和本组织章程允许进行的经济行为,没有法律明确授权和本组织章程规定允许进行的行为就是违法行为,也就是"法无明文规定不可为"。　　　　　　　　　　(任学青　周永平)

jingji huifu yunxingqi de tiaozheng jizhi
经济恢复运行期的调整机制(mechanism of regulation of economy recovering)　经济恢复期的主要表现是生产恢复,经济运行趋向于好转。在这一阶段,应当采取经济助成立法。这种立法是促进国民经济复苏和发展的立法。经济助成立法主要包括产业助成立法和企业生产经营扶植法等。经济助成立法的主要目标是:调整经济结构,使经济比例关系平衡发展;恢复企业生产,提高就业、再就业水平;降低企业生产成本,提高产品质量;货币币值稳定,财政收支平衡;国际收支状况明显改善;改善经济管理体制。与经济助成法相对应的立法是经济扩张法,这是过度刺激经济复苏的立法。国家、企业和个人过度的投资、消费以及进口等行为使刚刚恢复的比例关系失调,并使总供给和总需求重新陷入不平衡。　　　　　　　　(赵　玲)

jingji huodong guanxi
经济活动关系(economic activity relationship)　经济主体依据其法律地位和经济权限,在对外从事生产经营活动过程中形成的关系。经济活动是经济组织的职能性活动,这是最普遍、最基本的活动,依此所形成的关系是社会经济关系的基础。

从主体上划分,经济活动关系包括经济组织、个人与国家间的经济活动关系,即国家参与形成的经济活动关系和经济组织、个人相互之间受强行法约束形成的经济活动关系。国家参与的经济活动关系是国家在特定物资的购销、债券收放、金融信贷等方面与经济组织发生的关系。这种经济活动关系不同于经济调控关系,其特点是国家作为参与者加入经济活动过程,以国家的财产作为后盾保障经济活动的实现。经济调控关系中国家作为调控主体对经济过程施加影响。经济法所调整的国家参与的经济活动关系形成的法律规范主要有《政府采购法》、《国债法》、《国家投资法》等。经济组织、个人相互之间的关系分为任意性调整的活动关系和受强行法调整的活动关系,前者属于民事关系,后者属于经济活动关系。从活动的内容上划分,经济活动关系包括合同关系、竞争关系、接受宏观调控经济关系。合同关系必须符合法律、法规的要求。企业的生产和销售活动主要涉及产品质量法、标准化法、商标法、专利法、反不正当竞争法、消费者权益保护法等法律。企业竞争活动不是市场参与者之间的单一关系,而是涉及市场运行秩序的复杂社会关系,因此,竞争关系以此为标准就有有效竞争关系和无效竞争关系、正当竞争关系和不正当竞争关系等分类。接受宏观调控经济关系,经济组织的外部经济行为始终受国家宏观经济政策的影响,影响因素主要体现在价格、税收、利率等方面。例如企业的产品属于政府定价或政府指导价的,企业营销活动只能遵守该价格标准。经济活动关系涉及的活动其具体内容十分庞大、极为复杂,可以发生在资金和金融、证券、物资、公共采购、招标投标、票据、价格、信息、技术、劳务、期货、房地产、保险、知识产权、广告等领域。

作为经济法调整范围重要方面的经济活动关系不同于经济法产生和发展初期的横向经济关系。苏联现代经济法学派B. 拉普捷夫认为,经济法调整的经济关系,是领导和进行经济活动过程中所形成的经济关系,这种经济关系既涉及横的经济关系,也涉及纵的经济关系。横向经济关系是经济组织之间或者经济组织同个体公民之间发生的经济关系。这里的横向经济关系没有与民法所调整的平等的财产关系区分开来。经济活动关系不同于横向经济关系之处在于,这种关系中既有平等关系也有不平等关系,既有宏观调控关系,也有商品货币关系。　　　　　　　　(刘继峰)

jingji huodong guanxi de fuhe tiaozheng
经济活动关系的复合调整(compound regulation of economic activity relationship)　经济主体进行经济活动所形成的关系是基础性经济关系和调节性经济关系的复合关系。这里的基础性经济关系是一种商品货币关系,调节性经济关系是一种对商品货币关系进行调节的关系。经济法的调整是对这种复合关系的调整。

对所有权关系的调整。在传统法中,所有权是自主的、不可剥夺的权利。所有权具体表现为对财产的占有、使用、收益和处分的权利。这是基础性所有权关系。在此基础上,国家有必要进行调节,从而形成调节性所有权关系。经济法对这一复合关系实行调整。

对交易关系的调整。建立在经营自愿、交易自愿基础上的交易关系是基础性交易关系。这种交易关系所产生的问题危及了国民经济的总体运行。对此,国家采取一系列措施加以纠正,从而形成调节性交易关系。经济法对这一复合关系进行调整。

对分配和消费关系的调整。建立在分配自愿、消费自愿基础之上的分配和消费关系是基础性分配关系和消费关系。由于分配、消费已经不再仅仅是私人的事情,而关系到国家利益和社会公益,因此,国家采取措施,引导或者改变原有的分配和消费关系。这就是调节性分配关系和消费关系。经济法对两者的复合关系实行调整。 （赵 玲）

jingji jiandu guanxi
经济监督关系（economic supervision relationship） 国家和社会组织及个人对经济行为实行监察、督导所形成的经济关系。经济监督,不仅包括国家经济机关的监督,还包括一般社会组织和专门社会组织以及个人的监督,因而监督主体不限于国家这个唯一主体;在经济监督权的行使上,不仅包括国家权力,还包括社会权力。

经济监督关系一般可分为:核算监督关系、技术监督关系、消费监督关系、环境监督关系。核算监督关系是采用经济核算方法,通过会计、审计和统计等形式所形成的经济监督关系。会计监督主要通过会计业务对经济活动的合法性、合理性和有效性进行监督。会计法要求各单位应当建立、健全本单位的会计监督制度。会计监督包括对会计对象,即资金的运用过程的监督,对会计业务活动的合法性和会计资料真实性的监督,以及对会计人员是否忠于职守和单位负责人员是否遵守财经纪律的监督等。会计是通过会计核算和会计监督来反映和监督经济活动。审计则是通过对会计所提供的会计资料的适法性检查来监督经济活动。审计可以保证会计账目反映的经济活动真实、可靠、合法,使会计监督充分有效地发挥作用。根据《宪法》的规定,国家实行审计监督制度。国务院和县级以上人民政府审计机关,依法行使审计监督权。统计的基本任务是对国民经济和社会发展情况进行统计调查,统计分析,提供统计资料,实行统计监督。因此,统计是国家制定战略决策实现宏观经济调控的重要依据,是国家管理、监督国民经济运行的重要手段。技术监督关系是为生产技术和科学管理统一化在技术方面进行监督所形成的经济关系。标准化、产品质量和计量是技术监督的主要形式。标准化是生产、流通、科研和建设工程等活动中通用的技术依据的规范化。标准化通过制定标准、修改标准、实施标准,统一工农业产品的技术要求,提高产品质量,合理地发展各类产品的品种、规格,降低成本,提高经济效益,保障国民经济的整体发展。产品质量管理限于对产品质量的规范化,产品质量标准,也适用标准化法的有关规定。计量监督则从计量单位制的统一和计量器具的标准化来实现。一个国家采用何种计量单位,是一国主权范围内的事情,但鉴于国际经济、技术、文化交流活动的日益增加,不仅一国之内计量单位的统一成为必然,国际之间计量单位的统一也是大势所趋。计量器具分为计量基准器具、计量标准器具和社会公用计量标准器具三种。计量法就是调整计量管理过程中发生的各种关系的法律规范。

消费监督关系是基于消费者保护而形成的监督关系,分为直接消费监督和间接消费监督。直接消费监督是以消费者为监督主体的监督,一般涉及商品安全性、商品质量和数量以及商品的质量、有效期限等表示方法方面的监督,还包括对紧缺物资、商品的配给措施的监督。《消费者权益保护法》是消费者直接监督的法律规范,消费者的安全权、知悉权、公平交易权、批评建议权等都是在消费交易中对经营者的监督。间接消费监督是对社会消费也包括消费者产生影响的物价、工资、能源、交通等方面的监督。例如,价格法中规定,涉及公众利益的产品或服务的价格调整应举行听证会。

环境监督关系是指经济组织的生产经营活动破坏了自然环境或人文环境形成的监督关系。 （刘继峰）

jingji jiandu jiguan
经济监督机关（economic supervisory organ） 依法履行经济监督检查职责的国家行政机关。经济监督机关的基本职责在于:对经济法各项法律制度的实施和经济法主体的经济活动的有效性、合法性进行监督。监督检查制度是经济法的组成部分,要保证国民经济的协调发展,必须对国民经济运行的各个环节进行全面监督,包括核算监督、质量监督、技术监督、环境监督、消费监督等。通常,国家都赋予经济监督机关以较大的权力,用以保证监督检查的效力。 （唐 倩）

jingji jingzheng guanxi
经济竞争关系（economic competition relationship） 两个或两个以上的经营者在市场机制运行中所形成的经济关系。经济竞争集中表现为市场竞争,即主体以市场为载体的竞争。

经济竞争关系有三个要素:存在一个赖以生存的

市场;存在两个或两个以上的经营者或消费者;竞争参与者之间相互对立、相互制约,即一方经济利益和既定的目标实现程度越大,另一方的实现程度就越小。

经济竞争关系一般包括:公平竞争关系、不正当限制竞争关系、垄断关系。在机会平等的基础上,经济主体自由、自愿参加市场竞争所形成的关系,是公平竞争关系。公平竞争能够激发经济组织的创造精神,不断改进生产和技术,为社会提供更多更好的产品和服务。公平竞争关系是竞争法律所追求和保障的关系。经济学上往往等同地认定企业正当竞争就是企业有效或效能竞争行为,"有效"或"效能"的判定已经超出了行为本身的客观性。有效或效能的考查要件主要是生产要素,包括技术进步、新产品和新市场的开发、新组织形式的变更等,由这些要素组合决定的行为目标、行为方法和行为结果(市场结构)是判定市场绩效的指标。有效竞争理论指导下的竞争行为受竞争结果的限制,只要没有达到限制竞争的市场结果(例如进入障碍)竞争行为就是正当的、有效的。作为法律调整对象的经济竞争关系特指不正当竞争关系和垄断关系。不正当竞争关系是经济组织违反诚实信用实施扰乱社会经济秩序的行为形成的关系。垄断关系,是由经济组织滥用市场优势地位排挤竞争对手或实施阻碍竞争行为形成的关系。

垄断关系包括基于"私人自治"所形成的垄断关系和基于国家扶持垄断政策所形成的垄断关系。在反垄断法中,前者属于反垄断法禁止的行为或状态,后者通常属于反垄断法适用豁免。

反不正当竞争关系与反垄断关系的主要区别在于:(1)垄断不会被一概否定,必要垄断和合法垄断是有效的垄断,反垄断法涉及国家的产业政策;而不正当竞争则是法律绝对禁止的,无论什么行业都不能允许不正当竞争的存在。(2)垄断的主体是一定经济领域的少数规模庞大或较大的企业;不正当竞争的主体并不限于少数规模庞大或较大的企业,凡是参与竞争的企业,甚至规模较小的企业,都有可能实施不正当竞争行为。(3)垄断的范围是法定专营范围之外的生产经营;不正当竞争的范围更为广泛,不仅在法定专营范围之外,而且在法定专营范围之内的不同企业之间,也可能存在不正当竞争的现象。(4)垄断的方式是少数企业以联合为名行独占之实;不正当竞争的方式既可以是个别企业单独实施,也可以是两个以上企业共同实施,而且,它并不一定表现为利用自己的优势地位对其他企业进行操纵。(5)垄断的目的是以排斥竞争而获得对一定经济领域较长时间控制权,进而取得垄断利润;不正当竞争的目的是为了一时推销商品或兜揽生产经营业务,从而获得较多盈利或转嫁自己的不利后果,而不是为了独占某种项目的生产经营而攫取垄断利润。(6)垄断侵害的主体不特定,其不利影响波及的范围广泛;不正当竞争侵害的是特定的主体,往往表现为某个经营者或消费者的权益。

不正当竞争关系涉及的方面很多,假冒他人注册商标、擅自使用他人知名商品的名称、包装、装潢、名优标志、虚假的或超高的有奖销售、多层次传销、侵犯商业秘密等。垄断关系涉及的范围也很广,主要有限制竞争协议、具有垄断性质的企业合并、滥用市场支配力、行政垄断等。

经济竞争关系法律调整的目的在于维护竞争秩序,保护经营者和消费者的合法权益。经济法调整经济竞争关系而形成的法律制度是经济竞争法律制度,简称"经济竞争法"。包括的具体法律制度范围有狭义和广义之别,狭义上仅指:反不正当竞争法、反垄断法;广义上除了狭义上的法律制度外,还包括招标投标法、拍卖法、广告法等。

(刘继峰)

jingji lifa
经济立法(economic legislation) 有两种基本含义。一种指规范性的经济法律文件,泛指调整国民经济运行过程中形成的经济关系的经济法律规范的总和,其中又分为广义和狭义两种:狭义的经济立法指全国人民代表大会及其常委会所制定的调整国民经济运行过程中形成的经济关系的规范性文件;广义的经济立法指全国人大及其常委会、国务院、地方人大所制定的调整国民经济运行过程中形成的经济关系的规范性文件。一般多在广义上使用经济立法概念。另一含义指经济立法活动,又称经济法的制定,指国家机关依据法定权限和程序,创制经济规范性文件的活动。经济立法的内容包括经济规范性文件的起草、审议、通过、修改、废止。

经济立法的指导思想和原则 一般认为,我国经济立法的指导思想是为有中国特色的社会主义市场经济建设服务,充分体现时代特征。具体的原则包括:从中国国情出发、从实际出发,合理借鉴吸收国外先进的经济立法经验,将尊重本国立法经验与借鉴他国立法经验相结合;坚持社会主义性质、维护社会主义基本经济制度;维护和遵循客观经济规律,反映市场经济的一般条件和要求;充分反映时代要求,立足于经济社会的当代实际;原则性与灵活性相结合;科学预见社会经济的发展趋势,使立法具有超前性、科学性。全国人民代表大会2000年颁布的《中华人民共和国立法法》在总结我国国情和多年立法工作经验的基础上,对我国立法的指导思想和原则也作出了规定。该法第3条、第4条、第5条、第6条规定的维护社会主义法制统一、发扬人民民主、从实际出发的原则是以立法形式对指导经济立法的基本原则的明确表述。

经济立法与经济政策　经济政策是国家为实现一定的经济任务或调解国民经济运行活动所规定的经济行动准则或措施。经济立法是经济政策的法律化,是实施经济政策的保障;经济政策是经济立法的前提,长期稳定有效的经济政策多被转化为经济立法。在经济基础、经济发展总目标、经济领导工作的基本原则和要求方面的一致性是经济政策和经济立法转化的基础,两者统一于国民经济运行的社会调节机制之中。经济政策与经济立法的区别主要在于效力的不同。经济政策本身不具有强制力,依靠教育和纪律推行;经济立法具有强制力,以一定的法律责任为保障。

经济立法技术　对经济立法技术,有广义和狭义两种理解。广义的经济立法技术泛指在经济法的制定过程中所形成的一切知识、经验、规则和方法的总和。狭义的经济立法技术指如何表达规范性经济法律文件的规定的知识、经验、规则和方法。目前一般采用狭义的理解。立法技术具有两个最基本的本质特征:立法技术是关于立法活动中具体环节组合的一种合理的、科学的技巧性规则;立法技术是对社会关系进行法律调整的一种能力。从这一角度出发也可以将经济立法技术的概念归纳为国家以立法手段调整特定经济关系的一种素质和能力。经济立法技术是经济立法活动科学化的根本要求,也是准确、完善地表达国家经济意志的重要保证。经济立法技术包括经济立法预测技术、经济立法规划技术和经济法律规范表述技术。经济立法预测技术是根据社会经济发展的一般规律,依照国家意志和各种经济关系对经济立法的客观要求,科学地预先对经济立法进行分析、测算的方法和手段。经济立法预测包括时间预测、空间预测、内容预测、数量预测等丰富的内容。经济立法规划技术是根据经济立法预测的结果,对一定时期内经济立法活动进行有目的、有计划、有步骤地科学安排所运用的方法和手段。经济立法规划包括确定经济立法规划的最佳期限,确定一定期限内各级经济立法机关所应当制定、修改、废止或者整理、汇编的经济法律法规,确定完成经济立法活动所必须采取的措施,确定完成经济立法活动的具体立法机关和工作人员的职权。经济法律规范表述技术指对经济法律规范的结构、语言、内容等进行表述的科学方法和手段。经济法律规范表述技术可以划分为规范构建技术和语言表达技术。规范构建技术的目的是把经济法规范构建成具有普遍性、一般性、抽象性的规范,具体要求是:规定经济法律原则,法规要抽象,以否定性规定为主,要慎下定义。语言表达技术的目的是运用恰当的语言把所认识到的客观规律依照国家经济意志以法律规范的形式表达出来,具体要求是:通俗易懂,精洁简约,文辞得法。　　　　　（周永平）

jingji longduan
经济垄断(economic monopoly)　少数大企业或若干企业的联合独占生产和市场的经济制度。垄断资本主义社会是经济法产生的基本社会前提。私权绝对、契约自由和自由竞争,是自由资本主义阶段的固有特征。但是,在由自由资本主义向垄断资本主义转变的过程中,这些基本特征发生了变化。在社会的许多方面,逐步形成了具有垄断资本主义性质的社会特征。

私权绝对向私权限制的演变及其立法要求　私权绝对,源于"所有权神圣不可侵犯"、"所有权是天赋人权"等观念。私权绝对是指所有者对物享有绝对的、无限制的占有、使用、收益和处分的权利。所有权绝对的根本要求和直接结果是利润最大化的行为和所有权的滥用。所有权的绝对性引发的社会危机和国民经济运行的失调,说明传统民法已经不能适应市场经济发展的客观要求。对此,国家必须通过立法对所有权进行法律上的限制。

契约自由向契约限制的演变及其立法要求　契约自由是市场经济的基本原则。契约自由的基本含义是"协议自由"和"契约不是法定义务"。契约自由的主要表现形式是:订立契约的自由、选择契约对象的自由、决定契约内容的自由、契约成立方式的自由等。契约自由是传统民法的理论支柱,是对传统民法的理论概括。但是,随着垄断资本主义的发展,当事人虽然在法律上是平等的,但是在经济上却是不平等的,因此导致了对传统契约自由的观念的挑战。契约自由所产生的不平等问题,无法由传统民法加以解决,因此需要经济法对传统的契约自由加以限制。这种限制主要表现为对经济主体的自由意思表示的限制,以及依据法律解决合同争议两个方面。

自由竞争向垄断的演变及其立法要求　自由竞争是自由放任市场经济的基石。自由竞争必然要求生产集中,而生产集中的前提是资本集中。生产集中、资本集中,必然导致垄断。从自由竞争中产生的垄断不会消灭竞争,而是凌驾于竞争之上,并与竞争共存,因此产生出剧烈的经济矛盾和社会矛盾。对于垄断和无限制的自由竞争,需要一种新法加以限制,这就是经济法。经济法通过对垄断的限制、对不正当限制交易行为的限制以及对不正当竞争方法和交易方法的限制,确保社会经济秩序。　　　　　　　　　　（赵　玲）

jingji nifa xingwei
经济逆法行为(avoidance acts of economic law)　经济法主体利用合法的形式或者法律漏洞所实施的形式上不违法行为。经济逆法行为的性质介于经济合法行为和经济违法行为之间,其形式上合乎法律要求,其实质目的是法律禁止或者不提倡的。税收规避行为和经济组织以集体决策的形式逃避个人责任的行为都是典型的经济逆法行为。

经济逆法行为的构成要素包括：(1)该行为的目的不符合经济法律、法规的立法宗旨。经济法主体利用经济法律法规所规定的合法形式或者法律没有规定的模糊地带，实质上追求其非法目的。对经济逆法行为的判定首先要对其实质目的的适法性进行判定。(2)该行为形式上符合经济法律、法规的规定或者法律对其没有明确的规定。利用法律没有明确禁止的形式是经济逆法行为和经济违法行为的区别所在。经济逆法行为在法律形式上分为两类：形式合法以及形式没有法律规定。

经济逆法行为是经济活动中经常发生的客观行为。经济逆法行为的效力需要根据行为的性质具体判断。对利用法律没有明确规定所进行的经济逆法行为，需要根据行为主体的不同分别判断其效力。对经济管理机关的此类行为，依据"法无明文规定不可为"的原则判定为违法行为；对经济被管理方的行为依据"法无明文规定也可为"的原则判定为合法行为。对利用合法形式所进行的经济逆法行为，需要根据其实质目的的逆法性的轻重判定其效力。实质目的是经济法律法规所禁止的逆法行为无效，实质目的是经济法律法规所不提倡的逆法行为有效。

经济法主体作为有自身独立经济利益的个体，为了谋求利益，必然具有进行经济逆法行为的动力。为了避免经济逆法行为对国民经济运行所造成的危害，在经济立法中应加强立法的科学性和前瞻性，减少经济法律法规漏洞的出现。在经济执法和经济司法过程中灵活运用经济法律法规的原则，通过法律解释、法律漏洞补充的方法对逆法行为的性质作出判定。

（周永平）

jingji qingqiuquan
经济请求权（economic right to petition） 经济法主体在经济管理关系中请求管理者为一定行为或不为一定行为，或者其经济权益受到侵害时要求赔偿和请求有关机关予以保护，或者对其经济纠纷请求有关组织和机关解决的权利。经济请求权是经济法主体的一项救济性权利，通常于经济法律关系对方主体不履行经济职责或经济义务或者侵害其权益时发生。经济请求权主要有以下三种表现形式：其一，经济法主体在经济管理关系中请求管理者为一定行为或不为一定行为的请求权。其二，经济法主体的经济权益受到侵害时要求对方赔偿和请求有关机关予以保护的请求权。其三，经济法主体对与他人发生的经济纠纷依法提交有关组织和机关解决的请求权。这种请求权包括请求调解权、申请仲裁权和诉讼权。

（任学青）

jingji quanqiuhua
经济全球化（economic globalization） 实质是资本主义生产方式在世界范围内的扩张，是资本主义生产关系的全球化。引起经济全球化的原因是：(1)科学技术特别是信息技术的进步。信息技术的进步大大加快了信息传送的速度，降低了信息传送成本，推动了全球化的迅速发展。(2)跨国公司的迅速发展。跨国公司在全球范围内组织生产和经营活动，带动资本、技术、商品、劳动力、服务等在全球范围内流动，极大地推动了经济全球化的进程。(3)各国经济体制的趋同化，市场经济体制成为各国的选择。(4)国际经济组织自身的发展和完善，是经济全球化加速发展的重要促进力量。世界贸易组织的成立推动了贸易自由化和投资自由化。(5)世界经济区域化、集团化趋势的加强也是推动经济全球化迅猛发展的重要因素。

经济全球化的主要表现是：(1)生产全球化，即随着科学技术的发展，生产领域的国际分工和协作得到增强。各国国内的生产活动成为世界生产的一个组成部分，成为产品生产过程的一个环节。(2)贸易全球化，在流通领域中国际交换的范围、规模、程度得到增强，各国之间的贸易联系日益加强，对贸易的依存度也在不断提高。(3)资本全球化，随着科学技术的发展和各国对外开放程度的提高，资本在国家间流动速度加快。各国对国际金融市场的依赖程度增强，各国间金融联系日益紧密。

经济全球化是由以美国为代表的西方发达资本主义国家所主导的。它们主导着经济全球化过程中规则的制定权，排斥和压制其他国家参与决策，加上其所具有的资金、技术、品牌、管理等优势，其结果必然有利于发达资本主义国家。由于发达资本主义国家在世界资本主义体系中占主导地位，起支配作用，因而经济全球化具有不平等性质。经济全球化对于西方发达国家是其根本利益所在。发达资本主义国家在平等竞争的旗号下，借经济全球化之机推行着经济霸权，积极推行新殖民主义，利用经济渗透剥削和控制发展中国家，在不平等的国际经济秩序中享有极大的经济利益。

经济全球化对于发展中国家来说是一把"双刃剑"。一方面，经济全球化为发展中国家提供了更多吸引外资、技术的条件和机会，可以吸收外来产业，开发和利用国际市场，发挥自身优势，加快国内工业化的完成，促进经济和社会的现代化。另一方面，由于发展中国家与发达国家的国际经济地位相差悬殊，大多数国际规则都对发达国家有利，或干脆就是由发达国家制定出来要求发展中国家接受和服从的，在经济全球化的过程中，发展中国家必然牺牲某些利益，付出一定的代价，接受一些不平等、不公正的条件。经济全球化还使发展中国家还面临着许多新的挑战，如资本流动的冲击,本国的市场遭受冲击,民族经济面临巨大的压力和挑战,降低国内政策的有效性,国家经济主权受到削弱和冲击。

值得注意的是,在经济全球化背景下,在西方国家出现了各种所谓的国家经济主权"让渡论"、"销蚀论"、"模糊论"、"废弃论",其真实目的是试图削弱别国经济主权。发达国家在经济全球化过程中所提出的各种弱化国家经济主权的主张,都是针对别的国家尤其是发展中国家而言的,他们对于自己本国的经济主权则是非常坚持和谨慎的,从未慷慨过。发达国家在涉及本国经济主权利害关系时,实际做法与其一贯所倡导的那些弱化国家经济主权的理论并不一致。当前,发展中国家在经济全球化进程中处于不利态势,处于边缘化状态。发展中国家在充分参与经济全球化进程的同时,应坚决坚持和维护国家经济主权,维护本国民族经济的发展和安全,尤其是要强化保护民族工业的经济主权以及处置本国天然财富和资源的经济主权能力。发展中国家要注重参与经济全球化规则和制度的制定,努力推动国际经济新秩序的建立;在积极参与经济全球化进程的同时,要坚持和发展国家经济主权。

(张长利)

jingji quanli

经济权力(economic power) 国家经济机关为了实现国家的经济目的,依法对国民经济进行调节和管理的权力。经济权力之"权力"源于国家权力,即国家强制力。代表国家行使经济权力的主体是国家经济机关,基于国家调节或干预国民经济运行的需要,国家经济机关的传统行政权力就必须转变为经济法律关系中的经济权力。这种转变表现为:第一,经济立法日益增多,经济立法权大面积地向经济行政权转移,行政立法成为经济立法的普遍形式。第二,国家经济机关不断增多,经济机关组织和调节经济活动的职能日益突出,经济权力不断扩张。

经济权力由国家经济机关代表国家行使,国家经济机关的经济权力行为即国家行为。经济权力以国家权力为后盾,具有强制力,任何社会经济组织和公民个人都必须服从国家经济机关依据法律赋予的经济权力所作出的决定。国家经济机关行使经济权力应当具有合法性,表现为:第一,经济权力必须依法行使。第二,不得滥用经济权力任意设定经济权利或撤销经济义务。第三,不得滥用经济权力使社会经济组织和公民个人承担法外义务,侵害其合法权益。第四,恰当地行使自由裁量权。

从国家对国民经济调节或干预的要求出发,可将经济权力分为五大类:经济组织权、经济支配权、经济强制权、经济监督权和经济处罚权。

(刘砚海)

jingji quanli

经济权利(economic right) 经济法主体为实现其经济目的,依据法律规定或合同约定所获得的,自己为或不为一定行为和要求他人为或不为一定行为的资格。经济权利是经济法主体的一种法律资格,凭借这种资格,经济法主体在具体经济法律关系中,就可以实现自己的经济目的,满足自己经济利益的需要。这种资格是经济法主体在经济法规范范围内的一种法律上的可能性,因为只有符合经济法规范的经济活动方式,才能够得到法律的认可和保护,经济法主体的经济权益才能实现。即使是合同约定的经济权利,由于有国家权力干预的因素,也不同于普通的民事权利,必须要符合经济法规范,不得超出法定的界限,否则不受法律保护。经济权利的这种法定性充分体现了经济法的国家干预性,是其与民事权利的本质区别。经济权利是一定经济活动的可实现性,是履行相应经济义务要求的可实现性,是借助于国家强制力实现自身权益的可实现性。具体来说,经济权利的涵义主要包括三个方面:第一,经济法主体可以根据自己的意志依法为一定经济行为或抑制一定行为,如企业可以自主地从事生产经营活动,有权拒绝和抵制任何部门的非法摊派。第二,经济法主体有权依法或者按照合同约定要求经济义务主体为一定行为或不为一定行为,以实现自己的经济权益。第三,当由于义务主体不履行义务使经济法主体的经济权利不能实现或者其经济权利受侵害时,经济法主体有权请求有关国家机关给予保护。

从经济权利产生的基础和根据出发,经济权利可分为固有经济权利和取得经济权利两大类。在经济法律关系中,经济法主体依法所享有的经济权利主要有:国家所有权、集体所有权、企业经营权、承包经营权、企业财产权、经济债权、经济请求权等。

(刘砚海)

jingji quanxian

经济权限(extent of economic power) 经济法主体依法享有的经济权力、经济权利和承担的经济义务的总和。其中,经济权力是国家经济机关为了实现国家的经济目的,依法对国民经济进行调节或干预的权力;经济权利是经济法主体为实现其经济目的,依据法律规定或合同约定所获得的,自己为或不为一定行为和要求他人为或不为一定行为的资格;经济义务是经济法主体为满足经济权力主体或经济权利主体的要求,依法必须为一定行为或不为一定行为的约束。经济权限是苏联现代经济法学派创造的一个法学术语,著名经济法学家拉普捷夫在其主编的《经济法理论问题》一书中称:"经济法主体的权限,不仅包括'管理'性质的权利和义务,而且包括进行经济活动方面的权利和义务。"试图将经济管理机关和经济组织的职权、职责和权利义务统一于这一术语之下,以求能够准确地反映现代经济法律关系的性质和本质。这一术语也为我国许多经济法学者所接受,经济权限是经济法主体法律地位的集中体现,也是其参加经济法律关系取得经济利益和实现经济目的的依据。经济权限既非行政法上的权限,亦非民法中的权利与义务的统一体,而是经济法主体依法享有的经济权力、经济权利和承担的经济义务的总和。首先,经济权限是经济法主体的经济权力和经济权利的复合权限。在国民经济总体运行条件下,国民经济运行的统一性决定了经济组织关系和经济活动关系的不可分割性,决定了经济法主体的活动既包括经济权力活动,也包括经济权利活动,两者相互联系、相互制约,缺一不可。如果只有权力活动,经济组织和经济活动完全采取命令与服从的方式,社会经济就会僵化;而只有权利活动,经济组织和经济活动完全采取市场主体意思自治的方式,则国民经济运行就会失控,导致经济秩序混乱。因此,经济法主体的权限,既不是单纯的行政权力,也不是单纯的民事权利,而是经济权力与经济权利的有机复合体。经济权力与经济权利的相互制约性,决定了任何经济权力的实现离不开经济权利基础,而经济权利的实现也离不开经济权力的作用。所以,经济权限是经济权力和经济权利的复合权限。经济权力和经济权利的复合性表现为:当经济法主体以经济组织关系主体身份参加经济关系时,所形成的当事人之间的关系是经济权力、经济义务关系,但经济权利渗透、参与其中;当经济法主体以经济活动主体身份参加经济关系时,所形成的当事人之间的关系是经济权利、经济义务关系,但经济权力渗透、参与其中。其次,经济权限是经济法主体参加经济法律关系的根据和资格。经济权限的拥有者只能是经济法主体,它是经济法主体的一种资格。凭借这种资格,经济法主体既可以参加多级别、多层次的经济组织关系,也可以参加各种经济活动关系。但经济权限是经济法主体在现实经济法律关系中依法享有的经济权力、经济权利和承担的经济义务,它不是一种抽象的能力,而是一种具体的能力。最后,经济权限是一个总体概念,不同的经济法主体具有不同的经济权限,即具体经济权限。国家通过经济法规范规定经济法主体的经济权限,确定其实现经济目的所必需的经济权力、经济权利和经济义务。由于各类经济法主体的法律地位不同,其活动范围、职责任务各不相同,因而其经济权限也各不相同。因此,经济法主体的经济权限总是具体的、特定的。经济法主体正是依据具体的、特定的经济权限参加现实经济法律关系的。经济权限是现实经济法律关系中的权限,它不能存在于经济法律关系之外。

经济法主体的经济权限的内容,具有区别于其他法律主体的权力(利)、义务的自身特征,主要表现为:其一,经济权限的内容具有经济性。经济权限的配置直接反映了经济规律的要求,目的在于实现一定的经济效益。这就决定了作为经济权限内容的经济权力(利)和经济义务都是围绕国民经济活动而产生的,其内容具有经济性。其二,经济权力与经济权利的复合性,经济义务的双重性,经济权力(利)与经济义务的一体性和一致性,经济权力、经济权利和经济义务的社会本位。其三,经济法主体的具体经济权限形式交叉存在。基于调控国民经济统一运行的需要,经济法主体的活动既包括经济权力活动,也包括经济权利活动。在同一经济法律关系中,同一经济法主体可能既是经济权力主体,又是经济权利关系主体,或者既是经济权利主体,又是经济权力关系主体。其承担的经济义务也具有双重性,既包括对经济权力主体的义务,也包括对经济权利主体的义务。因而,具体经济权限形式在同一经济法律关系中的同一主体上交叉存在。其四,经济权限不能随意转移或放弃。经济权限是经济法主体依法获得的,是通过参加现实经济法律关系实现的。它的设置和行使都必须服从于使国民经济良性运行的法律调整的需要,符合国家的经济目的。因此,经济权限是一种特定的权力或权利,特定的义务或责任,不能随意转移或放弃。尤其是国家经济机关的经济权力,又是其必须履行的职责,不得放弃或转移给他人行使,否则就是失职,应追究其法律责任。如工商行政管理机关的市场监督检查权,既是其享有的权力,也是其必须履行的职责,既不能放弃,也不能转让于他人行使。又如国有企业的经营权,既是企业自身的一种经济权利,也是其对国家和人民应尽的一种经济义务,不得放弃。如果该企业不进行生产经营活动,或者随意处置国有资产,造成国有资产流失,将被依法追究法律责任。

(唐 倩)

jingji quanxian guanxi de fuhe tiaozheng
经济权限关系的复合调整(compound regulation of relation of extent of economic power) 经济法对国家和国家经济机关行使权限、组织国民经济运行过程进行的复合调整。其中,经济权力关系是基础性经济关系,经济权利义务关系是调节性经济关系。经济法的调整是对经济权力关系以及在经济权力关系基础上的经济权利义务关系进行的复合调整。其主要包括对经济管理关系的调整、对经济支配关系的调整、对经济强制关系的调整、对经济监督关系的调整和对经济处罚关系的调整。

对经济管理关系的调整 为了有效地组织国民经济运行,必须建立起一定的管理制度。国家经济机关行使经济管理权力,加强对企业生产经营活动,以及对经济行业、部门的管理。针对国家对经济管理的过于集中与经济活动的多样性及多变性之间的矛盾,有必要在国家与经济主体之间建立经济权利和经济义务关系。经济法正是对管理关系中的权力关系和权利义务关系进行复合调整的法律。

对经济支配关系的调整 国家经济机关可以采用禁止、许可、核准、撤销等方法,对具体经济事务的支配,行使经济权力。为了保障国家权力的依法行使,国家经济机关与具体经济事务当事人之间还设置了经济权利和经济义务关系。国家经济机关的义务是,不得滥用权力、不得越权处理;经济事务当事人的权利是,要求国家经济机关依法处理、维护自身合法权益。

对经济强制关系的调整 国家经济机关享有强制经济组织、公民等执行其决定的权力。经济强制权力是一种必须服从的权力。但是,在经济强制权力行使的同时,在国家经济机关与经济主体之间还存在经济权利和经济义务关系。比如,在税务机关与纳税人之间,税务机关负有对纳税人账簿的保密义务,以及损害赔偿义务等。

对经济监督关系的调整 国家经济机关享有对各个经济主体、经济环节和经济活动进行监督的权力。在监督与被监督的关系中,监督权力的行使,离不开国家经济机关与经济主体之间的经济权利和经济义务。比如,审计机关负有审计事项的通知义务,审计报告的征求意见的义务;审计人员负有不得以权谋私、弄虚作假、玩忽职守、泄露商业秘密等义务。

对经济处罚关系的调整 国家经济机关享有对违法、违规的经济组织和公民进行处罚的权力。经济处罚关系中的权利义务关系的特点是形成于执行处罚的机关之外,即形成于它的上一级主管机关及人民法院。比如,被处罚的当事人享有复议权和起诉权等。

(赵 玲)

jingji quanxian peizhi

经济权限配置(disposition of extent of economic power) 经济法主体的经济权限在立法上的配置。经济权限是经济法主体依法享有的经济权力、经济权利和承担的经济义务的总和。由于各类经济法主体的法律地位不同,参加经济活动的目的和利益取向也不同,其享有的经济权力(利)、承担的经济义务也应不同。经济权限是经济法主体法律地位的集中体现,也是其参加经济法律关系取得经济利益和实现经济目的的依据。因此,经济权限的合理配置事关大局,直接关系到国家对国民经济运行调节或干预的成败。经济法作为调节国民经济运行的法,为了保障国民经济良性运行,维护社会经济秩序,就必须在立法时为各经济法主体合理地配置经济权限,确定经济权限的划分、具体内容和各经济权限之间的比重。经济法配置经济权限应以保障国民经济的良性运行为出发点,符合市场经济规律,配置的根本依据是国民经济总体利益和国民经济总体效益。在配置经济权限时,经济立法应解决好集权和分权的关系,实行统分结合,建立集权与分权有机结合的机制。要以国家利益、社会公共利益为最高利益,确定中央对国民经济运行的总体决策和宏观调控的权力;同时兼顾地方利益,赋予地方适当的立法权、决策权、财政权等经济权限,充分发挥地方的积极性和主动性,加快发展地方经济;赋予企业完全的生产经营自主权,减轻企业负担,使企业实力不断壮大,增强国际竞争力;在经济发展的同时,要兼顾公民个人利益,不断提高人民的生活质量和水平。在配置经济权限时,经济法还应协调好相关经济权限的关系,解决好相关经济权限之间的矛盾。如经济法主体的经济权力(利)与经济义务应具有一致性,经济法主体之间权利和义务之间应具有对等性。

(刘砚海)

jingji shenpanting

经济审判庭(economic tribunal) 根据《人民法院组织法》设立的专门受理经济纠纷案件的法院内部审判机构。经济审判庭由庭长、副庭长、审判员组成,经济审判庭的庭长、副庭长和审判员由同级的人民代表大会常务委员会任免。经济审判庭在审理经济案件时,实行合议制。审理第一审经济案件,由审判员组成合议庭或者由审判员和人民陪审员组成合议庭进行;简单的经济纠纷,可以由审判员一人独任审判。审判上诉和抗诉的经济案件,由审判员组成合议庭进行。经济案件合议庭由各级的法院院长或者经济审判庭庭长指定审判员一人担任审判长。院长或者庭长参加审判案件的时候,自己担任审判长。

中华人民共和国成立以后,人民法院在司法实践中就开始受理土地、借贷、租赁交通运输等经济纠纷案件。改革开放以后我国的经济司法也蓬勃发展起来。为适应经济发展的要求,1979年2月,首先在重庆市中级人民法院试点设立专门的经济法庭,开始试办经济纠纷案件。《中华人民共和国人民法院组织法》规定了最高人民法院、高级人民法院、中级人民法院以及基层人民法院可以设立经济审判庭。1984年3月召开的第一次全国经济审判工作会议明确了经济审判庭的基本任务:审理经济纠纷案件,通过审判活动调整生产和流通领域内的经济关系,保护国家和集体、个人的合法权益,维护社会主义经济秩序,保障我国社会主义现代化建设事业的顺利进行。会议并确定了经济审判庭的受案范围:经济合同纠纷案件、涉外经济纠纷案件、农村承包合同纠纷案件、经济损害赔偿纠纷案件、经济行政案件、其他经济纠纷案件。各级人民法院经济审判庭主要受理的案件包括：产品质量案件；消费者权益保护案件；涉外或涉港澳台经济纠纷案件；农村土地、森林草原、牧林副渔承包租赁经营纠纷案件；反垄断案件；证券、期货案件；企业破产案件；反倾销案件；涉及企业承包经营、企业租赁经营、合并、重组、改制纠纷案件；反不正当竞争案件；税务案件；其他经济纠纷案件。2000年8月最高人民法院发文取消经济审判庭。对此，理论界和实务界都存在不同意见。

（周永平）

jingji shiyongfang

经济适用房（houses selling for the families that have income lower than the average） 根据国家经济适用住房建设计划安排建设的以中低收入家庭为对象、具有社会保障性质的住房。在我国经济适用房的实施工作又称国家安居工程。按照国务院的部署，为进一步加快住宅建设，发挥其对国民经济持续、快速、健康发展的积极作用，国家下达的1998年国家安居工程（经济适用房）计划，建设规模为4873.23万平方米，投资总规模为419.04亿元，其中银行贷款153亿元，有275个城市（系统单位）参加国家安居工程的实施，并明确要把国家安居工程建设成为"精品工程"，推动住宅建设整体水平的提高。国家安居工程要严格按照"统一规划、合理布局、综合开发、配套建设"的要求和《城市居住区规划规范》的规定进行建设。住宅小区的规划要突出以人为本的指导思想，注重提高环境质量和突出地方特色。住宅单体设计要有创新，提高住宅室内空间的利用率。要严格施工管理，保证国家安居工程的质量，通过精心规划、精心设计、精心施工、严格管理，使住宅小区的建设上水平、上档次，为居民提供方便、安全、优美的居住环境。建成的安居小区要严格按照建设部下发的《城市住宅小区竣工验收管理办法》进行检查验收。可见，国家为经济适用房的建设投入了大量的人力、物力和财力，其目的就是要保证中低收入家庭的住房条件。经济适用房建设需国家每年统一下达经济适用住房建设计划，用地一般实行行政划拨的方式，免收土地出让金，对各种名目批准的收费实行减半征收，出售价格实行政府指导价，按保本微利的原则确定。在国家计委、建设部颁布的《关于规范住房交易手续费有关问题的通知》中明确规定，住房转让手续费，按住房建筑面积收取。收费标准为新建商品住房每平方米3元，新建商品房转让手续费由转让方承担，经济适用房减半计收。

（赵芳芳）

jingji shoufa

经济守法（observance of economic law） 又称经济法的遵守。广义的经济法的遵守就是经济法的实施，狭义的经济法的遵守指国家机关、社会组织和公民依照经济法律行使权力、享有权利、履行义务的活动。我国宪法规定，一切国家机关和武装力量、各政党和各社会团体、各企业事业组织都必须遵守宪法和法律。经济法作为社会主义法制体系的重要组成部分，各社会主体必须严格遵守。经济守法包括行使经济权力、经济权利，遵守经济义务。经济守法是经济法秩序的基础和中心环节，经济法秩序的实现有赖于经济执法和经济守法两个环节的结合。经济守法的内容，即经济守法所要遵守的法律，是广义的法律，不仅包括宪法和全国人民代表大会及其常委会制定的法律，也包括与宪法和法律相符合的行政法规、地方性法规、行政规章和其他具有法律效力的规范性文件。经济守法的标志是实施合法经济行为。市场主体的经济守法标准是，没有被法律禁止的经济行为都是合法行为；经济管理机构的经济守法标准是，依照法律规定的目的和权力范围进行经济活动。

在我国现阶段，推进经济守法具有重要意义。认真遵守经济法律是人民群众实现自己根本利益的必然要求，是推进社会主义经济发展的必要条件，也是建设社会主义法治国家的必要条件。经过多年的立法建设，我国的经济立法已经初具规模，而经济守法的水平却有待提升。首先，要增加经济立法的代表性、加强经济立法的科学性、提高经济立法的质量，使立法真正代表人民根本利益，这是经济守法的根本前提。其次，也要以严格执法作为加强经济守法的辅助手段，做到执法必严、违法必究。通过对经济违法行为的追究减少人们违法的动机，间接加强人们经济守法的程度。推进经济守法的核心是要增强社会各主体守法的自觉性。

（周永平）

jingji sifa

经济司法（application of economic law） 又称经济法的适用。指国家司法机关根据法律规定的职权和程序，适用法律处理具体经济案件的活动。经济司法是经济法秩序的保障，是经济法制的重要环节。经济司法的主体是人民法院、人民检察院；司法程序由专门程序立法进行规定；司法裁决具有终局性。

除了具有一般司法的特点外，理论界一般认为，经济司法具有经济性的特征。近来也有观点主张，经济司法的特征在于其公益性，经济诉讼是一种经济公益诉讼。除此以外，经济司法还具有合法性和适法性。经济司法的合法性是指司法机关依法审理经济纠纷案件，其内容和形式、过程和结果均要符合法律的规定。经济司法的适法性是指司法机关审理经济纠纷案件的结论，适合于该被适用法律的立法原则、立法目的和立法精神。

（周永平）

jingji sifa zhicai

经济司法制裁(economic juridical sanction) 人民法院依照经济法律、法规的规定,采取经济审判方式追究违法经济主体行为的法律责任的措施。

根据案件的不同类型,经济司法制裁可以分为经济法的固有制裁和援用制裁。从承担制裁责任的主体不同,经济司法制裁可以分为对经济机关的司法制裁和对经济活动主体的司法制裁。对经济机关的制裁指经济机关在管理国民经济运行过程中由于违法行使经济权限损害经济活动主体的权益而由司法机关判决承担的法律责任措施。经济机关承担经济司法制裁主要有以下情况:超越经济职权范围;经济管理活动内容违法;经济管理活动程序违法,等等。经济管理机关主观上不要求具有过错。对经济活动主体的制裁指经济活动主体由于实施违法行为而由司法机关判决承担的法律责任措施,主要包括财产制裁和刑事制裁。

(黄军辉)

jingji susong chengxu

经济诉讼程序(procedure of economic litigation) 也称经济法诉讼程序、经济法的诉讼程序。国家司法机关适用法律处理具体经济案件时所必须遵循的步骤和方式。经济诉讼程序是经济司法的重要保障,是经济法秩序赖以实现的重要环节。

撤销经济审判庭以后,司法实践中,经济纠纷诉诸法院后所运用的诉讼程序往往是民事诉讼程序和行政诉讼程序。涉及私益的适用民事诉讼程序,涉及公益的适用行政诉讼程序。也正是因为经济法上的一些纠纷可以通过传统的诉讼程序来解决,理论界有观点主张经济法没有必要建立专门的诉讼程序。但是,在更广阔的经济法领域有大量的问题是传统诉讼程序所无法解决的,必须构建经济法上独特的诉讼程序制度,才能有效地保障经济法秩序的实现。

(黄军辉)

jingji tiaokong guanxi

经济调控关系(economic adjustments and controls relationship) 国家在调控国民经济运行中形成的经济关系。国家对国民经济实行调控,是市场经济的必然要求。总供给与总需求的均衡、经济结构均衡是市场经济的内在要求,但市场机制本身并不能保障自发实现经济均衡发展。市场价值规律作用的结果表现为两个方面,一方面促成供求均衡,实现资源的优化配置;另一方面又因市场的盲目性特征而导致市场经济的矛盾,造成资源不能充分利用。均衡与非均衡的对立统一是市场经济发展过程中的普遍现象。为保障国民经济健康发展,充分发挥市场调节的基础作用和宏观调控的主导作用,国家对经济进行宏观调控是必然的。

经济调控的经济思想和政策主张,萌芽于16世纪形成于20世纪30年代。在16世纪重商主义学派曾提出,政府应当制定法律干预经济活动中的货币运动方向,保持国家在出口贸易中的顺差,增加被当做唯一财富的货币流入量。当时的英国、西班牙等国制定了相应的法令禁止金银外流。自由资本主义时期国家对经济采取放任的政策,无需国家调控经济,自然此阶段无系统的宏观调控经济关系存在。20世纪30年代以来,宏观调控逐渐成为各国调节经济的主要手段。具体可以分为两个阶段:第一阶段从30年代到第二次世界大战前,世界性的经济危机为各国政府走上国家干预经济的道路提供现实基础,同时,凯恩斯的《就业、利息和货币通论》为政府干预经济提供了理论基础。这一阶段为经济调控的初创时期。第二阶段从第二次世界大战到20世纪70年代,资本主义国家全面系统地干预国民经济的运行,宏观调控制度、法律化。

宏观调控关系是我国经济体制改革中新出现的一种新的经济调节关系,是发生在国民经济有机整体中特定层次和特定范畴的经济管理和调节关系,在这一关系中,政府是确定而唯一的调控者,调整范围涉及整个国民经济有机体,具有宏观性和全局性。在现代经济条件下只有国家有权力对经济总量予以调节,因此,宏观调控是国家权力与市场运行规则相契合的重要表现形式。但宏观调控关系不等于国家干预经济关系,或者说宏观调控不同于传统的国家干预经济。

经济调控的目标中有基本目标和具体目标。基本目标就是保持总供给与总需求的基本平衡。具体目标有四项:充分就业、经济增长、物价稳定和国际收支平衡。且这四项指标要有机结合,相互制约。

经济调控关系的内容主要包括:经济结构和生产力布局关系;区域经济关系(含经济特区、经济技术开发区、经济区等);计划关系;经济规划关系;经济预算关系;中央银行及货币关系;税收关系;固定资产投资关系;自然资源和能源的开发、利用关系;社会保障关系;环境保护关系等。

(刘继峰)

jingji tequ fa

经济特区法(special economic zones law) 调整经济特区发展过程中,实施特殊经济管理体制及特殊经济政策所发生的社会经济关系的法律规范的总称。中国经济特区立法是中国实行对外开放政策的产物。中国经济特区法在经济特区的经济发展与法制建设中发挥着重要的作用,它包括宪法、法律、行政法规及地方性法规中的相关条款。我国经济特区法的产生是与我国经济特区的创办相适应的,其调整的对象主要是针对经济特区在创办、管理、建设等一系列活动过程中产生的各种社会经济关系,并且这些社会经济关系主要是一种国家经济调节管理关系。经济特区法律体系主要包括关于经济特区的性质、目的、功能、类型、法律地位等方面的法律制度;关于经济特区的管理体制方面的法律制度;关于经济特区实行特殊的具体经济政策措施等方面的法律制度;关于经济特区的劳动与社会保障等方面的法律制度;关于经济特区有关经济体制改革方面的法律制度;关于经济特区立法的法律制度以及其他方面的法律制度。我国的《立法法》实施之后,正式确立了经济特区的立法权。经济特区法的完善将对经济特区各项事业的发展,乃至全国经济的发展都会产生积极的促进效果。

(孙昊亮)

jingji tizhi

经济体制(economic system) 一定社会制度上生产关系或经济制度的具体表现形式和实现方式以及组织管理国民经济的制度和方法等的总称。经济体制的内容主要包括:生产资料所有制结构;经济决策方式;经济协调方式;经济管理方式;经济刺激方式;信息传输方式。经济管理体制是经济体制的核心。由于受社会生产力发展水平等因素的影响,在同一种基本经济制度下,可能出现不同的经济体制。社会应该根据社会生产力发展的需要来选择经济体制,如果经济体制阻碍了社会生产力的发展,就应该进行改革,而经济体制的改革并不意味着经济制度的变革。一般来说,经济制度具有相对稳定性,而经济体制则应根据其与社会生产力发展的关系不断进行调整。计划经济体制与市场经济体制是两种主要的经济体制。

(张长利)

jingji tongzhi falun

经济统制法论(theory of controlling law of economy) 经济法理论流派之一。日本的经济法思想受德国经济法思想影响非常大。第二次世界大战以前,日本的经济法理论基本沿袭德国的学说,但也具有一定的发展。其中,重要的发展是,提出了"经济统制法"的术语,这实际上仍立足于德国的功能说。在德国,1936年,贝姆提出,经济法的中心概念是国家的经济统制,经济法是在特定经济政策意义上的经济秩序及与此相关联的经济制度。1937年,豪美列把国家统制经济固有的法看作是经济法。以20世纪30年代的危机为契机,"统制"这一概念在日本得以确立。其后,随着向战时统制经济的过渡,"统制"一词被最终确定下来。作为法律术语,最早见于日本1931年的《重要产业统制法》。

(赵 玲)

jingji weiji yunxingqi de tiaozheng jizhi

经济危机运行期的调整机制(mechanism of the regulation of economic crisis) 在国民经济危机周期的经济法调整机制。经济危机运行期的主要表现是,国民经济各部门比例严重失调,国民经济生产总值大幅下降,市场极度萧条。在经济危机期,应当采取危机对策立法,包括金融紧缩法、物价抑制法、企业组织化法、经济管制法、商品专营和配给法、劳动组合法和失业救济法、居民生活紧急措施法等。经济危机对策法的目的,在于阻止国民经济进一步恶化和生产大幅滑坡,促进经济恢复。与危机对策立法相对应的立法是刺激经济立法。之所以采取这种立法,是认为造成经济困难的原因是需求不足,因此主张通过立法来扩大社会对生产资料和消费品的需求,进而刺激社会生产。这一理论借助于赤字预算、通货膨胀、企业停产或破产等措施。过度的赤字预算会使经济供给与需求之间的矛盾进一步深化。通货膨胀虽然可以通过提高购买力刺激企业生产,但却存在两个问题。一是过高的物价会阻碍商品流通,进而影响企业资金回笼;二是在不改善经济结构的情况下,企业盲目扩大生产只会导致进一步的"结构性生产过剩"。结构性生产过剩会波及到银行信贷、证券市场,乃至整个金融市场,从而造成系统性危机。

(赵 玲)

jingji weifa xingwei

经济违法行为(illegal economic acts) 经济法主体实施的违反经济法律规定而应当承担相应经济法律责任的行为。经济犯罪行为是具有严重社会危害性的经济违法行为。经济违法行为的构成要素包括:(1)该行为必然是违反经济法律、法规的行为。经济行为主体资格的不合法、行为能力的法律缺陷、行为方式和程序的不合法、行为内容的不合法都在此列。(2)该行为侵犯了经济法律、法规所保护的经济关系。

经济违法行为因行为的性质分为作为和不作为两种形式。前者是指依法不应为而为的经济行为,比如国家经济机关的不当制裁行为、经济组织的不正当竞争行为等;后者是指应为而不为的经济行为,比如经济组织的逃税行为等。经济违法行为因行为主体的不同分为政府的经济违法行为、经济组织的经济违法行为和市场中介组织的经济违法行为。经济违法行为的法律后果是承担相应的经济责任。无论是作为型的经济违法行为还是不作为型的经济违法行为,只要符合刑法的规定,其社会危害性达到需要通过刑罚手段进行调整的情况下,都成为经济犯罪行为。

(任学青 周永平)

jingji xianfa

"经济宪法"(Charter of Economy) 一般指反垄断法。反垄断法是维护经济民主和经济自由的基本法,是反经济专制和反限制竞争自由的法,因此被称为"经济宪法"或"经济大宪章"。

经济宪法说首先来源于美国,美国是将反托拉斯法比作经济宪法的。美国最高法院在 1972 年的一项判决中指出:"反托拉斯法……是自由企业的大宪章,它们对维护经济自由和我们的企业制度的重要性,就像《权利法案》对于保护我们的基本权利的重要性那样。"美国最高法院在判决中还将谢尔曼反托拉斯法称为"经济自由的宪法"。

现代反垄断法自 1890 年美国《谢尔曼法》诞生以来,已经历了一百多年的发展历程,美国的反垄断法对现代国家的反垄断法基本规则的确立产生了重大的影响。如德国、日本的反垄断法是在美国的督促下制定的;澳大利亚的反垄断法则是以美国法为蓝本制定;欧共体的反垄断法也深受美国法的影响。作为经济宪法,反垄断法对上述各市场经济国家自由、公平的有效竞争秩序的建立以及国民经济的协调、有序发展都发挥了极其重要的作用。美国经济宪法的做法进入法律著作也影响到其他国家。在这种背景下,将反垄断法称为经济宪法已经不仅仅是美国的专利,而是越来越被现代市场经济国家广泛接受。第二次世界大战后,竞争法在各国有了相当的发展,如在德国制定《反限制竞争法》被视为推行社会市场经济的化身,该法也被视为是一种宪法性的法律。

反垄断法是典型的国家干预经济之法,属于经济法的范畴,具有国家干预性、整体利益本位性、经济政策性、调整方法综合性和实体法与程序法的一体性等特征。发达国家把反垄断法作为"经济宪法",可见其地位之崇高。而我国实行社会主义市场经济,又处于经济转轨、社会转型时期,政府需要积极地主导经济发展,维护竞争秩序是其正在学习中的一课,所以还不能说反垄断法在我国也是经济宪法。况且,我国尚未颁布专门的反垄断法,而仅在《中华人民共和国反不正当竞争法》、《中华人民共和国价格法》及《中华人民共和国招标投标法》及其他相关法规中有关于反垄断的规定。

(张景丽)

jingji xiaotiao yunxingqi de tiaozheng jizhi
经济萧条运行期的调整机制(mechanism of the regulation of economic depression) 在国民经济萧条周期的经济法调整机制。经济萧条期的主要表现是内需不足、市场萧条和经济紧缩,以及工业产品大量积压、企业流动资金短缺、生产规模缩小。相应地,企业下岗、失业人员增多。市场内需不足等现象实质上是经济结构不合理的结果。针对经济结构不合理,应当采取改善经济结构的立法。如改善产业结构,理顺三种产业的关系,确保能源、重要原材料和交通运输部门的稳定和发展;改善行业结构,确立优先发展的行业;改善企业结构,提高企业生产经营效率,提高产品质量;改善产品结构,实现技术更新和产品更新,提高产品质量,增加市场紧缺商品的生产。这一时期的经济立法的目的是调整经济结构,缓解总供给与总需求之间的矛盾,使国民经济稳定发展。另外一种立法是经济紧缩立法,控制投资和消费需求。这种立法紧缩银根,减少了国家、企业和居民的投资需求、减少了企业流动资金和扩大再生产资金,也减少了居民消费资金。这种财政、金融方面的经济紧缩立法,无法改变经济结构不合理造成的结构性过剩和结构性短缺现象,无法刺激经济复苏,而且可能会使本来已经萧条的经济进一步恶化。

(赵 玲)

jingji xingwei
经济行为(economic behavior) 经济法律关系的重要客体。经济法律关系主体间经济权力(利)、经济义务针对的经济活动。经济行为术语是为满足生产社会化发展的要求而被概括出来的,是 20 世纪初以来经济学、管理学、行政学等诸多学科普遍采用的术语。作为经济法律关系客体的经济行为,强调行为在国民经济运行中的状态,并以能发生一定经济后果为标准,与经济权力(利)、经济义务有直接的联系,它与民事行为有本质上的区别。基于主体的不同,经济行为可分为政府的经济行为、经济组织的经济行为和市场中介组织的经济行为三大类。政府的经济行为是指政府这一国家权力执行机构所具有的职能性经济活动,政府的经济行为分为调节性经济行为和经营性经济行为。经济组织的经济行为是指从事生产、经营,创造社会财富、扩大社会积累的社会经济实体直接从事市场经济活动的行为,可以分为组织性经济行为和经营性经济行为。市场中介组织的经济行为是指市场中介组织为规范市场和政府行为,而提供服务、审查、评价或进行自我规范的活动,包括市场服务性中介组织的经济行为、市场监督性中介组织的经济行为和市场自律性中介组织的经济行为。基于行为的性质不同,经济行为可分为经济合法行为和经济违法行为。经济合法行为是指经济法主体实施的、能够产生有效法律后果的符合法律规定的经济行为;经济违法行为是指经济法主体实施的、违反经济法律、法规的规定应当承担相应经济责任的行为。

(任学青)

jingji xingwei nengli
经济行为能力(economic legal capacity) 受经济法保护的,经济法主体依法以自己的行为行使经济权力(利)和履行经济义务的资格。它是经济法主体进行经济活动,参与经济法律关系的必备条件。一般表现为特定的经济法主体有权在法定范围内以自己的名义从事一定的经济活动,以实现相应的经济权力(利);或者,特定的经济法主体在法定的范围内作出一定的行为,履行相应的经济义务的资格。经济行为能力是经济法主体的法定资格,其范围和内容都是法定的,具体表现为:首先,经济法主体的经济行为能力必须依法取得,各种主体享有或承担的具体经济权力(利)、经济义务必须具有法律依据,超越法律规定的能力范围,经济法主体就不能从事经济活动;其次,就经济行为能力的内容而言,因经济法律关系不同于传统的法律关系以及经济法主体性质上的差别,具体经济法主体的行为能力在我国经济发展的现阶段亦有较大的差别,其内容是特定的、具体的,范围也较为广泛。

依据经济法主体的类型不同,经济行为能力从大体上,可以分为国家经济机关的经济行为能力、经济组织的经济行为能力和市场中介组织的经济行为能力三大类。　　　　　　　　　　　　(任学青)

jingji-xingzheng falun
经济—行政法论(theory of economy-administrative law)
20世纪60年代,苏联学者C.H.勃拉图西和C.C.阿列克谢耶夫提出"经济—行政法"的主张。他们认为,以往研究行政法时所进行的科学分析,常常在它真正要刚刚展开时就中断了:只限于分析经济管理机构的建立、它们活动原则等一般问题,而未深入到对社会主义经济领域中的关系的行政法调整问题。这里就形成了科学研究和法学院校的法学课讲授的某些"死角"。因此,需要建立一个特别的亚部门法的法律学科,即"经济—行政法"。但是,苏联政法界人士实际上并未接受这一主张。　　　(吕家毅　赵　玲)

jingji xingzheng zhicai
经济行政制裁(economic administrative sanction)
国家有权机关依照经济法律、法规的规定,采取行政决定、命令方式对经济违法行为所实施的制裁。这是从有权作出制裁的主体的不同对经济法制裁进行的划分。有效的经济行政制裁必须符合以下条件:(1)制裁主体依法具有制裁权。(2)被制裁方实施了经济违法行为。(3)经济行政制裁的内容合法。(4)经济行政制裁的程序合法。　　　　　　(黄军辉)

jingji yilai guanxifa
经济依赖关系法(law to regulate the relationship of economic dependence)
国民经济运行过程中所形成的经济上的从属关系。经济依赖关系,不是"自然平等"关系,也不是自由放任关系,而且也不能仅仅理解为相互依存关系,还应当理解为经济上的从属关系。在这个意义上,经济法是调整经济依赖关系的法。

在垄断和国家垄断条件下的经济关系,具有与自由放任条件下的经济关系不同的性质和特点。自由放任条件阶段,竞争主体是彼此独立的经济组织,其主要竞争手段是价格竞争。在垄断和国家垄断阶段,竞争主体主要是垄断组织,竞争手段也已经从价格竞争转变为非价格竞争,比如生产条件、销售条件、控制权等方面的竞争。垄断和国家垄断条件下的经济关系是一种经济依赖关系,其实质是经济不平等关系。这种经济不平等关系,正是经济法调整的出发点和前提。

经济依赖关系表现在以下几个方面:(1)其他经济组织与国家垄断组织之间的经济依赖关系;(2)非垄断组织与垄断组织之间的经济依赖关系;(3)中小经济组织与垄断组织之间的经济依赖关系;(4)各国经济组织与国际垄断组织之间的经济依赖关系。在垄断和国家垄断的条件下,经济依赖关系渗透于国民经济运行过程之中。经济法正是对国民经运行过程中的经济依赖关系进行的调整,这是法律调整的新特点。

经济依赖关系的成因主要包括:(1)国家垄断在经济生活中占主导地位,是市场经济的主要基础,因此其他经济组织必须受制于、并服从于国家垄断组织;(2)在与非垄断组织的竞争中,垄断组织采取控制和剥夺非垄断组织的资源以及共谋、统一提价、倾销、操纵市场等手段,使非垄断组织处于自己的支配之下,或者成为从属的配套企业;(3)广大中小企业资金少、设备差、缺乏熟练劳动力,在现实经济关系中,处于被支配、被控制和被排挤的地位;(4)国际垄断组织是垄断资本在国际范围内分割世界的经济形式,即跨国公司、跨国银行和国际垄断同盟通过输出资本、跨国经营、垄断技术、操纵国际贸易、规定垄断价格等手段,使各经济组织与其形成经济依赖关系,从而控制该国的国民经济。

从经济关系的性质上看,在垄断和国家垄断的条件下,传统市民法时期的所谓平等关系已不复存在,而经济依赖关系成为全部社会经济生活的基础。社会基本经济过程是生产——交换——分配——消费的过程。在垄断和国家垄断的条件下,经济依赖关系完全渗透于、融合于这一经济过程之中。经济法的调整,正是从这一经济过程出发,通过对具体经济关系的调整来实现对经济总过程的调整。这是法律调整的新特点。　　　　　　　　　　　　　　　(赵　玲)

jingji yiwu
经济义务(economic obligation)
经济权力和经济权利的对称。经济法主体为满足经济权力主体或经济权利主体的要求,依法必须为一定行为或不为一定行为。在经济法律关系中,由于经济法主体经济权力和经济权利的复合性,就决定了经济法主体承担的经济义务,不同于民事关系中满足民事权利主体要求的民事义务,也不同于行政关系中满足行政权力主体要求的行政义务,它既包括对经济权力主体的义务,也包括对经济权利主体的义务,具有双重性。经济法主体对经济权力主体的义务,如经营者按税务机关的要求依法纳税的义务;经济法主体对经济权利主体的义务,如经济之债的债务人对债权人的履行义务。经济义务是法律设定或当事人约定的义务。所谓法律设定的义务,就是经济法规范明文规定的经济义务。所谓当事人约定的义务,就是参加经济法律关系的双方当事人协商确定的经济义务。但当事人约定的义务不仅应体现当事人的意志,由于经济法律关系的国家干预性,也应体现国家的意志。因此,约定的经济义务也必须以法律为根据,不得超越法定的界限。经济法主体所承担的经济义务以法律规定和当事人的约定为限,任何人都无权超出这个范围要求他人履行经济义务。经济义务的含义包括经济法主体应经济权力主体或经济权利主体的要求,依法必须为一定行为或不为一定行为。所谓依法必须为一定行为,如企业必须依法纳税,必须保证产品和服务的质量,必须对消费者负责等;所谓依法必须不为一定行为,如国家经济机关不得滥用经济职权干预企业的自主经营、侵害企业的经营权,生产经营者不得污染环境等。经济法主体应自觉履行其经济义务,以满足经济权力主体或经济权利主体的要求,不履行或履行不当则应承担相应的法律责任。

根据经济义务主体的地位的不同,可将经济义务划分为管理者的经济义务和被管理者的经济义务。管理者的经济义务主要是指调节国民经济运行的国家经济机关的经济义务,包括:正确履行经济职责,不得玩忽职守或者滥用职权的义务,为生产经营者提供职权范围内的各种服务的义务,听取群众意见、接受有关机关和群众监督的义务,具体经济行政行为造成他人损害依法赔偿的义务等;被管理者的经济义务主要是指经济组织和公民个人的经济义务,主要包括:遵守国家经济法律、法规和政策的义务,服从国家经济机关依法管理的义务,完成国家计划的义务,依法纳税的义务,正确行使经济权利的义务,保证产品和服务质量、不得侵害消费者合法权益的义务,保护劳动者合法权益的义务,不得污染环境的义务,履行经济合同的义务等。经济义务根据其对应的权力者或权利者的不同可分为国家义务、社会义务、当事人义务和经济组织内部义务。国家义务,是经济法主体依照法律规定对国家应承担的经济义务,如国家经济机关依法履行经济职权的义务、国有企业保护国有资产的义务、完成指令性计划的义务、经营者依法纳税的义务等。社会义务,是经济法主体依法对社会应承担的经济义务,如企业的产品质量保证义务、防止环境污染的义务等。当事人义务,是指在经济法律关系中当事人相互之间的经济义务,如经济合同义务。经济组织内部义务,是作为经济法主体的经济组织内部形成的经济关系中的经济义务,如企业内部生产经营责任制义务、内部审计义务、企业对职工的义务等。

(任学青)

jingji zeren

经济责任(economic liability) 依照法律规定或约定由经济法主体所应承担的以经济资产作为责任方式的责任。经济责任是由经济法本身的性质和特征所决定的责任,是经济法本法责任的一种,与组织监管责任相并列。

经济责任是不履行经济义务的法律后果。要追究经济法主体的经济责任,该主体必须因为不履行或者不完全履行经济义务使得对方主体的权利不能实现或者不能完全实现,造成了损害事实。经济责任不仅因为违反法律、法规的强制性规定而发生,而且违反经济主体之间的合同约定也导致经济责任的产生。经济责任形式主要包括违约金和赔偿金。违约金是当事人事先预定的、如一方不履行或不完全履行合同义务,无论是否给对方造成损失,都要支付对方预先约定的一定数额的货币的责任形式。根据我国法律规定,经济活动的当事人可以约定一方违约时应当根据违约情况向对方支付一定数额的违约金,也可以约定因违约产生的损失赔偿额的计算方法。约定的违约金低于造成的损失的,当事人可以请求人民法院或者仲裁机构予以增加;约定的违约金过分高于造成的损失的,当事人可以请求人民法院或者仲裁机构予以适当减少。赔偿金是经济活动中一方当事人违反法律规定给其他当事人造成了损失,侵害方支付一定数额的补偿性货币的责任形式。我国法律规定,经济活动中合同的当事人一方不履行合同义务或者履行合同义务不符合约定的,在履行义务或者采取补救措施后,对方还有其他损失的,应当赔偿损失;经济主体在经济活动中侵犯其他经济主体的合同利益以外的其他合法权益,也应赔偿损失。

(黄军辉)

jingji zerenzhi

经济责任制(economic responsibility system) 狭义的经济责任制是指企业内部有关机构和工作人员未能履行其职责、未能完成其工作任务时,应承受处罚的责任制度。经济法上的经济责任制除上述含义外,还指在经济主体国家机关及其内部机构、成员相互之间因其职责分工不同,在完成职责任务、履行义务的过程中依照法律、章程、协议相应地享有权益,相互承担义务和责任的经济法律关系与经济法律制度,是权责利统一原则在经济法的各项制度中的具体体现和保障。经济责任制关系存在于国家机关之间、国家与经济主体之间、经济主体之间、经济主体与个人之间以及组织内部。与传统法律责任是一种消极的违法责任相比,经济责任制中的责任更强调责任的积极功能,注重各主体的权责利配置、制衡及整体相关性,更强调与主体的责任相对应的适当的激励机制,以更积极地规范和引导主体行为。

经济责任制从西方的组织管理实践中产生,而天然地适应社会主义公有制的要求,在社会主义国家及其经济组织中得到弘扬和应用,可以与公有制经济的各种实现形式相适应,能够有效促进公有财产的经营管理。经济责任制在被法律调整和规范后,上升为经济法中的重要内容。经济责任制本质上是一种法律关系,是公有财产有效管理经营和在公有制下实行市场经济的必要条件。它突破了私有制条件下法律对财产关系以外在性调整为主的模式,而涉入主体财产关系内部的管理经营,成为社会主义经济法的特色。经济责任制以主体之间的利益关系为核心,在确认不同主体根本利益一致的前提下,将经济利益与权责相结合,注重协调不同主体间的利益关系。经济责任制通过明确不同主体间的权责利,可以有效调动劳动者的积极性,强化劳动者的主人翁意识,提高企业经营管理水平,实现经济集中与经济民主的对立统一,促进公有制经济发展。

我国经济责任制最初产生于20世纪70年代末农村的经济体制改革中,在20世纪80年代初期,开始从农村发展到城市,进入工业、商业、建筑业等各个领域,成为改革政企关系,增强企业活力,促进企业改革与发展,加强企业经营管理,提高经济效益的重要制度。先后出现了承包经营责任制、租赁经营责任制、资产经营责任制、企业内部经济责任制(其中又包括领导干部责任制、职能责任制、岗位责任制、内部承包经济责任制、模拟市场核算责任制、内部授权经营责任制等多种不同形式)等各种形式的经济责任制。国家制定了《中华人民共和国全民所有制工业企业法》、《全民所有制工业企业承包经营责任制暂行条例》、《全民所有制小型工业企业租赁经营暂行条例》等相关法律法规,对经济责任制作了规定。随着经济体制改革的不断深入发展,经济责任制将会不断有新的发展。

(张长利)

jingji zhaiquan

经济债权(economic credit) 经济法主体在共同经济活动中所享有的要求对方当事人为一定行为或不为一定行为的经济权利。经济债权是前苏联经济法学者提出来的经济权利概念,前捷克斯洛伐克的《经济法典》也规定了各种经济债权。经济债权具有以下特征:(1)经济债权是一种债权,具有债权的特性。(2)经济债权又不同于普通的民事债权。普通民事债权完全是民事主体之间意思自治的结果,而经济债权除了体现经济法主体的意志以外,由于经济法主体之间的债权债务关系受国家权力的干预,所以,经济债权更体现了国家的意志。由于有国家权力干预的因素,经济债权必须符合经济法规范,不得超出法定的界限,否则不受法律保护。经济债权的国家干预性和法定性是经济债权与普通民事债权的本质区别。经济债权的主要形式是经济合同债权,一般包括转移财产的经济债权、完成工作的经济债权和提供劳务的经济债权等种类。经济法主体的经济债权受法律保护,其债务人应当自觉履行经济债务,从而使经济债权获得实现。债务人不按要求履行经济债务的,债权人可依法追究其法律责任。

(任学青)

jingji zhaiwu

经济债务(economic debt) 经济债权的对称。经济法主体在共同经济活动中应对方当事人的要求必须为一定行为或不为一定行为的经济义务。所谓共同经济活动,是为实现一定经济目的的当事人之间进行的经济活动。见经济债权。

(任学青)

jingji zhifa

经济执法(execution of economic law) 有广义和狭义两种理解。广义的经济执法与经济法实施同义,指一切国家机关贯彻实施经济法律法规的活动,包括国家行政机关在经济管理过程中执行经济法律法规的活动和国家司法机关在司法过程中适用经济法律法规的活动。狭义的经济执法特指国家行政机关在经济管理过程中执行经济法律法规的活动,与经济司法是平行概念,共同构成经济法实施的下位概念。经济法学界一般都在狭义上使用经济执法概念。

经济执法具有以下特征:(1)经济执法具有强制力。经济执法具有受法律强制力保障的特性,其是以国家的名义对经济运行进行管理,具有国家权威性和国家强制性。为了有效地对经济活动进行管理,国家经济机关的经济执法权具有强制力。在经济执法过程中遇到障碍时,可以运用国家强制力来消除障碍,保障经济执法的顺利开展。(2)经济执法具有主动性和单方面性。国家经济机关针对经济运行的客观情况,积极主动对其进行管理,其所作出的决定具有根据单方意志表示作出即可产生一定的法律效果、形成一定的法律关系。国家经济机关依照职权所作出的经济执法行为最具单方面性,依自身的职权主动进行经济执法。

(3) 经济执法具有执行力。这一特征也被称为效力先定性。是指经济执法行为作出后，被管理的经济主体必须先予执行，即使被管理方认为该经济管理行为违反经济法律法规的规定，也必须先执行该经济执法决定，而后才可向上级经济机关提起复议要求或者向司法机关提起诉讼请求。被执行的经济主体如不履行相应的经济法义务，经济执法机构可依法强制其履行义务，以实现经济执法的效果。在经济执法机构自身没有强制执行权的情况下，可以申请人民法院强制执行。(4) 经济执法具有拘束力。经济执法行为作出后，国家经济管理机构、被执行的经济法主体、其他国家机关、社会团体和个人都受其约束，履行该经济执法行为所确定的义务。被执行的经济法主体必须按照该执法行为的要求履行经济法义务，为或者不为一定的经济行为，同时，经济执法行为作出后对执法机构本身、对其他国家经济机构也都有拘束力，执法机构非经法定程序不得撤销或者变更自身的经济执法行为，其他国家经济机构也不得任意变更。

从不同的方面可以对经济执法的方式进行不同的分类，常见的分类方式是从行政执法权的不同来源将其分为：颁行规范性文件执法、行使经济权限执法和法律授权经济执法三种。 （周永平）

jingji zhifaquan

经济执法权(power of economic law execution) 法律赋予国家经济机关在经济管理过程中执行经济法律法规的专有权力。是实现经济法秩序的有力保障。经济执法权包括认定权、决定权、执行权、复议权。认定权是经济执法权前提和基础；决定权是经济执法权的实现；执行权是经济执法权的保障；复议权是经济执法权的内部监督。

经济执法权作为国家执法权的重要组成部分，具有以下特征：(1) 主体专属性。经济执法权是国家权力的重要组成部分，只能由有法律明确授权的专门经济机关行使，其他机关、团体或者个人都无权行使。(2) 对象及内容的特定性。国家经济机关行使经济执法权时必须严格遵守国家法律对其职权范围的规定，只能对自己有权管辖的经济事务向自己有权管辖的经济组织和个人行使，否则超出法律规定范围的管理行为无效，这是实现经济法秩序的客观要求。(3) 相当的自由裁量性。社会经济关系的复杂性决定了经济法律法规不可能对经济事务的处理规定得很详细，客观上必然要求授予经济机关相当程度的自由裁量权。(4) 程序的法定性。为了防止经济执法权的滥用，经济法律法规对具体经济事务的管理规定了程序步骤，经济机关在执法过程中必须遵守。针对违反经济执法程序的行为，被执行方有权利提出复议或者诉讼。

总之，国家机关在经济执法过程中对经济执法权的行使必须在其权限范围内严格遵守依法经济执法的原则。依法经济执法的原则一般要求国家经济执法机关要做到以下一些方面：其所作出的规范性文件、决定、命令、指示都不得和宪法和法律相抵触；利用执法权限使其他主体承担经济义务必须依据法律；在职权范围内对具体经济事务作自由处理应当依照法律规定的界限、遵循立法精神；设定其他经济法主体的经济权利和免除其法律义务必须合法。 （周永平）

jingji zhifa zhuti

经济执法主体(subject of economic law execution) 依据法律法规的规定在经济管理过程中具有执行经济法律法规执行权的组织。具有适格的经济执法主体是判断经济执法行为合法性的前提条件。经济执法主体资格的取得需要法律的规定或者授权。委托办理经济事务中的被委托方不是经济执法主体，被委托方是以委托机构的名义行使经济执法行为，并由委托机构对外承担法律责任。

经济执法的主体主要是国家经济机关。根据宪法和有关法律的规定，我国经济执法的主体包括中央和地方各级政府、各级政府中的经济管理部门、被授权的社会组织。经济执法活动具体是由直接进行执法活动的人员完成的，包括自身具有经济执法权限的各级人民政府及其部门的公职人员、被授权的社会组织的组成人员。公职人员或被授权执法的社会组织的组成人员在经济执法过程中不具有独立的经济执法权限，也不能以自己的名义对外进行经济执法，他们是代表执行各级人民政府、政府部门或者被授权的社会组织进行经济执法的，其对经济执法的相对方所造成的损害也由其所在具有独立经济执法职权的执法组织承担。该执法机关或者组织对外承担法律责任后，可以对应负直接责任的公职人员或组成人员追究责任。被授权的经济执法主体以自己的名义和独立意志表示对外进行经济执法活动，其对经济执法的相对方所造成的损害由被授权的经济执法主体自身承担责任。

（周永平）

jingji zhiquan

经济职权(economic authority) 国家经济机关在组织和调节国民经济运行过程中依法获得的具有命令和服从性质的经济权限。经济职权是经济组织活动中经济组织主体所享有的经济权力，即国家经济机关在经济管理活动中所享有的权力。经济职权具有以下特征：

经济职权的特征 (1) 经济职权是国家经济机关代表国家行使的经济权限，在本质上是一种国家权限。

组织、协调国民经济运行是国家经济职能的集中表现,但国家是抽象的经济法主体,国家要发挥其经济职能,必须通过国家经济机关来实现。国家以立法的形式赋予国家经济机关一定的经济职权,国家经济机关通过依法行使经济职权,代表国家组织和调节国民经济的运行,从而实现国家的经济职能。在我国,一些本身从事生产经营活动,但同时又保留有一定经济管理职能的经济部门,如社会公共经济部门、国家公司等,也享有一定的经济职权。(2)经济职权的产生基于法律的直接规定。国家经济机关的经济职权不依赖于特定义务主体的行为而获得和实现,是由法律直接规定的权力,经济机关可以通过自己单方面的意思表示依法行使,无需征得被管理人的同意。国家经济机关必须依法行使经济职权,不得超越法律规定的范围和界限,不得滥用职权。法律未明文规定的职权,经济机关不得行使。这是依法治国、建设现代法治国家的根本要求。(3)经济职权具有命令与服从的性质。经济职权是国家经济机关代表国家实现其经济职能的体现,它以国家权力为后盾。在国家经济机关依法行使经济职权时,被管理者必须服从,国家经济机关依照法定职权所作出的决定和所采取的行政措施,都具有强制执行力,被管理者必须执行。(4)经济职权必须依法行使,不可随意转让和放弃。法律赋予的经济职权对于国家经济机关来说是一种权力,通过行使经济职权国家经济机关代表国家组织和调节国民经济的运行,实现国家的经济职能。但对于国家和社会来说,经济职权更是国家经济机关的一种职责和义务,它不同于可以自由行使、转让和放弃的民事权利,国家经济机关必须依法行使,不得随意转让他人或者放弃,否则就是一种失职行为,应该受到法律的制裁。

经济职权的类型 根据经济职权的具体表现形式,可将国家经济机关的经济职权划分为以下种类:(1)经济立法权,是有关国家经济机关依据宪法和立法法的规定,制定、修改和废止经济法律规范的权力。根据2000年3月15日第九届全国人民代表大会第三次会议通过的《立法法》的规定,国务院有权根据宪法和法律制定经济行政法规;国务院各部、委员会、中国人民银行、审计署和具有行政管理职能的直属机构,可以根据法律和国务院的行政法规、决定、命令,在本部门的权限范围内,制定经济方面的部门规章;省、自治区、直辖市和较大的市的人民政府,可以根据法律、行政法规和本省、自治区、直辖市的地方性法规,制定经济方面的地方政府规章。(2)经济决策权,是国家经济机关依法对经济发展目标及实现目标的措施、步骤等作出选择和决定的权力。如计划权。(3)经济协调权,是国家经济机关在国民经济运行过程中协调中央、地方、部门、企业和个人之间经济关系的权力。(4)经济审核权,是国家经济机关在其权限范围内对相对人的经济行为的合法性和真实性进行审查或核准的权力。如商标局对注册商标转让合同的审核。(5)经济批准权,是国家经济机关依法同意特定人取得从事某种行为的法律资格或者可以实施某种经济行为的权力。如政府批准设立股份有限公司。(6)经济命令权,是国家经济机关依法要求相对人为特定经济行为或不为特定经济行为的权力。(7)经济禁止权,是国家经济机关依法不允许相对人为某种经济行为的权力。如公平交易局禁止经营者从事不正当竞争行为。(8)经济许可权,是国家经济机关依法对特定人为特定经济行为解除某种禁令的权力。如林业主管部门发放采伐许可证。(9)经济撤销权,是国家经济机关对从事某种经济行为的法律资格依法取缔的权力。如工商行政管理部门依法吊销企业的营业执照。(10)经济免除权,是国家经济机关依法解除特定人为某种经济行为的义务的权力。如税务机关依法减免纳税人的税收。(11)经济确认权,是国家经济机关对有争议的特定经济法律事实或法律关系依法宣告其是否存在和有效的权力。如专利机关依法宣告专利权无效。(12)经济监督权,是国家经济机关对国民经济运行的各过程、各环节进行监督、检查的权力。如国家财政机关对预算、税收、社会经济组织财务的监督,证监会、保监会对证券市场和保险市场的监督,银监会对银行业的监督,工商行政管理部门对市场秩序的监督,另外,还有物价监督、计量监督、产品质量监督、审计监督、环境保护监督等等。(13)经济处罚权,是国家经济机关对于违反经济法律、法规的规定,违反国家经济机关依法作出的经济行政决定的经济组织或公民个人,依法处罚、予以制裁的权力。常见的行政处罚措施有:责令改正或责令停止违法行为、警告、罚款、没收违法所得、责令停业整顿、吊销营业执照等。

(周永平)

jingji zhize

经济职责(economic authority and duties) 国家经济机关依法正确履行经济法规范赋予的经济职权的责任。经济职权是国家经济机关在组织和调节国民经济运行过程中依法获得的具有命令和服从性质的经济权限,对于国家经济机关来说是依法获得的一种权力,通过行使经济职权,国家经济机关代表国家组织和调节国民经济的运行,发挥国家的经济职能。但对于国家和社会来说,经济职权更是国家经济机关的一种职责和义务,它不同于可以自由行使、转让和放弃的民事权利,国家经济机关必须依法行使,不得随意转让他人或者放弃,否则就是一种失职行为,应该受到法律的制裁。所以,国家经济机关的经济职权和经济职责是内涵相互包容的两个概念,犹如一枚铜钱的两面。具体来说,国家经济机关的经济职责体现为以下几个方面:其一,国家经济机关必须行使自己的经济职权,不得随意放弃或者转移他人行使;其二,国家经济机关必须依法正确履行自己的经济职权,保证经济权力行为的合法性;其三,国家经济机关不得超越法定的职权范围越权管理,更不得滥用职权损害国家、社会的利益和公民个人的合法权益;其四,国家经济机关不行使或者错误行使经济职权的应依法承担相应的法律责任,损害经济组织和公民个人合法权益造成损失的,应依法赔偿;其五,国家经济机关应当为被管理者和社会提供其职权范围内的各方面服务,积极营造良好的经济发展环境;其六,国家经济机关在行使经济职权时,应当接受各方面的监督,包括国家权力机关的权力监督,司法机关的司法监督,以及舆论监督和来自于社会组织和公民个人的社会监督。接受监督是国家经济机关正确履行经济职责的重要保障。 （刘砚海）

jingji zhidu
经济制度（economic system） 广义的经济制度是指社会基本经济制度,是人类社会在一定历史发展阶段占统治地位的社会生产关系的总和。一定社会的经济制度构成该社会的经济基础,决定着该社会的政治制度、法律制度和人们的意识形态,制约着社会生活、政治生活和精神生活,并为政治法律制度所保护。一定社会的经济制度由社会生产力发展状况决定。先进的经济制度推动社会生产力的发展和社会前进;落后的经济制度阻碍社会生产力的发展和社会前进。当一种旧的经济制度与社会生产力发展不相适应,成为阻碍社会生产力发展的桎梏时,必然爆发社会革命,旧的经济制度必将为新的经济制度所代替。在人类社会形态由低级到高级不断演进的过程中,生产力和生产关系的矛盾是社会经济制度变革最基本、最深刻的动力,生产力的变化决定生产关系的变化,并最终推动上层建筑的变化和整个社会形态的进化和发展,是一种不以人的一直为转移的客观历史过程。经济制度是区分人类历史上不同社会形态的根本标志。迄今为止,人类历史上已经历了五种依次更替的经济制度,即原始公社经济制度、奴隶社会经济制度、封建社会经济制度、资本主义经济制度和社会主义经济制度。任何一个国家的基本经济制度都是生产资料所有制和分配制度。其中,生产资料所有制形式是生产关系的核心,它决定着生产关系的其他方面,并进而决定着国家政权的阶级本质,是经济制度的基础。因此,基本经济制度在一个社会的任何发展阶段都应是不变的,否则,基本制度的变化就会导致社会制度的根本变化。

狭义的经济制度是指社会某一经济部门或国民经济某一方面、社会再生产某一环节的具体制度,如工业经济制度、劳动工资制度、经济责任制等。 （张长利）

jingji zhongcai
经济仲裁（economic arbitration） 当事人之间发生经济纠纷后,由特定的仲裁机构作为第三方作出具有法律约束力的裁决以解决经济纠纷的方式。经济仲裁是经济法秩序的保障,是经济法制的重要环节。一般认为经济仲裁包括国内经济合同仲裁、国际经济贸易仲裁。其中,国内经济合同仲裁是典型的经济仲裁形式。

目前我国实行的是《中华人民共和国仲裁法》所确立的裁审择一原则。随着我国经济建设的快速发展,经济仲裁以其简易性、保密性、自愿性等特点越来越多的为经济纠纷的当事人所选择采用,在经济司法中发挥着重要的作用。

经济仲裁的特征包括:(1)经济仲裁的非政府性。国内和国际经济贸易活动中强调当事人的自主权,仲裁作为体现当事人协商一致解决经济纠纷的渠道,其机构多属于民间性质。经济仲裁不同于经济审判,也不同于行政调解和裁决,是与它们并列的一种独立的解决社会经济纠纷的途径。也正因为非政府性的特征,经济仲裁避免了程序繁琐的行政和司法解决纠纷的弊端,具有成本低、易于当事人接受的优点。我国的经济仲裁机构曾经具有浓厚的行政性色彩,仲裁机构设在相应的政府机关中,仲裁员也由行政机关工作人员兼任,仲裁机构实际上成为行政机关的下属单位,违反了仲裁的独立性原则。目前我国的仲裁机构正淡化行政色彩,向民间机构方向发展。(2)经济仲裁权一定程度上的独立性。经济仲裁权和司法权是两种性质不同的权力,尽管有理论主张经济仲裁权的性质是司法权,但两者在很多方面都存在差别。除非仲裁裁决具有法律明确规定的违法情况,经济仲裁裁决具有终局性,司法机关不得就同一经济纠纷再立案受理。经济仲裁权与国家司法权的异质性也体现在经济仲裁权一定程度上的独立性。(3)经济仲裁的参加者多是社会经济组织。这是经济仲裁和其他类型仲裁的主要区别。在经济合同仲裁中,经济仲裁适用于法人之间、法人与个体工商户、农村承包经营户等非法人经济实体之间的经济合同纠纷。

一般认为,经济仲裁的原则包括:(1)自愿仲裁原则。(2)仲裁独立原则。(3)裁审择一原则。(4)一裁终局原则。

经济仲裁在程序上包括申请和受理、仲裁前的准备工作、仲裁庭的组成、开庭仲裁、裁决、裁决的执行等主要阶段。在仲裁过程中,实行回避制度、合议制度、调解制度、保全制度、先予执行制度等基本制度。经当事人协议不开庭的仲裁案件,仲裁庭可以进行书面仲裁。

当事人在仲裁中享有的主要权利包括:放弃或者变更仲裁请求的权利、承认或者反驳仲裁请求以及提出反请求的权利、申请回避的权利、委托仲裁代理人的权利、进行调解的权利、自行和解的权利、申请财产保全的权利、申请先予执行的权利、申请强制执行的权利。当事人在仲裁中承担的主要义务包括:举证义务、交纳仲裁费用义务、到庭仲裁义务和履行仲裁裁决义务。

（黄军辉）

jingji zhongcai zhicai
经济仲裁制裁（economic arbitration sanction） 经济仲裁机构依照经济法律、法规的规定,采用经济仲裁方式对违法经济主体所作的财产制裁。这是从有权作出制裁的主体不同对经济法制裁进行的划分。

经济仲裁制裁的作出应当根据事实、符合法律规定,能够公平合理地解决经济纠纷。经济仲裁制裁的种类和内容与经济司法制裁相同,但经济仲裁制裁的强制执行力要依靠人民法院来实现。经济仲裁机构是民间性质的经济纠纷解决机构,经济仲裁的效力主要源于当事人的自愿选择。经济仲裁机构不具有国家权力,仲裁裁决主要依靠仲裁双方自觉履行。一方不履行仲裁裁决的,另一方可以向人民法院申请执行。国家司法机关的强制执行力是经济仲裁制裁实现的保障。

（黄军辉）

jingji zhuti
经济主体（economic subject） 专门进行一定经济活动,并在相关经济关系中与某种经济事实有特定关系的当事人。由于社会经济活动贯穿于生产、交换、分配、消费的整个过程,因而在每一环节都会形成不同的经济主体,并且随着社会经济的发展和国家对国民经济的协调,经济主体的形式和法律地位也会不断发生变化。如在早期自然经济条件下,以个人或家庭为基础的手工作坊、手工工厂是主要经济主体;到15—18世纪,工厂制度取代了工场手工业,作为工厂制度生产组织形式的独资企业、合伙企业成为主导经济主体;17世纪初期,股份公司作为新的企业组织形式在欧洲出现,并于19世纪在世界各地得到发展,进而取代独资企业、合伙企业成为新的主导经济主体;在现代市场经济体制下,经济主体形式呈现出多元性特征,但东西方国家的企业形式存在明显差别:在西方市场经济国家,私人企业是大量存在的、普遍的企业形式,国有企业是特殊的企业形式;而在我国现阶段,各种非国有的或股份制企业形式有较大发展,但无论是数量还是市场控制力,都尚未超过国有企业,所以,国有企业仍是我国的普遍企业形式,而非特殊企业形式。由于各种形式的经济主体是社会经济活动的主要实施者,因而成为经济法律规范规定和调整的对象,是经济法的基本主体。而通过经济法律规范的规定,经济主体即成为可以参加具体经济关系的法律主体。但是,并不能因此将经济主体等同于法律主体,实际上,二者既有同一性,又有分离性。即在具体经济法律关系中,经济主体依据法律规定的地位和权利义务能力不仅成为法律主体,而且是经济法律关系主体,表现出经济主体与法律主体的统一性,该经济主体作为经济法律关系主体要依法承受经济权力和经济义务,受到该经济法律关系的约束;对于该经济法律关系以外的其他经济主体或法律主体,不会因该经济法律关系受到规范和约束。然而,经济关系具有关联性,两个以上主体在进行不同经济活动时可能形成"关系链",构成相关经济关系。在相关经济关系中,虽然经济主体并未参加具体经济关系,不是经济法律关系主体,表现为经济主体与法律主体的分离,但法律仍然能够基于同一经济目的的相关经济关系,对经济法律关系之外的经济主体产生约束效力,即要求经济法律关系之外的经济主体承担法律责任。例如,在担保借款法律关系中,担保人作为非借贷法律关系主体,即经济主体,在债务人未按期履行债务时,要向债权人承担担保责任。

（唐 倩）

jingji zuzhi
经济组织（economic organizations） 拥有土地、劳动者和资金,以营利为目的,利用比较先进的生产经营设备进行经济活动,实行自主经营、自负盈亏的商品生产者和经营者。它是社会组织的一种,是经济法的主要主体。经济组织作为生产经营单位,在生产经营方面,要依靠现代科技进步,进行较大规模的生产经营活动,表现出劳动分工的复杂性和生产经营过程的整体性;作为经济实体,它实行独立经济核算、自负盈亏,在国家统一领导和调节下,独立地组织自己的人力、物力和财力自主地进行产、供、销等方面的生产经营活动,并在经济活动中坚持有偿性原则,实现其经济利益。在社会经济关系中,除经济组织进行经济活动外,非经济组织也会进行一定的经济活动,但并不因此成为经济组织,经济组织具有如下基本特征:第一,它以自己的名义,以营利为目的,直接进行符合国家经济运行要求的经济活动,这是经济组织的基本宗旨。第二,经济组织的内部经济关系具有统一性。这主要表现为同一经济组织的内部组织机构具有统一性,生产经营管理和活动具有统一性,技术开发和利用具有统一性。经济组织是统一的生产经营综合体,各内部分支机构为实现本组织目标而协调地实施自己的职能。第三,经济组织实行科研与生产经营相结合的原则,在本组织内实现科学技术向生产力的转化,使发明创造或技术革新应用于生产经营。这是现代经济组织的显著特征。第四,独立承担自己经济活动的后果。任何经济组织都要对自己的生产经营活动,承担经济上、法律上的责任。

（唐倩）

经济组织的经济行为（economic behavior of economic organizations） 从事生产、经营,创造社会财富、扩大社会积累的社会经济实体直接从事市场经济活动的行为。按照行为性质的不同,经济组织的经济行为,可以分为组织性经济行为和经营性经济行为。

组织性经济行为指具体经济组织的设立、变更、终止等涉及自身组织机构的活动。经济组织的设立、变更、终止、解散等行为,必须严格按照国家设置的强制性规范进行,这也是国家对经济组织管理和监督的基本环节。经济组织的设立行为,是指具备一定资金和其他必要的物质条件的社会组织,经国家主管部门批准,依法登记,取得市场主体资格的行为;经济组织的变更行为,主要是指依法成立的经济组织在性质和组织机构上的变更行为,如企业向公司的转制,经济组织的合并、分立等;经济组织的终止行为,是指导致经济组织丧失市场主体资格的行为,主要有因经济组织设立的任务完成、期限届满等而依法被主管部门撤销的行为,因设立人协商一致的解散行为,因资不抵债、不能清偿到期债务的破产行为等。

经营性经济行为指具体经济组织进行的社会生产、分配、交换、消费等经济行为,是经济主体最基本和最主要的经济活动。经济实体作为依法从事商品生产、经营的社会经济组织,只有通过参与市场活动,才能形成与其他社会组织的联系,其活动才能成为社会活动,经济实体才有其存在的基本条件。经济实体的经济行为表现为一个不断循环往复、周而复始的过程,这个过程分为生产、分配、交换、消费等四个环节。生产行为是最基本的经济活动,是指在经济组织的负责、控制和管理下进行的一种物质生产过程。在这一过程中,劳动和资产用于将货物和服务的投入转换成另一些货物和服务的产出。作为产出的所有货物和服务应该是能够在市场上销售和安排,或至少能够有偿或无偿地由一个经济组织向另一个经济组织提供。经济组织间的分配过程,表现为对生产行为中的产品进行分配,这种分配往往以实现的货币来进行。参加分配的经济组织可以对社会产品占有,用参加分配得到的货币在市场上购买到其所需要的产品。经济组织的交换行为,表现为现实的市场行为,通过买卖行为,购得生产要素,实现价值补偿和最终实现劳动者为经济组织创造的价值。经济组织的消费行为是集体消费行为。集体消费包括生产消费、为扩大再生产而追加生产资料所引起的消费、经济组织福利消费以及为改善生产条件、工作条件、保护环境等所作的消费。（任学青）

经济组织关系（economic organizational relationship） 经济主体的组织性经济关系。具体包括经济主体的设存关系、内部组织关系、资本关系、生产经营关系。

设存关系是指按照一定的条件和程序完成经济主体创设行为发生的经济关系,以及设立后因组织变更、终止所发生的经济关系。在设存关系中涉及的主要关系是政府部门对组织设立或变更、终止的监督管理关系。设存关系中所主要解决的是组织资格认定问题,资格认定一般以核准登记领取营业执照或变更营业执照为标志。设存关系包括组织设立关系、组织变更关系、组织终止关系。组织变更关系又包括组织的合并、分立关系,组织形态的转换,登记事项的改变等关系。

内部组织关系包括三个方面:一是内部机构系统。完善的内部机构系统指企业机构适应其组织形式,能及时、有效地作出决策和实施决策的机构有机体。不同经济组织的机构系统不同,个人独资企业的机构最简单,公司企业的组织系统包括企业权力机关、意思机关、执行机关、监督机关等。二是各机关职权界限。单一的内部机构集经济组织的各种权力于一身,机构统一行使各项权力。多元机构中,存在内部组织的权力划分和相互协调关系。同类经济组织的内部机构职权分配不一定相同,存在不同国家同类组织机构职权的不同和一国内同类组织机构职权的一般性和特殊性。例如,我国公司企业按照股东会、董事会、监事会的方式组建公司内部机构。我国的外商投资企业只设立董事会,由中外双方人员共同组成。其享有股东会的职权和普通公司董事会的职权。三是领导体制。企业领导体制包括企业负责人的产生方式、管理方式、责任形式等。

资本关系包括出资关系、缴资、折股与验资关系、注册资本关系、资本变动关系。资本关系是经济组织关系的核心。出资关系包括出资形式、出资期限、出资额度与比例。缴资是针对实缴资本和储备资本（或待缴资本）划分的,缴资只有以组织设立后负担的资本义务。折股是国有企业转制为公司或有限公司转型为股份有限公司过程中的资本问题。折股是一种特殊的缴资方法。注册资本关系反映公司的规模,直接关系到公司能否设立和债权人的债权风险。大陆法系国家的注册资本都有明确的规定,并将其确定为公司设立的必备条件。英美法系国家对注册资本要求不严,甚至没有规定。资本变动关系包括资本增减、资本转让和转投资。

生产经营管理关系包括财务会计管理关系和生产经营管理关系,生产经营管理关系又包括生产管理关系、经营管理关系、人事工资管理关系、设备管理关系。

有将经济组织关系分为经济组织的内部关系和经济组织的外部关系,并将经济组织的外部关系分为和政府的关系、和消费者的关系、和竞争者的关系、和社会的关系。这种划分注重经济组织内外关系的不同。事实上,经济组织和政府的关系主要发生在经济组织设立、变更、终止、组织形态转换等方面。而经济组织和消费者的关系、和竞争者的关系、和社会的关系属于经济活动关系。

经济组织关系不同于经济主体活动产生的外部经济关系。经济组织的外部关系是基于经济组织成立后从事的特定活动形成的关系,属于经济活动关系。

(刘继峰)

jingji zuzhi leixing

经济组织类型(types of economic organizations) 对于经济组织按不同的标准,所划分的不同类型。每一种类型的划分,都具有特别的意义。按所有制形式不同,经济组织可分为全民所有制经济组织、集体所有制经济组织和其他所有制经济组织。按产业部门划分,经济组织可以被划分为第一产业部门、第二产业部门和第三产业部门。按此标准划分经济组织,可以正确处理社会再生产过程中的各种比例关系,使各产业部门和经济组织协调发展,从而实现国民经济良性运行。按活动范围划分,经济组织可分为跨国性经济组织、全国性经济组织和地区性经济组织。这一划分标准,对于正确把握国民经济部门的分布及经济区域的专业化与经济综合发展的关系,确定经济区域内经济组织之间合理的经济联系,解决国民经济结构关系的法律调整机制具有指导性意义。按生产经营规模划分,经济组织可分为大型、中型、小型三类。这是以经济组织的资金、就业人数、产值效益等为标准进行的分类。按生产经营规模分类,便于衡量经济组织的经济实力和经济状况,而研究经济结构的现状、变化及其趋势,则有助于通过立法解决大型经济组织与中小经济组织的矛盾,在发展大型经济组织的同时,保护中小经济组织,以适应国民经济平衡发展的需要。按资本形态划分,经济组织可分为公司组织、合伙组织、合资组织等形式。

(唐倩)

jingying guanliquan

经营管理权(operation and management power) 国家经济机关、国有企业和其他公有主体在法律规定或授权范围内对国有财产进行管理和自主经营的权力和权利之和。经营管理权的概念最初出现于20世纪20年代初苏俄实行新经济政策时,法学界对于国有企业的地位及其财产权性质的讨论。在讨论中,居于主流地位并为官方所认可的就是著名的经营管理权观点,即国家是国有企业财产的唯一所有权人,国有企业对国家授予其经营管理的财产享有经营管理权。因为国家通常不能直接管理自己的财产,为了使国有财产得到最大限度的利用,国家创设出其他权利来实现其所有权,使得国有财产的所有权和经营管理权发生分离。在当时的计划经济条件下,国有企业作为行政管理的一级组织,它所获得的经营管理权实际上是一种兼具有行政管理权力和财产经营权利的综合权限,而且其经营权利主要是对国有财产的占有权和使用权,只有极有限的处分权,不是完整意义上的独立的经营权。我国1982年以前经济法理论和立法中所采用的"经营管理权"的含义大致如此。随着经济体制改革的进行,扩大国有企业的经营自主权,使企业真正成为独立的商品生产经营者的需要日益迫切,经济学界和法学界提出了所有权和经营权分离的两权分离学说,即国家拥有财产所有权,国有企业就国家投资形成的企业财产拥有经营权。这一理论被写入了中国共产党十二届三中全会的《中共中央关于经济体制改革的决定》中。

(刘砚海)

jingyingquan

经营权(managerial authority) 从事生产经营活动的人对财产所有人授予经营的财产,依法在授权范围内享有占有、使用、收益和处分的权利。经济法意义上的经营权主要包括企业经营权和承包经营权,企业经营权则主要是指国有企业经营权和集体企业经营权。经营权是从所有权派生出来的一种相对独立的财产权形式。在商品经济不发达的自然经济条件下,财产所有者往往自己直接支配和经营其财产,所有权和经营权不分,生产资料的所有者就是生产资料的经营者。但在商品经济条件下,尤其是在社会化大生产条件下,所有者为了充分地利用自己的财产,更好地实现自己的经济利益,将自己的财产授予他人经营,使财产的所有权和经营权发生分离,这样,就从所有权中派生出了经营权。经营权是一种用益物权,具有物权的独立性和排他性,其他任何组织和个人不得随意干预和侵犯。作为法律意义上的经营权主要包括企业经营权、承包经营权等。经济法意义上的企业经营权主要是指国有企业经营权和集体企业经营权,即国有企业或集体企业对国家授予的财产或者集体组织的财产依法行使占有、使用、收益和处分的权利(见企业经营权)。承包经营权是公民、经济组织或者经济组织的内部成员或单位按照其与国家、集体或者经济组织的承包经营合同依法对国家或集体所有的财产享有占有、使用和收益的权利。承包经营权是承包经营责任制在法律上的反映(见承包经营权)。经济法意义上的经营权既是经营者对国家或集体所有财产依法享有的占有、使用、收益和处分的权利,同时又是对国家和集体应尽的义务,经营者必须依法正确行使。 (刘砚海)

jingyingquan yu suoyouquan fenli
经营权与所有权分离(separation of the managing right from the proprietary right) 在所有权的行使过程中,所有权与生产经营权能的适当分离。经济法意义上的经营权与所有权分离是指国家所有权和集体所有权与经营权的适当分离。在商品经济不发达的自然经济条件下,财产所有者往往自己直接支配和经营其财产,所有权和经营权不分,生产资料的所有者就是生产资料的经营者。但在商品经济条件下,尤其是社会化大生产条件下,所有者为了充分地利用自己的财产,更好地实现自己的经济利益,将自己的财产授予他人经营,从所有权中派生出了经营权,使财产的所有权和经营权发生分离。经营权即从事生产经营活动的人对财产所有人授予经营的财产,依法在授权范围内享有占有、使用、收益和处分的权利。而公有财产所有权的行使,即国家所有权和集体所有权的行使涉及国家和集体的公共利益,已经超出了私人自治的领域,为了保护公共利益,对国家所有权和集体所有权与经营权的适当分离,以及国家、集体组织与经营者之间的责权利关系,确有法律干预的必要性。因此,经济法意义上的经营权与所有权分离是指国家所有权和集体所有权与经营权的适当分离。

国家所有权和集体所有权与经营权的适当分离表现为:其一,国有企业和集体企业经营权的确立。在国有企业改革过程中,坚持所有权和经营权分离的原则,国家不再直接干预或参与国有企业的微观经营,国有企业就国家投资形成的企业财产享有经营权。国家享有国有财产的最终处分权。集体企业依法也享有经营权,对集体经济组织所有的财产依法占有、使用、收益和处分。其二,承包经营权的确立。承包经营权是对国家或集体所有财产的占有、使用和收益的权利。农村集体组织将集体所有的土地、森林、山岭、草原、荒地、滩涂和大型生产资料等授权给农户承包经营,农户按照承包合同依法享有承包经营权。农户的承包经营权包括:自主安排生产经营活动的权利、自主支配自有资金的权利、购置生产资料的权利、在完成国家定购合同任务后自主销售农产品的权利、签订经济合同的权利、请求国家机关保护其承包经营权的权利等。农村集体组织享有承包的生产资料的所有权、生产资料的发包权、为农户经营提供统一管理和服务的权利、税费提留支配权、承包合同监督管理权等。从所有权中分离出来的经营权是一种他物权,具有物权的独立性和排他性,其他任何组织和个人不得随意干预和侵犯。 (任学青)

jingyingxing zulin
经营性租赁(operating leasing) 又称服务租赁或操作性租赁。一种以提供租赁物件的短期使用权为特点的租赁形式,承租人使用设备支付租金,出租人除为承租人提供租赁物外,还承担租赁设备的保养、维护、原料、燃料、配件以及培训技术人员多项服务。通常适用于一些需要专门技术进行维修保养、技术更新较快的设备。

在经营性租赁项下,租赁物件的保养、维修、管理等义务由出租人负责,每一次交易的租赁期限大大短于租赁物件的正常使用寿命。对出租人来说,他并不从一次出租中收回全部成本和利润,而是将租赁物件反复租赁给不同的承租人而获得收益。经营性租赁方式具有以下特点:第一,主要涉及两方当事人,出租方和承租方;第二,与所有权有关的风险和报酬实际上并不转移,租赁资产的所有权仍属于出租者所有;第三,出租人提供租赁物给不特定的承租人使用,出租人除为承租提供租赁物外,还需要进行设备的维修、保养、维护、原料、燃料、配件以及培训技术人员多项服务;第四,租期较短,一般不能延至租赁期限的耐用期限,出租人一般需要多次出租,才能收回对租赁资产的投资;第五,合同期满后,承租人将设备退还给出租人,或根据一方的要求,提前解除租赁合同。我们日常生活中所见的出租车、船等,也属于经营性租赁的范畴。我国通过涉外租赁利用外资,一般是由境外出租人出租设备等商品,我方支付租金。 (刘利晋)

jingying zerenzhi
经营责任制(management system of job responsibility) 在坚持企业全民所有制性质基础上,以合同形式确定国家与企业责权利关系的一种企业经营管理制度。《中华人民共和国全民所有制工业企业法》规定:企业根据政府主管部门的决定,可以采取承包、租赁等经营责任制形式。承包、租赁是目前全民所有制企业实行经营责任制的两种基本形式。大中型企业一般实行承包经营责任制,小型企业可以实行租赁经营责任制。全民所有制企业经营责任制具有如下基本特征:(1)经营责任制不改变企业的全民所有制性质。无论采取何种形式的经营责任制,企业的所有制性质不依经营者的变化而发生变化,从而保证了社会主义经济基础的稳定性。这一特征表明企业与政府主管部门的隶属关系、财政关系均不改变,在企业的经济活动中,企业财产责任也不发生变化。(2)经营责任制的内容是确定国家与企业的责权利关系。国家与实行经营责任制企业的权利义务关系具体表现为责、权、利关系。所谓"责"是政府主管部门与企业之间彼此应承担的责任；所谓"权"是政府主管部门与企业之间彼此依据履行责任所应当享有的相应的权力或权利；所谓"利"是政府主管部门与企业之间彼此行使权力或权利，履行责任后应取得的经济利益。责权利紧密相联，有机结合在一起。其中责任是第一位的。实行经济责任制的目的在于提高经济效益，围绕这一目的来确定政府主管部门与企业相互之间的责任，在此基础上进行权利或权力的配置。利益关系，是实行经济责任制的必然结果，也是必备的内在机制。在确定政府主管部门与企业责权利关系的同时明确经营者的责权利，从而可以使经济责任制更有效地实行。　　（方文霖）

jingyingzhe

经营者（management person）　在立法上，经营者在不同法律里的含义有所不同。全民所有制企业法上的经营者是代表承包方同发包方订立承包经营合同并全面负责企业的厂长（经理），是企业的法定代表人。消费者权益保护法上的经营者是指从事商品经营或者营利性服务的法人、其他经济组织和个人。经营者与消费者共同构成消费活动的主体。反不正当竞争法上的经营者概念关系到竞争法的适用范围问题。竞争法意义上的经营者，应作最广义的理解，包括所有从事经济活动的实体，不管其法律地位和筹资方式如何，只要具有法律上和经济上的独立性。

在许多国家和地区的实践中，经营者不仅包括从事工商活动的组织和个人，还包括中介组织、行业公会等。另外，国家机关有时也可作为经营者，成为竞争法适用的对象。　　（方文霖　刘利普　雷　驰）

jingyingzhe dingjia de yuanze

经营者定价的原则（pricing principle of operators）　经营者依照法律，在制定市场调节价或确定政府指导价的浮动时应当遵循的原则。《中华人民共和国价格法》第7条规定："经营者定价，应当遵循公平、合法和诚实信用的原则。"经营者定价应当遵循公平原则，是指交易双方当事人地位平等，经营者定价时应当公道、合理地对待消费者和其他经营者，使价格与商品或服务的实际价值相适应。经营者既不能利用自己的优势地位定价过高，也不能为谋取垄断地位而进行低价倾销。经营者定价应当遵循合法原则，是指经营者行使定价权应于法律规定的范围内进行，属于市场调节价的，经营者可以自主确定价格；属于政府指导价的，经营者应当在政府指导下定价；属于政府定价的，经营者不得自行定价。经营者定价，应当遵循法律的规定，以生产经营成本和市场供求状况确定价格。经营者定价应当遵循诚实信用原则，是指经营者在定价时应当抱有善意，反对虚伪，不得欺诈。经营者定价，应当如实反映据以定价的重要事实；应当善意地行使定价权，信守自己在定价行为中所作的承诺。　　（刘　鹏）

jingyingzhe jiage

经营者价格（sellers pricing）　由经营者依法根据市场情况自主制定的价格。在市场经济条件下，商品价格和服务价格除了法律规定应当适用政府定价或者政府指导价的以外，均实行市场调节价，即由经营者根据市场情况并依照价格法自主制定。经营者价格制度是我国价格体制改革以后的产物。经营者价格制度的核心是经营者定价制度。

经营者定价制度需要遵循的原则是：公平、合法和诚实信用。定价的基本依据是市场供求变化和生产经营成本。为了保证价格的合理，经营者应当努力改进生产经营管理，降低生产经营成本，为消费者提供价格合理的商品和服务，并在市场竞争中获取合法利润。经营者应当根据其经营条件建立、健全内部价格管理制度，准确记录与核定商品和服务的生产经营成本，不得弄虚作假。经营者定价制度还包括经营者在价格制定中的权利和义务以及定价活动的准则。

在定价活动中，经营者享有的权利有：自主制定属于市场调节的价格；在政府指导价规定的幅度内制定价格；制定属于政府指导价和政府定价产品范围内的新产品的试销价格，特定产品除外；检举和控告侵犯其依法自主定价权的行为。在定价活动中，经营者承担的义务有：遵守法律法规，执行依法制定的政府指导价、政府定价和法定的价格干预措施、紧急措施；经营者销售、收购商品和提供服务，应当按照政府价格主管部门的规定明码标价，注明商品的品名、产地、规格、等级、计价单位、价格或者服务的项目、收费标准等有关情况，经营者不得在标价之外加价出售商品，不得收取任何没有标明的费用。

经营者在定价活动中，不得进行下列不正当价格行为：不得相互串通，操纵市场价格，损害其他经营者或者消费者的合法权益；不得在依法降价处理鲜活商品、季节性商品、积压商品等商品以外，为了排挤竞争对手或者独占市场，以低于成本的价格倾销，以扰乱正常的生产经营秩序，损害国家利益或者其他经营者的合法权益；不得捏造、散布涨价信息，哄抬价格，推动商品价格过高上涨；不得利用虚假的或者使人误解的价格手段，诱骗消费者或者其他经营者与其进行交易；不得在提供相同商品或者服务时，对具有同等交易条件的其他经营者实行价格歧视；不得采取抬高等级或者压低等级等手段收购、销售商品或者提供服务，变相提高或者压低价格;不得违反法律、法规的规定牟取暴利;不得实施法律、法规规定的其他不正当价格行为。

经营者在销售进口商品、收购出口商品时,应当自觉遵守定价规则,维护国内市场秩序。行业组织应当遵守价格法律、法规的规定,加强价格自律,自觉接受政府价格主管部门的工作指导。 (郑冬渝)

jingyingzhe yiwu

经营者义务(operator' obligation) 法律规定或者消费者与生产经营者约定的,在消费过程中生产经营者必须对消费者作出一定行为或者不作出一定行为的拘束。经营者的义务主要有两类:一类是基于法律直接规定而产生的法定义务,另一类是基于合同而产生的约定义务。这两种义务虽然性质不同,但彼此相互联系。约定义务不得与强制性法定义务相抵触。法定义务是法律对经营者的基本要求,消费者与经营者可以通过合同而约定经营者承担比法律规定更严格的义务。约定义务可以改变补充性法定义务。补充性法定义务,是指法律规定的作为当事人意思补充的义务,在当事人就此未作约定时,法律规定的义务对当事人适用。《中华人民共和国消费者权益保护法》规定的经营者义务是法定义务,具有以下本质特征:(1)法定性。这一义务的产生来源于法律的直接规定,义务的内容由法律直接确定。(2)强制性和补充性。经营者不得以标准合同或其他契约声明排除这一义务;经营者必须严格履行这些义务,不得违反。(3)基础性。法定义务是法律对经营者的基本要求。(4)直接约束性。法定经营者义务不通过合同而对经营者产生约束,当一定的法律事实出现时,经营者当然取得这种义务。

《消费者权益保护法》第三章专章规定了生产经营者的应尽义务,这些包括:听取消费者意见,接受消费者监督的义务;商品或服务的安全要求及警示说明义务;提供真实信息、不作虚假宣传的义务;生产经营者标明自己的名称和标志等身份的义务;生产经营者出具购货凭证或者服务单据的义务;生产经营者的品质担保义务;生产经营者的包修、包换、包退等善后服务义务。 (汪公文)

jingzheng

竞争(competition) 经济主体的市场地位、交易机会和利益的对抗。竞争存在于社会许多领域,经济领域的竞争具有以下特征:第一,存在一个竞争场所,或者市场,即任何形式的供求相遇的地方;第二,市场上存在两个或两个以上的买方或卖方;第三,竞争者之间存在着为了争夺交易机会的对抗,因为存在竞争的场合一定是资源有限、无法满足所有竞争主体的需要。由市场中主体的独立地位和利益对抗可知,竞争是与市场经济紧密相连的行为。竞争存在于经济链条的各个环节,当有限的资源掌握在上游时,表现为需求方之间的竞争;当有限的资源位于下游时,表现为供给方之间的竞争。从总体上说,只要对多个主体有用、使其经济活动的目的得以实现的资源掌握于第三方,并且该资源无法满足所有主体的需要时,这多个主体之间就存在着竞争。由于市场上需求方的竞争一般不像供给方的竞争对社会表现的重要,所以人们的注意力多集中在供给方之间的竞争,尤其是面向消费者的供给方之间的竞争。

竞争就其本质来说是一个动态的过程,应当被看作是一系列事件的连续,在现实生活中,任何时候一般都只有一个生产者能以最低的成本制造某一特定产品,而且事实上能以低于仅次于他的成功竞争者的成本售出,但当他在试图扩大其市场时常常被他人赶上,而后来者又会被他人赶上而无法占领整个市场。在这一过程中,竞争可以产生两个效果:一是商品和服务的最低价格;二是消费者对商品和服务的类型及质量有自由选择的余地,从而使得竞争被认为是最理想的资源分配手段。而且,分散决策减少了昂贵的错误风险,因为部分企业的错误决策可以在整个市场得到抵消和化解,而同样的错误在中央集中管理的计划经济或者当政府制订产业计划时是要付出很高代价的,对于每一个企业来说也是无力作出调整的。另外,竞争还有利于促进所谓动态效率,即促进创新与技术进步。公平竞争是竞争法保护的核心。 (雷 驰)

jingzhengfa

竞争法(competition law) 规范市场竞争秩序的法律制度。有广义和狭义之分。广义的竞争法是指反不正当竞争法和反垄断法,狭义竞争法仅指反垄断法。反不正当竞争法和反垄断法两者有许多共同之处。在经济政策方面,它们都是推动和保护竞争,禁止企业以不公平和不合理的手段谋取利益,损害竞争者和消费者的合法权益,从而是维护市场经济秩序和推动国家经济技术发展的必要手段。在法律政策方面,它们都是国家行政执法机关或司法机构发布禁令、许可、提出损害赔偿或者行政罚款的法律依据。其不同之处主要是,反不正当竞争法主要反对经营者出于竞争之目的,通过不正当的手段,攫取他人的竞争优势。因此,它首先保护受不正当竞争行为损害的善意经营者的利益,维护公平竞争的市场秩序。反垄断法则是从维护市场的自由竞争出发,要求市场保持足够的竞争者,目的是将经营者置于市场竞争的压力之下,保护消费者有选择商品的权利。根据反垄断法的理论,仅当市场上出现了垄断或者垄断趋势的时候,政府方可干预市场,干预的目的是降低市场集中度,维护竞争性的市场结构。此外,在维护市场公平竞争方面,反垄断法也起着一定的作用,特别是在监督和管制大企业的不公正交易行为方面,起着极为重要的作用。

关于反不正当竞争法和反垄断法的立法体例,有些国家采取分别立法的方式,如德国、瑞士、日本、韩国等;有些国家采取合并立法的方式,如波兰、匈牙利等。我国台湾地区1991年颁布的《公平交易法》也是将反不正当竞争与反垄断合并立法,反不正当竞争法被称为公平竞争法,反垄断法被称为自由竞争法。我国于1993年颁布了《中华人民共和国反不正当竞争法》,现在正在制定反垄断法。 （王晓晔）

jingzhengfa de lifa moshi
竞争法的立法模式（the legislative form of competition law） 竞争法的立法模式,简单地说,就是反垄断法与反不正当竞争法是合并在一部法律中进行立法,还是就二者分别单独立法。这主要是从反垄断法与反不正当竞争法的相互关系来看的。

反垄断法主要是从维护自由竞争的市场结构出发,确保市场上有足够的竞争者,它解决的主要是市场上有无自由竞争的问题。而反不正当竞争法则主要解决在市场存在竞争的条件下经营者之间的竞争行为是否公平的问题,它反对经营者通过不正当的手段获取竞争优势,要求维护商业道德和竞争的公平性。不过,从根本目的上来看,两者都是为了维护自由公平的市场竞争秩序,因此反垄断法和反不正当竞争法都属于广义上的竞争法的范畴。但是,在立法模式上,两者是合并在一部法律之中,还是分别单独立法,各国或地区对此都有着不同的做法。从各国或地区立法实践来看,采取分别立法模式的国家主要有德国、瑞士、日本、韩国等;采取合并立法模式的国家主要有澳大利亚、俄罗斯、波兰、匈牙利等。另外,我国台湾地区的《公平交易法》也是将反不正当竞争法与反垄断法合并立法。

应该说,分别立法和合并立法模式都有各自的优点。一般来说,分别立法对反垄断法和反不正当竞争法的界限划得比较清楚,前者规范市场竞争的自由,后者规范市场竞争的公平。而合并立法则突出了反垄断法和反不正当竞争法在维护市场竞争中的共性,适应了市场经济对竞争立法的整体需要,而且合并立法还便于确立一个行政机关同时行使对垄断和不正当竞争行为的监督检查权,避免在职权分工方面产生冲突。

是采取分别立法还是合并立法的模式,往往是由各国在综合考虑本国国情、立法传统、对竞争问题的干预政策等因素的基础上来决定的。从我国目前的实际情况来看,我国竞争法的内容主要体现在1993年颁布的《中华人民共和国反不正当竞争法》以及《中华人民共和国价格法》、《中华人民共和国招标投标法》等单行法中,其中《反不正当竞争法》又是禁止不正当竞争行为和部分垄断行为的混合性法律。根据已有的立法现实和我国立法机关正在准备制订反垄断法的立法计划来看,我国竞争法将会采取反垄断法和反不正当竞争法分别立法的立法模式,按照这种立法模式,《反不正当竞争法》以及其他单行法中的反垄断条款都将统一纳入反垄断法中。 （李 梅）

jingzhengfa de zongzhi
竞争法的宗旨（tenet of competition law） 竞争法的根本目的。竞争法的宗旨不同于竞争法的立法目标,因为通常认为竞争法所追求的目标是多元的,包括维护市场竞争机制、保护消费者利益、中小企业保护与促进等。这诸多目标在竞争法中的地位如何,当具体到某一特定案件特别是当不同目标发生冲突时如何进行价值排序,以便为法官准确适用法律、经营者准确预测自己行为的法律后果提供确定性的标准,这个标准即为竞争法的宗旨。竞争法的宗旨应当贯穿于竞争法的全部。

简言之,竞争法的立法宗旨就是维护竞争机制的优先地位,同时兼顾其他价值和利益。具体说来,自由竞争是竞争法所追求的首要目标;其他目标的实现可以作为判断某一行为是否有利于竞争的参考因素;对于那些由于特殊条件优化配置资源只能在限制竞争的条件下才能实现的经济领域,可以实行反垄断法的豁免,但是不能得到滥用监督的豁免,而且随着技术进步,将在这些传统认为的自然垄断领域尽可能地引入竞争机制,减少反垄断法适用除外的领域。 （雷 驰）

jingzhengxing tanpan caigou
竞争性谈判采购（competitive negotiating purchase） 采购人直接邀请供应商,就拟采购的标的进行谈判的采购方式。我国财政部发布的《政府采购管理暂行办法》规定,受邀请的供应商,不得少于3家。《中华人民共和国政府采购法》就竞争性谈判采购的适用范围作出了明确的规定,即符合下列情形之一的货物或服务,可以采用竞争性谈判的方式采购:招标后没有供应商投标或者没有合格标的或者重新招标未能成立的;技术复杂或者性质特殊,不能确定详细规格或者具体要求的;采用招标所需时间不能满足用户紧急需要的;不能事先计算出价格总额的。此外,《政府采购管理暂行办法》第22条也表述了相似的条件,但规定须经"财政部门批准",才能采用竞争性谈判采购方式。

采用竞争性谈判方式采购的,应当遵循下列程序:

(1)成立谈判小组。谈判小组由采购人的代表和有关专家共3人以上的单数组成,其中专家的人数不得少于成员总数的2/3。(2)制定谈判文件。谈判文件应当明确谈判程序、谈判内容、合同草案的条款以及评定成交的标准等事项。(3)确定邀请参加谈判的供应商名单。谈判小组从符合相应资格条件的供应商名单中确定不少于3家的供应商参加谈判,并向其提供谈判文件。(4)谈判。谈判小组所有成员集中与单一供应商分别进行谈判。在谈判中,谈判的任何一方不得透露与谈判有关的其他供应商的技术资料、价格和其他信息。谈判文件有实质性变动时,谈判小组应当以书面形式通知所有参加谈判的供应商。(5)确定成交供应商。谈判结束后,谈判小组应当要求所有参加谈判的供应商在规定时间内进行最后报价,采购人从谈判小组提出的成交候选人中根据符合采购要求、质量和服务相等且报价最低的原则确定成交供应商,并将结果通知所有参加谈判的未成交的供应商。（杨云鹏）

jingzheng zhengce
竞争政策(competition policy) 市场经济国家的一种经济政策。市场经济国家依靠市场竞争机制来配置资源,推动国民经济的发展。具体地说,即发挥竞争的优胜劣汰功能,淘汰低效率的企业,促进资源的合理分配;运用竞争的激励功能,推动企业的技术革新,改善经营管理,努力降低成本和价格,实现以最少的投入获得最大的产出。总之,竞争作为调节市场的机制,是市场经济活力的源泉。但是,市场竞争本身也会走向其反面:一方面,企业为了获得一定的竞争优势或者为了逃避竞争的压力,往往不同程度上存在着限制竞争的自然倾向,如生产同类产品的企业结成卡特尔,相互限制生产数量、价格或者分割销售市场;另一方面,通过竞争实现经济进步和技术创新,不可避免地会产生具有优势地位的企业,获得垄断地位,限制竞争,从而可能给社会带来消极的影响。竞争政策所追求的目标就是保护和鼓励竞争,防止过度竞争和竞争不足;作为政府的经济政策,竞争政策的实质是回答政府应否干预、何时干预和如何干预市场竞争的问题。

一定的竞争政策是建立在一定的经济理论基础之上的。对当今竞争政策有重要影响的经济理论是受有效竞争理论影响的产业组织学派(即哈佛学派)和芝加哥学派。前者认为竞争政策的目标是实现有效竞争,有效竞争是一种将规模经济和竞争活力相协调的竞争格局,并运用"市场结构——市场行为——市场绩效"的标准评价市场的竞争状况,而其研究的重点是市场结构,如果一个市场的结构是竞争性的,企业的市场行为一般是合理的,政府无需监督和干预;仅当市场上出现了垄断或者垄断趋势时,政府方可干预,旨在降低市场的集中度,调整市场结构。该理论引入德国后发展出"最优竞争强度"理论,定义企业间通过不断的创新活动以新的市场优势取代旧的市场优势的速度为竞争强度,认为竞争政策的目标是实现一种优化的竞争强度,即应当大到足以激发企业不断改善经济效益,而又不是大到可以把较弱的竞争者猝不及防地排挤出市场,或者在竞争者间形成行为协调。政府为保持并创造这样一个市场结构,应当实行如下竞争政策:在竞争强度过大即市场上只有少数竞争者时,改变市场结构,如拆散大企业;在不可能改变时,加强对大企业的监督和管制;在竞争强度不足时,则应当采取推动企业联合的政策;在推动企业联合时,对企业合并进行控制,防止企业合并的规模过大,形成限制竞争的市场结构。芝加哥学派则主张要充分相信市场机制和竞争压力的作用,政府的竞争政策应当趋向于依赖市场竞争压力的自我调节,仅需对横向协调行为进行事先禁止,纵向行为一般不予禁止,事后酌情控制即可,这一理论主张很好地适应了20世纪70年代以后西方国家放松管制、限制政府干预的思潮。

当然,任何国家的竞争政策都不排除国家可以根据经济发展的需要,对个别行业或者部门给予反垄断法的豁免,或者对某个地区或者企业给予国家财政补贴等等,这些一般被称为产业政策。因为维护自由和公平的竞争是市场经济国家的基本经济秩序,产业政策的实施不得造成对市场竞争的严重损害和扭曲。

（雷　驰）

jingnei jumin geren gouhui guanli
境内居民个人购汇管理(control of purchase of foreign exchange by the domestic individuals) 对境内的居民个人因出国或者虽不出国但需要向国外支付一定的款项,而向银行购买外汇的行为进行的管理。

居民个人办理购汇时,应当持书面申请及有关法律文件规定的证明材料原件及复印件向银行或外汇局申请。国家外汇管理机关对于不同的事由规定了不同的限额,对于不同限额的购汇规定了需要提供的不同的证明材料。

居民个人申请购汇的事由主要包括:(1)有实际出境行为的:朝觐、探亲会亲、境外就医、其他出境学习、商务考察、被聘工作、出境定居、国际交流、境外培训、外派劳务;出国或者赴港澳旅游;自费留学(含保证金);其他有实际出境行为的情况,持因私护照及有效签证、其他相关有效凭证。居民个人因出境旅游、朝觐、探亲会亲、境外就医、商务考察、被聘工作、出境定居、国际交流、境外培训、其他出境学习、外派劳务等事由需购汇时,凡其签证上标注的出境时间在半年以内的,每人每次可向银行购汇等值3000美元;出境时间在半年以上(含半年)的,每人每次可向银行购汇等值5000美元。(2)没有实际出境行为的:缴纳境外国际组织会费的;境外邮购的;境外直系亲属救助的;其他没有实际出境行为的情况,持相关有效凭证。没有实际出境行为的购汇指导性限额:居民个人并未出境,但因缴纳境外国际组织会费、境外直系亲属救助、境外邮购等事由需购汇时,其购汇指导性限额统一调整为每人每次等值3000美元。 (傅智文)

境内居民个人购汇管理信息系统
jingnei jumin geren gouhui guanli xinxi xitong

(information system for the management of purchase of foreign exchanges by domestic individual) 2001年,国家外汇管理局设计开发了境内居民个人购汇管理信息系统。该系统通过一个公共数据中心平台,集中了全国数据。各商业银行总行与数据中心平台联网,商业银行营业网点通过内部网络与其总行连接。同时,国家外汇管理局也与数据中心平台联网,各级外汇局通过内部网络与国家外汇管理局连接。这样,银行按外汇局规定的标准售汇,每一笔售汇信息均进入系统。如有重复售汇,系统就会自动识别提示。外汇局对特殊售汇的核准信息也可以通过系统传送到银行,供银行调阅查询。外汇局、银行联网操作,信息共享并交叉核对,可以有效防止重复售汇,及时、自动汇总个人购汇信息并进行分类,从而加强对个人购汇情况的分析和监管。 (王连喜)

境外国有资产
jingwai guoyou zichan

(national assets out of territory) 政府部门和国有企事业单位以国有资产向境外投资和投资收益形成的经营性资产,以及在境外设立的非经营性机构及其依法取得和认定的各种形态的资产。主要包括:(1)国内投资单位投资于或拨给境外企业的全部资金和实物;(2)境外经营企业利用税后利润形成的资产和合资、合作企业税后利润应属我方部分所形成的境外国有资产;(3)境外经营企业通过租赁方式(如融资性租赁)所获得的资产和合资、合作企业通过租赁方式所获得的应归我方的境外国有资产;(4)境外经营企业通过接受捐赠、赞助等方式形成的资产和合资、合作企业通过接受捐赠、赞助等方式形成的资产中应归我方的部分资产;(5)我国派驻国外的机关和团体中的国有资产(包括使馆、领事馆、记者站、各种办事处、代表处等)。 (马跃进 裴建军)

境外国有资产产权登记管理
jingwai guoyou zichan chanquan dengji guanli

(registration management of property right of national assets out of territory) 国有资产管理部门依法代表国家对境外国有资产进行登记,取得对境外国有资产所有权的法律凭证,确认境外机构占有、使用境外国有资产的法律行为。实施产权登记的机构为各级国有资产管理机构。境外国有资产产权登记分为开办产权登记、变动产权登记、注销产权登记和年度检查产权登记。

开办产权登记是指各级人民政府、各部门和国有企、事业单位到境外办理机构注册和进行项目投资时所进行的产权登记,主要是对其初始投资的国有资产进行登记。变动产权登记是当境外机构的名称、法定代表人、股权、国有资产负责人、投资或派出单位等发生变化,以及国有资本金总额增减幅度超过20%时,需办理的国有资产产权登记。注销产权登记是指境外机构发生分立、兼并、迁移和撤销等事项时需办理的产权登记。年度检查产权登记是国有资产管理部门为了了解掌握境外机构年度国有资产经营管理情况,以便进行产权监督和考核国有资产保值增值情况按年度所进行的产权登记。 (马跃进 裴建军)

境外国有资产管理
jingwai guoyou zichan guanli

(adminstration of national assets out of territory) 政府有关部门以国家名义对境外国有资产行使国家所有权职能的行为。主要包括投资项目管理、产权登记管理、外经贸业务管理、外汇收支管理、利润分配管理、资产转让管理、资产担保管理等。 (马跃进 裴建军)

境外就业中介管理
jingwai jiuye zhongjie guanli

(administration of intermediary activities for overseas employment) 对那些为中国公民境外就业或者为境外雇主在中国境内招聘中国公民到境外就业提供相关服务的中介机构进行的管理。劳动和社会保障部、公安部、国家工商行政管理总局依据《中华人民共和国劳动法》和国务院有关规定,联合制定的《境外就业中介管理规定》于2002年7月1日起施行。原劳动部1992年11月14日公布的《境外就业服务机构管理规定》同时废止。《境外就业中介管理规定》是我国现在综合管理境外就业中介的主要规范。

劳动保障部门负责境外就业活动的管理和监督检查。公安机关负责境外就业中介活动出入境秩序的管理。工商行政管理部门负责境外就业中介机构登记注册和境外就业中介活动市场经济秩序的监督管理。

我国对境外就业中介实行行政许可制度。未经批准及登记注册,任何单位和个人不得从事境外就业中介活动。境外机构、个人及外国驻华机构不得在中国境内从事境外就业中介活动。境外就业中介资格申请表、境外就业中介许可证由劳动和社会保障部统一制定。从事境外就业中介活动应当具备以下条件：(1)符合企业法人设立的条件；(2)具有法律、外语、财会专业资格的专职工作人员，有健全的工作制度和工作人员守则；(3)备用金不低于50万元；(4)法律、行政法规规定的其他条件。

境外就业中介机构的业务范围如下：(1)为中国公民提供境外就业信息、咨询；(2)接受境外雇主的委托，为其推荐所需招聘人员；(3)为境外就业人员进行出境前培训，并协助其办理有关职业资格证书公证等手续；(4)协助境外就业人员办理出境所需要护照、签证、公证材料、体检、防疫注射等手续和证件；(5)为境外就业人员代办社会保险；(6)协助境外就业人员通过调解、仲裁、诉讼等程序维护其合法权益。(傅智文)

jingwai qiye jigou qingchan hezi gongzuo zhidu
境外企业、机构清产核资工作制度(working institution on general checkup on assets of enterprise abroad or its frameworks) 通过对境外企业、机构的清产核资，全面掌握各部门、各地区和各级国有企业、单位投资于我国境外的经营性及非经营性国有资产，为加强境外企业、机构的国有资产经营管理和增强境外企业在国际市场上的竞争能力创造条件的一系列制度。

境外企业清产核资工作的内容为：清查资产、清理损益、核实权益、登记产权、建账建制。境外行政事业机构主要进行财产清查登记。境外清产核资工作的范围是：各地区、各部门和各级国有企业、单位投资举办的境外企业和开设的各类境外机构（以下简称"境外企业、机构"）。中外合资、合作经营的境外企业，由拥有实际控制权的一方负责组织实施，并及时向其他参股方通报工作情况；当双方投资比例各占50%时，由双方投资者协议约定委托一方负责组织实施，并将工作情况及时通报另一方。对于中外合资、合作经营的境外企业，原则上由中方投资者作为长期投资项目清理原始投入及其权益。

清查资产 清查资产的内容包括：对流动资产、长期投资、固定资产、其他资产及负债进行清理、登记、核对和查实。境外企业的下列账外资产不作盘盈处理，但要列表单独反映：已提完折旧的固定资产；接受捐赠的不宜入账的有形资产；已在本企业成本摊销或上级主管企业费用中列支过的资产。清查流动资产应按资产形态和占用方式分别进行。查出账实不符的各项资产，均应查明原因，明确责任。

清查长期投资应按实际投资项目和接受投资企业逐一清查，不得遗漏和隐瞒。固定资产清查是指对所有权属于本企业、机构的固定资产，进行全面清点，以物对账，对账对物。融资租赁和经营性租赁租入的固定资产，应清查账、卡、物，通过清查达到三者一致。土地清查，包括租入和购买的土地，应清查产权、面积、投入、开发状况及取得时间或承租期。无形资产清查的范围包括专利权、非专利技术、商标权、著作权、商誉等，应逐一清查，认真核查是否按规定摊销、已摊销价值及未摊销的价值。递延资产及其他资产清查的范围包括开办费、以经营租赁方式租入的固定资产改良支出、涉及诉讼中的财产等。对各类递延资产及其他资产应逐一清理，认真核查是否按规定摊销、已摊销价值及摊销余额。债务清查是指对全部负债，包括流动负债和长期负债，进行清理、核对和查实。清查债务，应与债权方逐一核对账目，达到双方账面余额一致。

清理损益 清理损益的工作内容主要包括：对清查出的各项资产盘盈、溢值和资产盘亏、报废、毁损等损失，及清查出的应收款损失、投资损失、期货损失、账外收益和亏损挂账等进行核对、查实，依有关规定处理。清查出的境外企业各项资产损益，经上级主管部门审核后，报同级政府清产核资机构会同主管财政机关批准，原则上计入本企业当年损益处理；资产损失数额较大，计入当年损益处理确有困难的，可以分年计入损益，或者冲减以前年度形成的留存收益。境外企业清查出的损失经审批后，列损益处理发生的亏损挂账，可由本企业按驻在国或地区会计制度规定的年限，用以后年度利润弥补。对未批准列损的部分，应暂作为"待处理财产损益"处理。

核实权益 核实权益的工作内容主要包括：确认境外企业各项资产的权益归属，重新核实境外企业实际占用的国有资产价值量。

除国有境内投资者在境外各项投资形成的资本及其他权益外，境外企业下列资产也应属于法人资产：(1)国有境外企业合法取得的捐赠、赞助等形成的资产；(2)国有境内企业、单位或国有境外企业、机构出资，但以个人名义持有产权的资产；(3)国有境外企业、机构的有关款项，但以个人名义开立账户存入银行或非银行金融机构的存款；(4)国有境外企业的账外资产；(5)境内主管机构规定的应属于企业法人的有关资产；(6)国有境外企业在境外的各项投资，其按投资份额应享有的净资产；(7)依法应归企业法人的其他资产。

登记产权 境外企业、机构占用的国有资产经本级政府清产核资机构审查核准后，应在规定的时间内向国内同级国有资产管理部门申办产权登记。同时，还应按财政部的规定，向主管财政机关办理有关手续。境外清产核资中的产权登记工作由各级清产核资机构会同国有资产管理部门具体组织实施。境外企业、机构的产权登记应以清产核资核准的数据为准,作为今后考核国有资产保值增值的基数。凡清产核资前应办未办国有产权登记,这次清产核资后按规定及时申办国有产权登记的,可不作违纪处理。

建账建制 境外企业、机构应通过清产核资建立健全各项账务,完善各项管理制度,加强基础管理工作。境外独立核算企业、机构,应专设会计机构或专职会计人员具体办理会计业务,进行会计核算。人员少的国有境外企业、机构,报经境内主管单位核准,可设兼职会计具体办理会计业务,进行会计核算。对账务和财务、资产管理制度不健全的境外独立核算企业、机构,境内有关主管部门应督促其完善相关制度。

(苏丽娅)

jingwai touzi

境外投资(abroad investment) 在中国境内登记注册的公司、企业或者其他经济组织(不包括外商投资企业)在境外设立各类企业或者购股、参股(通常统称为境外投资企业),从事生产、经营的活动。依照规定,申请到境外投资的企业,要具备以下条件:(1)经政府主管部门批准,并在国家工商行政管理部门登记注册的经济实体;(2)拥有一定数量的外汇资金,或者能够在国际金融市场上筹措到设立境外企业所需的资金;(3)具有境外设立企业的经济实力;(4)具有掌握一定技术水平和业务专长的管理人员和技术人员。

具备条件的境内企业,申请境外投资开设企业,必须具备下列条件:(1)通过境外投资开设企业,可以引进一般渠道难以得到的先进技术和设备;(2)能为国家提供长期稳定、质量符合要求、价格有竞争性、国内需要较长时期进口的原材料或产品;(3)能为国家增加外汇收入;(4)能扩大对外承包工程和劳务合作,或带动设备、材料等出口;(5)能为当地提供市场需要的产品,中方可以从中获得较好的经济利益。

在中国,目前还没有专门的境外投资法,调整我国境外投资的法律散见于不同的法律文件之中。经过多年的实践,有些法规已不适合当前境外投资的发展,目前,有关部门正在着手制定新的法规来加强对境外投资的管理。在国际法规范方面,主要包括我国与其他国家签署的双边条约和我国加入的多边条约。自1980年起,我国先后与外国签订了一系列双边投资保护协定、保险协定和避免双重税收协定。此外,我国政府与外国政府签订的涉及国际投资的一系列贸易协定、经济合作协定、技术转让协定等,也从不同的角度调整着我国的境外投资。1988年4月30日,我国经批准加入了《多边投资机构担保公约》,1992年7月1日,我国经批准加入了《解决国家与他国国民间投资争端公约》(《华盛顿公约》)。这些条约或规定为我国境外投资提供了更充分的法律保障。

(刘利晋)

jingwai touzi jijin de sheli

境外投资基金的设立(establishment of abroad investing funds) 境外中国产业投资基金的设立条件、程序、限制等方面的内容。《设立境外中国产业投资基金管理办法》中对于境外投资基金的设立作了详细的规定。

首先,关于对发起人的规定。中资机构作为境外投资基金的发起人,其中至少有一个发起人应当是具备下列条件的非银行金融机构:第一,提出申请前一年年末资本金总额不少于10亿元人民币;第二,资信良好,经营作风稳健,并在提出申请前3年内未受到金融监督管理机关或者司法机关的重大处罚;第三,具有熟悉国际金融业务、基金管理业务的专业人员。

境外投资基金发起人中的中资非金融机构,应当具备下列条件:第一,提出申请前一年年末资本金总额不少于5亿元人民币;第二,经营国家产业政策支持的项目;第三,资信良好,经营作风稳健,并在提出申请前3年内未受到有关主管机关或者司法机关的重大处罚。

其次,关于设立限制的规定。第一,拟设立的境外投资基金发行总额不得少于5000万美元。第二,拟设立的境外投资基金应当为封闭式基金,基金凭证不可赎回,其存续期不得少于10年。第三,中资机构应当选择具有良好的金融管理制度的国家或者地区作为拟设立境外投资基金的上市所在地。第四,中资机构应当选择中方持股25%以上的基金管理公司作为拟设立境外投资基金的管理人。第五,中资机构作为发起人认购基金份额不得超过基金拟发行总额的10%。

最后,关于设立程序的规定。申请设立境外投资基金,发起人应当向中国人民银行提交规定的文件、资料,由中国人民银行会同国务院有关部门审查批准。中国人民银行会同国务院有关部门对境外投资基金在中国境内的业务活动进行监督管理。

(刘利晋)

jingwai touzi waihui guanli

境外投资外汇管理(management of foreign exchanges used for investment in foreign countries) 对境外投资涉及的外汇业务依法进行规范管理的制度。国家外汇管理局于1989年3月6日颁布实施了《境外投资外汇管理办法》,并于1995年9月14日对其作出了补充规定。境外投资是指在中国境内登记注册的公司、企业或者其他经济组织(不包括外商投资企业)在境外设立各类企业或者购股、参股(以下统称境外投资企业),从事生产、经营的活动。境外投资外汇管理主要由投资前期管理、境外收益管理和报告制度等组成。

拟在境外投资的公司或者其他经济组织(简称境内投资者),在向国家主管部门办理境外投资审批事项前,应当向外汇管理部门提供境外投资所在国(地区)对国外投资的外汇管理情况和资料,提交投资外汇资金来源证,由外汇管理部门负责投资外汇风险审查和外汇资金来源审查。

经批准在境外投资的境内投资者,应当持下列材料向外汇管理部门办理登记和投资外汇资金汇出手续:(1)国家主管部门的批准文件;(2)外汇管理部门关于投资外汇风险审查和外汇资金来源审查的书面结论;(3)投资项目的合同或者其他可证明境内投资者应当汇出外汇资金数额的文件。办理登记和投资外汇资金汇出手续时,外汇管理部门应当对境内投资者的投资外汇资金来源进行复核。经有权外汇管理机关核准,境内投资者可以在所投资境外企业注册成立之前,按照实需原则向境外汇出项目前期资金。

境内投资者在办理登记时,应当按汇出外汇资金数额的 5% 缴存汇回利润保证金(以下简称保证金)存入外汇管理部门指定银行的专用计息账户。汇回利润累计达到汇出外汇资金数额时,退还保证金。缴存确有实际困难的,可作书面承诺保证。

境内投资者来源于境外投资的利润或者其他外汇收益,必须在当地会计年度终了后 6 个月内调回境内,按照国家规定办理结汇或者留存现汇。未经外汇管理部门批准,不得擅自挪作他用或者存放境外。境内投资者从境外投资企业分得的利润或者其他外汇收益,自该境外投资企业设立之日起 5 年内全额留成,5 年后依照国家有关规定计算留成。境外投资企业未按利润计划汇回利润或者其他外汇收益的,其境内投资者应当向外汇管理部门提交不能按时完成利润计划或者经营亏损的报告书。如无正当理由,外汇管理部门可从保证金中将相应比例的外汇数额结售给国家;未开立保证金账户的,从其境内投资者的留成外汇中扣除相应数额上缴国家,但累计扣除数额不超过汇出外汇资金数额的 20%。

境外投资企业可以根据经营需要,自行筹措资金,但未经国家外汇管理局批准,其境内投资者不得以任何方式为其提供担保。境外投资企业的年度会计报表,包括资产负债表、损益计算书,在当地会计年度终了后 6 个月内,由其境内投资者向外汇管理部门报送。境外投资企业变更资本,其境内投资者应当事先报经原审批部门批准并报送外汇管理部门备案。境内投资者转让境外投资企业股份,应当向外汇管理部门提交股份转让报告书,并在转让结束后 30 天内将所得外汇收益调回境内。境外投资企业依照所在国(地区)法律停业或者解散后,其境内投资者应当将其应得的外汇资产调回境内,不得擅自挪作他用或者存放境外。

(傅智文　王连喜)

jingwai touzi xiangmu hezhun guanli

境外投资项目核准管理(authorizing and administration of investment items abroad)　境外投资项目指投资主体通过投入货币、有价证券、实物、知识产权或技术、股权、债权等资产和权益或提供担保,获得境外所有权、经营管理权及其他相关权益的活动的核准管理。为规范对境外投资项目,根据《中华人民共和国行政许可法》和《国务院关于投资体制改革的决定》,国家发展和改革委员会于 2004 年 10 月 9 日通过了《境外投资项目核准暂行管理办法》,自 2004 年 10 月 9 日起施行。

该办法共有 6 章 24 条,包括:第一章总则;第二章核准机关及权限;第三章核准程序;第四章项目申请报告;第五章核准条件及效力;第六章附则。其主要内容为:(1)适用范围;(2)核准机关及其权限;(3)核准程序;(4)项目申请报告的内容;(5)项目申请所需附带的文件;(6)核准条件;(7)核准效力及其他相关规定。

(罗大帅)

jingwai zhengquan faxing he shangshi

境外证券发行和上市(securities issued and listed in foreign exchange)　境内企业直接或者间接到境外发行证券或者将其证券在境外上市交易。分为境内上市外资股和境外上市外资股。境内上市外资股,也称 B 股,指中国的股份有限责任公司在境外发行,由境外投资人以外币认购,并在中国境内证券交易所上市的股票。境外上市外资股指中国的股份有限公司在境外发行,由境外投资人以外币认购,并在境外证券交易所上市的股份。境外上市外资股采取记名股票形式,以人民币标明其面值。

(李　震)

jingwai zhongguo chanye touzi jijin

境外中国产业投资基金(China industrial investing funds abroad)　简称为境外投资基金。中国境内非银行金融机构、非金融机构以及中资控股的境外机构作为发起人,单独或者与境外机构共同发起设立,在中国境外注册、募集资金,主要投资于中国境内产业项目的投资基金。境外投资基金在中国境内的业务活动必须遵守中华人民共和国法律、行政法规的规定,不得损害中华人民共和国的社会公共利益。境外投资基金在中国境内的正当业务活动和合法权益受中华人民共和国法律保护。1995 年 8 月 11 日经国务院批准,9 月 6 日中国人民银行发布了《设立境外中国产业投资基金管理办法》对于境外中国产业投资基金的使用、募集和管理,作了详细的规定。

(刘利晋)

jingwai zhongzi qiye shanghui(xiehui) zhidu
境外中资企业商会(协会)制度(institutions on establishment of chamber of commerce for chinese invested enterprise abroad) 经商务部批准或在商务部备案的境外中资企业或机构发起并在当地依法注册成立的驻外中资企业自律性组织。随着我国"走出去"战略的逐步实施,我国企业对外投资、设立境外企业的数量逐年增加。在一些境外中资企业比较集中的地区陆续成立了境外中资企业商会、协会等驻外中资企业自律性组织。为了明确成立此类商会、协会等机构的原则,规范设立此类机构的程序,促进境外中资企业健康发展,维护我国境外中资企业的合法权益,原外经贸部制定了《关于成立境外中资企业商(协)会的暂行规定》,其主要内容为:(1)宗旨和适用范围以及对相关概念的界定。(2)境外中资企业商会(协会)的宗旨。(3)境外中资企业商会(协会)的设立。(4)境外中资企业商会(协会)的职责。(5)境外中资企业商会(协会)的组织机构。(6)境外中资企业商会(协会)的经费来源和用途。(7)工作汇报。境外中资企业商会(协会)定期召开全体会议,每次全体会议的纪要和年度工作总结抄报驻外使(领)馆经商参处(室)和外经贸部(合作司、地区司)。(8)境外中资企业联谊会及其他非社团法人的企业自律性机构,参照此规定执行。

(罗大帅)

jiulei guanggao
酒类广告(advertisement for wines) 含有酒类商品名称、商标、包装、制酒企业名称等内容的广告。由于过量饮酒会影响人的正常的学习和生活,甚至会威胁到生命健康,我国法律不提倡公民饮酒,对发布酒类广告的内容、时间和次数都作了限定。国家工商行政管理局1995年颁布的《酒类广告管理办法》对酒类广告的管理作出了明确规定。经卫生行政部门批准的有医疗作用的酒类商品,其广告依照《药品广告审查办法》和《药品广告审查标准》进行管理。大众传播媒介违反规定发布酒类广告的,由广告监督管理机关依法追究责任。

(赵芳芳)

jiuhuo
旧货(second hand goods) 已进入生产消费和生活消费领域,处于储备、使用和闲置状态,保持部分或者全部原有使用价值的物品。每个国家对旧货的理解各有不同。国外则除上述界定以外还有其他规定,比如,产品5年未销售出去即为旧货,旧货50年即为古董等。根据1998年我国国内贸易部、公安部发布的《旧货流通管理办法(试行)》的规定,下列物品不得作为旧货经营:(1)赃物、走私物品、来历不明物品及抵押中的物品,或者有赃物、走私嫌疑的物品;(2)严重损坏且无法修复的物品;(3)法律、行政法规明令禁止经营和特许经营的其他物品;(4)经营国家文物监管物品,必须经所在地文物行政管理部门审查批准。

(郑慧玫 张维珍)

jiuhuo hangye xiehui
旧货行业协会(trade association of second hand goods) 依法成立的具有法人资格的社会团体。旧货行业协会是国家一级协会,是旧货行业的自律性组织,协助各级人民政府商品流通主管部门开展行业管理。中国旧货业协会的工作主要包括:(1)协会要当好政府的参谋和助手,成为企业之间沟通的桥梁和纽带。要以服务企业、服务行业为宗旨,增强服务功能,提高服务水平,促进行业内外的交流与合作,抓好从业人员的培训,做好行业自律工作。(2)规范行业行为,制定相关的行业规章制度,协调同企业之间的矛盾与冲突,避免出现过度竞争和不正当竞争,保证行业正常的经济秩序,倡导企业诚信经商,热情服务,守法经营,在已公布行业公约的基础上逐步树立良好的社会形象。(3)承担政府部门授予的政策前期调研工作,提出本行业的发展规划和设想,为政府相关政策提供参考资料。(4)为行业提供各类经济信息,向会员提供咨询服务,为会员单位的经营出谋划策。(5)制定本行业的技术标准,促进行业有序规范发展。(6)通过培训班和研讨会,为会员单位培养懂经营、善管理的专门人才提高企业的经营管理水平和服务水平,增强企业竞争力。(7)密切企业之间的联系,促进行业内外的交流与合作,推广先进的经营管理经验,提高整个行业的经营管理水平,学习借鉴发达国家的经验,博采众长,为我所有,为我所用。

(张维珍 郑慧玫)

jiuhuo jiaoyi huodong xingwei guifan
旧货交易活动行为规范(behavioral norms of junk trade) 旧货交易活动应当遵循自愿、公平、诚实、信用的原则。根据1998年我国国内贸易部、公安部发布的《旧货流通管理办法(试行)》的规定,旧货经营者和旧货市场开展旧货经营、加工翻新等业务活动,应当遵守国家环境保护法律、行政法规的规定;旧货经营者开展定时定点收购、电话预约上门收购等流动性收购业务,其业务人员和旧货企业的委托收购人员应当经过培训取得上岗执业资格,并佩戴统一标识;旧货经营者应当对收购和受他人委托代销、寄卖的旧货进行查验。

对价值超过100元的旧货应当详细记录其基本特征、来源和去向；旧货经营者应当登记出售、寄卖及受他人委托出售、寄卖旧货的单位名称和个人的居民身份证；对委托处理旧货的单位和个人，还应当严格查验委托单位的授权委托书及委托人的居民身份证；旧货经营者接受委托代理销售或者代为保管旧货的，应当建立严格的物品交接、保管及偿付制度，明确有关责任，避免发生纠纷；旧货经营者应当对销售的旧日用品、旧家具进行必要的清洗、除尘和整理，保证所售物品清洁、卫生和安全。销售旧服装必须按卫生部门有关标准进行严格消毒；旧货经营者出售旧办公设备、旧大件家用电器（不含拆件商品），应当进行必要的检修，出具有关证明。开展经销、寄售、代理、租赁等服务业务的旧货企业以及兼营新货的旧货企业，应当分别核算营业额，分别申报纳税；旧货市场、旧货经营者发现可疑人员、可疑物品及公安机关要求协查的物品、走私物品，有义务及时向当地公安机关报告，不得隐瞒包庇；公安机关对赃物、走私物品或者有赃物、走私嫌疑的物品，应当及时予以扣留，并开具收据，经查明不是赃物、走私物品的，应当及时退还；确属赃物、走私物品的，依照国家有关规定处理；旧货交易实行归行纳市，经营者必须在旧货市场或者工商行政管理部门指定的交易场所销售旧货；旧货市场应当建立健全内部管理制度及经营者档案，其管理人员有权监督旧货经营者的经营行为，对其经营劣绩作如实记载，并按有关章程、细则对违反规定的经营者实行警告或者提请原批准部门取消其从业资格；旧货市场应当建立相应的结算系统，旧货成交后由市场委派的专职人员开具销售货款票。销售货款票应当包括旧货品名、数量、单价、货款总额、供货人、买货人等项内容；旧货成交后，需要依法办理证照变更的，应当持购买发票到有关行政管理部门办理手续。

（郑慧玫 张维珍）

jiuhuo liansuodian

旧货连锁店（chain stores of second hand goods） 经营旧货、使用统一商号的若干门店，在同一总部的管理下，采取统一管理经营模式，或者授予特许权等方式，实现规模效益的经营组织形式。

（郑慧玫 张维珍）

jiuhuo liutong guanli banfa shixing

《旧货流通管理办法（试行）》（Trial Methods of Handling Junk Trading Market） 中国规范旧货市场的第一部专项行政规章。1998年3月9日，国内贸易部、公安部发布实施《旧货流通管理办法（试行）》。其旨在加强对旧货流通的管理，维护旧货流通秩序，规范旧货交易行为，培育和发展旧货流通产业，保护交易当事人的合法权益。其内容主要包括旧货交易活动的原则；对旧货的范围、服务功能、旧货市场的管理和所具备的条件及旧货企业的设立、变更和终止，同时对旧货业务经营范围、交易活动以及旧货市场监督管理和法律责任等方面都作了详细的阐述，共7章56条。

（郑慧玫 张维珍）

jiuhuo qiye nianjian zhidu

旧货企业年检制度（annual inspection system for second hand goods enterprises） 商品流通主管部门和公安机关对其批准的旧货企业、旧货市场及旧货经营者进行的年检制度。根据1998年国内贸易部、公安部发布的《旧货流通管理办法（试行）》的规定，对于年检不合格的，由公安机关、商品流通主管部门给予通报批评，并限期3个月整改。到期仍不合格的，由商品流通主管部门取消其旧货业经营资格。凡有以下情形之一的，认定为年检不合格：(1) 取得《旧货市场批准证书》或《旧货经营资格证书》，办理有关证照后，6个月内仍不开展业务的；(2) 旧货市场、旧货企业违反有关规定，擅自设立分支机构的；(3) 旧货市场、旧货企业违反有关规定，不及时办理变更手续的；(4) 旧货市场、旧货企业不按规定及时申报年检材料的；(5) 旧货市场经营秩序混乱，交易行为严重失控的。

（郑慧玫 张维珍）

jiuhuo qiye sheli de tiaojian

旧货企业设立的条件（terms and conditions for establishing flea enterprises） 根据1998年国内贸易部、公安部发布的《旧货流通管理办法（试行）》的规定，设立旧货企业应具备下列条件。包括：(1) 有适应业务需要的注册资金；(2) 有与业务活动范围及经营规模相适应的专职执业人员和经营管理人员；(3) 有固定的经营场所、必要的营业设施和自动化管理设备；(4) 法定代表人无故意犯罪记录；(5) 有组织章程、交易规则、治安保卫制度和经营管理制度；(6) 符合法律、行政法规规定的其他条件。设立旧货连锁店除了应当具备设立旧货企业的条件外，还应当具备连锁经营的基本条件。

（郑慧玫 张维珍）

jiuhuo shichang

旧货市场（flea market） 买卖双方进行公开的、经常性或者定期性的旧货交易活动，具有信息、评估、结算、加工翻新、保管、运输等配套服务功能的场所。旧货市场在西方一些国家被称为"跳蚤市场"。

旧货市场的商品主要来源于城镇居民自销的物品；经加工翻新的废旧物品；生产企业处理的残次品以

及机关事业单位处理的废旧办公用品等等。发展旧货市场,能够节约资源,促进资源合理配置,实现经济增长方式转变,推动经济可持续发展;发展旧货市场,可协调由于城乡居民收入水平、消费水平不均衡所引起消费差异,满足消费多样性的需求;发展旧货市场,可吸纳下岗职工再就业,为政府分忧,缓解社会矛盾。旧货市场也是一种产业。它同其他产业一样也具有共同的规律,即要形成一定规模的网络化经营,商业流通部门应把它作为一项大的产业来培育和发展。旧货市场按其业务活动范围,可分为全国性旧货市场和地方性旧货市场。全国性旧货市场是跨省(自治区、直辖市)招商、经营的旧货市场;地方性旧货市场是在省(自治区、直辖市)内招商、经营的旧货市场。

旧货市场在我国的发展,呈现出如下特点:(1)投资主体将向多元化方向发展,而以股份制形式出现的旧货市场将成为核心,还将出现外商投资和国外旧货商进入中国市场等新的情况;(2)旧货市场功能将更加完善、健全,不仅有交易功能,还将有聚散功能、结算功能、价值功能、配送功能、信息功能、质检功能、维修保养功能、展示以及生活服务多种功能;(3)在商品种类增加的同时,市场将突出主力商品形成专业市场、特色市场、连锁企业、名牌市场,还将出现区域性中心调剂大市场;(4)还将出现一些实力雄厚的旧货市场和名牌市场的品牌输出和兼并、重组的旧货集团,旧货市场将由量的扩张向质的提高转变;(5)还将出现一批旧货外贸市场,立足国内走向世界,参与国际经济大交流;(6)旧货市场还将出现跨行业大变化,形成多元化经营,新旧联手,对比销售,比翼齐飞。总之,旧货市场发展趋势是体制多元化、规范扩大化、管理规范化、经营国际化。　　　　　　　　(郑慧玫　张维珍)

jiuhuo shichang guanli

旧货市场管理(flea market management)　国家对旧货市场实施的监督管理。我国对旧货市场根据不同的职能由各管理部门分别进行相应的监督管理,主要包括以下几方面:(1)未取得旧货经营资格的单位和个人,或者被取消旧货经营资格未满5年的旧货企业和个人,不得从事旧货经营业务;(2)跨省运输旧货,凭国务院商品流通主管部门及其授权的省、自治区、直辖市商品流通主管部门出具统一的准运证明和有效票据,公安机关检查后予以放行;(3)旧货经营网点拆迁需征求所在地县级以上人民政府商品流通主管部门意见,同意拆迁的,要按有关规定在条件相当的地点予以补建;(4)组织跨省、自治区、直辖市的旧货交易会,需经省、自治区、直辖市人民政府商品流通主管部门审查后,报国务院商品流通主管部门批准;组织地方性旧货交易会,需经省级商品流通主管部门批准;(5)国务院商品流通主管部门负责旧货行业执业人员的业务培训、考核及执业资格认定工作;(6)公安机关对旧货行业执业人员进行治安业务培训;(7)旧货业的主要执业人员(估价师、估价员)必须参加培训,经考核合格的,发给旧货行业执业资格证书,持证上岗;(8)商品流通主管部门和公安机关对其批准的旧货企业、旧货市场及旧货经营者实行年检制度。(张维珍　郑慧玫)

jiuhuo shichang guanli bumen

旧货市场管理部门(administration section of flea market)　旧货市场按职能实行分部门管理。国务院商品流通主管部门是旧货业的行业主管部门。县以上地方人民政府商品流通主管部门负责本行政区域旧货业的行业管理。各级公安机关对旧货流通行业实施特种行业管理。各级工商行政管理部门负责对旧货市场的登记管理工作。开办跨省、自治区、直辖市经营的旧货企业和旧货连锁店以及跨省、自治区、直辖市设立分支机构,需经企业总部、分支机构所在地省级人民政府商品流通主管部门同意后,报国务院商品流通主管部门批准。开办在省、自治区、直辖市以及在市(地)和市(地)所属县(市)内经营的旧货企业,按其业务活动范围不同由当地市(地)和省级人民政府商品流通主管部门批准。建立全国性旧货市场需经当地省级(含计划单列市)人民政府商品流通主管部门审核,报国务院商品流通主管部门批准。建立地方性旧货市场须经当地省级(含计划单列市)人民政府商品流通主管部门批准,并报国务院商品流通主管部门备案。中央部门的直属企业设立旧货市场,需经企业主管部门同意,并经当地省级(含计划单列市)人民政府商品流通主管部门审核后,报国务院商品流通主管部门批准。经批准设立的旧货企业和旧货市场,申请者应当持批准文件和证书到当地公安机关办理特种行业登记手续后,持商品流通主管部门和公安机关的批准手续,到同级工商行政管理部门办理登记手续,领取营业执照。经营旧货的个体工商业户直接到所在地县级人民政府公安机关办理特种行业登记手续后,持公安机关的批准文件,到同级工商行政管理部门办理登记手续,领取营业执照。　　　　　　　　(郑慧玫　张维珍)

jiuhuo shichang sheli de tiaojian

旧货市场设立的条件(terms and condition for establishing flea market)　根据1998年国内贸易部、公安部发布的《旧货流通管理办法(试行)》的规定,旧货市场设立应具备下列条件。包括:(1)有与经营规模相适应的专职执业人员、经营管理人员及资金、场地、配套服务设施和自动化管理设备;(2)有组织章程、交易规则、治安保卫制度和经营管理制度;(3)符合国家

和地方的统一规划与布局;(4)符合法律、行政法规规定的其他条件。　　　　　　　　(郑慧玫　张维珍)

jiuhuoye

旧货业(second hand goods business)　从事旧货经营的行业。作为特种行业,旧货业的从业人员成分复杂,而且变动和流动性较大,商品的特殊性决定了他们所经营的商品一般无销货发票,如果管理不善,就有可能成为销赃和藏污纳垢的场所。旧货业的特殊性就决定了从事旧货的经营者、检验者、评估者、鉴定者的素质应当比大型商场、商厦的经营人员要求更高。提高从业人员素质,可保护买卖旧货者的利益。

中国旧货业的发展思路应遵循三个一:一是在城市居民区内搞便民连锁的收购网络;一是在城乡结合部设大型的旧货市场,不论是国营还是个体都在市场内进行公平、公正的交易;一是在全国设若干家旧货调剂中心,真正形成南北结合、东西交流的格局,提供一个交流与沟通的场所,充分利用我国南北间、城乡间存在的消费观念、消费层次、生活水平的差异,组织旧货下乡,开拓农村市场,互补余缺。中国的旧货业具有商品的复杂性、价格的低廉性、地位的补充性、场所的简陋性、管理的艰巨性等特点。目前我国旧货业仍处于起步阶段,经营的是二次流通的商品,缺乏经营管理经验。如果税收过高,加上工商营业等管理费用,经营者获利微薄,不利于提高经营者的积极性和市场的发展。

我国旧货业的发展现状可以概括为以下几方面:(1)经营范围、规模日益扩大,生产资料、生活资料、库存、闲置、积压物品趋向多样性,旧货的货源日趋丰富,旧货档次逐步提高,旧货经营的规范水平、服务水平和管理水平不断提高。(2)经营日趋专业化、网络化,因地制宜,发展特色经营。(3)突破委托、寄卖、收旧卖新等传统的营销方式,购销、代理等业务明显上升,加工、修理、改造、翻新出现了新的发展。(4)联络社区,新增便民、利民、上门收购旧货等服务,解决了百姓买卖旧货难的矛盾。　　　　(郑慧玫　张维珍)

jiuzai huafei chubei zhidu

救灾化肥储备制度(fertilizer reserve for contingence)　国家通过中准出厂价加浮动幅度的指导性价格政策,使化肥保持合理的淡、旺季价差,以鼓励生产、经营企业和农户淡季储存化肥的制度。化肥是常年生产、季节使用的产品。为解决救灾化肥的应急需要,国家建立了中央救灾化肥年度储备制度。每年雨季来临之前,通过收储和进口,准备50万吨救灾备用化肥,当年救灾如有剩余,秋播前应予销出。储备资金由中国农业银行安排,每年给予半年的贴息,由中央财政和使用救灾化肥的地方财政各负担一半。救灾储备化肥由中国农业生产资料集团公司负责经营。　　(杨云鹏)

jiuye zhunru peixun

就业准入培训(employment access training)　对从事技术复杂、通用性广、涉及国家财产、人民生命安全和消费者利益的职业(工种)的劳动者,经过培训,并取得职业资格证书的就业上岗培训。《中华人民共和国劳动法》规定,从事技术工种的劳动者,上岗前必须经过培训。

2000年3月16日,劳动和社会保障部发布了《招用技术工种从业人员规定》,对90个工种实行就业准入制度,后经国务院审批,首批实行就业准入控制的工种从90个减少到87个。持职业资格证书就业的工种如下:(1)生产、运输设备操作人员:车工、铣工、磨工、镗工、组合机床操作工、加工中心操作工、铸造工、锻造工、焊工、金属热处理工、冷作钣金工、涂装工、装配钳工、工具钳工、锅炉设备装配工、电机装配式、高低压电器装配工、电子仪器仪表装配工、电工仪器仪表装配工、机修钳工、汽车修理工、摩托车维修工、精密仪器仪表修理工、锅炉设备安装工、变电设备安装工、维修电工、计算机维修工、手工工、精细木工、音响调音员、贵金属首饰手工制作工、土石方机械操作工、砌筑工、混凝土工、钢筋工、架子工、防水工、装饰装修工、电气设备安装工、管工、汽车驾驶员、起重装卸机械操作工、化学检验工、食品检验工、纺织纤维检验工、贵金属首饰钻石宝石检验员、防腐蚀工。(2)农林牧渔水利生产人员:动物疫病防治员、动物检疫检验员、沼气生产工。(3)商业、服务业人员:营业员、推销员、出版物发行员、中药购销员、鉴定估价师、医药商品购销员、中药调剂员、冷藏工、中式烹调师、中式面点师、西式烹调师、西式面点师、调酒师、营养配餐员、餐厅服务员、前厅服务员、客房服务员、保健按摩师、职业指导员、物业管理员、锅炉操作工、美容师、美发师、摄影师、眼镜验光员、眼镜定配工、家用电子产品维修工、家用电器产品维修工、照相器材维修工、钟表维修工、办公设备维修工、保育员、家政服务员、养老护理员。(4)办事人员和有关人员:秘书、公关员、计算机操作员、制图员、话务员、用户通信终端维修员。　　　　　　　(邵　芬)

jumin

居民(residents)　中华人民共和国居民自然人、居民法人。居民自然人包括在中华人民共和国境内连续居留1年或者1年以上的自然人,外国及我国香港地区、澳门地区、台湾地区在境内的留学生、就医人员、外国驻华使馆领馆、国际组织驻华办事机构的外籍工作人员及其家属除外;中国短期出国人员(在境外居留时间不满1年)、在境外留学人员、就医人员(已取得境外居留权的人员除外）及中国驻外使馆领馆、常驻国际组织使团的工作人员及其家属。居民法人包括境内依法成立的企业法人、机关法人、事业单位法人、社会团体法人和部队；在中国境内注册登记但未取得法人资格的组织视为居民法人；境外法人的驻华机构视为居民法人。

（王连喜）

jujue tanpai quan
拒绝摊派权（declines apportioning authority） 除法律、法规另有规定外，企业拒绝任何机关和单位以任何方式要求企业提供人力、物力、财力的行为。企业有权拒绝摊派，可以向审计部门或者其他政府有关部门控告、检举、揭发摊派行为，要求作出处理。除法律和国务院另有规定外，企业有权抵制任何部门和单位对企业进行检查、评比、评优、达标、升级、鉴定、考试、考核。

（方文霖）

judian kaifa
据点开发（foothold development） 在区域开发过程中，选择重点地区进行开发，然后向外扩散的开发方式。据点开发方式以日本为代表，日本针对当时经济过分偏重于东京、大阪、名古屋和北九州四大工业基地的问题，要把工业向地方扩散。1962年日本内阁提出了以据点开发为主要方式的区域开发政策，其内容就是在太平洋沿岸以外的地区选址建立企业，即把民间资本向太平洋沿岸地带以外的地区移动，创造大型产业并以此为中心发展区域经济。据点开发确定了15个新产业城市和6个工业整备特别区域。新产业城市的选址主要偏向企业稀少的地区，例如北海道、东北、四国、九州等地，建立大、中、小不同规模的开发据点和建设基础设施。而工业整备特别区域则集中在太平洋沿岸地带东京、大阪等发达地区。考虑到财力、物力的制约，区域开发不可能全面铺开，一哄而上。另外从经济效益出发，必须选择重点地区进行开发，为使开发效果最大化，按工业适合性大小顺序，采取据点开发方式。据点开发方式的具体措施就是防止人口向大城市的过度集中，培养区域核心据点，使国土均衡发展。

（孙昊亮）

juanyan shangpin yingxiaoyuan zige jianding
卷烟商品营销员资格鉴定（qualification authentication of sales person of cigarette） 卷烟商品营销员是烟草行业从事卷烟商品营销服务工作人员。分为初级、中级、高级三个等级。对卷烟商品营销员的鉴定按照《卷烟商品营销员鉴定规范》（试行）执行。初级鉴定理论知识和专业技能一套试卷采用书面笔试的方式进行；中级鉴定理论知识和专业技能分两套试卷采用书面笔试的方式进行；高级鉴定技能部分采用书面笔试、实际操作、录像测试及情景模拟等方式。

卷烟商品营销员鉴定由劳动保障部鉴定中心和国家烟草专卖局职业技能鉴定指导中心（简称国家鉴定中心）统一组织实施鉴定工作。由国家烟草专卖局局鉴定中心和各省烟草专卖局职业技能鉴定站（以下简称省局鉴定站）具体负责鉴定的实施工作，由各省劳动和社会保障厅职业技能鉴定指导中心（以下简称省鉴定中心）负责鉴定实施过程的质量监督。

参加初级技能鉴定人员，必须具备下列条件之一：（1）初中以上学历，从事本职业（工种）见习期满一年的人员；（2）经本职业初级正规培训达标准学时数。

参加中级技能鉴定人员，必须具备下列条件之一：（1）取得本职业初级职业资格证书后，经本职业中级正规培训达标准学时数，并连续从事本职工作两年以上；（2）初中以上学历，连续从事本职业工作6年以上；（3）中专以上本专业或相关专业毕业生，连续从事本职业工作两年以上；（4）取得经劳动保障行政部门审核认定的，以中级技能为培训目标的中等以上职业学校本职业毕业证书。

参加高级技能鉴定人员，必须具备下列条件之一：（1）取得本职业中级《职业资格证书》后，经本职业高级正规培训达标准学时数，并连续从事本职业工作3年以上；（2）大专以上本专业或相关专业毕业生，取得本职业中级《职业资格证书》后，并连续从事本职业工作两年以上；（3）取得经劳动保障行政部门审核认定的，以高级技能为培训目标的高等以上职业学校本职业毕业证书。

2002年及以前在地方劳动部门取得的"推销员"、"商品营业员"、"商品供应员"、"商品保管员"、"收银审核员"等职业资格证书，烟草行业予以承认。已获得"推销员"职业资格证书的，可按卷烟商品营销员鉴定申报资格条件，进行高一等级的卷烟商品营销员鉴定申报。已获得初级"商品营业员"、"商品供应员"、"商品保管员"、"收银审核员"职业资格证书的，可直接申报初级卷烟商品营销员鉴定。同时，可按照中级卷烟商品营销员鉴定申报条件，申报中级卷烟商品营销员鉴定。

已获得中级和高级"商品营业员"、"商品供应员"、"商品保管员"、"收银审核员"职业资格证书的，只能申报原等级的卷烟商品营销员鉴定，不得申报高一等级的卷烟商品营销员鉴定。

推销员（卷烟商品营销）的鉴定工作程序和要求应按照《烟草行业卷烟商品营销员职业技能鉴定考务管理实施细则》（国烟人劳〔2002〕31号）的有关规定执行。

推销员（卷烟商品营销）初级、中级技能鉴定的考评人员由本省鉴定站负责轮换派遣，并报国家局鉴定中心审核备案，如有特殊情况也可由国家局鉴定中心协调派遣。

推销员（卷烟商品营销）初级技能鉴定的质量督导人员由本省鉴定站负责派遣，中级技能鉴定的质量督导人员由国家局鉴定中心统一派遣。

推销员（卷烟商品营销）的职业资格证书由劳动与社会保障部统一核发，国家局鉴定中心负责证书办理和打印工作。各省级局鉴定站负责本省职业资格证书的发放和记录工作。

（傅智文）

juanyan shiwu biaozhun yangpinku
卷烟实物标准样品库（standard storage of cigarette practicality） 由卷烟实物样品和与其相对应的相关信息两部分组成，具备为假冒伪劣卷烟鉴别检验提供真实、有效信息的功能。标样库实物样品覆盖范围为市场正常销售的卷烟产品（含进口卷烟）。为严厉打击生产、销售假冒伪劣卷烟的违法行为，确保假冒伪劣卷烟鉴别检验工作的科学性和准确性，依据《假冒伪劣卷烟鉴别检验管理办法（试行）》，国家烟草专卖局于2004年4月15日制定发布了《卷烟实物标准样品库实施细则（试行）》（国烟科〔2004〕262号），决定建立我国的卷烟实物标准样品库。

国家烟草专卖局质量监督主管部门负责标准样品库建设的组织协调和监督工作，并提供标准样品库运行费用。

（傅智文）

jungong chanpin
军工产品（war products） 武器装备、弹药及其配套产品的总称。由于军工产品的特殊性，国家为了保证其质量，所以对军工产品的研制、生产过程实施全面的、有效的质量管理。因此1987年5月25日国务院、中央军委批准，1987年6月5日国防科工委发布了《军工产品质量管理条例》。《军工产品质量管理条例》适用于研制、生产军工产品的企事业单位和订购军工产品的单位。我国的《产品质量法》第73条规定："军工产品质量监督管理办法，由国务院、中央军事委员会另行制定"。

《军工产品质量管理条例》对军工产品的质量保证体系、研制过程中的质量管理、生产过程中的质量管理、计量和测试的管理、外购器材的质量管理、不合格品的管理、使用过程中的质量管理、质量信息管理、质量成本管理以及法律责任等方面都作出了具体严格的规定。国务院有关业务主管部门应当根据规定，对承制单位的质量保证体系进行考核；考核合格者，方可承担军工产品的研制、生产任务。订购军工产品的单位可以派军代表，监督研制、生产军工产品的单位执行合同有关质量保证的条款。军代表必须按照国家有关规定履行职责。研制、生产军工产品的单位与订购军工产品的单位签订合同时，应当按照规定严格执行国家标准、国家军用标准或专业标准，双方经协商达成协议的，也可采用企业标准。但企业标准不得与国家标准、国家军用标准相抵触。

（麻琳琳）

junyong jishu biaozhun
军用技术标准（military technical standard） 为了满足军用要求而制定的技术标准，是从事国防科研、生产和使用、维修活动的共同技术依据。军用技术标准包括国家军用标准和各部门、各单位为军事技术装备制定的专业标准和企业标准。国家军用标准是指对国防科学技术和军事技术装备发展有重大意义而必须在国防科研、生产、使用范围内统一的标准。国家军用标准，由主办部门提出草案，属于通用后勤技术装备和军队医药卫生方面的，报总后勤部审批和发布；其余的报国防科学技术工业委员会审批和发布；特别重大的，由国防科技工业委员会或总后勤部报国务院、中央军委审批后发布。为军事技术装备制定的专业标准，由主管部门审批和发布，并分别报国防科技工业委员会、总后勤部备案。专业标准和企业标准不得与国家军用标准相抵触，企业标准不得与专业标准相抵触。军用技术标准应当根据国民经济和国防科学技术的发展，及时进行修订。军用技术标准的制定、修订，应当充分考虑军事技术装备的发展和使用要求，密切结合我国的实际情况，做到技术先进，安全可靠，经济合理。军用技术标准一经发布，各有关部门都必须严格贯彻执行，并由各级标准化管理部门负责督促检查。

军用标准化是国防现代化建设中一项综合性的技术基础工作，对促进国防科学技术进步，加速发展军事技术装备，增强部队战斗力，具有重要的战略意义。因此，军用标准化工作应当认真贯彻"质量第一"的方针，坚持科研、生产与使用相结合的原则。国家标准凡能满足军用要求的，应当贯彻执行；各部门制定的专业标准，凡能满足军用要求的，也可以直接采用。但是对于国际标准和国外先进标准，必须结合我国的国情，认真研究，区别对待，积极采用。

（麻琳琳）

junheng fazhan zhanlüe moshi
均衡发展战略模式（form of balanced development strategy） 国家区域间和区域内部各地区间平衡部署生产力，实现所有产业区域经济平衡发展的经济发展战略模式。该模式强调产业之间的关联互补作用，对消除区域经济差距具有一定的意义。在区域发展方面，均衡发展理论主张在区域内均衡布局生产力，特别是工业生产力,通过在地域上的全面铺开,齐头并进,实现区域经济均衡发展。该理论对于那些在区域经济成长到一定阶段和发展水平,或一些地域较小的国家比较适合。该战略模式主张的均衡发展战略模式必然牺牲区域优势和资源优势,而且,对于一般区域,特别是欠发达地区来说,不可能拥有足以推动所有产业和地区平衡发展的雄厚资金。少量资金的平衡投放必然会分散财力、物力,降低投资效果,达不到预期的社会经济效益。我国在改革开放前就实行了近三十年的均衡发展战略,为此曾付出沉重代价。从世界各国区域开发的实践来看,真正采用这种发展战略的为数很少。均衡发展战略模式是三种主要的国内外区域经济发展战略之一,其他两种战略模式是非均衡发展战略模式和非均衡协调发展战略模式。非均衡发展战略模式,是指集中有限的资源优先发展重点地区和重点产业,各产业和区域非均衡发展的经济发展战略模式。非均衡协调发展战略模式,是指在区域经济非均衡发展的基础上,加强区域内部产业间、地区间的相互协调,在非均衡中协调发展的经济发展模式。

(孙昊亮)

K

kate'er

卡特尔（cartel） 竞争者之间达成的限制竞争的协议。这一概念最早见于德国1957年颁布的《反对限制竞争法》的第1条。卡特尔有以下几个主要特征：(1) 它们的表现方式是协议，包括口头协议和书面协议，其目的是实现订约人共同的经济目的，从而也是竞争者之间的协议，或者称为横向协议。(2) 其成员为经济上和法律上相互独立的企业，这也是卡特尔和康采恩的重大区别。(3) 协议的内容是限制竞争。为了防止规避法律的行为，德国《反对限制竞争法》在其1973年第二次修订中增加了第25条第1款。它规定："企业或企业联合组织协调一致的行为，若依本法不得作为有约束力的合同内容，得予以禁止。"由此，企业间出于限制竞争目的而进行的协调行为也得被视为卡特尔。卡特尔一词虽然出现在德国，但已经被世界各国的反垄断法所通用，成为竞争者之间限制竞争协议或者协调行为的代名词。

各国反垄断法虽然对卡特尔作出了普遍禁止的规定，但一般又对各种有利于整体经济和社会公共利益的卡特尔给予豁免。因此，卡特尔事实上被分为两类，一类是被禁止的卡特尔，适用本身违法的原则，这主要指价格卡特尔、生产数量卡特尔和地域卡特尔。另一类虽然有着限制竞争的因素，但同时具有合理的因素，从而适用合理的原则，这主要指合理化卡特尔、规格型号卡特尔、中小企业合作卡特尔、出口卡特尔、结构危机卡特尔等。

（王晓晔）

kaibiao

开标（opening of bids） 招标人、投标人以及其他相关工作人员在招标文件确定的提交投标文件截止时间、预先确定的地点进行的拆封、宣读投标人名称、投标价格和投标文件的其他主要内容的活动。开标由招标人主持，邀请所有投标人参加。开标时，由投标人或者其推选的代表检查投标文件的密封情况，也可以由招标人委托的公证机构检查并公证，经确认无误后，由工作人员当众拆封，宣读投标人名称、投标价格和投标文件的其他主要内容。招标人在招标文件要求提交投标文件的截止时间前收到的所有投标文件，开标时都应当当众予以拆封、宣读。开标过程应当记录，并存档备查。

（赵芳芳）

kaifashi fupin

开发式扶贫（poverty alleviation by exploitation） 贫困地区的农民和农业生产经营组织合理使用扶贫资金，依靠自身力量改变贫穷落后面貌，引导贫困地区的农民调整经济结构、开发当地资源。各级政府应坚持开发式扶贫，扶贫开发应当坚持与资源保护、生态建设相结合，促进贫困地区经济、社会的协调发展和全面进步。中央和省级财政应当把扶贫开发投入列入年度财政预算，并逐年增加，加大对贫困地区的财政转移支付和建设资金投入。国家鼓励和扶持金融机构、其他企业事业单位和个人投入资金支持贫困地区开发建设。禁止任何单位和个人截留、挪用扶贫资金。审计机关应当加强扶贫资金的审计监督。

（张旭娟）

kaifazhe yanghu wuranzhe zhili de yuanze

开发者养护、污染者治理的原则（principle of pollution-pays and exploiter-protects） 我国自然资源法的一项基本原则。在对自然资源和能源的开发和利用过程中，对于因开发资源而造成的资源减少和环境损害以及因利用资源和能源而排放污染物造成的环境污染危害等，开发者和污染者应分别承担养护和治理的责任。开发者养护、污染者治理原则是中国在借鉴国际社会普遍采用的"污染者付费原则"的基础上，结合中国的实际提出的。污染者负担原则是20世纪70年代初由经济合作与发展组织理事会提出的，强调对于治理污染的费用应该由造成污染的生产者或消费者承担，以解决环境的"负外部性"问题，将外部费用内部化。其目的在于明确污染者责任，促进企业治理污染，保护环境。这一原则提出后，很快得到国际上的广泛承认，并被许多国家确定为环境法的一项基本原则。

我国参照污染者负担原则的精神，曾于1979年颁布的《中华人民共和国环境保护法（试行）》中规定了"谁污染谁治理"的原则。但对于该提法许多学者认为有欠妥当。(1) 谁污染谁治理原则只是明确了污染者的治理责任，而治理并不是污染者的全部责任，至少还应包括对污染造成损失的赔偿责任；(2) 由于历史原因，我国有相当一批国有老企业污染治理能力差，如果全部责任都由企业承担，在某些情况下可能行不通，笼统提"谁污染谁治理"失之简单化；(3) 从经济和效率的角度看，除排污单位各自治理污染源外，实行国家和地方政府在污染单位参与下的区域综合治理，例如建立综合性污水处理厂处理污水等，由排污单位共同分担费用，将有利于提高综合效益和处理效果。因此不能将"谁污染谁治理"原则作简单理解。

有鉴于此,现行《中华人民共和国环境保护法》删去了"谁污染谁治理"的字样,改为由具体的制度和措施来隐含这一基本原则。并且,作为一项法律原则,隐含规定于法律条文中,还有利于立法者以及执法者在解释该原则时不受直接规定的限制,"开发者养护"就是这种解释的产物,因为其基本思想与污染者治理具有一致性。

所谓开发者养护,是指对环境和自然资源进行开发的组织或者个人,有责任对其进行恢复、整治和养护。强调这一责任的目的是使资源开发对环境和生态系统的影响减少到最低限度,维护自然资源的合理开发、永续利用。此外,在此基础上又发展出"受益者补偿"原则,要求以环境资源的利用而营利的单位和个人必须承担经济补偿责任,同时要求使用消耗自然资源或对环境有污染作用的产品的消费者,必须承担经济补偿责任。正因为开发者养护、污染者治理、收益者补偿,在实质精神上具有一致性,都是强调人们在生产和其他活动中负有保护环境的责任,所以有学者将该原则概括为"环境资源责任原则"。　　　(申进忠)

kaifangshi jijin
开放式基金(open-end fund)　　基金管理公司在设立基金时,发行基金单位的总份额不固定,基金总额也不封顶,可根据经营策略与实际需要连续发行;投资者可以随时购买基金单位,也可随时要求发行机构按照目前的净资产价值扣除手续费后赎回其持有的收益凭证。最早的英国基金和初期的美国基金都是封闭式基金,最早的开放式基金是1924年3月21日由美国波士顿的马萨诸塞金融服务公司设立的马萨诸塞金融投资信托基金,它的诞生,可看作世界基金发展史上的一次重要革命。1940年,美国《投资公司法》生效后,美国证券交易委员会将管理投资公司分为"开放型"和"封闭型",开始逐渐把"开放型"称为共同投资公司,即后来的共同基金。以此为契机,开放式基金以规模大、运作透明度高、可大幅减少投资者的变现风险、增加投资的灵活性等特点,在1940年后逐步成为基金业的主流品种。

因为开放式基金可以随时赎回,所以必须保留一部分现金备用,而不能全部都用于投资,并且一般投资于变现能力强的资产。开放式基金也不像封闭式基金那样设有预定的期限,能在市场中存在多久取决于基金管理人的投资理财水平,于是,理论上是可以"一直存在"的,但如果经营业绩不佳,又随时有投资者大量回赎直至清盘的可能。开放式基金的交易是在基金投资者和基金经理人或其代理人(如商业银行、证券公司的营业网点)之间进行的,基金投资者之间不发生交易行为。

根据变现方式的不同(即受益凭证是否可以赎回),将证券投资基金分为开放型与封闭型两类,二者的主要区别有:(1)基金规范的可变性不同。开放式基金所发行的基金单位是可赎回的,而封闭式基金有明确的存续期限,在此期限内已发行的基金单位不可回赎。(2)基金单位的买卖方式不同。开放式基金可以随时向基金管理公司或销售机构申购或赎回。而封闭式基金在发起设立时,可以向基金管理公司或销售机构认购,在上市交易时,可以委托券商在证券交易所按市价买卖。(3)基金单位的买卖价格形成方式不同。开放式基金的买卖价格是以基金单位的资产净值为基础计算的,可直接反映基金单位资产净值的高低,封闭式基金因在交易所上市,其买卖价格受市场供求关系影响较大。在基金的买卖费用方面,开放式基金的投资者需要缴纳的相关费用包含于基金价格之中,而封闭式基金的投资者则需要在价格之外付出一定比例的证券交易税和手续费。参见封闭式基金。

我国已设立运作的投资基金形式基本上是封闭式的基金,由于投资基金在我国的发展历史较短,整个资本市场的规模也比较小,市场流动较大,投资者风险较大,基金管理人才缺乏,设立基金的公司往往要求设立封闭式基金,这样相当于组建一个有限责任公司。投资者不能在一定时期内将资金赎回,故基金可承担较大的风险,很多基金甚至投资于风险较大的房地产项目。但是,我国发展投资基金,最终是要发展开放型基金的,这不但有助于基金本身的发展,而且也是保护投资者利益的重要措施。因为开放型基金与封闭型基金相比,更易于受到投资者的监督。　　(周　尔　刘利晋)

kaiyuan jieliu de yuanze
开源节流的原则(the principle of increasing of resource and saving of expense)　　开发利用自然资源的一项基本原则。"开源"就是要鼓励寻找新资源,充分利用较为稀少的资源,开发潜在资源及人造代用资源等。"节流"就是要尽量提高利用自然资源的技术水平,使自然资源的非正常损失减少到最低限度。自然资源一般都是有限的,主要表现在:一定的资源数量在一定的生产力水平下,只能养活一定的人口;需求的增加使资源变成稀缺;在资源的结构组成上,即使多种资源丰富,但有某种资源短缺,也会形成限制因素。自然资源的有限性决定了必须正确处理开发利用和保护的关系,保持自然生态系统和人工生态系统的良性循环。在自然资源的开发利用中,要通过寻找新的资源,开发潜在的资源以及利用人造资源来扩大资源的来源,不断改善资源保护与利用的关系,实现自然资源的可持续利用。

(包剑虹)

kai'ensi hongguan jingji xueshuo xia de lifa
凯恩斯宏观经济学说下的立法(The Legislation under Kenesian Economic Theory) 20世纪30年代的大萧条时期,经济资源大量闲置,失业增加,经济活动急剧下降,市场中的价格机制根本无法使闲置的经济资源得到利用。英国杰出的资产阶级经济学家凯恩斯(John Maynard Keynes)于1936年出版的《就业、利息和货币通论》(The General Theory of Employment, Interest, and Money)一书,就是在这样的经济背景下应运而生的。这本书对传统的经济理论和经济政策提出了全面的挑战和批判,同时建立了一个以国家干预为中心的医治资本主义经济危机和解决就业问题的较为完整的理论体系,标志着凯恩斯宏观经济体系的确立。

凯恩斯对经济大萧条中资源普遍未被充分利用的现象进行解释。他认为,市场上的工资和价格的调整是刚性的,或者说是价格调整慢于数量调整,因此,经济活动下降的原因在于有效需求的不足。因此,当价格难以调整时,市场处于非均衡状态,要使经济达到充分就业的均衡状态,就要刺激有效需求。凯恩斯认为,政府可以通过经济政策(如扩张性的财政政策和货币政策)来对社会总需求进行刺激,使经济资源得到充分利用。而在经济处于通货膨胀的"过热"阶段,政府也可以通过紧缩性的财政政策来控制社会总需求。总之,凯恩斯理论中所指的政策含义是政府在宏观调控中扮演着重要的角色,政府通过经济对经济运行施加影响,可以减轻经济波动,使总体经济的均衡点处于一个理想的位置。

凯恩斯理论对经济学理论的最大贡献在于:(1)对宏观经济运行机制的研究;(2)对平等、自由和效率之间相互关系的论述。

由于凯恩斯的经济学说本来就是运用国家垄断资本主义的需要而产生的,因而,在相当一段时间里不仅直接影响了西方许多资本主义国家的经济政策,也极大地影响了经济立法。以日本为例,第一次世界大战结束以后,日本同样经历了一场大的经济危机,日本政府采取了一系列经济立法措施,作为应付危机的对策。其中包括为治理农业危机而制定的《粮食法》、《稳定私价货款及补偿法》、《不动产贷款及损失补偿法》等。为了助长垄断资本的发展,制定了《工业公会法》、《石油公会法》、《出口公会法》、《贸易公会法》、《石油事业法》、《汽车事业制造法》和《炼铁事业法》等;为了确保出口产品的质量,鼓励进入海外市场,用以振兴出口事业,加强汇兑管理,保证必要的贸易资金,制定了《取缔重要物资出口法》、《出口补偿法》、《防止资金逃避法》、《外国汇兑管理法》等。中日战争爆发之后,为了长期进行战争,日本颁布了《国家总动员法》。根据这个法律,实行了对战争需要的资金和物资的国家控制,同时,在几个重要的产业部门建立以统制生产和分配为主旨的统制会,原来的《商业公会法》和《工业公会法》统一为《商工会法》,根据这个法律又成立了统制机关。这种统制会和统制机关实际上发挥着国家统制的机能,对一切经济生活实行强制管理。

在第二次世界大战以后,垄断资产阶级和国家机构更紧密地结合起来,以凯恩斯的经济理论为依据,一方面废除了在战争期间以战争为目的的经济统制法;另一方面制定了一系列体现国家干预经济的法律,用于组织和管理生产,干预劳动,控制资源,调节商品货币关系,控制市场,左右消费,促进资本主义经济的发展。其中起到先导作用的是1944年英国政府发表的《就业政策白皮书》。这表明凯恩斯的经济学说已经在更大程度上成为政府制定经济政策的指导思想。1946年英国国会通过了《就业法》,首次把凯恩斯的"充分就业"的思想运用于立法实践。这个法案的最大贡献就在于用法律首次把凯恩斯的"充分就业"的思想运用于立法实践,用法律的形式确定了英国联邦政府负有扩大就业、稳定和促进经济的责任。后来这个法案又被人们称为"经济计划大宪章"而大加赞赏。

凯恩斯的宏观经济学理论,在过去的几十年中取代古典主义学派而占据主导地位。虽然自20世纪60年代以来也先后受到货币主义和新古典主义的挑战,但仍然在当今的主流经济学中占有重要地位。20世纪50年代以后,凯恩斯的宏观经济和国家干预经济的理论,受到英、美等国决策人物的重视,西方许多国家受凯恩斯经济思想的影响并将其作为制定政策和法律的依据。凯恩斯宏观经济理论的影响,一直持续到60年代直至现代。

(李昌麒　卢炯星)

kangshui zui
抗税罪(crime of offence of resisting taxes) 以暴力、威胁方法拒不缴纳税款的犯罪行为。该罪的主观方面必须是故意,犯罪的主体是纳税人和扣缴义务人,但不包括单位,犯罪所侵犯的客体是国家的税收征管制度和执行征税活动的税务人员的人身权利。

(余启平)

keji zhongjie jigou
科技中介机构(technical intermediary agencies) 面向社会开展技术扩散、成果转化、科技评估、创新资源配置、创新决策与管理咨询等专业化服务的机构。科技中介机构的主要形式有:生产力促进中心、科技企业孵化器、科技咨询与评估机构、技术交易机构、创业投资服务机构。科技中介机构数量不断增加,服务能力稳步提高,一批高水平的机构正在兴起,区域性科技中介服务网络在一些地方已开始形成,有力地促进了科技成果转化和高新技术企业的成长。

在市场经济体制下,科技中介机构以专业知识、专门技能为基础,与各类创新主体和要素市场建立紧密联系,为科技创新活动提供重要的支撑性服务,在有效降低创新风险、加速科技成果产业化进程中发挥着不可替代的关键作用。对于提高国家创新能力,加速培育高新技术产业,推动产业结构优化升级和全面建设小康社会,具有十分重要的战略意义。　　(傅智文)

kechexiao xintuo

可撤销信托(revocable trust)　　委托人设立的,在损害其债权人利益的情况下,债权人有权申请人民法院撤销的信托。按照信托财产独立性的原则要求,信托成立后,信托财产由委托人委托给受托人并独立于委托人、受托人、受益人的财产而存在,因此,在信托存续期间,委托人、受托人、受益人的债权人无权就信托财产主张权利。有些委托人就利用信托财产独立性的原则设立信托使自己的财产减少,致使自己无法清偿全部债务,损害了债权人的利益。因此,我国法律为防止委托人利用信托转移财产,逃避债务,保护其债权人的合法权益,赋予委托人的债权人申请撤销信托的权利。

按照我国法律规定,债权人行使撤销权应同时满足以下条件:(1)委托人设立信托前,其债权人的债权已经存在。(2)委托人设立信托后,因为用自有财产设立信托导致无法清偿全部债务。(3)债权人向人民法院提出了撤销申请。债权人的撤销权自债权人知道或者应当知道撤销原因之日起1年内不行使的,归于消灭。按照我国民法原理及我国法律规定,被撤销的民事法律行为从行为开始起无效。就信托来说,法院判定撤销信托后,将导致信托自成立之日便不产生效力,所有已经发生的行为和事实,均可以依法撤销。但是法律同时规定对善意受益人,因为他对信托损害债权人的利益并不知情,也没有损害债权人的恶意,因此,对于他已经取得的信托利益,不因该信托的撤销而受影响。　　(赵芳芳)

kezaisheng nengyuan fa

可再生能源法(renewal energy resources law)　　调整可再生能源开发利用及其规制所产生的社会关系,保证可再生能源有效供给和社会可持续发展的法律规范的总称。目前,中国尚未有专门的成文可再生能源法,有关的立法工作正处于酝酿和前期准备阶段。

可再生能源法调整的可再生能源关系有两种:(1)开发利用者、政府与第三人之间形成的可再生能源的开发利用关系。这种关系的内容是在政府组织下,开发利用者向可再生能源开发利用投资,进行技术创新,在自身获益的同时,外化经济性,保证可再生能源满足社会可持续发展的需求。可再生能源开发利用关系是可再生能源法调整的基本内容。(2)开发利用者与政府之间形成的可再生能源开发利用规制关系。这种关系的内容是政府采取各种行政措施如计划、财政手段、行政指导等对可再生能源的开发利用进行引导,保证其健康稳定发展。可再生能源开发利用规制关系是可再生能源法调整的重要内容。

作为人类可持续发展能源供给保证的可再生能源不仅数量大,消耗后能恢复,而且无污染或少污染,这使可再生能源较数量有限和污染严重的非可再生能源相比具有无限的开发利用前景。然而,由于对可再生能源开发利用的投资具有数额大、回收周期长、风险性强、社会成本高而无利可图等特点,客观上挫伤了向可再生能源开发利用投资的积极性和主动性。但是,为了满足人类可持续发展的需求和未来的能源供给,社会向可再生能源的开发利用投资,都必须研究可再生能源技术,这些目标的实现必须借助相关的可再生能源立法予以推进。(1)保证对可再生能源开发利用的投资。可再生能源法及其制度可以使对可再生能源开发利用的投资连续化、制度化,不仅有稳定的投资来源,也有明确的使用范围和方向,而且保证投资环境,避免和减少投资的盲目性和重复,减少政府风险和经济风险。(2)推进可再生能源技术创新。一方面要使开发利用者有利可图,从财政刺激、财务刺激中寻求技术创新的实惠;另一方面使之有紧迫感,从技术标准、规范、技术信息的约束中得到必须技术创新的警示,使开发利用者在激励和约束机制中作出技术创新的抉择。(3)管束政府依法行政。可再生能源开发利用投资和技术创新都有一定的超前性、社会公益性和外部经济性,这种性质决定了政府出面的领导和组织是其稳定发展的必要条件。通过可再生能源法及其制度对政府行为的安排,就能使其规范化,并在具有透明度的同时,提高政府规制的效率和合理化、经济化的程度。　　(张璐)

kelaidun fa

克莱顿法(Clayton Act)　　美国反托拉斯法的重要法律,于1914年5月6日生效。克莱顿法的基本内容是禁止某些原则上不受谢尔曼法干预的限制竞争性的商业实践,目的是将托拉斯、共谋和垄断遏制在其萌芽状态中,消除处于早期阶段的垄断势力。克莱顿法的立法原则从而也被称为"早期原则"。这一原则表明了克莱顿法和谢尔曼法的区别:根据谢尔曼法,违法行为须得被证明是损害了竞争;根据克莱顿法,违法行为实际上尚未产生损害,但可以合理预见其将来会产生损害。克莱顿法的最重要条款是第7条,其基本内容是:从事商业或者从事影响商业活动的任何人,不得直接或者间接取得从事商业或影响商业活动的其他人的股份或财产,如果这个取得会导致国内某个商业部门或者某个影响商业的活动严重减少竞争或者产生垄断趋势。这个条款至今仍是美国控制企业合并最重要的法律依据。

(王晓晔)

keshui duixiang
课税对象(object of taxation)　见征税对象。

keshui keti
课税客体(object of taxation)　见征税对象。

kongbai piaoju
空白票据(blank negotiable instruments)　又称空白授权票据,英美法称为未完成票据,日本法称为"白地手形"。出票人仅在票据上签名,而将票据上其他应记载事项,全部或一部分授权持票人完成的票据。空白票据待补充记载事项包括:票据金额、收款人、出票日、到期日。从严格的票据法意义上来说,空白票据是无效的。但为了方便支付,方便票据流通,法律例外允许其存在一定的票据效力。日内瓦汇票及本票公约、日内瓦支票公约及英美法系国家的票据法都承认空白票据。我国票据法仅承认空白支票。

(田艳)

kongzhong jiaotong guanzhi
空中交通管制(air traffic control)　空中交通管制单位为防止航空器之间及在机动区内的航空器与障碍物相撞,维护和加速空中交通有秩序地流动的目的提供的服务。

在我国,民用航空空中交通管制工作分别由下列空中交通管制单位实施:(1)机场塔台空中交通管制室(简称塔台管制室)负责对本塔台管辖范围内航空器的开车、滑行、起飞、着陆和与其有关的机动飞行的管制工作。在没有机场自动情报服务的塔台管制室,还应当提供航空器起飞、着陆条件等情报。(2)空中交通服务报告室负责审查航空器的飞行预报及飞行计划,向有关管制室和飞行保障单位通报飞行预报和动态。(3)进近管制室负责一个或数个机场的航空器进、离场的管制工作。(4)区域管制室负责向本管制区内受管制的航空器提供空中交通管制服务;受理本管制区内执行通用航空任务的航空器以及在非民用机场起降而由民航保障的航空器的飞行申请,负责管制并向有关单位通报飞行预报和动态。(5)管理局调度室负责监督、检查本地区管理局管辖范围内的飞行,组织协调本地区管理局管辖范围内各管制室之前和管制室与航空器经营人航务部门之间飞行工作的实施;控制本地区管理局管辖范围内的飞行流量,协调处理特殊情况下的飞行;承办专机飞行的有关工作,掌握有重要客人、在边境地区和执行特殊任务的飞行。(6)总调度室负责监督全国范围内的有关飞行,控制全国的飞行流量,组织、承办专机飞行的有关管制工作并掌握其动态,协调处理特殊情况下的飞行,审批不定期飞行和外国航空器非航班的飞行申请。

空中交通管制按照阶段的不同,可以分为离场管制、航路管制、进场管制、航空器水上运行管制。

(刘鹏)

kou'an dianzi zhifa xitong
口岸电子执法系统(electronic enforcement law system for ports)　利用现代信息技术,借助国家电信公网将海关总署、国家外汇管理局等十二个部委分别管理的进出口业务的信息流、资金流、货物流电子底账数据集中存放在"公共数据中心",为政府管理机关提供跨部门、跨行业联网数据核查,同时为企业提供门户网站,联网办理各种进出口业务的电子化管理系统。该系统主要包括通关管理、出口收汇管理、加工贸易管理、出口综合管理、企业综合管理以及其他综合业务。具体业务是:给政府管理部门提供报关单、出口收汇核销单、舱单、进口汽车证明、增值税发票和专用税票以及各类进出口许可证件等电子底账联网核查、核注、核销等应用项目,以及企业在网上办理进出口报关、出口交单、出口退税等业务的应用项目。

(王连喜)

koujiao yiwuren
扣缴义务人(withholding agent)　法律、行政法规规定负有代扣代缴、代收代缴税款义务的单位和个人。代扣代缴,指负有扣缴税款义务的单位和个人在支付款项时,按照税收法律、法规的规定,将取得款项的纳税人应缴纳的税款代为扣除,并向税务机关缴纳。代收代缴,指有扣缴义务的单位和个人在收取款项时,按照税收法律、法规的规定,将支付款项的纳税人应缴纳的税款代为收取,并向税务机关缴纳。扣缴义务人的代扣代缴、代收代缴税款义务是法律、法规规定的,只要法律、法规中规定了扣缴税款的义务,不论其是否愿意,都必须按照法律、法规的要求扣缴税款,并接受税务管理,不按照规定扣缴税款或不接受税务管理的,要承担法律责任。同样,法律、法规没有明确规定的扣缴义务人,税务机关不能指定其扣缴。扣缴义务人虽为纳税义务人之计算而扣取应缴税款,但并非为纳税人之计算而缴纳税款。扣缴义务人之缴纳,乃是向征收机关履行其本身税法义务。扣缴义务人缴纳时,纳税义务人之义务即消灭。扣缴义务人未履行或未充分履行其义务之危险,自应由税收债权人(税务机关)而非纳税人来承担。基于扣缴义务人身份的特殊性,故扣缴义务人与纳税人的权利义务有许多相同之处,但仍存有一定程度之差异。 (李俊明)

kucun xianjin

库存现金(cash on hand) 核定限额的开户单位的库存现金。一个单位在几家银行开户的,只能在一家银行开设现金结算户,支取现金,并由该银行负责核定现金库存限额。库存现金限额由开户单位提出计划,报开户银行审批。部队、公安系统等保密单位和其他保密单位的库存现金限额的核定和现金管理工作检查事宜,由其主管部门负责,并由主管部门将确定的库存现金限额和检查情况报开户银行。开户单位的库存现金限额,由于生产或业务变化,需要增加或减少时,应向开户银行提出申请,经批准后再进行调整。开户银行根据实际需要,原则上以开户单位3—5天的日常零星开支所需核定库存现金限额。边远地区和交通不发达地区的开户单位的库存现金限额,可以适当放宽,但最多不得超过15天的日常零星开支。对没有在银行单独开立账户的附属单位也要实行现金管理,必须保留的现金,也要核定限额,其限额包括在开户银行的库存限额之内。商业和服务行业的找零备用现金也要根据营业额核定定额,但不包括在开户单位的库存现金限额之内。开户单位必须建立健全现金账目,逐笔记载现金支付,账目要日清月结,做到账款相符,不准用不符合财务制度规定的凭证顶替库存现金;不准将单位收入的现金以个人名义存入储蓄;不准保留账外公款(即小金库)。

中国人民银行1988年9月23日发布的《现金管理暂行条例实施细则》规定,超出核定的库存现金限额和用不符合财务制度规定的凭证顶替库存现金的,开户银行有权责令其停止违法活动,并给予警告或罚款,罚款的幅度为超出额或凭证额的10%—30%;保留账外公款的,一律处以保留金额的10%—30%的罚款;将单位收入的现金以个人名义存入储蓄的,一律处以存入金额的30%—50%的罚款;对用不符合财务制度规定的凭证顶替库存现金或将单位收入的现金以个人名义存入储蓄或保留账外公款的单位,情节严重的,开户银行可在一定期限内停止对该单位的贷款或者停止对该单位的现金支付。开户单位对开户银行作出的处罚决定不服,首先必须按照处罚决定执行,然后在10日内向开户银行的同级人民银行申请复议。同级人民银行应当在收到复议申请之日起30日内作出复议决定。开户单位对复议决定不服的,可以在收到复议决定之日起30日内向人民法院起诉。 (官波)

kuaguo gongsi

跨国公司(transnational company) 又称"多国公司"或"国际公司"。以本国为基地和中心,在不同国家或地区设立分支机构(如分公司)、子公司或外国投资企业(包括合资经营企业、合作经营企业和外资独资企业),从事国际性生产经营活动的经济组织。它是在一个以上的国家中具有营业中心的公司,即一种不同国籍的公司的联合。通过掌握股权、控制经营权或以合同的形式联结起来,组成了一个经济单位。跨国公司是经济发达国家的垄断资本用以进行资本输出的重要形式之一。

跨国公司的内部关系通常是母公司和子公司的关系,外国的母公司独资或与当地资本合营成立子公司(附属公司)。这些后组成公司具有所在地的国籍。形式上往往具有独立的法律地位,是独立的法人,这就是跨国公司的法律特征。对于跨国公司的理解和解释,不论在理论界,还是对各国政府而言,是很不统一的。有的以公司在国外活动的国家数目作为确定是否是跨国公司的标准;有的以在国外设立子公司和分公司的数目作为划分标准;还有的是以公司在国外的投资数额作为划分标准。从公司法角度来研究,跨国公司只是一种具有国际性的,即分公司、子公司分布于不同国家的公司集团性的经济组织。在法律上,它并不是一个独立的法律实体,其集团内部的法律关系无非都是一些具体表现为母公司与子公司、总公司与分公司、外资投资一方与外国投资企业之间的关系。由于这些法律关系已有相应的法律规范予以调整,因此在各国的公司法中,一般都没有专门关于跨国公司的条文,为了对跨国公司实行国际协调和监督,联合国于1975年成立了跨国公司委员会,并拟定了《跨国公司行为守则》。其内容包括:跨国公司的定义和实用范围;尊重所在国的主权和法律,促进所在经济和社会发展的活动原则;利润汇出、技术转让、保护环境;对跨国公司的待遇、政府间合作等。由于各国观点存在严重分歧,这一行为守则至今未获通过。而且从性质上讲,它也只是一部主要调整跨国公司外部与各国政府和其他跨国公司之间的国际经济法,而不是调整跨国公司内部关系的公司法。故从严格的公司法意义上看,跨国公司并不是一种公司,而是公司之间由于跨越了国界而形成的一种特殊的法律关系。 (方文霖)

kuaguo gongsi de guanzhi

跨国公司的管制(regulation of transnational corporation) 限制和避免跨国公司的消极作用,对跨国公司的活动予以法律管制。对跨国公司的法律管制包括国家的法律管制、区域法律管制和国际管制。跨国公司在东道国从事生产、销售和其他各种经营活动,追逐高额利润和长远利益,必然与东道国之间产生矛盾和冲突,损害东道国的主权和利益,在发展目标、投资导向、资源保护、技术转让、资金流动、税金缴纳、贸易管理、市场竞争、价格监督、外汇管制、劳工保护、环境保护、消费者利益、国际收支等方面,无视或违反所在国法律,以各种不法手段,逃避和抵制东道国的管制措施。另外,跨国公司的行为使得其与母国之间、东道国与母国之间也产生种种矛盾和利益冲突。

国家的法律管制 各国都颁布法律来调整跨国公司的活动。这些法律几乎涉及所有的经济立法,包括贸易法、投资法、合同法、合营企业法、税法、外汇法、知识产权与技术转让法、破产法、竞争法、公司法、劳动法等等。这些法律既对跨国公司的投资和合法利益加以鼓励和保护,又对跨国公司的某些活动加以管制,包括:(1)设立企业的程序问题。对跨国公司在本国设立企业可采取一般许可制、特别许可制、区别许可制、互惠许可制。(2)业务活动问题。包括业务经营范围、税收、外汇、资本移动、情报公开、反垄断、外资退出等等的管制。(3)境内外国资产的国有化与征收措施。国家有权把外国资产收归国有、征用或转移所有权。

区域法律管制 一些区域性、地区性国际组织,也采取措施对跨国公司的活动加以管制。如安第斯条约国的共同外资法规则,经济合作与发展组织在1976年通过的《关于国际投资与多国企业宣言》及其附属的《多国企业的行动指导方针》。

国际管制 自20世纪60年代以来,广大发展中国家要求冲破旧的国际经济秩序,建立新的国际经济秩序的呼声日益高涨,而建立新的国际经济秩序的一个重要内容就是要加强对跨国公司的管制。在广大发展中国家的强烈要求下,联合国大会通过一系列旨在建立国际经济新秩序的原则性文件,包括《关于自然资源之永久主权宣言》(1962年)、《建立国际经济新秩序宣言》和行动纲领(1974年)、《各国经济权利与义务宪章》(1974年),使国际社会处理跨国公司问题有了新的基本准则。比如《建立国际经济新秩序宣言》除了一般地宣告各国对本国境内的一切经济活动享有完整的永久主权之外,特别强调:"接纳跨国公司从事经营活动的国家,根据它们所拥有的完整主权,可以采取各种有利于本国的国民经济的措施来管制和监督这些跨国公司的活动。"《各国经济权利与义务宪章》第2条第2款明确规定:"各国有权:(a)根据自己的法律和条例、符合自己国家的各项目标与优先考虑,在本国的管辖权范围内,对外国投资行使管理权。不得强迫任何国家给予外国投资优惠待遇。(b)在本国管辖权范围内,对跨国公司的经营活动加以管理和监督,并采取各种措施,以保证上述活动遵守本国的法律、法规和条例,并符合本国的经济与社会政策。跨国公司不得干预东道国内政。各国在行使本款规定权利时,在充分考虑本国主权时,应当与其他国家进行合作。(c)将外国资产国有化、征用或转移所有权,在这种情况下,采取这种措施的国家应当考虑本国有关法律和条例以及所有该国认为相关的一切情势,给予补偿。在因补偿而产生争议的任何情况中,应当根据进行国有化的国家国内法,并由其法庭解决,除非所有相关国家自由协商,一致同意在各国主权平等的基础上,并根据自由选择途径之原则,采用其他和平方式解决。"1974年12月,联合国经社理事会通过决议,成立了"跨国公司专门委员会",并设立了"跨国公司中心"作为该委员会执行机构,拟定了《联合国跨国公司行为守则草案》。联合国贸发会议起草了《国际技术转让守则草案》。国际劳工组织制定了《关于多国企业与社会政策的原则三方宣言》。它们对管制跨国公司的活动发挥着重要作用。

(张长利)

跨国特别经济区域(transnational special economic region) 相邻或相向的国家或地区为了区域经济开发而建立的跨越国界,实施特殊经济政策与管理体制的特定经济合作区域。它一般是地理位置上相互邻近或相向的国家或者地区,为了某种共同的发展目标,或生产要素的客观互补性,而相互协调政策达成协议,采取某种特殊优惠与便利,以联合开发特定相邻区域,达到优势互补、资源共享、共同发展经济的目的。

在我国东北地区经济开发的过程,东北亚各国经济发展水平差异较大,开放度和在世界经济中的地位不同,各国发展经济的思路和政策都有很大的不同,有学者提出可以选择近邻且经济发展水平比较接近的地区建立跨国经济区。如中俄建立珲春—哈桑跨国经济区;中朝建立珲春—罗津、先锋跨国经济合作区。

跨国特别经济区域典型的表现形式是亚洲的"增长三角"。增长三角是指一种特殊的跨国经济合作开发区域,1989年12月新加坡副总理吴作栋提出在新加坡、马来西亚的柔佛州和印尼的廖内群岛之间的三角地带建立经济开发区,以达到共同发展的目的,并称这种跨国三角经济开发区为"增长三角"。此后,1993年亚洲开发银行和日本国际大学联合发起了"亚洲增长三角"的国际研讨会。会上,亚洲开发银行学者将这一定义概括为"利用不同国家在地里邻近地区的互补性,谋求在出口增长方面获得更大的竞争优势。为投资提供资本的私有成分和通过发展基础设施,提供财政鼓励或精简现有行政程序而使之提高效益的公有成分之间加强合作,有利于充分地利用这些互补性"。

(周燕)

kuaiji

会计（accounting） 对单位的经济业务进行确认、记录、计量、报告,并对单位的经济活动过程进行监督、检查、控制、预测、提供决策依据的一种管理活动。最初包括在生产经营职能中,表现为人类对经济活动的记录与计量行为。随着生产力的提高和经济的发展,会计逐渐从生产经营职能中分离出来而成为一种独立的管理职能。会计的基本职能是会计核算和会计监督。会计的作用在于提供信息,会计信息要有利于单位的内部经营管理,要符合国家宏观调控和管理的需要,能满足单位外部各方面了解该单位经营状况的要求,并能促进国际经济技术交流。现代会计有两大分支:(1)财务会计:通过一定的程序和方法,将单位的业务数据进行记录、分类、汇总,编制成报表,使会计信息的使用者了解单位的财务状况和生产经营情况。财务会计是对单位已经发生的经济业务进行记录和汇总,是对过去的生产经营活动进行客观的反映和监督。(2)管理会计:通过对财务会计信息及相关信息的加工整理,向单位管理者提供经营信息,帮助单位管理者进行决策,确定经营目标,加强对生产经营活动的管理,以提高单位的效益。管理会计着眼于单位未来的生产经营活动。 （曾章伟）

kuaiji baobiao shenji

会计报表审计（audit of accounting report） 注册会计师依法接受委托,按照独立审计准则的要求,对被审计单位的会计报表实施必要的审计,获取充分、适当的审计证据,并对会计报表发表审计意见。会计报表,是指需经注册会计师审计的年度会计报表,包括资产负债表、损益表(或利润表)、财务状况变动表(或现金流量表)、会计报表附注及相关附表。被审计单位,是指负责编制和报送会计报表,并接受注册会计师审计的企业和实行企业化管理的事业单位。会计报表审计的目的是对被审计单位会计报表的以下方面发表审计意见:会计报表的编制是否符合《企业会计准则》及国家其他有关财务会计法规的规定;会计报表在所有重大方面是否公允地反映了被审计单位的财务状况、经营成果和资金变动情况;会计处理方法的选用是否符合一贯性原则。注册会计师的审计意见应合理地保证会计报表使用人确定已审计会计报表的可靠程度,但不应被认为是对被审计单位持续经营能力及其经营效率、效果所作出的承诺。会计报表审计的范围应当根据独立审计准则和有关法规的规定及审计业务约定书的要求确定。审计的范围一般应限于约定的会计报表报告期内的有关事项,但凡与被审计单位的会计报表有关和影响注册会计师作出专业判断的所有方面,均属于会计报表审计的范围。由于审计测试及被审计单位内部控制制度的固有限制,可能存在会计报表某些反映失实而未被发现的情况。注册会计师如果发现可能导致会计报表反映严重失实的迹象,应当追加必要的审计程序予以证实或排除。 （刘　燕　麻琳琳）

kuaiji congye zige

会计从业资格（accounting practice qualification） 法律规定的会计人员从事会计岗位工作的资格。会计从业资格管理实行属地原则,即县级以上财政部门(含县级)负责本行政区域内的会计从业资格管理。国务院机关事务管理局负责中央和国务院各部、委、局等中央单位的会计从业资格管理。在国家机关、社会团体、公司、企业、事业单位和其他组织从事会计工作的人员,应当具备会计从业资格,取得会计从业资格证书。会计从业资格实行考试制度,考试每年进行一次,会计从业资格考试由省级财政部门负责组织实施。但具备教育部门认可的中专(含中专)以上会计类专业学历,自毕业之日起两年内(含两年)可以申请取得会计从业资格证书。会计从业资格证书是具备会计从业资格的证明文件。会计从业资格证书实行注册登记制度,取得会计从业资格证书的人员,被聘用从事会计工作时,应由本人或者本人所在单位提出申请,按照会计从业资格管理部门规定的时间到会计从业资格管理部门办理注册登记。取得会计从业资格证书的人员因工作、学习、会计专业技术资格考试或者职称等发生变更时,应当持有效证明,按规定办理变更登记手续。从事会计工作的人员因调任等原因离开原工作单位且到其他地区继续从事会计工作的,应当到原注册登记的会计从业资格管理部门办理从业档案调转手续,并于办理调转手续后的30日内到新工作单位所在地区的会计从业资格管理部门重新办理注册登记手续。

　　会计从业资格证书实行定期年检制度。原则上每两年年检一次。年检的主要内容包括继续教育情况、工作单位变更情况、遵纪守法情况、履行职责情况等。对未经发证机关注册登记、有违法乱纪行为、未按规定参加继续教育培训和脱离会计岗位的,以及弄虚作假骗取会计证的,发证机关不予办理年检。 （曾章伟）

kuaiji dang'an

会计档案（accounting files） 会计凭证、会计账簿和财务报告等会计核算专业材料,是记录和反映单位经济业务的重要史料和证据。具体包括:(1)会计凭证类:原始凭证,记账凭证,汇总凭证,其他会计凭证。(2)会计账簿类:总账,明细账,日记账,固定资产卡片,辅助账簿,其他会计账簿。(3)财务报告类:月度、季度、年度财务报告,包括会计报表、附表、附注及文字说明,其他财务报告。(4)其他类:银行存款余额调节表,银行对账单,其他应当保存的会计核算专业资料,会计档案移交清册,会计档案保管清册,会计档案销毁清册。各级人民政府财政部门和档案行政管理部门共同负责会计档案工作的指导、监督和检查。各单位应当依法管理会计档案。各单位必须加强对会计档案管理工作的领导,建立会计档案的立卷、归档、保管、查阅和销毁等管理制度,保证会计档案妥善保管、有序存放、方便查阅,严防毁损、散失和泄密。 (曾章伟)

kuaijifa

《会计法》(Accounting Law) 《中华人民共和国会计法》1985年1月21日第六届全国人民代表大会常务委员会第九次会议通过,根据1993年12月29日第八届全国人民代表大会常务委员会第五次会议《关于修改〈中华人民共和国会计法〉的决定》修正,1999年10月31日中华人民共和国第九届全国人民代表大会常务委员会第十二次会议修订通过,自2000年7月1日起施行。制定本法的目的是,规范会计行为,保证会计资料真实、完整,加强经济管理和财务管理,提高经济效益,维护社会主义市场经济秩序。本法共7章52条,包括:总则;会计核算;公司、企业会计核算的特别规定;会计监督;会计机构和会计人员;法律责任;附则等内容。国家机关、社会团体、公司、企业、事业单位和其他组织必须依照本法办理会计事务。会计机构、会计人员依照本法规定进行会计核算,实行会计监督。国务院财政部门主管全国的会计工作。国家实行统一的会计制度。国家统一的会计制度由国务院财政部门根据本法制定并公布。

会计核算 各单位必须根据实际发生的经济业务事项进行会计核算,填制会计凭证,登记会计账簿,编制财务会计报告。对于下列经济业务事项,应当办理会计手续,进行会计核算:(1)款项和有价证券的收付;(2)财物的收发、增减和使用;(3)债权债务的发生和结算;(4)资本、基金的增减;(5)收入、支出、费用、成本的计算;(6)财务成果的计算和处理;(7)需要办理会计手续、进行会计核算的其他事项。

公司、企业会计核算的特别规定 必须根据实际发生的经济业务事项,按照国家统一的会计制度的规定确认、计量和记录资产、负债、所有者权益、收入、费用、成本和利润。公司、企业的会计核算中杜绝下列行为:(1)随意改变资产、负债、所有者权益的确认标准或者计量方法,虚列、多列、不列或者少列资产、负债、所有者权益;(2)虚列或者隐瞒收入,推迟或者提前确认收入;(3)随意改变费用、成本的确认标准或者计量方法,虚列、多列、不列或者少列费用、成本;(4)随意调整利润的计算、分配方法,编造虚假利润或者隐瞒利润;(5)违反国家统一的会计制度规定的其他行为。

会计监督 各单位应当建立、健全本单位内部会计监督制度。单位负责人应当保证会计机构、会计人员依法履行职责。会计机构、会计人员对违反本法和国家统一的会计制度规定的会计事项,有权拒绝办理或者按照职权予以纠正。任何单位和个人对违反本法和国家统一的会计制度规定的行为,有权检举。财政部门对各单位的下列情况实施监督:(1)是否依法设置会计账簿;(2)会计凭证、会计账簿、财务会计报告和其他会计资料是否真实、完整;(3)会计核算是否符合本法和国家统一的会计制度的规定;(4)从事会计工作的人员是否具备从业资格。各单位必须依照有关法律、行政法规的规定,接受有关监督检查部门依法实施的监督检查。

会计机构和会计人员 各单位应当根据会计业务的需要,设置会计机构,或者在有关机构中设置会计人员并指定会计主管人员;不具备设置条件的,应当委托经批准设立从事会计代理记账业务的中介机构代理记账。国有的和国有资产占控股地位或者主导地位的大、中型企业必须设置总会计师。总会计师的任职资格、任免程序、职责权限由国务院规定。会计机构内部应当建立稽核制度。从事会计工作的人员,必须取得会计从业资格证书。会计人员从业资格管理办法由国务院财政部门规定。因违法违纪行为被吊销会计从业资格证书的人员,自被吊销会计从业资格证书之日起5年内,不得重新取得会计从业资格证书。

法律责任 有下列行为之一的,由政府财政部门责令限期改正,可以对单位、直接负责人员、直接责任人员给予罚款、吊销会计从业资格证书、撤职直至开除等惩处;构成犯罪的,依法追究刑事责任:(1)会计账簿不符合法律规定的;(2)私设会计账簿的;(3)未按照规定填制、取得原始凭证或者填制、取得的原始凭证不符合规定的;(4)以未经审核的会计凭证为依据登记会计账簿或者登记会计账簿不符合规定的;(5)随意变更会计处理方法的;(6)向不同的会计资料使用者提供的财务会计报告编制依据不一致的;(7)未按照规定使用会计记录文字或者记账本位币的;(8)未按照规定保管会计资料,致使会计资料毁损、灭失的;(9)未按照规定建立并实施单位内部会计监督制度或者拒绝依法实施的监督或者不如实提供有关会计资料及有关情况的;(10)任用会计人员不符合本法规定的。单位负责人对依法履行职责、抵制违反本法规定行为的会计人员以降级、撤职、调离工作岗位、解聘或者开除等方式实行打击报复,构成犯罪的,依法追究刑事责任;尚不构成犯罪的,由其所在单位或者有关单位依法给予行政处分。对受打击报复的会计人员,应当恢复其名誉和原有职务、级别。财政部门及有关行政部门的工作人员在实施监督管理中滥用职权、玩忽职守、徇私舞弊或者泄露国家秘密、商业秘密,构成犯罪的,依法追究刑事责任;尚不构成犯罪的,依法给予行政处分。 （雷雨波　薛建兰　戴　菲　白　峰）

kuaijifa
会计法（accounting law）　调整会计行为与会计关系的法律规范的总称,目的在于保障会计信息的客观性与可靠性,便利信息使用人进行经济决策。

会计行为指会计人员进行会计核算,确认、计量、记录、反映会计主体的资金运动,并最终形成会计信息的一系列工作。会计核算作为经济管理的一种技术手段,有其内在的科学性要求。这些要求用法律或者行业规范的形式固定下来,构成会计法的主要内容。会计关系是会计机构、会计人员在办理会计事务、企业在对外报送、披露财务报告以及国家在管理会计工作的过程中发生的各种社会关系,如会计机构从业务经办人取得经济业务的原始数据,并依照会计规范进行处理,最终生成会计信息;企业或者预算单位对外提供本单位的财务信息,供投资人、债权人、税务机关或者政府接受、使用。

我国的会计法律规范体系以《中华人民共和国会计法》为主导,以会计准则为主干,以会计制度为基础,构成了一整套会计法规范体系。《会计法》关于"会计核算"、特别是"企业、公司会计核算"的内容,在企业会计领域则具体化为企业财务会计准则和企业财务会计制度,大致可分为三个方面:(1)会计核算的基本规则（参见会计核算）;(2)会计人员管理;(3)会计工作组织与管理。从广义上说,会计法律规范还包括在其他相关法律中与财务会计事项有关的法律规范,如公司法中关于账簿设置、使用、财务报表编制、披露的规范,证券法关于上市公司财务信息披露的规范,审计法关于会计违法行为的处罚规范等等。

会计法的基本原则包括:(1)如实反映原则。它要求会计系统真实地、准确地、全面地反映资金运动信息,杜绝"假账真算"、"真账假算"等会计舞弊行为。(2)利益均衡原则。会计行为应当兼顾各利害关系主体的利益。会计核算的过程是经济利益的界定和保护的过程。社会经济活动中有多种主体参与其中,其利益的表现形式不同。由于会计方法的选择性,会计结果也就具有选择性,相应地,对不同的利益主体造成不同的影响。会计系统只有如实反映实际发生的资金运动,才是对各方利益的合理兼顾。相反,歪曲事实,提供虚假的会计信息,必然是有益于特定主体的利益,损害了另一部分主体的利益。

经济法是由众多的单行法组成,如财政法、税法、金融法、审计法等。会计法与这些单行法属于同一个层次的、并列存在的法律部门。会计法的作用包括:(1)保障社会主义市场经济中各经济主体的财产权益;(2)保障会计机构和会计人员的合法权益;(3)确认和促进与市场经济相适应的会计关系的形成;(4)促进会计工作与国际惯例接轨。　　（刘　燕　曾章伟）

kuaiji falü guanxi
会计法律关系（accounting legal relation）　受会计法律规范确认和调整的在参与会计活动或者会计关系的各方当事人之间形成的权利义务关系。会计法律关系的内容主要有:会计管理关系,即在统一领导、分级管理原则的指导下,财政部门对会计工作实行管理而与被管理的单位和个人之间形成的法律关系;会计核算关系,即在办理会计核算事务过程中,会计机构和会计人员与其他人之间发生的关系;会计监督关系,主要由以内部控制制度为依托的单位内部监督关系和包括财政、审计、税务、证券监管等部门行使会计行为监督权而与被监管者之间形成的政府监督关系两个方面组成;会计服务关系,包括审计关系、代理记账关系、会计咨询关系、其他会计服务法律关系。会计法律关系具有广泛性和权利义务一致性的特点。　　（刘　燕）

kuaiji falü zeren
会计法律责任（accounting legal liability）　违反会计法律规范所应承担的法律后果。狭义的会计法律责任仅指《中华人民共和国会计法》所规定的法律责任形式,主要涉及以下四个方面的违法行为:(1)在账簿设置、凭证编制、账目登记、会计政策选择、会计资料保管、会计人员任用、内部控制制度等会计工作基础环节上存在的不规范行为;(2)伪造、变造会计凭证、会计账簿、编制虚假财务会计报告,以及授意、指使、强令他人从事上述行为的;(3)单位负责人对依法履行职责、抵制违反《会计法》规定行为的会计人员进行打击报复的行为;(4)财政部门和有关行政部门的工作人员渎职或泄露国家机密、商业机密的行为。

由于会计行为的基础性和广泛性,参与到财务信息生成过程的各类主体众多,财务资料的虚假往往同时触及信息披露、纳税等方面的违法界限,因此会计法律责任具有责任主体的多样性、会计违法行为的双重性、追究责任机关的多元化等特点。为避免同一会计违法行为同时承担会计法、税法、证券法等多重法律责任,各追究责任机关之间应进行必要的沟通和有效的协调。　　（刘　燕　曾章伟　戴　菲　白　峰）

kuaiji gongzuo jiaojie
会计工作交接（accounting work hand-over）　会计

人员工作调动或者因故离职将本人所经管的会计工作全部移交给接替人员的一种工作程序。会计工作交接既界定了移交人员和接替人员的责任,又使会计工作承前启后,有利于会计工作的顺利进行。会计人员工作调动或者因故离职,没有办清交接手续的,不得调动或者离职。会计人员临时离职或者因病不能工作且需要接替或者代理的,会计机构负责人、会计主管人员或者单位领导人必须指定有关人员接替或者代理,并办理交接手续。临时离职或者因病不能工作的会计人员恢复工作的,应当与接替或者代理人员办理交接手续。移交人员因病或者其他特殊原因不能亲自办理移交的,经单位领导人批准,可由移交人员委托他人代办移交。会计人员办理移交手续前,必须及时做好以下工作:(1)已经受理的经济业务尚未填制会计凭证的,应当填制完毕。(2)尚未登记的账目,应当登记完毕,并在最后一笔余额后加盖经办人员印章。(3)整理应该移交的各项资料,对未了事项写出书面材料。(4)编制移交清册,列明应当移交的会计凭证、会计账簿、会计报表、印章、现金、有价证券、支票簿、发票、文件、其他会计资料和物品等内容;实行会计电算化的单位,从事该项工作的移交人员还应当在移交清册中列明会计软件及密码、会计软件数据磁盘(磁带等)及有关资料、实物等内容。会计人员办理交接手续,必须有监交人负责监交。一般会计人员交接,由单位会计机构负责人、会计主管人员负责监交;会计机构负责人、会计主管人员交接,由单位领导人负责监交,必要时可由上级主管部门派人会同监交。移交人员在办理移交时,要按移交清册逐项移交,接替人员要逐项核对点收。

(曾章伟)

kuaiji guanli
会计管理(accounting management) 会计管理部门对会计工作进行的管理。各级财政部门是会计工作的主管部门,依统一领导、分级管理的原则管理会计工作。国务院财政部门主管全国的会计工作,县级以上地方各级人民政府财政部门管理本行政区域内的会计工作。财政部门是会计工作的主管部门,但并不排斥国家其他部门如税务机关、审计机关对会计工作的管理。国家统一的会计制度由国务院财政部门根据会计法制定并公布。国务院有关部门有权依照《中华人民共和国会计法》和国家统一的会计制度制定具体办法或者补充规定,并报经国务院财政部门审批。军队实施国家统一的会计制度的具体办法,由中国人民解放军总后勤部制定,并报国务院财政部门备案。各级财政部门对会计人员的从业资格、继续教育、专业技术资格等方面的业务进行管理。各级人事部门和单位负责人负责会计人员的人事管理。

(曾章伟)

kuaiji guanli tizhi
会计管理体制(accounting management system) 一国对会计工作进行管理的制度安排。它包括会计法规的制定、会计人员的管理、会计行为的监督等方面的内容。我国的会计管理体制由《中华人民共和国会计法》规定,明确国务院财政部门是国家会计工作的主管机关,国家实行统一的会计制度,财政部门对会计人员任职资格进行统一管理,对注册会计师行业进行监管,财政部门以及其他经济监督部门监督会计法规的实施。国务院财政部门作为全国会计工作的主管机关,对会计工作进行全面的管理,其核心是制定国家统一的会计制度,并监督国际会计制度的实施。

会计作为最基础的经济管理手段,广泛应用于各类经济活动中,从而与不同的经济监督机关的管理权限发生联系。我国《会计法》规定,财政、审计、税务、人民银行、证券监管、保险监管等部门应当依照有关法律、行政法规规定的职责,对有关单位的会计资料实施监督检查。这些监督检查部门对有关单位的会计资料依法实施监督检查后,应当出具检查结论。在监督检查过程中,如果对特定会计准则或会计制度的含义存在歧义或者争议,应当申请会计准则和会计制度的制定者进行解释。

在市场经济发达国家,会计管理体制一般又称为会计监管,它主要体现为政府与会计职业之间在有关企业财务报告的生成与披露方面的权力分配,其核心内容是两个问题:(1)谁掌握作为财务报告编制依据的会计准则的制订权,政府、立法机关、会计职业团体,还是独立的准则制定机构;(2)会计职业由政府监管还是行业自律管理。(见会计准则制订、会计监督)

(刘 燕)

kuaiji hesuan
会计核算(accounting) 在会计核算过程中,会计人员根据管理的要求,对经济活动所提供的大量的原始资料进行确认、计量、记录、计算、比较,最终以财务报表的形式反映单位的经济活动及其结果。是会计最基本的职能,会计以货币为计量单位,运用专门的方法,能连续、系统、全面、综合地反映资金运动的职能。

《中华人民共和国会计法》规定,下列经济业务事项,应当办理会计手续,进行会计核算:(1)款项和有价证券的收付;(2)财物的收发、增减和使用;(3)债权债务的发生和结算;(4)资本、基金的增减;(5)收入、支出、费用、成本的计算;(6)财务成果的计算和处理;(7)需要办理会计手续、进行会计核算的其他事项。

一项经济业务的会计核算涉及会计确认、会计计量与会计记录三个环节。(1)会计确认,指将一项业务作为资产、负债、收入、费用或者其他会计要素正式地列入财务报表的过程。会计确认的结果,将导致一项交易正式计入特定的账户,反映在特定时期的财务报表中。(2)会计计量,指为了在财务报表中确认和计列有关会计要素而确定其货币金额的过程。(3)会计记录,又称为"簿记"或者"记账",指按照特定的记账方法,填制会计凭证,登记会计账簿,最终编制财务会计报告。

按照我国《会计法》的要求,会计核算应遵循下列原则:(1)真实性原则。各单位必须根据实际发生的经济业务事项进行会计核算,不得以虚假的经济业务事项或者资料进行会计核算。(2)实质重于形式原则。企业应当按照交易或事项的经济实质进行会计核算,而不应当仅仅按照它们的法律形式作为会计核算的依据。(3)合规性原则,即会计凭证、会计账簿、财务会计报告和其他会计资料,必须符合国家统一的会计制度的规定。使用电子计算机进行会计核算的,其软件及其生成的会计凭证、会计账簿、财务会计报告和其他会计资料,也必须符合国家统一的会计制度的规定。(4)一致性原则,即各单位采用的会计处理方法,前后各期应当一致,不得随意变更;确有必要变更的,应当按照国家统一的会计制度的规定变更,并将变更的原因、情况及影响在财务会计报告中说明。(5)账实相符原则,即各单位应当定期将会计账簿记录与实物、款项及有关资料相互核对,保证会计账簿记录与实物及款项的实有数额相符、会计账簿记录与会计凭证的有关内容相符、会计账簿之间相对应的记录相符、会计账簿记录与会计报表的有关内容相符。(6)谨慎性原则,即不确认可能发生的收益,但确认可能发生的损失。面对两种或更多的对资产进行估价的方法,会计人员应选择能导致对资产的估价最低的方法,如成本与市价孰低法,使财务报告建立在比较稳健的基础上。

(刘 燕 曾章伟)

kuaiji jigou

会计机构(accounting department) 单位负责会计工作的职能部门。各单位应当根据会计业务的需要设置会计机构;不具备单独设置会计机构条件的,应当在有关机构中配备专职会计人员。事业行政单位会计机构的设置和会计人员的配备,应当符合国家统一事业行政单位会计制度的规定。设置会计机构,应当配备会计机构负责人;在有关机构中配备专职会计人员,应当在专职会计人员中指定会计主管人员。会计机构负责人、会计主管人员应当具备下列基本条件:(1)坚持原则,廉洁奉公;(2)具有会计专业技术资格;(3)主管一个单位或者单位内一个重要方面的财务会计工作时间不少于两年;(4)熟悉国家财经法律、法规、规章和方针、政策,掌握本行业业务管理的有关知识;(5)有较强的组织能力;(6)身体状况能够适应本职工作的要求。会计机构内部应当建立稽核制度。出纳人员不得兼任稽核、会计档案保管和收入、支出、费用、债权债务账目的登记工作。没有设置会计机构和配备会计人员的单位,应当根据《代理记账管理暂行办法》委托会计师事务所或者持有代理记账许可证书的其他代理记账机构进行代理记账。

(曾章伟)

kuaiji jilu wenzi

会计记录文字(accounting language) 单位办理会计事务所使用的文字。会计记录的文字应当使用中文,少数民族自治地区可以同时使用少数民族文字。中国境内的外商投资企业、外国企业和其他外国经济组织也可以同时使用某种外国文字。

(曾章伟)

kuaiji jiashe

会计假设(accounting assumption) 会计上对一些在会计实务中有重大影响但又难以确切界定的问题,根据一般的正常情况作出的合理判断。如同数学上的公理一样,这些假设被认为是不言自明的,它们构成财务会计体系运作的基础。会计假设的产生直接源于法律对会计行为的关注,是会计界针对公众以及法律界对会计信息的有效性所产生的疑惑,对会计信息赖以存在的前提所作的一种高度概括。它同时也反映了会计界本身对会计信息局限性的承认,是对会计功能认识的深化。另一方面,由于限制了会计信息的有效性范围,会计假设一旦为法律所承认,就不仅为会计人员使用特定会计方法提供了最基础的指南,在一定程度上也解除了会计人员以及企业管理当局对因使用特定会计方法而出现的不利经济结果的法律责任。各国会计法或者会计准则所承认的会计假设的范围与内容不完全一致。我国《企业会计准则》认定的会计假设有四项:会计主体假设、持续经营假设、会计分期假设、币值稳定假设。(见会计主体假设、持续经营假设、会计分期假设、币值稳定假设)

(刘 燕 戴 菲 白 峰)

kuaiji jiandu

会计监督(accounting supervision) 又称为会计控制。会计以经济效益为中心,维护会计主体财产、资金的完整无缺、有效利用以及资金运动合法性的全部活动。会计部门对生产经营过程所进行的计划、监督、控制等一系列的活动,目的在于对各项经济活动的合理性、效益性进行检查、考核、评价,保证企业实现预期的经营目标,同时也督促各种会计主体遵守国家财经法律、法规、政策和纪律。

违法监督，即对会计主体的违法、违纪收支行为以及虚假财务信息披露行为的监督，目的在于保证财务信息的真实性。对于监督的主体问题实践中争议很大。1985年以及1993年《中华人民共和国会计法》均将"会计监督"规定为单位内部会计人员的基本职能，要求其以国家法律、法规、政策为依据对会计主体的经济活动的合法性进行监督，拒绝办理不真实、不合法的经济业务。这些要求与现代市场经济条件下会计人员的地位之间不协调。1999年修改《会计法》，把会计监督构造为在一种制度框架下常规运作的监督形式，包括以下三个方面的内容：(1)单位内部会计监督制度。单位内部应建立健全会计监督和内部控制制度，单位负责人应当保证会计机构、会计人员依法履行职责，不得授意、指使、强令会计机构、会计人员违法办理会计事项。会计机构、会计人员对违反《会计法》和国家统一的会计制度规定的会计事项，有权拒绝办理或者按照职权予以纠正；发现会计账簿记录与实物、款项及有关资料不相符的，按照国家统一的会计制度的规定有权自行处理的，应当及时处理；无权处理的，应当立即向单位负责人报告，请求查明原因，作出处理。(2)外部审计制度，即由独立的第三人对企事业单位的财务报表进行审查。(3)以财政部门为主进行的会计检查监督制度。财政部门对各单位的下列情况实施监督：是否依法设置会计账簿；会计凭证、会计账簿、财务会计报告和其他会计资料是否真实、完整；会计核算是否符合《会计法》和国家统一的会计制度的规定；从事会计工作的人员是否具备从业资格。除财政部门作为会计主管机关进行的会计检查外，审计、税务、人民银行、证券监管、保险监管等部门应当依照有关法律、行政法规规定的职责，对有关单位的会计资料实施监督检查。

（刘　燕　曾章伟）

kuaiji pingzheng
会计凭证（accounting document）　记录经济业务发生和完成的书面证明。可以分为原始凭证和记账凭证。各单位办理会计事务，必须取得或者填制原始凭证，并及时送交会计机构。记账凭证可以分为收款凭证、付款凭证和转账凭证，也可以使用通用记账凭证。原始凭证和记账凭证必须具备法定的内容并按要求填制。原始凭证不得外借，其他单位如因特殊原因需要使用原始凭证时，经本单位会计机构负责人、会计主管人员批准，可以复制。向外单位提供的原始凭证复制件，应当在专设的登记簿上登记，并由提供人员和收取人员共同签名或者盖章。从外单位取得的原始凭证如有遗失，应取得原开出单位盖有公章的证明，并注明原来凭证的号码、金额和内容等，由经办单位会计机构负责人、会计主管人员和单位领导人批准后，才能代作原始凭证。如果确实无法取得证明的，如火车、轮船、飞机票等凭证，由当事人写出详细情况，由经办单位会计机构负责人、会计主管人员和单位领导人批准后，代作原始凭证。填制会计凭证，字迹必须清晰、工整，并符合法定的其他要求。实行会计电算化的单位，对于机制记账凭证，要认真审核，做到会计科目使用正确，数字准确无误。打印出的机制记账凭证要加盖制单人员、审核人员、记账人员及会计机构负责人、会计主管人员印章或者签字。

各单位会计凭证的传递程序应当科学、合理，具体办法由各单位根据会计业务需要自行规定。会计机构、会计人员要妥善保管会计凭证。会计凭证应当及时传递，不得积压。会计凭证登记完毕后，应当按照分类和编号顺序保管，不得散乱丢失。记账凭证应当连同所附的原始凭证或者原始凭证汇总表，按照编号顺序，按期装订成册，并加具封面。对于数量过多的原始凭证，可以单独装订保管。各种经济合同、保证金收据以及涉外文件等重要原始凭证，应当另编目录，单独登记保管。

（曾章伟）

kuaiji qijian
会计期间（accounting period）　为便于会计核算而进行的时间区间划分。会计期间是会计核算的前提条件。因为企业要进行的生产经营活动是持续不断的发生的，要不断地取得收入，发生费用支出。收入的取得、支出的发生，必然会引起资产、负债、所有者权益增减发生变动。这种经济活动是川流不息、循环往复的。会计作为一种管理活动，其目的之一就是提供会计信息，满足各个方面的需要，这就势必要针对企业这种连绵不绝的生产经营活动定期地总结账簿中的记录，并编制出会计报表，这就有必要划分会计期间。将持续不断的经营期间人为划分为一个个前后衔接的、长度相等的时间阶段的作用表现在：(1)以企业经营活动进行分期，使企业能定期反映经济活动过程及其财务成果；(2)使企业能够定期提供会计信息，满足内外信息使用者的需要；(3)为会计核算工作提出了时间的要求，既不能提前，又不能延后，提高了会计核算工作的效率；(4)使现代会计理论得到了发展。会计期间均按公历日期确定，会计期间分为年度、半年度、季度和月度。会计年度就是公历年度，即每年的1月1日起至12月31日止。按会计期间编制的财务会计报告分别为年报、中报、季报、月报。

（曾章伟　麻琳琳）

kuaiji qijian jiashe
会计期间假设（accounting period assumption）　连续不断的经营过程可以被划分为相等的时间单位，以便对企业的经营状况进行及时的、连续的反映。这种为了会计核算的需要而人为划分的相等时间单位,就称为会计期间。通过计算一定会计期间内的收入和支出,确定财务成果,编制财务报表,企业内部的管理层以及外部的利害关系人就可以及时掌握企业的经营状况,而不必等到企业最终歇业时将净资产与原始投入比较。由于财务报表按期编制,经营成果就必须按期核算,从而产生"本期"与"非本期"的概念。从某种意义上说,会计期间假设直接导致了"会计确认"、特别是时间确认问题的产生。实践中,企业取得的收入或者支出的费用可能是与几个会计期间有关的。什么时间确认收入、什么时间确认费用,对于特定会计期间的利润水平影响很大。会计实务中存在现金制与权责发生制两种原则。多数国家采用权责发生制原则。但权责发生制本身也有一些难以克服的局限性。一般认为,强制性的会计分期与持续性的经营活动之间的矛盾是会计数据失实、缺乏意义或者被操纵的主要根源。

根据经济管理的不同要求,会计期间可以划分成月度、季度和年度。其中以12个月为间隔的会计年度是最重要的会计期间,从国家的财政收支角度,称为财政年度。从企业的利润核算角度,称为会计年度。它一般与公历年一致,但也可能不一致。《中华人民共和国会计法》规定,国家统一采用公历年度作为会计年度,以公历1月1日至12月31日为一个会计年度。无论是企业单位、事业单位、还是财政预算,都是如此。这种强制划分的会计年度有利于国家税收征管以及财政收支的计划有序,但是不利于企业按照自己的营业周期进行财务核算。同时,各企业的年度会计报表审计都集中在会计年度终了后的四五个月内,也给注册会计师的审计工作造成较大的压力。　　(刘　燕)

kuaiji renyuan

会计人员(accounting personnel)　直接从事会计工作的人员。各单位应当根据会计业务需要配备持有会计证的会计人员。未取得会计证的人员,不得从事会计工作。国家机关、国有企业、事业单位任用会计人员应当实行回避制度。单位领导人的直系亲属不得担任本单位的会计机构负责人、会计主管人员。会计机构负责人、会计主管人员的直系亲属不得在本单位会计机构中担任出纳工作。需要回避的直系亲属为:夫妻关系、直系血亲关系、三代以内旁系血亲以及配偶亲关系。各单位应当根据会计业务需要设置会计工作岗位。会计工作岗位一般可分为:会计机构负责人或者会计主管人员,出纳,财产物资核算,工资核算,成本费用核算,财务成果核算,资金核算,往来结算,总账报表,稽核,档案管理等。开展会计电算化和管理会计的单位,可以根据需要设置相应工作岗位,也可以与其他工作岗位相结合。会计工作岗位,可以一人一岗、一人多岗或者一岗多人。会计人员的工作岗位应当有计划地进行轮换。

会计人员应当具备必要的专业知识和专业技能,熟悉国家有关法律、法规、规章和国家统一会计制度。会计人员在会计工作中应当遵守职业道德,树立良好的职业品质、严谨的工作作风,严守工作纪律,努力提高工作效率和工作质量。会计人员应当热爱本职工作,努力钻研业务,使自己的知识和技能适应所从事工作的要求。各单位应当合理安排会计人员的培训,保证会计人员每年有一定时间用于学习和参加培训。会计人员应当熟悉本单位的生产经营和业务管理情况,运用掌握的会计信息和会计方法,为改善单位内部管理、提高经济效益服务。会计人员应当按照会计法律、法规和国家统一会计制度规定的程序和要求进行会计工作,保证所提供的会计信息合法、真实、准确、及时、完整。会计人员应当保守本单位的商业秘密。除法律规定和单位领导人同意外,不能自向外界提供或者泄露单位的会计信息。各单位领导人应当支持会计机构、会计人员依法行使职权;对忠于职守、坚持原则,作出显著成绩的会计机构、会计人员,应当给予精神的和物质的奖励。财政部门、业务主管部门和各单位应当定期检查会计人员遵守职业道德的情况,并作为会计人员晋升、晋级、聘任专业职务、表彰奖励的重要考核依据。会计人员违反职业道德的,由所在单位进行处罚;情节严重的,由会计证发证机关吊销其会计证。

(曾章伟)

kuaiji renyuan guanli tizhi

会计人员管理体制(regulatory system on internal accountants)　我国对单位内部会计人员的管理制度,内容主要包括会计从业资格的管理以及会计人员职业道德教育等。

广义上说,会计人员是指会计从业人员,包括在企事业单位内部担任财务或者会计工作的专业技术人员以及独立执业的注册会计师。狭义的会计人员是指企事业单位内部的会计人员。《中华人民共和国会计法》采用狭义的会计人员定义,对单位内部的会计人员的管理,是我国会计管理体制特有的内容。在市场经济发达国家,单位内部会计人员属于企事业单位内部自主经营管理机制的组成部分,不属于法律调整的对象。在我国,对企事业内部会计人员的管理一直是财政部门最重要的工作之一。这是因为内部会计人员是生成会计信息的主体,在会计法律关系中处于中心地位。1985年与1993年《会计法》都针对内部会计人员提出了会计监督的要求,并将其权利与义务一体化,称为会计人员的职责。1999年《会计法》取消了对内部会计人员一些不切合实际的要求,但是依然保留了"会计机构和会计人员"一章,作为对会计人员进行监管的法律基础。　　　　　　　　　（刘　燕）

kuaijishi

会计师（accountant）　中级会计专业职务按照《会计专业职务试行条例》的规定,担任会计师的职务需满足以下条件:(1)较系统地掌握财务会计基础理论和专业知识。(2)掌握并能正确贯彻执行有关的财经方针、政策和财务会计法规、制度。(3)具有一定的财务会计工作经验,能担负一个单位或管理一个地区、一个部门、一个系统某个方面的财务会计工作。(4)取得博士学位,并具有履行会计师职责的能力;取得硕士学位并担任助理会计师职务两年左右;取得第二学士学位或研究生班结业证书,并担任助理会计师职务2至3年;大学本科或大学专科毕业并担任助理会计师职务4年以上。(5)掌握一门外语。以上关于专业职务的学历和从事财务会计工作的年限要求,一般在任职时都应具备;但对确有真才实学、成绩显著、贡献突出、符合任职条件的人员,在确定其相应专业职务时,可以不受上述学历和工作年限的限制。会计师的职责为负责草拟比较重要的财务会计制度、规定、办法;解释、解答财务会计法规、制度中的重要问题;分析检查财务收支和预算的执行情况;培养初级会计人才。（曾章伟）

kuaijishi shiwusuo

会计师事务所（certified public accounting firm）依法设立并承办注册会计师业务的机构。国务院财政部门和省、自治区、直辖市人民政府财政部门,依法对会计师事务所进行监督、指导。会计师事务所依法独立、公正执行业务,受法律保护。会计师事务所可以由注册会计师合伙设立。合伙设立的会计师事务所的债务,由合伙人按照出资比例或者协议的约定,以各自的财产承担责任。合伙人对会计师事务所的债务承担连带责任。会计师事务所符合下列条件的,可以是负有限责任的法人:不少于30万元的注册资本;有一定数量的专职从业人员,其中至少有5名注册会计师;国务院财政部门规定的业务范围和其他条件。负有限责任的会计师事务所以其全部资产对其债务承担责任。设立会计师事务所,由国务院财政部门或者省、自治区、直辖市人民政府财政部门批准。申请设立会计师事务所,申请者应当向审批机关报送下列文件:申请书;会计师事务所的名称、组织机构和业务场所;会计师事务所章程,有合伙协议的并应报送合伙协议;注册会计师名单、简历及有关证明文件;会计师事务所主要负责人、合伙人的姓名、简历及有关证明文件;负有限责任的会计师事务所的出资证明;审批机关要求的其他文件。审批机关应当自收到申请文件之日起30日内决定批准或不批准。省、自治区、直辖市人民政府财政部门批准的会计师事务所,应当报国务院财政部门备案。国务院财政部门发现批准不当的,应当自收到备案报告之日起30日内通知原审批机关重新审查。会计师事务所设立分支机构,须经分支机构所在地的省、自治区、直辖市人民政府部门批准。会计师事务所依法纳税。会计师事务所按照国务院财政部门的规定建立职业风险基金,办理职业保险。会计师事务所受理业务,不受行政区域、行业的限制;但是,法律、行政法规另有规定的除外。在会计师事务所从业的注册会计师应当在法律允许的范围内从事其业务。委托人委托会计师事务所办理业务,任何单位和个人不得干预。

外国会计师事务所在中国境内设立常驻代表机构,须报国务院财政部门批准。外国会计师事务所与中国的会计师事务所共同举办中外合作会计师事务所,须经国务院对外经济贸易主管部门或者国务院授权的部门和省级人民政府审查同意后报国务院财政部门批准。除此以外,外国会计师事务所需要在中国境内临时办理有关业务的,须经有关的省、自治区、直辖市人民政府财政部门批准。

　　　　　（麻琳琳　薛建兰　戴　菲　白　峰）

kuaiji yaosu

会计要素（accounting element）　会计上对经济交易中的资金运动进行最基本的分类而形成的一些概念,是会计这一商业语言最基础的构成元素。会计界根据经济交易的具体内容对每一种会计要素进行进一步的分类,并借助各种"账户",运用特定的会计记账方法,就可以对会计主体中资金运动的各个方面进行连续的、详细的、分类的反映。各国会计法规确认的会计要素大同小异。我国会计法规确认的会计要素有六个:资产、负债、所有者权益、收入、费用、利润。其中,"资产"、"负债"、"所有者权益"是对资金存在状态的静止反映,揭示了企业在一个特定时点上占用的资源与承担的债务情况,即企业的财务状况。"收入"、"费用"和"利润"是对资金运动形式的描述,反映了企业在一定时期内经营活动的过程和结果。六个要素之间存在着数量上的关系,资产 = 负债 + 所有者权益,收入 - 费用 = 利润,它们构成财务报表的基本框架。（见资产、负债、所有者权益、收入、费用、利润）

　　　　　　　　（刘　燕　戴　菲　白　峰）

kuaijiyuan

会计员（accounting clerk）　资格最为初级的会计从

业人员。按照财政部《会计从业资格管理办法》的规定,会计从业人员都需具备会计从业资格,而会计从业资格的取得,需满足如下条件:(1)坚持原则,秉公办事,具备良好的道德品质;(2)遵守国家法律、法规;(3)具备一定的会计专业知识和技能;(4)热爱会计工作。同时,具备教育部门认可的中专(含中专)以上会计类专业学历的人员,自毕业之日起两年内(含两年)可以直接申请取得会计从业资格,不参加会计从业资格考试;超过2年未取得会计从业资格的,必须通过参加会计从业资格考试。按照中央职称改革工作领导小组1986年4月10日颁布的《会计专业职务试行条例》(由财政部负责解释)的规定,会计员是具体办理经济业务的审核和记账工作的会计人员。会计员取得职务资格在学历上的要求是大学专科和中专毕业,在能力方面,要求在财务会计工作岗位见习一年期满,初步掌握财务会计知识、技能,能够独立担负一个岗位的财务会计工作。以上关于专业职务的学历和从事财务会计工作的年限要求,一般在任职时都应具备;但对确有真才实学、成绩显著、贡献突出、符合任职条件的人员,在确定其相应专业职务时,可以不受上述学历和工作年限的限制。但根据会计员在会计岗位上主要是具体从事编制记账凭证、登记会计账簿、编制会计报表等会计事务。

(刘 燕)

kuaiji zhangbu

会计账簿(accounting books) 各单位按照国家统一会计制度的规定和会计业务的需要设置的会计账簿。会计账簿包括总账、明细账、日记账和其他辅助性账簿。现金日记账和银行存款日记账必须采用订本式账簿。不得用银行对账单或者其他方法代替日记账。实行会计电算化的单位,用计算机打印的会计账簿必须连续编号,经审核无误后装订成册,并由记账人员和会计机构负责人、会计主管人员签字或者盖章。启用会计账簿时,应当在账簿封面上写明单位名称和账簿名称。在账簿扉页上应当附填有法定内容的启用表。启用订本式账簿,应当从第一页到最后一页顺序编订页数,不得跳页、缺号。使用活页式账页,应当按账户顺序编号,并须定期装订成册。

会计人员应当根据审核无误的会计凭证按法定要求登记会计账簿。实行会计电算化的单位,总账和明细账应当定期打印。发生收款和付款业务的,在输入收款凭证和付款凭证的当天必须打印出现金日记账和银行存款日记账,并与库存现金核对无误。账簿记录发生错误,不准涂改、挖补、刮擦或者用药水消除字迹,不准重新抄写,必须按照规定方法进行更正。各单位应当定期对会计账簿记录的有关数字与库存实物、货币资金、有价证券、往来单位或者个人等进行相互核对,保证账证相符、账账相符、账实相符。对账工作每年至少进行一次。各单位应当按照规定定期结账。结账前,必须将本期内所发生的各项经济业务全部登记入账。结账时,应当结出每个账户的期末余额。

(曾章伟)

kuaiji zhidu

会计制度(accounting system) 主要由财政部制定,规范会计科目的设置、会计账户的使用以及会计工作的组织的部门规章,对我国企业财务会计核算工作给予具体而详细的指导。传统上,会计制度是我国会计规范的主要载体。在1993年财务会计制度改革之前,我国按照所有制、行业、部门、地区的不同颁布了大量的会计制度,为各种会计主体建立内部会计核算系统,组织会计核算提供很大的帮助。但这一模式是与传统的计划管理体制以及会计主体的资金业务比较单一的状况相适应的。随着社会市场经济体制的建立,会计主体间基于所有制、部门、地区的差异基本消失,业务范围也日趋扩大,传统的会计制度已经过时。《中华人民共和国会计法》要求在全国建立统一的会计制度。1998年,财政部颁布了《股份有限公司会计制度——会计科目与会计报表》,统一适用于不同行业中的股份制公司,显著地改善了上市公司之间信息的可比性。2000年,财政部用《企业会计制度》取代了《股份有限公司会计制度》,进一步统一非上市公司所实行的会计制度。与此同时,财政部针对不同性质的会计主体的核算需求,陆续发布《事业单位会计制度》、《医院会计制度》、《社会保险基金会计制度》等一系列会计制度,从而使我国会计制度的体系构成更加科学、严谨。

(刘 燕)

kuaiji zhuti

会计主体(accounting entity) 也称为会计个体、会计实体。会计信息所反映的特定单位或者组织,属于会计假设的一个方面。它规范了会计工作的空间范围。我国《企业会计准则》规定:"会计核算应当以企业发生的各项经济业务为对象,记录和反映企业本身的各项生产经营活动"。明确会计主体有以下意义:(1)划定会计所要处理的各项交易或者事项的范围;(2)把握会计处理的立场,清楚反映资金运动的流向;(3)将会计主体的经济活动与会计主体所有者的经济活动加以区分。比如在独资企业中,企业的资产和负债在法律上被视为属于企业所有人,但在会计上还必须将企业作为一个独立的会计主体,将其与所有者的经济活动区别开来。另外注意会计主体不同于法律主体。一般认为,一个企业如果作为法律主体同时也往往是会计主体,应当依法建立会计核算体系,独立反映其财务状况、经营成果和现金流量。但是反过来,会计主体却不一定是法律主体。如果在企业集团中,往往是母公司下有许多子公司,按照法律规定,每一个子公司都构成一个独立的法律主体,但是在会计上,为了全面反映企业集团的财务状况、经营成果和现金流量,就需要将整个企业集团作为一个会计主体来对待,要求其编制合并会计报表。在这种情况下,会计主体与法律主体就不是等同的。 (刘 燕)

kuaiji zhuti jiashe

会计主体假设(accounting entity assumption) 又称为会计个体假设。整套财务报表是用来说明特定个体的营业活动的,对该特定个体的营业活动的记录应当与其所有者的活动、债权人的活动以及交易对方的活动相分离。我国《企业会计准则》从"企业"的角度出发,将会计主体假设表述为:"会计核算应当以企业发生的各项经济业务为对象,记录和反映企业本身的各项生产经营活动。"但会计主体不限于企业。凡是控制特定的经济资源、从事经济活动并且需要对此进行核算的一个特定单位,都可以视为一个会计主体。

会计主体假设产生的前提,是经济生活中出现了与投资人相对独立的经营实体,从而需要对该经营实体的盈利状况进行单独反映。合伙企业的出现,特别是现代资本主义企业组织——公司的产生,以及法律上将其作为一个独立法人的确认,导致了从会计上进行独立反映和计量的必要性。会计主体假设要求会计人员在进行会计核算时,必须从会计报表所反映的对象的角度出发,同时要区别会计主体与其股东或子公司之间的不同经济业务。这一假设也意味着会计主体是一个独立的整体,其经营成果是通过与外界的交易而实现的,会计主体内部各部门之间的交易,不能够增加整体的资产或者债务,也不会形成整体的收益或者损失。在反映一个特定会计主体的财务状况时,要消除内部交易造成的资产或者债务、收益或者损失的虚增部分。 (刘 燕)

kuaiji zhuanye jishu zige

会计专业技术资格(accounting technical qualification) 担任会计专业职务的任职资格。会计专业技术资格分为初级资格、中级资格和高级资格三个级别,即会计员、助理会计师、会计师、高级会计师。现阶段只对初级、中级会计资格实行全国统一考试制度,即会计师、助理会计师和会计员专业技术资格实行全国统一考试制度,高级会计师专业技术资格实行评审制度。初级、中级会计资格考试实行全国统一组织、统一考试时间、统一考试大纲、统一考试命题、统一合格标准的考试制度。中级会计资格考试成绩以2年为一个周期,单科成绩采取滚动计算的方法;初级会计资格考试未实行单科成绩滚动的方法,而实行1年内一次通过全部科目考试的方法。只有符合法定的基本条件才能参加会计专业技术资格考试。通过会计专业技术资格考试合格者,由省级人事部门颁发由人事部统一印制,人事部、财政部用印而在全国范围内有效的会计专业技术资格证书。会计专业技术资格证书实行定期登记制度,每3年登记一次。对于伪造学历、会计从业资格证书和资历证明,或者在考试期间有违纪行为的,由会计考试管理机构吊销其会计专业技术资格,由发证机关收回其会计专业技术资格证书,2年内不得再参加会计专业技术资格考试。 (曾章伟)

kuaiji zhunze

会计准则(accounting standard) 又称会计标准,由会计职业界或者由独立的、民间或非民间的会计准则制定机构所颁布、冠以"会计准则"名称的会计行为标准。会计准则首先是由会计职业从其大量的会计实务中总结、提炼的、通常为业内人士所认可的会计处理方法,用"会计准则"或"会计标准"一词来描述会计行为的规范,一方面体现了会计行为的技术化特征,另一方面也与立法者制定的"法律规范"或者"会计制度"区别开来。20世纪70年代以后,各国政府或者代表社会公共利益的团体更多地参与到会计准则的制定过程中,特别是在国际会计准则委员会的"会计准则"制定活动进行了根本性的改革后,"会计准则"一词不再严格地与会计职业团体的活动联系在一起,而是泛指会计行为的依据和标准,即会计准则是会计人员执行会计活动应遵循的规范和标准,也是对会计工作进行评价、鉴定的依据。它既包括由会计职业团体制定的会计确认与计量的基本原则,也包括一国法律或者政府规章确立的会计规范与会计制度。(见一般公认会计准则、企业会计准则) (刘 燕 戴 菲 白 峰)

kuaiji zhunze zhiding

会计准则制定(the drafting of accounting standard) 会计主管机关或专业团体制定会计基本规则。会计法最核心的问题。会计准则是对多样化的会计实务的总结和提炼。每一种资金运动形式都可能存在不同的会计技术方法可供选择,但每一种会计技术方法所生成的会计信息可能对管理层、投资人、债权人、雇员、税务机关等有不同影响,这被称为会计准则具有的经济后果。因此会计准则的制定并非单纯的技术标准的确认,而是如同任何立法过程一样,存在各种利益团体之间的博弈。各国都日益强调会计准则制定过程的公开、透明与公正,体现"正当程序"的要求。

关于会计准则的制定,英美法系国家与大陆法系国家存在两种不同的模式。英美法系国家通常存在一个强大的会计职业，它们实行自律管理，同时对本国的会计准则的制定施加重大影响。大陆法系国家不存在一个强大的会计职业团体，会计行为通常受到立法制约。由于各国的历史传统以及会计发展的经济社会背景不同，即使是同属于一种模式的国家，其会计监管体制也呈现出一些不同的特点。在英国，《公司法》确立了公司财务报表"真实与公允反映"的基本原则，但是，编制财务报表所依赖的会计准则的制定权传统上掌握在会计职业团体手中。在美国，会计准则由相对独立的民间机构——财务会计准则委员会制定，美国证券监督管理委员会对会计准则有最终否决权。在德国，有关会计行为的法规散布在商法、公司法、税法中，主要受立法机关以及税法法院的影响，会计职业团体由于力量小，对会计法规的制定几乎没有产生影响。法国也是属于立法式会计的国家，但法国统一会计制度由政府中的会计委员会负责制定。近年来，随着国际资本市场一体化的进程，各国会计准则制定模式之间出现一些趋同的迹象。例如，德国在1998年成立了会计准则委员会，在会计立法之外启动了会计准则的制定过程，会计职业团体的影响也逐渐增强。相反，英国则开始偏离纯粹的自律与自治的轨道，在20世纪90年代初改组会计监管体制，建立具有中立性、公正性和广泛代表性的财务会计报告委员会，下设会计准则理事会负责会计准则的制定。

我国的会计准则是由财政部负责制定的。按照《中华人民共和国会计法》第8条的规定，国家实行统一的会计制度。国家统一的会计制度由国务院财政部门根据本法制定并公布。1988年，财政部成立了会计准则组，后改组为会计准则委员会，专门负责会计准则的制定工作。此外，《会计法》也赋予了其他部门在一定范围内的会计准则的制定权：(1)对于一些对会计核算和会计监督有特殊要求的行业，如银行、保险、证券业等，国务院有关部门可以依照《会计法》和国家统一的会计制度，制定实施国家统一的会计制度的具体办法或者补充规定，但是必须报国务院财政部门审核批准。(2)中国人民解放军总后勤部可以依照《会计法》和国家统一的会计制度制定军队实施国家统一的会计制度的具体办法，报国务院财政部门备案。(3)证券监督管理部门对上市公司的信息披露制定的规则。例如，我国证监会制定了上市公司年度报告格式，它对企业的财务报表编制行为有一定的影响。

(刘燕)

kuangchan kancha ji youqi kaicai duchayuan
矿产勘查及油气开采督察员(supervisor reconnaissance of mineral products and oil gas exploitation) 对矿产资源勘察和油气开采工作进行监督的主体。矿产勘查及油气开采督察员制度是矿产资源及石油、天然气开采立法的一项重要制度。该制度对加强和规范矿产勘查及油气开采督察员（以下简称督察员）监督工作，维护探矿权人和油气采矿权人的合法权益具有重要意义。

国土资源部负责组织、协调全国矿产资源勘查及油气开采督察工作，国土资源部聘任的矿产勘查及油气开采督察员对国土资源部颁发许可证的矿产勘查项目及油气开采项目进行督察。各省（区、市）国土资源行政主管部门聘任除石油天然气矿种之外其他矿种的省级矿产勘查督察员对在本省（区、市）行政区内的全部非油气勘查项目进行督察。各省（区、市）国土资源行政主管部门督察员办公室设在地质勘查处，组织落实本行政区域内日常督察工作，负责督察员的管理工作。督察员应履行的职责包括：(1)根据登记管理机关颁发的矿产勘查、油气开采许可证通知的有关内容，了解探矿权人、油气采矿权人开工情况，督促探矿权人在登记发证后及时开工；(2)依法督促探矿权人和油气采矿权人按时提交年度报告，完成最低勘查投入，按时足额缴纳探矿权、采矿权使用费，全面履行勘查开采作业完毕后及时汇交地质资料、储量登记统计、封井、填井、恢复环境等法定义务；(3)调查了解无证、侵权、越界勘查及无证、侵权、越界开采油气等违法行为，及时报告督察员办公室及有关国土资源行政主管部门；(4)对因自然灾害等不可抗力原因不能正常开展勘查作业的，实地调查了解需要核减的最低勘查投入，及时报告督察员办公室及有关国土资源行政主管部门；(5)协助登记管理机关对本行政区域内的探矿权、油气采矿权秩序情况进行检查；(6)协助登记管理机关依法监督本行政区域内矿产勘查及油气开采行政处罚决定的执行情况；(7)承担登记管理机关委托交办的其他事项。督察员享有的权利包括：(1)依据督察员职责和督察内容对探矿权人、油气采矿权人获得的探矿权、采矿权项目施工现场实施督察，有调查情况，查阅、索取有关文件、图件、报表、报告等资料的权利；(2)对无证、侵权等违法勘查、油气开采行为，有直接向国土资源部报告的权利；(3)有督促、检查勘查、油气开采单位落实被督察事项办理情况的权利；(4)有参加督察理论和业务知识培训、学习的权利。督察员应履行的义务包括：(1)严格遵纪守法，按法律法规办事，服从督察员办公室的工作安排，按时完成督察工作任务；(2)每年定期或不定期地深入勘查、油气开采施工现场进行检查，并及时汇报勘查、油气开采督察工作情况、存在问题和下一步工作计划；(3)部聘任的督察员应参加国土资源部组织的油气资源管理秩序治理整顿工作；(4)对探矿权人、油气采矿权人依法要求保密的申请登记资料、勘查工作成果资料和财务报表,督察员有依法保守秘密的义务。

督察员应模范执行国家法律和矿产资源法规,一切以法律法规为依据,严格执行督察工作程序,认真履行督察工作职责,遵守督察纪律。督察员不得与被督察单位有合资、合作、入股、持股或其他形式的经济关系。在督察公务活动中不得接受被督察单位的宴请、礼金、礼物、有价证券等,不得参加公款支付的营业性娱乐活动,不准向被督察单位提出与督察公务无关的额外要求;不准在被督察单位报销应由个人支付的任何费用;不得借督察工作在被督察单位为自己、亲友或其他人谋取利益。不得超越自身职责对被督察的单位作出任何承诺许愿。部聘任的督察员工作经费应做到专款专用,不得随意转拨和挪作他用。

部聘任的督察员反映的省级国土资源行政部门违法行政或行政作为不力的情况,国土资源部及时组织查处。探矿权人、油气采矿权人对督察工作设置障碍、隐匿实情、拒绝督察或有问题逾期不改正的,省级国土资源行政主管部门应及时处理,涉及油气方面的问题,报国土资源部处理。督察员滥用职权、徇私舞弊、玩忽职守、泄露国家或企业商业秘密,尚不构成犯罪的,取消其督察员资格,并提请有关部门依法给予行政处分;构成犯罪的,依法追究刑事责任。国土资源行政部门对督察员报告的问题不作查处或查处不力的,由国土资源部依法查处并追究相关责任人的责任。

(刘利晋)

kuangchan ziyuan dengji tongji guanli banfa
矿产资源登记统计管理办法(the management of registration and statistics of mineral resources) 专门规范我国矿产资源登记统计管理的行政规章。国土资源部2003年11月26日发布的《矿产资源登记统计管理办法》凡在中华人民共和国领域及管辖的其他海域从事矿产资源勘查、开采或者工程建设压覆重要矿产资源的,都应当依照《矿产资源登记统计管理办法》的规定进行矿产资源登记统计。矿产资源登记统计包括矿产资源储量登记和矿产资源统计。矿产资源储量登记,是指县级以上国土资源行政主管部门对查明、占用、残留、压覆矿产资源储量的类型、数量、质量特征、产地以及其他相关情况进行登记的活动。矿产资源统计,是指县级以上国土资源行政主管部门对矿产资源储量变化及开发利用情况进行统计的活动。国土资源部负责全国矿产资源登记统计的管理工作。县级以上地方国土资源行政主管部门负责本行政区域内矿产资源登记统计的管理工作,但石油、天然气、煤层气、放射性矿产除外。

(刘利晋)

kuangchan ziyuanfa
矿产资源法(mineral resources law) 调整人们在勘探、开采、利用和保护矿产资源的活动中所形成的各种经济关系的法律规范的总称。其内容主要包括:矿权、矿产资源管理、矿产资源勘探、开采、利用、保护等。

我国矿业方面的立法历史悠久,各朝代均有矿业立法。到了现代,1930年时曾颁布有《矿业法》。新中国建国之后,尤其是改革开放之后,矿业资源的立法逐步加强。1986年3月第六届全国人大常委会第十五次会议通过了《中华人民共和国矿产资源法》,1987年4月国务院发布了三个重要行政法规:《矿产资源勘查登记管理暂行办法》、《全民所有制矿山企业采矿登记管理暂行办法》和《矿产资源监督管理暂行办法》。1996年8月第八届全国人大常委会第二十一次会议修改并重新颁布了《矿产资源法》,1998年2月国务院又发布了三个重要行政法规:《矿产资源勘查区块登记管理办法》、《矿产资源开采登记管理办法》和《探矿权采矿权转让管理办法》。

矿业是人类社会经济生产中的一项古老的产业,有关矿产资源的立法长期以来存在于各国的法律体系中。总结各国现代有关矿产资源的立法,主要包括以下内容:(1)矿产资源的所有权。矿产资源所有权的归属问题,不同社会制度的国家或同一社会制度的不同国家的立法有不同的规定。英美法系国家一般实行"土地所有者主义",即地下矿藏归土地所有者所有。大陆法系国家一般实行"矿业权主义",即土地的所有权与矿藏所有权分离,不论土地归谁所有,土地下面的矿藏均归国家所有。(2)矿权。各国法律的规定大体相同。美国、加拿大、日本、巴西、智利等国的矿业法都规定法人或公民可以向国家申请探矿、采矿,获得批准后,即取得探矿权和采矿权,同时应向国家缴纳探矿、采矿税。外国人取得开发权的条件一般都较本国人严格。并且有些国家在法律中还明确规定某些矿产资源一律不允许外国人开发。(3)关于矿产资源的开发阶段的规定。有关这方面的规定各国不尽相同。大多数国家将整个开发工作分为勘测、勘探、评价、开采等四个阶段。(4)对开采普通矿物原料的规定。许多国家的矿业法,对普通矿物原料的开采都有些专门的规定:开采条件一般比较宽;申报审批手续比较简单(有的国家甚至规定不需要报经有关机关审批);审批权限在地方机关。(5)有关处罚规定。一些国家的矿业法对未经批准擅自进行采矿的行为,都根据本国的情况作出了处罚的规定。(6)关于禁止出口的规定。有些国家的矿业法,明确规定了一些矿物及其产品禁止出口。

《中华人民共和国矿产资源法》于1986年3月19日第六届全国人民代表大会常务委员会第十五次会议

通过，根据1996年8月29日第八届全国人民代表大会常务委员会第二十一次会议《关于修改〈中华人民共和国矿产资源法〉的决定》修正。制定本法的目的是：发展矿业，加强矿产资源的勘查、开发利用和保护工作，保障社会主义现代化建设的当前和长远的需要。本法共7章53条。包括：总则、矿产资源勘查的登记和开采的审批、矿产资源的勘查、矿产资源的开采、集体矿山企业和个体采矿、法律责任、附则等部分。本法适用于在我国领域及管辖海域勘查、开采矿产资源等作业活动。

（桑东莉　徐巍伟）

kuangchan ziyuan guanli

矿产资源管理(management of mineral resources)
矿产资源是指由地质作用形成的，具有利用价值的，呈固态、液态、气态的自然资源。矿产资源属于国家所有，地表或者地下的矿产资源的国家所有权，不因其所依附的土地的所有权或者使用权的不同而改变。国务院代表国家行使矿产资源的所有权。国务院授权国务院地质矿产主管部门对全国矿产资源分配实施统一管理。在中华人民共和国领域及管辖的其他海域勘查、开采矿产资源，必须遵守《中华人民共和国矿产资源法》和《中华人民共和国矿产资源法实施细则》。国家允许外国的公司、企业和其他经济组织以及个人依照中华人民共和国有关法律、行政法规的规定，在中华人民共和国领域及管辖的其他海域投资勘查、开采矿产资源。

国家对矿产资源的勘查、开采实行许可证制度。矿产资源勘查工作区范围和开采矿区范围，以经纬度划分的区块为基本单位。勘查矿产资源，必须依法申请登记，领取勘查许可证，取得探矿权；开采矿产资源，必须依法申请登记，领取采矿许可证，取得采矿权。

勘查、开采矿产资源，必须依法分别申请、经批准取得探矿权、采矿权，并办理登记；但是，已经依法申请取得采矿权的矿山企业在划定的矿区范围内为本企业的生产而进行的勘查除外。国家保护探矿权和采矿权不受侵犯，保障矿区和勘查作业区的生产秩序、工作秩序不受影响和破坏。从事矿产资源勘查和开采的，必须符合规定的资质条件。国家实行探矿权、采矿权有偿取得制度；但是，国家对探矿权、采矿权有偿取得的费用，可以根据不同情况规定予以减缴、免缴。开采矿产资源，必须按照国家有关规定缴纳资源税和资源补偿费。

国家对矿产资源勘查实行统一的区块登记管理制度。矿产资源勘查工作区范围以经纬度划分的区块，把我国的全部国土和管辖的海域划成基本区块，勘查矿产资源，按区块提出申请，经批准并缴纳探矿权使用费，领取勘查许可证，成为探矿权人。矿产资源勘查登记工作，由国务院地质矿产主管部门负责；特定矿种的矿产资源勘查登记工作，可以由国务院授权有关主管部门负责。

（刘利晋）

kuangchan ziyuan kancha kaicai guanli

矿产资源勘查、开采管理(administration of the reconnaissance and exploration of mineral resources)
为保障经济社会发展的基础性建设工作的顺利开展和矿产资源利用程度的提高，区域地质调查、开采按照国家统一规划进行管理。区域地质调查的报告和土建按照国家规定验收，提供有关部门使用。要求矿产资源普查在完成主要矿种普查任务的同时，应当对工作区内包括共生或者伴生矿产的成矿地质条件和矿床工业远景作出初步综合评价；矿床勘探必须对矿区内具有工业价值的共生和伴生矿产进行综合评价，并计算其储量，不作综合评价的勘探报告不予批准。同时，矿产资源勘查的原始地质资料要妥善保护和保存。开采矿产资源，必须采取合理的开采顺序、开采方法和选矿工艺。矿山企业的开采回采率、采矿贫化率和选矿回收率应当达到设计要求。在开采主要矿产的同时，对具有工业价值的共生和伴生矿产应当统一规划，综合开采，综合利用，防止浪费；对暂时不能综合开采或者必须同时采出而暂时还不能综合利用的矿产以及含有有用组分的尾矿，应当采取有效的保护措施，防止损失破坏。

（桑东莉）

kuangchan ziyuan suoyouquan

矿产资源所有权(ownership of mineral resources)
规范矿产资源权属的一国矿业法律制度安排。我国实行矿产资源的国家所有权制度。《中华人民共和国宪法》第9条明确规定矿藏属于国家所有，即全民所有；《中华人民共和国矿产资源法》第3条规定，矿产资源属于国家所有，地表或者地下的矿产资源的国家所有权，不因其所依附的土地的所有权或者使用权的不同而改变；《矿产资源法实施细则》第3条规定，国务院代表国家行使矿产资源的所有权。国务院授权国务院地质矿产主管部门对全国矿产资源分配实施统一管理。我国矿产资源所有权制度的特点有：（1）国家拥有矿产资源所有权，所有权主体唯一；（2）矿产资源所有权与土地所有权分立并存，"地表或者地下的矿产资源的国家所有权，不因其所依附的土地的所有权或者使用权的不同而改变"；（3）矿产资源所有权的非交易性。国家禁止矿产资源的买卖、出租、抵押等形式的非法转让。矿产资源的国家所有权是我国矿产资源开发利用制度和监督管理的重要法律基础。

（戴　菲　白　峰　桑东莉）

kuangye falü zeren

矿业法律责任(mining legal liabilities) 违反矿产勘查管理的法律、法规要承担的法律责任。矿业法律责任,主要是行政责任和刑事责任。我国矿产资源法律法规中规定有8类应当承担矿业法律责任的行为:无证开采、越界开采和破坏性开采行为,非法转让矿产资源和矿业权的行为,违反采矿许可证管理规定的行为,无证、越界勘查行为,违反勘查许可证管理规定的行为,违法收购和销售国家统一收购的矿产品的行为,侵犯矿山企业管理秩序或者财产权的行为,职务违法和暴力妨碍职务履行的行为。对于这些违法行为,《中华人民共和国矿产资源法》、《矿产资源法实施细则》、《矿产资源补偿费征收管理办法》、《矿产资源勘查区块许可证登记管理办法》、《矿产资源开采登记管理办法》、《探矿权采矿权转让管理办法》等法律法规中规定了相应的法律责任,构成了我国矿业法律责任制度。

(戴菲 白峰)

kuangye huanjing baohu

矿业环境保护(environmental protection of mining industry) 对于矿产资源的开采活动造成污染、破坏环境的保护。污染和破坏环境对土地、森林、草原的占用可能形成破坏。为了防止和减少开采活动可能造成的危害,《中华人民共和国矿产资源法》规定:开采矿产资源,必须遵守有关环境保护的法律规定,防止污染环境。开采矿产资源,应当节约用地。耕地、草原、林地因采矿受到破坏的,矿山企业应当因地制宜地采取复垦利用、植树种草或者其他利用措施。同时还要求,勘查、开采矿产资源时,发现具有重大科学文化价值的罕见地质现象以及文化古迹,应当加以保护并及时报告有关部门。

(桑东莉)

kuangyequan

矿业权(exploration and mining right) 探矿权、采矿权的统称。依法取得矿业权的自然人、法人或其他经济组织称为矿业权人。矿业权人依法对其矿业权享有占有、使用、收益和处分权。探矿权是按法定的程序取得勘查许可证,在批准的勘查区块内和有效期间内,对批准的矿种及其伴生、共生矿产进行勘查的权利。采矿权是指按法定的程序取得采矿许可证,在批准的区域(矿区范围)和有效期限内开采被许可的矿产及其共生、伴生矿产的权利。为适应社会主义市场经济的发展,培育和规范矿业权市场,《中华人民共和国矿产资源法》、《矿产资源勘查区块登记管理办法》、《探矿权采矿权转让管理办法》和《矿业权出让转让管理暂行规定》等对矿业权的市场流转问题作出了规定。

(桑东莉)

kuangyequan churang

矿业权出让(selling of right to Mining property) 登记管理机关以批准申请、招标、拍卖等方式向矿业权申请人授予矿业权的行为。在探矿权有效期和保留期内,探矿权人有优先取得勘查作业区内矿产资源采矿权的权利,未经探矿权人的同意,登记管理机关不得在该勘查作业区内受理他人的矿业权申请。以批准申请方式出让经勘查形成矿产地的矿业权的,登记管理机关按照评估确认的结果收缴矿业权价款。以招标、拍卖方式出让经勘查形成矿产地的矿业权的,登记管理机关应依据评估确认的结果确定招标、拍卖的底价或保留价,成交后登记管理机关按照实际交易额收取矿业权价款。

(刘利晋)

kuangyequan churang zhuanrang guanli

矿业权出让转让管理(management of selling or transferring the right to mining property) 专门规范我国矿产权出让转让的管理。国土资源部2000年11月1日发布《矿业权出让转让管理暂行规定》探矿权、采矿权为财产权,统称为矿业权,适用不动产法律法规的调整原则。依法取得矿业权的自然人、法人或其他经济组织称为矿业权人。矿业权人依法对其矿业权享有占有、使用、收益和处分权。

矿业权的出让由县级以上人民政府地质矿产主管部门根据《矿产资源勘查区块登记管理办法》、《矿产资源开采登记管理办法》及省、自治区、直辖市人民代表大会常务委员会制定的管理办法规定的权限,采取批准申请、招标、拍卖等方式进行。出让矿业权的范围可以是国家出资勘查并已经查明的矿产地、依法收归国有的矿产地和其他矿业权空白地。

矿业权人可以依照规定采取出售、作价出资、合作勘查或开采、上市等方式依法转让矿业权。转让双方应按规定到原登记发证机关办理矿业权变更登记手续。但是受让方为外商投资矿山企业的,应到具有外商投资矿山企业发证权的登记管理机关办理变更登记手续。矿业权人也可以规定出租、抵押矿业权。国务院地质矿产主管部门负责由其审批发证的矿业权转让的审批。省、自治区、直辖市人民政府地质矿产主管部门负责其他矿业权转让的审批。矿业权人转让国家出资勘查形成矿产地的矿业权的,应由矿业权人委托评估机构进行矿业权评估。

违反有关法律和《矿产权出让转让管理暂行规定》所设定的矿业权抵押无效。登记管理机关违反规定发证或审批的,应及时纠正;对当事人造成损失的,应依据有关法律规定给予赔偿。登记管理机关工作人员徇私舞弊、滥用职权、玩忽职守,构成犯罪的,依法追究刑事责任;尚不构成犯罪的,依法给予行政处分。

(刘利晋)

kuangyequan zhuanrang

矿业权转让(transferring the right to Mining property) 矿业权人将矿业权转移的行为,包括出售、作价出资、合作、重组改制等。各种形式的矿业权转让,转让双方必须向登记管理机关提出申请,经审查批准后办理变更登记手续。以赠与、继承、交换等方式转让矿业权的,当事人应携带有关证明文件至登记管理机关办理变更登记手续。采矿权人不得将采矿权以承包等方式转给他人开采经营。转让国家出资勘查形成的矿业权的,转让人以评估确认的结果为底价向受让人收取矿业权价款或作价出资。 (刘利晋)

kuangye xingzheng zhidu

矿业行政制度(administration system of mining industrial) 通过对矿产资源开发利用活动的监督管理,保障国家矿产资源的合理、有效利用,维护矿区良好的生态环境的行政管理制度。《矿产资源法》规定,国务院地质矿产主管部门主管全国矿产资源勘查、开采的监督管理工作。国务院有关主管部门协助国务院地质矿产主管部门进行矿产资源勘查、开采的监督管理工作。省、自治区、直辖市人民政府地质矿产主管部门主管本行政区域内矿产资源勘查、开采的监督管理工作。省、自治区、直辖市人民政府有关主管部门协助同级地质矿产主管部门进行矿产资源勘查、开采的监督管理工作。我国的矿业行政制度主要包括矿业行政主体制度、区块登记管理制度、开采登记管理制度、矿业权转让管理制度、区块和矿区规划制度、矿业勘探、开采管理制度、资源税制度、矿产资源补偿费制度、矿山企业制度以及矿种管理专门制度。

(戴 菲 白 峰)

L

lanfa dianyou
滥发电邮(spaming) 又称"垃圾邮件"。香港《反滥发电邮—实务守则》对滥发电邮作出了定义。滥发电邮被界定为在互联网上充斥的某电子信息的大量复本,而该信息是未经收件人许可而发出的,即收件人没有要求索取该信息。滥发电邮信息会要求用户做某些事情,例如前往某网站或购买某服务。该信息可以是电子邮件,但也同样可以是另一种形式的电子信息。

(刘 鹏)

lanfa senlin he linmu
滥伐森林和林木(denudation of forest trees) 违反森林法或其他法律的规定,未经法定主管部门批准并核发采伐许可证,或虽持有许可证,但不按照许可证规定的事项而任意采伐本单位所有或管理的、本人承包种植的归本人所有的以及本人在自留山上的森林或者其他林木的行为。《中华人民共和国森林法》第39条规定,滥伐森林或者其他林木,由林业主管部门责令补种滥伐株数5倍的树木,并处滥伐林木价值2倍以上5倍以下的罚款。拒不补种树木或者补种不符合国家有关规定的,由林业主管部门代为补种,所需费用由违法者支付。盗伐、滥伐森林或者其他林木,构成犯罪的,依法追究刑事责任。《中华人民共和国刑法》在第345条中规定了"滥伐林木罪",即违反森林法的规定,滥伐森林或者其他林木,数量较大的,处3年以下有期徒刑、拘役或者管制,并处或者单处罚金;数量巨大的,处3年以上7年以下有期徒刑,并处罚金。盗伐、滥伐国家级自然保护区内的森林或者其他林木的,从重处罚。

同时,《森林法实施条例》第39条对《森林法》第39条做了更为细致的规定:滥伐森林或者其他林木,以立木材积计算不足2立方米或者幼树不足50株的,由县级以上人民政府林业主管部门责令补种滥伐株数5倍的树木,并处滥伐林木价值2倍至3倍的罚款。滥伐森林或者其他林木,以立木材积计算2立方米以上或者幼树50株以上的,由县级以上人民政府林业主管部门责令补种滥伐株数5倍的树木,并处滥伐林木价值3倍至5倍的罚款。

(刘 鹏)

lanyong jiandu
滥用监督(abuse of supervision) 为了维护市场秩序,反垄断法主管机关对企业滥用市场支配地位而进行的监督。目的是防止它们滥用其市场支配地位。滥用监督是反垄断法的一个基本内容,反垄断法在这方面的任务是:(1)确定一个企业是否占有市场支配地位。原则上,占市场支配地位的企业可以与其他企业一样参与经济交往,有权要求交易自由和合同自由。然而,如果这些企业凭借其市场支配地位,实施反竞争的行为,那就是滥用了自由交易的权利,或者滥用其市场支配地位。这说明,占市场支配地位的企业得承担特殊的责任,不得在市场上滥用其市场势力。(2)确定滥用行为。滥用监督的本质是,在市场失灵的情况下,国家得以"看得见的手"代替市场上缺少的竞争机制,要求那些占市场支配地位的企业能够与有效竞争条件下的行为保持一致。我国在这方面的规定主要是《中华人民共和国反不正当竞争法》第6条。它规定:"公用企业或者其他依法具有独占地位的经营者,不得限定他人购买其指定的经营者的商品,以排挤其他经营者的公平竞争。"

(王晓晔)

lanyong shichang zhipei diwei
滥用市场支配地位(abuse of market domination status) 简称滥用行为。具有市场支配地位的企业不正当地利用自身优势,并实质性地限制或排斥竞争,损害消费者利益的行为。滥用行为的主体是占市场支配地位的企业,因此滥用市场支配地位的前提是经营者在某一特定市场中拥有市场支配地位。在市场活动中,企业通过先进的技术、优秀的策略,通过合法的手段参与市场竞争,淘汰落后企业,最后取得市场支配地位。这种过程本身并不损害经济自由与经济公平,相反,这正是良好的竞争机制产生的结果。但如果具有了支配地位的企业不正当地利用自身优势妨碍竞争对手的竞争甚至将其逐出市场或阻碍新的竞争者进入,或者利用自己的地位,恣意决定其他经济阶段的竞争、盘剥其他企业,就损害了经济自由与公平,应当受到反垄断法的禁止。因此可以说,反垄断法所努力消除的并非简单的企业优势,而是借助于该优势对于竞争机制的扭曲与破坏;它限制的并非企业通过先进的技术、优秀的策略等正当商业行为而获得的市场支配地位及高额利润,而是具有支配地位的企业出于减少竞争压力、长期轻松获取利润的目的,以非正当的方式对于该地位的维持和滥用;它所保护的并非弱小企业的弱小,而是保护它们获得平等的发展机会。

基于规制滥用行为在反垄断体系中的重要地位,反垄断法律完善的国家都制定有规制滥用行为的规范。有的国家对滥用行为的规定比较概括抽象,有的明确列举了数种典型的滥用行为,但不管采用何种体例,实际操作中对以下6种滥用行为的认识并不存在多大差异:(1)盘剥购买者的超高定价。(2)掠夺性定价。(3)搭售。(4)排他性交易或独家交易。(5)抵制或拒绝交易。(6)歧视待遇或差别待遇。其他滥用行为还包括施加影响行为、提高竞争对手成本的行为等。施加影响行为是指在某一市场上具有支配地位的企业将其影响扩展到另一市场,或者利用其支配地位在另一市场谋求竞争优势的行为。提高竞争对手成本的行为是掠夺性定价之外,为了将竞争对手排挤出市场而采取的迫使竞争对手增加成本的行为,如具有市场支配地位的企业采用集体交易安排的策略,通过在整个行业中积极鼓励高工资,相对地增加该行业中小规模企业的成本,以达到排挤的目的。

根据竞争法理论,可以将滥用行为划分为两种基本类型,即剥削性滥用行为(exploitative abuses)和反竞争滥用行为(anticompetitive abuses)或者称为排斥性滥用(exclusionary abuses)。前者是企业利用其市场支配地位而实施的对客户收取超高价格、搭售、在客户之间进行差别待遇、对供应商支付低价或者其他类似的行为;后者是指具有市场支配地位的企业试图压制竞争的行为,如拒绝与竞争对手交易、提高竞争对手进入市场的成本或者进行掠夺性定价。

我国尚无独立系统的反垄断法,分散在其他法律、法规、规章中的反垄断条款零星地包含了一些滥用禁止内容。例如,《中华人民共和国反不正当竞争法》规定了3种经营者滥用支配地位的行为:第6条公用企业和其他依法独占经营者的强制交易行为;第11条低价倾销行为;第12条搭售或附加不合理条件的行为。《中华人民共和国价格法》第14条规定了两种价格滥用行为:低价倾销行为和价格歧视行为。另外还有行业专门立法中的规制滥用市场支配地位行为的条款。如《中华人民共和国电力法》规定电力公司不得对同一用电类别用户进行歧视,不得对营业区内申请用电的单位或个人实行抵制。国务院制定的《电信条例》禁止电信公司索取垄断高价、低价倾销、搭售、拒绝交易和歧视待遇等。

(张景丽)

lanyong zhengfu quanli xianzhi jingzheng xingwei
滥用政府权力限制竞争行为(the behavior of abuse government authority to limit competition) 地方政府、政府经济主管部门或其他政府职能部门或者具有政府管理职能的行政性公司,凭借行政权力排斥、限制或妨碍市场竞争的行为。滥用政府权力限制竞争行为实施主体是国家经济主管部门、地方政府及其职能部门,具体可分为两种情形:(1)是政府及其职能部门以自身组织的名义实施垄断;(2)是以行政性公司的名义实施的垄断,这种垄断表面上仍属于市场主体实施的,但是这种市场主体是以行政权力为支撑的,甚至与行政权力合二而一。其主要内容包括:政府及其所属部门在证照发放、项目审批、工程招标、产品质量鉴定、证券管理、资产评估、土地使用权出让等方面,对具有同等资质条件的经营者实行不平等的待遇。政府及其所属部门限定他人购买其指定的经营者的商品或者妨碍经营者之间进行公平竞争。政府及其所属部门发布命令或者设置关卡,检查、扣留、处分商品,限制外地商品进入本地市场或者本地商品流向外地市场,限定外地商品价格高于或者低于本地商品价格。政府及其所属部门违背公众利益滥用行政权力,对商品进行压级压价或者抬级抬价。政府机关及其工作人员滥用行政权力限制公平竞争,从中牟取经济利益或者其他非法利益。滥用政府行政权力限制竞争行为具有较为突出的抽象性和鲜明的强制性,对市场经济秩序有严重的破坏性,是目前制约我国经济健康发展的主要障碍。

(苏丽娅)

laodong anquan weisheng
劳动安全卫生(work safety and sanitation) 又称劳动保护。国家为保障劳动者在劳动过程中的生命安全和身体健康而制定的各种法律规范的总称。在我国法律体系中,劳动安全卫生有广义和狭义之分:广义上的劳动安全卫生是指国家以法律的形式对劳动者的保护,它包括宪法保护、民法保护、行政法保护和劳动法保护等;狭义上的劳动安全卫生仅指保障劳动者在劳动过程中的生命安全与身体健康,即劳动法意义上的劳动安全卫生保护,其表现出以下的几个特征:(1)劳动安全卫生规范是一种强制性的规范;(2)劳动安全卫生法保护的是整个劳动过程中的劳动者的生命安全和身体健康;(3)劳动安全卫生制度由管理规范和技术规范两部分构成。"安全第一,预防为主"是劳动安全卫生工作的指导方针,也是劳动安全卫生制度的指导思想,贯穿于整个劳动安全卫生工作的始终。

劳动安全卫生立法概况 国际劳动立法:1921年《使用白铅公约(油漆)》(第13号);1963年《机器防护公约》(第119号);1964年《商业和办公室公约》(第120号)和《工伤事故和职业病津贴公约》(121号);1960年《辐射防护公约》(第115号);1971年《防止苯中毒危害公约》(第136号);1974年《预防和控制致癌物质和制剂导致职业病危害公约》(第139号);1977年《工作环境公约(空气污染、噪音和震动)》(第148号);1979年《职业安全和卫生公约(码头作业)》(第××号);1981年《职业安全和卫生公约》(第155号);1988年《建筑业安全和卫生公约》(167号);1990年《化学药品公约》(第170号);1993年《预防重大工业事故公约》(第174号);1995年《矿山安全与卫生公约》(167号);2001年《农业安全与卫生公约》(第184号)。

其他国家立法:目前,世界上六十多个国家的劳动法典中,都设置专章对劳动安全卫生给予规范。一些国家还制定了劳动保护基本法。1949年瑞典颁布《劳工保护法》,并于1978年修正为《工作环境权法》;1970年美国颁布《职业安全卫生法》、1974年颁布《工作安全卫生法》;1991年法国颁布《职业灾害防止法》;1977年挪威颁布《工作环境权法》。

我国国务院1956年发布了著名的"三大规程"即《工厂安全卫生规程》、《建筑安装工程安全技术规程》和《工人职员伤亡事故报告规程》;1963年发布《关于加强企业生产中安全工作的几项规定》和《防止矽尘危害工作管理办法》;1982年国务院发布《矿山安全条例》和《矿山安全监察条例》;1984年发布《关于加强防毒防尘工作的决定》;1987年发布《职业病范围和职业病患者处理办法》和《尘肺病防治条例》;1991年发布《企业职工伤亡事故报告和处理规定》(1956年《工人职员伤亡事故报告规程》废止);2002年发布《使用有毒物品作业场所劳动保护条例》等。国家颁布的法律:1992年颁布《中华人民共和国矿山安全法》;1994年颁布《中华人民共和国劳动法》,专设"劳动安全卫生"一章;1997年、2001年、2002年分别颁布《中华人民共和国建筑法》、《中华人民共和国职业病防治法》和《中华人民共和国安全生产法》。

劳动安全 国家为了防止和消除劳动过程中的不安全因素而制定的各种法律规范的总称。劳动安全的具体内容包括各种劳动安全具体措施。工厂安全技术规程的内容包括:厂院的安全要求;工作场所的安全要求;机械设备的安全要求;电气设备的安全要求;锅炉和气瓶的安全要求。建筑安装工程安全技术规程的内容包括:施工的一般安全要求;施工现场的安全要求;脚手架的安全要求;土石方工程的安全要求;拆除工程的安全要求。

劳动卫生 国家为保护劳动者在劳动过程中的健康,防止和消除职业危害而制定的各种法律规范的总称。劳动卫生规程的内容包括:防止有毒有害物质的危害;防止粉尘的危害;防止噪声和强光的危害;防止电磁辐射的危害;通风与照明;防暑降温、防冻取暖和防潮湿;劳动防护用品和保健;职业病防治和管理。

劳动安全卫生管理制度的内容包括:安全生产责任制;安全技术措施计划;安全生产教育制度;安全卫生设施"三同时"制度;安全生产管理制度:包括安全生产审批和验收制度、安全生产检查制度、安全生产举报和报告制度、安全生产事故应急救援与调查制度、安全生产事故调查处理制度、安全生产审批和验收制度

和劳动者的权利和义务;矿山安全管理制度:包括矿山建设的安全要求和矿山开采的安全要求等;伤亡事故报告和处理制度:包括伤亡事故的分类、伤亡事故的报告和调查、伤亡事故统计和伤亡事故的处理。

(邵 芬)

laodong baozhang jiancha
劳动保障监察(supervision of labor protection) 我国县级以上各级人民政府劳动保障行政部门依法对用人单位等遵守劳动法律、法规的情况进行监督检查,对违反劳动法律、法规的行为有权制止,并责令改正的活动。劳动保障监督检查的主体主要是劳动行政部门;劳动保障监督检查的对象主要是用人单位,但对职业介绍机构、职业技能培训机构和职业技能考核鉴定机构以及"非法用工主体"也要进行监察。劳动保障监督检查的内容涉及劳动法规定的所有方面。

劳动保障监察的原则 公正、公开、高效、便民的原则和坚持教育与处罚相结合、接受社会监督的原则。

劳动保障监察的对象和范围 (1)企业和个体工商户;(2)职业介绍机构、职业技能培训机构和职业技能考核鉴定机构;(3)对无营业执照或者已被依法吊销营业执照,有劳动用工行为的,由劳动保障行政部门实施劳动保障监察,并及时通报工商行政管理部门予以查处取缔;(4)国家机关、事业单位、社会团体执行劳动保障法律、法规和规章的情况,由劳动保障行政部门根据其职责,依法实施劳动保障监察。

劳动保障监察的范围 (1)用人单位制定内部劳动保障规章制度的情况;(2)用人单位与劳动者订立劳动合同的情况;(3)用人单位遵守禁止使用童工规定的情况;(4)用人单位遵守女职工和未成年工特殊劳动保护规定的情况;(5)用人单位遵守工作时间和休息休假规定的情况;(6)用人单位支付劳动者工资和执行最低工资标准的情况;(7)用人单位参加各项社会保险和缴纳社会保险费的情况;(8)职业介绍机构、职业技能培训机构和职业技能考核鉴定机构遵守国家有关职业介绍、职业技能培训和职业技能考核鉴定的规定的情况;(9)法律、法规规定的其他劳动保障监察事项。

劳动保障监察立法概况 国际劳动立法:1947年《工商业劳工检查公约》(第81号)和《劳动监察公约(非本部领土)》(第85号);1978年《劳动行政管理公约》(第158号)。

其他国家立法:英国1833年颁布《工厂法》,其规定设置工厂检查员;美国马萨诸塞州1867年颁布《劳工监察法》,创立劳工检查制度;法国1874年颁布;瑞士1877年颁布;德国1878年颁布;比利时、芬兰、荷兰、瑞典于1889年颁布;葡萄牙1893年颁布;卢森堡

1902年颁布;意大利、罗马尼亚1906年颁布;西班牙1910年颁布。

旧中国南京国民政府1929年公布《工厂法》;1931年公布《工厂检查法》;新中国在《共同纲领》中规定:"实行工矿检查制度,以改进工矿的安全和卫生设备。"1953年颁布的劳动安全卫生方面的"三大规程"中确立了劳动监督检查制度;1982年国务院发布《锅炉压力容器安全监察条例》和《矿山安全监察条例》;劳动部1993年发布《劳动监察规定》、1994年发布《劳动监察员管理办法》等。1994年《中华人民共和国劳动法》设"劳动监督检查"专章;全国总工会颁布《工会劳动保护监督监察员暂行条例》和《工会小组劳动保护检查员工作条例》。2004年11月14日国务院颁布《劳动保障监察条例》,并于2004年12月1日实行。

劳动保障监察部门的职责 (1) 宣传劳动保障法律、法规和规章,督促用人单位贯彻执行;(2) 检查用人单位遵守劳动保障法律、法规和规章的情况;(3) 受理对违反劳动保障法律、法规或规章的行为的举报、投诉;(4) 依法纠正和查处违反劳动保障法律、法规或者规章的行为。劳动保障行政部门应当建立用人单位劳动保障守法诚信档案。

对用人单位的劳动保障监察,由用人单位用工所在地的县级或者设区的市级劳动保障行政部门管辖。上级劳动保障行政部门根据工作需要,可以调查处理下级劳动保障行政部门管辖的案件。劳动保障行政部门对劳动保障监察管辖发生争议的,报请共同的上一级劳动保障行政部门指定管辖。

对违法行为的处理 劳动保障行政部门对违反劳动保障法律、法规或者规章的行为的调查,应当自立案之日起60个工作日内完成;对情况复杂的,经劳动保障行政部门负责人批准,可以延长30个工作日。

劳动保障行政部门对违反劳动保障法律、法规或者规章的行为,根据调查、检查的结果,作出以下的处理:(1) 对依法应当受到行政处罚的,依法作出行政处罚决定;(2) 对应当改正未改正的,依法责令改正或者作出相应的行政处理决定;(3) 对情节轻微且已改正的,撤销立案。劳动保障行政部门发现违法案件不属于其监察事项的,应当及时移送有关部门处理;涉嫌犯罪的,应当依法移送司法机关。

劳动保障行政部门对违反劳动保障法律、法规或者规章的行为作出行政处罚或者行政处理决定前,应当听取用人单位的陈述、申辩;作出行政处罚或者行政处理决定,应当告知用人单位依法享有申请行政复议或者提起行政诉讼的权利。

违反劳动保障法律、法规或者规章的行为在2年内未被劳动保障行政部门发现,也未被举报、投诉的,劳动保障行政部门不再查处。2年的期限,自违反劳动保障法律、法规或者规章的行为发生之日起计算;违反劳动保障法律、法规或者规章的行为有连续或者继续状态的,自行为终了之日起计算。

权利的适用 任何组织或者个人对违反劳动保障法律、法规或者规章的行为,有权向劳动保障行政部门举报。劳动者认为用人单位侵犯其劳动保障合法权益的,有权向劳动保障行政部门投诉。任何组织或者个人对劳动保障监察员的违法违纪行为,有权向劳动保障行政部门或者有关机关检举、控告。劳动保障行政部门应当为举报人保密;对举报属实,为查处重大违反劳动保障法律、法规或者规章的行为提供主要线索和证据的举报人,给予奖励。用人单位应当遵守劳动保障法律、法规和规章,接受并配合劳动保障监察。各级工会依法维护劳动者的合法权益,对用人单位遵守劳动保障法律、法规和规章的情况进行监督。劳动保障行政部门在劳动保障监察工作中应当注意听取工会组织的意见和建议。

(邵 芬)

laodong baozhang jiancha chufa

劳动保障监察处罚(penalty for supervision of labor protection) 劳动保障监察机关对违反劳动保障法律规定的处罚。

对用人单位的处罚 (1) 对用人单位违反女职工和未成年工特殊保护的处罚。用人单位有下列行为之一的,由劳动保障行政部门责令改正,按照受侵害的劳动者每人1000元以上5000元以下的标准计算,处以罚款:安排女职工从事矿山井下劳动、国家规定的第四级体力劳动强度的劳动或者其他禁忌从事的劳动的;安排女职工在经期从事高处、低温、冷水作业或者国家规定的第三级体力劳动强度的劳动的;安排女职工在怀孕期间从事国家规定的第三级体力劳动强度的劳动或者孕期禁忌从事的劳动的;安排怀孕7个月以上的女职工夜班劳动或者延长其工作时间的;女职工生育享受产假少于90天的;安排女职工在哺乳未满1周岁的婴儿期间从事国家规定的第三级体力劳动强度的劳动或者哺乳期禁忌从事的其他劳动,以及延长其工作时间或者安排其夜班劳动的;安排未成年工从事矿山井下、有毒有害、国家规定的第四级体力劳动强度的劳动或者其他禁忌从事的劳动的;未对未成年工定期进行健康检查的。(2) 对用人单位不依法与劳动者订立劳动合同和延长劳动者劳动时间的处罚:用人单位与劳动者建立劳动关系不依法订立劳动合同的,由劳动保障行政部门责令改正。用人单位违反劳动保障法律、法规或者规章延长劳动者工作时间的,由劳动保障行政部门给予警告,责令限期改正,并可以按照受侵害的劳动者每人100元以上500元以下的标准计算,处以罚款。(3) 对用人单位违反工资法规定的处罚:用人单位有下列行为之一的,由劳动保障行政部门分别责令限期支付劳动者的工资报酬、劳动者工资低于当地最低工资标准的差额或者解除劳动合同的经济补偿;逾期不支付的,责令用人单位按照应付金额50%以上1倍以下的标准计算,向劳动者加付赔偿金;克扣或者无故拖欠劳动者工资报酬的;支付劳动者的工资低于当地最低工资标准的;解除劳动合同未依法给予劳动者经济补偿的。(4)对用人单位违反社会保险法规定的处罚:用人单位向社会保险经办机构申报应缴纳的社会保险费数额时,瞒报工资总额或者职工人数的,由劳动保障行政部门责令改正,并处瞒报工资数额1倍以上3倍以下的罚款;用人单位骗取社会保险待遇或者骗取社会保险基金支出的,由劳动保障行政部门责令退还,并处骗取金额1倍以上3倍以下的罚款;构成犯罪的,依法追究刑事责任。(5)对用人单位违反《中华人民共和国工会法》的处罚:用人单位违反《工会法》,有下列行为之一的,由劳动保障行政部门责令改正:阻挠劳动者依法参加和组织工会,或者阻挠上级工会帮助、指导劳动者筹建工会的;无正当理由调动依法履行职责的工会工作人员的工作岗位,进行打击报复的;劳动者因参加工会活动而被解除劳动合同的;工会工作人员因依法履行职责被解除劳动合同的。(6)对用人单位抗拒劳动保障监察的处罚:用人单位有下列行为之一的,由劳动保障行政部门责令改正:对有第(1)项、第(2)项或者第(3)项规定的行为的,处2000元以上2万元以下的罚款;无理抗拒、阻挠劳动保障行政部门实施劳动保障监察的;不按照劳动保障行政部门的要求报送书面材料,隐瞒事实真相,出具伪证或者隐匿、毁灭证据的;经劳动保障行政部门责令改正而拒不改正,或者拒不履行劳动保障行政部门的行政处理决定的;打击报复举报人、投诉人的。违反前款规定,构成违反治安管理行为的,由公安机关依法给予治安管理处罚;构成犯罪的,依法追究刑事责任。

对有关机构和个人违反国家有关规定的处罚 职业介绍机构、职业技能培训机构或者职业技能考核鉴定机构违反国家有关职业介绍、职业技能培训或者职业技能考核鉴定的规定的,由劳动保障行政部门责令改正,没收违法所得,并处1万元以上5万元以下的罚款;情节严重的,吊销许可证。未经劳动保障行政部门许可,从事职业介绍、职业技能培训或者职业技能考核鉴定的组织或者个人,由劳动保障行政部门、工商行政管理部门依照国家有关无照经营查处取缔的规定查处取缔。

对劳动保障部门和劳动保障监察员的处罚 劳动保障行政部门和劳动保障监察员违法行使职权,侵犯用人单位或者劳动者的合法权益的,依法承担赔偿责任。劳动保障监察员滥用职权、玩忽职守、徇私舞弊或者泄露在履行职责过程中知悉的商业秘密的,依法给予行政处分;构成犯罪的,依法追究刑事责任。

(邵 芬)

laodongfa
劳动法(Labor Law) 调整劳动关系和与劳动关系有密切联系的其他社会关系的法律规范的总称。

英国学者认为劳动法是与雇佣劳动相关的全部法律原则,大致和工业法相同,其规定的是雇佣合同和劳动或工业关系法律方面的问题;日本学者菅野和夫认为,劳动法乃一切劳动关系及其附属关系之法律制度与规范之全体总和;德国学者认为劳动法是与劳动有关的法律规范的总和。

劳动法的产生和发展 产生于19世纪初的英国,标志是1802年英国议会通过的《学徒健康与道德法案》。19世纪初,资本主义进入自由竞争阶段。为了攫取最大利润,英国各地的纺织厂大批利用救济院的儿童到工厂做工,最小者仅有四五岁,工作时间则长达16—18小时,其远远超出了生理的界限和社会的道德底线。随着纺织厂儿童过劳死现象的不断出现,引起了社会正义人士的极大关注。在此背景下,皮尔勋爵于1802年提出了《学徒健康与道德法案》,并获得英国议会的通过。《学徒健康与道德法案》规定,禁止纺织工厂使用9岁以下学徒,童工劳动时间每日不得超过12小时,禁止学徒在晚9时至翌晨5时之间从事夜工。《学徒健康与道德法案》是世界上最早的工厂法,也是第一个以限制工作长度来保护儿童的法律,其宗旨是限制资本家对劳动者的剥削程度,其标志着现代劳动法的产生。

由于劳动法对社会的稳定和经济的发展的特殊作用,英国"工厂法"冲破其国界,纷纷在一些资本主义国家"落户",从而使劳动法从最初的限制劳动时间的立法逐步发展到对劳动者全面保护的立法;从最初的对童工实施保护的立法逐步扩大到保护全体劳动者的法律。经过百余年的发展,20世纪初,随着垄断资本主义的形成,劳动法在一些国家终于从民法里面分离出来,成为一个独立的法律部门。

旧中国的劳动立法以1923年3月29日北洋军阀政府农商部公布的《暂行工厂规则》为标志。1927年7月9日,南京国民政府劳动法起草委员会成立,开始劳动法典的起草工作,并于同年的11月完成了劳动契约法、劳动协约法、劳动组织法、劳动诉讼法、劳动救济法、劳动保险法等七编的立法任务。然而,南京国民政府制定劳动法典的目标并没有实现,而只是以单行法规的形式于1929年10月21日公布了《工会法》、1929年12月30日公布了《工厂法》、1928年6月9日公布了《劳资争议处理法》、1930年10月28日公布了《团体协约法》、1931年公布了《劳动契约法》、1936年公布了《最低工资法》。

1994年7月5日，第八届全国人民代表大会常务委员会第八次会议通过并颁布了《中华人民共和国劳动法》，并于1995年1月1日起施行。

劳动法的适用对象 （1）在中华人民共和国境内的企业、个体经济组织（即用人单位）与之形成劳动关系的劳动者。（2）与国家机关、事业组织和社会团体形成劳动合同制度的以及按规定应该实行劳动合同制度的工勤人员。（3）实行企业化管理的事业组织的人员。（4）事业单位因辞职、辞退和履行聘用合同发生争议的工作人员。（5）其他通过劳动合同与国家机关、事业组织和社会团体建立劳动关系的劳动者。（6）在"非法用工主体"从事有毒物品作业的劳动者。在"非法用工主体"从事有毒物品作业的职业病患者、事故伤害者，其个人和家属可以依照《工伤保险条例》规定的项目和标准，享受一次性赔偿的权利。（7）在用人单位从事劳动的童工。在用人单位从事劳动的童工造成伤残、死亡的，由该用人单位向童工或者童工的直系亲属给予一次性赔偿，赔偿标准不得低于《工伤保险条例》规定的工伤保险待遇。

我国劳动法制建设成果及发展趋势 基本上形成了以《劳动法》为核心的、以劳动行政法规、司法解释、规章和政策为内容的比较全面的劳动法律体系；基本上做到了有法可依；劳动法的适用对象不断扩大，不但冲破了企业的范围，适用到事业组织的部分劳动者，而且适用到"非法用工主体"中的劳动者；在工资、工时、休息休假和劳动安全卫生等方面建立起最低劳动标准制度；初步建立起社会保险制度，大部分职工的社会保险权利得到了保障；"一裁、二审"的劳动争议仲裁制度和劳动监察制度逐渐趋于成熟，劳动者劳动权益基本上得到了保障；随着劳动者工作方式的改变和劳动时间的弹性化的出现，以及多元劳动关系的产生和发展，显露出我国劳动立法的诸多空白点；面对全球经济的一体化和资本、劳动力的全球化，以及国际人权劳工公约和工作环境权有可能纳入世界贸易协议条款的发展趋势，我国劳动立法面临诸多挑战，我国《劳动法》的修改和完善已势在必行。

世界劳动立法趋势 由于劳动法调整社会关系的特殊作用，所以，世界各国都比较重视劳动立法问题。目前，世界上大约有六十多个国家颁布了劳动法典，如加拿大1965年颁布《劳工（标准）法》、土耳其1967年颁布《劳工法》、罗马尼亚1972年颁布《劳动法典》、菲律宾1974年颁布《劳工法》、朝鲜1978年颁布《朝鲜人民共和国社会主义劳动法》、俄罗斯1988年颁布《俄罗斯联邦劳动法典》、越南1994年颁布《越南社会主义共和国劳动法典》等。即便是判例法的国家也颁布了不少的单行劳动法律。如英国自20世纪70年代以来，在就业保障、工资、歧视、雇佣、劳资关系、就业与培训、劳动安全卫生等方面颁布了不少的法律，而且已经自成体系。自20世纪60年代以来，世界劳动立法呈现出以下的趋势：社会安全（社会保障）立法不断完善；失业保险立法向着促进就业和就业保障方向发展；反歧视立法（尤其在就业和劳动报酬方面）得到重视；工作环境保护权成为了立法的重点。 （邵　芬）

laodong guanxi

劳动关系（employment relation）　劳动者与其用人单位在劳动的过程中发生的社会关系。或者说劳动关系是劳动者在运用其劳动能力，在实现劳动过程中与劳动力使用者发生的社会关系。劳动关系是劳动法调整的主要对象，劳动关系在社会关系中占有重要的地位。劳动关系的特征：（1）劳动关系是一种双方主体的身份由法律所设定的社会关系，其一方是劳动者，另一方是用人单位；（2）劳动关系是劳动过程中所形成的一种社会关系，劳动是其内容和基础；（3）劳动关系是一种兼有人身关系和财产关系属性的社会关系；（4）劳动关系是一种兼有平等关系和隶属关系的社会关系；（5）劳动关系是一种同时兼有公法性质和私法性质属性的社会关系。与劳动关系有密切联系的其他关系主要有：在管理劳动力方面发生的关系；在执行社会保险方面发生的关系；在处理劳动争议方面发生的关系；监督劳动法执行方面发生的关系；工会组织与用人单位和劳动者之间发生的关系；劳动力与市场配置过程中发生的关系。

劳动关系立法概况　国际劳动立法：1971年《工人代表公约》（第135号）；1975年《农村工人组织公约》（第135号）；1976年《国际劳工标准三方协商公约》（第144号）；1978年《公职部门劳动关系公约》（第151号）。

其他国家立法：新加坡1960年颁布《劳资关系法》和《劳资纠纷法》、1966年颁布《雇工管理法》；日本1946年颁布《劳动关系调整法》；德意志联邦共和国1951年颁布《矿冶参与决定法》、1952年颁布《企业职工委员会法》、1970年颁布《参与决定法》；美国1935年颁布《国家劳动关系法》；英国1971年颁布《劳动关系法》、1974年颁布《工会与劳动关系法》、1984年颁布《工会和劳资关系（合并）法》；韩国1997年颁布《劳动委员会法》及其施行令、《职业安定法》及其施行令、1998年颁布《工会与劳动关系调整法》、《劳动基准法》及其施行令、《雇佣政策基本法》及其施行令；瑞典1982年颁布《就业保障法》、1991年实施《就业机会平等法》，还颁布了《就业安全法》。

我国南京国民政府1928年6月9日颁布《劳资争

议处理法》、1930年10月28日颁布《团体协约法》;我国香港地区1948年颁布《劳资纠纷法》(1975年修订);台湾省1947年颁布《动员戡乱期间劳资纠纷处理法》(1949年和1975年两次修订,1988年废止)。

劳动关系发展趋势和立法现状 我国劳动关系向着多元化、交叉化和复杂化的方向发展;时至今日,国家没有一部专门的调整劳动关系的法律或法规。世界劳动关系发展的趋势是:劳资关系从对立走向对话,从对话走向合作;劳资谈判的中心内容从工资权转向工作环境权;劳资关系的调整建立在社会保障制度的基础之上;劳资关系随着经济的全球化而日益地国际化;劳资关系随着信息时代的到来,出现了劳动合同的持续性与定期性、工作时间的不固定性和灵活性、工作场所的分散性和劳动关系的多重性等特征。   (邵 芬)

laodong hetong

劳动合同(employment contract) 又称劳动契约或劳动协议。劳动者与用人单位确立劳动关系,明确双方权利和义务的书面协议。劳动合同在有些国家被称之为雇佣合同或雇佣协议。劳动者与用人单位建立劳动关系必须订立劳动合同,劳动合同是确立劳动关系的法律形式,其特征为:劳动合同主体由法律所设立,一方是劳动者,另一方是用人单位;劳动合同是双务、有偿合同;劳动合同的标的是劳动者的劳动行为;劳动合同是诺成、要式合同;劳动合同往往涉及第三人的物质利益;劳动合同一般有试用期限的规定;劳动合同兼有公法与私法的性质,且公法起着主导的作用;劳动合同实行经济补偿制度。用人单位依据《中华人民共和国劳动法》第24条、26条和27条的规定解除劳动合同的,应当依法给予劳动者一定的经济补偿。

劳动合同立法概况 (1)国际劳动立法:1926年第23号《海员雇佣合同公约》;1936年第50号《土著工人招聘公约》;1939年第64号《劳动合同公约(土著工人)》;1973年第137号《码头作业公约》;1982年第158号《解雇公约》;1994年第175号《非全日制工作公约》;1996年第177号《家庭工作公约》。

(2)其他国家立法:比利时1900年颁布《劳动契约法》;日本1966年颁布《雇佣范围法》、1974年颁布《雇佣保险法》;越南颁布了《劳动合同法》;德国颁布了《解雇保护法》;新加坡颁布了《雇佣法》和《外国工人雇佣法》。有的国家虽然没有颁布劳动合同法,但在其劳动法典中都有专章规定。有的国家却是在民法中设置雇佣合同或劳动合同专章,由民法来调整劳动关系。如《德国民法典》以第611—630条为雇佣契约章,并认为劳动契约是雇佣契约的一种特别形式,并以《解雇保护法》作为补助;《奥地利民法》以第1151—1164条为雇佣契约章,并以其他的特别法作为补助。同时,为衔接欧盟的有关规定,奥地利于1993年制定了《劳动契约过渡法》;瑞士1971年对1991年公布实行的债法作出重大修改,修改重点在其第319条—362条,将雇佣契约章改为劳动契约章(以后又经多次的修改),且条文多达121条之多。

中华全国总工会1949年11月发布《关于劳资关系暂行办法》;劳动部1951年5月发布《关于各地招聘职工的暂行规定》、1954年发布《关于建筑工程单位赴外地招用建筑工人订立劳动合同的办法》、1959年发布《关于订立建筑工人借调合同办法》;1958年国家对企业新招用职工试行了合同制度,对煤矿、矿山及县办企业从农村招用新工人试行了亦工亦农的轮换制度;国务院1962年发布《关于国营企业使用临时工的暂行办法》、1965年发布《关于改进对临时工的使用和管理的暂行规定》;1982年2月劳动人事部发布《关于积极推行劳动合同制的通知》;国务院1982年发布《国营企业实行合同工制度试行办法》、1984年发布《国营建筑企业招用农民合同制工人和使用农村建筑队暂行办法》、1984年发布《矿山企业实行农民轮换工制度试行条例》和《交通、铁路部门装卸搬运作业实行农民轮换工制度和使用承包工试行办法》;1986年7月国务院发布《国营企业招用合同制工人暂行规定》;劳动部1992年发布《关于扩大全员劳动合同制的通知》和《关于试行全员劳动合同制有关问题的处理意见》;国务院1992年发布《全民所有制工业企业转换经营机制条例》;劳动部1992年发布《劳动合同鉴证办法》和《劳动仲裁费和劳动合同鉴证费管理办法》;1994年《劳动法》第三章"劳动合同和集体合同";劳动部1994年发布《违反和解除劳动合同的经济补偿办法》、1995年发布《违反〈劳动法〉有关劳动合同规定的补偿办法》和《关于农民合同制工人续订劳动合同有关问题的复函》、1996年发布《关于订立劳动合同有关问题的通知》和《关于实行劳动制度若干问题的通知》;2001年最高人民法院发布《关于审理劳动争议案件适用法律若干问题的解释》。

我国香港地区1929年颁布《本地女性雇佣条例》、1932年颁布《青年和儿童海上工作雇佣条例》、1965年颁布《香港以外雇佣契约条例》、1968年颁布《雇佣条例》;我国台湾地区1960年颁布《厂矿工人受雇解雇办法》、1963年颁布《劳动契约法》,但至今未实施,劳动合同还是以雇佣契约的形式寓于民法之中。

劳动合同订立实行合法的原则,平等自愿、协商一致的原则。

劳动合同的形式,是指订立劳动合同的方式。我国《劳动法》第19条规定:"劳动合同应当以书面形式订立。"因此,国家否认口头劳动合同的有效性。然而,在社会实践中,我国劳动合同采取口头形式的比较多,其发生争议时以事实劳动关系来处理。

当事人所订立的劳动合同由于不符合法定条件,不能发生当事人预期的法律后果的劳动合同。无效劳动合同虽由双方当事人协商而订立,但因其违反法律法规的规定,所以国家不予承认,法律不予保护。《劳动法》第18条规定:"违反法律、行政法规的劳动合同无效;采取欺诈、威胁等手段订立的劳动合同无效。无效的劳动合同,从订立的时候起,就没有法律约束力。确认劳动合同部分无效的,如果不影响其余部分的效力,其余部分仍然有效。劳动合同的无效,由劳动争议仲裁委员或者人民法院确认。" （邵 芬）

laodong hetong biangeng
劳动合同变更 (modification of employment contract) 劳动合同在依法履行的过程中,因订立劳动合同时所依据的主客观情况发生变化,双方当事人在协商一致的基础上对劳动合同条款所作修改或增减的行为。

劳动合同变更实行合法的原则,平等自愿、协商一致的原则。

劳动合同的变更,只限于劳动合同条款内容的变更,不包括当事人的变更。但按照劳动部《关于贯彻执行〈中华人民共和国劳动法〉若干问题的意见》第13条、第37条的规定,存在一种例外的情况:用人单位发生分立或合并后,分立或合并后的用人单位可依据其实际情况与原用人单位的劳动者遵循平等自愿、协商一致的原则变更劳动合同;也可以按平等自愿、协商一致的原则解除或重新签订劳动合同,但此种情况下的重新签订劳动合同视为原劳动合同的变更。

劳动合同变更的条件是:(1)订立劳动合同时所依据的法律、法规已经修改或者废止;(2)用人单位转产或者调整生产任务;(3)用人单位严重亏损或发生自然灾害,确实无法履行劳动合同规定的义务;(4)掌握用人单位商业秘密的职工在其劳动合同终止或解除前(不超过6个月);(5)劳动者劳动能力部分丧失;(6)劳动者不能胜任工作;(7)用人单位发生分离或者合并;(8)当事人双方协商同意;(9)法律、行政法规规定的其他情况。

在劳动合同没有变更的情况下,用人单位不得安排职工从事合同规定以外的工作,但以下情况除外:发生事故或遇灾害,需要及时抢修或救灾的;因工作需要而临时调动工作;发生短期停工的;法律、行政法规规定的其他情况。 （邵 芬）

laodong hetong jiechu
劳动合同解除 (dissolution of employment contract) 劳动合同订立后,尚未全部履行完毕之前,由于某种原因导致劳动合同一方或双方提前消灭劳动关系的法律行为。劳动合同解除与劳动合同的订立或变更不同。订立或变更劳动合同是当事人双方的法律行为,必须经双方协商一致才能成立。而劳动合同的解除则分为法定解除和协商解除两种,即劳动合同既可以由单方依照劳动法的规定而解除,也可以由双方协商而解除。劳动合同的解除,只对未履行的部分发生效力,不涉及已经履行的部分。

劳动合同的解除可分为双方协商解除和单方解除两种形式,以及用人单位不能解除劳动合同的情况。《中华人民共和国劳动法》第24条规定:"经劳动合同当事人协商一致,劳动合同可以解除。"劳动合同双方当事人协商解除劳动合同必须采用书面形式。单方解除劳动合同分为用人单位解除劳动合同和劳动者解除劳动合同。

用人单位解除劳动合同 （1）用人单位随时通知劳动者解除劳动合同。《劳动法》第25条规定:"劳动者有下列情形之一的,用人单位可以解除劳动合同:在试用期间被证明不符合录用条件的;严重违反劳动纪律或者用人单位规章制度的;严重失职,营私舞弊,对用人单位利益造成重大损害的;被依法追究刑事责任的。"试用期间的劳动者是否符合录用条件,其标准应当以法律、法规规定的基本录用条件为准;在具体录用条件不明确时,应以是否胜任工作为准。是否在试用期内,应当以劳动合同中依法约定的试用期为准。用人单位对新招用的职工,在试用期内发现并经有关机构确认患有精神病的,可以解除其劳动合同。劳动者是否严重违反劳动纪律或者用人单位规章制度,应当以劳动者本人有义务遵循的劳动纪律及用人单位规章制度的有关规定为准。对于因卖淫、嫖娼等违法犯罪活动被公安机关执行收容教育的劳动者,用人单位可以严重违反劳动纪律和用人单位规章制度为由而解除与该劳动者的劳动合同。被依法追究刑事责任,具体包括:被人民法院判处刑罚的;被人民法院依法免予刑事处分的;被人民检察院决定不起诉的(法定不起诉者除外)。被劳动教养的劳动者,用人单位可以与其解除劳动合同。（2）用人单位提前通知劳动者解除劳动合同。《劳动法》第26条规定:"有下列情形之一的,用人单位可以解除劳动合同,但是应当提前30日以书面形式通知劳动者本人:劳动者患病或者非因工负伤,医疗期满后,不能从事原工作也不能从事用人单位另行安排的工作的;劳动者不能胜任工作,经过培训或者调整工作岗位,仍不能胜任工作的;劳动合同订立时所依据的客观情况发生重大变化,致使原劳动合同无法履行,经当事人协商不能就变更劳动合同达成协议的。"这里的患病,是指患有除职业病以外的其他疾病。医疗期,是指劳动者根据其工龄等条件,依法可以享受的停工医疗并发给病假工资的期间。劳动者可依法享受的医疗期,根据本人实际参加工作年限和在本单位工作年限,一般是 3—24 个月;对于患某些特殊疾病(如癌症、精神病、瘫痪等)的劳动者,还可以适当延长医疗期。另行安排的工作,是指用人单位另行安排的适当工作。不能胜任工作,是指劳动者在试用期满后,不能按要求完成劳动合同中约定的任务或者同工种、同岗位人员的工作量。(3)用人单位因经济性裁员解除劳动合同。《劳动法》第 27 条规定:"用人单位濒临破产进行法定整顿期间或者生产经营状况发生严重困难,确需裁减人员的,应当提前 30 日向工会或者全体职工说明情况,听取工会或者职工的意见,经向劳动行政部门报告后,可以裁减人员。用人单位依据本条规定裁减的人员,在 6 个月内录用人员的,应当优先录用被裁减的职工。"同时,劳动部于 1994 年 11 月 14 日制定并公布了《企业经济裁减人员规定》,对裁员的程序进行了规定和对裁员条件进行了限制。

劳动者解除劳动合同 (1)劳动者提前通知用人单位解除劳动合同。《劳动法》第 31 条规定:"劳动者解除劳动合同,应当提前 30 日以书面形式通知用人单位。"这一规定表明,劳动者如果要解除劳动合同,必须提前 30 日以书面形式通知用人单位,缺少其中的任何一个条件都视为无效。用人单位必须在 30 日内给劳动者一个是否同意解除劳动合同的明确答复。否则,超过 30 日,劳动者即可向用人单位提出办理解除劳动合同手续的要求,用人单位应当办理。同时,劳动者违反劳动法规定的条件解除劳动合同,对用人单位造成经济损失的,应当依法承担赔偿责任。(2)劳动者随时通知用人单位解除劳动合同。《劳动法》第 32 条规定:"有下列情形之一的,劳动者可以随时通知用人单位解除劳动合同:在试用期内的;用人单位以暴力、威胁或者非法限制人身自由的手段强迫劳动的;用人单位未按照劳动合同约定支付劳动报酬或者提供劳动条件。"这是为反对强迫劳动,保障劳动者享有选择职业的权利和取得劳动报酬的权利而赋予劳动者的解除劳动合同的权利。劳动者只要达到其中的条件之一,即可与用人单位解除劳动合同而不负任何法律责任。

用人单位不得解除劳动合同 《劳动法》第 29 条规定:"劳动者有下列情形之一的,用人单位不得依据本法第 26 条、第 27 条的规定解除劳动合同:(1)患职业病或者因工负伤,并被确认完全丧失劳动能力或者部分丧失劳动能力的;(2)患病或者负伤,在规定的医疗期内的;(3)女职工在孕期、产期、哺乳期内的;(4)法律、行政法规规定的其他情形。"

同时,《中华人民共和国妇女权益保障法》第 26 条规定:"任何单位不得以结婚、怀孕、产假、哺乳为由,辞退女职工或者单方解除劳动合同。"《女职工劳动保护规定》第 4 条规定:"不得在女职工怀孕期、产期、哺乳期降低其基本工资或者解除劳动合同。"《中华人民共和国安全生产法》第 46 条规定:"从业人员有权对本单位安全生产工作中存在的问题提出批评、检举、控告;有权拒绝违章指挥和强令冒险作业。生产经营单位不得因劳动者对本单位安全生产工作提出批评、检举、控告或者拒绝违章指挥、强令冒险作业而降低其工资、福利等待遇或者解除与其订立的劳动合同。"第 47 条规定:"从业人员发现直接危及人身安全的紧急情况时,有权停止作业或者在采取可能的应急措施后撤离作业场所。生产经营单位不得因劳动者在紧急情况下停止作业或者采取紧急撤离措施而降低其工资、福利等待遇或者解除与其订立的劳动合同。"

(邵 芬)

laodong hetong qixian

劳动合同期限(allotted time of employment contract) 劳动合同主体享受权利和履行义务的时间。《中华人民共和国劳动法》第 20 条规定:"劳动合同的期限分为有固定期限、无固定期限和以完成一定的工作为期限。"

有固定期限的劳动合同又称定期劳动合同,是指双方当事人明确规定合同有效的起止日期的劳动合同。期限可几个月、1 年、3 年、5 年、10 年等。但农民轮换工的合同期限最长为 8 年,合同到期不得续订。被聘用的外国人的劳动合同的期限最长为 5 年,合同到期后可继续聘用。由于有固定期限的劳动合同具有既可以保持劳动关系的相对稳定,又可以使劳动力适度地流动,还可减少劳动纠纷的优势,所以在实践中被用人单位所普遍使用。

无固定期限的劳动合同又称不定期劳动合同,是指双方当事人在劳动合同书上只写明合同生效的起始日期,没有约定合同终止日期的劳动合同。订立无固定期限的劳动合同,不得将法定解除条件约定为终止条件,用以规避解除劳动合同时用人单位应当承担的支付给劳动者经济补偿金的义务。但是双方当事人可以约定变更、解除、终止合同的条件。只要不出现可以解除、终止劳动合同的条件,劳动者就可以在一个单位工作至退休。无固定期限劳动合同适用于工作保密性强、技术复杂、需要长期保持人员稳定的工作岗位。无固定期限劳动合同对劳动者的就业权有一定的保护作用,所以国家规定,用人单位对符合下列条件的劳动者,如果其提出订立无固定期限的劳动合同的,应当与其订立无固定期限的劳动合同:(1)劳动者在同一用人单位连续工作满 10 年以上,当事人双方同意续延劳动合同的;(2)工作年限比较长,且距离法定退休年龄

10年以内的;(3)复员、转业军人初次就业的;(4)法律、法规规定的其他情形。

以完成一定工作为期限的劳动合同是指双方当事人将完成某项工作或工程作为合同终止日期的劳动合同。以完成一定工作为期限的劳动合同,实际上还是属于有固定期限的劳动合同,只不过有固定期限的劳动合同具体规定了合同有效的起止日期,而以完成一定工作为期限的劳动合同,则以某项工作开始至结束的这段期间为劳动合同的期限。　　　　(邵 芬)

laodong hetong tiaokuan
劳动合同条款(employment contract clauses) 劳动合同内容中以条款形式体现的约定。

劳动合同的必备条款 即《中华人民共和国劳动法》第19条所规定的条款:(1)劳动合同期限;(2)工作内容;(3)劳动保护和劳动条件;(4)劳动报酬;(5)劳动纪律;(6)劳动合同终止的条件;(7)违反劳动合同的责任。

根据《中华人民共和国安全生产法》第44条"生产经营单位与从业人员订立的劳动合同,应当载明有关保障从业人员劳动安全、防止职业危害的事项,以及依法为从业人员办理工伤社会保险的事项生产的规定,以及经营单位不得以任何形式与从业人员订立协议,免除或者减轻其因从业人员因生产安全事故伤亡依法应承担的责任"的规定;根据《中华人民共和国职业病防治法》第30条和《使用有毒物品作业场所劳动保护条例》第18条的"用人单位与劳动者订立劳动合同(包括聘用合同)时,应当将工作过程中可能产生的职业病危害及其后果,职业病防护措施和待遇如实告知劳动者并在劳动合同中写明不得隐瞒或者欺骗"的规定,在劳动合同的必备条款方面,还应该增加如下的内容:(1)用人单位在与劳动者订立劳动合同时,不能出现《安全生产法》第44条情况的免责条款;(2)用人单位负有《职业病防治法》第39条和《使用有毒物品作业场所劳动保护条例》第18条规定的"如实告知"义务,同时还要"在劳动合同中写明,不得隐瞒或者欺骗"。

劳动合同的可备条款 (1)试用期。试用期是用人单位和劳动者为达到相互了解和相互选择而依法约定的不超过6个月的了解期。我国《劳动法》第21条规定"劳动合同可以约定试用期,试用期最长不超过6个月。"用人单位对初次就业或再就业时改变劳动岗位或工种的劳动者,劳动合同可以约定试用期,但对于工作岗位或工种没有发生变化的劳动者,只能试用一次。为了限制用人单位利用6个月的试用期获取剩余价值且可不负任何法律责任的行为,劳动部对劳动合同试用期的天数做了补充规定:劳动合同期限在6个月以下的,试用期不得超过15日;劳动合同期限在6个月以上1年以下的,试用期不得超过30日;劳动合同期限在1年以上2年以下的,试用期不得超过60日;劳动合同期限在2年以上的,试用期不得超过6个月。试用期包括在劳动合同期限内,用人单位对劳动者不能先试用,尔后才订立劳动合同。(2)保守用人单位商业秘密。商业秘密是指不为公众所知悉,能为用人单位带来经济利益,具有实用性并经用人单位采取保密措施的技术信息和经营性信息。如用人单位的管理诀窍、客户名单、产销策略、货源情报、图纸设计和商业情报等。我国《劳动法》第22条规定:"劳动合同当事人可以在劳动合同中约定保守用人单位商业秘密的事项。"因此,劳动合同主体双方可以约定在劳动合同终止前或该劳动者提出解除劳动合同后一定时间内(不超过6个月),调整其工作岗位,变更劳动合同的相关条款。同时,劳动合同主体双方还可以在劳动合同中约定,或者由用人单位规定掌握用人单位商业秘密的劳动者,在终止或解除劳动合同后的一定期限内(1—3年),不得到与原用人单位生产同类产品或经营同类业务的具有竞争关系的其他用人单位任职,也不得自己生产或经营与原用人单位有竞争关系的同类产品或业务。同时,用人单位应当给予劳动者一定的经济补偿。双方还可以约定劳动者的违约责任和赔偿责任。(3)其他条款。除上述试用期条款和保密条款外,当事人还可以就其他可备条款进行协商约定,如劳动者个人隐私权的保护、企业年金和住房的享受,爱人的调动及其工作的安排、班车、托儿所、幼儿园等。

在可备条款中,不得出现带有歧视性的、不管生死的、收取押金的、合同期或试用期不得结婚等违法条款。类似这样的条款即使双方"协商一致",也应该视为无效。　　　　　　　　　　　　(邵 芬)

laodong hetong zhongzhi
劳动合同终止(termination of employment contract) 劳动合同的法律效力因为一定法律事实的出现而归于消灭。《中华人民共和国劳动法》第23条规定:"劳动合同期满或者当事人约定的劳动合同终止条件出现,劳动合同即行终止。"

劳动合同终止的事由 (1)劳动合同期限届满;(2)合同目标实现;(3)约定终止的条件出现;(4)劳动者退休、死亡或用人单位消灭;(5)法律、行政法规规定的其他情况。

劳动合同终止时间应当以劳动合同期限最后一日的24小时为准。劳动合同终止后,用人单位应该为劳动者出具终止劳动合同证明书和依法支付给劳动者经济补偿金,劳动者应该依法为用人单位保守其商业秘密。当劳动合同终止的条件出现时,用人单位若不即时终止劳动合同而形成事实劳动关系的,视为双方同意续订劳动合同,用人单位负有及时办理续订劳动合同手续的责任。

用人单位不得终止劳动者的劳动合同的情形 劳动部《关于贯彻执行〈中华人民共和国劳动法〉若干问题的意见》第 34 条规定:"除《劳动法》第 25 条规定的情形外,劳动者在医疗期、孕期、产期和哺乳期内,劳动合同期限届满时,用人单位不得终止劳动合同。劳动合同的期限自动延续至医疗期、孕期、产期和哺乳期期满为止。"《中华人民共和国职业病防治法》第 30 条规定:用人单位违反相关法律规定的,劳动者有权拒绝从事存在职业病危害的作业,用人单位不得因此解除或者终止与劳动者所订立的劳动合同。第 32 条规定:用人单位"对未进行离岗前职业健康检查的劳动者不得解除或者终止与其订立的劳动合同。"第 36 条规定:用人单位"因劳动者依法行使正当权利而降低其工资、福利等待遇或者解除、终止与其订立的劳动合同的,其行为无效。"《使用有毒物品作业工作场所劳动保护条例》第 33 条规定:"用人单位应当对从事使用有毒物品作业的劳动者进行离岗时的职业健康检查,对离岗时未进行职业健康检查的劳动者不得解除或者终止与其订立的劳动合同。"第 38 条规定:"劳动者有权参与用人单位职业卫生工作的民主管理,对职业病防治工作提出意见和建议。"禁止"用人单位因劳动者依法行使正当权利而降低其工资、福利等待遇或解除、终止与其订立的合同"。

(邵 芬)

laodong jiuye

劳动就业(employment) 具有劳动权利能力和劳动行为能力的公民,获得了具有劳动报酬或劳动收入的职业的社会活动。就业者必须达到法定的就业年龄(16 周岁)和在法定的劳动年龄内(16 周岁至退休);就业者必须具有就业的愿望;就业者的收入必须是合法的收入。

劳动就业的范围 根据国际劳工统计会议规定的通用标准,凡是在法律规定的年龄之上,具有下列情况之一的,都视为就业人员:(1)正在工作中的人,包括在规定的时间内正在从事有报酬或收入的人员;(2)有职业但是临时没有工作的人,例如由于疾病、事故、休假、旷工、气候不良、劳动争议、机器损坏和故障等原因而暂时停工的人员;(3)雇主和自营业人员或者正在协助家庭经营农场而不领取报酬的家庭成员,在规定的时间内,从事正常工作 1/3 者。

劳动就业的原则和方针 劳动就业的原则有:国家促进就业原则、平等就业原则、双向选择原则、对于特殊人员(妇女、残疾人、少数民族人员、退出现役的军人、未成年人等)予以保护和照顾原则。国家禁止用人单位招用未满 16 周岁的未成年人。对于文娱、体育和特殊工艺单位,招用未满 16 周岁的未成年人,应依照国家的有关规定,履行审批手续,并保障其接受义务教育的权利。我国就业方针经历了一个从计划到市场的过程:20 世纪 50 年代初期的政府介绍就业和群众自行就业相结合的就业方针;计划经济时期的统包统配的就业方针;20 世纪 80 年代初期的政府介绍就业、组织起来就业和自谋职业"三结合"的就业方针;市场经济时期的劳动者自主择业、市场调节就业、政府促进就业的方针。

劳动就业立法概况 (1)国际劳动立法:1919 年《失业公约》(第 2 号);1933 年《收费职业介绍所公约》(第 34 号);1936 年《最低年龄公约(海上工作)》(第 58 号);1937 年《最低年龄公约(修订)(工业)》(第 59 号)、《最低年龄公约(非工业劳动)(修订)》(第 61 号);1948 年《就业服务公约》(第 88 号);1949 年《收费职业介绍所公约(修订)》(第 96 号);1958 年《歧视公约(就业和职业)》(第 111 号)和同名建议书;1959 年《最低年龄公约(渔民)》(第 112 号);1964 年《就业政策公约》(第 122 号);1965 年《最低年龄公约(井下)》(第 123 号);1973 年《最低年龄公约》(第 138 号);1975 年《人力资源开发公约》(第 142 号);1988 年《促进就业和失业保护公约》(第 168 号);1994 年《非全日制工作公约》(第 175 号);1996 年《家庭工作公约》(第 177 号);1997 年《私人就业机构公约》(181 号);1998 年《在中小企业创造就业岗位建议书》。(2)欧盟立法:1957 年《罗马条约》规定,消除各种障碍,保证劳动者的自由流动;1993 年生效的《马斯特里赫特条约》规定:"促进就业水平的提高"是欧共体在社会方面的目标之一;1997 年的《阿姆斯特丹条约》(1997 年 10 月 2 日签订,2000 年 5 月实施)将平衡地持续地促进就业水平的提高作为欧共体及其成员国的目标。(3)其他国家立法:英国国会 1909 年制定了被普遍认为是世界第一部就业服务法,即《劳工交换法》、1944 年通过《残疾人就业法》、1948 年通过《就业与培训法》。1980 年、1982 年通过《就业法》;新加坡 1968 年颁布《就业法》;美国 1964 年颁布《经济机会法》、1971 年颁布《紧急就业法案》;瑞典 1982 年颁布《就业保障法》;日本 1947 年颁布《职业安定法》;德意志联邦共和国 1951 年制定《劳动就业法》;韩国颁布《青年人就业保护法》和《解雇保护法》。

我国 1952 年政务院发布《关于劳动就业问题决定》;1980 年中共中央发布《关于进一步做好城镇劳动就业工作》;1981 年国务院发布《关于广开门路,搞活经济解决城镇就业问题的若干规定》;1982 年劳动人事部发布《关于劳动公司若干问题的规定》;1983 年国务院《关于招工考核择优录用的暂行规定》、《关于科技人员合理流动的若干规定》；1984年劳动人事部发布《关于做好招聘工作的通知》、《城镇待业人员登记管理办法》；1986年国务院发布《国有企业招用工人暂行规定》；1990年劳动部发布《职业介绍暂行规定》；1992年劳动部发布《境外就业服务机构管理规定》；1994年《劳动法》第一章规定了"促进就业"；1994年劳动部发布《职业指导办法》、《农村劳动力跨省流动就业管理暂行规定》、《就业训练规定》；1996年劳动部等四部门发布《外国人在中国就业管理规定》、《台湾和香港、澳门居民在内地就业管理规定》、《中国人民解放军士官退出现役安置暂行办法》、《招用技术工种从业人员规定》；2000年劳动和社会保障部发布《劳动力市场管理条例》；2002年劳动和社会保障部等三部门发布《境外就业中介管理规定》。

劳动就业制度 国家规定的劳动者如何实现就业以及国家如何促进和保障就业的一系列的制度，即劳动力资源的配置制度。包括：(1)劳动力市场管理制度。其包括劳动者求职与就业、用人单位招用人员的管理、境内境外职业介绍机构、公共就业服务等内容；(2)农村劳动力跨省就业管理制度。其主要包括用人单位跨地区招用社会劳动力的规定、社会劳动力跨地区流动就业的规定等内容；(3)境外人员入境就业管理。其境外人员入境就业，是指台、港、澳人员，外国人依法受雇于我国境内用人单位，从事社会劳动并取得劳动报酬或经营收入的行为，其主要包括台、港、澳人员在内地就业的条件和程序、外国人在中国就业的管理等内容。 (邵 芬)

laodong jiuye fuwu qiye chanquan jieding
劳动就业服务企业产权界定（definition of property right of enterprise engaged in labor employment service） 按照国家有关法律、法规规定，明确劳动就业服务企业财产所有权归属的一种法律行为。劳动就业服务企业是依法持有"劳动就业服务企业证书"，并经工商行政管理机关核准登记的企业。劳动部、国有资产管理局、国家税务总局于1997年5月29日发布《劳动就业服务企业产权界定规定》。

劳动就业服务企业使用主办或扶持单位提供的资金、厂房、实物及无形资产等资产，凡事先约定为投资关系、债权债务关系或无偿资助关系的，按约定界定产权；没有约定的，按下列规定处理：(1)劳动就业服务企业开办初期和发展过程中，使用主办或扶持单位为解决职工子女和富余人员就业提供的厂房、设备和其他实物资产、无形资产及所形成的收益，应归劳动就业服务企业集体所有；(2)主办或扶持单位及其所属人员将其发明、专利技术（非职务发明、专利除外）以及其他无形资产带给劳动就业服务企业所形成的资产，应归劳动就业服务企业集体所有；(3)劳动就业服务企业使用主办或扶持单位的设备、房屋等实物资产，凡主办或扶持单位收取的折旧费、资产占用费、管理费及其他费用或实物计价之和达到或超过其资产净值的，该实物资产及其形成的资产，归劳动就业服务企业集体所有；没有超过其资产净值的剩余资产，按劳动就业服务企业使用国有资产处理的方式办理。

劳动就业服务企业按照国家法律、法规规定所享受的免税、减税、税前还贷和以税还贷等优惠政策，其所得及形成的资产，1993年6月30日前形成的，其产权归劳动就业服务企业集体所有；1993年7月1日后形成的，国家对其规定专门用途的，从其规定；没有规定的，按集体企业各投资者所拥有财产（含劳动积累）的比例确定产权归属。

劳动就业服务企业使用银行贷款、国家借款、主办单位借款等借贷资金形成的资产，其产权归劳动就业服务企业集体所有。主办或扶持单位为劳动就业服务企业使用的贷款和借款提供了担保，并履行了连带责任的，须确定主办或扶持单位和劳动就业服务企业之间的债权债务关系。凡劳动就业服务企业按照国家有关规定使用属于主办或扶持单位提供的生产经营场地，应缴纳土地使用占用费或租赁费，其生产经营场地，该劳动就业服务企业有权继续使用。劳动就业服务企业联合经济组织投资及其形成的资产，归劳动就业服务企业联合经济组织集体所有。劳动就业服务企业使用公益金所形成的资产，归劳动就业服务企业劳动者集体所有。劳动就业服务企业资产中个人投资及其投资收益所形成的资产，应归投资者所有。劳动就业服务企业资产中接受无偿资助的资产，归劳动就业服务企业集体所有，难以明确投资主体的，其产权暂归劳动就业服务企业劳动者集体所有。劳动就业服务企业资产中凡界定为集体、个人或其他投资者所有的，由地方税务部门进行资产核实，由当地劳动行政部门核准登记，并报地方有关部门备案；界定为国有资产的，须经当地劳动行政部门审核，并由地方税务部门进行资产核实，由国有资产管理部门核准登记。劳动就业服务企业资产中界定为国有资产的，原主办或扶持单位不得无故抽回，该劳动就业服务企业继续有偿使用。

劳动就业服务企业使用国有资产，可按下列方式之一处理：(1)作为安置主办或扶持单位富余人员及失业人员的扶持条件；(2)由劳动就业服务企业一次付清或分期付款；(3)按国家有关规定作为投资；(4)按国家规定交纳不高于同期银行贷款利率的资产占用费，或按约定交付租金。

劳动就业服务企业日常的产权界定由各级劳动行政部门会同同级国有资产管理部门、地方税务部门进行。行业部门劳动就业服务企业管理机构应组织好本行业劳动就业服务企业的清产核资工作,并参与有关部门组织的产权界定。劳动就业服务企业清产核资中产权界定的具体工作程序,按照财政部、国家经贸委、国家税务总局下发的《城镇集体所有制企业、单位清产核资产权界定工作的具体规定》执行。

(马跃进　师湘瑜)

laodongli fenliu jineng
劳动力分流机能(the enginery of labor shunt)　经济法促进劳动力在不同地区、部门以及单位之间流动的机能。经济法确定了计划分配与个人自主择业相结合的方针,保障了劳动力市场的建立和完善,加速了劳动力的合理流动,促使劳动力的地区流向、行业流向、单位流向合理化。

(赵　玲)

laodong qunzhong jiti suoyouzhi jingji
劳动群众集体所有制经济(economy of socialist collective ownership by the working masses)　简称"集体所有制经济"。由一部分劳动群众共同占有一定范围的生产资料和劳动产品,个人收入实行按劳分配的所有制形式的经济制度。它是社会主义公有制经济的重要组成部分。其特点是,在集体所有制经济内部,劳动者之间存在着互助合作关系,劳动者对生产资料的关系是平等的,但在不同的集体经济组织之间,由于所拥有的生产资料的数量和质量不同,在生产资料的占有上还存在不平等,从而在劳动成果的占有和收入分配上存在着差别。它自主经营,比较灵活,对市场适应性强;其经营状况与劳动者利益密切联系,能更好地调动劳动者的积极性;它可以容纳手工劳动、半机械化劳动、机械化劳动等不同层次的生产力,是一种具有强大生命力的公有制形式。

在我国现阶段存在着多层次生产力水平的情况下,发展集体所有制经济对满足人民群众多方面的物质文化需要,增加就业机会,促进社会生产力和整个国民经济的发展,保持社会稳定,实现共同富裕具有重要作用。现阶段要把发展集体所有制经济作为发展公有制经济的一个重要内容。《中华人民共和国宪法》第8条规定:"城镇中的手工业、工业、建筑业、运输业、商业、服务业等行业的各种形式的合作经济,都是社会主义劳动群众集体所有制经济。"农村集体所有制经济是现阶段我国农村的主要经济形式。《宪法修正案》第15条规定:"农村集体经济组织实行家庭承包经营为基础、统分结合的双层经营体制。农村中的生产、供销、信用、消费等各种形式的合作经济,是社会主义劳动群众集体所有制经济。参加农村集体经济组织的劳动者,有权在法律规定的范围内经营自留地、自留山、家庭副业和饲养自畜畜。"《宪法》还规定,法律规定属于集体所有的森林、山岭、草原、荒地和滩涂属于集体所有;宅基地和自留地、自留山,也属于集体所有。国家保护城乡集体经济组织的合法的权利和利益,鼓励、指导和帮助集体经济的发展。

(张长利)

laodong susong
劳动诉讼(litigation of employment dispute)　人民法院对不服仲裁裁决,向法院提起诉讼的劳动争议案件进行审理,依法作出裁决的活动。

劳动诉讼的受案范围　(1)劳动者与用人单位在履行劳动合同过程中发生的纠纷;(2)劳动者与用人单位之间没有订立书面劳动合同,但已形成事实劳动关系后发生的纠纷;(3)劳动者退休后,与尚未参加社会保险统筹的原用人单位因追索养老金、医疗费、工伤保险待遇和其他社会保险费而发生的纠纷;(4)劳动争议仲裁委员会以当事人申请仲裁的事项不属于劳动争议为由,作出不予受理的书面裁决、决定或者通知,当事人不服,依法向人民法院起诉的,人民法院应当分别情况予以处理:属于劳动争议案件的,应当受理;虽不属于劳动争议案件,但属于人民法院主管的其他案件的,也应当受理;(5)劳动争议仲裁委员会以当事人的仲裁申请超过60日期限为由,作出不予受理的书面裁决、决定或者通知,当事人不服,依法向人民法院起诉的;(6)劳动争议仲裁委员会为纠正原仲裁裁决错误重新作出裁决,当事人不服,依法向人民法院起诉的;(7)人民法院受理劳动争议案件后,当事人增加诉讼请求的,如该诉讼请求与讼争的劳动争议具有不可分性,应当合并审理;(8)事业单位与其工作人员之间因辞职、辞退及履行聘用合同发生争议,当事人对人事争议仲裁机构所作的人事争议仲裁裁决不服,自收到仲裁裁决之日起15日内向人民法院提起诉讼的。

诉讼主体　(1)劳动案件的诉讼主体,仍然是劳动争议的主体,劳动争议中仲裁委员会不能作为诉讼主体的一方。(2)当事人双方不服劳动争议仲裁委员会作出的同一仲裁裁决,均向同一人民法院起诉的,先起诉的一方当事人为原告,但对双方的诉讼请求,人民法院应当一并作出裁决。用人单位与其他单位合并的,合并前发生的劳动争议,由合并后的单位为当事人;用人单位分立为若干单位的,其分立前发生的劳动争议,由分立后的实际用人单位为当事人。用人单位分立为若干单位后,对承受劳动权利义务的单位不明确的,分立后的单位均为当事人。(3)用人单位招用尚未解除劳动合同的劳动者,原用人单位与劳动者发生的劳动争议,可列新的用人单位为第三人。原用人单位以新的用人单位侵权为由向人民法院起诉的,可以列劳动者为第三人。(4)原用人单位以新的用人单位和劳动者共同侵权为由向人民法院起诉的,新的用人单位和劳动者列为共同被告。(5)劳动者在用人单位与其他平等主体之间的承包经营期间,与发包方和承包方双方或者一方发生劳动争议,依法向人民法院起诉的,应当将承包方和发包方作为当事人。

劳动诉讼举证责任 因用人单位作出的开除、除名、辞退、解除劳动合同、减少劳动报酬、计算劳动者工作年限等决定而发生的劳动争议,用人单位负举证责任。

劳动诉讼法律适用 (1)劳动合同被确认为无效后,用人单位对劳动者付出的劳动,一般可参照本单位同期、同工种、同岗位的工资标准支付劳动报酬。(2)由于用人单位的原因订立的无效合同,给劳动者造成损害的,应当比照违反和解除劳动合同经济补偿金的支付标准,赔偿劳动者因合同无效所造成的经济损失。(3)劳动合同期满后,劳动者仍在原用人单位工作,原用人单位未表示异议的,视为双方同意以原条件继续履行劳动合同。一方提出终止劳动关系的,人民法院应当支持。(4)用人单位应当与劳动者签订无固定期限劳动合同而未签订的,人民法院可以视为双方之间存在无固定期限劳动合同关系,并以原劳动合同确定双方的权利义务关系。(5)用人单位对劳动者作出的开除、除名、辞退等处理,或者因其他原因解除劳动合同确有错误的,人民法院可以依法判决予以撤销。对于追索劳动报酬、养老金、医疗费以及工伤保险待遇、经济补偿金、培训费及其他相关费用等案件,给付数额不当的,人民法院可以予以变更。(6)人民法院对事业单位人事争议案件的实体处理应当适用人事方面的法律规定,如果涉及事业单位工作人员劳动权利的内容在人事法律中没有规定的,适用《中华人民共和国劳动法》的有关规定。(7)用人单位通过民主程序制定的规章制度,不违反国家法律、行政法规及政策规定,并经过劳动保障部门审查和已向劳动者公示的,可以作为人民法院审理劳动争议案件的依据。

劳动诉讼案件管辖 劳动争议案件由用人单位所在地或者劳动合同履行地的基层人民法院管辖。劳动合同履行地不明确的,由用人单位所在地的基层人民法院管辖。当事人双方就同一仲裁裁决分别向有管辖权的人民法院起诉的,后受理的人民法院应当将案件移送给先受理的人民法院。事业单位人事争议案件由用人单位或者聘用合同履行地的基层人民法院管辖。

劳动诉讼案件的执行 人事争议案件当事人一方在法定期间内不起诉又不履行仲裁裁决,另一方当事人向人民法院申请执行的,人民法院应当依法执行。劳动争议仲裁委员会对多个劳动者的劳动争议作出仲裁裁决后,部分劳动者对仲裁裁决不服,依法向人民法院起诉的,仲裁裁决对提出起诉的劳动者不发生法律效力;对未提出起诉的部分劳动者发生法律效力,如其申请执行的,人民法院应当受理。当事人申请人民法院执行劳动争议仲裁机构作出的发生法律效力的裁决书、调解书,被申请人提出证据证明劳动争议仲裁裁决书、调解书有下列情形之一,并经审查核实的,人民法院可以根据《中华人民共和国民事诉讼法》第217条的规定,裁定不予执行:裁决的事项不属于劳动争议仲裁范围,或者劳动争议仲裁机构无权仲裁的;适用法律确有错误的;仲裁员仲裁该案时,有徇私舞弊、枉法裁决行为的;人民法院认定执行该劳动争议仲裁裁决违背社会公共利益的。

人民法院在不予执行的裁定书中,应当告知当事人在收到裁定书之次日起30日内,可以就该劳动争议事项向人民法院起诉。 (邵 芬)

laodong yonggongquan

劳动用工权(labour recruit and use authority) 企业所享有的劳动用工权利。企业劳动用工权的内容包括:(1)企业按照面向社会、公开招收、全面考核、择优录用的原则,自主决定招工的时间、条件、方式、数量。企业从所在城镇人口中招工,不受城镇内行政区划的限制。(2)企业有权决定用工形式。企业可以实行合同化管理或者全员劳动合同制。企业可以与职工签订有固定期限、无固定期限或者以完成特定生产工作任务为期限的劳动合同。(3)企业有权在做好定员、定额的基础上,通过公开考评,择优上岗,实行合理劳动组合。对富余人员,企业可以采取发展第三产业、厂内转岗培训、提前退出岗位休养以及其他方式安置。(4)企业有权依照法律、法规和企业规章,解除劳动合同,辞退、开除职工。 (方文霖)

laodong yubei peixun

劳动预备培训(preemployment training) 对新生劳动力和其他求职人员,在就业前接受职业培训和职业教育。劳动预备培训制度是国家为提高青年劳动者素质,培养劳动后备军而建立和推行的一项新型培训就业制度。从1999年开始,我国城镇普遍推行劳动预备培训制。

劳动预备培训制度的内容包括:(1)培训的对象。城镇未能继续升学的初、高中毕业生,以及农村未能继续升学并准备从事非农产业工作或进城务工的初、高中毕业生;城镇失业人员和国有企业下岗职工。(2)培训的内容和时间。进行职业技能和专业理论学习,并进行必要的文化知识学习和创业能力培训,同时进行职业道德、职业指导、法制观念等教育。培训时间技术职业(工种)一般应在2年以上,非技术职业(工种)一般应在1年以上。特殊职业(工种)的培训期限和内容,根据行业或企业要求,经有关部门核准后,可适当调整。(3) 培训的形式。培训形式灵活多样,如全日制、非全日制以及学分制与学时制相结合或远程培训形式。同时组织劳动预备制人员进行生产实习,开展勤工俭学,并组织其参加社区服务、公益劳动等社会实践活动。(4) 培训经费。对参加劳动预备制人员培训所需经费,原则上由个人和用人单位承担,政府给予必要的支持。用人单位委托培训机构进行定向培训,其培训费可在职工教育经费中列支。对学员个人收取的培训费,可参照当地职业学校和培训机构的收费标准执行。对家庭经济确有困难的,可酌情减免培训费用。(5) 培训证明。从事国家或地方政府以及行业有特殊规定职业(工种)的,在取得职业学校毕业证书或职业培训合格证书的同时,还必须取得相应的职业资格证书。从事国家和地方政府规定实行就业准入控制职业(工种)的,必须在取得职业资格证书后方可办理开业手续。对未经过劳动预备制培训学习,或虽经劳动预备制培训学习,但未取得相应证书的人员,职业介绍机构不得介绍就业,用人单位不得招收录用。

(邵 芬)

laodong zhengyi

劳动争议(employment dispute) 又称劳动纠纷、劳资纠纷或劳资争议。劳动法律关系双方当事人因为实现劳动权利和履行劳动义务而发生的纠纷。劳动关系是劳动争议产生的基础;劳动争议的主体是劳动者与其用人单位;劳动争议的内容是有关劳动的权利和劳动的义务。

劳动争议的处理实行保护劳动者权益的原则;着重调解,及时处理原则;合法、公正的原则。

按照争议当事人人数的多少,劳动争议可以划分为个人劳动争议、集体劳动争议和团体争议;按照劳动争议的性质不同,劳动争议可分为权利争议和利益争议;按照争议的标的,劳动争议可划分为因履行劳动合同产生的争议、因执行劳动标准产生的争议、因违反用人单位内部劳动规则产生的争议、因劳动者辞职、自动离职产生的争议、因劳动者被开除、除名和被辞退发生的争议等;以当事人的国籍不同,劳动争议可划分为国内劳动争议与涉外劳动争议。前者是指本国的用人单位与本国的劳动者一方发生的争议;后者指当事人一方(用人单位或者劳动者)为具有外国国籍的单位或劳动者的争议。

劳动争议的受理范围:(1)因开除、除名、辞退违纪职工和职工辞职、自动离职发生的争议;(2)因执行国家有关工资、保险、福利、培训、劳动保护的规定发生的争议;(3)因履行劳动合同发生的争议;(4)因认定无效劳动合同和特定条件下订立劳动合同发生的争议;(5)因职工流动、停薪留职、从事第二职业发生的争议;(6)因用人单位裁减人员而发生的争议;(7)因经济补偿和赔偿发生的争议;(8)因履行集体合同发生的争议;(9)因用人单位录用职工非法收费而发生的争议;(10)法律、法规规定受理的其他劳动争议。

国际劳动立法:1976年《(国家劳工标准)三方协商公约》(第144号)。其他国家立法:英国1824年颁布《雇主雇工仲裁法》、1889年颁布《仲裁法》、1896年颁布《调解法》、1919年颁布《工业法院法》、1951年颁布《劳资争议法令》;法国1892年制定《调解和仲裁法》;德国1890年制定《工业裁判所法》、1904年制定《商业裁判所法》、1909年颁布《工业调解和仲裁法》、1953年颁布《劳动法院法》;新西兰于1896年颁布《强制仲裁法》、1909年颁布《工业调解和仲裁法》;美国许多州各自制定了其处理劳动争议的法律,联邦也进行了四次立法:《1888年法令》、1898年《艾德曼法令》、1913年《刘德曼法令》和1920年《运输法》(都规定了调解和仲裁等办法)、1935年颁布《国家劳资关系法》;日本1946年颁布《劳动关系调整法》;阿尔及利亚1975年颁布《劳动事务的司法管理条例》;西班牙1975年颁布《集体劳资争议处理法》;芬兰1974年颁布《劳工法庭法》;瑞典1974年颁布《劳动争议诉讼条例》、1977年颁布《共同决定法》;新加坡颁布《劳资纠纷法》。最早的劳动司法立法即是芬兰1974年颁布的《劳工法庭法》和德国1926年颁布的《劳动法庭法》。

我国相关立法:1949年中华全国总工会公布《关于劳资关系暂行处理办法》、《关于私营工商企业劳资双方设立集体合同的暂行办法》、《劳资争议解决程序的暂行规定》等三个规范性文件;1950年劳动部颁布《劳动争议仲裁委员会组织及工作规则》和《关于劳动争议解决程序的规定》;1987年国务院发布《国营企业劳动争议处理暂行规定》,恢复了中断二十多年的劳动争议处理制度;1993年国务院发布《企业劳动争议处理条例》;劳动部1993年发布《劳动争议仲裁委员会组织规则》、《劳动争议仲裁委员会办案规则》和《企业劳动争议调解委员会组织及工作规则》;1994年《中华人民共和国劳动法》第十章;1995年劳动部发布《关于贯彻执行〈中华人民共和国劳动法〉若干问题的意见》第82—90条规定;同年全国总工会发布《工会参与劳动争议处理试行办法》;1998年劳动和社会保障部发布《关于劳动争议仲裁委员会不当行政被告的通知》。香港地区20世纪70年代颁布《劳资审裁处理条例》。

主要司法解释有:最高人民法院2001年发布《关于审理劳动争议案件适用法律若干问题的解释》、2003年发布《关于在民事审判工作中适用〈中华人民共和国工会法〉若干问题的解释》、2003年发布《关于人民法院审理事业单位人事争议若干问题的规定》、2003年发布《关于审理人身伤害赔偿案件适用法律若干问

题的解释》、2004年发布《关于事业单位人事争议案件适用法律等问题的答复》等。 （邵 芬）

laodong zhengyi chuli jigou
劳动争议处理机构(institution of resolution of employment dispute) 解决劳动争议的机构。我国劳动争议处理机构有劳动争议调解委员会、劳动争议仲裁委员会以及人民法院。

劳动争议调解委员会 劳动调解委员会设立在企业内部。根据企业规模大小，可设一级或分设两级：设有分厂（或分公司、分店）的企业，可在总厂（或总公司、商店）设一级调解委员会，在分厂（或分公司、分店）设二级调解委员会。劳动争议调解委员会是群众性自治组织。调解委员会将劳动争议就地解决，便于及时、易于查清情况、方便争议当事人参与调解活动。起到预防争议的发生，防患于未然，把大量争议消除在起始阶段，防止矛盾激化的"第一道防线"的作用。劳动争议调解委员会由职工代表、企业代表和企业工会代表三方人员组成。企业的代表不得超过代表总数的1/3。无工会的企业，调解委员会的设立由职工和企业双方商定。调解委员会主任由工会代表担任。其办事机构设于企业工会委员会。劳动争议调解委员会负责解调本企业发生的劳动争议；检查、督促劳动争议双方当事人履行调解协议；开展劳动法制宣传工作，预防和减少劳动争议的发生。

劳动争议仲裁委员会 劳动争议仲裁委员会是国家授权、依法独立处理劳动争议案件的专门机构，设立在地方各级劳动部门，向同级人民政府负责并报告工作。劳动争议仲裁委员会本身不是司法机构，但是其对劳动争议享有独立的裁决权，其生效的裁决书当事人必须履行。劳动争议仲裁委员会的人员组成和机构设立。劳动争议仲裁委员会由劳动行政部门的代表、工会的代表和企业的代表组成，委员会代表的总数应为单数，三方代表人数相等；仲裁委员会主任由同级劳动行政机关的负责人担任。仲裁委员会的办事机构是劳动行政机关的劳动争议处理机构。我国在地方各级（县、市和市辖区）设立劳动争议仲裁委员会，负责处理本地区的劳动争议。省、自治区、直辖市是否设立仲裁委员会，由其自行确定并规定仲裁管辖范围。劳动争议仲裁委员会负责处理管辖范围内的劳动争议；聘任专职、兼职仲裁员并进行管理；领导和监督仲裁活动以及仲裁庭、仲裁办事机构的工作；总结、交流本地区的劳动争议处理工作经验，并向上级人民政府和上级业务部门报告工作。

人民法院 劳动司法在国际上发展得比较早。19世纪，许多国家在某个产业或行业中就设立了劳动审判机构，其名称有的叫工业法庭，有的叫商业法庭、矿业劳动审判所、手工业劳动审判所等等。为处理劳动争议案件，有些国家专设社会法院、劳动法院或劳动法庭，其诉讼程序简易，费用少，十分便于对劳动者的及时保护。现在不仅欧洲许多国家设立了劳动法院，而且亚洲、非洲也有不少国家设立了劳动法院和劳动法庭。有些国家的劳动争议案件则由普通法院来审判。我国没有劳动法院，也没有劳动法庭。我国劳动争议案件由人民法院民事法庭审理。我国人民法院民事审判庭负责审理劳动争议案件，实行两审终审制。即劳动争议案件经过两级人民法院审理即告终结，当事人不得再就同一案件以同一事实、同一理由向人民法院再行起诉或上诉。 （邵 芬）

laodong zhengyi tiaojie
劳动争议调解(intercession of employment dispute) 劳动争议双方当事人在劳动争议仲裁委员会的主持下，在查明事实、分清是非和明确责任的基础上，通过疏导、说服，促使当事人互谅互让，解决劳动纠纷的活动。当事人应当自争议发生之日起30日内申请调解。调解不是劳动争议处理的必经程序，当事人不愿调解的，可以直接申请仲裁。劳动争议调解的原则为：自愿申请调解原则、自主达成协议原则、自愿履行协议原则。

劳动争议调解的程序 (1)申请与受理。当事人申请调解，应当自知道或者应当知道其权利被侵害之日起30天内，以书面或口头形式向调解委员会提出申请。争议的职工方为3人以上并有共同申诉理由的，视为集体争议，应当推举代表参加调解活动。调解委员会接到申请后，应征询对方当事人的意见，对方当事人不愿调解的，应在3日内以书面形式通知申请人；双方同意调解的，调解委员会应于4日内决定是否受理。对不受理的，应向申请人说明理由。(2)调查和调解。案件受理后，调解委员会应该进行必要的调查。在此基础上，由调解委员会主任主持召开有争议双方当事人参加的调解会议。调解在以下几种情况下宣告终结：当事人自行和解的；申请人撤回调解申请的；一方或双方当事人拒绝调解的；调解不成或法定期限已经到的；双方当事人达成调解协议的。调解应于受案之日起30日内结束，否则视为调解不成。(3)制作调解协议书或调解意见书。经调解达成协议的，调解委员会应制作调解协议书；对调解不成的，调解委员会应该制作调解意见书。 （邵 芬）

laodong zhengyi zhongcai
劳动争议仲裁(arbitration of employment dispute) 由国家授权的专门仲裁机构，根据劳动争议当事人的申请，行使国家仲裁权，对其纠纷依法进行的公断与裁决的活动。目前,劳动仲裁是处理劳动争议案件的必经程序。

劳动争议仲裁原则 一次裁决原则、少数服从多数原则、强制仲裁原则、回避原则、部分案件(开除、除名、辞退、解除劳动合同、减少劳动报酬、计算劳动者工作年限等)举证倒置原则。

劳动争议案件的管辖 (1)县、市、市辖区劳动争议仲裁委员会负责处理本行政区域内发生的劳动争议;设区的市的仲裁委员会和市辖区的仲裁委员会受理争议案件的范围由省级人民政府规定。(2)争议双方当事人不在同一仲裁委员会管辖地区的,由职工当事人工资关系所在地(发放工资的单位所在地)的仲裁委员会受理。(3)我国公民与国(境)外企业签订的劳动合同发生争议的,由合同履行地的仲裁委员会受理。(4)仲裁委员会发现受理的案件不属本会管辖时,应当移送有管辖权的仲裁委员会。仲裁委员会之间因管辖权发生争议的,由双方协商解决,协商不成时,由共同的上级劳动行政部门指定管辖。

劳动争议仲裁程序 (1)当事人申请。当事人应该自争议发生之日起60日内申请仲裁。因不可抗力或其他正当理由超过仲裁期限限的,仲裁委员会应当受理。(2)案件受理。仲裁委员会在案件受理时应当审查以下内容:申诉人是否是本案的直接利害关系人;申请仲裁的争议是否是劳动争议;申请仲裁的争议是否是仲裁委员会的受理范围;申请仲裁的案件是否是属本委员会管辖;申诉书及有关材料是否齐备并符合要求;申请仲裁的时间是否符合申请仲裁期限的规定。对案件审查以后,仲裁委员会应自收到申诉书之日起7日内作出是否受理的决定。决定不予受理的,应该自作出决定之日起7日内制作不予受理通知书送达申诉人。决定受理的,应当自作出决定之日起7天内向申诉人发出书面通知书,同时将申诉书副本送达被诉人。被诉人应于收到申诉书副本之日起15日内提交答辩书和有关证据。被诉人不提交答辩书的,不影响案件的处理。(3)案件审理。仲裁庭审理劳动争议案件,应该在开庭4日前,将有关事项书面通知当事人。当事人无正当理由不到庭或未经同意中途退庭的,对申诉人作撤诉处理,对被诉人作缺席裁决。仲裁委员会成员和仲裁员以及其他参与人员具有下列情形之一的,必须自行回避,当事人也有权以口头或书面形式申请其回避:(1)是劳动争议的当事人或当事人近亲属的。(2)与劳动争议有利害关系的。(3)与劳动争议当事人有其他关系,可能影响公正仲裁的。对于疑难案件,仲裁庭应宣布延期裁决。仲裁作出裁决前申诉人撤诉的,仲裁庭经审查后决定其撤诉是否成立。仲裁庭的裁决,一般只对争议标的作出肯定或否定的结论,对属于经济赔偿或补偿的争议标的可作变更裁决,对其他标的可另行向当事人提出仲裁建议。裁决作出后,应当制作仲裁裁决书。仲裁调解书和裁决书,应由仲裁员署名,并加盖仲裁委员会印章,双方当事人应该签名或盖章。案件开庭审理,应先行调解。经调解达成协议的,应制作仲裁调解书。未达成协议或反悔的,即进入仲裁。(4)结案。仲裁庭审理争议案件,应于自组成仲裁庭之日起60日结案;案情复杂需延期的,应经仲裁委员会批准,延长不得超过30日。(5)送达。仲裁当庭裁决的,应当在7日内送达裁决书,定期另庭裁决的,应当当庭发给当事人裁决书。劳动争议处理中的法律文书的送达,一般采用直接送达、留置送达、委托送达或邮寄送达和公告送达方式。公告送达一般用于受送达人下落不明,或其他送达方式无法实现的情况下,公告送达自发布公告之日起,经过30日即视为送达。裁决书送达15日内当事人不起诉的,即发生法律效力。调解书一经送达即发生法律效力。当事人不服仲裁裁决的,应于收到裁决书之日起15日内向人民法院起诉。一方当事人逾期不履行已经生效的仲裁裁决书的,另一方当事人可申请人民法院强制执行。仲裁裁决书不予执行的,视同未曾仲裁,当事人可重新申请仲裁。

劳动争议仲裁监督 我国对劳动仲裁的监督,除人民法院在执行程序方面给予制约以外,还实行劳动仲裁部门的内部监督。劳动争议仲裁委员会主任如发现本委员会已经生效的裁决确有错误,需要复议的,提请委员会讨论决定,仲裁委员会正副主任有权决定是否复议;上级仲裁委员会发现下级委员会已经生效的裁决确有错误的,有权要求原仲裁委员会进行复议。原裁决宣布无效后,仲裁委员会应于宣布之日起7日内另行组成仲裁庭,对争议案件重新进行审理,并应于组庭之日起30日内结案。

(邵 芬)

laosanhui xinsanhui

"老三会"、"新三会"(old and new "three organizations") 我国全民所有制工业企业在国家依照所有权与经营权分离的原则,使企业成为依法自主经营、自负盈亏、独立核算的社会主义商品生产和经营单位时,企业内部党委会、职工代表大会、工会统称为"老三会"。在我国全民所有制工业企业实行公司制改造成为公司制(主要指股份有限公司)企业时企业内部的股东会、董事会、监事会统称为"新三会"。

(陈乃新 王顺兰)

li'an jiage

离岸价格(free on board,FOB) 又称装运港船上交货价格。以货物装上运载工具为条件的价格。根据国际商会修订公布的《2000年贸易术语解释的国际通则》,卖方必须做到以下几点:(1)负责在合同规定的装运港和装运期内,按港口惯例将货物装上买方指定的船上,并及时向买方发出装船通知。(2)负担货物越过船舷以前的各项费用和风险。(3)办理出口手续,并提供合同规定的各项单证。买方必须做到以下几点:(1)负责租船订舱和支付运费,并将船名及装货日期通知卖方。(2)负担货物自越过船舷时起的一切费用和风险。(3)接受卖方提供的有关单证,并支付货款。美国、加拿大等一些国家在国际贸易中,对离岸价格的解释与国际商会有所不同。由于各国的港口对离岸价格有不同的解释和习惯,因此凡大宗货物按离岸价格条件成交时,买卖双方在装货费用由谁负担等问题上一定要有明确规定,分清责任,防止误解。在一定条件下,进口采用离岸价格对进口国有一定的好处。在离岸价格条件下,进口国可选择本国的船舶运输,向本国保险公司投保,这样可避免肥水外流,商业风险相对较小。 (王连喜)

li'an yinhang yewu guanli zhidu
离岸银行业务管理制度(administrative institution for off-shore banking business) 经国家外汇管理局批准经营离岸银行业务的中资银行及其分支机构的业务管理制度。"离岸银行业务"是指银行吸收非居民的资金,服务于非居民的金融活动。"非居民"是指在境外(含港、澳、台地区)的自然人、法人(含在境外注册的中国境外投资企业)、政府机构、国际组织及其他经济组织,包括中资金融机构的海外支持机构,但不包括境内机构的境外代表机构和办事机构。根据《中华人民共和国外汇管理条例》,中国人民银行于1997年10月23日制定了《离岸银行业务管理办法》。随后国家外汇管理局发布了《离岸银行业务管理办法》并自1998年1月1日起施行。为进一步规范银行经营离岸银行业务,为开办离岸银行业务的银行提供更为详实的业务指引,根据《离岸银行业务管理办法》,国家外汇管理局于1998年5月13日又颁布了《离岸银行业务管理办法实施细则》。《离岸银行业务管理办法》和《离岸银行业务管理办法实施细则》对离岸银行业务管理制度主要作了规定。

经营币种和监管机关 离岸银行业务经营币种仅限于可自由兑换货币,它不能经营非自由流通的货币。国家外汇管理局及其分局(以下简称"外汇局")是银行经营离岸银行业务的监管机关,负责离岸银行业务的审批、管理、监督和检查。银行应当按照《离岸银行业务管理办法》经营离岸银行业务,并参照国际惯例为客户提供服务。

申请开展离岸银行业务的条件 银行经营离岸银行业务,应当经国家外汇管理局批准,并在批准的业务范围内经营。未经批准,不得擅自经营或者超范围经营离岸银行业务。符合下列条件的银行可以申请经营离岸银行业务:(1)遵守国家金融法律法规,近3年内无重大违法违规行为;(2)具有规定的外汇资产规模,且外汇业务经营业绩良好;(3)具有相应素质的外汇从业人员,并在以往经营活动中无不良记录。其中主管人员应当具备5年以上经营外汇业务的资历,其他从业人员中至少应当有50%具备3年以上经营外汇业务的资历;(4)具有完善的内部管理规章制度和风险控制制度;(5)具有适合开展离岸业务的场所和设施,即离岸业务部具有独立的营业场所;离岸业务部须配置齐全的电脑和通讯设施;(6)国家外汇管理局要求的其他条件。

审核程序 银行总行申请经营离岸银行业务,由国家外汇管理局审批;银行分行申请经营离岸银行业务,由当地外汇局初审后,报国家外汇管理局审批。国家外汇管理局收到银行经营离岸银行业务的申请后,应当予以审核,并自收到申请报告之日起4个月内予以批复。对于不符合开办离岸银行业务条件的银行,国家外汇管理局将其申请退回。自退回之日起6个月内银行不得就同一内容再次提出申请。已经批准经营离岸银行业务的银行自批准之日起6个月内不开办业务的,视同自动终止离岸银行业务。国家外汇管理局有权取消其经营离岸银行业务的资格。

业务范围 银行可以申请下列部分或者全部离岸银行业务:(1)外汇存款;(2)外汇贷款;(3)同业外汇拆借;(4)国际结算;(5)发行大额可转让存证;(6)外汇担保;(7)咨询、见证业务;(8)国家外汇管理局批准的其他业务。国家外汇管理局对申请开办离岸银行业务的银行实行审批前的面谈制度。

离岸银行业务管理 (1)银行对离岸银行业务应当与在岸银行业务实行分离型管理,设立独立的离岸银行业务部门,配备专职业务人员,设立单独的离岸银行业务账户,并使用离岸银行业务专用凭证和业务专用章;经营离岸银行业务的银行应当建立、健全离岸银行业务财务、会计制度;离岸业务与在岸业务分账管理,离岸业务的资产负债和损益年终与在岸外汇业务税后并表。亦即离岸银行业务实行独立核算,其账务处理采取借贷记账法和外汇分账制,应分币种单独填制会计凭证,设置单独账簿,并编制单独的财务报表和统计报表。(2)银行应当对离岸银行业务风险按以下比例进行单独监测:离岸流动资产与流动负债比例不低于60%;离岸流动资产与离岸总资产比例不低于30%;对单个客户的离岸贷款和担保(按担保余额的50%折算)之和不得超过该行自有外汇资金的30%;离岸外币有价证券(蓝筹证券和政府债券除外)占款不得超过该行离岸总资产的20%。外汇局将银行离岸银行业务资产负债计入外汇资产负债表中进行总体考核。(3)离岸银行业务的外汇存款、外汇贷款利率可以参照国际金融市场利率制定。(4)银行吸收离岸存款免交存款准备金。(5)银行发行大额可转让存款证应当报国家外汇管理局审批。离岸银行发行大额可转让存款证,须符合规定的条件。(6)离岸账户抬头应当注明"OSA"(Off Shore Account);非居民资金汇往离岸账户和离岸账户资金汇往境外账户以及离岸账户之间的资金可以自由进出;离岸账户和在岸账户间的资金往来,银行应当按照规定办理:银行离岸账户头寸与在岸账户头寸相互抵补的限额和期限由国家外汇管理局核定。未经批准,银行不得超过核定的限额和期限。经营离岸银行业务的银行应当按照规定向外汇局报送离岸银行业务财务报表和统计报表。

此外,经营离岸银行业务的银行发生下列情况,应当在1个工作日内主动向外汇局报告,并且及时予以纠正:离岸账户与在岸账户的头寸抵补超过规定限额;离岸银行业务的经营出现重大亏损;银行业务发生其他重大异常情况;银行认为应当报告的其他情况。外汇局定期对银行经营离岸银行业务的情况进行检查和考评,检查和考评的内容包括:离岸银行资产质量情况;离岸银行业务收益情况;离岸银行业务内部管理规章制度和风险控制制度的执行情况;国家外汇管理局规定的其他情况。

(王连喜)

lishi chengbenfa
历史成本法(metheds of historical cost) 对财产物资、债权债务的计量,以各该项目取得时或交易发生时的实际成本为依据进行。会计要素的计量尺度包括历史成本、重置成本(同类资产目前的市场价格)、清算价值(资产目前出售变现的价值)、现值(资产正常使用可望产生的未来净现金流入的折现价值)。历史成本法是目前绝大多数国家编报财务信息所采用的计量方法,也是我国会计法的要求。其基本含义是:(1)以名义货币为计量单位,不考虑物价变动对货币购买力的影响。(2)以交易或其他经济事项发生时的实际成本为计量尺度。(3)以实际交易或其他经济事项作为记录依据。历史成本计量之所以成为财务会计最主要的计量原则,与持续经营的会计假设有直接关系。由于资产都按照所购入时的目的正常地、持续地使用下去,不考虑因清算而出售变现,或因意外损失而重置资产等例外情形,因此,原始成本成为计量的价值尺度。同时,历史成本作为计量尺度比较客观可靠,具有可验证性。历史成本通常是实际交易的结果,价值确定有凭证为据,不依赖当事人的主观判断,便于报表使用人、注册会计师或者监管部门进行监督。历史成本法也存在局限性。由于其严格建立在币值稳定假设的基础上,在物价变动、特别是通货膨胀的情况下,资产负债表上反映的资产价值是基于名义货币的历史成本,它可能远远低于相关资产的当前市场价值,从而歪曲了特定会计期间的真实收益水平,误导报表使用人。由此凸显的是财务信息的可靠性与投资相关性之间的矛盾。目前人们开始用公允价值计量尺度对历史成本法进行适当的修正。

(刘 燕)

lishiguan shuo
历史观说(theory of history view) 经济法理论的早期学说之一。是从法的历史性特征角度看待经济法的,并赋予经济法以现代法的特点。其代表人物和代表作是赫德曼(Hedemann)及其1922年出版的《经济法基础》一书。他认为,正如在18世纪,"自然"是那个时代的基调一样,在现代,"经济性"则是当代的基调。把具有现代法特征,并渗透着现代法之"经济精神"的法称为经济法。该学说从"经济性"角度去考察经济法,是一种有见地的学说。

(赵 玲)

ligaishui
利改税(shifting from profit-sharing to tax-levying) 把国有企业上缴利润改为按照国家规定的税种及税率缴纳税金,税后利润归企业支配使用。我国在确立了有计划的商品经济体制以后,要求国营企业从过多的行政干预中摆脱出来,成为自主生产经营、独立核算、自负盈亏的经济实体,其资产所有权仍归国家,但企业拥有长期的使用权。国家在参与企业纯收入分配时,改为缴纳所得税的方式,借以理顺国家与企业的分配关系,促进企业经济责任制的建立,并为财政改革准备必要的条件。

我国从1979年开始在湖北进行国有企业"利改税"试点,以后逐步扩大。到1983年进行了"利改税"改革的第一步,主要是对有盈利的国有企业征收所得税,也就是把国有企业上交给国家的利润中的较大部分改为征收所得税。第一步利改税较之利润留成等其他办法,从基本上固定国家和企业的分配关系,正确处理国家、企业、职工之间的利益关系,扩大企业财权,调动企业职工的积极性等方面来说,都具有更大的优越性。但还没有完全以税代利,税种比较单一,不能发挥税收的经济杠杆作用。于是在1984年进行第二步利改税,同年9月18日,国务院发布了《中华人民共和国国营企业所得税条例(草案)》并于1984年10月1日推行全国,标志着以国营企业所得税为核心的利改税的完成。由于当时外部经济条件和配套改革不尽完备,加上利改税从指导思想到制度设计都存在一定问题,这项改革未能达到预期目的。但利改税的理论观点对于破除非税论,促进单一税制向复税制过渡起了积极的作用。随着经济体制改革的深入,人们逐渐认识到国家对国有企业纯收入分配,既有政治权力依据又有所有权(资产)依据,不能以利代税,也不能以税代利,也就是税利分流理论所主张的观点。（王 晶）

lirun

利润(profit) 企业在一定会计期间的经营成果,在数量关系上体现为收入与费用之间的差额。根据计算口径的不同,利润包括营业利润、利润总额和净利润等指标。营业利润指企业从生产经营活动中获得的利润,包括主营业务利润与其他业务利润,扣除营业费用、管理费用和财务费用。利润总额指营业利润加上投资收益、补贴收入、营业外收入,减去营业外支出后的金额。净利润指利润总额减去所得税后的金额,代表了所有者权益的净增长。

营业外收入:与企业生产经营没有直接关系的各种收入的总称。它是企业的一种纯收入,不可能、也不需要与有关费用进行配比。它主要包括:固定资产盘盈、处置固定资产净收益、非货币性交易收益、罚款净收入、教育费附加返还款、出售无形资产净收益等。营业外支出:不属于企业生产经营费用,与企业生产经营活动没有直接关系,但是企业实现的利润中扣除的支出的总称。营业外支出主要包括:固定资产盘亏、处置固定资产净损失、非常损失、罚款支出、债务重组损失、捐赠支出、提取固定资产减值准备、提取无形资产减值准备、提取在建工程减值准备、出售无形资产损失、捐赠支出等。企业经营活动的目的是盈利,因此利润应当真实体现经营活动的结果。在会计实务中,由于利润体现为收入与费用配比后的计算结果,而收入、费用的时间确认都有一定的主观性,有时会发生人为的操纵,出现利润操纵问题。 （刘 燕 麻琳琳）

lixi shui

利息税(interest tax) 从我国国内的储蓄机构取得人民币、外币储蓄存款利息所得的个人,依照税法所应缴纳的一种个人所得税。对储蓄存款利息所得征收个人所得税的法律依据是《中华人民共和国个人所得税法》和国务院《关于对个人储蓄存款利息所得征收个人所得税的实施办法》,个人所得税分别设置超额累进税率和比例税率,利息税适用20%的比例税率。对储蓄存款利息所得,按照每次取得的利息所得额计征个人所得税。

国务院《储蓄存款利息所得个人所得税征收管理办法》规定:凡办理个人储蓄存款业务的储蓄机构,在向个人结付储蓄存款利息时,应依法代扣代缴其应缴纳的个人所得税税款。结付储蓄存款利息是指向个人储户支付利息、结息日和办理存款自动转存业务时结息。从事个人储蓄存款业务的金融机构依法履行扣缴所得税的义务,为扣缴义务人。扣缴义务人主要有:(1)内资商业银行以及支行或相当于支行的储蓄机构;(2)城市信用社和农村信用社独立核算单位;(3)外资银行设在中国境内的分行;(4)县一级的邮政储蓄机构。根据上述规定难以认定扣缴义务人的,由省、自治区、直辖市和计划单列市国家税务局依据便于扣缴义务人操作和税务机关征收管理、有利于明确扣缴义务人法律责任的原则进行认定。

对于特别的储蓄业务,利息税的缴纳遵循如下规则:(1)异地托收储蓄,异地托收续存的,对个人储户取得的储蓄存款利息所得,应由原开户行在结付其利息所得时代扣代缴个人所得税。但定期存款未到期,异地托收续存的,应由委托行在结付其利息所得时代扣代缴个人所得税。(2)通存通兑储蓄,个人储户取得通存通兑储蓄存款利息所得,应由原开户行在结付其利息所得时代扣代缴个人所得税;代理行在兑付税后利息时,应向储户开具注明已扣税款的利息清单。

（周梁云）

liyi fanhuan qingqiuquan

利益返还请求权(claim for repayment) 由持票人因超过票据权利时效或因票据记载事项欠缺而丧失票据权利的,仍享有民事权利,依据这种民事权利,持票人可以请求出票人或承兑人返还其与未支付的票据金额相当的利益。利益返还请求权不是票据权利,而是票据法上的权利。其成立要件有:只有持票人有权行使利益返还请求权;票据上的权利必须曾经真实有效;票据上的权利必须因超过时效期限或欠缺保全手续而丧失;出票人和承兑人必须有额外利益。 （何 锐）

liyi zengyi jizhi

利益增益机制(mechanism of increasing interests) 经济法保障社会资源增益、利益增益的调整机制。相对于利益需求而言,一定的社会资源是匮乏的,这就存在利益增益的问题。经济法不仅是利益分配机制,也是利益增益机制。经济立法是增益的决策阶段;经济执法不仅是利益分配的执行机制,也是实现利益增益的机制;经济司法则主要是利益保障机制。经济法的利益增益机制,从积极方面来看,包括制定具有导向性的法律法规,营造良好的经济和法律环境;从消极方面来看,包括减少资源损失,如保护自然资源,保护环境等。资源增益比解决社会冲突要具有更为深远的意义。由于相当一部分利益冲突是由于资源稀缺引起的,因此资源增益机制作为事前预防措施,有效地防范或者化解了利益冲突。利益增益机制一般包括两个过程：一是增益决策阶段，即增益的判断和选择；二是对增益决定的执行，即资源的形成和获得。重大的增益决策是由立法机关作出的，而行政机关对一些具体的、细致的增益决定也有权作出决策。　　（赵　玲）

liandai nashuiren

连带纳税人(related taxpayer)　对于税收债务共负连带清偿义务的数个纳税人。其目的是为了确保税收债权能获得完全清偿，故将数纳税人视为一体，税务机关得向任何纳税人请求清偿税收债务，直到税务机关的税收债权获得完全满足。连带纳税人之设计是有利于税务机关而不利于纳税人，必须法律上有明文规定。现行法明确规定对于纳税人分立时未缴清税款的，由分立后的纳税人对未履行的纳税义务应当承担连带责任。一方面有助于保障国家税收的实现，另一方面则进一步确认了税收法律关系的债权性质。当连带纳税人之一人或数人已清偿税收债权之一部或全部时，其他纳税人的纳税义务在清偿范围内消灭。由于税法上的连带债务主要是考虑税收债权人利益，而不注意连带债务人内部关系如何分配，因此在连带纳税人皆为私人情况下，其内部关系不妨比照民法代位权有关规定来主张。在代位权行使范围内，税收债权失去公法债权之性质而转化为私法上的债权。　　（李俊明）

liansuo dian

连锁店(chain-stores)　经营同类商品、使用统一商号的若干门店，在同一部门的管理下采取统一采购、授予特许权等方式，实现规模效益的经营组织形式。连锁店应有十个以上门店组成，实行规范化管理，必须做到统一采购配送商品、统一经营管理范围、采购同销售分离。全部商品均应通过总部统一采购，部分商品可根据物流合理和保质保鲜原则由供应商直接送货到门店，其余均由总部统一配送。

　　连锁店的构成　连锁店由总部、门店和配送中心构成。(1)总部是连锁店经营管理的核心，必须具备以下职能：采购配送、财务管理、质量管理、经营指导、市场调研、商品开发、促销策划、教育培训等；(2)门店是连锁店的基础，主要职责是按照总部的指示和服务规范的要求承担日常销售业务；(3)配送中心是连锁店的物流机构，承担着各门店所需商品的进货、库存、分货、加工、集配、运输、送货等任务。配送中心主要为本连锁业务服务，也可面向社会。

　　连锁店的特征　(1)经营理念统一。经营理念是一个企业的灵魂，是企业经营方式、经营构想等经营活动的根本所在；(2)企业识别系统及经营商标的统一。它不仅有利于消费者识别，更重要的是使消费者产生一种认同感；(3)商品和服务的统一；(4)经营管理的统一。连锁商店应接受总店统一管理，实施统一的经营战略、营销策略。

　　连锁店的形式　连锁店包括3种形式，即直营连锁、自愿连锁和特许连锁。直营连锁是连锁店的门店，均由总部全部或控股开设，在总部的直接领导下统一经营；自愿连锁是连锁店的门店，均为独立法人，各自的资产所有权关系不变，在总部的指导下共同经营；特许连锁是连锁店的门店同总部签订合同，取得使用总部商标、商号、经营技术及销售总部开发商品的特许权，经营权集中于总部。直营连锁、自愿连锁和特许连锁这3种形式可以在同一个连锁企业中相互交叉存在。连锁经营的形式，可以在超级市场、便利店、专营店、综合商场等多种业态中实行。　　（薛建兰）

liansuodian jingying zhuanying shangpin guanli

连锁店经营专营商品管理(administration of chain store management of monopolistic commodity)　国家依照有关法律、法规对连锁店经营专营商品的行为进行规范和管理的制度。我国现行管理连锁店经营专营商品的主要规范是国家经贸委、国内贸易部、文化部、邮电部、国家新闻出版署、国家工商局、国家烟草专卖局于1997年3月25日联合制定发布的《关于连锁店经营专营商品有关问题的通知》(国经贸〔1997〕435号)。该通知主要的措施是，简化手续，采取积极措施对具有一定规模和实力且经营管理比较规范的连锁店予以支持。

对于尚未取得某种专营商品经营资格的连锁店，总部及其门店均需办理有关经营批准文件(或许可证)，具体可以由总部统一申请，审批机关在一个批件中予以办理；对于已经取得某种专营商品经营资格的连锁店，其门店不需要办理同样的经营批准文件(或许可证)，但需持有总部的相关商品经营批准文件(或许可证)复印件，由总部负责向有关部门备案，由门店向工商行政管理机关申请办理相关的登记。连锁店办理批准手续(或许可证)后，可以在主业经营的基础上，以便民为目的，经营书籍、报刊、音像制品，代售邮票、信封、明信片，代办公用电话等项业务。

连锁店要从专营商品的合法渠道统一进货，并由总部对门店实行统一配送；连锁店的总部及其门店非经特别授权不具有专营商品的批发经营资格(总部对其门店的配送业务除外)。连锁店经营专营商品和代办业务要严格执行国家的有关政策、法规，接受有关部门的执法监督检查，门店在经营专营商品中出现的问题由总部负相关责任。　　（傅智文）

liansuo jingying

连锁经营(chain management)　由在同一经营字号

的总部统一领导下的若干个店铺或分支机构构成的联合体所进行的商业经营活动。当今世界上很多国家普遍采用的一种现代化的商业经营模式和组织形式。

连锁经营作为一种经营形式,其获得的巨大成功就是取得良好的经营效益。之所以能取得良好的经营效益,最本质的原因是把现代社会大生产的原理应用于零售业,实现了商业活动的统一采购、统一配送、统一标识、统一营销策略、统一价格和统一核算,确保了商品和服务的质量,降低了成本。为了规范连锁经营,我国颁布了一系列有关规章,包括国内贸易部《连锁店经营管理规范意见》、国家计委《关于规范餐饮连锁企业价格管理的通知》、《关于进一步规范特许加盟活动的通知》、文化部《关于促进和规范音像制品连锁经营的通知》、国家工商行政管理局《解决商标和企业名称冲突问题的有关规定》、财政部《企业连锁经营有关财务管理问题的暂行规定》、财政部、国家税务总局《关于连锁经营企业增值税纳税地点问题的通知》、国家工商行政管理局、国内贸易部《关于连锁店登记管理有关问题的通知》、《关于连锁店经营专营商品有关问题的通知》、《连锁超级市场、便利店管理通用要求门店管理规范》、《连锁超级市场、便利店管理通用要求总部管理规范》和《连锁超级市场、便利店管理通用要求术语规范》等。

连锁经营通常被认为起源于美国,但根据《美国文献百科全书》和《美国连锁店百年史》提出,在公元前200年,一个中国商人就拥有多家店铺,这称得上是连锁经营的最早萌芽。而近代连锁经营产生于美国,世界上第一家近代连锁店美国"大西洋和太平洋茶叶公司"成立于1859年,这是当时世界上最初的正规连锁公司。当时美国基本上已经完成了全国范围内的铁路网建设,随后又建成全国范围的通讯网络。新式快捷的交通和通讯工具为加强零售店的联系提供了条件。到1865年,"大西洋和太平洋茶叶公司"连锁店发展到25个,到1880年,该公司已拥有100家连锁店。"大西洋和太平洋茶叶公司"的经营成功引起众多企业的仿效,同一时期在欧洲的英国、瑞士等地也相继出现连锁经营。随着社会经济的发展连锁店以更高的速度发展,连锁店的范围不再局限于零售和餐饮等传统行业,几乎所有的行业都可以用连锁经营,特别是在服务业被广泛采用。连锁经营还与新的销售方式相结合,从原来的中小企业联合,发展到大型百货店、超级市场的连锁,特别是在超级市场出现后,连锁经营与超级市场相结合,形成超级市场连锁、超级商店连锁、专业商店连锁等。近二十年来,随着计算机技术的发展和普遍应用,连锁商店得到了空前发展,有过去十几家、上百家的连锁,拓展为几百家、上千家甚至上万家店铺的连锁,直至今日,连锁商店已成为欧美商业最重要的组织形式。

(薛建兰)

lianhe dizhi

联合抵制(boycotts) 又称为集体拒绝交易。一般是指竞争者联合起来不与其他竞争者、生产商或者客户进行交易的行为。在实践中,联合抵制可以表现为多种情况,例如,为了达到将某一销售商排挤出市场的目的,其竞争者可以联合起来直接拒绝与该销售商进行交易,也可以联合起来以集体拒绝与该销售商的产品供应商或客户交易为手段,威胁该供应商或客户停止与该销售商进行交易;又如,销售商以集体拒绝交易为威胁,强迫客户接受高价格或者其他不利条款。另外,签订有联合限制竞争协议的企业也可以以联合拒绝交易为手段作为对破坏该限制竞争协议的某一企业的惩罚。不过在多数情况下,联合抵制往往是为了排挤竞争对手或者抬高商品价格。

在直接针对竞争对手实施联合抵制的情况下,该行为直接损害了竞争者的利益,而且也因为排挤出重要的竞争者而破坏了公平的市场竞争秩序,尤其是在进入该市场有限制时,这种破坏影响更加严重。而在直接针对某一供应商或客户的情况下,该行为不仅限制了市场竞争,也使该供应商和客户的利益受到损害。无论是哪一种行为方式,其本质上都是一种横向联合限制竞争行为。由于通常情况下实施联合抵制的企业都具有较强的市场力量,其联合抵制的反竞争效果也很明显,因此,在对这类行为进行监控时,往往采取自身违法原则,体现了反垄断法的严厉性。

不过有些联合抵制行为具有促进竞争的效果,例如中小企业联合起来在购买原材料或者销售产品方面进行协作,联合抵制大企业的垄断行为。对于这种联合抵制行为,一般按照合理原则对其联合抵制的目的、实际后果等进行综合审查,通过对其利弊的权衡最终确定其是否违法。

(李 梅)

lianheguo guoji huipiao he guoji benpiao gongyue

《联合国国际汇票和国际本票公约》(United Nations Convention on International Bills of Exchange and International Promissory Notes) 1988年12月9日联合国第43次大会通过,共分为适用范围和票据格式、解释、转让、权利和责任、提示、不获承兑或不获付款而遭退票和追索、解除责任、丧失票据、时期(时效)、最后条款等,共90条。

(何 锐)

lianheguo guoji huowu maimai hetong gongyue

联合国国际货物买卖合同公约(United Nations Convention on Contracts for the International Sale of

Goods，CISG） 联合国国际贸易法委员会在对《关于国际货物销售的统一法公约》和《关于国际货物销售合同成立的统一法公约》研究的基础上，以使之能够为不同法律、社会和经济制度的国家所接受为目标制定了《联合国国际货物销售合同公约》，该公约于1980年4月11日在维也纳外交会议上通过，于1988年1月1日起生效。

公约的宗旨是以建立新的国际经济秩序为目标，在平等互利的基础上发展国际贸易，促进各国间的友好关系。公约共101条分为公约的适用范围和总则、合同的成立、货物买卖、最后条款四个部分。

《联合国国际货物销售合同公约》适用于国际货物销售合同，但其对当事人和适用的交易范围作了规定。按照公约第1条规定，适用公约当事人需具备以下条件：（1）订立合同的当事人的营业地必须位于不同国家；（2）当事人营业地所在国都是公约缔约国；或者国际私法规则导致该合同适用某一缔约国法律而适用公约，对此缔约国可作出保留，中国即对此作出了保留。公约同时规定了不适用的买卖交易：（1）购供私人、家人或家庭使用的货物的销售，除非卖方在订立合同前任何时候或订立合同时不知道而且没有理由知道这些货物是购供任何这种使用的；（2）经由拍卖的销售；（3）根据法律执行令状或其他令状的销售；（4）公债、股票、投资证券、流通票据或货币的销售；（5）船舶、船只、气垫船或飞机的销售；（6）电力的销售；（7）供应货物一方的绝大部分义务在于供应劳力或其他服务的合同；（8）由订购货物一方保证供应尚待制造或生产的货物所需的大部分原材料的合同。

需注意的是，公约并非适用于国际货物销售合同的所有方面，而仅适用于合同的订立和买卖双方因合同而产生的权利义务，并不涉及：（1）合同的效力，或其任何条款的效力或任何惯例的效力；（2）合同对货物所有权产生的影响；（3）货物对任何人造成的死亡或伤害的责任。因此，《联合国国际货物销售合同公约》还不是一部完整的、全面的关于国际货物销售的统一法，但是从其灵活性与获得普遍接受的程度来说，是任何其他条约和惯例所不能比拟的，它是目前国际货物销售领域影响最大的实体法公约。　（罗大帅）

lianheguo maoyi yu fazhan huiyi
联合国贸易与发展会议（United Nations Conference on Trade and Development，UNCTAD） 第一届联合国贸易与发展会议（简称贸发会议）于1964年3月23日至6月16日在日内瓦召开。在本次会议的建议下，1964年12月30日联合国大会通过决议，确定贸发会议为联合国的常设机构。贸发会议的成员国包括全体联合国成员国、联合国专门机构和国际原子能机构的成员国。中国自联合国恢复合法席位以后，于1972年首次派代表参加贸发会议，成为其成员，并积极参与其活动。

贸发会议每4年举行一次全体会议，理事会是贸发会议的常设机构。贸发会议的主要宗旨和职能是：促进国际贸易，特别是加速发展中国家的经济和贸易发展；审议和推动联合国各机构将在国际贸易和经济发展领域的协作；制定有关国际贸易和经济发展问题的原则和政策；商定多边贸易协定；推动发达国家和发展中国家就国际经济贸易的重大问题进行谈判等。贸发会议为国际新经济秩序的建立作出了重要的贡献。

（罗大帅）

lianhe xianzhi jingzheng xingwei
联合限制竞争行为（united behavior of anti-competition） 两个或者两个以上的企业以协议的方式排斥、限制或妨碍市场竞争的行为。它具有以下特征：（1）对于滥用市场支配地位行为在多数情况下由单个企业实施，联合限制竞争行为则总是由双方或多方所实施，因此它又被称为共同行为或联合行为。例如美国理论界和反垄断执法机关就通常将这种联合限制竞争行为称为"联合"或"联合行为"。（2）联合限制竞争行为以企业之间的协议为典型形式，因此又被称为协议限制竞争或者协议垄断行为。其协议的具体方式包括合同、决议、默契或其他形式，协议内容则主要表现为共同决定产品或服务的价格，或就产品的销售数量、生产技术标准，以及产品的销售地区、销售对象进行限定，从而排斥、限制或妨碍特定市场的竞争的行为。（3）参与联合限制竞争行为的企业在法律上都保持着独立的地位，这是其与企业合并的不同点。

联合限制竞争行为一般可以分为两类，即横向联合限制竞争和纵向联合限制竞争。前者又称为横向协议或水平协议，是指处于同一生产经营阶段、相互之间具有竞争关系的企业之间所进行的联合限制竞争行为，其类型多种多样，比较典型的有竞争者之间的统一价格协议、划分市场协议、限定产量协议，以及联合抵制、联营等等。而后者又称为纵向协议或垂直协议，是指处于不同生产经营阶段的企业之间所进行的联合限制竞争行为，其往往表现为生产商与销售商的维持转售价格协议、独家交易协议、选择性交易协议等。

由于横向协议是具有竞争关系的企业之间的联合限制竞争行为，其直接排除了协议各方原有的竞争关系，对市场竞争的危害既直接又严重，因而是传统的反垄断法所规制的重点。在对横向限制竞争协议进行分析时，一般采取本身违法原则，即只要企业间具有横向限制竞争行为，不论其行为的目的和后果如何，都被视为违法。这是因为,这类行为对市场竞争的破坏作用非常明显,因而没有必要花费时间和费用对其后果进行专门的调查,因而它既体现了反垄断法的严厉性,又简化了反垄断法的适用程序,节约了资源。实践中,适用本身违法原则的横向限制竞争协议主要有固定价格、限定产量、划分市场等。纵向协议发生在不具有直接竞争关系的企业之间,其一般不会产生竞争问题,但是在特定情形下它也有可能会对市场竞争造成严重影响,不过它影响的主要是协议方以外的第三者的公平竞争。一般而言,对纵向协议主要适用合理原则,即在对纵向协议进行反垄断分析时,要综合考虑多种因素,例如协议的目的、后果以及当事人的市场力量等,最终确定该协议是否违法。合理原则的适用实质上是一个对联合限制竞争行为的利弊进行权衡的过程,即通过合理原则来判断该联合行为所带来的促进竞争的作用与限制竞争的作用何者为大,以便决定是否适用反垄断制裁。这就使得合理原则具有很强的适应性和灵活性。

(李 梅)

lianying jianbingquan

联营兼并权(joint venture merger authority) 企业依法按照一定方式与其他企业、事业单位联营或兼并其他企业的自主权利。联营的方式主要有:(1)与其他企业、事业单位组成新的经济实体,能独立承担民事责任、具备法人条件的,经政府有关部门核准登记,取得法人资格;(2)与其他企业、事业单位共同经营,联营各方按照出资比例或者协议的约定,承担民事责任;(3)与其他企业、事业单位订立联营合同,确立各方的权利和义务。联营各方各自独立经营、各自承担民事责任。上述三种联营方式在实践中一般被称为法人型联营(紧密型联营)、合伙型联营(半紧密型联营)和合同型联营(松散型联营)。企业按照自愿、有偿的原则,可以兼并其他企业,报政府主管部门备案。需说明的是,企业兼并其他企业,是企业的经营权,故由企业自主决定,但企业被兼并,因为涉及企业的财产所有权等问题,所以须经政府主管部门批准。

(方文霖)

liangshi anquan yujing zhidu

粮食安全预警制度(early warning system of grain safety) 国家建立粮食安全预警制度,制定粮食安全保障目标与粮食储备数量指标,并根据需要组织有关主管部门进行耕地、粮食库存情况的核查,采取措施保障粮食供给。国家对粮食实行中央和地方分级储备调节制度,建设仓储运输体系。承担国家粮食储备任务的企业应当按照国家规定保证储备粮的数量和质量。

(张旭娟)

liangshi fengxian jijin

粮食风险基金(risk fund for cereal) 中央和地方政府专项用于保护粮食生产,维护粮食流通秩序,稳定粮食市场的宏观调控资金。1993年9月28日,国务院批准财政部、国家计委、国家经贸委、内贸部、农业部、国家粮食储备局联合制定的《粮食风险基金管理暂行办法》(国发〔1993〕70号)并发布。建立粮食风险基金制度,是为了保护农民的种粮积极性,确保粮食生产的稳定增长,促进粮食流通体制改革,加强宏观调控,稳定粮食市场。

从1993年粮食年度起,中央和各省、自治区、直辖市都要建立粮食风险基金。各地(市)、县如何建立粮食风险基金,由省、自治区、直辖市人民政府确定。粮食风险基金的筹集由同级财政部门负责。中央粮食风险基金由财政部负责筹集;省级粮食风险基金由各省、自治区、直辖市财政厅(局)负责筹集。中央粮食风险基金的来源,是粮食购销同价后中央财政在3年内减少下来的粮食加价款,具体数额由国务院确定。省、自治区、直辖市粮食风险基金的来源,是粮食价格放开后,地方财政对粮食企业减少的亏损补贴以及地方的其他资金,具体数额由省、自治区、直辖市人民政府确定。粮食风险基金的调度使用权属同级人民政府,由同级财政部门会同粮食部门具体执行。中央粮食风险基金专项用于按国务院确定的收购保护价收购与按最高限价销售及抛售(指为平抑市场粮价或处理陈次粮,以低于收购价出售)国家专项储备粮食时所发生的价差支出。动用中央粮食风险基金须经国务院批准。国家专项储备粮食购销的具体管理办法,由国家计委、国家经贸委、财政部、内贸部、农业部、国家粮食储备局另行研究确定。省级粮食风险基金专项用于按省、自治区、直辖市人民政府确定的收购保护价收购与按最高限价销售及抛售原国家定购粮食、地方储备粮食时所发生的价差支出,地方储备粮利息、费用支出。粮食风险基金由同级财政部门会同粮食主管部门列专户管理。中央粮食风险基金由财政部会同内贸部、国家粮食储备局管理,省级粮食风险基金由各省、自治区、直辖市财政厅(局)会同粮食厅(局)管理,同级计委、经委、农业、物价等部门给予积极配合支持,并对粮食风险基金的使用、管理进行监督。

粮食风险基金列入同级财政预算。预算中增设"粮食风险基金"支出科目(分中央、地方),中央粮食风险基金列中央预算,省级粮食风险基金列省级预算。如预算有节余,结转下年滚动使用。具体财务处理办法由财政部制定下达。

各省、自治区、直辖市可根据《粮食风险基金管理暂行办法》制定地方粮食风险基金的具体管理办法,并报财政部、国家计委、经贸委、内贸部、农业部、国家

粮食储备局备案。　　　　（傅智文　张旭娟）

liangshi hongguan tiaokong zhidu
粮食宏观调控制度（macro-control institution of grain）　国家采取储备粮吞吐、委托收购、粮食进出口等多种经济手段和价格干预等必要的行政手段,加强对粮食市场的调控,保持全国粮食供求总量基本平衡和价格基本稳定的制度。

　　国家实行中央和地方分级粮食储备制度。粮食储备用于调节粮食供求,稳定粮食市场,以及应对重大自然灾害或者其他突发事件等情况。政策性用粮的采购和销售,原则上通过粮食批发市场公开进行,也可以通过国家规定的其他方式进行。国务院和地方人民政府建立健全粮食风险基金制度。粮食风险基金主要用于对种粮农民直接补贴、支持粮食储备、稳定粮食市场等。国务院和地方人民政府财政部门负责粮食风险基金的监督管理,确保专款专用。

　　当粮食供求关系发生重大变化时,为保障市场供应、保护种粮农民利益,必要时可由国务院决定对短缺的重点粮食品种在粮食主产区实行最低收购价格。当粮食价格显著上涨或者有可能显著上涨时,国务院和省、自治区、直辖市人民政府可以按照《中华人民共和国价格法》的规定,采取价格干预措施。国务院发展改革部门及国家粮食行政管理部门会同农业、统计、产品质量监督等部门负责粮食市场供求形势的监测和预警分析,建立粮食供需抽查制度,发布粮食生产、消费、价格、质量等信息。

　　国家鼓励粮食主产区和主销区以多种形式建立稳定的产销关系,鼓励建立产销一体化的粮食经营企业,发展订单农业,在执行最低收购价格时国家给予必要的经济优惠,并在粮食运输方面给予优先安排。

　　在重大自然灾害、重大疫情或者其他突发事件引起粮食市场供求异常波动时,国家实施粮食应急机制。国家建立突发事件的粮食应急体系。国务院发展改革部门及国家粮食行政管理部门会同国务院有关部门制定全国的粮食应急预案,报请国务院批准。省、自治区、直辖市人民政府根据本地区的实际情况,制定本行政区域的粮食应急预案。启动全国的粮食应急预案,由国务院发展改革部门及国家粮食行政管理部门提出建议,报国务院批准后实施。启动省、自治区、直辖市的粮食应急预案,由省、自治区、直辖市发展改革部门及粮食行政管理部门提出建议,报本级人民政府决定,并向国务院报告。粮食应急预案启动后,所有粮食经营者必须按国家要求承担应急任务,服从国家的统一安排和调度,保证应急工作的需要。

　　财政部门未按照国家关于粮食风险基金管理的规定及时、足额拨付补贴资金,或者挤占、截留、挪用补贴资金的,由本级人民政府或者上级财政部门责令改正,对有关责任人员依法给予行政处分;构成犯罪的,依法追究有关责任人员的刑事责任。阻碍粮食自由流通的,依照《国务院关于禁止在市场经济活动中实行地区封锁的规定》予以处罚。　　　　（傅智文）

liangshi jingying guanli
粮食经营管理（administration of grain trade）　粮食行政管理部门依照规定对粮食经营者从事粮食收购、储存、运输活动和政策性用粮的购销活动,以及执行国家粮食流通统计制度的情况进行规范和管理的制度。

　　粮食行政管理部门可以进入粮食经营者经营场所检查粮食的库存量和收购、储存活动中的粮食质量以及原粮卫生;检查粮食仓储设施、设备是否符合国家技术规范;查阅粮食经营者有关资料、凭证;向有关单位和人员调查了解相关情况。产品质量监督部门依照有关法律、行政法规的规定,对粮食加工过程中的以假充真、以次充好、掺杂使假等违法行为进行监督检查。

　　工商行政管理部门依照有关法律、行政法规的规定,对粮食经营活动中的无照经营、超范围经营以及粮食销售活动中的囤积居奇、欺行霸市、强买强卖、掺杂使假、以次充好等扰乱市场秩序和违法违规交易行为进行监督检查。卫生部门依照有关法律、行政法规的规定,对粮食加工、销售中的卫生以及成品粮储存中的卫生进行监督检查。价格主管部门依照有关法律、行政法规的规定,对粮食流通活动中的价格违法行为进行监督检查。粮食行业协会以及中介组织应当加强行业自律,在维护粮食市场秩序方面发挥监督和协调作用。　　　　（傅智文）

liangshi liutong guanli tiaoli
《粮食流通管理条例》（Administrative Regulation on Grain Circulation）　2004年5月19日国务院第50次常务会议通过,2004年5月26日国务院令第407号公布。自公布之日起施行。1998年6月6日国务院发布的《粮食收购条例》、1998年8月5日国务院发布的《粮食购销违法行为处罚办法》同时废止。《粮食流通管理条例》分总则、粮食经营、宏观调控、监督检查、法律责任、附则六章,共54条。

　　适用范围　该条例适用于在中华人民共和国境内从事粮食的收购、销售、储存、运输、加工、进出口等经营活动(以下统称粮食经营活动)。粮食进出口的管理,依照有关法律、行政法规的规定执行。中央储备粮的管理,依照《中央储备粮管理条例》的规定执行。

　　总则　国家鼓励多种所有制市场主体从事粮食经营活动,促进公平竞争。依法从事的粮食经营活动受国家法律保护。严禁以非法手段阻碍粮食自由流通。国有粮食购销企业应当转变经营机制,提高市场竞争能力,在粮食流通中发挥主渠道作用,带头执行国家粮食政策。国家加强粮食流通管理,增强对粮食市场的调控能力。粮食经营活动应当遵循自愿、公平、诚实信用的原则,不得损害粮食生产者、消费者的合法权益,不得损害国家利益和社会公共利益。国务院发展改革部门及国家粮食行政管理部门负责全国粮食的总量平衡、宏观调控和重要粮食品种的结构调整以及粮食流通的中长期规划;国家粮食行政管理部门负责粮食流通的行政管理、行业指导,监督有关粮食流通的法律、法规、政策及各项规章制度的执行。国务院工商行政管理、产品质量监督、卫生、价格等部门在各自的职责范围内负责与粮食流通有关的工作。省、自治区、直辖市人民政府在国家宏观调控下,按照粮食省长负责制的要求,负责本地区粮食的总量平衡和地方储备粮的管理。县级以上地方人民政府粮食行政管理部门负责本地区粮食流通的行政管理、行业指导;县级以上地方人民政府工商行政管理、产品质量监督、卫生、价格等部门在各自的职责范围内负责与粮食流通有关的工作。

粮食经营 我国实行粮食收购资格许可制度,取得粮食收购资格,并依照《中华人民共和国公司登记管理条例》等规定办理登记的经营者,方可从事粮食收购活动。从事粮食销售、储存、运输、加工、进出口等经营活动的粮食经营者应当在工商行政管理部门登记。

粮食销售出库质量检验 粮食储存企业对超过正常储存年限的陈粮,在出库前应当经过有资质的粮食质量检验机构进行质量鉴定,凡已陈化变质、不符合食用卫生标准的粮食,严禁流入口粮市场。

宏观调控 国家采取储备粮吞吐、委托收购、粮食进出口等多种经济手段和价格干预等必要的行政手段,加强对粮食市场的调控,保持全国粮食供求总量基本平衡和价格基本稳定。国家实行中央和地方分级粮食储备制度。粮食储备用于调节粮食供求,稳定粮食市场,以及应对重大自然灾害或者其他突发事件等情况。政策性用粮的采购和销售,原则上通过粮食批发市场公开进行,也可以通过国家规定的其他方式进行。国务院和地方人民政府建立健全粮食风险基金制度。

监督检查 工商行政管理部门依照有关法律、行政法规的规定,对粮食经营活动中的无照经营、超范围经营以及粮食销售活动中的囤积居奇、欺行霸市、强买强卖、掺杂使假、以次充好等扰乱市场秩序和违法违规交易行为进行监督检查。卫生部门依照有关法律、行政法规的规定,对粮食加工、销售中的卫生以及成品粮储存中的卫生进行监督检查。价格主管部门依照有关法律、行政法规的规定,对粮食流通活动中的价格违法行为进行监督检查。粮食行业协会以及中介组织应当加强行业自律,在维护粮食市场秩序方面发挥监督和协调作用。

(傅智文)

liangshi shougou zige

粮食收购资格(qualification of cereal purchase) 从事粮食收购活动的经营者应当具备的条件。根据 2004 年 5 月 26 日国务院令第 407 号公布的《粮食流通管理条例》,我国对粮食收购企业实行许可制度。2004 年 8 月 25 日,国家粮食局发布了《关于抓紧开展粮食收购资格审核工作的紧急通知》。

从事粮食收购活动的经营者,应当具备下列条件:(1)具备经营资金筹措能力;(2)拥有或者通过租借具有必要的粮食仓储设施;(3)具备相应的粮食质量检验和保管能力。这些规定的具体条件,由省、自治区、直辖市人民政府规定、公布。取得粮食收购资格,并依照《中华人民共和国公司登记管理条例》等规定办理登记的经营者,方可从事粮食收购活动。

未经粮食行政管理部门许可或者未在工商行政管理部门登记擅自从事粮食收购活动的,由工商行政管理部门没收非法收购的粮食;情节严重的,并处非法收购粮食价值 1 倍以上 5 倍以下的罚款;构成犯罪的,依法追究刑事责任。由粮食行政管理部门查出的,移交工商行政管理部门按照前款规定予以处罚。

(傅智文)

liangcheng fenfa shuo

两成分法说("two-part" theory) 在 20 世纪 20 年代,苏联经济法学者 H. H. 斯图奇卡提出"经济—行政法"的概念。他认为,当时苏联存在两种不同的经济成分。"经济—行政法"调整具有计划性和隶属性特点的社会主义组织之间的经济关系,民法调整在无计划、"无政府"基础上的私人财产关系。"经济—行政法"与民法之间进行着对抗性的斗争,表现了不可调和的阶级矛盾。根据"两成分法"理论,斯图奇卡起草了《苏联民事立法基本原则》草案,但是该草案最终没有被通过。该理论将为社会主义法律体系中的两个法律部门的关系列为对抗关系是不正确的。

(吕家毅 赵 玲)

liangneng keshui yuanze

量能课税原则(revenue of capacity principle) 德国及我国台湾地区税法学术语。其基本含义是,个人的纳税负担,应按照纳税人可以承担的经济能力或税收加以衡量。从学者们对量能课税原则具体内容的界定来看,它与税收公平原则有一定的相似之处。但是,它们之间也存在着一定的区别:税收公平原则主要是从人的角度,在纳税人的经济收入和纳税负担之间进行相对比较而言的;而量能课税原则则是以纳税人自身的经济收入为参照来确定其纳税义务的。

(李建人)

liangzhi chuandi

量值传递(the transfer of quantity) 将计量基准所复现的单位量值,通过计量检定(或其他传递方式),传递给下一等级的计量标准,并依次逐级传递到工作计量器具,以保证被测对象的量值准确一致。我国量值传递体制与计量监督管理体制不同,它打破了行政区划和部门的界限,按照经济合理的原则和就地就近的原则进行。经济合理原则就是指进行计量检定,组织量值传递要充分利用现有的计量检定设施,合理部署多层次的计量检定网点。而就地就近是指开展计量检定,组织量值传递可以不受行政区划和部门管辖的限制。这样做既可以建立一个统一的量值传递体系,同时又体现出纵向的畅通和横向的联系,充分发挥以大、中城市为中心的功能,调动和组织各方面的力量,互相协作,共同完成量值传递的重任。 (邢造宇)

lieyao

劣药(inferior medicines) 药品成分的含量不符合国家药品标准的药品。有下列情形之一的药品,视为劣药:(1)未标明有效期或者更改有效期的;(2)不注明或者更改生产批号的;(3)超过有效期的;(4)直接接触药品的包装材料和容器未经批准的;(5)擅自添加着色剂、防腐剂、香料、矫味剂及辅料的;(6)其他不符合药品标准规定的。国家禁止生产、销售劣药。

(张旭娟 师湘瑜)

liebuzheng zhidu

猎捕证制度(system of hunting licenses) 国家对猎捕野生动物实行许可证管理的制度。依猎捕对象的不同,中国猎捕证分为两类:(1)狩猎证。猎捕非国家重点保护野生动物的,必须取得狩猎证。由县级以上地方人民政府野生动物行政主管部门或其授权的单位核发。猎捕证每年验证一次。国家实行年度猎捕量限额管理。(2)特许猎捕证。国家禁止猎捕、杀害重点保护野生动物,但具备下列法定条件之一的,可以经申请取得特许猎捕证进行捕猎、捕捞:为进行野生动物科学考察、资源调查,必须猎捕的;为驯养繁殖国家重点保护野生动物,必须从野外获取种源的;为承担省级以上科学研究项目或者国家医药生产任务,必须从野外获得国家重点保护动物的;为宣传、普及野生动物知识或者教学、展览的需要,必须从野外获取国家重点保护野生动物的;因从事活动的需要,必须从野外自然水域获取国家重点保护野生动物的;因其他特殊情况,必须捕捉、猎捕的。猎捕作业完成后,应当在10日内向猎捕地的县级人民政府林业、渔业行政主管部门申请查验。取得狩猎证和特许猎捕证的单位和个人,必须按照狩猎证和特许猎捕证规定的种类、数量、地点、期限、工具和方法进行猎捕,防止误伤野生动物或者破坏其生存环境。

(桑东莉)

linmu zhongzi guanggao guanli

林木种子广告管理(administration of advertisement of wood seeds) 发布林木种子广告应当符合《中华人民共和国广告法》、《中华人民共和国种子法》及有关法律、法规的规定。

林木种子是指林木的种植材料(苗木)或者繁殖材料,具体指乔木、灌木、木质藤本等木本植物及用于林业生产和国土绿化的草本植物的籽粒、果实和根、茎、苗、芽、叶等。林木种子广告在种子生长量、产量、品质、抗逆性、特殊使用价值、经济价值、适宜种植范围等方面应当真实,不得含有分析、预测内容以及涉及效益的承诺。

普通林木品种不得作为良种进行宣传。广告中不得出现优良、优质、优选、速生、高产、高抗病虫、抗虫、抗逆性强等表述。不得含有在特殊使用价值、经济价值、生长量、产量、适应性、抗性等方面优于其他品种的内容。普通林木品种和主要林木品种广告应当标明树种的适宜种植区域或适生范围。

主要林木品种在推广应用前应当通过国家级或者省级林木品种审定委员会审(认)定,未经审(认)定的,不得发布广告。各省林业行政主管部门或其所属的林木种苗管理机构树立服务意识,提高办事效率,严格把关。审核提供林木种子广告专业技术证明,要确定责任心强、懂专业知识的专门人员,严格要求,认真审验相应的专业技术内容,必要时应到生产经营现场察看。

主要林木品种通过审(认)定的,为林木良种。林木良种广告内容应当与林业主管部门的良种审(认)定公告相一致,不得夸大。林木良种广告中使用名称的,必须使用国家或者省级林木品种审定委员会确定的法定名称,需要使用其他商品名称的,必须同时注明法定名称。林木良种广告必须注明良种编号、类别、学名、品种特性、栽培技术要点、适宜种植范围等内容。

林木种子生产、经营者发布林木种子广告,应当具有或者提供真实、合法、有效的证明:(1)营业执照以及林木种子生产或者经营许可证;(2)林木良种广告应具有或提供林木良种公告或证书；(3)证明广告真实性的其他证明材料。

广告中涉及专业技术部分的证明，由省级以上林业行政主管部门或者其所属的林木种苗管理机构提供。广告经营者、广告发布者承办林木种子广告，应当查验相关广告证明，核实广告内容。对违反相关规定的广告，不得设计、制作、代理、发布。　　　(傅智文)

linmu zhongzi shengchan jingying xukezheng

林木种子生产经营许可证(production and trade license of wood seeds)　林业部门向从事主要林木商品种子生产或从事林木种子经营的单位和个人发放的允许其从事种子生产或经营的证书。省级以上人民政府林业行政主管部门主管林木种子生产、经营许可证的审核、发放和管理工作，具体工作可以由其所属的林木种苗管理机构负责。

林木种子生产经营许可证申请　从事主要林木商品种子生产或者从事林木种子经营的单位和个人，应当向县级以上人民政府林业行政主管部门或者其所属的林木种苗管理机构申请林木种子生产、经营许可证。林木种子生产许可证的申请单位和个人，应当提交以下材料：(1)注有生产者基本情况、生产品种、技术人员、设施设备情况等内容的林木种子生产许可证申请表；(2)生产用地使用证明和资金证明材料、采种林分证明及生产地点检疫证明；(3)林木种子检验、生产技术人员资格证明；(4)林木种子生产、加工、检验、贮藏设施和仪器设备的所有权或者使用权证明。申请领取具有植物新品种权的林木种子生产许可证的，应当提供品种权人的书面同意证明或者国家林业局品种权转让公告、强制许可决定。申请领取林木良种的林木种子生产许可证的，应当提供国家林业局林木品种审定委员会或者省、自治区、直辖市林木品种审定委员会颁发的林木良种证书复印件。

林木种子经营许可证的申请单位和个人，应当提交以下材料：(1)注有经营者基本情况、经营品种、技术人员、设施和设备情况等内容的林木种子经营许可证申请表；(2)经营场所使用证明和资金证明材料；(3)林木种子加工、包装、贮藏设施设备和种苗检验仪器设备的所有权或者使用权证明；(4)林木种子检验、贮藏、保管等技术人员资格证明。申请领取选育、生产、经营相结合的林木种子经营许可证的，应当提供自有品种的证明或者选育目的品种情况介绍。申请领取林木种子进出口业务的林木种子经营许可证的，应当提供具有林木种子进出口贸易许可的证明。

林木种子生产经营许可证审核和发放　主要林木良种的林木种子生产、经营许可证，由种子生产、经营者所在地县级人民政府林业行政主管部门审核，省、自治区、直辖市人民政府林业行政主管部门核发；其他林木种子（包括苗木）的生产、经营许可证由种子生产、经营所在地县级以上地方人民政府林业行政主管部门核发。

实行选育、生产、经营相结合，注册资本金达到2000万元的种子公司和从事林木种子进出口业务的公司的林木种子经营许可证，由其所在地的省、自治区、直辖市人民政府林业行政主管部门审核，国家林业局核发。

县级以上人民政府林业行政主管部门应当在收到申请或者审核材料之日起15个工作日内，对提供的有关材料及生产用地、生产机械、经营场所、仓储设施、检验设施、仪器设备等进行审核，对符合条件的，签署审核意见或者核发林木种子生产、经营许可证；对不符合条件的，应当书面通知申请者或审核的机关，并说明理由、退还有关材料。

林木种子生产经营许可证监督管理　林木种子生产、经营者应当按照林木种子生产、经营许可证核定的生产、经营地点及生产、经营种类进行生产、经营，不得超范围生产、经营。林木种子生产、经营许可证有效期限为3年。

林木种子生产、经营许可证有效期满后需申请换领新证的，生产或者经营者应当在林木种子生产、经营许可证有效期届满前两个月，持证向原发证机关申请换发新证。

林木种子经营者在林木种子经营许可证规定的有效区域外设立分支机构的，应当在分支机构所在地重新申请办理林木种子经营许可证。

林木种子生产、经营许可证实行年检制度。林木种子生产或者经营者应当自林木种子生产、经营许可证发放之日起满1年后的两个月内，持林木种子生产、经营许可证到原发证机关进行年检，年检合格的，加盖验证章；年检不合格或者逾期不进行年检的，其林木种子生产、经营许可证自行失效。

林木种子生产、经营许可证实行年报制度。省、自治区、直辖市林业行政主管部门应当于每年3月底前将上一年度发证情况上报国家林业局。

林业行政主管部门应当建立林木种子生产、经营许可证管理档案，具体内容包括：申请材料、审核发放材料、年检材料及有关法律、法规规定的文件等。林木种子生产、经营许可证管理档案从林木种子生产、经营许可证注销或自动失效之日起应当至少保留5年。

林业行政主管部门核发林木良种的种子生产、经营许可证，应当使用林木品种审定委员会确定的品种名称，并同时注明良种编号。林业行政主管部门核发其他林木种子生产、经营许可证的，不得使用良种或优质品种、速生品种、高产品种等字样。已经取得林木良种种子生产、经营许可证的,应当自知道其生产、经营的良种被依法取消或者暂停决定之日起20日内,将已经取得的林木良种生产、经营许可证交回原发证机关或者办理相应的变更手续;逾期不交或者不办理变更手续的,以未取得种子生产、经营许可证论处。

(傅智文)

linquan

林权(forestry rights) 社会主体对一定森林或林地、林木所享有的所有权、使用权、经营权等。林权主要有两种分类。按客体分类的林权主要有:森林权益,主要有森林所有权和森林经营权;林地权益,包括林地所有权和林地使用权;林木权益,主要为林木所有权。按权益主体分类的林权主要有:国家林权,包括国家森林所有权和国家林地所有权;单位林权,指企事业单位、团体、机关、部队等对国有森林的经营权和林木所有权;集体经济组织林权,包括集体森林所有权、集体林地所有权、集体林木所有权、集体经济组织对国有林地的使用权、集体对国有林地的经营权等;个人林权,主要有个人林木所有权、个人承包森林经营权、个人对集体林地和国有林地的使用权等。根据《中华人民共和国森林法》规定,国家所有的和集体所有的森林、林木和林地,个人所有的林木和使用的林地,由县级以上地方人民政府登记造册,发放证书,确认所有权或者使用权;由法律规定的森林、林木、林地的使用权可以依法转让,也可以依法作价入股或者作为合资、合作造林、经营林木的出资、合作条件,但不得将林地改为非林地。

(桑东莉)

linye changyuan guihua

林业长远规划(forest long-term programming) 各级人民政府根据林业生产自身的特点,对本地区林业的长期发展、保护和利用等相关问题所做的规划。林业长远规划为协调环境保护和经济发展、长期利益与近期利益,合理调整林业布局,提高林业的综合效应发挥积极的作用。《中华人民共和国森林法》第16条规定各级人民政府应当制定林业长远规划。国有林业企业事业单位和自然保护区,应当根据林业长远规划,编制森林经营方案,报上级主管部门批准后实行。林业主管部门应当指导农村集体经济组织和国有的农场、牧场、工矿企业等单位编制森林经营方案。对于林业长远规划的制定原则、内容和制定程序在《森林法实施条例》有着明确的规定。

林业长远规划的制定原则 根据《森林法实施条例》第12条的规定,各级人民政府在制定林业长远规划时,应遵循以下原则:(1)保护生态环境和促进经济的可持续发展;(2)以现有的森林资源为基础;(3)与土地利用总体规划、水土保持规划、城市规划、村庄和集镇规划相协调。

林业长远规划的内容 《森林法实施条例》第13条规定林业长远规划应当包括四个方面的内容:(1)林业发展目标;(2)林种比例;(3)林地保护利用规划;(4)植树造林规划。

林业长远规划的制定程序 根据《森林法实施条例》第14条的规定,全国林业长远规划由国务院林业主管部门会同其他有关部门编制,报国务院批准后施行;地方各级林业长远规划由县级以上地方人民政府林业主管部门会同其他有关部门编制,报本级人民政府批准后施行;下级林业长远规划应当根据上一级林业长远规划编制;林业长远规划的调整、修改,应当报经原批准机关批准。

(刘 鹏)

linzhong

林种(the kind of forest) 森林和林木的种类。《中华人民共和国森林法》根据森林的用途和经营目的,将森林分为五类:(1)防护林:以防护为主要目的的森林、林木和灌木丛,包括水源涵养林,水土保持林,防风固沙林,农田、牧场防护林,护岸林,护路林;(2)用材林:以生产木材为主要目的的森林和林木,包括以生产竹材为主要目的的竹林;(3)经济林:以生产果品、食用油料、饮料、调料、工业原料和药材等为主要目的的林木;(4)薪炭林:以生产燃料为主要目的的林木;(5)特种用途林:以国防、环境保护、科学实验等为主要目的的森林和林木,包括国防林、实验林、母树林、环境保护林、风景林、名胜古迹和革命纪念地的林木、自然保护区的森林。

林种的这种划分,对森林的经营管理和森林采伐等制度都有着重要的意义。例如在森林经营管理制度中,《森林法》第15条规定:(1)用材林、经济林、薪炭林;(2)用材林、经济林、薪炭林的林地使用权;(3)用材林、经济林、薪炭林的采伐迹地、火烧迹地的林地使用权;(4)国务院规定的其他森林、林木和其他林地使用权,可以依法转让,也可以依法作价入股或者作为合资、合作造林、经营林木的出资、合作条件,但不得将林地改为非林地。在森林采伐制度中,《森林法》第31条规定,防护林和特种用途林中的国防林、母树林、环境保护林、风景林,只准进行抚育和更新性质的采伐,特种用途林中的名胜古迹和革命纪念地的林木、自然保护区的森林,严禁采伐。

(刘 鹏)

linshi guojing

临时过境(temporary transit) 对专利权的限制之一,是指当交通工具临时通过一国领域时,为交通工具自身需要而在其设备或装置中使用有关专利技术的,不视为侵犯专利权。该规定源自《巴黎公约》。《巴黎公约》第5条第3款规定,当成员国的船只暂时或偶然地进入领水,该船的船身、机器、船具、索具及其他附件上所用的器械构成发明人的主题时,只要使用这些器械是专为该船的需要,不应认为侵犯专利权所有者的权利;当成员国的飞机或车辆暂时或偶然地进入领域,该飞机或车辆的构造、操纵或其附件上所用器械构成专利所有者的专利发明主题时,不应认为是侵犯专利所有者的权利。 (刘 鹏)

linshixing guanggao jingying guanli

临时性广告经营管理(administration of occasional advertisement) 某项活动的主办单位,面向社会筹集资金,并在活动中为出资者提供广告服务的经营行为的管理。临时性广告经营活动,应当先取得主管工商部门批准取得《临时性广告经营许可证》。

临时性广告的承办 临时性广告经营,应当由活动主办单位委托广告经营者承办;经省级以上人民政府同意举办的大型活动,经过省级及省级以上广告监督管理机关批准,也可以成立临时性广告经营机构自行承办。可以申请临时性广告经营的活动有:(1)体育比赛、体育表演活动;(2)文艺演出、文艺表演活动;(3)影视片制作活动;(4)展览会、博览会、交易会等活动;(5)评比、评选、推荐活动;(6)纪念庆典活动;(7)广告管理法规规定应当经过批准的其他活动。

临时性广告的申请 申请临时性广告经营,应当具备下列条件:(1)在我国法律、法规许可的范围内;(2)能够提供必要回报的广告媒介、服务形式;(3)广告经营单位具有与申请事项相符的经营资格,临时性广告经营机构应当配备广告专业人员和广告审查人员,并按照规定建立有关制度。申请临时性广告经营,应当提交下列文件、证件:(1)广告经营申请单位负责人签署的,包括广告经营时间、地点、广告经营范围、广告征集地域、广告收费标准等内容的申请报告;(2)活动主办单位委托广告经营单位承办广告业务的委托书和双方各自权利、义务的协议书;(3)主办单位就该项活动合法性、公益性所提出的可行性报告;(4)政府有关主管部门对可行性报告的批准文件;(5)广告经营单位的营业执照或广告经营许可证;(6)省级以上人民政府批准设立临时性广告经营机构及其职能的文件;(7)临时性广告经营机构的广告专业人员和广告审查人员名单、广告管理制度;(8)经主办单位和承办单位认可的经费预算书;(9)广告管理法规及有关法律、法规规定应当提交的其他文件、证件。

临时性广告的审批 临时性广告经营审批权限划分:(1)经国务院或中央和国家机关各部门、各人民团体同意举办的活动,活动举办地或广告征集涉及不同省(自治区、直辖市)的,由国家工商行政管理局审批;(2)经中央和国家机关各部门、各人民团体同意举办的活动,广告征集在一省(自治区、直辖市、计划单列市)内的,由所在省(自治区、直辖市或计划单列市)工商行政管理局审批;(3)经地方政府或其所属部门同意举办的活动,由活动举办地的省辖市及省辖市以上工商行政管理局或其授权的县及县以上工商行政管理局审批。临时性广告经营申请,应当在活动举办30日前提出。工商行政管理机关在提交文件、证件齐备后予以受理,在受理后7日内作出批准或不批准的决定。经审查,符合临时性广告经营条件的,由工商行政管理机关发给《临时性广告经营许可证》。批准的主要事项有:活动申请者名称、活动名称、活动举办地、广告征集地、广告经营者名称、经营范围、经营期限。活动主办单位在领取《临时性广告经营许可证》时,应当按照有关规定交纳登记费。已经批准,但需要延长经营期限或增加广告经营范围、增加广告征集地、改变活动举办地的,广告经营者应当向批准机关办理变更手续。

临时性广告的监督 经批准从事临时性广告经营的广告经营者和临时性广告经营机构,应当遵守广告管理法规,并接受工商行政管理机关监督管理。临时性广告经营时间超过1年的,应当按有关规定,接受工商行政管理机关进行的广告经营专项检查,对检查不合格的,不得继续经营临时性广告业务。 (傅智文)

lingshou yetai fenlei

零售业态分类(classification of retail business) 根据经营方式、商品结构、服务功能等因素对零售业进行的分类。2004年8月9日,商务部《关于贯彻实施〈零售业态分类〉国家标准的通知》,国家质量监督检验检疫总局、国家标准化管理委员会已联合颁布新国家标准《零售业态分类》(GB/T18106-2004),新标准将于2004年10月1日起开始实施,取代1998年原内贸局制定发布的《零售业态分类规范意见(试行)》(内贸局发行一字〔1998〕第106号)及原国家标准《零售业态分类》(GB/T18106-2000)。新标准按照零售店铺的结构特点,根据其经营方式、商品结构、服务功能,以及选址、商圈、规模、店堂设施、目标顾客和有无固定营业场所等因素将零售业分为食杂店、便利店、折扣店、超市、大型超市、仓储会员店、百货店、专业店、专卖店、家居建材店、购物中心、厂家直销中心、电视购物、邮购、网上商店、自动售货亭、电话购物等17种业态,并规定了相应的条件。

新标准的贯彻,使企业深入了解各类零售业态的开设条件及其内涵,充分认识各类业态的经营规律,促进企业理性投资,减少盲目重复投资,避免资源浪费;根据不同业态的特点,实行差别化经营,防止无序竞争。有条件的地方可通过动态跟踪零售业态发展状况,分析预测各种零售业态的发展趋势,制定鼓励和限制业态发展的目录,引导商业企业投资,从宏观上调控商业网点布局及业态结构的平衡,促进多业态共同繁荣。

(傅智文)

liuzhuan shuifa

流转税法(circulation tax law) 见商品税法。

liuyong zijin zhipeiquan

留用资金支配权(right to dispose self-retained capital) 国有企业自主权的基本权利之一。这一项权利包括以下三点内容:(1)有权自主确定有关基金的比例和用途。企业在保证实现企业财产保值、增值的前提下,有权自主确定税后留用利润中各项基金的比例和用途,报政府有关部门备案。(2)有权支配使用生产发展基金。企业可以将生产发展基金用于购置固定资产、进行技术改造、开发新产品或者补充流动资金,也可以将折旧费、大修理费和其他生产性资金合并用于技术改造或者生产性投资。(3)有权拒绝任何部门和单位无偿调拨企业留用资金或者强令企业以折旧费、大修理费补交上缴利润。国务院有特殊规定的,从其规定。

(方文霖)

longduan

垄断(monopoly) 市场竞争者以单独或联合的方式,滥用其市场势力以控制市场、限制竞争的行为或状态。垄断企业势必会抬高产品的价格,降低质量,减少对市场的供给。因此,现代市场经济国家一般都实行反垄断的经济政策,并且制定和颁布了反垄断法。市场经济的实践经验表明,企业并不是一定成为垄断者,才能摆脱市场竞争的压力。事实上,一个企业只要与其竞争者相比,在市场上占有显著的市场优势地位,它们就可能不考虑交易对手和其他经营者而在市场上任意行为。因此,反垄断法中的垄断不仅包括市场上的独占状态,而且还包括一个企业占支配地位的情况,甚至是少数几个大企业共同占据市场支配地位的情况。后一种垄断也被称为寡头垄断。

市场经济条件下的垄断一般是指企业通过市场势力而形成的经济垄断。有些经济垄断是通过合法途径取得的,如企业通过规模经济或者知识产权打败了竞争对手。有些则是通过非法途径例如通过建立卡特尔或者通过大企业合并取得的。然而,即便以合法方式取得了垄断地位的企业,它们也得接受反垄断法的监督,不得滥用其垄断地位或者市场支配地位,例如1997年美国司法部指控微软公司违反了反托拉斯法的案件。

如果一个企业的垄断地位或者市场支配地位是因为国家的授权或者得到了政府的保护,这种垄断就是国家垄断或者行政垄断。有些国家垄断或者行政垄断是必要的,有利于整体经济和社会公共利益。有些则是不必要或者不合理的。现在世界各国经济政策总的潮流是尽量减少或者取消国家垄断,甚至在电信、电力、邮政、自来水、铁路等一些在过去被视为自然垄断的行业努力打破垄断。因此,许多国家的这些部门法包括反垄断的内容。

(王晓晔)

longduan jiegou

垄断结构(monopoly structure) 垄断竞争、寡头垄断和完全垄断的市场结构。不过反垄断法所规制的垄断结构主要是寡头垄断。要理解垄断结构的含义,首先要明白什么是市场结构。所谓市场结构,一般是指买卖双方进行交易的经济环境,主要由买卖双方的规模和数量、不同卖方的产品可替代的程度、市场进入条件等因素构成。一定的市场结构决定了竞争的强度和竞争的行为方式,从而间接地决定了市场竞争的结果或市场效绩。

按照微观经济学理论,市场结构形态可分为四种:即完全竞争、垄断竞争、寡头垄断和完全垄断。所谓完全竞争是指市场中存在无数的小规模企业和无数的消费者,没有任何一个卖者或卖主强大到足以影响商品的市场价格。这种竞争结构可以使商品价格达到平均成本的最低水平,但也会妨碍规模经济,阻碍技术进步。垄断竞争是指这样一种市场结构,即在这个市场中企业数量众多,但由于不同企业生产的产品没有完全的替代关系,因而企业之间的竞争激烈。寡头垄断则是指企业数量少规模大,由少数企业控制和瓜分市场的市场结构。而完全垄断是指一种产品只有一个卖者的市场结构。

同完全竞争的市场结构一样,完全垄断的市场结构也仅仅代表一种倾向,在现实中并不存在,因为长期来看没有一个垄断者能确保自己在较长时间内不会受到竞争的冲击。即使是由于供给产品的特殊性,某些公用企业(电力、煤气、电信、自来水等)在政府直接投资或者授权、维护之下形成了类似于完全垄断的自然垄断状态,随着技术进步和替代品加入竞争,也已经或者正在发生动摇。对于不具备自然垄断性质的绝大多数产业而言,完全垄断缺乏现实的生存土壤,无须成为反垄断法的规制对象。

垄断竞争是一种存在产品差别的市场结构,在这里的垄断实际上就是指产品的差别化。垄断竞争不仅不应成为反垄断法所规制的对象,相反,它应该成为法律和政策所鼓励和倡导的经济目标。

寡头垄断是一种由少数企业控制和瓜分市场的市场结构。对于非自然垄断性质的产业而言，由少数企业而不是多数企业供给产品满足社会需要，从本质上来说，是产业内部长期竞争、优胜劣汰的结果，它促使竞争在更高的程度上展开。例如美国的汽车市场一直呈现寡头垄断的格局，但美国汽车市场的竞争却始终很激烈。不过，在另一方面，由于竞争的激烈，在寡头垄断结构下的大企业更容易开展垄断行为，例如滥用市场优势进行搭售和附加不合理交易条件，或者企业间签订协议固定价格等。因此，从规制大企业的垄断行为出发，各国反垄断法一般都把寡头垄断作为其重点监控对象。

（李 梅）

longduan zuzhi

垄断组织（monopoly organizations） 以单独或者联合方式形成一定市场势力的经济组织。反垄断法意义上的垄断通常是指市场竞争者以单独或者联合的方式，滥用其市场势力以控制市场、限制竞争的行为或者状态。实践中，垄断往往通过垄断组织的形式表现出来，但垄断组织并不一定是反垄断法所规制的垄断，作为一种经济组织，它们没有合法和非法之分，只有当其以限制竞争为目的而成立，或者从事限制市场竞争的行为时，才为法律所禁止。根据垄断组织的发展历史，一般可以将其分为以下几种类型：

卡特尔 卡特尔一词源于法语Cartel，原意为协定或同盟，是指生产同类产品的企业，为获得高额利润，在确定产品市场价格、划分销售市场、限定产量等方面达成一致协议所形成的联合组织。根据协议的内容，卡特尔可以划分为规定销售价格的卡特尔、规定产量的卡特尔、划分市场的卡特尔等。参与卡特尔组织的企业在生产、销售、财务和法律上都保持着各自的独立性。由于竞争、兼并、经济危机和违反协议等原因，卡特尔这种联合并不稳固，其协议存续时间也比较短。卡特尔这种垄断组织形式，最初在欧洲大陆，特别是在德国风行一时，德国曾因此被称为卡特尔国家。第二次世界大战后，垄断资本的活动超越了国界，各国的垄断组织之间开始建立国际卡特尔，成为垄断联合组织的一种重要形式。

辛迪加 辛迪加一词源于法语Syndicate，原意为"组合"，它是指同一生产部门的企业在统一采购原材料和销售商品方面达成一致协议所形成的垄断联合。参与辛迪加的企业在生产、财务和法律上仍然保持着独立的地位，但在采购原材料和销售商品方面已经失去了独立性，其购销业务都由辛迪加的总办事处统一办理，然后再按照协议规定的份额在成员之间进行分配。这种流通领域的垄断行为导致辛迪加可以低价收购原材料而高价销售商品。由于这种统一经营方式使得辛迪加的成员不再与市场发生联系，从而致使成员很难再脱离辛迪加组织，因为如果它要退出，就必须建立自己的购销机构，重新开辟市场，建立供应原材料的渠道，而这样又很容易受到辛迪加的排挤。因此，与卡特尔相比，辛迪加是一种较为稳定的垄断组织形式。

托拉斯 托拉斯一词源于英语Trust，原意为"信托"或"托管"，是一种垄断组织的高级形式。它一般是指生产同类产品或者在生产上有密切联系的企业，从生产到销售实行全面合并所形成的一种大型垄断企业。其特征是托拉斯作为一个独立的法人，其成员在生产、购销、财务和法律上都失去了独立性，而由董事会掌握全部业务和财务活动，而成员只是作为托拉斯组织的股东，按照其股权份额获取利润。由于托拉斯组织具有集团公司的全部功能，因而它是垄断的高级形式，具有相当的紧密性和稳定性。

康采恩 康采恩一词源于德语Konzern，原意是指多种企业集团，是指分属不同部门的许多企业联合在一起，以其中实力最为雄厚的企业为核心所形成的垄断组织，其不仅包括工业企业，还涉及运输业、商业、金融业领域，一般是以金融业为基础，其核心是大公司或大银行。与卡特尔、辛迪加和托拉斯相比，康采恩出现较晚，而且由于它涉及的领域很广，因而也是一种更为高级、更为复杂的垄断组织形式。康采恩在德国最为流行和普遍。一般来说，康采恩存在两种类型，一类是合同型康采恩，一类是事实型康采恩。前者是指通过合同手段建立起来的康采恩组织，其特点是所有企业按照合同的规定置于一个统一领导之下，由控制公司掌握从属企业的经营和财务，并承担相应的法律后果。后者是指以某企业的多数股权为另一企业所控制而形成的母公司——子公司——孙公司形态的康采恩企业集团。其特点是母公司通过控制所属企业的多数股权，借助股东大会、董事会或监事会对从属企业的经营决策施加决定性影响。

随着社会经济的发展，现代还出现了混合联合公司conglomerate、联合制comlnnare以及国际卡特尔、国际托拉斯等垄断组织。

（李 梅）

luyuan wuranwu haiyang wuran fangzhi zhidu

陆源污染物海洋污染防治制度（Prevention and Control System of Marine Environmental Pollution Caused by Land-based Pollutants） 陆源污染物已经成为海洋环境污染的来源，制定严格的监管措施控制陆源污染物质通过管道、沟渠和入海河流等途径进入海洋的防治制度。根据《中华人民共和国海洋环境保护法》和《防治陆源污染物污染损害海洋环境管理条例》的规定，主要的管理措施有：（1）规范入海排污口的设置。入海排污口须经过科学论证后,由报设区的市级以上环境保护行政主管部门审查批准;在海洋自然保护区、重要渔业水域、海滨风景名胜区和其他需要特别保护的区域,不得新建排污口;有条件的地区应当将排污口深海设置。(2)禁止或限制严重污染物的排放,如禁止向海域排放油类、酸液、碱液、剧毒废液和高、中水平放射性废水。(3)加强入海河流管理,使入海河口的水质处于良好状态。(4)防止海域岸滩污染。在岸滩弃置、堆放和处理尾矿、矿渣、煤灰渣、垃圾和其他固体废物的,依照《中华人民共和国固体废物污染环境防治法》的有关规定执行;禁止在岸滩采用不正当的稀释、渗透方式排放有毒、有害废水;禁止将失效或者禁用的药物及药具弃置岸滩。(5)防止和控制来自陆源大气污染物对海域的污染。
(陈 韬)

luzheng anjian guanxia

路政案件管辖(jurisdiction of highway administrative cases) 路政案件由案件发生地的县级人民政府交通主管部门或者其设置的公路管理机构管辖处理。对管辖发生争议的,报请共同的上一级人民政府交通主管部门或者其设置的公路管理机构指定管辖。上一级人民政府交通主管部门或者其设置的公路管理机构认为必要的,可以直接处理属于下级人民政府交通主管部门或者其设置的公路管理机构管辖的案件。对于报请上级人民政府交通主管部门或者其设置的公路管理机构处理的案件,以及上级人民政府交通主管部门或者其设置的公路管理机构决定直接处理的案件,案件发生地的县级人民政府交通主管部门或者其设置的公路管理机构应当首先制止违法行为,并做好保护现场等工作。
(张旭娟 柴 坚)

luzheng guanli

路政管理(management of highway administration) 县级以上人民政府交通主管部门或者其设置的公路管理机构,为维护公路管理者、经营者、使用者的合法权益,根据《中华人民共和国公路法》及其他有关法律、法规和规章的规定,实施保护公路、公路用地及公路附属设施的行政管理。路政管理工作应当遵循"统一管理、分级负责、依法行政"的原则。路政管理机构,是在路政管理中,根据《公路法》及其他有关法律、行政法规的规定主管路政管理工作的相关机构。具体包括:(1)主管全国路政管理工作的交通部;(2)主管本行政区域内路政管理工作的县级以上地方人民政府交通主管部门;(3)负责路政管理的具体工作的县级以上地方人民政府交通主管部门设置的公路管理机构;(4)负责对于受让公路收费权或者由国内外经济组织投资建成的收费公路的路政管理工作的县级以上地方人民政府交通主管部门或者其设置的公路管理机构。

路政管理机构在依法进行路政管理中应当承担一定的责任和义务。根据《路政管理规定》的规定,县级以上地方人民政府交通主管部门或者其设置的公路管理机构的路政管理职责包括:(1)宣传、贯彻执行公路管理的法律、法规和规章;(2)保护路产;(3)实施路政巡查;(4)管理公路两侧建筑控制区;(5)维持公路养护作业现场秩序;(6)参与公路工程交工、竣工验收;(7)依法查处各种违反路政管理法律、法规、规章的案件;(8)法律、法规规定的其他职责。但受让公路收费权或者由国内外经济组织投资建成的收费公路的路政管理工作,只能由县级以上地方人民政府交通主管部门或者其设置的公路管理机构的派出机构、人员负责。
(张旭娟 柴 坚)

luzheng guanli jiandu jiancha

路政管理监督检查(supervision and inspection of highway administration) 交通主管部门、公路管理机构依法对公路经营者、使用者和其他有关单位、个人,就有关公路管理规定的法律、法规、规章的执行情况进行的监督检查,以及对路政管理人员实施的监督管理的监督检查,并对其违法行为及时纠正,依法处理的行为。公路经营者、使用者和其他有关部门单位、个人,应当接受路政管理人员依法实施的监督检查,不得阻挠路政管理人员依法在公路、建筑控制区、车辆停放所、车辆所属单位等进行的监督检查,并为其提供方便。
(张旭娟 柴 坚)

luzheng guanli renyuan

路政管理人员(management stuff of highway administration) 根据由省级人民政府交通主管部门根据本辖区公路的行政等级、技术等级和当地经济发展水平等实际情况综合确定的配备标准,由公路管理机构录用的具体负责路政管理工作的专职管理人员。其职责为爱岗敬业,恪尽职守,熟悉业务,清正廉洁,持证上岗。路政管理工作人员在执行公务时,必须统一着装,佩戴标志,持证上岗。
(张旭娟 柴 坚)

luzheng guanli xingzheng qiangzhi cuoshi

路政管理行政强制措施(measures of administrative enforcement of highway administration) 对于违反有关路政管理相关规定的行为,路政管理机构依法对其采取的行政强制措施。包括:(1)对公路造成较大损害、当场不能处理完毕的车辆,公路管理机构签发"责令车辆停驶通知书",并责令该车辆停驶并停放于指定场所;(2)在公路用地范围内设置公路标志以外的其他标志,依法责令限期拆除,而设置者逾期不拆除的,依法强行拆除;(3) 在公路建筑控制区内修建的建筑物、构筑物逾期不拆除的,依法强行拆除。依法实施路政强行措施,应当遵守下列程序:(1) 制作并送达路政强制措施告诫书,告知当事人作出拆除非法标志或者设施决定的事实、理由及依据,拆除非法标志或者设施的期限,不拆除非法标志或者设施的法律后果,并告知当事人依法享有的权利;(2) 听取当事人陈述和申辩;(3) 复核当事人提出的事实、理由和依据;(4) 经督促告诫,当事人逾期不拆除非法标志或者设施的,制作并送达路政强制措施决定书;(5) 实施路政强制措施,由县级以上地方人民政府交通主管部门或者其设置的公路管理机构实施,如果实施强行拆除涉及路政处罚的,可以一并进行调查取证,分别进行处理;(6) 制作路政强制措施笔录。如果当事人拒不履行公路行政处罚决定或阻挠依法强行拆除的,可依法申请人民法院强制执行。 (张旭娟 柴 坚)

luzheng guanli xuke
路政管理许可(permit for highway administration) 公路占用、利用或使用者取得路政管理部门及相关机构批准和同意或使其知晓的行为。具体规定有:(1) 除公路防护、养护外,如果占用、利用或者挖掘公路、公路用地、公路两侧建筑控制区,以及更新、砍伐公路用地上的树木,应当事先经交通主管部门或者其设置的公路管理机构批准、同意;(2) 因修建铁路、机场、电站、通信设施、水利工程或进行其他建设工程需要占用、挖掘公路或者使公路改线的,建设单位应当事先向交通主管部门或者其设置的公路管理机构提交申请书和设计图;(3) 跨越、穿越公路,修建桥梁、渡槽或者架设、埋设管线等设施,以及在公路用地范围内架设、埋设管(杆)线、电缆等设施,应当事先向交通主管部门或者其设置的公路管理机构提交申请书和设计图;(4) 因抢险、防汛需要在大中型公路桥梁和渡口周围200米范围内修筑堤坝、压缩或者拓宽河床,应当事先向交通主管部门提交申请书和设计图;(5) 铁轮车、履带车和其他可能损害公路路面的机具需要在公路上行驶的,应当事先向交通主管部门或者其设置的公路管理机构提交申请书和车辆或者机具的行驶证件;(6) 超过公路、公路桥梁、公路隧道或者汽车渡船的限载、限高、限宽、限长标准的车辆,确需在公路上行驶的,应当依《中华人民共和国公路法》的规定,必须经县级以上地方人民政府交通主管部门批准,并按要求采取有效的防护措施;影响交通安全的还应当经同级公安机关批准;运载不可解体的超限物品的,应当按照指定的时间、路线、时速行驶,并悬挂明显标志;(7) 在公路用地范围内设置公路标志以外的其他标志,应当事先向交通主管部门或者其设置的公路管理机构提交申请书和设计图;(8) 在公路上增设平面交叉道口,应当事先向交通主管部门或者其设置的公路管理机构提交申请书和设计图或者平面布置图;(9) 在公路两侧的建筑控制区内埋设管(杆)线、电缆等设施,事先应向交通主管部门或者其设置的公路管理机构提交申请书和设计图;(10) 更新砍伐公路用地上的树木,事先应向交通主管部门或者其设置的公路管理机构提交申请书。

路政管理许可权限 涉及到不同的公路等级且应获得路政管理许可的路政事项,由相应的路政管理部门给予许可。具体权限包括:(1) 属于国道、省道的,由省级人民政府交通主管部门或者其设置的公路管理机构办理;(2) 属于县道的,由市(设区的市)级人民政府交通主管部门或者其设置的公路管理机构办理;(3) 属于乡道的,由县级人民政府交通主管部门或其设置的公路管理机构办理。路政管理许可事项涉及有关部门职责的,应当经交通主管部门或者其设置的公路管理机构批准或者同意后,依照有关法律、法规的规定,办理相关手续。其中,因抢险、防汛需要在大中型公路桥梁和渡口周围200米范围内修筑堤坝、压缩或者拓宽河床,由省级人民政府交通主管部门会同省级水行政主管部门办理。交通主管部门或者其设置的公路管理机构自接到申请书之日起15日内应当作出决定。作出批准或者同意的决定的,应当签发相应的许可证;作出不批准或者不同意的决定的,也应当书面告知,并说明理由。 (张旭娟 柴 坚)

luzheng xingzheng chufa
路政行政处罚(administrative punishment for highway administration) 在路政管理中,对于违反《路政管理规定》的行为,路政管理机构依法给予的行政处罚。具体有以下几种:(1) 5万元以下罚款的行政处罚:未经批准在公路上设置平面交叉道口的行为;在公路建筑控制区内修建建筑物、地面构筑物或者擅自埋设管线、电缆等设施的行为;(2) 3万元以下罚款的行政处罚:擅自占用、挖掘公路的行为;未经同意或者未按照公路工程技术标准的要求修建跨越、穿越公路的桥梁、渡槽或者架设、埋设管线、电缆等设施的行为;未经批准从事危及公路安全作业的行为;铁轮车、履带车和其他可能损害路面的机具擅自在公路上超限行驶的行为;车辆超限使用汽车渡船或者在公路上擅自超限行驶的行为;损坏、移动、涂改公路附属设施或者损坏、挪动建筑控制区的标桩、界桩,可能危及公路安全的行为;(3) 2万元以下罚款的行政处罚:在公路用地范围内设置公路标志以外的其他标志的行为;(4) 5000元以下罚款的行政处罚:造成公路路面损坏、污染或者影响公路畅通的行为;将公路作为检验机动车辆制动性能的试车场地的行为;(5) 1000 元以下罚款的行政处罚:造成公路损坏,未报告的行为。

(张旭娟　柴　坚)

lüke hangkong yunshu
旅客航空运输(air transportation for passenger)　又称民用航空运输。分为国内航空运输和国际航空运输。国内航空运输是指根据当事人订立的航空运输合同,运输的出发地点、约定的经停地点和目的地点均在中华人民共和国境内的运输。国际航空运输是指根据当事人订立的航空运输合同,无论运输有无间断或者有无转运,运输的出发地点、目的地点或者约定的经停地点之一不在中华人民共和国境内的运输。

公共航空运输企业应当以保证飞行安全和航班正常,提供良好服务为准则,采取有效措施,提高运输服务质量。公共航空运输企业应当教育和要求本企业职工严格履行职责,以文明礼貌、热情周到的服务态度,认真做好旅客和货物运输的各项服务工作。旅客运输航班延误的,应当在机场内及时通告有关情况。

(张旭娟　师湘瑜)

lüxingshe
旅行社(tourist agency)　以营利为目的,从事旅游业务的企业。按照经营业务范围,可分为国际旅行社和国内旅行社。国际旅行社的经营范围包括入境旅游业务、出境旅游业务、国内旅游业务。国内旅行社的经营范围仅限于国内旅游业务。

旅行社设立条件　(1)有固定的营业场所;(2)有必要的营业设施;(3)有经培训并持有省、自治区、直辖市以上人民政府旅游行政管理部门颁发的资格证书的经营人员;(4)有符合规定的注册资本和质量保证金。国际旅行社,注册资本不得少于150万元人民币;国内旅行社,注册资本不得少于30万元人民币。申请设立旅行社,还应当按照下列标准向旅游行政管理部门交纳质量保证金:国际旅行社经营入境旅游业务的,交纳60万元人民币;经营出境旅游业务的,交纳100万元人民币;国内旅行社,交纳10万元人民币。质量保证金及其在旅游行政管理部门负责管理期间产生的利息,属于旅行社所有;旅游行政管理部门按照国家有关规定,可以从利息中提取一定比例的管理费。

旅行社的经营　旅行社应当按照核定的经营范围开展经营活动,在经营活动中应当遵循自愿、平等、公平、诚实信用的原则,遵守商业道德。旅行社不得采用下列不正当手段从事旅游业务,损害竞争对手:(1)假冒其他旅行社的注册商标;(2)擅自使用其他旅行社的名称;(3)诋毁其他旅行社的名誉;(4)委托非旅行社的单位和个人代理经营旅游业务;(5)扰乱旅游市场秩序的其他行为。旅行社组织旅游,应当为旅游者办理旅游意外保险,并保证所提供的服务符合保障旅游者人身、财物安全的要求;对可能危及旅游者人身、财物安全的事宜,应当向旅游者作出真实的说明和明确的警示,并采取防止危害发生的措施。旅行社对旅游者提供的旅行服务项目,按照国家规定收费;旅行中增加服务项目需要加收费用的,应当事先征得旅游者的同意。旅行社提供有偿服务,应当按照国家有关规定向旅游者出具服务单据。

(张旭娟　师湘瑜)

lüxingshe de guanli
旅行社的管理(management of tourist agency)　旅游行政管理部门对旅行社的服务质量、旅游安全、对外报价、财务账目、外汇收支等经营情况进行规范和管理的行为。旅游行政管理部门对旅行社每年进行一次年度检查。旅行社应当按照旅游行政管理部门的规定,提交年检报告书、资产状况表、财务报表以及其他有关文件、材料。旅游行政管理部门应当加强对质量保证金的财务管理,并按照国家有关规定将质量保证金用于赔偿旅游者的经济损失。任何单位和个人不得挪用质量保证金。旅游行政管理部门工作人员执行监督检查职责时,应当出示证件。

(张旭娟　师湘瑜)

lüxingshe guanli tiaoli
《旅行社管理条例》(Tourist Agency Regulations)　为了加强对旅行社的管理,保障旅游者和旅行社的合法权益,维护旅游市场秩序,促进旅游业的健康发展,1996 年 10 月 15 日中华人民共和国国务院令第 205 号发布了《旅行社管理条例》,自发布之日起开始施行,2001 年 12 月 28 修订。《旅行社管理条例》共分七章,适用于中华人民共和国境内设立的旅行社和外国旅行社在中华人民共和国境内设立的常驻机构(以下简称外国旅行社常驻机构)。其主要内容包括:第一章总则。明确规定了本条例的立法宗旨、适用范围、旅行社的种类和业务范围。第二章旅行社设立。主要是规定了设立旅行社的条件及设立程序,并规定外国旅行社在中华人民共和国境内设立常驻机构的情况。第三章旅行社经营。规定了旅行社的经营原则、旅行社工作人员的聘用、旅游者的投诉等问题。第四章外商投资旅行社的特别规定。规定了外商投资旅行社的条件及程序,中外合资、合作经营旅行社的注册资本最低限额及各方出资比例,外商投资旅行社的中国投资者应当符合的条件和外商投资旅行社的经营范围。第五章监督检查。规定了旅游行政管理部门的职责、旅游经营者的义务以及对质量保证金的管理。第六章罚则。规定了对各种违规行为的行政处罚措施。第七章附则。规定香港特别行政区、澳门特别行政区和台湾地区的旅游经营者在内地投资设立旅行社,比照适用本条例。它对维护旅游市场秩序,规范旅游市场行为具有重要意义。

(张旭娟 师湘瑜)

lüxingshe zhiliang baozhengjin

旅行社质量保证金(guaranty funds for tourist agency management) 由旅行社缴纳,旅行社管理部门管理,用于保障旅行者权益的专用款项。各类旅行社须向旅游行政管理部门缴纳保证金,数额如下:(1)经营国际旅游招徕和接待业务的旅行社(含经国家旅游局许可设立的中外合资旅行社)60万元(人民币,下同);(2)经营国际旅游接待业务的旅行社30万元;(3)经营国内旅游业务的旅行社10万元;(4)特许经营出国(出境)旅游业务的旅行社另缴100万元。保证金属于缴纳的旅行社所有。旅游行政管理部门按规定比例从其利息中提取管理费。保证金的管理实行"统一制度、统一标准、分级管理"的原则。国家旅游局统一制定保证金的制度、标准和具体办法。各级旅游行政管理部门按照规定的权限实施管理。当出现以下四种情形而旅行社不承担或无力承担赔偿责任时,以此款项对旅游者进行赔偿:(1)旅行社因自身过错未达到合同约定的服务质量标准而造成旅游者的经济权益损失;(2)旅行社的服务未达到国家或行业规定的标准而造成旅游者的经济权益损失;(3)旅行社破产后造成旅游者预交旅行费损失;(4)国家旅游局认定的其他情形。各级旅游行政管理部门在规定的权限内,依据有关法规、规章和程序,作出支付保证金赔偿的决定。保证金须保持满额。支付赔偿后,有关的旅行社必须在规定的期限内补足。旅行社终止经营,旅游行政管理部门退还保证金;旅行社破产或解散时,保证金按本规定和其他有关法律规定处置。保证金的管理情况应纳入每年的财务检查或审计,并公布结果;上一级旅游行政管理部门定期检查下一级旅游行政管理部门对保证金的收支和管理情况。违反本规定的旅行社,旅游行政管理部门给予以下处罚:(1)警告;(2)在一定期限内暂停其旅行社业务;(3)吊销其旅行社业务经营许可证。

(张旭娟 师湘瑜)

lüyou biaozhunhua gongzuo guanli

旅游标准化工作管理(standardization of tourist management) 在旅游全行业范围内组织制定有关旅游国家标准和行业标准;贯彻实施标准,并进行监督检查;指导和推动旅游企业开展标准化工作;推动旅游行业标准化各项工作的制度化和规范化建设,提高旅游行业的安全保障能力、质量水平和管理水平。

旅游标准化工作实行统一领导、分工负责的原则。国家旅游局标准化主管部门统一领导和管理全国旅游标准化工作,其主要职责是:(1)贯彻执行国家标准化法律、法规和方针、政策,制定在本行业贯彻的具体办法,并组织实施;(2)组织编制和实施全国旅游标准化工作规划、计划;(3)组织制定、修订和复审有关旅游业的国家标准和行业标准,负责组织管理标准的审批、编号、发布和备案工作;(4)负责组织管理旅游行业内的国家标准和行业标准的出版发行工作;(5)组织实施或会同国家旅游局有关业务管理部门共同实施相关标准,并对实施情况监督检查;(6)负责全国旅游标准化技术委员会的日常工作;(7)指导地方旅游行政管理部门和旅游企业的旅游标准化管理和工作机构的工作;(8)组织全国旅游标准化人员的专业培训、考核和资格认证工作;(9)组织、参加全国专业标准化技术委员会的会议和活动;(10)组织、参加有关国际组织的国际标准化会议和活动;(11)组织旅游标准化成果的申报工作和旅游标准化工作的表彰奖励。国家旅游局各业务管理部门分工负责管理本业务范围内的标准项目的有关工作,其有关职责是:(1)根据全国旅游标委会的委托和标准项目计划,组织制定、修订有关标准;(2)根据标准项目的实施计划,组织有关标准的实施工作,并监督检查。

全国旅游标准化技术委员会负责全国旅游标准化工作的技术归口管理和标准解释工作,其主要职责是:(1)开展旅游标准化基础理论研究,提出旅游标准化工作的方针、政策的建议;(2)协助组织旅游业标准的制定、修订和复审工作,负责组织制定旅游业标准规划体系;(3)负责旅游标准的审查工作,对标准中的技术内容负责,提出强制性标准或推荐性标准的建议;(4)负责旅游标准化工作成果的分析研究,对标准的实施情况进行调查和分析;(5)组织开展旅游标准化工作信息交流和咨询服务工作;(6)开展旅游标准化国际交流与合作,承担国际标准化有关工作。

各省、自治区、直辖市旅游行政管理部门负责领导和管理本行政区域内的旅游标准化工作,其主要职责是:(1)贯彻执行国家标准化法律、法规和旅游标准化管理规定,制定本地区旅游标准化管理办法,并组织实施;(2)制定本地区旅游标准化工作规划、计划,并组织实施;(3)承担国家旅游局下达的标准项目的制定、修订任务；(4)根据标准实施计划,在本地区组织实施,并监督检查;(5)指导本地区企业标准化工作,受理本地区企业标准的备案;(6)承办国家旅游局交办的其他标准化工作。

旅游企业标准化管理或工作机构负责管理本企业的标准化工作,应做好如下工作:(1)贯彻执行国家和旅游行业有关标准化的法律、法规和方针、政策;(2)实施有关的旅游国家标准和行业标准;(3)制定和实施严于国家标准和行业标准的企业标准;(4)对标准的实施进行监督检查;(5)开展标准化宣传培训活动,组织对本企业标准成果和标准化工作的表彰奖励。

(刘　鹏)

lüyou tousu

旅游投诉(tourist's complaint)　旅游者、海外旅行商、国内旅游经营者和从业人员为维护自身和他人的旅游合法权益,对损害其合法权益的旅游经营者和有关服务单位,以书面或口头形式向旅游行政管理部门提出投诉,请求处理的行为。

旅游投诉管理机关　旅游行政管理部门依法保护旅游投诉者和被投诉者的合法权益。县级(含县级)以上旅游行政管理部门设立旅游投诉管理机关。旅游投诉管理机关是旅游行政管理部门的一个内部工作机构,具体负责旅游投诉工作,代表设置它的旅游行政主管部门处理投诉案件,作出投诉决定。但旅游投诉管理机关不具有独立行政机关法人地位,不能以自己的名义作出任何行政行为,所作出的投诉处理决定的后果应当由设立它的旅游管理部门承担。

旅游投诉受理机构　实际生活中,旅游者通常因其合法权益遭受损害而直接向其认为损害他利益的旅游经营者投诉。此时的投诉与旅游投诉的性质不同。旅游经营者是企业法人,不具有行政权力,无权处理旅游投诉,因此在接到旅游者投诉后,应及时调查核实,力争与旅游者协商解决纠纷;不能自行和解的,应当及时移送旅游投诉管理机关审查处理。若旅游者投诉的对象是该旅游企业的工作人员,旅游企业也应力促双方和解,否则应及时移送有关投诉管理机关。

投诉人和投诉状　旅游投诉者是以自己的名义请求旅游行政管理部门维护自身和他人旅游合法权益的人。主要指旅游者、海外旅行商、国内旅游经营者和从业人员。被投诉者是与旅游投诉者相对的一方,被控侵犯旅游投诉者权益,需要追究行政责任、民事责任,并经旅游行政管理部门通知其应诉的人。投诉状是旅游投诉者在其旅游合法权益遭受侵害或与他人发生旅游纠纷时,向旅游行政管理部门,陈明事实和理由,要求旅游行政管理机关依法解决旅游纠纷,维护其合法权益的一种书状。投诉状应当记明下列事项:(1)被投诉者的姓名、性别、国籍、职业、年龄、单位(团队)名称及地址。(2)被投诉者的单位名称或姓名所在地。(3)投诉请求和根据的事实与理由。(4)证据。

向旅游行政管理机关请求保护合法权益的投诉时效期间为60天。从投诉者知道或者应当知道其权利被侵害时算起。投诉人在法定有效期限内不行使权利,就丧失了请求旅游行政管理机关保护其合法旅游权益的权利;有特殊情况的,旅游行政管理机关可以延长投诉时效期间。

旅游投诉的受理　旅游投诉管理机关对投诉按阶段接受、审理。具体而言,是指有管辖权的旅游投诉管理机关接到旅游投诉者的投诉状或者口头投诉后,经审查认定符合受理条件予以立案的行政行为。

(张旭娟　师湘瑜)

lüyouzhe xiang lüyou xingzheng guanli bumen tousu de tiaojian

旅游者向旅游行政管理部门投诉的条件(conditions tourist may submit complaint bill to administrative department of tourist business)　国务院旅游行政主管部门负责全国旅行社的监督管理工作,县级以上地方人民政府管理旅游工作的部门按照职责负责本行政区域内的旅行社的监督管理工作。根据《旅行社管理条例》的规定,旅游者在下列情况下可向旅游行政管理部门投诉:(1)旅行社因自身过错未达到合同约定的服务质量标准的;(2)旅行社服务未达到国家标准或者行业标准的;(3)旅行社破产造成旅游者预交旅行费损失的。

(张旭娟　师湘瑜)

lüeduoxing dingjia

掠夺性定价(predatory pricing)　市场上的大企业长时间地倾销商品,由此严重威胁到相关市场上竞争者的生存,甚至使市场处于被垄断的危险情况下的倾销。根据美国反垄断法禁止低价倾销的理论,一个企业如果仅是赔本销售,这种行为因为一般不会严重损害其他经营者的利益,从而一般不能被定为违法。然而,定价行为之所以被称为掠夺性的,这是因为实施这种策略的企业将竞争对手排挤出市场之后,将会大幅度抬高商品价格,以补偿它们在倾销期间的经济损失和攫取垄断利润,从而成为掠夺者。美国作为最早提出反垄断的国家,也是最早提出反对低价倾销的国家。早在1911年,美国联邦最高法院就认定洛克菲洛石油公司存在着掠夺性的定价行为,并且通过这种方式控制了美国采油和炼油市场90%的份额。洛克菲洛公司从而被判为犯有垄断罪,并且根据这个判决被迫肢解为34个小公司。这个案件之后,掠夺性定价便成为美国反垄断法中获取垄断地位的非法手段。　　　　　　　　　(王晓晔)

luosifu "xinzheng" shiqi de hongguan tiaokong lifa
罗斯福"新政"时期的宏观调控立法(The Legislation of Macroeconomic Control law in Period of Roosevelt New Policy)　罗斯福就任美国总统后,实行"新政"时期所制定的一系列宏观调控立法的总称。1929—1932年,在资本主义世界发生了一场世界性的经济危机。这场危机席卷了包括美国、英国、德国、日本等在内几乎所有的资本主义国家。这场经济危机,不仅动摇了资本主义的政治和经济基础,而且宣告了古典经济学和新古典经济学的破产。面对这种局面,许多资产阶级的政治家和经济学家,力图找到一种理论,来对付经济危机,进而挽救资本主义制度的灭亡。为此,1933年罗斯福就任美国总统之后,为了摆脱当时严重的经济危机,根据美国一些经济学家关于财政赤字、通货膨胀和公共工程等的建议,推选了由国家对社会经济生活进行全面干预和调节的施政纲领,即所谓"新政",其主要内容是:以大量贷款和津贴挽救工商业,刺激私人投资,借通货膨胀提高物价,削减农业生产,销毁农产品以克服农产品过剩,举办公共工程以增加就业,对失业者给以最低限度的救济等。与此同时,美国国会制定了《紧急银行法》、《产业复兴法》、《农业调整法》等许多反危机的法律,以促进"新政"的推行。

《紧急银行法》的主要内容是遏止存户挤兑,淘汰小银行,由政府保障存款,恢复存户对银行的信任,防止新的挤兑风潮,发放巨额贷款,货币贬值,黄金国有,收购白银等措施,重建财政金融体系,复兴金融公司,以及对资本家提供大量贷款和津贴,建立证券交易所,保障投资人利益等。《产业复兴法》的主要内容是,授权联邦政府制定各行业的"公平竞争"法规,明确规定各行业的生产规模、价格水平、销售金额和雇佣条件等,以"消灭生产过剩",缓和经济危机;规定工人有组织工会和通过自己的代表同资方签订集体劳动合同的权利,以缓和劳资间的矛盾,授权联邦政府在33亿美元的范围内资助各项公共工程项目的进行,以增加就业,提高人民的购买力。《农业调整法》在罗斯福执政期间颁布两个:一个是1933年颁布的,该法的主要内容在于运用政府资金和津贴的办法,缩小耕地面积和销毁农作物,减少农业产量,提高农产品价格,帮助农场主度过生产过剩的危机;一个是1938年颁布的《农业调整法》,其目的在于由政府建立一个"常平仓",以便在丰年收购和销毁剩余农产品,在歉年抛售农产品以压制市价。

罗斯福"新政"的目的在于通过政府对财政、金融、货币和产业部门的干预和调整,以便建立一个没有危机的卡特尔化的经济,从而限制生产,稳定物价,保障利润,拯救资本主义,摆脱危机。不可否认,罗斯福"新政"的执行,不仅对缓和当时美国的经济危机,改善美国工人和其他劳动人民的状况,确实起过一定的积极作用,而且在相当程度上推动了垄断资本主义的发展。但是,终因为"新政"只是作为一种应急的施政纲领而并没有形成一种能够为许多人所接受的国家干预经济的系统的理论,再加上它又不能从根本上解决美国经济所面临的困难和问题,特别是失业问题,因此,1935年和1936年,美国最高法院先后宣布了许多重要的新政立法为违宪,以侵犯了各州的权力为由,宣布为违宪。第二次世界大战爆发后,新政即为告终。
　　　　　　　　　(李昌麒　卢炯星)

luohou gongyi shebei xianqi taotai zhidu
落后工艺设备限期淘汰制度(system of replacing outdated technology and equipment within the time limit)　由国务院经济综合部门会同有关部门公布落后生产工艺和设备的目录,不得再上新建项目,原有的工艺和设备在规定的期限内逐步淘汰的制度。落后的工艺和设备资源利用率低,造成的污染严重,不利于从源头上控制污染,落后工艺设备限期淘汰制度杜绝了低水平的重复建设和污染源的转移。《中华人民共和国清洁生产促进法》第12条规定:"国家对浪费资源和严重污染环境的落后生产技术、工艺、设备和产品实行限期淘汰制度。国务院经济贸易行政主管部门会同国务院有关行政主管机关制定并发布限期淘汰的生产技术、工艺、设备以及产品的名录。"《中华人民共和国大气污染防治法》、《中华人民共和国水污染防治法》、《中华人民共和国固体废物污染环境防治法》和《中华人民共和国环境噪音污染防治法》对这一制度都作了规定。原国家经贸委先后公布了几批《淘汰落后生产能力、工艺和产品的目录》,对于列入目录的设备和工艺,企业在规定的期限内必须停止生产、销售、进口和使用。对拒不执行淘汰目录的企业,工商行政管理部门要依法吊销营业执照,各有关部门要取消生产许可证。情节严重者,要追究直接负责的主管人员和其他直接责任人员的法律责任。　　　　(陈　韬)

luohou yongneng chanpin taotai zhidu
落后用能产品淘汰制度(system of eliminating

products consumed energy in backward way) 国家对落后的用能产品实行淘汰的一整套制度。任何单位和个人不得生产、销售国家明令淘汰的用能产品;在用的已明令淘汰的用能产品,按照国家的有关规定办理;淘汰的用能产品目录,由政府节能行政主管部门会同政府有关部门确定并公布。国家对落后用能产品进行淘汰,是促进节能和技术改造的一项行之有效的措施,也是国际上通行的做法。根据节能工作的实际需要,按照一定的程序采用行政手段,对那些技术落后、浪费能源严重并已有替代产品的用能产品,宣布不得继续生产、销售。实行这项制度,有利于推动产品、技术的更新换代,推进节能技术进步。需要指出的是,由于在用的已明令淘汰的用能产品情况千差万别,不宜用简单规定一个期限或一律采取限期更新、改造的方式处理。应当根据技术经济分析,对在用的已明令淘汰的用能产品,要准许在寿命期内使用或加速折旧、限期更新、限期改造、结合大修进行更新或改造等不同方式进行处理,只有符合技术经济分析的合理性,才便于在实践中加以贯彻执行。

(张 璐)

M

maike shangshi

买壳上市（come into the market by buying the shell） 境内企业或境外中国投资企业,直接在境内或境外收购当地上市公司（也称公众公司）股权,使收购企业成为被收购的上市公司的控股股东,从而具有当地上市公司资格的行为。一般这种上市公司的资产规模不大,公司股票交易活动不很活跃,股票交易量不大,且少被股民关注。一旦第三者收购该公司,注入资产,可使该公司股票市值上扬,选择这类上市公司作为目标收购企业,可以少花钱,达到间接上市的目的。按照境外证券交易所的规定,申请股票上市的公司,必须是当地注册的法人企业,申请公司必须具备3年以上业绩等规定,收购境外上市公司,对收购企业来说可以不受此规定约束。根据国家有关规定,境内国有企业和境外中资企业（包括中资控股企业）,未经批准,不得擅自收购境外上市公司。申请在境外收购上市公司股权,应视同境外投资,按国家现行有关规定,对外投资按规定程序,报国家有关部门批准;未经批准,擅自在境外买壳上市,是一种违纪行为。

（马跃进 裴建军）

maoyi cha'e

贸易差额（balance of trade） 一国在一定时期内（如一年、半年、一季、一月）出口总值与进口总值之间的差额。当出口总值与进口总值相等时,称为"贸易平衡"。当出口总值大于进口总值时,出现贸易盈余,称"贸易顺差"或"出超"。当进口总值大于出口总值时,出现贸易赤字,称"贸易逆差"或"入超"。通常,贸易顺差以正数表示,贸易逆差以负数表示。一国的进出口贸易收支是其国际收支中经常项目的重要组成部分,是影响一个国家国际收支的重要因素。（王连喜）

maoyi shuyu

贸易术语（trade terms） 又称"价格—交货条件"（Pricre-Deliverde Terms）。贸易术语是构成国际贸易商品单价的一个组成部分,是用一个简短的概念,几个外文缩写字母来说明在一定价格基础上,买卖双方责任划分的名词。它是国际贸易发展到一定历史阶段的产物。国际贸易商品单价的组成部分是:计量单位、单价金额、货币名称、贸易术语。比如彩电:一台1000美元FOB。责任划分:因为任何一个贸易术语都包括三个方面的职责,这三个方面就是责任、费用和风险,指的是责任大小,费用多少,风险谁来承担。这三方面,不同的贸易术语是不一样的,所以贸易术语是表明在一定价格基础上,买卖双方责任划分的名词。

贸易术语的性质 贸易术语是用来表示买卖双方各自承担义务的专门用语,每种贸易术语都有其特定的含义,采用某种专门的贸易术语,主要是为了确定交货条件,即说明买卖双方在交接货物方面彼此承担责任、费用和风险的划分。贸易术语具有两重性,一是它体现价格,二是它体现交货条件。因为不同的交货条件买卖双方的责任是不一样的,价格也就不同,比如FOB与CIF就完全不同。

国际贸易术语的产生和发展 国际贸易术语产生于19世纪初,是国际贸易长期实践的产物,是国际贸易发展到一定阶段的必然结果,同时它也来源于国际惯例。1812年开始有了FOB,1862年有了CIF,后来随着国际贸易的发展,贸易术语越来越多。到了1953年被国际商会认可的贸易术语就有9个。在1980年贸易术语发展到14个,到1990年,被国际商会认可的为13个（去掉了FOA和FOR/FOT,增加了DDU）。到现在国际上通用,并为国际商会认可的术语就是13个,并对部分术语代码作了一些改动,使术语的解析更加系统条理规范化了。

贸易术语的作用 贸易术语在国际贸易中起着积极的作用,主要表现在下列几个方面:（1）有利于买卖双方洽商交易和订立合同。由于每种贸易术语都有其特定的含义,而且一些国际组织对各种贸易术语也作了统一的解释与规定,这些解释与规定,在国际上被广为接受,并成为惯常奉行的做法或行模式。因此,买卖双方只需商定按何种贸易术语成交,即可明确彼此在交接货物方面所应承担的责任、费用和风险,这就简化了交易手续,缩短了洽商交易的时间,从而有利于买卖双方迅速达成交易和订立合同。（2）有利于买卖双方核算价格和成本。由于贸易术语表示价格构成因素,所以买卖双方确定成交价格时,必须要考虑采用的贸易术语包含哪些费用,如运费、保险费、装卸费、关税、增值税和其他费用。这就有利于买卖双方进行比价和加强成本核算。（3）有利于解决履行当中的争议。买卖双方商订合同时,如对合同条款考虑欠周,使某些事项规定不明确或不完备,致使履约当中产生的争议不能依据合同的规定解决,在此情况下,可以援引有关贸易术语的一般解释来处理,因为,贸易术语的一般解释,已成为国际惯例,并被各国际贸易界从业人员和法律界人士所理解和接受,从而成为了国际贸易中公认

国际贸易惯例 有关国际贸易方面的国际惯例，比较有代表性的有三个：(1)《1932年华沙—牛津规则》(Warsaw-Oxford Rules 1932)。自从制定到现在，七十多年再没有修改过，一直延用到现在。这个规则只对CIF一个贸易术语的性质，买卖双方承担的责任、费用、风险以及所有权的转移等内容作了比较详细的解析和规定。(2)《1941年美国对外贸易定义》(Rivised American foreign Trade Definitions 1941)。《美国对外贸易定义》是由美国几个大的商业团体制定的。最早于1919年在纽约制定，到1941年在美国第27届全国的对外贸易会议上进行的修订，定名为《1941年美国对外贸易定义修订本》，并经过美国国会，美国进出口协会和全国对外贸易协会联合委员会通过，公布执行的。这个惯例只对6种术语作了解析。这6种贸易术语是：EX(Point of Origin)(产地交货)；FOB(Free on Boord)(运输工具上交货)；FAS(Free Along Side)(运输工具旁边交货)；C&F(Cost and Freight)(成本加运费)；CIF(Cost Insurance and Freight)(成本加保险费、运费)；EX DOCK(Named Part of Importation)(目的港码头交货)《美国对外贸易定义》主要适用于北美国家，带有明显的地区性，但由于北美经济贸易比较发达，所以"定义"这个惯例也颇有影响，仅次于国际商会的《通则》。(3)《国际贸易术语解析通则》(英文简称为INCOTERMS)。它是国际商会于1936年在巴黎开会制定的，后来经过1953年、1967年、1976年、1980年、1990年和2000年六次修改和补充，使现行的贸易术语由1980年的14个变为13个。 (王连喜)

maoyi tiaojian

贸易条件(terms of trade) 又称交换比价或贸易比价。出口价格与进口价格之间的比率，就是说一个单位的出口商品可以换回多少进口商品。它是用出口价格指数与进口价格指数来计算的。计算的公式为：出口价格指数/进口价格指数×100。以一定时期为基期，先计算出基期的进出口价格比率并作为100，再计算出比较期的进出口价格比率，然后以之与基期相比，如大于100，表明贸易条件比基期有利；如小于100，则表明贸易条件比基期不利，交换效益劣于基期。

(王连喜)

meikuang anquan zhidu

煤矿安全制度(system of safety in coal mine) 保障煤矿建设、开采安全，规范煤矿安全管理和政府安全检查，处理煤矿事故的煤炭法律制度。这项制度的宗旨是维护煤矿工人安全，保证煤矿安全生产，防止事故发生，发展煤炭业。美国1952年、1969年先后颁布《煤矿安全法》、《煤矿安全与保健法》，确立了煤矿安全制度，并规定了世界上最严格的安全与保健标准。《中华人民共和国煤炭法》对煤矿安全生产的问题也作出了详细的规定：明确要求矿务局长、矿长及煤矿企业的其他主要负责人必须遵守有关矿山安全的法律、法规和煤炭行业安全规章、规程，加强对煤矿安全生产工作的管理，执行安全生产责任制度，采取有效措施，防止伤亡和其他安全生产事故的发生；同时，煤矿企业应当对职工进行安全生产教育、培训，未经安全生产教育、培训的，不得上岗作业，煤矿企业职工必须遵守有关安全生产的法律、法规、煤炭行业规章、规程和企业规章制度；对于违反法律规定，擅自开采保安煤柱或者采用危及相邻煤矿生产安全的危险方法进行采矿作业的，由劳动行政主管部门会同煤炭管理部门责令停止作业，由煤炭管理部门没收违法所得，并处违法所得1倍以上5倍以下的罚款，吊销其煤炭生产许可证，构成犯罪的，由司法机关依法追究刑事责任，造成损失的，依法承担赔偿责任。

(张 璐)

meikuang kuangqu baohu

煤矿矿区保护(coal mine area protection) 对矿区基本设施及安全的保护。根据《中华人民共和国煤炭法》的有关规定，对煤矿矿区的保护主要体现在以下几方面：任何单位或者个人不得危害煤矿矿区的电力、通讯、水源、交通及其他生产设施，禁止任何单位和个人扰乱煤矿矿区的生产秩序和工作秩序；对盗窃或者破坏煤矿矿区设施、器材及其他危及煤矿矿区安全的行为，一切单位和个人都有权检举、控告；未经煤矿企业同意，任何单位或者个人不得在煤矿企业依法取得土地使用权的有效期间内在该土地上种植、养殖、取土或者修建建筑物、构筑物；未经煤矿企业同意，任何单位或者个人不得占用煤矿企业的铁路专用线、专用道路、专用航道、专用码头、电力专用线、专用供水管路；任何单位或者个人需要在煤矿采区范围内进行可能危及煤矿安全的作业时，应当经煤矿企业同意，报煤炭管理部门批准，并采取安全措施后，方可进行作业，在煤矿矿区范围内需要建设公用工程或者其他工程的，有关单位应当事先与煤矿企业协商并达成协议后，方可施工。

(张 璐)

meitan caizheng zhichi

煤炭财政支持(financial support of coal enterprise) 政府依法采取财政措施对煤炭业进行扶持，用以实现经济和社会发展目标的制度。基于煤炭业的经营环境不利和市场缺陷明显的实际，不少国家在法律上确定了对煤炭业采取财政支持。对煤炭业财政支持的主要目标是：振兴和保护国内煤炭业、支持煤炭业的研究开发、改善煤矿安全和职工福利保健、治理煤炭业环境损害、建设煤炭业基础设施。财政支持的主要措施是政策性融资、财政补贴、政府拨款等。如韩国《煤炭产业法》规定,煤炭业的财政支持经费由助成事业费、产业育成基金和安定基金三部分构成。法律明确规定了此三项费用的使用范围和基本用途,并规定三项费用必须严格按用途使用,否则就会停止财政支持。动力资源部设专人负责育成基金支出审查。接受助成事业费而兼营他业的,可以劝告其将煤炭业形成的利益金重新投入到煤炭业,不听劝告将停止财政支持。《中华人民共和国煤炭法》也明确规定,国家制定优惠政策,支持煤炭工业发展,促进煤矿建设。上述财政支持措施为煤炭业的稳定和振兴起了积极作用。然而有些措施如补贴也带来了低效率和浪费,不少国家已取消补贴。

(张璐)

可证,凭出口许可证向海关办理报关验放手续。煤炭出口许可证管理按照商务部许可证管理有关规定执行。煤炭出口企业于每月5日前将上月煤炭出口配额使用情况报发展改革委备案。

法律责任 煤炭出口经营者在煤炭出口中有违法、违规行为,受到海关、税务、商检、外汇管理等部门处罚的,发展改革委可酌情扣减其已获得的煤炭出口配额。煤炭出口经营者伪造、变造出口配额批准文件或出口许可证,或者以欺骗或其他不正当手段获取出口配额、批准文件或出口许可证,依照《货物进出口条例》第66条、第67条规定处罚。发展改革委并可以取消其已获得的煤炭出口配额。对配额分配决定或处罚决定有异议的,可以依照《中华人民共和国行政复议法》提起行政复议,也可以依法向人民法院提起诉讼。

(王丽)

meitan chukou pei'e guanli

煤炭出口配额管理(coal export quota management) 为规范煤炭出口,保证煤炭出口配额管理工作符合效率、公正、公开和透明的原则,维护煤炭的正常出口秩序而进行的管理。国家发展和改革委员会同商务部负责确定全国煤炭出口配额总量及分配工作。《煤炭出口配额管理办法》适用于一般贸易方式下煤炭的出口。其他贸易方式下煤炭出口按现行有关规定办理。

煤炭出口配额总量、申请 每年煤炭出口配额总量及申请程序,由发展改革委于上一年10月31日前公布。确定煤炭出口配额总量时,应当考虑以下因素:(1)保障国家经济安全;(2)合理利用煤炭资源;(3)符合国家有关产业的发展规划、目标和政策;(4)国际、国内市场供求状况。煤炭出口实行国营贸易管理。已获得煤炭出口国营贸易经营权的出口企业可以申请煤炭出口配额。出口企业应当以正式书面方式向发展改革委提出配额申请,并按要求提交相关文件和资料。发展改革委于每年11月1日至11月15日受理煤炭出口企业提出的下一年度煤炭出口配额的申请。

煤炭出口配额的分配、调整和管理 国家发展改革委会同商务部于每年12月15日前将下一年度的煤炭出口配额总量的80%下达给企业。剩余部分将不晚于当年6月30日下达。煤炭出口配额参考企业上一年度煤炭出口实绩分配。煤炭出口配额有效期截止到当年12月31日。如发生下列情况时,可以对已分配的配额进行调整:(1)国际市场发生重大变化;(2)国内资源状况发生重大变化;(3)出口企业配额使用进度明显不均衡;(4)其他需要调整配额的情况。煤炭出口企业凭配额批准文件,按照有关出口许可证管理规定,向商务部授权的许可证发证机构申领出口许

meitan fa

《煤炭法》(Coal Act) 《中华人民共和国煤炭法》于1996年8月29日第八届全国人民代表大会常务委员会第二十一次会议通过,自1996年12月1日起施行。制定本法的目的是:为了合理开发利用和保护煤炭资源,规范煤炭生产、经营活动,促进和保障煤炭行业的发展。本法共8章,包括总则、煤炭生产开发规划与煤矿建设、煤炭生产与煤矿安全、煤炭经营、煤矿矿区保护、监督检查、法律责任、附则等部分。本法适用在中华人民共和国领域和中华人民共和国管辖的其他海域从事的煤炭生产、经营活动。国务院煤炭管理部门依法负责全国煤炭行业的监督管理。国务院有关部门在各自的职责范围内负责煤炭行业的监督管理。县级以上地方人民政府煤炭管理部门和有关部门依法负责本行政区域内煤炭行业的监督管理。煤炭矿务局是国有煤矿企业,具有独立法人资格。

煤炭生产开发规划与煤矿建设 国务院煤炭管理部门根据全国矿产资源勘查规划编制全国煤炭资源勘查规划,组织编制和实施煤炭生产开发规划;省、自治区、直辖市人民政府煤炭管理部门组织编制和实施本地区煤炭生产开发规划,并报国务院煤炭管理部门备案。开办煤矿企业,必须依法向煤炭管理部门提出申请;依照本法规定的条件和国务院规定的分级管理的权限审查批准。经批准开办的煤矿企业,凭批准文件由地质矿产主管部门颁发采矿许可证。煤矿建设使用土地,应当依照有关法律、行政法规的规定办理。煤矿建设应当坚持煤炭开发与环境治理同步进行。煤矿建设项目的环境保护设施必须与主体工程同时设计、同时施工、同时验收、同时投入使用。

煤炭生产与煤矿安全 煤矿投入生产前,煤矿企业应当依照本法规定向煤炭管理部门申请领取煤炭生

产许可证,由煤炭管理部门对其实际生产条件和安全条件进行审查,符合本法规定条件的,发给煤炭生产许可证。未取得煤炭生产许可证的,不得从事煤炭生产。

煤炭生产许可证的颁发管理机关,负责对煤炭生产许可证的监督管理。在同一开采范围内不得重复颁发煤炭生产许可证。开采煤炭资源必须符合煤矿开采规程,遵守合理的开采顺序,达到规定的煤炭资源回采率。煤炭生产应当依法在批准的开采范围内进行,不得超越批准的开采范围越界、越层开采。关闭煤矿和报废矿井,应当依照有关法律、法规和国务院煤炭管理部门的规定办理。

县级以上各级人民政府及其煤炭管理部门和其他有关部门,应当加强对煤矿安全生产工作的监督管理。煤矿企业的安全生产管理,实行矿务局长、矿长负责制。矿务局长、矿长及煤矿企业的其他主要负责人必须遵守有关矿山安全的法律、法规和煤炭行业安全规章、规程,加强对煤矿安全生产工作的管理,执行安全生产责任制度,采取有效措施,防止伤亡和其他安全生产事故的发生。煤矿企业应当对职工进行安全生产教育、培训;未经安全生产教育、培训的,不得上岗作业。在井下作业中,出现危及职工生命紧急情况时,现场负责人应立即组织职工撤离危险现场,并及时报告有关方面负责人。

煤炭经营　依法取得煤炭生产许可证的煤矿企业,有权销售本企业生产的煤炭。设立煤炭经营企业,应当具备的条件是:(1)有与其经营规模相适应的注册资金;(2)有固定的经营场所;(3)有必要的设施和储存煤炭的场地;(4)有符合标准的计量和质量检验设备;(5)符合国家对煤炭经营企业合理布局的要求;(6)法律、行政法规规定的其他条件。设立煤炭经营企业,须提出申请,由国务院指定的部门或者省、自治区、直辖市人民政府指定的部门依照本法规定的条件和国务院规定的分级管理的权限进行资格审查;符合条件的,予以批准。国务院物价行政主管部门会同国务院煤炭管理部门和有关部门对煤炭的销售价格进行监督管理。煤矿企业、煤炭经营企业、运输企业和煤炭用户应当依照法律、国务院有关规定或者合同约定供应、运输和接收煤炭。煤炭的进出口依照国务院的规定,实行统一管理。

煤矿矿区保护　任何单位或者个人不得危害煤矿矿区的电力、通讯、水源、交通及其他生产设施。禁止任何单位和个人扰乱煤矿矿区的生产秩序和工作秩序。任何单位或者个人需要在煤矿采区范围内进行可能危及煤矿安全的作业时,应当经煤矿企业同意,报煤炭管理部门批准,并采取安全措施后,方可进行作业。在煤矿矿区范围内需要建设公用工程或者其他工程的,有关单位应当事先与煤矿企业协商并达成协议后,方可施工。

监督检查　煤炭管理部门和有关部门依法对煤矿企业和煤炭经营企业执行煤炭法律、法规的情况进行监督检查。煤炭管理部门和有关部门的监督检查人员进行监督检查时,有权向煤矿企业、煤炭经营企业或者用户了解有关执行煤炭法律、法规的情况,查阅有关资料,并有权进入现场进行检查。煤炭管理部门和有关部门的监督检查人员进行监督检查时,应当出示证件。

法律责任　违反本法规定的煤炭企业擅自从事煤炭生产、经营活动的,煤炭管理部门可视情节责令其限期改正、停止作业、吊销其煤炭生产许可证、没收违法所得或罚款等处罚;造成损失的,依法承担赔偿责任;构成犯罪的,由司法机关依法追究刑事责任。有下列行为之一的,由公安机关依照《治安管理处罚条例》的有关规定处罚;构成犯罪的,由司法机关依法追究刑事责任:(1)阻碍煤矿建设,致使煤矿建设不能正常进行的;(2)故意损坏煤矿矿区的电力、通讯、水源、交通及其他生产设施的;(3)扰乱煤矿矿区秩序,致使生产、工作不能正常进行的;(4)拒绝、阻碍监督检查人员依法执行公务的。煤矿企业的管理人员违章指挥、强令职工冒险作业,发生重大伤亡事故的,依照《中华人民共和国刑法》有关规定追究刑事责任;煤炭管理部门和有关部门的工作人员玩忽职守、徇私舞弊、滥用职权的,依法给予行政处分;构成犯罪的,由司法机关依法追究刑事责任。

(王光净)

meitan gongqiu tiaozheng zhidu
煤炭供求调整制度(system of adjustment of coal supply and demand)　政府依法采取行政措施对煤炭产量、流量、价格、储备、供应等进行调整,用以保证煤炭资源及其产品安全供给和煤炭业稳定发展的制度。政府调整措施的种类及其实施都有一定条件、范围限制,并有一定的强制力。如韩国《煤炭产业法》规定,动力资源部长官认为可能给煤炭或煤炭加工制品的供求招致重大障碍的,为了谋求国民生活的安定,可以进行煤炭定量(包括不同煤矿、不同煤质、不同煤种、不同产地),加工制品的种类和生产量的调整;煤炭、加工制品的储备和储煤设施的调整;煤炭、加工制品的配给和使用限制的调整;煤炭、加工制品地域流通的调整。煤炭业者违反调整要求的,可以取消煤炭业许可或命令其停业,并给予相应处罚。煤炭供求调整制度从根本上是为了避免市场配置的不足,能够保证煤炭业的稳定发展。

(张 璐)

meitan hangye gongcheng jianshe jianli zilü guanli
煤炭行业工程建设监理自律管理(self-disciplined management for the supervision and manage-

ment of coal industrial project construction) 监理企业受项目法人委托,在合同约定的范围内,依据法律、法规、规范和合同,对建设项目进行的计划、组织、监督、控制、协调等全过程或若干阶段的管理和服务的自律管理。为促进煤炭建设监理的健康发展,维护煤炭建设监理市场的正常秩序、监理行业声誉和监理企业的合法权益,规范煤炭建设监理执业和经营行为,提高工程项目管理水平,保证建设工程质量和投资效益,中国煤炭建设协会组织本行业工程建设监理企业经多次调查研究、收集意见和分析测算,在借鉴其他行业和地方的经验做法基础上,共同制定《煤炭行业工程建设监理自律管理试行办法》。

煤炭工程建设监理企业既是独立承担民事责任的法人实体和市场竞争主体,又是管理型的中介组织。

煤炭工程建设监理的依据是国家法律法规、规范标准、煤炭行业的有关标准规程、工程设计文件、依法签订的监理合同及其他工程建设承包合同。根据煤炭建设工程的特点,承担煤炭工程建设监理的企业,必须取得国务院建设行政主管部门颁发的《工程监理企业资质证书》,并取得原煤炭工业部或国家煤炭工业局颁发的《监理单位资质等级证书》,或持有中国煤炭建设协会颁发的《监理单位资质等级证书》,方可在其资质等级许可的范围内承担煤炭工程建设监理业务。从事煤炭工程建设监理的专业技术人员,应当取得相应的执业资格证书,即取得全国和煤炭行业监理工程师资格证书,并分别在当地建设行政主管部门和中国煤炭建设协会注册。建立煤炭行业监理企业和监理人员执业信用业绩信息档案,加强行业监理人员岗位培训,增强行业检查和交流,严格监理企业资质和监理人员资格年审制度。

煤炭工程建设监理工作的管理 中国煤炭建设协会是全国煤炭行业工程建设监理企业的自律性行业组织,对煤炭建设监理工作进行行业管理和服务,依法维护监理会员单位的合法权益。中国煤炭建设协会的主要职责:(1)贯彻执行国家和建设部等有关部门颁发的工程建设监理法规,组织制定煤炭工程建设监理有关办法、技术规程和范本;(2)负责煤炭行业监理企业的煤炭建设监理资质管理;(3)负责煤炭行业工程建设项目总监理工程师、监理工程师及其他监理人员的培训和资格管理;评选行业先进监理企业和优秀总监理工程师等;(4)制定煤炭行业公约,规范监理行为,发布行业监理指导标准;(5)协助建设部等政府部门和中国建设监理协会开展有关煤炭或矿山行业建设监理及项目管理法规、标准、资质、资格等方面的管理工作,指导、监督、协调煤炭行业的工程建设监理和项目管理工作。

监理业务范围 煤炭建设监理分为建设前期阶段、设计阶段、施工准备阶段、施工阶段和保修阶段。建设工程监理各阶段的具体工作内容,由项目法人根据建设工程监理需要,与监理企业在合同中约定。

煤炭工程建设监理招标范围和标准按《工程建设项目招标范围和规模标准规定》(2000年4月4日国务院批准、2000年5月1日国家计划委员会第3号令发布)的有关规定执行。

监理企业承担监理业务,应当与委托监理的单位按照国家监理合同示范文本签订监理合同。

在工程建设阶段,监理企业必须在现场设立项目监理部;监理部实行总监理工程师负责制,接受监理企业业务部门指导、监督、检查和考核;监理部在项目全面履行监理合同后解体。项目监理部应根据监理规划,确定监理部的管理组织机构设置,制定规章制度和目标责任考核、奖惩办法,确定有关人员的职责和权限。监理部人员配备要合理。

(王 丽)

meitan huanjing zhidu

煤炭环境制度(system of environmental protection in coal exploitation) 煤炭立法确立的在煤炭业中保护环境和资源,防治污染和其他公害的制度。这项制度一般是煤炭业活动结合在一起安排的,涉及煤矿土地开发、资源回收、闭矿治理、土地复垦和加工利用等方面。煤炭环境制度是可持续发展思想在煤炭法中的重要体现,是各国煤炭立法的重点,同样也在《中华人民共和国煤炭法》中得到了具体的贯彻。比如法律明确规定:开发利用煤炭资源,应当遵守有关环境保护的法律、法规,防治污染和其他公害,保护生态环境;煤矿建设应当坚持煤炭开发与环境治理同步进行,煤矿建设项目的环境保护设施必须与主体工程同时设计、同时施工、同时验收、同时投入使用;因开采煤炭压占土地或者造成地表土地塌陷、挖损,由采矿者负责进行复垦,恢复到可供利用的状态,造成他人损失的,应当依法给予补偿;国家发展和推广洁净煤技术,国家采取措施取缔土法炼焦,禁止新建土法炼焦窑炉,现有的土法炼焦限期改造。上述措施为煤炭业中保护环境和资源,防治污染和其他公害发挥了积极的作用。

(张 璐)

meitan jiagongye quan

煤炭加工业权(right of coal processing industry) 依法经政府许可从事原煤加工并获得利益的权利。煤炭加工业权是煤炭矿业权的延伸,即煤炭矿业权人可以依法从事煤炭加工业,而不必单独申请许可。非煤炭矿业权人从事煤炭加工业则须经政府许可取得煤炭加工业权,否则不得从事煤炭加工业。取得煤炭加工业权的许可条件是政府确定的,一般包括:加工设备符合经济和环境标准,加工能力符合政府煤炭供求计划,加工业者具有从业的经济和技术能力,能保证煤炭安全供给等。煤炭加工业权人的主要义务有:服从煤炭加工制品种类和生产数量、储备和设施、配给和流通等的调整,保证产品质量和接受质量检查,保持符合许可条件,不得无故停业或许可后在法定期限内不营业。比如《中华人民共和国煤炭法》规定:煤炭经营企业从事煤炭经营,应当遵守有关法律、法规的规定,改善服务,保障供应,禁止一切非法经营活动;煤矿企业和煤炭经营企业供应用户的煤炭质量应当符合国家标准或者行业标准,质级相符,质价相符,用户对煤炭质量有特殊要求的,由供需双方在煤炭购销合同中约定,煤矿企业和煤炭经营企业不得在煤炭中掺杂、掺假,以次充好。

(张 璐)

meitan jingying guanli

煤炭经营管理(management of coal business) 为了维护国家煤炭经营管理的正常秩序,防止不具备煤炭经营条件的单位和个人非法开采煤炭,损害国家和广大用户的利益而进行的管理。我国实行了煤炭经营主体的资格审批制度。《煤炭法》第46条规定:"依法取得煤炭生产许可证的煤矿企业,有权销售本企业生产的煤炭。"第47条又规定了设立煤炭经营企业应当具备的条件:(1)有与其经营规模相适应的注册资金;(2)有固定的经营场所;(3)有必要的设施和储存煤炭的场地;(4)有符合标准的计量和质量检验设备;(5)符合国家对煤炭经营企业合理布局的要求;(6)法律、行政法规规定的其他条件。第48条规定:"设立煤炭经营企业,须向国务院指定的部门或者省、自治区、直辖市人民政府指定的部门提出申请,由国务院指定的部门或者省、自治区、直辖市人民政府指定的部门依照本法第47条规定的条件和国务院规定的分级管理的权限进行资格审查,符合条件的,予以批准。申请人凭批准文件向工商行政管理部门申请领取营业执照后,方可从事煤炭经营。"

(戴 菲 白 峰)

meitan kaifa jihua yu guihua

煤炭开发计划与规划(plan and layout of coal exploitation) 政府依法对煤炭业发展作出规划和对矿业开发进行规制的制度。

煤炭开发计划 煤炭开发计划的目的在于煤炭业的合理发展和煤炭及煤炭加工制品的安全供给。计划内容庞杂,差异较大。煤炭开发计划是长期综合性计划,是一国煤炭业的发展方向,因此,一般要经过较为严格的编制程序,用以提高其科学性和准确性程度。煤炭开发计划不仅是政府关于未来煤炭业发展的方案,也是煤炭业投资者的行动方案,政府通常多以一定行政行为促成私人投资者行为与其煤炭开发计划相吻合。《中华人民共和国煤炭法》对此也作出了原则性的规定,要求国家对煤炭开发实行统一规划、合理布局、综合利用的方针,而且煤炭生产开发规划应当根据国民经济和社会发展的需要制定,并纳入国民经济和社会发展计划。

矿区开发规划 矿区开发规划是某一特定煤田的开发方案。矿区规划对地区和社会发展有重大影响,因而是政府负责编制的。为了保证规划的科学性和可操作性,矿区规划一般都有法定的内容和编制程序。如日本矿区开发由通产省负责,《煤炭矿业合理化临时处理法》规定,矿区开发规划内容包括:产量、生产效率和成本等目标、开发工程费用、煤矿合理化计划、环境保护措施等。当煤矿生产条件和经济形势发生变化时,通产省还应根据煤炭工业审议委员会对矿区的规划进行修订。

(张 璐)

meitan kuangye quan

煤炭矿业权(coal mining industry rights) 开发利用者依法在购买或租用的煤田区段内,对煤炭资源进行勘探、开采和经营、洗选等活动,排除他人干涉并获得原煤和其他利益的权利。煤炭矿业权是煤炭资源所有权行使的结果,其权能和内容完全同矿业权相同,但权利的实现程序有煤炭业的特殊性。购买或租用的煤田区段获得矿业权后,开发利用者还必须经过严格的审批程序,经取得许可才能进行勘探和煤矿建设。

根据我国法律和行政法规、规章的有关规定,在中国境内从事煤炭资源的勘探、开发,必须依法申请登记,领取勘查许可证、采矿许可证、煤炭生产许可证,分别取得煤炭探矿权、采矿权、生产权。勘查许可证、采矿许可证由国务院和省级人民政府地质矿产主管部门颁发,煤炭生产许可证由国务院和省级人民政府煤炭工业主管部门颁发。煤炭资源的开采必须领取采矿许可证和煤炭生产许可证,即同时拥有采矿权和煤炭生产权,而且采矿许可证是取得煤炭生产许可证的前提。采矿许可证是国家赋予煤炭资源开采的资格,而煤炭生产许可证则是国家赋予实现煤炭资源开采的资格,前者由国家地质矿产主管部门管理,后者由煤炭工业主管部门管理。煤炭生产许可证取得条件较采矿许可证取得条件只增加了矿山安全条件:生产系统必须符合国家规定的煤矿安全规程,特种作业人员须持有县级以上地方人民政府煤炭行政主管部门按国家规定颁发的操作资格证书,矿山建设工程安全设施竣工验收合格证明文件。煤炭生产许可证实行年检制度。

(张 璐)

meitan shengchan anquan feiyong tiqu he shiyong guanli

煤炭生产安全费用提取和使用管理(collection

and utilization of risk fund of coal industry） 为建立煤矿安全生产设施长效投入机制，在我国境内所有煤炭生产企业建立提取煤炭生产安全费用制度，加强对安全费用的管理。财政部、国家发展和改革委员会、国家煤矿安全监察局2004年5月21日联合发布《煤炭生产安全费用提取和使用管理办法》。安全费用是指企业按原煤实际产量从成本中提取，专门用于煤矿安全生产设施投入的资金。

企业按下列标准，在成本中按月提取安全费用。（1）大中型煤矿：高瓦斯、煤与瓦斯突出、自然发火严重和涌水量大的矿井吨煤3—8元；低瓦斯矿井吨煤2—5元；露天矿吨煤2—3元。（2）小型煤矿：高瓦斯、煤与瓦斯突出、自然发火严重和涌水量大的矿井吨煤10元；低瓦斯矿井吨煤6元。有关企业分类标准，按现行国家煤炭工业矿井设计规范标准执行；有关高、低瓦斯矿井和煤与瓦斯突出矿井的界定，按现行《煤矿安全规程》的规定执行。《煤炭生产安全费用提取和使用管理办法》下发前，企业若已执行经省级（含省级）以上政府部门制定的安全费用提取标准，与《煤炭生产安全费用提取和使用管理办法》相对照，按孰高原则执行，并按规定程序备案。企业在上述标准和规定的浮动范围内自行确定安全费用提取标准，报当地主管税务机关、煤炭管理部门和煤矿安全监察机构备案。安全费用提取标准一经确定，不得随意改动。确需变动的，报经主管税务机关、煤炭管理部门和煤矿安全监察机构备案后，从下一年度开始执行新的提取标准。

安全费用在《煤炭生产安全费用提取和使用管理办法》规定的范围内由企业自行安排使用，专户存储，专款专用。年度结余资金允许结转下年度使用。安全费用具体使用范围是：（1）矿井主要通风设备的更新改造支出；（2）完善和改造矿井瓦斯监测系统与抽放系统支出；（3）完善和改造矿井综合防治煤与瓦斯突出支出；（4）完善和改造矿井防灭火支出；（5）完善和改造矿井防治水支出；（6）完善和改造矿井机电设备的安全防护设备设施支出；（7）完善和改造矿井供配电系统的安全防护设备设施支出；（8）完善和改造矿井运输（提升）系统的安全防护设备设施支出；（9）完善和改造矿井综合防尘系统支出；（10）其他与煤矿安全生产直接相关的支出。

企业提取的安全费用在缴纳企业所得税前列支。有关安全费用的会计核算问题，按国家统一会计制度处理。企业要切实加强安全费用提取和使用管理。应制定年度使用计划，并纳入企业全面预算。年度终了，企业应将安全费用提取和使用情况报当地主管财政、税务、审计机关、煤炭管理部门和煤矿安全监察机构备案，接受监督。对不按本办法提取和使用安全费用的企业，有关部门应责令其限期整改，并按有关法律和行政法规的规定予以处罚。

（王　丽）

meitan shengchan xuke

煤炭生产许可（license to coal production） 为了保证煤炭行业安全、高效生产，依法规范煤炭行业的生产活动，国家对煤炭生产实行许可制度。《中华人民共和国煤炭法》第22条规定："煤矿投入生产前，煤矿企业应当依照本法规定向煤炭管理部门申请领取煤炭生产许可证，由煤炭管理部门对其实际生产条件和安全条件进行审查，符合本法规定条件的，发给煤炭生产许可证。未取得煤炭生产许可证的，不得从事煤炭生产。"第23条规定了取得煤炭生产许可证应当具备的条件，第24条又规定了负责煤矿企业的煤炭生产许可证的颁发管理机关是国务院煤炭管理部门，第28条规定："对国民经济具有重要价值的特殊煤种或者稀缺煤种，国家实行保护性开采"，确立了特殊、稀缺煤种的保护性开采制度，有利于煤炭资源开采的可持续性发展。

（戴　菲　白　峰）

meitan xianchang jiandu jiancha

煤炭现场监督检查（system of on-the-spot supervising and inspecting of coal） 政府依法对煤炭业者的矿业和加工业活动进行监督检查并进行处理，用以保证起行为合理化的制度。这项制度规定了煤炭业者接受监督检查的基本义务，如提供账簿、文件以及向政府如实报告其经营活动的义务，还规定了政府行使职权的条件和权限及其效力。《中华人民共和国煤炭法》规定：煤炭管理部门和有关部门依法对煤矿企业和煤炭经营企业执行煤炭法律、法规的情况进行监督检查；煤炭管理部门和有关部门的监督检查人员进行监督检查时，有权向煤矿企业、煤炭经营企业或者用户了解有关执行煤炭法律、法规的情况，查阅有关资料，并有权进入现场进行检查；煤矿企业、煤炭经营企业和用户对依法执行监督检查任务的煤炭管理部门和有关部门的监督检查人员应当提供方便；煤炭管理部门和有关部门的监督检查人员对煤矿企业和煤炭经营企业违反煤炭法律、法规的行为，有权要求其依法改正。（张　璐）

meitan ziyuan suoyouquan

煤炭资源所有权（coal resources ownership） 所有人依法对煤炭资源占有、使用、处分和收益的权利。其制度构成与矿产资源所有权制度相同。煤炭资源所有权主体及其代表或代理人制度也分为土地所有权制度和矿产资源所有权制度（见石油资源所有权制度），煤炭资源所有权与矿产资源所有权的权能和内容及其实现程序也是一致的,只有支配范围仅限于煤炭资源,实施过程的个别条件有一定的区别。煤炭资源所有权的实施表现为煤炭资源的出售和租用。国有煤炭资源的出售和租用程序比较严格,出售和租用的煤炭资源都是经政府主管部门审查,进行环境影响评价后,公开招标。煤炭资源所有权收取的权利金、矿区使用费或租金是根据煤炭资源"公开市场价格"和"最大经济回收率"评估确定的。考虑的因素有:煤炭资源的质量(煤质评价)和数量(经济可采量)、自然丰度、贮存条件、开采成本和取得最大回收率的开采方法、地理位置、通知利率、地产价值等,因素不同费用价格也不同。私有煤炭资源出售和出租的程序简单,权利金费用价格通过出售或租用契约确定一定的比例收取,一般20年收完。

《中华人民共和国煤炭法》明文规定:"煤炭资源属于国家所有。地表或者地下的煤炭资源的国家所有权,不因其依附的土地的所有权或者使用权的不同而改变"。从法律上确定了煤炭资源的国家所有权。国务院代表国家行使煤炭资源所有权,国务院地质矿产主管部门受国务院的委托作为代理人对煤炭资源实施统一分配。国家对煤炭资源实行有偿开采,煤炭矿业权人按煤炭产品销售收入的1%,向国家缴纳矿产资源补偿费。

(张璐)

meiguo chanye zhengce
美国产业政策(industrial policy of America) 促进美国产业发展的国家政策。有关学者指出,美国所有产业政策措施大致可以分为三类:(1)完善产业自我调整机制的政策。包括提高市场竞争度,具体办法包括限制垄断、消除阻止竞争的因素、扶持小企业、创造市场竞争环境;消除生产要素流动的障碍;健全市场制度。(2)协调产业结构的政策。协调产业结构的政策,是指美国政府通过对国民经济薄弱环节进行直接管理,以保证整个经济协调发展的政策措施。包括交通运输业政策、能源政策。(3)提高产业竞争力的政策,这一政策的目的,是通过国家对制造业发展的干预,以使该部门适应竞争日益激烈的世界经济形势。具体目标包括:提高传统工业与新兴工业产品在国际市场的竞争力以实现工业结构高级化;提高新兴工业在整个制造业的比重,以保持美国在世界工业中的领先地位。也可以说前者是这一政策的短期目标,后者是该政策的长期目标。近几年来,美国政府主要是通过创造有利的环境来促进新兴工业的发展,主要措施有:发展科技、发展教育和培养人才、鼓励企业研究创新、推动高新技术工业发展、通过军事订货,为新兴工业提供巨大的市场。

美国产业政策的特点:(1)多层次性,经济发展过程中出现的产业结构协调问题异常复杂,它既有各产业之间和产业内部各部门之间的相互协调,又有产业结构高级化的问题;既有国民经济内部的各种经济协调的问题,又有国民经济与世界经济发展相适应并提高国际竞争力的问题。(2)非规划性,美国一般不去预测未来可能出现的情况,去寻找最佳产业结构以及最佳产业发展道路,而采用创造一种自我调整的基本经济环境的办法,或者是根据经济自然发展过程中出现的问题采取相应的补救措施。(3)干预的间接性,这不是从绝对意义上讲,是相对其他产业政策来讲的。(4)被动干预性,美国的产业政策,大部分没有明确的发展目标,只是被动地解决产业发展中出现的问题。以积极发展私有企业为主,美国等国家是以私有企业为主,国有经济成分所占比重都不高。

美国虽然是一个后起的资本主义国家,但是到了19世纪90年代初,美国工业生产总值就打破了英国工业的垄断地位,跃居世界首位。美国能够保持长久的经济势头,在激烈的世界竞争中总能名列前茅,其中一个重要原因就是美国能够及时地进行产业结构调整,并能较好地保持产业之间的相互协调。(崔雪松)

meiguo de zhengfu caigou zhidu
美国的政府采购制度(U.S. government procurement system) 美国联邦政府用合同和所拨专款,通过购买或租赁,获得供应品和服务(包括建设施工)供联邦政府使用的制度。美国实行政府采购的历史较为久远。早在独立战争时期,美国的一些军事机构就从事着和现在的政府采购相似的工作。联邦政府民用部门的采购历史则可以追溯到1792年,依据当时的相关法律,美国首任财政部长亚历山大·汉密尔顿被委以了采购联邦政府供应品的责任。1861年,美国制定了关于政府采购的联邦法案,明确规定凡达到一定金额的政府采购,都必须使用公开招标的方式,并对招标的形式、程序作了详细的规定。此法案与此后相继颁行的《武装部队采购法》、《联邦财政与行政服务法》、《竞争合同法案》等,构成了美国联邦政府采购法律规范体系。

依照美国的政府采购制度,美国的政府采购分为联邦政府的采购和州政府的采购,二者在管理上相互独立,且各具特色。联邦政府总务管理局承担着为民用部门集中采购的责任,而国防部的后勤局则在军事国防领域内享有集中政府采购的权利。公平竞争、公开透明、禁止违法和腐败行为是美国政府采购制度的基本原则,而密封投标采购和竞争性谈判采购是其确立的两种主要的采购方法;政府采购的对象包括供应品和服务;政府采购中的争议,由联邦政府机构内部设立的合同申诉委员会依行政审议模式进行裁定,议会审计署也可以接受投诉,就争议进行调查并作出决定。对裁定不服,则可以向法院起诉,请求司法审查。

(杨云鹏)

meiguo difangshui
美国地方税(American local tax) 美国以财产税课征为主的地方税收。美国的地方税与联邦政府开征的税种在税基上有一定程度上的交叉,但主体税种不同。联邦政府以所得税为主,地方税以财产税为主。美国的地方政府构成比较复杂,包括市(City)、县(County)、镇(Town)、学区(School District)和专区(Special District)等。地方政府的财政收支权由州立法机关授予。美国地方政府以财产税为主,50个州下辖的所有地方政府都开征了财产税。由于联邦政府不开征财产税,州税中的财产税所占比重又很小,因此,地方财产税占了美国财产税的绝大比例。目前,财产税占地方政府财政收入的27%左右,占地方政府税收收入的75%左右,占美国财产税收入的95%以上。地方政府根据州立法机关的授权,还开征了地方销售税、消费税、个人所得税、公司所得税和社会保障税等税种,但所占比重很小。

(瞿继光)

meiguo fanqingxiao falü zhidu
美国反倾销法律制度(anti-dumping legal system of U.S) 美国于1921年制定了第一部成文的反倾销法,在此之前的1916年《关税法》曾对反倾销税作了原则性规定。1921年反倾销法经1954年和1974年的两次修订,后被1979年《贸易协议法》废除,而代之以重新改写1930年《关税法》第2分章第7篇的内容。1984年美国《贸易关税法》对反倾销法进行了更为广泛的修正,第一次详细规定了倾销对美国工业所造成的重大损害或重大损害威胁及其参考因素。1988年美国《综合贸易与竞争法》又对反倾销作了若干修正,其中最重要的是制定了反规避条款。1994年乌拉圭回合谈判结束后,美国通过《乌拉圭回合协议草案》,对美国现行的反倾销法再次进行了修订,其中以正常价格代替了外国市场价值,以出口价格或推定出口价格代替了美国价格。美国反倾销法现为1930年《关税法》第4分章的内容,在美国法典第19篇第1673节以下。

美国反倾销的主管机构主要有:(1)美国商务部(Department of Commerce, DOC)下属的国际贸易署(International Trade Administration, ITA),主要负责调查和裁定外国进口产品在美国销售是否构成倾销,以及倾销幅度的大小;(2)美国国际贸易委员会(International Trade Commission, ITC),主要负责调查倾销进口产品,并负责在调查基础上作出进口产品是否对美国国内相关产业造成实质损害或实质损害威胁的裁定;(3)美国海关总署负责根据商务部和国际贸易委员会作出的裁定征收反倾销税;国际贸易法院负责受理当事人对行政反倾销裁定不服提起进行司法审查的请求;联邦巡回上诉法院,则受理当事人因对国际贸易法院司法裁决不服而提起的上诉。

现行美国反倾销法律体系:美国反倾销法包括实体法和程序法两部分。实体法主要内容是征收反倾销税的条件、反倾销调查、征收反倾销税、中止协议和反规避措施等。程序法主要包括美国反倾销主管机构以及反倾销诉讼程序。

现今美国反倾销法的主要特点:(1)逐步向WTO《反倾销协议》靠拢。过去的美国反倾销立法对损害的确定同价格的确定一样,具有很大的主观随意性。现行美国反倾销法是根据1994年WTO《反倾销协议》的要求进行的。(2)重在维护国家利益。外贸法规定的进口救济多种多样,范围也不同,除了反倾销反补贴外,还有保障措施、调整援助、市场破坏等,但一个共同点是国家利益的决定性。(3)国内法优先于国际协定。我国的法律规定通常将国内法置于国际条约之下。但美国恰恰相反,尽管依宪法规定,国际条约和国会立法都是仅次于美国宪法的美国最高法律,二者是平等的,而且依一般原则后法优于前法。(4)严格规范的操作程序。美国反倾销立法对何时发起调查,何时作出裁定,何种情况下延长时间,何种情况下采取措施,都有明确的规定。资料的搜集、使用、披露、保密,申诉人和被诉人资料的提供、修订,都会找到相应的约束规则。

(王连喜)

meiguo fan tuolasi fa
美国反托拉斯法(antitrust law of America) 美国的反垄断法。1865年美国南北战争结束后,随着全国铁路网的建立和扩大,原来地方性和区域性的小市场迅速融为全国统一的大市场。大市场的建立一方面推动了美国经济的迅速发展,另一方面也推动了垄断组织即托拉斯的产生和发展。1879年美孚石油公司即美国石油业第一个托拉斯的建立,标志着美国历史上第一次企业兼并浪潮的开始,托拉斯从而在美国成为不受控制的经济势力。过度的经济集中不仅使社会中下层人士饱受垄断组织滥用市场势力之苦,而且还使市场普遍失去活力,从而直接危及到资本主义经济赖以存在的前提——自由竞争。在这种背景下,美国在20世纪80年代就爆发了一场抵制托拉斯的大规模群众运动,这种反垄断思潮最后导致美国在1890年颁布了《谢尔曼法》(Sherman Act)。《谢尔曼法》是世界上最早的反垄断法,美国反托拉斯法由此也被称为世界各国反垄断法的母法。

除了《谢尔曼法》,美国反托拉斯法还包括1914年的《克莱顿法》(Clayton Act)、1914年的《联邦贸易委员会法》(Federal Trade Commission Act)、1936年的《罗宾逊—帕特曼法》(Robinson-Patman Act)和1950年的《赛勒—克福弗反兼并法》(Celler-Kefauver Antimerger Act)等。这些法规主要涉及横向限制(即卡特尔)、寡头垄断、纵向限制、合并、垄断化行为(即滥用市场势力)以及价格歧视行为等。美国反托拉斯法的行政主管机关是美国司法部反垄断局和联邦贸易委员会。作为判例法国家,美国反托拉斯法除了成文法,还包括美国联邦法院一些著名案例,如1962年的布朗鞋(Brown Shoe)案、1974年的通用动力公司案(General Dynamics)、1977年的西尔维尼阿(Sylvania)案和1992年的柯达公司(Kodak)案等。此外,还包括美国司法部和联邦贸易委员会发布的反垄断指南,如1992年横向合并指南。这些指南虽然不具有法律效力,对法院不具有约束力,但它们表明了美国政府的反垄断政策,对反垄断执法机关有着重要的指导意义。为了提高法律效力,美国反托拉斯法规定,受害者可以提起三倍损害赔偿之诉。

美国反托拉斯法已经有了一百多年的历史,然而,在不同的年代呈现出不同的画面。例如,在布朗鞋一案中,美国联邦最高法院认定,两个共同占有5%市场份额的企业的合并就是违反了反托拉斯法。这说明,美国法院当时控制企业合并的出发点主要是美国的社会民主、政治民主和经济民主。从西尔维尼阿一案开始,美国法院在反垄断案件中开始注重经济分析,特别是价格理论的分析。西尔维尼阿一案的判决从而也被称为美国反托拉斯法现代史上的里程碑。到20世纪80年代,随着里根政府将芝加哥学派几个重要人物任命为联邦法院的法官,芝加哥学派的思想在美国反垄断政策中起着重要的作用。这个期间的反垄断判决基本上都是以经济效益为导向,政府几乎仅干预企业间的横向价格限制和横向合并。1992年美国联邦最高法院对柯达公司一案的判决说明,美国法学界和经济学界对芝加哥学派的观点正在进行新的评价。美国反垄断政策在今天仍处于不断变化的过程。但是,与20世纪80年代相比,其前景是在强化反垄断法的执行。1997年美国司法部对计算机软件巨头——微软公司提起了反垄断诉讼。这在一定程度上说明了克林顿政府严格执行美国反托拉斯法的决心。 (王晓晔)

meiguo guanshui

美国关税(American customs duty) 美国对进口货物和劳务所征收的一种税。美国关税于1789年开征,是美国开征最早的两个税种之一(另一个为消费税)。美国海关从1989年起开始采用世界海关组织《商品名称及编码协调制度》(简称HS制度)进行关税税则目录分类。其关税税则称为《协调关税税则》(HTS),共22类99章,采用10位编码。关税税率分为普通税率和特别税率。美国关税税率的形式有从价税、从量税和复合税。关税税率水平较低,1992年所有商品的加权平均税率为3.27%,1996年版的美国税则中,零税率的税目比例为18.3%,税率在10%以下的税目比例为83%,税率在20%以上的税目比例为3.5%。美国关税税率自1947年以来一直下降,但关税收入却在逐年上升。美国的其他关税措施主要包括关税配额制度、反倾销制度和保障措施制度。 (翟继光)

meiguo guojia biaozhun xuehui

美国国家标准学会(American National Standards Institute) 简称ANSI。1918年成立,总部设在纽约,美国非营利性民间标准化团体,自愿性标准体系的协调中心。由美国材料试验协会(ASTM)、美国机械工程师协会(ASME)、美国矿业与冶金工程师协会(ASMME)、美国土木工程师协会(ASCE)、美国电气工程师协会(AIEE)等组织,共同成立了美国工程标准委员会(AESC)。1928年,美国工程标准委员会改组为美国标准协会(ASA),致力于国际标准化事业和消费品方面的标准化,1966年8月,又改组为美利坚合众国标准学会(USASI)。1969年10月6日改成现名:美国国家标准学会(ANSI)。美国国家标准学会现有工业学、协会等团体会员二百五十多个,公司(企业)会员约一千四百个,其领导机构是由主席、副主席及50名高级业务代表组成的董事会,行使领导权。董事会闭会期间,由执行委员会行使职权,执行委员会下设标准评审委员会,由15人组成,总部设在纽约。美国国家标准学会系非赢利性质的民间标准化团体,但它实际上已成为国家标准化中心,各界标准化活动都围绕着它进行。通过美国国家标准学会,使政府有关系统和民间系统相互配合,起到了联邦政府和民间标准化系统之间的桥梁作用。美国国家标准学会协调并指导全国标准化活动,给标准制定、研究和使用单位以帮助,提供国内外标准化情报,同时美国国家标准学会又起着行政管理机关的作用。美国国家标准学会本身很少制定标准,其标准的编制,主要采取以下三种方式:(1)投票调查法。由有关单位负责草拟,邀请专家或专业团体投票,将结果报美国国家标准学会设立的标准评审会审议批准。(2)委员会法。由美国国家标准学会的技术委员会和其他机构组织的委员会的代表拟订标准草案,全体委员投票表决,最后由标准评审会审核批准。(3)从各专业学会、协会团体订的标准中,将其较成熟的,而且对于全国普遍具有重要意义者,经美国国家标准学会各技术委员会审核后,提升为国家标准并冠以 ANSI 标准代号及分类号,但同时保留原专业标准代号。美国国家标准学会由执行董事会领导,下设四个委员会:学术委员会、董事会、成员议会和秘书处。学术委员会包括执行标准会议、国际技术委员会、专利组、标准和数据业务委员会、授权委员会、美国国家委员会等。董事会由执行委员会、财政委员会、董事会和合格评定委员会、国际委员会和国家出版委员会组成。成员议会包括公司成员议会、政府成员议会、组织成员议会和消费者权益议会。秘书处由高级主管、标准出版处和管理执行处组成。（麻琳琳）

meiguo guojia biaozhu yu jishu yanjiuyuan
美国国家标准与技术研究院(National Institute of Standard and Technology of U. S.) 简称 NIST。成立于 1901 年的美国国家标准与技术研究院,原名美国国家标准局(NBS),1988 年 8 月,经总统批准改为美国国家标准与技术研究院。美国国家标准与技术研究院的主要任务是:(1)建立国家计量基准与标准;(2)发展为工业和国防服务的测试技术;(3)研制与销售标准服务;(4)提供计量检定和校准服务;(5)参加标准化技术委员会制定标准;(6)进行技术转让,帮助中小型企业开发新产品;此外还承担防火、抗地震技术及应用计算技术等研究工作。美国国家标准与技术研究院下设 4 个研究所,它们分别是:国家计量研究所、国家工程研究所、材料科学和工程研究所、计算科学技术研究所。研究所下又设中心,中心下分组,组下设实验室。1990 年美国国家标准与技术研究院进行重大改组,改设电子电工、制造工程、化学科学技术、物理、建筑防火、计算机与应用数学、材料科学工程、计算机系统 8 个研究所。在科罗拉多州有一个分部,从事电磁、时频、无线电、光纤计量和材料实验研究。（麻琳琳）

meiguo guojia chanye jishu zhengce
美国国家产业技术政策(national industrial technique policy of America) 美国促进产业技术发展的国家政策。当前美国政府的国家技术政策有着比较久远的历史根源。虽然美国官方对国家技术政策一词的运用始于布什政府时期,但按照美国政府自己的说法,美国的第一项技术政策是直接写入美国宪法的关于保障发明人权益以促进科学进步的条款。此后两百余年,美国的经济、社会和国际环境几经重大变迁,美国的国家科技政策也逐步演变,其中不乏成功经验。

美国早期的产业技术政策(1787 年至 1941 年)。在从实现独立到第二次世界大战爆发的一百五十年左右时间里,美国完成了从农业经济为主向工业经济为主、从乡村社会为主向城市社会为主的现代化进程,完成了一次农业革命和一次同期的工业革命,深刻改变了美国的国际地位,使美国逐步成为世界一流强国。推动这一历史进程的因素是多方面的,技术进步却始终是最关键因素之一,美国政府鼓励、促进技术进步的政策措施所产生的影响更不可低估。这一时期美国政府的技术政策的主要特点是:建立保护发明者权益的法律制度,鼓励技术的发明和创新;系统地促进农业技术进步,为美国的农业革命提供了技术动力和政策动力;推进标准化制度建设,并支持重大技术发明的推广应用,为美国工业化的完成提供了重要支撑。

二次大战和冷战时期美国的科技政策(1941 年至 1980 年)。第二次世界大战的爆发,使美国政府的国家技术政策转向战争动员轨道,曼哈顿工程计划奠定了战后美国政府研究开发体系的基础。第二次世界大战爆发后,美国政府成立科学研究和研制局,负责进行战争的科技动员,并将联邦政府研究经费的 5/6 投入到军事领域的研究开发活动。这是美国国家技术政策的历史性转变,即从以促进农业技术进步为主要目标的产业技术政策,转变为以研制军事新技术装备为主要目标的军事技术政策,联邦政府研究经费由农业研究经费占 1/3 的格局转变为军事研究经费占 5/6 的格局。第二次世界大战期间,美国联邦政府的研究拨款造就了一系列重大的技术突破,同时建立了以在洛斯阿拉莫斯、新墨西哥、奥克理奇和田纳西等地的国家研究实验室为主体的国家研究实验室体系。曼哈顿工程计划的成功完成,发明了原子弹,开创了核能时代。另一项重大突破是电子计算机的发明,开创了信息技术时代。冷战时期,美国政府联邦科学技术政策基本上限于支持基础科学和以国家安全、健康、空间为主的传统政府项目。冷战时期美国政府的科技政策也逐步考虑到产业技术进步的需要,但总体上仍然是通过重点支持国防科技发展来间接促进民用技术进步。冷战时期美国科技政策经历了三次变化,20 世纪四五十年代偏重于注重研究开发能力的建设,六七十年代开始转向注意影响技术进步的总体经济环境问题和从总体上把握技术创新全过程,到 80 年代初开始注意科技政策与产业政策和经济政策的关系。冷战时期美国联邦政府的技术投资,造就了许多在世界领导地位的产业部门和大型企业,创造了巨大的商业效益。

冷战后期美国国家技术政策的转变(1980 年至 1992 年)。20 世纪 80 年代以前,美国联邦政府实行的是国防或国家安全导向的技术政策,主要通过支持国防技术的发展间接推动产业技术进步和新兴产业的建立、发展。70 年代末 80 年代初,随着国际形势的变化和美国与西欧国家、日本之间国际竞争的加剧,美国经济的国际地位发生严重动摇。在其他国家企业的强有力竞争挑战下,美国包括汽车工业在内的一系列重要产业纷纷陷入困境。到了 80 年代中期,国际竞争的挑战甚至深入美国居绝对优势的高技术产业。美国认识到原有的技术创新模式和国防导向的技术政策已不能适应形势发展的需要。

克林顿政府的国家技术政策。进入90年代,随着苏联、东欧发生剧烈变动,美国国家战略的重心迅速转向经济。特别是1993年上任的克林顿总统更是明确把经济安全作为对外政策的支柱之一,把经济利益放在对外政策的首要位置,重视增强美国的国际竞争能力。美国政府认识到,各国政府都在致力于建立各自国家的竞争能力和技术能力,美国面临全球竞争的挑战。在这样的背景下,克林顿政府把技术政策的重点转向产业技术和军民两用技术,国家技术政策由过去间接促进产业技术发展转向直接推动产业技术进步。根据克林顿总统1993年2月在硅谷发表的政策声明(技术为经济增长服务,建设经济实力的新方针)所确定的政策框架,美国政府制定和实施了综合性的、系统的国家技术政策,"以使技术对持续经济增长、就业机会创造、生活质量改善和国防的贡献最大化"。克林顿政府国家技术政策的主要内容包括:创造一个有利于私营企业创新和竞争的商业环境。综合运用经济政策、行政规章和贸易政策等手段,改善商业环境,增强私营企业开发技术、把技术转化产品和服务并迅速投入全球市场的能力。推动技术的开发、应用和扩散。主要是完善领导机制,更好地管理联邦政府研究开发综合计划,消除研究开发的重复投资。加强政府与企业之间的技术合作计划,主要包括先进技术计划、新一代汽车合作研究开发计划和能源部未来工业项目计划等。进一步加速联邦政府技术成果的转让,加强政府的技术情报服务。建设面向21世纪的支撑和促进工商业的基础设施。克林顿政府最重要的基础设施建设计划就是NII,即国家信息技术设施计划,俗称信息高速公路计划。这一基础设施的开发建设预计将引发一场永远改变人们工作、生活和相互联系方式的信息革命。实现军事和民用产业的技术基础一体化。

(崔雪松)

meiguo jingjifa lilun
美国经济法理论(economic law ideology in America) 在美国,与经济法基础理论研究密切相关的研究,是对经济与法律之间的相互关系的研究,即法经济学研究。但是总体而言,更多的则是对具体体法的研究,即税法、贸易法、货币法,以及反倾销法、反不正当竞争法和反垄断法。其中,对于反垄断法的研究更为深入。其产生背景是在1884年至1894年,谢尔曼立法时期,其代表人物是美国上议院议员谢尔曼。从1930年至1938年,美国以反垄断法为中心,制定了七个方面的经济法:(1)产业规制法;(2)公用事业规制法;(3)垄断规制法;(4)合并规制法;(5)卡特尔规制法;(6)流通规制法、价格规制法等;(7)政府进入市场规制法。反垄断法说认为,保护自由贸易和竞争就应当反对垄断,反垄断法就是经济法。该说既保护以市民为中心的市民法,又反对限制竞争的垄断。只有同时做到维护自由市场秩序和反对垄断,才能促进贸易自由和公平竞争。而以保护贸易自由和促进公平竞争为立法首要任务的法律就是经济法。美国经济法的特点是,以维护自由的市场和法律秩序为目的;以反垄断法为基础和中心;将其他规制市场的法律控制在必要的、最少的限度之内。美国以反垄断法为经济法的核心的观点,已经为经济法学界所普遍接受。

(赵 玲)

meiguo lianbang geren suodeshui
美国联邦个人所得税(American federal individual income tax) 对个人的所得所征收的一种联邦税。美国开征个人所得税始于1862年,1872年废止。1913年再次开征个人所得税,其中经历了1954年和1986年两次大的修改。至今,个人所得税已经成为美国的两大税种之一(另一种为社会保障税)。1999年,美国联邦个人所得税收入约占联邦政府当年总收入的48%。美国联邦个人所得税遵循四大基本原则:量能纳税原则(Ability-to-Pay Concept)、征管便利原则(Administrative convenience Concept)、正常交易原则(Arm's-Length Transaction Concept)、到期付税原则(Pay-as-You-Go Concept)。

根据纳税人所承担的纳税义务的不同,联邦个人所得税的纳税人可以分为公民、居民和非居民。其中,公民和居民对其全球所得承担无限纳税义务,非居民仅对其来源于美国的所得承担有限纳税义务。美国公民是居民纳税人,持移民护照或"绿卡"的外国人也属于居民纳税人,持非移民护照的外国人则根据其在美国的居住天数来判断其是否属于居民纳税人。对于与美国有税收协定的国家的外国人,则根据协定的有关规定判断其是否为居民纳税人。按照纳税人纳税身份的不同,纳税人可以分为单身纳税人、已婚夫妇、户主、鳏夫或寡妇、被抚养者等几种类型。其中,单身纳税人是指未婚且没有被抚养者的纳税人。已婚夫妇是指在纳税年度内已婚的夫妇。户主是指虽然单身,但要抚养被抚养者的纳税人。鳏夫或寡妇是指丧偶且在丧偶年度内没有再婚的纳税人,或者在丧偶年度可以进行联合申报,且有要抚养的亲生、过继、领养或前配偶的孩子,且负担一半以上的生活费的纳税人。鳏夫或寡妇的身份可以保持两年。

毛所得(Gross Income)是指任何来源的所得,其中主要包括但不仅限于工资、薪金、利息、股息、租金、特许权使用费等。毛所得经过有关调整后的所得为调整后的毛所得(Adjusted Gross Income)。需要调整的主要包括不予计列项目和个人的为计算调整后的毛所得而进行的扣除项目。不予计列项目是指虽然符合毛所得的定义,但不必计入毛所得的项目。主要包括捐赠项目、与雇佣有关的不予计列项目、人力资本的回收和与投资有关的不予计列项目。个人的为计算调整后的毛所得而进行的扣除项目,主要是指纳税人在经营中所发生的或与取得其他类型所得相关的费用。扣除项目(Deduction)是税法规定的允许从调整后的毛所得中减去的特定项目。确定扣除项目的主要原则包括法定优惠、经营目的和资本回收。扣除项目主要包括费用、亏损和折旧。个人在计算应税所得时可以减去宽免额(Exemption)。从 1990 年起,宽免额每年按通货膨胀进行指数化调整。1997 年,个人宽免额为 2650 美元,联合申报为 5300 美元。抚养被抚养者的纳税人,可以使用被抚养者的个人宽免额,但有一定限制。另外,对于高收入者,税法也规定了对他们宽免的限制,即减少他们的宽免额。

联邦个人所得税采取五级超额累进税率,税率分别为 15%、28%、31%、36%、39.6%。不同申报身份的纳税人适用不同的税率表。美国国税局每年对税率表做指数化调整。

联邦个人所得税可以进行税收抵免,税收抵免主要包括勤劳所得抵免、收养的税收抵免、照顾孩子和被抚养者的税收抵免、对老人和残疾人的税收抵免和外国人税收抵免。大多数的税收抵免项目是采取抵减以后纳税年度的应纳税额的形式,通常不退税款。但也有少量税收抵免项目可以以退税的形式取得。

联邦个人所得税的计算步骤大体如下:毛所得减去不予计列项目等于调整后的毛所得。调整后的毛所得减去扣除和宽免等于应税所得。应税所得乘以适用税率等于税额。税额减去预缴税款,再减去税收抵免等于申报应纳(退税)税额。 (翟继光)

meiguo lianbang gongsi suodeshui

美国联邦公司所得税(American federal corporation income tax) 1909 年美国联邦政府开始征收公司所得税,由于当时宪法不允许开征所得税,因此最初是以"消费税"的名义征收的。1913 年美国修改宪法,所得税才成为真正合宪的税收。1941 年以前,公司所得税的收入高于个人所得税,1941 年以后低于个人所得税,其在联邦政府的财政收入中所占比例也逐渐降低,1999 年约占联邦政府财政收入的 11.8%。

美国联邦公司所得税(以下简称公司所得税)的纳税人主要为有限责任公司。合伙企业和个体企业不征收公司所得税,而是对其业主征收所得税(个人所得税或公司所得税)。公司所得税的纳税人大体可以分为三类:普通公司、S 公司和其他特殊公司。普通公司是按公司所得税法的规定正常纳税的公司。S 公司是享受特殊纳税待遇的公司。普通公司按照法典的 S 章的规定,作出一个具有法律效力的选择,就可以获得 S 公司的身份。S 公司可以享受类似合伙企业的税收待遇。S 公司可以自愿放弃自己的选择而成为普通公司。其他特殊公司主要包括有限责任公司、私人服务公司、专业服务公司、受控外国公司、外国销售公司和国内的销售公司。有限责任公司享受合伙企业的待遇,即公司的所得由股东纳税。私人服务公司的应税所得适用 35% 的单一比例税率。专业服务公司不能取得有限责任的身份。受控外国公司的股东在税法上具有和一般股东不同的待遇,对于某些没有实际分配给股东的所得仍然要纳税。外国销售公司的出口收入的一部分可以免纳公司所得税。国内销售公司可以享受税收递延的优惠。

公司所得税的征税对象是公司的净所得,一般包括经营所得、资本利得、股息所得、利息所得、租金所得、特许权使用费所得、劳务所得和其他所得。公司净所得的计算原理和步骤与个人所得税相似,也是用毛所得减去经营费用、亏损、折旧等扣除项目。费用一般包括雇员的工薪、租金、利息、坏账、税款、广告费、慈善捐赠和修理费等。费用可以分为经营费用和非经营费用,对于经营费用,一般均可全额扣除。但对于经营费用中具有私人性质的部分,如娱乐、汽车、旅行、礼品和教育费用等,税法对其扣除有特殊规定。对于雇员的工薪和坏账等的扣除,也有一定的限制。亏损分为年度亏损和交易亏损。年度亏损是指纳税年度发生的可扣除额超过了该年申报的所得额。交易亏损是指在资产处置时,由于卖价低于它的计提成本所产生的亏损。年度亏损可以分为净经营亏损和消极活动亏损,税法一般允许扣除净经营亏损。交易亏损可以分为经营性交易亏损和与投资有关的亏损。通常,税法允许扣除经营性交易亏损和因偷盗、意外造成的损失。关于折旧,1981 年美国实行加速折旧制度,1987 年予以了修正。税法对于折旧期限、折旧方法和资产获得以及处置年度使用的折旧率,对于经营中使用的自然资源,对该自然资源拥有经济利益的纳税人可以用折耗进行扣除。对于专利权、版权、特许权和商誉等无形资产的资本回收可以通过摊销来实现。

公司所得税的抵免包括投资税收抵免、外国税收抵免以及研究和实验抵免。投资税收抵免是为了鼓励设备的新投资,以刺激经济并增加就业,1986 年税制改革取消这种抵免。外国税收抵免是为了避免对来源于美国以外的所得的双重征税。研究和实验抵免是为了鼓励新技术的研究。

公司所得税实行八级超额累进税率,最低税率为

15%,最高税率为35%。对于收受股息和慈善捐赠享受特殊的扣除待遇。公司所得税的计算步骤一般为:毛所得(全部所得减去不予计列项目)加上公司折旧取回、减去生意或经营费用、减去特殊的扣除项目、得到的股息、消极亏损和慈善捐赠等于应税所得,应税所得乘以税率等于所得税额,所得税额减去预缴税款和税收抵免等于申报纳税(退税)额。　　(翟继光)

meiguo lianbang maoyi weiyuanhui fa
美国联邦贸易委员会法(American Federal Trade Commission Act(as amended))　　1914年5月,美国国会通过了《克莱顿法》,明确并增加了反托拉斯的规定,指出四种应引起反托拉斯执法机构注意的商业行为:价格歧视、搭售和独家交易、合并及连锁董事会。为了配合《克莱顿法》的实施,创设一个专业的反托拉斯行政执法机关来确保实现竞争政策目标的准确性,进一步完善反托拉斯立法体系,1914年9月,美国国会又通过了《联邦贸易委员会法》,并据此创建了联邦贸易委员会,用来防止企业在商业活动中采用不正当的竞争方法。

《联邦贸易委员会法》共19条,首次提及"不公平的竞争方式及欺诈行为均属非法",将政府调控的范围由原来仅仅着眼于垄断本身推延至竞争行为,维护企业秩序,着力改善消费者的权益,大公司被置于政府的全面监控之下。政府反托拉斯的重点从以前的"解散"转向"组合监督和管理"。该法的主要目的是防止"商业中的不公平竞争和不公正的或欺骗性行为",借以消除企业可能获得的垄断地位。其主要内容为:(1)本法创立的委员会,称为联邦贸易委员会,由5名委员组成:委员由总统任命经参议院推荐和批准;一政党的委员不能超过3名,第一任委员从1914年9月26日起,任期3年、4年、5年和7年,每一委员的任期由总统指定,其继任者的任职期限为7年,但继任委员空缺者只在被继任委员的空缺期间内任职,委员在其任职届满后可继续任职,一直到任命出继任者为止。总统从具有委员资格的人中,选出委员会主席一人。委员不得从事其他实业、休假或其他职业。总统可依据委员的工作无效、玩忽职守、渎职,解除该委员的职务,委员会委员的空缺,并不影响在任者行使委员会的全部权力。(2)联邦贸易委员会指定一名秘书,其薪金同美国法院的法官一样。委员会有权雇佣和确定其履行职权时,所需雇佣的律师、专家、检验者、职员和其他雇佣费用,该费用国会将随时予以拨付。(3)对相关概念的界定。(4)联邦贸易委员会的职权和责任。(5)下列情况下,委员会的命令是终局性的:申请复审期内未提出申请;依据准许申请移送文件(调取案件卷宗)的期限,如果委员会的命令已被确认,或复审请求已被上诉法院驳回,且没有提出申请移送文件的;根据对申请移送文件的否认期,如果委员会的命令被确认,或复审申请已被驳回的;依据最高法院发布训令后30天内,如果最高法院指示,委员会的命令已被确认,或复审申请已被驳回的。(6)联邦贸易委员会行使职权的程序。总的来说,美国联邦贸易委员会的权力相当广泛,但其法律程序也比较严密。

《联邦贸易委员会法》确立了由5名委员组成的联邦贸易委员会,负责执行《谢尔曼法》和《联邦贸易委员会法》。《联邦贸易委员会法》第5条赋予联邦贸易委员会在听证以后可以命令企业停止"不公平的竞争方法"的权力。联邦贸易委员会的权力基石为该法第5条,即宣称"不公平的竞争方法"为非法。贸易委员会于1915年5月开始运作,成为司法部执行反托拉斯政策的特别代理机关,有权在美国任何地方进行调查、收集有关信息、检查大公司活动、发布禁令、执行反托拉斯法并校验结果、接受控告、举行听证、禁止企业购买竞争者的股票等。

与《谢尔曼反托拉斯法》一起,《克莱顿法》和《联邦贸易委员会法》成为美国早期反托拉斯活动的三部主体法规,一个内容充实、体系完善的反托拉斯法律制度框架被确立起来了。但是《克莱顿法》和《联邦贸易委员会法》两项法律通过后,由于第一次世界大战的爆发和20世纪20年代的繁荣,反托拉斯法在当时并未得到全面执行,一直到30年代罗斯福新政时,在美国最高法院宣布促进垄断和管理经济的全国工业复兴法违宪之后,政府才转变态度,依据已建立起来的反托拉斯法律体系发动了一场大规模的反托拉斯运动。

(张景丽　罗大帅)

meiguo lianbang shehui baozhang shui
美国联邦社会保障税(American federal social security tax)　　又称工薪税。对工薪所得征收的一种专门用于社会保障支出的税种。其法律依据是联邦保障税法和联邦失业税法。联邦社会保障税于1935年开征,1968年取代公司所得税成为美国第二大税种。1999年,社会保障税的收入占联邦政府总收入的33.5%。联邦社会保障税中,老年人、遗属和残疾保障被划归一类,合称OASDI,医疗保障简称为HI,OASDI和HI被合称为联邦保障税,简称为FICA。社会保障税中的失业保障税目相对独立,也被称为失业税,简称为FUTA。

社会保障税中的OASDI和HI税目的纳税人为在美国境内发生雇佣关系、领取和发放工薪的雇员及雇主(不考虑是否是美国公民或居民)以及美国公民或居民的自营业者。失业税(FUTA)的纳税人为在一个日历年度内的任何一个季度支付了1500美元的工薪,或在日历年度内的任何20天雇佣了至少1名雇员的雇主。对于下列人员或雇佣关系不征社会保障税：(1)农业工人；(2)家务佣工；(3)临时工；(4)家庭内部的雇佣关系；(5)神职人员；(6)学生和实习生；(7)未满18岁的邮递员和报贩；(8)铁路工人；(9)注册的共产党组织的雇员；(10)某些政府雇员。

社会保障税的征税对象是现金、福利或其他形式的工薪所得。下列工薪项目免税：纳税人领取的工伤补偿金、一定限度内的社会保障收益、对某些符合规定的退休计划的付款，以及缴纳的州的失业税的款项。对于应税工薪，美国税法规定了最高限额，超过最高限额的工薪部分不征社会保障税。1998年，OASDI的最高限额是68400美元；失业税的最高限额是7000美元；从1993年起，医疗保障项目取消了最高限额。个体企业主或合伙人取得的净经营所得被视为自营所得，要缴纳社会保障税。自营所得也适用最高限额的规定。

社会保障税可以分为三个税目：老年人、残疾、遗属保障(OASDI)、医疗保障(HI)和失业救济，分别适用三个税率。1998年，OASDI的税率为6.2%，医疗部分的税率为1.45%，失业税的税率为6.2%。失业税仅雇主缴纳。

(翟继光)

meiguo lianbang xiaofeishui
美国联邦消费税(American federal excise tax) 于1789年开征，是美国开征最早的两个税种之一(另一个为关税)。征收消费税的主要目的是为了筹集收入和限制特定商品和劳务的消费。出于收入目的征收的消费税，其征税对象主要是需求弹性较小的商品和劳务。以限制特定商品和劳务的消费为目的的消费税，其征税对象主要是有害身体健康的消费品、污染环境的消费品和奢侈品。消费税属于专款专用的税种，消费税收入一般形成特定的基金，用于联邦政府对于特定项目的支出，目前消费税所形成基金主要包括高速公路信托基金、机场和航线信托基金和矽肺残疾信托基金。消费税的征税对象为国内生产、制造、使用及进口的货物和部分劳务。消费税主要包括以下几个税目：燃料；环境税(也可作为独立税种)；通讯；运输；外国保险；卡车、拖车、挂车等；制造业；烟草；赌博；酒类；港口税；大型汽车；未被注册形式的债务合约。消费税实行价外税，从价征收或从量征收。其税率有定额税率和比例税率两种形式。汽油、酒类、香烟等商品实行定额税率，其他商品适用比例税率。

(翟继光)

meiguo lianbang yichan yu zengyu shui
美国联邦遗产与赠与税(American federal inheritance and gift tax) 对财富转移所征收的一种税。

1916年，美国联邦政府正式开征遗产税。遗产与赠与税收入占联邦政府总收入的比重一直很小，1999年占1.5%。遗产税的纳税人为遗产的执行人，赠与税的纳税人为财产的赠与人。遗产税的征税对象为遗产，计税依据为毛遗产减去各类扣除项目和宽免。毛遗产包括死者遗留下来的全部财产的价值以及死者在去世前3年期间转移的各类财产的价值。遗产估价以死亡日或其他可替代的估价日的公平市价为标准。赠与税的征税对象为赠与财产，包括赠与人直接、间接或是以信托赠与形式赠与的不动产或动产、有形资产或无形资产。对于赠与财产价值的确定，应使用赠与日该财产的公平市价进行估价。遗产与赠与税的扣除项目主要包括慈善捐赠扣除、婚姻扣除和一些必要的费用扣除。遗产与赠与税的税率包括普通税率和附加税的税率。遗产与赠与税实行17级超额累进税率，最低税率为18%，最高税率为55%。对于大额遗产和赠与，要征收5%的附加税。该税率适用于超过1000万美元，且低于2104万美元的遗产和赠与额。遗产与赠与税的税收抵免包括统一抵免和遗产税的抵免，赠与税没有单独的抵免。统一抵免是纳税人一生可以抵免的遗产与赠与税的税额。这种抵免，纳税人可以随时使用，直至用完为止。居民遗产与赠与税的统一抵免额，1998年为192800美元，从1999年到2006年，此数额每年增加。非居民的统一抵免额，1998年为13000美元，侨民的统一抵免额，1998年为13000美元。遗产税的抵免包括对州遗产税的抵免、对联邦赠与税的抵免、对外国遗产税的抵免、对以前缴纳的财产转移税的抵免。

遗产与赠与税的计算步骤大体如下：实际的遗产额或赠与额减去管理费用、婚姻扣除、慈善捐赠或赠与税的年度不予计列等于应税遗产额或赠与额。应税遗产额或赠与额乘以适用税率等于应纳税额。应纳税额减去统一抵免和其他抵免项目等于实际应纳税额。为了避免纳税人通过把财产隔代转移减轻总的遗产与赠与税的税负，美国还开征了隔代转移税(Generation-Skipping Transfer Tax)。如果信托财产的收益人比授与人至少年轻1代，该信托财产或类似安排的财产必须缴纳隔代转移税。每位财产转移者在一生中可以进行100万美元的免税的隔代转移。纳税义务人根据隔代转移方式的不同而不同，如果隔代转移是以财产分配的形式进行的，收受该分配的人有义务纳税。如果隔代转移是以信托形式进行的，信托的管理者有义务纳税。如果隔代转移是采取直接转移的形成，进行该财产转移的人有义务纳税。隔代转移税的税率为55%。

(翟继光)

meiguo nashuiren quanli fa'an
美国纳税人权利法案(American Taxpayer Bill of

Rights Act） 美国1988年通过的"技术与杂项收入法案"（TAMRA）中一项关于纳税人权利的法案。该法案的主要内容包括：（1）税务审计中纳税人的权利与国税局的责任与义务；（2）税款的征收与扣押权条款；（3）纳税人的诉讼程序；（4）税务法院的权力与判决。根据这项法案的要求，从1988年11月起，财政部开始向纳税人提供一种通俗易懂的出版物——《你的作为纳税人的权利》，并设立相关机构保护纳税人的合法权益。1996年国会制定了第二个纳税人权利法案，1998年7月制定了第三个纳税人权利法案，该法案是美国1998年国内税收署重组与改革法（IRS Restructuring and Reform Act of 1998）的一部分。 （翟继光）

meiguo qiyefa

美国企业法（American enterprise law） 美国早期的企业法律制度多继受于英国，但其在以后的发展过程中渐渐形成了独具特色的立法、司法体系。依照美国宪法确立的分权模式，美国联邦议会不享有企业立法权，企业立法权属于各州议会，所以各州都有自己的企业法。立法上州际之间相互竞争，可以使公民有选择的自由，迁入实行对自己有利的法律的州进行投资，设立企业，也可促使各州企业立法在相互竞争中提高立法水平，促进本州企业的发展壮大。其中最有名的特拉华州公司法以其设立公司的灵活、简便而著称，也吸引了大量企业在该州设立。近几十年来，联邦法律对各州公司活动的制约力也越来越大，在证券发行、交易、企业破产、反垄断等方面的立法则由国会统一制定。

美国属于英美法系，判例是其法律的重要渊源。在企业法方面，除了各州及联邦的成文立法外，各级法院的判例也是其重要组成部分。这些主要由联邦或州法院判例构成的公司法律规范被称为普通公司法。

与其自由放任的市场经济机制相适应，美国企业法的内容也非常繁杂，涵盖了各种类型的企业。依照美国法律观念，个人独资企业是企业主的一种延伸，两者在本质上并无区别，所以各州均没有关于个人独资企业的专门立法，而是通过各相关法律中与独资企业相关的规定来加以调整，如税法、合同法、信贷法、破产法等。独资企业不具有法人地位，法律不区分独资企业财产与企业主财产。独资企业无需交纳企业所得税，企业主只缴个人所得税。其登记设立程序简便，停业时也仅需到注册机构备案，即使是需要特许经营的行业，独资企业亦可先进行注册，然后再由相关审批主管部门审查决定其营业范围。

合伙也是美国经济中一种常见的企业组织。美国统一州法律全国委员会1914年制定的《美国统一合伙法》，1916年制定的《统一有限合伙法》对与合伙相关的法律制度作出了规定。虽然他们本身没有法律约束力，但其大部分内容在不同程度修改后已为各州立法所吸纳。在诉讼程序、破产方面，普通法规则也构成了合伙企业法的重要渊源。《美国统一合伙法》共45条，分为总则、合伙的性质、合伙人与合伙交易人的关系、合伙人之间的关系、合伙人的财产权、合伙的解散和终止、附则7章。在美国，合伙企业不具有法人资格，可分为普通合伙和有限合伙两种。前者的合伙人对合伙企业的债务负无限责任，后者由普通合伙人和有限合伙人共同组成，其中有限合伙人不参与企业的经营，对合伙亦仅负有限责任。由于美国合伙企业法对合伙人规定范围很广泛，自然人、法人、合伙企业都可以出资设立合伙，成为合伙企业的合伙人。

在公司立法方面，美国设有统一的联邦公司法，各州都有自己的公司法，其中以特拉华州、加利福尼亚州、纽约州的公司法最为著名。1950年美国全国律师委员会起草了《美国标准公司法》，它虽没有法律约束力，但对各州公司立法影响很大。美国公司法基本上包括商事公司法、非盈利公司法、责任有限公司法三大部分，主要包括股份有限公司和有限责任公司两种类型。其具体涵盖了公司的设立、公司的章程、公司的资本或股份、公司的组织机构、公司财务管理、公司的解散和清算的整个过程。在公司治理结构上，经营决策权与经营监督权都集中于董事会一个机关的一元制模式独具特色。因为在特许主义（concession theory）的历史影响下，立法者认为公司的经营权是由州法所直接授予董事会的，而非来自股东或股东大会。在现实中，董事会采用委员会制度，将业务执行权和控制权分别交由执行委员会和财务委员会行使，而引入外部董事组成监察委员会来监督、制衡其他委员会的决策及执行，以求在董事会内部建立起系统、完善的分权制衡机制。但美国频爆企业黑幕，比如不亚于一场金融地震的安然公司破产事件，也促使立法者重新审视一元制公司治理模式的效用，并酝酿对公司法进行修改。

（刘乃晗）

meiguo quyu kaifa zhengce

美国区域开发政策（the policy of regional development in USA） 美国政府基于各区域间的发展水平及其差异而制定的旨在追求国民经济总体效率与区域经济平衡发展的政策措施总和。根据区域间政治、历史与经济发展的较大差异，美国本土48个州被划分为4大区：东北区、中北区、西部区和南部区。

由于历史和地理环境的原因，东北区和中北区经济在美国最先发展，形成了美国最大的工业区。起初，政府对区域经济发展干预并不多，而主要依赖于市场机制的自发作用，区域经济发展差异扩大，其中，南部及山地各州逐渐成为食品和农业原料的供应中心以及矿产业地带,成为美国的经济落后地区。第二次世界大战期间及以后,美国政府开始制定并实施扶植南方和西部区域发展的政策,在拥有工业化所需的丰富的有色金属矿物资源、石油天然气资源及大片适于牧耕的土地资源的西部区,政府降低出售土地的最低限额,推进以铁路为主的大规模交通运输业,使民间资本进入农业部门和铁路建设中,并推动了铁路沿线的投资热。在自然资源丰富和廉价劳动力众多的南方,政府进行拨款用于兴建军工或与军工相关的企业后为南部新兴工业发展奠定了初步基础,联邦政府还相继颁布了一系列重要法令,采取了制订区域开发计划,大规模兴办水利,提供优惠政策,鼓励私人企业投资,赞助教育事业,推动人口南移,为经济开发提供人才等一系列措施。逐渐形成南部和西南部,特别是南部石油、化工、电子和宇航等新兴工业部门为主的阳光地带,出现了南部地区的新兴工业群与东北部传统制造业部门相抗衡的均势局面,南部及西部区域开发政策持续到20世纪80年代后,联邦政府为调整美国经济结构,加速开发经济不发达地区,又制定和强化了一系列的政策和措施,比如为军工和新兴工业部门提供科研基金和军事拨款,成立经济开发专门机构,制定发展不发达地区的中、长期发展规划,鼓励外国资本对西南部地区投资等。

有学者分析美国区域开发与科学技术进步有着直接的联系,认为美国区域经济发展的两条基本的途径是发展新兴产业和技术创新。比如在西部区和南部区,由于发展的比较晚,新兴工业起步没有包袱,能一开始就把高科技产业作为重点开发,而且还建成了比较成功的科技研究中心,如著名的硅谷、佛罗里达高技术中心、北卡罗来纳研究三角园区等,这些科技研究中心为美国西部和南部地区经济发展作了巨大的贡献。

(周 燕)

meiguo shangbiaofa
美国商标法(Trademark Law of America) 在美国,商标同时受到蓝哈姆法案、《美国法典》第15编第1051条至第1127条以及各州立法或衡平法律的保护。通常意义上的美国商标法是指《美国法典》(2002年修订)第15编第1051条至第1127条,美国商标法分为三个部分:主簿注册、补充注册和一般条款。主簿注册是美国商标法的核心内容,其中详细规定了商标申请注册及认证的条件和程序,服务商标、集体商标、证明商标的注册条件,不可注册事项的放弃,注册证书、期限、续展、转让、公布,注册的异议、冲突及撤销注册,冲突、异议以及有关共同使用的注册或撤销注册的程序,冲突、异议以及有关共同使用的注册或撤销注册的程序中专利与商标局局长的职能,在当事人之间的程序中应用衡平原则,就评审员的决定向商标评审和上诉委员会上诉,向法院上诉,注册作为所有权声明的推定通告等。补充注册中规定了补充注册及其公布与撤销,主簿注册与补充注册的关系等。一般条款中规定了注册通告、注册费用、商标展示、注册商标的侵权救济与赔偿等。

(田 艳)

meiguo shuiwu fayuan
美国税务法院(United States Tax Court) 发端于1924年的税务上诉委员会,1942年改名为美国的税务法院,1969年改名为美国税务法院,并从行政分支地位改为立法法院地位。税务法院法官共有19名,法官的税收专业知识丰富,专业化程度很高。税务法院总部设在华盛顿,纳税人可在当地等待税务法院法官巡回办案,也可以直接到华盛顿去提起诉讼,以避开当地公众的压力。税务法院不设陪审团,程序不同于民事诉讼程序,较为简便灵活,其管辖范围由法律规定,主要包括所得税、遗产与赠与税、偶得税、消费税、申报之诉、泄露之诉等。纳税人在收到国内收入局发出的30日函(30-day-letter)后,如果未做同意补税的表示,国内收入局将再次发出补交税款的90日函(90-day-letter),纳税人在收到90日函(90-day-letter)后,可不先交税款,直接到税务法院去起诉,但败诉后要承担税款欠交的利息。税务法院允许纳税人在起诉前交纳税款。因税务法院"免交税款先打官司"的显著特点,税务法院被称为"穷人的法院"。低于5万美元的税收争议,纳税人可在税务法院同意的前提下选择适用简易程序。此程序简单快捷,其判决为终审判决,不可上诉,也不能成为判例。而一般程序产生的判决可上诉到美国上诉法院(the US Court of Appeals)。税务法院审案须遵循本院、上诉法院、最高法院的判例。

(熊晓青)

meiguo shuiwu susong
美国税务诉讼(American tax litigation) 纳税人如果不服税务机关作出的检查结论或复议结果,可以向法院提起诉讼。纳税人提起诉讼可以有两种选择:(1)向税务法院起诉或向区法院或巡回法院起诉。向区法院或巡回法院起诉的前提条件是先缴纳税款,然后向国税局提出退税申请,如果申请被驳回,纳税人要先申请复议,经过复议后,如果纳税人对复议结果仍不满意,则可以向区法院或巡回法院起诉,请求退税。对于区法院的判决,纳税人可以向上诉法院上诉;对于巡回法院的判决,纳税人可以向联邦巡回上诉法院上诉。对于上诉法院和联邦上诉法院的判决,纳税人还可以继续向美国最高法院上诉。(2)向税务法院起诉则不需要先缴纳税款,纳税人可以在收到"90日函"(正式通知纳税人应补缴税款的法律文件)的90天内向税务法院起诉。如果纳税人此前没有经过复议程序,税务法院会把案件交给国税局的复议办公室和分局的法律顾问。复议办公室要召开和解会议,会议中未达成和解的内容要转给法律顾问,法律顾问要参加税务法院的审判。纳税人对税务法院的审判不服,可以向上诉法院上诉。对上诉法院的判决不服,仍可以向美国最高法院上诉。

(翟继光)

meiguo shuizhi

美国税制(American tax system) 世界上最繁杂的税制之一,其繁杂最明显地体现在个人所得税中。美国的征税主体包括联邦政府、州政府和地方政府三级,相应地,税收也可以分为联邦税、州税和地方税。目前,联邦政府开征的税种包括个人所得税、社会保障税、公司所得税、遗产与赠与税、消费税和关税。州政府开征的税种包括销售税、个人所得税、公司所得税、消费税、财产税、遗产与赠与税、资源税和社会保障税。地方政府开征的税种包括财产税、销售税、消费税、个人所得税、公司所得税和社会保障税。1942年以后,各级政府之间税收收入所占比重,一般保持在58%、22%和20%左右。联邦政府的税收收入以个人所得税和社会保障税等所得税为主,州政府的税收收入以销售税为主,地方政府的税收收入则以财产税为主。

(翟继光)

meiguo xintuoye

美国信托业(trust in US) 美国虽然不是信托业的最早起源国家,但却是当今世界信托业最发达的国家,其信托业的发展已经超过了信托业的发源地——英国,其所建立的信托制度影响到所有英美法系国家。美国信托业发展开始于19世纪30年代,美国政府特许设立的农业火险与放款公司(后更名为纽约农业放款信托公司)被认为是美国信托业的鼻祖,政府允许其从事不动产抵押的贷款业务与执行遗嘱或契约的动产和不动产信托业务,其成立之后,取得了良好的经营效益,后来该公司专营信托业务,因此,可以说允许保险公司兼营信托业务是美国信托业的先导,美国的信托业发轫于保险业。1853年成立的美国联邦信托公司,是美国历史上第一家专门的信托公司,其业务比兼营信托业务有了进一步的扩大和深化,在美国信托业发展历史上具有里程碑意义。1868年罗德岛医院信托公司获准可以兼营一般银行业务,标志着美国信托公司既主营信托业务、又兼营银行业务的开始。1913年美国国会和联邦政府批准《联邦储备银行法》,允许国民银行兼营信托业务,后来各州政府也批准州银行开办信托业务,其主要的方式是通过在银行内部设立信托部,或者将银行改组成信托公司,或者银行购买信托公司股票等。银行业与信托业的相互兼容,节约了顾客的费用和时间,简化了办理手续,同时也促进了美国银行业和信托业的进一步发展。二次大战以后,随着美国经济的快速增长,信托业获得了更好的发展环境和开拓空间,其个人信托和法人信托十分发达,不仅种类齐全,而且形式多样,经营方式灵活。公司债券信托、职工持股信托、企业偿付性利润分配信托、退休和养老基金信托等多种新的业务、新的方式层出不穷,信托资产的规模迅速扩大,退休和养老基金信托已经成为美国广大企业雇员把短期收入进行长期投资的主要渠道。

美国信托业有如下特点:(1)信托业务由银行兼营。美国是实行信托业务由银行兼营的典型国家,即商业银行在经营银行业务为主业的同时,又允许开办信托业务,目前大部分商业银行都设立了自己的信托部门来从事信托业务。虽然美国信托业经营机构包括专门信托公司和兼营信托机构两种,但专门信托公司数量较少,而兼营信托机构则比较多。(2)信托业务虽由银行兼营,但在银行内部其信托业务与银行业务严格区分。美国信托业不同于战后日本的信托银行制度,美国的信托业务和银行业务在商业银行内部是相互独立、按照职责严格加以区分的,即实行"职能分开、分别核算、分别管理、收益分红"的原则。对信托从业人员实行严格的资格管理,并禁止从事银行业务的工作人员担任受托人。这种经营模式上的兼业制与业务独立分离式管理方法体现了美国信托制度的独特性,反映了银行业务和信托业务的联系与区别。(3)在信托业财产结构中,有价证券是主要的投资对象。这是因为美国是世界上证券业最发达的国家之一,按照美国法律规定,商业银行不允许直接经营买卖证券和在公司中参股,因此银行为了避开这些法规限制,大多设立证券信托部代理证券业务,为证券发行人、证券购买者和持有者服务。(4)美国信托业财产集中程度较高,信托财产集中到大银行手中。随着美国金融垄断程度的深化,大银行资金实力雄厚,社会信誉良好,且可以为公众提供综合性一篮子金融服务,美国的信托业务基本上由大的商业银行设立的信托部所垄断,信托财产也集中在这些大银行手中。

美国信托法同英国一样,由判例法和成文法组成。较早的信托法律仍然以衡平法中的信托规范为核心内容,并以法院判例为表现形式。但在20世纪初期,美国开始出现信托成文法,形成了判例法和成文法并行的美国信托法体系。美国是联邦制国家,各州有自己的独立法律,信托成文法的立法基本上是由各州分别进行并且在各州分别实施。美国各州信托法律体系的构建状况可以分成两类:(1)以成文法为主,以判例法为辅的信托法律体系。在美国54个州中,纽约州、密歇根州、加利福尼亚州、印第安纳州、宾夕法尼亚州等，均制定有信托法典，原以法院判例形式体现的信托法律规范，都已以条文的形式纳入到各信托法典中，因此可以认为在这些州形成了以成文法为主，以判例法为辅的信托法律体系。(2) 以判例法为主，成文法仅作为信托特别法的信托法律体系。路易斯安那州、马里兰州、得克萨斯州、华盛顿州等，和英国的信托成文立法一样，仅制定了少量具有信托特别法性质的信托单行法，因此在这些州仍认为判例法是其信托法律体系的核心，成文法仅作为信托特别法。美国国会先后颁布了四部信托的单行法规，这四部法规均属联邦法律，在全国范围内有效，目前被废除一部，其他三部现行有效的法规是：(1) 1906 年的《信托公司准备法》(Trust Company Reserve Law)；(2) 1939 年制定的《信托契约条例》(Trust Indenture Act)；(3) 1940 年制定的《投资公司法》(Investment Company Law)。但是目前美国信托法并没有实现成文法基础上的统一。美国统一各州法律委员会早就制订了全国性的《统一信托法》、《统一信托基金法》等法律草案，但至今未得到国会的通过。

（赵芳芳）

meiguo zhoushui

美国州税（American state tax） 美国州一级政府在本州范围内开征的税。美国的州税与联邦政府开征的税种在税基上有一定程度的交叉，但主体税种不同。联邦政府以所得税为主，州税以销售税为主。美国州税的开征是以宪法和国会制定的法律为依据的，根据美国宪法规定，州政府的收支不需要明确的授权，因此，州政府有权在本州范围内征税。目前，美国州政府的税收收入的主要来源是州销售税，约占州政府税收总收入的 50%；其次是州个人所得税，约占 30%。州政府的其他税收主要包括公司所得税、消费税、社会保障税、财产税、遗产与赠与税和资源税等。（翟继光）

minjian shenji

民间审计（private audit） 又称社会审计。由民间审计组织——会计师事务所所实施的审计监督。因其审计的对象是公司的财务报表，故又称为财务报表审计。民间审计的"民间"二字主要指其审计主体为非政府机构，但其审计本身并非任意审计，而是具有强制审计的色彩。现代各国的公司法或商法都要求上市公司、金融类企业以及在资产、营业或人员方面达到一定标准的有限公司接受由注册会计师进行的审计，少数国家甚至建立全面审计制度，要求所有企业的年度财务报表都接受注册会计师审计。在此意义上，民间审计又称为公司法定审计。民间审计的主要职能是经济鉴证，通过独立的注册会计师对会计资料反映的真实性与允当性的确认，在相当程度上保证会计资料的使用人——投资者、债权人、银行、税务当局、公众——得到可以信赖的财务信息，进行相关的决策。

民间审计的产生与发展 民间审计的萌芽出现于中世纪末期的英国贸易行会以及地中海沿岸的商业城市国家，但其真正兴起是在股份有限公司出现之后，与公司法共同发展起来的。英国《1844 年股份公司法》是现代公司制度的起点，同时也是对公司财务报告进行审计的开端。这部公司法确立了信息披露制度，以"最大限度的公开"作为防范公司经营者进行欺诈的主要手段。财务信息的披露是信息披露中的一项核心内容，公司法要求董事编制详尽且公允的年度资产负债表，并在上面署名，然后由一名或若干名股东代表加以审查，从而第一次在法律上提出了公司财务审计的概念。此时的公司法并没有规定对公司财务报表的审计应由职业会计师进行。这是因为当时经济业务相对简单，控制手段也比较原始，财产所有人最关心的是管理人的诚实性。此后公司法一度放弃了强制审计的要求。19 世纪 60～70 年代中出现的三次金融危机凸显了审计的重要性，英国 1879 年修改《公司法》，重新在经营银行、保险的公司中恢复审计制度，并于 1900 年在所有公司中全面建立强制审计制度。1948 年英国修改《公司法》时，要求担任公司审计师的必须是独立的专业会计师。至此，经历了 100 年的公司法实践后，由注册会计师对公司财务报告进行审计的民间审计制度终于成型，并被各国所接受。从早期英国的详细账簿审计，到美国的资产负债表审计，发展到现代的财务报表审计，由注册会计师进行的民间审计在相当程度上有效地防范了现代公司企业制度下所有权与经营权分离可能产生的舞弊和错误，减少了投资者的风险，保证了资本市场机制的有效运作。

我国注册会计师制度的发展 我国注册会计师审计始于民国时期。1918 年北洋政府农商部颁布了我国第一部注册会计师法规——《会计师暂行章程》，同年产生了中国最早的注册会计师及会计师事务所。1949 年后实行高度集中的计划经济，注册会计师审计逐渐退出经济舞台。1978 年后，改革开放下外资企业的进入产生了对注册会计师审计的需求。1980 年，财政部颁发了《关于成立会计顾问处的暂行规定》，恢复重建会计师事务所。1986 年国务院颁布了《中华人民共和国注册会计师条例》，并在 1988 年成立了中国注册会计师协会，作为注册会计师的全国性职业组织。1993 年《中华人民共和国注册会计师法》颁布，确立了注册会计师审计的法律地位以及会计职业的监管体制。1995 年底，我国的民间审计制度进行重大改革，原国家审计署管理的社会审计队伍加入注册会计师职业，民间审计与社会审计合二为一，理顺了会计职业的监管模式。1996年以后,中国注册会计师协会陆续颁布了一系列独立审计准则,对注册会计师的审计业务进行指导,极大地促进了我国注册会计师审计质量的提高,从而在我国资本市场中发挥越来越大的作用。

会计职业监管体制 会计职业监管体制是会计监管体制的一个重要部分,这是因为会计职业的审计构成会计信息生成与披露过程中的一个不可或缺的环节。国外存在自律管理与政府监管两种模式。在实行自律管理的英美国家,注册会计师协会成为会计职业利益的代表,同时兼有行业惩戒的职能;在实行政府监管的德、法等国,司法部成为注册会计师职业的监管部门。我国现行的会计职业监管体制是行业自律与政府监管相结合的体制。中国注册会计师协会是注册会计师的全国组织,作为社会团体法人代表会计职业的利益,支持注册会计师依法执行业务,维护其合法权益,向有关方面反映其意见和建议。同时,中国注册会计师协会依法拟订注册会计师执业准则、规则,报国务院财政部门批准后施行,并对注册会计师的任职资格和执业情况进行年度检查。国务院财政部门和省、自治区、直辖市人民政府财政部门,依法对注册会计师、会计师事务所和注册会计师协会进行监督、指导,主要体现在以下几个方面:(1)批准会计师事务所的设立;(2)对违法违纪的注册会计师以及会计师事务所进行行政处罚;(3)批准会计职业组织制订的独立审计准则,并制定注册会计师考试办法、行政处罚办法等行政规章。

(刘 燕)

minshi tebiefa shuo
民事特别法说(the theory of special civil law) 否定经济法独立地位的观点。这种观点由于欠缺充足的理论依据,因此尚未形成较系统的说法,即仍属于个别论断。民事特别法说认为,平等主体之间的关系是民事关系。在民事关系中,即使存在超越民法的一些法律,也属于调整平等主体关系的范畴,因此仍属于民法,但是鉴于其本身与传统民法的区别,因此可以称其为"民事特别法"。这种观点的明显错误就在于,其无视在法的结构性变动中,传统部门法的异化和新部门法的形成。比如,合同法被认为是民法的亚部门法,但是如果合同的一方是国家机关,另一方是一般经济主体,比如企业承包经营合同,便无法运用传统的民法理论以及传统的合同法理论加以解释。因此,如果把调整这样的合同的法律也归结为合同法或者民事特别法,则于理不通。

(赵 玲)

minyong hangkong huowu guoji yunshu zhidu
民用航空货物国际运输制度(institutions on international transport of civil aviation goods) 为了加强对货物国际航空运输的管理,保护承运人、托运人和收货人的合法权益,维护正常的国际航空运输秩序,根据《中华人民共和国民用航空法》第9章公共航空运输的有关规定,中国民用航空总局制定了《中国民用航空货物国际运输规则》,并自2000年8月1日起施行。

该规则共有9章49条,包括:第一章总则;第二章货物托运;第三章货物收运;第四章运价、运费和其他费用;第五章运输货物;第六章货物交付;第七章特种货物运输;第八章承运人的运输条件、规定等的制定和修改;第九章附则。其主要内容为:(1)规则的宗旨和适用范围以及相关概念的含义。(2)货物托运的办理程序及相关当事人的权利义务。(3)货运单上应当包括的内容。(4)承运人应当收运托运人托运符合下列条件的货物:出发地、目的地、经停地和飞越国家的法律和规定允许运输或者进出口;包装适合于航空器运输;附有必需的资料、文件;不危及航空器、人员或者其他财产的安全;运费和其他费用的支付及相关法律后果;货物的运输及承运人的责任和免责条款;货物的交付以及承运人的留置权;特种货物运输的特别规定及其他相关措施。

(罗大帅)

minyong hangkong jianchayuan
民用航空监察员(supervisors of civil aviation) 民用航空的行政执法人员。我国民用航空总局1999年5月4日发布,2002年8月27日修订的《民用航空监察员规定》对民用航空监察员的地位、资格、职权及其法律责任做了较为详细的规定。我国民用航空监察员的监察类别包括:航空安全类、飞行标准类、航空器适航类、机场类、安全保卫类、空中交通管理类、航空市场类、综合执法类等。申请担任民用航空监察员,须具备《民用航空监察员规定》所规定的条件,并经过考核审查合格方可颁发证书。申请民用航空监察员,首先应当具备下列条件:(1)热爱本职工作,作风正派,遵纪守法,廉洁奉公;(2)是民航总局或者民航地区管理局承担外部管理职责部门中的工作人员,或者是接受民航总局或者民航地区管理局的授权从事检查、监督、认可工作并接受委托实施行政处罚工作的事业组织中承担外部管理职责的工作人员;(3)从事民航相关工作2年以上,具备独立工作能力。具备以上条件的,经业务考核和行政法律基础知识考核合格后方可颁发证书,获得监察员资格。

民用航空监察员一般应当依法履行的职责包括:对受监察单位和个人贯彻执行民航法律、行政法规、规章和规范性文件的情况进行检查监督;主持或者参与事故纠纷的现场调查;对违法行为进行检查处理,并办理行政处罚事项;参与行政复议和行政诉讼活动;承办规定的或者上级交办的其他工作。民用航空监察员履行职责时仅限于如下权限:(1)制止违法行为;(2)巡视、检查现场(包括证件、资料、设施、设备、航空器等);(3)约见或者询问受监察单位负责人和其他有关人员;(4)调阅、摘抄、复制、扣押有关资料、物品;(5)抽样取证;(6)向所属机关提出行政处罚建议或者依法作出当场处罚决定;(7)法律、法规、规章规定的其他权限。民用航空监察员不依法履行职责或者履行职责超过其权限给相对人造成损失的,均应依法承担相应的法律责任。对民用航空监察员的处罚包括民用航空局的行政处分、追究经济责任直至追究刑事责任。

(刘 鹏)

minyong hangkongqi

民用航空器(civil aircraft) 除用于执行军事、海关、警察飞行任务以外的航空器。航空器是指能凭借空气的反作用而不是凭借空气对地面的反作用在大气中获得支撑的任何器械。这是《芝加哥公约附件2——空气规模》中,从自然属性的角度,给"航空器"所下的定义。它有如下三层定义:"航空器"与"飞机"是不同的;排除了在大气中不是靠空气的反作用获得支撑的"火箭";把靠空气对地(水)面的反作用力获得支撑的气垫船(器)排除于"航空器"之外。民用航空器包括民用航空器的构架、发动机、螺旋桨、无线电设备和其他一切为了在民用航空器上使用的,无论安装于其上或者暂时拆离的物品。 (张旭娟 柴 坚)

minyong hangkongqi quanli

民用航空器权利(rights of civil aircraft) 包括民用航空器的所有权,通过购买行为取得并占有民用航空器的权利,根据租赁期限为6个月以上的租赁合同占有民用航空器的权利,民用航空器抵押权。具体而言:民用航空器所有人依法对其民用航空器享有占有、使用、收益和处分的权利。购买人通过附条件买卖、分期付款买卖、租赁等交易形式购买航空器,在未取得该民用航空器所有权之前,对该民用航空器所享有的占有权。包括根据经营性租赁合同占有民用航空器的权利,也包括根据融资租赁合同占有民用航空器的权利,但是其合同约定的租期至少为6个月。抵押权人对抵押人提供的不转移占有而作为债务担保的民用航空器,在债务人不履行债务时,依法以该民用航空器折价或者从变卖该航空器的价款中优先受偿的权利。

(张旭娟 柴 坚)

minyong hangkongqi quanli dengji

民用航空器权利登记(registration of right for aircraft) 国务院民用航空主管部门,应权利登记人的申请,对民用航空器权利人、权利性质即种类、权利登记时间、民用航空器国籍等有关事项进行记载的一种法律制度。

(张旭娟 柴 坚)

minyong hangkongqi youxianquan

民用航空器优先权(priority of civil aircraft) 民用航空器优先权的概念起源于海商法中的海事优先权。民用航空器优先权作为一项权利是民用航空法赋予某些法定特殊债权人对产生该债权的民用航空器所享有的一种以该民用航空器为标的的法定优先受偿权。"法定"权利是民用航空器的显著特征,只有《中华人民共和国民用航空法》第19条规定的债权,才具民用航空器优先权。第19条规定的债权包括:(1)拯救该民用航空器的报酬;(2)保管维护该民用航空器的必需费用。这种法定权利,不能通过有关双方当事人合同约定产生,也不因为民用航空器所有权的私下转让而消灭。根据法律规定享有民用航空器优先权的债权必须是向民用航空器所有人、承租人提出的赔偿请求,因此,向民用航空器所有人、承租人以外的人提出的赔偿请求,不具有民用航空器优先权。

(张旭娟 柴 坚)

minyong hesheshi anquan jiandu guanli

民用核设施安全监督管理(management of safety supervision with regard to nuclear installation for civil use) 保证核能开发安全有效,降低核能开发风险,减少核污染的重要环节,也是和平开发利用核能的基本法律制度保障,各国的核能法都对此进行了相关的制度安排。根据我国核能开发利用行政法规与规章的有关规定,我国实行核设施安全许可证制度,国务院核安全主管部门对全国核设施实施统一监督,独立行使核安全监督权,制定核设施安全规章和技术标准,审查、评定核设施安全性能及运营单位保障安全的能力,负责实施核安全监督和核安全事故的调查和处理,会同有关部门调解和裁决核安全纠纷。核设施运营单位,在核设施建造前,必须向国家核安全主管部门提交核设施建造申请书、初步安全分析报告以及其他有关材料,经审查核准获得核设施建造许可证后,方可动工建造。核设施建造必须遵守核设施建造许可证所规定的条件。核设施运营单位在核设施运行前,必须向国家核安全主管部门提交核设施运行申请书、最终安全分析报告和其他有关资料,经审查批准获得允许装料(或投料)、调试的批准文件后,方可开始装载核燃料(或投料)进行启动调试工作;在获得核设施运行许可证后,方可正式运行。核设施的运行必须遵守核设施运行许可证所规定的条件。核设施运营单位直接负责所运营核设施的安全,接受国家核安全主管部门的核安全监督,及时、如实地报告安全情况,并提供有关资料;对所运营的核设施的安全、核材料的安全、工作人员和群众以及环境的安全承担全面责任。核设施的迁移、转让或退役必须向国家核安全主管部门提出申请,经审查批准后方可进行。国家核安全主管部门可以向核设施制造、建造、运营的现场派驻监督组(员)执行安全监督任务,在必要时有权采取强制性措施,命令核设施运营单位采取安全措施或停止危及安全的活动。

(张 璐)

minzu maoyi he minzu yongpin shengchan guanli

民族贸易和民族用品生产管理(administrative institution of ethical trade and ethical goods production) 我国对民族地区采取特殊照顾政策而制定的特殊的民族贸易和民族用品生产管理制度。当前我国关于民族贸易和民族用品生产的主要规范是1997年国务院《关于"九五"期间民族贸易和民族用品生产有关问题的批复》,以及1997年9月1日国家民委、原国家经贸委、原国家体改委、财政部、中国人民银行联合制定发布的《关于加强民族贸易和民族用品生产工作的通知》、1997年10月14日中国人民银行制定发布的《关于民族贸易和民族用品生产贷款继续实行优惠利率的通知》、2001年4月20日财政部、国家税务总局《关于继续对民族贸易企业执行增值税优惠政策的通知》。

国务院批复的主要内容有:(1)对民族贸易和民族用品定点生产企业的正常流动资金贷款利率实行优惠政策。(2)每年由人民银行安排1亿元贴息贷款,用于民族贸易网点上建设和民族用品定点生产企业的技术改造。(3)原则上同意对民族贸易和民族用品定点生产企业实行税收优惠政策,具体请财政部商同有关部门研究落实。(4)加快民族贸易和民族用品生产企业的改革步伐,切实实现两个根本性转变,积极探索在社会主义市场经济条件下企业为少数民族群众生产和生活的特殊需要服务的新路子。(5)全国民族贸易和民族用品生产联席会议要进一步发挥指导、协调、监督、服务作用,及时解决工作中的问题,增加成员。(6)确定的边销茶储备、运费补贴、专项原材料等项扶持政策,继续由联席会议协调落实。

民族贸易和民族用品生产的优惠政策适用于省、州级民族贸易公司经营少数民族特需用品、生产生活必需品、药品、书籍下乡及收购少数民族农牧副产品的经销活动;民族贸易县内的国有商业、供销社、医药公司、新华书店经营上述商品和乡镇以下的民族贸易企业的经营活动;生产《少数民族特需用品目录》中所列商品的民族用品生产企业。

民族贸易基层网点建设和民族用品生产企业的技术改造以地方投资为主,各地应给予专门安排。国家投资将本着保证试点、效益优先、择优扶持、部门和地方配套的原则安排,人民银行安排贴息贷款,重点用于全国民族贸易和民族用品生产的改革试点企业的技术改造和网点建设。

民族贸易贷款实行优惠利率的范围,限于民族贸易县内国有商业企业、供销社、医药公司和新华书店经销少数民族特需用品、生产生活必需品、药品、书籍及收购少数民族农牧副产品所需要的流动资金贷款;民族贸易县乡镇以下的基层民族贸易网点、医药公司、新华书店所需的流动资金贷款;经审查批准的担负民族贸易县供应任务,并列入国家民委指定的送工业品下乡(县以下乡镇)的省、州级民族贸易公司所需要的流动资金贷款。民族用品生产贷款实行优惠利率的范围,限于按少数民族特需用品目录进行生产的民族用品定点生产企业所需要的流动资金贷款。

严格执行财政部等有关部门提出的税收优惠办法。国务院确定的有关优惠政策要继续执行。全国民族贸易和民族用品生产联席会议将进一步发挥指导、协调、监督、服务的作用。

(傅智文)

minzu maoyi he minzu yongpin shengchan zhuanxiang tiexi daikuan

民族贸易和民族用品生产专项贴息贷款(special subsidized loan for ethical trade and ethical goods production) 1992年3月16日,国家民委、财政部、国家计委、中国工商银行、中国农业银行联合制定发布了《关于民族贸易和民族用品生产专项贴息贷款办法的通知》,对民族贸易和民族用品生产专项贴息贷款作出规定,现在仍然具有效力。

由中国工商银行、中国农业银行设立民族贸易网点建设和民族用品生产技术改造专项贴息贷款用于扶持基层民族贸易网点建设和民族用品定点生产企业技术改造,所需固定资产投资规模由原国家计委安排,信贷指标由人民银行安排。

中国工商银行《关于使用民族用品生产专项贴息贷款的管理规定》规定,贷款对象为:凡经国家批准确定的民族用品定点生产企业(不包括边销茶定点加工企业)。申请该贷款的条件:(1)在工商行政管理部门登记注册,具有独立的法人地位。(2)实行独立核算,有健全的财务制度、账目和报表。(3)必须在工商银行开立账户,并按规定报送有关报表和资料。(4)有一定的自有流动资金,贷款项目自筹资金应占总投资的15%—30%。(5)项目应符合国家产业政策,有主管部门或归口管理部门同意建设的批文。(6)地方财政贴息落实的有关文件。(7)必须具备开工条件。建设用地的征迁和拆迁手续齐全,材料设备落实。(8)不是重复、盲目建设项目,产品适销对路,经济效益好,归还贷款有保证。贷款必须用于民族用品定点生产企业的设备更新和技术改造项目。贷款期限,自贷款之日到还清本息最长为3年。贷款利率,按技术改造贷款利率执行。此项贷款为全贴利息,由中央财政和地方财政各负担一半。财政部根据项目批准通知,将中央财政贴息部分补贴给有关省、自治区财政厅。工商银行对企业发放有息贷款,企业支付专项贷款的利息由地方财政部门负担。

中国农业银行《民族贸易和民族用品生产专项贴息贷款管理暂行办法》规定,中国农业银行设立基层民族贸易网点和民族用品生产企业技术改造专项贴息贷款。其贷款对象为,经国家确定的民族贸易县的基层民族贸易网点(重点是基层供销社)和民族用品定点生产企业(指边销茶定点加工企业)。申请贷款的条件同工行规定。贷款用途:民族贸易县的县和县以下基层民族贸易网点的恢复、扩建、改造;边销茶定点加工企业的设备更新和技术改造。贷款期限,自贷款之日到还清本息最长为3年。贷款利率,按技术改造贷款利率执行。此项贷款为全贴利息,由中央财政和地方财政各负担一半。财政部根据项目批准通知,将中央财政贴息部分补贴给有关省、自治区财政厅。农业银行对企业按规定利率计收利息,企业支付专项贷款的利息由地方财政部门直接补给企业。　(傅智文)

mingma biaojia

明码标价(Pricing Clearly)　经营者在提供商品或服务时,明确地表示其所提供的商品或服务的价格的行为。《中华人民共和国价格法》第13条规定:"经营者销售、收购商品和提供服务,应当按照政府价格主管部门的规定明码标价,注明商品的品名、产地、规格、等级、计价单位、价格或者服务的项目、收费标准等有关情况。""经营者不得在标价之外加价出售商品,不得收取任何未予标明的费用。"明码标价并不等于明码实价,经营者在明码标价以后仍然可以还价。

(刘　鹏)

moni shichang hesuan zerenzhi

模拟市场核算责任制(accounting responsibility system of simulative market)　又称"模拟市场核算,实行成本否决"。以市场为导向的新型企业内部经济责任制形式。模拟市场核算责任制的主要内容是,以市场为导向,把市场机制引入企业内部管理。在保持企业专业化、科学分工协作、集中统一管理的优势前提下,抓住成本这个关键,以降低成本、增加效益为核心,依据客观价值规律,从市场接受的价格开始,采用"倒推"的办法,从后向前,测算出各工序的目标成本,再层层分解落实指标,直到每个职工,实行成本否决,以实行重奖重罚的利益机制为动力,充分调动职工当家理财的积极性。通过成本这个市场信息的传递,把市场价格信息内伸化,按市场导向决定企业内部生产资源配置,把责任落实到每个人,使每个职工都感受到市场信息和竞争压力,树立市场观念,关心市场,主动参与市场竞争。

模拟市场核算责任制的主要做法是:(1)以效益为核心,确定目标成本。经过反复进行测算,确定合理先进、效益最佳化的单位产品目标成本。(2)落实责任。通过层层分解下达成本任务指标,层层签订承包协议并与奖惩挂钩,使责、权、利相统一,使每个单位、每个职工的工作都与市场紧密联系起来,形成责任共同体。(3)进行严格奖惩考核,中心是实行成本否决制度,以成本和效益决定利益分配和对干部业绩进行考评,以强化对新责任制的操作和管理,保证目标成本、目标利润的实现。(4)通过优化企业内部机构设置,强化和理顺各项管理职能,保障和促进新责任制的高效运转。

实行模拟市场核算责任制的作用是,在企业中引入并树立起了强烈的市场观念、效益观念、竞争观念、成本意识和进取精神,促使企业经营机制向市场转换,促进了经济增长方式由粗放型向集约型转变,降低了产品成本,提高了企业经济效益,促进了各项技术经济指标的改善,加强了企业专业管理和各项基础工作,调动了企业职工的积极性。

(张长利)

mu gongsi

母公司(parent company)　持有一定比例的股份或出资而可以控制其他公司的公司。根据控制权关系而对公司所作的分类。可将公司分为母公司和子公司。严格地说,母公司和控股公司并非同一概念。控股公司有纯粹控股公司和混合控股公司两种基本形式。纯粹控股公司是仅以掌握子公司的股份或其他有价证券并因此获得权益为目的而设立的公司,而不从事任何其他经营业务活动。混合控股公司则不以掌握子公司的股份或其他有价证券并因此获得权益为目的,而是以从事自己的经营业务为主要目的而设立的公司。显然,纯粹控股公司一般属于投资公司的性质,而混合控股公司则属于母公司的范畴。

(方文霖)

mugongsi dui zigongsi guoyou zichan chanquan guanli zhidu

母公司对子公司国有资产产权管理制度(The title management institution of nation property of parent company to its subsidiary)　为配合建立与社会主义市场经济体制相适应的现代企业制度,建立国有资产管理、监督和营运体系,促进母公司加强对子公司的产权管理,规范产权行为的管理制度。为构建以资本为主要联结纽带的母子公司体制,实现国有资产的保值增值,根据《国有企业财产监督管理条例》和国家现行有关国有资产管理法规、制度,结合外经贸企业的实际情况而制定。母公司对子公司产权管理的总体原则是,企业的国有资产属国家所有,实行分级管理,并按照企业财产所有权与经营权分离的原则,确立企业法人财产权地位,落实企业作为法人实体和市场主体的权利和责任;建立企业内部资产经营责任制,逐步健全企业法人治理结构,坚持科学管理,实行规范运作,维护国有资产所有者的合法权益,确保国有资产的安全与完整。母公司对子公司产权管理的目标是,认真贯彻执行国家的各项国有资产管理法规、制度,督促指导子公司做好各项国有资产基础管理工作;强化对子公司国有资产经营效益的考核监督;建立有限责任制度,即母公司以其投入子公司的资本数量为限对子公司承担责任;依法行使包括资产受益、重大决策和选择管理者等权利在内的出资者所有权;通过资产重组促进子公司存量国有资产的优化配置,最大限度地提高国有资产营运效率和效益。

产权关系 母公司以国有资产投资设立的子公司,其国有资产所有权属于国家,母公司按投入子公司的资本额享有所有者资产受益、重大决策和选择管理者等权利,依法对子公司国有资产进行监督管理,并统一对上级主管部门承担国有资产保值增值责任。子公司拥有母公司投资形成的全部法人财产权,以其全部法人财产,依法自主经营,自负盈亏,照章纳税,维护母公司的合法权益,对母公司承担国有资产保值增值的责任。

产权登记 母公司统一管理子公司的国有资产产权登记工作,应严格按照《企业国有资产产权登记管理办法》,对占有国有资产的各类子公司的资产、负债、所有者权益等产权状况进行登记,办理产权登记证,依法确认产权归属关系。子公司的占有产权登记、变动产权登记和注销产权登记,由母公司统一审核后报请上级主管部门依照法定权限和程序办理有关产权登记手续。子公司办理产权登记时,应当按规定填报国有资产产权登记表并向母公司提交有关文件、凭证、报表等。填报的内容或者提交的文件、凭证、报表等不符合规定的,母公司有权要求子公司补正。子公司办理产权登记年度检查时,应当在母公司规定的期限内,向母公司提交年度财务报告和国有资产经营年度报告书。

资产评估 母公司统一管理子公司的国有资产评估工作,对需要进行资产评估的子公司的固定资产、流动资产、无形资产和其他资产,委托具有资产评估资格的评估机构进行评估,依法确认其评估价值。子公司的资产评估立项申请书及资产评估结果确认申请书,由母公司审核后报请上级主管部门依照法定权限和程序进行批准、确认。除母公司授权外,子公司进行资产评估所委托的具有资产评估资格的评估机构,须事先征得母公司的批准同意。

资产统计分析 母公司应按照《国有资产年度报告制度》建立健全内部资产统计与分析报告制度,负责组织对子公司国有资产的存量、结构、运营效益等数据资料进行收集、审核、汇总、检索、分析工作。子公司在每年年终进行资产盘点、会计决算或费用清算后,应及时汇总整理有关国有资产统计数据,编制本单位的国有资产年度报表及资产经营(使用)情况报告,在母公司规定的期限内上报母公司。子公司的国有资产统计分析工作,由母公司按规定程序统一布置、收集、审核、汇总、分析和报送上级主管部门。

资产经营责任制 按照《外经贸企业国有资产监督管理实施办法》的规定,母公司内部应建立资产经营责任制,由子公司对其全部国有资产向母公司承担保值增值的责任。子公司的法定代表人即资产经营者,对子公司的国有资产保值增值状况承担经营责任,并与其个人收入挂钩。母公司内部建立资产经营责任制,比照《外经贸部直属企业国有资产经营责任制实施办法(试行)》的规定,应由母公司与子公司法定代表人在每个考核期内签订《国有资产经营责任书》,作为考核子公司及其法定代表人的依据。

检查与监督 母公司要大力加强对子公司产权管理工作,结合子公司的具体情况,建立健全内部各项产权管理规章制度,以落实子公司的经营责任,规范子公司的经营行为。

(苏丽娅)

muyeshui

牧业税(animal husbandry tax) 对从事畜牧生产、有畜牧业收入的单位和个人征收的一种税。中央对牧业税只作了政策性指导,没有制定具体的征税办法。具体的征税办法是由有关的省、自治区结合本地区的实际情况制定的。在牧区、半农半牧区从事生产并取得牧业收入的单位或个人为牧业税的纳税义务人,牧业税的征税范围为牧养的马、牛、羊、骆驼、驴、骡等牲畜。根据国家规定的牧业政策,各地牧业税的税率应当控制在牧业总收入的3%以内。牧业税的税收优惠、缴纳期限由开征地区具体规定。

(彭 皖)

N

neibu jigou shezhiquan

内部机构设置权（interior organization installation authority） 企业决定内部机构的设立、调整撤销，决定企业的人员编制的权利。企业有权拒绝任何部门和单位提出设置对口机构、规定人员编制和级别待遇的要求，法律另有规定，国务院有特殊规定的，从其规定。

（方文霖）

neibu kongzhi

内部控制（internal control） 会计主体为保证业务活动的有效进行，保护资产的安全和完整，防止、发现、纠正错误与舞弊，保证会计资料真实、合法、完整而制定和实施的各项政策与程序，其核心是通过明确的授权和职责分工，在单位内部建立起各部门互相配合又互相制约的机制。内部控制制度是管理现代化的产物，同时也是企事业单位内部实现经济监督的基本方式。

内部控制与会计监督 会计是实行内部控制的一种有效手段，在"业务与会计分离、资产保管与账目记录分离、业务授权与相关资产保管分离"的框架下，会计记录可以对有关的业务职能部门进行有效的监督。同时，会计流程本身也应当建立完善的内部控制制度，分离有关的会计责任，如出纳人员不得兼任稽核、会计档案保管和收入、支出、费用、债权债务账目的登记工作，以减少会计记录出现错误或者欺诈的机会。

内部控制与审计 内部控制制度的产生和发展，促使了审计从详细审计发展成为以测试内部控制制度为基础的抽样审计。注册会计师在接受审计委托后，必须对客户的内部控制制度的状况作出评价。如果客户有健全的内部控制制度，且实施中没有明显的薄弱环节，注册会计师可以依赖客户会计流程中的数据，减少审计抽样的样本数；如果客户不存在健全的内部控制制度，或者虽然有制度，但是实施存在明显的薄弱环节，则注册会计师不能依赖客户会计流程中的数据，必须进行大量的实质性测试，甚至进行详细审计，才可能对财务报表发表意见。由于详细审计的成本高得难以接受，注册会计师一般会拒绝表示意见。另一方面，建立并实施内部控制制度也是有成本的。建立何种内部控制制度，往往是管理层进行收益—成本分析后选择的结果。这意味着内部控制制度提供的也只是一种合理的保证，而不可能消除一切错误或者舞弊行为。如果公司管理层蓄意欺诈，有组织地在公司内部实施损害投资人利益的计划，再完备的内部控制机制也会失去作用。不论是哪一种类型，客户没有建立内部控制制度，或者内部控制失效所未能防止的舞弊，都构成了审计中的控制风险。

（刘　燕）

neibu kongzhi ceping

内部控制测评（internal control evaluation） 审计人员通过调查了解被审计单位内部控制的设置和运行情况，并进行相关测试，对内部控制的健全性、合理性和有效性作出评价，以确定是否依赖内部控制和实质性测试的性质、范围、时间和重点的活动。审计人员进行内部控制测评分为下列四个步骤：对内部控制进行调查了解；对内部控制进行初步评价，评估控制风险；对内部控制的执行情况进行符合性测试；提出内部控制测评结果，并利用测评结果确定实质性测试的范围、重点和方法。审计人员对内部控制的调查了解和初步评价可以通过下列方法进行：查阅被审计单位的各项管理制度和相关文件；询问被审计单位管理人员和其他有关人员；检查内部控制过程中形成的文件和记录；观察被审计单位的业务活动和内部控制的实际运行情况。审计人员对被审计单位控制环境进行了解的内容主要有：被审计单位的高层管理人员和其他管理人员的控制意识和诚信程度，经营规模及业务复杂程度，组织机构和相关制度，各部门的分工和职责，主要财政预算和财务计划，人力资源政策等。审计人员对被审计单位的风险评估进行了解的内容主要有：被审计单位如何确定风险、评估风险的重要性，如何将风险发生的可能性与管理目标、经营计划和财务报告的相关内容联系起来并采取相应的措施。审计人员对被审计单位的控制活动进行了解的内容主要有：被审计单位各项业务处理程序的授权批准，职责分工，实物控制，凭证与记录的设置和运用，独立的检查程序等控制手段的设置与执行情况。

（麻琳琳）

neibu shenji

内部审计（internal auditing） 独立监督和评价本单位及所属单位财政收支、财务收支、经济活动的真实、合法和效益的行为，以促进加强经济管理和实现经济目标。审计署颁发的《审计署关于内部审计工作的规定》（2003）对内部审计进行了规范，主要内容包括：（1）建立健全内部审计制度。国家机关、金融机构、企业事业组织、社会团体以及其他单位，应当按照国家有关规定建立健全内部审计制度。法律、行政法规规定设立内部审计机构的单位，必须设立独立的内部审计机构。法律、行政法规没有明确规定设立内部审计机构的单位,可以根据需要设立内部审计机构,配备内部审计人员。有内部审计工作需要且不具有设立独立的内部审计机构条件和人员编制的国家机关,可以授权本单位内设机构履行内部审计职责。(2)内部审计领导体制。内部审计机构在本单位主要负责人或者权力机构的领导下开展工作。设立内部审计机构的单位,可以根据需要设立审计委员会,配备总审计师。单位主要负责人或者权力机构应当保护内部审计人员依法履行职责,任何单位和个人不得打击报复。单位主要负责人或者权力机构在管理权限范围内,授予内部审计机构必要的处理、处罚权。内部审计机构应当不断提高内部审计业务质量,并依法接受审计机关对内部审计业务质量的检查和评估。(3)内部审计职责。内部审计机构按照本单位主要负责人或者权力机构的要求,履行下列职责:对本单位及所属单位的财政收支、财务收支及其有关的经济活动进行审计;对本单位及所属单位预算内、预算外资金的管理和使用情况进行审计;对本单位内设机构及所属单位领导人员的任期经济责任进行审计;对本单位及所属单位固定资产项目进行审计;对本单位及所属单位内部控制的健全性和有效性以及风险管理进行评审;对本单位所及所属单位经济管理和效益情况进行审计;法律、法规规定和本单位主要负责人或者权力机构要求办理的其他审计事项。(4)内部审计权限。内部审计的权限主要有:要求被审计单位按时报送生产、经营、财务收支计划、预算执行情况、决算、会计报表及其他有关文件、资料;参加本单位有关会议,召开与审计事项有关的会议;参与研究制定有关的规章制度,提出内部审计规章制度,由单位审定公布后施行;检查有关生产、经营和财务活动的资料、文件和现场勘察实物;检查有关的计算机系统及其电子数据和资料;对与审计事项有关的问题向有关单位和个人进行调查,并取得证明材料;对正在进行的严重违法违规、严重损失浪费行为,作出临时制止决定;对可能转移、隐匿、篡改、毁弃会计凭证、会计账簿、会计报表以及与经济活动有关的资料,经本单位主要负责人或者权力机构批准,有权予以暂时封存;提出纠正、处理违法违规行为的意见以及改进经济管理、提高经济效益的建议;对违法违规和造成损失浪费的单位和人员,给予通报批准或者提出追究责任的建议。(5)内部审计协会。内部审计协会是内部审计行业的自律性组织,是社会团体法人。全国设立中国内部审计协会,地方根据需要和法定程序设立具有独立法人资格的地方内部审计协会。内部审计协会依照法律和章程履行职责,并接受审计机关的指导、监督和管理。(6)法律责任。内部审计法律责任主要包括被审计单位的法律责任和内部审计人员的法律责任。被审计单位不配合内部审计工作、拒绝审计或者提供资料、提供虚假资料、拒不执行审计结论或者报复陷害内部审计人员的,单位主要负责人或者权力机构应当及时予以处理;构成犯罪的,移交司法机关追究刑事责任。对滥用职权、徇私舞弊、玩忽职守、泄露秘密的内部审计人员,由所在单位依照有关规定予以处理,构成犯罪的移交司法机关追究刑事责任。　　(邱学文　刘　燕)

nashui

纳税(tax payment)　纳税人和扣缴义务人按照税收实体法和税收程序法的规定,及时、足额缴纳税款的行为,是纳税主体的一项最基本的义务。整个税款征收活动就是围绕着纳税义务的履行而开展的。这种纳税义务从性质上说,属于公法上的金钱债务。作为"金钱债务",纳税义务同私法上的金钱债务有一定的共性。但作为"公法上的"债务,纳税义务又与私法上的债务有诸多不同之处。其特点主要有:(1)纳税义务是法定的。纳税主体由法律明确规定,除法律规定负有纳税义务的单位和个人之外,任何单位和个人均不负相关纳税义务;缴纳税款的数额、期限和方式等也均由法律加以规定,而不由当事人双方约定。(2)纳税义务以公权力直接保障其实现,在纳税主体有不履行其义务的现实危险或不履行其义务时,税务机关可以依法采取冻结、查封、扣押等税收保全措施或税收强制执行措施。涉及纳税的争议,一般也不采取私法上解决纠纷的方式来化解,而是通过行政复议和行政诉讼的途径来解决。(3)纳税一般指纳税主体缴纳一定金钱的行为,一般不会发生履行不能的问题。

(魏建国　宋　丽)

nashui chengxu

纳税程序(procedure of tax paying)　纳税人履行纳税义务所必须遵循的方式、方法和步骤的总称。纳税人必须按照法定的纳税程序来履行纳税义务,征税机关也必须按照法定的纳税程序来要求纳税人履行义务。纳税程序随着征收方式的不同而有所不同,对于采用源泉课税法征收的税收而言,纳税程序相对简单,而对于采用申报纳税法征收的税收而言,纳税程序相对复杂。纳税程序大体可以分为申报纳税程序和缴纳税款的程序。关于申报程序,《中华人民共和国税法》规定,纳税人、扣缴义务人可以直接到税务机关办理纳税申报或者报送代扣代缴、代收代缴税款报告表,也可以按照规定采取邮寄、数据电文或者其他方式办理上述申报、报送事项。关于缴纳程序,我国《税法》规定,纳税人、扣缴义务人应当按照法律、行政法规规定或者税务机关依照法律、行政法规的规定确定的期限,缴纳或者解缴税款。严格按照法定程序进行税收的缴纳,对于建立正常的税收秩序、保证税款的及时入库以及推进我国的税收法治建设都具有重要的意义。

（翟继光）

nashui danbao

纳税担保（security of tax payment） 在责令纳税人限期缴纳税款的情况下,如果在限期内发现纳税人有明显的转移、隐匿其应纳税的商品、货物以及其他财产或者应纳税的收入的迹象的,税务机关责成纳税人提供的纳税担保。纳税担保包括人的担保和物的担保。所谓人的担保,就是指由纳税人提供并经税务机关认可的纳税担保人提供的纳税保证。纳税担保人必须是在中国境内具有纳税担保能力的公民、法人或者其他经济组织。法律、行政法规规定的没有担保资格的单位和个人,不得作为纳税担保人。《中华人民共和国担保法》特别规定,法律禁止下列主体为保证人:(1)国家机关;(2)学校、幼儿园、医院等以公益为目的的事业单位、社会团体;(3)企业法人的分支机构、职能部门。但是,企业法人的分支机构有法人书面授权的,可以在授权范围内提供保证。物的担保,是指纳税人或者第三人以其未设置或者未全部设置担保物权的财产提供的担保,包括抵押和质押。在这种情况下,纳税人或者第三人应当填写作为纳税担保的财产清单,并写明担保财产的价值以及其他有关事项。纳税担保财产清单须经纳税人、第三人签字盖章并经税务机关确认,方为有效。

（宋 丽 魏建国）

nashui dengji

纳税登记（registration of taxation） 见税务登记。

nashui didian

纳税地点（tax payment place） 纳税主体向何处的征税机关申报并缴纳税款。由于各个税种的经济属性不同,其纳税地点也各有差异,有机构所在地、销售地、应税劳务发生地、核算地、土地所在地、不动产所在地等。纳税主体应根据具体情况,到上述地点的征税机关申报纳税。

（宋 丽 魏建国）

nashui huanjie

纳税环节（taxable level intermediate links of taxation） 在商品流转的整个过程中,按照税法的规定,纳税人履行纳税义务的阶段。纳税环节规定纳税义务和缴纳税款的行为在哪个阶段发生,是单一环节课征,还是多环节课征。确定纳税环节对于确保税款的及时入库、有效发挥税收的调节作用、尽可能减少征税成本具有重要作用。

（翟继光）

nashui niandu

纳税年度（tax year） 税法规定的计算应纳税额的起讫日期。纳税年度通常为一年,主要适用于按年计算征税对象的税种,如所得税和财产税。在计算应税所得额和应纳财产时,应当以一个纳税年度为单位进行计算。我国现行纳税年度采用历年制,即自公历1月1日起,至12月31日止。外商投资企业经税务机关批准,可以以其满12个月的会计年度作为纳税年度。纳税人在一个纳税年度的中间开业,或者由于合并、关闭等原因,使该纳税年度不足12个月的,应当以其实际经营期为一个纳税年度。纳税年度一般与国家的预算年度和企业的会计年度是一致的。

（翟继光）

nashui qixian

纳税期限（tax payment deadline） 在纳税义务发生后,纳税人依法履行纳税义务的期限。纳税期限可分为纳税计算期和税款缴库期两类。纳税计算期是指纳税人应多长时间计缴一次税款。税款缴库期是指纳税人在多长期限内将税款缴入国库,是纳税人实际缴纳税款的期限。纳税期限一般分为按次征纳和按期征纳两种。前者如屠宰税、耕地占用税等;后者如流转税、财产税等,又分为按月、按季和按年征纳。人们对纳税期限的理解有广义和狭义之分。广义上的纳税期限包括税款计算期和税款缴库期;狭义上的纳税期限仅指税款计算期。

（魏建国 宋 丽）

nashuiren

纳税人（taxpayer） 见税收债务人。

nashuiren quanli yiwu

纳税人权利义务（rights and obligations of taxpayers） 纳税人在纳税过程中依据税法或其他法律规定所享有特定的权利和义务。纳税人在税法上主要可享受下列的权利:(1)信息公告和资料知悉权。纳税人有权向税务机关了解国家税收法律、法规的规定以及与纳税程序有关的情况。(2)请求保密权。纳税人有权要求税务机关为其商业秘密或个人隐私保密。税收秘密之保护首先乃在保护私人利益,其次才间接保护公共利益。(3)申请减免税和退税权。纳税人依法享有申请减税、免税、退税的权利。(4)缓期纳税权。纳税人因有特殊困难,不能按期缴纳税款的,基于宪法保障纳税人基本生存权的意旨,可呈报到省级税务局长批准,延期缴纳税款,但最长不得超过现行法所规定的3个月期限。(5)纳税申报选择权。纳税人可以选择纳税申报方式,纳税人、扣缴义务人可以直接到税务机关办理纳税申报或者报送代扣代缴、代收代缴税款报告表，也可以按照规定采取邮寄、资料电文或者其他方式办理上述申报、报送事项。(6)纳税人享有补偿多缴税款利息的权利。纳税人超过应纳税额缴纳的税款，税务机关发现后应立即退还。纳税人自结算缴纳税款之日起3年内发现的，可以向税务机关要求退还多缴的税款并加算银行同期存款利息，税务机关及时查实后应当立即退还。(7)纳税人有权拒绝无税务检查通知书的检查行为。(8)税务机关对于不利于纳税人的指控，在没有足够的证据前，纳税人有权被推定为诚实纳税，这跟刑法上无罪推定的学理是相通的。(9)纳税人有权在不违反税法意旨范围内，从事相关税收策划或活动。(10)请求赔偿权利。纳税人于下列情形可依法请求赔偿：税务机关采取税收保全措施不当；纳税人在限期内已缴纳税款，税务机关未立即解除税收保全措施；税务机关滥用职权违法采取税收保全措施；税务机关滥用职权违法采取强制执行措施；税务机关采取强制执行措施不当。(11)税务机关征收税款时，纳税人享有向税务机关及扣缴义务人取得完税凭证的权利。(12)陈述、申辩权。纳税人对税务机关实施的行政处罚，享有说明和为自己辩解的权利。

纳税人不服税务机关作出的具体行政行为，有权依法申请行政复议，受理机关必须作出裁决，若纳税人认为税务机关的具体行政行为侵犯了自己的合法权益的，有权依法向人民法院提起行政诉讼。纳税人在诉讼中享有以下权利：(1)向人民法院索取被告税务机关答辩状的权利。(2)在诉讼中依法进行辩论的权利。(3)申请撤诉的权利，纳税人有权在人民法院立案后放弃其起诉权，但必须向人民法院递交撤诉申请书，而且必须在人民法院宣告判决或裁定前提出。(4)提起上诉及撤回上诉的权利。(5)申请人民法院执行的权利。(6)附带请求行政赔偿的权利，纳税人认为自己的合法权益受到税务机关及其工作人员作出的具体行政行为侵犯造成损害的，有权请求赔偿。税务行政赔偿可以单独提出请求，也可以在税务行政诉讼时一并提出。(7)申请审判人员、书记员、翻译人员、鉴定人、勘验人回避的权利。(8)委托代理人诉讼的权利。(9)申请延长诉讼时效的权利，纳税人提起税务行政诉讼必须在法定期限内提出，但纳税人因为不可抗力或者其他特殊情况耽误法定期限的，在障碍消除后的10日内，可以申请延长期限。(10)使用本民族语言进行行政诉讼的权利。

纳税人义务的内容主要是由给付义务与协力义务所构成，而给付义务是义务内容之核心所在。纳税人的给付义务为在法定期限缴纳足额的税款，若未在规定期限内缴纳或是缴纳不足额的税款，都是违反给付义务，须承担一定程度之法律责任(包括滞纳金、罚款等)。纳税人的协力义务主要包括：依法办理税务登记、变更或注销税务登记义务；依法设置账簿，合理使用凭证义务；按照法律规定期限进行纳税申报义务；配合税务机关检查的义务；提供信息的义务。(李俊明)

nashui shenbao

纳税申报(tax return) 纳税人按照法律规定的期限和内容，向征税机关提交与纳税有关的事项的一种税法行为。扣缴义务人在发生扣缴义务后，向征税机关报送代扣代缴、代收代缴税款报告表和其他相关资料的行为也视为广义的纳税申报。

申报纳税可以确定应纳税额，因此，在性质上属于私人的公法行为。所谓私人的公法行为，是指由私人所实施的能够产生公法上效果的行为。原则上，征税机关是根据纳税人的纳税申报来确定纳税人的应纳税额，只有在纳税人不申报或申报有误时，征税机关才行使相关的核课权和调整权来确定应纳税额。

纳税申报是国民主权原则在税收征管领域的体现，它既有利于加强税收的征管力度，也有利于培养纳税人的税法意识和主人意识，同时，对于推进我国税收征管模式的改革也具有不可估量的作用。

《中华人民共和国税法》规定的纳税申报主体主要包括纳税人和扣缴义务人。纳税人在纳税期内没有应纳税款的，也应当按照规定办理纳税申报。纳税人享受减税、免税待遇的，在减税、免税期间应当按照规定办理纳税申报。

关于纳税申报的方式，我国《税法》规定，纳税人、扣缴义务人可以直接到税务机关办理纳税申报或者报送代扣代缴、代收代缴税款报告表，也可以按照规定采取邮寄、数据电文或者其他方式办理上述申报、报送事项。纳税人采取邮寄方式办理纳税申报的，应当使用统一的纳税申报专用信封，并以邮政部门收据作为申报凭据。邮寄申报以寄出的邮戳日期为实际申报日期。纳税人采取电子方式办理纳税申报的，应当按照税务机关规定的期限和要求保存有关资料，并定期书面报送主管税务机关。实行定期定额缴纳税款的纳税人，可以实行简易申报、简并征期等申报纳税方式。

关于纳税申报期限，我国《税法》规定，纳税人、扣缴义务人必须依照法律、行政法规规定或者税务机关依照法律、行政法规的规定确定的申报期限报送纳税资料。纳税人、扣缴义务人按照规定的期限办理纳税申报或者报送代扣代缴、代收代缴税款报告表确有困难，需要延期的，应当在规定的期限内向税务机关提出书面延期申请，经税务机关核准，在核准的期限内办理。纳税人、扣缴义务人因不可抗力，不能按期办理纳税申报或者报送代扣代缴、代收代缴税款报告表的，可以延期办理；但是，应当在不可抗力情形消除后立即向税务机关报告。税务机关应当查明事实，予以核准。

经核准延期办理前款规定的申报、报送事项的,应当在纳税期内按照上期实际缴纳的税额或者税务机关核定的税额预缴税款,并在核准的延期内办理税款结算。

(翟继光 丁一)

nashui yiwu

纳税义务(obligation to pay) 见税收债务。

nashui yiwuren

纳税义务人(taxpayer) 见税收债务人。

nashui zhuti

纳税主体(taxpayer subject of taxation) 包括广义的纳税主体与狭义的纳税主体。广义的纳税主体包括纳税人(又称纳税义务人)与扣缴义务人,狭义的纳税主体则仅限于纳税义务人。税法规定直接向征税机关缴纳税款的单位和个人,称之为纳税人,有别于负税人的概念。虽然在很多情况下,纳税人与负税人相一致,但在物品税、酒税等间接消费税之情况下,为方便征税起见,实际的纳税人(制造业者、零售商等)与税收的负担者(消费者)是不同的。按照税收征管之差异和避免对法人和自然人重复课税又可区分为自然人和法人,自然人是指负有法定纳税义务的个人以及属于自然人范围内的个体户、农村承包户等;法人是指依法成立并能独立履行法定权利和承担法律义务的组织,如企业、社团等。但无论自然人还是法人,凡发生应税行为,取得应税收入的,就是纳税人,就要依法履行纳税义务。

(李俊明)

nengyuan fa

能源法(energy resources law) 有形式意义和实质意义之分。形式意义的能源法是指能源法律规范借以表现的各种形态,主要是指能源法律:如能源基本法、节约能源法、石油法、煤炭法、电业法、原子能法、可再生能源法,以及有关具体能源行政法规、规章和地方法规。实质意义的能源法是指调整能源合理开发、加工转换、储运、供应、贸易、利用及其规制所产生的能源物质利益关系,保证能源安全、有效、持续供给的能源法律规范的总称。能源法对能源物质利益关系的调整是以确立行为主体资格及其行为规则和建立能源法律制度为主要内容,并以能源的安全、有效和持续供给为法律制度安排和实施效果的基本评价标准。

能源法的调整对象是社会关系的特定部分,即能源物质利益关系,这种关系基于能源的开发利用及其规制发生,并以其为载体存在和表现。根据能源开发利用及其规制的性质和引发的能源物质利益关系,可以将能源法调整对象作如下界定:(1)能源开发引发的物质利益关系。(2)能源加工转换引发的物质利益关系。(3)能源储运引发的物质利益关系。(4)能源供应引发的物质利益关系。(5)能源贸易引发的物质利益关系。(6)能源利用引发的物质利益关系。(7)能源政府规制引发的物质利益关系。

从法制建设的角度来说,能源法是一国法律体系中的重要组成部分,构成了国家能源对策体系的基础,从法律的角度有力保证了能源开发利用及其规制的合理化和有序化。因此,能源法及其制度作为各国解决经济和社会发展难题——能源问题的有效手段,备受世界各国的重视,其中代表性的立法有:美国的《国家能源法》、日本的《能源使用合理化法》、英国的《英国节能工艺项目补贴纲要》、巴西的《节约燃料法规》、印度的《电力法》等,不仅有能源基本法,而且还有丰富的单行能源法律法规。各国通过建立健全能源法律法规体系,有效地调整、指导国家、企业、各种经济组织和公民在开发、使用能源活动中的各种经济关系,以保证本国经济的健康发展;同时,逐步改善主要依靠石油、天然气的能源结构,缩减能源特别是石油的进口量,增强能源冲击的适应能力,同时鼓励开发、利用各种新能源,倡导推广替代能源;而且,着重运用法律手段加强能源消费的国家监督,在全社会大力推行和开展节约能源活动。

(肖乾刚)

nengyuanfa jingji guan

能源法经济观(economic outlook of energy resources law) 一系列从经济的角度分析、研究能源法思想与精神的理论和观念的总和。从经济角度分析能源法的思想和精神是基于三个基本认识:(1)能源法的根据是经济内容和结构。能源问题从很大程度上主要表现为经济问题,这就决定了能源法应把经济内容和结构的决定作用放在第一位,要求能源法及其制度功能和实际效果全面体现经济规律和规则的内在要求。当然,作为能源法根据的决不单是经济因素,还包括能源、资源环境和社会发展及技术创新的水平等,但这些因素都直接受经济制约,或者构成经济现象的要素,或者为经济现象所决定。(2)能源法是经济发展的保证。能源是关键性资源,在一定程度上决定了经济发展的规模和水平,如何实现能源的安全、有效和持续供给,主要取决于法律规范和制度。(3)能源法与经济相互制约共同构成能源法的思想。经济因素对能源法的决定作用及能源法对经济发展的支持与保证,不仅使能源法体现了丰富的经济内容,又有经济可行的认识基础,所以,能源法经济观不仅是能源法的经济分析,更是能源法的基本价值理念,是能源法的世界观与方法论。

能源持续发展观 能源持续发展观是在维护地球生态系统的基础上,通过能源法及其制度安排,使能源开发利用及其规制合理化,用以保证能源安全、效率、持续供给,满足社会持续发展的理论和观念。能源持续发展观是能源法经济观的核心。

能源市场供给观 能源市场供给观是在承认能源资源价值的基础上,通过安排能源财产权制度,确定财产权主体,界定财产权界限和交易规则,将能源资源及其产品纳入市场供给制度,用以体现能源开发利用及其规制的合理化和能源安全、效率、持续供给的价值取向。能源市场供给观是能源法经济观的基础部分,是能源法及其制度结构的主要理论依据,被广泛适用于能源法及其制度建设的各个方面,如能源资源法律制度、能源产品法律制度、能源供应与贸易法律制度建设。

能源市场规制观 能源市场规制观是在承认能源市场供给观的基础上,通过安排规制能源开发利用的行政权制度,确定行政权主体地位及其权限、规制范围和程序,保证政府规制在弥补市场供给不足的同时代表公共选择,用以保证能源开发利用合理化和能源安全、效率、持续供给的理论和观念。能源政府规制观是能源法经济观的重要组成部分,在能源法及其制度特别是能源行政权的理论和实践中具有重要地位,其适用主要包括能源行政主体制度、能源政府规制基本制度建设,以及协调政府对社会能源总供给的控制,保障能源开发利用秩序的稳定。

能源技术创新观 能源技术创新观是承认技术对能源和环境影响的前提下,通过财产权、市场、企业和政府的制度安排以及平均先进能源技术规范上升为法律规范的安排,激励能源开发利用者进行技术创新,用以提高能源效率、降低成本和减少外部性费用的理论和观念。能源技术创新观是能源法经济观的重要组成部分,技术创新的制度安排贯穿在能源法的各项基本制度中,是能源法保障社会可持续发展和不断进行制度创新的基础条件。

(肖乾刚)

nengyuanfa tixi
能源法体系(legal system of energy law) 由能源基本法、能源矿业法、能源公共事业法、能源利用法、能源替代法等构成的,调整国家在规制能源的开发、加工、储运、供应、贸易以及利用过程中发生的经济关系的,以保证能源合理、安全、持续、有效供给为目标的,完整、协调的有机统一系统。能源法体系作为能源法律制度健全的标志,包括了统一的能源基本法和具体的单行法。其中,能源基本法是能源法体系的基础,其确立了在能源开发利用等一系列流程中的基本活动方式和制度规范;能源矿业法具有能源法与自然资源法的双重属性,主要包括了石油法、煤炭法等规范了矿产能源的开发利用及其方式、制度的法律,在能源法体系中具有重要地位;能源公共事业法是规范电力、煤气、天然气、热力供应等能源公共事业的法律;能源利用法着重于规范能源利用的合理化与效能性,以保证能源领域的可持续发展;能源替代法着眼于能源的替代使用问题,主要包括规范对太阳能、风能、海洋能等替代能源进行开发利用的法律。

(戴 菲 白 峰)

nengyuan jieyue yu ziyuan zonghe liyong yuanze
能源节约与资源综合利用原则(principle of energy-saving and comprehensive usage of energy resources) 我国能源法的基本原则之一。能源节约与资源综合利用是我国经济和社会发展的一项长远战略方针。资源综合利用是实现能源节约目标的具有战略意义的途径。我国目前的能源节约与资源综合利用立法还处在从理论研究向立法实践发展的阶段。实践中的能源节约与资源综合利用存在许多问题,法律方面主要是法规、政策不完善,缺乏促进企业节能的激励政策与机制,资源综合利用的优惠政策法定程度低。

今后加强能源节约与资源综合利用原则的制度建设的重点所在是认真贯彻落实《节能法》,加快制定《节能法》配套法规,引导和规范用能行为。重点组织制定《节约石油管理办法》、《能效标识管理办法》。加快资源综合利用法规体系建设,研究制定《再生资源回收利用法》、《金属尾矿综合利用管理办法》、《废旧家电、废旧电脑回收利用管理办法》等法律、法规。在完善法规的基础上,要健全执法体系,加强监督检查,依法实施管理。贯彻落实《国务院批转国家经贸委等部门关于进一步开展资源综合利用的意见》,落实好国家对资源综合利用的优惠政策,充分发挥政策的导向作用,引导和促进企业积极开展资源综合利用和再生资源回收利用。组织修订《能源综合利用目录》,完善减免税的优惠政策。

制定和完善主要用能产品能源效率标准 包括工业锅炉、电动机、风机、水泵、变压器等主要工业耗能设备和家用电器、照明器具、建筑、汽车的能源效率标准,为实施淘汰高耗能产品,开展节能产品认证和能源效率标识制度提供技术依据。规范开展节能产品认证。在实施家用电器、照明器具节能产品认证的基础上,扩大节能产品认证范围,探索建立认证产品国际互认制度,提高认证产品的知名度。

建立能源效率标识制度 在借鉴国外实施能源效率标识制度成功经验的基础上,按照"先自愿、后强制,先试点、后推行"的原则,启动和实施主要家用电器能源效率标识,并逐步扩大到照明器具、办公设备等用能产品。

(王 丽)

nengyuan xiaolü biaoshi guanli zhidu

能源效率标识管理制度(management system of energe efficiency marks) 表示用能产品能源效率等级等性能指标的标识的管理制度。属于产品符合性标志的范畴。国家对节能潜力大、使用面广的用能产品实行统一的能源效率标识制度。国家制定并公布《中华人民共和国实行能源效率标识的产品目录》(以下简称《目录》),确定统一适用的产品能效标准、实施规则、能源效率标识样式和规格。凡列入《目录》的产品,应当在产品或者产品最小包装的明显部位标注统一的能源效率标识,并在产品说明书中说明。列入《目录》的产品的生产者或进口商应当在使用能源效率标识后,向国家质量监督检验检疫总局(以下简称国家质检总局)和国家发展和改革委员会(以下简称国家发展改革委)授权的机构(以下简称授权机构)备案能源效率标识及相关信息。

国家发展改革委、国家质检总局和国家认证认可监督管理委员会(以下简称国家认监委)负责能源效率标识制度的建立并组织实施。地方各级人民政府节能管理部门(以下简称地方节能管理部门)、地方质量技术监督部门和各级出入境检验检疫机构(以下简称地方质检部门),在各自的职责范围内对所辖区域内能源效率标识的使用实施监督检查。

国家发展改革委、国家质检总局和国家认监委制定《目录》和实施规则。国家发展改革委和国家认监委制定和公布适用产品的统一的能源效率标识样式和规格。能源效率标识的名称为"中国能效标识"(英文名称为 China Energy Label),能源效率标识应当包括以下基本内容:(1)生产者名称或者简称;(2)产品规格型号;(3)能源效率等级;(4)能源消耗量;(5)执行的能源效率国家标准编号。列入《目录》的产品的生产者或进口商,可以利用自身的检测能力,也可以委托国家确定的认可机构认可的检测机构进行检测,并依据能源效率国家标准,确定产品能源效率等级。利用自身检测能力确定能源效率等级的生产者或进口商,其检测资源应当具备按照能源效率国家标准进行检测的基本能力,国家鼓励其实验室取得认可机构的国家认可。生产者或进口商应当根据国家统一规定的能源效率标识样式、规格以及标注规定,印制和使用能源效率标识。在产品包装物、说明书以及广告宣传中使用的能源效率标识,可按比例放大或者缩小,并清晰可辨。

生产者或进口商应当自使用能源效率标识之日起30日内,向授权机构备案,可以通过信函、电报、电传、传真、电子邮件等方式提交以下材料:(1)生产者营业执照或登记注册证明复印件;进口商与境外生产者订立的相关合同副本;(2)产品能源效率检测报告;(3)能源效率标识样本;(4)初始使用日期等其他有关材料;(5)由代理人提交备案材料时,应有生产者或进口商的委托代理文件等。外文材料应当附有中文译本,并以中文文本为准。能源效率标识内容发生变化,应当重新备案。对产品的能源效率指标发生争议时,企业应当委托经依法认定或者认可机构认可的第三方检测机构重新进行检测,并以其检测结果为准。

授权机构应当定期公告备案信息,并对生产者和进口商使用的能源效率标识进行核验。能源效率标识备案不收取费用。生产者和进口商应当对其使用的能源效率标识信息准确性负责。认可机构认可的检测机构接受生产者或进口商的委托进行检测,应当客观、公正,保证检测结果的准确,承担相应的法律责任,并保守受检产品的商业秘密。国家质检总局和国家发展改革委依据各自职责,对列入《目录》的产品进行检查,核实能源效率标识信息。列入《目录》的产品的生产者、销售者和进口商应当接受监督检查。地方节能管理部门、地方质检部门依据《中华人民共和国节约能源法》的有关规定,在各自的职责范围内负责对违反本办法规定的行为进行处罚。

生产者或进口商应当标注统一的能源效率标识而未标注的,由地方节能管理部门或者地方质检部门责令限期改正,逾期未改正的予以通报。有下列情形之一的,由地方节能管理部门或者地方质检部门责令限期改正和停止使用能源效率标识;情节严重的,由地方质检部门处1万元以下罚款:(1)未办理能源效率标识备案的,或者应当办理变更手续而未办理的;(2)使用的能源效率标识的样式和规格不符合规定要求的。

伪造、冒用、隐匿能源效率标识以及利用能源效率标识做虚假宣传、误导消费者的,由地方质检部门依照《中华人民共和国节约能源法》和《中华人民共和国产品质量法》以及其他法律法规的规定予以处罚。

(王 丽)

nongchanpin baohujia zhidu

农产品保护价制度(protective price system for agricultural produce) 在粮食的市场价格过低时,国务院可以决定对部分粮食品种实行保护价制度。保护价应当根据有利于保护农民利益、稳定粮食生产的原则确定。农民按保护价制度出售粮食,国家委托的收购单位不得拒收。

(张旭娟)

nongchanpin hangye xiehui

农产品行业协会(trade association of agricultural produce businees) 农民和农业生产经营组织依法成立的自律性组织。它主要为成员提供生产、营销、信息、技术、培训等服务,发挥协调和自律作用,提出农产品贸易救济措施的申请,维护成员和行业的利益。

(张旭娟)

nongchanpin he nongzi liansuo jingying guanli

农产品和农资连锁经营管理(administration of chain store management of farm products and farm tool) 通过对农产品和农业生产资料由若干零售企业实行集中采购、分散销售、规范化经营,从而实现规模经济效益的管理制度。2003年3月14日,农业部制定发布了《关于发展农产品和农资连锁经营的意见》,对我国发展农产品和农资连锁经营提出了不少建议。主要有直营连锁、特许连锁、自由连锁等类型。实行统一采购、统一配送、统一标识、统一经营方针、统一服务规范和统一销售价格等是连锁经营的基本规范和内在要求。

一般说,经过工业加工的农产品最适宜连锁经营,如各种蔬果饮料、罐头食品、腌制食品、粮食制品、糖果制品等;经过分级、包装、保鲜处理的生鲜农产品,如水果、冷冻鱼肉、茄果类和根茎类蔬菜等也比较适宜连锁经营;叶菜、活家禽、活鱼等产品连锁经营的难度相对较大。各类农业生产资料,每年、每个生产季节都有大量而且相对稳定的需求,实行连锁经营一般不受地域和经济发展水平的限制,可以大力发展。

(傅智文)

nongchanpin jinkou yujing zhidu

农产品进口预警制度(early warning system of import of agricultural produce) 当某些进口农产品已经或者可能对国内相关农产品的生产造成重大的不利影响时,国家可以采取必要的措施,建立农产品预警制度,以维护农产品产销秩序和公平贸易。

(张旭娟)

nongchanpin liutong huodong

农产品流通活动(activity of agricultural produce circulation) 农民和农民专业合作经济组织按照国家有关规定从事农产品收购、批发、贮藏、运输、零售和中介活动。鼓励供销合作社和其他从事农产品购销的农业生产经营组织提供市场信息,开拓农产品流通渠道,为农产品销售服务。国家逐步建立统一、开放、竞争、有序的农产品市场体系,制定农产品批发市场发展规划。对农村集体经济组织和农民专业合作经济组织建立农产品批发市场和农产品集贸市场,国家给予扶持。县级以上人民政府工商行政管理部门和其他有关部门按照各自的职责,依法管理农产品批发市场,规范交易秩序,防止地方保护与不正当竞争。国家鼓励和支持发展多种形式的农产品流通活动。县级以上人民政府应当采取措施,督促有关部门保障农产品运输畅通,降低农产品流通成本。有关行政管理部门应当简化手续,方便鲜活农产品的运输,除法律、行政法规另有规定外,不得扣押鲜活农产品的运输工具。

(张旭娟)

nongcun dianli jianshe yu nongcun yongdian zhidu

农村电力建设与农村用电制度(system of electricity construction and electricity consuming in rural area) 着眼于农村地区的实际情况,将农村电力建设和发展纳入国家电力发展规划,通过采取优惠措施,满足农民和农业生产的用电需求,促进农村经济发展的电力法律制度。这项制度是国家解决"三农"问题的优先行动领域,《中华人民共和国电力法》对此作出了明确的规定:要求省、自治区、直辖市人民政府应当制定农村电气化发展规划,并将其纳入当地电力发展规划及国民经济和社会发展计划;国家对农村电气化实行优惠政策,对少数民族地区、边远地区和贫困地区的农村电力建设给予重点扶持,国家提倡农村开发水能资源,建设中、小型水电站,促进农村电气化发展,国家鼓励和支持农村利用太阳能、风能、地热能、生物质能和其他能源进行农村电源建设,增加农村电力供应;县级以上地方人民政府及其经济综合主管部门在安排电指标时,应当保证农业和农村用电的适当比例,优先保证农村排涝、抗旱和农业季节性生产用电,电力企业不得减少农业和农村用电指标;农业用电价格按照保本、微利的原则确定,农民生活用电与当地城镇居民生活用电应当逐步实行相同的电价。

(张 璐)

nongcun hezuo yinhang

农村合作银行(rural cooperative bank) 由辖内农民、农村工商户、企业法人和其他经济组织入股组成的股份合作制社区性地方金融机构。主要任务是为农民、农业和农村经济发展提供金融服务。此处"股份合作制"是在合作制的基础上,吸收股份制运作机制的一种企业组织形式。农村合作银行主要以农村信用社和农村信用社县(市)联社为基础组建。农村合作银行是独立的企业法人,享有由股东入股投资形成的全部法人财产权,依法享有民事权利,并以全部法人资产独立承担民事责任。农村合作银行的股东按其所持股份享有所有者的资产收益、参与重大决策和选择管理者等权利,并以所持股份为限对农村合作银行的债务承担责任。农村合作银行以效益性、安全性、流动性为经营原则,实行自主经营,自担风险,自负盈亏,自我约束。农村合作银行依法开展业务,不受任何单位和个人的干涉。农村合作银行遵守国家法律、行政法规,执行国家金融方针和政策,依法接受中国银行业监督管理委员会的监督管理。

(刘 鹏)

nongcun hezuo yinhang de guquan shezhi
农村合作银行的股权设置(setting up stockholder's equity of rural cooperative bank) 农村合作银行根据股本金来源和归属对自然人股、法人股的设置。农村合作银行的自然人股和法人股分别设定资格股和投资股两种股权。资格股是取得农村合作银行股东资格必须交纳的基础股金。投资股是由股东在基础股金外投资形成的股份。农村合作银行股东应当符合向金融机构投资入股的条件。

农村合作银行股东可获取农村合作银行优先、优惠服务。股东持有的投资股可凭投资份额大小取得相应的投资分红。资格股实行一人一票。自然人股东每增加2000元投资股增加一个投票权,法人股东每增加20000元投资股增加一个投票权。农村合作银行每股金额为人民币1元,自然人股东资格股起点金额为人民币1000元(各地可根据本地实际进行调整),法人股东资格股起点金额为人民币10000元。投资股金额由股东自行决定。单个自然人股东(包括职工)持股比例(包括资格股和投资股)不得超过农村合作银行股本总额的5‰。本行职工的持股总额不得超过股本总额的25%,职工之外的自然人股东持股总额不得低于股本总额的30%。单个法人及其关联企业持股总和不得超过总股本的10%,持股比例超过5%的,应报当地银行监管机构审批。前款所称关联企业是指相互之间存在直接或间接控制、受同一企业共同控制或重大影响关系的企业。除原农村信用社社员可按照自愿原则将其清产核资、评估量化后的股金转为农村合作银行股本金外,农村合作银行发起人必须以货币资金认缴股本,并一次募足。

农村合作银行印发记名股权证,作为入股股东的所有权凭证。农村合作银行的投资股可转让,但不可退股。农村合作银行股东转让其全部投资股,同时资格股持满3年后可以退股。退股或转让股份的,需事先向农村合作银行董事会申报并征得董事会同意,办理相关登记手续。农村合作银行不得接受本行股份作为质押权标的。农村合作银行股东以本行股份为自己或他人担保的应当事先告知董事会,农村合作银行董事、监事、行长和副行长持有的股份,在任职期间内不得转让或质押。

(刘 鹏)

nongcun hezuo yinhang de jingying guanli
农村合作银行的经营管理(management of rural cooperative bank) 经中国银行业监督管理委员会批准,对农村合作银行可经营《中华人民共和国商业银行法》规定的部分或全部业务的管理。

农村合作银行实行资产负债比例管理:(1)贷款余额与存款余额的比例不得超过80%;(2)流动性资产余额与流动性负债余额的比例不得低于25%;(3)对同一借款人贷款余额与农村合作银行资本余额的比例,不得超过20%,关联企业在计算比例时合并计算;(4)中国银行业监督管理委员会规定的其他资产负债比例。

农村合作银行在辖区内开展存贷款及其他金融业务,要重点面向入股农民,为当地农业和农村经济发展提供金融服务,农村合作银行要将一定比例的贷款用于支持农民、农业和农村经济发展,具体比例由当地银行监管机构根据当地农村产业结构状况确定。银行监管机构应定期对农村合作银行发放支农贷款情况进行评价,并可将评价结果作为审批农村合作银行网点增设、新业务开办等申请的参考。农村合作银行必须建立、健全本行对存款、贷款、结算等各项业务的内控制度,应当建立薪酬与农村合作银行效益和个人业绩相联系的激励机制和约束机制。农村合作银行不得向股东(农民股东除外)及关系人发放信用贷款,发放担保贷款不得优于其他借款人同类贷款条件。"关系人"指:农村合作银行的董事(包括独立董事)、监事、管理人员、信贷业务人员及其近亲属;前项所列人员投资或者担任高级管理职务的公司、企业和其他经济组织。

农村合作银行执行国家统一的金融企业财务会计制度,按照国家有关规定,真实记录并全面反映其业务活动和财务状况,依法纳税。农村合作银行应按规定向当地银行监管机构报送会计报表、统计报表及其他资料。农村合作银行对所报报表、资料的真实性、准确性、完整性负责。农村合作银行应按规定披露财务会计报告、各类风险管理状况、公司治理、年度重大事项等信息。农村合作银行应按照中国银行业监督管理委员会有关规定对向股东及关系人发放贷款情况进行披露。股东或关系人的借款在披露时应与其关联企业借款合并计算。农村合作银行应当在每一会计年度终了时制作财务会计报告,由监事会聘请中国银行业监督管理委员会认可的会计师事务所进行审计。审计报告应由监事会通过,经股东代表大会年会审议后,报当地银行监管机构备案。农村合作银行的财务会计报表应当在召开股东代表大会的20日前置备于该行,供股东查阅。

农村合作银行有下列变更事项之一的,需经中国银行业监督管理委员会批准:(1)变更名称;(2)变更注册资本;(3)变更营业场所;(4)调整业务范围;(5)更换高级管理人员;(6)修改章程;(7)中国银行业监督管理委员会规定的其他变更事项。中国银行业监督管理委员会可视情况批准或授权省、自治区、直辖市、计划单列市银监局批准以上变更事项。农村合作银行接管、解散、撤销和破产,执行《中华人民共和国商业银行法》及有关行政法规的规定。农村合作银行因解散、撤销和宣告破产而终止的,应向所在地中国银行业监督管理委员会省、自治区、直辖市和计划单列市局缴回金融许可证,并持所在地中国银行业监督管理委员会省、自治区、直辖市和计划单列市局通知书向工商行政管理部门办理注销登记,并公告。

农村合作银行违反有关资产负债比例的规定以及向关系人发放贷款的规定的,按照《金融违法行为处罚办法》进行处罚。构成犯罪的,依法追究刑事责任。农村合作银行办理存款、贷款、结算等业务时,违反国家有关法律、行政法规的,按照《金融违法行为处罚办法》及有关法律、行政法规处理。农村合作银行的工作人员在业务经营与管理过程中,有侵占、挪用、受贿等违法违规行为的,按照国家有关法律、行政法规追究行为人的法律责任。农村合作银行及其工作人员违反国家法律、行政法规的行为,由中国银行业监督管理委员会实施处罚。农村合作银行及其工作人员对中国银行业监督管理委员会的处罚决定不服的,可以依照《中华人民共和国行政诉讼法》有关规定向人民法院提起诉讼。 (刘 鹏)

nongcun hezuo yinhang de sheli
农村合作银行的设立(establishment of rural cooperative bank) 按规定的条件设立农村合作银行。设立应当具备下列条件:(1)有符合本规定的章程;(2)发起人不少于1000人;(3)注册资本金不低于2000万元人民币,核心资本充足率达到4%;(4)不良贷款比率低于15%;(5)有具备任职专业知识和业务工作经验的高级管理人员;(6)有健全的组织机构和管理制度;(7)有符合要求的营业场所、安全防范措施和与业务有关的其他设施;(8)中国银行业监督管理委员会规定的其他条件。

筹建农村合作银行应向所在地中国银行业监督管理委员会地区(市、州)分局提出申请,由地区(市、州)分局及省、自治区、直辖市、计划单列市局逐级审核后,报中国银行业监督管理委员会审批。中国银行业监督管理委员会省、自治区、直辖市和计划单列市局受理并审核辖区内以省、地级城市为单位设立农村合作银行的筹建申请,报中国银行业监督管理委员会审批。中国银行业监督管理委员会应在接到筹建申请书之日起3个月内作出是否批准筹建的决定。

申请筹建农村合作银行应提交以下文件资料:(1)筹建申请书。筹建申请书应当载明拟设立的农村合作银行名称、所在地、注册资本、业务范围等。(2)筹建可行性研究报告。(3)筹建方案。(4)筹建人员名单及简历。(5)最近三年资产负债表和损益表。(6)中国银行业监督管理委员会要求提交的其他资料。自中国银行业监督管理委员会批准筹建之日起满6个月,仍不具备申请开业条件的,自动取消筹建资格,且3个月内不得再次提出筹建申请。农村合作银行筹建结束,应向中国银行业监督管理委员会提出开业申请,并提交以下资料:(1)开业申请书;(2)筹建工作报告;(3)章程草案;(4)验资报告;(5)拟任高级管理人员任职资格审查材料;(6)中国银行业监督管理委员会规定的其他资料。开业申请的审批程序同上。

经批准设立的农村合作银行,由所在地中国银行业监督管理委员会省、自治区、直辖市、计划单列市局颁发金融许可证,并凭该许可证向工商行政管理部门办理登记,领取营业执照。农村合作银行可根据业务发展需要,在辖内设立支行、分理处、储蓄所等分支机构。农村合作银行设立分支机构应当按照规定拨付与其经营规模相适应的营运资金。拨付各分支机构营运资金额总和不得超过农村合作银行资本总额的60%。农村合作银行设立分支机构由所在地中国银行业监督管理委员会地区(市、州)分局受理并审核,报中国银行业监督管理委员会省、自治区、直辖市、计划单列市局审批。经批准设立的农村合作银行分支机构,由所在地中国银行业监督管理委员会地(市、州)分局颁发金融许可证,并凭该许可证向工商行政管理部门办理登记,领取营业执照。

未经中国银行业监督管理委员会批准,擅自设立农村合作银行的,由中国银行业监督管理委员会予以取缔,没收其非法所得,并给予行政处罚;构成犯罪的,移交司法机关,依法追究刑事责任。农村合作银行未经中国银行业监督管理委员会批准,擅自设立、合并、撤销分支机构的,给予警告,并处5万元以上30万元以下的罚款;对直接负责的高级管理人员,给予撤职直至开除的纪律处分。农村合作银行未经中国银行业监督管理委员会批准,擅自变更事项的,给予警告,并处1万元以上10万元以下的罚款。其中,擅自更换高级管理人员的,对直接负责的高级管理人员,给予撤职直至开除的纪律处分。农村合作银行超出中国银行业监督管理委员会批准的业务范围开展业务活动的,给予警告,没收违法所得,并处违法所得1倍以上5倍以下的罚款,没有违法所得的,处10万元以上50万元以下的罚款;对直接负责的高级管理人员给予撤职直至开除的纪律处分,对其他直接负责的主管人员和直接责任人员给予记过直至开除的纪律处分;情节严重的,责令停业整顿或者吊销金融许可证;构成非法经营罪或者其他罪的,依法追究刑事责任。农村合作银行及其工作人员对中国银行业监督管理委员会的处罚决定不服的,可以依照《中华人民共和国行政诉讼法》有关规定向人民法院提起诉讼。 (刘 鹏)

nongcun hezuo yinhang zuzhi jigou
农村合作银行组织机构（organization structure of rural cooperative bank） 依规定设置的农村合作银行的内部机构。

股东代表大会 农村合作银行实行民主管理，其权力机构是股东代表大会。股东代表由股东选举产生，每届任期3年。农村合作银行股东代表大会行使下列职权：(1)制定或修改章程；(2)审议通过股东代表大会议事规则；(3)选举和更换董事和由股东代表出任的监事，决定有关董事、监事的报酬事项；(4)审议、批准董事会、监事会工作报告；(5)审议、批准农村合作银行的发展规划，决定农村合作银行的经营方针和投资计划；(6)审议、批准农村合作银行年度财务预算、决算方案、利润分配方案和亏损弥补方案；(7)对增加或减少注册资本作出决议；(8)对农村合作银行的分立、合并、解散和清算等事项作出决议；(9)决定其他重大事项。股东代表大会应当在每一会计年度结束后6个月内召开，由董事会负责召集。如董事会认为必要，可随时召开。经1/2以上股东代表提议或者2/3监事提议也可临时召开。股东代表大会作出的决议，必须经过出席会议的股东代表所持投票权的半数通过。对农村合作银行修改章程、合并、分立或解散作出的决议，必须经出席会议的股东代表所持投票权的2/3以上通过。农村合作银行股东代表大会应当实行律师见证制度，并由律师出具法律意见书。农村合作银行股东代表大会会议记录、股东代表大会决议等文件应当报送当地银行监管机构备案。

董事会 农村合作银行股东代表大会选举产生的董事会，其成员为7至19人。其中农户、农村工商户股东担任董事的人数不得少于董事人数的1/3。本行职工股东担任董事的人数，不得超过董事人数的1/3。董事每届任期3年，可连选连任。农村合作银行董事会应设立独立董事。独立董事与农村合作银行及其主要股东之间不应存在影响其独立判断的关系。独立董事履行职责时尤其要关注存款人和中小股东的利益。农村合作银行董事会设董事长1人，可设副董事长1至2人，董事长为法定代表人。董事长、副董事长每届任期3年，可连选连任，离任时须进行离任审计。董事会对股东代表大会负责，行使下列职权：(1)负责召集股东代表大会，并向股东代表大会报告工作；(2)执行股东代表大会决议；(3)决定农村合作银行的经营计划和入股及投资方案；(4)制定农村合作银行的年度财务预算、决算方案、利润分配方案和亏损弥补方案；(5)制定农村合作银行增加或减少注册资本的方案；(6)决定农村合作银行的内部管理机构设置；(7)制定农村合作银行的基本管理制度；(8)聘任和解聘农村合作银行行长。根据行长的提名，聘任或者解聘副行长、财务和信贷负责人，并决定其报酬；(9)拟定农村合作银行的合并、分立和解散方案；(10)章程规定和股东代表大会授予的其他权利。

农村合作银行董事会例会每年至少应召开4次，由董事长召集和主持。董事会应当通知监事会派员列席董事会会议。农村合作银行董事（包括独立董事）每年应至少参加两次董事会。违反前述规定的，经股东代表大会通过，可取消其董事资格。农村合作银行董事会应当建立规范公开的董事选举程序，经股东代表大会批准后实施。在股东代表大会召开前1个月，董事会应向股东披露董事候选人的详细资料。农村合作银行董事会决议须经出席董事会会议的全体董事签字，并在会议结束后10日内报当地银行监管机构备案。董事会决议须经半数以上董事同意方能生效。董事会的决议违反法律、法规或章程，致使农村合作银行遭受严重损失的，参与决策且未表示异议的董事应负赔偿责任。董事会在聘任期限内解除行长职务，应及时告知监事会和银行监管机构，并作出书面说明。未经行长提名，董事会不得直接聘任或解聘副行长、财务和信贷负责人。

行长、副行长 农村合作银行设行长1人，可设副行长2至3人。行长对董事会负责，行使以下职权：(1)提请董事会聘任或者解聘副行长、财务和信贷负责人等高级管理层成员；(2)聘任或者解聘应由董事会聘任或者解聘以外的农村合作银行内部各职能部门及分支机构负责人；(3)代表高级管理层向董事会提交经营计划和投资方案，经董事会批准后组织实施；(4)授权高级管理层成员、内部各职能部门及分支机构负责人从事经营活动；(5)在农村合作银行发生挤兑等重大突发事件时，采取紧急措施，并立即向银行监管机构和董事会、监事会报告；(6)其他依据法律、法规、规章和农村合作银行章程规定应由行长行使的职权。农村合作银行行长人选由董事提名，董事会聘任。副行长由行长提名，董事会聘任。行长、副行长每届任期3年，可连聘连任。农村合作银行行长不得由董事长兼任。农村合作银行行长每年接受监事会的专项审计，审计结果应向董事会和股东代表大会报告。行长、副行长离任时，须进行离任审计。农村合作银行行长、副行长超出董事会授权范围或违反法律、法规或者章程作出的经营决策，致使农村合作银行遭受严重损失的，参与决策的行长、副行长应承担相应责任。

监事会 农村合作银行设监事会，人数为5到9人，监事会成员由职工代表和股东代表组成，其中职工担任的监事不得超过监事总数的1/3。监事会中的职工监事由职工代表大会选举产生，非职工监事由股东代表大会选举产生。监事任期3年，可连选连任。董事会成员、行长、副行长及财务主管人员不得担任监事。监事会行使以下职权。(1)监督董事会、高级管理人员履行职责情况;(2)要求董事、董事长及高级管理人员纠正其损害农村合作银行利益的行为;(3)对董事和高级管理人员进行专项审计和离任审计;(4)检查监督农村合作银行的财务活动;(5)对农村合作银行的经营决策、风险管理和内部控制等进行审计并指导农村合作银行内部稽核工作;(6)对董事、董事长及高级管理人员进行质询;(7)其他法律、法规、规章及农村合作银行章程规定应当由监事会行使的职权。对监事会提出的纠正措施、整改建议等,董事会和高级管理层拒绝或者拖延执行的,监事会应向当地银行监管机构和股东代表大会报告。

农村合作银行高级管理人员任职资格条件比照城市商业银行高级管理人员任职资格规定执行。农村合作银行高级管理人员任职资格由中国银行业监督管理委员会批准。 (刘 鹏)

nongcun shangye yinhang
农村商业银行(rural commercial bank) 由辖区内农民、农村工商户、企业法人和其他经济组织共同发起成立的股份制地方性金融机构。主要任务是为当地农民、农业和农村经济发展提供金融服务,促进城乡经济协调发展。农村商业银行主要以农村信用社和农村信用社县(市)联社为基础组建。农村商业银行是独立的企业法人,享有由股东投资形成的全部法人财产权,依法享有民事权利,并以全部法人资产独立承担民事责任。农村商业银行的股东以其所持股份享有所有者的资产受益、参与重大决策和选择管理者等权利,并以所持股份为限对农村商业银行的债务承担责任。农村商业银行以效益性、安全性、流动性为经营原则,实行自主经营,自担风险,自负盈亏,自我约束。农村商业银行依法开展业务,不受任何单位和个人的干涉。农村商业银行应当保障存款人的合法权益不受任何单位和个人的侵犯。农村商业银行遵守国家法律、行政法规,执行国家金融方针和政策,依法接受中国银行业监督管理委员会的监督管理。 (刘 鹏)

nongcun shangye yinhang de guquan shezhi
农村商业银行的股权设置(setting up stockholder's equity of rural commercial bank) 农村商业银行根据股本金来源和归属自然人股、法人股的设置。农村商业银行股东应当符合向金融机构入股的条件。农村商业银行的股本划分为等额股份,每股金额为人民币1元。农村商业银行股份应当同股同权,同股同利。

农村商业银行单个自然人股东持股比例不得超过总股本的5‰,单个法人及其关联企业持股总和不得超过总股本的10%,本行职工持股总额不得超过股本的25%。"关联企业"是指相互之间存在直接或间接控制、受同一企业共同控制或重大影响关系的企业。农村商业银行董事会应向当地银行监管机构及时报送持有银行股份前十名股东的名单。除原农村信用社社员可将其清产核资、评估量化后的股金按照自愿原则和农村商业银行股本结构的规定转为农村商业银行股本金外,农村商业银行发起人必须以货币资金认缴股本,并一次募足。农村商业银行应向认缴股份的股东签发记名股权证,作为股东入股所持股份的凭证。

农村商业银行股东不得虚假出资或者抽逃出资,也不得抽回股本。农村商业银行不得接受本行股份作为质押权标的。发起人持有的股份自农村商业银行成立之日起3年内不得转让。农村商业银行股东以本行股份为自己或他人担保的,应当事先告知并征得董事会同意。农村商业银行董事、监事、行长和副行长持有的股份,在任职期间内不得转让或质押。 (刘 鹏)

nongcun shangye yinhang de jigou biangeng yu zhongzhi
农村商业银行的机构变更与终止(alteration & termination of organizations of rural commercial bank) 依规定农村商业银行本身的机构的变更和终止法律行为。农村商业银行有下列变更事项之一的,需经中国银行业监督管理委员会批准:(1)变更名称;(2)变更注册资本;(3)变更营业场所;(4)调整业务范围;(5)更换高级管理人员;(6)修改章程;(7)中国银行业监督管理委员会规定的其他变更事项。中国银行业监督管理委员会可视情况批准或授权省、自治区、直辖市、计划单列市局批准以上变更事项。农村商业银行接管、解散、撤销和破产,执行《中华人民共和国商业银行法》及有关法律、行政法规的规定。农村商业银行因解散、撤销和宣告破产而终止的,应向所在地中国银行业监督管理委员会的省、自治区、直辖市和计划单列市局缴回金融许可证,并持所在地中国银行业监督管理委员会的省、自治区、直辖市和计划单列市局通知书向工商行政管理部门办理注销登记,并公告。农村商业银行未经中国银行业监督管理委员会批准,擅自变更《商业银行法》第54条所列变更事项的,给予警告,并处1万元以上10万元以下的罚款。其中,擅自更换高级管理人员的,对直接负责的高级管理人员,给予撤职直至开除的纪律处分。

农村商业银行及其工作人员对中国银行业监督管理委员会的处罚决定不服的,可以依照《中华人民共和国行政诉讼法》有关规定向人民法院提起诉讼。 (刘 鹏)

nongcun shangye yinhang de jingying guanli
农村商业银行的经营管理(management of rural

commercial bank) 经中国银行业监督管理委员会批准,对农村商业银行可经营《中华人民共和国商业银行法》规定的部分或全部业务的管理。

农村商业银行资产负债比例管理按照《中华人民共和国商业银行法》规定执行。对同一借款人贷款余额与农村商业银行资本余额的比例,应与其关联企业的贷款合并计算。

农村商业银行必须建立、健全本行对存款、贷款、结算等各项业务的内部控制制度,建立薪酬与银行效益和个人业绩相联系的激励和约束机制。

农村商业银行要将一定比例的贷款用于支持农民、农业和农村经济发展,具体比例由股东大会根据当地农村产业结构状况确定,并报当地省级银行监管机构备案。银行监管机构应定期对农村商业银行发放支农贷款情况进行评价,并可将评价结果作为审批农村商业银行网点增设、新业务开办等申请的参考。农村商业银行不得向股东发放信用贷款,发放担保贷款不得优于其他借款人同类贷款条件。农村商业银行向关系人发放贷款适用《中华人民共和国商业银行法》规定。农村商业银行执行国家统一的金融企业财务会计制度,按照国家有关规定,真实记录并全面反映其业务活动和财务状况,依法纳税。

农村商业银行应按规定向中国银行业监督管理委员会报送会计报表、统计报表及其他资料。农村商业银行对所报报表、资料的真实性、准确性、完整性负责。农村商业银行应按规定披露财务会计报告、各类风险管理状况、公司治理、年度重大事项等信息。农村商业银行应按照中国银行业监督管理委员会有关规定对向股东及关系人发放贷款情况进行披露。股东或关系人的借款在披露时应与其关联企业借款合并计算。农村商业银行应当在每一会计年度终了时制作财务会计报告,并由监事会聘请中国银行业监督管理委员会认可的会计师事务所进行审计。审计报告应由监事会通过,经股东大会年会审议后,报当地银行监管机构备案。农村商业银行的财务会计报表应当在召开股东大会的 20 日前置备于该行,供股东查阅。

农村商业银行超出中国银行业监督管理委员会批准的业务范围开展业务活动的,给予警告,没收违法所得,并处违法所得 1 倍以上 5 倍以下的罚款,没有违法所得的,处 10 万元以上 50 万元以下的罚款;对直接负责的高级管理人员给予撤职直至开除的纪律处分,对其他直接负责的主管人员和直接责任人员给予记过直至开除的纪律处分;情节严重的,责令停业整顿或者吊销金融许可证;构成非法经营罪或者其他罪的,依法追究刑事责任。农村商业银行办理存款、贷款、结算等业务时,违反国家有关法律、行政法规的,按照《中华人民共和国商业银行法》和《金融违法行为处罚办法》有关规定处理。农村商业银行违反本有关出资、担保的规定,有关贷款比例的规定,有关发放贷款的规定的,按照《金融违法行为处罚办法》进行处罚。构成犯罪的,依法追究刑事责任。农村商业银行的工作人员在业务经营与管理过程中,有侵占、挪用、受贿等违法违规行为的,按照国家有关法律、行政法规追究行为人的法律责任。农村商业银行及其工作人员违反国家法律、行政法规的行为,由中国银行业监督管理委员会实施处罚。农村商业银行及其工作人员对中国银行业监督管理委员会的处罚决定不服的,可以依照《中华人民共和国行政诉讼法》有关规定向人民法院提起诉讼。

(刘 鹏)

nongcun shangye yinhang de sheli
农村商业银行的设立(establishment of rural commercial bank) 依规定的条件设立农村商业银行。设立农村商业银行应当具备下列条件:(1) 有符合本规定的章程;(2) 发起人不少于 500 人;(3) 注册资本金不低于 5000 万元人民币,资本充足率达到 8%;(4) 设立前辖区内农村信用社总资产 10 亿元以上,不良贷款比例 15% 以下;(5) 有具备任职所需的专业知识和业务工作经验的高级管理人员;(6) 有健全的组织机构和管理制度;(7) 有符合要求的营业场所、安全防范措施和与业务有关的其他设施;(8) 中国银行业监督管理委员会规定的其他条件。

农村商业银行以发起方式设立,实行股份有限公司形式,由发起人认购农村商业银行发行的全部股份。农村商业银行的发起人以原农村信用社的社员为基础,并吸收农民、农村工商户、企业法人和其他经济组织参加。

筹建农村商业银行应向所在地中国银行业监督管理委员会地区(市、州)分局提出申请,由地区(市、州)分局及省、自治区、直辖市、计划单列市局逐级审核后,报中国银行业监督管理委员会审批。中国银行业监督管理委员会省、自治区、直辖市和计划单列市局受理并审核辖区内以省、地级城市为单位设立农村商业银行的筹建申请,报中国银行业监督管理委员会审批。中国银行业监督管理委员会应在接到筹建申请书之日起 3 个月内作出是否批准筹建的决定。

申请筹建农村商业银行应提交以下文件资料:(1) 筹建申请书。筹建申请书应当载明拟设立的农村商业银行名称、所在地、注册资本、业务范围等。(2) 筹建可行性研究报告。(3) 筹建方案。(4) 筹建人员名单及简历。(5) 最近三年资产负债表和损益表。(6) 中国银行业监督管理委员会要求提交的其他资料。自中国银行业监督管理委员会批准筹建之日起满 6 个月,仍不具备申请开业条件的,自动取消筹建资格,且3个月内不得再次提出筹建申请。农村商业银行筹建结束,应向中国银行业监督管理委员会提出开业申请,并提交以下资料:(1)开业申请书;(2)筹建工作报告;(3)章程草案;(4)验资报告;(5)拟任高级管理人员任职资格审查材料;(6)中国银行业监督管理委员会规定的其他资料。开业申请的审批程序同上。

经批准设立的农村商业银行,由所在地中国银行业监督管理委员会省、自治区、直辖市和计划单列市局颁发金融许可证,并凭该许可证向工商行政管理部门办理登记,领取营业执照。农村商业银行可根据业务发展需要,在辖区内设立支行、分理处、储蓄所等分支机构。农村商业银行设立分支机构应当按照规定拨付与其经营规模相适应的营运资金。拨付各分支机构营运资金额的总和不得超过农村商业银行资本总额的60%。农村商业银行设立分支机构由所在地中国银行业监督管理委员会地(市、州)分局受理并审核,报省、自治区、直辖市和计划单列市局审批。经批准设立的农村商业银行分支机构,由所在地中国银行业监督管理委员会地(市、州)分局颁发金融许可证,并凭该许可证向工商行政管理部门办理登记,领取营业执照。

未经中国银行业监督管理委员会批准,擅自设立农村商业银行的,由中国银行业监督管理委员会予以取缔,没收其非法所得,并给予行政处罚;构成犯罪的,移交司法机关,依法追究刑事责任。农村商业银行未经中国银行业监督管理委员会批准,擅自设立、合并、撤销分支机构的,给予警告,并处5万元以上30万元以下的罚款;对直接负责的高级管理人员,给予撤职直至开除的纪律处分。

(刘 鹏)

nongcun shangye yinhang de zuzhi jigou
农村商业银行的组织机构(organization structure of rural commercial bank) 依规定所设置的农村商业银行内部机构。

股东大会 农村商业银行由股东组成股东大会,股东大会是农村商业银行的权力机构。农村商业银行股东大会行使下列职权:(1)制定或修改章程;(2)审议通过股东大会议事规则;(3)选举和更换董事和由股东代表出任的监事,决定有关董事、监事的报酬等事项;(4)审议、批准董事会、监事会工作报告;(5)审议、批准农村商业银行的发展规划,决定农村商业银行的经营方针和投资计划;(6)审议、批准农村商业银行年度财务预算、决算方案、利润分配方案和亏损弥补方案;(7)对增加或减少注册资本作出决议;(8)对农村商业银行的分立、合并、解散和清算等事项作出决议;(9)决定其他重大事项。股东大会应当在每一会计年度结束后6个月内召开股东大会年会,由董事会负责召集。出现《中华人民共和国公司法》第104条规定情形之一的,可以召开临时股东大会。股东大会由股东按持有股份的数额行使表决权,实行一股一票。股东可以委托代理人出席股东大会,代理人应当向农村商业银行提交股东授权委托书,并在授权范围内行使表决权。股东大会的决议,必须经过出席会议的股东代表所持表决权的半数通过。股东大会对农村商业银行修改章程、合并、分立或解散作出的决议,必须经出席会议的股东代表所持表决权的2/3以上通过。农村商业银行股东大会应当实行律师见证制度,并由律师出具法律意见书。农村商业银行股东大会会议记录、股东大会决议等文件应当报送当地银行监管机构备案。

董事会 农村商业银行股东大会选举产生董事会,其成员为7至19人。其中本行职工担任董事的人数应不少于董事会成员总数的1/4,但不应超过董事会成员的1/3,除本行职工外的其他自然人股东担任董事的人数不得少于董事人数1/4。董事每届任期3年,可连选连任。农村商业银行董事会应设立独立董事。独立董事与农村商业银行及其主要股东之间不应存在影响其独立判断的关系。独立董事履行职责时尤其要关注存款人和中小股东的利益。董事会设董事长1人,可设副董事长1至2人,董事长为法定代表人。董事长、副董事长每届任期3年,可连选连任,离任时须进行离任审计。董事会对股东大会负责,行使下列职权:(1)负责召集股东大会,并向股东大会报告工作;(2)执行股东大会决议;(3)决定农村商业银行的经营计划和投资方案;(4)制定农村商业银行的年度财务预算、决算、利润分配、亏损弥补方案;(5)制定农村商业银行增加或减少注册资本的方案;(6)决定农村商业银行的内部管理机构设置;(7)制定农村商业银行的基本管理制度;(8)聘任和解聘农村商业银行行长,根据行长的提名,聘任或者解聘副行长、财务和信贷负责人,并决定其报酬;(9)拟定农村商业银行的合并、分立和解散方案;(10)章程规定和股东大会授予的其他权利。农村商业银行董事会例会每年至少应召开4次,由董事长召集和主持。董事会应当通知监事会派员列席董事会会议。农村商业银行董事(包括独立董事)每年应至少参加两次董事会会议。违反上述规定的,经股东大会通过,可取消其董事资格。董事会应当建立规范公开的董事选举程序,经股东大会批准后实施。在股东大会召开前一个月,董事会应向股东披露董事候选人的详细资料。农村商业银行董事会决议须经出席董事会会议的董事签字,并在会议结束后10日内报当地银行监管机构备案。董事会决议须经半数以上董事同意方能生效。董事会的决议违反法律、法规和章程,致使农村商业银行遭受严重损失的,参与决策且未表示异议的董事应负赔偿责任。董事会在聘任期限内解除行长职务,应当及时告知监事会和银行监管机构,并作出书面说明。未经行长提名,董事会不得直接聘任或解聘副行长、财务和信贷负责人。

行长、副行长 农村商业银行设行长1人,可设副行长2至3人,由董事会聘任和解聘。行长对董事会负责,行使以下职权:(1)提请董事会聘任或者解聘副行长、财务和信贷负责人等高级管理人员;(2)聘任或者解聘除应由董事会聘任或者解聘以外的农村商业银行内部各职能部门及分支机构负责人;(3)代表高级管理层向董事会提交经营计划和投资方案,经董事会批准后组织实施;(4)授权高级管理层成员、内部各职能部门及分支机构负责人从事经营活动;(5)在农村商业银行发生挤兑等重大突发事件时,采取紧急措施,并立即向银行监管机构和董事会、监事会报告;(6)其他依据法律、法规、规章及农村商业银行章程规定应由行长行使的职权。农村商业银行行长人选由董事提名,董事会聘任。副行长由行长提名,董事会聘任。行长、副行长每届任期3年,可连聘连任。农村商业银行行长不得由董事长兼任。农村商业银行行长每年接受监事会的专项审计,审计结果应向董事会和股东大会报告。行长、副行长离任时,须进行离任审计。农村商业银行行长、副行长违反法律、法规或超出董事会授权范围作出决策,致使农村商业银行遭受严重损失的,参与决策的行长、副行长应承担相应责任。

监事会 农村商业银行设监事会,人数为5到9人,监事会成员由职工代表和股东代表组成,其中,职工担任的监事不得超过监事总数的1/3。监事会中的职工监事由职工代表大会选举产生,非职工监事由股东大会选举产生。监事任期3年,可连选连任。董事会成员、行长、副行长、财务和信贷负责人不得担任监事。监事会行使以下职权:(1)监督董事会、高级管理人员履行职责情况;(2)要求董事、董事长及高级管理人员纠正其损害农村商业银行利益的行为;(3)对董事和高级管理人员进行专项审计和离任审计;(4)检查监督农村商业银行的财务活动;(5)对农村商业银行的经营决策、风险管理和内部控制等进行审计并指导农村商业银行内部稽核工作;(6)对董事、董事长及高级管理人员进行质询;(7)提议召开临时股东大会;(8)其他法律、法规、规章及农村商业银行章程规定应当由监事会行使的职权。对监事会提出的纠正措施、整改建议等,董事会和高级管理层拒绝或者拖延执行的,监事会应当向当地银行监管机构报告并报告股东大会。农村商业银行高级管理人员任职资格条件比照城市商业银行高级管理人员任职资格规定执行。农村商业银行高级管理人员任职资格由中国银行业监督管理委员会批准。

(刘 鹏)

nongcun shehui jiuji zhidu

农村社会救济制度(social security system in rural areas) 社会救济制度的一种。国家应保障农村五保户、贫困残疾农民、贫困老年农民和其他丧失劳动能力的农民的基本生活,逐步完善农村社会救济制度。

(张旭娟)

nongcun tudi chengbaofa

《农村土地承包法》(Rural Land Contracted Act) 《中华人民共和国农村土地承包法》于2002年8月29日第九届全国人民代表大会常务委员会第二十九次会议通过,自2003年3月1日起施行。制定本法的目的是:稳定和完善以家庭承包经营为基础、统分结合的双层经营体制,赋予农民长期而有保障的土地使用权,维护农村土地承包当事人的合法权益,促进农业、农村经济发展和农村社会稳定。本法共5章65条。包括:总则、家庭承包、其他方式的承包、争议的解决和法律责任、附则等部分。国家实行农村土地承包经营制度;依法保护农村土地承包关系的长期稳定。农村集体经济组织成员有权依法承包由本集体经济组织发包的农村土地。国务院农业、林业行政主管部门分别依照国务院规定的职责负责全国农村土地承包及承包合同管理的指导

家庭承包 发包方享有的权利是:发包本集体使用的农村土地;监督承包方依照约定合理利用和保护土地;制止损害承包地和农业资源的行为;法律、行政法规规定的其他权利。发包方应承担的义务是:维护承包方的土地承包经营权;尊重承包方的生产经营自主权;依照合同约定为承包方提供生产、技术、信息等服务;组织本集体经济组织内的农业基础设施建设;法律、行政法规规定的其他义务。承包方享有的权利是:享有承包地使用、收益和土地承包经营权流转的权利,有权自主组织生产经营和处置产品;承包地被征用、占用的,有权依法获得相应的补偿;法律、行政法规规定的其他权利。承包方承担的义务是:维持土地的农业用途;依法保护和合理利用土地;法律、行政法规规定的其他义务。土地承包应当遵循的原则是:统一组织承包时,成员有平等地行使承包土地的权利,也可以自愿放弃承包土地的权利;民主协商,公平合理;承包方案应当按照本法规定,经本集体成员的村民会议2/3以上村民代表的同意;承包程序合法。土地承包的程序是:选举承包工作小组;承包小组拟订并公布承包方案;召开村民会议,讨论通过承包方案;公开组织实施承包方案;签订承包合同。耕地的承包期为30年;草地的承包期为30年至50年;林地的承包期为30年至70年;特殊林木的林地承包期,经国务院林业行政主管部门批准可以延长。发包方应当与承包方签订书面

承包合同。承包合同一般包括以下条款:发包方、承包方的名称,发包方负责人和承包方代表的姓名、住所;承包土地的名称、坐落、面积、质量等级;承包期限和起止日期;承包土地的用途;发包方和承包方的权利和义务;违约责任。承包期内,发包方不得收回承包地;发包方不得调整承包地;承包方可以自愿将承包地交回发包方;妇女结婚,在新居住地未取得承包地的,发包方不得收回其原承包地;妇女离婚或者丧偶,仍在原居住地生活或者不在原居住地生活但在新居住地未取得承包地的,发包方不得收回其原承包地。承包取得的土地承包经营权可以依法采取转包、出租、互换、转让或者其他方式流转。

其他方式的承包 以其他方式承包农村土地是不宜采取家庭承包方式的荒山、荒沟、荒丘、荒滩等农村土地,通过招标、拍卖、公开协商等方式承包的土地;当事人应当签订承包合同及其权利和义务、承包期限等,由双方协商确定。以其他方式承包农村土地,在同等条件下,本集体经济组织成员享有优先承包权。通过招标、拍卖、公开协商等方式承包农村土地,取得土地承包经营权证或者林权证等证书的,其土地承包经营权可以依法采取转让、出租、入股、抵押或者其他方式流转。

争议的解决和法律责任 因土地承包经营发生纠纷的,双方当事人可以通过协商解决,也可以请求村民委员会、乡(镇)人民政府等调解解决。任何组织和个人侵害承包方的土地承包经营权的,应当承担民事责任。发包方有违反本法54条规定的,应当承担停止侵害、返还原物、恢复原状、排除妨害、消除危险、赔偿损失等民事责任。违反土地管理法规,非法征用、占用土地或者贪污、挪用土地征用补偿费用,构成犯罪的,依法追究刑事责任;造成他人损害的,应当承担损害赔偿等责任。国家机关及其工作人员有利用职权干涉农村土地承包,变更、解除承包合同,干涉承包方依法享有的生产经营自主权,或者强迫、阻碍承包方进行土地承包经营权流转等侵害土地承包经营权的行为,给承包方造成损失的,应当承担损害赔偿等责任;情节严重的,由上级机关或者所在单位给予直接责任人员行政处分;构成犯罪的,依法追究刑事责任。

(唐明龙 包剑虹)

nongcun tudi chengbao jingyingquanzheng
农村土地承包经营权证(administration institution on the certificate of right to operate a contracted rural land) 农村土地承包合同生效后,国家依法确认承包方享有土地承包经营权的法律凭证。农村土地承包经营权证只限承包方使用。农村土地承包经营权证由农业部监制,由省级人民政府农业行政主管部门统一组织印制,加盖县级以上地方人民政府印章。

农村土地承包经营权证的范围 承包耕地、园地、荒山、荒沟、荒丘、荒滩等农村土地从事种植业生产活动,承包方依法取得农村土地承包经营权后,应颁发农村土地承包经营权证予以确认。承包草原、水面、滩涂从事养殖业生产活动的,依照《中华人民共和国草原法》、《中华人民共和国渔业法》等有关规定确权发证。实行家庭承包经营的承包方,由县级以上地方人民政府颁发农村土地承包经营权证。实行其他方式承包经营的承包方,经依法登记,由县级以上地方人民政府颁发农村土地承包经营权证。县级以上地方人民政府农业行政主管部门负责农村土地承包经营权证的备案、登记、发放等具体工作。农村土地承包经营权证所载明的权利有效期限,应与依法签订的土地承包合同约定的承包期一致。农村土地承包经营权证应包括以下内容:(1)名称和编号;(2)发证机关及日期;(3)承包期限和起止日期;(4)承包土地名称、坐落、面积、用途;(5)农村土地承包经营权变动情况;(6)其他应当注明的事项。

农村土地承包经营权证的颁发 实行家庭承包的,按下列程序颁发农村土地承包经营权证:(1)土地承包合同生效后,发包方应在30个工作日内,将土地承包方案、承包方及承包土地的详细情况、土地承包合同等材料一式两份报乡(镇)人民政府农村经营管理部门。(2)乡(镇)人民政府农村经营管理部门对发包方报送的材料予以初审。材料符合规定的,及时登记造册,由乡(镇)人民政府向县级以上地方人民政府提出颁发农村土地承包经营权证的书面申请;材料不符合规定的,应在15个工作日内补正。(3)县级以上地方人民政府农业行政主管部门对乡(镇)人民政府报送的申请材料予以审核。申请材料符合规定的,编制农村土地承包经营权证登记簿,报同级人民政府颁发农村土地承包经营权证;申请材料不符合规定的,书面通知乡(镇)人民政府补正。

农村土地承包经营权证的变更 承包期内,承包方采取转包、出租、入股方式流转土地承包经营权的,不需办理农村土地承包经营权证变更。采取转让、互换方式流转土地承包经营权的,当事人可以要求办理农村土地承包经营权证变更登记。因转让、互换以外的其他方式导致农村土地承包经营权分立、合并的,应当办理农村土地承包经营权证变更。办理农村土地承包经营权变更申请应提交以下材料:(1)变更的书面请求;(2)已变更的农村土地承包合同或其他证明材料;(3)农村土地承包经营权证原件。乡(镇)人民政府农村经营管理部门受理变更申请后,应及时对申请材料进行审核。符合规定的,报请原发证机关办理变更手续,并在农村土地承包经营权证登记簿上记载。

农村土地承包经营权证严重污损、毁坏、遗失的，承包方应向乡（镇）人民政府农村经营管理部门申请换发、补发。经乡（镇）人民政府农村经营管理部门审核后，报请原发证机关办理换发、补发手续。农村土地承包经营权证换发、补发，应当在农村土地承包经营权证上注明"换发"、"补发"字样。办理农村土地承包经营权证换发、补发手续，应以农村土地经营权证登记簿记载的内容为准。

农村土地承包经营权证的收回　承包期内，发生下列情形之一的，应依法收回农村土地承包经营权证：（1）承包期内，承包方全家迁入设区的市，转为非农业户口的。（2）承包期内，承包方提出书面申请，自愿放弃全部承包土地的。（3）承包土地被依法征用、占用，导致农村土地承包经营权全部丧失的。（4）其他收回土地承包经营权证的情形。上述情形，承包方无正当理由拒绝交回农村土地承包经营权证的，由原发证机关注销该证（包括编号），并予以公告。收回的农村土地承包经营权证，应退回原发证机关，加盖"作废"章。

县级人民政府农业行政主管部门和乡（镇）人民政府要完善农村土地承包方案、农村土地承包合同、农村土地承包经营权证及其相关文件档案的管理制度，建立健全农村土地承包信息化管理系统。地方各级人民政府农业行政主管部门要加强对农村土地承包经营权证的发放管理，确保农村土地承包经营权证全部落实到户。

（刘　鹏　王　丽）

nongcun xinyongshe

农村信用社（rural credit cooperative）　又称农村信用合作社。经中国银行业监督管理机构批准设立、由社员入股组成、实行社员民主管理、主要为社员提供金融服务的农村合作金融机构。农村信用社是独立的企业法人，以其全部资产对农村信用社的债务承担责任，依法享有民事权利，承担民事责任，其财产、合法权益和依法开展的业务活动受国家法律保护，任何单位和个人不得侵犯和干涉。中国于1923年在河北香河组建了第一家农村信用社。农村信用社发展初期，大都是由中国农业银行进行管理。1996年，中国农业银行与农村信用社和县级联社脱钩，农村信用社的业务管理和金融监管分别由县联社和中国人民银行承担。2003年，中国银行业监督管理委员会成立，农村信用社的金融监管负责交由其承担。根据1997年《农村信用合作社管理规定》，设立农村信用社，必须具备以下条件：社员一般不少于500个，社员是信用社股东，可以得到分红；注册资本金一般不少于100万元人民币；有符合法律规定的章程；有具备任职资格的管理人员和业务操作员；有符合要求的营业场所、安全防范措施和与业务有关的其他设施。农村信用社营业机构按照方便社员、经济核算、便于管理、保证安全的原则设置。信用社可根据业务需要下设分社、储蓄所，由农村信用社统一核算。分社、储蓄所不具备法人资格。在农村信用社授权范围内依法、合规开展业务，其民事责任由农村信用社承担。农村信用社所有社员必须以货币资金入股，不得以债权、实物资产、有价证券等折价入股，单个社员的最高持股比例不得超过该农村信用社股本金总额的2%；社员持有的股本金，经向本社办理登记手续后可以转让；经本社理事会同意后，社员可以退股，年底财务决算之前退股的，不支付当年股息红利。农村信用社的权力机构是社员代表大会，社员代表每届任期3年。其常设执行机构是理事会，成员为5人以上（奇数），理事长为农村信用社的法定代表人。农村信用社实行理事会领导下的主任负责制，主任经中国银行业监督管理委员会批准任职资格后，由理事会予以聘任。农村信用社可从事下列人民币业务：办理存款、贷款、票据贴现、国内结算业务；办理个人储蓄业务；代理其他银行的金融业务；代理收付款项及受托代办保险业务；买卖政府债券；代理发行、代理兑付、承销政府债券；提供保险箱业务；由县联社统一办理资金融通调剂业务；经金融监管机构批准的其他业务。农村信用社必须按照规定交纳存款准备金，对本社社员的贷款不得低于贷款总额的50%，坚持多存多贷、自求平衡的原则，实行资产负债比例管理和资产风险管理，提取呆账准备金和坏账准备金，执行国家统一制定的财务会计制度。农村信用社在已经或者可能发生信用危机、严重危害存款人利益时，可由中国人民银行按照有关规定对其进行接管，但接管期限不得超过12个月，接管期限延期不得超过2年。农村信用社因分立、合并或者出现章程规定的解散事由需要解散的、因吊销许可证被撤销的、因资不抵债不能支付到期债务的，其终止程序参照商业银行终止程序。

（刘　卉）

nonglin techanshui

农林特产税（tax on agricultural and forestry specialties）　又称农林特产农业税。对从事农林特产品生产，取得农林特产收入的单位和个人征收的一种税。从事农林特产品生产的单位或个人为纳税义务人。以农林特产品实际收入为计税依据。1994年1月31日国务院令第143号发布《关于对农业特产收入征收农业税的规定》，废止了1983年11月12日国务院发布的《关于对农林特产收入征收农业税的若干规定》的有关规定。

（彭　皖）

nongmin quanyi baohu

农民权益保护（protection of farmers' rights and interests）　依法保护农民权益的内容和措施。主要有

以下方面:(1)任何机关或者单位向农民或者农业生产经营组织收取行政、事业性费用必须依据法律、法规的规定。收费的项目、范围和标准应当公布。没有法律、法规依据的收费,农民和农业生产经营组织有权拒绝。(2)任何机关或者单位对农民或者农业生产经营组织进行罚款处罚必须依据法律、法规、规章的规定。没有法律、法规、规章依据的罚款,农民和农业生产经营组织有权拒绝。(3)任何机关或者单位不得以任何方式向农民或者农业生产经营组织进行摊派。除法律、法规另有规定外,任何机关或者单位以任何方式要求农民或者农业生产经营组织提供人力、财力、物力的,属于摊派。农民和农业生产经营组织有权拒绝任何方式的摊派。(4)各级人民政府及其有关部门和所属单位不得以任何方式向农民或者农业生产经营组织集资。任何单位和个人向农民或者农业生产经营组织提供生产、技术、信息、文化、保险等有偿服务,必须坚持自愿原则,不得强迫农民和农业生产经营组织接受服务。(5)没有法律、法规依据或者未经国务院批准,任何机关或者单位不得在农村进行任何形式的达标、升级、验收活动。(6)农民和农业生产经营组织依照法律、行政法规的规定承担纳税义务。税务机关及代扣、代收税款的单位应当依法征税,不得违法摊派税款及以其他违法方法征税。农产品收购单位在收购农产品时,不得压级压价,不得在支付的价款中扣缴任何费用。法律、行政法规规定代扣、代收税款的,依照法律、行政法规的规定办理。(7)农村义务教育除按国务院规定收取的费用外,不得向农民和学生收取其他费用。禁止任何机关或者单位通过农村中小学校向农民收费。(8)国家依法征用农民集体所有的土地,应当保护农民和农村集体经济组织的合法权益,依法给予农民和农村集体经济组织征地补偿,任何单位和个人不得截留、挪用征地补偿费用。(9)各级人民政府、农村集体经济组织或者村民委员会在农业和农村经济结构调整、农业产业化经营和土地承包经营权流转等过程中,不得侵犯农民的土地承包经营权,不得干涉农民自主安排的生产经营项目,不得强迫农民购买指定的生产资料或者按指定的渠道销售农产品。(10)农村集体经济组织和村民委员会对涉及农民利益的重要事项,应当向农民公开,并定期公布财务账目,接受农民的监督。

(张旭娟)

nongmin quanyi baohu de chengxu ji peichang
农民权益保护的程序及赔偿(procedures and compensation of farmers' rights and interests protection) 农民或者农业生产经营组织为维护自身的合法权益,有向各级人民政府及其有关部门反映情况和提出合法要求的权利,人民政府及其有关部门对农民或者农业生产经营组织提出的合理要求,应当按照国家规定及时给予答复。违反法律规定,侵犯农民权益的,农民或者农业生产经营组织可以依法申请行政复议或者向人民法院提起诉讼,有关人民政府及其有关部门或者人民法院应当依法受理。人民法院和司法行政主管机关应当依照有关规定为农民提供法律援助。农业生产资料使用者因生产资料质量问题遭受损失的,出售该生产资料的经营者应当予以赔偿,赔偿额包括购货价款、有关费用和可得利益损失。 (张旭娟)

nongmin zhuanye hezuo jingji zuzhi
农民专业合作经济组织(economic organization of specialized farming cooperatives) 国家鼓励农民在家庭承包经营的基础上自愿组成各类专业合作经济组织。农民专业合作经济组织应当坚持为成员服务的宗旨,按照加入自愿、退出自由、民主管理、盈余返还的原则,依法在其章程规定的范围内开展农业生产经营和服务活动。农民专业合作经济组织可以有多种形式,依法成立、依法登记。任何组织和个人不得侵犯农民专业合作经济组织的财产和经营自主权。农民和农业生产经营组织可以自愿按照民主管理、按劳分配和按股分红相结合的原则,以资金、技术、实物等入股,依法兴办各类企业。

(张旭娟)

nongyao dengji canliu shiyan danwei
农药登记残留试验单位(testing unit of registered pesticide remainder) 具有认证资格,对登记农药进行残留试验的农药检定机构。为做好农药登记管理工作,保证农药登记残留试验的准确性和科学性,根据《农药管理条例实施办法》第5条规定,2002年6月19日,农业部制定发布了《农药登记残留试验单位认证管理办法》。农业部负责组织农药登记残留试验单位认证管理工作,并对认证合格的单位发放资格证书。农业部农药检定所承担具体工作。农药登记残留试验单位认证工作坚持公正、公平、公开的原则。认证的范围和数量,根据农药登记残留试验工作任务确定。

申请认证的农药登记残留试验单位应具备下列条件:(1)具有独立法人资格的农业、科研、教学等从事农药残留试验工作的单位;(2)残留实验室与其他常规实验室分开;无污染源(粉尘、烟雾、震动、噪声、辐射等),有完善的安全防护设施(防毒、防火、防爆等);(3)拥有一定数量的技术人员(技术人员占85%以上,其中中级以上技术人员超过60%);能熟练掌握"农药残留试验准则"等有关规定和要求;有独立完成农药残留试验工作的经验;有一定的外语基础,了解国内外有关信息、动态;有严格的工作作风和良好的职业道德,试验不受人为因素影响,确保试验结果科学、真实;(4)具有残留检测仪器设备,包括检测仪器(气谱—ECD、FPD、NPD;液谱—UV、FD、PAD;气质联用等)配置及运转情况;配套设备(提取、净化、浓缩、样本加工、储存条件及数据处理系统等);(5)建立完善的管理制度和工作程序,包括检测仪器及量具计量检定、校正状况(主要检测仪器、天平等);技术档案(试验计划、试验数据处理原始记录、总结报告、仪器购置、验收、使用、维修记录等);人员培训、考核、业绩等档案。试验管理、试验资料归档、农药样品管理、技术人员管理制度等。

农业部农药检定所负责认证申请资料的受理和审查。对符合条件的,提请专家组会议评审。农业部农药检定所负责组织成立专家组,专家组每届任期3年。专家组负责对申请认证的农药登记残留试验单位申请资料进行技术评审。技术评审包括对申请资料的审查和对申请单位的现场评审。农业部农药检定所根据专家组的评审意见,对通过评审的申请单位报农业部批准后,发放农药登记残留试验单位资格证书,并予以公布。

农药登记残留试验单位资格证书有效期为3年。期满需继续承担残留试验的,应在资格证书有效期满前6个月,向农业部农药检定所提出续展申请。农业部农药检定所对审查通过的续展申请,报农业部批准后,换发农药登记残留试验单位资格证书。

通过认证的农药登记残留试验单位应当按照农药登记要求和《农药残留试验准则》及有关规定完成农药残留试验。通过认证的农药登记残留试验单位要及时完成试验报告。试验报告应客观、真实。试验报告应有主持人员(中级以上职称)签字并加盖试验单位公章。通过认证的农药登记残留试验单位应与试验委托人(生产者)签订试验协议。通过认证的农药登记残留试验单位应将所要承担的农药登记残留试验情况,告知农业部农药检定所。

对有下列行为的农药登记残留试验认证单位,给予警告;情节严重的,取消其认证资格。违反其他法律法规的,依照相关规定追究其法律责任:(1)泄露企业要求保密的技术资料、试验内容和试验结果;(2)编造或修改数据,提供假报告;(3)代签其他单位和人员试验报告;(4)无特殊原因不履行试验协议,逾期不向企业提交试验报告,延误企业办理登记;(5)违反其他试验管理规定。　　　　　　　　　　(傅智文)

nongyao dengji zhidu
农药登记制度 (registration system of pesticide) 对于生产(包括原药生产、制剂加工和分装)农药和进口农药进行登记的制度。国内首次生产的农药和首次进口的农药的登记,必须分三个阶段进行:(1)田间试验阶段。申请登记的农药,由其研制者提出田间试验申请,经批准后方可进行田间试验,田间试验阶段的农药不得销售。(2)临时登记阶段。田间试验后,需要进行田间试验示范、试销的农药以及在特殊情况下需要使用的农药,由其生产者申请临时登记,经国务院农业行政主管部门发给农药临时登记证后,方可在规定的范围内进行田间试验示范、试销。(3)正式登记阶段。经田间试验示范、试销可以作为正式商品流通的农药,由其生产者申请正式登记,经国务院农业行政主管部门发给农药登记证后,方可生产、销售。生产其他厂家已经登记的相同农药产品的,生产者应当申请办理农药登记。农药登记证和农药临时登记证应当规定登记有效期限;登记有效期限届满,需要继续生产或者继续向中国出售农药产品的,应当在登记有效期限届满前申请续展登记。经正式登记和临时登记的农药,在登记有效期限内改变剂型、含量或者使用范围、使用方法的,应当申请变更登记。

国务院农业行政主管部门所属的农药检定机构负责全国的农药具体登记工作。省、自治区、直辖市人民政府农业行政主管部门所属的农药检定机构协助做好本行政区域内的农药具体登记工作。　　(杨云鹏)

nongyao guanli tiaoli
《农药管理条例》(Ordinance for Desticide Management) 用于规范我国农药的生产、经营和使用行为的行政法规。由国务院于1997年5月8日以国务院令第216号发布,同日实行。现行的《农药管理条例》由国务院于2001年11月29日进行了重新修订。本条例是为了加强对农药生产、经营和使用的监督管理,保证农药质量,保护农业生产和生态环境,维护人畜安全而制定的。条例对农药的含义和范围以及国家对农药的管理等作出了规定。国家实行农药登记制度,生产农药和进口农药,必须进行登记。农药的生产应当符合国家农药工业的产业政策,国家对农药生产实行许可证管理制度。农药经营单位,需具备规定的条件,经营的农药属化学危险品的,必须具有经营许可证。使用农药应当遵守国家有关农药安全、合理使用的规定,防止污染农副产品,污染环境。国家禁止生产、经营和使用假农药和劣质农药,违反条例规定的,要承担相应的法律责任。　　　　　　　　(杨云鹏)

nongyao guanggao
农药广告 (advertisement for pesticide) 利用各种媒介或形式发布关于防治农、林、牧业病、虫、草、鼠害和其他有害生物(包括病媒害虫)以及调节植物、昆虫生长的广告。由于农药的使用不仅关系到广大农民的收入,也关系到广大消费者的生命健康,我国法律将农药作为特殊商品,对发布农药广告作出了特殊规定。根据《中华人民共和国广告法》及相关规定,农药广告的内容要符合以下规定:应当与"农药登记证"和《农药登记公告》的内容相符,不得任意扩大范围;不得使用无毒、无害等表明安全性的绝对化断言的;不得含有不科学的表示功效的断言或者保证的;不得含有有效率及获奖的内容;不得含有农药科研、植保单位、学术机构或者专家、用户的名义、形象作证明的内容;不得含有违反农药安全使用规程的文字、语言或者画面,如在防护不符合要求情况下的操作,农药靠近食品、饲料、儿童等;农药广告中不得使用直接或者暗示的方法,以及模棱两可、言过其实的用语,使人在产品的安全性、适用性或者政府批准等方面产生错觉;不得滥用未经国家认可的研究成果或者不科学的词句、术语;不得含有"无效退款"、"保险公司保险"等承诺;应当包含农药广告的批准文号。违反农药广告内容规定发布广告的,由广告监督管理机关责令负有责任的广告主、广告经营者、广告发布者改正或者停止发布,没收广告费用,可以并处广告费用1倍以上5倍以下的罚款;情节严重的,依法停止其广告业务。

我国法律规定发布农药广告要经过特殊的审批登记审批程序。国务院2001年修订的《农药管理条例》第34条规定,未经登记的农药,禁止刊登、播放、设置、张贴广告。根据国家工商行政管理局、农业部1995年颁布的《农药广告审查办法》中规定,农药广告审查的申请程序为:(1)申请审查境内生产的农药的广告,应当填写《农药广告审查表》,并提交下列证明文件:农药生产者和申请人的营业执照副本及其他生产、经营资格的证明文件;农药生产许可证或准产证;农药登记证、产品标准号、农药产品标签;法律、法规规定的及其他确认广告内容真实性的证明文件。(2)申请审查境外生产的农药的广告,应当填写《农药广告审查表》,并提交下列证明文件及相应的中文译本:农药生产者和申请人的营业执照副本或其他生产、经营资格的证明文件;中华人民共和国农业行政主管部门颁发的农药登记证、农药产品标签;法律、法规规定的及其他确认广告内容真实性的证明文件。提供本条规定的证明文件复印件,需由原出证机关签章或者出具所在国(地区)公证机关的证明文件。农药广告的审查程序为:(1)初审。农药广告审查机关对申请人提供的证明文件的真实性、有效性、合法性、完整性和广告制作前文稿的真实性、合法性进行审查。在受理广告申请之日起7日内作出初审决定,并发给《农药广告初审决定通知书》。(2)终审。申请人凭初审合格决定,将制作的广告作品送交原农药广告审查机关进行终审,农药广告审查机关在受理之日起七日内作出终审决定。对终审合格者,签发《农药广告审查表》,并发给农药广告审查批准文号。对终审不合格者,应当通知广告申请人,并说明理由。广告申请人可以直接申请终审。广告审查机关应当在受理申请之日起10日内,作出终审决定。农药广告审查机关应当将通过终审的《农药广告审查表》送同级广告监督管理机关备查。申请农药广告审查,可以委托农药经销者或者广告经营者办理。农药广告审查批准文号的有效期为1年,有效期届满,应当重新申请审查。

(赵芳芳)

nongyao jingying zhidu

农药经营制度(pesticide management system) 国家对农药的生产经营进行规范的制度。相关的法律、法规包括:国务院1997年5月8日发布、2001年11月29日修订的《农药管理条例》;农业部1999年7月23日发布、2002年7月27日修正的《农药管理条例实施办法》;农业部2002年6月28日发布的《农药限制使用管理规定》;农业部办公厅2002年5月16日下发的《关于加强农药安全管理工作的通知》等。

法定的农药经销单位进行农药经营和销售制度。供销合作社的农业生产资料经营单位、植物保护站、土壤肥料站、农业、林业技术推广机构、森林病虫害防治机构、农药生产企业以及国务院规定的其他经营单位,是我国法定的农药经销单位。具有下列条件的上述单位,在领取营业执照后,方可经销农药:(1)有与其经营的农药相适应的技术人员;(2)有与其经营的农药相适应的营业场所、设备、仓储设施、安全防护措施和环境污染防治设施、措施;(3)有与其经营的农药相适应的规章制度;(4)有与其经营的农药相适应的质量管理制度和管理手段。经营的农药属于化学危险品的,还应当按照国家有关规定办理经营许可证。

国家禁止收购、销售无农药登记证或者农药临时登记证、无农药生产许可证或者农药生产批准文件、无产品质量标准和产品质量合格证和检验不合格的农药。

农药经营单位应当按照国家有关规定做好农药储备工作,以确保农药产品的质量和安全。

农药经营单位销售农药,必须保证质量,农药产品与产品标签或说明书、产品质量合格证应当核对无误。超过产品质量保证期限的农药产品,经省级以上人民政府农业行政主管部门所属的农药检定机构检验,符合标准的,可以在规定期限内销售,但必须注明"过期农药"字样,并附具使用方法和用量。

(杨云鹏)

nongyao shengchan qiye

农药生产企业(manufacture enterprise of pesticide) 具备农业生产资格,进行农业生产的企业。我国农药生产企业的规范主要有:1997年5月8日国务院令第

216号发布,2001年11月29日根据《国务院关于修改〈农药管理条例〉的决定》修订的《农药管理条例》、2003年3月11日由原国家经济贸易委员会制定公布的《农药生产管理办法》。

商务部对全国农药生产实施监督管理,负责开办农药生产企业的审核和批准(以下简称农药生产企业核准)和农药产品生产的审批。省、自治区、直辖市商务部门(以下简称省级商务部门)对本行政区域内的农药生产实施监督管理。

开办农药生产企业(包括联营、设立分厂和非农药生产企业设立农药生产车间),应当具备下列条件,并经企业所在地的省、自治区、直辖市工业产品许可管理部门审核同意后,报国务院工业产品许可管理部门批准;但是,法律、行政法规对企业设立的条件和审核或者批准机关另有规定的,从其规定:(1)有与其生产的农药相适应的技术人员和技术工人;(2)有与其生产的农药相适应的厂房、生产设施和卫生环境;(3)有符合国家劳动安全、卫生标准的设施和相应的劳动安全、卫生管理制度;(4)有产品质量标准和产品质量保证体系;(5)所生产的农药是依法取得农药登记的农药;(6)有符合国家环境保护要求的污染防治设施和措施,并且污染物排放不超过国家和地方规定的排放标准;(7)主管部门规定的其他条件。农药生产应当符合国家农药工业的产业政策。申报核准,应当提交以下材料:(1)农药生产企业核准申请表;(2)营业执照或者工商行政管理机关核发的《企业名称预先核准通知书》复印件;(3)项目可行性研究报告;(4)企业所在地环境保护部门的审定意见(5)商务部规定的其他材料。申请企业应当将申请材料报送省级商务部门初审,对初审合格的企业申报材料,应当于每年2月份或者8月份报送商务部审批。

国家实行农药生产许可制度。生产有国家标准或者行业标准的农药的,应当向国务院工业产品许可管理部门申请农药生产许可证。生产尚未制定国家标准、行业标准但已有企业标准的农药的,应当经省、自治区、直辖市工业产品许可管理部门审核同意后,报国务院工业产品许可管理部门批准,发给农药生产批准文件。农药生产企业核准的有效期为3年。3年内未能取得农药生产批准文件或农药生产许可证的,其获得的核准资格作废。农药生产批准文件自发放之日起,原药产品有效期为2年(试产期),换发的原药产品有效期为5年,加工及复配产品有效期为3年,分装产品有效期为2年。批准文件逾期作废。农药生产批准文件有效期满3个月前,企业可申请换发。变更农药生产批准文件的企业名称,应当向省级经贸管理部门提出申请。省级商务部门对申报材料进行初审后,报商务部批准。企业生产国内首次投产的新原药及其制剂的,应当先办理农药登记。农药生产企业应当按照农药产品质量标准、技术规程进行生产,生产记录必须完整、准确。农药产品出厂前,应当经过质量检验并附具产品质量检验合格证;不符合产品质量标准的,不得出厂。农药产品出厂必须标明农药生产批准文件的编号。

企业有下列情况之一的,由商务部撤销其农药生产资格:(1)已核准企业的实际情况与上报材料严重不符的;(2)擅自变更核准内容的;(3)3年内未取得农药生产批准文件(或者生产许可证)的。企业有下列情况之一的,由商务部收缴或者吊销其农药生产批准文件:(1)经复查不符合发证条件的;(2)连续两次经省级以上监督管理部门抽查,产品质量不合格的;(3)将农药生产批准文件转让其他企业使用或者用于其他产品的;(4)在农药生产批准文件有效期内,国家决定停止生产该产品的;(5)制售假冒伪劣农药的。

(傅智文)

nongyao shengchan zhidu

农药生产制度(system of pesticide production) 国家实行农药生产的许可证制度等多项生产制度。开办农药生产企业(包括联营、设立分厂和非农药生产企业设立农药生产车间),具备规定的条件,并经企业所在地的省、自治区、直辖市化学工业行政主管部门审核同意后,报国务院化学工业行政管理部门批准。农药生产企业经批准后,方可依法向工商行政管理机关申请领取营业执照。生产有国家标准或者行业标准的农药的,应当向国务院化学工业行政管理部门申请农药生产许可证。生产尚未制定国家标准、行业标准但已有企业标准的农药的,应当经省、自治区、直辖市化学工业行政主管部门审核同意后,报国务院化学工业行政主管部门批准,发给农药生产批准文件。农药生产企业应当按照农药产品质量标准、技术规程进行生产,生产记录必须完整、准确。农药产品包装必须贴有标签或者附具说明书。标签和说明书应符合国家的规范化要求。农药产品应当经过质量检验并附具产品质量检验合格证,方可出厂。不符合产品质量标准的,不得出厂。

(杨云鹏)

nongyao shiyong zhidu

农药使用制度(system of usage of pesticide) 依规定使用农药的制度。县级以上各级人民政府农业行政主管部门及所属的农业技术推广部门,应当贯彻"预防为主,综合防治"的植保方针,根据本地区农业病、虫、草、鼠害的发生情况,提出农药年度需求计划;做好农药科学使用技术和安全防护知识的培训工作;指导农民按照《农药安全使用规定》和《农药合理使用准则》等有关规定使用农药,防止农药中毒和药害事故发生;使用农药应当遵守农药防毒规程,正确配药、施药,做好废弃物处理和安全防护工作,防止农药污染环境和农药中毒事故。

使用农药应当遵守国家有关农药安全、合理使用的规定,按照规定的用药量、用药次数、用药方法和安全间隔期施药。防止污染农副产品。大力推广使用安全、高效、经济的农药,剧毒、高毒农药不得用于防治卫生害虫,不得用于蔬菜、瓜果、茶叶和中草药材。2002年6月5日,农业部公布了国家明令禁止使用的高毒农药品种清单,六六六、滴滴涕、毒杀芬、毒鼠强等18种农药被明令禁止使用,而甲胺磷、甲基对硫磷、磷胺等19种高毒农药被严禁用于蔬菜、瓜果、茶叶和中草药材。

为了有计划地轮换使用农药,减缓病、虫、草、鼠的抗药性,提高防治效果,省、自治区、直辖市人民政府农业行政主管部门报农业部审查同意后,可以在一定区域内限制使用某些农药。

(杨云鹏)

nongyao weijin zhidu
农药违禁制度(system of infringement of pesticide) 生产未取得农药生产许可证或者农药生产批准文件的农药和生产、经营、进口或者使用未取得农药登记证或者农药临时登记证的农药的禁止制度。禁止生产、经营和使用假农药。下列农药为假农药:(1)以非农药冒充农药或者以此种农药冒充他种农药的;(2)所含有效成分的种类、名称与产品标签或者说明书上注明的农药有效成分的种类、名称不符的。禁止生产、经营、使用劣质农药。劣质农药指:(1)不符合农药产品质量标准的;(2)失去使用效能的;(3)混有导致药害等有害成分的。禁止经营产品包装上未附标签或者标签残缺不清的农药。未经登记的农药,禁止刊登、播放、设置、张贴广告。农药广告内容必须与农药登记的内容一致,并依照广告法和国家有关农药广告管理的规定接受审查。任何单位和个人不得生产、经营和使用国家明令禁止生产或者撤销登记的农药。禁止销售农药残留量超过标准的农副产品。《食品中农药最大残留限量国家标准》对农副产品中的农药残留量作出了明确规定。违反上述禁止性规定的,行为人应根据《农药管理条例》和有关的法律、法规的规定,承担行政责任、民事责任或者刑事责任。

(杨云鹏)

nongyao xianzhi shiyong zhidu
农药限制使用制度(system of limitation of pesticide use) 在一定时期和区域内,为避免农药对人畜安全、农产品卫生质量、防治效果和环境安全造成一定程度的不良影响而采取的管理措施。为了做好农药限制使用管理工作,2002年6月28日农业部根据《农药管理条例》制定发布了《农药限制使用管理规定》。

农药限制使用要综合考虑农药资源、农药产品结构调整、农产品卫生质量等因素,坚持从本地实际需要出发的原则。农业部负责全国农药限制使用管理工作。省、自治区、直辖市人民政府农业行政主管部门负责本行政区域内的农药限制使用管理工作。申请限制使用的农药,应是已在需要限制使用的作物或防治对象上取得登记,其农药登记证或农药临时登记证在有效期限内,并具备下列情形之一:(1)影响农产品卫生质量;(2)因产生抗药性引起对某种防治对象防治效果严重下降的;(3)因农药长残效,造成农作物药害和环境污染的;(4)对其他产业有严重影响的。各省、自治区、直辖市在本辖区内全部作物或某一(类)作物或某一防治对象上全面限制使用某种农药,或者在本辖区内部分地区限制使用某种农药的,应由省、自治区、直辖市人民政府农业行政主管部门向农业部提出申请。农业部收到农药限制使用申请后,应组织召开农药登记评审委员会主任委员扩大会议审议,审查、核实申报材料,提出综合评价意见。农药登记评审委员会可视情况,组织专家对申请农药限制使用进行实地考察。农药登记评审委员会提出综合评价意见前,应邀请相关农药生产企业召开听证会。农业部根据综合评价意见审批农药限制使用申请,并及时公告限制使用的农药种类、区域和年限。对农药限制使用申请,农业部应在收到申请之日起3个月内给予答复。经一段时间的限制使用后,有害生物对限制使用农药的抗药性已有下降,能恢复到理想的防治效果的,可以申请停止限制使用。申报和审查批准程序同限制申请的规定。

(傅智文)

nongye baoxian
农业保险(agricultural insurance) 为应付不可避免的自然灾害遭受的损失,通过订立合同,按互助、共济方式公积金或基金组织进行补偿。可以利用这种基金,加强农业风险管理,防患、防损于未然,以加强农业抗灾能力、保证农业再生产过程顺利进行。为此,国家应建立和完善农业保险制度,逐步建立和完善政策性农业保险制度。鼓励和扶持农民和农业生产经营组织建立为农业生产经营活动服务的互助合作保险组织,鼓励商业性保险公司开展农业保险业务。农业保险实行自愿原则。任何组织和个人不得强制农民和农业生产经营组织参加农业保险。

(张旭娟)

nongye chanyehua jingying
农业产业化经营(agriculture industrialization) 农民和农业生产经营组织应大力发展生产、加工、销售一体化经营。国家采取多种措施发展多种形式的农业产业经营。国家引导和支持从事农产品生产、加工、流通服务的企业、科研单位和其他组织,通过与农民或者农民专业合作经济组织订立合同或者建立各类企业等形式,形成收益共享、风险共担的利益共同体,推进农业产业化经营,带动农业发展。

国家引导和支持农民和农业生产经营组织结合本地实际按照市场需求,调整和优化农业生产结构,协调发展种植业、林业、畜牧业和渔业,发展优质、高产、高效益的农业,提高农产品国际竞争力。种植业以优化品种、提高质量、增加效益为中心,调整作物结构、品种结构和品质结构。加强林业生态建设,实施天然林保护、退耕还林和防沙治沙工程,加强防护林体系建设,加速营造速生丰产林、工业原料林和薪炭林。加强草原保护和建设,加快发展畜牧业,推广圈养和舍饲,改良畜禽品种,积极发展饲料工业和畜禽产品加工业。渔业生产应当保护和合理利用渔业资源,调整捕捞结构,积极发展水产养殖业、远洋渔业和水产品加工业。

(张旭娟)

nongyefa

《农业法》(Agriculture Act) 《中华人民共和国农业法》于1993年7月2日第八届全国人民代表大会常务委员会第二次会议通过,2002年12月28日第九届全国人民代表大会常务委员会第三十一次会议修订。该法的立法目的是为了巩固和加强农业在国民经济中的基础地位,深化农村改革,发展农业生产力,推进农业现代化,维护农民和农业生产经营组织的合法权益,增加农民收入,提高农民科学文化素质,促进农业和农村经济的持续、稳定、健康发展,实现全面建设小康社会的目标。其主要内容包括:第一章总则,规定该法制定的指导思想和农业发展的基本目标,农业经济的管理及农村生产经营体制、方针政策;第二章农业生产经营体制,确认农民对承包土地的使用权,农民举办各种专业合作经济组织,实行农业产业化经营;第三章农业生产,规定国家对调整优化农业生产结构,协调农、林、牧、渔业的发展应采取的方针政策;第四章农产品流通与加工,确立农产品购销实行市场调节,国家应鼓励和支持多种形式的农产品流通活动;第五章粮食安全,规定粮食实行保护价制度,建立粮食安全预警制度和农产品进口预警制度;第六章农业投入与支持保护,国家采取财政、税收、金融支持措施扶持农业生产,提高农业投入,并逐步提高农业投入的总体水平采取各种措施;第七章农业科技与农业教育,规定发展农业科技和教育的重大措施,提高劳动者素质,加强农业技术推广;第八章农业资源与农业环境保护,规定关于利用农业资源与保护农业环境应遵循的原则,关于土地资源的保护问题,关于水土保持问题以及对其他农业自然资源的保护问题;第九章农民权益的保护,具体规定农民的积极权利和消极权利(拒绝权),并规定农民行使权利的程序;第十章农村经济发展;第十一章执法监督,强调综合执法,加大执法力度;第十二章法律责任,明确了违反《农业法》应承担的民事责任、行政责任和刑事责任。《农业法》巩固和加强了农业在国民经济中的基础地位,对建设现代农业,发展农村经济,增加农民收入,具有重要意义。

(张旭娟)

nongye huanjing baohu

农业环境保护(agricultural environment protection) 依法对农业生产和农村环境进行保护的措施。国家实行全民义务植树制度。各级人民政府应当采取措施,组织群众植树造林,保护林地和林木,预防森林火灾,防治森林病虫害,制止滥伐、盗伐林木,提高森林覆盖率。国家在天然林保护区域实行禁伐或者限伐制度,加强造林护林。有关地方人民政府,应当加强草原的保护、建设和管理,指导、组织农(牧)民和农(牧)业生产经营组织建设人工草场、饲草饲料基地和改良天然草原,实行以草定畜,控制载畜量,推行划区轮牧、休牧和禁牧制度,保护草原植被,防止草原退化、沙化和盐渍化。禁止毁林毁草开垦、烧山开垦以及开垦国家禁止开垦的陡坡地,已经开垦的应当逐步退耕还林、还草。各级人民政府应当采取措施,依法执行捕捞限额和禁渔、休渔制度,增殖渔业资源,保护渔业水域生态环境。国家建立与农业生产有关的生物物种资源保护制度,保护生物多样性,对稀有、濒危、珍贵生物资源及其原生地实行重点保护。从境外引进生物物种资源应当依法进行登记或者审批,并采取相应安全控制措施。各级农业行政主管部门应当引导农民和农业生产经营组织采取生物措施或者使用高效低毒低残留农药、兽药,防治动植物病、虫、杂草、鼠害。农产品采收后的秸秆及其他剩余物质应当综合利用,妥善处理,防止造成环境污染和生态破坏。从事畜禽等动物规模养殖的单位和个人应当对粪便、废水及其他废弃物进行无害化处理或者综合利用,从事水产养殖的单位和个人应当合理投饵、施肥、使用药物,防止造成环境污染和生态破坏。县级以上人民政府应当采取措施,督促有关单位进行治理,防治废水、废气和固体废弃物对农业生态环境的污染。排放废水、废气和固体废弃物造成农业生态环境污染事故的,由环境保护行政主管部门或者农业行政主管部门依法调查处理;给农民和农业生产经营组织造成损失的,有关责任者应当依法赔偿。

(张旭娟)

nongye jishu tuiguang tixi

农业技术推广体系(agricultural technology popularization system) 国家扶持农业技术推广事业,建立政府扶持和市场引导相结合,有偿与无偿服务相结合,国家农业技术推广机构和社会力量相结合的农业技术推广体系。国家设立的农业技术推广机构应当以农业技术试验示范基地为依托,承担公共所需的关键性技术的推广和示范工作,为农民和农业生产经营组织提供公益性农业技术服务。县级以上人民政府应当根据农业生产发展需要,稳定和加强农业技术推广队伍,保障农业技术推广机构的工作经费。农业科研单位、有关学校、农业技术推广机构以及科技人员,根据农民和农业生产经营组织的需要,可以提供无偿服务,也可以通过技术转让、技术服务、技术承包、技术入股等形式,提供有偿服务,取得合法收益。农业科研单位、有关学校、农业技术推广机构以及科技人员应当提高服务水平,保证服务质量。对农业科研单位、有关学校、农业技术推广机构举办的为农业服务的企业,国家在税收、信贷等方面给予优惠。国家鼓励农民、农民专业合作经济组织、供销合作社、企业事业单位等参与农业技术推广工作。

(张旭娟)

nongye shengchan jingying tizhi

农业生产经营体制(system of agricultural production and management) 国家长期实行的以家庭联产承包为主的责任制,统分结合的双层经营体制。国家实行农村土地承包经营制度,依法保障农村土地承包关系的长期稳定,保护农民对承包土地的使用权。

(张旭娟)

nongye shengchan shehuihua fuwu

农业生产社会化服务(socialized services for agricultural production) 供销合作社、农村集体经济组织、农民专业合作经济组织、其他组织和个人为农、林、牧、副、渔各业发展所提供的服务,是为发展多种形式的农业生产产前、产中、产后的社会化服务事业。这里既包括生产资料的供应和机械耕播、排灌、植保等生产环节的服务,也包括技术、资金、信息、经营管理以及农产品加工和销售等各项服务,使农业生产全过程的综合配套服务。国家鼓励县级以上人民政府及其各有关部门应当采取措施对农业社会化服务事业给予支持。

(张旭娟)

nongye shengchan ziliao de anquan shiyong zhidu

农业生产资料的安全使用制度(system for the safe use of agricultural productive means) 农药、兽药、饲料和饲料添加剂、肥料、种子、农业机械等可能危害人畜安全的农业生产资料的生产经营,依照相关法律、行政法规的规定实行登记或者许可制度。各级人民政府应当建立健全农业生产资料的安全使用制度,农民和农业生产经营组织不得使用国家明令淘汰和禁止使用的农药、兽药、饲料添加剂等农业生产资料和其他禁止使用的产品。农业生产资料的生产者、销售者应当对其生产、销售的产品的质量负责,禁止以次充好、以假充真、以不合格的产品冒充合格的产品;禁止生产和销售国家明令淘汰的农药、兽药、饲料添加剂、农业机械等农业生产资料。

(张旭娟)

nongyeshui

农业税(agricultural tax) 对从事农业生产的单位或个人获取的农业收入征收的一种税。我国现行的农业税制度除了包括农业税(狭义)之外,还包括从农业税中分离出来的农业特产税等。狭义的农业税,指对从事农业生产、有农业收入的单位和个人征收的一种税。从事农业生产、有农业收入的单位和个人为农业税的纳税人。以常年产量为计税依据。实行比例税率,并分级规定平均税率,全国的平均税率为常年产量的 15.5%。各省、自治区、直辖市的平均税率由国务院根据各地的经济情况分别加以规定。农业科学研究机关和农业学校进行农业试验的土地、零星种植农作物的宅旁隙地免征农业税。经省、自治区、直辖市人民委员会决定,农民的生产和生活还有困难的革命老根据地、生产落后、生活困难的少数民族地区、交通不便、生产落后和农民生活困难的贫瘠山区可以减征农业税。农业税分夏、秋两季征收。

(彭 皖)

nongyeshui tiaoli

《农业税条例》(Regulations on Agricultural Tax) 1958年6月3日第1届全国人大常委会第九十六次会议通过我国第一部农业税法规。农业税的纳税人是从事农业生产、有农业收入的单位和个人。农业税的征税对象是农业收入。农业税的计税依据主要是各种作物的常年产量。农业税采用比例税制,分为平均税率和适用税率。全国的平均税率规定为常年产量的 15.5%;各省、自治区、直辖市的平均税率,由国务院根据全国平均税率,结合各地区的不同经济情况,分别加以规定。县级以上人民政府对所属地区同一类型经济区的纳税人,规定适用同一税率,最高不得超过常年产量的 25%。省、自治区、直辖市人民委员会为了办理地方性公益事业的需要,经本级人民代表大会通过,可以随同农业税征收地方附加。地方附加一般不得超过纳税人应纳农业税税额的 15%;在种植经济作物、园艺作物比较集中而获利又超过种植粮食作物较多的地区,地方附加的比例,可以高于 15%,但最高不得超过30%。农业税的减免包括鼓励发展生产的减免、灾歉减免和社会减免。农业税的征收自1985年起，一般不再征收粮食，改为按实物计算税额，折征代金，由乡政府组织征收。征收时间由夏秋两季或者秋季一次征收改为根据农业生产的实际情况，同时照顾农民缴税的方便，在粮食收获季节，或者在其他农作物的收获季节组织征收。税款入库采取先征后减的办法。 （席晓娟）

nongye techanshui

农业特产税(tax on agricultural specialties) 对在中华人民共和国境内生产农业特产品的单位和个人就其应税产品征收的一种税。农业特产税是农业税的一个组成部分。生产农业特产品的单位和个人为纳税义务人，收购农业特产品的单位和个人为代扣代缴人。征收范围包括：烟叶收入，包括晾晒烟、烤烟收入；园艺收入，包括水果、干果、毛茶、蚕茧、药材、果用瓜、花卉、经济林苗木等园艺收入；水产收入，包括水生植物、滩涂养殖、海淡水养殖及捕捞品收入；林木收入，包括原木、原竹、生漆、天然橡胶、天然树脂、木本油料等林木收入；牲畜收入，包括牛猪羊皮、羊毛、兔毛、羊绒、驼绒等牧畜收入；食用菌收入，包括黑木耳、银耳、香菇、蘑菇等食用菌收入；以及省、自治区、直辖市人民政府确定的其他农业特产品收入。具体的税目、税率参见国务院《关于对农业特产收入征收农业税的规定》所附的农业特产税税目税率表。农业科研机构和农业院校进行科学试验所取得的农业特产品收入，在试验期间准予免税；对在新开发的荒山、荒地、滩涂、水面上生产农业特产品的，自有收入时起1至3年内准予免税；对老革命根据地、少数民族地区、边远地区、贫困地区及其他地区中温饱问题尚未解决的贫困农户，纳税确有困难的，准予免税；对因自然灾害造成农业特产品歉收的，酌情准予减税、免税。农业特产税由农业特产品生产地的地方财政机关征收。收购农业特产品的单位和个人应当按照收购金额和规定的税率，在收购所在地的征收机关代扣代缴税款。 （彭 皖）

nongye xingzheng zhuguan bumen

农业行政主管部门(administrative department of agriculture) 各级人民政府对农业和农村经济发展工作统一负责，组织各有关部门和全社会做好发展农业和为发展农业服务的各项工作的行政主管部门。国务院农业行政主管部门主管全国农业和农村经济发展工作，国务院林业行政主管部门和其他有关部门在各自的职责范围内，负责有关的农业和农村经济发展工作。县级以上地方人民政府各农业行政主管部门负责本行政区域内的种植业、畜牧业、渔业等农业和农村经济发展工作，林业行政主管部门负责本行政区域内的林业工作。县级以上地方人民政府其他有关部门在各自的职责范围内，负责本行政区域内有关的为农业生产经营服务的工作。 （张旭娟）

nongye xingzheng zhuguan bumen jiqi zhifa renyuan de zhize

农业行政主管部门及其执法人员的职责(duties of agricultural administrative department and its executing officers) 县级以上人民政府应当采取措施逐步完善适应社会主义市场经济发展要求的农业行政管理体制。县级以上人民政府农业行政主管部门和有关行政主管部门应当加强规划、指导、管理、协调、监督、服务职责，依法行政，公正执法。县级以上地方人民政府农业行政主管部门应当在其职责范围内健全行政执法队伍，实行综合执法，提高执法效率和水平。

农业行政主管部门及其执法人员履行职责时有权采取的措施：(1)要求被检查单位或者个人说明情况，提供有关文件、证照、资料；(2)责令被检查单位或者个人停止违反本法的行为，履行法定义务。农业行政执法人员在履行监督检查职责时，应当向被检查单位或者个人出示行政执法证件，遵守执法程序。有关单位或者个人应当配合农业行政执法人员依法执行职务，不得拒绝和阻碍。农业行政主管部门与农业生产、经营单位必须在机构、人员、财务上彻底分离。农业行政主管部门及其工作人员不得参与和从事农业生产经营活动。 （张旭娟）

nongye zhichi baohu tixi

农业支持保护体系(protection system for support of agriculture) 国家采取财政投入、税收优惠、金融支持等措施，从资金投入、科研与技术推广、教育培训、农业生产资料供应、市场信息、质量标准、检验检疫、社会化服务以及灾害救助等方面扶持农民和农业生产经营组织发展农业生产，提高农民的收入水平的各项措施的总称。同时，在不与我国缔结或加入的有关国际条约相抵触的情况下，国家对农民实施收入支持政策。
 （张旭娟）

nongye zhuanjiyin shengwu anquan guanli

农业转基因生物安全管理(transgenic management institution of security of living beings of agriculture) 国家防范农业转基因生物对人类、动植物、微生物和生态环境构成的危险或者潜在风险的各项制度。国务院农业行政主管部门负责全国农业转基因生物安全的监督管理工作。县级以上地方各级人民政府农业行政主管部门负责本行政区域内的农业转基因生物安全的监督管理工作。县级以上各级人民政府卫生行政主管部门依照《中华人民共和国食品卫生法》的有关规定,负责转基因食品卫生安全的监督管理工作。国家对农业转基因生物安全实行分级管理评价制度。农业转基因生物按照其对人类、动植物、微生物和生态环境的危险程度,分为Ⅰ、Ⅱ、Ⅲ、Ⅳ四个等级。

从事农业转基因生物研究与试验的单位,应当具备与安全等级相适应的安全设施和措施,确保农业转基因生物研究与试验的安全,并成立农业转基因生物安全小组,负责本单位农业转基因生物研究与试验的安全工作。从事Ⅲ、Ⅳ级农业转基因生物研究的,应当在研究开始前向国务院农业行政主管部门报告。农业转基因生物试验,一般应当经过中间试验、环境释放和生产性试验三个阶段。农业转基因生物在实验室研究结束后,需要转入中间试验的,试验单位应当向国务院农业行政主管部门报告。农业转基因生物试验需要从上一试验阶段转入下一试验阶段的,试验单位应当向国务院农业行政主管部门提出申请;经农业转基因生物安全委员会进行安全评价合格的,由国务院农业行政主管部门批准转入下一试验阶段。

从事农业转基因生物试验的单位在生产性试验结束后,可以向国务院农业行政主管部门申请领取农业转基因生物安全证书。试验单位提出前款申请,应当提供下列材料:(1)农业转基因生物的安全等级和确定安全等级的依据;(2)农业转基因生物技术检测机构出具的检测报告;(3)生产性试验的总结报告;(4)国务院农业行政主管部门规定的其他材料。

国务院农业行政主管部门收到申请后,应当组织农业转基因生物安全委员会进行安全评价;安全评价合格的,方可颁发农业转基因生物安全证书。中外合作、合资或者外方独资在中华人民共和国境内从事农业转基因生物研究与试验的,应当经国务院农业行政主管部门批准。

(刘利晋)

nongye zhuanjiyin shengwu biaoshi
农业转基因生物标识(the agricultural biological identification institution of transgenosis) 依据《农业转基因生物安全管理条例》,国家对农业转基因生物实行的标识制度。实施标识管理的农业转基因生物目录,由国务院农业行政主管部门同国务院有关部门制定、调整并公布。在中华人民共和国境内销售列入农业转基因生物目录的农业转基因生物,应当有明显的标识。凡是列入标识管理目录并用于销售的农业转基因生物,应当进行标识;未标识和不按规定标识的,不得进口或销售。农业部负责全国农业转基因生物标识的审定和监督管理工作。县级以上地方人民政府农业行政主管部门负责本行政区域内的农业转基因生物标识的监督管理工作。国家质检总局负责进口农业转基因生物在口岸的标识检查验证工作。

标识的标注方法:(1)转基因动植物(含种子、种畜禽、水产苗种)和微生物,转基因动植物、微生物产品,含有转基因动植物、微生物或者其产品成分的种子、种畜禽、水产苗种、农药、兽药、肥料和添加剂等产品,直接标注"转基因××"。(2)转基因农产品的直接加工品,标注为"转基因××加工品(制成品)"或者"加工原料为转基因××"。(3)用农业转基因生物或用含有农业转基因生物成分的产品加工制成的产品,但最终销售产品中已不再含有或检测不出转基因成分的产品,标注为"本产品为转基因××加工制成,但本产品中已不再含有转基因成分"或者标注为"本产品加工原料中有转基因××,但本产品中已不再含有转基因成分"。

农业转基因生物标识应当醒目,并和产品的包装、标签同时设计和印制。难以在原有包装、标签上标注农业转基因生物标识的,可采用在原有包装、标签的基础上附加转基因生物标识的办法进行标注,但附加标识应当牢固、持久。难以用包装物或标签对农业转基因生物进行标识时,可采用下列方式标注:(1)难以在每个销售产品上标识的快餐业和零售业中的农业转基因生物,可以在产品展销(示)柜(台)上进行标识,也可以在价签上进行标识或者设立标识板(牌)进行标识。(2)销售无包装和标签的农业转基因生物时,可以采取设立标识板(牌)的方式进行标识。(3)装在运输容器内的农业转基因生物不经包装直接销售时,销售现场可以在容器上进行标识,也可以设立标识板(牌)进行标识。(4)销售无包装和标签的农业转基因生物,难以用标识板(牌)进行标注时,销售者应当以适当的方式声明。(5)进口无包装和标签的农业转基因生物,难以用标识板(牌)进行标注时,应当在报检(关)单上注明。

有特殊销售范围要求的农业转基因生物,还应当明确标注销售的范围,可标注为"仅限于××销售(生产、加工、使用)"。农业转基因生物标识应当使用规范的中文汉字进行标注。农业部的公布《第一批实施标识管理的农业转基因生物目录》包括:(1)大豆种子、大豆、大豆粉、大豆油、豆粕;(2)玉米种子、玉米、玉米油、玉米粉(含税号为11022000、11031300、11042300的玉米粉);(3)油菜种子、油菜籽、油菜籽油、油菜籽粕;(4)棉花种子;(5)番茄种子、鲜番茄、番茄酱。

(刘利晋)

nongye zhuanjiyin shengwu jinkou anquan guanli
农业转基因生物进口安全管理(transgenic safe management institution of import of living beings in agriculture) 依据《农业转基因生物进口安全管理办

法》，在中华人民共和国境内从事农业转基因生物进口活动的安全管理，由国家农业转基因生物安全委员会负责农业转基因生物进口的安全评价工作，由农业转基因生物安全管理办公室负责农业转基因生物进口的安全管理工作。对于进口的农业转基因生物，按照用于研究和试验的、用于生产的以及用作加工原料的三种用途实行管理。从中华人民共和国境外引进农业转基因生物用于试验的，引进单位应当从中间试验阶段开始逐阶段向农业部申请。

境外公司向中华人民共和国出口转基因植物种子、种畜禽、水产苗种和利用农业转基因生物生产的或者含有农业转基因生物成分的植物种子、种畜禽、水产苗种、农药、兽药、肥料和添加剂等拟用于生产应用的，应当向农业转基因生物安全管理办公室提出申请，并提供下列材料：(1) 进口安全管理登记表；(2) 输出国家或者地区已经允许作为相应用途并投放市场的证明文件；(3) 输出国家或者地区经过科学试验证明对人类、动植物、微生物和生态环境无害的资料；(4) 境外公司在向中华人民共和国出口过程中拟采取的安全防范措施；(5)《农业转基因生物安全评价管理办法》规定的相应阶段所需的材料。境外公司在提出上述申请时，应当在中间试验开始前申请，经审批同意，试验材料方可入境，并依次经过中间试验、环境释放、生产性试验三个试验阶段以及农业转基因生物安全证书申领阶段。进口的农业转基因生物在生产应用前，应取得农业转基因生物安全证书，方可依照有关种子、种畜禽、水产苗种、农药、兽药、肥料和添加剂等法律、行政法规的规定办理相应的审定、登记或者评价、审批手续。境外公司向中华人民共和国出口农业转基因生物用作加工原料的，应当向农业转基因生物安全管理办公室申请领取农业转基因生物安全证书。经安全评价合格后，由农业部颁发农业转基因生物安全证书。经审查合格后，由农业部颁发农业转基因生物安全证书。境外公司应当凭农业部颁发的农业转基因生物安全证书，依法向有关部门办理相关手续。进口用作加工原料的农业转基因生物如果具有生命活力，应当建立进口档案，载明其来源、贮存、运输等内容，并采取与农业转基因生物相适应的安全控制措施，确保农业转基因生物不进入环境。进口农业转基因生物用于生产或用作加工原料的，应当在取得农业部颁发的农业转基因生物安全证书后，方能签订合同。进口农业转基因生物，没有国务院农业行政主管部门颁发的农业转基因生物安全证书和相关批准文件的，或者与证书、批准文件不符的，作退货或者销毁处理。

（刘利晋）

nongye zijin de yongtu

农业资金的用途（use of agricultural funds） 各级人民政府在财政预算内安排的各项用于农业的资金。应当主要用于：(1) 加强农业基础设施建设；(2) 支持农业结构调整，促进农业产业化经营；(3) 保护粮食综合生产能力，保障国家粮食安全；(4) 健全动植物检疫、防疫体系，加强动物疫病和植物病、虫、杂草、鼠害防治；(5) 建立健全农产品质量标准和检验检测监督体系、农产品市场及信息服务体系；(6) 支持农业科研教育、农业技术推广和农民培训；(7) 加强农业生态环境保护建设；(8) 扶持贫困地区发展；(9) 保障农民收入水平等。县级以上各级财政用于种植业、林业、畜牧业、渔业、农田水利的农业基本建设投入应当统筹安排，协调增长。国家为加快西部开发，增加对西部地区农业发展和生态环境保护的投入。县级以上人民政府每年财政预算内安排的各项用于农业的资金应当及时足额拨付。各级人民政府应当加强对国家各项农业资金分配、使用过程的监督管理，保证资金安全，提高资金的使用效率。任何单位和个人不得截留、挪用用于农业的财政资金和信贷资金。审计机关应当依法加强对用于农业的财政和信贷等资金的审计监督。国家鼓励和支持农民和农业生产经营组织在自愿的基础上依法采取多种形式，筹集农业资金。

（张旭娟）

nongye ziyuan

农业资源（agricultural resources） 为发展农业和农村经济合理利用和保护土地、水、森林、草原、野生动植物等自然资源，合理开发和利用水能、沼气、太阳能、风能等可再生能源和清洁能源。发展生态农业，保护和改善生态环境，县级以上人民政府应当制定农业资源区划或者农业资源合理利用和保护的区划，建立农业资源监测制度；农民和农业生产经营组织应当保养耕地，合理使用化肥、农药、农用薄膜，增加使用有机肥料，采用先进技术，保护和提高地力，防止农用地的污染、破坏和地力衰退。县级以上人民政府农业行政主管部门应当采取措施，支持农民和农业生产经营组织加强耕地质量建设，并对耕地质量进行定期监测；各级人民政府应当采取措施，加强小流域综合治理，预防和治理水土流失，从事可能引起水土流失的生产建设活动的单位和个人，必须采取预防措施，并负责治理因生产建设活动造成的水土流失。各级人民政府应当采取措施，预防土地沙化，治理沙化土地。

（张旭娟）

nongzi guanggao guanli

农资广告管理（administration of advertisement of means of agricultural production） 为维护农资广告市场秩序，促进和保障农资产品公平交易，维护农民群众利益，对农资广告进行的监督和管理。

严格执行种子、肥料、农药广告管理的各项法律规定,严把广告发布关。组织辖区内经营发布农资广告的广告主、广告经营者、广告发布者学习《广告法》、《种子法》、《农药管理条例》、《肥料登记管理办法》等有关法律规定。结合本地实际对农资广告的审查提出具体明确要求。督促广告主、广告经营者、广告发布者严格执行广告审查标准,严格查验广告证明文件,完善承接登记、审查复审和档案管理等广告经营管理制度,杜绝发布虚假违法农资广告。

加强对农资广告发布量较大的重点媒介监测,加大案件的曝光力度。各地要选择农资广告发布量较大的媒介和违法率较高的媒介作为重点监测对象,发现问题及时依法处理,并通过媒介向消费者作出预警提示。同时要将监测和查处的典型案件公开曝光,对见利忘义,利用广告推销假冒伪劣种子、肥料、农药的行为坚决予以揭露,维护农资广告市场秩序,保护消费者的合法权益。

切实加强日常监管。高度重视有关农资广告的举报投诉,认真办理关系农民群众切身利益的违法广告案件。组织力量对农资产品的交易场所、集贸市场的农资广告印刷品进行重点监控、巡查,发现种子、肥料、农药广告含有质量、性能、功效、安全性等做虚假表示以及其他违反广告法律规定内容的,要责令停止发布,依法进行查处。

加大对违法虚假的种子、肥料、农药等广告的打击力度。重点查处以下农资广告违法行为:(1)发布国家禁止生产、销售、宣传的农资产品广告。(2)无合法生产经营农资产品资格的单位或个人发布农资广告。(3)利用广告对农资产品的质量、服务、功效、适用范围等作虚假宣传。(4)发布含有不科学的表示功效的断言或者保证、使用表明安全性的绝对化断言的农资广告。(5)未经农药广告审查机关批准,违法发布农药广告。(傅智文)

nongzuowu zhongzhi ziyuan guanli
农作物种质资源管理(administration of crop seeds quality resource) 从事农作物种质资源收集、整理、鉴定、登记、保存、交流、利用和管理等活动的管理制度。农作物种质资源,是指选育农作物新品种的基础材料,包括农作物的栽培种、野生种和濒危稀有种的繁殖材料,以及利用上述繁殖材料人工创造的各种遗传材料,其形态包括果实、籽粒、苗、根、茎、叶、芽、花、组织、细胞和DNA、DNA片段及基因等有生命的物质材料。

农业部设立国家农作物种质资源委员会,研究提出国家农作物种质资源发展战略和方针政策,协调全国农作物种质资源的管理工作。各省、自治区、直辖市农业行政主管部门可根据需要,确定相应的农作物种质资源管理单位。

农作物种质资源工作属于公益性事业,国家及地方政府有关部门应当采取措施,保障农作物种质资源工作的稳定和经费来源。国家对在农作物种质资源收集、整理、鉴定、登记、保存、交流、引进、利用和管理过程中成绩显著的单位和个人,给予表彰和奖励。

农作物种质资源收集 国家有计划地组织农作物种质资源普查、重点考察和收集工作。因工程建设、环境变化等情况可能造成农作物种质资源灭绝的,应当及时组织抢救收集。禁止采集或采伐列入国家重点保护野生植物名录的野生种、野生近缘种、濒危稀有种和保护区、保护地、种质圃内的农作物种质资源。因科研等特殊情况需要采集或采伐列入国家重点保护野生植物名录的野生种、野生近缘种、濒危稀有种种质资源的,应当按照国务院及农业部有关野生植物管理的规定,办理审批手续;需要采集或采伐保护区、保护地、种质圃内种质资源的,应当经建立该保护区、保护地、种质圃的农业行政主管部门批准。农作物种质资源的采集数量应当以不影响原始居群的遗传完整性及其正常生长为标准。未经批准,境外人员不得在中国境内采集农作物种质资源。收集种质资源应当建立原始档案,详细记载材料名称、基本特征特性、采集地点和时间、采集数量、采集人等。收集的所有农作物种质资源及其原始档案应当送交国家种质库登记保存。申请品种审定的单位和个人,应当将适量繁殖材料(包括杂交亲本繁殖材料)交国家种质库登记保存。单位和个人持有国家尚未登记保存的种质资源的,有义务送交国家种质库保存。当事人可以将种质资源送交当地农业行政主管部门或农业科研机构,地方农业行政主管部门或农业科研机构应当及时将收到的种质资源送交国家种质库保存。

农作物种质资源鉴定、登记和保存 对收集的所有农作物种质资源应当进行植物学类别和主要农艺性状鉴定。农作物种质资源的鉴定实行国家统一标准制度,具体标准由农业部根据国家农作物种质资源委员会的建议制定和公布。农作物种质资源的登记实行统一编号制度,任何单位和个人不得更改国家统一编号和名称。农作物种质资源保存实行原生境保存和非原生境保存相结合的制度。原生境保存包括建立农作物种质资源保护区和保护地,非原生境保存包括建立各种类型的种质库、种质圃及试管苗库。农业部在农业植物多样性中心、重要农作物野生种及野生近缘植物原生地以及其他农业野生资源富集区,建立农作物种质资源保护区或保护地。农业部建立国家农作物种质库,包括长期种质库及其复份库、中期种质库、种质圃及试管苗库。国家和地方有关部门应当采取措施,保障国家种质库的正常运转和种质资源安全。各省、自治区、直辖市根据需要建立本地区的农作物种质资源保护区、保护地、种质圃和中期种质库。

农作物种质资源繁殖和利用 国家鼓励单位和个人从事农作物种质资源研究和创新。国家长期种质库保存的种质资源属国家战略资源,未经农业部批准,任何单位和个人不得动用。因国家中期种质库保存的种质资源绝种,需要从国家长期种质库取种繁殖的,应当报农业部审批。国家长期种质库应当定期检测库存种质资源,当库存种质资源活力降低或数量减少影响种质资源安全时,应当及时繁殖补充。国家中期种质库应当定期繁殖更新库存种质资源,保证库存种质资源活力和数量;国家种质圃应当定期更新复壮圃存种质资源,保证圃存种质资源的生长势。国家有关部门应保障其繁殖更新费用。农业部根据国家农作物种质资源委员会的建议,定期公布可供利用的农作物种质资源目录,并评选推荐优异种质资源。因科研和育种需要目录中农作物种质资源的单位和个人,可以向国家中期种质库、种质圃提出申请。对符合国家中期种质库、种质圃提供种质资源条件的,国家中期种质库、种质圃应当迅速、免费向申请者提供适量种质材料。如需收费,不得超过繁殖等所需的最低费用。从国家获取的种质资源不得直接申请新品种保护及其他知识产权。国家中期种质库、种质圃应当定期向国家农作物种质资源委员会办公室上报种质资源发放和利用情况。各省、自治区、直辖市农业行政主管部门可以根据本办法和本地区实际情况,制定本地区的农作物种质资源发放和利用办法。

(傅智文)

nongzuowu zhongzi biaoqian guanli
农作物种子标签管理(administration of crop seeds' label) 在我国境内销售(经营)的农作物种子应当附有标签,标签的制作、标注、使用和管理应遵守标签。标签是指固定在种子包装物表面及内外的特定图案及文字说明。对于可以不经加工包装进行销售的种子,标签是指种子经营者在销售种子时向种子使用者提供的特定图案及文字说明。

农作物种子标签标注内容 农作物种子标签应当标注作物种类、种子类别、品种名称、产地、种子经营许可证编号、质量指标、检疫证明编号、净含量、生产年月、生产商名称、生产商地址以及联系方式。属于下列情况之一的,应当分别加注:(1)主要农作物种子应加注种子生产许可证编号和品种审定编号;(2)两种以上混合种子应当标注"混合种子"字样,标明各类种子的名称及比率;(3)药剂处理的种子应当标明药剂名称、有效成分及含量、注意事项;并根据药剂毒性附骷髅或十字骨的警示标志,标注红色"有毒"字样;(4)转基因种子应当标注"转基因"字样、商品化生产许可批号和安全控制措施;(5)进口种子的标签应当加注进口商名称、种子进出口贸易许可证编号和进口种子审批文号;(6)分装种子应注明分装单位和分装日期;(7)种子中含有杂草种子的,应加注有害杂草的种类和比率。作物种类明确至植物分类学的种。种子类别按常规种和杂交种标注,类别为常规种的,可以不具体标注;同时标注种子世代类别,按育种家种子、原种、杂交亲本种子、大田用种标注,类别为大田用种的,可以不具体标注。品种名称应当符合《中华人民共和国植物新品种保护条例》及其实施细则的规定,属于授权品种或审定通过的品种,应当使用批准的名称。

农作物种子标签制作、使用和管理 标签标注内容应当使用规范的中文,印刷清晰,字体高度不得小于1.8毫米,警示标志应当醒目。可以同时使用汉语拼音和其他文字,字体应小于相应的中文。标签标注内容可直接印制在包装物表面,也可制成印刷品固定在包装物外或放在包装物内,但作物种类、品种名称、生产商、质量指标、净含量、生产年月、警示标志和"转基因"标注内容必须在包装物外。可以不经加工包装进行销售的种子,标签应当制成印刷品在销售种子时提供给种子使用者。印刷品的制作材料应当有足够的强度,长和宽不应小于12厘米×8厘米。可根据种子类别使用不同的颜色,育种家种子使用白色并有紫色单对角条纹,原种使用蓝色,亲本种子使用红色,大田用种使用白色或者蓝红以外的单一颜色。种子标签由种子经营者根据《农作物种子标签管理办法》印制。认证种子的标签由种子认证机构印制,认证标签没有标注的内容,由种子经营者另行印制标签标注。包装种子使用种子标签的包装物的规格,为不再分割的最小的包装物。

(傅智文)

nongzuowu zhongzi shengchan jingying xukezheng
农作物种子生产经营许可证(production and trade license of crop seeds) 我国实行的主要农作物种子生产许可证制度和农作物种子经营许可证制度。

主要农作物种子生产许可证 我国主要农作物商品种子生产实行许可制度。主要农作物杂交种子及其亲本种子、常规种原种种子的生产许可证由生产所在地县级农业行政主管部门审核,省级农业行政主管部门核发。主要农作物常规种的大田用种生产许可证由生产所在地县级以上地方人民政府农业行政主管部门核发。生产所在地为非主要农作物,其他省(直辖市、自治区)为主要农作物,申请办理种子生产许可证的,生产所在地农业行政主管部门应当受理并核发。申请种子生产许可证的,由直接组织种子生产的单位或个人提出申请。委托农民或乡村集体经济组织生产的,由委托方提出申请;委托其他经济组织生产的,由委托方或受托方提出申请。申请领取种子生产许可证应向审核机关提交有关材料。种子生产许可证应当注明许可证编号、生产者名称、生产者住所、法定代表人、发证机关、发证时间,生产种子的作物种类、品种、地点、有效期限等项目。有效期限为3年;生产种子是转基因品种的,应当注明。

农作物种子经营许可证　农作物种子经营许可证实行分级审批发放制度。主要农作物杂交种子及其亲本种子、常规种原种种子经营许可证,由种子经营者所在地县级农业行政主管部门审核,省级农业行政主管部门核发。其他种子经营许可证由种子经营者所在地县级以上地方人民政府农业行政主管部门核发。从事种子进出口业务的公司的种子经营许可证,由注册地省级农业行政主管部门审核,农业部核发;实行选育、生产、经营相结合,注册资本金额达到本办法第15条规定的种子公司的经营许可证,可以向注册所在地省级农业行政主管部门申请审核,报农业部核发。

实行选育、生产、经营相结合的种子公司,应当具备《种子法》第29条规定的条件,并达到如下要求:(1)申请注册资本3000万元以上;(2)有育种机构及相应的育种条件;(3)自有品种的种子销售量占总经营量的50%以上;(4)有稳定的种子繁育基地;(5)有加工成套设备;(6)检验仪器设备符合部级种子检验机构的标准,有5名以上经省级以上农业行政主管部门考核合格的种子检验人员;(7)有相对稳定的销售网络。

种子经营许可证应当注明许可证编号、经营者名称、经营者住所、法定代表人、申请注册资本、有效期限、有效区域、发证机关、发证时间、经营范围、经营方式等项目。经营方式按批发、零售、进出口填写;有效期限为5年;有效区域按行政区域填写,最小至县级,最大不超过审批机关管辖范围,由审批机关决定。种子经营许可证期满后需申领新证的,种子经营者应在期满前3个月,持原证重新申请。重新申请的程序和原申请的程序相同。

农作物种子经营许可证监督管理　种子生产经营单位停止生产经营活动1年以上的,应当将许可证交回发证机关。弄虚作假骗取种子生产许可证和种子经营许可证的,由审批机关收回,并予以公告。种子生产许可证和经营许可证的申请人对审核、审批机关的决定不服或者在规定时间内没有得到答复的,可以依法申请行政复议或提起行政诉讼。农业行政主管部门违反本办法规定,越权核发许可证的,越权部分视为无效。农业行政主管部门在依照本办法核发许可证的工作中,除收取工本费外,不得收取其他费用。

(傅智文)

nongzuowu zhongzi zhiliang jiufen tianjian xianchang jianding

农作物种子质量纠纷田间现场鉴定(farm locale judgment of crop seeds' dispute on quality)　为了规范农作物种子质量纠纷,合理解决农作物种子质量纠纷,维护种子使用者和经营者的合法权益的田间现场鉴定。根据《中华人民共和国种子法》(以下简称《种子法》)及有关法律、法规的规定,农业部制定发布了《农作物种子质量纠纷田间现场鉴定办法》。

现场鉴定是指农作物种子在大田种植后,因种子质量或者栽培、气候等原因,导致田间出苗、植株生长、作物产量、产品品质等受到影响,双方当事人对造成事故的原因或损失程度存在分歧,为确定事故原因或(和)损失程度而进行的田间现场技术鉴定活动。申请现场鉴定,应当按照省级有关主管部门的规定缴纳鉴定费。现场鉴定由田间现场所在地县级以上地方人民政府农业行政主管部门所属的种子管理机构组织实施。种子质量纠纷处理机构根据需要可以申请现场鉴定;种子质量纠纷当事人可以共同申请现场鉴定,也可以单独申请现场鉴定。鉴定申请一般以书面形式提出,说明鉴定的内容和理由,并提供相关材料。口头提出鉴定申请的,种子管理机构应当制作笔录,并请申请人签字确认。种子管理机构对申请人的申请进行审查,符合条件的,应当及时组织鉴定。

现场鉴定专家鉴定组　现场鉴定由种子管理机构组织专家鉴定组进行,专家鉴定组人数应为3人以上的单数,由一名组长和若干成员组成。专家鉴定组由鉴定所涉及作物的育种、栽培、种子管理等方面的专家组成,必要时可邀请植保、气象、土壤肥料等方面的专家参加。专家鉴定组名单应当征求申请人和当事人的意见,可以不受行政区域的限制。参加鉴定的专家应当具有高级以上专业技术职称、具有相应的专门知识和实际工作经验、从事相关专业领域的工作5年以上。纠纷所涉品种的选育人为鉴定组成员的,其资格不受前款条件的限制。

现场鉴定的实施　专家鉴定组进行现场鉴定时,可以向当事人了解有关情况,可以要求申请人提供与现场鉴定有关的材料。申请人及当事人应予以必要的配合,并提供真实资料和证明。不配合或提供虚假资料和证明,对鉴定工作造成影响的,应承担由此造成的相应后果。专家鉴定组进行现场鉴定时,应当通知申请人及有关当事人到场。专家鉴定组根据现场情况确定取样方法和鉴定步骤,并独立进行现场鉴定。任何单位或者个人不得干扰现场鉴定工作,不得威胁、利诱、辱骂、殴打专家鉴定组成员。专家鉴定组成员不得接受当事人的财物或者其他利益。

专家鉴定组对鉴定地块中种植作物的生长情况进

行鉴定时,应当充分考虑以下因素:(1)作物生长期间的气候环境状况;(2)当事人对种子处理及田间管理情况;(3)该批种子室内鉴定结果;(4)同批次种子在其他地块生长情况;(5)同品种其他批次种子生长情况;(6)同类作物其他品种种子生长情况;(7)鉴定地块地力水平等影响作物生长的其他因素。

专家鉴定组应当在事实清楚、证据确凿的基础上,根据有关种子法规、标准,依据相关的专业知识,本着科学、公正、公平的原则,及时作出鉴定结论。专家鉴定组现场鉴定实行合议制。鉴定结论以专家鉴定组成员半数以上通过有效。专家鉴定组成员在鉴定结论上签名。专家鉴定组成员对鉴定结论的不同意见,应当予以注明。

现场鉴定书 专家鉴定组应当制作现场鉴定书。现场鉴定书应当包括以下主要内容:(1)鉴定申请人名称、地址、受理鉴定日期等基本情况;(2)鉴定的目的、要求;(3)有关的调查材料;(4)对鉴定方法、依据、过程的说明;(5)鉴定结论;(6)鉴定组成员名单;(7)其他需要说明的问题。现场鉴定书制作完成后,专家鉴定组应当及时交给组织鉴定的种子管理机构。种子管理机构应当在5日内将现场鉴定书交付申请人。

对现场鉴定书有异议的,应当在收到现场鉴定书15日内向原受理单位上一级种子管理机构提出再次鉴定申请,并说明理由。上一级种子管理机构对原鉴定的依据、方法、过程等进行审查,认为有必要和可能重新鉴定的,应当按本办法规定重新组织专家鉴定。再次鉴定申请只能提起一次。当事人双方共同提出鉴定申请的,再次鉴定申请由双方共同提出。当事人一方单独提出鉴定申请的,另一方当事人不得提出再次鉴定申请。现场鉴定无效的,应当重新组织。鉴定现场鉴定无效的情形:(1)专家鉴定组组成不符合本办法规定的;(2)专家鉴定组成员收受当事人财物或其他利益,弄虚作假的;(3)其他违反鉴定程序,可能影响现场鉴定客观、公正的。 (傅智文)

nuli shehui shuizhi

奴隶社会税制(tax system of slave society) 我国奴隶制社会的税收制度。税收的产生与发展离不开国家的产生。夏、商、周税收的主要特点是贡赋不分,租税合一,以土地税为主,税收制度也极为简单。《孟子·滕文公》中有记载:"夏后氏五十而贡,殷人七十而助,周人百亩而彻,其实皆什一也。"因此说,奴隶制社会孕育了中国税法的原始形式:贡、助、彻。夏代的贡制是中国最早的税收制度。《通典·食货上》记载:"禹别九州,量远近,制五服,任土作贡,分田定税,十一而赋。"可以看出,禹根据各地离京畿的远近,土质的肥瘠、高下,评定土地等级,征收收获量十分之一的税。商、周时代,对贡制又有进一步的发展。助,是殷商实行井田制基础上的公田助耕制度,实际上是力役地租性质,也是对自由民的课征。商代授田时将田地分为公田和私田,自由民耕种私田的同时,也要耕种公田,并将公田上的收获作为税收上交。这是以井田制为基础的借助民力同养公田的力役形式的田赋税制度。彻,是指依据丰歉年成,并参照贡和助的情况,按适宜的比例征收土地租赋。贡、助、彻既有地租的因素,也有一定赋税的因素。从税收的起源上看,它们都属于尚未成熟的税收,是税收的雏形。春秋时期,井田制遭到破坏,经济基础发生变化,阶级关系也发生变化,从而引起税收制度的变革。公元前594年,鲁宣公十五年实行"初税亩",不论公田、私田一律按亩征税。"初税亩"首次以法律形式承认了土地的私有权和地主经济的合法地位,顺应了土地私有制这一必然发展趋势,是历史上一项重要的经济变革,同时也是中国农业赋税制度从雏形阶段进入成熟时期的标志。除了农业税制外,早在西周的时候就有工商税制。包括关市税和山泽税。 (王 晶)

nüzhigong teshu baohu

女职工特殊保护(particular regulations for the protection of women workers) 根据女职工身体结构、生理机能的特点以及抚育子女的特殊需要,在劳动方面对妇女特殊权益的法律保障。在我国,女职工特殊保护的法律适用突破了劳动关系的范围,其既包括劳动关系范围内的女职工,也包括女干部和女军人,但不包括农村妇女和城镇无职业妇女。

女职工特殊保护立法概况 国际劳动立法:1919年第3号《保护生育公约》、第4号《夜间工作公约(妇女)》;1934年第41号《妇女夜间工作(修正)公约》;1935年第45号《妇女受雇于各种矿场井下工作公约》;1948年第89号《受雇于工业的妇女夜间工作(修正)公约》;1951年第100号《同工同酬公约》;1967年第127号《最大负重量公约》;1990年第171号《夜间工作公约》;2000年第184号《生育保护公约》。其他国家立法:1970年,英国颁布《男女同工同酬法》、《禁止性别歧视和种族歧视法》;1964年,美国将《公平劳动标准法》适用750万女工;1972年,意大利颁布了包括禁止因结婚而解雇女工内容的女工劳动保护的法律;1972年,日本颁布《女工福利法》,1976年,日本在《劳动基准法》中设置了女工和未成年工保护的专章。我国政务院1951年发布《劳动保险条例》;1960年中共中央批转劳动部、全国总工会和全国妇联《关于女职工劳动保护工作的报告》;《工厂安全卫生规程》、《工业企业设计卫生标准》、《高处作业分级》、《体力劳动分级》和《有毒作用分级》中,对女职工特殊保护作出了具体的规定;1986年卫生部等四部门联合发布《女职工保健工作暂行规定(试行草案)》,从医学卫生的角度对女职工的保健工作做了具体的规定;1988年7月21日,国务院发布我国建国以来对女职工特殊保护的第一个行政法规《女职工劳动保护规定》;劳动部同年发布《关于女职工生育待遇若干问题的通知》;1989年劳动部印发《〈女职工劳动保护规定〉问题解答》;1990年劳动部发布《女职工禁忌劳动范围的规定》;1992年4月《中华人民共和国妇女权益保障法》第四章(劳动权益)第一次以基本法的形式对女职工的特殊保护作出了原则性规定;1993年卫生部等四部门发布《女职工保健工作暂行规定》;1994年7月5日颁布,1995年1月1日实施的《中华人民共和国劳动法》第七章"女职工和未成年工的特殊保护"的规定,成为我国女职工和未成年工特殊保护领域的最高立法形式。

女职工特殊保护的内容 劳动过程中的特殊保护禁止用人单位安排女职工从事以下的工作:(1)矿山井下作业;(2)森林业伐木、归楞及流放作业;(3)《体力劳动强度分级》标准中第Ⅳ级体力劳动强度的作业;(4)建筑业脚手架的组装和拆除作业以及电力、电信行业的高处架线作业;(5)连续负重(指每小时负重次数在6次以上)每次负重超过20公斤,间断负重每次负重超过25公斤的作业。

生理机能变化过程中的保护

(1)经期保护。处于经期期间的女职工禁忌从事以下的工作:食品冷库内及冷水等低温作业;《体力劳动强度分级》标准中第Ⅲ级体力劳动强度的作业;《高处作业分级》国家标准中第Ⅱ级(含Ⅱ级)以上的作业。即5米以上的高处作业。

(2)孕期保护:已婚待孕保护。以婚待孕女职工禁忌从事的劳动为:铅、汞、镉等作业场所属于《有毒作业分级》标准中第Ⅲ级、Ⅳ级的作业;已怀孕的保护。怀孕期女职工不能从事的劳动:作业场所空气中铅及其化合物、汞及其化合物、苯、镉、铍、砷、氯化物、氮氧化物、一氧化碳、二硫化碳、氯、已丙酰胺、氯丁二烯、氯乙烯、环氧乙烷、苯胺、甲醛等有害物质浓度超过国家卫生标准的作业;制药行业中从事抗癌物及已烯雌酚生产的作业;作业场所放射性物质超过《放射防护规定》中规定剂量的作业;人力进行的土方和石方作业;《体力劳动强度分级》国家标准中第Ⅲ级体力劳动强度的作业;伴有全身强烈振动的作业,如风钻、捣固机、锻造等作业,以及拖拉机驾驶等;工作中需要频繁弯腰、攀高、下蹲的作业,如焊接作业;《高处作业分级》标准所规定的高处作业。怀孕7个月以上的女职工,不得安排从事夜班劳动。

(3)产期保护。女职工生育享受不少于90天的产假,包括产前休假15天和产后75天,产前假不能提前和退后;难产的增加产假15天;多胞胎生育的,每多生育一个婴儿,增加产假15天。女职工怀孕流产的,其所在单位应当根据医务部门的证明,给予15天至30天的产假;怀孕满4个月以上流产的,给予42天产假,产假期间的工资照发。

(4)哺乳期保护。不得安排女职工在哺乳未满1周岁的婴儿期间从事国家规定的第三级体力劳动强度的劳动和哺乳期禁忌从事的其他劳动,不得安排其延长工作时间和夜班劳动。有不满1周岁婴儿的女职工,其所在单位应当在每班劳动时间内给予两次哺乳(含人工喂养)时间,每次30分钟。多胞生育的,每多哺乳一个婴儿,每次哺乳时间增加30分钟。女职工每班劳动时间内的哺乳时间,可以合并使用。哺乳时间和在本单位内哺乳往返途中的时间,算作劳动时间。女职工在哺乳期不能从事的劳动:(1)作业场所空气中铅及其化合物、汞及其化合物、苯、镉、铍、砷、氰化物、氮氧化物、一氧化碳、二硫化碳、氯、已丙酰胺、氯丁二烯、氯乙烯、环氧乙烷、苯胺、甲醛等有害物质浓度超过国家卫生标准的作业;(2)作业场所空气中锰、氟、溴、甲醇、有机磷化合物、有机氯化合物的浓度超过国家卫生标准的作业。(3)《体力劳动强度分级》标准中第Ⅲ级体力劳动强度的劳动。

(5)设施保护和保健措施保护。女职工比较多的单位,应当按照国家有关规定,以自办或者联办的形式,逐步建立女职工卫生室、孕妇休息室、哺乳室、托儿所、幼儿园等设施;对女职工的保健要贯彻预防为主的方针,注意女职工生理和心理特点,对女职工进行经期保健、婚前保健、孕前保健、孕期保健、产期保健、哺乳期保健和更年期保健。

(6)司法保护。女职工劳动保护的权益受到侵害时,女职工有权向所在单位的主管部门或者当地劳动部门提出申诉,受理申诉的部门应自收到申诉书之日起30日作出处理决定。女职工对处理决定不服时,可以在收到处理决定书起15日内向人民法院起诉。对违反《女职工劳动保护规定》,侵害女职工劳动保护权益的单位负责人及其直接责任人员,其所在单位的主管部门应当根据情节轻重,给予行政处分,并责令该单位给予被侵害女职工合理的经济补偿;构成犯罪的,由司法机关依法追究刑事责任。《妇女权益保障法》规定,妇女的合法权益受到侵害时,被侵害人有权要求有关主管部门处理,或者依法向人民法院提起诉讼。妇女的合法权益受到侵害时,被侵害人可以向妇女组织投诉,妇女组织应当要求有关部门或者单位查处,保护被侵害妇女的合法权益。

目前,在我国女职工特殊保护的法律法规中,还无工作环境权方面的保护,即无性骚扰和心理卫生方面的法律保护。

(邵芬)

欧共体竞争法 (competition law of EU)

欧洲共同体大市场所适用的竞争规则。1993年1月1日，欧洲共同体实现了内部统一的大市场，即在共同体内实现了商品、劳务、资本和技术的自由流通。欧共体国家是市场经济国家，其基本经济政策是通过自由竞争维护市场秩序。因此，从维护有效竞争的原则出发，《欧共体条约》第3条第1款g项规定，共同体市场要建立保护竞争的制度。这一原则条款的具体化即是欧共体条约第81条至第86条。这些条款的目的是禁止卡特尔，禁止滥用市场支配地位，消除进入成员国市场的障碍，推动市场竞争，建立由竞争引导的经济秩序。除了第81条至第86条外，共同体条约中保护竞争的规定还见于第87条关于国家援助的规定以及第90条关于税收的规定。但这些条款不是规范企业的竞争关系，而是禁止共同体成员国不正当地干预市场经济活动。因此，狭义的欧共体竞争法一般仅指条约第81条至第86条，尤其是指条约第81条和第82条。根据条约第81条第1款，凡企业间的协议、企业集团的决议以及行为的相互协调是以阻碍、限制或者妨害竞争为目的，或者实际上能够起到这种后果，从而损害成员国间贸易活动，则得予以禁止。条约第82条禁止一个或者几个企业在共同体市场或者其重大领域通过滥用市场支配地位限制或者妨碍成员国间的贸易活动。此外，1990年9月21日生效的欧共体理事会1989年第4064号条例，即欧共体企业合并控制条例，也是欧共体竞争法的核心内容。

根据欧共体理事会1962年发布的第17号条例第9条，欧共体竞争法的主管机构是位于布鲁塞尔的欧共体委员会。欧共体委员会竞争局大约有450名工作人员，其中200名是经济学家和法学家。根据欧共体条约第230条和第231条，有权对委员会的决定进行审查的机构是位于卢森堡的欧共体法院。为了减轻工作负担，欧共体在1989年设立了初审法院。初审法院可以从事实上和法律上审查委员会作出的裁决，二审法院则仅限于审查裁决的法律问题。

根据欧共体法院的判决，欧共体竞争法几乎适用于所有的经济领域。即不仅规范那些传统的市场经济活动，而且还适用于广播、能源、邮政等方面占垄断地位的国有企业。不适用市场竞争规则的特殊经济部门仅限于农业和交通业。欧共体的竞争法与成员国的竞争法如德国的反对限制竞争法之间的关系是并行适用。但是当两者产生了法律冲突时，优先适用共同体法。

(王晓晔)

欧共体竞争法中的国家援助 (national aid in EU competition law)

国家援助是欧共体竞争法的重要内容。根据《欧共体条约》第87条第1款，国家援助行为包括以下事实构成：(1)国家采取了措施。这里所指的国家除主权国家外，还包括各级地方政府和国家机构，如国家银行。(2)措施具有优惠性。即受援者通过这些措施得到了好处，通常是减少了它们应承担的财政负担。(3)措施引起国家财政负担。有些措施虽然不是直接以国家资金为手段，例如国家要求某些国有企业对另一些国有企业无偿给付或者放弃它们应得的报酬，这种做法因为会减少国家的财政收入，从而也被视为国家援助。(4)受援者为企业。在实践中，国有企业虽然不是唯一的受援者，但也是最重要的受援者。(5)援助不具有普遍性。即不是所有企业或者所有生产部门都能获得这种援助。

国家援助的方式主要是：(1)财政补贴或税收优惠。这是国家援助的直接方式，也是欧共体许多成员国通常使用的方式。(2)对国有企业的投资。国家投资不一定是国家援助。因此，这里应当根据市场经济条件下私人投资的基本原则认定国家投资行为是否属于国家援助。随着国有企业逐步民营化，这种援助方式在欧共体越来越不重要。(3)低息贷款。(4)国家担保。国家担保是否可视为国家援助，得与金融市场的一般贷款条件相比较。被担保的企业如果没有国家担保不能得到银行贷款，或者必须支付很高的利息才能得到贷款，这个国家担保就是国家援助。援助金额等于该企业在国家担保情况下支付的贷款利息和在市场上取得这个贷款所支付利息的差距，再减去该企业为获得国家担保的费用。如果被担保的企业濒临破产，国家援助的金额等于被担保的所有贷款。

根据《欧共体条约》第87条第1款，不论国家采取何种援助方式，只要它们损害竞争或者能够损害竞争，并由此对成员国间的贸易造成不利影响时，即视为与共同体市场相抵触。欧共体委员会已经发布了一系列关于国家援助的指南。它们根据适用对象被分为一般援助指南、部门援助指南和地区援助指南。一般援助是指除条约的特殊规定外，可普遍适用于所有经济部门的国家援助，其中最重要的是关于环境保护、促进研究与发展以及促进中小企业发展的国家援助。地区援助是对经济最不发达地区的援助,其条件是该地区在过去三年内,人均生产总值等于或者不足共同体人均生产总值的75%。部门援助是指对因市场饱和或生产过剩而处于衰退中的产业部门的援助,例如对钢铁、船舶制造和汽车制造业的援助。对这些行业进行国家援助的目的是,缩小行业的生产能力,实现供需平衡。

(王晓晔)

oumeng fanqingxiao falü zhidu
欧盟反倾销法律制度(anti-dumping law system of European Union) 欧盟反倾销法律的形成经历了一个开始、发展、完善的渐进过程。欧洲共同体(现改名为欧洲联盟)于1968年4月7日制定了第一部反倾销法——《欧共体理事会关于防止来自非欧共体成员国的倾销与补贴进口产品的条例》,其来源于1958年1月1日生效的《罗马条约》的规定原则。这部法律的具体规定后来由于欧盟各国对外经济贸易的发展变化于1973年、1977年、1979年、1984年、1988年进行了多次修改。每次修改都产生了一个新的反倾销条例。为了履行乌拉圭回合谈判达成的反倾销协议,欧盟自1994年初起,又较大幅度地对反倾销法规作了修正和补充。欧盟现行的反倾销法律的主要法律依据是以1996年通过的第384/96号反倾销法令(其目的是将世贸组织反倾销协议中的基本规则纳入欧盟的法律),并结合1998年通过的第905/98号法规(对384/96号法规进行了修改,其内容是取消中国和俄罗斯的"非市场经济"地位,并对这两个国家的企业部分运用市场经济的反倾销机制)。另外,对于《欧洲煤钢共同体条约》涉及的一些特殊产品,欧盟于1996年底另外制定了一套针对煤、钢产品的反倾销制度,即欧委会2277/96/ECSC号决定,1999年经过一次修改后通过了1000/1999/ECSC决定,其内容也取消了对中国和俄罗斯的"非市场经济"地位,并对两个国家的企业部分实行市场经济的反倾销机制。

在欧盟,处理反倾销案件的机构主要有欧盟委员会、部长理事会、咨询委员会和欧盟初审法院。欧盟委员会作为欧洲联盟的行政机关,是反倾销法的主要执行部门,它有权开始和结束调查、征收临时和固定反倾销税,还有权接受出口商提出的价格承诺。部长理事会并不自动接受欧委会的建议,只有部长理事会才能决定征收固定反倾销税;它主要负责制定反倾销规章和通过最终裁决。咨询委员会是咨询机构,主要负责对反倾销的调查和应采取的措施方面向委员会提供咨询意见。初审法院是司法机构,设在卢森堡,对反倾销和反补贴案件都有管辖权;对于不服欧委会裁决的出口商来说,它实际上是个上诉法院。

欧盟反倾销法律体系,突出维护欧盟成员整体利益,存在浓厚的保护主义色彩。例如,欧盟的反倾销法规定,在确定正常价值时,先确定出口国是否为市场经济国家。如果不是,欧委会就会认为其国内价格不能作为确定正常价值的可靠依据,而会采取其他的办法。从1998年开始欧盟在涉及我国和俄罗斯的反倾销调查中,欧委会不再必然认为非市场经济待遇是适当的。欧盟反倾销法还规定,反倾销税的征收必须符合共同体的利益。因此,即使欧委会作出倾销和损害都存在的裁决,但如果欧委会认为征税不符合共同体的利益,那么它仍有可能不采取任何措施。例如,在对我国的松香案中,欧委会认为征税对松香用户的负面作用超过了给欧盟工业带来的利益,因而没有采取任何措施。

目前欧盟已成为世界上反倾销机制的第二大使用方,仅次于美国。1979—1999年的21年间,欧盟对第三国产品实行反倾销调查764起,年均36.4起,其中大多数案件均以征收最终反倾销税告终。中国成为欧盟反倾销最多的国家,从1979年对中国第一起糖精反倾销案开始,至1999年的20年间,共立案81起,占欧盟反倾销案件的10.6%。

(王连喜)

ouzhou dianxin biaozhunhua xiehui
欧洲电信标准化协会(European Telecommunications Standards Institute) 简称ETSI。由欧共体委员会1988年批准建立的一个非赢利性的电信标准化组织,总部设在法国南部的尼斯。欧洲电信标准化协会目前有来自52个国家的七百多名成员,涉及电信行政管理机构、国家标准化组织、网络运营商、设备制造商、业务提供者、用户以及研究机构等。欧洲电信标准化协会的宗旨是:为实现统一的欧洲电信大市场,及时制定高质量的电信标准,以促进电信基础结构的综合,确保网络和业务的协调,确保适应未来电信业务的接口,以达到终端设备的统一,为开放和建立新的电信业务提供技术基础,并为世界电信标准的制定作出贡献。欧洲电信标准化协会作为一个被CEN(欧洲标准化协会)和CEPT(欧洲邮电主管部门会议)认可的电信标准协会,其制定的推荐性标准常被欧共体作为欧洲法规的技术基础而采用并被要求执行。欧洲电信标准化协会的标准化领域主要是电信业,还涉及与其他组织合作的信息及广播技术领域。虽然欧洲电信标准化协会成立时间不长,但是由于其运作符合电信市场需要,工作效率高,至今已有两千多项标准或技术报告发布,对统一欧洲电信市场,对欧洲乃至世界范围的电信标准的制定起着重要的推动作用。欧洲电信标准化协会的工作程序是建立在ITU等国际标准化组织活动准则的基础上,并与之相协调。

(麻琳琳)

ouzhou huobi shichang

欧洲货币市场(European monetary market) 集中于伦敦与其他金融中心的境外美元与境外其他欧洲货币的国际借贷市场。也有人把欧洲货币市场高度概括地界定为在一国境外进行该国货币借贷的国际市场,它并非是一个地理概念。它形成于欧洲,最大中心是伦敦,加上西欧、美国、加拿大共4个重要中心,另有巴哈马、开曼、巴拿马、香港、新加坡、东京等主要离岸中心。欧洲货币市场上的业务大部分是银行同业之间的交易,约占业务总额的2/3左右,另一部分则是银行与非银行之间的交易。其资金运用可以分为欧洲银行同业短期拆放、欧洲货币银行贷款和欧洲债券的发行。

　　欧洲货币市场的主要特点　欧洲货币市场集结了大量境外美元与境外欧洲货币。大的跨国公司、企业从该市场借取其所需要的资金,外国的中央银行与政府机构也从这个市场进行资金融通,以调节本国金融市场。其特点主要有:(1)管制较松。这个市场的货币当局,对银行及金融机构从事境外货币的吸存贷放,一般管制都很松。(2)调拨方便。这个市场,特别是以英国伦敦为中心的境外货币市场,银行机构林立,业务经验丰富,融资类型多样,电讯联系发达,银行网遍布世界各地,资金调拨非常方便。由这个市场取得资金融通后,极容易调成各种所需货币,可以在最短的时间内将资金调拨世界各地。(3)税费负担少。这个市场税赋较轻,银行机构各种服务费平均较低,从而降低了融资者的成本负担。(4)可选货币多样。这个市场所提供的资金不仅限于市场所在国货币,而几乎包括所有主要西方国家的货币,从而为借款人选择借取的货币提供了方便条件。(5)资金来源广泛。这个市场打破了资金供应者仅限于市场所在国的传统界限,从而使非市场所在国的资金拥有者也能在该市场上进行资金贷放。与此同时,借款人也不受国籍限制。(6)这个市场的形成不以所在国强大的经济实力和巨额的资金积累为基础,只要市场所在国家或地区政治稳定、地理方便、通讯发达、服务周到,并实行较为突出的优惠政策,就有可能发展为新型的国际金融市场。

　　欧洲货币市场的构成　欧洲货币市场主要由短期资金借贷市场、中长期资金借贷市场和欧洲债券市场组成。(1)短期资金借贷市场:借贷期限最短隔夜、多则3月、长者1年;它一般凭信用拆借;利率一般以伦敦银行同业拆借率为基础外加一定的利息率,加息率一般在0.25%至1.25%之间。(2)中长期资金借贷市场:借贷期限1至10年不等;通常以伦敦欧洲货币3或6个月存款利率为基础、按市场利率每周期调整利率;一般需签订合同和提供担保;此外还要支付管理费、杂费、代理费和承诺费等。(3)欧洲债券市场:一些资本主义国家的大工商企业、地方政府、团体以及一些国际组织,为了筹措中长期资金,在欧洲货币市场上发行的以市场所在国家以外的货币所标示的债券称为欧洲债券,该市场即为欧洲债券市场。欧洲债券的利率高于银行存款的利率,一般为固定利率,但在欧洲债券市场浮动利率债券也不断增加、债券的利率水平视不同时期、不同货币单位、不同发行单位而有所差异。

　　欧洲货币市场形成的主要原因　(1)逃避本国金融政策法令的管制。(2)为减缓本国通货膨胀,对非居民的本币存款采取倒收利息政策的结果。(3)美国对境外美元的存在采取放纵的态度。随着欧洲货币市场的不断发展,它对整个国际金融市场和国际金融形势的影响也在不断加强。总的来说,欧洲货币市场的作用是积极的,便利了国际资本的流动,有利于国际贸易和国际投资的发展,帮助一些国家筹集资金解决国际收支逆差或者为经济建设服务。但同时,由于其极大的竞争性、投机性和破坏性,它的存在也有消极、不利的一面。

(王连喜)

ouzhou huobi tixi

欧洲货币体系(European monetary system) 1979年3月,在德国总理和法国总统的倡议下,欧洲经济共同体的8个成员国(法国、德国、意大利、比利时、丹麦、爱尔兰、卢森堡和荷兰)决定建立欧洲货币体系,将各国货币的汇率与对方固定,共同对美元浮动,其实质是一个固定的可调整的汇率制度。其内容主要有三项:建立欧洲货币单位、实行稳定汇率的政策、建立欧洲货币基金。(1)欧洲货币单位是在欧洲计算单位的基础上发展起来的,它是作为欧共体未来的共同货币而设计的,是欧洲货币体系的核心,欧洲货币单位的计算方法同欧洲计算单位相同,也是以各国货币为依据确定的。欧洲货币单位主要用作成员国之间的结算工具或作为对第三世界提供发展援助的记账单位或作为成员的储备资产之一。(2)欧共体稳定汇率的政策主要体现在对内实行可调整的固定汇率,对外实行联合浮动制。所谓可调整的固定汇率,也称为半固定汇率制,就是一国货币与另一国货币的兑换率一般保持不变,在必要时可根据情况予以调整。所谓联合浮动制是指国家集团在成员国货币之间实行固定汇率制的同时,对非成员国货币实行共升共降的浮动汇率制。(3)欧共体的欧洲货币基金计划要求各成员把它们20%的黄金、外汇储备集中到欧共体,作为欧共体的储备资产,目的是为了扩大现有的货币合作基金的贷款能力,加强对货币市场的干预,为建立欧共体中央银行作准备。

　　欧洲货币体系的运行机制有两个基本要素:(1)货币篮子——欧洲货币单位(ECU);(2)格子体系——汇率制度。欧洲货币单位是当时欧共体12个成员国货币共同组成的一篮子货币，各成员国货币在其中所占的比重大小是由他们各自的经济实力决定的。欧洲货币体系的汇率制度以欧洲货币单位为中心，让成员国的货币与欧洲货币单位挂钩，然后再通过欧洲货币单位使成员国的货币确定双边固定汇率。这种汇率制度被称之为格子体系，或平价网。

欧洲货币体系内部的汇率制并非完全固定的，成员国之间货币汇率有一个可波动的范围。每一成员国的货币都与欧洲货币单位(ECU)定出一个中心汇率，这个汇率在市场上的上下波动幅度为正负2.5%，对英镑来说是6%。由于马克是欧洲货币体系中最强的货币，马克又是国际外汇市场上最主要的交易货币之一，人们便常常把欧洲货币体系成员国货币与马克汇率的波动，作为中央银行干预的标志。欧洲货币体系成员国中央银行干预外汇市场的方法是，每个成员国把黄金和美元储备的20%交给欧洲货币合作基金，同时换回相应数量的欧洲货币单位。如果某个成员国的中央银行需要对本国货币与马克的汇率进行干预，它就可以用手中的欧洲货币单位，或其他形式的国际储备金向另一个成员国中央银行购买本国货币，从而对外汇市场进行干预。

(王连喜)

ouzhou jianyan he renzheng zuzhi

欧洲检验和认证组织(European Organization for Testing and Certification) 简称EOTC。欧洲检验和认证组织于1990年4月由欧共体提议成立。它的宗旨是：促进欧洲经济共同体贸易，鼓励欧洲认证制度的发展，促使检验报告和认证证书的相互承认。该组织是欧洲合格评定发布的促进机构及协调机构。欧洲检验和认证组织的成员必须依签订的协议相互承认彼此的检验结果，其目的是使欧共体和欧洲自由贸易联盟内的非法规化产品，达到检验结果、认证程序、质量体系评定和认证的相互承认。欧洲检验和认证组织这样做的目标是促进认证证书的等效性，避免多重评审。欧洲检验和认证组织还负责向欧共体委员会提供实施欧共体法令的技术支持，特别是同非欧共体国家签订互认协议。欧洲检验和认证组织设有理事会，依各个专业领域设置行业委员会，依不同职能领域设置专门委员会以及其他一些与之达成协议的组织。这些组织也可以是非欧共体组织。协议组织负责制定具体的要求，并确保其实施。

(麻琳琳)

ouzhou renzheng renke zuzhi

欧洲认证认可组织(European Conformity Certification Organization) 简称EAC。组建于1991年的欧洲认证认可组织，其组成成员主要来自欧洲经济共同体和欧洲自由贸易联盟成员国的国家认可机构。欧洲认证认可组织的目的是在欧洲建立一个区域性的认可制度，实现对各成员国的认证机构能力的相互承认，从而达到对认证证书的相互承认。欧洲认证认可组织的相互承认规划分两个阶段进行。第一阶段是以加盟成员之间签署谅解备忘录的方式规定相互承认的准则及加盟成员国所承担的义务。目前有很多国家的认可机构签署了谅解备忘录，如：NACQS比利时、ICHS丹麦、ICLAB爱尔兰、ISAC冰岛、RVC荷兰、NA挪威、IPQ葡萄牙、SWEDAC瑞典、NACCB英国、SINCERT意大利、DAR德国、ELOT希腊、BMWA奥地利、COFRAC法国、FINAS芬兰、RELE西班牙、SAS瑞士。第二阶段是在各通过同行评定的加盟成员国认可机构间签署多边承认协议。同行评定是指由各认可机构派代表组成联合审核组，依据ISO/CAS-CO226、ISO/CA8CO227及EN45012和ISO/IEC48号指南对其他认可机构进行能力评审。已签署协议的如：FINAS芬兰、RVC荷兰、NA挪威、SWEDAC瑞典、SAS瑞士、NACCB英国。

(麻琳琳)

ouzhou shiyanshi renke hezuo zuzhi

欧洲实验室认可合作组织(European Co-operation for Accreditation of Laboratories) 简称EAL。1975年在西欧各国间成立了西欧核准合作组织(WECC)，该组织由欧洲共同体和欧洲自由联盟17个成员国组成。1989年又成立了西欧实验室认可合作组织(WELAC)。1994年WECC与WELAC合并为欧洲实验室认可合作组织(EAL)。欧洲实验室认可合作组织的目标是：建立EAL各成员国和相关成员的实验室认可体系之间的信誉；支持欧洲实验室认可标准的实施；开放和维护各实验室认可体系间的技术交流；建立和维护EAL成员间的多边协议；建立和维护EAL与非认可机构成员地区实验室认可机构之间的相互认可协议；代表欧洲合格评定委员会认可校准和检测实验室。欧洲实验室认可合作组织的主要任务是：制定互认协议；组织实验室之间技术能力的比对；接受认可申请；制定EAL通用指南；出版和发行资料；对外交流。欧洲实验室认可合作组织要求各成员国的认可机构在认可实验室时，被认可实验室应达到以下要求：清晰表示各部门职责和质量要求的组织机构；公正、独立和诚实；具备技术资格的人员；有效的检测和校准方法；适用的校准和检测设备；满足量值溯源要求；有效的质量保证体系；有要求时，报告和证书结果应注明不确定度。欧洲实验室认可合作组织的组织机构包括：欧洲实验室认可合作组织全体大会；执行大会；第一委员会：多边认可协议；第二委员会：校准及检测活动；第三委员会：特殊专业技术文件组；第四委员会：通用文件制定和宣传；第五委员会：对外交往。

(麻琳琳)

ouzhou zhiliang zuzhi

欧洲质量组织(European Organization for Quality) 简称EOQ。由欧洲31个国家的质量组织,在瑞士依法注册的一个自治、非盈利性的专业质量组织。其活动宗旨是通过传播欧洲的质量理念,提高欧洲工商业界的综合竞争力,为推动质量管理技术在各成员国企业的普及与应用做贡献,最终目标是实现欧洲人民和欧洲社会整体的发展与进步。欧洲质量组织成立于1956年,办公机构设在比利时的布鲁塞尔,主席由各成员组织首脑轮流担任。欧洲质量组织年会由各成员国轮流主办,是由欧洲及国际质量组织和机构围绕质量改进技术、信息、经验、方法等进行交流研讨的重要平台。其规模与档次与美国质量学会年会相当,与美国质量学会、日本科学技术联盟被公认为当今全球最有影响力的三大质量组织,备受全球质量界瞩目。欧洲质量组织下设产品/服务中心、知识/研究中心及网络中心,为所属成员组织和欧洲企业提供质量培训、信息交换、咨询、软件应用与开发的全方位服务。牵头实施欧洲用户满意度指数测评项目。出版物为月刊杂志《欧洲质量》。欧洲质量组织于1991年设立"欧洲质量奖"并于次年颁发了第一个奖项。欧洲质量组织奖被视为TQM的欧洲模式。其评审标准与美国波多里奇奖的标准相仿。只是将以人为本和环境要求作为单独章节,予以了突出和强调。 (麻琳琳)

P

paiwu biaozhun

排污标准(pollution standards) 污染物排放标准。是我国国家环境保护法律体系的重要组成部分,是环境保护执法和管理工作的重要技术依据。污染物排放标准的制定机关和权限,在我国现行的有关法律中已做了明确的规定。《中华人民共和国环境保护法》、《中华人民共和国大气污染防治法》、《中华人民共和国水污染防治法》、《关于环境保护若干问题的决定》、《中华人民共和国对外贸易法》和《中华人民共和国清洁生产促进法》等法律中有明确规定,国务院环境保护行政主管部门制定国家污染物排放标准。1998年国务院批复的国家环境保护总局"三定"方案中,规定国家环境保护总局负责制定国家环境质量标准和国家污染物排放标准。省、自治区、直辖市人民政府根据法律的明确授权也可以制定某些排污标准,但应当严格遵循法定权限、范围和程序。比如,根据《大气污染防治法》第7条的规定,省、自治区、直辖市人民政府制定严于国家排放标准的地方机动车大气污染物排放标准,须报国务院批准。

污染物排放标准是具有法律效力的强制性标准,制定污染物排放标准必须由法定机关按照规定的程序进行,法定机关以外的其他任何单位无权制定污染物排放标准。根据国家污染物排放标准的有关规定,国家污染物综合排放标准和行业排放标准不交叉执行,已有国家行业排放标准的行业,其排污单位执行相应的国家行业排放标准。适用标准时,应在企业独立的排放口采样和监测。对明确属于某行业的企业,其排放的污染物国家该行业排放标准中没有规定,亦不应执行国家综合性排放标准,但可通过制定地方排放标准进行控制。

(王 丽)

paiwufei

排污费(fee for excessive pollutant discharge) 排污者向环境排放污染物超过污染物排放标准的,或者向水体排放污染物的,应当向国家交纳的专项用于环境污染防治的费用。排放污染物超过国家或者地方规定的污染物排放标准的企业事业单位,依照国家规定缴纳超标准排污费。企业事业单位向水体排放污染物的,按国家规定缴纳排污费;超过国家或者地方规定的污染物排放标准的,按照国家规定缴纳超标准排污费。2002年1月30日国务院通过自2003年7月1日起执行的《排污费征收使用管理条例》对污染物的确定、排污费的征收和使用作出了规定。国家发展计划委员会、财政部、国家环境保护总局、国家经济贸易委员会于2003年2月28日联合下发的《排污费征收标准管理办法》关于排污费的种类以及征收办法作出规定。

污水排污费 对向水体排放污染物的,按照排放污染物的种类、数量计征污水排污费;超过国家或者地方规定的水污染物排放标准的,按照排放污染物的种类、数量和本办法规定的收费标准计征的收费额加一倍征收超标准排污费。对向城市污水集中处理设施排放污水,按规定缴纳污水处理费的,不再征收污水排污费。对城市污水集中处理设施接纳符合国家规定标准的污水,其处理后排放污水的有机污染物(化学需氧量、生化需氧量、总有机碳)、悬浮物和大肠菌群超过国家或地方排放标准的,按上述污染物的种类、数量和本办法规定的收费标准计征的收费额加一倍向城市污水集中处理设施运营单位征收污水排污费,对氨氮、总磷暂不收费。对城市污水集中处理设施达到国家或地方排放标准排放的水,不征收污水排污费。

废气排污费 对向大气排放污染物的,按照排放污染物的种类、数量计征废气排污费。对机动车、飞机、船舶等流动污染源暂不征收废气排污费。

固体废物及危险废物排污费 对没有建成工业固体废物贮存、处置设施或场所,或者工业固体废物贮存、处置设施或场所不符合环境保护标准的,按照排放污染物的种类、数量计征固体废物排污费。对以填埋方式处置危险废物不符合国务院环境保护行政主管部门规定的,按照危险废物的种类、数量计征危险废物排污费。

噪声超标排污费 对环境噪声污染超过国家环境噪声排放标准,且干扰他人正常生活、工作和学习的,按照噪声的超标分贝数计征噪声超标排污费。对机动车、飞机、船舶等流动污染源暂不征收噪声超标排污费。

根据《关于排污费征收核定有关工作的通知》及之后环保总局的复函规定:除装机容量30万千瓦以上电力企业的二氧化硫排污费,由省、自治区、直辖市人民政府环境保护行政主管部门核定和收缴外,其他排污费应按照属地征收的原则,主要由市、县环境监察机构具体负责核定、收缴。考虑到污染物排放在城市范围内相对集中的特点,为保证执法的统一和公平,设区的市,城区的排污费应由市一级环境监察机构负责核定、收缴,其他远郊区的排污费应由该区环境监察机构负责核定、收缴。

排污费应当全部专项用于环境污染防治,任何单位和个人不得截留、挤占或者挪作他用。

(傅智文　包剑虹)

paiwu shenbao
排污申报(report of discharge of pollution)　向环境排放污染物的企业事业单位,按规定向所在地环境保护行政主管部门申报其污染物的排放和防治情况,由环境管理部门审查监督的制度。实行排污申报制度有利于环境保护部门及时掌握本辖区内的污染物排放情况,以便为环境监管提供基本依据。我国对于排污申报制度的规定具体体现在以下几部法中。《中华人民共和国水污染防治法》第14条、《中华人民共和国大气污染防治法》第12条和《中华人民共和国海洋环境保护法》第32条规定:排放污染物的单位必须按照国务院环境保护行政主管部门的规定,向所在地的环境保护部门申报登记拥有的污染物排放设施、处理设施和在正常作业条件下排放污染物的种类、数量和浓度,并提供防治污染方面的有关技术资料;《中华人民共和国固体废物污染环境防治法》第31条规定:"国家实行工业固体废物申报登记制度。产生工业固体废物的单位必须按照国务院环境保护行政主管部门的规定,向所在地县级以上地方人民政府环境保护行政主管部门提供工业固体废物的产生量、流向、贮存、处置等有关资料。"《中华人民共和国环境噪声污染防治法》第24条规定:"在工业生产中因使用固定的设备造成环境噪声污染的工业企业,必须按照国务院环境保护行政主管部门的规定,向所在地的县级以上地方人民政府环境保护行政主管部门申报拥有的造成环境噪声污染的设备的种类、数量以及在正常作业条件下所发出的噪声值和防治环境噪声污染的设施情况,并提供防治噪声污染的技术资料。"环境保护管理部门应及时对申报登记表和申报内容进行审查,并作出决定,对违反申报登记制度、拒报拖报、弄虚作假、玩忽职守者予以行政处罚。

(申进忠　王　丽)

paiwu shoufei zhidu
排污收费制度(system in regard to fees of pollutants discharge)　对于向环境排放污染物或者超过国家排放标准排放污染物的排污者,按照污染物的种类、数量和浓度,根据规定征收一定费用的制度。排污收费制度是贯彻"污染者负担"原则的重要措施,20世纪70年代以后在各国普遍实行。1979年的《中华人民共和国环境保护法(试行)》就确立了对超标排污者征收排污费的制度。1982年颁布了《征收排污费暂行办法》,对征收排污费的目的、范围、标准、加收减收的条件以及费用的管理和使用作出了具体规定。根据《征收排污费暂行办法》规定,凡超过国家标准排放污染物的单位,不论企业或事业单位都要缴纳排污费。按照《中华人民共和国水污染防治法》的规定,凡向水体排污者,不超过标准的也要收费,超过标准的则要缴纳超标排污费。《征收排污费暂行办法》以附表形式规定了收费标准,分为废水、废气、废渣三项,按照下列因素确定不同的收费额:(1)按照所排放污染物的种类和危害程度,分为一般污染物、有毒污染物和剧毒污染物,收费标准逐项提高;(2)根据排污单位排放污染物的浓度和数量,按照排放标准具体计算超标倍数,进行累计收费,超过标准越高,收费越多;(3)同一排污口含两种以上污染物时,按照收费高的一种计算。对于排污费的管理和使用,《征收排污费暂行办法》规定,征收的排污费要纳入预算作为环境保护的专项资金,由环保部门会同财政部门统筹安排。用于补助重点污染单位治理污染源、区域性污染综合治理、补助环保部门监测仪器设备的购置、环境保护的宣传教育、技术培训等。目前我国的征收排污费制度还存在收费标准偏低、收费标准与排放标准不配套、单因子收费等问题,需要进一步完善。

(申进忠)

paiwu zongliang kongzhi
排污总量控制(total control of discharge capacity of pollutants)　国家对特定地域内(行政区划、流域、环境功能区)的特定种类污染物的排放总量进行指标限定的环境管理制度。排污总量控制既包括对区域整体排污总量的控制,也包括对区域内单个企业排污总量超过分配限额而进行的控制,最终使排污总量经过污染削减期而达到环境质量标准的要求。特定区域的环境容量是有限的,即使在企业达标排放的条件下,也可能使排污量超过环境净化能力的限度,所以"总量控制"比"浓度控制"更有利于严重污染的整治。我国自1988年开始进行排污总量控制的试点工作,1996年经过修订的《中华人民共和国水污染防治法》第16条规定:"省级以上人民政府对实现水污染物达标排放仍不能达到国家规定的水质标准的水体,可以实施重点污染物的总量控制制度,并对有排污量削减任务的企业实施该重点污染物排放量的核定制度。"《淮河流域水污染防治暂行条例》第9条规定:"国家对淮河流域实行水污染物排放总量控制制度。"《中华人民共和国大气污染防治法》第15条规定:"国务院和省、自治区、直辖市人民政府对尚未达到规定的大气环境质量标准的区域和国务院批准划定的酸雨控制区、二氧化硫控制区,可以划定为主要大气污染物排放总量控制区。"就目前而言,排污总量控制制度的适用范围仅限于重点区域主要污染物的防治。

(陈　韬)

panfuxing guanggao
攀附性广告（play-up advertisement） 比较广告的形式之一。比较广告根据广告主在进行比较时的基本立场和动机，大体可以分为批判性广告和攀附性广告两种，前者旨在对竞争对手及其经营的商品或服务进行批判或贬损，故也称为贬比广告；后者旨在攀附某个竞争对手及其经营的商品或服务的良好声誉，广告主在广告中可能承认自己的产品质量等方面不如该竞争对手，但实际上仍是借其名气达到提升自己形象或树立品牌的目的，故也称为弱比广告。攀附性广告的行为人必须指称某个特定的竞争对手，指称可以采取明确的方式，也可采取隐藏或间接的方式。

攀附性广告被认为是利用他人声誉的不劳而获的行为，许多国家和地区的立法认为该行为本身就属于不正当竞争，只有在例外情况下，如公众对行为人广告中的比较信息具有特殊利益时，这种广告才不违法。因为竞争者应当凭实力竞争，不得攀附他人的良好声誉，良好声誉是经营者长期以来进行技术创新、品质保障、市场拓展的结果，并能带来巨额利润，具有很强的商业价值，他人不得利用之来实现自己的竞争利益。但是20世纪80年代以来，以德国为代表的一些国家修正了该看法，认为利用他人声誉的行为本身不构成不正当竞争，只有具备其他不正当情节时，如行为人根本不具备攀附性比较的合理理由，从其行为的整体情形来看，利用他人声誉的意图明显处于主导地位等，该行为才被认为构成不正当竞争。此种认识的理由是声誉不属于知识产权法保护的劳动成果，因而原则上适用模仿自由或利用自由原则，因此利用他人声誉原则上应当是合法的。 （雷 驰）

panjue huobi
判决货币（currency of judgment） 一国法院在判决中规定的用以陈述、计价和支付的货币。目前在有些大陆法系国家，法院可以判决直接用外币清偿债务（如德国、瑞士、意大利和奥地利等）；有些大陆法系国家，法院判决由等值当地货币偿还（如法国、比利时和日本等）。日本《民法》第403条规定，债务人有用国内通货（日元）清偿债务的权利，俗称"代用给付权"。该规定使用于一切在日本履行的外币债务的清偿，即使在债务准据法是外国法的场合也适用。在英美法系国家对判决货币规定也不尽相同。在英国，外币债务可以约定按偿付日的市场汇价折算为英镑偿付；也可以直接用外币偿付，但有限制。在美国，法院至今仍坚持判决货币只能是美元，并要求合同货币不是美元的，必须折算成美元。加拿大《货币与外汇法》规定："凡属在起诉书或起诉程序中用货币或者货币价值陈述时，必须使用加拿大货币。"加拿大在承认和执行外国法院的判决时，也可以将判决货币折算成加元作条件。目前在中国，鉴于我国的国情和经济发展的现状，法院使用的判决货币是人民币和外币并用。 （王连喜）

pianhui xingwei
骗汇行为（cheating action of foreign exchange） 我国境内的外汇所有者（机构和个人），违反国家外汇管理的强制性规定，伪造、变造各类单据和凭证与使用、买卖伪造、变造各类单据和凭证骗取外汇的行为。现行外汇管理条例未规定骗汇行为，《中华人民共和国刑法》中规定了下列骗汇行为：（1）伪造、变造海关报关单、进口证明、外汇管理部门核准件等凭证和单据的购汇；（2）使用、买卖伪造、变造的海关报关单、进口证明、外汇管理部门核准件等凭证和单据的购汇；（3）重复使用海关报关单、进口证明、外汇管理部门核准件等凭证和单据的购汇；（4）明知用于骗购外汇而提供人民币资金或者其他服务的购汇；（5）以其他方式骗购外汇的。

《刑法》对骗汇行为的处罚方式有：对于骗购外汇行为，数额较大的，处5年以下有期徒刑或者拘役，并处骗购外汇数额5%以上30%以下罚金；数额巨大或者有其他严重情节的，处5年以上10年以下有期徒刑，并处骗购外汇数额5%以上30%以下罚金；数额特别巨大或者有其他特别严重情节的，处10年以上有期徒刑或无期徒刑，并处骗购外汇数额5%以上30%以下罚金或者没收财产。 （王连喜）

pianqu chukou tuishui zui
骗取出口退税罪（crime of obtaining tax return for export by fraudulent means） 以假报出口或者其他欺骗手段，骗取国家出口退税款，数额较大的犯罪行为。该罪的主观方面必须是故意，犯罪主体是一般主体，侵犯的客体是国家关于出口退税的管理制度。 （余启平）

piaoliu lüyou anquan guanli
漂流旅游安全管理（safety administration on drift tours） 漂流经营企业组织旅游者在特定的水域，乘坐船只、木筏、竹排、橡皮艇等漂流工具进行的各种旅游活动的安全方面的管理。漂流旅游属特种旅游活动，其安全管理工作以保障旅游者人身及财产安全为原则，实行"安全第一，预防为主"的方针。

管理机关 国务院旅游行政管理部门负责全国范围内漂流旅游活动的安全监督管理工作。县级以上地方人民政府旅游行政管理部门负责本地区内漂流旅游活动的安全监督管理工作。省、自治区、直辖市人民政府旅游行政管理部门协商有关部门确定组织开展漂流旅游活动的区域和时间，确定漂流旅游工具的类型。

职责分工 省、自治区、直辖市人民政府旅游行政管理部门应根据当地漂流水域状况和使用漂流工具的情况，制定本地区漂流旅游安全和服务标准，并根据安全和服务标准对经营企业和漂流工具进行检查。对符合标准的企业，发给旅游部门认可的证书，并会同有关部门对其使用的漂流工具进行登记管理。地方旅游行政管理部门应履行下列职责：(1) 及时了解漂流水域情况，一旦发生影响漂流旅游安全的，如洪水、塌方、河道堵塞等情况，应立即通知企业停止漂流旅游活动，并及时协助有关部门做好旅客疏导和安全工作。(2) 定期对漂流旅游的码头设施和接待设施以及漂流旅游企业的漂流工具进行检查。(3) 审核检查漂流旅游企业的各项安全管理规章制度；对漂流旅游的从业人员进行安全教育和安全培训。

经营者义务 经营漂流旅游的企业应履行下列义务：(1) 根据旅游安全管理的有关规定及有关部门的规章制度建立健全安全管理规章制度。(2) 设置专门的安全管理机构或确定专人负责安全管理工作。(3) 对从业人员特别是漂流工具操作人员进行旅游服务和旅游安全培训。(4) 保证所提供的漂流旅游服务符合保障旅游者在漂流旅游活动中的人身及财产安全的要求；在码头、漂流工具上应放置足够的救生设备；组织旅游者乘坐漂流工具时，应要求旅游者穿救生衣或使用其他救生装备。(5) 保证漂流工具安全可靠，严格遵守核定的载客量，严禁违章操作。(6) 明确告示患有精神病、心脏病、高血压、痴呆病等病症的患者以及孕妇、老人、小孩和残疾人等不宜参加漂流旅游。(7) 开展漂流旅游应在有关部门考察核定的、符合安全标准的水域内进行，经营漂流旅游的企业应配合有关部门，保持漂流水域的畅通及航道标志明显。

操作人员 漂流工具的操作人员必须经当地水运管理部门考试合格后方可上岗。上岗前必须由旅游管理部门或经营企业进行旅游服务和旅游安全培训。漂流工具的操作人员须向旅游者宣讲漂流旅游安全知识，介绍漂流工具上的安全设施及使用方法，说明漂流旅游中的安全注意事项和发生意外事故后的应急办法。由旅游者自行操作漂流工具进行漂流的，经营企业的工作人员应事先将有关注意事项详细告知旅游者，并在易发生事故的危险地段安排专人负责安全监护。

漂流工具 投入经营使用的漂流工具必须具备下列条件：(1) 经有关部门检验，持有载明乘客定额、载重量、适航内容的合格证书；(2) 按有关规定选配操作人员；(3) 救生设备齐全。

备案 已领取旅游部门发放认可证的经营企业，其漂流工具的买卖、转让、租赁、抵押、报废等须到当地旅游行政管理部门备案。凡在漂流过程中发生旅游者伤亡事故或危及旅游者安全的其他事故，均为漂流旅游安全事故。经营漂流旅游的企业应根据有关规定和当地具体情况制定意外事故处理预案。

事故救助 一旦发生安全事故，经营漂流旅游的企业应立即采取措施，组织救助，并向当地旅游行政管理部门及其他有关部门报告。地方旅游行政管理部门在接到事故报告后，应立即将情况向上级旅游行政管理部门报告，并积极配合公安、交通、卫生等部门组织事故调查、伤员的救治和其他善后工作。事故处理结束后，当地旅游行政管理部门责成漂流旅游的经营者整理出事故处理报告，内容包括：事故发生的时间、地点、事故原因、伤亡情况及财产损失、经验教训、处理结果等。当地旅游行政管理部门在将事故处理报告核定后，报上级旅游行政管理部门备案。 (刘 鹏)

piaoju

票据(negotiable instruments) 有广义和狭义之分。广义的票据相当于有价证券，泛指一切体现商事权利或具有财产价值的书面凭证，权利的发生、移转和行使均以持有该凭证为必要，包括汇票、本票、支票、股票、债券、提单、仓单等。狭义的票据专指票据法规定的，出票人依法签发的，由本人或委托他人在见票时或者在票载日期无条件支付确定的金额给收款人或持票人的一种有价证券。《中华人民共和国票据法》所指的票据是指汇票、本票和支票。票据有以下法律特征：票据是设权证券，指票据权利的产生必须首先做成证券，没有票据，就没有票据上的权利。票据是文义证券，指票据上的一切权利义务，必须严格按照票据上所记载的文字为准。票据是无因证券，即票据权利仅仅根据票据法的规定发生，至于其发生的原因或基础，在所不问。票据是要式证券，即票据作成的格式和记载事项必须严格按照票据法规定进行。票据是流通证券，指票据权利的转让比民法上一般财产权利更灵活方便。票据是金钱债权证券，指票据所产生或者创设的权利是以给付一定的金额为标的的债权。票据是完全有价证券，指票据权利与票据的占有不可分离，票据上权利的发生、移转和行使，必须持有票据。 (何 锐)

piaoju biangeng

票据变更(modification of a negotiable instrument) 享有变更权的人更改票据所记载的事项的行为。其构成要件为：(1) 更改人必须是有权更改人；(2) 更改的内容必须符合法律规定；(3) 更改票据应符合一定的时间条件；(4) 更改票据时应当由原记载人签章证明。 (田 艳)

piaoju bianzao
票据变造 (alteration of a negotiable instrument) 没有变更权限的人变更票据上除签章以外的其他记载事项,从而使票据上的权利义务发生变化的行为。其构成要件包括:(1)必须是无权变更票据人所为;(2)必须是变更票据签章以外的其他事项的变更行为;(3)变更票据其他记载事项足以引起票据权利内容发生变化。在票据变造情形下,变造人应当承担法律责任。票据上有变造的记载事项,签章在变造之前的,签章人对原记载事项负责;签章在变造之后的,签章人对变造之后的记载事项负责;不能辨别签章在变造之前或变造之后的,视同签章在变造之前。

(田 艳)

piaoju bujiu
票据补救 (remedies for loss of a negotiable instrument) 法律规定的,为避免因票据丧失而给票据权利人带来损失,而赋予票据权利人补救的权利和方法。我国《票据法》规定了三种票据补救方法:挂失止付、公示催告程序和票据诉讼。

(田 艳)

piaoju dangshiren
票据当事人 (parties of negotiable instruments) 享有票据权利,承担票据义务以及与票据权利义务有密切关系的法律主体,包括出票人、收款人、付款人、背书人、被背书人、承兑人、保证人、被保证人等等。

出票人 依照法定方式签发票据并将票据交付收款人,从而创设票据之人。银行汇票的出票人,为经中国人民银行批准办理银行汇票业务的银行。商业汇票的出票人,为银行以外的企业和其他组织。银行本票的出票人,为经中国人民银行批准办理银行本票业务的银行。支票的出票人,为在经中国人民银行批准办理支票存款业务的银行、城市信用合作社和农村信用合作社开立支票存款账户的企业、其他组织和个人。

付款人 汇票和支票的付款人受出票人的委托付款的人。银行本票的付款人即出票人。

代理付款人 根据付款人的委托,代其支付票据金额的银行、城市信用合作社和农村信用合作社。

收款人 票据上明确记载的有权向付款人请求付款的人。

背书人 在票据背面或者粘单上记载一定事项,从而将票据转让给他人或者将票据权利授予他人来行使之人。

被背书人 经背书人所为的背书行为而取得票据之人。

承兑人 在远期汇票上记载一定事项,表示在票据到期日无条件支付票据金额之人。

保证人 具有代为清偿票据债务能力的法人、其他组织或者个人。国家机关、以公益为目的的事业单位、社会团体、企业法人的分支机构和职能部门不得为保证人;但是,法律另有规定的除外。

被保证人 保证人所担保的对象,被保证人必须是票据上的义务主体。如果保证人未指明被保证人,已承兑的票据,以承兑人为被保证人;未承兑的或者无需承兑的票据,以出票人为被保证人。

(何 锐)

piaojufa
《票据法》 (Law of P. R. C on Negotiable Instrument) 《中华人民共和国票据法》于1995年5月10日第八届人民代表大会常务委员会第十三次会议通过,现予公布,自1996年1月1日起施行。制定本法的目的是,为了规范票据行为,保障票据活动中当事人的合法权益,维护社会经济秩序,促进社会主义市场经济的发展。本法共7章111条,包括:总则、汇票、本票、支票、涉外票据的法律适用、法律责任、附则等部分。本法适用于在中华人民共和国境内的票据活动。持票人对票据债务人行使票据权利,或者保全票据权利,应当在票据当事人的营业场所和营业时间内进行,票据当事人无营业场所的,应当在其住所进行。

汇票 出票人签发的,委托付款人在见票时或者在指定日期无条件支付确定的金额给收款人或者持票人的票据。汇票分为银行汇票和商业汇票。出票人签发票据并将其交付给收款人的票据行为为出票。汇票必须记载的事项有:(1)"汇票"的字样;(2)无条件支付的委托;(3)确定的金额;(4)付款人名称;(5)收款人名称;(6)出票日期;(7)出票人签章。汇票上未记载前款规定事项之一的,汇票无效。出票人签发汇票后,即承担保证该汇票承兑和付款的责任。

背书是在票据背面或者粘单上记载有关事项并签章的票据行为,由背书人签章并记载背书日期。汇票以背书转让或者以背书将一定的汇票权利授予他人行使时,必须记载被背书人名称。以背书转让的汇票,背书应当连续。持票人以背书的连续,证明其汇票权利。以背书转让的汇票,后手应当对其直接前手背书的真实性负责。背书不得附有条件。汇票被拒绝承兑、被拒绝付款或者超过付款提示期限的,不得背书转让。背书人以背书转让汇票后,即承担保证其后手所持汇票承兑和付款的责任。

承兑是汇票付款人承诺在汇票到期日支付汇票金额的票据行为。定日付款或者出票后定期付款的汇票,持票人应当在汇票到期日前向付款人提示承兑,即要求付款人承诺付款;付款人自收到提示承兑的汇票之日起3日内承兑或者拒绝承兑。付款人承兑汇票,不得附有条件。付款人承兑汇票后,应当承担到期付款的责任。

保证是汇票的债务可以由保证人承担保证责任。保证人必须在汇票或者粘单上记载的事项有:(1)表明"保证"的字样;(2)保证人名称和住所;(3)被保证人的名称;(4)保证日期;(5)保证人签章。保证人对合法取得汇票的持票人所享有的汇票权利,承担保证责任。

付款是持票人按照期限提示付款。持票人未按照前款规定期限提示付款的,在作出说明后,承兑人或者付款人仍应继续对持票人承担付款责任。持票人获得付款的,应当在汇票上签收,并将汇票交给付款人。持票人委托银行收款的,受委托的银行将代收的汇票金额转账收入持票人账户,视同签收。付款人依法足额付款后,全体汇票债务人的责任解除。

追索权是汇票到期被拒绝付款的,持票人可以对背书人、出票人以及汇票的其他债务人行使追索权。持票人行使追索权时,应当提供被拒绝承兑或者被拒绝付款的有关证明。持票人不能出示合法证明的,丧失对其前手的追索权。但是,承兑人或者付款人仍应当对持票人承担责任。汇票的出票人、背书人、承兑人和保证人对持票人承担连带责任,持票人可以不按照汇票债务人的顺序,对其中任何一人、数人或者全体行使追索权。被追索人依照规定清偿后,可以向其他汇票债务人行使再追索权。被追索人依照规定清偿债务后,其责任解除。

本票 本票是出票人签发的,承诺自己在见票时无条件支付确定的金额给收款人或者持票人的票据。本票的出票人必须具有支付本票金额的可靠资金来源,并保证支付。本票出票人的资格由中国人民银行审定。本票必须记载的事项有:(1)表明"本票"的字样;(2)无条件支付的承诺;(3)确定的金额;(4)收款人名称;(5)出票日期;(6)出票人签章。缺少上列事项,本票无效。本票上记载付款地、出票地等事项的,应当清楚、明确。本票的出票人在持票人提示见票时,必须承担付款的责任。

支票 支票是出票人签发的,委托办理支票存款业务的银行或者其他金融机构在见票时无条件支付确定的金额给收款人或者持票人的票据。开立支票存款账户,申请人必须使用其本名,并提交证明其身份的合法证件;领用支票,应当有可靠的资信,并存入一定的资金。支票可以支取现金,也可以转账,用于转账时,应当在支票正面注明。支票必须记载的事项:(1)表明"支票"的字样;(2)无条件支付的委托;(3)确定的金额;(4)付款人名称;(5)出票日期;(6)出票人签章。未记载规定事项之一的,支票无效。支票上的金额可以由出票人授权补记,未补记前的支票,不得使

用。支票的出票人所签发的支票金额不得超过其付款时在付款人处实有的存款金额。超过提示付款期限的,付款人可以不予付款;付款人不予付款的,出票人仍应对持票人承担票据责任。付款人依法支付支票金额的,对出票人不再承担受委托付款的责任,对持票人不再承担付款的责任。

涉外票据的法律适用 是指在出票、背书、承兑、保证、付款等行为中,既有发生在中华人民共和国境内又有发生在中华人民共和国境外的票据。票据债务人的民事行为能力,适用其本国法律。汇票、本票出票时的记载事项,适用出票地法律。票据的背书、承兑、付款和保证行为,适用行为地法律。票据追索权的行使期限,适用出票地法律。票据的提示期限、有关拒绝证明的方式、出具拒绝证明的期限,适用付款地法律。票据丧失时,失票人请求保全票据权利的程序,适用付款地法律。

法律责任 伪造、变造票据的;故意使用伪造、变造的票据的;签发空头支票或者故意签发与其预留的本名签名式样或者印鉴不符的支票,骗取财物的;签发无可靠资金来源;冒用他人的票据,或者故意使用过期或者作废的票据,骗取财物的;付款人同出票人、持票人恶意串通,实施违法行为的。有前条所列行为之一,情节轻微,不构成犯罪的,依照国家有关规定给予行政处罚。金融机构工作人员在工作中违反本法规定给予处分;造成重大损失构成犯罪的,依法追究刑事责任。

(刘文杰 何 锐)

piaoju falü zeren

票据法律责任(liability for negotiable instruments) 票据关系当事人违反法律或者合同的义务,而应承担的不利后果。《中华人民共和国票据法》规定的票据法律责任主要是刑事责任和行政责任。票据法律责任的分类:(1)根据其产生的原因来说,可以分为两大类:一是由于票据上的行为失误而产生的法律责任;二是由于实施非票据行为而产生的法律责任。(2)根据承担的责任内容来划分,可以分为民事责任、行政责任、刑事责任。(3)根据票据责任人的多少,可以分为单独责任和共同责任。(4)根据票据法律责任的个体表现不同,可以分为财产责任和非财产责任。(5)根据票据法律责任承担的主体不同,可以分为出票人责任、付款人责任、背书人责任、保证人责任和持票人责任等。票据法律责任的构成:(1)行为的违法性;(2)行为人的主观过错;(3)违法行为造成了损害后果;(4)违法行为与损害后果之间存在因果关系。　(徐中起)

piaoju guanxi

票据关系(relations of negotiable instruments) 当

事人基于票据行为所发生法律上的权利义务关系。根据票据行为的不同,票据关系主要包括票据发行关系、票据背书转让关系、票据承兑关系、票据付款关系和票据保证关系。　　　　　　　　　　（何　锐）

piaoju huodong
票据活动(instruments activities)　会引起票据权利或义务发生变化的行为,如出票、背书、承兑、保证、付款、票据的代理、票据的签章、票据追索权的行使等活动。与票据行为相比,票据活动还包括票据的印制、管理等活动。票据活动不得损害公共利益,不得利用票据活动来扰乱社会公共秩序和安全,损害广大人民群众的利益。　　　　　　　　　　（何　锐）

piaoju jichu guanxi
票据基础关系(basic relations of a negotiable instrument)　又称票据的实质关系。票据关系赖以产生的民事基础法律关系。票据的基础关系分为三种:(1)票据原因关系,指票据当事人之间基于发行票据或转让票据的理由而发生的法律关系。例如出票人和收款人之间授受票据的事由、背书人和被背书人之间转让票据的事由等等。依票据原因是否有偿,票据原因关系分为有对价的原因关系和无对价的原因关系。票据原因关系与票据关系是相互分离和相互联系的。票据原因关系与票据关系的分离表现在三个方面:票据作成、交付背书转让等票据行为只要具备法定要件,就产生有效的票据关系,原因关系的瑕疵不影响票据关系的效力;票据债权人行使票据权利时,一般只以持有票据为必要条件,不需证明取得票据的原因;票据债务人不得以原因关系中的抗辩事由来对抗善意持票人。票据原因关系与票据关系的联系主要表现在授受票据的直接当事人之间,债务人可用原因关系对抗票据关系。(2)票据资金关系,指汇票或支票的付款人与出票人或者其他资金义务人所发生的法律关系,即出票人为委托付款人进行票据支付而建立的委托付款关系。(3)票据预约关系,指票据行为人与其相对人之间就票据行为,尤其是就出票和背书有关事宜达成票据预约合同所发生的法律关系。　　（何　锐）

piaoju kangbian
票据抗辩(defenses of negotiable instrument)　票据债务人根据票据法规定对票据债权人拒绝履行义务的行为。票据债务人享有拒绝债权人行使权利的权利,称为抗辩权。票据抗辩所依据的理由,称为抗辩原因或抗辩事由。票据抗辩按照抗辩原因或者抗辩事由的不同,分为物的抗辩和人的抗辩。物的抗辩,又称绝对的、客观的抗辩,指由于票据本身的事由发生的抗辩,如因为票据上欠缺票据法规定的绝对必要记载事项。票据债务人可以用物的抗辩对抗一切持票人,不因持票人的变更而受到影响。人的抗辩,又称相对的、主观的抗辩,指由于持票人自身或者票据债务人与特定的持票人之间的关系而产生的抗辩,如特定的持票人欠缺或者受领票据金额的能力。人的抗辩产生于特定人之间,离开了特定的债权人,如债权人发生变更时,抗辩事由即被切断,债务人不得再以相同的抗辩事由对抗新的持票人。　　　　　　　（田　艳）

piaoju kangbian xianzhi
票据抗辩限制(limitation on defenses of negotiable instrument)　票据法对票据抗辩事由进行限制,以保护票据权利人实现票据权利,促进票据流通。通常认为,对于物的抗辩不存在限制性的规定,只能对人的抗辩进行一定的限制,即票据债务人不得以自己与出票人或者持票人的前手之间的抗辩事由,对抗持票人。但是,持票人明知存在抗辩事由而取得票据的除外。　　　　　　　　　　（田　艳）

piaoju quanli
票据权利(rights on a negotiable instrument)　持票人向票据债务人请求支付票据金额的权利。包括付款请求权和追索权。付款请求权是持票人向汇票的承兑人、本票的出票人及支票的付款人出示票据请求支付票据金额的权利;追索权又称偿还请求权,指当持票人行使票据权利遭到拒付或者拒绝承兑,或者在票据到期届满时,票据权利有可能落空的危险,持票人向其他票据债务人请求支付票据金额的权利。付款请求权又称第一请求权,而追索权一般是在持票人行使付款请求权不获实现后才行使的权利,所以又称第二请求权。票据权利之所以分为双重请求权,在于保护票据权利人,有利于票据的流通。

票据权利的取得是指持票人合法、有效地取得票据的所有权并享有票据权利,其取得方式有因出票而取得、因背书转让而取得、法定取得和善意取得四种。票据权利的行使是指票据权利人请求票据债务人履行票据债务的行为,如向付款人行使付款请求权、向被追索人行使追索权请求清偿。票据权利的保全是指票据权利人为防止票据权利的丧失而进行的行为,如依期提示、有效通知、作成拒绝证明、中断时效等。由于票据权利保全行为大都是票据权利的行使行为,所以票据法一般将两者相提并论,一并规定。票据权利的消灭原因有因付款而消灭、时效消灭和票据涂销等。

票据权利与票据法上的权利不同,后者是指票据法规定的、票据权利以外的有关票据的权利,其权利并不直接体现在票据上,行使无需凭票据,也不能直接达到票据目的,如利益偿还请求权。 （何　锐）

piaoju sangshi
票据丧失（loss of a negotiable instrument） 持票人并非出于本人的意愿而丧失对票据的占有。根据票据是否还现实的存在,票据丧失分为绝对丧失和相对丧失。票据的绝对丧失,即票据灭失,指票据本身已不存在,如票据因焚烧、毁损而在物质形态上毁灭。票据的相对丧失,即票据遗失,指由于持票人将票据丢失或者被他人盗窃,虽然票据在物质形态上依然存在,但是已脱离了真正票据权利人的占有。 （田　艳）

piaoju shixiao
票据时效（prescription of negotiable instruments） 又称票据权利的消灭时效。票据权利人在一定时间内不行使其权利,票据权利就归于消灭,票据债务人就可以票据权利已超过时效为由拒绝履行票据义务。《中华人民共和国票据法》第17条规定了票据时效,与《中华人民共和国民法通则》第7章关于诉讼时效的规定不同,诉讼时效是指权利人向人民法院请求保护民事权利的有效期间。诉讼时效使权利人丧失的是诉讼程序中的胜诉权。此外,我国票据法中规定票据时效期间比一般民法上的时效期间短。这是由票据的流通性以及票据交易的快捷性所决定的。 （田　艳）

piaoju susong
票据诉讼（action on a negotiable instrument） 票据权利归属的确认之诉。失票人应当在挂失止付通知后的3日内,或在票据丧失后,向票据付款地或者被告住所地的人民法院提起票据权利归属的确认之诉。 （田　艳）

piaoju tuxiao
票据涂销（obliteration of a negotiable instrument） 将票据上的签名或其他记载事项加以涂抹或消除的行为。涂销的方法不影响票据涂销的成立,如涂销太严重以至于无法辨认票据,属于票据毁损,发生票据丧失的后果。 （田　艳）

piaoju weizao
票据伪造（forgery of a negotiable instrument） 假冒他人的名义,以行使票据上的权利为目的而为票据行为的行为。包括:(1)出票的伪造,即狭义的票据的伪造,是假冒他人名义而为出票行为签发票据;(2)出票行为以外的假冒他人签章而为票据行为,如假冒他人名义签章而为的背书、承兑、保证等其他票据行为。其构成要件包括:(1)必须假冒他人的名义在票据上签章;(2)必须是伪造票据的行为;(3)必须是以行使票据上权利义务为目的而伪造票据。在票据伪造情形下,伪造人不承担票据法上的责任,但应承担刑事和民事责任。被伪造人不对伪造票据承担任何责任,可对抗一切持票人。在伪造的票据上有真实签章的人的票据行为不因伪造票据而无效。 （田　艳）

piaoju xiaci
票据瑕疵（defects on a negotiable instrument） 影响票据效力的行为。由于票据当事人或其他人进行了这些行为,致使票据权利义务关系的实现受到了一定的影响。票据瑕疵主要包括票据伪造、票据变造和票据涂销。 （田　艳）

piaoju xingwei
票据行为（acts on negotiable instruments） 有狭义票据行为和广义票据行为之分。狭义的票据行为指能产生票据债权债务关系的要式的法律行为,包括出票、背书、承兑、保证、参加承兑、保付等六种。广义的票据行为指以票据关系的发生、变更或消灭为目的而为的法律行为,除了以上六种行为外,还包括付款、参加付款、见票、划线、涂销等。有基本票据行为和附属票据行为之分,基本票据行为指票据的出票行为,即创设票据的行为。附属的票据行为是指出票行为之外的其他票据行为。

票据行为的性质有契约行为和单方法律行为两种学说,主张契约行为说的认为票据债务人之所以负担票据上的债务,是因为他与票据债权人订立了契约。不仅如此,只有票据债务人将票据交付给债权人,而债权人也必须受领了该票据,才能产生票据法上的权利义务关系。所以票据本身就是契约,无须另外订立契约来证明其存在。主张单方法律行为说的认为票据上的债务仅因债务人的单方面行为而成立。因为票据是流通证券,其持票人是不特定的,因此行为人作成票据并在上面签章,对于不特定的持票人而言,都是意思表示,持票人无须行为人的其他承诺。英美法采用契约行为说,大陆法系采用单方面行为说,我国也采用此说。相比较而言,单方面说更有利于票据的流通和对善意持票人的保护,更能适应当今高速发展的商品经济社会发展的需要。

票据行为的特征主要有要式性、抽象性、独立性、文义性、连带性等。要式性是指票据行为必须遵循法定的、严格的形式,不允许当事人自主决定或变更,否则不能产生票据法上的效力。抽象性又称无因性,是指票据行为只要具备法律规定的形式即自行产生效力,而不问其基于的基础关系存在与否或是否有效。独立性是指票据行为之间互不依赖而独立发生效力。文义性是指票据行为的内容完全以票据上记载的文义为准。连带性是指所有票据债务人应对票据债务共同负责或协同负责或连带负责。

票据行为作为法律行为的一种,必须具备一般法律行为应具备的要件,即票据行为的实质要件,包括行为人的票据能力、行为人的意思表示以及行为的合法性三个方面。票据能力包括票据权利能力和票据行为能力。前者指可以享受票据权利、承担票据义务的资格或能力;后者指通过独立的票据行为取得票据法上的权利、承担票据法上义务的资格或能力。意思表示指民事主体将其意欲发生民事后果的内心意志以一定方式表现于外部的行为。为保护善意第三人的权利,促进票据流通,票据法更强调对行为人的意思表示做客观、规范的解释。行为的合法性指票据行为应遵守所有的法律和行政法规,不得损害公共利益。

此外,票据行为作为要式的法律行为,必须具备票据法所规定的特别要件,即票据行为的形式要件,包括书面、签章、记载事项和交付等四项。书面是指各种票据行为都必须以书面形式作成才能生效,而且票据法一般对票据用纸也有严格要求。签章是指签名、盖章或签名加盖章。记载事项分为必要记载事项、任意记载事项、不得记载事项以及记载后不产生票据法上效力的事项。必要记载事项指依据票据法的规定必须记载的事项,依效力的不同又分为绝对和相对必要记载事项,前者是指必须在票据上记载的事项,欠缺此类事项之一的,票据无效,如《中华人民共和国票据法》第22条、第76条和第85条之规定;后者是指某些事项虽然票据法规定应记载,法律另有补充规定,票据并不因此失效,如我国《票据法》第23条、第77条和第87条之规定。任意记载事项指是否记载可由票据当事人自由选择,但一经记载,即发生票据法上的效力,如我国《票据法》第27条第2款和34条之规定。不得记载事项指票据法禁止行为人在票据上记载的事项。记载后不产生票据法上效力的事项指是否记载可由票据当事人自由选择,但即使记载,也不发生票据法上的效力。交付指票据行为人将票据实际交给对方持有。

票据行为的代理是指代理人在其代理权限范围内,在票据上载明被代理人的名称及为被代理人代理的意思,并在票据上签章的行为。其构成要件为:(1)应当记明本人,即被代理人的名称;(2)应当记明为本人代理的意思;(3)代理人应当签名或签章;(4)代理人的代理权限必须经本人授权。为维护社会交易的安全,我国票据法在规定原则上适用民法关于代理的一般规则时,又对票据行为的代理作出特别规定,主要体现在票据行为的无权代理和越权代理上。无权代理人应承担票据责任,越权代理人应就超越权限的部分承担责任。

(何 锐)

piaoju zeren

票据责任(liabilities for a negotiable instrument) 票据债务人向持票人支付票据金额的责任。票据债务人分为第一票据债务人和第二票据债务人,前者又称主债务人,是指持票人向其行使付款请求权,以请求其付款的相对人。后者又称次债务人、偿还义务人,是指持票人得不到付款或承兑时,可向其行使追索权,以请求其偿还的人。

(何 锐)

pinkun diqu fazhan zhichi zhidu

贫困地区发展支持制度(depressed area development assist system) 国家为了帮助贫困地区发展经济而采取的,包括国家产业政策、扶贫物资、税收优惠等在内的一系列政策、措施。对贫困地区的发展的支持制度主要包括:(1)实行贫困地区工资补贴政策。贫困地区需要大量的人才,而发达地区依靠其工资优势吸引了许多贫困地区急需的人才,对贫困地区实行工资补贴政策有利于贫困地区留住人才;(2)对到贫困地区投资的企业实行优惠政策。凡到贫困地区兴办开发性企业,可以通过适当方式使用当地的扶贫资金进行联合开发,对在国家确定的贫困地区新办的企业,可在3年内减征或免征所得税;(3)强化政府宏观调控。为贫困地区改善基础设施,搞好公益性项目,通过大力改善投资环境吸引经济发展所必需的要素资源流入这些地区。此外,国家在贫困地区的对外贸易、经济合作、交通、通讯建设等方面也应该采取优惠制度,支持贫困地区的经济发展。

贫困地区是指相对而言生产能力低下、生产方式落后、经济发展缓慢、文化生活贫瘠、交通闭塞,贫困人口相对集中的地域。我国的贫困人口多集中在中西部地区,虽然其占全国人口的比例在逐年减少,但总量仍然很大。贫困地区的经济和社会发展整体水平低,严重制约着文化教育、医疗卫生事业的发展,导致人口素质低下,使之缺乏独立抵御市场风险和参与市场竞争的能力,这对我国整体社会经济的发展和人民生活水平的提高都有很大的阻碍。贫困地区包括不同的类型,有山地型贫困区、高原型贫困区、内陆干旱型贫困区、农牧业交错地带型贫困区等。形成贫困地区的原因也各不相同,除地理环境、自然资源方面的原因以外,也有国家政策不合理、受传统落后思想观念束缚等原因。国家近年来十分重视对贫困地区的开发,但由于贫困地区交通不便、信息不灵,又多处于自然条件恶劣、生态环境脆弱的高山区、深山区、石山区、黄土高原区、偏远荒漠区、地方病高发区以及自然灾害频发区，再加上长期观念的束缚，开发的难度非常大。但是消灭贫困作为我国社会发展的一个重要目标，近年来取得了很好的效果。贫困地区经济开发具有明显的区域性，在开发贫困地区的过程中，国家产业政策的制定和实施，要照顾到贫困地区的特殊性，对贫困地区给予支持。根据我国贫困地区的实际情况，对贫困地区的开发应该纳入整个市场经济循环之中，而不是将其与外部市场分割开来，这有利于贫困地区经济的健康发展和市场体系的形成。 （孙昊亮）

pinkun quyu leixing

贫困区域类型（the type of depressed area） 根据一定标准对贫困地区的划分。我国有学者按自然地理与经济社会发展的一致性将我国贫困地区分为6个基本类型及22个亚类型：黄土高原贫困类型、蒙新干旱地区贫困类型、西南喀斯特山区贫困类型、青藏高原贫困类型、东西部平原山区接壤带类型、东部丘陵山区贫困类型。

黄土高原贫困类型范围为太行山以西，日月山以东，秦岭、伏牛山以北，长城以南，其主要特点为：水土流失严重；干旱缺水；燃料、木料、饲料、肥料缺乏；地方病蔓延；生产力水平低下，产业结构偏重于农业。其包含的亚类型有陇中、东部干旱丘陵山区、宁南干旱山区、陕北黄土丘陵山区、吕梁山区。

蒙新干旱地区贫困类型包括内蒙古草原、新疆盆地，涉及内蒙古东南部农牧交错、沙化和半沙化以及南疆西部地区，其主要特点为：干旱少雨；冬季严寒，冻害严重；缺林少牧，植被稀疏；土地沙化严重；农牧矛盾突出，生产力水平偏低。其包含的亚类型内蒙古高原东南沙化区、新疆西部干旱区。

西部喀斯特山区贫困类型包括云贵高原及其边缘地区，西起横断山，东至九万大山，北至乌蒙山，南至滇南山地，其主要特点为：广大石灰岩山区植被稀疏。岩溶发育、水土流失非常严重；山大沟深，交通闭塞；社会文化落后，生产力水平低下。其包含的亚类型有乌蒙山区、滇南山区、九万大山区、横断山区、桂系北山区。

青藏高原贫困类型包括西藏自治区的全部、青海省的大部分，以及甘、川、滇的一部分地区，其主要特点为大部分地区自然条件恶劣，缺乏足够的生产和生活条件。其包含的亚类型有西藏寒山区、青海高寒山区。

东西部平原山区接壤带类型范围从大兴安岭经燕山、太行山、巫山、武岭山直到苗岭一线，两种地形接壤地带，其主要特点是：自然条件多变；水灾频繁；资源严重破坏，开发利用不合理。其包含的亚类型有坝上风沙草原区、秦巴山区、太行土石山区、武岭山区。

东部丘陵山区贫困类型在黄河以南、京广铁路以东的贫困山区丘陵地带，包括鲁中南沂蒙山、大别山区、井冈山区、武夷山区及闽粤两省的东南沿海部分山区，其主要特点是：干旱、洪涝、低温连阴雨的不利天气；地产土壤；资源破坏严重、开发利用不合理。其包含的亚类型有沂蒙山区、大别山区、湘赣丘陵山区、五指山区。

贫困地区大部分位于中西部地区，并都具有自然条件恶劣、资源匮乏、人文环境差的特点，但各自表现并不相同。值得注意的是，有些地区比如东部丘陵山区资源严重破坏的原因是以往的开发不合理所致，这就要求在以后的贫困地区开发政策及执行上要始终把握好可持续发展的原则，注意根据各地区特点实行援助，将这些地区的基本条件与扶贫政策相结合，有针对性地在财税、招商投资政策方面给予鼓励和支持。 （周 燕）

pinzhong de xuanyu yu shending zhidu

品种的选育与审定制度（system of variety selection of plant and examination） 经过人工选育或者发现并经过改良，形态特征和生物学特征一致，遗传性状相对稳定的植物群体的选育与审定制度。国家对品种的选育和审定程序规定了严格的操作规范。

品种的选育 首先，国家鼓励和支持单位和个人从事良种选育和开发；国务院农业、林业、科技、教育等行政主管部门和省、自治区、直辖市人民政府应当组织有关单位进行品种选育理论、技术和方法的研究。其次，国家实行植物新品种保护制度。对经过人工培育或发现的野生植物加以开发的植物品种，具备新颖性、特异性、一致性和稳定性的，授予植物新品种权。国家保护植物新品种权所有人的合法权益。选育的品种得到推广应用的育种者依法获得相应的经济利益。

品种的审定 主要农作物品种和主要林木品种在推广应用前应当通过国家级或省级审定。国务院和省、自治区、直辖市人民政府的农业、林业行政主管部门分别设立由专业人员组成的农作物和林木品种审定委员会，承担主要农作物品种和主要林木品种的审定工作。具有生物多样性的地区的审定工作，则可由省、自治区、直辖市人民政府的农业、林业行政主管部门委托设区的市、自治州承担。公开、公正、科学、效率是审定工作应当遵循的原则。通过审定的主要农作物品种和林木品种，可以在适宜的生态区域推广。应当审定的农作物品种未经审定通过的，不得发布广告，不得经营、推广；而应当审定的林木品种未经审定通过的，不得作为良种经营、推广，因生产确需使用的，应当经省级以上人民政府林业行政主管部门审核，报同级林木品种审定委员会认定。审定未通过的农作物品种和林木品种，申请人有异议的可向原审定委员会或上一级审定委员会申请复议。

而对转基因植物品种的选育和审定，除了遵循一般植物品种的选育和审定规则外,国家还制定了严格的安全控制措施,如2001年5月23日由国务院发布的《农业转基因生物安全管理条例》,2002年1月5日由农业部发布的《农业转基因生物安全评价管理办法》等。依照有关规定,转基因植物种子、含有转基因生物成分的种子,在申请审定前,应当取得农业转基因生物安全证书。

(杨云鹏)

pinzhongquan de baohu qixian zhongzhi he wuxiao

品种权的保护期限、终止和无效(protection term, termination and invalidation of rights to new variety of plant) 品种权的保护期,自授权之日起,藤本植物、林木、果树和观赏树木为20年,其他植物为15年。有下列情形之一的,品种权在其保护期限届满前终止:品种权人以书面声明放弃品种权的;品种权人未按照规定缴纳年费的;品种权人未按照审批机关的要求提供检测所需的该授权品种的繁殖材料的;经检测该授权品种不再符合被授予品种权时的特征和特性的。品种权终止,由审批机关登记和公告。自审批机关公告授予品种权之日起,植物新品种复审委员会可以依据职权或者依据任何单位或者个人的书面请求,对不具备新颖性、特异性、一致性、稳定性的植物新品种,宣告品种权无效;对不具备适当名称的植物新品种,予以更名。宣告品种权无效或者更名的决定,由审批机关登记和公告,并通知当事人。对植物新品种复审委员会的决定不服的,可以自收到通知之日起3个月内向人民法院起诉。

(田 艳)

pingxing jiaoyi

平行交易(parallel trade) 又称"对购"或"互购"。交易双方购买对方的商品的交易方式。但它与易货又有根本的差别。易货亦称"换货",物物交换,有"一般易货"和"综合易货"两种,是国际贸易中最古老的交换方式,一直延续至今。平行贸易的特点:(1)平行贸易是一种现汇交易,先进口的一方,用现汇支付货款,出口方要承担用所得货款一部或全部购买进口国家的商品,不要求完全等值。(2)先进口的一方所作的购买承诺,有的只作原则规定,只限定金额。具体的商品名称、价格等问题,订合同时另定。有的在订合同时,明确规定商品名称、价格、数量与金额。(3)出口国家所作承诺,可改由第三者执行,对方也可由第三者供货。

(王连喜)

pingbiao

评标(evaluation of bids) 由招标人依法组建的评标委员会按照招标文件确定的评标标准和方法,对投标文件进行评审和比较以推荐合格的中标候选人的活动。法律对评标委员会的要求:依法必须进行招标的人为单数,其中技术、经济等方面的专家不得少于成员总数的2/3。专家应当是从事相关领域工作满8年并具有高级职称或者具有同等专业水平,由招标人从国务院有关部门或者省、自治区、直辖市人民政府有关部门提供的专家名册或者招标代理机构的专家库内的相关专业的专家名单中确定;一般招标项目可以采取随机抽取方式,特殊招标项目可以由招标人直接确定。与投标人有利害关系的人不得进入相关项目的评标委员会,已经进入的应当更换。评标委员会成员的名单在中标结果确定前应当保密。法律规定了评标委员会有如下权利和义务要求:(1)评标委员会可以要求投标人对投标文件中含义不明确的内容作必要的澄清或者说明,但是澄清或者说明不得超出投标文件的范围或者改变投标文件的实质性内容。(2)评标委员会应当按照招标文件确定的评标标准和方法,对投标文件进行评审和比较;设有标底的,应当参考标底。评标委员会完成评标后,应当向招标人提出书面评标报告,并推荐合格的中标候选人。(3)评标委员会经评审,认为所有投标都不符合招标文件要求的,可以否决所有投标。(4)评标委员会成员应当客观、公正地履行职务,遵守职业道德,对所提出的评审意见承担个人责任。(5)评标委员会成员不得私下接触投标人,不得收受投标人的财物或者其他好处。(6)评标委员会成员和参与评标的有关工作人员不得透露对投标文件的评审和比较、中标候选人的推荐情况以及与评标有关的其他情况。由于评标的结果关系到招标人、投标人甚至国家、社会的利益,因此法律要求招标人应当采取必要的措施,保证评标在严格保密的情况下进行。任何单位和个人不得非法干预、影响评标的过程和结果。依法必须进行招标的项目的所有投标被否决的,招标人应当依法重新招标。在评标工程中确定中标人前,招标人不得与投标人就投标价格、投标方案等实质性内容进行谈判。

(赵芳芳)

pohuai dianli sheshi

破坏电力设施(destruction of electric power facilities) 以非法占有为目的,秘密地窃取电力设施以及以其他方法破坏电力设施的行为。以其他方法破坏电力设施的行为是指除盗窃以外,任何使电力设施受到破坏,危害公共安全的方法,如抢夺电力设施、在电力设施上悬挂物体、攀附农作物、拴牲畜、炸鱼等致使电力设施遭受破坏的。

(张旭娟 柴 坚)

pubian tikuan quan

普遍提款权(ordinary withdrawing right) 国际货

币基金组织按规定从基金组织的普通基金中,提取一定数额款项的权利。用以解决会员国因国际收支逆差而产生的短期资金需要,是国际货币基金组织向会员国提供的最基本的普通贷款。其资金主要来源于会员国向基金组织缴纳的份额。普遍提款权的使用方式是由会员国向基金组织申请以本国货币购买外汇,通常称为"提取"。借款额度按成员国缴纳的份额决定,最高不超过其所缴份额的125%。基金组织按规定将普通提款总额125%分为5个档次,每档提款限额为会员国所缴份额的25%。第一档次成为储备部分贷款,成员国可以自动提款,这种贷款是无条件的,无需支付利息。其余四档次成为信贷部分贷款,成员国提款时须经基金组织审核批准,提款数额越大,审核条件越严。

(王连喜)

pubian youhuizhi

普遍优惠制(generalized system of preference, GSP) 简称"普惠制"。发达国家对发展中国家或地区出口的制成品和半制成品(包括某些初级产品)给予普遍的、非歧视的、非互惠的免征关税或减征关税的优惠关税制度。这种待遇对发展中国家来说应该是普遍适用的,而且是非歧视的,并且要求发达国家不主张反向优惠或互惠。这也就是普惠制的三个特点。普惠制的原则是:(1)普遍性原则,即发达国家应对发展中国家的制成品和半制成品给予普遍优惠待遇;(2)非歧视性原则,即应使所有发展中国家都不受歧视,无例外地享受普惠制待遇;(3)非互惠性原则,即发达国家应单方面给予发展中国家关税优惠而不要求发展中国家和地区提供对等优惠。

普惠制是发展中国家在国际贸易中针对发达国家实行关税壁垒和其他贸易歧视措施进行斗争而提出的改革要求。发展中国家与发达国家间发展的不平衡使得二者很难在同一起跑线上竞争,发展中国家在国际贸易中应该得到更特殊更优惠的待遇。广大发展中国家为了发展民族经济,维护自己的正当权益,力图打破旧的国际经济秩序,向发达国家提出了普惠制要求。1964年第一届的联合国贸易与发展大会上,来自发展中国家的代表认为现在的贸易制度是偏向发达国家的,主张应该对发展中国家提供特别的优惠以补救这一不平衡,激励发展中国家的发展。1968年在印度新德里召开的联合国第二届贸易和发展会议上通过了《发展中国家制成品及半制成品出口到发达国家予以优惠进口或免税进口》的第21(Ⅱ)号决议,确定了普惠制的原则、目标、实施期限,并成立优惠问题特别委员会,对普惠制的实施进行协商,从此开始建立普惠制。但该制度曾被视为违反了总协定的最惠国待遇条款。1970年联合国大会接受了联合国贸易和发展会议的上述建议,通过了建立普遍优惠制的提案。1974年12月12日,联合国大会通过的《各国经济权利和义务宪章》第19条进一步肯定:"发达国家在国际经济合作可行的领域内应给予发展中国家普遍优惠的、非互惠的和非歧视的待遇。"自此之后,普遍优惠制开始实行,这是发展中国家在国际经济秩序的破旧立新斗争中取得的一个重大胜利。

联合国通过上述决议以来,1971年欧洲经济共同体实施第一个普惠制方案,其他给惠国在1971年7月1日至1976年1月1日之间先后实施其普惠制方案。1976年第四届联合国贸易和发展会议上,南北双方达成协议,决定由各个发达国家分别制定和执行各自的普惠制方案。1979年11月28日通过"发展中国家的差别和更优惠的待遇,互惠和全面参与",即所谓的授权条款,授权发达国家的缔约国根据普遍优惠制度对原产自发展中国家的产品给予优惠的关税待遇。给予发展中国家普惠制待遇的国家,一般都是发达国家。

(王连喜)

Q

qichu yu'e
期初余额(balance at the beginning) 首次接受委托时,所审计会计期间期初已存在的余额。它以上期期末余额为基础,反映了前期交易、事项及其会计处理的结果。首次接受委托,是指会计师事务所在被审计单位上期会计报表未经独立审计,或由其他会计师事务所审计的情况下接受的审计委托。注册会计师应当保持应有的职业谨慎,充分考虑期初余额对所审计会计报表的影响。注册会计师应当根据期初余额对所审计会计报表的影响程度,合理运用专业判断,以确定期初余额的审计范围。注册会计师进行会计报表审计时,一般无需专门对期初余额发表审计意见,但应实施适当的审计程序;并充分考虑相关审计结论对所审计会计报表发表审计意见的影响。如上期会计报表已经其他会计师事务所审计,注册会计师可与前任注册会计师联系,以获取必要的审计证据,但应征得被审计单位同意。前任注册会计师应当提供必要的协助。注册会计师对期初余额进行审计,应当获取充分、适当的审计证据,以证实:期初余额不存在对本期会计报表有重大影响的错报或漏报;上期期末余额已正确结转至本期,或者已恰当地重新表述;上期遵循了恰当的会计政策,并与本期一致。注册会计师在确定期初余额的审计程序时,应当考虑下列因素:上期选用的会计政策;上期会计报表是否经过其他会计师事务所审计;会计报表项目的性质及在本期会计报表中被错报、漏报的风险;期初余额对本期会计报表的影响程度。如上期会计报表已经其他会计师事务所审计。注册会计师应当根据已获取的审计证据,形成对期初余额的审计结论,并确定其对本期会计报表审计意见的影响。

(刘 燕 麻琳琳)

qihuo diyue zeren
期货缔约责任(liability for default of futures) 期货经纪公司与客户订立期货交易委托合同过程中,违反了以诚实信用原则为基础的先契约义务,造成客户的损害,而应承担的民事法律后果。期货缔约责任与期货违约责任相比,其重要的特征在于:期货缔约责任依法律而成立并发生于委托合同缔结阶段。期货缔约责任实行过错责任原则,其构成要件为:(1)交易主体之间存在先合同义务,即根据诚实信用原则所承担的忠实、照顾、告知等义务;(2)一方违反先合同义务,主要表现为期货经纪公司没有从事期货经纪业务的主体资格而从事期货经纪业务的,以欺诈手段诱骗对方违背真实意思订立期货委托合同的,或者委托合同内容违反法律或社会公共利益的;(3)一方因对方违反先合同义务而受到损害,损害与一方的缔约过错之间存在因果关系;(4)违反先合同义务一方有过错。期货缔约责任的责任形式是损害赔偿。赔偿的范围是信赖利益的损失,即客户相信委托合同能够有效成立而遭受的损失,包括缔约的费用、准备履行合同所支出的费用等。

(陈兴华)

qihuofa
期货法(futures regulation) 调整因期货交易和期货监管而产生的法律关系的法律规范的总称。期货法主要由两部分组成:期货交易法和期货监管法。期货交易法的调整对象是期货交易及因此而产生的各种法律关系,其主要内容为民商法规范,调整的是平等主体之间的财产关系。期货监管法的调整对象是国家期货监管机构行使监管职权时与被监管者之间产生的行政关系,其主要内容为行政法规范。因此,期货法包括了民商法和行政法关于期货的规范。

(陈兴华)

qihuo hetong
期货合同(futures contract) 又称期货合约。由期货交易所开发、设计并经期货监管部门批准上市的供期货投资者买卖的一种标准化契约。期货合同是期货交易中所有法律关系的集中体现。

期货合同的特点 期货合同具有不同于普通民事合同的显著区别:(1)期货合同由期货交易所设计。这是由期货合同与期货交易所的密切关系及期货交易所的地位所决定的,一方面,期货合同是期货市场的交易对象,期货交易所为期货合同的买卖双方提供交易场所和服务设施,保证交易的正常进行;另一方面,期货交易所制定并执行各种规章制度,规范交易行为,维护市场秩序,保证期货交易公开、公正、公平地进行,这需要期货交易所开发和设计期货合同,以便于管理期货市场。(2)期货合同由期货监管部门审批。期货合同的买卖事关社会经济生活的运行,而且期货市场是一个投机性和风险性并存的市场,各国均有完备的组织机构和监督机构来规范期货市场。期货合同的审批就是其重要工作之一,如美国《商品期货交易法》便赋予美国期货交易委员会对期货合约的监管、审核新的交易合约的职权,中国的期货合同则由中国证监会审批。(3)期货合同内容标准化。期货合同中的商品种类、品质、数量、交货时间、交货地点都是事先确定好的,唯一可变的因素是价格。合约标准化是人类交易史上的一次革命,极大提高了交易效率。(4)期货合同能在交易所内连续买卖。期货合同的标准化特征,使得期货合同非常易于连续买卖。因此,大量的期货合同都在合同到期日以前以对冲平仓方式了结,只有极少数的合约最后进行实物交割。(5)期货合同由期货交易所或结算所提供履约担保。期货交易中,由期货交易所和结算所充当买卖双方的对方,即期货交易所和结算所是一切卖方的买方、一切买方的卖方,买卖双方不用担心交易对方的信用问题。

期货合同的种类 按照期货合同标的的不同,期货合同可以分为商品期货合同和金融期货合同。前者可进一步分为农产品期货合同、金属期货合同、能源期货合同;后者则可进一步分为外汇期货合同、利率期货合同、股票指数期货合同。

期货合同的内容 即标准化期货合同的主要条款,一般包括:(1)合约品种。又称"上市品种",指期货合同的标的。能够进行期货交易的商品主要分为两大类,一类是商品期货,另一类是金融期货,这两大类期货商品下又各自包括许多具体的交易品种。(2)合约单位。指期货合同所规定的商品数量和数量单位。(3)合约月份。指期货合同的交割月份,期货合同的交割月份根据具体商品的生产、流通情况的不同而有所区别。交割月份届至前,期货合同可以通过"对冲"了结合约义务。交割日期届至时,若合同仍未"对冲",则应进行实物交割。(4)最小变动价位。指在进行期货交易时买卖双方报价所允许的最小变动幅度,即每次报价时价格的变动必须是这个最小变动价位的整倍数。(5)每日价格最大波动幅度限制。又称涨跌停板、交易停板额,指当日某期货合同的成交价格不能高于或低于该合同上一交易日结算价的一定幅度,达到该幅度则暂停该期货合同的交易。(6)交易时间。每份期货合同在期货交易所内都有具体的交易时间。(7)交割等级。每种商品期货合同规定的具有代表性交割商品的等级,一般采用国际贸易中通用的和交易最大的商品质量作为期货合同的标准等级。但是为了防止垄断,交易者也可以用不同等级的商品交割。用替代品种交割的差价由交易所或者结算所确定。(8)最后交易日。指期货合同停止买卖的最后截止日期,逾期则未平仓的合同不能继续交易,准备进行实物交割履行合同。(9)合同到期日。指期货合同进入交割过程的最后一天,在合约到期日前,期货合同必须按照规定程序交割完毕。(10)交割方式。到期合约进行实物交割的具体方式,目前世界上多数期货交易所都在国内或国外设立标准交割仓库,实行定点交割。

期货合同的订立 期货合同的标准化特征,使期货合同的订立明显不同于普通民事合同:(1)期货合同的唯一变量是价格,当事人仅能就价格进行意思表示;(2)当事人或其出市代表针对价格所进行的意思表示,以指令的形式出现,该意思表示兼有要约和承诺的性质;(3)期货合同以撮合成交的方法订立。撮合成交的方法主要有三种:一是公开喊价,是指在交易所大厅的交易池内由场内经纪人和自营商面对面地公开叫价,并辅以手势交易期货合约的方式,这种交易方式流行于欧美;二是集体叫价,指期货合约价格均由交易的主席喊出,所有场内经纪人根据其喊价申报交易数量直至在某一价格上买卖的交易数量相等为止。这种交易方式起源于日本;三是电子交易,是指场内出市代表通过计算机联网终端,在各自的席位上输入指令,经过终端处理后,该指令进入主机,按照价格优先、时间优先的原则竞价交易,成交指令进入结算系统,未成交指令则在主机中等待成交。这种成交方式在国际期货交易上得到广泛应用,我国期货交易所均采用此种竞价方式。

期货合同的履行 期货合同一经签订,对各方当事人都产生法律约束力,必须履行。期货合同的履行方式有两种,一是在最后交易日届至前通过"对冲"了结交易,从而免除履约义务;二是实物交割。未能以上述方式履行合约义务的,被视为违约,应承担违约责任。

(陈兴华)

qihuo jiaoyi

期货交易(futures trading) 通过在特定的期货交易所内以公开竞价的方式买卖期货合约的一种有组织的交易行为。期货交易是商品经济和市场体系发展到一定阶段的高级交易形式,与现货交易和远期交易相比较,其基本特点是:(1)交易对象特殊。期货交易买卖的对象不是商品的实物,而是商品的标准化合同。所谓标准化,是指对批准交易商品的品质、数量、交割地点、交割日期、价格的报价单位、每日价格的涨跌幅度限制等20多项指标的规定。标准化合同是衍生于基础商品、货币、有价证券、利率、指数或其他利益的合同,由期货交易所设定。(2)交易目的特殊。期货交易的目的不是获得或出售商品,而是在于通过期货合约差价的变化来转移价格风险或获取风险利润,因而一般很少进行实物交割,在绝大多数情况下以对冲平仓的方式了结交易。(3)交易场所固定。期货交易必须在期货交易所内进行,使商品的价格信息和供求信息在其中汇集,从形式上保证期货交易的公开性、公平性和公正性。(4)规章制度独特。期货交易实行严格的保证金制度,交易者只需交纳5%—10%的保证金即可进行交易。保证金制度是期货市场规范化的重要标志。(5)结算方式特殊。期货交易实行保证金的每日无负债结算制度,结算所和经纪公司对交易者的交易头寸和价位进行每日结算,期货交易者实质承担了每日价格波动的风险和履约责任。(6)交易品种要求较严。期货交易的规范性,要求期货交易的商品应具有较大的流通性、可长时间储存、品质交易标准化、价格波动频繁。因此并非所有的商品都适合成为期货商品。(7)价格形式公开。期货交易是通过买卖双方公开竞价的方式进行的。　　　　　　　(陈兴华)

qihuo jiaoyi baozhengjin zhidu
期货交易保证金制度(margins for futures trading) 期货交易者按照期货交易所的规定交纳、用于结算和保证履约的一定数额的资金的保证制度。期货交易保证金制度,是规范期货保证金的来源、标准、权属及使用等,以保证期货交易正常进行的法律制度。其重要作用在于,可有效地防止客户违约。即保证金是一种"履约信用",交易者交纳保证金是表达自己对履行合约的承诺。所以,期货交易中买卖双方都需要交纳保证金。

保证金的标准 根据保证金数额必须与价格波动风险同等的原则,保证金的收取标准主要依据期货合约上的商品总值和价格变动的幅度,由各交易所自行确定。

保证金的种类 依据交纳保证金的主体不同,可分为会员保证金和客户保证金,前者是期货交易所向会员收取的保证金,后者是期货经纪公司向客户收取的保证金。依据保证金的具体作用不同,可分为交易保证金、结算保证金、基础保证金、追加保证金和变更追加保证金。交易保证金,又称履约保证金,是用来担保交易双方履行合约的资金;结算保证金,是期货交易所的会员在交易所专用结算账户,为交易结算预先准备的款项;基础保证金,又称初始保证金,是期货投资者初次进入期货市场时存入的资金,即交易者在从事期货合约买卖时必须按规定事先存入其账户的一笔资金。中国证监会规定初始交易保证金不得低于交易金额的5%,进入交割月份,保证金必须提高到20%以上;追加保证金,是指交易账户中存有的保证金低于最低界限时,结算机构要求该账户所有人增加的资金,以使账户达到初始保证金的规定水平,即指当期货投资者的初始保证金不足以继续抵消期货合约价格波动的风险时而补交的保证金;变更追加保证金,是在市场剧烈波动期间或在交易账户存有较大风险的情况下,结算机构可以在交易日的任何时间内要求账户所有人存入额外的保证金以应付不利的价格变化。每日结算后,交易所会员或客户保证金低于期货交易所规定的或双方约定的保证金水平时,未在期货交易所统一规定的时间内追加保证金的,期货交易所应当将该会员的期货合约强行平仓;期货经纪公司应当将该客户的期货合约部分或全部强行平仓,直至保证金的余额能够维持其剩余头寸。强行平仓的有关费用和发生的损失由被平仓者承担。

保证金的形式 期货交易所向会员、期货经纪公司向客户收取的保证金,应当是现金、可上市流通的国库券和标准仓单,其中现金在期货交易保证金中所占的比例不得低于60%,国库券抵押现金的比例不得高于该券种市值的80%。标准仓单只能用于冲抵同时满足下列条件头寸所需的交易保证金:被交易所批准的套期保值空头头寸;确定进行实物交割的头寸;以标准仓单所代表的商品为标的物的头寸。禁止使用银行存单、银行保函、国库券代保管凭证等折抵期货交易保证金。对于使用银行本票、汇票和支票支付保证金的,交易所要建立严格的确认程序。

保证金的权属 期货交易所向会员收取的保证金,属于会员所有。期货交易所应当与自有资金分开,专户存放,除用于会员的交易结算外,严禁挪作他用。期货经纪公司向客户收取的保证金,属于客户所有,期货经纪公司除按照规定为客户向期货交易所交存保证金、进行交易结算外,严禁挪作他用。期货经纪公司应当为每一个客户单独开立专门账户,设置交易编码,不得混码交易。

保证金的使用 会员在期货交易中违约的,先以该会员的保证金承担违约责任,保证金不足的,期货交易所应当以风险准备金和自有资金代为承担违约责任,并由此取得对该会员的追偿权。客户在期货交易中违约的,期货经纪公司亦适用前述规定。(陈兴华)

qihuo jiaoyi de falü zeren
期货交易的法律责任(liability for futures trading) 期货法律关系主体因违反约定义务或者不履行法定义务,侵害国家、集体或公民的财产而依法应当承担的法律后果。法律责任是保护期货交易主体财产权利、保障期货市场交易安全、控制期货交易风险的重要手段。期货交易的法律责任有行政责任、民事责任和刑事责任三种形式。

行政责任 依据行政法律、法规,期货交易主体应当承担的行政法律后果,是政府主管期货市场的专门机构对期货违法、违规行为所作的行政处罚。中国证监会和其授权的地方期货监管部门享有行政处罚权。针对期货违法、违规行为的情节、性质和后果,其行政责任的具体形式有:(1)警告。对行为人给予警示和告诫,是一种较轻的行政处罚方式。(2)通报。将行为人及其欺诈行为以书面方式告知全体期货市场主体,起到警示的作用。(3)责令改正、停业整顿。包括立即停止违法违规并确保此类行为不再发生,修改废

止违法违规的内部规章制度及对违法违规行为造成的后果尽量予以挽回和消除。(4)罚款、没收非法所得。罚款是违法违规者交纳一定的货币上缴国家;没收非法所得是指行为人违法所获得的经济收益收归国有。(5)宣布为市场禁入者,该责任形式是期货市场特有的法律措施。被宣布为市场禁入者的机构和个人,3年内不得被期货交易所、期货经纪公司接受从事期货交易。(6)注销期货经纪业务许可证,使其丧失代理客户进行期货交易的资格。(7)中止或注销期货执业资格。中止为停止3个月以上12个月以下期货从业资格,处罚期间任何期货经纪机构不得录用其从事期货业务。凡被注销期货从业人员资格的,期货经纪机构必须予以除名,任何期货经纪机构不得再以任何形式予以录用。(8)取消会员资格。针对会员单位有违法违规行为的处罚措施。承担期货交易行政法律责任的主体,包括期货交易所、期货交易会员及其直接责任人员、期货经纪公司及其从业人员、期货投资者。

民事责任 期货交易主体因违反合同义务或不履行法定民事义务,依据民法规应当承担的民事法律后果,即损害赔偿的责任。民事责任与行政责任相比,其突出特点在于它的财产性和补偿性。即民事责任主要是财产责任,其目的在于补足受害人所受损失。按照期货交易主体违反义务的不同,期货交易的民事责任可以分为期货缔约责任、期货违约责任和期货侵权责任。基于期货交易的特殊性,其民事责任的形式为损害赔偿,一般不适用民事责任的其他形式。承担期货交易民事责任的主体是期货交易所、期货交易所会员、期货经纪公司、期货投资者。期货交易所的直接责任人、会员的工作人员、期货经纪公司的从业人员,不能独立承担民事责任,其行为所产生的民事责任由所在单位承担,但非职务行为所产生的民事责任由其个人承担。

刑事责任 期货交易主体违法违规行为情节严重或后果严重,构成犯罪,依照刑法规定承担的刑事法律后果。我国《期货经纪公司登记管理暂行办法》、《期货经纪机构从业人员管理暂行办法》均规定对触犯刑律构成犯罪的,证监会或工商行政管理机关应当及时将案件移送司法机关追究刑事责任。但我国刑法对期货交易的犯罪并无明确的规定,依据罪行法定主义,我国刑法还需完善。承担刑事责任的主体为负有直接责任的自然人。期货交易所、期货交易所会员、期货经纪公司、期货投资法人是否为犯罪主体,亦需刑法明确规定。

(陈兴华)

qihuo jiaoyi fa
期货交易法(futures trading law) 调整因期货交易而产生的各种法律关系的法律规范的总称。期货交易法是市场经济高级形式在法律上的反映,贯彻公平、公开、公正的原则。美国是世界上最早制定期货交易法的国家,美国国会于1921年8月24日通过的期货交易法,是美国乃至世界上第一部真正与期货交易相关的法律,经过历次修正和制定新法规,美国已形成较为完备的期货交易法律制度。其他国家或地区,无论是大陆法系或是英美法系,都有相应的法律规范对期货交易活动进行规范。如日本的《商品交易所法》、我国香港地区的《商品交易条例》、我国台湾地区的《期货交易法》等等。我国大陆尚未颁布期货交易法,调整期货交易关系实践的主要是行政法规、规范性文件、部门规章和司法机关的司法解释。如国务院通过的《期货交易管理暂行条例》、中国证监会发布的《期货交易所管理办法》、《期货经纪公司高级管理人员任职资格管理办法》、《期货从业人员资格管理办法》、《期货经纪公司管理办法》、财政部发布的《商品期货交易财务管理暂行规定》以及最高法院印发的《关于审理期货纠纷案件座谈会纪要》等等。

期货交易法的特征表现为:(1)期货交易法的调整对象是期货交易及因此而产生的各种法律关系。期货交易以标准合同为交易对象,所以期货交易属于衍生品交易,由其衍生出的期货法律关系纷繁复杂,包括期货市场与期货交易所之间、期货交易所与期货经纪商之间、期货结算所与结算会员之间、期货经纪商与投资者之间及其上述主体相互之间的法律关系。它们都是期货交易法的调整对象。(2)期货交易法是民商法。期货交易是以追求商业利润为目的的交易行为,交易者之间法律地位平等。(3)期货交易法是主体法和行为法的总和。首先,进入期货市场的主体必须经过主管机关的审批,包括期货交易所的设立、期货经纪商的设立、期货服务机构的设立乃至于期货投资者条件的限定等。它们只有经过主管机关审批后才有进入期货市场的资格,相应的才有适用期货交易法的前提条件;其次,交易主体从事交易行为的性质具有民事行为的性质,期货交易法主要是规范交易行为的。(4)期货交易法的内容多属强制性规范,交易主体、交易行为、结算方式等规定均属强制性规范,国家干预较突出,当事人意志自由的空间有限。

期货交易法就其内容而言,既是规定交易主体有无权利、义务的法律,又是规定保证交易主体权利义务实现的程序的法律,因而兼有实体法和程序法的性质。就其效力而言,期货交易法仅适用于期货交易主体和期货交易行为,而不是调整一般民事法律关系,因而,期货交易法是特别法。

(陈兴华)

qihuo jiaoyi falü guanxi
期货交易法律关系(legal relations of futures

trading) 期货交易法所规范的具有权利、义务内容的社会关系。是国家运用期货交易法调整期货交易社会关系所形成的民事法律关系。其特点在于：(1)期货交易法律关系是因对期货合约的买卖所形成，满足的是交易者通过期货合约差价的变化来转移价格风险或获取风险利润的财产利益需要，因而期货交易法律关系是一种财产法律关系；(2) 由于与权利主体相对应的义务主体是特定的人，期货交易法律关系是相对法律关系；(3) 期货市场各构成要素之间因合同而相连，因而，期货交易法律关系是一种合同关系。

期货交易法律关系包括三个不可或缺的要素：主体、内容和客体。主体是参加期货交易法律关系享受权利或承担义务的人，主要有期货交易所、结算所、期货经纪商、客户等。内容即主体间的权利义务，具体因合同关系不同，其权利义务亦不同。客体是权利义务共同指向的对象，在期货交易法律关系中，主体的权利和义务指向有所不同，但均与标准化的期货合约有关。

期货交易法律关系由若干合同关系共同构成。具体包括：(1) 期货交易所与其会员或期货经纪商之间的合同关系。交易所有两种组织形式，即公司制和会员制。在会员制交易所，交易所章程、交易规则，及其他规章制度是协议的表现形式，是双方真实意思表示的体现，成为会员是对该章程、规则的承诺，实质是合同关系。在公司制交易所，要进入该市场进行期货交易则必须与交易所签订使用市场合同。(2) 期货结算所与其会员之间的结算服务合同关系。(3) 期货经纪商与其客户之间的委托合同关系，期货经纪商是接受客户委托，代理其在期货交易所进行期货合约买卖的中介组织，是连接广大参与期货交易的客户和期货交易所的纽带。

(陈兴华)

qihuo jiaoyi fengxian jieshi shuomingshu

期货交易风险揭示说明书(promulgation statement of risks of futures trade) 又称期货交易风险揭示声明书。期货经纪公司在期货投资者开设交易账户前向客户解释、阐明期货交易中存在的风险情况而向客户提供的并由客户签字表示完全理解的法律文件。其作用是使客户在交易前对期货交易的风险有较多的认识，理解风险揭示说明书中所揭示的风险，并承担可能发生的亏损，以保证期货市场的正常运作，保护客户的合法权益。风险揭示说明书的内容大体包括：(1) 为在商品期货市场建立或维持某一个交易头寸，有可能失去存在经纪公司的保证金，如果经纪人要求追加的，必须照办；(2) 在某些市场情况下，可能很难或无法将一个交易头寸对冲；(3) 当下达应变指令时，该指令不一定将损失限制在预期的水平内，这主要是因为在某些市场条件下可能无法执行指令；(4) "套期图利"的风险不一定少于"多头"或"空头"的部位；(5) 进行期货交易获利的机会与亏损的机会相同。

(陈兴华)

qihuo jiaoyi guize

期货交易规则(futures trading rules) 规定期货交易所主要业务和期货交易方法的准则。是期货交易所最重要的规章制度，其内容必须足以保证在交易所内公正价格的形成以及交易经营的健康发展，同时还必须能够保护投资者的利益。期货交易所完善的规章制度是一个完善的期货市场不可或缺的重要部分，对期货市场的规范程度起着重要作用。因此，各个交易所都制定了严格的规章制度来实行对交易所的管理。这些规章制度是一般由专门的委员会经过研究之后制定的，其修改也要经过一定的程序，并且交易所内还设有专门委员会来监督这些规章制度的执行。

各期货交易所的交易规则不尽相同，但主要内容基本一致。通常包括：(1) 交易地点和时间。要求会员及出市代表的交易仅限于通过交易所的交易系统进行，不得进行场外交易，并在规定的交易时间进行交易。(2) 上市品种。交易所交易规则可以规定交易品种，包括商品期货合约和金融期货合约，中国目前只允许进行商品期货合约交易。(3) 交易的缔结方法。我国期货交易所均实行计算机交易，其交易方式为计算机终端输入、自由报价、公开集中竞价，按价格优先、时间优先的成交原则，由计算机自动撮合成交。(4) 结算与交割规定。在交易所的交易必须通过交易所结算部门统一结算。交易所实行逐日盯市、每日无负债结算制度，各个上市品种的每日结算价按该品种全天交易加权平均价计算。客户的盈亏和保证金由会员负责结算；交割采用票据交换方式，合约卖方须提交栈单和增值税销货发票，合约买方须提交货款。(5) 交易保证金。期货交易所为保证合约买卖的履行而规定期货投资者交纳的担保资金。其比率由各交易所自行确定。(6) 会员及出市代表行为规则。具体规定了交易限制及交易中的违禁行为。(7) 交易费用及交纳办法。(8) 违规、违约行为处罚办法。规定交易所对违反交易所章程和交易规则的会员可以处以暂停交易、罚款或除名等处分。(9) 其他必要事项。交易所可根据本所的实际情况，在交易规则中规定其他的必要事项，如交易信息的发布等。

中国证监会还规定期货交易所的交易规则必须明确以下几点：(1) 实行套期保值头寸与投机头寸分开。套期保值头寸不得炒作，只能进行实物交割或一次性平仓，交易所必须指定专门部门对会员申报头寸的性质进行判别。(2) 对投机头寸实行绝对量限仓。对投机头寸严格限制，会员有义务代客户向交易所提供客户持仓情况。(3)建立大户报告制度。客户投机头寸达到投机头寸限仓量80%时，会员必须代客户向交易所申报资金、头寸情况。(4)对交割月及交割月前一个月的持仓进行限制。(5)对保证金的规定。所有品种交易保证金不得低于交易金额的5%，进入交割月份，保证金必须提高到20%以上。(6)对风险基金的规定。风险基金的提取比例不低于相当于手续费收入的20%，只能用于为维护期货市场正常运转提供财务担保和弥补因交易所不可预见风险所带来的结算亏损。(7)交易手续费提取的规定。交易所作为非盈利机构，交易手续费的收取不得高于交易金额的万分之五。(8)统一结算价的确定方式。各品种每日结算价按该品种全天加权平均价计算。(9)建立订单报价价幅限制制度。任何订单的报价如超过以前一成交价(最新价格)为基准的上下一定幅度，由计算机程序自动控制，在限价价位停留一段时间，然后逐步移动价位。(10)关于防止泄密或内幕交易的规定。交易所工作人员及其直系亲属，不得参与本交易所的期货交易；交易所工作人员不得利用工作之便向任何人私自透露交易情况、交易信息、客户资金情况等等，建立保密制度，对会员成交、持仓情况等信息的查询设立严格的程序。

(陈兴华)

qihuo jiaoyisuo

期货交易所(futures exchanges) 依照《期货交易所管理暂行条例》和《期货交易所管理办法》规定条件设立的，履行《期货交易管理暂行条例》和《期货交易所管理办法》规定的职能，按照其章程实行自律性管理的法人。设立期货交易所，由中国证券监督管理委员会审批。未经批准，任何单位或者个人不得设立或者变相设立期货交易所。中国证监会依法对期货交易所实行集中统一的监督管理。

根据《期货交易管理暂行条例》和《期货交易所管理办法》的规定期货交易所应当履行下列职能：(1)提供期货交易的场所、设施和服务；(2)设计期货合约、安排期货合约上市；(3)组织、监督期货合约交易、决算和交割；(4)保证期货合约的履行；(5)制定和执行风险管理制度；(6)制定并实施期货交易所的业务规则；(7)发布市场信息；(8)监管会员期货业务，查处会员违规行为；(9)监管指定交割仓库的期货业务；(10)监督结算银行与本所有关的期货结算业务。

期货交易所设会员大会、理事会。会员大会是期货交易所的权力机构，由全体会员组成。理事会由会员理事和非会员理事组成；其中会员理事由会员大会选举产生，非会员理事由中国证监会委派。期货交易所接纳的会员应当是在中华人民共和国境内注册登记的企业法人，并具有良好的资信。期货交易所应当制定席位管理规则。会员不得将席位全部或者部分以出租或者承包等形式交由其他机构和个人使用。期货交易所每年应当对会员遵守期货交易所业务规则的情况进行抽样或者全面检查，并将检查结果上报中国证监会。期货交易所行使监管职权时，可以按照期货交易所章程和交易规则及其细则规定的权限和程序对会员进行调查取证，会员应当配合。期货交易所向会员收取保证金，用于担保期货合约的履行。期货交易所应当在其指定的结算银行开立专用结算账户，专户存储保证金，不得挪用。期货交易实行大户报告制度。期货交易所可以根据市场风险状况制定并调整持仓报告标准。期货交易所应当对违反交易所业务规则的行为制定查处办法，并报中国证监会批准。期货交易所对其会员或者投资者与期货业务有关的违规行为，应当在上述办法规定的职责范围内及时予以查处；超出上述办法规定的职责范围的，应当向中国证监会报告。期货交易所工作人员应当自觉遵守有关法律、法规、规章和政策，恪尽职守，勤勉尽责，诚实信用，具有良好的职业操守。期货交易所工作人员不得从期货交易所的会员、期货投资者处谋取利益，不得直接或者间接从事期货交易。

(李 震 孙建立)

qihuo jiaoyisuo huiyuan

期货交易所会员(futures exchange member) 期货市场主体之一。期货交易所根据期货交易有关法律、行政法规和期货交易所章程审查批准，在期货交易所进行期货交易、并在期货交易所中拥有会员资格的法人。会员可以直接在交易所内从事期货交易，而非会员只能通过委托会员代理才能进行交易。

会员应具备的条件：(1)必须是法人。中国证监会只将会员资格赋予法人，并且是在中国境内登记注册的法人，自然人不能成为期货交易所会员。但美国的期货交易所只将会员资格赋予个人，而日本、香港的期货交易所则将会员资格同时赋予个人和法人。(2)资产条件。会员必须具备相应的资金实力。我国地方立法及实践中要求注册资本金符合交易所的有关规定，注重对注册资本金的考察，日本则规定交易所在考察入会申请者的资产状况时，注重考察其净资产额。(3)资信条件。商业信誉和职业道德良好，近期内没有严重违法记录，中国证监会明确规定：有严重违法行为记录的法人或者曾被期货交易所除名的法人自处罚之日或开除之日起3年内不得成为会员。(4)认购交易所的注册资本。具备上述条件，还须经过正式申请并严格审查批准，才能成为期货交易所的会员，交易所设有专门的会员资格审查委员会，对申请成为会员的交易商从经营、信用、财政以及社会地位等方面进行严格的审核。

交易所会员可享受的权利包括:参加会员大会;具有选举权、被选举权和表决权;获得基本席位;进入期货交易所进行交易;使用期货交易所的公共设施、设备,享受期货交易所提供的各项服务;参加交易所的专业委员会;和其他会员联络提议召开会员大会;按照规定放弃、转让会员资格。

交易所会员应当履行的义务包括:执行会员大会、理事会的决议;接受期货交易所的管理;按期货交易所章程的规定交纳有关费用;定期向期货交易所提供本企业财务会计报表和其他重要情况;接受期货交易所对交易活动及与交易有关的财务状况的审查等。

交易所会员可以分为一般会员和全权会员两大类。一般会员只能在期货交易所内自营期货交易业务,不能接受他人委托从事代理业务,否则即为违法。全权会员是既可以在期货交易所内从事自营业务,又可以从事代理业务的会员。全权会员数量较少,众多的非会员、客户都是通过全权会员即期货经纪商的代理进行他们的期货买卖。 (陈兴华)

qihuo jiaoyisuo zhangcheng
期货交易所章程(articles of futures exchange) 发起人依法制定,为交易所设立所必备的,规定交易所组织、经营管理活动的基本法律文件。是规范期货交易所运作的基本准则,是期货交易所发起人共同的意思表示。通常各国期货交易法均有会员制期货交易所章程内容的规定,均承认成立期货交易所必须制定章程,并要求章程的变更必须经期货主管部门批准。中国证监会发布的《关于进一步完善试点期货交易所章程和交易规则的通知》,对期货交易所章程的内容作了明确的规定。期货交易所章程应载明的事项包括:名称和住所;设立目的和方式;业务范围;会员的资格及其权利和义务;会员大会(股东大会)的权利、职责;费用的收取、管理和使用;机构的设置、职权和议事规定;财务管理及会计、审计的规定;营业期限;解散的条件和程序;章程、规则的修订;风险基金的管理规定;其他需要在章程中载明的事项。 (陈兴华)

qihuo jiaoyi zhuti
期货交易主体(subject of futures trade) 又称期货投资者。直接或委托期货经纪公司进行期货交易的自然人、法人或其他经济组织。但"市场禁入者"不能成为期货交易主体。期货投资者根据其参与期货交易的动机不同,可以分为套期保值者和投机者两大类。

套期保值者 把期货市场当作回避与转移价格风险的场所,利用期货合约规避现在或将来拥有现货头寸的价格风险的企业和个人。套期保值是用金额基本相同、方向相反的期货合约对现货市场的头寸进行保值,也可以定义为一个用来代替未来现货交易的期货交易。其一般做法是:在现货市场和期货市场同时从事数量相等但方向相反的买卖活动,即在买进或卖出现货商品的同时,在期货市场上卖出或买进同等数量的期货合约。由于现货价格和期货价格受大体相同因素的影响,两种价格的走势大体一致,故当价格发生波动时,套期保值者在现货市场的亏损或盈利可以由期货市场上的盈利或亏损予以冲抵,即把现货市场的价格风险转移给期货市场,从而锁定预期利润或成本,实现规避价格风险的目的。套期保值的交易活动,在现货与期货、近期与远期之间建立起一种对冲机制,从而使价格风险降至最低限度。所以,套期保值者一般是实际经营某种期货商品的生产、加工、贮存、销售等工商企业或法人,其交易的特点是:交易量大,期货市场中的头寸具有相对稳定性,一般不随意变动买卖的位置,期货合约持仓时间较长,只进行一次性平仓或实物交割。

期货投机者 通过预测期货价格的未来变动趋势,以低买高卖的手段赚取期货价格波动差额的个人或企业。期货投机者参与期货市场的目的是通过价格的波动来赚取差额利润,是期望通过主动承担风险、投入风险资金来博取高额利润回报,除非万不得已,投机者是不会进行期货商品的实物交割的。期货投机者在认为某种期货商品的价格上涨时买入期货合约,待机抛出,即称"买空"或"多头";在认为某种商品价格要下跌时卖出期货合约,待机购入,即称"卖空"或"空头"。期货投机者是根据自己对期货市场价格趋势的预测,采取自认为有利的市场部位进行十分灵活的交易。因此,期货投机交易关键取决于期货投机者的胆识和对价格的预测能力。期货投机者的交易特点是:每次交易量较小,在期货市场中的稳定性较差,在期货市场中的位置经常变换;期货合约的持仓时间较短,合约转手率较高。套期保值者和期货投机者在期货市场上互为条件、互相制约、互相作用、互相补充。套期保值者是期货市场得以出现和存在的基础和前提,而投机者的参与则是期货市场功能得以发挥的重要条件,是期货市场灵活运转和套期保值得以实现的保障。

期货投资者按照能否直接进场交易为标准,又有交易所会员和非交易所会员的区别。大部分期货投资者并非是期货交易所会员,不能直接进入期货交易所进行期货交易,而只能委托期货经纪公司为其进行期货交易。

期货投资者享有下列权利:了解所委托或准备委托的期货经纪公司的资信和业务情况;自由选择期货经纪公司;按自己的意志发出交易指令;向所委托的期货经纪公司了解自己所下指令的执行情况,并查阅复制原始凭证;对每日结算单予以确认和签字;按委托合同的约定从期货经纪公司提取交易盈利和剩余的保证金;对交易中发生的纠纷,向期货交易所或期货协会申请调节、仲裁或向法院起诉;检举、控告期货交易中的违法行为。

期货投资者应当履行的义务包括:遵守交易规则;维护期货交易秩序;按委托合同的约定和期货交易所的规定承担期货交易风险;按规定交纳有关费用。

(陈兴华)

qihuo jiesuan zhidu

期货结算制度(clear settlement system of futures trade) 期货结算机构在长期实践中形成的一套行为规范、管理制度。是期货结算机构顺利完成对期货交易的结算和担保等职能的制度基础。它由下列具体制度构成:

登记结算制度 每一份期货合约的交易必须要通过结算所的结算之后,才被视为合法和有效的。严禁结算会员将其所代理结算客户的合约私下对冲。

结算保证金制度 又称开仓保证金、开仓押金制度。指每一个结算会员在进行期货交易之前必须向结算机构交纳的、用以担保自己和所代理的非结算会员的期货交易结算的一定数额的资金,是为交易结算预先准备的款项,并且是尚未被期货合约占用的保证会员结算能力的保证金。每一种期货合约的保证金数额由结算所决定,一般情况下,结算保证金是根据结算会员手中的买入持仓与卖出持仓冲抵后的净持仓额予以计算,也有按照总持仓额进行计算的。保证金应以现金的方式交纳,在结算机构同意的情况下,会员也可以交纳国库券、股票以及信用证等作为结算保证金。

每日无负债结算制度 又称逐日盯市制度。指结算所在每个交易日结束后,根据当日结算价计算出每位会员当日的持仓盈亏,以此为依据对会员的资金账户进行调整。这一制度是交易所内保证金制度的具体贯彻。如果结算会员存在持仓亏损,其保证金账户余额低于维持保证金水平的,结算机构将立即向该会员发出追加保证金通知,限期补足保证金,否则第二天交易开市后结算所有权对该结算会员的在手合约实施强制平仓,以此保证每日交易结束后无负债。随期货市场风险日益加大和电子交易系统的发展,每日无负债结算制度已经开始逐渐向逐笔盯市、每笔无负债结算制度发展。

最高持仓限额以及大户报告制度 为防止期货市场上的操纵和垄断行为,保护大多数期货投资者的利益,防止期货市场出现不正常的价格波动,期货结算所对每一个会员在一定时间内的最高持仓量作出限制性规定。会员持仓不允许超出限额,如果超出就要以提高每一份合约保证金的方法来进行制约。最高持仓限额分为绝对持仓限额和相对持仓限额两种。绝对持仓限额是指期货结算机构根据每种合约的具体特性制定一个最高持仓量的绝对数量标准。相对持仓限额是指期货结算机构对每一会员的持仓量占市场总持仓量的比例制定一个限制性标准。无论会员或客户的持仓量达到其中哪一个标准,均须按照有关规定进行申报。

风险控制制度 期货结算机构规定的当结算会员破产或无法履约时,结算机构可以采取一系列保护措施,具体包括:立即将该会员账户上的一切合约予以平仓、转让或套现;如果采取上述措施后,该结算会员仍出现亏损,则动用该结算会员的结算保证金进行抵补;如果结算保证金仍不足,则由结算机构动用该会员存放在结算机构的交易保证金进行抵补;如果保证金仍不足数,则应由结算机构动用期货结算机构的自有资金进行抵补;在必要情况下,期货结算机构也可以要求全体结算会员增交结算保证金,以增强整体风险防范能力。

风险分层分散制度 期货结算中阶梯式的结算体系构架了期货交易风险分层分散机制:第一层是期货经纪公司对客户的风险监控和责任承担。当客户被强行平仓其账户仍有亏损时,期货经纪公司必须先用自有资金代客户承担风险,以保障期货交易的正常运转,事后期货经纪公司再向客户追索;第二层是结算机构对结算会员(会员期货经纪公司)的风险监控和责任承担。当作为结算会员的期货经纪公司无力承担交易风险时,结算机构就以该经纪公司的名义,将该公司所持有的期货合约的头寸平仓,如果仍有亏损,该公司在结算所账户上的保证金余额将被用于偿还债务。第三层是交易风险担保基金对结算所会员的风险承担。结算所会员除了按照交易头寸向结算所交纳保证金外,还要交纳一定数额的交易风险担保基金。如果结算所会员的保证金余额仍不能偿还债务的,则用该结算会员交纳的担保基金抵债,或者卖出其结算会员席位抵债。

风险准备金制度 对期货市场由于发生剧变或不可抗力等原因导致不能收回的各项债权进行弥补而收取基金的制度。风险准备金属于期货交易所资本损失备抵资金,专门用于弥补风险损失,不得挪作他用。风险准备金按照期货交易所收取会员手续费收入20%的比例提取,但风险准备金余额达到期货交易所法定注册资本10倍时,不再提取。正是由于期货结算所内实行了以上一系列严格的规章制度,大大降低了期货市场上的风险,使期货市场成为一个履约率和安全性极高的交易场所。

(陈兴华)

qihuo jingji gongsi

期货经纪公司（futures intermediaries） 接受期货投资者的委托,用自己的名义为期货投资者的利益进行期货交易以获取佣金为业的公司法人。是期货市场必不可少的中介机构,在我国现行期货交易制度中是唯一可以从事期货经纪业务的中介机构。

期货经纪公司的设立条件:期货交易立法的世界各国无一例外地对期货经纪公司的资格条件作严格规定。中国证监会规定设立期货经纪公司要具备下列条件:注册资本的最低限额为人民币 3000 万元,其中,货币出资不得低于 1800 万元;有规范的公司章程;有具备任职资格的高级管理人员;有 15 名以上具备从业资格的其他从业人员;有健全的组织机构和管理制度;有符合要求的经纪业务规则、财务会计制度、风险管理和内部控制制度;有符合要求的经营场所和与业务有关的其他设施;符合法律、法规和中国证监会规定的其他条件。

中国证监会对期货经纪公司的出资人条件作了明确限制:(1)具有中国法人资格;(2)注册资本、净资产的最低限额均为人民币 1000 万元的,连续经营 2 年以上;(3)注册资本、净资产的最低限额均为人民币 5000 万元的,连续经营 1 年以上;(4)最近 2 年连续盈利,注册资本、净资产均超过人民币 5000 万元的,对盈利不作要求;(5)在最近 2 年内无重大违法违规行为;(6)出资人的法定代表人、总经理和自然人控股股东不存在《公司法》第 57 条规定的情形;(7)中国证监会规定的其他审慎性条件。此外,对持股比例不满期货经纪公司股权的 10% 且不实际控制该期货经纪公司的出资人,对其注册资本、净资产、盈利和经营年限不作要求。但下列组织不得成为期货经纪公司的出资人:未决诉讼标的金额达到净资产 30% 的组织;党政机关、部队、人民团体和国家核拨经费的事业单位法人;法律、法规禁止向期货经纪公司出资的其他组织,如尚不允许外商投资期货经纪公司;期货经纪公司之间、期货经纪公司与其出资人之间不得相互交叉持股。

期货经纪公司的设立采许可主义,除具备实体条件外,必须向政府期货交易主管部门申请登记注册,经主管部门审查批准后才能申领营业执照。我国大陆设立期货经纪公司,必须经中国证监会批准,取得中国证监会颁发的期货经纪业务许可证,并在国家工商行政管理局登记注册。

期货经纪公司享有下列权利:(1)佣金请求权。佣金是期货经纪公司的服务收入,以客户交易额的多少按比例收取,无论客户的交易盈亏如何,都必须向期货经纪公司交纳佣金。(2)保证金请求权。基于期货交易规则和期货交易的"信用交易"性质,期货经纪公司有权要求客户交纳各种性质的保证金,客户保证金的收取比例可由期货经纪公司规定,但不得低于交易所对会员收取的保证金。该保证金属于客户所有,期货经纪公司除按照规定为客户向期货交易所交存保证金、进行交易结算外,严禁挪作他用。(3)平仓的权利。当每日结算后客户保证金低于期货交易所规定的交易保证金水平时,期货经纪公司应当按照期货经纪合同约定的方式通知客户追加保证金,客户不能按要求追加保证金的,期货经纪公司有权将该客户部分或全部持仓强行平仓,直至保证金余额能够维持其剩余头寸。(4)留置权。期货经纪公司有权对客户达到保证金及其他依据双方签订的期货委托协议而获得的财产(如有价证券)、资金等进行留置。

期货经纪公司的主要义务包括:(1)对委托人的资格进行审查。凡不具备期货交易资格的,如期货市场"禁入者",期货经纪公司不得接受其委托,不得收取其开户资金。(2)向客户说明的义务。期货经纪公司应向客户解释期货合约的内容及交易规则,使客户在了解交易商品、交易规则与程序的前提下参与期货交易。(3)向客户出示"期货交易风险说明书",使客户在自愿的前提下从事期货交易。(4)遵守客户的交易指令。期货经纪公司应在客户的授权范围内,即按照客户以订单形式下达的指令,进行经纪活动。(5)向客户报告的义务。期货经纪公司应向客户及时通报市场行情并报告已进行的交易情况和盈亏状况,以便使客户随时了解交易动态,及时调整交易行为。(6)风险披露和风险控制义务。期货经纪公司应向客户充分披露期货市场的风险,提醒客户交纳追加保证金并转递到交易所,使客户的期货交易和财力担保不被中断。同时期货经纪公司必须将风险控制在客户存入保证金所允许的风险范围内,必要时强行平仓,对客户的交易头寸或现货仓单进行处理,以减少风险损失,保护客户的利益。(7)协助客户提取盈利和进行实物交割,保证客户利益的实际获得。(8)交易记录存档。期货经纪公司应对每项业务作完整的交易记录,并将其与交易凭证、交易报告书、结算报告书、交易月报表及其他与期货交易有关的书面和录音资料,分别按交易账户归档保存。以便于客户查询和期货主管部门、期货交易所或行业协会的管理、检查和监督。(9)代客户履约的义务。由于期货经纪公司是以自己的名义与交易对方进行期货合约的买卖 当客户在期货交易中违约时,履约责任由期货经纪公司承担。 (陈兴华)

qihuo jingji hetong

期货经纪合同（futures brokerage contract） 期货经纪公司接受客户委托进行经纪业务,需要依法签订期货经纪合同。期货经纪合同是客户与期货经纪公司之间约定权利义务的书面协议。期货经纪客户包括单位客户和个人客户,法律禁止单位以个人名义或者个人以单位名义签订期货经纪合同。期货经纪合同应当包括下列事项:(1)客户的姓名、身份证号码、住所、电话号码(单位客户应载明名称、法定代表人或者主要负责人、住所、电话号码);(2)客户的联系地址和联系方式、指令下达及确认方式;(3)客户账户的管理和清算方法;(4)期货经纪公司因故无法从事期货经纪业务时,客户账户的处理方法;(5)保证金的收取标准和收付方式;(6)追加保证金的条件及通知追加保证金的时间和方式;(7)期货经纪公司强行平仓的条件及相关事项的约定;(8)期货交易手续费及其他相关费用的约定;(9)交易结算单、交易结算月报等的通知方式和确认方式;(10)期货经纪公司为客户提供咨询、培训和其他服务的范围;(11)免责条款;(12)交易纠纷的处理;(13)合同的修改和终止;(14)中国证监会规定的其他事项。我国对期货经纪公司制定的格式合同实行严格的监管,期货经纪公司制定的期货经纪合同必须符合中国证监会制定的标准合同样本,并报送中国证监会派出机构审查。

我国法律对期货经纪主体的资格也进行了限制,下列情况之一不得成为期货经纪合同的一方主体:(1)无民事行为能力或者限制民事行为能力的自然人;(2)期货监管部门、期货交易所的工作人员;(3)本公司职工及其配偶、直系亲属;(4)期货市场禁止进入者;(5)金融机构、事业单位和国家机关;(6)未能提供法定代表人签署的批准文件的国有企业或者国有资产占控股地位或者主导地位的企业;(7)单位委托开户未能提供委托授权文件的;(8)中国证监会规定的其他情况。对于期货客户的资料,期货经纪公司有审查义务。在与客户签订期货经纪合同时,应当就客户的资格条件、资金来源及其他与资信有关的情况提出询问或者要求提供必要的证明,客户故意隐瞒事实,不履行如实告知或者提供义务的,或者因过失未履行如实告知或提供义务的,期货经纪公司应当拒绝为其开立账户或者有权解除期货经纪合同,由此造成的损失由客户负责,期货经纪公司无需退还交易手续费。

期货经纪公司与客户签订期货经纪合同前,应当向客户说明合同条款的含义,在客户明确理解期货经纪合同约定的双方权利义务后,由客户签字确认。当发生下列情况之一时,期货经纪公司可以解除与客户签订的期货经纪合同,对客户账户进行清算,并予以注销:(1)客户死亡、丧失民事行为能力或者终止的;(2)客户被人民法院宣告进入破产程序的;(3)中国证监会规定的其他情况。客户可以通过撤销账户的方式,终止与期货经纪公司的委托关系。客户销户应当办理相关的销户手续。期货经纪公司办理客户账户销户手续时,应当与客户结清债权债务。 (刘 鹏)

qihuo jingji yewu

期货经纪业务(futures customers business) 期货经纪公司接受客户委托,按照客户的指令,以自己的名义为客户进行期货交易并收取交易手续费,交易结果由客户承担的经营活动。法律对经营期货经纪业务的主体有严格的限制,必须是依法设立的期货经纪公司。其次,期货经纪公司办理经纪业务还应当遵守法律规定的基本规则。期货经纪公司必须在依法设立的营业场所接受客户委托进行期货交易。期货经纪公司对其资信情况的宣传必须真实;禁止通过虚假宣传诱使客户进行期货交易。期货经纪公司不得以中国证监会的营业许可,作为其营业能力及财务健全的宣传或者保证。期货经纪公司对外进行广告宣传,必须遵守中国证监会的有关规定;宣传材料必须经其法定代表人或者被授权人签字,并报中国证监会派出机构备案。期货经纪公司经营期货经纪业务,应当由取得期货业从业人员资格的工作人员执行业务。

在程序上,期货经纪业务可以分为签约——开户——委托——结算几个阶段。期货经纪公司为客户开立账户,应当事先向客户出示《期货交易风险说明书》,在客户签字确认已了解《期货交易风险说明书》的内容后,与客户签订书面期货经纪合同。期货经纪公司不得为未签订书面期货经纪合同的客户开立账户。期货经纪公司为客户进行期货交易,应当按照期货交易所规定的编码规则为客户分配交易编码,并向期货交易所备案。期货经纪公司注销客户的交易编码,应当向期货交易所备案。期货经纪公司不得以任何名义为自己在本公司或者其他期货经纪公司开立账户,从事期货交易。

保证金 期货经纪公司接受客户委托进行期货交易,应当向客户收取保证金,并设置客户保证金明细账。期货经纪公司应当在期货交易所指定的结算银行开立客户保证金账户,用以存放客户保证金。客户保证金账户应当报中国证监会派出机构备案并依法接受检查。期货经纪公司可以规定收取客户的交易保证金比例,但该比例应当至少高于期货交易所对期货经纪公司收取的交易保证金比例3个百分点。期货经纪公司可以根据交易的风险状况合理调整交易保证金比例,并应当按照期货经纪合同约定的方式通知客户。期货经纪公司可以在期货经纪合同中约定交易风险控制条件。

委托 我国法律禁止期货经纪公司接受客户全权委托,期货经纪公司也不得接受内容不明确或者不完整的客户交易指令。期货经纪公司执行客户指令按照时间优先的原则进行。

结算 期货经纪公司在闭市后应当按照期货经纪合同约定的时间和方式向客户通知交易结算单。期货经纪公司应当每月按照期货经纪合同约定的时间和方式向客户通知上月的交易结算月报。开户资料、指令记录、交易结算单、交易月报等交易记录和其他业务记录应当至少保存2年，但对有关期货交易有争议的，应当保存至该争议消除时为止。

收费 期货经纪公司向客户收取的交易手续费包括代期货交易所收取的交易手续费和期货经纪公司自己的交易手续费两部分。期货经纪公司收取交易手续费的标准不得低于期货合约规定的交易手续费标准的3倍，但中国证监会另有规定的除外。（刘 鹏）

qihuo jingji kehu baozhengjin

期货经济客户保证金（customer bond of futures transaction） 又称交易保证金。期货保证金的一种。在期货市场上，交易者只需按期货合约价格的一定比率交纳少量资金作为履行期货合约的财力担保，便可参与期货合约的买卖，这种资金就是期货保证金。在我国，期货保证金按性质与作用的不同，可分为结算准备金和交易保证金两大类。交易保证金是会员单位或客户在期货交易中因持有期货合约而实际支付的保证金，它又分为初始保证金和追加保证金两类。期货经纪保证金是期货经纪公司在办理期货经纪业务时依法向客户收取的保证金。期货经纪公司接受客户委托进行期货交易，应当向客户收取保证金，并设置客户保证金明细账。期货经纪公司应当在期货交易所指定的结算银行开立客户保证金账户，用以存放客户保证金。客户保证金账户应当报中国证监会派出机构备案并依法接受检查。期货经纪公司可以规定收取客户的交易保证金比例，但该比例应当至少高于期货交易所对期货经纪公司收取的交易保证金比例3个百分点。期货经纪公司可以根据交易的风险状况合理调整交易保证金比例，并应当按照期货经纪合同约定的方式通知客户。

追加保证金。当客户保证金不足使交易风险达到约定的条件时，期货经纪公司应当按照期货经纪合同约定的方式通知客户追加保证金；若客户不能按时追加保证金，则期货经纪公司有权对客户的部分或全部持仓强行平仓，直至保证金余额能够满足约定的交易风险控制条件。当每日结算后客户保证金低于期货交易所规定的交易保证金水平时，期货经纪公司应当按照期货经纪合同约定的方式通知客户追加保证金；若客户不能按时追加保证金，则期货经纪公司应当将该客户部分或全部持仓强行平仓，直至保证金余额能够维持其剩余头寸。

划转保证金。期货经纪公司在闭市后应当按照期货经纪合同约定的时间和方式向客户通知交易结算单，期货经纪公司划转客户保证金，必须符合下列条件：（1）依照客户的指示支付保证金余额；（2）为客户向期货交易所交存保证金或者结算差额；（3）客户应当向期货经纪公司支付的交易手续费、税款及其他费用；（4）中国证监会批准的其他情况。期货经纪公司已经或者可能出现客户保证金退付危机，严重影响客户利益时，中国证监会有权决定对该公司进行特别处理。

（刘 鹏）

qihuo qizha

期货欺诈（fraud on futures） 行为人在期货交易、经纪代理及相关业务活动中，违反期货法律、法规、交易规则和行业惯例，故意陈述虚假事实或隐瞒真实情况，使他人陷于错误认识而为意思表示，致使损害客户利益、扭曲期货市场功能的行为。

期货欺诈具有以下特点：（1）高危害性。与一般违法犯罪行为相比，期货欺诈所造成的社会危害非常大：直接经济损失巨大，涉及面广，影响深远。（2）复杂性。主要是因为期货欺诈行为与正常的期货投机行为界限不清，不易判断其违法性，而且期货欺诈利润巨大，纵容庇护现象比较明显。（3）智能性、隐蔽性。期货欺诈行为人通常具有较高的业务技能，作案手段隐蔽，欺诈行为与正常的交易行为相互交织，而且受害人不特定，难以实际查处。期货欺诈行为的主体可以是自然人，也可以是法人或其他经济组织。期货欺诈行为的主体通常是进行期货交易、经纪代理及其他相关活动的期货交易所、期货经纪公司及其经纪人。有时还包括期货交易所、期货经纪公司中应承担相应法律责任的直接主管人员和直接责任人员，如交易所经理、部门主管、报价员、记录员等。此外，交易所会员、期货投资者、期货业的管理人员和从业人员等也可成为期货欺诈的主体。

期货欺诈行为方式多样，其主要表现形式有：（1）私下对冲行为。经纪公司不把客户的指令传到交易所交易，而是在期货经纪公司自己的盘房内直接对冲。（2）私下对赌行为。期货经纪公司发现有利可图时，直接采取与客户订单相反的方向进行买卖的欺诈行为。（3）提供、散布虚假行情，误导客户。期货经纪公司故意作虚假宣传，引诱客户下单，从中赚取佣金。（4）侵吞、挪用客户保证金。（5）操纵市场。通过合谋集中资金操纵市场，连续交易。（6）虚假交易。进行实质不转移所有权的期货交易，故意造成市场活跃的假象。（7）隐瞒事实真相，超越经营权限，非法从事期货活动。（8）混码交易。将自营业务与代理业务混合操作，或不执行委托优先的行业惯例。（9）其他期货欺诈行为。

由于期货市场的特殊性，期货欺诈行为不仅损害客户的财产权益，更严重的是侵犯了期货市场的管理制度、扰乱市场秩序，在本质上是违反国家法律、法规、政策及交易规则，损害客户正当权益、国家利益和社会公共利益的行为，用民事行为的理论分析，属于民事侵权行为，也被认为是无效民事行为。

（陈兴华）

qihuo qinquan zeren
期货侵权责任（liability for infringement of futures） 期货市场主体违反法定义务而应承担的民事法律后果。期货侵权责任的成立不以主体之间存在合同为前提。期货侵权责任实行过错责任的归则原则，其构成要件是：(1) 损害事实的存在。指期货侵权行为给期货经纪公司或客户造成的不利后果，通常表现为保证金的损失或被强行平仓。(2) 行为的违法性。具体表现为违反期货法律、法规和期货交易规则的行为，如对会员、客户资信不做审查；利用虚假广告误导客户；私下对冲、对赌等行为。(3) 违法行为与损害事实之间具有因果关系，即损害是由期货侵权行为所引起。因果关系具有时间性、客观性。(4) 行为人主观上有过错。是指期货侵权行为人对其行为造成他人损害的一种故意或过失的心理状态。过错是行为人承担期货侵权责任的最终要件。期货侵权责任的形式是损害赔偿，一般不适用民事责任的其他形式。如果期货侵权行为既符合期货侵权责任的构成要价，又符合期货违约责任的构成要件，则发生期货民事责任的竞合，受害人可选择行使请求权。

（陈兴华）

qihuo qingsuan jigou
期货清算机构（futures clearing institution） 又称"期货结算所"或者"期货清算所"。对期货市场上的交易盈亏进行计算并以交割、对冲的方式了结交易的机构。与期货市场是由交易所、会员、客户逐级构成的分层化市场结构相对应，期货清算机构分为对交易所与其会员之间进行清算的第一级清算机构和对会员经纪公司与其客户之间进行清算的第二级清算机构。在国际期货市场上，期货结算机构有两大类型：一类是独立型。期货结算所分离于期货交易所之外而独立存在；另一类是共同型。期货结算所包含于期货交易所之中，是期货交易所下设的一个职能部门。期货结算所的两种体制各有优点：前者的优点是期货清算过程客观、公正，具有安全性，有利于控制期货风险，后者的优点是工作关系比较顺畅，易于管理，效率较高。独立的清算所一般采用会员制形式，但近年来出现了向公司制转轨的趋势。如伦敦清算所(LCH)是一家运作成功的独立清算所，目前依然采用会员制组织形态，主要为伦敦国际金融期货和期权交易所、伦敦国际石油交易所、伦敦金属交易所、伦敦 Tradepoint 交易所、伦敦交易所以及某些场外交易产品提供清算服务。

期货结算所无论采用哪一种体制，其发挥的作用大致相同：(1) 计算期货交易盈亏。期货结算所必须在每个交易日对每一笔交易的盈亏进行结算，以保证每笔期货交易都能得到履行。(2) 担保交易风险。期货结算所在期货合约的结算过程中充当买卖双方的对方，期货交易的买卖双方无需知道真正的交易对方是谁，他们只需要同期货交易所进行结算即可，即使合约的一方限于破产或无履约能力，期货结算所负有履行合约的责任，以保障期货合约持有者的合法权益，保障期货交易的顺利进行。(3) 管理会员资金、控制市场风险。结算所是专门负责保管保证金的部门，结算所通过结算客户的账户资金余额及随时对保证金进行监督，对期货市场风险进行控制。(4) 监管实物交割。在期货交易中，对冲平仓的期货合约通过结算可以结束，而未平仓合约必须进行实物交割。监管实物交割的职能由结算机构完成。

期货结算所采用结算会员制。结算会员必须同时是期货交易所的会员，但交易所会员未必是结算所会员。交易所会员中只有那些资金实力雄厚、信誉状况良好的会员才能成为结算会员。结算会员的资格条件由结算机构确定，并报期货管理机构备案。

期货清算机构的清算有对冲平仓、实物交割和现金交割三种方式，保证期货市场的正常运营。期货清算机构对所有的期货合约交易者起着第三方的作用，即对每一个卖方来讲是买方，而对每一个买方来讲是卖方，其每天的盈亏是平衡的，交易者之间互不负有履约义务，只与其发生业务关系，简化了结算手续，促进交易，提高效率。依靠其管理的会员资金和自身雄厚的财力，期货清算机构确保所有期货交易得以履行，保证期货市场的健全运营，控制着期货市场的风险。我国目前尚没有独立的期货清算机构，期货市场上的第一级清算由各交易所自行或由其合作的商业银行进行，第二级清算则由各经纪公司进行。

（陈兴华 孙建立）

qihuo shichang
期货市场（futures market） 有广义和狭义之分。广义的期货市场指期货交易各种要素的总和。一个完备的期货市场，必须有期货商品、期货交易所、结算所、期货经纪商及其客户、政府管理机构等构成要素；狭义的期货市场指进行标准化合约买卖的场所。期货交易是期货市场活动的主要内容。

期货市场具有如下特点：(1) 期货市场具有专门的交易场所。期货交易在专门的期货交易所内进行，一般不允许场外交易。期货交易所不仅为期货交易者提供了一个专门的交易场所，提供了进行交易所必需的各种设备和服务，而且为期货交易制定了严密的规章制度,使得期货市场成为一个组织化、规范化程度很高的市场,同时,它还为所有在期货交易所内达成的交易提供财务上和合同履约方面的担保。(2)期货市场的交易对象是标准化的期货合约。期货合约的数量、等级、交割时间、交割地点等条款都是标准化的,合同中唯一可变的变量是价格,标准化期货合约的交易,既简化了交易手续,降低了交易成本,又防止了因交易双方对合约条款的不同理解而可能出现的争议和纠纷,同时为合约持有者进一步转让该合约创造了便利条件。(3)期货市场是公开、公平、公正和竞争的场所。期货合约的买卖是由代表众多卖方和买方的经纪人在交易所内通过喊价或计算机自动撮合的方式达成的,因而期货市场上的期货价格能够较准确地反映出现货市场上真实的供求状况及其变动趋势。(4)期货市场的法律关系复杂。包括期货主管机关与期货市场之间、期货交易所与期货经纪商之间、期货结算所与结算会员之间、期货经纪商与投资者之间及其上述主体相互之间的法律关系。(5)期货市场是一种高风险、高回报的市场。期货交易是一种保证金交易,投入5%—10%的资金就可以从事100%的交易,正是这种杠杆原理,决定了期货市场上投入一定数量的资金,交易者可能获得数倍甚至数十倍于这笔资金的收益,同时也面临着数倍甚至数十倍于这笔资金的投资风险。高收益与高风险并存的特点,吸引了众多投资者与投机者的加入。(6)期货市场由期货交易所对期货交易提供履约担保。期货市场上,期货合约的买卖双方并不直接与买卖对方发生关系,而是通过交易所进行期货合约的结算和交割,即使合约的一方宣布破产,由于期货交易所提供的履约担保,合约另一方的正常履约也不会受到影响。期货交易所之所以能够提供这种财力上的担保,是和期货交易所与结算所内实行的履约保证金制度、无负债结算制度等严格的规章制度紧密相关的。

(陈兴华)

qihuo shichang fengxian
期货市场风险(risk of futures market) 又称期货交易风险。是由于期货价格的变化而使市场的参与者直接或间接遭受损失或失去期待利益的可能性。

期货市场风险的基本特点是:(1)风险的客观性。交易风险无时不在,不以人的意志为转移。期货市场风险的客观性既来自期货交易内部机制的特殊性,也是现货市场风险的转入和反映,没有风险就没有套期保值的必要,就没有投机的必要。(2)风险的复杂性。表现为影响、制约交易风险的因素多样化,既有横向的合约交易单位、保证金的定额比例、交易头寸的最大允许值、价格波动幅度的限制等因素的影响制约,又有纵向的交易前、交易中、交易后等一系列连续运动过程的影响制约,使交易风险在运动规律上显得相当复杂。(3)风险的不确定性。即风险发生的原因、形式、时间、地点、损失程度均是不确定的,不确定性是风险本质的重要体现。(4)风险的放大性。由于期货商品价格波动较大、投机性较强,交易量大,造成的盈亏大,而且期货交易是连续性的合约买卖活动,风险易于延伸,因此,期货交易价格的变动,会造成保证金损失的风险成倍增加,引发连锁反应。(5)风险的规避性。期货交易的功能之一就是规避风险,即期货交易的风险是可以规避和分散的,但不能消除。期货市场主体可以通过采取积极的预防措施来接受既客观存在、又不确定的风险。期货交易行为的全过程就是将风险规避和分散。(6)风险的可预测性。依据期货交易的统计资料或利用数学模型、数学工具,通过对风险运动阶段性、周期性和规律性的科学分析,对某种风险发生的频率及其所造成的损失程度作出定量主观判断,从而对可能发生类似的风险进行预测、衡量与评估。但期货交易风险决定因素的客观性、复杂性、不确定性,使得期货交易风险的预测难度很大。(7)风险与机会的共生性。期货市场的高风险不仅是发生损失的可能性,同时存在着机会和获取高额利润的可能性,这是产生期货投机的动力。

诱发期货交易风险的核心因素是期货价格的波动、保证金交易的杠杆效应和期货市场参与者。价格波动的不可预期性增加了生产、经营的不稳定性,而期货市场特有的运行机制可能导致价格频繁乃至异常波动,从而产生高风险。期货市场实行保证金制度,保证金比例通常为期货合约价值的5%—10%,这种以小博大的高杠杆效应,放大了本来就存在的价格波动风险。期货交易的杠杆效应是区别于其他投资工具的主要标志,也是期货市场高风险的主要原因。期货市场参与者又分为期货交易所、期货结算所、期货经纪公司和客户等不同层次。期货市场参与者的管理制度、交易技巧和操作方法、从业人员的专业能力和职业道德、技术设备等因素,都会影响期货市场的风险。期货交易风险的管理就是围绕这些因素和层次进行的。

(陈兴华)

qihuo shichang fengxian de falü kongzhi
期货市场风险的法律控制(judicial control on risk of futures market) 以法律手段控制期货市场风险。法律作为社会关系的调节器,是由国家制定和认可并由国家强制力保证实施的规范系统。期货市场风险的法律控制其突出特点在于以国家强制力为保障。期货市场风险的法律控制主要是通过制定、颁布期货法或期货交易法及其配套法规,将整个期货市场纳入法律调整范围,其具体的法律手段是:(1)市场主体准入制度。针对期货市场的不同主体,明确规定期货市场各种主体应具备的条件,取得主体资格的程序,凡不符合法律、法规规定的条件或未经法定程序取得期货市场主体资格的自然人、法人或其他经济组织不得进入期货市场,使入市者具有相应的资信能力、防范风险的能力和承担法律责任的能力。(2)规范交易行为。交易者不得实施法律、法规所禁止的行为,这些行为包括:未经客户委托或者不按客户委托范围擅自进行期货经纪业务的;提供虚假的期货市场行情、信息,或者使用其他不正当的手段,诱骗客户发出交易指令的;私下对冲、与客户对赌等违规操作的;挪用客户保证金;允许客户透支交易;未及时准确地执行客户的指令;未履行追加保证金的通知义务而强行平仓;其他违反《期货交易管理暂行条例》和有关国家法律的情形。(3)明确市场主体的法定义务。基于期货市场的特殊性,市场主体除了相互之间要承担约定的义务外,还须履行法定的义务。期货交易所的法定义务是制定完善的交易规则并严格执行交易规则,提供合格的交易设备和交割场所;期货结算机构、期货经纪公司、客户的法定义务则是严格遵守交易规则。

法律责任的承担是市场主体违规交易、不履行法定义务的必然结果。法律责任是期货交易风险控制的事后手段。行为规范、法定义务规定的实现最终是以法律责任为保障的。但由于法律责任所具有的强制性,又使这种手段具有预防功能和威慑功能,成为最有效的风险控制手段。法律责任包括行政法律责任、刑事法律责任和民事法律责任三种形式。　　(陈兴华)

qihuo shichang fengxian de zhonglei
期货市场风险的种类(classification of risk of futures markets)　　期货市场风险按不同的标准所划分的不同的风险类型。

根据风险的来源,分为系统风险和非系统风险。系统风险,指期货市场本身由于对合约制定的交易、交割、结算规则可能存在的缺陷和疏忽对市场价格产生影响而导致的市场风险。非系统风险,指期货市场以外的因素影响期货市场主体而导致的市场风险。具体有两类:一类是政策性风险。管理当局根据期货市场发展的特定阶段通过制定、颁布、实施政策,加强对期货市场的宏观管理。政策是否合理、是否变动过频、是否具有透明度,都可能直接或间接影响期货市场相关主体,造成不可预期的损失,进而引发风险。另一类是非政策性风险,这类风险是通过影响商品供求关系进而影响相关期货品种的价格而产生的,主要是国家的宏观调控和财政政策变化、央行的金融政策变化等可能引发的市场预期变化和收益变化以及国内外政治、经济、自然和人为因素而产生的风险。

根据风险的可否控制,分为可控风险和不可控风险。可控风险,是指通过期货市场相关主体采取措施,可以控制和管理的风险。期货市场的系统风险为可控风险。不可控风险,是指风险的产生与形成不能由风险承担者所控制的风险。非系统风险为不可控风险。

根据风险产生的主体,可分为期货交易所风险、期货经纪公司风险、客户交易风险和国家风险。这些风险为可控风险。期货交易所风险,主要是期货交易所的管理风险和技术风险,前者是指由于交易所风险管理制度不健全或执行风险管理制度不严、交易所违规操作等原因造成的风险。后者是指由于计算机交易系统或通讯系统出现故障而带来的风险;期货经纪公司风险有两种:一种是期货经纪公司自身的原因带来的风险,如期货经纪公司管理不善、从业人员缺乏职业道德或操作失误等。另一种是由于客户资信状况恶化、违规操作等原因而给期货经纪公司带来的风险。客户风险有两种:(1)期货经纪公司选择不当给自身带来的风险;(2)由于客户自身决策失误或违规交易行为所产生的风险。国家风险,也即政府风险。期货市场风险实际是一个国家经济运行的风险,国家对期货市场上的交易风险管理不严、监督不力所导致的过度投机会给整个国家的资本市场带来危机,造成金融风波。

根据风险产生的环节,分为市场风险、流动性风险、信用风险、操作风险和法律风险等。这些风险也是可控风险。市场风险,即市场价格的波动给交易者带来亏损的风险;流动性风险,是指由于市场流动性差,期货交易难以迅速、及时、方便地成交所产生的风险,即交易者难以建仓或平仓的风险;信用风险,是交易对方无法履行合同的风险;操作风险,是因技术问题如操作失误、计算机系统故障而造成损失的风险;法律风险,是指期货合约内容在法律上有缺陷或不完善又无法可依所带来的风险。　　(陈兴华)

qihuo shichang fengxian guanli
期货市场风险管理(management of risk of futures market)　　期货市场的相关主体为控制和管理期货市场风险而建立的规章制度和采取各种措施的活动。是对潜在的意外损失进行识别、衡量,并通过有意识、有目的和有计划的管理活动,使风险层层分散,保证期货市场的安全运行,是针对期货市场风险的基本特点和期货市场风险的种类,分别提出相应的风险管理措施和对策,构筑起期货市场风险管理的体系的过程,具有系统性和全过程性。以保护期货市场的竞争性、高效性、流通性和安全性。对期货市场风险进行管理,能够保障期货市场机制的正常运行,有利于期货交易功能作用的发挥。(见期货交易管理制度、期货交易规则)

(陈兴华)

qihuo shichang jianguan

期货市场监管(supervision of futures market) 依据法律,通过政府、行业等机构对期货市场进行监督和管理的活动。健全的期货市场监管才能真正使期货市场发挥资本市场的作用。

期货市场的监管体制有两种模式:(1)集中型管理体制。是指由政府设置专门的机构,依据法律赋予的职责,履行监督管理期货市场的职能。这种模式以美国、英国、中国香港为代表。如美国建立了期货交易委员会,英国建立了证券与投资管理委员会,中国香港建立了证券与期货管理委员会,由这些专门的委员会对期货市场进行全面管理。(2)分散型管理体制。是指政府不专门设置监督管理期货市场的行政机构,而由已有的有关政府职能部门依据法律,分别履行监督管理期货市场的职能。采用这一模式的主要是日本。日本的大藏省、通产省、农林水产省分别对金融期货市场、工业品期货市场和农产品期货市场进行监督管理。

期货市场监管从监管主体看,分为四个层次:(1)立法管理。是指通过制定一系列的法律法规为期货市场创造一个有法可依、有规可守、有章可循的法律环境,依据法律、法规对期货市场进行规范管理。其主要内容是:确定期货市场的宗旨和目的,确立期货业的法律地位;明确政府对期货市场的管理主体地位及职能;制定交易所的设立、变更、终止及其组织机构的设立办法和交易所的章程;制定期货交易规则,对期货市场主体及其从业人员的交易活动进行规范等。(2)行政管理。是指依靠中央政府和地方政府行政权力的作用,通过政府行政权力的行使对期货市场实施管理。行政监督和管理是期货市场法律、法规实施的重要保证。政府行政管理的主要职责是:组织制定并实施期货交易的有关法律、法规和制度,全面管理期货市场参与者的活动;审核批准期货交易所的开业、新合约的上市、颁发交易所营业许可证,审查批准期货交易所制定、修改的规章、规则和期货合约的形式、内容与规格;监督、检查、处理、制裁违法交易行为等。(3)行业管理。期货行业协会的自我规范管理。期货行业协会是期货交易所、期货结算所、期货经纪机构依法设立的自律组织,对期货市场的监管主要表现为:负责会员的资格审查和会员的登记工作;监管已注册会员的经营状况;调解纠纷、协调会员关系;普及宣传期货知识和培训从业人员。(4)自律管理。是期货市场上的参与者自我约束、自我管理的行为。期货交易所和期货经纪公司通过建立健全的规章制度,实现期货市场的自律管理。自我监管是期货市场管理的基础。

中国期货市场的监管,其模式经历了从分散型到集中型的发展过程。在 20 世纪 90 年代,中国期货市场开办之初,管理期货市场的机构较多,如中国人民银行、工商行政管理部门、国内贸易部、对外经济贸易合作部、国家外汇管理局、地方人民政府等。现已由中国证监会对期货市场进行统一监管。但中国采取的是相对集中的管理体制,即以中国证监会统一行使政府监管期货市场的职能为主,以工商行政管理部门、国务院各部委及地方人民政府对期货市场的协助管理为辅的管理体制。 (陈兴华)

qihuo shichang jinru zhidu

期货市场禁入制度(prohibition to the access of to futures market) 各期货交易所、期货经纪机构对被宣布为"市场禁入者"的机构和个人,不得或一定期限内不得接受其从事期货交易的法律制度。市场禁入者可分为主体禁入和行为禁入两类。

主体禁入 是法律法规明确规定不得从事期货交易的机构和个人,他们不具有从事期货交易的资格。下列机构不得从事期货交易:金融机构、事业单位和国家机关;未能提供开户证明的单位(指国有企业、国有资产占控股地位或主导地位的企业,不得从事期货投机交易);中国证监会规定不得从事期货交易的其他单位。下列人员不得从事期货交易,期货经纪公司不得接受其委托代其从事期货交易:不具有完全民事行为能力的人;中国证监会的工作人员;交易所工作人员和期货经纪公司本单位的工作人员;中国证监会宣布的市场禁入者;期货交易所的指定交割仓库及其工作人员;中国证监会及交易所规定的不得从事期货交易的其他个人。

行为禁入 是他们本身是期货市场的主体,具有期货交易的资格,但由于实施了法律、法规所禁止的行为而被中国证监会、期货交易所或期货经纪公司宣布为"市场禁入者"。具体包括:操纵期货市场行为;严重违反国家金融、证券、期货等法律、法规,蓄意违反期货交易所的有关规章制度造成严重后果的行为;散布虚假信息、扰乱市场秩序,造成严重后果的行为;过度投机行为等。

对因违法行为而被认定的"市场禁入者",各期货交易所应及时报中国证监会,由中国证监会通报其他各期货交易所。被中国证监会通报的"市场禁入者",各期货交易所、期货经纪公司 3 年内不得为其办理期货交易开户手续;对已开户交易者,除清理原有持仓的交易指令外,要立即停止接受其新的交易指令。对"市场禁入者"的机构的主要负责人和直接责任人员,各期货交易所、期货经纪机构不得接受其从事期货业务。对违规接受"市场禁入者"的期货交易所和期货经纪机构,中国证监会将对其作出责令改正、没收非法所得、罚款、停业整顿、取消交易所资格或期货经纪业务资格的处罚,并追究主要负责人的责任。 (陈兴华)

qihuo weiyue zeren

期货违约责任（liability for breach of futures） 期货市场主体违反约定的义务，损害他人利益而应承担的民事法律后果。违约责任是以合法有效的合同关系存在为前提的。期货违约行为主要是指期货经纪公司违反行纪委托合同的规定，损害客户的行为，以及在期货交易所与期货交易上会员之间违反交易所章程的行为，应按照合同的约定或按照《中华人民共和国合同法》的规定由违约者承担违约责任。期货违约责任实行无过错责任的归责原则，其构成要件为两个：(1) 有违约行为。是指存在期货市场主体不履行或不适当履行合同义务的客观事实。具体包括：越权下单行为，指超越客户的委托权限发布交易指令；擅自更改客户指令的行为；错单行为，指错误执行客户指令的行为；双重交易行为，指经纪机构同时为客户代理期货交易和为自己做期货交易；接受客户非操作人员指令的行为；未及时通知客户交易结果的行为；未履行追加保证金的通知义务而强行平仓的行为；期货交易所或期货经纪公司因通讯设备故障影响会员或客户的正常交易的行为；其他违反约定的行为。(2) 不存在免责事由。免责事由是指法律规定的免除或限制违约行为人本应承担的民事责任。不可抗力、受害人过错是违约责任的免责事由。期货违约责任的形式是支付违约金、赔偿损失。

（陈兴华）

qipianxing zhiliang biaoshi xingwei

欺骗性质量标示行为（fraudulent behavior in regard to label of quality） 经营者在商品或其包装的标识上，对商品的质量标志、产地或其他反映商品质量状况的各种因素做不真实的标注，欺骗购买者的不正当竞争行为。欺骗性质量标示行为和商业特有的名称、包装、装潢，也在一定程度上能反映出商品质量状况，因而从本质上讲，商业混同行为与欺骗性质量标示行为一样，都是以弄虚作假的手段使购买者不能了解商品真实质量状况的欺骗性交易行为。但是，欺骗性质量标示行为与商业混同行为也有区别。前者并不像后者那样冒充特定竞争对手的商品，并不侵犯特定竞争对手的知识产权，而是通过直接虚构或隐瞒商品质量的欺骗性手段误导购买者选购商品，获取非法利润。欺骗性质量标示行为主要有以下几种表现形式：(1) 伪造或冒用认证标志、名优标志等质量标志。(2) 伪造产地。(3) 对商品质量做引人误解的虚假表示。

（苏丽娅）

qizha xiaofeizhe xingwei

欺诈消费者行为（behavior of cheating consumer） 经营者在提供商品或者服务中，采取虚假或者其他不正当手段欺骗、误导消费者，使消费者的合法权益受到损害的行为。经营者在向消费者提供商品或者服务中有下列情形属于欺诈消费者行为：(1) 销售掺杂掺假、以假充真、以次充好的商品的；(2) 采取其他不正当手段使销售的商品分量不足的；(3) 销售"处理品"、"残次品"、"等外品"等商品而谎称是正品的；(4) 以虚假的"清仓价"、"甩卖价"、"最低价"、"优惠价"或者其他欺骗性价格表示销售商品的；(5) 以虚假的商品说明、商品标准、实物样品等方式销售商品的；(6) 不以自己的真实名称和标记销售商品的；(7) 采取雇佣他人等方式进行欺骗性的销售诱导的；(8) 做虚假的现场演示和说明的；(9) 利用广播、电视、电影、报刊等大众传播媒介对商品作虚假宣传的；(10) 骗取消费者预付款的；(11) 利用邮购销售骗取价款而不提供或者不按照约定条件提供商品的；(12) 以虚假的"有奖销售"、"还本销售"等方式销售商品的；(13) 其他以虚假或者不正当手段欺诈消费者的行为。经营者在向消费者提供商品或者服务中，如果不能证明自己确非欺骗、误导消费者而实施某种行为的，应当承担欺诈消费者行为的法律责任。这些情形有：(1) 销售失效、变质商品的；(2) 销售侵犯他人注册商标的商品的；(3) 销售伪造产地、伪造或者冒用他人的企业名称或者姓名的商品的；(4) 销售伪造或冒用他人商品特有的名称、包装、装潢的商品的；(5) 销售伪造或者冒用认证标志、名优标志等质量标志的商品的。

（刘利晋）

qishi daiyu

歧视待遇（discrimination treatment） 又称差别待遇。国际间有关外国人民事法律地位的一种制度。它是一国把某些特别的限制性规定专门适用于特定国家的自然人和法人，其结果是使某特定国家的自然人和法人在内国享受的待遇，不仅低于内国人，而且也低于一般的外国人标准，即一国境内不同国家的外国人法律地位有差别，故实行歧视待遇，不仅使某国的自然人和法人的权利受到限制，遭到歧视，而且也使该国的尊严受到轻视。所以国家之间为了享受平等的待遇和防止歧视待遇带来的不利，经常通过双边条约避免本国人受到这种待遇。歧视待遇标准不符合国家不分大小、强弱，各国一律平等的原则，我国在与别国签订的双边投资措施协定中大多没有歧视待遇条款，但如果他国在国际经济交往中的投资保护方面对我国的国民或公司采取歧视待遇，如投资、融资、税收、用地、用电、征收或国有化等方面不能一视同仁，我国将对其国民或公司在中国的投资采取对等的保护措施。

（王连喜）

qiye biangeng zhidu

企业变更制度（system of enterprise change） 规范企业经工商行政管理部门核准登记的企业登记事项和组织形式变更的法律制度。

企业登记事项的变更 企业一经有关工商行政管理部门核准登记成立，包括其名称、住所、法定代表人、注册资本、企业类型、经营范围、经营期限、企业高级管理人员、公司股东或合伙企业合伙人或个人独资企业投资人姓名等事项均由工商行政管理部门予以登记，非经法定程序申请，并由原登记管理机关进行变更登记，企业不得自行变更。从以上诸项看，其中有的登记事项涉及企业对外的识别、有的涉及企业的组织形态、有的则涉及企业的经营范围和内部管理，这些方面对于企业自身、对债权人及其他企业具有一定意义，因而对上述登记事项的变更，法律均规定了相应的条件和程序。

对于企业的运营说来，最重大的变更属于企业的组织结构变动，包括企业的组织形式的变更、企业的合并与分立等。

企业组织形式的变更 企业不改变其法律资格，而将原有的企业组织形式变更为另一组织形式。我国现行企业立法对有限责任公司变更为股份有限公司、国有企业改建成股份有限公司的规定较完善，而其他企业组织形态之间的变化，因法律依据不足而不可能保持企业原有法律资格。例如，合伙企业欲变更成有限责任公司，则必须将原企业清算、注销，再重新设立新的有限责任公司。

有限责任公司变更为股份有限公司。依照公司法有关规定："有限责任公司变更为股份有限公司，应当符合本法规定的股份公司的条件，并依照本法有关设立股份有限公司的程序办理"，因而从有限公司变更为股份有限公司在程序上与新设一个股份有限公司的程序雷同，其好处是原有公司法人主体资格连续计算。有限责任公司变更为股份有限公司须依照以下程序办理：(1) 股东会作出决议。国有独资公司变更为股份有限公司的必须由国家授权投资的机构或者国家授权的部门决定。其他有限公司则由股东会依照公司法及章程的规定作出决议，并经代表三分之二以上表决权的股东通过。(2) 报经主管部门同意。与设立股份有限公司一样，有限责任公司整体变更为股份有限公司，必须经国务院授权部门或者省级人民政府批准。(3) 将有限公司净资产折成股份。有限责任公司以批准变更为股份有限公司时，应将公司净资产按一比一的比例折成股份公司的股份。需增加资本向社会公开募集股份的，依公司法有关向社会公开募集股份的规定办理。(4) 进行变更登记。有限责任公司整体变更为股份有限公司的所有申请登记文件齐备后，应依法向公司原登记的工商行政管理部门办理变更登记。原有限责任公司的债权、债务由变更后的股份有限公司承继。

国有企业改建为公司。国有企业改建为公司的，依《公司法》的规定，必须依照法律、行政法规规定的条件和要求，转换经营机制，有步骤地清产核资、界定产权，清理债权、债务，评估资产，建立规范的内部管理机构。依以上规定，其他公司登记法律、法规的精神，原国有企业欲改建为公司的，须在满足以上条件的前提下，按照设立有限责任公司或股份公司的条件和程序办理，但其原企业整体改建为有限责任公司或股份有限公司的，原企业的债权、债务由变更后的有限责任公司或股份有限公司承继。 （晏长青　孟　然）

qiye biaozhunhua guanli zhidu

企业标准化管理制度（system of enterprise standardization management） 规范对企业范围内协调及统一的技术要求、管理要求和工作要求进行标准化管理的法律制度。标准是企业组织生产、经营活动的依据。企业标准包括技术标准和管理标准两方面。其中，技术标准包括产品标准即质量标准，作业方法标准，安全卫生和环境保护标准，技术基础标准等。管理标准是对企业的管理职能所制定的标准。国家技术监督局根据《中华人民共和国标准化法》和《中华人民共和国标准化法实施条例》及有关规定，制定了《企业标准化管理办法》，以加强企业标准化管理工作。

企业标准的制定 企业法人代表或法人代表授权的主管领导批准、发布，由企业法人代表授权的部门统一管理。制定企业标准有以下几种：企业生产的产品没有国家标准、行业标准和地方标准时，所制定的企业产品标准；为提高产品质量和技术进步，制定的严于国家标准、行业标准或地方标准的企业产品标准；对国家标准、行业标准的选择或补充的标准；工艺、工装、半成品和方法标准；生产、经营活动中的管理标准和工作标准。制定企业标准的原则是：贯彻国家和地方有关的方针、政策、法律、法规，严格执行强制性国家标准、行业标准和地方标准；保证安全、卫生，充分考虑使用要求，保护消费者利益，保护环境；有利于企业技术进步，保证和提高产品质量，改善经营管理和增加社会经济效益；积极采用国际标准和国外先进标准；有利于合理利用国家资源、能源，推广科学技术成果，有利于产品的通用互换，符合使用要求，技术先进，经济合理；有利于对外经济技术合作和对外贸易；本企业内的企业标准之间应协调一致。制定企业标准的一般程序是：编制计划，调查研究，起草标准草案，征求意见，对标准草案进行必要的验证，审查、批准、编号、发布。

企业标准的审查、审批 根据需要，可邀请企业外有关人员参加审查企业标准。审批企业标准,一般需备有以下材料:企业标准草案;企业标准草案编制说明;必要的验证报告。企业标准应定期复审,复审周期一般不超过3年。当有相应国家标准、行业标准和地方标准发布实施后,应及时复审,并确定其继续有效、修订或废止。

企业标准的实施 企业必须强制执行国家标准、行业标准和地方标准;不符合强制性标准的产品,禁止出厂和销售;推荐性标准,企业一经采用,应严格执行。企业必须按标准组织生产,按标准进行检验。经检验符合标准的产品,由企业质量检验部门签发合格证书,并在产品或其说明书、包装物上标注所执行标准的代号、编号、名称。企业研制新产品、改进产品、进行技术改造和技术引进,都必须进行标准化审查。企业接受标准化行政主管部门和有关行政主管部门进行的监督检查。

企业产品标准的备案 企业应在产品标准发布后30日内办理备案,按企业的隶属关系报当地政府标准化行政主管部门和有关行政主管部门。国务院有关行政主管部门所属企业的企业产品标准,报国务院有关行政主管部门和企业所在省、自治区、直辖市标准化行政主管部门备案。国务院有关行政主管部门和省、自治区、直辖市双重领导的企业,企业产品标准还要报省、自治区、直辖市有关行政主管部门备案。受理备案的部门收到备案材料后即予登记。当发现备案的企业产品标准,违反有关法律、法规和强制性标准规定时,标准化行政主管部门会同有关行政主管部门责令申报备案的企业限期改正或停止实施。企业产品标准复审后,应及时向受理备案部门报告复审结果。修订的企业产品标准,重新备案。报送企业产品标准备案的材料有:备案申报文、标准文本和编制说明等。具体备案办法,按省、自治区、直辖市人民政府的规定办理。

企业标准化管理 企业根据生产、经营需要设置标准化工作机构,负责管理企业标准化工作。企业标准化人员对违反标准化法规定的行为,有权制止,并向企业负责人提出处理意见,或向上级部门报告;对不符合有关标准化法要求的技术文件,有权不予签字。企业标准属科技成果,企业或上级主管部门,对取得显著经济效果的企业标准,以及对企业标准化工作作出突出成绩的单位和人员,应给予表扬或奖励;对贯彻标准不力,造成不良后果的,应给予批评教育;对违反标准规定,造成严重后果的,按有关法律、法规的规定,追究法律责任。

(许润霞 缪劲翔)

qiye buchong yanglao baoxian

企业补充养老保险(endowment insurance by business enterprise complement) 由企业根据自身经济实力,在国家规定的实施政策和实施条件下为本企业职工所建立的一种辅助性的养老保险。它居于多层次的养老保险体系中的第二层次,由国家宏观指导、企业内部决策执行。企业补充养老保险与基本养老保险既有区别又有联系。其区别主要体现在两种养老保险的层次和功能上的不同,其联系主要体现在两种养老保险的政策和水平相互联系、密不可分。企业补充养老保险由劳动保障部门管理,单位实行补充养老保险,应选择经劳动保障行政部门认定的机构经办。企业补充养老保险的资金筹集方式有现收现付制、部分积累制和完全积累制三种。企业补充养老保险费可由企业完全承担,或由企业和员工双方共同承担,承担比例由劳资双方协议确定。企业内部一般都设有由劳、资双方组成的董事会,负责企业补充养老保险事宜。

企业补充养老保险计划也就是现在说得比较多的企业年金制度。在欧美,企业年金制度之所以成为改善劳资关系的重要工具和社会保障体系的重要支柱,原因在于,一方面它有利于企业维护稳定、和谐的劳资关系,提高职工的稳定性和劳动生产率,从而达到提高企业的市场竞争力和赢利能力;另一方面,有利于提高退休职工的生活品质,缓解社会基本养老保险的支付压力。

我国前期启动"企业年金制"的企业,看中的是它"对企业和职工减少当期税收支付"的功能。这些企业多是电力、石化、通讯等行业,高收入、高福利、高奖金,为少缴奖金税,企业采取购买"补充养老保险"和"个人储蓄养老保险"的方式,送职工一份"福利"。近些年,由于企业间人才竞争激烈,许多企业看到它对留住人才、激励人才、吸引人才起到的作用,企业年金在各地发展很快。像上海,前些年企业年金基金余额在35亿元左右,今年已发展到近一百个亿。另一方面,由于它是企业为职工提供的一项福利保障,一般由有能力的企业自愿建立。也就是说,选择权和主动权都在企业手中,所以目前只有很少的企业职工能享受到。企业年金还仅仅在几个大型国有企业中进行着试点,以后改革的方向如何现在还不明朗,职工能受益多少也不得而知。因此,要真正发挥企业补充养老保险计划的作用尚待时日。

(崔雪松)

qiye caichanquan

企业财产权(property rights of enterprises) 企业对其财产所享有的占有、使用、收益、处分的权利。无论法人企业或非法人企业,独立的财产都是其存在的基础。企业财产权是企业一般权利中最首要的一项权能。

国有企业的财产权,是一种相对独立的财产权利。在计划经济体制下,全民所有制企业和集体所有制企业的投资由国家承担,生产经营由国家统一安排,各个企业不具有独立的经济利益关系,当时也不存在对企业财产权性质的争论。以1979年国务院发布的《关于扩大工业企业经营管理自主权的若干规定》为起点,对国有企业的扩权让利、利改税、承包制的改革实践,在立法上体现了所有权与经营权相分离的问题。1986年通过的《中华人民共和国民法通则》第82条明确规定了"全民所有制企业对国家授予它经营管理的财产享有经营权",从而将全民所有制企业拥有的财产权利界定为经营权。十四届三中全会通过的《关于建立社会主义市场经济体制若干问题的决定》又将理顺产权关系,建立出资者所有权与企业法人财产权相分离的现代企业制度作为建立社会主义市场经济体制的首要环节,明确提出了建立现代企业制度的核心是明确法人财产权和有限责任制度。1993年通过的《中华人民共和国公司法》又采用了"企业法人财产权"用语。

私营企业享有完全意义上的企业财产所有权。我国的企业立法也以出资人财产权利的含义来进行立法。私营企业要能够享有权利、承担义务,必须首先确立其财产的独立性,而企业若对其财产不拥有所有权,就失去了享有权利、承担义务的物质基础。在个人独资企业中,独资企业依法对其财产享有所有权。虽然其所有权的行使经由企业主作出,但企业主行使处分、使用所有权能时必须以该独资企业的名义。实际上业主是以该企业代表人的身份行使所有权的,而该权利本质上仍为该企业所享有。合伙企业与之类似,合伙人共同处分合伙企业财产并非代表其个人,而是以合伙企业代理人身份所为的行为,企业财产所有权仍归属该企业。至于法人形式的公司,其完备的内部治理结构形成了健全的权力机关、执行机关、监督机关的格局。各国立法一般都赋予执行机关董事会以当然的代表权,由其代表公司进行对外活动,所以公司企业财产所有权的行使一般通过董事会来进行。各类型的企业对其财产都拥有所有权,并通过相应的机制来行使。

(李 军 任学青)

qiye caiwu renyuan de zeren
企业财务人员的责任(liabilities of enterprise accounting personnel) 企业财会人员和审计人员的责任。会计和审计制度是现代经济平稳运行的重要一环。它的重要性不仅在于企业内部的财务核算需要,更重要的是企业乃至市场信用的基础。违规不披露信息或财务造假,在给投资者造成巨大的财产损失的同时,直接打击投资者的投资信心,甚至伤及整个市场的经济秩序和信用体制。因此,严格其职业责任是现代经济发展的必然要求。

企业会计人员的责任 会计师一方面属于专业人士,应该保持独立性,而另一方面,会计师又是属于服务行业,这就需要通过职业操守、行业规范乃至法律规范来进行约束。独立审计师的职责就是在于对公司的财务状况进行独立审查,及时发现其中的问题并且保证向投资公众披露的财务信息的真实性、准确性。法律规定对严重违反其职业操守的会计师予以吊销资格的处罚,以维护审计师的职业声誉和审计秩序。

会计是以货币为主要计量单位,对经济活动真实地、准确地、全面地进行记录、分析检查和监督的一种管理活动。会计记录是企业生产经营决策制定的依据。真实、准确的会计记录,能够帮助企业顺利实现预期目标。而会计记录不真实、不准确不仅会影响企业自身的生产经营行为,更重要的是降低了企业的信誉。如果投资者依据错误的信息作出投资行为,第三人依据错误的信息与企业建立债权债务关系,则会直接侵害投资者或企业利害关系人的利益。因此,企业的会计行为不能仅理解为企业的内部法律关系,还应广泛地理解为一种社会法律关系,尤其是上市公司的财务会计记录及会计报告等的合法性与社会经济秩序的稳定密切相关。

会计违法行为的责任有:(1)违反会计核算的法律、法规的行为责任。主要包括:不依法设置会计账簿;私设会计账簿;未按照规定填制、取得原始凭证或者填制、取得的原始凭证不符合规定的;以未经审核的会计凭证为依据登记会计账簿或者登记会计账簿不符合规定的;随意变更会计处理方法;向不同的会计资料使用者提供的财务会计报告编制依据不一致的;未按照规定保管会计资料,致使会计资料毁损、灭失的;未按照规定使用会计记录文字或者记账本币的;未按照规定建立并实施单位内部会计监督制度或者拒绝依据法律实施的监督或者不如实提供有关会计资料及有关情况的。(2)伪造、变造会计凭证、会计账簿,编制虚假财务会计报告的行为责任。(3)隐匿或者故意销毁依法应当保存的会计凭证、会计账簿、财务会计报告的行为责任。会计法律责任的具体形式,根据上述不同的情况及情节轻重,分别给予通报、罚款、吊销从业资格证书、行政处分。构成犯罪的,追究刑事责任。

企业审计人员的责任 审计是指由专职机构和专职人员依法对规定的单位的财政收支、财务收支进行审核、评价的监督活动。审计的职能在于,维护财政经济秩序,改善经营管理,促进廉政建设,保障国民经济健康发展。审计人员滥用职权、徇私舞弊、玩忽职守,构成犯罪的,依法追究刑事责任;不构成犯罪的,给予行政处分。

(于永超)

qiye caigou de chengxu
企业采购的程序(procedures for enterprise pro-

curement) 企业采购固定的步骤或流程。依照《国有工业企业物资采购管理暂行规定》第4条的规定,企业应当建立健全物资采购决策程序,根据采购物资类别和金额大小,实行分级分权管理,明确各级管理者、各有关部门及人员的权限;而第7条则规定,企业应当加强对采购物资的价格、质量、数量的监督。

首先,应当建立规范的采购部门。关于采购部门的组织设置,存在两种方式,即分权式的采购组织和集权式的采购组织。前者指将与采购相关的职责和工作,分别授予不同的部门来执行,而后者则是由一个部门来集中负责与采购相关的职责和工作。就实践而言,集权式的采购方式日益受到青睐,并逐步取代分权式的采购方式。按照《国有工业企业物资采购管理暂行规定》第21条的规定,我国的企业采购也是采用的集权式采购,即在企业内部设置专门的物资采购部门,由企业的副厂长或副经理直接主管。采购部门及其采购人员应有明确的职责权限。在我国,企业经营者和主管物资采购的副厂长、副经理的近亲属(包括配偶、父母、子女、兄弟姐妹)原则上不得在本企业的物资采购部门担任负责人。其次,物资采购部门依照所购物资的类型和金额大小确定具体的采购步骤。一般而言,采购事项的确定、供应商的选择、价格的确定、合同的签订与履行、物资的验收、档案的建立和保管是整个采购的必经过程。也就是说,企业应当按照法律和本企业的内部规定,就采购的具体物资作出具体的决策,然后将采购清单交给采购部门,采购部门依据决策,采用询价或招标等方式,确定合适的供应商,并与之签订物资采购合同。为确保合同的全面履行,采购部门还要督促供应商按约履行合同,此后,还必须对所购物资进行验收。验收合格者,则着手结清货款,不合格的,则依照合同退货,并办理重购。验之后,都要办理结案手续,报相关职能部门审核批示,并登记编号存档,由此,一项具体的物资采购工作才算圆满完成。

(杨云鹏)

qiye caigou de falü zeren
企业采购的法律责任(legal liability for enterprising procurement) 因违反企业采购法律、法规而依法应承担的责任。从整个企业采购的程序来看,采购任务的圆满完成,有赖于企业各个部门的配合和协调。而在整个的采购过程中,决策管理部门、具体采购部门以及监督部门或人员都有着各自的职责和权限。企业应当按照相关的法律、法规的规定,并结合企业的实际情况,加强和完善采购管理。违反规定,损害企业利益、造成国有资产流失的,直接责任人员、直接负责的主管人员、企业经营者,应当承担相应的责任。

依照《国有工业企业物资采购管理暂行规定》第25条的规定,企业应当按照相关的法律、法规的规定,并结合企业的实际情况,加强和完善采购管理。违反规定,损害企业利益、造成国有资产流失的,直接责任人员、直接负责的主管人员、企业经营者,应当承担相应的责任。而第24条则就企业采购中涉及的法律责任作出了明确的规定:(1)对违反该规定,弄虚作假、以权谋私、账外暗中收受回扣和收受贿赂的人员,由企业根据该行为人的情节轻重,给予通报批评、调离岗位、解聘、除名等处分,这是企业根据《中华人民共和国劳动法》以及企业采购的法律、法规的规定,对行为人作出的纪律处分。此外,各级经贸委也应当对采购混乱、资金严重流失的企业给予通报批评。企业的行政主管部门,则可以依据违规的具体情形,对企业领导进行行政处分,追究其行政责任。(2)对因违反规定,给企业造成经济损失的,则应依法追究其民事赔偿责任。(3)上述所属的直接责任人员、直接负责的主管人员或是企业经营者,若其违反规定的行为已经触犯刑律的,则要由司法机关依法追究其刑事责任。由于我国的企业采购制度仅适用于国有和国有控股的工业企业,因此,企业采购中的犯罪,多为特殊主体的犯罪,如贪污罪、受贿罪等等。

(杨云鹏)

qiye caigou de fangshi
企业采购的方式(manners of enterprise procurement) 企业采购的方式,通常有议价、比价、招标等几种。议价是指参照事先拟订的底价或预算,并以各应邀报价供应商竞争的情形,议定合理的订购价格。比价则是将应邀供应商的报价进行比较,然后选定报价最低者并与之签订采购合同。招标采购则是用招、投标的方式,来决定所购物资的供应商。《国有工业企业物资采购管理暂行规定》第3章第8条至第11条的规定,我国企业采购的方式为比价采购和招标采购两种,即在公开采购信息的基础上,用比价或招标的方式完成采购任务,那些具备招标条件的大宗的原燃辅料的采购、基建或技改项目主要物资的采购以及其他金额较大的物资的采购,应尽量实行招标采购。但无论采用何种方式采购,采购底价的确定都是必须要解决的首要问题。所谓底价,就是企业采购时预计支付的最高价格。企业可以通过市场调查、查阅过去的采购记录或向有关厂家询价等方式,依据所采购的物资的规格,确定一个合理的底价,也可以外聘专业人员进行合理的底价评估。依照《国有工业企业物资采购管理暂行规定》第13条的规定,一般情况下,企业主要物资应当经价格监督部门事前进行价格审核,物资采购部门应当在价格监督部门审核的价格内进行采购,也就是说,我国企业采购的底价是由企业的价格监督部门确定的。

(杨云鹏)

qiye caigou zhidu

企业采购制度（system of enterprise procurement） 规范企业在购买原材料、燃料、辅料、零部件、设备、配件、办公用品、劳动保护用品以及其他物资过程中实施管理的法律制度。目前，我国国有工业企业实行物资采购管理制度。国有交通运输、建筑安装、地质勘探、商业、外贸、邮电水利、科技等企业参照国有工业企业实行物资采购管理制度。按照《国有工业企业物资采购管理暂行规定》，企业应当按照科学有效、公开公正、比质比价、监督制约的原则，建立健全采购管理的各项制度，防止采购过程中的不正当行为发生。

采购决策 为加强对企业采购行为的管理，企业采购实行采购决策制度。按照《国有工业企业物资采购管理暂行规定》，企业应当建立健全物资采购决策程序，根据采购物资类别和金额的大小，实行分级分权管理，明确各级管理者、各有关部门及人员的权限。除特殊情况外，企业主要原材料及其他金额较大物资采购的重大事项，应当通过会议或其他形式实行集体决策。企业各级管理者对其审批的物资采购负有审查、监督责任。

采购价格控制 为保证企业采购物资的质量，防止企业在采购过程中出现不合理的价格，按《国有工业企业物资采购管理暂行规定》的要求，企业应当广泛收集采购物资的质量、价格等市场信息，掌握主要采购物资信息变化，采购部门和采购人员应当根据市场信息做到比质、比价采购。除仅有唯一供货单位或企业生产经营有特殊要求外，企业主要物资的采购应当选择两个以上的供货单位，从质量、价格、信誉等方面择优进货。企业主要物资采购及有特殊要求的物资采购，应当审查供货单位资格；对已确定的供货单位，应当及时掌握其质量、价格、信誉变化情况。企业大宗原燃辅料的采购、基建或技改项目主要物资的采购以及其他金额较大的物资采购等，具备招标采购条件的，应尽量实行招标采购。

采购监督 企业对采购物资的价格、质量、数量的监督制度。按《国有工业企业物资采购管理暂行规定》第6条的要求，企业可设立专门机构履行监督职能，对其审批的物资采购负有审查、监督责任。企业行使价格监督职能的部门或人员，应当严格履行职责，监督采购价格，控制采购成本。企业行使价格监督职能的部门或人员应当及时了解、掌握主要采购物资的市场价格，并对其审核的物资采购价格承担相应责任。

企业主要物资应当经价格监督部门事前进行价格审核，物资采购部门应当在价格监督部门审核的价格内进行采购，特殊情况除外。企业行使价格监督职能的部门或人员应当对所采购的主要物资的价格单据等进行审核，对未在审核价格内进行采购损害企业利益的，应及时向企业经营者或有关主管人员反映并提出处理意见。企业行使价格监督职能的部门或人员应当及时了解、掌握主要采购物资的市场价格，并对其审核的物资采购价格承担相应责任。

采购质量检验 为确保企业采购物资的质量，企业采购实行质量检验制度。按《国有工业企业物资采购管理暂行规定》的要求，企业应当对采购物资进行质量检验或验证，采购物资未经质量检验或验证不能办理正式入库和结算手续，特殊情况除外。企业对采购物资质量检验或验证时，可能影响公正检验的部门和单位不得介入。企业应当根据生产经营需要完善必要的质量、计量检测条件。不具备检测条件的企业需要对所采购物资进行检验的，可以委托检验或要求供货单位出具国家认定的检测机构的质量检验报告。质量检验或验证人员应当严格按标准和程序进行检验或验证，并对检验、验证结果承担责任。对主要采购物资，企业可以根据需要留样存档，并进行复检。

外商投资企业采购 外商投资企业所需的机器设备、原材料、燃料、配套件、运输工具和办公用品等，有权自行决定在中国购买或向国外购买，在同等条件下，应优先在中国购买。在中国购买的物资，其供应渠道如下：属于计划分配的物资，纳入企业主管部门供应计划，由物资、商业部门或生产企业按合同保证供应；属于物资商业部门经营的物资，向有关的物资经营单位购买；属于市场流通的物资，向生产企业或其经营、代销单位购买；属于外贸公司经营的出口物资，向有关的外贸公司购买。在中国购买物资和所需服务，其价格按下列规定执行：购买用于生产直接出口产品的金、银、铂、石油、煤炭、木材6种原料，按国家外汇管理局或外贸部门提供的国际市场价格计算，以外币或人民币支付；购买中国的外贸公司经营的出口商品或进口商品，由供需双方参照国际市场价格协商定价，以外币支付；购买用于生产在中国国内销售产品所需的燃料用煤、车辆用油和其他物资的价格，以及为企业提供的水、电、气、热、供货运输、劳务、工程设计、咨询服务、广告等收取的费用，应与国有企业同等对待，以人民币支付。外商投资企业向国外购买物资，凡属国家规定需领取进口许可证的，每年编制一次计划，每半年申领一次。

（卓翔 孟然）

qiye chanpin zhiliang guanli zhidu

企业产品质量管理制度（management system of enterprise product quality） 规范为保证和提高产品质量，企业对其产品实施质量策划、控制、保证和组织协调等管理活动的法律制度。质量是产品的生命，是企业生存和发展的基本保证。产品质量是产品的使用价值，指产品满足使用价值和社会要求所具备的特性。

国际标准化组织(ISO)对质量的定义是:"质量是指产品和作业所具有的,能用以鉴别其是否合乎规定要求的一切特性或性能"。产品质量的特性可概括为性能、耐久性、可靠性、安全性、经济性等方面。《中华人民共和国产品质量法》规定了产品质量的内在要求:不存在危及人身、财产安全的危险,有保障人体健康和人身、财产安全的国家标准,具备产品应当具备的使用性能;但是,对产品存在使用性能的瑕疵作出说明的除外;在产品或者其包装上注明采用的产品标准、产品说明、实用样品等质量状况。"可能危及人体健康及人身、财产安全的工业产品,必须符合保障人体健康和人身、财产安全的国家标准、行业标准,未制定国家标准、行业标准的,必须符合保障人体健康和人身、财产安全的要求。"

产品质量的标准管理 把反映产品质量主要特性的技术参数或指标规定下来并形成技术文件,操作人员严格按照文件实施、作业,管理人员严格按照文件实施管理的管理制度。产品质量标准是衡量、判定产品质量的技术尺度,主要包括产品名称、用途、规格和使用范围,对产品的各种专门技术要求、检验工具、检验方法和技术手段等。对有些产品还需要制定包装和运输等方面的要求。企业生产的产品没有国家标准和行业标准的,应当制定企业标准,作为组织生产的依据。企业的产品标准须报当地政府标准化行政主管部门和有关行政主管部门备案。已有国家标准或者行业标准的,国家鼓励企业制定严于国家标准或者行业标准的企业标准,在企业内部适用。

企业生产的产品,必须按标准组织生产、检验。经检验符合标准的产品,签发企业质量检验部门合格证书。企业生产执行国家标准、行业标准、地方标准或企业产品标准,应当在产品或其说明书、包装物上标注所执行标准的代号、编号、名称。企业研制新产品、改进产品、进行技术改造和技术引进,都必须进行标准化审查。企业应当接受标准化行政主管部门和有关行政主管部门依据有关法律、法规,对企业实施标准情况进行监督检查。企业根据生产经营需要设置的标准化工作机构,配备的专、兼职标准化人员,负责管理企业标准化工作。

全面质量管理 是现代工业生产中一种科学的质量管理方法,是企业管理的中心环节。是对产品从设计、试制、生产制造到售后服务的整个过程进行的质量管理。企业的全体职工和所有部门,都要学习和参加质量管理。全面质量管理的任务是:经常了解国家建设和人民生活的需要,调查国内外同类产品发展情况和市场情况;教育全体职工树立"质量第一"的思想,正确贯彻执行先进合理的技术标准;采用科学方法(包括数理统计方法),结合专业技术研究,控制影响产品质量的各种因素;进行产品质量的技术经济分析;开展对用户技术服务;根据使用要求不断改进产品质量,努力生产物美价廉、适销对路、用户满意、在国内外市场上有竞争能力的产品。全面质量管理制度包括产品质量计划制度;产品设计、试制过程的质量管理制度;生产过程的质量管理制度;产品使用过程的管理制度;质量管理体系制度;教育培训制度等。

质量认证管理 是对企业质量管理和产品质量进行评价、监督、管理的制度。企业通过权威认证机构对其质量进行认证,取得国际公认的合格标志,其质量管理体系和产品就可以得到国际间的普遍承认,从而获得用户的信任。质量认证主要有两种形式:企业管理质量体系认证和产品质量认证。企业质量体系认证制度是认证机构对企业质量管理体系进行的检查评价制度。评价的依据是 ISO9000 标准,企业通过了认证,说明企业达到了产品和服务的相应标准,由认证机构给予注册。产品质量认证制度是对产品质量本身所进行的评价。产品质量通过认证,由认证机构颁发合格证书和合格标志。

《产品质量法》规定,国家根据国际通用的质量管理标准,推行企业质量体系认证制度。企业根据自愿原则可以向国务院产品质量监督管理部门或者国务院产品质量监督管理部门授权的部门认可的认证机构申请质量体系认证。经认证合格的,由认证机构颁发企业质量体系认证证书。根据《产品质量法》的规定,国家参照国际先进的产品标准和技术要求,推行产品质量认证制度。企业根据自愿原则可以向国务院产品质量监督管理部门或者国务院产品质量监督管理部门认可的认证机构申请产品质量认证。经认证合格的,由认证机构颁发产品质量认证证书,准许企业在产品或者其包装上使用产品质量认证标志。

产品质量的监督检查 国家对产品质量实行以抽查为主要形式的监督检查制度。《产品质量法》第10条规定,对可能危害人体健康和人身、财产安全的产品,影响国计民生的重要工业产品以及用户、消费者、有关组织反映有质量问题的产品进行抽查。抽查的结果应当公布。对不合格产品的生产者提出警告,限期改进。对危害人体健康和人身安全的食品、医药、电器等产品以及危害使用单位生产、建设安全的产品,必须立即停止销售,并追究责任。

(许润霞)

qiye chao fanwei jingying xingwei

企业超范围经营行为(enterprises' act exceeding the registered scope of business) 企业不受事业目的范围的限制,而超越范围进行经营活动的行为。各国立法对此有不同的规定,大陆法系称之为目的限制原则,英美法系称之为越权原则。

自19世纪以来,西方国家对企业经营范围的规范经历了一个由严到宽的过程。19世纪的民商法要求企业必须在目的范围内活动,超出章程所规定范围的行为无效,企业的经营因目的条款而受到了严格的限制。目的限制和越权原则的理论依据在于,严格保护股东、债权人的利益和实现交易安全。其具体理由,一是投资人是根据经营范围或企业目的条款来预测投资风险,作出投资决策,企业通过章程作出承诺,投资人的出资将用于经营范围内的项目。如果企业超越经营范围就可能违背投资人的投资初衷,实际上是让投资人承担了本不是其所欲承担的投资风险。二是由于企业经营目的不同,其成立的条件和履约能力会有很大的差异,第三人可以通过章程来判断企业的经营范围和履约能力,如果企业超越了经营范围,可能因其履约能力欠缺,而使第三人的利益受损,进而影响交易秩序的安全。

20世纪中后期开始,一些国家在判例和学理上,对传统的目的限制和越权原则进行了修正和改革。欧共体1968年颁布的《欧共体公司法第一号指令》规定,由公司的机关实施的行为对公司具有约束力,即便这些行为不在公司的目的范围之内,但如果能够证明对方当事人知道或不可能不知道此种行为超出了公司的目的条款所规定的范围,公司可以免除自己的责任。美国《示范公司法》第3.02至3.04条规定,除非公司章程另有规定,公司有权像个人那样去做一切对经营公司业务和处理公司事务必要或有利的事情,并且公司活动的合法性不得以公司缺乏权力为由予以反对。为了与《欧共体公司法第一号指令》相协调,英国也在1989年的修正案中将第35条改为"公司的能力不受公司章程的限制"。大陆法系国家同样也放松了对权利能力的限制。法国在1969年12月20日第69—1176号法令中规定:在与第三者的关系中,公司甚至对董事长的不属于公司宗旨范围内的行为负责。德国在1993修订的《股份公司法》第37条也规定:对业务执行人公司代表权的限制,对第三人不具有法令效力。日本长期以来固守法人权利能力限制的规定,但现在也放弃了固守的原则,1990年《日本商法》第2编增加了第72条之2,认为公司业务人员进行的不属于公司范围的活动,公司也承担对善意的第三人的责任。

我国法律长期坚持越权无效原则。《中华人民共和国民法通则》第42条规定,企业法人应当在核准登记的经营范围内从事经营。《中华人民共和国公司法》第12条也规定,公司应当在登记的经营范围从事经营活动。但在审判实践中,越权无效原则首先被突破。1993年5月最高人民法院在《全国经济审判座谈会纪要》中,对于法人超越经营范围签订的合同是否无效,认为应区别对待。法院的审判实践的处理原则是,交易双方当事人已经履行了合同或已经完全履行义务的场合,认定合同有效。1999年颁布的《中华人民共和国合同法》第50条规定:"法人或者其他组织的法定代表人、负责人超越权限订立的合同,除相对人知道或者应当知道其超越权限的以外,该代表行为有效",但在相对人知道或应当知道超越权限的情况下,仍有可能使合同归于无效。

关于超越经营范围经营问题,有些学者主张,我国应吸取国外立法的经验,在立法上采取灵活的方式处理越权行为,以使国内法律与国际接轨。其理由是:突破越权无效原则,可以为企业适应市场变化提供制度基础;企业如果严格按照现行法律的规定处理,将危及交易安全;企业登记的范围逐渐扩大。根据现有的企业登记规则,可以"一业为主,兼营其他"。如从业的范围列举非常广泛,使企业在经营中无需越权也能灵活自如。应当认为,法律的变革必然受经济关系的制约。在我国现有企业规模和技术水平情况下,不重视企业的信誉,市场短期行为极为普遍,如果放松对企业行为的约束,将会诱导企业盲目跟从市场,忽视自身的管理和产品质量的提高,这既不利于企业的成长壮大,也不利于完善市场经济秩序。考虑到现实的经济状况和司法实践经验,可以在流通领域坚持越权有效原则,而在生产领域继续遵循越权无效原则。

(晏长青　耿秀坤)

qiye chengli

企业成立（incorporation of enterprises） 发起人为成立企业而履行的一系列行为的总和。当工商行政管理部门以核发营业执照为标志确认和宣告企业成立后,企业方可以自身名义对外营业,承担责任;并且经过企业股东大会或创立大会认可后,企业方承受设立行为的法律后果。因而,当我们考查企业设立行为的法律效力时,考查企业是否以及何时可以自身名义参与法律关系时,其时间起点应当是企业成立而非企业设立行为的时间。依据我国现行企业法律、法规的规定,企业成立产生以下法律效力:(1) 取得民事主体资格和合法经营能力。只有经企业登记机关对设立企业的申请同意登记并核发营业执照后,企业方始成立,取得民事主体资格及合法的经营能力。我国公司法、独资企业法及合伙企业法均规定企业营业执照签发日期,为企业成立日期。(2) 获得名称专用权。企业经核准登记后,其在营业执照上登记的名称受法律保护,为企业专属之权利,在法律、法规规定的范围内享有名称专用权。(3) 确定住所及管辖。我国企业法均规定企业主要办事机构所在地为企业的住所,通过注册地的确定亦可同时确定企业所受的法院管辖地。

(李 军 杨 禾)

qiye de falü diwei
企业的法律地位(legal status of enterprises) 企业法律资格和一般权利义务的总概括。企业在其组织形式、资金来源、责任承担等方面是不同的,但法律仍赋予其一定的法律地位。企业是依据其法律地位参与经济活动的。当企业参加具体经济活动时,便被具体法规范所调整,成为法律关系主体,享有具体权利和义务.但法律地位是企业得以参加经济活动、形成法律关系的前提。

企业法律地位的根本标志是企业的法人资格。用以说明企业法律地位的,还有企业的一般权利义务。企业在依法取得法人资格后,法律也在一定范围内赋予了企业应有的权利和义务。在法律地位范畴,法律所规定的企业权利和义务,具有一般性特征。这里的权利和义务,是普遍的、共同性的权利和义务。如果是企业具体的权利和义务,则属于"法律关系"范畴。这一点是应当明确的。

企业的具体权利和义务却要受到性质上、目的上、法律上的限制。性质上的限制,是指企业由于其团体性而无法享有自然人基于其自然属性而具有的权利。法律上的限制,指法律对各种企业在设立、存续、终止过程中诸多行为的禁止和约束,相应地,相关企业在这些被禁止和约束的领域就无法取得相应的权利。这种法律上的限制针对不同的企业而有所不同。目的上的限制,是指企业就其章程中规定的并进行工商登记的经营范围所给企业权利取得所带来的约束。

(蒋 垣 魏继华)

qiye de falü zige
企业的法律资格(legal capacity of enterprises) 为法律所规定并加以保护的企业参加经济活动的能力和条件。在以德国为代表的大陆法系国家,法律上并未直接规定法律规则在主体上的适用范围问题,而是在逻辑上分两步实现:首先创设"权利能力"的概念,即享有法律关系主体的资格,其次再规定谁享有权利能力,即谁可以成为法律关系的主体。英美法传统上以判例法为主要法律渊源,不追求法律体系中概念的抽象归纳,因而也不存在与大陆法上权利能力完全相对应的概念,但在公司法、合同法、财产法等诸多具体规定中,也都存在相关主体的资格能力问题并分别设有制度。这里应当明确,法律资格概念的实质是"权利能力"问题,但大陆法系将"权利能力"概念置于法律关系之中,认为"权利能力"是法律关系主体的法律资格,则是不正确的。法律资格或权利能力,只是主体进入具体法律关系的一种能力和条件,当主体进入并成为具体法律关系主体时,则不存在作为体现其法律地位的"权利能力"问题,而只能是具有具体的权利资格。

自然人因出生而取得法律资格,可以以自己的名义从事相应的经济活动自古即为法律所规定。而由自然人和财物组成的团体是否能够享有法律资格则经历了一个渐进的发展过程。独资企业及合伙企业是较早出现的企业类型。早期立法并未区分独资企业行为和企业主行为之间的差异,而将其统统视为企业主的个人行为,所以独资企业通过法律对企业主法律资格的确立而获得了从事经济活动的资格。对于合伙企业,其若干合伙人都是独立的法律主体,享有相应的权利。那么,是赋予合伙企业以独立的法律资格,还是各合伙人以独立的法律资格来分别进行经济活动,便成为立法者不得不考虑的问题。目前世界各国通行的做法,是不赋予合伙以法人资格,而由各合伙人为其当然代表进行对外的业务活动,合伙人也要对合伙债务承担无限责任。即使在以立法形式确认合伙为法人的法国,由于其法人的概念所指广泛,包括财产相对不独立、出资人负无限责任的组织形式等,致使法国的合伙企业虽名义上被称为法人,但在其实际的运作机制、责任承担等重要方面与他国并无区别。英美法系国家虽没有抽象的法人概念,但在责任承担诸方面的具体制度,也确立了类似于大陆法系国家的合伙制度。我国的合伙企业法虽然没有赋予合伙企业法人身份,但在具体条文中规定了合伙企业可以拥有自己的名称、合伙企业财产与合伙人个人财产相区别等一系列原则,从而也赋予了合伙企业从事经济活动的一般权利。

依照各国通行的立法,企业被赋予法人身份,进而具有独立的法律资格。

(金瑛旻 张 鹏)

qiye de faren zige
企业的法人资格(legal entity capacity of enterprises) 企业在法律上取得企业法人形式的法律地位。以法律形式承认企业的独立享有权利、承担义务的地位,一方面促进了企业的设立、经济的繁荣,另一方面也不可避免地会诱使恶意出资人滥用法人的有限责任形式危害经济交易的安全。有鉴于此,各国法律莫不对法人资格的取得给予规定。

企业法人资格取得的一般方式,主要是特许制和规范制两种:(1)特许制法人资格取得方式认为,法人本质上是法律的拟制体,本身并不当然享有权利,其权利能力的获得必须由国家以法律的方式授予。所以法人资格的取得只能由国家授予。只有在因国家拒绝授予可能构成滥用裁量权时,申请者方享有要求授予法人资格的请求权。这一制度盛行于19世纪中叶之前。后来随着经济的进一步发展,自由设立企业的呼声日涨,特许主义逐渐退出企业的设立领域,特许制的适用仅限于某些特殊领域。(2)规范制法人资格取得方式,坚持只要一个组织具备了法律所规定的特定要件,如制定章程、法定人数、独立财产等,那么该组织就具有权利能力,可以享有权利、承担义务。法人本身就是和自然人相对应的社会有机体,自然可以成为权利义务的主体。只要组织体具备了法律所规定的条件,自然就具有法人资格。为了管理的方便而履行一定的国家行为(如登记制度)是确权性的,而非授权性的。即在具备法定条件的情况下国家必须从事此项行为。法律之所以规定一些实体条件来约束法人资格的确立,也主要是为了避免法人资格被滥用,而非针对法人制度本身的限制。

特许制与规范制两种法人资格取得方式的差异,与不同时期经济社会发展的状况要求有关。在企业产生之初的罗马社会到中世纪,商业团体、古典企业形态(独资企业、合伙企业)是依事实存在,而非依法律创设。法律不赋予其法人资格,也不对其成立进行干预,所以成立商业团体或古典企业无须任何法定条件和程序。从本质上讲,这一时期不存在法律上的法人资格的取得制度,有学者将其归纳为"自由取得主义时期"。在现代公司制度发萌于从事殖民开发的行政色彩浓厚的经济组织体的特定历史条件下,公司等具有独立财产及责任能力,企业的设立,必须依国家元首颁布的特许状或国会的特别法令,企业的法律资格限制于特许状或特别法令所规定的权利义务范围之内。自由主义经济进一步发展,不受限制的商品交易市场,以及能集中大量人财物的经济组织,在特许制设立方式下无法得到实现。法国17世纪的《商事条例》确立了公司核准设立的原则,德国在18世纪也采行了这一原则。核准主义是法人设立时除了应符合法律规定的条件外,还要经过主管行政部门的批准,行政部门依照规定进行审查,作出批准或不批准的决定。核准主义较特许主义前进了一步,但往往其条件严苛,手续繁杂,使企业取得法人资格的成本很高,也不利于企业的设立。到19世纪末,西方国家对企业设立普遍采用准则主义,即只要具备法定要件,无须行政机构审批而可径向登记机关登记,该法人即告成立。这就形成了现代大部分国家所遵循的准则主义企业法人资格取得方式。

企业法人资格取得的具体方式,各国在规定上有所不同。但无论是核准主义还是准则主义的法人资格取得方式,其都包括设立程序和设立条件两方面的内容。法律规定的共同条件是各类型企业设立都必须满足的最低要求,由于企业类型的不同,法律根据具体情况又设置了特殊条件,以规范不同类型的企业。准则主义下的企业设立在完成法律所规定的设立程序后,直接向登记主管机关登记,而核准主义下企业设立程序还必须首先经过相关主管部门审批,然后才可以进行注册登记以取得法人资格。我国企业法人资格取得方式越来越多地采用准则主义,但单纯的准则主义与自由主义设立一样,可能造成滥设法人的严重后果。因此,要加强对设立条件及设立程序的相关法律规定,加强法院及行政机关对企业法人的监督,即采用现代大多数国家所遵循的严格准则主义。

我国的企业法人资格取得方式也不同于其他国家,采用核准主义。企业的设立首先要经过行政主管部门的审批,然后才可向有关部门进行登记,取得法人资格。这种传统的核准制设立方式,一直延续到《公司法》通过以后,单一的核准制设立方式才被打破。根据目前我国的相关立法,有限责任公司、合伙企业、个人独资企业的设立实行准则主义,其他类型的经济组织,如全民所有制企业、集体所有制企业、外商投资企业、股份有限公司的设立,仍实行核准主义。鉴于核准制设立方式体系庞杂、手续繁多、限制严格、易引发行政主管部门公共权力滥用,不利于经济组织进入市场,公平开展竞争等弊端,一些学者主张,我国企业法人资格取得方式应与世界接轨,除在某些特殊领域保留核准制外,其他企业都应当允许以准则制方式自由设立,从而推动我国微观经济主体的多样化。

(孙媛媛 金智允)

qiye duiwai touzi zhidu

企业对外投资制度(system of foreign investment of enterprise) 规范企业以现金、实物、无形资产或者购买股票、债券等有价证券方式向其他单位的投资活动的法律制度。包括短期投资和长期投资。短期投资是指能够随时变现、持有时间不超过一年的有价证券以及不超过一年的其他投资。长期投资是指不准备随时变现、持有时间在一年以上的有价证券以及超过一年的其他投资。

企业以实物、无形资产方式对外投资的,其资产重估确认价值与其账面净值的差额,计入资本公积金。以购买债券方式对外投资的,实际支付款项与债券面值的差额,为企业债券的溢价和折价,在债券到期以前分期摊销或者转销。以购买股票方式对外投资的,实际支付款项中含有已宣告发放股利的,将实际支付款项扣除应收股利后的差额,作为对外投资。企业对外投资分得的利润或者股利,计入投资收益,按照国家规定缴纳或者补交所得税。企业收回的对外投资与其出时的账面价值的差额,计入当期损益。

企业依照法律和国务院有关规定,在对外投资中有权以留用资金、实物、土地使用权、工业产权和非专利技术向国内的企、事业单位投资,购买和持有其他企业的股份;经政府有关部门批准,企业可以向境外投资或者在境外开办企业;企业遵照国家产业政策和行业、地区发展计划,在生产性建设中,以留用资金和自行筹措的资金从事生产性建设;能够自行解决建设和生产条件的,由企业自主立项,报政府有关部门备案并接受监督。政府有关部门应该根据会计师事务所的验资证明,出具认可企业立项的文件,经土地管理、城市规划、城市建设、环境保护等部门依法办理有关手续后,企业自主决定开工。企业从事生产性建设,不能自行解决建设和生产条件或者需要政府投资的,报政府有关部门批准;需要银行贷款或者向社会发行债券的,报政府有关部门会同银行审批;需要使用境外贷款的,报政府有关部门审批。(汤黎虹)

qiye falü xingwei
企业法律行为(legal act of enterprises) 企业所从事的经济行为是法律所规范并能够发生法律效果的行为。企业法律行为属于法律行为的范畴,具有法律意义和法律属性。所谓能够发生法律上效果,是指企业的行为能够引起法律关系的发生、变更和消灭。企业法律行为是有意识的行为,主体意志是企业法律行为的必要构成要件,无意识的事件虽然也可以引起法律关系发生、变更和消灭,但不是企业法律行为。企业的法律行为则是人类文明进步,法律制度发展的结果。由于企业法律规范的细化,企业的某些经济行为会上升为法律行为,如企业的产品销售行为,就是企业通过合同法等法律实现产品社会化,收回成本、获取利润的法律行为。企业的经济行为能否体现为法律行为,主要看该行为是否为法律所规范,是否能引起相应的法律后果。

企业法律行为的界定 包括以下要素:(1)企业主体进行活动的形式是法律形式。(2)是企业主体意识行为。之所以要求主体意志,是以此推定对法律结果的认识能力,有意识的行为,主体能够预见或应当预见结果的发生,因此承担行为的法律后果(积极的或消极的);无意识的法律事件,是企业无法预知的,企业只承受该事实结果,而不承担法律后果。(3)能够引起法律关系产生、变更和消灭的行为。

企业的社会化和法律的多元化使企业法律行为可能触及不同的法律制度,形成具体的企业法律行为,即企业民事法律行为、企业经济法律行为、企业行政法律行为、企业刑事法律行为。对于某个企业行为应该属于哪个法律范畴的判断,应依据企业法律行为性质识别。例如,企业的一般合同行为,属于民事法律行为;企业的不正当竞争行为属于经济法律行为;企业生产假冒伪劣商品,数额巨大或造成严重后果的,则属于刑事犯罪行为等等。

传统法理论认为,企业法律行为体现为企业的民商事法律行为,归属于民商法所调整的范畴。现代经济条件下,随着国民经济复杂化,企业的法律行为呈现多种样态,根据其性质可能归于民事法律行为,也可能归于其他性质的法律行为。因此,对企业法律行为作单一的从属于某一法部门的划定,即首先将企业定位在从属于某一部门法领域,进而确定企业行为自然从属某部门法的认识,是不正确的。企业既作为市场的微观运行主体,也是宏观调控的载体,企业法律行为的归属只能依据其行为属性本身决定。

企业法律行为的特征 (1)法人营利性。团体营利性是企业法律行为的核心特征,这个特征使企业法律行为与自然人法律行为、国家法律行为区别开来。企业法律行为的营利性,体现为以尽可能少的人力、财力及物力消耗获取尽可能大的利润。无论是企业的组织行为,还是活动行为,始终以营利为目标。(2)代理性。在企业的所有者与经营者非同一主体的情况下,在企业管理上,两者之间的关系是委托代理关系。企业行为的委托代理制,典型的是股份公司,尤其是股票上市公司。企业行为的代理制度,实现了企业经营管理的根本性变革,产生了"食利阶层"和"职业经理"的对立统一。(3)法定性。法律制度的完善,使法律对企业行为的规范几乎涵盖于企业所有方面环节和运作过程的始终。从企业的设立到企业的注销,甚至企业设立失败均纳入了法律范畴。企业行为的法律性,要求企业在其行为之前需充分预见行为的法律后果。

企业法律行为的范围 经济企业作为市场的基本单元,它的法律行为是多层次的。具体表现在企业对国家、社会、市场的接受行为,企业对其他经济组织,社会组织和公民个人的协作行为和企业行政行为。每一种行为都受到法律的约束,集合起来构成企业法律行为整体。(胡志仙)

qiye falü xingwei jizhi
企业法律行为机制(mechanism of enterprises' legal act) 企业法律行为相互联系、相互制约的原理和方式。企业法律行为机制决定于不同的企业制度,而不同的企业制度其法律行为的机制亦不尽相同。我国企业法律行为机制的提出,最早见于1988年2月27日国务院发布的《全民所有制工业企业承包经营责任制暂行条例》。其第1条规定,为发展和完善全民所有制工业企业承包经营责任制,转变企业经营机制,增强企业活力,提高经济效益。承包经营责任制的方式,是按照所有权与经营权分离的原则,以承包经营合同形式,确定国家与企业的责权利关系,使企业做到自主经营、自负盈亏的经营管理制度。目标是兼顾国家、企业、经营者和生产者利益,调动企业经营者和生产者积极性,挖掘企业内部潜力,增强企业自我发展能力,逐步改善职工生活。1992年7月23日国务院令发布《全民所有制工业企业转换经营机制条例》,明确提出的企业转换经营机制的目标是:使企业适应市场的要求,成为依法自主经营、自负盈亏、自我发展、自我约束的商品生产和经营单位,成为独立享有民事权利和承担民事义务的企业法人。经营机制的转换主要集中在完善经营管理权方面,基本没有涉及企业制度问题,所以转换没有达到预期效果。当然,企业法律行为机制不能仅仅局限于全民所有制企业,它存在于所有企业形态之中。我们应分析比较不同类型企业法律行为机制的特点,从而认识其本质和机能。

(邵明智)

qiye falü zeren

企业法律责任(legal liability of enterprises) 企业违法行为引起的由企业承担的不利法律后果。企业的法律责任是法律责任的具体化。企业法律责任是与企业行政权力及企业义务相关联的。企业法律责任制度是企业法律制度的重要组成部分,它贯穿于企业其他法律制度之中。法律通过设定企业责任制度,实现企业内部约束,并保障与外部主体之间的利益制衡。承担法律责任的前提条件一定是违反义务,违反义务必然承担法律责任。虽然有约定免责或法定免责的情况,但免责不等于无责任,因此,法律义务是法律责任的必要条件。由于免责的存在,法律责任并不必然导致法律制裁,但一般说来,法律责任是法律制裁的必要条件。

设置企业法律责任的目的 企业是最普遍的国民经济运行主体。企业的行为不仅涉及企业本身的利益,还涉及个人利益、集体利益、国家利益。企业行为的合法性,就是在不侵害其他主体和社会公共利益的前提下,实现企业自身利益。合法经营体现了法律的预防性功能,然而追求自身利润最大化的目标,往往使企业冒险突破法律规定,侵害他人的利益。企业法律责任通过对受到侵害的利益的补救来否定企业的侵权行为或违约行为,这体现为法律的补救功能。

企业的违法行为侵害他人利益或社会公共利益,对此给予的补救是否公平,直接影响经济或社会秩序的稳定。早期的过错责任原则,是建立在行为人利益保护的前提下而限制其行为的,着眼于行为人的主观状态。在现代经济条件下,过错责任已不能充分保障经济秩序的稳定。无过错责任和公平责任的出现,弥补了过错责任的缺失。基于公平的理念,企业对产品的性能知悉程度以及企业承担损失的能力远远大于购买者。当然,实行无过错责任原则的主旨,并非为了惩罚企业使其承担损害赔偿,而是为了建立安定的社会秩序。如果企业一旦侵害消费者的利益,企业就必须承担赔偿责任,而该责任追究竟使企业难以为继或宣告破产,那么对企业利益的保护亦不公平,也不利于国家或地区经济的发展,以及经济和社会秩序的稳定。因此,国家通过立法设定企业责任制度,其直接目的是实现企业内部约束和与外部主体之间的利益平衡,其根本目的,是恢复被破坏的社会经济关系和社会秩序。

企业法律责任的性质和特征 法律责任具有两个突出的特点:(1)法律责任具有法定性。即在什么情况下,哪一主体,承担什么否定性法律后果,由法律明确规定。法律责任只能由有权部门认定。法律责任对于保障人格、人身和财产利益是必要的。(2)法律责任具有强制性。法律责任的认定是国家权力运用的具体体现,法律责任的承担,以国家权力为保障。企业法律责任是法律责任的一种,是与自然人和国家对应的一种法律责任形式。理解企业责任应充分注意其特点,由于企业的意思表示及行为是由企业人员代行的,因此责任主体除了企业本身外,还可能包括有过错的实际行为人。例如刑事责任中的"双罚制",即对企业的罚金刑及对企业责任人员的具体责任追究。正是由于企业责任主体会出现"双层结构",致使企业的责任形式复杂多样。既有外部责任,又有内部责任;既有单独的企业责任,又有企业及其成员的直接或连带责任等。

企业法律责任的构成条件 企业法律责任的承担,仅仅具备《中华人民共和国民法通则》中的一般侵权责任或违约责任构成要件是不够的,还需要认识和把握企业责任构成中的特殊性问题:(1)企业必须具有相应的主体资格及行为能力。企业自领取营业执照之日起被视为具备完全行为能力,企业自被宣告破产或清算之日起成为限制行为能力人。只有在企业存续期间实施的违法行为,才能追究企业的责任。企业不具备主体资格及行为能力,企业责任亦不存在。企业被注销后其责任自然消除。在企业设立失败的情况下,因设立企业过程中产生的责任,如公司设立失败资金返还责任等,就不是企业责任而是发起人个人的责任。(2)行为人的行为必须归属于企业行为。企业的行为源自自然人的行为,判断某一行为是属于行为人本身还是属于行为人所隶属的企业,关键是看该行为的意思表示是否归因于企业。归因于企业行为的有三种情况:领导班子集体决定;企业职能部门决定;具体职责人员决定。出自企业决策机构或主管人员的意思,就属于企业行为,企业是责任人。当然,行为人有过错的,行为人也要承担责任;不可归因于企业的意思或违背企业意思的情况下作出的行为,则属于个人行为,只能由行为人个人承担责任。(3)企业实施了违法或违约行为。这是企业承担责任的客观条件,也是导致企业承担责任的初始条件。没有违法或违约行为,企业的权利、义务关系就不会被破坏,法律的救济机制也无需启动。在权利、义务关系失衡的情况下,法律责任用来调整失衡的法律关系,这种调整是事后调整。

还需要说明的是,主观上有过错是一般民事责任构成要件之一,而企业法律责任的构成不一定必备主观过错要件。在买卖合同中,企业作为一方当事人,其违约责任的承担,需要主观上有过错。企业在产品责任法律关系中,作为生产者的企业实行无过错责任原则,而作为销售者的企业则实行过错责任原则。因此,需要审视不同的法律关系,判明企业法律责任的构成要件。

企业法律责任的类型 企业法律责任贯穿于企业生产经营过程的始终,企业行为的内容不同,涉及的法律责任形式也不同。企业责任是综合责任,它是从不同的角度表现为不同的责任形式。以承担责任的主体为标准,可分为企业自身承担的法律责任和企业成员承担的法律责任;以企业承担责任的性质为标准,可分为民事责任、行政责任、刑事责任以及社会责任。

(于永超)

qiye fenli

企业分立(split of company) 规范已经依法成立的企业,将其财产分割后,变更为两个或两个以上企业的法律制度。企业分立体现了被分企业的意愿,是一种法律行为。企业分立的目的主要是为了适应市场的需要,如缩小规模、从事多种经营、减少风险投资等。

企业分立的类型 通常采取派生分立和新设分立两种方式。派生分立,即从原企业分出一部分财产组建一个或几个新企业,原企业规模有所缩小,但继续存在。新设分立,即原企业分立后建两个或两个以上的新企业,原企业随之解散。对于这种新设分立方式,学术界有不同的看法。有的学者认为,一企业将全部财产分为两份以上组建新企业,原企业随新企业成立而消灭,这只是企业解散,不是企业分立,只是原企业的清算与新企业的成立同时进行而已。也有的学者认为,一企业的全部财产归入两个以上新设企业,原企业解散,这是企业的分立的一种情形,称为分解分立。我国《公司法》第181条规定,企业分立是企业解散方式之一,可见《公司法》是确认原企业解散这种分立方式的。公司法创设企业分立制度,与创设企业合并制度一样,是为了避免企业解散时的复杂的清算程序,便于企业依据市场需要灵活地改变企业规模和投资方式。如果认为原企业解散而新设几个企业的情形不属于企业分立,不适用《公司法》有关分立的规定,而应依照企业解散和企业设立的程序分别进行,企业分立制度的意义便没有能完全实现。可见,在企业分立中,原企业可以存续,也可以消灭。

企业分立的特征 (1)企业分立是一种法律行为。《公司法》对企业分立规定了严格的程序,只有依此程序进行的分立,才是《公司法》上所称的企业分立。企业为缩小规模、降低风险等目的,可以采用多种方式,如减少注册资本,从事多种投资等,这些在一定程度上都能达到企业分立的效果,但都不是企业分立。(2)被分立企业必须是一个已经依法成立的企业。筹建中的企业、主体资格已经消灭的企业,都不能进行分立。但解散后处于清算阶段的企业,国外有些企业立法则作了明确规定。例如《法国公司法》第371条规定,处于清算状态的企业可以进行分立。(3)企业分立行为使被分立企业变成两个或两个以上的企业,被分立企业的财产被分割,其权利义务由两个或两个以上企业承受。被分立企业向两个或两个以上已经依法成立的企业出资,有学者认为,这只能算企业的投资行为,不能视为企业的分立。但《法国公司法》第371条第2款规定:"一个公司也可以通过分立形式,将公司财产转移到几个现存的公司或几个新的公司。"(4)被分立企业消灭,指原企业的法律资格的消灭。企业丧失其法律资格后,同时丧失其继续从事经营活动的能力。与企业设立的情形一样,企业的消灭仍须履行一定的程序,由于消灭形式的不同其法律效力亦不相同。虽企业已进入解散程序,但在其最终进行注销登记并缴销营业执照之前,企业在法律上仍然存在。

企业分立的法律效力 (1)新企业的设立。原企业在分立后继续存在的,至少应设立一个新企业,原企业在分立后不再存在的,至少应设立两家新企业。(2)被分立企业依法变更或消灭。企业分立以后,被分立企业可能依法消灭,便不再享有主体资格;也有可能继续存在,但其注册资本、企业章程、管理机构、股东权益等都可能发生相应变化,因而发生企业变更的效果。(3)债权、债务的概括承受。依一般原理,企业分立前的债权债务应该由分立后的企业承受。被分立企业债权债务移转的具体方式,应该在分立草案中作出明确规定,否则,便由分立后存续的企业共同承受,构成连带债权或者连带债务。分立草案中可以规定,企业分立前的债务由分立以后的所有企业连带承担,也可以指定由某一个公司承担,债权人如有异议,应要求公司清偿或提供担保。

企业分立程序 《公司法》第9章有关企业分立的步骤与公司合并基本一致。企业分立应当经过如下步骤:(1)拟定分立草案。分立草案也称分立方案,是由企业董事会在公司分立时拟定的,对企业分立引起的有关事项进行妥善处理的计划和安排。这里所称的有关事项,主要是指企业财产的分割,股东权利的变化,债权、债务的承受,企业主体资格、组织机构、经营计划的变更,新企业的筹建等。与合并协议不同的是,分立草案不是合同,只是公司董事会拟定的企业的分立方案。《公司法》第46条和第112条规定,企业的分立方案由有限责任公司或股份有限公司的董事会拟定。企业的分立草案,涉及处分企业的全部财产和主体资格,已超出了企业经营事务的范围,不在董事会的权限之内;但为了方便和顺利起见,法律授权董事会拟定。(2)股东会作出分立决议。企业分立必须经股东会作出分立决议,董事会拟定的分立草案只有经股东会通过才能生效。《公司法》第182条规定,企业分立应当由企业股东会作出分立决议。《公司法》第39条和112条分别规定,有限责任公司的股东会对企业分立作出的决议,必须经代表2/3以上表决权的股东通过;股份有限公司的股东大会对企业分立作出的决议,必须经出席会议的股东所持表决权的2/3以上通过。如果被分立的企业是国有独资公司,由于它不设股东会,分立决议必须由国家授权投资的机构或者国家授权部门作出,分立草案也必须经上述机构同意才能生效。此外,股份有限公司的分立必须经国务院授权的部门或省级人民政府批准。(3)编制资产负债表和财产清单,分割企业财产。公司分立时,新公司的设立是以被分立公司分割一部分财产为前提。为了保证财产分割的准确和便利,同时也为了保护公司债权人的权益,《公司法》要求公司在分立前编制资产负债表财产清单,但分割财产和编制会计报表应按照什么顺序进行,《公司法》没有规定。(4)通知债权人。企业分立会影响债权人的利益,因此《公司法》要求被分立企业及时通知债权人,以便其及时主张权利。《公司法》第185条第2款规定,企业应当自作出分立决议起10日内通知债权人,并于30日内在报纸上至少公告3次。债权人自接到通知书之日起30日内,未接到通知书的,自第一次公告之日起90日内,有权要求企业清偿债务或提供相应担保。不清偿债务或者不提供相应担保的,企业不得分立。(5)进行登记。

(罗丽娅)

qiye fuzeren guanli
企业负责人管理(management of principal of enterprise) 国有资产监督管理机构作为履行出资人职责的机构,对所出资企业负责人实施管理。国有资产监督管理机构应当建立健全适应现代企业制度要求的企业负责人的选用机制和激励约束机制。国有资产监督管理机构依照有关规定,任免或者建议任免所出资企业的企业负责人:(1)任免国有独资企业的总经理、副总经理、总会计师及其他企业负责人;(2)任免国有独资公司的董事长、副董事长、董事,并向其提出总经理、副总经理、总会计师等的任免建议;(3)依照公司章程,提出向国有控股的公司派出的董事、监事人选,推荐国有控股公司的董事长、副董事长和监事会主席人选,并向其提出总经理、副总经理、总会计师人选的建议;(4)依照公司章程,提出向国有参股的公司派出的董事、监事人选。国务院,省、自治区、直辖市人民政府,设区的市、自治州级人民政府,对所出资企业的企业负责人的任免另有规定的,按照有关规定执行。国有资产监督管理机构应当建立企业负责人经营业绩考核制度,与其任命的企业负责人签订业绩合同,根据业绩合同对企业负责人进行年度考核和任期考核。国有资产监督管理机构应当依照有关规定,确定所出资企业中的国有独资企业、国有独资公司的企业负责人的薪酬;依据考核结果,决定其向所出资企业派出的企业负责人的奖惩。

(马跃进 师湘瑜)

qiye guanli renyuan de falü zeren
企业管理人员的法律责任(legal liability of enterprise managers) 企业高级职员和管理工作人员所承担的法律责任。"高级职员"一般包括董事、经理、监事和董事长等。"管理工作人员"是从事企业具体管理工作的人员。企业管理人员职责重大,其责任、义务为法律所规定。

(李 军)

qiye guanli weiyuanhui
企业管理委员会(business administration commission) 协助厂长决定企业的重大问题的企业内部组织机构。企业管理委员会不实行少数服从多数的原则,按照《厂长工作条例》规定,厂长同管理委员会的多数成员对经营管理中的重大问题意见不一致时,厂长有权作出决定。企业管理委员会讨论决定的重要方案须依照法律规定或经职工代表大会审议或经政府主管部门审批方能生效。可见企业管理委员会既不是权力机构,也不是决策机构,仅仅是协助厂长决策的机构。按照我国法律、法规的规定,企业管理委员会就下列重大问题协助厂长作出决定:(1)经营方针、长远规划和年度计划、基本建设方案和重大技术改造方案、职工培训计划、工资调整方案、留用资金分配和使用方案、承包和租赁经营责任制方案。(2)工资列入企业成本开支的企业人员编制和行政机构的设置和调整。(3)制定、修改和废除重要规章制度的方案。上述重大问题的讨论方案,均由厂长提出。经管理委员会讨论后,需经职工代表大会审议或经政府主管部门审批的,由厂长负责提出或上报。企业管理委员会由企业各方面的负责人和职工代表组成。具体包括:厂长、副厂长、总工程师、总经济师、总会计师、党委书记、工会主席、团委书记和职工代表大会选出的职工代表。职工代表(包括工会主席)人数一般应当为管理委员会全体成员的1/3。参加企业管理委员会的职工代表要向职工代表大会汇报工作,接受职工代表大会监督。职工代表大会有权撤换参加管理委员会的职工代表。厂长任管理委员会主任。 (方文霖)

qiye guoyou zichan biandong chanquan dengji
企业国有资产变动产权登记(registration of ownership of alteration of national assets of enterprise) 企业组织本身发生变更或企业国有资本发生变动而办理的产权登记。企业发生下列情形之一的,应当申办变动产权登记:(1)企业名称、住所或法定代表人改变的;(2)企业组织形式发生变动的;(3)企业国有资本额发生增减变动的;(4)企业国有资本出资人发生变动的;(5)产权登记机关规定的其他变动情形。

企业申办变动产权登记应当填写《企业国有资产变动产权登记表》,并提交下列文件、资料:(1)政府有关部门或出资人的母公司或上级单位的批准文件、企业股东大会或董事会作出的书面决定及出资证明。(2)修改后的企业章程。(3)各出资人的企业法人营业执照、经注册会计师审计的或财政部门核定的企业上一年度财务报告和提供保证、定金或设置抵押、质押、留置以及资产被司法机关冻结的相关文件;其中,国有资本出资人还应当提交产权登记证副本。(4)本企业的企业法人营业执照副本、经注册会计师审计的或财政部门核定的企业上一年度财务报告和提供保证、定金或设置抵押、质押、留置以及资产被司法机关冻结的相关文件和企业的产权登记证副本。(5)经注册会计师审核的验资报告,其中以货币投资的应当附银行进账单;以实物、无形资产投资的应当提交经财政(国有资产管理)部门合规性审核的资产评估报告。(6)企业发生该制度出资人是事业单位和社会团体法人的,应当提交"中华人民共和国国有资产产权登记证(行政事业单位)"和出资人上级单位批准的非经营性资产转经营性资产的可行性研究报告。(7)企业兼并、转让或减少国有资本的,应当提交与债权银行、债权人签订的有关债务保全协议。(8)经出资人的母公司或上级单位批准的转让国有产权的收入处置情况说明及有关文件。(9)申办产权登记的申请。(10)产权登记机关要求提交的其他文件、资料。

产权登记机关核准企业变动产权登记后,应办理企业产权登记证正本和副本的变更手续。企业发生国有产权变动而不及时办理相应产权登记手续,致使产权登记证正本、副本记载情况与实际情况不符的,由企业承担相应的法律责任。 (苏丽娅)

qiye guoyou zichan chanquan dengji chengxu
企业国有资产产权登记程序(procedure for the registration of ownership of national assets of enterprise) 企业占有、使用国有资产状况以最近一次办理产权登记时产权登记机关确认的数额为准。企业申办产权登记,应当按规定填写相应的产权登记表,并向产权登记机关提交有关的文件、资料。

企业申办产权登记必须经政府管理的企业或企业集团母公司(含政府授权经营的企业)出具审核意见;仍由政府有关部门、机构或国有社会团体管理的企业,由部门、机构或社团出具审核意见。企业未按上述规定取得审核意见的,产权登记机关不予受理产权登记。

产权登记机关收到企业提交的符合规定的全部文件、资料后,发给"产权登记受理通知书",并于10个工作日内作出核准产权登记或不准予产权登记的决定。产权登记机关核准产权登记的,发给、换发或收缴企业的产权登记证正本和副本。产权登记机关不予登记的,应当自作出决定之日起3日内通知登记申请人,并说明原因。

企业有下列行为之一的,产权登记机关有权要求其更正,拒不更正的,产权登记机关不予办理产权登记:(1)企业填报的产权登记表各项内容或提交的文件违反有关法规或不符合该制度要求的;(2)企业以实物或无形资产出资,未按国家有关规定进行资产评估或折股的;(3)企业的投资行为、产权变动行为违反法律、行政法规和国家有关政策规定或使国有资产权益受到侵害的。

未及时办理产权登记的企业在补办产权登记时,应当书面说明原因和具体情况。 (刘笛)

qiye guoyou zichan chanquan dengji dang'an guanli
企业国有资产产权登记档案管理(file management of registration of ownership of national assets of enterprise) 经由企业国有资产产权登记而形成的档案材料的管理。财政部统一制定产权登记证正本和副本,确定各类产权登记表的内容和格式。经产权登记机关颁发、审定的产权登记表和产权登记证正本、副本是产权登记的法律文件。任何单位和个人不得伪造、涂改、出借、出租或出售,有遗失或毁坏的,应当向原产权登记机关申请补领。企业申办产权登记时,应当将所提交的文件、材料整理成卷,附加目录清单,纸张的尺寸规格不得超出产权登记证副本。企业未按要求提交规范文件、材料的,产权登记机关有权不予受理。

产权登记机关应当妥善保管企业产权登记表,建立产权登记档案。企业的产权登记管辖机关发生变更的,由原产权登记机关将该企业产权登记档案材料整理、归并后移交新的产权登记管辖机关。 (苏丽娅)

qiye guoyou zichan chanquan dengji guanli zhidu
企业国有资产产权登记管理制度(The management institution of registration for property rights of state-owned assets in enterprises) 根据国务院颁布的企业国有资产产权登记的规定,按照"国家所有、分级管理、授权经营、分工监督"的原则所制定的制度。

下列已取得或申请取得法人资格的企业或国家授权投资的机构(以下统称企业),应当按规定申办企业国有资产产权登记(以下简称产权登记):(1)国有企业;(2)国有独资公司;(3)国家授权投资的机构;(4)设置国有股权的有限责任公司和股份有限公司;(5)国有企业、国有独资公司或国家授权投资机构投资设立的企业;(6)其他形式占有、使用国有资产的企业。产权登记机关是县级以上各级政府负责国有资产管理的部门。财政部主管全国产权登记工作,统一制定产权登记的各项政策法规。上级产权登记机关指导下级产权登记机关的产权登记工作。财政(国有资产管理)部门审定和颁发的《中华人民共和国企业国有资产产权登记证》(以下简称产权登记证),是依法确认企业产权归属关系的法律凭证和政府对企业授权经营国有资本的基本依据。产权登记证分为正本和副本,企业发生国有产权变动时应当同时变更产权登记证正本和副本。

产权登记机关依法履行下列职责:(1)依法确认企业产权归属,理顺企业集团内部产权关系;(2)掌握企业国有资产占有、使用的状况;(3)监管企业的国有产权变动;(4)检查企业国有资产经营状况;(5)监督国家授权投资机构、国有企业和国有独资公司的出资行为;(6)备案企业的担保或资产被司法机关冻结等产权或有变动事项;(7)在汇总、分析的基础上,编报并向同级政府和上级产权登记机关呈送产权登记与产权变动状况分析报告。

企业提供保证、定金或设置抵押、质押、留置,以及发生资产被司法机关冻结情况的,应当在申办各类产权登记中如实向产权登记机关报告。企业以设置抵押、质押、留置、作为定金以及属于司法机关冻结的资产用于投资或进行产权(股权)转让时,必须符合《中华人民共和国担保法》等有关法律、法规的规定,否则,产权登记机关不予登记。

分级管理产权登记按照统一政策、分级管理的原则由县级以上政府负责国有资产管理的部门按产权归属关系组织实施。由两个及两个以上国有资本出资人共同投资设立的企业,按国有资本额最大的出资人的产权归属关系确定企业产权登记的管辖机关。若国有资本各出资人出资额相等,则按推举的出资人的产权归属关系确定企业产权登记的管辖机关,其余出资人出具产权登记委托书。产权登记机关办理上述企业产权登记时,应将产权登记表原件一式多份分送企业其余国有资本出资人。产权登记机关可视具体情况,委托仍管理企业的政府部门、机构或下级产权登记机关办理企业的产权登记。

财政部负责下列企业的产权登记工作:(1)由国务院管辖的企业(含国家授权投资机构);(2)中央各部门、直属机构的机关后勤、事业单位,各直属事业单位及全国性社会团体管辖的企业;(3)中央国有企业、国有独资公司或国务院授权的国家授权投资机构投资设立的企业。

省、自治区、直辖市及计划单列市(以下简称省级)财政(国有资产管理)部门负责下列企业的产权登记:(1)由省级政府管辖的企业(含省属国家授权投资机构);(2)省级各部门、直属机构的机关后勤、事业单位,各直属事业单位及省级社会团体管辖的企业;(3)省级国有企业、国有独资公司或省级政府授权的国家授权投资机构投资设立的企业;(4)财政部委托办理产权登记的企业。地(市)、县负责国有资产管理的部门产权登记管辖范围由各省、自治区、直辖市及计划单列市财政(国有资产管理)部门具体规定。

国家授权投资机构,实行如下产权登记管理方式:(1)国家授权投资的机构设立或发生产权变动时应当按照该制度的规定向产权登记机关办理相应的占有、变动或注销产权登记;(2)国家授权投资的机构投资所属的各类企业设立、变动或注销时,应当经授权投资机构审核同意后,按照该制度的规定向产权登记机关申办相应的产权登记手续;(3)国家授权投资的机构应当按照该制度的规定每年向产权登记机关办理产权登记年度检查,汇总分析本企业的国有资产经营和产权变动状况,并提交国有资产经营年度报告书。

国家授权投资的机构所属的各类企业由授权投资机构一并向产权登记机关办理产权登记年度检查,各企业不再单独向产权登记机关办理产权登记年度检查。

(苏丽娅)

qiye guoyou zichan chanquan dengji niandu jiancha
企业国有资产产权登记年度检查(annual inspection for registration of national assets of enterprise) 企业于每个公历年度终了后90日内,办理工商年检登记之前,向原产权登记机关申办产权登记的年度检查。

企业申办产权登记年度检查时应当按产权登记机关的规定上报企业国有资产经营年度报告书和填写"企业国有资产产权登记年度检查表",并提交下列文件、资料:(1)经注册会计师审计的或财政部门核定的企业上一年度财务报告;(2)企业的产权登记证副本和"企业法人营业执照"副本;(3)企业国有资产经营年度报告书;(4)申办产权登记年度检查的申请;

(5) 产权登记机关要求提交的其他文件、资料。

企业国有资产经营年度报告书是反映企业在检查年度内国有资产经营状况和产权变动状况的书面文件。主要报告以下内容:(1) 企业国有资产保值增值情况;(2) 企业国有资本金实际到位和增减变动情况;(3) 企业及其子公司、孙公司等发生产权变动情况及是否及时办理相应产权登记手续情况;(4) 企业对外投资及投资收益情况;(5) 企业及其子公司的担保、资产被司法机关冻结等产权或有变动情况;(6) 其他需要说明的问题。企业产权登记年度检查制度和产权登记与产权变动状况分析报告制度另行制定。年检合格后,由产权登记机关在企业产权登记证副本和年度检查表上加盖年检合格章。下级产权登记机关应当于每个公历年度终了后 150 日内,编制并向同级政府和上级产权登记机关报送产权登记与产权变动状况分析报告。

产权登记年度检查表不作为确定企业国有产权归属的法律依据。企业不得以年度检查替代产权登记。企业应当按产权登记机关的规定及时办理年度检查,如不按规定办理年度检查的或年度检查不合格的,其产权登记证不再具有法律效力。产权登记机关在年度检查中发现企业未及时办理产权登记问题时,应当督促其按该制度的规定补办产权登记。未补办产权登记的,其年度检查不予通过。

(刘 笛)

qiye guoyou zichan guanli

企业国有资产管理(management of state-owned assets of enterprise) 国有资产监督管理机构作为履行出资人职责的机构,对企业国有资产实施管理。国有资产监督管理机构依照国家有关规定,负责企业国有资产的产权界定、产权登记、资产评估监管、清产核资、资产统计、综合评价等基础管理工作。国有资产监督管理机构协调其所出资企业之间的企业国有资产产权纠纷。国有资产监督管理机构应当建立企业国有资产产权交易监督管理制度,加强企业国有资产产权交易的监督管理,促进企业国有资产的合理流动,防止企业国有资产流失。国有资产监督管理机构对其所出资企业的企业国有资产收益依法履行出资人职责;对其所出资企业的重大投、融资规划、发展战略和规划,依照国家发展规划和产业政策履行出资人职责。所出资企业中的国有独资企业、国有独资公司的重大资产处置,需由国有资产监督管理机构批准,依照有关规定执行。

(马跃进 师湘瑜)

qiye guoyou zichan jiandu

企业国有资产监督(supervision over assets of state-owned enterprise) 国家主管机关对企业国有资产的监督检查。企业国有资产监督包括:(1) 国务院国有资产监督管理机构代表国务院向其所出资企业中的国有独资企业、国有独资公司派出监事会。监事会的组成、职权、行为规范等,依照《国有企业监事会暂行条例》的规定执行。地方人民政府国有资产监督管理机构代表本级人民政府向其所出资企业中的国有独资企业、国有独资公司派出监事会,参照《国有企业监事会暂行条例》的规定执行。(2) 国有资产监督管理机构依法对所出资企业财务进行监督,建立和完善国有资产保值增值指标体系,维护国有资产出资人的权益。(3) 国有及国有控股企业应当加强内部监督和风险控制,依照国家有关规定建立健全财务、审计、企业法律顾问和职工民主监督等制度。(4) 所出资企业中的国有独资企业、国有独资公司应当按照规定定期向国有资产监督管理机构报告财务状况、生产经营状况和国有资产保值增值状况。

(马跃进 师湘瑜)

qiye guoyou zichan jiandu guanli tizhi

企业国有资产监督管理体制(system of Supervision and control over state-owned assets of enterprise) 国家实行由国务院和地方人民政府分别代表国家履行出资人职责,享有所有者权益,权利、义务和责任相统一,管资产和管人、管事相结合的国有资产管理体制。企业国有资产属于国家所有。国务院代表国家对关系国民经济命脉和国家安全的大型国有及国有控股、国有参股企业,重要基础设施和重要自然资源等领域的国有及国有控股、国有参股企业,履行出资人职责。国务院履行出资人职责的企业,由国务院确定、公布。省、自治区、直辖市人民政府和设区的市、自治州级人民政府分别代表国家对由国务院履行出资人职责以外的国有及国有控股、国有参股企业,履行出资人职责。其中,省、自治区、直辖市人民政府履行出资人职责的国有及国有控股、国有参股企业,由省、自治区、直辖市人民政府确定、公布,并报国务院国有资产监督管理机构备案;其他由设区的市、自治州级人民政府履行出资人职责的国有及国有控股、国有参股企业,由设区的市、自治州级人民政府确定、公布,并报省、自治区、直辖市人民政府国有资产监督管理机构备案。

(马跃进 师湘瑜)

qiye guoyou zichan jiandu guanli zanxing tiaoli

《企业国有资产监督管理暂行条例》(Provisional Regulation of Supervision and Control over State-owned Assets of Enterprise) 为建立适应社会主义市场经济需要的国有资产监督管理体制,进一步搞好国有企业,推动国有经济布局和结构的战略性调整,发展和壮大国有经济,实现国有资产保值增值,国务院于2003年5月27日公布《企业国有资产监督管理暂行条例》,自公布之日起施行。本条例共8章47条,包括总则、国有资产监督管理机构、企业负责人管理、企业重大事项管理、企业国有资产管理、企业国有资产监督、法律责任和附则。本条例适用于国有及国有控股企业、国有参股企业中的国有资产的监督管理。金融机构中的国有资产的监督管理,不适用本条例。行政事业性国有资产、资源性国有资产不适用本条例。但由企业开发、经营的资源性国有资产已经成为企业国有资产的重要组成部分,其监督管理适用本条例。同时,企业国有资产中的土地等资源性国有资产在转让、处置等方面的活动,还要遵守国家有关法律、法规的规定。

(马跃进 师湘瑜)

qiye guoyou zichan tongji baogao zhidu
企业国有资产统计报告制度(report system of statistic of state property of enterprises) 根据国有资产统计报告工作规范及国家有关财务会计制度而制定的制度。国有及国有控股企业、国有参股企业的国有资产统计报告工作,适用该制度。国有资产统计报告,是企业按照国家财务会计制度规定,根据统一的报告格式和填报要求,编制上报的反映企业年度会计期间资产质量、财务状况、经营成果等企业国有资产营运基本情况的文件。各省、自治区、直辖市国有资产监督管理机构和各有关部门应当按照统一要求,认真组织实施本地区、本部门监管企业国有资产统计报告工作,并依据规定向国务院国有资产监督管理委员会报告。凡占用国有资产的企业应当按照《企业国有资产监督管理暂行条例》和国家财务会计制度有关规定,在做好财务会计核算工作的基础上,根据国家统一的要求,认真编制国有资产统计报告,如实反映本企业占用的国有资产及其营运情况。

报告内容 国有资产年度统计报告由企业会计报表和国有资产营运分析报告两部分构成。企业会计报表按照国家财务会计统一规定由资产负债表、利润及利润分配表、现金流量表、所有者权益变动表、资产减值准备计划情况表及相关附表构成。企业会计报表应当经过中介机构审计。国有资产营运分析报告是对本地区、本部门或者本企业占用的国有资产及营运情况进行分析说明的文件,具体包括:(1)国有资产总量与分布结构;(2)企业资产质量、财务状况及经营成果分析;(3)国有资产增减变动情况及其原因分析;(4)国有资产保值增值结果及其影响因素分析;(5)其他需说明的事项。

编制范围 应当编制国有资产统计报告的企业包括:由国务院,省、自治区、直辖市人民政府,设区的市、自治州级人民政府履行出资人职责的具有法人资格、独立核算、能够编制完整会计报表的境内外国有及国有控股企业。国有参股企业的国有资产及投资收益依据合并会计报表的规定,纳入国有投资单位的国有资产统计范围,原则上不单独编制国有资产统计报告。但对于重要参股企业,应当根据国有资产监管需要单独编制国有资产统计报告。重要参股企业的标准或者名单由相关国有资产监督管理机构确定。

组织管理 企业国有资产统计报告工作应当遵循统一规范、分级管理的原则,按照企业的财务关系或者产权关系分别组织实施。省级国有资产监督管理机构、各有关部门应当编制本地区、本部门所监管企业的汇总国有资产统计报告,并与所监管企业的分户国有资产统计数据一同报送国务院国资委。

编报规范 企业应当在全面清理核实资产、负债、收入、支出并做好财务核算的基础上,按照统一的报告格式、内容、指标口径和操作软件,认真编制并按时上报企业国有资产统计报告,做到账实相符、账证相符、账账相符、账表相符。

企业应当严格按照国家财务会计制度和统一的编制要求,编制企业国有资产统计报告,做到内容完整、数字真实,不得虚报、漏报、瞒报和拒报,并按照财务关系或产权关系采取自下而上方式层层审核和汇总。企业应当在认真做好总部及各级子企业分户报表编制范围与编制质量的审核工作基础上,编制集团或总公司合并报表,并按照国家财务会计制度的统一规定,做好合并范围和抵销事项的审核工作,对于未纳入范围和未抵销或者未充分抵销的事项应当单独说明。企业主要负责人对本企业编制的国有资产统计报告的真实性和完整性负责。企业财务会计等人员应当按照统一规定认真编制国有资产统计报告,如实反映本企业有关财务会计和国有资产营运信息。

省级国有资产监督管理机构和各有关部门应当加强对本地区、本部门监管企业国有资产统计报告工作的组织领导,加强督促指导,对企业报送的国有资产统计报告各项内容进行规范性审核。审核内容主要包括:(1)编制范围是否全面完整;(2)编制方法是否符合国家统一的财务会计制度,是否符合企业国有资产统计报告的编制要求;(3)填报内容是否全面、真实;(4)报表中相关指标之间、表间相关数据之间、分户数据与汇总数据之间、报表数据与计算机录入数据之间是否衔接一致。

企业国有资产统计报告采取自下而上、逐户审核、层层汇总方式收集上报。企业应当将国有资产统计报告经企业负责人、总会计师或主管财务工作负责人和报告编制人员签字并盖章后,于规定时间内上报。

奖惩 授意、指使、强令企业财务会计等人员编制和提供虚假国有资产统计报告的,除依照《中华人民共和国会计法》、《企业国有资产监督管理暂行条例》和《企业财务会计报告条例》等有关法律、法规处理外,还应对企业负责人给予纪律处分;有犯罪嫌疑的,依法移送司法机关处理。对于玩忽职守、编制虚假财务会计信息,严重影响国有资产统计报告质量的,除依照《会计法》、《企业国有资产监督管理暂行条例》和《企业财务会计报告条例》等有关法律、法规处理外,还应对有关责任人员给予纪律处分;有犯罪嫌疑的,依法移送司法机关处理。

省级国有资产监督管理机构和各有关部门工作组织不力或者不当,给企业国有资产统计报告工作造成不良影响的,应当给予通报。

省级国有资产监督管理机构和各有关部门应当认真做好本地区、本部门监管企业国有资产统计报告的总结工作,对在企业国有资产统计报告工作中取得优秀成绩的单位和个人给予表彰。 (苏丽娅)

qiye guoyou zichan wuchang huazhuan
企业国有资产无偿划转(free transfer of the state-owned assets of enterprise) 企业因管理体制改革、组织形式调整和资产重组等原因引起的整体或部分国有资产在不同国有产权主体之间的无偿转移。财政部于1999年9月27日发布《关于企业国有资产办理无偿划转手续的规定》,自发布之日起执行。企业国有资产无偿划转应遵循以下原则:(1)符合国家有关法律、法规,符合国家的产业政策;(2)有利于产业结构、企业产权结构的调整,有利于提高国有资产的运营效率;(3)坚持双方协商一致的原则。

企业国有资产无偿划转手续 企业国有资产无偿划转由各级财政(国有资产管理)部门负责办理。凡占有、使用国有资产的部门和企业发生下列产权变动情况的,应办理企业资产无偿划转手续:(1)企业因管理体制、组织形式调整,改变行政隶属关系的;(2)国有企业之间无偿兼并;(3)企业间国有产权(或国有股权)的无偿划转或置换;(4)组建企业集团,理顺集团内部产权关系;(5)经国家批准的其他无偿划转行为。办理资产划转手续,需提交下列文件:(1)划转双方办理资产划转的申请(凡申办跨区域资产划转的,同时应附逐级上报的有关文件资料);(2)划转双方企业母公司或主管部门签订的资产划转协议及政府有关批准文件(涉及企业行政隶属关系改变的,需提交经贸委批准文件);(3)被划转企业经中介机构审定的划转基准日财务报告;(4)被划转企业与划入方企业的产权登记证、企业法人营业执照复印件。划入、划出双方企业应依据资产划转文件办理变动产权登记等有关手续,并进行相对的账务调整。凡未按规定办理资产划转手续的,财政(国有资产管理)部门不予办理相应的产权登记手续。

企业国有资产无偿划转的申报 按照国有资产统一所有、分级管理的原则,企业国有资产办理无偿划转应按照下列情况分别进行申报:(1)属于地方管理的国有资产,在本省、自治区、直辖市、计划单列市所辖范围内划转的,由划入与划出双方的主管部门或企业集团母公司向同级财政(国有资产管理)部门提出申请。属跨地、市、县划转的,还应由双方同级财政(国有资产管理)部门分别向同一上级财政(国有资产管理)部门提出申请。(2)属于地方管理的国有资产跨省、自治区、直辖市、计划单列市进行划转的,由划入与划出双方企业主管部门或集团母公司向同级财政(国有资产管理)部门提出申请,逐级上报财政部。(3)属于地方管理的国有资产与中央管理的国有资产之间划转的,地方由企业的主管部门或企业集团母公司向同级财政(国有资产管理)部门提出申请,逐级上报财政部。中央由企业集团母公司、重点企业或企业主管部门向财政部提出申请。(4)属于中央管理的国有资产在企业集团、重点企业及中央各部门之间进行划转的,由划入与划出双方向财政部提出申请。(5)企业集团、重点企业按产权纽带管理的国有资产,在集团内部进行资产划转由集团母公司审批,报同级财政(国有资产管理)部门备案;由部门管理暂未脱钩企业的国有资产在同一部门内部进行资产划转,暂由有关主管部门审批,报同级财政(国有资产管理)部门备案。各级财政(国有资产管理)部门在接到完整的资产划转申报材料后,应认真审查,及时作出是否批准资产划转的决定,并发文批复。 (马跃进 师湘瑜)

qiye guoyou zichan zhanyou chanquan dengji
企业国有资产占有产权登记(ownership registration of national assets of enterprise) 已取得法人资格的企业在该制度实施后向产权登记机关申办的占有产权登记。填写"企业国有资产占有产权登记表",并提交下列文件、资料:(1)由出资人或母公司或上级单位批准设立的文件、投资协议书或出资证明文件;(2)经注册会计师审计的或财政部门核定的企业上一年度财务报告;(3)各出资人的企业法人营业执照副本、经注册会计师审计的或财政部门核定的企业上一年度财务报告,其中国有资本出资人还应当提交产权登记证副本;(4)企业章程;(5)企业法人营业执照副本;(6)企业提供保证、定金或设置抵押、质押、留置以及资产被司法机关冻结的相关文件;(7)申办产权登记的申请;(8)产权登记机关要求提交的其他文件、资料。产权登记机关核准企业占有登记后,向企业核发产权登记证。

申请取得法人资格的企业应当于申请办理工商注册登记前30日内,向财政(国有资产管理)部门办理产权登记,填写"企业国有资产占有产权登记表",并提交下列文件、资料:(1)出资人的母公司或上级单位批准设立的文件、投资协议书或出资证明文件;(2)企业章程;(3)"企业名称预先核准通知书";(4)各出资人的企业法人营业执照、经注册会计师审计的或财政部门核定的企业上一年度财务报告和提供保证、定金或设置抵押、质押、留置以及资产被司法机关冻结的相关文件;其中国有资本出资人还应当提交产权登记证副本;(5)经注册会计师审核的验资报告,其中以货币投资的应当附银行进账单;以实物、无形资产投资的应当提交经财政(国有资产管理)部门合规性审核的资产评估报告;(6)申办产权登记的申请;(7)产权登记机关要求提交的其他文件、资料。

财政(国有资产管理)部门审定的产权登记表,是企业办理工商注册登记的资信证明文件。企业依据产权登记机关审定的产权登记表向工商行政管理部门申办注册登记,取得企业法人资格后30日内到原产权登记机关领取产权登记证,同时提交企业法人营业执照副本。

事业单位和社会团体法人设立企业或对企业追加投资的,应当提交"中华人民共和国国有资产产权登记证(行政事业单位)"及上级单位批准的非经营性资产转经营性资产的可行性研究报告,产权登记机关审查后直接办理占有或变动产权登记手续。除政府批准设立外,企业的组织形式不得登记为国有独资企业。国有企业设立的全资企业,其组织形式不得登记为集体企业。企业在申办占有产权登记时,实收资本与注册资本相比已发生增减变动的,应当先按实收资本变动前数额办理占有登记,再按该制度的规定申办变动产权登记。

未办理占有产权登记的企业发生国有产权变动时,应当按该制度的规定补办占有产权登记,然后再按该制度的规定申办变动或注销产权登记。(苏丽娅)

qiye guoyou zichan zhuxiao chanquan dengji
企业国有资产注销产权登记(registration of cancellation of ownership of national assets of enterprise) 企业发生下列情形之一的,应当向产权登记机关申办注销产权登记:(1)企业解散、被依法撤销或被依法宣告破产;(2)企业转让全部国有产权或改制后不再设置国有股权的;(3)产权登记机关规定的其他情形。

企业解散的,应当自出资人的母公司或上级单位批准之日起30日内,向原产权登记机关申办注销产权登记。企业被依法撤销的,应当自政府有关部门决定之日起30日内向原产权登记机关申办注销产权登记。企业被依法宣告破产的,应当自法院裁定之日起60日内由企业破产清算机构向原产权登记机关申办注销产权登记。企业转让全部国有产权(股权)或改制后不再设置国有股权的,应当自出资人的母公司或上级单位批准后30日内向原产权登记机关申办注销产权登记。

企业申办注销产权登记时应当填写"企业国有资产注销产权登记表",并提交下列文件、资料:(1)政府有关部门、出资人的母公司或上级单位、企业股东大会的批准文件,工商行政管理机关责令关闭的文件或法院宣告企业破产的裁定书;(2)经注册会计师审计的或财政部门核定的企业上一年度财务报告;(3)企业的财产清查、清算报告或经财政(国有资产管理)部门合规性审核的资产评估报告;(4)企业有偿转让或整体改制的协议或方案;(5)本企业的产权登记证正本、副本和"企业法人营业执照"副本和提供保证、定金或设置抵押、质押、留置以及资产被司法机关冻结的相关文件;(6)受让企业的"企业法人营业执照"副本和经注册会计师审计的年度财务报告和提供保证、定金或设置抵押、质押、留置以及资产被司法机关冻结的相关文件;(7)转让方、受让方与债权银行、债权人签订的债务保全的协议;(8)经出资人的母公司或上级单位批准的资产处置或产权转让收入处置情况说明及相关文件;(9)申办产权登记的申请;(10)产权登记机关要求提交的其他文件、资料。

产权登记机关核准企业注销产权登记后,收回被注销企业的产权登记证正本和副本。(马跃进)

qiye hebing
企业合并(merger of enterprise) 规范两家或更多的独立的企业而合并组成一个企业的法律制度。公司合并是公司之间的法律行为,即公司是合并行为的主体。虽然公司股东可以通过法定程序决定公司是否参与合并,公司的合并也会影响股东利益,但这都只是股东对公司行使权利的结果,并非是股东在参与合并。

企业合并的类型 德国、英国、日本等国的公司立法,考虑到人合公司与资合公司之间的差异,对不同种类之间的公司合并予以限制。我国《公司法》规定了有限责任公司和股份有限公司两种公司形态,两者性质相仿,股东的权利义务基本相同,应该可以合并。

我国《公司法》第173条规定:"公司合并可以采取吸收合并和新设合并两种形式。"吸收合并,是指两个或两个以上的公司参与合并后,其中一个公司继续存在,并承受其他公司的权利义务,其他公司都解散的合并方式。这种合并方式其实是一个公司兼并了其他实力相对较弱的公司,国外有称这种合并形式为"兼并"。在吸收合并中,存续公司往往应被解散公司的要求,在公司的机关、资本、经营方式、股东权益等方面作些变更。但这些只是公司章程的变更,不会影响公司的主体资格。新设合并,是指两个或两个以上的公司在参与合并后都归于消灭,另行设立一个新公司的合并方式,亦被称为"联合"。在这种合并方式中,参与合并的各方地位相对较为平等,其实质是几个公司联合组成一个新公司,以摆脱各自面临的困境,或者充分利用各方的优势。企业合并制度为公司的集中和联合提供了规范的程序,免去了不必要的清算,为公司间的横向联合创造了便利条件。在现代经营管理理论上,公司合并有更深刻的意义。在当今世界各国,公司间的兼并和收购是一种常用的、同时也是十分激烈的竞争手段。并购有利于发挥公司之间的协同效用,有利于扩大公司规模,取得规模效益;可以集中原来各公司在资金、技术、市场、管理等方面的优势,实现互补;可以把同行业公司之间的竞争(即市场交易)转化为公司内部的协调和管理(即内部交易),从而降低交易费用,增强竞争实力。并购为公司的不断扩张和发展提供了一条有效的途径。公司无须直接投资新建生产力,通过并购吸收同行业内原有的生产力,能达到扩大规模的效果。企业并购能实现资源的合理配置。公司并购克服了增量调节与结构调整之间的矛盾,在有限增量的前提下,通过公司的自我组合,借助市场的力量,实现结构调整,从而实现国民经济中产业结构的优化调整和社会资源的合理配置。公司并购在一定程度上也净化了市场,它能对无法适应市场激烈竞争的市场主体进行淘汰。

企业合并的法律效力 企业合并后形成新的法律事实,其法律效力是:(1)一个或一个以上的企业消灭。多个企业参与合并的结果,必须是参与合并的都归于消灭,另行设立一个新企业;或者是除一个企业继续保留以外,其他企业都归于消灭,从这一点讲,企业的合并不同于收购。(2)存续企业的变更或新企业设立。由于合并的形式的不同,在吸收合并的情况下,被合并的企业归于消灭,被保留的企业的资本额必然将发生变更。根据《公司法》第180条:"公司合并或分立,登记事项发生变更的,应当向公司登记机关办理变更登记。公司解散的,应当依法办理公司注销登记;设立新公司的,应当依法办理设立登记。"(3)权利义务的概括转移。公司经合并后,被消灭公司的债权因合并而引起的公司解散,不需进行清算。合并会导致致少一个公司消灭,因此它是公司解散的原因。但因合并而解散的公司,其主体资格的消灭不以清算程序的进行为条件。合并行为完成后,被解散公司的全部财产和债权、债务转让给存续公司,其主体资格经注销登记便告消灭。

企业合并的程序 企业合并既涉及公司主体资格的变更,也涉及企业、经营管理人员、企业债权人等的利益,大型企业的兼并还会影响证券市场的动态和社会经济秩序的稳定。为了加强对企业合并的管理,保护各方当事人的利益,减少对社会造成的冲击,各国企业立法大都对企业合并的程序作了严格规定。我国《公司法》第7章规定:(1)签订合并协议。合并协议是指参与合并各方就公司合并的有关具体事项达成的协议。合并是一种法律行为,它要求合并各方就合并涉及的各种事项达成合意,这种合意便是合并协议。合并协议是一种合同。合并协议不是签订以后立即生效的合同,而是一种附条件的合同:这份合同至少包含一项条件,即股东大会作出合并决议。如果股东大会没有就合并作出决议,协议便不能生效。经合并方约定,合并协议还可以附有其他条件。(2)股东会作出决议。公司合并涉及公司主体资格,须经公司的权力机关股东大会作出决议,而不能由董事会决定。《公司法》第182条规定,公司合并,应当由公司的股东会作出决议,并且有限责任公司的合并决议,必须经代表三分之二以上表决权的股东通过(第39条);股份有限公司的合并决议,必须经出席会议的股东所持表决权的三分之二以上通过(第106条)。此外,国有独资公司的合并必须由国家授权投资的机构或者国家授权的部门决定。股份有限公司的合并,在股东大会作出决议之后,还须报国务院授权的部门或者省级人民政府批准。(3)编制资产负债表及财产清单。公司合并不进行清算,因合并而解散的公司,其现有资产、已发生的债权债务都必须由存续或者新设的公司承受。为了明确权利义务关系,也为了便于公司的会计处理,必须对参与合并的公司资产、负债、所有者权益、财产现状等进行统计和核实,因此《公司法》要求合并各方编制资产负债表和财产清单。(4)通知债权人。公司合并对债权人的影响很大,对因合并而解散的公司的债权人而言,合并使债务人发生了变更;对于合并后存续的公司的原有债权人而言,合并使该公司的资产和负债发生变化,会影响其清偿能力,因此参与合并的公司有义务将合并事实及时通知债权人,以便其尽早申张权利。《公司法》第184条规定,公司应当自作出合并决议起10日内通知债权人,并在30日内在报纸上至少公告3次。债权人自接到通知书日起30日内或自第一次公告之日起90日内,有权要求公司清偿债务或提供相应的担保。不清偿债务或者不提供担保的,公司不得合并。(5)进行登记。公司合并后,需要到公司登记主管机关进行多种登记,因合并而解散的应当遵守《公司法》有关公司设立的规定,其中包括进行设立登记;在吸收合并中,合并后存续的公司,因为资本、章程等登记事项的变更,必须办理变更登记。

(罗丽娅)

企业合并的豁免事由(matters and reasons for exemption of merger of enterprise)
排除适用反垄断法、允许企业合并的情形。由于企业合并有增强企业竞争力的一面,也有限制竞争的一面,因此在判断一项合并是否被禁止的时候,就要对合并的利弊进行权衡,如果合并对竞争的促进作用大于其限制竞争的作用,则该项合并通常就会得到允许,反之,则被禁止。

在美国,企业合并得到豁免的主要理由是破产和效率。所谓破产豁免是指如果能证明被合并的企业即将破产,合并就可以不被禁止。其理由主要是因为,与其让一家企业最终破产而退出竞争市场不如让另一家企业合并该濒于破产的企业,这样既可以保持被合并企业的生产能力,还可以避免或减少市场供给减少、大量失业、清算引起的资产浪费等由于破产而对社会经济带来的负面影响。但是破产又毕竟是市场竞争优胜劣汰的结果,而且过大规模的合并也有可能对市场竞争造成破坏影响。因此并非所有涉及破产的企业合并都能被允许。1992年的合并指南对企业破产作为豁免事由作了严格的规定:(1)所说的破产企业在不久的将来资不抵债;(2)它没有能力根据破产法的规定成功地进行重组;(3)它已作出虽不成功但却是真诚的努力寻找对其破产公司财产比较合理的可选择的报价,以便既能使其有形和无形资产继续留在相关市场上,又可使竞争受到比现在打算中的兼并更小的不利影响;(4)如果没有这个兼并,破产企业的资产将退出相关市场。只有在破产企业同时具备上述条件时,合并才能得到允许。除了美国之外,包括德国在内的其他许多国家在对企业合并进行控制的过程中也有因为企业破产而允许一项可能产生或加强市场支配地位的企业合并的实践。

美国合并指南所规定的另一个豁免事由是效率。根据《1997年横向合并指南》的规定,这种效率是"合并特有的效率",即"该效率可能由意向中的合并产生,并且若不进行意向中的合并或其他具有相同反竞争效果的措施就不可能获得该效率。"目前实践中已经被承认的效率包括规模经济、降低运输费用以及与合并企业的特定生产、服务和销售有关的相类似的效率等。

德国《反对限制竞争法》规定了可以改善市场竞争条件或有利于整体经济和社会公共利益可以成为禁止企业合并的豁免理由。按照该法第36条第1款规定,对于能够产生或加强市场支配地位的合并,如果参与合并的企业能够证明,该合并同时还改善市场竞争条件,且改善竞争的好处大于限制竞争的不利影响时,联邦卡特尔局不得禁止合并。由于"改善市场竞争条件"以及"对整体经济或社会公共利益有显著好处",其概念都具有抽象性,因而一般需要结合具体案例具体分析。实践中,如果合并能够提升本国企业在国际市场上的竞争力,则往往可以作为豁免事由并得到允许,这主要是为了适应经济全球化的需要。当然,以提高国际竞争力为由允许一项可能产生市场支配地位的企业合并,必须是在对企业合并所带来的对国际竞争力的积极影响和对国内竞争秩序的消极影响进行权衡并认为其积极影响大于消极影响之后才能进行。在注重通过企业合并来提高企业国际竞争力的同时,也应当反对任何以提高国际竞争力为借口而企图实施实质性损害国内竞争的企业合并行为。 (李 梅)

企业合并的事先申报制度(system of declaration beforehand in regard to merger of enterprise)
规模达到一定程度的企业在实施合并前应向反垄断执法机关提出申请,并提供有关企业合并的资料,由执法机关依照法律要求对其合并进行审查,视其对市场竞争的影响情况而决定是否准予合并。这一措施的目的在于对企业合并可能造成的不良后果进行事先预防。该制度的具体内容主要包括申报企业的范围、申报的方式以及应当提交的材料、主管机关的审查期限、合并的禁止期限等。

从世界范围来看,大多数国家的反垄断法都要求达到一定规模的企业合并事先向反垄断执法机关进行申报。例如美国克莱顿法第7A条就规定了大多数合并交易向联邦贸易委员会和司法部反托拉斯局事先申报的制度,未经申报程序并且经过等待期,这些合并就不能成立。企业申报的对象包括:一个企业的总资产或者年净销售额超过1亿美元。而对方的总资产或者年净销售额至少有1000万;或者,该交易将导致收购者拥有目标企业至少1500千万美元的资产,或占有表决权的股份或资产15%的份额。企业合并的申报事项主要涉及企业合并各方的情况、企业与市场的关系、合并的理由等。自申报之日起30日内,执法机关必须决定是否进行进一步的调查。如果执法机关在期限内作出企业合并不会有反竞争后果的结论,就可以提前结束30天的等待期,从而允许企业完成合并。如果存在反竞争问题,执法机关就会加强调查,要求企业提供更为广泛的资料,在所要求的资料提交执法机关之后,执法机关就要在20天内完成调查。如果执法机关需要更多的时间,它就会说服当事人推迟一下完成合并,如果当事人置之不理,执法机关就必须准备向联邦法院提起诉讼,阻止该项合并的发生。

在德国,根据1998年第6次修订的《反不正当竞争法》,合并申报程序由过去的事先登记和事后申报两种制度改变为单一的事先申报制度。按照新法规定,如果所有参与合并的企业在上个营业年度内的全球销售额至少达到 10 亿马克,或者参与合并的企业中至少有一个企业在德国境内的销售额至少达到 5000 万马克,则所有参与企业都必须在合并实施前向联邦卡特尔局申报他们的合并意向。而如果一个独立的企业在上一营业年度的全球销售额不足 2000 万马克,那它就可以不受限制地与任何企业进行合并。申报的内容除了合并的方式外,还包括企业的名称以及营业场所、企业的经营范围、企业在德国、欧盟以及全球范围的市场销售额,另外,参与合并的企业如果在德国或德国某一重要地区的市场份额达到 20%,还必须说明这个份额及其计算或估算的依据,如果企业合并是属于取得股份的方式,则还要说明股份的数目以及对被取得股份企业的全部资本参与。有申报义务的企业如果因故意或过失而没有申报或没有及时申报,或者没有如实申报或全面申报,则被视为违反社会秩序的行为,这种行为可以被处以最高额为 5 万德国马克的罚款。

自申报之日起 1 个月内,如果联邦卡特尔局决定禁止该项合并,就必须在该期限内通知申报合并的企业,说明该合并有必要进入主要审查程序。如果联邦卡特尔局没有通知申报合并的企业,则该项合并原则上就视为得到了批准。主要审查程序的期限是 3 个月。在该期限内,联邦卡特尔局必须作出禁止或批准合并的决定,如果联邦卡特尔局在收到企业全面申报后的 4 个月内没有作出禁止决定,合并就原则上视为得到了批准。在上述审查程序结束之前,企业不得实施联邦卡特尔局未予批准的合并,否则,合并将视为无效而必须解散。

此外,欧盟的企业合并控制条例、澳大利亚的贸易行为法、意大利的竞争法、我国台湾地区的公平交易法等,都规定了企业合并的事先申报制度。该制度可以确保政府主管部门在事先能够对该企业合并是否将产生限制市场竞争效果进行判断,从而能够有效控制可能形成的垄断势力。因此,我国将来在制定反垄断法对企业合并进行控制时,也可借鉴国际上通行做法,设置事前申报制度。 (李 梅)

qiye hebing kongzhi
企业合并控制 (control of enterprise merger) 反垄断法对一个企业通过某种方式取得对另一个企业的支配权的控制。企业合并控制是各国反垄断法的一个基本内容。反垄断法中的企业合并主要有以下方式:(1) 取得财产。即一个企业通过购买、承担债务或者其他方式取得另一企业全部或者重大部分的财产。(2) 取得股份。从理论上说,一个企业如果取得另一企业 50% 以上的股份,那么就可以对之施加支配性的影响,这通常被称为控股。但是,在市场经济条件下,随着企业股份在市场上的分散,一个企业一般不需要取得 50% 的份额就可以对被取得企业施加支配性影响。(3) 订立合同。如通过企业间承包、租赁或者委托经营合同,一个企业可以取得经营管理另一个企业的权利。(4) 人事联合。即一个企业董事会或者监事会一半以上的成员同时担任另一企业董事会或者监事会的成员。

绝大多数的企业合并对市场竞争可以产生积极的影响,如横向合并可以扩大企业规模,实现规模经济;垂直合并可以改善企业的产品销售或者原材料采购,从而可以节约生产成本或者销售成本;混合合并则有利于企业筹集资金,改善经营管理等。企业合并也可能对竞争产生严重的不利影响,损害市场优化配置资源的功能。这种危险特别是产生于竞争者之间的合并,即横向合并。因为这种合并会减少竞争者的数目,导致垄断或者寡头垄断的市场结构。垂直合并也有不利于竞争的情况。例如,这种合并虽然一方面可以改善企业进入销售市场或者原材料采购市场的渠道,但同时也会妨碍竞争者,增加了它们进入市场的难度。因为企业合并对竞争既可能产生积极的影响,又可能产生消极的影响,各国反垄断法都有控制企业合并的规定。控制合并的目的是维护市场的竞争性。

为了控制企业合并,反垄断法一般要求达到一定规模的合并向反垄断法主管机构进行申报。根据美国 1976 年的《哈特—斯科特—罗迪诺反垄断修订法》,如果合并企业的市场销售额或者资产超过 1 亿美元,被合并企业的市场销售额或者资产超过 1000 万美元,而且合并企业至少取得被合并企业 15% 的财产或者股份,或者被取得的股份或者财产至少达到 1500 万美元,合并就必须向联邦贸易委员会或者司法部的反垄断局进行申报。反垄断法主管机构必须在一定期限内决定是否批准合并。

根据各国反垄断法,一个合并如果能够产生或者加强市场支配地位,一般就可以认为这个合并能够严重限制市场竞争,从而有必要禁止这个合并。但是,有些合并一方面严重限制竞争,另一方面又推动竞争,这就需要给予当事人辩护的权利。美国司法部和联邦贸易委员会 1992 年发布的横向合并指南规定,在分析一个横向合并是否具有反竞争效果时,大致应当采取以下五个步骤:(1) 审查合并是否能显著提高市场的集中度。(2) 当局将根据市场集中度和其他相关的市场因素,评价合并是否产生潜在的反竞争后果。指南强调指出,市场集中度和企业的市场份额只是分析合并对市场竞争影响的一个出发点。在决定是否干预合并的时候,当局还将考虑影响竞争的其他因素,这包括市场的进入、效率和破产企业。(3) 当局将考虑,潜在的市场进入能否及时地、可能地和充分地阻止或者抵销合并的反竞争效果。(4)当局将考虑合并后企业的经济效益,这包括规模经济、生产设备的联合、工厂的专业化、运输费用的降低以及与合并企业的生产、服务和销售有关的其他效益。(5)当局将考虑参与合并的企业是否有一方面临破产的威胁。指南指出,如果破产将导致该企业的资产从相关市场上流失,合并便不可能产生或者加强市场势力,也不可能推动行使市场势力。通过上述这些分析,就可以对一个合并是否具有反竞争后果作出结论。

我国 1987 年由国家体改委和国家经贸委发布的《关于组建和发展企业集团的几点意见》指出,"组建企业集团,必须遵循鼓励竞争、防止垄断的原则","在一个行业内一般不搞独家垄断企业集团,鼓励同行业集团间的竞争,促进技术进步,提高经济效益"。1989年国家体改委、国家计委等联合发布的《关于企业兼并的暂行办法》也指出,企业兼并一方面要有利于规模经济,另一方面也不得损害企业间的竞争。但是,这两个政策性的文件都没有提出如何控制合并。

(王晓晔)

qiye hebing kongzhi de shiti biaozhun
企业合并控制的实体标准(the substantial standard of control of enterprise merger) 判断一项企业合并是否被禁止的准则。简单地说,就是具有何种程度反竞争效果的企业合并才会被禁止。这是因为企业合并具有扩大企业规模提高企业市场竞争力的一面,也有形成垄断破坏竞争的一面,所以才要确立一项标准对企业合并的利弊进行权衡,以最终确定该项合并是否具有违法性。

从世界范围来看,各国反垄断法对企业合并的控制主要有两种标准,即实质性限制竞争标准(或严重损害竞争标准)和市场支配地位标准。前者以美国为代表,后者以德国为代表。例如美国《克莱顿法》第 7 条规定,从事商业或从事影响商业活动的任何人,不得直接或间接取得从事商业或从事影响商业活动的其他人的股份或资产,如果这种取得行为在国内任何地区的任何商业领域具有可能实质性减少竞争或产生了垄断的趋势。可见,美国反托拉斯法禁止企业合并的实体要件是:合并可以实质性减少市场竞争或者可以产生垄断。而在德国《反限制竞争法》第 36 条规定,一个合并如果可以被预见将产生或者加强一个市场支配地位,联邦卡特尔局得禁止这个合并。即德国禁止企业合并的实体要件是合并将产生或加强市场支配地位。除此之外,有些反垄断法还采取了实质性限制竞争和市场支配地位相结合的双重标准,例如欧盟《企业合并控制条例》第 2 条第 3 款规定,一项合并是否被批准,关键在于该项合并是否与共同体市场相协调,如果一个合并可能产生或者加强市场支配地位,从而使共同体整个或共同体一个重大部分的有效竞争受到严重阻碍,这个合并就可被视为与共同体市场不相符合。在此,产生或者加强市场支配地位以及实质性限制竞争,都被作为判断企业合并控制的标准。

事实上,无论是实质性限制竞争标准或是市场支配地位标准,尽管两者在文字上有所区别,但从根本上来说并无实质性的差异。因为,根据各国反垄断法立法和实践,一个合并如果能够产生或者加强市场支配地位,一般就可以认为这个合并能够严重限制市场竞争,从而有必要禁止这个合并。实践中,这两种标准的分析方法在相当程度上也是一致的,例如,它们都涉及调查相关市场的范围、相关市场的集中度、企业的市场份额、企业合并对其他竞争者的影响和对潜在竞争者造成的市场进入障碍,以及合并后的企业可能出现何种限制竞争的问题等等。

不过理论界也有人认为,市场支配地位标准比较重视静态结构的因素,例如企业的规模或行业的集中度,从而德国的合并控制政策也一直都显得比较严格,但从另一个角度来看,这一标准又具有更强的确定性。而以美国为代表的实质性限制竞争标准采用了很多经济学以及产业组织研究中的理论、工具等分析方法,注重效果分析,因而美国对企业合并的控制制度则要显得灵活宽松一些。事实上,任何标准的制定都是注重于标准在实际中的运用,而不是标准本身。无论是以美国为代表的实质性限制竞争标准,还是以德国为代表的市场支配地位标准,都是根据本国国情来确定的。尽管两国都是市场经济发达的国家,但由于两国在相关的经济理论、国内特定时期竞争政策的主要目标以及反垄断法的历史实践等方面存在差异,两种实体标准在具体运用中也难免会产生不同的效果。但不管怎么说,这两种标准仍具有很大的相似性。 (李 梅)

qiye jituan chanquan guanli
企业集团产权管理(management of property right of enterprise group) 为保证核心企业运用授权实现集团经营,发挥整体优势,试点企业集团应依据核心企业对紧密层企业及其他成员企业持有的产权(股权)建立母子公司关系,实行规范化的产权(股权)管理。集团公司(核心企业)可以实行董事会制(或管委会制,下同)。企业集团内部有四种产权管理形式:(1)对于集团公司直接占用的国有资产,集团公司董事会直接进行重大经营决策,委聘经理进行日常经营管理;(2)对于具备独立法人地位、但由集团公司拥有全部产权(股权)的全资子公司,由集团公司委任的子公司董事会或经理人员,按照统一决策实施经营管理;(3)对于集团公司只拥有部分产权(股权)、具备独立法人地位的控股子公司和参股关联公司,集团公司董事会按照所持股份比例委任直派董事参加其董事会工作;如被持股公司为公开发行股票、公众持股的股份有限公司,或设立股东会的有限责任公司,则派员出席其股东会并依持股比例行使表决权,选举董事会,以此控制或参与其经营决策,保障国有股权的正当权益。各级子公司均不得反向持股,即不得持有集团母公司的股份,以防止产权关系混乱;(4)对于集团公司所属二级以下子公司及交叉持股公司,集团公司董事会可比照上述诸种方式直接或间接控制或参与其经营决策。

(马跃进 师湘瑜)

qiye jihua guanli zhidu

企业计划管理制度(system of (enterprise) planning management) 在国家宏观调控下,企业根据社会发展的需要,企业内外部环境及市场条件的变化,对生产经营活动进行统筹安排管理的法律制度。计划管理使企业具有明确的生产经营目标和实现目标的具体措施。国务院和省级政府计划部门及授权的部门根据需要,有权向企业(国有企业)下达指令性计划。企业必须完成指令性计划。企业根据国家指令性计划生产的产品,应当按照计划规定的范围经营。对缺乏应当由国家计划保证的能源、主要物资供应和运输条件的指令性计划,企业可以根据自身承受能力和市场变化,要求调整。计划下达部门不予调整的,企业可以不执行。企业有权要求在政府有关部门的组织下,与需方企业签订合同,需方企业或者政府指定的单位不履行合同的,企业可以不安排生产,已签订合同但需方企业或政府指定的单位不履行合同的,企业有权停止生产,并可以向政府和政府有关部门申诉,要求协调解决,也可以依照合同向法院起诉,追究需方企业或者政府指定的单位的违约责任,已经生产的产品,企业可以自行销售。对指令性计划供应的物资,企业有权与生产企业或者其他供货方签订合同。

(许润霞)

qiye jishu zhongxin pingjia zhibiao tixi

企业技术中心评价指标体系(evaluation index system of the enterprise's technical center) 我国现行企业技术中心评价指标体系的主要依据是,原国家经济贸易委员会入世之后于2002年5月10日公告的,对1998年印发的《企业技术中心评价指标体系》进行修订后的《企业技术中心评价指标体系》(2002年第24号)。该文共分六部分和附件。分别为:评价原则、评价程序、评价结果、指标解释、行业系数、评价指标和附件。该评价工作现在由国务院发改委负责实施。

企业技术中心的评价原则:准确反映技术中心建设发展状况,强化引导性和可操作性;定量评价与定性评价相结合;横向比较与纵向比较相结合;评价技术中心与考察企业相结合;相对值与绝对值相结合。企业技术中心的评价程序:(1)数据采集;(2)数据初审;(3)数据核查;(4)数据计算与分析;(5)结果确认。最后公布。企业技术中心的评价结果分为优秀、合格、不合格。逾期一个月以上不上报评价材料的,视同自动放弃国家认定企业技术中心资格。《企业技术中心评价指标体系》对技术创新体系、技术开发经费支出额、职工收入、专职技术开发人员、专家、新产品、技术贸易收入、主导产品、主导产品市场占有率等9项指标的解释。

行业系数,是指各行业技术开发经费支出额与产品销售收入之比、新产品销售收入占企业产品销售收入的比重、新产品利润占企业产品利润总额的比重相应的应该调整的系数(比例),形成一个系数表。评价指标共有一级指标4个,二级指标14个,三级指标39个。一级指标"体制与机制"包括技术创新体系(企业技术创新战略制定与实施效果、企业技术创新体系建设与运行效果)、科技投入机制(企业技术开发经费支出额占产品销售收入的比例、技术开发经费支出占产品销售收入比例比上年增长)、人才激励机制(技术中心年人均收入与企业年人均收入之比、技术中心人员最高年收入与中心人员人均年收入之比、技术中心科技人才引进人数与流出人数之比)、科技人才培养(中心人员国内外培训费占中心人员总收入比例、中心人员年海外技术交流人次与中心人数之比);一级指标"实力与能力"包括外部资源利用(技术中心在海外建立开发设计机构情况、当年技术中心从事开发工作的海内外专家数,其中:海外专家数、与高等学校、科研院所合办开发机构情况合办开发机构当年完成并应用的开发项目数、产学研项目经费占全部项目经费的比例、创新队伍建设(企业专职技术开发人员占职工总数的比例、技术中心高中级职称人员占中心人数的比例、技术中心专家(含博士)人数)、创新条件建设(企业技术开发仪器设备原值(万元)、技术中心技术开发条件在行业中的地位、通过国家和国际组织认证的实验室情况、技术中心信息化建设与运行情况、开发项目是否有市场分析和可行性研究报告)、创新能力建设(中长期项目经费支出占全部项目经费总支出的比例、是否拥有主导产品的关键技术知识产权、自主技术在主导产品中的比重);一级指标"产出和效益"包括技术创新产出(当年完成新产品新技术项目数,其中:国内领先水平以上项目数、当年授权专利数,其中:当年授权发明专利数、企业技术贸易收入、企业主持或参加制定的国际、国家、行业标准数)、技术创新效益(新产品销售收入占企业产品销售收入的比重、新产品利润占企业产品销售利润总额的比重、企业出口创汇额、主导产品市场占有率)、企业经济效益(当年企业利润总额);一级指标"加分扣分"包括加分(获国家自然科学、技术发明和科技进步奖情况)、扣分(企业经营亏损)。

(傅智文)

qiye jieshou falü xingwei

企业接受法律行为(enterprises' legal action of acceptance) 企业接受来自政府、市场、社会的宏观调控和监督管理的行为。在不同的历史时期,不同的经济制度下,其内容不尽相同。在自由资本主义时期,实行"企业自治"立法原则,企业处于完全自由状态,生产什么,生产多少,怎么生产,悉由企业自己决定,企业只对市场负责。在计划经济时期,国家控制企业的产、供、销和人、财、物,企业的权利来源于政府行政命令而不是来源于法律,在这种情况下,企业负有对国家产、供、销方面的义务。在现代经济条件下,政府的职能和企业的功能都发生了转变,政府由原来直接管理企业转变为间接管理,企业对市场负责,也要接受必要的监督。

接受监管行为 企业自主经营、自负盈亏,但其生产经营活动须接受一定监管。这种监管不仅是政府的,还有市场的、社会的。接受监管行为包括:(1)政府部门监管接受行为。我国目前已取消行业主管部门,而改为专业部门。经济专业部门的主要职能是指导和服务。因此,企业接受政府部、委、办的监管,不再具有行政隶属关系性质。政府部门的审核和业务监管,从根本上说,这种监管是法律监管,即政府行政机关依照法律规定进行监管。如国家对产品质量以抽查为主要方式的监督检查制度,重点检查实行生产许可证管理的产品、影响国计民生的重要工业产品以及用户、消费者、有关组织反映有严重质量问题的产品。(2)市场管理接受行为。市场管理包括对市场主体的管理、对市场行为的管理和对商品或劳务的管理。企业不正当市场行为主要有不正当竞争行为、垄断行为、生产及销售违禁行为等。(3)社会监督接受行为。社会监督包括舆论监督、社会团体监督和消费者监督等。报刊、广播、电视等社会舆论单位,有权依照法律的有关规定,运用新闻媒体对企业进行监督。社会团体监督,主要有消费者协会和其他消费者组织依法对企业所进行的社会监督。消费者监督,依据《消费者权益保护法》规定,消费者有权对商品和服务进行监督。

企业接受监管行为,主要是在企业的生产和销售活动方面接受监管。企业生产、销售的产品需符合保障人体健康和人身、财产安全的标准和要求。标准化法规定了产品的标准,即国家标准、行业标准和地方标准,没有上述标准的,应当制定相应的企业标准,作为组织生产的依据。企业对有国家标准或者行业标准的产品,可以向国务院标准化行政主管部门或者国务院标准化行政主管部门授权的部门申请产品质量认证。认证合格的,由认证部门授予认证证书,准许在产品或者其包装上使用规定的认证标志。销售行为应严格执行法律的规定,不得侵害其他经营者的合法权益和正常的社会经济秩序。企业生产或销售要符合产品质量要求的产品,符合国家规定的安全、卫生、环境保护和计量等法律法规的要求。企业的违法行为主要表现为:生产不符合保障人体健康,人身、财产安全的国家标准、行业标准的产品或销售上述产品;生产者、销售者在产品中掺杂、掺假,以假充真,以次充好,或者以不合格产品冒充合格产品;生产国家明令淘汰的产品的;销售失效、变质产品;生产者、销售者伪造产品的产地、伪造或者冒用他人的厂名、厂址的,伪造或者冒用认证标志、名优标志等质量标志;产品标识不符合《产品质量法》关于产品或者其包装上的标识要求的规定;拒绝、阻碍从事产品质量监督管理的国家工作人员依法执行职务。

接受调控行为 宏观调控不同于传统的国家干预。宏观调控所调节的不是经济个量而是经济总量。现代各国都确立了以间接的手段对经济进行宏观调控,在宏观环境上国家对企业的行为不直接干预。一般国家的宏观经济政策对企业的行为不产生直接的影响,但是,宏观政策中的产业政策,由于其着眼于部门、行业的变动,不同于调节宏观总量的货币政策和财政政策,因而对企业行为的影响很大。

产业政策指实现产业方向的政策措施。我国产业政策的内容和目标主要有:调整产业结构、升级产业结构、选择主导产业和支柱产业。调整产业结构,针对产业结构失衡,实施限制某些产业、鼓励某些产业的措施。政府实施了扶持基础产业和基础设施为重点的产业调整措施。产业结构调整是以现状为依据,抑制"长线",促进"短线"。产业结构升级,通过技术先进、提高附加值等方法带动产业结构进入更高的阶段。选择主导产业和支柱产业。1994年国家公布了《90年代产业政策纲要》,确定机械电子、汽车、化工、建筑四个产业为支柱产业,近年来又强调培育电子信息等高新技术产业作为新的经济增长点。在产业分布方面,为了协调地区发展,国家在中西部地区有限安排基础设施和资源开发项目,实现规范的财政转移政策,直到这些地区投资的优惠政策。在产业规模方面,为了利于国际竞争,国家鼓励兼并,组织和扩大企业集团等。

企业直接接受国家宏观调控还体现在价格方面。国家对产品的价格实行市场调节价为主,政府定价和政府指导价为辅的政策。与国民经济发展和人民生活关系重大的极少数商品价格、资源稀缺的少数商品价格、自然垄断经营的商品价格、重要的公用商品价格、重要的公益性服务价格实行计划价格。政府指导价的主体是双重的,政府规定基准价和浮动幅度,引导经营者据以制订具体价格。政府定价的定价主体是政府,价格由政府价格主管部门会同有关部门按照定价权限和范围制订。实行政府指导价的,企业应遵守政府规定的基准价和浮动幅度,实行政府定价的产品,企业应执行政府定价的内容。 （黄文熙　沈伟莹）

qiye jiesan
企业解散(system of corporate dissolution)　规范企业因法律规定的解散事由出现作出解散的决定后,依法定程序对企业进行清算和注销登记将导致企业的最终消灭的法律制度。其解散的含义:(1)企业解散将永久性终止企业存在事实状态。企业由于某种原因而决定解散时,企业即进入以最终消灭企业为目标的状态。此时,企业虽然仍存在,但其业务活动已被大大地局限在债权、债务的处理及资产处理方面,法律限制此时的企业再进行新的商业活动。(2)企业在解散决议形成后,因未履行登记注销程序,故企业在法律上并未归于消灭。(3)企业形成解散决议后,除非两种特别情况,企业必依法进入清算阶段。这两种情况是:企业被其他企业吸收合并;企业又形成了不解散或撤销解散决议的决议。在国外公司立法中对解散的原因往往直接区分为自愿解散、行政命令解散和司法解散三大类,并且对第一类解散的事由及形成解散的程序均以列举形式加以规定。

有关法人企业解散的规定在公司法、全民所有制企业法、集体所有制企业法、外商投资的企业法中均有规定,法人企业解散的事由应为以下方面:(1)公司企业章程规定的营业期限届满,公司股东会未形成延长营业期限的决议的。(2)公司章程规定的其他解散事由出现时。(3)公司设立的目的已经实现或根本不能实现的。(4)公司的股东会会议决议解散的。国有独资公司因不设股东会,其解散决定应由国家授权投资的机构或部门作出,外商投资企业因不设股东会,其董事会代行股东会权力,董事会决议解散,董事会不能形成决议时由合资合作一方向政府机关提出解散申请,由受理机关协调处理。集体所有制企业的解散决议由职工代表大会通过。(5)有限公司不足法定最低人数要求的。国外公司法有此规定。如法国公司法、英国和香港公司法则规定股东人数仅为一人且持续时间达6个月以上者,股东责任为无限责任。我国应当结合国情兼采用外国规定,形成混合责任,意即:有限公司人数仅为一人,在6个月的期限内该公司股东或者补足股东数,或者自行决定解散,或者由利害关系人向

法院申请解散;如果不满足上述情况的,该公司自6个月期满后被视为独资企业,由其唯一股东对公司债务承担无限责任,在公司法修改完善时应对此有所规定。(6)因违法经营被吊销营业执照。(7)因违反法律、行政法规规定,情节严重,被政府有关机关下令关闭撤销。(8)由法院根据股东请求或经行政诉讼后裁决并直接下令关闭撤销。(9)有法人资格的企业因不能清偿到期债务而被宣告破产。

非法人企业包括独资企业和合伙企业两种,其设立的分公司及其他分支机构虽然也须有营业执照,但它们是隶属企业的组成部分,没有独立的成立和解散能力,其撤销时一般不存在完整的清算程序。它们所负债务本来就是隶属企业的债务。

独资企业解散的事由有以下方面:(1)投资自然人决定解散。(2)经营期限届满,而投资人(业主)未申请延长经营期限,独资企业不存在投资人共同出资设立企业的合同,也不存在企业章程,其经营期限完全取决于投资者一人的意愿,经营期限只有在企业注册申请书中体现出来。(3)投资人死亡或被宣告死亡,无继承人或继承人决定解散。独资业主死亡,其继承人仍可继承财产,通过变更登记设立为新的独资企业或继承人为数人时变更为合伙企业或有限公司。(4)因违法经营被登记机关吊销营业执照。(5)法律、行政法规规定的其他情形出现,如被有关政府机关下令关闭、撤销。

合伙企业解散的事由:(1)合伙协议约定的经营期限届满,合伙人不愿继续经营的;(2)合伙协议约定的解散事由出现;(3)全体合伙人决定解散;(4)合伙人已不具备法定人数;(5)合伙协议约定的合伙目的已经实现或者无法实现;(6)被依法吊销营业执照;(7)出现法律、行政法规规定的合伙企业解散的其他原因。 （夏雯震　罗丽娅）

qiye jingji guanxi tiaozheng jizhi
企业经济关系调整机制(mechanism of regulation of economic relations of companies)　经济法对企业内部和外部组织性经济关系的调整机制。对于企业经济关系的调整,存在两种机制:(1)企业行为约束立法;(2)企业行为失禁立法。企业行为约束立法注意在对企业内部、外部经济关系进行调整的基础上,强调对企业运营机制的调整。包括对权限机制、决策机制、动力机制、行为机制、运行机制、分配机制、外部环境机制的调整。企业行为失禁立法调整的结果是,使企业只追求利润最大化。这种立法必然导致企业短期行为;单纯产值目标使得成本虚拟化;企业积累弱化;履约率降低;盲目生产;不合理解雇职工等诸多问题。
 （赵　玲）

qiye jingji xingwei

企业经济行为(economic act of enterprises) 企业在一定的外部环境条件下,为实现其预期目标而合理利用内部资源所开展的各项经济活动。广义上的企业经济行为包括企业产、供、销全过程在内的所有经营管理活动,即包括内部活动和外部活动在内的所有的活动;狭义上的企业经济行为仅指企业内部经营管理活动。企业作为一个系统由内部资源和外部环境构成,内部资源主要包括人力、资金、材料、设备、动力、技术等要素。外部环境是企业得以生存和发展的社会、政治、经济、法律、技术、文化、地理、气候、自然资源等综合条件。企业的目标有战略目标和短期目标,目标要素有产品的品种、数量和质量、资金和成本、利润和收入等,为完成这些目标,必须有效地组织各种经济活动。

企业的经济行为包括下列几种具体的行为:(1)制定经营战略与计划。在市场调查研究以及企业内外部环境分析的基础上,制定经营方针和各项经营策略;确定企业的经营目标,并规定销售额、目标利润、目标成本等指标;对产品发展方向、技术发展水平、企业发展规模、职工收入和福利水平等作出决策,并通过长期规划和年度经营计划规定实现这些目标和方针的程序与步骤。(2)产品开发。研究开发新产品是企业发展的动力。研究产品的寿命周期并制定产品更新换代计划;新产品开发投资决策;新产品投入市场的时机和产品组合决策等。(3)物资供应。这是保证企业生产经营活动正常进行的物质前提。掌握物资的供求动态;做好采购工作,保证企业在生产经营中物资的需要;制定先进合理的物资消耗定额,降低物资消耗,加强库存决策,确定库存物资储备定额;缩短物资流通时间,加速流动资金周转。(4)产品制造。产品制造是达到企业经营目标的基础,它要求最有效地利用企业的各项资源,按计划把产品制造出来,并要求提高生产效率和产品质量,降低消耗,采用最适宜的工艺技术方法,发展协作关系,防止环境污染等。(5)开发市场与销售。开发市场与销售是实现经营战略与经营计划的保证。包括市场调查和市场预测;市场分析;国内外市场开拓,产品定价策略;产品分销渠道策略;广告与推销策略;市场经营组合策略的制定等。

经济行为是企业的基础行为,是由企业本性衍生出来的,企业产生之时,企业经济行为就相伴而生。经济行为不可能全部为法律所规定,仍保持经济行为固有特性,如市场分析和市场预测行为等。企业经济行为的范围尚不能与企业法律行为的范围形成一一对应的关系。 (金钟佑)

qiye jingyingquan

企业经营权(management power of enterprises) 国有企业或集体企业对国家授予的财产或者集体组织的财产依法行使占有、使用、收益和处分的权利。经营权是从所有权派生出来的一种相对独立的财产权形式。在经济领域,所有权人以投资的形式将其财产授权公司或企业经营的两权分离现象十分普遍,公司和企业根据投资人的授权获得独立的经营权。而公有制的国有企业和集体企业则不同,由于国家所有权和集体所有权的行使涉及国家和集体的公共利益,已经超出了私人自治的领域,为了保护公共利益,对国家和集体组织与企业之间的关系法律确有必要,将企业应获得的经营自主权上升为法定的经济权利。所以,经济法意义上的企业经营权主要指国有企业经营权和集体企业经营权。

1986年4月12日第六届全国人民代表大会第四次会议通过的《中华人民共和国民法通则》第82条对国有企业经营权作了规定,即:"全民所有制企业对国家授予它经营管理的财产依法享有经营权,受法律保护。"1988年4月13日第七届全国人民代表大会第一次会议通过的《中华人民共和国全民所有制工业企业法》第2条也对国有企业经营权作了明确规定:"全民所有制工业企业是依法自主经营、自负盈亏、独立核算的社会主义商品生产和经营单位。企业的财产属于全民所有,国家依照所有权和经营权分离的原则授予企业经营管理。企业对国家授予其经营管理的财产享有占有、使用和依法处分的权利。企业依法取得法人资格,以国家授予其经营管理的财产承担民事责任。企业根据政府主管部门的决定,可以采取承包、租赁等经营责任制形式。"为了进一步搞活国有企业,扩大企业的经营自主权,1992年7月23日,国务院发布《全民所有制工业企业转换经营机制条例》。条例以政企职责分开,保障国家对企业财产的所有权,实现企业财产保值、增值,落实企业的经营权为主要原则,规定了国有企业经营权的概念。条例进一步规定了国有企业享有生产经营决策权、产品、劳务定价权、产品销售权、物资采购权、进出口权、投资决策权、留用资金支配权、资产处置权、联营、兼并权、劳动用工权、人事管理权、工资、奖金分配权、内部机构设置权、拒绝摊派权等十四项权利,这十四项权利构成了国有企业经营权的具体内容。从我国国有企业的立法进程来看,国有企业的经营权不断在扩大。

国有企业经营权具有以下特征:(1)权利的客体是国有财产,与国家所有权的客体相同。(2)国有企业经营权具有对国有财产的占有、使用、收益和处分四项权能,但收益和处分的权能受到一定限制。主要表现为:首先,国家对企业使用国有财产所产生的收益拥有分配权,通过立法规定国有企业的利润分配,以税收的形式取得国有财产收益的一部分,另一部分以税后利润的形式留给企业自主支配。其次，国家享有国有财产的最终处分权。国有企业对国家授权经营的国有财产享有经营权，依法占有、使用、收益和处分，可以决定一般固定资产的出租、抵押或出售，以及关键设备、成套设备或重要建筑物的出租，但对于关键设备、成套设备或重要建筑物的抵押和出售，须经主管部门批准。而且企业处置生产性固定资产的收入，必须用于企业设备更新和技术改造。因此，国有企业不享有国有财产的完全处分权，最终处分权仍属于国家。国有企业经营权是基于国家授权而产生的权利，标志着对国有资产由国家所有、国家经营转变为国家所有、企业经营，国有企业成为自主经营、自负盈亏的企业法人。

集体企业依法也享有经营权，对集体经济组织的财产依法占有、使用、收益和处分。集体企业经营权是从集体所有权中派生出来的，是依法产生的经济权利。根据1991年国务院发布的《城镇集体所有制企业条例》第5条、第6条的规定，城镇集体企业依法自主经营、独立核算、自负盈亏，依法取得法人资格。根据1990年国务院发布的《乡村集体所有制企业条例》第6条、第19条的规定，乡村集体企业实行自主经营、独立核算、自负盈亏，企业所有者可以决定企业实行承包、租赁等多种经营责任制形式进行经营，应当尊重企业的经营自主权。条例还规定了企业所有权和经营权的划分：企业所有者有权决定企业的经营方向、经营形式、厂长人选或者选聘方式、企业税后利润在所有者和企业之间的分配比例，有权决定企业的分立、合并、迁移、停业、终止和申请破产。国有企业和集体企业的经营权受法律保护，任何部门、单位和个人都不得干预和侵犯。对于非法干预和侵犯企业经营权的行为，企业有权向政府有关部门申诉、控告，或者向人民法院起诉。

（刘砚海）

qiye kuaiji de zhaiwu chong zu

企业会计的债务重组（reconstruction of accounting debt of enterprise）　在债务人发生财务困难的情况下，债权人按照其与债务人达成的协议或法院的裁定作出让步的事项。公允价值，指在公平交易中，熟悉情况的交易双方，自愿进行资产交换或债务清偿的金额。或有支出，指依未来某种事项出现而发生的支出。未来事项的出现具有不确定性。或有收益，指依未来某种事项出现而发生的收益。未来事项的出现具有不确定性。债务重组的方式包括：(1) 以资产清偿债务；(2) 债务转为资本；(3) 修改不包括上述(1) 和(2) 两种方式在内的债务条件，如减少债务本金、减少债务利息等（以下简称修改其他债务条件）；(4) 以上三种方式的组合。

债务人的会计处理　以现金清偿某项债务的，债务人应将重组债务的账面价值与支付的现金之间的差额作为债务重组收益，计入当期损益。以非现金资产清偿某项债务的，债务人应将重组债务的账面价值与转让的非现金资产的公允价值之间的差额作为债务重组收益，计入当期损益，转让的非现金资产的公允价值与其账面价值之间的差额作为资产转让损益，计入当期损益。债务转为资本的，应分别以下情况处理：(1) 债务人为股份有限公司时，债务人应将债权人因放弃债权而享有股份的面值总额确认为股本，股份的公允价值总额与股本之间的差额确认为资本公积。重组债务的账面价值与股份的公允价值总额之间的差额作为债务重组收益，计入当期损益。(2) 债务人为其他企业时，债务人应将债权人因放弃债权而享有的股权份额确认为实收资本，股权的公允价值与实收资本之间的差额确认为资本公积。重组债务的账面价值与股权的公允价值之间的差额作为债务重组收益，计入当期损益。以修改其他债务条件进行债务重组的，债务人应将重组债务的账面价值减记至将来应付金额，减记的金额作为债务重组收益，计入当期损益。修改后的债务条款中涉及或有支出的，债务人应将或有支出包括在将来应付金额中，以确定债务重组收益。或有支出实际发生时，应冲减重组后债务的账面价值。结清债务时，或有支出如未发生，应将该或有支出的原估计金额作为结清债务当期的债务重组收益，计入当期损益。以现金、非现金资产、债务转为资本等方式的组合清偿某项债务的，债务人应先以支付的现金、转让的非现金资产的公允价值冲减重组债务的账面价值，再按规定处理。以现金、非现金资产、债务转为资本等方式清偿某项债务的一部分，并对该债务的另一部分以修改其他债务条件进行债务重组的，债务人应先以支付的现金、转让的非现金资产的公允价值、债权人享有的股权的公允价值冲减重组债务的账面价值，再按规定处理。

债权人的会计处理　以现金清偿某项债务的，债权人应将重组债权的账面余额与收到的现金之间的差额分别以下情况处理：(1) 已对债权计提损失准备的，将该差额先冲减损失准备。损失准备不足以冲减的部分再作为债务重组损失，计入当期损益。(2) 未对债权计提损失准备的，直接将该差额作为债务重组损失，计入当期损益。以非现金资产清偿某项债务的，债权人应将受让的非现金资产按其公允价值入账；重组债权的账面余额与受让的非现金资产的公允价值之间的差额，按规定处理。债务转为资本的，债权人应将享有的股权的公允价值确认为长期投资，重组债权的账面余额与股权的公允价值之间的差额，按规定处理。以修改其他债务条件进行债务重组的，债权人应将债权的账面余额减记至将来应收金额，减记的金额作为债务重组损失,计入当期损益。修改后的债务条款中涉及或有收益的,债权人不应将或有收益包括在将来应收金额中,以确定债务重组损失。或有收益实际发生时,计入当期损益。以现金、非现金资产、债务转为资本等方式的组合清偿某项债务时,债权人应先以收到的现金、受让的非现金资产的公允价值冲减重组债权的账面余额,再按规定处理。以现金、非现金资产、债务转为资本等方式清偿某项债务的一部分,并对该债务的另一部分以修改其他债务条件进行债务重组的,债权人应先以收到的现金、受让的非现金资产的公允价值、享有的股权的公允价值冲减重组债权的账面余额,再按规定处理。 (刘 燕)

企业会计法律规范体系(legal normative system of enterprise accounting)

有关调整会计法律关系的法律法规的总称。在我国,企业会计法律规范体系是指以《中华人民共和国会计法》为统帅、以《企业会计准则》为核心,会计制度为基础的一整套会计法规范体系。其中,《会计法》作为全国人大常委会通过的规范我国会计工作的根本法,是制定其他各项会计法规的基本依据。会计准则是会计人员在执行会计活动时应当遵循的规范和标准,是对会计工作进行评价和鉴定的依据。财政部于1992年11月30日颁布了《企业会计准则》,并从1993年7月1日开始施行。《企业会计准则》的颁布是我国会计制度改革的重大标志,它一改以往按所有制、行业和部门进行区分的方式,采用国际通行的借贷记账法、会计等式、会计要素分类法和会计报表体系制度,实行国际会计惯例中的谨慎性原则、制造成本法、资本保全原则等,从而使得我国会计基本上实现了由计划经济模式向社会主义市场经济模式的转换。作为基础的会计制度是由财政部制定的我国企业会计规范的主要形式,其作为部门规章,从会计科目的设置、会计账户的使用和会计工作的组织角度对我国企业财务会计核算工作进行具体指导。 (刘 燕)

企业会计准则(enterprise's accounting criterion)

我国企业进行会计核算的基本规范。企业会计准则包括基本准则与具体准则两个层次,基本准则主要就会计核算基本内容作出原则性规定,包括会计核算的基本前提,会计核算的一般原则,会计要素确认、计量、报告的规定,会计报表的基本内容和要求等等。国务院1993年发布的《企业会计准则》,属于基本准则的范畴,它依据《中华人民共和国会计法》而制定,对我国企业会计核算工作的基本原则、标准、方法作出规定。具体准则是根据基本准则的要求,就会计核算业务作出的更详细、更具体的规定。1996年,我国财政部制订了第一项具体会计准则《企业会计准则——关联方关系及其交易的披露》,对关联交易的含义、关联方的认定、应披露的关联交易种类以及披露方式等均作出了比较明确的规定。截至2003年底,我国已颁布了《企业会计准则——资产负债表日后事项》、《企业会计准则——会计政策、会计估计变更和会计差错更正》、《企业会计准则——建造合同》、《企业会计准则——非货币性交易》等十几项具体会计准则,初步建立了我国企业会计核算的规范体系。

会计核算应当以企业发生的各项经济业务为对象,记录和反映企业本身的各项生产经营活动。会计核算应当以企业持续、正常的生产经营活动为前提。会计核算应当划分会计期间,分期结算账目和编制会计报表。会计期间分为年度、季度和月份。年度、季度和月份的起迄日期采用公历日期。会计核算以人民币为记账本位币。业务收支以外币为主的企业,也可以选定某种外币作为记账本位币,但编制的会计报表应当折算为人民币反映。境外企业向国内有关部门编报会计报表,应当折算为人民币反映。会计记账采用借贷记账法。会计记录的文字应当使用中文,少数民族自治地区可以同时使用少数民族文字。外商投资企业和外国企业也可以同时使用某种外国文字。

企业会计准则的一般原则。会计核算应当以实际发生的经济业务为依据,如实反映财务状况和经营成果。会计信息应当符合国家宏观经济管理的要求,满足有关各方了解企业财务状况和经营成果的需要,满足企业加强内部经营管理的需要。会计核算应当按照规定的会计处理方法进行,会计指标应当口径一致、相互可比。会计处理方法前后各期应当一致,不得随意变更。如确有必要变更,应当将变更的情况、变更的原因及其对企业财务状况和经营成果的影响,在财务报告中说明。会计核算应当及时进行。会计记录和会计报表应当清晰明了,便于理解和利用。会计核算应当以权责发生制为基础。收入与其相关的成本、费用应当相互配比。会计核算应当遵循谨慎原则的要求,合理核算可能发生的损失和费用。各项财产物资应当按取得时的实际成本计价。物价变动时,除国家另有规定者外,不得调整其账面价值。会计核算应当合理划分收益性支出与资本性支出。凡支出的效益仅与本会计年度相关的,应当作为收益性支出;凡支出的效益与几个会计年度相关的,应当作为资本性支出。财务报告应当全面反映企业的财务状况和经营成果。对于重要的经济业务,应当单独反映。 (刘 燕)

企业领导人(leaders of enterprise)

企业生产经营

和管理系统的负责人。企业领导制度是规范企业领导成员的法律地位、权利义务以及与企业其他成员相互关系的法律制度。在公司制企业,董事、监事、高级管理人员是公司领导。其主要义务是:应当遵守公司章程,忠实履行职务,维护公司利益,不得利用在公司的地位和职权为自己谋取私利。董事、监事、高级管理人员不得利用职权收受贿赂或者其他非法收入,不得侵占公司的财产。董事、高级管理人员不得挪用公司资金或者将公司资金借贷给他人。董事、高级管理人员不得将公司资产以其个人名义或者以其他个人名义开立账户存储。董事、高级管理人员不得以公司资产为本公司的股东或者其他个人债务提供担保。董事、高级管理人员不得自营或者为他人经营与其所任职公司同类的营业或者从事损害本公司利益的活动。董事、高级管理人员除公司章程规定或者股东会同意外,不得同本公司订立合同或者进行交易。董事、监事、高级管理人员执行公司职务时违反法律、行政法规或者公司章程的规定,给公司造成损害的,应当承担赔偿责任。有下列情形之一的,不得担任公司的董事、监事、高级管理人员:无民事行为能力或者限制民事行为能力;因犯有贪污、贿赂、侵占财产、挪用财产罪或者破坏社会经济秩序罪,被判处刑罚,执行期满未逾五年,或者因犯罪被剥夺政治权利,执行期满未逾5年;担任因经营不善破产清算的公司、企业的董事或者厂长、经理,并对该公司、企业的破产负有个人责任的,自该公司、企业破产清算完结之日起未逾3年;担任因违法被吊销营业执照的公司、企业的法定代表人,并负有个人责任的,自该公司、企业被吊销营业执照之日起未逾3年;个人所负数额较大的债务到期未清偿。

国家公务员不得兼任公司的董事、监事、高级管理人员。国有独资公司的董事长、副董事长、董事、高级管理人员,未经国家授权投资的机构或者国家授权的部门同意,不得兼任其他有限责任公司、股份有限公司或者其他经营组织的负责人。

(迟行刚)

qiye minshi zeren

企业民事责任(civil liability of enterprises) 企业依据法律、法规中民事责任的规定所应承担的责任形式。根据承担责任的基础是否以自己拥有的资产额为限,民事责任分为有限责任和无限责任;根据责任产生的依据不同,分为法定责任和约定责任;根据责任的功能不同,分为惩罚性责任和补偿性责任等等。

企业的有限责任 企业以其拥有的全部财产为限对企业债务承担责任。早期的企业的责任形式是以投资人的责任形式为基础,由于法人制度的出现及企业登记制度普遍实行,企业责任独立于投资人的责任。投资人一经出资,就丧失了出资所有权,而转化为企业财产权。我国《民法通则》规定,法人设立,需要"有必要的财产和经费"、"能够独立承担民事责任"。企业的责任是企业与第三人之间的关系,不是投资人与第三人之间的关系。另外,企业责任独立于企业高级管理人员的责任。企业与其管理人员是委托经营管理的关系,管理人员的违法行为或者违反章程的行为,可能会造成企业的财产的变动,但不影响企业的独立人格。企业对第三人的法律责任不因管理人员的行为而转移。在特殊情况下,企业管理人员应当和企业对第三人承担连带责任。我国《证券法》第69条规定,发行人、上市公司公告的招股说明书、公司债券募集办法、财务会计报告等,有虚假记载、误导性陈述或者有重大遗漏,致使投资者在证券交易中遭受损失的,发行人、上市公司的董事、监事、高级经理人员和其他直接责任人员以及保荐人、承销的证券公司应当与发行人上市公司承担连带赔偿责任,但是能够证明自己没有过错的除外;发行人、上市公司的控股股东、实际控制人有过错的,应当与发行人、上市公司承担连带赔偿责任。同时,企业责任是独立于企业的子公司的法律责任。母子公司是两个独立的法律主体,母公司对子公司承担投资者责任,即以出资额为限承担有限责任,对子公司的债权人不承担责任。

企业的无限责任 企业债务承担不以企业自身拥有的财产为限,当企业的财产不足以承担债务时,由企业的成员承担责任。早期的家族营业团体以及后来的无限公司都是无限责任为基础,它以企业资金有限、人数较少、经营灵活等特点,适应了简单商品经济时代的要求。现代西方公司法律制度保留了无限公司。我国在合伙企业和个人独资企业中,当清偿合伙企业债务时,其不足部分,由合伙人按照合伙协议约定的比例或按照平均分担的方法,用合伙企业出资以外的财产承担清偿责任。个人独资企业财产不足以清偿债务的,投资人约定以其个人的其他财产予以清偿。这样,对于企业的债务,有两部分财产可供清偿,即企业财产和投资人个人财产。从投资人的角度,投资人对企业承担无限连带(合伙企业)或无限(个人独资企业)责任。无限责任因涉及两个以上主体的财产,其责任可以分为主责任和补充责任。先承担的清偿责任,是主责任;不足部分再清偿的,是补充责任。法律没有强制规定清偿债务的顺序,投资人个人财产比较充足的情况下,意图保留企业,愿意先以个人财产承担债务,未尝不可。因此债务清偿可以有两种选择:(1)先以企业的财产清偿,不足清偿的,再以个人财产补偿;(2)先以个人财产清偿,不足清偿的,再以企业财产补偿。考虑到先以个人或家庭财产承担主责任会给家庭成员生活带来不利影响,法律规定先以企业承担责任,个人财产承担补充责任。但法律并不否定采取后一种方式清偿。

（薛松岩）

qiye mingzhu guanli
企业民主管理(system of democratic management of enterprises) 规范企业实行民主管理的法律制度。两个以上的国有企业或者其他两个以上的国有投资主体投资设立的有限责任公司,其董事会成员中应当有公司职工代表。董事会中的职工代表由公司职工民主选举产生。公司研究决定有关职工工资、福利、安全生产以及劳动保护、劳动保险等涉及职工切身利益的问题,应当事先听取公司工会和职工的意见,并邀请工会或者职工代表列席有关会议。公司研究决定生产经营的重大问题、制定重要的规章制度时,应当听取公司工会和职工的意见和建议。我国《关于发展城市股份合作制企业的指导意见》规定,坚持职工民主管理,职工享有平等权利。股份合作制企业实行职工股东大会制度,职工股东大会是企业的权力机构,应当实行一人一票的表决方式。职工股东大会选举产生董事会和监事会成员。企业也可不设董事会,由职工股东大会选举产生或聘任总经理。企业的年度预、决算和利润分配方案、重大投资事项、企业分立、合并、解散等重大决策必须经职工股东大会批准。股份合作制企业必须制定章程,章程经出资人同意,职工股东大会批准,对出资人、职工股东大会、董事会具有约束力。

民主管理制度是我国传统企业组织管理制度中的基本制度,职工代表大会是职工民主管理的基本形式,但这种合理的制度安排在改制后的公司中却呈现出衰微的趋势。工业民主化、职工参与制在当今世界已经成为普遍现象,而我国的《中华人民共和国公司法》在这方面的规定却很不完善,也不具有可操作性。《公司法》规定,国有独资公司的董事会成员中应当有公司职工代表,而其他形式的有限责任公司的职工代表只能进入监事会。由此来看,不同种类、形式的公司职工权利、地位不平等。

建立一种职工与股东物质利益趋同的机制,可考虑建立合理的职工持股制度。职工持股制的主要内容有:国有企业在进行股份制改造和建立现代企业制度时,将由企业福利基金和奖励基金形成的资产和部分企业积累形成的资本中划出一部分股份,以配送的方式转让给职工,并量化到职工个人。职工只拥有股份,不持有股票,而是在职工持股基金内设立内部职工持股账户,据此登记每一个职工所拥有的内部职工股股份,职工根据其持有的股份数额分红和参与投票,但不能像普通股股东那样任意转让属于自己的股份。职工在职时拥有股权,调离或退休即失去股权,且只有在调离或退休时才能按照当时公司股份的市场价格或按照企业资产增值程度测算每单位股份的实际价值,付给职工相应的现金,由公司收回股份。职工持股制度的合理化,有利于建立公司长期稳定发展的基础。

（迟行刚）

qiye neibu jingji zerenzhi
企业内部经济责任制(internal responsibility system of enterprise) 以提高企业内部经营管理水平和企业经济效益为目的,按照权、责、利相结合的原则,根据企业科学管理和分工,把企业对国家承担的经济责任加以分解后,逐一落实到厂级领导干部、各部门、分支机构、车间、班组和每个职工,并赋予其相应的权利,建立相应的利益激励机制的经济责任制。企业内部经济责任制使企业内部形成一个上下结合、纵横交错、交叉连锁的责任制体系。其具体内容一般由"包"、"保"、"核"三个环节组成。"包"即包干上级下达的各项经济技术指标和主管的业务指标,把各项指标分解后包到企业各单位和职工个人。"保"即上级保证为下级完成指标任务提供必要条件;企业各部门、各单位之间,各岗位之间相互保证完成协作任务,保证做好服务工作,提高必要条件。"核"即对每个单位、每个岗位、每个职工完成上述各项任务指标和履行各自所保证的协作服务工作的情况进行严格考核,并与其经济利益的分配相联系。

（张长利）

qiye neibu zuzhi falü zhidu
企业内部组织法律制度(internal organic system of enterprise) 规范企业设置内部组织机构的职权及其相互关系的法律制度。企业的内部组织涉及多方面的利益关系,有公司股东、董事、监事、员工、债权人、公司自身及其机关、国家、社会公益。企业法对企业内部组织机制的规定,应当体现正义与效益的价值目标,既要实现公司经营高效、财富最大化,又要保障各方利益主体的权利、利益的公平、公正。

企业治理结构理论 "公司治理结构"(Corporate governance)最早在20世纪60年代末70年代初的美国提出。当时美国学术界部分学者认为大型公众公司的经营管理体制存在结构性缺陷,主要表现为董事会职权弱化,董事未能为股东的利益勤勉尽职,公司的经营管理权集中在高层管理人员手中。1971年,美国学者玛切(Myles L Mace)在一份著名的研究报告中揭示了董事职能减弱的客观事实。比如,董事主要在诸如技术、金融、政府关系等方面提供专业咨询,而在确定公司目标、策略、董事会政策方面无所作为;经营管理者操纵了公司,董事会只是为经营管理者的行为盖盖章,或受经营管理者之托去安抚外面的股东;董事会会议的议程由总裁确定并控制,在内部会议上董事为了自身的利益或出于礼貌免使总裁尴尬一般不提出质询。为此，不少学者倡导改革董事会，将董事有能力行使的职能赋予董事会，且必须使董事不受经营管理者控制。艾森伯格（Melvin AronEisenberg）提出应给予董事会监控的职能，即"挑选、监督和免除主要高层管理人员"，董事会应独立于它所监控的高层管理人员，并应保证有充分、客观的资讯以使董事会行使监控职能。

20世纪初，美国公司就已经完成了从"股东中心主义"向"董事中心主义"的转移，在公司治理结构未提出之前，经典的公司理论仍然推崇贝利（Adolf A. Berle）和米恩斯（Garcliner C. means）的"经营者控制论"学说，即：股东作为所有人，通过投票表决把经营管理权甚至决策权交给董事会，董事会再任命经理人员去处理日常事务，即由董事会代表股东会经营管理公司。但是，随着公司的经营管理逐渐被董事会任命的经理阶层所把持，董事的控制权反而被削弱，董事会越来越具有形式性。根据亚当·斯密（AdamSmith）的理论，凡是为别人而非为自己经营钱财者，不可能像合伙人照顾自己的钱财一样小心翼翼。因此，经营者作为公司的实际代理人，由于他和委托人的利益是相分离的，所以其产生懈怠、疏忽、懒惰和盗窃的心态或行为无法避免，加之内部董事往往被经营者操纵或控制，造成了不是董事任命经理，而是经理挑选董事，因此，"董事中心主义"受到了侵害。在英美法系国家，公司法中没有监事会制度，无论是对内部董事，还是对经营管理人员都不存在监督机制。最有效的改革措施是对董事会的职能进行重新配置，建立起引进外部董事、赋予董事会监督权的公司治理结构。也有一些学者对公司治理结构存有异议，甚至予以否定。倡导有效资本市场学说的费玛（Eugene Fama）和詹圣（Michael CJenson）就认为，公司管理存在的问题完全可以通过市场力量来解决，而不需要引进新的规则，资本市场、产品市场、公司控制的市场，经营管理者人力资源市场足以为保护投资者而向经营管理者加以有效约束。

企业法律形式决定企业内部的组织结构和机构的设置。企业的机构设置及其相互关系，是建立现代企业制度致力于研究解决的课题。企业的组织结构，也就是指企业内部的管理系统，无论企业的法律形式如何，从机构的功能上来讲，不外乎包括权力机构、执行机构、监督机构。这三个机构在不同类型的企业中的称谓虽然不尽相同，但均各司其职，各自从不同的角度对公司的经营管理行使职权。应当说，三个机构的权利科学分工，相互制约，是现代企业管理的需要，也是实现企业利益的要求。各国企业立法及章程都详细规定各组织机构的地位、权利与义务、活动方式以及分工职责。

（尚珂 李军）

qiye pochan

企业破产（corporate bancruptcy） 规范企业因严重亏损，无力清偿到期债务而破产终止的法律制度。我国破产法主要由两部分构成：1986年12月颁布，1988年8月1日开始生效的《中华人民共和国破产法（试行）》（破产法）以及1991年4月9日施行的《中华人民共和国民事诉讼法》第19章"企业法人破产还债程序"。另外，《最高人民法院关于贯彻执行〈中华人民共和国企业破产法〉（试行）若干问题的意见》中有关企业法人破产还债的内容，也是我国破产法的重要法律依据。我国第一部破产法的诞生正值国家由计划经济向市场经济转型的过渡时期。因此，我国企业破产制度具有强烈的过渡性特点。

企业破产法的适用 我国企业破产法的适用，有以下特点：（1）其适用对象有局限性。我国破产法不实行一般破产企业，而是实行一种有限的法人企业。目前仍仅适用于各类的法人型企业，不适用于非法人企业，更不适用于个人。（2）破产界限适用的二重标准。我国法律在全民所有制企业和非全民企业的规定上有不同的表述：全民所有制法人企业破产的原因，是企业因经营管理不善造成严重亏损，不能清偿到期债务；而其他非全民所有制的法人企业是因严重亏损，无力清偿到期债务。全民所有制企业，由债权人申请破产，如有下列情形之一时，则不予宣告破产：一是公用企业和与国计民生有重大关系的企业，政府有关部门给予资助或者采取其他措施帮助清偿债务的；二是取得担保，自破产申请之日起6个月内清偿债务的。企业债权人申请破产，上级主管部门申请整顿并且经企业与债权人会议达成和解协议的，中止破产程序。其他类型法人企业，包括公司则无上述避免破产的保护性规定。（3）和解程序与破产程序结合。在市场经济条件下，为防止破产，更好地保护债权人和债务人的利益，各国破产法均有关于和解的规定。各国破产法在对待和解的问题上，大体有和解前置主义及和解分离主义。和解前置主义指在申请破产前，必须先进行和解，和解不成时才能进行破产宣告。和解分离主义指和解程序与破产程序两者分别进行，债务人对是否进行和解有选择权。我国和解制度的特点是：由法院主持，不采取和解前置主义，而是将和解程序与破产程序相结合，将和解开始的时间放在法院受理破产案件以后，破产宣告作出之前。另外，在和解制度上，对全民所有制企业与其他所有制企业区别对待，将全民所有制企业的和解与整顿合为一体，整顿是和解的前提条件，且整顿申请只能由企业的上级主管机关提出。（4）破产程序的开始以企业申请为前提。在各国破产开始程序中，以申请主义为原则，以职权主义为补充。申请主义即指以债权人或债务人申请为前提，经法院

宣告而进行；职权主义指破产宣告由法院依职权主动进行，不必经债权人或债务人申请。我国破产程序开始的规定属于单一的申请主义，其主要特点在于：以法院对破产申请的"受理"为破产程序的开始；破产程序的开始，必须有破产申请的提出，法院不能主动依职权开始破产程序。

破产案件的管辖 法律规定破产案件由债务人所在地人民法院管辖。最高人民法院的《意见》补充规定：基层人民法院一般管辖县、县级市或区的工商行政管理机关核准登记企业的破产案件；中级人民法院一般管辖地区、地级市以上工商行政管理机关核准登记企业的破产案件；个别案件的级别管辖，可以依照《民事诉讼法》第39条的规定办理，即可以实行指定管辖和审判管辖。

破产案件的申请与受理 债务人不能清偿到期债务，债权人可以申请宣告债务人破产。债权人提出破产申请时，应当向人民法院提交书面申请、债权发生的事实及证据、债权的性质和数额、债权有无担保及证据、债务人不能清偿到期债务的证据。债务人无力偿还到期债务，也可自行申请宣告破产。债务人申请破产时，如果是全民所有制企业，则要经其上级主管部门同意，而对非全民所有制企业，包括依《公司法》规定设立和改制形成的公司则无此规定。人民法院收到破产申请后，要进行实质审查和形式审查。实质审查是确认申请人有无申请权，被申请破产的企业有无破产资格，债务人是否已达到破产界限；形式审查是看申请人提交的材料是否齐备，申请人是否交纳申请费用等。单独的债权人申请债务人破产的，法院不得以债务人是否存在两个以上债权人的情况不明为由而拒绝受理或驳回申请。人民法院决定立案的，即为受理，破产程序正式开始，人民法院对破产案件不得适用简易程序（我国无小破产的规定），应组成合议庭进行审理。

破产程序 （1）召开债权人会议。债权人会议是债权人集体为处理有关破产问题而组成的临时机构。所有债权人均为债权人会议的组成成员。债权人会议的职权有：审查有关债权的证明材料，确认财产有无担保及其数额；讨论通过和解协议草案；讨论通过对破产财产的处理分配方案。债权人会议就上列问题有争议时，法院有权予以裁定。（2）和解和整顿。国有企业由债权人申请破产的，被申请破产的企业的上级主管部门可以申请对该企业进行整顿。但非全民所有制企业被申请破产时则没有规定。整顿申请提出后，企业应向债权人会议提出和解协议草案。企业和债权人会议达成和解协议，经人民法院认可后，由人民法院发布公告，中止破产程序。企业整顿由其上级主管部门负责主持。整顿方案应当经过企业职工代表大会讨论。企业整顿的情况应向企业职工代表大会和债权人会议报告。经过整顿，企业能够按照和解协议清偿债务的，人民法院应当终结对该企业的破产程序。整顿期满，企业不能按照和解协议清偿债务的，人民法院应当宣告该企业破产。（3）破产宣告。符合下列情况的债务人企业，人民法院可裁定宣告破产：一是企业确已达到法定破产界限的，即因严重亏损而不能清偿到期债务的；二是整顿期间或是和解协议生效期间，依法被裁定终结整顿与终结和解协议履行的；三是整顿期满，或和解协议到期，债务人未按和解协议清偿债务的。（4）破产清算。人民法院应当自宣告企业破产之日起15日内成立清算组，接管破产企业。

破产财产的处理 破产债权，是指依破产程序从破产财产中按比例受偿的债权，主要有：破产宣告前成立的无财产担保的债权；虽有财产担保但放弃优先受偿后尚不足的债务清结的部分；因清算组解除合同致使对方受损的部分；破产宣告时未到期的债权视为已到期债权，附条件的债权视为条件成熟，但应减去未到期的利息。

破产宣告前，债权人与破产企业互负债务，在清算前可先行抵销。抵销后，破产企业仍欠部分为破产债权，原债权人欠破产企业部分为破产财产，应向清算组交回。破产企业中有他人财产的，可通过清算组取回。有担保物权的债权人可先行不依破产程序就设定担保的财产优先受偿，受偿应通过清算组进行。

清算组制定破产财产分配方案，经债权人会议讨论通过后，报请人民法院裁定执行。破产财产优先拨付破产费用后，按下列顺序清偿：一是破产企业所欠职工工资和劳动保险费用；二是破产企业所欠税款；三是破产债权。破产财产不足以清偿同一顺序债权人清偿要求的，按比例分配。破产财产分配完毕，由清算组请人民法院终结破产程序。破产程式终结后，未得清偿的债权不再清偿。破产程序终结后，由清算组向破产企业原登记机关办理注销登记。登记完成后，清算组方得解散。

（罗丽娅）

qiye qingsuan

企业清算(system of corporate liquidation) 规范企业依照法定程序结束企业事务，使企业归于消灭的法律制度。企业作出解散决定后，经清算程序了结企业未了结之事务，清理完结债权、债务。企业清算后，其法律资格始告消灭。企业清算具有以下的含义：(1)企业清算期间，企业没有丧失其法律资格或经营资格。有法人资格的企业并未丧失其法人人格，无法人资格的企业，也并未丧失其经营资格，其作为经济组织实体的存在并不受影响。(2)企业清算一般由专门的清算机构负责进行。在清算期间，企业原领导班子不再依其职责对外代表企业；企业的财产、印章、财务文件均由清算机构接管;较为复杂的清算事务还要公告清算机构负责人和联络人的名单、住址,刻制清算机构的印章等。企业尚未履行完毕的合同是否继续履行或决定终止,由清算机构依实际情况决定。企业原法人代表或负责人除非参加清算组否则不得干扰清算组的工作。企业清算工作必须依法律规定的程序进行。(3)企业清算的结果是直接导致企业法人资格的消灭和企业营业资格的终止。

依照法律的规定,清算一般可分为以下几种:(1)破产清算与非破产清算。破产清算,是指企业依照破产程序所进行的清算。非破产清算,是企业不因破产而解散时的各种清算。合伙企业与独资企业因不具备法人资格,不适用破产清算,因它们没有破产资格。(2)任意清算与法定清算。任意清算,只适用于独资企业、合伙企业、无限公司、两合公司的相对简易的一种清算程序。任意清算依全体投资人的意见或企业的协议、章程进行的,可以不按法律规定的方法处分企业财产。法定清算,是企业(主要是公司)解散后,按严格的法律程序进行清算,否则就会影响清算的效力,甚至引起某些法律责任。法定清算的本旨在于以最有效的手段保护清算企业的财产不被流失或侵占,使债权人的利益公平地得以保护。(3)普遍清算与特别清算。普通清算,是企业在解散后由自己组织清算机构进行的清算。特别清算,是公司企业解散时或解散后不能由其自己组织进行普通清算,或进行普通清算中发生显著障碍,或公司财产超过公司债务有不实之嫌时,由有关政府机关或法院介入而进行的清算。当人民法院受理申请并指定清算人组织进行清算时,此当为特别清算。独资企业一般不用特别清算。

企业清算程序如下:(1)组成清算机构。我国公司法规定,公司除因合并或者分立需要解散的,应当自解散事由出现之日起 15 日内成立清算组。清算委员会成员如因违法行事、丧失行为能力等则应更换。我国合伙企业法规定合伙企业解散后 15 日内指定一名或数名合伙人或者委托第三人担任清算人。(2)通知并公告债权人。企业清算机构应负责通知并公告债权人。清算机构成立后应即在法律规定的期限内通知已知的债权人并公告通知未知的债权人。债权人应自接到通知之日起 30 日内,未接到通知的债权人应在第一次公告之日起 90 日内向清算机构申报债权。(3)清理财产。企业清算机构要全面清理企业财产,收回企业债权,并代表企业提出诉讼,接管企业财务文件和印章。(4)登记债权。企业清算机构要受理并按有无担保分别登记债权人申报的债权,有担保的,要求债权人出示证明。(5)提出财产估价方案。企业清算机构要提出财产估价方案,以供政府有关机关、投资者(股东和合伙人)、债权人审查和质疑。对某些难以确认价值的贵重设备可通过拍卖等方式确定价值。(6)分配财产。企业清算的核心是分配财产。财产分配的法定顺序依次是:首先支付清算费用;职工工资及劳动保险费用;清缴所欠税款;清偿企业债务;向投资人分配剩余财产。在清算期间一旦发现法人企业的财产不足以偿还企业债务时,应立即向人民法院申请宣告破产,法院受理后,即将清算事务向法院移交。合伙企业因合伙人对企业债务负无限连带责任,合伙企业未能清偿的债务,仍应由合伙人负责清偿。我国《合伙企业法》第 63 条规定,合伙企业解散后,债权人向债务人提出偿债请求的,该责任消灭。这样,就促使合伙企业的债权人在合伙企业解散后,尽快与合伙人了结原合伙企业未得清偿之债务。

(罗丽娅)

qiye shecun de lifa linian
企业设存的立法理念(legislative concept of enterprise incorporation) 企业设存的基本立法指导思想。从世界范围看,大体有自由主义、特许主义、核准主义和准则主义等。

自由主义 自由设立主义又称为放任设立主义,起源于欧洲中世纪早期的自由贸易时代。自由设立主义的根本指导思想,是主张企业的设立全凭当事人意思自治,法律不设置任何限制或障碍,公司一经成立即获得法人资格,且不必经过任何程序。

特许主义 17 至 19 世纪的欧洲,伴随着商业分工和行会组织的建立,以王室为核心的国家权力中心在欧洲逐渐普遍形成。王室通过颁布发特许状而设立股份公司,意在加强国家进出口贸易,增进国家税收。在特许主义的原则下,公司欲取得法人资格,须由国家制定特许条例,然后再根据特许条例组建公司企业。特许的主要特征在于,每需成立一公司企业,均制定一部法律,以完成"立法上的特许",这与其他设立原则中由行政机关进行核准有本质的差别。在早期的欧洲国家,其股份公司的建立多采取了这一理念。我国民国时期的中国银行、交通银行等银行,也是根据当时的立法院特别条例而组织设立的。特许主义对设立企业设置了过于繁琐的手续和干涉,使企业难以适应社会经济的变化,且其发展缺乏活力,并未达到保障交易安全的目的。

核准主义 企业的设立除必须符合法律规定的条件外,还必须事先征得行政机关的核准同意。核准设立主义产生于 1807 年,法皇路易十四颁行的法国商事条例,1867 年的德国旧商法亦仿效了这一做法。从发展上看,核准设立主义的行政核准较之特许主义,显然是一种进步。在市场经济不发达,强调国家干预经济生活的国家尤其受到重视。原苏联、荷兰以及我国在股份公司的设立上均采取此原则。

严格准则主义 从立法意图上看,特许主义与核准主义均过于强调"交易安全",过多地将责任与风险配置于企业设立者,一方面,较不利于利用企业这一经济形式的发展,另一方面,由于企业运行过程中变化万千,在准入阶段过多的抬高门槛也未必能达到保护交易对方的目的。因此,从平衡企业设立者与交易相对人的权责关系上看,当市场机制发展相对成熟,相应的法规和市场交易规则较完善时,企业设立立法中的准则主义便开始出现。英国于1862年首先开始实施了准则主义的做法,德国1870年的公司法继受了这一做法,19世纪西方各国亦普遍采用了准则主义的企业设立原则。准则主义实行初期,由于其规定过于简陋,与企业设立初期之放任主义大同小异,仍然造成了公司企业的滥设之风。为保护包括企业投资人、债权人等在内的交易相对人的利益,各国均以不同形式对企业设立准则作出严格规定,形成当代各国较通行的"严格准则主义"。

我国《公司法》采取的是核准主义,但对于募集设立的股份有限公司须国务院证券监督管理机关核准。

(李 军)

qiye shecun falü zhidu
企业设存法律制度(system of incorporation, modification and termination of enterprises) 规范企业在设立、变更、终止过程中的条件、程序、法律后果,以及在此过程中的各方当事人的法律关系的性质的法律制度。企业设存,是企业设置、存在的简称,它是对企业设立、变更、终止等一整套法律事实的总概括。企业存设是企业关系形成的前提和基础。现代社会中,除了以自然人的名义进行民事活动外,占主导地位的是以企业的组织形式进行经济活动。企业作为现代社会当中最主要、最普遍的经济主体,掌握其法律资格的取得、变更以及终止的条件和程序及与此相关的理论,对于指导实践具有重要意义。

(尚 珂 晏长青)

qiye sheli de dengji
企业设立的登记(registration of enterprise incorporation) 企业依据法律规定提出申请,经注册机关审查核准、记载而设立的法律制度。

登记机关 企业登记须在国家规定机关进行。依据前述有关法律文件的规定,我国工商行政管理机关依法独立行使企业登记职权。

国家工商行政管理局负责登记国务院批准设立或者国家经贸委审查同意的由国务院各部门以及全国性的科技社会团体设立的全国性公司和大型企业,包括由国务院授权部门批准设立的股份有限公司,国务院授权投资的公司,国务院授权投资的机构或者部门单独或者共同投资设立的有限责任公司;国务院批准设立或经国务院授权部门审查同意设立的大型企业集团;国务院授权对外经济贸易部审查同意由国务院各部门设立的经营进出口业务、劳务输出业务或对外承包工程的公司。外商投资的有限责任公司;其他依据法律规定和按国务院规定由国家工商局负责登记的公司。

省、自治区、直辖市工商行政管理局负责登记省级人民政府批准设立或者省级行业归口管理部门审查同意由政府各部门以及省级科技性社会团体设立的公司和企业,包括省级人民政府批准设立的股份有限公司,国务院授权投资的机构或者部门与其他出资人共同投资设立的有限责任公司,省级人民政府授权投资的机构或者部门单独或者共同投资设立的有限责任公司;省级人民政府批准设立或者政府授权部门审查同意设立的企业集团;省级经营进出口业务、劳务输出业务、对外承包工程的公司;全国性公司在该省设立的分公司、子公司;国家工商局依有关规定核准的其他企业和分支机构;国家工商局委托授权登记的外商投资企业等。

市、县工商局负责登记国家工商局和省级工商局不负责登记的其他各类企业、公司。一些中心城市的工商局还接受国家工商局的委托负责投资规模不大的外商投资企业的登记工作。

企业登记无论是设立登记、还是变更登记、注销登记均应在同一登记机关进行登记,虽然企业迁移或跨地区设立分支机构需要在其他登记机关登记,但还须在原登记机关做变更登记。

登记的种类 企业设立登记根据是否需要进行筹建工作和是否具备企业法人资格两项标准,划分为筹建登记、开业登记、企业法人登记和营业登记四种。其中后三种在内容上有交叉,故这里只阐述企业筹建登记和开业登记。

筹建登记。根据《中华人民共和国企业法人登记管理条例》第36条的规定,经国务院有关部门或各级计划部门批准的新建企业,其筹建期满1年的,应当按照专项规定办理筹建登记。办理筹建登记的专项规定是指国家工商局1984年所发的《关于核发新建工商企业筹建许可证有关问题的通知》以及各省、自治区、直辖市人民政府所作的有关规定。

开业登记。开业登记是开办工商企业过程中需要进行的基本建设,在项目完成以后,或不需要进行基本建设的,由申请人申请取得企业生产经营资格的登记。开业登记依企业是否具有法人资格而区分为企业法人登记和营业登记两种。依据现行立法,企业开业登记获准后,符合法人条件的企业即取得企业法人资格,领取《企业法人营业执照》,可以刻制公章,开立银行账号,在核准的经营范围内开展生产经营活动;而非法人企业则领取《营业执照》,进行工商业活动,其活动引起的债务责任,由开办该非法人企业的单位或个人负责。

登记的意义 企业设立是一种法律行为,对企业设立申请登记注册,是国家对企业设立事实的法律认可。企业设立登记的意义在于:通过登记,可以从法律上确认企业设立的事实,尤其是能够确认具备一定条件的企业的法人资格的事实;可以确认企业的注册地,进而确认企业的住所和经营场所。我国法律规定以企业的主要办事机构所在地为企业的住所;通过企业设立登记,将企业的法律形式明确地记载下来,从而为确定投资人的责任范围提供依据;可以使国家掌握了解企业的行业分布、区域分布及其他资料,便于国家实施宏观经济政策,合理安排生产力布局,对重要资源进行分配,以促进经济的稳定和可持续发展,又可以使国家对企业的微观活动进行监督管理,维护经济活动的秩序;通过登记,可以对非法经营活动进行制止和打击,依法保护登记企业的各项合法权益。

(尚 珂 沈伟莹)

qiye sheli de shenpi
企业设立的审批(approval of enterprise incorporation) 规范企业设立时经由有关行政机关审查、批准的权限、程序等的法律制度。我国对新办国有企业、外商投资企业和股份有限公司实行审批制度。

报请审批 全民所有制企业设立时应依照法律和国务院规定,报请政府或政府主管部门批准。其中大型企业和生产型的建设项目总投资额在3000万元以上的由国家计委审批;总投资额在2亿元以上的由国家计委核报国务院审批;非生产型建设项目及小型建设项目分别由省级人民政府的计委会同其他部门审批或由国务院各部委审批,新办企业不搞建设项目的,由地方政府的有关部门审批。新办企业为公司类型的,依《国务院关于设立全民所有制公司审批权限的通知》(1990年69号)的精神,各级外贸公司由对外经济贸易部审批;金融性公司,由中国人民银行负责审批;其他的全国性专业公司(含企业集团)由经贸委组织审批;大型综合性(指营业范围广泛)的和对国民经济发展有重大影响的全国性公司(集团),由国务院经贸委组织审核后,报由国务院审批;除对外经济贸易专业公司和金融性公司以外的地方性公司,由各省、自治区、直辖市人民政府确定审批机关;国务院各部委、各直属企业事业单位的下属单位设立的非全国性公司,由其上级主管部门负责审批,报国务院经留办备案。外商投资企业的审批机构为国家对外经济贸易部及由对外经济贸易部授权的地方对外经贸厅、(局)等政府机构。外国银行在中国投资设立了总行、分行或其他金融、证券公司时,一律由中国人民银行总行审批。我国股份有限公司依国家公司法的规定,只确定由省(市)级人民政府或国务院授权的部门为审批机构。向境内外发行股份募集资本时,须由国务院证券管理部门审核批准。

审批审查 企业主管审批机构审查的事项有程序性和实体性两个方面。实体性审查,是审查产品是否为社会所需要;企业有无与其生产经营规模相适应的生产经营场所、从业人员和投资数额;外商投资企业是否具备科技先进性,有无出口创汇能力;生产型的大规模投资项目是否是重复建设项目,是否影响国家宏观生产力规划布局,是否解决了交通运输、能源、原材料方面的问题;高科技产业开办企业是否符合国家有关部门制订的各项标准;企业主要负责人的资格;企业是否会产生污染、影响环境等问题。程序性审查,是审查政府有关部门对立项的批准文件是否完善;开办外商投资企业是否具备有效的可行性研究报告,投资协议、公司章程的内容是否合法,形式是否标准无误;开办高科技企业的可行性研究报告、投资协议、企业章程是否合法有效;开办联营企业的协议、章程是否合法有效,应有主管审批机构审批前先办理的有关行业审查是否完毕等。

行业综合审批 企业经营特种行业、部分企业的产品价格、卫生条件、污染物的排放等都要接受政府的监管。行业综合审批的机关和审批的事项,根据企业申报的经营业务活动的内容确定:生产经营爆炸物危险品行业产品的,应报公安管理机关审查;生产经营计量器具的,应报技术监督部门审查;生产经营锅炉的应报劳动管理部门审查;经营饭馆饮食业和食品加工的要经卫生防疫部门审查;从事刻字、印刷、复印等特种行业的要经公安机关审查;设立生产型企业要向大气、水体和地表排放废气、废液、废料的,要由环境保护部门审查并核定排放标准;一些产品定价、服务收费标准涉及国家和地方政府规定价格标准的要由物价部门审查等。目前实行的行业综合审批制度尚不完善,有必要简化行业综合审批手续,以利于社会主义市场经济的发展。

(尚 珂 薛松岩)

qiye sheli dengji de chengxu
企业设立登记的程序(procedure for registiation of incorporation of enterprise) 企业开办的申请经登记主管机关核准登记的程序。是企业成立的法定条件。登记则需依程序进行,依据我国关于企业登记的法律、法规的规定,企业设立登记的程序是:

设立公司应当申请名称预先核准。法律、行政法规规定设立公司必须报经审批或者公司经营范围中有法律、行政法规必须报经审批的项目的，应当在报送审批前办理公司名称预先核准，并以公司登记机关核准的公司名称报送审批。设立有限责任公司，应当由全体股东指定的代表或者共同委托的代理人向公司登记机关申请名称预先核准；设立股份有限公司，应当由全体发起人指定的代表或者共同委托的代理人向公司登记机关申请名称预先核准。

办理审批手续　由于开办企业经营的范围和项目中某些内容涉及国家的行业强制管理，如经营棉花、烟草、工程施工和装修、天然气、煤气、电力、出租汽车、音响录音设备、出版、印刷、食品加工、爆炸物、房地产等，因此要办理有关的政府审批事宜，取得生产经营许可的文件或证书。

申请开业登记　申请设立有限公司的，应由全体股东共同指定的代表或共同委托的代理人为申请人向公司登记机关申请设立登记，受指定的代表或受委托的代理人既可以是自然人，也可以是法人。申请设立国有独资公司，应当由国家授权投资的机构或者部门作为申请人，申请设立登记。申请设立股份有限公司的，应由董事会为申请人，并于公司创立大会结束后30日内向公司登记机关申请设立登记。申请开办非公司企业的申请人情况有：申请创办全民所有制企业，申请人为政府的投资机构、部门以及原全民所有制企业；申请登记集体所有制企业，申请人为负责筹办的全民企业、事业单位、社会团体、城市和农村的集体经济组织及基层政权机构；申请创办私营独资企业，申请人即为该创办人；申请创办合伙企业，则申请人为全体合伙人委托的代理人。中外合资经营企业和中外合作经营企业在企业设立审批阶段，可由中外双方委托中方呈报审批文件，但在设立登记阶段，需要全体合营者或全体合作者共同申请，如由董事长、副董事长共同签署登记申请书；外商单独投资开办企业的，申请人为外方投资者。企业成立非独立核算的分支机构，由该企业申请。异地成立能独立承担民事责任和不能独立承担民事责任的分支机构，则由该企业向原登记主管机关提出申请，经核准后，向该分支机构所在地的登记主管机关申请开业登记。

无论是哪一种企业申请人，在申请登记时均需由企业组建负责人或董事长、副董事长或全体发起人股东委托的代理人或直接投资的个人签署企业登记申请书，且申请成立企业的主要负责人的个人签字应在登记机关备案。

登记机关审查核准　企业登记机关在收到申请人提交的全部申请文件后，对公司企业应发给《公司登记受理通知书》或《非公司企业登记受理通知书》。自发给受理通知书之日起登记机关应在30日内进行审查，核实其企业开办的条件：(1)对符合条件并手续材料完备，即予以核准登记；(2)对条件不完备，手续材料不完备却又无法补足的，即不予注册。工商机关在核实企业成立条件时，对即予核准登记注册的企业的下述情况应记录在册：(1)企业法人名称或企业名称；(2)企业法律形式；(3)住所及经营场所；(4)法定代表人或企业负责人的个人身份材料及签字；(5)企业经济性质；(6)经营范围和经营方式；(7)注册资金或资金数额；(8)经营期限与分支机构；(9)隶属关系、核算形式、股份股本数额等。

核发执照　工商机关在核准后，分别核发经营执照：对具备法人条件的企业，核发《企业法人营业执照》，对具备法人条件的外商投资企业，核发《中华人民共和国企业法人营业执照》；对不具备法人条件，但具备经营条件的企业和经营单位，核发《营业执照》；对外商投资企业设立的从事经营活动分支机构以及不具备中国法人条件的外商投资企业，核发《中华人民共和国营业执照》；对外商投资企业设立的办事机构，核发《外商投资企业办事机构注册证》。

申请企业开业登记的登记费依注册资金的1%缴纳，注册资金超过1000万的，超过的部分按0.5%缴纳，注册资金超过1亿元的，超过的部分不再缴纳。设立非法人企业，领取《营业执照》的登记费最低额为300元。

（尚　珂　沈伟莹）

qiye sheli tiaojian

企业设立条件（conditions for the incorporation of enterprises）　法律规定的企业设立的条件。

企业设立的一般条件　依照我国《公司法》、《独资企业法》、《合伙法》等法律、法规的规定，设立企业一般均应符合以下条件：(1)择定企业法律形式。企业设立人根据自身投资的愿望、条件、风险责任考虑、税负轻重及其他客观环境因素等，选定所设企业的法律形式。(2)准备开办条件。积极依据法律规定准备企业开办的各项条件，包括场地租用、资金筹措、起草投资协议和章程。(3)报经主管部门审批。在成立国有企业、股份有限公司和中外合资企业时，还须向有关政府或主管部门报批，政府审批部门接到申请后进行实质审查，并作出批准与否的决定。(4)进行工商登记。设立持政府批准的文件和其他有关证明文件和企业设立申请书到工商管理机关申请核准，工商管理机关对申请人的申请及有关文件、证件实行审核，在规定的时间(30日内)作出核准或不核准的决定，符合法定条件的，则予以登记并发给《企业法人营业执照》或《营业执照》及副本，不符合条件者则视具体情况要求设立人补办或否决申请不予核准。(5)办理其他手续。经核准的企业则持执照向公安机关申请刻制公章，向税务机关申请办理税务登记，到银行开户，以及从事生产经营活动。

企业设立的具体条件 依据设立企业法律形式、行业、投资来源、所有制形式的不同,企业设立时所需条件为:(1)依法成立。成立企业,尤其是法人型企业,其组织机构、设立方式、经营范围、经营方式等均应符合相应企业法的规定,经依照法律规定的条件和程序,并由登记主管部门依法定程序核准,方可获得法律人格及经营资格。(2)有符合法律规定的发起人。根据欲成立企业的不同,选择符合法律规定的发起人。(3)有自己的名称、生产经营场所和必要的财产或者经费和确定的经营范围。企业的名称应当符合法律规定;应有固定生产经营场所或管理机构所在地;还要有符合国家规定的资金。(4)有自己的组织章程、合伙协议或其他决定设立企业并确定企业将来经营模式的文件。

企业设立的特别条件 包括不同法律形式企业设立的特别条件、不同行业企业设立的特别条件和不同资金来源企业设立的特别条件。公司企业设立要求需具备有:(1)公司章程。(2)健全的公司管理机构(包括股东会、董事会、经理、财务部门等),较大的公司还应设监事或监事会。(3)公司的注册资金必须符合法定最低限额。(4)公司的股东不得以企业信誉、企业名称、管理经验、个人名誉投资。(5)公司的注册资金要有国家批准成立的会计师事务所或审计事务所验资后出具证明文件。(6)公司的董事、经理、监事等高级管理人员任职应符合公司法的规定。(7)有限责任公司的股东人数、住所符合规定。(8)股份有限公司设立,要经国务院授权的部门或省级人民政府批准,以募集方式设立的,要经国务院证券管理部门批准。合伙企业的设立则要有合伙协议。合伙协议对合伙的目的、经营事业、企业名称、投资数额和方式、负责机构和负责人、利润分配和亏损承担、入伙、退伙、纠纷解决等作出约定。

(薛松岩)

qiye sheli zhidu
企业设立制度(system of enterprise incorporation) 规范企业为创立企业而必须履行的所有法律制度的总称。企业设立行为是企业设立人为成立企业依法律须履行的一系列行为。企业设立均须具备三个要件:(1)人的要件。发起设立企业,须有从事企业设立活动的并对发起行为承担责任的设立人(发起人),各国企业法均在不同程度上对企业发起人的人数和资格有所规定。(2)物的要件。为保障企业登记设立之后,有足够的资本经营事业,对企业债务人承担责任并保障交易安全,各国对公司资本极为重视。我国实行较为严格的资本制度,各种企业设立的发起人均应按相应的法定最低资本额及企业章程的规定缴清出资方可设立企业,经工商行政部门核准登记后,可以企业名义对外营业。(3)行为要件。企业设立应有发起人的协商一致,并订立章程或协议方可设立。各国对于章程及合伙协议的内容亦多有基本法定内容,并规定没有章程(合伙协议)或章程(合伙协议)不具法定基本内容者,其成立行为无效。

因企业法具有经济自主与交易安全的价值取向,使企业设立行为是一种兼具意思自治与国家限制性质的法律行为。企业法为市场主体立法,企业法在设立企业、营业方向、经营模式、股份转让及解散等事项上均体现了企业法的意思自治性。但在股份发行、登记要件及特种行业审批等方面又体现了企业法的国家限制性。企业设立行为主体为发起人,其设立行为包括签订发起人协议、订立章程(合伙协议)、履行出资义务、聘任董事、监事等。其法律行为的性质,向来有所争论。主要的学说包括:(1)合伙契约说。该理论认为发起人设立企业行为以签订发起人协议、公司章程为主要内容,发起设立公司与设立合伙企业一样,均建立在当事人合意基础之上,并对当事人具有约束力,是当事人之间的合伙协议。(2)单独行为说。该理论认为企业设立行为应分为企业设立行为之预约及实现该预约之行为。发起人各自以组织设立企业为目的的行为是单独行为,而后由于偶合或联合的意思表示一致竞合而成共同设立企业的行为。(3)共同行为说。该理论认为企业设立行为是发起人出于设立企业这一目的,由多数发起人的意思表示而作出的共同一致的行为。

(尚珂 李军)

qiye shehui zeren
企业社会责任(social responsibility of enterprises) 企业违反社会公共利益所应承担的责任。企业违反社会公共利益所侵害的对象载体是"社会",这与民事责任、刑事责任所侵害的对象是具体的相对人是不同的。

企业的社会责任是一个难于定义的概念。一般说来,包括经济责任、法律责任和道德责任。企业的社会责任不能仅仅指经济责任、道德责任,而将法律责任排除在外。在现代社会,企业的经济责任和法律责任及道德责任不是处于相互隔绝状态,而是紧密地结合在一起的。

企业的社会责任,有作为国民的社会责任,包括守法,即使有利可图并有充分的把握逃避法律制裁,也不得为之;遵守社会公德。作为被政府调控者的责任,包括协助政府执行和完成宏观调控任务;协助政府立法和执法,提供具有共性的必须遵守的规则。作为生产者的社会责任,包括以公平的价格提供安全可靠的产品和服务;不得误导、欺诈消费者;以积极的方式接受消费者的监督。作为雇主的社会责任,包括给劳动者提供安全的工作环境;提高工人的福利待遇;不歧视;促进就业。作为资源使用者的社会责任,包括合理使用资源;控制环境污染。作为竞争者的社会责任,包括不得从事不正当竞争和垄断行为。作为居民的相邻者的社会责任,包括不得干扰邻居的生活和生产。

(尚珂 李军)

企业生产经营管理法律制度(legal system of enterprise manufacturing and marketing management)

规范企业生产经营管理活动中所形成的法律制度。生产经营管理制度是企业管理法律制度的重要组成部分。

生产经营管理是企业决策管理层根据企业外部环境和内部条件,制定生产经营目标,确定经营方向,进行生产经营战略决策和规划,并进行财务、组织人事等方面的决策,以及对实施过程进行控制的一系列管理活动。

企业生产经营管理权 企业生产经营管理权不同于一般意义上的企业经营权。一般意义上的企业经营权是指国有企业依据国家所有或国家授予的财产,进行自主经营管理的权限。包括生产经营决策权、劳动人事权、内部机构设置权、产品劳务定价权、产品物资购销权、自有资金支配权、固定资产处置权、经营方式选择权和进出口权等。它是企业财产权从国家所有权派生出来后,在法律上确认企业财产权的基础上,从企业财产权派生出来的。是一种相对独立的权利形式。企业经营权是国家资产由国家经营转变为国家所有、企业经营的两权分离制度的体现。而企业生产经营管理权是在企业经营权中分离出来的,是企业在拥有财产经营权的基础上,为实现企业经营管理目标及经济利益而依法授权企业管理层行使的特定权利,它是一种附属权,是企业依法授予企业管理层的,在对企业财产的运营中行使生产经营管理的权限。是企业在运营过程中企业管理层所具有的行政性权力。

法律意义上的生产经营管理是指法律上作出规定的生产经营管理行为或是企业依法作出的生产经营行为,即企业依据法律的授权,依据法定的程序对生产经营活动进行的管理行为。生产经营管理必须是法律上作出规定的行为或是企业依法作出的行为。包括对生产经营管理的内容的规定,法律对生产经营管理决策机构的规定和授权,对生产经营管理程序和形式的规定以及对生产经营管理权限的规定等。法律意义上的生产经营行为也可以说是企业依法自我约束的行为,即企业在法律允许的范围内对自身的生产经营进行管理的行为。

生产经营法律制度的原则 目标统一性原则:企业生产经营活动具有劳动分工的复杂性和生产经营过程的整体性特征。因此,企业的生产经营的目标必须具体、统一。表现为:

(1)统一的计划。计划是企业生产经营的客观要求。(2)目标实现过程的统一性。企业是统一的生产经营综合体,其各内部分支机构为实现企业目标而协调地行使自己的职能。

生产经营法律制度的特征 生产经营法律制度是调整企业在实施生产经营管理过程中所发生的企业内部及外部组织关系。其中内部组织关系即企业在对具体生产经营活动进行计划、组织、协调、控制和监督过程中与其内部组织机构及人员所发生的管理关系。企业的外部组织关系是其内部组织关系的延伸,是一种静态的组织关系,外部组织关系通过内部组织运作来实现。它包括两个方面:企业与国家的关系,如财产运营和财产管理方面的关系、承包经营、租赁经营方面的关系以及企业与其他经济组织、社会组织和个人的关系。如经济组织与行业协会、商会的关系、国有企业与资产管理公司的关系等。

生产经营法律制度的特征是:(1)企业生产经营制度是生产活动和经营活动的统一。(2)生产经营制度是企业内部的组织、管理制度。(3)生产经营制度体现国家法律对企业内部关系的调整。

生产经营法律制度的范围 生产经营管理制度,属于企业的运营制度,是企业从事生产经营管理活动的行为准则。在企业生产经营法律制度中如何处理国家所有权与企业经营权的关系,是企业法理论应给予关注的课题。一般来讲,企业生产经营管理制度主要包括生产管理制度、经营管理制度、财务会计制度、人事工资制度、承包经营制和租赁经营制等。(许润霞)

企业生产许可证制度(system of manufacturing license of enterprise)

规范企业依照生产许可证许可的生产条件、国家有关管理机构审查等进行生产管理的法律制度。

生产许可证管理机构 是法律授权或依法设立的、对生产许可证工作实施管理的机构。《工业产品生产许可证管理办法》规定:国家质检总局在充分发挥国务院各部门和行业作用的基础上,对全国工业产品生产许可证工作实施统一管理。根据工作需要,国家质检总局授权各省、自治区、直辖市质量技术监督局、各类发证产品审查部及各类发证产品检验机构,共同完成工业产品生产许可证的受理、企业生产条件审查、产品质量检验以及材料汇总上报工作。

全国工业产品生产许可证办公室承担生产许可证管理的日常工作。国务院有关部门在各自的职责范围内配合国家质检总局做好相关领域的生产许可证工作。省级质量技术监督局在国家质检总局的领导下对本行政区域内生产许可证工作进行日常监督和管理。省级许可证办公室承担本行政区域内生产许可证管理的日常工作。生产许可证产品审查部受全国许可证办公室的委托,承担相关产品生产许可证的技术审查工作。依法设置和依法授权的产品质量检验机构,须经批准方能承担生产许可证相关产品的质量检验任务。

取得生产许可证的条件 《工业产品生产许可证管理办法》规定,企业取得生产许可证必须具备以下基本条件:企业经营范围应当覆盖申请取证产品;产品质量符合现行的国家标准或者行业标准以及企业明示的标准;具有正确、完整的技术文件和工艺要求;具有保证该产品质量的生产设备、工艺装备、计量和检验手段;具有保证正常生产和保证产品质量的专业技术人员、熟练技术工人以及计量、检测人员;具有健全有效的质量管理制度;符合法律、行政法规及国家有关政策规定的相关要求。

生产许可证的期效 生产许可证有效期一般不超过5年,有效期自证书签发之日算起。企业应当在生产许可证有效期满前6个月内,向所在地省级质量技术监督局提出换证申请。因未按时提出申请,而延误换证时间的,由企业自行承担责任。申请取证企业持《生产许可证受理通知书》,其产品在自受理通知书签发之日起6个月内仍视为有证产品。在生产许可证有效期内,产品标准发生改变的,由审查部提出重新检验和评审方案,由国家质检总局组织进行补充审查;企业生产条件发生变化的,应当在变化后3个月内向所在省级质量技术监督局提出申请,并按规定程序办理变更手续。企业名称发生变化的,应当在变更名称后3个月内向所在地省级质量技术监督局提出生产许可证证书更名申请。

凡取得生产许可证的产品,企业必须在产品、包装或者说明书上标注生产许可证标记和编号。获得生产许可证的企业,不得将生产许可证标记和编号转让他人使用。

有下列情形的,注销企业的生产许可证:降低产品质量的;经复查不符合取得生产许可证条件的;未经批准降低技术指标的;将生产许可证、产品名牌转让其他企业使用的。国家决定淘汰或停止生产的产品,也要注销或收回其生产许可证。 (许润霞)

qiye suodeshui

企业所得税(enterprise income tax) 对一国境内的所有企业在一定期间内的生产经营所得和其他所得等收入,进行法定的生产成本、费用和损失等扣除后的余额征收的一种所得税。我国目前的企业所得税立法采取内资企业所得税和涉外企业所得税并行的立法模式,对在中华人民共和国境内的,除外商投资企业和外国企业以外的企业的生产经营所得和其他所得进行征收。企业所得税是1994年税制改革中统一原国营企业所得税、集体企业所得税和私营企业所得税之后形成的一个税种。

内资企业所得税的纳税义务人是位于我国境内的,除外商投资企业和外国企业以外的,实行独立经济核算的企业或者组织,包括国有企业、集体企业、私营企业、联营企业、股份制企业以及其他有生产经营所得和其他所得的组织。涉外企业所得税的纳税义务人是外商投资企业和外国企业。

内资企业所得税的征税对象为企业来自境内境外的生产经营所得和其他所得。涉外企业所得税的征税对象为在中国境内的除外商投资企业和外国企业以外的企业的生产经营所得和其他所得。

企业所得税的应纳税所得额为企业所得税的纳税人在每一个纳税年度的收入总额减去税法准予扣除的项目后的余额。在计算企业所得税时,其财务会计处理办法同税法规定不一致的,税务机关有权进行调整。所以企业所得税的计税依据是企业年度收入总额减去准予扣除项目,并进行合法调整之后的余额。

企业所得税税率为应纳企业所得税税额与其应纳税所得额之间的比率。我国内资企业和外资企业所得税的税率均为33%。内资企业按照应纳税所得额大小设置了27%和18%两档优惠税率。涉外企业在中国境内设立的机构、场所所取得的生产经营所得以及其他所得的应纳税所得额适用30%的比例税率计征所得税,另按应纳税所得额3%计征地方所得税;对于其他外国企业则按20%的比例税率征收预提所得税。

(余启平)

qiye suodeshui zanxing tiaoli

《企业所得税暂行条例》(Interim Regulations on the Enterprise Income Tax) 1993年11月26日国务院第12次常务会议通过,自1994年1月1日起施行,其适用对象为内资企业,与《中华人民共和国外商投资企业和外国企业所得税法》相配套组成广义的企业所得税法的条例。

主要内容包括:企业所得税的纳税人是在中华人民共和国境内从事生产、经营并实行独立经济核算的、除外商投资企业和外国企业外的企业或者组织。征税对象是纳税人源于中国境内外的生产、经营所得和其他所得。

企业所得税采用比例税率,基本税率为33%。此外设置两档优惠税率,即企业年应纳税额在3万元(含

3万元)以下,按18%的税率征税;3—10万元(含10万元)按27%的比例征税。

企业所得税的计税依据是应纳税所得额,即纳税人每一纳税年度的收入总额减去准予扣除项目后的余额。

企业所得税税收优惠包括:民族自治地方的企业,需要照顾和鼓励的,经省级人民政府批准,可实行定期减税或者免税;法律、行政法规和国务院有关规定给予减税或者免税的企业。此外纳税人发生年度亏损的,可以用下一纳税年度的所得弥补;下一纳税年度的所得不足弥补的,可以逐年延续弥补,但是延续弥补期最长不得超过五年的亏损结转制度,实质上是对纳税人的优惠。企业所得税的税收抵免适用于纳税人来源于中国境外的所得,已在境外缴纳的所得税税款的情况。在汇总纳税时准予从其应纳税额中扣除,但是扣除额不得超过其境外所得依法计算的应纳税额。企业所得税的纳税地点是纳税人所在地即其实际经营管理所在地。

(席晓娟)

qiye suodeshui zanxing tiaoli shishi xize

《企业所得税暂行条例实施细则》(Rules for Implementation of the Interim Regulations Governing Enterprises Income Tax) 财政部1994年2月4日发布的用来解释《企业所得税暂行条例》的细则。细则对暂行条例中的特定用语进行了解释,如"生产、经营所得"、"其他所得"、"独立经济核算的企业或者组织"、"弥补亏损期限"、"已在境外缴纳的所得税税款"、"境外所得依本条例规定计算的应纳税额"、"清算所得"、"纳税年度"等。细则对应纳所得额的计算列出公式:应纳税所得额=收入总额-准予扣除项目金额。对收入总额、准予扣除的项目与不得扣除的项目作了具体解释。细则对"扣除项目"作出了补充,包括纳税人支出的与生产经营有关的业务招待费;纳税人上交的各类保险基金和统筹基金;纳税人参加财产保险和运输保险,缴纳的保险费用、为特殊工种职工支付的法定人身安全保险费;固定资产所支付租赁费以经营租赁方式租入固定资产而发生的租赁费可以据实扣除,融资租赁发生的租赁费不得直接扣除;纳税人提取的坏账准备金和商品削价准备金;纳税人当期发生的固定资产和流动资产盈亏、毁损净损失;纳税人在生产经营期间发生的外国货币存、借和以外国货币结算的往来款项增减变动时,由于汇率变动而与记账本位币折合发生的汇兑损益;纳税人支付给总机构的与本企业生产、经营有关的管理费;纳税人固定资产的折旧、无形资产和递延资产摊销的扣除;纳税人购买国债的利息收入。细则对"资产的税务处理"作出了规定,详细解释了"固定资产"、"无形资产"、"递延资产"、"流动资产"的范围及其税务处理办法。细则对暂行条例中规定的"税收优惠情况"作了扩充解释。细则对"企业所得税征收管理"的时间、地点、方式、程序等问题也进行了解释与补充。

(席晓娟)

qiye waihui guanli zhidu

企业外汇管理制度(system of enterprises'foreign exchange control) 规范内资企业和外资企业的外汇管理的法律制度。我国目前尚未实行资本项下的人民币自由兑换,对外汇仍进行一定的法律管制。

内资企业的外汇管理,适用《中华人民共和国外汇管理条例》。外商投资企业凭工商行政管理机关发给的营业执照,在中国境内可以经营外汇业务的银行开立账户,由开户银行监督收付。企业的外汇收入,应当存入其开户银行的外汇账户;外汇支出,应当从其外汇账户中支付。外商投资企业一般应外汇收支平衡。中外合资经营企业根据批准的合营企业的可行性报告、合同中规定产品以内销为主而外汇不能平衡的,由有关省、自治区、直辖市人民政府或国务院部门在留成外汇中调剂解决;不能解决的,由对外经济贸易部会同国家计划委员会纳入计划解决。外资企业无法自行解决外汇收支平衡的,外国投资者应当在设立外资企业申请书中载明并提出如何解决的具体方案;审批机关会商有关部门作出答复。设立外资企业申请书中已载明自行解决外汇收支平衡的,任何政府部门不负责解决其外汇收支平衡问题。

(雷雨波)

qiye xiaoshou zhidu

企业销售制度(enterprise marketing system) 规范企业自主销售本企业生产的指令性计划外产品进行管理的法律制度。任何部门和地方政府不得对其采取封锁、限制和其他歧视性措施。根据指令性计划生产的产品,应当按照计划规定的范围销售。

外资企业销售 中外合资经营企业在中国销售产品,按下列办法办理:属于计划分配的物资,通过企业主管部门列入物资管理部门的分配计划,按计划销售给指定的用户;属于物资、商业部门经营的物资,由物资、商业部门向合营企业订购;上述两类物资的计划收购外的部分以及不属于上述两类的物资,合营企业有权自行销售或委托有关单位代销;合营企业出口的产品,如属中国的外贸公司所要进口的物资,合营企业可向中国的外贸公司销售,收取外汇。

中外合作企业销售产品,应当按照经批准的合作企业合同的约定销售。合作企业不得以明显低于合理的国际市场同类产品的价格出口产品,规定应当申领出口许可证的,须办理申领手续。外资企业在中国市场销售其产品,应当依照经批准的销售比例进行,产品价格应当符合中国有关价格管理的规定,超过经批准的销售比例在中国市场销售其产品,须经审批机关批准。外资企业有权自行出口或委托中国的外贸公司或者委托中国境外的公司代销企业生产的产品,出口产品的价格,由外资企业参照当时国际市场价格自行确定,但不得低于合理的市场价格。

无店铺销售 是经营者不利用通常的店堂、柜台等商品销售设施,而在店铺之外将商品销售给消费者的销售方式。登门推销、传销、邮购、电话订购以及电子商务等均属于无店铺销售方式。无店铺销售管理的范围应该包括经营者市场准入,从业人员、具体经营行为规则等方面。为了规范无店铺销售经营,保护消费者权益,一些国家已就此进行了专门立法。日本曾制定了《关于登门推销等的法律》,专门对登门推销、邮购和传销三种交易的规则作出了规定。从我国经济生活实际来看,传销和邮购比较常见,电子商务也开始兴起。

传销 生产企业不通过店铺而由传销员将本企业产品直接销售给消费者的经营方式。传销包括多层次传销和单层次传销。前者是指企业通过发展两个层次以上的传销员将产品直接销售给消费者的一种经营方式;后者是指生产企业通过发展一个层次的传销员将本产品直接销售给消费者的一种经营方式。为加强对传销活动的监督管理,维护市场经济秩序,保护消费者的合法权益,国家工商行政管理局颁布了《传销管理办法》,该办法比较系统全面地对传销经营进行了规范,规定了企业从事传销活动所必须符合的具体条件;传销员的具体条件;具体的传销行为规则等。由于我国市场发育程度低,管理手段比较落后,消费心理尚不成熟,传销这一经营方式在实践中问题比较突出,严重损害了消费者的利益,干扰了正常的经济秩序。为此,国务院于1998年4月颁布了《关于禁止传销经营活动的通知》,决定禁止任何形式的传销经营活动,并规定此前经批准登记从事传销经营的企业转变为其他经营活动。2005年,国务院公布了《禁止传销条例》对传销进行了系统化的规范。

电子商务 利用计算机与通信网络实现商务交易,俗称为网络购物。由于因特网的迅猛发展,电子商务演变成为一种能量巨大的无店铺商品交易方式。各个国家或地区都纷纷制定了相应的法律、法规。联合国1996年制定了《电子商务示范法》。1997年《欧洲电子商务倡议书》出台,提出制定适应电子商务发展的单一市场管理框架,并在市场开放、信息安全、隐私和知识产权保护以及税收等方面制定了法规。美国政府1997年发表了《全球电子商务框架》,认为政府有必要修改和制定法律,尽快制定电子商务法律体系。英国政府1999年7月公布了《电子通讯法案》的征求意见稿,制定该法的目的在于促进英国电子商务,并为电子商务提供法律上的保证;在1999年末,制定了《电子商务环境下的消费者保护准则》。2000年1月5日,香港地区立法会通过《电子交易条例草案》,赋予电子记录及数码签署等同于书面记录及签署的法律地位,并鼓励在香港地区成立核证机关,确保电子交易在稳妥可靠的环境下推行。

我国《合同法》对电子合同的法律效力问题也有所涉及。从我国制定专门的电子商务立法的角度来说,新规范应该明确以下几方面的内容:网上交易的法律地位、电子合同的合法性程序、电子支付的方式、电子支付的接受和执行,电子支付的当事人的权利和义务以及法律责任、交易双方身份认证办法、交易信息安全、关税和税收处理等内容。 （卓 翔 耿秀坤）

qiye xiezuo falü xingwei
企业协作法律行为(legal cooperative act of enterprises) 在具体的经济关系中,企业与其他经济组织、社会组织及公民个人的分工协作关系。这种关系是企业基于进行经济活动建立起来的。其提供合格的产品或服务都是通过协作实现的。其中,合同行为、正当竞争行为和争议解决行为是协作行为的主要法律形式。合同行为是指企业生产、销售产品是通过合同行为实现的。合同必须符合法律、法规的要求。合同法是企业订立、履行合同的基本法律依据。 （薛松岩）

qiye xinyong guanli tixi
企业信用管理体系(administrative system of enterprise credit) 我国现在对企业信用分类的主要依据是2003年10月31日国家工商行政管理总局颁布的《关于对企业实行信用分类监管的意见》(工商企字〔2003〕第131号)。其目的是加强企业信用建设,以加快我国社会信用体系建设。企业信用分类是整顿和规范市场经济秩序的治本之策,是建立诚信国家的基础。

企业信用监管指标体系 企业信用监管指标体系立足工商行政管理职能,由市场准入、经营行为和市场退出三方面的信用指标构成,同时将工商行政管理职能以外反映企业信用状况的指标作为参照。(1)市场准入指标,该指标所反映的是在确认市场主体资格和经营资格过程中企业的信用状况;(2)经营行为指标,该指标反映的是企业在经营活动中的信用状况,内容包括年检、日常检查、专项检查、举报、投诉以及违反工商行政管理规定处罚情况,核心在于企业是否守法经营,在交易活动中是否遵循诚实信用原则;(3)市场退出指标,该指标反映的是企业在退出市场过程中的信用状况,内容包括注销登记和吊销营业执照情况,核心在于退出市场是否依法进行清算;(4)参照指标,该指标是除工商行政管理职能以外反映企业信用状况的指标,在制定企业信用监管等级标准和实施企业分类时作为参考。

企业信用分类标准 企业信用分类标准,属于法律范畴的信用标准,依据企业信用指标所反映的信用状况,将企业信用标准分为守信标准、警示标准、失信标准和严重失信标准。(1)守信标准,遵守法律法规和诚实信用原则,具有良好商业信用。(2)警示标准,有一定的失信行为。(3)失信标准,有较严重的违法行为。(4)严重失信标准,有严重违法行为,被责令关闭或被依法吊销营业执照。

企业分类管理的措施 分类管理是以企业登记和各类监管信息为基础,根据企业信用标准将企业相应地分为不同的管理类别,即A、B、C、D四级。A级为守信企业,用绿牌表示;B级为警示企业,用蓝牌表示;C级为失信企业,用黄牌表示;D级为严重失信企业,用黑牌表示。

企业信用信息记录制度 企业信用信息制度主要包括登记信息、各类监管信息以及与信用密切相关的其他信息。要重视整合相关部门产生的企业信用信息。加强与税务、银行、海关、质检、外汇管理等有关部门的信息沟通和信息交换,及时采集有关部门对企业实施许可证和资质管理的信息、行政处罚信息以及与信用有关的其他信息,进一步充实企业信用信息。

企业信用信息披露制度 企业信用信息披露制度包括:(1)公开企业身份记录,企业登记事项是企业最基本的信息,属于社会公共信息,是了解企业信用的原始数据,要依法予以公告或提供社会查询服务;(2)公开违法行为记录,对涉及企业信用的重大信息要进行披露,对所有行政处罚要按照结果公开的原则,作为企业信用信息予以记录并可提供社会查询,对吊销营业执照的企业要依法发布吊销公告;(3)公示典型违法企业,对违法情节特别严重、社会反响强烈的典型案件,要通过新闻媒体进行曝光,并将该企业予以公示。

企业信用监管体系 企业信用监管体系建设是一项系统工程,简称"金信工程"。企业信用监管体系建设,必须切实加强基础性建设,重点是加强企业信用监管信息网络建设,为实施有效监管提供有力的技术保障。按照企业信用监管指标体系和实施分类管理的要求,统一指标体系,统一技术标准,抓紧开发全国统一的企业信用监管软件。 (傅智文)

qiye xingshi zeren

企业刑事责任(criminal liability of enterprise) 企业违反法律、法规中刑事责任的规定所应承担的责任形式。以往,承担刑事责任的主体只有自然人。随着社会经济的发展,企业数量急剧增多的同时,企业犯罪的问题越来越突出。英国18世纪许多案件都判处法人承担刑事责任。大陆法国家或地区立法规定法人犯罪是在20世纪以后。1919年的德国《帝国租税法》中,第一次规定了对法人犯罪的刑事处罚。我国台湾地区自20世纪70年代后制定了很多的关于法人犯罪的条文,分布于不同的法律中,现在有23部法律规定了法人犯罪,条文共计76条,罪名共150个。我国内地自20世纪80年代后期,颁布了一些补充规定,规定了法人犯罪的问题。1997年《中华人民共和国刑法》修订,将法人刑事责任正式列入《刑法》中。法人的刑罚方式不能等同于自然人,对无生命力的法人只能适用没收财产和罚金两种刑罚。

企业刑事责任的特征,是实行"双罚制",即处罚直接责任人和处罚企业。《刑法》第158条规定,申请公司登记使用虚假证明文件或者采取其他欺诈手段虚报注册资本,欺骗公司登记主管部门,取得公司登记,虚报注册资本数额巨大、后果严重或者有其他严重情节的,处3年以下有期徒刑或者拘役,并处或者单处虚报注册资本金额1%以上5%以下罚金。《刑法》第162条规定公司、企业进行清算时,隐匿财产,对资产负债表或者财产清单作虚伪记载或者在未清偿债务前分配公司、企业财产,严重损害债权人或者其他人利益的,对直接负责的主管人员和其他直接责任人员,处5年以下有期徒刑或者拘役,并处或者单处2万元以上20万元以下罚金。 (李 军)

qiye xingwei jizhi yaosu

企业行为机制要素(essentials of enterprises' act mechanism) 企业行为机制得以形成并发生作用的前提和组成成分。主要包括利益要素、制度要素、决策要素、责任要素。

利益要素 利益是企业行为机制的动力要素。这里的利益指经济利益。通常认为,企业是以营利为目的的组织。获取利益是企业法律行为的主要内容。追求利益是企业活动的驱动力。

合伙企业和个人独资企业的利益有两个层面,即出资人利益和企业利益。

公司企业具有法人人格,出资人获取利益的前提条件是公司取得盈利。公司企业的利益驱动力体现为公司利益。

国有企业是国家或地方政府投资设立的以实现国家利益或社会公共利益的企业。国有企业的功能主要是为国民经济发展提供必不可少的基础设施和服务,保障国民经济的稳定增长。因此,国有企业的行为驱动力不是以企业的自身利益最大化为目标,而是满足国家利益和社会公共利益要求。

制度要素 制度是企业行为机制的基础要素。企业制度是企业的具体法律制度的总称。依据法律制度是同类法规范的一定类型化的原理,还可以把企业法律制度作具体的划分。一般说来,不同企业制度下的企业行为机制是不同的。如公司企业制度下的企业行为机制与工厂企业制度下的企业行为机制并不相同。

决策要素 决策是企业行为机制的关键要素。合伙企业的决策权集于企业自身,合伙事务可以由全体合伙人共同执行,并都允许以合同的形式将部分经营管理权转移,即委托他人经营。

个人独资企业的决策机制与合伙企业类似,只是决策权的行使更为直接,即完全由出资人个人决定。合伙企业和独资企业决策机制的主要特点是决策权力集中,出资人掌握独立的决策的控制权,在无限责任下,出资人能够积极参与决策。

公司企业采取分权制衡的模式。就是所有者、经营决策者和监督者之间通过公司的权力机构、执行机构和监督机构形成各自独立、相互制约的关系。

国有企业的决策机制是较为特殊的一种。国企改革后,企业拥有一定的经营自主权,但国家仍然保留一部分决策权。

责任要素 责任是企业行为机制的影响要素。独资或合伙企业的责任是无限(连带)责任。公司企业的出资人对公司承担有限责任。企业对外债务的担保是公司的全部财产,出资人的其他个人财产同公司的财产处于分离状态。公司企业的行为独立于出资人,出资人不直接干预以董事为代表的公司的行为。公司企业的行为特点就是股东出让管理权而保留选举权和剩余财产索取权。　　　　　　　(陆炯 杨禾)

qiye xingzheng xingwei
企业行政行为(administrative act of enterprises) 企业内部具有一定法律性质的行政行为。企业内部行政行为包括内部的决策行为、执行行为和监督行为。

内部决策行为 因不同的企业形式有所不同,一般有三种行为方式:(1)权力机构决策行为。公司的内部决策行为是通过股东会进行的,因决策的事项不同,股东会分普通决议和特别决议两种形式。普通决议指决定公司的普通事项时采用的;以简单多数通过的决议。在我国,除《公司法》明文规定应以特别决议进行的事项外,一律以普通决议进行。特别决议是决定公司的特别事项时采用的,以绝对多数才能通过的决议。(2)共同决策行为。国有企业实行厂长(经理)负责制,企业经营管理和生产指挥权统一由厂长行使。在国有企业和国有独资公司中,职工代表大会行使企业的决策权和监督权。《中华人民共和国企业法》第51条和《全民所有制工业企业职工代表大会条例》第3条都规定:"职工代表大会是企业实行民主管理的基本形式,是职工行使民主管理权力的机构。"(3)集体决策行为。合伙企业与独资企业因规模小、人数少,其决策权可以由出资人集体行使,也可以由聘用管理人行使。

内部执行行为 公司企业的执行机关是董事会及其聘任的经理,它的业务内容是执行、实施章程规定的宗旨以及股东会所作的决议,负责具体业务的管理、人事任免权。我国《公司法》规定有限责任公司和股份有限公司经理的执行行为是:(1)主持公司的生产经营管理工作,组织实施董事会决议;(2)组织实施公司年度经营计划和投资方案;(3)拟订公司内部管理机构方案;(4)拟订公司的基本管理制度;(5)制定公司的具体规章;(6)提请聘任或者解聘公司副经理、财务负责人;(7)聘任或者解聘除应由董事会聘任或者解聘以外的负责管理人员;(8)公司章程或者董事会授予的其他职权。

内部监督行为 企业内部监督行为是由于企业规模的扩大,经营管理权限集中而产生的。内部监督行为是企业管理活动的重要部分。企业内部监督的形式,因企业的规模和性质不同而不同。概括起来有两种形式,其一是设立专门的机构并赋予监督权,如国有企业职工代表大会享有监督权,公司内部的监事会享有监督权。其二是基于所有权而享有的监督权,例如,合伙企业、独资企业实行授权经营的,出资人享有对经营管理人的监督权。企业内部监督行为与外部监督相比较,具有职责性的特征。内部监督是一种职责行为。内部监督行为的目标主要集中在企业管理者的行为是否违法、是否对企业合法利益造成危害。　　(郧梦成)

qiye xingzheng zeren
企业行政责任(administrative liability of enterprise) 企业违反法律、法规中行政责任的规定所应承担的责任形式。企业行政责任的适用范围取决于企业行为所违反的法律、法规的性质,如果企业行为仅仅违反民事义务或者企业行为已经触犯了刑律,则企业承担的就不是行政责任。

企业行政责任的范围,包括作为的行政责任和不作为的行政责任。(1)作为的企业行政责任指企业不履行法律设定的消极义务,实施了法律禁止的行为应承担的行政责任。如《中华人民共和国反不正当竞争法》第13条规定,经营者不得从事下列有奖销售:采用谎称有奖或者故意让内定人员中奖的欺骗方式进行有奖销售;利用有奖销售的手段推销质次价高的商品;抽奖式的有奖销售,最高奖的金额超过5000元。《中华人民共和国产品质量法》明确规定,生产者不得生产国家明令淘汰的产品;生产者不得伪造产地,不得伪造或者冒用他人的厂名、厂址；生产者不得伪造或者冒用认证标志、名优标志等质量标志；生产者生产产品，不得掺杂、掺假，不得以假充真、以次充好，不得以不合格产品冒充合格产品。《中华人民共和国消费者权益保护法》规定，经营者应当向消费者提供有关商品或者服务的真实信息，不得作引人误解的虚假宣传。(2) 不作为的企业行政责任是指企业违反了法律、法规设定的积极义务，不履行或不予以充分履行而应承担的责任。例如《中华人民共和国税收征收管理法》第16条规定，纳税人必须在法律、行政法规规定或者税务机关依照法律、行政法规的规定确定的申报期限内办理纳税申报，报送纳税申报表、财务会计报表以及税务机关根据实际需要要求纳税人报送的其他纳税资料，等等。

企业行政责任的形式，主要有精神罚之警告或通报批评；财产罚之罚款、没收财产；能力限制罚之责令停产停业、责令改正、限期改正；资格罚之吊销营业执照或许可证。

(晏长青)

qiye yiban quanli
企业一般权利（general right of enterprise） 企业依法享有的企业普遍性权利。不同的社会组织有不同的一般权利。各类企业在其性质、设立目的、资本规模等方面是不同的，但基于营利性经济组织的共同特征，其可以取得的一般权利是大体相同的。企业的一般权利，包括财产所有权、债权、经营管理权、名称权、请求权等。

财产所有权 企业对其全部财产有占有、支配、收益和处分的权利。法人企业是独立的一类法律主体，可以依自身的名义取得和处分财产；非法人的个人独资、合伙企业的财产也独立于企业主和合伙人的个人财产，其日常运营必须由企业主或合伙人的过半数同意才能进行，实质上也确立了其财产的独立性和其对财产的所有权。企业的全部财产既包括有形财产，也包括智力成果、知识产权等无形财产。企业拥有独立的财产所有权是企业制度存在的前提和基础，也是企业享有权利、承担义务的物质基础。

债权 企业享有与特定当事人之间基于相关的法律事实而请求其为特定给付（作为、不作为）的权利。债权人享有请求债务人为或不为一定行为的权利，债务人负有根据债权人请求为或不为一定行为的义务。在现代社会经济生活中，经济交往范围规模不断扩大，动态债权的重要性也日益凸显，企业在对外经济交往过程中和第三人发生债的关系也是大量的、频繁的。债权也成为对现代企业至关重要的一项权利。

经营管理权 企业在进行生产经营活动时依法享有人、财、物、产、供、销各方面的权利。企业有权决定其全部财产的投资领域和规范，有权决定其员工的选任，有权决定其产品的销售等，这些都是其经营管理权的体现。企业的经营管理权本质上是由企业财产所有权派生出来的。企业对其全部财产拥有所有权，就有权决定生产经营中的具体方针和步骤。企业生产经营管理权是企业进行生产经营活动所必需的，非依法律规定，任何单位和个人不得侵犯和剥夺。

名称权 企业作为团体性经济组织，是法律创制的主体，享有名称权。无论法人企业或非法人企业都有权拥有自己独立的企业名称，而且相关法律制度还保障同一区域内企业名称之间不发生重复、混淆。企业有权对侵犯其名称专有权的单位和个人请求赔偿。名誉权、荣誉权等也是企业的重要权利。以非法手段侵犯企业名誉权、荣誉权的行为应被追究法律责任。

请求权 是企业的合法权益受到侵害时，要求侵害人停止侵害和要求有关部门保护其合法权益的权利。当企业的权利受到不法侵害，企业可以径行向侵害人直接要求停止侵害、赔偿损失，也可以向国家司法机关或有关部门要求保护自身合法权益，如诉权、仲裁权、申请调解权。而其中诉权是最重要、最基本的一项权利。企业权利的切实保障要通过请求权来实现。

(迟行刚)

qiye yiban yiwu
企业一般义务（general obligation of enterprise） 企业依法普遍承担的一定作为和一定不作为的职责。企业的一般义务是与企业的一般权利相对应的。企业享有财产所有权，其他企业就负有不侵犯该企业财产所有权的义务；企业对其他企业享有金钱债权，其他企业对该企业承担还本付息的义务；企业拥有独立的名称权，其他企业就负有不恶意使用该企业名称的义务；等等。

企业一般义务可包括企业的合同义务、企业的对第三人义务、企业的社会义务。

(沈春辉)

qiye zhigong jiangcheng tiaoli
《企业职工奖惩条例》（Regulation on Reward and Punishment for the Staff and Workers of enterprise） 1982年3月12日国务院常务会议通过，1982年4月10日国务院发布的适用于全民所有制企业和城镇集体所有制企业的全体职工的一个行政法规。《企业职工奖惩条例》共四章28条。第一章，总则，共4条；第二章，奖励，共6条；第三章，处分，共15条；第四章，附则，共3条。这个条例是根据宪法的有关规定，为增强企业职工的国家主人翁责任感，鼓励其积极性和创造性，维护正常的生产秩序和工作秩序，提高劳动生产率和工作效率,促进社会主义现代化建设而制定的。

(陈乃新　王顺兰)

qiye zhongda shixiang guanli
企业重大事项管理(management of fateful proceeding of enterprise)　国有资产监督管理机构作为履行出资人职责的机构,对所出资企业重大事项实施管理。(1)国有资产监督管理机构负责指导国有及国有控股企业建立现代企业制度,审核批准其所出资企业中的国有独资企业、国有独资公司的重组、股份制改造方案和所出资企业中的国有独资公司的章程。(2)国有资产监督管理机构依照法定程序决定其所出资企业中的国有独资企业、国有独资公司的分立、合并、破产、解散、增减资本、发行公司债券等重大事项。其中,重要的国有独资企业、国有独资公司分立、合并、破产、解散的,应当由国有资产监督管理机构审核后,报本级人民政府批准。国有资产监督管理机构依照法定程序审核、决定国防科技工业领域其所出资企业中的国有独资企业、国有独资公司的有关重大事项时,按照国家有关法律、规定执行。(3)国有资产监督管理机构依照《公司法》的规定,派出股东代表、董事,参加国有控股的公司、国有参股的公司的股东会、董事会。(4)国有控股的公司、国有参股的公司的股东会、董事会决定公司的分立、合并、破产、解散、增减资本、发行公司债券、任免企业负责人等重大事项时,国有资产监督管理机构派出的股东代表、董事,应当按照国有资产监督管理机构的指示发表意见、行使表决权。国有资产监督管理机构派出的股东代表、董事,应当将其履行职责的有关情况及时向国有资产监督管理机构报告。(5)国有资产监督管理机构决定其所出资企业的国有股权转让。其中,转让全部国有股权或者转让部分国有股权致使国家不再拥有控股地位的,报本级人民政府批准。(6)所出资企业投资设立的重要子企业的重大事项,需由所出资企业报国有资产监督管理机构批准的,管理办法由国务院国有资产监督管理机构另行制定,报国务院批准。(7)国有资产监督管理机构依照国家有关规定组织协调所出资企业中的国有独资企业、国有独资公司的兼并破产工作,并配合有关部门做好企业下岗职工安置等工作。(8)国有资产监督管理机构依照国家有关规定拟订所出资企业收入分配制度改革的指导意见,调控所出资企业工资分配的总体水平。(9)所出资企业中的国有独资企业、国有独资公司经国务院批准,可以作为国务院规定的投资公司、控股公司,享有《公司法》第12条规定的权利;可以作为国家授权投资的机构,享有《公司法》第20条规定的权利。(10)国有资产监督管理机构可以对所出资企业中具备条件的国有独资企业、国有独资公司进行国有资产授权经营。被授权的国有独资企业、国有独资公司对其全资、控股、参股企业中国家投资形成的国有资产依法进行经营、管理和监督。(11)被授权的国有独资企业、国有独资公司应当建立和完善规范的现代企业制度,并承担企业国有资产的保值增值责任。

(马跃进　师湘瑜)

qiye zhuxiao zhidu
企业注销制度(system of corporate cancellation)　规范企业清算完毕,由登记机关核准该企业永远结束存在状态的法律制度。企业清算完结后,由企业清算机构制作清算报告,报企业决策机关确认并报送企业管理的有关机关,之后向企业注册机关提出注销申请,经其核准注销,并将企业消亡的事实加以记载,企业法人资格及非法人企业经营资格即在法律上彻底消灭。申请企业注销登记,应向登记机关提交下列文件:(1)注销登记申请书;(2)企业债权债务清算完毕的证明;(3)政府有关机关的审批及决定企业撤销之文件。经登记机关核准,收缴营业执照及副本、公章,并通知开户银行,公告企业注销的事实。

(罗丽娅)

qiye ziben
企业资本(enterprise capital)　由出资人出资构成的并在企业运营过程中企业实际上享有、支配的资本。企业资本是出资人将自有财产让渡给企业形成的。在出资人向企业缴纳投资后,所缴纳的出资就构成企业资本,并由企业支配和使用、形成企业对该资本的法定权利。这是企业资本的法律含义。

资本是企业的命脉。公司企业通过筹集社会资金,转化为企业资本对于企业运营具有重大意义;而且,对于投资人、企业债权人以及企业劳动者、社会消费者和国家也存在事实上的利害关系。因此,企业资本制度为法律所规范,形成法律制度。企业资本的基本法律制度有出资制度、资本注册制度、资本变更制度和出资转让制度。

(付　鹏)

qiye ziben falü zhidu
企业资本法律制度(legal system of enterprise capital)　因企业实际拥有的并能够独立支配的资本运作而建立的法律制度。企业资本制度是企业制度的核心。资本在法律上的表现是资本权利。传统企业立法上的各种制度,都建立在资本权利的基础之上。出资人正是依据这种资本权利,实现对企业的控制,实现资本增值。然而,在当代条件下,如何创造一种新的企业资本制度,是企业法理论研究的重要任务。

企业资本基本法律制度,主要有出资制度、资本变更制度和出资与股份转让制度。其中,出资制度包括出资人出资方式、出资期限、出资比例、资本注册等制度;资本变更制度包括增加资本、减少资本等制度;出资与股份转让制度包括有限公司出资转让、股份有限公司股份转让和其他企业形式的出资转让等制度。

(付 鹏)

qiye ziben jiegou
企业资本结构(capital structure of enterprise) 企业资本结构指企业的全部资金来源、长期债务资本和权益资本以及各构成项目分别占企业总资本的比例。选择一个适度资本结构,可增加企业所有者的财富。但选择资本结构,应当与制订企业战略和采用经营策略相结合,还必须考虑企业的盈利能力和举债经营破产的风险等因素。

(李 平 陈岚君)

qiye ziben quanli
企业资本权利(enterprises' right of capital) 企业资本的法律表现。资本是一种社会的经济关系,资本和资本增值的出发点和归宿,是所有权问题。在法学上,资本表现为资本权利,资本权利是资本的核心特征。在企业资本权利的性质上,法学界有两种不同的观点。所有权论者认为,出资人出资后,企业对出资人出资所形成的企业财产享有所有权,能够履行所有权的全部权能。经营权论者认为,企业对出资人出资形成的企业财产,只享有经营管理权。

企业财产权与出资所有权的分离 出资人依据对其出资的所有权出资。出资前,出资人对该出资享有完全意义上的所有权。当出资人缴清出资及企业设立后,其全部出资转化为企业财产。企业财产是出资资本及企业运营中的增值资本的统称,其货币资本、生产资本和商品资本,是企业资本的三种形式。企业享有其占有、使用、收益、处分的全部权能。

出资人的出资转化为企业资本后,对其出资享有出资"份额"的依法转让权和剩余利润索取权。

经营管理权与企业财产权的分离 经营管理权是企业授予管理层人员的经营管理权,是企业管理机构和人员为实现企业经营管理目标及经济利益而行使的特定权利,是管理层机构人员依照法律和企业章程的规定来运营企业财产的权利,企业财产的"管理人"的权利。经营管理权实际上是一种企业行政权力,它与通常所说的与所有权对应意义上的经营权是不同的。

企业财产权是对企业财产占有、使用和依法处分的权利,而经营管理权是执行企业财产权的上述权能而形成的权利形式。经营管理权与企业财产权的分离,使企业财产权由懂业务、懂管理的"管理人"行使,出资人则被排斥在企业具体生产经营过程之外。

剩余利润索取权与经营管理权相分离 在企业生产经营中,剩余价值转化为利润,由企业进行分配。其分配的原则,就是保障出资人的剩余利润索取权。企业其他成员,如普通劳动者、管理层人员等均无剩余利润索取权。他们不参与企业利润分配,其收入形式是工资,即劳动力的价值,不涉及企业剩余利润的分配问题。

(付 鹏)

qiye ziben yunying de guizhi
企业资本运营的规制(regulation of enterprises' capital operation) 对企业资本经营运作的法律规范。企业资本运营是企业为了规避风险,使资本的价值增值。企业资本运营的基本方面,如生产性投资、转投资、"债转股"、借贷和企业收购等,都是围绕这一核心问题进行的。企业资本运营立法的目的:促进企业激活资本,提高经济效益,并保障企业资本运营的合法化和有效性。

生产性投资 是企业资本运营的重要方面。货币只有进入到生产和流通中去,才能成其为资本。企业生产性投资的基本方式,是通过投资新建方式获取并扩大生产能力。在市场竞争中,企业通过发展生产,不断增大规模效益,保持和增强它在市场中的地位。企业的生产性投资是受到法律制约的。这种制约,是行业领域限制和产品限制。前者包括规定鼓励投资的行业、限制投资的行业和禁止投资的行业,通过行业管理立法加以引导和规范;后者通过国家产品管理目录和商品管理规程加以鼓励、限制或禁止某种产品的生产及某种商品的流通。

转投资 是指企业对其他经济组织进行出资,将企业资本转化为货币等形式再投资于其他企业。企业转投资的目的,是通过向企业外再投资的方式获取资本收益或其他权益。《中华人民共和国公司法》对公司转投资的对象、限额作了具体规定。

债转股 是为解决不良资产问题提出的,是银行、企业和资产管理公司三方主体财务结构重组和管理结构重组的一种方式,是将企业债权转化为企业股权并对股权实行管理的资本运作方式。其基本运作程序是:对于企业的银行债务,由资产管理公司以账面价值接收银行剥离出来的不良资产,作为其持股股东的股权。在"债转股"过程中,国家金融资产管理公司替负债企业承担债务,对债权银行负责。"债转股"是一项行政法规的规定。目前我国四家资产管理公司的资本金约400亿元,而拟"债转股"的债务约为1000亿元,可见"债转股"的实施与有关立法是冲突的。

资金借贷 是指企业将企业富余资金借贷给其他特定经济组织,以调剂企业资金运用。企业富余的资金,可以借给银行、信托投资机构、财务公司,可以委托银行、信托投资公司进行委托贷款，可以购买国库券、金融债券和其他债券。银行、信托投资公司和财务公司等，是特定经济组织。根据现行立法的规定，一般经济组织之间不许相互拆借资金，不能相互借贷。

企业收购　一家企业通过购买某目标企业的部分或全部股份以控制该目标企业的法律行为。是企业资本运营的核心内容之一。收购是一种重要的兼并手段和运作方式，西方经济界往往把收购与兼并联在一起，称之为"并购"。在法学上，则应将"合并"与"收购"分开加以研究。企业通过收购能够带来资本收益。企业收购关系到税法、会计法以及证券交易法等规定的实施与完善。

（付　鹏）

qiye ziben zhidu jiben yuanze
企业资本制度基本原则（basic principles of enterprise capital system）　自企业资本制度特别是有限责任公司制度产生以来，企业立法对于资本的规定逐渐形成的立法原则。其基本原则被大陆法系国家法学界概括为资本确定原则、资本维持原则和资本不变原则。这"资本三原则"又为英美法系国家公司立法所遵循，从而成为世界性公司资本制度的基本法律原则。

资本确定原则　又称资本法定原则。是在公司设立时，其章程明确规定资本总额，并由股东全部认足，否则公司不能成立的立法原则。资本总额的确定，要在公司章程中载明并全部发行。

资本维持原则　又称资本充实原则。公司应维持与其资本总额相当的资产的立法原则。其主要途径，一是维持资本总额。二是限制利润分配，如公司无利润时不得分配股利；公司未弥补亏损前不得分配股利等。三是保障公司资本充实，如公司提取公积金，以用于充实资本和弥补公司亏损等。

资本不变原则　对于公司的资本总额，除依照法定程序变更章程的规定外，不得任意改变的立法原则。这一原则，要求增加或减少公司资本，必须履行严格的条件和程序。

（付　鹏）

qiche jinrong gongsi
汽车金融公司（auto financing company）　经中国银行业监督管理委员会依据有关法律、行政法规和本办法规定批准设立的，为中国境内的汽车购买者及销售者提供贷款的非银行金融企业法人，属于财务公司中的一种类型。中国银行业监督管理委员会负责对汽车金融公司的监督管理。2003年，中国银行业监督管理委员会颁布了《汽车金融公司管理办法》、《汽车金融公司管理办法实施细则》，对我国汽车金融公司的设立、变更与终止，业务范围和监督管理等作出规定。按照这两部行政规章的规定，汽车金融公司可从事下列部分或全部人民币业务：(1)接受境内股东单位3个月以上期限的存款。(2)提供购车贷款业务。(3)办理汽车经销商采购车辆贷款和营运设备贷款(包括展示厅建设贷款和零配件贷款以及维修设备贷款等)。(4)转让和出售汽车贷款应收款业务。(5)向金融机构借款。(6)为贷款购车提供担保。(7)与购车融资活动相关的代理业务。(8)经中国银行业监督管理委员会批准的其他信贷业务。2003年12月中国银监会批准上汽通用汽车金融有限责任公司、丰田汽车金融(中国)有限公司和大众汽车金融(中国)有限公司进行筹建，这是我国首批获得批准筹建的汽车金融公司。

（普丽芬）

qiche jinrong gongsi guanli
汽车金融公司管理（administration on automobile financing corporation）　中国银行业监督管理委员会负责对汽车金融公司的监督管理。

机构的设立　设立汽车金融公司应当经中国银行业监督管理委员会批准。未经中国银行业监督管理委员会批准，任何单位和个人不得擅自设立汽车金融公司或者变相从事汽车金融业务，不得在机构名称中擅自使用"汽车金融"、"汽车信贷"等表明从事汽车金融业务的字样。

汽车金融公司的设立须经过筹建和开业两个阶段。

业务范围和监督管理　经批准，汽车金融公司可从事下列部分或全部人民币业务：(1)接受境内股东单位3个月以上期限的存款。(2)提供购车贷款业务。(3)办理汽车经销商采购车辆贷款和营运设备贷款(包括展示厅建设贷款和零配件贷款以及维修设备贷款等)。(4)转让和出售汽车贷款应收款业务。(5)向金融机构借款。(6)为贷款购车提供担保。(7)与购车融资活动相关的代理业务。(8)经中国银行业监督管理委员会批准的其他信贷业务。

汽车金融公司向自然人发放购车贷款应符合有关监管部门关于个人汽车贷款管理的规定；向法人或其他组织发放汽车贷款应遵守《贷款通则》等有关规定的要求。

未经有关监管部门批准，汽车金融公司不得擅自发行债券、向境外借款。汽车金融公司应实行资本总额与风险资产比例控制管理。汽车金融公司资本充足率不得低于10%，中国银行业监督管理委员会视汽车金融公司风险状况和风险管理能力，可提高单个公司资本充足率的最低标准。汽车金融公司应当执行相关的金融企业财务会计制度。

法律责任　未经中国银行业监督管理委员会批准，擅自设立汽车金融公司或者非法从事汽车金融业务的,由中国银行业监督管理委员会依法予以取缔;构成犯罪的,依法追究刑事责任;尚不构成犯罪的,由中国银行业监督管理委员会没收非法所得,并处非法所得1倍以上5倍以下的罚款;没有非法所得的,由中国银行业监督管理委员会责令改正,并处10万元以上50万元以下的罚款。

未经中国银行业监督管理委员会批准,擅自在机构名称中使用"汽车金融"、"汽车信贷"等表明从事汽车金融业务字样的,由中国银行业监督管理委员会责令其改正,并处1000元罚款。

(刘 鹏)

qishui

契税(deed tax) 向所有权发生转移变动的不动产的产权承受人征收的一种财产税。承受的单位和个体为纳税义务人。契税的计税依据分以下几种:国有土地使用权出售、房屋买卖的计税依据为成交价格;土地使用权和房屋赠与的计税依据由征收机关根据相关因素核定;土地使用权和房屋交换的计税依据为所交换的土地使用权和房屋的价格的差额。契税使用3%至5%的幅度比例税率。具体适用的税率由各省、自治区、直辖市在上述幅度之内确定。国家机关、事业单位、社会团体、军事单位承受土地、房屋,用于办公、教学、医疗、科研和军事设施的;城镇职工按照规定第一次购买公有住房的;承受荒山、荒沟、荒滩土地使用权,用于农业、林业、牧业、渔业的;符合免税规定的外交机构和外交人员,可以免税。因不可抗力灭失住房而重新购买住房的,可以酌情减征或者免税。契税由纳税人向土地、房屋所在地的征收机关申报纳税。

(彭 皖)

qishui zanxing tiaoli

《契税暂行条例》(Interim Regulations on Contract Tax) 1997年7月7日国务院发布,并于同年10月1日起实施。契税的纳税人是在中华人民共和国境内转移土地、房屋权属的承受单位和个人。契税的征税范围包括国有土地使用权出让;土地使用权转让,包括出售、赠与和交换;房屋买卖;房屋赠与及房屋交换。但不包括农村集体土地承包经营权的转移。契税的计税依据由于土地、房屋权属的转移方式及定价方式的不同而不同。契税采用3%—5%的幅度税率,具体适用税率由省、自治区、直辖市人民政府在法定幅度内按照本地区的实际情况确定,并报财政部和国家税务总局备案。契税的征收机关为土地、房屋所在地的财政机关或者地方税务机关,具体征收机关由省、自治区、直辖市人民政府确定,土地管理部门、房产管理部门负有协助义务。契税的纳税义务发生时间为纳税人签订土地、房屋权属转移合同的当天,或者纳税人取得其他具有土地、房屋权属转移合同性质凭证的当天。纳税人应当自纳税义务发生之日起10日内,向土地、房屋所在地的契税征收机关办理纳税申报,并在契税征收机关核定的期限内缴纳税款。纳税人办理纳税事宜后,契税征收机关应当向纳税人开具契税完税凭证。

(席晓娟)

qishui zanxing tiaoli xize

《契税暂行条例细则》(Rules for Implementation of the Interim Regulations on Contract Tax) 财政部1997年10月28日发布的对《契约暂行条例》进行解释的细则。细则对暂行条例中与确定契税的纳税人和纳税义务相关的特定用语作出了解释,如"土地、房屋权属"、"承受"、"单位"、"个人"、"国有土地使用权出让"、"土地使用权转让"、"土地使用权出售"、"土地使用权赠与"、"房屋买卖"、"房屋赠与"、"成交价格"、"用于办公的"、"用于教学的"、"用于医疗的"、"用于科研的"、"用于军事设施的"、"城镇职工按规定第一次购买公有住房的"、"其他具有土地、房屋权属转移合同性质凭证"、"有关资料"等。

细则规定,土地、房屋权属以法定方式转移的,视同土地使用权转让、房屋买卖或者房屋赠与征税,具体包括以土地、房屋权属作价投资、入股方式;以土地、房屋权属抵债;以获奖方式承受土地、房屋权属;以预购方式或者预付集资建房款方式承受土地、房屋权属。土地使用权交换、房屋交换,交换价格不相等的,由多交付货币、实物、无形资产或者其他经济利益的一方缴纳税款;交换价格相等的,免征契税;土地使用权与房屋所有权之间相互交换,依法征税。以划拨方式取得土地使用权的,经批准转让房地产时,应由房地产转让者补缴契税,其计税依据为补缴的土地使用权出让费用或者土地收益。细则规定契税的减征免征项目还包括:土地、房屋被县级以上人民政府征用、占用后,重新承受土地、房屋权属的,是否减征或者免征契税,由省、自治区、直辖市人民政府确定;纳税人承受荒山、荒沟、荒滩土地使用权,用于农、林、牧、渔业生产的,免征契税;依照我国有关法律规定以及我国缔结或参加的双边和多边条约或协定的规定应当予以免税的外国驻华使馆、领事馆、联合国驻华机构及其外交代表、领事官员和其他外交人员承受土地、房屋权属的,经外交部确认,可以免征契税。纳税人符合减免征契税规定的,应当在签订土地房屋权属转移合同后10日内办理减免征契税手续。纳税人因改变土地、房屋用途应当补缴已经减征、免征契税的,其纳税义务发生时间为改变有关土地、房屋用途的当天。

(席晓娟)

qiyuexing touzi jijin

契约型投资基金(contractual type investment

funds) 又称信托型投资基金。基于一定的信托契约原理由三方当事人订立基金契约而组建的投资基金，其投资结构包括委托者、受托者和受益者三方：

(1) 委托人。是基金投资的设定人，一般为基金管理公司。基金经理公司根据契约运用信托财产，依据法律、法规和基金契约负责基金的经营和管理操作。

(2) 受托人。是基金托管人，一般为信托公司或银行，基金托管人负责保管基金资产，执行管理人的有关指令，办理基金名下的资金往来。

(3) 受益人。享有投资成果的收益凭证持有人，即投资者。通过购买收益凭证的形式，参加基金投资，享有投资收益的分配。

英国、日本和我国香港、台湾地区多是契约型基金。契约型基金依据其具体经营方式又可划分为两种类型：

(1) 单位型。单位型信托投资基金的设定是以某特定资本总额为限筹集资金，组成单独的基金投资机构在一定期限内进行管理。

(2) 基金型。这类基金的规模和期限都不固定。基金的筹集和投资活动没有一个单位一个单位独立的划分，而是综合为一个基金。这个基金有的有总金额限制，有的没有总金额限制。　　（刘利晋　周　尔）

qianshou

前手(remote holder) 票据签章人或者持票人之前签章的其他票据债务人。　　（何　锐）

qianzai shichang jinru

潜在市场进入(entry into potential market) 潜在市场进入是反垄断法豁免的一个重要依据。根据这个理论，一个市场如果没有或者只有很低的进入障碍，合并后的企业即使占有很大的市场份额，甚至取得市场支配地位，也不可能随意抬高产品的价格。这是因为潜在市场进入与合并后企业存在着潜在竞争关系。在潜在竞争存在的条件下，合并不可能产生或者加强市场支配地位，取得市场支配地位的企业也不可能随意滥用其市场优势。美国司法部和联邦贸易委员会1992年横向合并指南对这个理论作出了重要的解释。它指出，潜在市场进入只是在满足了"及时性"、"可能性"和"充分性"三个条件时，方可视为遏制市场势力的力量。"及时性"是指潜在市场进入能够及时进入市场，从而及时遏制合并后企业的涨价行为。"可能性"是指潜在市场进入可以获得适当的销售机会，以企业合并前的价格销售产品时可以获利，从而能够在市场上生存下去。"充分性"是指潜在市场进入具备足够的生产技术和财力，能充分实现其销售产品的机会，从而有足够的力量阻止合并或者抵销合并的反竞争后果。因为潜在市场进入对市场上现有企业的竞争行为能够产生重大的影响，根据反垄断法控制企业合并的时候必须要考虑这个因素。　　（王晓晔）

qiangzhi baoxian

强制保险(compulsory insurance) 又称法定保险。依据国家的有关法律规定强制建立保险关系或者必须投保的保险。强制保险只能基于法律的特别规定而开办，投保人有投保的法定义务，保险人有接受投保的义务。强制保险具有两大特征：一是强制的全面性，强制保险均以专门的法律为依据，立法机关管辖的地域范围内的所有负有法定保险义务的人或组织，无论其是否愿意，都必须参加保险，若投保义务人不依法投保，法律将予以相应的制裁。二是内容的统一性，法定保险的投保义务人、保险标的、保险金额、保险费率标准、保险费的分摊、保险金给付标准等已经由法律作出统一规定。强制保险是对合同自由原则的否定，强制保险正当性的理由是国家出于维护人民的基本权利而推行的一种政策，社会保险均为法定的强制保险，商业保险中的极少数第三者责任保险为强制保险。

　　（李庭鹏）

qiangzhi jiliang jianding

强制计量检定(compulsive metrological verification) 对社会公用计量标准，部门和企业、事业单位使用的最高计量标准，以及用于贸易结算、安全防护、医疗卫生、环境检测四个方面的列入强制检定目录的工作计量器具，由政府计量行政部门指定的法定计量检定机构或者授权的计量检定机构，实行的定点、定期的检定。这四个需要强制检定的方面分别是：用于贸易结算方面的是指国内外贸易活动中所用的计量器具；用于安全防护方面的是指保障安全生产，改善劳动条件，保护劳动者健康和生命、财产安全中所用的计量器具；用于医疗卫生方面的是指在疾病诊断、治疗、预防和保健方面所用的计量器具；用于环境检测方面的是指在大气、水质、废物、噪声、电磁波和振动等方面，为防止污染进行监控所用的计量器具。国务院计量行政部门制定强制检定的工作计量器具明细目录，然后各省、自治区和直辖市计量行政部门根据本地区的实际情况，确定本地区工作计量器具实施强制检定的项目。　　（邢造宇）

qiangzhi jiaoyi

强制交易(compulsory deal) 市场交易中的卖方或者买方违背交易对手的意愿，强迫购买或者销售的行为。强制交易是一种不公正的交易方式。见搭售。

　　（王晓晔）

qiangzhixing chanpin renzheng biaozhi

强制性产品认证标志(the mark of compulsory product authentication) 法律、行政法规、国务院标准化行政主管部门会同国务院有关行政主管部门制定的规章规定未经认证不得销售、进口、使用的产品,按照法律、行政法规和规章的规定办理认证后,方准销售、进口、使用的产品的认证标志。国家认证认可监督管理委员会统一制定、发布认证标志,对认证标志实施监督管理。列入《中华人民共和国实施强制性产品认证的产品目录》(以下简称《目录》)的产品必须获得国家认证认可监督管理委员会指定的产品质量认证机构(以下简称指定认证机构)颁发的认证证书,并在认证有效期内,符合认证要求,方可使用认证标志。认证标志的名称为"中国强制认证"(英文缩写"CCC")。获得认证的产品可以在产品外包装上加施认证标志。在境外生产、并获得认证的产品必须在进口前加施认证标志;在境内生产、并获得认证的产品必须在出厂前加施认证标志。认证标志的使用申请人必须持申请书和认证证书的副本向指定的机构申请使用认证标志;申请人委托他人申请使用认证标志的,受委托人必须持申请人的委托书、申请书和认证证书的副本向指定的机构申请使用认证标志;申请人以函件或者电讯方式申请使用认证标志的,必须向指定的机构提供申请书、认证证书副本的书面或者电子文本,申请使用认证标志。这里所谓的申请人指的是认证证书的持有人。

强制性产品认证标志的监督管理 国家认证认可监督管理委员会对认证标志的制作、发放和使用实施统一的监督、管理。各地质检行政部门根据职责负责对所辖地区认证标志的使用实施监督检查。指定产品质量认证机构对其发证产品的认证标志的使用实施监督检查。受委托的国外检查机构对受委托的获得认证产品上的认证标志的使用实施监督检查。指定的产品质量认证机构和指定的机构有义务向申请人告知认证标志的管理规定,指导申请人按规定使用认证标志。

(麻琳琳)

qiangzhixing chanpin renzheng daili shenban jigou

强制性产品认证代理申办机构(agency for the compulsory certification of Product quality) 受产品生产者、销售者或者进口商的委托,在委托权限范围内,以委托人的名义申请办理强制性产品认证相关事宜的中介组织。强制性产品认证代理申办机构保证了强制性产品认证制度的顺利实施。在我国,国家认证认可监督管理委员会对强制性产品认证代理申办机构实行注册制度。强制性产品认证代理申办机构应当先向国家认证认可监督管理委员会申请注册,取得国家认监委颁发的注册证书后,方可从事强制性产品认证代理申办业务。取得注册证书的强制性产品认证代理申办机构,应当向经国家认监委指定的承担强制性产品认证工作的相关机构提出代理业务申请,并接受其业务指导和监督。强制性产品认证代理申办机构应当遵守强制性产品认证制度规定,并根据委托人申请提供代理业务,对其代理业务的真实性和合法性负责,对其代理行为依法承担法律责任。

强制性产品认证代理申办机构申请注册应当具备下列条件:(1)境内代理申办机构应当具有工商行政管理部门颁发的《企业法人营业执照》;境外代理申办机构应当具有相关管理部门的证明文件;(2)有固定的营业场所和开展代理业务所需设施及办公条件;(3)有健全的组织机构和规章制度;(4)从事代理业务的人员应当具有3年以上从事代理业务的工作经历,具备编制和组织申请文件的相应专业能力和语言能力,了解所代理产品的认证实施规则的有关规定,并经国家认监委指定的机构培训、考核合格,取得合格证书;(5)至少具有2名符合第4条规定的人员;(6)有关法律、法规规定的其他条件。具备强制性产品认证代理申办机构条件的代理机构,首先由代理申办机构向国家认监委提出注册申请,按照规定提供相应的文件资料,国家认监委对代理申办机构提供的文件资料进行书面审查后,对符合要求的代理申办机构颁发注册证书。

(麻琳琳)

qiangzhixing chanpin renzheng zhidu

强制性产品认证制度(compulsory certification system of product quality) 为了维护国家、社会和公众利益,对涉及人类健康和安全、动植物生命和健康,以及环境保护和公共安全的产品必须经国家指定的认证机构认证合格、取得指定认证机构颁发的认证证书、并加施认证标志后,方可出厂销售、进口和在经营性活动中使用的认证活动的总称。强制性产品认证管理制度切实、有效地保障了产品的质量,为规范市场、净化经济发展环境以及消费者保护起到了相当重要的作用。

根据国家产品安全质量许可、产品质量认证的法律法规的规定以及国务院赋予国家质量监督检验检疫总局和国家认证认可监督管理委员会的职能,2001年11月21日国家质量监督检验检疫总局审议通过的《强制性产品认证管理规定》已经自2002年5月1日起施行。根据《强制性产品认证管理规定》的规定,由国务院的授权,国家认证认可监督管理委员会主管全国认证认可工作。国家认证认可监督管理委员会在负责全国强制性产品认证制度的管理和组织实施工作中,严格按照《强制性产品认证管理规定》和《中华人民共和国实施强制性产品认证的产品目录》予以执行。国家对强制性产品认证公布统一的《中华人民共和国实施强制性产品认证的产品目录》,确定统一适用的国家标准、技术规则和实施程序,制定和发布统一的标志,规定统一的收费标准。同时还规定凡是列入《目录》的产品,必须经国家指定的认证机构认证合格、取得指定认证机构颁发的认证证书、并加施认证标志后,方可出厂销售、进口和在经营性活动中使用。《目录》中的产品认证实施规则包括以下基本内容:适用的产品范围;适用的产品对应的国家标准和技术规则;认证模式以及对应的产品种类和标准;申请单元划分规则或者规定;抽样和送样要求;关键元器件的确认要求(根据需要);检测标准和检测规则等相关要求;工厂审查的特定要求(根据需要);跟踪检查的特定要求;适用的产品加施认证标志的具体要求;还有一些其他的相关规定。

(麻琳琳)

qinfan shangye mimi

侵犯商业秘密(infringement of trade secrets) 不为公众所知悉、能为权利人带来经济利益、具有使用性并经权利人采取保密措施的技术信息和经营信息。根据《中华人民共和国反不正当竞争法》第10条第1款以及国家工商行政管理局《关于禁止侵犯商业秘密行为的若干规定》第3条,侵犯商业秘密的行为主要有:(1)以盗窃、利诱、胁迫或者其他不正当手段获取权利人的商业秘密;(2)披露、使用或者允许他人使用以前项手段获得的权利人的商业秘密;(3)与权利人有业务关系的单位和个人违反合同约定或者违反权利人保守商业秘密的要求,披露、使用或者允许他人使用其所掌握的权利人的商业秘密;(4)权利人的职工违反合同约定或者违反权利人保守商业秘密的要求,披露、使用或者允许他人使用其所掌握的权利人的商业秘密;(5)第三人明知或者应知前款所列违法行为,获取、使用或者披露他人的商业秘密,视为侵犯商业秘密。根据《关于禁止侵犯商业秘密行为的若干规定》的第5条,如果权利人能证明被申请人所使用的信息与自己的商业秘密具有一致性或者相同性,同时能证明被申请人有获取其商业秘密的条件,而被申请人不能提供或者拒不提供其所使用的信息是合法获得或者合法使用证据的,工商行政管理机关可以根据有关证据,认定被申请人有侵权行为。

在实践中,侵犯商业秘密的行为很多与企业科技人员或者管理人员的跳槽行为有关。《关于禁止侵犯商业秘密行为的若干规定》第3条第4款明确规定,权利人的职工违反约定或者违反权利人的保密要求,披露、使用或者允许他人使用权利人商业秘密的行为是侵犯商业秘密。

侵犯商业秘密的行为在法律上得承担行政、民事和刑事责任。根据《反不正当竞争法》第25条,得由监督检查部门责令停止违法行为,并可根据情节处以1万元以上20万元以下的罚款。根据《关于禁止侵犯商业秘密行为的若干规定》第7条,对侵权物品应当作如下处理:(1)责令并监督侵权人将载有商业秘密的图纸、软件及其他有关资料返还权利人;(2)监督权利人销毁使用权利人商业秘密生产的、流入市场将会造成商业秘密公开的产品。但权利人同意收购销售等其他方式的除外。此外,因侵犯商业秘密给权利人造成损失的,应根据《反不正当竞争法》第20条的规定,承担损害赔偿的责任。根据《刑法》第219条,因侵犯商业秘密给权利人造成重大损失的,处3年以下有期徒刑或者拘役,并处或者单处罚金;造成特别严重后果的,处3年以上7年以下有期徒刑,并处罚金。

(王晓晔)

qinfan shangye mimizui

侵犯商业秘密罪(Crime of Infringement on Business Secrets) 违反商业秘密保护法律法规,采取不正当手段,获取、披露、使用或者允许他人使用权利人的商业秘密,给商业秘密的权利人造成重大损失的犯罪行为。本罪侵犯的客体是国家对商业秘密的管理秩序和商业秘密权利人对商业秘密所拥有的合法权益。客观方面表现为违反国家商业秘密保护法规,侵犯商业秘密,给商业秘密的权利人造成重大损失的行为。对明知或者应知是别人通过上述手段而获取的商业秘密,行为人仍予以获取、使用或者披露给他人的,以侵犯商业秘密罪论处。侵犯商业秘密罪的行为对象是商业秘密。侵犯商业秘密的行为给商业秘密的权利人造成重大损失的,才构成本罪。本罪的主体是一般主体,个人和单位都可以成为本罪主体。主观方面表现为故意,过失不构成本罪。

(徐中起)

qingxiao

倾销(dumping) 在对外贸易交往过程中,一国生产者或出口商以低于正常价值或正常价格,向另一国大量出口某种产品,对另一国同类产品产业造成实质损害或者产生实质损害的威胁,或阻碍竞争进入同一领域的不正当竞争行为。倾销是建立在进口产品在出口国或原产地国正常贸易过程中的正常价值或正常价格的公平比较之上的。其目的是对外销售过剩产品,击败竞争对手,占领进口国国内市场;其结果往往是给进口国的国内产业或生产者的利益造成实质损害或实质损害的威胁。一旦构成倾销,进口国就可以采取措施对倾销商品征收数量不超过商品倾销差额的反倾销税。根据乌拉圭回合谈判达成的《关于实施1994年关贸总协定第六条的规定》(简称《反倾销协定》)的规定,一国产品以低于正常价值的价格进入另一国市场,如因此对某一缔约方领土内已经建立的某项工业造成实质性损害或产生实质性损害的威胁,或对某一国内产业的新建产生实质性阻碍,则构成倾销。因而根据上述规定,构成倾销应具备三个条件:(1)倾销产品低于正常价值销售;(2)倾销产品给有关国家同类产品的工业生产造成实质性损害,或存在实质性损害威胁,或对某一工业的新建造成实质性阻碍;(3)倾销产品低于正常价值的销售与损害之间存在因果关系。进口国为了抵制倾销可以对倾销产品征收不超过倾销幅度的特别关税。我国2004年6月1日起生效实施的《中华人民共和国反倾销条例》第3条规定:"倾销,是指在正常贸易过程中进口产品以低于其正常价值的出口价格进入中华人民共和国市场。对倾销的调查和确定,由商务部负责。"倾销的形式主要包括临时性倾销、短期性倾销和长期性倾销等。针对不同的倾销形式,进口国采取不同的反倾销措施。从第二次世界大战后特别是进入21世纪以来,世界各国倾销与反倾销的斗争日趋激烈。　　　　　　　(王连喜)

qingxiao fudu

倾销幅度(margin of dumping)　确定存在倾销幅度是反倾销措施的必要措施之一。根据《反倾销协定》第2条第1款的规定,如果一国出口到另一国的产品的出口价格低于在该出口国正常贸易中用于消费的相同产品的可比价格,该出口产品即被视为倾销产品。这里所指的"可比价格"就是有关产品在出口国销售的"正常价值"。出口价格低于正常价值的差额即为倾销幅度。由此可见,明确正常价值和出口价格是确定倾销幅度是否存在的前提。(1)正常价值(normal price),一般是指相同产品在出口国正常贸易中用于消费时的国内销售价格,使用出口国国内销售价格作为正常价值,必须符合如下条件:国内销售价格须有代表性,即有关产品在国内市场中的销售占该产品出口的50%以上;采用的国内销售价格须是正常贸易渠道中形成的价格,关系商之间的交易价格不得采用;不得将低于成本价销售的价格作为正常价值。(2)出口价格(export price),是指进口商实际支付的或应支付的价格,应当以进口商首次转售给某个独立买方时的价格为基础构成,一般情况下,以交易中的商业发票价额为准。《中华人民共和国反倾销条例》第6条对倾销幅度的规定如下:进口产品的出口价格低于其正常价值的幅度,为倾销幅度。对进口产品的出口价格和正常价值,应当考虑影响价格的各种可比性因素,按照公平、合理的方式进行比较。出口价格在不同的购买人、地区、时期之间存在很大差异,按照前款规定的方法难以比较的,可以将加权平均正常价值与单一出口交易的价格进行比较。　　　　　　　(王连喜)

qingxiao jiage

倾销价格(dumping price)　倾销产品的出口国以远低于国际或国内市场价格水平、或远低于成本价值,或远低于出口价格向国外出售商品的价格。其目的是为了破坏进口国家的生产或击败进口国家市场上的竞争对手,以便独占当地市场,攫取更多的利润。根据关贸总协定和欧美国家反倾销法,确定一项进口产品是否存在倾销,要求将指控的倾销产品的出口价格与该产品在出口国国内市场的销售价格、或销往第三国的出口价格、或结构价格进行比较。如果前者低于后者,则存在倾销。后者就是关贸总协定和欧美反倾销法所指的正常价值或公平价格。它通常表现为以下三种价格:(1)国内销售价格。根据《反倾销协定》的规定,国内销售价格是指一国向另一国出口的相同产品在出口国正常贸易中用于消费时的可比价格(comparable price)。用于比较的国内市场价格要有一定的代表性,它应当能够反映出口市场的一般交易水平,是在正常贸易过程中形成的,并具有一定的交易量。国内销售价格是确定正常价值最基本的方法。(2)第三国价格。《反倾销协定》第2条第2款规定,当在出口国国内市场的一般贸易中没有同类产品销售或销售额极少以致无法进行比较时,则采用出口到一个与进行反倾销调查的进口国市场相似的第三国的同类产品的可比价格作为正常价值。(3)结构价格。根据协议规定,结构价格(constructed price)是指商品在原产地的生产成本加上合理的销售费、管理费和其他费用及利润所构成的价格。　　　　　　　(王连喜)

qingchan hezi

清产核资(liquidation of property and verification of funds)　又称"清理财产,核定资金"。在全国范围内进行清查资产和清理债权债务、界定产权、重估资产价值、核实企业法人财产占用量、核定国家资本金的工作。清产核资的目的,是为了解决国有资产状况不清、管理混乱、资产闲置浪费和被侵占流失等问题,适当帮助企业解决困难,增强企业发展后劲,推动国有资产合理流动,优化企业资本结构,为建立与社会主义市场经济相适应的现代企业制度和国有资产管理及经营体制奠立基础。清产核资的范围包括所有属于国有的企业和实行企业管理的事业单位。各部门、各地区和各级企业、单位举办的境外企业和机构,各部门、各地区尚未进行财产清查登记的行政事业单位,各部门、各地区和各级企业、单位投资举办拥有实际控制权的国内联营、合资等企业、单位以及由各级行政、事业单位投资举办的具有企业法人资格的各种经济实体,同时纳入

清产核资的范围。　　　　（李　平　陈岚君）

qingchan hezi shuju ziliao guanli zhidu
清产核资数据资料管理制度（the datum management institution of general checkup on enterprise assets）　为规范清产核资数据资料的管理和使用，根据《中华人民共和国保守国家秘密法》，以及财政部、国家保密局联合下发的《关于印发〈财政工作中国家秘密及其密级具体范围的规定〉的通知》等有关规定，结合清产核资工作性质、内容而制定的制度。

该制度适用于各级清产核资工作机构、清产核资数据处理机构和清产核资数据资料使用机构、单位。

凡列入国家秘密范围的数据资料的保密期限，自标明的制发日起计算。各级清产核资机构拥有向上级清产核资机构、同级政府部门提供数据资料的权利，其他机构和个人不应越权提供。清产核资机构拥有公布本级及下级单位的主要数据资料的权利。各种宣传媒体对外宣传使用清产核资数据资料，事前应经有关清产核资机构和政府部门书面同意。

财政部清产核资办公室唯一拥有全国（含国防、军工、外交、对外宣传、公安、安全、司法、武警、援外工作、国家物资储备、境外企业、机构等）清产核资数据资料的管理权和使用权，包括对外提供宣传报道权。

中央各部门（含国务院直属总公司、银行等）清产核资办公室或指定工作机构，拥有本部门（公司、银行等）所属境内外企业、机构全部清产核资数据资料的保管权、使用权，包括对外提供宣传报道权。但公布或对外提供其管理范围内的全部清产核资数据资料时，应报经本部门（公司、银行等）主管领导批准。各地区、各部门清产核资办公室不得擅自对外提供上级和其他地区、部门交换的清产核资数据资料。各地区、各部门清产核资办公室及负责数据处理的任何单位和个人，未经主管清产核资工作的领导批准、未办理规定的批准手续，不得擅自对外提供任何清产核资数据资料。各级地方政府、各中央部门内部使用的清产核资数据资料，以本地区、本部门清产核资办公室提供的为准。

数据资料的草稿，必须按正式密件管理，凡不需要保存的，承办人应及时按规定销毁。各地区、各部门清产核资机构利用计算机处理数据资料，应按要求办理。

在特殊情况下，需复制属于国家秘密的文件、资料和其他物品，或者摘录、引用、汇编其属于国家秘密的内容的，不得擅自改变原样的保密期限。违反该制度有关规定，故意或者过失泄露国家、企业、单位经济秘密，对清产核资工作造成损害，或对国家经济决策造成失误，或对国家、企业利益造成损失的，由有关清产核资机构会同有关部门给予直接责任人员及其领导者以经济、行政处罚。触犯刑律的，移交司法机关处理。为境外机构、个人窃取、刺探、收买、非法提供清产核资数据资料的，依法追究有关人员的刑事责任。（苏丽娅）

qingchan hezizhong tudi gujia zhidu
清产核资中土地估价制度（land evaluation institution of general checkup on enterprise assets）　各企业和实行企业管理的事业单位对所使用的国有土地进行全面清查后，在弄清权属、界线和面积等基本情况的基础上，依据国家统一规定的土地估价技术标准，由企业、单位自行或委托具有土地估价资格的机构评估所使用土地的基准价格所确定的制度。

清产核资中土地估价工作由各级政府清产核资机构与各级土地管理部门（县以上，下同）共同组织，分工负责。

清产核资中土地估价范围　清产核资中土地估价范围主要是各地区、各部门参加清产核资的企业、单位使用的土地，包括清产核资企业、单位以土地使用权作价入股举办国内联营、股份制企业使用的国有土地。

企业、单位使用下列土地暂不估价：（1）已用经过评估的国有土地使用权投资或入股举办中外合资、合作经营企业使用的土地；（2）以出让方式取得国有土地使用权，其出让金不低于所在地土地基准地价的土地；（3）已进行或拟准备进行职工住房制度改革的房屋占用的土地；（4）国有企业中的农、林、牧、渔业用地；（5）已列入国家搬迁计划的"三线"企业、单位使用的土地；（6）不在城镇内的各类军工等企业使用的土地；（7）土地使用权尚未明确的土地；（8）铁路、民航、机场、港口、公路等交通基础设施占用土地，以及靶场、试验场、危险品储存地作业区、采矿、采油用地和高压线路、通讯线路、输油管线等占用的土地；（9）其他由中央企业主管部门和省级人民政府确定的暂不列在估价范围的企业占用的土地。

土地估价工作方法　清产核资中土地估价工作，原则上由参加清产核资企业、单位自行依据各级土地管理部门制订并经同级人民政府确认的城镇土地基准地价和宗地标定地价修正系数进行。没有制订土地基准地价和宗地标定地价修正系数的城镇所在地清产核资企业、单位，可以采用宗地地价直接评估法进行。

企业、单位采用宗地地价直接评估法因技术力量不足或资料收集困难的，委托具有土地评估资格的中介机构进行评估，其中介机构对清产核资中的土地评估按一般宗地评估费标准的30％计收评估费。

企业、单位的土地估价工作应首先制订具体方案，内容包括：（1）企业、单位根据当地土地估价标准和工作要求，确定估价方法；（2）企业、单位根据自身人员和技术条件，结合当地土地估价的技术要求等，提出自行或委托进行估价的方案；（3）企业、单位进行土地估价的具体时间安排；(4)企业、单位土地估价工作的组织机构和人员安排。

土地估价工作程序 (1)各级政府清产核资机构与各级土地管理部门共同对企业、单位土地估价专业人员组织进行政策、方法、技术培训。(2)企业、单位成立土地估价工作小组。(3)土地估价单位收集与土地估价有关的资料。(4)企业、单位对使用的土地依据有关资料、标准进行预先测算,摸清基本情况,验证技术方法,做到心中有数。(5)依据收集的土地估价资料和当地的具体规定,按确定的估价方法和估价方案具体组织进行。(6)企业、单位进行土地价格评估后,要写出土地估价报告。报告的主要内容包括：工作组织、资料来源、估价程序与方法、估价结果等。(7)企业、单位依据其使用的土地面积、利用类型和估价结果填报"土地估价结果申报表"。(8)上报土地估价报告和土地估价结果申报表,作为有关部门认定审批土地估价结果的依据。

企业、单位将土地估价报告和土地估价申报表,经企业、单位主管部门审核签署意见,报所在地土地管理部门确认。土地管理部门收到企业、单位的土地估价报告和土地估价申报表后,对企业、单位土地估价结果组织确认。

各级清产核资机构汇总上报各企业、单位土地估价结果,报上一级清产核资机构,并抄同级土地管理部门备案。

中央企业的土地,估价结果先经中央企业财政驻厂员处审核,再报当地土地管理部门确认,由中央企业主管部门复审(有异议的,要商国家土地管理局同意)汇总后报财政部清产核资办公室会同有关部门进行账务审批。
(苏丽娅)

qingjie shengchan cujin fa
《清洁生产促进法》(Promoting Cleaner Production Act) 2002年6月29日第九届全国人大常委会第二十八次会议通过,并于2003年1月1日起施行的《中华人民共和国清洁生产促进法》。清洁生产相对于以末端治理模式为主的环境保护政策,是一种在生产和产品的全过程控制中预防和减少污染的全新战略。它从源头削减污染,提高资源利用效率,减少或者避免生产、服务和产品使用过程中污染物的产生和排放。清洁生产适用于我国领域内从事生产和服务活动的单位,政府相关管理部门也负有推进清洁生产的责任。推行清洁生产的范围已经突破了传统的工业生产领域,《清洁生产促进法》对农业、建筑业、采矿业、服务业的清洁生产也提出了指导性的要求。实施清洁生产的具体措施主要有：(1)国家对落后生产技术、工艺、设备和产品实行限期淘汰制度。(2)在当地主要媒体上定期公布污染物超标排放或者污染物排放总量超过规定限额的污染严重企业的名单。(3)新建、改建和扩建项目应当进行环境影响评价。(4)企业在技改的过程中采用无毒、无害或者低毒、低害的原料；采用资源利用率高、污染物产生量少的工艺和设备；对废物、废水和余热等进行综合利用或循环利用；采用能够达到国家或地方污染物排放标准和总量控制指标的技术。(5)产品和包装物的设计优先选择无毒、无害、易于降解或者便于回收利用的方案。(6)生产、销售被列入强制回收目录的产品和包装物的企业必须进行回收。(7)根据自愿的原则,企业可以提出环境管理体系认证的申请。
(陈韬)

qukuai dengji guanli
区块登记管理(regional registration system) 登记管理是重要的矿政管理之一。我国对矿产资源勘查和矿产资源开采实行的依法进行申请、登记后,才能取得勘查许可证和采矿许可证,并确认和享有探矿权和采矿权的管理制度。《矿产资源法》和国务院发布的《矿产资源勘查区块登记管理办法》、《矿产资源开采登记管理办法》,对此作出了具体的规定。
(桑东莉)

quyu jingji kaifa zhengce
区域经济开发政策(development policy of regional economy) 政府基于本国各地区之间所存在的经济发展水平和资源禀赋等客观差异,因经济发展差异性引发的一系列社会问题,为实现区域经济发展目标,调节生产要素在区域间的资源配置,调整区域经济结构和布局,实现区域的合理分工和合作,促进区域经济快速、稳定、平衡的发展的一系列政策的总和。

区域经济开发政策的主要目标包括区域发展援助、区域均衡发展、区域优先发展和促进地方经济发展。

区域经济开发政策包含四方面内容：区域补偿政策、区域发展政策、公共投资政策和产业布局政策。
(周燕)

quyu kaifa
区域开发(regional development) 在长期综合利用各种资源,保护环境以及可持续发展的前提下,在一定区域空间内进行的经济开发活动。区域开发的内涵就是在宏观国民经济增长的背景下,区域经济总量获得增长,人口增加及人均收入水平提高,物质性和社会性的基础设施不断改善,地区间建立了合理的经济关系,逐步缩小地区间社会经济发展水平的差距。

区域发展 区域发展是指一个区域内,经济总量获得增长,人均收入水平提高,基础设施不断改善,地区间建立了合理的经济关系,地区间经济差距不断缩小的过程。区域发展与区域开发是一对近似的概念,区域开发所涉及的对象和过程往往是物质的、有形的,其结果是产量和产值的增加、技术的进步等。区域发展则更加抽象,既包括有形物质财富的增加,也包括区域结构的合理,地区发展的均衡等方面。

经济区域 经济区域是指在一定的地理位置、自然资源、交通条件、劳动力资源以及各种社会经济因素相互联系、互为制约、共同作用下所形成的,具有不同经济类型和产业结构的经济区。经济区域是国民经济诸部门在一定地域上有机结合的综合性地域,它是商品经济发展的产物。经济区域大多以工业为主导,以农业为基础,以城市为核心,以交通运输及商品交流为脉络。经济区域从范围的角度包括一国内的经济区域、几个国家构成的世界经济区域或几个国家部分地区所构成的经济区域。

区域划分 区域划分是指根据区域经济发展水平和特征的相似性,经济联系的密切程度,或者依据国家经济社会的发展目标与任务分工,对国土进行的战略性区划。 (孙昊亮)

quyu kechixu fazhan

区域可持续发展(the sustainable development of region) 区域开发过程中经济、社会、文化等诸多方面的协调发展。坚持以人为本,以人与自然和谐为主线,以经济发展为核心,以提高人民群众生活质量为根本出发点,使可持续发展能力不断增强,经济结构调整取得显著成效,人口总量得到有效控制,生态环境明显改善,资源利用率显著提高,促进人与自然的和谐,推动整个社会走上生产发展、生活富裕、生态良好的文明发展道路。

作为区域开发中的一个原则,可持续发展原则的内涵包括:第一,持续性原则,即人类的经济发展和社会发展不能超越资源与能源来发展工业生产,发展经济时,一定要关注自然环境的永续性、生态系统的稳定性,不能破坏他们的平衡能力和再生能力;第二,公平性原则,即需求的满足不能只限于一部分人,而是要使我们整个当代人和后代人的需求都能得到满足,要实现代际公平和代内公平;第三,共同性原则,即可持续发展既要尊重各国各自的利益和国家主权,又要履行保护全球环境的国际协议,比如1992年世界环境与发展大会通过的《21世纪议程》。

区域可持续发展基本要素为:第一,可持续发展经济区域。第二,人口的可持续转变。第三,科技进步。科学技术是可持续发展的主要基础之一。第四,环境与资源的经济化运作。第五,生活质量的持续提高。要树立正确的符合可持续发展要求的生活观和消费观,通过改变生活方式来提高生活质量和社会福利水平。第六,地方政府可持续发展能力。 (周燕)

qushui xuke zhidu

取水许可制度(license system for drawing water) 国家基于水资源的所有者和管理者的双重身份,授权水行政主管部门或者流域管理机构代表国家对直接从江河、湖泊或者地下取用水资源的单位和个人进行审查许可其取水的一项制度。它是实行合理用水、节约用水的一项基本制度,通过取水许可,国家关于水的中长期供求规划和以流域为单元所制定的水量分配方案才能深入并贯彻落实到各个取水单位,实现国家确定的水资源宏观调控的目标,并为合理用水、节约用水设定有保障的制度条件。国外普遍实行的是用水许可,用水比取水的概念范围要广,《中华人民共和国水法》采用取水许可,适合我国的国情,执行起来也相对容易。因此,我国《水法》规定国家对直接从江河、湖泊或者地下取用水资源的,实行取水许可制度。直接从江河、湖泊或者地下取用水资源的单位和个人,应当按照国家取水许可制度和水资源有偿使用制度的规定,向水行政主管部门或者流域管理机构申请领取取水许可证,并缴纳水资源费,取得取水权。但是,家庭生活和零星散养、圈养畜禽饮用等少量取水的除外。此外,实施取水许可制度和征收管理水资源费的具体办法,由国务院规定。如果未经批准擅自取水或者未依照批准的取水许可规定条件取水的,由县级以上人民政府水行政主管部门或者流域管理机构依据职权,责令停止违法行为,限期采取补救措施,处2万元以上10万元以下的罚款;情节严重的,吊销其取水许可证。

(包剑虹 桑东莉)

quanguo renda changweihui guanyu waishang touzi qiye he waiguo qiye shiyong zengzhishui xiaofeishui yingyeshuideng shuishou zanxing tiaoli de jueding

《全国人大常委会关于外商投资企业和外国企业适用增值税、消费税、营业税等税收暂行条例的决定》(Decision of the National People's Congress on Questions Related to Provisional Regulations Concerning Taxations Including Value-added Tax, Consumption Tax and Business Tax Applicable to Enterprise with Foreign Investment and Foreign Enterprises) 1993年12月29日第八届全国人民代表大会常务委员会第五次会议审议通过的对外商投资企业和外国企业适用增值税、消费税、营业税等税收暂行条例的情况作出的明确规定。凡在中国境内设立的中外合

资经营企业、中外合作经营企业和外资企业或在中国境内设立机构、场所,从事生产、经营和虽未设立机构、场所,而有来源于中国境内所得的外国公司、企业和其他经济组织,自1994年1月1日起适用国务院发布的增值税暂行条例、消费税暂行条例和营业税暂行条例。中外合作开采海洋石油、天然气,则按实物征收增值税。1993年12月31日前已批准设立的外商投资企业,因改征增值税、消费税、营业税而增加税负,经企业申请,税务机关批准,在已批准的经营期限内,可退还其因税负增加而多缴纳的税款,但最长不超过5年;没有经营期限的,经企业申请,税务机关批准,在最长不超过5年的期限内,退还其因税负增加而多缴纳的税款。

（汤洁茵）

quanguo shuiziyuan zhanlüe guihua

全国水资源战略规划（strategic plan for water resources of the whole country） 为了减少用水矛盾,合理开发、利用、配置和节约水资源而在查清我国水资源及其开发利用现状、分析评价水资源承载能力的基础上,根据水资源的分布和经济社会发展整体布局,对水资源的配置和综合治理的问题的计划。全国水资源战略规划是社会经济可持续发展的有力保障。我国通过制定全国的水资源战略规划为经济社会发展提供五个方面的基本保障,一是饮水保障,即优先满足城乡人民生活用水的要求。主要是改善公共设施和生态环境,使城乡居民能够用上清洁安全的饮用水。二是基本满足粮食生产对水的需要,为我国的粮食生产提供水利保障。三是要努力满足社会对防洪用水的要求,保障人民生命财产的安全。四是要基本满足经济建设用水需要,保持经济持续、快速、健康发展。五是要努力满足改善生态环境用水的需要,逐步增加生态环境用水。

（包剑虹）

quanguo shuizheng shishi yaoze

《**全国税政实施要则**》（Main Point of the Implement of Tax Policy of the Whole Country） 1950年税制改革中整理和统一全国税政、税务的指导性法规和具体方案。1949年11月,首届全国税务会议根据《中国人民政治协商会议共同纲领》第40条"国家税收政策,应以保障革命战争的供给,照顾生产的恢复和发展及国家的建设需要为原则,简化税制,实行合理负担"的政策精神拟制了《全国税政实施要则》,并于1950年1月发布。对我国的税收政策、税收制度和税务机关建立的原则等重大问题作了明确的规定。共12条,具体内容是强调要建立统一的税收制度,实现全国在税政、税种、税目和税率上的统一;依据合理负担的原则,适当平衡城乡负担,减轻农民的赋税;规定除农业税之外全国统一征收14种中央税和地方税;规定了各级政府的税收立法权限;并确定了税务机关的任务和职权;规定纳税是人民的光荣义务,应树立遵章纳税的爱国观念,同时要求税务工作者应密切联系群众,保持艰苦朴素的优良作风;明确了公营企业和合作社以及外侨经营的企业都应当照章纳税;并规定对违反税法税政的案件要依法惩处;规定各级税务机构受上级局与同级政府的双重领导;并制定了税务机关的内部工作条例。《全国税政实施要则》的发布与实施,统一了全国税政,为建立新中国的税收制度和强有力的税务机构奠定了基础。

（王 晶）

quanguo yancao hangye jingying guanli renyuan falü zhishi tongyi kaoshi

全国烟草行业经营管理人员法律知识统一考试（State Unified Examination of Legal Knowledge for the Manager of Tobacco Industry） 根据《烟草行业开展法律宣传教育的第四个五年规划》的要求,为了贯彻落实《国家烟草专卖局关于贯彻〈中组部中宣部司法部关于加强领导干部学法用法工作的若干意见〉的实施意见》,不断强化烟草行业经营管理人员的法律素质,提高依法决策、依法经营、依法管理的水平,国家烟草专卖局对全国烟草行业工商企业经营管理人员进行的法律知识统一考试。2003年1月22日国家烟草专卖局制定通过了《全国烟草行业经营管理人员法律知识统一考试方案》。全国烟草行业生产经营管理人员统一考试的目的是"以考促学",着眼于切实提高全行业生产经营管理人员的法律素质和依法决策、依法经营、依法管理的水平。

全国烟草行业工商企业经营管理人员,都必须参加全国烟草行业经营管理人员法律知识统一考试。其中,参加考试的工商企业正、副职领导,由国家烟草专卖局直接组织考试;其他应考人员,由各省级局组织考试。

（傅智文）

quanguo zhuanye biaozhunhua jishu weiyuanhui

全国专业标准化技术委员会（National Technical Committee of Professional Standardization） 由国务院标准化行政主管部门会同有关行政主管部门确定的,在一定专业技术领域内,从事全国性标准化工作的技术工作组织。由国务院标准化行政主管部门统一规划和组建的全国专业标准化技术委员会,充分地发挥生产、使用、科研、教学和监督,检验、经销等方面专家的作用,为开展各专业技术领域的标准化工作发挥了重要的作用。属于综合性的、基础的和涉及部门较多的全国专业标准化技术委员会,由国务院标准化行政主管部门领导和管理。全国专业标准化技术委员会的职责包括以下几个方面：(1)遵循国家有关方针政策，向国务院标准化行政主管部门和有关行政主管部门提出本专业标准化工作的方针、政策和技术措施的建议。(2)按照国家制定、修订标准的原则，以及采用国际标准和国外先进标准的方针，负责组织制订本专业标准体系表，提出本专业制定、修订国家标准和行业标准的规划和年度计划的建议。(3)根据国务院标准化行政主管部门和有关行政主管部门批准的计划，协助组织本专业国家标准和行业标准的制定、修订和复审工作。(4)组织本专业国家标准和行业标准送审稿的审查工作，对标准中的技术内容负责，提出审查结论意见，提出强制性标准或推荐性标准的建议。(5)受标准制定部门的委托，负责组织本专业的国家标准和行业标准的宣讲、解释工作等。(6)受国务院标准化行政主管部门委托，承担国际标准化组织和国际电工委员会等相应技术委员会对口的标准化技术业务工作等。(7)受国务院有关行政主管部门委托，在产品质量监督检验、认证和评优等工作中，承担本专业标准化范围内产品质量标准水平评价工作。(8)在完成上述任务前提下，技术委员会可面向社会开展本专业标准化工作，接受有关省、市和企业的委托，承担本专业地方标准、企业标准的制定、审查和宣讲、咨询等技术服务工作。(9)受国务院标准化行政主管部门及有关行政主管部门委托，办理与本专业标准化工作有关的其他事宜。　　　　　　　　　　　(麻琳琳)

quanmin danwei zhijian chanquan jieding

全民单位之间产权界定（definition of property right among state-owned enterprises）　全民单位之间各个单位占用的国有资产，按分级分工管理的原则，分别明确其与中央、地方、部门之间的产权关系。非经有权管理其所有权的人民政府批准或双方约定，并办理产权划转手续，不得变更资产的管理关系。全民单位对国家授予其使用或经营的资产拥有使用权或经营权。除法律、法规另有规定者外，不得在全民单位之间无偿调拨其资产。全民所有制企业之间是平等竞争的法人实体，相互之间可以投资入股，按照"谁投资、谁拥有产权"的原则，企业法人的对外长期投资或入股，属于企业法人的权益，不受非法干预或侵占。依据国家有关规定，企业之间可以实行联营，并享有联营合同规定范围内的财产权利。国家机关投资创办的企业和其他经济实体，应与国家机关脱钩，其产权由国有资产管理部门会同有关部门委托有关机构管理。国家机关所属事业单位经批准以其占用的国有资产出资创办的企业和其他经济实体，其产权归该单位拥有。

对全民单位由于历史原因或管理问题造成的有关房屋产权和土地使用权关系不清或有争议的，依下列办法处理：全民单位租用房产管理部门的房产，因各种历史原因全民单位实际上长期占用，并进行过多次投入、改造或翻新，房产结构和面积发生较大变化的，可由双方协商共同拥有产权。对数家全民单位共同出资或由上级主管部门集资修建的职工宿舍、办公楼等，应在核定各自出资份额的基础上，由出资单位按份共有或共同共有其产权。对有关全民单位已办理征用手续的土地，但被另一些单位或个人占用，应由原征用土地一方进行产权登记，办理相应法律手续。已被其他单位或个人占用的，按规定实行有偿使用。全民单位按国家规定以优惠价向职工个人出售住房，凡由于分期付款，或者在产权限制期内，或者由于保留溢值分配权等原因，产权没有完全让渡到个人之前，全民单位对这部分房产应视为共有财产。　　　(马跃进　师湘瑜)

quanmin suoyouzhi gongye qiye chengbao jingying zerenzhi zanxing tiaoli

《全民所有制工业企业承包经营责任制暂行条例》（Interim Regulation on Responsibility System of Contracted Management of Industrial Enterprises Owned by the Whole People）　1988年2月27日国务院发布，自1988年3月1日起施行，即在《中华人民共和国全民所有制工业企业法》公布前夕施行的一个有关全民所有制企业的重要法规。1984年中国共产党十二届三中全会作出了《中共中央关于经济体制改革的决定》，其中强调增强企业活力是经济体制改革的中心环节，要求围绕这个中心环节，主要应解决好两个方面的关系，即确立国家和全民所有制企业之间的正确关系，扩大企业自主权；确立职工和企业之间的正确关系，保证劳动者在企业中的主人翁地位。《全民所有制工业企业承包经营责任制暂行条例》是在这种背景下，由国务院制定的，为转变企业经营机制，增强企业活力，提高经济效益的一个行政法规。

《全民所有制工业企业承包经营责任制暂行条例》共7章45条。第一章，总则，共7条，规定了立法宗旨、承包责任制度及相关制度。第二章，承包经营责任制的内容主形式，共6条，规定了承包经营责任制的承包内容与形式；第三章，承包经营合同，共8条，规定了承包经营合同的主体、原则、条款、期限、变更、解除及纠纷解决机制等；第四章，承包经营合同的权利和义务，共4条，规定了发包方与承包方双方的权利和义务及法律责任；第五章，企业经营者，共8条，规定了实行承包经营责任制企业的经营者或经营集团的主体地位，产生方式、条件、权利和义务以及法律责任等。第六章，承包经营企业的管理，共9条，规定了国家与企业的关系和企业内部关系。第七章，附则，共3条，规定了本条例的适用范围等。

《全民所有制工业企业承包经营责任制暂行条例》在1988年8月1日《中华人民共和国全民所有制工业企业法》实施后继续有效。1990年2月24日中华人民共和国国务院令第49号发布,自发布之日起施行的《国务院关于修改〈全民所有制工业企业承包经营责任制暂行条例〉第二十一条的决定》,增加了承包经营合同双方发生纠纷进行仲裁共3款的规定。

(陈乃新　王顺兰)

quanmin suoyouzhi gongye qiye de jingyingquan
全民所有制工业企业的经营权(the management right of industrial enterprises owned by the whole people)　企业对国家授予其经营管理的财产享有占有、使用和依法处分的权利,全民所有制工业企业的财产属于全民所有,国家依照所有权和经营权分离的原则授予企业经营管理。国务院代表国家行使企业财产的所有权。

全民所有制工业企业的经营权,从现象形态上看是由财产所有权派生出来的一种权利。但企业的经营权又不单纯是财产权,企业经营权既有企业财产权的内容,又有企业管理权(如人事任免权、用工权)等内容。《中华人民共和国民法通则》规定的"全民所有制企业对国家授予它经营管理的财产享有经营权,受法律保护",这里所规定的经营权是指企业财产权方面的权利,而从《全民所有制工业企业法》所规定的企业经营权,不但包括企业财产权方面的权利,还包括企业的其他权利,如企业管理权等。所以,全民所有制工业企业的经营权就是企业对本企业的人、财、物综合运用,并进行产、供、销和与国家分享收益的权利。这种权利,从民法上的财产权派生出来,但它不停留于财产归属和财产流转方面的权利,而是运用财产进行财富创造、实现和分享上的权利,是一种新的经济权利。

(陈乃新　王顺兰)

quanmin suoyouzhi gongye qiye de neibu lingdao zhidu
全民所有制工业企业的内部领导制度(system of internal leadership of industrial enterprises owned by the whole people)　全民所有制工业企业的内部法律关系管理主体的法律制度。企业管理主体法律制度主要有厂长(经理)负责制、职工代表大会制度和党委政治核心制度。

厂长(经理)负责制　厂长(经理)负责制是全民所有制工业企业的生产经营管理工作由厂长(经理)统一领导和全面负责的一种企业内部领导制度。厂长负责制是一种首长负责制。厂长是企业的法定代表人。

职工代表大会制度　全民所有制工业企业的职工有参加企业民主管理和民主监督的权利。职工的民主管理和民主监督的权利主要通过职工代表大会来行使。职工代表大会是企业实行民主管理的基本形式,是职工行使民主管理权力的机构。职工代表大会的工作机构是企业的工会委员会。企业工会委员会负责职工代表大会的日常工作。车间通过职工大会、职工代表组或者其他形式实行民主管理,工人直接参加班组的民主管理。

党委政治核心制度　中国共产党的基层组织在企业中起政治核心作用,企业党委对企业实行思想政治领导,企业党委对党和国家的方针、政策以及国家法律、法规在本企业的贯彻执行实行保证监督。

(陈乃新　王顺兰)

quanmin suoyouzhi gongye qiye de quanli yiwu
全民所有制工业企业的权利义务(right and obligation of industrial enterprises owned by the whole people)　全民所有制工业企业依法设立并参加各种法律关系时,依法可以作出或不作出一定行为的权利,可以要求他人相应作出或不作出一定行为的资格以及自己必须依法作出或不作出一定行为的责任。全民所有制工业企业能够依法参加各种法律关系,并在它所能参加的各种法律关系时,享有相应的权利,承担相应的义务。

全民所有制工业企业的权利　全民所有制工业企业参加企业法律关系时,对国家授予其经营管理的财产享有经营权,经营权包括占有、使用和依法处分的权利。全民所有制工业企业在参加劳动法律关系,参加民事法律关系和作为行政相对人参加行政法律关系时,企业享有的权利,与它享有的经营权中的某些权利竞合。如参加劳动法律关系时,企业享有劳动用工权、工资、奖金分配权等;参加民事法律关系时,企业享有产品销售权、物资采购权等;参加行政法律关系时,企业享有拒绝摊派权等。

全民所有制工业企业的义务　全民所有制工业企业参加企业法律关系时,对国家、社会和职工都应承担其义务。对国家、全民所有制工业企业有遵守法律、法规,坚持社会主义方向的义务;有必须有效地利用国家授予其经营管理的财产,实现资产增值,依法缴税金、费用、利润的义务;有必须完成指令性计划的义务;有必须加强和改善经营管理,实行经济责任制,推进科学技术进步,厉行节约,反对浪费,提高经济效益,促进企业的改造和发展的义务;有维持生产秩序、保护国家财产的义务等。对社会,全民所有制工业企业有保证产品和服务的质量的义务;有履行依法订立的合同和协议的义务;有防治环境污染的义务等。对职工,全民所有制工业企业有搞好职工教育、提高职工队伍素质的义务;有支持和保障职工参加民主管理和民主监督的义务;有支持职工开展科技活动和劳动竞赛的义务;有实行安全生产的义务;有依法承担社会保障的义务等。

(陈乃新　王顺兰)

quanmin suoyouzhi gongye qiye de sheli biangeng he zhongzhi

全民所有制工业企业的设立、变更和终止(establishment, modification and termination of the enterprises owned by the whole people)　按照法定程序全民所有制工业企业获得、变更和失去法律关系主体资格的过程。

全民所有制工业企业的设立　申请设立全民所有制工业企业必须具备法律规定的条件。申请设立全民所有制工业企业在程序上必须依照法律和国务院规定,报请政府主管部门审核批准;经工商行政管理部门的核准登记发给营业执照,企业取得法人资格。全民所有制工业企业经申请和核准登记,全民所有制工业企业就获得了国家在法律上对它的承认,它应当在核准登记的经营范围内从事生产经营活动,并成为参加各种法律关系的主体,依法享有权利、承担义务。

全民所有制工业企业的变更　依法设立的全民所有制工业企业可以依法变更。企业变更的主要形式有合并、分立和其他重要事项的变更。全民所有制工业企业合并或者分立依照法律、行政法规的规定,由政府或者政府主管部门批准。企业合并、分立时,必须保护其财产,依法清理债权、债务和其他事务。企业的合并、分立以及经营范围内登记事项的变更,须经工商行政部门核准登记。

全民所有制工业企业的终止　全民所有制工业企业可以依法终止。终止的原因有:违反法律、法规被责令撤销;政府主管部门依照法律、法规的规定决定解散;依法宣告破产;其他原因。企业终止时,必须保护其财产,依法清理其债权、债务和其他事务。企业终止须经工商行政管理部门核准登记,该全民所有制工业企业作为法律关系的主体不复存在。

全民所有制工业企业采取公司制形式的,依照《中华人民共和国公司法》的规定设立、变更和终止。

(陈乃新　王顺兰)

quanmin suoyouzhi gongye qiyefa

《全民所有制工业企业法》(Law of the People's Republic of China on Industrial Enterprises Owned by the Whole People)　1988年4月13日第七届全国人民代表大会第一次会议通过,1988年4月13日中华人民共和国主席令第3号公布,自1988年8月1日起施行的关于全民所有制工业企业的一部法律。这是中国第一部有关全民所有制工业企业的法律,该法的原则适用于全民所有制交通运输、邮电、地质勘探、建筑安装、商业、外贸、物资、农林、水利企业。

《中华人民共和国全民所有制工业企业法》共八章69条。第一章,总则,共15条规定立法宗旨,全民所有制工业企业的地位、任务、基本原则等;第二章,共6条,规定企业的设立、变更和终止;第三章,共22条,规定企业的权利和义务;第四章,共5条,规定厂长;第五章,共6条,规定职工和职工代表大会;第六章,共4条,规定企业和政府的关系;第七章,共6条,规定法律责任;第八章,共5条,为附则。

《全民所有制工业企业法》以法律形式确认全民所有制工业企业是依法自主经营、自负盈亏、独立核算的社会主义商品生产和经营单位。规定企业财产属于全民所有,国家依照所有权和经营权相分离的原则授予企业经营管理。企业对国家授予其经营管理的财产享有占有、使用和依法处分的权利。企业依法取得法人资格,以国家授予其经营管理的财产承担民事责任。企业根据政府主管部门的决定,可以采取承包、租赁等经营责任制形式。规定企业的根本任务是:根据国家计划和市场需求,发展商品生产,创造财富,增加积累,满足社会日益增长的物质和文化生活需要。《全民所有制工业企业法》全面规定了全民所有制工业企业的主体地位,任务,基本原则;企业的设立、变更和终止,企业的权利和义务;厂长;职工和职工代表大会;企业和政府的关系和法律责任等,这就为制定相关条例、实施细则等提供了法律依据。在《全民所有制工业企业法》实施后,1992年7月23日国务院第103号令发布,并自发布之日起施行的《全民所有制工业企业转换经营机制条例》,是依据该法而制定的一个最重要最主要的条例。

1997年第八届全国人民代表大会常务委员会第五次会议通过了《中华人民共和国公司法》,该法对国有独资公司和国有企业作出了规定。《中华人民共和国全民所有制工业企业法》与《中华人民共和国公司法》共同对规范全民所有制工业企业起着作用。

(陈乃新　王顺兰)

quanmin suoyouzhi gongye qiye zhuanhuan jingying jizhi tiaoli

《全民所有制工业企业转换经营机制条例》(Regulation on Operating Mechanism Transformation of Industrial Enterprises Owned by the Whole People)　1992年7月23日国务院第103号令发布,自发布之日起施行的由中华人民共和国国务院根据《中华人民共和国全民所有制工业企业法》制定的一个重要的行政法规。这个法规共七章54条。第一章,总则,共5条,写明制定本条例的法律依据,全民所有制工业企业转换经营机制的目标、原则以及在企业转换经营机制中,政府转变职能,企业中党组织和工会、共青团及全体职工的任务。第二章,企业经营权,共17条,规定了企业对国家授予其经营管理的财产享有占有、使用和依法处分的经营权这种权利;并具体规定企业享有生产经营决策权,产品、劳务定价权,产品销售权,物资采购权,进出口权,投资决策权,留用资金支配权,资产处置权,联营、兼并权,劳动用工权,人事管理权,工资、奖金分配权,内部机构设置权,拒绝摊派权等。第三章,自负盈亏的责任,共8条,规定了企业以国家授予其经营管理的财产,承担民事责任;企业对其法定代表人和其他工作人员,以法人名义从事的经营活动,承担民事责任。厂长对企业盈亏负有直接经营责任;职工按照企业内部经营责任制,对企业盈亏负有相应责任等。第四章,企业的变更和终止,共9条,规定了企业变更和终止的条件、程序、责任和职工安置等。第五章,企业和政府的关系,共7条,规定了按照政企职责分开的原则,政府依法对企业进行协调、监督和管理,为企业提供服务以及企业与国家的产权关系。第六章,法律责任,共3条,规定了政府有关部门、企业和有关个人违反全民所有制工业企业法的法律责任。第七章,附则,规定了本条例的原则所适用的范围,本条例的解释、实施等,并规定本条例的效力(本条例发布前的行政法规、规章和其他行政性文件的内容,与本条例相抵触的,以本条例为准)。 (陈乃新 王顺兰)

quanmin suoyouzhi jingji

全民所有制经济(economy of ownership by the whole people) 生产资料归社会全体成员共同所有、与社会化大生产相适应的一种公有制经济形式。社会主义全民所有制不仅包括独资的国有经济,还包括混合所有制经济中的国有成分。在全民所有制范围内,劳动者共同占有生产资料,共同进行生产劳动,根据按劳分配的原则分配产品;全社会的劳动者在生产资料占有上是平等的,生产资料不仅不再是剥削手段,而且排除了因生产资料占有的差异所引起的人们生活富裕程度的差异。

《中华人民共和国宪法》第9条规定:"矿藏、水流、森林、山岭、草原、荒地、滩涂等自然资源,都属于国家所有,即全民所有;由法律规定属于集体所有的森林和山岭、草原、荒地、滩涂除外。"根据《宪法》第10条规定,城市的土地属于国家所有;农村和城市郊区的土地原则上属于集体所有,但由法律规定属于国家所有的,属于国家所有。此外,国家机关、事业单位、部队等全民单位的财产也是国有财产的重要组成部分。

在我国现阶段,由于生产资料由国家代表全体人民所有,全民所有制采取国家所有制的形式,是社会主义公有制的基本形式之一。国家代表人民对全民所有制企业行使的所有权和企业自身的经营权既可以结合,也可以分离。为了适应社会主义市场经济发展的需要,促进国有企业建立现代企业制度,使企业真正成为自主经营、自负盈亏的市场主体,必须将大多数全民所有制企业的所有权和经营权相分离。因此,1993年《宪法》修正案第5条用"国有经济"代替"国营经济"的提法。我国的国有经济不同于马克思和恩格斯所设想的那种全社会占有一切生产资料的单一的全民所有制,与全民所有制并存的还有其他的公有制以及非公有制形式。

国有经济在我国国民经济中占据优势地位,为国民经济建设提供了物质和技术基础,决定着我国国民经济的性质和发展水平,控制着我国国民经济的命脉,是我国实现社会主义现代化的基本物质力量。1993年《宪法》修正案第5条规定:"国有经济,即社会主义全民所有制经济,是国民经济中的主导力量。国家保障国有经济的巩固和发展。" (张长利)

quanmin suoyouzhi qiye

全民所有制企业(enterprise owned by the whole people) 生产资料归社会主义全体劳动人民所占有的经济组织。在实行社会主义计划经济条件下,全民所有制企业采取国营企业形式;在实行社会主义市场经济条件下,全民所有制企业采取国有企业形式。1993年第八届全国人民代表大会第一次会议通过的《中华人民共和国宪法修正案》第8条,已将《中华人民共和国宪法》第16条中的"国营企业"修改为"国有企业"。将国营企业修改为国有企业,是全民所有制企业法律形态的变革。两者的区别是:前者的生产活动,服从国家的统一计划;它的产品,由国家统一调拨;它按照国家的规定,上缴利润和缴纳税收。后者是依法自主经营、自负盈亏、独立核算的社会主义商品生产和经营单位,企业依法取得法人资格,以国家授予其经营管理的财产承担民事责任。 (陈乃新 王顺兰)

quanmin suoyouzhi qiye de changzhang (jingli) fuzezhi

全民所有制企业的厂长(经理)负责制(responsibility system of factory directors in enterprises owned by the whole people) 在全民所有制企业中的一种内部领导法律制度或企业生产经营管理主体的法律制度。

党委领导下的厂长(经理)负责制 在1988年《中华人民共和国全民所有制工业企业法》颁布之前,

中国有关全民所有制企业的法规、政策性文件，一般都把厂长（经理）负责制规定为党委领导下的厂长（经理）负责制。如中共中央1961年9月16日制定的《国营工业企业工作条例（草案）》第6条第2款规定："在国营工业企业中，实行党委领导下的行政管理上的厂长负责制，这是我国企业管理的根本制度。"又如中共中央、国务院1982年1月2日颁发的《国营工厂厂长工作暂行条例》第2条规定："工厂实行党委（独立核算工厂的党总支、支部）领导下的厂长负责制。"再如国务院1983年4月1日颁布的《国营工业企业暂行条例》第4条规定："企业实行党委领导下的厂长（经理）负责制。"

厂长（经理）负责制　《全民所有制工业企业法》第7条第1款规定："企业实行厂长（经理）负责制。"这是关于全民所有制工业企业的生产经营管理工作由厂长（经理）统一领导和全面负责的一种企业内部领导法律制度或企业生产经营管理法律制度。此外，《全民所有制工业企业法》还设第四章厂长专章，其第44条规定了厂长产生的方式；第45条规定了厂长是企业的法定代表人的地位以及厂长的职权职责；第46条规定了厂长的义务；第47条规定了企业设管理委员会，厂长任管理委员会主任的工作制度；第48章规定了对厂长的奖励等。　　　　（陈乃新　王顺兰）

quanmin suoyouzhi qiye de zhigong daibiao dahui zhidu

全民所有制企业的职工代表大会制度（system of the staff and workers' congress in enterprises owned by the whole people）　全民所有制企业内部的职工民主管理法律制度。

党委领导下的职工代表大会制度　在1988年《中华人民共和国全民所有制工业企业法》颁布之前，中国有关全民所有制企业的法规、政策性文件，一般都把企业职工民主管理制度规定为党委领导下的职工代表大会制度，如1981年7月13日中共中央、国务院转发的《国营工业企业职工代表大会暂行条例》第1条规定："建立和健全党委领导下的职代表大会制。"又如1983年4月13日国务院颁布《国营工业企业暂行条例》第4条第2款规定："企业实行党委领导下的职工代表大会（职工大会）制等。"

职工代表大会制度　1988年《中华人民共和国全民所有制工业企业法》第10条规定："企业通过职工代表大会和其他形式，实行民主管理。"此外，《全民所有制工业企业法》还设第五章职工代表大会专章。其第49条规定了职工民主管理企业界的权利。第50条规定了职工的义务。第51条规定了职工代表大会是企业实行民主管理的基本形式，是职工行使民主管理权力的机构；职工代表大会的工作机构是企业的工会委员会，企业工会委员会负责职工代表大会的日常工作。第52条规定了职工代表大会的职权。第53条规定了企业内部的车间、班组等民主管理制度。第54条规定了职工代表大会的义务等。　（陈乃新　王顺兰）

quanmin suoyouzhi qiyefa

全民所有制企业法（law of enterprises owned by the whole people）　社会主义经济制度的基础是生产资料的社会主义公有制，即全民所有制和劳动群众集体所有制。因此，一般只有存在社会主义全民所有制经济的国家才有全民所有制企业法。在某些资本主义国家也有国营企业法，但都不属于全民所有制企业法。

狭义的全民所有制企业法　在社会主义国家都有狭义的全民所有制企业法，在中国，包括国务院1983年制定的《国营工业企业暂行条例》，1984年制定的《关于进一步扩大国营工业企业自主权的暂行规定》，1985年制定的《关于增强大中型国营工业企业活力若干问题的暂行规定》，全国人民代表大会1988年制定的《中华人民共和国全民所有制工业企业法》，国务院1988年颁布的《全民所有制工业企业承包经营责任制暂行条例》和《全民所有制小型工业企业租赁经营暂行条例》，以及国务院1992年发布的《全民所有制工业企业转换经营机制条例》等。

广义的全民所有制企业法　广义的全民所有制企业法是国家调整有关全民所有制企业的经济关系的法律规范的总称。它包括：一是有关调整全民所有制企业设立、变更、终止以及全民所有制企业内部的经济关系的法律规范；二是调整全民所有制企业从事经营的经济关系的法律规范；三是调整全民所有制企业与国家的经济关系的法律规范；四是调整全民所有制企业与职工的社会保障关系的法律规范等。广义的全民所有制企业法其主要表现形式是有关全民所有制企业的法律法规。

在资本主义国家因存在某种国营企业、国有企业等，所以，某些资本主义国家也有国营企业的立法，如日本1952年制定的《地方国营企业法》。但因这种国营企业、国有企业与社会主义国家的全民所有制企业在生产资料所有制上存在根本区别，这种国营企业法，不是全民所有制企业法。此外，许多资本主义国家对国有企业也并没有特殊的法律规定，而是沿用公司法的规定。　　　　　　　（陈乃新　王顺兰）

quanmin suoyouzhi qiye gongzi tiaojie shui

全民所有制企业工资调节税（state-owned enterprise wages regulation tax）　我国对部分国营企业超过国家规定标准发放的工资所征收的一种特别目的

税。1985年1月国务院就国营企业工资改革问题发出通知,决定在部分国营大中型企业实行工资总额同经济效益挂钩浮动办法,企业可以随经济效益提高提取工资增长基金,用来增加职工工资。为了促进国营企业职工工资制度改革,有计划地逐步提高职工工资水平,从宏观上合理地控制消费基金的增长速度,国务院于1985年7月发布了《国营企业工资调节税暂行规定》,对实行工资总额随经济效益挂钩浮动的国营企业征收工资调节税。工资调节税以国营企业为纳税人,计税依据是企业当年发放的工资总额,其中,不超过国家核定的上年工资总额7%以内增发工资部分,为免税限额;超过7%的部分,按照超额累进税率征税,最低一级税率为30%,最高一级为300%。国家为了进一步搞活国营大中型企业,决定自1987年度起调低税率,调整税率级距,由4个变为5个。调整后最低税率为20%,最高为200%。采取按年计征、按次预缴、年终汇算清缴的办法。企业在当年年中累计增发的工资总额,超过国家核定上年工资总额7%以上时,应按次向当地税务机关报送工资基金表和纳税申报表,先缴税后增发工资。纳税人缴纳的税款、罚金和滞纳金,应在企业工资增长基金中列支。国营企业工资调节税的开征,有利于促进国营企业工资增长与企业生产增长相适应,有利于国家从宏观上控制消费基金的过快增长。随着工资制度的改革,1994年税制改革时取消了国营企业工资调节税。　　(王　晶)

quanmin suoyouzhi qiye suodeshui
全民所有制企业所得税(**state-owned enterprise income tax**)　又称国营企业所得税。是我国对国营企业的生产经营所得和其他所得征收的一种法人所得税,是国家参与国营企业利润分配的重要方式之一。

中华人民共和国建立后很长一段时期,国家对国营企业不征收所得税,实行统收统支的财政体制。国营企业实现的利润直接上交国家,企业生产经营所需资金和发生亏损则由国家拨补。1984年我国发布了《中华人民共和国国营企业所得税条例(草案)》和《国营企业调节税征收办法》,从而根本上改变了国营企业上缴利润的制度。

国营企业所得税的征税原则是兼顾国家、企业和职工三方的利益;兼顾效率和公平并便于征管。国营企业所得税以从事工业、商业、交通运输、建筑安装、金融保险、饮食服务,以及教育、科研、文化卫生、物资供销、城市公用及其他行业的国营企业、单位为纳税人,以纳税年度内从中国境内和境外取得的生产经营所得和其他所得为征税对象。税率则对大中型企业采用55%的比例税率;对小型企业采用8级超额累进税率,其中,最低一级为10%,最高为55%。并实行按年计征,按日和按旬、月、季预缴税款,年终汇算清缴,多退少补的征收方法。　　(王　晶)

quangmin suoyouzhi qiye tiaojie shui
全民所有制企业调节税(**state-owned enterprise regulatory tax**)　又称国营企业调节税。是我国对国营大中型企业缴纳所得税后的利润,就其超过核定留利部分征收的一种仍属于所得税性质的调节税,是从生产经营所得和其他所得中集中一部分财政收入的一种形式。1983年第一步利改税时,部分国营大中型企业缴纳所得税后的利润大大超过国家核定的企业合理留利水平。为了保证国家财政收入和调节企业之间留利水平可能不均的矛盾,国家决定对部分企业试行调节税等办法,将税后利润超过合理留利的部分收归财政。1984年9月18日,国务院颁布了《国营企业调节税征收办法》,规定调节税以实行独立核算的国营大中型企业为纳税人,为了搞活国营小型企业,体现对小型企业放宽的政策精神,小型企业在缴纳所得税核承包费后,自负盈亏,不缴纳调节税。计税依据是纳税企业的年度应税所得额。由于经济情况的复杂性,无法制定统一的国营企业调节税税率,由财政部门协同企业主管部门根据企业利润实际水平逐一核定,一户一率。各省、自治区、直辖市财政部门核给企业的调节税税率,要汇总报财政部批准。同时还规定减征办法,即企业当年利润比基期利润增长的部分,可按规定比例减征调节税。国营企业调节税按日、旬、月预缴本月款,年终汇算清缴,多退少补。1994年税制改革,为增强企业实力,为企业税后还贷创造条件,理顺企业和政府的关系,并实现公平竞争,正式取消了国营企业调节税。　　(王　晶)

quanmin suoyouzhi xiaoxing gongye qiye zulin jingying zanxing tiaoli
《全民所有制小型工业企业租赁经营暂行条例》(**Interim Regulation on Business Management under Lease of Small-Size Industrial Enterprises Owned by the Whole People**)　1988年5月18日国务院第五次常务会议通过,1988年6月5日中华人民共和国国务院令第2号发布,自1988年7月1日起施行,即在《中华人民共和国全民所有制工业企业法》施行前夕施行的一个有关全民所有制企业的重要行政法规。

《全民所有制小型工业企业租赁经营暂行条例》共八章40条。第一章,总则,共5条,主要规定本条例的立法宗旨、适用范围、租赁经营制度的基本内容和原则等;第二章,出租方和承租方,共6条,主要规定主体地位及承租担保等;第三章,租赁招标,主要规定租赁程序;第四章,租赁经营合同,共6条,主要规定租赁经营合同的形式、条款、原则、变更、解除和纠纷的解决方式;第五章,权利与义务,共5条,主要规定出租方、承租方和承租经营者的权利和义务;第六章,收益分配及债权债务处理,共4条,主要规定出租方与承租方之间的收益分配,以及企业租赁前债权债务及遗留亏损的处理;第七章,承租收入,共5条,主要规定承租经营者及合伙承租成员的收入;第八章,附则,共4条,规定集体所有制工业企业实行租赁经营的,可参照本条例执行等。

《全民所有制小型工业企业租赁经营暂行条例》在1988年8月1日《全民所有制工业企业法》实施后继续有效。1990年2月24日中华人民共和国国务院令第50号发布,自发布之日起施行的《国务院关于修改〈全民所有制小型工业企业租赁经营暂行条例〉第二十二条的决定》,增加了租赁经营合同发生纠纷进行仲裁共两款的规定。　　　　　　(陈乃新　王顺兰)

quanze fashengzhi

权责发生制(accrual-basis accounting)　又称应计制。一切会计要素,特别是收入费用要素的时间确认,均以权利已经形成或义务、责任的真正发生为基础进行。换言之,交易的确认应当以实际发生作为确认的标准,不考虑相应的现金流动的状态。因此,凡是在一个会计期间内收取一项收入的权利已经具备,不论是否取得这项收入的现金,都视为已经收入实现,需要加以确认计量。同理,只要会计主体已承担某项费用的义务,不论与该义务相关联的现金支付行为是否发生,都视为已经发生的或者应当负担的费用,在当期确认计量。权责发生制是会计确认的基本原则。由于会计分期假设的存在,对经营活动的会计反映以及经营成果的计量都是通过不同时期的财务报表来体现的。而经营业务本身具有连续性,从合同的签订到交易的履行完毕之间有时间跨度,表现为经济业务的发生时间与实际的现金流动时间之间经常存在着一定程度的背离。权责发生制要求按照权利义务的形成时间来确认会计要素。

现金制,又称收付实现制,是与权责发生制相对立的会计确认原则,指按照现金实际流入或者流出的时间来确认收入与费用的发生时间。收到现金,才确认收入,而支出现金时就确认费用,不管与收入有关的业务是发生在什么时间。

在权责发生制下,收入与费用的确认与实际的现金流动几乎完全不相关,更多地体现为一个主观判断的过程,这给管理当局操纵企业经营成果提供了便利,也使得企业的财务报表忽略了现金流动的重要意义。20世纪70年代以来企业出现的流动性危机,揭示了现金流量的重要性,也反映出权责发生制的局限性。作为一种改进,我国会计法规要求企业在现金制基础上编制现金流量表,它与按照权责发生制编制的损益表一起构成了对企业经营状况的完整揭示。(刘　燕)

quanzeli tongyi yuanze

权责利统一原则(principle of unification of right/power, responsibilities and interests)　在经济主体与国家、经济主体与经济主体相互之间的经济关系中,各自的权利或权力、职责与义务、利益必须相互一致,相互对称,而不应当分割、脱节、错位、失衡或孤立存在的原则。这一原则是我国社会主义经济法的一项特色。

在公有制为主体的社会主义市场经济条件下,国家是组织和调控国民经济的主体,国有企业是国民经济的主导和支柱。国有企业的财产属于全民所有,由国家代表全体人民掌握生产资料的所有权。国家依照所有权和经营权分离的原则将国有资产授予企业经营管理。国有企业享有经营管理自主权,是独立的商品生产者和经营者,具有相对独立的利益。企业是自主经营、自负盈亏的经济活动主体,负有保障国有资产的保值增值的义务,对国家授予其经营管理的财产享有占有、使用和依法处分的权利,以国家授予其经营管理的财产对其债务承担责任,依法享有权利,承担义务。实行权、责、利统一原则,对于调动经济主体的积极性,确立国有企业的法律地位,提高国有企业的经营管理水平,建立和完善国有资产管理体制,保证国有资产保值增值,提高国民经济运行效率,完善社会主义市场经济体制,巩固社会主义经济制度,具有十分重要的意义。权、责、利统一原则是经济法基本原则的核心,并应贯穿于经济法的各项制度之中,是确立我国现代经济法治的基点。没有这一基本原则,其他法律原则和各项制度都将形同虚设。

实行权、责、利统一原则,要求经济立法必须既要维护社会经济总体效益,又要兼顾国家、经济组织与个人的经济利益,不能有所偏颇。要建立和完善各种形式的经济责任制,完善经济责任立法。明确国家和企业的关系,明晰国家与企业的权利、义务和责任界限,转换政府职能,建立和完善国有资产管理体制,实行政企分开,确立企业独立的法律地位,保护企业经营自主权,转换企业经营机制。　　　　　　(张长利)

R

renminbi
人民币(renminbi) 中国人民银行依法发行的货币,包括纸币和硬币。人民币是中华人民共和国的法定货币,以人民币支付中华人民共和国境内的一切公共的和私人的债务,任何单位和个人都不得拒绝。人民币的单位为元,人民币辅币单位为角、分。

人民币的特点 (1)人民币是完全独立的货币。(2)人民币是高度集中统一的货币。人民币的发行权集中于中国人民银行。中国人民银行是人民币的唯一发行机关,并执行统一的货币管理职能。(3)人民币是币值稳定的货币。(4)人民币是信用货币。人民币的发行,是通过国家信贷程序进行的。同时,人民币的发行以国家信用的相应商品物质作保证。

人民币的功能 人民币作为货币,在商品经济中具有价值尺度、流通手段、储藏手段、支付手段等功能。《中华人民共和国中国人民银行法》只规定了执行支付手段的职能,即指人民币被用于预付、货款、放款、还债、缴纳税款、支付劳务款和工资等。

人民币的印刷和发行 中国人民银行是国家管理人民币的主管机关,统一负责人民币的印刷、发行。中国人民银行发行新版人民币,应当报国务院批准,并应当将新版人民币的发行时间、图案、面额、式样、规格、主色调及主要特征等予以公告。 (王连喜)

renminbi huilü zhidu
人民币汇率制度(renminbi exchange rate system) 实行以市场供求为基础的、单一的、有管理的浮动汇率制度。1994年起,我国实行新的外汇管理体制。在这种新的体制下,人民币汇率有以下几个特点:(1)人民币汇率不再由官方行政当局直接制定,而是由中国人民银行根据前一日银行间外汇市场形成的价格公布当日人民币汇率,各外汇指定银行根据中国人民银行公布的汇率和规定的浮动范围,自行确定和调整对客户的买卖价格。(2)由外汇指定银行制定出的汇率是以市场供求为基础的。(3)以市场供求为基础所形成的汇率是统一的。

人民币汇率制度的主要内容是:汇率由国家统一管理,人民币汇率由国家外汇管理局统一制定、调整和公布,该汇率是官方的唯一合法汇率。因人民币与外币不许私下买卖,所以任何其他黑市外汇交易和汇率都是非法的。又因为超额的人民币禁止携带出境,所以境外一般很难形成人民币外汇市场。目前,人民币汇率实行以市场供求为基础的、单一的、有管理的浮动汇率制度。 (王连喜)

renshen baoxian
人身保险(life insurance) 以人的寿命或者身体等非财产的人身权益为保险标的的保险。传统的人身保险,仅以人寿保险为限,而现代意义上的人身保险,则几乎涵盖了人的生、老、病、伤、残、死等各种风险,主要有人寿保险、伤害保险和健康保险三大类。我国《保险法》第92条规定,同一保险人不得同时兼营财产保险业务和人身保险业务;但是,经营财产保险业务的保险公司经保险监督管理机构核定,可以经营短期健康保险和意外伤害保险业务。 (田艳)

renshen baoxian hetong
人身保险合同(contract of life insurance) 以人身权益为保险标的的保险合同。人身保险合同与财产保险合同在许多方面分别适用于不同的法律规则,如损失补偿原则对人身保险合同没有拘束。人寿保险是最具典型性的人身保险,人寿保险的长期性特征使人身保险合同存在着效力暂时停止和效力恢复的制度设计。人寿保险具有的储蓄特征是保险单现金价值的基础。人寿保险对个人或家庭的生活具有强烈的经济保障功能,限制保险人合同解除权行使期限的不可抗辩条款规则有助于达成这种功能的实现。 (李庭鹏)

renshen baoxian hetong de fuxiao
人身保险合同的复效(reinstatement of contract of life insurance) 人身保险合同因未交纳到期保险费而中止效力,投保人在规定的2年期限内与保险人达成协议并补交保险费的,保险合同恢复效力。人身保险合同的复效是保险法明文规定的法定规则,保险单通常含有复效条款。依据我国《保险法》第59条的规定,保险合同复效以双方达成复效协议为必要条件,投保人还须重新履行告知义务,被保险人仍然符合可保条件。 (李庭鹏)

renshen baoxian hetong de tingxiao
人身保险合同的停效(suspension of contract of life insurance) 又称人身保险合同的效力中止。分期支付保险费的长期人身保险合同,投保人超过规定的期限60日仍未支付当期保险费的,保险合同效力暂时中止,待满足一定条件后,保险合同恢复效力。 (李庭鹏)

renshi guanliquan

人事管理权（personal administration authority） 企业按照德才兼备、任人唯贤的原则和责任与权利相统一的要求，对企业的管理人员和技术人员（旧称企业干部）所行使的自主管理权。其内容包括：(1) 企业对管理人员和技术人员可以实行聘用制、考核制。对被解聘或者未聘用的上述人员，可以安排其他工作，包括到工人岗位上工作。企业可以从优秀工人中选拔聘用管理人员和技术人员。经政府有关部门批准，企业可以招聘境外技术人员、管理人员。(2) 企业有权根据实际需要，设置在本企业内有效的专业技术职务。按照国家统一规定评定的具有专业技术职称的人员，其职务和待遇由企业自主决定。　（方文霖）

rending chiming shangbiao de cankao yinsu

认定驰名商标的参考因素（reference determinants for well-known trademarks） 驰名商标又称著名商标，是在一定地域范围内，具有较高知名度并为相关公众所熟知和信赖的商标，具有知名度高、识别性强、影响范围广、商业价值大、易受侵害等特征。国家工商行政管理局负责驰名商标的认定和管理工作。认定某一商标是否是我国的驰名商标，主要标准是该商标在市场上享有较高的声誉并为相关公众熟知。具体地讲，认定驰名商标应当考虑下列因素：(1) 相关公众对该商标的知晓程度；(2) 该商标使用的持续时间；(3) 该商标的任何宣传工作的持续时间、程度和地理范围；(4) 该商标作为驰名商标受保护的记录；(5) 该商标驰名的其他因素。本规定为一兜底条款，目的是适应不断发展的驰名商标保护的实际需要。　（徐中起）

riben chanye zhengce

日本产业政策（industrial policy of Japan） 日本促进产业发展、改善产业结构的国家政策。日本是非常重视对产业政策进行法律调整的。根据介绍，日本产业政策的推行和产业结构的调整，主要是通过经济政策的法律化进行的。这可分为两类：一类是制定"一般法"，如通过对反垄断法的修改，放松对控股公司的限制，促进企业兼并和联合，实现经济规模，提高竞争力，另一类是制定"特别法"，如通过制定各种振兴法、产业结构改善法等，直接影响产业发展。

日本将有关产业政策的法律分为三大类：第一类是对扶持、保护、促进其发展的战略产业和新兴产业，通产省制定并经国会通过振兴法；第二类是对需要加以援助以顺利压缩过剩设备、转移人员的衰退产业，制定萧条产业临时措施法；第三类是对介于前两者之间，需调整其结构的特定产业，制定改善结构法。这些产业临时措施法有效期一般为5年左右。在经济恢复时期、高速增长时期、产业调整时期和结构转换时期，日本产业政策都是通过围绕当时的产业政策重点制定和实施相应的法律来实现的。

战后日本产业政策有四个阶段：第一阶段是20世纪50年代，产业政策的目标是促进自主产业体系的建立。为了实现这一目标，一方面通过统制进口和限制对内直接投资实行产业保护政策；另一方面，在财政政策、税收政策、金融政策、产业组织政策等方面，动员一切可能的手段对产业进行培训扶植。这些政策于50年代后期取得显著成果，实现了产业的自主，并为日本经济的高速增长奠定了坚实的基础。第二阶段是20世纪60年代，这个阶段的目标，是在实现产业结构的重工业化学工业化的同时，逐步实现贸易自由化和外国对日本直接投资自由化，以谋求完善与国际化相适应的产业体制。第三阶段是20世纪70年代，是产业政策逐渐转变的时期。"尼克松冲击"和"石油危机"后日本经济发生了重大变化。战后持续的高速增长转为低速增长的形势，要求调整国内产业结构；贸易摩擦又使日本面临着国际间产业调整；70年代初对四大公害的裁决，使自然环境服从产业发展的产业政策转向以自然环境保护为主的产业政策。此外，1977年《禁止垄断法》的修改，从战后不断放宽对垄断的限制第一次转向加强限制，竞争政策成为产业政策的中心。第四阶段以1985年后日元急剧升值为标志，进入了新的阶段。现在，日本政府正力求转变几十年来的经济运营轨道，实现以国际协调为目标的产业调整政策，从一直以出口主导型产业体系转为扩大内需型和扩大进口型的产业体系。　（石川耕治）

riben difang xiaofeishui

日本地方消费税（local consumption tax of Japan） 日本以所有国内经营活动和进口的国外货物、劳务为征税对象的一种地方税。地方消费税是日本1997年开始设置的税种，它属于都道府县税。地方消费税的纳税人和征税对象与消费税一样。地方消费税的计税依据为国税中消费税的税额，税率为25%。地方消费税由国税部门代征，与消费税一同计算缴纳。作为都道府县税的地方消费税，其税收收入的一半要分配给都道府县所辖的市町村。　（翟继光）

riben dongshi zhidu

日本董事制度（director system of Japan） 是由日本公司法规定的董事制度。

董事和执行经理　董事是股份公司的业务执行机关。在日本，董事的职权范围很广，不仅可以自己处理公司业务，还可以监督其他董事的业务执行情况，所以,日本很多股份公司(特别是上市公司)董事人数可达到几十人。但是,董事会的规模增大以后,讨论流于形式、业务执行的决定久决不下等缺点难免会暴露出来。因此,2002年修改了商法(日本的公司法是商法典的一部分),对满足资本总额等特定条件的股份公司适用商法特例法上的新制度(即"委员会制度"参照下述解释),可以在董事外设立执行经理。采用委员会制度后,董事只负责监督业务执行情况,而由执行经理负责执行公司业务。这种职务分工类似于美国的Director和Officer或中国公司法上的董事和经理的分工。新制度并没有禁止董事兼任执行经理,但是董事中就任监察委员会委员的人员不可以兼任执行经理。执行经理为数人时根据董事会决议选举代表执行经理。执行经理与董事任期相同,为1年。

委员会制度 股份公司只要能满足商法特例法规定的以下条件之一,就可以根据章程的规定采用委员会制度:资本总额为5亿日元以上;上一事业年度资产负债表中的负债总额为200亿日元以上;资本总额超过1亿日元,并且在章程中规定接受外部会计师事务所的监察。采用委员会制度的公司,可以设立执行经理负责公司业务的执行。同时,必须在董事会下面设置提名委员会、审计委员会和薪酬委员会。各委员会分别由三个以上董事组成,构成各委员会的董事由董事会选任,但各委员会中过半数的人员应为非执行经理且为外部独立董事。以下是对各委员会的说明:(1)提名委员会。提名委员会有权决定向股东大会提出的关于董事选任和解任议案的内容,即未经提名委员会的同意不得选任新的董事和解任现任董事。但是提名委员会没有选任和解任执行经理的职权,执行经理由董事会选任并受其监督。(2)审计委员会。采用委员会制度的股份公司不得设立监事,但可以设立审计委员会,监督业务的执行。组成审计委员会的董事(即审计员)中,过半数的人员应为非执行经理且为外部独立董事。并且审计委员会的组成成员不得为公司的执行经理、使用人(职员)、子公司执行业务的董事、执行经理或者使用人。未采用委员会制度的公司的监事通常没有下属,由其亲自负责调查公司的业务和财产的情况。与此相对,委员会制度中的审计委员会一般通过董事会设立的内部统制机构(例如内部审计室)间接行使审计职能。也就是说审计委员会的任务是监督内部管理机构的组成、运营是否适当,必要时向内部管理机构作出具体指示。(3)薪酬委员会。薪酬委员会是拥有决定董事及执行经理个人所得报酬权限的组织。薪酬委员会制定有关董事及执行经理个人应得报酬的方案,并根据此方案决定个人所得的报酬。有关报酬决定的方案在每一事业年度都应记载于营业报告书中,向股东公示。薪酬委员会在决定董事及执行经理个人所得报酬时,必须确定以下三点:报酬金额确定时,个人应得的数额;报酬金额不确定时(例如与公司业绩相关联的报酬),个人应得数额的计算方法;报酬为非金钱时(例如提供住房),其具体内容。薪酬委员会的以上三点决定不得委任代表执行经理执行。并且,薪酬委员会没有决定向股东大会提出的有关Stock Option(行使新股预约权的股价连动型报酬)议案内容的权限。对于这一点,也有意见认为在立法理论上尚存疑问。

(石川耕治)

riben faren juminshui

日本法人居民税(corporation inhabitance tax of Japan) 对法人的所得征收的一种地方税,包括都道府县法人居民税和市町村法人居民税。法人居民税的纳税人分为三类:(1)在该行政区域内有事务所或营业所的法人(包括设置事务所且连续从事盈利业务经营的无人格社团等);(2)在该行政区域内有职工宿舍但无事务所或营业所的法人;(3)在该行政区域内有事务所、营业所或职工宿舍的无人格的社团等。法人居民税分为法人均摊税和所得均摊税。法人均摊税类似于人头税,只要属于本行政区域内符合纳税人条件的法人(包括无法人资格的社团等),无论有无收入或所得,均有纳税义务。对于普通纳税人按资本金的大小确定税额。所得均摊税以法人缴纳的法人税为计税依据。都道府县法人居民税中的法人均摊税税率按法人资本金规模的大小分为5档,分别征收2—80万日元的税,所得均摊税的标准税率为5%;市町村法人居民税中的法人均摊税的标准税率根据法人资金规模及从业人员数分10档,分别征收5—300万日元的税,所得均摊税的标准税率为12.3%。所得均摊税的浮动幅度为标准税率的1.2倍。

(翟继光)

riben faren shiyeshui

日本法人事业税(Japanese corporation business tax of Japan) 对法人所得征收的一种地方税。法人事业税为都道府县税,纳税人为在都道府县内设有事务所、营业所并从事营业活动的法人。只在都道府县内有资产但不从事营业活动的国外法人不承担纳税义务。法人事业税的征税对象为法人的所得,对特殊行业作了特殊规定。具体包括:供电业和供气业以收费收入为征税对象;人寿保险业和财产保险业以一定比例的保费收入为征税对象,其他行业法人以各年度的所得为征税对象。以收入为征税对象的法人事业税的标准税率为1.5%,以所得为征税对象的法人事业税的标准税率,根据所得金额的大小,实行5.6%—11%的累进税率。

(翟继光)

riben farenshui

日本法人税(corporation tax of Japan) 对法人所征收的一种税。法人分为国内法人和国外法人两大类,总部或主要事务所设在日本国内的称为国内法人,其余为国外法人。国内法人对其来源于世界范围内的所得承担纳税义务,国外法人仅对其来源于日本国内的所得对日本国政府承担纳税义务。国内法人又分为普通法人、无法人资格的社团等、合作组织等和公益法人等四类。公共法人不属于法人税的纳税人,无缴纳法人税的义务。普通法人的全部所得为法人税的征税对象。普通法人以外的国内法人、合作组织的全部所得为法人税的征税对象,但税率较低。公益法人和无法人资格的社会等则只对其从事营利性营业的所得征税。法人税的税基为应税所得,即收入减去费用。日本法人税的现行(1998 税制)税率比较简单,资本金超过 1 亿日元的普通法人的全部所得,以及资本金不足 1 亿日元的普通中小法人和没有人格的社团等的超过 800 万日元以上的所得适用 34.5% 的税率(基本税率),普通中小法人和没有人格的社团等的 800 万日元以下的所得部分,以及其他纳税人的全部所得适用 25% 的税率(轻税率)。在日本税制中,对法人所得征税,除法人税以外,还包括地方税中的法人事业税和法人居民税。

(翟继光)

riben geren juminshui

日本个人居民税(individual inhabitance tax of Japan) 对个人所得所课征的地方税。日本税法上并无个人居民税的概念,只有"都道府县民税"和"市町村民税"。这里所谓的个人居民税是对都道府县民税和市町村民税中个人课征部分的总称。

个人居民税的纳税人为在本行政区内有住所或从事经营活动的个人。分为两类:第一类是在本行政区内有住所的个人;第二类是在本行政区内无住所,但有事务所、营业所或房产的个人。个人居民税分为两类:一类是按人头课征的人头课税;另一类是按所得课征的所得课税。所得课税又分为分离课征和综合课征。原则上,第一类纳税人既缴纳人头课税,又要缴纳所得课税;第二类纳税人只需缴纳人头课税。

个人居民税中的所得课税,以个人的所得为课税对象。课税所得的分类及计算,与国税中的个人所得税制度完全一致。个人居民税的税率有三类:(1)人头课税按人口数征收,实行定额税制;(2)实行综合课征的所得课税,其中市町村民税分3档,都道府县民税分2档,最低税率为5%,最高税率为15%;(3)分离课征的所得课税,其中利息所得,市町村不征税,都道府县征5%的税;土地房屋转让所得(长期),市町村征6%的税,都道府县征3%的税;退职所得,与综合课税税率相同。个人居民税的征收工作由市町村统一负责,属于都道府县收入的部分,由市町村征收后划交都道府县财政。

(翟继光)

riben geren shiyeshui

日本个人事业税(individual business tax of Japan) 都道府县对个人营业所得征收的一种税。个人事业税的纳税人为在各都道府县设立事务所或营业所从事法定事业的个人。法定事业包括三类:第一类包括销售、不动产租赁、制造业等37个业种;第二类包括畜产、水产等3个业种;第三类包括医疗、律师等31个自由职业业种。对于设立事务所或营业所的个人,课税主体为事务所或营业所所在地的都道府县政府,对于不设立事务所或营业所的个人,课税主体为从业者住所或居所中与其从事营业最密切的住所或居所所在地的都道府县政府。个人事业税以个人从事三类事业的营业所得和不动产所得为计税依据。对于营业所得和不动产所得可以进行事业主扣除和专职雇员扣除。个人事业税实行比例税率,对不同的事业适用不同的税率,一般为3%到5%。

(翟继光)

riben geren suodeshui

日本个人所得税(individual income tax of Japan) 日本对个人所得课征的一种国税,在日本称为所得税。日本个人所得税的纳税人为在日本有所得的个人。具体包括居住者和非居住者。居住者是指在日本国内连续居住1年以上且拥有住所的个人。居住者根据其有无长期居住的意愿和居住时间的长短,又分为普通居住者和非永久居住者。前者是指有在日本长期居住意愿的居住者。后者是指没有在日本长期居住的意愿,且在日本国居住5年以下的居住者。非居住者是指居住者以外的个人,即在日本国没有住所的个人。普通居住者承担无限纳税义务,应就其全球所得向日本国政府纳税,称为无限制纳税人。非永久居住者和非居住者承担有限纳税义务,仅就其来源于日本国的所得向日本国政府纳税,称为有限制纳税人。

个人所得税的征税对象是纳税人的所得。日本实行综合所得税制。纳税人的所得包括十类:利息所得、红利所得、营业所得、不动产所得、工薪所得、退职所得、转让所得、山林所得、一次性所得和杂项所得。税法规定了非课税所得和免税所得。非课税所得是指不经过特殊申报或申请即可免税的所得。非课税所得主要包括:(1)遗嘱领取的抚恤金、年金,失业者领取的失业保险给付,低收入者领取的生活保障补贴、财产保险给付、老人小额储蓄的利息、劳动者加入的财产积累型住宅(年金)储蓄的利息等;(2)出差旅费和一定限度的上班补助等实报实销项目;(3)已征遗产税或赠与税的继承和赠与的财产收入;(4)转让生活用动产的所得,因还债而转让资产的所得,履行扶养义务而获得的财产;(5)诺贝尔奖金、日本国政府设置的文化功臣奖金等。免税所得是指军属于征税所得,但出于社会政策的考虑,经申请批准可以免于征税的所得,如开垦地产出的农业所得。

针对不同所得项目,日本税法规定了详细的计算课税所得的方法,基本原则是总所得减去取得所得的必要费用。所得扣除包括亏损抵扣以及针对低收入者的所得扣除。日本所得税无起征点制度,对于分离课税(即源泉课税)的所得实行比例税率(山林所得除外),用扣除必要费用后的全部所得乘以税率课税。综合课税所得,除扣除必要费用外,还要进行所得扣除,经扣除后的全部所得适用相应税率课税。

日本个人所得税实行五级超额累进税率,最低档税率为10%,最高档税率为50%。 （翟继光）

riben gongye biaozhun weiyuanhui
日本工业标准委员会(Industrial Standards Committee of Japan) 又称"日本工业标准调查会"。成立于1949年,总部设在首都东京,根据日本《工业标准化法》建立的全国性标准化管理机构。简称:JISC。

日本工业标准调查会的主要任务是组织制定和审议日本工业标准(JIS);调查和审议 JIS 标志指定产品和技术项目。它是通商产业省主管大臣以及厚生、农林、运输、建设、文部、邮政、劳动和自治等省的主管大臣在工业标准化方面的咨询机构,就促进工业标准化问题答复有关大臣的询问和提出的建议,经调查会审议的 JIS 标准和 JIS 标志,由主管大臣代表国家批准公布。

调查会由委员组成。委员由有关大臣从有经验的生产者、消费者、销售商和第三方的专家和政府职员中推荐,经通产省大臣任命,任期2年。另设专门委员,负责调查专门事项,根据会长提议,由通产省大臣任命。遇有必要调查审议特别事项时,设临时委员,该事项调查审议结束,临时委员即行退任。调查会由总会、标准会议、部会和专门委员会组成。标准会议是它的最高权力机构,负责管理调查会的全部业务,制定综合规划,审议重大问题;审查部会的设置与撤销,以及规定专门委员会的比例,协调部会之间的工作。标准会议按审议工作范围设立土木、建筑、钢铁、有色金属、能源等部会。各部会由会长指定的委员组成,负责审查专门委员会的设置与撤销,协调专门委员会之间的工作,对专门委员会通过的 JIS 标准草案进行终审。专门委员会是每项技术专题设置一个,由生产、使用、销售等各方面的代表按比例选举产生,负责审查 JIS 标准的实质性内容。调查会隶属于通商产业省工业技术院。工业技术院标准部是调查会的办事机构,负责调查会的日常工作,实际上是具体制定日本工业标准化方针、计划和落实计划的管理机构。日本工业标准(JIS)是日本国家级标准中最重要、最权威的标准。根据日本工业标准化法的规定,JIS 标准对象除药品、农药、化学肥料、蚕丝、食品以及其他农林产品另制定有专门的标准或技术规格外,涉及各个工业领域。

（麻琳琳）

riben gongsifa
日本公司法(Company Law of Japan) 日本调整公司关系的法律。在日本,近代最早的公司法是1890年(明治二十三年)制定的旧商法。在旧商法制定以前,也有一些可以称做公司法萌芽的法令出现,如《公司辩》,《立会略则》[均制定于1871年(明治四年)],并且,在1872年(明治五年)明治政府又设立了第一国立银行。但是,在旧商法制定以前与公司有关的总括的法令还不存在,政府或在必要时制定单行法(例如,国立银行条例,股票交易条例,日本银行条例,私设铁道条例等),或不制定法令,直接授予特定的公司设立许可(例如,东京海商保险公司,明治生命保险公司,日本邮船公司等)。

旧商法由日本政府聘请的德国学者 Hermann Roesler 起草,第一篇《商法通则》的第六章是有关公司的规定。旧商法于1893年(明治二十六年)7月1日起实施。延期的主要原因是旧商法受德国法的影响很深,与日本固有的惯例不符,因此遭到了批评。所以旧商法寿命很短,1899年(明治三十二年)7月1日起新商法就开始实施,也就是现行商法。日本商法原来主要受德国法影响,但是,经过第二次世界大战失败后的1950年的商法修订,受英美法特别是美国各州的公司法的影响越来越深。在1950年的商法修订中,创设公司法原本没有的董事会制度,以及转移大部分股东权限于董事会的做法都是受美国法的影响。

除1981年的大修订之外,日本公司法从制定以来没有做过较大的修改,是一部比较稳定的法律。然而,进入90年代后半期,充分利用情报通信技术的新兴企业大量出现,日本市场向自由化迈进,众多欧美企业进入日本市场,经济形势发生变化,日本公司法也迎来了动荡的时代。1997年以后,日本公司法每年都作出较大的修改,特别是2001年一年之中就修改了三次。

90年代后半期日本公司法的大修订可划分为,到2000年为止的前半期和2000年以后(包括2000年)的后半期。2000年以前公司法的修改,主要是关于股票、公司债等的资金筹措关系,以及股份交换、股份转移、公司分立等的组织变更关系。与此相对,2000年以后,公司法的修改主要是有关公司治理制度(corporate governance)的问题。但是,无论怎样修改,参照的都是美国各州,特别是特拉华州的公司法,美国联邦证券法,纽约证券交易所的规则等,日本公司法进一步朝着美国化的方向发展。

日本法务省于2003年10月21日颁布了《关于公司法制现代化要纲草案》。根据该草案,为使日本公司法进一步现代化,以下两点将作出修改:(1)公司法制用语的现代化。现行商法制定于1899年,都是用片假名、文言文形式记载,条文中还有一些现在基本不再使用的词语。因此,为了通俗易懂,应将条文全部改为以平假名、白话文的形式表示,使法律用语现代化。另外,由于日本公司法律制度分散规定于商法第二篇、有限公司法、商法特例法等众多法律之中,在修改时将把这些法律条文进行整理,制定一部称为《公司法》(拟称)的法典。(2)实质改正。上述(1)是有关公司法制的表达方式和法典形式方面的修改。此外,还要对公司法制的实质方面进行改正。日本法务省以2005年向国会提出包括上述内容的新《公司法》(拟称)为目标,正致力于公司法的修改工作。 (石川耕治)

riben gongsi zuzhi biangeng zhidu
日本公司组织变更制度(system of company structure transformation of Japan) 日本公司法中公司组织的合并、股份交换、股份转移及公司分立制度。

合并 就是两家以上的公司根据合同合并成一家具有法人人格的公司的行为。合并分为吸收合并和新设合并两种。吸收合并是指以其中一家公司继续存在、其他公司解散的方式合并。新设合并是指以将要合并的公司全部解散、同时成立新公司的方式合并。实际业务中采用吸收合并方式的较多,采用新设合并方式的很少,其原因有以下两点:一是吸收合并登记时需要交纳的登记许可税数额比新设合并要少。前者是合并资本增加额的1.5/1000,而后者是新设公司资本总额的1.5/1000。二是新设合并中,合并时解散的公司的营业许可和在证券交易所的上市资格一旦失效就必须再重新申请。合并时,解散的公司的股东根据合并合同的规定,可以接受存续公司(新设合并时是新设立的公司,下同)一定配额的股份,成为存续公司的股东。

一般认为解释在日本公司法中,合并的本质是以解散的公司的全部实物出资发行新股(吸收合并时)或设立新公司(新设合并时)。因此,不赋予解散公司的股东一定配额的股份,而以交付金钱等方式将该股东排除在合并后存续公司的股东之外,这种合并的方式(交付金合并)在日本公司法上是不被允许的。与此相对,也有人主张,可以像特拉华州的公司法中规定的那样,在一定条件下允许采用交付金合并(即cash-out merger)的方式。另外,一般认为,日本股份公司与外国公司间的合并在现行法中是不被允许的。但是,也有反对意见主张只要履行了当事公司设立时所依法律中规定的合并手续,日本公司法也应该允许日本的股份公司和外国公司间的合并。

股份交换和股份转移 股份交换和股份转移是把既存的股份公司作为全资子公司(即100%子公司),以创设全资母子公司关系为目的的制度。两种制度都是在1999年的商法修订中引入的。股份公司B的股东将其所有的全部股份转让给既存的股份公司A,A成为B的全资母公司,这种行为叫做股份交换。B公司的股东将其所有的全部股份转移,称新设A公司,这种行为叫做股份转移。股份交换和股份转移制度的设立是因为,1997年修改垄断禁止法,对持股公司的设立予以解禁,所以有必要设立把既存公司作为全资子公司的制度。在美国有相当一部分州的公司法中也存在与股份交换类似的制度(例如纽约州公司法)。日本公司法就仿效了这些制度。

公司分立 公司分立是指由新设立的公司或既存的其他公司继承股份公司业务的全部或一部分的行为。这是在2000年的商法修订中引入的一项新制度。公司分立分为新设分立和吸收分立两种。新设分立指公司(分立公司)的业务由新设立的公司(新设公司)继承的公司分立形式。吸收分立指公司(分立公司)的业务由既存的其他公司(继承公司)继承的公司分立形式。公司分立时,新设公司或继承公司发行的股票有两种分配方法,既可以分配给分立公司,也可以分配给分立公司的股东。前者称为物的分立,后者称为人的分立。根据日本最高法院的判例,"营业"一词指,为了一定的营业目的组织起来作为一个有机的整体发挥机能的财产,而不能仅仅解释为营业用的财产或者权利义务的集合。

公司分立的利用方法,如公司为提高经营效率,可以采用另设公司(子公司)经营一部分业务,或者分一部分业务给企业集团之外的方法。 (石川耕治)

riben guanshui
日本关税(customs duty of Japan) 对进口货物所征收的一种国税。第二次世界大战前,关税在日本税收收入中占据重要地位。20世纪30年代中期,关税收入占国税总收入的10%以上。第二次世界大战后,日本确立贸易立国的战略,关税税率很低,关税收入占税收收入的1.5%左右。日本关税法主要由《关税法》、《关税定率法》和《关税暂定措施法》组成。《关税法》是关税的基本法。《关税定率法》是规定关税税率、计税依据和减免税的法律。《关税暂定措施法》是根据社会经济发展政策对关税法和关税定率法在执行过程中予以调整的法。关税的征税对象为进口的货物。关税的纳税人原则上为进口货物的个人或者业者。日本关税是从价税,进口货物的计价原则上采用交易价格,即CIF价格(包括货物的购买价格、运费和保险费)。关税税率根据不同的进口货物而制定。大体可分为法定税率和协定税率。法定税率包括关税定率法规定的基本税率、关税暂定措施法规定的暂定税率和针对发展中国家进口货物的特惠税率。日本关税税率涉及7000多个货物品种。总体上,进口农产品的税率较高,进口工业产品的税率较低。　　(翟继光)

riben guanyu jinzhi siren longduan he quebao gongzheng jiaoyifa

日本《关于禁止私人垄断和确保公正交易法》(Law of Japan on Prohibiting Private Monopoly and Assuring Fair Trade) 为给企业自由竞争创造良好的基础,于1947年以美国反托拉斯法为蓝本制定的交易法规。从法律上对垄断予以严厉的禁止、制裁,从而开始了日本反垄断立法的历史进程。该法颁布之后,日本国内经济形势发生了很大变化,为满足经济发展的实际需要,日本对该法进行了几十次修订。

以促进公平和自由竞争为目的的《关于禁止私人垄断和确保公正交易法》有三大支柱:禁止不正当的交易限制(卡特尔),禁止私人垄断和禁止不正当的交易方法。该法第2条第5款从经营者的销售规模和竞争行为两个角度规定构成"垄断"的法律界限;该法不仅对国内卡特尔,同时也对国际卡特尔予以规定,将经营者之间就商品、服务的价格、生产数量等进行协商而决定的行为视为"不正当的交易限制",明确予以禁止;该法将不公正交易方法视为有损于公平竞争的行为而予以禁止,经营者使用不公正交易方法适用该法第19条,经营者团体采取属于不公正交易方法的,适用该法第8条,对国际协议、契约中含有不公正交易方法的,适用该法第6条,其他的具体规定适用《不公正交易方法》。此外,还对控制企业合并、公司之间的持股、干部兼任以及反垄断的适用除外等问题作了规定。
　　(雷驰)

riben guige xiehui

日本规格协会(Standards Association of Japan) 简称:JSA。1945年12月6日,由日本航空技术协会和日本管理协会合并而成立的协会。日本规格协会致力于标准化和质量管理知识技能开发和宣传普及的公益性民间组织。总部设在东京,在全国设有7个分部。日本规格协会的主要任务是:出版发行JIS标准和标准化刊物、标准化与质量管理图书;制作和发行JIS标准样品;举办各种标准化与质量管理培训班;研究制定技术术语和管理通则等JIS基础标准草案;标准化与质量管理宣传普及和交流活动,每年定期举办全国标准化大会、标准化与质量管理大会和质量月活动;质量体系和环境管理体系审核员登记注册工作;参与国际标准化活动。日本规格协会设会长、理事长各1人,理事、监事、顾问、审议员若干人。下设技术部、教育培训部、质量体系审核员注册中心(JRCA)、环境管理体系审核员注册中心(JSA EMS)、日本质量管理体系审核员注册中心(JSA-Q)等机构。日本规格协会每年平均出版650种JSA标准。日本规格协会编辑出版有《标准化与质量管理》(1964年创刊)、《标准化杂志》(1970年创刊)等刊物。　　(麻琳琳)

riben guoji xukezheng maoyi de fanlongduan fa

日本国际许可证贸易的反垄断法(Anti-trust Law of International License Trade of Japan) 日本于1968年5月24日实施,其主要内容为:1.在易于导致在专利权或使用样品权(以下统称为专利权)的国际许可证贸易协议中的不公正商业活动的种种限制中,以下是突出的一些限制:(1)对于专利引进将其专利权所包括的产品可能出口的地区加以限制(以下统称为专利产品)。(2)对许可证买方的专利产品的出口价格或数量加以限制,或强制许可证买方要通过许可证卖方或由许可证卖方所指定的人出口专利产品。(3)对许可证买方在制造、使用或出售与专利项目相竞争的产品或采用与专利项目相竞争的技术方面加以限制。但是,对于许可证卖方出售独占性许可证以及对于正为许可证买方所制造的、使用的或出售的产品和已为许可证买方所使用的技术不施加限制时,不在此例。(4)强制许可证买方向许可证卖方或由许可证卖方所指定的人购买原材料和零部件。(5)强制许可证买方通过许可证卖方或由许可证卖方所指定的人出售专利产品。(6)对专利产品在日本的转卖价格加以限制。(7)强制许可证买方将在许可证技术方面所获得的知识和经验告诉许可证卖方,或将许可证买方所取得的改进和所应用的发明的权利给予许可证卖方或将买方的许可证给予许可证卖方。但是,如果许可证卖方承担类似的义务和双方的义务基本上均衡时,不包括在内。(8)对未使用许可证技术生产的产品收抽成费。(9)对原材料、零部件等或专利产品的质量加以限制。但是,对于为维持注册商标的信誉或保证许可证技术的有效性所必需的限制不包括在内。2.下述条例将视为专利权条例或使用样品条例中的权利的行使:(1)将制造、使用和销售等的许可证分开出售。(2)只出售专利权有效期的某一段时期的或专利权等整个覆盖地区内的某一部分地区的许可证。

(3)对于专利产品的制造限制在一定技术范围之内或对销售限制在一定销售范围之内。(4)对于专利工艺的使用限制在一定的技术范围之中。(5)对于专利产品的产量和销售量加以限制或对专利权工艺的使用次数加以限制。在实际案例中,日本对该法的使用比较灵活。

(罗大帅)

日本国家产业技术政策(national industrial technique policy of Japan)

战后日本经济复兴时期的产业技术政策 这一时期,日本产业技术基础脆弱。为强化脆弱的产业技术基础,日本政府推进工业技术的标准化、计量技术的发展等,确立了产业技术的基本政策。这一时期的产业技术政策是以引进消化欧美技术为中心,以提高日本的产业技术水平,实现日本经济的重建与复兴。

日本经济高速增长时期的产业技术政策 针对当时日本在技术上与发达国家之间存在的悬殊差距,日本政府把消除当时日本与发达国家之间存在的悬殊的技术差距作为最重要的政策目标。与此同时,日本政府认为,科学技术是获取工业霸权的关键手段,是国家财富的源泉,必须采取多方面政策措施,鼓励引进欧美先进技术,促进企业开展研究开发,最终实现技术自立。

20世纪70年代转折时期的日本产业技术政策 污染问题恶化、货币危机、能源危机、贸易摩擦日益激烈和频繁是70年代日本产业技术政策的基本历史背景。日本政府的产业技术政策重点进一步发生转移,推出了以研究开发新能源为目标的新能源研究开发计划"阳光计划"和节约能源为目标的"月光计划",加强了与发展中国家的合作研究。应当指出的是,这一时期日本产业技术政策的最重要特点是推进先进技术的自主开发。

20世纪80年代的日本产业技术政策 以"科学技术立国"的经济发展战略为基础,日本在80年代采取了一系列促进产业技术进步的综合对策措施。

20世纪90年代日本产业技术政策的基本动向 进入90年代以来,日本政府为迎接21世纪的挑战,实现"高科技大国"的战略目标,在发展高技术,加快技术的产业化和产业结构的科学化方面,采取了重大措施。在科技战略定位、方针政策、人才培养、资金投入、研究体制、基础设施、规章制度、研究规划等方面进行了调整和改革。

日本现在进行的全面大变革 战后50年来进行的第二次大变革。在科学技术和产业经济领域,主要是进行技术的产业化和产业结构的科学化大变革。第一次大变革是在战后初期,从发展军事技术向发展民用技术转变,从生产武器装备转向生产以民用为主的工业产品。现在进行的第二次大变革主要是进行三大转变:一是从科技立国向科技创新立国转变;二是从劳动密集型产业结构向技术密集型产业技术转变;三是从低技术密集型产业结构向高技术密集型产业结构转变,以高技术密集型产业作为主导产业。

为加快以上三大转变,日本政府最近几年先后制定了《科学技术发展大纲》、《科学技术基本法》和《科学技术基本计划》等一系列政策法规。与此相适应,日本政府各省厅有关科研机构、大学科研单位和民间大企业,也都制定出各自的发展科技和实现技术产业的中长期规划与措施。

(崔雪松)

日本监事制度(supervisor system of Japan)

日本公司法规定的监事制度。监事是监督董事业务执行情况的机关。其具体的资格和职务内容根据公司规模的大小有所区别。在商法特例法中,将公司分为以下4种:(1)大型公司。资本总额在5亿日元以上或者上一事业年度资产负债表中,负债总额为200亿日元以上的股份公司。(2)视为大型公司的公司。资本总额超过1亿日元,并且由公司章程规定接受外部会计师事务所监督的股份公司。(3)中型公司。大型公司、视为大型公司的公司和小型公司以外的股份公司。(4)小型公司。资本总额在1亿日元以下的股份公司。

监事的资格和职责 根据商法特例法中公司种类的划分,对监事的资格和职责有如下规定:首先,商法特例法中的大型公司和视为大型公司的公司的监事不能少于3人。并且,其中半数以上应是外部独立监事。由全体监事组成监事会,与外部的会计师事务所共同监督公司的业务。大型公司及视为大型公司的监事只负责监督董事的业务执行情况(业务审计),不负责公司的会计审计。会计审计工作由外部的会计师事务所进行。商法特例法中的小型公司至少应设一名监事,小型公司的监事只负责对公司会计进行审计,不负责业务审计。商法特例法中的中型公司至少应设一名监事,中型公司的监事既负责业务审计也负责会计审计。由此可见,日本公司法上的监事制度,根据公司规模的大小,划分成不同种类型,情况非常复杂。

外部独立监事 外部独立监事就是指在就任监事之前从没有担任过该公司或其子公司的董事、执行经理及使用人的监事。外部独立监事制度的宗旨是,在监事中必须有不受公司董事特别是代表董事的影响而能独立发表意见的人,这是在1993年商法特例法的修改中引入的制度。然而,实际上外部独立监事大多数来自于母公司等关联公司和有商业往来的金融机构。

这样的外部独立监事能否符合公司法本来确保独立性的制度宗旨尚存疑问。

日本商法中的监事制度,在选任方法、任期、权限、报酬等诸多方面都做过修改,其目的是为了强化监事的机能,但是,有关监事已从董事(特别是代表董事)中分离出来、独立行使职权的评价却少之又少。例如,2001年12月商法修订案中,就采用了几种措施强化监事的机能。尽管反复强化监事的机能,企业的丑闻还是频频发生,在2002年的商法修订中,日本公司法仿效美国的董事会制度,引入了委员会制度,在董事会下面设置设立委员会以取代已经存在局限性的监事制度。企业方面也很想向投资者表明已采用了美国的公司治理制度,预计今后设置审计委员会取代监事的企业会有所增加。 (石川耕治)

riben jiushui

日本酒税(liquor duty of Japan) 对酒类所征收的一种国税。日本酒税类似于我国的特别消费税,第二次世界大战前,酒税的税收收入曾占到国税收入的第一位。战后地位有所下降,但仍是国税的主要来源之一。1998年酒税收入占国税收入的3.4%。酒税的纳税人为国内酒类制造商和酒类进口商。酒税的征税对象是酒类。按日本税法规定,酒类是指含酒精1度以上90度以下的饮料(含酒精90度以上的属于酒精)。酒税属于从量税,其计税依据为酒类的数量,即酒类的公升数。酒税的税率按不同类别、不同等级的酒类设定,并采取定额税率,即每公升若干日元。 (翟继光)

riben kexue jishu lianmeng

日本科学技术联盟(Union of Janpanese Scientists and Engineer) 又称日科技联(JUSE)。隶属于日本科学技术厅指导的科技社团组织。日本科学技术联盟成立于1946年,其基本宗旨是通过推动质量管理技术的普及与发展,确保质量管理体系的有效运行,从而为提高企业的经营绩效贡献。成立50余年来,日本科学技术联盟积极倡导质量振兴,卓越经营的思维理念,集结和组织了一大批专家、学者和企业家,致力于数理统计技术、QC工具方法的教育培训及研究应用。1951年设立了国际公认的最高级别的质量管理奖项之一——戴明奖;1962年首创开展QC小组活动,目前,已在全球70多个国家和地区得到了推广普及;1963年开始推进"质量月活动"。日本科学技术联盟通过卓有成效的努力对日本经济的高速发展起到了推动的作用,并与美国质量学会、欧洲质量组织被公认为当今全球最有影响力的三大质量组织。日本科学技术联盟的业务活动全部围绕着企业的管理需求而开展,日本科学技术联盟现拥有包括丰田、东芝等名列世界500强企业在内的日本本土会员企业1300余家、个人会员5000余名。

世界范围内影响较大的质量奖中,日本戴明奖是创立最早的一个。戴明奖分为戴明奖本奖和戴明奖实施奖。本奖是授予那些致力于TQM的普及,在数理统计手法的研究方面取得了出色业绩的人士,以及在推进TQM方面作出了突出贡献的人士。实施奖是奖励那些实施TQM,当年度业绩水平显著提高而获得了认可的企业或者事业部门。 (麻琳琳)

riben lanse shenbao zhidu

日本蓝色申报制度(blue return system of Japan) 对采用比一般记账水平高的会计制度记账,并按该账正确申报收入与税额的纳税人,使用蓝色申报书,同时提供各种优惠的一种纳税申报制度。法人税与个人所得税同样采取蓝色申报制度。如法人实行蓝色申报应清楚明了地记录每一天的交易,并以该记录为基础,算出收入、费用和所得,填报蓝色申报表,并有义务在一定期限内保存资料,以供税务部门随时抽查。对于蓝色申报者在准备金提取、特别折旧及特别税额扣除等方面有优惠措施。目前,日本法人税的蓝色申报相当普及,资本金在1亿日元以上的法人基本上实现蓝色申报,全国98%的法人税纳税人实行蓝色申报。

(翟继光)

riben qiyefa

日本企业法(enterprise law of Japan) 日本在法律制度上早期受德国为代表的大陆法系国家成文立法模式的影响,于1890年依照德国民商分立的立法例,颁布了商法典,其第一编第六章对公司作了一般规定。1899年修改后的商法典第二编对除有限公司以外其他各种公司形式作了完整规定,1938年又颁布了专门的《有限公司法》。第二次世界大战后,日本法律受美国法影响日深,商法典和有限公司法都进行了多次大规模的修改。另外,也新制定了其他相关的企业法律,如《商业登记法》《公司更生法》等。日本企业法虽在内容上吸收借鉴了许多英美法的制度,但始终坚持以商法典作为调整企业法的主要规范的大陆法系传统,除了针对有限公司颁布单行法律外,合伙由民法调整,其他类型的企业仍由商法典统一规定,这也是不同于英美法系国家和其他大陆法系国家的一个立法体例。

日本成文法中没有使用"企业"这个法律概念,而在商法中以"商人"及"商行为"的称谓指代有关主体及行为。根据日本商法的规定,公司是以从事商行为为目的而设立的社团。日本商法典第二编及有限公司法规定了合名、合资、股份及有限四种公司。商法、有限责任法、民法中合伙的规定,共同构成了体系完备的日本企业法。

第二次世界大战后，日本实行了政府主导型的市场经济模式。微观经济主体中，除了大型的企业集团和综合贸易社的高效率组织形式外，为数众多的中小企业也发挥了重要作用。完善有效的法律调控，对第二次世界大战后日本中小企业的健康发展至关重要。1946年的《商工协同组合法》、1948年的《中小企业厅设置法》、1949年的《中小企业协同组合法》、1951年的《中小企业信用金库法》、1963年的《中小企业促进法》、1976年的《中小企业转产对策临时措施法》、1985年的《中小企业技术开发促进临时措施法》对规范中小企业的行为，保护中小企业的利益、协调其同大企业、政府之间的关系提供了法律保障，促进了中小企业的发展壮大，有利于整个经济体系的健康运行。完善健全的中小企业立法，形成了日本企业法引人注目的一大特色。

（张　力）

riben quyu kaifa zhengce

日本区域开发政策（policy of regional development in Japan）　日本政府为解决区域开发、产业空间布局、城市建设等相关问题而达到区域经济发展均衡目标所制定的措施总和。

随着经济起步与发展，国土狭小、人口密集的日本各地区间的经济发展水平不均衡扩大，政府首先决定从国土开发的角度出发，对特定地区进行综合计划开发建设，以便合理产业布局，振兴欠发达区域经济。为此，日本政府先后制订了4个"全国综合开发计划"。日本区域开发中制定了很多法律，关于全国综合开发的法律主要有1962年制定的《新产业城市建设促进法》，1971年制定的《农村地区工业引入促进法》，1987年制定的《综合疗养地区建设法》，1988年制定的《多极分散型国土形成促进法》及1992年制定并开始实施《地方中心城市地区的整备及产业商务设施开发促进法》。

1962年制订的国土开发计划以解决大城市过渡膨胀和降低地区差别为目标，以新干线、高速公路网为依托，在边远地区建设6个工业发展特别区。1969年制订的第二次国土开发计划，其中心是优先发展城市外围地区，偏重于工业基础设施的投资而忽视生活设施的投资，加之1973年能源危机的冲击，使该计划不得不调整，1977年制订第三次国土开发计划，以"福利优先"为原则，将改善居住环境作为重点目标，从协调自然环境、生活环境与经济环境出发，创造适宜的居住环境，该计划持续到1985年。

自1986年起，日本政府制订并实施第四次全国综合开发计划，着力于解决"过密"和"过疏"问题。1984年日本国土厅发表《过疏白皮书》，反映了当时日本农村人口的过疏问题，该问题引起了政府和社会的普遍关注。

日本政府将2015年至2020年作为目标年度，下一期的全国综合开发规划以"21世纪国土开发设计"为标题，1998年3月31日由内阁会议决定并开始付诸实施。通过建立地区自立和互相补充的平向网络，形成一个独具个性的地区间合作和交流的多级型国土利用格局，成为这次规划的基本目标。

（周　燕）

riben shangbiao fa

日本商标法（Trademark Law of Japan）　1959年4月13日颁布实施，并进行了多次修订的若干商标的一部法律。目前适用的是2002年7月9日的修订版，共九章，85条，另有30个附则。第一章是总则，规定了日本商标法的立法宗旨以及日本商标法中商标和注册商标的定义，并对"使用"作了界定。第二章是商标注册的条件和商标注册的申请（申请日的确定、申请原则、集体商标、优先权、分割与变更申请、例外规定等），此外，还规定了日本商标权对专利权的适用、不得进行商标注册的若干情形。第三章规定了对商标申请的审查，主要包括审查官的审查、注册的核定、拒绝的核定、补充修正、对专利法和外观设计法的适用等。第四章规定了商标权的设立、性质、续展、有效期、恢复、分割、转让、效力、注册异议等内容。第五章规定了对商标权纠纷的诉讼。第六章规定了不服前述商标权纠纷诉讼的再审及特别诉讼。第七章规定了防御商标与国际商标注册。第八章是通用规则的规定。第九章是罚则的规定。日本商标法的特色在于在商标立法中引用其他知识产权立法共同对商标进行保护。

（田　艳）

riben shuilishi zhidu

日本税理士制度（certified tax accountant system of Japan）　始于20世纪初的关于税务代理等制度的法律规定。1942年颁布《税务代理士法》，1951年颁布《税理士法》代替了《税务代理士法》。根据《税理士法》的规定，税理士站在公正的立场上，根据纳税人的委托为纳税人服务的同时，使纳税人恰当地履行国家的税收法令，努力提高纳税意识。《税理士法》于1980年进行了修改。税理士法定业务包括税务代理、税务文书的编写、税务咨询和会计业务。税理士实行以考试为基础的登记制度。税理士实行合伙开业制。税理士可以自愿组建税理士会。税理士会实行会员制，它既是税理士的自律管理组织，又是代表税理士对于税理士制度、税理士业务有关的问题与政府部门协商的组织。各都道府县和大城市中有税理事会，全国有由各税理事会自愿组成的税理事会联合会。税理事会联合会接受国税厅的监督和管理。国税厅根据税理士法的规定，对税理士进行监督。

（翟继光）

riben shuizhi

日本税制(tax system of Japan) 日本的税制体系。日本实行复合税制,其税制体系由多种税种组合而成。根据税收收益权归属的不同,日本税收可以分为两大类:国税与地方税。国税以与国税有关的税法为依据而征收,地方税则依据《地方税法》而征收。国税一般由中央政府征管,地方税一般由地方政府征管,但也有例外,即地方税也可以由国税部门来征管。地方税包括都道府县税和市町村税。国税主要包括个人所得税、法人税、遗产税、消费税、酒税、关税和印花税等;都道府县税主要包括都道府县民税、事业税、地方消费税、烟税、不动产购置税、汽车税、汽车购置税和汽油交易税等;市町村税主要包括市町村民税、固定资产税、烟税、事业所税和城市规划税等。根据征税对象的不同,日本税收可以分为所得税、商品税和财产税。所得税主要包括个人所得税(在日本称为"所得税")、个人居民税(在日本称为"住民税")、个人事业税、法人税、法人居民税(在日本称为"住民税")和法人事业税(在日本称为"事业税")等。商品税主要包括消费税、地方消费税、酒税、烟税、关税、吨税与特别吨税、国税中的一些商品税和地方税中的一些商品税等。财产税主要包括遗产税、赠与税、地价税、有价证券交易税、交易所税、印花税、注册许可税、固定资产税、城市规划税、事业所税、不动产购置税、特别土地所有税等。

(翟继光)

riben xiaofeishui

日本消费税(Japanese consumption tax of Japan) 以所有国内经营活动和进口的国外货物、劳务为征税对象的税收。日本消费税属于征税范围广泛的一般消费税。消费税的纳税人是商品劳务的制造、批发、零售和服务等各环节的经营者以及进口商。日本消费税属于间接税、价外税。日本消费税虽称为消费税,但其实是对各环节经营者所创造的增加值所征收的税收,类似于我国的增值税。日本有作为国税的消费税和作为都道府县税的地方消费税,但都道府县必须把税收的一半分配给所辖的市町村。消费税和地方消费税均由国税部门征收,方便了纳税人。现行消费税的税率为4%,地方消费税的税率为消费税的25%(即销售额的1%)。国税征收消费税时税率为5%,其中包括了1%的地方消费税。地方消费税在各都道府县之间的分配不以征收地为原则,而以各都道府县的消费额(零售额)为依据。

(翟继光)

riben xintuoye

日本信托业(trust in Japan) 日本的信托制度是从欧美引进的,其信托业起端于19世纪末。在大陆法系国家中,日本信托业起步较早,发展较快,其信托立法比较完善,政府对信托业实施严格的分业管理,其信托业务具有业务经营面宽广,方法方式灵活多样,注重创新等特点。日本在1900年颁布的《日本商业银行法》中首次在法制意义上使用"信托"一词。1902年,日本兴业银行开始承办信托业务,之后许多银行紧随其后,也开始承办信托业务。1904年东京信托公司成立,成为日本第一家专业信托公司,在其之后,信托公司如雨后春笋般纷纷成立,日本的信托业务也从证券的代理扩展到为委托人承受财产管理的领域。1921年后欧美各国经济衰退也波及到日本,这场衰退使日本信托业初步发展时所形成的各种弊病暴露无遗,为保护民众利益,把信托业纳入正常的发展轨道,日本政府于1922年制定了信托企业须遵守的《信托法》和监督信托经营的《信托业法》,并实现了信托业和银行业的分离,设立专营信托银行,从事以金融信托为主的长期资金业务并兼营综合财务服务。第二次世界大战后,日本为了恢复和发展遭到战争破坏的经济,充分发挥了信托的筹资作用,让信托公司改为信托银行,日本的信托业又进入了兼营阶段。但是在信托银行成立不久,根据大藏省"金融制度调查会"申述提出的建议,本着"适应战后新形势的金融整顿方针",于1953年日本又确定了对信托业分业经营的模式,要求信托银行发挥长期金融职能,以信托业务为主,而原来兼营信托业务的银行相继不再经营信托业务,从70年代后半期开始,日本信托的金融功能和财务管理功能均得以充分发挥,其信托业随着日本经济的高速发展获得蓬勃发展,在金融领域中的地位逐步上升,同时,信托业务的品种不断增多,大量的基于日本国情的特色信托业务不断被推出。90年代,随着泡沫经济的破灭,日本各信托公司的资产严重缩水,大量的不良债券及停滞不前的日本经济使各信托公司同其他金融机构一样陷入了前所未有的困境,日本的各大信托银行也都不得不与其他金融机构一起走向了合并重组之路。目前日本信托业仍处在一个整顿和调整过渡阶段,日本信托业的主力是信托银行,信托银行主要从事金钱信托、贷款信托、养老金信托、财产形成信托、证券投资信托、金钱信托以外的钱财信托、有价证券信托、金钱债权信托、动产和不动产信托、土地信托、公益信托、特定赠与信托、遗嘱信托等各类信托业务,同时还从事不动产、证券代理、遗嘱执行等中间业务。

与英美信托业的发展在前、立法随后的历程不同,日本信托业从一开始就依法行事,日本有着健全的信托法制和完善的信托立法。早在1922年,日本就颁布了《信托法》和《信托业法》,《信托法》经过国会1947年和1979年两次修订,《信托业法》亦被多次修订,最后一次修订是在1974年。日本对商业信托非常重视，先后颁布了《抵押公司债券信托法》《证券投资信托法》及《贷款信托法》等。日本健全的法律制度使其信托业经营发展有了准确的法律依据和切实的保障，从而对规范业内经营、为其稳步、健康、有序的信托体系奠定了坚实的基础。

（赵芳芳）

riben yanshui
日本烟税（tobacco duty of Japan） 以加工烟为征税对象的一种特别消费税。日本烟税包括国税中的烟税和地方税中的烟税（具体又包括都道府县烟税和市町村烟税）。1985年以前，日本烟草业实行专卖，实行利润上缴制度，没有烟税。1985年烟草专卖公社民营化后，建立了"烟消费税"，1989年后改称"烟税"。国税烟税的纳税人为国产加工烟制造商和进口加工烟的贸易商。地方烟税的纳税人为加工烟的批发商。烟税的征税对象为加工烟。所谓加工烟，是指以烟叶作为原料或一部分原料加工成可供口吸用、口嚼用或鼻吸用的烟品。烟税是从量税，计税依据为加工烟的数量，烟的数量以支为单位，其他种类的烟换算成支。烟税实行定额税率，国税烟税的税率和地方烟税的税率相同。在地方烟税中，都道府县烟税税率较低，市町村烟税税率较高。

（翟继光）

riben yichanshui
日本遗产税（inheritance tax of Japan） 又称继承税。对因继承、遗赠或死因赠与（因赠与者死亡而发生效力的赠与）而获得财产的个人而征收的税收。遗产税的纳税人为遗产的继承人，包括在日本有住所的继承遗产的个人以及虽在日本无住所但继承位于日本国境内遗产的人。遗产税的计税依据是继承人所继承遗产的经济价值的总额。遗产税是对继承人继承的一定数额以上的遗产所征收的税收。现行遗产税的起征点为5000万日元加上1000万日元乘以法定继承人数的金额。遗产税的税率是针对每个继承人所继承的遗产所设定的，实行超额累进税率，从10%到70%分为九个档次。遗产税的税额扣除是对根据各个法定继承人所继承的课税遗产和税率计算出的纳税额，依据法定继承人个人的情况再进行一定扣除的制度。遗产税的计算比较复杂，一般分为五个步骤：(1)征税对象合计金额的计算。从遗产总额中扣除非征税财产再减去各继承人所负担的被继承人的债务、丧葬费等。如果在此前3年内，被继承人对法定继承人有财产赠与，赠与的财产也属于征税对象。(2)征税遗产金额的计算。用第一步计算出的结果减去基础扣除（即起征点）金额。(3)遗产税总额的计算。以各法定继承人按法律规定继承遗产为基础，计算出各法定继承人的遗产税额，将其加总合计。(4)各继承人分配税额的计算。将遗产税总额按各继承人依法继承遗产金额占遗产总额的比例分配到各继承人。(5)各继承人应纳税额的计算。从各继承人的分配税额中减去与其相对应的税额扣除等，就是各继承人应缴纳的遗产税额。

（翟继光）

riben youjia zhengquan jiaoyi shui
日本有价证券交易税（securities transaction tax of Japan） 对有价证券的转让行为所课征的一种税。有价证券交易税的纳税人为有价证券的转让者，中央和地方政府不属于纳税人。有价证券交易税的征税对象为有价证券的转让行为。有价证券交易税的计税依据是所转让有价证券的金额。有价证券交易税实行比例税率，其税率根据有价证券的类别和转让人的不同而设定，最高为0.1%，最低为0.005%。

（翟继光）

riben zengyushui
日本赠与税（gift tax of Japan） 对赠与的财产所征的税。赠与税是作为遗产税的补充，其作用是防止被继承人生前通过赠与的方式转移财产而逃避遗产税。赠与税是针对个人对个人赠与的财产的课税，法人对个人的赠与要征收个人所得税。赠与税的纳税人是得到财产赠与的个人，不包括死因赠与。赠与税的纳税人既包括接受赠与且在日本有住所的个人，也包括在日本无住所，但赠与财产位于日本国内的个人。赠与税的征税对象为纳税人得到的赠与财产，既包括积极财产增加，也包括债务免除。但下列赠与行为不属于赠与税的征税范围：(1)夫妇及双亲与子女间，因负担生活费、教育费等而进行的赠与；(2)社交方面相应的礼品赠与等；(3)对宗教、慈善机构、学术团体等公益事业的一定额度的财产赠与；(4)以特别残疾人为受益人的6000万日元以内的信托。赠与税的起征点为60万日元，起征点以年度为计算单位。对于结婚20年以上的夫妇之间，对配偶赠与用于其居住的土地、地上权、房屋及该类物权的收益时，仅限于作为被赠与人的配偶自己连续居住使用，可以享受2000万日元的扣除。该扣除称为配偶扣除，一对夫妇一生只能享受一次配偶扣除。赠与税的税率比较高，实行超额累进税率，现行税率为10%—70%，分为13档。赠与税中设置国外税额扣除制度，即对于纳税人得到的位于国外的财产在外国所缴纳的类似于赠与税的税额，可以从赠与税额中扣减。

（翟继光）

rineiwa huipiao he benpiao tongyifa gongyue
《日内瓦汇票和本票统一法公约》（Uniform

Treaty on Bills of Exchange and Promissory Notes, Geneva) 1930年由国际联盟理事会在日内瓦召集的第一次国际票据法统一会议上议定的一部公约。1934年1月1日起生效。该公约分为汇票和本票两篇，78条。
（何锐）

rineiwa zhipiao tongyifa gongyue
《日内瓦支票统一法公约》(Cheques Convention on the Unification of the Law relating to Cheques, Geneva) 1931年2月订于日内瓦，1934年1月1日起生效的一部公约。该公约共分为支票之发票及款式、流通转让、票据保证、提示与付款、划线支票与支票转账付款、不获付款之追索权、复本、变造、时效和通则等十章，57条。1931年由国际联盟理事会在日内瓦召集的第二次国际票据法统一会议上议定。
（何锐）

rongzi zulin
融资租赁(financial leasing) 出租人根据承租人要求选择物件，以其融资为目的与供货人签订购货合同，支付货款取得租赁物件，然后再以收取租金为条件，将该租赁物件中长期出租给该承租人使用的租赁方式。这种租赁方式由出租人来融通资金，为承租人提供设备，是具有融资和融物的双重职能的租赁交易。

融资租赁具有的基本特征是：第一，融资租赁是三方当事人，两个合同，即承租人、出租人和供货商，贸易合同和融资租赁合同。第二，和传统租赁相异，由承租人选定租赁物件，但由出租人出资购买。这就意味着由承租人来行使投资决策权，而由出租人来承担租赁投资的出资人的义务。对于租赁物的维修、保养等售后服务，有承租人与供货商协商，出租人一般不予负担。第三，中长期租赁。融资租赁是以满足承租人对资金融通的需要为目的，出租人只负责按承租人的要求购买租赁物件，与传统租赁方式相比，租期较长。第四，具有不可解约性。正是由于租赁物件是由承租人自行选定的，出租人只需按照承租人的决策而出资购买，由此决定在租赁合约有效期内，承租人无权单独提出以退还租赁物件为条件而提前终止合同。合同期满后，双方根据约定的方式解决，包括：由承租人支付一定数额的价款留购该租赁物件；续订租赁合同继续租赁；将设备给出租人退租等。

现代租赁业以融资租赁的产生为标志，现已发展为一个世界性的新兴产业，1981年融资租赁被引进中国。
（刘利晋）

rongzi zulin gongsi
融资租赁公司(financing lease company) 从事租赁的资金融通业务的独立公司。20世纪80年代初，融资租赁作为利用外资的一种渠道而引入中国。1981年2月，中国国际信托投资公司、北京机电设备公司、日本东方租赁公司共同组建了中国东方租赁有限公司，标志着现代租赁业及现代租赁体制在我国的兴起。目前，我国租赁公司主要分为两大类：中国人民银行（现在归中国银行业监督管理委员会批准）批准设立的金融租赁公司（见金融租赁公司）和外经贸部批准设立的外商投资租赁公司。这两类融资租赁公司不仅分别归属中国银行业监督管理委员会和外经贸部监管，而且在业务范围上二者也有区别。
（普丽芬）

ruhuo
入伙(Join in partnership) 合伙企业存续期间合伙人以外的第三人加入合伙企业并取得合伙人的地位、身份的法律行为。新合伙人入伙的条件和程序主要包含两个方面：(1)经过全体合伙人一致同意。(2)订立书面入伙协议。合伙企业新合伙人的入伙与公司企业新股东的加入不同。在公司型企业中，公司章程是他人取得股东资格的基础，只需认可公司章程，并有出资或认股行为，就可成为公司股东，而无需与公司签订新的协议。而在合伙企业中，合伙协议是他人取得合伙人资格的基础。合伙企业是典型的人合企业，新合伙人加入合伙企业，订立合伙协议时，原合伙人应当向新合伙人履行告知义务。告知的内容一般包括原合伙企业的经营状况和财务状况。同时，一般认为告知义务的履行应当"充分"，能够使一般人得以足够了解。除入伙协议另有约定外，入伙的新合伙人与原合伙人享有同等权利，承担同等义务。入伙的新合伙人对入伙前合伙企业的债务承担连带责任。
（方文霖）

S

sanbao zeren
三包责任（three warranty liabilities after consuming） 经营者包修理、包更换、包退货的责任。经营者提供商品或者服务，按照国家规定或者与消费者的约定，承担包修、包换、包退或者其他责任的，应当按照国家规定或约定履行，不得故意拖延或者无理拒绝。包修、包换、包退即三包责任是针对商品交易而言的，经营者提供服务，则一般采取约定其他责任形式的方式，这是由于经营者向消费者提供服务不存在实行三包问题，而且服务项目质量较之商品质量标准衡量操作性差，所以对经营者提供服务所要承担的责任方面，并没有作出详细的规定。这是根据特性和商业惯例加以区别规定的。

对于经营者的三包责任，一般有两种类型的依据。一是国家规定。我国关于商品三包责任的法律法规主要集中在《中华人民共和国产品质量法》、《中华人民共和国消费者权益保护法》及《部分商品修理更换退货责任规定》。《产品质量法》界定了三包商品的范围，明确了销售者对商品的先行负责制度。《消费者权益保护法》重申了经营者的三包责任，并修正了以往三包规定中的不合理条款。《部分商品修理更换退货责任规定》除对销售者、修理者、生产者的三包责任分别做明确规定外，还详细规定了三包责任的有效期限、责任承担修理费用承担以及不实行三包的例外情形。

二是经营者与消费者对三包责任的约定。除国家规定，实行三包责任大多是经营者与消费者约定的协议内容，协议的内容因商品的不同而各有差异。经营者与消费者如果达成了三包协议，经营者必须忠实地履行自己的义务，不得以任何借口故意拖延或者无理拒绝履行有关义务。故意拖延是指经营者明知自己负有三包等义务却不及时履行的行为。无理拒绝是指经营者明知自己负有三包等义务，无充足适当理由而拒绝履行的不作为行为。应当强调的是，在经营者与消费者的三包约定协议中，不得以任何借口减轻或免除经营者应当承担的责任，从而损害消费者的权益。

（刘利晋）

sanbei sunhai peichang zhisu
三倍损害赔偿之诉（action for indemnity of three times the loss） 美国反托拉斯法诉讼的一个重要制度。《克莱顿法》第4条规定，任何因反托拉斯法所禁止的事由而致其营业或财产权遭受损害者，可以在任何地区法院提起诉讼；不论诉讼额为多少，受害人可获得三倍于其所受损害的赔偿及诉讼费用，包括合理的律师费用。这种三倍损害赔偿不是一般民法意义上的损害赔偿，而是具有维护社会公共利益的目的。三倍损害赔偿之诉在美国还适用于不正当竞争行为以及对消费者的欺诈行为。在实践中，三倍损害赔偿之诉对不法经营者有着很强的威慑力，在维护市场竞争秩序和保护消费者合法权益方面发挥着巨大的作用。据统计，美国绝大多数反垄断案件是由私人提起诉讼的，政府提起的诉讼只是很小一部分。

（王晓晔）

sanlai yibu
三来一补（three types of process and compensation trade） 来料加工、来样加工、来件装配和补偿贸易。来料加工、来样加工、来件装配属于加工贸易的范畴。加工贸易的基本内容是：一方提供原料、辅助材料、元器件和部件，另一方按其提供的规格、质量、技术标准加工成成品交给对方，并收取加工费。来料加工指外商提供原材料、辅助材料与包装物料等，并提出成品的质量、规格、式样等要求，由国内企业按要求生产，成品交给对方，收取加工费。来样加工指由外商提供样品款式和规格等要求，国内企业按要求生产，成品交给对方，收取原材料费及加工费。来件装配是指由外商提供装配所需零部件、元器件，必要时提供技术或设备，国内企业按要求进行装配，成品交给对方，收取加工费。

补偿贸易是进口商在信贷基础上，向出口商购买机器、设备、技术物质或劳务，约定在规定期限内，一次或分期用商品或劳务偿还的贸易方式。自20世纪60年代以来，补偿贸易在国际贸易事务中较为流行。补偿贸易在我国，主要以直接产品补偿、间接产品补偿和劳务补偿三种方式为主。

在我国自改革开放以来，三来一补是我国重要的国际贸易方式，特别是东南沿海航运发达的地区。20世纪80年代末，台商来粤投资多以"港商"身份，项目以"三来一补"为主。90年代后，随着投资信心不断增强，许多"三来一补"企业转型为"三资"企业且以独资为主，由租用厂房变成征地自建厂房，由劳动密集型向资金、技术密集型发展，大大地促进了我国的经济发展，也提供了众多的就业机会。

（刘利晋）

santongshi zhidu
三同时制度（system of three concurrencies） 一切新建、改建和扩建的基本建设项目（包括小型建设项目)、技术改造项目、自然开发项目,以及可能对环境造成损害的其他工程项目,其中防治污染和其他公害的设施和其他环境保护措施,必须与主体工程同时设计、同时施工、同时投产,简称为"三同时"制度。"三同时"制度是我国的首创,它是在总结我国环境管理的实践经验基础上,为我国法律所确认的旨在控制和防止新污染产生的一项卓有成效的法律制度。"三同时"制度与环境影响评价制度一起构成贯彻"预防为主"原则的完整的环境监管制度。从实践情况看,"三同时"制度的关键在于如何得到有效执行,为此,我国1998年的《建设项目环境保护管理条例》作出了具体规定。三同时制度的主要内容包括:(1)凡从事对环境有影响的项目建设,都必须执行"三同时"制度。(2)各级人民政府的环境保护部门对建设项目的环境保护实施统一的监督管理。(3)建设项目的初步设计,必须有环境保护内容,应当按照环境保护设计规范的要求,编制环境保护篇章,并依据经批准的建设项目环境影响报告书或环境影响报告表,在环境保护篇章中落实防治环境污染和生态破坏的措施以及环境保护设施投资概算。(4)建设项目主体工程完工后,需要进行试生产的,其配套建设的环境保护设施必须于主体工程同时投入试运行。(5)建设项目竣工后,建设单位要向环保部门申请该建设项目需要配套建设的环境保护设施竣工验收。经验收合格,该建设项目方可正式投入生产或使用。

(申进忠)

saohuang dafei bangongshi
"扫黄打非"办公室(Office of Sweeping Eroticism and Unlawful Publication) 中国国务院专门打击非法盗版和色情出版物的综合协调机构。有中共中央宣传部、国务院办公厅、中央政法委、中央编办、教育部、新闻出版总署等十六个成员单位。全称"扫黄打非"工作小组办公室。成立于1989年9月。

"扫黄打非"办公室的主要职能有:(1)扫除黄色出版物、打击非法出版活动(以下简称"扫黄""打非")工作的组织协调和出版物市场的执法监管;(2)参与制定出版物市场的宏观调控政策和措施,参与规划出版、印刷、复制、发行单位的总量、结构和布局;(3)对全国出版物市场的监督管理。

全国"扫黄打非"办公室的主要职责是:(1)拟订出版物市场"扫黄""打非"的方针、政策和计划,参与起草出版物市场监管的法律、法规和规章,并组织实施。(2)调查、研究出版物市场态势和制黄贩黄、非法出版活动的动向,拟定出版物市场"扫黄""打非"的工作方案并组织实施和监督检查。(3)参与制定出版物市场的宏观调控政策和重要管理措施。参与规划出版、印刷、复制、发行单位的总量、结构和布局。(4)对出版活动实施监督管理,参与查处出版、印刷、复制、发行单位的违规行为。(5)对出版物市场实施监督管理,依法查处或组织查处非法出版活动,查缴或组织查缴非法出版物。(6)组织、协调、指导"扫黄""打非"集中行动和专项治理,督办大案要案的查处工作。(7)组织、协调、指导各有关部门和地方的"扫黄""打非"和出版物市场监管工作。(8)组织、指导非法出版物的鉴定工作。(9)负责全国"扫黄""打非"工作的检查、考核和表彰奖励工作。(10)组织全国"扫黄""打非"工作的理论研讨、信息报送、新闻发布及宣传活动。(11)制订全国"扫黄""打非"工作信息化建设规划并指导实施。(12)负责全国"扫黄""打非"工作专项经费的规划和管理。(13)参与制订全国"扫黄""打非"队伍建设、人才培养规划、计划并指导实施。(14)承担全国"扫黄""打非"工作小组的日常工作。(15)承办新闻出版总署领导交办的其他事项。

地方"扫黄打非"办的职责参照全国"扫黄打非"办公室的职责确定。

(傅智文)

senlin
森林(forest) 生长在一定区域内,以乔木以及其他木本植物占优势的植物群落。森林资源,是森林以及森林中所有依附于森林生长的野生动植物的总称。《中华人民共和国森林法》所称的"森林"就是指"森林资源"。我国《森林法实施条例》对森林资源界定为:森林资源,包括森林、林木、林地以及依托森林、林木、林地生存的野生动物、植物和微生物。森林,包括乔木林和竹林。林木,包括树木和竹子。林地,包括郁闭度0.2以上的乔木林地以及竹林地、灌木林地、疏林地、采伐迹地、火烧迹地、未成林造林地、苗圃地和县级以上人民政府规划的宜林地。森林有着重要的经济价值和生态价值。它是工农业生产的重要原料来源,为工农业生产提供大量的木材和林业副产品;它是农牧业发展的重要保障,森林所具有的涵养水土、防风固沙等功能,保障了农牧业免受各种灾害的影响;它是保持生态平衡的枢纽,森林所特有的结构和功能,能够净化空气、减少噪音、保持水土和调节气候,保护和改善自然环境;它是森林生物物种保存的关键,森林是许多野生动植物赖以生存的场所,要保护生物物种的多样性就必须保护好森林资源。

(刘 鹏)

senlin linmu he lindi de dengji fazheng
森林、林木和林地的登记发证(registration and issuing certificate for forest, trees and woods) 为维护合法的森林、林木和林地的所有权、使用权,对森林、林木和林地实行的登记发证制度。《中华人民共和国森林法》第3条规定,国家所有的和集体所有的森林、林木和林地,个人所有的林木和使用的林地,由县级以上地方人民政府登记造册,发放证书,确认所有权或者使用权。国务院可以授权国务院林业主管部门,对国务院确定的国家所有的重点林区的森林、林木和林地登记造册,发放证书,并通知有关地方人民政府。森林、林木、林地的所有者和使用者的合法权益,受法律保护,任何单位和个人不得侵犯。《中华人民共和国森林法实施条例》进一步规定,依法使用的国家所有的森林、林木和林地,按照下列规定登记:(1)使用国务院确定的国家所有的重点林区(以下简称重点林区)的森林、林木和林地的单位,应当向国务院林业主管部门提出登记申请,由国务院林业主管部门登记造册,核发证书,确认森林、林木和林地使用权以及由使用者所有的林木所有权;(2)使用国家所有的跨行政区域的森林、林木和林地的单位和个人,应当向共同的上一级人民政府林业主管部门提出登记申请,由该人民政府登记造册,核发证书,确认森林、林木和林地使用权以及由使用者所有的林木所有权;(3)使用国家所有的其他森林、林木和林地的单位和个人,应当向县级以上地方人民政府林业主管部门提出登记申请,由县级以上地方人民政府登记造册,核发证书,确认森林、林木和林地使用权以及由使用者所有的林木所有权。未确定使用权的国家所有的森林、林木和林地,由县级以上人民政府登记造册,负责保护管理。集体所有的森林、林木和林地,由所有者向所在地的县级人民政府林业主管部门提出登记申请,由该县级人民政府登记造册,核发证书,确认所有权。单位和个人所有的林木,由所有者向所在地的县级人民政府林业主管部门提出登记申请,由该县级人民政府登记造册,核发证书,确认林木所有权。使用集体所有的森林、林木和林地的单位和个人,应当向所在地的县级人民政府林业主管部门提出登记申请,由该县级人民政府登记造册,核发证书,确认森林、林木和林地使用权。改变森林、林木和林地所有权、使用权的,应当依法办理变更登记手续。县级以上人民政府林业主管部门应当建立森林、林木和林地权属管理档案。　　　　　　(刘　鹏)

senlin baohu zhidu

森林保护制度(system of forest protection)　国家以及有关职能部门依法对森林资源所作的保护。《中华人民共和国森林法》第8条规定了国家对森林资源的保护性措施:(1)对森林实行限额采伐,鼓励植树造林、封山育林,扩大森林覆盖面积;(2)根据国家和地方人民政府有关规定,对集体和个人造林、育林给予经济扶持或者长期贷款;(3)提倡木材综合利用和节约使用木材,鼓励开发、利用木材代用品;(4)征收育林费,专门用于造林育林;(5)煤炭、造纸等部门,按照煤炭和木浆纸张等产品的产量提取一定数额的资金,专门用于营造坑木、造纸等用材林;(6)建立林业基金制度。此外,国家设立森林生态效益补偿基金,用于提供生态效益的防护林和特种用途林的森林资源、林木的营造、抚育、保护和管理。森林生态效益补偿基金必须专款专用,不得挪作他用。

《森林法》第三章又专章对森林保护制度进行规定。主要包括:(1)森林保护机构及其职能。《森林法》第19、20条对此作出了规定。(2)森林火灾的防止、森林病虫害的防治以及毁林行为的禁止。《森林法》的第21、22、23条分别对此作出规定。(3)自然保护区的建立和对野生动植物的保护。《森林法》第24、25条对此作出了规定。　　　(刘　鹏　桑东莉)

senlin bingchonghai fangzhi

森林病虫害防治(prevention and cure of diseases of forest plant and insect pests and other harmful)　主要规定在《中华人民共和国森林法》我国对森林病虫害防治的一些规定。第22条以及《中华人民共和国森林法实施条例》第19条和第20条。1989年12月18日,国务院发布了《森林病虫害防治条例》,对其进行专门规范。

我国的森林病虫害防治实行"预防为主,综合治理"的方针和"谁经营、谁防治"的责任制度。由国务院林业主管部门主管全国森林病虫害防治工作。县级以上地方各级人民政府林业主管部门主管本行政区域内的森林病虫害防治的具体组织工作。区、乡林业工作站负责组织本区、乡的森林病虫害防治工作。

　　森林病虫害的防治　对于森林经营单位和个人而言,应积极地采取措施防治森林病虫害。对于各级人民政府林业主管部门而言,应当有计划地组织建立无检疫对象的林木种苗基地;依法对林木种苗和木林、竹材进行产地和调运检疫;发现新传入的危险性病虫害时,应及时采取严密封锁、扑灭措施;同时应组织和监督森林经济单位和个人,采取有效措施防治病虫害,特别是要发挥生物防治作用;应综合分析各地测报数据,定期分别发布的森林病虫防害长、中、短期趋势预报,提出防治方案;制定主要森林病虫害的测报对象及测报办法;对发生森林病虫害的地区,实施以营林措施为主,实施综合治理措施,逐步提高森林防御自然灾害能力;根据森林病虫害防治的实际需要,建设必要的设施等等。

　　森林病虫害的除治　发现严重森林病虫害的单位和个人,应当及时向当地人民政府或者林业主管部门报告,在接到报告后,有关部门应及时组织除治,同时向上级有关林业主管部门报告。发生暴发性或者危险性的森林病虫害时,当地人民政府应组织有关部门建立森林病虫防治临时指挥机构,采取紧急除治措施和协调解决工作中的重大问题。

奖励和惩罚 对森林病虫害工作中有成效的单位和个人应给予奖励,对违反有关法律和规定或怠于森林病虫害的防治和除治工作的个人或单位给予处罚。

(刘 鹏)

senlin caifa zhidu

森林采伐制度(system of felling of forest trees) 有关采伐森林和林木的一系列法律规定和制度。我国森林资源相对匮乏,严格实行森林采伐制度,有利于保持和恢复森林资源,协调经济发展与环境保护的关系。《中华人民共和国森林法》第五章设专章规定了森林采伐制度。我国的森林采伐实行根据用材林的消耗量低于生长量的原则,严格控制森林年采伐量。

森林年采伐限额 是指国家根据用材林的消耗量低于生长量的原则,严格控制森林年采伐量,规定每年采伐森林数量的最高限额。《森林法》第29、30条作出了相关规定。

采伐许可证制度 是指林木采伐者必须获得有关主管部门的采伐许可证后,才能采伐林木,并且必须按照许可证规定的事项进行采伐的制度。《森林法》第32条至35条对此作出了规定。

对木材的经营和监督管理 《森林法》第37、38条对木材的经营和监督管理作了规定。

森林采伐方式 《森林法》第31条对森林采伐方式作了具体的规定:(1)成熟的用材林应当根据不同情况,分别采取择伐、皆伐和渐伐方式,皆伐应当严格控制,并在采伐的当年或者次年内完成更新造林;(2)防护林和特种用途林中的国防林、母树林、环境保护林、风景林,只准进行抚育和更新性质的采伐;(3)特种用途林中的名胜古迹和革命纪念地的林木、自然保护区的森林,严禁采伐。

(刘 鹏)

senlinfa

森林法(forestry law) 调整人们在森林保护、营造、合理利用和林业经济活动中所发生的各种经济关系的法律规范的总称。一般包括:森林权属、森林经营管理、森林保护、植树造林、森林采伐和法律责任等。森林法是保护森林资源,保障森林权益,维护林业经济秩序的主要社会工具。森林法的概念有广义、狭义之分。狭义的森林法主要是指森林法典和依据森林法典的有关内容所进行的单项法规,以及有关林业经济活动的法规等;广义的森林法则包括了一切有关森林法所指的森林资源保护及其有关的内容。但是,特别的一些森林保护的内容,如森林自然保护区、国家森林公园的保护与一般森林保护的原理和规范内容不同,有关野生动植物的保护所涉及的有关行业是狩猎业、养殖业、采集业,而非生产木材的林业;这些法律虽与森林法有关联,在一定意义上作为单独的资源法律系统可能更为恰当。所以,作为自然资源法律体系重要组成部分的森林法,主要是指一般森林保护和有关林业的法律法规,即狭义的森林法。

1979年2月23日第五届全国人民代表大会常委会第六次会议原则通过了《中华人民共和国森林法(试行)》,1984年9月20日第六届全国人民代表大会常委会第七次会议通过了正式的《中华人民共和国森林法》,标志着我国森林法制的重大发展。该法共7章49条,包括:总则、森林经营管理、森林保护、植树造林、森林采伐、法律责任、附则等部分。在我国领域内从事森林、林木的培育种植、采伐利用和森林、林木、林地的经营管理活动,都适用本法。1986年4月经国务院批准,林业部发布了《中华人民共和国森林法实施细则》,1987年9月林业部发布了《森林采伐更新管理办法》,1988年1月国务院发布了《森林防火条例》,1989年12月国务院发布了《森林病虫害防治条例》等,使我国的《森林法》配套法规逐步健全、完善。1998年4月29日,第九届全国人民代表大会第二次会议通过了关于修改《中华人民共和国森林法》的决定。

现代各国的森林法在发展趋势和实质性内容上有许多共同点,主要表现在:(1)严格森林采伐管理。许多国家都把森林的采伐管理作为一项重要内容写入森林法。(2)发挥森林的多种效益。现代各国的森林法已逐步发展到把扩大森林资源、发挥森林的多种效益作为一项主要内容规定在森林法中。(3)对林业的经济扶持。为了加快森林资源的培育,许多国家均在森林法中规定了对林业的经济扶持政策。有些国家还制定了对林业实行经济扶持的单行法规。(4)违法从严处罚。各国森林法在林业规划、林种划分、林业委员会、林业协会、林区土地利用、林业监督机关等方面都有许多明确完整的规定。

(桑东莉 张继荣 刘 鹏)

senlin fanghuo zhidu

森林防火制度(system of forest fire prevention) 防治森林火灾的一些制度性规定。我国的森林防火制度主要规定在《中华人民共和国森林法》的第20条和第21条、《中华人民共和国森林法实施条例》的第23条。同时,1988年1月16日,国务院发布了《森林防火条例》,对森林防火工作进行专门的规范。

我国的森林防火工作实行"预防为主,积极消灭"的方针,实行各级人民政府行政领导负责制。

森林防火组织 国家设立中央森林防火总指挥部,地方各级人民政府应当根据实际需要,设立森林防火指挥部。县级以上森林防火指挥应当设立办公室。未设森林防火指挥部的地方，由同级林业主管部门履行森林防火指挥部的职责。

森林火灾的预防 地方人民政府应当组织划定森林防火责任区，确定森林防火责任单位，建立森林防火责任制度，定期进行检查。在林区建立军民联防制度。县级以上地方人民政府应规定森林防火期，在森林防火期内出现高温、干旱、大风等高火险天气时，可以划定森林防火戒严区，规定森林防火戒严期。森林防火期内，采取严密措施严防失火。

森林火灾的扑救 森林火灾一经发现，任何单位和个人必须立即扑救，并及时上报当地人民政府或者森林防火指挥部。当地人民政府或者森林防火指挥部接到报告后，必须立即组织当地军民扑救，同时逐级上报省级森林防火指挥部或者林业主管部门。省级森林防火指挥部或者林业主管部门对一些重大的森林火灾，应立即向中央森林防火总指挥部办公室报告。

森林火灾的调查和统计 森林火灾分为森林火警、一般森林火灾、重大森林火灾、特大森林火灾四类。森林火灾发生后，当地人民政府或者森林防火指挥部应对火灾作必要的调查工作并计入档案。对重大森林火灾的调查应建立专门档案，上报中央森林防火总指挥部办公室。对森林火灾的统计，报上级主管部门和同级统计部门。

奖励与处罚 对在森林防火工作中表现突出的个人或单位应给予必要的奖励，对引起森林火灾或怠于火灾的预防和扑救工作的个人或单位给予处罚。

（刘 鹏）

senlin gongyuan guanli

森林公园管理（management of forest park） 有关森林公园的管理机构、管理制度等内容的总称。林业部主管全国森林公园工作。县级以上地方人民政府林业主管部门主管本行政区域内的森林公园工作。

在国有林业局、国有林场、国有苗圃、集体林场等单位经营范围内建立森林公园的，应当依法设立经营管理机构；但在国有林场、国有苗圃经营范围内建立森林公园的，国有林场、国有苗圃经营管理机构也是森林公园的经营管理机构，仍属事业单位。森林公园经营管理机构负责森林公园的规划、建设、经营和管理。森林公园经营管理机构对依法确定其管理的森林、林木、林地、野生动植物、水域、景点景物、各类设施等，享有经营管理权，其合法权益受法律保护，任何单位和个人不得侵犯。

森林公园的保护，是森林公园管理机构的主要任务，也是全体公民应尽的责任。其主要内容是：（1）禁止在森林公园毁林开荒和毁林采石、采砂、采土及其他毁林行为。（2）占用、征用或者转让森林公园经营范围内的林地，必须征得森林公园经营管理机构同意，并按《中华人民共和国森林法》及《中华人民共和国森林法实施条例》等有关规定，办理占用、征用或者转让手续，按法定审批权限报人民政府批准，交纳有关费用。依前款规定占用、征用或者转让国有林地的，必须经省级林业主管部门审核同意。（3）依法做好植树造林、森林防火、森林病虫害防治、林木林地和野生动植物资源保护等工作。

森林公园经营管理机构经有关部门批准可以收取门票及有关费用。在森林公园设立商业网点，必须经森林公园经营管理机构同意，并按国家和有关部门规定向森林公园经营管理机构交纳有关费用。

管理机构应按规定设置防火、卫生、环保、安全等设施和标志，维护旅游秩序。

森林公园的治安管理工作，由所在地林业公安机构负责。

（刘利晋）

senlin jingying guanli

森林经营管理（forest management and administration） 有关森林经营管理的规章制度的总称。《中华人民共和国森林法》在第二章规定了森林经营管理制度，主要包括如下内容：（1）林业主管部门职责。各级林业主管部门依照本法规定，对森林资源的保护、利用、更新，实行管理和监督。各级林业主管部门负责组织森林资源清查，建立资源档案制度，掌握资源变化情况。（2）林业长远规划和森林经营方案。各级人民政府应当制定林业长远规划。国有林业企业事业单位和自然保护区，应当根据林业长远规划，编制森林经营方案，报上级主管部门批准后实行。（3）森林、林木、林地使用权的转让。对下列森林、林木、林地使用权可以依法转让，也可以依法作价入股或者作为合资、合作造林、经营林木的出资、合作条件，但不得将林地改为非林地：用材林、经济林、薪炭林；用材林、经济林、薪炭林的林地使用权；用材林、经济林、薪炭林的采伐迹地、火烧迹地的林地使用权；国务院规定的其他森林、林木和其他林地使用权。转让、作价入股或者作为合资、合作造林、经营林木的出资、合作条件的，已经取得的林木采伐许可证可以同时转让，同时转让双方必须遵守《森林法》关于森林、林木采伐和更新造林的规定。除以上情形外，其他森林、林木和其他林地使用权不得转让。（4）林木、林地所有权和使用权争议处理。单位之间发生的林木、林地所有权和使用权争议，由县级以上人民政府依法处理。个人之间、个人与单位之间发生的林木所有权和林地使用权争议，由当地县级或者乡级人民政府依法处理。当事人对人民政府的处理决定不服的，可以在接到通知之日起一个月内，向人民法院起诉。在林木、林地权属争议解决以前,任何一方不得砍伐有争议的林木。(5)勘查、开采矿藏和各项建设工程中对森林的保护。进行勘查、开采矿藏和各项建设工程,应当不占或者少占林地;必须占用或者征用林地的,经县级以上人民政府林业主管部门审核同意后,依照有关土地管理的法律、行政法规办理建设用地审批手续,并由用地单位依照国务院有关规定缴纳森林植被恢复费。

(桑东莉 刘鹏)

senlin quanshu

森林权属(forest ownership) 一定的社会主体对森林、林地和林木所享有的所有权、使用权的法律制度。这类对森林、林地和林木所享有的所有权、使用权常常被概称为林权。对森林权属制度依照不同的标准可以进行不同的分类。按照权利的客体进行分类,可以分为森林所有权和使用权、林地所有权和使用权以及林木所有权和使用权;按照权利的主体进行分类,可以分为国家林权、单位林权、集体经济组织林权以及个人林权。依照《中华人民共和国森林法》及其实施条例的有关规定,我国的森林权属制度主要包括如下内容:(1)国家森林所有权,主要是指国家依法对森林、林地和林木所享有的占有、使用、收益和处分的权利。主要包括国家森林所有权和国家林地所有权两类。我国《森林法》第3条规定,森林资源属于国家所有,由法律规定属于集体所有的除外。(2)单位林权,是指企事业单位、团体、机关、部队等单位所享有的林权。主要包括三类:第一类是国有森林经营权;第二类是国有林地使用权、集体林地使用权和林木所有权;第三类是林木收益支配权。(3)集体经济组织林权,主要包括集体森林所有权、集体林地所有权、集体林木所有权、集体组织对国有林地的使用权、集体组织对国有森林的经营权等。(4)个人林权,包括个人林木所有权、个人承包森林经营权、个人对集体林地和国有林地的使用权等。

(刘鹏)

senlin ziyuan

森林资源(forest resources) 以木本植物为主体的生态系统,包括天然林、人工林,也包括林内的植物和动物。森林资源对人类社会经济和生态环境有着重大的贡献,它不仅提供了大量的木材、林副产品及燃料等物质资料,而且能涵养水源、保持水土、防风固沙、调节气候、净化空气以及保持生物的物种等方面均有重要的作用。《中华人民共和国森林法》(1998年4月29日第九届全国人大常委会第二次会议修正)第3条规定:"森林资源属于全民所有,由法律规定属于集体所有的除外。全民所有和集体所有的森林、林木和林地,个人所有的林木和使用的林地,由县级以上地方人民政府登记造册,核发证书,确认所有权或使用权。"我国的森林资源包括:防护林、经济林、薪炭林、特种用途林等。

森林资源的特征:(1)稀缺性。我国保有森林面积为1.25亿公顷,活木林蓄积量为105.7亿立方米,分别居世界第7、第8位,林地和木材蓄积人均占有量为世界人均占有量的六分之一和八分之一。2000年,可供采伐的成熟林,尚缺少储量1亿立方米。(2)可再生性的周期过长。森林资源虽有可再生的特点,但再生的周期很长,由于需求量不断增加,所以在特定的时间内,其积蓄量不会增加,只会减少。

(马跃进 裴建军)

senlin ziyuan linzheng guanli jigou fuzeren renmian shixiang shenhe

森林资源林政管理机构负责人任免事项审核(review and examination on oppointment and diremoval of driectors of management administration institute in regard to administrative management of forest resource) 森林资源林政管理机构负责人是指地方县级以上林业主管部门森林资源管理机构中担任领导职务的主要负责人和其他负责人,重点国有林区森工主管部门及各国有林业局森林资源管理机构的主要负责人和其他负责人。

森林资源林政管理机构负责人任免事项是指森林资源管理机构负责人的任职、免职、轮岗或调离。县级以上林业主管部门对森林资源林政管理机构负责人的任职、免职、轮岗或调离,由所在林业主管部门研究提出人选和意见,在党组或党委讨论确定拟定人员之后,应报上一级林业主管部门审核。省级林业主管部门和重点国有林区森工主管部门森林资源林政管理机构负责人的任职、免职、轮岗或调离,应报国家林业局审核。报上一级林业主管部门审核的,应提供相关材料。上一级林业主管部门在收到申请和相关材料后,材料不完备的,应告知上报单位限期补齐;材料完备的,应当在7个工作日内提出审核意见,并以正式文件予以答复。必要时可派人到所在林业主管部门或单位进行考核后,再予答复。

经上一级林业主管部门审核同意的,由所在林业主管部门按照干部管理权限和《党政领导干部选拔任用条例》的相关规定,作出任职、免职、轮岗、调离等决定,并将有关文件同时报上一级林业主管部门和驻在地森林资源监督机构备案。重点国有林区国有林业局森林资源林政管理机构负责人的任职、免职、轮岗、调离决定,除报所在森工主管部门备案外,同时报国家林业局备案。未经上一级林业主管部门审核同意,所在林业主管部门对其森林资源林政管理机构负责人作出任职、免职、轮岗、调离等决定的,上一级林业主管部门可采取相应调控措施。

上一级林业主管部门根据下一级森林资源林政管理机构负责人任职期间的工作水平和业绩,可向所在林业主管部门提出奖励、批评和升职、免职等建议。

(王　丽)

senlin ziyuan zichan diya dengji

森林资源资产抵押登记(mortgage registration of forest resourse assets)　森林资源资产权利人不转移对森林资源资产的占有,将该资产作为债权担保的行为。从事林业经营的单位和个人(本解释以下简称抵押人)以其所有或者依法有权处分的森林、林木和林地使用权作抵押物申请借款或其他目的的,应以书面形式与抵押权人签订抵押担保合同。森林资源资产抵押担保的范围由抵押人和抵押权人根据抵押目的商定,并在抵押担保合同中予以明确。森林资源资产抵押担保的期限,由抵押双方协商确定,属于承包、租赁、出让的,最长不得超过合同规定的使用年限减去已承包、出让年限的剩余年限;属于农村集体经济组织将其未发包的林地使用权抵押的,最长不得超过70年。《森林资源资产抵押登记办法(试行)》是关于森林资源资产抵押登记的行政规章,我国的森林资源资产抵押登记制度主要规定在这部规章里。

抵押对象与评估　可用于抵押的森林资源资产为商品林中的森林、林木和林地使用权。办理森林资源资产抵押应当遵循以下程序:(1)抵押事项的申请与受理;(2)抵押物的审核、权属认定;(3)抵押物价值评估及评估项目的核准、备案;(4)签订抵押合同;(5)申请抵押登记;(6)办理抵押登记手续;(7)核发抵押登记证明书。以森林资源资产作抵押,抵押人应当向抵押权人出具县级以上地方人民政府核发的林权证和载有拟抵押森林资源资产的林地类型、坐落位置、四至界址、面积、林种、树种、林龄、蓄积等内容的相关资料供抵押权人审核。抵押权人要求对拟抵押森林资源资产进行评估的,抵押人经抵押权人同意可以聘请具有森林资源资产评估资质的评估机构和人员对拟作为抵押物的森林资源资产进行评估。经营国家无偿划拨森林资源资产的单位,以其经营的森林资源资产申请抵押时,应先办理相关的森林、林木出让手续。否则,抵押无效。

登记与审核　抵押森林资源资产的登记工作由县级以上地方人民政府林业主管部门的资源管理部门负责初审,资产管理部门负责办理登记或变更登记手续,资产管理部门办理抵押登记或变更登记手续后,资源管理部门要在林权证上予以标注。办理登记和变更登记不收取费用。

抵押人和抵押权人签订抵押合同后,应持相关文件资料向森林资源资产抵押登记部门申请办理抵押登记,抵押合同自登记之日起生效。登记机关在受理登记申请材料后,应当依照国家法律、法规的规定对抵押物进行合规性审核。

经审核符合登记条件的,登记机关应当于受理登记申请材料后15个工作日内办理完毕登记手续,同时建立森林资源资产抵押贷款登记备案制度,如实填写"森林资源资产抵押登记簿",以备查阅。对不符合抵押登记条件的,书面通知申请人不予登记并退回申请材料。

法律责任　森林资源资产抵押登记机关对受理的森林资源资产抵押登记事项,应在规定期限内办理完毕,不得拖延,无故发生拖延行为的,登记机关要对抵押申请人说明原因并致歉。森林资源资产抵押登记经办人员徇私舞弊,对明知不符合登记规定的森林资源资产办理登记手续,未造成损失的,登记机关对有关责任人员予以警告;造成损失的,登记机关要视情节轻重对有关责任人员给予相应的行政处分。

(王　丽)

senglin ziyuan zichan pinggu guanli

森林资源资产评估管理(management of forest resource property appraisal)　为了切实加强对森林资源资产评估工作的管理,进一步规范森林资源资产评估行为,维护所有者、经营者、使用者的合法权益,根据《中华人民共和国森林法》、《国有资产评估管理办法》和《林业部、国家国有资产管理局发布〈关于森林资源资产产权变动有关问题的规范意见(试行)〉的通知》的规定而制定的制度。

森林资源资产占有单位有下列情形之一的,应当依法进行森林资源资产评估:(1)出让或转让森林资源资产的;(2)以森林资源资产作价出资进行中外合资、合作的;(3)以森林资源资产作价出资进行股份经营或联营的;(4)以森林资源资产从事租赁经营的;(5)以森林资源资产作抵押或进行拍卖的;(6)出让、转让或出租林地使用权的;(7)同时出让、转让森林、林木与林地使用权的;(8)需要进行森林资源资产评估的其他情形。

国家国有资产管理局和林业部负责国有森林资源资产评估管理工作。各省(区)国有资产管理行政主管部门和林业行政主管部门负责本行政区域内国有森林资源资产的评估管理工作。非国有森林资源资产的评估管理工作由县及县以上林业行政主管部门负责,参照国有森林资源资产的行政规范管理。

森林资源资产评估应由具备森林资源资产评估条件的专职评估机构或综合评估机构进行。国务院有关部门和地方各级申请成立森林资源资产专职评估机构的,应分别由林业部和省级林业行政主管部门审核同意,报同级国有资产管理行政主管部门组织审批。其他资产评估机构从事森林资源资产评估业务,必须是已取得"资产评估资格证书"的评估机构,并按上述要求配备或聘请专业人员,评估人员须经过林业部和国家国有资产管理局共同组织的专业培训。同时将以上有关材料报经省以上林业行政主管部门资审同意后,报国有资产管理行政主管部门认定。

评估机构进行森林资源资产评估,必须按照国家国有资产管理局和林业部共同制定的森林资源资产评估技术规范进行资源核查和评定估算。

从事森林资源资产评估业务的评估机构应接受国家国有资产管理局和林业部的业务指导和年度检查。

委托对森林资源资产进行评估的当事人应当向受委托的评估机构提交林权证书。没有核发林权证书的,出具其他有效的产权证明。

国有森林资源资产的评估立项和评估结果由本级林业行政主管部门审核同意后,报同级国有资产管理行政主管部门负责审批和验证确认;林业部直属和东北、内蒙古国有林区的国有森林资源资产占有单位及地方管辖的重要的中外合资或金额巨大的森林资源资产评估立项和评估结果由林业部审核同意后,报国家国有资产管理局审批和验证确认。非国有森林资源资产的项目管理工作由县及县以上林业行政主管部门负责。

(苏丽娅)

shanyi shishi

善意实施(execute with good faith) 又称善意侵权。对专利权的限制之一。在不知情的情况下销售或者使用了侵犯他人专利权的产品的行为,可以不承担侵权责任。《中华人民共和国专利法》第63条规定,为生产经营目的使用或者销售不知道是未经专利权人许可而制造并售出的专利产品或者依照专利方法直接获得的产品,能证明其产品合法来源的,不承担赔偿责任。对于善意实施,行为免责的范围仅限于使用和销售,并且对于这种行为,法律不是不认为侵权,而是规定可以不承担赔偿责任。

(刘鹏)

shanzi shiyong taren qiye mingcheng huo xingming buzhengdang jingzheng xingwei

擅自使用他人企业名称或姓名不正当竞争行为(behavior of unfair competition by using the name of other company or name of other people) 经营者未经权利人许可,使用他人的企业名称或姓名,使人误认为是他人商品的不正当竞争行为。企业名称权或经营者姓名权是工业产权的重要内容,是经营者的无形资产和宝贵财富。擅自使用他人企业名称或姓名,实际上就是盗用他人的商业信誉或产品声誉,同时也是欺骗消费者、破坏公平竞争秩序。认定这种不正当竞争行为应注意:(1)这里的"企业名称"或"姓名"均应该作广义的理解。"企业名称"既包括依法登记的法人企业名称,也包括不具备法人条件但依法进行了工商登记的其他企业名称。既包括各种所有制形式和组织形式的工商企业名称,也包括从事经营活动的事业单位、科技性社会团体名称。这里的"姓名"不能只理解为居民身份证上具有法律意义的正式姓名,还应该包括曾用名、别名等能反映公民经营特色和信誉的其他名称。(2)"未经权利人许可"是擅自使用他人的企业名称或姓名不正当竞争行为的必要条件。通过合法方式使用他人企业名称或姓名的,不构成不正当竞争行为。(3)这种不正当竞争行为的目的是引人误认为是他人的商品,即通过混淆商品的制造者或经销者的手段蒙骗购买者,是购买者误人误购。这里的"引人误认",是指能使普通购买者在施以平常注意力的条件下引起误人的可能性,并不要求在市场交易中造成误人的实际后果。只要足以导致购买者误人误购,就构成擅自使用他人企业名称或姓名的违法行为。

(苏丽娅)

shangbiao

商标(trademark) 俗称牌子。经营者在商品或服务项目上使用的、将自己经营的商品或提供的服务与其他经营者经营的商品或提供的服务区别开来的一种专用标记。商标有如下不同的种类:

文字商标 从广义上讲,文字商标指由汉字、外文字、少数民族文字、阿拉伯数字、字母等构成的商标。我国国内商品所使用的文字商标应使用中国文字,并可加注汉语拼音。除出口商品外,国内商品不能只使用汉语拼音或外国文字作商标。

图形商标 由各种图形、图案所构成的商标。图形商标通常由各种形象生动的图形构成。

颜色商标 由多种颜色的组合构成的商标。单独一种颜色不能作为商标使用。

立体商标 由产品的容器、包装、外形以及其他具有立体外观的三维标志等构成的商标。但是,并不是所有的三维标志都可以作为商标注册。

组合商标 由文字、图形、色彩、三维标志的相互任意组合或按照一定规律的组合构成的商标。其特点是图文并茂,形象生动,引人注目,便于呼叫等。

非可视性商标 指音响商标、气味商标等非视觉感知的商标。这些商标在核准注册和侵权认定方面存在难以检测和固定等技术困难,目前只有美国和中国香港等少数国家或地区可以获得注册。

总商标 又称营业商标,指企业将其厂商名称作为商标固定使用在其生产或者经营的所有产品上,便于消费者识别商品出处,树立企业的整体形象。

商品商标 自然人、法人或者其他组织在其生产、制造、加工、拣选或者经销的商品上使用的符合商标法规定的标志。商品商标是商标的主要类型,也是商标的最初形式。

服务商标 自然人、法人或者其他组织使用于服务项目上用以区别于其他服务提供者的商标,又称服务标记或服务标志。服务商标一般为饭店、旅店、餐厅、旅行社、航空公司、银行、保险公司、邮电部门、咨询公司、律师事务所、修理企业等各种提供服务项目的经营者所使用。

集体商标 由工商业团体、协会或其他组织注册所有的供该组织成员所使用的商品商标和服务商标,以表明商品的经营者或服务的提供者属于同一组织。集体商标的使用者可以是多个属于同一集体组织的经营者。集体商标一般不允许转让。

证明商标 由对某种商品或服务具有检测和监督能力的组织所控制,而由其以外的单位或者个人使用在商品或服务上,以证明该商品或服务的原产地、原料、制造方法、质量或其他特定品质的商品商标或服务商标。又称保证商标,主要作用在于证明使用该商标的商品或服务的特色品质。

防御商标 商标所有人为保护另一注册商标不受侵害,在原注册商标指定使用的商品以外的其他商品上注册的与原注册商标相同的商标。这种商标与原注册商标在文字、图形、色彩或其组合上完全相同,但其使用商品的范围不同。

联合商标 商标所有人为保护另一注册商标不受侵权,在原注册商标指定使用的商品上注册的与原商标相近似的若干商标。联合商标和防御商标都是为保护驰名商标不受侵权而注册的商标,两者作用相同。

臆造商标 由现有的词汇中不包含的新词汇构成的无特定字面含义的商标。这种商标不是选自现有词汇,而是商标设计人创造的,是设计人创造性智慧的结果。经过使用后最能使消费者把它与标示的特定商品或服务相联系,因而其显著性和可识别性最强。例如,"海尔"彩电商标、"EXXON"(埃克森)石油商标等。

暗示商标 由间接暗示商品或服务特点的非叙述性标志构成的商标。法律禁止把直接叙述商品特点的标志用作商标,但允许商标对商品特点作间接暗示。

(郭友旭)

shangbiao danhua
商标淡化(**trademark dilution**) 减少、削弱驰名商标或其他具有相当知名度的商标的识别性和显著性,损害、玷污其商誉的行为。美国 1996 年《联邦商标反淡化法》(Federal Trademark Anti-Dilution Act)将商标淡化定义为"减少、削弱驰名商标对其商品或服务的识别性和显著性能力的行为"。具体来说,商标淡化行为包括将与被淡化商标相同或者相似的商标使用在不相同、不相类似的商品或服务上的行为以及将与被淡化商标相同或相似的商标做商标以外的其他使用,如将他人商标作为某类商品的通用名称使用的行为。

商标淡化理论的实质是将商标权的禁止效力扩展到注册商品或服务之外,是对一般商标权局限于其注册的商品或服务范围的突破。这种突破的主要依据是:(1)行为人侵害了驰名商标或其他具有相当知名度的商标所有人的商标权,因为该类商标具有较高的独特性和区别力,他人将其用于不相同或不相类似的商品上或者做商标以外的使用,都可能冲淡、削弱甚至玷污该商标的知名度,损害其所承载的商誉,给商标权人造成重大损失;(2)行为人的行为相对于与其有着同类营业的其他市场主体来说,是一种不正当竞争行为,因为行为人利用了他人商标的商誉,不劳而获地在其自身商品的市场活动中占据了一个较高的起点,损害了竞争秩序;(3)行为人侵犯了消费者的合法权益,因为驰名商标或其他具有相当知名度的商标由于广泛的广告宣传,已在公众心目中相对固定地与某一来源结合起来,因而即使在不相同或不相类似的商品上使用相同或相似的商标,也很可能引起公众错误地相信后者的商品来自同一来源。

世界贸易组织 1994 年达成的 TRIPS(全称:Agreement on Trade-Related aspects of Intellectual Property Rights)协议专门规定了商标淡化的内容,《巴黎公约》也有对驰名商标的反淡化保护的相关规定。从国际上看,美国有专门的商标反淡化立法,德国、法国等国家的商标法或其他相关法律中也有商标淡化的规定。

我国新修订的《商标法》第 13 条对驰名商标的扩大保护已涉及商标淡化的内容,该条从商标法角度保护了驰名商标所有人免受商标淡化行为的侵犯,但是保护内容不甚全面,未能将驰名商标做商标以外的使用纳入商标淡化行为;另外,还应注意从反不正当竞争法的角度来保护与行为人有着同类营业的市场主体的合法权益。

(雷 驰)

shangbiao de tiaojian
商标的条件(**requirement for a trademark**) 构成商标应满足的条件,包括必备条件和禁止条件。

商标的必备条件是指法律规定商标必须具备的因素,也称商标的积极要件:(1)必须具备法定的构成要素。(2)必须具备显著特征。商标的显著特征是指商标的独创性或可识别性。(3)必须具备合法性。即必须符合法律的强制性规定。

商标的禁止条件,是指用作商标的标记不应当具有的情形,也称商标的消极条件。《中华人民共和国商标法》对此作了两方面的规定:(1) 不得侵犯他人在先取得的合法民事权利,即不得与已注册或申请在先的商标相抵触,不得与通过使用获得权利的未注册商标相抵触,以及不得与其他在先民事权利相抵触。我国《商标法》第9条及第31条对此作出了规定。(2) 不得使用禁止用作商标的标志。各国商标法都明确地规定了禁止将某些标志用作商标。

下列标志不能作为商标注册:(1) 缺乏显著性的标志。(2) 侵犯他人权利的。我国《商标法》第13条及第15条对此作了规定。(3) 虚假地理标志。商标中有地理标志,而该商品并非来源于该标志所标示的地区,误导公众的,不予注册并禁止使用。但是,已经善意取得注册的继续有效。

(徐中起 郭友旭)

shangbiaofa

《商标法》(Trademark Act) 1982年8月23日第五届全国人民代表大会常务委员会第二十四次会议通过的《中华人民共和国商标法》。根据1993年2月22日第七届全国人民代表大会常务委员会第三十次会议《关于修改〈中华人民共和国商标法〉的决定》进行第一次修订;2001年10月27日第九届全国人民代表大会常务委员会第二十四次会议进行再次修订。该法共8章64条,包括:总则;商标注册的申请;商标注册的审查和核准;注册商标的续展、转让和使用许可;注册商标争议的裁定;注册商标专用权的保护;附则等部分。我国商标注册和管理的工作的主管部门是国务院工商行政管理部门商标局,国务院工商行政管理部门设立商标评审委员会,负责处理商标争议事宜;经商标局核准注册的商标为注册商标,注册人享有商标专用权,受法律保护。

商标注册的申请 自然人、法人等对其生产、制造、加工、拣选、经销的商品或提供的服务项目,需要取得商标专用权的,应当向商标局申请商标注册;国家规定必须使用注册商标的商品,必须申请商标注册。两个以上的自然人、法人或者其他组织经申请批准可以共同享有一商标,共同享有和行使该商标专用权。本法中规定:不得作为商标使用的八种图形、标志;不准复制注册商标、摹仿或者翻译他人未在中国注册的驰名商标。外国人或者外国企业在中国申请商标注册和办理其他商标事宜的,要委托国家认可的具有商标代理资格的组织代理,按其所属国和我国签订的协议或者共同遵守的国际条约或者对等原则办理。本法对申请人注册申请的手续、重新注册申请、变更申请的条件商标注册优先权等作了具体规定。

商标注册的审查和核准 申请注册的商标,由商标局初步审定,予以公告。公告期满无异议的,予以核准注册,发给商标注册证,并予公告。对初步审定、予以公告的商标提出异议的,商标局经调查核实后,作出裁定书面通知申请人。对商标注册申请和商标复审申请应当及时进行审查。商标注册申请人或者注册人发现商标申请文件或者注册文件有明显错误的,可以申请更正。商标局依法在其职权范围内作出更正,并通知当事人。

注册商标的续展、转让和使用许可 注册商标的有效期为10年,注册商标有效期满,需要继续使用的,应当在期满前6个月内申请续展注册;续展注册经核准后,予以公告。每次续展注册的有效期为10年。转让注册商标的,转让人和受让人应当签订转让协议,并共同向商标局提出申请。转让注册商标经核准后,予以公告,受让人自公告之日起享有商标专用权。商标注册人可以通过签订商标使用许可合同,许可他人使用其注册商标。许可人应当监督被许可人使用其注册商标的商品质量。经许可使用他人注册商标的,必须在使用该注册商标的商品上标明被许可人的名称和商品产地。

注册商标争议的裁定 对于违反本法规定,以欺骗手段或者其他不正当手段取得注册商标权的,由商标局撤销该注册商标;其他单位或者个人可以请求商标评审委员会裁定撤销该注册商标。对已经注册的商标有争议的,可以自该商标经核准注册之日起5年内,向商标评审委员会申请裁定。商标评审委员会收到裁定申请后,应当通知有关当事人,并限期提出答辩。对核准注册前已经提出异议并经裁定的商标,不得再以相同的事实和理由申请裁定。商标评审委员会作出维持或者撤销注册商标的裁定后,应当书面通知有关当事人。

商标使用的管理 使用注册商标,当出现有下列情况:自行改变注册商标;自行改变注册商标的注册人名义、地址或者其他注册事项;自行转让注册商标;连续3年停止使用等情况时,由商标局责令限期改正或者撤销其注册商标。对于不正当使用注册商标、商标与产品质量不一致、使用假冒商标、使用过期商标等违法行为,工商行政管理部门责令限期改正、予以通报或者处以罚款,或者由商标局撤销其注册商标。

注册商标专用权的保护 对于核准注册的商标和核定使用的商品享有注册商标的专用权。属侵权权的行为是:未经商标注册人的许可,使用与其注册商标相同或者近似的商标;销售侵犯注册商标专用权的商品;伪造、擅自制造他人注册商标标识或者销售伪造、擅自制造的注册商标标识;未经商标注册人同意,更换其注册商标并将该商品又投入市场的;给他人的注册商标专用权造成其他损害的。对侵犯注册商标专用权的行为,工商行政管理部门有权依法查处;涉嫌犯罪的,应当及时移送司法机关依法处理。县级以上工商行政管理部门对涉嫌侵犯他人注册商标专用权的行为进行查处时,可以行使的职权是:(1)询问有关当事人,调查与侵犯他人注册商标专用权有关的情况;(2)查阅、复制当事人与侵权活动有关的合同、发票、账簿以及其他有关资料;(3)对当事人涉嫌从事侵犯他人注册商标专用权活动的场所实施现场检查;(4)检查与侵权活动有关的物品;对有证据证明是侵犯他人注册商标专用权的物品,可以查封或者扣押。商标局、商标评审委员会以及从事商标注册、管理和复审工作的国家机关工作人员不得从事商标代理业务和商品生产经营活动。从事商标注册、管理和复审工作的国家机关工作人员玩忽职守、滥用职权、徇私舞弊,违法办理商标注册、管理和复审事项,牟取不正当利益,构成犯罪的,依法追究刑事责任;尚不构成犯罪的,依法给予行政处分。

(何容根　徐中起)

shangbiao fushen

商标复审（trademark review） 当事人不服商标局作出的驳回注册商标申请的决定、对商标异议的裁定或者撤销注册商标的决定,依法向商标评审委员会提出申请,由商标评审委员会依法审理,并作出裁决的制度。商标复审可以分为不服驳回注册商标申请决定的复审、不服商标异议裁定的复审和不服撤销注册商标的复审。

商标复审,应当由当事人向商标评审委员会提出申请。这里的"当事人",在不服驳回注册商标申请决定的复审,指商标注册申请人;在不服商标异议裁定的复审,指异议中的异议人或者被异议人;在不服撤销注册商标的决定,指商标权人。

当事人提出商标复审申请,应当在法定期限内为之。依照《中华人民共和国商标法》的规定,商标复审的申请人应当自收到商标局的书面通知之日起15日内提出复审申请。如果当事人因为不可抗力或者其他正当理由,不能在法定期限内提出复审申请,可以在期满前申请延期30天。根据《国家工商行政管理局关于商标复审申请时限问题的答复》【工商标评字〔1996〕第355号】的规定,延期申请应当在收到商标局驳回通知之日起15天内提交,延期时间从第16日起算。对于申请人提出的延期申请是否准许,由商标评审委员会决定。

当事人提出复审申请,应当以书面方式为之。当事人应当提交申请书,并附送商标局的决定书或者裁定书。

商标评审委员会首先对复审申请进行形式审查,对于符合法定要求的复审申请,应当受理,并进行全面的审查评议。审理采取合议制度,商标评审委员会经过评议作出决定或者裁定,并书面通知当事人。

当事人对于商标评审委员会的裁定或者决定不服的,可以自收到通知之日起30日内向人民法院起诉。对于商标异议的复审不服提起诉讼的,人民法院应当通知商标复审程序的对方当事人作为第三人参加诉讼。

(刘　鹏)

shangbiao guoji zhuce madeli xieding

《商标国际注册马德里协定》（Madrid Agreement Concerning the Registration of International Trademarks） 1891年4月14日在西班牙马德里签订的旨在解决商标的国际注册问题的国际条约。经过多次修订,目前使用的是1967年7月14日修订形成的斯德哥尔摩文本。1988年4月22日通过了《商标国际注册马德里协定实施细则》。该《协定》的参加者必须是巴黎公约成员国。由协定所适用的国家组成国际注册特别同盟。同盟设有大会,处理关于维持和发展同盟以及实施协定的所有事宜。按照《协定》,缔约国的任何申请人,在其所属国办理了某一商标注册后,对该商标就可以向世界知识产权组织的国际局申请国际注册。如申请得到核准,国际局即予公布,并通知被要求给予保护的各成员国。我国于1989年5月25日参加该协定。

(徐中起)

shangbiao pingshen weiyuanhui

商标评审委员会（Trademark Examination Committee） 依照国家工商行政管理总局设立的,依法负责处理商标争议事务的机构。《中华人民共和国商标法》第2条规定:"国务院工商行政管理部门设立商标评审委员会,负责处理商标争议事宜。"

商标评审委员会成立于1983年8月,由主任委员、副主任委员和委员15—17人组成。依据《商标评审规则》,商标评审委员会负责处理以下商标争议:(1)不服国家工商行政管理总局商标局驳回的商标注册申请的决定,依据《商标法》第32条规定申请复审的案件;(2)不服商标局的异议裁定,依据《商标法》第33条规定申请复审的案件;(3)对已经注册的商标,依据《商标法》第41条规定请求裁定撤销的案件;(4)不服商标局依照《商标法》第41条第1款、第44条、第45条的规定作出的撤销注册商标的决定,依据《商标法》第49条规定申请复审的案件。

商标评审委员会处理商标争议,可以采取书面评审和公开评审两种方式。一般情况下,以书面评审为主,依照《中华人民共和国商标法实施条例》第33条的规定,商标评审委员会根据当事人的请求或者实际需要,可以决定对评审申请进行公开评审。

商标评审委员会评审商标争议,一般组成合议组进行,合议组由评审人员3人或3人以上的单数组成。但是对于事实清楚、情节简单的案件,可以由评审员独任评审。

(刘 鹏)

shangbiao qinquan sunhai peichang'e de jisuan fangfa

商标侵权损害赔偿额的计算方法(methods of calculating damages for infringement on registered trademark) 对侵犯商标专用权的行为,在责令侵权人停止侵权行为的同时,还可责令其赔偿被侵权人的损失。损害赔偿额的计算方法有三种:一是按权利人因被侵权所受到的损失确定赔偿数额。该赔偿数额为侵权人在侵权期间因侵权所获得的利益,或者被侵权人在被侵权期间因被侵权所受到的损失,包括被侵权人因侵权行为所减少的利润,和被侵权人因为制止侵权行为所支付的代理费、调查费等合理费用。二是按侵权人因侵犯商标权所获得的利益确定。侵权人所经营的全部商品(包括已经销售的和库存的)均应作为非法经营额计算。不过,销售不知道是侵犯注册商标专用权的商品,有证据证明该商品是自己合法取得的并说明提供者的,不承担赔偿责任。三是被侵权人因被侵权所受的损失或侵权人因侵权所得的利益难以确定的,由人民法院根据侵权行为的情节判决给予50万元以下的赔偿。

(徐中起)

shangbiao qinquan xingwei

商标侵权行为(infringements on trademark rights) 未经商标注册人的许可或违反法律规定使商标注册人的商标专用权受到损害的行为。根据《中华人民共和国商标法》,商标侵权行为主要有如下几种:(1)假冒和仿冒行为。假冒行为是指在同一种商品上使用与他人注册商标相同的商标。仿冒行为是指在同一种商品上使用与他人注册商标相近似的商标,或者在类似商品上使用与他人注册商标相同的或相近似的商标。(2)销售侵犯注册商标专用权的商品的行为。只要存在销售侵犯注册商标专用权的商品的行为,不管行为人主观上有无过失,就构成侵权。不过,销售不知道是侵犯注册商标专用权的商品,有证据证明该商品是自己合法取得的并说明提供者的,不承担赔偿责任。(3)伪造、擅自制造他人注册商标标识或者销售伪造、擅自制造注册商标标识的行为。(4)未经商标注册人同意,更换其注册商标并将该更换商标的商品又投入市场。该种行为在商标法理论上称为"反向假冒"。(5)给他人的注册商标专用权造成其他损害的。

(徐中起)

shangbiao quan

商标权(trademark rights) 商标注册人在法定期限内对其注册商标所享有的受国家法律保护的各种权利。由国家工商行政管理总局商标局代表国家依照法定程序赋予,包括对注册商标的使用权、处分权、禁止权和续展权等。

商标权具有以下特征:商标权的客体是注册商标;商标权具有独占性和排他性,商标权的专有性程度高,权利限制较少;商标权具有时间性,它的期限性是相对的,依据《中华人民共和国商标法》,注册商标的有效期为10年,期限届满时可以续展,续展次数不限;商标权是财产权,并不直接涉及人身权;商标权具有地域性,即"属地原则"。

商标权人的权利包括:(1)商标使用权,即商标权主体对其注册商标享有的自己在指定商品或服务项目上独占使用的权利;(2)商标处分权,即商标权人依法享有的依自己的意志决定其注册商标命运的权利;(3)商标标记权,商标注册人使用注册商标,有权标明"注册商标"字样或者注册标记"注"或者"®"。在商品上不便标明的,可以在商品包装或者说明以及其他附着物上标明;(4)商标续展权,是指商标权人在其注册商标有效期届满时,依法享有申请续展注册,从而延长其注册商标保护期的权利;(5)商标禁止权,是指其依法不准他人为一定行为而侵害其自身的商标权的权利,即商标权人禁止他人伪造、擅自制造注册商标标志或者在同一种商品、类似商品上使用与其注册商标相同或者近似的商标的权利。

(徐中起 郭友旭)

shangbiaoquan de xiaomie

商标权的消灭(termination of trademark rights) 注册商标所有人所享有的商标权在一定条件下丧失,不再受法律保护。商标权因注册商标被注销或被撤销而消灭。

注册商标的注销,是指商标主管机关基于某些原因取消注册商标的措施,是商标权正常消灭的情况。有下列情形之一的,商标局可以注销注册商标:(1)注册商标法定期限届满,未续展或续展未获准的;(2)注册商标所有人自己申请注销的;(3)作为注册商标人的企业关闭或破产,无人承受商标权的;(4)作为注册商标权人的公民死亡,无人继承其商标权的。注销的注册商标,由商标局予以公告;自公告之日起,其商标权丧失。

注册商标的撤销,是指商标局或商标评审委员会依法强制取消因违法使用或注册无效的商标。商标注册人具有下列违法行为之一的,由商标局责令限期改正或撤销其注册商标:(1)自行改变注册商标的;(2)

自行改变注册商标的注册人名义、地址或者其他注册事项的;(3)自行转让注册商标的;(4)连续3年停止使用其注册商标的;(5)使用注册商标,其商品粗制滥造、以次充好,欺骗消费者的;(6)非法销售自己的注册商标标识的;(7)拒不签订商标使用许可合同,或不按规定将合同报有关机关存查和备案的。 （徐中起）

shangbiao quan de xiaoli fanwei

商标权的效力范围(effective scope of registered trademark) 注册商标的专用权,以核准注册的商标和核定使用的商品为限。核准注册的商标是指经商标局注册在案的组成商标的文字、图形、字母、数字、三维标志、颜色组合,或前述要素的组合。核定使用的商品是指商标局核准在案的具体商品。商标权人有权禁止他人不经其同意在相同或类似商品上使用与其注册商标相同或近似的商标。商标禁止权的范围大于商标专用权的范围。但如果注册商标所有人擅自改变注册的内容或者将注册商标使用于核定商品之外的其他商品上,则超出了商标权的效力范围。此外,根据《商标法实施条例》第49条的规定,注册商标中含有的本商品的通用名称、图形、型号,或者直接表示商品的质量、主要原料、功能、用途、重量、数量及其他特点,或者含有的地名,注册商标专用权人无权禁止他人正当使用。

（郭友旭）

shangbiao zhuce

商标注册(trademark registration) 自然人、法人或其他组织为了取得商标专用权,依照《商标法》规定的条件和程序,依法提出申请,由国家商标注册主管机关审查和核准,将符合条件的商标载入"商标注册簿"（集体商标和证明商标应分别登入"集体商标注册簿"和"证明商标注册簿"）,发给申请人"商标注册证",并予以公告的专门活动。商标注册的意义在于:(1)商标注册是取得商标权的根据。商标一旦注册,商标注册人就对其注册商标在法定期限内享有专用权,他人未经商标注册人许可,不得在注册所核定的同种或类似商品上,使用与注册商标相同或近似的商标,否则就构成商标侵权行为。在我国,商标注册是原始取得商标权的必经程序和唯一程序。否则,商标使用人即使长期使用商标,即使已经产生一定的信誉,如果不申请注册并被依法核准,也不能自动获得商标专用权。只有通过商标注册程序获得商标权后,原商标使用人才能更有效地禁止他人的各种假冒和仿冒等侵权行为,维护自己的商业信誉,培育自己的品牌。(2)商标注册是取得商标权的初步证据,并能获得更稳定、保护程度更高的商标权。目前,我国商标注册的主管机关是国家工商行政管理局商标局,该机关主管全国商标注册和管理的工作。国家工商行政管理局设商标评审委员会,专门负责处理商标争议事宜。该委员会独立于商标局之外,其复审工作不受商标局审查工作的影响。

（徐中起 郭友旭）

shangbiao zhuceren de yiwu

商标注册人的义务(obligations of owner of registered trademark) 商标注册人应当承担的事项或责任。商标注册人负有下列义务:(1)应当使用注册商标。使用注册商标,既是商标注册人的权利,也是其应当履行的法定义务。无正当理由连续3年停止使用注册商标的,任何人都可以向商标局申请撤销该注册商标,并说明有关情况。商标局应当通知商标注册人,限其在收到通知之日起3个月内提供该商标使用的证明或者不使用的正当理由。逾期不提供使用证明或证明无效的,商标局撤销其注册商标。(2)应当保证商品质量,不得粗制滥造、以次充好,欺骗消费者。(3)不得擅自改变注册事项,包括不得自行改变注册商标的标志、注册人名义、地址或者其他注册事项。(4)不得自行转让注册商标。 （徐中起 郭友旭）

shangbiao zhuce shenqing

商标注册申请(application for trademark registration) 申请人向国家商标注册主管机关请求授予其商标专用权的法律行为。商标注册申请应采用书面形式。商标注册申请人在不同类别的商品上申请注册同一商标的,应当按商品分类表提出注册申请,不能在一份商标注册申请中提出注册两件或两件以上的商标的要求,即一件商标一份申请原则。注册商标需要在同一类的其他商品上使用的,应当另行提出注册申请,即注册商标扩大使用范围的另行申请原则。注册商标需要改变其标志的,应当重新提出注册申请,即注册商标改变标志的重新申请原则。注册商标需要变更注册人的名义、地址或者其他注册事项的,应当提出变更申请。变更商标注册人地址的,商标注册人应当将其全部商标一并变更;未一并变更的,视为放弃变更申请,商标局应当书面通知申请人。为申请商标注册所申报的事项和所提供的材料应当真实、准确、完整。这将有助于商标主管机关顺利开展商标注册申请的受理和审查工作,也有助于商标申请尽早获得核准。

（徐中起 郭友旭）

shangbiao zhuce shenqing de shencha yuanze

商标注册申请的审查原则(principles for examination of application for trademark registration) 当两个或两个以上的申请人,在同一种或类似商品上,以

相同或近似的商标申请注册时,依据什么标准初步审定并公告某个申请人的申请,驳回其他人的申请。在我国,对商标注册申请的初步审定的原则是以申请在先为主、使用在先为辅的原则。

申请在先原则,是指当两个或两个以上的申请人,在同一种或类似商品上,以相同或近似的商标申请注册时,初步审定并公告申请在先的申请人的商标申请,驳回其他人的申请。

使用在先原则,是指当两个或两个以上的申请人,在同一种或类似商品上,以相同或近似的商标申请注册时,谁先使用该商标,谁就可能经审查通过获得商标权,驳回其他人的申请。在我国,使用在先原则只在少数情况下采用,是对申请在先原则的补充。两个或两个以上的申请人在相同或类似商品上,以相同或近似的商标在同一天申请注册的,初步审定并公告使用在先的商标,驳回其他人的申请,不予公告,各申请人应当按照商标局的规定交送第一次使用商标的日期的证明。

(徐中起　郭友旭)

shangbiao zhuce shenqingren tiaojian
商标注册申请人条件(qualifications for a trademark registration applicant) 商标注册申请人必须具备法律规定的条件才享有提出商标注册申请的资格。根据我国《商标法》的规定,商标注册申请人应符合下列条件:一是须从事生产、制造、加工、拣选、经销商品或提供服务项目的活动,即须从事一定的工商业经营活动。同时,我国《商标法》第4条第2款规定:"自然人、法人或者其他组织对其提供的服务项目,需要取得商标专用权的,应当向商标局申请服务商标注册。"因此,我国从事金融、保险、运输、饮食、等服务行业的单位和个人可以申请服务商标注册。二是须是自然人、法人或者其他组织以及符合《商标法》第17条规定条件的外国人或外国企业。商标注册申请人的范围十分广泛,外国人或者外国企业在我国申请商标注册,必须符合我国《商标法》第17条的规定,即应当按其所属国和我国签订的协议或者共同参加的国际条约办理,或者按对等原则办理。

(徐中起　郭友旭)

shangbiao zhuce shenqing riqi de queding
商标注册申请日期的确定(determination of date of application for trademark registration) 对商标注册的申请日期及其先后次序的判断和确定。在实行申请在先原则的情况下,申请日期的先后次序是商标注册申请审查顺序的依据,也是确定商标权归属的依据。商标注册的申请日期,以商标局收到申请书件的日期为准。申请书件是邮寄的,以寄出的日期为申请日期;邮戳不清,难以确定寄出日期的,以商标局收到申请文件的日期为申请日期。注册申请人依法享有优先权的,以优先权日为申请日期。根据2002年9月15日起施行的《商标法实施条例》第19条的规定,两个或者两个以上的申请人,在同一种商品或者类似商品上,分别以相同或者近似的商标在同一天申请注册的,各申请人应当自收到商标局通知之日起30日内提交其申请注册前在先使用该商标的证据。同日使用或者均未使用的,各申请人可以自收到商标局通知之日起30日内自行协商,并将书面协议报送商标局;不愿协商或者协商不成的,商标局通知各申请人以抽签方式确定一个申请人,驳回其他人的注册申请。商标局已经通知但申请人未参加抽签的,视为放弃申请,商标局应当书面通知未参加抽签的申请人。

(徐中起)

shangbiao zhuce shencha
商标注册审查(examination of application for trademark registration) 商标注册主管机关对商标注册申请是否符合《商标法》及其实施细则的规定进行审查所进行的一系列活动。我国对商标注册申请的审查包括形式审查和实质审查两个方面。

形式审查是对商标注册申请是否具备形式上的条件的审查。其审查内容主要包括:(1)申请人是否具备商标注册申请人的法定资格;(2)商标申请的程序是否合法,包括申请文件是否齐备,手续是否完备,所填写的内容是否符合规定的要求,报送的商标图样在数量上和规格上是否符合规定标准,是否按规定缴纳费用等;(3)是否符合商标注册的申请原则,比如一件商标一份申请原则等;(4)商标的申请日期。

实质审查是指对商标注册申请是否符合商标注册的实质要件所进行的审查,是商标能否获准注册的关键环节。实质审查的主要内容包括:(1)商标是否具备法定的构成要素;(2)商标是否具备显著性特征;(3)商标是否与他人在同种或类似商品上已经注册的商标相同或类似;(4)申请注册的商标是否使用了禁用标志,是否违反了《商标法》第10条、第11条、第12条等禁止性规定;(5)申请注册的商标是否侵犯他人的在先权利,是否违反《商标法》第13条、第15条、第16条、第31条的规定。

(徐中起　郭友旭)

shangbiao zhuce youxianquan
商标注册优先权(priority of trademark registration) 《保护工业产权巴黎公约》所确立的对工业产权国际保护的重要原则之一。它主要体现在工业产权保护的申请程序上,我国于1985年3月19日正式成为该公约的成员国。因此,优先权原则也成为我国在工业产权保护方面所依据的一项重要原则。

巴黎公约所说的优先权是指,如果某个申请人在一个成员国就某一项工业产权提出正式的申请,该申请人或其权利继承人可以在一定的期限内向所有其他成员国申请保护。这些在后的申请将被视为与其第一次申请相同的时间提出,即对于最先申请日后就同一工业产权提出的所有申请,在法定期限内,享有与其最先申请的申请日相同的优先权。商标注册申请的优先权期限为6个月。

根据我国《商标法》第24条的规定,商标注册申请人自其商标在外国第一次提出商标注册申请之日起6个月内,又在中国就相同商品以同一商标提出商标注册申请的,依照该外国同中国签订的协议或者共同参加的国际条约,或者按照相互承认优先权的原则,可以享有优先权。根据该法第25条的规定,商标在中国政府主办的或者承认的国际展览会展出的商品上首次使用的,自该商品展出之日起6个月内,该商标的注册申请人可以享有优先权。依此要求优先权的,应当在提出商标注册申请的时候提出书面声明,并且在3个月内提交展出其商品的展览会名称、在展出商品上使用该商标的证据、展出日期等证明文件;未提出书面声明或者逾期未提交证明文件的,视为未要求优先权。

(徐中起 郭友旭)

shangbiao zhuce yuanze
商标注册原则(principles for trademark registration) 一国根据其经济和社会发展状况,在商标法中规定的在商标注册过程中应遵守的基本行为准则。商标注册的原则包括自愿注册原则和强制注册原则。自愿注册原则是指国家规定商标使用人根据自己生产和经营的实际情况,是否申请商标注册取决于自己的意愿。未经注册的商标,其使用人不享有专用权,无权禁止他人在同种或类似商品上使用与其商标相同或近似的商标。但使用未注册商标的商品可以生产、销售。强制注册原则又称全面注册原则,是指国家规定商品上使用的商标必须申请注册,不注册的商标禁止使用。

我国《商标法》采用的是自愿注册为主、强制注册为辅的原则。该法第4条规定,商标使用人"需要取得商标专用权的,应当向商标局申请注册"。根据该法第6条,国家规定必须使用注册商标的商品,必须申请商标注册,未经核准注册的,不得在市场销售。根据有关规定,我国目前必须使用注册商标的商品有两大类:一是人用药品,二是烟草制品,包括卷烟、雪茄烟和有包装的烟丝。

规定人用药品和烟草制品上使用的商标必须注册的目的,是考虑到这两类商品直接涉及到人民的身体健康,希望通过商标注册的管理,进一步保证这两类商品的质量。

(徐中起 郭友旭)

shanghao
商号(title business name) 又称字号或者商业名称。商事主体之间相互区别而使用的具有显著特征的文字标志。商号和商标都属识别性商业标志范畴,是商业信誉和商品声誉的载体。商事主体在法律上是独立的经济实体,一般都必须有自己的商号。商号是企业名称中最具有特色的部分。

商号是企业或者其他经济组织名称的核心部分,由企业或其他经营者选择的两个以上的文字组成。组成商号的文字应当具有显著特征,否则难以起到识别作用。企业不得使用县级以上行政区划名称作商号。私营企业以及一些其他经济组织可使用投资人的姓名作为商号。

商号应使用汉字,民族自治地方的商号可以同时使用本民族自治地方通用的民族文字。外商投资企业以及有对外业务的企业,具备法人条件,经登记主管机关核准,可以使用外文商号。但含有商号的外文名称应当与中文名称相一致。商号不得含有下列内容和文字:(1)有损于国家、社会公共利益的。(2)对公众造成欺骗或者误解的。(3)外国国家(地区)名称、国际组织名称。(4)政党名称、党政机关名称、群众组织名称、社会团体名称及部队番号。(5)汉语拼音字母(外文名称中使用的除外)、数字。(6)与下列情况的企业名称中的商号相同或者近似的:企业被撤销未满3年的;企业营业执照被吊销未满3年的;企业因前述两种情况以外的原因办理注销登记未满1年的。(7)与他人注册商标或者商号使用的文字相同或者近似,可能引起相关公众误认或误解的。(8)法律、行政法规规定禁止使用的情形。

(徐中起)

shanghao quan
商号权(right of business name) 商事主体对依法核准登记的名称在一定地域范围内享有的独占使用权。商号权具有如下特征:(1)专有性。只有作为权利主体的经营者对自己核准登记的名称才依法享有使用权,同行业的其他企业不得使用。(2)地域性。企业对核准登记的企业名称中的商号在登记机关辖区内享有独占使用权,该地域内的同行业商号不得与之相同或近似。(3)基于核准登记而产生。在我国,商号必须经登记机关核准注册后才能使用。(4)永久性。经核准注册的商号,由经营者长期使用。商号权没有期限限制,只要经营者依法使用,原则上可以终身享有。(5)主体的单一性。

商号权的内容包括:(1)使用权。商号是企业名称的一部分,企业对自己的名称经核准登记后,依法享有使用的权利。企业使用的名称应与登记的相同,不得擅自更改。(2)转让权。商号在本行政区域内,可以随企业全部或企业的一部分一并转让给另一企业。转让方和受让方应签订书面合同,报原登记机关核准。(3)许可权。商号的使用许可一般发生在特许经营方式中。(4)禁止权。因商号权具有专有性,商号经登记核准注册,企业便有权在规定范围内禁止其他企业使用相同或近似的商号。(5)收益权。商号权是一种无形财产权,因而商号权人可以通过转让或者许可而获得收益,或通过法律许可的其他方式获得收益。

(田 艳)

shanghui

商会(chamber of commerce) 由法人和其他组织组成的,代表其成员特定利益并实行自律性管理的非营利性社会组织。其性质是社会中介组织和自律性行业管理组织。其职能是加强企业与政府之间的沟通,及时提出有关会员利益的建议意见,通过与其他社会组织的联系,建立协作与交流的关系;并通过权利与义务的纽带,把所属的会员联结为一个利益共同体。商会是联系政府与企业的桥梁与纽带,在行业内部发挥服务、自律、协调、监督的作用,是政府的参谋和助手。其形式主要有两种:行业协会和狭义上的商会。狭义上的商会,指以地域为原则组建的跨行业的民间社团。

(张旭娟 王飞雪)

shanghui zuzhi fa

商会组织法(organic law for chamber of commerce) 经济管理法中行业管理法的组成部分。它是规定商会的性质、地位和职能,以及商会成立条件、审批条件、会员资格和活动原则等事项的法律规范的总称。

(张旭娟 王飞雪)

shangpinfang

商品房(commercial housing) 由房地产开发公司综合开发,建成后出售的住宅、商业用房及其他建筑物。商品房的概念是在我国实行土地有偿使用制度和房地产进入市场后产生的一个新的概念。凡是自建或委托施工单位建设或者参加统建,又是自己使用的住宅和其他建筑物,不属于商品房。目前商品房已经成为我国居民住房消费的重要对象。

(赵芳芳)

shangpinfang xianshou

商品房现售(present sale of commercial house) 房地产开发企业将竣工验收合格的商品房出售给买受人,并由买受人支付房价款的行为。

根据《商品房销售管理办法》(建筑部2001年4月4日发布,2001年6月1日起施行)的规定,商品房现售,应当符合以下条件:(1)现售商品房的房地产开发企业应当具有企业法人营业执照和房地产开发企业资质证书;(2)取得土地使用权证书或者使用土地的批准文件;(3)持有建设工程规划许可证和施工许可证;(4)已通过竣工验收;(5)拆迁安置已经落实;(6)供水、供电、供热、燃气、通讯等配套基础设施具备交付使用条件,其他配套基础设施和公共设施具备交付使用条件或者已确定施工进度和交付日期;(7)物业管理方案已经落实。

根据《商品房销售管理办法》的规定,房地产开发企业应当在商品房现售前将房地产开发项目手册及符合商品房现售条件的有关证明文件报送房地产开发主管部门备案。房地产开发企业应与买受人签订商品房买卖合同,并且应当在订立商品房买卖合同之前向买受人明示《商品房销售管理办法》和《商品房买卖合同示范文本》。

根据《城市房地产开发经营管理条例》(国务院1998年7月20日发布并施行)的规定,现售商品房的买受人应当自销售合同签订之日起90日内,办理土地使用权变更和房屋所有权登记手续。房地产开发企业应当协助商品房买受人办理土地使用权变更和房屋所有权登记手续,并提供必要的证明文件。

(赵芳芳)

shangpinfang yushou

商品房预售(advance sale of commercial house) 房地产开发商将正在建设中的房屋预先出售给房屋购买人,房屋购买人支付定金并分期支付房价款的行为。商品房预售是一种特殊的商品房转让形式,一方面,可以使房地产开发企业通过收取定金或预付款项自筹资金,获得一笔工程建设款,用以缓解房地产开发工程投资巨大、资金周转慢的压力,而且通过预售还可以分解房屋竣工后销售不畅的经营风险;另一方面,对房屋预购人来讲,商品房预售可以使其避免一次性支付巨额的购房款项,促进居民住房条件的改善,同时也为那些以投资为目的的购房人向房地产投资、实现资产的保值增值提供了条件。

由于商品房预售是一种特殊的商品销售行为,其销售的对象是正在开发建设中的房屋,为了保护购房者的合法权益,规范商品房交易市场,《中华人民共和国城市房地产管理法》对于商品房预售条件作了严格的规定。商品房预售必须符合以下条件:

已交付全部土地使用权出让金,取得土地使用权证书;持有建设工程规划许可证;按提供预售的商品房计算,投入开发建设的资金达到工程建设总投资的25%以上,并已经确定施工进度和竣工交付日期;向县级以上人民政府房产管理部门办理预售登记,取得商品房预售许可证明。

商品房预售人应当按照国家有关规定将预售合同报县级以上人民政府房产管理部门和土地管理部门登记备案。商品房预售所得款项,必须用于有关的工程建设。

(冯春华)

shangpinfang yushou hetong
商品房预售合同(advance sale contract of commercial house) 房地产开发经营企业将正在建设中的房屋预先出售给房屋购买人,由房屋购买人支付定金或房价款的合同。根据《商品房销售管理办法》的规定,商品房预售合同应包括以下内容:(1)当事人名称或者姓名和住所;(2)商品房基本状况;(3)商品房的销售方式;(4)商品房价款的确定方式及总价款、付款方式、付款时间;(5)交付使用条件及日期;(6)装饰、设备标准承诺;(7)供水、供电、供热、燃气、通讯、道路、绿化等配套基础设施和公共设施的交付承诺和有关权益、责任;(8)公共配套建筑的产权归属;(9)面积差异的处理方式;(10)办理产权登记有关事宜;(11)解决争议的方法;(12)违约责任;(13)双方约定的其他事项。房地产开发企业预售商品房的,应当在订立买卖合同之前向房屋购买人明示《商品房销售管理办法》、《商品房买卖合同示范文本》和《城市商品房预售管理办法》。

房地产开发经营企业与房屋购买人签订商品房预售合同是进行商品房预售的必要条件。根据《城市商品房预售管理办法》(1994年11月15日建设部令第40号发布,1995年1月1日起施行,2001年8月15日修正)的规定,商品房预售,开发经营企业应当与房屋购买人签订商品房预售合同。预售人应当在签约之日起30日内持商品房预售合同向县级以上人民政府房地产管理部门和土地管理部门办理登记备案手续。

(赵芳芳)

shangpin fuwu biaoshi
商品服务表示(commodity service expression) 经营者以一定方式向消费者传达与商品服务有关的信息的活动。它包括商品服务标示与商品服务宣传。商品服务标示是指经营者在商品及其包装上或服务设施上就该商品和服务有关的信息做的书面公开表示。商品服务标示应具备的内容:产品质量检验合格证明;有中文标明的产品名称,生产厂的地址;根据产品的特点和使用要求,需要标明产品规格、等级;所含主要成分的名称和含量,相应予以标明;限期使用的商品,应标明生产日期、安全使用期或失效期;使用不当,容易造成产品本身损坏或者可能危及人身、财产安全的产品,应当有警示标示或中文警示说明;剧毒、危险、易碎、储存中不能倒置以及有其他特殊要求的产品,应有警示标志或中文警示说明标明储运注意事项;实行许可证管理的商品,应标明许可证编号、批准日期;执行强制性标准的产品,应当标明产品标准代号;经营者自行决定商品标示:质产品标志;产品质量认证标志;专利标志。

(汪公文)

shangpin fuwu zhiliang zhidu
商品服务质量制度(quality system of commodity service) 商品和服务质量宏观管理法律制度。它是国家为了提高商品和服务质量的普遍水平,防止不符合质量要求的商品流入市场,损害消费者的利益,而对商品的生产、流通及服务提供进行宏观管理的各项法律制度。它的作用主要表现在:(1)对企业商品服务质量提出一般性的要求,提高一国商品和服务质量的一般水平;(2)通过各种质量管理制度对经营者的生产行为进行约束、规范、督促经营者采取各种措施,改善经营管理,保证商品和服物质量;(3)通过各种管理措施,防止不符合质量要求的商品流入市场,损害消费者的利益;(4)通过各种奖励,惩罚措施,奖优罚劣,鞭策经营者不断提高商品服务质量。它包括标准化管理制度,产品质量认证,产品质量监督检查制度,商品检验制度。经营者商品、服务品质担保责任制度:有关经营者提供的商品、服务不符合法律规定,当事人双方约定或经营者允诺的质量状况而依法承担责任的制度。

(汪公文)

shangpin jianyan zhidu
商品检验制度(commodity inspection system) 国家商检部门、商检机构或检察机构对进出口商品的数量、质量、规格、重量、包装等依据国家标准或合同规定进行检验和监督的制度。

(1)商品检验的作用。商品检验从出口方来说就是把好出口产品质量关。

(2)我国有关商品检验的时间和地点规定的规定。主要有:第一,出口国家检验。又分货物产地、工厂检验;出口装运港(地)检验两个。第二,进口国家检验,又分目的港检验和用户所在地检验。进口国目的港检验又称"到岸品质、到岸质量"。第三,出口国家初检进口国家复检。第四,装运港检验重量,目的港检验品质。

(3)我国商品检验机构。主要有两种:一种是官方机构,如我们的商检总局,各个省、市的商检局。另一种是民间机构,比如中国进口商品检验总公司。

(4)国家商检局、商检机构的职责:对进出口商品实行检验;对进出口商品质量和检验工作实行监督管理;办理进出口商品鉴定。

(王连喜)

shangpin qihuo
商品期货(Commodity Futures)

商品期货 又称实物期货。期货市场发展初期阶段最为主要的交易品种,也是迄今期货市场上非常重要的一部分。自期货交易产生以来,世界上的商品期货已经有一百多种,其中最重要的是农产品期货、金属期货和能源期货。农产品期货是最古老的期货品种,根据其特性,可分为七个小类。

经中国证券监督管理委员会的批准,可以上市交易的期货商品均为实物商品,即商品期货具体种类为:(1)中国郑州商品交易所:小麦、绿豆、红小豆、花生仁;(2)大连商品交易所:大豆、豆粕、啤酒大麦;(3)上海期货交易所:铜、铝、籼米、胶合板、天然橡胶。金融期货尚未成为我国的期货商品。 (陈兴华)

shangpin qihuo jiaoyi
商品期货交易(commodity futures trading) 在商品交易所早期的实货交易的基础上发展起来的一种特殊的交易方式。交易的双方一般都没有卖出或买进真正货物的要求,交易的结果,可以不发生实际货物的转移,而只是买进和卖出同等数量的期货合同,从中取得或支付价格差额。因此,商品期货交易又称期货合同交易或纸合同交易。在商品交易所进行的这种期货交易,不同于一般贸易中所说的远期实货交易,因为,后者卖方仍需按合同规定的交货期限向买方提交合格的货物,才能完成交货义务。商品期货交易具有以下特点:

(1)以标准合同作为交易的标的。所谓标准合同,是指由交易所制订的内容和条款都整齐划一的合同格式。采用这种标准合同格式,除了价格和交货期两项内容需要由交易双方协商确定之外,其他条款,都是统一拟订,同一个商品交易所的标准合同,只要商品种类相同,每份合同代表的数量也是相同的,这样双方只须就价格、交货期和交易总量达成协议,即可完成交易,这就大大简化了交易手续,因此,在期货交易中,交易双方买进卖出的标的物不是实际货物,而是纸合同,双方关心的焦点,也只是买进和卖出的差价。

(2)特殊的清算制度。商品交易所具有自己特殊的清算制度,并由专门的清算机构办理清算事宜。商品交易所内设立的清算所,是由一些资金雄厚、信誉卓著的会员组成,清算会员在清算所内开立账户,清算会员可以自己在交易所内买进卖出,也可以受托为非会员代买代卖,不论何种情况,均须向清算所报告,并登记在其账户之中,这样使每个清算会员与清算所建立直接关系,由清算所对每笔交易进行清算,在这种清算制度下,所有的清算会员要就其买卖行为对清算所负责,反过来,清算所也对所有会负责。这样一来,交易的双方由原先的买卖双方,实际上变成了以清算所为一方和以进行交易的会员为另一方。对于每一笔买进或卖出的期货合同,会员都可以通过卖出或买进同等数量的同一交货期的合同予以抵冲,或都有称仓,两次交易的差价即为会员盈利或损失。

(3)严格的保证金制度。期货交易都是先成交,后清算,如果交易一方因巨额亏损交割前逃之夭夭,或者因破产倒闭而丧失偿付能力,都会给另一方造成损失,并影响业务的发展。为此,交易所都规定有严格的保证金制度,以确保合同的履行。 (王连喜)

shangpin shichang
商品市场(commodity market) 有固定的交易场地、设施,有若干经营者进场经营,对生产资料、生活资料实行集中、公开交易的场所。市场应设立在交通方便、商品易于集散的地方。

开办市场应当具备下列条件:(1)市场选址符合城乡建设总体规划和市场布局总体规划;(2)具有与开办市场的规模相适应的场地、设施;(3)具有与开办市场的规模相适应的资金;(4)法律、法规规定的其他条件。市场开办实行审批登记注册制,市场开办者应当向所在地的县级以上工商行政管理部门申请市场登记注册,领取市场登记证,持"市场登记证"开业。

市场开办者或者市场服务管理机构的职责:(1)负责市场内经营、安全、消防等设施的建设、维护和更新改造,保证相关设备处于完好状态;(2)按规定建立治安、消防、计划生育、环境卫生等制度;(3)协助有关行政管理部门制止入场经营者制售假冒伪劣商品和其他扰乱市场经营秩序的行为;(4)遵守有关市场的法律、法规、规章,接受有关行政管理部门的监督;(5)开展有关法律、政策的宣传,组织经营者开展文明经营活动,做好市场商品交易的各项统计工作;(6)法律、法规、规章规定的其他职责。 (张维珍 郑慧玫)

shangpin shichang niandu jianyan zhidu
商品市场年度检验制度(annual inspection system of commodity market) 市场登记管理机关依据《商品交易市场登记管理办法》按年度对商品交易市场进行检验,检查市场登记事项的变化情况、市场开办单位履行职责的情况及市场的运行情况的一种制度。国家工商行政管理局和地方各级工商行政管理局是市场年检的管理机关。年检采用原登记机关年检和授权年检相结合的方法。地方各级工商行政管理机关负责对本机关核准登记的市场和上级工商行政管理机关授权管辖的市场的年检。凡领取"市场登记证"的市场,均需参加年检。当年登记注册的市场,自下一年度起参加年检。年检起止日期为每年1月1日至4月30日。

市场登记管理机关在规定的时间内,对市场上一年度的情况进行检查。市场开办单位应当于3月15日前向市场登记管理机关报送年检材料。市场登记管理机关年检审查的主要内容有:(1)市场名称、市场地址、市场负责人、市场开办单位、上市商品范围、商品交易方式(组织形式)等与市场登记管理机关核准的内容是否一致,如果发生变化,是否按照规定到原登记机关办理变更手续;(2)市场开办单位有无伪造、涂改、出租、出借、转让"市场登记证"的行为;(3)市场开办单位是否按照《商品交易市场登记管理办法》的规定认真履行职责;(4)市场开办单位有无设立经营机构,是否按照规定为经营机构办理企业登记注册;(5)市场有无重大事件和违反有关规定的行为发生;(6)其他需要审查的事项。市场开办单位不按照规定进行年检或者不履行开办职责的,按照《商品交易市场登记管理办法》的有关规定予以处罚。 (郑慧玫 张维珍)

shangpin shuifa

商品税法(commodity tax law) 又称流转税法。调整商品税征纳关系的法律规范的总称。商品税是以商品(包括劳务)的流转额为征税对象的一类税的总称,在国际上一般称为"商品和劳务税"。我国现行的商品税法包括增值税法、消费税法、营业税法、城乡维护建设税法和关税法。 (翟继光)

shangpin tiaoma

商品条码(commodity bar code) 由一组规则排列的条、空及其对应字符组成的表示一定信息的商品标识。商品条码化是实现生产和流通环节自动化的前提条件。我国按照国际物品编码协会制定的国际通用规则,推广应用商品条码,任何单位和个人使用商品条码必须经核准注册。商品条码包括标准版商品条码和缩短版商品条码。标准版商品条码由厂商识别代码、商品项目代码和校验码组成。缩短版商品条码由商品项目识别代码和校验码组成。中国商品条码由国家代码、厂商代码、商品代码和校验码构成13位数字。国家代码由国际物品编码协会(国际条码组织)分配,我国的国家代码为"690";厂商代码由中国物品编码中心分配,占4位数字;商品项目代码占5位数字,代表单项商品,由厂家编定;校验码占1位数字,是为防止误读设置的。

国家质量技术监督局是全国商品条码工作的主管部门,其主要负责制定全国商品条码工作的方针、政策和法规,制定并发布商品条码国家标准等。国家质量技术监督局领导下的中国物品编码中心是全国商品条码工作机构。凡依法取得营业执照的生产者、销售者,可以申请注册厂商识别代码。 (麻琳琳)

shangwubu

商务部(Ministry of Commerce of the People's Republic of China) 国务院下设的根据相关法律规定负责管理各种商事活动的行政机关。商务部共设25个职能机构,分别是:办公厅、人事教育劳动司、政策研究室、条约法律司、规划财务司、亚洲司、西亚非洲司、欧洲司、美洲大洋洲司、台港澳司、国际经贸关系司、世界贸易组织司(中国政府世界贸易组织通报咨询局)、对外贸易司、机电产品进出口司(国家机电产品进出口办公室)、科技发展和技术贸易司、市场体系建设司、商业改革发展司、市场运行调节司(国家茧丝绸协调办公室)、外国投资管理司、对外援助司、对外经济合作司、进出口公平贸易局、产业损害调查局、信息化司、外事司。另外,全国整顿和规范市场经济秩序领导小组办公室和国际贸易谈判代表办公室也设在商务部。

商务部的主要职责是:(1)拟订国内外贸易和国际经济合作的发展战略、方针、政策,起草国内外贸易、国际经济合作和外商投资的法律法规,制定实施细则、规章;研究提出我国经济贸易法规之间及其与国际多边、双边经贸条约、协定之间的衔接意见。(2)拟订国内贸易发展规划,研究提出流通体制改革意见,培育发展城乡市场,推进流通产业结构调整和连锁经营、物流配送、电子商务等现代流通方式。(3)研究拟订规范市场运行、流通秩序和打破市场垄断,地区封锁的政策,建立健全统一、开放、竞争、有序的市场体系;监测分析市场运行和商品供求状况,组织实施重要消费品市场调控和重要生产资料流通管理。(4)研究制定进出口商品管理办法和进出口商品目录,组织实施进出口配额计划,确定配额,发放许可证;拟订和执行进出口商品配额招标政策。(5)拟订并执行对外技术贸易、国家进出口管制以及鼓励技术和成套设备出口的政策;推进进出口贸易标准化体系建设;依法监督技术引进、设备进口、国家限制出口的技术和引进技术的出口与再出口工作,依法颁发与防扩散相关的出口许可证。(6)研究提出并执行多边、双边经贸合作政策;负责多边、双边经贸对外谈判;建立多边、双边政府间经济和贸易联系机制并组织相关工作;处理国别(地区)经贸关系中的重要事务,管理同未建交国家的经贸活动;根据授权,代表我国政府处理与世界贸易组织的关系等。(7)指导我国驻世界贸易组织代表团、常驻联合国及有关国际组织经贸代表机构的工作和我国驻外经济商务机构的有关工作;联系国际多边经贸组织驻中国机构和外国驻中国官方商务机构。(8)负责组织协调反倾销、反补贴、保障措施及其他与进出口公平贸易相关的工作,建立进出口公平贸易预警机制,组织产业损害调查。(9)宏观指导全国外商投资工作;分析研究全国外商投资情况,定期向国务院报送有关动态和建议,拟订外商投资政策,拟订和贯彻实施改革方案,参与拟订利用外资的中长期发展规划。(10)负责全国对外经济合作工作;拟订并执行对外经济合作政策,指导和监督对外承包工程、劳务合作、设计咨询等业务的管理;拟订境外投资的管理办法和具体政策,依法核准国内企业对外投资开办企业(金融企业除外)并实施监督管理。(11)负责我国对外援助工作;拟订并执行对外援助政策和方案,签署并执行有关协议;推进援外方式改革。(12)拟订并执行对香港、澳门特别行政区和台湾地区的经贸政策、贸易中长期规划;与香港、澳门特别行政区有关经贸主管机构和台湾授权的民间组织进行经贸谈判并签署有关文件;负责内地与香港、澳门特别行政区商贸联络机制工作;组织实施对台直接通商工作,处理多边、双边经贸领域的涉台问题。(13)负责我国驻世界贸易组织代表团、驻外经济商务机构以及有关国际组织代表机构的队伍建设、人员选派和管理;指导进出口商会和有关协会、学会的工作。(14)承办国务院交办的其他事项。

(罗大帅　卢炯星)

shangye baoxian

商业保险(commercial insurance)　又称营利保险。商业性保险经营者为获取赢利向社会提供保险服务的经营行为。其特点是:在平等的基础上,商业性保险经营者通过与投保人订立民事保险合同,建立对等的权利义务保险法律关系;保险人依据保险合同有权收取保险费,保险费不仅能充分补偿保险赔偿基金的保险赔偿支出,而且还能为保险人因提供保险服务带来合理的赢利回报。商业保险在绝大多数情形下,由投保人自愿参加和购买,只是在涉及第三者利益的少数责任保险场合,实行法定的强制责任保险,如机动车辆保险中的第三者责任保险。商业保险对应的是社会保险,商业保险和社会保险分别由不同的法律来调整。通常所称的保险法只以商业保险为规范对象,不涉及社会保险,因此,保险法的性质是一种特别民事法律。《中华人民共和国保险法》第2条明定其规范的保险以"商业保险行为"为限;而社会保险由专门的社会保险法律、法规调整,它在法性质上属于具有更多公法属性的社会法,如《中华人民共和国劳动法》第九章专门规定"社会保险和福利"。

(李庭鹏)

shangye dihui

商业诋毁(commercial slander)　又称"商业诽谤"。损害他人商誉、侵犯他人商誉权的行为。具体而言是指经营者自己或利用他人,通过捏造、散布虚伪事实等不正当手段,对竞争对手的商业信誉和商品信誉进行恶意诋毁,以削弱其市场竞争能力,并为自己谋取不正当利益的行为。其表现形式是:(1)利用散发公开信、召开新闻发布会、刊登对比性广告、声明性广告等形式,制造、散布贬损竞争对手商业信誉、商品信誉的虚假事实。(2)在对外经营过程中,向业务客户及消费者散布虚假事实,以贬低竞争对手的商业信誉,诋毁其商品或服务质量声誉。(3)利用商品的说明书,吹嘘本产品质量上乘,贬低同业竞争对手销售的同类产品。(4)唆使他人在公众中造谣并传播、散布竞争对手所售的商品质量问题,使公众对该商品失去信赖,以便自己的同类产品取而代之。(5)组织人员,以顾客或者消费者的名义,向有关经济监督管理部门作关于竞争对手产品质量低劣、服务质量差、侵害消费者权益等情况的虚假投诉,从而达到贬损其商业信誉的目的。

(苏丽娅)

shangye guanggao

商业广告(commercial advertisement)　商品经营者或者服务提供者承担费用,通过一定媒介和形式直接或间接地介绍自己所推销的商品或者所提供的服务,诱导说服消费者进行商品消费和服务消费的宣传表达方式。《中华人民共和国广告法》中所称广告仅指商业广告。商业广告区别于其他广告形式有以下特征:(1)商品经营者或服务提供者发布商业广告以营利为目的。商业广告这一特征区别于社会广告,社会广告则不具有营利性质,如政府公告、企事业单位启事和个人广告等。(2)商业广告的有偿性。商业广告的这一特征是区别于新闻等信息传播活动的重要标志。广告主要承担广告经营者收取的设计、制作代理发布等费用和广告发布者收取发布、占用媒体空间、时间等费用。(3)商业广告以众多的消费者为宣传对象。(4)商业广告的媒介形式多样。如报纸、杂志、电视、广播、网络等。

(赵芳芳)

shangye huilu

商业贿赂(commercial bribery)　经营者为销售或者购买商品而采用财物或者其他手段贿赂对方单位或者个人的行为。《中华人民共和国反不正当竞争法》第8条规定:"经营者不得采用财物或者其他手段进行贿赂以销售或者购买商品。"商业贿赂行为应具备以下三个要件:(1)行为人采用财物或者其他手段实施了贿赂。(2)贿赂之目的是销售或者购买商品。(3)行贿人是经营者。根据国家工商行政管理局发布的《关于禁止商业贿赂行为的暂行规定》,经营者的职工采用商业贿赂手段为经营者销售或者购买商品的行为,应认定为是经营者的行为。

在我国实践中,商业贿赂主要表现为账外暗中给付和收受回扣。《反不正当竞争法》第8条规定:"在账外暗中给予对方单位或者个人回扣的,以行贿论处;对方单位或者个人在账外暗中收受回扣的,以受贿论处。"

商业贿赂行为对市场的危害十分严重。因此我国《反不正当竞争法》第22条和《中华人民共和国刑法》第163条、第164条、第385条和第386条规定了商业贿赂行为应当承担的民事责任和刑事责任。

(王晓晔)

shangye huntong xingwei
商业混同行为(business combination behavior) 经营者采用欺骗手段从事市场交易,使自己的商品或服务与特定竞争对手的商品或服务混淆,造成或足以造成购买者误认误购的不正当竞争行为。商业混同行为是一种较传统的典型不正当竞争行为。商业混同行为以制售假冒伪劣商品为其突出特征。我国的假冒伪劣商品涉及烟、酒、化妆品、药品、食品、饮料、电器、化肥、种子、汽车、电脑等三十余大类商品的两百多个品种。商业混同行为不仅直接损害消费者利益,有的还直接危及消费者的健康和生命安全,而且损害特定竞争对手的利益,扭曲竞争本质,破坏公平竞争秩序。

(苏丽娅)

shangye mimi
商业秘密(business secret) 不为公众所知悉、能为权利人带来经济利益、具有实用性并经权利人采取保密措施的经营信息和技术信息。商业秘密具有以下三个特征:(1)保密性。即作为商业秘密的经营信息和技术信息不能从公开渠道直接获取。保密性是商业秘密的本质特征。(2)经济适用性。即作为商业秘密的信息能够为权利人带来现实的或者潜在的经济利益或者竞争优势。经济适用性是商业秘密的价值所在,对权利人的生产经营活动具有重要的意义。(3)权利人采取了合理的保密措施。权利人对信息是否采取了保密措施,这不仅关系到一个信息能否被视为商业秘密,而且也是权利人在发生侵权行为后寻求法律保护的前提。根据我国《反不正当竞争法》第10条的规定,下列行为属于侵犯商业秘密的行为:(1)以盗窃、利诱、威胁或其他不正当手段获取权利人的商业秘密;(2)披露、使用或者允许他人使用以前项手段获取的权利人的商业秘密;(3)违反约定或者违反权利人有关保守商业秘密的要求,披露、使用或者允许他人使用其所掌握的商业秘密。

(王晓晔 徐中起)

shangye shouhui
商业受贿(the commercial bribery) 经营者或其内部工作人员、代理人以及有关国家工作人员,违反国家规定,索取或接受他人财物或其他利益,为他人谋取经济利益的行为。商业受贿行为并不直接具有不正当竞争行为的性质,因为商业受贿的主体可以是非经营者个人,而且受贿的直接目的不是为了占领市场、获取竞争优势,而是为了满足自己经济上的各种需求。但是由于商业受贿与商业行贿互相依存,互为产生条件,使国家和集体财产遭受损失,破坏公平竞争秩序,因而我国《反不正当竞争法》把商业受贿行为列为商业贿赂行为一并予以禁止。在构成要件上,商业受贿与商业行贿有共同之处:在主观上都是直接故意的心理状态;贿赂的内容都是财物和其他利益;实施行为都具有"违反国家规定"的违法性质。但是,商业受贿行为也有自己特殊的构成要件:商业受贿的主体是经营者和有关个人。这里的"个人",既包括经营者的法定代表人、代理人或其他对交易活动享有决定权的内部工作人员,也包括掌握有关土地供应权、物资分配权、税收减免权、工程发包权等经济职权的有关国家机关工作人员。行为人客观上实施了非法索取或接受他人或其他利益的行为,由于商业受贿的主体不仅限于依法从事公务的人员,个体户、农村承包户、私营企业和外商独资企业的雇员也会因账外暗中接受回扣而成为商业受贿的主体,因而商业受贿行为在客观构成要件上就不能简单套用《刑法》中对受贿罪客观要件的规定。《刑法》中规定受贿罪的客观条件是行为人利用职务之便索取或接受他人财物;而商业受贿行为的客观条件是行为人违反国家规定索取或接受他人财物或其他利益,并不必然要求行为人是否"利用职务之便"。

(苏丽娅)

shangye yinhang
商业银行(commercial bank) 依法设立的吸收公众存款、发放贷款、办理结算等业务的企业法人。目前我国的商业银行主要是由四大国有专业银行转变过来的四大国有独资商业银行和一批股份制商业银行,如交通银行、中信实业银行、中国光大银行、华夏银行等。商业银行在社会经济发展中具有信用中介、支付中介、金融服务、信用创造、调节经济等功能。根据我国现行法律规定,商业银行可以经营下列部分或者全部业务:(1)吸收公众存款,发放短期、中期和长期贷款;(2)办理国内外结算;(3)办理票据贴现;(4)发行金融债券;(5)代理发行、代理兑付、承销政府债券、买卖政府债券;(6)从事同业拆借;(7)买卖、代理买卖外汇;(8)从事银行卡业务;(9)提供信用证服务及担保,代理收付款项及代理保险业务,提供保管箱服务;(10)经国务院银行业监督管理机构批准的其他业务。其经营范围由商业银行的章程规定,报国务院银行业监督管理机构批准。商业银行以效益性、安全性、流动性为经营原则,实行自主经营,自担风险,自负盈亏,自我约束。商业银行以其全部法人财产独立承担民事责任。

(卢 亮)

商业银行内部控制(internal control of commercial bank)

商业银行为实现经营目标,通过制定和实施一系列制度、程序和方法,对风险进行事前防范、事中控制、事后监督和纠正的动态过程和机制。

商业银行内部控制的目标:(1)确保国家法律规定和商业银行内部规章制度的贯彻执行;(2)确保商业银行发展战略和经营目标的全面实施和充分实现;(3)确保风险管理体系的有效性;(4)确保业务记录、财务信息和其他管理信息的及时、真实和完整。

商业银行内部控制应当贯彻全面、审慎、有效、独立的原则,包括:(1)内部控制应当渗透到商业银行的各项业务过程和各个操作环节,覆盖所有的部门和岗位,并由全体人员参与,任何决策或操作均应当有案可查。(2)内部控制应当以防范风险、审慎经营为出发点,商业银行的经营管理,尤其是设立新的机构或开办新的业务,均应当体现"内控优先"的要求。(3)内部控制应当具有高度的权威性,任何人不得拥有不受内部控制约束的权力,内部控制存在的问题应当能够得到及时反馈和纠正。(4)内部控制的监督、评价部门应当独立于内部控制的建设、执行部门,并有直接向董事会、监事会和高级管理层报告的渠道。内部控制应当与商业银行的经营规模、业务范围和风险特点相适应,以合理的成本实现内部控制的目标。

商业银行应当指定不同的机构或部门分别负责内部控制的建设、执行和内部控制的监督、评价;应当建立内部控制的报告和信息反馈;应当建立内部控制的风险责任制。

(刘 鹏)

商用密码(commercial code)

对不涉及国家秘密内容的信息进行加密保护或者安全认证所使用的密码技术和密码产品。

国家密码管理委员会及其办公室(简称国家密码管理机构)主管全国的商用密码管理工作。省、自治区、直辖市负责密码管理的机构根据国家密码管理机构的委托,承担商用密码的有关管理工作。商用密码的科研任务由国家密码管理机构指定具有相应的技术力量和设备的科研单位,必须是能够采用先进的编码理论和技术,编制的商用密码算法具有较高的保密强度和抗攻击能力。商用密码产品由国家密码管理机构指定的单位生产,未经指定,任何单位或者个人不得生产商用密码产品。商用密码产品指定生产单位必须具有与生产商用密码产品相适应的技术力量以及确保商用密码产品质量的设备、生产工艺和质量保证体系。商用密码产品由国家密码管理机构许可的单位销售,未经许可,任何单位或者个人不得销售商用密码产品。

(麻琳琳)

上交利润递增包干(contracted handing over profit by accumulating rate)

在承包基数上加一个与生产增长幅度相适应的增长比例。有竞争能力、潜力较大、生产经营稳定等条件的企业应采用这种形式。

(方文霖)

上交利润基数包干、超收分成(contracted handing over profit based on fixed figure and exceeding part distributed by percentage)

确定企业上交国家利润的基本数额,在此基础上约定超额部分的分成比例。这种形式适用于生产经营状况尚可的、并有一定潜力的企业。

(方文霖)

上市公司(listed company)

依法公开发行股票,并获得证券交易所审查批准后,其股票在证券交易所上市交易的股份有限公司。与一般的股份有限公司相比,上市公司最大的特点在于可以利用证券市场进行筹资,可以广泛地吸收社会上的闲散资金,从而迅速扩大企业规模,增强产品的竞争力和市场占有率。根据《证券法》第50条规定,股份有限公司要成为股票上市公司,必须满足以下条件:股票经中国证券监督管理委员会批准已向社会公开发行;公司股本总额不少于人民币3000万元;向社会公开发行的股份达公司股份总数的25%以上;公司股本总额超过人民币4亿元的,其向社会公开发行股份的比例为10%以上;公司在最近三年内无重大违法行为,财务会计报告无虚假记载。股份有限公司要成为债券上市公司,必须满足以下条件:公司债券的期限为一年以上;公司债券实际发行额不少于人民币5000万元;公司申请其债券上市时仍符合法定的公司债券发行条件。

(刘 卉)

上市公司收购(acquisition of listed company)

收购人通过在证券交易所的股份转让活动持有一个上市公司的股份达到一定比例、通过证券交易所股份转让活动以外的其他合法途径控制一个上市公司的股份达到一定程度,导致其获得或者可能获得对该公司的实际控制权的行为。《证券法》和《上市公司收购管理办法》共同构成了上市公司收购规范。收购人可以通过协议收购、要约收购或者证券交易所的集中竞价交易方式进行上市公司收购,获得对一个上市公司的实际控制权。收购人进行上市公司收购,应当遵守规定的收购规则,及时履行报告、公告义务。《公司法》第143条规定:"公司不得收购本公司的股票,但为减少公司资本而注销股份或者与持有本公司股票的其他公司合并时除外。"

要约收购 指收购方通过向目标公司的股东发出收购要约的方式进行的收购。《证券法》第89至93条规定:"依照前条规定发出收购要约,收购人必须事先向国务院证券监督管理机构报送上市公司收购报告书。""收购人在依照前条规定报送上市公司收购报告书之日起15日后,公告其收购要约。""在上述期限内国务院证券监督管理机构发现上市公司收购报告书不符合法律、行政法规规定的,应当及时告知收购人,收购人不得公告其收购要约。收购要约约定的收购期限不得少于30日,并不得超过60日。在收购要约的承诺期内,收购人不得撤回其收购要约。收购人需要变更收购要约中事项的,必须事先向国务院证券监督管理机构及证券交易所提出报告,经获准后,予以公告。收购要约中提出的各项收购条件,适用于被收购公司所有的股东。"采取要约收购方式的,收购人在收购期限内,不得卖出被收购公司的股票,也不得采取要约规定以外的形式和超出要约的条件买入被收购公司的股票。《上市公司收购管理办法》第49条等对此作出了规定。

协议收购 指收购方通过同被收购公司的股票持有人达成收购协议的方式进行的收购。《证券法》第94条至96条对此作出了规定。

收购期限届满,被收购公司股权分布不符合上市条件的,该上市公司的股票应当由证券交易所依法终止交易;其余仍持有被收购公司股票的股东有权以收购要约的同等条件出售其股票,收购人应当收购。收购行为完成后,被收购公司不再具备股份有限公司条件的,应当依法变更企业形式。

证券权益披露义务 通过证券交易所的证券交易,投资者持有一个上市公司已发行的股份的5%时,应当在该事实发生之日起3日内,向国务院证券监督管理机构、证券交易所作出书面报告,通知该上市公司,并予以公告;在上述规定的期限内,不得再行买卖该上市公司的股票。投资者持有一个上市公司已发行的股份的5%后,通过证券交易所的证券交易,其所持该上市公司已发行的股份比例每增加或者减少5%,应当依照前款规定进行报告和公告。在报告期限内和作出报告、公告后2日内,不得再行买卖该上市公司的股票。通过证券交易所的证券交易,投资者持有一个上市公司已发行的股份的30%时,继续进行收购的,应当依法向该上市公司所有股东发出收购上市公司全部或者部分股份的要约。但经国务院证券监督管理机构免除发出要约的除外。

上市公司收购的完成 在上市公司收购中,收购人对所持有的被收购的上市公司的股票,在收购行为完成后的12个月内不得转让。通过要约收购或者协议收购方式取得被收购公司股票并将该公司撤销的,属于公司合并,被撤销公司的原有股票,由收购人依法更换。收购上市公司的行为结束后,收购人应当在15日内将收购情况报告国务院证券监督管理机构和证券交易所,并予公告。上市公司收购中涉及国家授权投资机构持有的股份,应当按照国务院的规定,经有关主管部门批准。

(李 震)

sheli waishang konggu waishang duzi lüxingshe zhidu

设立外商控股、外商独资旅行社制度(institutions on establishing foreign proprietary or solely foreign-funded travel agencies) 为适应中国加入世界贸易组织的新形势,进一步扩大旅游业对外开放,促进旅行社业发展,依法所建立的外商控股、外商独资旅行社的设立制度。根据中国外商投资企业的相关法律、《旅行社管理条例》及有关规定,国家旅游局和商务部共同制定了《设立外商控股、外商独资旅行社暂行规定》,并自2003年6月12日公布之日起30日后施行。

《设立外商控股、外商独资旅行社暂行规定》共有12条,其主要内容为:(1)规定宗旨和适用范围及适用期限。(2)规定设立外商控股旅行社的境外投资方应符合的条件。(3)规定设立外商独资旅行社的境外投资方应当符合的条件。(4)设立外商控股或外商独资旅行社应符合的条件。(5)符合条件的境外投资方可在经国务院批准的国家旅游度假区及北京、上海、广州、深圳、西安5个城市设立控股或独资旅行社。(6)每个境外投资方申请设立外商控股或外商独资旅行社,一般只批准成立一家。(7)外商控股或独资旅行社不得经营或变相经营中国公民出国旅游业务以及中国其他地区的人赴香港、澳门特别行政区和台湾地区旅游的业务。

(罗大帅)

sheli waishang touzi wuliu qiye

设立外商投资物流企业(establishment of foreign-invested circulating of material and equipment enterprises) 为促进国际贸易及现代物流业的对外开放和健康发展,我国在国内部分地区开展外商投资物流业的试点工作,2002年6月20日中华人民共和国对外贸易经济合作部颁布了《关于开展试点设立外商投资物流企业工作有关问题的通知》,该通知的主要内容为:(1)外商投资物流企业应为境外投资者以中外合资、中外合作的形式设立的,能够根据实际需要,选择对货物的运输、仓储、装卸、加工、包装、配送、信息处理以及进出口等环节实施有机结合,形成比较完整的供应链,为用户提供多功能一体化服务的外商投资企业。(2)允许境外投资者采用中外合资、中外合作形式投资经营国际流通物流、第三方物流业务。(3)申请设立外商投资物流企业的投资者必须具备相关条件。(4)设立的外商投资物流企业必须符合相应要求。(5)经批准,外商投资物流企业可经营下列部分或全部业务:国际流通物流业务;第三方物流业务。(6)设立外商投资物流企业,应向拟设立企业所在地的省、自治区、直辖市、计划单列市对外贸易经济主管部门提出申请,并提交相关材料。(7)设立外商投资物流企业应按照法定程序进行。(8)外商投资企业扩大经营范围从事物流业应按照本通知规定的程序办理。(9)外商投资物流企业的经营期限一般不得超过20年。经原批准机关批准,外商投资物流企业可以延长经营期限。(10)外商投资物流企业可按现行有关规定申请在国内其他地方设立分公司。分公司的经营范围不应超出外商投资物流企业的经营范围。(11)外商投资物流企业应严格遵守国家外商投资方面的有关法律、法规以及按照其经营范围遵守交通运输、国际货物运输代理及电信方面的有关行业管理的法律法规,对其违法、违规行为将依照相应法律、法规予以相应处罚。(12)试点地区由今商务部规定。目前暂在北京、天津、上海和重庆四个直辖市;浙江、江苏、广东三省及深圳经济特区进行试点。(13)香港、澳门、台湾地区的投资者在内地投资试点设立物流企业,参照本通知的精神办理。

(罗大帅)

sheli waizi touzi yanjiu kaifa jigou
设立外资投资研究开发机构(establishment of foreign funds invested research and development organs) 中外合资研究开发机构、中外合作研究开发机构的设立。中外合资研究开发机构是指中外双方依据合资协议,共同投入资金、设备和科技资源创办的研究开发机构。中外合资研究开发机构,外方的出资额不得低于出资总额的25%。中外合资研究开发机构具备事业单位法人资格。中外合作研究开发机构是指中外双方依照合同,合作建立的研究开发机构。中外合作研究开发机构不具备法人资格。

为了保障中外(境外)合资研究开发机构、中外(境外)合作研究开发机构(以下称"中外合资、中外合作研究开发机构")的合法权益,根据《中华人民共和国科学技术进步法》第36条规定,国家科学技术委员会制定了《关于设立中外合资研究开发机构、中外合作研究开发机构的暂行办法》。

《暂行办法》共有五章二十七条,包括:第一章"总则";第二章"设立、变更和终止";第三章"权利与义务";第四章"奖励与惩罚";第五章"附则"。其主要内容为:(1)《暂行办法》的宗旨和适用范围以及对相关概念的界定。(2)中外合资研究开发机构、中外合作研究开发机构的法律地位以及其审批管理机构。(3)设立中外合资、中外合作研究开发机构,必须具备的条件。(4)创办中外合资研究开发机构,应当在合资协议中载明相关事项。(5)创办中外合作研究开发机构,应当在合作合同中载明相关事项。(6)中外合资研究开发机构、中外合作研究开发机构的审批程序和期限。(7)中外合资研究开发机构、中外合作研究开发机构享有的权利。(8)法律责任以及其他相关规定。

(罗大帅)

sheli zhongwai hezi duiwai maoyi gongsi
设立中外合资对外贸易公司(establishing foreign trade company funded by chinese and foreign investment) 有关中外合资对外贸易公司设立条件、程度等规定。

2003年1月31日对外贸易经济合作部颁布了《关于设立中外合资对外贸易公司暂行办法》,自该办法实施之日起,1996年9月2日经国务院批准、1996年9月30日由外经贸部发布的《关于设立中外合资对外贸易公司试点暂行办法》同时废止。该办法共有17条,其主要内容主要包括:设立合资对外贸易公司的条件、审批文件、审批和登记程序及投资方式和缴资期限等。

2003年12月7日商务部又出台了《〈关于设立中外合资对外贸易公司暂行办法〉补充规定》,其内容为:(1)自2004年1月1日起,允许香港服务提供者和澳门服务提供者在内地以合资、合作、独资的形式设立对外贸易公司。(2)申请设立对外贸易公司的香港服务提供者和澳门服务提供者,申请前三年年平均对内地贸易额应不低于1000万美元。在内地中西部地区设立对外贸易公司,香港服务提供者和澳门服务提供者申请前三年年平均对内地贸易额不应低于500万美元。(3)香港服务提供者和澳门服务提供者申请设立对外贸易公司,对外贸易公司的注册资本应不低于2000万元人民币,在中西部地区设立对外贸易公司,注册资本应不低于1000万元人民币。(4)香港服务提供者和澳门服务提供者在内地投资设立对外贸易公司的其他规定,仍按《关于设立中外合资对外贸易公司暂行办法》执行。(5)本规定中的香港服务提供者和澳门服务提供者应分别符合《内地与香港关于建立更紧密经贸关系的安排》和《内地与澳门关于建立更紧密经贸关系的安排》中关于"服务提供者"定义及相关规定的要求。

sheli zhongwai hezi duiwai maoyi gongsi shidian zanxing banfa
《设立中外合资对外贸易公司试点暂行办法》(Temporary Measures of Experimental Works in Selected Place for Setting Chinese-foreign Joint Company of Foreign Trade) 1996年9月2日经国务院批准,1996年9月30日颁布实施的关于设立中外合资对外贸易公司试点的办法。该暂行办法设立的目的是为了进一步扩大对外开放,促进我国对外贸易的发展,而设立中外合资对外贸易公司并对其进行规范。该办法于2003年3月1日废止。

《关于设立中外合资对外贸易公司试点暂行办法》共有17条,其主要内容包括:该办法的适用范围;合资对外贸易公司中外双方的投资比例;合资对外贸易公司中外投资者的主体资格条件;设立合资对外贸易公司的程序;投资者出资的缴纳方式及期限;合资对外贸易公司的经营范围;以及合资对外贸易公司所适用的法律和管理方式等等。 (罗大帅)

shehui baoxian
社会保险(social insurance) 社会保障的一种,是社会保障的主要内容,有广义和狭义之分。广义的社会保险涉及全体社会成员,是国家在社会成员年老、疾病、伤残、失业等情况下给予物质帮助的各种制度的总称。狭义的社会保险的对象是全体劳动者,指国家通过立法建立的,保障劳动者在因年老、疾病、工伤、失业、生育等原因丧失劳动能力或中断劳动时,能够从国家和社会获得物质帮助的一种社会保障制度。我国《劳动法》第70条规定:"国家发展社会保险事业,建立社会保险制度,设立社会保险基金,使劳动者在年老、患病、工伤、失业、生育等情况下获得帮助和补偿。"从此规定看我国的社会保险指狭义的社会保险,主要包括养老保险、疾病保险、工伤保险、失业保险及生育保险。

社会保险具有以下特点:(1)法定性(强制性)。即国家立法,强制实施。(2)保障性。实施社会保险的根本目的,就是保障劳动者在其失去劳动能力之后的基本生活,从而维护社会的稳定。(3)互济性。社会保险是按照社会共担风险原则进行组织的。社会保险实质上是通过多方筹集基金后进行平衡调剂,将个别劳动者在特定情况下的损失和负担,在缴纳保险费的多数主体间进行分摊。(4)福利性。社会保险不以营利为目的,主要以社会效益为目的,目标在于预防社会风险。(5)普遍性。社会保险实施范围广,一般在所有劳动者及其供养的直系亲属中实行。 (张景丽)

shehui baozhang
社会保障(social security) 一种公共福利计划,由国家通过法律对贫者和弱者实行救助、对暂时和永久失去劳动能力的劳动者实行生活保障,满足其基本生活需要,以及对全体公民普遍实施福利措施,以保证生活福利增进,从而实现社会安定,并让每个劳动者乃至公民都有生活安全感的一种社会安全机制。"社会保障"一词作为法律概念,最早出现在美国1935年的《社会保障法》中。而现代社会保障制度的诞生一般以德国首相俾斯麦于1883至1889年间制定的疾病、伤残、老年三项社会保险立法为标志。随着第二次世界大战后许多西方国家相继建成"福利国家",形成了项目繁多、标准较高的社会保障体系;其间英国社会学家贝弗里奇于1942年向英国政府提出的《社会保险及有关服务》的报告被认为为西方现代社会保障理论的发展奠定了基础。

社会保障的基本特征:(1)从社会保障的产生来看,社会保障产生于工业化和城市化带来的诸种社会问题和国家职能的演变。(2)从社会保障的目的来看,社会保障的根本目的是对社会成员由生存而引起的基本生活需要予以物质保障。(3)从社会保障的内容来看,包括社会保险、社会福利、社会救济等措施,而且此等内容均通过法律加以规范,从而为全体社会成员的生存安全提供可信赖的保障。(4)从社会保障的主体构成来看,社会保障的对象是全体社会成员,不分城市和农村,不分就业单位的所有制性质以及有无职业,同时也对特殊对象予以特殊帮助,社会保障的义务主体主要是国家,但是国家也不是唯一的义务承担者,社会及其成员也负有使每一个社会成员继续生存下去的责任或义务。(5)从社会保障的功能来看,包括经济功能和社会功能两个方面,前者是就其满足提供劳动力生产和再生产条件来说;后者就其通过国民收入再分配来消除贫困、促进社会公平来说,在这一意义上社会保障被认为是社会安全网或社会稳定器。

(雷驰)

shehui baozhangfa
社会保障法(social security law) 为了建立社会保障体系,调整社会整体为个体成员基本生活提供安全保障过程中所产生的社会关系的法律规范的总称。社会保障关系从整体上说,是作为义务主体的国家和作为权利(以生存权为核心的社会保障权利)主体的全体社会成员;具体来说,包括社会保障机构与政府之间的关系、社会保障机构与社会成员之间的关系、社会保障机构与用人单位之间的关系、用人单位与劳动者之间的关系以及社会保障基金运营过程中发生的各种社会关系。

在我国,社会保障体系包括社会保险、社会救济、社会福利和社会优抚四个部分,与此相对应,社会保障法体系由社会保险法、社会救济法、社会福利法和社会优抚法四个子部门构成。

社会保障法是直接隶属于宪法而与民法、行政法、经济法、劳动法相平行的独立的法律部门。 （雷 驰）

shehui baozhangfa de jiben yuanze
社会保障法的基本原则(basic principle of social security law) 主导和调整社会保障关系应遵循的基本准则。我国目前没有明确的立法规定,但是总结现有法律法规以及借鉴外国经验大致包括如下几项原则:(1)社会保障水平与经济发展相适应原则。世界各国立法所确定的社会保障对象、社会保障项目、社会保障待遇水平无一不受本国社会经济发展阶段和发展水平的制约与影响。社会保障水平应当既能保障公民的基本生活又能促进国民经济的健康发展,既保证社会稳定又能激励社会成员积极劳动,提高社会成员素质,促进社会进步。(2)普遍保障原则。社会保障对象应包括全体社会成员。这是法律面前人人平等的必然要求,凡符合法定社会保障条件的社会成员都有权要求得到保障待遇。(3)权利和义务对等原则。每一位社会成员既是社会保障事业的受益者,又必须强制参加社会保障并缴纳社会保障费用,社会成员获得社会保障的范围和标准与其对社会的贡献大小相适应。(4)公平与效率原则。社会保障应兼顾公平与效率,公平要求社会保障制度为丧失劳动能力者予以救助,维持其基本生活;为市场竞争中失败而生活暂时陷入困境者提供生存条件,使之再次获得与他人相同的竞争机会,并且符合法定条件的任何社会成员均可同等享受。效率要求加大社会成员个人对社会保障资金的供给份额,并建立将社会保障的获取及其份额大小与其缴纳的社会保障金及其多少相挂钩的机制;另一方面要求社会保障水平不应过高地超过基本生活水平。
（雷 驰）

shehui baozhang jijin
社会保障基金(social security fund) 全国社会保障基金理事会负责管理的由国有股减持划入资金及股权资产、中央财政拨入资金、经国务院批准以其他方式筹集的资金及其投资收益形成的由中央政府集中的社会保障基金。《全国社会保障基金投资管理暂行办法》第3条规定:"社保基金投资运作的基本原则是,在保证基金资产安全性、流动性的前提下,实现基金资产的增值。"社保基金资产是独立于理事会、社保基金投资管理人、社保基金托管人的资产。财政部会同劳动和社会保障部拟订社保基金管理运作的有关政策,对社保基金的投资运作和托管情况进行监督。中国证券监督管理委员会和中国人民银行按照各自的职权对社保基金投资管理人和托管人的经营活动进行监督。
（李 震）

shehui baozhangshui
社会保障税(social security tax) 对获得某种特定收入的纳税人征收的用于社会保障支出的一种税。是一种直接税,根据受益原则征收。社会保障税在西方发达国家中处于相当重要的地位。应税项目一般可分为养老保险、医疗保险、失业保险和社会救助四大项。税率一般是分项目设计。社会保障税有两种征缴形式,向雇主收缴或由雇主和雇员共同缴纳,我国目前尚未开征社会保障税。
（彭 皖）

shehui benwei lun
社会本位论(ideology of social standard) 以社会为根本地位的理论主张。与国家本位论、个人本位论相对的概念。认为在诸多权利中,社会权居于主位地位。社会本位论涉及以下几个方面:(1)对私人所有权作出明确的限制。私人所有权的行使必须尊重他人的权利。法律所保护的所有权,是全体社会成员的所有权。(2)对"对压制的抵抗权"的限制。"对压制的抵抗权"最初是作为自然权利之一被概括的。但是实际上,它并不是自然权利。该权利的行使还关系到义务、责任等问题。(3)以人民主权理论为指导。人民是主权者,政府是人民的作品,政府工作人员是人民的仆人。(4)对自然权利论得出批判性结论。国家义务是对无限制的自由权、所有权进行限制。权利并不是人类社会所"不能消灭"、"不能剥夺"或"无限制"的权利。个人无限制的自由权、无限制的所有权的行使,必然使人与人之间发生冲突,也必然损害他人和社会的利益。社会本位法的思想,是以社会权为核心的权利思想,是以社会权为基础建构社会政治、经济和法律制度的法律思想。社会本位法律思想不是一般的排斥权利,而是个人权利不再处于本位地位。这种新的权利论,不再以社会契约论和自然权利论为前提。以自由权为中心的权利本位法思想向以社会为中心的社会本位法思想的演变,反映了市场经济发展的一般进程。这种转变,使经济法理论的创立成为可能。 （赵 玲）

shehui fuli
社会福利(social welfare) 大致在广义和狭义两个

层次上使用。广义的社会福利,即1968年联合国第一届国际社会福利部长会议所提出的"发展性社会福利"的观点,认为社会福利是由国家和社会向社会成员提供的各种旨在满足人类需求,改善生活质量,预防社会问题的各种公共手段、政策和设施。狭义的社会福利,是指国家和社会单向向社会全体成员或者部分成员提供物质帮助,旨在保证其基本生活水平,此时社会保障是与社会保险、社会优抚、社会救济相平行并隶属于社会保障的概念。我国的社会福利制度大体属于后者,但是随着经济的发展也略有不同。

社会福利有着自身一些特征。第一,单向性,社会福利是国家和社会单向给予,不体现有偿以及互助原则,这使之区别于社会保险;第二,普惠性,社会福利是全体社会成员享有或为满足某些社会成员的特殊需要而提供的,社会成员在获得时无需作家庭经济状况的调查,这使之区别于社会救济;第三,社会福利待遇标准的一致性,同类对象享有一致的待遇水平,不同于社会保险,越穷困可申请越多救济,也不同于待遇水平与缴费水平相挂钩的社会保险。

在我国,社会福利按福利的表现形式不同,可以分为设施性福利、物资性福利和服务性福利。按福利的提供主体不同,可以分为公共福利、职业福利和社区福利。

(雷 驰)

shehuihua dashengchan

社会化大生产(large-scale socialized production) 实现了生产、劳动和资本社会化的社会生产形式。是经济法理论创立的社会物质条件。在资本主义进入大机器工业阶段之后,社会化大生产便形成了。19世纪后期,科技进步突出表现在电能取代蒸汽能成为新能源、生产机械化过渡到自动化、人工合成有机化合物代替自然物、电话电报的普及和无线电的出现。科学技术的划时代进步,产生了重大而全新的经济后果。一是电能成为新能源,使得在偏远地区的生产成为可能。在偏远地区的生产,一方面利用了廉价的劳动力,降低了生产成本;另一方面打破了工业地区和农业地区的划分,使得经济结构趋于平衡。二是生产自动化,使得产品的批量生产成为可能,极大地提高了经济效益。生产自动化是大规模生产的必要条件。三是人工合成有机化合物,通过化学方法加快生产过程。人工合成有机化合物,使得原材料得以充分利用,增加了工业产品及其新品种。四是新的快捷的通讯方式的产生,使得中心城市与偏远地区联系起来,从而使得各个市场得以紧密联系。快捷的通讯方式使得企业经营状况、产品价格、股票市场行情等信息能够迅速、及时地传递,从而提高了信息利用程度,促进资源的最优配置。科学技术的进步促进了社会化大生产。社会化大生产主要表现在三个方面,即生产社会化、国民经济体系化,以及经济国际化。

在生产社会化的条件下,经济活动不再是孤立的、分散的。在这种情况下,就需要对这种相互联系的经济活动进行统一调整。在国民经济体系化的条件下,经济关系不再局限于某个产业、行业、部门、地区,也不再是与国家(政府)相分离的。在这种情况下,应当对国民经济运行和国家的介入作出调整。在经济全球化的趋势下,一国的国内经济不再是封闭的独立的,它与世界各国的经济的联系日益密切。在这种情况下,需要对国内经济关系以及一国涉外经济关系进行综合调整。总之,社会化大生产使得经济关系发生了新的变化。这种新的变化,冲破了传统部门法的界限,要求经济法对国民经济进行统一、协调、综合的调整。

(赵 玲)

shehui jingji tiaojiefa

社会经济调节法(the law to regulate social economy) 对社会经济进行国家调节的法律。是经济法理论创立的法律条件。随着从权利法向社会经济调节法的演变,法学理论也随之发展。在自由市场经济阶段,1789年的《人权和公民权利宣言》第1条规定,在权利方面,人们生来自由平等,并且始终如此。在诸实体法里,个人权利占有中心地位。1804年制定的《法国民法典》,以个人主义、自由主义为基础,形成了所有权绝对化、契约自由和私人自治三大法律原则。《法国民法典》是典型的权利本位法。在权利本位法中,物权法和债权法是经济关系领域的基本法律形式。物权法是权利立法的核心。物权法一方面保障财产所有者对财产的占有不受他人侵犯;另一方面,保障财产所有者享有处分其财产的自由。由于所有权是对物享有的绝对的、无限制的使用、收益及处分权,财产所有者就得以集中财产和资本,发展商品交换关系,从而巩固自由主义经济秩序。债权法是权利法的重要组成部分。债权是通过特定人对特定人要求遵守债权债务关系而得以实现的。对债权的法律保护,促进了财产的增加。其他立法也以维护和巩固个人权利为宗旨。

随着自由资本主义市场经济向垄断资本主义市场经济的过渡,"法的社会化"的进程便开始了。《法国民法典》到《德国民法典》,再到《魏玛宪法》这一法律的变化过程,反映了"法的社会化"的进程。《德国民法典》是20世纪法律文化的代表。这部法律不再以自由主义、个人主义为基础,而是以团体主义、社会连带主义为基础。《德国民法典》的这一典型特征,初步反映了社会化大生产条件下的客观实际和对法律的要求。权利法向社会经济调节法的演变表明,权利法再也不能像先前那样占统治地位了,一种新的法律在摆

脱传统法的束缚,为新的经济关系的发展开辟道路。这就是经济法理论创立的法律基础。　　(赵　玲)

shehui jiuji
社会救济(social relief)　又称社会救助。国家为那些由于自然、社会或个人原因而不能维持最低生活标准的社会成员提供帮助,以保障其基本生活的法律制度。

社会救济的特征是:第一,社会救济的目标是克服贫困,满足社会成员最低限度的生活需求,而并非是提高和改善生活质量。因此,社会救济是国家必须认真履行的最基本的社会保障职责。第二,社会救济的权利和义务具有单向性。社会救济只强调国家对社会成员的责任和义务,社会成员在遭遇生活困难时不需要对此承担相应的义务。第三,社会救济具有期限性。社会救济一般是短期的,除了一些长期救济对象外大部分是应急性质的,比如救灾、扶贫、临时救济等。第四,社会救济的对象具有限制性。社会救济作为最低层次的社会保障制度决定了只有那些真正陷入生活困难的社会成员才能有资格享受社会救济。

根据救济对象的不同,社会救济大体上可以分为三类,首先是自然灾害救济。自然灾害救济也称"救灾",是在社会成员遭受自然灾害而造成生活无法保障时,由国家紧急提供的维持其最低生活水平的物质帮助的救济项目。其次是城乡贫困救济。对于城镇而言,贫困救济的对象是那些不足以维持城市最低生活水平的家庭或个人。再次是扶贫,即扶持贫困,是由国家和社会各个方面对贫困地区或农村有一定生产经营能力的贫困户,通过政策、思想教育、资金、技术、信息、物资、就业等方面对其进行有效扶持和帮助,使其逐步摆脱贫困并走上致富之路。例如扶贫贷款、创办扶贫经济实体、扶贫互助储金会等。　　(李　梅)

shehui liandai zhuyi
社会连带主义(social related doctrine)　社会法学派的一种理论主张。法国社会学家迪尔凯姆在其1893年的《社会劳动分工论》中,阐述了社会连带理论。此后,法国的狄骥在孔德的实证主义哲学和迪尔凯姆的社会连带主义理论的基础之上,建立了社会连带主义法学派,属于社会法学派的一个分支。狄骥在理论上排斥资本主义初期自然法学家的传统观念,比如个人权利等,提出了社会连带关系和社会职能的主张。他认为,人们必须生活在社会中,因此必然具有社会连带关系。社会连带关系包括:(1)同求的连带关系,即人们有共同需要,只能通过共同生活以满足这种需要;(2)分工的连带关系,即人们有不同能力和需要,必须通过相互交换服务以满足这些需要。他认为,社会连带关系是一切社会规范的基础。社会规范共分为三种,即经济规范、道德规范和法律规范。其中,法律规范是社会规范中的最高部分。法律规范的社会强制内容来源于社会连带关系,而不是来源于国家。法律凌驾于国家之上,并先于国家而存在。迪尔凯姆的社会连带理论和狄骥的社会连带主义法学都试图突破个人主义的限制,强调社会整体利益和团体主义精神。这就为以个人利益为本位的民商法,向以社会为本位的经济法转变提供了思想来源。　　(赵　玲)

shehuiquan
社会权(social right)　又称生存权或者受益权。公民获得基本生活条件的权利。主要包括经济权、受教育权和环境权三类。其中,经济权是社会权的核心部分。经济权是指公民依法实现个人经济利益的权利。社会权具有两层含义:一是公民有依法从社会获得基本生活条件的权利;二是在不具备这些条件的情况下,公民有依法要求国家提供这些生活条件的权利。社会权与自由权、人身权等权利不同,它的实现更加依赖于国家的积极作为,从而否定了在公民权利实现过程中的国家绝对不干涉主义。

1966年联合国通过的《经济、社会和文化权利国际公约》,广泛承认了人民享有工作、社会保障、健康、教育、家庭获得协助等社会权利。这个一揽子的国际公约,将公民社会权与政治权利完全分离,表明了国际社会对公民社会权的高度重视。同时,也引发了社会权研究的高潮。

我国《宪法》对公民社会权作出了较为详细的规定。《宪法》第二章"公民基本权利"中,公民基本权利共18个条文,其中有关社会权的规定占据5条之多,《宪法》第42—46条明确规定了公民的社会权。
　　(赵　玲)

shehuiren
社会人(social man)　经济学中的一种理论假设,与"经济人"假设相对应。20世纪30年代,以美国哈佛大学心理学教授梅奥为代表的学者,提出了"社会人"的人性假设理论。该理论认为,人们在工作中得到的物质利益是次要的,而更重要的是人际关系、安全感、归属感等社会和心理欲望的满足。"社会人"的人性假设不仅看到了人具有满足自然性的需要,而且进一步认识到还有受到尊重、社交等社会需要,而后一类的需要比前一类的需要具有更高的层次。因此,"社会人"假设,较之于"经济人"假设,更向前迈进了一步。心理学领域的这一研究成果引入到法学之中,其含义便发生了一些变化。不限于尊重、社交等社会需求方面,而进一步引申为社会利益、整体利益等新含义。法律史表明了由"经济人"假设向"社会人"假设的转变。传统民法以个体利益为出发点,以"经济人"为主体假设。按照经济人假设,主体都能够通过成本—收益的比较,按照趋利避害的原则,对机会、目标以及实现手段进行最优化选择。因此,经济人所追求的唯一目标就是自身利益最大化。相应的,建立在经济人假设基础之上的民商法,就相当于鼓励经济人为自己的利益而行为,而不需要顾及社会责任。但是,一味追求个人利益却给社会利益带来了损害。因此,经济法作为对民法的超越的弥补而诞生。经济法是以社会人假设为基础的法律,即经济法强调经济利益之外的社会利益。但是,经济法并不是漠视个体利益,而是试图限制、禁止与整体利益冲突的个体利益,鼓励、支持与整体利益一致的个体利益,以追求个体利益与整体利益的协调。

(赵 玲)

shehui shenji
社会审计(social auditing) 由经政府有关部门审核批准的注册会计师组成的会计师事务所进行的审计。《中华人民共和国注册会计师法》(1993)对注册会计师的考试和注册、业务范围和规则、会计师事务所、注册会计师协会、法律责任、涉外管理等进行了规范。(1)注册会计师。是指依法取得注册会计师证书并接受委托从事审计和会计咨询、会计服务业务的执业人员。国家实行注册会计师全国统一考试制度。(2)会计师事务所。是指依法设立并承办注册会计师业务的机构。注册会计师执行业务,应当加入会计师事务所。会计师事务所可以由注册会计师合伙设立,也可以是负有限责任的法人。(3)注册会计师协会。是指由注册会计师组成的社会团体。中国注册会计师协会是注册会计师的全国组织,省、自治区、直辖市注册会计师协会是注册会计师的地方组织。注册会计师应当加入注册会计师协会。(4)法律责任。是指会计师事务所、注册会计师和其他单位违反《注册会计师法》应承担的行政责任、民事责任和刑事责任。(5)涉处管理。是指对外国人取得中国注册会计师资格,设立会计师事务所及临时执业的规范。外国人申请参加中国注册会计师全国统一考试和注册,按照对等原则办理。(6)除了《注册会计师法》以外,中国注册会计师还包括四个组成部分的职责规范:一是独立审计准则;二是注册会计师职业道德准则;三是注册会计师质量控制准则;四是注册会计师职业后续教育准则。

(邱学文 刘 燕)

shehui shenghuo zaosheng wuran fangzhi zhidu
社会生活噪声污染防治制度(the institution of prevention and control of pollution of noise of social activities) 对干扰生活环境的噪声的防止和治理制度。依据《中华人民共和国环境噪声污染防治法》,社会生活噪声是指人为活动所产生的除工业噪声、建筑施工噪声和交通运输噪声之外的干扰周围生活环境的声音。《环境噪声污染防治法》对社会生活噪声的防治作了以下规定:

(1)申报登记。在城市市区噪声敏感建筑物集中区域内,因商业经营活动中使用固定设备造成环境噪声污染的商业企业,必须按照国务院环境保护行政主管部门的规定,向所在地的县级以上地方人民政府环境保护行政主管部门申报拥有的造成环境噪声污染的设备的状况和防治环境噪声污染的设施的情况。

(2)达标排放原则。新建营业性文化娱乐场所的边界噪声必须符合国家规定的环境噪声排放标准;不符合国家规定的环境噪声排放标准的,文化行政主管部门不得核发文化经营许可证,工商行政管理部门不得核发营业执照。经营中的文化娱乐场所,其经营管理者必须采取有效措施,使其边界噪声不超过国家规定的环境噪声排放标准。

(3)控制声响器材的规定。禁止在商业经营活动中使用高音广播喇叭或者采用其他发出高噪声的方法招揽顾客。在商业经营活动中使用空调器、冷却塔等可能产生环境噪声污染的设备、设施的,其经营管理者应当采取措施,使其边界噪声不超过国家规定的环境噪声排放标准。禁止任何单位、个人在城市市区噪声敏感建设物集中区域内使用高音广播喇叭。在城市市区街道、广场、公园等公共场所组织娱乐、集会等活动,使用音响器材可能产生干扰周围生活环境的过大音量的,必须遵守当地公安机关的规定。

(4)使用家用电器、乐器或者进行其他家庭室内娱乐活动时,应当控制音量或者采取其他有效措施,避免对周围居民造成环境噪声污染。在已竣工交付使用的住宅楼进行室内装修活动,应当限制作业时间,并采取其他有效措施,以减轻、避免对周围居民造成环境噪声污染。未按规定采取措施,从家庭室内发出严重干扰周围居民生活的环境噪声的,由公安机关给予警告,可以并处罚款。

(刘利晋)

shehui tongchou he geren zhanghu xiang jiehe de jiben yanglao baoxian zhidu
社会统筹和个人账户相结合的基本养老保险制度(the basic endowment insurance system that combined with social plan as a whole and personal account) 我国在世界上首创的一种新型的基本养老保险制度。这个制度在基本养老保险基金的筹集上采用传统型的基本养老保险费用的筹集模式,即由国家、单位和个人共同负担;基本养老保险基金实行社会互济;

在基本养老金的计发上采用结构式的计发办法,强调个人账户养老金的激励因素和劳动贡献差别。因此,该制度既吸收了传统型的养老保险制度的优点,又借鉴了个人账户模式的长处;既体现了传统意义上的社会保险的社会互济、分散风险、保障性强的特点,又强调了职工的自我保障意识和激励机制。

基本养老保险实行社会统筹与个人账户相结合,是当前深化企业职工养老保险制度改革的核心内容。我国养老保险实行社会统筹与个人账户相结合,将社会保险和储蓄保险两种模式有机结合起来,一方面实行个人账户,建立职工个人自我积累机制,有利于强化职工的自我储蓄养老意识,促使职工在年轻健康时,就为自己年老、退休时储蓄养老金;另一方面设立社会统筹养老基金是为了使一定区域范围内的社会群体间的互助共济分担风险,来解决退休职工的养老费用,以体现社会公平原则。这种社会统筹和个人账户相结合的基本养老保险方式,实现了"横向"社会共济保障和"纵向"个人自我保障的有机结合,是具有中国特色的社会养老保险制度。

(崔雪松)

shehui youfu
社会优抚(social special care) 国家对军人及其家属实行优待、抚恤、安置及其他物质照顾和精神鼓励的一种特殊制度。它是我国现行社会保障制度的重要组成部分。

从性质上看,社会优抚是一种补偿和褒扬性质的特殊社会保障,其对象是为国家和社会作出牺牲和贡献的特殊社会群体及其家属,即军人、曾为军人的社会成员以及他们的家属,因此其保障对象具有特殊性。

根据不同对象、贡献的大小,并参照社会的发展状况,我国形成了一套标准有别、项目较为齐全的社会优抚保障制度。其主要内容包括社会优待、社会抚恤、安置制度等。

社会优待是指国家、社会和群众采取多种照顾性措施,给予烈属、伤残军人、现役军人家属等政治、经济或精神、物质方面的优厚待遇。

抚恤是国家对伤残人员和牺牲、病故人员家属所采取的一种物质抚慰形式。它通过发放一定的抚恤金而使伤残人员和牺牲、病故人员家属的生活得到保障。目前我国的抚恤制度主要是指死亡抚恤和伤残抚恤。

退役安置是社会优抚的主要内容,它是指国家和社会向退出现役的军人提供资金和服务保障,使其重返并适应社会的一种优抚保障制度。

(李 梅)

shehui zeren
社会责任(social responsibility) 社会责任主体对相对方以外的所有利益相关者所应承担的责任。社会责任的主体,包括个人、企业和各种组织。相应地,区分为个人社会责任、企业社会责任,以及社会责任三种类型。利益相关者既指所在市场和社区公众的各个成员,又指所在市场和社区整体;既指当代人,又指后代人。社会责任的主要内容包括:保护环境、保护消费者权益、保护劳工利益、保障人权、职业健康安全、伦理、团体关系、慈善事业等。在传统民法之下,个人对自身利益过分追求给其他主体和社会利益造成了损害。针对这种情况,社会责任理论便应运而生了。经济法则以社会为本位,将社会责任法律化,以保障社会责任的全面实现。

(赵 玲)

shehui zhengti liyi
社会整体利益(social interests as a whole) 一个社会中全部合法利益的有机统一。社会整体利益体现了国家、地方、集体和个人利益之间的相互促进和相互制约。它不是国家利益的同一体,也不是个人利益的对立面,而是在国家利益和个人利益之外的第三种利益。但是,社会整体利益植根于个人利益,并建立在个人利益基础之上。只有首先追求个人利益最大化,才能够谈得上社会整体利益。此外,社会整体利益不是个人利益的简单叠加,而是个体利益相互博弈的结果。社会整体利益中的社会不仅指当代社会,还包括发展中的社会。经济法强调追求社会整体利益,主张运用国家权力对国民经济运行进行调整,以消除自由放任条件下过分强调个人利益对社会整体利益所造成的消极影响,解决个体营利性和社会公益性之间的矛盾。

(赵 玲)

shehui zhuyi chuji jieduan jiben jingji zhidu
社会主义初级阶段基本经济制度(basic economic system in early stage of socialism) 我国社会主义初级阶段以公有制为主体、多种所有制经济共同发展的基本经济制度。

生产资料公有制是社会主义经济制度的基础。全民所有制和劳动群众集体所有制是我国社会主义公有制的两种基本形式。社会主义公有制不仅包括国有经济和集体经济,还包括混合所有制经济中的国有成分和集体成分。非公有制经济包括个体经济、私营经济和外商投资经济,也是社会主义初级阶段基本经济制度的重要内容。必须毫不动摇地鼓励、支持和引导非公有制经济发展。必须把发展公有制经济与发展非公有制经济统一起来。

以按劳分配为主体、多种分配方式并存是社会主义初级阶段的分配制度。确立以按劳分配为主体,多种分配方式并存的分配制度,是社会主义市场经济发展的必然要求。以公有制为主体、多种所有制经济共同发展的社会主义初级阶段所有制结构,决定了在收入分配领域必须实行以按劳分配为主体、多种分配方式并存。

确立社会主义初级阶段基本经济制度是由社会主义的性质和我国现阶段的国情决定的。我国是社会主义国家,公有制是社会主义经济关系的基础,只有坚持公有制经济,坚持公有制的主体地位,才能巩固和发展社会主义,同时,在现阶段,我国的社会生产力水平是多层次、不平衡的,必然要求有多种所有制经济与之相适应。只有根据不同层次生产力发展水平的要求,实行多种不同的所有制经济,使所有制结构与生产力结构相适应,才能充分发挥生产关系对生产力的促进作用。

(张长利)

shehui zhuyi shichang jingji

社会主义市场经济(socialist market economy) 在社会主义国家宏观调控下,使市场成为资源配置的主要方式,从而对社会经济活动进行调节的一种市场经济体制。

作为市场经济体制,社会主义市场经济具备市场经济的一般特点,同时又有自身特点,社会主义市场经济体制还是市场经济同社会主义基本制度结合在一起的市场经济体制,与资本主义市场经济是不同的。包括:其一,我国社会主义市场经济具有特殊的发展起点,不是发达的商品经济,而是生产力不发达的社会主义初级阶段,是计划经济。其二,我国社会主义市场经济具有不发达性、不平衡性和不完善性。其三,我国社会主义市场经济建立在以公有制为主体的所有制基础上,是在以公有制为主体、多种所有制经济成分共同发展的条件下运行的,不是完全建立在私有制基础上的市场经济。其四,我国社会主义市场经济与以按劳分配为主体,多种分配方式并存的分配制度结合在一起。其五,我国社会主义市场经济要实现共同富裕的社会主义原则。国家通过各种手段调节再分配,缩小收入差距,逐步实现共同富裕。其六,社会主义市场经济具有强大的社会主义国家宏观调控。国家通过宏观调控,保障国民经济持续、稳定、健康发展。其六,社会主义的国家或政府是全体人民利益的代表,是为全体人民利益服务的。在社会主义市场经济中,国家能够从全体人民的利益出发有效地发挥调控作用。

(张长利)

shewai diaocha guanli zhidu

涉外调查管理制度(administration institutions of foreign-related investigation) 关于涉外调查的规范和管理的制度性规定。为了加强对涉外调查的规范和管理,维护国家安全和社会公共利益,保障调查机构和调查对象的合法权益,根据《中华人民共和国统计法》及其实施细则,国家统计局于2004年7月19日通过了《涉外调查管理办法》,并于2004年10月13日开始实施。

该办法共有5章38条,包括:第一章 总则;第二章 涉外调查机构资格认定和管理;第三章 涉外调查项目管理;第四章 法律责任;第五章 附则。其主要内容为:(1)涉外调查的定义及本班法的适用范围。(2)实施涉外调查的监督管理主体:国家统计局会同国务院有关部门负责对全国的涉外调查实施监督管理。县级以上地方各级人民政府统计机构会同同级人民政府有关部门负责对本行政区域内的涉外调查实施监督管理。(3)申请涉外调查许可证机构的条件。(4)申请涉外调查许可证应当提交的文件。(5)涉外调查许可证的审批程序和期限。(6)申请批准涉外社会调查项目所需的文件。(7)申请批准涉外社会调查项目的程序和期限。(8)相关主体的法律责任及其他规定。

(罗大帅)

shewai jingji guanxi

涉外经济关系(foreign economic relationship) 一国与外国或者地区间进行经济活动所形成的经济关系。涉外经济关系是国民经济运行的重要组成部分,是国内经济关系的延伸。涉外经济关系的主体或客体具有涉外因素,是我国与他国(或地区)的关系。涉外经济关系的主体因具体的关系内容不同而有所限制。涉外经济关系的客体包括物、行为、自然资源、智力成果。涉外经济关系的客体因本国的经济发展状况不同也会受到一定的限制,并不是所有的涉外经济关系物都可以成为涉外经济法律关系的客体。

涉外经济关系主要包括:涉外投资关系,对外贸易关系,外汇关系,出口补偿、保险、检验关系,关税关系、涉外技术、劳务关系。(1)涉外投资关系是外国投资者在本国直接投资形成的经济关系。直接投资主要包括组建企业、来料加工、来件装配等。(2)对外贸易关系是基于货物进出口、技术进出口和国际服务贸易而形成的关系。(3)外汇关系是在外汇融资、支付使用和资本交易,以及外汇管理等方面形成的关系。(4)出口补偿、保险、检验关系是为了避免因出口造成的一定损失或损害,国家实行补偿和国家担保而形成的关系和为提高出口品质量而国家实行出口检验形成的关系。(5)关税关系是因海关征税形成的税收关系。关税是涉外经济活动的重要手段。除特惠国关系和地区共同体成员间取消关税外,各国仍保留关税制度。(6)涉外技术、劳务关系是因对外技术转让或引进、劳务输出和输入而形成的涉外经济关系。

在涉外经济关系的形成过程中,需要遵循国家主权原则、平等互利原则、协商一致原则、参照国际惯例的原则。

(刘继峰)

涉外票据 (negotiable instruments involving foreign elements)

出票、背书、承兑、保证、付款等行为中,既有发生在中华人民共和国境内又有发生在中华人民共和国境外的票据。涉外票据具有以下特征:(1)涉外票据上的票据行为中至少有一项是在中华人民共和国境外发生的。(2)票据关系当事人中,其承担付款义务的主体是外国人的,有时也会构成涉外票据。(3)涉外票据是一种不要因而要式的债权债务文书,票据形式对票据具有重要意义。(4)涉外票据的法律适用有自己的规则。

(徐中起)

涉外票据的法律适用 (application of law to negotiable instruments involving foreign elements)

在各国对票据的法律规定不同的情况下,从其中选择一国的票据法规来调整涉外票据。按照《中华人民共和国票据法》的规定,涉外票据的适用依以下原则:(1)我国加入或者参加的国际条约,优先于《票据法》,但我国声明保留的部分不得优先于《票据法》;(2)我国加入或者参加的国际条约和《票据法》没有规定的,可以适用国际惯例;(3)票据债务人的民事能力,适用其本国法律;(4)汇票、本票出票时的记载事项,适用出票地法律。支票出票时的记载事项,可适用出票地和付款地法律;(5)票据的背书、承兑、付款和保证行为,适用行为地法律;(6)票据追索权的行使期限,适用出票地的法律;(7)票据的提示期限、有关拒绝证明的方式、出具拒绝证明的期限,适用付款地法律;(8)票据丧失时,失票人请求保全权利的程序,适用付款地法律。

(徐中起)

涉外社会调查活动 (social survey activity concerning foreign affairs)

中国境内的外资企业、外方控股的中外合资经营企业、外方占主导地位的中外合作经营企业、外国企业分支机构及外国企业常驻代表机构、其他国外组织驻华机构等(以下简称涉外机构)进行的社会调查活动;国内调查机构接受境外的组织、个人及涉外机构的委托、资助或以其他形式合作进行的各种社会调查活动。境外的组织和个人、境内的外国企业分支机构及外国企业常驻代表机构、其他国外组织驻华机构不得在中国境内直接进行社会调查活动。需要调查的,应当通过国内具有涉外社会调查资格的机构进行。不具有涉外社会调查资格的机构不得接受委托调查。涉外社会调查不得与国家统计调查、部门统计调查和地方统计调查相重复。进行涉外社会调查活动的机构和人员,不得以政府统计机构和政府统计人员的名义进行调查活动。省级以上人民政府统计机构,是涉外社会调查活动的主管机关,负责涉外社会调查活动的管理工作。从事涉外社会调查活动的机构,须经资格认定,取得涉外社会调查许可证。涉外社会调查许可证由省级以上人民政府统计机构统一印制,任何单位和个人不得伪造。进行涉外社会调查活动,须报省级以上人民政府统计机构审批。调查范围跨省、自治区、直辖市行政区域的,报国家统计局审批;调查范围限于省、自治区、直辖市行政区域以内的,报所在省级人民政府统计机构审批。凡经批准的涉外社会调查活动,有关机构在将调查资料或相关研究成果提供给境外组织、个人和涉外机构之前,应报原审批机关的同级保密工作部门审查批准后方可提供。国内调查机构未经审批,擅自将获得的调查资料和研究成果提供给境外组织、个人和涉外机构的,依照国家保密部门的有关规定处理。

(麻琳琳)

涉外租赁合同 (foreign-related leasing contract)

中国境内一方当事人和境外方当事人之间订立的,一方将自己拥有的产品以租赁的形式交给另一方使用,另一方则按照约定支付租金,并且规定双方权利义务关系的协议。涉外因素包括:合同主体的一方或双方是外国自然人、法人或无国籍人;合同标的是位于外国的物、财产或需要在外国完成的行为;合同权利义务内容据以产生的法律事实发生在外国等。

涉外租赁合同的条款应当包括对于标的物、当事人、租赁期限、租金估算、期满设备归属、保险、违约、效力等方面的规定。标的物是指承租人所要租赁的设备,一般应当说明所租标的物的具体情况,而且对于标的物的购买、交货以及验收情况也应当有所约定。租赁期限包括租赁开始的期限和还租期限,租赁开始的期限一般以租赁设备收据缴付之日起算。租金估算条款是涉外租赁合同中的重要内容。租金一般为购买租赁物的成本与租赁费之和,购买租赁物的成本一般包括货款、运费、保险费用以及双方同意的其他费用。此外,租期、支付方式、结算币种等也是租金估算的考虑因素。期满设备归属条款,是明确合同期满后,租赁设备所有权的归属,一般由承租人支付所租设备的剩余价值后,将设备所有权转移给承租人。这种情况下,出租人有出具所有权转移证明的义务。合同的成立,无效合同的认定,应当按照法律的处理。

涉外租赁合同交往关系中,不同国家及不同法律体系、社会制度带来的法律管辖冲突是较为常见的现象。因此在合同中,有关合同及其争议解决的法律选择也是较为重要的一个问题。合同双方如何避免争议并及时解决更是较为实际的一个问题。 (刘利晋)

shenheyuan pingshenyuan guojia zhuce
审核员、评审员国家注册(national registration of examiner and assessor) 中国认证人员国家注册委员会对国家技术监督局质量体系审核员、认证实验室评审员的能力和执业资格,予以考核、评定的活动。国家技术监督局授权国家注册委员会,负责审核员、评审员的考核、评定注册资格和监督管理工作。国家注册委员会是由政府有关部门、有关机构及团体的代表和专家组成的评定机构。

申请国家注册的审核员、评审员应当具备以下条件:(1)能够正确执行有关认证的方针、政策、法规,熟悉相应的质量管理或者实验室评审的标准、指南和有关规定;(2)具有大专以上学历和中级以上技术职称;(3)接受过国家批准的认证培训机构的培训,并且取得合格证书;(4)从事3年以上认证、质量监督、质量管理或者产品检验管理工作,并且有质量体系审核或者实验室评审的工作实践;(5)具有较强的组织管理和综合评价能力,能够解决审核或者评审工作中的实际问题;(6)遵纪守法,坚持原则,实事求是,作风正派。

审核员、评审员国家注册的程序是:(1)个人申请,申请国家注册审核员的,有两名相应资格的国家注册审核员介绍;申请国家注册评审员的,有两名相应资格的国家注册评审员介绍;并由认证机构或省级技术监督部门或有关行业主管部门推荐。(2)由国家注册委员会考核、评定注册资格。(3)国家技术监督局批准,颁发注册证书。 (麻琳琳)

shenji
审计(auditing) 独立的第三方接受委托人的委托或授权,对被审计单位记录经济活动的会计资料的真实性、准确性、恰当性进行审查,并将审查结果向委托人或者授权人提出审计报告的一项活动。审计本质上是一种经济监督行为,其产生缘于社会经济生活中出现的财产所有权和经营权的分离,为维护财产所有者的利益而产生查错防弊,监督经营管理人的客观需要。

审计的分类 按照审计主体的不同,审计可以分为国家审计(或政府审计)、社会审计(或民间审计)和内部审计;按审计内容和目的的不同,可以分为财政财务审计、经济效益审计和财经法纪专案审计;按审计内容范围不同,可以分为全部审计、局部审计和专项审计;按审计实施的时间不同,可以分为事前审计、事中审计和事后审计;按审计的强制性不同,可以分为强制审计和任意审计。

审计的职能 (1)监督职能,指监察和督促被审单位的全部经济活动或其某一方面的特定活动,确认其在规定的范围内进行。这是审计最基础的职能,旨在维护委托人或者所有人的利益。(2)鉴证职能,指通过对被审单位的会计资料及有关文件所反映的财务收支和有关经济活动的真实性、允当性的审核验证,确定其可信赖的程度并作出书面证明,以取得审计委托人或其他有关方面的信任。这是民间审计最重要的职能。(3)评价职能,指通过审核检查,评定被审单位的计划、预算、决策、方案是否先进可行,经济活动是否按照既定的决策和目标进行,经济效益的高低以及内部控制制度是否健全、有效等等,从而有针对性地提出意见和建议,以促使被审计单位改善经营管理。 (邱学文)

shenji baogao
审计报告(audit report) 注册会计师在对约定事项实施了必要的审计程序,确认审计证据已经得到充分的搜集和鉴定后,以书面形式向委托人就被审计单位的财务报表发表的审计意见。注册会计师出具的审计报告具有证明效力。审计报告的核心内容是注册会计师出具的审计意见,即对客户财务资料的基本评价。不同国家的法律或审计准则对注册会计师的评价内容有不同的要求。在我国,审计意见应说明以下几方面的内容:(1)合法性,即会计报表的编制是否符合《企业会计准则》和国家其他有关财务会计法规的规定;(2)公允反映,即会计报表在所有重大方面是否公允地反映了客户资产负债表的财务状况和所审计期间的经营成果、资金变动情况;(3)一贯性,即前后各期会计方法的选择是否遵循了一致性原则。

根据注册会计师所发表的审计意见的形式,审计报告可以分成四种类型:无保留意见审计报告、保留意见审计报告、反对意见审计报告、拒绝表示意见审计报告。

无保留意见的审计报告 无保留意见又称为干净意见。当注册会计师经过审计,确认客户的会计处理以及编制的财务报表符合一般公认会计准则或者相关法律、法规的规定,真实地反映了客户的财务状况和经营成果时,就签以无保留意见的审计报告。无保留意见意味着审计人员认为会计报表是公允、合理的,能够满足非特定多数的利害关系人的共同需要,并对表示该意见负责。

保留意见审计报告 指审计人员对会计报表的反映有所保留的审计意见。由于一些特定事项的存在影响了客户会计报表的表达,注册会计师对这些事件提出保留意见,并表示对该意见负责。这些特定事项通常包括:个别重要会计事项的会计处理或者报表反映方法不符合财务会计法规的规定,且客户拒绝调整;因审计范围受到局部限制,注册会计师无法按照独立审计准则的要求取得应有的审计证据;个别重要会计事项的处理或报表反映方法前后期不一致,且这种不一致导致对会计报表反映的影响是可以计量的。

否定意见审计报告 否定意见又称为反对意见,是注册会计师在认为会计报表未能恰当、公允地反映客户财务状况时签发的审计意见。否定意见的审计报告意味着注册会计师认为客户的会计报表没有任何使用价值。其情形非常少见,通常只有在未调整事项、未确定事项或者违反一贯性原则等被注册会计师出具保留意见的事项达到非常严重的程度,极大地歪曲了报表编制单位的真实财务状况时,审计人员才表示否定意见。

拒绝表示意见审计报告 由于主客观条件的限制,注册会计师无法发表任何一种审计意见,不论审计意见是否对客户有利。拒绝表示意见通常发生在如下场合:由于客户人为的限制或者客观条件所限,使得重要的审计程序无法实施,因此,审计人员对多数重要事项无法取得审计证据,因而无法确认会计报表多数重要项目的情况。在这种情况下,审计人员无法对客户的财务报表是否具备合法性、公允反映性以及一致性发表意见。这意味着客户会计报表的信赖程度难以确定。

(刘 燕 邱学文)

shenji baogao chuli

审计报告处理(disposing of audit reports) 审计机关审定审计报告后,对审计事项作出评价,出具审计意见书,对违反国家规定的财政收支、财务收支行为及违反《审计法》的行为作出处理、处罚的审计规定,或者提出审计建议以及报告审计工作时应当遵循的行为规范。《中华人民共和国审计法》第40条、《中华人民共和国审计法实施条例》第41—48条、《国家审计基本准则》第五章"审计报告处理准则"以及《审计机关处理处罚的规定》(2000)、《审计机关审计听证的规定》(2000)、《审计机关审计复议的规定》(2000)等都对审计报告处理进行了规范。规范的主要内容包括:(1)出具审计意见书。审计机关审定审计报告后,对被审计单位财政收支、财务收支的真实性、合法性、效益性作出评价,提出被审计单位的自行纠正事项和改进建议,出具审计意见书。(2)下达审计决定书。审计机关对有违反国家规定的财政收支、财务收支行为需要依法给予处理、处罚的,还应当对违反国家规定的财政收支、财务收支行为,依法作出处理、处罚的审计决定,制作审计决定书。对被审计单位违反国家规定的财政收支、财务收支行为在两年内未被发现的,审计机关不再给予处罚,但可以依法作出处理。审计处理的种类包括:责令限期缴纳,上缴应当缴纳或者上缴的财政收入;责令限期退还违法所得;责令限期退还被侵占的国有资产;责令冲转或者高速有关会计账目;依法采取的其他处理措施。审计处罚的种类包括:警告、通报批评;罚款;没收违法所得;依法采取的其他处罚措施。(3)作出审计建议书。对被审计单位违反国家规定的财政收支、财务收支行为及其负有直接责任的主管人员和其他直接责任人员,审计机关认为应当由有关主管机关处理、处罚的,作出审计建议书,由有关机关给予处理、处罚。(4)作出移送处理书。对被审计单位的财政收支、财务收支行为和负有直接责任的主管人员,其他直接责任人员违反法律、行政法规的规定,涉嫌犯罪的,作出移送处理书,由司法机关追究责任人的刑事责任。(5)提出专题报告。对审计工作中发现的与宏观经济管理有关的重要问题和重大的违法违纪问题,审计机关应当向本级人民政府和上级审计机关提出专题报告。(6)举行审计听证。审计机关对被审计单位和有关责任人员违反国家规定的财政收支、财务收支行为,作出较大数额罚款的审计决定之前,应当告知被审计单位和有关责任人员有权在3日内要求举行听证;被审计单位和有关责任人员要求听证的,审计机关应当组织听证。(7)办理审计复议事项。被审计单位对审计机关作出的具体行为不服的,应当先向上一级审计机关或者本级人民政府申请复议;但对地方性法规规定或者本级人民政府交办的事项审计不服的,应当先向本级人民政府申请复议;对审计署作出的具体行为不服的,应当先向审计署申请复议。审计机关按照有关规定,办理审计复议事项。

(邱学文)

shenji chengxu

审计程序(audit procedure) 注册会计师按照独立审计准则的要求对财务报表进行审计的一整套工作程序。包括三个阶段的工作:审计计划阶段、审计程序的实施阶段以及审计完成阶段。在审计计划阶段,会计师需要调查了解客户的基本情况,决定是否接受审计委托。如果接受委托,会计师将与客户签订审计业务约定书。然后,注册会计师需要初步评价客户的内部控制制度,分析审计风险,在此基础上编制审计计划,设计审计程序。在实施审计阶段,注册会计师根据计划阶段确定的审计范围、审计要点、审计步骤和方法,进行取证、评价,借以形成审计结论,实现审计目标的中间过程。在审计完成阶段,注册会计师需要整理、评价执行审计业务中收集到的审计证据,复核审计工作底稿,审计期后事项,汇总审计差异并提交客户调整,最终形成审计意见并据此出具审计报告。

（刘　燕　邱学文）

shenji chouyang

审计抽样（auditing sampling）　注册会计师在实施审计程序时，从审计对象总体中选取一定数量的样本进行测试，并根据测试结果，推断总体特征。注册会计师在设计与选择样本、评价抽样结果时，应当运用专业判断。

注册会计师在设计样本时，应当考虑以下基本因素：审计目标；审计对象总体及抽样单位；抽样风险和非抽样风险；可信赖程度；可容忍误差；预期总体误差；分层；其他因素。

注册会计师在选取样本时，应使审计对象总体内所有项目均有被选取的机会，以使样本能够代表总体。注册会计师可以采用统计抽样或非统计抽样方法选取样本，只要运用得当，均可获得充分、适当的审计证据。注册会计师可以运用下列方法选取样本：(1) 随机选样。(2) 系统选样。(3) 随意选样。

注册会计师对样本实施必要的审计程序后，应按下列步骤评价抽样结果：分析样本误差；推断总体误差；重估抽样风险；形成审计结论。

（刘　燕　麻琳琳　戴　菲　白　峰）

shenji dang'an

审计档案（auditing archives）　审计机关在项目审计或者专项审计调查活动中直接形成的，具有保存价值的以纸质、磁质、光盘和其他介质形式存在的历史记录。审计档案是国家档案的重要组成部分。

审计档案的建立实行审计组负责制。应归入项目审计档案的文件材料是：立项性文件材料，如审计通知书、审计实施方案；证明性文件材料，如审计证据（含承诺书）、审计工作底稿；结论性文件材料，如审计报告、审定审计报告的会议纪要、审计报告征求意见书、复核意见书、审计意见书、审计决定书、审计建议书、移送处理书、审计处罚决定书、审计听证告知书、审计文书送达回证；其他备查文件材料。

借阅审计档案，仅限定在审计机关内部，审计机关以外的单位不得查阅，但有特殊情况需要查阅审计档案或者要求出具审计档案证明的，须经该审计机关主管领导批准。审计机关应当按照有关规定向档案馆移交审计档案。审计机关应当及时对本机关和本地区的审计档案收进、移出、保管、利用等情况进行统计与分析，并按规定向上一级审计机关和同级档案行政管理部门报送审计档案工作基本情况统计表。对损毁、丢失、涂改、伪造、出卖、转卖、擅自提供审计档案者或者因玩忽职守造成审计档案损失的档案工作人员，由主管部门对直接负责人和其他有关责任人依法给予行政处分；构成犯罪的，依法追究刑事责任。专项审计调查档案比照项目审计档案立卷归档。电子审计档案另行规定。

（麻琳琳）

shenjifa

审计法（auditing law）　调整审计关系的法律规范的总称。包括审计的目的、审计机构或组织的设置、权限、审计程序、审计报告等内容。学理上对审计法有广义与狭义两种解释。

狭义的审计法指调整国家审计关系的法律规范，其核心是由国家最高立法机关制定的《中华人民共和国审计法》。《审计法》于1994年8月31日第八届全国人民代表大会常务委员会第九次会议通过，自1995年1月1日起施行。制定本法的目的是：加强国家的审计监督，维护国家财政经济秩序，促进廉政建设，保障国民经济健康发展。本法共7章51条。包括总则、审计机关和审计人员、审计机关职责、审计机关权限、审计程序、法律责任、附则等部分。

广义的审计法不仅包括调整国家审计关系的法律规范，同时也包括调整民间审计关系、内部审计关系的规则。国外大多采狭义审计法概念，源于其审计模式的特点——以立法的形式规范国家审计，以行业准则来调整民间审计，内部审计主要依靠企业或者部门的自我约束。我国学者多采广义的审计法概念，主要受《中华人民共和国审计法》立法体例的影响，把社会审计（即民间审计）、内部审计的管理都统一纳入国家审计体制的框架。近年来，随着注册会计师管理体制的调整，民间审计与政府审计呈现平行发展的格局，狭义的审计法概念逐渐为国人接受。

（刘　燕　王光净　邱学文）

shenji falü zeren

审计法律责任（legal liability under audit law）　审计法律关系主体违反审计法律规范所应承担的法律后果。它包括国家审计机关的法律责任、审计人员法律责任和被审计单位的法律责任。《中华人民共和国审计法》第六章"法律责任"对审计法律责任进行详细的规范：(1) 审计机关的法律责任。是指审计机关违反审计法律规范，实施违法行为，应承担的法律后果。(2) 审计人员的法律责任。审计人员滥用职权，徇私舞弊，玩忽职守，构成犯罪的，依法追究刑事责任；不构成犯罪的，给予行政处分。(3) 被审计单位的法律责任。被审计单位应当对下列行为承担法律责任：拒绝或者拖延提供与审计事项有关的资料，或者拒绝、阻碍检查；转移、隐匿、篡改、毁弃会计凭证、会计账簿、会计报表以及其他与财政收支或者财务收支有关的资料;转移、隐匿违法取得的资产;本级各部门(含直属单位)和下级政府违反预算的行为或者其他违反国家规定的财政收支行为;违反国家规定的财务收支行为;报复陷害审计人员等。 （邱学文）

shenji fang'an

审计方案（audit program） 审计机关为了能够顺利完成审计任务,达到预期审计目的,在实施审计前对审计工作所作的计划和安排。审计组对曾经审计过的单位,应当注意查阅了解过去审计的情况,利用原有的审计档案资料。审计机关和审计组在实施审计时,如果由于客观条件发生变化或者其他原因,认为需要对审计工作方案进行调整的,需报经原制定机关批准。审计机关在实施审计前,应当制定审计方案。审计方案的编制和执行情况应当作为检查、考核审计质量的重要内容。审计方案包括审计工作方案和审计实施方案。审计工作方案,审计机关为了统一组织多个审计组对部门、行业或者专项资金等审计项目实施审计而制定的总体工作计划。审计实施方案,审计组为了完成审计项目任务,从发送审计通知书到处理审计报告全部过程的工作安排。 （麻琳琳 邱学文）

shenji fengxian

审计风险（audit risk） 进行审计的注册会计师未能发现财务报表中的错误或者疏漏的可能性。审计是一项充满风险的职业活动,按其来源不同审计风险可分成三类:财务事项固有的风险、内部控制失效导致的控制风险、审计程序设计不当引起的检查风险。(1)固有风险,指在不存在任何相关的内部控制的情况下,某一账户或交易类别单独或连同其他账户、交易类别产生重大错报、漏报的可能性。(2)控制风险,指某一账户或交易类别产生错报、漏报,而未能被内部控制防止、发现或者纠正的可能性。(3)检查风险,指某一账户或交易类别产生重大错报、漏报,而未能被注册会计师进行的实质性测试发现的可能性。 （刘 燕）

shenji fuhe

审计复核（review of audit） 审计机关内部的复核机构或者专职复核人员依法对审计意见书、审计决定书、审计建议书、移送处理书以及所附审计报告等材料进行审核,并提出复核意见的行为。

审计组所在部门向审计机关主管领导提交审计意见书、审计决定书、审计建议书、移送处理书以及所附审计报告等材料前,应当经复核机构或者专职复核人员进行复核。

复核机构或者专职复核人员依照法律、法规、规章,对下列事项进行复核:是否按照审计方案确定的审计范围和审计目标实施审计;审计工作是否符合相关的审计准则;与审计事项有关的事实是否清楚;收集的审计证据是否具有客观性、相关性、充分性和合法性;适用法律、法规、规章是否正确;对违反国家规定的财政收支、财务收支行为的定性是否准确,处理、处罚意见是否适当;审计评价、审计建议、审计移送处理是否适当;审计程序是否符合规定;其他需要复核的事项。复核机构或者专职复核人员在复核过程中,发现主要事实不清,证据不充分,或者其他复核材料不完整的,应当通知审计组所在部门限期补正。复核机构或者专职复核人员应当自收到复核材料之日起7个工作日内提出复核意见。特殊情况下,提出复核意见的时间可以适当延长,但最长不得超过10个工作日。 （麻琳琳）

shenji fuyi jiguan

审计复议机关（administrative reconsideration organs for audit） 有权受理复议申请,依法对审计具体行政行为进行审查并作出决定的审计机关。

审计机关的法制机构是本机关的复核机构。未设立法制机构的审计机关,应当确立本机关的复核机构或者专职复核人员。 （麻琳琳）

shenji gongzuo digao

审计工作底稿（audit working papers） 审计人员在实施审计过程中形成的与审计事项有关的工作记录。《中华人民共和国审计法实施条例》第38条、《国家审计基本准则》第27条及《审计机关审计工作底稿准则(试行)》(2000)等都对审计工作底稿进行了规范。主要内容有:(1)审计人员实施审计时,应当对审计工作中的重要事项以及审计人员的专业判断进行记录,编制审计工作底稿,并对审计工作底稿的真实性负责。(2)审计工作底稿应当包括的内容主要有以下几项:被审计单位的名称;审计事项;实施审计期间或者截止日期;实施审计过程记录;审计结论或者审计查出问题摘要及其依据;编制人员的姓名及编制日期;复核人员的姓名及复核日期;其他与审计事项有关的记录和证据等。(3)审计证据是审计人员在审计工作底稿中反映审计结论或者审计查出问题的客观依据;审计工作底稿应当附有审计工作底稿反映的审计结论或者审计查出问题的证据,附有审计证据包括与审计事项有关的会计凭证、会计账簿、会计报表、法律文书、合同、协议、往来函证、公证或者鉴定资料等。(4)审计工作底稿应当由审计人员逐事逐项编写,做到内容完整、条理清楚、用词恰当、格式规范、前后一致等。(5)审计工

作底稿应当由审计组长在编制审计报告前进行复核,并签署复核意见。 （邱学文 刘 燕 麻琳琳）

shenji jiguan

审计机关（organ of auditing） 国家进行审计监督的专门机构,是由国家审计署及中央到地方的各级审计机关构成的国家审计监督机构体系。审计机关由以下三个部分组成:(1)国家审计署。国务院设立审计署,在国务院总理领导下,主管全国的审计工作,审计长是审计署的行政首长。(2)地方审计机关。它是指省级以下及县级以上政府设立的审计机关。省、自治区、直辖市、设区的市、自治州、县、自治县、不设区的市、市辖区人民政府的审计机关分别在省长、自治区主席、市长、州长、县长、区长和上一级审计机关的领导下,负责本行政区域内的审计工作。地方审计机关实行双重领导,地方各级审计机关对本级人民政府和上一级审计机关负责并报告工作,审计业务以上级审计机关领导为主。(3)审计机关派出机构。是指审计署和地方各级审计厅、局根据工作需要,在重点地区和部门派出审计人员组成的机构。审计机关根据工作需要,可以在其审计管辖范围内派出审计特派员。审计特派员根据审计机关的授权,依法进行审计工作。目前,审计署的派出机构主要有两种:审计署驻地方的派出机构和审计署驻政府各部门的派出机构。前者称为特派员办事处,后者称为审计局。 （邱学文）

shenji jiguan quanxian

审计机关权限（limits of authority for organ of auditing） 国家通过法律赋予审计机关在审计监督过程中所享有的权力。《中华人民共和国宪法》和《中华人民共和国审计法》对审计机关的权限作了全面规定。《审计法》第31—36条规定的审计机关权限有:(1)有权要求被审计单位报送有关材料。(2)有权检查被审计单位的有关资料和资产。(3)审计机关进行审计时,有权就审计事项的有关问题向有关单位和个人进行调查,并取得有关证明材料。(4)有权对被审单位采取强制措施。(5)有权建议有关主管部门纠正其有关规定。(6)有权通报或者向社会公布审计结果。 （邱学文）

shenji jiguan zhize

审计机关职责（obligations of organ of auditing） 法律、法规规定的审计机关应当完成的职能任务和承担的责任。《中华人民共和国宪法》规定了审计机关对国务院部门和地方各级政府的财政收支、国家的财政金融机构和企事业单位的财务收支进行审计监督。所以审计机关的基本职责是对国家财政收支与国有资产有关的财务收支进行审计监督。《中华人民共和国审计法》第三章"审计机关的职责"中规定了国家审计机关的具体职责。根据这些规定,审计机关对下列事项进行审计监督:(1)本级部门(含直属单位)和下级政府预算的执行情况和决算,以及预算外资金的管理和使用情况。(2)中央预算执行情况(限于审计署)及本级预算执行情况(限于地方各级审计机关)。(3)中央银行的财务收支(限于审计署)及国有金融机构的资产、负债、损益。(4)国家的事业组织的财务收支。(5)国有企业的资产、负债、损益。(6)与国计民生有重大关系的国有企业,接受财政补贴较多或者亏损数额较大的国有企业,以及国务院和本级地方人民政府指定的其他国有企业。(7)国家建设项目预算的执行情况和决算。(8)政府部门管理的和社会团体受政府委托管理的社会保障基金、社会捐赠资金以及其他有关基金、资金的财务收支。(9)国际组织和外国政府援助、贷款项目的财务收支。(10)其他法律、行政法规规定应当由审计机关进行审计的事项。另外,审计机关的职责还有:对有关地方、部门、单位进行专项审计调查;对国有的金融机构和企业事业组织的内部审计进行业务指导和监督;对社会审计机构进行指导、监督等。 （邱学文）

shenji jihua

审计计划（plan for auditing） 注册会计师为了完成年度会计报表审计业务,达到预期审计目的,在具体执行审计程序前编制的工作计划。审计计划包括总体审计计划和具体审计计划。总体审计计划是对审计的预期范围和实施方式所作的规划,是注册会计师从接受审计委托到出具审计报告整个过程基本工作内容的综合计划。具体审计计划是依据总体审计计划制定的,对实施总体审计计划所需要的审计程序的体质、时间和范围所做的详细规划与说明。审计计划应当贯彻于审计全过程。注册会计师整个审计过程中,应当按照审计计划执行审计业务。 （刘 燕 麻琳琳）

shenji jieguo

审计结果（audit result） 审计机关的审计意见书、审计决定书等审计结论性文书所反映的内容。公布审计结果,是指审计机关向社会公众公开审计管辖范围内重要审计事项的审计结果。审计机关可以通过下列形式公布审计结果:广播、电视;报纸、杂志等出版物;互联网;新闻发布会;公报、公告;其他形式。审计机关向社会公布审计结果,必须经审计机关主要负责人批准;涉及重大事项的,应当报经本级人民政府同意。审计机关向社会公布审计结果,应当客观公正,实事求是。 （麻琳琳）

shenji jieguo baogao

审计结果报告（reports of audit result） 审计机关每年向本级人民政府和上一级审计机关提出的对上一年度本级预算执行情况和其他财政收支的报告。审计署在国务院总领导下，对中央预算执行情况进行审计监督，向国务院总理提出审计结果报告。地方各级审计机关分别在省长、自治区、主席、市长、州长、县长、区长和上一级审计机关的领导下，对本级预算执行情况进行审计监督，向本级人民政府和上一级审计机关提出审计结果报告。审计结果报告的主要内容包括对预算执行和其他财政收支审计的基本情况、对预算执行情况的综合评价、审计发现的问题及处理意见和加强和改进预算管理的建议或需要解决的问题等。审计结果报告的目的是为了让领导机关了解预算执行审计的情况和结果，有利于各级政府加强对国家财政收支的管理。
（邱学文）

shenji mubiao

审计目标（purpose of audit） 人们实施审计活动所希望达到的最终结果，包括审计总目标和审计具体目标两个层次。根据我国《独立审计准则》的规定，审计总目标为对被审计单位会计报表的以下方面发表审计意见：(1) 会计报表的编制是否符合《企业会计准则》及国家其他有关财务会计法规的规定；(2) 会计报表在所有重大方面是否公允地反映了被审计单位的财务状况、经营成果和资金变动情况；(3) 会计处理方法的选用是否符合一贯性原则。根据上述总目标，注册会计师在取得充分、适当的证据后，视情况对会计报表发表审计意见。而审计具体目标则是审计总目标的具体化，它又区分为一般审计目标和项目审计目标。一般审计目标是进行各类项目审计都必须达到的目标；而项目审计目标则是按照各个项目分别确定的目标。一般说来，审计具体目标并非由法律明文规定，而是依据被审计单位管理当局的认定和审计总目标来认定。
（刘 燕）

shenji renyuan

审计人员（governmental auditors） 审计机关依法进行审计监督，完成审计任务的专业队伍组成人员。审计人员具体包括审计署审计长等各级审计机关的领导人员和一般的直接从事审计工作的人员。审计机关负责人只能依据法定程序任免。审计机关的审计专业人员选用与一般行政机关相同，普遍实行公开招考，择优选用。审计专业人员应当具备与其从事的审计工作相适应的专业知识和业务能力。
（邱学文）

shenji renyuan zhiye daode

审计人员职业道德（auditor professional ethics） 审计机关审计人员的职业品德、职业纪律、职业胜任能力和职业责任。审计人员应当依照法律规定的职责、权限和程序，进行审计工作，并遵守国家审计准则。审计人员办理审计事项，应当客观公正，实事求是，合理谨慎，职业胜任，保守秘密，廉洁奉公，恪尽职守。审计人员在执行职务时，应当保持应有的独立性，不受其他行政机关、社会团体和个人的干涉。审计人员办理审计事项，与被审计单位或者审计事项有直接利害关系的，应当按照有关规定回避。审计人员应当合理运用审计知识、技能和经验，保持职业谨慎，不得对没有证据支持的、未经核清事实的、法律依据不当的和超越审计职责范围的事项发表审计意见。审计人员应当具有符合规定的学历，通过岗位任职资格考试，具备与从事的审计工作相适应的专业知识、职业技能和工作经验，并保持和提高职业胜任能力。审计人员不得从事不能胜任的业务。审计人员对其执行职务时知悉的国家秘密和被审计单位的商业秘密，负有保密的义务。在执行职务中取得的资料和审计工作记录，未经批准不得对外提供和披露，不得用于与审计工作无关的目的。审计人员应当遵守国家的法律、法规和规章以及审计工作纪律和廉政纪律。
（麻琳琳）

shenji shixiang pingjia

审计事项评价（audit event evaluation） 审计机关按照确定的审计目标对被审计单位财政收支、财务收支真实、合法、效益进行分析判断，并发表审计意见的行为。审计事项评价应当由实施审计的审计机关独立作出。审计机关应当根据审计方案规定的审计目标确定审计事项评价的范围，对被审计单位财政收支、财务收支的真实性、合法性和效益性进行评价。审计机关对下列事项不作评价：超越审计职责范围的事项；证据不足、评价依据或标准不明确的事项；审计过程中未涉及的事项。审计组应当在审计报告中提出审计评价的初步意见，审计机关审定审计报告，对被审计单位提出评价意见。作出审计评价时，应当首先对所审查的财政收支、财务收支的审计对象总体情况进行说明，并评价被审计单位取得的成绩和存在的问题。

真实性评价 对被审计单位的会计处理遵守相关会计准则、会计制度的情况，以及相关会计信息与实际的财政收支、财务收支状况和业务经营活动成果相符合的程度作出的评价。

合法性评价 对被审计单位的财政收支、财务收支是否符合相关法律、法规、规章和其他规范性文件所作出的评价。对合法性的评价，应当根据被审计单位是否存在违反国家规定的财政收支、财务收支行为，以及违规的严重程度作出评价。

效益性评价 对被审计单位的财政收支、财务收支及其经济活动的经济、效率和效果的评价。

（麻琳琳）

shenjishu shenji fuhe zhidu

审计署审计复核制度（audit review system of state auditing adminstostion） 审计署对审计报告以及审计意见书和审计决定实行的逐级复核、审定制度。审计署对审计报告以及审计意见书和审计决定实行审计组所在的审计业务司、署专门复核机构两级复核制度。

审计组组长应当按照《审计机关审计工作底稿准则》、《审计机关审计证据准则》规定，对审计组编制的审计工作底稿、收集的审计证据以及据以形成的审计结论和审计意见等审计资料进行审核并签署审核意见。审计组所在的审计业务司应当对审计组提交的审计报告以及审计意见书和审计决定等审计资料进行复核并签署复核意见。审计业务司复核后的审计报告以及审计意见书和审计决定报主管副审计长或者审计业务会议审定前，应当送法制司进行复核。审计业务司送法制司复核审计报告以及审计意见书和审计决定时，还应当向法制司提供有关材料。法制司收到审计业务司提供的复核材料后，应当办理签收手续。法制司认为审计业务司提供的复核材料不完整的，应当通知审计业务司补送有关材料。法制司根据审计组认定的审计事实，依照法律、法规、规章和具有普遍约束力的决定、命令，复核审计报告以及审计意见书和审计决定。法制司在复核过程中，发现审计报告中的主要事实不清、证据不充分的，应当将全部复核材料退还审计业务司并通知其限期补正。法制司应当在收到复核材料之日起7个工作日内，对审计报告以及审计意见书和审计决定进行复核，并按照规定提出复核意见。法制司复核后，应当将复核意见连同审计业务司提交的审计复核材料退还审计业务司，由审计业务司报送主管副审计长审定、签发。

（麻琳琳）

shenji xiangmu jihua

审计项目计划（audit project plan） 审计机关为履行审计职责而对计划年度内的审计项目和专项审计调查项目作出的统一安排。审计机关应当根据法律、法规和国家其他有关规定，按照本级人民政府和上级审计机关的要求，确定年度审计工作重点，编制年度审计项目计划。

审计项目计划中的项目一般包括上级审计机关统一组织的项目，自行安排的项目，授权审计的项目，政府交办的项目，其他交办、委托或举报项目等。编制审计项目计划的主要依据有：国家有关法律法规；国家经济社会发展计划和财经工作方针政策；审计工作长远规划；上级审计机关确定的工作方针、政策和任务；各级政府提出的工作要求；以前年度审计项目计划完成情况等。审计项目计划由文字和表格两部分组成。

（邱学文）

shenji xiangmu zhiliang jiancha

审计项目质量检查（quality inspection of audit project） 审计机关依据有关法律、法规和规章的规定，对本级派出机构、下级审计机关完成审计项目质量情况进行的审查和评价。审计署领导全国的审计项目质量检查工作。地方各级审计机关负责本级行政区域内的审计项目质量检查工作。审计机关负责法制工作的机构具体办理审计项目质量检查事项。审计署负责组织对省、自治区、直辖市审计厅（局），各特派员办事处，各派出审计局审计项目质量的检查。审计机关对本级派出机构、下一级审计机关审计项目质量检查的内容是：审计工作中执行有关法律、法规的情况；建立和执行审计质量控制制度的情况；执行各项审计准则的情况；审计项目成果反映的客观性、真实性以及成果所发挥作用的情况；上级审计机关统一组织的审计项目的实施和反映情况；其他有关审计项目质量的事项。审计项目质量检查，主要通过检查审计档案的方式进行，必要时可以到被审计单位核查。审计项目质量检查结束后，向被检查审计机关下达审计项目质量检查结论。

（麻琳琳）

shenji xingzheng qiangzhixing cuoshi

审计行政强制性措施（audit administrative coercive measure） 审计机关为了保证审计监督的顺利进行，及时制止、纠正和处理被审计单位及其工作人员违反《审计法》或者违反国家规定的财政收支、财务收支行为，依法采取的强制其履行法定义务的措施。审计行政强制性措施包括：警告、通报批评、罚款；责令停止、改正违法行为；责令采取补救措施；登记保存、责令交出有关资料或违法取得的资产；通知财政部门和有关主管部门暂停拨付、责令被审计单位暂停使用款项；暂时封存账册及被审计单位运用计算机管理财政收支、财务收支的会计核算系统；责令限期执行审计决定或复议决定；申请人民法院采取财产保全措施；申请人民法院强制执行；法律、法规或规章规定的其他行政强制性措施。审计机关采取或解除行政强制性措施，应当报经县级以上审计机关负责人批准。

（麻琳琳）

shenji yanzi

审计验资（examination of investment capital of auditing) 注册会计师依法接受委托,按照规定的要求,对被审验单位的实收资本(股本)及其相关的资产、负债的真实性、合法性进行的审验。被审验单位,是指在中华人民共和国境内新设立的、依法应当进行验资的企业和实行企业化管理的事业单位。注册会计师执行验资业务,应当恪守独立、客观、公正的原则,并对验资报告的真实性、合法性负责。验资报告的真实性是指验资报告应如实反映注册会计师的验资范围、验资依据、已实施的主要验资程序和应发表的验资意见。验资报告的合法性是指验资报告的编制和出具必须符合《中华人民共和国注册会计师法》的规定。对于尚未建立会计账目的被审验单位,注册会计师应在审验以前,提请其建立必要的会计账目。 （刘　燕　麻琳琳）

审计业务约定书（agreement of auditing bussiness） 会计师事务所与委托人共同签订的,据以确认审计业务的委托与受托关系,明确审计目的、审计范围及双方责任与义务等事项的书面合约。一经签订,即具有法定约束力。根据财政部1996年1月1日起施行的《独立审计具体准则第二号——审计业务约定书》的规定,审计业务约定书应当包括以下基本内容:（1）签约双方的名称;（2）委托目的;（3）审计范围;（4）会计责任与审计责任;（5）签约双方的义务;（6）出具审计报告的时间要求;（7）审计报告的使用责任;（8）审计收费;（9）审计业务约定书的有效期间;（10）违约责任;（11）签约时间;（12）签约双方认为应当约定的其他事项。同时,应当明确会计责任与审计责任。签约前,会计师事务所应委派注册会计师了解被审计单位基本情况,初步评价审计风险,并与委托人就约定事项进行商议,达成一致意见后,由会计师事务所和委托人双方的法定代表人,或其授权的代表签订,并加盖委托人和会计师事务所的印章。会计师事务所或委托人如需修改、补充审计业务约定书,应当以适当的方式获得对方的确认。注册会计师还应当将审计业务约定书归入审计档案按法律规定进行保存。 （刘　燕）

审计证据（audit evidence） 审计机关和审计人员获取的用以说明审计事项真相,形成审计结论基础的证明材料。审计证据有下列几种:以书面形式存在并证明审计事项的书面证据;以实物形式存在并证明审计事项的实物证据;以录音录像或者计算机储存、处理的证明审计事项的视听或者电子数据资料;与审计事项有关人员提供的口头证据;专门机构或者专门人员的鉴定结论和勘验笔录;其他证据。审计人员收集的审计证据,必须具备客观性、相关性、充分性和合法性。客观性是指审计证据必须是客观存在的事实材料。相关性是指审计证据与审计事项之间有实质性联系。充分性是指审计证据足以证明审计事项并形成审计结论。合法性是指审计证据必须符合法定种类,并依照法定程序取得。 （麻琳琳　邱学文　刘　燕）

生产经营决策权（right of decision of strategic in regard to management） 企业作为商品生产和经营单位最基本的权利。其内涵包括:（1）企业根据国家宏观计划指导和市场需要,自主作出生产经营决策,生产产品和为社会提供服务。（2）企业可以自主决定在本行业内或者跨行业调整生产经营范围,凡符合国家产业政策导向的,政府有关部门应当给予支持,工商行政管理部门应当办理变更登记手续。（3）企业执行指令性计划,有权要求在政府有关部门的组织下,与需方企业签订合同;也可以根据国家规定,要求与政府指定的单位签订国家订货合同。需方企业或者政府指定的单位不签订合同的,企业可以不安排生产。（4）企业对缺乏应当由国家计划保证的能源、主要物资供应和运输条件的指令性计划的,可以根据自身承受能力和市场变化,要求调整。计划下达部门不予调整的,企业可以不执行。（5）除国务院和省级政府计划部门直接下达的,或者授权有关部门下达的指令性计划以外,企业有权不执行任何部门下达的指令性计划。（6）有权接受或者拒绝指令性计划外的生产任务。企业有权接受或者拒绝任何部门和单位在指令性计划外安排的生产任务。 （方文霖）

生产社会化（socialization of production） 生产资料使用社会化、生产过程社会化和产品社会化。科技新成果的广泛应用形成了大规模生产,即企业按照社会通行的标准进行连续性的设计和生产。其直接结果就是,产品生产,乃至一种产品的各个部分的生产,都成为专业化的生产,从而实现了产品专业化、零部件专业化和工艺专业化。大规模生产的形成和发展,使得生产过程越来越具有社会性。生产社会化就是在这种大规模生产条件下实现的。生产社会化使社会经济发生了根本性变革,单个资本转变为集中的社会共同资本,从而实现了资本社会化;单个人的劳动转变为社会的共同劳动,从而实现了劳动社会化。 （赵　玲）

生产要素市场（market of essential elements of production market） 有固定场所、设施,有若干个经营者

入场,实行集中、公开交易生产要素的市场。开办生产要素市场要坚持统筹规划、合理布局、有利生产的原则。生产要素市场一般包括房地产市场、金融市场、劳动力市场、科技市场、信息市场、产权市场、其他生产要素市场。

(郑慧玫　张维珍)

shengchan ziliao shichang
生产资料市场(market of means of production) 有固定场所、设施,有若干个经营者入场,实行集中、公开交易生产资料的市场。开办生产资料市场应有若干个卖方企业进场,坚持统筹规划、合理布局、有利生产、方便生活的原则,同时还应进行市场登记才能开办。生产资料市场登记管理机关是县级以上各级工商行政管理机关。管理机关在登记审批市场时实行分级审批、分级登记、分级管理。开办生产资料市场应设立市场服务管理机构;市场的经营摊位数量要符合市场登记;数量上市商品符合登记范围;市场服务管理机构与入场经营者签订书面合同,约定双方权利义务;市场服务管理机构及其人员未在市场从事经营活动等;经营者按核准的经营范围、方式、地点亮证照经营;商品明码标价并使用统一价签等等。生产资料市场包括生产资料综合市场、工业生产资料综合市场、石油(成品油)市场、煤炭市场、化工材料市场、木材市场、矿产品市场、建筑装饰材料市场、钢材市场、有色金属市场、机械设备市场、五金工具市场、电子产品市场、机动车(船)市场、旧机动车(船)市场、汽车配件市场、废旧物资市场、农业生产资料综合市场、农用机械市场、农机配件市场、化肥市场、农药市场、种子市场、农用地膜市场、兽药市场、饲料市场等。

(张维珍　郑慧玫)

shengsi liangquan baoxian
生死两全保险(life and death two whole insurance) 又称"混合保险"或"储蓄保险",以被保险人在保险期限内死亡或期满生存为条件,获得保险金的一种保险。投保人或被保险人交付保险费后,如果被保险人在保险有效期内死亡,向其受益人给付保险金;如果被保险人在保险期满仍生存,保险人也将向其本人给付保险金。保险人给付全数保险金后,保险合同即告终止,死亡后未到期的保险费也不再续交。简单地说,就是同一份保单中包含了生存保险和死亡保险两类保险。

寿险保单一般为生死两全保险,在保险期间内,只要被保险人是因意外身故,保险公司均给付保险金。寿险保单作为被保险人的金融资产,在保险期刚开始的时候有很强的保障功能,在保险期渐满的时候,由于保单具有现金价值,保单持有人可以进行保单贷款等金融资产运作,变现其现金价值。

(崔雪松)

shengyu baoxian
生育保险(birth insurance) 国家针对女性生育行为的生理特点,通过社会保险立法,为怀孕和分娩的女职工因生育子女而导致劳动力暂时中断时由国家和社会及时给予物质帮助和产假,以保障受保母子的基本生活,保持、恢复或增进生育女职工的身体健康及工作能力的一项社会保险制度。一般包括女性生育时及产前产后检查、接生等医疗保险和产假期间的生活保险待遇等。我国有关生育保险的法律规定主要体现在《中华人民共和国劳动法》、《女职工劳动保护规定》和1994年劳动部颁布的《企业职工生育保险试行办法》中。我国生育保险待遇包括给予职工在生育过程中休息的产假、给予生育妇女的生育津贴、为生育妇女提供生育医疗服务以及生育期间的劳动保护和职业保障。

生育保险的主要特点包括:(1)享受生育保险的对象主要是女职工,因而待遇享受人群相对比较窄。(2)待遇享受条件各国不一致。(3)无论女职工将来的妊娠后果如何,均可以按照规定得到补偿。(4)生育期间的医疗服务主要以保健、咨询、检查为主,与医疗保险提供的医疗服务以治疗为主所不同。(5)产假有固定要求。(6)生育保险待遇有一定的福利色彩。

(冯春华　张景丽)

shengyu baoxian de neirong
生育保险的内容(content of birth insurance) 在生育事件发生期间对生育责任承担者给予收入补偿、医疗服务和生育休假的社会保障制度。其具体内容一般包括孕产期医疗保健、生育津贴及有酬产假。

生育保险制度所提供的物质帮助,一般包括实物(含劳务)帮助和现金补助两部分。其中,实物帮助主要是以基本医疗保健的方式提供,现金补助则主要是以生育津贴的方式提供。

生育医疗保健费,是指由医疗机构向女职工所提供的妊娠、分娩及产后医疗护理费用,即通常所说的生育医疗服务费。

产假,是指女职工在分娩或流产期间,依据生育保险的法律、法规享有的法定带薪假期。女职工生育按照法律、法规的规定享受产假。我国的产假包括正常产假、难产产假、多胞胎生育产假。

生育津贴,是指针对女职工因生育或流产暂时离开工作岗位而中断工资收入时,用于保障女职工产假期间的基本生活需要,按照生育保险的法律、法规给予定期支付现金的一项生育保险待遇,是在法定的生育休假期间对生育者的工资收入损失给予经济补偿。

(冯春华)

shengyu baoxian jijin

生育保险基金(funds for birth insurance) 《劳动法》和《企业职工生育保险试行办法》关于生育保险的费用规定的核心内容是实行社会保险,生育费用社会统筹。职工生育津贴和生育医疗费由生育保险基金支付。

《企业职工生育保险试行办法》规定的生育保险基金的筹资原则是"以支定收,收支基本平衡",企业按照工资总额的一定比例向社会保险经办机构缴纳生育保险费,建立生育保险基金。生育保险费的提取比例由当地人民政府根据计划内生育人数和生育津贴、生育医疗费等项费用确定,并可根据费用支出情况适时调整,但最高不得超过工资总额的1%。由企业向社会保险经办机构缴纳生育保险费,职工个人不缴纳生育保险费。

目前全国生育保险社会统筹的地区实行生育保险社会统筹的具体做法,基金提取比例一般控制在职工工资总额的0.6%—0.8%之间。

生育保险基金由劳动部门所属的社会保险经办机构负责收缴、支付和管理。生育保险基金应存入社会保险经办机构在银行开设的生育保险基金专户。银行应按照城乡居民个人储蓄同期存款利率计息,所得利息转入生育保险基金。社会保险经办机构可从生育保险基金中提取管理费,用于本机构经办生育保险工作所需的人员经费、办公费及其他业务经费。社会保险监督机构定期监督生育保险基金管理工作。

目前,生育保险覆盖范围主要是城镇企业及其职工。 (冯春华)

shengji haiyang gongneng quhua shenpi

省级海洋功能区划审批(approval of function division of provincial ocean) 为了规范沿海省、自治区、直辖市海洋功能区划(以下简称省级海洋功能区划)的审查和报批工作,根据有关法律规定,制定的审批制度。主要是指国家海洋局2003年1月1日制定的《省级海洋功能区划审批办法》。

(1)审查依据:国家海域使用管理和海洋环境保护的法律、法规;国民经济和社会发展计划及中长期规划;全国海洋功能区划及其他经国务院批准的规划;国家海洋开发利用与保护的有关政策;省级国民经济和社会发展计划及中长期规划;海洋功能区划管理制度和技术规范。(2)审查内容:省级海洋功能区划的编制是否依据《中华人民共和国海域使用管理法》、《中华人民共和国海洋环境保护法》和《国务院关于全国海洋功能区划的批复》(国函〔2002〕77号)的有关规定等内。(3)审查报批程序:省级海洋功能区划由省、自治区、直辖市海洋行政主管部门组织编制,报同级人民政府审核。国家海洋局对区划的编制予以指导;省级海洋功能区划经省级人民政府审核同意后,由省级人民政府上报国务院,同时抄送国家海洋局(抄送时附区划文本、登记表、图件、报告、编制说明、专家评审意见,一式20份);国务院将省级人民政府报来的请示转请国家海洋局组织审查,国家海洋局收到交办文件后,即分送国务院有关部门和单位征求意见,有关部门和单位应在收到征求意见文件之日起30日内,将书面意见反馈国家海洋局,逾期按无意见处理;国家海洋局经综合协调各方面意见后,在15日内正式提出审查意见。审查认为不予批准的或有关部门提出重大意见而有必要对区划进行重新修改的,国家海洋局可将该区划退回报文的省级人民政府,请其修改完善后重新报国务院;省级海洋功能区划经审查同意后,由国家海洋局起草审查意见和批复代拟稿,按程序报国务院审批。省级海洋功能区划经国务院批准后,省级人民政府应当自批准之日起30个工作日内向社会公布。但是,涉及国家秘密的部分除外。 (王 丽)

shiye

失业(unemployment) 在劳动年龄内有劳动能力的人员,目前无工作并以某种方式正在寻找工作。即必须同时满足下述三个条件:第一个条件是本人无工作,没有从事有报酬的职业或自营职业;第二个条件是本人当前具有劳动能力,可以工作;第三个条件是本人正在采取各种方式寻找工作。

造成失业的原因是多方面的,国际上一般将失业原因分为如下几类:摩擦性失业,季节性失业,技术性失业,结构性失业,周期性失业。 (冯春华)

shiye baoxian

失业保险(unemployment insurance) 国家通过立法强制实行的,通过向用人单位和劳动者本人筹集失业保险基金,对因失业而暂时中断生活来源的劳动者在法定期间提供物质帮助的社会保险制度。它是社会保障体系的重要组成部分,是社会保险的主要项目之一。失业保险的基本待遇是发放失业保险金,也包括享受免费再就业培训及其他待遇。

和其他社会保险制度相比,失业保险具有以下特点:(1)失业保险的对象是失业劳动者。即失业保险只对有劳动能力并有劳动意愿但无劳动岗位的人提供。并且未曾就业者不在此列。(2)享受失业保险待遇有一定期限。失业保险只能在法定期限内享受,超过法定期限,即使劳动者仍处于失业状态,也不可再享受。我国规定劳动者领取失业保险金的最长期限为24个月。(3)失业保险费主要由用人单位和劳动者缴纳。缴费比例、缴费方式相对稳定,筹集的失业保险费,不分来源渠道,不分缴费单位的性质,全部并入失业保险基金,在统筹地区内统一调度使用以发挥互济功能。
(张景丽 冯春华)

shiye baoxian daiyu de fafang
失业保险待遇的发放(reimbursement of treatment of unemployment insurance) 经办机构自受理失业人员领取失业保险金申请之日起10日内,对申领者的资格进行审核认定,并将结果及有关事项告知本人。经审核合格者,从其办理失业登记之日起计发失业保险金。经办机构根据失业人员累计缴费时间核定其领取失业保险金的期限。失业人员累计缴费时间按照下列原则确定:实行个人缴纳失业保险费前,按国家规定计算的工龄视同缴费时间,与《失业保险条例》发布后缴纳失业保险费的时间合并计算;失业人员在领取失业保险金期间重新就业后再次失业的,缴费时间重新计算,其领取失业保险金的期限可以与前次失业应领取而尚未领取的失业保险金的期限合并计算,但是最长不得超过24个月。失业人员在领取失业保险金期间重新就业后不满一年再次失业的,可以继续申领其前次失业应领取而尚未领取的失业保险金。失业人员失业前所在单位和本人按照规定累计缴费时间满1年不足5年的,领取失业保险金的期限最长为12个月;累计缴费时间满5年不足10年的,领取失业保险金的期限最长为18个月;累计缴费时间10年以上的,领取失业保险金的期限最长为24个月。重新就业后,再次失业的,缴费时间重新计算。

失业保险金的标准,按照低于当地最低工资标准、高于城市居民最低生活保障标准的水平,由省、自治区、直辖市人民政府确定。
(冯春华)

shiye baoxian daiyu de zige tiaojian
失业保险待遇的资格条件(qualification for treatment of unemployment insurance) 失业者要想取得享受失业社会保险待遇的权利,必须具备一定的资格和条件。各国关于失业社会保险待遇享受的条件都有严格的规定,大致有以下几方面:其一,年龄条件。失业社会保险的享受对象必须是处于法定劳动年龄阶段的人口,各国的失业社会保险均不包括未成年人和已超过法定退休年龄的人。其二,身份条件。失业保险的享受对象必须具有曾经就业及交纳失业保险费的身份条件,即必须是原来已经从事社会法定有酬劳动的,并按规定缴足失业保险费的失业人员。其三,原因条件。失业保险的享受对象必须是由于非自愿的原因而造成的失业,而不是自愿失业,才有获得失业社会保险待遇的资格。如前所述,失业分为自愿失业和非自愿失业,自愿失业者无权获得社会保险待遇。最后,主观条件。失业保险的享受对象必须从主观上具备就业意愿和劳动能力,失业者必须在指定期限内到职业介绍所或社会保险主管机构进行登记要求重新就业,或者有明确表示重新工作要求的行为。失业人员还必须接受职业训练和合理的再就业安置,不接受职业训练和合理的再就业安置者说明其并无重新就业要求,则停止享受失业保险待遇的资格。

我国《失业保险条例》14条规定具备下列条件的失业人员,可以领取失业保险金:按照规定参加失业保险,所在单位和本人已按照规定履行缴费义务满1年的;非因本人意愿中断就业的;已办理失业登记,并有求职要求的。城镇企业事业单位职工失业后,应当持本单位为其出具的终止或者解除劳动关系的证明,及时到指定的社会保险经办机构办理失业登记。失业保险金自办理失业登记之日起计算。失业人员在领取失业保险金期间,按照规定同时享受其他失业保险待遇。

我国《失业保险条例》15条规定失业人员在领取失业保险金期间有下列情形之一的,停止领取失业保险金,并同时停止享受其他失业保险待遇:重新就业的;应征服兵役的;移居境外的;享受基本养老保险待遇的;被判刑收监执行或者被劳动教养的;无正当理由,拒不接受当地人民政府指定的部门或者机构介绍的工作的;有法律、行政法规规定的其他情形的。
(冯春华)

shiye baoxian jijin
失业保险基金(funds for unemployment insurance) 在国家法律保证下,以集中起来的失业保险费建立的,对因非自愿失业而造成的危险给予补偿的资金,是社会保险基金中的一种专项基金。设置失业保险基金的目的是保障职工在暂时失去工作或转换职业期间的基本生活需要和进行行业转换培训的需要。

失业保险基金具有社会保障基金的一般特点,其一,强制性。即国家以法律规定的形式,向规定范围内的用人单位、个人征缴社会保险费。其二,无偿性。即国家征收社会保险费后,不需要偿还,也不需要向缴费义务人支付任何代价。其三,固定性。即国家根据社会保险事业的需要,事先规定社会保险费的缴费对象、缴费基数和缴费比例。在征收时,不因缴费义务人的具体情况而随意调整。

失业保险基金不同于其他社会保险基金的特点在于,失业保险基金不必过多地征集,以避免丰裕的失业社会保险基金带来过高标准的失业津贴、失业救助和失业家庭补助及从而可能导致的不利的社会和经济后果,如滋长躺在失业津贴、失业救助身上而不愿接受工资偏低工作或不体面工作的懒散行径,容易酿成不怕失业而有损经济效益的弊端。同时,失业风险本身也决定了失业社会保险基金不宜过多,比起疾病、老年、工伤等风险,失业风险毕竟涉及的对象少得多,而且比起老年风险,失业风险经历的时间也短得多,因此,失业保险基金不宜过多征集。 （冯春华）

shiye baoxian jijin de laiyuan
失业保险基金的来源（sources of funds for unemployment insurance） 由谁来提供失业保险基金的问题。失业社会保险基金的来源主要有三个渠道:政府、企业和个人。政府负担的形式是国家对失业保险的定额或亏空部分的补贴。企业负担的形式为劳动者所在单位交纳失业保险费,因为企业用于劳动者的失业保险支出属于成本费用,理应来自企业本身。个人负担的形式为实行投保、储蓄式的社会保险资金,由劳动者在期间定期按工资比例来交纳失业保险费。

目前,世界各国在失业保险基金的分担方式上主要有以下几种情况:其一,全部由企业和被保险人双方负担。双方分担的比例,根据本国的保险政策而定,没有共同的比例和原则。法国、日本等国实行这种方法。其二,企业和被保险人双方负担,政府资助。双方分担的比例,也是根据本国的保险政策而定,没有共同的比例和原则。德国、瑞典等国采取这种分担方法。其三,全部由企业负担。美国就采用了这种方法。

我国的《失业保险条例》对失业保险基金来源问题作了如下规定:"失业保险基金由下列各项构成:城镇企业事业单位、城镇企业事业单位职工缴纳的失业保险费;失业保险基金的利息;财政补贴;依法纳入失业保险基金的其他资金。城镇企业事业单位按照本单位工资总额的2%缴纳失业保险费。城镇企业事业单位职工按照本人工资的1%缴纳失业保险费。城镇企业事业单位招用的农民合同制工人本人不缴纳失业保险费。失业保险基金在直辖市和设区的市实行全市统筹;其他地区的统筹层次由省、自治区人民政府规定。
（冯春华）

shiye baoxian jijin de shiyong ji jianguan
失业保险基金的使用及监管（use, management and supervison of unemployment insurance funds） 失业保险基金用于下列支出:失业保险金;领取失业保险金期间的医疗补助金;领取失业保险金期间死亡的失业人员的丧葬补助金和其供养的配偶、直系亲属的抚恤金;领取失业保险金期间接受职业培训、职业介绍的补贴,补贴的办法和标准由省、自治区、直辖市人民政府规定;国务院规定或者批准的与失业保险有关的其他费用。

失业保险基金必须存入财政部门在国有商业银行开设的社会保障基金财政专户,实行收支两条线管理,由财政部门依法进行监督。任何地区、部门、单位和个人均不得挤占、挪用,也不得用于平衡财政预算。基金根据国家要求实行统一管理,任何地区、部门、单位和个人均不得挤占、挪用,也不得用于平衡财政预算。存入银行和按照国家规定购买国债的失业保险基金,分别按照城乡居民同期存款利率和国债利息计息。失业保险基金的利息并入失业保险基金。失业保险基金收支的预算、决算,由统筹地区社会保险经办机构编制,经同级劳动保障行政部门复核、同级财政部门审核,报同级人民政府审批。失业保险基金的财务制度和会计制度按照国家有关规定执行。 （冯春华）

shiye baoxianjin de shenqing
失业保险金的申请（application for unemployment insurance funds） 失业人员符合《失业保险条例》14条规定条件的,可以申请领取失业保险金,享受其他失业保险待遇。其中,非因本人意愿中断就业的是指下列人员:终止劳动合同的;被用人单位解除劳动合同的;被用人单位开除、除名和辞退的;根据《中华人民共和国劳动法》第32条第2、3项与用人单位解除劳动合同的;法律、行政法规另有规定的。

失业人员失业前所在单位,应将失业人员的名单自终止或者解除劳动合同之日起7日内报受理其失业保险业务的经办机构备案,并按要求提供终止或解除劳动合同证明、参加失业保险及缴费情况证明等有关材料。失业人员应在终止或者解除劳动合同之日起60日内到受理其单位失业保险业务的经办机构申领失业保险金。失业人员申领失业保险金应填写《失业保险金申领表》,并出示下列证明材料:本人身份证明;所在单位出具的终止或者解除劳动合同的证明;失业登记及求职证明;省级劳动保障行政部门规定的其他材料。失业人员领取失业保险金,应由本人按月到经办机构领取,同时应向经办机构如实说明求职和接受职业指导、职业培训情况。 （冯春华）

shiyou tianranqi guandao baohu
石油、天然气管道保护（protection of petroleum and natural gas pipeline） 主要包括管道设施的保护制度、管道设施与其他建设工程相遇的处理制度以及相应的法律责任制度。我国的石油、天然气管道保护主要由国务院制定并公布的《石油天然气管道保护条例》调整和规范。管道设施是重要的基础设施,受法律保护,任何单位和个人不得侵占、破坏、盗窃、哄抢。任何单位和个人都有保护管道设施和管道输送的石油、天然气的义务。对于侵占、破坏、盗窃、哄抢管道设施和管道输送的石油、天然气以及其他危害管道设施安全的行为,任何单位和个人都有权制止并向有关部门举报。管道设施发生事故时,管道企业应当及时组织抢修,任何单位和个人不得以任何方式阻挠、妨碍抢修工作。管道泄漏和排放的石油,由管道企业负责回收和处理,任何单位和个人不得据为己有。后建、改(扩)建的建设工程与已有的管道设施相遇而产生的管道设施保护问题,由后建、改(扩)建的建设工程项目单位与管道企业协商解决。后建、改(扩)建的建设工程需要管道设施改线、搬迁或者增加防护设施的,所需费用由后建、改(扩)建的建设工程项目单位承担。石油、天然气管道保护制度的实施对保证石油、天然气管道的正常运行、防止偷油盗油事件的发生、维护公共安全等起到了重要的作用。 (戴 菲 白 峰)

shiyou dizhen kantan sunhai buchang zhidu
石油地震勘探损害补偿制度(system of compensating for damage in petroleum seismic exploration) 主要包括石油地震勘探作业损害补偿制度和地震作业地震波造成损害的补偿制度。国务院《石油地震勘探损害补偿规定》规定了我国的石油地震勘探损害补偿制度。石油地震勘探按照实际损害程度由地震作业队给予受损害的个人或者单位一次性补偿,补偿费用应当及时支付。任何单位或者个人不得截留、回扣补偿费用,或者向地震作业队索要补偿费用之外的费用或者实物。石油地震勘探作业损害补偿包括对粮食作物和其他经济作物造成损害补偿、对农田地面设施的损害补偿、对封冻期青苗的损害补偿、对无封冻期的已耕待种地的损害补偿、对牧区人工种植的草场造成损害补偿、对竹木造成的损害补偿、炮眼回填补偿等。地震作业地震波造成损害的补偿根据不同类的损害采用不同的补偿方法。《石油地震勘探损害补偿规定》还规定了不予补偿的范围和相应的罚则。石油地震勘探损害补偿制度划定了补偿范围、规定了补偿费用的具体计算方法,保障了石油地震勘探作业的顺利进行。

(戴 菲 白 峰)

shiyou fa
石油法(petroleum law) 调整石油合理勘探、开采、加工炼制、储运、供应、贸易活动及其规制所产生的社会关系,保证石油安全、有效、持续供给的石油法律规范的总称。

石油法的调整对象 石油法所调整的社会关系包括两类:(1)石油开发利用关系。这种关系的内容是国家和石油企业支配石油资源及其产品,进行交易,排除他人干涉并获得石油均衡利益。石油开发利用关系贯穿于石油业的始终,是石油业最基本的内容,是石油法调整的重要部分。(2)石油开发利用规制关系。这种关系的内容是政府对石油企业和其他事业主体进行规制。

石油法的性质和特点 (1)石油法的性质主要体现在两方面:第一,石油法是石油业法。石油业不仅是石油法规范的空间,也是石油法规范的对象和内容。第二,石油法是石油供给法。保证石油安全、有效、持续供给是石油法的宗旨和功能。(2)石油法是以石油业为规范对象的法律。

石油法的分类与发展 现代石油法的形成和变迁往往与石油的生产和使用有关,与对石油的战略有关。现代石油法可以分为五类:石油勘探和生产法,石油加工炼制、供应、进出口法,石油政策法,石油管道法,石油公司法。每一类石油法都有特殊功能及形成和变迁的动因:石油勘探和生产法主要是产油国的法律,主要是确定石油资源的财产权和采矿秩序,是最早出现的石油法;石油加工炼制、供应、进出口贸易法主要是石油输入国的法律,注重石油工业的培育和稳定石油供给;20世纪70年代后,石油政策法较多地被用于解决石油工业的突出问题,如促进本国石油的勘探和开发,应付石油危机,谋求经济稳定,确保石油适当供给和节约石油;石油储运的法律调整往往是同石油勘探和生产结合在一起,主要规定管道铺设条件、建设工程、管道进入等问题;石油公司法主要是对国家石油公司所作的规定,因为国家石油公司往往是国家垄断和控制石油资源的手段。总之,石油法已从单纯的石油矿业法,发展成以石油矿业法为主多种单行法结合的石油法律体系。石油法在使石油业规范化和制度化的同时,保证了石油的安全、有效、持续供给,这正是石油法及其制度安排在许多国家受到重视的原因。(张 璐)

shiyou huanjing zhidu
石油环境制度(system of environmental protection in petroleum exploitation) 石油法安排的在石油业中保护环境、保护资源、防治污染的石油法律制度。这项制度包括四个方面:第一,政府通过石油业许可权的有效行使,要求石油业财产权主体承担保护环境、防治污染的义务。如乌克兰1994年《石油勘探、生产许可证法》第12章第1条规定,许可证持有人必须保证其作业带来最低限度的生态破坏或毁灭,控制在许可区块发现或生产之石油的涌出并防止其漏出或可避免的浪费,防止地下含油层的损坏,防止损坏土地、淡水资源以及树木、庄稼房屋和其他建筑物。第二,政府也可通过现场监督检查,矫正环境破坏的行为和污染行为。第三,政府还可通过强制石油供给措施,限制石油使用量,达到对环境保护的目的。第四,石油财产权主体,通过财产权自律的相互制约,减少或限制污染,从而保护环境。由于石油契约(见石油矿业权)专门设定了石油矿业权主体的保护环境和避免资源浪费的义务,这就要求矿业权主体在石油作业中恪守环境法律规范和防止污染，通过政府规制和矿业权主体的努力推动石油作业、炼制等技术水平的提高，降低成本，减少资源浪费和防治污染。

（张　璐）

shiyou kuangyequan

石油矿业权（system of petroleum mining industry rights）　探矿权人和采矿权人依法在划定的区块范围内对石油资源进行勘探、开采，排除他人干涉并获得原油的权利。石油矿业权有两个特点：第一，内容是非所有权人支配石油资源从事勘探、开采的权利；第二，性质属于准物权，权能类似于所有权，期限类似于用益物权。石油矿业权既是探矿权人和采矿权人获得石油资源利益的手段，又是所有权人实现权利并获得石油资源利益的手段。因此，石油矿业权的取得不仅要通过投资者的竞争、投资者与所有权人的讨价还价，还要经过政府的审查获得许可，一般要经过招标或竞租——石油契约——颁发勘探和开采许可证的程序。

（张　璐）

shiyou zhengfu guizhi zhidu

石油政府规制制度（system of the petroleum government regulating）　有效的政府规制是维持正常石油开发利用秩序、保证石油业健康稳健发展的基本前提，政府必须从多角度展开对石油业发展进行全面的调节、规划、引导、控制和监督。包括以下内容：

石油业许可证制度　该项制度是石油业政府规制制度中最基本的制度，不仅构成了石油业政府规制的主要内容，也决定了石油业财产权形成和运作的主要方式。无论是石油矿业权、炼制业权，还是石油储运、供应、进出口贸易业权都要以石油业许可证为根据，因此，石油业许可证制度兼有政府规制制度和财产权制度的双重意义。

现场监督检查制度　是政府主管部门依照法律和各种技术规程、规范、规则对石油作业者的各项地下和地表作业，进行监督和检查的制度。这项制度的宗旨是保护石油资源，实施安全规则并确保产量统计和所有权人利益的实现。

石油计划供给制度　是政府依法通过计划对石油的需求量和供应量、石油的生产量和进出口量、石油炼制设备的处理能力以及其他重大石油需求事项作出安排的制度，用以保证石油的安全、稳定和合理供应。

石油供求调整制度　是政府依法向石油从业者直接下达命令，调整石油供应量与需求量用以稳定一国石油安全供给秩序的制度。

强制石油供给制度　是政府依法强制调整石油攻击关系的制度。这项制度旨在通过强制措施应付战争、事变、天灾、地祸或国际石油状况恶化等突发事件而出现的石油危机，一般是在石油供求调整制度无效时采取的。

石油业基金制度　是政府依法设立专项资金，经政府特许专用于促进石油业发展的财政支持制度。这项制度旨在有效推进石油供应和价格稳定及开发事业。

石油战略储备制度　是政府依法储备一定数量的石油资源和成品油，非经特许不得开发和使用的制度。这项制度旨在保证石油的安全供给和应付突发事件。

（张　璐）

shiyou zhuanxiang quanyi

石油专项权益（exclusive specialized rights of petroleum）　围绕石油资源开发利用的各种专项活动的权利依据，它有效保证了石油业的正常运行与发展，对围绕石油资源开发利用所产生各种利益的合理分配提供了明确的法律依据。其主要包括石油炼制业权和石油储运、供应、进出口贸易业权。

石油炼制业权，是指石油矿业权人或他人依法对原油进行加工炼制，获得炼制品（如成品油或液化气）及其他利益的权利。现代矿业已经从采掘业延伸到加工业，从这一点来看，石油炼制业理应包含石油矿业权，即石油矿业权特别是采矿权本身就应有炼制业权的内容，但是从现行石油法律规范看，石油矿业权主要是勘探、开采或生产石油资源的内容。另外，石油炼制业直接决定了一国市场石油供给，法律对石油炼制业从业资格规范较多，而且不少石油炼制业权人并不是石油矿业权人。石油炼制业权依许可取得，其条件是：炼油设备的处理能力符合政府石油供求计划，具有从事石油炼制业的经济能力和技术能力，能保证石油的稳定和廉价供给。石油炼制业权人的主要义务是：向政府主管部门报告年度生产、进出口和供应计划，听从其劝告和指导，新设或改造炼制设备必须经政府许可，权利转让和受让或合并须经政府认可，保证油品质量，设置账本接受政府的检查，注重环境保护，等等。

石油储运、供应、进出口贸易业权：（1）石油储运主要是管道运输，因此，石油储运业权主要是依法经营管道从事原油、成品油、天然气的运输业的权利。经营石油管道须经过政府主管部门许可。石油储运许可的条件主要有：有足够的投资和技术能力，符合政府的布局和安排。石油业储运业权人的主要义务是：科学铺设管线，减少和避免财产损失，妥善解决与相邻人的冲突，防止油气泄露，向政府报告管道运营的状况，保证安全，保护环境，履行管道运输契约。（2）石油供应业权是指石油矿业权人、炼制业权人和其他人，从事国内市场石油交易的权利。从事石油供应业（如加油站、代销店）需经政府主管部门许可，其主要条件是：有一定储存设施和供应场所,有一定投资,符合政府油品供求计划。石油供应业权人的义务主要有:向政府报告供应计划,保有一定储量在特殊场合向特定人出售,设置账本接受政府检查,执行政府确定的油品供应价格,保证供应油品的质量,维护用户和消费者利益。(3)石油进出口贸易业权是指石油矿业权人、炼制业权人和其他人依法从事原油和其他油品的输入和输出的权利。从事石油进出口贸易业也需要申报,经过政府的许可。石油进出口贸易业权的主要义务有:向政府报告石油进出口计划,设置账本接受政府检查,严格依法贸易,执行政府的贸易管制。

(张 璐)

shiyou ziyuan suoyou
石油资源所有(system of ownership of petreum resources) 所有人依法对石油资源占有、使用、处分和收益的权利。从现行各国矿业法和石油法确立的石油资源所有权制度看,石油资源所有权主体的确定可以分为两种类型:(1)土地所有权制度。石油资源所有权主体是根据石油资源所有权所依附的土地所有权来确定的,要取得或丧失石油资源所有权只需取得或丧失其依附的土地所有权即可。(2)矿产资源所有权制度。土地所有权与矿产资源所有权分离,坚持矿产资源所有权的独立性,矿产资源的所有权不因其所依附的土地及其所有权和其他权利的不同而改变。

根据我国法律和行政法规、规章的有关规定,中国实行矿产资源所有权制度,石油资源所有权是矿产资源所有权在石油业的实施。石油资源属于国家所有,不因其依附的土地所有权和使用权的不同而改变。国务院代表国家行使石油资源所有权,国务院地质矿产主管部门对石油资源实施统一分配。国家对石油资源实行有偿开采,石油采矿权人按原油、天然气销售收入的1%向国家缴纳矿产资源补偿费。这项制度确定了国家石油资源所有权制度,明确了国家所有权主体代表及其执行机构,并确定了有偿开采的实现方式。

(张 璐)

shimingzhi
实名制(real name system) 个人在金融机构开立存款账户办理储蓄业务时,应当使用符合法律、行政法规和国家有关规定的存款人的真实姓名和证件号码,以确定其对开立账户上的存款享有所有权的一项基本制度。

个人在金融机构开立个人存款账户时,应当出示本人身份证件,使用实名。代理他人在金融机构开立个人存款账户的,代理人应当出示被代理人和代理人的身份证件。不出示本人身份证件或者不使用本人身份证件上的姓名的,金融机构不得为其开立个人存款

账户。金融机构及其工作人员负有为个人存款账户的情况保守秘密的责任,有权拒绝任何单位或者个人查询、冻结、扣划个人在金融机构的存款,但是,法律另有规定的除外。

许多国家存款都采用实名制。欧洲一些国家早在20世纪初就实行了存款实名制,美国从20世纪二三十年代开始实行。实名制要求存款人使用真实姓名,这对建立一个国家社会信用制度也具有积极的作用。

(周梁云)

shixian shixian jizhi
实现时限机制(mechanism of realizing-period) 经济法的实施效果符合经济法的立法目的这一过程的时间。经济法的实现与经济法的实施是具有联系而又有区别的两个概念。法律实施是法律实现的必要条件,但是实施未必导致实现;实现是实施的应有结果而非自然结果。实施是一个行为过程,包括法律的遵守、法律的执行、法律的适用等行为构成的活动过程;实现是已经成立的法律的目的与结果之间的符合状态。

经济法的实现,是经济法的目的的实现,是对经济法的实施所作的主观上的评价。经济法的实现,是一个由应然到实然,由静态的法到动态的法的过程。在这一转化过程中,经济法的实现总是受到一些因素的影响和限制,可能背离或者无限接近于经济立法目的。具体而言,经济法的实现时限,取决于五个方面的因素,一是经济立法本身的合理性;二是经济执法的力度;三是经济法主体自觉遵循经济法的程度;四是法律监督,以及法律责任的设置;五是现实经济条件的改变过程,这主要取决于经济链条之间的关系和运行周期。如果上述五个因素能够顺利实现,那么经济法的目的的实现时限就会相应变短,反之则会加长。提出经济法的"实现时限"的概念,有利于强化执法和守法环节,有利于保障国民经济的良性运行,有利于弱化经济周期。

(赵 玲)

shixing shehui zhuyi jiben jingji zhidu yuanze
实行社会主义基本经济制度原则(principle of implementing the basic economic system of socialism) 经济法以各种法律形式和调整手段,保障、巩固和发展社会主义基本经济制度的原则。我国经济法把实行社会主义基本经济制度作为自己的基本原则,有深刻的理论背景和现实基础。社会基本经济制度包括生产资料所有制和分配制度。社会主义市场经济条件下的基本经济制度,是社会主义公有制为主体、多种所有制经济共同发展,以及按劳分配为主体、多种分配方式并存的制度。社会主义基本经济制度是我国经济立法的基础和前提。经济立法必须以实行社会主义基本经济制

度为原则,才能反映我国经济立法的性质和状况。

(张长利)

shizhi keshui yuanze
实质课税原则 (tax principle of substance over form) 又称实质课税法、实质课税主义、经济观察法。课税要素的满足要根据经济生活和经济目的的实质进行确定的原则。它起源于德国第一次世界大战后的经济观察法。当时,一些不法商人借机发国难财,其行为违反了强制禁止规定,在民法上被认定为无效行为,其时税法是民法的附随法,因此民法上无效的行为税法上也无效,无须征税。这引起了广大纳税人的强烈不满,引发了财政危机。在税法学者Becker、Ball等人的倡导下,德国在其《帝国租税通则》中明确税法的解释应考虑其经济意义,对租税规避进行了明确的定义。从此,经济观察法(实质课税原则)成为税法理论与实践中关键问题之一。实质课税原则的适用类型主要包括:纳税客体经济上的归属、无效法律行为满足课税要件的课税、违法或违反善良风俗行为满足课税要件的课税及税收规避行为的否认和反对。 (熊晓青)

shizhi shencha
实质审查 (formal substantial examination) 又称完全审查,于1836年创设于美国。专利局对申请发明专利的新颖性、创造性和实用性条件进行审查。对于启动发明专利程序,一般由申请人自申请日起3年内主动向国务院专利行政部门提出请求;申请人无正当理由逾期不请求实质审查的,该发明专利申请即被视为撤回。但是,国务院专利行政部门认为必要的时候,也可以自行对发明专利申请实质审查。 (严 励)

shipin biaoqian biaozhunhua
食品标签标准化 (standardization of food label) 为保护消费者的利益,维护食品生产者和销售者的合法权益,对食品标签所依法实施的标准化管理。在中华人民共和国境内生产或者销售的预包装食品的标签必须符合强制性国家标准《食品标签通用标准》(GB 7718)、《饮料酒标签标准》(GB 10344)、《特殊营养食品标签》(GB13432)的规定,食品标签不符合上述规定的预包装食品不得出厂和销售。 (麻琳琳)

shipin guanggao
食品广告 (advertisement for food) 食品生产者或经营者利用各种媒介或形式发布的用于宣传推销其所生产或者经营食品的广告。发布食品广告必须具有地(市)级以上食品卫生监督机构出具的《食品广告证明》,未有该证明的,不得发布食品广告。申请发布食品广告,应当具有或者提供下列真实、合法、有效的证明文件:营业执照;卫生许可证;保健食品广告(具有特定保健功能,适宜于特定人群,具有调节机体功能,不以治疗疾病为目的的食品),应当具有或者提供国务院卫生行政部门核发的《保健食品批准证书》、《进口保健食品批准证书》;新资源食品广告(以在我国新研制、新发现、新引进的无食用习惯或者仅在个别地区有食用习惯的,符合食品基本要求的物品生产的食品),应当具有或者提供国务院卫生行政部门的新资源食品试生产卫生审查批准文件或者新资源食品卫生审查批准文件;特殊营养食品广告(通过改变食品的天然营养素的成分和含量比例,以适应某些特殊人群营养需要的食品),应当具有或者提供省级卫生行政部门核发的准许生产的批准文件;进口食品广告,应当具有或者提供输出国(地区)批准生产的证明文件,口岸进口食品卫生监督检验机构签发的卫生证书,中文标签;关于广告内容真实性的其他证明文件。

(赵芳芳)

shipin yaopin fangxin gongcheng
食品药品放心工程 (reassurance project of food and drug)

工程重点 以质量卫生安全为主题,抓好食品源头污染治理和市场准入两个环节,严厉打击制售假冒伪劣粮、肉、蔬菜、水果、奶制品、豆制品、水产品等"菜篮子"产品和药品、医疗器械的违法犯罪活动,捣毁制售这类假冒伪劣产品的窝点,对无证食品、药品、医疗器械的生产、经营和使用进行整治。

主要内容和措施 生产加工环节整治,加强源头管理;严格市场准入,规范经营行为;推广现代流通方式,提高市场组织化程度;完善法规,加大执法力度;建立应急处理机制;加强法制宣传教育,加快信用体系建设;发挥社会监督作用。 (傅智文)

shiyan jiage guanli
食盐价格管理 (administration of salt price) 为规范食盐价格行为,维护消费者和经营者的合法权益,促进盐业健康发展,根据《中华人民共和国价格法》和《食盐专营办法》等有关法律、行政法规,对食盐价格的制定、调整等所进行的管理。

我国食盐价格实行政府定价,按照食盐生产、经销环节分别制定食盐的出厂价格、批发价格(含产区批发价格和销区批发价格,下同)和零售价格。食盐价格实行统一领导、分级管理。国务院价格主管部门负责制定或调整食盐的出厂价格、批发价格;省、自治区、直辖市价格主管部门制定或调整食盐零售价格和小包装费用标准。制定或调整食盐价格应以生产经营食盐的社会平均成本费用为基础,并考虑生产经营条件差别、食盐品种等级差别、消费者特别是边远地区居民承受能力、毗邻地区价格衔接等因素。同品种食盐原则上实行全省(自治区、直辖市)统一零售价格。

出口食盐的价格由经营者自主制定。

(傅智文 刘 鹏)

shiyan zhuanying banfa

《食盐专营办法》(Rules on Exclusive Trading of Salt) 1996年5月27日国务院发布,自发布之日起施行的一部规定食盐专营的行政法规。该法规明确规定了国家对食盐实行专营管理。它适用于中华人民共和国境内的食盐生产、储运和销售活动。规定国务院授权的盐业主管机构负责管理全国食盐专营工作。县级以上地方各级人民政府授权的盐业主管机构,负责管理本行政区域内的食盐专营工作。具体内容包括:食盐生产、食盐销售、食盐的储存和运输及法律责任等。

(薛建兰 景朝阳)

shijie banquan gongyue

世界版权公约(Universal Copyright Convention) 1952年9月6日,在联合国教科文组织的主持下,在日内瓦召开的政府间代表大会上通过的《世界版权公约》。因为该公约是在日内瓦签订的,所以又叫《日内瓦公约》。公约于1955年9月16日生效,生效后只在1971年与《伯尔尼公约》同时在巴黎修订过一次,修订本在1974年7月14日生效,新加入的国家只能参加修订后的巴黎版本。中国已于1992年10月30日加入了该公约。公约的管理机构是联合国教科文组织。

《世界版权公约》共有正文21条和2个附加议定书,条文不到《伯尔尼公约》的五分之一。该公约的主要目的是为了协调《泛美公约》成员国与《伯尔尼公约》成员国之间的关系,它同时兼顾了欧洲大陆法系和美洲国家不同的立法习惯和传统。《世界版权公约》与《伯尔尼公约》并无实质性的差别,只是其对版权的保护水平较低:(1)《世界版权公约》的国民待遇原则相对简单,主要反映在"人身标准"的采用程度,即对非成员国的国民视为成员国国民不是一种义务,而且采用的是"住所";(2)《世界版权公约》采取的是附条件的自动保护原则,也叫非自动保护原则,这主要是照顾一些诸如《泛美公约》的成员国不实行自动保护的传统而采取的一种变通办法;(3)《世界版权公约》对版权的保护期限也规定的较短,即不得少于作者有生之年及其死后25年。为了避免两个公约并存下可能出现的冲突,根据《世界版权公约》的有关声明,原来是伯尔尼联盟成员国的国家在加入《世界版权公约》的时候不得退出《伯尔尼公约》,否则,将不得在伯尔尼联盟的成员国境内受到《世界版权公约》的保护。

(罗大帅)

shijie maoyi zuzhi

世界贸易组织(World Trade Organization,WTO) 1995年1月1日根据《建立世界贸易组织协定》(Agreement Establishing World Trade Organization)正式诞生的世界贸易组织(WTO)是当今世界上全面规范、调整各国贸易政策与贸易关系的全球性贸易组织,并且它是一个拥有完全法律人格和健全组织机构的永久性国际组织。

1947年《关税与贸易总协定》(General Agreement on Tariffs and Trade,GATT)是世界贸易组织的前身,它是世界上第一个在国际经济关系中规范各国的关税与贸易政策的多边协定。

GATT这个名词在WTO建立之前具有双重含义,它既是缔约方在制定贸易政策和实施贸易管理行为时应遵守的多边协定,同时又是一个监督协定实施,调整与解决缔约方贸易纠纷的事实上的国际组织。GATT自签订以来一共进行了8轮多边贸易谈判,在第8轮即乌拉圭谈判中产生了世界贸易组织。

世界贸易组织的宗旨 提高人类生活水平,保证充分就业,大幅度稳步提高其实际收入和有效需求;扩大生产和商品贸易,并扩大服务贸易(这是较之GATT有重大发展之处);遵照可持续发展的目标和不同经济发展水平国家的各自需要,合理地利用世界资源,保护环境;确保发展中国家国际贸易的增长和经济的发展;建立一体化的多边贸易体制,实现贸易自由化。

世界贸易组织的职能 (1)促进WTO协议和各项多边贸易协议的事实、管理和运作,并为其提供组织保障;(2)为各成员国提供多边贸易谈判场所,并为谈判结果的实施提供框架结构;(3)为成员之间的贸易争端提供解决机制,使其能得到公平合理的解决;(4)监督各国贸易政策,定期审查各成员国的贸易体制,要求各成员详细报告其贸易措施和统计情况;(5)促进与其他国际经济组织的合作,以保障全球经济决策的一致性。

世界贸易组织的机构 主要包括部长会议、总理事会、委员会、秘书处和总干事等。(1)部长会议是WTO的决策机构,又是它的"立法机构",由所有成员的代表组成,两年召开一次会议。部长会议应履行WTO的职能,并采取必要措施以达到其宗旨实现;它有权对各多边协议的实现作出决定;还可通过谈判创立、修改WTO属下的各项法律制度。(2)总理事会既是WTO的主要执行机关,又是常设的决策机关,由所有成员国代表组成,在适当时候召开会议。总理事会负责监督 WTO 属下各协议和部长会议的执行,并负责协调各分理事会、委员会、贸易争端解决机构、贸易政策评审机构的运行;在部长会议休会期间,总理事会执行部长会议的各项职能。总理事会下设货物贸易理事会、与贸易有关的知识产权理事会和服务贸易理事会。(3)委员会是指由部长会议设立的贸易与发展委员会、国际收支限制委员会和预算、财务和行政委员会及其他委员会。委员会的委员应当从所有成员国的代表中产生,委员会负责履行 WTO 协议和各多边贸易协赋予的各种职能。(4)秘书处是为 WTO 的各种机构提供秘书性工作的机构。秘书处的工作由总干事领导,总干事是秘书处的首脑,其人选由部长会议任命,其权利、职责、服务条件和任期也由部长会议以立法形式确定。

世界贸易组织不仅全面继承了 GATT 的宗旨和规则,还继承了 GATT 的缔约方,但是它从根本上改变了 GATT 不正规国际组织的尴尬处境,成为一个正式的国际经济贸易组织。截至 2004 年 4 月 23 日,世界贸易组织共有 147 个成员国,中国于 2001 年 12 月 11 日正式加入。世界贸易组织的建立标志着国际贸易进入了一个新的时代,它所属的一系列规则,调整国际贸易的许多方面,极大地影响着国际贸易的发展,成为维护国际经济秩序的支柱之一。

(罗大帅)

shijie yinhang jituan

世界银行集团(World Bank Group,WBG) 国际复兴开发银行,还包括多边投资担保机构和解决投资争端国际中心。1944 年 7 月在美国新罕布尔州布雷顿森林召开的联合国国际货币金融会议上通过了《国际复兴开发银行协定》,根据该协定,1945 年 12 月 27 日国际复兴开发银行(International Bank for Reconstruction and Development,IBRD)成立。1955 年 5 月,世界银行制定了《国际金融公司协定》,依照此协定成立了国际金融公司(International Financial Corporation,IFC)。世界银行又于 1960 年 1 月制定了《国际开发协会协定》,并依此成立了国际开发协会(International Development Association,IDA)。以上三个国际金融组织组成了世界银行集团。截至 2004 年 4 月 20 日,IBRD 共有 184 个成员国,IDA 共有 164 个成员国,IFC 共有 176 个成员国。中国是世界银行的创始成员国之一,1980 年 5 月 15 日,世界银行恢复了中国的合法席位。

世界银行集团是目前世界上最大的多边开发援助机构,对其成员国而言,也是最大的国外借贷机构。世界银行最先建立的原因是援助第二次世界大战受到破坏的国家,但是随着时代的发展,其宗旨也有了相应的改变:通过提供资金、经济和技术援助、鼓励国际投资等方式,帮助成员国,特别是发展中国家提高生产力,以减少贫困,实现持续稳定、公正公平和不破坏环境的经济增长促进经济发展和社会进步,改善和提高人民的生活水平。为实现其宗旨,三个组织分工协作,各司其职。

根据世界银行协定的规定,其组织机构分为理事会、执行董事会、总裁及其他必要的职员。理事会是世界银行集团的最高权力机构,由各成员国委派理事和副理事各一名组成;执行董事会是经理事会授权,负责办理日常重要事务的机构;总裁是银行员工的首脑,负责银行的日常事务。另外,世界银行集团下设专门机构,解决该集团的工作人员与管理机构之间的争端。

世界银行的资金包括会员国认缴的股金、营业收入和在国际金融市场上的借款。其中法定资本是由各成员国认缴,每认缴一股取得一票投票权。世界银行集团被认为是目前国际经济秩序的三大支柱之一。

(罗大帅)

shijie zhishi chanquan zuzhi

世界知识产权组织(World Intellectual Property Organization) 1970 年 9 月,作为政府间国际组织机构的世界知识产权组织成立,于 1974 年 12 月成为联合国专门机构,总部设在日内瓦。该组织的宗旨是促进世界范围的对工业产权和版权的保护,扩大发展各种知识的交流并为发展中国家提供技术转让。世界知识产权组织的活动主要是:(1)鼓励制定保护知识产权的国际条约及各国的国内立法;(2)鼓励发达国家先进技术向发展中国家转移,并向发展中国家提供知识产权方面的技术援助和咨询服务;(3)办理国际知识产权注册登记;(4)促进文件和专利局程序的标准化;(5)管理国际专利证件中心,为各成员国提供检索服务。随着世界各国知识产权保护的加强以及全球化进程的加快,世界知识产权组织所发挥的作用越来越大,在国际范围内的影响不断加强。

(徐中起)

shichang hunxiao xingwei

市场混淆行为(the behavior of market confusion) 经营者采用假冒或者模仿的不正当手段,使其商品与他人的商品相混淆,而导致或者足以导致购买者误认为的行为。市场混淆行为就是行为人通过使用与他人商品相同或者相似的表征或标示,使人将其商品误认为是他人商品的行为。其行为的特征是明显的,主要有:(1)市场混淆行为的主体涉及三方当事人,即混淆行为人、被混淆人以及购买者。混淆行为人是自己的商品上仿冒他人的商品标示的人;被混淆人是其商品标示被他人仿冒的人;购买者是指仿冒商品的销售对象,包括具体仿冒行为中已经购买商品或者可能购买商品的特定或者不特定的人。(2)市场混淆的标的是他人商品的标示。他人商品的标示,是指构成商品的表征并具有将其与其他商品区别开来的区别性特征的商品的外在表征或形式。商标、商号、姓名、名称、商品容器、包装、装潢等,以及企业的标章和其他表示营业或服务的表征,都可以成为商品的标示以及被仿冒的客体。(3)混淆的目的是为了与他人的企业、企业活动或者企业的商品发生混淆,使人将其商品误认为是他人的商品,从而借用他人的竞争优势,行销自己的商品。(4)混淆行为已经或者可能造成市场混淆,在客观市场上造成了不同商品彼此之间的混淆。

从各国竞争立法和市场经济实践来看,市场混淆行为是一种古老的、传统的不正当竞争方式,也是最广泛、最容易被采用的不正当竞争行为,同时也被认为对于市场竞争的危害最为严重。《保护工业产权巴黎公约》以及大多数国家的《反不正当竞争法》都禁止市场混淆行为。从竞争法的发展史来看,最初的不正当竞争行为以及有关不正当竞争的法律规范主要是针对有形商品的市场混淆的。

(苏丽娅)

shichang jizhi
市场机制(market mechanism) 市场机体内供求、价格、竞争、风险等要素之间相互联系、相互作用、相互制约、共同发挥功能的机理。市场机制包括:(1)供求机制。供求机制在微观上决定某种商品的生产与销售,在宏观上决定着宏观经济的运行态势,决定着经济是否均衡发展。(2)竞争机制。竞争机制决定着不同的利益主体之间在市场中的经济利益。竞争有三种基本类型:商品供给者之间的竞争、商品需求者之间的竞争、商品供给者与需求者之间的竞争。竞争机制是在同一部门内部各企业之间和不同部门之间展开的。(3)价格机制。价格机制是一种杠杆,它通过价格与价值的背离及其趋于一致来发挥作用的。价格与价值背离的方向、时间和程度是价格机制能否发挥作用的关键。在市场经济条件下,除了一般商品价格之外,利率、工资、地租、汇率等是更重要的价格。利率机制、工资机制、汇率机制等是价格机制的特殊形式。(4)风险机制。风险机制是一种约束机制。这一机制使经济主体对自己的行为负责,对自己的利益负责。(5)利益机制。利益机制是人们在市场经济条件下进行财富积累和促进社会经济发展的原动力,是市场机制中最重要的、最根本的机制,是市场机制的核心。必须调节好个人利益与社会利益的关系,力求把个人追求自身利益的活动引导到与社会经济发展总目标相一致的轨道上来。既要尊重和保护个人合法的利益,又要保障社会整体利益,有利于促进经济社会的和谐发展。经济立法必须充分重视和发挥市场机制在国民经济运行中的作用。

(张长利)

shichang jizhongdu
市场集中度(degree of market concentration) 反垄断法中评价横向合并的最重要标准。一般来说,一个集中度很高的市场与一个集中度较低的市场相比较,前一种市场上的企业合并将会受到较严格的限制。过去,美国反垄断机构是以市场上4个最大企业的集中度作为测度市场集中的标准。如果市场上4个最大企业的市场占有额共同至少达到75%,该市场就被视为高度集中的市场。从美国司法部1982年合并指南颁布以来,美国开始使用赫尔芬达尔指数(Herfindahl-Hirshmann-Index,简称HHI)测度市场集中度。赫尔芬达尔指数是一种平方计算法。即在一个特定市场上,将市场上所有企业的市场份额进行平方后再相加。例如,市场上有10个规模相同的企业,每个企业所占的市场份额是10%,赫尔芬达尔指数就等于1000。如果市场上有4个企业,它们的市场占有额分别为40%、30%、20%和10%,赫尔芬达尔指数就等于3000。赫尔芬达尔指数与测度市场上4个或者8个最大企业集中度的方法相比较,有两个显著优点:(1)因为它不仅考虑相关市场上4个或8个最大企业的市场份额,而且还要考虑其他竞争者的市场份额,从而能够更精确地反映市场结构。(2)赫尔芬达尔指数使用的是平方计算法,大企业在市场上的份额越大,赫尔芬达尔指数就越大。因此,这种测度方法能够反映大企业对市场竞争有较大影响的实际状况。

(王晓晔)

shichang jingzheng jiben yuanze
市场竞争基本原则(fundamental principle of market competition) 市场交易(竞争)的参与者在市场交易行为中必须遵循和遵守的基本准则。它适用于一切市场中的交易行为,适用于一切市场经济的主体,既是带有法律强制性的法律准则,也是公平交易监督执法机关衡量各种具体交易行为是否公平的最基本的执法依据和标准。

该原则主要包括:(1)自愿原则。是指市场主体有权依自己的意愿进行市场交易和竞争,不受一切非法的干预。自愿包含有三层含义:一是市场主体在竞争中自由地进行意思表示;二是市场主体在竞争中的意思表示自由具有合法性,即市场主体对意思表示内容的自由确定和意思表示方式的自由选择都在法律允许的自由范围内;三是市场主体在竞争中的意思表示不受任何机关、组织和个人的非法干预。自愿原则的内容包括:自愿地进入、退出竞争市场;自主地选择交易对象;自由地确定交易内容;自主地采取交易形式。

(2) 平等原则。是指市场主体在竞争关系中所处的法律地位平等,没有特权和身份的影响,其所为的相同法律行为会受到同等的法律对待,在法律适用上会受到同样的法律保护。平等原则的内容包括:市场主体的主体资格平等;市场主体是彼此独立的,享有意志上的独立,不受他方意志的支配;市场主体权利义务对等,经济利益上相互实现;市场主体平等地受到法律保护。平等原则要求:不准滥用经济优势排挤和限制其他经营者;不准利用行政权力排挤或限制市场的公平竞争;不准利用其他不正当手段毁损竞争对手的声誉。(3) 公平原则。是指市场主体在平等良好的竞争环境中,依据平等适用每一个市场主体的共同规则进行市场交易活动。此处公平与平等的区别主要在于:平等只是顾及经济地位差别的单纯法律地位平等(或称形式上的平等),公平则是针对经济地位差别与法律地位平等的矛盾而强调经济地位强弱不同的主体实现利益上的公平(或称实质平等);平等一般只限于不同当事人之间在同一社会关系中的平等,公平则是把当事人同社会公众、公共利益联系起来,从社会公众、公共利益的角度提出要求。公平原则的内容包括:竞争机会公平、竞争环境公平和竞争结果公平。公平原则要求:不谋求法律之外的特权和竞争中不损害他人利益。(4) 诚实信用的原则。是指市场主体在竞争活动中,应从善意出发,正当地行使权利和承担义务,以维持当事人之间及与社会利益之间的平衡关系。诚实信用原则的内容包括:不为欺诈行为、恪守信用、尊重交易习惯、不得故意规避法律、不得故意曲解合同条款及尊重社会利益和他人利益。诚实信用原则要求:加强道德修养和法制观念,在市场活动中做到表里如一、在接受法定处罚时如实交代情况,不得隐瞒错误。(5) 遵守公认的商业道德的原则。此原则表明了立法者对商事活动中社会公德和市场主体的良知的期望。　　(张景丽)

shichang richang jiandu guanli
市场日常监督管理(supervision and administration on marketing routine)　工商行政管理的一项基础性工作。

　　加强对商品交易市场的日常监督管理的内容:(1) 正确认识强化市场日常监督管理的意义。目前,我国正处于计划经济体制向市场经济体制转轨时期,在市场秩序中尚存在许多不容忽视的问题,违法经营假冒伪劣商品、缺斤少两等各种商业欺诈活动,已成为社会的公害,严重侵害消费者利益乃至危及人民群众生命安全的违法案件经常发生。强化市场日常监督管理就是要通过建立和完善市场管理法规,综合运用工商行政管理的职能,对各类市场主体交易行为进行规范和监督,促进统一开放、竞争有序的市场体系尽快形成。(2) 加强对市场开办单位的日常监督管理,加强对市场的日常监督管理,必须切实加强对各类拥有固定场所、设施,有若干经营者入场,实行集中、公开交易的消费品市场、生产资料市场,以及早晚市、商业出租柜台和各类商品展销会的开办单位的管理。要认真贯彻国家工商行政管理局发布的《市场登记管理办法》、《租赁柜台经营活动管理办法》和《商品展销会管理办法》,强化对市场开办者、柜台出租者和展销会举办者的行为规范。(3) 加强对经营者及其经营行为的日常监督管理,对经营者、市场中介组织及其经营行为的日常监督管理要突出重点。经营者必须取得合法经营主体资格,所持证照必须齐全,必须在指定地点经营,必须按时足额纳税缴费。经营行为必须符合国家有关法律法规的规定,不得损害消费者和其他经营者的合法权益。(4) 加强对上市商品的日常监督管理,加强对上市商品的管理是加强市场日常监督管理的重要内容。上市商品必须符合国家有关质量、计量、卫生等方面的规定,必须按照国家有关规定明码标价。(5) 积极改革监督管理方式方法,及时查处违法违章行为,积极探索改革监督管理的方式方法,全面推进市场巡查制。(6) 建立健全执法责任制,努力提高市场监督管理队伍的素质,强化市场的日常监督管理,要严格规范市场执法行为。市场执法人员必须严格按照《行政处罚法》和《工商行政管理机关行政处罚程序暂行规定》的规定,认真履行自己的职责,严格、公正、规范执法。要建立内部制约机制,实施行政执法不作为追究制度,对执法人员的日常工作进行监督。　　(苏丽娅)

shichang suozheng zhidu
市场索证制度(market claiming receipt system)　行政执法机关为了检查市场商品的进货渠道而建立的市场主办单位向商品经销者索要商品供货证明的管理制度。索证制度的实施范围包括在生活消费品、生产资料市场内销售的关系广大人民群众身体健康和生命安全的各类商品。实行索证索票制度的办法:(1) 在市场经营中必须签订合同的商品,如:机动车、家具、家庭装修,仍按照验证盖章、签订家具、家庭装修的书面合同等方式施行商品的索证索票制度;(2) 已有专项管理规定的商品,如粮食、鲜肉,仍按照建立粮食台账、鲜肉复检的有关规定实行商品索证索票制度;(3) 除此之外的其他商品应按照法律相应规定实行索证制度。　　(张维珍　郑慧玫)

shichang tixi
市场体系(market system)　相互联系、相互制约的各类市场的有机整体。商品市场、金融市场、劳务市场是市场体系的最基本内容,称为市场的三大支柱。

市场体系具有以下特征：(1)完整性。市场在结构上要完整，既包括商品市场，也包括生产要素市场，各类市场相互联系，相互补充，相互促进，缺一不可。(2)统一性。市场必须是全国统一、不可分割的市场，商品交换必须在全国范围内按统一规则进行。(3)开放性。市场既要对内开放，也要对外开放，国内与国际市场相连接。(4)竞争性。市场应为企业有序竞争的场所，应保护公平竞争，防止垄断。(5)有序性。市场体系的运行必须规范、有序，而不应混乱、无序。

一个完整的市场体系按市场上流通的商品属性来划分，包括商品市场和生产要素市场。其中商品市场包括消费品市场和生产资料市场，它们是有形的物质产品的交换场所。生产要素市场既包括金融市场、劳动力市场、技术市场、信息市场、房地产市场、产权市场，也包括同时属于商品市场的生产资料市场。

(张长利)

shichang tiaojiejia

市场调节价(market regulatory price)　由经营者自主指定，通过市场竞争形成的价格。市场调节价包含两个要件：一是市场调节价的定价主体应当是经营者；二是市场调节价应当是通过市场竞争形成的。

(刘　鹏)

shichang yujing zhidu

市场预警制度(market pre-warning system)　工商行政管理人员依据预先设定的测评标准，对辖区内市场开办者、经营者行为进行测评，并根据测评结果，对市场开办者、经营者情节轻微的违法违章行为，及时采取措施，通过提醒、教育等预先警示的方式予以指出并责令其改正的一种监管手段。预警制度是工商行政管理部门的管理方式由事后管理向事前、事中管理的一种转变。实行预警制度的范围和对象包括各类生活消费品、生产资料、生产要素市场的主办单位和市场内的经营者。管理人员定期对辖区内的市场进行巡查，对市场开办者及经营者按照标准进行评分，并将每一次巡查评分情况记录在《市场预警巡查记录表》，每一次预警巡查的扣分结果填写《市场预警扣分告知单》，下发给经营者，并记录在案，违规记录1年内有效。市场开办者要与经营者签订责任书，约定经营者被扣分后市场对经营者相应的处罚事项，以此作为对市场开办者及经营者进行处理的依据。

(张维珍　郑慧玫)

shichang zhipei diwei

市场支配地位(dominant market status)　一个企业的市场势力大到不受竞争制约的程度，以至于不必考虑其他经营者或者其交易对手的利益就可以任意行为的一种状态。这即是说，不是竞争支配这些企业，而是这些企业支配竞争。认定一个企业是否拥有市场支配地位，关键要有一个有说服力并且具有可操作性的司法认定标准。在反垄断理论中，人们提出了根据企业在市场上的盈利情况认定其市场支配地位，这即是所谓的市场绩效主义；根据企业的市场行为认定其市场支配地位，这即是所谓的市场行为主义；根据企业的市场份额认定其市场支配地位，这即是所谓的市场结构主义。因为一个市场是否存在竞争，这基本上取决于市场结构，各国《反垄断法》基本上都是根据企业的市场份额来认定其是否拥有市场支配地位。如《德国反对限制竞争法》第19条规定，一个企业没有竞争者或者没有实质性的竞争，或者相对于竞争者有着显著的市场地位，该企业就是一个占市场支配地位的企业。为了便于适用法律，该条第3款规定了市场支配地位的法定推断：一个至少占1/3市场份额的企业可以推断为占市场支配地位；如果3个或者3个以下的企业共同占有50%的市场份额，5个或者5个以下的企业共同占有2/3的市场份额，可以推断它们共同占有市场支配地位，除非这些企业能够证明它们之间存在着实质性的竞争。然而，市场份额不是说明企业市场地位的唯一因素。在认定一个企业是否拥有市场支配地位的时候，还应当考虑可以说明企业竞争力的其他所有因素，如企业的财力、技术条件、与其他企业间的经济和技术联系、其他企业进入市场的障碍等。

(王晓晔)

shichang zhongjie zuzhi de jingji xingwei

市场中介组织的经济行为(economic behavior of intermediary service)　市场中介组织为规范市场和政府行为，而提供服务、审查、评价或进行自我规范的活动。社会中介组织的功能就是规范市场和政府行为，维护市场秩序，减轻政府负担，协调政府、企业与个人三者之间的矛盾。市场中介组织，按其职能可以划分为市场服务性中介组织、市场监督性中介组织和市场自律性中介组织。

市场服务性中介组织的经济行为　市场服务性中介组织为市场主体的市场行为提供服务的行为。市场服务性中介组织是指为经济组织的市场行为提供服务，同时减轻政府负担的中介机构。主要有两类：一是政府成立的各类市场，如技术交易市场、各类商品交易市场等。二是专业性的市场服务性中介组织，如会计师事务所、审计事务所、资产评估事务所等。

市场监督性中介组织的经济行为　市场监督性中介组织对市场主体的活动进行审查和评价的行为。市场监督性中介组织是指审查和评价市场主体的经济行为,监督其按照公平、公正、公开的原则进行市场竞争的中介机构,如质量检测中心、计量检测中心、商品检验中心、消费者保护协会等。

市场自律性中介组织的经济行为 市场自律性中介组织,作为以生产的产品或从事的经济行为的领域为依托而成立的各种商会和行业协会等中介机构,其职能主要是依据市场规则,结合本行业的特点,制定本行业的会规、行规或公约,约束本行业成员的市场行为,进行自我管理、集体自律,达到本行业共同发展,消除不正当竞争的目的。 （任学青）

shizheng gongyong shiye texu jingying guanli
市政公用事业特许经营管理(administration on the franchise of municipal public utilities) 政府按照有关法律、法规规定,通过市场竞争机制选择市政公用事业投资者或者经营者,明确其在一定期限和范围内经营某项市政公用事业产品或者提供某项服务的制度。市政公用事业特许经营的范围主要包括城市供水、供气、供热、公共交通、污水处理、垃圾处理等行业。实施特许经营的项目由省、自治区、直辖市通过法定形式和程序确定。

全国市政公用事业特许经营活动的指导和监督工作由国务院建设主管部门负责。社会公众对市政公用事业特许经营享有知情权、建议权。

市政公用事业特许经营主管部门的责任有:(1)协助相关部门核算和监控企业成本,提出价格调整意见;(2)监督获得特许经营权的企业履行法定义务和协议书规定的义务;(3)对获得特许经营权的企业的经营计划实施情况、产品和服务的质量以及安全生产情况进行监督;(4)受理公众对获得特许经营权的企业的投诉;(5)向政府提交年度特许经营监督检查报告;(6)在危及或者可能危及公共利益、公共安全等紧急情况下,临时接管特许经营项目;(7)协议约定的其他责任。主管部门应当在特许经营协议签订后30日内,将协议报上一级市政公用事业主管部门备案。特许经营权发生变更或者终止时,主管部门必须采取有效措施保证市政公用产品供应和服务的连续性与稳定性。主管部门应当建立特许经营项目的临时接管应急预案。对获得特许经营权的企业取消特许经营权并实施临时接管的,必须按照有关法律、法规的规定进行,并召开听证会。

获得特许经营权的企业的责任:(1)科学合理地制定企业年度生产、供应计划;(2)按照国家安全生产法规和行业安全生产标准规范,组织企业安全生产;(3)履行经营协议,为社会提供足量的、符合标准的产品和服务;(4)接受主管部门对产品和服务质量的监督检查;(5)按规定的时间将中长期发展规划、年度经营计划、年度报告、董事会决议等报主管部门备案;(6)加强对生产设施、设备的运行维护和更新改造,确保设施完好;(7)协议约定的其他责任。 （傅智文）

shiye danwei fei jingyingxing zichan zhuan jingyingxing zichan pinggu yanzi
事业单位非经营性资产转经营性资产评估、验资(the evaluation and checkup of assets about the non-operating assets turning to operating assets of government-sponsored institution) 为加强事业单位非经营性资产转经营性资产的管理,防止国有资产流失,实现国有资产的保值增值,促进事业单位开展的经营活动健康发展而制定的有关资产评估、验资的制度。

事业单位非经营性资产转经营性资产是指事业单位按照国家有关政策规定,在保证完成本单位正常工作的前提下,为减轻财政负担,弥补事业经费不足,用于兴办经济实体、入股、合资、联营以及对外出租、出借、抵押等从事生产经营活动的资产。国有资产管理部门、财政部门对这部分资产管理实行有偿占用原则并监督其实现保值增值。

事业单位非经营性资产转经营性资产按国家有关规定需进行资产评估。国有资产管理部门在审批评估立项和确认评估结果时,凭经审定的国有资产产权登记证办理有关手续。

各类法定评估机构、验资机构对事业单位占有、使用的国有资产兴办的经济实体、入股、合资、联营,以及对外出租、抵押等进行评估或验资时,必须依据国有资产产权登记证确认国有资产产权归属,并按照《国有资产评估管理办法》和国家有关法规规定进行。

（马跃进）

shoufei gonglu
收费公路(toll roads) 在中华人民共和国境内,按照国家规定的公路工程技术标准修建,经公路主管部门验收认定,并经公路收费权审批机关审查批准对过往车辆收取通行费的高等公路、大型桥梁、隧道等公路设施。收费公路通常是由县级以上地方人民政府交通主管部门利用贷款或向企业个人集资建成的和国内外经济组织依法投资建成的并符合国务院交通主管部门规定的技术登记和规模的公路。收费公路分为:(1)里程在10公里的一级公路;(2)里程在20公里以上的二级公路;(3)300米以上的大型独立桥梁和500米以上的大型隧道。可以作为收费公路的公路有:(1)由县级以上地方人民政府交通主管部门利用贷款或者向企业个人集资建成的公路;(2)由国内外经济组织依法受让前项收费公路收费权的公路;(3)由国内外经济组织依法投资建成的公路。收费公路车辆通行费的收费标准,由公路收费单位提出方案,报省、自治区、直辖市人民政府交通主管部门会同同级物价行政主管部门审查批准。　　　　　　　　（张旭娟　柴　坚）

shougou

收购（acquisition） 收购在公司法与证券法中有着特定含义,仅指受让公司通过购买出让公司一定数额的股权,从而实际控制出让公司的行为,在法律上表现为股权转让行为。但是我国的企业收购与被收购的主体主要是国有和集体企业,很多企业还没有进行公司改组,这种情况下收购的标的还很难说是"股权",而通常被称为"企业产权"。因此,收购可以表述为一个企业经由收买股权或者企业产权方式,取得另一个企业的控制权或管理权,另一企业仍然存续而不必消失。这里取得另一企业控股权或管理权的企业就叫做收购方或收购企业（acquiring company）,另一企业则叫做目标企业（target company）或被收购企业（acquired company）。

　　根据目标企业经营者与收购者的合作态度,企业收购可以分为善意收购（friendly acquisition）和敌意收购（hostile acquisition）。善意收购是指收购者首先征得了目标企业经营者的同意,使其与收购者密切合作,积极配合,劝导本企业的股东向收购者出售股份的企业收购。敌意收购是指目标企业的经营者拒绝与收购者合作的企业收购。敌意收购的目标企业经营者经常采取反收购措施来阻碍收购者完成企业收购。如果按照收购的融资渠道来分,可分为杠杆收购（leverage buy-out）、管理层收购（management buy-out）、联合收购（consortium offer）。杠杆收购,简称LBO,是指某一企业拟收购其他企业,进行结构调整及资产重组时,以被收购企业的资产和将来的收益能力作为担保来进行举债,如向银行借款、发行债券、向公开市场借债等,以举债借来的资本完成企业收购。由于这种方法只需以较少的资本代价即可完成,故称为杠杆收购。管理层收购,简称MBO,是指一个企业的管理层人员利用借贷所融资本或与外界金融机构合作,收购一个企业（通常是该管理层人员工作、管理的企业）的行为。由于管理层自身一般难以满足收购所需要的庞大资金,需要借助外部资金来完成收购行动,因此MBO通常被看作杠杆收购LBO的一种形式。联合收购是两个或两个以上的收购人事先就各自取得目标企业的那一部分以及进行收购时应承担的费用达成协议而进行的收购行为。

　　西方国家通常将"合并"（狭义）mergers和"收购"acquisitions统称M&A。在我国经济中通常将企业合并和收购统称为企业并购或购并。把这两个词放到一起是因为从经济上讲都包含着若干经济力量组合,凝聚到一起的含义,但是从法律上讲,"并购"或"购并"并不属于法律术语,其本身并没有确切的含义,因此无法在法律上给它下一个准确的定义。（张景丽）

shouru

收入（income） 企业在销售商品、提供劳务及让渡资产使用权等日常活动中所形成的经济利益的总流入,包括主营业务收入和其他业务收入。根据特定会计主体业务活动的类型,营业收入有不同的形态,如销售收入、建造工程收入、运费、咨询费、利息、特许权使用费等等。广义的收入还包括投资收益、补贴收入以及营业外收入,后者指与生产经营活动无直接关系的各项收入,如固定资产盘盈、处置固定资产净收益、处置无形资产净收益、罚款净收入等等。收入不包括为第三方或者客户代收的款项。企业应当根据收入的性质,按照收入确认的原则,合理地确认和计量各项收入:(1)销售商品的收入,应当在下列条件均能满足时予以确认:企业已将商品所有权上的主要风险和报酬转移给购货方;企业既没有保留通常与所有权相联系的继续管理权,也没有对已售出的商品实施控制;与交易相关的经济利益能够流入企业;相关的收入和成本能够可靠地计量。(2)在同一会计年度内开始并完成的劳务,应当在完成劳务时确认收入。如劳务的开始和完成分属不同的会计年度,在提供劳务交易的结果能够可靠估计的情况下,企业应当在资产负债表日按完工百分比法确认相关的劳务收入。(3)利息和使用费收入,应当与交易相关的经济利益能够流入企业且收入的金额能够可靠地计量时予以确认。（刘　燕）

shouci xiaoshou

首次销售（initial sale） 又称专利权耗尽或用尽。是对专利权的限制之一,其具体内容为:当专利权人自己制造或者许可他人制造的专利产品在市场上首次销售之后,专利权人即丧失对该种产品的支配权,购买者再转让或者使用该专利产品都与专利权人无关。对于这一现象,各国理论有不同的解释。在大陆法系国家,"权利用尽"的解释为大多数国家所接受,这一理论最早是由德国法学家柯拉（Kohler）提出的。在英美法系,学者们更多将这一现象解释为专利权人在出售其产品时已经以默示的方式授予了在该产品上的实施许可。各国专利法均承认这种现象。《中华人民共和国专利法》第63条规定,专利权人制造、进口或者经专利权人许可而制造、进口的专利产品或者依照专利方法直接获得的产品售出后,使用、许诺销售或者销售该产品的,不视为侵犯专利权。　　　　（刘　鹏）

shoujiandu yiwu

受监督义务(obligation to accept supervision) 经营者应当听取消费者对其提供商品和服务的意见,接受消费者的监督。这一法定义务的规定,是从维护消费者权益这一法定内容出发的。对消费者而言,可以通过检举、控告、批评、建议等方式对经营者进行监督,同时通过对经营者的监督,消费者可以提高自身素质,增加和提高对商品、经营方式以及市场结构等等方面的知识。

对经营者而言,接受监督的义务,是指经营者应当虚心听取消费者关于商品和服务的意见,把消费者的看法作为改进商品质量、提高服务水平的重要依据,自觉接受消费者的监督。经营者接受消费者的监督应该是多个层面的,从商品和服务质量、经营者服务态度、到购物环境以及安全设施,消费者都可以进行监督。

(刘利晋)

shou jiaoyuquan

受教育权(right to be educated) 在消费者权益保护法领域,指消费者享有获得有关消费和消费者权益保护方面知识的权利,消费者应当努力掌握所需商品或者服务的知识和使用技能,正确使用商品,提高自我保护意识。消费者获得有关知识是消费者进行消费的前提,是其自我选择的基础,因此,消费者获得有关知识的权利是消费者知悉真情权和自主选择权的行使的延伸及条件。

受教育权的主要内容是:(1)消费者有权要求国家机关、消费者社会组织和大众传播媒介提供有关消费和消费者权益保护方面的知识。(2)消费者在主张接受教育的权利时,还要承担相关的义务。 (刘利晋)

shouyiren

受益人(beneficiary) 人身保险合同中由被保险人或者投保人指定的享有保险金请求权的人。受益人是保险合同的关系人,其地位是不负担任何义务而纯粹享有经济利益的人。人身保险合同的被保险人是保险金的法定受益人,如果被保险人指定了他人作为受益人,则该他人即为指定的受益人。

投保人与被保险人不是同一人时,投保人无独立的指定权,投保人指定或变更受益人必须征得被保险人的同意,否则,投保人的指定或变更行为无效。在保险合同有效期间,投保人或被保险人可以变更受益人,但须通知保险人,由保险人在保险单上作出批注后才能产生变更效力。 (李庭鹏)

shou zunzhong quan

受尊重权(right to be respected) 消费者在购买、使用商品和接受服务时,享有其人格尊严、民族风俗习惯得到尊重的权利。在市场交易中,消费者的人格尊严受到尊重,是消费者应享有的最起码的权利,是宪法内容在消费者权益保护法的具体化。

在消费领域,经营者有义务了解并尊重各民族的风俗习惯,这不仅涉及到消费者权益的保护,而且还关系到加强民族团结、处理民族关系、促进安定团结的大局。因此,经营者在消费者活动中应切实尊重少数民族的风俗习惯。

(刘利晋)

shouhui

售汇(sale of foreign exchange) 外汇指定银行将外汇卖给用汇单位和个人,按照一定的汇率收取本币的行为。从用汇单位和个人的角度看,售汇又称为购汇。

目前,我国售汇管理的主要规定有:(1)外商投资企业可以在外汇指定银行办理售汇,也可以在外币调剂中心买卖外汇;其他境内机构、居民个人、驻华机构及来华人员只能在外汇指定银行办理售汇。(2)除用于还本付息、信用证和保函保证金外,不得提前购汇。(3)易货贸易项下、来料加工贸易项下、捐赠进口项下以及非居民购汇、非银行金融机构,未经外汇局批准,不得购汇。(4)财政预算内的机关、事业单位和社会团体的非贸易非经营性用汇,实行人民币预算限额控制购汇。用汇单位不得超过限额购汇。 (王连喜)

shouquan jingji lifa

授权经济立法(delegated economic legislation) 国家立法机关授权国家最高行政机关代为进行经济立法。具体是指全国人民代表大会将本属于自身职权范围的经济立法权限授予国务院代为行使,由国务院制定经济法规的行为。国务院被授权制定的经济法规和国务院依自身职权制定的经济法规共同构成了经济法规,是经济法的重要渊源。

我国的经济授权立法具有如下特点:(1)经济授权立法采用法律和其他规范性文件相结合的方式。《中华人民共和国宪法》第89条关于国务院的职权中第18项规定,全国人民代表大会和全国人民代表大会常务委员会授予的其他职权,是全国人大及全国人大常委会向国务院授权立法的宪法依据。《中华人民共和国立法法》(以下简称《立法法》)第9条规定,在基本经济制度以及财政、税收、海关、金融和外贸的基本制度方面尚未制定法律的,全国人民代表大会及其常务委员会有权作出决定,授权国务院可以根据实际需要,对其中的部分事项先制定行政法规,但是有关犯罪和刑罚、对公民政治权利的剥夺和限制人身自由的强制措施和处罚、司法制度等事项除外。《立法法》以国家基本法律的形式对授权立法的范围作出了规定。具体的授权是通过全国人大或全国人大常委会发布专门的决定或决议的形式来完成,如第六届全国人大常委会在1984年作出的《关于授权国务院改革工商税制发布有关税收条例草案试行的决定》、全国人大1985年作出的《关于授权国务院在经济体制改革和对外开放方面制定暂行规定与条例的决定》。(2)授权对象范围广。我国正处于经济体制改革的特殊时期,而且各个地区间经济发展还存在差异,所以我国授权立法中被授权的对象范围比较广。在其他国家,授权立法即针对行政机关授权,行政机关是授权的主要对象。在我国,经济授权立法的对象则包括:国家行政机关(国务院);有立法权的地方权力机关,如广东省、福建省、海南省的人大及其常委会;无立法权的地方权力机关及行政机关,如深圳、珠海、汕头、厦门四个城市的人大及其常委会和政府。在经济授权立法的实践中,地方权力机关已成为国家立法机关直接授权的主要对象之一。(3)具体的授权方式多采用综合授权。在其他国家,为防止行政机关通过授权立法扩大都采取措施对授权立法进行严格的控制,在制度上防止被授权机关滥用立法权。通常规定,立法机关只能就具体事项进行授权、限制综合性授权、禁止所授权力没有任何范围限制的"空白委任"等。不同的国家对所授权力在范围上的限制有宽有窄,也不完全相同。我国由于现实国情的需要,经济授权立法中较多地进行综合性授权。如1985年第六届全国人大第二次会议作出的授权国务院在经济体制改革和对外开放方面制定暂行的规定或者条例的决定,尽管对授权的范围进行了说明,即只限于"经济体制改革和对外开放方面",但经济体制改革和对外开放本身的范围十分广阔,这次授权就属于综合性的授权。全国人大及其常委会对几个经济特区的授权也属于综合性授权,基本上没有明确的范围限定。全国人大就经济体制改革和对外开放方面向国务院作出综合性授权,一方面可以及时指导改革开放工作的顺利进行,另一方面又可以为全国人大及其常委会今后此类问题上的立法积累有益的经验,这些综合性授权是十分必要的。对地方的综合性授权,被授权的主体是国家的经济特区,其经济发展速度领先于全国,市场经济的建立、对外贸易的迅速发展,都使得国家级的法律、法规不能适应这些地区经济发展的迫切需要。为此,需要国家立法机关对其作出较大的授权。目前,我国经济立法领域存在大量的授权立法和委托立法现象有一定的客观必然性。

另一方面,综合性授权易导致行政机关及地方机关权力的膨胀、侵犯国家立法机关的立法权。应当对授权立法加以控制、对所授权力尽可能明确其范围,也应当加强对经济授权立法的监督,建立和完善授权后的立法情况的监督机制。理论界有观点认为,鉴于经济授权立法和委托立法不当容易给经济法秩序带来一些消极影响,立法机关应当对经济授权立法和委托立法在程序上进行严格限制,明确授权和委托的对象、权限、期限,加强对授权立法和委托立法的报告、备案、批准或撤销等方式的监督。在实践中,我国法律对经济授权立法制度作了必要的规定:(1)全国人大及其常委会根据实际需要,可以作出决定将应当由法律规定的事项授权国务院先制定行政法规,但有关犯罪与刑罚、公民政治权利和人身自由权利的强制措施和处罚、司法制度等不能授权行政机关作规定;(2)授权决定应当明确授权的目的、范围,被授权机关应当严格按照授权目的和范围行使这项权力,不得将该项权力转授给其他机关;(3)经过实践积累经验,制定法律条件成熟时,应当及时由全国人大及其常委会制定法律;(4)根据授权制定的法规应当报授权机关备案。随着我国法制建设的不断完善,逐步形成比较完备的法律体系,授权立法的范围将逐渐缩小。

(周永平)

shouquan ziben zhi

授权资本制(system of authorized capital) 公司成立时,对于公司资本总额未认足部分,公司章程授权董事会发行股份以募足的法律制度。其基本内容是:公司设立时,公司章程载明资本总额,股东认缴资本总额中的一部分,公司即可成立;对于未认足的部分,董事会可依据授权,视公司资金需求情况,随时发行新股募集;公司资本调整时,董事会有权调整资本总额,可不经股东大会,也不需修改章程。

授权资本制是英美法系国家所采用的公司资本制度。授权资本制有利于公司设立和董事会的资本运营,使资金有较高的使用效益,促进经营活动的开展,从而加速社会经济过程。授权资本制是"公司本位"的集中反映,其弊端是明显的:公司章程中规定的公司资本总额实际是一种名义资本,而不是实缴资本,减少了公司投资风险,却使债权人利益带来巨大风险;诱使公司滥设以及产生公司设立中的欺诈行为;增大公司交易活动投机的可能性。

(付 鹏)

shuliang faxue fangfa

数量法学方法(method of quantitative law) 运用数学和计算技术,研究法中的数量表现、数量关系及其变化规律的方法。数学方法在法学研究中的运用,主要包括两个方面:一是运用数量分析方法处理资料,设计立法、改善立法;二是通过建立数学模型,定量解决经济活动、法律活动的科学根据。

经济法研究采纳数学方法,一般是通过经济数量分析实现的,包括统计模型、平衡表、线性规划法、矩阵模型、几何图形图、曲线图、平面图、非线性规划、群控论、需求弹性计算、概率论等。对各种现象及其相互之间的关系在定量分析的基础上进行定性分析，能够揭示出法律现象之间的本质联系在数量关系上的规律性。经济立法必须考虑现实数量关系和数学理论。在经济法律、法规中，有相当多的关于数值和数量关系的规定。通过运用数学方法和计算技术，确保立法的科学性和可行性，是经济法理论研究的重要任务。

对于经济法学科而言，数学不仅是一种研究方法，也是经济法理论的新基础。"数量法学"学科的建立，数学与法学学科的对话，都反映了数学、法学自身新发展的需要。但是鉴于数学方法的工具特性，对其运用应当适当。经济法理论的研究不能脱离定性分析，应当将定量分析与定性分析适当结合。 （赵 玲）

shuliang kate'er

数量卡特尔（quantity cartel） 企业为限制生产或者销售数量而达成的协议。在现实经济生活中，数量卡特尔往往和价格卡特尔联在一起。因为在不限制生产数量或者销售数量的情况下，价格卡特尔的成员会因为单位产品的价格上涨而扩大生产或者销售规模，其结果是随着市场供给的增加，产品的垄断高价便难以维持下去。因此，企业联合限价必须同时限制它们的生产或者销售数量。因为数量卡特尔会人为地减少市场供给，导致价格上涨，并且可以维护价格卡特尔的实施，所以对消费者的危害很大。在各国的反垄断法中，数量卡特尔与价格卡特尔一样，适用本身违法的原则，而且对违法者适用严厉的制裁。 （王晓晔）

shuliang xianzhi cuoshi

数量限制措施（measures of quantity restriction） 任何缔约国除征收捐税或其他费用以外，不得设立或维持配额、进出口许可证或其他措施以限制或禁止其他缔约方领土的产品的输出，或向其他缔约方领土输出或销售出口产品的限制措施。根据《关贸总协定》第 21 条的规定，无论是进口还是出口，一般禁止采用数量限制措施。唯一可以采取的贸易限制是通过征收关税、国内税或其他费用，而不是通过禁止进口、实施配额或许可证的办法。但总协定在数量限制方面也承认在以下四种情况下可以采取数量限制措施：（1）为了保护农业、渔业产品市场而实施的限制；（2）为了保护本国的国际收支而实施的限制；（3）为促进不发达国家经济发展而实施的限制；（4）为了防止和缓解输出粮食或其他必需品的严重匮乏而临时实施的禁止出口和限制出口。如由上述情况，则在一定情况下可以采取数量限制措施，但实施数量限制措施的缔约国有义务在上述情况不复存在时，立即停止或消除这种限制措施。协议第 23 条规定，当采用禁止或数量限制措施时，应当非歧视性地实施，即平等地对待所有的贸易伙伴，遵循非歧视原则，但因国际收支平衡原因实施数量限制措施时可以背离非歧视原则。 （王连喜）

shuangchong zhengshui

双重征税（double taxation） 又称重复征税。同一或不同的征税主体对同一或不同纳税人的同一征税对象或同一来源的征税对象征收了两次相同或类似的税收的现象。

根据导致双重征税原因的不同，双重征税可以分为税制性双重征税、法律性双重征税和经济性双重征税。税制性双重征税，是指由于一个国家采取复合税制所导致的双重征税。法律性双重征税，也称为重叠征税，是指由于不同的征税主体对同一纳税人行使了法律依据不同的税收管辖权而导致的双重征税。经济性双重征税，是指由于对不同纳税人在经济上的同一税源征收了两种相同或类似性质的税收而导致的双重征税。

根据双重征税主体的不同，可以分为国内双重征税和国际双重征税。国际双重征税又可以分为法律性国际双重征税和经济性国际双重征税。国内双重征税主要是经济性双重征税，即国家对于母公司来源于子公司或股东来源于公司已经缴纳过所得税的收入再征收所得税时，就产生了国内经济性双重征税的问题。对于经济性的双重征税是否应予以消除，学界有不同观点。在特定国情下，即存在多个税收管辖权时，也可能存在国内法律性双重征税问题，如我国实行一国两制，香港和澳门实行与大陆不同的税收制度，且分别行使其税收管辖权，因此，就可能存在国内法律性双重征税的问题。 （翟继光）

shuifa

水法（water law） 调整人们在开发、利用、节约、保护、管理水资源和防治水害等活动中发生的各种经济关系的法律规范的总称。水法所调整的经济关系主要为在水的开发利用和管理过程中，中央政府与地方政府，水利企事业单位和其他社会组织和公民之间所发生的各种关系。我国水法的调整范围既包括水资源，也包括经过开发利用的商品水和经过工程调节的供水。其中的水资源，包括地表水和地下水。地表水主要指江河、湖泊、冰川等地表水；海水的开发利用和保护管理，不属于水法的调整范围。

1988 年 1 月第六届全国人大常委会第二十四次会议通过了《中华人民共和国水法》，2002 年 8 月 29 日第九届全国人大常委会第二十九次会议修改并重新颁布，这标志着我国从传统水利向现代水利和可持续发展水利的转变，依法治水进入全面推进建设节水防污型社会,保障经济社会可持续发展的新阶段。目前除《中华人民共和国水法》以外,其他重要的水事法律规范还有:1997年8月29日公布的《中华人民共和国防洪法》,1993年8月1日国务院公布的《取水许可制度实施办法》等。

世界各国普遍重视水资源的立法工作,一些国家把有关水的管理、开发、利用和保护以及防治水害等问题集中在一个"法"里规定,如德国、匈牙利等,法的名称均为《水法》;也有国家把对水的开发、利用和管理以及防治水害等问题分别制定若干单行法律进行规定,如日本制定了《河川法》、《工业用水法》、《水资源开发促进法》等近10个法律,通称"水利立法";英国制定了十多个关于水的单行法规,其中一个原称《水资源法》,后经修改补充改称《水法》。各国水法的主要内容包括:水的所有权,用水许可制度,水工程的开发、利用、管理,水资源综合管理,水费和水税等。关于水的所有权:大多数国家提倡水的公有制,主张加强政府对水的管理和控制。在一些国家的水法中,水的公共性是重要内容。关于用水许可制度:用水许可和水权登记,是世界各国普遍采用的一种水管理的基本制度。许多国家的法律都规定,除法律专门规定可以不经许可的用水以外,用水者都必须根据许可证规定的方式和范围用水。关于水工程的开发、利用、管理:各国的法律均比较注重开发和保护、兴利与除害相结合。关于水资源综合管理:由于水资源是循环再生的动态资源,大气水、地表水和地下水相互转化,三种形态是水循环的不同阶段,水在任何一个阶段受到损害都会影响到其他阶段。因此,有些国家的水法规定,地表水、地下水和大气水必须联合管理;一些国家的水法规定,地表水、地下水必须联合运用,统一调度。关于水费和水税:各国均用征收水费和水资源税的办法,鼓励水的有效利用、节约用水、阻止水的浪费和水质污染,这种措施已愈来愈被各国立法所重视。许多国家都实行了有偿用水制度,一些国家明确规定,对不交水费者,一律停止供水,并取消许可。

(桑东莉　曾协忠　包剑虹)

shuigongcheng baohu zhidu

水工程保护制度（system of protection for water projects） 水工程和与水资源利用有关的设施的保护制度。有了水工程及其有关设施,才能保证农业灌溉和社会其他方面的取水用水,才能发展水运、水能和渔业等生产,才能进行防汛、防洪、排涝、防治水害。《中华人民共和国水法》规定的水工程保护的内容主要有:(1)禁止侵占、毁坏堤防、护岸、防汛、水文监测、水文地质监测等水工程设施。(2)划定水工程管理和保护范围。国家对水工程实施保护。在水工程保护范围内,禁止从事影响水工程运行和危害水工程安全的爆破、打井、采石、取土等活动。(3)水工程安全的监督管理。县级以上地方人民政府应采取措施,保障本行政区域内水工程,特别是水坝和堤防的安全,限期消除险情。水行政主管部门应当加强对水工程安全的监督管理。(4)水工程设施补救、补偿制度。从事工程建设,占用农业灌溉水源、灌排工程设施,或者对原有灌溉用水、供水水源有不利影响的,建设单位应采取相应的补救措施;造成损失的,依法给予补偿。因在河道管理范围内建设桥梁、码头和其他拦河、跨河、临河建筑物、构筑物,铺设跨河管道、电缆,需要扩建、改建、拆除或者损坏原有水工程设施的,建设单位应当负担扩建、改建的费用和损失补偿。但是,原有工程设施属于违法工程的除外。

(桑东莉)

shuigongneng quhua

水功能区划（the water functional region） 在流域范围内,按照水资源可持续发展的要求,根据国民经济发展规划和流域综合规划,划定各水域的主导功能和功能顺序,确定水域功能不遭受破坏的水资源保护目标。水功能区划确定的水域功能对水质的要求和水体的自然净化能力是核定水域纳污能力的标准,按照水域纳污能力与现实排污状况确定限制排污的总量来作为水污染防治的依据。《中华人民共和国水法》规定,对水功能区实行分级划分和管理,即国家确定的重要江河、湖泊的水功能区划由国务院水行政主管部门会同国务院环境保护行政主管部门、有关部门和有关省、自治区、直辖市人民政府,按照流域综合规划、水资源保护规划和经济社会发展要求,拟定并报国务院批准;跨省、自治区、直辖市的其他江河、湖泊的水功能区划,由有关流域管理机构会同江河、湖泊所在地的省、自治区、直辖市人民政府水行政主管部门、环境保护行政主管部门和其他有关部门拟定,分别经有关省、自治区、直辖市人民政府审查提出意见后,由国务院水行政主管部门会同国务院环境保护行政主管部门审核,报国务院或者其授权的部门批准。其他江河、湖泊的水功能区划,由县级以上地方人民政府水行政主管部门会同同级人民政府环境保护行政主管部门和有关部门拟定,报同级人民政府或者其授权的部门批准,并报上一级水行政主管部门和环境保护行政主管部门备案。

(包剑虹)

shuilibu qingchan hezi zhidu

水利部清产核资制度（the institution of general checkup on enterprise assets of ministry of utilization water resource） 贯彻执行国务院关于开展清产核资工作的指示和国务院清产核资领导小组印发的《清产

核资办法》和《国家行政事业单位财产清查登记工作方案》，结合水利部门实际情况而制订的制度。

水利部门清产核资范围包括：国家各级水利部门全民所有制的企业、事业单位、国家机关、社会团体（以下简称企业、单位）。企业、单位投资或举办的国内合资、股份制、联营、集体等企业、事业单位以及同中外合资、合作的企业，应清理中方原投资的国家股份或国有资本金数额及其增值部分。对水利部门境外企业、单位的清产核资工作另作部署。

水利工程管理单位（包括水库、灌区、堤防闸坝、排灌站），凡实行自收自支和差额预算管理的单位，其清产核资按对企业化管理事业单位的要求进行。对实行全额预算管理的水利工程管理单位，仍按行政事业单位的要求进行财产清查登记。基层水利工程管理单位的经营属性，由其上级主管部门审查认定，部直属流域机构所属的水利工程管理单位，可由各委审查商部清产核资办公室认定。

（苏丽娅）

shuiliang fenpei fang'an he hanqing jinji qingkuangxia de shuiliang diaodu yu'an
水量分配方案和旱情紧急情况下的水量调度预案（the water allocation draft plan and the water diversion sketch under urgent drought conditions） 水量分配方案是指在一个流域内，根据流域内各行政区域的用水现状、地理、气候、水资源条件、人口、土地、经济结构、经济发展水平、用水效率等各项因素，将各项形式的水资源分配到各行政区域的计划。而旱情紧急情况下的水量调度预案是指在连续枯水年和特旱年，为了减轻严重缺水干旱造成的损失，各流域和各行政区域应当制定的措施和应急计划。水法规定水量分配方案和旱情紧急情况下的水量调度预案的制定、批准和执行的程序：跨省、自治区、直辖市的水量分配方案和旱情紧急情况下的水量调度预案，由流域管理机构商同有关省、自治区、直辖市人民政府制订，报国务院或者其授权的部门批准后执行；其他跨行政区域的水量分配方案和旱情紧急情况下的水量调度预案，由共同的上一级人民政府水行政主管部门商同有关地方人民政府制订，报本级人民政府批准后执行。

（包剑虹）

shuiquan
水权（water rights） 水的所有权和各种水的利用权利的总称。水权的法律特征主要为：水权设立的有限性，水权客体的不确定性和不稳定性，水权原理的公共性。由于水具有重复使用性和多功能性，因而在水权的设置和水权的取得、行使等方面，不是强调权利的排他性和垄断性，而是强调公共性，强调水权的享有者应水利同享，水害同当。根据《中华人民共和国水法》的规定，水资源属于国家所有。水资源的所有权由国务院代表国家行使。农村集体经济组织的水塘和由农村集体经济组织修建管理的水库中的水，归各该农村集体经济组织使用。直接从地下、江河、湖泊等水资源中取水的权利为取水权。取水权的取得方式主要有两种：为家庭生活和零星散养、圈养畜禽饮用等少量取水的，不需要申请取水许可，为法定享有的取水权；其他从地下、江河、湖泊直接取水的，国家实行取水许可制度，通过取得取水许可证而享有取水权。

（桑东莉）

shuitu baochifa
《水土保持法》（Water and Soil Conservation Act） 为预防和治理水土流失，保护和合理利用水土资源，减轻水、旱、风沙灾害，改善生态环境，发展生产而规定的对自然因素和人为活动造成水土流失所采取的预防和治理措施。我国的《水土保持法》由1991年6月29日第七届全国人民代表大会常务委员会第二十次会议通过。该法共六章四十二条，主要内容包括：预防、治理、监督和法律责任等。

（包剑虹）

shuiwen shuiziyuan diaocha pingjia zizhi he jianshe xiangmu shuiziyuan lunzheng zizhi guanli
水文水资源调查评价资质和建设项目水资源论证资质管理（management of qualification for investigation and assessment of water resources and qualification for demonstration of water resources in construction project） 水文水资源调查评价资质和建设项目水资源论证资质工作是一项专业性很强的工作，为保证其工作质量，我国制定了《水文水资源调查评价资质和建设项目水资源论证资质管理办法（试行）》，以规范其管理活动。凡从事水文、水资源调查评价的，应取得"水文、水资源调查评价资质证书"，并在规定的业务范围内开展工作。凡从事建设项目水资源论证的，应当取得"建设项目水资源论证资质证书"，并在规定的业务范围内开展工作。水利部负责全国水文、水资源调查评价资质和建设项目水资源论证资质审批的组织实施和监督管理，并对资质证书的发放实行总量控制。

水文、水资源调查评价资质和建设项目水资源论证资质按照申请单位的技术条件和承担业务范围不同，分为甲、乙两个等级。取得水文、水资源调查评价资质和建设项目水资源论证资质的单位（以下简称持证单位），可以在全国范围内承担与资质证书载明的资质等级和业务范围相适应的业务。取得水文、水资源调查评价甲级资质的单位,可以在全国范围内承担资质证书核准业务范围的各等级水文、水资源调查评价工作。取得水文、水资源调查评价乙级资质的单位,可以在全国范围内承担资质证书核准业务范围的水文、水资源调查评价工作。下列水文、水资源调查评价工作,只能由取得甲级资质的单位承担:(1)全国性的水文、水资源调查评价;(2)国家确定的重要江河、湖泊的水文、水资源调查评价;(3)跨省、自治区、直辖市行政区域的水文、水资源调查评价;(4)国际河流的水文、水资源调查评价。

水文、水资源调查评价资质和建设项目水资源论证资质甲级证书,由水利部审批和颁发;乙级证书由省(自治区、直辖市)人民政府水行政主管部门(以下简称省级水行政主管部门)审批和颁发。省级水行政主管部门应当在颁发乙级证书后的30日内,将有关情况报水利部备案。水利部在国家确定的重要江河、湖泊设立的流域管理机构的所属单位申请甲、乙级证书的,由水利部审批和颁发。

(王 丽)

shuiwuran fangzhifa
《水污染防治法》(Water Pollution Prevention and Control Act) 1984年5月由第六届全国人大常委会第五次会议通过的《中华人民共和国水污染防治法》,1996年5月15日第八届全国人大常委会第十九次会议进行了修订。《水污染防治法》适用于我国领域内的江河、湖泊、运河、渠道、水库等地表水和地下水体的污染防治,不包括海洋污染的防治。《水污染防治法》的主要内容有:(1)国务院环境保护部门制定国家水环境质量标准和国家污染物排放标准,省、自治区、直辖市人民政府可以制定国家排放标准未作规定项目的地方水污染物排放标准,还可以制定严于国家排放标准的地方水污染物排放标准。(2)企业事业单位向水体排放污染物的,按照国家规定缴纳排污费;超过国家或者地方规定的污染物排放标准的,按照国家规定缴纳超标准排污费。(3)省级以上人民政府对实现水污染物达标排放仍不能达到国家规定的水环境质量标准的水体,可以实施重点污染物排放的总量控制制度,并对有排污量削减任务的企业实施该重点污染物排放量的核定制度。(4)省级以上人民政府可以依法规定生活饮用水地表水源保护区。(5)防止地表水污染的措施和防止地下水污染的措施。

(陈 韬)

shuizhi guanli zhidu
水质管理制度(system of water quality management) 法律规定的有关防止水源枯竭和保持水源的清洁及卫生的管理制度。《中华人民共和国水法》关于水质管理的主要内容有:第一,制定水资源开发、利用规划和调度水资源,应当注意维持江河的合理流量和湖泊、水库以及地下水的合理水位,维护水体的自然净化能力。第二,从事水资源开发、利用、节约、保护和防治水害等水事活动,因违反经批准的规划造成江河和湖泊水域使用功能降低、地下水超采、地面沉降、水体污染的,应承担治理责任。第三,建立水功能区划制度和排污总量管理制度。县级以上水行政主管部门和流域管理机构应当对水功能区的水质状况进行监测,发现重点污染物排放总量超过控制指标的,或者水功能区的水质未达到水域使用功能对水质的要求的,应当及时报告有关人民政府采取治理措施,并向环境保护行政主管部门通报。第四,国家建立饮用水水源保护区制度,禁止在饮用水水源保护区内设置排污口。

(桑东莉)

shuiziyuan
水资源(water resources) 能参与全球水循环、在陆地上逐年可以得到恢复和更新的淡水资源,主要包括地表水和地下水。地表水包括河流、冰川、湖泊、沼泽等水体,是由大气降水、冰川融水和地下水补给,经河川径流、水面蒸发、土壤渗入的形式而排泄。地下水为储存在地下含水层的水量,由降水和地表水的下渗补给,以河川径流、潜水蒸发和地下潜流的形式排泄。

(包剑虹)

shuiziyuan ding'e guanli he zongliang kongzhi
水资源定额管理和总量控制(quota management and control of total supply and demand of water resources) 定额管理是水资源管理的微观控制指标,是确定水资源宏观控制指标总量控制的基础。定额涉及经济、社会的各行各业和居民生活,是在水平衡测试的基础上确定各行各业、各种单位产品和服务项目的具体用水量。我国水法规定,省、自治区、直辖市人民政府有关行业主管部门制订本行政区域内行业用水定额,报同级水行政主管部门和质量监督检验行政主管部门审核同意后,由省、自治区、直辖市人民政府公布,并报国务院水行政主管部门和国务院质量监督检验行政主管部门备案。总量控制是水资源管理的宏观控制指标,是指各流域、省、市、县、各部门、各企业、各用水户的可使用的水资源量,也是水权的初始分配。在我国,由县级以上地方人民政府发展计划主管部门会同同级水行政主管部门,根据用水定额、经济技术条件以及水量分配方案确定的可供本行政区域使用的水量,制定年度用水计划,对本行政区域内的年度用水实行总量控制。我国实行定额管理和总量控制相结合的制度。

(包剑虹)

shui ziyuan guanli

水资源管理（the administration of water resources） 国家对水资源的勘查、开发利用、保护等进行计划、组织、调控和监督等管理活动的总称。《中华人民共和国宪法》第9条规定，水流属于国家所有。《中华人民共和国水法》第3条也明确规定，水资源属于国家所有，即全民所有。

水资源的管理体制 国家对水资源的管理实行统一政策、分级管理的体制。国务院水资源行政主管部门负责全国水资源的统一管理工作；各级人民政府的水资源管理部门负责本地区水资源的具体管理。其主要职责是：(1)制定水资源开发利用和保护的规划，包括防洪、治涝、灌溉、供水、水力发电、水质保护、地下水勘探等的规划。(2)建立取水许可制度。除生活、畜禽饮用、自留地灌溉、灭火、水运、旅游和体育活动用水外，其他任何直接从地下或者江河湖泊取水的单位和个人，必须先向水资源管理部门申请取水许可证，获得国有水资源的使用权。(3)实行有序开发、计划用水和有偿用水制度。建立健全水资源管理机构和管理经营责任制。(4)建立水利工程管理制度。水利工程必须纳入国家统一管理。水利工程的举办要经国家有关部门审批，执行基本建设程序和有关规定；水利工程的费用核定、计收和管理应当执行国家规定。

水资源开发管理 国家对有效利用水资源活动的管理。主要包括：(1)利用水资源开发新的生产领域。(2)充分利用水能资源，提高发电和通航能力。(3)勘探利用地下水、矿泉水、温泉水。(4)科学利用工业废水，治理废水污染，提高水资源的重复利用率。(5)完善农田灌溉设施和管理制度，提高灌溉用水的效率。(6)对开发水资源进行综合经营的单位，给予一定的减免税优惠政策。

水资源保护管理 国家为防止和避免水资源、水利工程遭受污染和破坏等进行管理活动的总称。主要包括：(1)保护森林植被，防止水土流失。(2)禁止围湖造田、填河造田。(3)禁止在江河、湖泊、内海、水库等水域取土、采砂、采石、采矿，或者倾倒建筑垃圾、工业垃圾、生活垃圾和有毒污染物。(4)禁止在堤防和护堤地建房、打井、挖窖、葬坟、开采地下水、考古发掘、爆破等危害水利工程安全的活动及开展市贸易活动。(5)禁止损毁堤防、护岸等防洪防涝设施和水文监测、通讯照明设施。

（马跃进　裘建军）

shuiziyuan guanli tizhi

水资源管理体制（the management system of water resources） 国家管理水资源的组织体系和权限划分的基本制度。是合理开发、利用、节约和保护水资源以及防治水害、实现水资源的可持续利用的组织保障。我国对水资源实行流域管理与行政区域管理相结合的管理体制。流域管理是指按照流域进行开发、利用和管理，妥善处理上下游、左右岸的水事关系。而流域是一个以降水为源流、水流为基础、河流为主线、分水岭为边界的特殊区域概念。水资源按照流域这一水文地质单元构成一个统一体，地表水与地下水相互转换，上下游、干支流和左右岸之间相互关联，相互影响。目前，世界各国一般都以流域为单位进行水资源的管理。国务院水行政主管部门负责全国水资源的统一管理和监督工作。

（包剑虹）

shuiziyuan guihua zhidu

水资源规划制度（system of planning for water resources） 在一定的流域、区域内根据国民经济和社会发展对水资源的需求以及该流域、区域的自然、经济和社会条件，对该流域、区域范围内全部水资源的开发、利用、节约、保护和防治水害按照流域、区域统一所作的长期的、战略性的总体部署和安排。水资源规划分为流域规划和区域规划。流域规划和区域规划又分别包括综合规划和专业规划。流域范围内的区域规划应当服从流域规划，专业规划应当服从综合规划。流域综合规划和区域综合规划以及与土地利用关系密切的专业规划，应当与国民经济和社会发展规划以及土地利用总体规划、城市总体规划和环境保护规划相协调，兼顾各地区、各行业的需要。《中华人民共和国水法》设专章规范了水资源规划的各个方面，主要内容有：水资源规划的编制依据、基本要求、编制程序、编制审批、规划的修改、水资源规划的类别及其相互之间的关系、水资源评价等。这些规定明确了水资源规划的法律地位和效力，有利于水资源利用原则的贯彻实施和水资源保护目标的实现。

（桑东莉）

shuiziyuan kaifa liyong de yuanze

水资源开发利用的原则（principles of development and utilization of water resources） 编制审批水资源规划，进行水资源管理和开发利用水资源的活动必须遵循的原则。主要有：第一，兴利与除害相结合的原则。开发利用水资源，应当兼顾上下游、左右岸和有关地区之间的利益，充分发挥水资源的综合效益，并服从防洪的总体安排。第二，生活用水优先和统筹兼顾的原则。开发利用水资源，应当首先满足城乡居民生活用水，并兼顾农业、工业、生态环境用水以及航运等需要。第三，因地制宜开发利用水资源。地方各级人民政府应当结合本地区水资源的实际情况，按照地表水与地下水统一调度开发、开源与节流相结合、节流优先和污水处理再利用的原则，合理组织开发、综合利用水资源。第四，多目标梯级开发水能资源的原则。在水能丰富的河流,应当有计划地进行多目标梯级开发。建设水力发电站,应当保护生态环境,兼顾防洪、供水、灌溉、航运、竹木流放和渔业等方面的需要。

(桑东莉)

shuiziyuan lunzheng

水资源论证(scientific justification of water resources) 对国民经济和社会发展规划以及城市总体规划的编制、重大建设项目的布局是否与当地水资源条件和防洪要求相适应进行论证,以确保生产力布局和城市建设与当地水资源承载能力以及防洪要求相适应,在水资源不足的地区,对城市规模和建设耗水量大的工业、农业和服务业项目加以限制。水资源论证包括两个方面的内容:(1)水资源承载能力。水资源承载能力是指在一定流域或区域内,其自身的水资源能够持续支撑的经济社会发展规模并维系良好生态系统的能力。(2)水环境承载能力。水环境承载能力是指在一定水域,其水体能够被继续使用并仍保持良好生态系统时,所能够容纳污水及污染物的最大能力。这两者是相辅相成、紧密相连的。

(包剑虹)

shuiziyuan quanshu falü zhidu

水资源权属法律制度(legal system of water resource ownership) 因所有、占有和使用水资源所产生的各种相关的财产权益的统称。水资源权属法律制度的建立和完善是制定各种水事法律规范的基础和前提,是水法予以重点规范的制度。由于水资源的特殊性,世界各国的水资源权属法律制度不尽相同,都与自身的社会制度、水资源状况、文化传统和历史习惯密切相关。在我国,《水法》规定水资源归国家所有。水资源权属制度具体包括:水资源属于国家所有,水资源的所有权由国务院代表国家行使;农村集体经济组织及其成员使用本集体经济组织的水塘、水库中的水不实行取水许可和有偿使用制度,农村集体经济组织的水塘和由农村集体经济组织修建管理的水库中的水,归该农村集体经济组织使用;农村集体经济组织或者其成员依法在本集体经济组织所有的集体土地或承包土地上投资兴建水土工程设施的,按照"谁投资建设谁管理和受益"的原则,对水工程设施及其蓄水进行管理和合理使用。

(包剑虹)

shuiziyuan youchang shiyong zhidu

水资源有偿使用制度(system of paid utilization for water resources) 国家以水资源所有者和管理者的双重身份,为保障水资源的可持续利用而向取水资源的单位和个人收取水资源使用费的制度。对自然资源实行有偿使用,是促进资源合理使用的有力机制。为此《中华人民共和国水法》明确规定:国家对水资源依法实行有偿使用制度。直接从江河、湖泊或者地下取用水资源的单位和个人,应当按照国家取水许可制度和水资源有偿使用制度的规定,向水行政主管部门或者流域管理机构申领取水许可证,并缴纳水资源费,取得取水权。但是,家庭零星散养、圈养畜禽饮用等少量取水的除外。使用水工程供应的水,应当按照国家规定向供水单位缴纳水费。供水价格应当按照补偿成本、合理收益、优质优价、公平负担的原则确定。拒不缴纳、拖延缴纳或者拖欠水资源费的,由县级以上人民政府水行政主管部门或者流域管理机构依据职权,责令限期缴纳;逾期不缴纳的,从滞纳之日起加收滞纳部分2‰的滞纳金,并处应缴或者补缴水资源费1倍以上5倍以下的罚款。

(桑东莉)

shui

税(tax) 国家为了实现其职能的需要,凭借其政治权力,依法、强制、无偿地取得财政收入的一种活动或手段。也就是说,税是国家或公共团体为实现其公共职能,而按照预定的标准,强制地、无偿地从私人部门向公共部门转移的资源,它是国家参与社会产品分配和再分配的重要手段,是财政收入的主要形式。这一定义说明:其一,税的征收主体是国家;其二,征税的目的是提供公共产品,实现国家的职能(公共职能);其三,税以国家的政治权力为依据;其四,税的实现必须依法进行,依法定的征收标准,这必然使其带有强制性;其五,税是国家取得财政收入的一种活动或手段,并且以税的手段获得的收入是无偿的,属于分配范畴,体现着特定的分配关系。

在我国历史上有租税、赋税、捐税、课、税收等称谓。"税"字最早出现在《春秋》所记鲁宣公十五年的"初税亩"(公元前594年),即按田征收土地税,为中国封建社会形成时期最早的税收制度。"税"字是由"禾"、"兑"两个字组成。"禾"指农产品,"兑"有送达和交换的意思,因而送交农产品的为税。但在现代,税的范围绝不仅限于对农产品的征收,而是国家对整个社会产品和国民收入再分配的一种手段。

税的概念是西方财政学理论体系的基石概念,对它也有多种表述:亚当·斯密指出:"公共资本和土地,即君主或国家所特有的二项大收入泉源,既不宜用以支付也不够支付一个大的文明国家的必要费用,那么,这必要费用的大部分,就必须取自于这种或那种税收,换言之,人民须拿出自己一部分私的收入,给君主或国家,作为一笔公共收入。"[亚当·斯密著,郭大力等译:《国民财富的性质和原因的研究》(下卷),商务印书馆1974年版,第383页]美国财政税收学者塞里格曼认为,税是政府对人民的一种强制征收,以供支付谋取公共利益所需要的费用,但此项征收究竟能否给予被强制者以特殊利益,则并无联系。英国财政税收学者道尔顿认为,税乃公共团体所课之强制捐输,不论是否对纳税人予以报偿,都无关紧要,但也不是因违法所征收的罚金。日本学者金子宏从税的固有职能在于获取为满足公共需求的必要资金出发,认为:"税收是国家以取得满足公共需求的资金为目的,基于法律的规定,无偿地向私人课征的金钱给付。"(金子宏著,刘多田等译:《日本税法原理》,中国财政经济出版社1989年版,第5—6页)日本汐见三郎教授提出:租税乃是国家及公共团体为了支付其一般经费,依财政权向一般纳税人民强制征收之财。德国财政学家海因里森·劳提出:税收并不是市民对政府的回报,而是政府根据一般市民的标准,向市民的课征。以上定义着眼于税与"私经济收入"及其他"公共经济收入"的区别。也有学者从国家为什么要征税的角度来定义税,如孟德斯鸠认为:"国家的收入是每个公民的付出的自己财产的一部分,以确保他所余财产的安全或快乐地享用这些财产。"[孟德斯鸠著,张雁深译:《论法的精神》(上册),商务印书馆1961年版,第213页]日本学者北野弘久批判了传统的税概念是完全站在国家财政权力的立场上来构建的,它无法向纳税人提供富有实践性、建设性的法理。他以法实践论为标准,站在宪法论、人权论和纳税人的立场上,认为税是"国民基于日本国宪法的规定,对符合宪法(福利目的)理念所使用的税收,遵从合宪的法律所承担的纳税义务。"(北野弘久著,陈刚等译:《税法学原论》,中国检察出版社2001年版,第18—19页)

比较起来,现代西方国家一些经济类工具书有关税概念的表述更为完备些。如《美国经济学辞典》认为,税是居民个人、公共机构和团体向政府强制转让的货币(偶尔也采取实物或劳务的形式)。日本《现代经济学辞典》认为,税是国家或地方公共团体为筹集满足社会共同需要的资金,而按照法律的规定,以货币的形式对私人的一种强制性课征。 (施正文)

shuifa

税法(tax law) 调整在税收活动中发生的社会关系的法律规范的总称,即调整税收关系的法律规范的总和。税法的制定主体主要是国家权力机关和由其授权的行政机关,在我国中央一级分别是全国人大及其常委会和由其授权的国务院;在地方是拥有立法权的地方人大和地方行政机关。

税法调整对象 税法所调整的社会关系的种类,它具体是指税收活动中各方主体之间所发生的社会关系,这种社会关系简称税收关系。税法的调整对象是税法区别于其他法律的主要标准,正是税收关系性质、范围的特殊性,才使税法成为有别于其他法律的特定法律领域。税收关系可分为两大类:一类是有关税收债务的确定和税权划分的税收分配关系,包括税收债务关系和税收体制关系;另一类是有关纳税义务履行的税收征纳关系,它解决税收债务的实现问题,包括税收征纳实体关系和税收征纳程序关系。

税法特征 税法与其他法律相比所具有的本质特点。由于税收关系的特殊性,税法表现出如下的特征:(1)内容的综合性和表现形式的分散性。(2)相对稳定性和适当灵活性。(3)实体性与程序性的统一性。(4)实施的技术性与强制性。(5)价值上的公平与效率兼顾性。

税法性质 税法在公法、私法划分中的位置及其关系。在税收法律关系中,至少有一方主体是代表国家行使征税权的征税机关,税法所维护的税收利益是一种公共利益,因此税法在性质上是公法。但在现代法律的发展中,私法的公法化和公法的私法化成为一种普遍的趋势,随着税收作为一种公法上的债务学说的提出及其被立法所接受,税法传统上的公法性正日益表现出私法化的趋势,如课税依据的社会契约理论、税收法律关系的平等性、税法概念的私法化、税法制度的私法化等。税法作为一个综合性的法律领域,其有关税收构成要素的税收实体债务法较多地体现了私法的属性,而有关税收征纳权力关系的税收程序法在性质上是公法,从而使税法呈现出大多数现代法所具有的公私法混合的属性。税法的私法化是税收本质和税法制度自身完善的必然要求。

税法地位 税法在法律体系中是否具有不可替代的独立存在的价值和理由,它涉及二个问题,一个是税法能否成为一门独立的法律部门,一个是税法与其他法律部门的关系。法律部门是由一个国家的全部现行法律规范,根据调整对象的不同进行分类组合而成的。税法以税收关系作为自己的独立调整对象,由所有调整税收关系的法律规范组成的税法是一个独立的法律部门,并且该法律部门能够与其他法律部门相区别。税收关系具有综合性,税法调整对象的这一特殊性决定了税法在整个法律体系中具有独特的综合法律地位。

税法历史 税法是伴随着税收和国家的产生发展而发展变化的。在国外,早在公元前18世纪,古巴比伦王国制定的《汉穆拉比法典》中就涉及有关国家征税的规定。中世纪后,欧洲各国有关征税的规定多见于教会法典中。在古代社会,由于自然经济是主要的生产方式,税法以原始的直接税法为主。进入近代社会后,税收也由古老的直接税进入到间接税阶段。从17世纪到19世纪,各资本主义国家在宪法上规定了有关征税问题,这标志着以民主、法治精神的近代税法建立。19世纪下半叶以后,税法发展到以所得税法等发达的直接税法为主体税法阶段。20世纪80年代开始,掀起了以降低税率、拓宽税基、扩大商品税法的作用为主的世界性税法改革,出现了重返间接税法的发展趋势。我国税法制度历史悠久,早在夏商周时期,我国就有了以贡、彻、助为主的税收制度。在漫长的封建社会,各朝代进行过多次"变法",这些改革都与税法发展密切相关。新中国成立后,我国于1950年通过了《全国税政实施要则》,建立了新的税收法律制度,1984年、1994年我国进行了两次大规模的税法改革,尤其是1994年的税法改革,初步建立了符合市场经济要求的税法制度,推动了我国税收法制建设的发展。

税法分类 按照一定的标准,对税法体系内部的税收法律规范进行类型划分而形成的不同的税法组成部分。按照税法调整对象——税收关系内容的不同,划分为税收权限法、税收实体法和税收程序法等;按照税收法律规范效力或渊源的不同,划分为税收宪法性规范、税收法律、税收行政法规、税收地方性法规、税收规章、国际税收条约和协定等;按照税法的主体和适用范围的不同,划分为国内税法与国际税法;按照税法规范的形式不同,划分为单行税法和综合税法。

税法宗旨 又叫税法的目的,税法调整税收关系所要达到的目标,它是税收立法、执法和司法的出发点和检验标准。税法作为调控经济的重要法律形式,其存在的依据是为了弥补民商法无力解决的提供公共物品时出现的市场缺陷和市场失灵等问题。税法的宗旨包括税法的直接目标和最高目标两个方面,直接目标是保障分配收入、配置资源和保障经济稳定与发展三大税收职能的实现,即通过获取财政收入和提供公共物品,有助于解决个体营利性和社会公益性的矛盾;通过有效地实施再分配和配置资源,实现宏观调控和增进社会福利与平等的目标,以求兼顾效率与公平;通过保障经济公平与社会公平,来促进经济的稳定增长,增进社会公益,保障基本人权。在实现上述直接目标的基础上,达到调控和促进经济与社会的良性运行和协调发展的最高目标。在税收立法中,有关法律宗旨的内容往往是税法的首要条款,它规定了整部法律的目标、价值和根本准则,是解释和适用法律的指导原则。

(施正文)

shuifa fanchou

税法范畴(category of tax law) 概括和反映税法现象本质属性和普遍联系的基本概念。它是人们在认识税法现象的过程中概括和总结出来的一些定型化的概念和术语。根据税法范畴概括和反映税法现象的深度和广度,可以把税法范畴分为一般范畴、基本范畴和核心范畴。一般范畴是指那些概括和反映局部或简单税法现象的基本概念,如税收立法体制、居民纳税人、小规模纳税人等。基本范畴是指那些概括和反映较大范围或较复杂的税法现象的基本概念,如税收体制、税权、税收要素等。核心范畴是指那些概括和反映整体税法现象的最基本的概念,税法范畴体系中属于核心范畴的只有"税(或税收)"这一范畴。基本范畴是对一般范畴的抽象和提炼,是一般范畴的上位概念,对一般范畴具有概括和指导作用。核心范畴是对基本范畴的抽象和提炼,是基本范畴的上位概念,对基本范畴具有概括和指导作用。从核心范畴到基本范畴到一般范畴具有一种逻辑上的推演和涵盖关系。具体来说,从核心范畴可以推演出基本范畴,从基本范畴又可以推演出一般范畴;核心范畴能够涵盖基本范畴,基本范畴能够涵盖一般范畴。税法的核心范畴、基本范畴和一般范畴构成了一个有机联系的税法范畴体系。

(翟继光)

shuifa jiben yuanze

税法基本原则(basic principle of tax law) 调整整个税收活动(包括立法、执法、司法、守法)各个环节的基本法律指导思想。税法原则与税法基本原则是不同的。税法原则是指导具体的某项税法或者某类税法的基本指导思想,比如从立法的指导思想来看,《中华人民共和国税收征收管理法》的原则是税务机关依法行使税收征收权、法律保护纳税人权利。但是,税法的基本原则则是统帅整个税收活动的基本法律指导思想,是从整个税收活动的历史、实践抽象出来的法律理念,而不应该局限在某一个税种法或某一类税收法律制度的局部层面。从税法的历史发展来看,指导整个税收活动的基本精神是税收法律主义。所以,税法的基本原则应该是税收法律主义。

(李建人)

shuifa jieshi

税法解释(interpretation of tax law) 由一定主体对税收法律文本的意思所进行的理解和说明。

税法解释的分类 依据不同的标准,相应的税法解释也就有不同的分类。依据税法解释的对象和方法的不同,分为狭义的税法解释和税法的漏洞补充。狭义的税法解释是指在税法规定不明确时,通过运用解释方法来探究税法规范的一致,以便澄清其含义,使税法含义更加清晰、明确。税法的漏洞是指现行的税法体系存在影响法律功能且违反立法意图之不完全性,而税法的漏洞补充就是指有权机关对这种不完全性进行填补。他们以"可能的文义"作为区分的标准。狭义的法律解释只在可能的文义范围内为之,而法律漏洞补充的活动,则一般在可能的文义范围外为之。

依据税法解释的主体不同分为立法解释、司法解释和行政解释。由立法机关作出的税法解释称为立法解释;由法院和检察院在适用税法过程中作出的解释称为司法解释;由上级行政机关就税法的适用向下级机关发布的命令、指导中有关税法的解释称为行政解释,在我国主要指财政部或国家税务总局依法在其职权范围内对税法所作的解释,以及海关总署依法在其职权内对有关关税的法律规范所作的解释。这种税法解释主体是我国目前税法解释体制乃至整个法律解释体制的产物。严格依照三权分立体制建立的国家,税法解释的主体仅指司法机关。并且税法解释的场合不脱离具体的个案。但就我国的税法解释来说往往包含了抽象的税法解释,也就是指法定国家机关,如全国人大常委会、最高人民法院、最高人民检察院和国家税务总局等,在法律实施过程中就法律所作的一般的解释性规定,它具有普遍的法律效力。

依据税法解释的效力可以分为法定解释和学理解释。法定解释,也称有权解释,是指拥有法定解释权的国家机关在其职权范围内对税法作出的具有普遍适用效力的解释。法定解释在我国包括立法解释、司法解释和行政解释。学理解释,是指没有法定解释权的个人或团体依税法的文字和内容,依法学理论对税法作出的不具法律效力的解释。其中尤以法律学者在著述中的解释影响为大。这种分类是和税法的解释权紧密相关的。

税法解释的特征　主要包括:(1)主体的特定性。无论在什么国家,可以对税法作出有权解释的主体都是特定的,通常都是指处理案件的法官,在我国则包括立法机关、司法机关和行政机关,具体指全国人大常委会、最高法院、最高检察院、国务院及其所属关税税则委员会、财政部、国家税务总局、海关总署,同时还包括地方人大常委会和地方人民政府主管部门。解释主体往往和税法解释权相关联。(2)对象的固定性。税法解释的对象主要是作为法律意旨表达方式的税收法律文本。有的学者认为税法解释的对象还包括具体的案件事实。但实际上对于事实的认定和对于条文的解释不过是对法律文本解释的不同路径而已。前者将事实归于法律,后者用法律涵盖事实,他们的解释对象还依然都是法律文本。当然,在实际的税法解释过程中,税法解释的对象往往会涉及广泛的解释材料,这些材料尽管可能在更多的情况下是以文本或书面的形式出现,但也可能以非文本的形式出现。对于这些所涉及的材料不能等量齐观。我们可以把"税收法律文本"视为税法解释所直接针对的对象,即需要解释和适用的特定税法规范条文,而把解释特定税收法律文本所涉及的其他各种解释材料,包括文本形式的材料和非文本形式的材料,如立法文献、立法当时的社会、经济、政治、技术等附随情况,视为语境材料。税收法律文本及其语境材料构成了广义的税法解释对象。税收法律文本按税收立法权限或者法律效力的不同,可以划分为有关税收的宪法性规范、税收法律、税收行政法规、地方性税收法规和国际税收协定等。同时,其他法律法规中有关税收的条款也是税法体系的有机组成部分,也应归入相应效力层次的税法规范的条文,从而成为税法解释的对象。(3)价值取向性。税法解释的目标应该是运用各种解释方法将税法要张扬的价值导入对文本的解释中,以解决法律适用问题。这种税法的价值往往通过税法的立法意图来探求。税法的价值对整个税法解释活动起决定性作用,各种解释原则的确定和解释方法的选择,其最终目的都是为了能够通过合理途径探求税收法律规范意旨,以期正确适用税法。(4)整体性。税法的解释必须关注局部和整体的和谐。只有理解了整体才能理解局部,只有理解了局部才能理解整体,理解就是在从整体到局部、从局部到整体的循环中前进的。

(王 晶)

shuifa jieshi quan

税法解释权(power of interpretation of tax law)　国家机关依法在其职权范围内对有关税收的社会规范所作具有法律效力的解释的权力。把解释法律作为一种权力,并把这种权力归诸少数法定的主体,实际上反映了一种对法律解释活动的垄断或控制观念。这种垄断或控制的观念来源于法律本身的特点。法律的适用要求统一性和权威性。如果不同的解释具有同等的效力,那么就会导致法律理解和适用上的混乱,削弱法律的权威。在目前税法解释体制下,税法解释权限的划分上贯穿了以下思路,即在中央和地方之间、立法机关和实施机关之间以及实施机关的不同职能部门之间(包括司法机关和行政机关之间、行政部门之间、司法部门之间)进行划分。也就是说税法解释权按照主体划分,可分为税收立法解释权、税收司法解释权和税收执法解释权。税法解释权的行使是税法得以实施和适用的前提。我国的税法解释权独立于税收立法权和税法执行权,但解释的文本通常不仅具有个案的效力,更多的具有普遍的适用效力,使得税法的执行成为一种按照税法和税法解释进行的三段论过程。税法的解释按照职能划分,由国家税务总局、财政部和海关总署在各自的权限范围内分享税法的行政解释权。我国的税法解释体制应该合理划分立法、司法、行政的税法解释权限。(1)取消立法解释,将立法解释归入立法解决。(2)区分行政授权立法和行政解释,严格限定税法行政解释的范围,依循《中华人民共和国立法法》规定的税法领域的法律保留原则,并在中央和地方之间、各个职能部门之间合理划分税法的行政解释权;明确解释的效力等级。(3)加强法院在税法解释中的地位和功能,赋予法院对税法解释的最终决定权,提高具体案件的审判机关的税法解释权,而不是将税法的司法解释权集中于最高人民法院和最高人民检察院。如果可能,未来我国的法律解释体制有重大的改变,法律解释权仅给予法院,那么税法的解释权也自然归于法院独有,税务机关在执法过程中对法律的行政解释将最终受到司法的监督,而不是成为司法的依据。(王　晶)

shuifa shiyong
税法适用(application of tax law) 国家专门机关及其工作人员依据法定职权和法定程序把税收法律规范运用到具体的社会生活中去的活动和过程。税法适用是税法运行的第二个环节和阶段,是税法真正在社会生活发挥作用以及实现税法的宗旨与目的的前提条件。

税法适用具有以下特征:(1)主体法定。税法适用是专门国家机关及其工作人员的专门活动,只有法定主体才享有适用税法的职权和职责。(2)职权法定。税法适用是法定主体依据法定职权所进行的专门活动。法定主体必须依据其所享有的职权的范围来适用税法,而不能突破其权力的范围来适用税法。(3)程序法定。税法适用是法定主体按照法定程序所进行的活动。法定程序是税法适用合法性的必备要件,违反法定程序的税法适用是违法的适用,不能发生相应的法律效力。(4)结果法定。税法适用是具有法定结果的特定活动。所谓结果法定,是指只要税法适用是法定主体依照法定职权和法定程序所作出的结果,其就具备公定力、确定力和可执行力等法定效力,在没有经过法定机关依照法定程序予以改变或撤销前,都具备法律效力。

税法适用包括税收执法和税收司法两种方式。税收执法,是国家税收行政机关及其工作人员,以及经法律授权或税收行政机关委托的单位和人员,依照法定职权和法定程序贯彻和执行税收法律规范的行为。税收执法的主体主要是征税机关(包括财政机关、税务机关和海关)及其工作人员以及税收法律法规授权或征税机关委托的单位和个人。税收司法,是国家司法机关依法定职权和法定程序,运用税收法律规范处理和解决税务案件的专门活动。税收司法的主体包括公安机关、法院和检察院。

税法适用的基本原则,是税收执法机关和税收司法机关在适用税法的过程中所必须遵循的基本准则。税法适用的基本原则主要包括:(1)法不溯及既往原则,即法律只能对其生效以后所发生的行为产生效力,而不能溯及其生效之前的行为而生效。(2)实体从旧、程序从新原则,是指对于税收实体法而言,适用行为发生时的法律,对于税收程序法而言,适用执法或司法时生效的法律,即税收实体法不具有溯及力,但税收程序法具有溯及力。(3)高位阶法律优于低位阶法律原则,是指当两种不同位阶的法律发生冲突时,优先适用高位阶的法律。(4)新法优于旧法原则,是指对于同位阶的法律而言,新颁布的法律优于旧法而适用。(5)特别法优于普通法原则,是指对于同位阶的法律而言,对于某一事项有特别规定的法律优于对某类事项予以一般规定的法律而适用。(翟继光)

shuifa tixi
税法体系(tax law system) 一国现行的各类税收法律规范有机联系而构成的统一整体。税法体系是由一个国家全部现行税法规范构成的整体;构成税法体系的一国全部现行税法规范不是杂乱无章的,而是由不同类型的税法规范形成的呈体系化的有机整体;理想的税法体系应是门类齐全、结构严密、内在协调的;税法体系不仅反映税收关系的体系,也与一国的立法体制、文化和历史传统有关。税法体系可以按不同的标准进行分类,它有助于对税法体系内在规律性的认识,有助于构建科学的税法体系。一般来说,一国税法体系是由税收基本法统帅下的税收实体法和税收程序法并行的体系。(施正文)

shuifa xiaoli
税法效力(effect of tax law) 税法的约束力和强制力所能达到的范围,包括对人效力、空间效力和时间效力。对人效力是指受税法约束的纳税人的范围,这取决于一国的税收管辖权,包括属人主义和属地主义两种管辖原则,前者以纳税人是否具有本国国籍为标准来确定是否征税,后者以纳税人的纳税行为是否发生在本国领域内作为是否征税的标准。空间效力是指发生效力的地域范围。通常情况下,由国家立法机关制定的中央税收法律统一适用于全国,由地方立法机关制定的地方税收法规仅适用于该地方所管辖领域。时间效力是指税法效力的存续期间,包括税法的生效和失效时间以及是否具有溯及既往的效力。各国税法一般都适用不溯及既往的原则,但对税收程序法采用程序从新原则。

税法实效是人们实际上按照税法的要求去行为,税法在税收活动中被征纳主体实际遵守、执行或适用。税法实效是税法实施中的一个重要问题,它表明税法在实际生活中的状况。税法实效问题有助于我们从动态和更广泛的角度去观察和评判税法,使税法从纸面走向法律运行的实施过程,这可从纳税义务的履行情况、征税机关的依法征税状况、税收争议的发生率、公民对税法的了解、税收秩序等方面去考察。影响税法实效的因素很多,包括税法本身的完善和科学程度、纳税人对税法的了解和遵从程度、征税机关的设置是否科学、征税人员的素质、依法行政的意识、有关机关对税法执行的监督等。努力提高税法实效是税收法治的重要内容和目标。

（施正文）

shuifaxue
税法学（the science of tax law） 以税法现象及其发展规律为研究对象的一门法学分支学科。税法学的主要研究对象包括：税法认识论,具体研究内容包括税法学的研究对象、税法学体系和税法学方法论；税法本体论,具体包括税法的本质与特征、税法的地位与体系、税法的分类与渊源以及税法的历史与现状；税法价值论,具体包括税法的宗旨、税法的价值以及税法的原则；税法范畴论,具体包括税法范畴与税法学范畴的概念、作用与意义、税法核心范畴与税法学核心范畴以及税法基本范畴与税法学基本范畴；税法规范论,具体包括税收债务的概念、意义、要素、成立与确定、担保和保全以及税收债务的运行；税法关系论,具体包括税收法律关系的概念与性质、税收法律关系的主体、税收法律关系的客体、税收法律关系的内容以及税收法律关系的运行；税法行为论,具体包括税法行为的概念、体系、纳税主体行为以及征税主体行为；税法运行论,具体包括税收立法论、税收执法论、税收司法论以及税法解释论；税法效力论,具体包括税法的效力、税法的实效、税收遵从与税法意识以及税法责任；税法分支论,具体包括内国税法学、国际税法学、外国税法学、比较税法学、税收法制史学以及税法边缘学等。

（翟继光）

shuifa yaosu
税法要素（constituent of tax law） 税法特别是各种单行税法所具有的共同的基本构成要素。税法要素的外延大于税收要素,即税收要素一定是税法要素,但税法要素则不一定是税收要素,如一般税法均要规定税收争议和税法责任,即它们是税法要素,但它们并不是税收债务成立所必须具备的基本构成要件,因此,不属于税收要素。明确税收要素与税法要素的联系与区别对于我们讨论税收要素的具体构成也有重要的意义。

（翟继光）

shuifa yishi
税法意识（consciousness of tax law） 人们对于税收、税法等现象的认识、态度、评价和信仰。理解税法意识应注意以下几个方面：首先,税法意识的主体是社会中的成员,或者说是社会中的人,主要是社会中的纳税人,因为纳税人和税法现象的关系最为密切,他们对于税法的意识也最有价值。在现代社会,纳税人构成了社会中人们的绝大多数,因此,纳税人的税法意识也基本上可以反映社会整体对于税法的意识。从更宽泛的意义上讲,可以把税法意识的主体扩展为税法主体,即不仅包括纳税主体,也包括征税主体。当然,由于征税主体是由人组成的机关,机关的意识是集合起来的个人的意识。其次,税法意识的客体是税收现象和税法现象。所谓税收现象,是指与税收有关的一切人、事、物。具体说来,包括纳税的人、征税的国家和具体征税机关、征税的整个过程和活动、纳税人所缴纳的货币或实物、国家通过征税活动所筹集的税收收入等。所谓税法现象,是指与税法有关的一切人、事、物。具体说来,包括税法主体、税法文件及其法律规范本身、税法所确定的权利义务、税法的立法、执法、司法、守法和法律监督等整个过程。最后,税法意识的内容是人们对于税收现象和税法现象的认识、评价、态度和信仰。

税法认识 是指税法意识主体对于客观的税法现象（包括税收现象）的主观反映。税法认识根据不同的标准可以进行不同的分类,根据认识的感性和理性的两个层次,可以把税法认识分为感性的税法认识和理性的税法认识；根据主体对税法现象反映是否符合客观存在,可以把税法认识分为正确的税法认识和错误的税法认识。

税法评价 是指税法意识主体根据自己的价值观对税法的价值所做的一种主观的评定和估价。税法评价反映的是人们不同的价值观及其对税法作用与价值的不同认识。税法评价与税法认识不同,后者有正确与错误之分,前者由于是主观的价值评价,因此,没有正确与错误之分。根据主体对税法现象评价的基本态度,可以把税法评价分为肯定的税法评价和否定的税法评价。肯定的税法评价,是指主体对税法现象的评价是肯定的,即认为税收的存在是必要的,税法在整体上是有正价值的,税收和税法给自己带来的收益大于其带给自己的成本与负担。否定的税法评价,是指主体对税法现象的整体评价是否定的,即认为税收的存在是没有必要的,税法在整体上是没有价值的,税收和税法给自己所带来成本或负担大于其给自己所带来的收益。根据同类税法评价人数的多少,可以把税法评价分为主流评价和支流评价。主流税法评价,是指社会上大多数人对税法现象的评价,可能是肯定的,也可能是否定的。支流税法评价,是指社会上少数人对税法现象的评价,可能是肯定的,也可能是否定的。

税法态度 是指税法意识主体根据其对税法现象的认识及其评价,从而对税法所形成的最基本的看法及其在实际行动中所采取的策略。税法态度建立在主体对税法现象的认识的基础之上,并在很大程度上是由其对税法现象的评价所决定的。一般来讲，主体对税法采取肯定的评价，在态度上就会表现出认可赞成和遵从的倾向，而对税法采取否定评价的主体，在态度上则会表现出否认、厌恶和不遵从的倾向。税法态度是由多种因素所决定的，税法评价是一个重要的方面，另外，社会上主流的税法评价、税法惩罚的严厉程度、税收执法和司法的状况等都是影响税法态度的重要因素。

税法信仰 是指税法意识主体对税法的信任和尊敬，并愿意以之作为自己行动的标准和指南。税法信仰是税法意识中最高层次的意识，也是一种统治者所最希望出现的社会主体对税法的意识。税法信仰，是建立在税法认识的基础之上，并在很大程度上由税法评价和税法态度所决定的一种主观意识。强制的手段只能导致纳税人的税法遵从，而不能导致纳税人的税法信仰，即税法信仰是税法意识主体内心自发产生的，而不能由外力予以强制。具有税法信仰的主体，对税法的评价一定是肯定的、正面的，对税法的态度也一定是认可、赞成，在行动上所表现出来的一定是税法遵从。

（翟继光）

shuifa yuanyuan

税法渊源（sources of tax law） 税法规范的存在和表现形式，即由法定的不同的国家机关制定的、具有不同法的效力的税法规范的表现形式。税法的渊源也叫税法的形式，它侧重于从税法的外在形式上来把握税法的各种表现形式。一般认为，税法的渊源包括制定法、判例法、习惯法等，但在我国以及大陆法系国家，税法的渊源只包括制定法，具体又包括宪法、法律、行政法规、部门规章、地方性法规、地方政府规章、国际条约和协定等。

（施正文）

shuifa zeren

税法责任（liabilities of tax law） 又称为税收法律责任。税收法律关系主体违反税收法律规范的规定而应承担的法律后果。税法责任是税收法律规范能够在现实生活中真正发挥作用的保证，是税法强制性最明显的体现。税法责任实现的程度在很大程度上决定了税法在现实生活中的效力。税法责任根据不同的标准可以进行不同的分类，根据税法责任所剥夺的税法责任主体的权益的不同，可以分为税收经济责任、税收行政责任和税收刑事责任三种。所谓税收经济责任，是指对税收违法行为人所采取的剥夺其经济上利益的一种税法责任形式。税收经济责任主要包括加收滞纳金。所谓税收行政责任，是指对税收违法行为人所采取的予以行政制裁的一种税法责任形式。税收行政责任主要包括税收行政处罚和税收行政处分，税收行政处罚主要针对违法的纳税人所采取的责任形式，具体包括责令限期改正、责令限期缴纳、采取税收强制执行措施、罚款、吊销税务登记、收回税务机关发给的票证、吊销营业执照等。税收行政处分主要是针对税务执法人员违法所采取的责任形式，具体包括警告、记过、记大过、降级、撤职和开除等。所谓税收刑事责任，是指对税收违法行为人所采取的予以刑事制裁的一种税法责任形式。具体包括拘役、罚金、有期徒刑、无期徒刑和死刑等责任形式。根据承担税法责任主体的不同，可以把税法责任分为纳税人的税法责任、扣缴义务人的税法责任、征税机关及其工作人员的税法责任和其他税法主体的税法责任。

税法责任的归责原则，是指税法责任成立或追究税法责任的根据、基础或标准。法律责任的归责原则一般包括过错责任原则、无过错责任原则、公平责任原则和违法责任原则。具体到税法领域，纳税人或扣缴义务人承担税收经济责任和税收行政责任的归责原则一般是过错责任原则，即纳税人或扣缴义务人主观上必须有过错（包括故意和过失）才能追究其税法责任，否则即使其造成了危害结果也不能令其承担税法责任。纳税人或扣缴义务人承担税收刑事责任的归责原则是过错责任原则，而且在一般情况下，只有纳税人或扣缴义务人具有主观上的故意时才能追究其税收刑事责任，在纳税人或扣缴义务人过失违反税法和刑法时，只有刑法明确规定其必须承担刑事责任才能追究其刑事责任。征税机关承担法律责任一般实行违法责任原则，即只要税务机关违法行使职权侵害了纳税人或其他税法主体的合法权益，就应当承担相应的税法责任，而不考虑其主观上是否有过错。征税机关的工作人员承担税法责任一般实行过错责任原则。税法责任的构成要件，是指追究税收违法行为人的税法责任所必须具备的基本条件。一般来讲，税法责任的构成要件包括行为违法、主观过错（在采取违法责任原则时，一般不考虑主观过错）、危害结果、行为和结果之间的因果联系以及违法主体具有税法责任能力等。在追究税法主体的税收刑事责任时，则必须严格按照刑法所规定的犯罪构成要件来判断行为人是否构成了某种税收犯罪，从而决定是否使其承担税收刑事责任。（翟继光）

shuifa zhicai

税法制裁（tax law sanction） 对违反税法的直接责任人依照其所应当承担的税法责任而实施的惩罚性的强制措施。根据税法责任的不同，税法制裁可以分为行政制裁和刑事制裁两类。税法制裁是保证纳税人履行纳税义务、维护税法强制性的有力手段。（余启平）

shuifei gaige

税费改革(reform of tax and charge) 针对我国"费大于税"的不规范的政府收入格局而提出的一项改革措施。税费改革主要内容是"费改税"。费改税并不是指把所有的费都改为税,而是指把那些具有税收性质的费改为税,从而把这些费纳入规范化的税收管理轨道,如我国的农村"税费改革"就主要是把农民所缴纳的各种"费"用统一的"税"来代替。另外,税费改革要把一些没有存在必要的"费"予以取消,对于那些确有必要保留的"费"予以保留,但要加以进一步规范和整顿。之所以要进行税费改革,原因在于税和费是两类不同性质的政府财政收入形式,税和费的区别主要表现在:(1)征收主体不同:税收是由代表政府的各级税务机关、财政机关和海关征收的;而费是由政府有关行政管理部门和企业、事业单位收取的。(2)性质不同:税收具有无偿性、强制性;而费是有偿征收的,它是以收费部门付出某种服务为前提的。(3)使用原则不同:税收由国家统一支配,通过国家预算支出用于社会各方面的需要;费的使用一般是专款专用或以收抵支,以弥补完善本身业务的开支。(4)享有开征权的主体不同:税收的征收实行严格的税收法定主义原则,只有国家立法机关才有权决定是否开征税收以及如何开征,而费的征收则没有这么严格的要求,一般的国家机关即有权力征收合理的费用。　　(翟继光　王　晶)

shuifu

税负(burden of taxation) 见税收负担。

shuifu nengli

税负能力(tax-bearing capacity) 纳税人负担税收的能力。它是制定税率、确定纳税人税负的基本依据之一。在西方经济学中确定税负能力的理论主要有客观能力说、主观能力说和量能课税说三种。"客观能力说"认为,确定税负能力应当按照纳税人收入的大小、所拥有财产数量的多少以及消费支出的水平等因素来确定。"主观能力说"认为,确定税负能力应当按照纳税人纳税以后,主观心理上所能承受的痛苦的大小来确定。纳税后,心理痛苦感受重者,税负能力弱,心理痛苦感受轻者,税负能力强。纳税人的税负能力并非完全是主观的,这种痛苦的程度是与纳税人财产的多少、收入的大小相联系的。"量能课税说"认为,确定纳税人的税负能力应该按照不同税种的征税对象所体现出来的税负能力的大小来分别确定。根据不同征税对象的不同特点,确定决定税负能力的要素,使具有不同税负能力的人承担不同的税收负担。　　(翟继光)

shuifu zhuanjia

税负转嫁(shifting of tax) 税收负担运动的一种形式。纳税人通过商品交易中的价格变动将其所负担的税收的一部分或全部转移给他人负担的现象。税负转嫁的理论在17世纪就已经有人提出,但对其进行深入系统的研究并形成理论则始于18世纪的重农学派。税负转嫁是西方财政学的重要理论问题之一。税负转嫁的存在说明税收负担是运动的,而不是静止的。这一理论对于研究税收负担具有重要意义。税负转嫁是纳税人摆脱税收负担的一种手段和方式,但不同于偷税、漏税,后者首先是一种具有法律意义的行为,其次是违法的行为,而前者首先是一种经济行为,其次是一种合法的行为。税负转嫁一般分为税负前转和税负后转。税负前转,是指纳税人在依法纳税以后将其所缴纳的税收沿着商品运动的方向,向前转移给他人。比如商品生产者、销售者和出租人通过提高价格的方式把自己的税负转移给商品销售者、消费者和承租人。税负后转,是指纳税人在依法纳税以后,通过压低进价的方式将其所纳税收向后转移给与其进行交易的前者。如商品生产者通过压低价格的方式把税负转移给原料供应商、商品销售者通过压低价格的方式把税负转移给商品生产者、商品生产者或销售者迫于竞争的压力而主动压低商品价格从而负担了消费者所应负担的税收等。税负转嫁一般出现在间接税之中,但在直接税中同样可以发生税负转嫁的现象。比如企业通过降低工资或延长工时的方式把企业所负担的所得税部分转移给劳动者负担。资本主义社会大小资本家也常通过税负转嫁的形式来达到互相侵吞的目的。
　　(翟继光)

shuiji

税基(tax base) 又称为计税依据、征税基数。是计算应纳税额的依据。税基乘以所适用的税率的结果就是应纳税额。没有税基,则无法计算应纳税额,也就无法确定税收债务,因此,税基也是税收要素之一。征税对象体现对什么征税,属于质的规定性,税基则是从量上来限定征税对象,属于量的规定性。多数情况下,税基和征税对象是一致的,如营业税,其计税依据和征税对象都是营业额。也有的直接按税法规定的计税标准确定税基,如农业税的征税对象是农业收入,而税基是"常年应产量"。还有的需按一定标准计算出税基,如企业所得税的征税对象是企业所得,税基则是企业收入额减除税法允许扣除的成本、费用和损失后的余额,即应纳税所得额。税基按照计量单位的性质划分,有两种情况:多数情况下是从价计征,即按征税对象的货币价值计算;另一种是从量计征,即直接按征税对象的自然单位计算。
　　(翟继光)

shuikuan zhengshou

税款征收（tax collection） 税务机关依法将纳税人、扣缴义务人依法应缴纳或解缴的税款按照一定的征收方式征集入库的执法活动的总称。税款征收是税收征管的一个重要环节，是税务登记、账簿凭证管理、纳税申报等税务管理工作的目的和归宿；而税务检查、税收法律责任追究等则是对税款征收的保证。这一环节关系到税款能否及时足额入库；关系到纳税主体能否依法履行纳税义务，其合法权利能否得到法律保障；关系到国家的税收政策能否最终落实。这一环节也与税收法定、税收公平、税收效率等税法基本原则紧密相关。税款征收制度包括应纳税款确定制度、应纳税款征收制度和税款征收保障制度。 （魏建国 宋 丽）

shuikuan zhengshou baozhang zhidu

税款征收保障制度（safeguard system of tax collection） 但是，纳税主体的某些行为使税收债权无法实现或有无法实现的危险时，税务机关采取的税收保障制度。在正常情况下，经过应纳税款确定和征收程序，纳税主体的纳税义务就履行完毕，纳税主体与税务机关之间的征纳关系也应该就此终止。为维护国家税法的严肃性，保证税款及时足额入库，可以采取税款征收保障措施。

其他税款征收保障制度主要包括：（1）欠缴税款公告制度。《中华人民共和国税收征收管理法》第45条第3款规定，税务机关应当对纳税人欠缴税款的情况定期予以公告。《税收征收管理法实施细则》第76条规定，县级以上各级税务机关应当将纳税人的欠税情况，在办税场所或者广播、电视、报纸、期刊、网络等新闻媒体上定期公告。这一制度和税收优先权制度密切相关，对于促使纳税人及时缴税，培养纳税人的纳税意识，维护交易安全，具有重要作用。（2）欠税设定担保说明制度。纳税人有欠税情形而以其财产设定抵押、质押的，应当向抵押权人、质权人说明其欠税情况。抵押权人、质权人可以请求税务机关提供有关的欠税情况。这一制度和税收优先权制度也有密切的关系，使纳税人的相对人在知晓纳税人具体欠税的情况下，再决定抵押或质押的设定事宜，这种做法有助于协调税收债权和有担保普通民事债权的矛盾。（3）合并、分立时的税款缴纳制度。根据《公司法》的规定，公司在合并、分立时，必须先履行债权保障程序，即依法向其债权人通知或者公告合并、分立事宜，在依法清偿债务或提供担保后，才能进行合并、分立。这主要是对普通债权的保护，并不涉及税收债权。实践中利用法律空白，通过企业合并、分立欠、逃税款的案例颇多。《税收征收管理法》的这一规定填补了法律的空白，对防止欠、逃税具有重要意义。具体制度是，纳税人有合并、分立情形的，应当向税务机关报告，并依法缴清税款。纳税人合并时未缴清税款的，应当由合并后的纳税人继续履行未履行的纳税义务；纳税人分立时未缴清税款的，分立后的纳税人对未履行的纳税义务应当承担连带责任。（4）处分不动产和大额资产的报告制度。《税收征收管理法》第49条规定，欠缴税款数额较大的纳税人在处分其不动产或者大额资产之前，应当向税务机关报告。《税收征收管理法实施细则》第77条规定，所谓欠缴税款数额较大，是指欠缴税款5万元以上。（5）解散、撤销和破产时的报告制度。《税收征收管理法实施细则》第50条规定，纳税人有解散、撤销和破产情形的，在清算前应当向其主管税务机关报告；未结清税款的，由其主管税务机关参加清算。（6）清税离境制度。这也是各国和地区常用的税款征收保障制度。我国《税收征收管理法》第44条和《税收征收管理法实施细则》第74条也规定了这一制度，即欠缴税款的纳税人或者其法定代表人需要出境的，应当在出境前向税务机关结清应纳税款、滞纳金或者提供担保，未结清税款、滞纳金，又不提供担保的，税务机关可以通知出境管理机关阻止其出境。（7）针对特定主体的扣押制度。对未按照规定办理税务登记的从事生产、经营的纳税人以及临时从事经营的纳税人，包括到外县（市）从事生产、经营而未向营业地税务机关报验登记的纳税人，由税务机关核定其应纳税额，责令缴纳；不缴纳的，税务机关可以扣押其价值相当于应纳税款的商品、货物。（8）针对承包人、承租人的特殊制度。《税收征收管理法实施细则》第49条规定，承包人或者承租人有独立的生产经营权，在财务上独立核算，并定期向发包人或者出租人上缴承包费或者租金的，承包人或者承租人应当就其生产、经营收入和所得纳税，并接收税务管理；但是，法律、行政法规另有规定的除外。发包人或者出租人应当自发包或者出租之日起30日内将承包人或者承租人的有关情况向主管税务机关报告。发包人或者出租人不报告的，发包人或者出租人与承包人或者承租人承担纳税连带责任。

除了《税收征收管理法》和《税收征收管理法实施细则》规定的税款征收保障制度以外，其他单行的税种法规也规定了一些具有税款征收保障功能的制度。《土地增值税暂行条例》规定，土地管理部门、房地产管理部门负有义务向房地产所在地的主管税务机关提供有关房屋建筑物产权、土地使用权、土地出让金数额等资料。纳税人未缴纳土地增值税的，土地管理部门、房产管理部门不得办理有关的权属变更手续。《耕地占用税暂行条例》规定，获准征用或占用耕地的单位和个人，应当自土地管理部门批准占地之日起30日内，持批件按规定税额向财政部门一次性缴纳税款。土地部门凭税款收据和征用耕地批准文件划拨用地。

《契税暂行条例》规定,纳税人应当持契税完税凭证和其他规定的文件材料,依法向土地管理部门、房产管理部门办理土地、房屋的权属变更登记手续;未出具契税完税凭证的,上述部门不予办理有关土地、房屋的权属变更登记手续。《印花税暂行条例》规定,印花税实行由纳税人根据规定自行计算应纳税额,购买并一次贴足印花税票的缴纳方法。《车辆购置税暂行条例》规定,纳税人应当在向公安机关车辆管理机构办理车辆登记注册前,缴纳车辆购置税。纳税人应当持主管税务机关出具的完税证明或者免税证明,向公安机关车辆管理机构办理车辆登记注册手续;没有完税证明或者免税证明的,公安机关车辆管理机构不得办理车辆登记注册手续。税务机关应当及时向公安机关车辆管理机构通报纳税人缴纳车辆购置税的情况。公安机关车辆管理机构应当定期向税务机关通报车辆登记注册的情况。税务机关发现纳税人未按照规定缴纳车辆购置税的,有权责令其补缴;纳税人拒绝缴纳的,税务机关可以通知公安机关车辆管理机构暂扣纳税人的车辆牌照。上述这些制度都是从这些税种的属性出发规定的,具有一定的保障税款征收的功能。

(宋　丽　魏建国)

shuilü

税率(tax rate)　应纳税额与税基之间的比例。税收债务人所要解决的是对谁征税的问题,征税对象所要解决的是对什么征税的问题,而税率所要解决的是征多少税的问题,同样为国家征税所不可缺少。税率乘以税基就是应纳税额,没有税率,则无法计算应纳税额,也就无法确定税收债务,因此,税率也是税收要素之一。税率是计算应纳税额的尺度,反映了征税的深度。在征税对象既定的情况下,税率的高低直接影响到国家财政收入的多少和纳税人税收负担的轻重,反映了国家和各个纳税人之间的经济利益关系,同时也反映了一定时期内国家税收政策的要求。因此,税率是税法的核心要素,是衡量税收债务人税收负担是否适当的标志。税率的确定应当考虑保护人民基本财产权、人民经济活动的自由和人格发展的自由,侵犯以上人民基本权利和自由之税率是不符合现代法治国理念的违宪税率。根据纳税人名义上所负担的税率和实际上所负担的税率的不同,税率可以分为名义税率和实际税率。名义税率是指纳税人在名义上所负担的税率。一般来讲,名义税率就是税法所规定的税率。实际税率是指纳税人实际所负担的税率,即纳税人实际缴纳的税额与其征税对象实际数额的比例。实际税率是衡量纳税人实际税负轻重的主要标志。区分名义税率和实际税率,对于确定纳税人的实际税收负担水平,建立完备的税收法律制度具有重要的意义。

税率主要有比例税率、累进税率和定额税率三种基本形式。比例税率是对同一征税对象不管数额大小,均适用同一比例的税率。比例税率一般适用于对流转额的征税。比例税率的特点是对于具备同一征税对象的纳税人而言,其税收负担是相等的。比例税率也具有计算简便的特点,符合税收效率原则。比例税率又可以分为三类:(1)单一比例税率,即对同一征税对象的所有纳税人都适用相同比例的税率。(2)差别比例税率,即对同一征税对象的不同纳税人适用不同比例的税率。差别比例税率一般包括产品差别比例税率、行业差别比例税率和地区差别比例税率三种。(3)幅度比例税率,即税法只规定一个具有上下限的幅度税率,具体税率授权地方政权机关根据本地实际情况在该幅度内予以确定。

累进税率是随征税对象税额的增加而相应逐级递增的税率。具体而言,是把征税对象按数额的大小划分为若干个等级并相应设置每一等级的税率。累进税率一般适用于财产税和所得税。累进税率按照累进方式的不同,可以分为全额累进税率、超额累进税率、全率累进税率、超率累进税率和超倍累进税率。全额累进税率,是指对同一征税对象的全部数额都按照与之相对应的最高等级的税率计算应纳税额。超额累进税率,是指把征税对象按其数额由小到大分解为若干个等级,每个等级的征税对象分别适用该等级相对应的税率。计算应纳税额的方法为每个等级的征税对象与该等级适用的税率相乘,得出该等级的应纳税额,然后将各等级应纳税额相加,即为该征税对象的应纳税额。全率累进税率,是指按照一定的相对量(比率)制定分级全率累进表,计税时按征税对象相对量确定适用税率,全部征税对象与适用税率的乘积,就是应纳税额。超率累进税率,是指对全部征税对象,按税率表规定的相对量级距,划分为若干段分别适用不同的税率,各段应纳税额的总和就是全部征税对象的应纳税额。超倍累进税率,是指以征税对象的数额相对于计税基础数的倍数为累进依据,按照超倍方式计算应纳税额的税率。超倍累进税率实际是超率累进税率的一种特殊形式。

定额税率,又称为固定税率,按单位征税对象直接规定固定的应纳税额的税率形式。定额税率是税率的一种特殊形式,它计算简便,适宜于从量计征的税种,如车船使用税、盐税等。定额税率一般包括单一定额税率、差别定额税率和幅度定额税率三种形式。单一定额税率是指对所有的征税对象统一适用一个税率的定额税率。差别定额税率是指对不同的征税对象适用不同税率的一种定额税率。差别定额税率包括地区差别定额税率和分类分级差别定额税率。幅度定额税率,是指对征税对象所适用的税率规定一定的幅度,具体适用税率授权地方政权机关予以确定的一种定额税率。

(翟继光)

shuimu

税目(tax item) 又称征税品目。税法规定的某种税的征税对象的具体范围。是征税对象在质上的具体化,代表了征税对象的广度。税目并非每一税种法都须具备的内容。有些税种的征税对象简单、明确,无进一步划分税目的必要,如房产税。当某一税种的征税对象范围较广、内容复杂时,才将其划分为税目以明确界定,如增值税涉及上千种工业产品,关税涉及的进出口产品种类更多,必须加以划分,以便于税收的征收管理。划分税目是立法技术上的需要,便于税法的实际操作。同时,规定税目也是贯彻一定时期国家税收政策的需要。对在性质上属征税对象但没有列举为税目的,不能征税。税目的指定方法可分为列举法和概括法两种。列举法是按照每一种商品或经营项目分别设计税目,必要时还可以在税目之下划分若干细目。概括法是对同一征税对象用集中概括的方法将其分类归并。列举法和概括法各有优缺点,应配合运用。

(翟继光)

shuiquan

税权(rights of taxation) 与税收有关的一系列权力和权利的总称。税权是一个近年来在税收学界和税法学界使用频率较高的术语,同时也是一个含义比较含混的术语。在国际税法的层次,税权主要指国家的税收管辖权,即一国主权在税收事项上的具体体现,是一国在税收事项上所享有的独立的、不受他国干涉的自主权。在国内税法学中,税权至少可以在两个层次上使用,一是国家的层次上,一是国民的层次上。在国家的层次上,税权主要指税收立法权、税收执法权、税收管辖权(国内)、税收收益权和税收司法权等;在国民的层次上主要是指纳税人权利。税收立法权,是指特定的国家机关依法享有的制定、修改和废止税法的权力,包括税法的初创权、税法的修改权和解释权、税法的废止权等。税收执法权,是指税收行政执法机关在执行税法的过程中所享有的权利和权力的总称。税收管辖权(国内),是指国家各级政府及其主管机关在其职权所及的范围内所享有的对相关税收事务的管理和统辖权。税收收益权,是指中央或地方政府对于税收收入所享有的支配、使用和收益的权利。税收司法权,是指司法机关在税收诉讼中所享有的一系列权利和权力的总称。纳税人权利,是指纳税人所享有的宪法和法律上所规定的一系列基本权利的总称。纳税人权利主要包括诚实推定权、拒绝非法纳税权、获取信息权、保密权、税务代理权、损害赔偿请求权、申请行政复议权、提起行政诉讼权、检举权等。

(翟继光)

shuishou

税收(taxation) 见税。

shuishou baoquan

税收保全(preservative system in taxation) 在税款缴库期期满之前由于纳税人的行为,致使国家税款有不能实现的危险时,税法规定的一系列保证国家税款及时足额缴纳的制度的总称,是世界各国和地区普遍采用的税款征收保障制度。如日本的保全担保与保全查封等制度,我国台湾地区的申请假扣押、限制出境、提前征收等制度。

我国规定的具体税收保全制度包括:(1)责令限期缴纳税款,即提前征收。税务机关有根据认为从事生产、经营的纳税人有逃避纳税义务行为的,可以在规定的纳税期之前,责令限期缴纳应纳税款。(2)责成提供纳税担保。在责令纳税人限期缴纳税款的情况下,如果在限期内发现纳税人有明显的转移、隐匿其应纳税的商品、货物以及其他财产或者应纳税的收入的迹象的,税务机关可以责成纳税人提供纳税担保。(3)采取税收保全措施。在责令限期缴纳税款的情况下,纳税人在限期内又有明显的转移、隐匿其应纳税的商品、货物以及其他财产或者应纳税的收入的迹象,如果纳税人不能提供纳税担保,经县以上税务局(分局)局长批准,税务机关可以采取如下两种税收保全措施:要求冻结相当税款的存款和扣押、查封相当税款的财产。(4)扣缴、抵缴税款。纳税人在税务机关采取要求冻结相当税款的存款和扣押、查封相当税款的财产的税收保全措施后,按照税务机关规定的期限缴纳税款的,税务机关应当自收到税款或者银行转回的完税凭证之日起1日内解除税收保全。限期届满仍未缴纳税款的,经县以上税务局(分局)局长批准,税务机关可以书面通知纳税人开户银行或者其他金融机构从其冻结的存款中扣缴税款,或者依法拍卖或者变卖所扣押、查封的商品、货物或者其他财产,以拍卖或者变卖所得抵缴税款。

(宋 丽 魏建国)

shuishou chexiao quan

税收撤销权(right of cancellation of tax) 税务机关对欠缴税款的纳税人滥用财产处分权而对国家税收造成损害的行为,请求法院予以撤销的权力。税收撤销权制度源于民法债法上的撤销权制度。

税收撤销权的客观构成要件有两个:一个是存在构成撤销的事由,另一个是对国家税收债权造成损害。构成撤销的事由包括:(1)欠缴税款的纳税人放弃到期债权。这是抛弃权利的单方行为,这一行为影响了其履行债务的能力。(2)无偿转让财产。其效果与放弃到期债权相同,都导致其履行债务能力的降低。(3)以明显不合理的低价转让财产。这种行为也会导致其履行债务能力的降低。判断何为"明显不合理的低价"需要根据当时的市场状况综合判断。对国家税收债权造成损害的判断标准应以支付不能为标准,即在纳税人欠缴税款的情况下滥用财产处分权,导致其责任财产减少,而使国家的税款无法实现时,就可认为其行为对国家税收债权造成损害。

传统民法理论以债务人和第三人具有主观恶意为行使撤销权的条件,我国《税收征收管理法》采取了和《合同法》基本一致的规定,对税收撤销权的主观构成要件并没有严格的要求。仅对以明显不合理的低价转让财产的情形作了规定,即欠缴税款的纳税人以明显不合理的低价转让财产时受让人知道该情形。由此可知,对于放弃到期债权、无偿转让财产的行为无论纳税人的主观心理状态如何,只要客观上导致其责任财产的减少,并符合其他构成要件,税务机关都可以行使税收撤销权。

根据《税收征收管理法》第 50 条的规定,税务机关可以依照《合同法》第 74 条的规定行使撤销权。《合同法》第 74 条规定:"因债务人放弃其到期债权或者无偿转让财产,对债权人造成损害的,债权人可以请求人民法院撤销债务人的行为。债务人以明显不合理的低价转让财产,对债权人造成损害,并且受让人知道该情形的,债权人也可以请求人民法院撤销债务人的行为。"在这里,纳税人是债务人,税务机关就相当于债权人,可以请求人民法院撤销纳税人的行为。根据法律的规定,税务机关行使撤销权的方式是诉讼方式,而不是由税务机关的执法行为直接实现。

(宋 丽 魏建国)

shuishou chufa fa

税收处罚法(tax sanction law) 见税收制裁法。

shuishou daiwei quan

税收代位权(right of subrogation of tax) 欠缴税款的纳税人怠于行使其到期债权而对国家税收即税收债权造成损害时,由税务机关以自己的名义代替纳税人行使其债权的权利。税收代位权源于民法债法上的代位权制度。日本税法即有这一制度。《日本地方税法》第 20 条第 7 项规定:"民法有关债权者的代位与诈害行为取消权的规定,地方团体征收金的征收准用。"我国法律上本无代位权制度,《合同法》第一次规定了合同之债的代位权,2001 年《税收征收管理法》在《合同法》规定的基础上,借鉴国外税法的规定,规定了税收代位权制度。这一制度的引进,在我国税法上进一步明确了税收之债的属性,具有重大的理论价值。同时,也有助于国家税款的及时足额缴纳,提高纳税人的税法意识。

税收代位权的构成要件包括以下几项:(1)存在纳税人欠缴税款的事实,即纳税人在法定的或税务机关核定的缴纳期限届满后,仍然没有履行其纳税义务。(2)纳税人和其债务人之间存在到期的债权。但是对于专属于纳税人的债权,如基于抚养关系、扶养关系、赡养关系、继承关系产生的给付请求权和劳动报酬、退休金、养老金、抚恤金、安置费、人寿保险、人身伤害赔偿请求权等权利,不能代位行使。(3)纳税人怠于行使到期债权。"怠于行使"是指应当行使并能够行使而不行使的状态。(4)纳税人怠于行使债权的行为对国家税收债权造成了损害。判例及学说认为,在不特定及金钱债权,应以债务人是否陷于无资力为标准;而在特定债权及其他与债务人资力无关的债务中,则有必要保全债权为条件。

根据《税收征收管理法》的规定,税务机关可以依照《合同法》第 73 条的规定行使代位权。《合同法》第 73 条规定:"债权人可以请求人民法院以自己的名义代位行使债务人的债权。"在这里,纳税人是债务人,税务机关就相当于债权人,可以请求人民法院以自己的名义代位行使纳税人的债权。根据法律的规定,税务机关行使代位权的方式是诉讼方式,而不是由税务机关的执法行为直接实现。

(宋 丽 魏建国)

shuishou danbaoren

税收担保人(tax payment guarantor) 以自己之财产,为他人之税收债务负担保责任之第三人。其目的在于透过补充纳税人的资力而使税收债权获得完全的满足。税收担保人并非任意之第三人皆可为之,依照法律、法规规定的没有担保资格的单位和个人,不得作为纳税担保人。具体来说,国家机关、学校、幼儿园、医院等以公益为目的的事业单位、社会团体以及企业法人的分支机构、职能部门不能以其财产设定担保。

(李俊明)

shuishou falü

税收法律(tax law) 由国家立法机关制定的有关税收方面的法律以及其他规范性文件。在我国,狭义上的税收法律是由全国人大及其常委会制定的,如《个人所得税法》、《税收征收管理法》等。按照税收法定主义的要求,税收法律应当是税法的主要渊源,有关课税的实体要件和程序要件都应当由国家立法机关以法律来确定。

(施正文)

shuishou falü guanxi

税收法律关系(legal relationship of taxation) 受税法所调控的特定社会关系。它是税收关系在税法上的反映。税收法律关系具有以下几个特性:第一,由于规范的基础为税法,因此税收法律关系之一方为国家或其征税机关。第二,税收法律关系是一种财产单向支配转移的法律关系,这说明了税收的无偿性质,有别于一般民事合同的有偿性质。第三,以权利义务关系为内容。原则上国家恒为债权人,纳税人为债务人,但纳税人有时也以债权人身份向国家主张退税请求权之情形,这也与一般民事合同双方互为债权人与债务人有所不同。第四,税收法律关系的发生与内容是法律强制规定的,与一般民事合同原则上由双方当事人合意具体的权利义务关系具有本质上之差异。总之,税收法律与其他部门法法律关系不同在于税收法律主体之复杂性与税收本身的特殊性,把握税收法律关系有助于建立税法体系,并促进税法研究的进一步发展。

一般而言,税法所调整的对象是税收关系,换言之,与税收有关的法律关系都可作为税收法律关系的组成部分。这主要包括国家与纳税人之间的税收宪法性法律关系、征税机关与纳税主体的税收征纳关系、相关国家权力机关与行政机关之间的税收权限划分法律关系、国际税收权益分配法律关系,这是广义范围的税收法律关系。其中,征税机关与纳税主体的税收征纳关系是税法最主要的调整对象,学理上称为狭义税收法律关系。税收征纳关系还可分为实体法律关系与程序法律关系。整个税收征纳活动应建立以税收实体法律关系为主,其他法律关系为辅的税收法律体系,两者结合成一个统一的有机体。理解税收法律关系的范围除了有助于我们厘清税收法律关系与其他部门法所调整的法律关系之区别,更可进一步掌握税收法律关系的性质,进一步了解税法在法律体系中的地位,以合理安排税务机关与纳税人在税法中的权利义务关系,兼顾国家税收之保障与纳税人权益之维护。

税收法律关系的要素 包括税收法律关系主体、税收法律关系客体及税收法律关系内容三部分。

税收法律关系主体是由征税主体与纳税主体所构成。研究税收法律关系主体不仅要了解作为一般的课税要素的征税主体和纳税主体,还要了解相关义务主体;不仅要了解代表国家征税的具体征税机关,还要了解与其相应的主体,包括具体的纳税人、扣缴义务人、衍生纳税人、纳税担保人等。区分这些主体的目的是要明确其具体权利和义务,使其合法权益不受损害。

税收法律关系的客体是法律关系主体之间在建立起权利义务关系过程中所指的对象。一般是指物和行为。税收法律关系的客体是指税收法律关系主体之间所为的给付行为。它与征税客体是不同的概念,税收法律关系客体的给付行为包括作为与不作为,而征税客体主要指所得、消费和行为。

税收法律关系的内容就是依照税法规定,税务机关与纳税人所享有的特定的权利与义务。把握税收法律关系的内容需明确以下两点:(1)税收法律关系的内容是由法律事先规定安排的,与一般民事合同关系中法律关系主体可以根据意思自治原则来安排当事人之间的权利义务关系有很大不同。(2)税收法律关系的内容主要是强制性规定,税务机关与纳税人不得违反税法规定创造新的权利义务关系;而一般民事合同关系中,在尊重当事人意思自治原则的前提下,法律具有补充效力,当事人若未约定,则依据法律规定来主张彼此间的权利义务关系。

税务机关与纳税人的权利要严格按照税法规定来行使,至于其权利来源乃是宪法所赋予的而非凭空得来的,必须是宪法有所规定,且在具体法律规定中加以落实规范,否则只是纸面上的权利,不可作为行使权利之依据。税务机关并非只享有权利(力)而纳税人并非只尽义务,权利与义务是相对的。税务机关在征收税款所享有税法所赋予之相关权利(力)时,仍负有不得侵犯宪法所赋予人民的基本权利的义务;而纳税人在履行纳税义务时,享有作为一个公民应有权利与基于纳税人身份所享有合理适度纳税之权利。 (李俊明)

shuishou falü zeren

税收法律责任(legal liabilities of taxation) 见税法责任。

shuishou falü zhuyi

税收法律主义(the doctrine of revenue law) 税法的基本原则。一国的税收立法、执法、司法、守法都应当以国家明文规定的税法为准,税收活动中任何与税法明文规定不符的行为皆属非法。税收法律主义作为税法的基本原则,最早的法律渊源可以追溯到1215年英国的《大宪章》。税收法律主义作为税法的基本原则,是有其自身的独特含义的。从形式上讲,它要求一国的税收法律必须是由纳税人组成的议会通过的,符合"无代表则无税"的传统理念,税收法律的执法、司法、守法应当以成文的税法为准;从实质意义上讲,该国的税收法律应当符合现代民主宪政的基本要求,纳税人对国家的负担必须公平、合理地确定,以纳税人的经济能力为基本前提,不得危及纳税人的基本生活条件;税收的执法、司法活动应该严格依照税法而为之,并保护纳税人的法定权利。 (李建人)

shuishou fazhi

税收法制(law and regulation of taxation) 税收法

律和制度的总称及其运作的整个过程。静态意义上的税收法制就是与税收有关的法律和制度的总称;动态意义上的税收法制则是静态意义上的税收法制的运作过程,即税收立法、税收执法、税收司法、税收守法和税收法律监督的整个过程。税收法制与税收法治是两个不同的概念,前者主要指税收法律制度及其运作过程,而后者主要指一种在税收领域中实现法律统治的状态;前者主要是在客观的意义上的描述,而后者则既是客观意义上的描述,也是一种主观价值的判断。良好的税收法制的存在是实现税收法治的前提条件,而税收法治则是税收法制建设的方向与目标。 (瞿继光)

shuishou fazhi

税收法治(rule by law of taxation) 法治在税收领域的具体体现,在税收领域中确立法律的最高统治地位的原则与状态。具体说来,税收法治是与税收相关的一切活动均严格按照法律的规定来进行,税收法律规范是税收领域一切活动的最高和最终标准,税收法律规范在税收领域具有最高的权威,没有任何主体能够享有税法之外的权力,也没有任何权利和权力能够不受税法的约束。税收法治是现代税收国家所追求的一种理想的状态,需要税收立法、税收执法、税收司法、税收守法和税收司法监督等税收法制运行的整个过程都实现法治状态。税收法治和依法治税是两个不同的概念:前者强调的是税收法律在税收领域中的最高统治地位,后者强调的是治理主体即国家及其职能部门治理税收事务的方式是严格按照税收法律的规定来进行的;前者强调所有主体都必须在税收法律之下行为,而后者仅仅强调征税主体依照税收法律行为,而没有强调纳税主体必须依照税收法律行为;前者强调税收法律的最高地位,后者实际上强调的是治理主体的最高地位;前者强调税收法律既是一种工具,也是一种目的与追求,后者则强调税收法律的工具性价值,而没有强调其目的性价值。税收法治与依法治税也有着密切的联系:都是强调严格按照税收法律的规定来行为;最终目的都是为了追求一种理想的状态;依法治税是税收法治最重要的环节和阶段;依法治税是实现税收法治的前提和基础性环节。 (瞿继光)

shuishou fudan

税收负担(burden of taxation) 简称"税负"。因国家征税而给纳税人所形成的一种经济上的负担。衡量税收负担,用相对数表示就是税额占税基的比率,即税收负担率,用绝对数表示就是税收负担额。税收负担根据不同的标准可以进行不同的分类,如社会总税负和纳税人个别税负;宏观税负、中观税负和微观税负;名义税负和实际税负;直接税负和间接税负等。税收负担的形成需要一定的条件:国家征税是形成税收负担的客观条件;纳税人为独立的经济实体是形成税收负担的主观条件。纳税人的税收负担一般由三部分组成:由纳税人缴纳税款所形成的直接税负;由他人转嫁而来的间接税负;纳税人履行纳税义务所发生的费用与征税机关不当征税对纳税人所造成的损失等形成的额外税负。税收负担体现了国家的税收政策,直接关系到国家与个人和其他社会主体利益分配的格局。影响税收负担的因素主要包括经济因素、税制因素、社会观念因素和其他因素。税收负担最终取决于国家在特定时期所需要的财政资金的数量和由经济发展水平所决定的国民的税收承担能力。确定税收负担应该遵循合宪原则、公平原则和量能负担原则等基本原则。 (瞿继光)

shuishou fujia

税收附加(tax affixation) 根据税法的规定按照一定的比例随正税附加征收的税收。税收附加一般属于预算外收入,是地方政府的财源之一,其收入一般由地方政府统一安排使用。税收附加一般是根据通常或正规应征收的税款按照一定比例计算,即以正规的应征税款作为基数。大多数拉丁美洲国家征收进口税附加,其中还有一些国家征收个人或公司所得税附加,另有一些国家征收惩罚性附加。 (瞿继光)

shuishou gongping yuanze

税收公平原则(revenue equity principle) 一国税法所规定的该国居民的纳税义务应当基于公正合理的考虑来设计。税收公平原则可以从两个层面进行观察:一是水平公平,即具有相同经济社会条件的纳税人应当承担相同的纳税义务;二是垂直公平,即具备不同经济社会条件的纳税人应当承担不同的纳税义务,使其承担与其经济收入大体相当的纳税义务。税收公平原则为合理地确定纳税人的税负提供了一条基本的指导思想。但是,公平从来都是相对的,绝对的公平是不存在的。因此,税法中的公平也只能是大体的公平。 (李建人)

shuishou guanli tizhi

税收管理体制(administration system of tax) 见税收征管体制。

shuishou guanxiaquan

税收管辖权(tax jurisdiction) 主权国家在一定范围内行使税收征收和管理的权力,是国家主权在税收领域内的体现,具有排他性和独立性,不受外来干涉和支配。税收管辖权按属地与属人原则可分为居民税收管辖权、公民税收管辖权和地域管辖权三种。凡对具有本国居民身份的纳税人取得的来源于全球范围内的所得行使的征税权力称为居民税收管辖权。大多数国家行使此种税收管辖权。凡对本国公民取得的来源于全球范围内的所得行使的征税权力称为公民税收管辖权，美国、墨西哥、菲律宾等少数国家行使公民税收管辖权。凡对来源于本国境内的收入、财产及其他应税所得行使的征税权力称为地域税收管辖权。大多数国家在行使居民税收管辖权的同时行使地域税收管辖权，也有一些国家单独行使地域管辖权，如文莱、巴西、阿根廷等。税法居民指各国税法规定的须就其全球所得纳税的自然人和法人。自然人与法人居民身份的确立由各国法律规定，自然人居民身份的确定标准一般有住所地标准、居所标准、时间标准和意愿标准；法人居民身份的确定标准一般有登记注册地标准、总机构标准、管理中心标准及资本控制标准、主要办事机构所在地标准等。住所是指自然人在某国拥有的永久性或习惯性的场所，一般为自然人家庭及财产所在地。某自然人如果在采取居民税收管辖权的某国拥有住所，即构成该国税法上的居民，须就其全球所得在该国纳税。居所，又称财政住所，是自然人临时停留、暂时居住达到一定时间标准的某一处所，可以是纳税人的自有房屋，也可以是租用的公寓、旅馆等。英国、加拿大、澳大利亚等国采居所标准。总机构是指法人进行重大经营决策、经营活动和统一核算的管理机构。一般而言，总机构与管理中心在很多情况下是一致的，因为总机构发挥的作用实际是控制和管理的作用；但有些跨国公司的董事会与经理处不设在同一个国家，则出现总机构与管理中心不一致的情况。常设机构是指一个企业进行全部或部分经营活动的固定营业场所。通过常设机构取得的所得应在来源地纳税。常设机构是总机构的派出机构，本身不具有独立的法人地位，但在计算常设机构利润时，视同为独立企业，按正常交易原则确定其利润。

(熊晓青)

shuishou guojia

税收国家（state of tax） 也称为租税国家或简称租税国，税收收入占国家财政收入大半以上的国家。财政在国家中扮演着十分重要的角色，是国家存在不可或缺的构成要素。国家功能的发挥，国家权力的运作均离不开财政的支持。从这一方面来看，国家在经济形态上均为财政国。在不同的经济形态和经济体制下，存在着不同的财政类型。与自然经济相适应的是家计财政，与市场经济相适应的是公共财政，与计划经济相适应的是国家财政。根据财政的类型，可以把国家分为所有权者国家、税收国家和企业者国家。在所有权者国家中，国家取得财政收入主要依靠国家所拥有的土地、财产和其他资源。在企业者国家中，国家取得财政收入主要依靠国有企业和国有资源。而在税收国家中，国家取得财政收入主要依靠税收。一般把税收收入占国家财政收入大半以上的国家称为税收国家。公债收入也是变相的税收收入，因为公债最终要靠税收来偿还。历史上，税收国家的出现是在进入现代以后，在此之前的封建国家属于所有权者国家或称家计国家、家产国家。所有权者国家以封建土地所有关系为基础，其财政收入主要来源于封建地租。进入现代国家以后，国家财政收入的中心嬗变为对私有财产进行公权力介入的税收。在这种意义上，税收国家也可称为无产国家。

税收国家并不是随着国家的产生而产生的，也不是任何国家都可以建成税收国家的，税收国家的产生和存续需要有一定的经济基础和政治基础。税收国家的经济基础是市场经济和公共财政。税收国家存在的政治基础是现代民主政治和法治国家。

税收国家的形式特征是以税收作为财政收入的主要来源。国家取得财政收入可以有多种形式，一般可以分为依据所有权出租取得的收入（如封建地租），凭借所有权经营取得的收入（如国营企业上缴的利润），凭借政治权力取得的无对价的收入（如税收）以及凭借提供服务所取得的收入（如行政规费）。在国家获得财政收入的各种形式中，只有以税收为主的国家在形式上才能称为税收国家。否则，则可能属于所有权者国家或企业者国家。税收作为国家财政收入的主要来源在另一方面也意味着，国民除了向国家负担税收以外，一般不负其他实物或劳务给付义务。税收国家的实质特征是税收必须符合税收的经济要素、法律要素和宪法要素。具体来说，税收国家的税收在经济上，必须具备国家主体性、政权依赖性、财政收入性、强制性、非罚性、无偿性和固定性等要素，在法律上必须具备法定性要素，即税收要素法定、税收要素明确和征收程序合法等要素；在宪法上必须具备合宪性要素，即符合宪法的原则和理念。只有完全具备税收的经济要素、法律要素和宪法要素的税收才是现代税收国家中所谓的税收，也只有以这种税收作为主要财政收入来源的国家才称得上是真正的税收国家。

税收国家代表了现代社会最佳的社会治理模式和人类存在状态，也是人类历史发展的必然趋势和必经阶段。建设税收国家无论对于确保国家职能的充分实现还是维护纳税人的合法权益以至整个国家的税收法治建设都具有不可估量的价值与意义。建设税收国家可以为国家履行职能提供充足的物质保障，从而确保整个国家的稳定、繁荣与昌盛。税收国家确保国家职能充分实现的基本途径是保障国家税收债权的充分实现。建设税收国家有利于确立纳税人与国家法律地位平等的观念;提高纳税人的社会地位。税收国家的税收法治为纳税人权益的实现提供了制度保障。

建设税收国家的过程就是税收法治的过程。税收国家与税收法治是一个事物的两个方面:从税收是国家财政收入的主要来源的角度讲是税收国家,从税收领域实现了法治状态来讲是税收法治;税收国家更多地强调了经济基础的成分,税收法治则更多地强调了上层建筑的成分;但二者在实质上是统一的。税收国家也是我国社会主义现代化建设的目标之一,我国目前正在朝着这一目标努力,但我国目前的税收国家建设还很不完善,加快我国的税收国家建设需要从税收立法、税收执法、税收司法等几个方面入手。(翟继光)

shuishou jiujifa

税收救济法(tax remedy law) 又称税收争讼法、税收行政救济法。纳税主体在其合法权益受到征税主体侵害后获得补救的法律制度及法律规范的总称,包括税收复议法、税收诉讼法和税收赔偿法三大组成部分。

(熊晓青)

shuishou lifa

税收立法(tax legislation) 具有税收立法权的国家机关依照其法定职权按照法定程序制定、修改和废止税收法律规范的特定活动。税收立法的主体是具有税收立法权的主体,如我国的全国人民代表大会及其常委会和国务院等。税收立法主体立法必须依照其法定职权进行税收的立法活动,而不能进行超越其职权的税收立法活动。税收立法必须依照法定程序进行,违反法定程序的立法是违法和违宪的立法,不能产生法律效力。税收立法的形式主要包括制定、修改和废止税收法律规范。当然,在极个别的情况下,也包括税收立法主体对税收习惯的承认以使其具有法律约束力。

税收立法基本原则 可以分为税收立法的实质原则和税收立法的形式原则。税收立法的实质原则是指税收立法的内容所应该遵循的基本准则;税收立法的形式原则是指税收立法的形式在技术上所必须遵循的基本准则。前者主要包括合宪性原则、合法性原则和合理性原则,后者主要包括明确性原则、体系性原则和稳定性原则。

税收立法权限 具有税收立法权的国家机关在税收立法方面所享有的权力的界限。税收立法权限从纵向角度来看,有中央税收立法权限和地方税收立法权限;从横向角度来看,有立法机关的税收立法权限、行政机关的税收立法权限和司法机关的税收立法权限。在不同的税收立法权限体制下,各税收立法主体所享有的税收立法权的范围是不同的。

税收立法权限体制 税收立法权在不同税收立法主体之间分配所形成的一种制度或模式。税收立法权限体制一般可以分为税收立法权的横向分配和纵向分配两个方面。横向分配主要是指中央立法机关与行政机关之间税收立法权的分配关系。中央立法机关行使主要的税收立法权是现代各国的通例,但不同国家对于行政机关所享有的税收立法权的分配大小是不同的,大体可以分为独享模式和共享模式。独享模式一般也称为一元立法权限模式,是指税收立法权原则上由立法机关来行使,行政机关只享有极其有限的税收立法权,行政机关所享有的税收立法权大多来自于立法机关的授予或委托。共享模式也称为多元立法权限模式,是指税收立法权原则上由立法机关和行政机关共同行使,行政机关享有较大程度的税收立法权。行政机关所享有的税收立法权一部分来自立法机关的授予或委托,一部分来自其本身所具有的职权。税收立法权在纵向上的分配一般分为集权模式和分权模式两种。集权模式,是指税收立法权高度集中于中央,地方不享有或仅仅享有极少的税收立法权。这种模式大多存在于单一制国家之中,如中国、朝鲜、斯里兰卡、土耳其等。分权模式,是指税收立法权在中央与地方之间分享,中央和地方均具有一定程度的税收立法权。这种模式一般存在于联邦制国家,如美国、加拿大等。

税收立法主体 享有制定、修改和废止税收法律规范职权的国家机关。一般来讲,立法机关是最主要的税收立法主体。具体到我国现阶段,税收立法主体主要包括全国人大及其常委会、国务院及其职能部门(如财政部、国家税务总局等)以及地方政权机关。根据税收法定主义原则的要求,立法机关应该是税收立法的主要主体,行政机关只能是辅助主体。我国目前以国务院作为主要的税收立法主体的现状是特定历史条件下的产物,随着我国法治建设的不断完善,随着我国加入WTO之后所面临的机遇与挑战,这种状况必须逐渐改变,全国人大及其常委会应该成为主要的税收立法主体。

税收立法程序 税收立法主体进行税收立法活动所遵循的步骤和方式、方法等。我国的税收立法程序一般可以分为税收法律案的提出、税收法律案的审议、税收法律案的表决和税收法律的公布四个阶段。税收法律案是有税收提案权的主体依法定程序向税收立法主体提出的有关制定、修改或废止税收法律、法规的议案。我国的税收法律案一般由国务院或国家税务总局提出。税收法律案的审议是税收立法机关对于相关主体所提出的税收法律案予以审查,以决定是否应列入议事日程以及是否需要进一步修改的活动。税收法律案的审议过程是展现税收立法民主化程度的重要阶段。税收法律案的表决是税收立法机关对税收法律案最后能否通过所作出的具有决定意义的意思表示。一般的税收法律案都要由出席大会的全体代表、成员或委员的过半数同意才能通过。税收法律的公布是税收法律案通过后由特定主体在特定的时间内，通过特定的方式公之于众的活动。全国人大及其常委会通过的税收法律要由国家主席签署命令予以公布。国务院通过的税收行政法规通过总理签署命令予以公布。

（翟继光）

shuishou piaozheng

税收票证（tax voucher） 税务机关在征收工商各税过程中向纳税人出具的各种专用凭证。填用以后的各种票证既是纳税义务人履行纳税义务的证明和税收会计的原始凭证和税收统计的原始资料，也是考察税务人员是否依法征税的依据。

（李蕾）

shuishou qiangzhi zhixing

税收强制执行（enforcement system in taxation） 纳税人或相关主体逾期不履行税法义务，税务机关采取的促使其履行义务或实现税款入库的各种间接或直接的强制执行制度的总称。《中华人民共和国税收征收管理法》规定了两大类税收强制执行：间接强制执行和直接强制执行。尽管税务机关享有强制执行的特权，但是这种权力的行使应严格遵循法律、法规的相关规定，采取税收强制执行措施的权力，不得由法定税务机关以外的单位和个人行使。税务机关采取税收强制执行措施必须依照法定的权限和程序。

间接强制执行，即加收滞纳金。这一强制执行的主要目的在于促使纳税主体尽早履行纳税义务。纳税人未按照规定期限缴纳税款，扣缴义务人未按照规定期限解缴税款的，税务机关除责令限期缴纳外，从滞纳税款之日起，按日加收滞纳税款5‰的滞纳金。加收税款滞纳金的具体起止时间为法律、行政法规规定或者税务机关依照法律、行政法规的规定确定的税款缴纳期限届满次日起至纳税人、扣缴义务人实际缴纳或者解缴税款之日止。

直接强制执行，即从事生产、经营的纳税人、扣缴义务人未按照规定的期限缴纳或者解缴税款，纳税担保人未按照规定的期限缴纳所担保的税款，由税务机关发出限期缴纳税款通知书，责令缴纳或者解缴税款的最长期限不得超过15日。逾期仍未缴纳的，经县以上税务局（分局）局长批准，税务机关可以采取下列强制执行措施：(1) 书面通知其开户银行或者其他金融机构从其存款中扣缴税款；(2) 扣押、查封、依法拍卖或者变卖其价值相当于应纳税款的商品、货物或者其他财产，以拍卖或者变卖所得抵缴税款。税务机关采取强制执行措施时，对未缴纳的滞纳金同时强制执行。

《税收征收管理法实施细则》第65条规定，对价值超过应纳税额且不可分割的商品、货物或者其他财产，税务机关在纳税人、扣缴义务人或者纳税担保人无其他可供强制执行的财产的情况下，可以整体扣押、查封、保管、拍卖，以拍卖所得抵缴税款、滞纳金、罚款以及扣押、查封、保管、拍卖的费用。

（宋丽 魏建国）

shuishou quanli nengli

税收权利能力（capacity for tax right） 税法上权利与义务主体的资格。凡能够参加到税收法律关系中并能在其中享有权利和承担义务的主体均具备税收权利能力。

权利能力可分为完全权利能力和限制权利能力。完全权利能力，是指其权利能力不受限制，在税法的各个领域均具备权利主体的资格。限制权利能力，是指其仅在税法的部分领域享有权利能力，在税法的其他领域则对其权利能力予以限制。享有完全权利能力的主体为完全权利能力人，享有限制权利能力的主体为限制权利能力人。一般来讲，在私法上享有完全权利能力的主体，在税法上也享有完全权利能力，如自然人和法人；在私法上不享有权利能力或享有部分权利能力的主体，在税法上出于把握经济上负担能力之技术上需要，则有可能赋予其完全权利能力或部分权利能力，如非法人团体、个人独资企业、合伙企业。税法上的权利能力也是可以变化的，可以由无权利能力变为有权利能力，也可以由有权利能力变为无权利能力。如我国个人独资企业和合伙企业就从企业所得税法上的权利义务主体变为非权利义务主体，从而其在企业所得税法上的权利能力也经历了从有到无的变化。

权利能力还可分为抽象权利能力和具体权利能力。抽象权利能力，是指能够参与抽象税收法律关系并在其中享有权利和承担义务的资格。具体权利能力，是指能够参与具体税收法律关系并在其中享有权利和承担义务的资格。享有完全税收权利能力的主体一般仅仅是在抽象的意义上享有这种权利能力，但在具体的税收法律关系中，则不一定具有权利能力。如自然人享有完全税收权利能力，但其并不能参与企业所得税法律关系并在其中享有权利和承担义务，即在这些具体的税收法律关系中，自然人并不享有权利能力。即使是都具备参与增值税法律关系的权利能力的企业，也有一般纳税人和小规模纳税人之分，小规模纳税人也不能享受一般纳税人所享有的权利。

税收权利能力的取得一般依私法规范的规定而取得，如自然人自出生时取得民事权利能力，也相应取得税收权利能力；法人自登记成立之日起取得民事权利能力，也相应取得税收权利能力。办理税务登记并非是取得税收权利能力的要件。对于那些在私法上不具备权利能力或仅具备部分权利能力的主体,其税收权利能力的取得则要根据税法的具体规定而定。由于税法是根据负担能力来分配税收债务的,因此,一般来讲,只要具备税收负担能力的主体,无论其在私法上的地位如何,都可以取得税收权利能力。税收权利能力的丧失,一般也是根据私法规范的规定而丧失,如自然人死亡时,其民事权利能力丧失,其税收权利能力也相应丧失;法人解散或被撤销、宣告破产时权利能力丧失或部分丧失,其税收权利能力也相应丧失或部分丧失。在特殊情况下,税法的特别规定也可以使在私法上具有权利能力的主体丧失或暂时丧失其税收权利能力。如纳税人违反税法规定,被取消一般纳税人资格后,就不再享有一般纳税人所享有的税收权利能力。当某一私法主体不再具备税收负担能力时,其一般也不再享有税收权利能力。

(翟继光)

shuishou shouquan lifa

税收授权立法(delegated legislation of tax) 根据享有税收立法权的主体的授权所进行的税收立法活动或由这种活动所形成的法律文件。一般来讲,是指行政机关根据立法机关的授权所进行的税收立法活动或由这种活动所形成的法律文件。税收授权立法应该遵循一定的原则,如税收法定主义原则、实事求是原则、原则性与灵活性相结合的原则等。根据税收法定主义原则,关于纳税人、征税对象、税目、税率、减免税等税收要素必须由立法机关以法律的形式予以规定,即不准许授权立法。根据实事求是原则,税收授权立法必须具有现实需要,必须有利于税收立法的完善,必须有利于社会整体利益,而不能随意予以授权。根据原则性与灵活性相结合的原则,就要把税收法定主义原则与实事求是原则结合起来,根据社会发展的需要和人民的整体利益来判断授权立法的弊与利,从而相应地采取或不采取授权立法的形式。比如我国改革开放以来采取了主要由国务院以税收授权立法的形式来制定税收行政法规,就是根据当时社会发展和人民整体利益的需要而采取的恰当决策,当然,随着我国法治建设进行的加快,随着我国税收立法实践经验的逐渐积累,目前应大量减少税收授权立法的形式,而应主要采取由立法机关立法的形式来制定税收法律。 (翟继光)

shuishou sifa

税收司法(justice of tax law) 见税法适用。

shuishou taobi

税收逃避(tax evasion and avoidance) 纳税人为减轻其纳税义务,采取法律禁止的手段逃脱纳税义务或采取法律没有明文禁止的手段减少或避开其纳税义务的行为。按手段非法与否可分为逃税、避税;按是否涉及跨国交易事项的税收管理可分国际税收逃避与国内税收逃避。纳税人采取欺骗、隐瞒等非法手段,逃脱或减少其纳税义务的行为,为逃税。逃税具有直接违法性,须受到法律的制裁。避税是指虽然符合法律但与立法宗旨不符的减轻税负的行为,属于不合法的行为。漏税是指纳税人非出于故意而漏缴或少缴税款的行为,如不熟悉税法、计算错误等。由于纳税人的主观意识是否具有故意很难判断,目前我国税收立法中已不再使用漏税一词。欠税是指纳税人超过纳税期限未按时缴纳而拖欠税款的行为。抗税是指以暴力、威胁方法拒不缴纳税款的行为。偷税是纳税人伪造、变造、隐匿、擅自销毁账簿、记账凭证,或者在账簿上多列支出或者不列、少列收入,或者经税务机关通知申报而拒不申报或者进行虚假的纳税申报,不缴或者少缴应纳税款的行为。骗税是指以假报出口或者其他欺骗手段,骗取国家出口退税款的行为。节税,也称税收筹划,是纳税人按照法律的规定作出的减免纳税义务的行为,不是法律规制的对象。关联企业之间因其关联关系、关联交易的存在,易产生受控交易和受控价格,其利润转移易导致税收利益的转移。因此,各国多对关联企业间业务往来的税务管理进行法律规定,我国在《中华人民共和国外商投资企业和外国企业所得税法》及其实施细则、《税收征收管理法》及其实施细则有这方面的规定。关联企业间业务往来的基本要求是按照公平交易原则进行定价。转让定价本身是一个中性概念,但在关联企业利用转让定价进行税收上的安排时,则须受到公平交易价格的测验,如不符合该原则,税务机关有权对此进行调整。 (熊晓青)

shuishou tebie cuoshi

税收特别措施(special measures of tax collection) 包括税收优惠措施和税收重课措施两种情形。税收优惠措施以减轻纳税人的税收负担为主要内容,乃是一种诱导经济、产业发展的宏观调控措施,可充分发挥税收的政策性与灵活性的功能,也称为税收诱因措施;税收重课措施是以加重税负为内容的税收特别措施,如税款的加倍征收、加成征收等。

税收优惠,从狭义来理解,是指征税国按既定税率在一定期限内所实行的减税或免税措施;从广义上理解,则指征税国为了吸引外资而特别给予纳税人财务上的优惠。而税收优惠的种类可概括为下列几种:(1)税率优惠。通过降低税率的方式来减轻纳税人税收负担的税收优惠,如优惠税率、税率减征等。其中优惠税率是较常使用的措施,只对特定人或经济活动采用较一般税率为低的税率征税。然而这种优惠并非全面性,往往有限定的地区、行业、项目。(2)税基优惠。通过减少计税依据的方式来减少纳税人税收负担的税收优惠,例如起征点、免征额、税项扣除等。(3)税额优惠。通过直接减少纳税人的应纳税额的方式来免除或减轻纳税人应纳税收的负担,例如减税、免税、出口退税、再投资退税、税额扣除、税收抵免、投资抵免、税收饶让、税收豁免等。其中减免税是最常见的,也是纳税人最关心的税收优惠政策,减免税是对纳税人的应纳税款给予部分减征或全部免征。任何机关、单位和个人,非经法律或法律授权之行政法规规定,都不能擅自减免税。

税收重课措施又称税收加征,是指按照计税依据和法定税率计算的应纳税额的基础上加征一定比例的税收。主要适用于下列两种情况:一是配合国家的政策对某些经营活动加以限制,二是对某些纳税人取得的过高收入加以调节。税收重课措施主要有加成征收和加倍征收两种形态,前者是在按照计税依据和法定税率计算的应纳税额的基础上再加征一定成数的税额,而后者是在按照计税依据和法定税率计算的应纳税额的基础上再加征一定倍数的税额。　　(李俊明)

shuishou tizhi fa
税收体制法(tax structure law)　规定税收权力分配关系的法律规范的总称。税收体制法的主要内容是关于相关国家机关之间在税收方面权力的划分问题,这种税收体制关系发生在相关国家机关系统内部,解决的是相互之间的税收利益分配问题,它不同于调整在国家与纳税人之间形成的税收债务关系和税收征纳关系的税收实体法和税收程序法。税收体制法规定的是税权的归属和分配问题,它是税法的基础性制度,在一国税法体系中具有主导地位。在实定税收法律中,税收体制法的内容一般由宪法、税收基本法、税收组织法等来调整。　　(施正文)

shuishou xingwei nengli
税收行为能力(capacity for tax conduct)　税收权利能力主体能以自己的行为享有税收权利和履行税收义务的能力。税收权利能力是税收行为能力的前提,税收行为能力是税收权利能力的具体实现。税收行为能力来源于民法上民事行为能力的概念,而且税法又是建立在民法等私法所创建的社会经济秩序的基础之上,因此,可将民法上关于行为能力的规定,作为一般法律思想而加以援引,或把它们视为性质类似而加以类推适用。据此,在民法上具有完全民事行为能力的主体,也具有完全税收行为能力,限制行为能力人依民法或其他法律的规定在其具备行为能力的领域,也具备税收行为能力。这是关于税收行为能力的一般法理,在税法有特别规定时,从其规定。税法上的行为,一般均为公法行为,或具有公法上效力的私法行为,因此,从事税法上行为的人一般均需具备完全税收行为能力,即应当是完全行为能力人。限制行为能力人和无行为能力人所为的行为应归于无效,当然,对于此种无效行为,可由法定代理人嗣后的同意或由行为人取得行为能力后的同意加以补正。欠缺税收行为能力人,可由其法定代理人代为税法上的行为,如纳税申报、缴纳税款等。民法上关于法定代理的规定,可类推适用于税法上的法定代理。我国已初步建立起了税务代理制度,对于从事税务代理业务的从业人员的资格认定等均作了详细的规定,因此,从事税务代理业务的人必须具备法定的从业资格,不具备法定从业资格的人不具有税务代理的行为能力,不能从事税务代理业务。　　(翟继光)

shuishou xingzheng fuyi
税收行政复议(tax administrative reconsideration)　纳税人认为征税机关的行政行为侵犯其合法权益,提出审查相关行政行为的申请,法定复议机关进行复查的制度的总称。税收行政复议依纳税人的申请而进行,只要纳税人主观上认为其合法权益受到了侵害即可提出复议申请。

税收行政复议的受案范围包括十大类:税务机关作出的征税行为;税务机关作出的责令纳税人提供纳税担保行为;税务机关作出的税收保全措施;税务机关未及时解除税收保全措施,使纳税人等合法权益遭受损失的行为;税务机关作出的税收强制执行措施;税务机关作出的税务行政处罚行为;税务机关不予依法办理或答复的行为;税务机关作出的取消增值税一般纳税人资格的行为;税务机关作出的通知出境管理机关阻止出境行为;其他税务具体行政行为。

税收行政复议的管辖决定涉税争议应该向哪一级机关申请及各级机关受理的权限划分。我国的税收行政复议原则上采取"下管一级"的办法,如对省级以下各级国家税务局作出的税务具体行政行为不服的,向其上一级机关申请行政复议;但对国家税务总局作出的具体行政行为不服的,国家税务总局是自己的行政复议机关,如申请人对国家税务总局行政复议决定不服,可以向人民法院提起行政诉讼;也可以向国务院申请裁决,国务院的裁决为终局裁决。比较特殊的情况还有:对税务机关依法设立的派出机构,依照法律、法规或者规章的规定,以自己名义作出的税务具体行政行为不服的,向设立该派出机构的税务机关申请行政复议。对扣缴义务人作出的扣缴税款行为不服的,向主管该扣缴义务人的税务机关的上一级税务机关申请复议;对受税务机关委托的单位作出的代征税款行为不服的，向委托税务机关的上一级税务机关申请复议。对国家税务局和地方税务局共同作出的具体行政行为不服的，向国家税务总局申请复议；对税务机关与其他机关共同作出的具体行政行为不服的，向其共同上一级行政机关申请复议。对被撤销的税务机关在撤销前所作出的具体行政行为不服的，向继续行使其职权的税务机关的上一级税务机关申请行政复议。

税收行政复议的程序：（1）申请。认为其自身合法权益受到税务机关侵害的纳税人、代扣代缴人、纳税担保人和其他税务当事人，可以在得知税务机关作出具体行政行为之日起60日内，以书面申请或以口头申请的方式向复议机关提出复议申请。纳税人及其他税务当事人对税务机关的征税行为不服，应当先依照税务机关的纳税决定缴纳或者解缴税款及滞纳金或者提供相应的担保，然后可以在收到税务机关填发的缴款凭证之日起60日内向复议机关申请行政复议，对复议决定不服，再向人民法院起诉。（2）受理。复议机关收到行政复议申请后，应当在5日内进行审查，对不符合规定的申请，决定不予受理，并书面告知申请人；对符合规定，但是不属于本机关受理的，应当告知申请人向有关行政复议机关提出申请。（3）审查。原则上采用书面审查的办法。（4）作出复议决定。法制工作机关应当对被申请人作出的具体行政行为进行合法性与适当性审查，提出意见，经复议机关负责人同意，按照规定分别作出维持、限期履行、重新作出、撤销具体行政行为等行政复议决定。复议机关作出行政复议决定，应当制作行政复议决定书，并加盖印章。行政复议决定书一经送达，即发生法律效力。被申请人应当履行行政复议决定。被申请人不履行或者无正当理由拖延履行行政复议决定，复议机关或者有关上级行政机关应当责令其限期履行。（熊晓青）

shuishou xingzheng fuyi fa
税收行政复议法（tax administrative reconsideration law） 纳税人认为征税机关的行政行为侵犯其合法权益因而提出审查相关行政行为的申请，法定复议机关进行复查的法律制度及法律规范的总称。税收行政复议法律关系的主体为税收行政复议的当事人，包括作出具体行政行为的税务机关（含作出复议决定的税务机关）及受该具体行政行为拘束、其合法权益可能受到影响的纳税人、代扣代缴人、纳税担保人和其他税务当事人。税收行政复议是行政机关内部的约束机制，是征税主体为防止和纠正自身的违法或不当的行政行为而设计的制度，具有一定的准司法性质。目前，有的国家税收行政复议是由完全独立于税务机关的行政机关承担复议职责，如美国是由隶属于财政部立法局首席咨询部的上诉部负责涉税争端的行政复议。有的国家则是由作出行政行为的税务行政机关的上级税务机关负责复议，如我国。我国关于税收行政复议的法律规范主要有《中华人民共和国行政复议法》、《税务行政复议规则》（试行）。

shuishou xingzheng peichang
税收行政赔偿（tax administrative compensation） 纳税人认为征税机关及其工作人员违法行使职权损害自身的合法权益，提出国家赔偿请求的活动及相关制度。

税收行政赔偿的范围主要包括两个部分，一是侵犯人身权的赔偿范围，主要包括：违法通知出入境管理部门阻止纳税人出境的；非法拘禁或以其他方式非法剥夺公民人身自由的；违法采取限制公民人身自由的行政强制措施的；以殴打等暴力行为或者唆使他人以殴打等暴力行为造成公民身体伤害或死亡的；违法使用武器、警械造成公民身体伤害或死亡的；造成公民身体伤害或者死亡的违法行为。二是侵犯财产权的赔偿范围，主要包括：违法征税行为；违法处罚行为；违法强制行为；不作为违法，包括不予审批减免税或出口退税、不予抵扣税款、不予退还税款、不予颁发税务登记证、发售发票、不予开具完税凭证和出具票据、不予认定为增值税一般纳税人、不予核准延期申报、批准延期缴纳税款等方面的违法行为；违法保全行为，包括税收保全措施及责令纳税人提供纳税担保等方面的违法行为；违法税收减免、出口退税等方面的违法行为及其他违法行为。

税收行政赔偿的免责范围包括如下方面：征税机关工作人员行使的与职权无关的个人行为造成损害的；因受害者自身的行为导致损害发生的；法律规定的其他情形，如不可抗力、正当防卫、紧急避险等情况下发生的损害，不应产生国家赔偿。

税收行政赔偿的义务主体即税收行政赔偿义务机关，是指因征税机关及其工作人员违法行使职权侵犯自然人、法人和其他组织的合法权益造成损害而负有赔偿责任的税务机关。税收行政赔偿义务机关不同于税收行政赔偿责任主体。税收行政赔偿责任主体和其他类型的国家赔偿主体一样，国家是唯一主体。两个以上行政机关共同行使行政职权时侵犯公民、法人和其他组织的合法权益造成损害的，共同行使行政职权的行政机关为共同赔偿义务机关。法律、法规授权的组织在行使授予的行政权力时侵犯公民、法人和其他组织的合法权益造成损害的，被授权的组织为赔偿义务机关。受行政机关委托的组织或者个人在行使受委托的行政权力时侵犯公民、法人和其他组织的合法权益造成损害的，委托的行政机关为赔偿义务机关。赔偿义务机关被撤销的，继续行使其职权的行政机关为赔偿义务机关；没有继续行使其职权的行政机关的，撤销该赔偿义务机关的行政机关为赔偿义务机关。经复议机关复议的，最初造成侵权行为的行政机关为赔偿义务机关，但复议机关的复议决定加重损害的，复议机关对加重的部分履行赔偿义务。 （熊晓青）

shuishou xingzheng peichangfa

税收行政赔偿法（tax administrative compensation law） 纳税人认为征税机关及其工作人员违法行使职权损害其自身的合法权益，提出国家赔偿请求的法律制度及法律规范的总称。税收行政赔偿的请求人是指因征税机关及其工作人员的违法行为而遭到损害因而有权请求国家赔偿的自然人、法人或者其他组织。税收行政赔偿的责任主体是国家。目前我国税收行政赔偿的法律规范主要是《中华人民共和国行政赔偿法》。 （熊晓青）

shuishou xingzheng susong

税收行政诉讼（tax administrative litigation） 纳税人认为征税机关的具体行政行为侵犯其合法权益，向法院提起行政诉讼并由法院作出裁决的制度。税收行政诉讼的受案范围包括以下七大类：一是征税行为，即征收税款、加收滞纳金、代扣代收税款等行为；二是处罚行为，即罚款、没收违法所得、取消增值税一般纳税人资格和停止出口退税权等行为；三是强制行为，包括税收强制执行措施、通知阻止出境等行为；四是不作为，包括不予审批减免税或出口退税、不予抵扣税款、不予退还税款、不予颁发税务登记证、发售发票、不予开具完税凭证和出具票据、不予认定为增值税一般纳税人、不予核准延期申报、批准延期缴纳税款等行为；五是保全行为，包括税收保全措施及责令纳税人提供纳税担保等行为；六是优惠行为，包括税收减免、出口退税等行为；七是其他行为。此外，国防、外交、抽象行政行为、内部行为及法律规定的由行政机关最终裁决的行为不在税收行政诉讼的受案范围之内。税收行政诉讼的当事人与税收行政复议的当事人相同。 （熊晓青）

shuishou xingzheng susongfa

税收行政诉讼法（tax administrative litigation law） 纳税人认为征税机关的具体行政行为侵犯其合法权益，向法院提起行政诉讼并由法院作出裁决的法律制度及法律规范的总称。税收行政诉讼的一方当事人必定是征税机关，但以征税机关为一方当事人的诉讼却并不一定是税收行政诉讼，因为征税机关可以是民事诉讼的当事人。在税收行政诉讼中，征税机关始终是被告，它没有起诉权和反诉权，但承担着证明自己的具体行政行为合法的举证责任；诉讼期间，征税机关的行为被推定为合法有效，不能停止执行，除非对社会公共利益有重大影响或不停止执行无法挽回损失；人民法院只对具体税收行政行为的合法性进行审查，只有在处罚显失公平的情况下，才能改变原处罚内容；税收行政诉讼除了涉及赔偿的诉讼之外，一般不适用民事诉讼的调解原则。目前我国关于税收行政诉讼的法律规范主要有《中华人民共和国行政诉讼法》。 （熊晓青）

shuishou youxian quan

税收优先权（right of priority of tax） 当税收债权和其他债权同时存在时，税收征收原则上应优先于其他债权，这一般被称为"税收债权的一般优先权"。许多国家和地区税法都规定了税收优先权，它反映的是两种或多种不同的权利及其所代表的利益发生冲突时，法律作出的选择。一般而言，税收优先权是指相对于私法上债权的优先，而在税收债权相互之间并不存在优先权，即国税与地税之间不存在优先权，国税与国税之间、地税与地税之间相互也不存在优先权。税收优先权的一般原则是，税收债权优先于无担保的私债权，但劣后于有担保的私债权。我国的税收优先权制度包括三项内容：一是税收优先于无担保债权，法律另有规定的除外。如根据《中华人民共和国海商法》的规定，船舶吨税的征收劣后于在船上工作的在编人员根据劳动法律、行政法规或劳动合同所产生的工资、社会保险费用等给付请求和在船舶营运中发生的人身伤亡的赔偿请求。根据《中华人民共和国商业银行法》的规定，商业银行破产清算时，在支付清算费用、所欠职工工资和劳动保险费用后，应当优先支付个人储蓄存款的本金和利息，然后再进行税款征收。二是纳税人欠缴的税款发生在纳税人以其财产设定抵押、质押或者纳税人的财产被留置之前的，税收应先于抵押权、质权、留置权执行。三是纳税人欠缴税款，同时又被行政机关决定处以罚款、没收违法所得的，税收优先于罚款、没收违法所得。罚没所得具有制裁性质，非以财政收入为目的，和税收债权的性质有区别，应劣后于税收债权征收。 （宋丽 魏建国）

shuishou yuanze

税收原则（revenue principle） 税收法律制度及实践的基本指导思想。西方国家较早集中地研究税收原则的时代是在资本主义上升时期，由当时的重商主义者们所提出，其中斯图亚特是最早较为系统地提出税收原则的学者。他认为，税收应该遵循三项基本原则：法定原则、最低限度原则和消费比例原则。西方经济学家在论述税收原则时往往将税收立法、税收执法割裂开来，而不是作为一个整体来谈，一般情况下并不包括税收司法、税收守法的内容。比如亚当·斯密所提出的平等、确定、便利、最小征收等四项原则，即是从税收立法、税收执法两个角度来论述的。此外，经济学家在谈及税收原则时没有将他们总结归纳出来的"税收原则"进行内部彼此之间关系的进一步分析，这些原则之间是各自独立的，地位是彼此平行的。此外，他们也没有从法学的角度更进一步提出税法的基本原则。

便利原则是税务机关在依法征收税款时应当以对纳税人而言较为简便的方式征收，不应该人为地加重纳税人的额外负担的原则。近代较早谈及税收便利原则的西方学者是德国经济学家尤斯蒂。在他所著的《财政学》中，他主张，税收应当用最简便的方式进行征收，对国家和人民双方来说，所涉及的征税费用应减少到最低程度。否则，国家的财政收入必然由此而减少，纳税人的负担必然因此而增加。此外，亚当·斯密在其所著的《国民财富的性质和原因的研究》中也提出了类似的主张。

平等原则是纳税人应当按照自己的经济收入和经济状况承担相应的税负的原则。在西方国家中较早论及平等原则的是亚当·斯密。在其所著的《国民财富的性质和原因的研究》中认为，一国国民应该按照各自的能力缴纳赋税，收入多的多缴纳，收入少的少缴纳。从其对平等原则的界定来看，事实上他与其他一些学者所提出的税收公平原则在某些地方是相似的。

最少征收费用原则是税务机关在行使国家赋予的税款征收权的时候，应该以尽可能少的征收成本完成税法规定的征收义务，使得国家能够在最大程度上获得依法确定的税收收入的原则。在近代，最少征收费用原则较早是由亚当·斯密提出的。在其所著的《国民财富的性质和原因的研究》一书中提出，一切赋税的征收，应当设法使人们付出的尽可能等于国家所收入的。这项原则对于防范税务机关滥用税收征收权、以权谋私，保证国家财政收入在合法的前提下实现最大化是有重要的积极意义的。

社会政策原则是税法作为通过法律的形式界定居民纳税义务的法律手段，它在满足国家财政收入的同时，还承担着调控社会成员的某些行为以实现国家在一定时期的社会发展目标的任务。从各国税收活动的历史发展来看，除了保证财政收入之外，实现社会政策也是其另一个重要目标。比如，"重农抑商"一直是中国古代农业经济占主导地位下所产生出来的一项重要的财政政策。为了打击商人，鼓励农耕，早在西汉时期，就专门针对商人开征了税负比较沉重的各种税收。此外，中国古代各朝各代从农业经济的基本国情出发，为了保证国家有足够的粮食储备，大力提倡节约粮食、节俭消费的风气，为此大多开征了酒税或者颁布禁酒令。近代西方国家较早明确提出税收社会政策原则的是德国学者瓦格纳。他认为，这条原则的内容有两项：普遍原则和平等原则。

税收中性原则是在实行市场经济的国家中，一国的税收法律、政策应当在尊重市场自发调节机制的前提下来设计，不应该对纳税人的市场经济活动产生人为的引导作用的原则。从深层次上讲，这种观点是自由主义经济理论的反映，体现了市场经济条件下，一些经济学家、税法学家对财税法律、政策所持的自由主义倾向。这种观点在本质上看到了将市场经济条件下，调节经济的两种基本手段（国家和市场）之间的矛盾关系，发现了人为因素对经济发展可能起到的危害作用，崇尚市场自发调节。与此相适应，提出税收政策也应该是以市场为导向的反映市场自发调节功能的基本立场。

(李建人)

shuishou zhaiquan

税收债权（tax creditor's rights） 税收债权人得请求税收债务人为给付的权利。即国家请求纳税义务人缴纳税款的权利。税收债权的特征主要包括：（1）税收债权是财产权之一种，可以用货币来衡量和评价，税收债权的标的物主要是货币；（2）税收之债为请求权之一种，可以请求税收债务人为一定给付，但不能直接占有或处分税收债务人的财产；（3）税收债权为相对权，是一种对人权，而非对世权，只能向特定的税收债务人主张权利，税收债务人以外的其他任何人均不负对税收债权人为给付的义务；（4）税收债权为有期限的权利，期限届满，税收债权即归于消灭，税收债权人不能再要求税收债务人为给付；（5）税收债权具有相容性，即在同一标的上可以同时存在数个相同或不同的债权；（6）税收债权具有优先性，即在同一标的上同时存在税收债权和私法上无担保债权时，税收债权优先于其他无担保债权而行使。税收债权的权能，是指税收债权人依其税收债权得为的行为。主要包括以下五项：（1）给付请求权，即请求税收债务人缴纳税款的权利，这是税收债权的第一项权能，也是最基础的权能，构成税收债权的请求力。（2）给付受领权，即接受税收债务人的给付，并永久保持从这一给付中所得利益的权利。这是由税收债权的本质所决定的，构成税收债权的保持力。（3）自力救济权，即在税收债务人不履行义务或有不履行义务的现实危险时，自己采取扣押等税收保全措施对税收债权进行自力救济的权利。这是作为公法上的债权所具有的与私法上的债权所不同的权能。（4）保护请求权，即在税收债务人不履行其义务时，可以请求国家司法机关给予保护，强制税收债务人履行义务的权利。（5）处分权能，即对于税收债务人的给付利益享有依法处分而不受其他主体干涉的权利。税收债权的对内效力为请求税收债务人为特定给付,对外效力为排除实现税收债权的妨碍。因此,当税收债务人的行为导致其财产非正常减少从而危害税收债权的实现时,税收债权人可以行使代位权和撤销权,以保全其债权。

(翟继光)

shuishou zhaiquanren

税收债权人(tax creditor) 在税收之债关系中享有债权的主体,特指具有征税权的国家。税收是国家实现其职能的手段,国家是公共物品的提供者,当然也就是税收之债的债权人。由于国家是一个抽象的实体,其具体职能是由其职能部门来完成的,具体来说,现代国家的职能部门主要有立法机关、行政机关、司法机关和军事机关等。国家提供公共物品的职能也是分别由这些职能部门来完成的。它们是代表国家来履行其职能的,因此,其中任何一个部门都不是税收之债的债权人,只有它们所代表的具有整体性的国家,才是税收之债的债权人。国家所享有的税收债权是通过征税机关的征税活动来实现的,虽然征税机关具体履行税款征收的职能,但它也只是代表国家行使税收债权人的权利,而非它本身享有税收债权。

(翟继光)

shuishou zhaiwu

税收债务(tax debt) 又称纳税义务。是指税收债务人依法为给付即依法缴纳税款的义务。税收债务的内容具有特定性,这种特定性是由税收之债的法定性所决定的。无论是税收债务人还是税收债权人都不能任意加以变更,当然也不允许双方合意加以变更。税收债务不允许永久存在,这是与税收债权的有期限性相对应的。允许税收债务无期限地存在,容易导致对税收债务人经济生活的过度干预且有损于税收债务人的人格尊严,是与现代法的精神相违背的。税收债务依据不同的标准可以进行不同的分类,其中比较重要的有以下几种分类:抽象税收债务与具体税收债务;主税收债务与第二次税收债务;可分税收债务与连带税收债务;无限税收债务与有限税收债务。

抽象税收债务,又称为抽象纳税义务,符合税法规定的税收要素而成立的在未经具体程序确定的税收债务。抽象税收债务仅具有抽象的意义,是无法实际履行的。抽象税收债务与具体税收债务的区分是相对的,即一般来讲,满足税收要素而成立的税收债务仅仅是抽象税收债务,只有经过具体程序确定之后,才能成为具体税收债务,但在个别情况下,税收债务在满足税收要素而成立时就已经确定,此时的税收债务既是抽象税收债务,又是具体税收债务。具体税收债务,又称为具体纳税义务,抽象税收债务经过具体程序确定其应纳税额之后所确定的税收债务。具体税收债务是可以实际履行的。区分抽象税收债务与具体税收债务的意义主要在于确定税收债务履行期限开始的时间,在抽象税收债务没有转化为具体税收债务之前,不得计算履行期限。对于仅仅以抽象税收债务的形态而存在的税收债务而言,没有迟延履行以及加收滞纳金存在的余地。

主税收债务,也称为原生税收债务、主纳税义务,主税收债务人依税法的规定直接负有的纳税义务。第二次税收债务,也称为衍生税收债务、第二次纳税义务,主税收债务人滞纳税款,对其财产采取滞纳处分措施后,仍不能足额缴纳应纳税款时,由第二次税收债务人所承担的纳税义务。第二次税收债务具有附属性和补充性。所谓附属性,是指第二次税收债务的存在及其范围的大小以主税收债务的存在及其范围的大小为前提,主税收债务的效力影响到第二次税收债务的效力。所谓补充性,是指只有对主税收债务人实行滞纳处分措施后,仍不能足额缴纳应纳税款时,才能对第二次税收债务人以其不足部分的估算额为限征收税款。第二次税收债务主要存在于以下几种情况中:(1)承担无限责任的股东对其公司的滞纳税款负第二次税收债务;(2)法人解散,在未缴纳税款的情况下分配或转让财产,清算人和剩余财产接受者对解散的法人所滞纳的税款负第二次税收债务,但仅以其接受分配或转让的财产为限承担责任;(3)纳税人将其事业转让给与其有特殊关系的人,并且受让人在同一场所经营同一或类似事业时,受让人以其受让财产为限,对与该受让事业有关的滞纳税款承担第二次税收债务;(4)根据实质课税原则,对享受收益的人课税时,法律上视为的归属者,以产生该收益的财产为限度,对享受该项收益的人所滞纳的税款承担第二次税收债务;等等。

可分税收债务是税收债务人之间的税收债务可以相互区分、不存在连带关系、可以独立履行的债务。连带税收债务是具有连带关系的两个或两个以上税收债务人所共同负担的同一债务。在税收实践中,大量的税收债务是可分税收债务,但在特殊情况下,也存在连带税收债务,一般来讲,可能存在连带税收债务的情况主要有:(1)对于共有物、共同事业有关的税收,共有物的权利人、共同事业的经营者负连带税收债务;(2)对于因从同一被继承人处继承或接受赠与财产而应缴纳的税款,各继承人或受赠人负连带税收债务;(3)对于因共同制作一项文书而应缴纳的税款,共同制作者负连带税收债务,等等。关于连带税收债务,我国法律上也有明确规定,《中华人民共和国税收征收管理法》第48条规定:"纳税人有合并、分立情形的,应当向税务机关报告,并依法缴清税款。纳税人合并时未缴清税款的,应当由合并后的纳税人继续履行未履行的纳税义务;纳税人分立时未缴清税款的,分立后的纳税人对未履行的纳税义务应当承担连带责任。"当然,目前我国税法对连带税收债务的规定是不全面的,没有把各种可能产生连带税收债务的情况都在法律中明确规定。在税法上,可以把民法规定的可能产生连带债务的情形加以类推适用。

(翟继光)

shuishou zhaiwuren
税收债务人(tax debtor) 又称纳税义务人或纳税人。在税收之债关系中负有纳税义务的主体。在税收之债关系中,依据在税收征管和税收负担中义务性质的不同,可以把税收债务人分为单独税收债务人和连带税收债务人、主税收债务人和第二次税收债务人。单独税收债务人(单独纳税义务人)与连带税收债务人(连带纳税义务人)的区分是根据其所负担的税收债务是否具有连带关系而定的。所谓连带关系,是指对于当事人中一人发生效力的事项对于其他当事人同样会发生效力。当税收债务人之间的纳税义务可以互相区分时,每个税收债务人都是单独税收债务人;当税收债务人之间的纳税义务具有连带关系,即当两人以上共同负担同一纳税义务时,称他们为连带税收债务人。主税收债务人(主纳税义务人)与第二次税收债务人(第二次纳税义务人)的区分是根据其所承担纳税义务的顺序而定的。承担第一次纳税义务的税收债务人,即依税法规定直接负有纳税义务的人,叫做主税收债务人。承担第二次纳税义务的人,即主税收债务人滞纳税款,在征税机关对其财产采取扣押等措施后,仍不能足额交纳应纳税款时,代替主税收债务人承担纳税义务的人,叫做第二次税收债务人。在所得税法上,根据税收债务人所承担纳税义务的不同,可以把税收债务人分为居民税收债务人和非居民税收债务人。居民税收债务人,是指在我国境内有住所,或者虽无住所,但在我国境内居住满1年的人。居民税收债务人承担无限纳税义务,即应就其来源于中国境内和境外的一切所得所承担纳税义务。非居民税收债务人,是指在我国境内无住所又不居住或者在我国境内无住所而在境内居住不满1年的人。非居民税收债务人承担有限纳税义务,即仅就来源于我国的所得承担纳税义务。在增值税法中,根据税收债务人纳税方式的不同,可以分为一般税收债务人和小规模税收债务人。小规模税收债务人,是指年销售额在税法规定标准以下,并且会计核算不健全,不能按规定报送有关税务资料的增值税收债务人。一般税收债务人,是指年应税销售额超过规定的小规模税收债务人的标准,会计核算比较健全,能够报送有关税务资料的企业和企业性单位。一般税收债务人可以使用增值税专用发票和采取扣税法计算应纳税额,而小规模税收债务人则不享有这些权利。

(翟继光)

shuishou zhengsongfa
税收争讼法(tax dispute law) 见税收救济法。

shuishou zhengguan tizhi
税收征管体制(system of collection and administration of tax) 关于中央与地方之间、中央各相关职能部门之间、地方各相关职能部门之间的税收征收和管理权限划分的制度体系。具体可以分为税收征收体制和税收管理体制。一个国家的税收征管体制既与一国的国体和政体相关,又与一国的政治经济状况相关。我国的税收征管体制的指导原则是"统一领导,分级管理",在不同的历史时期具有不同的表现形式。税收管理体制可以分为集中型、分散型和综合型三个类型。集中型税收征管体制是指税收征管权主要集中在中央的征管体制类型,分散型税收征管体制是指税收征管权根据一定的标准在中央与地方之间分享的征管体制类型,综合型税收征管体制是指将集中型和分散型的特点结合在一起的税收征管体制。恰当确立税收征管体制,正确划分税收征管权限,对于确保国家税收法律、法规、政策的正确执行,兼顾中央和地方的税收利益,充分发挥税收的经济杠杆作用具有重要的意义。

(翟继光)

shuishou zhengna chengxufa
税收征纳程序法(procedural law of taxation) 规定税收征纳双方主体在税收征管过程中所享有的程序性权利义务的法律规范的总称。这是部门法意义上的税收征纳程序法,法律文件意义上的税收征纳程序法是指我国2001年4月28日新修订的《中华人民共和国税收征收管理法》。税收征纳程序法对于保证征纳双方主体在税收实体法中所享有的实体权利义务的实现具有重要的作用。税收征纳程序法的立法体例主要有两种:一种是分税立法,一种是综合立法。所谓分税立法,是指根据税种的划分而分别制定相应的税收实体法与税收程序法。所谓综合立法,是指把所有与税收征收和管理相关的问题统一规定在一部统一的法律文件之中。分税立法虽然有具体问题具体分析的优势,但由于容易造成重复立法以及加重纳税人和税务机关在实际操作中的负担,因此,大多国家采用综合立法的形式,如美国的《国内收入法典》、法国的《税捐综合法》、德国的《租税通则》、日本的《国税通则法》和《国税征收法》以及我国的《税收征收管理法》。

(翟继光)

shuishou zhengna fa
税收征纳法(collecting and paying tax law) 调整

税收征纳关系的法律规范的总称,是税法的主要内容。税收征纳法以征税主体和纳税主体的税收征纳活动为主要规范对象,包括调整税收征纳实体关系的税收征纳实体法和调整税收征纳程序关系的税收征纳程序法,前者如各税种法,它们主要规定实体纳税义务的构成要件,又可分为商品税法、所得税法和财产税法;后者如税收征管法,主要规定税收征纳活动中征纳行为及其所应遵循的方式、方法、时限和顺序,以保证税收债务的及时、足额履行。

(施正文)

shuishou zhengna shitifa
税收征纳实体法(substantial law of taxation) 调整税收征纳实体关系的法律规范的总称。税收征纳实体税法规定的是税收征纳关系主体的实体权利义务,即关于纳税义务是否成立、何时成立、应纳税额是多少、如何缴纳等问题的法律规范。税收征纳实体法所规定的主要内容是税收要素。我国现行的税收征纳实体法包括商品税法、财产税法、所得税法和行为税法。

(翟继光)

shuishou zhengshou guanli fa
《税收征收管理法》(Law on the Administration of Tax Collection) 1992年9月4日第七届全国人民代表大会常务委员会第二十七次会议通过、经1995年2月28日第八届全国人民代表大会常务委员会第十二次会议和2001年4月28日第九届全国人民代表大会常务委员会第二十一次会议两次修订,适用于除耕地占用税、契税、农业税、牧业税之外的,依法由税务机关征收的各种税收的征收管理,是税务机关税收征管的基本法律规范,对税务机关、纳税人和扣缴义务人以及利益相关人的权利义务作出了明确的规定,主要规定了税务管理法律制度、发票管理制度、税款确定制度、税款征收确定制度、税款征收保障制度和税务检查法律制度。纳税人、扣缴义务人应当在规定的期限内向税务机关申报办理税务登记,根据合法、有效凭证记账,进行核算,并依照法定或税务机关确定的申报期限、申报内容如实办理纳税申报或报送代扣代缴的有关资料。从事生产、经营的纳税人、扣缴义务人必须在规定的保管期限内保管账簿、记账凭证、完税凭证及其他有关资料。在税收征收过程中,税务机关应依法征收税款,不得违法开征、停征、多征、少征、提前征收、延缓征收或者摊派税款。纳税人、扣缴义务人应依法缴纳或者解缴税款,如有特殊困难,可以申请延期缴纳税款。在特定的情况下,税务机关有权对纳税人的税款进行核定,对未按独立交易原则进行交易的关联企业之间的税额也可以加以调整。在纳税人、扣缴义务人未缴纳税款或未按期缴纳税款的情况下,税务机关有权责令纳税人限期缴纳税款,或采取税收保全措施、税收强制执行措施以保障税款征收入库,也可以对纳税人的纳税情况依法进行税务检查。纳税人缴纳税款后,税务机关应当按照税收征收管理范围和税款入库预算级次,将征收的税款缴入国库。

(汤洁茵)

shuishou zhengshou guanli falü zhidu
税收征收管理法律制度(legal system of tax collection administration) 调整在税收的征收和管理过程中所发生的各种社会关系的法律和制度的总称。具体包括税收征收法律制度和税收管理法律制度。税收管理法律制度是税收征收法律制度的基础性环节和内容,是为税收征收服务的。税收征收工作的顺利完成必须依赖于税收管理法律制度的保障,当然,也有赖于税收征收法律制度的完善。税收管理法律制度主要包括税务管理制度、账簿凭证管理制度、发票管理制度和税务检查制度。税收征收法律制度主要包括纳税申报制度和税款征收制度。税务登记根据登记事项的不同,可以分为开业税务登记、变更税务登记、注销税务登记、外出经营税务登记、停业税务登记和复业税务登记等。账簿凭证管理制度包括账簿设置制度、税务财务会计处理制度和账簿凭证保管制度等。发票管理制度包括发票的管理体制、发票印制制度、发票领购制度、发票开具制度、发票保管制度、发票检查制度和增值税专用发票的管理制度。

(翟继光)

shuishou zhengshou guanlifa shishi xize
《税收征收管理法实施细则》(Rules for Implementation of Law on the Administration of Tax Collection) 1993年8月4日国务院发布,2002年9月7日修改并于10月15日起施行。细则共分9章:第一章是总则;第二章是税务登记;第三章是账簿、凭证管理;第四章是纳税申报;第五章是税款征收,规定了征收原则、税款缴纳方式、减税免税、委托征收、完税凭证、应纳税额的核定方法、关联企业、特定用语的解释、纳税担保、税务强制措施、税款的退还、补缴和追征等;第六章是税务检查;第七章是法律责任;第八章是文书送达,规定了送达对象、送达回证送达、送达方式、送达日期等;第九章是附则,对日期的含义、代扣代收手续费等作出了规定。耕地占用税、契税、农业税、牧业税的征收管理按照国务院的有关规定执行,不适用本细则。

2002年的新的《税收征收管理法实施细则》与旧实施细则相比具有很多突出的优点,其中最主要的包括以下几个方面:第一,加强了对纳税人权利的保护;第二,加快了税收信息化和现代化建设的进程;第三,加强了税收征管的力度和税务机关的内部建设;第四,反映了税法学研究中的一些最新理念,其中最明显的就是税收之债的理念和纳税人与税务机关法律地位平等的观念。但与我国的税收法治建设的目标相比,还存在许多不足之处,完善这些不足之处,可以把我国的税收法治建设提高到一个新的高度。　　（翟继光）

shuishou zhengce
税收政策（tax policy）　国家为了实现一定的社会经济目标而确定的税收工作的指导方针及相应的税收措施。税收政策的实施过程是由政策目标、政策手段、政策主体、政策效果评价和信息反馈等内容组成的完整的调控体系,是国家为实现一定的经济目标而使税收能动地作用于社会经济的一个过程。税收政策包括宏观层面和微观层面两个方面,前者如增税政策、减税政策、中性政策;后者如税收负担在不同纳税人之间的分布、具体税种各构成要素的选择以及各税种之间的协调与配合等。这些政策反映了一国的政党、立法机关、行政机关、司法机关在内的政治系统在多种施政可能中所作的选择,当其经时间和实践的考验证明为正确和具有长远意义后,即有必要将之上升为法律,使其具有稳定性,以其长远的指导意义约束各届政府和立法、司法机关。实际上,税收公平原则、税收效率原则和社会政策原则等税法基本原则,的确在很大程度上体现了国家对税收事项的政策选择及其变化。税收政策与税收法律尽管在根本上都体现了国家的税收意志,税收政策对税收工作有重要的指导作用,但税收政策一般不能直接成为税法的渊源,特别是在税收法治发达的国家和时期,税收工作应当从依靠税收政策转变到主要依据税收法律办事。可以将正确和有效的税收政策上升为税收法律,或是在税收法律中对税收政策的效力予以确认,而不能直接将税收政策作为税收执法的依据。　　（施正文）

shuishou zhizhai
税收之债（debt of tax）　作为税收债权人的国家请求作为税收债务人的纳税人履行纳税义务的法律关系。在这一法律关系中,国家是债权人,国民（纳税人）是债务人;国家享有的权利是依法请求国民履行纳税义务,国民（纳税人）的义务是应国家请求而履行纳税义务。广义的税收之债包括税收债权和税收债务,狭义的税收之债一般仅指税收债务。税收之债概念的提出具有十分重要的理论与实践意义。在理论上,税法可以借鉴民法债法的理论,重新审视税收征纳实体法律关系的性质,重构税收征纳实体法律关系的体系。在实践上,可以平衡纳税人与国家之间的法律地位,保障纳税人的合法权利,防止征税机关权力的滥用。

税收之债是国家法之债　税收是国家实现其职能的基础与保障。现代国家,税收的主要职能在于分配收入、配置资源和保障稳定,因此,税收具有高度的公益性。与此相对应,税法具有明显的国家法色彩。税收之债是一种国家法上的债,由此决定了它与民法之债的一系列不同之处:（1）税收之债是法定之债,原则上不存在约定之债;而民法之债既有法定之债又有约定之债,且以约定之债为主;（2）税收之债具有高度的公益性,税收债权是一种国家权利;而私法之债具有高度的私人性,私人债权是一种民事权利,由此决定了税收之债相对于民法之债享有一般优先权;（3）税收之债以国家权力直接保障其实现,在税收债务人不履行其义务或有不履行义务的现实危险时,可以依法采取冻结、查封、扣押等税收保全措施或税收强制执行措施等来保障税收债权人权利的实现,而民法之债则首先通过自力救济的方式来实现其权利,在自力救济无法实现其权利时,只能请求（而非直接使用）国家公权力予以救济。

税收之债是法定之债　民法之债有法定之债与约定之债之分,并以约定之债为主,而税收之债并非当事人合意所产生之债,而是依法律的明确规定所产生,在性质上属于法定之债,由此决定了其一系列与约定之债所不同的特点:（1）税收之债的主体由法律明确规定,其中税收债权人为国家,由征税机关代表国家征收税款,除法律明确规定的征税机关以外,任何机关和个人均无权进行税款的征收;税收债务人为税法规定的纳税人,除法律明确规定负有纳税义务的单位和个人之外,任何单位和个人均不负相关纳税义务。（2）税收之债的内容由法律明确规定,不允许当事人以合意的方式任意加以变更。（3）税收之债的履行方式由法律明确规定,也不允许当事人以合意的方式加以变更,履行方式的变更同样必须依据法律规定的条件和程序进行。

税收之债是货币之债　税收之债原则上以货币为给付（个别税收之债以给付实物的方式来履行）,在性质上属于种类之债,而非特定之债,由此决定了其一系列与特定之债不同的特点:（1）因税收之债的标的物为货币,因此,在交付之前不能与税收债务人拥有的其他货币分开,其所有权不可能于债成立时即由当事人约定转移于债权人;（2）税收之债通常不会发生履行不能的问题;（3）税收之债只有在标的物特定以后才能实际履行。税收之债作为货币之债,其债的内容是以货币的名目值为准的,至于货币的经济值则不为债的内容所关注。在税收之债成立至履行之间的这段时间,无论货币升值或贬值,均不对税收之债的内容产生影响。在我国履行税收之债时,必须使用我国的法定货币即人民币,税收之债内容的确定也要以人民币作为计算时的货币单位。

税收之债是单务之债 税收之债属于单务之债,税收债权人只享有债权而不负债务,税收债务人只负债务,而不享有债权。税收债务人履行其债务以后,不能请求税收债权人为对待给付,也不能请求税收债权人为某种利益之返还。税收之债双方当事人法律权利具有不对等性。由于税收之债具有公共性和公益性,为公平、及时地实现税收债权,税法赋予了税收债权人较多的权利,致使双方当事人在"武器"上不对等。税收债权人或作为其代表的征税机关享有单方面的税基调整权、税收保全权、税收强制执行权以及在税收的征收和管理的过程中所享有的一系列管理的权利。而这些单方面的权利在民法之债中是任何一方当事人都不曾享有的。在税收之债关系中,当双方当事人发生冲突时,法律也是优先承认税收债权人及其代表机关所作出的行为的效力,税收债务人所享有的大多是事后的救济权利,如申请行政复议或提起行政诉讼等权利。

(翟继光)

shuishou zhifa

税收执法(execution of tax law) 见税法适用。

shuishou zhifa guocuo zeren zhuijiu banfa

《税收执法过错责任追究办法》(Methods for Investigating and Affixing Responsibility for Wrongdoings in Tax Law Implementation) 国家税务总局2001年11月20日发布,自2002年1月1日起试行。第一章总则:执法过错责任追究应当坚持公平公正、有错必究、过罚相当、教育与惩戒相结合的原则。第二章执法过错责任的追究范围和适用:责任追究形式包括批评教育、责令作出书面检查、通报批评、责令待岗、取消执法资格;可并处取消评选先进或优秀资格、扣发奖金或岗位津贴。各种责任追究形式的适用情况由法律具体规定。对应追究执法人员过错责任而敷衍结案、弄虚作假的,应当对负责追究的责任人员通报批评,并取消其当年评选先进或优秀资格。执法过错行为责任承担具体包括:因承办人的个人原因造成执法过错的,由承办人承担全部过错责任;承办人为两人或两人以上的,根据过错责任大小分别承担主要责任、次要责任;承办人的过错行为经过批准的,由批准人承担责任。因承办人弄虚作假导致批准错误的,由承办人承担全部过错责任;承办人的过错行为经复议维持的,由承办人和复议人员共同承担责任,其中复议人员承担主要责任,承办人承担次要责任;执法过错行为由集体研究决定的,由主要领导承担主要责任,其他人承担相应责任;对本单位人员发生的违法征收税款应当予以责任追究的执法过错行为,单位主要负责人承担连带责任。执法过错行为人免责的情况包括因适用法律、法规、规章的规定不明确,导致执法过错的;因执行上级机关的书面决定、命令、文件,导致执法过错的;集体研究中明保留不同意见的;及因不可抗力导致执法过错的。执法过错责任人主动承认过错并及时纠正错误减少损失、挽回影响的,应当予以从轻或减轻追究;过错行为情节显著轻微的,可以对责任人免予追究。应当从重或加重追究责任人过错责任的情况包括同时犯有本办法规定的两种以上过错行为的;同一年度内发生2次以上根据本办法应追究执法过错责任的;转移、销毁有关证据,弄虚作假或以其他方法阻碍、干扰执法过错责任调查、追究的;及因执法过错行为造成严重经济损失或其他恶劣影响的。第三章追究程序和实施:对执法过错行为的调查和初步定性由各级税务机关主管法制工作的机构(以下简称法制机构)负责;对责任人员的追究决定由该责任人所在的县级以上税务机关局长办公会议集体作出,由人事、党委、法制、财务等职能部门分别负责实施。法制机构应当根据掌握的执法过错线索及时组织有关部门对过错事实进行调查。调查结束后,调查人员应当制作执法过错案件调查报告,并听取被调查人及其所在单位或者部门的意见。法制机构在审核调查报告时,发现事实不清、证据不足、有关人员责任不明时,应当责令原调查人员补充调查或自行调查。法制机构对调查报告审核结束后,提出拟处理意见报局长办公会议审议并当分别作出处理决定:对事实清楚、证据充分、责任明确的责任人,作出追究决定;对没有过错的责任人,作出无过错定性;对应由其他机关处理的,作出移送有关机关处理的决定;对执法过错事实不清,证据不充分、责任不明确的退回法制机构重新调查。法制机构应当根据局长办公会议的决定作出处理:对执法过错行为应当责令撤销、变更或限期重新作出,或者提请有权机关予以撤销、变更或重新作出;对责任人实施追究决定,或者移交人事党委财务等部门实施;对定性为无过错的执法行为,应予归档结案;对过错事实不清的行为做补充调查。被追究人不服过错追究决定的,可以书面形式向作出决定的税务机关申辩,也可以直接向上一级税务机关申辩。接受申辩的税务机关应当在接到申辩材料次日起2个月内作出书面答复。申辩期间追究决定不停止执行。第四章附则。

(席晓娟)

shuishou zhicai fa

税收制裁法(tax sanction law) 对税收违法犯罪行为进行处罚的法律规范的总称。税收制裁法的内容主要是有关税收违法犯罪行为的类型、构成要件、责任形式以及处罚程序等,它们或者以单行的税收制裁法的形式规定,或者规定在行政处罚法、刑法等法律中,或者在税收程序法的法律责任制度中规定。税收违法行为主要包括一般税收违法行为和税收犯罪行为两类,对前者适用行政制裁,在我国由征税机关适用行政处罚程序追究行为人的行政责任;对后者适用刑事制裁,由司法机关适用刑事诉讼程序追究行为人的刑事责任。

(施正文)

shuishou zhuanjia

税收转嫁(shifting of tax) 见税负转嫁。

shuiwu daili

税务代理(tax agency) 税务代理人在法定的范围内,接受纳税人的委托,以纳税人的名义,代为办理税务事宜的专门行为。税务代理是一种独立于税务机关和纳税人的专门从事税收中介服务的行业。它具有如下特点:(1)主体特定性。税务代理中的委托方是负有税法义务的纳税人、扣缴义务人,而被委托方是专门从事税务代理的注册税务师。(2)委托事项的法定性。税务代理的委托事项即税务代理的业务范围是由法律规定的,不能委托代理法律规定之外的事项,尤其是法律规定只能由委托方自己从事的行为或违法的行为。(3)代理服务的有偿性。税务代理除非法律有特别规定,必须是有偿的,并且其收费必须合理,要符合国家法律规定的标准。(4)税收法律责任的不转嫁性。税务代理关系的建立并不改变纳税人、扣缴义务人对其本身所固有的税收法律责任的承担。在代理活动中产生的税收法律责任,其承担者均应为纳税人或扣缴义务人;而若因代理人过失而导致纳税人、扣缴义务人的损失,纳税人、扣缴义务人可以提起违约或侵权之诉,要求民事赔偿。税务代理人实施税务代理行为,应当以纳税人、扣缴义务人自愿委托和自愿选择为前提,以国家税收法律、行政法规为依据,独立、公正执行业务,维护国家利益,保护委托人的合法权益。

(史学成)

shuiwu daili falü guanxi

税务代理法律关系(legal relation of tax agency) 由税法所确认和调整的在税务代理活动中形成的作为委托人的纳税人、扣缴义务人与作为受托人的税务代理人之间的权利义务关系。税务代理法律关系的要素包括:主体、客体和内容。税务代理法律关系的主体指税务代理法律关系的参加者,它包括委托方即纳税人、扣缴义务人和受托方即税务代理人,在我国是注册税务师和税务师事务所。税务机关不是税务代理法律关系的主体,它无权参与到税务代理法律关系中来,但税务机关在税务代理人从事税务代理活动中享有监督和管理的权力。税务代理法律关系的内容主要指税务代理人的权利和义务,包括委托人的权利义务和税务代理人的权利义务。税务代理法律关系的客体指税务代理法律关系权利义务指向的对象,主要指税务代理人的代理行为,它要受法律规定的税务代理的业务范围的限制。

(史学成)

shuiwu daili shixing banfa

《税务代理试行办法》(Proposed Regulation of Tax Agency) 国家税务总局1994年9月发布。税务代理人是指具有丰富的税收实务工作经验和较高的税收、会计专业理论知识以及法律基础知识,经国家税务总局及其省、自治区、直辖市国家税务局批准,受纳税人、扣缴义务人委托,以被委托人名义办理税务事宜的专门人员及其工作机构。一是税务师的资格认定:从事税务代理的专门人员称为税务师,其工作机构是按本办法规定设立的承办税务代理业务的机构。税务师必须加入税务代理机构,才能从事税务代理业务。税务师资格证书和执业证书取得的条件由法律规定。国家对税务师执业证书实行定期验证制度,一般一年一次。税务代理机构:税务代理机构为税务师事务所和经国家税务总局及其省、自治区、直辖市国家税务局批准的其他机构。一个税务师只能加入一个税务代理机构。税务师事务所可以由注册税务师合伙设立,也可成立负有限责任的法人。具体设立条件由法律规定。税务代理机构对其所属的税务师实施的代理行为承担责任。税务代理业务范围:

税务代理人接受纳税人、扣缴义务人委托所进行的业务代理内容包括办理税务登记、变更税务登记和注销税务登记;办理发票领购手续;办理纳税申报或扣缴税款报告;办理缴纳税款和申请退税;制作涉税文书;审查纳税情况;建账建制,办理账务;开展税务咨询、受聘税务顾问;申请税务行政复议或税务行政诉讼及其他业务。纳税人、扣缴义务人可以根据需要委托税务代理人进行全面代理、单项代理或临时代理、常年代理。但税务代理人不能代理应由税务机关行使的行政职权,税务机关按照法律、行政法规规定委托其代理的除外。税务代理关系的确立和终止:税务师承办代理业务,由其所在的税务代理机构统一受理,并与被代理人签定委托代理协议书,从而产生代理关系。税务代理期限届满,委托协议书届时失效,税务代理关系自然终止。被代理人在代理期限内可单方终止代理行为的情况包括:税务师已死亡;税务代理人被注销其资格;税务代理人未按委托代理协议书的规定办理代理业务;税务代理机构已破产、解体或被解散。税务代理人在委托期限内可单方终止代理行为的情况包括:被代理人死亡或解体;被代理人授意税务代理人实施违反国家法律、行政法规的行为,经劝告仍不停止其违法活动的;被代理人提供虚假的生产、经营情况和财务会计报表,造成代理错误或代理人自己实施违反国家法律、行政法规的行为。被代理人或税务代理人按规定单方终止委托代理关系的,终止方应及时通知另一方,并向当地税务机关报告。税务代理人的权利和义务:税务代理人的权利包括依法独立代理权、获取信息权及获得救济权;税务代理人的义务包括如实提供相关信息的义务、制止税收违法行为的义务、保守获知秘密的义务及建立税务代理档案的义务。注册税务师和税务代理机构违法从事税务代理活动的,均应承担相应的法律责任。

(席晓娟)

shuiwu dengji

税务登记(registration of taxation) 又称纳税登记。从事生产经营的纳税人按照税法要求,在规定的时间内向税务机关就与纳税有关的事项办理的一种书面登记。包括开业登记、变更登记、重新登记、注销登记四种。它是税务机关对纳税人进行账簿、凭证管理、纳税申报管理、税款征收、税务检查的基本依据。

按照我国《税收征收管理法》的规定,企业、企业在外地设立的分支机构和从事生产、经营的场所、个体工商户和从事生产、经营的事业单位,自领取营业执照之日起30日内,持有关证件,向税务机关申报办理登记。纳税人所属的跨地区的非独立经济核算的分支机构,除由总机构申报办理税务登记外,也应当自设立之日起30日内,向分支机构所在地税务机关申报办理税务登记。从事生产经营的纳税人到外县(市)从事经营活动的,应持其所在地税务机关填发的外出经营活动税收管理证明,向所在税务机关报验登记,接受税务管理。对于从事临时经营的,出售自产应税农、林、牧、水产品的、在杀自养牲畜的、只缴纳固定资产投资方向调节税和个人所得税的并且不从事经营的事业单位和个人以及税法规定给予长期免税的纳税人可不办理税务登记,但是应该按照税法规定申报纳税。从事生产经营的纳税人应当在规定的时间内向其主管税务机关提出申请办理税务登记的书面报告,如实填写税务登记表。工商行政管理机关应当将办理登记注册、核发营业执照的情况,定期向税务机关通报。对于依照税收法律、行政法规规定负有代扣代缴、代收代缴义务的扣缴义务人,应当向主管税务机关申报领取代扣代缴或代收代缴税款凭证。纳税人在办理登记之后,凡改变了单位名称、法人代表、所有制形式或隶属关系、经营地址、经营方式、经营范围、开户银行及账号等均应自有关部门批准之日起30日内到原登记税务机关申报办理变更税务登记。纳税人在生产经营过程转营其他行业、改组、合并、联营或设立分支机构的,应在上述发生之日起30日内持有关证件和相应批准文件在所在地税务机关办理重新登记。纳税人办理税务登记后,如果发生解散、破产、撤销以及其他情形,依法终止纳税义务的,应在向工商行政管理机关办理注销登记前,持有关证件向原税务登记机关申报办理注销税务登记;按规定不需要进行工商注册登记的,应自有关机关批准或宣告终止之日起15日内,持有关证件向原税务登记机关申报办理注销税务登记。纳税人由于住所、经营地点变动而涉及改变税务登记机关的,应在住所、经营地点变动前或者向工商行政管理机关申请办理变更或注销登记前,向原税务登记机关申报办理注销税务登记,并向迁达地税务机关申请办理税务登记。纳税人被工商行政管理机关吊销营业执照的,应自营业执照被吊销之日起15日内,向原税务登记机关申报办理注销税务登记。纳税人应当在办理注销税务登记前向税务机关结清应缴纳的税款、滞纳金、罚款,缴销所有的发票和发票领购簿、缴款书及税务机关发给的其他证件。税务机关对纳税人提交的注销税务登记的申请报告及所附的材料应当及时予以审核,对符合条件并缴清应纳税款、滞纳金、罚款和交回发票的,予以办理注销税务登记,收回税务登记证件,开局清税证明。纳税人持清税证明及其他有关文件,向工商行政管理部门申请注销工商登记。

(李蕾)

shuiwu dengji guanli banfa

《税务登记管理办法》(Provisions Governing Tax Registration) 税务总局1998年5月22日发布,并于1998年7月1日起实施。办理税务登记的主体是凡有法律法规规定的应税收入、应税财产或应税行为的各类纳税人。扣缴义务人应当在发生扣缴义务时,到税务机关申报登记,领取扣缴税款凭证。税务登记的主管税务机关是县区(含县区,下同)以上国家税务局(分局)、地方税务局(分局),也可由纳税人所在地的税务所受理并转报县(区)税务局(分局)办理。

开业登记 各类企业,企业在外地设立的分支机构和从事生产、经营的场所,个体工商户和从事生产、经营的事业单位,应当自领取营业执照之日起30日内向所在地税务机关申请办理税务登记;其他纳税人应当自依法成为纳税义务人之日起30日内向所在地税务机关申报办理税务登记。

变更登记 纳税人的税务登记内容发生变化时,应当依法向原税务登记机关申报办理变更税务登记。

停业、复业登记 实行定期定额征收方式的纳税人在营业执照核准的经营期限内需要停业的,应当向税务机关提出停业登记并如实填写申请停业登记表。纳税人应当于恢复生产、经营之前,向税务机关提出复业登记申请,经确认后,办理复业登记。纳税人停业期满不能及时恢复生产经营的,应当在停业期满前向税务机关提出延长停业登记。纳税人停业期满未按期复业又不申请延长停业的,税务机关应当视为已恢复营业,实施正常的税收征收管理。

注销登记　纳税人发生解散、破产、撤销以及其他情形,依法终止纳税义务的,应当在向工商行政管理机关办理注销登记前,向原税务登记管理机关申报办理注销税务登记;按照规定不需要在工商行政管理机关办理注销登记的纳税人,应当自有关机关批准或者宣告终止之日起15日内,向原税务登记机关申报办理注销税务登记。纳税人因生产、经营场所变动而涉及改变税务登记机关的,应当在向工商行政管理机关申请办理变更或注销登记前或者生产、经营地点变动前,向原税务登记机关办理注销税务登记,再向迁达地税务机关申报办理税务登记。纳税人被工商行政管理机关吊销营业执照的,应当自营业执照被吊销之日起15日内,向原税务登记机关申报办理注销登记。

外出经营报验登记　从事生产、经营的纳税人到外县(市)进行生产经营的,应当向主管税务机关申请开具外出经营活动税收管理证明。主管税务机关审核后,核发《外出经营活动税收管理证明》。纳税人应当在到达经营地进行生产、经营前向经营地税务机关申请报验登记,并提交相关证件资料:纳税人所携货物未在《证明》注明地点销售完毕而需易地销售的,必须经过注明地点税务机关审验,并在其所持《证明》上转注,否则视为未持有《证明》。外出经营活动结束,纳税人应当向经营地税务机关填报《外出经营活动情况申报表》,并按规定结清税款、缴销未使用完的发票。

税务登记核查　税务机关对已核发的税务登记证件,实行定期验证和换证制度。税务登记证件每年验审一次,验审合格的,税务机关应当在纳税人的税务登记证件上载明验证标识。同时税务机关可以采取日常的税务登记稽核。

非正常户处理　凡已办理税务登记的纳税人,无正当理由连续3个月未向税务机关进行纳税申报的,税务机关应当派员实地检查,查无下落并且无法强制其履行纳税义务的,税务机关应当发出公告,责令限期改正;逾期不改正的,可以暂停其税务登记证件发票领购簿和发票的使用,同时制作非正常户认定书,存入纳税人档案。纳税人被列为非正常户超过1年的,税务机关可以注销其税务登记。但是对其应纳税款仍应追征。第九章违章处理。第十章附则。　　(席晓娟)

shuiwu fating

税务法庭(tax court)　法院内部设置的专门审理税务案件的专业法庭。设立税务法庭是应对税务案件的专业性和大量性的需要,是实现依法治税的需要,是保护纳税人合法权益的需要。税务法庭在性质上属于法院的专业法庭,是与民事审判庭、刑事审判庭和行政审判庭相并列的一个审判庭。我国目前尚没有统一设置税务法庭,但各地方已经有了相应的实践。外国司法实践中,有的设置专业的税务法庭,有的则设置专业的税务法院。税务法院是法院系统内设置的专门审理税务案件的专业法院。　　(翟继光)

shuiwu fayuan

税务法院(tax court)　见税务法庭。

shuiwu fanzui

税务犯罪(tax crime)　侵犯国家的税款征收与管理的制度,依照刑法应该受到刑事处罚的行为。税务犯罪的概念是区分罪与非罪的标准。　　(余启平)

shuiwu jiguan

税务机关(tax administration organ)　国家为实现自己的税收职能而设立的专门进行税收的征收和管理的职能部门。其主要职责包括研究国家的税收法律和政策、拟订或起草税收法律法规、征收税款和税务管理等。我国的税务机关与财政机关、海关共同构成征税主体,但税务机关是最主要的征税主体。我国现行的税务机关包括国税系统和地税系统。国税系统包括国家税务总局和地方各级国家税务局,地税系统包括地方各级地方税务局。国税系统负责国税和共享税的征收和管理,地税系统负责地税的征收和管理。　　(翟继光)

shuiwu jicha

税务稽查(check of taxation)　见税务检查。

shuiwu jicha gongzuo guicheng

《税务稽查工作规程》(Work Book of Tax Administration Auditing)　国家税务总局1995年2月1日颁布并实施。

税务稽查对象的确定及管辖　税务稽查对象一般采用计算机选案分析系统进行筛选;根据稽查计划按征管户数的一定比例筛选或随机抽样选择;根据公民举报、有关部门转办、上级交办、情报交换的资料确定等方法产生确定并由专门人员负责。税务稽查对象确定后,均应当分类建立税务稽查实施台账,跟踪考核税务稽查计划执行情况。税务稽查对象中经初步判明具有侵害国家税收权情况的,应立案查处。各地国家税务局、地方税务局分别负责所管辖税收的税务稽查工作。税务案件的查处,原则上应当由被查对象所在地的税务机关负责;发票案件由案发地税务机关负责;税法另有规定的,按税法规定执行。在国税、地税各自系统内,查处的税务案件如果涉及两个或者两个以上税务机关管辖的,由最先查处的税务机关负责;管辖权发生争议的,有关税务机关应当本着有利于查处的原则协商确定查处权;协商不能取得一致意见的,由共同的上一级税务机关协调或者裁定后执行。对于法定的重大案件及需要上级机关查处的案件,可由上级税务机关查处或统一组织力量查处。

税务稽查的实施 除公民举报有税收违法行为的;稽查机关有根据认为纳税人有税收违法行为的;及预先通知有碍稽查的情况外,实施稽查前应当向纳税人发出书面稽查通知。稽查人员与被查对象有利害关系的应回避。实施税务稽查应当两人以上,并出示税务检查证件,可采取询问、调取账簿资料和实地稽查等手段进行;需要跨管辖区域稽查的,可以采取函查和异地调查的方式进行。查核从事生产经营的纳税人、扣缴义务人的存款账户和储蓄存款;依法需暂停支付被查对象存款的;解除查封、扣押措施的均须出示相关证件并依法进行。税务稽查中发现未领取营业执照从事工程承包或者提供劳务的单位和个人,税务机关可以令其提交纳税保证金。对未经立案实施稽查的,如果稽查过程中发现已达到立案标准,应当补充立案。对经立案查处的案件,税务稽查完毕,稽查人员应制作《税务稽查报告》。凡按照规定不需立案查处的一般税收违法案件,稽查完毕后由稽查人员直接制作《税务处理决定书》,按照规定报经批准后执行。对经稽查未发现问题的,若未经立案查处的,制作《税务稽查结论》;若经立案查处的,稽查人员应当制作《税务稽查报告》。

税务稽查审理 税务稽查审理工作应当由专门人员负责,必要时可组织有关税务人员会审。审理人员应当认真审阅稽查人员提供的《税务稽查报告》及相关资料。审理中发现事实不清、证据不足或者手续不全等情况,应当通知稽查人员予以增补。对于大案、要案或者疑难税务案件定案有困难的,应当报经上级税务机关审理后定案。审理结束时,审理人员应当提出综合性审理意见,制作《审理报告》和《税务处理决定书》,履行报批手续后,交由有关人员执行。对构成犯罪应当移送司法机关的,制作《税务违法案件移送书》,经局长批准后移送司法机关处理;对稽查人员提交的经查未发现问题的《税务稽查报告》,审理人员审理后确认,制作《税务稽查结论》;有疑问的,退稽查人员补充稽查,或者报告主管领导另行安排稽查。

税务处理决定执行 税务执行人员接到批准的《税务处理决定书》后,填制税务文书送达回证,将《税务处理决定书》送达被查对象,并监督其执行。被查对象未按照《税务处理决定书》的规定执行的,税务执行人员应当按照法定的程序对其应当补缴的税款及其滞纳金,采取强制执行措施,填制《查封(扣押)证》、《拍卖商品、货物、财产决定书》或者《扣缴税款通知书》,经县以上税务局(分局)局长批准后执行。被查对象对税务机关作出的处罚决定或者强制执行措施决定,在规定的时限内,既不执行也不申请复议或者起诉的,应当由县以上税务机关填制《税务处罚强制执行申请书》,连同有关材料一并移送人民法院,申请人民法院协助强制执行。对经税务稽查应当退还纳税人多缴的税款,税务机关应当按照有关规定及时退还。

税务稽查案卷管理 税务稽查案件终结后,在稽查各环节形成的各种资料应当统一送交审理部门,经审理部门整理于结案后的60日内立卷归档。税务稽查案卷应当包括工作报告、来往文书和有关证据等三类资料。税务稽查案卷的保管期限是凡定性为偷税、逃避追缴欠税、骗取出口退税、抗税、伪造、倒卖、虚开、非法代开发票、私自制作、伪造发票监制章、发票防伪专用品等并进行了行政处罚的案件,其案卷保管期限为永久;一般税务行政处罚案件,其案卷保管期限为15年;只补税未进行税务行政处罚的案件或者经查实给予退税的案件,其案卷保管期限为10年。查阅税务稽查档案应当依法进行。

(席晓娟)

shuiwu jiancha

税务检查(inspection of taxation) 也称为税务稽查。税务机关根据国家税收法律规范和财务会计制度等的规定,对纳税主体履行纳税义务、遵守税收法律规范的情况进行审查和监督的专门活动。税务检查是税收征收管理法律制度中的保障性制度,它对于加强税收法治、保证国家的财政收入、维护纳税人的合法权益,有着重要的意义。税务检查的主要内容包括:检查纳税主体执行国家税收法律、法规和政策的情况、检查纳税主体遵守国家的财经纪律和财务会计制度的情况、检查纳税主体的生产经营管理和经济核算情况以及检查纳税主体遵守和执行其他税收征收管理制度的情况。税务检查的形式包括纳税人自查、税务机关专业检查和税务机关与其他部门联合检查等。税务检查的方法包括税务查账、实地调查和实物稽查等。具体方法多种多样,如室内检查法与实地调查法、全面检查法与重点检查法、全查法与抽查法、顺查法与逆查法、比较分析法与控制计算法、观察法与查询法等。税务检查的程序一般包括确定检查对象、实施检查、审理和处理执行等四个程序步骤。税务机关在税务检查中享有查账权、场地检查权、责成提供资料权、询问权、单证检查权、存款账户查询权和调查取证权。税务机关在税务检查中的义务主要包括出示检查证件的义务、依法进行税务检查的义务和保守秘密的义务。纳税主体在税务检查中所负担的义务主要包括接受税务机关依法检查的义务、如实反映情况的义务和提供相关资料的义务。纳税主体在税务检查中所享有的权利主要包括拒绝违法税务检查的权利、请求秘密保护权和请求损害赔偿权等。

(瞿继光)

shuiwushi shiwusuo

税务师事务所(registered tax agent's office) 专门从事税务代理的机构，包括有限责任税务师事务所和合伙税务师事务所两类。经批准设立的税务师事务所必须独立核算，自负盈亏，依法纳税，并接受注册税务师管理机构的监督和管理。税务师事务所名称不得冠以行业、部门等容易引起误解的名称、字样，也不得直接冠以行政区域名或地名。在我国，一个注册税务师只能加入一个税务师事务所，并由事务所统一承接税务代理业务，而不允许注册税务师私自执业。税务师事务所对其所属的注册税务师按规定实施的代理行为承担法律责任。有限责任税务师事务所是由国家税务总局审批的、由发起人出资发起设立、承办税务代理业务并负有限责任的社会中介机构。有限责任税务师事务所以其全部资产对其债务承担责任。有限责任税务师事务所的出资人以其出资额对事务所承担有限责任，并实行所长负责制，所长为法定代表人。合伙税务师事务所是由国家税务总局审批的、由两名以上符合规定条件的合伙人以书面协议形式设立、承办税务代理业务并对债务承担无限连带责任的社会中介机构。合伙税务师事务所的债务，应先以其全部财产进行清偿；合伙税务师事务所的财产不足以清偿其债务时，各合伙人应当承担无限连带责任。合伙税务师事务所可以设立合伙人管理委员会，由若干主要合伙人组成。管理委员会推举一名合伙人担任负责人。管理委员会负责人即为合伙税务师事务所负责人。不设立合伙人管理委员会的合伙税务师事务所，可由全体合伙人对事务所的重大问题作出决定，并推举一名合伙人担任事务所负责人。

(史学成)

shuiwu xingzheng chufa

税务行政处罚(administrative punishment for tax collection) 公民、法人或者其他组织有违反税收征收管理秩序的违法行为，尚未构成犯罪，依法应当承担行政法律责任的，由税务机关依法对其实施一定的制裁措施。税务行政处罚的主要形式有：罚款、责令限期改正、征收滞纳金、停止办理出口退税、收缴发票或者停止发售发票等。

(余启平)

shuiwu xingzheng chufa tingzheng chengxu shishi banfa (shixing)

《税务行政处罚听证程序实施办法(试行)》(Rules of the Procedure of Hearings for Tax Administrative Penalties (Trial)) 国家税务总局1996年9月28日发布，并于10月1日起实施。主要规定了如下内容：(1)税务行政处罚的听证原则：合法、公正、公开、及时和便民。(2)听证的范围：税务机关对公民作出2000元以上(含本数)罚款或者对法人或者其他组织作出1万元以上(含本数)罚款案件。(3)听证的申请：税务机关作出处罚后应当向当事人送达《税务行政处罚事项告知书》，告知当事人已经查明的违法事实、证据、行政处罚的法律依据和拟将给予的行政处罚，并告知有要求举行听证的权利。(4)听证的举行：税务机关应当在收到当事人听证要求后15日内举行听证，并在举行听证的7日前将《税务行政处罚听证通知书》送达当事人，通知当事人举行听证的时间、地点，听证主持人的姓名及有关事项。当事人由于不可抗力或者其他特殊情况而耽误提出听证期限的，在障碍消除后5日以内，可以申请延长期限。申请是否准许，由组织听证的税务机关决定。当事人认为听证主持人与本案有直接利害关系的，有权申请回避；听证主持人是本案的利害关系人，应当自行提出回避。税务行政处罚听证除涉及国家秘密、商业秘密或者个人隐私的情况外应当公开进行并对公开听证的案件先期公告。当事人或者其代理人应当按照税务机关的通知参加听证，无正当理由不参加的，视为放弃听证权利。听证应当予以终止。(5)听证的程序：听证开始时，听证主持人声明并出示税务机关负责人授权主持听证的决定，然后查明相关人员是否到场，宣布相关事项。听证过程中，由本案调查人员就当事人的违法行为予以指控，并出示事实证据材料，提出行政处罚建议。当事人或者其代理人可以就所指控的事实及相关问题进行申辩和质证。辩论终结，听证主持人可以再就本案的事实、证据及有关问题向当事人或者其代理人、本案调查人员征求意见。听证的全部活动，应当由记录员写成笔录，经听证主持人审阅并由听证主持人和记录员签名后，封卷上交税务机关负责人审阅。(6)听证结束后，听证主持人应当将听证情况和处理意见报告税务机关负责人。对应当进行听证的案件，税务机关不组织听证，行政处罚决定不能成立；当事人放弃听证权利或者被正当取消听证权利的除外。(7)听证费用由组织听证的税务机关支付，不得要求听证的当事人承担或者变相承担。

(席晓娟)

shuiwu xingzheng fuyi guize

《税务行政复议规则》(Regulations of Tax Administrative reconsideration） 国家税务总局1993年1月6日发布，并于同日起生效。主要内容有：第一章总则：复议的原则包括合法、及时、准确、便民原则；一级复议制度原则；复议机关依法对具体行政行为是否合法和适当进行审查原则；不调解原则。第二章复议的受理范围。第三章复议管辖，包括一般管辖和特殊管辖。移送管辖和指定管辖适用于复议管辖。对被撤销的税务机关在其被撤销前作出的具体行政行为不服申请的复议，由继续行使其职权的税务机关的上一级税务机关管辖。第四章复议机构：复议机关应当在县以上（含县级）税务局（分局）设立复议机构——税务行政复议委员会及其复议办公室，并配备专职复议工作人员。复议机构代表复议机关以合议形式对复议案件进行审理，履行法定职责，参加复议审理的人员应超过复议委员会组成人员的半数。第五章复议参加人，包括申请人、被申请人、第三人和代理人。第六章申请与受理：申请人的申请时间依申请事项而定。申请人因不可抗力或者其他特殊情况耽误法定申请期限的，在障碍消除后的10日内，可以申请延长期限。是否准许，由复议机关决定。第七章审理与决定。行政复议一般实行书面复议制度。复议期间具体行政行为不停止执行。但被申请人认为需要停止执行的、复议机关认为需要停止执行的可以停止执行。复议机关作出复议决定，应当制作复议决定书，由复议机关的法定代表人署名，加盖复议机关的印章。复议机关应当在收到复议申请之日起60日内作出复议决定。复议决定书一经送达即发生法律效力。申请人对复议决定不服的，可以在接到复议决定书之日起15日内向法院起诉。对申请人逾期不起诉又不履行复议决定的，如果维持原具体行政行为的复议决定，由最初作出具体行政行为的税务机关申请人民法院强制执行，或者依法强制执行；如果改变原具体行政行为的复议决定，由复议机关申请人民法院强制执行，或者依法强制执行。第八章复议的期间与送达：期间以时、日、月计算。期间开始的时和日，不计算在期间内。期间届满的最后一日是节假日的，以节假日的第一日为期间届满的日期。期间不包括在途时间。送达文书必须有送达回证，由受送达人在送达回证上记明收到日期，签名或者盖章。法律责任的主体包括被申请人、复议工作人员、复议参加人或者其他拒绝、阻碍复议人员依法执行职务的人。

（席晓娟）

shuiwu wenshu songda

税务文书送达（service of documents） 税务机关在税收征管中将特定税务文书送达纳税人的行为。文书是否送达是判断税务机关作出的一个行政行为是否成立的重要标志，也是纳税人履行相关义务的重要条件。税务机关依法进行文书送达是税收法定原则的必然要求，是理顺征纳关系、减少征纳争议、提高征纳效率的重要条件。税务文书包括：税务事项通知书、责令限期改正通知书、税收保全措施决定书、税收强制执行决定书、税务检查通知书、税务处理决定书、税务行政处罚决定书、行政复议决定书、其他税务文书。

税务文书的送达方式有：直接送达、留置送达、委托送达、邮寄送达、公告送达等。直接送达，指税务机关将税务文书直接送交受送达人。受送达人是公民的，应当由本人直接签收；本人不在的，交其同住成年家属签收。受送达人是法人或者其他组织的，应当由法人的法定代表人、其他组织的主要负责人或者该法人、组织负责收件的人签收。受送达人有代理人的，可以送交其代理人签收。受送达人或者其他相关人在送达回证上记明收到日期，签名或者盖章，即为送达。以签收人在送达回证上的签收的收件日期为送达日期。留置送达，是指受送达人或者法律规定的其他签收人拒绝签收税务文书，送达人应当在送达回证上记明拒绝理由和日期，并由送达人和见证人签名或者盖章，将税务文书留在受送达人处，即视为送达。委托送达，是指直接送达税务文书有困难，可以委托有关机关或者其他单位代为送达。以签收或者见证人在送达回证上的签收或者注明的收件日期为送达日期。邮寄送达，是指直接送达税务文书有困难，在选择委托送达以外，可以选择邮寄送达。以挂号函件回执上注明的收件日期为送达日期，并视为已送达。公告送达，是指同一送达事项的受送达人众多或采用以上送达方式都无法送达，税务机关可以公告送达税务文书，自公告之日起满30日，即视为送达。以上各种送达方式具有一定的递进关系，通常是前一种方式不能采用的情况下方采用后一种方式。无论采用哪一种送达方式，只要符合法律规定的要件，都发生送达的法律效力。

（宋丽 魏建国）

shuiwu zhuanguanyuan zhidu

税务专管员制度（system of tax special administrative personnal） 我国基层税务机关对税务工作人员划分职责范围、明确分工，规定专管员义务与权利、对纳税单位和个人进行税收管理、组织税收收入及实施税收监督而采取的一种专人管理制度。税务专管员制度，是税务机关"上门收税"这种征管模式下形成的。专管员制度的形式是将税收征收、管理、检查三重职责集中在专管员一人身上。其缺点是缺乏相互制约的监督机制，重征收、松管理、轻检查；专管员之间也缺乏联系，难以形成对企业有效的监督机制。随着经济体制的改革，这种制度与日益增加的税收任务也越来越不适应。1989年，全国开始实行以纳税人自行申报纳税、加强税收检查为主要内容的税收征管改革,在征管改革中,部分地区开始逐步取消专管员制度。1994年税收征管改革开始后,建立了管理服务系列、征收监控系列、税务稽查系列、政策法制系列四大工作系列的新征管格局,并将税务人员对纳税人的税收管理形式实施转换,由"专管户"变为"专管事",至此税务专管员制度被新的征管制度所取代。　　(王　晶)

shuiyuan

税源(source of taxation)　税收的最终经济来源。有的税种的征税对象与税源是一致的,如各种所得税,其征税对象和税源都是纳税人取得的所得或纯收入;有的税种的征税对象和税源又不相同,如各种财产税,征税对象是应税财产,税源却是财产带来的收益。

(翟继光)

shuizhi

税制(tax system)　一个国家与税收有关的各种制度的总称。税制是国家通过法律的形式所规定的税种的设置、各税种之间的关系、税收要素等制度的总称。税制的选择要遵循一定的基本原则:(1)符合生产力发展要求原则。税制的选择要同一国的经济发展水平相适应,而不能落后或超越一国经济发展水平,否则就会阻碍生产力的发展,这种税制本身也不可能长期实行下去。(2)公平原则。税制的选择要体现税收公平原则,根据纳税人的税收负担能力来确定各种税收制度的选择。(3)效率原则。税制的选择必须考虑效率的因素,其中包括对经济发展的效率和税收行政的效率。缺乏经济发展效率的税制会阻碍生产力的发展,而缺乏税收行政效率的税制则会大大消减税制的合理性和可行性。影响税制的因素很多,一般来讲,主要包括经济因素、政治因素和社会因素。经济因素,主要是经济结构的变化对税制选择所产生的巨大影响,如科技的发展以及服务行业的发展等。政治因素主要是一国的政治、政策的变化对税制所产生的巨大影响。社会因素主要是人口结构等因素对税制所产生的巨大影响。以上这些影响都不是单独发生作用的,而是各种因素综合起作用。

　　税制结构　一个国家的税收制度中,各税系、各税种、各税收要素之间的相互关系及其所形成的有机联系的体系。税制结构所研究的问题是各税系、各税种的布局及其相互之间的协调、配合问题。它主要包括三个方面的关系:(1)税制中不同税系或税类之间的相互关系,如商品税、所得税和财产税之间的相互关系;(2)同一税系或税类内部不同税种之间的相互关系,如商品税中增值税、消费税和营业税之间的相互关系;(3)税制要素之间的组合关系,即纳税人、征税对象、税基、税率、税收减免等要素之间的组合关系。税制结构是否合理,关系到税收作用能否充分发挥,关系到国家的税收政策能否实现。税制结构在很大程度上是由一个国家的社会生产力发展水平、社会的经济结构以及政治结构等因素所决定的。

　　税制模式　由各税种之间的相互关系所形成的一定的模式或类型。根据一国主体税种的个数,可以分为单一税制和复合税制。在单一税制中,根据主体税种的不同,又可分为单一消费税制、单一所得税制、单一土地税制等不同的类型。在复合税制中,根据主体税种的不同,又可分为单一主体税复合税制、双主体税复合税制和多主体税复合税制等不同的类型。一国税制模式的选择要遵循经济合理原则、公平原则和效率原则等基本原则。一国税制的选择一般是由生产力发展水平、政治结构、社会因素等多种因素综合决定的。

(翟继光)

shuizhi gaige

税制改革(reform of tax system)　国家税收制度的重大变革。税制改革有外部原因和内部原因。外部原因,主要是指由于税收制度赖以存在的外部经济、政治条件发生了重大变化,比如国家制度、所有制结构、经济体制及其运行机制的重大变化。税收除具有财政功能之外,还具有宏观调控等经济功能和社会功能,所以和国家的政治经济政策就有很大的关联,税制必然随着政治经济的变化而不断变革,以适应社会发展的需求。内部原因,主要是指由于税收制度本身内部税种结构不合理或是税收征管制度不完善等导致的要求变革的原因。无论是外部原因还是内部原因总是和切实的财政压力紧密相关的。税制改革主要围绕着选取合适的主体税种,合理地辅之以其他税种,协调各税种之间的关系;确定合乎实际的税率、税基;调整或重新设计税收征管制度,弥补征收的漏洞等方面展开。而在现在的法治社会,税制改革还必须注意如何实现依法治税,贯彻税法的基本原则,并在税制设计过程中充分考虑纳税人的利益,而不是仅仅关注税收征管机关的权力配置。税制改革的目的是使税制适应国家发展的需要,充分地发挥税收的经济、财政、社会职能。中华人民共和国成立以后,随着政治经济环境的变化,进行了多次重大的税制改革。主要有:1950年的税制改革,统一了全国税收,建立了新税制,为经济的全面恢复和发展创造了条件;1953年的修正税制,以适应第一个五年计划的实行和满足国家财政需要;1958年的改革工商税制和统一全国的农业税制,削弱了税收作为经济杠杆的作用;1973年工商税制改革,是"文化大革命"的产物;1983年的国有企业利改税;1984年的工商税制改革,以适应社会主义有计划的商品经济发展的需要;1994年的税制改革,确立了分税制的原则等。

(王 晶)

sifabu zhishu shiye danwei guoyou zichan guanli zhidu

司法部直属事业单位国有资产管理制度(the management system for national property of government-sponsored institutions directly affiliated to Ministry of Justice) 为加强司法部直属事业单位国有资产管理,维护资产的安全和完整,促进国有资产合理、有效、节约使用,根据国家国有资产管理局、财政部《行政事业单位国有资产管理办法》等有关规定,结合工作实际而制定的。

司法部计财司具体负责司法部直属单位国有资产管理工作。其主要职责如下:(1)贯彻执行国家有关国有资产的法律、法规和方针、政策;(2)负责拟定司法部直属事业单位国有资产管理的规章制度,并组织实施和监督检查;(3)负责组织司法部直属事业单位资产清查、产权登记、资产统计、产权纠纷调处及日常监督检查工作;(4)负责权限范围内的资产调拨、转让、报损、报废的审批;(5)负责规定范围内资产评估立项、评估确认申报;(6)负责司法部直属事业单位非经营性资产转经营性资产的审核和保值增值考核监督管理工作;(7)负责司法部直属单位国有资产专业骨干队伍的建设和业务培训;开展专题调查,总结推广经验;(8)向司法部、国家国有资产管理局、财政部负责并报告工作。

司法部直属事业单位的国有资产管理机构对本单位国有资产实施具体管理工作,应当配备精干的专业人员,在本单位主管领导的领导下,负责本单位占有、使用、处置资产的统一归口、监督管理,其主要职责如下:(1)根据上级有关国有资产管理的规定,负责拟定并组织实施本单位国有资产管理的具体办法;(2)负责资产的账、卡、报表管理;(3)负责本单位的资产清查、产权登记、统计报告及日常监督检查工作;(4)负责规定权限范围内的资产调拨、转让、报损、报废等资产处置的报、批手续;(5)负责资产的合理配置、参与设备购置的计划、论证、采购、验收入库、维修保养和基建竣工验收等日常管理工作;(6)负责本单位非经营性资产转经营性资产项目的论证,履行资产投入的申报手续,并对投入经营的资产实施出资者的监督管理;(7)负责规定范围内的资产评估立项、评估确认的报批;(8)向本单位并司法部计财司负责并报告工作。

根据国有资产管理工作分工负责的要求,单位有财务、国有资产、基建、房管、总务、三产等机构的,应当按照工作职责,各尽其职,各有关部门应当相互配合,互相支持,共同管好用好各单位占有、使用的国有资产。对在国有资产管理工作中作出显著成绩的单位或个人,由本单位或司法部给予表彰或奖励。(苏丽娅)

sifa kuaiji jianding

司法会计鉴定(judicial accounting appraisal) 诉讼活动的重要组成部分,是指具有会计、审计方面专业知识的人员因司法机关在办案过程中查明案件情况的需要而被依法指派或聘请,对于案件相关的会计核算资料进行审查和对于案件有关的财务情况进行调查并作出判断,最终提供鉴定结论给司法机关供其在处理案件时作为证据的全部活动。司法会计鉴定的法律依据为相应的诉讼法,如《中华人民共和国刑事诉讼法》第119条规定:"为了查明案情,需要解决案件中某些专门性问题的时候,应当指派、聘请有专门知识的人进行鉴定;"《中华人民共和国民事诉讼法》第72条规定:"人民法院对专门性问题认为需要鉴定的,应当交由法定鉴定部门鉴定;没有法定鉴定部门的,由人民法院指定的鉴定部门鉴定;"《中华人民共和国行政诉讼法》第35条规定:"在诉讼过程中,人民法院认为对专门性问题需要鉴定的,应当交由法定鉴定部门鉴定;没有法定鉴定部门的,由人民法院指定的鉴定部门鉴定。"可以看出,司法会计鉴定属于司法鉴定的一种,其作用同样是为了向司法机关查明案情提供证据来源,只是由于其所解决的专门性问题为会计方面的问题。一般说来,司法会计鉴定主要应用于三类案件:经济犯罪案件;财产纠纷案件,如合同纠纷、侵权赔偿案件;以及因不服经济行政处罚而提起的行政诉讼案件,如不服审计机关作出的处罚措施而提起的行政诉讼。

(刘 燕)

sifa kuaiji jianding juedingshu

司法会计鉴定决定书(written decision on judicial accounting appraisal) 司法会计鉴定人进行鉴定工作的法定依据,由司法机关在选定司法会计鉴定人后签发,因此也称司法会计鉴定聘书。它是司法会计鉴定人取得鉴定资格的证明。司法会计鉴定人依据此决定书行使相关权利并承担相应义务,从而在诉讼活动中取得一定的法律地位。

司法会计鉴定决定书通常包括以下内容:(1)司法会计鉴定人的个人信息,包括姓名、职务、所在单位、住址等;(2)案情简介及当事人的姓名、所在单位、地址等;(3)鉴定事项和鉴定要求。说明所要鉴定的事项和对鉴定工作在时间和质量上的要求;(4)所附送的材料及数量。如果会计核算材料或辅助资料较多,则应开列清单以方便查阅;(5)鉴定费用及支付办法;(6)签发人和签发日期。此外,司法会计鉴定决定书还应当载明是否已将鉴定人的权利义务和有关回避事

项告知了鉴定人。以上内容具备后,经加盖公章签发,具有法律效力,须遵照执行。 （刘 燕）

sifa kuaiji jiandingren
司法会计鉴定人(judicial accounting appraiser) 进行司法会计鉴定的专业人员,可由司法机关内部专职进行司法会计鉴定的人员担任,也可由司法机关聘请外部的会计、审计领域的专业人士担任。在法律上,我国并无明文规定司法会计鉴定人需要取得哪些资格或者符合哪些条件。但实践中,除专职司法会计鉴定人之外,外部聘请的鉴定人一般都应具有会计师或者注册会计师资格。一般来说,司法机关在选择司法会计鉴定人时,需要根据案件的不同性质作出不同的考虑:(1)对于一般行业或者通常经济业务的会计处理问题,委派司法机关内部的专职司法会计师,或从司法会计鉴定所、会计师事务所的注册会计师中聘请;(2)属于特殊行业、特殊经济业务的会计处理问题的,则一般从涉案单位的上级主管部门的会计师中聘请。但无论何种情况,司法会计鉴定人员都应当具有会计方面的相当的专业知识和政治素质,同时还要注意是否应当按照相关法律情况需要回避。 （刘 燕）

sifa gongfahua
私法公法化(the inclination of private law to public law) 在大陆法系国家发生的私法转化为公法因素的过程。私法和公法的划分理论属于大陆法系国家的法学理论。在英美法系国家,并不存在这一区分。在古罗马时期,查士丁尼的《学说汇纂》中引用了罗马法学家乌尔比安"有关罗马国家的法为公法,有关私人的法为私法"的说法,但是该"私法"仅属于范畴的、逻辑的、思辨的,而不是理论的、过程的和实际运作的,因此并未形成划分公法和私法的理论。只有到了资本主义社会之后,在法的领域确立了个人的种种私有权,加之法学理论研究的不断深入,私法理论和相应的私法法域才得以产生。相对于私法,公法的目的在于维护私法秩序。因此,公法在私法领域的作用是消极的,不存在对私法的渗透和干预。但是,随着资本主义的高度发展,为了解决日益尖锐的个体营利性和社会公益性之间的矛盾,国家通过经济政策、社会政策,对社会生活进行了越来越多的干预。在公法与私法的交叉发展中,出现了私法公法化的进程。

私法的公法化过程,是法域的交错过程,主要表现在:(1)法律主体资格的交错过程。公法的主体是国家和国家机关;私法的主体是私人。但是,在国家与私人主体发生经济关系时,国家便是"立于准国家的私人"。(2)法的意志实现方式的交错过程。公法意志通过权力者的命令,强制个人遵守而得以实现;私法意志通过主体对物的支配,对人的请求而得以实现。随着经济关系的发展,公法意志还表现为国家的经济义务,私法意志还表现为请求国家行使权力。此外,作为公法主体的国家经济机关之间的关系,则是一种私法性质的关系;私法上的企业关系、企业内部关系,则是一种非私法的关系(企业行政权力)。(3)立法目的的交错过程。公法以社会公共利益和国家利益为立法目的,私法以私人利益为立法目的。但是,公法不仅保护公益,也保护私益,比如公法中关于保护公民财产权的规定;私法不仅保护私益,也保护公益,比如合同法中有关违反公共利益的合同为无效合同的规定。(4)调整方式的交错过程。公法的调整,一般采用行政权力的方法;私法的调整则采取非权力的协商性调整。调整方法的交错,就是公法、私法都采用公法手段和私法手段。 （赵 玲 尚 珂）

siying jingji
私营经济(economy of private sectors) 以生产资料私有和以雇佣劳动为基础,以获取剩余价值为生产经营目的的私有制经济。在我国建国初期,存在着大量的私营经济。但此后,随着对资本主义工商业的社会主义改造任务基本完成,私营经济在社会范围内已不再存在。改革开放以后,私营经济复得到迅速发展。私营经济是社会主义市场经济的重要组成部分。

在社会主义市场经济条件下,私营经济具有双重属性:一方面,私营经济是私人占有和支配生产资料,依靠雇佣劳动进行生产经营活动,私营企业主凭借其占有和支配的生产资料占有雇佣劳动者的剩余劳动及其创造的剩余价值;另一方面,我国现阶段的私营企业是在以公有制为主体地位的条件下发展起来的,私营企业与处于主体地位的公有制经济相互联系、相互促进、共同发展,在法律所规定的范围内进行生产经营活动,是为发展社会主义经济服务的,私营企业主是社会主义事业的建设者,私营企业的雇工是社会主义国家的主人,他们的基本经济利益和政治权利是受国家法律保护的。

在生产力水平不高,公有制经济还不完善的情况下,大力发展私营经济,有利于调动各方面的积极性,发展社会生产,扩大就业,推动第三产业发展,促进市场竞争,满足人们多方面的需要。在坚持公有制主体地位的前提下发展私营经济,不会影响我国的社会主义性质。在现阶段,鼓励、支持和引导私营经济的发展,发挥其积极作用,保护其合法的权利和权益,为其创造良好的发展环境;同时又要依法加强监督和管理,促进其健康发展。

1999年3月15日第九届全国人民代表大会第二次会议通过的《中华人民共和国宪法修正案》规定:

"在法律规定范围内的个体经济、私营经济等非公有制经济,是社会主义市场经济的重要组成部分。""国家保护个体经济、私营经济的合法的权利和利益。国家对个体经济、私营经济实行引导、监督和管理。"这是《宪法》对我国的私营经济的法律地位的界定。

(张长利)

siying qiye

私营企业(private enterprises) 全部资产归企业主所有的营利性的企业。私营企业除具有一般企业的法律特征之外还有如下法律特征:(1)私营企业的资产属于企业主个人所有。私营企业的资产,不论是私营企业主初始投资形成的企业资产还是以后企业经营所得都属于企业主个人所有。这是私营企业与国有企业和集体企业的根本区别。(2)私营企业以雇佣劳动为基础。在私营企业中,私营企业的投资者是企业的主人,而工人只是被投资者所雇佣的劳动者,劳资之间的关系是典型的雇佣劳动关系。这也是私营企业与国有企业和集体企业之间的一个根本不同之处。(3)私营企业雇工须是8人以上。这里所说的雇工,指的是投资者以外的受雇于企业的人员。私营企业的这一特性为其与个体工商户之间划清了区别。(4)私营企业以营利为目的。私营企业主投资设立私营企业的目的就是为了以最少的投资获得最大的经济回报。这是私营企业与非营利为目的的企业的区别。

根据《中华人民共和国私营企业暂行条例》第6条的规定,私营企业的组织形式可以分为独资企业、合伙企业、有限责任公司三种形式。

(方文霖)

siying qiye de quanli

私营企业的权利(rights of private enterprises) 私营企业的投资者对其财产依法享有所有权,其财产可以依法继承和其他合法权利。私营企业在其生产经营活动中还依法享有下列权利:(1)企业名称专用权。核准登记的名称在规定的范围内享有专用权;(2)自主经营权。在核准登记的范围内自主经营;(3)企业用人权。决定企业的机构设置,招用或者辞退职工;(4)工资利润的分配权。决定企业的工资制度和利润分配形式;(5)按照国家价格管理规定,制定企业的商品价格和收费标准;(6)订立合同权;(7)申请专利、注册商标权。此外,私营企业按照国家法律、法规的规定,可以同外国公司、企业和其他经济组织或者个人举办中外合资经营企业、中外合作经营企业,可以承揽来料加工、来样加工、来件装配,从事补偿贸易。

(方文霖)

siying qiye de yiwu

私营企业的义务(obligations of private enterprises) 私营企业在生产经营活动中应当履行的义务,根据《中华人民共和国私营企业暂行条例》及其《施行办法》以及其他有关法律、法规的规定:(1)遵守国家法律、法规和政策。《私营企业暂行条例》第3条第2款明确规定:"私营企业必须在国家法律、法规和政策规定的范围内从事经营活动。"守法经营是企业的根本原则,私营企业当然不能例外。(2)依法缴纳税费的义务。私营企业应该在其领取《企业法人营业执照》或者《营业执照》之日起30日内向当地税务机关申报办理税务登记。(3)建立和健全会计制度的义务。私营企业必须按照国家财务会计法规和税务机关的规定,健全财务会计制度,配备财会人员,建立会计账簿,编送财务报表,严格执行财务管理规定,不得瞒报收入,乱摊成本费用,并接受税务机关的监督检查。(4)做好劳动保护工作和实行劳动保险的义务。(5)服从国家有关机关的监督管理的义务。私营企业必须接受工商、税务、劳动、资源、价格、金融、计量、质量、卫生、环境保护等国家管理机关在各自的业务范围内对其进行的依法监督与管理。(6)私营企业不得抽逃企业资金、转移资产、隐匿财产、逃避债务的义务。

(方文霖)

siwang baoxian

死亡保险(death insurance) 又称遗属保险。是指被保险人供养的亲属在被保险人死亡之后,或者被保险人在其供养的亲属死亡后,从社会上获得物质帮助的一种社会保险制度。被保险人包括职工和已享受养老保险待遇者。在社会保险体系中,死亡保险同养老保险、工伤保险、疾病保险有一定的交叉关系,所以有关法律和规定,也多见于综合性社会保险的立法中。死亡保险包括两部分:其一,为帮助克服安葬死者所遇到的经济困难而提供的物质帮助,一般称为丧葬补助金或丧葬费;其二,为保障死者生前供养亲属的基本生活而提供的物质帮助,一般称为抚恤金或遗属年金。给付标准由各国立法规定。抚恤金标准可以按照死者生前收入的一定比例发给,也可以按一定的金额,也可以采取两者结合的办法。

随着人们生活水平的提高,风险意识的增强,居安思危不仅体现在对物质补偿的需求上,而且发展到越来越多的人寻求养老的保障、死亡的抚恤、伤残的给付等。我国经济体制改革以来,个体经济、集体经济的发展,医疗、待业、住房、分配制度的改革等,都使人们对人身保险有了进一步的需求。开展人身保险是对国家社会保障措施的必要补充。根据实际需要设计不同形式的人身保险,可以满足人民的要求,促进社会安定。人的一生中无法避免疾病、年迈和死亡,人身保险可以起到有备无患的作用,对家庭或亲友,可以提供各种保障,解决经济上的困难,解除后顾之忧,使人民安居乐

业,这也正是死亡保险的价值所在。 （崔雪松）

siwang baoxianjin
死亡保险金（death premium） 在被保险人死亡后,由保险公司支付给受益人的保险金。在以被保险人死亡为条件给付死亡保险金的人寿保险中,都必须指定保险金受益人。也可能投保人自己为死亡保险金的受益人。但是,如果没有指定保险金受益人的话,按照日本寿险条款的规定,可以将保险金支付给被保险人的法定继承人。

《中华人民共和国保险法》第63条规定:"被保险人死亡后,遇有下列情形之一的,保险金作为被保险人的遗产,由保险人向被保险人的继承人履行给付保险金的义务:(1)没有指定受益人的;(2)受益人先于被保险人死亡,没有其他受益人的;(3)受益人依法丧失受益权或者放弃受益权,没有其他受益人的。"如果按照《保险法》的规定,上述情况的死亡保险金被作为被保险人的遗产,然后按照法定继承程序和比例将死亡保险金支付给法定继承人。 （崔雪松）

sudong guojia jinjifa lilun
苏东国家经济法理论（economic law theory in socialist nations） 苏联和东欧国家的经济法理论。20世纪20年代末,苏联学者斯图奇卡提出了"经济——行政法"概念,用来调整社会主义社会中各个组织之间的关系。该观点认为,无计划、无政府的经济成分与社会主义经济成分相比较,是两种不同的经济成分;民法和"经济——行政法"是相互排斥的。到了20世纪30年代中期,金茨布尔格和帕舒卡尼斯在批判"两成分法"的基础上,提出了"混合法"的思想。该观点认为,经济法的调整范围应当涵盖社会主义组织之间的关系,以及公民相互之间的经济关系,并认为,经济法是无产阶级国家在组织经营管理和组织经济联系方面所实行的政策的特殊形式。到了20世纪50年代末,拉普捷夫和马穆托夫提出,经济法是调整社会主义经营管理者的领导经营的关系,以及从事经营活动的关系的法;这两种关系就构成了经济关系。该观点就是"纵横统一"观点的最早理论体现。此后,这一理论发展成为苏联的主要经济法理论流派。1947年,拉伊赫尔在《保险的历史类型》一书中,提出了法部门应当分为两类,一类是基本法部门,另一类是综合法部门。后来,阿·托尔斯泰对这两个法部门的区别作了进一步论述。他认为,基本法部门有统一调整对象,而综合法部门可以调整不同类型的关系;基本法部门不能有其他部门法规范,综合法部门则由其他法部门规范所构成;基本法部门有专门的调整方法,而综合法部门则综合利用基本法部门的调整方法;基本法部门在法的体系中占有一定地位,而综合法部门则不占任何地位。他进而认为,经济法属于综合部门。1963年,C. H. 勃拉图西和 C. C. 阿列克谢耶夫提出了"经济——行政法"主张,认为应当建立"经济——行政法"学科,用来调整社会主义领域中所发生的经济关系的行政法调整问题。该观点是在批判"混合法"和"综合法律部门"的观点的基础之上提出来的。

在苏联解体之后,坚持"纵横统一说"的经济法学者又提出"经济法的新观念"。该观点认为,在由计划经济向市场经济过渡的过程中,经济活动逐步成为经营活动,经济法也正在逐步成为经营活动法。东欧国家对苏联在政治、经济上的依赖性,导致其在法学理论上也对苏联存在依赖性,因此,这些国家的经济法理论与苏联的经济法理论大体相同。但是东欧国家的经济法理论也具有自己的特色,比如南斯拉夫的"企业自治法"理论,匈牙利的"分权制"理论,以及"短缺经济"及其立法理论等。 （赵玲 尚珂）

sunhai baoxian
损害保险（indemnity insurance） 以财产性权益为保险标的的保险。财产性权益可以通过货币的价值尺度功能评定其市场价值,当财产性保险标的遭受保险事故损害时,完全可以采用金钱赔偿的方法获得填补。为了防止损害保险活动中道德风险和不当得利的发生,损害保险奉行严格的损害补偿原则,由此衍生出损害保险应遵循的保险人代位权、禁止超额保险及重复保险等规则。在保险分类理论上,定额保险与损害保险相对应,这是一种晚近出现的先进分类方法,在保险理论和立法先进的国家,定额保险与损害保险的分类已经取代了传统的财产保险与人身保险的分类方法,因为,财产保险与人身保险的分类已经不能反映某些保险的真实性质。比如,以对医疗费用支出的补偿为内容的那些意外保险和疾病保险在传统的保险分类方法上属于人身保险,但其性质是损害保险,即医疗费用的补偿是以实际发生的支出为尺度,没有支出,就没有补偿,支出多少,补偿多少,仍然奉行财产性保险所特别遵循的损害补偿原则。 （李庭鹏）

sunhai peichangquan
损害赔偿权（right of claim against damage） 又称求偿权。消费者因购买、使用商品或者接受服务受到人身、财产损害的,享有依法获得赔偿的权利。损害赔偿权,是消费者在购买、使用商品或者接受服务的过程中非因自己的过错而使得人身、财产受到损害时,向经营者提出请求,由经营者予以赔偿损失的权利。消费者对经营者享有损害赔偿的请求权,这是消费领域中民事索赔权的体现,但是它又有自己的特点,当经营者提供商品或者服务有欺诈行为时,应当按照消费者的要求增加赔偿其受到的损失,增加赔偿的金额为消费者购买商品价款或者接受服务的费用的一倍,这就使消费者的损害赔偿权对生产经营者有了惩罚性。

消费者的损害赔偿权应包括人身损害赔偿和财产损害赔偿两方面。人身损害,应当包括消费者的生命健康权和人格权,无论是消费者的生命健康权受到侵害,还是消费者的人格权受到侵害,均赋予消费者依法获得赔偿的权利。根据《中华人民共和国消费者权益保护法》的规定,经营者提供商品或服务,造成消费者或者他人人身伤害的,应当支付医疗费,治疗期间的护理费,因误工而减少的收入等费用;造成残疾的,还应当支付残疾者生活自助具费用,生活补助费,残疾赔偿金以及由其抚养的人所必须的生活费等费用;造成死亡,应当支付丧葬费,死亡赔偿金以及死者生前抚养的人所必须的生活费等费用。财产损害赔偿是指消费者购买、使用商品或者接受服务而导致财产受到损失时,可以依法要求损害赔偿,应当包括直接损失和间接损失。直接损失是现有财产上的损失,间接损失是可以得到的利益而没有得到,也就是应该增加而未能增加的收入。

享有求偿权的主体是因购买、使用商品或者接受服务而受到人身、财产损害的人,也就是说受害者。具体来说包括以下几种类型:(1) 商品的购买者。消费者购买商品后由自己来使用,在使用过程中受到损害的,可以要求赔偿。(2) 商品的使用者。消费者购买商品之后,商品借给他人使用或者转赠他人使用,使用者虽不是购买者,同样享有受偿权。(3) 接受服务的消费者。接受服务者的损害赔偿请求权,受到消费者权益保护法的保护。(4) 第三人。第三人在别人购买、使用商品或接受服务的过程中受到损害,商品的生产者、销售者或服务提供者对其也有不可推卸的赔偿责任。此外,消费者在依法主张损害赔偿权时,要承担相应的举证责任,包括起诉对象的证据,损害事实存在的证据,请求赔偿数额的证据等。　　　　　(刘利晋)

suode

所得(income)　个人、法人和其他非法人单位在一定期间,由于劳动、经营、投资或者把财产、权利提供给他人使用而获得的利润和收益。对于所得有两种不同的观点:一种是净资产增加说,认为所得是在一定期间内增加的资产减去消耗减少的资产后的余额;一种是所得源泉说,认为所得是有连续来源的收益。毛所得又称"毛收益",个人、法人和其他非法人单位在一定期间,由于劳动、经营、投资或者把财产、权利提供给他人使用而获得的全部收入、劳务报酬和其他收入。它是可供取得者支配使用的全部收入额。纯所得又称"净所得",个人、法人和其他非法人单位在一定期间内取得的各项收入和劳动报酬,扣除为取得这些收入而支付的费用开支后的余额。纯所得是取得者可以自由支配的所得,因此成为税收负担能力的表现。(余启平)

suode shui

所得税(income tax)　也称收益税。以纳税人在一定期间内的纯所得(净收入)额为征税对象的一类税的统称。所得税属于直接税性质的税收,它起源于英国 1798 年为英法战争筹措军费而开征的一种临时税。所得税的课征方式有三种:分类所得税制、综合所得税制和分类综合所得税制。所得税课征的方法主要有源泉课征法和申报课征法。现在几乎所有的国家和地区都开征了所得税,但是其法定名称及分类方式各不相同。比较通行的是以纳税人为标准将所得税划分为个人所得税和公司所得税。　　　　　(余启平)

suode shuifa

所得税法(income tax law)　调整所得税征纳关系的法律规范的总称。所得税,也称为收益税,是以纳税人在一定时期内的所得为征税对象的一种税。我国现行的所得税法包括企业所得税法、外商投资企业和外国企业所得税法、个人所得税法和农业税法。

(翟继光)

suoyouzhe quanyi

所有者权益(owner's interests)　所有者在企业资产中享有的合法经济利益。其金额为资产减去负债后的余额,故又称为净资产。所有者权益包括实收资本(或者股本)、资本公积、盈余公积和未分配利润等。企业的实收资本是指投资者按照企业章程或合同、协议的约定,实际投入企业的资本。资本公积包括资本(或股本)溢价、接受捐赠资产、拨款转入、外币资本折算差额等。盈余公积指企业从净利润中提取并存留于企业中用于弥补亏损和扩大经营的资金,根据其提取的依据不同,盈余公积可分为法定盈余公积和任意盈余公积。　　　　　(刘燕)

suoyouzhi jiegou

所有制结构(structure of ownership)　在一定的社会经济制度中各种不同的生产资料所有制形式所处的地位、所占的比重、相互关系以及它们的变化趋势。居于支配地位的所有制的性质决定着该所有制结构的性质。所有制结构对生产力发展影响极大。

我国制定以公有制为主体、多种经济成分共同发展的方针,形成以公有制经济为主体、实现方式多样化、多种所有制成分共同发展的局面,并得到我国宪法和法律的保护。我国社会主义初级阶段的多种所有制并存,同社会主义改造完成以前的过渡时期的多种经济成分并存是不同的。最根本的不同在于各种经济形式在整个国民经济中的地位和作用不同。在过渡时期,社会主义公有制经济在国民经济中并未占主体地位,而在现阶段的多种经济形式中,社会主义公有制经济已处于主体地位,其他各种经济形式都是和社会主义公有制相联系,并为社会主义经济发展服务的经济形式。在多种所有制形式中,公有制是主体,其实现形式也采取了多样化形式,国有经济是主导力量,非公有制经济是我国社会主义市场经济的重要组成部分。我国社会主义初级阶段的多种所有制并存,是由我国社会主义的性质和初级阶段的国情决定的。我国是社会主义国家,必须坚持公有制作为社会主义经济制度的基础。我国又正处在社会主义初级阶段,生产力整体水平比较落后,发展又很不平衡,生产力呈现多层次的结构,需要在公有制为主体的条件下发展多种所有制经济,以充分调动和发挥各方面的积极性,促进生产力发展,增强综合国力,提高人民生活水平。

我国1982年《宪法》第11条规定:"在法律规定范围内的城乡劳动者个体经济,是社会主义公有制经济的补充。国家保护个体经济的合法的权利和利益。""国家通过行政管理,指导、帮助和监督个体经济。"1988年4月通过的《宪法修正案》第1条补充规定:"允许私营经济在法律规定的范围内存在和发展。私营经济是社会主义公有制经济的补充。国家保护私营经济的合法的权利和利益,对私营经济实行引导、监督和管理。"1999年3月通过的《宪法修正案》规定:"在法律规定范围内的个体经济、私营经济等非公有制经济,是社会主义市场经济的重要组成部分。""国家保护个体经济、私营经济的合法的权利和利益。国家对个体经济、私营经济实行引导、监督和管理。"2004年3月通过的《宪法修正案》规定:"国家保护个体经济、私营经济等非公有制经济的合法的权利和利益。国家鼓励、支持和引导非公有制经济的发展,并对非公有制经济依法实行监督和管理。"　　(张长利)

T

talüxing jingji guanxi

他律性经济关系(others-discipline economic relationship) 为了维持市场经济免于崩溃,对于失去了自动调节作用的自发性经济关系,由国家从国民经济整体立场对经济运行进行调节,而形成的经济关系。在自由放任市场经济的条件下,经济活动由市场规律进行调节,产生了自发性经济关系。但是,市场的盲目性和自发性导致自发的经济关系失去了自律性。他律性经济关系涉及国家运用经济政策、经济行政以及经济杠杆等手段对经济进行调节所形成的经济关系。

国家经济政策及其立法要求 国家经济政策是国家为了影响、指导国民经济运行所规定的,并付诸实施的措施和手段。经济政策以方针性指示的形式,确定经济过程的性质、状态和方向,从而实现国家对国民经济的调节。经济政策对国民经济的发展具有重要的组织功能。在他律性经济关系的形成和发展中,介入其间的主要经济政策是经济增长政策、稳定物价政策、反经济萧条政策、就业政策和产业组织政策、国有化政策、收入分配政策、环境保护政策、消费政策、价格管制政策以及保护主义贸易政策、开放经济条件下的经济稳定政策。经济政策作用下的经济关系是他律性经济关系。基于经济政策形成的经济关系,需要一种新的法律加以调整。作为经济政策立法的经济法具有一定的针对性和时间性的特征。它是针对国民经济运行中的某些问题、某种情况制定的,是在一定时期内施行的。

经济行政作用及其立法要求 在自由资本主义阶段,行政权力的行使是为了实现"夜警国家"的任务。但是,到了垄断资本主义阶段,行政权力除了实现"夜警国家"的职能,还要对社会经济进行调节。相应地,经济权限就从行政权限中分化出来了。经济权限与维护社会公共秩序的行政权力不同。经济行政的作用可以分为两个方面:一是发挥国家的经济职能,经济机关运用命令、晋职、许可、特许、认可等措施,调节经济关系,使之按照国民经济良性运行的要求发展;二是经济机关以经济权利、经济义务承担者的身份介入经济关系,使经济主体的活动目的有所修正、经济关系的内容和方向有所变更。经济行政作用是经济关系中的新成分。这种经济关系,不再是自发性经济关系。调整这种经济关系的法律,是经济权限法律制度。在这里,传统意义上的行政法已经不再适用。

经济杠杆及其立法要求 经济杠杆是他律性经济关系中的重要内容。国家利用经济杠杆,比如价格、信贷、财政补贴、出口退税、利息、贴现率、折旧率等,对国民经济运行进行调节。经济杠杆可集中表现为"六率",即物价上涨率、失业率、税率、汇率、利率、经济增长率。这些经济杠杆形成了新的经济条件,从而使得经济关系按照一定的方向发展。经济杠杆作用与经济政策和经济行政作用是不同的。经济杠杆使经济活动主体自愿而不是强制的服从国家经济调节目标,而且通过间接调节方式,给予经济活动主体有利或者不利的经济条件,从而形成新的经济关系,诱导经济活动的方向和限度。经济杠杆调节下的经济关系,不是自发性经济关系。对这种经济关系的调整,需要属于经济法的经济调节法律制度加以调整。

经济计划及其立法要求 经济计划是现代市场经济国家的内在要求。资本主义市场经济国家首先采用了经济计划。经济计划目前已经成为各国普遍采用的调节国民经济运行的手段。国家通过时限计划,比如长期计划、中期计划和短期计划等,使一定时期内的经济活动获得国家经济目标;通过级别计划,比如全国性计划、区域性计划和地方性计划等,使经济主体在适用计划的范围内调整自己的经济行为;通过具体计划,比如生产经营计划、收入计划、分配计划和供需计划等,使具体经济活动得到矫正。总之,经济计划可以确定国民经济运行目标和经济关系的发展导向;可以使经济主体遵循经济目标,不断防止和克服经济活动的偏离度。无论是指令性计划所产生的经济关系,还是指导性计划下的经济关系,都不再是自发性经济关系,而是具有统一的国民经济发展目标的经济关系。这样的经济关系所要求的法律,属于经济法范围内的宏观调控法律制度。

经济关系中的他律性结构是一种体系化的结构。国家的经济政策、经济行政、经济杠杆以及经济计划,是其中的重要组成部分。法治要求他律性的国家意志和手段,都必须采取法律的形式。与自发性经济关系的他律性调整相适应,一种新型的法律应运而生,这种法律就是经济法。

(赵 玲)

taiwan diqu shuizhi

台湾地区税制(tax system of Taiwan district) 台湾现行的税收从税收收益权归属可区分为所谓"国税"、地方税("直辖市"及县市税)两级。(1)"国税"包括营利事业所得税、综合所得税、遗产税、赠与税、货物税、营业税、烟酒税、期货交易税、证券交易税、关税、矿区税。(2)地方税("直辖市"及县市税)包括土地税(地价税、田赋、土地增值税)、印花税、使用牌照税、房屋税、契税、娱乐税、特别税课。目前台湾地区税收收入占整体收入约达70%,并以所得税为最重要的税种(占税收收入约40%),其次为加值型及非加值型营业税与货物税。

台湾地区税制基本制度包括:(1) 台湾的"赋税署"(相当于中国的国家税务总局)是"财政部"下属的机关。(2) 台湾的税收主要采用纳税人自行结算申报及缴纳和代扣代缴两种方式。但纳税人因天灾、事变或遭受重大财产损失,可申请延期或分期缴纳税收,然期限不得超过3年。(3) 台湾税收的征收期限分为核课期间与征收期间两种:核课期间原则为5年,但纳税人未于规定期间内申报或故意以诈欺或其他不正当方法逃漏税收者则为7年,征收期间原则为5年。(4) 税收的优先受偿权:税收优先普通债权,而土地增值税就土地之自然涨价部分优先于抵押权。(5) 税收的主要保全措施:纳税人为营利事业,税务机关可以通知主管机关限制其减资或注销登记;提供相当财产担保;欠缴的应纳税款,不能转移或设定他项权利,如果纳税人有隐匿或转移财产、逃避纳税的迹象,税务机关可申请法院对其财产实施假扣押;对欠缴税款达到一定金额者,由司法机关或"财政部"函请"内政部入出境管理局"限制其出境;在一定条件下,对于未能提供相当担保的纳税人,征税机关可以在征收期开始前,提前征收应缴纳的税款。(6) 税务行政救济分为申请复查、诉愿和行政诉讼三个程序。(7) 强制执行,纳税人应纳税款,如果在缴纳期间届满30日后仍未缴纳,由税务机关移送法院强制执行。但纳税人已依规定申请复查的,暂缓移送法院强制执行。(8) 责任制度,分为纳税人本人责任与第三人责任。纳税人本人责任主要内容为:逃漏税的处罚、违反代扣代缴义务的处罚、违反给予或取得凭证义务之处罚、违反设置或记载账簿义务之处罚、拒绝调查之处罚。第三人责任为第三人教唆或帮助逃漏税之处罚。

台湾地区税制在1998年实施两税合一的重大改革,主要是为解决台湾股息所得在公司和股东两个层次上重复课税的难题。台湾地区未来税制改革方向为:(1) 扩大税基,取消不合时宜之减免规定;(2) 调整租税结构、加强征收管理,遏止逃漏;(3) 推动财政革新,提升税务行政效率。　　　　　　(李俊明)

taiwan fangwushui

台湾房屋税(building tax of Taiwan) 对附着于土地的各种房屋及有关增加该房屋使用价值的建筑物征收的一种税。现行台湾地区房屋税主要内容为:(1) 征税对象与范围:以附着于土地上的各种房屋及有关增加房屋使用之建筑物为课征范围。所称房屋,指固定于土地上的建筑物,供营业、工作或住宅用。增加房屋使用价值的建筑物,指附属于应征房屋税的房屋的其他建筑物,可以增加该房屋的使用价值,包括阳台、电梯、地下室等。(2) 纳税人范围:原则上为房屋的所有人,包括已向地政机关办理所有权登记的所有权人和未办理所有权登记的实际房屋所有人。但若房屋设有典权,其房屋税向典权人征收。典权人住址不明,或非居住房屋所在地的,应由管理人或现住人缴纳;房屋如为出租之情形,由承租人负责代缴,可抵扣房租。共有房屋,由共有人推定一人代表缴纳。如果不推定一人缴纳的,由现住人或使用人代缴。(3) 税率:《房屋税条例》就各种不同用途的房屋现值,分别规定税率的最高限与最低限,由各县(市)政府拟定,其法律依据主要为台湾地区《房屋税条例》。

　　　　　　　　　　　　　　(李俊明)

taiwan gongping jiaoyi fa

台湾《公平交易法》(Square Deal Law of Taiwan) 我国台湾地区规范限制竞争行为和不正当竞争行为的法律规范,1991年2月4日公布,1992年2月4日开始实施,1999年2月进行了修订。1992年6月24日依照《公平交易法》设立的公平交易委员会发布了《公平交易法实施细则》,该细则于1999年8月30日进行了修正。其立法宗旨是维护交易秩序、维护消费者利益、确保公平竞争及促进经济之安定与繁荣。台湾《公平交易法》共7章49条。对独占、结合、联合行为,不公平竞争,公平交易委员会,损害赔偿,罚则等作了规定。

《公平交易法》关于独占行为禁止的规定,其目的主要在于对已经取得的独占地位滥用的规制,而非禁止独占地位的取得或维持。《公平交易法》将结合行为定义为"本法所称结合,谓事业有左列情形之一者而言:一、与他事业合并者。二、持有或取得他事业之股份或出资额,达到他事业有表决权股份或资本总额1/3以上者。三、受让或承租他事业全部或主要部分之营业或财产者。四、与他事业经常共同经营或受他事业委托经营者。五、直接或间接控制他事业之业务经营或人事任免者。计算前项第二款之股份或出资额时,应将与该事业具有控制与从属关系之事业所持有或取得他事业之股份或出资额一并计入"。联合行为被定义为"本法所称联合行为,谓事业以契约、协议或其他方式之合意,与有竞争关系之他事业共同决定商品或服务之价格,或限制数量、技术、产品、设备、交易对象、交易地区,相互约束事业活动之行为而言"。

公平交易法将不公平竞争行为分为以下几种:(1) 妨碍竞争之行为,例如垂直价格拘束、差别待遇、不正当方法夺取交易机会、不当获取他事业产销秘密、不当限制相对人事业活动等;(2) 不诚实的竞争行为,例如仿冒、不实标示广告、妨碍营业信誉、多层次传销之不当行为等。《公平交易法》第 24 条还规定了"其他足以影响交易秩序之欺诈或显失公平行为之禁止"作为兜底条款。

《公平交易法》规定公平交易的主管机关为公平交易委员会。

对于违法应承担的责任,公平交易法规定了民事损害赔偿责任和刑事责任、行政责任。

(刘　鹏　苏丽娅)

taiwan guanshui

台湾关税(tariff of Taiwan)　我国台湾地区关于关税的规定。主要内容为:(1)征税对象:对进出台湾关境的货物或商品。(2)纳税人范围:关税纳税人为收货人、提货单或货物持有人。所称收货人,指提货单或进口舱单记载之收货人;所称提货单持有人,指因向上述收货人受让提货单所载货物而持有货物提货单,或因受收货人或受让人委托而以自己名义向海关申报进口之人;所称货物持有人,则指持有应税未税货物之人。而当纳税人为法人、合伙或非法人团体者,解散清算时,清算人于分配剩余财产前,应依法分别按关税、滞纳金及罚款应受清偿之顺序缴清。清算人违反此义务者,应就未清偿之款项负缴纳义务。(3)税率:台湾关税税率自 2000 年 9 月改采复式税率,第一栏为一般税率,税率较高,适用于无互惠关税之国家或地区;第二栏为互惠税率,税率较第一栏之一般税率为低,适用于有互惠之国家和地区。第二栏未列税率者,则适用第一栏税率。税法税则变动之适用原则:关税法或海关进口税则遇有修正时,其条文或税率之适用,进口货物以其运输工具进口之日期为准;出口货物以海关放行日期为准;免税或减税货物改变用途而补税者,以其报关日期为准;依规定存储保税仓库之货物,以其申请出仓进口之日期为准;依规定核准内销之货物,以其报关日为准。关税之课征除税收目的外,尚有保护产业、调节物资供应等作用,因此除关税课征外,尚有报复关税的课征及征收适当的平衡税及反倾销税。其法律依据主要为台湾《关税法》,共计 93 条,另有台湾《关税法实施细则》配合关税的征收。

(李俊明)

taiwan huowushui

台湾货物税(excises of Taiwan)　我国台湾地区关于货物税的规定。现行台湾货物税主要内容:(1)征税对象与范围:货物税于应税货物出口出厂或进口时征收之。(2)纳税人范围:在台湾产制之货物,为产制厂商;委托代制之货物,为受托之产制厂商。委托厂商为产制应税货物之厂商者,得向主管稽征机关申请以委托厂商为纳税义务人;国外进口之货物,为收货人、

提货单或货物持有人。(3)税率:区分货物种类而有不同税率,计有轮胎税率、水泥税率、饮料品税率、平板玻璃税率、油气类税率、电器类税率及车辆类税率。其法律依据主要为台湾《货物税条例》,内容分总则、应税货物、税率及税额、完税价格、稽征、罚责、附则等共计 6 章 37 条。另有台湾《货物税稽征规则》配合货物税的征收。

(李俊明)

taiwan qishui

台湾契税(contract tax of Taiwan)　我国台湾地区关于契税的规定。现行台湾契税的征税范围为当不动产发生买卖、承典、交换、赠与、分割或占有等行为时,按照订立契约的契价向承受人或取得所有权人征收契税。纳税人范围与税率为:(1)买卖契税:纳税人为买卖人,税率为 6%;(2)典权契税:纳税人为典权人,税率为 5%;(3)交换契税:纳税人为双方交换人,税率为 2.5%;(4)赠与契约:纳税人为受赠人,税率为 7.5%;(5)分割契约:纳税人为分割人,税率为 2.5%;(6)占有契约:纳税人为占有人,税率为 7.5%。其法律依据主要为台湾《契税条例》,共计 33 条。

(李俊明)

taiwan shiyong paizhaoshui

台湾使用牌照税(license tax of Taiwan)　我国台湾地区对使用在公共水陆道路供公用、私用或军用的交通工具征收的一种税。现行台湾使用牌照主要内容:(1)征税对象与范围:使用在公共水陆道路供公用、私用或军用的交通工具,公共水陆道路是指公共使用水陆交通路线,交通工具为各种机动车辆和船舶。(2)纳税人范围:交通工具所有人或使用人。(3)税率:按车辆种类及车辆排气缸总排气量定税率。其法律依据主要为台湾《使用牌照税法》,内容分总则、课税标的及税额、免税范围、征收程序、查缉程序、罚则、附则等共计 7 章 38 条。

(李俊明)

taiwan shuijuan jizhengfa

台湾《税捐稽征法》(Tax Collection Law of Taiwan)　我国台湾地区颁行的关于税捐稽征的法律。

台湾早期税收立法方式因采分税立法,导致形成其间共通事项有重复或矛盾规定之现象。为解决该弊端,台湾于 1976 年 10 月公布施行《税捐稽征法》,其后除于 1969 年 8 月首次修正增订第 48 条之 1,规定纳税义务人自动补报并缴税款之免罚规定外,并分别于 1990 年、1992 年、1993 年进行修正,并于 1993 年 5 月首次发布该法施行细则。其后并于 1996 年 7 月增订第 1 条之 1 及第 48 条之 3,分别规定税法解释函令之效力及行政罚采取从新从轻原则。1997 年 5 月修正

第33条规定债权人取得执行名义者得向稽征机关请求提供债务人之财产资料。1997年10月修正第6条,对税收优先权规定进行部分修正。2000年5月增订第11条之2,主要是为因应电子化时代,针对税法所规定应办理之事项及应提出之文件,得以电子记录或电子传输方式办理或提出。

现行法全文计51条,分7章,概略说明如下。第一章"总则",主要有两大重点:第一,本法适用范围之除外规定:关税、矿税、破产财团之应纳税收及公司重整中税收之清偿。第二,税收优先受偿权的范围:税收优先普通债权,而土地增值税就土地之自然涨价部分优先抵押权。第二章"纳税义务",主要规范计有财产案件、清算案件、遗属案件、营利事业合并等案件之纳税人主体问题。第三章"稽征",主要内容包括:第一,征收期限分为核课期间与征收期间两种:核课期间原则为5年,但纳税人未于规定期间内申报或故意以诈欺或其他不正当方法逃漏税收者则为7年,征收期间一般为5年。第二,滞纳金的征收额度为每超过两天按照滞纳数额加征1%滞纳金。第三,税收的主要保全措施:纳税人为营利事业,税务机关可以通知主管机关限制其减资或注销登记;提供相当财产担保;欠缴的应纳税款,不能转移或设定他项权利,如果纳税人有隐匿或转移财产、逃避纳税的情形,税务机关可申请法院对其财产实施假扣押;对欠缴税款达到一定金额者,由司法机关或"财政部"函请"内政部入出境管理局"限制其出境;在一定条件下,对于未能提供相当担保的纳税人,税务稽征机关可以在征收期开始前,提前征收应缴纳的税款。第四,纳税人因天灾、事变或遭受重大财产损失,可申请延期或分期缴纳税收,但期限不得超过3年。第五,退税规定。纳税人因适用法令错误或计算错误而多的税收,可自缴纳之日起5年内提出具体证明,申请退税。第六,税务机关调查权及搜查权行使的内容与保密义务。第七,重大欠税及逃漏税之公告。第四章"行政救济",规定行政救济程序。纳税人提起诉愿与行政诉讼之前必须经过税务机关复查之程序,税务机关必须在收到申请书2个月内作出决定通知纳税人。第五章"强制执行",纳税人于缴纳期限后30日内仍未缴纳者,税务机关移送法院强制执行。第六章"罚责",分为对纳税人本人的处罚与对第三人的处罚。纳税人本人责任主要内容为:逃漏税的处罚、违反代扣代缴义务的处罚、违反给予或取得凭证义务之处罚、违反设置或记载账簿义务之处罚、拒绝调查之处罚;第三人责任为第三人教唆或帮助逃漏税之处罚。第七章为"附则"。　　　　　　　(李俊明)

taiwan tudi zengzhishui
台湾土地增值税(land value-added tax of Taiwan) 我国台湾地区关于土地增值税的规定。主要内容:(1)征税对象:因土地移转而实现的土地自然涨价与因土地设定典权而拟制实现的土地自然涨价两种。(2)纳税人范围:土地为有偿转移的,纳税人为原所有权人;土地为无偿转移的,纳税人为取得所有权的人;土地设定典权的,纳税人为出典人;土地所有权转移,其应纳的土地增值税,纳税人未在规定的期限内缴纳的,由取得所有权的人代为缴纳;另按《平均地权条例》规定由权利人单独申报土地移转现值的,其应纳的土地增值税,应由权利人代为缴纳;经法院拍卖的土地,按审定的移转现值核定其土地增值额。(3)税率:以涨价倍数为基础而采用累进税率,共分40%、50%及60%三个档次,但自用住宅用地则适用特别税率10%。其法律依据主要为台湾《土地税法》第四章关于土地增值税之规定。　　　　　(李俊明)

taiwan yichanshui
台湾遗产税(inheritance tax of Taiwan) 我国台湾地区关于遗产税的规定。财产所有人死亡时,就其所有遗产征收的一种税。现行台湾遗产税主要内容:(1)征税对象与范围:台湾人民并经常居住者因死亡而移转财产者,其台湾境内或境外所有财产;台湾人民但非居住者因死亡而移转财产者,仅就在台湾境内财产征收遗产税。(2)纳税人范围:有遗嘱执行人的,纳税人为遗嘱执行人;无遗嘱执行人的,为继承人及受遗赠人;无遗嘱执行人及继承人的,为依法选定的遗产管理人。(3)税率:分10级采累进税率。其法律依据主要为台湾《遗产及赠与税法》,内容分总则、遗产税之计算、赠与税之计算、稽征程序、奖惩、附则等共计6章59条。另有台湾《遗产及赠与税法实施细则》配合遗产税的征收。　　　　　　　(李俊明)

taiwan yinghuashui
台湾印花税(stamp duty of Taiwan) 我国台湾地区关于印花税的规定。主要内容为:(1)征税对象:以凭证为课征范围,主要有银钱收据、买卖动产契据、承揽契据、典卖、让受及分割不动产契据。(2)纳税人范围:因不同书据而有不同之纳税人,一般为书据之立据人或立约人。(3)税率:采取定额及定率两种方式。采定额税率为买卖动产契据,每件为新台币4元。采定率税率则有:银钱收据:每件按金额4‰,由立据人贴印花;招标人收受押标金收据每件按金额1‰,由立据人贴印花;承揽契据每件1‰,由立据人或立约人贴花;典卖让受及分割不动产契据:每件1‰,由立据人或立约人贴花,这里所称贴花是指贴印花税票。其法律依据主要为台湾《印花税法》,内容分总则、课征范围、税率或税额、纳税方法、印花税检查、罚则、附则等

共计7章31条。另有台湾《印花税法实施细则》配合印花税的征收。 （李俊明）

taiwan yingli shiye suodeshui
台湾盈利事业所得税（income tax for profitable business of Taiwan） 我国台湾地区对营利事业的盈余课征之所得税。其性质类似法人所得税或公司所得税，但台湾营利事业所得税之课征对象范围较广，除公司法人以外尚包括独资、合伙及合作社。现行营利事业所得税主要内容为：(1) 征税对象与范围：凡在台湾地区内经营之营利事业，包括公营、私营，或公私合营，以营利为目的，具备营业牌照或场所之独资、合伙、公司及其他组织方式之工、商、农、林、渔、牧、矿、冶等营利事业，均应依法课征营利事业所得税。(2) 纳税人范围：营利人为纳税人。(3) 税率：全年课税所得额在新台币5万元以下，免征营业所得税；全年课税所得额在新台币10万元以下，就其全部课税所得课征15%。但其应纳税额不得超过营利事业课税所得额超过5万元以上部分之半数；超过新台币10万元以上者，就其超过额课征25%。其法律依据主要为台湾《所得税法》，内容分总则、综合所得税、营利事业所得税、稽征程序、奖惩、附则等共计6章126条。另有台湾《所得税法实施细则》配合综合所得税的征收。 （李俊明）

taiwan yingyeshui
台湾营业税（business tax of Taiwan） 我国台湾地区对营业人在销售货物或劳务及进口货物所征收的一种销售税。现行法已改为加值型及非加值型营业税。营业税的征收又可分为加值型与毛额型两种，前者只就销售中的加值额征税，后者就销售总额征税。台湾营业税则兼采两种，但以加值型营业税为主。现行台湾营业税主要内容：(1) 征税对象与范围：只对在台湾地区内销售货物或行为征税，采属地主义。(2) 纳税人范围：销售货物或劳务的营业人，营业人概念是指下列情形之一者，以营利为目的之公营、私营或公私合营之企业；非以营利为目的之事业、机关、团体、组织，有销售货物或劳务者；外国之事业、机关、团体、组织，在台湾地区内有固定的营业场所。除了营业人外还有进口货物的收货人或持有人亦为营业税之纳税人。另外，外国之事业、机关、团体、组织，在台湾地区内无固定的营业场所，其所销售货物之买受人也是纳税人。但若为外国国际运输事业者，在台湾地区内无固定场所而有代理人者，则以其代理人为纳税人。(3) 税率：营业税税率区分加值型及毛额型营业税，且毛额型营业税又因行业不同而有差别，其税率如下：课征加值型营业税者，一般营业最高税率10%，最低税率5%。若课征非加值型（毛额型）营业税者：金融业（含银行业、保险业、信托投资业、证券业、期货业、票券业及典当业）除非经营专属本业之销售额税率为5%外，一般税率为2%，但保险业的再保险收入税率为1%；特种饮食业分15%及25%两档税率；一般小规模营业人税率为1%；农产品批发市场之承销人及销售农产品之小规模营业人为0.1%。其法律依据主要为台湾《加值型及非加值型营业税法》，内容分总则、减免范围、税率、税额计算、稽征、罚则、附则等共计7章60条。另有台湾《营业税法实施细则》配合营业税的征收。 （李俊明）

taiwan yuleshui
台湾娱乐税（amusement tax of Taiwan） 我国台湾地区关于娱乐税的规定。主要内容：(1) 征税对象与范围：按《娱乐税法》所规范的各种娱乐场所、娱乐设施或娱乐活动所收票价或收费额征收，但若不售票者，而另以其他饮料品或娱乐设施供应娱乐人者，则为该项饮料品或娱乐设施之收费额。(2) 纳税人与代征人范围：纳税人为出价娱乐之人，代征人为娱乐场所、娱乐设施或娱乐活动之提供人或举办人。(3) 税率：《娱乐税法》只有最高税率的规定，直辖市及县市政府根据地方实际情况，在规定税率范围内，分别规定娱乐税征收率。其法律依据主要为台湾《娱乐税法》，内容分总则、征收率、稽征、奖惩及附则等共计5章18条。 （李俊明）

taiwan zengyushui
台湾赠与税（donation tax of Taiwan） 台湾地区遗产税的辅助税种，是财产所有人因赠与而移转其财产予他人时征收的一种税。避免财产所有人以生前移转财产方式规避遗产税之征收。所谓赠与，指财产所有人将自己的财产无偿让与他人，经他人允受而产生法律效力之行为。现行台湾赠与税主要内容：(1) 征税对象与范围：台湾人民并经常居住者因赠与而移转财产者，就其在台湾地区内或地区外所有财产为赠与者课征赠与税；台湾人民但非居住者因赠与而移转财产者，仅就其在台湾境内财产为赠与者征收遗产税。(2) 纳税人范围：赠与税的纳税人为赠与人。赠与人行踪不明或逾税法规定缴纳期限尚未缴纳，且在台湾地区内无财产可供执行的，以受赠人为纳税人。受赠人有2人以上的，应按受赠财产的价值比例，依税法规定计算各自应负担的税额。各受赠人应对各该次所赠财产范围内缴纳税款及利息。(3) 税率：分10级采累进税率（4%、6%、9%、12%、16%、21%、27%、34%、42%、50%）。其法律依据主要为台湾《遗产及赠与税法》，内容分总则、遗产税之计算、赠与税之计算、稽征程序、奖惩、附则等共计6章59条。另有台湾《遗产及

赠与税法实施细则》配合赠与税的征收。 （李俊明）

taiwan zhengquan jiaoyishui
台湾证券交易税（securities exchange tax of Taiwan） 台湾地区对买卖有价证券,除各级政府发行的债券外所征收的一种税。现行台湾证券交易税主要内容:(1)征税对象与范围:对买卖有价证券所征收的税,无论买卖双方的国籍为何或是否在台湾有住所或营业所,只要有买卖证券之行为,皆应缴纳证券交易税。(2)纳税人与代征人范围:纳税人为出卖有价证券的人。证券交易税虽向出卖有价证券人征收,但由代征人在每次买卖交割之日当日代征。代征人因买卖方式的不同而有下面几类:有价证券经由主管机关核准承募、代募、承销、代销有价证券业务的承销买卖的,其代征人为承销人;有价证券经由主管机关核准在证券交易场所内从事代客买卖的经纪人代为买卖的,其代征人为经纪人;经纪人如经核准在证券交易所内自行买卖,其代征人为其他经纪人;有价证券由持有人直接出让与受让人的,其代征人为受让人。(3)税率:公司发行的股票及表明股票权利的证书或凭证,按每次交易成交价格课征3‰;公司债及其他经政府核准的有价证券,按每次成交价格课征1‰。其法律依据主要为台湾《证券交易税条例》,共计16条,另有台湾《证券交易税条例实施注意事项》配合证券交易税的征收。 （李俊明）

taiwan zonghe suodeshui
台湾综合所得税（comprehensive income tax of Taiwan） 台湾地区的个人综合所得税。对于个人所得税的征收,理论上可分为分类所得税、综合所得税、分类综合所得税三种,台湾采取第二种。现行个人综合所得税主要内容为:(1)征税对象与范围:凡有来源于台湾的所得,原则上均须缴纳所得税。关于所得范围共分9类,计有营业所得、利息所得、租赁所得、权利金所得、财产交易所得、劳务报酬、营业盈余、竞技竞赛或机会中奖所得、其他所得。(2)纳税人范围:采属地主义。任何有自台湾地区内来源所得的自然人,原则上均应缴纳所得税,不过为避免重复征税,对于大陆地区、港澳特区来源所得采取扣抵制度。(3)税率:采取累进税率,共分为5级(6%、13%、21%、30%、40%)。其法律依据主要为台湾《所得税法》,内容分总则、综合所得税、营利事业所得税、稽征程序、奖惩、附则等共计6章126条。另有台湾《所得税法实施细则》配合综合所得税的征收。 （李俊明）

taipingyang renke hezuo zuzhi
太平洋认可合作组织（Pacific Accreditation Cooperation） 简称:PAC。成立于1995年7月的太平洋认可合作组织,是以亚太经济合作组织(APEC)成员认可机构为主导并向其他地区认可机构开放的区域性认可机构多边合作组织,与欧洲多边组织(DAC)、泛美多边组织(IAAC)属平行同类组织。太平洋认可合作组织在国际认可论坛(IAF)体系内运作,同时通力与其他区域性认可组织合作。太平洋认可合作组织的成立是由于1994年6月日内瓦国际认可论坛第5届会议后,亚太地区国家,包括澳大利亚、新西兰、美国、加拿大、日本、韩国、马来西亚和中国的代表经过讨论,同意成立太平洋认可机构合作组织,并形成声明。声明的主要内容是:(1)促进太平洋沿岸国家认可机构的相互承认;(2)鼓励和支持各国认可机构的建立;(3)为尚无认可机构的太平洋沿岸国家提供认可服务;(4)协调各国的认可、认证、注册工作;(5)在国际合格评定活动中协调行动。太平洋认可合作组织的目标是对管理体系、产品、服务、人员或合格评定的类似项目的认证进行全球认可。太平洋认可合作组织下设6个委员会,它们分别是:全体大会,是太平洋认可合作组织的最高决策机构;执行委员会,在全体大会闭会期间执行太平洋认可合作组织政策并进行管理;多边承认协议管理委员会(PAC/MLA);发展中认可制度委员会;推进委员会;技术委员会。 （麻琳琳）

tankuangquan
探矿权（prospecting mineral right） 在依法取得的勘查许可证规定的范围内,勘查矿产资源的权利。国家对探矿权采取有偿取得和依法转让制度。取得勘查许可证的单位或者个人称为探矿权人,探矿权人有权在划定的勘查作业区内进行规定的勘查作业,有权优先取得勘查作业区内矿产资源的采矿权,在完成规定的最低勘查投入后,经依法批准,还可以将探矿权转让他人。

探矿权人享有下列权利:(1)按照勘查许可证规定的区域、期限、工作对象进行勘查;(2)在勘查作业区及相邻区域架设供电、供水、通讯管线,但是不得影响或者损害原有的供电、供水设施和通讯管线;(3)在勘查作业区及相邻区域通行;(4)根据工程需要临时使用土地;(5)优先取得勘查作业区内新发现矿种的探矿权;(6)优先取得勘查作业区内矿产资源的采矿权;(7)自行销售勘查中按照批准的工程设计施工回收的矿产品,但是国务院规定由指定单位统一收购的矿产品除外。

探矿权人行使以上所列权利时,有关法律、法规规定应当经过批准或者履行其他手续的,应当遵守有关法律、法规的规定。

探矿权人应当履行下列义务:(1)在规定的期限

内开始施工,并在勘查许可证规定的期限内完成勘查工作;(2)向勘查登记管理机关报告开工等情况;(3)按照探矿工程设计施工,不得擅自进行采矿活动;(4)在查明主要矿种的同时,对共生、伴生矿产资源进行综合勘查、综合评价;(5)编写矿产资源勘查报告,提交有关部门审批;(6)按照国务院有关规定汇交矿产资源勘查成果档案资料;(7)遵守有关法律、法规关于劳动安全、土地复垦和环境保护的规定;(8)勘查作业完毕,及时封、填探矿作业遗留的井、硐或者采取其他措施,消除安全隐患。

探矿权人可以对符合国家边探边采规定要求的复杂类型矿床进行开采;但是,应当向原颁发勘查许可证的机关、矿产储量审批机构和勘查项目主管部门提交论证材料,经审核同意后,按照国务院关于采矿登记管理法规的规定,办理采矿登记。 (刘利晋)

tankuangquan caikuangquan pinggu guanli
探矿权采矿权评估管理(the management institution of assessing prospect right &mining right) 探矿权、采矿权出让方或转让方委托依法取得探矿权、采矿权评估资格的评估机构,依照规定的程序和一定的方法对探矿权、采矿权价值进行评价估算的管理。在中华人民共和国领域及管辖的其他海域,对国家出资形成的探矿权、采矿权进行出让、转让评估和评估结果的确认。对非国家出资形成的探矿权、采矿权需进行转让评估的,可以参照执行。

评估程序 转让国家出资形成的探矿权、采矿权,必须依法进行评估,并由国务院地质矿产主管部门对其评估结果依法确认。原国有企业无偿占有的国家出资形成的探矿权、采矿权,因企业合并、分立、重组需变更民事主体而又未改变国有独资性质的,可以不进行探矿权、采矿权价值评估,但需依法办理主体变更手续。

国务院地质矿产主管部门可以委托各省、自治区、直辖市人民政府地质矿产主管部门,对由省级以下人民政府地质矿产主管部门发证的探矿权、采矿权的评估结果进行确认。探矿权人、采矿权人拟办理一个探矿权或采矿权的部分勘查或开采区域的转让评估时,应履行以下程序:(1)在原探矿权、采矿权登记管理机关办理探矿权、采矿权分立变更登记;(2)委托评估;(3)申请评估结果确认;(4)申请转让审批;(5)申请探矿权、采矿权主体变更登记。采矿权原则上不能分割转让,尤其不能以深度标高或分层转让。确需分割平面开采区域进行转让的,应提交保证相邻两个开采系统互不影响的论证报告。探矿权、采矿权评估必须以矿产资源储量报告或与评估有关的其他地质报告为依据。矿产资源储量报告中的矿产资源储量必须符合国家矿产资源储量评审认定有关办法的规定。

评估委托合同 评估委托人与评估机构存在直接评估利害关系的,应予以回避。探矿权、采矿权评估,应由评估委托人与评估机构签订评估委托合同书。评估委托合同书应包括评估项目名称、评估目的、评估对象、评估范围、评估期限、收费方式和金额、双方权利义务、违约责任等内容。评估委托人应向评估机构提供完整真实的评估背景资料,并对其负法律责任。评估机构应依据评估委托人提供的资料和资产状况进行现场实地核查,选择使用规定的评估方法及合理的参数,独立地进行科学、公正的评估,提出评估报告。评估报告须由评估机构的法定代表人签章,并加盖评估机构印章后生效。评估机构应对其评估报告的客观、公正、真实性承担法律责任。

评估结果确认 国务院地质矿产主管部门对探矿权、采矿权评估结果进行确认,是指对评估报告编写机构的资格、评估方法的合法性以及评估参数选取的合理性、评估有效期等方面进行核定。确认的探矿权、采矿权价款自确认之日起1年内有效。探矿权、采矿权价款账务处置,应按照国家有关规定办理。评估结果确认申请由评估委托人按规定向国务院地质矿产主管部门提出。评估结果确认申请应在评估基准日起半年内提交。国务院地质矿产主管部门收到评估结果确认申请书及有关材料符合规定的,方能予以受理。国务院地质矿产主管部门可以根据审查的情况要求评估委托人和评估机构补充材料、补充说明或修改报告,并及时作出确认或不予确认的决定。

评估确认机关对评估报告进行审查。有以下情况的不予以确认:(1)格式及内容不符合规定的;(2)附件不符合规定的;(3)评估方法不符合规定的或方法选用不当的;(4)评估参数选取不合理或缺乏依据的;(5)不符合探矿权、采矿权评估及确认的其他规定的。

法律责任 发现评估委托人弄虚作假,造成评估结果失实的,省级以上人民政府地质矿产主管部门不予确认,并有权宣布评估结果无效。情节严重,违反法律的,按国家有关法律追究其法律责任。发现评估机构及其工作人员违反国家有关规定,弄虚作假,造成评估结果失实的,省级以上人民政府地质矿产主管部门不予确认,并有权宣布其评估结果无效。情节严重,违反法律的,按国家有关法律追究其法律责任。地矿行政机关工作人员违反规定,徇私舞弊、滥用职权、玩忽职守的,由其所在行政机关或其上级行政机关给予行政处分。构成犯罪的,依法追究其刑事责任。

(刘利晋)

tankuangquan caikuangquan shiyongfei jianmian
探矿权采矿权使用费减免(reduction and exemp-

tion of fee for prospecting and mining right) 采矿权的矿业权人或探矿权、采矿权申请人,可以依照规定向探矿权、采矿权登记管理机关申请探矿权、采矿权使用费的减缴或免缴。国务院地质矿产主管部门审批登记、颁发勘查许可证、采矿许可证的探矿权采矿权使用费的减免,由国务院地质矿产主管部门负责审批,并报国务院财政部门备案。省级地质矿产主管部门审批登记、颁发勘查许可证、采矿许可证和省级以下地质矿产主管部门审批登记颁发采矿许可证的探矿权采矿权使用费的减免,由省级地质矿产主管部门负责审批。省级地质矿产主管部门应将探矿权采矿权使用费的批准文件报送上级登记管理机关和财政部门备案。

在我国西部地区、国务院确定的边远贫困地区和海域从事符合下列条件的矿产资源勘查开采活动,可以依规定申请探矿权、采矿权使用费的减免:(1) 国家紧缺矿产资源的勘查、开发;(2) 大中型矿山企业为寻找接替资源申请的勘查、开发;(3) 运用新技术、新方法提高综合利用水平的(包括低品位、难选冶的矿产资源开发及老矿区尾矿利用)矿产资源开发;(4) 国务院地质矿产主管部门和财政部门认定的其他情况。

在中华人民共和国领域及管辖的其他海域勘查开采矿产资源遇有自然灾害等不可抗力因素的,在不可抗力期间可以申请探矿权、采矿权使用费减免。

探矿权、采矿权使用费的减免按以下幅度审批:(1) 探矿权使用费:第 1 个勘查年度可以免缴,第 2 至第 3 个勘查年度可以减缴 50%;第 4 至第 7 个勘查年度可以减缴 25%。(2) 采矿权使用费:矿山基建期和矿山投产第 1 年可以免缴,矿山投产第 2 至第 3 年可以减缴 50%;第 4 至第 7 年可以减缴 25%;矿山闭坑当年可以免缴。探矿权、采矿权使用费的减免,实行两级审批制。

申请减免探矿权、采矿权使用费的矿业投资人,应在收到矿权领证通知后的 10 日内填写探矿权、采矿权使用费减免申请书,按照管辖规定,报送矿业权登记管理机关审批,同时抄送同级财政部门。矿业权登记管理机关应在收到申请后的 10 日内作出是否减免的决定,并通知申请人。申请人凭批准减免文件办理缴费、登记和领取勘查、采矿许可证手续。 (刘利晋)

taobi zhuijiao qianshui zui
逃避追缴欠税罪(crime of evading taxes in arrears) 纳税人欠缴应纳税款,采取转移或者隐藏财产的手段,致使税务机关无法追缴欠缴的税款,数额较大的犯罪行为。该罪的主观方面必须是故意,犯罪主体是纳税人,侵犯的客体是国家的税收征管制度。

(余启平)

taohui xingwei
逃汇行为(evasion action of foreign exchange) 我国境内的外汇所有者(机构和个人),违反国家外汇管理的强制性规定,对于应该结售给国家的外汇,私自转移、转让、买卖、存放国外,以及将其合法或非法持有的外汇或外汇资产非法转移出境的行为。1997 年我国的《外汇管理条例》规定,下列行为属于逃汇行为:(1) 未经外汇管理部门批准,境内机构将收入的外汇私自保存、使用、存放境外的;(2) 境内机构、侨资企业、外资企业、中外合资经营企业违反国家规定将外汇汇出或者携带出境的;(3) 未经外汇管理机关批准,擅自将外币存款凭证、外币有价证券携带或者邮寄出境的;(4) 不按照国家规定将外汇卖给非指定银行的;(5) 驻外机构及在境内设立的中外合资经营企业的中方,不按国家规定将应当调回的利润留在当地营运或者移作他用的;(6) 未经外汇管理部门批准,派往外国或者港澳等地区的代表团、工作组及其人员不按专项计划使用外汇,将出国经费或者从事各项业务活动所得外汇存放境外或者移作他用的;(7) 明知用于逃汇而提供人民币资金或者其他服务的等。

对逃汇行为的处罚方式有:(1) 逃汇所得外汇尚未使用的,责令违法者或者其主管部门限期调回,强制收兑,或者没收全部或部分外汇,并可以另按逃汇金额处以 10%—15% 的罚款;(2) 逃汇所得外汇已被使用的,责令其补交等值的外汇,强制收兑或没收,并可另按逃汇金额处以 10%—50% 的罚款;(3) 逃汇所得外汇已被使用而无外汇归还的,按逃汇金额处以 30% 以上或等值外汇以下的罚款,或者没收非法所得,或者罚款与没收并处。

(王连喜)

taohui xingwei
套汇行为(arbitrage in foreign exchange) 我国境内的外汇所有者(机构和个人),违反国家外汇管理规定,利用不同的外汇市场、货币种类、交割日等在汇率上的差异而进行的外汇交易并从中获利的行为。通过套汇可以增加外汇收入,防止汇率风险或调拨外汇头寸等。1997 年我国的《外汇管理条例》规定,下列行为属于套汇行为:(1) 除经外汇管理局批准或者国家另有规定外,以人民币支付或以实物偿付应当以外汇支付的进口货款或者其他款项的;(2) 境内机构以人民币为驻外机构、外国驻华机构、侨资企业、外资企业、中外合资经营企业、短期入境的个人支付其在国内的各种费用,由对方付给外汇,没有卖给国家的;(3) 驻外机构使用其在中国境内的人民币为他人支付各种费用,由对方付给外汇的;(4) 外国驻华机构、侨资企业、外资企业、中外合资经营企业及其人员,以人民币为他人支付各种费用,而由他人以外汇或者其他相类似的形式偿还的;(5)未经外汇管理部门批准,派往外国或者港澳等地区的代表团、工作组及其人员,将出国经费或者从事各项业务活动所得购买物品或者移作他用,以人民币偿还的;(6)境内机构以出口收汇或者其他收入的外汇抵偿进口物品费用或其他支出的。

对套汇行为的处罚方式有:(1)套入方所得外汇尚未使用的,责令其限期调回,强制收兑;套入方所得外汇已被使用的,责令其补交等值的外汇,强制收兑或扣减相应的外汇额度;套入方所得外汇已被使用而无外汇归还的,补缴所购物品的国内外差价。在实行上述处罚的同时,还可按套汇金额处以10%—30%罚款。(2)对套出外汇方,根据情节情节轻重,按套汇金额处以10%—30%的罚款。

(王连喜)

taoqi baozhi

套期保值(hedging) 亦称"对冲交易"或"海琴"。它是将期货交易与现货交易结合起来进行的一种市场行为,其目的在于通过期货交易转移现货交易的价格风险。套期保值之所以能起到转移现货价格波动的风险,这是因为同一种商品的实际市场价格和期货市场的价格变化的趋势基本上是一致的,涨时俱涨,落时俱落。套期保值的方法有很多,卖出套期保值和买入套期保值是其基本方法。卖出套期保值是指为了防止现货价格在交割时下跌的风险而先在期货市场卖出与现货数量相当的合约所进行的交易方式。通常是农场主为防止收割时农作物价格下跌、矿业主为防止矿产开采以后价格下跌、经销商或加工商为防止货物购进而未卖出时价格下跌而采取的保值方式。与卖出套期保值相反,买入套期保值是指交易者先在期货市场买入期货,以便将来在现货市场买进现货时不致因价格上涨而给自己造成经济损失的一种套期保值方式。这种用期货市场的盈利来对冲现货市场亏损的做法,可以将远期价格固定在预计的水平上。买入套期保值是需要现货商品而又担心价格上涨的客户常用的保值方法。

套期保值的基本做法是买进或卖出与现货市场交易数量相当但交易方向相反的商品期货合约,以期在未来某一时间通过卖出或买进相同的期货合约,对冲平仓,结清期货交易带来的盈利或亏损,以此来补偿或抵消现货市场价格变动所带来的实际价格风险或利益,锁定交易者的利润或成本,使交易者的经济收益稳定在一定的水平。企业在从事生产、加工、贮存到销售的全过程中,商品价格总是处于不断的波动之中,而且变动趋势难以预测,因此,在商品生产和流通过程的每一个环节上都可能出现因价格波动而带来的风险。不论对处于哪一环节的经济活动的参与者来说,套期保值都是一种能够有效地保护其自身经济利益的好方法。

套期保值的目的是规避价格风险。所谓规避风险的功能,就是指生产经营者通过在期货市场上进行套期保值业务,可以有效地回避、转移或分散现货市场上价格波动的风险。生产经营者通过期货市场规避风险的方式是进行套期保值操作。套期保值就是在期货市场买进或卖出与现货数量相等但交易方向相反的商品期货合约,以期在未来某一时间通过卖出或买进期货合约而补偿因现货市场价格不利变动所带来的实际损失。也就是说,套期保值是以规避现货价格风险为目的的期货交易行为。

(王连喜)

tebie tikuan quan

特别提款权(special drawing right) 国际基金组织为补充成员国国际储备不足而创设的成员国在基金普通提款权之外的一种使用资金的特别权利,它是成员国在基金组织账户上一种用数字表示的人为资产。特别提款权是基金组织创设的特有国际储备资产,其主要特点有:(1)成员国分得特别提款权后,无需再向基金组织缴纳任何资金;(2)成员国在需要时,可以无条件地使用特别提款权;(3)特别提款权归成员国长期所有。20世纪60年代后,黄金在国际储备构成中比例下降。在布雷顿森林体制的"双挂钩"制度下,黄金储备的不足,将会影响人们对美元及英镑等主要国际储备货币的信心。为了增加国际储备,国际基金组织于1968年5月31日修订《国际货币基金组织协定》时,创立了特别提款权,并于1970年1月正式发行,共发行214.33亿元。特别提款权以黄金表示,35单位特别提款权与1盎司黄金等值,即每单位特别提款权含金量为0.888671克黄金,等于当时的1美元,人称"纸黄金"(paper gold)。后因美元不断贬值和实行黄金非货币化,其定值标准和方法不断调整,1974年7月1日,基金组织宣布特别提款权与黄金脱钩,改由16国货币加权平均计算,1981年改为5大国货币加权平均计算,即特别提款权采用"一揽子"货币定值。1990年5国货币权重为美元40%、德国马克21%、日元17%、英镑和法郎各11%,5国货币定量依序为0.452美元、0.527马克、33.4日元、0.0893英镑、1.02法郎。上述参数比较广泛地反映了各国在国际贸易、金融中的相对重要性和经济实力及其变化。特别提款权既为一种账面资产,又为一种联合货币,只是不能在市场上流通、兑换,其计算方法是将4种货币定量按伦敦外汇市场现行汇率折算成美元并与美元定量相加,即得出每单位特别提款权的美元值。特别提款权价格由世界银行逐日挂牌公布。特别提款权对其他货币的汇率取决于其他货币对美元的市场汇率和美元对特别提款权的汇率。成员国基于国际收支和储备地位变化的需要可以动用特别提款权办理政府间结算或转让给另一成员国用来换取可兑换货币,偿付逆差或偿还基金组织的贷款,但不得直接用于贸易或非贸易支付或兑换黄金;可用于货币交换安排、期货安排、贷款、支付金融债券及其担保、捐赠等。目前,特别提款权因其币值的稳定而作为一种计价和定值单位,已在国际上得到广泛运用。不仅基金组织计算份额使用特别提款权,而且其他一些国际组织进行跨国结算,以及私人公司、企业发行证券、签订贷款协议等,也使用特别提款权定值。此外,特别提款权还被用作国际民商事责任索赔的计算标准。

(王连喜)

teding bujingqi chanye wending linshi cuoshi fa

《特定不景气产业稳定临时措施法》(Law on Temporary Measures for Stabilizing Specific Industries in Depression) 日本在1978年制定。其立法背景是1973年的石油危机,造成了物资的不足,并加速了通货膨胀。1975年甚至出现了长期不景气的倾向。在这种状态中,有的行业显示出"设备过剩和收益大幅度下降"的现象,成为"结构不景气行业"。该法的立法目的就是对特定的结构不景气行业,通过"采取为促进过剩设备有计划的处理措施",以谋求克服特定产业的不景气及其稳定经营。同时考虑到受此稳定影响的雇佣与有关中小企业者的经营问题。

特定不景气行业过剩设备的处理,是按照主管大臣制定的稳定基本计划进行。主管大臣制定的稳定基本计划的内容是:(1)应处理的设备品种以及该生产力的总计划;(2)应与前款处理设备的同时,限制或禁止(妨碍该设备革新或改良者除外)应新设或增设设备的有关事项;(3)应与第1款处理设备同时进行的事业转业以及其他措施(包括为谋求雇用稳定的措施)的有关事项。主管大臣必须根据经济情况的变化,变更其稳定基本计划。

但在实际中,特定不景气行业过剩设备的处理,是由属于该产业的各自企业自行处理。而指望各个企业各自自主地应付来实现其稳定基本计划是很难的。因此该法采取了依据主管大臣所指示的共同行为来处理的方法。共同行为所构成的指示要件是:(1)被认定为依靠属于该特定不景气产业的事业者的主观努力,仍不能按稳定基本计划处理设备者;(2)属于该特定不景气产业的事业者的大部分事业甚至有可能难以维持者;(3)认为有碍于或可能有碍于国民经济健全发展者等。共同行为的内容必须是:(1)不得超过为按稳定基本计划规定而实施的处理设备等行为所必要的程度;(2)无不当损害于一般消费者利益及有关事业者利益的可能;(3)非不当的差别性;(4)不得有不当损害于受共同行为指示的事业者的工作人员之地位。

该法还规定国家必须致力于确保按稳定基本计划处理设备以及其他措施所需资金。规定事业者必须致力于采取为力求预防失业以及其他雇佣的必要措施,同时国家也必须力求采取这种措施,必须采取为力求促进实施职业训练和协助就业以及其他失业人员就业和生活之必要措施。国家必须采取为力求促进稳定有关中小企业经营的必要措施。但这些措施仅限于训示规定。作为借人有关特定不景气产业中有计划地处理设备等所需资金,设置了特定不景气产业基金,以使债务得到保证的措施。

(张旭娟)

teding qiye xingshi de chuzi zhuanrang

特定企业形式的出资转让(transfer of capital contributions of specific enterprises) 除有限责任公司和股份有限公司外的其他企业形式的出资转让。两合公司、无限公司,以及国有企业、中外合资及合作企业的出资转让有些特别规定。

国有企业的资产转让 我国《公司法》第71条规定了国有独资公司的资产转让,其资产转让依照法律、行政法规的规定,由国家授权投资的机构或国家授权的部门审批和办理财产权转移手续。"资产"是一个范围很广的概念。在西方经济学上,"资产等于所有权"、"资产等于负债加资本"。我国《公司法》没有对"资产"的法律含义及范围作其限定,也没有对"资产"转让的范围作出限定,这种立法处理旨在保障国有资产的完整性和不受非法侵害性。

对于实行股份制的国有企业的股份转让问题,我国《公司法》未作规定。但根据《公司法》的立法精神,国有企业可以转让全部或部分股份,并且,其转让主体应为国家授权投资的机构或国家授权的部门。

中外合资、合作企业的股份转让 根据《中外合资经营企业法》的规定,合营者的注册资本或出资额,可以依法转让。法律限制主要包括三个方面:一是合营者的注册资本如果转让必须经合营各方同意,合营一方如向第三方转让其全部或部分出资额,须经合营他方同意。二是合营一方转让其全部或部分出资额时,合营他方有优先购买权。在合营他方放弃优先购买权情况下,合营一方向第三方转让出资额的条件,不得比向合营他方转让的条件优惠,否则,其转让无效。三是转让须经审批机关批准。《中外合作经营企业法》第10条规定,"中外合作者的一方转让其在合作企业合同中的全部或者部分权利、义务的,必须经他方同意,并报审批机关批准。"

两合公司的出资转让 两合公司具有人合公司性质,各国立法对出资转让规定的比较严格。日本商法典规定,无限责任股东转让其出资,应经其他股东全体同意,有限责任股东转让出资,应经无限责任股东同意。法国公司法规定,无限责任股东或有限责任股东转让出资,均须经全体股东同意,法律另有规定的除外。我国尚不存在两合公司法律形式。

无限公司的出资转让 无限公司是典型的人合公司。西方国家公司法一般规定无限公司的股东是自然人,其股东出资的总额构成公司资本总额,而且,信用和劳务也可作为出资,在股东责任上,负连带无限责任。因此,有些国家特别是大陆法系国家的法律规定,无限公司在商法典无特别规定时,得准用民法有关合伙的规定。基于此,无限公司股东的出资转让,须经公司股东全体的同意,未经其他股东一致同意,不得转让自己的全部或部分出资。我国《公司法》中不包括无限公司。

合伙企业的财产份额转让 我国《合伙企业法》允许合伙人向其他合伙人或合伙人以外的人转让其在合伙企业中的财产份额。但基于合伙企业的特征,该法又作了一定限制:一是合伙企业存续期间,合伙人向合伙人以外的人转让其在合伙企业中的全部或者部分财产份额时,须经其他合伙人一致同意。合伙人之间转让在合伙企业中的全部或者部分财产份额时,应当通知其他合伙人。二是合伙人依法转让其财产份额的,在同等条件下,其他合伙人享有优先受让权。三是经全体合伙人同意,合伙人以外的人受让合伙企业财产份额的,经修改合伙协议后即成为合伙企业的合伙人,依照修改后的合伙协议享有权利,承担责任。四是合伙人以其在合伙企业中的财产份额出资的,须经其他合伙人一致同意。否则其行为无效,或者作为退伙处理,由此给其他合伙人造成损失的,应承担赔偿责任。

(许润霞)

tese jingji

特色经济(characteristic economy) 在一定的区域范围内,发挥本区域现有的自然资源、社会文化状况等生产力要素的优势,最大限度地发展经济,具有鲜明区域特点的经济发展模式。特色经济,就是这一经济与其他经济之区别。没有区别也就无所谓特色。所以,特色经济就是有自身特点的经济。特色经济是与其他经济相比较而言的一个概念,它反映了各种经济形态的区别。特色经济是有效率的经济,是一种能把自己的优势发挥扩大,形成一定的规模,获取高效益的经济。特色经济是传统经济的提高和升华。我国的区域开发要讲求特色经济,特别是不能在不同的地区搞千篇一律的重复建设,要根据各个区域的特点,特别是落后地区的实际情况,大力发展特色区域经济,只有这样才能实现百花齐放、各具特色的良好经济格局。区域经济的特色,是区域开创性实践的结果,需要全面的市场竞争,需要消费者、投资者和政府的支持,需要法律的保护。区域特色经济的发展是一个漫长的过程,只能在发展中逐步建立、逐步显示、逐步突出。发展经济要关注特色,培育和突出特色。有特色就有发展希望,因为在市场经济条件下,特色更富有生命力、竞争力和吸引力,形成和发展特色经济才能获得更大的效益。

(孙昊亮)

texu jingying

特许经营(franchise) 特许者将自己所拥有的商标(包括服务商标)、商号、产品、专利和专有技术、经营模式等以合同的形式授予被特许者使用,被特许者按合同规定,在特许者统一的业务模式下从事经营活动,并向特许者支付相应的费用。国际特许经营协会对特许经营解释为:特许经营是特许者与被特许者之间的一种契约关系。根据契约,特许者向被特许者提供一种独特的商业经营特许权,并给予人员训练、组织结构、经营管理、商品采购等方面的指导与帮助,被特许者向特许者支付相应的费用。

特许经营的法律特征 (1)特许经营的客体是特许者即加盟总部的无形资产,一般包括商标权、专利权、非专利技术、商业秘密等。(2)特许者和被特许者之间是一种合同关系。(3)特许经营的特许者和被特许者在法律上均为独立法人,各自对其财产享有所有权,独立承担民事责任。(4)被特许者应向特许者支付一定费用。

特许经营对企业的好处 特许经营对于特许者来说可以扩张其营销网络,扩张企业品牌形象,被特许者交纳的特许费(包括加盟费、使用费、保证金、广告费和其他费用)可以保证企业持续盈利;对于被特许者来说,不需花费创业的时间和费用,即可直接获得特许者的经营资源;可以得到特许者的管理培训及长期的经营指导,掌握管理技术;可以得到特许者的集中供货,降低成本,保证货源;可以减少管理费用、广告费用的支出等,大大降低了独立开店的创业风险。

(薛建兰)

texu jingying de zhonglei

特许经营的种类(categories of franchise) 就特许经营中特许者和被特许者的权利义务不同、特许的内容不同以及行业不同对特许经营进行的划分。

按特许者和被特许者的权利义务不同划分 特许经营可以分为一般特许经营、复合特许经营、委托特许经营发展特许经营和分配特许经营。(1)一般特许经营,是特许者将其产品、商标权、专利权、非专利技术、店名、经营模式等特许权转让给被特许者,被特许者享有在授权范围内的使用权,并向特许者支付一定使用费。这是最常见的一种特许经营。(2)复合特许经营,又称分特许、区域特许。是特许者在一定区域内授予被特许者独占特许经营权,该被特许者在该区域内可以独自经营,也可以再次授权给本区域的其他经营者经营。(3) 委托特许经营,是特许者把自己的产品、商标权、专利权、非专利技术、店名、经营方式等特许权出售给一个代理人,但代理人并不直接经营,而是作为特许者的一个服务机构,代理特许者招募被特许者,为被特许者提供指导、培训、咨询、监督和支持。(4) 发展特许经营,是被特许者在向特许者购买了特许经营权的同时,也购买了在一个区域内再建若干家分店的特许权。它与复合特许经营的区别是根据自首业务发展的需要,不必重新申请,即可建立自己的分店。它是自身规模的扩大,而非许可其他经营者经营。(5) 分配特许经营,是指特许者不仅授予被特许者特许经营权,还授予被特许者建立批发仓库或配送中心,向其他被特许者供应分配货物的权利。

按特许内容不同划分 可分为商品商标特许经营和经营模式特许经营。(1) 商品商标特许经营,是由商标所有人作为特许者与被特许者签订合同,将其拥有的驰名商标授予被特许者使用,被特许者向特许者支付相应的费用。这种模式被称为"第一代特许经营"。(2) 经营模式特许经营,是指特许者不仅将其拥有的商标授权被特许者使用,而且将其拥有的商店标志、店名、经营方式等授权被特许者使用,被特许者拥有特许者整个经营模式的经营权,并向特许者支付相应的费用。这种模式被称为"第二代特许经营"。

(薛建兰)

texu jingying feiyong

特许经营费用(fees of franchise) 在特许经营过程中,特许者许可被特许者使用其特许经营权而收取相应的费用的总称。主要包括加盟费、使用费、保证金和其他费用。加盟费是特许者将特许经营权授予被特许者时所收取的一次性费用。使用费是被特许者在使用特许经营权的过程中按一定的标准或比例向特许者定期支付的费用。根据财政部财商字〔1997〕411 号文件即《企业连锁经营有关财务管理问题的暂行规定》第16 条的规定:"加盟店根据合同,按不高于销售额(营业额)3%的比例支付给特许者的与其生产经营有关的特许权使用费、计入管理费用……"可见,目前我国规定使用费的标准不高于被特许者的销售额(营业额)的3%。保证金是为确保被特许者履行特许经营活动,特许者要求被特许者支付的一定费用,合同到期后应退还被特许者。其他费用为特许者根据特许经营合同为被特许者提供相关服务,向被特许者收取的费用。上述前款所要收取的费用种类及金额,双方可根据实际情况在特许合同中进行约定。

(薛建兰)

texu jingying hetong

特许经营合同(franchise contracts) 特许经营的核心实质上是知识产权的转让,特许者与被特许者之间的关系是一种合同关系。所以,在经营中,为了确保双方权利的实现,保证双方切实履行义务,应签订特许经营合同。

签订特许经营合同的原则 确保特许者的各种产权(包括无形及有形的产权)受到法律保护;确保被特许者获得特许者的商品,服务中的一系列技术;保障特许经营双方的业务能顺利开展。

特许经营合同包括的内容 (1) 特许经营授权许可的内容、范围、期限、地域;(2) 双方的基本权利和义务;(3) 对被特许者的培训和指导;(4) 各种费用及其支付方式;(5) 保密条款;(6) 违约责任;(7) 合同的期限、变更、续约、终止及纠纷的处理方式。合同的内容和格式均由特许者在法律法规许可的范围内决定。如果允许不同的被特许者对合同条款提出修订,则各被特许者之间就会产生不公平竞争,但是,如果由于不同地方的经营条件不同,特许者应当考虑因不同环境允许作相应的修订,而不要搞成不切合实际的一刀切。

(薛建兰 李 梅)

texu jingying xieyi

特许经营协议(franchising agreements) 见特许经营合同。

texu shuangfang ying jubei de tiaojian

特许双方应具备的条件(qualifications required of parties of franchise) 开展特许经营的企业,应当具备一定的经济实力及相应的条件,使企业具有一定的偿债能力,保证交易安全,防止不具备特许条件的企业盲目发展特许经营。特许者必须具备下列条件:(1) 具有独立法人资格;(2) 具有注册商标、商号、产品、专利和独特的可传授的经营管理技术或诀窍,并有一年以上良好的经营业绩;(3) 具有一定的经营资源;(4) 具备向被特许者提供长期经营指导和服务及监督的能力。被特许者必须具备下列条件:(1) 具有独立法人资格或具备合法资格的自然人;(2) 拥有必要的经营资源,包括一定的自有资金、生产经营的场所和一定的从业人员人员等;(3) 具有一定的经营管理能力。

(薛建兰)

texuzhe de quanli he yiwu

特许者的权利和义务(rights and duties of the franchiser) 特许者在特许经营中所享有的权利和承担的义务。

特许者的权利　（1）特许者在授予特许权后，为维护企业形象和声誉，有权对被特许者提出必要的营业标准和营业要求。包括有权要求被特许者从统一的供货商取得资源供应、有权要求被特许者接受特许者的员工培训、有权规定统一的营业时间、有权制定统一的价格政策、确定建议价格或限定最高价格、有权要求被特许者使用统一的全国性广告等。（2）特许者在授予特许权的同时，有权向被特许者收取必要的费用。包括特许加盟费、广告促销费、特许权使用费、店址评估费、教育培训费、设备及固定设施的租用费等。（3）特许者为确保特许体系的统一性和产品服务质量的一致性，有权对被特许者的经营活动进行监督。包括：特许者有权要求被特许者建立完整的财务监控体系，通过建立制度监控、会计监控、实物监控和指标监控等方式，使特许者及时掌握销售、价格、存货等方面的信息。（4）特许者对违反特许经营合同规定，侵犯或损害特许人合法权益，破坏特许体系的行为，有权终止被特许者的特许经营资格。

特许者的义务　（1）将特许经营权授予被特许者使用并提供代表特许体系的营业象征及经营手册。具体包括：特许者必须将商标、服务标志、经营理念、生产加工技术、经营诀窍、管理技术等特许权授予被特许者使用，并对上述内容的提供作出明确规定，履行承诺，编写制定企业运营手册，并向被特许者提供，以确保企业规范运作和有序发展。（2）向被特许者提供开业前的教育、培训以及长期的经营指导和培训。（3）向被特许者提供商品或原材料进货渠道信息或直接为被特许者提供商品或原材料，确保被特许者的业务顺利开展和商品采购质量标准。（4）为被特许者提供广告策划和促销服务，一方面使被特许者享有特许人的广告宣传，另一方面也使特许经营体系在统一的企业形象中运作。（5）对商号、商标进行保护，若出现在被特许人的商圈内盗用特许者商标进行经营活动的情况，特许者有义务对此行为进行制止。　　　　　（薛建兰）

texu zhuanying

特许专营（franchise）　由一家已经取得成功经验的企业，将其商标、商号名称、服务标志、专利、专有技术以及经营管理的方法或经验转让给另一家企业的一项技术转让合同，后者有权使用前者的商标、商号名称、专利、服务标志、专有技术及经营管理经验，但须向前者支付一定金额的特许费（franchise fee）。特许专营的一个重要特点是，各个使用同一商号名称的特许专营企业并不是由一个企业主经营的，被授权人的企业不是授权人的分支机构或子公司，也不是各个独立企业的自由联合。它们都是独立经营、自负盈亏的企业。授予人不保证被授人企业一定能获得利润，对其企业的盈亏也不负责任。特许专营合同（franchising）是最近二三十年迅速发展起来的一种新型商业技术转让合同。特许专营合同是一种长期合同，它可以适用于商业和服务行业，也可以适用于工业。　　　（王连喜）

tezhi youzheng yongpin yongju shengchan jianzhi guanli

特制邮政用品用具生产监制管理（supervision management of production for special postal products and appliance）　为保证邮政通信生产的正常进行和提高邮政通信质量，根据《中华人民共和国产品质量法》、《中华人民共和国邮政法》、《中华人民共和国邮政法实施细则》，原邮电部于1995年5月19日制定了《特制邮政用品用具生产监制管理办法》，对邮政用品用具实行统一监制管理。其适用范围为生产邮政用品用具的厂家。其产品在投入邮政通信使用以前，必须办理生产监制证。

邮政用品用具生产监制的依据是已颁布的国家标准、行业标准和经由国务院邮政管理部门批准的有关的技术规定。

邮政用品用具的生产监制由国家邮政局邮政司统一归口管理，其主要职责是：（1）严格执行国家有关的技术方针、政策和法规，认真进行邮政用品用具生产监制管理工作；（2）根据生产厂家的申请报告、产品鉴定合格书、质量检测报告以及生产条件等综合因素颁发产品生产监制证；（3）对颁发生产监制证的厂家名称、产品型号、产品质量不定期向社会和邮电系统公布，各级邮政通信企业须选用经过监制的用品用具；（4）在监制证有效期内，对生产厂家的生产情况进行监督检查，以保证产品的质量和品种数量。对产品的质量不符合技术要求或质量不稳定的，限期达到质量要求和技术标准，否则取消其生产监制证。

各省（区、市）邮电管理局负责本办法在本地的贯彻执行，监督供应和销售部门应采购和销售经监制的产品，对产品的质量及时向相关部门反映并提出意见和建议。

申请办理生产监制证的程序为：（1）生产邮政用品用具的厂家向邮电部邮政司提交申请报告，并附送产品合格鉴定书和产品采用的标准。（2）经邮电部邮政司审查符合有关规定要求的，由邮政司向经邮电部指定的检测单位发出产品检测通知，检测单位收到产品检测通知后，按规定要求对生产厂家进行抽样并进行全面地检测和生产条件的检查，经检测合格后，由检测单位提出产品检测报告报邮电部邮政司。抄报邮电部科技司。（3）邮电部邮政司对检测报告进行全面审核，符合规定要求的颁发生产监制证。

生产监制证有效期为3年，到期后仍需继续生产的厂家，应在期满前2个月内按规定程序续办生产监制证。在监制证有效期内,厂家对其产品进行改型或作技术改动等,必须事先向国家邮政局邮政司提交申请报告,不得擅自改型或作技术改动,在监制证有效期内,由部指定的检测机构对产品进行质量跟踪,不定期的向社会公布监制情况。

对转让、伪造生产监制证的,由邮政局或其授权单位按有关规定处罚。 （傅智文）

tezhong gangcai zhuanying
特种钢材专营（exclusive trading of special-type steel） 对规定的特种钢材品种实行指定的经销企业专门经营。1988年11月11日《国务院关于加强钢材管理的决定》规定:对冷轧薄钢板、冷轧硅钢片、镀锡薄钢板、镀锌薄钢板实行专营。对极短缺的冷轧薄钢板、冷轧硅钢片、镀锡薄钢板、镀锌薄钢板四种钢材（包括国内生产和进口的）由国家委托物资部中国黑色金属材料总公司和各省、自治区、直辖市及计划单列市物资厅（局）所属金属材料公司专营,其他部门、单位和个人一律不准经营。生产这些钢材的企业,其产量除经有关主管部门核实留作本企业生产使用的四项用料和为换取必不可少的生产条件、承接主管部门批准的来料加工、偿还企业集资所需的以外,一律由国家统一分配,组织产需直接见面。专营钢材的价格,国内生产部分可按利润率高于生产其他品种钢材的原则加以调整,进口部分实行代理价,国家规定有最高限价的要执行最高限价。 （薛建兰 景朝阳）

tezhong shebei
特种设备（special equipment） 由国家认定的,因设备本身和外在因素的影响容易发生事故,并且一旦发生事故会造成人身伤亡及重大经济损失的危险性较大的设备。特种设备包括:电梯、起重机械、厂内机动车辆、客运索道、游艺机和游乐设施、防爆电气设备等。特种设备质量监督与安全监察工作,在确保特种设备的产品质量和安全使用,保障人身和财产安全,促进经济发展和社会稳定等方面都发挥了积极的作用。国家质量技术监督局统一负责全国特种设备的质量监督与安全监察工作;地方质量技术监督行政部门负责本行政区域内特种设备的质量监督与安全监察工作;各级质量技术监督行政部门的特种设备安全监察机构在各自职责范围内,负责实施特种设备的质量监督与安全监察。从事特种设备监督检验工作的技术机构,应当具备相应的条件,经省级以上质量技术监督行政部门资格认可并授权后,方可以开展授权项目的特种设备监督检验工作。由于特种设备的危险性较大,一旦发生质量问题就有可能造成人身伤亡及重大的经济损失,因此对特种设备的设计、制造一直到使用及使用后的监督管理均有严格的规定。具体如下:

特种设备的设计 设计单位及其设计人员对所设计的特种设备的质量和安全技术性能负责。设计必须符合相应的标准和安全技术要求。未制定国家标准或者行业标准的,必须符合保障人体健康,人身、财产安全的要求。

特种设备的制造 制造单位对制造的特种设备的质量和安全技术性能负责。对实施生产许可证管理的特种设备,由国家质量技术监督局统一实行生产许可证制度;对未实施生产许可证管理的特种设备,实行安全认可证制度。

特种设备的安装、维修保养与改造 特种设备安装、维修保养、改造单位必须对特种设备安装、维修保养、改造的质量和安全技术性能负责。安装、维修保养、发行单位必须具备相应的条件,向所在地省级特种设备安全监察机构或者其授权的特种设备安全监察机构申请资格认可,取得资格证书后,方可以承担认可项目的业务。该资格证书在全国范围内有效。特种设备安装、维修保养、改造业务不得以任何形式进行转包或者分包。安装、大修、改造后特种设备的质量和安全技术性能,经施工单位自检合格后,由使用单位向规定的监督检验机构提出验收检验申请,并由执行当次验收检验的机构出具检验报告,合格的,发给特种设备安全检验合格标志。除国家法律、行政法规另有规定外,任何行政部门不得要求再进行强制性的验收检验。

特种设备的使用 特种设备使用单位必须使用有生产许可证或者安全认可证的特种设备。对使用的特种设备,必须按照规定的有关要求申请相应的验收检验和定期检验。新增特种设备,在投入使用前,使用单位必须持监督检验机构出具的验收检验报告和安全检验合格标志,到所在地区的地、市级以上特种设备安全监察机构注册登记。将安全检验合格标志固定在特种设备显著位置上后,方可以投入正式使用。

特种设备的管理 特种设备作业人员是指特种设备安装、维修、保养、操作等作业的人员。特种设备作业人员必须经专业培训和考核,取得地、市级以上质量技术监督行政部门颁发的特种设备作业人员资格证书后,方可以从事相应工作。使用单位应当严格执行特种设备年检、月检、日检等常规检查制度,经检查发现有异常情况时,必须及时处理,严禁带故障运行。检查应当做详细记录,并存档备案。特种设备一旦发生事故,使用单位必须采取紧急求援措施,防止灾害扩大,并按照有关规定及时向当地特种设备安全监察机构和有关部门报告。

特种设备的监督、监察 各地质量技术监督行政部门应当根据本地区的实际情况,按照上级质量技术监督行政部门的安排,对特种设备组织定期或者不定期的产品质量监督抽查。各级特种设备安全监察机构对特种设备的设计、制造、安装、使用、检验、维修保养与改造单位执行规定的情况应当进行现场安全监察,发现存在危险品及问题的,责令相应单位改正,必要时向其发出《特种设备安全监察意见通知书》,并督促其及时予以解决。

特种设备的监督检验　监督检验机构进行特种设备型式试验、验收检验和定期检验等各类监督检验的程序、内容、方法、合格判定规则等,必须按照国家质量技术监督局发布的相应检验规程执行。监督检验机构必须加强检验工作质量的管理,确保检验工作质量保证体系的正常运转,按期完成监督检验工作任务,必须对出具的检验报告负责。

（麻琳琳）

tezhong xiaofei xingwei shui
特种消费行为税（special consumptive conduct tax）以某些特定的消费行为为征税对象的一种税。社会消费行为很多,特种消费行为税根据具体时期的政策需要来确定征税的对象,以限制或调节消费行为。1950年4月,财政部制定并发布了《特种消费行为税暂行条例草案》,1951年1月政务院正式公布了《特种消费行为税暂行条例》,废止条例外各地征收的单行办法。特种消费行为税以特定的几种消费行为为征税对象,价外征税,由消费者直接负担税款,由经营这些业务的单位负责代征。特种消费行为税的课征对象包括:电影戏剧及娱乐、舞场、筵席、冷食和旅馆5个税目。特种消费行为税在各种税目内又实行比例税率。这种税实行到1952年底,有的税目改正文化娱乐税,有的税目并入营业税征收。20世纪80年代后期,我国又开征了屠宰税、筵席税等特定目的行为税,其性质与特定消费行为税基本一致。1994年税制改革时,将此税种下放给地方,由各省、市、自治区、直辖市人民政府决定是否征收。

（王　晶）

tigong zhenshi xinxi yiwu
提供真实信息义务（obligation of disclosing true information）　与消费者知悉真情权相对应的义务,经营者应当向消费者提供有关商品或者服务的真实信息。不得作引人误解的虚假宣传。真实信息是指商品的价格、产地、生产者、用途、性能、规格、等级、成分、生产日期、有效期、检验合格证明、使用方法说明书、售后服务以及服务的内容、规格、费用等信息必须真实、明确,不得有任何虚假成分,经营者的商业秘密不在此列。虚假宣传,是指经营者对其提供的商品或服务的性能、品质等作杜撰性或者夸大性的宣传,致使消费者误解的宣传行为。

经营者对消费者就其提供的商品或者服务的质量、性能和使用方法等问题提出的询问,应当作出真实明确的答复。为了能够让消费者充分了解经营者所提供的商品或者服务的质量、性能和使用方法等,经营者应当允许消费者观看、检查、试操作商品,并对其询问作出答复。经营者主动向消费者介绍商品和服务的真实信息固然是经营者应尽的一项义务,对于消费者提出的一些经营者未予介绍的内容,经营者亦有义务随时根据消费者提出的有关商品或服务的质量和使用方法等问题作出答复。

经营者提供商品应当明码标价。商品和服务的价格是否真实关系到消费者的合法权益的保护。有的经营者不标明商品或服务的真实价格,或者干脆不标价,等消费者购买商品或接受服务之后,趁机抬价,欺骗消费者,这是违反商品明码标价的法定义务的。

经营者与消费者之间的信息偏存现象是现代商品经济中普遍存在的问题,消费者对商品或服务的正确判断、评价、选择、使用都有赖于经营者提供的信息。为了克服信息偏存现象带给消费者的消极影响,有必要使经营者承担提供真实信息的义务。

（刘利晋）

tiqian zhiqu yu guashi
提前支取与挂失（forward draw and loss report）按规定的条件,未到期的定期储蓄存款,存款人提前支取、挂失或存款人委托他人代为支取。办理提前支取手续,出具其他身份证明无效,特殊情况的处理,可由储蓄机构业务主管部门自定。储蓄机构在验证存款人与证件姓名相符后,方能办理提前支取手续。

《储蓄管理条例》第30条规定:存单、存折分为记名式和不记名式两种。记名式的存单、存折可以挂失,不记名式的存单、存折不能挂失。存款人遗失记名式存单、存折或者预留印鉴和印章的,必须立即持本人的身份证明,向其开户的储蓄机构提出书面挂失申请,挂失申请书具备存款人的姓名、开户时间、储蓄种类、金额、账号及住址等内容。书面向原储蓄机构正式声明挂失止付。储蓄机构在确认该笔存款未被支取的前提下,方可受理挂失手续。挂失7天后,存款人须与储蓄机构约定时间,办理补领新存单（存折）或支取存款手续。如存款人不能前往办理,可委托他人代为办理挂失手续,但被委托人要出示其身份证明。在特殊情况下,存款人也可以用口头或者函电形式申请挂失,但必须在5天内补办书面挂失手续,否则挂失不再有效。储蓄机构受理挂失后,必须立即停止支付该储蓄存款,但在受理挂失前存款已被他人支取的,储蓄机构不负赔偿责任。对于不记名式存单和存折,储蓄机构不受理挂失。

（周梁云）

tiaojian kate'er
条件卡特尔（condition cartel）　约定统一使用一般

交易条件,特别是指不含价格和价格构成的关于交货和支付条件的卡特尔。这种卡特尔一般可以得到反垄断法的豁免,因为它们虽然限制了同类产品在交货和支付等方面的竞争,但由此却强化了在产品主要方面如价格和质量方面的竞争,从而被视为具有推动竞争的作用。德国1976年通过了《一般交易条件法》(AGB-Gesetz),卡特尔局在审查关于销售条件的卡特尔时,要依据这个法律的规定。鉴于生产自动化和产品标准化的发展趋势,条件卡特尔在人们的经济生活中有着重要的意义。 (王晓晔)

tiexian

贴现(discount) 商业银行应客户(票据持有人)的要求,买进客户持有的未到付款日期的合格票据,或者说,以客户持有的未到付款日期的合格票据作抵押,向持有人提供贷款的资金融通行为。贴现是商业银行的一种放贷形式。银行在客户提出贴现申请时大都要审查贴现票据合格与否,如要求该票据必须是经过承兑的票据。商业银行如审查后同意贴现,即把票面金额扣除兑现日至票据到期日应收利息后的款项交付持票人,而把票据收回来。贴现贷款数额与票据面额的差为贴现率。贴现率一般由国家统一公布。办理贴现业务时,银行向客户收取一定的利息,这种利息称为贴现利息或折扣。具体程序是银行根据票面金额及既定贴现率,计算出从贴现日起到票据到期日止这段时间的贴现利息,并从票面金额中扣除,余额部分支付给客户。票据贴现对于持票人来说是让出票据,提前收回垫支于商业信用的资本,贴现银行则收到票据;对于银行来说,是把银行信用同商业信用结合起来,增强了银行贷款的安全程度。贴现是一种票据转让行为,经贴现的票据到期后的收款权属于贴现银行。票据到期时,银行作为票据的收款人持票向票据载明的支付人索取票面金额的款项。 (王连喜)

tielu

铁路(railway) 国家铁路、地方铁路、专用铁路和铁路专用线。国家铁路是由国务院铁路主管部门管理的铁路;地方铁路是由地方人民政府管理的铁路;专用铁路是由企业或者其他单位管理,专为本企业或者本单位内部提供运输服务的铁路;铁路专用线是由企业或者其他单位管理的与国家铁路或者其他铁路线路接轨的岔线。 (张旭娟 师湘瑜)

tielu fa

《铁路法》(Railway Act) 1990年9月7日第七届全国人民代表大会常务委员会第十五次会议通过,自1991年5月1日起施行。其立法目的是:为了保障铁路运输和铁路建设的顺利进行,使铁路的建设、运营适应我国社会主义现代化建设和人民生活的需要。本法共六章119条。包括总则、铁路运输营业、铁路建设、铁路安全与保护、法律责任、附则等部分。

总则 国务院铁路主管部门主管全国铁路工作,对国家铁路实行集中、统一的运输管理;对地方铁路、专用铁路和铁路专用线进行指导、协调、监督和帮助。国家铁路运输企业行使法律、行政法规授予的行政管理职能。国家重点发展国家铁路,大力扶持地方铁路的发展。铁路沿线各级地方人民政府协助铁路运输企业保证铁路建设顺利进行;铁路设施完备、车站、列车秩序良好和铁路运输安全畅通。国家铁路的技术管理规程,由国务院铁路主管部门制定,地方铁路、专有铁路的技术管理办法,参照国家铁路的技术管理规程制定。

铁路运输营业 铁路运输企业应当保证运输的安全、正点。旅客车票、行李票、包裹票和货物运单,是明确铁路运输企业与旅客、托运人之间权利义务关系的协议,是铁路运输合同的组成部分。因铁路运输企业的责任造成旅客不能按车票载明的日期、车次乘车的,铁路运输企业应当退还全部票款或者安排改乘其他列车。铁路运输企业应当采取措施,防止对铁路沿线环境的污染。铁路运营企业根据发展生产、搞活流通的原则,安排货物运输计划,对抢险救灾物资和国家规定需要优先运输的其他物资,应予优先运输。地方铁路运输的物资需要经由国家铁路运输的,其运输计划应当纳入国家铁路的运输计划;客运、托运、承运货物、包裹、行李,相关方必须遵守国家有关规定。专用铁路兼办公共旅客、货物运输营业的,应当报经省、自治区、直辖市人民政府批准;铁路运输企业与公路、航空或者水上运输企业联运,依照国家有关规定或有关各方的协议办理。国家铁路的旅客票价率和运价率由国务院铁路主管部门拟订,报国务院批准。国家铁路的收费项目和收费标准由国务院铁路主管部门规定;地方铁路的收费项目和收费标准,由省、自治区、直辖市人民政府物价主管部门会同国务院铁路主管部门授权的机构规定;必须公告铁路的旅客票价、运价,国家铁路、地方铁路参加国际联运,必须经国务院批准。铁路军事运输依照国家有关规定办理。

本法对铁路运输企业对承运的货物、包裹、行李等物品,逾期运到的;交付时发生的灭失、短少、变质、污染或者损坏的;由于不可抗力合理损耗的;托运人、收货人或因旅客的过错等原因造成损失的;货物逾期领取、无人领取或拒绝领取等违反合同约定的行为,其责任人应承担赔偿责任等作了具体规定。

铁路建设 铁路发展规划应当依据国民经济和社

会发展以及国防建设的需要制定,并与其他方式的交通运输发展规划相协调。地方铁路、专用铁路、铁路专用线的建设计划必须符合全国铁路发展规划,并征得国务院铁路主管部门或者国务院铁路主管部门授权的机构的同意。铁路的线路、车站、枢纽以及其他有关设施的规划,应当纳入所在城市的总体规划。铁路建设用地规划,应当纳入土地利用总体规划。铁路建设用地,应当依照批准的用途使用,不得擅自改作他用。新建和改建铁路的技术要求,符合国家标准或者行业标准。铁路建成,经验收合格后交付正式运行。

铁路安全与保护 铁路运输企业必须加强对铁路的管理和保护,定期检查、维修铁路运输设施,保证铁路运输设施完好、运输安全。铁路公安机关和地方公安机关分工负责共同维护铁路治安秩序。电力主管部门保证铁路电力供应;运营用电中重要负荷的供应范围国务院铁路主管部门和国务院电力主管部门商定。铁路线路两侧地界以外的山坡地由当地人民政府进行整治。严禁在铁路线路和铁路桥梁、涵洞两侧一定距离内实施影响铁路路基稳定或者危害铁路桥梁、涵洞安全的行为;不得修建妨碍行车瞭望的建筑物和种植树木。在铁路线路实施重要工程,必须经铁路运输企业同意,并采取安全防护措施。国务院铁路主管部门规定并公布危险品的品名,运输危险品必须按照国务院铁路主管部门的规定办理。在车站和旅客列车内,发生法律规定需要检疫的传染病时,由铁路卫生检疫机构进行检疫;货物运输的检疫,依照国家规定办理。国家铁路的重要桥梁和隧道,由中国人民武装警察部队负责守卫。

法律责任 违反本法规定,危及行车安全、导致发生重大事故,造成国家旅客财产损失等严重后果,对其相关责任人员依法追究法律责任作了具体的规定。

(王光净)

tielu guoyou qiye zichan jingying zerenzhi
铁路国有企业资产经营责任制(the responsibility institution of assets management in state-owned railway enterprises) 为推动铁路国有企业按照产权清晰,权责明确,政企分开,管理科学的要求深化改革,建立与社会主义市场经济相适应的国有资产营运、监管体系,落实国有资产保值增值责任,提高国有资产的营运效率和效益,强化对铁路国有资产的监督,根据《公司法》、《国有企业财产监督管理条例》、《全民所有制工业企业转换经营机制条例》和《国有企业资产经营责任制暂行办法》及相关法规而制定的制度。

实行资产经营责任制,目的是通过理顺产权关系和明确铁路国有资产出资人和铁路企业法人的权责,促进转变政府职能,实现政企分开,转换企业经营机制,提高企业经营管理水平,实现国有资产的保值增值。

资产经营责任制的内容 在确认国家所有者权益考核基数时,实行公司制改建的企业,对其固定资产、流动资产、无形资产、长期投资以及其他资产进行全面清查登记,对各项资产损失以及债权债务进行全面核对查实,在此基础上,按《国有企业公司制改建有关财务问题的暂行规定》(财政部财工〔1995〕29号)办理;其他企业按现行规定办理。

企业改制为股份制企业后,其资产经营责任制相应终止,由出资人或委托出资人承担其国有资产保值增值责任。

铁路企业资产经营责任制的实现形式是约定出资人代表与铁路企业之间各项权责的资产经营责任书。铁路国有资产出资人代表(铁道部)与法人代表(部属企业)签订资产经营责任书。

资产经营责任书包括下列主要内容:(1)签约双方的名称和签约人的姓名;(2)资产经营责任考核指标;(3)资产经营责任书的有效期;(4)资产经营者应上交的抵押金数额;(5)对资产经营者的奖罚办法和标准;(6)资产经营责任书的调整、变更和终止;(7)其他需要约定的事项。

考核办法 资产经营责任制的考核对象:铁路企业领导班子。资产经营责任制考核指标:(1)国有资产保值增值率=(期末国家所有者权益÷期初国家所有者权益)×100%。企业国有资产保值增值率等于100%,为国有资产保值;国有资产保值增值率大于100%,为国有资产增值。亏损企业可用减亏额作为保值增值考核指标的基础。(2)投资收益上交率=(收益上交额÷实收资本)×100%。(3)经营性资产收益率=(净利润÷经营性资产)×100%。经营性资产=所有者权益-非经营性资产(指由国家所有者权益形成的福利性和社会公益性等资产的价值)。从事经营活动的非经营性资产,按经营性资产处理。

资产经营责任制考核指标值的确定:(1)对考核对象按其考核指标的完成情况确定四个考核等级,即:优秀;良好;合格;不合格。(2)考核指标值的确定办法另定。

资产经营责任制考核指标的评分,按考核指标反映企业经营结果的程度,确定各单项指标权数,按完成各单项考核指标等级值的情况,实施百分制评定,其办法另定。

资产经营责任制指标考核办法:(1)铁路国有资产出资人代表根据铁路企业资产经营责任制指标完成情况,对铁路企业领导班子作出评价,并作为班子成员任免和奖惩的基本依据。(2)按被考核企业完成考核指标的等级进行奖惩。优秀:返还抵押金,另给予抵押金数额两倍的奖励;良好:返还抵押金,另给予抵押金数额一倍的奖励;合格:返还抵押金;不合格:没收抵押金;连续两年不合格,除没收抵押金外,根据部有关规定决定对铁路企业领导人员的任免。(3)领导班子成员在每年3月底以前按规定额度预交资产经营抵押金,由部财务司统一收管。铁路企业第一管理者和党委书记抵押金为10000元,领导班子其他成员抵押金为8000元。(4)对按建立现代企业制度要求进行改制的铁路企业,可参照经营者年薪制的办法实施奖惩,其具体办法另定。(5)按工效挂钩办法控制企业工资总量,以效益指标决定工资总量的增长。(6)考核期内,遇有不可抗力和政策调整等情况,其影响视情况予以调整。所称不可抗力,是指重大自然灾害等不能预见、不能避免并不能克服的客观情况。

为有效实施该制度,各企业要严肃财经纪律,规范会计核算,财务报告需经社会中介机构认定,以保证各项考核指标真实、完整、准确。

为确保资产经营责任制考核的严肃性,对被考核单位实行责任追究制,即以前年度考核结果兑现后,если发现以前年度潜亏和违反财经法规等问题,将否决当年考核结果,并追究主要领导和当事人的责任,同时追究社会中介机构的责任。

(苏丽娅)

tielu qiye guoyou zichan chanquan guanli zhidu
铁路企业国有资产产权管理制度 ownership management system of state assets in railway enterprises) 为贯彻《公司法》、《国有企业财产监督管理条例》和《全民所有制工业企业转换经营机制条例》,推动铁路企业改革,提高国有资产经营效益,防止国有资产流失,结合铁路实际而制定的制度性规定。

铁路企业国有资产产权管理应遵循以下原则:(1)贯彻以公有制为主体的方针,维护国有资产所有者权益,防止国有资产流失;(2)坚持政企职责分开、企业财产所有权与经营权分离,依法落实企业法人财产权;(3)促进国有资产合理流动,优化国有资产配置,提高国有资产营运效益,实现国有资产保值增值。

铁道部投资建设新线和改扩建既有线等建设项目,以其投资增加部属企业的国家资本金。铁道部与地方政府、企业或境外法人合资组建的有限责任公司、股份有限公司及其他合资铁路公司,产权属于铁路的部分,一般情况下,由铁道部授权部属企业行使股东权。同时调整该授权企业的国家资本金。

铁路企业改建为国有独资公司、有限责任公司或股份有限公司时,可对其国有资产进行重组。企业资产重组必须有利于企业的自身发展,有利于企业提高赢利能力。重组中,对原有企业实行分立的,必须明确分立后企业的投资主体,明确分立的企业与原铁路企业的产权关系和财务关系。铁路企业改组由有关部门、单位提出改建方案、产权(股权)设置方案及有关材料,需经铁路国有资产管理部门审核,各部属企业及其所属铁路分局、工程局、工厂、直属公司等国家(铁道部)直接投资的企业报部审批,其他企业由部属单位审批,报部备案。铁路运输企业在股份制改组时,要保证国家股或国有法人股的控股地位。

铁路企业以其法人财产对路外企业投资、联营、开办中外合资企业,向境外投资以及向个人、私营企业、境外投资者转让企业产权,必须按照规定的权限及程序报批,并按国家有关规定进行产权界定和资产评估。资产评估的立项及确认须报部审批。铁路企业投资开办新的企业,必须保证资本的真实性,并明确双方的产权及财务关系,办理国有资产开办产权登记。

铁路企业可以选择其经营方式,报上级投资单位批准后执行。实行租赁、承包经营的企业,其租赁、承包合同报上级投资(授权)单位批准。

铁路国有资产产权可以依法转让。转让应符合国家产业政策和调整优化投资结构及资本保全的原则,由转让单位提出申请,说明转让目的、转让收入去向、转让数额、方式、对象等,报经铁路国有资产管理部门审核后批准,经资产评估后运作,并进行变动产权登记。

铁路国家资本投资收益及国家股权转让收入由铁道部收缴,铁路企业以法人财产投资收益及法人财产的转让收入,由企业按有关规定进行核算。投资收益及资产转让收入应用于资本的再投资。

建立国有资产保值增值的考核制度,强化国有资产经营效益的监督考核。铁道部对部属企业实行整体资产保值增值考核,考核以考核期企业所有者权益价值为依据,考核指标为国有资产保值增值率。

监督与制裁

铁道部国有资产管理办公室是行使铁路国有资产产权管理的行政部门,代表铁道部处理铁路国有资产行政管理事务。负责铁路国有资产产权登记、产权界定、资产评估等项工作,对铁路企业国有资产保值增值、产权变动、收益收缴等实行动态监督管理。

铁路各级国有资产管理机构是铁路国有资产管理的执行机构,对其管辖内的国有资产行使产权监督管理职能,维护国有资产的完整,负责组织并监督国家及铁道部颁布的有关国有资产管理的各项法律、法规和下达的工作任务得到贯彻与执行。

铁路国有资产管理部门有权在本级监管范围内,考核、监督铁路企业行使权利和履行义务的情况,对企业经营管理和对国有资产管理的各项法律、法规的执行情况进行检查,制止和纠正各种侵害国有资产权益的行为。

(苏丽娅)

tielu qiye guoyou zichan jiandu guanli
铁路企业国有资产监督管理(management and supervision of state assets in railway enterprises) 为了维护铁路国有资产出资者权益,建立有效的国有资产营运和监管机制,保证国有资产的保值增值,防止国有资产流失,根据《国有企业财产监督管理条例》及国家有关法规而制定的制度性规定。

铁路国有资产监管应遵循以下原则:(1)坚持政企职责分开,企业财产所有权与经营权分离;(2)资本保全,维护所有者权益;(3)提高国有资产营运效益,实现国有资产保值增值。

依据《国有企业财产监督管理条例》,铁道部对部属国有企业派出监事会,依法行使监督权。监事会定期对被监督企业经营及保值增值状况进行监督评价,监事会形成的决议是考核经营者业绩及任免的重要依据。在部对广铁(集团)公司外派监事会试点的基础上,部将进一步选择部属企业派出监事会,加大监管力度。铁路各级国有资产管理机构,要依据国家有关规定履行职责,通过清产核资、产权界定、产权登记、资产统计、资产评估和资产流失查处等项国有资产基础管理制度的落实,对企业国有资产占有量、企业的设立、变动、注销及企业国有资产在产权变动的各项经济行为中的价值形态进行有效地监督管理,使国有资产监管法制化、规范化。

建立企业产权变动报告及备案制度,依法行使出资者的重大决策权。全面落实企业资产经营责任制,建立以国有资产保值增值指标为核心的资产经营考核制度,量化对企业国有资产营运效益及保值增值结果的监督考核。企业资产经营责任考核目标及相应的奖惩措施,由出资者代表与经营者签订合同书并建立考核关系。

加强财务、审计部门对铁路企业的监督检查。铁路企业必须按国家的规定,加强财务会计基础工作和会计核算标准化工作。财务、审计部门通过定期的、不定期的监督检查,认真分析铁路企业的财务状况和资金变动情况,切实提高财务审计监督的有效性。财务部门要建立重要财务事项的备案和审批制度。继续开展财税大检查,认真查处铁路企业违反财经法规的行为。

充分发挥社会中介机构的社会监督作用,建立企业年度决算报表须经注册会计师审计的制度。

严格内部管理,建立企业自我监督约束机制。(1)企业对外投资及贷款担保、抵押等项经济行为,必须建立严格的审查和决策程序,充分做好前期可行性及风险性研究,坚持集体讨论并决策,对决策失误造成企业财产损失的,主要决策者要承担相应责任。(2)建立必要的资金调度内部控制制度,统一筹集、分配、使用、管理和监督资金活动,确保资金的安全。(3)企业应严格执行国家规定的成本开支范围和费用开支标准,正确核算成本,严禁少计少摊成本或乱挤乱列成本,建立严密的内部成本控制制度。(4)企业各项资产损失的处置,必须按照财政有关规定建立严格的鉴定和审批制度。企业生产经营过程中发生的资产盘亏、毁损、报废等净损失,须经企业技术部门和财务部门鉴定和审查,企业法定代表人审批,进行及时处理,计入当期损益。企业以前年度的明亏、潜亏、挂账损失,需要核销所有者权益的,必须查明原因和责任,报经主管财政机关批准。

企业年度财务报告必须按照国家规定的要求编制,并在规定的时间内上报。企业财务决算必须真实、完整地反映企业的资产状况和经营结果,企业法定代表人及财务部门负责人必须对企业财务决算报告的真实性负责。

加强监督执法力度。(1)对搞假决算、假报表、虚增成本、截留利润、擅自转让企业产权、对外投资失误等造成铁路国有资产流失的企业,要根据国务院《关于违反财政法规处罚的暂行规定》的规定,对企业和责任人依法进行处罚,并视其情节,作出免除(解聘)其职务,或者给予降职、撤职处分,情节严重的要追究其刑事责任。(2)对由于经营管理不善,没有完成资产经营责任制考核指标的企业,对其经营者按照资产经营责任制考核合同给予处罚。

(苏丽娅)

tielu qingchan hezi qiye danwei tudi gujia zhidu
铁路清产核资企业、单位土地估价制度(the institution of evaluation on land of enterprises and units for general checkup on enterprise assets of railway) 铁路国有企业和实行企业管理的事业单位(简称"企业、单位")的土地估价工作,由铁道部清产核资办公室和土地管理办公室共同组织实施。

各企业、单位要建立土地估价工作机构,按系统分别组织进行,各铁路局按《铁路用地管理办法》和运营宗地管理范围组织所属企业、单位进行土地估价工作;铁路工程、建筑、工业、物资、通号总公司及其他系统所属企业、单位的土地估价工作,由各用地单位直接进行估价。

对铁路企业、单位进行土地估价,原则上由参加清产核资的企业、单位自行依据所在地土地管理部门制定并经同级人民政府确认的城镇土地基准地价和宗地标定地价修正系数进行。没有土地基准地价和宗地标定地价修正系统的城镇所在地的企业、单位,可以采用宗地地价直接评估法进行。

铁路土地估价结果按系统分别逐级汇总上报,由各级清产核资主管部门向部清产核资办公室报送土地估价报告、土地估价结果申报表,办理审批确认手续。铁路土地估价工作的范围是:凡1992—1994年已进行清产核资的企业、单位,经过全面土地清查,权属、界限、面积等基本情况清楚和已取得国有土地使用权或领取了土地使用证的城镇所在地的土地,应进行估价。

对于截止到1995年6月30日前尚未领到土地证的土地或因客观原因暂未办理土地登记的,可按企业、单位的申报数经当地土地管理部门出具临时证明进行土地估价;对于因特殊情况土地管理部门不能出具临时证明的,企业、单位可按土地清查数进行估价,待今后再作调整。

按照国家土地估价、土地利用类型的划分标准和报表填报规定,铁路用地中属于估价范围的土地按照用途划分为:商业用地、工业(含仓储)用地和其他用地。

铁路宗地使用有多个用途和多个使用主体的,在估价中首先应按照不同的用途进行划分、确定一宗地中属于估价和不进行估价土地的数量。宗地用途的划分、使用单位、占用的时间和地籍的测量由所在单位土地管理部门负责。

铁路土地估价工作,除执行财政部、国家土地管理局和国家国有资产管理局《清产核资中土地估价实施细则》的规定外,参照《铁路用地管理办法》,决定对铁路基础设施占用的土地暂不进行估价。

铁路土地估价,主要采用"基准地价修正系数法"和"宗地地价直接评估法"。

铁路土地估价原则上由企业、单位按国家统一规定的方法和土地管理部门制定的价格标准自行估价。

铁路土地估价工作,由企业、单位土地估价工作机构组织进行,并按照国家和部清产核资办公室统一规定的时间完成。

各企业、单位在完成土地估价工作后,要填报土地估价结果申报表和土地估价结果申报补充资料,写出土地估价工作报告,经单位主管部门审核签署意见,先请当地中央财政监察专员机构签署意见(运输企业除外),报所在地土地管理部门确认后上报主管部门,主管部门汇总后报送部清产核资办公室。

各企业、单位在办理土地估价结果申报签认与确认过程中,因非正常原因在规定期限内不能及时办理的,可按部清核办转发的《全部部分省(区、市)清产核资土地估价专题座谈会会议纪要》有关规定办理。

铁路土地估价后的账务处理按财政部有关土地估价的财务处理规定执行。 (苏丽娅)

tielu xitong zhongwai hezi hezuo xiangmu shenpi guanli

铁路系统中外合资合作项目审批管理(Approval and Administration of Chinese and Foreign Joint Venture Projects in Railway System) 为进一步扩大铁路对外开放,更好地利用外商直接投资来提高铁路行业的技术装备水平和管理水平,规范铁路系统中外合资合作项目的审批和管理,促进中外合资合作企业的健康发展,根据《中华人民共和国中外合资经营企业法》、《中华人民共和国中外合作经营企业法》、《铁路法》等有关法律法规,铁道部制定了《铁路系统中外合资合作项目审批管理办法》,并自1998年8月4日开始实施。

《铁路系统中外合资合作项目审批管理办法》共有6章32条,包括:总则;审批管理;经营、监督、管理;中方人员管理;期限、终止与清算;附则。其主要内容为:(1)《审批管理办法》的宗旨和适用范围以及对相关概念的界定。(2)铁道部是铁路系统中外合营项目的统一归口管理部门,具体审批管理业务由铁道部对外合作司会同部内有关司局承办;各铁路企业主管部门(指各路局、总公司等)是本单位中外合营项目和企业的归口管理部门。(3)审批权限:投资总额在3000万美元(不含3000万美元)以下的项目,由铁道部审批,并根据项目建设性质报国家计委和国家经贸委备案;投资总额在3000万美元(含3000万美元)以上的项目,报国家计委审批;投资总额在1亿美元(不含)以上的项目,报国家计委审核后由计委报国务院审批;租赁、非铁路运输、旅游、货运代理、投资性公司、广告、建设业等行业的中外合营项目,按国家有关规定由铁道部分别转报国务院各行业主管部门审批。(4)申请设立的中外合营项目应由中方合营者一方负责向审批机构报送下列正式文件:项目建议书;合营各方共同编制的可行性研究报告;合营各方授权代表签署的合营协议、合同和章程;董事长、副董事长、董事人选名单;中方企业法人营业执照影印件;外方资信证明及商业登记证(营业执照)影印件;国有资产评估报告和国有资产管理局批复文件;环境影响评价报告和环境保护局批复文件;其他有关材料。(5)注册资本与投资比例:投资总额在300万美元(含300万美元)以下的,其注册资本不得低于投资总额的70%;投资总额在300万美元以上至1000万美元(含1000万美元)的,其注册资本不得低于投资总额的50%,其中投资总额在420万美元以下的,注册资本不得低于210万美元;投资总额在1000万美元以上至3000万美元(含3000万美元)的,其注册资本不得低于投资总额的40%,其中投资总额在1250万美元以下的,注册资本不得低于500万美元;投资总额在3000万美元以上的,其注册资本不得低于投资总额的1/3,其中投资总额在3600万美元以下的,注册资本不得低于1200万美元;需要增加投资的,应按上述规定追加注册资本;中外合营项目外方投资比例不得低于注册资本的 25%。(6) 中外合营企业的经营、监督、管理。(7) 中外合营项目可终止与清算的情形：合营期限届满；发生严重亏损，无力继续经营；合营一方不履行协议、合同、章程规定的义务，致使企业无法继续经营；因自然灾害、战争等不可抗力遭受严重损失，无法继续经营的；未达到经营目的，同时又无发展前途的；合同章程所规定的其他解散原因已经出现的。(8) 中国香港、澳门、台湾地区的公司、企业和其他经济组织或者个人以及在国外居住的中国公民在中国内地设立合资、合作企业的，参照本办法办理。

（罗大帅）

tielu yunshu hetong

铁路运输合同（contract for railway transportation） 明确铁路运输企业与旅客、托运人之间权利义务关系的协议。旅客车票、行李票、包裹票和货物运单是合同或者合同的组成部分。铁路运输企业应当保证旅客按车票载明的日期、车次乘车，并到达目的站。因铁路运输企业的责任造成旅客不能按车票载明的日期、车次乘车的，铁路运输企业应当按照旅客的要求，退还全部票款或者安排改乘到达相同目的站的其他列车。

（张旭娟 师湘瑜）

tongchang wenyi jieshi guize

通常文义解释规则（common meaning rule） 对于格式合同条款的解释，应当以通常得期待的一般人的理解能力为标准，考察、分析和确定条款或用语通常所具有的含义。保险单条款通常是保险人单方面事先拟订的格式条款，相对人不能协商变更，如果在保险单条款中使用令普通人难以理解的专业性和技术性术语，或者保险人对条款或用语赋予了不同于通常含义的特别意思，这将使相对人处于一种更加不利的地位，通常文义解释规则的目的在于矫正和平衡格式合同双方的缔约地位。我国《合同法》第 41 条规定："对格式条款的理解发生争议的，应当按照通常理解予以解释。"通常文义解释规则并不完全排斥专业和技术术语的使用，保险人欲使专业和技术性术语订入合同，必须在订立合同前和在保险单中以通常得理解的语言或文字对专业术语的含义进行解释和说明，如是，才能排除通常文义解释规则对专业术语解释的适用。通常文义解释规则原则上只适用于投保人或被保险人是普通消费者的场合，如果投保人是大型商业公司，有能力聘请保险专业中介机构或法律顾问提供专家咨询意见，则通常文义解释规则也不能适用。

（李庭鹏）

tongyong hangkong

通用航空（aviation in common use） 使用民用航空器从事公共航空运输以外的民用航空活动。世界上大多数国家把民用航空活动分为两类：一类公共航空运输，一类是通用航空。通用航空活动包括从事工业、农业、林业、渔业和建筑业的作业飞行以及医疗卫生、抢险救灾、气象探测、海洋检测、科学实验、教育训练、文化体育等方面的飞行活动。

（张旭娟 柴坚）

tonglei chanpin

同类产品（like product） 与被调查产品相似的产品。即在所有方面都与被调查产品相似的产品；如不存在那种相似产品，则指那些虽不是在所有方面与其相同，但在物理性能与功能上与被调查产品一样或最接近的其他产品。2002 年 1 月 1 日起施行的《中华人民共和国反倾销条例》第 12 条规定："同类产品，是指与倾销进口产品相同的产品；没有相同产品的，以与倾销进口产品的特性最相似的产品为同类产品。"根据《关贸总协定》附件 9，确定进口产品同类的国产品的标准是：其一看两者是否有直接竞争关系；其二要看两者是否为可替代产品。只有当进口产品和国产品有直接竞争关系或为可替代产品时，该两种产品方为同类产品。"同类产品"是"直接竞争和可替代的产品"的一个分类。所有"同类产品"都是"直接竞争和可替代的产品"，但"直接竞争和可替代的产品"则未必是"同类产品"。在确定何为"同类产品"时，必须根据每个个案的特点，考虑其有关因素，有必要时还须行使自由裁量权。"同类产品"并不代表相关产品的每一方面都完全相同。同类产品是界定国内产业及其造成的损害的重要条件。在确定被调查产品对国内产业造成的损害时，应当依据肯定性证据，不得仅依据指控、推测或者极小的可能性。

（王连喜）

tongye chaijie shichang

同业拆借市场（inter-bank lending market） 主要是指金融机构之间为了调剂头寸和临时性资金余缺而进行短期资金融通活动的市场。其作用在于使准备金盈余的机构可以及时地贷出资金，准备金不足的机构可以及时地借入资金以保证支付，从而提高资金运用效率并满足需要的流动性需求。同业拆借市场是一个抽象的市场，其参与者主要借助电讯设备联络来进行交易。市场的参与者除了银行之外，还包括少数财务公司、金融公司以及大的工商企业的财务部等。同业拆借市场拆借交易的方式一般主要有两种：一种是直接交易，即银行及其他的资金供需双方相互对敲来达成交易；另一种是间接交易，即资金供需双方均委托经纪人代为安排达成交易，之后向经纪人支付佣金。同业拆借市场上的价格为同业拆借利率，是指银行同业之间的短期资金借贷利率。同业拆借有两个利率，即拆进利率和拆出利率;拆进利率表示银行愿意借款的利率;拆出利率表示银行愿意贷款的利率。一家银行的拆进(借款)实际上也是另一家银行的拆出(贷款)。同一家银行的拆进和拆出利率相比较,拆进利率永远小于拆出利率,其差额就是银行的得益。在美国市场上,一般拆进利率在前,拆出利率在后。在英国市场上,一般是拆出利率在前,拆进利率在后。一般各主要国际金融市场都以同业拆借市场利率作为基准利率。我国的全国银行间同业拆借市场利率是同业拆借市场上各个交易品种的加权平均利率。我国的同业拆借市场发展较早,同时也是我国目前交易规模较大并真正形成市场机制的一种货币市场。1984 年,中国人民银行允许银行间拆借资金,调剂头寸。1986 年,同业拆借市场真正启动,中国人民银行的各地分行纷纷成立了拆借中心,通过这些中心进行同业拆借。1990 年,中国人民银行规定,同业拆借不得超过金融机构资产运用或负债的一定比例。1990 年同业拆借市场开始活跃,但 1992 年出现混乱现象,1993 年对同业拆借市场进行再次整顿,规定必须通过中国人民银行设立的 35 家融资中心办理拆借。1995 年底到 1996 年初,要求四家国有商业银行关闭各自的资金市场,1996 年 1 月在全国建立了统一的拆借市场,规定所有具备同业拆借资格的金融机构一律通过中国外汇交易中心的同业拆借电子网络开展交易。2002 年 6 月 1 日正式建立了统一规范的国内外币同业拆借市场,中国外汇交易中心为金融机构办理外币拆借中介业务,市场交易币种为美元、日元、港币和欧元,期限为 1 年以下(含 1 年),利率由双方协商达成。中介服务的收费参照国际惯例。凡具有外币拆借业务经营资格的金融机构,均可进入该拆借市场。

外币同业拆借是金融机构之间临时调剂外汇头寸余缺的借贷行为,是短期外币资金融通的市场。建立统一规范的国内外币同业拆借市场的作用是:(1) 有助于国内金融机构特别是中小机构加强外汇资金运作,促进资金合理流动和有效配置。(2) 外币拆借市场形成的利率也将为中央银行掌握外汇资金的变动情况提供价格信号。(3) 有利于丰富交易品种,培育国内外汇市场,为进一步发展外汇市场、调整外汇政策创造条件。我国同业拆借的基本原则:它体现了拆借市场运行的内在机理和中央银行对拆借市场的监管目标。具体说来,包括以下几方面:(1) 参与拆借的市场主体必须是金融机构法人,非金融机构和非法人的金融机构不得进入拆借市场。(2) 拆借资金必须符合国家政策,并用于短期周转。严禁用拆入资金弥补信贷资金缺口和发放固定资产贷款,更不允许把资金变相拆给企业长期使用或利用拆借资金搞证券投资或炒房地产、炒股票等。(3) 科学、合理地确定拆借数额。(4) 拆借利率由拆借双方协商议定。(5) 拆借资金应自由流动,不受地区及系统的限制。(6) 拆借双方要严格履约。我国同业拆借市场的经济意义如下:(1) 有利于用活金融机构的资金,提高资金的使用效益。(2) 有利于加强经济主体间的横向联系,促进社会主义市场经济的发展。(3) 有利于推进金融交易市场化的进程,深化金融改革。(4) 有利于商业银行实施流动性管理,促进其向商业化转轨。(5) 有利于中央银行的金融调控由直接调控为主向间接调控为主转变。

(王连喜)

tongji

统计(statistics)　运用各种统计调查方法对国民经济和社会发展情况进行统计调查、统计分析,提供统计资料和统计咨询意见,实行统计监督等活动的总称。统计作为一种对客观事物的反映过程、认识过程,从方法、工具角度看,具有综合性和广泛性的特点;从统计的结果看,具有综合度量和比较的特性。统计具有认识、分析和决策的功能。我国《统计法》第 2 条规定:统计的基本任务是对国民经济和社会发展情况进行统计调查、统计分析,提供统计资料和统计咨询意见,实行统计监督。国民经济和社会发展的统计项目分类,由国家统计局规定、调整。为了有效地、科学地组织统计工作,保障统计资料的准确性及及时性,发挥统计在了解国情国力、指导国民经济和社会发展中的重要作用,促进社会主义现代化建设事业的顺利发展,加强统计立法就显得十分重要。

(董金良)

tongji biaozhun

统计标准(statistical standards)　由统计主管部门对统计工作所作的统一规定,以国家标准形式或部门标准形式发布。统计标准分为国家统计标准和部门统计标准。国家统计标准是在全国范围内强制执行的标准,它由国家统计局制定,或者由国家统计局和国务院标准化管理部门共同制定。目前已经制定的国家统计标准有:国民经济行业分类标准,三次产业分类标准,经济类型划分标准,大中小型工业企业划分标准,基本建设大中小型项目划分标准,职业分类标准,大中小城市划分标准,工农业产品(商品、物资)分类,沿海和内地划分标准,农业和非农业人口划分标准等。部门统计标准是在部门范围内强制执行的统计标准。国务院各部门可以根据本部门的统计调查的需要制定部门统计标准,国务院各有关部门都有适应本部门管理需要的统计标准,如生产部门有产品质量的标准,建设部门有建筑产品的质量标准。部门统计标准必须在国家统计标准的基础上作补充性的规定,不得与国家统计标准相抵触。统计标准在法律效力上,最高层次是国家统计标准,其次是部门统计标准。凡是有国家标准的,必须执行国家标准;在没有国家标准、有部门标准的情况下,执行部门标准。在既没有国家标准也没有部门标准的情况下,应根据国家统计局和国务院有关部门制定统计标准的基本原则,来制定补充性的其他统计标准。

(董金良)

tongji diaocha

统计调查(statistical investigation) 部门搜集国民经济、社会和科技发展情况,用于政府管理目的的各类统计调查,包括以数字形式、文字形式或混合形式;以表格、问卷、电讯(电报、电话、传真等)、磁盘磁带、网络通讯(网络表格、电子邮件等)等为介质的普查、经常性调查、一次性调查、试点调查等。适用于国家机关、具有行政管理职能的事业单位、经授权代主管部门行使统计职能的国家级集团公司和工商领域联合会或协会、经国务院授权具有一定行政职能的人民团体开展的统计调查,以及上述部门和单位与其他部门联合组织实施的统计调查。法院、检察院组织实施的统计调查,参照执行。政府综合统计机构统一管理和协调部门统计调查。国家统计局管理和协调国家一级部门制定的统计调查;县及县以上地方各级政府统计局管理和协调同级部门的统计调查。部门的综合统计机构统一组织、管理和协调本部门各职能机构的统计调查活动,制定本部门的统计调查总体方案。部门内其他职能机构无权单独制定统计调查项目。政府综合统计机构通过建立审批备案制度、有效期制度、调查项目公布制度、跟踪检查制度、举报制度,对部门统计调查进行管理。国家机关、具有行政管理职能的事业单位、经授权代主管部门行使统计职能的国家级集团公司和工商领域联合会或协会、经国务院授权具有一定行政职能的人民团体,可以制定与职能范围相对应的统计调查项目。国务院临时机构,一般不得直接制定统计调查项目。工作需要的统计资料,应当向有关部门搜集、加工。确有需要调查的,须事先取得国家统计局的同意,方可制定统计调查。法院、检察院可制定业务情况统计调查项目。统计调查项目的立项必须有充分的理由。调查要有明确的目的和资料使用范围。统计调查的内容和调查范围必须与部门的职能相一致,必须符合既定的政府综合统计与部门统计的分工原则。统计调查项目必须兼顾需要与可能,充分考虑基层调查人员和被调查对象的承受能力。必须符合精简、效能的原则。凡一次性调查能满足需要的,不搞定期调查;凡非全面调查能满足需要的,不搞全面调查。最大限度地减少调查频率,缩小调查规模,降低调查成本。调查项目中的报表表式和文字说明必须规范;指标解释和计算方法必须科学;调查内容要简明扼要,不能与其他调查重复、交叉、矛盾。调查项目中的统计标准和分类必须与政府综合统计部门规定使用的标准和分类相一致。涉及政府综合统计部门规定以外的专业标准和分类,要与有关国家标准或行业标准相一致。尚无国家标准和行业标准的,必须严格按照标准化科学及分类科学的原理进行归纳和设计,并在使用前征求政府综合统计部门的意见。所使用的调查方法要科学合理。要结合调查目的和要求选择最适当的调查方法,以获得最大的调查效益。避免由于调查方法使用不当给基层造成过重负担和产生数据质量问题。重大调查项目必须经过研究论证和试点,必须有完备的论证材料和试点材料。调查者必须依法使用调查资料,对属于国家秘密的统计资料,必须保密;对属于私人、家庭的单项调查资料和在统计调查中知悉的调查对象的商业秘密,负有保密义务。

(麻琳琳)

tongji diaocha fang'an

统计调查方案(statistical investigation scheme) 为完成统计工作而制定的统计调查方案。统计调查方案应当包括下列内容:(1)供统计调查对象填报用的统计调查表和说明书;(2)供整理上报用的统计综合表和说明书;(3)统计调查需要的人员和经费及其来源。编制和审查统计调查方案,应当遵循下列原则:(1)在已经批准实施的各种统计调查中能够搜集到资料的,不得重复调查。(2)抽样调查、重点调查或者行政记录可以满足需要的,不得制发全面统计调查表;一次性统计调查可以满足需要的,不得进行经常性统计调查;按年统计调查可以满足需要的,不得按季统计调查;按季统计调查可以满足需要的,不得按月统计调查;月以下的进度统计调查必须从严控制。(3)编制新的统计调查方案,必须事先试点或者征求有关地方、部门和基层单位的意见,进行可行性论证,保证切实可行,注重调查效益。(4)统计调查需要的人员和经费应当有保证。

(董金良)

tongji diaocha jihua

统计调查计划(statistical investigation plan) 按照统计调查项目编制的统计调查计划。县级以上各级人民政府统计机构和有关部门按照下列三类情况,分别建立统计制度,编制统计调查计划,按照规定经审查机关批准后实施。(1)部门统计调查和地方统计调查不得与国家统计调查重复、矛盾。(2)国家统计调查与部门统计调查、地方统计调查的分工,由国家统计局会同国务院有关部门和省、自治区、直辖市人民政府统计机构具体商定。(3)编制统计调查计划,必须同时编制统计调查方案。统计调查必须按照经过批准的计划进行。统计调查计划按照统计调查项目编制。国家统计调查项目,由国家统计局拟订,或者由国家统计局和国务院有关部门共同拟订,报国务院审批。部门统计调查项目,调查对象属于本部门管辖系统内的,由该部门拟订,报国家统计局或者同级地方人民政府统计机构备案;调查对象超出本部门管辖系统的,由该部门拟订,报国家统计局或者同级地方人民政府统计机构审批,其中重要的,报国务院或者同级地方人民政府审批。地方统计调查项目,由县级以上地方各级人民政府统计机构拟订,或者由县级以上地方各级人民政府统计机构和有关部门共同拟订,报同级地方人民政府审批。发生重大灾情或者其他不可预料的情况,县级以上地方各级人民政府可以决定在原定计划以外进行临时性调查。制定统计调查项目计划,必须同时制定相应的统计调查表,报国家统计局或者同级地方人民政府统计机构审查或者备案。国家统计调查、部门统计调查、地方统计调查必须明确分工,互相衔接,不得重复。

(董金良)

tongji diaocha xiangmu

统计调查项目(statistical investigation items) 在一定时期内为实现特定统计调查目的而组织实施的统计调查。每一项统计调查项目必须按照国家统计制度的规定列明:项目名称、调查机关、调查目的、调查范围、调查对象、调查方式、调查时间及调查内容。县级以上各级人民政府统计机构、各部门统计机构对送审的统计调查计划和统计调查方案的必要性、可行性、科学性应当进行严格审查;对不符合《统计法实施细则》规定的,应当退回修改或者不予批准。根据我国《统计法》第9条第2、3、4款的规定,我国的统计调查项目分为三类,即国家统计调查项目、部门统计调查项目、地方统计调查项目。这些调查项目,各有自己的调查任务、调查对象及调查范围。

(董金良)

tongji diaocha xiangmu shenpi guanli zhidu

统计调查项目审批管理制度(management system of examination and approval of statistical investigation items) 为实现特定统计调查目的而组织实施的统计调查的审查、批准必须执行的制度性规范。国家统计局批准文件正式布置,由国家统计局的司、队、普查办公室等单位组织实施的统计调查,以及由国家统计局与国务院有关部门共同组织实施的统计调查的统计调查项目,按不同性质可分为以下几类:(1)按调查频率可分为:周期性普查,包括人口、基本单位、工业、农业、第三产业等普查;经常性调查,包括年度统计调查、定期调查及周期性专项调查;一次性调查,包括各种试点调查、专项调查以及临时调查。(2)按调查组织形式分为:单独调查;联合调查;委托调查。委托调查分为"强制性调查"和"非强制性调查"。(3)按调查信息形式分为:数据形式;文字形式;混合形式。所有上述统计调查不论是全面调查还是非全面调查,都必须按照规定的管理范围,并按规定的程序办理审批手续。审批原则:(1)统计调查项目的立项必须有充分的依据,符合既定的职能分工范围,并有明确的调查目的和资料用户。(2)统计调查项目必须兼顾需要与可能,充分考虑基层调查人员与被调查者的承受能力,调查项目必须有相应的经费保障。(3)统计调查方法要科学合理,讲求调查方法的经济效率。(4)各项统计调查内容要简明扼要,防止重复、矛盾。(5)政府统计调查与部门统计调查要合理分工。(6)重大统计调查项目必须经过研究论证和试点。(7)统计分类、统计单位、计量单位和数据格式等必须符合国家标准或国家统计局和部门的统一规定。国家统计局定期向全国政府统计系统及国务院有关部门通报审批统计调查项目情况,定期检查统计调查项目执行情况。国家统计局的司、队、中心、普查办公室等单位,应严格按照本管理规定办理各项统计调查项目的审批手续。对违反本管理规定,以国家统计局司、队、中心名义发文或利用电话、传真等通信手段进行的各种形式的统计调查,或以部门名义发文组织实施的本系统以外的统计调查,一律视为非法统计调查。一经发现将予以废止,同时按统计法有关规定进行查处。

审查机构。为建立科学、协调的决策咨询机制,国家统计局设立统计调查项目审议小组,负责审议新建或作较大修改的统计调查项目。审议小组由总统计师、总经济师以及设计管理司(2人)、核算司、综合司、计算中心、财基司、政法司、办公室领导各一人组成。组长由总统计师担任,副组长由设计管理司领导担任。审议小组一般负责对重大统计调查项目的审议,重大统计调查项目包括:经常性统计调查制度(各项统计年报和定期统计报表制度)、各项普查制度以及重要的专项统计调查制度。审议小组每年至少召开一次会议,必要时可随时召开,并根据审议内容的需要邀请有关司、队领导参加。审议会按成员最终表决结果决定审议意见。统计调查项目审议小组的办事机构设在设计管理司,负责对统计调查项目提出初步审查意见、制定审议会议程、准备会议文件、整理会议纪要等。

(麻琳琳)

tongji fa

《统计法》(Statistics Act) 1983年12月8日第六届全国人民代表大会常务委员会第三次会议通过,1984年1月1日起实施。根据1996年5月15日第八届全国人民代表大会常务委员会第十九次会议《关于修改〈中华人民共和国统计法〉的决定》修正。制定本法的目的是为了有效地、科学地组织统计工作,保障统计资料的准确性和及时性,发挥统计在了解国情国力、指导国民经济和社会发展中的重要作用,促进社会主义现代化建设事业的顺利发展。本法共6章34条,包括:总则、统计调查计划和统计制度、统计资料的管理和公布、统计机构和统计人员、法律责任、附则等部分。

总则 统计的基本任务是对国民经济和社会发展情况进行统计调查、统计分析,提供统计资料和统计咨询意见,实行统计监督。国家机关、社会团体、企业事业组织和个体工商户等都是统计调查对象,必须依照本法和国家规定,如实提供统计资料,不得虚报、瞒报、拒报、迟报,不得伪造、篡改。国家建立集中统一的统计系统,实行统一领导、分级负责的统计管理体制。国务院设立国家统计局,负责组织领导和协调全国统计工作。各级人民政府、各部门和企业事业组织,根据统计任务的需要,设置统计机构、统计人员。统计机构和统计人员实行工作责任制,依照本法和统计制度的规定,如实提供统计资料,准确及时完成统计工作任务,保守国家秘密。

统计调查计划和统计制度 统计调查必须按照经过批准的计划进行。统计调查计划按照统计调查项目编制。国家统计调查项目,由国家统计局拟订,或者由国家统计局和国务院有关部门共同拟订,报国务院审批。部门统计调查项目,调查对象属于本部门管辖系统内的,由该部门拟订,报国家统计局或者同级地方人民政府统计机构备案;调查对象超出本部门管辖系统的,由该部门拟订,报国家统计局或者同级地方人民政府统计机构审批。制定统计调查项目计划,必须同时制定相应的统计调查表,报国家统计局或者同级地方人民政府统计机构审查或者备案。统计调查应当以周期性普查为基础,以经常性抽样调查为主体,以必要的统计报表、重点调查、综合分析等为补充,搜集、整理基本统计资料。国家制定统一的统计标准,以保障统计调查中采用的指标含义、计算方法、分类目录、调查表式和统计编码等方面的标准化。

统计资料的管理和公布 国家统计调查和地方统计调查范围内的统计资料,分别由国家统计局、县级以上地方各级人民政府统计机构或者乡、镇统计员统一管理。部门统计调查范围内的统计资料,由主管部门的统计机构或者统计负责人统一管理。企业事业组织的统计资料,由企业事业组织的统计机构或者统计负责人统一管理。各级人民政府统计机构依照国家规定,定期公布统计资料。国家统计数据以国家统计局公布的数据为准。统计机构、统计人员对在统计调查中知悉的统计调查对象的商业秘密,负有保密义务。

统计机构和统计人员 县级以上地方各级人民政府设立独立的统计机构,乡、镇人民政府设置专职或者兼职的统计员;其管理体制由国务院具体规定。地方各级人民政府统计机构的人员编制由国家统一规定。国务院和地方各级人民政府的各部门及企业事业组织,根据统计任务的需要设立统计机构,或者在有关机构中设置统计人员,并指定统计负责人。国家统计局和地方各级人民政府统计机构的主要职责是:(1)制定统计调查计划,部署和检查全国或者本行政区域内的统计工作;(2)组织国家统计调查、地方统计调查,搜集、整理、提供全国或者本行政区域内的统计资料;(3)对国民经济和社会发展情况进行统计分析,实行统计监督,依照国务院的规定组织国民经济核算;(4)管理和协调各部门制定的统计调查表和统计标准。

国务院和地方各级人民政府的各部门的统计机构或者统计负责人的主要职责是:(1)组织、协调本部门各职能机构的统计工作,完成国家统计调查和地方统计调查任务,制定和实施本部门的统计调查计划,搜集、整理、提供统计资料;(2)对本部门和管辖系统内企业事业组织的计划执行情况,进行统计分析,实行统计监督;(3)组织、协调本部门管辖系统内企业事业组织的统计工作,管理本部门的统计调查表。统计机构、统计人员有权要求有关单位和人员依照国家规定,如实提供统计资料;检查统计资料的准确性,要求改正不确实的统计资料;揭发和检举统计调查工作中的违法行为。

法律责任 地方、部门、单位的领导人自行修改统计资料、编造虚假数据或者强令、授意统计机构、统计人员篡改统计资料或者编造虚假数据的,依法给予行政处分;对拒绝、抵制篡改统计资料的统计人员进行打击报复的,依法给予行政处分;构成犯罪的,依法追究刑事责任。统计调查对象有虚报、瞒报、伪造、篡改统计资料等违法行为的,由县级以上人民政府统计机构责令改正,予以通报批评;情节较重的,可以对负有直接责任的主管人员和直接责任人员依法给予行政处分。有篡改统计资料、编造虚假数据、骗取荣誉称号等行为的,由作出有关决定的机关或者其上级机关、监察机关依照有关法律规定处罚。构成犯罪的,依法追究刑事责任。

(雷雨波)

tongji falü zeren

统计法律责任(statistical legal liability) 行为人对其违反统计法律规范的行为所应承担的惩罚性法律后果。统计法律责任的承担者必须是具有统计违法行为的公民、法人和其他组织;统计法律责任的内容是由统计法律规范明确规定的;统计法律的认定和追究,必须由专门机关通过法定程序来进行,其他任何组织和个人均无此权力;统计法律责任具有国家强制性。依照统计法律规定:统计法律责任可分为行政法律责任、民事法律责任和刑事法律责任三种。统计行政法律责任主要包括统计行政处罚和统计行政处分两种形式。统计行政处罚的种类包括警告、罚款、没收违法所得、暂扣或者吊销许可证等。统计行政处分的种类包括警告、记过、记大过、降级、撤职、开除等。我国《统计法》明确指出,有下列违法行为之一、情节较重的,可以对有关领导人员或者直接责任人员给予行政处分:(1) 虚报、瞒报统计资料的;(2) 伪造、篡改统计资料的;(3) 拒报或者屡次迟报统计资料的;(4) 侵犯统计机构、统计人员行使统计法规定的职权的;(5) 违反《统计法》规定,未经批准,自行编制发布统计调查表的;(6) 违反《统计法》规定,未经核定和批准,自行公布统计资料的;(7) 违反《统计法》有关保密的规定的。个体工商户有上列(1)、(2)、(3)项违法行为,情节严重的,可以经县级人民政府批准,由工商行政管理部门给予暂停营业或者吊销营业执照的处罚。当事人对处罚不服的,可以在接到处罚通知之日起 15 日内向人民法院起诉。统计民事责任是指统计机构、统计人员对其违法行为依法所应承担的法律后果。《统计法》规定:统计机构、统计人员违反保密义务,泄露私人、家庭的单项调查资料,造成损害的,应当停止侵害,消除影响,赔礼道歉,造成经济损失的,需赔偿损失;泄露统计调查对象的商业秘密,应当停止侵害,赔礼道歉,并赔偿损失。根据《统计法》和《刑法》有关条款,统计刑事责任是指地方、部门、单位领导人对拒绝、抵制篡改统计资料或者对拒绝、抵制编造虚假数据行为的统计人员进行打击报复,构成犯罪的,要依法追究刑事责任。行为人为境外的机构、组织、人员,窃取、刺探、收买、非法提供国家秘密或者情报的犯罪行为和统计机构、统计人员或者其他国家机关工作人员故意或者过失泄露国家秘密,情节严重的行为以及利用统计调查资料进行欺诈活动的犯罪行为等,都将依法追究刑事责任。

(董金良)

tongji fenxi yu yuce
统计分析与预测(statistical analysis and forecast) 统计分析是统计工作的一个重要阶段。它是根据统计研究目的,运用各种分析方法和统计指标,对取得的数字资料和具体情况进行综合而深入的分析研究,其任务在于揭示被研究对象的基本特征和发展规律性,以达到肯定成绩、发现问题、查明原因、提出建议的目的。常用的统计分析方法有:分组法、综合指标法、动态分析法、指数法、相关法和回归分析法等。我国《统计法》明确规定:统计的基本任务是对国民经济和社会发展情况进行统计调查、统计分析,提供统计资料和统计咨询意见,实行统计监督。统计预测是以大量实际资料所反映的社会经济现象的发展规律和数量对比关系,运用统计方法,预计未来可能出现的趋势和达到的水平。随着现代科学技术的发展,生产社会化程度的不断提高,统计预测被广泛运用于分析和掌握未来经济的发展前景。科学的统计预测是决策的前提,是制订合理计划的依据,是优化控制的基础。统计预测从数量分有定性预测和定量预测;从时点状态分有静态预测和动态预测;从模型分有时间数列预测、回归预测和投入产出预测;从时间长短分有长期预测、中期预测和短期预测。

(董金良)

tongji fuzeren
统计负责人(persons in charge of statistics) 代表本部门或者本单位履行《统计法》规定职责的主要责任人员。不设统计机构的,一般应当由具备相当统计专业技术职务条件的人员担任统计负责人。统计负责人的主要职责是:(1) 组织、协调本单位各职能机构和下属机构的统计工作,并共同完成国家统计调查、部门统计调查和地方统计调查任务,制定、实施本单位的工作计划和统计制度,贯彻并检查监督统计法规的实施;(2) 按照规定,向主管部门和所在地人民政府统计机构、乡镇统计员报送和提供统计资料,对本单位的计划执行情况、经营管理的效益,进行统计分析和统计监督;(3) 管理本单位的统计调查表和基本统计资料;(4) 建立健全统计台账制度,并会同有关职能机构或者人员完善计量、检测制度,健全原始记录、统计台账和核算制度。

(董金良)

tongji jigou
统计机构(statistics institutions) 从事统计调查、统计数据加工整理、统计分析预测、统计信息咨询和统计协调管理等活动的组织。从世界各国的情况看,统计机构可以根据其设立主体的不同,划分为两类:一类是国家统计机构(官方统计机构),即由国家设立的,包括从中央到地方各级政府及其各部门设立的统计机构,也包括国家权力机关和审判、检察机关所设立的统计机构;另一类是民间统计机构(非官方统计机构),指由民间组织或个人设立的统计机构,包括各种调查公司(中心、事务所)和从事统计调查的信息咨询公司(中心)、行业协会及其他一些社团组织等。我国《统计法》明确规定:县级以上地方各级人民政府设立独立的统计机构,乡、镇人民政府设置专职或者兼职的统计员,负责组织领导和协调本行政区域内的统计工作。县级以上地方各级人民政府统计机构和乡、镇统计员的管理体制由国务院具体规定。国务院和地方各级人民政府的各部门,根据统计任务的需要设立统计机构,或者在有关机构中设置统计人员,并指定统计负责人。这些统计机构和统计负责人在统计业务上并受国家统计局或者同级地方人民政府统计机构的指导。企业事业组织根据统计任务的需要设立统计机构,或者在有关机构中设置统计人员,并指定统计负责人。企业事业组织执行国家统计调查或者地方统计调查任务,接受地方人民政府统计机构的指导。　　　(董金良)

tongji jiandu

统计监督(statistical supervision)　根据统计调查和统计分析,从总体上反映国民经济和社会的运行状态,并对其实行全面、系统的定量检查、监测和预警。其目的是促进经济、社会按照客观规律的要求持续、协调、稳定地发展。统计监督的形式主要有三种:(1)各级统计部门定期编制的宏观经济监督和预警统计报告,以及在此基础上编制的国民经济和社会发展的年度报告,以全面、系统地监测、分析国民经济和社会发展的态势,揭示其发展过程中的问题和规律。(2)不定期对社会经济生活中的"热点"、"难点"问题的分析报告,进而通过统计监测和预警作用,监督和准确分析、判断宏观调控措施的综合效应和单项效应,以保持经济总量的基本平衡,促进经济结构的优化,引导国民经济持续、健康、快速发展。(3)自20世纪80年代以来,统计部门建立起来的宏观经济监测和预警制度,用一整套统计指标监测国民经济运行状况。当经济"过热"或"过冷"时,及时向政府发出警报,并提出可操作的宏观调控建议。　　　　　　　　(董金良)

tongji jiancha jigou

统计检查机构(statistics inspection institutions)　从事统计检查工作的组织。国家统计局法制工作机构负责统一组织、管理全国的统计执法检查工作。各省、自治区、直辖市统计行政机关的法制工作机构负责统一组织、管理本行政区域内的统计执法检查工作。地、县级统计行政机关应当根据工作需要,设置统计检查机构。未设检查机构的,应指定有关机构负责本行政区域内的统计执法检查工作。各级统计行政机关及其直属的调查队、普查中心可以根据工作需要,配备统计检查员。县级以上人民政府各有关部门可以根据工作需要,配备统计检查员。统计检查机构的主要职责是:宣传、贯彻统计法;组织、指导、监督、管理本行政区域内的统计执法检查工作;依法查处统计违法案件;办理统计行政复议和本机关的统计行政应诉事项;法律、法规和规章赋予的其他职责。各级统计行政机关和有关主管部门应当建立统计执法定期检查制度,综合运用全面检查、专项检查、重点检查等方式,进行经常性的检查工作。检查人员应及时向检查机关提交检查报告,对检查中发现的问题提出处理意见或建议。检查机关应分别以下情况予以处理:未发现统计违法行为的,作出统计检查结论并送交被检查对象;统计违法行为轻微的,向被检查对象发出责令改正通知书或提出统计检查建议并责令限期整改;统计违法行为需要立案查处的,依照法定程序办理。检查机关有下列行为之一的,对负有直接责任的主管人员和直接责任人员,由主管单位或监察机关给予批评教育;情节严重的,依法给予行政处分;涉嫌犯罪的,移送司法机关依法追究刑事责任:瞒案不报,压案不查,包庇、纵容统计违法行为的;不按法定权限、程序和要求执行公务,造成不利后果的;违反保密规定,泄露举报人或案情的;滥用职权,徇私舞弊的;其他违法违纪行为。检查人员泄露在检查过程中知悉的检查对象的商业秘密和个人隐私,造成损害的,依法给予行政处分,并依法承担民事责任。　　　　　　　　　　　　　(麻琳琳)

tongji jianchayuan

统计检查员(statistical inspector)　经过资格培训及考核的从事统计检查的人员。统计检查员应当具备下列条件:坚持原则、作风正派、忠于职守、遵纪守法;具有大专以上学历;从事统计工作满2年以上并熟悉统计业务;参加统计检查员资格培训并取得合格证书。统计检查员的资格培训及考核由国家统计局统一规划、组织和管理,省、自治区、直辖市统计行政机关负责实施。各级统计行政机关应当加强对本行政区域内统计检查员的职业道德教育和业务技能培训,健全管理、考核和奖惩制度。检查人员进行统计执法检查时,应先向被检查对象出示统计执法检查证或法律、法规规定的其他执法证件。未出示合法执法证件的,有关单位和个人有权拒绝接受检查。统计执法检查证由国家统计局统一印制,省、自治区、直辖市统计行政机关负责颁发和管理。实施统计执法检查时,检查人员有权:(1)查阅、审核、复制被检查单位的原始记录、统计台账、统计报表以及与统计有关的其他资料;(2)在证据可能灭失或者以后难以取得的情况下,经检查机关负责人批准,可以先行登记保存,并应在7日内作出处理决定;(3)向有关单位和个人进行调查询问,要求如实提供情况;(4)经检查机关负责人批准,可以就需要检查的事项向被检查单位发出统计检查查询书。检查人员对在检查过程中知悉的检查对象的商业秘密和个人隐私,负有保密义务。检查人员应及时向检查机关提交检查报告,对检查中发现的问题提出处理意见或建议。　　　　　　　　　　　(麻琳琳)

tongji renyuan

统计人员(statisticians)　从事统计活动的专职或兼职的工作人员,包括各级政府综合机构、部门统计机构、乡镇(街道办事处)统计机构和企业事业组织统计机构的领导人和一般工作人员,以及不设统计机构的部门、企业事业单位、乡镇(街道办事处)、行政村或其他组织指定的统计负责人和单独或在有关机构中设置的从事统计工作的人员。这是按照我国统一领导、分级负责的统计管理体制组织起来的一支基本队伍,是完成国家、地方、部门、企业事业组织的统计工作任务的主要力量。根据我国《统计法》第23条的规定,统计人员有权:(1)要求有关单位和人员依照国家规定,如实提供统计资料;(2)检查统计资料的准确性,要求改正不确实的统计资料;(3)揭发和检举统计调查工作中的违法行为。根据《统计法》,统计人员主要有以下职责:(1)统计人员应当如实报送统计资料,准确及时完成统计工作任务,并对报送的统计资料的真实性负责;对领导人强令或者授意篡改统计资料或者编制虚假数据的行为,应当拒绝、抵制。(2)统计人员应当对属于国家秘密的统计资料负责保密;并对统计调查对象的商业秘密和私人、家庭的单项调查资料,负有保密义务。(3)统计人员进行统计调查时必须出示工作证。统计人员应当具有执行统计任务所需要的专业知识。对不具备专业知识的统计人员,应当组织专业学习。国务院和地方各级人民政府的统计机构、各部门和企业事业组织,应当依照国家规定,评定统计人员的技术职称,保障有技术职称的统计人员的稳定性。

(董金良)

tongji renyuan de zhiquan

统计人员的职权(functions and powers of statisticians) 统计人员在一定的机构担负统计工作,为了完成统计任务而由统计法律规定拥有的权力。根据我国《统计法》的规定,统计人员的职权有下列四个方面:(1)统计人员依照统计法律规定独立行使统计调查权、统计报告权和统计监督权。统计调查权是统计人员有权调查、搜集有关资料,召开有关调查会议,检查与统计资料有关的各种原始记录和凭证,被调查单位、人员必须依照统计法和国家有关规定,如实提供统计资料和情况,不得虚报、瞒报、拒报、迟报,不得伪造、篡改;统计报告权是统计人员有权将统计调查所得的统计资料和情况加以整理、分析,向上级领导机关和有关部门提出统计报告,任何单位或者个人不得阻挠或扣压统计报告,不得篡改统计资料;统计监督权是统计人员有权根据统计调查和统计分析,对国民经济和社会发展情况进行统计监督,检查国家政策和计划的实施,考核经济效益、社会效益和工作成绩,检查和揭露存在的问题,检查虚报、瞒报、伪造、篡改统计资料的行为,提出改进工作的建议,有关部门和单位对统计机构或统计人员反映、揭露的问题和提出的建议,应当及时处理,作出答复。(2)统计人员有权要求有关单位和人员依照国家规定,如实提供统计资料。这里的"有关单位和人员"包括国家机关、社会团体、企业事业组织、个体工商户、基层群众性自治组织及公民个人。如实提供统计资料,是指具有填报义务的统计调查对象在报送资料时,不得虚报、瞒报、伪造、篡改统计资料或者编造虚假统计数据。(3)统计人员有权对统计资料的准确性进行检查。经检查,对不准确的统计资料,可要求提供该资料的统计调查对象进行改正。(4)统计人员有权揭发、检举统计调查工作中的违法行为。统计人员作为调查活动实施者,与一般公众相比,更有机会和条件发现统计工作中的违法行为,法律明确赋予统计人员对统计工作中的违法行为的揭发、检举权,这对统计工作中的违法行为起到遏制作用。 (董金良)

tongji zhifa jiancha zhidu

统计执法检查制度(inspection system for execution of statistic laws) 各级统计行政机关在本行政区域内负责贯彻并监督执行统计法和统计制度,统一领导、组织本行政区域内的统计执法检查工作的制度性规定。各级统计行政机关负责贯彻并监督执行统计法和统计制度,统一领导、组织本行政区域内的统计执法检查工作。县级以上人民政府各有关部门在同级统计行政机关的组织指导下,负责监督检查本部门管辖系统内统计法和统计制度的贯彻实施,协助统计行政机关查处本部门管辖系统内的统计违法行为。各级统计行政机关应建立统计执法检查责任制,切实保障统计执法检查所需的人员、经费和其他工作条件。统计执法检查应当贯彻有法必依、执法必严、违法必究的方针,坚持预防、查处和整改相结合,处罚与教育相结合,合法、公正、公开、高效地进行。统计执法检查事项主要包括:(1)有无侵犯统计机构和统计人员独立行使统计调查、统计报告、统计监督职权的行为;(2)是否存在违反统计制度和法定程序修改统计数据的行为;(3)是否存在虚报、瞒报、伪造、篡改、拒报和迟报统计资料的行为;(4)是否依法设立统计机构或配备统计人员;(5)是否设置原始记录、统计台账;(6)统计人员是否持证上岗,其调动是否符合有关规定;(7)统计调查项目是否依据法定程序报经审批、备案;是否在统计调查表的右上角标明法定标识;(8)是否严格按照经批准的调查方案进行调查,有无随意改变调查内容、调查对象和调查时间等问题;(9)统计资料的管理和公布是否符合有关规定,有无泄露国家秘密、统计调查对象的商业秘密和私人、家庭单项调查资料的行为;(10)从事涉外社会调查是否具备法定资格,是否依法报经审批或备案,是否在调查表首页显著位置标明法定标识;(11)法律、法规和规章规定的其他事项。各级统计行政机关在组织实施统计执法检查前应先拟定检查计划。检查计划包括检查的依据、时间、对象、事项和组织形式等。对未发现违法嫌疑的单位,同一检查机关每年对其实施统计执法检查不得超过一次。实施统计执法检查,应提前通知被检查对象,告知检查机关的名称、检查的依据、范围、内容、方式和时间,对被检查单位的具体要求等。对有统计违法嫌疑的单位实施检查,检查通知可于检查机关认为适当的时间下达。被检查对象和有关人员在接受统计检查时不得拒绝提供情况或提供虚假情况,不得使用暴力或者威胁的方法阻挠、抗拒检查,对《统计检查查询书》应按期据实答复。

(麻琳琳)

tongji zhize

统计职责(functions and liability of statistics) 统计机构所承担的工作任务或基本职能。是统计机构作为统计法律关系主体必须履行的法定义务。我国《统计法》分别对政府综合统计机构、部门统计机构、企业事业统计机构等的职责作了具体规定。国家统计局和地方各级人民政府统计机构的主要职责是:(1)制定统计调查计划,部署和检查全国或者本行政区域内的统计工作;(2)组织国家统计调查、地方统计调查,搜集、整理、提供全国或者本行政区域内的统计资料;(3)对国民经济和社会发展情况进行统计分析,实行统计监督;(4)管理和协调各部门制定的统计调查表和统计标准。国务院和地方各级人民政府的各部门的统计机构或者统计负责人的主要职责是:(1)组织、协调本部门各职能机构的统计工作,完成国家统计调查和地方统计调查任务,制定和实施本部门的统计调查计划,搜集、整理、提供统计资料;(2)对本部门和管辖系统内企业事业组织的计划执行情况,进行统计分析,实行统计监督;(3)组织、协调本部门管辖系统内企业事业组织的统计工作,管理本部门的统计调查表。企业事业组织的统计机构或者统计负责人的主要职责是:(1)组织、协调本单位的统计工作,完成国家统计调查、部门统计调查和地方统计调查任务,搜集、整理、提供统计资料;(2)对本单位的计划执行情况进行统计分析,实行统计监督;(3)管理本单位的统计调查表,建立健全统计台账制度,并会同有关机构或者人员建立健全原始记录制度。

(董金良)

tongji ziliao

统计资料(statistical data) 在统计活动过程中所产生的、反映国民经济和社会发展情况的统计成果以及与之相联的其他资料的总称。统计资料所包括的范围,主要有两个方面:一是统计调查中所取得的原始资料;二是经过整理汇总的综合统计资料。统计资料的具体表现形式包括以统计数据为主要内容的调查表、综合表、图表、文字说明、统计报告、统计分析以及电脑贮存的统计数据信息等。统计资料在法律上具有特定的内涵,并不是所有反映国民经济和社会发展情况的数据和信息资料都是统计资料。作为法律意义上的统计资料必须具有客观性、合法性和相关联性。客观性是指统计资料必须是真实、客观地反映事物的本来面目,不能有任何主观随意性;合法性是指统计资料的搜集、加工、整理必须是合法的,是按照法定程序进行的,凡是以非法报表等手段获取统计资料的,既不具有法律效力,也不受法律的保护;相关联性是指统计所调查和描述的对象是国民经济和社会发展情况,统计资料必须是与国民经济和社会发展情况相关联的。

(董金良)

tongji ziliao guanli

统计资料管理(statistical data management) 依法对搜集、提供、整理、分析、公布的统计资料进行检查、核实、订正、审定、供应、发布、解释、调整、存贮、保管、归档等项工作的总称。我国统计资料管理实行"统一管理、分级负责"的原则。我国《统计法》第13条规定:"国家统计调查和地方统计调查范围内的统计资料,分别由国家统计局、县以上地方各级人民政府统计机构或者乡、镇统计员统一管理。""部门统计调查范围内的统计资料,由主管部门的统计机构或者统计负责人统一管理。""企业事业组织的统计资料,由企业事业组织的统计机构或者统计负责人统一管理。"各地方、各部门、各单位应当健全统计资料的审核制度,保障统计资料的准确性及及时性。各部门、各企业事业组织提供的统计资料,由本部门、本单位领导人或者统计负责人审核、签署或者盖章后上报。有关财务统计资料由财务会计机构或者会计人员提供,并经财务会计负责人审核、签署或者盖章。县级以上各级人民政府统计机构和乡、镇统计员提供的统计资料,由本级人民政府统计机构负责人或者乡、镇统计员审核、签署或者盖章后上报。确立以统计机构或统计负责人签署或盖章的统计资料为准的制度。并且规定:各级领导机关制定政策、计划,检查政策、计划执行情况,考核经济效益、社会效益和工作成绩,进行奖励和惩罚等,如需要使用统计资料的,必须依照《统计法》第13条的规定,以统计机构或者统计负责人签署或者盖章的统计资料为准。县级以上各级人民政府统计机构必须做好统计信息咨询服务工作,充分利用可以公开的社会经济信息为社会公众服务。这里的信息咨询服务是指无偿的,是统计机构对社会应尽的职责。同时又规定,符合国家有关规定,在《统计法》和统计制度规定之外提供统计信息咨询,实行有偿服务。具体办法由国家统计局会同国务院价格主管部门制定。各地方、各部门、各单位必须执行国家有关统计资料保密管理的规定,加强对统计资料的保密管理。属于国家机密的统计资料,必须保密。属于私人、家庭的单项调查资料,非经本人同意,不得泄露。各地方、各部门、各单位必须建立统计资料档案制度。统计资料档案的保管、调用和移交,应当遵守国家有关档案管理的规定。 (董金良)

tongyi guihua he yindi yinshi zhiyi de yuanze
统一规划和因地因时制宜的原则(the principle of uniform regulation and adjusting measures to the local condition) 统一规划是指对自然资源的开发和利用不能完全受制于行政区域的限制,应根据自然资源的地理情况对其统一部署管理。例如有些湖泊和河流就跨越几个省、市,必须建立有利于综合开发、合理利用的统一规划的自然资源管理体制才能使自然资源得到保护,达到持续利用的目的。而因地因时制宜则是指自然资源分布要受到地域性的制约,各个地方都有特有的自然和社会经济条件,因此在开发利用和经营管理时必须根据地点、时间和各地特点的不同采取不同的对策。统一规划与因地因时制宜是相统一的原则,在管理和利用自然资源时,必须兼顾两者,既要针对不同的地区的特点,因地制宜地采取措施,又要在宏观上对整个自然资源的利用开发进行统一的部署,只有将两者很好地结合,才能更好地在可持续利用的基础上保护自然资源。 (包剑虹)

tongyi quanguo shuizheng
统一全国税政(unified tax policy of the whole country) 建国后第一次重大的税制改革,是以统一税收政策、建立新税收制度和加强税收工作为内容的一次改革。中华人民共和国成立前,各根据地处于分割状态,税收制度无法统一;而解放区限于当时的条件,也只能对旧税法中部分的内容进行修改,而没有体系化。所以当时全国的税收制度是极不统一的。中华人民共和国成立后,为建立统一的政治制度和经济制度,迅速恢复国民经济,必须废除旧税制,统一税政,建立新税制。1949年11月,中央人民政府财经委员会和财政部在北京召开首届全国税务会议,草拟了《全国税政实施要则》,并草拟了全国统一的税法。会议还制定了全国各级税务机关组织规章草案,建立统一的税收机构,中央一级设税务总局,受财政部领导,各级税务局受上级局与同级政府的双重领导。1950年1月政务院发布了《全国税政实施要则》和《全国各级税务机关暂行组织规程》,明确规定了新中国的税收政策、税收制度和税务机关建立的原则。此后,政务院又陆续公布了各种有关税收的暂行条例,并对地区性的税收法规进行了整理,迅速建立起全国统一的新税制和税务工作体系。新税制,根据"公私兼顾、劳资两利、城乡互助、内外交流"的政策,在根据地税制的基础上,吸收国民政府税制的合理部分而产生。新税制同旧税制有根本区别。它的基本特点是实行多种税、多次征的复合税制。以流转税和所得税作为主体税种,再加上其他的一些辅助税种,形成了新的税制体系。由于中央人民政府实行了统一的财经管理,整顿了财政收支,加强了税收工作,全国的财政状况迅速好转,出现了财政收支接近平衡,停止通货膨胀和物价趋向稳定的局面,为经济的全面恢复和发展创造了有利条件。 (王 晶)

tongyi zonghe jineng
统一综合机能(the enginery of unification and integration) 经济法具有的综合组织国民经济统一运行的机能。这一机能,是其他法所不具备的。统一综合机能是通过组织机能和集约机能实现的。组织机能是指经济法组织国民经济运行的机能。集约机能是指集中国家的经济力量,促使国民经济集约化的机能。经济法的统一综合机能,使社会经济的作用机制和联系机制发生了重大变革。经济主体和经济活动的相互依存性和不可分割性替代了分散性和鼓励性;社会经济的统一性取代了"无政府"性。经济法的统一综合机能使之区别于传统民商法的自由放任。 (赵 玲)

toushui zui
偷税罪(crime of tax evasion) 纳税人或者扣缴义务人采取伪造、变造、隐匿、擅自销毁账簿、记账凭证,在账簿上多列支出或者不列、少列收入,经税务机关通知申报而拒不申报或者进行虚假的纳税申报的手段,不缴或者少缴应纳税款或已扣、已收税款,达到法定定量标准的犯罪行为。偷税罪的犯罪构成的主观方面必须是故意,犯罪主体只能是纳税人和扣缴义务人,犯罪侵害的客体是国家的税收征管制度。 (余启平)

toubao dan
投保单(proposal form) 也称要保单。经投保人据实填写交付给保险人,表示愿意同保险人订立保险合同的格式书据。它通常由保险人事先按统一格式印制,一般载明了保险合同的必要之点,如投保人、被保险人、保险标的、保险金额、保险期限以及免赔和费率等内容,并列出一系列投保人在投保时应当如实告知保险人的重要事项。投保人必须逐一据实填写,以供保险人决定是否承保,或者在何种保险条件(条款)和保险费率下承保。

　　投保单本身并非正式的保险合同文本,只是投保人向保险人提出保险要约的书面形式,但由投保人填写的投保单经保险人接受后,就成为保险合同的一部分,是保险合同成立的重要凭证。在保险人对投保单签章后至保险单签发前,除投保单有特别说明或投保人与保险人另有约定外,发生保险事故的,保险人应当按照将签发的保险单的规定,承担保险金的给付责任。

(田 艳)

toubao ren

投保人(applicant) 与保险人订立保险合同,负担支付保险费义务的人。投保人是与保险人相对应的另一方当事人。投保人是支付保险费的唯一义务人,除此之外,投保人还依法承担缔约时如实告知义务、危险增加通知义务、保险事故发生之通知义务。(李庭鹏)

toubaoren diyueshi rushi gaozhi yiwu

投保人缔约时如实告知义务(duty of disclosure) 为实现投保方与保险人双方之间形成权利义务平衡和公平的交易关系,依据最大诚信原则,法律对投保方科以缔约前充分披露和告知那些影响保险标的危险评估的重要事实的义务。投保方违反告知义务,将丧失保险合同下的权利。投保方的如实告知义务对于保险合同双方的意义都非常重大:对于保险人,它是确定和控制承保危险的重要法律方法;对于投保方,它是确保保险合同效力的必要前提条件。投保方如实告知义务包括如下两个主要课题:重要事实的界定和违反告知义务的法律效果。重要事实量的范围的确定有两种方法,一是"书面询问回答主义",二是"自动申告主义"。我国《保险法》第17条规定了"书面询问回答主义"。关于违反告知义务的法律效果:现在,许多保险立法对投保方不实告知的法律效果的规范分为两个层次结构。第一层次,尚未发生保险事故前,如何规范投保方不实告知的法律效果,由于投保方不实告知已经损害了保险合同成立的基础——合意的真实性,并且因尚未发生保险事故,投保方与保险人之间的利益并不处于一种极端冲突的状态,因为,双方均未发生实质性损害,法律赋予保险人几乎不受限制的解除合同的救济权利。第二层次,保险事故发生后,保险人通过调查才发现投保方在缔约之时存在对重要事实的不实告知情事,如何规范投保方不实告知的法律效果,保险事故发生后,投保方已遭受巨大的损失,保险人将面临巨额的保险索赔,如果发现投保方不实告知,双方的利益冲突凸显而不可调和,如果法律继续采硬性的解除合同这种一元化的调整模式,在某些特定情形下,对于投保方未免过于冷酷和无情,失之妥当性和合理性,偏离法的正义和公平的理念。某些特定情形是指同时具备如下两种条件:(1)影响危险估计的未如实告知的重要事实只是增加保险标的危险评定的等级,保险人依其通常的核保标准,该保险标的仍具有可保性而将在其他条件下予以承保,其他条件多数是指增加保险费(率),有时候保险人亦会对保险金额作出限制,或者将该重要事实列为除外不保责任。(2)保险事故的发生与未正确告知的重要事实所蕴藏的危险之间没有因果关系。将这两个条件结合起来要论证的事实是,即使投保方在缔约时如实告知,保险人通常亦会承保,承保后,对于现在因与未如实告知的事实没有关系的其他承保危险事故发生所导致的损失,保险人照样要赔偿该损失,也就是,无论如何,保险人对该损失的赔偿实际上是避免不了的。因此,许多先进的保险立法(如德国保险契约法)正是基于以上的理论思考,开始抛弃传统的一元化的调整方式,在立法中引进"因果关系特别要件",作为在保险事故发生后限制保险人合同解除权的特别构成要件。法国和澳大利亚甚至引进"比例原则"规范模式,一般性地排斥保险人的合同解除权,在投保方非出于欺诈而不实告知时,保险人无解除合同的权利,保险人只得根据投保人不实告知而少收取的保险费数额,相应地按比例减少保险金给付。依据我国《保险法》第17条第3款和第4款的规定,我国保险法对重要事实的规范在一定范围内采纳了因果关系模式,符合保险法发展的方向,具有先进性,但因果关系要件的适用有一定的范围;对于投保方故意违反告知义务,对重要事实误述或隐瞒的,保险人解除保险合同的权利不受因果关系要件拘束;而对于投保方因过失对重要事实误述或隐瞒的,须隐瞒的重要事实对保险事故的发生须存在法律上的因果关系,保险人才有权以投保方违反告知义务为由解除保险合同,反之,即使投保方隐瞒了重要事实,但该重要事实与保险事故的发生毫无关系,则保险人不能免除保险金给付责任。

(李庭鹏)

toubaoren yiwu

投保人义务(duty of the insured) 投保人是保险合同的相对人,给付保险费是投保人的基本义务,根据合同相对性原则,被保险人和受益人不负担给付保险费的义务。此外,投保人还负有缔约时如实告知义务、危险增加之通知义务、保险事故发生之通知义务和保险理赔之协作义务等重要义务;如果投保人和被保险人不是同一人时,被保险人也负担以上列举的几项重要义务;学理通常认为,如受益人是投保人和被保险人以外的人时,是纯粹享有利益的人,因而,不负担如上的义务。

(李庭鹏)

toubiao

投标(Bidding) 法人或其他组织响应招标人的招

标,进行的参与竞争招标项目的活动。投标人是进行投标活动的主体,法律对投标人有如下要求:(1)投标人应当具备承担招标项目的能力;国家有关规定对投标人资格条件或者招标文件对投标人资格条件有规定的,投标人应当具备规定的资格条件。(2)投标人应当按照招标文件的要求编制投标文件。投标文件应当对招标文件提出的实质性要求和条件作出响应。招标项目属于建设施工的,投标文件的内容应当包括拟派出的项目负责人与主要技术人员的简历、业绩和拟用于完成招标项目的机械设备等。(3)投标人应当在招标文件要求提交投标文件的截止时间前,将投标文件送达投标地点。投标人在招标文件要求提交投标文件的截止时间前,可以补充、修改或者撤回已提交的投标文件,并书面通知招标人。补充、修改的内容为投标文件的组成部分。(4)投标人根据招标文件载明的项目实际情况,拟在中标后将中标项目的部分非主体、非关键性工作进行分包的,应当在投标文件中载明。(5)投标人不得相互串通投标报价,不得排挤其他投标人的公平竞争,损害招标人或者其他投标人的合法权益。(6)投标人不得与招标人串通投标,损害国家利益、社会公共利益或者他人的合法权益。(7)禁止投标人以向招标人或者评标委员会成员行贿的手段谋取中标。(8)投标人不得以低于成本的报价竞标,也不得以他人名义投标或者以其他方式弄虚作假,骗取中标。(9)两个以上法人或者其他组织组成一个联合体以一个投标人的身份共同投标时,联合体各方均应当具备承担招标项目的相应能力;国家有关规定或者招标文件对投标人资格条件有规定的,联合体各方均应当具备规定的相应资格条件。由同一专业的单位组成的联合体,按照资质等级较低的单位确定资质等级。联合体各方应当签订共同投标协议,明确约定各方拟承担的工作和责任,并将共同投标协议连同投标文件一并提交招标人。联合体中标的,联合体各方应当共同与招标人签订合同,就中标项目向招标人承担连带责任。在投标活动中对招标人有如下权利和义务:(1)招标人收到投标文件后,应当签收保存,不得开启。(2)投标人少于3个的,招标人应当依法重新招标。(3)在招标文件要求提交投标文件的截止时间后送达的投标文件,招标人应当拒收。(4)招标人不得强制投标人组成联合体共同投标,不得限制投标人之间的竞争。

（赵芳芳）

touzi guanxi tiaozheng jizhi
投资关系调整机制(mechanism of the regulation of investmental relation) 因实业投资、证券投资和期货投资等而形成的投资关系的法律调整机制。投资主体包括国家、企业和个人。其中,国家、企业和个人可以成为实业投资的主体,而企业和个人则是证券投资的主体。如果国家作为实业投资的主体,其投资的重点在于基础设施建设,从而带动整个产业链条的发展。如果企业和个人作为实业投资的主体,由于基础设施建设投资高、收效慢,因此其主要投资重点在于生产性行业或者服务性行业。证券投资包括国债、股票、债券、可转换债券等。不论是哪个投资市场,都存在资金供给与资金需求之间的平衡问题。与此相适应,存在两种法律系统,一是投资规模适当立法系统;二是投资规模失控立法系统。前者着眼于投资规模、投资结构是否合理以及投资效益是否提高。与此相关的法律制度的目的就是实现投资规模与投资需求的协调。后者的问题在于不同类型投资立法存在冲突、互相抵消效力的现象,从而造成投资规模的失控。投资规模失控存在两种情况,一是投资和消费需求迅速扩张,造成通货膨胀,市场需求过旺;二是投资和消费需求萎缩,造成通货紧缩,市场需求不足。投资规模的适当或失控都有一系列经济法律法规在协同起作用。这些法律法规的产生和作用机制将影响市场经济运行的态势。

（赵 玲）

touzi huanjing
投资环境(investing environment) 目前对于投资环境并没有严格的定义,可以理解为一定区域在一定时期内拥有的对投资活动有影响的各种因素和条件的综合系统。一般将投资环境分为投资硬环境与投资软环境。其中,硬环境主要包括当地基础设施状况等硬件条件,软环境主要包括当地的法律、政策、税收、政府管理、人力资源、生活质量等软件条件。投资环境是由众多因素构成的复杂系统,几乎包括一地区的所有情况,如有形的自然资源、基础设施,无形的观念形态、制度体制、民俗民风、情报信息等等,其中每一方面的因素又是包含若干要素的一个系统。各个子系统之间以及子系统内部各因素之间相互关联、相互作用、相互影响和相互制约。按照构成投资环境诸要素的属性,又可以将投资环境分为政治环境、经济环境、法律环境、文化环境、基础设施环境、自然环境等,这种分法有利于投资环境的综合评析。

（刘利晋）

touzi jijin
投资基金(investing funds) 是一种利益共享、风险共担的集合投资方式。通过发行基金单位,集中投资者的资金,由基金托管人托管,由基金管理人管理和运用资金,从事股票、债券、外汇、货币等金融工具投资,以获得投资收益和资本增值。证券投资基金的基本功能就是汇集众多投资者的资金,交由专门的投资机构管理,由证券分析专家和投资专家具体操作运用,根据设定的投资目标,将资金分散投资于特定的资产组合,投资收益归原投资者所有。证券投资基金在不同国家或地区称谓有所不同,美国称为"共同基金",英国和我国香港地区称为"单位信托基金",日本和我国台湾地区称为"证券投资信托基金"等。

根据不同标准可将投资基金划分为不同的种类。

根据基金单位是否可增加或赎回,投资基金可分为开放式基金和封闭式基金。开放型基金的投资者可以随时购买或者减少基金股份,封闭型基金在设立基金时,不得随意购买或者减少基金。

根据组织形态的不同,投资基金可分为公司型投资基金和契约型投资基金。公司型投资基金是投资者组成股份制投资公司,并将资产投资于特定对象的投资基金;契约型投资基金,是指基金发起人依据其与基金管理人、基金托管人订立的基金契约,发行基金单位而组建的投资基金。

根据投资风险与收益的不同,投资基金可分为成长型投资基金、收入型投资基金和平衡型投资基金。成长型投资基金是指把追求资本的长期成长作为其投资目的的投资基金;收入型基金是指以能为投资者带来高水平的当期收入为目的的投资基金;平衡型投资基金是指以支付当期收入和追求资本的长期成长为目的的投资基金。

根据投资对象的不同,投资基金可分为股票基金、债券基金、货币市场基金、期货基金、期权基金,指数基金和认股权证基金等。

根据资本来源和运用地域的不同,投资基金可分为国内基金、国际基金、海外基金、国家基金和区域基金等。国际基金是指资本来源于国内,并投资于国外市场的投资基金;海外基金也称离岸基金,是指资本来源于国外,并投资于国外市场的投资基金;国内基金是指资本来源于国内,并投资于国内市场的投资基金;国家基金是指资本来源于国外,并投资于国内的投资基金;区域基金是指投资于某个特定地区的投资基金。

(刘利晋)

touzi juecequan

投资决策权(investment decision authority) 国有企业依照法律和国务院有关规定,以留用资金、实物、土地使用权、工业产权和非专利技术等向国内各地区、各行业的企业、事业单位投资,购买和持有其他企业的股份的权利。这一项权利包括以下三点内容:(1)有权依法向国内外投资。企业依照法律和国务院有关规定,有权以留用资金、实物、土地使用权、工业产权和非专利技术等向国内各地区、各行业的企业、事业单位投资,购买和持有其他企业的股份。经政府有关部门批准,企业可以向境外投资或者在境外开办企业。(2)有权从事生产性建设。企业遵照国家企业政策和行业、地区发展规划,以留用资金和自行筹措的资金从事生产性建设,能够自行解决建设和生产条件的,由企业自主决定立项,报政府有关部门备案并接受监督。经土地管理、城市规划、城市建设、环境保护等部门依法办理有关手续后,企业自主决定开工。企业从事生产性建设,不能自行解决建设和生产条件或者需要政府投资的,报政府有关部门批准。企业从事生产性建设,需要银行贷款或者向社会发行债券的,按照国家有关规定,报政府有关部门会同银行审批或者由银行审批。需要使用境外贷款的,报政府有关部门审批。企业遵照国家产业政策,以留利安排生产性建设项目或者补充流动资金的,经企业申请,税务部门批准,可以退还企业再投资部分已缴纳所得税的40%税款。(3)有权增提新产品开发基金和选择折旧办法。企业根据其经济效益和承受能力,可以增提新产品开发基金,报财政部备案。按照国家统一制定的有关固定资产折旧的规定,企业有权选择具体的折旧办法,确定加速折旧的幅度。

(方文霖)

touzixing gongsi

投资性公司(investing company) 融集各方面资金依据投资目标进行合理配置的一种经营性组织。广义的投资公司,既包括信托投资公司、财务公司、投资银行、基金公司、商业银行和保险公司的投资部门等金融机构,也包括涉足产权投资和证券投资的各类企业。其业务范围包括购买企业的股票和债券、参加企业的创建和经营活动、提供中长期贷款且以本国及外国政府债券、基金管理等,资金来源主要是发行自己的债券、股票或基金单位,对其他银行取得贷款,接受委托存款等。狭义的投资公司,则专指公司型投资基金的主体,这是依法组成的以营利为目的的股份有限公司,投资者经由购买公司股份成为股东,由股东大会选定某一投资管理公司来管理该公司的资产。投资性公司将投资者的资本汇集起来并进行专业性投资管理,以此分散风险、提高收益的公司,在证券市场上有着重要作用。它有利于证券市场的稳定,使市场向有序化方向发展,有利于改善证券市场的投资结构,促进金融改革深化。投资公司作为国际上通行的投资载体,有利于促进证券市场国际化进程。

投资性公司可以作为发起人发起设立外商投资股份有限公司或持有外商投资股份有限公司未上市流通的法人股。投资性公司也可以根据国家有关规定持有境内其他股份有限公司未上市流通的法人股。投资性公司应视为股份有限公司境外发起人或股东。投资性公司与其投资设立的企业是彼此独立的法人或实体,其业务往来应按独立企业之间业务往来关系处理。投资公司与其投资设立的企业应遵守中国的法律、法规,不得采用任何手段逃避管理和纳税。

1995年4月,原外经贸部发布了《关于外商投资举办投资性公司的暂行规定》,以鼓励境外大公司开展其系列投资计划。2003年3月7日对原外经贸部部长办公会议审议通过《关于修改〈外商投资举办投资性公司的暂行规定〉及其补充规定的决定》,这些规定对于促进外国投资者来华投资,引进国外先进技术和管理经验都起到极大的促进作用。　　　(刘利晋)

touzi yinhang

投资银行(investment bank) 狭义上讲,投资银行作为证券承销商在证券发行市场上从事承销业务和作为证券经纪商在证券交易市场上从事经纪业务。从广义上讲,投资银行的业务还包括公司购并、项目融资、资产管理、投资咨询、创业资本融资等。它所以叫"投资银行",是人们为区别商业银行而形成的一个理论上的称谓。这种称谓起源于上个世纪30年代经济危机之后,美、英等主要国家采取了银行业与证券业相分离的金融体制,将以证券业务为核心的投资银行业务和以存贷款业务为核心的商业银行业务截然分开,因而产生了现代意义上的投资银行。

现代投资银行的业务主要包括:(1)证券承销。它是投资银行传统核心业务,指投资银行在证券一级市场以承销商的身份依照协议包销或者分销发行人的股票、债券等有价证券的行为。(2)证券经纪。指投资银行在证券二级市场上代理客户买卖有价证券的行为。(3)公司并购。这是投资银行的另一核心业务。投资银行在企业实施兼并收购中充当顾问的角色。它们运用自己的专业知识和丰富经验为企业提供战略方案、机会评价和选择、资产评估、并购结构设计、价格确定和收购资金的安排等;统一协调参与收购工作的会计、法律、专业咨询人员,最终形成并购建议书,并参加谈判。(4)项目融资。投资银行在长期的经营活动中,与当地的各类股东和公共部门建立了广泛和深入的联系,它们可以发挥自身的优势在项目融资中作为中介人,把项目融资中的有关各方联系在一起,并组织相关专业人员共同进行项目的可行性研究,最终为项目投资筹措融通所需的资金。(5)资产管理。投资银行在证券市场充当承销商和经纪人,在经营活动中积累了丰富的理财经验,加上自身的专业知识,为其充当资产管理人提供了重要的保障。投资银行通过建立附属机构接受客户的委托,为其管理资产。(6)公司理财。它是投资银行作为客户的金融或经营管理顾问,向其提供的一种投资咨询业务。(7)创业资本投资。是指投资银行不仅作为中介者为新公司融资或管理创业资金,而且也直接对新公司进行股权投资。由于创业资本成功的概率很小,大多数投资银行一般偏向于向成长后期的新兴公司提供创业资本。　(王 翊)

tuzaishui

屠宰税(slaughter tax) 对屠宰应税牲畜或收购应税牲畜的单位和个人征收的一种税。属于地方税,由省级人民政府自行决定是否征收。征收范围包括猪、菜牛、羊以及经有关部门批准屠宰的耕牛、马、驴、骡、骆驼等牲畜。屠宰税按牲畜屠宰后的实际重量从价计征,税率为10%,1965年降到4%,不能按实际重量计征的地区按照各种牲畜的标准重量从价计征。具体的征收办法由各省级政府自行制定。　　　(彭 皖)

tuzaishui zanxing tiaoli

《屠宰税暂行条例》(Interim Regulations on Slaughter Tax) 1950年2月由政务院公布并实施。1994年税制改革时将其征税权下放到地方,由各省级人民政府决定征收与否。屠宰税的纳税人是在中国境内有屠宰应税牲畜行为的机关、企业、事业单位、社会团体、学校、其他组织以及个体经营者和城乡居民个人。屠宰税的征税范围一般限于生猪、菜牛、羊三种牲畜。屠宰税的计税依据分为两种:一是以应税牲畜的实际销售收入为计税依据,从价计征;二是以屠宰应税牲畜的头数为计税依据,从量定额计征。屠宰税税率在实行从价计征时,采用比例税率,税率为10%,现在一般为3%;实行从量定额计征时,采用定额税率。具体税率由各省、自治区、直辖市人民政府根据本地情况自行规定。屠宰税包括四项减免项目。屠宰税由税务机关征收,距离税务机关较远的地区,可委托区、乡(村)人民政府甚至村民委员会代征。屠宰应税牲畜必须先纳税后出售。　　　　　　(席晓娟)

tudi baohu zhidu

土地保护制度(land protection system) 严格保护土地,尤其是保护耕地土地立法制度。朝鲜的《土地法》规定:国土管理机关、农业领导机关和土地利用机关必须按照国土建设总体规划,负责土地保护工作。未经许可不得荒废或废弃农田;需要把农田转为非农用的,必须按土地规模和对象,经有关国土机关的同意后报请中央农业领导机关或政务院批准。美国土地法规定要管理和保护土地的科学、风景、历史、生态等方面的价值或质量,对某些公有土地还应保留其原始状态,对违反者不仅可处以罚款,还可以判处徒刑。同时,有计划地对耕地实行轮作制,通过政府补贴鼓励粮田转为豆田。日本为了严格保护和合理利用农地,专门制定了《农地法》(1952年),对农地利用、保护作了详细规定,如该法第4条规定:除法律允许的场合外,任何人将农地用于非农用途,必须按照政令规定的手续,取得都、道、府、县知事的许可。随着资本主义国家干预经济的加强,西欧不少发达国家成立了半官方的土地整治公司,有的还设土地归并局,并禁止非法弃耕,推广保护型土地耕作法(如休耕、轮作),等等。

（马跃进　裴建军）

tudi de diaocha yu tongji zhidu

土地的调查与统计制度（system of land survey and statistics） 为建立全国土地管理信息系统,对土地利用状况进行动态监测,我国《土地管理法》规定国家建立土地调查制度和土地统计制度。土地调查是指一定的国家机关对一定区域内土地的自然、经济和社会状况所进行的调查。土地调查是制定土地利用总体规划、土地政策的重要依据,是土地行政的主要工作之一。土地调查的内容包括土地权属调查、土地利用状况调查和土地条件调查等。土地统计是指对一定区域内的土地资源的数量、质量、分布、利用状况和发展动态所进行的统计。土地统计与土地调查是紧密联系的,因此,《土地管理法》规定:"县级以上人民政府土地行政主管部门和同级统计部门共同制定统计调查方案,依法进行土地登记,定期发布土地统计资料。土地所有者或者使用者应当提供有关资料,不得虚报、瞒报、拒报、迟报。土地行政主管部门和统计部门共同发布的土地面积统计资料是各级人民政府编制土地利用总体规划的依据。"

（桑东莉）

tudi dengji

土地登记（land registration institution） 国家有关部门按照法律、法规规定的程序将土地的权属、用途、面积、等级、价值等情况进行登记,以保护土地权利人的合法权益,促进土地利用的一项制度。土地登记资料可以公开查询,但是依法登记的土地所有权和土地使用权受法律保护,任何单位和个人不得侵犯。

土地登记制度包括初始土地登记、变更土地登记。初始土地登记是指在一定时间内,对一个市或者一个县行政区域内全部城镇土地或者全部农村土地进行的普遍登记。变更土地登记是指在初始登记后,所登记的土地权利发生转移、分割、增减及权利人住址、姓名、土地用途等发生变更时进行的登记。变更土地登记的程序一般包括:土地登记申请、大厅初审、地籍调查、集体会审、注册登记、颁发或者更换土地证书。

土地权利人申请土地登记应当提交下列材料:（1）土地登记申请书;（2）单位法定代表人或者主要负责人证明、个人身份证明或者户籍证明;（3）土地证书或者土地权属来源证明;（4）地上建筑物、附着物权属证明;（5）依法缴纳土地税费的凭证;（6）依法应当提供的其他材料。委托他人代理申请土地登记的,代理人还应当提交授权委托书和本人身份证明。土地部门应当在受理土地登记场所,将申请土地登记应当提交材料的项目、不予受理登记和暂缓登记的规定、登记程序、收费标准、办理期限、登记工作人员职责等予以公示。

因土地登记工作人员过错导致土地登记内容有误的,土地部门应当予以更正;造成土地权利人经济损失的,土地部门应当给予赔偿。土地登记工作人员不依法办理土地登记或者故意拖延办理土地登记的,土地部门应当予以纠正;情节严重的,依法给予行政处分。土地部门工作人员应当忠于职守、秉公执法,对玩忽职守、滥用职权、徇私舞弊的,由其所在单位或者上级主管部门依法给予行政处分;构成犯罪的,依法追究刑事责任。

（刘利晋　包剑虹）

tudi dengji dailiren zhiye zige

土地登记代理人职业资格（professional qualification of Land Registration Agent） 国家对从事土地登记代理业务的专业技术人员实行的职业资格制度。该制度针对的对象是土地登记代理机构中从事土地登记代理业务的专业技术人员。纳入全国专业技术人员职业资格证书制度统一规划。土地登记代理人是指通过全国统一考试,取得《中华人民共和国土地登记代理人职业资格证书》并经登记备案的人员。其英文名称是Land Registration Agent。取得土地登记代理人职业资格是从事土地登记代理业务和发起设立土地登记代理机构的必备条件。

人事部、国土资源部共同负责全国土地登记代理人职业资格制度的实施工作。土地登记代理人职业资格实行全国统一大纲、统一命题、统一组织的考试制度,原则上每年举行一次。土地登记代理人职业资格考试合格,由各省、自治区、直辖市区、直辖市人事部门颁发,人事部统一印制,人事部和国土资源部用印的《中华人民共和国土地登记代理人职业资格证书》。该证书全国范围有效。

土地登记代理人实行定期登记制度。取得《中华人民共和国土地登记代理人职业资格证书》的人员,经登记后方可以土地登记代理人名义,按规定从事土地登记代理业务。国土资源部或其授权机构为土地登记代理人职业资格的登记管理机构。各省、自治区、直辖市国土资源管理部门或其授权机构为土地登记代理人职业资格登记的初审机构。人事部和各级人事部门对土地登记代理人职业资格的登记和使用情况有检查、监督的责任。取得土地登记代理人职业资格证书,需要办理登记备案的人员,应由本人提出申请,经聘用单位同意后,送所在地省级土地代理登记初审机构,初审合格后,统一报国土资源部或其授权机构办理登记。准予登记的申请人,由国土资源部或其授权机构核发《中华人民共和国土地登记代理人登记证》。

办理登记的人员必须同时具备下列条件:取得《中华人民共和国土地登记代理人职业资格证书》;恪守职业道德;身体健康,能坚持在土地登记代理人岗位上工作;经所在单位考核合格。再次登记,需提供接受继续教育和业务培训的证明。土地登记代理人有下列行为之一的,应注销登记:(1)不具有完全民事行为能力。(2)脱离土地登记代理工作岗位连续2年以上(含2年)。(3)同时在2个以上土地登记代理机构执行代理业务。(4)允许他人以本人名义执行业务。(5)严重违反职业道德和土地登记代理行业管理规定。(6)违反法律、法规的其他行为。

登记管理机构及登记初审机构应定期向社会公布土地登记代理人职业资格登记、使用及有关情况。

土地登记代理人的业务范围包括:(1)办理土地登记申请、指界、地籍调查、领取土地证书等。(2)收集、整理土地权属来源证明材料等与土地登记有关的资料。(3)帮助土地权利人办理解决土地权属纠纷的相关手续。(4)查询土地登记资料。(5)查证土地产权。(6)提供土地登记及地籍管理相关法律咨询。(7)与土地登记业务相关的其他事项。土地登记代理人在承担土地登记代理业务时,应获得合理佣金。土地登记代理人在执行土地登记代理业务时,有权要求委托人提供与土地登记代理有关的资料,拒绝执行委托人的违法指令。土地登记代理人经登记备案后,只能受聘于一个土地登记代理机构,并以机构的名义从事土地登记代理活动,不得以土地登记代理人的身份从事土地登记代理活动或在其他土地登记代理机构兼职。土地登记代理人必须向委托人提供相关信息,并为委托人保守商业秘密,充分保障委托人的权益。土地登记代理人应对代理业务中所出具的各类文书负责,并签字盖章,承担相应的法律责任。

《土地登记代理人职业资格制度暂行规定》发布前长期从事土地登记代理工作,具有较高理论水平和丰富实践经验,并按国家规定评聘高级专业技术职务的人员,可通过考核认定取得土地登记代理人职业资格。考核认定办法由国土资源部、人事部规定。经国家有关部门同意,获准在中华人民共和国境内就业的外籍人员及港、澳、台地区的专业人员,符合《土地登记代理人职业资格制度暂行规定》要求的,也可报名参加土地登记代理人职业资格考试以及申请登记。

(王 丽)

tudi dengji dailiren zhiye zige kaoshi
土地登记代理人职业资格考试(professional qualification test of Land Registration Agent) 土地登记代理人职业资格制度的一项重要内容。通过土地登记代理人职业资格考试是取得土地登记代理人职业资格的关键环节。因此立法将其作为一项单独的制度予以规定。

登记代理人职业资格考试在人事部、国土资源部的统一领导下进行。两部门共同成立土地登记代理人职业资格考试专家委员会和土地登记代理人职业资格考试办公室。办公室设在国土资源部,负责日常土地登记代理人职业资格考试的日常管理工作。具体考试考务工作委托人事部人事考试中心组织实施。各地考试工作由各省、自治区、直辖市国土资源管理部门和人事(职改)部门共同负责。具体分工由各地协商确定。

凡中华人民共和国公民,具备下列条件之一的,可申请参加土地登记代理人职业资格考试:(1)取得理工、经济、法律类大学专科学历,工作满6年,其中从事土地登记代理相关工作满4年。(2)取得理工、经济、法律类大学本科学历,工作满4年,其中从事土地登记代理相关工作满2年。(3)取得理工、经济、法律类双学士学位或研究生班毕业,工作满3年,其中从事土地登记代理相关工作满1年。(4)取得理工、经济、法律类硕士学位,工作满2年,其中从事土地登记代理相关工作满1年。(5)取得理工、经济、法律类博士学位,从事土地登记代理相关工作满1年。

参加考试须由本人提出申请,所在单位审核同意,按规定携带有关证明材料到当地考试管理机构报名。经考试管理机构审核合格后,领取准考证。应考人员凭准考证、身份证在指定的时间、地点参加考试。国务院各部门及其直属单位的报考人员,按属地原则报名参加考试。考场原则上设在省辖市以上中心城市的大、中专院校或高考定点学校。为保证培训和继续教育工作健康有序地进行,国土资源部委托有关机构组织土地登记代理人职业资格的师资培训工作。实施培训和继续教育必须具备场地、师资、教材等条件,由当地国土资源管理部门会同人事部门审核批准,报国土资源部备案。坚持培训与考试分开的原则。参加考试组织工作(包括命题、审题和组织管理)的人员,不得参与考试有关的培训和参加考试。应考人员参加与考试有关的培训坚持自愿的原则。

土地登记代理人职业资格考试和培训等项目的收费标准,须经当地价格主管部门核准,并公布于众,接受社会监督。考试考务管理工作要严格执行考务工作的有关规章和纪律,切实做好试卷的命制、印刷、发送和保管过程中的保密工作,严格遵守保密制度,严防泄密。考试工作人员要认真执行考试回避制度,严肃考场纪律,严禁弄虚作假。对违反考试纪律和有关规定者,要严肃处理,并追究领导责任。 (王 丽)

tudi dengji pingjia

土地等级评定(the grade estimation of the land)
国家有关部门根据土地调查成果、土地利用总体规划确定的土地用途以及土地的自然和经济等级,进行调查、测算后确定的土地质量和价值的评价活动。土地等级评定是确定土地价格的基础,也是征收土地税费、计算土地补偿的重要依据。土地等级评定的依据主要有以下三个:(1)土地调查成果,包括土地利用现状调查成果、地籍调查成果和土地条件调查成果,反映了一个地区土地的自然条件和社会经济环境,是评定土地等级的基础;(2)土地利用总体规划确定的土地用途;(3)国家制定的统一标准,即由国务院土地行政主管部门会同国务院有关部门制定的土地等级评定标准。土地等级的评定工作应当由县级以上人民政府的土地行政主管部门会同同级有关部门负责。同时,根据有关法律规定,土地等级根据国民经济和社会发展状况每6年调整1次。 (包剑虹)

tudifa

土地法(Land Law) 调整土地关系的法律规范的总称。土地法的调整对象为人们在开发、利用、保护、整治以及管理土地过程中所形成的以土地为内容的各种社会关系。土地的概念有狭义和广义之分,从广义上讲,土地是指包括土地、森林、水、矿藏以及阳光、空气的一切自然资源。狭义的土地是指作为地球表面的陆地的土地资源。土地法的调整对象仅仅指的是因狭义的土地而产生的社会关系。

因土地而产生的社会关系的范围是广泛的,具体可以分为以下几种社会关系:(1)土地的权属关系。这是土地法所要调整的首要的社会关系。我国土地法调整的是确认土地的国家所有权和集体所有权而产生的社会关系。(2)因土地开发、利用和管理而产生的社会关系。土地利用管理是土地法的重要内容,土地资源是珍贵而有限的,土地利用管理就是要使土地利用结构合理、空间布局科学、土地性能和质量得到保护和合理利用并加以改善,使土地的可利用面积得到不断扩大。我国《土地管理法》第1条明确规定了其立法目的是为了加强土地管理,维护土地的社会主义公有制,保护、开发土地资源,合理利用土地,切实保护耕地,适应社会主义现代化建设的需要。第3条又规定:"各级人民政府必须贯彻执行十分珍惜和合理利用土地的方针,全面规划,加强管理,保护、开发土地资源,制止乱占耕地和滥用土地的行为。(3)因取得和转让土地使用权而产生的社会关系。我国《土地管理法》规定我国土地属于社会主义国家和集体所有,任何单位和个人不得侵占、买卖或者以其他任何形式非法转让土地,但是国有土地和集体所有的土地的使用权可以依法转让。这样规定是为了充分合理开发、利用土地,因此土地法就要调整因取得和转让土地使用权而产生的社会关系,切实保护依法取得的土地的使用权不受侵犯。(4)因规划管理土地而产生的土地的行政管理关系。如前所述,土地是珍贵的有限的资源,土地的合理开发利用不仅关系到当前利益,更关系到长远利益和子孙万代的利益,因此国家必须对土地进行规划管理,国家土地管理机关要依职权范围直接或间接参与国家机关、企事业单位、社会组织、公民个人在使用土地时发生的社会关系,以行政权力干预土地的调查统计、土地总体规划、土地所有权的确认、土地开发利用、土地管理保护及登记。因此,《土地法》必须以规划土地而产生的社会关系为调整对象,以保障国家对土地的宏观管理。 (冯春华)

tudi fendeng dingji gujia

土地分等定级估价(graduated appraisal of land)
在特定的目的下,对土地的自然和经济属性进行综合鉴定,使鉴定结果等级化,并以此为基础进行估价的过程。土地分等定级的主要理论依据是级差地租和区位理论。现阶段我国的土地分等定级工作分为城镇土地分等定级和农用土地分等定级。土地分等定级估价的任务是依据区域的实际情况,通过对区域内影响土地质量的自然、经济因素的综合分析,阐明一定科学技术水平和社会经济条件下土地生产能力的高低,评出土地质量等级,以界定土地的价值多少。

(李平 肖锋)

tudi fuken

土地复垦(institution of reclaiming land) 对在生产建设过程中,因挖损、塌陷、压占等造成破坏的土地,采取整治措施,使其恢复到可供利用状态的活动。根据1988年10月21日国务院第22次常务会议通过的《土地复垦规定》,土地复垦制度适用主体是因从事开采矿产资源、烧制砖瓦、燃煤发电等生产建设活动,造成土地破坏的企业和个人。

土地复垦,实行"谁破坏、谁复垦"的原则,各级人民政府土地管理部门负责管理、监督检查本行政区域的土地复垦工作。各有关行业管理部门在制定土地复垦规划时,应当根据经济合理的原则和自然条件以及土地破坏状态,确定复垦后的土地用途。在城市规划区内,复垦后的土地利用应当符合城市规划。同时,土地复垦应当与生产建设统一规划。有土地复垦任务的企业应当把土地复垦指标纳入生产建设计划,在征求当地土地管理部门的意见,并经行业管理部门批准后实施。任何部门、单位和个人不得阻挠土地复垦工作。

在生产建设过程中破坏的土地,可以由企业和个人自行复垦,也可以由其他有条件的单位和个人承包复垦。承包复垦土地,应当以合同形式确定承、发包双方的权利和义务。企业(不含乡村的集体企业和私营企业)在生产建设过程中破坏的集体所有土地,按下列情况分别处理:(1)不能恢复原用途或者复垦后需要用于国家建设的,由国家征用;(2)经复垦不能恢复原用途,但原集体经济组织愿意保留的,可以不实行国家征用;(3)经复垦可以恢复原用途,但国家建设不需要的,不实行国家征用。土地复垦费用,应当根据土地被破坏程度、复垦标准和复垦工程量合理确定。企业和个人对其破坏的其他单位使用的国有土地或者国家不征用的集体所有土地,除负责土地复垦外,还应当向遭受损失的单位支付土地损失补偿费。复垦后的土地达到复垦标准,并经土地管理部门会同有关行业管理部门验收合格后,方可交付使用。复垦标准由土地管理部门会同有关行业管理部门确定。

扰乱、阻碍土地复垦工作或者破坏土地复垦工程设备,违反《中华人民共和国治安管理处罚条例》的,由当地公安机关给予治安管理处罚;构成犯罪的,由司法机关依法追究刑事责任。负责土地复垦管理工作的国家工作人员玩忽职守、徇私舞弊的,由其所在单位或者上级主管机关给予行政处分;构成犯罪的,由司法机关依法追究刑事责任。 (刘利晋 包剑虹)

tudi gujia

土地估价(land appraisal) 各企业和实行企业管理的事业单位对所使用的国有土地进行全面清查后,在弄清权属、界线和面积等基本情况的基础上,依据国家统一规定的土地估价技术标准,由企业、单位自行或委托具有土地估价资格的机构评估所使用土地的基准价格。清产核资中土地估价范围主要是各地区、各部门参加清产核资的企业、单位使用的土地,包括清产核资企业、单位以土地使用权作价入股举办国内联营、股份制企业使用的国有土地。 (李 平 陈岚君)

tudi guanlifa

土地管理法(land administration law) 调整土地关系的法律规范的总称。土地关系是人们在对土地开发利用、管理和保护中形成的以土地为要素的社会关系,主要包括土地的权属关系、土地征用和占用关系、土地的流转关系和土地的行政管理关系等。

我国具有悠久的农耕历史,古代的土地立法是很丰富的。到了近现代,国民党政府曾于1930年制定了《土地法》。新中国成立后,为了消灭封建土地所有制,进行土地改革,在建国初期制定颁布了《土地改革法》。为了保护和合理利用土地资源,1986年6月25日颁布了《中华人民共和国土地管理法》,1988年12月29日修正,1998年8月29日又进行修订,2004年进行了第二次修正。以此为核心,还制定了有关法规,其中重要的有:1988年的《土地复垦规定》,1991年公布、1998年12月27日修订并重新公布的《土地管理法实施条例》,1994年公布、1998年12月27日修订并重新公布的《基本农田保护条例》等。我国《土地管理法》共7章57条,包括总则、土地所有权和使用、土地的利用和保护、国家建设用地、乡(镇)村建设用地、法律责任、附则。

土地法律规范历来在世界各国的立法中占有重要地位。公元前五世纪中叶罗马帝国的第一部成文法典《十二铜表法》,即专门以第七表规定了土地和房屋问题。进入资本主义社会,土地关系作为一种商品关系由民法加以调整,如1804年的《法国民法典》、1900年的《德国民法典》均有大量的调整土地关系的法律规范。战后,资本主义国家的资源、环境问题日趋激化,不少国家相继制定了专门的农地保护、国土规划和整治法规,强化了国家对土地关系的干预,如日本1949年的《农地改良法》、1974年的《国土利用计划法》,美国1976年的《联邦土地政策管理法》等。由于各国政治经济制度、历史文化传统、资源拥有情况不同,不同社会制度国家的土地法律制度存在很大差异,即使同一社会制度的国家,其土地法制也各具特色。

(桑东莉 李志宏 包剑虹 张旭娟 师湘瑜)

tudi guanli falü zhidu

土地管理法律制度(legal institutions of land management) 调整在土地管理、保护、开发、利用过程中所发生的民事关系和行政管理关系的法律规范的总称。它是以《土地管理法》及《城镇国有土地使用权出让转让管理条例》为核心内容的。

狭义的土地管理法,是指1986年6月25日第六届全国人大常委会第十六次会议通过,1987年1月1日实行的及2004年第二次修正的《中华人民共和国土地管理法》。广义的土地管理法除了包括《中华人民共和国土地管理法》以外,还包括国务院及其有关部门、颁布的有关土地管理方面的行政法规和行政规章。如1990年5月19日国务院发布的《中华人民共和国城镇国有土地使用权出让和转让暂行条例》、1991年1月4日国务院发布的《中华人民共和国土地管理法实施条例》。主要规定了国家建设用地制度、乡(镇)村建设用地制度和国家建设征用土地制度等方面的内容。 (曹晓燕)

tudi jiandu jiancha

土地监督检查(land supervision and inspection) 土地行政主管部门依法对有关土地管理法律法规的遵

守、执行情况进行监督检查,并对违反土地管理法律法规的行为给予纠正和处理的行政执法活动。土地监督检查的行使者,即土地监督检查机构是县级以上人民政府土地行政主管部门,包括县级、市级和省级的土地行政主管部门和国务院土地行政主管部门。土地监督检查的对象是使用土地的单位或个人以及土地行政主管部门内部的国家工作人员。县级以上人民政府土地行政主管部门履行监督检查职责时的职权有:要求被检查的单位或者个人提供有关土地权利的文件和资料,进行查阅或者予以复制;要求被检查的单位或者个人就有关土地权利的问题作出说明;进入被检查单位或者个人非法占用的土地现场进行勘测;责令非法占用土地的单位或者个人停止违反土地管理法律、法规的行为。

　　土地监督检查是实现土地管理目标的重要保证,特别是我国1998年新修订的《土地管理法》设立专章,对土地监督检查的内容、方法和可以采取的措施都有明确的规定,使得土地监督检查工作更加制度化和规范化。

(包剑虹)

tudi liyong fenqu

土地利用分区(land zoning for utilization) 在各级土地利用总体规划中,依据土地的适宜性和利用现状,依据当地社会经济可持续的要求和上级土地利用总体规划下达的规划指标和布局要求,划分出土地主要规划用途相对一致的区域。土地利用分区一般采用两级分区:第一级分区称为地域,是根据土地自然和社会经济条件的差异,根据目前土地利用中存在问题的相似性,兼顾行政界限和地域完整性而进行划分的;第二级分区称为用地区,是根据土地的主导用途划分的。我国《土地管理法》规定:县级土地利用总体规划应当划分土地利用区,明确土地用途;乡镇土地利用总体规划应当划分土地利用区,根据土地使用条件,确定每一块土地的用途。所以土地利用分区对县和乡一级的土地利用总体规划尤为重要,上级土地利用总体规划指标和布局要求最终要通过基层土地利用总体规划中的土地利用分区得到体现,成为用途管理和土地管理的依据。

(包剑虹)

tudi liyong guanli falü zhidu

土地利用管理法律制度(legal system for management of land utilization) 调整在土地利用管理过程中发生的社会关系的法律规范的总称。其立法目的是指导和约束人们正确合理利用土地,是国家从宏观和微观上组织和管理有关土地利用事务的法律依据。

　　土地利用管理法律制度主要包括如下内容:(1)土地利用计划制度。土地利用计划制度是国家在时间上对土地利用的远景发展战略目标进行定向、定量的安排和部署。土地利用计划可以分为长期计划、中期计划和年度计划。(2)土地利用规划制度。土地利用规划制度,是调整因规划管理土地而产生的各种社会关系的法律规范的总称。它是土地利用首先必须遵守的制度,是制定土地利用规划的法律依据。土地规划是根据国民经济和社会发展计划,特定地区的自然和社会条件和生产需要,对一定范围内的土地在空间上合理组织利用而制订的一项综合性计划。它不同于土地利用计划,前者强调对土地的空间上的合理组织利用,后者则是强调对土地利用的时间上的安排和部署。按行政区划可以把土地利用规划分为全国土地利用总体规划、省土地利用总体规划和县土地利用总体规划三种。按层次等级可分为土地利用总体规划和土地利用详细规划。前者是长期的、宏观的土地利用规划,后者是前者的具体化,是各地区各部门在前者的指导下制定的具体或专项的土地利用规划。(3)土地开发管理的法律制度。它是调整在土地开发管理过程中产生的社会关系的法律规范的总称,是土地开发的法律依据。为了有计划和合理的开发和利用土地,使一切能利用的土地充分发挥其效用,鼓励合理开发用地,防止胡乱开垦,乱占耕地的行为发生,国家运用经济、行政、法律等诸多手段把土地合理开发利用纳入法制轨道。(4)土地保护法律制度。土地保护是为了保证土地这种有限的自然资源能够得到永续利用而采取的各种保护措施。目前,由于人口的不断增长和建设规模的不断扩大,对土地的需求量也越来越大,而地球上的陆地却由于各种原因急剧减少,各国已意识到保护土地的重要性,我国的《土地管理法》把保护、开发土地资源,合理利用土地,切实保护耕地作为立法的宗旨。土地的法律保护形式主要有宪法的保护、环境法的保护、土地法的专门保护等。(5)土地复垦法律制度,土地复垦是指对在生产建设过程中,因挖损、塌陷、压占等造成破坏的土地,采取整治措施,使其恢复到可供利用状态的活动。土地复垦实行"谁破坏、谁复垦"的原则并应与土地利用总体规划相协调。各级人民政府土地管理部门负责管理、监督检查本行政区域的土地复垦工作。各级计划管理部门负责土地复垦的综合协调工作;各有关行业管理部门负责本行业土地复垦规划的制定与实施。

(冯春华)

tudi liyong niandu jihua guanli

土地利用年度计划管理(annual plan of land utilization) 指国家对计划年度农用地转用量、土地开发整理补充耕地量和耕地保有量的具体安排和管理。土地利用年度计划制度主要规定于国土资源部2004年11月1日颁布的《土地利用年度计划管理办法》中。土地利用年度计划制度立法设置的意义在于加强土地管理,实施土地利用总体规划,控制建设用地总量,引导集约用地,切实保护耕地,保证经济社会的可持续发展。该制度规制的对象是土地利用年度计划的编制、报批、执行和监督工作。

土地利用年度计划管理应当遵循下列原则:(1)严格依据土地利用总体规划,控制建设用地总量,保护耕地;(2)以土地供应引导需求,合理、有效利用土地;(3)优先保证国家重点建设项目和基础设施项目用地;(4)占用耕地与补充耕地相平衡;(5)城镇用地增加与农村建设用地减少相挂钩;(6)保护和改善生态环境,保障土地的可持续利用。土地利用年度计划指标包括:(1)农用地转用计划指标。分为城镇村建设占用农用地指标和能源、交通、水利等独立选址的重点建设项目占用农用地指标。(2)土地开发整理计划指标。分为土地开发补充耕地指标和土地整理复垦补充耕地指标。(3)耕地保有量计划指标。土地利用年度计划中,农用地转用计划指标依据国民经济和社会发展计划、土地利用总体规划、国家供地政策和土地利用的实际情况确定。

土地开发整理计划指标依据土地利用总体规划、土地开发整理规划、建设占用耕地等耕地减少情况确定。耕地保有量计划指标依据国务院向各省、自治区、直辖市下达的耕地保护责任考核目标确定。需国务院及国家发展和改革等部门审批、核准的重点建设项目拟在计划年度内使用土地,涉及农用地转用的,由行业主管部门于上年9月25日前,按项目向国土资源部提出计划建议,同时抄送项目拟使用土地所在地的省、自治区、直辖市国土资源管理部门、发展和改革部门。县级以上地方人民政府国土资源管理部门会同有关部门,按照国家的统一部署,提出本地的土地利用年度计划建议,经同级人民政府审查后,报上一级人民政府国土资源管理部门。各省、自治区、直辖市的土地利用年度计划建议,应当于每年10月10日前报国土资源部,同时抄报国家发展和改革委员会。计划单列市、新疆生产建设兵团的土地利用年度计划建议在相关省、自治区的计划建议中单列。

国土资源部会同国家发展和改革委员会,在各地和国务院有关部门提出的土地利用年度计划建议的基础上,编制全国土地利用年度计划草案,纳入年度国民经济和社会发展计划草案。国土资源部会同国家发展和改革委员会将土地利用年度计划草案上报国务院,经国务院审定后,下达各地参照执行。待全国人大审议通过国民经济和社会发展计划草案后,按全国人大批准的计划正式执行。 (王 丽 刘利晋)

tudi liyong zongti guihua

土地利用总体规划(overall plans for land utilization) 在一定区域内,根据国民经济和社会发展对土地的需求以及当地的自然、经济和社会条件,对该地区范围内的全部土地的利用所作的长期的、战略的总体布局和安排。它是国土规划的组成部分,是制定土地利用管理措施的依据。土地利用总体规划的规划期限应当与国民经济和社会发展规划相适应,一般为10年至15年。

土地利用总体规划的主要任务是根据国民经济社会发展规划的主要指标和土地条件,对全国和一个较大的区域范围内的土地利用进行总体布局和为土地利用的宏观控制、计划管理及协调部门间和地区间的用地矛盾,对土地的合理开发、利用、保护和整治创造良好的土地组织条件。

土地利用总体规划按照下列原则编制:(1)严格保护基本农田,控制非农业建设占用农用地;(2)提高土地利用率;(3)统筹安排各类、各区域用地;(4)占用耕地与开发复垦相结合;(5)综合考虑社会效益、经济效益和生态效益;(6)下级规划服从上级规划。

土地利用总体规划按照行政区划分为五级。根据社会和经济发展需要,可以编制跨行政区域的区域性土地利用总体规划。 (曹晓燕 桑东莉)

tudi liuzhuan zhidu

土地流转制度(land moving system) 可分为市场型和非市场型两种。大多数社会主义国家认为土地不是商品,所以土地流转基本上是非市场的,主要通过国家征用和划拨进行。在资本主义国家里,土地是商品,一般允许买卖,土地流转主要通过市场进行。如美国,不仅私有土地可以买卖,国有土地也可以出售。英联邦国家虽然不允许国有土地所有权出让,但通过使用权的出租、拍卖、再转让等形式,也使土地流转形成了相应的市场。土地市场是整个资本主义市场体系的重要组成部分。为了促进土地的适度规模经营,法国、日本、印度等国家还规定了耕地的单嗣继承制。

(马跃进 裴建军)

tudi quanshu falü zhidu

土地权属法律制度(legal institutions of land ownership) 关于土地权属及管理的法律规范的总称。具体包括土地所有权、土地使用权等内容。

土地所有权 土地所有权人依法对自己的土地享有的占有、使用、收益和处分的权利。它是土地所有制的法律表现。我国现时实行社会主义土地公有制,即国家土地所有制和劳动群众集体土地所有制,从而形成了两种土地所有权——国有土地所有权和农民集体土地所有权。土地所有权在法律上具有以下三方面的特征:(1)土地所有权是一项专有权利,其权利主体是特定的,而义务主体是不特定的。即国家所有的土地的所有权只能由国务院代表国家行使,农村集体所有的土地所有权只能由村集体经济组织或村民委员会行使。其他任何主体都无权行使土地所有权。(2)对土地所有权的行使实行严格限制。(3)土地所有权的四项权能一般与土地所有权人紧密结合,但也可以分离。

土地使用权 土地使用者依法取得的、在法律规定的范围内对土地享有的占有、使用、收益和在特定条件下依法处分的权利。它是我国土地使用制度在法律上的表现,是我国地权制度的重要组成部分。在我国,土地使用权是作为一种独立的权利类型存在和发展的,并已得到法律的确认。土地使用权作为一种独立的权利类型,主要具有以下特征:(1)土地使用权具有派生性。(2)土地使用权具有物权性质。(3)土地使用权通常具有明确的极限。

土地使用权划拨 县级以上人民政府依法批准,在土地使用者缴纳补偿、安置等费用后,将该付土地交付其使用,或者将土地使用权无偿交付给土地使用者使用的行为。以划拨方式取得土地使用权,是国有土地出让方式以外的另一种取得国有土地使用权方式。

土地使用权划拨具有以下四方面的特征:(1)划拨土地使用权的标的限于国有土地。(2)土地使用权划拨是一种具体的行政行为。(3)土地使用权划拨是一种无偿的行为。(4)土地使用权可以是有使用期限的,也可以是无限期的。(5)划拨的土地使用权不可以转让、出租、抵押。(6)划拨土地的用途有特定性,法律对土地划拨使用权的适用范围设有严格限制。(7)土地划拨使用权的使用者因迁移、解散、撤销、破产或其他原因而停止使用土地时,市、县人民政府有权无偿收回其土地使用权。

土地使用权出让 即国有土地使用权出让,是指国家将国有土地使用权在一定年限内让渡给土地使用者,由土地使用者向国家支付土地使用权的出让金的行为。这是一种双方的法律行为。也是国有土地有偿使用的第一种方式。它改变了无偿、无限期使用土地的方式。土地使用权出让具有以下三方面的法律特征:(1)土地使用权出让是一种特殊的民事法律行为。(2)土地使用权出让附有期限限制,即表现为权利的有期性。(3)土地使用权出让具有限制性。出让土地使用权范围,仅限于城市规划区内的国有土地。城市规划区内的集体所有的土地,经依法征用转为国有土地后,该国有土地的使用权方可有偿出让。农村集体土地使用权不得直接出让。土地使用权出让方式有协议出让、招标出让、拍卖出让和挂牌交易几种方式。

土地使用权转让 土地使用权人在其权利年限有效范围内,将其受让的土地使用权依法转移给他人的民事法律行为。国有土地使用权转让的方式主要有:出售、交换、赠与、继承。土地使用权转让应遵循以下几项原则:(1)权利义务同时移转原则,又称为"认地不认人"原则。(2)产权一致原则。(3)效益不可损原则。

土地承包经营权 又称农地使用权,是指农村经营者在集体经济组织所有或者国家所有的有集体经济组织长期使用土地上进行耕作、养殖和畜牧等农业活动的权利。土地承包经营权的取得主要由双方缔结土地承包合同为根据,权利人具有限定性,即一般是该集体组织成员。发包方也可以将土地发包给本集体经济组织以外的单位或者个人承包,但是应当事先经过本集体经济组织成员的村民会议2/3以上成员或者2/3以上村民代表的同意,并报乡(镇)人民政府批准。

农村集体土地承包经营权主要包括以下内容:(1)占有权,即农村集体土地承包经营权人对所承包的集体所有的土地享有直接控制并支配的权利。(2)使用权,即农村集体土地承包经营权人可以按照承包土地的自然属性、约定用途进行农业经营使用。(3)收益权,即农村集体土地承包经营权人可以在地上种植、养殖、畜牧而取得相关农作物、水产品和畜牧禽类等的所有权。承包人将农村集体土地承包经营权流转的,可以获得流转收益。(4)出租权,即指农村集体土地承包经营权人将土地承包经营权充足以便取得租金的权利。(5)转让权,即农村集体土地承包经营权人可以将土地承包经营权转让给他人,但是若是以家庭承包方式取得的土地承包经营权,转让时需要经发包方同意。(6)转包权,即指农村集体土地承包经营权人以承包方式将农业用地交与他人经营的权利。(7)入股权,即农村集体土地承包经营权人可以依法将土地承包经营权入股投资从事农业合作生产或者其他合作经营活动。(8)互换权,即农村集体土地承包经营权人之间为了方便耕种或者各自需要,可以对属于同一集体经济组织的土地的土地承包经营权进行互换。(9)抵押权,即农村集体土地承包经营权人通过招标、拍卖、公开协商等方式承包的农村土地,经依法登记取得土地承包经营权证等证书的,其农村集体土地承包经营权可以依法抵押。(10)邻地利用权,即农村集体土地承包经营权人可以为自己使用土地的便利而利用他人的相邻土地。(11)物上请求权,即为了排除他人妨害自己实现土地承包经营权,农村集体土地承包经营权人可以对发包人、第三人或者所有人等行使物上请求权,包括停止侵害、排除妨碍、消除危险、返还占有、恢复原状等等。 (陈志波 刘利晋 曹晓燕)

tudi quanshu zhengyi diaocha chuli zhidu
土地权属争议调查处理制度(investigation and solution of land right controversy) 调查处理制度所

调查处理的土地权属争议制度旨在对因土地所有权或者使用权归属所引起的纠纷作出处理规定。我国调查处理土地权属争议制度的原则是以法律、法规和土地管理规章为依据。从实际出发，尊重历史，面对现实。

县级以上国土资源行政主管部门负责土地权属争议案件的调查和调解工作。对需要依法作出处理决定的，拟定处理意见，报同级人民政府作出处理决定。县级以上国土资源行政主管部门可以指定专门机构或者人员负责办理争议案件有关事宜。个人之间、个人与单位之间、单位与单位之间发生的争议案件，由争议土地所在地的县级国土资源行政主管部门调查处理。设区的市、自治州国土资源行政主管部门调查处理下列争议案件：（1）跨县级行政区域的；（2）同级人民政府、上级国土资源行政主管部门交办或者有关部门转送的。省、自治区、直辖市国土资源行政主管部门调查处理下列争议案件：（1）跨设区的市、自治州行政区域的；（2）争议一方为中央国家机关或者其直属单位，且涉及土地面积较大的；（3）争议一方为军队，且涉及土地面积较大的；（4）在本行政区域内有较大影响的；（5）同级人民政府、国土资源部交办或者有关部门转送的。国土资源部调查处理下列争议案件：（1）国务院交办的；（2）在全国范围内有重大影响的。当事人发生土地权属争议，经协商不能解决的，可以依法向县级以上人民政府或者乡级人民政府提出处理申请，也可以向有关的国土资源行政主管部门提出调查处理申请。申请调查处理土地权属争议的，应当符合下列条件：（1）申请人与争议的土地有直接利害关系；（2）有明确的请求处理对象、具体的处理请求和事实根据。当事人申请调查处理土地权属争议，应当提交书面申请书和有关证据材料，并按照被申请人数提交副本。

当事人可以委托代理人代为申请土地权属争议的调查处理。对申请人提出的土地权属争议调查处理的申请，国土资源行政主管部门应当进行审查，并在收到申请书之日起7个工作日内提出是否受理的意见。认为应当受理的，在决定受理之日起5个工作日内将申请书副本发送被申请人。被申请人应当在接到申请书副本之日起30日内提交答辩书和有关证据材料。逾期不提交答辩书的，不影响案件的处理。认为不应受理的，应当及时拟定不予受理建议书，报同级人民政府作出不予受理决定。当事人对不予受理决定不服的，可以依法申请行政复议或者提起行政诉讼。下列案件不作为争议案件受理：（1）土地侵权案件；（2）行政区域边界争议案件；（3）土地违法案件；（4）农村土地承包经营权争议案件；（5）其他不作为土地权属争议的案件。

当事人对人民政府作出的处理决定不服的，可以依法申请行政复议或者提起行政诉讼。规定的时间内，当事人既不申请行政复议，也不提起行政诉讼的，处理决定即发生法律效力。生效的处理决定是土地登记的依据。

在土地权属争议调查处理过程中，国土资源行政主管部门的工作人员玩忽职守、滥用职权、徇私舞弊，构成犯罪的，依法追究刑事责任；不构成犯罪的，由其所在单位或者其上级机关依法给予行政处分。

（王　丽）

tudi shiyongquan huabo

土地使用权划拨（allocation of right for use of land） 县级以上人民政府依法批准，在土地使用者缴纳补偿、安置等费用后将该幅土地交付其使用，或者将土地使用权无偿交付给土地使用者使用的行为。依法以划拨方式取得土地使用权的，除法律、行政法规另有规定外，没有使用期限的限制。

下列建设用地使用权的划拨，确属必需的，可以由县级以上人民政府依法批准：（1）国家机关用地和军事用地；（2）城市基础设施用地和公益事业用地；（3）国家重点扶持的能源、交通、水利等项目用地；（4）法律、行政法规规定的其他用地。

（陈志波　刘利晋）

tudi shichang dongtai jiance

土地市场动态监测（dynamic supervision of land market） 为建立土地市场运行快速反应机制，加强市场宏观调控，公开土地市场信息，完善土地市场服务，而建立的土地市场动态监测制度。2004年1月12日，国土资源部制定发布了《关于建立土地市场动态监测制度的通知》，作为建立土地市场动态监测制度的依据和规范。

土地市场动态监测制度，是政府决策的重要支撑，是政务公开的重要形式与内容，是服务于社会并接受社会监督的有效途径。通过土地市场动态监测制度的实施，准确把握土地市场运行走势，为政府适时调整制定有关政策提供依据，有利于保障土地市场健康、稳定、有序发展，促进宏观经济的稳定健康运行；通过土地市场动态监测制度的实施，及时发布土地供应情况、地价走势等市场信息，有利于建立公开、公平、公正的土地市场环境，发挥市场配置土地资源的基础作用。

土地市场动态监测系统由土地供应情况和地价走势两部分内容组成。

各地必须严格按照本通知要求，及时、准确、全面地搜集、整理、录入、分析和发布土地市场信息，确保土地市场动态监测系统安全有效运行。各地国有土地使用权出让计划、房地产开发土地供应计划、经济适用住房土地供应计划、国有土地使用权招标拍卖挂牌协议出让公告和国有土地出让结果等必须及时在《中国土地市场网》(www.landchina.com)公开发布。通过土地市场动态监测系统,及时将招标、拍卖、挂牌、协议出让(租赁)和划拨供地宗地信息录入上传,建立完善土地供应情况备案制度。县级以上国土资源管理部门必须按照《土地市场动态监测运行方案与要求》、《城市地价动态监测系统运行方案与要求》,定期开展土地市场运行情况分析。

各地在建设和使用监测系统的过程中,必须严格执行国家有关保密规定。凡涉及保密内容的有关土地市场信息不得录入系统。土地市场运行情况分析报告未经批准不得擅自对外发布。要建立和完善信息安全监控系统,提高对网络攻击、病毒侵入、网络窃密的防盗能力,防止有害信息的传播。

各级国土资源管理部门负责对监测系统建设和运行工作的组织领导,指定专门机构和专职人员具体负责,保证人员、经费。国土资源管理部门要建立完善土地市场动态监测系统的操作运行、数据审核、市场运行情况报告评审、保密安全、人员上岗培训等各项管理制度,确保土地市场监测系统高效、安全、规范运行。

地方国土资源部门可通过登陆国土资源部网站(www.mlr.gov.cn)直接点击浏览土地市场动态监测系统和通过链接方式进入城市地价动态监测系统。同时,为确保系统的安全运行,国土资源部分别委托中国土地矿产法律事务中心对土地供应情况监测、中国土地勘测规划院对地价走势进行监测,并负责日常管理和维护工作。 (傅智文)

tudi shichang guanli zhidu
土地市场管理制度(land market administrative institution) 为制止乱占滥用土地,防止突击批地,抑制一些行业、地区固定资产投资过快增长,落实最严格的耕地保护制度而规定的管理制度。

土地市场治理整顿 主要内容包括:清理检查土地占用情况,整顿未批先用、征而未用、乱占滥用和随意改变土地用途等问题;清理检查土地审批情况,重点是新上项目的用地情况,整顿违反国家产业政策、超规划、超计划、越权和分拆批地等问题;清理检查耕地占补平衡数量和质量的情况,整顿占优补劣、占多补少甚至不补等问题;清理检查新增建设用地土地有偿使用费的征收和使用情况,整顿随意减免和侵占、挪用土地有偿使用费等问题;清理检查征用农民集体土地的补偿、安置情况,继续整顿降低补偿标准,挪用、截留和拖欠被征地农民补偿费等问题;清理整顿经营性土地使用权招标、拍卖、挂牌出让中存在的问题。

治理整顿工作,由各省、自治区、直辖市人民政府负责,结合正在进行的清理开发区、治理整顿土地市场的有关工作认真组织清理检查,对清理检查出来的问题,要限期进行整改,并依法严肃处理。

切实保护基本农田 要认真贯彻《基本农田保护条例》,坚决守住基本农田这条"红线",任何单位和个人不得突破。国土资源部和农业部要把开展基本农田保护检查作为土地市场清理整顿的重点,着重检查基本农田保护制度的建立和执行情况。

严格执行土地利用总体规划和年度计划 土地利用总体规划和年度计划,是《中华人民共和国土地管理法》赋予政府调控土地供需的重要手段,必须依法维护规划和计划的严肃性。要加强对土地利用总体规划和年度计划执行情况的监督检查。

严格执行耕地占补平衡制度 耕地占补平衡制度是严格保护耕地的法定内容,各地区、各有关部门必须不折不扣地贯彻执行。建设单位必须按照《中华人民共和国土地管理法》的规定,履行补充耕地的义务,不能自行补充耕地的,要依照地方有关标准,足额缴纳耕地开垦费;各地要严格按照建设项目占地的数量,进行耕地占补平衡,补充的耕地要在数量和质量上与原耕地相当;严格控制易地占补平衡,未经国务院批准,不许跨省域进行耕地占补平衡。国土资源部门要把上述要求列入考核和检查的内容,切实做好把关工作。

土地市场基本制度 在整顿和规范市场秩序中,当前要着重建立健全以下几项基本制度:(1)建设用地供应总量控制制度。(2)城市建设用地集中供应制度。(3)土地使用权公开交易制度。(4)基准地价定期更新和公布制度。(5)土地登记可查询制度。(6)集体决策制度。 (傅智文)

tudishui
土地税(land tax) 以土地为征收对象的一类税的总称。一般以土地价值为课税依据。由于土地因地理位置、环境、交通状况、开发程度等因素的影响,级差收入差别很大,因此土地税多采用差别税率。我国现行的土地税制度主要包括三个税种:土地使用税、土地增值税和耕地占用税。 (彭皖)

tudi suoyouquan he shiyongquan zhengyi de jiejue
土地所有权和使用权争议的解决(settlement of dispute of ownership and usufruct of land) 由当事人协商解决;协商不成的,由人民政府处理。单位之间的争议,由县级以上人民政府处理;个人之间、个人与单位之间的争议,由乡级人民政府或者县级以上人民政府处理。当事人对有关人民政府的处理决定不服的,可以自接到处理决定通知之日起30日内,向人民法院起诉。在土地所有权和使用权争议解决前,任何一方不得改变土地利用现状。 (张旭娟 师湘瑜)

tudi suoyouzhi

土地所有制(land possession system) 规定土地所有人对其土地占有、使用、收益和处分等关系的法律制度。社会主义国家一般实行土地公有制,即土地分全民所有和集体所有两种。资本主义国家的土地所有制主要有两类:一类是美国、法国等国实行土地国有和私有并存;另一类是英国及英联邦地区,实行土地国有,不能出卖。目前,美国联邦政府所有的土地占国土面积的32%,州政府所有的土地占10%,私人所有的土地占58%;而加拿大私人土地面积只占到国土面积的10%。美国的公民和社会组织可以依法取得国有土地的使用权,其《联邦土地政策管理法》第501节规定:农业部长可依法给公民、合伙、公司等授予在公有土地上的地役权,包括修建有关设施、道路、管线等。英国(包括目前还采用英国法制的香港),土地只租不卖,通过批租,政府将土地使用权转让给房地产商和土地使用者,批租年限长达990年和99年、75年不等,政府通过批租得到大量财政收入。香港现在每年仅地租和地税收入就占到政府财政收入的14%左右,有的财政年度土地批租收入达20亿美元之巨。英国还实行土地所有权的委托制,即政府将土地所有权委托他人,受托人有权管理移交给他的土地。资本主义国家立法也很强调土地经营者对土地特别是耕地的使用权,以增强经营者的安全感,如延长佃户的租期、赋予佃户先买权、降低租金、保护中小农等规定。我国实行土地公有制。

(马跃进 裴建军)

tudi yongtu guanzhi zhidu

土地用途管制制度(system of management on usages of land) 国家为保证土地资源的合理利用,促进经济、社会和环境的协调发展,根据土地供给能力以及各项建设对土地的需求,编制土地利用总体规划,确定土地用途和使用限制条件,土地所有者、使用者严格按照国家确定的土地用途利用土地的制度。这是世界上土地管理制度比较完善的国家和地区普遍采用的制度,也使我国土地管理提到了一个新的高度。我国的土地用途管制制度主要包括土地利用总体规划制度、土地利用年度计划制度和土地用途分类制度等,而其中,土地利用总体规划是实行土地用途管制的前提和依据。土地利用总体规划根据各地的自然条件、农业生产和技术条件的特点将特定的土地划分为不同的用途,一般分为三种类型:农用地、建设用地和未利用地。农用地是指直接用于农业生产的土地,包括耕地、林地、草地、农田水利用地和养殖水面;建设用地是指建造建筑物、构筑物所用的土地,包括:城乡住宅和公共设施用地、工矿用地、交通水利设施用地、旅游用地和军事设施用地;未利用地是指农用地和建设用地之外的土地,如荒山、荒滩和荒坡,它是相对于已经利用的土地而言的。我国的《土地管理法》规定:国家严格限制农用地转为建设用地,控制建设用地总量,对耕地实行特殊保护。

(包剑虹 张旭娟 师湘瑜 桑东莉)

tudi zengzhishui

土地增值税(land value-added tax) 对转让国有土地使用权、地上建筑物及其附着物并取得收入的单位和个人,对转让土地的增值额征收的一种税。纳税义务人为转让国有土地使用权、地上建筑物及其附着物并取得收入的单位和个人。土地增值税的计税依据为纳税人有偿转让房地产所取得的增值额,即纳税人转让国有土地使用权、地上建筑物及其附着物所取得的收入减除法定扣除项目金额后的余额。法定扣除项目包括取得土地使用权所支付的金额,开发土地的成本、费用,新建房及配套设施的成本、费用或者旧房及建筑物的评估价格,与转让房地产有关的税金以及财政部规定的其他扣除项目。土地增值税实行四级超率累进税率。纳税人建造普通标准住宅出售,增值额未超过扣除项目金额20%的以及因国家建设需要依法征用、收回的房地产,免征土地增值税。个人因工作调动或改善居住条件而转让原自用住房,经向税务机关申报核准,居住满5年或5年以上的,免予征收土地增值税;居住满3年未满5年的,减半征收土地增值税。纳税人应在转让合同签订后的7日内,到房地产所在地主管税务机关办理纳税申报。

(彭 皖)

tudi zengzhishui zanxing tiaoli shishi xize

《土地增值税暂行条例实施细则》(Detailed Rules for Implementation of Interim Regulation of Land Value-Added Tax) 财政部1995年1月27日发布,并于同日生效施行。实施细则将"转让国有土地使用权、地上的建筑物及其附着物并取得收入的行为"限定为出售或者其他方式有偿转让房,不包括以继承、赠与方式无偿转让房地产的行为。"计算增值额的扣除项目"具体为:取得土地使用权所支付的金额;开发土地和新建房及配套设施成本;开发土地和新建房及配套设施的费用;旧房及建筑物的评估价格;与转让房地产有关的税金;财政部规定的其他扣除项目。土地增值税的"计算单位"是纳税人房地产成本核算的最基本的核算项目或核算对象。土地增值税税额的"计算"可按增值额乘以适用的税率减去扣除项目金额乘以速算扣除系数的简便方法。土地增值税"免征的具体解释"包括:增值额未超过扣除项目金额之和20%的普通标准住宅是指按所在地一般民用住宅标准建造的居住用住宅而非高级公寓、别墅、度假村等;因国家建设需要依法征用收回而免征房地产,是指因城市实施规划、国家建设的需要而被政府批准征用的房产或收回的土地使用权;因城市实施规划、国家建设的需要而搬迁,由纳税人自行转让原房地产的,比照免征土地增值税;个人因工作调动或改善居住条件而转让原自用住房,经向税务机关申报核准,凡居住满5年或5年以上的,免予征收土地增值税;居住满3年未满5年的,减半征收土地增值税;居住未满3年的,按规定计征土地增值税。

细则对"税款征收的解释"包括:隐瞒虚报房地产成交价格即纳税人不报或有意低报转让土地使用权、地上建筑物及其附着物价款的行为,税务机关根据评估价格确定转让房地产的收入;对提供扣除项目金额不实的,即纳税人在纳税申报时不据实提供扣除项目金额的行为,应由评估机构按照房屋重置成本价乘以成新度折扣率计算的房屋成本价和取得土地使用权时的基准地价进行评估,税务机关根据评估价格确定扣除项目金额;对转让房地产的成交价格低于房地产评估价格,又无正当理由的即纳税人申报的转让房地产的实际成交价低于房地产评估机构评定的交易价,纳税人又不能提供凭据或无正当理由的行为,由税务机关参照房地产评估价格确定转让房地产的收入。纳税人应在转让房地产合同签订后的7日内,到房地产所在地主管税务机关办理纳税申报,并向税务机关提交与转让房地产有关的资料;纳税人因经常发生房地产转让而难以在每次转让后申报的,经税务机关审核同意后,可以定期进行纳税申报,具体期限由税务机关根据情况确定。纳税人按照税务机关核定的税额及规定的期限缴纳土地增值税。土地增值税的预征适用于纳税人在项目全部竣工结算前转让房地产取得的收入,由于涉及成本确定或其他原因,而无法据以计算土地增值税的,待该项目全部竣工、办理结算后再进行清算,多退少补。

房地产所在地是指房地产的坐落地,纳税人转让房地产坐落在两个或两个以上地区的,应按房地产所在地分别申报纳税。纳税人未按规定提供与转让房地产有关资料的,以及纳税人不如实申报房地产交易额及规定扣除项目金额造成少缴或未缴税款的,应承担相应法律责任。

(席晓娟)

tudi zengzhishui zanxing tiaoli

《土地增值税暂行条例》(Interim Regulation of Land-Value-Added Tax) 1993年11月26日国务院第12次常务会议通过,自1994年1月1日起执行。土地增值税的纳税义务人是转让国有土地使用权、地上的建筑物及其附着物(以下简称转让房地产)并取得收入的单位和个人。土地增值税的征税范围是转让国有土地使用权、地上的建筑物及其附着物而取得的收入。土地增值税的计税依据是纳税人转让房地产所取得的增值额即纳税人转让房地产所取得的收入减除规定扣除项目金额后的余额。土地增值税实行4级超率累进税率。土地增值税包括三类免征项目。土地增值税由税务机关征收,土地管理部门、房产管理部门应当向税务机关提供有关资料,并协助税务机关依法征收土地增值税。纳税人应当自转让房地产合同签订之日起7日内向房地产所在地主管税务机关办理纳税申报,并在税务机关核定的期限内缴纳土地增值税。纳税人未按照本条例缴纳土地增值税的,土地管理部门、房产管理部门不得办理有关的权属变更手续。

(席晓娟)

tudi zhengyong buchang zhidu

土地征用补偿制度(land acquisition and compensation institution) 依据《中华人民共和国土地管理法》征用土地的,按照被征用土地的原用途给予补偿的制度。被征用土地的所有权人、使用权人应当在公告规定期限内,持土地权属证书到当地人民政府土地行政主管部门办理征地补偿登记。征用土地,依照法定程序批准后,市、县人民政府发布征地公告,征地公告发布后,抢栽抢种的农作物或抢建的建筑物不列入补偿范围。补偿程序包括:(1)办理征地补偿登记。(2)拟订征地补偿安置方案。(3)确定征地补偿安置方案。(4)对补偿标准有争议的,由县级以上地方人民政府协调;协调不成的,由批准征用土地的人民政府裁决。征地补偿、安置争议不影响征用土地方案的实施。(5)征地补偿安置方案和交付土地。征用土地补偿安置费用应当自征地补偿安置方案批准之日起3个月内全额支付给被征地的单位和个人,被征地的单位和个人应当按规定的期限交付土地;征地补偿安置费用未按规定支付的,被征地的单位和个人有权拒绝交付土地。

征用耕地的补偿费用包括土地补偿费、安置补助费以及地上附着物和青苗的补偿费。征用耕地的土地补偿费,为该耕地被征用前3年平均年产值的6至10倍。征用耕地的安置补助费,按照需要安置的农业人口数计算。需要安置的农业人口数,按照被征用的耕地数量除以征地前被征用单位平均每人占有耕地的数量计算。每一个需要安置的农业人口的安置补助费标准,为该耕地被征用前3年平均年产值的4至6倍。但是,每公顷被征用耕地的安置补助费,最高不得超过被征用前3年平均年产值的15倍。

征用其他土地的土地补偿费和安置补助费标准,由省、自治区、直辖市参照征用耕地的土地补偿费和安置补助费的标准规定。被征用土地上的附着物和青苗的补偿标准,由省、自治区、直辖市规定。征用城市郊区的菜地,用地单位应当按照国家有关规定缴纳新菜地开建设基金。依照法律规定支付土地补偿费和安置补助费,尚不能使需要安置的农民保持原有生活水平的,经省、自治区、直辖市人民政府批准,可以增加安置补助费。但是,土地补偿费和安置补助费的总和不得超过土地被征用前3年平均年产值的30倍。国务院根据社会、经济发展水平,在特殊情况下,可以提高征用耕地的土地补偿费和安置补助费的标准。

（刘利晋　张旭娟　师湘瑜）

设单位颁发建设用地批准书。其中征用土地方案经依法批准后,由被征用土地所在地的市、县人民政府将批准征地机关、批准文号、征用土地用途、范围、面积以及征地补偿标准、农业人员安置办法和办理征地补偿期限等在被征用土地所在地方(镇)、村予以公告。市、县人民政府土地行政主管部门根据经批准的征用土地方案,委托区、县建设用地事务所与被征地单位签订《征用土地补偿安置协议书》;再由区、县建设用地事务所与建设用地单位签订《征地费用包干协议书》。

（刘利晋　包剑虹）

tudi zhengyong zhidu

土地征用制度（institution of land acquisition） 规范国家为了公共利益的需要,依照法定程序和条件将集体所有土地变为国家所有土地,并给予原土地权利人合理补偿的法律制度。《中华人民共和国宪法》第10条规定:国家为了公共利益的需要,可以依照法律规定对土地实行征收或者征用并给予补偿。

依据《中华人民共和国土地管理法》征用下列土地的,由国务院批准:(1)基本农田;(2)基本农田以外的耕地超过35公顷的;(3)其他土地超过70公顷的。征用前款规定以外的土地的,由省、自治区、直辖市人民政府批准,并报国务院备案。征用农用地的,应当依照法定程序先行办理农用地转用审批。其中,经国务院批准农用地转用的,同时办理征地审批手续,不再另行办理征地审批;经省、自治区、直辖市人民政府在征地批准权限内批准农用地转用的,同时办理征地审批手续,不再另行办理征地审批,超过征地批准权限的,应当依照规定另行办理征地审批。

土地征用应当遵守的程序包括:(1)研究论证建设项目可行性时,由土地行政主管部门对建设项目用地有关事项进行审查,提出建设项目用地预审报告;可行性研究报告报批时,必须附具土地行政主管部门出具的建设项目用地预审报告。(2)建设单位持建设项目的有关批准文件包括:用地预审报告;发展和改革委员会对项目可行性报告批复或者其他有关批准文件;市或区县城市规划管理部门核发的《建设用地规划许可证》和附图;初步设计批准文件和总平面图及其他批准文件;勘测定界技术报告书和勘测定界图,向市、县人民政府土地行政主管部门提出建设用地申请,由市、县人民政府土地行政主管部门审查,拟订农用地转用方案、补充耕地方案、征用土地方案和供地方案(涉及国有农用地的,不拟订征用土地方案),经市、县人民政府审核同意后,逐级上报有批准权的人民政府批准。

农民地转用方案、补充耕地方案、征用土地方案和供地方案经批准后,由市、县人民政府组织实施,向建

tudi zhengli

土地整理（land consolidation） 通过采取各种措施,对田、水、路、林、村综合整治,提高耕地质量,增加有效耕种面积,改善农业生态条件和生态环境的行为。土地整理可分为农村土地整理和城市土地整理。我国《土地管理法》指的是农村的土地整理。在农村进行土地整理,一是可以使原来利用不充分的土地被充分利用,增加有效耕地面积;二是可以改善农田排灌设施和平整土地,提高耕地质量;三是可以改善生活条件和生态环境,提高我们的生活质量。

进行土地整理主要以村为单位,由县乡政府组织实施。一般土地整理的程序为:(1)选择土地整理区域,即对土地整理的潜力进行分析选定开展土地整理的区域并予以公告。(2)根据选定区域的土地利用总体规划的原则要求,以及土地整理参与者的意见,修改完善规划和设计,并向上级申请批准。(3)通过一定的法律程序,审查土地整理规划计划。(4)按照批准的土地整理规划和计划,组织该区域中的人力和物力,开展土地整理。通过调查和测量确定土地权属,经过土地评估并重新配置后,以登记发证形式确定土地整理成果。(5)完成土地整理任务,达到预定目标后,开展地籍更新、资料汇总和归档等工作,经法律规定的程序审查验收,最后,宣布土地整理结束。

（包剑虹）

tudi zhengshu yinzhi guanli

土地证书印制管理（management for the making and printing of land certificate） 《国有土地使用证》、《集体土地所有证》、《集体土地使用证》和《土地他项权利证明书》的印制管理。每种土地证书分精装和简装两款。国土资源部负责土地证书印制的监督管理工作,也可以委托有关单位开展土地证书印制企业资格认定和印制发行工作,组织开展土地证书的质量检查,掌握土地证书的印制数量和进度,监督土地证书的生产和发行,会同有关部门对违法制售假土地证书行为进行查处。国土资源部委托单位(以下称土地证书印制发行单位)负责对承印土地证书印制企业的资

格认定,向省级国土资源行政主管部门征订土地证书,编制土地证书统一编号,组织土地证书的生产和发行等工作,负责土地证书的质量管理。

承印土地证书的印制企业应取得土地证书印制发行单位的资格认定。取得土地证书承印资格的印制企业必须按土地证书印制发行单位下达的土地证书印制任务书确定的土地证书种类、数量和编号印制土地证书。省级国土资源行政主管部门负责本辖区内土地证书的征订工作,负责向土地证书印制发行单位订购土地证书。取得土地证书承印资格的印制企业不得擅自印制和销售土地证书。未取得土地证书承印资格的企业不得印制和销售土地证书。各级国土资源行政主管部门不得违反本规定,擅自购买土地证书。凡违反本规定印制、销售、购买土地证书的,其土地证书无效,应依法追究有关责任人的行政和法律责任。　(王　丽)

tuigeng huanlin

退耕还林(institution of reforesting from cultivated land)　将林地改为耕地的,依规定恢复为林地。2002年12月6日国务院第66次常务会议通过了《退耕还林条例》,其中规定下列耕地应当纳入退耕还林规划,并根据生态建设需要和国家财力有计划地实施退耕还林:(1)水土流失严重的;(2)沙化、盐碱化、石漠化严重的;(3)生态地位重要、粮食产量低而不稳的。

江河源头及其两侧、湖库周围的陡坡耕地以及水土流失和风沙危害严重等生态地位重要区域的耕地,应当在退耕还林规划中优先安排。基本农田保护范围内的耕地和生产条件较好、实际粮食产量超过国家退耕还林补助粮食标准并且不会造成水土流失的耕地,不得纳入退耕还林规划;但是,因生态建设特殊需要,经国务院批准并依照有关法律、行政法规规定的程序调整基本农田保护范围后,可以纳入退耕还林规划。

退耕还林必须坚持生态优先。退耕还林应当与调整农村产业结构、发展农村经济、防治水土流失、保护和建设基本农田、提高粮食单产,加强农村能源建设、实施生态移民相结合。国家对退耕还林实行省、自治区、直辖市人民政府负责制。省、自治区、直辖市人民政府应当组织有关部门采取措施,保证退耕还林中央补助资金的专款专用,组织落实补助粮食的调运和供应,加强退耕还林的复查工作,按期完成国家下达的退耕还林任务,并逐级落实目标责任,签订责任书,实现退耕还林目标。县级以上地方各级人民政府有关部门应当与退耕还林工程项目负责人和技术负责人签订责任书,明确其应当承担的责任。

退耕土地还林后,由县级以上人民政府依照森林法、草原法的有关规定发放林(草)权属证书,确认所有权和使用权,并依法办理土地变更登记手续。退耕土地还林营造的生态林面积,以县为单位核算,不得低于退耕土地还林面积的80%。退耕还林者按照国家有关规定享受税收优惠,其中退耕还林(草)所取得的农业特产收入,依照国家规定免征农业特产税。退耕还林的县(市)农业税收因灾减收部分,由上级财政以转移支付的方式给予适当补助;确有困难的,经国务院批准,由中央财政以转移支付的方式给予适当补助。退耕还林者擅自复耕,或者林粮间作、在退耕还林项目实施范围内从事滥采、乱挖等破坏地表植被的活动的,依照刑法关于非法占用农用地罪、滥伐林木罪或者其他罪的规定,依法追究刑事责任;尚不够刑事处罚的,由县级以上人民政府林业、农业、水利行政主管部门依照森林法、草原法、水土保持法的规定处罚。　(刘利晋)

tuigeng huanlin hetong

退耕还林合同(contract for reforesting from formerly cultivated land)　依据《退耕还林条例》,县级人民政府或者其委托的乡级人民政府应当与有退耕还林任务的土地承包经营权人签订退耕还林合同。退耕还林合同应当包括下列主要内容:(1)退耕土地还林范围、面积和宜林荒山荒地造林范围、面积;(2)按照作业设计确定的退耕还林方式;(3)造林成活率及其保存率;(4)管护责任;(5)资金和粮食的补助标准、期限和给付方式;(6)技术指导、技术服务的方式和内容;(7)种苗来源和供应方式;(8)违约责任;(9)合同履行期限。

自行退耕还林的,土地承包经营权人享有退耕土地上的林木(草)所有权;委托他人还林或者与他人合作还林的,退耕土地上的林木(草)所有权由合同约定。退耕土地还林后的承包经营权期限可以延长到70年。承包经营权到期后,土地承包经营权人可以依照有关法律、法规的规定继续承包。退耕还林土地和荒山荒地造林后的承包经营权可以依法继承、转让。退耕还林者应当按照作业设计和合同的要求植树种草,在享受资金和粮食补助期间,还应当按照作业设计和合同的要求在宜林荒山荒地造林。

国家应当按照核定的退耕还林实际面积,向土地承包经营权人提供补助粮食、种苗造林补助费和生活补助费。补助粮食应当就近调运,减少供应环节,降低供应成本。粮食补助费按照国家有关政策处理。粮食调运费用由地方财政承担,不得向供应补助粮食的企业和退耕还林者分摊。种苗造林补助费和生活补助费由国务院计划、财政、林业部门按照有关规定及时下达、核拨。兑付的补助粮食,不得折算成现金或者代金券。供应补助粮食的企业不得回购退耕还林种苗,造林补助费应当用于种苗采购,节余部分可以用于造林补助和封育管护。退耕还林者自行采购种苗的,县级人民政府或者其委托的乡级人民政府应当在退耕还林合同生效时一次付清种苗造林补助费。集中采购种苗的,退耕还林验收合格后,种苗采购单位应当与退耕还林者结算种苗造林补助费。退耕土地还林后,在规定的补助期限内,县级人民政府应当组织有关部门及时向持有验收合格证明的退耕还林者一次付清该年度生活补助费。退耕还林资金实行专户存储、专款专用,任何单位和个人不得挤占、截留、挪用和克扣。任何单位和个人不得弄虚作假、虚报冒领补助资金和粮食。

(刘利晋)

tuihuo
退伙(withdrawing from partnership)   在合伙企业存续期间,已经取得合伙人身份的合伙人退出合伙团体,丧失合伙人资格,引起合伙企业终止或变更的法律事实。

合伙人退伙将产生一系列的法律后果。合伙人退伙之后,只要原来的合伙企业仍然符合合伙企业法规定的条件,合伙企业继续存在,其他合伙人之间的合伙关系也不会受到影响。合伙人退伙的,其他合伙人应当与该退伙人按照退伙时的合伙企业的财产状况进行结算,退还退伙人的财产份额。退伙时有未了结的合伙企业事务的,待了结后进行结算。退伙人在合伙企业中财产份额的退还办法,由合伙协议约定或者由全体合伙人决定,可以退还货币,也可以退还实物。退伙人对其退伙前已发生的合伙企业债务,与其他合伙人承担连带责任。合伙人退伙时,合伙企业财产少于合伙企业债务的,退伙人应当按照我国《合伙企业法》第32条第1款的规定分担亏损。

合伙人死亡或者被依法宣告死亡的,对该合伙人在合伙企业中的财产份额享有合法继承权的继承人,依照合伙协议的约定或者经全体合伙人同意,从继承开始之日起,即取得该合伙企业的合伙人资格。合法继承人不愿意成为该合伙企业的合伙人的,合伙企业应退还其依法继承的财产份额。合法继承人为未成年人的,经其他合伙人一致同意,可以在其未成年时由监护人代行其权利。

合伙企业登记事项因退伙、入伙、合伙协议修改等发生变更或者需要重新登记的,应当于作出变更决定或者发生变更事由之日起15日内,向企业登记机关办理有关登记手续。

根据退伙发生的原因不同,可以将退伙分为法定退伙、自愿退伙和除名退伙。

法定退伙是指基于法律的直接规定而丧失合伙人资格。

自愿退伙是基于某合伙人意愿终止与其他合伙人之间在合伙协议中的法律关系。

除名退伙是指经其他合伙人一致同意,将符合法律规定的除名条件的合伙人强制清除出合伙企业而发生的退伙。除名实际上是对合伙人资格的剥夺,所以需严格依据法律的规定行事。

(方文霖)

tuipiaofei
退票费(charge of returning a ticket)   由于旅客的原因造成不能按时乘车的,铁路运输企业不承担法律责任,旅客可以按照铁路的规定,办理退票或改乘其他列车的手续,并缴纳规定的退票或改乘的签证费用。旅客退票实际上是向铁路运输企业提出解除铁路运输合同的请求,铁路运输企业按照旅客的要求办理了退票手续,则双方之间的合同即告解除。由于是旅客单方约定,其应向铁路缴纳违约费用,即所谓"退票费"。

(张旭娟 师湘瑜)

tuixiu feiyong shehui tongchou
退休费用社会统筹(social plan as a whole for the retire expenses)   职工养老保险制度的一个重要内容。由社会保险管理机构在一定范围内统一征集、统一管理、统一调剂退休费用的制度。具体办法为:改变企业各自负担本企业退休费的办法,改由社会保险机构或税务机关按照一定的计算基数与提取比例向企业和职工统一征收退休费用,形成由社会统一管理的退休基金,企业职工的退休费用由社会保险机构直接发放,或委托银行、邮局代发以及委托企业发放,以达到均衡和减轻企业的退休费用负担,为企业的平等竞争创造条件。随着社会化程度的提高,退休费用不仅在市、县范围内的企业之间进行调剂,而且在地区之间进行调剂,逐步由市、县统筹过渡到省级统筹。

凡符合国家规定的各项离退休费和退职生活费原则上都应该纳入社会统筹项目,如离休费、退休费、退职生活费、退休职工易地安家补助费、离休干部和建国前参加革命工作的老工人的生活补贴、因工伤残护理费、职工冬季宿舍取暖补贴、退休职工死亡抚恤费(或救济费)、丧葬费、生活困难补助费、医疗费及各项副食品补贴等。总之,统筹的项目越多,养老保险基金的提取比例就越高。因此,一些地区在确定统筹项目时首先要考虑企业的承受能力,如该地区企业的经济效益较好,承受能力较强,那么,就应尽可能将所有保险项目都纳入统筹。反之,就应先将开支稳定、需长期支付的保险项目先行统筹起来,以后再随着企业经济效益的提高和社会保险制度改革的不断深化,逐步扩大社会统筹的项目。

退休费用社会统筹的目的是为了保障所有企业职工退休后的基本生活,均衡企业负担,增强企业活力,维护社会安定。因此,各类不同经济性质的企业职工

都应参加退休费用社会统筹。　　　（崔雪松）

tuolasi

托拉斯（trust） 原指对某人财产或遗孤进行委托管理的法律程序。19世纪后半叶，美国出现了控制某种产品供应的公司群体组合，它是一种工商业组合形式，加入这一组合的公司把它们的股权交由一个专门成立的董事会来管理，这种方式与信托方式相类似。后来，随着这种公司群体组合的不断发展和逐渐增多，在美国trust一词被用来泛指所有有垄断倾向的大规模公司组合，成为垄断的代名词。

在《大美百科全书》中，托拉斯是指"几个企业或几家公司合并成规模巨大的企业或公司，以吞并或挤垮竞争者，并试图控制整个市场"。托拉斯这一独特的垄断形式在19世纪末获得了极大的发展，成为美国当时社会经济生活的基础。同时，托拉斯组织滥用经济优势，排挤中小企业，演绎了大鱼吃小鱼的故事，独立的中小企业沦为工业巨子、金融寡头的牺牲品。诞生于自由竞争之中的垄断反过来又侵害了自由竞争本身。弱小的群体寄希望于政府的保护，于是，美国在1890年颁布了《谢尔曼法》（Sherman Act）。因当时立法的规制对象主要是托拉斯行为，法名也自然被称作"反托拉斯法"。《谢尔曼法》是世界上最早的反垄断法，美国反托拉斯法由此也被称为世界各国反垄断法的母法。

在德国，竞争立法源于卡特尔现象的发展。卡特尔的实质内容是本来具有竞争关系的企业之间，以协议的形式来限定商品的销售价格、产量限额或销售地区等，从而限制或排除竞争。这种现象在美国法中被称为共谋或通谋。19世纪末20世纪初的德国各行业的卡特尔化相当严重，限制卡特尔成为了德国竞争立法中反垄断和限制竞争部分的核心内容，所以，德国这部分立法习惯上被统称为"卡特尔法"。应当注意的是，"托拉斯"和"卡特尔"的概念在政治经济学上具有比较严格的意义，是指两种程度不同的垄断组织形式，但用在竞争法中，其意义的区分并不十分严格，泛指企业间的协议、共谋或以其他形式限制或排除竞争的各种行为，在有些情况下，两者可以相互代替，只是卡特尔不包括托拉斯行为中企业兼并的内容。

（张景丽）

tuoshou chengfu

托收承付（collection with acceptance） 根据购销合同由收款人发货后委托银行向异地付款人收取款项，由付款人向银行承认付款的结算方式。使用托收承付结算方式的收款、付款单位，必须是国有企业、供销合作社，以及经营管理较好，并经开户银行审查同意的城乡集体所有制工业企业。办理托收承付结算的款项，必须是商品交易，以及因商品交易而产生的劳务供应的款项。代销、寄销、赊销商品的款项，不得办理托收承付结算。

托收承付凭证必备项目：标明"托收承付"的字样；确定的金额；付款人名称及账号；收款人名称及账号；付款人开户银行名称；收款人开户银行名称；托收附记单证张数及册数；合同名称和号码；委托日期；收款人签章。托收承付的条件：收付双方使用托收承付结算必须签订购销合同，并在合同上订明使用托收承付结算方式；收款人办理托收，必须具有商品确已发运的证件，没有发运证件的，特殊情况可凭其他有关证件办理托收。

托收承付结算款项的划回方法分为邮寄和电报两种，由收款人任意选用。托收承付结算程序包括托收和承付两个阶段。收款人按照签订的购销合同发货后，将托收凭证并附发运证件或其他有关证明和交易单证送交开户银行，委托银行办理托收。收款人开户银行接到托收凭证及其附件后，应按规定认真进行审查，必要时，还应查验收付款人签订的购销合同。凡不符合要求或违反购销合同发货的，不能办理托收；付款人开户银行收到托收凭证及其附件后，应当及时通知付款人。付款人应在承付期内审查核对，安排资金。

在符合法律规定的情况下，付款人在承付期内，可向银行提出全部或部分拒绝付款。付款人提出拒绝付款时，必须填写"拒绝付款理由书"并签章，注明拒绝付款理由，并提供相关证明。收款人对被无理拒绝付款的托收款项，在收到退回的结算凭证及其所附单证后，需要委托银行重办托收的，应当填写四联"重办托收理由书"，将其中三联连同购销合同、有关证据和退回的原托收凭证及交易单证，一并送交银行。经开户银行审查，确属无理拒绝付款的，可以重办托收。　（周梁云）

W

waibi daidui jigou guanli zanxing banfa
外币代兑机构管理暂行办法(interim regulations for management of foreign exchange agency) 为了规范外币代兑机构经营外币兑换业务行为,维护市场秩序,中国人民银行根据《中华人民共和国中国人民银行法》、《中华人民共和国外汇管理条例》、《结汇、售汇及付汇管理规定》及《外汇指定银行办理结汇、售汇业务管理暂行办法》等有关规定,于2003年5月28日中国人民银行第3次行长办公会讨论通过并公布《外币代兑机构管理暂行办法》,自2003年11月1日起施行。该暂行办法共18条,其主要内容包括:发布《外币代兑机构管理暂行办法》的目的、外币代兑机构的概念、外币代兑机构办理的外币兑换业务的品种、范围、外币兑换业务的监督、管理机构、外币兑换业务的管理制度及风险控制制度及其操作规程、授权银行办理备案手续需报送的材料及确认期限、代兑机构办理外币兑换的业务场所的分布原则、代兑机构办理外币兑换业务应当具备的条件、代兑机构与银行签订授权办理外币兑换业务协议的条件、外币代兑机构实行经营方式、外币代兑机构办理外币兑换业务的法律依据和方法、外币代兑机构的外币兑换业务核算方式方法、外币代兑机构应当遵守的管理制度和每个营业日终了时外币库存限额的数量、外币代兑机构的从业人员进行业务培训的授权单位及其从业人员必须具备的条件、外币代兑机构按双方签订的业务协议办理外币兑换业务的监督单位、授权银行和外币代兑机构违反《外币代兑机构管理暂行办法》的规定处罚单位和处罚方法等。 (王连喜)

waiguan sheji huode zhuanli quan de tiaojian
外观设计获得专利权的条件(requirements for patent of design) 根据我国《专利法》,授予专利权的外观设计专利权的条件。应当同申请日以前在国内外出版物上公开发表过或者公开使用过的外观设计不相同和不相近似,并不得与他人在先取得的合法权利相冲突。概括来说,外观设计应当具有新颖性、创造性及实用性的特点。 (严励)

waiguo gongsi
外国公司(foreign company) 本国公司的对称。具有外国国籍的公司。那么,对于公司国籍该如何确定又成为一个重要的法律问题。对此,各个国家或地区公司法的规定有所不同,理论上也存在不同的学说,概括起来主要有:(1)登记地说。这一理论认为,公司只有经过登记地国家的批准,予以核准登记,才能取得法人资格,因而公司具有公司登记地国的国籍。公司的登记地是确定不移的,因而,公司的国籍也具有确定性。但以此为依据确定公司的国籍,可能会使得设立者到设立限制较少的国家设立公司,以达到规避法律的目的。这一主张主要为英美法系国家采用。(2)准据法说。这一理论认为,公司是依据何国的法律成立的,就应拥有该国国籍,至于公司的主要经营场所或主要办事机构是否设在该国在所不问。这种理论与登记地说是一致的。这一理论是目前的通说,为大多数国家所采用。(3)资本控制说。这一理论也称作股东国籍说,即以该公司的控股股东的国籍来确定公司的国籍,控股股东是外国人的就是外国公司,反之则为本国公司。这种理论的弊端是显而易见的,公司的控股股东往往具有易变性,有时还很难查明公司的控股股东是谁,这都容易导致公司国籍的不确定。因此这一理论少有国家的法律采用。(4)住所地说。这一理论以公司的住所地所处的国家来确定公司的国籍,公司的住所地在本国的则为本国公司,否则为外国公司。但是,公司住所的概念在不同的国家又有不同的理解,如认为公司的住所地就是公司的营业中心、总公司的所在地、公司主要办事机构所在地等等,这也导致公司住所地难以确定,进而使得公司的国籍难以确定。目前,法国、意大利等欧洲大陆国家持这种理论。

以上理论各有利弊,所以不少国家在确定公司国籍时采用复合标准。我国《公司法》就是采用准据法学说与设立行为地的双重标准来确定公司的国籍,《公司法》第192规定,"外国公司是指依照外国法律在中国境外登记成立的公司。"我国《公司法》所规定的外国公司具有以下法律特征:(1)外国公司是依据外国法律设立的;(2)外国公司具有外国国籍;(3)经申请获准在中国取得经营资格。 (方文霖)

waiguo jinrong jigou zhuhua daibiao jigou
外国金融机构驻华代表机构(representative of foreign financial institution in China) 外国金融机构在中国境内设立并从事咨询、联络和市场调查等非经营性活动的代表处、总代表处。代表处的主要负责人称首席代表,总代表处的主要负责人称总代表。外国金融机构是指在中华人民共和国境外注册并经我国金融监管当局认可的金融机构。代表处不能办理吸收存款、发放贷款等业务,只能从事信息搜集、市场调查等活动,是外国银行进入我国的必经阶段。根据《外资金融机构管理条例》的规定,设立外国银行分行的条件之一就是"申请人在中国境内已经设立代表机构2年以上"。

(卢 亮)

waiguo shanghui

外国商会(foreign chamber of commerce) 外国在中国境内的商业机构及人员依照本规定在中国境内成立,不从事任何商业活动的非营利性团体。

外国商会的设立 (1)有反映其会员共同意志的章程;(2)有一定数量的发起会员和负责人;(3)有固定的办公地点;(4)有合法的经费来源。外国商会的名称应当冠其本国国名加上"中国"二字,如中国美国商会。成立外国商会,应当通过中国国际商会提出书面申请,由其报送中华人民共和国商务部(以下简称审查机关)审查。成立外国商会的书面申请,应当由外国商会主要筹办人签署,并附具下列文件:(1)外国商会章程一式5份。章程应当包括下列内容:名称和地址;组织机构;会长、副会长以及常务干事的姓名、身份;会员的入会手续及会员的权利和义务;活动内容;财务情况。(2)发起会员名册一式5份。团体会员和个人会员,应当分别列册。团体会员名册应当分别载明商业机构的名称、地址、业务范围和负责人姓名;个人会员名册应当分别载明本人所属商业机构或者外商投资企业、职务、本人简历或者在中国境内从事商业活动的简历。(3)外国商会会长、副会长以及常务干事的姓名及其简历一式5份。审查机关应当在收到全部申请书件之日起60天内完成审查,对于符合条件的,签发审查同意的证件;对于不符合前述条件的,退回申请。如有特殊情况,不能在规定期限内完成审查的,审查机关应当说明理由。成立外国商会的申请经审查机关审查同意后,应当持审查同意的证件,依照本规定和有关法律、法规的规定,向中华人民共和国民政部(以下简称登记管理机关)办理登记。外国商会经核准登记并签发登记证书,即为成立。

外国商会的种类 外国商会应当按照国别成立,可以有团体会员和个人会员。团体会员是以商业机构名义加入的会员。商业机构是指外国公司、企业以及其他经济组织依法在中国境内设立的代表机构和分支机构。个人会员是商业机构和外商投资企业的非中国籍任职人员以本人名义加入的会员。允许设立地区性外国商会,只要其拥有一定数量的会员,并使地区性外国商会享有与全国性外国商会同等的法人和免税待遇。

外国商会的义务 外国商会必须遵守中华人民共和国法律、法规的规定,不得损害中国的国家安全和社会公共利益。外国商会应当在其办公地点设置会计账簿。会员缴纳的会费及按照外国商会章程规定取得的其他经费,应当用于该外国商会章程规定的各项开支,不得以任何名义付给会员或者汇出中国境外。外国商会应当于每年1月通过中国国际商会向审查机关、登记管理机关提交上一年度的活动情况报告。外国商会需要修改其章程、更换会长、副会长以及常务干事或者改变办公地址时,应当依照本规定规定的程序经审查同意,并办理变更登记。外国商会应当接受中国有关主管机关的监督。外国商会违反本规定的,登记管理机关有权予以警告、罚款、限期停止活动、撤销登记、明令取缔的处罚。外国商会解散,应当持外国商会会长签署的申请注销登记报告和清理债务完结的证明,向登记管理机关办理注销登记,并报审查机关备案。外国商会自缴回登记证书之日起,即应停止活动。

(张旭娟)

waiguo shanghui guanli zanxing guiding

《外国商会管理暂行规定》(Temporary Provisions for Management of Foreign Chamber) 1989年4月28日由国务院第三十九次常务会议通过,1989年7月1日施行。该法共15条,主要规定外国商会的定义、外国商会的成立条件、外国商会的权利与义务等内容。其立法宗旨是为了促进国际贸易和经济技术交往,加强对外国商会的管理,保障其合法权益。该法明确规定其活动应以促进其会员同中国发展贸易和经济技术交往为宗旨,应为其会员在研究和讨论促进国际贸易和经济技术交往方面提供便利,是外国商会活动的行动准则。

(张旭娟)

waiguo yinhang fenhang

外国银行分行(branches of foreign bank) 依照中华人民共和国有关法律、法规的规定,经批准在中国境内设立和营业,外国银行在中国境内的分行。外国银行分行必须遵守中华人民共和国法律、法规,不得损害中华人民共和国的社会公共利益,其正当经营活动和合法权益受中华人民共和国法律保护。中国人民银行是管理和监督外资金融机构的主管机关;中国人民银行分支机构对本辖区外资金融机构进行日常监督管理。

外国银行分行的注册资本条件是应当由其总行无偿拨给不少于1亿元人民币等值的自由兑换货币的营运资金,其实收资本不低于其注册资本的50%。外国银行分行的营运资金的30%应当以中国人民银行指定的生息资产形式存在,包括在中国人民银行指定的银行的存款等。外国银行分行营运资金加准备金等之和中的人民币份额与其风险资产中的人民币份额的比例不得低于8%。对于申请者的条件是:(1)申请人在中国境内已经设立代表机构2年以上;(2)申请人提出设立申请前1年年末总资产不少于200亿美元,并且资本充足率不低于8%；(3)申请人所在国家或者地区有完善的金融监督管理制度，并且申请人受到所在国家或者地区有关主管当局的有效监管；(4)申请人所在国家或者地区有关主管当局同意其申请；(5)中国人民银行规定的其他审慎性条件。

外国银行分行的设立程序包括：(1)由申请人向中国人民银行提出书面申请，并提交中国人民银行要求提供的资料。(2)中国人民银行对设立外资金融机构的申请初步审查同意后，发给申请者正式申请表。申请者自提出设立申请之日起满90日未接到正式申请表的，其设立申请即为不予受理。(3)申请者应当自接到正式申请表之日起60日内将填写好的申请表连同中国人民银行要求的相关文件报中国人民银行。(4)自接到中国人民银行批准文件之日起30日内，应当筹足其实收资本或者营运资金，并调入中国境内。(5)经中国注册会计师验证后依法向工商行政管理机关办理登记，并依法自开业之日起30日内向税务机关办理税务登记。外资金融机构在中国人民银行审查批准后的30日内，应当向国家外汇管理局领取《经营外汇业务许可证》。

外国银行分行按照中国人民银行批准的业务范围，可以部分或者全部经营下列种类的业务：(1)外汇存款；(2)外汇放款；(3)外汇票据贴现；(4)经批准的外汇投资；(5)外汇汇款；(6)外汇担保；(7)进出口结算；(8)自营和代客户买卖外汇；(9)代理外币及外汇票据兑换；(10)代理外币信用卡付款；(11)保管及保管箱业务；(12)资信调查和咨询；(13)经批准的本币业务和其他外币业务。　　　　　(刘利晋)

waiguo zhengfu daikuan xiangmu caigou gongsi zhaobiao

外国政府贷款项目采购公司招标（invitation to bid of stocking company of foreign government loan projects）　外国政府贷款项目采购公司招标工作。为确保招标工作的公平、公正，财政部于2000年12月26日发布《外国政府贷款项目采购公司招标办法》，其主要内容如下：(1)本办法中的外国政府贷款项目（以下简称贷款项目），是指利用外国政府贷款（含日本国际协力银行不附带条件贷款、北欧投资银行贷款和北欧发展基金贷款）以及由国务院规定的国外优惠贷款项目。本办法中的"采购公司"，是指除贷款国有特殊规定外，经国务院主管部门批准的、具有3年以上外贸经营权的企业，其中500万美元以上（含500万美元）贷款项目的采购公司应具有国务院主管部门颁发的《国际招标资格甲级证书》。本办法中的"项目实施单位"，是指最终使用贷款，并负责项目实施的机构或法人实体。(2)财政部对符合条件的贷款项目向采购公司发布信息，地方财政部门应及时通知项目实施单位开始采购公司的招标工作。(3)项目实施单位发出招标邀请书的程序和期限。(4)收到招标邀请书的采购公司应按照代理申请书格式的要求，提交代理申请书，以及代理申请书提交的程序和期限。(5)项目实施单位的评审委员会的组成以及职权。(6)评委会的评定内容及分值，以及评审程序。(7)项目实施单位应对采购公司提交的代理申请书内容保密，各评委在评标结果公布前不得泄漏。招投标原始文件和打分记录应存档2年备查。参加投标的采购公司严禁采用不正当手段对评委施加影响。严禁任何单位和个人干预评审工作。(8)项目实施单位应在评标工作完成后的5个工作日内，向地方财政部门报送评委组成情况、评标过程、对各采购公司打分的详细情况及评标结果。地方财政部门须在收到有关评标结果报告后的5个工作日内将有关报告报送财政部。财政部在收到评标报告后10个工作日内函复地方财政部门，并抄送项目实施单位和中标的采购公司。项目实施单位与中标的采购公司在收到财政部复函后15个工作日内签订委托协议书。(9)在选定贷款项目的采购公司工作中应避免垄断行为及各种形式的部门或地方保护主义现象。在一个日历年度内，任何一家中央公司中标的贷款项目金额超过当年招标的贷款项目总额的50%，或任何一家地方公司中标的当地贷款项目金额超过当年该公司所在省、自治区、直辖市、计划单列市招标贷款项目总额60%的，即可视为垄断倾向。财政部将定期对贷款项目的招投标情况进行统计，并对有垄断倾向的采购公司采取限制措施。(10)各级财政部门应加强对招标过程和委托协议执行情况的监督、检查和管理，并及时将有关情况通报财政部。项目实施单位应遵守国内的有关法律和规定，以及贷款国的有关规定。发现违规或违法问题时，任何单位和个人都应及时向当地政府职能部门或司法机关举报。对项目实施单位或采购公司发生违规问题的，财政部将责成项目主管部门或省级财政部门查处，也可委托财政部驻各省、自治区、直辖市、计划单列市财政监察专员办事处查处。违规问题一经查实，公开通报。　　　　　(罗大帅)

waihui

外汇（foreign exchange）　以所有外国货币凭证所表示的金融资产，能在国外得到兑付和转换为其他支付手段，用于对外购买、结算或支付。外汇的概念具有双重含义，即有动态和静态之分。外汇的动态概念是指把一个国家的货币兑换成另外一个国家的货币，借以清偿国际间债权、债务关系的一种专门性的经营活动。它是国际间汇兑（Foreign Exchange）的简称。外汇的静态概念是指以外国货币表示的可用于国际之间结算的支付手段。国际货币基金组织（IMF）的解释为："外汇是货币行政当局(中央银行、货币管理机构、外汇平准基金组织和财政部)以银行存款、财政部国库券、长短期政府债券等形式保有的、在国际收支逆差时可以使用的债权。"1996年4月1日国务院颁布的《中华人民共和国外汇管理条例》中规定的外汇是指下列以外币表示的可以用作国际清偿的支付手段和资产：外国货币，包括纸币、铸币；外国支付凭证，包括票据、银行存款凭证、邮政储蓄凭证等；外币有价证券，包括政府债券、公司债券、股票等；特别提款权、欧洲货币单位；其他外汇资产。从以上法规规定可看出，就我国而言，外汇是泛指一切我国本币(人民币)以外的外国货币，但在经济交往过程中金融界经常使用的外汇并不是任何国家的货币。因为一些工业发达国家的经济发展较快，国际贸易非常发达，同时加上历史和传统的原因，这些国家的本位货币被世界各国普遍接受，能够在国际市场自由兑换其他货币，这种外汇成为自由外汇。

目前，国际金融界普遍接受的自由外汇有：美元、日元、英镑、德国马克、法国法郎、欧元。同时，瑞士法郎、丹麦克朗、芬兰克朗、港币等也可在一定程度上自由兑换。但在作为国际储备时，后者不如前者在国际储备中占的比重大。因各个国家的经济发达程度和金融地位不同，故对外汇会有不同的理解。根据不同分类标准，外汇可分为自由兑换外汇和非自由兑换外汇、贸易外汇和非贸易外汇、经常项目外汇和资本项目外汇、居民和非居民外汇等。不同外汇分类在外汇管制或汇兑方面有不同的意义。外汇的作用在于通过国际可接受的支付工具或信用支付工具，可以把一国货币的对内价值转换为对外价值，用于对外购买或结算、支付、调节国际收支。外汇在国际市场上主要有四种作用：价值尺度、支付手段、信用手段和储备手段。外汇在实行外汇管制国家的作用主要是：国际支付手段、信用手段和储备手段。针对我国来说，外汇的作用主要是国际贸易中的支付手段和储备手段。　　(王连喜)

waihui baozhi tiaokuan
外汇保值条款(clause of inflation-proof)　亦称"汇率保值条款"。货币与黄金脱钩，国际合同中用硬币来保值的条款。在金本位体制下，货币与黄金挂钩，以金本位保值。比如，原来硬币与软币的比值为1：2，后来软币贬值，2变为4，即原价的比值就为1：4，到付款的时候应该按1：4来付款，这种做法就叫外汇保值条款。其主要内容是：在合同中规定某一或某几个特定国家的货币(如美元、英镑等)或者联合货币(欧元)作为合同的计值货币或支付货币。目前，国际合同一般采用以下三种外汇保值条款：(1)计价或贷款如为不稳定的货币，可把商品总值或货币总额按照当日汇率折算成另一比较稳定的货币。支付或偿还时，如计价或贷款货币贬值，可按照比较稳定的货币的当日汇率，折算应付金额。(2)在合同中规定债权人或债务人可在合同所指定的两种以上特定国家货币中在合同期限届满之日选择确定用何种货币清算债权债务。(3)规定两种以上的货币按照一定比例作为合同计值货币和支付货币或规定某一特定记账单位作为合同债权债务的计算标准，等到清算时，再折算成某一种或某几种货币。常用的记账单位主要有特别提款权和欧洲货币单位(欧元)。

(王连喜)

waihui chubei
外汇储备(foreign exchange reserve)　可随时供一国货币当局使用和控制、用于平衡国际收支以及其他目的的对外资产。它是一国政府所持有的国际储备资产中的外汇部分和国际收支最后结算手段的可兑换货币。其主要作用是：(1)调节国际收支，保证对外支付，维持国际收支平衡；(2)干预外汇市场，稳定本币汇率；(3)维护国际信誉，提高对外融资能力；(4)增强综合国力和抵抗风险的能力。外汇储备的经营原则是要考虑安全性、流动性、增值性。但是，此三者不可能完全兼得，所以各国在经营外汇储备时，往往各有侧重，一般来说，应尽可能兼顾这三项原则，采用"投资组合"、"不把所有的鸡蛋放在一个篮子中"的策略，实现外汇储备的多元化经营，降低风险，实现增值。

国家外汇储备由国家外汇管理局代表中国人民银行进行管理，度量单位精确到0.01亿美元。国家外汇储备资产一般包括国际上普遍使用的可兑换资产，其主要形式包括外币存款、债券、债券回购、同业拆放、外汇掉期、期权等各项外汇资产。外汇储备、黄金储备、特别提款权以及在国家货币基金组织的储备头寸，构成一国的官方储备总额。第二次世界战争前，英镑一直是占统治地位的储备货币，但战后美元成为世界性的储备货币。20世纪70年代后至今，由于美元的币值不太稳，日元、德国马克、瑞士法郎、法国法郎和目前的欧元被广泛地用作储备货币。

我国的外汇储备，在1983—1993年间，包括两个方面，即国家外汇库存和中央银行营运外汇。自1993年起，我国参照国际通行做法，经国务院批准后，国家外汇储备范围仅有国家外汇实际库存而不再包括中国银行的外汇结存。目前我国的外汇储备管理状况为：(1)开始建立中国人民银行集中管理外汇储备的新型体系。1994年实行新汇制后，我国取消了外汇结存业务，中国人民银行直接在外汇交易市场吞吐外汇，购买了大量的外汇资金进入储备。中国人民银行领导下的国家外汇管理局负责管理和经营国家外汇储备，国家外汇管理局下设外汇储备司，具体实施和操作外汇储备的市场运作。(2)外汇储备的职能发生变化。以前其职能主要是单一地进行经常项目下和部分资本项目下日常支付,现今外汇储备在平抑人民币汇率和稳定币值等方面起重要作用。(3)中国人民银行直接经营外汇储备,同时经其授权对部分储备资产实行委托管理。国家外汇储备资产每天按照权责发生制进行记录,其中的交易性资产和金融衍生工具按照市场价值(或公允价值)进行重估。国家外汇管理局每月编制国家外汇储备数据,中国人民银行每月公布。国家外汇管理局在其年报中公布国家外汇储备历史数据。

中国的外汇储备主要由外汇经营中心负责投资增值,其投资策略以往比较保守,主要投资在美国的债券,直至近年,我国才有对外汇储备进行投资增值业务,侧重于风险低的美国债券市场,而较高风险的外汇买卖的投资比例很低。

目前,中国是美国债券市场的第二大买家,仅次于日本。1997年,中国在美国市场大量抛售美国长期债券,转而大量买入短期债券,中国这次行动在美国债券市场引起瞩目,反映了其投资策略愈趋灵活进取。同时,随着中国对国际金融市场的参与增加,中国近年亦培养了一批经营国际业务人才,对瞬息万变的国际金融市场的掌握增加,从而投资策略变得更加灵活。

(王连喜)

waihui daizhang zhunbeijin
外汇呆账准备金(bad debt reserve of foreign exchange) 银行专项用于冲销外汇呆账的外汇基金。外汇呆账是指债务人逾期未履行偿债义务超过3年,确实不能收回的外汇资金。外汇呆账准备金逐年按照年末外汇贷款余额的0.3%—0.5%提取,计入管理费用。不具有独立资格的银行分支行,由其总行或者上级银行统一提取外汇呆账准备金和冲销外汇呆账。银行动用外汇呆账准备金冲销外汇呆账必须报国家外汇管理局备案。

(王连喜)

waihui daikuan
外汇贷款(loan of foreign exchange) 境内单位使用的以外币承担的具有契约性偿还义务的如下外汇资金——国际金融组织转贷款和外国政府转贷款、国际金融转租赁和国内外汇租赁、国内银行及非银行金融机构的外汇贷款等,亦即银行或其他金融机构用吸收的或持有的外汇向国内企业发放的贷款。它的贷款对象是生产出口产品与能够直接或间接地创汇、并具备贷款条件的单位。有些单位虽然自身不能创汇,但只要其自身有外汇来源,也可以申请外汇贷款。我国的外汇贷款1973年首先由中国银行开办,随着经济和国内金融业务的发展,目前国内已有多家商业银行(如中国建设银行、农业银行等)和信托投资公司开办外汇贷款业务,外汇贷款的业务范围在进一步扩大,其形式也在逐年增多。我国外汇贷款的主要优点如下:(1)负担较轻。现今除对三资企业以及其他周转性贷款之外,外汇贷款可以在政策范围内享受抵御国际市场利率水平的优惠利率,而不必承担其他费用。(2)使用较方便。开设外汇贷款的银行和其他金融机构在全国各地都有,营业场所遍布各大中小城市,故借款单位可以就近申请借款偿还贷款。(3)选择性较强。除特定项目之外,用款单位可根据实际需要,在贷款批准的适用范围内,自由地在国际市场上选购适用的商品而没有特定的限制。

(王连喜)

waihui fengxian
外汇风险(foreign exchange risk) 亦称"汇率风险"。由于外汇汇率的波动,以外币表示的资产或负债的价值发生相应上涨或下跌的可能性。汇率风险一般导致两种结果:一为获得利润,二为遭受损失。其主要包括三个构成要素:外币、本币和时间。根据当今世界上跨国公司或企业在全部经营活动中所面临的汇率风险来划分,外汇风险包括以下三种:(1)交易风险,是指在经营活动中,经济实体或组织以外币表示的资本、负债、收益以及费用等,因汇率波动而引起价值变化的可能性。(2)会计风险,是指由于汇率变化而引起资产负债表某些外汇项目价值变动的可能性。(3)经济风险,是指因汇率变动而引起经济实体未来收益变化的一种潜在可能性。收益变化的幅度主要取决于汇率变动对经济实体的产品数量、价格以及成本等要素可能产生影响的程度。目前一般的商业保险公司或保险人对外汇风险是不予承保的。因而,各国为了鼓励出口,减轻出口人的风险负担,都设立一些专门的保险机构(如英国的"出口信贷担保署"、美国的对外信贷协会"和"中国的进出口银行"等),专门承保一般商业保险公司所不承保的商业风险和政治风险。外汇风险就属于一般商业保险公司所不承保的商业风险和政治风险的范畴。

(王连喜)

waihui guanli
外汇管理(foreign exchange administration) 亦称外汇管制。一个国家通过法律、法规授权国家的货币金融当局或其他机构,对进出本国境内的外汇收付、借贷、买卖、资本移动以及国际间结算、外汇汇率和外汇市场等活动进行的管理和控制行为。各国外汇管制的典型制度是一国政府通过法律、法令或其他规定,对其居民购买和持有外汇作不同程度的管制,由一中央机构统管一切外汇,掌握外汇的出入境和分配使用。实行外汇管理,是一国的主权范围内的事;一国根据本国的政治经济发展的需要,可以自由实施外汇管理,只要不违反所承担的国际条约义务,他国无权干涉。外汇管理包括对物、对人和对账户的外汇管理。对物的外汇管理是指对各种以外币表示的支付工具和信用支付工具的全部外汇资金实行管理,还包括对金银的管理。对人的外汇管理是指对定居在本国境内的本国人和外国人(居民),以及不定居在本国境内的本国人和外国人(非居民)所实施的外汇管理。对账户的外汇管理是指对外汇交易资金的存入和支付专设离岸账户,外汇管理部门对该离岸账户资金所实施的外汇管理。如1981年美国联邦储备委员会对开办"国际银行业务实施"规定,银行所从事的离岸金融业务必须与美国境内的金融业务严格分开。

外汇管理的方法主要有直接管理和间接管理两种:直接管理方法主要有行政管理、数量管理和汇价管理三种;间接管理方法主要是对商品进口采取数量限制,以间接方式控制外汇支出。各国一般根据各自的目的,综合运用直接管理和间接管理方法对外汇进行不同程度的管理。有些国家特别是许多发展中国家对外汇实行严格的管理,对贸易、非贸易资本项目的收支均加以管理;我国在1996年1月1日前也属于严格实行外汇管制的国家,但随着经济体制改革的深化和市场经济的发展,特别是加入世界贸易组织后,逐步放宽了对外汇的管制。1996年1月29日发布、1997年1月14日修正的《中华人民共和国外汇管理条例》第5条明确规定:国家对经常性国际支付和转移不予限制。这表明我国现在仅实行部分外汇管制,即对资本项目的收付予以限制,而对贸易收支、劳务收支等经常发生的交易项目不予限制。有些国家特别是工业发达国家(如北欧的一些国家和亚洲的日本)对外汇采取比较宽松的管理,一般只对资本项目收支加以一定程度的限制而对经常项目外汇收支不加限制。还有一些经济发达的国家,特别是在历史上曾采用亚当·斯密自由经济理论的国家,几乎没有外汇管制,允许外汇自由兑换、自由买卖和自由携带出入境,如美国、英国、瑞士、香港地区和外汇储备较多的卡塔尔、沙特阿拉伯等中东石油出口国。从实行外汇管理的国家看,虽然各自的政策不同,有其特殊性,但他们也有明显的共性,即采取外汇管制的目的大都是:(1)保持本国货币的汇价稳定;(2)减少国际收支逆差,增加外汇收入;(3)维护本国的国际收支平衡;(4)保证本国经济独立自主地发展。 (王连喜)

waihui guanli tiaoli

外汇管理条例(regulation of foreign exchange administration) 由国务院依法制定、修改的,调整有关外汇管理事项的规范性文件的总称。1980年12月,国务院发布了《中华人民共和国外汇管理暂行条例》,它是我国比较系统地管理外汇的第一部行政法规,创造了按主体不同分别管理外汇的模式,为改革开放之初国家的外汇管理发挥了重大的作用。为了进一步加强外汇管理,借鉴国外先进立法经验,国务院于1996年1月29日颁布《中华人民共和国外汇管理条例》,该条例打破了《暂行条例》的模式,以国际收支体例为基本划分方法,设计出适应我国实际情况的按用途分别管理的体例结构。1996年底,随着外汇管理体制改革进一步推进,为了实现人民币经常项目下的可自由兑换,国务院又于1997年1月14日重新修订并颁布《中华人民共和国外汇管理条例》,进一步健全和完善了我国的外汇管理法律体系。修订后的1997年《外汇管理条例》共有7章55条。其主要内容和框架结构体系是:第一章"总则",主要规定了外汇管理的立法目的、管理机关、管理原则、适用范围及外汇的定义等。第二章"经常项目外汇",主要规定了境内机构、个人的经常项目外汇的收入和支出的管理等。第三章"资本项目外汇",主要规定资本项目流入流出的审批制度、国家对外商投资、境外投资的管理、对外债的管理等。第四章"金融机构外汇业务",主要对金融机构经营外汇业务的审批程序、经营原则及金融机构的义务等作了原则性的规定。第五章"人民币汇率和外汇市场",主要规定了人民币汇率制度及外汇市场的管理主体和参与主体,外汇市场交易应遵循的原则等。第六章"法律责任",主要规定了违法行为、处罚形式及复议条款等。第七章"附则",规定了解释权、废止及生效条款等。在我国目前尚未制定《外汇管理法》的情况下,1997年《外汇管理条例》是最高层次的外汇行政法规,其他所有的外汇管理方面的法规、规章和其他规范性文件,如1996年6月国务院授权中国人民银行发布的《结汇、售汇及付汇管理规定》和1996年8月国务院批准由中国人民银行发布的《境内机构对外担保管理办法》等,都应当遵循《外汇管理条例》总的原则精神和在《外汇管理条例》的框架体系之内。 (王连喜)

waihui jiesuan zhanghu

外汇结算账户(settlement account of foreign exchange) 我国外汇账户的一种。根据有关境内外汇账户管理规定,境内机构开立结算账户,应当按规定经外汇局批准或备案,其收入范围为来源于经常项目的外汇以及经外汇局批准的其他项下外汇收入,支出用于经常项目支出或者经外汇局批准的资本项目项下支出,结算账户的使用,应当遵守相关外汇管理规定。外汇账户是指境内机构、驻华机构、个人按照有关账户管理规定在经批准经营外汇存款业务的银行和非银行金融机构以可自由兑换货币开立的账户。 (王连喜)

waihui liucheng zhidu

外汇留成制度(foreign exchange retention system) 有关调整外汇留成的范围、比例、分配、使用、管理的规定和做法的统称。它主要包括贸易外汇留成和非贸易外汇留成。凡经批准经营对外贸易出口业务的各类外贸公司,所经营的出口商品在实际出口后按净收汇金额比例留成,称为贸易外汇留成。非贸易外汇留成是指贸易外汇留成之外的外汇留成,主要包括侨汇留成、旅游外汇留成、黄金外汇留成和运输、保险、机收、代销等外汇收入的外汇留成。我国从1979年至1994年这段时间实行外汇留成制度,主要形式有两种:(1)额度留成,创收单位将收入的外汇金额结售给国家指定的银行,国家按创汇额和规定比例,分给创汇单位一定数量的外汇额度,用汇时须凭额度用本国货币购买现汇。(2)现金留成,创汇单位收入的外汇按规定的留成比例核拨给现汇,并可在国家外汇管理法规允许的范围内自主支配使用。中国外汇体制改革的目的是逐步减少行政干预,增加市场力量的作用。自1979年起到1994年汇率并轨前,中国实施外汇留成制度,国内企业被允许保留一定比例的外汇收益的留成额度账户,同时外汇市场逐步发展。1994年初,我国取消了外汇留成与上缴,人民币官方汇率与(外汇调剂)市场汇率并轨,实行银行结售汇,建立全国统一的银行间外汇市场,实现了人民币经常项目有条件可兑换。(王连喜)

waihui shichang

外汇市场(foreign exchange market) 进行货币买卖、兑换的市场。是由各种外汇经营机构和交易者组成的进行买卖外汇的交易场所,它是金融市场的重要组成部分。外汇市场根据不同标准可作如下分类:(1)根据外汇市场组成形态的不同可以分为有形市场和无形市场;(2)根据外汇交易交割时间的不同,可以分为即期外汇市场、远期外汇市场和短期外汇市场;(3)根据外汇市场的范围不同,可以分为外汇批发市场和外汇零售市场。目前世界上主要的国际金融中心,都有外汇市场的存在,现约有外汇市场30多个,其中最重要的有伦敦、纽约、东京、苏黎世、巴黎、法兰克福、米兰、新加坡和中国香港外汇市场等,它们各具特色,分别位于不同的国家和地区,并相互关联,形成了全球的统一外汇市场。全球交易量排名前三位的外汇市场是伦敦外汇市场、纽约外汇市场和东京外汇市场。外汇市场的主体主要包括中央银行等政府机构、外汇银行、外汇经纪人、外汇交易商、外汇供求者、外汇投机者等。外汇市场业务主要有现汇、期货、期汇和期权交易。外汇市场的功能主要在于兑换通货、清偿债务、消除汇率风险、提供信贷、调剂信用和进行套汇套利活动等。我国1997年颁布实施的《外汇管理条例》对外汇市场作了如下规定:(1)外汇市场交易应遵循公开、公平、公正和诚实信用的原则;(2)外汇市场交易的币种和形式由国务院外汇管理部门规定和调整;(3)外汇指定银行和经营外汇业务的其他金融机构是银行间外汇市场的交易者;(4)外汇指定银行和经营外汇业务的其他金融机构,应根据中国人民银行公布的汇率和规定的浮动范围,确定对客户的外汇买卖价格,办理外汇买卖业务;(5)国务院外汇管理部门依法对全国的外汇交易市场进行监督和调控;中国人民银行根据货币政策的要求和外汇市场的变化,依法对外汇市场进行调控等。

我国外汇市场的产生和发展是同中国的经济体制改革和对外开放程度紧密相关的,特别是与外贸体制改革和外汇体制改革息息相关。1979年伴随着整个经济体制改革,外汇管理体制进行了重大改革,首先打破长期以来统收统支的计划体制,实行外汇留成制度,从而产生了一定的外汇供求。为此目的,1980年中国人民银行开始试办外汇调剂业务,并在深圳特区建立了全国第一个外汇调剂中心。1987年全国各地先后成立了外汇调剂中心,调剂市场基本形成。1993年12月28日中国人民银行发布《关于进一步改革外汇管理体制的公告》,自此拉开令人瞩目的1994年外汇体制改革序幕,建立了全国统一的银行间外汇市场,进而改进外汇形成机制。1994年以外汇交易中心为运作机构的银行间外汇交易市场,统一了先前区域性分割状态下的外汇调剂市场,在中国外汇市场机制改革上实现了实质性的飞跃。截止到2000年12月31日,中国外汇交易中心共有342家会员,其中,中资金融机构58家,外资金融机构163家,合资金融机构9家,其他金融机构2家,代理会员110家。新的外汇市场建立了统一的以市场供求为基础的、单一的、有管理的汇率浮动机制,结束了我国官方汇率与市场汇率并存的多重汇率体制,外汇市场称为人民币汇率生成的基础。现阶段我国的外汇市场的结构主要分为两个层次:一是外汇指定银行与企业之间的结售汇市场,亦称外汇零售市场。在零售市场上,企业的外汇供求在符合国家规定的政策范围内均可进行买卖交易。二是通过中国外汇市场交易系统进行的银行间的外汇交易市场,主要为银行结售汇后的头寸买卖服务,是一个批发市场。外汇批发市场是指银行与银行之间的外汇买卖市场,包括同一市场各银行之间、不同市场各银行之间、中央银行与外汇银行之间以及各国中央银行之间的外汇买卖,其特点是买卖的金额较大,故称其为批发市场。

(王连喜)

waihui shichang canyuzhe

外汇市场参与者(participants of foreign exchange

market) 在外汇交易市场上参与外汇市场交易的个别构成分子。其主要包括:(1) 外汇银行,包括外汇指定银行和外汇授权银行。它是外汇市场的最重要的主体,在外汇交易中处于主导地位,业务范围包括外汇买卖、押汇、汇兑、结售汇、外汇存贷款及其他外汇业务。(2) 外汇经纪人。(3) 汇票交易商,经营汇票业务的商号,大多由银行、信托公司经营,少数由私人经营。该种交易商采取先买后卖、先抛后补或同时买进卖出的方式进行汇票买卖,利用各国不同的外汇交易所的时空价差牟取利润。(4) 贴现商号,以买卖远期票据为其主要业务,贴现商号在美国有两种组织形式,一为公司组织,一为私人商号。(5) 外汇投机者。(6) 进出口商及其他外汇供求者。(7) 中央银行和一国政府的外汇管理机构。　　　　　　(王连喜)

waihui tiaoji zhidu
外汇调剂制度(foreign exchange assistance system) 通过外汇调剂中心调剂外汇余缺的制度。外汇调剂中心是国家外汇管理机关批准成立和下属的事业单位,独立核算,自担风险、自负盈亏。目前全国有一百多个外汇调剂中心。外汇调剂业务有买入外汇业务和卖出外汇业务两种。买入的外汇是根据有关规定企事业单位需用的外汇。卖出的外汇主要为各项留成外汇、外商投资企业的外汇及外汇管理机关批准的外汇。价格根据供求浮动,国家可规定最高限价,必要时以平准基金干预市场。调剂中心凭买卖双方申请外汇调剂的批件代为买卖外汇,监督双方的交割和清算,向双方各收取1.5%的人民币手续费,但最低10元,最高1万元。买入的外汇须在6个月和经批准延长的6个月内使用,否则将被收购。自1991年12月起符合规定的个人也可参与调剂,但收费较高。1996年《外汇管理条例》后,这一制度有所变化。　　　　　　(王连喜)

waihui touji
外汇投机(foreign exchange speculation) 投机商利用不同时间、不同地点、不同种类货币之间的汇率变动的差异,以套取汇率利差为目的的外汇交易行为。即是指一种以预期汇价变动为契机而进行的投机行为。外汇投机的主要做法是:投机商预计某种货币汇率将要上升,立即买入这种外汇,等到汇率上涨再卖出,赚取利差;投机商与计谋货币汇率将要下跌,立即卖出手中持有的该种货币,买入该种货币远期外汇,赚取买卖差价。投机商在进行这类交易时,既可利用现汇买卖,也可以使用即期交易、远期交易。外汇投机活动是由于各种货币汇率变化而产生的必然现象,是不同外汇市场汇率存在差异而导致的。　　　　　　(王连喜)

waihui zhiding yinhang
外汇指定银行(designated bank) 经人民银行批准经营结汇、售汇业务的金融机构。包括中资金融机构和外资金融机构。中资金融机构是指政策性银行、国有独资商业银行、股份制商业银行及其分支机构,城市、农村商业银行以及其他经批准的金融机构;外资金融机构是指《中华人民共和国外资金融机构管理条例》中所称外资银行、外国银行分行、合资银行以及其他经批准的金融机构。金融机构经营结汇、售汇业务,须经人民银行批准,取得外汇指定银行资格;非外汇指定银行不得经营结汇、售汇业务。

外汇制定银行的结汇、售汇业务包括与客户之间的结汇、售汇业务和自身的结汇售汇业务。与客户之间的结汇、售汇业务是指外汇指定银行为客户办理人民币与可自由兑换货币之间兑换的业务。自身结汇、售汇业务是指外汇指定银行因自身经营活动需求而产生的人民币与可自由兑换货币之间进行兑换的业务。外汇指定银行办理与客户之间的结汇、售汇业务和自身结汇、售汇业务分别管理和统计。外汇指定银行应当建立结汇、售汇单证保留制度,并按照与客户之间的结汇、售汇业务和自身结汇、售汇业务将有关单据分别保存,保存期限不得少于5年。

外汇指定银行持有结售汇周转头寸,是由外汇局核定,专项用于结汇、售汇业务周转的资金,包括具体数额及规定的浮动幅度。外汇指定银行应当遵照结售汇周转头寸限额管理规定,对超限额的结售汇头寸应及时通过银行间市场进行平补。未经外汇局批准,不得与资本与金融项目项下自身结汇、售汇需求对冲。外汇指定银行应当按照规定及时、准确地向外汇局报送结汇、售汇和周转头寸等数据以及外汇局规定的其他相关报表和资料。

外汇指定银行大额结汇、售汇交易实行备案制度。外汇指定银行应当建立独立的结汇、售汇会计科目,在结汇、售汇会计科目下,应当区分与客户之间的结售汇业务、自身结售汇业务、系统内结售汇头寸平补及市场结售汇头寸平补交易,并分别核算。

外汇局对外汇指定银行主管结汇、售汇业务的负责人(部门经理或主管行长)实行考试、问卷等业务能力审查制度。　　　　　　(傅智文)

waihui ziben zhunbeijin
外汇资本准备金(capital reserve of foreign exchange) 银行从其税后外汇利润中提取的补充实收外汇资本金的外汇基金。银行必须逐年从其税后利润中提取外汇资本准本金。银行的实收外汇资本金加外汇准备金低于银行外汇业务管理规定的法定外汇资本金的3倍时,应当将不少于50%的税后利润补充为外汇资本准备金。银行的实收外汇资本金加外汇准备金高于银行外汇业务管理规定的法定外汇资本金的3倍时,应当将不少于10%的税后利润补充为外汇资本准备金。银行和具有独立法人资格的银行分支行须按照上述规定提取外汇资本准备金,不具有独立法人资格的银行分支行由其总行或上级行统一提取。经国家外汇局批准,银行可以将部分或者全部外汇资本准备金转为实收外汇资本金。 （王连喜）

waijingmao qiye guoyou zichan jiandu guanli
外经贸企业国有资产监督管理(the supervision and management institution of national property of foreign-trade enterprises) 外经贸企业国有资产监督管理制度是为配合建立社会主义市场经济体制和现代企业制度,进一步深化外经贸体制改革,加强对外经贸企业国有资产的监督管理,强化企业经营者的责任,实现国有资产保值增值,根据国务院发布的《国有企业财产监督管理条例》和国务院授权原外经贸部对所属企业的国有资产的经营管理实施监督的规定而制定。

该制度适用于国务院授权由原外经贸部监督管理的外经贸国有企业、企业集团以及外经贸国有企业、企业集团按照《中华人民共和国公司法》改组的外经贸国有独资公司。

外经贸部根据国务院的授权,对企业国有资产进行监督管理,暂行使国家所有者权利。原外经贸部对企业国有资产监督管理具体履行下列职责:(1)对企业国有资产保值增值状况实施监督。(2)核定企业国有资产保值增值指标,审查企业资产、负债和损益;考核检查企业国有资产保值增值指标执行情况。(3)依照法定权限和程序,决定或者批准总经理的任免（聘任、解聘）和奖惩;副总经理由总经理提名,由外经贸部任免（聘任、解聘）和奖惩,或者经过外经贸部授权由总经理任免（聘任、解聘）和奖惩。(4)商财政部门后,确定企业资产收益收缴办法。(5)决定向企业派出监事会。

企业对外经贸部授予其经营管理的财产依法自主经营,享有占有、使用和依法处分的权利。 （苏丽娅）

waimao dailiren
外贸代理人(foreign trade agency) 接受委托人（国内供货或用货单位）的授权,以自身名义办理外贸业务的人。有中介代理、经销代理、缔约代理等不同分类。我国《对外贸易法》规定:没有外贸经营权的组织和个人,可以委托外贸经营者在其经营范围内代办外贸事务。由于委托人不具有外贸经营权利能力,不能直接对外缔结合同,因此受托人的代理属于缔约代理。在这种代理关系中,外贸合同上的权利义务都由受托人承担,受托人和委托人的权利义务由委托合同规定。委托合同一般规定:(1)委托方应依法自行办理商品进出口的有关报关手续,并及时详细地向受托方说明情况。(2)委托方应当及时向受托方详细说明委托进口货出口商品的有关情况。(3)委托方不得自行对外询价或进行商务谈判,不得自行就合同条款作任何形式的承诺;委托方不得自行与外商变更或修改进出口合同,委托方与外商自行达成的补充或修改进出口合同的协议无效。(4)委托方有义务按委托协议的规定,向受托人支付约定的手续费,并偿付受托人为其垫付的费用、税金及利息等。外贸代理人在开展外贸代理业务时,必须注意与国内的供货、用货单位订立书面的委托代理协议,作为确定双方的代理关系和彼此之间的权利义务关系的依据。 （王连喜）

waimao daili zhi
外贸代理制(foreign trade agency system) 我国的外贸企业充当国内供货、用货单位的代理人,为其提供服务,代其对外签订进出口合同和办理进出口业务,收取一定的佣金和手续费,盈亏由委托单位负责的一种经营方式。具体而言,有两种情况:(1)进口代理制,指除主要成套项目和一些大宗敏感性商品由国家指定的专业公司统一经营外,其他绝大部分商品,用户都可以根据外贸公司经营范围进行选择,自由委托,有外贸经营权的企业也可自营进口;(2)出口代理制,指除由指定的外贸公司统一经营的重要出口商品外,其余商品可由地方分支公司、有外贸经营权的公司和大的生产企业经营,或者组成联营公司成交,总公司也可代理出口。有外贸经营权的外贸企业代理进出口时都是以自身的名义作为买方和卖方,同外商签订进出口合同,而不是以被代理人的名义（国内供货或用货单位）订立进出口合同。

我国的外贸代理制开始于1979年,是我国特定经济条件下（计划经济）的产物,其宗旨是改变过去传统的收购制为代理制,以利于国内供货部门按照国际市场的需求提供出口产品,增强其竞争能力和出口创汇能力,增强责任感,提高经济效益;同时减轻外贸公司在收购、存储出口资源方面的经济效益。近年来,随着中国加入世界贸易组织后,国家逐步准许越来越多的生产企业、内贸公司经营进出口业务,逐步放开扩大了享有对外经营权的主体范围,因而外贸专业公司的代理业务逐步减少。然而,从长远来看,即使将来进出口经营权过渡到"登记制",国家的所有各类企业都有外贸经营权,一些企业的商品,特别是大宗敏感商品的进出口,仍然要通过外贸公司进行。中国对外贸易代理制的规定存在于1991年8月由中国外经贸部（现改称为商务部）制定和发布的《关于对外贸易代理制度的暂行规定》和新修订的《中华人民共和国对外贸易法》第 12 条的规定,即对外贸易经营者可以接受他人的委托,在经营范围内代为办理对外贸易业务。我国应当进一步改进和完善我国的外贸法律法规,放开对外贸易经营权,从而完善我国的外贸代理制度。(王连喜)

waishang duzi jingji
外商独资经济(economy of sole investment by foreign investors) 外国投资者依据我国法律规定,经我国政府批准,在我国内地租赁土地,举办的独自投资、独自管理、自负盈亏、自担风险的企业。根据我国《外资企业法》的规定,允许外国的企业和其他经济组织或者个人依照中国有关法律,在中国境内设立全部资本由外国投资者投资的企业,但不包括外国的企业和其他经济组织在中国境内的分支机构。外资企业符合中国法律关于法人条件的规定的,依法取得中国法人资格。从实践来看,在我国境内设立的绝大多数外资企业都依法取得了中国法人资格,只有一些小规模的外资企业,或是由外商合伙经营,或是由外商个人独资经营,不具备法人资格。在我国,外资企业主要采取有限责任公司的组织形式。经批准也可以采取其他组织形式,如股份有限公司、合伙企业或个人独资企业等形式。外资企业在中国境内从事经营活动,必须遵守中国的法律规定,不得损害中国的社会公共利益;外资企业的一切合法权益均受到中国法律的保护,其在经批准的经营范围内自主从事经营管理活动,不受干涉。我国从 1980 年开始试行批准设立外资企业,并得到逐步发展,日益成为我国外商投资企业的重要形式。受我国法律保护,是我国社会主义市场经济的必要补充。
(张长利)

waishang jianjie touzi
外商间接投资(foreign indirect investment) 外国企业、经济组织或个人(包括华侨、港澳台胞以及我国在境外注册的企业)按我国有关政策、法规,采取金融信贷、证券股票投资以及补偿贸易等方式进行投资,但不参与企业经营管理和支配企业的投资形式。间接投资,又称金融投资或证券投资,国际上通行的间接投资方式主要有:国外贷款,包括外国政府贷款、国际金融组织贷款和国际商业贷款,发行国际证券和跨国股票,补偿贸易,来料加工,来件装配,来样制作,国际租赁,股权转让,外资并购等多种投资方式。

1992 年以前,中国引进外资的重点是外商间接投资,每年对外借款数量远远超过外商直接投资,1992年以后,中国引进外资的重点转变为外商直接投资。入世后,将允许外商采用国际上流行的购并方式设立企业,包括允许进行协议购并、允许进入企业产权交易市场购并、允许进入股票市场开展购并、允许合资企业外方通过股权转让及增资扩股方式购并等间接投资方式。但是目前尚缺乏统一的外资并购、重组的法律法规,外资并购的具体规范散见于各个法律条文中,主要有以下法律法规和规定:《关于国有企业利用外商投资进行资产重组的暂行规定》、《关于上市公司涉及外商投资有关问题的若干意见》、《关于外商投资股份公司有关问题的通知》、《关于外商投资企业境内投资的暂行规定》以及前面提及的《指导外商投资方向暂行规定》、《外商投资产业指导目录》及《中西部地区外商投资优势产业目录》等。这些规定对外商间接投资的规制主要体现于:(1)中国的法律或政策虽已允许外商投资企业可申请上市发行 A 股或 B 股,但外商投资企业要最终登陆 A 股或 B 股市场,还需等待中国有关政府部门的具体操作办法出台,并需经历改制等各种法定程序。(2)外商投资企业如果想要继续享有其外商投资企业的诸多优惠条件,其所占被投资企业的股份必须达到一定份额,一般的要求是必须达到被投资企业注册资本的 25% 以上。同时,投资的金额不能超过外商投资企业本身注册金额的 50% 以上。(3)外商投资企业的投资受到行业和地域的限制。外商投资企业只能在产业指导目录下进行投资,不能进入禁止投资领域。
(刘利晋)

waishang juban touzixing gongsi
外商举办投资性公司(establishment of investment company by foreign businessman) 外国投资者在中国以独资或与中国投资者合资的形式设立的从事直接投资的公司,公司形式为有限责任公司。为了促进外国投资者来华投资,引进国外先进技术和管理经验,允许外国投资者根据中国有关外国投资的法律、法规在中国设立投资性公司。为了规范相关行为,对外经济贸易合作部先后出台了数个部门规章:《关于外商投资举办投资性公司的暂行规定》、《〈关于外商投资举办投资性公司的暂行规定〉有关问题的解释》、《〈关于外商投资举办投资性公司的暂行规定〉的补充规定》、《〈关于外商投资举办投资性公司的暂行规定〉的补充规定(二)》、《关于修改〈关于外商投资举办投资性公司的暂行规定〉及其补充规定的决定》。2003 年 6 月 10 日商务部将上述规定合并为《关于外商投资举办投资性公司的规定》,并自公布之日起 30 日后施行。

该规定共有 29 条,其主要内容为:(1)外商投资性公司的含义及其申请条件;(2)申请审批所需提交的文件;(3)申请的审批程序;(4)投资性公司的经营范围;(5)投资性公司所投资企业必须符合的条件;(6)经特别许可投资性公司可以经营的其他业务;(7)投资性公司申请经营特别业务所需的文件;(8)

投资性公司申请设立分公司必须符合的条件;(9)投资性公司的法律责任及其他相关规定。（罗大帅）

外商投资成片开发土地(exploration of land by tract by foreign investor) 外国投资开发者在取得国有土地使用权后,依照规划对土地进行综合性开发建设,包括平整场地、建设供排水、供电、供热、道路交通、通讯等公用设施建设,形成工业用地和其他建设用地条件后,可自主进行开发建设。包括转让土地使用权、经营公用事业,或者进行建设通用工业厂房以及相配套的生产和生活服务设施等地面建筑物,并对这些地面建筑物进行转让或出租的经营活动等。

成片土地开发,是对大面积土地进行整体商业性的综合开发,是土地开发的一种重要形式,需要大量的资金。1990年5月19日,国务院发布了《外商投资开发经营成片土地暂行管理办法》,对外商投资成片开发土地作了如下规定。

（1）外商投资成片开发土地的企业形式有以下三种:依照中外合资经营企业法成立的中外合资经营企业;依照中外合作经营企业法成立的中外合作经营企业;依照外资企业法成立的外资企业。

（2）成片开发土地的审批。

（3）外商投资开发企业土地使用权的转让。

（刘利晋）

外商投资成片开发土地制度(system of exploration of land by tract by foreign investments) 规范外商在取得国有土地使用权后,依照规划对土地进行综合性的开发建设,平整场地、建设供排水、供电、供热、道路交通、通信等公用设施,形成工业用地和其他建设用地条件,然后进行转让土地使用权、经营公用事业,或者进而建设通用工业厂房以及相配套的生产和生活服务设施等地面建筑物,并对这些地面建筑物从事转让或出租的经营活动的管理制度。为了吸收外商投资从事开发经营成片土地,以加强公用设施建设,改善投资环境,引进外商投资先进技术企业和产品出口企业,发展外向型经济,规定了外商投资开发经营成片土地制度。

开发企业应依法取得开发区域的国有土地使用权。开发区域所在的市、县人民政府向开发企业出让国有土地使用权,应依照国家土地管理的法律和行政法规,合理确定地块范围、用途、年限、出让金和其他条件,签订国有土地使用权出让合同,并按出让国有土地使用权的审批权限报经批准。国有土地使用权出让后,其地下资源和埋藏物仍属于国家所有。如需开发利用,应依照国家有关法律和行政法规管理。开发企业未按照出让国有土地使用权合同规定的条件和成片开发规划的要求投资开发土地的,不得转让国有土地使用权。开发企业和其他企业转让国有土地使用权,或者抵押国有土地使用权,以及国有土地使用权终止,应依照国家土地管理的法律和行政法规办理。

同时,开发企业应编制成片开发规划或者可行性研究报告,明确规定开发建设的总目标和分期目标,实施开发的具体内容和要求,以及开发后土地利用方案等。成片开发规划或者可行性研究报告,经市、县人民政府审核后,报省、自治区、直辖市人民政府审批。开发区域的行政管理、司法管理、口岸管理、海关管理等,分别由国家有关主管部门、所在的地方人民政府和有管辖权的司法机关组织实施。我国香港、澳门、台湾地区的公司、企业和其他经济组织或者个人投资从事成片开发,参照执行。

（刘利晋）

外商投资创业投资企业管理(investment enterprise management of investment and the creation of business by foreign businessman) 外国投资者或外国投资者与根据中国法律注册成立的公司、企业或其他经济组织,根据中国法律在中国境内设立的以创业投资为经营活动的管理。为鼓励外国公司、企业和其他经济组织或个人(以下简称外国投资者)来华从事创业投资,建立和完善中国的创业投资机制,根据《中华人民共和国中外合作经营企业法》、《中华人民共和国中外合资经营企业法》、《中华人民共和国外资企业法》、《中华人民共和国公司法》及其他相关的法律法规,对外贸易经济合作部、科学技术部、国家工商行政管理总局、国家税务总局和国家外汇管理局共同制定了《外商投资创业投资企业管理规定》,并自2003年3月1日起施行。

《外商投资创业投资企业管理规定》共有8章51条,包括:总则;设立与登记;出资及相关变更;组织机构;创业投资管理企业;经营管理;审核与监管;附则。其主要内容为:(1)《管理规定》的宗旨和适用范围以及对相关概念的界定。(2)设立创投企业应具备的条件。(3)投资者应当具备的条件。(4)设立创投企业的办理程序及期限。(5)申请设立创投企业应当向审批机构报送的文件。(6)出资及相关变更。(7)受托管理创投企业的创业投资管理企业应具备的条件。(8)创投企业可以经营的业务。(9)审核与监管、法律责任及其他相关规定。

规定自2003年3月1日起施行。对外贸易经济合作部、科学技术部和国家工商行政管理总局于2001年8月28日发布的《关于设立外商投资创业投资企业

的暂行规定》同日废止。　　　　　（罗大帅）

waishang touzi daolu yunshuye guanli
外商投资道路运输业管理（invested by foreign businessman of road transport sector） 道路运输业包括道路旅客运输、道路货物运输、道路货物搬运装卸、道路货物仓储和其他与道路运输相关的辅助性服务及车辆维修。为促进道路运输业的对外开放和健康发展，规范外商投资道路运输业的审批管理，根据《中华人民共和国中外合资经营企业法》、《中华人民共和国中外合作经营企业法》、《中华人民共和国外资企业法》以及有关法律、行政法规的规定，交通部、对外贸易经济合作部共同制定了《外商投资道路运输业管理规定》。

《外商投资道路运输业管理规定》共有20条，其主要内容为：(1)《管理规定》的宗旨和适用范围以及对相关概念的界定。(2)允许外商投资经营道路运输业采用的形式。(3)外商投资从事道路旅客运输业务应当符合的条件。(4)设立外商投资道路运输企业，应当向拟设企业所在地的市（设区的市，下同）级交通主管部门提出立项申请，并提交以下材料：申请书，内容包括投资总额、注册资本和经营范围、规模、期限等；项目建议书；投资者的法律证明文件；投资者资信证明；投资者以土地使用权、设备等投资的应提供有效的资产评估证明；审批机关要求的其他材料；拟设立中外合资、中外合作企业除应当提交上述材料以外，还应当提交合作意向书。(5)交通主管部门对外商投资道路运输业立项和变更申请进行审核和审批的程序。(6)申请人收到批件后，应当在30日内持批件和以下材料向省级对外贸易经济主管部门申请颁发或者变更外商投资企业批准证书：申请书；可行性研究报告；合同、章程（外商独资道路运输业只需提供章程）；董事会成员及主要管理人员名单及简历；工商行政管理部门出具的企业名称预核准通知书；投资者所在国或地区的法律证明文件及资信证明文件；审批机关要求的其他材料。(7)法律责任及其他相关规定。

我国香港特别行政区、澳门特别行政区和台湾省的投资者以及海外华侨在中国内地投资道路运输业参照适用规定。规定自公布之日起施行，交通部1993年颁布的《中华人民共和国交通部外商投资道路运输业立项审批暂行规定》同时废止。　　（罗大帅）

waishang touzi dianli xiangmu
外商投资电力项目（foreign funds invested investment electric power projects by foreign businessman） 利用外资加快电力工业发展，保护投资者的合法权益，指导、规范的外商投资电力项目。根据中华人民共和国法律、法规，电力工业部制定了《关于外商投资电力项目的若干规定》，并自1997年3月20日起施行，原《电力建设项目利用外资暂行规定》同时废止。

《关于外商投资电力项目的若干规定》共有9章36条，包括总则；外商投资范围和方式；项目审查；设备采购和外汇；上网电价及电量；合同及主要内容；合同适用法律及争议解决；监督管理；附则。其主要内容为：(1)规定的宗旨和适用范围及适用原则。(2)电力项目利用外商投资应考虑但不限于以下因素：地区发展对电力的需要；国际资本市场的融资成本；受电地区电价承受能力；项目财务结构；外汇平衡方案。(3)外商投资范围。(4)外商投资可采取的方式。(5)电力部负责进行审查或审批的事项。(6)设备采购和外汇以及上网电价及电量。(7)电力合资经营合同应具备但不限于的有关内容。(8)合同适用法律及争议解决以及监督管理等相关规定。　　（罗大帅）

waishang touzi dianxin qiye guanli
外商投资电信企业管理（administration of foreign-invested telecommunications enterprises） 规范外国投资者同中国投资者在中华人民共和国境内依法以中外合资经营形式，共同投资设立的经营电信业务的企业的管理。为了适应电信业对外开放的需要，促进电信业的发展，根据有关外商投资的法律、行政法规和《中华人民共和国电信条例》，制定了《外商投资电信企业管理规定》，并自2002年1月1日起施行。

该《管理规定》共有25条，其主要内容为：(1)外商投资电信企业的定义及其经营范围：基础电信业务、增值电信业务，具体业务分类依照电信条例的规定执行；外商投资电信企业经营业务的地域范围，由国务院信息产业主管部门按照有关规定确定。(2)外商投资电信企业的注册资本的规定。(3)经营基础电信业务的外商投资电信企业的中方主要投资者应当符合的条件。(4)经营基础电信业务的外商投资电信企业的外方主要投资者应当符合的条件。(5)设立经营基础电信业务或者跨省、自治区、直辖市范围增值电信业务的外商投资电信企业，由中方主要投资者向国务院信息产业主管部门提出申请并报送的文件。(6)设立外商投资电信企业经营省、自治区、直辖市范围内增值电信业务，由中方主要投资者向省、自治区、直辖市电信管理机构提出申请并报送的文件。(7)国务院信息产业主管部门的审批程序和期限。(8)外商投资电信企业项目建议书。(9)法律责任及其他相关规定。
　　　　　　　　　　　　　　　（罗大帅）

waishang touzi dianyingyuan
外商投资电影院（foreign-invested movie theater）

外商利用境外资金和先进技术和设备,与中国一方合资设立的电影院。根据《中华人民共和国中外合资经营企业法》、《中华人民共和国中外合作经营企业法》、《电影管理条例》等有关法律、法规,国家广播电影电视总局制定了《外商投资电影院暂行规定》,并自2004年1月1日起施行。

该《暂行规定》的主要内容为:(1)本规定适用范围。(2)外商不得设立独资电影院,不得组建电影院线公司。(3)外商投资电影院应当符合的条件。(4)设立外商投资电影院的报批程序。(5)外商投资电影院附属从事其他娱乐服务业务要符合国家有关规定。(6)香港特别行政区、澳门特别行政区和台湾地区的投资者在内地设立从事电影放映业务的企业参照本规定办理。(7)附件:自2004年1月1日起,允许香港、澳门服务提供者在内地以合资、合作的形式建设、改造及经营电影院。允许香港、澳门服务提供者拥有多数股权,但不得超过75%;香港、澳门服务提供者在内地投资电影院的其他规定,仍按《外商投资电影院暂行规定》执行。本规定及附件施行之日,2000年10月25日国家广播电影电视总局、对外贸易经济合作部和文化部发布的《外商投资电影院暂行规定》同时废止。

(罗大帅)

waishang touzi fangxiang
外商投资方向(foreign-invested direction) 为了适应国民经济和社会发展规划,保护投资者的合法权益,国家制定的有关外商投资项目的规定和产业政策。对外商投资方向的规定适用于在中国境内投资举办的中外合资经营企业、中外合作经营企业和外资企业的项目以及其他形式的外商投资项目。外商投资项目分为鼓励、允许、限制和禁止四类。

鼓励类外商投资项目有:(1)属于农业新技术、农业综合开发和能源、交通、重要原材料工业建设的;(2)属于高新技术、先进技术,能够改进产品性能、节约能源和原材料、提高企业技术经济效益或者生产适应市场需求而国内生产能力不足的新设备、新材料的;(3)属于适应国际市场需求,能够提高产品档次,开拓新市场、扩大产品外销、增加出口的;(4)属于综合利用资源和再生资源以及防治环境污染的新技术、新设备的;(5)属于能够发挥中西部地区的人力和资源优势,并符合国家产业政策的;(6)属于国家法律、行政法规规定鼓励的其他项目的。

限制类外商投资项目:(1)属于国内已开发或者已引进技术,生产能力已能满足国内市场需求的;(2)属于国家吸收外商投资试点或者实行专卖的产业的;(3)属于从事稀有、贵重矿产资源勘探、开采的;(4)属于需要国家统筹规划的产业的。

禁止类外商投资项目规定的外商投资项目,任何公司、企业、其他经济组织或者个人均不得举办,包括:(1)属于危害国家安全或者损害社会公共利益的;(2)属于对环境造成污染损害,破坏自然资源或者损害人体健康的;(3)属于占用大量耕地,不利于保护、开发土地资源,或者危害军事设施安全和使用效能的;(4)属于运用我国特有工艺或者技术生产产品的;(5)属于国家法律、行政法规规定禁止的其他项目的。

鼓励类外商投资项目,除依照国家有关法律、行政法规的规定享受优惠待遇外,从事投资额大、回收期长的能源、交通基础设施(煤炭、电力、地方铁路、公路、港口)建设并经营的,经批准可以扩大与其相关的经营范围。

(刘利晋)

waishang touzi gufen youxian gongsi
外商投资股份有限公司(a company limited by shares with foreign investment) 按国家有关规定全部资本由等额股份构成,股东以其所认购的股份对公司承担责任,公司以全部财产对公司债务承担责任,中外股东共同持有公司股份,外国股东购买并持有的股份占公司注册资本25%以上的企业法人。外资股份有限公司是外商投资企业的一种形式,适用有关外商投资企业的规定,同时外资股份有限公司又具有一般股份有限公司的共同特征。由于我国《公司法》规定,股份有限公司应有2人以上200人以下为发起人,其中须有过半数的发起人在中国境内有住所,因此外商投资股份有限公司只能采取中外合资形式设立。

外商投资股份有限公司对于注册资本的要求:公司注册资本的最低限额为人民币3000万元。其中外国股东购买并持有的股份应不低于公司注册资本的25%。外商投资股份有限公司的设立方式有以下几种:(1)发起方式,由发起人认购公司发行的全部股份而设立公司。以发起方式设立的公司,除公司法规定应当有5人以上的发起人外,其中至少有1个发起人应为外国股东。(2)募集方式,由发起人认购公司应发行股份的一部分,其余部分向社会公开募集。以募集方式设立的公司,除应符合发起人法定人数外,其中至少有1个发起人还应有募集股份前3年连续盈利的记录,该发起人为中国股东时,应提供其近3年经过中国注册会计师审计的财务会计报告;该发起人为外国股东时,应提供该外国股东居所所在地注册会计师审计的财务报告。(3)由现有企业申请转变为股份公司,主要有已设立的外商投资企业、国有企业、集体所有制企业、股份有限公司以及股份有限公司通过向社会公开发行人民币特种股票(B股)申请转变这几种情况。

外资股份有限公司与原有的外商股票投资方式相

比,有以下优点:(1)在《关于设立外商投资股份有限公司若干问题的暂行规定》颁布前,外商虽可通过购买并持有B股、H股、N股投资于股份有限公司,但无权成为其发起人,《暂行规定》授权外商可以作为股份公司的发起人;(2)《暂行规定》颁布前,外商购买并持有B股、H股、N股,无论持股比例多大,发行上述股票的股份公司都不被认为是外商投资企业,不享有外商投资企业的各种优惠待遇,《暂行规定》则允许发行上述股票的股份公司申请转变为外资股份有限公司,从而能享受外商投资企业的各种优惠待遇。

我国加入WTO以后,已经形成全方位、多层次、宽领域的对外开放格局,将为外商提供更多、更好的投资机遇。借鉴国际上的经验和做法,结合国内经济结构调整和企业具体情况,进一步修改外商投资股份公司的操作性规定,完善外资企业在境内外发行股票和上市的各项规定,以切实措施鼓励外商来中国投资。

(刘利晋　罗大帅)

waishang touzi gufen youxian gongsi de shangshi
外商投资股份有限公司的上市(a company limited by shares makes public offer of shares)　外商投资股份有限公司依照我国有关法律、法规,在境内发行股票。对于外商投资股份有限公司的发行股票,有一些特殊的要求:(1)外商投资股份有限公司在境内发行股票(A股与B股)必须符合外商投资产业政策及上市发行股票的要求。(2)首次公开发行股票并上市的外商投资股份有限公司,除符合《公司法》等法律、法规及中国证监会的有关规定外,还应符合下列条件:申请上市前三年均已通过外商投资企业联合年检;经营范围符合《指导外商投资方向暂行规定》与《外商投资产业指导目录》的要求;上市发行股票后,其外资股占总股本的比例不低于10%;按规定需由中方控股(包括相对控股)或对中方持股比例有特殊规定的外商投资股份有限公司,上市后应按有关规定的要求继续保持中方控股地位或持股比例;符合发行上市股票有关法规要求的其他条件。(3)外商投资股份有限公司首次公开发行股票并上市,除向中国证监会提交规定的材料外,还应提供通过联合年检的外商投资股份有限公司的批准证书和营业执照。(4)外商投资股份有限公司首次发行股票后,其增发股票及配股,应符合本规定的条件以及增发股票与配股的有关规定。(5)外商投资股份有限公司首次发行股票及增发或配、送股票完成后,应到外经贸部办理法律文件变更手续。

外商投资股份有限公司在境内发行股票而编制招股说明书时,除应遵循中国证监会有关招股说明书内容与格式准则的一般规定外,还应遵循其特别要求,特别是在信息披露方面:应详细披露依赖境外原材料供应商、境外客户以及境外技术服务的风险,国家有关外商投资企业税收优惠的法律、法规、政策可能发生变化的风险,外国股东住所地、总部所在国家或地区向中国境内投资或技术转让的法律、法规可能发生变化的风险,汇率风险。还应披露持股5%(含)以上的外国股东的住所地、外国股东总部所在国家或地区对于向中国投资和技术转让的法律、法规。对于其与股东的关联交易情况以及董事和高级管理人员的国籍、境外永久居留权的等情况也有特别的披露要求。　(刘利晋)

waishang touzi gufen youxian gongsi de sheli
外商投资股份有限公司的设立(the establishment of a list company limited by shares by foreign businessman)　外商投资股份有限公司依照我国有关法律、法规规定的程序申请设立。(1)发起人达成设立公司协议后,可共同委托一发起人办理设立公司的申请手续。具体程序是:申请人向其省、自治区、直辖市及计划单列市政府主管部门(以下称主管部门)提交设立公司的申请书、可行性研究报告、资产评估报告等文件。以募集方式设立公司的,申请人还须提交招股说明书。发起人提交的各项文件必须用中文书写。在发起人各方认为需要时,可商定再用一种外文书写,但以审批生效的中文文本为准。上述文件经主管部门审查同意后,由主管部门转报省、自治区、直辖市及计划单列市对外经贸部门。上述文件经省、自治区、直辖市及计划单列市对外经贸部门核准后,发起人正式签订设立公司的协议、章程。发起人签订设立公司协议、章程,报省、自治区、直辖市对外经贸部门审查同意后,报对外贸易经济合作部审查批准。对外贸易经济合作部在45日内决定批准或不批准。(2)发起人设立公司的协议、章程经对外贸易经济合作部批准后,发起人应在30日内凭对外贸易经济合作部颁发的批准证书到银行开立专用账户。发起人应自批准证书签发之日起90日内一次缴足其认购的股份。发起人在公司发行的股份缴足之前应承担连带认缴责任。公司不能设立时,发起人为设立行为所发生的费用和债务负连带责任。(3)以发起方式设立公司的,发起人按规定缴足其认购股份后,应当选举董事会和监事会,由董事会向公司登记机关报送设立公司的批准文件、公司章程、验资证明等文件,申请设立登记。以募集方式设立公司的,发行股份股数缴足后,必须经法定验资机构验资并出具证明。发起人应当在30日内主持召开公司创立大会,并选举董事会、监事会,董事会应于创立大会结束后30日内,向公司登记机关报送设立公司批准文件、公司章程、验资证明、创立大会的会议记录等文件,申请设立登记。(4)公司登记机关自接到全部登记文件之日起30天内完成登记注册手续,并颁发营业执

照。　　　　　　　　　　　　（刘利晋）

waishang touzi guanggao qiye guanli
外商投资广告企业管理(administration of advertising enterprises by foreign investment)　依法经营广告业务的中外合资经营企业、中外合作经营企业以及外资广告企业的管理。设立外商投资广告企业,应当遵守《中华人民共和国中外合资经营企业法》、《中华人民共和国中外合作经营企业法》、《中华人民共和国外资企业法》、《中华人民共和国广告法》、《广告管理条例》、《广告经营者、广告发布者资质标准及广告经营范围核定用语规范》等有关法律、法规、规章。为了加强外商投资广告企业的管理,促进广告业健康发展,根据有关外商投资管理和广告管理的法律、行政法规,国家工商行政管理总局和商务部于2004年3月2日联合制定发布了《外商投资广告企业管理规定》。主要内容包括:(1)外商投资广告企业主管。外商投资广告企业的项目建议书及可行性研究报告,由国家工商行政管理总局及其授权的省级工商行政管理局审定。外商投资广告企业的合同和章程,由商务部及其授权的省级商务主管部门审查批准。外商投资广告企业符合规定条件,经批准可以经营设计、制作、发布、代理国内外各类广告业务,其具体经营范围,由国家工商行政管理总局及其授权的省级工商行政管理局依据《广告经营者、广告发布者资质标准及广告经营范围核定用语规范》予以核定。(2)外商投资广告企业设立程序。(3)其他规定。通过并购境内广告企业投资广告业的,按照外国投资者并购国内企业有关规定和《规定》办理。香港、澳门、台湾地区投资者在内地投资设立广告企业参照《规定》办理。外商投资企业申请增加广告经营业务的参照《规定》办理。

自2004年1月1日起,允许香港服务提供者和澳门服务提供者在内地设立独资广告公司。自《规定》施行之日起允许外资拥有中外合营广告企业多数股权,但股权比例最高不超过70%;2005年12月10日起,允许设立外资广告企业。　　　　　（傅智文）

waishang touzi guoji haiyunye guanli
外商投资国际海运业管理(administration of foreign funds for international maritime transportation industry)　规范对外商在中国境内设立外商投资企业从事国际海上运输业务以及与国际海上运输相关的辅助性经营业务的管理。为保护中外投资者的合法权益,根据《中华人民共和国国际海运条例》和中华人民共和国外商投资的有关法律、行政法规,交通部和商务部共同制定了《外商投资国际海运业管理规定》,并自2004年6月1日起施行。

该《管理规定》共有19条,其主要内容为:(1)管理规定的宗旨及其适用范围。(2)外商投资国际海运业的审批机关即交通部和商务部及其权限。(3)经交通部和商务部批准,外商投资经营国际海运业可采用的形式。(4)设立外商投资国际船舶运输企业需符合的条件。(5)设立外商投资企业经营国际船舶运输业务的程序。(6)设立外商投资国际船舶代理企业需符合的条件。(7)设立外商投资企业经营国际船舶代理业务的程序。(8)设立外商投资国际船舶管理企业,需具备的条件。(9)设立外商投资企业经营国际船舶管理业务,经营国际海运集装箱站和堆场业务、国际海运货物仓储,设立国际海运货物装卸企业的程序。(10)对已经设立的外商投资企业申请增加经营国际海运或国际海运辅助性业务的程序。(11)申请人向交通部提出申请的,应当提交《海运条例》及《海运条例实施细则》规定的材料;向商务部或其授权部门提出申请的,应向审批机关提交的材料。(12)中国香港特别行政区、澳门特别行政区和台湾地区的投资者在中国其他省、自治区和直辖市投资设立国际海运及其国际海运辅助企业的,参照本规定办理。

另外,根据国务院批准的《内地与香港关于建立更紧密经贸关系的安排》、《内地与澳门关于建立更紧密经贸关系的安排》及其附件的有关规定,自2004年1月1日起,允许香港和澳门的服务提供者在内地设立独资企业经营国际船舶管理、国际海运货物仓储、国际海运集装箱站和堆场、无船承运业务;允许香港和澳门的服务提供者在内地设立独资船务公司,为其拥有或者经营的船舶提供揽货、签发提单、结算运费、签订服务合同等日常业务服务。（罗大帅）

waishang touzi guoji huowu yunshu daili qiye guanli
外商投资国际货物运输代理企业管理(administration of international freight forwarding agency enterprises with foreign investment)　境外的投资者以中外合资、中外合作以及外商独资形式设立的接受进出口货物收货人、发货人的委托,以委托人的名义或者以自己的名义,为委托人办理国际货物运输及相关业务并收取服务报酬的外商投资企业的管理。为促进中国国际货运代理业的健康发展,规范外商投资国际货物运输代理企业的设立及经营行为,根据国家有关外商投资企业的法律、法规和《中华人民共和国国际货物运输代理业管理规定》,对外经济贸易合作部制定了《外商投资国际货物运输代理企业管理办法》,并自2002年1月1日起施行,外经贸部于1996年9月9日颁布的《外商投资国际货运代理企业审批规定》同时作废。

该《管理办法》共有16条,其主要内容为:(1)该管理办法的宗旨和适用范围。(2)外商投资国际货物运输代理企业的定义和审批机构及其权限。(3)申请设立外商投资国际货运代理企业的中外合营者必须具备的条件。(4)设立外商投资国际货运代理企业必须符合的要求。(5)外商投资国际货运代理企业经批准可经营的部分或全部业务。(6)申请从事国际多式联运业务的外商投资国际货运代理企业,除符合一般性要求外,还应具备一定的条件。(7)设立外商投资国际货运代理企业的程序。(8)设立外商投资国际货运代理企业需提供的文件。(9)外商投资国际货运代理企业的经营期限。(10)外商投资国际货运代理企业设立分公司的程序及需提供的文件。(11)法律责任及其他相关规定。

为了促进香港、澳门与内地建立更紧密经贸关系,商务部2003年12月7日发布了《〈外商投资国际货物运输代理企业管理办法〉补充规定》,自2004年1月1日起施行。其主要内容为:(1)自2004年1月1日起,允许香港服务提供者和澳门服务提供者在内地以合资、合作、独资的形式设立国际货运代理企业。(2)符合条件的香港服务提供者和澳门服务提供者在内地投资设立国际货运代理企业的注册资本最低限额应当符合的要求。(3)香港服务提供者和澳门服务提供者申请设立国际货运代理企业的其他规定,仍按《外商投资国际货物运输代理企业管理办法》执行。(4)本规定中的香港服务提供者和澳门服务提供者应分别符合《内地与香港关于建立更紧密经贸关系的安排》和《内地与澳门关于建立更紧密经贸关系的安排》中关于"服务提供者"定义及相关规定的要求。 (罗大帅)

waishang touzi jianzhuye qiye guanli zhidu
外商投资建筑业企业管理制度(administration of foreign-invested construction enterprises by foreign businessman) 根据中国法律、法规的规定,在中华人民共和国境内投资设立的外资建筑业企业、中外合资经营建筑业企业以及中外合作经营建筑业企业的管理。为进一步扩大对外开放,规范对外商投资建筑业企业的管理,根据《中华人民共和国建筑法》、《中华人民共和国招标投标法》、《中华人民共和国中外合资经营企业法》、《中华人民共和国中外合作经营企业法》、《中华人民共和国外资企业法》、《建设工程质量管理条例》等法律、行政法规,建设部和对外贸易经济合作部制定了《外商投资建筑业企业管理规定》,并自2002年12月1日起施行。

外国投资者在中华人民共和国境内设立外商投资建筑业企业,并从事建筑活动,应当依法取得对外贸易经济行政主管部门颁发的外商投资企业批准证书,在国家工商行政管理总局或者其授权的地方工商行政管理局注册登记,并取得建设行政主管部门颁发的建筑业企业资质证书。

国务院对外贸易经济行政主管部门负责外商投资建筑业企业设立的管理工作;国务院建设行政主管部门负责外商投资建筑业企业资质的管理工作。

外商投资建筑业企业设立与资质的申请和审批,实行分级、分类管理。

设立外商投资建筑业企业,申请施工总承包序列特级和一级、专业承包序列一级资质遵循以下程序:(1)申请者向拟设立企业所在地的省、自治区、直辖市人民政府对外贸易经济行政主管部门提出设立申请。(2)省、自治区、直辖市人民政府对外贸易经济行政主管部门在受理申请之日起30日内完成初审,初审同意后,报国务院对外贸易经济行政主管部门。(3)国务院对外贸易经济行政主管部门在收到初审材料之日起10日内将申请材料送国务院建设行政主管部门征求意见。国务院建设行政主管部门在收到征求意见函之日起30日内提出意见。国务院对外贸易经济行政主管部门在收到国务院建设行政主管部门书面意见之日起30日内作出批准或者不批准的书面决定。予以批准的,发给外商投资企业批准证书;不予批准的,书面说明理由。(4)取得外商投资企业批准证书的,应当在30日内到登记主管机关办理企业登记注册。(5)取得企业法人营业执照后,申请建筑业企业资质的,按照办理。

设立外商投资建筑业企业,申请施工总承包序列和专业承包序列二级及二级以下、劳务分包序列资质的程序,由各省、自治区、直辖市人民政府建设行政主管部门和对外贸易经济行政主管部门,结合本地区实际情况,参照相关规定执行。

自治区、直辖市人民政府建设行政主管部门审批的外商投资建筑业企业资质,应当在批准之日起30日内报国务院建设行政主管部门备案。

外商投资建筑业企业申请晋升资质等级或者增加主项以外资质的,应当依照有关规定到建设行政主管部门办理相关手续。

申请设立外商投资建筑业企业应当向对外贸易经济行政主管部门提交相关资料。申请者提交的资料应当使用中文,证明文件原件是外文的,应当提供中文译本。

中外合资经营建筑业企业、中外合作经营建筑业企业中方合营者的出资总额不得低于注册资本的25%。

外资建筑业企业只允许在其资质等级许可的范围内承包下列工程:(1)全部由外国投资、外国赠款、外国投资及赠款建设的工程。(2)由国际金融机构资助并通过根据贷款条款进行的国际招标授予的建设项目。(3)外资等于或者超过50%的中外联合建设项目;及外资少于50%,但因技术困难而不能由中国建筑企业独立实施,经省、自治区、直辖市人民政府建设行政主管部门批准的中外联合建设项目。(4)由中国投资,但因技术困难而不能由中国建筑企业独立实施的建设项目,经省、自治区、直辖市人民政府建设行政主管部门批准,可以由中外建筑企业联合承揽。

中外合资经营建筑业企业、中外合作经营建筑业企业应当在其资质等级许可的范围内承包工程。

外商投资建筑业企业的资质等级标准执行国务院建设行政主管部门颁发的建筑业企业资质等级标准。承揽施工总承包工程的外商投资建筑业企业,建筑工程主体结构的施工必须由其自行完成。外商投资建筑业企业与其他建筑业企业联合承包,应当按照资质等级低的企业的业务许可范围承包工程。

(刘　鹏　罗大帅)

waishang touzi lüxingshe

外商投资旅行社(tourist agency established by foreign investor)　外国旅游经营者同中国投资者依法共同投资设立的中外合资经营旅行社和中外合作经营旅行社。外商投资旅行社可以经营入境旅游业务和国内旅游业务。外商投资旅行社不得设立分支机构。外商投资旅行社不得经营中国公民出国旅游业务以及中国其他地区的人赴香港特别行政区、澳门特别行政区和台湾地区旅游的业务。外商投资旅行社的中国投资者应当符合下列条件:(1)依法设立的公司;(2)最近3年无违法或者重大违规记录;(3)符合国务院旅游行政主管部门规定的审慎和特定行业的要求。外商投资旅行社的外国旅游经营者应当符合下列条件:(1)是旅行社或者主要从事旅游经营业务的企业;(2)年旅游经营总额4000万美元以上;(3)是本国旅游行业协会的会员。

(张旭娟　师湘瑜)

waishang touzi minyong hangkongye

外商投资民用航空业(foreign-invested civil aviation industry)　外商投资民航业范围包括民用机场、公共航空运输企业、通用航空企业和航空运输相关项目。为进一步扩大中国民用航空业的对外开放,促进民航业的改革和发展,保护投资者的合法权益,根据《中华人民共和国中外合资经营企业法》、《中华人民共和国中外合作经营企业法》、《指导外商投资方向规定》和《外商投资产业指导目录》及有关民航业的法律、法规,民航总局和对外经济贸易合作部制定了《外商投资民用航空业规定》,并自2002年8月1日起施行。

该规定共有19条,其主要内容为:(1)宗旨和适用范围。(2)外商投资民航业范围包括民用机场、公共航空运输企业、通用航空企业和航空运输相关项目。禁止外商投资和管理空中交通管制系统。(3)外商投资方式。(4)外商投资的合营企业的经营期限及审批程序。(5)香港、澳门特别行政区和台湾地区的公司、企业、其他经济组织或个人在中国其他省、自治区和直辖市投资民航业,参照本规定办理。

1994年5月6日由民航总局与外经贸部发布的《关于外商投资民用航空业有关政策的通知》和1994年10月25日由民航总局与外经贸部发布的《关于发布〈关于外商投资民用航空业有关政策的通知〉若干问题的解释的通知》同时废止。

(罗大帅)

waishang touzi nongzuowu zhongzi qiye shenpi he dengji guanli

外商投资农作物种子企业审批和登记管理(examination, approval and registration administration of foreign invested enterprise of crop seeds)　中外合资、合作开发生产经营农作物种子的企业的审批和登记管理。设立外商投资农作物种子企业,应当遵循有关外商投资和种子管理的法律、法规规定。

设立外商投资农作物种子企业,除符合有关法律、法规规定的条件和我国种子产业政策外,应具备以下条件:(1)申请设立外商投资农作物种子企业的中方应是具备农作物种子生产经营资格并经其主管部门审核同意的企业;外方应是具有较高的科研育种、种子生产技术和企业管理水平,有良好信誉的企业。(2)能够引进或采用国(境)外优良品种(种质资源)、先进种子技术和设备。(3)注册资本符合以下要求:粮、棉、油作物种子企业的注册资本不低于200万美元;其他农作物种子企业的注册资本不低于50万美元。(4)设立粮、棉、油作物种子企业,中方投资比例应大于50%。

设立外商投资农作物种子企业申请程序:(1)中方投资者将项目建议书和可行性研究报告按现行外商投资基本建设、技术改造项目审批权限和审批程序报省级以上审批部门审批。审批部门在批准立项前,应征求省级以上农业行政主管部门的审查意见。设立粮、棉、油作物种子企业,由省级农业行政主管部门初审后,报农业部出具审查意见。未经农业行政主管部门审查同意的,不予批准立项。批准立项的,按有关规定向工商行政管理机关申请企业名称预先核准。(2)中方投资者将合同、章程及有关文件按现行审批权限和审批程序报送省级以上审批部门审批。经审批同意的,由审批部门颁发《外商投资企业批准证书》。(3)中方投资者向农业部申请办理经营许可手续,农业部按有关规定核发《农作物种子经营许可证》。(4)中方投资者持项目建议书和可行性研究报告的批准文件、《外商投资企业批准证书》、《农作物种子经营许可证》及有关文件,向国家工商行政管理局或其授权的地方工商行政管理机关申请办理企业法人登记手续。

申请办理《农作物种子经营许可证》时,中方投资者向农业部提交下列文件:(1)项目建议书和可行性研究报告的批准文件;(2)设立外商投资种子企业的合同、章程;(3)合同、章程的批准文件及审批部门颁发的《外商投资企业批准证书》;(4)外商投资农作物种子企业董事会成员名单及各方董事委派书;(5)其他应提交的证件、文件。

外商投资农作物种子企业生产商品种子,应按有关规定于播种前1个月,向生产所在地省级农业行政主管部门申请领取《农作物种子生产许可证》。

外商投资农作物种子企业变更合资、合作方或开发范围时,应按规定的程序,申请办理审批和变更登记。

(傅智文)

waishang touzi qiye
外商投资企业(foreign-invested enterprises) 依照中华人民共和国法律的规定,在中国境内设立的由外国企业、其他经济组织或者个人进行投资的企业,它包括中外合资企业、中外合作企业、外资企业。外商投资企业受中国法律的管辖和保护,在中国境内设立的外商投资企业,都是中国的民事主体,符合中国法律关于法人条件的规定的,依法取得我国法人的资格。同时,外国企业必须遵守我国的有关的法律,不得损害中国的社会公共利益,国家有关机关依法对外商投资企业进行管理和监督。

中外合资经营企业,可从事的主要行业有工业制造业和农业、旅游业、服务业等,对合营企业的禁止主要是有损中国主权、违反中国法律、不符合中国国民经济发展要求、造成环境污染或签订的协议、合同、章程显属不公平、损害一方权益等。

中外合作经营企业,《中外合作经营企业法》主要规定了其设立时的批准情况。一般由对外贸易经济合作部审查批准。对符合规定条件者由国务院授权的部门或者地方政府审查批准。对合作企业的禁止主要是损害国家主权或者公共利益、危害国家安全、对环境造成污染损害以及其他情形。

外资企业应当有利于中国国民经济的发展。下列企业禁止设立外资企业:(1)新闻、出版、广播、电影、电视;(2)国内商业、对外贸易、保险;(3)邮电通信;(4)其他行业。下列企业限制设立:(1)公用事业;(2)交通运输;(3)房地产;(4)信托投资;(5)租赁。

2000年10月31日中国修改了《中外合资经营企业法》、《中外合作经营企业法》和《外资企业法》。被取消的限制有:企业须自己保持外汇平衡,尽先在中国市场购买原材料,有些类型企业的产品须出口以及企业须上报生产经营计划。随着《中外合资经营企业法》、《中外合作经营企业法》和《外资企业法》的修改,对外商投资企业所从事行业的禁止与限制也将进一步放宽,这将会对外商投资信心的增加起到促进作用。

(刘利晋)

waishang touzi qiye dengji guanliquan
外商投资企业登记管理权(governing power of registration of foreign-invested enterprises) 我国现行的外商投资企业登记管理制度实行国家工商行政管理总局登记管理和授权地方工商行政管理局登记管理相结合的制度。国家工商行政管理总局负责全国的外商投资企业登记管理工作,并可以根据规定的条件授予地方工商行政管理局外商投资企业核准登记管理权。被授权的地方工商行政管理局以自己的名义在被授权范围内行使对外商投资企业的登记管理职权。外商投资企业营业执照、登记证、注册证和外国(地区)企业常驻代表机构人员的工作证由国家工商行政管理总局统一印制,由被授权局按规定申领。

我国现行的外商投资企业登记管理权的主要依据是2002年12月10日国家工商行政管理总局修订并公布的《外商投资企业授权登记管理办法》,主要规定了如下几个方面的内容:外商投资企业登记管理权的申请;外商投资企业登记管理权的行使;外商投资企业登记管理权行使的监督。

(傅智文)

waishang touzi qiye he waiguo qiye suodeshui fa
《外商投资企业和外国企业所得税法》(Income Tax Law for Foreign-Invested Enterprises and Foreign Enterprises) 中华人民共和国第七届全国人民代表大会第四次会议于1991年4月9日通过,自1991年7月1日起施行,其适用对象仅为外商投资企业和外国企业,与《中华人民共和国企业所得税暂行条例》相配套组成广义的企业所得税法。涉外企业所得税的纳税人是外商投资企业和外国企业,即在中国境内设立的中外合资经营企业、中外合作经营企业和外资企业以及在中国境内设立机构、场所,从事生产、经营和虽未设立机构、场所,而有来源于中国境内所得的外国公司、企业和其他经济组织。征税对象是外商投资企业和外国企业来源于中华人民共和国境内的生产、经营所得和其他所得。涉外企业所得税采用比例税率,外商投资企业的企业所得税和外国企业就其在中国境内设立的从事生产、经营的机构、场所的所得缴纳企业所得税,税率为33%;外国企业在中国境内未设立机构、场所,而有取得的来源于中国境内的利润、利息、租金、特许权使用费和其他所得,或者虽设立机构、场所,但上述所得与其机构、场所没有实际联系的,缴纳20%的所得税。同时还规定了优惠税率,即设在经济特区的外商投资企业,在经济特区设立机构、场所从事生产、经营的外国企业和设在经济技术开发区的生产性外商投资企业,减按15%的税率征收企业所得税。设在沿海经济开放区和经济特区、经济技术开发区所在城市的老市区的生产性外商投资企业,减按24%的税率征收企业所得税。设在沿海经济开放区和经济特区、经济技术开发区所在城市的老市区或者设在国务院规定的其他地区的外商投资企业,属于能源、交通、港口、码头或者国家鼓励的其他项目的,可以减按15%的税率征收企业所得税。涉外企业所得税的计税依据是每一纳税年度的收入总额,减除成本、费用以及损失后的余额。除优惠税率外,外商投资企业和外国企业还可享受其他优惠,包括经营期在10年以上的生产性外商投资企业的"二减三免"税收优惠、外商投资企业的外国投资者的再投资退税优惠,以及亏损弥补等等。此外,从事农业、林业、牧业的外商投资企业和设在经济不发达的边远地区的外商投资企业,"二减三免"待遇期满后,经企业申请,国务院税务主管部门批准,在以后的10年内可以继续按应纳税额减征15%至30%的企业所得税。外商投资企业来源于中国境外的所得已在境外缴纳的所得税税款,准予从其应纳税额中扣除,但扣除额不得超过其境外所得依照我国规定计算的应纳税额。涉外企业所得税的纳税地点是纳税人所在地即其营业机构所在地。涉外企业所得税的缴纳按年计算,分季预缴。在季度终了后15日内预缴,年度终了后5个月内汇算清缴,多退少补。外商投资企业或者外国企业在中国境内设立的从事生产、经营的机构、场所与其关联企业之间的业务往来,未按照独立企业之间的业务往来收取或者支付价款、费用,而减少其应纳税的所得额,税务机关有权进行合理调整。

(汤洁茵)

waishang touzi qiye he waiguo qiye suodeshui shishi xize

《外商投资企业和外国企业所得税实施细则》(Rules for Implementation Governing Foreign-Invested Enterprises and Wholly Owned Foreign Enterprises) 国务院1991年6月30日发布。细则对于确定纳税人和纳税义务相关的特定用语作出了详细解释。

"应纳税所得额的计算"以权责发生制为原则,细则分为制造业、商业、服务业及其他行业并列出计算公式。此外对特殊情况下的应纳税所得额计算方法作出规定:一是企业不能提供完整、准确的成本、费用凭证,不能正确计算应纳税所得额的,由当地税务机关参照同行业或者类似行业的利润水平核定利润率,计算其应纳税所得额;企业不能提供完整、准确的收入凭证,不能正确申报收入额的,由当地税务机关采用成本(费用)加合理的利润等方法予以核定,确定其应纳税所得额。二是外国航空、海运企业从事国际运输业务,以其在中国境内起运客货收入总额的5%为应纳税所得额。三是外商投资企业在中国境内投资于其他企业,从接受投资的企业取得的利润(股息),可以不计入本企业应纳税所得额;但其上述投资所发生的费用和损失,不得冲减本企业应纳税所得额。四是企业已列为坏账损失的应收款项,在以后年度全部或者部分收回时,应当计入收回年度的应纳税所得额。

细则同时对"几类特殊营业收入"的确定作出规定:一是企业经营业务的收入可以分期确定的,包括分期收款方式销售产品或者商品的,建筑、安装、装配工程和提供劳务持续时间超过1年的以及为其他企业加工、制造大型机械设备、船舶等,持续时间超过1年的情况;二是中外合作经营企业采取产品分成方式的;三是外国企业从事合作开采石油资源的;四是企业取得的收入为非货币资产或者权益的。具体计算方法由法律规定。

"准予列支的项目"包括支付给总机构的管理费、企业发生与生产经营有关的合理的借款利息、企业发生与生产经营有关的一定限度内的交际应酬费、工资和福利费(职工的境外社会保险费除外)、从事信贷租赁等业务的企业实际发生的坏账准备金和坏账损失、外国企业在中国境内设立的机构场所取得已在境外缴纳的所得税税款及用于中国境内公益救济性质的捐赠。"不准予列支为成本、费用和损失的项目"包括固定资产的购置、建造支出;无形资产的受让、开发支出;资本的利息;各项所得税税款;违法经营的罚款和被没收财物的损失;各项税收的滞纳金和罚款;自然灾害或者意外事故损失有赔偿的部分;用于中国境内公益、救济性质以外的捐赠;支付给总机构的特许权使用费;及与生产、经营业务无关的其他支出。

"企业的资产的税务处理"分为四类,即固定资产、无形资产、递延资产和流动资产。"企业与关联企业业务往来"应当按照独立企业之间的业务往来收取或支付价款费用。企业与关联企业之间的业务往来违反法律规定,减少其应纳税所得额的,税务机关可依法进行调整。包括购销业务不按独立企业之间的业务往来作价的;企业与关联企业之间融通资金所支付或者收取的利息,超过或者低于没有关联关系所能同意的数额,或者其利率超过或者低于同类业务的正常利率的;企业与关联企业之间提供劳务不按独立企业之间业务往来收取和支付劳务费用的;企业与关联企业之间转让财产、提供财产使用权等业务往来,不按独立企业之间业务往来作价或者收取、支付使用费的情况。

企业不得列支向其关联企业支付的管理费。

"税收优惠"包括适用税率的优惠；税收减免；预提所得税的减免；地方所得税减免；再投资退税优惠。

"税收征管细则"的规定包括纳税年度；税务登记时间；合并申报纳税；外币所得折算；企业在纳税年度内无论盈利或者亏损，应当在规定期限内向当地税务机关报送所得税申报表和会计决算报表；企业在年度中间合并分立终止时，应当在停止生产、经营之日起60日内，向当地税务机关办理当期所得税汇算清缴，多退少补。对于税法公布前已经办理工商登记的外商投资企业其税率、减免的适用细则作出规定。

（席晓娟）

waishang touzi shangye lingyu guanli
外商投资商业领域管理(administration of foreign-invested merchandising domain) 外商投资商业企业是指从事以下经营活动的外商投资企业：(1) 佣金代理；(2) 批发；(3) 零售；(4) 特许经营。为进一步扩大对外开放，完善市场流通体系的建设，根据《中华人民共和国中外合资经营企业法》、《中华人民共和国中外合作经营企业法》、《中华人民共和国外资企业法》及《中华人民共和国公司法》等法律、行政法规，商务部制定了《外商投资商业领域管理办法》，并自2004年6月1日起施行。

该《管理办法》共有29条，其主要内容为：(1) 该管理办法的宗旨和适用范围。(2) 外商投资商业企业的定义及其权利义务。(3) 外商投资商业企业应当符合的条件。(4) 外商投资商业企业开设店铺应当符合的条件。(5) 外商投资商业企业经批准可以经营的业务。(6) 外商投资商业企业的设立与开设店铺的办理程序。(7) 申请设立外商投资商业企业应当报送的文件。(8) 已设立的外商投资商业企业申请开设店铺应当报送的文件。(9) 外商投资商业企业经营特定行业的优惠措施和限制条件。(10) 香港特别行政区和澳门特别行政区的投资者、台湾地区的投资者在中国其他省、自治区、直辖市投资设立商业企业，除下述规定外，参照本办法执行。

鼓励外商投资商业企业加入有关行业协会，加强企业自律。原国家经济贸易委员会、对外贸易经济合作部联合发布的《外商投资商业企业试点办法》自本办法施行之日起废止。

（罗大帅）

waishang touzi tielu huowu yunshuye shenpi yu guanli
外商投资铁路货物运输业审批与管理(examination, approval and administration of railway freight transport industry invested by foreigners) 外国投资者以合营方式（包括合资、合作两种方式）在中华人民共和国设立中外合营铁路货运公司，中华人民共和国对外贸易经济合作部和中华人民共和国铁道部负责中外合营铁路货运公司的审批、管理。为了推动铁路货物运输业的对外开放，促进铁路货物运输业的发展、保护投资者的合法权益，根据《中华人民共和国中外合资经营企业法》、《中华人民共和国中外合作经营企业法》和有关铁路行业的法律、法规，铁道部和对外贸易经济合作部制定了《外商投资铁路货物运输业审批与管理暂行办法》。

设立中外合营铁路货运公司投资者的条件：外国主要投资者应是从事货运业务10年以上的货物运输公司，并具备较强的资金实力和良好的经营业绩；中方主要投资者应是从事货运业务10年以上的铁路运输企业；在中国政府规定期限内，中方投资股比不低于51%。设立的中外合营铁路货运公司应符合的条件：(1) 拥有与经营规模相适应的货运车辆和其他运载工具，拥有办理铁路货运业务所必需的场地、设施；(2) 具有稳定的货源；(3) 具有从事经营业务所需要的专业技术和管理人员；(4) 注册资本额应满足从事业务的需要，最少不得低于2500万美元。设立中外合营铁路货运公司，申请者（以中方主要投资者作为代表，下同）应当提交的文件：(1) 申请书和项目建议书；(2) 可行性研究报告；(3) 中外合营合同和公司章程；(4) 申请者的法律证明文件和资信证明文件；(5) 中外合营铁路货运公司法定代表人的委托书和董事会成员的名单及简历；(6) 外经贸部和铁道部要求的其他文件。申请设立中外合营铁路货运公司的办理程序：(1) 申请者向铁道部提出本办法第7条规定的全部文件。铁道部自接到全部文件之日起，2个月内决定批准或者不批准。投资规模3000万美元及其以上项目，由铁道部转报国家发展计划委员会审批立项。经审查符合中外合营铁路货运公司设立要求并批准立项的，由铁道部核发《铁路货物运输经营许可证》。(2) 申请者通过铁道部将合营合同和章程转报外经贸部审批。申请者凭批复文件在外经贸部办理《外商投资企业批准证书》。(3) 申请者凭《铁路货物运输经营许可证》、《外商投资企业批准证书》，在规定的期限内，依照公司登记的有关规定，向工商行政管理机关办理企业注册登记。(4) 中外合营铁路货运公司需要在国内、国外和港澳地区设立分支机构的，应报铁道部和外经贸部批准。中外合营铁路货运公司经营铁路货物运输业务的范围及其主要采取的方式：(1) 使用自有及租用的车辆和其他运载工具，租用其他铁路运输企业的机车、站场设施和线路通过能力，从事铁路货运业务。(2) 使用自有的机车车辆和其他运载工具。租用其他铁路运输企业站场设施和线路通过能力，从事铁路货运业务。

(3) 使用自有的机车车辆和其他运载工具。通过出资建设或购买铁路支线、尽头线路和站场设施,在自有线路或其他铁路运输企业的线路上从事铁路货运业务。

（罗大帅）

waishang touzi xiangmu hezhun guanli
外商投资项目核准管理(authorizing and administration of foreign-invested projects) 外国投资主体通过投入货币、有价证券、实物、知识产权或技术、股权、债权等资产和权益或提供担保,获得国内所有权、经营管理权及其他相关权益的活动项目的核准管理,包括外商直接投资和外商间接投资。为规范对外商投资项目的核准管理,根据《中华人民共和国行政许可法》和《国务院关于投资体制改革的决定》,国家发展和改革委员会于 2004 年 10 月 9 日颁布了《外商投资项目核准暂行管理办法》。

核准机关及其权限:总投资(包括增资额,下同)1亿美元及以上的鼓励类、允许类项目和总投资 5000 万美元及以上的限制类项目,由国家发展改革委核准项目申请报告,其中总投资 5 亿美元及以上的鼓励类、允许类项目和总投资 1 亿美元及以上的限制类项目由国家发展改革委对项目申请报告审核后报国务院核准。总投资 1 亿美元以下的鼓励类、允许类项目和总投资 5000 万美元以下的限制类项目由地方发展改革部门核准,其中限制类项目由省级发展改革部门核准,此类项目的核准权不得下放。项目申请报告的内容:(1) 项目名称、经营期限、投资方基本情况;(2) 项目建设规模、主要建设内容及产品,采用的主要技术和工艺,产品目标市场,计划用工人数;(3) 项目建设地点,对土地、水、能源等资源的需求,以及主要原材料的消耗量;(4) 环境影响评价;(5) 涉及公共产品或服务的价格;(6) 项目总投资、注册资本及各方出资额、出资方式及融资方案,需要进口设备的及金额。项目申请报告的核准条件:(1) 符合国家有关法律法规和《外商投资产业指导目录》、《中西部地区外商投资优势产业目录》的规定;(2) 符合国民经济和社会发展中长期规划、行业规划和产业结构调整政策的要求;(3) 符合公共利益和国家反垄断的有关规定;(4) 符合土地利用规划、城市总体规划和环境保护政策的要求;(5) 符合国家规定的技术、工艺标准的要求;(6) 符合国家资本项目管理、外债管理的有关规定。

（罗大帅）

waishang touzi zulin gongsi shenpi guanli
外商投资租赁公司审批管理(approval and administration of foreign-invested leasing companies) 经中国政府有关机构批准设立的,从事融资租赁业务的租赁公司和从事除融资租赁业务外租赁业务的租赁公司的审批管理。设立外商投资租赁公司的形式为有限责任公司。根据《中华人民共和国公司法》、《中华人民共和国中外合资经营企业法》、《中华人民共和国中外合作经营企业法》等有关法律、法规,对外经济贸易合作部制定了《外商投资租赁公司审批管理暂行办法》。

设立外商融资租赁公司的合营者的条件:中国合营者在申请前一年的总资产不得低于 4 亿元人民币;外国合营者在申请前一年的总资产不得低于 4 亿美元,并具有 5 年以上的融资租赁从业经验。申请设立的融资租赁公司应符合的条件:(1) 注册资本不得低于 2000 万美元;(2) 中国合营者的出资不得低于注册资本的 20%;(3) 经营期限不超过 30 年;(4) 拥有相应的管理人员,高级管理人员应具有专业资质和不少于三年的从业经验。申请设立其他租赁公司的合营者应具备的条件:中国合营者在申请前一年的总资产不得低于 1 亿元人民币;外国合营者在申请前一年的总资产不得低于 5000 万美元,并具有 3 年以上的租赁从业经验。申请设立的其他租赁公司应符合的条件:(1) 注册资本不得低于 500 万美元;(2) 中国合营者的出资不得低于注册资本的 20%;(3) 经营期限不超过 20 年;(4) 拥有相应的管理人员,高级管理人员应具有相应专业资质和不少于三年的从业经验。

（罗大帅）

waishang zhijie touzi
外商直接投资(foreign direct investment,简写为 FDI) 外国企业和经济组织或个人(包括华侨、港澳台胞以及我国在境外注册的企业)按我国有关政策、法规,用资金、实物、技术等在我国境内开办外商独资企业、与我国境内的企业或经济组织共同举办中外合资经营企业、合作经营企业或进行合作开发资源的投资(包括外商投资收益的再投资)。直接投资,又称经营性投资,是指私人投资者将其资本直接投入到生产经营领域,并对其所投资的企业享有经营管理权和控制权的投资。直接投资的形式是多种多样的,包括合资经营、合作经营、独资经营、合作开发、成片开发、BOT 投资等。

外商对中国的直接投资,在其类型上正处在转折时期,外商在华投资呈现出一些重要的新特点,使得外商对中国经济的影响有很大的变化。随着中国经济的发展和改革开放的深入,以前低廉生产成本作为投资目的的资源导向型直接投资,逐渐转向市场导向型直接投资。市场导向型直接投资是发达国家之间的直接投资上经常出现的一种投资形式。它以企业原有的技术因素作为竞争优势,由母企业给东道国子公司转移技术,这种技术大部分都是包括尖端技术在内的正在发展的技术。这些技术中大部分都是中国在经济发展中遇到的难解决的技术。因此，以技术集中型产业为中心，充分搞活市场导向型直接投资，通过技术转移和技术扩散，可以提高中国国内企业的技术力量。但是，外商直接投资的技术转移和技术扩散，只有在一定条件下才能达到最大的效果。通常，国内竞争企业的技术水平在很大程度上已接近了外资企业的技术水平，或者因其未能达到规模化经济而外资企业很难吞食整个市场，在这些产业上，产生很大的技术转移效果。并且，国内市场的竞争越大，外资企业的进入对国内企业的技术提高意识就有越大的促进作用。 (刘利晋)

waishang zhijie touzi dianli xiangmu baopi chengxu
外商直接投资电力项目报批程序(process on requite for approval of foreign-invested electric power projects) 根据《中华人民共和国中外合资经营企业法》、《中华人民共和国中外合作经营企业法》、《中华人民共和国外资企业法》、《中华人民共和国电力法》以及国家有关规定，结合中国基本建设审批程序规定和电力工业的实际情况，电力工业部特制定了《外商直接投资电力项目报批程序暂行规定》。

中外合资或合作项目的报批程序：(1)申报项目建议书；(2)申报可行性研究报告书；(3)申请设立中外合营项目公司。可行性研究报告书中必须附有的文件：(1)国家发改委或国家商务部对合营项目项目建议书的批复文件；(2)各级电力管理部门及授权的有关部门对可行性研究报告书的正式审查意见；(3)中央和省级地方政府的有关主管部门对土地、用水、环保、燃料、运输等安排的审批文件；(4)初步设计的预设计文件(概念设计文件)，以能满足编制设备询价书或招、议标的需要；(5)设备的招、议标文件，包括设备参数、性能和价格等；(6)工程建设发包的招、议标文件及参与竞争的国内外工程公司的资格与业绩调查；(7)经电力部审查同意的项目境外融资方式和融资条件的落实文件(草签的融资贷款协议)；(8)项目资本金和融资中配套内资(包括送变电配套工程)落实文件；(9)用电地区所在地的省级物价管理部门对合营项目的上网电价和销售电价的具体承诺文件及批复文件；(10)经电力部审查同意的合营协议书和草签的购售电合同，并网、燃料供应、运输、土地使用、供水、其他公用设施的使用和电厂运营管理等协议书；(11)合营各方的营业执照副本、法定代表人证明书、财务年报、出资证明；(12)水电项目还要有省级地方政府对水库移民安置规划的意见。外商独资项目从开展工作到外资企业的成立的报批程序：(1)申报初步申请报告；(2)申报项目报告；(3)申请设立外商独资项目公司。 (罗大帅)

waizhai
外债(foreign debts) 中国境内的机关、团体、企业、事业单位、金融机构或者其他机构对中国境外的国际金融组织、外国政府、金融机构、企业或者其他机构用外国货币承担的具有契约性偿还义务的全部债务，包括国际金融组织贷款、外国政府贷款、外国银行和金融机构贷款、买方信贷、外国企业贷款、发行外币债券、国际金融租赁、延期付款、补偿贸易中直接以现汇偿还的债务、其他形式的对外债务。借款单位向在中国境内注册的外资银行和中外合资银行借入的外汇资金视同外债。在中国境内注册的外资银行和中外合资银行向外借入的外汇资金不视为外债。为了加强外债管理、避免发生外债危机，我国在20世纪80年代以来陆续颁布了一系列法规，其中重要的有：《关于中国境内机构在境外发行债券的管理规定》、《关于加强借用国际商业贷款管理的通知》、《境内机构提供外汇担保的暂时管理办法》和《外债统计监测暂行规定》等。中国境内的机关、团体、企业、事业单位、金融机构或者其他机构向中国境外的国际金融组织、外国政府、金融机构、企业或者其他机构举债一般都要进行外债登记；外债登记是指国家对外债借入、使用、偿还情况实行登记管理的制度。外债登记分为逐笔登记和定期登记。国家外汇管理局统一制定和签发《外债登记证》。实施外债登记和管理的部门是国家外汇管理局及其分支局。 (王连喜)

waizhai tongji jiance
外债统计监测(foreign debt statistic and supervision) 中国国家外汇管理局负责的全国外债总量变动、债务分布、债务结构和未来变化趋势等的统计监测。外债登记一般分为定期登记、逐笔登记和外债专用现汇账户。外债统计监测主要内容是：(1)国家对外债实行登记管理制度。国家外汇管理局负责建立和健全全国外债统计监测系统，对外公布外债数字。(2)外债登记分为逐笔登记和定期登记。国家外汇管理局统一制定和签发《外债登记证》。(3)中外合资经营企业、中外合作经营企业和外资企业的对外借款，借款单位应当在正式签订借款合同后15天内，持借款合同副本向所在地外汇管理局办理登记手续并领取逐笔登记的《外债登记证》。国际金融组织贷款、外国政府贷款、中国银行或者经批准的其他银行和金融机构的对外借款，借款单位应当向所在地外汇管理局办理登记手续，领取定期登记的《外债登记证》。(4)借款单位调入国外借款时，凭《外债登记证》在中国银行或者经国家外汇管理局批准的其他银行开立外债专用现汇账户。经批准将借款存放境外的借款单位以及其他非调入形式的外债的借款单位，凭《外债登记证》在银行开立还本付息外债专用现汇账户。(5) 实行逐笔登记的借款单位还本付息时,开户银行应当凭借款单位提供的外汇管理局的核准证件和《外债登记证》,通过外债专用现汇账户或者还本付息外债专用现汇账户办理收付。借款单位应当按照银行的收付凭证,将收付款项记入《外债变动反馈表》并将该表的副本报送签发《外债登记证》的外汇管理局。(6) 借款单位全部偿清《外债登记证》所载明的外债后,银行应即注销其外债专用现汇账户或者还本付息外债专用现汇账户,借款单位应当在15天内向发证的外汇管理局缴销《外债登记证》等。

(王连喜)

waizi baoxian gongsi

外资保险公司(only-foreign capital insurance company) 依照中华人民共和国有关法律、行政法规的规定,经批准在中国境内设立和营业的保险公司包括:(1) 外国保险公司同中国的公司、企业在中国境内合资经营的保险公司(简称合资保险公司);(2) 外国保险公司在中国境内投资经营的外国资本保险公司(独资保险公司);(3) 外国保险公司在中国境内的分公司(外国保险公司分公司)。外资保险公司必须遵守中国法律、法规,不得损害中国的社会公共利益,其正当业务活动和合法权益受中国法律保护。中国保险监督管理委员会负责对外资保险公司实施监督管理。中国保险监督管理委员会的派出机构根据中国保监会的授权,对本辖区的外资保险公司进行日常监督管理。外资保险公司按照中国保监会核定的业务范围,可以全部或者部分依法经营下列种类的保险业务:(1) 财产保险业务,包括财产损失保险、责任保险、信用保险等保险业务;(2) 人身保险业务,包括人寿保险、健康保险、意外伤害保险等保险业务。

外资保险公司经中国保监会按照有关规定核定,可以在核定的范围内经营大型商业风险保险业务、统括保单保险业务。外资保险公司可以依法经营财产保险业务和人身保险业务的下列再保险业务:(1) 分出保险;(2) 分入保险。

外资保险公司的具体业务范围、业务地域范围和服务对象范围,由中国保监会按照有关规定核定。外资保险公司只能在核定的范围内从事保险业务活动。同一外资保险公司不得同时兼营财产保险业务和人身保险业务。

(刘利晋)

waizi baoxain gongsi de sheli

外资保险公司的设立(establishment of only-foreign capital insurance company) 外资保险公司依照中华人民共和国有关法律、行政法规的规定,经批准在中国境内的设立。外资保险公司的设立,应当经中国保险监督管理委员会批准,在设立外资保险公司的地区,由中国保险监督管理委员会按照有关规定确定。经营人身保险业务的外资保险公司和经营财产保险业务的外资保险公司,其设立形式、外资比例由中国保险监督管理委员会按照有关规定确定。

合资保险公司、独资保险公司的注册资本最低限额为2亿元人民币或者与其等值的自由兑换货币;其注册资本最低限额必须为实缴货币资本。外国保险公司的出资,应当为自由兑换货币。外国保险公司分公司应当由其总公司无偿拨给不少于2亿元人民币等值的自由兑换货币的营运资金。中国保险监督管理委员会根据外资保险公司业务范围、经营规模,可以提高前两款规定的外资保险公司注册资本或者营运资金的最低限额。申请设立外资保险公司的外国保险公司,应当具备下列条件:(1) 经营保险业务30年以上;(2) 在中国境内已经设立代表机构2年以上;(3) 提出设立申请前1年年末总资产不少于50亿美元;(4) 所在国家或者地区有完善的保险监管制度,并且该外国保险公司已经受到所在国家或者地区有关主管当局的有效监管;(5) 符合所在国家或者地区偿付能力标准;(6) 所在国家或者地区有关主管当局同意其申请;(7) 中国保险监督管理委员会规定的其他审慎性条件。

设立外资保险公司的程序包括:申请人应当向中国保险监督管理委员会提出书面申请,并提交中国保监会规定应当提供的资料;中国保险监督管理委员会应当对设立外资保险公司的申请进行初步审查,自收到完整的申请文件之日起6个月内作出受理或者不受理的决定,并颁发正式申请表;申请人应当自接到正式申请表之日起1年内完成筹建工作;在规定的期限内未完成筹建工作,有正当理由的,经中国保监会批准,可以延长3个月。筹建工作完成后,申请人应当将填写好的申请表连同中国保监会规定提供的相关文件报中国保监会审批。

中国保监会应当自收到设立外资保险公司完整的正式申请文件之日起60日内,作出批准或者不批准的决定。决定批准的,颁发经营保险业务许可证;决定不批准的,应当书面通知申请人并说明理由。经批准设立外资保险公司的,申请人凭经营保险业务许可证向工商行政管理机关办理登记,领取营业执照外资保险公司成立后,应当按照其注册资本或者营运资金总额的20%提取保证金,存入中国保监会指定的银行;保证金除外资保险公司清算时用于清偿债务外,不得动用。

(刘利晋)

waizi baoxian gongsi guanli

外资保险公司管理(administration of foreign-funded insurance companies) 外商依照中华人民共和国有关法律、行政法规的规定,经批准在中国境内设立和营业的保险公司的管理。外资保险公司包括:(1)外国保险公司同中国的公司、企业在中国境内合资经营的保险公司;(2)外国保险公司在中国境内投资经营的外国资本保险公司;(3)外国保险公司在中国境内的分公司。为了适应对外开放和经济发展的需要,加强和完善对外资保险公司的监督管理,促进保险业的健康发展,国务院制定了《中华人民共和国外资保险公司管理条例》。

外资保险公司按照中国保监会核定的业务范围,可以依法全部或者部分经营下列种类的保险业务:(1)财产保险业务,包括财产损失保险、责任保险、信用保险等保险业务;(2)人身保险业务,包括人寿保险、健康保险、意外伤害保险等保险业务;(3)外资保险公司经中国保监会按照有关规定核定,可以在核定的范围内经营大型商业风险保险业务、统括保单保险业务。外资保险公司可以依法经营保险业务的下列再保险业务:(1)分出保险;(2)分入保险。外国保险公司分公司的总公司有下列情形之一的,该分公司应当自各该情形发生之日起10日内,将有关情况向中国保监会提交书面报告:(1)变更名称、主要负责人或者注册地;(2)变更资本金;(3)变更持有资本总额或者股份总额10%以上的股东;(4)调整业务范围;(5)受到所在国家或者地区有关主管当局处罚;(6)发生重大亏损;(7)分立、合并、解散、依法被撤销或者被宣告破产;(8)中国保监会规定的其他情形。　(罗大帅)

waizi caiwu gongsi
外资财务公司(only-foreign capital financial affairs company)　依照中华人民共和国有关法律、法规的规定,经批准在中国境内设立和营业的总公司在中国境内的外国资本的财务公司。外资财务公司必须遵守中华人民共和国法律、法规,不得损害中华人民共和国的社会公共利益,其正当经营活动和合法权益受中华人民共和国法律保护。中国人民银行是管理和监督外资金融机构的主管机关;中国人民银行分支机构对本辖区外资金融机构进行日常监督管理。

外资财务公司的注册资本的条件是最低限额为2亿元人民币等值的自由兑换货币,其实收资本不低于其注册资本的50%。设立外资财务公司申请人应当具备下列条件:(1)申请人为金融机构;(2)申请人在中国境内已经设立代表机构2年以上;(3)申请人提出设立申请前1年年末总资产不少于100亿美元;(4)申请人所在国家或者地区有完善的金融监督管理制度,并且申请人受到所在国家或者地区有关主管当局的有效监管;(5)申请人所在国家或者地区有关主管当局同意其申请;(6)中国人民银行规定的其他审慎性条件。

外资财务公司的设立程序包括:(1)申请人向中国人民银行提出书面申请,并提交中国人民银行要求的相关资料。(2)中国人民银行应当对设立外资金融机构的申请进行初步审查并颁发正式申请表,申请者自提出设立申请之日起满90日未接到正式申请表的,其设立申请即为不予受理。(3)申请者应当自接到正式申请表之日起60日内将填写好的申请表连同中国人民银行要求的相关文件报中国人民银行审批。(4)自接到中国人民银行批准文件之日起30日内,应当筹足其实收资本或者营运资金,并调入中国境内。(5)经中国注册会计师验证后依法向工商行政管理机关办理登记,并依法自开业之日起30日内向税务机关办理税务登记。外资金融机构在中国人民银行审查批准后的30日内,应当向国家外汇管理局领取《经营外汇业务许可证》。

外资财务公司按照中国人民银行批准的业务范围,可以部分或者全部依法经营下列种类的业务:(1)吸收每笔不少于100万元人民币或者其等值的自由兑换货币,期限不少于3个月的存款;(2)发放短期、中期和长期贷款;(3)办理票据兑换与贴现;(4)买卖政府债券、金融债券,买卖股票以外的其他外币有价证券;(5)提供担保;(6)买卖、代理买卖外汇;(7)从事同业拆借;(8)提供资信调查和咨询服务;(9)提供外汇信托服务;(10)经中国人民银行批准的其他业务。
　(刘利晋)

waizi cangu jijin guanli gongsi
外资参股基金管理公司(joint fund management company)　由中国证券监督管理委员会审批和监督管理的,包括境外股东受让、认购境内基金管理公司股权而变更的基金管理公司,或者境外股东与境内股东共同出资设立的基金管理有限责任公司。《外资参股基金管理公司设立规则》第4条、第5条规定:"外资参股基金管理公司的名称、注册资本、组织机构的设立及职责,应当符合《公司法》、《证券投资基金管理暂行办法》和中国证监会的有关规定。""外资参股基金管理公司应当符合《证券投资基金管理暂行办法》和中国证监会规定的条件。"
　(马志宇)

waizi cangu zhengquan gongsi
外资参股证券公司(joint stock company)　由中国证券监督管理委员会负责审批和监督管理的,包括境外股东受让、认购境内证券公司股权而变更的证券公司或者境外股东与境内股东共同出资设立的有限责任证券公司。

《外资参股证券公司设立规则》第 6 条规定,外资参股证券公司应当符合下列条件:(1) 注册资本符合《证券法》关于综合类证券公司注册资本的规定;(2) 股东具备本规则规定的资格条件,其出资比例、出资方式符合本规则的规定;(3) 按照中国证监会的规定取得证券从业资格的人员不少于 50 人,并有必要的会计、法律和计算机专业人员;(4) 有健全的内部管理、风险控制和对承销、经纪、自营等业务在机构、人员、信息、业务执行等方面分开管理的制度,有适当的内部控制技术系统;(5) 有符合要求的营业场所和合格的交易设施;(6) 中国证监会规定的其他审慎性条件。

(马志宇)

waizi jinrong jigou

外资金融机构(financial institutions with foreign capital) 依照中华人民共和国有关法律、法规的规定,经批准在中国境内设立和营业的金融机构。主要有:(1) 外资银行,即总行在中国境内的外国资本的银行;(2) 外国银行分行,即外国银行在中国境内的分行;(3) 合资银行,即外国的金融机构同中国的金融机构在中国境内合资经营的银行;(4) 外资财务公司,即总公司在中国境内的外国资本的财务公司;(5) 合资财务公司,即外国的金融机构同中国的金融机构在中国境内合资经营的财务公司。除外国银行分行外,其他外资金融机构均具有独立的法人资格。

外资金融机构依照《中华人民共和国外资金融机构管理条例》以及《中华人民共和国外资金融机构管理条例实施细则》的规定遵守一定的经营规则,外资金融机构的经营规则有很多,这里仅介绍其中一些基本规则:

存款和放款业务。外资金融机构的存款、贷款利率及各种手续费率,由外资金融机构按照中国人民银行的有关规定确定。外资金融机构经营存款业务,应当向所在地区的中国人民银行分支机构缴存存款准备金,其比率由中国人民银行制定,并根据需要进行调整。独资银行、合资银行、独资财务公司、合资财务公司对 1 个企业及其关联企业的授信余额,不得超过其资本的 25%,但是经中国人民银行批准的除外。

对于资本的限制。独资银行、合资银行、独资财务公司、合资财务公司的固定资产不得超过其所有者权益的 40%。独资银行、合资银行、独资财务公司、合资财务公司的资本充足率不得低于 8%。外资金融机构应当确保其资产的流动性。流动性资产余额与流动性负债余额的比例不得低于 25%。外资金融机构从中国境内吸收的外汇存款不得超过其境内外汇总资产的 70%。

经营人民币业务。独资银行、合资银行、独资财务公司、合资财务公司资本中的人民币份额与其风险资产中的人民币份额的比例不得低于 8%。外国银行分行营运资金加准备金等之和中的人民币份额与其风险资产中的人民币份额的比例不得低于 8%。

变更登记。外资金融机构有下列情况之一的,须经中国人民银行批准,并依法向工商行政管理机关办理有关登记:(1) 设立分支机构;(2) 调整、转让注册资本,追加、减少营运资金;(3) 变更机构名称或者营业场所;(4) 调整业务范围;(5) 变更持有资本总额或者股份总额 10% 以上的股东;(6) 修改章程;(7) 更换高级管理人员;(8) 中国人民银行规定的其他情况。

监督管理。中国人民银行及其分支机构有权定期或者随时检查、稽核外资金融机构的存款、贷款、结算、呆账等情况,有权要求外资金融机构在规定的期限内报送有关文件、资料和书面报告,有权对外资金融机构的违法违规行为依法进行处罚、处理。中国人民银行及其分支机构有权要求外资金融机构按照规定制定业务规则,建立、健全业务管理、现金管理和安全防范制度。外资金融机构应当接受中国人民银行及其分支机构依法进行的监督检查,如实报送有关文件、资料和书面报告,不得拒绝、阻碍、隐瞒。

解散与清算。外资金融机构因解散、依法被撤销或者宣告破产而终止的,其清算的具体事宜,参照中国有关法律、法规的规定办理。外资金融机构清算终结,应当在法定期限内向原登记机关办理注销。

(王连喜 刘利晋)

waizi jinrong jigou guanli

外资金融机构管理(administration of foreign-funded financial institutions) 依照中华人民共和国有关法律、法规的规定,经批准在中国境内设立和营业的金融机构的管理。外资金融机构包括:(1) 总行在中国境内的外国资本的银行;(2) 外国银行在中国境内的分行;(3) 外国的金融机构同中国的金融机构在中国境内合资经营的银行;(4) 总公司在中国境内的外国资本的财务公司;(5) 外国的金融机构同中国的金融机构在中国境内合资经营的财务公司。外资金融机构必须遵守中华人民共和国法律、法规,不得损害中华人民共和国的社会公共利益。外资金融机构的正当经营活动和合法权益受中华人民共和国法律保护。为了适应对外开放和经济发展的需要,加强和完善对外资金融机构的管理,中国人民银行制定了《中华人民共和国外资金融机构管理条例》。

中国人民银行是管理和监督外资金融机构的主管机关;外资金融机构所在地区的中国人民银行分支机构对本地区外资金融机构进行日常管理和监督。设立外资银行或者外资财务公司,申请者应当具备的条件:

(1)申请者为金融机构;(2)申请者在中国境内已经设立代表机构2年以上;(3)申请者提出设立申请前1年年末总资产不少于100亿美元;(4)申请者所在国家或者地区有完善的金融监督管理制度。设立外国银行分行,申请者应当具备的条件:(1)申请者在中国境内已经设立代表机构2年以上;(2)申请者提出设立申请前1年年末总资产不少于200亿美元;(3)申请者所在国家或者地区有完善的金融监督管理制度。设立合资银行或者合资财务公司,申请者应当具备的条件:(1)合资各方均为金融机构;(2)外国合资者在中国境内已经设立代表机构;(3)外国合资者提出设立申请前1年年末总资产不少于100亿美元;(4)外国合资者所在国家或者地区有完善的金融监督管理制度。外资银行、外国银行分行、合资银行按照中国人民银行批准的业务范围,可以部分或者全部经营下列种类的业务:(1)外汇存款;(2)外汇放款;(3)外汇票据贴现;(4)经批准的外汇投资;(5)外汇汇款;(6)外汇担保;(7)进出口结算;(8)自营和代客户买卖外汇;(9)代理外币及外汇票据兑换;(10)代理外币信用卡付款;(11)保管及保管箱业务;(12)资信调查和咨询;(13)经批准的本币业务和其他外币业务。外资财务公司、合资财务公司按照中国人民银行批准的业务范围,可以部分或者全部经营下列种类的业务:(1)每笔不少于10万美元、期限不少于3个月的外汇存款;(2)外汇放款;(3)外汇票据贴现;(4)经批准的外汇投资;(5)外汇担保;(6)自营和代客户买卖外汇;(7)资信调查和咨询;(8)外汇信托;(9)经批准的本币业务和其他外币业务。外资金融机构有下列情况之一的,须经中国人民银行批准,并依法向工商行政管理机关办理有关登记:(1)设立分支机构;(2)调整、转让注册资本,追加、减少营运资金;(3)变更机构名称或者营业场所;(4)更换高层管理人员。

(罗大帅)

waizi jinrong jigou zhuhua daibiao jigou guanli

外资金融机构驻华代表机构管理(administration of representative offices of foreign capital financial institutions in China) 外国金融机构和在中国境内注册设立的外资金融机构的代表机构的管理。外资金融机构代表机构,包括外资金融机构在中国境内设立并从事咨询、联络和市场调查等非经营性活动的代表处、总代表处。代表处的主要负责人称首席代表,总代表处的主要负责人称总代表。为适应对外开放和经济发展的需要,加强对外资金融机构驻华代表机构的管理,根据《中华人民共和国外资金融机构管理条例》的有关规定,中国人民银行制定了《外资金融机构驻华代表机构管理办法》。

申请设立代表处应提交的文件和资料:(1)由董事长或行长(首席执行官、总经理)签署的致中国人民银行行长的申请书;(2)所在国家或地区有关主管当局核发的营业执照(复印件)或合法开业证明(复印件);(3)公司章程、董事会成员及最大十家股东名单或主要合伙人名单;(4)申请前3年的年报;(5)由所在国家或地区金融监管当局出具的对其在中国境内设立代表处的意见书,或者由所在行业协会出具的推荐信;(6)拟任首席代表的身份证明、学历证明、简历及由拟任人签字的有无不良记录的陈述书;(7)由董事长或行长(首席执行官、总经理)或其授权签字人签署的委任首席代表的授权书;(8)中国人民银行要求提交的其他资料。担任总代表处总代表、代表处首席代表应具备的条件:(1)担任总代表处总代表,一般应具有5年以上从事金融或相关经济工作经历,并有3年以上担任业务部门经理或相当于业务部门经理以上职位的经验;(2)担任代表处首席代表,一般应具有3年以上的金融或相关经济工作经历;(3)具备大学本科以上(包括本科)学历。若不具备大学本科及以上学历,担任总代表处总代表须相应增加6年从事金融或相关经济工作经历的年限;担任代表处首席代表须相应增加3年从事金融或相关经济工作经历的年限。设立代表机构的外国金融机构应当报告的重大事项:(1)章程、注册资本或注册地址变更;(2)机构重组、股权变更或主要负责人变更;(3)经营发生严重损失;(4)发生重大案件;(5)外国金融机构所在国家或地区监管当局对其实施的重大监管措施;(6)其他对外国金融机构经营产生重大影响的事项。外资金融机构因合并、分立等重组原因成立新机构而变更其在中国境内代表机构名称的,应事先向中国人民银行总行提出申请,并提交相关资料。

(罗大帅)

waizi qiye

外资企业(wholly-owned foreign investment enterprises) 依照中国有关法律在中国境内设立的全部资本由外国投资者投资的企业。不包括外国的企业和其他经济组织在中国境内的分支机构。外资企业的法律特征:(1)外资企业是依照中国的法律法规在中国境内设立的。外资企业受中国法律的管辖和保护。外资企业在中国境内从事经营活动,必须遵守中国的法律、法规,不得损害中国的社会公共利益。(2)外资企业的全部资本由外国投资者投入。外国投资者指的可以是外国的企业其他经济组织,也可以是个人。(3)外资企业不包括外国的企业和其他经济组织在中国境内的分支机构。(4)外资企业是一个独立的经济实体,独立核算,自负盈亏,独立承担法律责任。设立外资企业,必须有利于中国国民经济的发展,能够取得显著的经济效益。国家鼓励外资企业采用先进技术和设备，从事新产品开发，实现产品升级换代，节约能源和原材料，并鼓励举办产品出口的外资企业。《中华人民共和国外资企业法》于1986年4月12日第六届全国人民代表大会第四次会议通过并颁布实施。2000年10月31日第九届全国人民代表大会常务委员会第十八次会议《关于修改〈中华人民共和国外资企业法〉的决定》，对我国的《外资企业法》作出了部分的修正。具体体现在以下几个方面：新《外资企业法》将"外资企业应当自行解决外汇收支平衡。外资企业的产品经有关主管机关批准在中国市场销售，因而造成企业外汇收支不平衡的，由批准其在中国市场销售的机关负责解决"的规定删除；将原第3条第1款"设立外资企业，必须有利于中国国民经济的发展，并且采用先进的技术和设备，或者产品全部出口或者大部分出口"修改为"设立外资企业，必须有利于中国国民经济的发展。国家鼓励举办产品出口或者技术先进的外资企业"；将第15条修改为"外资企业在批准的经营范围内需要的原材料、燃料等物资，按照公平合理的原则，可以在国内市场或者在国际市场购买"；删除了关于"在同等条件下，应当尽先在中国购买"的规定，等等。

(麻琳琳)

waizi qiye de chuzi
外资企业的出资(cash contributes by each party to wholly-owned foreign investment enterprises) 外资企业的投资人为企业投入股份的形式。外国投资者可以用可自由兑换的外币出资，也可以用机器设备、工业产权、专有技术等作价出资。外国投资者也可以用其从中国境内举办的其他外商投资企业获得的人民币利润出资，但是须经审批机关批准后，才可以用来投资。外国投资者以机器设备作价出资的，该机器设备应当是外资企业生产所必需的设备。该机器设备的作价不得高于同类机器设备当时的国际市场正常价格。对作价出资的机器设备，应当列出详细的作价出资清单，包括该机器设备名称、种类、数量、作价等，作为设立外资企业申请书的附件一并报送审批机关。作价出资的机器设备运抵中国口岸时，外资企业应当报请中国的商检机构进行检验，由该商检机构出具检验报告。作价出资的机器设备的品种、质量和数量与外国投资者报送审批机关的作价出资清单列出的机器设备的品种、质量和数量不符的，审批机关有权要求外国投资者限期改正。外国投资者以工业产权、专有技术作价出资的，该工业产权、专有技术应当为外国投资者所有。该工业产权、专有技术的作价应当与国际上通常的作价原则相一致，其作价金额不得超过外资企业注册资本的20%。对作价出资的工业产权、专有技术，应当备有详细资料，包括所有权证书的复制件、有效状况及其技术性能、实用价值，作价的计算根据和标准等，作为设立外资企业申请书的附件一并报送审批机关。作价出资的工业产权、专有技术实施后，审批机关有权进行检查。该工业产权、专有技术与外国投资者原提供的资料不符的，审批机关有权要求外国投资者限期改正。

外国投资者缴付出资的期限应当在设立外资企业申请书和外资企业章程中载明。外国投资者可以分期缴付出资，但最后一期出资应当在营业执照签发之日起3年内缴清。其中第一期缴付的出资不得少于外国投资者认缴出资额的15%，并应当在外资企业营业执照签发之日起90天内缴清。外国投资者未能在规定的期限内缴付第一期出资的，外资企业批准证书即自动失效。外资企业应当向工商行政管理机关办理注销登记手续，缴销营业执照；不办理注销登记手续和缴销营业执照的，由工商行政管理机关吊销其营业执照，并予以公告。外国投资者缴付第一期出资后的其他各期的出资，外国投资者应当如期缴付。无正当理由逾期30天不缴付出资的，外资企业批准证书也会自动失效。外资企业应当向工商行政管理机关办理注销登记手续，缴销营业执照；不办理注销登记手续和缴销营业执照的，由工商行政管理机关吊销其营业执照，并予以公告。外国投资者如果有正当理由要求延期出资的，应当经审批机关同意，并报工商行政管理机关备案。外国投资者缴付每期出资后，外资企业应当聘请中国的注册会计师验证，并出具验证报告，报审批机关和工商行政管理机关备案。如果外国投资者缴付每期出资后，外资企业没有聘请中国的注册会计师验证，履行相关的手续，则无法证明其投资实际是否到位，便要承担相应的法律后果。

(麻琳琳)

waizi qiye de fenli hebing
外资企业的分立、合并(discrete, merger of wholly-owned foreign investment enterprises) 外资企业组织形式的变更。外资企业合并或分立，应当遵守中国的法律、法规的规定，遵循自愿、平等和公平竞争的原则，不得损害社会公共利益和债权人的合法权益。外资企业的合并或分立，应该符合《指导外商投资方向暂行规定》和《外商投资产业指导目录》的规定，外国投资者不能在不允许外商独资、控股或占主导地位的产业中独资、控股或占主导地位。外资企业因合并或分立而导致其所从事的行业或经营范围发生变更的，应符合有关法律、法规及国家产业政策的规定并办理必要的审批手续。外资企业合并或分立而解散原企业或新设异地外资企业的，应该事先征求解散或设立外资企业的所在地审批机关的意见。外资企业的合并或分立，必须经企业原审批机关批准并到登记机关办理有关企业设立、变更或注销登记。合并或分立后存续或新设的企业应自变更或领取营业执照之日起30日内,向因合并或分立而解散的企业之债权人和债务人发出变更债务人和债权人的通知并在全国发行的省级以上报纸上公告。

外资企业的分立 外资企业依照法律的规定,通过外资企业的最高权力机构决议,将部分或全部业务分离出去,分化成两个或两个以上新的外资企业的法律行为。企业分立可以采取存续分立和解散分立两种形式。企业无论采取何种方式分立,一般不须经清算程序。分立前企业的债权和债务,按法律规定的程序和分立协议的约定,由分立后的企业继承。企业分立是企业产权重组的一种重要类型。外资企业的分立者由于某种原因导致资本发生重大变动,须经审批机关批准,并应当聘请中国的注册会计师验证和出具验资报告;经审批机关批准后,向工商行政管理机关办理变更登记手续。分立后企业的注册资本额,由分立前企业的最高权力机构,依照有关外商投资企业法律、法规和登记机关的有关规定确定,但分立后各企业的注册资本额之和应为分立前企业的注册资本额。企业因为分立而设立新企业的,登记机关核准设立登记并签发营业执照的日期为分立后外资企业的成立日期。

外资企业的合并 由两个或两个以上的外资企业依照法定程序,通过订立协议而归并成为一个企业的行为。企业的合并可以采取吸收合并和新设合并两种形式。外资企业的合并或者由于其他原因导致资本发生重大变动,须经审批机关批准,并应当聘请中国的注册会计师验证和出具验资报告;经审批机关批准后,向工商行政管理机关办理变更登记手续。合并后原有企业存续的应办理变更登记,原有企业不存续的应办理注销登记,而新成立的企业要办理设立登记。外资企业合并,采取吸收合并形式的,接纳方企业的成立日期为合并后企业的成立日期;采取新设合并形式的,登记机关核准设立登记并签发营业执照的日期为合并后外资企业的成立日期。

(麻琳琳)

waizi qiye de jingying guanli

外资企业的经营管理(business management of wholly-owned foreign investment enterprises) 参与外资企业内部的管理,对投入外资企业的资产的监督活动的总称。涉及企业的人财物产供销等各个方面。

外资企业的物资购买 外资企业的经营管理活动之一。外资企业有权自行决定购买本企业自用的机器设备、原材料、燃料、零部件、配套件、元器件、运输工具和办公用品等。外资企业在中国购买物资,在同等条件下,享受与中国企业同等的待遇。外国投资者作为出资的机器设备,依照中国规定需要领取进口许可证的,外资企业凭批准的该企业进口设备和物资清单直接或者委托代理机构向发证机关申领进口许可证。外资企业在批准的经营范围内,进口本企业自用并为生产所需的物资,依照中国规定需要领取进口许可证的,应当编制年度进口计划,每半年向发证机关申领一次。外资企业进口的物资以及技术劳务的价格不得高于当时的国际市场同类物资以及技术劳务的正常价格。

外资企业的产品销售 外资企业将产品所有权上的主要风险和报酬已转移给买方,且不再对该产品实施继续管理权和控制权,同时与销售该产品有关的收入和成本能够可靠地计量时,确认企业收入的实现。外资企业可以在中国市场销售其产品。国家鼓励外资企业出口其生产的产品。外资企业有权自行出口本企业生产的产品,也可以委托中国的外贸公司代销或者委托中国境外的公司代销。外资企业可以自行在中国销售本企业生产的产品,也可以委托商业机构代销其产品。外资企业出口产品,依照中国规定需要领取出口许可证的,应当编制年度出口计划,每半年向发证机关申领一次。

外资企业的出口产品价格,由外资企业参照当时的国际市场价格自行确定,但不得低于合理的出口价格。用高价进口、低价出口等方式逃避税收的,税务机关有权根据税法规定,追究其法律责任。

外资企业的财务、会计 外资企业对外提供的反映企业某一特定日期的财务状况和某一会计期间的经营成果,是外资企业经营管理活动之一。外资企业应当依照中国法律、法规和财政机关的规定,建立财务会计制度并报其所在地财政、税务机关备案。外资企业的会计年度自公历年的1月1日起至12月31日止。

外资企业应当独立核算。外资企业的年度会计报表和清算会计报表,应当依照中国财政、税务机关的规定编制。以外币编报会计报表的,应当同时编报外币折合为人民币的会计报表。外资企业的年度会计报表和清算会计报表,应当聘请中国的注册会计师进行验证并出具报告。外资企业应当将外资企业的年度会计报表和清算会计报表,连同中国的注册会计师出具的报告,在规定的时间内报送财政、税务机关,并报审批机关和工商行政管理机关备案。

外资企业应当在企业所在地设置会计账簿,并接受财政、税务机关的监督。如果外资企业没有在企业所在地设置会计账簿或者虽然在企业所在地设置会计账簿但拒绝接受财政、税务机关的监督的,财政、税务机关可以处以罚款,工商行政管理机关可以责令停止营业或者吊销营业执照。外资企业的自制会计凭证、会计账簿和会计报表,应当用中文书写;用外文书写的,应当加注中文。

外资企业依照中国税法规定缴纳所得税后的利

润,应当提取储备基金和职工奖励及福利基金。储备基金的提取比例不得低于税后利润的10%,当累计提取金额达到注册资本的50%时,可以不再提取。职工奖励及福利基金的提取比例由外资企业自行确定。外资企业以往会计年度的亏损未弥补前,不得分配利润;以往会计年度未分配的利润,可与本会计年度可供分配的利润一并分配。

外资企业职工的管理 外资企业处理它与企业内部职工之间关系的活动的总称。外资企业在中国境内雇用职工,企业和职工双方应当依照中国的法律、法规签订劳动合同。合同中应当订明雇用、辞退、报酬、福利、劳动保护、劳动保险等事项。外资企业应当负责职工的业务、技术培训,建立考核制度,使职工在生产、管理技能方面能够适应企业的生产与发展需要。外资企业不得雇用童工。

外资企业的职工有权依照《中华人民共和国工会法》的规定,建立基层工会组织,开展工会活动。外资企业工会是职工利益的代表,有权代表职工同本企业签订劳动合同,并监督劳动合同的执行。外资企业应当听取工会的意见,取得工会的合作。外资企业应当积极支持本企业工会的工作,依照《中华人民共和国工会法》的规定,为工会组织提供必要的房屋和设备,用于办公、会议、举办职工集体福利、文化、体育事业。外资企业每月按照企业职工实发工资总额的2%拨交工会经费,由本企业工会依照中华全国总工会制定的有关工会经费管理办法使用。

(麻琳琳)

waizi qiye de jingying qixian
外资企业的经营期限(management duration of wholly-owned foreign investment enterprises) 经企业登记主管机关核准,允许外资企业从事生产经营活动的时限。外资企业的经营期限根据国家有关法规、政策、企业章程或协议确定。外资企业的经营期限自核准登记之日起计算,经营期限届满,应办理歇业注销手续。如外资企业想继续经营,须向工商行政管理机关申请延期登记。外资企业的经营期限,根据不同行业和企业的具体情况,由外国投资者在设立外资企业的申请书中拟订,经审批机关批准。外资企业的经营期限,从工商行政管理机关营业执照的签发之日起计算。外资企业经营期满如需要延长经营期限的,应当在距经营期满180天前向审批机关报送延长经营期限的申请书。审批机关应当在收到申请书之日起30天内决定批准或者不批准。外资企业经批准延长经营期限的,应当自收到批准延长期限文件之日起30天内,向工商行政管理机关办理变更登记手续。外资企业的土地使用年限,与经批准的该外资企业的经营期限相同。

(麻琳琳)

waizi qiye de qingsuan
外资企业的清算(liquidation of wholly-owned foreign investment enterprises) 由依法成立的清算组织依据其职权清理并消灭外资企业的全部财产关系的法律行为。清算委员会应当由外资企业的法定代表人、债权人代表以及有关主管机关的代表组成,并聘请中国的注册会计师、律师等参加。外资企业应当依照国家有关法律、行政法规的规定,以经批准的企业合同、章程为基础,按照公平、合理和保护企业、投资者、债权人合法权益的原则进行清算工作。外资企业的清算分为普通清算和特别清算两种。普通清算是指由企业自行组织进行的清算。特别清算是由有关主管机关组织的清算。当企业不能自行组织清算委员会进行清算、或企业被依法责令关闭而解散、或依普通清算的规定进行清算出现严重障碍时,企业董事会或者联合管理委员会等权力机构、投资者或者债权人可以向企业审批机关申请进行的清算,是特别清算。企业审批机关批准进行特别清算的,企业应依照《外商投资企业清算办法》中关于特别清算的规定办理。

清算费用应从外资企业现存财产中优先支付。企业清算开始之日为外资企业经营期限届满之日,或者企业审批机关批准外资企业解散之日,或者人民法院判决或者仲裁机构裁决终止企业合同之日。企业清算期限自清算开始之日起至向企业审批机关提交清算报告之日止,不得超过180日。因特殊情况需要延长清算期限的,由清算委员会在距清算期限届满的15日前,向企业审批机关提出延长清算期限的申请。延长的期限不得超过90日。清算委员会应当自清算开始之日起15日内成立。清算委员会行使下列职权:召集债权人会议;接管并清理企业财产,编制资产负债表和财产目录;提出财产作价和计算依据;制定清算方案;收回债权和清偿债务;追回股东已缴而未缴的款项;分配剩余财产;代表外资企业起诉和应诉。外资企业进行清算的清算费用应从清算财产中优先支付:管理、变卖和分配企业清算财产所需要的费用;公告、诉讼、仲裁费用;在清算过程中需要支付的其他费用。清算财产优先支付清算费用后,按照下列顺序清偿:(1)职工的工资、劳动保险费;(2)国家税款;(3)其他债务。清算费用未支付、企业债务未清偿以前,企业财产不得分配。企业在清算期间,不得开展新的经营活动。

外资企业在清算结束之前,外国投资者不得将该企业的资金汇出或者携出中国境外,不得自行处理企业的财产。外资企业清算结束,其资产净额和剩余财产超过注册资本的部分视同利润,应当依照中国税法缴纳所得税。外资企业清算结束,应当向工商行政管理机关办理注销登记手续,缴销营业执照。外资企业

清算处理财产时,在同等条件下,中国的企业或者其他经济组织有优先购买权。 （麻琳琳）

waizi qiye de sheli
外资企业的设立（establishment of wholly-owned foreign investment enterprises） 为使外资企业成立、取得合法的主体资格而依据法定程序进行的一系列法律行为的总称。具体指外资企业依照《中华人民共和国外资企业法》的规定,由审批机关审查批准后,发给批准证书的法律行为。这里的审批机关是指对外贸易经济合作部和省、自治区、直辖市和计划单列市、经济特区人民政府的统称。设立外资企业的条件是:设立外资企业,必须有利于中国国民经济的发展,能够取得显著的经济效益。国家鼓励外资企业采用先进技术和设备,从事新产品开发,实现产品升级换代,节约能源和原材料,并鼓励举办产品出口的外资企业。国家禁止或者限制设立外资企业的行业,按照国家指导外商投资方向的规定及外商投资产业指导目录执行。外资企业的设立有利于国民经济的整体运行,我们可以通过设立外资企业,利用外国的资金弥补本国资金不足的状况,加快市场经济建设的进程,增加财政收入扩大出口创汇,同时还可以学习借鉴外国企业的先进生产技术和管理经验,提高我国的产品在国际市场上的竞争力,并为我国的劳动力市场提供大量的就业机会。通过合理有效地引进外资,我国的综合国际竞争力可以大大提高,经济安全实力得以巩固和增强。申请设立外资企业,有下列情况之一的,应不予批准:有损中国主权或者社会公共利益的;危及中国国家安全的;违反中国法律、法规的;不符合中国国民经济发展要求的;可能造成环境污染。外资企业在批准的经营范围内,自主经营管理,不受干涉。外资企业设立的程序包括:外资企业设立的申请、审批和登记。 （麻琳琳）

waizi qiye de yong di
外资企业的用地（the ground used by wholly-owned foreign investment enterprises） 外资企业进行生产经营、工程建设和成片土地开发经营所需用地。外资企业依照有关规定交纳土地使用费后,所取得的外资企业的土地使用权。外资企业的土地使用权只能通过交纳土地使用费取得。外资企业的用地,由外资企业所在地的县级或者县级以上地方人民政府根据本地区的情况审核后,予以安排。外资企业应当在营业执照签发之日起30天内,持批准证书和营业执照到外资企业所在地县级或者县级以上地方人民政府的土地管理部门办理土地使用手续,领取土地证书。土地证书为外资企业使用土地的法律凭证。外资企业在经营期限内未经批准,其土地使用权不得转让。外资企业在领取土地证书时,应当向其所在地土地管理部门缴纳土地使用费。外资企业使用经过开发的土地,应当缴付土地开发费。土地开发费包括征地拆迁安置费用和为外资企业配套的基础设施建设费用。土地开发费可由土地开发单位一次性计收或者分年计收。外资企业使用未经开发的土地,可以自行开发或者委托中国有关单位开发。基础设施的建设,应当由外资企业所在地县级或者县级以上地方人民政府统一安排。外资企业的土地使用费和土地开发费的计收标准,依照中国有关规定办理。外资企业的土地使用年限,应与经批准的该外资企业的经营期限相同。 （麻琳琳）

waizi qiye de zhongzhi
外资企业的终止（termination of wholly-owned foreign investment enterprises） 外资企业停止经营活动,依法注销企业的法人资格,企业终止后的外资企业不再享有民事权利能力和民事行为能力。外资企业有下列情形之一的,应予终止:（1）经营期限届满;（2）经营不善,严重亏损,外国投资者决定解散;（3）因自然灾害、战争等不可抗力而遭受严重损失,无法继续经营;（4）破产;（5）违反中国法律、法规,危害社会公共利益被依法撤销;（6）外资企业章程规定的其他解散事由已经出现。外资企业如果因经营不善,严重亏损,外国投资者决定解散;因自然灾害、战争等不可抗力而遭受严重损失,无法继续经营;因破产的情形,应当自行提交终止申请书,报审批机关核准。审批机关作出核准的日期为企业的终止日期。当外资企业经营期限届满;经营不善,严重亏损,外国投资者决定解散;因自然灾害、战争等不可抗力而遭受严重损失,无法继续经营;外资企业章程规定的其他解散事由已经出现时应当在终止之日起15天内对外公告并通知债权人,并在终止公告发出之日起15天内,提出清算程序、原则和清算委员会人选,报审批机关审核后进行清算。外资企业终止,应当向工商行政管理机关办理注销登记手续,缴销营业执照。外资企业的注销登记申请经登记机关核准后,缴销其营业执照,并依法公告企业的终止。 （麻琳琳）

waizi qiye de zhuce ziben
外资企业的注册资本（registered capital of wholly-owned foreign investment enterprises） 为设立外资企业在工商行政管理部门机关登记注册的资本总额。外资企业的注册资本是外国投资者认缴的全部出资额。外资企业的注册资本要与其经营规模相适应,注册资本与投资总额的比例应当符合中国的有关规定。外资企业的投资总额,是指开办外资企业所需资金总额,即按其生产规模需要投入的基本建设资金和生产流动资金的总和。外资企业在经营期内不得减少其注册资本。但是,因投资总额和生产经营规模等发生变化,确需减少的,须经审批机关批准。外资企业注册资本的增加、转让,须经审批机关批准,并向工商行政管理机关办理变更登记手续。另外对于外资企业将其财产或者权益对外抵押、转让,也须经审批机关批准并向工商行政管理机关备案。 （麻琳琳）

waizi qiye de zuzhi jigou
外资企业的组织机构(organizational authority of wholly-owned foreign investment enterprises) 外资企业的法人机关。法人机关对外代表企业承办各种事项,对内实施企业日常管理活动。外资企业组织机构的设立,投资人可依据企业的实际情况自行设置组织机构,中国政府不加干涉。但按国际惯例,应遵循资本占有权同企业控制权相一致原则,即外资企业的最高权力机构由资本持有者组成。具体要求:(1)外资企业应根据其组织形式设立董事会。(2)如果外资企业是由多个外国投资者共同出资建立的,则该企业所设立的董事会中董事的名额,一般应按照每个股东的出资比例分配。(3)董事会应推选出董事长,董事长是企业的法人代表,须向中国政府申报备案。 （麻琳琳）

waizi qiye fa
《外资企业法》(Law on Foreign-Capital Enterprises) 1986年4月12日第六届全国人民代表大会第四次会议通过,根据2000年10月31日第九届全国人民代表大会常务委员会第十八次会议《关于修改〈中华人民共和国外资企业法〉的决定》修正。制定本法的目的,是为了扩大对外经济合作和技术交流,促进中国国民经济的发展,国家允许外国投资者在中国境内举办外资企业并保护其合法权益。本法共24条。

设立外资企业的申请,由国务院对外经济贸易主管部门或者国务院授权的机关审查批准;经批准后,外国投资者应当在规定时间内,向工商行政管理机关申请登记,领取营业执照,依法取得中国法人资格。外资企业应当在规定期限内投资。工商行政管理机关对外资企业的投资情况进行检查和监督。企业分立、合并或者其他重要事项变更,应当报审查批准机关批准,并办理变更登记手续。

企业雇用中国职工应当依法签订合同,并在合同中注明雇用、解雇、报酬、福利、劳动保护、劳动保险等事项;职工依法建立工会组织,开展工会活动,维护职工的合法权益。企业必须设置会计账簿,进行独立核算,按照规定报送会计报表,并接受财政税务机关的监督。企业所需的原材料、燃料等,可以在国内市场或者在国际市场购买。企业应当向中国境内的保险公司投保。

企业的外汇事宜,依照国家外汇管理规定办理。投资者从企业获得的合法利润、其他合法收入和清算后的资金,可以汇往国外;外籍职工的工资收入和其他正当收入,依法缴纳个人所得税后,可以汇往国外。

外资企业的经营期限由审查批准机关批准。期满需要延长的,应当在规定时间内向审查批准机关提出申请。外资企业终止,应当及时公告,按照法定程序进行清算、关办理注销登记手续,缴销营业执照。

国家对外资企业不实行国有化和征收。

（耿广奇）

waizi qiye faren zige
外资企业法人资格(legal personality of wholly-owned foreign investment enterprises) 外资企业符合中国法律关于法人条件的规定的,依法取得中国法人资格。依据《民法通则》第37条的规定,法人是具有民事权利能力和民事行为能力,依法独立享有民事权利和承担民事义务的组织。法人必须同时具备四个条件:(1)依法成立。(2)有必要的财产和经费。(3)有自己的名称、组织机构和场所。(4)能够独立承担民事责任,指法人对自己的民事行为所产生的法律后果承担全部法律责任。外资企业向国家工商行政管理局和其授权登记的行政机关,申请企业法人登记的,应当具备下列条件:有符合规定的名称;有审批机关批准的合同、章程;有固定经营场所、必要的设施和从业人员;有符合国家规定的注册资本;有符合国家法律、法规和政策规定的经营范围;有健全的财会制度,能够实行独立核算,自负盈亏,独立编制资金平衡表或者资产负债表。

具备法人条件的外资企业,向国家工商行政管理局和其授权登记的行政机关,申请企业法人登记,应提交下列文件、证件:董事长签署的外商投资企业登记申请书;合同、章程以及审批机关的批准文件和批准证书;有关项目建议书或可行性研究报告的批准文件;投资者合法开业证明;投资者的资信证明;董事会名单以及董事会成员的姓名、住址的文件以及任职文件和法定代表人的身份证明;其他有关文件、证件。外国投资者在中国境内举办的外资企业并不当然地具有中国法人资格,只有符合中国法律关于法人条件的规定的,才能依法取得中国法人的资格。对于那些不具有法人资格的外资企业,同样是依照中国的法律而成立,在国家工商行政管理机关登记注册,其主要的营业场所在中国,完全适用于中国的法律。

外资企业的组织形式为有限责任公司,经批准也可以为其他责任形式。外资企业为有限责任公司的,外国投资者对企业的责任以其认缴的出资额为限。外资企业为其他责任形式的,外国投资者对企业的责任适用中国法律、法规的规定。有限责任公司是我国立法所认可的外资企业的一般形式。外资企业的法定代表人是依照其章程规定,代表外资企业行使职权的负责人。法定代表人无法履行其职权时,应当以书面形式委托代理人,代其行使职权。

(麻琳琳)

waizi yinhang
外资银行(only-foreign capital bank) 在本国境内由外国独资创办的银行以及外国银行的分支机构。外资银行的发展,有利于本国吸引外资和学习外国的先进技术和先进管理经验。对于外资银行的监管,需要东道国和母国监管部门进行协调。在中华人民共和国境内设立的外资银行必须遵守中华人民共和国法律、法规,不得损害中华人民共和国的社会公共利益。外资银行的正当经营活动和合法权益受中华人民共和国法律保护。

外资银行的注册资本最低限额为3亿元人民币等值的自由兑换货币。其实收资本不低于其注册资本的50%。设立外资银行申请人应当具备下列条件:(1)申请人为金融机构;(2)申请人在中国境内已经设立代表机构2年以上;(3)申请人提出设立申请前1年年末总资产不少于100亿美元;(4)申请人所在国家或者地区有完善的金融监督管理制度,并且申请人受到所在国家或者地区有关主管当局的有效监管;(5)申请人所在国家或者地区有关主管当局同意其申请;(6)中国人民银行规定的其他审慎性条件。

设立外资银行设立程序包括:(1)申请人向中国人民银行提出书面申请,并提交中国人民银行要求的相关资料。(2)中国人民银行应当对设立外资金融机构的申请进行初步审查并颁发正式申请表,申请者自提出设立申请之日起满90日未接到正式申请表的,其设立申请即为不予受理。(3)申请者应当自接到正式申请表之日起60日内将填写好的申请表连同中国人民银行要求的相关文件报中国人民银行审批。(4)自接到中国人民银行批准文件之日起30日内,应当筹足其实收资本或者营运资金,并调入中国境内。(5)经中国注册会计师验证后依法向工商行政管理机关办理登记,并依法自开业之日起30日内向税务机关办理税务登记。外资金融机构在中国人民银行审查批准后的30日内,应当向国家外汇管理局领取《经营外汇业务许可证》。

外资银行按照中国人民银行批准的业务范围,可以部分或者全部依法经营下列种类的业务:(1)吸收公众存款;(2)发放短期、中期和长期贷款;(3)办理票据承兑与贴现;(4)买卖政府债券、金融债券,买卖股票以外的其他外币有价证券;(5)提供信用证服务及担保;(6)办理国内外结算;(7)买卖、代理买卖外汇;(8)从事外币兑换;(9)从事同业拆借;(10)从事银行卡业务;(11)提供保管箱服务;(12)提供资信调查和咨询服务;(13)经中国人民银行批准的其他业务。

改革开放以来,外资银行在中国的数量不断增多,为中国吸引外资和融入国际金融市场创造了有利条件,截至2003年7月底,外资银行在华营业性机构已达184家。根据现行法律规定,在我国境内的外资银行包括总行在中国境内的外国资本的银行、外国银行在中国境内的分行和外国的金融机构同中国的公司、企业在中国境内合资经营的银行。

(刘利晋 卢 亮)

waizi yinhang bingbiao jianguan guanli zhidu
外资银行并表监管管理制度(consolidated supervision institution on foreign-funded bank) 对外资法人机构实施全球并表监管,对外国银行分行实施在华机构并表监管,同时关注集团全球经营和风险状况的监管制度。将外资法人监管方式与外国银行分行监管方式进行区别,充分体现了两类机构各自的经营特点。对外资银行不同分支机构进行并表监管,满足了风险监管的要求。

为贯彻《中华人民共和国银行业监督管理法》、《中华人民共和国外资金融机构管理条例》等法律法规,规范并表监管工作,有效实施风险监管,银监会制定了《外资银行并表监管管理办法》,该办法自2004年4月1日起施行。

中国银行业监督管理委员会(以下简称银监会)负责指导外资银行并表监管工作。银监会对设立营业性分支机构或附属机构的独资、合资银行,以及在华设立两家以上(含两家)营业性分支机构的外国银行实行并表监管。通过并表方式,银监会全面监管在华注册外资法人机构的全球经营和风险状况;监管外国银行在华总体经营和风险状况,并关注该机构全球经营风险和市场表现。

主报告行的确定及其职责 符合并表监管条件的外资银行应确定主报告行。由于机构增设或并购符合并表监管条件的外资法人机构,应在条件成立后1个月内向总行所在地银监会派出机构备案。由于机构增设符合并表监管条件的外国银行,其总行或授权的地区管理部应在获银监会正式批准后1个月内指定主报告行,由该主报告行向所在地银监会派出机构备案,并抄报相关属地监管局。需要更改主报告行的外国银行,其总行或授权的地区管理部应在会计年度结束前1个月变更主报告行,由原主报告行和新指定主报告行将变更情况分别向所在地银监会派出机构备案,并抄报相关属地监管局。新拟定的主报告行自下一会计年度起承担主报告行的职责。主报告行应视情况配备专职或兼职的中国区合规经理。合规经理的任职资格审核适用于《中华人民共和国外资金融机构管理条例实施细则》规定的外资金融机构高级管理人员备案制。

主报告行是外资银行合并财务报表和综合信息汇总机构，履行以下职责：(1) 主报告行应根据监管要求向并表监管局报送或备案监管报表、重大事项说明、报告和其他监管资料。(2) 主报告行可代表所属外资银行参加银监会召开的工作或研讨会议，并以该外资银行的名义提出意见和建议。(3) 主报告行应按照监管要求报告母行（总行）和母国（地区）经济金融方面的相关信息。(4) 主报告行负责外资银行境内营业性分支机构的信息披露工作。(5) 执行监管当局的其他要求。主报告行在报送书面材料的同时应附电子文档。

主报告行的法定负责人对主报告行承担的并表工作职责负责。

非现场监管　银监会负责指导和监督派出机构对外资银行的非现场并表监管工作。并表监管局应监督主报告行按季上报境内机构合并财务报表。其中，独资、合资银行境外分支机构和附属机构的财务报表和集团合并财务报表按年度上报书面材料。并表监管局应监督主报告行及时备案下列事项：(1) 已公布的年报和境内营业性分支机构会计年度信息披露。(2) 外部评级机构评级。(3) 母行（总行）对外发布的重要新闻稿。(4) 涉嫌被调查事件的说明文件。(5) 母国（地区）监管当局评价和重大监管措施。(6) 母国（地区）金融、经济政策的重大调整说明。(7) 《中华人民共和国外资金融机构管理条例实施细则》规定的其他相关材料。

并表监管局应要求主报告行每半年度提交一份《外资银行经营情况汇总报告》，包括基本信息（营业性机构数量、员工数、业务范围变动等）、授信集中度说明、贷款损失准备金分析、大额资产划转情况、资金流出入分析、关联交易情况、境外贷款/投资清单，以及营业性分支机构经营动态等内容。报告还应就母行（总行）组织结构、业务策略、资本充足水平、财务状况及市场信誉等变动情况作出说明。并表监管局负责按季监测并表考核的合规监管指标，并对风险监管指标走势和总体经营表现进行分析。并表监管局应收集外资银行业务管理制度，并与主报告行或地区管理部高级管理人员就外资银行区域管理模式、管理信息系统、风险及授权管理、合规管理、信贷管理和财务管理等风险管理内容进行沟通。

并表监管局应依据相关规定向银监会上报下列事项：(1) 外资银行备案的重大事项和各项管理制度。(2) 并表数据上报错误情况。(3) 并表考核指标违规及异常变动情况。(4) 并表监管意见。

并表监管局应在综合分析各项监管信息和现场检查情况的基础上，完成半年度和年度并表监管报告。

银监会负责与外资法人机构东道国（地区）监管当局和外国银行母国（地区）监管当局就共同关心的监管问题进行沟通，并在监管信息交流方面展开合作。银监会负责促进系统内综合监管信息交流和共享，并向外界提供或披露外资银行境内经营情况。银监会负责统一并表监管工作的程序和要求。

现场检查　银监会负责组织、指导和协调外资银行并表现场检查。并表现场检查的组织方式分为两种：(1) 委托并表监管局和属地监管局派出检查组，根据检查计划分别实施并表现场检查。(2) 由银监会组织外资银行监管人员组成检查组，对并表机构实施并表现场检查。

银监会负责受理外国银行母国（地区）监管当局跨境现场检查申请，并委托当地银监会派出机构与检查组就被检查机构的监管情况进行交流。会晤结束后，银监会派出机构应将掌握的情况及时上报银监会，并对检查组提及的问题进行跟进。

外部审计和三方会谈　符合并表监管条件的外资银行原则上应聘请同一会计师事务所，负责对其境内营业性分支机构和附属机构进行审计和并表审计。主报告行应在会计年度结束前1个月向并表监管局备案本会计年度聘请的外部审计师和审计组，同时抄报相应的属地监管局。如更换会计师事务所，主报告行还应提交书面说明。银监会派出机构如对外资银行聘请的外部审计师的审计质量持有负面意见，可以在收到备案书后14个工作日内建议外资银行更换审计组或会计师事务所。外部审计师应在并表审计前，就审计要求与并表监管局进行沟通。主报告行应在会计年度结束后5个月内将《并表审计报告》和《并表管理建议书》报并表监管局。属地监管局应在收到《外部审计报告》和《管理建议书》后30个工作日内，向并表监管局反馈对外部审计质量的评价意见。并表监管局负责结合各属地监管局反馈意见、《并表审计报告》和《并表管理建议书》中反映的问题，对外部审计质量作出综合评价。

并表监管局负责根据外资银行综合监管情况，提出并表三方会谈计划。并表三方会谈由银监会组织，参加方为银监会、并表监管局、属地监管局、外部审计师和主报告行。会谈结束后，并表监管局应完成并表三方会议纪要，并监督主报告行及时反馈整改意见的落实情况。

（刘　鹏）

waizi yinhang jiehui shouhui ji fuhui yewu shishi xize

外资银行结汇、售汇及付汇业务实施细则（implementation regarding the transactions for conversion, sales and payment of foreign exchange by foreign invested banks） 为了完善结汇、售汇制度，规范外资银行结汇、售汇及付汇行为，中国人民银行根据《中华人民共和国外资金融机构管理条例》和《结汇、售汇及付汇管理规定》于1996年6月18日发布《外资银行结汇、售汇及付汇业务实施细则》并于1996年7月1日起施行。该实施细则共3章22条。第一章总则，包括4个条文，其内容有：中国人民银行发布《外资银行结汇、售汇及付汇业务实施细则》的目的、外资银行和结售汇人民币专用账户的概念、外资银行办理结汇、售汇及付汇业务的对象。如第2条规定外资银行系指经中国人民银行批准，由国家外汇管理局核发《经营外汇业务许可证》的在中国境内的外国资本的银行、外国银行分行和中外合资银行；第4条规定外资银行只能办理外商投资企业的结汇、售汇及付汇业务、非外商投资企业贷款项下的结算业务和国家外汇管理局批准的其他结汇、售汇及付汇业务，并执行《结汇、售汇及付汇管理规定》的各项有关规定。

第二章结售汇人民币专用账户的管理，包括16个条文，其内容主要有：规定了外资银行开立结售汇人民币专用账户的批准机构、须具备的条件和提交的文件、如何筹集注册外汇资本金或者营运资金、外汇局对外资银行结售汇人民币专用账户的管理办法、外资银行结售汇人民币专用账户的收支范围和外资银行参加人民币同城票据交换系统需具备的条件等。如第5条规定经中国人民银行当地分行批准，外资银行可以在中国人民银行当地分行开立结售汇人民币专用账户，用于结售汇业务的人民币往来；第7条规定外资银行开立结售汇人民币专用账户须提交下列文件：(1)开立结售汇人民币专用账户申请书；(2)国家外汇管理局核发的《经营外汇业务许可证》；(3)经批准成为中国外汇交易中心会员的文件。第9条规定外汇局对外资银行结售汇人民币专用账户实行余额管理。结售汇人民币专用账户每日资金余额未经批准不得超过核定的数额。超过数额部分应当通过银行间外汇交易买成外汇，不得拆出人民币。国家外汇管理局根据外资银行的结售汇情况核定并调整其结售汇人民币专用账户余额。第三章附则，包括7个条文，其内容主要有：外资银行为客户办理进口付汇核销手续的法律依据、外资银行为了使其客户避免汇率风险，经批准可以按照有关规定办理人民币与外汇的远期买卖及其他保值业务、外资银行应当每日向国家外汇管理局当地分局报送《外资银行结、售汇人民币专用账户余额日报表》和国家外汇管理局规定的报表、外资银行结汇、售汇及付汇业务和结售汇人民币专用账户使用情况监督、检查单位、违反该实施细则的法律后果以及该实施细则的实施日期等。如第16条规定外资银行应当按照《进口付汇核销管理暂行办法》及其他有关规定为客户办理进口付汇核销的有关手续，并配合做好与出口收汇核销有关的工作；第20条规定对违反本细则有关规定的，外汇局可以依据《中华人民共和国外汇管理条例》对其处以警告、通报批评、罚款或者暂停办理结汇、售汇、付汇业务的处罚。

（王连喜）

waizi zhunru

外资准入（foreign capital access） 亦称"外资市场准入"。东道国允许外国资金和投资者进入本国市场，即东道国通过实施各种法律和规章制度，调整各个产业、项目或不同地区的外资流向，对外资进行宏观控制。资本输入国为了确保外国投资有利于东道国的经济发展，必须对外国投资的范围有所限制。一方面，将关系到国家安全和重大利益的、关系到国计民生的行业和部门，保留在政府和本国国民手中；另一方面，将外资引导到本国亟待发展的行业和部门，使外国投资与本国的经济发展目标保持一致。因此，世界各国法律都有关于外国投资准入的规定，即规定禁止、限制、允许或鼓励外国投资等类别。我国对外商投资的市场准入的规定主要体现在《外商投资产业指导目录》和有关的法律法规中。根据指导目录，投资的领域分为鼓励、限制、和禁止三大类：(1)禁止外资准入的行业。我国1996年发布的《指导外商投资方向暂行规定》第7条规定以下项目列为禁止类外商投资项目：属于危害国家安全或者损害社会公共利益的；属于对环境造成污染损害，破坏自然资源或者损害人体健康的；属于占用大量耕地，不利于保护、开发土地资源、或者危害军事设施安全和使用效能的；属于适用我国特有工艺或者技术生产产品的等。(2)限制外商投资的部门。我国1996年发布的《指导外商投资方向暂行规定》第6条规定以下外商投资项目列为限制类外商投资项目：属于国内已开发或者已引进技术，生产能力已能满足国内市场需求的；属于国家吸收外商投资试点或者实行专卖的产业的；属于从事稀有、贵重矿产资源勘探、开采的；属于需要国家统筹规划的产业的等。(3)允许或鼓励外国投资的部门。我国1996年发布的《指导外商投资方向暂行规定》，将以下外商投资项目列为鼓励类外商投资项目：(1)属于农业新技术、农业综合开发和能源、交通、重要原材料工业建设的；(2)属于高新技术、先进技术，能够改进产品性能，节约能源和原材料，提高企业技术经济效益或者生产适应市场需求而国内生产能力不足的新设备、新材料的；(3)属于适应国际市场需求，能够提高产品档次，开拓新市场，扩大产品外销，增加出口的；(4)属于综合利用资源和再生资源以及防治环境污染的新技术、新设备的；

(5)属于能够发挥中西部地区的人力和资源优势,并符合国家产业政策的;(6)属于国家法律、行政法规规定鼓励的其他项目的。

由此可见,中国的外商投资企业立法虽然允许外商在服务业投资,但是在服务方面的投资受到内部规则的许多限制,有些服务领域明令禁止外商投资。例如,根据该目录,很多服务部门,如贸易、电信(包括互联网/电子商务)、保险、银行、法律服务等都被列入限制B类中。WTO非常关注服务贸易领域的开放,WTO《服务贸易总协定》(GATS)所确立的关于服务投资的规则是:(1)各成员方尽可能地开放国内服务市场,承担相互给予跨国服务和服务提供者的最惠国待遇和政策法规透明度的一般义务(GATS第3条)。(2)以具体承诺的方式明确外国服务和服务提供者能享受的市场准入的具体部门、分部门或提供服务方式。各成员方不得要求外国服务提供者必须通过特定的法人实体或合营企业才可提供服务,也不得对参加投资的外国资本限定最高股权比例或对个人的或累计的外国资本投资额予以限制(GATS第16条)。(3)凡属于市场准入的领域,成员方应给予外国服务和服务提供者的国民待遇(GATS第17条)。(4)在具体承诺减让表中规定,每一成员应在减让表中列出其根据《服务贸易总协定》GATS第三部分作出的具体承诺。中国已经以发展中国家身份加入WTO组织,中国政府关于服务贸易市场准入及国民待遇的承诺与《服务贸易总协定》尚存在较大差距,但中国以渐进的方式逐步开放服务市场。建筑业作为中国的优势服务部门,在1994年9月13日,中国政府在乌拉圭回合服务贸易初步具体承诺表中,对建筑服务市场的开放和国民待遇条件资格作出了初步承诺。中国政府在申请加入WTO的入世议定书附件9——中华人民共和国服务贸易具体承诺减让表第2条最惠国豁免清单中关于建筑及相关工程服务的市场准入和国民待遇方面作出如下承诺:在市场准入方面,仅限于合资企业(指股权式和契约式的中外合资。股权式的合资企业指中外合资企业,契约式的合资企业指中外合作企业)形式,允许外资拥有多数股权。中国加入WTO后3年内,允许设立外商独资企业。外商独资企业只能承揽下列4种类型的建筑项目:(1)全部由外国投资和(或)赠款资助的建设项目。(2)由国际金融机构资助并通过根据贷款条款进行的招标授予的建设项目。(3)外资等于或超过50%的中外联合建设项目以及外资少于50%但因技术困难而不能由中国建筑企业独立实施的中外联合建设项目。在国民待遇方面,除下列内容外,没有限制:(1)现行合资建筑企业注册资本要求与国内企业的要求略有不同;(2)合资建筑企业有承揽外资建筑项目的义务。中国加入WTO后3年内取消上述限制。中国已经同意在加入WTO后的5年内,取消所有对市场准入的限制。最终,合资企业和外商全资企业将被允许从事以下业务:零售、批发、连锁、仓储、包装、出租与租赁。但是与中国达成的WTO协议并没有涉及批准程序。因此,中国有可能继续提出必须通过中央政府的批准,才能成立贸易公司。

(王连喜)

wan'guo youzheng lianmeng

万国邮政联盟(universal postal union) 基于《万国邮政联盟组织法》而设立。《万国邮政联盟组织法》1964年7月10日订于维也纳,于1966年1月1日生效,参照1969年东京大会和1974年洛桑大会的附加议定书作了修改,1973年2月7日中华人民共和国政府向瑞士联邦政府交存加入书,宣布我国政府加入该组织法和附加议定书,同时声明:台湾当局盗用中国名义对万国邮政联盟各项有关规定的"签字"和"批准"都是非法的,无效的,本组织法于1973年2月12日对我生效,1974年的第二附加议定书已由我国政府签署并批准。

我国于1997年1月13日签署《万国邮政联盟组织法第五附加议定书》。我全国人大常委会于1997年5月6日批准。

1999年9月15日在北京签订《万国邮政联盟组织法第六附加议定书》。

(傅智文)

wan'guo youzheng lianmeng guojiju

万国邮政联盟国际局(international bureau of the universal postal union) 万国邮政联盟国际局根据执行理事会、邮政研究咨询理事会和各邮政主管部门的需要,随时提供有关邮政业务问题的各种必要资料。主要承担:收集、整理、出版和分发有关国际邮政业务的资料;经当事各方的请求,对发生争执的问题表示意见;处理有关解释和修改邮联法规的要求;一般情况下,进行邮联法规所指定的或有利于邮联的各项研究工作以及编纂和整理文件的工作。

在某些邮政主管部门要求了解其他邮政主管部门对某一问题的意见时,国际局应进行调查。调查结果没有表决性质,并无正式约束力。它应把属于邮政研究咨询理事会职权范围内的一切问题,交给该理事会主席,以便作必要的处理。对于各邮政主管部门之间各种国际邮政账务,国际局经有关邮政要求,可作为账务清算处,居间办理这些账务的清算。国际局在国际技术合作范围内,负责开展各种形式的邮政技术援助。国际局负责印制用邮身份证、国际回信券、邮政旅行支票和支票簿面,并按成本供应给需求的各邮政主管部门。

国际局的职责

国际局负责编制邮联会员国名册并随时加以修订,名册内应注明各会员国会费分摊的等级,它们所属的地区组以及它们参加万国邮联各项法规的情况。

区域性邮联根据邮联组织法第 8 条所制订的法规和各项特别协定,应该由这些区域性邮联的常设局送交国际局一式两份,如无常设局,则由缔约之一方送交。

国际局应该注意使区域性邮联的各项法规和特别协定内所订条款涉及到公众利益时不致低于邮联法规所规定的水平,并将已成立的区域性邮联和上述协定通知各国邮政主管部门。国际局发现有不正常情况时,应根据本规定,通知执行理事会。

国际局利用其占有的资料,编辑一种以德、英、阿拉伯、中、西班牙、法、俄文出版的期刊。

国际局应就邮联的各项工作,作成年度报告,经执行理事会批准后,分送各会员国邮政主管部门、区域性邮联和联合国组织。

(傅智文)

wan'guo youzheng lianmeng zongguize

《万国邮政联盟总规则》(General Regulations of the Universal Postal Union) 于 1979 年 10 月 26 日在里约热内卢签订,自 1981 年 7 月 1 日起生效,在下届大会法规生效之前,一直有效。

本总规则正本经各会员国政府全权代表签署,并由邮联所在国政府存档,副本由大会所在国政府送交各缔约国一份。

《万国邮政联盟总规则》分邮联各机构的工作、国际局、提出和审议提案的程序、财务、仲裁和最后条款 6 章,共 30 条。第一章规定了邮政联盟的组织机构包括大会、非常大会、行政会议和专门委员会(执行理事会和邮政咨询理事会)。第二章规定了邮联国际局的组织和职权,包括总局局长、副局长等。第三章提出和审议提案的程序。第四章财务规定:邮联经费的确定和结算、会费分摊、国际局供应品价款的支付。第五章仲裁。第六章最后条款。

(傅智文)

wan'guo youzheng lianmeng zuzhi jigou

万国邮政联盟组织机构(organization of the Universal Postal Union) 邮联组织机构包括:大会、非常大会、行政会议和专门委员会。

各国代表至迟应在 5 年内举行一次大会,每个会员国派出由本国政府授予必要权力的全权代表一名或数名出席大会。必要时,可由另一会员国的代表团代为出席,但每一代表团代表本国以外的会员国时,以一国为限。每个会员国只有一票表决权。

大会的所在地国家原则上由上届大会确定,确实无法确定时,执行理事会可以商得某一国家同意后,确定该国为举行大会的所在地国家。

在没有邀请国政府而又必须召开大会时,则由国际局在取得执行理事会同意并与瑞士联邦政府商妥后,采取必要措施,以便在邮联总部所在国召开和组织大会。在这种情况下,国际局行使邀请国政府的职能。非常大会举行的地点,由发起召开这次大会的会员国与国际局协商同意后确定。

行政会议举行的地点,由发起召开会议的邮政主管部门与国际局协商同意后确定。召开会议的通知,由会议所在地国家的邮政主管部门发出。

各专门委员会由国际局召集,必要时,在商得这些委员会会议所在地国家的会员国的邮政主管部门同意后召集。

执行理事会 执行理事会由 1 名主席国和 39 个理事国组成,在两届大会之间的时期内行使其职权。大会东道国为当然主席。如果这一国家放弃此职务,它即成为当然理事国,从而这个国家所在的地区组不受第 3 项规定的限制而拥有一个附加席位。在这种情况下,执理会从与东道国同属的地区组的理事国中选出主席。每届大会至少更换理事国中的半数。任何理事国不得由大会连选三次。执行理事会理事行使职务,不收取酬金。理事会的活动经费由邮联负担。

邮政研究咨询理事会 邮政研究咨询理事会由 35 个理事国组成,在两届大会之间的时期内行使其职权,由大会选出,尽可能广泛地按照地区分配的原则进行。咨询理事会各理事国的代表,由本国邮政主管部门指派。该代表应由邮政主管部门有资格的人员担任。

咨询理事会的活动经费由邮联负担。其理事不领取任何酬金。参加咨理会的各邮政主管部门的代表,旅费和食宿费由各邮政主管部门自行负担。

大会、行政会议和专门委员会会议的议事规则

大会按照附在本总规则后面的大会议事规则组织它的工作和引导会议的讨论。

每届大会均可根据议事规则本身的规定,修改议事规则。

每次行政会议和每次专门委员会会议制订其本身的议事规则。议事规则未通过之前,讨论按照附在本总规则后面的大会议事规则的规定进行。

出版文件、会议讨论和业务上往来公函所用语文

邮联的文件使用法文、英文、阿拉伯文和西班牙文。同时增加使用德文、中文、葡萄牙文和俄文,但只限于最重要的基本文件。其他语文也可使用,但不得增加邮联根据下列第 6 项所承担的费用。 (傅智文)

网络服务提供商 (Internet Service Provider, ISP)

以营利为目的,为他人网络用户提供网络连接、网络访问、网络信息服务等服务的经营者。按照所提供服务的内容不同,网络服务提供商主要可分为以下几种:网络接入提供商(Internet Access Provider, IAP):为信息传播提供路由器、光缆等基础设施或者为上网提供接入服务,为用户提供电子邮件服务等;网络平台提供商(Internet Presence Provider, IPP);网络设备提供商(Internet Equipment Provider, IEP);网上媒体提供商(Internet Media Provider, IMP);网络内容提供商(Internet Content Provider, ICP);在线服务提供商(Online Service Provider, OSP)等。 (刘 鹏)

网络文化市场管理 (Administration of Internet Culture Market)

对利用互联网经营艺术品、音像制品、网络游戏、演出活动及"网吧"等互联网上网服务营业场所的日常监督和经营许可证管理。文化部为此增设了网络文化处,负责全国网络文化市场的规划、建设与管理。各级文化行政部门是网络文化市场的主管部门,制定发展规划,完善管理法规,使网络文化市场健康有序、规范发展。

对"网吧"等互联网上网服务营业场所要从严审核、控制总量、合理布局、优化结构,加强宏观管理和调控力度,反对一哄而起,盲目发展。各地应根据当地实际情况,制定本辖区内每一"网吧"等互联网上网服务营业场所的计算机设备总数及占地面积标准,但直辖市、省会城市和计划单列市的每一场所的计算机设备总数不得少于60台,且每台占地面积不得少于2平方米;直辖市、省会城市和计划单列市以下的地区,每一场所的计算机设备总数不得少于30台,且每台占地面积不得少于2平方米。西部地区可以参照以上标准,适当下调计算机设备总数,但每台占地面积标准不变。所有"网吧"等互联网上网服务营业场所必须按照《公共娱乐场所消防安全管理规定》制定安全措施,要有防火设备和疏散通道。

不得在中小学校周边直线距离200米内开设"网吧"等互联网上网服务营业场所。不得设立集中经营场所或集中经营街区。

"网吧"等互联网上网服务营业场所必须实行消费者入场登记制度和场地巡查制度。允许未成年人在国家法定节假日及寒暑假每日8时至20时进入"网吧"等互联网上网服务营业场所,但在线时间不得超过3小时。16周岁以下的未成年人进入,必须由其监护人陪伴。"网吧"等互联网上网服务营业场所不得容留未成年人夜间上网。违反规定的,由文化行政部门吊销该场所的《文化经营许可证》。其法定代表人和主管人员3年内不得从事"网吧"等互联网上网服务营业场所的经营活动。

对"网吧"等互联网上网服务营业场所的经营管理人员要进行管理法规、职业道德、业务规范等方面的培训,经考核合格者,发给培训证书。做到持证上岗、规范经营、文明服务。要严格审核经营者的从业资格,凡受过刑事处罚或者曾因违反文化市场法规被吊销《文化经营许可证》单位的法定代表人和主管人员,一律不得担任"网吧"等互联网上网服务营业场所的法定代表人和主管人员。

积极开展文明上网工程建设,倡导网上文明行为。联合工、青、妇等社会各界,大力推进"文明网吧"、"放心网吧"等网络文明活动,形成文明上网的道德规范和舆论环境。 (傅智文)

网络信息服务提供商的义务 (duties of ICP)

我国国务院2000年9月20日颁布了《互联网信息服务管理办法》,明确规定了网络信息服务提供商的义务。主要有:(1)依法经营的义务。互联网信息服务提供者应当按照经许可或者备案的项目提供服务,不得超出经许可或者备案的项目提供服务。(2)非营利性互联网提供者的经营性服务禁止义务。非经营性互联网信息服务提供者不得从事有偿服务。(3)依法办理变更手续的义务。互联网信息服务提供者变更服务项目、网站网址等事项的,应当提前30日向原审核、发证或者备案机关办理变更手续。(4)明示证件的义务。互联网信息服务提供者应当在其网站主页的显著位置标明其经营许可证编号或者备案编号。(5)提供合法服务的义务。互联网信息服务提供者应当向上网用户提供良好的服务,并保证所提供的信息内容合法。(6)记录及备案义务。从事新闻、出版以及电子公告等服务项目的互联网信息服务提供者,应当记录提供的信息内容及其发布时间、互联网地址或者域名;互联网接入服务提供者应当记录上网用户的上网时间、用户账号、互联网地址或者域名、主叫电话号码等信息。互联网信息服务提供者和互联网接入服务提供者的记录备份应当保存60日,并在国家有关机关依法查询时,予以提供。(7)禁止提供、传播违法内容的义务。(8)报告义务。互联网信息服务提供者发现其网站传输的信息明显属于本法违法内容的,应当立即停止传输,保存有关记录,并向国家有关机关报告。 (刘 鹏)

网上银行 (Electronic Banking)

又称在线银行、虚拟银行或网络银行。通过互联网向客户提供银行的产品和服务的金融机构。银行的产品和服务包括提款服务存款服务、信贷服务、账户管理、提供财务意见、电子单据支付以及提供其他网上支付的工具和服务。也就是说，网上银行是银行客户在办理银行业务时，在任何地方和任何时间，只需要用电子工具透过互联网与银行就可以进行交易，因而不需要再到银行的营业大厅排队和在银行的办公时间进行交易。1995年10月18日，在美国诞生了第一家网上银行——安全第一网上银行(Security First Network Bank，SFNB)，这是世界上第一家将其所有银行业务都通过互联网交易处理的开放性银行。受其影响，欧美其他商业银行纷纷作出了积极反应，绝大部分有影响的商业银行都陆续建立了自己的网上银行。网上银行分为两种类型：一是完全依赖互联网发展起来的银行，此种银行几乎所有的银行业务交易都依靠互联网进行。二是指在传统银行的基础上运用互联网，开展传统的银行业务交易处理服务，并发展家庭银行、企业银行等服务。

(薛建兰　景朝阳)

wangshang zhengjuan jingji gongsi
网上证券经纪公司(Web Securities Agency)　以电子信息交换网络为主要手段向客户提供证券经纪业务及相关业务的金融机构。所谓"电子信息交换网络"指因特网或其他类似技术形式的通用型公用网络，因此，理解网上证券经纪公司的关键是"主要手段"。

网上证券经纪公司的特点为：(1)严格网络平台、两个中心。互联网为网上证券交易提供了一个平台，而网上交易仅仅是该系统提供的服务之一。两个中心其一为证券网络综合业务处理中心，其二为证券客户服务中心。(2)证券交易的中介。国内现阶段证券交易过程实际上需要通过证券公司才能向交易所撮合系统下单，而网上证券经纪公司则有利于提供互联网交易的专业保障。(3)证券经纪制度与中央登记制度的完美结合。通过互联网技术可以保证现有证券经纪业务数据库的共享，从而使投资者的信息能够及时得到反馈。在此环境中，人们不再受地域限制，便能以非常简捷的方式完成过去较为复杂的交易或查询活动，同时使证券经纪对客户的服务质量可以大大提高。(4)整体性和安全性的结合。网上证券公司的活动能够规范事务处理的流程，将人工操作和电子信息处理集成为一个不可分割的整体，这样不仅能提高人力和物力的作用，有利于社会资源的优化配置，也可以提高系统运行的严密性，同时也会保证交易的安全。

网上证券委托交易的规定，目前还没有具体的规定，《网上证券委托管理暂行办法》仅仅对证券委托交易业务的发展进行指导性管理。在《网上证券委托管理暂行办法》中规定，获得网上委托业务资格的证券公司可在其达到《证券经营机构营业部信息系统技术管理规范》要求的证券营业部开展网上证券委托业务。《网上证券委托管理暂行办法》同时规定凡不具有证券经营业务资格的任何企、事业单位和个人都不能利用证券委托系统的技术和设施开展或变相开展网上委托业务，也不能为网上证券委托系统提供技术服务和信息服务收取和变相收取交易手续费。

(马志宇)

weixian feiwu jingying xuke zhidu
危险废物经营许可制度(permission institution on hazardous waste trade license)　对危险废物收集、贮存和处置经营活动的许可制度。国务院根据《中华人民共和国固体废物污染环境防治法》，2004年5月制定了《危险废物经营许可证管理办法》。

许可管理的范围　我国对于危险废物实行许可证管理，在中华人民共和国境内从事危险废物收集、贮存、处置经营活动的单位，应当规定领取危险废物经营许可证。

危险废物经营许可证按照经营方式，分为危险废物收集、贮存、处置综合经营许可证和危险废物收集经营许可证。领取危险废物综合经营许可证的单位，可以从事各类别危险废物的收集、贮存、处置经营活动；领取危险废物收集经营许可证的单位，只能从事机动车维修活动中产生的废矿物油和居民日常生活中产生的废镉镍电池的危险废物收集经营活动。

主管机关　县级以上人民政府环境保护主管部门负责危险废物经营许可证的审批颁发与监督管理工作。

申请领取危险废物经营许可证的条件　申请领取危险废物收集、贮存、处置综合经营许可证，应当具备下列条件：(1)有3名以上环境工程专业或者相关专业中级以上职称，并有3年以上固体废物污染治理经历的技术人员。(2)有符合国务院交通主管部门有关危险货物运输安全要求的运输工具。(3)有符合国家或者地方环境保护标准和安全要求的包装工具、中转和临时存放设施、设备以及经验收合格的贮存设施、设备。(4)有符合国家或者省、自治区、直辖市危险废物处置设施建设规划，符合国家或者地方环境保护标准和安全要求的处置设施、设备和配套的污染防治设施；其中，医疗废物集中处置设施，还应当符合国家有关医疗废物处置的卫生标准和要求。(5)有与所经营的危险废物类别相适应的处置技术和工艺。(6)有保证危险废物经营安全的规章制度、污染防治措施和事故应急救援措施。(7)以填埋方式处置危险废物的，应当依法取得填埋场所的土地使用权。

申请领取危险废物收集经营许可证,应当具备下列条件:(1)有防雨、防渗的运输工具;(2)有符合国家或者地方环境保护标准和安全要求的包装工具,中转和临时存放设施、设备;(3)有保证危险废物经营安全的规章制度、污染防治措施和事故应急救援措施。

申请领取危险废物经营许可证的程序 国家对危险废物经营许可证实行分级审批颁发。

危险废物经营许可证包括下列主要内容:(1)法人名称、法定代表人、住所;(2)危险废物经营方式;(3)危险废物类别;(4)年经营规模;(5)有效期限;(6)发证日期和证书编号。危险废物综合经营许可证的内容,还应当包括贮存、处置设施的地址。

危险废物综合经营许可证有效期为5年;危险废物收集经营许可证有效期为3年。

监督管理 县级以上地方人民政府环境保护主管部门应当于每年3月31日前将上一年度危险废物经营许可证颁发情况报上一级人民政府环境保护主管部门备案。上级环境保护主管部门应当加强对下级环境保护主管部门审批颁发危险废物经营许可证情况的监督检查,及时纠正下级环境保护主管部门审批颁发危险废物经营许可证过程中的违法行为。

法律责任 有下列情形之一未重新申请领取危险废物经营许可证的:(1)改变危险废物经营方式的;(2)增加危险废物类别的;(3)新建或者改建、扩建原有危险废物经营设施的;(4)经营危险废物超过原批准年经营规模20%以上的,或者危险废物经营许可证有效期届满,继续从事危险废物经营活动,未于法定期间提出换证申请的,由县级以上地方人民政府环境保护主管部门责令停止违法行为;有违法所得的,没收违法所得;违法所得超过10万元的,并处违法所得1倍以上2倍以下的罚款;没有违法所得或者违法所得不足10万元的,处5万元以上10万元以下的罚款。

无经营许可证或者不按照经营许可证规定从事危险废物收集、贮存、处置经营活动的,从中华人民共和国境外进口或者经中华人民共和国过境转移电子类危险废物的,以及将危险废物提供或者委托给无经营许可证的单位从事收集、贮存、处置经营活动的,依照《中华人民共和国固体废物污染环境防治法》的规定予以处罚。

伪造、变造、转让危险废物经营许可证的,由县级以上地方人民政府环境保护主管部门收缴危险废物经营许可证或者由原发证机关吊销危险废物经营许可证,并处5万元以上10万元以下的罚款;构成犯罪的,依法追究刑事责任。

领取危险废物收集经营许可证的单位,没有与处置单位签订接收合同,或者未收集的废矿物油和废镉镍电池在90个工作日内提供或者委托给处置单位进行处置的,由县级以上地方人民政府环境保护主管部门责令限期改正,给予警告;逾期不改正的,处1万元以上5万元以下的罚款,并可以由原发证机关暂扣或者吊销危险废物经营许可证。

危险废物经营单位被责令限期整改,逾期不整改或者经整改仍不符合原发证条件的,由原发证机关暂扣或者吊销危险废物经营许可证。

环境保护主管部门作出吊销或者收缴危险废物经营许可证的同时,应当通知工商管理部门,由工商管理部门依法吊销营业执照。被依法吊销或者收缴危险废物经营许可证的单位,5年内不得再申请领取危险废物经营许可证。

(刘 鹏 王 丽)

weixian fudan yiwu

危险负担义务(duty to bear risk) 保险人依据保险合同负担的约定义务。包括:一是合同成立生效后立即承担投保方让渡或转嫁的危险,二是进一步承诺如果发生保险事故损失,他将承担赔偿金给付责任。保险合同成立生效后,保险人首先立即承担投保方转嫁的存在于保险标的物上的承保范围内的危险,对于投保方而言,立即将可能发生的损失透过保险转嫁风险的机制减少到了零,消除遭受经济损失的精神担忧,保险人的危险负担义务是第一次义务。保险合同具有或然性的属性,但不是完全意义上的射幸合同,对于第一次义务,保险人于合同生效时就承担,这种义务不具有或然性,而且保险人承担的这种义务对投保方是有现实价值的,因为它消除了投保方未来遭受经济损失的可能性。

(李庭鹏)

weixian huaxuepin jingying xuke zhidu

危险化学品经营许可制度(Permission Institution on Hazardous Chemicals Trade License) 规范危险化学品经营销售活动的许可制度。国家经济贸易委员会根据《中华人民共和国安全生产法》和《危险化学品安全管理条例》,于2003年10月8日公布了《危险化学品经营许可证管理办法》,自2002年11月15日起施行。该办法对我国危险化学品经营许可证的管理作了详细的规定,主要涉及经营许可证的申请与审批、经营许可证的监督管理和法律责任等方面的内容。

(刘 鹏)

weixian zengjia zhi tongzhi yiwu

危险增加之通知义务(notice of the increased risk) 在保险责任期间内,因某种原因保险标的危险增加之通知义务。约定的保险费支付和约定的危险承担是保险合同双方当事人之间一种对价——利益平衡关系。

显著超过合同订立时保险人估计和预测的范围,发生约定的保险费支付与危险增加后保险人实际承保的危险之间明显的对价——利益失衡状态,称为危险显著增加。危险显著增加导致保险合同的交易基础发生根本性动摇,为恢复保险人与投保方之间的对价平衡关系,保险法对双方的合同权利义务关系重新进行调整和安排,投保人或被保险人须依据法律或合同约定的期限,向保险人通知危险显著增加的情事,以便保险人及时采取必要的措施或行使相应的权利,此为投保人危险增加之通知义务。在发生危险显著增加时,如果投保人未履行或迟延履行通知义务,保险合同的效力自危险显著增加之时起终止。危险显著增加还发生其他法律效果,比如,保险人有权提议增加保险费,或者选择终止保险合同。

(李庭鹏)

weiguan jingji yunxing

微观经济运行(the factors of the function of microeconomy) 企业经济的运行。企业是国民经济体系的基本单位,是国民经济运行的主要载体。其运行主体是各类经济单位(企业)及其分支机构。其运行机制是企业运行过程中内部各组成要素之间的相互联系、相互作用的制约关系及功能,比如企业内部的计划、组织、决策、奖惩等机制。企业不是孤立存在的,而是和外部发生密切经济联系的,这种联系便构成了企业运行的外部环境。在"企业自治"的传统法律原则之下,不存在对企业内部关系的法律调整问题。但是,当代法律则深入企业内部,对企业内部关系的形成和演变进行法律调整,使其符合微观经济运行的要求,体现了经济法的特征和机能。

(赵 玲)

weiguan jingzheng

微观竞争(the microscopic competition) 又叫部门内竞争。同一部门内部作为市场主体主要构成单位的企业之间所进行的竞争。"同一部门"是指生产相同或具有密切替代关系的同种或同类商品的企业的集合体,该集合体所面对的也是相同的买者或是卖者的集合。由于各企业作为独立的商品生产者和具有独立民事主体资格的法人,他们各具有彼此独立的财产,各享有独立的权利和经济利益,各承担独立的民事责任。这种个体利益的差异性决定了各企业会尽其所能以获取最大限度的利润。而各企业之间所生产的产品所具有的密切替代关系,使它们互为竞争对手。部门内企业竞争的主要内容包括产品竞争、价格竞争和非价格竞争。产品竞争又可分为产品质量竞争和产品战略竞争。产品质量竞争是通过生产高质量的优质的合格产品以取得竞争中的优势。产品战略竞争是通过扩大销售数额和提高市场占有率而进行的竞争。它又可以分为单一产品战略,即主要以大力发展少数有竞争力的产品,提高该项产品的市场占有率,使自己立于不败之地;多元化的产品竞争战略,即主要通过发展多品种、多规格、多款式的产品来扩大其销售总额,以通过不同产品之间销售上的互补性,赢得竞争的优势。价格竞争是通过产品价格方面的优势以获得竞争中的有利地位,又可以分为质量、性能、品种几乎完全相同的均质或同质产品的价格竞争,和虽属同一产品,但其品质、性能、型号和外观设计都有所不同的产品价格的竞争。价格竞争主要是通过获得价格方面的优势来进行的。非价格竞争,即以优惠的销售条件、方便周到的售后服务、及时迅速的交货、大量的广告宣传等进行的竞争。

(苏丽娅)

weifa tigong chukou tuishui pingzheng zui

违法提供出口退税凭证罪(crime of engaging in malpractices for personal gain in providing certificates for exports tax refund) 税务机关工作人员以外的其他国家机关工作人员违反国家规定,在提供出口货物报关单、出口收汇核销单等出口退税凭证的工作中,徇私舞弊,致使国家利益遭受重大损失的犯罪行为。该罪的主观方面是故意,犯罪主体是税务机关以外的负责办理出口货物报关、出口收汇核销单等出口退税凭证的国家机关工作人员,侵犯的客体是国家办理出口退税的管理制度。

(余启平)

weifan qiye guoyou zichan jiandu guanli zanxing tiaoli de falü zeren

违反《企业国有资产监督管理暂行条例》的法律责任(legal liability for offence against the Provisional Regulation of Supervision and Control over the State-owned Assets in the Enterprise) 违反《企业国有资产监督管理暂行条例》的法律责任包括:(1)国有资产监督管理机构不按规定任免或者建议任免所出资企业的企业负责人,或者违法干预所出资企业的生产经营活动,侵犯其合法权益,造成企业国有资产损失或者其他严重后果的,对直接负责的主管人员和其他直接责任人员依法给予行政处分;构成犯罪的,依法追究刑事责任。(2)所出资企业中的国有独资企业、国有独资公司未按照规定向国有资产监督管理机构报告财务状况、生产经营状况和国有资产保值增值状况的,予以警告;情节严重的,对直接负责的主管人员和其他直接责任人员依法给予纪律处分。(3)国有及国有控股企业的企业负责人滥用职权、玩忽职守,造成企业国有资产损失的,应负赔偿责任,并对其依法给予纪律处分;构成犯罪的,依法追究刑事责任。(4)对企业国有资产损失负有责任受到撤职以上纪律处分的国有及国有控股企业的企业负责人,5年内不得担任任何国有及国有控股企业的企业负责人;造成企业国有资产重大损失或者被判处刑罚的,终身不得担任任何国有及国有控股企业的企业负责人。 (马跃进 师湘瑜)

违反草原法的法律责任(legal responsibility of grassland law) 违反草原法的规定,当事人所应承担的法定强制的不利后果。我国《草原法》第8章自第61条至第73条规定了违反草原法所应承担的法律责任。其中,以行政法律责任和刑事法律责任为主。

依照《草原法》的规定,草原行政主管部门的工作人员所承担的法律责任包括:(1)草原行政主管部门工作人员及其他国家机关有关工作人员玩忽职守、滥用职权,不依法履行监督管理职责,或者发现违法行为不予查处,造成严重后果,构成犯罪的,依法追究刑事责任;尚不够刑事处罚的,依法给予行政处分。(2)截留、挪用草原改良、人工种草和草种生产资金或者草原植被恢复费的,构成犯罪的,依法追究刑事责任;尚不够刑事处罚的,依法给予行政处分。(3)无权批准征用、使用草原的单位或者个人非法批准征用、使用草原的,超越批准权限非法批准征用、使用草原的,或者违反法律规定的程序批准征用、使用草原,构成犯罪的,依法追究刑事责任;尚不够刑事处罚的,依法给予行政处分。非法批准征用、使用草原的文件无效。非法批准征用、使用的草原应当收回,当事人拒不归还的,以非法使用草原论处。非法批准征用、使用草原,给当事人造成损失的,依法承担赔偿责任。

草原承包经营者或其他当事人应承担的法律责任包括:(1)买卖或者以其他形式非法转让草原,构成犯罪的,依法追究刑事责任;尚不够刑事处罚的,由县级以上人民政府草原行政主管部门依据职权责令限期改正,没收违法所得,并处违法所得1倍以上5倍以下的罚款。(2)未经批准或者采取欺骗手段骗取批准,非法使用草原,构成犯罪的,依法追究刑事责任;尚不够刑事处罚的,由县级以上人民政府草原行政主管部门依据职权责令退还非法使用的草原,对违反草原保护、建设、利用规划擅自将草原改为建设用地的,限期拆除在非法使用草原上新建的建筑物和其他设施,恢复草原植被,并处草原被非法使用前3年平均产值6倍以上12倍以下的罚款。(3)非法开垦草原,构成犯罪的,依法追究刑事责任;尚不够刑事处罚的,由县级以上人民政府草原行政主管部门依据职权责令停止违法行为,限期恢复植被,没收非法财物和违法所得,并处违法所得1倍以上5倍以下的罚款;没有违法所得的,并处5万元以下的罚款;给草原所有者或者使用者造成损失的,依法承担赔偿责任。(4)在荒漠、半荒漠和严重退化、沙化、盐碱化、石漠化、水土流失的草原,以及生态脆弱区的草原上采挖植物或者从事破坏草原植被的其他活动的,由县级以上地方人民政府草原行政主管部门依据职权责令停止违法行为,没收非法财物和违法所得,可以并处违法所得1倍以上5倍以下的罚款;没有违法所得的,可以并处5万元以下的罚款;给草原所有者或者使用者造成损失的,依法承担赔偿责任。(5)未经批准或者未按照规定的时间、区域和采挖方式在草原上进行采土、采砂、采石等活动的,由县级人民政府草原行政主管部门责令停止违法行为,限期恢复植被,没收非法财物和违法所得,可以并处违法所得1倍以上2倍以下的罚款;没有违法所得的,可以并处2万元以下的罚款;给草原所有者或者使用者造成损失的,依法承担赔偿责任。(6)擅自在草原上开展经营性旅游活动,破坏草原植被的,由县级以上地方人民政府草原行政主管部门依据职权责令停止违法行为,限期恢复植被,没收违法所得,可以并处违法所得1倍以上2倍以下的罚款;没有违法所得的,可以并处草原被破坏前3年平均产值6倍以上12倍以下的罚款;给草原所有者或者使用者造成损失的,依法承担赔偿责任。(7)非抢险救灾和牧民搬迁的机动车辆离开道路在草原上行驶或者从事地质勘探、科学考察等活动未按照确认的行驶区域和行驶路线在草原上行驶,破坏草原植被的,由县级人民政府草原行政主管部门责令停止违法行为,限期恢复植被,可以并处草原被破坏前3年平均产值3倍以上9倍以下的罚款;给草原所有者或者使用者造成损失的,依法承担赔偿责任。(8)在临时占用的草原上修建永久性建筑物、构筑物的,由县级以上地方人民政府草原行政主管部门依据职权责令限期拆除;逾期不拆除的,依法强制拆除,所需费用由违法者承担。临时占用草原,占用期届满,用地单位不予恢复草原植被的,由县级以上地方人民政府草原行政主管部门依据职权责令限期恢复;逾期不恢复的,由县级以上地方人民政府草原行政主管部门代为恢复,所需费用由违法者承担。(9)未经批准,擅自改变草原保护、建设、利用规划的,由县级以上人民政府责令限期改正;对直接负责的主管人员和其他直接责任人员,依法给予行政处分。(10)对违反草原法有关草畜平衡制度的规定,牲畜饲养量超过县级以上地方人民政府草原行政主管部门核定的草原载畜量标准的纠正或者处罚措施的,由省、自治区、直辖市人民代表大会或者其常务委员会规定。 (刘 鹏)

违反劳动合同的责任(legal liabilities for breach of employment contract) 当事人由于违反了劳动合同

规定的义务而应当承担的民事责任、行政责任和刑事责任。不管是用人单位还是劳动者,只要是违反了《劳动法》有关劳动合同的规定的,都必须承担赔偿的责任。主要规定了用人单位违反劳动合同的责任和劳动者违反劳动合同的责任两方面内容。

用人单位违反劳动合同的责任 (1)用人单位有下列情形之一,对劳动者造成损害的,应赔偿劳动者损失:用人单位故意拖延劳动合同,即招用后故意不按规定订立劳动合同以及劳动合同到期后故意不及时续订劳动合同的;由于用人单位的原因订立无效劳动合同,或订立部分无效劳动合同的;用人单位违反规定或劳动合同的约定侵害女职工或未成年工合法权益的;用人单位违反规定或劳动合同的约定解除劳动合同的。用人单位对劳动者的赔偿,按下列规定执行:造成劳动者工资收入损失的,按劳动者本人应得工资收入支付给劳动者,并加付应得工资收入25%的赔偿费用;造成劳动者劳动保护待遇损失的,应按国家规定补足劳动者的劳动保护津贴和用品;造成劳动者工伤、医疗待遇损失的,除按国家规定为劳动者提供工伤、医疗待遇外,还应支付劳动者相当于医疗费用25%的赔偿费用;造成女职工和未成年工身体健康损害的,除按国家规定提供治疗期间的医疗待遇外,还应支付相当于其医疗费用25%的赔偿费用;劳动合同约定的其他赔偿费用。(2)用人单位招用尚未解除劳动合同的劳动者,对原用人单位造成经济损失的,除该劳动者承担直接赔偿责任外,该用人单位应当承担连带赔偿责任。其连带赔偿的份额应不低于对原用人单位造成经济损失总额的70%。向原用人单位赔偿下列损失:对生产、经营和工作造成的直接经济损失;因获取商业秘密给原用人单位造成的经济损失。按《反不正当竞争法》第20条的规定执行。

劳动者违反劳动合同的责任 劳动者违反规定或劳动合同的约定解除劳动合同,对用人单位造成损失的,应赔偿用人单位下列损失:用人单位招收录用其所支付的费用;用人单位为其支付的培训费用,双方另有约定的按约定办理;对生产、经营和工作造成的直接经济损失;劳动合同约定的其他赔偿费用。

劳动者违反劳动合同中约定的保密事项,对用人单位造成经济损失的,按《反不正当竞争法》第20条的规定执行。

(邵芬)

weifan nongyefa de falü zeren
违反农业法的法律责任(legal obligations of violations of the agricultural law) 违反《农业法》的规定而承担的法律责任。包括:(1)侵害农民和农业生产经营组织的土地承包经营权等财产权或者其他合法权益的,应当停止侵害,恢复原状;造成损失、损害的,依法承担赔偿责任。(2)国家工作人员利用职务便利或者以其他名义侵害农民和农业生产经营组织的合法权益的,应当赔偿损失,并由其所在单位或者上级主管机关给予行政处分。(3)有下列行为之一的,由上级主管机关责令限期归还被截留、挪用的资金,没收非法所得,并由上级主管机关或者所在单位给予直接负责的主管人员和其他直接责任人员行政处分;构成犯罪的,依法追究刑事责任:截留、挪用粮食收购资金的;截留、挪用用于农业的财政资金和信贷资金的;截留、挪用扶贫资金的。(4)向农民或者农业生产经营组织违法收费、罚款、摊派的,上级主管机关应当予以制止,并予公告;已经收取钱款或者已经使用人力、物力的,由上级主管机关责令限期归还已经收取的钱款或者折价偿还已经使用的人力、物力,并由上级主管机关或者所在单位给予直接负责的主管人员和其他直接责任人员行政处分;情节严重,构成犯罪的,依法追究刑事责任。(5)有下列行为之一的,由上级主管机关责令停止违法行为,并给予直接负责的主管人员和其他直接责任人员行政处分,责令退还违法收取的集资款、税款或者费用:非法在农村进行集资、达标、升级、验收活动的;以违法方法向农民征税的;通过农村中小学校向农民超额、超项目收费的。(6)强迫农民以资代劳的,由乡(镇)人民政府责令改正,并退还违法收取的资金。(7)强迫农民和农业生产经营组织接受有偿服务的,由有关人民政府责令改正,并返还其违法收取的费用;情节严重的,给予直接负责的主管人员和其他直接责任人员行政处分;造成农民和农业生产经营组织损失的,依法承担赔偿责任。(8)县级以上人民政府农业行政主管部门的工作人员违反本法规定参与和从事农业生产经营活动的,依法给予行政处分;构成犯罪的,依法追究刑事责任。

(张旭娟)

weifan quanmin suoyouzhi gongye qiyefa de falü zeren
违反全民所有制工业企业法的法律责任(legal liabilities for violating law on industrial enterprises owned by the whole people) 违反《全民所有制工业企业法》所应承担的法律责任。

政府和政府有关部门,以及主管人员和直接责任人员,企业、企业管理人员和直接责任人员,有关单位和个人等主体违反全民所有制工业企业法所应承担的法律后果。政府和政府有关部门的决定违反全民所有制工业企业法,企业有权向作出决定的机关申请撤销;不予撤销的,企业有权向作出决定的上一级机关或者政府监察部门申诉。接受申诉的机关应予接到申诉之日起30日作出裁决,并通知企业。政府有关部门违反全民所有制工业企业法的行为,上级应当责令其改正;

情节严重的,由同级机关或者有关上级机关对主管人员和直接责任人员给予经济处罚,并依照有关法律、法规,对企业给予相应的行政处罚;构成犯罪的,由司法机关依法追究刑事责任。

企业违反全民所有制工业企业法的行为,政府或者政府有关部门应当责令其改正;情节严重的,对厂长、其他厂级领导和直接责任人员,分别追究行政责任,给予经济处罚,并依照有关法律法规,对企业给予相应的行政处罚;构成犯罪的,由司法机关依法追究刑事责任。企业因生产、销售质量不合格的产品,给用户和消费者造成财产、人身损害的,应当承担赔偿责任;构成犯罪的,对直接责任人员依法追究刑事责任。产品质量不符合经济合同约定的条件的,应当承担违约责任。

未经政府或者政府主管部门审批核准和工商行政管理部门核准登记,以企业名义进行生产经营活动的,责令停业,没收违法所得。阻碍厂长和各级管理人员依法行使职权的,或者扰乱企业秩序,致使生产、营业工作不能正常进行的,由企业所在地公安机关给予治安管理处罚;情节严重构成犯罪的,由司法机关依法追究刑事责任。

政府和政府有关部门,以及主管人员和直接责任人员、企业、企业管理人员和直接责任人员,有关单位和个人等主体违反全民所有制工业企业法的,因这些主体同时违反了别的法,所以,这些主体承担违反全民所有制工业企业法的法律责任,常常与违反别的法应承担的法律责任相竞合。

(陈乃新　王顺兰)

weifan xianjin guanli guiding de falü zeren

违反现金管理规定的法律责任（liability for breach of cash administration） 违反现行现金管理的规定而应承担的法律责任。国务院1988年8月16日发布的《现金管理暂行条例》和中国人民银行1988年9月23日发布的《现金管理暂行条例实施细则》是我国现行法的规定。

开户单位有下列情况之一的,开户银行应当依照中国人民银行的规定,予以警告或者罚款;情节严重的,可在一定期限内停止对该单位的贷款或者停止对该单位的现金支付:(1)对现金结算给予比转账结算优惠待遇的;(2)拒收支票、银行汇票和银行本票的;(3)违反机关、团体、部队、全民所有制和集体所有制企业事业单位购置国家规定的专项控制商品,必须采取转账结算方式规定的;(4)用不符合财务会计制度规定的凭证顶替库存现金的;(5)用转账凭证套换现金的;(6)编造用途套取现金的;(7)相互借用现金的;(8)利用账户替其他单位和个人套取现金的;(9)将单位的现金收入按个人储蓄方式存入银行的;(10)保留账外公款的;(11)未经批准坐支或者未按开户银行核定的坐支范围和限额坐支现金的。

有下列情况之一的,开户银行有权给予警告或者处以罚款:(1)超出规定范围的限额使用现金的,按超出额的10%—30%处罚;(2)超出核定的库存现金限额留存现金的,按超出额的10%—30%处罚;(3)用不符合财务制度规定的凭证顶替库存现金的,按凭证额的10%—30%处罚;(4)未经批准坐支或者未按开户银行核定坐支额度和使用范围坐支现金的,按坐支金额的10%—30%处罚;(5)单位之间互相借用现金的,按借用金额的10%—30%处罚。有下列情况之一的,一律处以罚款:(1)保留账外公款的,按保留金额的10%—30%处罚;(2)对现金结算给予比转账结算优惠待遇的,按交易额的10%—50%处罚;(3)只收现金拒收支票、银行汇票、本票的,按交易额的10%—50%处罚;(4)开户单位不采取转账结算方式购置国家规定的专项控制商品的,按购买额50%至全额对买卖双方处罚;(5)用转账凭证套取现金的,按套取金额30%—50%处罚;(6)编造用途套取现金的,按套取金额30%—50%处罚;(7)利用账户替其他单位和个人套取现金的,按套取金额30%—50%处罚;(8)将单位的现金收入以个人储蓄方式存入银行的,按存入金额的30%—50%处罚;(9)发行变相货币和以票券代替人民币在市场流通的,按发行额或流通额30%—50%处罚。

开户单位对开户银行作出的处罚决定不服的,首先必须按照处罚决定执行,然后在10日内向开户银行的同级人民银行申请复议。同级人民银行应当在收到复议申请之日起30日内作出复议决定。开户单位对复议决定不服的,可以在收到复议决定之日起30日内向人民法院起诉。

开户银行不执行或违反《现金管理暂行条例》和《现金管理暂行条例实施细则》规定的,由当地人民银行负责查处;当地人民银行根据其情节轻重,可给予警告、追究行政领导责任直至停止其办理现金结算业务等处罚。银行工作人员违反《现金管理暂行条例》和《现金管理暂行条例实施细则》规定,徇私舞弊、贪污受贿、玩忽职守纵容违法行为的,根据情节轻重给予行政处分和经济处罚;构成犯罪的,由司法机关依法追究刑事责任。

(官　波)

weifan yuyefa de falü zeren

违反渔业法的法律责任（legal responsibility of fishery law） 当事人违反渔业法的规定所应承担的法定强制的不利后果。我国《渔业法》的法律责任包括民事法律责任、行政法律责任和刑事法律责任三类,其中,以行政法律责任和刑事法律责任为重。

违反渔业法的法律责任包括:(1)破坏渔业资源的违法行为,如使用炸鱼、毒鱼、电鱼等方法进行捕捞,违反关于禁渔区、禁渔期的规定进行捕捞,或者使用禁用的渔具、捕捞方法和小于最小网目尺寸的网具进行捕捞,或渔获物中幼鱼超过规定比例的,分别处以没收渔获物和违法所得、罚款等处罚;情节严重的,没收渔具,吊销捕捞许可证;情节特别严重的,可以没收渔船;构成犯罪的,依法追究刑事责任。(2)侵犯养殖者合法权益的违法行为,如偷捕、抢夺他人养殖的水产品,或者破坏他人养殖水体、养殖设施,应承担责令改正、罚款、赔偿损失等责任;构成犯罪的,依法追究刑事责任。(3)违反渔业行政管理规定的违法行为,如无正当理由荒芜全民所有的水域、滩涂满1年,未依法取得养殖证擅自在全民所有的水域从事养殖生产,未依法取得捕捞许可证或违反捕捞许可证关于作业类型、场所、时限和渔具数量的规定擅自进行捕捞,涂改、买卖、出租或者以其他形式转让捕捞许可证,未经批准在水产种质资源保护区内从事捕捞活动,非法生产、进口、出口水产苗种等,处以责令立即停止经营,责令改正,吊销养殖证和捕捞许可证,补办养殖证,没收渔获物和违法所得,罚款等处罚,构成犯罪的,依法追究刑事责任。(4)外国人、外国渔船的违法行为,如擅自进入中华人民共和国管辖水域从事渔业生产和渔业资源调查活动,处以没收渔获物、渔具和罚款的处罚,构成犯罪的,依法追究刑事责任。(5)破坏生态环境的行为,如造成渔业水域生态环境破坏或者渔业污染事故,依照《中华人民共和国海洋环境保护法》和《中华人民共和国水污染防治法》的规定追究法律责任。(6)渔业行政主管部门和其所属的渔政监督管理机构及其工作人员的违法行为,如违法核发许可证、分配捕捞限额或者从事渔业生产经营活动,或者有其他玩忽职守不履行法定义务、滥用职权、徇私舞弊的行为的,依法给予行政处分;构成犯罪的,依法追究刑事责任。

(刘 鹏)

weihu guojia jingji zhuquan yuanze
维护国家经济主权原则(principle of safeguarding the national economic sovereignty) 在经济开放体制下,每个国家对其全部财富、自然资源和对内对外的一切经济事务,享有全面、永久、最高的独立、平等权力的原则。是国家主权在经济领域的体现,是构成国际经济新秩序的基础。国家经济主权在本质上属于一国内部的治理和管辖问题。在当代经济关系国际化的条件下,国家经济主权已不仅仅是一国范围内的权力,而且涉及国家与国家相互间的经济权力问题。但国家当然享有经济权力的独立性、平等性,这是维护国家经济主权原则的根本依据。经济主权是神圣的国家权力,维护国家经济主权,是经济立法、涉外经济立法的重要原则。只有实行这一原则,才能有效地保障国家经济主权不受侵犯,保障本国经济安全,促进本国经济发展,建立合理的国际经济新秩序,实现世界经济的发展和人类社会的共同进步。反之,如果丧失、限制或削弱国家经济主权,便丧失了国际经济交往中的国家经济独立权、自主权和平等权,因而所谓的国家主权也将不复存在,任何经济立法、经济司法和经济执法便失去了立足之本。

根据这一原则,国家对其本国境内的一切自然资源和全部财富享有充分的永久主权;国家有权按照自己的意志,自主选择并决定该国的社会经济制度和经济发展道路,管理和治理本国国民经济;国家有权独立进行经济立法、经济司法和经济执法活动而不受任何其他国家的干涉;国家有权独立自主地制定对外经济政策,排除干扰地调整对外经济关系;国家有权独立自主地决定与其他国家经济交往的原则、形式,自由缔结与国家、地区间的经济协议;国家有权对跨国公司的经营活动进行监督和管辖;国家享有对其境内的外国资产实行国有化和征收的权力;国家有权获得应有的平等的全球经济事务决策权力。

坚持这一基本原则,必须维护经济主权的完整性和不可分割性。国家经济主权既包括国家对内的全部经济权力,如对国家财富、自然资源的拥有权、使用权、处分权,对国民经济的治理权、管理权等,也包括在国际经济关系中的自决权、自主权、选择权、发展权等;它是对内国家经济权力和对外国家经济权力的完整统一体,也是对外国家经济权力中诸权力的完整统一体,不可分割。在国际经济交往中,选择权、发展权与自决权、自主权是辨证的统一,它们相互依存,不能割裂。

国家经济主权不得侵犯,国际社会和国际组织必须充分尊重各国的经济主权。各国有权反对外来经济侵略、干涉、掠夺和控制。少数国家推行经济霸权,用本国的经济主权去打压另一国的经济主权,掠夺、强占他国的经济资源和自然资源,控制他国经济命脉,牺牲他国利益,攫取单方利益和特权,肆意践踏他国经济主权,是根本违背国家经济主权原则的,必须坚决予以反对和禁止。

国家在利用经济发展机遇,调动和利用外国的各种经济资源服务于本国经济建设的过程中,必然要付出必要的代价。在始终坚持国家经济主权原则的前提下和完全独立自主的基础上,对本国的某些经济权力和经济权益所作出的某些自我限制必须适度,应坚持义务与权力的平衡,对于外来的可能影响国家安全和社会稳定的非分和过苛的要求,应坚决予以抵制和拒绝;应对效益和风险进行认真研究,反复权衡利弊得失,慎之又慎;对于可能随机遇而来的各种风险必须早有预见,早做准备,早加防范,增强风险意识和忧患意识,提高防御能力,保障国家经济安全。

在国际经济活动中,存在着各种所谓的国家经济主权"过时论"、"废弃论"、"弱化论"、"淡化论"、"让渡论"、"销蚀论"或"模糊论"。在"经济全球化"情况下,坚持维护国家经济主权原则,必须警惕和坚决反对各种形式的削弱、限制或否定国家经济主权的主张。

(张长利)

weizao chandi
伪造产地(counterfeit provenance) 经营者违反诚实信用原则,在自己生产或经销的商品或其包装、说明书或其他附着物上,标注虚假产地名称或产地标识的不正当竞争行为。产地名称和产地标志只能由该地域范围内的经营者使用,具有专用性和不可转让性。产地范围内的经营者享有排除产地范围外的经营者使用该产地名称和产地标志的权利。产地范围外的经营者使用该产地名称和产地标志的行为就是伪造产地的行为。伪造产地的做法有直接和间接两种形式。不是产于某地的商品却在商品或包装上直接标明产于某地,是直接伪造产地的做法。间接伪造产地的方法较多,最常见的是以图形或其他方法暗示虚假产地。原则上讲,直接或间接标注虚假产地都构成伪造产地的不正当竞争行为。经营者间接标注虚假产地的行为是否导致或足以导致购买者对商品来源地产生错误认识,应作为认定是否构成伪造产地的不正当竞争行为的基本标准。

(苏丽娅)

weizao huo maoyong zhiliang biaozhi de xingwei
伪造或冒用质量标志的行为(the behavior of faking or false-using quality mark) 非法使用名优标志欺骗购买者的不正当竞争行为。主要有以下几种表现形式:未获名优标志的产品,擅自使用名优标志产品虽获名优标志,但因质量下降,名优标志被撤销或责令停止使用后继续使用名优标志使用编造的虚假名优标志,级别低的名优产品冒用级别高的名优产品标志。在认定伪造或冒用名优标志行为时,应注意不要把伪造或冒用的对象仅理解为国家金质奖章、银质奖章和"优"字样标志这几种法定名优标志。伪造或冒用其他名优标志,伪造或冒用省级人民政府或其他地方人民政府授予的"名优产品"标志等均具有诱惑性和欺骗性,必然造成购买者误认误购,损害购买者合法权益。这些行为与伪造或冒用法定名优标志并无实质性区别,也应属于伪造或冒用质量标志的不正当竞争行为。

(苏丽娅)

weifu
委付(abandonment) 适用于海上保险的物上代位制度。保险标的发生推定全损时,保险人向被保险人支付全部保险金额后,保险标的物或者有关物权凭证转移给保险人所有。

(李庭鹏)

weituo banli jingji shiwu
委托办理经济事务(execution of economic law by delegation) 具有经济执法权限的各级人民政府及其工作部门依照法律、法规或者规章的规定,在法定权限范围内可以委托符合法定条件的组织办理具体经济事务,由被委托者以委托机构的名义行使经济执法行为,由委托机构对外承担法律责任。政府部门的专属权限和职责、涉及经济权力关系中的经济事务,不属于被委托办理经济事务的范围。有观点认为,公民个人也能够成为委托经济执法的被委托方,以委托组织的名义对外进行经济执法活动。

委托办理经济事务由以委托方的名义进行并由委托方对外承担法律责任,在本质上属于行使权限经济执法的范畴。委托方依照宪法或者法律的规定具有办理该经济事务的权力是委托办理经济事务合法有效的首要前提,而且该项权力在性质上是允许被委托行使的。涉及人身自由的经济制裁权、经济制裁的强制执行权等在性质上是专属于法律规定的经济机关的,不得委托其他组织、个人代为办理。被委托方具有办理被委托经济事务的能力也是委托办理经济事务合法有效的必要条件,一般要求被委托方具有相应的办公场地、专业人员、必要经费等办理经济事务的必备条件。

由于现代社会中经济管理和执法的客观需要不断增加,而政府经济管理机构的人力物力有限;而且随着国民经济一体化的高度发展,经济执法过程中必然涉及很多复杂的技术性问题,这又超出了一般政府经济管理机构的管理能力,需要求助于有专门特长的社会组织或个人;同时,一些临时性的经济执法事项也没有必要在各级政府中设立专门的经济管理机构进行管理,以避免设易撤难、政府冗员的产生。所以,法律授权经济执法和委托办理经济事务成为经济中的一个常见现象,我国的经济生活中也大量存在法律授权经济执法和委托办理经济事务。为了消除在委托办理经济事务领域出现的混乱现象,应当减少委托办理经济事务的应用,将其限制在一些专门、单项的经济事务的办理方面,而且应当严格限定被委托方只能是符合法律规定条件的组织,而不能将经济执法活动委托给个人进行。另一方面,应加强对法律授权经济执法的立法,通过规范的法律授权经济执法活动来满足社会对经济执法活动日益增长的客观需要。

(周永平)

weituo jingji lifa
委托经济立法(delegated economic legislation) 立

法机关把一定的经济立法事务委托给行政机关、其他组织或个人进行。也有观点认为授权经济立法和委托经济立法是同一个概念，都是指有权的国家机关通过一定的形式，将属于自己经济立法权限范围的立法事项授予其他有关国家机关进行立法。但另有观点认为委托经济立法这一概念不科学，立法权的性质决定其是不能全部都被委托给其他机构行使的，目前所谓的委托立法也仅指法律、法规的起草工作，而作为立法权核心的法律法规的审查和通过权仍是立法机关的专属权力，不得委托。所以委托经济立法的概念不能成立。

（周永平）

weituo shoukuan
委托收款（authorized collection） 收款人委托银行向付款人收取款项的结算方式。单位和个人凭已承兑商业汇票、债券、存单等付款人债务证明办理款项的结算，均可以使用委托收款结算方式。委托收款在同城、异地均可以使用，其款项的划回方式分邮寄和电报两种，由收款人选用。委托收款凭证必须记载下列事项：标明"委托收款"的字样；确定的金额；付款人名称；收款人名称；委托收款凭证名称及附寄单证张数；委托日期；收款人签章。委托收款以银行以外的单位为付款人的，委托收款凭证必须记载付款人开户银行名称；以银行以外的单位或在银行开立存款账户的个人为收款人的，必须记载收款人开户银行名称；以未在银行开立存款账户的个人为收款人的，必须记载被委托银行名称。欠缺记载的，银行不予受理。

收款人办理委托收款应向银行提交委托收款凭证和有关的债务证明。银行接到寄来的委托收款凭证及债务证明，审查无误后办理付款，将款项划给收款人。银行在办理划款时，付款人存款账户不足支付的，应通过被委托银行向收款人发出未付款项通知书。付款人审查有关债务证明后，对收款人委托收取的款项需要拒绝付款的，可以出具拒绝证明，连同有关证明、凭证寄给被委托银行，办理拒绝付款手续。

（周梁云）

weichengniangong teshu baohu
未成年工特殊保护（particular regulations of safety and sanitation of minor employees） 根据未成年工的身体发育尚未定型的特点以及接受教育的需要，对未成年工在劳动过程中特殊权益的保护。如果未成年工是女性，在享受未成年工法律保护的同时，还享受女职工的特殊保护。未成年工是指被用人单位录用的、年满16周岁未满18周岁的劳动者。

未成年工与童工虽然都是未成年人，但二者的法律内涵不同。《劳动法》规定的未成年工与我国《民法通则》和《未成年人保护法》规定的未成年人不是一个概念。《劳动法》规定的未成年工指的是年满16周岁未满18周岁的少年工人，而《民法通则》和《未成年人保护法》规定的未成年人指的是未满18周岁的公民。因此，未成年人中包含着未成年工，未成年工不等于未成年人，两者被不同的法律部门所调整。另外，未成年工与童工的区别在于是否年满16周岁。凡是年龄不满16周岁的未成年人就业通通称之为童工，并为法律所禁止。例如，为了保护未成年人的身体健康，2002年国务院再次发布《禁止使用童工规定》，加大了对使用童工者的处罚力度。有的特殊行业确需招用的，必须经法定的程序和有关的部门批准。

未成年工特殊保护的立法，在国际劳动立法方面包括：1919年第6号《儿童夜班工作公约（工业）》；1921年第16号《受雇于海上工作的儿童及未成年人的强制体格检查公约》；1946年第77号《未成年人体格检查以确定儿童和未成年人是否适合受雇于工业公约》、第78号《未成年人体格检查公约（非工业劳动）》、第79号《未成年人夜间工作公约（非工业劳动）》；1948年第90号《儿童夜间工作公约（工业）（修订）》；1973年第138号《最低就业年龄公约》；1999年第182号《最恶劣形式的童工劳动公约》。我国1991年9月通过《未成年人保护法》；1994年12月劳动部发布《未成年工特殊保护规定》；1991年国务院发布《禁止使用童工的规定》，并于2002年重新修订发布。其内容包括：就业年龄的保护；禁止从事某些方面的劳动；定期的健康检查；须持证上岗工作；须进行安全教育等等。

（邵 芬）

weima xianfa sanyuanze
《魏玛宪法》三原则（three principles of Weimar Constitution） 德国《魏玛宪法》制定于1919年，其中的许多规范都具有社会经济调节法的性质。其特殊的宪法原则包括如下三个方面：

保障生存权的原则 《魏玛宪法》第15条第1款规定：经济生活的秩序，以保障人们的生存权为目的、符合正义原则的要求。个人经济自由只有在这个界限内方予以保障。该规定表明，任何公民在生命、健康上都享有最低限度的生活保障权。国家在国民生活方面，应当努力提高和改进国民的社会福利，并提供社会保障。总之，国家保障公民的生存权。

所有权附以义务的原则 《魏玛宪法》第153条第3款规定：所有权附以义务。所有权的行使，应当有益于公共福利。该规定与以绝对所有权制度、个人利益为中心的市民法制度不同。所有权受到来自于国家、社会的种种限制与制约。

国家保护劳动力的原则 《魏玛宪法》第157条规定：劳动力受到国家的特别保护。在自由竞争经济活动中,劳动力作为商品参加商品交换。《魏玛宪法》从劳动力所具有的社会意义的立场出发,对劳动力予以特别保护,以调节国民经济的运行。魏玛宪法所规定的这些公民社会权利条款,成为许多西方国家立宪的仿效蓝本,比如意大利、日本、墨西哥等。其中,墨西哥《宪法》第123条有关劳动和社会保障的条款,几乎占据7页之多,最为著名。　　　　　　（赵　玲）

wenhua shichang
文化市场(culture market)　现阶段主要包括演出、娱乐、音像、书刊、美术、电影、文物、业余艺术培训、对外文化交流等九大门类文化市场。文化市场充分发挥了娱乐审美功能、信息交流功能、教育认识功能和经济功能。文化市场的兴起,促进文化与经济的相互渗透,形成了文化与经济相互结合、协调发展的文化产业,吸引社会投资,减轻国家投资办文化的压力,同时也促进了消费基金分流,缓解物质商品的供求矛盾,使国家增加了税收来源。

文化市场的主要缺陷:(1)高价演出冲击演出市场;(2)娱乐场所的色情活动与利用游戏机赌博屡禁不止;(3)非法出版和"制黄""贩黄"活动猖獗;(4)文物与美术品市场堪忧;(5)腐败行为危害很大;(6)市场发展失衡。

文化市场管理的方针,应秉持净化与繁荣并重、治标与治本并重、保护性倾斜与限制性税控并重、政府行为与社会监督并重等原则。

文化市场管理的主要措施包括:加快文化市场的立法进程;建立和完善文化市场稽查体系;实行《文化经营许可证》制度;限制高价演出,制止偷税漏税;加强"扫黄""打非"工作;建立市场监控信息系统,实现管理手段科学化。　　　　　　　　（傅智文）

wenhua shichang jicha
文化市场稽查(supervision of the culture market)　文化行政管理部门依照文化市场管理法律、法规和规章对公民、法人和其他社会组织的文化经营活动进行监督、检查的具体行政行为。建立文化市场稽查制度的目的是为了加强文化市场管理,维护文化市场的正常秩序。其范围是:(1)营业性文艺演出(含时装、健美、气功表演和民间艺人的演出活动);(2)营业性歌舞娱乐场所,台球、电子游戏及其他各类游乐场所的经营活动;(3)美术品收售、展销、拍卖等经营活动,有赞助的美术品比赛;(4)音像制品的批发、零售、出租和放映;(5)文物经营活动;(6)电影发行、放映;(7)书刊经营活动;(8)经营性文化艺术培训;(9)其他文化经营活动。县级以上行政部门的第(4)、(6)、(7)项的职责分工由省级人大或者政府规定。

文化部负责全国文化市场稽查工作;地方各级文化行政管理部门根据省级国家权力机关或人民政府确定的职责分工管理本辖区的文化市场稽查工作。

文化市场稽查机构是在政府文化行政管理部门领导下的监督检查文化经营活动的组织。各级文化行政管理部门根据本地区文化市场的发展实际组建文化市场稽查机构。其主要职责是:(1)宣传、贯彻文化市场管理的法律、法规和规章;(2)依法对文化经营单位和文化经营活动进行监督和检查;(3)保护合法经营,制止和查处文化经营中的违法行为;(4)总结、交流文化市场稽查工作的经验,并向有关立法机关和政府有关部门反映完善有关法律、法规和规章的建议。文化市场稽查人员须掌握国家有关法律和文化市场管理的法规、规章,熟悉文化市场管理的业务知识,经过岗位培训,取得岗位资格。培训内容和考核标准由文化部统一确定。文化市场稽查机构和稽查人员在履行职责时的权力是:(1)对文化经营单位进行例行检查;(2)根据检查情况和群众的举报与揭发对有关文化经营单位和文化经营活动进行调查;(3)依照法律、行政法规或地方性法规的规定,或会同有关行政管理部门,对非法经营活动涉及的工具、设备及非法物品实行扣押、查封等必要措施;(4)对模范遵守国家法律、法规的经营单位和个人提请有关部门予以表彰和奖励。文化市场稽查机构和稽查人员履行职责时应承担的义务是:(1)严格按照国家法律、法规规定的程序执行公务;(2)为检举、揭发违法活动的人和被查阅复制的文件材料保密;(3)秉公执法、廉洁奉公;(4)对执行公务时的失职行为造成的后果承担责任。

各级文化行政管理部门所属的文化市场稽查机构负责本部门管理的文化经营单位和文化经营活动的稽查工作。上级文化行政管理部门所属的稽查机构有权对下级文化行政管理部门管理的文化经营单位和文化经营活动进行监督、检查。上级文化行政管理部门可以授权下级文化行政管理部门代行稽查职责。文化市场稽查人员执行公务时,必须出示《中华人民共和国文化市场稽查证》。文化市场稽查人员在对文化经营单位和活动的现场检查中,发现违章行为或非法活动,应填写《文化市场稽查现场检查记录》。《文化市场稽查现场检查记录》要与事实相符,并由当事人签字。当事人拒不签字的,由文化市场稽查人员作出必要的说明。文化市场稽查人员对在检查和调查中认定的违法财物,应依照法律、行政法规和地方性法规的规定,或会同有关行政管理部门予以扣押或查封。扣押或查封违法财物时,须填写《扣押或查封财物清单》。扣押的非法财物一律按规定登记入库,专人保管,不准私自占有或外传。经文化行政管理部门授权,文化市场稽查人员对情节轻微的违法行为可依照有关法律、法规的规定,当场予以警告、罚款的处罚。执行当场处罚时,必须有两名以上文化市场稽查人员在场。

（傅智文）

我国的政府采购制度(government procurement in China)

我国用于规范政府的采购行为的制度。是在总结我国的政府采购实践的经验的基础上建立起来的。1995年,上海市财政局在全国率先开始进行政府采购试点。并取得了很好的社会效益和经济效益。1996年,上海的经验在当年的全国财政工作会议上得到了充分的肯定,被认为是借鉴西方发达国家经验而提出的公共支出管理的重要举措,也是反腐倡廉的治本之道。此后,我国政府采购制度的实践在全国广泛展开。各省市都结合自己的实际情况在不同领域开展了不同程度的试点。政府公务用车的采购被作为试点的首选项目,成绩斐然。据统计,1998年全国政府采购规模为31亿元人民币,1999年为130亿元,2000年上升为328亿元。

在政府采购实践进行的同时,各地政府采购的地方法规也相继出台。1998年,深圳市人大率先制定了我国的第一个政府采购的地方性法规。1999年4月,财政部颁布了《政府采购管理暂行办法》,这是我国第一部全国性的用于规范政府采购行为的部门规章,此后,财政部又颁布了与之配套的10个办法,如《政府采购招标投标管理暂行办法》、《政府采购信息公告管理办法》等。但是,这些法规和规章并没能彻底解决政府采购实践中出现的诸多问题:政府采购无透明度可言;合法权益受到侵害的供应商投诉无门等等。实践呼唤立法。2002年6月29日,《中华人民共和国政府采购法》在九届全国人大常委会第28次会议上顺利通过。该法对我国政府采购的基本原则、采购方式、程序,以及与之相关的政府采购合同、采购的救济机制、法律责任等作出了明确规定。该法的出台,表明我国的政府采购法制迈上了一个新台阶。

（杨云鹏）

我国宏观调控法的体系(the system of macroeconomic control law in China)

经济法体系中的一个子体系,由承担宏观调控任务的相关法律、法规构成。宏观调控法律体系可以从不同的角度考察根据宏观经济调控理论体系及宏观调控法的调整对象,我国宏观调控法的体系主要由国家宏观调控基本法和宏观调控部门法构成。

根据我国社会主义市场经济发展的实际情况和1993年11月14日通过的《中共中央关于建立社会主义市场经济体制若干问题的决定》,我国基本上确立了宏观经济调控的理论体系,包括:计划宏观调控、财政税收宏观调控、产业政策宏观调控、投资宏观调控、价格宏观调控、国际收支宏观调控等。

国家宏观调控基本法是国家对国民经济进行宏观调控最基本的法律。包括国家宏观调控基本法和国民经济经济稳定增长法。国家宏观经济调控基本法的主要内容应包括宏观调控的指导思想、目标、原则、宏观调控手段、宏观经济政策及协调、中央及地方宏观调控关系、宏观调控主体的职责权限、宏观调控的程序、宏观经济监测及宏观调控的法律责任等。国民经济稳定增长法是调整国民经济运行过程中,预防和治理经济的非正常波动,实现国民经济稳定增长,促进经济和社会的持续、快速发展,进行宏观经济调控的社会经济关系的法律规范的总称。我国目前借鉴德国国民经济稳定增长法的立法经验,正在制定《国民经济稳定增长法》。国民经济稳定增长法包括以下内容:总则(包括国民经济稳定增长的目标、国民经济稳定增长的原则等);国民经济稳定增长组织与决策;经济增长目标的确定与组织协调;经济波动的预警与非正常经济波动的确定;非正常经济波动状态的治理;国家稳定经济增长的储备制度;社会参与与咨询;违反国民经济稳定增长法的法律责任等构成。

根据宏观调控法的调整对象即宏观经济调控关系和宏观监管关系及宏观调控法的调整方法,我国宏观调控法的部门法体系应由国民经济和社会发展计划法、统计法、财政法、金融法、投资法、产业政策法、税收法、价格法、审计法、就业法、国际收支平衡法、社会保障法、经济审判法等构成。国民经济和社会发展计划法(简称计划法)是调整在制定和实施国民经济和社会发展计划的过程中发生的计划社会关系的法律规范的总称。统计法是调整在统计活动中发生的统计经济关系的法律规范的总称。统计活动是指搜集、整理、分析、提供、公布、监督和保存统计资料的活动。财政法是调整财政收支分配和财政管理活动过程中发生的财政经济关系的法律规范的总称。税收法是调整在税收活动中发生的社会经济关系的法律规范的总称。金融法是调整金融经济关系的各种法律规范的总称。投资法是指调整国家综合运用各种手段,对投资主体的直接投资活动进行宏观调控和监管,规范投资过程中发生的经济关系的法律规范的总称。产业政策法是调整国家产业政策制定和实施过程中发生的经济关系的法律规范的总称。价格法是指调整价格关系的法律规范的总称。就业法是指国家为了保障有劳动能力的公民就业和下岗失业人员再就业的法律规范的总称。审计法的体系主要内容应包括:审计法的原则、国家审计机关、审计监督法律制度、对国有企业的审计、对外资的审计、对社会公共资金的审计、专项调查的审计及企业内部审计制度、审计程序法律制度、违反审计法的法律责任等。国际收支平衡法是调整国际收支平衡经济关系的法律规范的总称。社会保障法是调整社会保障关系的法律规范的总称。经济审判法是指国家在履行经济管理职能过程中,授权特定的经济审判机关,通过法定的审判程序发生的经济审判关系的法律规范的总称。以上十三个方面的法律既相互联系又相互统一,其特征都与国家进行宏观经济调控密切相关,属于宏观调控法范畴,统一于宏观调控法的调整对象之内。值得提出的是,目前,宏观调控法的体系刚刚处于初创时期,随着我国经济体制改革的不断深入,市场经济的建立和发展,我国宏观调控法律将不断制定,国家宏观经济调控能力将得到加强,宏观调控法的体系虽会有所变动,但将得到不断充实和完善。一个完整的宏观调控法的体系将屹立于中国经济法体系之中。

(卢炯星 肖方扬)

我国宏观调控法理论(the theory of macroeconomic control law in China) 我国关于对国民经济实行宏观调控的理论。我国已逐步建立了比较完整的宏观经济调控理论体系和初步的宏观调控法的理论基础。早在1987年,中国共产党第十三届全国代表大会通过的《沿着有中国特色的社会主义道路前进》文件,该文件初次提出了"间接管理为主的宏观经济调节体系"的理论,具有宏观经济调控理论的雏形。1989年11月9日中国共产党第十三届中央委员会第五次全体会议通过的《中共中央关于进一步治理整顿和深化改革的决定》(简称《决定》)中,对当前经济形势的认识,国家宏观调控中存在的问题,进行了分析,提出了进一步加强宏观调控的措施。该《决定》提出了建立符合计划经济与市场调节相结合原则的经济、行政、法律手段"综合运用的宏观调控体系"是宏观经济调控理论的进一步发展。1992年10月12日,江泽民在中国共产党第十四次全国代表大会上所作题为《加快改革开放和现代化建设步伐,夺取有中国特色社会主义事业的伟大胜利》的报告中,进一步提出加强宏观经济调控,为我国宏观经济调控理论奠定了基础。1993年3月7日,江泽民在《在党的十四届二中全会上的讲话》简称(《讲话》)第一部分"关于促进改革开放和经济建设又快又好地发展"中,对市场经济和宏观经济调控关系上,又强调加强宏观经济调控,对建立宏观经济调控体系作了探索,同时论述了宏观调控和法制建设的关系,该《讲话》对市场经济中宏观调控和法制建设的关系,作了精辟的论述,同时还进一步强调综合地、协同地应用经济手段、法律手段和必要的行政手段,建立起适应社会主义市场经济发展要求的宏观调控体系。提出了政府和企业之间的关系,政府要给予企业积极的引导、管理、监督和服务,以促进我国宏观经济调控工作的开展。1993年11月14日,中国共产党的第十四届中央委员会第三次全体会议通过的《中共中央关于建立社会主义市场经济体制若干问题的决定》(简称《决定》),第四部分有关"转变政府职能,建立健全宏观经济调控体系",提出了我国宏观调控的任务,基本上创立了我国宏观经济调控理论和体系。《决定》提出了宏观调控的主要任务,深刻分析了我国财政体制、金融体制、投资体制、计划体制改革的内容和方向,在此基础上,基本上确立了我国宏观经济调控理论体系即计划调控、金融调控、财政调控、税收调控、投资调控等调控体系,为下一步宏观经济立法打下了坚实的基础。1995年9月28日江泽民在党的十四届五中全会闭幕时的讲话(第二部分)《正确处理社会主义现代化建设中的若干重大关系》中指出市场机制和宏观调控的关系。充分发挥市场机制的作用和加强宏观调控,都是建立社会主义市场经济体制的基本要求,二者缺一不可,绝不能把它们割裂开来,甚至对立起来。

近年来,法学界关于宏观调控法理论基础的研究,出现了一些以相关理论作为其理论基础进行研究,并以此确定宏观调控法调整对象、原则和侧重点的情形。有关宏观调控法的理论基础主要有国家干预理论、市场失灵理论和政府失败理论等。国家干预理论强调在国民经济显现过热的征兆时,政府要依法运用经济政策减少总需求,让投资和消费不要过旺,以防通货膨胀带来的经济危机;而当国民经济滑向衰退时,政府则应用经济政策刺激总需求,让投资和消费恢复生机,以防通货紧缩导致的经济危机。其内容包括:经济增长政策理论、稳定物价政策理论、反经济周期政策理论、就业政策理论与资源管理和保护政策理论。市场失灵理论。市场机制在某些领域不能有效地发挥作用或可能存在消极作用的情况为市场失灵。市场经济中的市场失灵主要表现为局部效应、外部效应、垄断效应、分化效应和失衡效应等。市场失灵理论主要是有关市场调节无法解决社会产品总供给和总需求失衡问题以及政府应用经济政策来解决这一总量失衡问题的理论。政府失败理论主要是有关政府应用经济政策调节社会总供给和总需求失衡问题方面出现的调控失败及官僚主义问题及其解决方案的理论。

由于宏观调控法的理论处于初创阶段,法学界特别是经济法学界对宏观调控法的体系进行了热烈的讨论,引起"百家争鸣",出现了许多宏观经济调控法体系的学说,对法规经济法体系作了有益的探索。主要的观点包括:"宏观调控法例举"、"宏观调控实践需要"、"宏观调控成分"、"宏观调控任务"、"宏观调控范围"、"宏观调控多种标准"、"宏观调控分层"与"宏观调控制度"等等。还有的学者认为:按照市场经济体制的要求,我国的宏观调控立法,既可以从总体上制定具有统帅性质宏观调控的基本法,又可以从具体环节上制定具有领域性质的宏观调控基本法。

宏观调控法体系中,目前经济法学界尚未取得一致的有:国有资产管理法(或称国有资产法)虽然国有资产在我国国民经济中占有重要地位,随着经济体制的改革,建立现代企业法律制度,政企分离,国有企业逐步成为独立自主、自负盈亏的市场经济主体,国有资产的投资,应当由投资法来调整;国有资产的运营,由市场管理法来调整,属于微观经济法调整的范围。由此,国有资产管理可以分为国有资产投资和国有资产运营管理,分别由投资法和微观经济法来调整。关于环境与资源法,目前有的学者称环境法、自然资源法、自然资源管理法、能源法等。随着我国可持续战略的实施,环境保护越来越重要,21世纪是环境保护的世纪。环境与资源法可与经济法分离,成为单独的部门法。由此,环境与资源法可以不列入宏观调控法的体系。

(卢炯星)

woguo jingji tiaokong cuoshi

我国经济调控措施(macroeconomic control law in China) "针对当前经济生活中存在的问题,国家采取以下加强和改善宏观调控的措施:(1)严格控制货币发行,稳定金融形势;(2)坚决纠正违章拆借资金;(3)灵活利用利率杠杆,大力增加储蓄存款;(4)坚决制止各种乱集资;(5)严格控制信贷总规模;(6)专业银行要保证对储蓄存款的支付;(7)加快金融改革步伐,强化中央银行的金融宏观调控能力;(8)投资体制改革要与金融体制改革相结合;(9)限期完成国库券发行任务;(10)进一步完善有价证券发行和规范市场管理;(11)改进外汇管理办法,稳定外汇市场价格;(12)加强房地产市场的宏观管理,促进房地产业的健康发展;(13)强化税收征管,堵住减免税漏洞;(14)对在建项目进行审核排队,严格控制新开工项目;(15)积极稳妥地推进物价改革,抑制物价总水平过快上涨;(16)严格控制社会集团购买力的过快增长。"以上加强宏观经济调控的措施,丰富了宏观调控理论的内容。特别是其中涉及金融方面的措施,为我国金融立法打下了良好的基础,改革开放以来,我国颁布大量金融方面的法律、法规,有力加强了国家对金融的宏观调控力度。

(卢炯星)

wuran shigu baogao he chuli

污染事故报告和处理(report of and dealing with accident of pollution) 引发事故和其他突发事件,造成和可能造成污染事故的单位,必须立即采取措施处理,及时通报可能受到污染危害的单位和居民,并向当地环境保护行政主管部门和有关部门报告,接收调查处理的制度。此制度主要是为应对环境紧急事件而设置,要求发生和可能发生污染的单位必须立即采取应急措施,及时通报可能受到污染的单位和个人,并就事故情况及采取的应急措施等情况按规定向当地环境保护部门报告,环境行政主管部门在污染事故发生后应立即赴现场对事故进行监测和处理。我国法律对污染事故报告及处理制度作了明确规定。1982年的《海洋环境保护法》第17、34、35、36、37条对这一制度首次作出规定。后来的《大气污染防治法》、《水污染防治法》、《固体废物污染环境防治法》也规定了这一制度。1989年的《环境保护法》第31条明确规定:"因发生事故或者其他突发性事件,造成或者可能造成污染事故的单位,必须立即采取措施处理,及时通报可能受到污染的单位和居民,并向当地环境保护行政主管部门和有关部门报告,接受调查处理。可能发生重大污染事故的企业事业单位,应当采取措施,加强防范。"第32条规定:"县级以上地方人民政府环境保护行政主管部门,在环境受到严重污染威胁居民生命财产安全时,必须立即向当地人民政府报告,由人民政府采取有效措施,解除或者减轻危害。"

(王 丽 申进忠)

wudianpu xiaoshou

无店铺销售(non-store selling) 经营者不利用通常的店堂、柜台等商品销售设施,而在店铺外将商品销售给消费者的销售方式。一般包括登门推销、传销、邮购、电话订购、电子商务等销售方式。无店铺销售具有不受空间和时间限制的特点。对经营者来说,可节省投资,降低成本;对消费者来说,可获得购物便利,满足多样性的消费需求。但同时也可能造成商品交付、商品质量等方面的突出问题,需要国家进行专门管理。随着商业竞争的日益激烈,交通、通讯工具的不断进步,无店铺销售在世界各国迅速发展。在发达的市场经济国家,各国对无店铺销售还制定了专项立法。如日本制定的《关于登门推销等的法中》对登门推销、邮购和传销三种交易规则作了规定。在我国邮购比较常见,目前电子商务也正在兴起。

(张维珍 郑慧玫)

wu gonghai nongchanpin biaozhi guanli

无公害农产品标志管理(administrative regulations of signs for nuisance free farm products) 农产品安全质量符合有关强制性国家标准及法律、法规规定的农产品及初加工品要求并依法取得专用证明标志活动的总称。无公害农产品是指安全质量符合有关强制性国家标准及法律、法规规定的农产品及初加工品。无公害农产品标志是指农产品安全质量符合有关强制性国家标准及法律、法规规定的农产品及初加工品要求并依法取得的专用证明。无公害农产品标志实行统一管理、分级负责。凡生产、经销农产品的单位或个人均可自愿申请使用无公害农产品标志。申请使用无公害农产品标志的单位或个人,应向所在市级标准化行政主管部门提出申请。生产单位或个人应提供以下材料:(1)使用无公害农产品标志的申请报告。申请报告应包括:申请单位的基本情况、产品种类名称、作业区域、规模,以及产品执行无公害农产品标准的情况。(2)生产技术规范。(3)法定检验机构出具近半年之内的农产品基地环境测试报告和农产品安全质量抽检报告。经销单位或个人应提供以下材料:(1)使用无公害农产品标志申请报告。申请报告应包括:申请单位的基本情况、经销规模、产品来源、产品种类及名称、产品执行无公害农产品标准的情况。(2)法定检验机构出具近半年之内的抽检报告。(3)产品质量安全控制措施。(4)工商营业执照。市级标准化行政主管部门应对申请者的材料和现场进行初审,初审合格后,报省级标准化行政主管部门审批。已经取得证书的单位和个人新增加项目种类或项目种类发生变化时,应提供相关材料报省、自治区、直辖市标准化行政主管部门审批。省、自治区、直辖市标准化行政主管部门根据市级标准化行政主管部门的初审意见及申请者的上报材料进行审查,审查合格并批准后,颁发证书,进行公告,并于批准后 30 日内报国务院标准化行政主管部门备案。无公害农产品标志使用有效期为 3 年。

(麻琳琳)

wuguocuo zeren

无过错责任(no-fault liability) 由不具有主观过错的行为人依照法律规定对特定行为的后果所承担的责任。无过错责任是社会化大生产条件下的产物。其属性有:原因行为、损害行为的公共性;侵害后果的公认性;侵害客体的利益多类性;认定侵害事实的困难性。

19 世纪下半叶的垄断资本主义时期,生产社会化和国民经济一体化的程度越来越高。与之伴生的交通事故、工业事故、产品责任、环境污染等严重影响着社会的发展。依照传统的过错责任原则,在受害方有过失或不可抗力所导致的事故中,不存在法律上的赔偿责任;另一方面,由于致害方多是掌握技术、信息优势的垄断组织体,让受损方去举证致害方的过错几乎是不可能的。为了妥善解决实践中大量涌现的纠纷、避免社会矛盾的激化,西方各国相继改变了单一采用过错责任的立法模式,在一些特殊领域开始采用无过错责任制度。法官在判案的过程中,逐渐放松对加害方主观心态的考察,过错的认定对法律责任构成的决定作用受到削弱甚至排除,法律责任的判定出现客观化的趋势。20 世纪 70 年代以来,无过错责任所带来的一些负面影响逐渐也扩大为社会问题,如加重了生产企业的负担、迫使其提高产品成本,严格的责任制度致使企业破产以致在司法实践中没有办法切实保障受害方的利益。这些问题都阻碍了社会化大生产的进一步发展。这被有的学者称为法律责任制度的危机。作为对策,各国纷纷综合采用经济、法律、文化、社会诸种手段构建损失承担社会化的机制。主要表现为为生产厂商建立配套的责任保险制度、为劳动者建立社会保障制度。这就突破了传统法律责任制度仅仅在加害方和受害方之间分配损失的立法模式,构建一套综合的调整机制,将风险和损失分散到整个社会。正是在这一意义上,有观点主张无过错责任是典型的经济法责任。

此外,另有一种所谓的"公平责任",是指虽然当事人双方对损害的造成都不存在过错,但不给受害人补偿又不足以体现公平原则的情况下,由双方当事人根据实际情况合理分担损失的责任承担方式。当事人对损害的产生不存在过错而承担责任是基于合理分担损失的客观需要,这一制度的设立体现了法律处理纠纷过程中的公平性、现实性。有观点将公平责任作为和过错责任及无过错责任相并列的概念,但从承担责任方的角度看,公平责任实质上是一种无过错责任,可以归入无过错责任的范畴,并非一种与过错责任和无过错责任并立的独立责任形态。

(黄军辉)

wujumin haidao baohu yu liyong guanli

无居民海岛保护与利用管理(protection and development of island without resident) 为了加强无居民海岛管理,保护无居民海岛生态环境,维护国家海洋权益和国防安全,促进无居民海岛的合理利用,根据有关法律,国家海洋局、民政部、总参谋部制定《无居民海岛保护与利用管理规定》,对中华人民共和国内水、领海、专属经济区、大陆架及其他管辖海域内,从事无居民海岛的保护与利用活动进行规制。无居民海岛属于国家所有。国家实行无居民海岛功能区划和保护与利用规划制度。国家鼓励无居民海岛的合理开发利用和保护,严格限制炸岛、岛上采挖砂石、实体坝连岛工程等损害无居民海岛及其周围海域生态环境和自然景观的活动。国家加强无居民海岛名称管理。无居民海岛的命名、更名及名称标志的设立,应当遵循《地名管理条例》和国家有关规范、技术标准。

国家建立无居民海岛保护与利用管理信息系统,对无居民海岛基本情况和保护、利用状况进行调查、监视、监测和统计,发布基础信息。任何单位和个人都有遵守无居民海岛保护与利用等有关法律、行政法规的义务,不得非法侵占和买卖无居民海岛,并有权对违反《无居民海岛保护与利用管理规定》的行为提出检举和控告。

国家海洋局会同国务院有关部门和总参谋部制定并公布实施全国无居民海岛功能区划。沿海县级以上地方海洋行政主管部门会同同级有关部门和有关军事机关,依据上一级无居民海岛功能区划,编制地方无居民海岛功能区划;地方无居民海岛功能区划应当报上一级海洋行政主管部门备案,经上一级海洋行政主管部门审查同意、准予备案后,公布实施。无居民海岛功能区划依照下列原则编制:(1)按照海岛的区位、自然资源和自然环境等自然属性,确定海岛利用功能;(2)保护海岛及其周围海域生态环境;(3)促进海岛经济和社会发展;(4)维护国家主权权益,保障国防安全,保护军事设施。沿海县级以上地方海洋行政主管部门应当依照无居民海岛功能区划编制无居民海岛保护与利用规划。

单位和个人利用无居民海岛,应当向县级以上海洋行政主管部门提出申请,并提交以下申请材料:(1)无居民海岛利用申请书;(2)申请单位的法人资格证明或者申请个人的身份证明、资信证明材料;(3)海岛利用方案;(4)利用海岛的保护方案;(5)其他相关材料。县级以上海洋行政主管部门依据无居民海岛功能区划和保护与利用规划,对无居民海岛利用申请进行审查,并按规定逐级上报有批准权的机关批准。海洋行政主管部门审查无居民海岛利用申请,应当征求同级有关部门和有关军事机关的意见。无居民海岛利用申请经批准后,由批准机关下达《无居民海岛利用批准书》。

国家对领海基点所在无居民海岛实行严格保护制度。领海基点所在无居民海岛及其周围海域,禁止采石、挖砂、砍伐、爆破、射击等破坏性活动;在领海基点周围1公里范围内的区域,除可以进行有利于领海基点保护的工程建设项目外,禁止进行其他工程建设项目。重要无居民海岛及其周围海域的生态环境遭到破坏的,由县级以上海洋行政主管部门依据无居民海岛功能区划和保护与利用规划,拟定无居民海岛整治方案,报有关人民政府批准后组织实施。利用无居民海岛的单位和个人,有保护海岛及其周围海域生态环境和军事设施的义务。民政部门是无居民海岛名称管理的行政主管部门,在进行无居民海岛命名、更名等管理活动时,应当征求海洋行政主管部门、有关军事机关及其他有关部门的意见。拟定无居民海岛命名、更名和名称注销方案,应当征求有关军事机关的意见。任何单位和个人都可以向各级地名、海洋行政主管部门提出无居民海岛命名、更名的建议。沿海地区的地名行政主管部门应当会同海洋行政主管部门,在需要设置海岛名称标志的无居民海岛上,按照有关的国家标准设置无居民海岛名称标志。任何单位和个人在公务活动中,或者在新闻、出版、影视、商品、标志等领域使用无居民海岛名称时,必须使用国家批准的标准名称。未取得或者骗取《无居民海岛利用批准书》,非法利用无居民海岛及其周围海域,或者未按利用海岛的保护方案履行保护义务,对无居民海岛生态环境造成损害的,由县级以上海洋行政主管部门按照《中华人民共和国海洋环境保护法》第76、90条的规定,责令限期改正和采取补救措施,并处罚款;有违法所得的,没收违法所得;构成犯罪的,依法追究刑事责任。擅自移动和破坏无居民海岛名称标志,或者有其他违反无居民海岛名称管理行为的,由县级以上海洋行政主管部门会同民政部门等,责令停止非法活动;对国家财产造成损失的,依法追究损害赔偿责任;构成犯罪的,依法追究刑事责任。海洋行政主管部门工作人员在无居民海岛管理工作中,玩忽职守、滥用职权、徇私舞弊的,应当依法给予行政处分;构成犯罪的,依法追究刑事责任。

(王 丽)

wuqishi daiyu yuanze
无歧视待遇原则(the principle of non-discriminate treatment) 关贸总协定最基本的原则之一,又称为非歧视待遇或无差别待遇原则。有关国家相互约定,不把低于内国或其他外国的自然人和法人的待遇适用于对方国家的自然人和法人,或者不把没有对内国或其他国家的自然人和法人施加的限制或仅对个别国家的自然人和法人所加的限制加在对方国家的自然人和法人身上。它是与歧视待遇相对称的一项基本原则。这一原则表明,如果缔约一方对另一方不采用对任何其他缔约方所同样不适用的限制或禁止,即视为无待遇。反之,如果缔约一方根据公约或条约规定的某种理由(比如例外情况)采用某种限制或禁止,而这种限制或禁止同样适用于其他所有缔约方时,也是符合无歧视待遇原则的。无歧视待遇充分体现了平等的原则精神,是完全符合各国主权一律平等这一国际法原则的。无歧视待遇原则在总协定中主要是通过最惠国待遇条款和国民待遇条款来实现的。

无歧视待遇原则的适用情况:无歧视待遇原则通过《关贸总协定》第1条"一般最惠国待遇"、第2条"关税减让表"和第3条"国内税与国内规章的国民待遇",以及《服务贸易总协定》第2条"最惠国待遇"等条款来体现的。总协定要求将该原则无条件地适用于所有缔约方。按照该原则,各缔约方之间应在无歧视的基础上进行贸易,相互间的贸易关系中不应存在差别待遇。每个缔约方都必须平等地对待与其他缔约方的贸易,即要求一缔约方给予其他缔约方以平等待遇。《关贸总协定》第1条规定:"在对输出或输入、有关输出或输入及输出入货物的国际支付转账所征收的关税和费用方面,在征收上述关税和费用的方法方面,在输出和输入的规章手续方面,以及在本协定第3条第2款和第4款所述事项方面,缔约国对来自或运往其他国家的产品所给予的利益、优待、特权或豁免,应当立即无条件地给来自或运往所有其他缔约国的产品。"《关贸总协定》第2条第1款(甲)规定:"一缔约国对其他缔约国贸易所给予的待遇,不得低于本协定所附这一缔约国的有关减让表中有关部分所列的待遇。"《关贸总协定》第3条第2款和第4款规定:"一缔约国领土的产品输入到另一缔约国领土时,不应对它直接或间接征收高于对相同的本国产品所直接或间接征收的国内税或其他国内费用。同时,缔约国不应对进口产品或本国产品采用其他与本条第一款规定的原则有抵触的办法来实施国内税或其他国内费用。""一缔约国领土的产品输入到另一缔约国领土时,在关于产品的销售、推销、购买、运输、分配或使用的全部法令、条例和规定方面,所享受的待遇应不低于相同的本国产品所享受的待遇。"

为了确保国际经济贸易秩序的稳定性和有效性,关贸总协定自建立之日起就致力于通过最惠国待遇和国民待遇等规定的实施来形成无歧视的多边国际贸易关系和体制。服务贸易总协定第二条第一款规定:"有关本协定的任何措施,每一缔约方给予任何其他缔约方的服务或服务提供者的待遇,应立即无条件地以不低于前述的待遇给予其他任何缔约方相同的服务或服务提供者。"无歧视待遇原则适用面较广,除了关税减让,还在数量限制、进口配额限制、贴补、国营贸易企业以及在国内税收方面给予进口产品以不低于国内产品的待遇;另外在海关估价、原产地标记、规费、输出入手续、贸易条例的公布和实施等方面,无歧视待遇原则里同样适用。

无歧视待遇原则在总协定和某些多边贸易条约中作了例外规定。在关贸协定中,无歧视待遇原则的例外有:反倾销税和反贴补税;关税同盟和自由贸易区以及减让表的修改和关贸总协定的第四部分;一般安全例外;政府为支持发展经济,对进口采取的紧急措施;以及在关免除义务的规定和外汇安排条款等等。在服务贸易总协定中,其例外规定主要是该原则不适用国际司法协定或行政援助协定下所采取的措施。

(王连喜)

wuxiao xintuo
无效信托(void trust) 已经成立的信托,因违反法律、行政法规的规定,不发生法律效力。无效信托有如下几个特征:(1)无效信托是已经成立的信托。当事人为信托成立而为的一系列信托设立行为已经成立,但还没生效。(2)无效信托具有违法性。当事人间设立信托一般以"意思自治"为原则,已经成立的信托,只要不违反法律、行政法规,都应认为有效。已经成立的信托之所以被认为是无效的最根本原因即是其具有违法性。(3)无效信托自始、当然和确定地不发生法律效力。根据民法原理,无效民事法律行为被认为是自始、当然和确定地不发生法律效力。

根据《中华人民共和国信托法》有下列情形之一的,已经成立的信托不能生效,而为无效:(1)信托目的违反法律、行政法规或者损害社会公共利益。该类无效信托类型,如委托人以实施犯罪为目的而设立信托,当属无效信托。因为信托目的的作用将贯穿整个信托的始终,是信托当事人欲通过设立信托所要达到的目标,如果目的会违反法律、行政法规或者社会公共利益,则违背了法律设立信托制度的初衷,因此该类型被法律确认为无效信托。(2)信托财产不能确定。委托人有确定的信托财产,是信托成立的基本要件之一。信托财产不确定,受托人无法对信托财产的管理处分,受益人也无法确定其受益权的内容和范围。这种以不确定的财产设立的信托,是无法运作的,不能实现信托目的,因此不能有效成立。(3)委托人以非法财产或者法律规定不得设立信托的财产设立信托。非法财产,主要是指委托人非法所得财产,按照法律规定不属于委托人的自有财产,委托人无权以该财产设立信托。法律规定不得设立的信托的财产,主要是指法律、行政法规禁止流通的财产和未经批准法律、行政法规限制流通的财产。按照法律规定禁止流通或者限制流通的财产,法律、行政法规禁止流通的财产不得作为信托财产;法律、行政法规限制流通的财产,需经批准才能作为信托财产。(4)专以诉讼或者讨债为目的设立信托。设立信托专以诉讼或讨债为目的,不符合各国设立信托制度的宗旨,委托人进行诉讼和讨债,可以通过聘请律师或者其他法律手段,不应采取设立信托的方式,许多国家(如英国、日本、韩国)都规定,专以诉讼或者讨债为目的的设立的信托无效。(5)受益人或者受益人范围不能确定。受益人是不可缺少的信托当事人之一,信托就没有明确的受益人对象,信托受益权的归属不能落实,信托也就失去了存在的针对性,信托目的也无法实现。(6)法律、行政法规规定的其他情形。这是一个兜底条款,目的是为适应新的情况留有余地以及适于与其他法律、行政法规相协调,避免法律冲突的发生。

(赵芳芳)

wuxing maoyi
无形贸易(invisible trade) 是"有形贸易"的对称,又称"无形进出口"。劳务或其他非实物商品的进出口而发生的收入与支出。包括伴随商品和人的国际间移动而发生的劳务收支项目,其主要包括两方面:首先是由于商品的进出口而发生的一切从属费用的收支,如运输费、保险费、商品加工费、装卸费、船只修理费等;其次是和商品进出口无关的其他收支,如国际旅游费用、外交人员费用、侨民汇款、使用专利特许权的费用、国外投资汇回的股息和红利、公司或个人在国外服务的收支等。以上各项中的收入,称为"无形出口";以上各项中的支出,称为"无形进口"。有形贸易因要结关,故其金额显示在一国的海关统计上;无形贸易不经过海关办理手续,其金额不反映在海关统计上,但显示在一国国际收支表上。无形贸易收支是构成国际收支的重要项目之一。 （王连喜）

wuxing zichan qingcha

无形资产清查(checking for intangible assets) 对不具有实物形态的非货币性资产的取得、转让、投资和摊销等的核查。如对技术、信息、商誉、商标等无形资产的核算和查对。具体清查时,可按无形资产类别、项目,设置明细账。 （李 平 陈岚君）

wuzhao jingying chachu qudi zhidu

无照经营查处取缔制度(stop institution on punishment of unlicensed business activities) 为了维护社会主义市场经济秩序,促进公平竞争,保护经营者和消费者的合法权益,对于无照经营的查处与取缔。对于依照法律、法规规定,须经许可审批的涉及人体健康、公共安全、安全生产、环境保护、自然资源开发利用等的经营活动,许可审批部门必须严格依照法律、法规规定的条件和程序进行许可审批。工商行政管理部门必须凭许可审批部门颁发的许可证或者其他批准文件办理注册登记手续,核发营业执照。农民在集贸市场或者地方人民政府指定区域内销售自产的农副产品,不属于无照经营行为。

各级工商行政管理部门应当依法履行职责,及时查处其管辖范围内的无照经营行为。许可审批部门在营业执照有效期内依法吊销、撤销许可证或者其他批准文件,或者许可证、其他批准文件有效期届满的,应当在吊销、撤销许可证、其他批准文件或者许可证、其他批准文件有效期届满后5个工作日内通知工商行政管理部门,由工商行政管理部门撤销注册登记或者吊销营业执照,或者责令当事人依法办理变更登记。工商行政管理部门依法查处无照经营行为,实行查处与引导相结合、处罚与教育相结合,对于下岗失业人员或者经营条件、经营范围、经营项目符合法律、法规规定的,应当督促、引导其依法办理相应手续,合法经营。工商行政管理部门实施查封、扣押,必须经县级以上工商行政管理部门主要负责人批准。工商行政管理部门的执法人员实施查封、扣押,应当向当事人出示执法证件,并当场交付查封、扣押决定书和查封、扣押财物及资料清单。在交通不便地区或者不及时实施查封、扣押可能影响案件查处的,可以先行实施查封、扣押,并应当在24小时内补办查封、扣押决定书,送达当事人。工商行政管理部门实施查封、扣押的期限不得超过15日;案件情况复杂的,经县级以上工商行政管理部门主要负责人批准,可以延长15日。对被查封、扣押的财物,工商行政管理部门应当妥善保管,不得使用或者损毁。被查封、扣押的财物易腐烂、变质的,经县级以上工商行政管理部门主要负责人批准,工商行政管理部门可以在留存证据后先行拍卖或者变卖。

对于已经取得营业执照,但未依法取得许可证或者其他批准文件,或者已经取得的许可证或者其他批准文件被吊销、撤销或者有效期届满后未依法重新办理许可审批手续,擅自从事相关经营活动,法律、法规规定应当撤销注册登记或者吊销营业执照的,工商行政管理部门应当撤销注册登记或者吊销营业执照。对于无照经营行为,由工商行政管理部门依法予以取缔,没收违法所得;触犯刑律的,依照刑法关于非法经营罪、重大责任事故罪、重大劳动安全事故罪、危险物品肇事罪或者其他罪的规定,依法追究刑事责任;尚不够刑事处罚的,并处2万元以下的罚款;无照经营行为规模较大、社会危害严重的,并处2万元以上20万元以下的罚款;无照经营行为危害人体健康、存在重大安全隐患、威胁公共安全、破坏环境资源的,没收专门用于从事无照经营的工具、设备、原材料、产品(商品)等财物,并处5万元以上50万元以下的罚款。对无照经营行为的处罚,法律、法规另有规定的,从其规定。知道或者应当知道属于无照经营行为而为其提供生产经营场所、运输、保管、仓储等条件的,由工商行政管理部门责令立即停止违法行为,没收违法所得,并处2万元以下的罚款;为危害人体健康、存在重大安全隐患、威胁公共安全、破坏环境资源的无照经营行为提供生产经营场所、运输、保管、仓储等条件的,并处5万元以上50万元以下的罚款。

当事人擅自动用、调换、转移、损毁被查封、扣押财物的,由工商行政管理部门责令改正,处被动用、调换、转移、损毁财物价值5%以上20%以下的罚款;拒不改正的,处被动用、调换、转移、损毁财物价值1倍以上3倍以下的罚款。许可审批部门查处应当取得而未依法取得许可证或者其他批准文件和营业执照,擅自从事经营活动的无照经营行为和超出核准登记的经营范围、擅自从事应当取得许可证或者其他批准文件方可从事的经营活动的违法行为,应当依照相关法律、法规的规定处罚;相关法律、法规对违法行为的处罚没有规定的,由工商行政管理部门责令立即停止违法行为或责令改正,没收违法所得,并处2万元以下的罚款,拒绝、阻碍工商行政管理部门依法查处无照经营行为,构成违反治安管理行为的,由公安机关依照《中华人民共和国治安管理处罚条例》的规定予以处罚;构成犯罪的,依法追究刑事责任。任何单位和个人有权向工商行政管理部门举报无照经营行为,工商行政管理部门一经接到举报,应当立即调查核实,并依法查处。工商行政管理部门应当为举报人保密,并按照国家有关规定给予奖励。 （刘 鹏）

wuye

物业（realty） 源自于港澳粤地区的方言对房地产的称呼。已建成投入使用的各类房屋及与之相配套的设备、设施和场地。物业由四部分构成:(1) 供居住或非居住的建筑物本体,包括建筑物自用部位和共用部位。(2) 配套附属设备,同样包括自用设备和共用设备。(3) 配套公共设施,指物业区域内业主使用人共有共用的设施,如道路、绿地、停车场库、照明管道、排水管道等设施。(4) 建筑地块,指物业所占用的场地。物业范围可大可小,可以是单体建筑物,也可以是群体建筑物。物业管理,一般以物业区域为单位进行。物业区域由一栋或多栋建筑物及附属设备设施组合而成,又称为物业管理区域、物业小区或物业辖区。物业区域是业主实现自治管理与委托专业管理的基本单位。一个物业区域成立一个业主委员会,委托一个物业管理企业负责管理。物业区域的划分视物业产权归属和地理位置情况而定。"物业"、"房地产"、"不动产"是三个紧密联系的概念,"物业"作为习惯称呼,一般与"房地产"、"不动产"表达同一概念,但又有所区别：(1) "不动产"是不惯常使用词汇,"房地产"则是经济法及实务中常用的称谓;"房地产"适用于开发、销售到使用管理全过程,"物业"主要用在房地产销售后使用管理阶段。(2) "房地产"是抽象的整体集合概念,一般不作量的区分;"物业"则是具体的概念,可大可小,大物业可分割为小物业,并且可划分为不同的若干物业区域。 （陈志波）

wuye guanli

物业管理（realty management） 专业机构受物业业主的委托,依据法律和合同行使管理权,对物业区域进行统一维修、养护、经营、管理。为业主或非业主使用人提供全方位服务,以发挥物业最大使用价值和经济效益。现代意义的物业管理作为一种不动产管理模式起源于19世纪60年代的英国。物业管理根据是否委托专业物业管理企业,是否实现所有权与管理权两权分离可分为委托服务型和自主经营型。(1) 委托服务型物业管理指现代物业业主将自己的物业委托专业机构进行管理,是典型的物业管理方式。(2) 自主经营型物业管理指物业业主不委托专业机构而由自己直接实施管理,是传统型的物业管理方式。物业管理的主要对象是住宅小区、商业大厦、工业厂房、宾馆等。物业管理的内容广泛。首先,物业管理企业根据委托合同取得管理权进行对物的管理和对人的管理。对物的管理,指对物业区域内建筑物、附属设备、公共设施及场地的维修、养护、利用、经营;对人的管理,指对物业区域内全体业主和使用人日常行为予以约束及制止其不当行为。其次,物业管理企业根据业主委托,提供特约服务。再次,物业管理企业作为第三产业的服务经营者,在"统一管理,综合服务"的前提下主动开展多种经营业务,实现以业养业。 （陈志波）

wuzi caigou zhidu

物资采购制度（materials procurement） 规范物资采购过程中的决策、价格监督、质量检验等方面的制度。物资采购制度中的"采购"应取广义之采购含义。从整个制度建构来看,采购的范围、采购部门的建立、采购的方式、采购计划、供应商的选定和管理、采购价格、采购监督等都属于物资采购制度的重要组成部分。我国目前的物资采购仅涉及国有企业的采购以及政府采购两个部分,即我国法律仅对国有企业以及政府的采购行为进行规范性调整,而其他经济组织或部门的采购行为并不在物资采购法律制度的规范范围内。到目前为止,用于规范国有企业的采购行为的规范主要是国家经贸委于1999年颁行的《国有工业企业物资采购管理暂行规定》等。对于政府的采购行为,则由全国人大常委会于2002年通过的《中华人民共和国政府采购法》进行规范。 （杨云鹏）

wuzi falü guanxi

物资法律关系（legal relations on materials） 由经济法所规范和调整的在重要的生产资料经营活动中形成的各种组织之间或这些组织与公民之间的权利义务关系。物资法律关系的主体是物资法律关系的参加者,即物资法律关系中的权利的享有者和义务的承担者。同民事法律关系的主体有所不同,物资法律关系的主体主要是与事关国计民生的重要物资有关联的组织,公民个人不是物资法律关系的普遍主体。例如,在企业采购制度中,主体专指国有企业,其他经济成分的企业并不能充当企业采购的主体,而政府采购的主体,则只能是各级国家机关、事业单位和团体组织,其他的主体,也与关系国计民生的物资有密切联系。物资法律关系中的权利,是指在具体的物资法律关系中,主体有权为一定行为或不为一定行为、并有权要求他人为一定行为或不为一定行为;而物资法律关系的义务,则是指在特定的物资法律关系中主体必须为一定的行为或不为一定的行为,以满足权利方的利益和要求。物资法律关系中的客体是指物资法律关系中的权利和义务共同指向的对象。和一般的民事法律关系不同的是,物资法律关系的客体只包括行为和物,而不包括精神财富。

（杨云鹏）

wuzi falü zhidu

物资法律制度（materials law system） 围绕关系国计民生的重要物资而建立起来的法律制度,它是指用于规范事关国民经济运行全局性的重要生产资料的经营活动的法律规范的总称,是经济法律制度的一个重要组成部分。我国传统的计划经济体制之下的物资流通体制是与计划、财政、企业管理体制等体制配套建立起来的,其核心在于对重要物资实行指令性计划分配和调拨,物资部门实行分级管理,即国家将物资分成三类进行管理。第一类是由国家统一分配的"统配物资",包括钢材、木材、煤炭、重油、汽车等关系国计民生的最重要和最紧张的物资。这类物资在国家计委领导下,由国家物资局负责编制年度计划,经国务院批准,由国家计委作为指令性计划下达执行。第二类物资是主管部门的"部管物资",是国民经济中比较重要、专业性强、主要由某一部门生产和使用的专门物资或中间产品,由国务院各主管部门分别平衡分配。第三类是统配、部管物资之外的各类工业生产资料,由地方政府管理,大部分由生产企业自销。随着市场经济体制的逐步建立,我国对物资的管理已经由过去的行政计划管理改变为依靠法律手段进行管理。国家放开了对物资的种种行政限制,转而对重要的物资制定相应的法律规范,对关系国计民生的重要物资的生产、流通、消费进行法律规制。目前,国家已经出台了若干的物资法律规范,如用于规范政府采购行为的《政府采购法》,针对国有企业制定的《国有工业企业物资采购管理暂行规定》,以及针对重要的农业物资制定的《中华人民共和国种子法》、《农药管理条例》、《农药限制使用管理规定》、《肥料登记管理办法》等等,一套日趋完善的物资法律制度正在形成之中。

（杨云鹏）

wuzi fenliu jineng

物资分流机能（the enginery of material shunt） 经济法促进物资在企业、生产部门、行业部门之间实现合理配置的机能。物资分流是社会再生产的必要条件,也是社会分工不断细化的必要条件。经济法有效的组织物资分流,实现以最短的时间、最少的环节和最少的费用,将物资提供给各个企业,从而促进生产力的发展。物资分流机能的主要表现形式是:(1) 在物资流通的采购、调运和储存三大环节中,协调物流活动; (2) 促进仓库、设备的整备、运输的合理化,促进包装规格化,促进物流信息的标准化,从而实现社会资源的合理配置。

（赵 玲）

wuzi jingying zhidu

物资经营制度（materials management） 用于规范原材料、燃料等关系国计民生的重要物资的经营、使用、处理等方面的制度。我国现行的物资管理制度,主要是针对农业生产资料的经营管理,具体涉及对种子、农药和化肥等几种重要的农业生产资料的管理。就制度体系构架来看,我国现行的物资管理制度,主要由如下几个方面组成。(1) 种子经营制度。种子是指农作物和林木的种植材料或者繁殖材料,包括籽粒、果实和根、茎、苗、芽、叶等。围绕种子的资源、选育、生产和使用等问题,我国制定了一系列的法律、法规。这主要包括:2000年7月8日由第九届全国人民代表大会第十六次会议通过的《中华人民共和国种子法》;1996年4月16日农业部发布的《农作物种子生产经营管理暂行办法》;1997年12月25日农业部修订的《农作物种子检验管理办法（试行）》;1990年11月19日林业部发布的《林业种子检验管理办法》;以及1995年3月20日农业部、国家工商行政管理局发布的《进一步加强肥料、农药、种子管理的通知》等。(2) 化肥经营制度。化肥是国家重要的农用生产资料。我国对化肥流通的管理已经由直接计划管理为主改变为间接管理为主,目的是要充分发挥市场配置化肥资源的基础性作用。为达到这一目标,国家为化肥的产、供、销等环节制定了相应的运行规范。我国的化肥经营法律体系,主要由行政法规和部门规章组成,如:1992年10月25日国务院发布的《关于加强化肥、农药、农膜经营管理的通知》、1998年11月16日国务院发布的《关于深化化肥流通体制改革的通知》、1991年7月10日国家计委、农业部、建设部发布的《关于进一步加强有机肥料工作的通知》等等。(3) 农药经营制度:农药是用于预防、消灭或者控制危害农业、林业的病、虫、草和其他有害生物以及有目的地调节植物、昆虫生长的化学合成或者来源于生物、其他天然物质的一种物质或几种物质的混合物及其制剂。由于农药的生产、经营、使用与我们的生活紧密相关,因此,国家制定了严格的管理规范。这主要有:国务院于1997年5月8日发布、2001年11月29日修订的《农药管理条例》;农业部1999年7月23日发布、2002年7月27日修订的《农药管理条例实施办法》;2002年5月16日由农业部办公厅发布的《关于加强农药安全管理工作的通知》;2002年6月28日农业部《农药限制使用管理规定》;等等。

（杨云鹏）

wuzi xuangouquan

物资选购权(the authority of choosing the goods and materials) 国有企业享有的自主选购生产经营所需的物资原材料的权利。这一项权利包括以下三点内容:(1)有权要求与供方签订合同。企业对指令性计划供应的物资,有权要求与生产企业或者其他供货方签订合同。(2)有权自主采购和调剂物资。企业对指令性计划以外所需的物资,可以自行选择供货单位、供货形式、供货品种和数量,自主签订订货合同,并可以自主进行物资调剂。(3)企业有权拒绝执行任何部门和地方政府以任何方式为企业指定指令性计划以外的供货单位和供货渠道。 (方文霖)

X

xijin yundong
西进运动(west expansion) 美国历史上为了开发西部而进行的,持续一个多世纪的大规模移民运动。美国的西进运动兴起于18世纪晚期,北美独立战争之后在政治上赢得独立地位的美国,面临着经济上"仍然是欧洲殖民地"的境地。唯一出路在于发展本国经济,开拓发展空间。1784年至1787年,美国国会先后提出三个有关西部的法令和条例,向移民出售公共土地。1800年至1820年国会又通过了三个土地法,逐步放宽了土地购买政策。这些法令推动移民潮一浪高过一浪。西进运动是19世纪美国社会发展中的一个重大历史事件,它对美国经济的发展起了巨大的推动作用,不仅扩大了经济发展的规模,也提高了经济发展的水平,使美国农业、交通运输业、工业等都发生了翻天覆地的变化,为美国迅速成为资本主义强国奠定了基础。西进运动是一场自发的移民运动,绝大多数移民都以个人和家庭为单位迁往西部。在这场群众性开发西部的运动中,千千万万劳动群众艰苦奋斗,为美国创造了巨大的物质财富。西进运动促进了农业的发展,带动了交通运输,刺激了西部城镇的兴起和工业的进步,推动了国内统一市场的形成,促进了美国文学及电影行业的发展,也锤炼了美国人的民族精神。西进运动是美国历史的一个重要篇章,也是区域开发历史上的经典杰作。

(孙昊亮)

xianjin jishu qiye
先进技术企业(advanced technology enterprises) 外商投资企业符合采用的技术、工艺和主要设备,属于国家公布的鼓励投资的项目,具有先进性和适用性;是国内短缺的,或其产品是新开发的,或对国内同类产品能更新换代的,能增加出口或替代进口的条件的企业。先进技术企业的确认条件有:属于国家鼓励外商投资的生产性项目;采用国际先进和适用的工艺、技术和设备;生产的产品质量、技术性能处于国内领先地位;投产满6个月。

先进技术企业可享有以下优惠政策:(1)先进技术企业,除按照国家规定支付或者提取中方职工劳动保险、福利费用和住房补助基金外,免缴国家对职工的各项补贴。(2)先进技术企业在生产和流通过程中需要借贷的短期周转资金,以及其他必需的信贷资金,经中国银行审核后,优先贷放;(3)先进技术企业的外国投资者,将其从企业分得的利润汇出境外时,免缴汇出额的所得税;(4)先进技术企业按照国家规定减免企业所得税期满后,可以延长3年减半缴纳企业所得税;(5)先进技术企业的场地使用费,除大城市市区繁华地段外,按一定标准计收。(6)外国投资者将其从企业分得的利润,在中国境内再投资举办、扩建产品出口企业或者先进技术企业,经营期不少于5年的,经申请税务机关核准,全部退还其再投资部分已缴纳的企业所得税税款。经营期不足5年撤出该项投资的,应当缴回已退的企业所得税税款。

先进技术企业和产品出口企业并称为外商投资企业的"两类企业",享有更加倾斜的优惠待遇。但是当一个企业同时具备产品出口企业和先进技术企业条件的,可择其一享受相应的优惠待遇。产品出口企业和先进技术企业都必须经过审核确认机关的确认和审核,审核确认机关是该企业所在的省、自治区、直辖市或计划单列市的对外经济贸易部门或经济特区的人民政府(管理委员会)。但国务院各部门、直属机构举办的产品出口企业和先进技术企业,则统一由商务部审核确认。

(刘利晋)

xianshenqing yuanze
先申请原则(the principle of prior application) 当有两个或两个以上的主体独立完成了同样的发明创造并都提出专利申请时,专利权授予最先提出专利申请的人。实行这一原则有利于鼓励发明人及时提出专利申请,也大大提高了专利申请审查的效率,因此,包括我国在内,世界上绝大多数国家都采用该原则。对于这一问题国际上的另一种处理办法是先发明原则。目前实行先发明原则的只有美国等少数国家。

(严 励)

xianyongquan
先用权(prioritized exercising right) 对专利权的限制之一。某一项专利在申请日以前已经制造相同产品、使用相同方法或者已经作好了制造、使用的必要准备的人,有权在原有范围内继续制造、使用该种专利的权利,法律上不视为侵犯专利权。《中华人民共和国专利法》第63条规定:在专利申请日前已经制造相同产品、使用相同方法或者已经作好制造、使用的必要准备,并且仅在原有范围内继续制造、使用的,不视为侵犯专利权。先用权制度有利于消除专利法"先申请原则"的弊端,保护在先发明人或者在先设计人的利益。

(刘 鹏)

xianzhong

险种(risks) 又称保险产品。保险公司为特定范围的危险提供保险保障而销售的具体保险产品,通常表现为各种各样的保险单,如汽车保险、航空意外保险、企业财产保险、家庭财产保险、各种具体的寿险品种等。从理论上讲,一个具体的险种可以只承保一种危险,但在实践中绝大多数保险产品承保若干种相关的危险,如家庭财产保险或企业财产保险是在火灾保险基础上发展起来的综合保险,承保危险包括火灾、爆炸、雷击、暴风、暴雨、洪水、空中飞行物体坠落等。单一险通常表现为各种附加保险,如附加盗抢险。任何险种都具有特定的保险范围,就保险技术而言,任何险种的实际承保范围都须通过"保险责任条款"和"除外责任条款"两类条款技术从正反两面来界定。

(李庭鹏)

xianchang jiancha zhidu

现场检查制度(on-spot inspecting) 环境行政主管部门或其他依法行使环境监督管理权的部门,依法对其管辖范围内的排污单位和个人遵守环境法律、法规,执行环境行政决定以及其他有关环境保护的情况,直接进入现场进行检查的制度。现场检查是环境监督管理机关行使监督检查职权的重要手段,其目的在于检查、督促排污单位执行各项管理制度,严格遵守环境法律法规,及时发现和防止排污单位和个人的环境违法行为。从这个意义上讲,现场检查是其他各项环境监督管理制度得以执行的重要保证。按照《环境保护法》的规定,县级以上人民政府环境保护行政主管部门或者其他依照法律规定行使环境监督管理权的部门,有权对管辖范围内的排污单位进行现场检查。被检查单位应当如实反映情况,提供必要的资料。检查机关应当为被检查单位保守技术秘密和业务秘密。现场检查的内容主要包括三同时执行情况;结合技术改造、开展综合利用、防治污染的情况;污染物排放情况;净化处理和其他环境保护设施运行情况;监测设备情况及监测记录;污染事故情况及有关记载;限期治理情况以及环保部门认为必须提供的其他情况和资料。现场检查的方式主要有定时检查和不定时检查、普查与抽查、单项检查与全面检查、调研式检查与事故式检查等等。

(申进忠)

xiandai qiye zhidu

现代企业制度(modern enterprise system) 建立在高新技术基础和新经济制度基础上的企业制度。目前各国,公司仍是普遍存在的企业形式,然而公司制度却处于重大变动之中。公司制度变动的根本动因,在于科学技术的划时代进步,以及新经济制度的产生和发展。

自20世纪30年代科斯发表《企业的本质》一文之后,关于企业理论的研究产生了新的突破。新制度经济学打破古典经济学将企业视为一个无所不能的"黑箱"的理论,开始研究企业内部的实际运作及其本质,认为节约交易成本是企业产生、存在以及替代市场机制的原因。后来企业理论又发展出"财产控制权"、"议价费用和影响费用"、"声誉"三种学说。他们都认为,在现实生活中契约的规定是不可完备的,完全以契约方式组织社会生活必然带来庞大的交易费用,也是不可行的;企业的存在正是以权威替代市场机制(契约下的自由交易),从而降低整个社会的交易成本。在企业内部的权威体制下,市场机制中讨价还价的成本不存在。理想的企业形态就是要使这些费用最小化,从而避免有限的社会资源浪费在费用上。以新制度经济学派重视企业内部代理费用控制的理论为理念,现代各国公司法也纷纷重视公司内部治理结构(corporate governance)的调整与规范,从公司的设立、变更、终止,到公司内部组织机构的设置、权限、调整,莫不纳入相关法律规范的调整之中。因此,随着公司形式的进一步发展,各国企业立法也在不断变化,以适应新的社会事实。

(黄 山)

xianjin shiyong fanwei

现金使用范围(scope of cash usage) 开户单位在使用现金方面所受之范围限制。根据国务院1988年8月16日发布的《现金管理暂行条例》和中国人民银行1988年9月23日发布的《现金管理暂行条例实施细则》的规定,开户单位之间的经济往来,必须通过银行进行转账结算。根据国家有关规定,开户单位只可在以下范围内使用现金:(1)职工工资、各种工资性津贴;(2)个人劳务报酬,包括稿酬和讲课费及其他专门工作报酬;(3)支付给个人的各种奖金,包括根据国家规定颁发给个人的各种科学科技、文化艺术、体育等各种奖金;(4)各种劳保、福利费以及国家规定的对个人的其他现金支出;(5)收购单位向个人收购农副产品和其他物资支付的价款;(6)出差人员必须随身携带的差旅费;(7)结算起点1000元以下的零星支出;(8)因采购地点不确定、交通不便、抢险救灾以及其他特殊情况,办理转账结算不够方便,必须使用现金的开户单位,要向开户银行提出书面申请,由本单位财会部门负责签字盖章,开户银行审查批准后,予以支付现金;(9)对个体工商户、农村承包户发放的贷款,应以转账方式支付;对于确需在集市使用现金购买物资的,由承贷人提出书面申请,经开户银行审查批准后,可以在贷款金额内支付现金;(10)除第(5)、(6)项外,开户单位支付给个人的款项中,支付现金每人一次不得超过

1000元，超过限额部分，根据提款人的要求在指定的银行转为储蓄存款或以支票、银行本票支付。确需全额支付现金的，应经开户银行审查后予以支付。

开户单位购置国家规定的社会集团专项控制商品，必须采取转账方式，不得使用现金，商业单位也不得收取现金不得使用现金，商业单位也不得收取现金。开户单位超出规定范围、限额使用现金的，开户银行应当依照中国人民银行的规定，责令其停止违法活动，并可根据情节轻重处以罚款。　　　　　　　（官　波）

xianjin shouzhi

现金收支（cash receipt and disbursement）　开户单位的现金的收入和支出。开户单位的现金收支必须按照下列规定办理：(1) 开户单位收入现金应于当日送存开户银行，当日送存有困难的，由开户银行确定送存时间；(2) 开户单位支付现金，可以从本单位现金库存中支付或者从开户银行提取，不得从本单位的现金收入中直接支付（即坐支）；需要坐支现金的单位，要事先报经开户银行审查批准，由开户银行核定坐支范围和限额。坐支单位必须在现金账上如实反映坐支金额，并按月向开户银行报送坐支金额和使用情况；(3) 出差人员必须随身携带的差旅费和结算起点以下的零星支出，从开户银行提取现金的，应当如实写明用途，由本单位财会部门负责人签字盖章，并经开户银行审查批准，予以支付；(4) 因采购地点不确定、交通不便、抢险救灾以及其他特殊情况，办理转账结算不够方便，必须使用现金的开户单位，要向开户银行提出书面申请，由本单位财会部门负责签字盖章，开户银行审查批准后，予以支付现金。开户单位超出规定范围、限额使用现金的，开户银行应当依照中国人民银行的规定，责令其停止违法活动，并可根据情节轻重处以罚款。
　　　　　　　　　　　　　　　　（官　波）

xianding chajialü

限定差价率（definite price difference ratio）　国家对特定商品和服务在价格方面的上涨进行一定限度的控制。是国家进行价格总水平调控的手段之一。《中华人民共和国价格法》第 30 条规定："当重要商品和服务价格显著上涨或者有可能显著上涨，国务院和省、自治区、直辖市人民政府可以对部分价格采取限定差价率或者利润率、规定限价、实行提价申报制度等干预措施。"要理解限定差价率，首先要了解差价和差价率。差价是指同一种商品或者同一类商品，由于产销地区、季节、商品质量等差异，而产生的价格上的差异的绝对值。差价率是指商品差价与其相关联基础价格水平的比例关系。差价率反映的是商品差价的相对水平。

差价率的计算公式：

差价率 = 商品差价／基础价格水平 × 100%

国家通过限定特定商品的差价率，可以对该种商品价格的剧烈波动进行调控，实现干预目的。有权限定差价率的必须是法律规定的主体，依照我国价格法的规定，有权限定差价率的有：国务院、省、自治区、直辖市人民政府。同时，法律规定，省、自治区、直辖市人民政府采取该措施时，应当报国务院备案。（刘　鹏）

xian'er peichang

限额赔偿（definite compensation）　铁路运输企业应当对承运的货物、包裹、行李自接受承运时起到交付时止发生的灭失、短少、变质污染或者损坏，按照实际责任承担赔偿责任。托运人或者旅客根据自愿申请办理保价运输的，按照实际损失赔偿，但最高不得超过保价额。未按保价运输承运的，按照实际损失赔偿，但最高不超过国务院铁路主管部门规定的赔偿限额；如果损失是由于铁路运输企业的故意或者重大过失造成的，不适用赔偿限额的规定，按照实际损失赔偿。由于下列原因造成的货物、包裹、行李损失的，铁路运输企业不承担赔偿责任：(1) 不可抗力。(2) 货物或者包裹、行李中的物品本身的自然属性，或者合理损耗。(3) 托运人、收货人或者旅客的过错。（张旭娟　师湘瑜）

xianqi zhili zhidu

限期治理制度（eliminating and controlling the pollution on a deadline）　对于造成严重污染的企业事业单位以及在特殊保护区域超标排污的已有设施，由人民政府决定，环境保护行政主管部门监督，限在一定期限内治理并达到规定要求的制度。限期治理制度是我国环境管理实践和立法实践的经验总结，主要用于对现有污染源的污染和污染严重的区域污染进行治理。根据我国《环境保护法》第 29 条的规定，对造成环境严重污染的企业事业单位，限期治理，被限期的企业事业单位必须如期完成治理任务。限期治理一般由环境管理部门提出建议，由县级以上人民政府审批。对于未按照限期治理的决定要求采取行动者，可以通过代理治理的方式，由监督管理部门直接或委托他人代为治理，有关费用由被决定限期治理的单位承担。代理治理是代执行的一种，由于它既可以及时控制环境污染和破坏，又可以及时惩罚违法者，因而被认为是最强有力的环境监管措施之一而得到广泛运用。其主要制度体现在下列条款中：《环境保护法》第 39 条规定："对经限期治理逾期未完成治理任务的企业事业单位，除依照国家规定加收超标准排污费外，可以根据所造成的危害后果处以罚款，或者责令停业、关闭。""前款规定的罚款由环境保护行政主管部门决定。责令停业、关闭,由作出限期治理决定的人民政府决定;责令中央直接管辖的企业事业单位停业、关闭,须报国务院批准。"根据《环境保护法》,地方人民政府对逾期未完成限期治理任务的企业事业单位作出停业、关闭的行政处罚,应按照《行政处罚法》规定的有关程序执行,当事人要求听证的,人民政府应当组织听证,听证后由人民政府作出决定。　　　（申进忠　王　丽）

限制竞争行为(acts of restraints)　经营者通过采取改善供应以外的其他手段,获得或保持竞争优势,排挤竞争对手的行为。经营者通过不断改善供应,如提高商品或服务的质量、降低价格、开发新产品等方式来获得和保有竞争优势,是为法律所认可的。但是,部分经营者可能采取与改善供应无关的手段,通过阻止竞争者的出现、发展或存续,来获得和保持其竞争优势,这些行为就是限制竞争的行为。德国《反对限制竞争法》将限制竞争行为分为三类:滥用市场优势地位、横向限制竞争协议(包括卡特尔协议、卡特尔决议及联合一致的行为)和纵向限制竞争协议。滥用市场优势地位除个别情况如集体优势地位滥用外,多为企业的单方行为,滥用市场优势地位包括剥削性滥用(如超高定价)和限制竞争性滥用(如拒绝交易)等行为,后者属于限制竞争行为,一般为竞争法所禁止。限制竞争协议则是两个或两个以上企业的共同行为,实质是限制协议各方的经营自由,横向限制竞争是竞争者之间的限制竞争,除了卡特尔协议外还包括相互竞争的企业间的合并;纵向限制竞争是不同生产阶段的企业间的限制,如生产商限制销售商的转售价格,上、下游生产阶段企业间的合并。横向限制竞争是竞争者之间的限制,这种限制竞争对市场竞争的影响在总体上大于纵向限制竞争,因而前者多属于本身违法行为,后者需要具体分析,而且其中某些行为被视为具有推动经济的作用。　　　　　　　　　（雷　驰）

限制转售价格(resale price maintenance)　又称维持转售价格、纵向的价格限制。上下游经营者约定,就供给之商品转售与第三人时,或者第三人再为转售时,应遵守一定的价格。其本质是一种纵向的限制竞争协议。所谓约定,可以是上下游经营者的合同约定,也可以是上游经营者单方的规定,并往往伴随有如果不遵守该价格限制之规定,下游经营者将遭受经济上的不利益,如被停止供货、取消折扣和现金提货等。上游经营者如果在销售合同中或者在产品外包装上明定建议售价的,只要实际上未对下游经营者的价格决定产生约束,不视为存在限制转售价格行为。限制转售价格的行为包括限制转售价格(即交易相对人与第三人的销售价格)和限制再转售价格(即第三人再转售的价格)两种方式。限制转售价格限制了市场上的价格竞争,剥夺或限制了下游经营者的自由定价权,而且可能损害消费者的利益,为促进价格竞争,确保公平竞争,许多国家和地区的立法一般认定其为违法而加以禁止,但是在少数特定领域可以予以排除适用,如出版品、医疗用品和化妆品等。日本《关于禁止私人垄断和确保公正交易法》还要求这些领域存在自由竞争者,英国禁止的限制转售价格仅针对最低转售价格、不及于最高转售价格。　　　　　　　（雷　驰）

乡村集体所有制企业(village collective ownership business)　乡(含镇)农民集体举办的企业,以及村(含村民小组)农民集体举办的企业。其中的大部分是从早期的"社队企业"发展演化而来的,在1984年以后,随着农村中政社分设,改称为"乡镇企业",其含义较广。乡村集体企业的"集体所有"是指企业财产属于举办该企业的乡或者村范围内的全体农民集体所有,由乡或者村的农民大会(农民代表会议)或者代表全体农民的集体经济组织行使企业财产的所有权。集体企业实行承包、租赁制或者与其他所有制企业联营的,企业财产的所有权不变。　　　（方文霖）

乡村集体所有制企业的权利(right of village collective ownership business)　根据《乡村集体所有制企业条例》第四章规定企业在生产经营活动中所享有的权利。内容包括:(1)占有和使用企业资产,依照国家规定筹集资金;(2)在核准登记的范围内自主安排生产经营活动;(3)确定企业内部机构设置和人员配备,依法招聘、辞退职工,并确定工资形式和奖惩办法;(4)有权自行销售本企业的产品,但国务院另有规定的除外;(5)有权自行确定本企业的产品价格、劳务价格,但国务院规定由物价部门和有关主管部门控制价格的除外;(6)自愿参加行业协会和产品评比;(7)依照国家规定自愿参加各种招标、投标活动,申请产品定点生产,取得生产许可证;(8)自主订立经济合同,开展经济技术合作;(9)依法开发和利用自然资源;(10)依法利用外资,引进先进技术和设备,开展进出口贸易等涉外经济活动,并依照国家规定提留企业的外汇收入;(11)拒绝摊派和非法罚款,但法律、法规规定应当提供财力、物力、人力的除外。　（方文霖）

乡村集体所有制企业的义务(obligation of village

collective ownership business) 乡村集体所有制企业在生产经营活动中所应当履行的义务。内容包括：（1）依法缴纳税金；（2）依照国家以及省、自治区、直辖市人民政府的规定，上交支农资金和管理费；（3）依法建立和健全财务会计、审计、统计等制度，按期编报财务、统计报表；（4）保护自然资源和环境，防止和治理污染；（5）努力降低原材料和能源消耗，发展符合国家产业政策的产品；（6）做好劳动保护工作，实行安全生产；（7）保证产品质量和服务质量；（8）依法履行合同；（9）对职工进行思想政治、科学文化、技术业务和职业道德等方面的教育；（10）遵守法律、法规和政策的其他规定。 （方文霖）

xiangcun jiti suoyouzhi qiye fa
乡村集体所有制企业法（village collective ownership business law） 调整乡村集体所有制企业生产经营管理活动和企业与政府有关部门关系法律规范的总称。为了进一步巩固发展乡村集体企业，保障其合法权益，国务院颁布了《中华人民共和国乡村集体所有制企业条例》，自1990年7月1日起施行。这是我国第一部系统规范乡村集体企业有关问题的法规。此外，现行的有关乡村集体企业的法规还有《乡村集体所有制企业审批和登记管理暂行规定》、《乡村承包经营责任制规定》、《乡镇联营企业暂行规定》和《乡镇企业组建和发展企业集团暂行办法》等。 （方文霖）

xiangzhen qiye
乡镇企业（town and township enterprises） 农村集体经济组织或者农民投资为主，在乡镇（包括所辖村）举办的承担支援农业义务的各类企业。乡镇企业符合企业法人条件的，可以依法取得企业法人资格。乡镇企业必须具备三个要素：（1）投资的主体以农村集体经济组织或者农民为主。农村集体经济组织是指乡或村的农业生产合作社等组织。农民是指在我国户籍管理中具备农村户口的居民。投资为主是指农村集体经济组织或者农民的投资超过50%，或者虽不足50%，但能起到控股或实际支配作用。农村集体经济组织或者农民投资比重很小的企业，不属于乡镇企业。（2）承担支援农业的义务，即按照省级人民政府规定的比例，从企业的税后利润中提取资金，支援农业和农村的社会性支出。不承担支农义务的企业，不属于乡镇企业。（3）企业设在乡镇或其所辖村。设在城市的企业，不属于乡镇企业。在立法中根据有些常委委员、地方和部门的意见，乡镇企业的地域范围不宜仅限于乡镇，应当考虑乡镇企业向城市延伸发展的情况。有些农村集体经济组织由于生产经营规模的扩大而进入城市开办企业，有些乡镇企业需为城市提供服务而进入城市设立分支机构，同时都承担着支农义务。因此，《乡镇企业法》第9条规定，乡镇企业在城市设立分支机构，或者农村集体经济组织在城市开办的承担支援农业义务的企业，按照乡镇企业对待。乡镇企业包括具备以上三要素的各类企业，按照法律、行政法规规定的企业形式设立，可以依照《乡镇企业法》和《乡村集体所有制企业条例》的规定，由农村集体经济组织投资设立的集体企业，还可以依照《乡镇企业法》、《公司法》的规定和国家有关规定，设立独资企业、合伙企业。由农村集体经济组织或者农民与其他企业、组织或者个人共同投资设立的有限责任公司或股份有限公司，可以依照本法和《私营企业暂行条例》的规定，设立股份合作企业。无论哪种组织形式的乡镇企业，依法登记设立后，都应当向当地乡镇企业行政管理部门办理登记备案手续，符合《乡镇企业法》第2条规定条件的，即确认为乡镇企业。乡镇企业是农村经济的重要支柱和国民经济的重要组成部分。乡镇企业的主要任务是，根据市场需要发展商品生产，提供社会服务，增加社会有效供给，吸收农村剩余劳动力，提高农民收入，支援农业，推进农业和农村现代化，促进国民经济和社会事业发展。 （方文霖）

xiangzhen qiye de quanli
乡镇企业的权利（right of village and township enterprises） 乡镇企业根据《乡镇企业法》的规定所享有的，并受法律保护的权利。其内容包括：（1）乡镇企业拥有自主经营权。乡镇企业的投资者依照有关法律和行政法规规定企业的重大事项，建立经营管理制度；任何组织或者个人不得违反法律、行政法规的规定干预乡镇企业的生产经营或者撤换企业的负责人。侵犯乡镇企业自主经营权或者非法撤换乡镇企业负责人的，由县级以上人民政府乡镇企业行政管理部门责令改正。（2）乡镇企业的合法财产不受侵犯，任何组织或者个人不得侵占或者无偿使用乡镇企业的财产。侵占或者无偿使用乡镇企业财产或者非法改变乡镇企业所有权的，由县级以上人民政府乡镇企业行政管理部门责令改正。给乡镇企业造成经济损失的，依法赔偿。（3）除法律、行政法规另有规定外，任何机关、组织或者个人不得以任何方式向乡镇企业收取费用，进行摊派。乡镇企业有权向审计、监察、财政、物价和乡镇企业行政管理部门控告、检举向企业摊派和非法收费的单位和个人。有关部门和上级机关应当责令责任人停止其行为，并限期归还有关财物。对直接责任人员，有关部门依法给予相应的处罚。（4）具备条件的乡镇企业依法经批准可以取得对外贸易经营权。根据《对外贸易法》的规定，乡镇企业取得对外贸易经营权应具备以下条件：有明确的对外贸易经营范围；具有其经营的对外贸易业务所必需的场所、资金和专业人员。

(方文霖)

xiangzhen qiye de shuishou youhui
乡镇企业的税收优惠(the favorable tax revenue of village and township enterprises) 国家为了扶持乡镇企业的发展而采取的一种税收倾斜措施。《乡镇企业法》规定了两项税收方面的优惠措施:(1)国家根据乡镇企业发展的情况,在一定时期内对乡镇企业减征一定比例的税收。减征税收的税种、期限和比例由国务院规定。目前已经实行的减征税收措施有:乡镇企业按应交所得税额减征10%,用于补农建农和补助农村社会性开支;对乡镇企业免征"交通能源重点建设基金"和"预算调节基金"。(2)国家对符合下列条件之一的中小型乡镇企业,根据不同情况实行一定期限的税收优惠:集体所有制乡镇企业开办初期经营确有困难的;设立在少数民族地区、边远地区和贫困地区的;从事粮食、饲料、肉类加工、贮存、运销经营的;国家产业政策规定需要特殊扶持的。税收优惠的具体办法由国务院规定。目前已经实行的优惠措施有:(1)国家确定在老少边穷地区新办的乡镇企业,可在3年内减征或免征企业所得税,并享受税法规定的税收优惠政策;(2)乡镇企业东西合作示范工程示范项目,经主管税务机关批准,可以减征企业所得税3年。

(方文霖)

xiangzhen qiye de yiwu
乡镇企业的义务(the obligation of village and township enterprises) 乡镇企业应当履行的义务,可以分为基本义务、对国家应尽的义务、对社会应尽的义务以及对职工应尽的义务。(1)基本义务,即乡镇企业的主要任务,包括:根据市场需要发展商品生产,增加社会有效供给。吸收农村剩余劳动力,提高农民收入。支援农业,推进农业和农村现代化,促进国民经济和社会事业的发展。(2)对国家应尽的义务,主要是:《乡镇企业法》第32条规定的依法办理税务登记,按期进行纳税申报,足额交纳税款,未按规定期限交纳税款的,税务机关按日加收滞纳金。不交或少交应纳税款的,由税务机关处以罚款;情节严重的,依法追究刑事责任。《乡镇企业法》第31条规定的,按照国家统计制度,如实报送统计资料,不得虚报、瞒报、伪造和篡改统计资料。违反《统计法》规定,由县级以上人民政府统计机构予以警告,并可以处以罚款。遵守国家关于财务、劳动和物价方面的规定,接受财政、劳动和物价等机关的监督。(3)对社会应尽的义务,主要是:必须保证产品质量、建筑工程质量和服务质量,对用户和消费者负责。依法使用商标,重视企业信誉。必须履行依法签订的经济合同和技术合同,全面履行合同约定的义务,不履行或者不完全履行合同义务的,必须依法承担违约责任。必须依法保护环境和自然资源。在生产和建设过程中,采取措施防治环境污染和其他公害,在利用和开发自然资源的活动中,采取措施保护资源,防止浪费和破坏资源。(4)对职工应尽的义务,主要是:必须贯彻安全生产制度,改善劳动条件,做好劳动保护工作,保证职工的生命安全和身体健康。做好劳动保险和社会保险工作。已经建立社会保险制度的,在企业停业、终止时,依照有关规定安排职工。加强职工政治教育、法制教育、科学文化教育和技术业务培训,提高职工队伍的素质。

(方文霖)

xiangzhen qiye fazhan jijin
乡镇企业发展基金(the developing foundation of the village and township enterprises) 国家为支持乡镇企业发展而设立的专项基金。《乡镇企业法》第2条规定,县级以上人民政府依照国家有关规定,可以设立乡镇企业发展基金。资金短缺是制约乡镇企业发展的重要因素。除了国家给予必要的扶持外,必须进一步搞活农村金融,逐步建立和完善农村资金市场,培植企业的投资能力,广开资金渠道。建立乡镇企业发展基金是乡镇企业的重要投资渠道之一。(1)乡镇企业发展基金的组成。根据《乡镇企业法》第21条的规定,乡镇企业发展基金由下列资金组成:政府拨付的用于乡镇企业发展的周转金;乡镇企业每年上缴地方税金增长部分中一定比例的资金;基金运用产生的效益;农村集体经济组织、农民等自愿提供的资金。(2)乡镇企业发展基金的使用范围。根据《乡镇企业法》第22条的规定,乡镇企业发展基金的使用范围是:支持少数民族地区、边远地区和贫困地区发展乡镇企业;支持经济欠发达地区之间进行技术合作和举办合资项目;支持乡镇企业按照国家产业政策调整产业结构和产品结构;支持乡镇企业进行技术改造,开发名优新产品和生产传统手工艺产品;发展生产农用生产资料或者直接为农业生产服务的乡镇企业;发展从事粮食、饲料、肉类的加工、贮存、运销经营的乡镇企业;支持乡镇企业的职工职业教育和技术培训;其他需要扶持的项目。

(方文霖)

xiangzhen qiye fa
《乡镇企业法》(the Statute on the Town and Township Enterprises) 1996年10月29日中华人民共和国第八届全国人民代表大会常务委员会第二十二次会议通过,自1997年1月1日起施行。制定本法的目的是:为了扶持和引导乡镇企业持续健康发展乡镇企业的合法权益,规范乡镇企业的行为,繁荣农村经济,促进社会主义现代化建设。乡镇企业是农村经济的重要支柱和国民经济的重要组成部分。乡镇企业依法设立,应当向当地乡镇企业行政管理部门办理登记备案手续;当企业变更时,都应依法办理相应手续,并报乡镇企业行政管理部门备案。农村的乡镇企业,其企业财产权属于设立该企业的全体农民集体所有。企业依法实行独立核算,自主经营,自负盈亏;具有企业法人资格的乡镇企业,依法享有法人财产权;投资者依法律决定企业的重大事项,建立经营管理制度,享有权利和承担义务。乡镇企业可以设立发展基金,专门用于扶持乡镇企业发展。

乡镇企业的建设用地应当符合土地利用总体规划,严格控制、合理利用和节约使用土地并办理用地批准和土地登记手续。从事矿产资源开采的乡镇企业,必须经有关部门批准,取得采矿许可证、生产许可证,实行正规作业。乡镇企业应当建立财务会计制度,加强财务管理,依法设置会计账册,如实记录财务活动。乡镇企业应当加强产品质量管理,提高产品质量;生产和销售的产品必须符合保障人体健康,人身、财产安全的国家标准和行业标准;依法使用商标。乡镇企业必须遵守有关环境保护的法律规定。乡镇企业建设项目中必须执行"三同时"的防治污染的措施;必须遵守有关劳动保护、劳动安全的法律、法规,认真贯彻执行安全第一、预防为主的方针,采取有效的劳动卫生技术措施和管理措施。防止生产伤亡事故和职业病的发生;对危害职工安全的事故隐患,应当限期解决或者停产整顿。对违反本法规定,非法改变乡镇企业所有权的、非法占有或者无偿使用乡镇企业财产的、非法撤换乡镇企业负责人的、侵犯乡镇企业自主经营权的,由县级以上人民政府乡镇企业行政管理部门责令改正,给乡镇企业造成经济损失的,应当依法赔偿。乡镇企业有权向审计、监察、财政、物价和乡镇企业行政管理部门控告、检举向企业非法收费、摊派或者罚款的单位和个人。对直接责任人员,有关部门可以根据情节轻重,给予相应的处罚。乡镇企业违反国家产品质量、环境保护、土地管理、自然资源开发、劳动安全、税收及其他有关法律、法规的;不承担支援农业义务的,由乡镇企业行政主管部门责令改正,在其改正之前,停止其享受本法规定的部分或者全部优惠。 (杨婧 方文霖)

xiangzhen qiye zhigong de quanli
乡镇企业职工的权利(right of staff members in village and township enterprises) 根据《劳动法》、《乡镇企业法》和国家有关规定,乡镇企业职工所享有的权利。包括:(1)取得劳动报酬的权利,企业支付劳动工资不得低于当地最低工资标准,不得克扣或无故拖欠工资;(2)获得劳动安全卫生保护的权利,对企业管理人员的违章指挥、强令冒险作业,有权拒绝执行;(3)享有劳动合同约定的劳动保险和生活福利待遇,企业停业、终止时,原属于农村集体经济组织的职工有权返回农村从事生产或者自谋职业;(4)享受国家规定的休息休假,平均每周工作时间不超过40小时,企业不得违反规定延长工作时间;(5)接受职业技能培训的权利;(6)提请劳动争议处理的权利;(7)参加企业民主管理的权利。 (方文霖)

xiangzhen qiye zhigong de yiwu
乡镇企业职工的义务(the obligation of staff members in village and township enterprises) 根据《劳动法》和国家有关规定,乡镇企业职工应当履行的义务。包括:(1)按照企业规定完成生产和工作任务,不仅完成产量任务,还要完成质量任务,完成生产安全计划和企业分配的其他任务;(2)遵守劳动纪律和各项规章制度,服从指挥,坚守岗位;(3)保守国家秘密和本企业的商业秘密。 (方文霖)

xiangguan shichang
相关市场(relevant market) 反垄断法的一个基本概念。在认定一个行为是否对市场竞争有着严重的不利影响时,反垄断法主管机构的首要任务是确定谁是竞争者。在反垄断法上,这被称为确定相关市场。相关市场上的竞争者一般是指向共同买主出售竞争产品的卖主。要确定相关市场的范围,应当考虑两个因素:相互竞争中的产品的范围,这被称为相关产品市场;销售这些竞争性产品的地域范围,这被称为相关地域市场。

相关产品市场也被称为物的市场。1956年美国政府指控杜邦公司垄断玻璃纸生产的一案中,因为玻璃纸是由杜邦公司独家生产和销售,政府认定该公司在玻璃纸这种产品市场上占有100%的市场份额。然而,美国法院则是将玻璃纸视为包装材料中的一种材料,而在包装材料这个产品市场上,杜邦公司仅占18%的市场份额,美国政府从而在该案败诉。因此,反垄断诉讼的结果在很大程度上取决于对产品市场的界定。根据各国的反垄断立法和实践,产品市场的界定取决于各种产品之间的相互可替代性。在美国1962年的布朗鞋一案中,美国最高法院指出,一个产品市场的范围取决于消费者在使用中可合理替代的产品以及对产品本身和其替代品之间的需求弹性。相关地域市场也被称为空间市场。划分相关地域市场不是从企业的生产场所出发,而是指相同或者同类产品相互竞争的地域场所。根据某些学者的意见,以下两个因素对界定地域市场至关重要:一是产品的运输费用和与其价值的关系。例如,水泥单位重量的价值很轻,这种产品的相关地域市场就比较小。另一个因素是产品的易腐性。例如,一般面包的销售地域会受到易腐性的限制。从各种产品的不同特点出发,产品的地域市场可以是国内某个地区,或者某几个地区,或者整个国内市场,或者是国内和国际市场。　　　　　（王晓晔）

xianghu baoxian zuzhi
相互保险组织（mutual insurance society） 由所有参加保险的人自己设立,仅为其成员提供保险的一种保险组织实体,有相互保险公司和相互保险社两种形式。相互保险公司是保险业特有的公司组织形式,其具有以下特点:(1) 投保人具有双重身份,既是投保人或被保险人又是保险人,只要缴纳保险费就成为公司的成员,而一旦解除保险关系就丧失了成员资格;(2) 非营利性公司,其没有资本金,以成员缴纳的保险费形成公司的责任准备金来承担全部保险责任,成员也以缴纳的保险费为依据参与公司的盈余分配和亏损弥补;(3) 采用公司治理结构,会员大会是最高权力机关,董事会由其选举,公司高级管理人员由董事会任命。相互保险社是同一行业的人员自愿结合而成的组织实体,是最早出现的保险组织也是最原始的保险组织,其成立的目的是为了应付自然灾害或意外事故造成的经济损失。目前在欧美国家仍然相当普遍,如人寿保险方面的英国"友爱社"、美国"同胞社"、海上保险方面的"船东相互保障协会"等。其具有以下特点:(1) 成员之间互相提供保险,即每个社员为其他社员提供保险同时也获得其他社员提供的保险;(2) 没有股本,经营资本仅来源于社员缴纳的分担金,一般年初预交,年末多退少补;(3) 保险费事后分摊,事先并不确定;(4) 最高管理机构是社员选举出的管理委员会。
　　　　　（孙建立）

xianggang bocaishui
香港博彩税（bet tax of Hong Kong） 香港政府对获批准的电算机或彩池或奖券活动所收的投注或获批准的现金彩票活动所收的供款或参加款项征收的一种间接税。在香港施行的《博彩税条例》是立法局于1932年公布的,1975年又修订了《博彩税规则》。博彩税的纳税人为举办赛马的普通会社或赛马会,征税范围为当局允许的彩金计算机的投注或彩池派及六合彩的收益。博彩税实行比例税率,根据投注的形式不同适用不同的税率。在各彩票或号码发出之前纳税人以印花缴纳,有印花税征收员在每一彩票或其存根等上附贴。会社与印花税征收员也可以选择通过订立合约方式缴纳税金。任何人或任何会社违反或不遵守《博彩税条例》所订立的规则或所施加的条件的任何条文,而该等条文并无订定其他规则,该人或该会社的秘书、司库及每名理事或管理委员会成员一经循简易程序定罪,可处罚款1000港元。　　　　　（李 蔷）

xianggang lideshui
香港利得税（profits tax of Hong Kong） 在香港境内从事营利活动的人,不论是香港居民还是非香港居民,对其获得的源自香港的利润均要缴纳的一种税。按照香港《税务条例》的规定,在香港从事商业、专业或行业而获得应课税利润的个人、公司、合伙商号、信托人或团体等均为利得税的纳税人。一切来源于香港或被推定为来源于香港的营业所得都是利得税的课税对象。资本收益、从他人处获得的股息、储税券利息收入、政府债券利息收入或出售政府债券的收益以及变卖单位信托受托人的证券所获得的利润不予缴纳利得税。从已经缴纳利得税的公司所得的股息和从他人处获得的已经缴纳利得税的款项等享受免税待遇。工业楼宇及建筑物、商业楼宇及建筑物和厂房设备及机器享受一定的免税额。每年公司利得税的税率均随着政府预算案公布的新税率而作相应的调整。　　（李 蔷）

xianggang qiche shouci dengjishui
香港汽车首次登记税（first registered automobile tax of Hong Kong） 1961年6月24日香港颁行《汽车(首次登记税)条例》,开始对在港汽车第一次登记时按照其价值征收一定比例的税。征税主体是运输署署长,此外他还担负评估汽车公布的零售价、决定汽车免税部分的价值和计算税款等职责。纳税义务人是汽车的进口商、分销商或汽车的买主,征税对象包括在香港行使的私人汽车、出租汽车、公共或私人小巴、公共或私人巴士、摩托车、机动三轮车、客货车以外的货车、许可车辆总重不超过1.9吨的客货车、许可车辆总重超过1.9吨的客货车、特别用途车辆。应纳税额是根据登记车辆的应税价值,按条例中根据汽车类别分别规定的不同税率来确定的。立法局可通过决议更改税率。汽车应税价值的计算根据汽车状况的不同而有所不同:(1) 凡属于公布零售价的进口新车,应税价值为汽车公布的零售价、自选配件零售价和免税配件价值超出部分的总和;(2) 凡属于在香港装配的新车,应税价值为底盘的公布零售价、自选配件零售价、免税配件价值超出部分、和署长对底盘、驾驶室的指明附加物而规定的价值的总和;(3) 凡属于没有公布零售价的进口新车,应税价值是汽车的分销商按法律程序声明的价值,减去免税配件的价值所得的款额;(4) 凡属于旧车,应税价值为可税价值除去折旧额的款额。下列汽车免税:(1) 由属于皇家海陆空三军部队成员的人输入香港的汽车,并且已经在任何英联邦国家缴付税款或其他征费;(2) 任何纯粹以电力驱动及并不排放任何废气的汽车;(3)总督使用的汽车,可全部或部分免税;(4)不负法律责任的伤残人士就其申请首次登记的汽车,其中应税价值中为首的30万港币免税;(5)布政司根据其绝对酌情决定权授予其免税待遇的进港不超过3个月,以供该国政府海军的官员使用的属于外国政府财产的汽车。总督对于任何被带进香港而留在香港总期间不超过3个月的汽车,若以永久运离香港为由而取消登记,核证后可以下令将已缴付的税款予以退还。

（李 蕾）

xianggang tebie xingzhengqu de zhengfu caigou zhidu

香港特别行政区的政府采购制度(Hong Kong SAR government procurement) 香港特别行政区财政司主管全港的政府采购工作,其职责包括制定政府采购的规章和政策,管理政府采购事务,负责各政府部门通用物品的集中采购和供应。香港没有专门的政府采购法,而只有一些相关的行政规章,如《物料供应及采购规例》。香港的政府采购除遵循公开公平竞争、透明度、物有所值这几个原则外,还提出了责任原则。即政府采购资金来源于纳税人交纳的税款,这些税款的使用必须向公众负责,同时还要向批准公共资金使用的立法机构以及有意参与政府采购活动的供应商负责。

香港实行集中采购的采购模式,政府各部门的通用物品及有关服务由政府物料供应处集中采购,部分专用物品则由有关部门采购,如政府车辆管理处负责汽车采购,海事处负责汽艇等海事物品的采购。特别要强调的是,所有的政府采购都由政府部门直接进行,不涉及任何中介机构。就采购方式而言,除公开招标采购外,选择性招标和单一来源采购也是香港允许的采购方式。财政司确定并定期修改小额采购的上限标准,而超过小额采购上限的合同普遍采用公开招标的方式。政府物料供应处处长或其他招标机构的首长,负责处理政府采购中的投诉。但如果投诉与招标制度或程序有关,受诉人应将投诉书转到中央招标委员会,如果采购中涉嫌腐败行为,投标商也可向廉政公署投诉。另外,在1998年12月,香港政府还成立了独立的投标投诉审裁组织,专门负责处理供应商对政府采购活动中违反WTO《政府采购协议》的行为提出的投诉。

（杨云鹏）

xianggang xiaofeishui

香港消费税(consumption tax of Hong Kong) 在香港针对特定消费品的生产、经营、销售等环节所征收的一种税。1963年香港政府颁布了《应课税品条例》及其附属立法,《应课税品规例》和《应课税品(碳氢油之标记及染色)规例》。在香港,只有极少数的物品被征收消费税和关税,它们是酒精、碳氢油、甲醇、烟草四大类物品。对于酒精、碳氢油、甲醇、烟草这四大类物品的进口,不仅要征收关税,而且对这几种特定的物品即使在香港生产、经营、销售也应征收一定的消费税款。

（李 蕾）

xianggang xinfengshui

香港薪俸税(salaries tax of Hong Kong) 在香港任职、受雇或者领长俸的人对其来自或源于香港的入息收入所要缴纳的一种税,类似于一般的个人所得税。入息主要包括工资、薪金、奖金、假期薪酬、酬金、花红、退休金以及其他津贴及长俸等。征税范围是入息者所获得的现金报酬和实物报酬,其中确定雇主和雇员的征税范围标准是不同的。下列收入可以豁免薪俸税:(1)港督的官俸;(2)各国驻港的领事、副领事及领事雇员的薪酬;(3)从获准的退休金计划中取得的过长俸和非长俸款项;(4)在香港以外提供服务所得的退休金,但香港公务员除外;(5)大学、学院、学校或其他类似的教育机构的全日制学生取得的奖学金、助学金及其他同类教育津贴;(6)妇女从其丈夫或者前夫得到的赡养费;(7)雇主提供给雇员的旅游费用等。在确定应纳税额时,以下项目应自评定的收入中扣除,主要有为赚取应纳税的入息而付出的费用、慈善捐款和以前年度亏损。按照香港税法规定,纳税人同时享有个人免税额、额外免税额和父母免税额。应纳税额的计算采用超额累进税率和标准税率两种,纳税人可以从中选择其一。计算方法因所选税率的不同而有所不同。薪俸税按年计征,实行暂缴税制度。税款一经评定,税务局即发出书面缴税通知书。除非纳税人持有正常理由,否则必须按期足额缴纳所评定的暂缴税。

（李 蕾）

xianggang yichanshui

香港遗产税(estate duty of Hong Kong) 又称继承税。香港政府以财产所有人死后遗留的财产作为课税对象,向财产继承人征收的一种财产税,属于直接税。主要适用的法律规范为1932年开始生效的《遗产税条例》,该条例几乎每年都要修订。遗产税的纳税义务人为遗嘱执行人和转让财产的管理人或取得人,征税范围是总遗产额扣除葬仪费即被继承人的债务等之后的遗产额。下列项目均属遗产税的征收范围:(1)被继承人去世时有资格处置的财产;(2)被继承人去世前3年内赠与的财产;(3)被继承人去世3年前非真诚的赠与的财产;(4)为署长所承认的公众或慈善者不是在其去世1年前所作出的临终赠与而获得的财产;(5)被继承人生前拥有的财产后转为与他人共同拥有,死后将转归共有者的;(6)被继承人生前订立的但并无遗嘱效力的财产赠与文件所示的财产权益；(7)被继承人生前购买或被提供的年金和死亡保险费等；(8)死者去世时某些在香港的人基于契约或其他盖印文具而需偿还及欠予死者的债务或款项；(9)在香港居住的人所欠被继承人的债务及款项；(10)不予豁免的人寿保险金等。遗产税的起征点为200万元，实行全额累计税率制。纳税人在香港以外地区所获财产及其继承的财产中附有已处理的财产等项目豁免遗产税。如果继承人在缴纳遗产税后5年内去世，对其留下的已缴税的同一财产所应缴纳的遗产税可以获得宽减。

(李 蕾)

香港印花税（stamp duty of Hong Kong） 香港政府对因商事、产权、人事、许可等行为所书立或使用的凭证征收的一种税。根据1981年的印花税法案，纳税人通常为文件的签署人，未纳印花税的文件不具有法律效力。征税范围包括在香港的不动产、香港股票、香港证券转让的不记名票据和应课税文件副本。印花税税率分为定率税率和定额税率两类，因征税的文件种类不同而不同。缴纳方式为制定凭证时在凭证上加盖或者粘贴印花税票。

(李 蕾)

香港娱乐税（recreation tax of Hong Kong） 香港政府对电影、赛马等娱乐场所发售入场券的收入所征收的一种行为税。早在1930年政府即公布了《娱乐税条例》和《娱乐税规则》，1975年修订为《娱乐税法案》。娱乐税的纳税人为娱乐场所的经营者和举办者。征税对象为收取入场费的展览会、戏剧院、竞博场、游戏场、展览会等。应纳税额的范围包括所有娱乐场所的入场费，包括主办人以外人士缴付的娱乐入场费，以及使用任何主要为取得娱乐入场的地方所缴纳的租税。立法局有权对征税范围作出修正。娱乐税的税率随入场费的不同而变化。每位付款入场的人士均需缴付税款，如以附印花的票券入场就以该票的印花支付，若不是带有印花的票券入场，则按入场的次数计算及支付。如果是一次总付娱乐入场费，作为会社的会费或捐款，或作为购买季票，或作为一连串或在某段期间内的娱乐入场权利，则须按该笔总付款额付税。下列情况豁免征税：(1)该娱乐由政府或市政局或其代表机构举办；(2)该娱乐由根据税务条例规定的获豁免缴税的公共慈善机构或新人或其代表机构举办，而该娱乐的净收益全部用于慈善，且大部分用于香港境内；(3)该娱乐纯粹为教育目的或者由非盈利团体部分为教育或科学目的而举办；(4)海陆空军所办的没有商业性质的娱乐活动。

(李 蕾)

xiang longduan guodu jieduan de jingjifa

向垄断过渡阶段的经济法（economic law in the transitional period from competition to monopoly） 西方资本主义国家的垄断资本主义过渡时期的经济法。19世纪后半叶，随着自由资本主义向垄断资本主义的过渡，国家只有对国民经济进行积极干预，才能使市场经济继续发挥作用。这一历史时期的经济干预法是经济法的雏形。

市场经济国家的经济立法概况 一是行政干预立法。英国是最先实行市场经济的国家，也是最先对市场经济实行干预的国家，其经济干预立法是比较成熟的。在皮革业，英国早在1800年、1801年便制定了《关于皮革制造鞋靴和加强防范剥揭时损及生革和生皮的条例》。条例规定了检查制度。根据规定，某些地区的屠宰商必须把皮革送到指定地点呈请检察员检查；染革业不准合并。在国产税的征收上，税则规定必须按皮革的全部重量计税。为此，染革厂家必须按照前项规定，"染革时不得使皮革减少"。在玻璃制造业，英国颁布法例，推行国产税征收员派驻制度。规定每个玻璃厂至少派两名征税员进驻工厂进行监督。厂方需要将生产情况通告征税员。规定为了检查的需要，每个玻璃厂只准许生产一种玻璃。规定高级玻璃厂不得制造铅玻璃，玻璃板厂不得制造玻璃瓶。普遍的经济干预立法，首先从行业开始，然后逐步扩展为全国性干预立法。二是全国性干预立法。19世纪后半叶，美国各州立法中的限制性立法逐渐增多。在公司立法方面，有反对抑制贸易的法律、禁止公司进行欺诈活动以及制定固定价格、合伙经营及类似阴谋性经济活动的法律。在铁路立法方面，这种限制性法律，始于19世纪70年代的格兰奇（美国农业保护组织）法律和南北战争以前的法律。从1869年到1875年，在有格兰奇成员的几个州颁布了一系列政府控制铁路运费和经营业务的法律。在劳动立法方面，规定关于星期日劳动的法律及限制铁路或其他危险部门工作实践的法律，规定雇用童工、女工的工资和劳动条件的法律，以及安全事故法规。在生产经营立法方面，规定产品、食品的标准，实行许可证制度、产品检查制度。在雇主责任立法方面，否定了《工友章程》中雇主对因公伤亡的工人不负责任的规定，制定了对工伤和因工死亡的工人及其家属予以补偿等保护措施的法律。

在美国，到了19世纪80年代后期，反托拉斯立法被提上了议事日程。美国许多州的立法院都适用有关制止州际贸易和商业密约的共同法令条款。有些州还颁布了禁止滥用反竞争条款的法律。此后，控制国会的共和党，提出了反托拉斯法案。谢尔曼反托拉斯法案于1890年7月20日通过，全称为《保护贸易及商业以免非法限制及垄断法案》。谢尔曼反托拉斯法是联邦的反垄断法,其立法目的在于通过控制垄断的实际步骤,协调州际间的商业活动和对外贸易活动。该法是美国立法史的一个重大转折,标志着经济法调整国民经济运行的现实可能性和成熟度。同年,美国国会通过了克莱顿法,这也是一部重要的反垄断法律。它是对谢尔曼法的全面修改、补充的法律。

本阶段经济立法的特点 在自由市场经济条件下,经济活动具有超国家性质,即国家不介入经济或不干预经济。但是,从19世纪中叶开始,以约·斯·穆勒为代表的渐进改良思想,主张在维持自由市场经济基本形态的同时,国家也要积极介入。这种观点反映在立法上,就是对市场制度进行改良的立法。经济干预法就是对自由竞争市场经济中的市民法秩序所作的修正和补充。经济干预法具有以下特征。一是建立统一、合理竞争的法律制度;二是维持市场经济的基础条件;三是根据社会经济的具体限制要求,进行经济干预。经济干预法没有改变自由市场经济的基本形态,也没有改变市民法秩序。但是,经济干预法推动了市民法秩序的演变,从而促进了传统法律体系的变革。

经济干预法不等于经济法。经济干预法具有经济法的某些机能,也涉及国民经济运行的法律调整问题,因此可以将它作为经济法的雏形。经济干预法为完备意义上的经济法准备了直接的法律条件。此外,社会主义条件下的经济法也不是经济干预法。在垄断资本主义阶段,经济法体现的是国家对国民经济进行全面管理,因此不存在国家干预问题。在自由竞争资本主义阶段,国家对自由市场经济进行干预,而这种情况是社会主义国家所不具有的,因此在社会主义国家不存在国家干预法问题。 （赵　玲）

xiangmu daikuan
项目贷款(project financing) 又称"项目融资"。以境内特定的一个建设项目的名义在境外筹措外汇资金,并仅仅以建设项目自身预期收入和资产对外承担债务偿还责任的贷款方式。项目贷款主要用于耗资巨大的石油、煤炭、天然气等自然资源开发项目和交通运输、电力、农林等大型工程建设项目。项目贷款人依赖工程项目所产生的收益作为还款的资金来源,并将经营该项目的经济单位的资产作为贷款人的附属担保物。按照项目融资方式,项目主办人一般都为该项目的融资和经营专门成立一家经济独立的项目公司,项目主办人在项目公司投入的资产同自身其他资产分割开来。其主要特点是:项目主办人将原来本应由他自己承担的还债义务部分地转移到工程项目身上,将原来由借款人承担的风险部分地转移给贷款人,由借贷双方共同承担项目风险。此外,项目贷款具备以下性质:(1)债权人对于建设项目以外的资产和收入没有追索权;(2)不需要境内机构以建设项目以外的资产、权益和收入进行抵押、质押或者偿债;(3)不需要境内机构提供任何形式的融资担保。 （王连喜）

xiaofei guanxi tiaozheng jizhi
消费关系调整机制(mechanism of the regulation of consumption relation) 经济法对生活资料消费关系的调整机制。企业生产发展的源泉在于消费。由于生产资料的消费属于直接在生产的过程,因此这里的消费特指生活资料的消费。经济法对消费关系的调整分为两种,一是适度消费立法;二是非适度消费立法。由于消费涉及国民收入的分配与再分配,消费时间、消费规模、消费取向和消费结构等诸多方面的因素,因此调整消费关系的立法也为诸多法律规范的综合。如通过所得税调节个人收入,从而调整消费规模和消费时间;通过消费税调节消费品价格,从而调整消费取向和消费结构。消费进而影响生产,使生产符合国家经济立法的目的。 （赵　玲）

xiaofei hetong
消费合同(consumption contract) 消费合同是指消费者为了生活需要,在购买商品或接受服务过程中与经营者达成的明确相互权利义务关系的协议。它的特征有:(1)消费合同的当事人一方是消费者,另一方是经营者。(2)消费者签订消费合同的目的是为了满足生活需要。(3)消费合同是双务合同。根据消费合同的内容不同,可将消费合同分为消费买卖合同、消费承揽合同、消费服务合同、消费租赁合同、消费信贷合同、消费者保险合同等。根据合同的订立过程不同,可将消费合同分为标准合同及普通合同。普通合同中,当事人双方的意思均得到充分的体现,合同的内容往往对双方的利益都能全面照顾;标准合同则按一方当事人意思而形成合同文本,他方只能附对方提出的合同条件,往往会忽视消费者一方的利益。根据合同受法律调整的时间不同,可以将消费合同分为传统消费合同与新型消费合同。一般契约条款(即附和合同),是指在商业活动中反复使用的由一方当事人按照自己的意志决定的,他方只能予以接受的契约条款。它不同于标准合同。一般契约条款具有以下特征:(1)附合性。一般契约条款的内容是由一方当事人决定的,该方当事人在拟定时,无须征求对方的意见。(2)形式的灵活性。(3)反复使用性。一般契约条款作为合同内容的条件包括:(1)应让对方当事人明确该条款的存在;(2)应使对方了解其内容;(3)相对人同意。同时,对它的限制包括:(1)一般限制。即规定一般契约条款不得违反法律强制性规定,不得损害公共利益,不得违反诚实信用原则等。(2)具体限制。主要是限制不当免责条款的使用。消费买卖合同法律制度包括：消费买卖合同，是消费者为了购买商品而与经营者之间缔结的契约，是消费合同中最常见的一种类型。邮购合同，是以邮购方式而获得商品的合同。预售合同，是指由购买者与出售者约定的由购买者预先支付价金之一部或全部，而由出售者于将来一定时期交付商品的商品买卖合同。分期付款买卖合同，是指由买卖双方约定的，由卖方预先提供标的物，买受人分期支付标的物价款合同。

其他消费合同法律制度：(1)消费承揽、服务合同，是包括消费者与经营者就经营者提供一定的劳务或工作成果而签订的合同。(2)消费者加工承揽合同，是由消费者与经营者之间就经营者完成一定工作并由消费者支付有关费用而达成的协议。(3)客运合同，是指消费者与经营者就消费者支付一定费用由经营者提供运输工具将其运送约定地点而达成的协议。(4)旅店住宿合同，是指由旅客与旅店经营者就旅客支付有关费用，由旅店经营者提供一定住宿及相关服务而达成的协议。(5)旅游合同，是游客与旅游业经营者就游客支付有关费用，由旅游业经营者提供各种旅游条件及相应服务的协议。(6)消费租赁合同，专指消费者与租赁经营者就消费者支付租金租用经营者有关财产而达成的协议;(7)消费信贷合同，是由消费者与经营者就一定期间内有偿使用对方提供的货币资金而达成的协议。

(汪公文)

xiaofeipin shichang

消费品市场(consumer goods market) 有固定场所、设施，有若干经营者入场，实行集中、公开交易消费品的市场。消费品市场包括消费品综合市场；农副产品综合市场；粮油市场；肉类市场；禽蛋市场；水产品市场；蔬菜市场；果品市场；棉花市场；中药材市场；竹材市场；饮食市场；其他农副产品专业市场。还包括工业消费品综合市场；针纺织品市场；日用工业品市场；服装市场；鞋帽市场；眼镜市场；家用电器市场；日用杂品市场；家具市场；旧货市场；食品市场；酒类市场；卷烟市场；文体用品市场；图书市场；文物市场；工艺美术市场；集邮市场；其他工业消费品专业市场。开办消费品市场应当从当地资源状况、经济结构、城镇建设规划和交通条件等实际情况出发，坚持统筹规划、合理布局、有利生产、方便生活的原则，由各级工商行政管理局在同级人民政府的领导下，负责对各类市场的登记注册和监督管理。

消费品市场应有50个摊位以上才能开办，并且实行分级审批、分级登记、分级管理：(1)县(区)级及其县(区)级以下机构、企业、事业、街道办事处、村镇等单位开办市场，由所在地县(区)工商行政管理局负责审批登记。(2)地市级单位和所属企事业单位开办的市场，由市工商行政管理局负责审批登记。(3)省级单位、中央派驻单位、外省派驻单位其及所属单位开办市场，由省工商行政管理局负责审批登记。(4)联办市场由与主办方隶属关系的县以上工商行政管理机关负责市场审批登记。(5)工商行政管理部门所属市场物业管理机构开办的市场由同级的工商行政管理局负责审批登记。(6)上级工商行政管理机关可以根据实际需要委托下级工商行政管理机关审批登记所管辖的市场。未经上级工商行政管理机关同意，下级工商行政管理机关不得越权办理市场开办审批登记。(7)关系重大、特种行业的市场，应有事前审批。市场商品交易活动应当遵循自愿、平等、公平、诚实信用的原则，遵守商业道德。

(郑慧玫 张维珍)

xiaofeishui

消费税(consumption tax) 以消费品和消费行为的流转额为征税对象的一种税。消费税的纳税人为在中国境内生产、委托加工和进口法律规定的消费品(应税消费品)的单位和个人。对委托加工的应税消费品，以委托方为纳税人，受托方为代收代缴义务人；对进口的应税消费品，以进口人或其代理人为纳税人。对在我国境内生产的金银首饰，以从事零售业务的单位和个人为消费税的纳税人。消费税实行从价定率或者从量定额的办法计算应纳税额，具体税率、税额表参见《消费税暂行条例》后所附的《消费税税目税率(税额)表》。纳税人兼营不同税率的应税消费品，应当分别核算不同税率应税消费品的销售额、销售数量。未分别核算销售额、销售数量，或者将不同税率的应税消费品组成成套消费品销售的，从高适用税率。对纳税人出口应税消费品，免征消费税；国务院另有规定的除外。

消费税的征税对象为应税消费品，具体税目包括以下12类：烟；酒及酒精；化妆品；护肤护发品；贵重首饰；鞭炮、焰火；汽油；柴油；汽车轮胎；摩托车；小汽车。消费税的税基为销售额或销售数量。销售额，为纳税人销售应税消费品向购买方收取的全部价款和价外费用。纳税人销售的应税消费品，以外汇计算销售额的，应当按外汇市场价格折合成人民币计算应纳税额。纳税人自产自用的应税消费品，依照法律规定应当纳税的，按照纳税人生产的同类消费品的销售价格计算纳税；没有同类消费品销售价格的，按照组成计税价格计算纳税。组成计税价格计算公式：组成计税价格 = (成本+利润)÷(1-消费税税率)。委托加工的应税消费品，按照受托方的同类消费品的销售价格计算纳税；没有同类消费品销售价格的，按照组成计税价格计算纳税。组成计税价格计算公式：组成计税价格 =

（材料成本＋加工费）÷（1－消费税税率）。进口的应税消费品，实行从价定率办法计算应纳税额的，按照组成计税价格计算纳税。组成计税价格计算公式：组成计税价格＝（关税完税价格＋关税）÷（1－消费税税率）。纳税人应消费品的计税价格明显偏低又无正当理由的，由主管税务机关核定其计税价格。

（翟继光）

xiaofeishui zanxing tiaoli

《消费税暂行条例》（Interim Regulations on the Consumer Tax） 我国在消费税征纳上的现行主要法律依据。1993年11月26日国务院第12次常务会议通过，自1994年1月1日起施行。消费税的纳税义务人是在中华人民共和国境内生产、委托加工和进口应税消费品的单位和个人。消费税的征税范围分为4类：第一类为烟、酒、鞭炮、焰火等过度消费会对人类健康、社会秩序、生态环境等产生危害的消费品；第二类为贵重首饰及珠宝玉石等奢侈品、非生活必需品；第三类为小汽车、摩托车等高能耗及高档消费品；第四类为汽油、柴油等不可再生和替代的石油类消费品。消费税采用从价定率和从量定率的方法，比例税率和定额税率相结合的复合税率征收。比例税率分为10个档次，主要适用于供求矛盾突出、价格差异较大、计量单位不规范的应税消费品；定额税率只适用于黄酒、啤酒、汽油、柴油四类供求费率平衡、价格差异不大、计量单位规范应税消费品，便于采用定额税率。纳税人兼营不同税率的应税消费品时，应当分别核算不同税率应税消费品的销售额、销售数量，未分别核算或者将不同税率的应税消费品组成成套消费品销售的，从高适用税率。消费税实行从价定率或者从量定额的办法计算应纳税额。实行从价定率办法计算的应纳税额＝销售额×税率；实行从量定额办法计算的应纳税额＝销售数量×单位税额。此外，纳税人自产自用的应税消费品、委托加工的应税消费品及进口的应税消费品的应纳税额有特殊规定。纳税人应税消费品的计税价格明显偏低又无正当理由的，由主管税务机关核定其计税价格。消费税免征的适用对象是出口应税消费品。消费税由税务机关征收；进口的应税消费品的消费税由海关代征。消费税的纳税期限分别为1日、3日、5日、10日、15日或1个月。纳税人的具体纳税期限，由主管税务机关根据纳税人应纳税额的大小分别核定；不能按照固定期限纳税的，可以按次纳税。纳税人进口应税消费品，应当自海关填发税款缴纳证的次日起7日内缴纳税款。消费税的纳税地点分为3种情况：纳税人销售的应税消费品，以及自产自用的应税消费品，应当向纳税人核算地主管税务机关申报纳税；委托加工的应税消费品，由受托方所在地主管税务机关解缴消费税税款；进口的应税消费品，由进口人或者其代理人向报送关海关申报纳税。

（席晓娟）

xiaofeishui zanxing tiaoli shishi xize

《消费税暂行条例实施细则》（Rules for Implementation of the Interim Regulations on the Consumer Tax） 财政部1993年12月25日发布。细则对暂行条例中与确定消费税的纳税人和按税义务相关的特定用语作出了解释，如"单位"、"个人"、"在中华人民共和国境内"、"纳税人兼营不同税率的应税消费品"、"纳税人生产的、于销售时纳税的应税消费品"、"纳税人自产自用的应税消费品，用于连续生产应税消费品的"、"用于其他方面的"、"委托加工的应税消费品"、"销售数量"、"销售额"、"价外费用"、"同类消费品的销售价格"、"成本"、"利润"、"材料成本"、"加工费"、"关税完税价格"等。细则对销售额的"特殊计算"方法进行了详细规定。应税消费品计税价格的核定权限法律规定为：甲类卷烟和粮食白酒的计税价格由国家税务总局核定；其他应税消费品的计税价格由国家税务总局所属税务分局核定；进口的应税消费品的计税价格由海关核定。消费税的"税收优惠"包括出口的应税消费品办理退税后，发生退关或者国外退货进口时予以免税的，报关出口者必须及时向其所在地主管税务机关申报补缴已退的消费税税款；纳税人直接出口的应税消费品办理免税后，发生退关或国外退货，进口时已予以免税的，经所在地主管税务机关批准，可暂不办理补税，待其转为国内销售时，再向其主管税务机关申报补缴消费税。纳税人销售的应税消费品，如因质量等原因由购买者退回时，经所在地主管税务机关审核批准后，可退还已征收的消费税税款的。消费税"纳税义务发生时间"具体规定为：一是纳税人销售的应税消费品，如果采取赊销和分期收款结算方式的，其发生时间为销售合同规定的收款日期的当天；纳税人采取预收货款结算方式的，其发生时间为发出应税消费品的当天；纳税人采取托收承付和委托银行收款方式销售的应税消费品，其发生时间为发出应税消费品并办妥托收手续的当天；纳税人采取其他结算方式的，其发生时间为收讫销售款或者取得索取销售款的凭据的当天。二是纳税人自产自用的应税消费品，其发生时间为移送使用的当天。三是纳税人委托加工的应税消费品，其发生时间为纳税人提货的当天。四是纳税人进口的应税消费品，其发生时间为报关进口的当天。消费税"纳税地点"除暂行条例规定的外，纳税人到外县（市）销售或委托外县（市）代销自产应税消费品的，于应税消费品销售后，回纳税人核算地或所在地缴纳消费税；纳税人的总机构与分支机构不在同一县（市）的，应在生产应税消费品的分支机构所在地缴纳消费税,但经国家税务总局及所属税务分局批准,纳税人分支机构应纳消费税税款也可由总机构汇总向总机构所在地主管税务机关缴纳。

(席晓娟)

消费者安全保障法律制度(safety ensure law system of consumer) 对消费者身体健康以及消费者人身安全及财产安全具有保护功能的法律规范。主要包括两个方面:(1)消费者安全保障管理法律规范;(2)产品责任法律规范。前者属于经济行政性规范,后者属于民事性规范。由于商品服务的安全是商品服务质量的一个方面,因此有关商品和服务质量方面的法律规定大多具有保护消费者的安全作用,这些法律规范无疑是消费者安全保障法律的重要内容。除此之外,国家对特殊危险性商品和服务的安全性保障问题还制定了专门的法律规范,由于这些商品和服务对消费者安全的密切关系,因而,在消费者安全保护方面具有特殊的意义。目前,我国消费者安全保障的特别法律规范包括食品卫生监督管理规范、药品管理规范、化妆品卫生监督管理规范、城市燃气安全管理规范、生活用电安全管理规范、生活用水卫生管理规范、生活用气卫生管理规范、服务安全管理规范以及其他消费品的安全管理规范。

国家为消费者安全而实施的管理手段主要包括以下几种:(1)许可证经营。作用主要表现在两个方面:一是保证经济结构的合理,即通过许可证的颁发来控制某种产品、服务的生产、经营或某种产品的进口,从而使国民经济结构在宏观上保持合理,二是保障商品、服务的质量,特别是商品和服务的安全。许可证经营制度主要包括两个方面,一是对特定商品、服务经营的许可证管理制度,凡从事国家实行许可证管理的商品和服务经营的经营者,都必须首先取得生产经营许可证,未取得许可证的,工商部门不得发给营业执照。二是对商品质量的许可管理制度,对实行质量许可管理的商品或服务,只有在取得质量许可证之后才能进行销售或出口。(2)标准化管理。是国家对商品服务质量进行全面的监督管理的重要手段,也是保障消费者安全的重要途径。(3)产品安全认证。依据安全标准和生产标准中的安全性能项目的要求对产品的安全性进行检验、考核,并予以证明的活动。主要针对涉及身体健康及人身、财产安全的产品。(4)商品标示管理。可以让消费者知晓该产品的危险性并正确地使用、保管商品,防止安全事故的发生,因此对商品标示进行管理亦是国家维护消费者安全的手段。(5)安全卫生监督检查。为保障产品和服务符合安全卫生的要求,国家有关部门经常性地对有关产品和服务进行安全、卫生方面的检查。(6)安全消费宣传教育。应当大力加强安全消费宣传工作,国家应当组织、支持、促进各种消费教育活动,并通过法律使这种消费教育制度化。

(汪公文)

消费者保护法的基本原则(basic principle of consumer protection law) 消费者权益保护法应当遵循的原则。贯穿于消费者权益保护法整个调整过程、内容的基本准则和精神指南,是国家处理有关消费者问题,对有关社会关系进行法律调整的基本依据,贯彻于消费者权益保护法、司法以及消费活动的每一个环节,集中反映了在市场经济条件下,国家保护消费者权益的指导思想和根本宗旨。(1)消费者特别保护原则。消费者与经营者从法律地位上来说是平等的,但是由于消费者以消费别人的产品来满足自己的需求,故而在消费品的信息方面出现信息不对称现象。如何对在经济上处于劣势群体的消费者进行合理的保护就成了消费者权益保护法特殊的需求。(2)自愿、平等、公平、诚实信用原则。这个原则是社会主义市场经济的基本原则。虽然消费者权益保护法强调对处于弱势群体的消费者给予特殊保护,但是消费者与生产经营者之间的交易仍应遵守民法之相应的规则和原则。(3)消费者权益保护与经济协调发展的原则。对消费者的保护不应脱离国家经济的发展水平。与相对的生产力发展程度相适应是保护消费者权益的必要前提。一方面要对于在生产生活中出现侵犯消费者权益的新现象、新领域进行必要的调整;另一方面,修改现有的落后于经济发展要求的法律法规,以完善消费者立法。(4)生产经营者应当承担产品质量责任的原则。产品质量责任是保护消费者合法权益的法律前提和基础。现在的产品质量责任已经突破传统的民商法买卖合同责任的框架,并渐趋走向"严格责任"。(5)消费者权益的综合法律保护原则。消费者权益在一定场合表现为一定的权利状态。有时表现为人身权利,有时则表现为财产权利。无论对于哪种权利,都应当依照法律给予同等的保护。并根据不同的侵权或者违约的不同形态,分别采用民事责任、行政责任和刑事责任等责任形式。(6)实行行政监督与社会监督相结合的原则。该原则又称为国家和社会干预原则。保护消费者的合法权益不仅仅是国家机关的责任,而且是社会以及消费者自身的责任。只有调动社会各个方面的力量来维护消费者的合法权益,才能建立和完善消费者的保护机制和形成最富成效的有力保护。(7)方便消费者为维护自己权益而提起诉讼的原则。目前,损害消费者合法权益问题虽然日趋严重,但是由于争议之标的额较小而使当事人不愿寻求诉讼途径来解决问题。而且由于该项成本往往过高,后者即使胜诉也是得不偿失,这大大限制了当事人寻求法律途径救济的积极性。为了方便消费者的维权行为,法律简便消费者提起诉讼的程序,并设置一些小额消费纠纷法庭,建立集团诉讼制度等。 （汪公文）

xiaofeizhe baohufa de jiazhi
消费者保护法的价值（the value of consumer protection law） 消费者权益保护法律规范所体现的立法者所追求的基本目标,以及所达到的目的。大体上可以归纳为三个层次,第一个层次是法律作为一种社会存在,第二个层次是每一个法律部类的特定价值,第三个层次是各种法律制度的价值。消费者保护法作为一种类型的法律,有明确的价值取向,即消费者的人身、财产安全,交易公平的消费者福利。

消费者的人身安全是指消费者在购买、使用商品或接受服务时,其身体健康状况不会因经营者或其提供的商品、服务而受到不良的影响。基本内容包括:(1) 不受不合理危险的侵害;(2) 不受不卫生因素的侵害;(3) 人身安全不受损害。它主要通过以下方式实现这一基本价值:(1) 从保护消费者的安全需要出发,对各种消费品的生产、销售、保管及消费服务的提供方式等提出基本的安全要求,促使经营者严格地按这些要求从事生产,经营活动;(2) 通过各种市场管理制度,防止不安全、不卫生的商品流入市场,及时清除消费市场中的不安全商品和隐患,使消费者安全能获得充分的保障;(3) 通过各种消费教育和消费信息提供制度,促进消费信息的传播,提高消费者的素质,保证消费者掌握正确使用、消费商品、服务的方法,防止不安全事故发生;(4) 通过产品责任制度及其他消费者救济制度,加重经营者的责任,使经营者在经营活动中充分考虑消费者安全,并为消费者提供获得充分补偿的机会。

交易公平价值是指消费者在经营者的交易中能够获得公正、平等的对待,消费者获得的商品和服务与其支付的货币价值相当。交易公平首先要求在消费交易中消费者能获得公正、平等的对待,还要求交易的结果对消费者公平。公平交易价值主要是通过以下途径实现的:(1) 通过各种市场竞争制度,维护公平竞争的市场环境,使消费者能在充分竞争的市场中获得有利于自己的交易环境;(2) 通过消费合同等法律制度,直接规定交易条件,是经营者按照法律制度的条件与消费者进行交易;(3) 通过各种市场管理制度,取缔各种不诚实的交易行为和交易习惯,使经营者依法诚实的进行各种经营活动。

福利价值主要是消费者消费需求的满足问题,包括两方面的内容:(1) 从量的角度来看,应当有能够满足消费者某种需求的消费品或服务的存在;(2) 从质的角度来看,各种消费资料和消费服务应当能最大程度地满足消费者的需求。它主要通过两种方式实现其促进消费者福利价值:(1) 通过直接规定消费品和服务质量要求,迫使经营者生产的消费品和提供的服务符合这些要求,从而保证消费者获得的消费品和服务能够满足其需要;(2) 通过各种市场管理制度,遏制影响市场促进商品服务质量机制发挥作用的各种因素,使市场本身固有的促进经营者改善经营管理,提高商品服务质量的功能能够充分地发挥出来。 （汪公文）

xiaofeizhe baohu falü tixi
消费者保护法律体系（the system of consumer protection law） 是指涉及消费者权益保护的各种法律、法规配合形成的一个完整的综合体。它的组成要素是法律部门,它是以法律部门的重新分类组合而形成的整体,重新组合的标准是按照法律规范所调整的社会关系,即都涉及消费者权益保护。法律体系相较于立法体系而言,更侧重于法的调整内容,后者更重视形势,重视效力层次。

消费者保护法律体系即指各种涉及消费者权益保护内在内容的法律法规的分类组合而形成的统一体,我国消费者保护法律体系根据内容标准,可以分成以下几个部分:(1) 消费者保护基本法:1993 年 10 月 31 日第八届全国人民代表大会常务委员会第四次会议通过了《中华人民共和国消费者权益保护法》,其内容包括总则、消费者的权利、经营者的义务、国家对消费者合法权益保护、消费者组织、争议的解决、法律责任及附则。《消费者权益保护法》是一部宣言性的法律,在我国保护消费者法律体系中起统帅作用。(2) 消费品安全、卫生方面的立法:这方面的立法主要有:1995 年 10 月 30 日第八届全国人大常委会十六次会议通过并且于同日实施的《中华人民共和国食品卫生法》,1984 年第六届全国人大常委会第七次会议通过的《中华人民共和国药品管理法》,1989 年国务院发布的《中华人民共和国药品管理法实施办法》,1988 年国务院发布的《医疗用毒性药品管理办法》和《精神药品管理办法》,1989 年国务院发布的《放射性药品管理法》及《化妆品卫生监督条例》等。(3) 商品质量方面的立法:1993 年 2 月 22 日第七届全国人大常委会第三十一次会议通过 2000 年 7 月 8 日第九届全国人大常委会第六次会议修订通过的《中华人民共和国产品质量法》。1989 年 2 月 21 日第六届全国人大常委会第六次会议通过的《中华人民共和国进出口商品检验法》,1992 年国务院批准发布的《中华人民共和国进出口商品检验法实施细则》。1988 年 12 月 29 日第七届全国人大常委会第五次会议通过的《中华人民共和国标准化法》,1990年国务院发布的《中华人民共和国标准化实施条例》,1990年国务技术监督局发布的《国家标准管理办法》《行业标准管理办法》《企业标准管理办法》等。(4)商品标志宣传方面:1982年第五届全国人大常委会第二十四次会议通过的《中华人民共和国商标法》。1988年国务院制定的《商标法实施细则》(1993年修订),《中华人民共和国广告法》《广告管理条例》《广告管理条例实施细则》等。(5)在物价、市场管理方面:目前颁布的法律文件主要有:1997年第八届全国人民代表大会常务委员会第二十八次会议通过的《中华人民共和国价格法》,1988年国家物价总局发布的《关于价格违法行为的处罚规定》,1994年国家计委颁布的《关于商品和服务实行明码标价的规定》和《关于商品和服务实行明码标价的规定实施细则》,1983年国务院发布的《城乡集市贸易管理办法》,1987年国务院发布的《投机倒把行政处罚暂行条例》,1990年国务院发布的《投机倒把行政处罚暂行条例实施细则》,1995年国务院批准国家计委发布的《制止谋取暴利的暂行规定》,1993年9月2日,第八届全国人大常委会第三次会议通过了《中华人民共和国反不正当竞争法》,由于采用不正当手段进行竞争的行为会损害消费者的权益,所以反不正当竞争法也是我国消费者保护法律体系的重要内容。 (刘利晋)

消费者保护法律责任(the legal liabilities of consumer protection) 经营者违反保护消费者的法律规定的或经营者与消费者约定的义务而依法承担的法律后果。它是保证经营者依法履行义务的措施,是保护消费者权利,保障消费者保护法顺利实施的重要手段。具有以下特点:(1)综合性,它涵括了各种不同性质、不同内容的法律责任形式。(2)消费者保护法中的责任是经营者的责任。(3)经营者损害消费者利益的责任,包括损害消费者的一般利益和损害具体消费者的利益。当经营者的行为仅损害消费者的私人利益时,常引起私法责任;既损害私人利益,又损害公共利益时,则既要承担私法责任,亦要承担公法责任;涉及公共利益,仅承担公法责任。

在追究经营者责任时,一般应遵循以下规则:公法责任与私法责任分别追究的原则;不重复追究的原则,指同种性质内容相同或具有替代性的责任不得重复追究;私法责任主体唯一原则;公法责任中个人与单位责任分别追究的原则。经营者的民事责任是经营者违反消费者保护法规定或其与消费者约定的义务,损害消费者的民事权益,而依法承担的法律责任。主要包括侵权责任、合同责任、拒绝承担责任的责任以及欺诈行为的惩罚性赔偿的责任。经营者损害消费者利益的行政责任是经营者违反消费者保护行政管理法,从事损害消费者利益的经营活动而依法受到的行政处罚。包括申诫罚、财产罚、能力罚和人身罚。违反法律损害消费者利益的行为不仅可能承担民事责任和行政责任,而且可能承担刑事责任。 (汪公文)

消费者利益国家保护(the nation protection of consumers' benefits) 通过国家机关的职权活动所实现的对消费者利益的保护。分为三种,即立法保护、行政保护和司法保护。

立法保护 指立法机关通过消费者保护法制定、修改、颁布、废止等立法活动来保护消费者的利益。保护作用主要表现在三个方面:第一,通过法律向社会宣示消费者的合法权利以及法律对各种侵犯消费者利益行为的禁止,从而警示经营者不得实施侵犯消费者利益的行为,促使人们自觉地遵守法律规定而防止侵害消费者利益的行为发生。第二,通过法律规定,为国家行政机关及司法机关的执法和司法活动提供依据,以便行政、司法机关能准确地判断某种行为是否违反法律对消费者保护的规定,并在侵害消费者利益的行为发生时,予以及时、有效地制止、补救。第三,通过对行政、司法活动的工作和法律监督,保证消费者保护法的全面落实。

司法保护 这是司法机关通过审判活动维护消费者的合法权益。表现在:(1)通过侦查、审判等活动揭露、打击经济生活中侵犯消费者利益的违法犯罪行为。(2)通过审理涉及消费者利益的民事、行政争议案件,维护消费者的合法权益。具体来说,人民检察院是专门行使法律监督权的国家机关,在消费者保护方面的职能主要包括:通过立案侦查活动,揭露严重侵害消费者的违法行为,维护消费者利益;通过提起诉讼,支持公诉,使严重侵害消费者利益的行为受到刑事制裁;通过对审判活动的监督,维护法律的权威,保护消费者合法权益;通过对法律的监督活动,保证消费者保护法的全面、正确实施。人民法院是国家审判机关,在消费者保护中的职责包括:通过对刑事案件的审理,打击严重侵犯消费者权益的违法犯罪行为;通过对民事、经济案件的审理,追究经营者的民事、经济责任,使消费者获得及时、充分的补偿;通过对行政案件的审理,维护消费者的合法利益,督促国家行政机关严格履行保护消费者的职责;通过司法解释、司法创制活动,阐释法律的含义,补救现行法律之不足,使消费者保护法得以正确实施,消费者权益获得更充分的保障。

行政保护 这是行政机关通过行政机关执法和监督活动对消费者进行的保护。表现在:(1)通过抽象行为,对立法机关制定的保护消费者的法律,制定实施细则、具体办法和解释,以便国家法律能得以顺利实现。(2)通过具体行政行为,如通过行政合同等,落实特定的行政主体对消费者的保护职责,通过行政处罚制裁侵犯消费者的行为,通过行政调解仲裁等,解决消费者权益纠纷,维护消费者的权益。具体来说,国家行政机关对消费者利益的保护主要有:(1)工商行政管理部门,其主要职责包括:制止垄断和不正当竞争行为,维护交易公平;对个体工商户、个人合伙及工商企业进行登记、监督、管理;进行市场监督管理;进行广告监督管理;进行商标管理;查处打击投机倒把行为,维护市场秩序。(2)物价管理部门,其主要职责包括:对消费品及服务价格进行调控,根据市场供求关系及经济发展需要,制定商品价格和服务收费标准,作价原则,督促经营者履行国家规定的价格义务,指导经营者正确的定价;对消费品和消费服务市场进行检查,对不执行国家定价、抬级抬价、层层加价、自立名目、滥收费用、变相提价、垄断价格、不按规定进行明码标价等行为予以行政制裁,以保证消费者获得公平的价格;通过价格信息、网络,为消费者提供价格信息服务。(3)技术监督部门,其主要职责包括:通过标准监督,对经营者提供商品和服务提出强制性或指导性的要求,以保证和提高商品服务质量;通过计量监督,保证消费交易中的正确计量,维护消费者的经济利益;通过产品质量监督,指导消费,奖优罚劣,提高我国消费品的质量水平,维护消费者的利益。(4)卫生行政管理部门,其主要职责包括:进行食品卫生监督管理,保障消费者获得安全、卫生、营养丰富的食品;对药品进行监督管理,保障消费者获得安全、有疗效的药品;对化妆品卫生进行监督管理,保证化妆品的卫生质量和使用安全,保障消费者健康。(5)进出口商品检验部门,其主要职责包括:通过进出口商品检验工作,确保进出口商品在质量、安全、卫生方面符合法律、合同规定的标准和要求,保护我国消费者的权益;确保我国出口的商品具备一定的质量、安全、卫生水平,不致造成对其他消费者权益的侵害,履行我国在消费者保护方面的国际义务,提高我国商品的信誉,推进对外贸易的发展。(汪公文)

xiaofeizhe quanli

消费者权利(consumers' rights) 由国家法律(通常指一个国家的消费者权益基本法)所确认的,在消费领域消费者的权利。消费者权利不是一种简单的民法上规定的利益可能性,它具体有下列特点:以消费者特定的身份为基础;具有法律规定性;是特别赋予居于弱者地位的消费者的权利。一般认为,"消费者权利"的概念最初是由美国总统肯尼迪提出来的。他指出,消费者具有4项权利,即:获得安全商品的权利,正确了解商品的权利,自由选择商品的权利以及就与消费者有关的事务提出意见和建议的权利。国际消费者组织联盟则提出了消费者的8项权利,即消费者有权得到必须的物品和服务借以生存,应该得到公平的价格和选择,应当得到安全,应有足够的资料,应该得到公平的赔偿和法律援助,应该获得消费者教育,应当享受一个健康的环境。我国1993年颁布的《消费者权益保护法》规定消费者享有9项权利,包括:安全权、知悉权、选择权、公平交易权、获得赔偿权、结社权、受教育权、受尊重权、监督权。

消费者的安全权,是指消费者在购买、使用商品或者接受服务时依法律规定或依照合同约定所享有的生命健康和财产不受威胁、没有危险、不出事故、不受侵害的权利。它包括人身安全权和财产安全权两部分。消费者知悉权,又称知情权或称获得消费信息的权利,是指消费者依法所享有的了解购买、使用的商品或者接受的服务有关真实情况的权利。它包括三方面内容:(1)有关商品或者服务的基本情况;(2)有关商品的技术指标情况;(3)商品或者服务的价格以及商品的售后服务情况。消费者的选择权,是指消费者在购买、使用商品或者接受服务时,有根据自己的意志加以选择、择优选取的权利。特征主要有:(1)消费者选择权具有特定的时间性;(2)消费者选择权客体的特定性;(3)消费者选择权具有主动性。选择权具体包括:消费者选择提供商品或者服务经营者的权利;消费者选择商品品种或者服务方式的权利;消费者自主决定购买或者不购买任何一种商品、接受或者不接受任何一项服务的权利;消费者对商品或者服务进行比较、鉴别和挑选的权利。消费者公平交易权是指消费者在进行购买商品或者接受服务过程中享有的与生产经营者进行公平交易的权利。具体包括:消费者在购买商品或接受服务时,有权获得质量保障;消费者在购买商品或接受服务时,有权以合理的价格成交;消费者有权要求生产经营者计量准确;消费者有权拒绝强制交易行为。消费者损害赔偿权,又称求偿权或者索赔权,是指消费者在购买、使用商品或者接受服务过程中非因自己的故意或者过失而使得人身、财产遭受损害时,向生产经营者提出请求,由生产经营者予以一定赔偿的权利。消费者结社权,是指消费者为了维护自己的合法权益,组织消费者团体的权利。主要包括两大方面的内容:一是消费者有权要求国家或者政府建立代表、保障消费者合法权益的职能部门;二是消费者有权建立自己的组织。消费者的接受教育权,是公民获得教育权的一个重要组成部分,是指消费者享有获得消费和消费者权益保护方面的知识以及获得所需商品或服务的知识和使用技能的权利。我国《消费者权益保护法》第13条规定:"消费者享有获得有关消费和消费者权益保护方面的知识的权利。消费者应当努力掌握所需商品或者服务的知识和使用技能,正确使用商品,提高自我保护意识。"说明消费者的接受教育权兼具权利与义务的双重属性。消费者通过行使接受教育权有权获得的知识,包括消费知识教育和有关消费者权益保护的知识教育两大类。消费者的受尊重权,是指消费者在购买、使用商品,接受服务时所享有的人格。所谓尊严,是指民族风格习惯受到尊重的权利。内容可以分为消费者的人格尊严不受侵犯权与民族风俗习惯受尊重权两部分。消费者的监督权,是指消费者享有对商品和服务以及保护消费者权益工作进行监督的权利。主要包括以下三个方面:一是消费者有权对生产经营者提供的商品和服务进行监督;二是消费者有权对国家机关及其工作人员在保护消费者权益工作中的违法行为进行监督;三是消费者有权对保护者权益工作提出批评和建议。 (汪公文)

xiaofeizhe quanyi baohufa
《消费者权益保护法》(The Law on Protection of Consumer Rights) 我国保护消费者合法权益的重要法律依据。1993年10月31日第八届全国人民代表大会常务委员会第四次会议通过,自1994年1月1日起施行。制定本法的目的是:保护消费者的合法权益,维护社会经济秩序,促进社会主义市场经济健康发展。本法共8章55条,包括:总则、消费者的权利、经营者的义务、国家对消费者合法权益的保护、消费者组织、争议的解决、法律责任、附则等内容。消费者为生活消费需要购买、使用商品或者接受服务,其权益受本法保护;经营者为消费者提供其生产、销售的商品或者提供服务,应当遵守本法。国家保护消费者的合法权益不受侵害。 (徐巍伟)

xiaofeizhe quanyi baohu lifa
消费者权益保护立法(consumer protection law) 国家有关消费者权益保护的专门立法。其立法宗旨在保护消费者的合法权益,维护社会经济秩序,促进经济健康发展。在漫长的中国封建社会,虽然存在着商品交换,但是由于经济关系不发达的原因,对消费者的保护立法几乎不存在,也可以说相当薄弱。在西方国家,尤其是在公元前1世纪到公元4世纪罗马共和国中期到罗马帝国中期这一段时期,由于地中海沿岸贸易和手工业的发达,罗马市政官员开始按照民商法的公平与诚实信用原则来管理市场,对于一切参加交易的人都平等地给予对待,初步具备了保护消费者权益的意识。但是现代社会对消费者的保护立法还是从19世纪末20世纪初,资本主义进入垄断的帝国主义之后开始的。消费者权益保护立法同传统的民商法对消费者权益的间接保护有着显著不同,具有下列特征:(1)消费者权益保护立法是在市场经济中得到充分发展的条件下,对消费者给予特别保护而产生的。(2)消费者权益保护立法对消费者权益进行直接调整。(3)消费者权益保护立法充分认识到了消费者的"弱者"地位。(4)消费者权益保护立法在形式和内容方面已经有了新的突破。(5)消费者权益保护立法是伴随着消费者运动的发展而产生和发展完善的。

在消费者权益保护立法中,有以下三种立法模式:一是以市场监督管理法和民事法律手段为特征的市场经济立法模式;二是以民事法律手段和公民对社会经济参与监督为特征相结合的立法模式;三是传统社会主义经济体制下,以高度集中的行政管理为主导和特征的立法模式。我国的消费者保护立法主要有:《中华人民共和国消费者权益保护法》、《反不正当竞争法》以及物价、商标、食品卫生、市场管理等方面的立法和一些地方性的消费者保护立法。 (汪公文)

xiaofeizhe wenti yu xiaofeizhe yundong
消费者问题与消费者运动(consumer problem and consumer movement) 消费者问题是商品经济中接受生活资料和生活服务的消费者利益受到提供消费资料和消费服务的经营者损害而发生的问题。消费者问题的产生以及社会发展到一定历史阶段而出现的商品交换以及交换中各方当事人追求的利益形态的差异为基本前提。而作为交换媒介的货币的出现及广泛使用则促进了消费者问题的普遍化。消费者问题的普遍存在和日益恶化是现代消费者保护法产生的基本动因。消费者问题的产生的原因有四:(1)人类认识能力的局限性;(2)商品经济中信息的不适当分布;(3)消费需求的个体差异;(4)商品经济条件下经营者与消费者之间的利益对立。现代社会,特别是现代市场经济条件下,消费者的景况日下伴随着消费者运动日趋高涨,是这样一些因素造成了消费者地位的严重恶化:(1)现代生活方式使得人类普遍依赖商品而生存;(2)现代经济组织形式改变了消费者与经营者之间的交易实力对比;(3)现代商品的发展使消费者对商品的识别能力产生极大困难;(4)现代社会生产使得经营者与消费者在大多数情况下无法实现位置的交换;(5)现代市场范围的扩展与产销多层化使消费者的救济发生困难;(6)现代营销技术的发展,使得消费者不得不面临来自经营者方面的强大的心理攻势。这些情况都使隐藏于经济中固有的经营者与消费者之间的矛盾日益表面化,消费者的处境每况愈下,要求国家从保护消费者利益出发,对经济生活实行适度干预的呼声越来越高,终于掀起一场轰轰烈烈的消费者运动。

消费者运动发端于美国,1891年世界上第一个旨在保护消费者权益的消费者组织——纽约消费者协会在美国纽约成立,自此之后,全美各地相继成立了各种消费组织,1898年这些消费者组织联合组成了一个全国性的消费联盟(Consumer Federation of American),这是世界上第一个全国性的消费性组织。此后,消费者运动逐渐发展和扩大,为现代消费者保护法的产生提供了坚实的社会基础,它改变了现代经济生活立法的方向,为消费者保护立法提供了丰富的素材和经验,有力地推动了现代消费者保护立法的进程。消费者运动是消费者自发或有组织地进行旨在保护自己的权益,改善其地位的社会活动。消费者运动的兴起与发展,对现代消费者保护法律体系的形成和完善,发挥着极为重要的推动作用。它产生于以下几个因素:(1)在现代商品经济条件下,消费者地位日益恶化;(2)传统法律制度的局限,使消费者很难得到有效的保护;(3)经济的发展使人们有可能对经营者提出更高的要求;(4)买方市场的形成。消费者运动的最根本目的是为了保护自身的合法权益,并从客观上起到政府加强对市场在微观和宏观两方面予以监管的促进作用,进而推动消费者权益保护立法的进步。它的形式有自发和自觉两种,经历了由自发到自觉,由松散到有组织的一个漫长的社会运动过程。

(汪公文)

xiaofeizhe zhengyi yu falü jiuji

消费者争议与法律救济 (consumer argument and legal remedy) 消费者与经营者之间发生的与消费者权益有关的争议及争议的依法解决。根据争议涉及的消费者利益不同,可将消费者争议分为消费者财产利益争议、消费者人身权益争议,以及同时涉及消费者人身、财产权益的争议。根据争议性质可分为合同争议与侵权争议。根据争议当事人一方人数的多少不同,可分为单一性争议与共同性争议。前者指消费者与经营者双方人数皆为一人的争议;后者则指争议双方至少有一方人数为两人以上的争议。消费者争议可以通过与经营者协商和解、消费者协会调解、行政申诉、仲裁和诉讼解决。协商和解,是指消费者与经营者在发生争议后,就与争议有关的问题进行协商,达成和解协议,使纠纷得以解决的活动。应特别注意:协商和解必须遵守自愿原则;争议当事人应当具有和解权利;协商和解不得损害第三方利益。消费者协会调解,即由第三方对争议双方当事人进行说服劝导、沟通调和,以促成争议双方达成解决纠纷的协议的活动。应特别注意:严格遵守自愿原则;不得拒绝调解;认真履行监督职责;依法公正地进行调解;不得妨碍当事人行使诉权。行政申诉,是指公民或法人认为自己的合法权益受到损害而向行政机关提出的要求行政机关予以保护的请求。仲裁,即由第三人根据当事人间的仲裁协议,以中间者的身份,按照一定的程序,对纠纷进行审理,并作出裁决的活动。诉讼,是指人民法院在当事人及其他诉讼参与人的参加下,依照法定程序,审理和解决民事纠纷的活动。

(汪公文)

xiaofeizhe zhuyi

消费者主义 (consumerism) 主张人类的一切活动都应当有利于人类生活的幸福、安全,有利于人类的公共性福利,一切生产性活动都应当是为了极大地满足人类需要的思想。概念源于消费者运动和法律对消费者的保护,并随着消费者运动的发展而逐步完善。在现代商品经济条件下,生产与消费几乎完全分离,这就加深了消费者对市场和生产经营者的依赖性,而企业为追求利润而不择手段,生产销售对人身安全具有及大危害的商品,或者以粗制滥造来降低成本谋取利益,从而使消费者的财产乃至生命随时处于各种危险之中,此外消费者缺乏组织性,在各个交易中力量弱小分散,以个人之力独立从事交易,其经济力量与作为经营者的大公司、大企业或者大垄断集团之经济力相比极为弱小,同时,由于消费者对商品知识的了解与经营者差异很大,这些都造成了双方交易能力不平衡和消费者利益受损的问题。

消费者的实质弱势地位,自然引发了消费者自发或者有组织地进行意在捍卫权益。改善地位的运动。而且消费者权益保护的内容不断得到完善和发展,从一般的交易公平领域逐步扩展到消费者的教育、培训、消费者环境的优化以及政府的指导和参与等各个方面。消费者主义伴随着消费者各项权利的成熟与发展,已经成为一种理念,为维护消费者提供了更广阔的理论平台。

(刘利晋 汪公文)

xiaofeizhe zuzhi

消费者组织 (consumer organization) 又称消费者权益保护组织。消费者有秩序、有成效地组织起来,以保护消费者权益为宗旨,按一定目标行动的社会团体。我国《消费者权益保护法》第31条规定,消费者组织是依法成立,对商品和服务进行社会监督,保护消费者合法权益的社会团体。消费者组织具有以下几个法律特征:(1)消费者组织是一种社会团体;(2)以保护消费者利益为宗旨;(3)消费者组织的法律地位具有特殊性。

消费者组织有些具有法人资格,有些则不具有法人资格,不具有法人资格的消费者组织仍然可以依法进行各种维护消费者权益的活动。消费者组织分类有如下几种:(1)会员制与非会员制消费组织。会员制消费者组织中,消费者与组织之间的关系相对固定,消费者通过一定的方式入会后才能成为其会员,会员制消费者组织以保护会员的利益为宗旨,非会员制消费者组织则没有固定的会员,它以保护一般消费者的利益为宗旨。(2)综合性与单一性消费者组织。前者从事消费者保护方面的各种工作,后者仅从事某一方面的消费者保护工作。(3)保护一般消费者与保护特殊消费者组织。前者对消费者不加区分,对一切消费者均提供服务,后者其服务对象则限于某一种类的消费者。(4)国内与国际消费者组织。前者以某一特定国家的消费者为服务对象,后者则为不同国家的消费者利益而设立。国际消费者保护组织主要包括:1960年设立的国际消费者组织同盟,1962年设立的欧洲消费者同盟机构,1973年设立的欧洲共同体消费者顾问委员会等。根据我国消费者权益保护法的规定,我国消费者组织有两种类型,一为消费者协会,二为其他消费者组织。消费者协会性质上属社会团体,设立各级消费者协会,应当根据法律规定由同级人民政府批准,经同级民政部门核准登记,具备法人条件的,经登记后取得社会团体法人资格。它履行以下职能:为消费者提供信息和咨询服务;参与有关行政部门对商品和服务的监督、检查;就消费者合法权益问题向行政部门反映、查询、提出建议;受理消费者投诉,并对投诉事项进行调查、调解;对投诉事项中涉及的商品和服务质量问题提请鉴定部门鉴定;就损害消费者合法权益的行为,支持受害消费者提起公诉;对损害消费者合法权益的行为,通过大众传播媒介予以揭露、批评。除此之外,还应遵循以下两点限制性规定:一是不得从事经营活动;二是不得以牟利为目的向社会推荐商品和服务。　　(汪公文)

xiaoshou jiamao zhuce shangbiao de shangpinzui
销售假冒注册商标的商品罪(crime of selling commodities bearing counterfeit trademarks)　违反商标管理法规,销售明知是假冒注册商标的商品,违法所得数额较大的犯罪行为。本罪的主体是一般主体。本罪侵犯的客体是国家的商标管理秩序和他人注册商标专用权。主观方面是故意,客观方面表现为违反商标管理法规,销售假冒注册商标的商品的行为。销售假冒注册商标的商品的行为,违法所得数额较大的,才构成犯罪。犯本罪的,处3年以下有期徒刑或者拘役,并处或者单处罚金;销售金额数额巨大的,处3年以上7年以下有期徒刑,并处罚金。单位犯本罪的,实行双罚制,对单位判处罚金,并对其直接负责的主管人员和其他直接责任人员,依照上述规定处罚。　　(徐中起)

xiaoguimo qiye shenji
小规模企业审计(audit of small-scaled enterprises)　针对营业额或资产总额较小,职工人数较少,职责分工有限的企业所实施的审计程序。注册会计师应当合理运用专业判断,确定被审计单位是否为小规模企业,以根据其特征,实施有效的审计程序,注册会计师的判断结果,并不改变其审计目的及应当承担的审计责任。注册会计师应当充分关注小规模企业可能存在的以下主要特征及其对会计报表的影响:所有权集中于少数个人;管理人员少,组织结构简单;缺乏成文的内部控制制度;管理当局凌驾于内部控制之上的可能性很大;高层管理人员或业主可能支配所有基本经营活动;经营规模较小,经济业务简单。注册会计师应当充分了解规模企业的基本情况。被步评价审计风险,以确定是否接受委托。如果小规模企业会计记录不完整、内部控制不存在或管理人员品行不端,可能导致无法获取充分、适当的审计证据,注册会计师可考虑拒绝接受委托,或解除业务约定。注册会计师审计小规模企业,应当运用专业判断,合理确定审计重要性和审计风险水平,并可根据实际情况适当简化审计计划。会计师事务所可同时承接同一小规模企业的审计业务和会计咨询、会计服务业务,但应达到以下要求:执行审计业务的注册会计师不能承办影响其独立、客观、公正地发表审计意见的会计咨询、会计服务业务;注册会计师为企业提出建议时,不应代替企业作出决策或认同某些业务的执行。注册会计师审计规模企业会计报表时,应适当了解内部控制,以确定可否信赖。必要时,注册会计师可要求其以书面形式对相关内部控制作出说明。

　　小规模企业的内部控制通常比较薄弱,控制风险较高,注册会计师可考虑不对其进行符合性测试。注册会计师如未对特定内部控制实施符合性测试,可委托人要求对其进行专门审核,可考虑与委托人另行签订业务约定书。注册会计师进行实质性测试时,应当按照独立审计准则的要求实施必要的审计程序,但可根据具体情况予以适当简化。

　　小规模企业的固有风险和控制风险通常较高,注册会计师一般应主要或全部依赖实质性测试程序获取审计证据,以将检查风险降低至可接受的水平。注册会计师进行实质性测试时,应当考虑成本与效益原则,采用以下方法,以有效地获取审计证据:对会计报表项目,特别是损益表项目进行分析性复核;对账户余额,特别是重要账户的余额进行测试;对重要交易或事项进行测试。注册会计师进行实质性测试时,应当特别关注可能导致小规模企业会计报表产生重大错报或漏报的下列情况:为减少纳税等目的而低估收入或高估费用;将私人费用在企业列支;业主或管理人员因解决个人财务问题等而从企业谋取不当利益;因对外筹资等需要而粉饰财务状况和经营成果;管理人员从企业获得的经济利益与其承担的责任及企业经营规模不相称;管理人员获得的经济利益取决于企业经营成果的大小。　　(刘　燕　麻琳琳)

xiaopu quangao
肖普劝告(Shoup's proposal) 美国专家肖普对日本税制改革所提出的建议案。二战后美国占领军为稳定和发展日本经济,于1949年5月派哥伦比亚大学教授——卡尔·肖普博士为首的税制考察团赶赴日本,经过3个月的调查,于8月26日向占领军总部提交了《日本税制报告书》,其中对日本的税制改革提出了建议,一般称为"肖普劝告"。肖普劝告于同年9月15日公开发表,日本政府于1950年根据肖普劝告的基本内容进行了税制改革。这一改革确立了战后日本税制的基本框架,这些改革对于战后日本经济的恢复、重建和快速发展起到了重要作用。肖普劝告的核心是建立持久、稳定的税制,主要包括以下三个方面的内容:(1)建立以直接税为中心的税制。在所得税中,以个人所得税为主。(2)推行申报纳税制度,取消税收优惠政策。(3)明确中央与地方、地方各级政府之间的税收权限,建立以独立税为主体的地方税制。 (翟继光)

xieding maoyi
协定贸易(agreement trade) 我国政府和外国政府在签订一年以上的贸易协定或贸易支付协定的条件下的贸易。根据贸易协定或贸易支付协定的原则和精神,两国政府主管对外贸易的部门先签订明确规定双方贸易机构交货中的一般共同条件问题的协议,然后,双方政府在此基础上签订为期一年的年度贸易协定或议定书,最后由双方国营进出口贸易公司根据交货共同条件和年度贸易协定或议定书谈判具体交易,签订当年的货物进出口合同,从而实现两国之间的进出口贸易。虽然我国和外国签订了大量的贸易协定,但是能叫作"协定贸易"的却只有我国与计划经济国家的贸易关系,因为协定贸易有其独自的特点:(1)当事国都是计划经济国家;(2)既有交货共同条件,又有年度贸易协定书,年度贸易协定书所附的商品清单在无特殊情况下是双方都须履行的义务,而不是参考性的;(3)通过记账实行结算,而不用现汇。由于世界上的计划经济国家都几乎不存在了,而我国也逐步转变为了社会主义市场经济国家,因此协定贸易已不复存在,成为了逝去的历史。 (罗大帅)

xieyi churang guoyou tudi shiyongquan
协议出让国有土地使用权(selling land-use right by contract) 国家以协议方式将国有土地使用权在一定年限内出让给土地使用者,由土地使用者向国家支付土地使用权出让金的行为。《协议出让国有土地使用权规定》于2003年6月5日国土资源部第6次部务会议通过,自2003年8月1日起施行。该规章对我国的协议出让国有土地使用权制度作了详细规定。出让国有土地使用权,除依照法律、法规和规章的规定应当采用招标、拍卖或者挂牌方式外,可以采取协议方式。协议出让国有土地使用权,应当遵循公开、公平、公正和诚实信用的原则。以协议方式出让国有土地使用权的出让金不得低于按国家规定所确定的最低价。协议出让最低价不得低于新增建设用地的土地有偿使用费、征地(拆迁)补偿费用以及按照国家规定应当缴纳的有关税费之和。有基准地价的地区,协议出让最低价不得低于出让地块所在级别基准地价的70%。低于最低价时国有土地使用权不得出让。

省、自治区、直辖市人民政府国土资源行政主管部门应当依据本规定第五条的规定拟定协议出让最低价,报同级人民政府批准后公布,由市、县人民政府国土资源行政主管部门实施。市、县人民政府国土资源行政主管部门应当根据经济社会发展计划、国家产业政策、土地利用总体规划、土地利用年度计划、城市规划和土地市场状况,编制国有土地使用权出让计划,报同级人民政府批准后组织实施。国有土地使用权出让计划经批准后,市、县人民政府国土资源行政主管部门应当在土地有形市场等指定场所,或者通过报纸、互联网等媒介向社会公布。因特殊原因,需要对国有土地使用权出让计划进行调整的,应当报原批准机关批准,并按照前款规定及时向社会公布。国有土地使用权出让计划应当包括年度土地供应总量、不同用途土地供应面积、地段以及供地时间等内容。国有土地使用权出让计划公布后,需要使用土地的单位和个人可以根据国有土地使用权出让计划,在市、县人民政府国土资源行政主管部门公布的时限内,向市、县人民政府国土资源行政主管部门提出意向用地申请。在公布的地段上,同一地块只有一个意向用地者的,市、县人民政府国土资源行政主管部门方可按照本规定采取协议方式出让;但商业、旅游、娱乐和商品住宅等经营性用地除外。同一地块有两个或者两个以上意向用地者的,市、县人民政府国土资源行政主管部门应当按照《招标拍卖挂牌出让国有土地使用权规定》,采取招标、拍卖或者挂牌方式出让。

对符合协议出让条件的,市、县人民政府国土资源行政主管部门会同城市规划等有关部门,依据国有土地使用权出让计划、城市规划和意向用地者申请的用地项目类型、规模等,制定协议出让土地方案。协议出让土地方案应当包括拟出让地块的具体位置、界址、用途、面积、年限、土地使用条件、规划设计条件、供地时间等。市、县人民政府国土资源行政主管部门应当根据国家产业政策和拟出让地块的情况,按照《城镇土地估价规程》的规定,对拟出让地块的土地价格进行评估,经市、县人民政府国土资源行政主管部门集体决策合理确定协议出让底价。协议出让底价不得低于协议出让最低价。协议出让底价确定后应当保密,任何单位和个人不得泄露。协议出让土地方案和底价经有批准权的人民政府批准后,市、县人民政府国土资源行政主管部门应当与意向用地者就土地出让价格等进行充分协商,协商一致且议定的出让价格不低于出让底价的,方可达成协议。市、县人民政府国土资源行政主管部门应当根据协议结果,与意向用地者签订《国有土地使用权出让合同》。

《国有土地使用权出让合同》签订后7日内,市、县人民政府国土资源行政主管部门应当将协议出让结果在土地有形市场等指定场所,或者通过报纸、互联网等媒介向社会公布,接受社会监督。公布协议出让结果的时间不得少于15日。土地使用者按照《国有土地使用权出让合同》的约定,付清土地使用权出让金、依法办理土地登记手续后,取得国有土地使用权。以协议出让方式取得国有土地使用权的土地使用者,需要将土地使用权出让合同约定的土地用途改变为商业、旅游、娱乐和商品住宅等经营性用途的,应当取得出让方和市、县人民政府城市规划部门的同意,签订土地使用权出让合同变更协议或者重新签订土地使用权出让合同,按变更后的土地用途,以变更时的土地市场价格补交相应的土地使用权出让金,并依法办理土地使用权变更登记手续。对于下述行为,对直接负责的主管人员和其他直接责任人员依法给予行政处分:(1)不按照规定公布国有土地使用权出让计划或者协议出让结果的;(2)确定出让底价时未经集体决策的;(3)泄露出让底价的;(4)低于协议出让最低价出让国有土地使用权的;(5)减免国有土地使用权出让金的。违反前款有关规定,情节严重构成犯罪的,依法追究刑事责任。国土资源行政主管部门工作人员在协议出让国有土地使用权活动中玩忽职守、滥用职权、徇私舞弊的,依法给予行政处分;构成犯罪的,依法追究刑事责任。

(王 丽)

xie'erman fa
谢尔曼法(Sherman Act) 美国于1890年颁布。是世界上最早的反垄断法。该法从而也被称为反垄断法的母法。谢尔曼法的核心内容是其第1条和第2条。第1条规定,任何妨碍州际或者对外贸易的商业合同、托拉斯或者其他任何形式的联合或者共谋,都得被视为违法。第2条规定,任何人若从事垄断或者企图垄断,或者与他人联合或者合谋以实现对州际或对外贸易或商业的任何部分的垄断,都得被视为违法。根据上述条款,谢尔曼法主要反对以下三种有碍于州际或者对外贸易的行为:(1)以合同或者企业联合的方式组建托拉斯或者类似的垄断组织;(2)订立限制竞争的协议;(3)垄断行为和谋求垄断的行为。违反谢尔曼法的企业可以判处最高额为1000万美元的罚款,个人可判处最高额为35万美元的罚款或者3年以下的监禁,或者罚款与监禁并判。谢尔曼法虽然措辞严厉,但在实践中难以操作。因为从字面上看,任何合同或者联合相对于未参加合同或者联合的第三者都构成一种限制,从而似乎都得被予以禁止。为了使这部法律具有可操作性,美国联邦最高法院在1911年美孚石油公司案中提出以"合理原则"解释该法的第1条和第2条。据此,谢尔曼法禁止的只是那些"不适当地"或者"以不公平方式"限制竞争的行为。

(王晓晔)

xinchanye zuzhi lilun
新产业组织理论(new theory of industrial organization) 从结构主义学派和芝加哥学派的争论中汲取营养,并运用了大量的新分析工具,1970年以后,由于可竞争市场理论、交易成本理论、博弈论及合约理论等新理论的引入,产业组织理论在研究基础、方法工具及研究方向都产生了突破性的变化,大大推动了产业组织理论的发展,从而形成了新产业组织理论。新产业组织理论在研究方向上,不再强调市场结构,而是突出市场行为,将市场的初始条件及企业行为看作是一种外生力量,而市场结构则被看作内生变量,并且不存在反馈线路,寻求将产业组织理论与新古典微观经济学进行更加紧密的结合。20世纪80年代前后,以泰勒尔、克瑞普斯等人为代表的经济学家将博弈论引入产业组织理论的研究领域,用博弈论的分析方法对整个产业组织学的理论体系进行了改造,逐渐形成了"新产业组织学"的理论体系。在研究基础上,新产业组织理论更加注重市场环境与厂商行为的互动关系,这种互动关系体现了在逻辑上的循环和反馈链。在方法和工具上,则运用了大量的现代数学的分析工具、特别是多变量的分析工具。在研究方向上,新产业组织理论更加强调了在不完全市场结构条件下厂商的组织、行为和绩效的研究,特别是寡占、垄断和垄断竞争的市场,在理论假定上增加了交易成本和信息的维度。新产业组织理论的特点可以归纳为三个主要方面:从重视市场结构的研究转向重视市场行为的研究,即从"结构主义"转向"行为主义";突破了传统产业组织理论单向、静态的研究框架,建立了双向的、动态的研究框架;博弈论的引入。

新产业组织理论已经不再局限于结构、行为和绩效之间的相关性问题,尽管它们分析的对象没有改变,但解释问题范围大大扩展了,企业内部组织问题和政治市场的讨论,使得现在的产业组织理论更加具体化、复杂化、微观化和更加贴近于现实。这就表明了新产业组织理论区分政府干预和市场竞争的政策含义是微妙的，在不同的假定和条件，同样的分析对象可能导致不同两种政策含义，有时在互为交叉的领域和范围中需要两种政策工具混合使用。因此，新产业组织理论已经不再强调整体的一致性，但其理论的出发点还是遵循新古典的一般假定前提，并大大扩展理性的解释维度。在福利评价上，新产业组织理论仍然采用了新古典理论的效率标准及成本收益的分析基本思路。新产业组织理论紧密地依赖于新古典理论，也大大扩展了新古典理论的解释空间。

（崔雪松）

xingu yuyue quan

新股预约权（**right of facultative new shares**） 权利人可以在一定期间内以事先确定的价格请求公司发行新股的权利。权利人行使新股预约权时，公司负有向权利人发行新股或者转让公司自己股份代替新股的义务。新股预约权制度是日本在2001年（平成13年）11月的商法修订中整理既存法律制度时创设的。其基本机能如下：假定公司赋予股东1人1万日元的新股预约权，股东行使新股预约权时须向公司以现金方式缴纳权利行使价格1万日元。支付完毕后，公司向该股东发行新股。公司也可以不向该股东发行新股，而代之以转让其自己股份给股东。股东可以持续持有其因行使新股预约权而取得的股份，也可以在证券交易所将其出售。在证券交易所出售该股份时，出售价格与权利行使价格之差即为股东所得的股份出售收益。

新股预约权的特征如上所述，即以确定的价格取得将来才能获得的股份的权利。根据新股预约权的这一特征，在公司法和证券法实务上，新股预约权有以下几种使用方法：（1）附于公司债使用。新股预约权可以附随公司债发行，叫做附新股预约权公司债。附新股预约权公司债又分为转换公司债型附新股预约权公司债（Convertible Bond, CB）和新股认购权型附新股预约权公司债（Warrant Bond, WB）两种。CB指行使该公司债上附带的新股预约权后就视为偿还了与新股预约权的行使价格相当的公司债。例如，假定CB的发行价格是1万日元，其上所附的新股预约权的行使价格也为1万日元。行使新股预约权就视为偿还了1万日元的CB，所以可以免除其再偿还CB的义务。WB指即使行使了该公司债上的新股预约权也不视为偿还了公司债。比如，上例中即使行使了新股预约权并支付了1万日元的行使价格，WB1万日元也不会因此而消灭。公司债权人不仅继续持有1万日元的WB，同时也拥有因行使新股预约权而取得的1万日元的股份。CB和WB有两点区别。第一，对于CB，在行使其附带的新股预约权时并不要求必须缴纳追加的资金，这是因为其行使新股预约权后，原来买进的公司债就转换成了股份。与此相对，在行使WB上附带的新股预约权时则要求必须支付追加的资金。第二，对于CB，行使新股预约权后公司债消灭。而对于WB，行使新股预约权后公司债仍然存在。（2）作为股价连动型报酬使用。新股预约权可以作为与公司的股票价格连动的报酬支付给董事和职员。例如，假定职员获得了行使价格为1万日元的新股预约权，股价变为2万日元，职员支付行使价格1万日元行使新股预约权，就可以将取得的股份在证券交易所出售。股价2万日元和行使价格1万日元的差价1万日元，即职员的股份出售收益。新股预约权的行使价格通常与发行新股预约权时的股价相同或者高于当时的股价。这是因为如果新股预约权的行使价格低于当时的股价，那么就有必要为发行新股预约权而召开股东大会特别决议（需2/3以上赞成票），这样会加重公司的负担。另外，当新股预约权的价格等于或高于发行新股预约权时的股价时，新股预约权就取得了税制适格。对于税制适格的新股预约权，权利人不是在行使权利时纳税，而是在其把因行使新股预约权而取得的股份出售时纳税。如果没有获得税制适格，权利人在行使新股预约权时纳税，那么即使权利人没有实现其出售收益，也必须要以现金形式纳税。为了避免这种不合理性，新股预约权的行使价格通常会等于或高于发行新股预约权的股价。

（石川耕治）

xinjiapo bocaishui

新加坡博彩税（**betting tax of Singapore**） 新加坡政府对赌博的赌金征收的一种税。赌博有赌场赌博和赛马俱乐部或者社团发起的赛马赌博两种。纳税人为赌博与赛马活动的发起人；博彩税按次征收，以每次赌博的总金额为计税依据进行征收；赌场博彩税税率为25%，赛马博彩税税率为12%。

（薛建兰）

xinjiapo caichanshui

新加坡财产税（**property tax of Singapore**） 对新加坡境内所有不动产的年价值而征收的一种税。纳税人包括应税不动产所有者。这里的不动产包括出租的公寓、房屋、商店、办公室、厂房及土地。征税对象主要为不动产的年价值。不动产的年价值一般是指一年中不动产所有人可以从该不动产取得的租金总额。但是由于各类不动产的用途不同，新加坡政府规定了各类不动产的年价值的估算方法。具体是：一般财产的年度价值以财产出租一年所能带来的合理租金为依据确定；土地的年度价值规定为该土地市场价格的5%；不管财产是出租还是自己使用或未被使用，都按相同的标准和办法确定其年度价值。年度价值低于1万新元的不动产，可以得到财产税抵扣。抵扣额视财产的年度价值从25新元到150新元不等。新加坡对财产税实行比例税率,其中对自己占用的不动产适用4%的比例税率,对其他不动产实行12%的比例税率。纳税人符合以下几种情况可以申请退税:至少在30天或一个月未被占用的财产,纳税人可以就闲置期申请退税;虽经努力仍无法以合理的租金出租的建筑物;正在进行维修的建筑物;正在开发的土地。另外,新加坡政府对社会公益活动的场所,如宗教场所,公益学校或进行慈善活动的场所等和不发达地区的土地(免税期限最高为5年)免征财产税。新加坡财产税每年分两次缴纳,缴纳时间是每年的1月和7月,纳税的方式主要有直接转账、支票缴纳、现金缴纳等,纳税人可以自己选择适当的纳税方式,纳税人在缴纳税款时,可以把当年的税款一次缴清,也可以分两次分别缴纳。

(薛建兰　颉艳萍)

xinjiapo de zhengfu caigou zhidu

新加坡的政府采购制度(Singapore government procurement)　由新加坡政府的一些部、厅以及法定机构负责执行的政府采购制度。其中,财政部预算署负责制定政府采购政策和指南,其他部委、厅或法定机构都必须遵守采购政策和指南以及负责集中采购少数物品,并对政府采购提供一般商品或服务的供应商进行注册。比如,卫生部受财政部的委托,对有关部委、厅、法定机构所需的医药产品集中采购,并对这些产品的供应商进行注册。依照新加坡的政府采购制度的规定,公平、公开、竞争是其政府采购的基本原则,而实行招标则是其确定的采购方式,这包括公开招标、选择性招标和限制性招标。

(杨云鹏)

xinjiapo geren suodeshui

新加坡个人所得税(personal income tax of Singapore)　新加坡所得税中的一个重要税种,它是以居民个人纳税人(以下简称居民个人)和非居民个人纳税人(以下简称非居民个人)的所得为征税对象的一种税。其纳税人包括两类,即居民个人和非居民个人。居民个人是指一年(自然年)中在新加坡境内连续居住或被雇佣超过183天(含)的个人。在新加坡连续居住超过3年的人,可以被认定为新加坡永久性居民。非居民个人是指一个自然年度中在新加坡居住少于60天或在新加坡境外连续工作超过6个月的个人。由于新加坡在征税问题上以属地原则为基础,因此,居民个人应将其取得的境内外的全部所得依法纳税;而非居民个人对在新加坡境内取得的所得要承担纳税义务,但其在新加坡境外的所得不必纳税。对于既在国内又在国外工作的纳税人,应视为居民个人纳税。此处所指的所得主要包括纳税人的酬金所得(包括工资、奖金、各种津贴以及其他额外的所得)、养老金所得、年金所得、租金所得、利息所得、专利所得以及其他应该缴纳所得税的所得。

新加坡政府对个人所得税税率的调整比较频繁,但整体上来说税率和实际税负都呈不断下降的趋势。从目前的税率来看,实行多级别的低税率制,其目的是充分发挥个人所得税在调节个人收入差距方面的作用,培养公民的纳税意识。新加坡的个人所得税税率针对不同的情况实行不同的税率:(1)居民个人所得税税率:新加坡对居民个人所得实行2%—28%的累进税率制度,最低一级为应纳税所得额5000—7500新元,最高一级为应纳税所得额超过60万新元;(2)非居民个人所得税税率:对非居民个人在新加坡境内取得的所得,根据税收从高原则,实行18%的比例税率或2%—28%的累进税率;(3)特定的非居民个人所得税税率:对在新加坡从事舞台、广播、电视、体育行业的演员、艺员、运动员及类似行业的特殊非居民个人在新加坡取得的所得实行15%的比例税率。

在计算应税所得额时,新加坡还实行一定的优惠与减免政策。新加坡对下列所得实行免税政策:非居民个人在新加坡境外取得的所得;非居民个人在税收评估的日历年中在新加坡境内工作时间不超过60天所获得的所得(新加坡公司的董事和艺人除外);非居民个人寄售非新加坡生产的产品所获得的所得;外交人员及友好团体人员的官方所得;军人及战争中为国献身人士及其家属的抚恤金;经许可的有利于提高新加坡经济发展和技术水平的利息、租金、专利费及其他有关所得;一次性丧葬费补贴;政府债券的利息;经批准同意在亚洲美元市场上取得的利息所得;经批准同意的基金投资所得;用缴纳公司所得税后的利润分配给股东的红利;其他允许豁免但上述项目中未包括的所得。此外,新加坡对若干项目还实行了特别税收减免。纳税人可以根据各自的情况申请个人所得税特别减免,但是特别税收减免的期限为9年,在此期间未被利用的减免额可以抵免以后年度的所得税;累计27年内第二、三、四个孩子的所得税特别减免应连续不断地申请方能有效;夫妻双方的所得税都能被抵免;夫妻之间的所得税特别减免账户可以互相调剂。

在新加坡的个人所得税中还包括一类特殊的非雇员收入所得税,它是指对不受雇于任何雇主,自己独立进行小型商务活动的公民的收入所征收的税。例如对出租车司机从事出租车业务获得的收入征税和小商贩从事商品零售活动的收入征税都属于非雇员收入所得税。非雇员包括两种情况,即单一企业业主和合伙企业业主。对于单一企业业主来说其申报个人收入所得税时,应当以其营业收入为依据申报个人收入;合伙企业的合伙人则必须在各自的个人收入所得税中如实申报在合伙企业营业收入中自己所占的份额。对于非雇员的营业收入和其他收入(如利息、租金等)征税时,实行与个人所得税同等的税率,同时参照雇员标准进行税收抵免。在征收所得税前,可以依法扣除资本抵免额和其他允许扣除的营业费用。(薛建兰 颉艳萍)

xinjiapo gongsi suodeshui

新加坡公司所得税(company income tax of Singapore) 与新加坡个人所得税并行的所得税中的另一个重要的税种,它是以纳税人在新加坡境内产生的所得和在新加坡境内收到的境外所得为征税对象的一个税种。其纳税人包括居民公司纳税人(以下简称居民公司)和非居民公司纳税人(以下简称非居民公司)。居民公司是指在新加坡注册,主要管理部门设在新加坡,并在新加坡境内履行主要经营管理职能的公司;非居民公司是指在新加坡注册,但主要管理系统设在新加坡境外,在新加坡境外履行其主要的经营管理职能的公司。其以公司在一个纳税年度中的净利润额为计税依据,即公司经营收入减去税法允许扣除的支出和资本折扣、经营损失等后的利润。包括纳税人在新加坡境内产生的所得和在新加坡境内收到的境外所得。公式为:应纳税所得额=公司全年的经营收入-允许扣除的为产生收入而花费的支出和费用。

允许扣除的支出和费用包括:生产经营贷款的利息;为生产经营而租借房屋建筑物和使用土地而支付的租金;房屋、建筑物、机器设备等的维修费用;按有关规定支付的抚恤基金或公积基金;非居民公司的境外总部费用中的合理部分;法律许可支付的宗教会费;死账、呆账和疑账(如果这些账户上的收入能够收回,则应该作为公司收入来处理);为取得收入而实际发生的费用。上述扣除的支出和费用,必须是已经和实际发生的支出和费用,而且必须是专门且全部为取得收入而支付的支出和费用。但是,下列支出和费用不能扣除:不是全部或专门为获得某项收入而支付的支出和费用;公司开始营业前发生的业务费及其他费用;家庭或个人的开支;业主家庭成员的超额报酬;任何从经营中撤出的投资资本或用作投资资本的资金;非营利性资产或基金的利息;根据合同可以收回的任何基金;已经支付的所得税;对任何非许可的基金支付的款项;其他按规定不允许扣除的支出和费用。

新加坡政府为了调整产业结构还建立了特殊的扣除制度,包括:(1)双重扣除制度,是政府为了鼓励某些经济活动而在税收上给予公司的一项优惠政策,它是指在评估纳税收入时,纳税人可以从其收入中扣除双倍的支出。(2)资本折扣制度。能在公司所得税前扣除的资产价值,包括对工业用房的折扣;对种植园的折扣;机器设备的折扣;购买专利权或发明权的折扣;公司亏损。(3)投资津贴的折扣制度。在新加坡凡是实施法定业务计划的公司都可以向财政部提出申请,对因其实施这些计划而安排的固定资产支出享受投资津贴,并将其在应税所得额中扣除。

新加坡的公司所得税实行比例税率,调整比较频繁,呈下降趋势。1986年前为40%,1997年开始降低为26%。由于新加坡政府采取了多方面的税收优惠措施,吸引外资,引进先进技术和发展外向型经济。1967年12月15日又颁布了《经济发展鼓励法》,对新兴工业、高新技术产业、交通运输业、外向型经济、外国投资等方面制定了许多优惠措施。新兴工业是指技术和工艺领先,发展前景广阔,符合公共利益,其产品为经济发展急需的工业。经批准为新兴工业的企业,其产品为新兴产品,可以享受5—10年的税收豁免。新加坡对有利于推动国家经济发展的高科技、高技术产业以及投资大,技术工艺复杂的产业一般给予5—10年的免税。从事高新技术的研究与开发的行业,可以享受20%的税收折扣,但其税收折扣需在3年内用于研究和开发。新加坡政府对外国投资、其他外来资金及对外投资的税收减免项目如下:在新加坡的外资企业在政府批准的银行或亚洲货币市场所获得的存款利息收入和债券利息收入免缴所得税;在新加坡国际货币交易所(SIMEX)从事期货和期权交易所获得的收入免征所得税;新加坡银行在亚洲美元市场中的亚洲货币单位活动中获得的收入,享有10%的税收折扣。新加坡境内的金融机构,在安排和参加提供给非居民借款者的以外国货币表示的联合贷款时,其所得收入全部免税。从1998年4月1日起,对新加坡居民公司向新加坡境内金融机构联合贷款进行对外投资的,其在境外取得的收入比照上述规定执行;为海外项目从事咨询的公司,如果其咨询收入超过100万元,则其超过部分享有50%的税收减免。1998年东南亚金融危机后,新加坡政府出台了一些对金融业的税收减免政策,包括:(1)对基金的税收减免。(2)对债券市场的税收减免。(3)对银行存款准备金的税收优惠。(4)对风险投资行业的税收优惠。

居民公司与非居民公司对新加坡境内发生的收入,承担相同的纳税责任。但居民公司享有两项非居民公司不能享有的税收优惠:一是根据《新加坡所得税条例》第44部分的规定,居民公司以股息形式分配的累积利润,可享受免税优惠;二是根据新加坡与其缔约国签定的《避免双重征税协议》,只有居民公司享有避免双重征税的待遇。 (薛建兰 颉艳萍)

xinjiapo guanshui

新加坡关税(customs duty of Singapore) 新加坡政府对规定的进口产品征收的一种税。新加坡的关税具有显著特点:实行列举产品征税;只就国内使用部分征税,不在新加坡国内使用或转口部分不征税。新加坡是一个外向型经济国家,属于基本没有关税的自由港。因此,新加坡对出口商品不征收任何关税,对进口商品的关税也仅局限于一些特殊的商品,如酒类、烟草制品、机动车辆、石油产品等。新加坡的关税主要有两种税率形式:一是按应税产品价值的一定比率征收的比例税率(绝大部分商品适用这种税率);二是以应税商品的重量或其他数量为单位征收的固定税率。

(薛建兰)

xinjiapo shuizhi

新加坡税制(tax system of Singapore) 新加坡的税收法律制度。新加坡自1959年获得自治以来,由一个经济十分落后、经济结构单一、转口贸易作为经济支柱、工业基础极其薄弱的贫穷国家,跻身于亚洲富国的行列。新加坡的经济之所以能腾飞,与其税收制度有着密不可分的联系。1980年以前,由于新加坡的经济主要依赖转口贸易,因此,在税制结构中比重最大的是关税和消费税。随着工业化进程的不断推进,新加坡的产业结构发生了较大的变化,从20世纪80年代到90年代初,所得税占新加坡税收总收入的比重一直保持在40%—50%之间;而在所得税中,又以公司所得税的比重最大。这种以公司所得和居民个人所得为主要税收来源的税制结构是建立在较高的所得税税率基础上的,这对资本的正常积累和个人工作积极性的调动产生了明显的负面影响。20世纪80年代中期,新加坡政府开始着手进行税制结构的调整,试图降低公司所得税和个人所得税的税率。经过多年的调整,特别是1994年实行开征商品服务税的税制改革之后,新加坡的税制结构发生了一定的变化,商品服务税(GST)在新加坡税制结构中占有了一定比重,但所得税在税制结构中仍处于主导地位。

目前,新加坡的税制结构主要由所得税(包括公司所得税和个人所得税)、资产税(包括财产税和遗产税)、机动车辆税、关税和消费税、印花税、赌博税等组成。其税制有如下特点:(1)税制结构简明合理。建国初期,新加坡税制基本上沿用其作为马来西亚一个州时的税制,开征税种很少。随着经济的高速发展,新加坡税制也日趋完善,由过去一直以间接税为主的税制向以所得税为主的税制转变。(2)根据不同时期的国家经济政策,制定相应的税收政策。建国后,新加坡一直把大力发展工业、实现国民经济多元化作为其经济发展的总目标。为实现这一总目标,新加坡从获得自治之日起就开始运用税收优惠政策,同时根据不同发展时期的需要,灵活采用税收优惠措施,从而有效地促进了经济的持续高速增长。(3)征管机构健全,征管手段先进。新加坡是一个单层次政府,没有地方行政机构,中央政府直接管理各项事务,税务总署专门负责国内税务,机构设置比较精简。为提高征管效率,税务署专门建立了税收电脑中心,负责各种税收的征收、税务资料的储存及查询,通过电脑把税务署内部的工作运转连成一个完善的征管系统。在内部管理方面,税务署实行公务员制度,对各类税务人员的等级、薪金、使用、升降、奖励等有明确规定并做到严格执行。(4)对内资企业和外资企业实行基本相同的税收待遇。尽管新加坡政府大力引进外资,但并没有对外资实行特别的优惠待遇。如在所得税税率、减免税、汇出利润等方面均未实行特殊优惠。由于新加坡具有良好的投资环境,没有特别的优惠待遇仍然吸引了大量外资。

新加坡的税收法律制度比较健全,几乎每一个税种都有专门立法,主要有新加坡所得税法、经济发展鼓励法、遗产税法、财产税法、印花税法等国内税收法律法规以及与他国签订的税收协定。国会享有税法制定权及修订权;财政部享有税法的解释权;财政部税务署享有税法执行权,负责税收管理。新加坡未开征地方税和市政税。

(薛建兰)

xinjiapo yichanshui

新加坡遗产税(death tax of Singapore) 对新加坡居民逝世前遗留的和在逝世前5年内馈赠的全部财产征收的一种税。是一个历史比较悠久的税种。早在1929年7月1日,政府就颁布了遗产税法令,开始征收遗产税。其纳税人是新加坡已逝世的居民,包括已逝世的新加坡公民和在新加坡居住的已逝世的非新加坡公民,但是遗产税具体是由死者的遗嘱执行人或遗产管理人来缴纳的。其征税对象乃主要对两类财产征税,一类是财产所有者在逝世前遗留的财产;另一类是财产所有者在逝世前5年内馈赠的财产。对于新加坡居民逝世前遗留的财产,如果该居民是新加坡的公民,遗产税的征税范围包括其在新加坡境内的所有财产(动产和不动产)以及在新加坡境外的所有动产;如果该居民是在新加坡居住的非新加坡公民,遗产税只对他在新加坡境内的财产(动产和不动产)征收。财产所有者对在其逝世前5年内馈赠的财产也应当缴纳遗产税,但是对赠给慈善事业和公益机构的财产,则仅对其逝世前1年的馈赠财产进行征税。

历经几十年的变动修正,其税率现在已发生了巨大变化,由过去十几级的分级累进税率,调整为两档税率,即应税财产价值在1200万新元以上的适用10%的税率,1200万新元以下的适用5%的税率。新加坡政府对遗产税法令在近几年作了重大修改,进一步扩大了遗产税的税收优惠,具体有以下几种情况:在1996年2月28日及其以后逝世的财产所有者,其住宅财产价值在900万新元以下的可以免税;捐献给中央公积金或财政部限定的公益性基金的财产可以免税;财产所有者逝世后,其未提取的中央公积金余额超过60万时,除了具有免税条件的住宅财产外,其他财产不具有免税待遇;如果中央公积金余额不超过60万新元,动产和中央公积金余额的最大免税额是60万新元;遗产如果属于居住用途的房地产,其3万新元以内的部分可以豁免遗产税。

(薛建兰)

xinjiapo yinghuashui

新加坡印花税(stamp tax of Singapore) 对不同种类的商业和法律票据而征收的一种税。由于商业和法律票据的种类不同,印花税的纳税人也不同。例如,债券的纳税人为债务人,财产转让书的纳税人为受让人,租约的纳税人为承租人,抵押契约的纳税人为抵押人等。应缴纳印花税的商业和法律票据主要包括:在新加坡履行的合同、协议等法律文件;在新加坡境内接受、转让的由境外签发或出具的支票和本票;在新加坡境外履行的与新加坡境内的财产或行为有关的支票、本票以外的法律文件或协议;在新加坡境内收到的任何支票或本票以外的法律文件或协议;公司股份转让中的购买方按股份转让金额缴纳印花税(在新加坡证券交易所电子交易系统自动成交的除外)。为了减轻企业和个人的支出负担,新加坡政府决定,从1998年2月28日起,除了有关股票和不动产的凭证外,对所有其他凭证均取消印花税。

新加坡政府根据不同的征税对象制定了不同的税率:(1)宣言书和法律宣言,每份2.00新元。(2)支票和本票,每张1.00新元。(3)转让或转移财产,其中具体分为三种情况:转让股票或其他有价证券,每100元及其以下的,由购买方缴纳0.2新元(在新加坡证券交易所电子系统中的转让除外);在家庭内部转让建屋发展局住屋的文件,其印花税最多不超过10新元;对房地产转让的印花税税率实行1%—3%的税率,凡转让财产价值在18万新元以下的税率为1%;转让财产价值在18万新元—36万新元的税率为2%;转让财产价值在36万新元以上的税率为3%。(4)财产抵押的印花税,对不超过1000新元的财产进行的担保抵押,征收4.00新元的印花税,以后每1000新元或1000新元以下的,征收5.00新元的印花税;转让或处理总额在500新元以上的抵押、契约和债券,可抵销印花税的一半,但对总额不超过500新元的,统一征收10新元的印花税。(5)财产租赁。为了降低财产租赁的经营成本,1996年新加坡对财产租赁的印花税税率进行了调整,现行的财产租赁印花税税率分为以下三种情况:租赁期少于1年的,以年租金为基础征收0.4%的印花税;租赁期在1—3年的,以年租金为基础征收0.8%的印花税;租赁期是3年以上的,以年租金为基础征收1.6%的印花税。

(薛建兰)

xinmaoyi bilei

新贸易壁垒(new trade barrier) 以技术壁垒为核心的包括绿色壁垒和社会壁垒在内的所有阻碍国际商品自由流动的新型非关税壁垒。传统贸易壁垒指的是关税壁垒和传统的非关税壁垒,如高关税、配额、许可证、反倾销和反补贴等。区别传统贸易壁垒与新贸易壁垒的根本特征是:前者主要是从商品数量和价格上实行限制,更多地体现在商品和商业利益上,所采取的措施也大多是边境措施;而后者则往往着眼于商品数量和价格等商业利益以外的东西,更多地考虑商品对于人类健康、安全以及环境的影响,体现的是社会利益和环境利益,采取的措施不仅是边境措施,还涉及国内政策和法规。

新贸易壁垒产生的原因最主要在于以下几点:(1)社会进步及发达国家人民生活水平日益提高,人们安全健康意识空前加强,越来越关心产品对身体健康和安全的影响,以致在国际贸易中以健康、安全和卫生为主要内容的新贸易壁垒日益增多。(2)随着环保意识的提高,可持续发展理念深入人心,人们越来越关心赖以生存的地球和社会的可持续发展,因而要求国际贸易中的产品本身及其生产加工过程都不要以破坏环境或牺牲环境为代价;同时要求生产这些产品时也不要以牺牲劳动者的健康为代价。于是,绿色壁垒和社会壁垒等新贸易壁垒将在国际贸易中不断出现。(3)新贸易壁垒的日益增多与传统贸易壁垒受到约束关系很大。传统贸易壁垒如关税、许可证和配额等的使用不仅会受到国际公约制约和国际舆论的谴责,而且也易遭到对等报复。因此,这些传统贸易壁垒措施将来的发展空间不是很大,这就为绿色壁垒等新贸易壁垒的发展提供了巨大发展空间。(4)科学技术日新月异为新贸易壁垒的发展提供了条件和手段。技术密集型产品在国际贸易中的比重不断提高,特别是信息技术产品,涉及的技术问题较为复杂,容易形成新贸易壁垒。同时高灵敏和高技术检测仪器的发展使检测精度大大提高,给一些国家设置新贸易壁垒提供了技术和物质条件。(5)近几年,主要发达国家因经济增长乏力,贸易保护主义有重新抬头之势,随着传统贸易壁垒作用的弱化纷纷寻求新贸易壁垒,以保护其国内产业。

相对于传统贸易壁垒,新贸易壁垒有如下特点:(1)双重性。新贸易壁垒往往以保护人类生命、健康和保护生态环境为理由,其中有合理成分。同时,又往往以保护消费者、劳工和环境为名,行贸易保护之实,从而对某些国家的产品进行有意刁难或歧视,这些负面的东西有时以至于混淆是非,给国际贸易带来不必要的障碍。(2)隐蔽性。传统贸易壁垒无论是数量限制还是价格规范,相对较为透明,人们比较容易掌握和应对。而新贸易壁垒由于种类繁多,涉及的多是产品标准和产品以外的东西,这些纷繁复杂的措施不断改变,让人防不胜防。(3)复杂性。新贸易壁垒涉及的多是技术法规、标准及国内政策法规,它比传统贸易壁垒中的关税、许可证和配额复杂得多,涉及的商品非常广泛,评定程序更加复杂。(4)争议性。新贸易壁垒介于合理和不合理之间,又非常隐蔽和复杂,不同国家和地区间达成一致的标准难度非常大,容易引起争议,并且不易进行协调,以致成为国际贸易争端的主要内容,于是传统商品贸易大战将被新贸易壁垒大战所取代。

随着新贸易壁垒的出现和发展,贸易壁垒正在发生结构性变化。传统贸易壁垒逐渐走向分化,其中的关税、配额和许可证等壁垒逐渐弱化,而反倾销等传统贸易壁垒则在相当长的时间内继续存在并有升级强化的趋势。以技术壁垒为核心的新贸易壁垒将长期存在并不断发展,将逐渐取代传统贸易壁垒成为国际贸易壁垒中的主体。

新贸易壁垒的主要内容:(1)技术壁垒。技术壁垒指的是一国以维护国家安全、保障人类健康、保护生态环境、防止欺诈行为及保证产品质量等为由而采取的一些技术性措施。(2)环境壁垒。包括以下内容:环境技术标准;多边环境协议;环境标志;环境管理体系标准;绿色补贴。(3)社会壁垒。社会壁垒是指以劳动者劳动环境和生存权利为借口采取的贸易保护措施。社会壁垒由社会条款而来,社会条款并不是一个单独的法律文件,而是对国际公约中有关社会保障、劳动者待遇、劳工权利、劳动标准等方面规定的总称,它与公民权利和政治权利相辅相成。国际上对此关注已久,相关的国际公约有100多个,包括《男女同工同酬公约》、《儿童权利公约》、《经济、社会与文化权利国际公约》等。国际劳工组织(ILO)及其制定的上百个国际公约,也详尽地规定了劳动者权利和劳动标准问题。目前,在社会壁垒方面颇为引人注目的标准是SA8000,该标准是从ISO9000系统演绎而来,用以规范企业员工职业健康管理。 (王连喜)

xinqu kaifa he jiuqu gaijian falü zhidu
新区开发和旧区改建法律制度(**legal institution on exploitation of city new area and rebuilding of old area**) 用以规范按照城市总体规划的要求,对城市现在建成区以外的一定地段,进行集中开发建设的活动,以及城市旧区改建是按照城市总体规划的部署,对城市的现在建成区进行改造和改建的活动的法律制度。

城市新区开发和旧区改建必须坚持统一规划、合理布局、因地制宜、综合开发、配套建设的原则。各项建设工程的选址、定点,不得妨碍城市的发展,危害城市的安全,污染和破坏城市环境,影响城市各项功能的协调。

新建铁路编组站、铁路货运干线、过境公路、机场和重要军事设施等应当避开市区。港口建设应当兼顾城市生活岸线的合理分配和利用,保障城市生活岸线用地。城市新区开发应当具备水资源、能源、交通、防灾等建设条件,并应当避开地下矿藏、地下文物古迹,新区开发应当量力而行,逐步开展,并应当合理利用城市现有设施,避免重复建设。城市旧区改建应当遵循加强维护、合理利用、调整布局、逐步改善的原则,统一规划,分期实施,并逐步改善居住和交通运输条件,加强基础设施和公共设施建设,提高城市的综合能力。应当与城市产业结构的调整和工业企业的技术改造紧密结合,优化城市布局和用地结构,提高城市环境质量,改善城市市容景观。 (冯春华)

xinwen chubanshu zhishu qiye guoyou zichan jiandu guanli
新闻出版署直属企业国有资产监督管理(**the state property management institution of enterprises directly affiliated to State Press and Publication Administration**) 为了加强企业国有资产的监督管理,维护资产的安全和完整,提高国有资产的运营效益,理顺企业财产的国家所有、分级管理和企业经营的相互关系,明确国有资产管理部门的职责、义务和企业的权利、责任,建立、健全各项规章制度,实施严格的产权管理,在保证国有资产安全、完整的前提下,进行资产的合理配置,使之充分、有效地使用,使企业成为自主经营、自负盈亏、自我发展、自我约束的法人和市场竞争的主体,根据《国有企业财产监督管理条例》、《企业国有资产产权登记管理办法》、《国有资产评估管理办法》而制定的制度。该制度适用于新闻出版署直属企业(含企业化管理的出版社)国有资产的监督管理。其内容包括:企业国有资产管理规章制度的建立;国有资产产权的登记、界定、变动和纠纷的调处,资产的使用、处置、评估、统计和监督;国有资产存量及使用的管理。新闻出版署计划财务司作为新闻出版署国有资产监督、管理部门,统一对各直属企业占有、使用的国有资产实施监督、管理,履行以下职责:(1)根据国有资产管理的有关规定,结合新闻出版行业的特点,制定企业国有资产管理的规章、制度,并进行监督、检查;(2)按照财政部、国家国有资产管理局的统一部署及要求,组织企业开展清产核资、产权登记、产权界定、资产评估等工作;(3)会同有关部门审核企业设立、变更、改组、终止、产权变动及重大项目立项等；(4)会同有关部门协调解决国有资产产权纠纷；(5)制定企业国有资产保值、增值指标体系，并对企业指标的完成情况进行监督、考核；(6)配合执法部门，对违反国家国有资产管理法律、法规和制度，造成国有资产损失、流失的单位及个人进行经济或行政处罚；(7)年末对企业国有资产的经营情况进行考评、分析，编制国有资产统计年报。

国有资产产权登记，是国有资产管理部门代表国家对企业占有和使用的国有资产进行登记，依法确认国家对国有资产的所有权以及企业占有、使用国有资产的法律行为。国有资产产权登记，分为占有产权登记、变动产权登记、注销产权登记和产权登记年度检查。企业对国家授予经营管理的资产，享有占有、使用、收益和依法处分的权利。除法律、法规规定外，企业主管部门不得抽取注入企业的资本金，不得调取企业资产。当企业发生以下行为时，须由国家主管部门认可的具有资产评估资格的机构对其实物资产、无形资产的价值进行评估，并履行必要的资产评估申报、立项、清查、估算、认定程序。(1)与外商进行合资、合作经营；(2)改组为其他所有制企业；(3)企业兼并；(4)实行承包经营或租赁经营；(5)宣告破产，进行财产清算；(6)以国有资产进行抵押、担保；(7)对外投资。

为加强企业国有资产管理，防止资产闲置浪费和被侵占流失等情况的发生，根据财政部、国家国有资产管理局的布置、要求和企业需要，组织实施清产核资工作。企业清产核资的对象包括：企业占有、使用的各类资产、承担的各项债务及取得的所有者权益。企业以独资、合资、合作、购买境外有价证券、对外发放贷款等形式向境外投资形成的境外国有资产均纳入国家统一管理。无论企业以何种方式、何种数量向境外投资或成立境外企业，都须向主管部门提出申请，由主管部门报有关部委审批。企业经有关部委批准，在境外开办投资项目、设立分支机构，必须到国家国有资产管理局办理产权登记手续，按期如实填报《境外国有资产产权登记表》，经国家国有资产管理局审核同意，领取《境外国有资产授权占用证书》。

为提高国有资产的使用效果，增加资本积累，发展国有经济，特制定企业国有资产保值、增值指标体系，并对企业的完成情况实施监督考核。国有资产保值增值指标：国有资产保值增值率＝(期末国家所有者权益/期初国家所有者权益)×100%。国有资产保值，是指企业在考核期内期末国家所有者权益等于期初国家所有者权益，即国有资产保值增值率等于100%。国有资产增值，是指企业在考核期内期末国家所有者权益大于期初国家所有者权益，即国有资产保值增值率大于100%。企业应于年度终了时，对国有资产的使用情况向主管部门作出报告。企业有下列行为的，有关主管部门对其厂长(经理)及有关责任人给予相应处罚：(1)企业经营管理不善，连续2年亏损且亏损数额继续增加的；(2)在承包、租赁、改组为其他所有制企业，与外商合资、合作及向境外投资等过程中，不按规定程序办理，弄虚作假，造成国有资产流失的；(3)故意低价转让企业资产的；(4)隐瞒、私分国有资产的；(5)无特殊原因未能完成国有资产保值增值指标的。该制度的规定如与国家颁布的法律、法规相抵触，按国家法律、法规的规定执行。

(苏丽娅)

xinwen guanggao

新闻广告(advertisement of news report) 新闻单位以新闻报道形式发布的广告。我国法律禁止发布新闻广告，因为新闻单位的新闻报道具有权威性、可信赖性，以新闻报道的形式发布广告可能会使消费者产生误解，同时发布新闻广告也会破坏同行业的公平竞争环境。《中华人民共和国广告法》第13条规定，广告应当具有可识别性，能够使消费者辨明其为广告。大众传播媒介不得以新闻报道形式发布广告。通过大众传播媒介发布的广告应当有广告标记，与其他非广告信息相区别，不得使消费者产生误解。该法第40条规定，发布广告违反本法第13条规定的，由广告监督管理机关责令广告发布者改正，处以1000元以上1万元以下的罚款。

(赵芳芳)

xinlai liyi baohu yuanze

信赖利益保护原则(trust interest protection principle) 受国家权力支配的民众，信赖国家权力措施的存续而有所更进一步的规划或举措的信赖利益的保护原则。"信赖基础"、"信赖表现"与"信赖值得保护"是其被运用、考量时的三个要件。例如，在税收征收实践中，纳税人基于善意的动机有理由相信税务机关所为的某些行为会产生相应的法律后果；据此，纳税人实施了相应的行为，在此情况下，尽管事实上纳税人的行为与税务机关的要求不符，但是，基于纳税人的主观善意仍然得承认其据此所获的相应利益。信赖利益保护原则较多见诸于日本及我国台湾地区的税收实践和学理研究。当一国的税收法律制度存在立法漏洞时，国家为了获得更加充分的财政收入，税务机关有可能人为地自由裁量纳税人的纳税义务，导致纳税人在没有国家法律明文规定的情况下承担了额外的税负。这种做法是违反民主宪政国家的基本精神，不符合税收法律主义的要求的。发生这种情况时，纳税人有权从信赖利益保护的立场对抗税务机关的课税行为，维护自身的财产权。

(李建人)

xintuo

信托(trust) 财产所有者基于对他人的信任，出于某种特定目的或者社会公共利益，委托他人管理和处分财产的一种法律制度。信托作为一种财产管理制度起源于中世纪的英国，但随后在美国及其他普通法系国家得以继受并迅速发展。信托制度在财产管理、资金融通、投资理财和发展社会公益事业等方面具有突出的功能，尤其是在完善财产制度方面发挥了重要作用，很好地适应了社会公众在财产管理方面的各种需要。在发达的市场经济国家，信托业已经发展成为现代金融业的重要支柱之一，与银行、证券、保险并称为现代金融业四大支柱。信托制度作为一种富有活力的财产管理制度，不仅被普通法系各国普遍采用，在国际民事交往过程中，除了一些很传统的欧洲大陆法系国家外，亚洲一些大陆法系国家也逐步接受了信托制度，如我国、日本和韩国都制定了专门的信托法。

《中华人民共和国信托法》第2条："本法所称信托，是指委托人基于对受托人的信任，将其财产权委托给受托人，由受托人按委托人的意愿以自己的名义，为受益人的利益或特定目的，进行管理或处分的行为。"可见，我国法律对信托的定义主要包括四方面的含义：(1)委托人对受托人的信任。委托人对受托人的信任是信托关系成立的基础。一般情况下，受托人是委托人所信任的亲友、社会知名人士或者是具有专业理财经验的商业经营机构。受托人基于委托人的信任接管信托财产，就应当忠诚、谨慎、尽职地处理信托事务，管理、处分信托财产。对于违背信任的受托人，信托法规定了其应承担相应的责任。(2)委托人须将财产权委托给受托人。信托财产是成立信托的第一要素，没有特定的信托财产权的转移，信托就无法成立。所以，委托人在信任受托人的基础上，必须将其财产权委托给受托人。(3)受托人以自己的名义管理、处分信托财产。委托人将信托财产委托给受托人后，对信托财产没有直接控制权，受托人不需要借助于委托人、受益人的名义，完全以自己的名义对信托财产进行管理或者处分，这是信托的一个重要特征。(4)受托人按委托人的意愿为受益人的最大利益管理信托事务。受托人必须按照委托人的意愿进行管理或者处分，不得违背委托人的愿望。委托人的愿望是受托人行为的基本依据。管理或者处分信托财产的目的，必须是为了受益人的利益，不能为了自己或者其他第三人的利益。委托人没有按委托人的意愿为受益人的最大利益管理信托事务的，属于违反信托义务，应当承担相应的责任。

(1)根据设立信托的目的不同，可以将信托分为私益信托和公益信托。(2)根据信托设立的依据不同，可以将其划分为法定信托和意定信托。(3)根据委托人是否保留了撤销权，可将信托分为可撤销信托和不可撤销信托。(4)以委托人是否为受益人作为标准，可以将信托区分为自益信托与他益信托。(5)以信托是在委托人生前发生效力还是在其死后发生效力划分，可将信托分为生前信托和死后信托。(6)以受托人是否以从事信托为营业，可将私益信托划分为营业信托和非营业信托。(7)按受益人的收益权份额或数额是否确定，可将信托分为固定信托和自由裁量信托。除了以上几种对信托的分类外，还可按照其他标准对信托进行分类，如按委托人的主体类型可将信托分为个人信托与法人信托。

信托与委托代理之间的主要区别是：(1)成立是否需要确定财产不同。设立信托必须有确定的信托财产，委托人没有合法所有的、用于设立信托的财产，信托关系就无从确立。委托代理关系则不一定以存在财产为前提，没有确定的财产，委托代理关系也可以成立。(2)所涉财产的性质不同。信托关系中，信托财产是独立于委托人、受托人或者受益人的自有财产，委托人、受托人或者受益人的债权人均不得对信托财产主张权利。但委托代理关系中，即使委托代理的事项是让代理人进行财产管理或者处分，该财产仍属于委托人的自有财产，委托人的债权人仍可以对该财产主张权利。(3)活动的名义不同。信托的受托人以自己的名义进行活动，代理人只能以委托人的名义从事代理业务。(4)受托人与代理人的权限不同。信托的委托人、受益人通常只能要求受托人按照信托文件实施信托，受托人依据信托文件管理、处分信托财产，受托人具有为实施信托事务或所适宜的一切权限，委托人通常不得干预。委托代理关系中，委托人可以随时向代理人发出指示，甚至改变主意，代理人应当服从，而代理人只能在本人特别授权的范围内活动，正常情况下严格禁止越权代理。此外，行纪与信托也极为相似，都是以自己名义就委托的财产与第三人从事民事活动，为了委托人的利益对托付的财产进行管理处分。但是其中的区别也比较明显，主要表现在这些方面：(1)适用范围不同。行纪主要适用于动产，信托适用于各种财产。信托常用于对财产的长期托管，而行纪则对财产的短期托管比较合适。(2)委托财产的权属不同。信托财产所有权与受益权相分离，而行纪中委托财产的所有权和受益权是不分离的。(3)成立的要求不同。设立信托必须有确定的信托财产移转，行纪不以交付财产为成立要件。(4)所涉财产的性质不同。信托财产具有独立于委托人、受托人和受益人的自有财产。行纪关系中，行纪人为委托人购买或者出售的财产，其所有权都属于委托人。(5)受托人和行纪人的权利不同。受托人在信托契约中具有财产所有者的地位，有充分的自主权，而行纪人的权利则受到行纪合同的严格限制。

(赵芳芳)

xintuo biangeng
信托变更(change of trust) 依法成立的信托因发生法律规定的事由或者信托当事人约定的事由,致使信托的某一项或某几项内容发生变化的情况。

主体要素是信托成立的实质性要件,主体发生变更直接导致信托法律关系发生变更,进而信托发生变更。信托法律关系的主体主要有委托人、受托人和受益人,因委托人是直接导致信托成立的人,其在信托成立后,已不会也不可能发生变化,因此主体变更引起的信托变更只能是在信托存续期间内,受托人或受益人发生变更。按照我国法律主体发生变更导致的信托变更可以归纳为:(1)受托人发生变更。主要有下列情形:受托人违反信托目的处分信托财产或者管理运用、处分信托财产有重大过失的,委托人有权依照信托文件的规定解任受托人,或者申请人民法院解任受托人;设立信托后,经委托人和受益人同意,受托人可以辞任;受托人死亡或者被依法宣告死亡;被依法宣告为无民事行为能力人或者限制民事行为能力人;被依法撤销或者被宣告破产;依法解散或者法定资格丧失;共同受托人之一职责终止的(受托人人数减少视为受托人变更);法律、行政法规规定的其他情形。(2)受益人发生变更。主要有下列情形:部分受益人放弃信托受益权的,被放弃的信托受益权按信托文件规定的人其他受益人委托人或者其继承人下列顺序确定归属。可见,当被放弃的信托受益权确定归属后,因部分受益人发生变更而导致了受益人变更。全体受益人放弃信托受益权的,不是信托变更,而是信托终止;委托人因受益人对委托人有重大侵权行为而变更了信托的受益人;委托人因受益人对其他共同受益人有重大侵权行为而变更受益人;委托人经受益人同意变更了受益人;委托人因信托文件规定的其他情形变更受益人。

信托的内容变更是信托的部分内容变更,而不是信托内容的全部变更。根据我国法律信托内容变更主要包括下列情形:(1)信托财产的管理方法的变更。因设立信托时未能预见的特别事由,致使信托财产的管理方法不利于实现信托目的或者不符合受益人的利益时,委托人有权要求受托人调整该信托财产的管理方法。(2)受托人报酬的增减。约定的给予受托人的报酬经信托当事人协商同意,可以增减其数额。(3)委托人变更了受益人的受益权。下列情形委托人可以变更受益人的受益权:受益人对委托人有重大侵权行为;受益人对其他共同受益人有重大侵权行为;经受益人同意;信托文件规定的其他情形。该项仅指委托人虽然变更了受益人的受益权,但是没有完全取消其受益权,即没有改变受益人,因为如果完全取消受益权则属主体变更了。(4)其他符合法律规定经当事人协商变更信托内容的情形。信托变更的法律效力:信托变更不导致原信托的消灭;信托变更符合法律规定的,其变更部分依法发生法律效力,信托未变更部分继续有效;信托变更的效力不溯及既往。　　　　(赵芳芳)

xintuo caichan
信托财产(trust property) 受托人因承诺信托而取得的财产,以及因管理运用、处分该财产而取得的财产,这是我国法律上的信托财产定义。信托财产是构成信托的基本要素之一,是信托法律关系设立的前提条件,是信托法律关系存在的物质基础,是构成信托法律关系的关键要素。《中华人民共和国信托法》第14条明确了信托财产的范围:(1)受托人因承诺信托而取得的财产是信托财产。该部分财产是初始的信托财产,是委托人用于设立信托的财产或者财产权,信托成立后,这部分财产就成为独立的信托财产。(2)受托人因信托财产的管理运用、处分或者其他情形而取得的财产,归入信托财产。在信托存续期间,信托财产可能因受托人的管理、处分、灭失或者损毁等事由而转化成各种形态,但无论其形态、价值如何变化,这种转化所产生的任何财产均属于信托财产。该部分信托财产包括收益、利息和孳息等积极财产,也包括债务等消极财产。(3)法律、行政法规禁止流通的财产,不得作为信托财产。法律、行政法规禁止流通的财产,主要是指枪支、走私物品、反动书籍和淫秽物品等国家法律明令禁止流通的财产,如《中华人民共和国枪支管理法》规定,禁止任何单位或者个人违反法律规定持有、制造、买卖、运输、出租、出借枪支。(4)法律、行政法规限制流通的财产,依法经有关主管部门批准后,可以作为信托财产。法律、行政法规限制流通的财产,主要是指一定期限或者范围内不得流通的财产。如按照指令性计划流通的财产、黄金、白银、外币等。

信托财产应是确定且合法的财产。《信托法》第7条规定:"设立信托,必须有确定的信托财产,并且该信托财产必须是委托人合法所有的财产。信托财产的最大特性就是独立性,其独立性表现在:(1)信托财产与委托人的关系。《信托法》第15条规定:"信托财产与委托人未设立信托的其他财产相区别。设立信托后,委托人死亡或者依法解散、被依法撤销、被宣告破产时,委托人是唯一受益人的,信托终止,信托财产作为其遗产或者清算财产;委托人不是唯一受益人的,信托存续,信托财产不作为其遗产或者清算财产;但作为共同受益人的委托人死亡或者依法解散、被依法撤销、被宣告破产时,其信托受益权作为其遗产或者清算财产。"(2)信托财产与受托人的关系。《信托法》第16条规定:"信托财产与属于受托人所有的财产(以下简称固有财产)相区别,不得归入受托人的固有财产或者成为固有财产的一部分。受托人死亡或者依法解散、被依法撤销、被宣告破产而终止,信托财产不属于其遗产或者清算财产。"(3)信托财产原则上不能被强制执行。《信托法》第17条规定:"除因下列情形之一外,对信托财产不得强制执行:(一)设立信托前债权人已对该信托财产享有优先受偿的权利,并依法行使该权利的;(二)受托人处理信托事务所产生债务,债权人要求清偿该债务的;(三)信托财产本身应担负的税款;(四)法律规定的其他情形。对于违反前款规定而强制执行信托财产,委托人、受托人或者受益人有权向人民法院提出异议。"(4)限制管理运用、处分信托财产所产生债权的抵消。《信托法》第18条规定:"受托人管理运用、处分信托财产所产生的债权,不得与其固有财产产生的债务相抵消。受托人管理运用、处分不同委托人的信托财产所产生的债权债务,不得相互抵消。"

对信托财产所有权的归属问题,即信托成立后信托财产到底归属于谁,存有较大的意见分歧。归纳起来,主要有三种不同意见:(1)一种意见认为,信托成立后,信托财产的所有权发生转移,受托人成为新的所有权人。主要理由有二,一是信托财产的所有权移转,是信托不同于委托、捐赠等其他类似制度的本质特征之一,不转移财产就不能成为信托;二是世界各国的信托法均对此作出了规定,如《日本信托法》规定是"财产权转让",《韩国信托法》规定是"信托人将特定财产转移给受托人",我国台湾地区《信托法》规定是"财产权移转"。(2)另一种意见认为,信托成立后,信托财产的所有权仍属于委托人。出于这种考虑的理由,主要是担心委托人利用信托制度规避法律,如逃避债务和税收等,从而保护委托人的债权人利益。(3)第三种意见和第一种意见近似,认为信托财产的所有权发生转移,但新所有权人不是受托人。信托成立后,信托财产则从委托人、受托人和受益人中独立出来,处于一种待定状态,条件成就后,才能明确其所有权人。从我国立法看来,我国立法采用了第三种意见。 (赵芳芳)

xintuo dangshiren
信托当事人(parties to a trust) 在信托法律关系中享有权利并承担义务的个人、法人和依法设立的其他组织,是信托法律关系的主体。信托当事人狭义上仅指委托人、受托人和受益人,我国信托法采用了狭义的信托当事人。广义上的信托当事人除了委托人、受托人和受益人外,还包括信托管理人、信托财产管理人以及公益信托的信托监察人。

委托人 基于对他人的信任,将自己的财产作为信托财产,委托人为自己或自己制定的其他人的利益管理或处分信托财产的人。为区别于委托—代理关系的委托人,有些国家的信托法将委托人称为信托人。根据我国法律,委托人需具备如下条件:(1)委托人必须具备完全民事行为能力。这是针对委托人是自然人而言的。对于委托人是法人、依法设立的其他组织的,其行为能力无完全行为能力、限制行为能力和无行为能力之分,其行为能力是法律所赋予的,产生于登记之时,无须登记的则从依法成立之日起取得。(2)委托人应拥有确定合法的信托财产的所有权。设立信托,应当有确定的合法所有的财产作为信托财产。这就要求委托人在实施信托行为之前必须拥有一定数量的财产,并对该财产享有所有权。(3)委托人未宣告破产或其他未处于资不抵债的境地。这项要求是为了保证信托财产不会因为委托人处于资不抵债的境地而用来清偿其债务。按照我国法律规定,委托人的范围包括:(1)具有完全民事行为能力的自然人。(2)法人。法人和具有完全民事行为能力的自然人一样,有属于自己的财产,并能独立承担民事责任。(3)依法成立的其他组织。其他组织,一般具有准法人的地位,可以企业或者团体的名义进行民事活动。

受托人 为委托人所信任,接受委托人委托的信托财产,以自己的名义依信托目的为受益人的利益对信托财产进行管理或者处分的人。受托人在信托三方当事人中,处于掌握、管理和处分信托财产的核心地位。由于受托人的地位和作用在信托关系中非常关键,因此各国的信托立法均突出体现规范和调整受托人的内容。如英国的《受托人法》、《受托人投资法》、《公共受托人法》等。根据我国法律规定,受托人应具有如下条件:(1)受托人应当是具有完全民事行为能力的自然人、法人。行为能力是判断受托人是否具有受托能力最基本的标准,这是受托人有效、谨慎管理和处分信托财产的一个必不可少的前提条件。(2)受托人未破产或处于其他资不抵债的境地。该条件要求是为了保证受托人的信用。要求受托人未破产或处于其他资不抵债的境地,是法律对受托人最基本的信用要求,只有达到该要求才能取得委托人的信任,促使委托人放心地将财产委托给受托人管理和处分。(3)法律、行政法规要求受托人应当符合的其他条件。我国《信托法》第24条详细规定了受托人的范围:(1)具有完全民事行为能力的自然人。本条规定允许自然人作为受托人,在信托制度发达的国家,民事信托大量存在,这些民事信托,很多都是以自然人作为受托人的。目前,虽然我国以自然人为受托人的例子还不多,但从长远看,随着个人财富的不断增加,民事信托在我国将会有一定的发展,所以该条赋予有完全民事行为能力自然人作受托人的权利。(2)法人。法人作为受托人的现象十分普遍,绝大多数营业信托和公益信托的受托人,都由法人来担任。

受益人 在信托中享有信托受益权的人。在同一信托中,受益人可以是一人,也可以是数人。受益人是一人的,享有全部信托受益权;受益人是数人的,则作为共同受益人,各自享有部分信托受益权。受益人可以是自然人、法人或者依法成立的其他组织。委托人可以是受益人,也可以是同一信托的唯一受益人,受托人可以是受益人,但不得是同一信托的唯一受益人。受益人享有受益权的时间:受益人自信托生效之日起享有信托权益,信托文件另有规定的,从其规定。法律规定受益人放弃信托受益权的法律效果:(1) 全体受益人放弃信托受益权的,信托终止。(2) 部分受益人放弃信托受益权的,被放弃的信托受益权按下列顺序确定归属:信托文件规定的人;其他受益人;委托人或者其继承人。受益权的转让和继承:除信托文件有限制性规定外,受益权可以依法转让和继承。受益人不能清偿到期债务的,其信托受益权可以用于清偿债务,但法律、行政法规以及信托文件有限制性规定的除外。共同受益人如何享受信托利益:共同受益人按照信托文件规定享受信托利益,信托文件未规定的,各受益人按照均等的比例享有信托利益。受托人违反信托目的处分信托财产或者因违背管理职责、处理信托事务不当致使信托财产受到损失的受托人,共同受益人之一申请人民法院撤销该处分行为的,人民法院所作出的撤销裁定,对全体共同受益人有效。 (赵芳芳)

xintuofa

《信托法》(Trust Law of the People's Republic of China) 《中华人民共和国信托法》于2001年4月28日,九届全国人大常委会第二十一次会议通过,2001年10月1日正式实施,是我国第一部规范信托关系的基本性法律。信托法的出台与实施,填补我国新的财产管理法制的立法空白,意味着信托业一些混乱现象将受到法律规范。该法的立法目的就是要通过立法确认信托制度,用法律调整信托关系,规范当事人的信托行为,保护其合法权益,从而促进我国的信托活动和信托业的健康发展,进而有利于完善我国的金融体系。改革开放以来,我国信托业飞速发展,已经在金融业占据十分重要的地位。实践证明,信托投资业在弥补银行信用的不足、充分利用社会闲置资金、拓宽投资渠道、完善金融体系、促进市场经济发展等方面,都发挥了一定的积极作用,但同时也出现了一些比较突出的问题,其重要原因就是信托立法滞后,使信托活动和信托业的经营、发展长期处于无法可依的局面,缺乏应有的法律规范和保障。随着我国改革开放的深入发展,人民的收入水平和生活水平不断提高,个人财富不断增多,私人所有的货币、证券和房地产日益增加,中国正在形成一个巨大的财产管理市场。由于能力和专业知识管理、时间和精力等方面的原因,许多人不能亲自管理自己的财产,并希望委托他人管理和处分财产,迫切需要通过立法予以承认、保护和规范。可见,《信托法》的制定,是基于我国现实的迫切需要,为规范信托关系,促进信托业务的发展奠定了坚实的法律基础。该法共7章74条,明确规定了信托的定义,并对信托的设立、信托财产、信托当事人、信托的变更与终止、公益信托等法律关系都分别作出了明确的定位。该法第3条规定了其适用范围:"委托人、受托人、受益人(以下统称信托当事人)在中华人民共和国境内进行民事、营业、公益信托活动,适用本法。"该法并没有对有关涉外信托关系的法律适用作出专门规定,我国正在计划制定一部统一的国际私法,将明确如何确定涉外信托关系的准据法。 (赵芳芳)

xintuo sheli

信托设立(establishment of a trust) 通过一系列的行为满足法律规定的条件在有关当事人之间建立信托法律关系,从而使有关当事人成为信托当事人,受信托法律关系约束的行为。我国规范信托法律关系的基本性法律《中华人民共和国信托法》设专章规范当事人设立信托的行为,明确规定了设立信托应该满足如下条件:(1) 设立信托,必须有合法的信托目的。该条件首先要求委托人设立信托必须有信托目的,更着重强调委托人的信托目的必须合法,如果信托目的违法,那么,该信托属于无效信托。根据我国法律,信托目的的合法性的内容主要包括:信托目的不得违反有关法律、行政法规的规定或者损害社会公共利益;禁止专以诉讼或者讨债为目的设立信托;委托人设立信托不得损害其债权人的利益。违反前两项规定设立的信托,信托无效。违反最后一项设立的信托是可以撤销的。(2) 设立信托,必须有确定的信托财产,并且该信托财产必须是委托人合法所有的财产(包括合法的财产权利)。即信托设立时,委托人不仅要有确定的财产作为信托财产,而且该财产应当是委托人合法所有的。财产的范围作扩大理解,《信托法》所称财产不仅包括委托人合法财产,也包括合法的财产权利。信托财产确定是指:委托人用于设立信托的财产必须是确定的,一般应当能够计算价值,如现金、动产、不动产、股票和有价证券等有形资产和对于如著作权、专利权和商标权等无形资产。但是,人身权利,如身份权、名誉权、姓名权等,其价值无法估算,不得作为信托财产。信托财产是委托人合法所有的财产指的是委托人对用于设立信托的财产享有占有、使用、收益和处分的权利,其他任何人对该物不得主张权利。(3) 设立信托,应当采取书面形式。书面形式包括信托合同、遗嘱或者法律、行政法规规定的其他书面文件等。按照合同法的规定,书面形式是指合同书、信件和数据电文等可以有形地表现所载内容的形式,其中数据电文又具体包括电报、电传、传真、电子数据交换和电子邮件等。法律还要求书面文件应当载明下列事项:信托目的;委托人、受托人的姓名或者名称、住所;受益人或者受益人范围;信托财产的范围、种类及状况;受益人取得信托利益的形式、方法。以上五个事项是信托文件必备的强制性条款,不得欠缺其中任何一项内容,否则信托不能有效成立。可以载明的事项:信托期限、信托财产的管理方法、受托人的报酬、新受托人的选任方式、信托终止事项。这些事项不要求设立信托的书面文件必须具备,是否在信托文件中载明由委托人选择确定。选择性条款虽然不具有强制性效力,但对于某些特定信托来说,可能是非常重要的,信托文件如能列入将可能减少和避免信托当事人之间的纠纷,保障信托当事人的合法权益。(4)设立信托,对于信托财产,有关法律、行政法规规定应当办理登记手续的,应当依法办理信托登记。未依照规定办理信托登记的,应当补办登记手续;不补办的,该信托不产生效力。以特定财产设立信托应当进行信托登记,主要是指土地、房屋和汽车等。满足以上四个条件设立信托才能保证信托有效成立。按照法律规定以如下标准确认信托成立时间:采取信托合同形式设立信托的,信托合同签订时,信托成立;采取其他书面形式设立信托的,受托人承诺信托时,信托成立。依照《合同法》的规定,依法成立的合同,自成立时生效。合同一旦生效,即受到法律保护,并对当事人产生法律的约束力。因此,通过合同设立信托的,合同签订时,信托也告成立。其他书面形式包括了遗嘱和法律、行政法规规定的其他书面文件,这些书面文件并不能直接导致信托的成立,它的成立要以受托人的承诺为前提,即受托人表示愿意接受信托并作为该信托的受托人。

(赵芳芳)

xintuo touzi gongsi

信托投资公司 (trust and investment corporation) 或称金融信托投资机构,指经批准经营信托投资业务的金融机构。1979年10月,中国第一家信托机构——中国国际信托投资公司成立,此后我国信托投资公司得到较快的发展。2002年中国人民银行颁布《信托投资公司管理办法》,对我国信托投资公司的设立、业务范围、经营规则、监督管理与自律等作出了专门的规定。按照该办法,我国信托投资公司可以采取有限责任公司和股份有限公司两种形式,且需要经过中国人民银行批准(现归中国银行业监督管理委员会监管)。信托投资公司经批准可进行以下本外币业务:(1)受托经营资金信托业务,即委托人将自己合法拥有的资金,委托信托投资公司按照约定的条件和目的,进行管理、运用和处分;(2)受托经营动产、不动产及其他财产的信托业务,即委托人将自己的动产、不动产以及知识产权等财产、财产权,委托信托投资公司按照约定的条件和目的,进行管理、运用和处分;(3)受托经营法律、行政法规允许从事的投资基金业务,作为投资基金或者基金管理公司的发起人从事投资基金业务;(4)经营企业资产的重组、购并及项目融资、公司理财、财务顾问等中介业务;(5)受托经营国务院有关部门批准的国债、政策性银行债券、企业债券等债券的承销业务;(6)代理财产的管理、运用和处分;(7)代保管业务;(8)信用见证、资信调查及经济咨询业务;(9)以固有财产为他人提供担保;(10)中国人民银行批准的其他业务。

信托投资公司应当按规定制定本公司的信托业务及其他业务规则,建立、健全本公司的各项业务管理制度和内部控制制度,并报中国人民银行备案。信托投资公司应当设立内部审计部门,对本公司的业务经营活动进行审计和监督。信托投资公司的内部审计部门应当至少每半年向公司董事会提交内部审计报告,同时向中国人民银行报送上述报告的副本。信托投资公司应当依法建账,对信托业务与非信托业务分别核算,并对每项信托业务单独核算。具体财务会计制度应当遵守财政部的有关规定。信托投资公司应当按照国家有关规定建立、健全本公司的财务会计制度,真实记录并全面反映其业务活动和财务状况。公司年度财务会计报表,应当经具有相应资格的注册会计师审计。信托投资公司应当按照规定向中国人民银行及有关部门报送营业报告书、信托业务及非信托业务的财务会计报表和信托账户目录等有关资料。信托投资公司的信托业务部门应当在业务上独立于公司的其他部门,其人员不得与公司其他部门的人员相互兼职,具体业务信息不得与公司的其他部门共享。中国人民银行可以定期或者不定期对信托投资公司的经营活动进行检查。中国人民银行认为必要时,可以责令信托投资公司聘请具有相应资格的中介机构对其业务、财务状况进行审计。信托投资公司应当按照中国人民银行的要求提供有关业务、财务等报表和资料,并如实介绍有关业务情况。中国人民银行对信托投资公司的高级管理人员实行任职资格审查制度。未经中国人民银行任职资格审查或者审查、考核不合格的,不得任职。信托投资公司对拟离任的高级管理人员,应当进行离任审计,并将审计结果报中国人民银行备案。信托投资公司的法定代表人变更时,在新的法定代表人经中国人民银行核准任职资格前,原法定代表人不得离任。中国人民银行对信托投资公司的信托从业人员实行信托业务资格考试制度。考试合格的,由中国人民银行颁发信托从业人员资格证书;未经考试或者考试不合格的,不得经办信托业务。信托投资公司的高级管理人员和信托从业人员违反法律、行政法规或中国人民银行有关规定的,中国人民银行有权取消其任职资格或者从业资格。中国人民银行对信托投资公司监管中发现的重大问题,有权质询信托投资公司的高级管理人员,并责令其采取有效措施,限期改正。信托投资公司管理混乱,经营陷入困境的,由中国人民银行责令该公司采取措施进行整顿或者重组,并建议撤换高级管理人员。中国人民银行认为必要时,可以对其实行接管。信托投资公司可以成立同业协会,实行行业自律。信托投资公司同业协会开展活动,应当接受中国人民银行的指导和监督。

经中国人民银行批准,擅自设立信托投资公司或者擅自经营信托业务的,按照《非法金融机构和非法金融业务活动取缔办法》,予以取缔,并予以处罚。中国人民银行在批准信托投资公司设立、变更、终止后,发现原申请事项有隐瞒、虚假的情形,可以责令补正或者撤销批准。信托投资公司违反法律规定办理资金信托的,由中国人民银行责令其限期退回存款,并停办部分或全部业务;对直接负责的主管人员和其他直接责任人员依法给予纪律处分,并由中国人民银行取消高级管理人员的任职资格和从业人员的从业资格;构成犯罪的,移送司法机关追究刑事责任。信托投资公司违反其他法律规定的,由中国人民银行按照《金融违法行为处罚办法》及有关规定进行处罚。信托投资公司对中国人民银行的处罚决定不服的,可以依法提请行政复议或者向人民法院提起行政诉讼。

(赵芳芳　普丽芬)

xintuo touzi gongsi qingchan hezi

信托投资公司清产核资(the institution of general checkup on enterprise assets for the trust and investment company)　为规范信托投资公司整顿过程中的清产核资、资产评估和损失冲销工作,维护所有者、经营者和债权人各方的合法权益,根据《企业财务通则》、《国有资产评估管理办法》和国家有关清产核资政策制度而制定的制度。

各省、自治区、直辖市人民政府和国务院有关部门要指定并公布一批具有相应资格的中介机构(包括境外知名的中介机构)名单,信托投资公司在指定范围内委托中介机构进行清产核资和资产评估。中介机构负责对信托投资公司境内外机构的本外币资产、负债(含或有负债)和所有者权益进行彻底清查,并提出资产评估报告书、资产质量和资产实际损失报告。承担信托投资公司清产核资和资产评估的中介机构必须是取得相应资格的无不良记录的会计师事务所、资产评估事务所(公司)、财务咨询公司等。全国性信托投资公司的清产核资和资产评估工作由中央党政机关金融类企业脱钩工作小组和中国人民银行分别负责组织实施;地方性信托投资公司的清产核资和资产评估工作由省、自治区、直辖市人民政府负责组织有关部门实施。

承担清产核资的中介机构要按照国家有关财务、会计制度和清产核资的政策、制度规定,对信托投资公司进行全面的清产核资,重点做好资产清查和资金核实。中介机构根据清产核资的结果,出具清产核资报告,内容包括工作依据、各项目清查的结果、损益调整项目等,并编制清产核资后的会计报表,同时附报有关备查文件。清产核资报告需中介机构的法定代表人或合伙人签字后,报送指定机构。中介机构出具的清产核资报告,必须经各级财政部门会同清产核资机构进行审查认定。其中,地方性信托投资公司由省(区)市)级财政部门会同省级清产核资机构进行审查确认,全国性信托投资公司由财政部审查确认。各级财政部门和清产核资机构在办理清产核资的确认、审批工作中,一定要认真审核,严格把关。对不符合清查要求的清查结果,必须要求中介机构重新清查,但不得任意修改清查结果,更不能出现清产核资的结果与确认结果不一致的现象。

(苏丽娅)

xintuo touzi gongsi qingchan hezi zichan pinggu he sunshi chongxiao zhidu

信托投资公司清产核资资产评估和损失冲销制度(the property assessment and loss offset institution of general checkup on enterprise assets for trust and investment company)　依据国务院有关规定,对关闭或破产、撤销与重组、合并的信托投资公司应予进行资产评估,对单独保留并持续经营的不进行资产评估。

承担资产评估的中介机构要本着实事求是的精神,坚持客观公正的原则,严格按照现行资产评估管理法规和操作规范,对信托投资公司的资产和负债进行全面评估。评估方法要恰当、科学,参数资料的选择要合理准确。可上市交易的债券和股票一般采用现行市价法,按照评估基准日的收盘价确定评估值。其中以控股为目的持有的上市公司非流通股票,一般采用收益现值法进行评估。非上市交易的债券(含国债)一般可以根据本金加上持有期利息确定评估值;非上市交易的股票采用收益现值法评估。对于其他投资,首先需了解具体投资形式、收益获取方式和占被投资单位资本的比重,再根据不同情况进行评估。对于合同、协议明确约定了投资报酬的长期投资,可将按规定应获得的收益折为现值,计作评估值。长期投资项目应采用现值法评估。对于控股的长期投资,应对被投资企业进行整体评估。

对信托投资公司拥有的固定资产、无形资产（除商誉外）、负债的评估按通常采用的评估方法处理。各信托投资公司的商誉一律不纳入评估范围。中介机构在作出评估结论时应综合考虑影响评估结果的各相关因素，要对被评估单位的经营管理水平、预期收益等情况作出判断，要对被评估资产的现时价值、变现可能及数量、债务方信誉及经营状况作出科学合理的判断。中介机构须对信托投资公司占有使用的全部资产进行认真的核对、查实，对评估中发现查证但未纳入评估范围的资产，或已纳入评估范围但查证已不存在的资产，要在评估报告中充分揭示和披露。中介机构须按照资产评估操作规范的要求编制详细的资产评估工作底稿，认真记录、收集与评估结果相关的工作过程和数据资料；出具评估报告时，应按财政部《关于印发〈资产评估报告基本内容与格式的暂行规定〉的通知》（财评字〔1999〕91号）的要求编写，并符合有关报表格式（另行印发），同时提交评估技术说明，并附报有关备查文件。中介机构出具评估报告时，应按照此次整顿信托投资公司的要求，对信托投资公司现有资产中从事信托业务的资产和从事证券业务的资产适当划分，并分别列示。

在清产核资过程中，信托投资公司被清理出来的以下项目，经清产核资主管部门认定、主管财政部门批准，列入公司损益：(1)各项资产盘盈、盘亏、毁损、报废等；(2)符合呆、坏账核销条件的呆坏账损失及补提呆、坏账准备金；(3)按法定利率计算的应收应付利息与按借款合同或凭证票面利率计算的应收应付利息的差额；(4)清查出来的账外收入和损失；(5)其他收入和支出。

在清产核资过程中，信托投资公司的下列实际呆账，可以经过清产核资主管部门认定、主管财政部门批准后核销，列入公司损益：(1)借款人虽未破产，工商行政管理部门也未吊销、注销其营业执照和工商登记，但企业早已关闭或经营活动已停止、名存实亡，并严格资不抵债经法院审结全部资产已归第三人所有。(2)贷款主合同已超过诉讼时效，借款企业对任何主张债权的函证均不予确认，通过所有可能措施和一切必要法律程序均无法收回的贷款。(3)用于购置土地的贷款，由于未按国家规定进行开发，土地已被政府无偿收回，或贷款投入违规建设项目，已被政府强令拆除，未获任何补偿；或贷款全部投入项目未获政府立项批准，且借款企业无其他任何还款来源和资产，造成贷款不能收回。(4)已被法院判决全额败诉，或虽胜诉但在规定时效内向法院申请执行，但借款人无财产、资产和收入可执行法院判决，或因各种不可抗力因素无法执行，造成贷款不能收回。(5)除贷款担保外，借款企业没有任何还款能力和资产，且贷款保证已过保证期间，保证人拒不履行保证责任；或保证企业已破产、被公告注销、吊销、行政关闭；或保证人经营状况恶化，财务亏损，严重资不抵债，已完全不能履行保证责任，造成全部贷款不能收回。(6)除抵押物外，借款企业已没有任何还款能力和资产，而且贷款抵押手续不完备，造成抵押关系不成立，或抵押物属违规建设项目和未按规定开发的土地，被政府强令拆除、收回并未获任何补偿，致使贷款不能收回。

资产评估的结果与清产核资结果有差异的，在信托投资公司发生重组、合并等产权变动时，报经主管财政机关会同清产核资主管部门批准后，评估价值高于账面价值的差额的，可调增资本公积；评估价值低于账面价值的差额的，依次冲销盈余公积、资本公积和资本金。

（苏丽娅）

xintuo zhongzhi

信托终止（termination of trust） 因出现法律规定的情形或信托当事人约定的事由导致信托法律关系归于消灭的情形。按照我国法律规定信托终止主要有如下情形：(1)信托文件规定的终止事由发生。信托文件相当于公司的章程，信托的设立、存在、变更及终止都应遵照信托文件的规定，因此如信托文件规定的终止事由发生则信托终止。(2)信托的存续违反信托目的。信托的设立即是要实现委托人设立信托的目的，如果信托的存续不但不符合信托的目的，而且违反信托目的，则背离了委托人设立信托所要实现的目标，因此信托终止。(3)信托目的已经实现或者不能实现。信托目的是设立信托的基本要件之一，且是信托运作的目标和方向。如信托目的已经实现，则信托的存在已经没有信托目的，因此信托终止；如信托目的不能实现，则信托的存在已经没有价值，信托也该终止。(4)信托当事人协商同意。信托的设立、存续、变更及终止原则上都可由当事人意思自治决定，因此经信托当事人协商同意信托可以终止。(5)信托被撤销。信托被撤销后，则信托已经不存在即信托终止。我国法律规定了信托被撤销情形：委托人设立信托损害其债权人利益的，债权人有权申请人民法院撤销该信托。(6)信托被解除。我国法律规定的信托被解除情形：委托人是唯一受益人的，委托人或者其继承人解除信托；受益人对委托人有重大侵权行为，委托人解除信托；经受益人同意，委托人解除信托；委托人按信托文件规定的其他情形解除信托。(7)委托人死亡或者依法解散、被依法撤销、被宣告破产时，委托人是唯一受益人的。(8)全体受益人放弃信托受益权的，信托终止。按照我国法律规定信托终止时剩余信托财产的归属：信托终止后仍有剩余信托财产的，应归属于信托文件规定的人，信托文件未规定的，应归属于受益人或其继承人、受益人或其继承人放弃的或者受益人死亡且没有继承人的,归属委托人或其继承人。信托终止后在剩余信托财产转移给权利归属人的过程中,信托视为存续。信托终止后对信托财产人民法院按照法律规定对原信托财产强制执行的,以权利归属人为被执行人。信托终止后受托人依照法律规定请求给付报酬、从信托财产中获得补偿的,可以留置信托财产或者对剩余信托财产权利归属人提出请求。信托终止后,受托人应当作出处理信托事务的清算报告,经受益人或权利归属人同意后,免除受托人就清算报告所列事项的责任,受托人有不正当行为的除外。　　　(赵芳芳)

xinxi fenlei bianma biaozhunhua
信息分类编码标准化(standardization of information classification and coding) 对具有共同属性、共同特征的信息科学进行分类,并对分类的信息,科学地赋予代码或某种符号体系,作为有关信息系统进行处理和交换的通用语言。信息分类编码标准化是进行信息交换和实现信息资源共享的重要前提,也是国民经济和社会信息化的基础工作,是实现管理工作现代化的必要条件。搞好信息分类编码标准化,有利于加强我们国家的宏观管理和调控,具有巨大的经济效益和社会效益。国务院有关主管部门标准化管理机构负责管理本专业(部门)的信息分类编码标准化工作。各省、自治区、直辖市人民政府的标准化行政部门负责管理本行政区域内的信息分类编码标准化工作。中国标准化与信息分类编码研究所是我国信息分类编码标准化工作的归口单位和科研中心。信息分类编码标准一经发布,各部门、各单位都必须贯彻执行,不得擅自更改、删除或插入代码。在自动化管理系统投入使用之前,必须进行分类编码标准化审查,经审查合格后方可投入运行。凡参加自动化管理系统信息交换的单位,都必须贯彻执行系统规定使用的信息分类编码标准。只有遵守系统有关规定的单位,才可以参加系统,并共享信息资源,凡不遵守系统有关规定的单位,一律不得进入系统,并无权共享系统的信息资源。为了使信息分类编码标准能最大限度地满足各级自动化管理系统的需要,在系统内部,允许截取或延拓使用上级信息分类编码标准,也可制定内部标准,并做到与相关的上级标准兼容。

信息分类编码标准分为国家标准、专业标准、地方标准和企业标准。信息分类编码国家标准在全国范围内统一、适用,由国务院标准化行政部门批准、发布;信息分类编码专业标准在某个专业(或某个部门)范围内统一、适用,由国务院有关主管部门批准、发布;信息分类编码地方标准在某个省、自治区、直辖市(或省辖市)范围内统一、适用,由相应的地方人民政府标准化行政部门批准、发布;信息分类编码企业标准,在某一个或若干个企业、事业单位范围内统一、适用,由企业或事业单位领导批准、发布。

信息分类编码国家标准,在每年6月底以前,由中国标准化与信息分类编码研究所根据国家国民经济和社会发展长远规划和信息分类编码标准体系表以及编制国家标准计划的原则、要求,各有关单位的实际需要,在切实论证必要性和可行性的基础上,编制信息分类编码国家标准的制定、修订和复审年度计划草案,10月底上报国家标准局,列入国家统一的标准化计划。各部门、各地方根据编制国家标准计划的原则和要求,在充分论证的基础上,提出信息分类编码国家标准的制定、修订和复审年度计划草案。各单位或个人可按照上述原则提出信息分类编码国家标准的制定、修订和复审年度计划项目建议,送交中国标准化与信息分类编码研究所,经审查和协调后,报国家标准局。国家标准局在12月份批准信息分类编码国家标准制定、修订和复审年度计划,下达实施。　　　(麻琳琳)

xinxi fenliu jineng
信息分流机能(the enginery of informational shunt) 经济法通过信息将市场的空间状态、时间状态或者虚拟状态结合起来,促进信息的集成和开放,从而提高经济效益的机能。信息是一种"资料源",而不是简单的消息。信息分流是信息在国民经济的各过程、各环节的输出和获取。　　　(赵 玲)

xinxi jishuye zhiliang tixi pingding he zhuce chengren xieyi zuzhi
信息技术业质量体系评定和注册承认协议组织(the recognition arrangement for assessment and certification of quality systems in the information technology sector, ITQS) 欧洲检验和认证组织(EOTC)已正式批准的几个协议组织之一,是按行业建立的组织,目的是使行业内的所有企业的检验评定结果能为整个欧共体所承认。信息技术业质量体系评定和注册承认协议组织中的认证机构依据相同的标准、技术和指南以一致的方式实施评定。信息技术业质量体系评定和注册承认协议组织向所有欧共体或欧洲自由贸易联盟的成员开放,但是条件是接受并遵守信息技术业质量体系评定和注册承认协议组织的规章,包括审核员指南。审核员指南为认证机构所使用,而不是作为认证机构申请人的指导性文件所制定的。审核员指南告诉审核员,当审核一个信息技术公司时应如何进行观察取证,这将涉及软件和硬件的开发、生产和服务活动。制定审核员指南的目的是使认证机构能够以相同的方式对信息技术公司实施认证。信息技术审核员的资格评定要求包括专业教育或培训,或在信息技术领域的实践经历,以及针对信息技术所适用的质量控制方法的理解所接受的特别培训。信息技术业质量体系评定和注册承认协议组织规章还要求由评价委员会定期对审核员进行评定。1992年,欧共体七个国家中的九个认证组织加入了信息技术业质量体系评定和注册承认协议组织。

(麻琳琳)

xinxi xitong he fuwu weiyuanhui
信息系统和服务委员会(committee on information systems and services, INFCO) 成立于1969年,原名为信息委员会,在1994年INFCO第23届会议上,将其全称改为信息系统和服务委员会,是ISO政策制定委员会中的一个委员会,它的主要职能是负责协调ISO与其成员国在标准、技术法规和有关事项(包括电子形式的产品和服务)方面的信息服务、数据库、营销活动;监督和指导ISO信息网(ISONET)的工作;为ISO在上述方面的政策制定提出建议。信息系统和服务委员会的成员资格对所有感兴趣的成员团体和通讯成员是开放的,成员团体可作为参加(P)成员或观察(O)成员,通讯成员可作为观察(O)成员。目前,信息系统和服务委员会的成员数量已增至八十多个。信息系统和服务委员会的主要活动内容包括:为标准信息中心的组织和运作提供指南;承担信息和营销服务的调查和研究;开发和推荐在信息的收集、检索、散发和交换方面使用的通用工具和程序;开发和评价信息中心和营销服务所用的数据库存贮的数据结构;在ISO支持的信息技术工具的基础上,开发和维护文件的复制、散发和传送系统,促进这些系统间的联系;就标准出版物的营销、定价和折扣、版权保护以及开发新的信息和与标准相关的产品制定政策并推荐使用指南;在信息中心和营销服务工作中,鼓励采用国际标准;使用信息技术工具,系统阐述用户在信息和营销服务方面的需求;承担ISONET成员的接纳和注册工作;在信息中心和营销服务工作中,安排技术交流,分享信息工作经验;与其他ISO组织和国际组织在信息和营销事务方面开展合作。

(麻琳琳)

xinxi ziyuan
信息资源(information resources) 经济法律关系的客体。智力创造的以一定载体表现的知识成果。与传统民事法律关系客体的无形财产或智力成果相比,作为经济法律关系客体的信息资源的范围更为广泛,它包括专利、专有技术、技术改进方案、合理化建议、信息、商标、生产经营标识、著作、商业秘密、网络技术等等。但是,并不是所有智力创造的知识成果都可以成为经济法律关系的客体,作为经济法律关系的客体,信息资源应当具备以下三个法律特征:(一)信息资源的无形性。信息资源是人类脑力劳动所创造的非物质财富,相比自然资源和产品资源而言,它们不具有直接的物化形态。在这个意义上,信息资源不是有形体,也不是人的思维活动本身,而是思维活动的相应成果。因此,基于信息资源的无形性,实践中往往借助于一定的载体,如印刷品、专利证书、商标证书、互联网络等表现出来。否则,信息资源就不可能进入经济法律关系,更不可能成为经济法律关系的客体。(二)信息资源的价值性。智力创造的知识成果形式多样,一般情况下,具有经济价值的知识成果才能够形成经济主体之间的法律关系。将信息资源由潜在的经济价值转化为现实经济价值,由一般无形的客观存在转化为具体经济关系客体时,它就成为经济法律关系客体。(三)信息资源的法定性。构成经济法律关系客体的信息资源,必须是经济法律法规明文规定或认可的允许进入经济法律关系成为其客体的智力成果。当今社会,信息资源已成为与物质资源同等重要的资源,其种类和范围也在不断变化和发展,这种无形财富的法定性必然尤为重要。否则,信息资源作为经济关系的客体不能得到法律的保护。

根据载体的不同,信息资源可分为一般信息资源和网络信息资源。专利、商标、商业秘密等主要以"纸面"为载体的精神产品,为一般信息资源;远程教育、电子商务、电子邮件、虚拟现实等以网络(无纸化)为载体的精神产品,为网络信息资源。网络信息具有高速、广泛传输的特点,使世界上形成了没有边界的信息空间,是信息资源的新生力量和重要组成部分。

(任学青)

xinyong hezuoshe
信用合作社(credit cooperative) 又称信用社。一种互助合作性金融组织,其资金来源于合作社成员缴纳的股金和吸收存款。信用合作社属于契约型金融机构,可分为城市信用合作社和农村信用合作社。1849年,世界第一个信用合作社(雷发巽—信用社)诞生在德国,创始人是威廉雷发巽(1818—1888)。目前,世界上已有125个国家建有信用合作社,拥有3亿社员、5万多亿美元资产。各国各地区的信用合作社组织制度有所不同,美国信用合作社为州或联邦政府特许设立的由成员所有的金融机构,规定信用合作社为非赢利性,因此由于其经营费用较低,经常比银行和储蓄与贷款机构更具竞争力。台湾地区的信用合作社规定社员可于年度终了时要求退还股金,社员极具流动性和资金不稳定性,在一定程度上影响了信用合作社的稳定和风险承担能力。在"中国华洋义赈救灾总会"的筹建下，中国第一个信用合作社于1923年6月在河北省香河县诞生。1927年，湖北省黄冈县就成立了农民协会信用合作社，这是中国共产党领导下组建的第一个信用合作社。中国信用合作社是城乡劳动群众为了谋求自身的经济利益，在自愿互利的基础上结合起来的金融组织，具有以下特点：(1)信用合作社是"自治组织"，由社员民主自治、自主经营、自负盈亏，它通过一定的民主管理形式，体现社员权力，独立于政府部门和私营企业；(2)信用合作社是"自愿"的联合组织，在信用合作社的目标或资源内，社员享有加入或退出的自由，在符合章程规定的条件下入社，或承担章程规定的义务后根据章程规定的程序退社，这是信用合作社利益共担的体现，也是合作社发展和资产保全的需要；(3)信用合作社是为社员服务的组织，由社员组织，并着眼于社员，以为社员服务为主要目的；(4)信用合作社是独立的金融企业法人，在独立运作中讲求商业性，在金融竞争中强调经济效益。信用合作社为弱势群体提供金融服务便利。商业银行的宗旨是追求高回报率，如果单纯依靠商业银行，必然会使资金流向优势产业和优势人群，从而导致城乡发展失衡。各类信用合作社恰好弥补了这一缺陷。国外信用合作社一般不再做分类，但中国的信用合作社又分为城市信用合作社和农村信用合作社。城市信用合作社主要为城市中低收入阶层提供服务，有利于改善他们的生产生活条件。农村信用合作社吸纳的资金主要用于农村，满足农民社员生产生活需要。现多数信用合作社已改组成为合作银行。见合作银行。 (刘卉)

xinyongka

信用卡(credit card) 银行或信用卡公司发给资信情况良好的单位或个人，以便于消费和接受服务时提取现金的一种信用凭证。其功能主要有转账结算、储蓄、汇兑和消费信贷。使用信用卡不仅有利于减少现金交易和加速商品流通，而且增加了银行的资金来源，扩大了银行结算业务。信用卡是国际上通用的金融结算工具，至今已有100多年的历史。我国信用卡的使用始于1978年中国银行广东分行与香港东亚银行签订协议，代理境外银行信用卡业务。中国银行北京分行率先发行了国内第一张信用卡——长城卡。此后，国内各主要商业银行陆续发行各自的信用卡。

中国人民银行1996年4月1日起施行的《信用卡业务管理办法》明确规定了使用信用卡业务管理规范。根据该办法规定，信用卡是指中华人民共和国境内各商业银行(含外资银行、中外合资银行，以下简称商业银行)向个人和单位发行的信用支付工具。信用卡具有转账结算、存取现金、消费信用等功能。信用卡按使用对象分为单位卡和个人卡；按信誉等级分为金卡和普通卡；按币种分为人民币卡和外币卡；按载体材料分为磁条卡和智能卡(下称IC卡)。单位卡必须在卡面左下方的左边凸印"DWK"字样，在"DWK"字样的右边凸印持卡人姓名(拼音)。单位或个人领取信用卡，应按规定向发卡银行交存备用金。发卡银行可根据申请人的资信程度，要求其提供担保。担保的方式可采用保证、抵押或质押。信用卡备用金存款利息，按照中国人民银行规定的活期存款利率及计息办法计算。以定期存款质押的，其定期存款按照中国人民银行规定的定期存款利率及计息办法计算。持卡人凭信用卡办理转账结算、支取现金时，超过规定限额的必须取得发卡银行的授权。单位卡持卡人不得凭信用卡在异地和其领卡城市范围内银行网点及自动柜员机上提取现金。允许持卡人在本办法规定的限额和期限内进行消费用途的透支，透支限额为金卡1万元、普通卡5000元。信用卡的透支期限最长为60天。信用卡透支利息，自签单日或银行记账日起15日内按日息万分之五计算，超过15日按日息万分之十计算，超过30日或透支金额超过规定限额的，按日息万分之十五计算。透支计息不分段，按最后期限或最高透支额的最高利率档次计息。恶意透支是指持卡人以非法占有为目的，超过规定限额或规定期限，并且经发卡银行催收无效的透支行为。

信用卡可以进行不同的分类。按持卡人是否向发卡银行或发卡公司交存备用金，分为贷记卡和准贷记卡；按其使用对象不同，分为单位卡和个人卡；按其信用程度不同，分为金卡和普通卡；按币种不同，分为人民币和外币卡；按载体材料不同，分为磁条卡和智能卡。目前国内流通和使用的信用卡有中国银行发行的"长城卡"、中国人民建设银行发行的"龙卡"、中国工商银行发行的"牡丹卡"、中国农业银行发行的"金穗卡"，中国交通银行发行的"太平洋卡"、浦东开发银行发行的"东方卡"以及可以国际结算的"万事达卡"和"维萨卡"等。1999年1月5日中国人民银行发布的《银行卡业务管理办法》规定，银行卡分为信用卡和借记卡两种。两种卡均具有转账结算、存取现金和信用消费等功能的全部或一部。差别在于：(1)信用卡具有透支功能，持卡人可以在发卡银行规定的信用额度内先消费、后付款；借记卡则不具有透支功能，持卡人必须先按发卡银行的要求交存一定金额的备用金，然后才能据此进行转账结算、存取现金和信用消费等。(2)信用卡只限于合法持卡人本人使用，不得出借或转借信用卡及其账户；而借记卡既有持卡人本人使用的借记卡，如国内常见的储蓄卡(工资卡)，又有不记名特约商户电子消费卡。(3)单位卡持卡人不得在异地和其领卡城市内银行网点及自动取款机上提取现金。(4)信用卡可以异地使用，而借记卡只能在其领

卡城市内银行网点及自动取款机上提取现金或在指定的特约商户消费。　　　　　　　　（周梁云　官　波）

xinyongka chikaren de yiwu yiji weifan guiding de falü zeren

信用卡持卡人的义务以及违反规定的法律责任（obligation and breach liability for credit card holder）　信用卡的使用与持有人所应尽的义务，以及如果违反相关法律、法规时所应承担的责任。根据中国人民银行1996年4月1日颁布的《信用卡业务管理办法》的规定，持卡人使用单位卡进行透支的，由其单位承担透支金额的偿还和支付透支利息的责任。持卡人使用个人卡附属卡发生透支的，由其主卡持卡人承担透支金额的偿还和支付透支利息的责任；主卡持卡人丧失偿还能力的，由其附属卡持卡人承担透支金额的偿还和支付透支利息的责任。持卡人与特约单位出现的纠纷由双方自行解决。持卡人不得以纠纷为由拒绝偿还因使用信用卡而发生的债务。持卡人必须妥善保管和正确使用其信用卡，否则，因此造成的资金损失，由其自行承担。持卡人办理挂失后，被冒用而造成的损失，有关责任人按照信用卡章程的规定承担责任。单位卡持卡人违反本办法规定用于10万元以上商品交易、劳务供应款项结算的，对其处以5万元至10万元罚款。单位卡持卡人违反本办法规定，将基本存款账户以外账户、销货收入的款项转入或将现金存入其信用卡账户的，除责令其转回基本存款账户外，对其处以5万元至10万元罚款。个人卡持卡人违反本办法规定，将单位的款项转入其信用卡账户的，除责令其退回外，对其处以5000元至1万元罚款。持卡人违反本办法规定套取现金的，对其按套取现金数额的30%至50%处以罚款。持卡人违反本办法规定，出租或转借信用卡及其账户的，除责令其纠正外，对其按账户出租、转借发生的金额处以5%但不低于1000元的罚款，并没收其非法所得。持卡人恶意透支的，依法追究其刑事责任。特约单位受理信用卡时，应当按照规定的操作程序办理，否则因此造成的资金损失，由其自行承担。特约单位工作人员参与欺诈银行活动，构成犯罪的，依法追究其刑事责任。银行工作人员与持卡人或特约单位串通参与欺诈活动，构成犯罪的，依法追究刑事责任。伪造、盗用信用卡，使用伪造、作废的信用卡，冒领冒用、涂改信用卡骗取财物的，应依法对其处罚，并追究刑事责任。　　　　　　（官　波）

xinyongka de shenling

信用卡的申领（credit card application）　单位或个人在符合条件的情况下，向金融机构申请领取信用卡，以便使用。根据中国人民银行1996年4月1日颁布的《信用卡业务管理办法》规定，凡在中华人民共和国境内金融机构开立基本存款账户的单位可申领单位卡。单位卡可申领若干张，持卡人资格由申领单位法定代表人或其委托的代理人书面指定和注销。凡具有完全民事行为能力的公民可申领个人卡。个人卡的主卡持卡人可为其配偶及年满18周岁的亲属申领附属卡，附属卡最多不得超过两张，主卡持卡人有权要求注销其附属卡。单位或个人申领信用卡，应按规定填制申请表，连同有关资料一并送交发卡银行。对符合条件的，发卡银行为申领人开立信用卡账户，并发给信用卡。单位卡账户的资金一律从其基本存款账户转账存入，不得交存现金，不得将其他存款账户和销货收入的款项存入单位卡账户。个人卡账户的资金只限于其持有的现金存入或以其工资性款项及属于个人的其他合法收入转账存入。严禁将单位的款项转账存入个人卡账户。信用卡仅限于合法持卡人本人使用，持卡人不得出租或转借信用卡及其账户。　　　　　　（官　波）

xinyongka de xianjin cunqu

信用卡的现金存取（cash credit and debit on credit card）　信用卡的个人持卡人或其代理人在发卡银行或代理银行办理交存现金的行为。根据中国人民银行1996年4月1日颁布的《信用卡业务管理办法》的规定，信用卡的个人持卡人或其代理人交存现金，应在发卡银行或其代理银行办理。持卡人凭信用卡在发卡银行或代理银行交存现金的，银行应在存款单上压卡，经审查并收妥现金后，将存款单回单联及信用卡交给持卡人。持卡人委托他人在不压卡的情况下代为办理交存现金的，代理人应在信用卡存款单上填写持卡人的卡号、姓名、存款金额等内容，并将现金送交银行办理交存手续。持卡人在银行支取现金时，应将信用卡和身份证一并交发卡银行或代理银行。IC卡和照片卡免验身份证。发卡银行或代理银行压（刷）卡后，填写取现单，经审查无误，交持卡人签名确认。超过支付限额的，代理银行应向发卡银行索权，并在取现单上填写授权号码。办理付款手续后，将现金、信用卡、身份证和取现单回单联交给持卡人。发卡银行（或代理银行）收到收单银行通过同城票据交换或本系统联行划转的各种单据后，为持卡人办理收、付款手续。

　　　　　　（官　波）

xinyongka de xiaohu

信用卡的销户（account closure of credit card）　将持卡人的信用卡账户取消的行为。根据中国人民银行1996年4月1日颁布的《信用卡业务管理办法》规定，信用卡持卡人还清透支本息后，属于下列情况之一的可以办理销户:(1)信用卡有效期满45天后,持卡人不更换新卡的;(2)信用卡挂失满45天后,没有附属卡又不更换新卡的;(3)信誉不佳,被列入止付名单,发卡银行已收回其信用卡45天的;(4)持卡人因故死亡,发卡银行已回收其信用卡45天的;(5)持卡人要求销户或担保人撤销担保,并已交回全部信用卡45天的;(6)信用卡账户2年(含)以上未发生交易的;(7)持卡人违反其他规定,发卡银行认为应该取消资格的。发卡银行办理销户,应当收回信用卡。有效卡无法收回的,应当将其止付。销户时,单位卡账户余额转入基本存款账户,不得提取现金。信用卡遗失或被盗,持卡人应立即持本人身份证或其他有效证明,就近向发卡银行或代办银行申请挂失,并按规定提供有关情况,办理挂失手续。持卡人申请挂失后,找回信用卡的,可申请撤销挂失止付。 (官波)

xinyongzheng

信用证(Letter of Credit, L/C) 一项约定,根据此约定,一家银行(开证行)应客户(申请人)的要求和指示,或以其自身的名义,在符合信用证条款的情况下,凭规定的单据,向第三人(受益人)或其指定人付款、承兑并支付受益人出具的汇票,或授权另一家银行付款、承兑并支付受益人出具的汇票,或授权另一家银行议付。在学理上,信用证是指银行以开证申请人的请求,开给受益人的一种保证银行在受益人提交信用证要求的单据的情况下承担付款责任的书面凭证。

由于各银行实践的不同,信用证的条款也会有较大的差异,但根据国际商会《跟单信用证统一惯例》,其基本条款主要有:(1)开证行名称、开立的日期和地点;(2)信用证种类、号码、到期日和地点;(3)开证申请人名称与地址;(4)受益人名称与地址;(5)通知行;(6)金额;(7)指定行与信用证的使用方式;(8)运输要求,包括是否可分批装运或转运;(9)各种详细要求,如货物的描述、提交的单据、特别规定等;(10)单据提交期限;(11)给通知行的指示,如是否要求保兑等;(12)偿付指示或保证;(13)信用证的页数;(14)开证行签字和/或盖章;(15)适用的规则。根据不同的标准信用证可以分为不同的种类:可撤销的信用证与不可撤销的信用证;保兑的信用证和非保兑的信用证;即期付款信用证、延期付款信用证、承兑信用证和议付信用证;光票信用证和跟单信用证;可转让信用证与不可转让信用证;备用信用证等。

信用证的特点:(1)信用证是银行信用;因为银行承担了第一付款人的责任,对卖方来说比较安全,可以说比商业信用安全多了;(2)信用证是一种单据的买卖。银行只要求单证相符,单单一致,单据齐全,银行就立即履行付款的责任;(3)信用证是一项独立的文件。它出自买卖合同,但是一旦开出来了,它就是买卖合同之外独立的文件,有人叫他自足的文件,不受买卖合同约束,而是以信用证行事。信用证的作用:(1)信用证起到了保证的作用,保证买卖双方安全;(2)信用证的出现,解决了买卖双方支付上的矛盾;(3)信用证起了资金融通的作用;(4)信用证对银行也起到了增加资金收入的作用。因进口方开证要交押金,押金等于无息存款的,银行利用它可获取利息。信用证方式的当事人有7个:(1)开证申请人,一般为进口方;(2)开证银行,即进口方的银行;(3)通知行,一般为出口方所在地的银行;(4)受益人,就是出口方;(5)议付行,就是出口方的银行;(6)付款行,一般就是进口方的开证行;(7)保兑行,一般是为开证银行保兑的银行。当事人之间的关系:出口方与进口方是国际贸易进出口业务中的债权人与债务人之间的关系;出口方与议付行的关系是契约的关系,信用证就是他们之间的法律文件;进口方和开证行的关系也是契约关系,开证申请书就是他们之间的契约;开证行与议付行,它们间也有契约关系,代理协议,是他们间的法律文件;保兑行与开证行的关系一般是银行间的业务关系。

信用证是一种银行信用,银行承担第一性的付款责任。在处理信用证的业务中一般要遵从两个原则,即:信用证独立原则,在受益人交付的单据符合信用证的规定时,无论作为基础合同的买卖双方之间产生争议与否,银行都必须履行其付款义务,但信用证的欺诈例外;严格一致原则,银行合理小心地审核信用证规定的一切单据,确定是否表面与信用证条款一致(单证一致)以及单据与单据之间是否一致(单单一致),该一致仅限于表面一致。 (罗大帅 王连喜)

xingshi zhicai

刑事制裁(criminal sanction) 又称刑事处罚。依照法律的具体规定,由国家司法机关对具有严重社会危害性的经济违法行为以刑罚方式来追究法律责任的措施。刑事制裁是经济法律从刑事法律中援引的制裁方式,是援用制裁的一种。也是法律制裁中最为严厉的一种,通过对被制裁方的人身和财产科以严格限制和处分的刑罚手段来进行责任的追究,以达到惩罚并改造犯罪人、预防其他人犯罪的目的。目前我国刑事制裁的手段包括主刑和附加刑两类。主刑包括管制、拘役、有期徒刑、无期徒刑、死刑;附加刑包括罚金、剥夺政治权利、没收财产,对犯罪的外国人,可以独立或者附加适用驱逐出境。刑事制裁的严厉性也决定了其适用条件的严格性。实施刑事制裁的主体只能是人民法院。刑事制裁必须依照法定的标准和程序实行。法律没有明文规定为犯罪的行为,不能处以刑事制裁。

(黄军辉)

xingshi jingji quanxian zhifa

行使经济权限执法(execution of economic law by authority) 各级人民政府及其经济工作部门,依照宪法、法律规定的权限,通过行使职权的方式执行宪法、法规或行政法规、地方性法规。根据宪法、法律的规定,颁布经济法规、规章以及其他规范性文件也是各级人民政府的职权。行使经济权限执法在这里作狭义的理解,是颁布规范性文件执法以外的执法活动。

根据我国法律的规定,国务院是最高国家行政机关,具有以下经济执法权限:有权编制和执行国民经济和社会发展计划和国家预算,领导和管理经济工作和城乡建设,领导和管理教育、科学、文化、卫生、体育和计划生育工作,规定各经济机关的任务和职责,规定中央和省、自治区、直辖市的国家经济机关的职权,具体划分并统一领导各经济机关的工作,并且领导不属于各部和各委员会的全国性的经济工作,通过改变或者撤销地方各级国家行政机关的不适当的经济决定和命令的纠正性管理方式来保障经济法律、法规在全国的统一实施,实现经济法秩序。县级以上的地方各级人民政府具有以下经济执法权限:执行国民经济和社会发展计划、预算,管理本行政区域内的经济、财政、教育、科学、文化、卫生、体育、监察、计划生育、环境和资源保护、城乡建设事业,保护社会主义的全民所有的财产和劳动群众集体所有的财产,保护公民私人所有的合法财产,维护社会秩序,保护各种经济组织的合法权益,通过改变或者撤销所属各工作部门的不适当的经济命令、指示和下级人民政府的不适当的经济决定、命令的纠正性管理方式来进行经济执法。乡、民族乡、镇的人民政府具有以下经济执法权限:执行本行政区域内的经济和社会发展计划、预算,管理本行政区域内的经济、财政、教育、科学、文化、卫生、体育、计划生育事业,保护社会主义的全民所有的财产和劳动群众集体所有的财产,保护公民私人所有的合法财产,维护社会秩序,保护各种经济组织的合法权益,执行上级政府的经济决定和命令,办理上级人民政府交办的经济事项。

各级国家经济机关实行首长负责制。国务院实行总理负责制,具有经济管理权限的各部、各委员会实行部长、主任负责制。地方各级人民政府分别实行省长、自治区主席、市长、州长、县长、区长、乡长、镇长负责制。重大经济执法行为的作出需要以会议方式讨论通过。总理召集和主持国务院常务会议和国务院全体会议。具有经济管理权限的各部部长、各委员会主任负责本部门的工作;召集和主持部务会议或者委员会议、委务会议,讨论决定本部门经济执法工作的重大问题。县级以上的地方各级人民政府中的重大经济问题,须经政府常务会议或者全体会议讨论决定。

(周永平)

xingwei shuifa

行为税法(behavior tax law) 调整行为税征纳关系的法律规范的总称。行为税也称为特定目的税,是国家为实现一定的社会目的或推行一定的社会政策,对某些特定的行为所征收的税收。我国现行的行为税法主要包括印花税法、筵席税法和屠宰税法。 (翟继光)

xingzheng longduan

行政垄断(government-created monopoly) 政府及其所属机构滥用行政权力限制竞争的行为。这些行为之所以被称为滥用行政权力,是因为它们既不属于政府为维护社会经济秩序而进行的正常经济管理活动,也不属于政府为宏观调控经济而采取的产业政策、财政政策等经济政策和社会政策。行政垄断的主要表现形式是行业垄断和地区垄断,或者称为条条垄断和块块垄断。行业垄断是指在某个行业或者某个生产部门,政府主管部门批准设立集行政管理和生产经营于一体的行政性公司。由于与政府的特殊关系,这些行政性公司有着其他企业不可能拥有的竞争优势,就某些产品的生产、销售或者原材料采购处于人为的垄断地位。这种现象也被称为"权力经商"。地区垄断则是指行政区域内的地方保护主义,主要表现为地方政府禁止外地产品进入本地市场,或者阻止本地原材料销往外地,由此使全国本应统一的市场分割为一个个狭小的地方市场。经济体制改革以来,随着中央和地方政府在财政上"分灶吃饭",各地区有了相对独立的利益,地方保护主义随之发展到了很严重的程度。此外,行政性限制竞争行为在我国还表现为企业合并中的"拉郎配",即政府强迫企业加入企业集团,或者强迫经济效益好的企业接受效益不好的企业。

1980年10月国务院发布的《关于开展和保护社会主义竞争的暂行规定》,首次提出了反对行政垄断的任务。它指出:"在经济生活中,除国家指定由有关部门和单位专门经营的产品外,其余的不得进行垄断,搞独家经营。""开展竞争必须打破地区封锁和部门分割,任何地区和部门都不准封锁市场,不得禁止外地商品在本地区、本部门销售。"此外,国务院还发布了一系列反对行政性限制竞争的法规。如在反对权力经商方面,多次发布了关于清理整顿公司的决定,强调要贯彻政企分开的原则,禁止党政机关办公司。在反对地区封锁方面,国务院也曾多次发布命令,要求打破地区间市场封锁,进一步搞活商品流通。反对行政垄断最重要的现行法规是《反不正当竞争法》第7条。它指出:"政府及其所属部门不得滥用行政权力,限定他人购买其指定的经营者的商品,限制其他经营者正当的经营活动;政府及其所属部门不得滥用行政权力,限制外地商品进入本地市场,或者本地商品流向外地市场。"根据该法第30条的规定,滥用行政权力的法律后果是由其上级机关责令改正;情节严重的,由同级或上级机关对直接责任人员给予行政处分。我国的行政垄断在很大程度上是政企不分的结果。要解决这个问题,国家还需要进一步深化经济体制改革。　(王晓晔)

xingzheng shiye danwei guoyou zichan
行政事业单位国有资产(state-owned assets in administrations and enterprises)　简称行政事业资产。由行政事业单位占有、使用的,在法律上确认为国家所有,能以货币计量的各种经济资源的总和。包括国家拨给行政事业单位的资产、行政事业单位按照国家政策规定运用国有资产组织收入形成的资产以及接受捐赠和其他经法律确认为国家所有的资产。行政事业单位主要包括行政单位和事业单位。行政单位包括国家权力机关、国家行政机关、检察机关、审判机关、中央和地方政治协商会议机关以及各党派组织的机构和纳入国家行政编制的社会团体。事业单位包括各行业的事业单位,如文教卫生事业单位、科学事业单位、抚恤和福利事业单位等,以及纳入事业编制的社会团体。此外,行政事业单位还包括列入社团编制的社会团体,如各科学会、联合会等以及行政事业单位的附属营业单位。行政事业资产的表现形式有:(1)固定资产。包括资产价值在规定标准以上,耐用时间在1年以上,并在使用过程中保持原有物质形态的房屋、建筑物、专用和一般设备、文物、陈列品、图书等。(2)流动资产。指可以在1年内变现或者耗用的资产,包括现金、各类存款、有价证券、应收和预付款等。(3)长期投资。指不准备在1年内变现的投资,包括债券投资和其他投资。(4)无形财产。指长期使用但没有实物形态的资产,包括专利权、商标权、著作权、土地使用权、非专利技术、商誉等。(5)其他资产。指上述资产以外的其他资产。　(马跃进　孙晓红)

xingzheng shiye danwei guoyou zichan baogao zhidu
行政事业单位国有资产报告制度(report system of state-owned assets in administrations and enterprises)　根据《行政事业单位国有资产管理办法》(国家国有资产管理局、财政部1995年2月15日发布)的规定,行政事业单位对所占用的资产要严格按照国有资产管理部门规定的报表格式及内容定期作出报告,实行国有资产直接管理的,直接向国有资产管理部门报告;实行委托管理的,向主管部门报告,由主管部门汇总后向同级国有资产管理部门报告。地方各级国有资产管理部门要按照规定的时间和要求,编制汇总报表及分析说明,向上级国有资产管理部门报告,并同时抄报同级财政部门作为编制下年度财政预算的参考依据。国家国有资产管理局负责编制和汇总全国的行政事业单位资产报表,并同时抄送财政部作为安排下年度财政预算的参考依据。行政事业单位在报送报表时,应做到内容完整,数字准确,同时对国有资产变动、使用和结存情况作出文字分析说明。通过报表分析,可以看出行政事业单位国有资产的分布、结构等情况,可以看出行政事业单位国有资产在国家国有资产总量当中所占的比重及其所占的地位,可以为国家发展各项事业提供信息和决策依据。　(马跃进　孙晓红)

xingzheng shiye danwei guoyou zichan chanquan dengji
行政事业单位国有资产产权登记(registration of title of state-owned assets in administrations and enterprises)　国有资产管理部门代表国家对行政事业单位国有资产进行登记,依法确认国家对国有资产的所有权和行政事业单位占有、使用国有资产的法律行为。我国从1996年开始对行政事业单位国有资产进行行政事业单位国有资产产权登记(以下简称产权登记),为此国有资产管理局、财政部联合发布了《行政事业单位国有资产管理办法》(1995年2月15日)。此后,国有资产管理局又发布了《行政事业单位国有资产产权登记实施办法》(1995年3月25日)作为配套办法,并印制了《中华人民共和国国有资产产权登记证(行政事业单位)》,以规范产权登记行为。依据这两个办法,国有资产管理部门核发的《中华人民共和国国有资产产权登记证(行政事业单位)》(以下简称国有资产产权登记证)是国家对行政事业单位占有的国有资产享有所有权的法律凭证。凡占有、使用国有资产的行政事业单位,不论其是否纳入预算管理,以及实行何种预算管理形式,都必须向国有资产管理部门申报,办理产权登记手续。行政事业单位产权登记的目的,在于通过产权登记来明确国家和行政事业单位在国有资产上的产权关系,即明确行政事业单位的国有资产所有权属于国家,占有、使用权属于行政事业单位,并以核发的《国有资产产权登记证》作为法律凭证,将这样一种关系确定下来。产权登记的主管机关是国家国有资产管理局和地方各级国有资产管理部门。国家国有资产管理局负责组织中央各级行政事业单位的产权登记;省、自治区、直辖市、计划单列市及其以下各级国有资产管理部门负责本级行政事业单位的产权登记。国有资产管理部门可委托主管部门进行登记。产权登记的主要内容为:单位名称、住所、单位负责人、单位性质、主管部门、资产总额、国有资产总额及负债总额。产权登记分为设立产权登记、变动产权登记和撤销产权登记三种类型。其中设立产权登记适用于新设立的行政事业单位;变更产权登记适用于发生分立、合并、改制以及隶属关系、单位名称发生变化等行为的行政事业单位;撤销产权登记适用于撤销、被合并后终止活动的行政事业单位。新设立的行政事业单位,应在正式成立后30日内,向同级国有资产管理部门或委托的主管部门申报、办理产权登记手续。行政事业单位分立、合并、改制、撤销,以及隶属关系、单位名称、地址、单位负责人发生变化,以及国有资产总额超过一定比例的,应在主管部门或审批机关批准后30日内,向同级国有资产管理部门或委托的主管部门申报,办理变动产权登记或撤销产权登记手续。行政事业资产产权登记实行年度检查制度,每年进行一次。行政事业单位要在认真查清年末资产存量的基础上填制年检登记证。各级国有资产管理部门应将本级的行政事业单位占有、使用的国有资产产权登记情况定期报告上级国有资产管理部门,并抄报同级财政部门。各级国有资产管理部门应妥善保管行政事业资产产权登记表,并建立行政事业资产产权登记档案,了解和掌握行政事业单位国有资产存量增减变动情况。

(马跃进 孙晓红)

xingzheng shiye danwei guoyou zichan chanquan jieding

行政事业单位国有资产产权界定(boundary line of the title of state-owned assets in administrations and enterprises) 国家依法划分行政事业单位国有资产的产权归属,明确其财产范围及管理权限的一种法律行为。对行政事业单位国有资产产权界定的法律依据是《国有资产产权界定和产权纠纷处理暂行办法》(1993年12月国家国有资产管理局发布),据此办法,国家机关及其所属事业单位占有、使用的资产以及政党、人民团体中由国家拨款形成的资产,界定为国有资产。国家所属事业单位经批准以其占用的国有资产出资创办的企业和其他经济实体,其产权归该单位拥有。

(马跃进 孙晓红)

xingzheng shiye danwei guoyou zichan chanquan jiufen tiaochu

行政事业单位国有资产产权纠纷调处(settlement of title-dispute among administrations and enterprises for state-owned assets) 根据《行政事业单位国有资产管理办法》的规定,各级国有资产管理部门所负责本级管辖范围内行政事业单位所发生的由于财产所有权及经营权、使用权归属不清而发生的争议的调处工作,依据是国有资产管理局制定的有关产权纠纷调处办法。《国有资产产权界定和产权纠纷处理暂行办法》(国有资产管理局1993年12月发布)中规定,全民所有制单位之间因对国有资产的经营权、使用权等发生争议而产生纠纷,应在维护国有资产权益的前提下,由当事人协商解决。协商不能解决的,应向级或共同上一级国有资产管理部门申请调解和裁定,必要时报有权管辖的人民政府裁定。全民所有制单位与其他经济成分之间发生的产权纠纷,由全民所有制单位提出处理意见,经同级国有资产管理部门同意后,与对方当事人协商解决。协商不能解决的,依司法程序处理。《国有资产产权纠纷调处工作试行规则》(国家国有资产管理局令第1号,1994年10月发布)对产权纠纷的调处进一步作出规定,主要内容是:(1)各级国有资产管理部门成立国有资产产权纠纷调处委员会,专门负责国有资产产权纠纷调处事宜。(2)发生国有资产产权纠纷的当事人双方协商不能解决的,一方当事人可以向调处委员会请求调处。向调处委员会提出请求的一方当事人为申诉人,另一方为被诉人。(3)调处委员会决定受理产权纠纷案件后,应及时向申诉人和被申诉人发出受理通知书。(4)当事人对自己的主张负有举证责任。(5)国有资产产权纠纷的处理,应以调解结案为主。确无调解基础和条件的,可及时进行裁决。调处委员会出具的调解书是具有法律效力的文件。一方当事人对裁决不服的,还可以在收到裁决书之日起15日内向上一级调处委员会申请复议;对复议决定仍不服的,可直接向国家国有资产管理局调处委员会申诉。申诉期间裁决仍应执行。国家国有资产管理局调处委员会的裁决是终局的裁决。(6)一方当事人拒不执行已经发生法律效力的调解书或裁决书的,除由政府及国有资产管理部门追究其行政责任外,另一方当事人可以依法向人民法院提起侵权诉讼,请求法院判决执行。由此造成国有资产损失的,须追究直接责任人员及领导者的行政及经济责任。触犯刑律的,移交司法机关惩处。

(马跃进 孙晓红)

xingzheng shiye danwei guoyou zichan chuzhi guanli

行政事业单位国有资产处置管理(management of handling assets in administrations and enterprises) 行政事业单位对其占有、使用的国有资产进行产权转让及注销产权的一种行为。包括无偿调出、出售、报损、报废等。无偿调出指国有资产在不变更所有权的前提下,以无偿转让的方式变更国有资产占有使用权的资产处置。出售指国有资产以有偿转让的方式变更所有权或占有使用权,并收取相应处置收益的资产处置。报废指经科学鉴定或按有关规定,已不能继续使用,必须进行产权注销的资产处置。报损指对发生的国有资产呆账损失、非正常损失等,必须按有关规定进行资产注销的资产处置。

根据《行政事业单位国有资产处置管理实施办法》(国家国有资产管理局1995年9月5日发布)的规定,对行政事业单位国有资产处置的管理包括以下主要内容:(1)资产处置按照规定的审批权限进行审批。

中央级行政事业单位占有、使用的房屋、土地、车辆及单位价值在20万元以上(含20万元)的仪器设备的处置,经主管部门审核后,报国家国有资产管理局会同财政部审批。规定标准以下的审批权限,由主管部门决定。各省、自治区、直辖市和计划单列市可根据实际情况规定资产处置的审批权限。(2)单位处置资产要按规定的申报程序进行申报,并提供有关文件、证件及资料。行政事业单位处置规定标准以上的国有资产,首先向主管部门申报,提出申请处置国有资产的报告,填报《行政事业单位国有资产处置申报表》,经主管部门审核后,报同级国有资产管理部门会同财政部门批准。行政事业单位处置国有资产时,应根据不同情况提交有关文件、证件及资料:资产价值的凭证如购货单、发票等;资产报废的技术鉴定;评估机构出具的有关资产处理文件;报损资产的名称、数量、规格、单价、损失价值清册,以及鉴定资料和对非正常损失责任者的处理文件;提交单位领取的《中华人民共和国国有资产产权登记证(行政事业单位)》等。(3)资产处置后,申报单位凭核准部门的"行政事业单位国有资产处置批复书"调整有关资产、资金账目。(4)资产处置收入,包括出售收入、报废报损残值变价收入,均属国家所有,单位按财政部门的有关规定管理使用。(5)法律责任。各级国有资产管理部门、财政部门和主管部门,要加强行政事业单位国有资产处置的管理,制止资产处置中的各种违法行为,防止国有资产流失,维护国有资产的合法权益,对违反实施办法,擅自处置国有资产的单位,均按违反财经纪律处理。对使国有资产受到严重侵害的单位和个人,要进行必要的经济处置,并移送有关部门追究其行政责任,触犯刑律的,要移送司法部门追究其法律责任。

(马跃进 孙晓红)

xingzheng shiye danwei guoyou zichan guanli banfa
《行政事业单位国有资产管理办法》(Management of State-owned Assets in Administrations and Enterprises Measures) 规范行政事业单位国有资产管理制度的部门规章,1995年2月15日由国家国有资产管理局、财政部联合颁布,同日开始实行。制定本办法的目的是为了加强国家行政事业单位国有资产管理,维护资产的安全和完整,提高资产使用效益,保证国家行政机关履行职责和促进各项事业发展。本办法共9章47条。第一章总则。规定了本办法的立法目的、行政事业单位国有资产的范围及表现形式、行政事业单位国有资产管理的任务、管理内容、管理原则及体制。第二章管理机构及其职责。规定了国有资产管理机构包括中央和地方各级国有资产管理部门、各主管部门的国有资产管理机构及行政事业单位的国有资产管理机构,并规定了各机构的职责权限。第三章产权登记。规定了产权登记的含义、登记资产范围、登记主管机关、登记类型、登记年度检查制度及登记程序。第四章资产使用。规定行政事业单位要做好资产的日常管理工作、建立健全规章制度,实行管理使用责任制;要对资产定期清查、优化资源配置、提高资产使用效益。第五章非经营性资产转经营性资产。规定了非经营性资产转经营性资产的方式、资产评估办法、审批程序、有偿使用原则及资产的国家所有性质不变等制度。第六章资产处置和产权纠纷的调处。规定了行政事业单位国有资产处置的方式、审批程序、资产评估程序及处置收入的国家所有性质。同时规定了产权纠纷的调处机关及调处法律依据。第七章资产的报告制度。规定了行政事业单位对所占有的资产要向国有资产管理部门及财政部门定期报告的制度。第八章责任。规定了国有资产管理部门、主管部门、行政事业单位及其工作人员未按规定履行职责时应承担的法律责任。第九章附则。规定了本办法的适用范围、解释及组织实施权限以及施行的日期。同时规定中国人民解放军以及经国家批准的某些特定的行政事业单位国有资产的管理办法由解放军总后勤部和有关主管部门会同国家国有资产管理局依本办法另行制定。(马跃进 孙晓红)

xingzheng shiye danwei guoyou zichan guanli de renwu
行政事业单位国有资产管理的任务(duty of managing state-owned assets in administrations and enterprises) 根据《行政事业单位国有资产管理办法》(国家国有资产管理局、财政部1995年2月15日发布)的规定,行政事业单位国有资产管理的任务主要包括:(1)建立健全规章制度。行政事业单位国有资产管理,应当建立包括产权登记、产权界定、产权纠纷调处、资产使用、资产处置、资产报告和监督考核等规章制度,以使管理工作规范化。(2)明确产权关系、实施产权管理。通过产权界定、产权登记等形式,明确行政事业单位国有资产的国家所有权和行政事业单位的占有使用权。国家国有资产管理机构代表国家履行国有资产所有者职能,行政事业单位履行占有使用者的职能。(3)保障资产的安全和完整。行政事业单位应建立完整的资产实物账、卡,全面反映国有资产的存量状况;严格管理制度,及时掌握资产使用及增减变动情况;及时解决管理中发生的问题,保全国有资产。(4)推动资产的合理配置和节约、有效使用。对行政事业单位的国有资产,应当注意合理流动、优化配置,以发挥资产的最大效益。(5)对经营性资产实行有偿使用并监督其保值增值。对行政事业单位以非经营性资产从事生产经营活动的,应当坚持有偿使用的原则,通过征收资产占用费,集中一部分资产收益,用于固定资产的更新改造。对行政事业单位用国有资产开办的具有法人资格的企业和营业单位,要按照《国有企业财产监管条例》实施监督管理,确保国有资产保值增值。   (马跃进 孙晓红)

xingzheng shiye danwei guoyou zichan guanli jigou de falü zeren

行政事业单位国有资产管理机构的法律责任(legal liability of administrative agency organization to manage state-owned assets in administrations and enterprises)

行政事业单位国有资产管理过程中,国有资产管理部门、主管部门和单位及其工作人员依法负有管好用好国有资产的义务和责任。依法维护其安全、完整,对违反国有资产管理规定的,要追究有关单位和人员的法律责任。(1)国有资产管理部门的法律责任。各级国有资产管理部门在行政事业单位国有资产管理中,有下列行为之一的,由同级政府责令改正,并对主管领导和直接责任人员由上级主管机关或所在单位追究责任:未按规定履行其职责,对资产造成严重流失或损失浪费不反映、不提出建议、不采取相应管理措施的;在产权管理工作中,未按有关法律、法规办事,滥用职权,造成严重后果的。(2)主管部门的法律责任。主管部门在行政事业单位国有资产管理中,有下列行为之一的,国有资产管理部门有权责令其改正,并建议追究主管领导和直接责任人员的责任:未履行职责,放松资产管理,造成严重后果的;不按规定权限,擅自批准产权变动;对所管辖的资产造成流失不反映、不报告、不采取相应管理措施的。(3)行政事业单位的法律责任。行政事业资产的占有、使用单位,有下列行为之一的,国有资产管理部门和主管部门有权责令其改正,并按管理权限,由上级机关或所在单位追究主要领导和直接责任人员的责任:未履行职责,资产管理不善,造成重大流失的;不如实进行产权登记,填报资产报表,隐瞒真实情况的;擅自转让、处置资产和用于经营投资的;弄虚作假,以各种名目侵占资产和利用职权谋取私利的;对用于经营投资的资产,不认真进行监督管理,不行使投资权利,收缴资产收益的。(4)国有资产管理部门、主管部门、行政事业单位的工作人员,违反有关法律,情节严重,造成资产重大流失,构成犯罪的,由司法机关依法追究其刑事责任。
   (马跃进 孙晓红)

xingzheng shiye danwei guoyou zichan guanli jigou jiqi zhize

行政事业单位国有资产管理机构及其职责(management organization of state-owned assets in administrative and government-sponsored institution and its duty)

根据《行政事业单位国有资产管理办法》(国家国有资产管理局、财政部1995年2月15日发布)的规定,国家对行政事业单位国有资产的管理,坚持所有权和使用权相分离的原则,实行国家统一所有,政府分级监管,单位占有使用的体制。按照上述原则和管理体制,我国国有资产管理机构包括三个层次,并有各自的职责权限。第一层次的机构是国有资产管理部门,政府专司国有资产管理的职能机构。中央和地方各级国有资产管理部门按照统一政策、分级管理的原则,对本级政府管辖的行政事业资产施行综合管理。主要职责是:(1)贯彻执行国家有关国有资产管理的法律、法规和方针、政策;(2)会同财政部门制定行政事业资产管理的规章制度,并组织实施和监督检查;(3)负责组织行政事业资产的产权登记、清查统计、资产评估、纠纷调处,并会同财政部门对产权变动、资产处置进行审批;(4)会同财政部门对用于经营性资产的审批和保值增值的考核监管工作;(5)向本级政府、财政部门和上级国有资产管理部门报告工作。第二层次的机构是各主管部门的国有资产管理机构。它们对所属行政事业单位占有、使用的国有资产实施监督管理。主要职责是:(1)贯彻执行有关国有资产管理的法律、法规和制度;(2)负责制定本部门的资产管理办法,并组织实施和监督检查;(3)负责组织本部门的资产清查、登记、统计汇总及日常监督检查工作;(4)负责规定权限范围内资产的调拨、转让、报损、报废的审批;(5)负责本部门用于经营性资产的审核和实现保值增值的监督管理工作;(6)向同级国有资产管理部门和财政部门负责,并报告工作。第三层次的机构是行政事业单位的国有资产管理机构。它们统一对本单位占有、使用的国有资产实施具体管理。主要职责是:(1)根据上级有关国有资产管理的规定,负责指定并组织实施本单位的国有资产管理具体办法;(2)负责资产的账、卡管理;(3)负责本单位的资产清查、登记、统计报告及日常监督检查工作;(4)负责办理资产的调拨、转让、报损、报废等报批手续;(5)负责资产的合理配置,参与设备采购、验收入库、维修保养和基建竣工验收等日常管理工作;(6)负责对本单位拟开办的经营项目的论证,履行资产投入的申报手续,并对投入经营的资产实施投资者的监督管理;(7)向主管部门负责并报告工作。   (马跃进 孙晓红)

xingzheng shiye danwei guoyou zichan shiyong guanli

行政事业单位国有资产使用管理(operation of state-owned assets in administrations and enterprises)

根据《行政事业单位国有资产管理办法》(国家国有资产管理局、财政部1995年2月15日发布)的规定,对行政事业单位国有资产使用的管理主要包括以下几个方面:(1)行政事业单位要认真做好资产的日常管理工作,建立健全管理制度,包括资产的购建、验收、保管、颁发、检查和维修、处置等管理制度,严格制度管理。(2) 将资产管理的责任落实到有关单位和个人,实行管理使用责任制,并对管理使用情况进行考核,对管理使用好的进行表彰奖励,对管理使用不善、造成损毁流失的,根据情节轻重,予以批评或要求经济赔偿,严重违法的要提交司法部门依法处理。(3) 行政事业单位对占有、使用的国有资产要定期清查,做到家底清楚,账账相符、账卡相符、账实相符,防止资产流失。(4) 行政事业单位要优化资源配置,做到物尽其用,发挥资产的最大使用效益。对长期闲置不用的资产,主管部门和国有资产管理部门、财政部门协商后有权调剂处置,拒绝调剂处置的,国有资产管理部门要建议财政部门或主管部门对其缓拨或停拨有关经费。

(马跃进 孙晓红)

xingzheng zhicai

行政制裁(administrative sanction) 经济机关依照经济法律、法规规定对违反经济管理秩序的被管理主体以及机关内部工作人员依法实施的惩戒行为。依据制裁对象的不同,分为经济处罚制裁和经济处分制裁两种。经济处罚制裁是经济机关依法对违反经济法律法规的被管理主体实施的制裁;行政处分制裁是经济机关对违反经济法律法规及经济机关内部规章制度的工作人员实施的制裁。被制裁方对经济处罚制裁不服可以向人民法院提起诉讼;经济机关的内部工作人员对经济处分制裁不服只能向上级机关提起行政复议,不能向法院提起诉讼。行政制裁的特点在于其行政性。作为一种援用制裁,行政制裁的行政性决定其除了依照具体的经济法律法规的规定以外,还应当遵守一般性的行政法律法规:《中华人民共和国行政处罚法》、《国家公务员暂行条例》、《中华人民共和国行政监察法》等。行政制裁是行政主体基于法律、法规所授予的行政职权而实施的行为,不同于法院实施的制裁。行政制裁必须符合经济法律法规和规章的规定,遵循依法、公正、公开的原则,依照法定程序作出。

(黄军辉)

xingshi shencha

形式审查(formal examination) 又称初步审查。专利管理机关审查专利申请是否符合法律规定的形式要求,包括申请手续是否合法,申请文件是否齐备、合格。根据我国专利法的规定,对于发明专利申请,如经初步审查认为符合要求的,自申请日起满18个月,即行公布;如有不符合要求的,应当通知申请人在指定的期限内补正。申请人无正当理由不补正的,其申请视为撤回。补正后仍不符合专利法要求的,专利局予以驳回;而对于实用新型和外观设计申请,只实行形式审查,即采取登记制度,只要专利行政部门经过初步审查,认为该申请手续完备且符合法律规定的形式,就授予专利权。

(严 励)

xiuxi xiujia

休息休假(rest and vacation) 又称休息时间。劳动者在国家规定的法定工作时间外自行支配的时间。休息权是我国宪法规定的公民享有的一项基本权利。工作时间与休息休假时间都由法律法规所规定,用人单位与劳动者都必须遵守。

休息休假立法概况 1866年第一国际代表大会根据马克思的提议,提出了"八小时工作"的口号;1919年巴黎和会通过的《国际劳动宪章》对八小时工作作了规定;1919年国际劳工组织制定了《工业工作时间每日限为8小时及每周限为48小时公约》(第一号);1930年第30号《商业及办事处所工作时间的规定公约》;1934年第43号《自动化平板玻璃工厂工作时间的规定公约》;1936年第51号《减少公共工程工作时间公约》和1937年第61号《减少纺织工业工作时间公约》;1931年第31号《限制煤矿工作时间公约》;1939年第67号《公路运输工作时间与休息时间的规定公约》;1921年第14号《工业中实行每周休息公约》;1957年第106号《商业和办事处所每周休息公约》和第103号《商业和办事处所每周休息建议书》;1954年第98号《工资照付休假建议书》;1970年第132号《工资照付年休假公约》;1974年第140号《工资照付的离职学习公约》。

其他国家立法:1890年瑞典最早实行周休息制度。目前世界上大多数国家都实行了双休日制度。世界上的第一个工作时间立法即是1802年英国议会通过的《学徒健康与道德法》;我国《劳动法》第36条规定"国家实行劳动者每日工作时间不超过8小时,平均每周工作时间不超过44小时的工时制度"。1995年国务院发布《关于修改〈国务院关于职工工作时间的规定〉的决定》,确立了劳动者每日工作时间不超过8小时,平均每周工作时间不超过40小时的工时制度。

休息的内容 (1)一个工作日内的休息时间。一个工作日内的休息时间是指职工在工作日内的岗位上工作时,应有中间休息及用膳的时间。一般工间休息每班两次,每次20分钟;用膳时间每次20—30分钟。(2)两个工作日之间的休息时间。两个工作日之间的休息时间是指职工在一个工作日结束后至下一个工作日开始的休息时间。这种休息时间是保障职工恢复体力智力的重要阶段。一般情况下,如无特殊原因应保障职工的这种休息时间,一般为15—16小时。(3)公休假日。公休假日是职工工作满一个工作周以后的休息时间,一般安排在周六和周日。自1995年5月1日开始。我国实行每周40小时工作制度。

休假的内容 (1)法定节假日。元旦假:1月1日放假1天;春节假:农历正月初一、初二、初三;国际劳动节:5月1日、2日、3日放假;国庆节:10月1日、2日、3日放假。此外,还有妇女节、青年节、儿童节、教师节和少数民族习惯的节日等。(2)探亲假。探亲假是指劳动者工作的地点与父母或配偶居住地不属于同一城市而分居两地时,每年所享有的带薪和保留工作的探望父母或配偶的时间。1981年3月14日国务院发布《关于职工探亲待遇的规定》规定,凡在国家机关、人民团体和全民所有制企业、事业单位工作满一年的固定职工,与配偶不住在一起,又不能在公休假日团聚的,可以享受探望配偶的待遇;与父母亲都不住在一起,又不能在公休假日团聚的,可以享受探望父母的待遇;职工探望配偶的每年给予一方30天的探亲假一次;未婚职工探望父母,每年给予20天的探亲假一次;如果因工作需要,本单位不能给予探亲假或者职工自己愿意两年一次探亲假的,假期为45天;已经结婚职工探望父母的,每四年给予探亲假一次,假期为20天;实行休假制度的用人单位的职工,应当在休假期间探亲,如果其休假的期间不足法定的探亲期间,由用人单位补足。(3)年休假。年休假是指劳动者依照法律规定,在工作满一定期限后每年所享有的带薪连续休息的时间,我国在20世纪50年代曾一度实施过每年给职工12天的年休假制度,后因多方面原因中止。我国《劳动法》第45条对年休假作了原则性规定:"国家实行带薪年休假制度,劳动者连续工作1年以上的,享受带薪年休假。具体办法由国务院规定。"目前,虽然国务院还没有出台具体的规定,但经济效益好的企业一般都在实行年休假制度。(4)婚假、丧假。职工本人结婚或直系亲属(父母、配偶、子女)死亡时由领导批准,可享受一至三天的婚、丧假。职工结婚时双方不在一起工作的,职工在外地的直系亲属死亡时需要职工本人前去料理丧事的,可以根据路程远近,给予路程假。在批准的婚、丧假和路程假期间,职工工资照发。

(邵 芬)

xiuzhengxing tiaozheng
修正性调整 (correcting/amendatory regulation) 国家通过立法对现实法律关系本身加以变更、修改或对立法原则加以修正的调整方式。修正性调整与指令性调整的区别是,其对象是已被法律所规范的关系即经济法律关系,不是直接经济关系。修正性调整实际上不是法与法的对象关系,而是法与法律关系的关系。

在经济转型过程中,经济法的修正性调整整体现明显。我国私营企业法律制度、公司法、商标法、专利法等相继都作了修正性调整。为了引导外商投资方向,使外商投资方向与我国国民经济和社会发展规划相适应,保护外商的合法权益,国务院于2002年4月1日公布了《指导外商投资方向规定》,进一步明确外商投资的鼓励、允许、限制和禁止的领域。放宽外商投资的限制和禁止领域,使外商投资企业享受到较充分的国民待遇。俄罗斯1991年实施的《关于在商品市场中竞争和限制垄断活动的法律》只规范生产流通及劳动力市场的垄断行为,没有涉及保险、金融和社会保障等领域。1999年颁布的《保护在金融市场竞争的法律》对涉及保险、金融和社会保障等领域的垄断行为进行规范,确定了这些特许垄断行业不完全适用反垄断豁免。经济法律制度的具体内容因性质不同修正性调整也不同,基本经济制度和经济体制的原则规定在一定期间保持稳定,而具体经济法律制度修正性调整特性较强。

修正性调整根据调整的内容不同,分为扩大修正、限缩修正和补充修正。扩大修正是经济法律中已规定了某项内容,后扩大该项内容的修正方法。例如,人民币特种股票原指以人民币标明面值,以外币或港元认购和交易,专供外国和我国港澳台地区投资者买卖的股份。其投资者经修正变为,外国、我国港澳台地区投资者和国内投资者。限缩修正是经济法律中已规定了某项内容,后限制或缩小该项内容的修正方法。例如,在2001年第九届全国人大四次会议通过了《关于修改〈中外合资经营企业法〉的决定》,取消了生产经营计划需报主管部门备案和合资企业所需材料和设备在同等条件下应尽先在国内购买的地域限制条款。补充修正是经济法律中没有规定某项内容,后增加或补充该项内容的修正方法。例如,1999年12月第九届全国人大常委会通过的《〈公司法〉修正案》增加了"属于高新技术的股份有限公司,发起人以工业产权和非专利技术作价出资的金额占公司注册资本的比例,公司发行新股、申请股票上市的条件,由国务院另行规定"。扩大修正、限缩修正和补充修正在一定条件下可以相互转化。已扩大修正的法律规范可以进一步限缩;已限缩修正的法律规范可以进一步扩大;已补充修正的法律规范可以进一步限缩或扩大。修正的方向变化取决于经济运行状态。

(刘继峰)

xujia biaoshi xingwei
虚假标示行为 (fake mark conduct) 经营者在商品或包装的标示上,对商品的质量标志、产地或其他反映商品质量状况的各个方面作不真实的标注,欺骗购买者的不正当竞争行为。虚假标示行为的特点:一是这种行为是经营者对商品质量、声誉的若干方面作虚构或隐瞒的不实标示,足以使消费者造成误会。二是这种行为是直接表现在商品或其标签、包装上,虚假做法直接简单,不同于虚假宣传。三是该行为并不侵害特定竞争对手的合法权益,是直接作用于消费者或用户,影响整个同行业的竞争对手,不同于商业混同行为。其表现形式是:(1)伪造或冒用认证标志、名优标志行为。包括未经合法认证机构认证,擅自使用认证标志;经认证不合格的产品,擅自使用认证标志;认证被依法撤销后,不及时停止使用认证标志;非法制造或使用编造的虚假认证标示;擅自篡改、变造认证标志图案并加以说明;未获名优标志的产品,擅自使用名优标志;产品虽获名优标志,但是质量下降,名优标志被撤销或责令停止使用后仍继续使用名优标志;使用编造的虚假名优标志,级别低的名优产品冒用级别高的名优产品标志。(2)伪造产地的行为。伪造产地是一种不真实标注产地的名称或产地标志的不正当行为,会给国际和国内贸易秩序带来极严重的消极影响。(3)对商品质量作引人误解的虚假表示。其表现形式:有产品未经检验或质量检验不合格;不用中文标明的产品名称、生产厂厂名和厂址,或做不真实的标注;根据产品的特点和使用要求,需要标明产品规格、等级、所含主要成分的名称和含量,而未用中文相应予以标明的;需要事先让消费者知晓,而没有在外包装上标明,或者没有预先向消费者提供有关资料的。(4)限期使用的产品,没有显著位置清晰地标明生产日期和安全使用期或者失效日期;使用不当,容易造成产品本身损坏或者可能危及人身、财产安全的产品,没有警示标志或者中文警示说明。

(苏丽娅)

xujia guanggao

虚假广告(false advertising) 经营者通过内容与事实不相符的广告宣传推销商品的行为。广告是经营者与消费者之间信息流通的媒介,因此广告内容必须真实。不得以任何形式弄虚作假,蒙蔽或者欺骗用户和消费者。广告也是商业竞争的重要手段,内容上夸大失真、无中生有、语意模糊、引人误解的广告不仅会误导消费者,损害他们的利益,而且也会影响其他经营者的销售,使他们失去公平竞争的机会。因此,经营者发布虚假广告是不正当竞争行为。

在实践中,一个重要的问题是如何认定虚假广告。因为广告是推销商品的手段,广告者总要使用吸引人的语言或者效果鲜明的图画以吸引公众的注意力,广告从而一般都有夸大的倾向。而且,对于广告的理解,也常常因人而异,即使真实的广告,消费者有时也会发生误解。因此,认定虚假广告就涉及证据法问题。在英国,认定虚假广告是从有理智人的智商水平出发的,在实践中主要是从断案法官的智商水平出发的,这从而导致认定虚假广告的门槛很高。在德国,误导性广告的证据来源于民意测验。根据德国的司法实践,如果被调查的消费者中有10%被误导,广告就可被视为具有误导性,属不正当竞争行为。我国反不正当竞争法对如何认定虚假广告没有作出规定。根据《反不正当竞争法》第24条,经营者利用广告或者其他方法对商品作虚假宣传的,由监督检查部门责令停止违法行为,消除影响,并可根据情节处以1万元以上20万元以下的罚款。广告经营者在明知或者应知的情况下,代理、设计、制作、发布虚假广告的,由监督检查部门责令停止违法行为,没收违法所得,并依法处以罚款。根据刑法第222条,广告主、广告经营者、广告发布者利用广告作虚假宣传,情节严重的,处2年以下有期徒刑或者拘役,并处或者单处罚金。

虚假广告的特征有:(1)社会危害性。虚假广告的危害性主要在于它的欺骗性和误导性,即经营者利用虚假广告排挤其他经营者的公平竞争,欺骗广大消费者。不正当竞争的最终后果也将导致消费者利益的损害。(2)违法性。禁止虚假广告行为的规定散见于多部法规中。1987年国务院发布的《广告管理条例》规定广告内容有弄虚作假的,不得刊播、设置、张贴。《反不正当竞争法》第9条规定经营者不得利用广告或者其他方法,对商品的质量、制作成分、性能、用途、生产者、有效期限、产地等作引人误解的虚假宣传,广告的经营者不得在明知或者应知的情况下,代理、设计、制作、发布虚假广告。虚假广告的实施者无视这些法律法规,擅自制作、发布虚假广告,具有明显的违法性。(3)牟利性。虚假广告一般都是以牟取非法利益为目的,把事物绝对化,把功能神奇化,凭借恶劣的手段追求暴利。

虚假广告行为应当包括虚假广告的设计、制作、编审、刊播、设置、张贴等一系列活动。从本质上说,虚假广告行为是一种不正当的竞争行为,它属于竞争法规定的不正当竞争行为之一。从国际上看,不少国家的竞争法都把刑罚作为惩治包括虚假广告在内的一切不正当竞争行为的重要手段加以规定和运用。

(王晓晔 刘利晋)

xujia xuanchuan

虚假宣传(the false advertising) 经营者利用广告或其他方法对商品或服务情况做与客观实际不符的宣传。其客观表现形式是对商品或服务情况进行虚构、隐瞒或不合理的夸张,从而欺骗购买者。虚假宣传的特征是宣传内容不真实。对虚构、隐瞒性质的虚假宣传通常容易认定因为宣传内容的真实与否,一般可通过对照所宣传商品或服务的实际情况进行判断。在具体认定这种不合理夸张性质的虚假宣传行为时,要综合考虑以下因素:(1)广告内容是否有违反广告管理法律、法规的情况。(2)以普通公众的认识判断能力去衡量,该宣传是否导致或足以导致欺骗性后果。

(苏丽娅)

xukai zengzhishui zhuanyong fapiao yongyu pianqu chukou tuishui dikou shuikuan fapiao zui

虚开增值税专用发票、用于骗取出口退税、抵扣税款发票罪(crime of falsely making out special invoices for value-added tax or invoices to defraud a tax refund for export or to offset tax money) 违反国家的发票管理法规,虚开增值税专用发票或者虚开用于骗取出口退税、抵扣税款的其他发票的犯罪行为。该罪的主观方面必须是故意,犯罪主体是一般主体,犯罪侵犯的客体是国家对增值税专用发票以及可用于出口退税、抵扣税款的其他发票的管理制度。犯罪的客观方面表现在四个方面:(1)为他人虚开;(2)为自己虚开;(3)让他人为自己虚开;(4)介绍他人虚开。

(余启平)

xukezheng maoyi

许可证贸易(licensing trade) 由交易双方以签订许可证协议的形式进行的一种技术贸易。通常指专利权所有人或商标所有人或专有技术所有人作为许可方(licensor)向被许可方(licensee)授予某项权利,允许其按许可方拥有的技术实施、制造、销售该技术项下的产品,并由被许可方支付一定数额的报酬。它是国际技术转让活动中使用最广泛的一种贸易形式。许可证的主体双方称为许可方和被许可方。交易的标的主要为专利、商标和专有技术的使用权或其混合的使用权。通过许可证协议的商务性、法律性和技术性等三大类条款,确定了许可方和被许可方的基本权利与义务。一般是许可人许可对方取得其拥有的技术的使用权、产品制造权及销售权,并负有向对方提供技术资料、技术培训或指导等义务。被许可人则有义务支付技术使用费,承担保密责任等。

根据标的的不同,许可贸易证贸易可分为三种基本类型:专利许可、商标许可和专有技术转让(许可)。在技术贸易中,三种方式有时单独出现,如单纯的专利许可或单纯的商标许可或单纯的专有技术转让,但多数情况是以某两种或三种类型的混合方式出现。根据被许可方所取得的使用权限不同,许可证贸易可分为独占许可贸易、排他性许可贸易和普通许可贸易等;根据被许可方是否可再次转让技术,许可证贸易还可分为可转让许可贸易和不可转让许可贸易。

(王连喜)

xukezheng zhidu

许可证制度(licensing system) 凡是对环境有不良影响的各种规划、开发、建设项目、排污设施或经营活动,其建设者或经营者,需要事先提出申请,经主管部门审查批准,颁发许可证后才能从事该项活动的制度。在环境监督法律制度中,许可证制度是应用最广泛最普遍的一种法律制度。在国外,有人把环境法分为预防法和规章法两大类,许可证制度在规章法中占有重要地位,被称为污染控制法的支柱。许可证种类繁多,有规划许可证、开发建设许可证、生产销售许可证、使用许可证以及排污许可证等,其中使用最多的是排污许可证。排污许可证是比排污申报登记制度更为严格的进行科学化、目标化和定量化监督管理的一种制度。目前,我国对水污染物排放实行许可证制度。按照我国法律规定,我国的水污染排放许可证管理程序包括下面四个阶段:(1)排污申报登记。要求排污单位在指定的时间内,向当地环保部门申报登记手续,要在认真监测、核实排污量的基础上,填报《排污申报登记表》。环保部门应对申报的内容进行检查、核实,以获得本地区排污现状的准确资料和各个污染源的详细资料。(2)确定本地区污染物总量控制目标和分配污染总量削减指标。这是发放许可证最核心的工作。地区污染物控制指标可以根据水体功能和水域容许纳污量来确定;污染物总量削减指标可以根据水环境目标的要求,以某一年度污染物排放总量为基础来确定。多数情况下,因两者差异很大,可以通过逐年削减的办法,把污染物排放总量逐步削减到水环境目标的要求。(3)排污许可证的审批发放。审批发放许可证要对排污者规定必须遵守的条件,包括污染物的允许排放量、排污口的位置、排放方式、排放的最高浓度等。对符合规定条件的排污者,发放《水污染排放许可证》,对暂时达不到规定条件的如超出总量控制指标的单位,发放《临时水污染物排放许可证》,同时要求其限期治理,削减排污量。(4)排污许可证的监督检查和管理。这是许可证能否得到有效遵行的关键。首先需要建立必要的监督检查制度,其次重点排污单位和环保部门都要配备监测人员和设备,逐步完善监测体系,等等。

(申进忠)

xuanzequan

选择权(right of option) 消费者自主选择提供商品或者服务的经营者,自主选择商品品种或者服务方式,自主决定购买或不购买任何一种商品、接受或者不接受任何一项服务的权利。消费者在自主选择商品或者服务时,有权进行比较、鉴别和挑选。自主选择是指根据自己的意愿决定,而无他人的强迫、干预或者威胁等。同时消费者选择权必须在法律规定的范围内行使,即消费者自主选择商品或者服务不得侵害国家、集体和他人的利益,不得违反法律法规,不得损害社会公共利益和社会公德。消费者的自主选择权包括:

(1)有权选择商品或者服务的经营者;(2)有权选择商品品种或者服务方式;(3)有权自主决定购买或者不购买任何一种商品、接受或者不接受任何一项服务。消费者在自主选择商品或者服务时,有权进行比较、鉴别和选择。这是对消费者自主选择权的完善,也可以说是消费者知情权的自然延伸。消费者在充分了解商品或者服务的真实情况后,有权进行比较鉴别和挑选,这样消费者享有的自主选择权才有保证。

对消费者选择权的保护,就意味着消费者的消费决定必须是自主自愿,其他人一律不得干涉,相对于经营者来说,充分尊重消费者在消费活动过程中的选择权是其义务。经营者可以为消费者提供各种信息和咨询意见,向消费者介绍、推荐其产品或者服务,但不得强迫消费者接受,更不得以暴力、威胁等手段强迫消费者,否则构成对消费者选择权的侵犯。 (刘利晋)

xunjia caigou
询价采购(inquiry procurement) 又称选购或邀请报价。对供应商提供的报价进行比较,以确保价格具有竞争性的一种采购方式。《政府采购管理暂行办法》规定,达到限额标准以上的单项或批量采购的现货,属于标准规格且价格弹性不大的,经财政部门批准,可以采用询价采购方式,而提供报价的供应商不得少于三家。《政府采购法》第32条则规定,采购的货物规格、标准统一,现货货源充足且价格变化幅度小的政府采购项目,可以采用询价方式采购。

采取询价方式采购的,应当遵循以下程序:(1)成立询价小组。询价小组由采购人的代表和有关专家共三人以上的单数组成,其中专家的人数不得少于成员总数的2/3。询价小组应当对采购项目的价格构成和评定成交的标准等事项作出规定。(2)确定被询价的供应商的名单。询价小组根据采购需求,从符合相应资格条件的供应商名单中确定不少于三家的供应商,并向其发出询价通知书让其报价。(3)询价。询价小组要求被询价的供应商一次报出不得更改的价格。(4)确定成交供应商。采购人根据符合采购需求、质量和服务相等且报价最低的原则确定成交供应商,并将结果通知所有被询价的未成交的供应商。 (杨云鹏)

xunhuan xinyongzheng
循环信用证(revolving letters of credit) 信用证上的金额,被出方全部或者大部分用完之后,它的金额又恢复到原有金额,再度被受益人继续使用,循环反复,直到用完合同当中规定的使用次数或累计总金额为止的信用证。它与一般信用证的不同之处在于它可以多次循环使用,而一般信用证在使用后就宣告失效。循环信用证主要是用于长期或者较长期内分批交货的供货合同。使用这种信用证,买方可省开证押金和逐单开证的手续及费用,卖方也避免了等证、催证、审证的麻烦,因而有利于买卖双方业务的开展。循环信用证按运用的方式可以分为两种:一种是按照时间循环的信用证,一种是按照金额循环的信用证。(1)按时间循环的信用证是指受益人在一定时间内可多次支取信用证规定金额的信用证。这种信用证又有两种做法:一是受益人上次因故未交或未交足货物从而为用完信用证规定的金额,其货物可转移至下一次一并补交,其金额可移至下次一并适用的,称为可积累使用的循环信用证(cumulative revolving credit);二是受益人上次因故未交或未交足货物,该批货物的支款权也相应取消,其金额不能移至下次一并适用的,称为非积累使用的循环信用证(noncumulative revolving credit)。(2)按金额循环信用证是指受益人按信用证规定议付后,仍恢复原金额在继续使用,直至用完规定的循环次数或总金额为止。在该项下,恢复到原金额的做法有三种:一是自动式循环:信用证规定的每次金额使用后,无需等待开证行通知,即可自动恢复到原金额,可再次使用;二是非自动式循环:信用证规定的每次金额使用后,需等待若干天,若在此期间开证行为发出停止循环使用的通知,即可自动恢复到原金额,可再次使用;三是半自动式循环:信用证规定的每次金额使用后,必须等待开证行的通知到达后,方能恢复到原金额,继续使用。 (王连喜)

xunsi wubi buzheng shaozheng shuikuan zui
徇私舞弊不征、少征税款罪(crime of engaging in malpractices for personal gain in failing to collect and under collect tax) 税务机关的工作人员徇私舞弊,不征或者少征税款,致使国家税收遭受重大损失的犯罪行为。该罪的主观方面是故意,犯罪主体是税务机关的工作人员,侵犯的客体是国家的税收征管制度。
(余启平)

xunsi wubi fashou fapiao dikou shuikuan chukou tuishui zui
徇私舞弊发售发票、抵扣税款、出口退税罪(crime of engaging in malpractices for personal gain in selling invoices, offsetting tax and making tax refund for exports) 税务机关的工作人员违法法律、行政法规的规定,在办理发售发票、抵扣税款、出口退税工作中,徇私舞弊,致使国家利益遭受重大损失的犯罪行为。该罪的主观方面是故意,犯罪主体是税务机关的工作人员,侵犯的客体是国家的税收征管制度。
(余启平)

Y

yatai jingji hezuo zuzhi
亚太经济合作组织(Asia and Pacific Economic Co-operation, APEC) 全称为亚洲及太平洋经济合作组织,简称亚太经合组织。它是在澳大利亚前总理霍克的倡议下,于1989年11月在堪培拉正式成立,现有成员21个。1991年我国作为主权国家,以"中华人民共和国"的名称参加了亚太经合组织,台湾与香港分别以地区经济实体形式同时加入。

亚太经济合作组织在成立初期是一个促进经贸合作的区域性论坛,1993年2月在新加坡设立秘书处是其朝机构化方向迈出实质性一步的标志。由于其成立背景是世界经济的区域化、集团化及国际贸易保护主义的加剧,因此在经合组织成立之初就提出贸易和投资自由化的议题,并在以后逐步成为它的一项重要目标。经合组织的宗旨是:通过亚太地区在贸易和投资方面减少贸易壁垒,促进货物、服务和资本在本地区的自由流动,保证区域内人民分享经济增长带来的利益和好处,并通过地区内合作扩大全球多边贸易体制。

亚太经合组织有较强的开放性。由于其各成员社会制度不一,经济实力比较悬殊,所以它是一个非条约约束性的组织,强调成员以自愿为基础,以开发的地区主义为原则,以单边基础上的集体协商为行动准则,体现亚太模式的协商一致和合作精神,实行开放的多边贸易体制。同时,它还照顾成员的不同实情,允许以不同的速度来实现其目标。中国一向高度重视和积极推动亚太经合组织的发展,我国领导人在历次会议上提出过许多建设性建议和倡议。我国参加了亚太经合组织设立的10个专题小组和2个有关经济和区域贸易自由化的特设小组的工作,大力加强成员之间的经济和技术合作,并积极而又谨慎地推进贸易投资自由化。
(罗大帅)

yatai shiyanshi renke hezuo zuzhi
亚太实验室认可合作组织(Asia-Pacific Laboratory Accreditation Cooperation, APLAC) 成立于1992年的亚太实验室认可合作组织是一个区域性合作组织。由环太平洋国家和地区的25个实验室认可机构和主管部门组成。目前亚太实验室认可合作组织的秘书处设在澳大利亚国家实验室认可协会(NATA)。亚太实验室认可合作组织的宗旨是:(1)提供信息交流的论坛,推动实验室认可机构之间以及与对实验室认可工作感兴趣的组织之间的讨论;(2)促进成员之间的共同研究和合作,包括研讨会、专家会议及人员交换等;(3)在培训、验证试验、准则和实际应用的协调等方面,促使成员间提供帮助和交换专家;(4)适当时,出版以实现亚太实验室认可合作组织宗旨为主题的有关论文和报告;(5)制定实验室认可及其相关主题的指导性文件;(6)组织本地区实验室之间的比对,以及本地区几个实验室与外地区,比如与欧洲实验室认可合作组织(EAL)几个实验室之间的比对;(7)促进达成正式成员之间的互认协议,以及与其他地区、与单个国家机构和地区机构之间的互认协议;(8)在亚太实验室认可合作组织正式成员之间建立和保持技术能力的相互信任,并朝着达成多边"互认协议"(MRA)的方向努力工作;(9)为APLAC/MRA成员认可的实验室所出具检测报告和其他文件,促进其被国际承认;(10)鼓励成员协助本地区所有感兴趣的认可机构建立起他们自己的体系,以便其能完全地参加到APLAC/MRA中来。亚太实验室认可合作组织的任务是:必要时,出版一些解释认可准则的指南;推进成员之间的信息交流;鼓励成员之间的访问;在评审员和工作人员的培训方面开展合作;在检测和核准的专门领域组织专家会议;组织亚太实验室认可合作组织实验室之间的比对;与本地区的其他相关机构,诸如亚太计量规划组织(APMP)等进行联络;分享实验室认可机构运行的经验,以及达成双边互认协议的经验;将这种双边协议,扩展成多边形式;通过不同方式和途径,宣传亚太实验室认可合作组织的宗旨。亚太实验室认可合作组织设全体大会,下设管理委员会和相互承认协议(MRA)委员会,再下又设5个委员会作为第三层面,它们分别是:培训委员会、公共信息委员会、验证试验委员会、技术委员会和MAR顾问委员会。亚太实验室认可合作组织全体大会每年召开两次。
(麻琳琳)

yazhou huobi shichang
亚洲货币市场(Asian money market) 简称"亚元市场"。亚太地区银行等金融机构利用境外美元、欧元、英镑等可兑换货币进行借贷交易所形成的金融市场。主要包括新加坡、香港、东京、马尼拉等离岸中心。亚洲货币市场的中心在新加坡,主要经营美元债券和存款单。但香港在市场活动的一些领域居领先地位。马尼拉市场于1979年7月7日才正式开放,规模相对来说较小。东京市场于1986年才开放,一时未能充分发展,但近年来发展较为迅速。亚元市场的借贷交易主要包括短期、中期、长期借贷三种。资金来源除银行和非银行客户存款外,欧元市场资金是其主要来源。

短期借贷主要是同业拆借业务；中期借贷主要是向各国政府提供中期贷款；长期借贷主要是发行亚元债券。发行的亚元债券有些可以同时在欧亚证券交易所挂牌上市。由于亚太地区经济的快速迅猛发展，亚元市场的发展潜力巨大。　　　　　　　　　　（王连喜）

yazhou meiyuan

亚洲美元（Asia dollar） 又称"亚洲货币"，简称"亚元"。存放在亚太地区银行等金融机构的境外美元和其他可自由兑换货币的统称。主要以美元交易量为主，此外还包括欧元、英镑、新加坡元等十余种交易货币。亚元市场是以新加坡为中心发展起来的。1986年10月，新加坡政府准许美国美洲银行新加坡分行吸收非居民外币存款，为非居民办理外汇交易、经营借贷、开立信用证、贴现票据等业务。随着国际经济形势的发展变化，新加坡政府进一步放松对货币经营业务的管制，如批准新的经营银行、取消非居民存款利息税和有关银行存款准备金要求、降低相关所得税和取消外汇管制等。亚洲四小龙之一的香港地区是新加坡的主要竞争对手，为此也采取了一系列相关措施，如取消外汇管制、开放金融市场等。近年来亚元和亚太地区的经济联系越来越密切，对亚太地区的经济发展发挥了重大作用。我国自1986年以来开始利用亚元，主要是在新加坡发行亚元债券，为中国的经济发展筹措资金。　　　　　　　　　　　　　　（王连喜）

yazhou taipingyang youzheng gongyue

《亚洲太平洋邮政公约》（Asia-Pacific Postal Convention） 1981年3月27日订于日惹，于1982年7月1日生效。我国于1981年3月27日签署，于1982年8月25日核准并通知菲律宾政府。亚太邮联于1982年10月18日通知各会员国政府中国核准该公约。同时根据该公约第21条，以各自国家邮政主管部门的名义订立实施细则，以保证公约的实施，实施细则的生效时间与相关公约相同。本公约分总则、关于函件业务的规定和最后条款三章，共28条。

总则 联盟的宗旨在于发展、便利和改善各会员国之间的邮政关系，促进邮政业务上的合作。任何一个万国邮政联盟的会员国，其整个领土位于亚洲、澳大利西亚、美拉尼西亚、密克罗尼西亚和波利尼西亚的主权国家，均可加入亚洲太平洋邮政联盟。"亚洲"系指伊朗以东（包括伊朗在内）的亚洲国家。加入联盟应正式声明加入联盟的公约。此项声明应通过外交途径寄至总部所在国政府。总部所在国政府应将接纳会员国的情况通知各会员国政府。会员资格自通知之日起生效。任何会员国都有权通过外交途径通知总部所在国政府退出本公约，从而退出联盟，再由总部所在国政府将此事告知其他会员国政府。退出联盟从总部所在国政府收到通知之日起1年以后生效。

亚太邮联的组织机构 亚太邮联的机构有：代表大会、执行理事会、亚洲太平洋邮政培训中心、总部和可能因需要而设立的其他机构。代表大会为联盟的最高权力机构，由各会员国的代表组成。在每届万国邮政大会召开后，最迟不超过2年举行一次联盟会员国的代表大会，以便对联盟的公约作必要的修改，并对联盟会员国认为有必要考虑的共同感兴趣的其他邮政问题进行审议。每个国家在表决时只有一票。

执行理事会：为保证在代表大会闭幕期间联盟工作的继续进行，除非大多数会员国另作决定，执行理事会原则上每年召开一次会议。每次执行理事会应选定召开下次执行理事会的东道国。当执行理事会必须召开而无东道国时，会议应在总部所在地召开。执行理事会由联盟所有会员国组成，多数即为法定人数。执行理事会可以设立分委员会或工作组，以协助其工作或研究邮政专题。执行理事会的办公费用由联盟承担。执行理事会成员参加工作不领取报酬。

亚洲太平洋邮政培训中心：其宗旨是为改进亚洲太平洋地区的邮政业务而提供培训上的便利。管理培训中心的责任委托给管理委员会。该委员会每年至少召开一次会议。除另作决定外，会议应在曼谷举行。

总部：总部所在国原则上应由代表大会决定，特殊情况下，可由执行理事会决定。原则上，被决定为总部所在地的国家应保持五年不变。总部由一名主任、一名副主任和联盟可能需要的其他工作人员组成。总部主任出席联盟各种会议并参加讨论，但无表决权。

向代表大会提交提案：任何会员国的邮政主管部门均有权向代表大会提交提案，提案最迟须在代表大会召开3个月前寄到总部。对于提出的提案，可在代表大会召开日期之前的任何时间提出修正案。但是，在代表大会召开前3个月之内寄到总部的提案，仍可由代表大会酌情予以考虑。

联盟会议的决定：本公约第一章的修改，须经至少2/3的联盟会员国同意。对于不涉及本公约第一章的修改，出席并参加表决的会员国的多数就可在联盟的会议上作出决定。一国可委托另一国代表其出席根据本公约规定召开的联盟会议，但是，一个代表团除代表本国外，只能兼代一个国家并代其投票。

关于函件业务的规定 函件包括信函、明信片、印刷品、盲人读物和小包。寄递装有易腐烂性物品、放射性物品以及需特别投递物品的函件，只能在同意办理这些业务的国家之间双边或单方面进行。

邮资费率：在联盟各邮政主管部门的邮政往来中，其互寄的水陆路信函和明信片应实行减低的邮资费率。此项费率应在其国内函件费率与国际函件费率的

85%之间选定一个数额。此外,其他函件和航空函件亦可实行减低的邮资费率。

免费经转:作为一般原则,联盟各会员国之间互寄的函件陆运、河运或海运过境时均不收费。但是,当会员国认为不能给予免费过境时,亦可收费,其费用可以低于万国邮政公约准许或规定的标准。

对下列各部门互寄的公事函件,免收一切邮费:(1)联盟各机构和各邮政主管部门之间;(2)联盟各机构和万国邮政联盟各机构之间;(3)联盟各机构和其他区域性邮联之间。上述免收邮费范围不包括联盟各机构寄发的航空函件。

万国邮政联盟各项法规的适用:联盟各会员国之间互寄函件的业务和事项,应按照本公约各项规定办理。本公约中未规定的有关联盟会员国之间互寄函件的一切事项,按照万国邮政联盟各项法规的规定办理。

(傅智文)

yancao dajia jingfei
烟草打假经费(outlay for crackdown on fake tobacco) 中央财政安排的,用于各级烟草专卖局组织烟草打假行动所需经费的补助资金。烟草打假是指各级烟草专卖局组织的打击生产、销售假冒伪劣卷烟、雪茄烟以及为实施生产、销售假冒伪劣卷烟、雪茄烟提供烟草专用机械、原辅材料、制造生产技术、生产经营场所、运输仓储条件、资金、非法证件等违法犯罪活动所进行的专项工作。为了规范烟草打假经费(以下简称"打假经费")的管理,强化监督,切实保证经费专款专用,财政部于2001年7月27日制定发布了《烟草打假经费管理办法》(财建[2001]440号)。

打假经费用于以下开支:(1)举报费,支付举报人的奖励费用,支付标准由省级烟草专卖局(以下简称"省级局")确定,报国家烟草专卖局备案;(2)烟草打假过程中发生的检验、检测、取证等费用支出;(3)烟草打假过程中发生的搬运、运输、仓储、销毁等费用支出;(4)打假所需的专用器具、器材费用支出。(5)参加打假行动人员的食宿费、交通费等补助费;(6)支付有关部门协同打假所发生的协同办案费;(7)奖励补助费,指对一线打假有功人员的奖励费用及因公负伤、致残、牺牲人员的补助费用;(8)宣传费,指召开打假动员大会、组织打假新闻报道等专项宣传费用;(9)经财政部批准的其他支出。省级烟草专卖局根据本省(自治区、直辖市)的打假经费支出及自有资金情况向国家烟草专卖局申报经费补助计划;国家烟草专卖局汇总后根据各省级局打假任务、打假力度、已经取得的成果等,提出对各省级烟草专卖局的经费安排建议上报财政部;财政部审批后下达经费补助计划。打假经费由国家烟草专卖局依照规定程序申请拨款,并按批复的经费补助计划及时将款项拨到各省级局。

省级及省级以下烟草专卖局支付打假经费时,必须采取一次行动一结或一案一结的核算方法。年度终了,国家烟草专卖局负责将打假经费本年度使用情况上报财政部备查。财政部负责对国家烟草专卖局使用的打假经费进行监督;财政部与国家烟草专卖局负责对省级及省级以下烟草局使用的打假经费进行监督,省级烟草局要主动将打假经费的使用情况报告财政部和国家烟草专卖局。打假经费要专款专用,严禁截留、挤占和挪用。对截留、挤占和挪用的,除收回补助的打假经费外,还应按国家有关规定对有关单位及负责人给予相应处分;触犯刑律的,移送司法机关处理。

(傅智文)

yancao guanggao
烟草广告(advertisements of tobacco) 烟草制品生产者或者经销者发布的,含有烟草企业名称、标识,烟草制品名称、商标、包装、装潢等内容的广告。由于吸烟有害健康,因此国家不倡导公民吸烟,对烟草广告的发布作了非常严格的限制。《中华人民共和国广告法》和国家工商行政管理局1996年颁布的《烟草广告管理暂行办法》都规定了禁止利用广播、电影、电视、报纸、期刊发布烟草广告以及禁止在各类等候室、影剧院、会议厅堂、体育比赛场馆等公共场所设置烟草广告。在《烟草广告管理暂行办法》中还规定,在国家禁止范围以外的媒介或者场所发布烟草广告,必须经省级以上广告监督管理机关或者其授权的省辖市广告监督管理机关批准。烟草经营者或者其被委托人直接向商业、服务业的销售点和居民住所发送广告品,须经所在地县级以上广告监督管理机关批准。烟草广告中不得有下列情形:吸烟形象;未成年人形象;鼓励、怂恿吸烟的;表示吸烟有利人体健康、解除疲劳、缓解精神紧张的;其他违反国家广告管理规定的。烟草广告中必须标明"吸烟有害健康"的忠告语。忠告语必须清晰、易于辨认,所占面积不得少于全部广告面积的10%。在各类临时性广告经营活动中,凡利用烟草经营者名称、烟草制品商标为活动冠名、冠杯的,不得通过广播、电视、电影、报纸、期刊发布带有冠名、冠杯内容的赛事、演出等广告。《广告法》和《烟草广告管理暂行办法》中都规定了违反法律法规对烟草广告的限制性规定要承担相应的法律责任。

(赵芳芳)

yancao jiyin gongcheng
烟草基因工程(tobacco genetic engineering) 利用载体系统的重组DNA技术以及利用物理、化学和生物等方法把重组DNA导入有机体的技术,促进我国烟草基因工程领域的研究与开发工程。根据国家科委发布的《基因工程安全管理办法》和农业部发布的《农业生物基因工程安全管理实施办法》，国家烟草专卖局于1998年3月26日制定发布了《烟草基因工程研究及其应用管理办法》。

《烟草基因工程研究及其应用管理办法》不调整通过下列方法得到的烟草：(1) 由自然发生、人工选择和杂交育种技术得到的烟草；(2) 由化学或物理方法诱变得到的烟草；(3) 通过器官、组织或细胞培养以及原生质体融合、染色体倍性操作得到的烟草。凡在中国境内进行烟草基因工程研究、田间试验及推广应用的，按《烟草基因工程研究及其应用管理办法》的规定执行。外国研制的烟草基因工程及其产品拟在中国境内进行田间试验、推广应用的，必须持有该国允许进行同类工作的证书，方可按《烟草基因工程研究及其应用管理办法》所规定的程序进行申请，否则不予受理。国家烟草专卖局设立烟草基因工程管理委员会，负责对我国烟草基因工程的研究及其产品的田间试验、示范及推广应用的管理。

从事烟草基因工程研究工作的单位应当根据我国植物基因工程工作的安全等级申报，经国家烟草专卖局审查上报全国基因工程安全委员会批准后，方能立项开展相应的研究工作。从事烟草基因工程研究的单位，应由其法人代表负责设立基因工程安全管理小组，并组织对本单位的申报材料进行审查，对有关工作给予安全指导，对安全性负责。拟进行烟草基因工程产品田间试验、示范及推广的单位，须经国家烟草专卖局批准后方能进行相应的试验、示范及推广工作。拟进行烟草基因工程产品的田间试验、示范及推广的单位应当履行下列申报手续：(1) 项目负责人（申请人）对烟草基因工程的产品进行安全评价并填报申报书；(2) 组织本单位基因工程安全管理小组，对申报材料进行技术审查；(3) 同所在省级烟草专卖局（公司）协商确定试验的地点、规模及相应的安全管理措施；(4) 提供有关技术资料。烟草基因工程管理委员会的工作人员和参与审查的专家承担为申报者保守技术秘密的责任。涉及本人的应予以回避。

凡是进行烟草基因工程研究的单位、个人加强烟草基因工程种子的管理工作的，对其工作应承担法律责任。停止现有烟草基因工程种子在生产中示范、推广。待国家烟草专卖局烟草基因工程管理委员会组织进行安全性评价后，并经全国烟草品种审定委员会审定通过，方可在指定区域进行试种。各省级烟草专卖局（公司）负责管理所辖烟区内烟草基因工程种子的试验、示范与推广工作。有关科研单位须与所在省级烟草专卖局（公司）协商，落实烟草基因工程品种试验、示范地点及相应的安全管理措施，承担试验、示范的单位须经国家烟草专卖局批准后方能开展相应的工作。有关试验情况须及时上报。烟草基因工程种子的应用申请应按照上述从事研究工作的程序进行。烟草基因工程种子的应用申请须提供有关安全性技术资料。烟草基因工程种子的应用须经国家烟草专卖局有关主管部门审查并上报全国烟草品种审定委员会审定通过后，方可在规定的范围内推广，并做到烟叶单收、单储、单用，防止与其他品种烟叶混合。凡供出口备货的烟叶禁止烟草基因种子的应用。烟草基因工程品种确认后须由国家烟草专卖局指定的单位专门进行繁育与发放。对烟草基因工程的安全等级、安全性评价及安全控制措施，按照农业部《农业生物基因工程安全管理实施办法》中的有关条款执行。 （傅智文）

yancao kongzhi kexue he jishu hezuo yu xinxi tongbao gongyue
《烟草控制科学和技术合作与信息通报公约》 (Scientific and Technical Cooperation and Communication of Information Convention on Tobacco Control) 规范各缔约方在烟草控制科学和技术合作与信息通报方面各种权利及义务的公约。内容包括：研究、监测和信息交换：(1) 各缔约方承诺开展和促进烟草控制领域的国家级的研究，并在区域和国际层面内协调研究规划。为此目的，每一缔约方应：直接或通过有关国际和区域政府间组织及其他机构，启动研究和科学评估并在该方面进行合作，以促进和鼓励有关烟草消费和接触烟草烟雾的影响因素和后果的研究及确定替代作物的研究；和在相关国际和区域政府间组织及其他机构的支持下，促进和加强对所有从事烟草控制活动，包括从事研究、实施和评价人员的培训和支持。(2) 各缔约方应酌情制定烟草消费和接触烟草烟雾的流行规模、模式、影响因素和后果的国家、区域和全球的监测规划。为此，缔约方应将烟草监测规划纳入国家、区域和全球健康监测规划，使数据具有可比性，并在适当时在区域和国际层面进行分析。(3) 各缔约方认识到国际和区域政府间组织及其他机构提供的财政和技术援助的重要性。各缔约方应努力：逐步建立烟草消费和有关社会、经济及健康指标的国家级的流行病学监测体系；在区域和全球进行烟草监测，以及信息交换方面与相关的国际和区域政府间组织及其他机构合作，包括政府机构和非政府机构；以及与世界卫生组织合作，针对烟草相关监测资料的收集、分析和传播制定一般的指导原则或工作程序。(4) 各缔约方应根据国家法律促进和便利可公开获得的与本公约有关的科学、技术、社会经济、商业和法律资料以及有关烟草业业务和烟草种植的信息交换，同时这种做法应考虑并注意到发展中国家及经济转轨国家缔约方的特殊需求。每一缔约方应努力：逐步建立和保持更新的烟草控制法律和法规,及适当的执法情况和相关判例数据库,并合作制定区域和全球烟草控制规划;逐步建立和保持国家监测规划的更新数据;以及与有关国际组织合作,逐步建立并保持全球系统,定期收集和传播烟草生产、加工和对本公约或国家烟草控制活动有影响的烟草业有关活动的信息。(5)各缔约方宜在其为成员的区域和国际政府间组织以及金融和开发机构中进行合作,促进和鼓励向本公约秘书处提供技术和财务资源,以协助发展中国家缔约方及经济转轨国家缔约方履行其关于研究、监测和信息交换的承诺。

报告和信息交换:(1)各缔约方应定期通过秘书处向缔约方会议提交实施本公约的情况报告,其中宜包括以下方面:为执行本公约所采取的立法、实施、行政或其他措施的信息;在本公约实施中遇到的任何制约或障碍以及为克服这些障碍所采取措施的适宜信息;为烟草控制活动提供或接受的财政和技术援助的适宜信息;监测和研究信息;以及其他信息。(2)各缔约方提供此类报告的频率和格式应由缔约方会议确定。各缔约方应在本公约对其生效后2年内提供第一次报告。(3)缔约方会议应考虑作出安排,以便协助有此要求的发展中国家缔约方和经济转轨国家缔约方履行其在本条下的义务。(4)依照本公约进行的报告和信息交换应遵循本国有关保密和隐私权的法律。经共同商定,各缔约方应对交换的机密信息提供保护。

科学、技术和法律方面的合作及有关专业技术的提供:(1)考虑到发展中国家缔约方和经济转轨国家缔约方的需求,各缔约方应直接或通过有关国际机构进行合作,以增强履行由本公约产生的各项义务的能力。经相互同意,此类合作应促进技术、科学和法律专长及工艺技术的转让,以制定和加强国家烟草控制战略、计划和规划。除其他外,其目的是:促进与烟草控制有关的技术、知识、技能、能力和专长的开发、转让和获得;除其他外,通过下列方式提供技术、科学、法律和其他专业技术专长,其目的是制定和加强国家烟草控制战略、计划和规划以执行本公约:根据要求,协助建立强有力的立法基础以及技术规划,包括预防初吸、促进戒烟和防止接触烟草烟雾的规划;以经济上切实可行的方式酌情帮助烟草工人开发经济上和法律上切实可行的适宜的替代生计;以及以经济上切实可行的方式酌情帮助烟草种植者从烟草种植转向其他替代农作物;支持对有关人员的适宜的培训或宣传规划;酌情为烟草控制战略、计划和规划提供必要的物资、设备、用品和后勤支持;确定烟草控制方法,包括对尼古丁成瘾的综合治疗;以及酌情促进对综合治疗尼古丁成瘾方法的研究,以增强对该方法的经济承受能力。(2)缔约方会议应利用财政支持,促进和推动技术、科学和法律专长以及工艺的转让。

(傅智文)

yancao kongzhi kuangjia gongyue

《烟草控制框架公约》(Framework Convention on Tobacco Control) 2003年5月21日,在日内瓦世界卫生组织批准《世界卫生组织烟草控制框架公约》。公约共分为引言、目标、指导原则与一般义务、减少烟草需求的措施、减少烟草工业的措施、环境保护、与责任有关的规定、科学和技术合作与信息通报、机构安排和财政资源、争端解决、公约的发展、最后条款11部分。

本公约及其议定书的目标是提供一个由各缔约方在国家、区域和全球各级实施烟草控制措施的框架,以便使烟草使用和接触烟草烟雾持续大幅度下降,从而保护当代和后代免受烟草消费和接触烟草烟雾对健康、社会、环境和经济造成的破坏性影响。

如两个或两个以上缔约方之间就本公约的解释或适用发生争端时,有关缔约方应通过外交途径谈判或寻求其自行选择的任何其他和平方式解决此争端,包括斡旋、调停或和解。未能通过斡旋、调停或和解达成一致的,并不免除争端各当事方继续寻求解决该争端的责任。当批准、接受、核准、正式确认或加入本公约时,或在其后的任何时候,国家或区域经济一体化组织可书面向保存人声明,对未能解决的争端,其接受根据缔约方会议以协商一致方式通过的程序进行的特别仲裁作为强制性手段。

任何缔约方可提出对本公约的修正案。此类修正案将由缔约方会议进行审议。本公约的修正案应由缔约方会议通过。对本公约提出的任何修正案的案文,应由秘书处在拟议通过该修正案的会议之前至少6个月通报各缔约方。秘书处还应将提出的修正案案文通报本公约各签署方,并送交保存人以供参考。各缔约方应尽一切努力以协商一致方式,就对本公约提出的任何修正案达成协议。如为谋求协商一致已尽了一切努力,仍未达成协议,作为最后的方式,该修正案应以出席会议并参加表决的缔约方3/4多数票通过。通过的任何修正案应由秘书处送交保存人,再由保存人转送所有缔约方以供其接受。对修正案的接受文书应交存于保存人。对接受该修正案的缔约方,应于保存人收到本公约至少2/3缔约方的接受文书之日后的第90天起生效。对于任何其他缔约方,修正案应在该缔约方向保存人交存接受该修正案的接受书之日后第90天起对其生效。

对本公约不得作任何保留。自本公约对一缔约方生效之日起2年后,该缔约方可随时向保存人发出书面通知退出本公约。任何退出,应自保存人收到退出通知之日起1年期满时生效,或在退出通知中所指明的1年之后的某日期生效。退出本公约的任何缔约方应被视为也退出其作为缔约方的任何议定书。

公约应自2003年6月16日至2003年6月22日

在日内瓦世界卫生组织总部,其后自2003年6月30日至2004年6月29日在纽约联合国总部,开放供世界卫生组织所有会员国、非世界卫生组织会员国但系联合国成员国的任何国家以及区域经济一体化组织签署。本公约正本交存于联合国秘书长,其阿拉伯文、中文、英文、法文、俄文和西班牙文文本同为作准。

(傅智文)

yancao kongzhi kuangjia gongyue jigou
《烟草控制框架公约》机构(Institutional Arrangements in Framework Convention on Tobacco Control) 《世界卫生组织烟草控制框架公约》中关于组织机构的制度设计。主要分为缔约方会议和秘书处。缔约方会议第一次会议应由世界卫生组织于本公约生效后1年内召开。缔约方会议将在其第一次会议上决定其后的常会地点和时间。缔约方会议可于其认为必要的其他时间,或经任何缔约方书面要求,在公约秘书处将该要求通报各缔约方后6个月内至少有1/3缔约方表示支持的情况下,举行特别会议。缔约方会议应在其第一次会议上以协商一致的方式通过其《议事规则》。缔约方会议应以协商一致的方式通过其本身的以及指导资助任何可能设立的附属机构的财务细则以及管理秘书处运转的财务规则。它应在每次常会上通过直至下次常会的财务周期预算。缔约方会议应定期审评本公约的实施情况和作出促进公约有效实施的必要决定,并可根据《烟草控制框架公约》第28、29和33条通过议定书、附件及对公约的修正案。缔约方会议应制定观察员参加其会议的标准。

缔约方会议应指定一个常设秘书处并为其运转作出安排。缔约方会议应努力在其第一次会议完成此项工作。在指定和成立常设秘书处之前,本公约秘书处的职能应由世界卫生组织提供。

秘书处的职能:(1)为缔约方会议及任何附属机构的各届会议作出安排并提供所需的服务;(2)转递它收到的依照本公约提交的报告;(3)在公约规定提供的信息的汇编和交换方面,向提出要求的各缔约方,特别是发展中国家缔约方和经济转轨国家缔约方提供支持;(4)在缔约方会议的指导下,编写其在本公约下开展活动的报告,并提交给缔约方会议;(5)在缔约方会议的指导下,确保与有关国际和区域政府间组织及其他机构的必要协调;(6)在缔约方会议的指导下,为有效履行其职能,进行有关行政或契约安排;以及(7)履行本公约及其任何议定书所规定的其他秘书处职能和缔约方会议可能决定的其他职能。

(傅智文)

yancao zhipin guanli
烟草制品管理(administration of tobacco products) 主要由《中华人民共和国烟草专卖法》及其实施条例确立的我国烟草制品的管理制度。《专卖法》第三、四章分别规定了烟草制品的生产、烟草制品的销售和运输;《实施条例》第三、四、五章分别规定了烟草制品的生产、销售、运输。

开办烟草制品生产企业,设立烟草制品生产企业,应当由省级烟草专卖行政主管部门报经国务院烟草专卖行政主管部门批准,取得烟草专卖生产企业许可证,并经工商行政管理部门核准登记。其分立、合并、撤销,必须经国务院烟草专卖行政主管部门批准,并向工商行政管理部门办理变更、注销登记手续。未取得烟草专卖生产企业许可证的,工商行政管理部门不得核准登记。烟草制品生产企业为扩大生产能力进行基本建设或者技术改造,必须经国务院烟草专卖行政主管部门批准。省、自治区、直辖市的卷烟、雪茄烟年度总产量计划由国务院计划部门下达。烟草制品生产企业必须严格执行国家下达的生产计划。烟草制品生产企业的卷烟、雪茄烟年度总产量计划,由省级烟草专卖行政主管部门根据国务院计划部门下达的计划,结合市场销售情况下达,地方人民政府不得向烟草制品生产企业下达超产任务。烟草制品生产企业根据市场销售情况,需要超过年度总产量计划生产卷烟、雪茄烟,必须经国务院烟草专卖行政主管部门批准。全国烟草总公司根据国务院计划部门下达的年度总产量计划向省级烟草公司下达分等级、分种类的卷烟产量指标。省级烟草公司根据全国烟草总公司下达的分等级、分种类的卷烟产量指标,结合市场销售情况,向烟草制品生产企业下达分等级、分种类的卷烟产量指标。烟草制品生产企业可以根据市场销售情况,在该企业的年度总产量计划的范围内,对分等级、分种类的卷烟产量指标适当调整。卷烟、雪茄烟和包装的烟丝,应当使用注册商标;申请注册商标,应当持国务院烟草专卖行政主管部门的批准生产文件,依法申请注册。禁止使用霉烂烟叶生产卷烟、雪茄烟和烟丝。

取得烟草专卖批发企业许可证的企业,应当在许可证规定的经营范围和地域范围内,从事烟草制品的批发业务。无烟草专卖批发企业许可证的单位或者个人,一次销售卷烟、雪茄烟50条以上的,视为无烟草专卖批发企业许可证从事烟草制品批发业务。取得烟草专卖零售许可证的企业或者个人,应当在当地的烟草专卖批发企业进货,并接受烟草专卖许可证发证机关的监督管理。烟草专卖生产企业和烟草专卖批发企业,不得向无烟草专卖零售许可证的单位或者个人提供烟草制品。任何单位或者个人不得销售非法生产的烟草制品。国家制定卷烟、雪茄烟的焦油含量级标准。严禁销售霉坏、变质的烟草制品。霉坏、变质的烟草制品,由烟草专卖行政主管部门或者有关行政管理部门监督销毁。在中国境内销售的卷烟、雪茄烟,应当在小包、条包上标注焦油含量级和"吸烟有害健康"的中文字样。有关部门依法查获的假冒商标烟草制品,应当交由烟草行政主管部门按照国家有关规定公开销毁,禁止以任何方式销售。假冒商标烟草制品的鉴定检测工作,由国务院产品质量管理部门和省、自治区、直辖市人民政府产品质量监督管理部门指定的烟草质量检测站进行。国务院烟草专卖行政主管部门在必要时,可以根据市场供需情况下达省、自治区、直辖市之间的卷烟、雪茄烟调拨任务。禁止在广播电台、电视台、报刊播放、刊登烟草制品广告。

　　托运或者自运烟草专卖品必须持有烟草专卖行政主管部门或者烟草专卖行政主管部门授权的机构签发的准运证;无准运证的,承运人不得承运。烟草专卖品准运证由省级以上烟草专卖行政主管部门或其授权的机构审批、发放。烟草专卖品准运证的管理办法由国务院烟草专卖行政主管部门制定。跨省、自治区、直辖市运输进口的烟草专卖品、国产烟草专用机械和烟用丝束、滤嘴棒以及分切的进口卷烟纸,应当凭国务院烟草专卖行政主管部门或其授权的机构签发的烟草专卖品准运证办理托运或其授权的机构签发的烟草专卖品准运证办理托运或者自运。跨省、自治区、直辖市运输除国产烟草专用机械、烟用丝束、滤嘴棒以及分切的进口卷烟纸以外的其他国产烟草专卖品,应当凭国务院烟草专卖行政主管部门或省级烟草专卖行政主管部门签发的烟草专卖品准运证办理托运或者自运。在省、自治区、直辖市内跨市、县运输的烟草专卖品,应当凭省级烟草专卖行政主管部门或其授权的机构签发的烟草专卖品准运办理托运或者自运。运输依法没收的走私烟草专卖品,应当凭国务院烟草专卖行政主管部门签发的烟草专卖品准运证办理托运或者自运。

（傅智文）

yancao zhuanmai fa
《烟草专卖法》(Sole Trading of Tobacco Law) 1991年6月29日第七届中国全国人民代表大会常务委员会第二十次会议通过,自1992年1月1日起施行,1983年9月23日国务院发布的《烟草专卖条例》同时废止。立法目的是实行烟草专卖管理,有计划地组织烟草专卖品的生产和经营,提高烟草制品质量,维护消费者利益,保证国家财政收入。所谓烟草专卖品,是指卷烟、雪茄烟、烟丝、复烤烟叶、烟叶、卷烟纸、滤嘴棒、烟用丝束、烟草专用机械。规定国家对烟草专卖品的生产、销售、进出口依法实行专卖管理,并实行烟草专卖许可证制度;规定了烟草专卖的管理体制:国务院烟草专卖行政主管部门主管全国烟草专卖工作。省、自治区、直辖市烟草专卖行政主管部门主管本辖区的烟草专卖工作,受国务院烟草专卖行政主管部门和省、自治区、直辖市人民政府的双重领导,以国务院烟草专卖行政主管部门的领导为主;规定了烟草制品的技术研究、国家和社会加强吸烟危害健康的宣传教育,禁止或者限制在公共交通工具和公共场所吸烟,劝阻青少年吸烟,禁止中小学生吸烟;规定了对民族自治地方的烟叶种植和烟草制品市场给予照顾。

（薛建兰　景朝阳）

yancao zhuanmaipin zhunyunzheng
烟草专卖品准运证(navicert of tobacco monopoly commodities) 我国《烟草专卖法》及其实施条例所规定烟草专卖品运输实行准运证制度。烟草专卖行政主管部门依照《烟草专卖法》及本条例的规定,发放烟草专卖许可证和烟草专卖品准运证并实施管理。原国家经济贸易委员会制定并授权国家烟草专卖局负责解释《烟草专卖品准运证管理办法》规定:运输卷烟、雪茄烟、烟丝、复烤烟叶、烟叶(包括再造烟叶和烟梗)、卷烟纸、滤嘴棒、烟用丝束、烟草专用机械等烟草专卖品,应当持有烟草专卖品准运证。无烟草专卖品准运证,不得运输烟草专卖品。该办法适用于跨省(自治区、直辖市)运输烟草专卖品准运证的管理。省(自治区、直辖市)内运输烟草专卖品的管理办法由省级烟草专卖局制定,并报国家烟草专卖局备案。各级烟草专卖局应当对办理烟草专卖品准运证的部门及其工作人员、烟草专卖品准运证使用和管理情况进行监督检查。签发烟草专卖品准运证,应当使用国家烟草专卖局统一管理的烟草专卖品准运证计算机网络管理系统。

　　烟草专卖品准运证应当由省级以上(含省级,下同)烟草专卖局签发。地(市)级烟草专卖局可以按照省级烟草专卖局的委托,代签烟草专卖品准运证。国家烟草专卖局有权签发所有烟草专卖品准运证,并可以授权或者委托省级烟草专卖局签发烟草专卖品准运证。应当由国家烟草专卖局签发烟草专卖品准运证的情形:(1)需由国家烟草专卖局有关业务主管部门调剂的烟草专卖品;(2)中国烟草总公司直属专业公司进口的卷烟纸、滤嘴棒和烟用丝束;(3)出口退货的烟草专卖品;(4)依法没收的走私烟草专卖品。由省级烟草专卖局签发烟草专卖品准运证:卷烟、雪茄烟、烟丝、烟叶、复烤烟叶和卷烟纸的运输。省级烟草专卖局经国家烟草专卖局批准,可以委托地(市)级烟草专卖局代签国产的卷烟、雪茄烟、烟丝、烟叶、复烤烟叶、卷烟纸、滤嘴棒和烟用丝束的烟草专卖品准运证。烟草专卖品准运证由烟草专卖品所在地有权签发准运证的烟草专卖局负责办理。

（傅智文）

yancao zhuanmai xukezheng

烟草专卖许可证(tobacco monopoly license) 从事烟草专卖品的生产、批发、零售业务,以及经营烟草专卖品进出口业务和经营外国烟草制品购销业务的,必须依照《烟草专卖法》和本条例的规定,申请领取烟草专卖许可证的制度。

《实施条例》规定烟草专卖许可证分为:烟草专卖生产企业许可证、烟草专卖批发企业许可证、烟草专卖零售许可证、特种烟草专卖经营企业许可证。若干规定将烟草专卖许可证分为两类:(1)烟草专卖生产企业许可证。(2)烟草专卖经营许可证,其中包括:烟草专卖批发企业许可证(含委托代批)、烟草专卖零售许可证(含国营、集体、个体及临时)、特种烟草专卖经营企业许可证(含批发、零售)。烟草专卖许可证及有关证件式样,由国家烟草专卖局统一制定。烟草专卖行政主管部门依照《烟草专卖法》及本条例的规定,发放烟草专卖许可证和烟草专卖品准运证并实施管理。

根据实施条例和若干规定,烟草专卖许可证的发放权限划分如下:(1)国家烟草专卖局审查、核发全国性经营烟草专卖品的专业公司和有烟草专卖品进出口经营权的企业的烟草专卖许可证;(2)省级烟草专卖局审查、国家烟草专卖局核发烟草专卖品生产企业、在全国范围从事烟草制品批发业务的烟草公司、烟草贸易中心和交易市场、从事外国烟草制品和旅游外汇批发业务的烟草公司烟草专卖许可证;(3)所在地烟草专卖局审查、省级烟草专卖局核发在全省范围内经营烟草专卖品批发业务的烟草公司、烟草贸易中心和烟草制品交易市场、受烟草公司委托从事烟草制品批发业务的国有、集体商业企业、从事外国烟草制品和旅游外汇烟零售业务及在海关监管区域内进口和经营免税的外国烟草制品零售业务的企业烟草专卖许可证;县级烟草专卖局或上级烟草专卖局委托的县级工商行政管理部门审查、核发所辖区域内的烟草专卖零售许可证。

烟草专卖许可证的有效期限为5年;烟草专卖临时许可证的有效期限不超过1年。领取烟草专卖许可证的企业有重大变更的,应在批准机关批准之日起30日内到发证机关办理变更、注销手续。个体经商户发生改变姓名、住址、营业地点、经营范围的情况,可比照上述规定执行。领取烟草专卖许可证的企业经批准机关批准歇业时,应自批准之日起30日内向发证机关办理注销手续,缴销烟草专卖许可证。上述企业停产或停业1年以上的,视同歇业,按歇业的有关规定处理。

领取烟草专卖许可证的企业和个人有下列情况之一,经教育、处罚不改者,发证机关可吊销其烟草专卖许可证:(1)产品粗制滥造,规格、质量不符合国家标准的;(2)向无烟草专卖许可证的企业提供烟草专卖品生产技术、机械设备及原辅材料的;(3)为无烟草专卖许可证的企业、个人提供货源、账号、支票等方便条件的;(4)利用烟草专卖许可证作为合法形式进行违法经营活动的;(5)拖延不办理烟草专卖许可证或者烟草专卖许可证变更、注销手续以及年检手续的;(6)其他违反烟草专卖法律、法规行为的。

(傅智文)

yancao zhuanyong jixie guanli

烟草专用机械管理(administration of cigarette commodities and manufacturing equipment) 关于生产卷烟纸、滤嘴棒、烟用丝束、烟草专用机械的管理制度。调整烟草专业机械的法律规范主要是《中华人民共和国烟草专卖法》及其实施条例。专卖法第五章和实施条例第七章章名都是卷烟纸、滤嘴棒、烟用丝束、烟草专用机械的生产和销售,对烟草专用机械的生产和销售作出了规定。

生产卷烟纸、滤嘴棒、烟用丝束、烟草专用机械的企业,必须报国务院烟草专卖行政主管部门批准,取得烟草专卖生产企业许可证。烟草专用机械专指烟草专用机械的整机。生产卷烟纸、滤嘴棒、烟用丝束、烟草专用机械的企业,应当按照国务院烟草专卖行政主管部门的计划以及与烟草制品生产企业签订的订货合同组织生产。

生产卷烟纸、滤嘴棒、烟用丝束、烟草专用机械的企业,只可将产品销售给烟草公司和持有烟草专卖生产企业许可证的烟草制品生产企业。烟草专卖批发企业和烟草制品生产企业只能取得烟草专卖生产企业许可证、特种烟草专卖经营企业许可证的企业购买卷烟纸、滤嘴棒、烟用丝束和烟草专用机械。卷烟纸、滤嘴棒、烟用丝束、烟草专用机械的生产企业不得将其产品销售给无烟草专卖生产企业许可证的单位或者个人。烟草专用机械的购进、出售、转让,必须经国务院烟草专卖行政主管部门批准。烟草专用机械的名录由国务院烟草专卖行政主管部门规定。任何单位或者个人不得销售非法生产的烟草专用机械、卷烟纸、滤嘴棒及烟用丝束。淘汰报废、非法拼装的烟草专用机械,残次的卷烟纸、滤嘴棒、烟用丝束及下脚料,由当地烟草专卖行政主管部门监督处理,不得以任何方式销售。

(傅智文)

yanye guanli

烟叶管理(administration of leaf tobacco) 烟草专卖制度的重要构成部分。我国《烟草专卖法》及其实施条例都进行了规定,《烟草专卖法》的第二章和实施条例的第三章章名都是烟叶的种植、收购和调拨。烟叶是指生产烟草制品所需的烤烟和名晾晒烟,名晾晒烟的名录由国务院烟草专卖行政主管部门规定。未列入名录的其他晾晒烟可以在集市贸易市场出售。对于烟叶种植,我国实行烟叶种植规划。烟草种植应当因地制宜地培育和推广优良品种。优良品种经全国或者省级烟草品种审定委员会审定批准后,由当地烟草公司组织供应。国务院烟草专卖行政主管部门按照合理布局的要求,会同有关省、自治区、直辖市人民政府依据国家计划,根据良种化、区域化、规范化的原则制定烟叶种植规划。

烟叶收购计划由县级以上地方人民政府计划部门根据国务院计划部门下达的计划下达,其他单位和个人不得变更。烟草公司或者其委托单位应当与烟叶种植者签订烟叶收购合同。烟叶收购合同应当约定烟叶种植面积。烟叶收购价格由国务院物价主管部门会同国务院烟草专卖行政主管部门按照分等定价的原则制定。烟叶由烟草公司或者其委托单位按照国家规定的收购标准、价格统一收购,其他单位和个人不得收购。烟草公司或其委托单位根据需要,可以在国家下达烟叶收购计划的地区设立烟叶收购站(点)收购烟叶。设立烟叶收购站(点),应当经省级烟草专卖行政主管部门批准。未经批准,任何单位和个人不得收购烟叶。烟草公司及其委托单位对烟叶种植者按照烟叶收购合同约定的种植面积生产的烟叶,应当按照国家规定的标准分等定价,全部收购,不得压级压价,并妥善处理收购烟叶发生的纠纷。地方烟草专卖行政主管部门组织同级有关部门和烟叶生产者的代表组成烟叶评级小组,协调烟叶收购等级评定工作。省、自治区、直辖市之间的烟叶、复烤烟叶的调拨计划由国务院计划部门下达,省、自治区、直辖市辖区内的烟叶、复烤烟叶的调拨计划由省、自治区、直辖市计划部门下达,其他单位和个人不得变更。

(傅智文)

yanqi nashui

延期纳税(deferment of tax payment) 对于处在不利境遇的纳税人给予延期缴纳税款的权利。这体现了税法的公平原则。我国《税收征收管理法》第31条规定,纳税人因有特殊困难,不能按期缴纳税款的,应当在规定的缴纳期限内,向主管税务机关提出书面申请,并经省、自治区、直辖市国家税务局、地方税务局批准后,可延期缴纳税款,但最长不得超过3个月。这里的"特殊困难"是指以下两种情形:(1)因不可抗力,导致纳税人发生较大损失,正常生产经营收到较大影响的。不可抗力指不能预见、不能避免、不能克服的客观情况,包括自然事件和社会事件。(2)当期货币资金在扣除应付职工工资、社会保险费后,不足以缴纳税款的。

(魏建国 宋丽)

yanshui

盐税(salt tax) 以盐作为征税对象的一种税。盐税是我国古老的一个税种,周代征收到的山泽之赋中包含盐税。春秋战国时期开始设官掌管盐政并征收盐税,后盐税形成一个独立的税种,以后历代封建王朝对盐实行专卖,或征税与专卖并行,成为取得财政收入的重要手段。中华人民共和国成立后,政务院于1950年1月20日颁布了《关于全国盐务工作的决定》,建立了新的盐务管理机构,确定了盐税的征收原则、盐税税额和管理办法,从而建立了中华人民共和国成立后的盐税制度。为了加强盐税征收工作,并有利于盐务部门集中力量从事发展盐业生产,从1958年7月1日起,盐税的征收工作由盐务部门转为税务部门办理。1973年税制改革时,把盐税并入工商税,作为一个税目,但仍按原来的盐税征收制度执行。1984年工商税制全面改革时,盐税从工商税中分离出来,国务院颁布了《中华人民共和国盐税条例(草案)》,盐税重新成为一个独立税种。

盐税的征收原则是"从量核定,就厂征收,税不重征"。从量核定是指盐税实行从量定额征收,以吨为单位分别不同产区、盐种和用途确定差别税额;就厂征收是指实行源泉征税,一般在盐的销售出厂环节和在盐区的运销、公收单位分配销售环节征收,以保证盐税地区差别税额的执行;税不重征是指从生产到消费,无论期间经过多少加工、流转环节,只在规定环节征一道税,严格实行一次课征制度,纳税人用已税原盐加工、精制后销售的盐,不再缴纳盐税。盐税的征收对象包括海盐、矿盐、湖盐、井盐及其精制、粉碎、洗涤等加工的盐。凡在中国境内从事生产、经营和进口盐的单位和个人,都是盐税的纳税人。

中国的盐资源分布很广,每个产区的盐的资源、运输、生产条件存在差异,导致生产成本和利润水平较为悬殊,资源级差因素影响十分明显,而盐又是人民生活的必需品,所以国家有必要通过税收来进行价格管理,以调节因客观条件不同而形成的级差收入,鼓励平等竞争,促进盐资源的合理开发和利用。为此,对盐采取了"价齐税不齐"的办法。盐的税额根据产区的不同而异,对不同产区、不同盐种和不同用途的盐规定不同的税率,每吨盐的税额最低为40元,最高的则为160.80元。但供给消费者的食盐,其价格则基本一致。1994年税制改革,将盐税并入资源税,作为其中的一个税目,简化了征税规定。

(王 晶)

yanxishui

筵席税(feast tax) 对在我国境内设立的饭店、酒店、宾馆、招待所以及其他饮食营业场所举办筵席的单位和个人征收的一种税。属于地方税,由省级人民政府自行决定是否征收。举办筵席的单位和个人为纳税义务人,承办筵席的饭店、酒店、宾馆、招待所以及其他经营饮食业的单位和个人,为筵席税的代缴义务人。征税起点为一次筵席支付金额人民币 200—500 元,从价计征,税率采用 15%—20% 的幅度比例税率。具体的征收办法由各省级政府自行制定。　　（彭　皖）

yanxishui zanxing tiaoli

《筵席税暂行条例》(Interim Regulations on the Feast Tax)　我国征收筵席税的法律依据。1950 年 1 月政务院颁布的《特种消费行为税暂行条例》曾将筵席税作为一个税目。1953 年税制改革,特种消费行为被文化娱乐税所代替,筵席税停征。1988 年 9 月 22 日国务院发布《中华人民共和国筵席税暂行条例》。1994 年税制改革将筵席税的征税权下放给地方,由省级地方政府决定开征或停征。筵席税的纳税义务人是在中国境内设立的饭店、酒店、宾馆、招待所以及其他饮食营业场所举办筵席的单位和个人。筵席税的征税范围是在中国境内设立的饭店、酒店、宾馆、招待所以及其他饮食营业场所举办的筵席。筵席税的计税依据是举办一次筵席所支付的全部金额。筵席税的征税起点是人民币 200—500 元,采用幅度比例税率,按次从价计征。具体税率和征税起点由省、自治区、直辖市人民政府结合本地实际情况,在法定幅度内自行确定。个别需要免征筵席税的,由省、自治区、直辖市人民政府确定。筵席税采用代征代缴的征收办法,其代征代缴义务人是承办筵席的饭店、酒店、宾馆、招待所以及其他经营饮食业的单位和个人。对纳税人一次筵席支付金额达到或者超过征税起点的,代征人应当在收取筵席价款的同时,代征筵席税税款。　　（席晓娟）

yansheng nashuiren

衍生纳税人(derivative taxpayer)　又称第二次纳税人。第三人依税法规定,对于税收债务人之债务负有一定之义务,当该第三人违反其义务,致国家对税收债务人之税收债务请求权之实现发生困难时,第三人依税法规定,应以自己财产代替原来纳税人清偿税收债务的第三人。在税收法律关系中,原则上税务机关只能对特定纳税人主张税收债权,税收债务人应以其全部之财产为税收之担保。衍生纳税人所负担的责任与原纳税人的纳税义务具有一定关联性,学理上可分为责任的从属性与责任补充性。关于责任的从属性是指衍生纳税人的责任范围不得超过原来纳税人的责任范围,原来纳税人的税收债务若已不存在,则衍生纳税人的责任将失去附丽而不存在。责任补充性是指衍生纳税人所负的责任是第二性责任,只有当税务机关对于原来纳税人请求清偿税收债权而无法获得完全满足时,才可就其未获得满足的税收债权向衍生纳税人征收不足之税款。当衍生纳税人代原来纳税人清偿其纳税债务时,衍生纳税人就其清偿部分可比照民法代位权规定向原来纳税人主张权利。　　（李俊明）

yanshi neijian

验视内件(verification of contents)　用户交寄除信件以外的其他邮件,应当交邮政企业或者其分支机构当面验视内件的行为。拒绝验视的,不予收寄。用户交寄的信件必须符合准寄内容的规定,必要时邮政企业及其分支机构有权要求用户取出进行验视。

（张旭娟　柴　坚）

yanglao baoxian

养老保险(insurance for the aged)　国家和社会根据法律和法规,通过向用人单位和劳动者本人征收养老保险费形成养老保险基金,用以解决劳动者在达到国家规定的解除劳动义务的劳动年龄界限,或因年老丧失劳动能力退出劳动岗位后的基本生活而建立的一种社会保险制度。养老保险的基本待遇是养老保险金的支付。这一概念主要包含以下三层含义:(1) 养老保险是在法定范围内的老年人完全或基本退出社会劳动生活后才自动发生作用的。这里所说的"完全",是以劳动者与生产资料的脱离为特征的;所谓"基本",指的是参加生产活动已不成为主要社会生活内容。需强调说明的是,法定的年龄界限(各国有不同的标准)才是切实可行的衡量标准。(2) 养老保险的目的是为保障老年人的基本生活需求,为其提供稳定可靠的生活来源。(3) 养老保险是以社会保险为手段来达到保障的目的。

养老保险是世界各国较普遍实行的一种社会保障制度,除具备社会保险的一般特征外,还具有以下特有的法律特征:(1) 劳动者达到法定老年年龄,这是享受养老保险的法定条件。符合养老条件的人,可向社会保险部门领取养老金,使社会成员老年生活获得基本的物质保障。(2) 劳动者被依法解除法定劳动义务,这是享受养老保险的事实前提。(3) 养老保险费用来源,一般由国家、单位和个人三方或单位和个人双方共同负担,并实现广泛的社会互济。(4) 养老保险保障的范围是必然会步入老年的全体劳动者,所以养老保险是适用范围最广泛的社会保险项目之一。(5) 养老保险享受人多且时间跨度长,费用支出庞大,因此,必须设置专门机构,实行现代化、专业化、社会化的统一规划和管理。

养老保险是社会化大生产的产物,也是社会进步的标志。目前,世界上的养老保险制度可分为三种类型,即投保资助型(也叫传统型)养老保险、强制储蓄型养老保险(也称公积金模式)和国家统筹型养老保险。我国根据具体国情，创造性地实施了"社会统筹与个人账户相结合"的基本养老保险改革模式，该模式对于基本养老保险，在继续实行养老保险费社会统筹的同时，建立职工个人养老保险账户，将个人缴费部分与用人单位缴纳养老保险费的一部分，一并记入个人账户，累计储存到职工退休养老时使用。

我国目前改革中的养老保险制度包括三个层次：一是国家强制实施的基本养老保险。基本养老保险亦称法定养老保险，是指由国家立法强制实行，适用于各类企业职工，标准基本统一，保险费用实行国家、企业和劳动者个人三方共同负担，基金实行社会统筹的养老保险。二是单位补充养老保险。指在基本养老保险的基础上，由职工所在用人单位根据自身经济情况，在国家规定的实施政策和实施条件下为本单位职工投保的一种辅助性的养老保险。单位补充养老保险费可由单位完全承担，或由单位和员工双方共同承担，承担比例由劳资双方协议确定。三是职工个人储蓄性养老保险。是由职工根据收入状况自愿参加、自愿选择经办机构储备一定资金，为将来养老所用的一种补充保险形式。在这种多层次养老保险体系中，基本养老保险目的在于保障广大退休人员的晚年基本生活，可称为第一层次，也是最高层次。单位补充养老保险居于养老保险体系中的第二层次，由国家宏观指导、企业内部决策执行。职工个人储蓄性养老保险居于多层次的养老保险体系中的第三层次，是社会养老保险制度的必要组成部分，目的在于扩大养老保险经费来源，多渠道筹集养老保险基金，减轻国家和企业的负担。

养老保险给付有用人单位给付和保险机构给付两种形式。养老保险制度改革之前，我国一直采取用人单位给付的方式，给用人单位造成了相当承重的负担。按照改革的目标和模式，养老保险待遇的给付将逐渐过渡到以社会保险机构给付为主，以用人单位给付为辅，并且，在具体给付方式上，还可以由受委托银行或邮局直接发给。

（张景丽 崔雪松）

yanglaojin fuzhai
养老金负债（old age pension liabilities） 一种直接显性负债。是由特定法律或合同确定的政府债务。如国债本金和利息，预算法规定的支出，具有法律约束力的长期预算支出；养老金负债必须严格按照退休年龄和寿命期限设想来进行成本核算，惯例是养老基金资产应该与总的负债相等。养老金是老龄化相关支出中增长最快的项目。标准普尔的报告中写道："各国政府必须尽可能多、尽可能快地不断创造预算盈余，来维护它们公共财政的可持续性和整体经济前景。"唯一的选择是，进行彻底的社会保障体系改革，并且力度要远远超过大多数国家近期提出的改革动议。"这将对日本、德国、法国、波兰和捷克等国的信用评级造成一定威胁。这些国家正面临着平均寿命显著延长、低出生率和高负债水平等问题，有的国家同时被多个这样的问题所困扰。以日立公司为例，确认养老金负债将在2002财政年度注销37亿日元的储备金。所幸的是，准则规定摊销期可以超过15年，而国际会计准则规定为5年，这就避免了企业业绩的大幅下挫。

人口老龄化现象自19世纪后期在发达国家出现以来，已引起各国的关注。在发展中国家，随着人口平均寿命的不断延长，人口结构也开始向老龄化方向发展。据专家预计，到2030年全球老龄人口占总人口比例将由目前的9%上升至16%。西方人口专家将21世纪称为"世界性人口老龄化的时代"。面对即将到来的全球性的银色浪潮，世界各国一直在探索解决人口老龄化带来的一系列社会问题，至今已产生了各具特色的养老保险制度。工业国的主权信用评级将面临巨大压力，因为这些国家为了筹措与人口老龄化相关的支出，需要大举借债，除非这些国家采取。

（崔雪松）

yanglaojin kuaiji chuli
养老金会计处理（accountancy handles for pension） 对于养老金计划的会计处理。西方发达国家研究较早，其养老金会计体系比较成熟。我国起步较晚，到目前为止，仅对社会保障机构的养老金会计作了规定，而真正意义上的企业养老金会计同西方国家相比差距很大，尚处于探索阶段。

劳动报酬是养老金计划会计处理的关键问题，是在职工为企业提供服务的当期确认相应的养老金费用。1948年，美国会计程序委员会（CAP）曾发布了第一个养老金会计准则——会计研究公报（ARB36），使用的计量基础是收付实现制。在那时各期的养老金费用就直接等于该期企业对养老金基金提拨数。1956年1月，CAP又发布了ARB47，第一次将养老金负债的概念引入准则，ARB47建议在资产负债表上报告未提拨的既得养老金（即指职工已得，但企业还未拨付给养老基金管理机构的养老金），并建议在利润表中把该未提拨的既得养老金的增加数确认为本期最低养老金费用。这个建议试图改变会计实务中的收付实现制，但当时由于要提拨的现金数往往超过了既得养老金利益，因而大部分的公司仍盛行收付实现制；1966年11月FASB发布了第8号意见书（APBS），建议无论企业当期向养老基金提拨的现金数是多少，都采用一种可接受的保险统计方法来计算当期的养老金费用，这表示养老金费用的计量实现了从收付实现制向权责发生制的转变。1985年12月FASB又颁布了SFAS87"雇主对养老金的会计处理"（取代APBS），强调采用权责发生制。

西方各国对养老金的会计问题作了大量的研究，已建立了与其养老保险制度相适应的会计准则，形成了一套较为完整的养老金会计体系。如美国财务会计准则委员会（FASB）制定的第87号财务会计准则公告（SFAS87）"雇主对养老金的会计处理"和第88号公告（SFAS88）"雇主对规定受益制计划的结算、削减以及终止的会计处理"；加拿大特许会计师协会（CICA）下属的会计准则理事会制定的会计建议书（NO.3460）"养老金费用和债务"以及"养老金费用"（NO.4100）；英国会计准则委员会（ASC）曾制定过标准会计实务公告24（SSAP24）"养老金费用的会计"，改组之后的会计准则委员会（ASB）发布了财务报告准则公告17（FRS17）"退休福利"，等等。另外，国际会计准则委员会（IASC）也制定了两个涉及养老金的会计准则，即"雇员福利"（IAS19）以及"养老金计划的会计和报告"（IAS26）。

（崔雪松）

yangji shiyan

样机试验（the test of the sample measuring instruments） 政府计量行政部门对属于全国范围内已经定型、而本单位首次生产的计量器具新产品所进行的试验、审核和确认。样机试验主要针对转产的与已定型的计量器具采用相同设计的新产品。因此，样机试验是确认此种计量器具虽然在其他单位进行型式批准，而本单位首次生产时是否也具有原批准的计量性能。

（邢造宇）

yaoqing zhaobiao caigou

邀请招标采购（inviting bidding purchase） 招标人以投标邀请书的方式，邀请特定的供应商投标的采购方式。而受邀投标者的数量，财政部发布的《政府采购管理暂行办法》规定5个以上（第20条），《中华人民共和国招标投标法》及《政府采购法》则规定为3个以上（第17条）。依照《政府采购法》第29条的规定，具有特殊性，只能从有限范围的供应商处采购，或者采用公开招标方式的费用占政府采购项目总价值的比例过大的货物或服务的采购，可以用邀请招标的方式采购。

货物或服务采取邀请招标方式采购的，采购人应当从符合相应资格条件的供应商中，通过随机方式选择三家以上的供应商，并向其发出投标邀请书。邀请招标的具体程序，同样受《招标投标法》和财政部制定的《政府采购招标投标管理暂行办法》的规范。

（杨云鹏）

yaopin baozhuang guanli

药品包装管理（administration of drug packaging） 针对直接接触药品的包装材料和容器的管理制度。其必须符合药用要求，符合保障人体健康、安全的标准，并由药品监督管理部门在审批药品时一并审批。药品生产企业不得使用未经批准的直接接触药品的包装材料和容器。对不合格的直接接触药品的包装材料和容器，由药品监督管理部门责令停止使用。药品包装必须适合药品质量的要求，方便储存、运输和医疗使用。发运中药材必须有包装。在每件包装上，必须注明品名、产地、日期、调出单位，并附有质量合格的标志。药品包装必须按照规定印有或者贴有标签并附有说明书。标签或者说明书上必须注明药品的通用名称、成分、规格、生产企业、批准文号、产品批号、生产日期、有效期、适应症或者功能主治、用法、用量、禁忌、不良反应和注意事项。麻醉药品、精神药品、医疗用毒性药品、放射性药品、外用药品和非处方药的标签，必须印有规定的标志。

（张旭娟　师湘瑜）

yaopin guanli

药品管理（administration of drugs） 我国关于药品的管理制度。内容包括：（1）研制新药，必须按照国务院药品监督管理部门的规定如实报送研制方法、质量指标、药理及毒理试验结果等有关资料和样品，经国务院药品监督管理部门批准后，方可进行临床试验。完成临床试验并通过审批的新药，由国务院药品监督管理部门批准，发给新药证书。药物的非临床安全性评价研究机构和临床试验机构必须分别执行药物非临床研究质量管理规范、药物临床试验质量管理规范。生产新药或者已有国家标准的药品的，须经国务院药品监督管理部门批准，并发给药品批准文号；但是，生产没有实施批准文号管理的中药材和中药饮片的除外。实施批准文号管理的中药材、中药饮片品种目录由国务院药品监督管理部门会同国务院中医药管理部门制定。药品生产企业在取得药品批准文号后，方可生产该药品。药品必须符合国家药品标准。中药饮片必须按照国家药品标准炮制；国家药品标准没有规定的，必须按照省、自治区、直辖市人民政府药品监督管理部门制定的炮制规范炮制。省、自治区、直辖市人民政府药品监督管理部门制定的炮制规范应当报国务院药品监督管理部门备案。国务院药品监督管理部门颁布的《中华人民共和国药典》和药品标准为国家药品标准。国务院药品监督管理部门的药品检验机构负责标定国家药品标准品、对照品。国务院药品监督管理部门组织药学、医学和其他技术人员，对新药进行审评，对已经批准生产的药品进行再评价。（2）药品生产企业、药品经营企业、医疗机构必须从具有药品生产、经营资格的企业购进药品；但是，购进没有实施批准文号管理的中药材除外。（3）国家对麻醉药品、精神药品、医疗用毒性药品、放射性药品实行特殊管理。管理办法由国务院制定。（4）国家实行中药品种保护制度。具体办法由国务院制定。（5）国家对药品实行处方药与非处方药分类管理制度。具体办法由国务院制定。（6）国家禁止进口疗效不确定、不良反应大或者因其他原因危害人体健康的药品。药品进口，须经国务院药品监督管理部门组织审查，经审查确认符合质量标准、安全有效的，方可批准进口，并发给进口药品注册证书。医疗单位临床急需或者个人自用进口的少量药品，按照国家有关规定办理进口手续。药品必须从允许药品进口的口岸进口，并由进口药品的企业向口岸所在地药品监督管理部门登记备案。海关凭药品监督管理部门出具的《进口药品通关单》放行。无《进口药品通关单》的，海关不得放行。允许药品进口的口岸由国务院药品监督管理部门会同海关总署提出，报国务院批准。国务院药品监督管理部门对下列药品在销售前或者进口时，指定药品检验机构进行检验；检验不合格的，不得销售或者进口：国务院药品监督管理部门规定的生物制品；首次在中国销售的药品；国务院规定的其他药品。国务院药品监督管理部门对已经批准生产或者进口的药品，应当组织调查；对疗效不确定、不良反应大或者其他原因危害人体健康的药品，应当撤销批准文号或者进口药品注册证书。已被撤销批准文号或者进口药品注册证书的药品，不得生产或者进口、销售和使用；已经生产或者进口的，由当地药品监督管理部门监督销毁或者处理。国家实行药品储备制度。（7）国内发生重大灾情、疫情及其他突发事件时，国务院规定的部门可以紧急调用企业药品。对国内供应不足的药品，国务院有权限制或者禁止出口。（8）进口、出口麻醉药品和国家规定范围内的精神药品，必须持有国务院药品监督管理部门发给的《进口准许证》、《出口准许证》。新发现和从国外引种的药材，经国务院药品监督管理部门审核批准后，方可销售。（9）地区性民间习用药材的管理办法，由国务院药品监督管理部门会同国务院中医药管理部门制定。列入国家药品标准的药品名称为药品通用名称。已经作为药品通用名称的，该名称不得作为药品商标使用。（10）药品生产企业、药品经营企业和医疗机构直接接触药品的工作人员，必须每年进行健康检查。患有传染病或者其他可能污染药品的疾病的，不得从事直接接触药品的工作。　　　　　　　　　　　（张旭娟　师湘瑜）

yaopin guanggao guanli

药品广告管理（administration of drug advertisement）　我国关于药品的广告行为的管理制度。药品广告须经企业所在地省、自治区、直辖市人民政府药品监督管理部门批准，并发给药品广告批准文号；未取得药品广告批准文号的，不得发布。处方药可以在国务院卫生行政部门和国务院药品监督管理部门共同指定的医学、药学专业刊物上介绍，但不得在大众传播媒介发布广告或者以其他方式进行以公众为对象的广告宣传。药品广告的内容必须真实、合法，以国务院药品监督管理部门批准的说明书为准，不得含有虚假的内容。药品广告不得含有不科学的表示功效的断言或者保证；不得利用国家机关、医药科研单位、学术机构或者专家、学者、医师、患者的名义和形象作证明。非药品广告不得有涉及药品的宣传。省、自治区、直辖市人民政府药品监督管理部门应当对其批准的药品广告进行检查，对于违反本法和《中华人民共和国广告法》的广告，应当向广告监督管理机关通报并提出处理建议，广告监督管理机关应当依法作出处理。　　（张旭娟　师湘瑜）

yaopin jiage guanli

药品价格管理（administration of drug price）　依法实行政府定价、政府指导价的药品，政府价格主管部门应当依照《中华人民共和国价格法》规定的定价原则，依据社会平均成本、市场供求状况和社会承受能力合理制定和调整价格的管理。药品的生产企业、经营企业和医疗机构必须执行政府定价、政府指导价，不得以任何形式擅自提高价格。药品生产企业应当依法向政府价格主管部门如实提供药品的生产经营成本，不得拒报、虚报、瞒报。依法实行市场调节价的药品，品的生产企业、经营企业和医疗机构应当按照公平、合理和诚实信用、质价相符的原则制定价格，为用药者提供价格合理的药品。药品的生产企业、经营企业和医疗机构应当遵守国务院价格主管部门关于药价管理的规定，制定和标明药品零售价格，禁止暴利和损害用药者利益的价格欺诈行为。药品的生产企业、经营企业、医疗机构应当依法向政府价格主管部门提供其药品的实际购销价格和购销数量等资料。医疗机构应当向患者提供所用药品的价格清单；医疗保险定点医疗机构还应当按照规定的办法如实公布其常用药品的价格，加强合理用药的管理，具体办法由国务院卫生行政部门规定。禁止药品的生产企业、经营企业和医疗机构在药品购销中账外暗中给予、收受回扣或者其他利益。禁止药品的生产企业、经营企业或者其代理人以任何名义给予使用其药品的医疗机构的负责人、药品采购人员、医师等有关人员以财物或者其他利益。禁止医疗机构的负责人、药品采购人员、医师等有关人员以任何名义收受药品的生产企业、经营企业或者其代理人给予的财物或者其他利益。　　　　（张旭娟　师湘瑜）

yaopin jiandu guanli bumen

药品监督管理部门（medicine administration department) 主管全国药品监督管理工作的国务院药品监督管理部门。国务院有关部门在各自的职责范围内负责与药品有关的监督管理工作。省、自治区、直辖市人民政府负责本行政区域内的药品监督管理工作。省、自治区、直辖市人民政府有关部门在各自的职责范围内负责与药品有关的监督管理工作。国务院药品监督管理部门应当配合国务院经济综合主管部门,执行国家制定的药品行业发展规划和产业政策。药品监督管理部门设置或者确定的药品检验机构,承担依法实施药品审批和药品质量监督检查所需的药品检验工作。

(张旭娟 师湘瑜)

yaopin jingying qiye guanli
药品经营企业管理(administration of drug business) 针对经营药品批发的企业的管理制度。开办药品批发企业,须经企业所在地省、自治区、直辖市人民政府药品监督管理部门批准并发给《药品经营许可证》;开办药品零售企业,须经企业所在地县级以上地方药品监督管理部门批准并发给《药品经营许可证》,凭《药品经营许可证》到工商行政管理部门办理登记注册。无《药品经营许可证》的,不得经营药品。《药品经营许可证》应当标明有效期和经营范围,到期重新审查发证。开办药品经营企业必须具备以下条件:(1)具有依法经过资格认定的药学技术人员;(2)具有与所经营药品相适应的营业场所、设备、仓储设施、卫生环境;(3)具有与所经营药品相适应的质量管理机构或者人员;(4)具有保证所经营药品质量的规章制度。药品经营企业必须按照国务院药品监督管理部门依据本法制定的《药品经营质量管理规范》经营药品。药品监督管理部门按照规定对药品经营企业是否符合《药品经营质量管理规范》的要求进行认证;对认证合格的,发给认证证书。药品经营企业购进药品,必须建立并执行进货检查验收制度,验明药品合格证明和其他标识;不符合规定要求的,不得购进。药品经营企业购销药品,必须有真实完整的购销记录。药品经营企业销售药品必须准确无误,并正确说明用法、用量和注意事项;调配处方必须经过核对,对处方所列药品不得擅自更改或者代用。对有配伍禁忌或者超剂量的处方,应当拒绝调配;必要时,经处方医师更正或者重新签字,方可调配。药品经营企业销售中药材,必须标明产地。药品经营企业必须制定和执行药品保管制度,采取必要的冷藏、防冻、防潮、防虫、防鼠等措施,保证药品质量。药品入库和出库必须执行检查制度。城乡集市贸易市场可以出售中药材,国务院另有规定的除外。城乡集市贸易市场不得出售中药材以外的药品,但持有《药品经营许可证》的药品零售企业在规定的范围内可以在城乡集市贸易市场设点出售中药材以外的药品。具体办法由国务院规定。

(张旭娟 师湘瑜)

yaopin jingying xukezheng de bian'geng yu huanfa
药品经营许可证的变更与换发(alteration and issuance of pharmaceutical trade license) 《药品经营许可证》的许可事项变更、登记事项变更以及换发行为。许可事项变更是指经营方式、经营范围、注册地址、仓库地址(包括增减仓库)、企业法定代表人或负责人以及质量负责人的变更。登记事项变更是指上述事项以外的其他事项的变更。

药品经营企业变更《药品经营许可证》许可事项的,应当在原许可事项发生变更30日前,向原发证机关申请《药品经营许可证》变更登记。未经批准,不得变更许可事项。原发证机关应当自收到企业变更申请和变更申请资料之日起15个工作日内作出准予变更或不予变更的决定。申请许可事项变更的,由原发证部门按照本办法规定的条件验收合格后,方可办理变更手续。药品经营企业依法变更《药品经营许可证》的许可事项后,应依法向工商行政管理部门办理企业注册登记的有关变更手续。企业分立、合并、改变经营方式、跨原管辖地迁移,应当重新办理《药品经营许可证》。企业法人的非法人分支机构变更《药品经营许可证》许可事项的,必须出具上级法人签署意见的变更申请书。企业因违法经营已被(食品)药品监督管理部门(机构)立案调查,尚未结案的;或已经作出行政处罚决定,尚未履行处罚的,发证机关应暂停受理其《药品经营许可证》的变更申请。

药品经营企业变更《药品经营许可证》的登记事项的,应在工商行政管理部门核准变更后30日内,向原发证机关申请《药品经营许可证》变更登记。原发证机关应当自收到企业变更申请和变更申请资料之日起15个工作日内为其办理变更手续。《药品经营许可证》登记事项变更后,应由原发证机关在《药品经营许可证》副本上记录变更的内容和时间,并按变更后的内容重新核发《药品经营许可证》正本,收回原《药品经营许可证》正本。变更后的《药品经营许可证》有效期不变。

《药品经营许可证》有效期为5年。有效期届满,需要继续经营药品的,持证企业应在有效期届满前6个月内,向原发证机关申请换发《药品经营许可证》。原发证机关按本办法规定的申办条件进行审查,符合条件的,收回原证,换发新证。不符合条件的,可限期3个月进行整改,整改后仍不符合条件的,注销原《药品经营许可证》。药品监督管理部门根据药品经营企业的申请,应当在《药品经营许可证》有效期届满前作出是否准予其换证的决定。逾期未作出决定的,视为

准予换证。　　　　　　　　　　(刘　鹏)

yaopin jingying xukezheng de jiandu jiancha
药品经营许可证的监督检查(supervision on pharmaceutical trade license)　药品监督管理部门对《药品经营许可证》持证企业的监督检查行为。持证企业应当接受监督检查。监督检查的内容主要包括：(1) 企业名称、经营地址、仓库地址、企业法定代表人(企业负责人)、质量负责人、经营方式、经营范围、分支机构等重要事项的执行和变动情况；(2) 企业经营设施设备及仓储条件变动情况；(3) 企业实施《药品经营质量管理规范》情况；(4) 发证机关需要审查的其他有关事项。

监督检查可以采取书面检查、现场检查或者书面与现场检查相结合的方式。(1) 发证机关可以要求持证企业报送《药品经营许可证》相关材料，通过核查有关材料，履行监督职责；(2) 发证机关可以对持证企业进行现场检查。有下列情况之一的企业，必须进行现场检查：(1) 上一年度新开办的企业；(2) 上一年度检查中存在问题的企业；(3) 因违反有关法律、法规，受到行政处罚的企业；(4) 发证机关认为需要进行现场检查的企业。《药品经营许可证》换证工作当年，监督检查和换证审查工作可一并进行。

《药品经营许可证》现场检查标准，由发证机关按照开办药品批发企业验收实施标准、开办药品零售企业验收实施标准和《药品经营质量管理规范》认证检查标准及其现场检查项目制定，并报上一级药品监督管理部门备案。对监督检查中发现有违反《药品经营质量管理规范》要求的经营企业，由发证机关责令限期进行整改。对违反《药品管理法》第16条规定，整改后仍不符合要求从事药品经营活动的，按《药品管理法》第79条规定处理。发证机关依法对药品经营企业进行监督检查时，应当将监督检查的情况和处理结果予以记录，由监督检查人员签字后归档。公众有权查阅有关监督检查记录。现场检查的结果，发证机关应当在《药品经营许可证》副本上记录并予以公告。

有下列情形之一的，《药品经营许可证》由原发证机关注销：(1) 《药品经营许可证》有效期届满未换证的；(2) 药品经营企业终止经营药品或者关闭的；(3) 《药品经营许可证》被依法撤销、撤回、吊销、收回、缴销或者宣布无效的；(4) 不可抗力导致《药品经营许可证》的许可事项无法实施的；(5) 法律、法规规定的应当注销行政许可的其他情形。药品监督管理部门注销《药品经营许可证》的，应当自注销之日起5个工作日内通知有关工商行政管理部门。《药品经营许可证》包括正本和副本。正本、副本具有同等法律效力。发证机关应建立《药品经营许可证》发证、换证、监督检查、变更等方面的工作档案，并在每季度上旬将《药品经营许可证》的发证、变更等情况报上一级药品监督管理部门。对因变更、换证、吊销、缴销等原因收回、作废的《药品经营许可证》，应建档保存5年。

　　　　　　　　　　　　　　　(刘　鹏)

yaopin jingying xukezheng de shenling
药品经营许可证的申领(application for pharmaceutical trade license)　开办药品批发或零售的企业申领其药品经营的许可证。按照《药品管理法》第14条的规定，开办药品批发企业，应符合省、自治区、直辖市药品批发企业合理布局的要求，并符合以下设置标准：(1) 具有保证所经营药品质量的规章制度；(2) 企业、企业法定代表人或企业负责人、质量管理负责人无《药品管理法》第76条、第83条规定的情形；(3) 具有与经营规模相适应的一定数量的执业药师，质量管理负责人具有大学以上学历，且必须是执业药师；(4) 具有能够保证药品储存质量要求的、与其经营品种和规模相适应的常温库、阴凉库、冷库。仓库中具有适合药品储存的专用货架和实现药品入库、传送、分拣、上架、出库现代物流系统的装置和设备；(5) 具有独立的计算机管理信息系统，能覆盖企业内药品的购进、储存、销售以及经营和质量控制的全过程；能全面记录企业经营管理及实施《药品经营质量管理规范》方面的信息；符合《药品经营质量管理规范》对药品经营各环节的要求，并具有可以实现接受当地(食品)药品监管部门(机构)监管的条件；(6) 具有符合《药品经营质量管理规范》对药品营业场所及辅助、办公用房以及仓库管理、仓库内药品质量安全保障和进出库、在库储存与养护方面的条件。国家对经营麻醉药品、精神药品、医疗用毒性药品、预防性生物制品另有规定的，从其规定。

开办药品零售企业，应符合当地常住人口数量、地域、交通状况和实际需要的要求，符合方便群众购药的原则，并符合以下设置规定：(1) 具有保证所经营药品质量的规章制度。(2) 具有依法经过资格认定的药学技术人员；经营处方药、甲类非处方药的药品零售企业，必须配有执业药师或者其他依法经过资格认定的药学技术人员。质量负责人应有1年以上(含1年)药品经营质量管理工作经验。经营乙类非处方药的药品零售企业，以及农村乡镇以下地区设立药品零售企业的，应当按照《药品管理法实施条例》第15条的规定配备业务人员，有条件的应当配备执业药师。企业营业时间，以上人员应当在岗。(3) 企业、企业法定代表人、企业负责人、质量负责人无《药品管理法》第76条、第83条规定的情形。(4) 具有与所经营药品相适应的营业场所、设备、仓储设施以及卫生环境。在超市等其他商业企业内设立零售药店的,必须具有独立的区域。(5)具有能够配备满足当地消费者所需药品的能力,并能保证24小时供应。药品零售企业应备有的国家基本药物品种数量由各省、自治区、直辖市(食品)药品监督管理部门结合当地具体情况确定。国家对经营麻醉药品、精神药品、医疗用毒性药品、预防性生物制品另有规定的,从其规定。

开办药品批发企业验收实施标准由国家食品药品监督管理局制定。开办药品零售企业验收实施标准,由各省、自治区、直辖市(食品)药品监督管理部门依据《药品经营质量管理规范》等的有关规定组织制定,并报国家食品药品监督管理局备案。

药品经营企业经营范围:麻醉药品、精神药品、医疗用毒性药品;生物制品;中药材、中药饮片、中成药、化学原料药及其制剂、抗生素原料药及其制剂、生化药品。从事药品零售的,应先核定经营类别,确定申办人经营处方药或非处方药、乙类非处方药的资格,并在经营范围中予以明确,再核定具体经营范围。医疗用毒性药品、麻醉药品、精神药品、放射性药品和预防性生物制品的核定按照国家特殊药品管理和预防性生物制品管理的有关规定执行。

(刘 鹏)

yaopin jingying xukezheng zhidu
药品经营许可证制度(pharmaceutical trade license institution) 由药品监督管理部门颁发的,许可药品批发或零售企业从事药品批发、零售经营专用证明的制度。开办药品批发企业,须经企业所在地省、自治区、直辖市人民政府药品监督管理部门批准并发给《药品经营许可证》;开办药品零售企业,须经企业所在地县级以上地方药品监督管理部门批准并发给《药品经营许可证》,凭《药品经营许可证》到工商行政管理部门办理登记注册。无《药品经营许可证》的,不得经营药品。《药品经营许可证》是企业从事药品经营活动的法定凭证,任何单位和个人不得伪造、变造、买卖、出租和出借。

《药品经营许可证》应当载明企业名称、法定代表人或企业负责人姓名、经营方式、经营范围、注册地址、仓库地址、《药品经营许可证》证号、流水号、发证机关、发证日期、有效期限等项目。《药品经营许可证》有效期为5年。《药品经营许可证》包括正本和副本。正本、副本具有同等法律效力。国家食品药品监督管理局主管全国药品经营许可的监督管理工作。省、自治区、直辖市药品监督管理部门负责本辖区内药品批发企业《药品经营许可证》发证、换证、变更和日常监督管理工作,并指导和监督下级药品监督管理机构开展《药品经营许可证》的监督管理工作。设区的市级药品监督管理机构或省、自治区、直辖市药品监督管理部门直接设置的县级药品监督管理机构负责本辖区内药品零售企业《药品经营许可证》发证、换证、变更和日常监督管理等工作。

(刘 鹏)

yaopin shengchan qiye guanli
药品生产企业管理(administration of drug manufacturing enterprise) 关于药品生产企业的管理制度。须经企业所在地省、自治区、直辖市人民政府药品监督管理部门批准并发给《药品生产许可证》,凭《药品生产许可证》到工商行政管理部门办理登记注册。无《药品生产许可证》的,不得生产药品。《药品生产许可证》应当标明有效期和生产范围,到期重新审查发证。开办药品生产企业,必须具备以下条件:(1)具有依法经过资格认定的药学技术人员、工程技术人员及相应的技术工人;(2)具有与其药品生产相适应的厂房、设施和卫生环境;(3)具有能对所生产药品进行质量管理和质量检验的机构、人员以及必要的仪器设备;(4)具有保证药品质量的规章制度。药品监督管理部门批准开办药品生产企业,除符合上述条件外,还应当符合国家制定的药品行业发展规划和产业政策,防止重复建设。药品生产企业必须按照国务院药品监督管理部门依据本法制定的《药品生产质量管理规范》组织生产。药品监督管理部门按照规定对药品生产企业是否符合《药品生产质量管理规范》的要求进行认证;对认证合格的,发给认证证书。除中药饮片的炮制外,药品必须按照国家药品标准和国务院药品监督管理部门批准的生产工艺进行生产,生产记录必须完整准确。药品生产企业改变影响药品质量的生产工艺的,必须报原批准部门审核批准。中药饮片必须按照国家药品标准炮制;国家药品标准没有规定的,必须按照省、自治区、直辖市人民政府药品监督管理部门制定的炮制规范炮制。省、自治区、直辖市人民政府药品监督管理部门制定的炮制规范应当报国务院药品监督管理部门备案。药品生产企业生产药品所需的原料、辅料,必须符合药用要求。药品生产企业必须对其生产的药品进行质量检验;不符合国家药品标准或者不按照省、自治区、直辖市人民政府药品监督管理部门制定的中药饮片炮制规范炮制的,不得出厂。经国务院药品监督管理部门或者国务院药品监督管理部门授权的省、自治区、直辖市人民政府药品监督管理部门批准,药品生产企业可以接受委托生产药品。

(张旭娟 师湘瑜)

yesheng dongwu de quanshu jiqi liyong quanyi
野生动物的权属及其利用权益(right character and rights and interests of wild animals utilization) 野生动物的所有权,是指野生动物资源,即生存于自然

状态下的野生动物,尚未被人们合法获取时的所有权;野生动物的利用权益,是指以经济利用或其他利用为目的,依法对野生动物资源享有的权益。《野生动物保护法》规定:野生动物资源属于国家所有。野生动物国家所有权的唯一主体是中华人民共和国,唯一取得方式是法定所有,除国家之外,任何主体不得以任何方式取得野生动物资源的所有权。野生动物的所有权是独立性权利,不因野生动物生存或进入土地、森林、草原、水域的所有权、使用权的权属不同而改变,国家一定机构依照法律的规定代表国家行使野生动物的国家所有权。从实际内容来看,野生动物的国家所有权的意义在于:它是设立野生动物保护、拯救、管理的政府职责的法律基础,是一定的野生动物利用权益应经国家规定程序取得,并承担保护和和利用野生动物资源的义务的法律依据,是国家有关机构管理权限和收取一定费用的法定原因。至于其利用权益,主要包括:(1)狩猎权。依法取得狩猎许可,进行捕猎野生动物的行为,并根据捕猎行为对其猎获的野生动物享有的所有权或其他权益。狩猎权分为特许猎捕权和一般狩猎权。狩猎权人应当履行特许猎捕证和狩猎证规定的义务。(2)驯养繁殖权。依法享有的驯养繁殖野生动物,并对驯养繁殖的野生动物或其产品拥有的所有权和其他权益。国家鼓励驯养繁殖野生动物,即驯养繁殖非国家重点保护野生动物,不需要取得许可证,其他法律另有规定的除外;驯养繁殖国家重点保护野生动物的,应当持有驯养繁殖许可证,才能确认驯养繁殖。 (桑东莉)

yesheng dongwu guanli

野生动物管理(management for wild animal) 国家对于野生动物的管理制度。1988年11月8日第七届全国人民代表大会常务委员会第四次会议通过了《中华人民共和国野生动物保护法》。该法规定保护的野生动物,是指珍贵、濒危的陆生、水生野生动物和有益的或者有重要经济、科学研究价值的陆生野生动物。珍贵、濒危的水生野生动物以外的其他水生野生动物的保护,适用渔业法的规定。依据野生动物保护法,各级政府应当加强对野生动物资源的管理,制定保护、发展和合理利用野生动物资源的规划和措施。对野生动物的管理主要包括以下内容:(1)野生动物行政主管部门应当定期组织对野生动物资源的调查,建立野生动物资源档案。(2)国家鼓励驯养繁殖野生动物。驯养繁殖国家重点保护野生动物的,应当持有许可证。(3)禁止猎捕、杀害国家重点保护野生动物。因科学研究、驯养繁殖、展览或者其他特殊情况,需要捕捉、捕捞国家一级保护动物的,必须向国务院野生动物行政主管部门申请特许猎捕证;猎捕国家二级保护动物的,必须向省、自治区、直辖市政府野生动物行政主管部门申请特许猎捕。猎捕非国家重点保护野生动物的,必须取得狩猎证,并且服从猎捕量限额管理。持枪猎捕的,必须取得县、市公安机关核发的持枪证。猎捕者应当按照特许猎捕证、狩猎证规定的种类、数量、地点和期限进行猎捕。在自然保护区、禁猎区和禁猎期内,禁止猎捕和其他妨碍野生动物生息繁衍的活动。禁猎区和禁猎期以及禁止使用的猎捕工具和方法,由县级以上政府或者其野生动物行政主管部门规定。禁止使用军用武器、毒药、炸药进行猎捕。(4)禁止出售、收购国家重点保护野生动物或者其产品。因科学研究、驯养繁殖、展览等特殊情况,需要出售、收购、利用国家一级保护野生动物或者其产品的,必须经国务院野生动物行政主管部门或者其授权的单位批准;需要出售、收购、利用国家二级保护野生动物或者其产品的,必须经省、自治区、直辖市政府野生动物行政主管部门或者其授权的单位批准。驯养繁殖国家重点保护野生动物的单位和个人可以凭驯养繁殖许可证向政府指定的收购单位,按照规定出售国家重点保护野生动物或者其产品。工商行政管理部门对进入市场的野生动物或者其产品,应当进行监督管理。(5)运输、携带国家重点保护野生动物或者其产品出县境的,必须经省、自治区、直辖市政府野生动物行政主管部门或者其授权的单位批准。出口国家重点保护野生动物或者其产品的,进出口中国参加的国际公约所限制进出口的野生动物或者其产品的,必须经国务院野生动物行政主管部门或者国务院批准,并取得国家濒危物种进出口管理机构核发的允许进出口证明书。海关凭允许进出口证明书查验放行。涉及科学技术保密的野生动物物种的出口,按照国务院有关规定办理。禁止伪造、倒卖、转让特许猎捕证、狩猎证、驯养繁殖许可证和允许进出口证明书。(6)经营利用野生动物或者其产品的,应当缴纳野生动物资源保护管理费。收费标准和办法由国务院野生动物行政主管部门会同财政、物价部门制定,报国务院批准后施行。建立对外国人开放的猎捕场所,必须经国务院野生动物行政主管部门批准。(7)因猎捕野生动物造成农作物或者其他损失的,由猎捕者负责赔偿。有关地方政府应当采取措施,预防、控制野生动物所造成的危害,保障人畜安全和农业、林业生产。地方重点保护野生动物和其他非国家重点保护野生动物的管理办法,由省、自治区、直辖市人民代表大会常务委员会制定。(8)外国人在中国境内对国家重点保护野生动物进行野外考察或者在野外拍摄电影、录像,必须经国务院野生动物行政主管部门或者其授权的单位批准。 (刘利晋)

yesheng dongwu xunyang fanzhi guanli

野生动物驯养繁殖管理(management of wild animals taming and reproducing) 关于国家重点的与引进的野生动物的驯养繁殖管理制度。主要内容有两个方面:(1)国家重点野生动物的驯养繁殖管理。驯养繁殖国家重点保护野生动物的,应当持有驯养繁殖许可证。驯养繁殖陆上国家重点保护野生动物的,由国务院林业行政主管部门和省级人民政府林业行政主管部门核发驯养繁殖许可证。驯养繁殖国家一级保护水生野生动物和二级保护水生野生动物的,应当分别持有国务院渔业行政主管部门和省级人民政府渔业行政主管部门核发的驯养繁殖许可证。动物园驯养繁殖国家重点保护的陆生或水生野生动物的,林业或渔业行政主管部门可以委托同级建设行政主管部门核发驯养繁殖许可证。(2)引进野生动物的驯养繁殖管理。驯养繁殖从国外或外省引进野生动物的,应当采取措施,防止逃至野外,需要放生的,应向省级人民政府野生动物主管部门申请,经其指定的科研机构论证后,报国务院野生动物行政主管部门或其授权的单位批准。擅自将其放生或管理不当外逃,由野生动物管理部门责令限期捕回或者采取其他补救措施。　　(桑东莉)

yesheng dongwu ziyuan baohu

野生动物资源保护(wild animals resource protection) 关于野生动物的名录登记、生存环境维护以及资源调查的制度。主要内容有:(1)重点保护野生动物名录登记制度。国家对珍贵、濒危的野生动物实行重点保护。重点保护动物分为国家重点保护动物和地方重点保护动物。国家重点保护的野生动物名录及其调整,由国务院野生动物行政主管部门制定,报国务院批准公布;地方重点保护的野生动物名录,由省、自治区、直辖市人民政府制定并公布,报国务院备案。(2)野生动物的生存环境维护制度。野生动物行政主管部门应当组织社会力量,采取生物技术和工程技术措施,维护和改善野生动物生存环境,保护、增殖和发展陆生或水生野生动物资源。禁止任何单位和个人破坏野生动物生息繁衍的场所、水域和生存条件。(3)野生动物资源的调查与普查制度。林业、渔业行政主管部门应当定期组织野生动物资源调查,建立资源档案,为制定野生动物资源保护发展规划、制定和调整国家和地方重点保护野生动物名录提供依据。此外,还规定了野生动物资源利用活动的禁止和限制,如:禁猎捕事项、出售、收购的禁止和限制,运输、携带和进出口的限制。　　(桑东莉)

yesheng dongzhiwu baohufa

野生动植物保护法(wild life protection law) 调整人们在保护、拯救濒危野生动植物,保护、发展和合理利用野生动植物资源中的各种经济关系的法律规范的总称。主要包括野生动植物资源的权属和野生动植物资源利用的权益,与野生动物保护有关的狩猎、养殖业的管理,野生动植物保护的政府职责和社会义务,野生动植物拯救、发展和保护的有关措施等内容。目的在于保护、发展和合理利用野生动植物资源,保护生物多样性,维护生态平衡。野生动植物保护法的主要法律特征有三个:生态系统管理法、生态经济效益法和生物生境保护法。建国以来,党和国家十分重视野生动植物资源的保护,曾颁布过许多有关野生动植物保护的法律、法规和政策、行政文件。改革开放以来,野生动植物保护的法制建设进一步发展,在宪法、刑法、森林法、草原法、环境保护法中都规定了野生动植物保护的有关内容。1988年11月正式颁布了《中华人民共和国野生动物保护法》,标志着我国野生动物保护立法的新发展。1996年还颁布了《中华人民共和国野生动植物保护条例》。　　(桑东莉)

yesheng zhiwu baohu

野生植物保护(wild plant protection) 关于野生植物的分类及其确定、建立保护区或保护点、生境保护与拯救的制度。主要内容有四个方面:(1)重点野生植物的分类及其确定。重点野生植物分为国家重点保护野生植物和地方重点保护野生植物。国家重点保护野生植物名录,由国务院野生植物行政主管部门商国务院环境保护、建设等有关部门制定,报国务院批准公布。地方重点保护野生植物名录,由省级人民政府制定公布,报国务院备案。(2)野生植物的保护区、保护点。在重点保护野生植物物种的天然集中区域,应依照有关法律、行政法规的规定,建立自然保护区;在其他区域,县级以上人民政府野生植物行政主管部门和其他有关部门可以根据实际情况建立重点保护野生植物的保护点或者保护标志。(3)野生植物的生境保护。禁止任何单位和个人非法采集野生植物或者破坏其生长环境。野生植物行政主管部门及其他有关部门有责任监视、监测环境对重点保护植物生长的影响,并采取措施,维护和改善其生长条件。(4)野生植物的拯救。野生植物行政主管部门和有关单位对生长受到威胁的重点保护野生植物应当采取拯救措施,保护或者恢复其生长环境,必要时,应当建立繁育基地、物种资源库或者采取迁地保护措施。　　(桑东莉)

yezhu

业主(owner) 物业的所有权人。在法律上,只有办理了产权过户手续,被登记为产权人的买受人才可称为业主;依据我国各个地方自己制定的地方性法规,仅享有使用权的公房使用权人不能称为业主,业主为国家或者单位。业主享有的权利主要包括:(1)对物业的公共部位及共用设施享有区分所有权,包括使用权、受益权;(2)参与选举物业小区自治性管理组织成员的权利;(3)参与制定物业管理自治性规范的权利;(4)提议召开临时业主大会或业主代表大会的权利;(5)对小区物业管理拥有监督权。业主在享有以上权利的同时,亦应履行相应的义务:(1)遵守物业管理的自治性规范;(2)依照物业管理合同交纳物业管理费;(3)不得侵害其他业主的权益。 （陈志波）

yezhu gongyue
业主公约（owner pledge） 又称规约、管理规约、区分所有规约、管理组织规约、住户规约、住房公约等。物业管理区域内的全体业主就建筑物的管理、使用、维护与所有关系等各方面所达成的书面形式的自治规则。业主公约是全体业主(区分所有权人)的合意基础上而形成的共同意思,其制定与修改须经全体区分所有权人参与。主要有两种途径:其一是由业主(区分所有权人)大会决议而设定;其二是由建筑物之开发商预先设定,在售房时由各个买受人签字加入而成。业主公约纯属业主自治规范,因而包括以下内容:(1)关于物业基本情况,如物业的名称、地点、面积、户数等;(2)关于共用部分的情况,包括对共用部分的持份比例、全体共用部分和局部共用部分的范围等;(3)关于业主共同事务的管理,包括业主团体及管理机构的设置、人数、权限、运行方式,管理人员的选任、任期、解任及职责,业主会议及管理人会议的动作,管理费用的缴纳等;(4)关于专有部分使用的限制,如禁止饲养有危险及其他妨碍的动物,不得改变物业的使用目的,禁止堆放危险物品及影响环境卫生的物品;(5)关于共用部分的使用情况,主要规定共用部分及其附属设施的使用方法等;(6)违反业主公约的责任。 （陈志波）

yezhu tuanti
业主团体（owner group） 由全体业主组成的社会团体,它是由全体业主自动组成的,无须履行登记手续。业主的成员资格是以其拥有房地产所有权或其他相关权利份额为基础的,其成员资格具有身份性,即不能脱离所有权或其他相关权利份额本身而转让,也不得抛弃,更不得非法剥夺。业主团体的性质属于法人还是非法人,业主团体是否具有实体法上的主体资格,对于这些问题,理论界和实务界均存在不同的观点:(1)业主团体具有法人人格模式,这种模式承认全体业主组成的业主团体为法人性质。法国、新加坡和我国香港地区的立法属于该模式。(2)业主团体不具有法人人格模式,这种模式不承认全体业主组成的业主团体具有法人人格,而仅为没有权利能力的团体;诉讼上的当事人为单个的住宅所有权人而非住宅所有权共同体。立法以德国《住宅所有权法》以及我国台湾地区的《公寓大厦管理条例》为代表。(3)折中模式,该种模式承认区分所有人超过一定数量的,可以决议并经登记而成立法人。所有人总数在一定数量以下的,为无权利能力的社团。日本为该模式立法的代表。
（陈志波）

yezhu weiyuanhui
业主委员会（owner committee） 业主团体的代表机构,是业主团体意志的执行机构。业主委员会委员是由业主大会或者业主代表大会选举产生并经过房地产管理部门登记的。业主委员会的主要职责是执行业主团体的日常管理事务,具体如下:(1)召集和主持业主大会或业主代表大会;(2)根据业主大会的要求,具体决定选聘或解聘物业管理企业并签订或解除物业管理服务合同;(3)监督物业管理企业的管理服务行为,及时向物业管理企业提出改进意见;(4)审定物业企业提出的年度计划、财务预算决算,并检查、监督物业管理经费的使用情况;(5)监督公共部位、公共设施的使用情况,并及时阻止非法使用公共部位和设施的行为;(6)负责筹集、使用、管理物业小区的维修基金;(7)检查、监督业主公约的执行情况,及时向违反业主公约者提出改进建议;(8)业主大会或业主代表大会赋予的其他职责。 （陈志波）

yijiu wuling nian shuizhi gaige
1950年税制改革（tax system reform of 1950） 1950年6月为争取财经情况根本好转,依据酌量减轻人民负担的精神,对税制进行的一次调整。1950年在统一全国财经工作以后,国家财经状况迅速好转,国家财政出现了收支接近平衡的局面,但是经济上出现了商品滞销、工厂关门、一些商店歇业和失业者增加的现象。而且,由于税目过细,有的重复征收,在负担上出现了一些畸轻畸重的问题。为了争取国家财政经济状况的根本好转,1950年6月6日在中国共产党七届三中全会上,毛泽东作了《为争取国家财政经济状况的根本好转而斗争》的报告,并作出了调整工商业、调整税收的决定。要求"在巩固财政经济工作的统一管理和统一领导,巩固财政收支的平衡和物价稳定的方针下,调整税收,酌量减轻人民负担"。1950年5月27至6月17日,在政务院财政经济委员会直接领导下,召开了第二届全国税务会议,研究调整税收的原则和具体内容。会议广泛听取了工商界代表的反映和意见。会上财政部部长薄一波作了《关于调整税收问题的报告》,指出要调整税收工作,减轻一些负担,简化一些缴纳手续,以有助于工商企业渡过难关,争取经济形势的更大好转。会议确定了调整税收的原则是巩固财政收支平衡,照顾生产的恢复和发展。1950年政务院财经委员会发布了调整税收的决定,其具体调整的内容包括:(1)停征和简并一些税种。暂不开征薪给报酬所得税和遗产税,将地产税和房产税合并为城市房地产税。(2)简并税目。对货物税和印花税的部分税目做了调整和简并。经简并后,货物税由1136个税目减为358个税目。印花税调整后则保留了25个税目。(3)调整税率和税基。基本的方向是减轻税收负担。(4)简化征收办法和纳税手续。此后,中央人民政府政务院于12月19日重新修订并公布了工商业税、货物税、屠宰税、利息税五种税的暂行条例。12月21日和22日财政部制定公布了《工商业税暂行条例施行细则》和《货物税暂行条例施行细则》,进一步健全了税制。通过这次税收调整,进一步完善了税制。对于保证国家财政收入,争取财政经济状况的基本好转,促进生产的恢复和有计划的经济建设,协调公私关系,配合对资本主义工商业的利用、限制、改造都起到了积极的作用。

(王 晶)

yijiu wusan nian shuizhi gaige
1953年税制改革(tax system reform of 1953)
1950年税制改革之后的又一次对工商税制所作的变革和调整。主要的原则是"保证税收,简化手续"。经过3年经济恢复,到1952年我国工农业生产已经达到历史的最高水平,经济方面的巨大变化,引起税收关系的变化。主要问题在于原有的税收是按照商品的流转环节征税,但随着商品流转环节的减少,这种依循商品流转的轨迹设置的税收制度就不能够保证财政税收的需要,要求作出相应的改变。1952年12月31日政务院财经委员会发布了《关于税制若干修正及实行日期通告》,同时公布了《商品流通税试行办法》等有关税收条例和规定,并自1953年1月1日起执行。税制改革的主要内容包括:(1)试行商品流通税。将货物税中国家能够控制生产或收购的产品,以及棉纱统销税的征收项目纳入商品流通税的征税范围;并实行一次课征制度,仅对商品的第一次批发或调拨环节征税;以保证国家财政收入和合理负担的原则确定税率,统一计税价格为国营商业机构的批发牌价。(2)简化货物税。协调了和印花税、工业营业税、商业批发营业税的关系;进一步简并税目;改变计税价格并相应调整税率。(3)修订工商业税。协调营业税、印花税各个税目的关系,对小型商业户及摊贩简化了征税手续。(4)修订其他各税。取消特种消费行为税;交易税中仅保留牲畜交易税等。这次税制改革执行的结果达到了最初保证国家财政收入的目的,其所规定的具体措施在实践中不断完善。

(王 晶)

yijiu wuba nian shuizhi gaige
1958年税制改革(tax system reform of 1958)
1958年根据"在基本保持原税负的基础上简化税制"的方针下对工商税制所作的改革和以颁布《中华人民共和国农业税条例》为标志的农业税制的重大改革,一般指工商税制改革。

在国民经济恢复时期,针对资本主义工商业大量存在、经营活动多种多样、偷漏税现象十分严重的情况下所制定的多种税、多次征的税收制度,到1956年中国的社会主义改造基本完成以后单一的社会主义公有制经济的情况下已经不适应了,需要进行税制改革。因此,1957年9月,财政部提出了《关于改革工商税收制度的报告》,确定了在基本上保持原税负基础上简化税制的改革方针。1958年9月13日,国务院制定公布了《工商统一税条例(草案)》,9月17日财政部公布了《工商统一税条例施行细则(草案)》。这次税制改革将货物税、商品流通税、营业税和印花税合并简化为"工商统一税"一个税种,并相应地统一和改变计税依据和征税办法,从根本上改变了原在商品生产、商品流通领域里所实行的多种税、多次征的税收制度。主要内容包括:(1)合并简化税种。简化后的工商统一税,工厂只纳一次税,此外,商业零售环节再纳一次税。(2)简化纳税办法。一是简化计税价格,一律按照实际销售收入计税;二是对工业企业自己制造的用于本企业连续生产所用的"中间产品"除个别领域外不再征税;三是对农产品批发,不再征税。(3)按照原有税负设计税率。(4)奖励协作生产。委托加工的产品区分情况进行征税。(5)奖励和照顾。通过税收制度来鼓励科学研究及新兴事业等的发展。经过这次改革,工商税收制度大为简化,由原来的11种税简并为7种税,而且,在税制结构上更加突出了以流转税为主体的格局。

全国农业合作化基本完成以后,农村的生产关系发生了根本的变化。原有的《新解放区农业税暂行条例》已经不能适应新的生产关系。从1954年起,财政部即着手进行税制改革研究。《农业税条例》于1958年6月3日经全国人民代表大会常务委员会的96次会议通过。此条例是本着促进农业生产的发展和农业合作社的巩固,兼顾国家、集体和个人利益的原则,并根据统一领导与因地制宜相结合的方针,尽量简化征税制度的精神制定的,并贯彻了稳定负担、增产不增税的政策。这次农业税改革的主要内容是:(1)改变纳税单位。纳税人从个别的农户改为农业生产合作社。(2)统一农业收入的计算单位。规定农业收入一律折合当地的主要粮食,以市斤为单位计算,结束过去不统一的状况。(3)全国统一实行比例税制,地区实行差别税率。(4)对个体农户加征。(5)改变经济作物土地的定产标准,以平衡种植粮食作物的纳税人的税收负担。

(王　晶)

1973年税制改革(tax system reform of 1973)

1973年以合并税种、简化征税办法为主要内容的税制改革。此次改革应该说是"非税论"思想的产物。这次税制改革将企业缴纳的各种税,除保留工商所得税外,统简并为"工商税"一种税,并在全国范围内实施,从而使工商税制进一步趋向单一化。在生产资料所有制的社会主义改造基本完成以后,人们认为商品的范围和价值规律作用的范围已经很小,税收调节经济的作用也很小了。税收的主要职能已经转变为保证财政收入,积累资金。因此税制也应该与此职能相适应,税收制度和征税的办法应该更加简化。在这种"非税论"的影响下,我国从1964年开始就着手研究简并税制的问题,提出了"积累税"方案,于1966年在武汉、重庆、西安等6个城市的国营企业和全国的铁道、粮食系统试行。即以企业积累的水平逐户确定税率,然后根据企业的销售收入计算征税。但后来并未在全国推行。"文化大革命"中,这种税制受到批判。为适应政治形势的需要,1969年推出了天津的"综合税",即将工商统一税下的各种税目不同的税率及城市房地产税等简并为一个综合税率,按企业的销售收入计算征收。1970年在此基础上发展为按行业设计税率的"行业税"。1971年6月财政部在总结各地试点经验的基础上,提出了实行"工商税"的意见,并草拟了"工商税条例"。同年7月,财政部相国务院提出了《关于扩大改革工商税制试点的报告》。1972年3月31日,国务院向各省、市、自治区发布了《中华人民共和国工商税条例(草案)》。经过近一年的扩大试点,自1973年起在全国范围内全面推行。这次税制改革的主要内容包括:(1)合并税种。将工商统一税及其附加和企业缴纳的城市房地产税、车船使用牌照税、盐税、屠宰税合并为工商税。(2)简化税目、税率。工商税以行业结合产品设计税目、税率。税目由过去的108个简并为44个,税率由过去的141个减为82个,多数企业可以简化到只适用一个税率计算纳税额。(3)改变部分征税办法,下放部分管理权限。取消对"中间产品"的征税,原则上按企业销售收入计算征税。各省、市、自治区可以对新兴行业、社队企业等根据具体的情况确定减税和免税。这次改革由于一味地强调简化,脱离了客观实际。尤其是按行业设置税目,强调对企业"能够用一个税率征税就不要用几个税率征税",加上部分税收管理权的下放,形成不同产品适用统一税率,同一产品适用不同税率的情况。为适当解决试行中出现的问题,财政部于1973年12月下发了《关于试行工商税有关问题的解释》和《关于工商税若干问题的规定》两个文件,对试行工商税后纳税单位适用税率、工业企业协作生产适用税率、委托加工产品和连续生产的征税以及同一产品加工改制的征税等若干问题提出了处理意见。实际上就等于取消了"行业税",改为按产品设置税目。工商税收制度通过这次改革,形成了对国营企业只征收工商税一种税,对集体企业只征收工商税和工商所得税两种税的税收制度。至于城市地产税、车船使用牌照税和屠宰税,则只对个人和外侨等继续征收。这几乎在一定程度上否定了复税制的税收制度结构。随着税制的大大简化,税收的作用也越来越小,不仅大大削弱了其调节经济的职能作用,连最初的组织收入、积累资金的财政职能也因此受到限制。

(王　晶)

1983年税制改革(tax system reform of 1983)

1983年为了适应改革开放的新形势而在国营企业展开将企业上缴利润改为缴纳所得税所作的第一步改革。1978年改革在经济体制方面面临的一个重要问题就是解决权力配置。以前权力过于集中,不利于调动地方和企业的积极性,所以在改革中要下放权力,赋予地方和企业一定的自主权,自主权的行使需要资金的支持,因此财政管理体制和分配制度必须作出变革。1981年9月,国务院批转财政部《关于改革工商税制的设想》中,明确提出了"逐步把国营企业的上缴利润改为征税"的意见,1982年底到1983年初,财政部和国家体改委对上海等地的国营工业、商业企业的上缴利润改为征收所得税问题,进行调查,在总结过去几年的试点工作经验的基础上,提出了《关于国营企业利改税试行办法(草案)》。这个试行办法及有关征收所得税和企业财务处理的若干规定,经财政部1983年2月在北京召开的全国利改税工作会议讨论修改后上报国务院。国务院于1983年4月24日批转了财政部的报告和试行办法,并决定从1983年1月1日起,在全国范围内对国营工业、商业、交通运输业实行利改税第一步改革。此次改革试图改变原有的"大锅饭"现象,解决好国家和企业、企业和职工的分配关系,把国家和企业的分配关系通过税收法律形式固定下来,使企业成为相对独立的经济实体。而且通过税收调节,创造良好的竞争环境,避免不公平待遇,让企业在相同的起跑线上竞争。主要的内容包括:(1)凡有盈利的国营大中型企业,均根据实现的利润,按55%的税率缴纳所得税。企业缴纳所得税后的利润,根据企业不同情况,采取不同的方式上缴国家一部分。(2)凡非盈利的国营小型企业,根据实现的利润,按照8级超额累进税率缴纳所得税。缴纳以后,由企业自负盈亏,国家不再拨款。但利润较多的企业,国家仍要收取部分承包费。(3)其他行业等按不同的税率缴纳所得税。(4)由于价格调整影响企业利润,除变化加大,经国务院专案批准外,一般不对税后利润的上缴数额作出调整。(5)对纳税的时间、滞纳金以及税收争议等处理方法作了初步的规定。(6)对企业税后利润的使用方向作了框架性规定,并允许主管部门在税后利润中从企业集中部分资金用于重点项目。(7)企业的所得税按照企业的隶属关系分别上缴中央财政和地方财政,民族自治地方允许具体方法上的灵活规定。(8)对利改税之前已经作出内部分配方案的根据不同情况加以处理,以和这次改革相衔接。1983年的税制改革只是利改税的第一步,虽然推行得较为顺利,打破了"统收统支"的格局,对国营企业同样征收所得税,使企业有了部分资金管理的权力,调动了企业的积极性。但是在分配比例及方法上还存在很多的不足,也没有使国营企业真的与其他企业在同一起跑线上竞争,有待进一步的完善。 (王 晶)

yijiu basi nian shuizhi gaige
1984年税制改革(tax system reform of 1984) 第二步利改税,从税利并存过渡到完全的以税代利,把国家同企业的分配关系用税法的形式固定下来的一次税制改革。1984年9月18日,国务院正式颁布《国营企业所得税条例(草案)》和《国营企业调节税征收办法》。其主要内容包括:(1)把国家原来对企业在生产流通领域中征收的综合性工商税改为按产品、按行业、按各个生产环节的增值额的不同,分别征收产品税、营业税和增值税,以及盐税,分别适用各个不同的企业,并细致划分了产品税的税目,适当调整了产品税和增值税中一些产品的税率。并由国务院于1984年9月发布了上述4种税的暂行条例(草案)。(2)对原煤、原油、天然气、金属矿产品和其他非金融矿产品开征资源税,恢复城市维护建设税、土地使用税、房产税、车船使用税等四个地方税。(3)对企业形成的纯收益、利润,在进入分配领域时,对有盈利的国有企业继续征收所得税,开征调节税,使企业多增收即可多得好处。对于微利企业和亏损企业,继续实行盈亏包干,减亏分成的办法。(4)扩大利改税实行范围,改变按系统交款的方法。在第二步利改税的范围比第一步为扩大后,税收杠杆也就能在更大的范围内发挥其作用了。利改税也改变了企业原来按隶属关系交款的办法,各种税包括原来按企业隶属关系缴纳的国有企业所得税在内,都改为按税种的不同分别交入中央财政和地方财政,以正确处理各方面的经济关系,这就有利于合理解决"多头领导"带来的各项矛盾,为建立按税种划分中央、地方分级财政体制创造了条件。利改税第二步改革对企业采取了适当的鼓励政策,越是改善经营管理,努力增加收入,税后利润留归企业安排适用的财力越大。第二步利改税无论从广度还是深度上都比第一步利改税前进了一大步。从法律的角度来说利改税是由企业财务制度向税收法律制度的转变,是对我国财政税收法律制度的重大发展,也是对整个经济建设的一个促进。但是随着我国经济体制改革及"利改税"的深入发展,也逐渐显出了局限性。 (王 晶)

yijiu jiusi nian shuizhi gaige
1994年税制改革(tax system reform of 1994) 我国从1994年1月1日所开始全面实施的新税制。为加快建立我国社会主义市场经济体制打下了坚实的基础。这次税制改革的指导思想是:统一税法、公平税负、简化税制、合理分权、理顺分配关系、规范分配方式、保障财政收入、建立符合社会主义市场经济要求的税制体系。从1979年到1993年我国对税制进行了全面的改革,完成从基本单一税制转换到多税种、多环节、多层次发挥作用的复税制;由原来以商品税为主体的税制转换到以商品税和所得税为主体,其他发挥特殊作用的税种相互配合的税法体系。但随着社会主义市场经济的建立,要求加强税收的宏观调控职能,原有的税收法律制度带有浓厚的计划经济色彩,已不适应新形式的需要,必须加以改革。而且税制改革是深化经济体制改革必不可少的环节,需要通过税制改革来理顺国家与企业、中央与地方的分配关系。同时依照公平税负和简便原则建立税制已经成为正在和世界接轨的中国的必需。因此,改革现行税收法律制度,便成为当时我国税收法制建设的重要任务。

税制改革的基本原则是:税制改革要有利于加强中央的宏观调控能力;税制改革要有利于发挥税收调节个人收入相差悬殊和地区间经济发展差距过大的作用,促进协调发展,共同富裕;体现公平税负,促进公平竞争;体现国家产业政策,促进经济结构的有效调整,促进国民经济整体效益的提高和持续发展;简化、规范税制。

这次税制改革全面改革了商品税,规范了个人所得税,统一了内资企业所得税,调整地方税,并根据实际情况的需要,开征了一些新税种。改革的具体内容如下:(1)商品税制的改革:商品税改革的主要目标是按照公平、中性、透明、普遍的原则,形成有利于资源优化配置的税收分配机制,贯彻公平税负、鼓励竞争、促进专业化合作的精神,总的税收负担将基本维持原有水平。改革后的商品税由增值税、消费税和营业税组成,统一适用于内资、涉外企业,取消对外商投资企业和外国企业征收的工商统一税。对商品的生产、批发、零售和进口普遍征收增值税,是商品税制改革的重点;

并选择部分消费品征收消费税;对不实行增值税的劳务交易和第三产业征收营业税;同时为了适应关贸总协定的要求,合理地减让关税。(2)所得税法的改革:企业所得税改革的目标是调整、规范国家与企业的分配关系,促进企业经营机制的转换,实现公平竞争。合并原国营企业所得税、集体企业所得税,取消国营企业调节税,统一为内资企业所得税;条件成熟后,再统一内资、涉外企业所得税;降低企业所得税税率,各类内资企业统一实行33%的比例税率;用税法规范企业所得税税前扣除项目和列支标准;建立规范的企业还贷制度;改革实行承包企业所得税的做法。合并个人所得税、个人收入调节税和城乡个体工商业户所得税,建立统一的个人所得税;个人所得税的费用扣除额为每月800元;对工资、薪金所得实行9级超额累进税率;对有生产、经营所得的企事业单位的承包经营所得实行5级超额累进税率;对劳务报酬所得、稿酬所得、特许权使用费所得实行比例税率。(3)其他税种法的改革:即强化资源税;开征土地增值税;拟开征证券交易税、遗产税;拟将城市维护建设税改为城乡维护建设税;取消产品税、盐税、集市交易税、牲畜交易税、特别消费税、烧油特别税、资金税、工资调节税;取消对外商投资企业和外籍人员征收的城市房地产税和车船使用牌照税,统一房地产税和车船税,下放屠宰税、筵席税。(4)税收征管制度的改革:新的税收征管模式应该是一个以税收征管法为依据,以计算机现代化手段为依托,征收、管理、检查相互制约,申报、服务、稽核相互配合,科学、严密、实效的税收征管模式。此次税收征管制度改革的具体内容有:普遍建立纳税申报制度;积极推行税务代理制度;加速推进税收征管计算机化的进程;建立严格的税务稽核制度;适应分税制的需要,组织中央税收和地方税收两套税务机构;较为明确地划分了各级政权机关地税收立法权和管理权。

(王 晶)

yiban gongren de shenji zhunze

一般公认的审计准则(general accepted auditing standard) 被行业内普遍承认并予实际运用的审计准则。中国注册会计师协会从1996年所开始建设我国的独立审计准则体系,目前已经形成的包括独立审计基本准则、独立审计具体准则与独立审计实务公告、执业规范指南三个层次组成的审计技术规范体系。对注册会计师的执业行为进行约束和指引。一般公认的审计准则是:(1)一般准则。审计应由经过充分技术训练,精通审计业务的人员执行;对一切相关业务,审计人员均应保持精神态度上的独立;在审计和编写审计报告时,应保持应有的职业谨慎。(2)外勤准则。现场工作应充分计划,若有助理人员,应给予适当的监督;充分了解内部控制结构,以便制定审级计划,确定应进行的各种测试的性质、时间安排及范围;通过检查、观察、查询、函证等方法,取得充分有力的证据,以便对被审财务报表发表意见提供依据。(3)报告准则。报告应说明财务报表的编制是否符合一般公认会计原则;报告应说明本期所采用的会计原则与上期不一致的情况;除非报告中另有陈述,在财务报表上的信息披露被认为是合理的、充分的;报告应对财务报表的整体发表意见,或者申明不发表意见。当不能发表总体意见时,应说明理由。在任何情况下,只要审计人员的签字同财务报表相联系,就应当在审计报告中明确说明审计人员进行审查的性质,如有必要,还应当说明他所负责的程度。

(刘 燕 麻琳琳)

yiban gongren kuaiji yuanze

一般公认会计原则(general accepted accounting principle,GAAP) 美国会计职业在1936年提出的概念。对行业内普遍接受、认可的会计实务的原则。20世纪30年代初美国证券市场崩溃后,社会各界对公司财务信息虚假以及混乱的会计实务提出强烈的批评。美国会计职业界为回应公众的批评,开始对多样化的会计方法进行总结、提炼,制定出"认可的会计原则",以建立为专业人士共同接受的基本标准,减少会计实务中的多样性、不确定性以及由此造成的财务信息的不可比性。1933年,美国会计师协会提出了第一个会计原则草案。1934年,纽约证券交易所批准通过了其中的5项建议,即:(1)不存在未实现的利润;(2)不将任何溢余借记,以避开收益账户;(3)兼并前子公司的已赚取盈余不能作为母公司的已赚取盈余;(4)库藏股的股利不是收益;(5)来自公司官员、职员的应收票据和应收账款,必须分开列示;后美国会计师协会又增补了一条,即(6)捐赠资本不导致盈余。这6条被作为"认可的会计原则"(accepted principles of accounting)正式公布。1936年,美国会计师协会的一个下属委员会在《财务报表的审计报告》中,在"认可的会计原则"之前又加入了"一般"(generally)一词,从而形成了"一般公认会计原则"的概念。1938年,美国证券交易委员会声明,如果其管辖的公司所遵循的会计原则是有权威支持的,且不与委员会自己制定的规则相冲突,则公司的财务报告是可以接受的。由于美国证券交易委员会自己并没有制订会计规则,而美国注册会计师协会在同年成立了会计程序委员会,负责公认会计原则的制定,因此美国证券交易委员会的声明实际上是承认了将会计行为规范的制定权赋予了会计职业界。

一般公认会计原则概念背后的理念是,会计规则是源于会计实务并获得普遍承认的技术方法。会计的假设系来自经验与推理;在这样导出的假设被证明有用之后,它们便被认可为会计原则。当其获得了普遍的接受时,它们便成为公认会计原则的一部分。从理论上说,一般公认会计原则包括某一特定时刻为定义公认的会计实务所需的种种惯例、规则和程序;不仅包括一般应用上的广泛指引,而且包括详细的实务和程序。

一般公认会计原则是美国会计实践中最重要的概念。列入"一般公认会计原则"范围的会计规则在一定意义上具有法律规范的效力,它不仅是美国证券交易委员会衡量公司会计行为是否规范的标准,同时也是注册会计师进行财务报表审计的基本依据。然而,"一般公认"又是一个非常弹性的标准。实践中,美国财务会计准则委员会制定、发布的会计规则被认为代表了一般公认会计原则。但还有其他的来源,如美国证券交易委员会官员就会计问题阐述的意见、美国财务会计准则委员会以及美国注册会计师协会就具体问题作出的解释,甚至会计学教科书或者经典文献中的阐述。由于一般公认会计原则源于实践的总结而非某个特定的机关制定,因此,在实践中,一个具体的会计规则是否属于一般公认,从而遵守该规则就算履行了法定义务,常常会存在争议。 (刘 燕)

yiren gongsi

一人公司(one-man company, one-member company) 公司的全部或者绝大部分的出资或者股份由一个股东(自然人或法人)所有的公司。一人公司并非只能有一个股东,有些公司虽然形式上有几个股东,但实质上只有一人因为持有公司绝大部分公司的出资或股份而成为"真正的股东"。这种公司形式上不是一人公司,实质属于一人公司。这种一人公司的真实股东的最低持股比例应尚无统一的标准。但是,在经济学和法学研究中,一般以股东拥有95%以上、100%以下(不包括100%)的股权为标准。

一人公司既为公司则具有公司的一般法律特征,但又有与一般公司不同的特点,最显著的特点就是它改变了传统公司法的社团性,因而与之相关的公司法律制度所追求的价值受到挑战。因此各国公司法和理论对一人公司的态度有所不同,如:在美国、日本、德国等国,无论是依法设立的一人公司还是公司经营过程中嬗变为的一人公司,均完全予以承认;有的国家,如英国、比利时等国完全不承认一人公司;还有的国家,如奥德利、瑞典、意大利等国,不允许设立一人公司,但公司设立后,在经营过程中只剩下一个股东的一人公司则予以认许,但此时在不同的国家股东承担的责任有所不同,对债权人利益保护的制度设计也有差别。

我国公司法有条件地允许一人公司的存在,即国有独资公司与一人有限责任公司。《中华人民共和国公司法》第65条规定:"本法所称国有独资公司是指国家授权投资的机构或者国家授权的部门单独投资设立的有限责任公司。"《公司法》第二章第三节对一人有限责任公司作了专门规定。 (方文霖)

yiliao baoxian

医疗保险(health insurance) 被保险人发生疾病风险时,从社会和国家获得医疗服务的社会保障制度。医疗保险是为分担疾病风险带来的经济损失而建立的保障制度。有广义和狭义之分。广义的医疗保险又称为健康保险,内容包括补偿因疾病给病人带来的医疗费等直接经济损失和误工损失等的间接经济损失,还包含着对分娩、残疾、死亡等给予的经济补偿以及支持预防疾病、维护健康等。狭义的医疗保险仅指对医疗费用的保险或补偿。我国20世纪50年代初建立的公费医疗和劳保医疗统称为职工医疗保险。它是国家社会保障制度的重要组成部分,也是社会保险的重要项目之一。医疗保险具有社会保险的强制性、互济性、社会性等基本特征。因此,医疗保险制度通常由国家立法,强制实施,建立基金制度,费用由用人单位和个人共同缴纳,医疗保险费由医疗保险机构支付,以解决劳动者因患病或受伤害带来的医疗风险。

医疗保险起源于欧洲,随着工业革命大规模展开,工伤事故以及环境污染导致的职业病呈上升趋势。为了维护自身利益,18世纪末、19世纪初,收入微薄的工人和工人组织开始自发地筹集资金,支付医疗费用,提供医疗保障也成为了工人运动争取的目标之一。随后,商业的医疗保险应运而生。德国是世界上第一个建立医疗保险制度的国家,自俾斯麦时期(1871—1890年)德国就建立了广泛的社会保险体系,包括法定医疗保险,1881年,德国第一部《工伤事故保险法草案》出台;1883年,德国颁布了《疾病社会保险法》,这是世界上第一部社会医疗保险法。百余年来日臻完善。参加各类医疗保险的人员已达全国人口(约八千多万)的93%以上,每位公民均享有医疗保险,他们每月支付一定数额的保险金,约占总收入的13%—17%,多者数百、数千马克,少则七八十马克。保险公司有国营、公私合营、私营等多种所有制,还有企业内部医疗保险。最大一家是AOK公司(大众疾病保险储金管理处)承担50%居民的医疗保险,投保者看病带卡;不需交费,只在到药房取药时交纳3马克手续费(近年酝酿调至10马克)。亚洲最早建立社会医疗保险法律制度的是日本。到了19世纪中期,社会医疗保险在全世界范围内已经非常普及。世界各国的医疗保险制度多种多样,根据不同的标准,可以分为如下几种类型:按法律性质可分为强制性医疗保险制度和自愿性医疗保险制度;按资金筹集方式可分为国家医疗保险、社会医疗保险、商业医疗保险等；按费用分担方式可分为扣除医疗保险、共付医疗保险、限额巨额医疗保险等。

医疗保险的实质是社会共担风险，目的在于鼓励用人单位和个人缴纳一定的医疗保险费，通过社会调剂，保证劳动者在身体健康受到损害时得到基本医疗，不致因为治疗而影响生活、陷入贫困。医疗保险是根据立法规定、通过缴纳保险费，把具有不同医疗需要的群体的资金集中起来，进行再分配，为其提供医疗服务。医疗保险同其他类型的保险一样，也是以合同的方式预先向受疾病威胁的人收取医疗保险费，建立医疗保险基金；当被保险人患病并去医疗机构就诊而发生医疗费用后，由医疗保险机构给予一定的经济补偿。因此，医疗保险也具有保险的两大职能：风险转移和补偿转移，即把个体身上的由疾病风险所致的经济损失分摊给所有受同样风险威胁的成员，用集中起来的医疗保险基金来补偿由疾病所带来的经济损失。这种办法充分体现了社会保险的互济性、社会性，即社会共担风险。

医疗保险服务和一般医疗服务有着一定的区别。作为一般的医疗服务，只局限于医疗卫生服务的消费者和提供者之间的关系，病人作为医疗消费者拿钱看病，医生作为医疗服务的提供者提供医疗服务。而在医疗保险系统存在医、患、保三方关系，社会保险概念下的医疗服务是所有参加保险的人享有的一种权利，同时也必须履行规定的义务。医疗保险与商业医疗保险也有一定区别。社会医疗保险是以国家为主体，依据法律和政策规定通过国民收入的分配和再分配，保障社会成员的基本医疗的一种制度，而商业医疗保险是一种契约行为，在被保险人发生契约规定范围内的保险责任时，由保险人补偿医疗费用或给付保险金。前者是通过立法手段，在最大范围内强制实施，具有强制性、普遍性、互济性和公平性，经营者不以盈利为目的；而后者则是在协商自愿的基础上，在权利义务对等的条件下实施医疗保障服务，它强调的是自愿、有偿，经营者在实现社会效益的同时还求自身的经济效益。

医疗保险的作用。医疗保险一般被用来对付法定范围内的劳动者因疾病而导致的两个方面的经济风险：一是支付预防或治疗疾病的费用；二是保证病假期间的经济来源。医疗保险的具体做法因时间、空间和法定对象的不同而表现出极大的差异，有的是"全部"负担，具体的标准一般以保障基本生活需求为最低标准。医疗保险是以社会保险为手段来达到保障目的的。

（赵　燕）

yiliao baoxian fa
医疗保险法（law of medical insurance）　调整医疗保险制度当事人之间的权利义务关系的法律规范的总称。医疗保险法的调整对象一般包括三项内容：医疗津贴、医疗待遇和生育保险。医疗津贴立法是规范医疗保险制度当事人之间在患病医疗期内费用（包括病假工资或补贴）支付权利和义务关系的法律规范。医疗期一般分为两部分：在早期，受益人可以得到全额的工资，一般由雇主支付；后期则由医疗保险基金支付，一般是工资的一定比例。医疗待遇法是规范医疗服务当事人之间的权利义务关系的法律规范的总称，包括医疗保险的保险人、投保人、被投保人、受益人和医疗服务提供人（医院、医生）之间，因医疗保险费的缴纳、医疗服务、医疗费用支付、管理和监督所发生的行为规范的总和。生育保险法规范的是因女工生育所产生的权利义务的法律规范的总称，其调整对象包括国家、雇主、雇员和生育女工。

发达国家的医疗保险制度比较发达，建立起了相对完善的医疗保险法律制度。例如，德国在1883年首次颁布了世界上第一部《医疗保险法》以后，1911年进一步修订了《医疗保险法》，1982年和1994年又补充修订了前法。法国医疗保险制度已有60年历史，覆盖全体居民的绝大部分医疗需要，被称为世界上最慷慨的医疗保险制度之一。在法国，每年工作一定时数的劳动者及其家属和高校学生，都可享受社会医疗保险。社会医疗保险费通过政府强制征收，职工的医疗保险费占工资总额19.6%左右，由企业和职工按比例分摊，通常情况下从职工工资总额扣除6.8%作为医疗保险费，其余由企业缴纳。除社会医疗保险外，在法国还可参加补充性质的互助保险。在法国居住、不符合一般社会保险和互助保险规定的人可参加个人保险，每年缴纳一定数量的保险费。日本在1922年制定了《健康保险法》，1934年《健康保险法》的适用范围进一步扩大了，1938年又制定《国民健康保险法》，现行的医疗保险法在1984年修订。新加坡建立医疗保险制度很晚，国家规定的医疗卫生服务项目实践的比较成功，这取决于新加坡的严厉法制。新加坡的《医疗保险法》明确规定了医疗保险的服务机构、管理机构和监督机制；公共医疗保险法律制度的适用范围、资金来源和筹集方法、受益人的资格和条件、支付标准及个人缴费比例、基金管理和法律责任和司法制度；医疗资源的合理分配和医疗服务的范围,如对医生、药品价格和财务的控制等等。

（赵　燕）

yiliao baoxian fa de jiben yuanze
医疗保险法的基本原则（basic principles of medical insurance law）　贯穿医疗保险法的基本准则。对医疗保险法具有普遍的指导意义。社会医疗保险制度应遵循公平与效率相结合、权利与义务相对应、保障水平与社会生产力发展水平相适应的社会保险法的基本原则,而医疗保险法的基本原则更有针对性,体现了医疗保险的特殊性。其主要原则包括:全面参加、强制加入原则,保障需要原则,医疗风险分担原则,公平和效率相结合原则,多支柱原则等等。　　(赵　燕)

yiliao baoxian falü guanxi
医疗保险法律关系(legal relation of medical insurance)　国家医疗保险法所确认的权利义务关系。是发生在医疗保险制度主体间的权利义务关系,即医疗保险人、医疗保险投保人、医疗保险被投保人和医疗保险受益人之间,因医疗保险费的交纳、支付、医疗保险基金的管理和监督所发生的权利义务关系。通过法律确认的方式,使现实生活中的某些社会关系成为医疗保险关系,由国家强制力保证实现。医疗保险法律关系由三部分构成,即医疗保险法律关系的主体、客体和内容。

　　医疗保险法律关系的主体　指医疗保险法律关系的参加者,即医疗保险法律关系权利的享有者和义务的承担者。同其他法律关系的主体一样,医疗保险法律关系的主体应具有一定的权利能力和行为能力,即应具有社会保险权利能力和行为能力。医疗保险权利能力是指医疗保险主体享有医疗保险法规定的权利和承担义务的资格。医疗保险行为能力是指医疗保险主体以自己的行为享有医疗保险法规定的权利和承担该法规定的义务的能力。医疗保险法律关系主体广泛,可以是公民(投保人和受益人),也可以是法人(定点医院和定点药店)、社团法人(管理委员会)或者国家机关(经办机构)。基本医疗保险要覆盖城镇所有用人单位的职工。用人单位包括:国有企业、集体企业、外商投资企业、私营企业等;机关、事业单位、社会团体、民办非企业单位。城镇个体经济业主和从业人员及乡镇企业和职工是否参加基本医疗保险,由各省、自治区、直辖市人民政府决定。基本医疗保险水平要与中国社会主义初级阶段生产力发展水平相适应,既要保障医疗服务的基本需要,又要合理确定个人分担比例,规定社会统筹基金的起付线和最高支付额。

　　医疗保险法律关系的内容　指医疗保险法律关系主体享有的权利及其承担的义务。由于医疗保险法律关系主体的广泛性,因而其内容就具有复杂性。不同主体之间存在不同的权利和义务内容。

　　医疗津贴法律关系主体的权利和义务。医疗津贴是指在一定期限内支付患病职工的病假工资和补贴。在短期医疗津贴法律关系中,主体一方是提供医疗津贴(即病假工资)的雇主;另一方是享有病假工资的患病雇员。在长期医疗津贴法律关系中,主体一方是提供医疗现金补助的国家经办机构或者基金会;另一方是享有医疗补助的患病雇员。

　　医疗待遇法律关系主体的权利和义务。医疗待遇是指在一定期限内支付患病职工的住院、治疗和药物费用。在医疗待遇法律关系中有三方当事人,一方是进行医疗保险管理的经办机构;另一方是提供医疗服务的定点医院和定点药店;第三方是享有医疗待遇的患病雇员。他们之间的权利和义务依医疗保险法和医疗保险合同产生。

　　医疗保险法律关系的客体　指主体权利和义务所指向的对象。医疗保险法律关系的客体既包括行为也包括物。行为如医疗保险经办机构向缴费人所提供的服务行为,以及在医疗保险的辅助关系中医疗服务机构向患者提供的医疗服务行为。物,在医疗保险领域主要是指现金,如医疗期津贴和补助、医疗待遇。

　　医疗保险法律关系的产生、变更和消灭的根据　医疗保险法律规范不能直接引起任何具体医疗保险法律关系的产生。医疗保险法律关系的产生、变更和消灭,必须依据一定的法律事实。法律事实包括法律行为和法律事件。法律行为是当事人有意识进行的各种活动,包括合法行为和违法行为,如依法签订医疗保险合同是产生医院和患者之间医疗服务义务的主要法律事实;受益人患病时开始提供医疗保险待遇的法律事实;医生诊断证明是患病职工合法离开工作岗位,开始领取医疗津贴的法律事实。医生与患者共谋骗取医疗津贴,是违法的法律行为。法律事件是当事人意志之外的客观发生的事情,如重病患者死亡,医疗津贴和医疗待遇关系终止,取而代之的是丧葬抚恤金待遇。法律事实的出现,可以引起下列法律后果:医疗保险法律关系产生,如被保险人患病;医疗保险法律关系变更,如医疗期届满,受益人的病假工资变更为医疗津贴;医疗保险法律关系消灭,如医疗保险合同期限届满,保险经办机构与定点医院或药店之间的法律关系终止。
　　　　　　　　　　　　　　　　(赵　燕)

yiliao baoxian falü zeren
医疗保险法律责任(legal liabilities of medical insurance)　违反医疗保险法所应承担的法律责任。医疗保险的法律责任包括民事责任、行政责任、刑事责任等等。《社会保险费的征缴暂行条例》规定了医疗保险当事人的法律责任。例如:缴费单位未按规定进行医疗保险登记和申报的;伪造、销毁账册使医疗保险缴费无法进行的;拒不缴纳医疗保险费的;由劳动保障、税收部门和人民法院处以主管人和其他责任人罚款、滞纳金和强制执行。劳动保障行政部门、社会保险经办机构和税务机关工作人员滥用职权、玩忽职守的,致使社会保险费流失,构成犯罪的,依法追究其刑事责任;尚不构成犯罪的,依法给予行政处分。任何单位和个人挪用社会保险基金,有违法所得,构成犯罪的,依法追究其刑事责任;尚不构成犯罪的,依法给予行政处分等等。

（赵 燕）

yiliao baoxian hetong
医疗保险合同(medical insurance contract) 保险人与医疗服务机构就医疗保险受益人的疾病治疗待遇签订的协议。医疗保险合同制度始于1932年的德国。当年医生同业公会成立,医疗保险公司就投保人医疗费用的支付开始与医生同业公会签订合同。医保合同发生在一个非常特殊的领域和市场中,它不同于民事合同与劳动合同。订立和履行医保合同,除遵循合同的一般原则外,必须强调国家责任,注重社会公德,做好信息管理,确保参保人的利益。这样才能达到"保障医疗,控制费用"的目的。

医疗保险合同的主体是医疗保险人和医疗服务机构。在我国基本医疗保险制度中,医保合同的主体涉及医保经办机构和医疗服务机构。围绕这两个主体有三个关系需要定位。(1)医保机构与参保患者之间的关系。医疗保险参保人在未患病之前,他们与医保机构之间仅仅具有保险与被保险的关系。参保人一旦患病需要治疗时,即介入医保机构和医疗服务机构之间的合同关系。(2)医保机构与医疗机构之间的关系。医保机构是与政府具有委托法律关系的社会组织,医疗机构以公共事业单位为主,也有少量的私营机构。无论怎样,他们之间应当建立平等的合作与制约关系,共同对参保患者的利益负责。(3)医保机构、医疗机构与他们的主管部门的关系。由于医疗服务属于公共事业范畴,医保合同双方主体的主管部门,在维护公共利益的前提下,具有介入和干预医保合同主体的权力,如审批、调整和纠正等。因此,在基本医疗保险制度中,医保合同具有行政合同的某些特征。但它不是行政合同,因为医保机构经营的是医疗保险基金,它主要来自投保人的缴费。

医疗保险合同的内容一般包括:医疗服务期限、医疗服务项目和质量、医疗服务费用的支付方式和标准、双方当事人的权利、义务和责任、违约责任。(1)医疗保险合同必须明确医疗服务机构与社会保险机构(或企业)是平等的法人,医疗服务,合同应该包括以下一些内容:服务人群、服务范围、主要服务内容以及服务质量、收费标准、费用结算办法、医疗费用控制指标、奖惩措施等内容的合同,明确双方的责任和义务。(2)医疗服务机构必须严格按照国家劳动社会保障部门和卫生部门颁发的有关法律、法规行使职责,如《医院管理条例》、《医疗保险用药报销范围》和劳动和社会保障部门即将制定出台的《基本医疗保险定点零售药店管理办法》及《基本医疗保险定点医疗机构管理办法》。(3)医疗保险合同应该包括医疗过程中对医患双方提出要求及违约处罚等事项。(4)某项特殊保险的单项保险就其需要和范围提出的具体要求,如为离退休人员的医疗合同应明确有别于一般医疗服务的部分应附加服务,家庭病床照顾和其他帮助等项内容。(5)双方认为应规定的其他事项。

医疗保险合同的签订由医疗保险管理机构和各类医疗保险管理机构和药店签订,或者由企业代表职工和各类医疗机构签订合同。签订合同的医疗机构必须具备以下资格和条件:定点医疗机构原则上由地级以上(含)地级劳动保障部门负责审定。申请定点医疗机构所提供的审查材料应包括:类别、名称、地址、法人代表或主要负责人;所有制形式、职业许可证登记号;服务方式、诊疗项目、科室设置;床位、大型技术设备清单;职工人数、各类专业技术人员人数;上年度业务收支情况和门诊、住院诊疗服务质量。签订合同的药店的资格和条件是:必须持有效的《药品经营企业合格证》、《药品经营企业许可证》和《营业执照》的零售药店;遵守《中华人民共和国药品管理法》及有关的法规,严格规范药品进货渠道,健全药品质量保证制度,供药安全有效;严格执行国家规定的价格和计量政策,其收费标准和计量标准要接受物价和计量部门的监督并向社会公布;必须具有药师以上职称的西(中)药学技术人员,并保证至少有一名药师在岗;其他营业人员必须经地市级以上药品管理部门培训合格后持证上岗。

（赵 燕）

yiliao guanggao
医疗广告(advertisement for medical treatment) 医疗机构通过一定的媒介或者形式,向社会或者公众宣传其运用科学技术诊疗疾病的广告。医疗机构发布医疗广告必须持有卫生行政部门出具的《医疗广告证明》,未取得该证明不得发布医疗广告。《医疗广告证明》的有效期为1年,在有效期内变更广告内容或者期满后继续进行广告宣传的,必须重新办理《医疗广告证明》。医疗机构申请办理《医疗广告证明》,应向当地卫生行政部门提交下列证明材料:医疗机构执业许可证;医疗广告的专业技术内容;有关卫生技术人员的证明材料;诊疗方法的技术资料;依照国家有关规定,必须进行营业登记的,应当提交营业执照。我国法律规定医疗广告内容仅限于医疗机构名称、诊疗地点、从业医师姓名、技术职称、服务商标、诊疗时间、诊疗科目、诊疗方法、通信方式。诊疗科目以国家卫生行政部门有关文件为依据;疾病名称以国际疾病分类第九版(ICD-9)中三位数类目表和全国医学高等院校统一教材及国家卫生行政部门的有关规定为依据;诊疗方法以医药学理论及有关规范为依据。医疗广告中禁止出现下列内容:有淫秽、迷信、荒诞语言文字、画面的;贬低他人的;保证治愈或者隐含保证治愈的;宣传治愈率、有效率等诊疗效果的;利用患者或者其他医学权威机构、人员和医生的名义、形象或者使用其推荐语进行宣传;冠以祖传秘方或者名医传授等内容的;单纯以一般通信方式诊疗疾病的;国家卫生行政部门规定的不宜进行广告宣传的诊疗方法;违反其他有关法律、法规的。广告经营者承办或者代理医疗广告,必须查验《医疗广告证明》,并按照核定的内容设计、制作、代理、发布医疗广告,未取得《医疗广告证明》的,广告经营者不得承办或者代理。

(赵芳芳)

yiliao jigou de yaoji guanli
医疗机构的药剂管理(administration of drugs in medical organs) 医疗机构关于药剂工作方面的管理制度。医疗机构必须配备依法经过资格认定的药学技术人员。非药学技术人员不得直接从事药剂技术工作。医疗机构配制制剂,须经所在地省、自治区、直辖市人民政府卫生行政部门审核同意,由省、自治区、直辖市人民政府药品监督管理部门批准,发给《医疗机构制剂许可证》。无《医疗机构制剂许可证》的,不得配制制剂。《医疗机构制剂许可证》应当标明有效期,到期重新审查发证。医疗机构配制制剂,必须具有能够保证制剂质量的设施、管理制度、检验仪器和卫生条件。医疗机构配制的制剂,应当是本单位临床需要而市场上没有供应的品种,并须经所在地省、自治区、直辖市人民政府药品监督管理部门批准后方可配制。配制的制剂必须按照规定进行质量检验;合格的,凭医师处方在本医疗机构使用。特殊情况下,经国务院或者省、自治区、直辖市人民政府的药品监督管理部门批准,医疗机构配制的制剂可以在指定的医疗机构之间调剂使用。医疗机构配制的制剂,不得在市场销售。医疗机构购进药品,必须建立并执行进货检查验收制度,验明药品合格证明和其他标识;不符合规定要求的,不得购进和使用。医疗机构的药剂人员调配处方,必须经过核对,对处方所列药品不得擅自更改或者代用。医疗机构必须制定和执行药品保管制度,采取必要的冷藏、防冻、防潮、防虫、防鼠等措施,保证药品质量。

(张旭娟 师湘瑜)

yiliao qixie guanggao
医疗器械广告(advertisement for medical apparatuses) 利用各种媒介或者形式发布有关用于人体疾病诊断、治疗、预防、调节人体生理功能或者替代人体器官的仪器、设备、器械、装置、器具、植入物、材料及其他相关物品的广告。由于医疗器械的安全性和有效性,直接关系到人的健康,甚至生命,因此国家对医疗器械广告的发布作了较严格的限制,在《中华人民共和国广告法》中对医疗器械广告作出了特殊的规定,同时国务院及相关部门都颁布了关于医疗器械广告管理的法规和规章。国家工商管理局1995年《医疗器械广告审查标准》中规定,下列医疗器械不得发布广告:未经国家医药管理局或省、自治区、直辖市医药管理局(或同级医药行政监督管理部门)批准进入市场的医疗器械;未经生产者所在国(地区)政府批准进入市场的境外生产的医疗器械;应当取得生产许可证而未取得生产许可证的生产者生产的医疗器械;扩大临床试用、试生产阶段的医疗器械;治疗艾滋病,改善和治疗性功能障碍的医疗器械。根据《广告法》及相关规定,对医疗器械广告的内容有下列要求:应当以国务院药品监督管理部门或者省、自治区、直辖市人民政府药品监督管理部门批准的使用说明书为准,不得任意扩大;不得含有不科学的表示功效的断言或者保证,说明治愈率或者有效率的;不得与其他药品、医疗器械的功效和安全性比较的;不得含有"最高技术"、"最先进科学"等绝对化语言和表示;不得利用医药科研单位、学术机构、医疗机构或者专家、医生、患者的名义和形象作证明;不得含有直接显示疾病症状和病理的画面,令人感到已患某种疾病,或使人误解不使用该医疗器械会患某种疾病或者加重病情;不得利用消费者缺乏医疗器械专业、技术知识和经验的弱点,以专业术语或者无法证实的演示误导消费者;不得含有"无效退款"、"保险公司保险"等承诺;标明获奖的医疗器械广告,其标明的获奖必须是获得省级以上(含省级)政府授予的各类奖,其他各种获奖,一律不准在广告中标明;推荐给个人使用的医疗器械,应当标明"请在医生指导下使用";标明获专利权的医疗器械广告,必须说明获得专利的类型,在专利获批准之前,不得进行与专利有关的宣传;应当包含医疗器械广告的批准文号。

我国法律除了对医疗器械广告的内容作了限定外,还要求发布医疗器械广告必须经过特殊的批准程序。国务院2000年施行的《医疗器械监督管理条例》中规定,医疗器械广告应当经省级以上人民政府药品监督管理部门审查批准;未经批准的,不得刊登、播放、散发和张贴。国家工商行政管理局、国家医药管理局1995年颁布的《医疗器械广告审查办法》中规定,医疗器械广告的申请须经以下程序:(1)申请审查境内生产的医疗器械产品广告,应当填写《医疗器械广告审查表》,并提交下列证明文件:申请人及生产者的营业执照副本以及其他生产、经营资格的证明文件;产品注册证书或者产品批准书,实施生产许可证管理的产品,还应当提供生产许可证;产品使用说明书;法律、法规规定的及其他确认广告内容真实性的证明文件。(2)申请审查境外生产的医疗器械产品的广告,应当填写

《医疗器械广告审查表》,并提交下列证明文件及相应的中文译本:申请人及生产者的营业执照副本以及其他生产、经营资格的证明文件;医疗器械生产企业所在国(地区)政府批准该产品进入市场的证明文件;产品标准;产品使用说明书;中国法律、法规规定的及其他确认广告内容真实性的证明文件。提供上述证明文件的复印件,需由原出证机关签章或者出具所在国(地区)公证机构的公证文件。

(赵芳芳)

yifa zhishui
依法治税(administration of taxation according to law) 国家及其职能部门严格按照税法的规定来治理税收事务。即依照宪法和法律、行政法规,对税收的各个方面、各个环节进行规范性征收和管理,实现有法可依、有法必依、执法必严、违法必究。依法治税是依法治国在税收领域的体现,是税收法治的重要环节。

(翟继光)

yimoyang mofang xingwei
依模样模仿行为(copying according to appearance) 模仿者并未进行研究、投资、创造以及花费精力,而在完全可以采取其他竞争途径的情况下,纯粹抄袭他人的成果的行为。近年来欧洲一些国家的反不正当竞争法所规定的一种独立的不正当竞争行为。在自由市场制度中,只要没有诸如专利、版权、外观设计或者商标法之类特别法的保护,市场参与者都可以自由模仿他人的成果,这是一个固有的原则,即模仿自由原则。因为模仿是创新的基础,占有和利用他人的成就是文化和经济发展的基石。只有在特殊情况下模仿才是非法的,西方学者将这种特殊情况界定为"竞争者的活动因其他原因而违反善良风俗时",如仿冒行为、以特别狡诈的方式获得被模仿商品的行为、通过寄生性地利用他人的姓名或声誉的搭便车行为,或者依样模仿行为即纯粹模仿他人商品的形状,而实际上还有其他形状可供选择,并且该形状并不影响技术构造以及商品的使用的行为。当然,认定一种模仿行为违反善良风俗的前提是被模仿的产品或者标识必须具有某种程度的独创性,不能仅仅具有发挥其自身功能所必需的技术特征。在非法模仿的情况下,独创性是指特定的产品从其他产品中脱颖而出并与特定的经营者联系起来的能力。

依模样模仿行为是搭便车行为的一种,是市场主体为自己的商业目的,利用他人的工商业成就并依样模仿而自己不付出成本或实质性努力的投机行为。承认依样模仿行为是模仿自由原则的一种例外,也是特别法保护的知识产权过期后进入公共领域的一种例外,还是不具有混淆可能性的标识不受保护的一种例外。在依模样进行模仿的情况下,即使没有混淆的可能性,也同样构成不公平竞争行为。各国对依模样模仿行为的要求不尽一致。例如,瑞士《反不正当竞争法》第5条第3款规定,通过技术复制工艺以及未经相应的努力,利用他人的市场劳动成果的任何行为,都是不正当竞争行为。西班牙《反不正当竞争法》第11条第2款规定,不正当利用他人商誉或者努力的行为,属于不公平模仿他人成果的行为。

依模样模仿行为和反向工程(reverse engineering)的区别在于:反向工程通常是指通过分拆特定的产品并对其进行研究分析,在了解其结构、成分、性能和制造方法的基础上,形成改进的产品。只要反向工程没有违反诚实信用原则,就属于正当的竞争活动。而依模样模仿行为不像反向工程一样有相应的智力、资金等成本投入,它仅仅是单纯的模仿或抄袭,系属不正当竞争行为。模仿行为的构成一般要求被模仿的产品具有显著的特征或者对消费者具有强烈的吸引力,否则,被模仿的产品不是特别新颖或不是特别具有原创性,就很难通过主张模仿者实行了依样模仿行为而获得保护。

(张景丽)

yichanshui
遗产税(inheritance tax) 对财产所有人死亡后遗留下来的财产所征收的一种税。通常只有在因发生死亡而转移或接受财产在一定数额以上时才征收遗产税。世界各国对遗产税的征收模式大体有三种类型。(1)总遗产税制,即对全部遗产总额课税,以遗嘱执行人或遗产管理人作为纳税人。以财产所有人死后的全部遗产作为课税对象,先征收遗产税,后把税后遗产分配给法定继承人。(2)分遗产税制,又称继承税制,是以遗产继承人或受赠人为纳税人,对各继承人取得的遗产份额课税,先把遗产分给继承人,然后就各个继承人分得的遗产课税。(3)混合遗产税制,对财产所有人死时留下的遗产先课征一次总遗产税,然后对税后遗产分配给各继承人的遗产份额再课征一次分遗产税。绝大多数国家和地区的遗产税都实行超额累进税率。我国目前尚未开征遗产税。

(彭皖)

yizhu xintuo
遗嘱信托(testamentary trust) 按照《中华人民共和国继承法》和《中华人民共和国信托法》的有关规定,以遗嘱的形式设立的信托。按照《继承法》第16条的规定,公民可以依法立遗嘱处分个人财产。遗嘱信托同遗嘱一样,也是公民处理遗产的一种方式,且与其他处理遗产的方式相比,以设立遗嘱信托的方式处理遗产更能体现遗嘱人的意愿。遗嘱信托只能是他益信托,即以委托人以外的其他人作为受益人,且属死后信托,在委托人即遗嘱人死后发生效力。遗嘱人通过设立遗嘱信托找到合适、可靠的受托人,从而保证其遗产按照遗嘱人的意愿进行处理,特别是当遗嘱人的继承人为未成年人和精神病人时,遗嘱信托有利于保护和实现那些缺乏生活能力的继承人的利益,更有利于实现遗嘱人的意愿。《信托法》第13条规定了设立遗嘱信托,应当遵守继承法关于遗嘱的规定。《继承法》中有关遗嘱的规定,主要包括以下几个方面的内容:(1)无行为能力人或者限制行为能力人所立的遗嘱无效。(2)遗嘱必须表达遗嘱人的真实意思。(3)公证遗嘱须由遗嘱人经公证机关办理;自书遗嘱须由遗嘱人亲笔书写、签名,并注明年月日;代书遗嘱应当有两个以上见证人在场见证,由其中一人代书,要注明年月日,并由代书人及其他见证人和遗嘱人签名。(4)遗嘱应当对缺乏劳动能力又没有生活来源的继承人保留必要的遗产份额。设立遗嘱信托应首先满足以上《继承法》有关遗嘱的规定,还应满足《信托法》关于设立信托的要求,如遗嘱信托只能采取书面形式,因为按照《继承法》规定,立遗嘱除可以采用自书或者代书外,还可以采用录音和口头的形式。设立遗嘱信托的重要问题就是确定遗嘱信托受托人,因遗嘱信托不是合同行为,因此法律规定遗嘱信托由受托人的承诺而成立,但是如果遗嘱指定的人拒绝或者无能力担任受托人的,由受益人另行选任受托人,受益人为无民事行为能力人或者限制民事行为能力人的,依法由其监护人代行选任。遗嘱对选任受托人另有规定的,从其规定。

(赵芳芳)

yiyi buli jieshi guize
疑义不利解释规则(contra proferentem rule) 当合同条款的意旨,因存在两种以上的合理解释而发生疑义或模糊不明时,应当作出不利于合同条款拟定者或提供者的那种解释的规则。此项解释法则渊源于罗马法"有疑义应为表意者不利益之解释"原则,其后为各国法学所普遍继受,形成了当今广为流传的法律格言"用语有疑义时,应对使用者为不利益的解释"。我国《保险法》第31条规定:"对于保险合同的条款,保险人与投保人、被保险人或者受益人有争议时,人民法院或者仲裁机关应当作有利于被保险人或受益人的解释。"疑义不利解释规则是从一般合同法发展出来的一种比较特殊的解释方法,它原则上只适用于格式或附合合同场合。在保险合同背景下,保险单条款已由保险人事先拟定,因此,如保险条款发生疑义时,通常会作出不利于保险人的那种解释。一般认为,由于保险人与投保方之间在经济实力、专业知识和经验方面的较大悬殊,疑义不利解释规则在保险合同环境下的应用活力较其他领域合同更强。在美国一些州,法庭不再应用其他解释方法和资源以确定当事人在争议条款中的真实意旨,出于倾向于对广大投保方利益保护的考虑,首先应用疑义分析方法,很快发现争议条款所存在的疑义,并应用疑义不利解释规则采纳投保方的解释和主张。

保险合同领域经常应用疑义不利解释规则对于保险人的法律意义在于:(1)在缔约前,保险人或代理人应当对免责条款和限制保险范围的重要条款向投保人履行解说义务;在合同成立前,应事先向投保人提供一份保险单样本,让其有了解保险条款内容的机会。保险条款使用专业术语的,保险单应该配有对这些专业术语作出通俗易懂并准确解释的条款。尤其当保险条款之间相互配合将产生明显缩小保险范围的效果时,保险人或代理人更应对保险条款的这种相互关系予以说明。(2)保险公司应加强其代理人和营销人员的专业知识培训和职业道德教育,要求他们对险种的介绍和对保险条款的解说应当客观、准确和全面,对投保人提出的疑问应实事求是地解说。(3)如果保险人或代理人在缔约时没有适当地履行对重要保险条款的解说义务,因而投保人对保险条款产生和存在了另一种不同于保险人的合理理解,这时就发生了保险条款的歧义或疑义,依据疑义不利解释规则,保险人就应当承担不利的解释后果。(4)作为保险条款起草人的保险公司有责任避免条款疑义的发生,促进保险人提高保险条款的设计和起草的水平。人们对疑义不利解释规则存有担心,因为,一旦某个合同条款被戴上"疑义"的标签,就会自动地应用疑义不利解释规则去作出有利于非起草合同一方的解释,除非相对一方提供的解释听起来过于荒诞奇异而令法庭不能认可其是一种可以接受的合理解释。

(李庭鹏)

yichan pilian fangwu
异产毗连房屋(different neighboring house) 结构相连或具有共有、共用设备和附属建筑物而为不同所有人共有的房屋。在这类建筑中极易出现权利滥用、义务不明的情况。为了明确管理、修缮责任,保障房屋的正常使用,维护房屋所有人、使用人的合法权益,建设部于1989年11月21日颁发了《城市异产毗连房屋管理规定》,对这类房屋的使用与维修原则作了明确的规定。异产毗连房屋所有人和使用人的权利、义务与责任:所有人和使用人对共有、共用的门厅、阳台、屋面、楼道、厨房、厕所以及院落、上下水设施等,应共同合理使用并承担相应的义务。除另有规定外,任何一方不得多占、独占,且所有人和使用人在房屋共有、共用部位,不得有损害他方利益的行为。异产毗连房屋所有人以外的人如需使用异产毗连房屋的共用部位时,应取得各所有人一致同意,并签订书面协议。一方所有人如需改变共同部位的外形或结构时,除须经城市规划部门批准外,还须征得其他所有人的书面同意。

(陈志波)

yihuo maoyi

易货贸易(barter trade) 又称"换货贸易"。一国(地区)与另一国(地区)之间不使用货币作为中介而直接用等值的货物进行交换的一种贸易方式,即物物交换的贸易方式。它是国际贸易中最古老的交换方式,一直延续至今。易货贸易有"一般易货贸易"和"综合易货贸易"两种。在实践中,国际间的易货贸易通常由双方当事人签订易货贸易协议,各自承担购买对方一种或多种等值商品的义务。交货可以有先后,不一定同时进行。易货贸易是在20世纪30年代世界经济危机时期,在外汇受到严格管制和现汇严重短缺的条件下产生和发展起来的,因而它通常发生于国家在外汇短缺、对外支付能力不足的时期,以解决由于外汇支付上的困难所造成的贸易障碍。易货贸易还可以使发展中国家的初级产品生产避开世界垄断组织规定的出口限额的限制。但是这种贸易方式也有其局限性,如手续繁杂,交换的货物不易对路,谈判往往旷日持久难以达成协议,等等。

(王连喜)

yidali difang suodeshui

意大利地方所得税(local income tax of Italy) 意大利地方所得税等7个税种于1998年被地方营业税取代(见意大利地方营业税)。

(薛建兰)

yidali difang yingyeshui

意大利地方营业税(local business tax of Italy) 在意大利对在大区范围内生产销售货物、提供服务征收的一种税。地方营业税是意大利税制中最典型的地方税。1998年开始实施,取代了地方所得税、公司财产税等7个税种,目的是简化税制,减轻税负,并增加大区政府的收入来源。纳税人为所有从事生产和服务的组织,包括公司、农业生产者、非贸易机构、公共机构和自由职业者。征税对象为纳税人在大区范围内生产销售货物、提供服务所创造的价值。计税依据为在大区范围内生产销售货物、提供服务取得的销售收入和服务收入。基础税率为4.25%;平衡税率为农业3%,银行、保险和其他金融机构5%。地方营业税由大区政府的征税部门负责征收。

(薛建兰 卢海燕)

yidali geren suodeshui

意大利个人所得税(personal income tax of Italy) 在意大利对个人取得的各种收入征收的一种税。个人所得税是意大利税制中的第一大税种。属于中央税,由国家财政部负责征收。由于意大利税制正在改革过程中,个人所得税制新旧交替运行,处于补充、完善阶段。纳税人为所有意大利公民和一年中在意大利居住超过180天的外国公民,以及个人公司的股东。征税对象包括个人所得的各种收入。具体分为以下六大类:(1)工资收入,包括雇佣劳动收入;(2)资产收入,如股票收入、银行存款利息收入、国库券利息收入、个人公司的红利收入;(3)自由职业收入,如会计师、律师等的咨询、服务收入;(4)企业收入,指个人从事经营的小企业主收入;(5)不动产收入;(6)其他收入,如讲课收入、足球运动员的奖金收入等。计税依据为个人所有收入的总和。意大利个人所得税适用五级累进税率,如下表所示。

个人所得税税率表　　(单位:万里拉)

级次	累进级距	国库税率%	大区附加税率%	综合税率%
1	1500以下	18.5	0.5	19
2	1500—3000	26.5	0.5	27
3	3000—6000	33.5	0.5	34
4	6000—13500	39.5	0.5	40
5	13500以上	45.5	0.5	46

可扣除的补贴包括:(1)固定补贴,工人最低工资标准为1.2万里拉/小时,低于这个标准的可享受补贴;(2)非固定收入补贴,配偶一年收入不超过530万里拉,享受不同标准的定额补贴;(3)符合贷款买房条件且属于第一次拥有自己居住住房权的补贴。免税项目有:社会福利和保险金收入;学费;雇佣劳动关系结束时雇主发给雇员的补偿金收入;雇员在其他市镇或国外的出差补贴;中六合彩收入;殡葬费。个人所得税实行综合所得申报的计征办法。任职于公司、单位的纳税人由雇主代扣代缴;取得两种以上应税所得的,纳税人需在年底至次年5月汇总申报清缴个人所得税。个人所得税每年分两次缴纳。第一次为5月1日到5月31日,第二次为11月1日到11月30日。第一次纳税期要结算上一年度纳税年度的应纳税额,同时按上一年度实纳税额的98%作为纳税人应预缴的本年度应纳税,第一次先预缴40%,第二次纳税期要交纳其余的60%税款。

(薛建兰 卢海燕)

yidali shuizhi

意大利税制(tax system of Italy) 意大利由多税种组成的复合税制。在意大利现行税制结构中直接税是主体税种,主要包括企业所得税、个人所得税、地方不动产税、遗产税等。间接税主要包括增值税、地方营业税、香烟税、印花税、广告税等。随着欧洲统一市场的建立,特别是由于以意大利中小企业为主的经济结构实现的盈利收入不甚稳定,为保证国家财政收入,近年来意大利税制结构出现了由直接税为主体税种向间接税为主体税种转变的趋势,间接税占税收总额的比重呈上升态势。目前,意大利税收收入的绝大部分为中央税,地方税所占的份额极为有限。按宪法规定,国家负责制定统一的税收政策,包括设立税种、纳税人等,地方政府有权根据实际情况,在规定的税率幅度内确定适用税率,有权决定在行政区域内是否开征某个税种。现行的意大利税制存在着许多问题,主要表现在:一是所实行的税收制度与欧盟成员国的普遍做法有差别;二是税种多,税负重,纳税程序烦琐,偷漏税现象严重。意大利政府1997年出台了18项税制改革措施。改革的基本原则是:(1)规范税制,减少税种,通过开征新税、取消和合并不必要的税种,实现税制的简化;(2)通过对增值税、个人所得税等主要税种的修改,使之逐步接近欧盟成员国的普遍做法;(3)逐步放开税收管理权,增加地方税种,调动地方积极性;(4)改革税务征管机构,简化申报和纳税程序。

(薛建兰　卢海燕)

yidali zengzhishui

意大利增值税(value-added tax of Italy) 意大利对生产商品、提供劳务及进口的单位和个人征收的一种税。增值税是意大利最主要的一种间接税,属于意大利第二大税种。根据欧盟有关增值税的规定,1996年意大利政府对增值税进行了调整。目前意大利增值税改革的趋势是将现在的中央税改为中央地方共享税。纳税人为所有买卖货物和提供各种劳务的经营者。征税范围是所有进行有偿交易的商品和劳务的流转净额。应纳税额为销项税额减进项税额。销项税额不足抵扣进项税额时,不足部分结转以后继续抵扣,不予退税。计税依据为销售商品、提供劳务取得的销售收入和服务收入,可以抵扣的增值税进项税额包括生产商品及提供服务所取得的合法凭证。税率分为三档:4%、10%、20%。农产品、面包、牛奶等生活必需品适用4%的低税率;糖、米、面、鸡蛋、肉类、药品、餐饮业等实行10%的税率;服装、鞋帽等所有工业品及烟、酒等其他消费品适用20%的税率。出口货物实行零税率政策。减免税规定包括:(1)凡免费提供的商品,或自产自用的产品以及超越意大利国境的商品买卖都不用缴纳增值税。(2)1998年对年收入在1000万里拉以下的农业生产者实行免税;1999年对年收入在500万里拉以下的农业生产者实行免税;2000年以前对年收入在500万—4000万里拉之间的农业生产者实行3年免税,年收入超过4000万里拉实行部分免税,并实行简易征收办法。具体免税幅度按各种农产品的免征税率高低而定;2001年起农业生产者增值税起征点为500万里拉,并实行统一的"销项—进项"办法计算应纳税额。(3)演出行业1998年实行2/3减税率,1999年实行1/2的减税率;电视和电台版权的转让1998年减税率为2/3,1999年实行1/3的减税率。(4)出版的报纸和书籍按照售出份数纳税,对其中的附带品如磁带另作出明确规定。(5)对确定旅游线路的组织者实行减免税待遇等。增值税发票由企业自行印刷,发票内容必须符合税务部门的规定,并保留所有购销发票,在增值税年度申报中进行登记和反映。增值税的纳税期限分为每月15日或每季末的次月15日两种,具体由企业自行选择。每年3月15日纳税人必须到当地税务机关申报上一年度的增值税销项、进项及应纳税额情况。当企业进项税额大于销项税额时,不能申请退税,只能结转下期继续抵扣。但企业歇业时,可向税务部门申请进项税额的退回。

(薛建兰　卢海燕)

yidali zhiliang biaozhi xuehui

意大利质量标志学会(Italy Qualitative symbol Association) 是意大利最大的认证机构,成立于1951年。意大利质量标志学会原是一个非赢利性质机构,其地位得到国家法令(1971年1月20日134号总统令)的认可。2000年后,意大利质量标志学会的业务工作改为公司制经营,改变了过去的非赢利性质,由相关的8个政府部门以及CEI、UNI、AEI、电业局、安全委员会、消费者协会等方面的代表组成,制定政策和发展规划。意大利质量标志学会既从事产品认证,也从事质量体系认证。意大利质量标志学会从事ISO 9000、EN 46000(对医疗器械行业)、QS 9000(汽车行业)、ISO 14000认证。其产品认证覆盖以下产品:电线电缆、低压电器、照明、燃具、电表、电子设备、医疗器械、升降设备、信息技术产品、电子元器件等。意大利质量标志学会获得意大利认证机构国家认可机构(SINCERT)认可,其实验室也已获意大利国家实验室认可机构认可。意大利质量标志学会与欧洲、与全世界的许多认证组织和国家签有多边或双边协议。(麻琳琳)

yiduanzhuang tiaokuan

溢短装条款(more or less clause) 又称"增减条款"或"宽容条款"。买卖合同中允许卖方交付的货物数量,按一定的机动幅度与合同约定数量有若干差异的条款。即在数量条款的后面,附加说明溢短装的百分比,就是说卖方交货的数量可以多交,也可以少交多少,但是这个多交和少交的幅度不得超过成交数量的百分之几作为界限。由于计量不精确,或受自然条件、包装及装运工具等的影响,装运时不能准确符合成交数量。为了避免合同在履行过程中的纠纷，买卖双方常在合同中约定交货的机动幅度，即在确定的数量，可以有百分之几的增减。比如规定成交数量的5%作为界限或10%作为界限。溢短装有二种：一种是整个买卖合同当中的溢短装；一种是每条船装载量的溢短装。但是在国际贸易中，一般指的是买卖合同中的溢短装。在国际贸易中，买卖双方如果采取溢短装，那么要注意计价办法。一般有三种规定：第一种是按原买卖合同中的价格计算，按合同价计算；第二种按照装船时市价计算；第三种是按照到货时期市场价格计算。后面两种大都是在市场波动很大，双方不愿意承担时采取。溢短装的选择权问题：一般来说，溢短装的选择权掌握在出口方的手里。因为，一般都由出口方装船，所以由出口方掌握的比较多。但有时也有进口方掌握，比如由进口方派船接货这种情况之下，可以由进口方掌握。所以溢短装条款的选择权掌握在谁手里，就对谁有利。

（王连喜）

yizhi fenpei quan

溢值分配权（distributive right of superprofit） 国有资产的溢价收入所形成的资产享有的分配权。由于国有资产的溢值实质上是国有资本的盈余，其形成的资产为国有资产，所以溢值分配权由国家享有。国有资产的溢价收入包括国有股票的溢价收入、国有法定财产重估增值等多种形式。 （李平 薛敏）

yinxiang zhipin jinkou guanli zhidu

音像制品进口管理制度（institutions on administration of audio-visual products importing） 为了丰富人民群众的文化生活，加强音像制品进口的管理，根据《音像制品管理条例》的有关规定所进行的管理制度。新闻出版署制定了《音像制品进口管理办法》，并自1996年2月1日起施行。

该《管理办法》共17条，其音像制品进口管理的主要内容为：(1)管理办法的宗旨和适用范围以及音像制品进口的主管机关。(2)音像出版单位从事进口音像制品的出版业务，须具备下列条件：符合出版社创办宗旨和业务范围；制作出版国产音像制品成绩突出；有相应的编辑技术骨干和发行能力。(3)申请开展进口音像制品的出版业务的程序。(4)从事音像制品进口贸易业务的单位，须具备下列条件：从事文教类出版物进出口贸易业务的；出口国产音像制品成绩突出的；有相应的资金和专业人员。(5)申请从事音像制品进口贸易业务的程序。(6)进口用于出版、销售的音像制品，由新闻出版署根据音像制品内容审核机构的审核意见，对进口的音像制品进行宏观调控，发布进口音像制品的目录，由文化部、广播电影电视部按照各自的职责发放《音像制品发行许可证》。文化部、广播电影电视部发放的《音像制品发行许可证》报新闻出版署备案。未取得《音像制品发行许可证》的，不得出版、复制、销售。(7)经批准从事音像制品进口业务的单位应当制定进口音像制品的年度计划，并报新闻出版署备案。举办国际性音像制品展销会由所在地省、自治区、直辖市音像制品行政管理部门审核同意后，报新闻出版署审批。(8)对未经批准擅自进口音像制品的单位和个人由新闻出版署或者县级以上音像制品行政管理部门视情节轻重，给予以下行政处罚：警告；停止出版发行；没收违法所得；处违法所得5倍以上10倍以下的罚款。

（罗大帅）

yinxiang zhipin liansuo jingying guanli

音像制品连锁经营管理（administration of Chain store management of audio and video products） 10个以上使用统一商号的音像制品门店，在同一总部的管理下，统一经营，统一管理规范，统一采购配送音像制品或授予特许权的经营组织形式。包括直营连锁和特许（或称加盟）连锁。直营连锁，是指连锁店的门店均由总部全资或控股开设，在总部的直接领导下统一经营；特许连锁，是指连锁店的门店同总部签订合同，取得使用总部商标、商号、经营模式及总部开发商品的特许权。规范音像制品连锁经营的主要规范性文件是文化部2001年5月30日制定发布的《关于促进和规范音像制品连锁经营的通知》。

发展音像制品连锁经营的原则：对大中城市音像制品连锁经营的数量和布局进行合理规划，既要防止独家垄断，又要避免恶性竞争。鼓励音像连锁经营单位在商业自愿的原则下收购、兼并现有的音像零售、出租网点。音像市场行政管理部门在审批音像制品零售、出租网点时，应当优先考虑音像连锁经营单位形成合理的连锁网络。

申请从事音像制品直营连锁经营业务的企业，应当具备下列条件：(1)具有独立法人资格的公司；(2)具备向连锁门店提供长期经营指导和配送音像制品的能力；(3)有完善的连锁经营管理规章；(4)主要发起者应当具备两年以上从事音像制品批发、零售或出租经营的经历，并取得良好的经营业绩。其中从事跨省（自治区、直辖市）连锁经营的，应当具备在一个省（自治区、直辖市）从事音像制品连锁经营1年以上的经历，并取得良好的经营业绩；(5)注册资本不得少于500万元，其中从事跨省（自治区、直辖市）连锁经营的，注册资本不得少于3000万元；(6)总部和门店实行计算机联网管理。申请从事音像制品特许连锁经营业务，还必须具备1年以上从事音像制品直营连锁的经历，并取得良好的经营业绩，有成熟的可输出的管理经验和规章。

经批准的音像制品连锁店总部在许可地域内建立连锁门店,应当先向当地音像市场行政管理部门报送开店计划。申请从事音像制品连锁经营业务的,报所在地省、自治区、直辖市音像市场行政管理部门审批;申请从事跨省区连锁经营业务的,由总部所在地省、自治区、直辖市音像市场行政管理部门审核后,报文化部审批。连锁店总部开办直营连锁门店,连锁门店不再单独办理音像制品经营许可证。连锁门店符合所在地音像制品零售、出租店的开办条件,经所在地音像市场行政管理部门核准后,凭连锁店总部的音像制品经营许可证复印件,到工商行政管理部门办理有关登记手续。连锁店总部开办特许连锁门店,应按有关规定办理审批或变更手续,并报审批部门备案。经国家批准成立的音像制品出版、批发单位以品牌授权方式参与音像制品经营活动的,应当报文化部和所在地音像市场行政管理部门备案。非经国家批准设立的音像制品出版、批发单位,不得以品牌授权方式参与音像制品经营活动。

直营连锁门店必须由总部统一进货,统一配送,统一管理,不得自行从其他渠道进货。从事特许经营活动的,必须签订特许经营合同并按照合同进行经营。当地县级以上音像市场行政管理部门对连锁门店的违法经营行为进行监督处罚,并将处罚结果报连锁店总部发证部门备案。连锁店总部要对门店经营中出现的违法行为承担相关责任。

(傅智文)

yinhang

银行(bank) 依据相关法律设立,经营存款、贷款、汇兑、结算等资金融通业务且在名称中使用"银行"字号的金融机构。银行一词始于意大利语 Banco,意为长凳、椅子,是最早市场上货币兑换商营业用的。英语转化为 bank,原意为存钱的柜子。银行是商品货币经济发展的产物,是在铸币兑换业的基础上逐步形成的。最早出现的近代银行,是在 16 世纪时世界商业中心意大利建立的威尼斯银行。接着相继出现的有米兰银行、阿姆斯特丹银行、汉堡银行、斯德哥尔摩银行、维也纳银行等。1694 年由英国政府支持私人创办的英格兰银行,是最早出现的股份银行。我国在公元 7 世纪到 10 世纪初期的唐代,已经出现了办理金融业务的独立机构,但经营范围比较单一。明代中叶出现的钱庄、清代产生的票号,实际都具有银行的性质。最早在中国出现的现代意义上的银行是 1845 年英国人开设的丽如银行,后改称东方银行。中国自己创办的第一家银行是 1897 年成立的中国通商银行。银行是特殊的企业,主要职能是经营货币资本,发行流通工具,充当资金富余者和资金短缺者之间的信用中介和支付中介。一般而言,银行包括中央银行、商业银行和其他专业银行。目前,在我国,银行包括制定和实施货币政策的中央银行、从事商业性融资活动的商业银行和从事政策性融资活动的政策性银行。其中,商业银行又分为:国有商业银行(即国有独资商业银行,包括中国工商银行、中国农业银行、中国银行、中国建设银行)、股份制商业银行和外资银行的分支机构。政策性银行包括,国家开发银行、中国农业发展银行和中国进出口银行。

(卢 亮)

yinhangjian waihui shichang guanli zhidu

银行间外汇市场管理制度(system of inter-banks on market management of foreign exchange) 我国以《银行间外汇市场管理暂行规定》为主所建立起的管理制度。为了规范和发展我国银行间外汇市场,维护交易当事人的合法权益,中国人民银行根据《中华人民共和国外汇管理条例》于 1996 年 11 月 29 日颁布实施了《银行间外汇市场管理暂行规定》共 6 章 38 条。银行间外汇市场是经国家外汇管理局批准可以经营外汇业务的境内金融机构(包括银行、非银行金融机构和外资金融机构)之间通过中国外汇交易中心进行人民币与外币之间的交易市场。任何境内金融机构之间不得在交易中心之外进行人民币与外币之间的交易。外汇市场由中国人民银行授权国家外汇管理局进行监管;交易中心在国家外汇管理局的监管下,负责外汇市场的组织和日常业务管理。从事外汇交易,必须遵守法律、行政法规,遵守公开、公平、公正和诚实信用的原则。

银行间外汇市场管理主要有以下内容:(1)市场组织机构的设立与监管。交易中心是中国人民银行领导下的独立核算、非盈利性的事业法人。其主要职能是提供并维护银行间外汇交易系统;组织外汇交易币种、品种的买卖;办理外汇交易的清算交割;提供外汇市场信息服务;国家外汇管理局授权的其他职能。根据业务需要,交易中心可以设立分中心,分中心的设立或撤销须报经国家外汇管理局批准。交易中心实行会员制,只有会员才能参与外汇市场的交易。会员大会是交易中心的最高权力机构,每年召开一次。会议由交易中心理事会负责召集;交易中心设立理事会,为会员大会闭会期间会员大会的常设机构。理事会成员不得少于 9 人,其中非会员理事人数不得少于理事会成员的 1/3;会员理事中中资机构会员人数不得少于理事会成员的 1/3;理事会每届任期 2 年,每位会员理事连任不得超过两届。会员理事由会员大会选举产生,非会员理事由国家外汇管理局提名,会员大会选举产生;理事会设理事长 1 人,由非会员理事担任,经国家外汇管理局提名,理事会选举产生;副理事长 3 人,其中非会员理事长1人,会员理事长2人,由理事会选举产生。(2)对会员的管理。境内金融机构提出申请,经交易中心理事会批准,并报国家外汇管理局备案后,可成为交易中心的会员;会员申请退会的,亦须经交易中心理事会批准并报国家外汇管理局备案。会员选派的交易员必须经过交易中心培训并颁发许可证方可上岗参加交易;会员须按规定向交易中心缴纳席位费。会员应当遵守国家有关外汇管理法规,接受交易中心的管理。(3)对交易行为的监管。会员之间的外汇交易必须通过交易中心进行,非会员的外汇交易必须通过有代理资格的会员进行。交易中心自身不得从事外汇交易。会员代理非会员的外汇交易的资格应当得到交易中心的批准。交易价格采用直接标价法。市场交易中的下列事项,应当报经国家外汇管理局批准:交易方式;交易时间;交易币种及品种;清算方式;国家外汇管理局规定的其他事项。交易中心和会员单位应当保证用于清算的外汇和人民币资金在规定时间内办理交割入账;交易中心可以向交易双方收取手续费,收取手续费的标准须报经国家外汇管理局批准。中国人民银行授权国家外汇管理局规定和调整每日外汇市场交易价格的最大浮动幅度;中国人民银行根据外汇市场形成的价格,公布当日人民币市场汇率,外汇交易应当根据当日市场汇率并在规定的每日最大价格浮动幅度内进行。中国人民银行可以根据货币政策的要求,在外汇市场内买卖外汇,调节外汇供求,平抑外汇市场价格。(4)法律责任。主要规定了会员违反国家外汇管理规定、交易中心章程和业务规则的,国家外汇管理局有权对其处以通报批评、暂停交易或取消会员资格,由此造成的经济损失由会员承担。交易员若违反交易中心的交易规则,交易中心有权给予警告、通报批评、取消交易资格等处罚,造成经济损失的,应承担民事责任,经济损失由其会员单位承担。交易中心有特定行为的,造成经济损失的由交易中心承担,同时追究主管人员的责任。交易中心工作人员有以下行为的,交易中心理事会有权给予警告、通报批评或开除等行政处分,造成经济损失的,应承担民事责任,构成犯罪的,当依法追究刑事责任:利用职务便利贪污、挪用或其他非法占有公共财物的行为的;玩忽职守给外汇市场造成损失的;泄露不准对外公布的内部信息的。

(王连喜)

yinhang konggu gongsi
银行控股公司(bank holding company) 直接或间接拥有或控制一家或多家银行25%以上的有投票权的股票,或控制该银行董事会的选举,并对银行经营管理决策有决定性影响的公司。是美国金融分业经营背景下的一种金融创新。银行控股公司通过下设并列的银行、证券公司、保险公司等从事综合性金融业务,非银行子公司不受银行监管当局的管制,但必须在各子公司之间依法设立"防火墙",以防止非银行子公司的财务风险危及银行。银行控股公司的组织结构有两种:(1)只有银行子公司的单银行控股公司(One-BHC);(2)拥有两个以上银行子公司的多银行控股公司(Multi-BHC)。银行控股公司的出现,最初起因于对美国法律的规避。最早的美国法律禁止银行跨州经营,即银行不可以在其所在州以外的地方设立分行,同时,法律对银行的经营范围作出限制性规定,银行为了规避对其业务的地域性限制及对其所允许从事的商业活动范围的限制,开始在其他州设置银行子公司或收购当地银行,使其成为银行控股公司的分支机构,同时,由于各州州法不禁止银行控股公司的子公司从事限制范围以外的业务,各银行可以通过成立非银行金融子公司,进入证券、租赁、投资顾问、担保等多种金融业务领域。在规避法律约束和市场利润两个因素的作用下,美国的银行控股公司有了飞速的发展,1914年在美国的《克莱顿法》中明确规定了"银行控股公司"的法律地位,由美国联邦储备委员会负责监管。不过,随着金融业务的发展,从1985年开始,美国联邦储备委员会对银行控股公司通过旗下的子公司将业务范围扩大到证券领域给予承认,在大多数州撤除了对禁止银行跨州经营的禁令,银行控股公司开始可以进行金融业务多样化经营。银行控股公司在事实上已经可以通过子公司经营证券、保险及投资业务。此时的银行控股公司历经大约两个世纪的发展,已经演进为金融控股公司。

(普丽芬)

yinhang waihui paijia
银行外汇牌价(bank foreign exchange quoteprice) 各外汇指定银行以中国人民银行公布的人民币对美元交易基准汇价为依据,根据国际外汇市场行情,自行套算出当日人民币对美元、日元、港币、欧元以外各种可自由兑换货币的中间价。外汇指定银行可在中国人民银行规定的汇价浮动幅度内,自行制定各挂牌货币的外汇买入价、外汇卖出价以及现钞买入价和现钞卖出价。这些挂牌价即为银行外汇牌价。目前国际上可自由兑换的货币主要有:英镑、瑞士法郎、丹麦克朗、瑞典克朗、新加坡元、法郎、意大利里拉、加拿大元、澳大利亚元、西班牙比塞塔、芬兰马克、澳门元、菲律宾比索、泰国铢、新西兰元等。中国国内的外汇指定银行主要有:中国农业银行、中国建设银行、中国工商银行、中国银行、中国民生银行、中国交通银行等。

(王连喜)

yinhang waihui yewu guanli zhidu
银行外汇业务管理制度(administrative system for

banks' foreign exchange business) 我国系统地管理银行外汇业务的法律制度。为了加强对银行外汇业务的管理，保证外汇业务健康发展，保持金融秩序的稳定，根据《中华人民共和国商业银行法》和《中华人民共和国外汇管理条例》，经中国人民银行批准，国家外汇管理总局于1993年1月1日发布了《银行外汇业务管理规定》，1993年7月1日起施行。1996年底，随着外汇管理体制改革进一步推进，为更好地规范银行外汇业务市场准入及金融监管工作，国家外汇管理总局又于1997年9月24日重新修订并颁布《银行外汇业务管理规定》，并于1998年1月1日起施行，进一步健全和完善我国的银行外汇业务管理制度。

国家外汇管理局及其分、支局是银行经营外汇业务的管理机关，负责银行外汇业务的审批、管理、监督和检查。银行经营外汇业务应当经外汇局批准，并在批准的业务范围内经营。不得擅自经营外汇业务或者超范围经营外汇业务。国家外汇管理局对银行经营外汇业务的审核和批准实行分级管理。银行总行经营外汇业务由国家外汇管理局审核批准。银行县级以上分支行（不含县级支行）经营外汇业务由省级分局负责考核初审，报国家外汇管理局批准。银行县级以下分支机构（含县级支行、办事处和储蓄所等）经营外汇业务由省级分局审核和批准。银行分支机构的业务范围不得超过其上级机构的业务范围。银行可以经营下列部分或者全部外汇业务：(1) 外汇存款；(2) 外汇贷款；(3) 外汇汇款；(4) 外币兑换；(5) 国际结算；(6) 同业外汇拆借；(7) 外汇票据的承兑和贴现；(8) 外汇借款；(9) 外汇担保；(10) 结汇、售汇；(11) 发行或者代理发行股票以外的外币有价证券；(12) 买卖或者代理买卖股票以外的外币有价证券；(13) 自营外汇买卖或者代客外汇买卖；(14) 外汇信用卡的发行和代理国外信用卡的发行及付款；(15) 资信调查、咨询、见证业务；(16) 国家外汇管理局批准的其他外汇业务。上述外汇业务由国家外汇管理局界定。

银行开办、扩大、停办外汇业务应当向外汇局提出申请。符合下列条件的银行可以申请开办外汇业务：(1) 遵守法律、行政法规、金融规章的有关规定，没有损害国家利益、社会公共利益的行为，未发生任何重大违规事项及经济损失的；(2) 具有规定数额的外汇实收资本金或者营运资金。银行可以根据业务发展的需要和自身经营情况申请扩大、停办外汇业务。未经外汇局批准，银行不得擅自停办外汇业务。停办外汇业务的银行，应当经批准后依法进行外汇债权和债务清理。银行经营外汇业务以效益性、安全性、流动性为经营原则，实行自主经营、自担风险、自负盈亏、自我约束的自律机制。

国家外汇管理局对银行外汇业务实行风险监控。国家外汇管理局可以根据实际需要对银行总行分解给分支机构的比例或者指标进行调整。银行在按照规定领取或者换领经营许可证后6个月内或者连续6个月不经营外汇业务的，应当在6个月后的5个工作日内，主动向外汇局报告。无正当理由的，外汇局可以取消其经营外汇业务资格。外汇局在批准外汇业务范围时，可以对单项外汇业务的适用对象、适用范围等作出特别限定。外汇局可以根据需要对已经批准外汇业务的适用对象、适用范围等进行重新限定，也可以要求银行停办某项外汇业务。外汇局认为必要时，可以对银行在境外建立代理行和开立境外账户进行特别限制。外汇局对银行的外汇业务人员实行从业资格认证制度。外汇局对银行开办、扩大、停办、取消外汇业务和到期重新核准其经营外汇业务资格予以公告。外汇局可以自行或者指定会计师事务所对银行外汇业务进行现场专项检查和非现场检查。外汇局可以根据需要确定检查内容和时间。被检查银行应当接受并配合检查。外汇局对银行经营外汇业务状况实行年度考核制度。考核合格的，由外汇局出具文件。银行凭此文件到中国人民银行办理经营许可证外汇业务年检登记。银行应当按照国家有关规定，真实记录并全面反映其外汇业务活动和财务状况，及时向外汇局报送外汇业务和财务统计报表，并保证报表的完整、准确和真实。银行应当按照有关规定建立健全外汇财务、会计制度，实行外币分账制。银行设在境外的全资附属机构的外汇资产负债和外汇业务损益情况应当反映在总行的报表中。银行境外账户资金收付情况应当在境内的会计账簿中真实反映，按照规定进行并账，并定期对账。

（王连喜）

yinjianhui

银监会（China Banking Regulatory Commission, CBRC） 中国银行业监督管理委员会的简称。我国的银行监管机构。在我国，原来由中国人民银行作为单一的银行监管机构，在较长一段时期内，中央银行既负责货币政策的制定和实施，又负责对银行业进行监管，不能保障监管的效率和专业化。成立于2003年4月的中国银行业监督管理委员会（简称"银监会"）作为专门的银行业监督管理机构，负责对整个银行业进行监管。其监管对象包括：在中国境内设立的商业银行、城市信用合作社、农村信用合作社等吸收公众存款的金融机构和政策性银行、金融资产管理公司、信托投资公司、财务公司、金融租赁公司以及经国务院银行业监督管理机构批准设立的其他金融机构。根据《中华人民共和国银行业监督管理法》（2003年）的规定，银监会的主要职责是：制定有关银行业金融机构监管的规章制度和办法；审批银行业金融机构及分支机构的设立、变更、终止及其业务范围；对银行业金融机构的业务活动及其风险状况实行现场检查和非现场监管，依法对违法违规行为进行查处；制定银行业金融机构的审慎经营规则；审查银行业金融机构高级管理人员的任职资格；负责统一编制全国银行数据、报表，并按照国家有关规定予以公布；对银行业金融实施并表监管；建立银行业金融机构监督管理评级体系和风险预警机制；建立银行业突发风险的发现、报告岗位责任制度，以及突发风险处置制度；对银行业自律组织的活动进行指导和监督；负责银行业金融机构监事会的日常管理工作；等等。

（卢炯星 卢 亮）

yindaoxing tiaozheng

引导性调整（guiding regulation of economic law） 由法律、法规直接规定或国家经济机关依法进行指导的调整方式。引导性调整方式是非强制的、非权力的，具有间接调整的特点。法律、法规直接规定引导性调整方式，主要包括价值手段、经济指导和指导性计划三种方式。

引导性调整之价值手段方式是依法利用价值手段对国民经济进行间接调节的方式。价格、税收、信贷、利率、成本、利润、汇率以及工资和津贴等都属于价值手段范畴，其中主要价值手段是价格、税收和信贷三大手段。价格手段调整集中表现在两个方面：一是控制物价总水平。如直接规定禁止乱涨价和滥发奖金、实物等。二是调节价格体系。包括比价体系、差价体系和价格形成体系。税收是财政收入的主要来源，利用税收手段调节国民收入的分配和再分配，体现为：直接规定税种、税目和税率。信贷手段调整是通过动员和分配货币资金的方法引导资金的流向。利息手段集中表现是利率的调整。工资和津贴方式是以利益引导经济主体的管理者或职工，形成激励机制，促进企业效益的提高。如国有企业管理人员实行年薪制度、企业职工持股制度等。

引导性调整之经济指导方式是通过国家经济管理机关对经济组织的生产经营活动进行指导的调整方式。经济指导方式包括指导、建议、评价、咨询、促进等。指导方式就是对经济组织的目标、生产经营方向和决策进行引导，帮助经济组织解决目标合理化问题；建议方式是国家经济管理机关通过提出自己的主张和意见指导企业的活动。建议方式是发布命令的前提。评价方式是国家经济管理机关运用经济观点认识和了解经济组织，对其现状、业绩和对外影响等方面进行结论性评估。例如ISO企业质量管理体系。咨询方式是国家经济管理机关接受经济组织的咨询，通过答复完善对经济组织的间接管理，咨询不表示国家意图或国家经济机关的决定，具有直接民主协商的性质。促进方式是法律规定对特定主体给予优惠措施，引导其从事特定经济活动。例如中小企业促进法对中小企业给予税收、金融、投资等方面优惠。

引导性调整之指导性计划方式是通过制度指导性计划调整规模经济的方式。指导性计划无强制性，但它同指令性计划一样，也是由上级机关制订并下达执行的。指导性计划调节是"参数调节"。国家制订计划对未来经济发展目标、方向、增长速度、产业结构等进行预测。指导计划具有指示性、预测性特征，其计划指标不层层分解给企业。指导性计划的实现主要靠多种手段达到要求。指导性计划不具有法律约束力，但对经济组织的生产经营活动有调节作用。

也有用倡导性来表述调整方式的，倡导性调整的主要方法是利益诱导，利益诱导又包括利益返还和利益给付。利益返还制度，比如出口退税；利益给付，如奖励。倡导性调整只是引导性调整的一个方面。有所不同的是，引导性调整是通过价格、利率、税率等经济杠杆鼓励和引导经济主体从事具有导向性的经济活动，通常实现的是间接的经济利益。倡导性调整以经济利益作为手段，直接调整当事人的利益结构，进而引导当事人的经济行为。

（刘继峰）

yinjin jishu

引进技术（import technology） 合营企业通过技术转让的方式，从第三者或者合营者获得所需要的技术。引进技术目的在于促进国内技术的发展，因此合营企业所引进的技术应当是适用的、先进的，能够使其产品在国内具有显著的社会经济效益或者在国际市场上具有竞争能力。在订立技术转让协议时，必须维护合营企业独立进行经营管理的权利，要求技术输出方提供包括：专利证书或者商标注册证书的复制件、有效状况及其技术特性、实用价值、作价的计算根据、与中国合营者签订的作价协议等有关文件和有关资料。合营企业订立的技术转让协议，应当报审批机构批准。合营企业所报送的技术转让协议必须符合下列规定：技术使用费应当公平合理；除双方另有协议外，技术输出方不得限制技术输入方出口其产品的地区、数量和价格；技术转让协议的期限一般不超过10年；技术转让协议期满后，技术输入方有权继续使用该项技术；订立技术转让协议双方，相互交换改进技术的条件应当对等；技术输入方有权按自己认为合适的来源购买需要的机器设备、零部件和原材料；不得含有为中国的法律、法规所禁止的不合理的限制性条款。引进技术，是加快我国技术升级和经济发展的有效途径。引进技术可以博采众长，为我所用，使产品在国际市场具有一定竞争力，并通过对引进技术的消化、吸收与创新，培养出优秀的科技人才,能够迅速提高整个国家的技术水平。

（麻琳琳）

yinren wujie de xujia xuanchuan xingwei
引人误解的虚假宣传行为(the behavior of false advertising to lead misunderstanding) 在市场交易中,经营者利用广告或其他方法对商品或服务作与实际情况不符的公开宣传,导致或足以导致购买者对商品或服务产生错误认识的不正当竞争行为。这种行为违反诚实信用原则和公认的商业道德,以各种公开宣传手段作引人误解的虚假宣传,欺骗和误导购买者选购商品或接受服务,是一种十分普遍和典型的欺骗性交易行为。这种行为不仅直接损害购买者,特别是消费者的利益,让购买者买不到自己所希望的商品质量而上当受骗,而且也会因不正当地争夺市场而损害诚实经营者的利益,破坏公平竞争秩序,因而各国竞争法均把这种欺骗或误导性宣传的行为列为不正当竞争行为予以禁止。引人误解的虚假宣传行为具有以下特征:(1)行为主体是经营者。(2)行为人的主观方面表现为故意或过失。(3)行为的客观方面表现为对商品或服务作违背事实真相的宣传。 （苏丽娅）

yinren wujie de xuanchuan
引人误解的宣传(the advertising to lead misunderstanding) 利用广告或其他方法对商品或服务情况作容易误导购买者产生错误理解的宣传行为。其特点是:宣传内容可能是真实的,或从某种角度上去理解是真实的,但由于巧妙地措辞、隐讳地暗示、投机地省略、断章取义地引用以及采用刁钻的表示角度,使宣传内容表达不准确、不明白而暗藏陷阱,具有极大的迷惑性和误导性,容易导致购买者产生错误理解而影响其购买决策。这种宣传通常都是经过精心策划、设计的,属故意行为,但有时过失行为也会产生引人误解的后果。行为人的故意或过失,并不影响这种不正当竞争行为的构成。对引人误解的宣传的认定,可以不考虑宣传内容本身是否真实,避免因行为人以内容从某一个角度去理解是真实的为理由进行狡辩,产生认定上困难,出现打击不力而放纵这种违法行为的后果。通常应从购买者的角度去分析,以购买者的普通认识水平和判断能力作为认定的主要依据,同时还应该综合考虑行为人的主观动机、宣传内容的表达方式、实际产生的社会后果等因素。把引人误解的宣传行为划分为虚假宣传和引人误解的宣传这两种形式的依据或标准是宣传内容本身是否真实。如果不考虑宣传内容本身是否真实,而从购买者的角度去判断引人误解的宣传,或考察引人误解的宣传所实际产生的客观效果,引人误解的宣传实际上也是一种虚假宣传,只不过是一种特殊表现形式而已。从购买者角度上看,他们根据自己所理解的宣传内容必然买到不是自己所希望买到的商品,产生上当受骗的心理感受。引人误解的宣传和虚假宣传都使被误导、被欺骗的购买者买到了名不副实的商品,客观后果是一样的。即使从宣传内容上看,引人误解的宣传内容本身也并非可以绝对地断言是真实的,必然存在着含混不清或虚虚实实难辨之处,否则就不会出现因人们认识能力和理解角度的不同而产生的欺骗性后果。正是由于可以把引人误解的宣传视为虚假宣传的一种特殊形式,就不能简单地理解为我国并不禁止引人误解的宣传,而应该把引人误解的宣传视为虚假宣传的一种特殊表现形式。 （苏丽娅）

yinyongshui shuiyuan baohuqu zhidu
饮用水水源保护区制度(the system of protection of drinking water resources) 为了保证生活饮用水的安全卫生,省级以上人民政府依法在生活饮用水水源附近划出一定的水域或陆域作为水源保护区,采取污染控制措施的制度。按照不同的水质标准和防护要求,饮用水水源保护区一般划分为一级保护区和二级保护区,必要时可增设准保护区,各级保护区应有明确的地理界线。在地表水源取水口附近或者地下水源开采井周围划出一定的水域和陆域作为饮用水水源一级保护区,一级保护区的地表水水质标准不得低于国家规定的水环境质量标准Ⅱ类标准,并须符合国家规定的《GB5749-85 生活饮用水卫生标准》的规定,而地下水源各保护区的水质均应达到国家规定的《GB5749-85 生活饮用水卫生标准》的要求。在水源一级保护区外划定一定的水域和陆域作为饮用水水源二级保护区,保证一级保护区的水质能达到规定的标准,其中二级保护区内地表水的水质标准不得低于国家规定的水环境质量标准Ⅲ类标准。根据需要可在二级保护区外划出一定的水域及陆域作为饮用水水源准保护区,准保护区的水质标准应保证二级保护区的水质能达到规定的标准。在生活饮用水源受到严重污染,威胁供水安全等紧急情况下,环境保护部门应当报同级人民政府批准,采取强制性的应急措施,包括责令有关企业事业单位减少或者停止排放污染物。

（陈 韬 包剑虹）

yindu caifushui
印度财富税(wealth tax of India) 由印度联邦政府在每个核定年度对个人、印度联合家庭、公司在相应估价日超过 15 万卢比以上的财富净值征收的一种税。核定年度是指估价日(核定年度开始前的 3 月 31 日)后自 4 月 1 日起的 12 个月期间。财富净值是指应税财富,即资产(应税资产,不包括免税资产)超过负债的余额。

被核定人,包括个人、联合家庭和公司。个人的税负取决于他的居民身份和国籍,而联合家庭和公司的税负取决于居民身份。居民身份是指截止到所得税法案下的估价日,个人、联合家庭或公司已在印度居住了一年。有印度国籍的印度居民和常住居民或者居民公司均应就其所有位于印度和位于国外的资产(包含应税资产,不含免税资产)超过其负债的余额(财富净值)缴纳财富税;有印度国籍的非常住居民和非居民以及具有外国国籍的个人仅就其所有位于印度的资产(包含应税资产,不含免税资产)超过其负债的余额(财富净值)缴纳财富税。下列单位的财富净值不征财富税:在1956年企业法案第25节下注册的公司;合作社;任何社会俱乐部;政治团体;所得税法案第10(23D)节特指的共同基金。

财富税的应税资产包括:(1)配偶一方转让给另一方的资产。(2)被核定人的未成年子女在估价日持有的资产价值。(3)被核定人转让给某人或某联合会的资产。(4)被核定人可撤销转让下转让的资产。(5)被核定人转让给儿媳的资产。(6)合伙人的权益。(7)被核定人个人获得的转换为家庭共有的财产。(8)被核定人转账赠与的财产。(9)住房互助会成员拥有的财产。财富税的计税标准为纳税人应税资产总额减去负债后的余额,个人、公司、联合家庭的债务均可扣除。但债务扣除应满足以下两个条件:(1)被核定人在估价日时的债务才可扣除;(2)债务必须与被核定人财富净值中的资产相关。财富税的税率为10%。

任何在估价日其财富净值超过起征点的被核定人都必须向核税官员填写一份财富净值申报表,即BA表。如果财富税税务官员认为某人负有财富税的纳税义务,也可以在相关核定年度末之前向被核定人发出通知,要求被核定人从通知发出之日起的30日内填写一份财富净值的申报表。申报表必须在"到期日"前填写完毕。如果在"到期日"后填写,或者填写有错漏,他须填写一份新表或修改原表。申报表或修改表必须在从核定年度末的一年内或者核定完成以前(两者取其较早者)完成。如果申报表显示财富净值低于起征点,该申报表被视为从未填写。应纳财富税根据填写的申报表缴纳,被核定人应在申报表填写以前缴纳税款,申报表还必须附有纳税证明。另外,被核定个人若有违法或犯罪行为时,有义务承担利息、罚金或刑事处罚。

(薛建兰)

印度关税(customs of India)

在印度,对进出口货物征收,收入由中央政府独享的一种税。印度现代意义上的关税产生于英国殖民地时期,全国统一的关税法案于1859年从英国引进,1878年通过了海关关税法案,1894年通过了印度关税税目法案,1911年通过的印度航空法案规定了航空关税,1924年通过了陆地关税法案。独立后的印度政府于1962年把海关关税法案、陆地关税法案和有关航空关税的条款合并起来形成了统一的关税法案。但是印度的高关税和进口限制政策,阻碍了印度商品的生产和进出口,并导致国内走私活动日益频繁。近年来印度政府为了开放印度经济,对关税进行了改革,主要措施是降低关税税率,到了1999年3月最高税率降到了40%。但由于印度是世界贸易组织的发起国之一,预计印度的关税税率还会进一步降低(因为根据世贸协定,一般关税税率不能高于25%)。目前,印度有关关税的立法有:(1)1962年的《关税法案》——这是主要的法案,内容包括关税的征收、进出口程序、禁止进出口的商品、罚款和犯罪行为等。(2)1975年《关税税目法案》(CTA)——法案包括两个部分,一是进口商品分类和适用税率;二是出口商品分类和适用税率。此外,还规定了附加关税(CVD)、优惠关税、反倾销税和保护关税。(3)关税法案下的法规——1962年的关税法案授权中央政府可以制定与法案一致的法规。政府制定的主要法规有:1988年的关税估价法规;1995年的关税和中央消费税退税法规;1996年的关税(为制造应纳消费税商品而以优惠税率进口商品)法规和1998年的行李法规。(4)关税法案下的条例——1962年的关税法案授权中央政府可以制定与法规一致的条例。(5)关税法案下的公告——1962年的关税法案授权中央政府可以发布公告。公告涉及减免税、指派海关税务官员、指定关税港口和指定关税机场等。

被核定人是进出口商品的法人和自然人。印度关税包括基本关税、附加关税、补偿关税、反倾销关税、保护关税、反补贴关税和保障关税等类别。关税种类不同,其征税对象也不相同。此外,中央政府还被授予紧急增税权,可以征收或增加出口税和征收或增加进口税。

税率,包括基本关税税率、附加关税税率和商品由适用不同税率的物品组成时的税率。印度基本关税税率因税目不同而不同,包括5%、15%、25%、35%和40%五级。一般税率是40%,酒精类饮料、葡萄干等商品除外。《关税法案》还制定了受制于免税公告的适用税率和从优惠国或地区进口商品适用的优惠税率。附加关税(CVD)的税率参照中央消费税的税率,关税的特种附加税(SAD)的适用税率为4%,印度政府于1999年2月28日至2000年3月31日实行过的基本关税的附加税税率为基本关税税额的10%。

关税按"价值"的百分比计算缴纳,进口关税的应纳税额一般为基本关税税额、附加关税税额与特种附加税税额之和。其中,基本关税税额为关税价值与基本关税税率之积;附加关税根据关税税目法案对商品价值与应纳关税的合计额征收,税额等于印度境内类似商品应缴纳的消费税税额;特种附加税的计算方法为用(关税价值＋特种消费税＋附加关税＋其他关税)的总额乘以 4%。

《关税法案》、《关税税目法案》、中央政府公告都规定或许可了一些免税。一些重要的免税项目可概括如下:公告下的免税项目。免税可以是无条件的,也可以是有条件的。政府在特殊情况下可以通过特别命令批准免税。免税公告只能建立在"公众利益"基础之上,以官方文书方式发行。迄今为止,印度中央政府已颁布了无数的公告。公告免税可大致分为一般免税和特殊免税。一般免税的批准以使用者为基础,特殊免税则针对各种产品。关税法案还规定了关税的减免,主要包括:(1) 丢失或泄漏商品的减免;(2) 放弃商品的减免;(3) 毁损商品的减免;(4) 再进口的商品。

征收管理,包括税款的追征、保全、退税和处罚。(1) 追征。被核定人应按关税法案的规定计算和缴纳关税。如果发现少缴、未缴或退税有误,关税税务官员可以发出示因通知追征税款。(2) 保全。如果被核定人一直没有缴纳追征的税款或者退回多余的退税款,关税机关可以采取保全措施。(3) 退税。如果缴纳的关税税额超过清关商品的实际应纳税额,关税机关应给予退税。(4) 处罚。对于被核定人的违法行为,关税各法规定了民事责任和刑事责任两种惩罚。民事责任包括罚款和没收商品;刑事责任包括监禁和罚金。此外,为了防止关税的流失和保证正确的退税,印度的税务机关被授予了各种权力,主要包括检查权、停止和检查运输工具的权力、搜查权、X 光扫描权、没收权、传唤权和拘捕权。

(薛建兰)

yindu shuizhi

印度税制(tax system of India) 印度所实行的税制。印度实行分税制,税收立法权由联邦议会执行,同时把应归地方征收的征收权授予各邦政府。按照不同的标准,印度税收可划分为直接税和间接税,中央税和地方税。直接税主要包括个人所得税、公司所得税、财富税、农业税、利息税、赠与税等。间接税主要包括增值税、消费税、销售税、入市税、研究开发税、关税等。在印度税收收入总额中,间接税占印度全部税收收入总额的 3/4 左右。直接税比重缩小,间接税比重增大,这是印度独立以来税收结构变化的最明显特征。中央税是指由印度联邦政府依法管理并征收的税种,包括个人所得税、公司所得税、关税和联邦消费税等。其中除个别税种的收入划拨给各邦一部分以外,全部为联邦政府收入。地方税是由各邦政府按照被授予的管理权限征收的税种,主要有销售税、各邦消费税、土地税和娱乐税等。其收入均为各邦收入。与分税制相适应,印度税务机构按中央政府和地方政府各自分别设置管辖中央各税和地方各税的税务机构。中央各税的管理机构在财政部内设有联邦直接税管理委员会、联邦消费税和海关管理委员会,分别掌管直接税和间接税。两个委员会都在全国各地按照税源分布情况划定征管区,设立派出机构,分别委派税务司主管。地方各税的税务机构由各邦分别按税种设置,一般也在各邦辖区内划分若干征收区,分设税务司或助理税务司,下面再分区、站和段,构成 4 级税收管理机构。

90 年代以来,印度政府面临支出增加收入下降的局面,为了克服这一矛盾,在 1997—1998 年预算案中,印度政府提出税制改革的任务。印度税制改革的主要举措是:(1) 大幅度削减关税税率,包括进一步降低最高关税税率,大幅度降低主要原料的关税税率,削减资本品的关税税率。(2) 加速推广现行的"有限度增值税"(modvat),即扩大增值税的征税范围,并将原材料进项税额的抵扣扩大到资本品,税率档次也减为 9 级。(3) 扩大税基,调整所得税率。努力扩大个人所得税的征收面,对纳税人名册及时增补更新,以减少漏征;同时实行按消费水平推定税额的征收方法,对持有财产或消费水平符合规定条件的纳税人强制申报。在扩大征税税基的同时,提高了个人所得税的免税界限,降低了个人所得税率和公司所得税率。经过税制改革,在增加收入和提高效率方面起到了一定的成效。面对 21 世纪,印度政府明确了今后税制改革的主要方向:(1) 所得税方面,为了从低税率中保证组织收入的能力,必须迅速改善税务管理机制,包括完善电脑程序;重建高效的税务信息系统和构建透明度更高的税法执行机制。(2) 将"有限度增值税"的税率减少到 2—3 级,并重新开征一些传统性的商品消费税,以作补充。(3) 完善现行税制在各邦之间以至中央与各邦之间的协调合作。(4) 加速关税税率改革,使其与国际接轨。(5) 清理各项减免税政策。(6) 考虑开征财产税。

(薛建兰 张巧珍)

yindu suodeshui

印度所得税(income tax of India) 印度对国内发生的所得及居住者在国外的所得(不包括农业所得)征收的一种税。包括个人所得税、联合家庭所得税、合伙企业和人的联合会的所得税、公司所得税和合作社所得税。印度所得税于 1860 年在印度采用并在 1873 年终止,到 1886 年又重新被采用,并一直保留在印度的税制体系中。而且,由于其收入有很大的潜力而成为当今印度税收体系中的一个永久性税种。

印度税法中将纳税人称为被核定人,是指根据所得税法案应缴纳税款或罚金等其他款项的人。印度所得税的被核定人包括:(1)个人包括居民和常住居民,居民但不是常住居民和非居民三种。(2)联合家庭是由某一共同祖先延续下来的所有人,包括妻子和未出嫁的女儿。(3)合伙企业分为完全合伙企业和作为人的联合会的合伙企业。(4)公司是任何印度公司(按1956年的公司法案在印度组建和注册的公司);根据外国法律注册的任何实业投资;从1970年4月1日或以前起始的任何核定年度内的任何机构、联合会和实体;根据中央直接税委员会的一般和特别命令被宣布为公司的任何机构、联合会或实体,不管是否已注册登记,也不管是否具有印度国籍。印度公司一定是印度居民。(5)合作社是根据1912年的合作社法案,或邦的合作社立法注册的社团,包括区域性的农村银行。合作社都是印度居民。(6)"其他人"的居民身份判定,如果其他人的事务管理和控制全部或部分在印度进行,他就是印度居民;如果其事务管理和控制全部在国外进行,就不是印度居民。

征税对象为每个被核定人的总所得,包括工资薪金所得、房产所得、营业或职业的利润所得、资本所得及其他来源所得。总所得根据核定年度第一天的所得税条款计算。应税总所得是上述总所得减去扣除项目后的余额。工薪所得的扣除项目包括标准扣除(被核定人年工薪所得在10万卢比以下的,标准扣除额为工薪总额的1/3或2.5万卢比中较小者;10万—50万卢比的,标准扣除额为2万卢比;50万卢比以上的,标准扣除额为0)、娱乐补贴(先纳入工薪所得,再进行扣除)和职业税或受雇税(在职业税确定已经缴纳的年度,才可以获得扣除)。

印度所得税法案为不同的被核定人规定了不同的税率。在2000—2001核定年度,个人被核定人的税率为:净所得在5万卢比及以下的,税率为0;净所得在5万—6万卢比的,税率为10%;净所得在6万—15万卢比的,税率为20%,另加0.1万卢比;净所得在15万以上的,税率为30%,另加1.9万卢比。另外,居民的总所得如果超过了6万卢比的,加征10%的附加税。联合家庭的适用税率同个人的适用税率。完全合伙企业在1999—2000年度的适用税率为:长期资本所得,适用税率为20%;彩票等的奖金,适用税率为40%;其他所得,适用税率为35%。2000—2001核定年度的公司的适用税率为:长期资本利得的税率为20%;来自彩票的奖金的税率为40%;国内公司的税率为35%;外国公司的税率为50%;其他所得的税率为48%。此外,国内企业还有10%的附加税。合作社的适用税率为:净所得在1万卢比以下的,税率为10%;净所得在1—2万卢比的,税率为20%;净所得在2万卢比以下的,税率为35%。此外,在2000—2001年度,合作社所得税还有10%的附加税。

印度所得税法案详细规定了所得税的税收优惠,包括不同所得的税收优惠和不同纳税人的税收优惠。不同所得的税收优惠包括:(1)工薪所得的退税和减免。(2)房产所得的免税。(3)资本利得的免税。(4)其他来源所得的免税。

征收管理 所得税按年度对所得征收,上年度所得在下一核定年度按核定年度的税率征收。税率由每年的财政法案而不是所得税法案确定。印度实行自我核定税额,而税务官员只是有选择地查阅某些纳税人的申报。通常纳税人自行申报的所得额会被税务机关接受,对不正确的申报将给予调整。如果根据填写的申报表计算,被核定人应缴纳税款,他就应该在申报表填写之日前缴纳税款和利息。被核定人由于没有遵守所得税法案的各项条款而犯的各种错误会被予以罚款。罚款由税务机关进行,不同的罚款由不同的核税官负责。除了各种罚款,所得税税务机关还可对被核定人的犯罪行为起诉,一旦罪行证实,被核定人要接受刑事惩罚。被核定人还可在对税务机关及其工作人员的具体行政行为不服时,依法向上一级税务机关提出申诉,请求纠正;上级税务机关可根据申请人的申请,对引起争议的下级机关的具体行政行为进行审议,并依法作出维持、变更、撤销原行政行为,或责令改正和重新裁决的决定。被核定人还可向委员会上诉,财政部门和纳税人都可向所得税法庭上诉,并且还可向高等法院提出税法中的有关问题,也可进一步向最高法院提出该问题。

(薛建兰 张巧珍)

yindu xiaofeishui
印度消费税(consumption tax of India) 印度的中央消费税和邦消费税。中央消费税是对除盐以外的,所有在印度境内生产或制造的应税消费品征税的一种税,在制造商从其生产场所运走货物时征收。邦消费税是指各邦对辖区内某些产品征收的一种消费税,主要征税产品多为烈性饮料、鸦片、印度大麻和其他麻醉品(药用部分除外)等,其在邦税收收入中的重要性仅次于销售税。中央消费税在中央税各税种中占有重要地位,其税收收入在中央收入中居第二位。而且从1986年3月1日开始,印度采用了"有限度增值税"(modvat),其核心是给予进项中央消费税以抵扣,目的在于避免重复征税(多阶段征税)。经过若干年的改革,中央消费税几乎消除了重复征税的弊病,纠正了不少影响生产决策的扭曲作用。由于印度宪法授予中央和地方政府有权征收各类税收。因此,邦政府也有权开征消费税,这种消费税被称为"邦消费税"。邦消费税的法案、法规和税率每邦都不相同。印度的消费税以中央消费税为核心。有关中央消费税的立法包括：(1)1944年中央消费税法案(CEA)——这是有关消费税征收、估价、税务官员的权力及罚款和监禁等的基本法案，同时它也不断地被加以修正。(2)1944年中央消费税法规——中央消费税法案授权政府制定有关程序、格式的法规。所以该法规由中央政府颁布。(3)公告——中央政府有权发布公告给予消费税部分或全部减免。(4)1985年中央消费税税目法案(即CETA)。(5)1975年中央消费税(估价)法规。(6)1982年CEGAT(程序)法规——全称为关税、消费税和黄金(控制)上诉法庭(程序)法规，由CEGAT制定，规定了向CEGAT上诉的步骤。

应税商品不同，消费税的被核定人也不同：在对制造商品征税时，商品的制造商或生产商是被核定人；在对仓储商品(包括咖啡、石油制品、苯等)征税时，被核定人是储存商品的人；在对糖厂生产的糖浆征税时，糖浆的购买者是被核定人。在对零工(加工)的商品征税时，被核定人是实际制造商而不是原料供应商。

中央消费税的征收对象是除盐以外的所有在印度境内生产或制造的应税消费品。应税消费品是指满足移动性和可销售性两个条件的所有原材料、货物和物品。1985年的中央消费税税目法案(CETA)详细列举了中央消费税的税目。

中央消费税包括基本消费税和特种消费税。基本消费税按CETA表一指定的税率征收，有三档税率：中央税率16%，优惠税率8%，惩罚(或过失)税率24%。从1999年2月28日起开征了特种消费税。该税率由CETA表二规定：小汽车、纯净水、口嚼烟草等的税率为16%（原为40%）；石油为8%（原为32%）；化妆品、护肤品、汽车和卡车轮胎、化纤布、空调和冰箱及零部件为6%；其他商品不征收特种消费税。

印度政府为鼓励小规模企业(上年度营业额低于3000万卢比)的发展，简化纳税程序，降低纳税成本，从1999年2月28日起在消费税的征纳过程中，给小规模企业提供了各种减让措施(即SSI减让)，包括税额的减免，程序减免，不需独立仓库和按季申报等。

在征收管理方面，根据中央消费税的程序来源，中央消费税的普通程序主要是"实物控制"和"自己搬运程序"。从1999年6月1日开始，消费税程序中有了以下变动：小企业按月为基础缴纳税款而不是按日为基础；年消费税税额达到50万卢比的大企业可以不再按消费税机关规定的格式保留记录，税务机关接受他们按自己适用的方式保留的记录。每个应税商品的制造商或生产商和没有缴纳消费税款就储存商品的仓库都被强制要求进行注册。这些制造商或生产商或仓库所有者必须在商品的制造、生产或储存前申请注册。

监督员有批准注册的权力。所有被核定人都必须在中央消费税税务机关登记。他们必须保留正确的生产和存货记录。商品只有在有发票的情况下才可以搬运。被核定人必须上交月报。被核定人应按中央消费税的普通程序按核定的税额缴纳消费税。被核定人可以自我核定(被核定人自我核定条款从1996年11月20日开始施行)；被核定人和监督官助理也可要求临时核定；当被核定人没有上交必要的数据和资料或者由于其他原因，不能进行核定时，可使用最佳判决核定。如果发生税款未征、少征、少缴纳或退税有误时，消费税税官就会发出示因通知追征税款；如果被核定人拒绝缴纳税款，消费税税官可采取保全措施，包括调整应付给被核定人的其他款项，查封并出售属于被核定人的应税商品或视为土地收入欠款，由区收入征收员扣押和拍卖被核定人的所有物品；如果被核定人多缴纳税款，他可以获得退税。在被核定人违反消费税法规时，消费税税官有权对被核定人处以罚款，包括货币罚款和没收商品；对触犯消费税法规构成犯罪的，则由刑事法庭处以监禁和罚金。

（薛建兰　张巧珍）

yindu xiaoshoushui
印度销售税（sales tax of India）　印度的中央销售税和地方销售税。中央销售税是对邦际商品销售(电力除外)征收的一种税。地方销售税是对邦内商品销售征收的一种税。1956年印度政府通过了《中央销售税法案》，并于1957年7月1日起开始征收中央销售税。销售税收入给予邦政府，邦政府有权征收并保留销售税。因此，尽管称作《中央销售税法案》，各邦根据法案征收的税款实际上由各邦保留，各邦中央销售税由各邦的地方销售税税局管理。这样征收和核定地方销售税的邦销售税税务官员还要征收和核定中央销售税。邦政府在不与《中央销售税法案》的规定相抵触的情况下，享有地方销售税的立法权(制定各邦的一般销售税税法)和征税权。

在邦际贸易或通商过程中以现金、延期付款或支付对价方式直接或间接地进行商品购买、销售、供应或分配的交易商。此外，出售其已支付保险索赔的毁损商品的保险公司也是交易商。地方销售税的被核定人由各邦的一般销售税税法规定。

征税对象，包括中央销售税的征税对象和地方销售税的征税对象。印度销售税法案规定的商品销售包括邦际销售、进出口销售和邦内销售。中央销售税的征税对象是发生在邦际之间的商品销售(进出口销售无须缴纳销售税)。邦际销售是指一邦向另一邦销售商品(商品流动的销售)或商品在一邦向另一邦流动过程中通过文件转让方式使销售生效(文件转让销售)。商品是指所有原材料、物品、用品和各类动产，而不包括报纸、可执行的申请、股票、股份和证券。非法商品的销售也应缴纳销售税。土地或地上附属物等不动产不缴纳销售税。销售是指通过现金、延期付款或其他方式，某人向另一人转让商品所有权，商品转让包括租购或其他分期付款购置方式，但不包括抵押或商品收费和典当。商品销售是指完全销售，即销售行为必须完成，只存在销售合同不是中央销售税法案所指的销售。地方销售税的征税对象是发生在本邦内的商品销售。

中央销售税的税率，因销售对象的不同而不同。具体包括：（1）对政府的销售，税率为4%。（2）对注册交易商的销售，税率为4%。（3）对非注册交易商，如果是宣告商品（被中央销售税法案宣告为特别重要的商品），中央销售税税率为邦销售税税率的2倍；如果是非宣告商品，在邦销售税税率与10%的税率两者间取其较高者。（4）如果商品的邦销售税税率低于4%，中央销售税税率就采用邦销售税税率，销售给非注册交易商也是如此。地方销售税的税率由各邦一般销售税税法作出规定，从2%到25%不等。

税收优惠包括以下免税项目：（1）通过文件转让的后继销售的免税。为避免重复课税，商品流动过程中向政府或注册交易商的后续销售在从政府或交易商处得到证明后免税。（2）免征地方销售税的免税。邦内商品销售普遍免征地方销售税或享受比4%的中央销售税税率更低的地方销售税税率。（3）公告方式的免税。邦政府可以根据邦税法授予从本邦开始的邦际销售免税。免税可以是各类商品销售的任何交易商和任何交易商进行的各类商品销售的全额或部分免税。但公告必须以公众利益为基础，以官方公告方式发布。（4）进出口销售的免税。印度宪法禁止对进出口过程中的商品销售或购买行为征收销售税。

在征收管理上，根据地方销售税税法的规定，应按季或按月上交销售税申报表，并在从上年4月1日至次年的3月31日的一个核定年度内对一年内所有的销售、退货和申报表核定一次，并计算应纳税额。中央销售税法案和法规在施行过程中优先于邦政府的各项销售税法律。销售税被授权邦政府管理和征收，中央销售税在交易商所在邦缴纳。中央销售税法案还对销售税的违法行为制定了罚款和惩罚条款。如果违法行为在中央销售税法案中没有提及，就适用交易商开展营业所在邦的一般销售税税法。中央销售税法案中包括只能由法院执行的监禁和罚款，由销售税税务机关解决的违法行为和销售税税务机关可以征收的罚金三类惩罚措施。邦销售税法中规定了对延期纳税或未缴税款，销售额申报有误，没有填写或没有按时填写申报表等进行罚款的条款。

（薛建兰）

印度有限度增值税（modified value-added tax of India） 印度关于制造环节的增值税。有限度增值税概念来源于欧洲通用的增值税，印度政府于1986年3月1日引进了有限度增值税，其核心是给予进项中央消费税以抵扣，目的在于避免重复征税。在印度，所有有限度增值税的条款都是在中央消费税中加以使用。印度有限度增值税的覆盖范围逐步扩展，适用于除烟草和其他几项商品外的所有制造部门，1994年3月1日又扩展到了资本商品。

被核定人和征税对象 由于有限度增值税的核心是为了避免重复征税而给予进项中央消费税以抵扣，因此，有限度消费税的被核定人同中央消费税的被核定人（见印度消费税）。征税对象包括完工品和投入品。有限度增值税已延伸到几乎所有的制造完工品，包括食品、化学用品、塑料和橡胶制品、皮革和木制品、纺织品、纸、金属、工程用品、电力和电动产品和小汽车等，而不包括火柴、电影胶片、烟草制品、棉纤维、人造棉纤维、细毛线、人造毛线、非合金钢的铸块和非合金钢的碾轧产品。可获得有限度增值税抵扣的投入品需要由中央政府公告指定，有此资格的投入品包括：在工厂内制造和使用的商品；油漆涂料；作为燃料使用的商品；在工厂中用于发电或造蒸汽的投入品；成本包括在应税价值中的包装材料和成本包括在应税价值中的附件。不能享受抵扣的投入品包括制造的烟草产品、发动机打火石和高速柴油、火柴、电影胶片、非合金钢的铸块和非合金钢的碾轧产品。

抵扣数额 一般完工品或投入品可获得抵扣的消费税税额包括：原始投入品的基本消费税；特种消费税；进口商品的附加消费税；如果从100%型出口企业、自由贸易区的企业等得到投入品，抵扣额等于这些企业已纳的附加消费税；纺织品和一些特别重要的商品已纳的附加消费税，如果这些商品进口，相应的附加消费税也可抵扣。资本商品的可获得抵扣的消费税税款包括：进口商品的消费税和附加消费税；从100%型出口企业、自由贸易区企业购进的资本商品的附加消费税；项目进口计划下的进口商品所纳附加消费税的75%。如果制造商以后又缴纳了消费税，这部分税款还可获得抵扣。

征收管理 有限度增值税的征收实行税款抵扣制。当然，被核定人必须有完工品或投入品纳税的文件证明才可获得抵扣。这些证明包括：制造商的发票、入关单的三份复印件、国外邮局的关税监察员颁发的证明、交易商的发票和注册进口商的发票等。有限度增值税的具体征税程序包括：（1）申报。这是第一步也是最重要的程序。制造商若想得到抵扣必须向中央消费税的监督官助理或副监督官上交申报表（包括所有投入品和完工品),并且提交他们要求的其他资料。1999年2月9日修订的法规规定,即使没有上交申报表,或者没有得到注明日期的确认,或者申报表没有包括规定的内容,被核定人仍可享受有限度增值税的抵扣,只要对打算利用有限度增值税抵扣的制造商有管辖权的监督官助理或副监督官,认为制造商的投入品实际已缴纳消费税和投入品的确被用于或打算用于完工品的制造,或者监督官助理或副监督官记录没有拒绝抵扣申请的原因。(2)保留记录。制造商必须在RG23A表一上登记每笔投入品的情况。这种登记实质上是存货登记,可以记录每次收到的投入品数量、生产使用数量、出清数量、存储数量。另一个记录是RG23A表二,它是制造商开设的一个账户,记录每次收到的抵扣额、利用的抵扣额和抵扣余额。(3)上交记录。每月结束后的5天,制造商要把RG23A表的原件和复印件上交给监督员,包括原始纳税凭证。纳税凭证由监督员戳记认可后在每月15日前退还给制造商。资本商品申请抵扣所需的资料同原材料的一样。文件从颁发日起的6个月内有效。 (薛建兰)

yinhuashui

印花税(stamp duty) 对经济活动中的应税经济凭证所征收的一种税。应税经济凭证包括经济合同,产权转移书据,营业账簿,权利、许可证照和经财政部确定征税的其他凭证。书立、领受应税经济凭证的单位和个人为纳税义务人。应税凭证所记载的金额、费用、收入额或者凭证的件数为计税依据。根据不同征税项目,分别实行从价计征和从量计征。采用比例税率和定额税率两种税率,具体参见《印花税暂行条例》中的印花税税目税率表。已经缴纳印花税的凭证的副本或者抄本,财产所有人将财产赠给政府、社会福利单位、学校所立的书据,无息贷款、贴息贷款合同,外国政府、国际金融组织向中国政府和国家金融机构提供优惠贷款书立的合同,农林作物、牧业畜类保险合同,可以免税。印花税的征收实行由纳税人根据规定自行计算应纳税额,购买并一次贴足印花税票的缴纳方式。

(彭 皖)

yinhuashui zanxing tiaoli

《印花税暂行条例》(Interim Regulations on the Stamp Duty) 我国规范印花税制度的主要法律依据。1988年8月6日国务院发布并于同年10月1日起施行。印花税的纳税义务人是在中华人民共和国境内书立、领受应税凭证的单位和个人。印花税的征税范围是应税凭证。印花税采用比例税率和定额税率两种形式:一是对记载金额的凭证,以金额为计税依据,实行1‰、0.5‰、0.3‰、0.05‰、0.03‰五档差别税率。应纳税额不足一角的,免纳印花税;应纳税额在1角以上的,其税额尾数不满5分的不计,满5分的按1角计算缴纳。二是对不记载金额的凭证及其他权利、许可证照,以凭证件数为计税依据,实行每件5元的定额税率。印花税包括三项免征项目。印花税票应当粘贴在应纳税凭证上,并由纳税人在每枚税票的骑缝处盖戳注销或者画销,已贴用的印花税票不得重用。应纳税凭证应当于书立或者领受时贴花;同一凭证,由两方或者两方以上当事人签订并各执一份的,应当由各方就所执的一份各自全额贴花;已贴花的凭证,修改后所载金额增加的,其增加部分应当补贴印花税票。印花税的缴纳方法有三种:一是由纳税人根据规定自行计算应纳税额,购买并一次贴足印花税票的缴纳办法,其纳税义务行为发生在应纳税凭证书立或者领受时。二是为简化贴花手续,应纳税额较大或者贴花次数频繁的,纳税人可向税务机关提出申请,采取以缴款书代替贴花或者按期汇总缴纳的办法。三是委托发放、签证、公证或仲裁应纳税凭证的机关代征。印花税由税务机关负责征收管理,发放或者办理应纳税凭证的单位,负有监督纳税人依法纳税的义务。

(席晓娟)

yinhuashui zanxing tiaoli shixing xize

《印花税暂行条例施行细则》(Rules for Implementation of the Interim Regulations on the Stamp Duty) 财政部于1988年9月29日发布,对《暂行条例》中与确定印花税的纳税人和纳税义务相关的特定用语作出了解释,如"在中华人民共和国境内书立、领受具有法律约束力的凭证"、"单位和个人"、"建设工程承包合同"、"合同"、"具有合同性质的凭证"、"产权转移书据"、"营业账簿"、"税目税率表中的记载资金的账簿"、"其他账簿"、"已缴纳印花税的凭证的副本或者抄本免纳印花税"、"书立或者领受时贴花"、"由两方或者两方以上当事人签订并各执一份的同一凭证中的当事人"、"税目税率表中的立合同人"、"发放或者办理应纳税凭证的单位"、"社会福利单位"、"负有监督纳税人依法纳税的义务"等。财政部规定的其他免纳印花税的凭证包括国家指定的收购部门与村民委员会、农民个人书立的农副产品收购合同;无息贴息贷款合同;外国政府或者国际金融组织向我国政府及国家金融机构提供优惠贷款所书立的合同。印花税采用比例税率和定额税率,同一凭证因载有两个或者两个以上经济事项而适用不同税目税率,如分别记载金额的,应分别计算应纳税额,相加后按合计税额贴花;如未分别记载金额的,按税率高的计税贴花。按金额比例贴花的应税凭证,未标明金额的,应按照凭证所载数量及国家牌价计算金额;没有国家牌价的,按市场价格计算金额,然后按规定税率计算应纳税额。应纳税凭证所载金额为外国货币的,纳税人应按照凭证书立当日的国家外汇管理局公布的外汇牌价折合人民币计算应纳税额。印花税的缴纳有三种方法:一是自行贴花的方法,二是汇贴或汇缴的简化方法,三是委托代征。违反印花税的行为由细则规定处罚办法。 （席晓娟）

yinshuapin guanggao guanli zhidu
印刷品广告管理制度(system of administration of printed matters advertisement) 对于通过张贴、摆放、发送、邮寄等形式发布介绍商品或者服务的散页、招贴、宣传册等印刷品广告进行管理的制度。利用报纸、期刊、图书发布广告,利用印刷品发布烟草广告,还应关于各该项的遵守法律法规的特别规定。印刷品广告监督管理由县级以上工商行政管理机关及其派出机构负责。

印刷品广告必须真实、合法、符合社会主义精神文明建设的要求,不得含有虚假的内容,不得欺骗和误导消费者。印刷品广告中不得出现新闻、报道及其他非广告信息。印刷品广告中应当具有"广告"标志,能够使消费者辨明其为广告。含有广告内容的票据、包装、装潢、产品说明书等可以不标明"广告"标志。发布印刷品广告,不得妨碍公共秩序、社会生产及人民生活。在法律、法规及当地县级以上人民政府禁止发布印刷品广告的场所或者区域不得发布印刷品广告。

广告主发布含有药品、医疗器械、农药、兽药、医疗、房地产、保健食品、化妆品内容的印刷品广告以及法律、法规、规章规定实施登记的印刷品广告,应当委托广告经营者向广告发布地工商行政管理机关办理登记手续。跨省发布含有上述内容的印刷品广告的,广告主应当委托广告经营者向广告发布地省级以上工商行政管理机关办理登记手续。广告经营者应当对受委托登记的印刷品广告内容进行审查,对广告内容违法的印刷品广告不得发布。申请办理印刷品广告登记应提交相应的证明文件。工商行政管理机关应当在证明文件齐备后7日内作出决定,对符合登记文件要求的,核发《临时性广告经营许可证》。发布依照法律、行政法规规定应当由有关行政主管部门发布前审查的药品、医疗器械、农药、兽药印刷品广告,广告主应当取得相应的广告审查批准文件;广告经营者、广告发布者应当查验广告审查批准文件。发布依照法律、法规、规章规定应当由有关单位出具广告证明文件的印刷品广告,广告主应当取得相应的广告证明文件;广告经营者、广告发布者应当查验广告证明文件。发布固定形式印刷品广告应当向广告经营者所在地省、自治区、直辖市及计划单列市工商行政管理局办理登记;跨省发布固定形式印刷品广告,由广告经营者所在地省、自治区、直辖市及计划单列市工商行政管理局初审后,报国家工商行政管理局登记。

广告主、广告经营者依照规定办理登记手续后,应当按照登记核准的事项发布印刷品广告。广告主发布印刷品广告,必须标明产品（服务）生产商、经销商及印刷企业的名称、地址;由广告经营者代理发布的印刷品广告应当同时标明广告经营者的名称、地址。印制企业对含有违法内容的印刷品广告不得印制。凡发布于商场、药店、医疗服务机构、娱乐场所以及其他公共场所的印刷品广告,上述场所的管理者应当对属于自己管辖区域内散发、摆放和张贴的印刷品广告负责管理,对有违反广告法规规定的印刷品广告应当拒绝其发布。工商行政管理机关发现内容违法的印刷品广告,应当责令其改正,广告内容严重违法的,责令违法当事人予以销毁。对内容违法的印刷品广告所宣传的物品,可以依法先行登记保存,法律、法规规定对上述物品可以作扣押、封存、没收等处理的,从其规定。

（傅智文）

yingna shuikuan
应纳税款(tax payable) 纳税人具体缴纳的纳税数额。征税机关运用税款确定权确定纳税人具体纳税数额,并不是所有的税款征收都要经过专门的确定程序,例如,印花税实行由纳税人根据规定自行计算应纳税额,购买并一次贴足印花税票的缴纳办法。我国的各税种法一般都规定了纳税人的申报纳税义务,通常税务机关在纳税人申报的基础上确定纳税人的应纳税额;对于没有法定申报纳税义务的纳税人,税务机关通常直接通过职权确定其应纳税额。《税收征收管理法》和《税收征收管理法实施细则》针对实践中出现的纳税人账册不全等情形及关联企业通过转让定价逃税的情况,特别规定了两项应纳税款的确定制度,即应纳税款的核定和应纳税款的调整。

法定情形下,征税机关运用税款核定权核定纳税人应纳税额。这也是国际通行的应纳税款确定制度。根据《税收征收管理法》的相关规定,税务机关有权核定纳税人应纳税额的法定情形是:(1)依照法律、行政法规的规定可以不设置账簿的。(2)依照法律、行政法规的规定应当设置但未设置账簿的。(3)擅自销毁账簿或者拒不提供纳税资料的。(4)虽设置账簿,但账目混乱或者成本资料、收入凭证、费用凭证残缺不全,难以查账的。(5)发生纳税义务,未按照规定的期限办理纳税申报,经税务机关责令限期申报,逾期仍不申报的。在这种情况下税务机关还应当根据《税收征收管理法》第63条的有关规定对纳税人进行行政处罚。(6)纳税人申报的计税依据明显偏低,又无正当理由的。(7)未按照规定办理税务登记从事生产、经营以及临时从事经营的,包括到外县（市）从事生产、经营而未向营业地税务机关报验登记的。税务机关核定应纳税额的方法包括:(1) 参照当地同类行业或者类似行业中经营规模和收入水平相近的纳税人的收入额和利润率核定;(2) 按照营业收入或者成本加合理的费用和利润核定;(3) 按照耗用的原材料、燃料、动力等推算或者测算核定;(4) 按照其他合理的方法核定。采用前述一种办法不足以正确核定应纳税额时,可以同时采用两种以上的方法核定。

我国税法所规定的应纳税款调整制度是针对关联企业(参见关联企业)的。对关联企业间业务往来进行税收调整的法定情形有:(1) 购销业务未按照独立企业之间业务往来作价;(2) 融通资金所支付或者收取的利息超过或者低于没有关联关系的企业之间所能同意的数额,或者利率超过或者低于同类业务的正常利率;(3) 提供劳务,未按照独立企业之间业务往来收取或者支付劳务费用;(4) 转让财产、提供财产使用权等业务往来,未按照独立企业之间业务往来作价或者收取、支付费用;(5) 未按照独立企业之间业务往来作价的其他情形。税务机关调整的方法有:(1) 按独立企业之间进行相同或类似业务活动的价格进行调整,即将企业与其关联企业之间的业务往来价格,与其与非关联企业之间的业务往来价格进行分析、比较,从而确定公平成交价格。(2) 按再销售给无关联关系的第三者的价格所应取得的收入和利润水平进行调整,即对关联企业的买方将从关联企业的卖方购进的商品(产品)再销售给无关联关系的第三者时所取得的销售收入,减去关联企业中买方从非关联企业购进类似商品(产品)再销售给无关联关系的第三者时所发生的合理费用和按正常利润水平计算的利润后的余额,为关联企业中卖方的销售价格。(3) 按成本加合理费用和利润进行调整,即将关联企业中卖方的商品(产品)成本加上正常的利润作为公平成交价格。(4) 其他合理方法。在上述三种调整方法均不能适用时,可采用其他合理的替代方法进行调整,如可比利润法,利润分割法,净利润法等。采用其他合理方法,关键是要注意其合理性及方法的使用条件。

应纳税款的确定程序包括税款核定程序和税款调整程序。《税收征收管理法》规定,税务机关核定应纳税额的具体程序和办法由国务院税务主管部门规定。目前国务院税务主管部门还没有制定具体的核定税款的程序。《个体工商户定期定额管理暂行办法》对核定个体工商户税额的程序作了规定,具体为:(1) 业户自报。(2) 典型调查。(3) 定额核定。(4) 下达定额。对关联企业进行税法调整的基本程序是:(1) 业务往来的申报。(2) 在企业申报的基础上,税务机关根据业务往来的类型和性质,对关联企业间业务往来交易额进行认定。(3) 调查审计对象的选择。(4) 调查审计的实施。包括案头审计、现场审计、国内异地调查、价格信息资料的查询与调阅、境外调查等。(5) 企业举证和税务机关对举证的核实。(6) 调整方法的选用。(7) 调整的实施。(8) 复议和诉讼。(9) 跟踪监管。

(魏建国　宋　丽)

yingshui suode

应税所得(taxable income)　自然人或者法人在一定期间内对劳动、经营、投资或将财产、权利提供给他人使用而获得的连续性收入中,扣除为取得收入所需必要费用后的余额。自然人或者法人在特定时间(通常为1年)所具有的合法来源性质的连续性的以货币形式表现的纯所得。各国税法规定的应税所得,通常分为经营所得、财产所得、劳动所得、投资所得和其他所得五类。

经营所得也称营业利润,个人或公司从事工业、农业、畜牧业、建筑业、金融业、服务业等一切生产性或非生产性经营活动所取得的纯收益。确定纳税人某项所得是否为经营所得,依据在于纳税人取得该项所得的经济活动是否为其主要的经济活动。财产所得是纳税人凭借拥有的财产或者通过销售财产所获取的收益。财产所得可以分为两类:一类是不动产和动产出租所得;一类是资本利得。劳动所得是个人从事劳务活动所获取的报酬。劳动所得分为独立劳动所得和非独立劳动所得。独立劳动所得是指自由职业者从事专业性劳务取得的报酬。非独立性劳动所得也称为工资、薪金所得,是指因雇佣关系或相当于该关系所取得的工资、薪金、奖金、津贴等工资性报酬,也包括由雇佣关系而取得的退休金、抚恤金、年金等。劳动所得并非需要以货币形式表示,货币以外的资产或者其他经济利益,只要具有劳务对价性质,也包括在劳动所得之内。投资所得是法人或自然人通过直接或间接投资形式所取得的股息、红利、利息、特许权使用费等项收益。

(余启平)

yingguo baohu maoyi liyifa

英国保护贸易利益法(Protect Trade Interests Act of the U.K.)　英国于1980年3月20日通过了《保护贸易利益法》所建立与确定的保护其贸易利益的相关法律制度。该法的主要内容为:(1) 影响联合王国贸易利益的外国措施以及国务大臣的职权。(2) 外国法院和当局指定提供的文件和情报。(3) 犯罪行为。(4) 对《1975年证据(在外国诉讼)法》的限制。(5) 限制执行某些外国判决。(6) 若干倍赔偿金判决的索还。(7) 外国判决的执行。(8) 名称、解释、撤销和范围。

(罗大帅)

英国标准化学会 (British Standardization Institution)

简称BSI。1901年成立,在国际上具有较高声誉的非官方机构。主要从事制定和贯彻标准、开展产品质量和企业质量体系认证、参与国际标准化活动,在政府授权下所进行。该学会的主要任务是:(1)制定和贯彻统一的英国标准(BS)。根据1982年的政府"白皮书"和政府与英国标准化学会的谅解备忘录,今后各部门将不再制定标准,在立法和贸易中要更多地采用BS标准;(2)开展产品质量合格认证和安全认证,授予风筝标志和安全标志;(3)对企业进行质量体系认证;(4)积极参与国际标准化活动,争取BSI更多更大地影响国际标准,使英国在国际贸易中处于有利地位;(5)对中小企业提供技术咨询;(6)接受外国认证委托、按国外标准进行认证并颁发外国的认证证书和标志。政府制定质量和标准化政策,英国标准化学会为推行政策服务。

(麻琳琳)

英国的政府采购制度 (U.K. government procurement system)

英国的政府采购实践始于1782年,经过二百余年的发展而构建出的完善制度。1991年12月制定的《英国公共工程合同规则》,1993年1月制定的《英国公共设施供应的公用事业工程合同规则》以及1994年制定的《英国公共服务合约法规》和1995年的《公共供应合同管理条例》等,构成了英国政府采购法律制度的体系。

依照英国的政府采购法律制度的规定,政府部门和其他公共机构的所有物资和公共设施的采购,都必须建立在"物有所值"的基础上,既要充分考虑价值因素,又要考虑质量因素,以满足使用者的需要。为此,政府允许并鼓励供应商之间展开竞争。但为实现社会经济政策目标,达到"利用合同的规制",政府也鼓励采购方消除不利于小公司参与竞争的障碍,如经过注册登记的残疾人工厂,他们在投标时享有竞争最优标的机会,出价时可以低于欧共体规定的最低价。

各政府部门有权在财政预算的范围内,自主作出采购决定,但他们必须就他们的所有支出向议会负责。财政部作出总预算及预算分配建议,即"供应估算","供应估算"是政府向议会提出资金要求的依据。下议院通过对"供应决议"的投票来批准"供应估算",而议会则是通过"拨款条例"对其进行批准。

在英国,政府采购是一种商业行为,因此,采购纠纷也属合同纠纷。但政府采购领域里很少有诉讼发生。

(杨云鹏)

英国地方税 (local tax of England)

英国现存唯一的地方税是议会税。即对居民住宅按房产价值征收的一种税。凡年满18周岁的房屋所有者或者承租者都要缴纳此税。纳税人一般分为永久地契居住者、租约居住者、法定居住者、特许居住者、居住者、业主等六类。居民住宅的类型有公寓式建筑、楼房、平房、活动房屋、分层式房间等。国内收入署的房产估价部门负责核定纳税人的房产价值,全国没有统一的税率,各地区政府根据本年度预算支出情况确定相应的税率。一般参考各地区议会和地方警察局所需开支的数额而定,调整幅度不得超过1%。

(李 蕾)

英国个人所得税 (individual income tax of the U.K.)

英国税制中的核心税种。属于直接税,为英国国内第一大税。1799年英国政府正式颁布所得税法,此后几经废止和修订,最终于1973年确立了统一累进所得税税收制度。个人所得税的纳税主体包括英国居民和非英国居民,凡在英国常住的具有英国国籍的人或者1年内在英国居住超过183天的人或者连续10年内每年居住超过3个月的人都属于英国居民,其来源于英国境内和境外的所得均要缴税。而对非英国居民的征税范围仅限于其来源于英国境内的所得和从国外取得并汇入英国的收入。应税所得额是在应税收入中扣除允许扣除的部分和法定减免税项后的余额。应税项目有:(1)工薪所得;(2)财产所得;(3)森林、土地所得;(4)个人从国有企业取得的股息和利息所得;(5)其他利润所得。允许扣除的部分主要指生计费的扣除,扣除金额按照未婚、已婚、不同年龄段、盲人、寡妇以及其他等情况而有所不同。另外对慈善机构的定期捐款、成人教育方面的开支、贷款利息和专利权所得也是税法允许扣除的项目。英国税制每年都会根据实际需要作出某种调整,目前个人所得税实行3档超额累进税率,税率分别为20%、23%和40%,对应的年应税所得额分别是4100英镑以上、4100—22000英镑和22000英镑以上。在征管方面实行源泉代扣代缴和纳税人预报、申报相结合的计征办法,由财政部的国内收入局负责征收。

(李 蕾)

英国公司税 (company income tax of the U.K.)

英国针对公司所得开征的一种税。英国政府于1947年开征此税,现行的《公司所得税法》是于1988年颁布的。纳税义务人按照公司的管理控制中心是否在英国为标准分成英国居民公司和非居民公司。对属于英国居民公司的纳税人,就其在世界范围内的全部利润和资本收益所得征税;而对于英国非居民公司,只就其在英国境内进行营业活动而取得的利润和资本收益所得征税。征税对象包括:(1)不动产的净所得;(2)净营业所得;(3)利息;(4)年金以及其他按年支出的款项;(5)未税的外国证券所得。应税所得额是在公司年度事业各类项目所得和转让所得的合计额减去允许扣除的项目和法定减免税项后的余额。扣除项目包括必要经费扣除、折旧、年利息、养老金及其他年支付金、特许权使用费加上事业上的损失和事业终了时的损失。公司税税率采用比例税率,分为21%和31%两档。21%的税率适用于年应税所得额30万英镑及以下的小公司,31%的税率适用于150英镑及以上的公司。对年应税所得额在30万英镑到150万英镑的公司的应纳税额的计算公式为:应纳税额=应税所得额×31% −1/40×(150万−应税所得额)。 （李 蕾）

yingguo guojia renzheng jigou

英国国家认证机构(United Kingdom Accreditation Service, UKAS) 由从事校准实验室认可的英国检定服务局(BCS)和从事测试实验室认可的国家测试实验室认可处(NATLAS)于1985年合并而成的。其前身是英国国家实验室认可机构(NAMAS)和认可机构(NACCB),它们分别从事各自的实验室和认证机构的认可。英国检定服务局早在1966年就从事校准实验室认可,国家测试实验室认可处于1981年开始测试实验室认可。1985年8月1日在英国政府协调下,英贸工部批准英国国家实验室认可机构和认可机构合并,正式成立英国国家认证机构。英国国家认证机构属政府支持的私营机构,公司对外开展有偿服务,但不以盈利为目的。英国国家认证机构经费靠政府补贴性拨款和认证、认可、人员培训的收入维持。英国国家认证机构和政府签署了谅解备忘录,因此英国国家认证机构是唯一代表英国开展合格评定的认可机构,代表英国参与国际多边和双边合作活动,英国国家认证机构下设政策咨询委员会和技术咨询委员会。主要业务是产品认证,体系认证机构认可,实验室认可,人员培训,环境认证和环境管理认证等。英国国家认证机构认可的实验室分三类,即校准实验室、测试实验室和检验实验室。校准实验室是从事量值传递与校准的;测试实验室开展非标准测试,评审细则为MIO;检验实验室则按标准要求测试,评审标准EM 45001。 （麻琳琳）

yingguo jingjifa lilun

英国经济法理论(economic law theory in the U.K.) 英国在经济法方面的法学理论。在英国,主流学界并不使用经济法一词,但却存在经济方面的法律。在英国,商业法、经营法,以及国际贸易法出现之后,在学术界便有了国际经济法的明确概念。但是,关于城市(地方自治)经济法,至今仍未在法学界得到明确承认。但是,英国法学家Schmitthoh认为,经济法是以国家干涉商业、产业以及财政事项的各项规定为内容的。Schmitthoh把经济法分为以下几个部分:(1)金融财政的法律规定;(2)竞争经济的法律规定;(3)价格、收入的法律规定;(4)消费者保护的法律规定。虽然在英国并不使用经济法术语,但是构成经济法的几大组成部分却是客观存在的。 （吕家毅 赵玲）

yingguo qiye fa

英国企业法(enterprise law of the United Kingdom) 英国在公司、企业方面的法制。英国是近代资本主义企业立法的先驱,随着早期在世界各地的殖民扩展,英国的企业法律制度对其他国家具有深远影响。作为英美法系的代表,从总体上来说,判例法是英国法律的主要渊源。但在企业法领域,在几百年的市场经济发展过程中,英国已经形成了一套成文法与判例法并重、调整范围广泛、分类独特的法律制度。随着欧洲一体化进程的加速,欧洲共同体统一公司立法也成为英国公司法的重要渊源,比如1972年欧共体通过的《欧洲共同体法案》就构成了对英国公司法的重要补充和修正。

英美法系不注重抽象的法律概念体系的划分,也没有体系完备的民法典和商法典。在合伙法领域存在大量在司法实践中形成的判例规则。英国在1890年制定了《1890年合伙法》,后来又通过了《1907年有限合伙法》。这些制定法与判例规则一同构成调整合伙企业的规范。《1890年合伙法》共50条,分为合伙的性质、合伙人同交易人的关系、合伙人间的关系、合伙解散及后果、附则五部分,主要调整普通合伙所涉及的法律关系。该法规定,普通合伙是从事共同经营的人之间为了营利而存在的一种关系,并没有明确赋予合伙以主体地位;但在其具体规定中又允许合伙有自己的名称,实际上把它视为企业的一种。《1907年有限合伙法》则主要以承担有限责任的有限合伙人和承担无限责任的普通合伙人共同组成的有限合伙企业为调整对象。有限合伙的设立不同于普通合伙完全依赖当事人意思自治,而具有一定的强制性,其特殊规范也多于大陆法系国家的有限合伙法。《1907年有限合伙法》与《1890年合伙法》之间是特别法与普通法的关系,有限合伙所适用的法律在《1907年有限合伙法》没有规定的情况下,准用《1890年合伙法》的相关规定。

公司法由最初的国王或议会特批设立从事殖民开拓或海外贸易的垄断性公司,到股份有限公司的无序经营到"泡沫法案"的通过,再至格兰斯顿主持下

《1844年英国合股公司法》的通过，终于奠定了英国公司法的基础。英国随后又通过了一系列的公司立法，以适应经济发展的现实需要，如1855年的《有限责任法》、1908年的《统一公司法案》、1939年的《防止欺诈（投资）法》、1948年的《公司法》等。到19世纪末英国国会已逐渐形成一个惯例，即第20年由专门的专家委员会对公司法进行审查，并提出修改意见。这种作法一直沿用至今。

英国公司法的一大特色，是公司的设立、运营灵活、自由，没有规定公司资本的最低限额、没有规定法定公积金制度，公司只需登记便可成立。与之相配套，公司注册登记情况向社会公开，以保护公众及债权人利益、防止公司欺诈的发生。英国公司法在规定了传统类型公司外，还规定了股东承担有限保证责任的公司类型，即股东除其认购的股本外，依章程规定，在公司财产不足清偿债务时，还要在一定保证金额范围内负补充责任。与美国不同，英国在公司治理结构中奉行股东会一元制的体系，公司经营、监督的权利都集中在股东会手中，董事会不过是股东会选任的业务执行机构，在一些非重要事项上有一定的决策权。在80年代以来不断出现的企业丑闻的现实压力下，加之与欧盟关于统一欧盟各国股份公司经营管理机构第5号令相协调的政策考虑，近年来英国议会通过了一系列调查研究报告，要求对英国公司法进行修改，引入独立董事制度、把会计师的监察范围由会计监察扩大到业务监察。

（晏长青 陈 然）

yingguo rentoushui

英国人头税（poll tax of the U. K.） 英国政府的地方税种。1989年在苏格兰开征，次年英格兰和威尔士也开征此税，从而替代了当时备受争议的地方财产税。但是正如英国古典经济学派税收理论的奠基人配第所言，人头税最大的缺点就是不公平。穷人要和富人支付相同的税款，并且征收管理很困难。因此，此税在撒切尔夫人卸任后即被废止而由市政税取而代之。

（李 蕾）

yingguo shangbiaofa

英国商标法（trademark law of the U. K.） 英国关于商标方面的法制。英国于1934年制定了《商标法》，1994年根据欧盟（当时为欧共体）的《商标条例》和《单一商标指令》制定了新的商标法。新的商标法分为五个部分，第一部分是已注册商标，第二部分是共同体商标和与其有关的国际事务，第三部分是对商标的管理，第四部分是其他条款和一般条款，第五部分是附件。该法详细规定了拒绝注册的理由（注册商标的条件），注册商标的申请、效力、性质、共有、使用、转让、程序、优先权等，商标侵权的诉讼，商标的有效期、续展、变更，注册商标的放弃、撤销与无效，集体商标与证明商标等。英国商标法的特色在于其立法体例，将侵犯注册商标权的诉讼放在与商标有关的实体内容之前规定，体现了其立法中的"程序至上主义"，还有一些有特色的规定，比如对商标的界定、"早期商标"、商标的法定分类等。英国的商标中可以包括单词、图形（人名）、字母、数字及货物的形状、货物的包装的形状。"早期商标"是指当发生优先权冲突时，其申请日被认为早于其他商标的注册商标、联合王国商标或共同体商标。

（田 艳）

yingguo shehui baoxianshui

英国社会保险税（social insurance tax of the U. K.） 又称社会保险缴款。英国关于社会保险制度推动的一种税。共有四种。内容包括：（1）是对受雇人员征收的国民保险税，课税对象是雇员的薪金或工资，由雇主和雇员共同负担。受雇人员的月收入在62英镑以下的可以免于缴纳，对月收入在62—210英镑的按10%征收，超过210英镑的部分免于缴纳。雇主按照雇员薪金或工资收入缴纳保险税，缴纳比例为对月收入在62—110英镑的按3%征收；对月收入在111—155英镑的按5%征收；156—210英镑的适用7%税率，而210英镑以上的适用10%的税率。公司有养老金计划的可以适当降低缴纳比例。（2）是对自我雇佣者即个体工商户的全部收入所得征收的国民保险税。纳税人每周需缴纳基本保险金7.15英镑。（3）是自愿捐款，按照税法规定，对失业的人一般不征收保险税，但经本人同意每周也可缴纳7.05英镑的基本保险金，以此来享受基本养老金和寡妇养老金。（4）是对自我雇佣者取得的利润征收的社会保险税。社会保险税的税率并非确定不变，而要根据每年的预算支出情况作出调整。国内收入署负责征收此税，自我雇佣者也可以主动向社会保障署缴纳。

（李 蕾）

yingguo xiaofeishui

英国消费税（consumption tax of the U. K.） 英国政府为促进环境保护事业，提高国民健康水平和道德意识，对烟草制品、含酒精饮料、赌博和燃油所征收的税。主要范围包括啤酒税、酒精税、国产葡萄酒税、酒类制造贩卖许可税、火柴税、打火机税、燃油税、烟消费税、赌博税、赌博业许可税、俱乐部许可税、犬税、猎枪税和狩猎许可税等。税率根据征税对象的不同而有不同规定。

（李 蕾）

yingguo xintuoye

英国信托业（trust in the U. K.） 英国的一种重要

的财产管理行业。英国是现代信托业的鼻祖,信托是其财产管理的重要制度,运用领域十分广泛。普遍认为,英国的用益制度是现代信托制度的雏形。用益的英文为 use,意即利用、使用,有的学者将其译为"尤斯制度",该制度是英国在13世纪后出现的一种土地利用方式。根据用益制度,土地所有者将其土地转移给另一个人所有,但土地的收益却归属于第三人。虽然英国是信托业的发源地,但现在的信托业务不如美、日等国发达。英国信托业受传统因素和民俗风情等方面的影响,呈现出如下特点:(1) 以个人信托业务为主。无论是早期的信托还是现代的信托,英国信托业务仍偏重于个人信托,这是英国的信托业务与其他国家相比最为显著的特点。在受托人方面,其个人承受的业务量占80%以上,而法人受托则不到20%。信托的内容多是民事信托和公益信托,当然在其信托业务中,民事信托和公益信托也较为发达。民事信托主要以承办遗嘱信托为主,其业务内容涉及财产管理、执行遗嘱、管理遗产、财务咨询(包括对个人财产在管理、运用、投资以及纳税)等方面的咨询等等。公益信托与私益信托对应,主要表现为指财产所有人委托信托投资机构或银行用受托资金或财物兴办学校、医院等社会公益事业。(2) 法人受托业务集中经营。英国法人的受托业务比例不大,且法人受托业务主要由银行和保险公司兼营,专营比例很小,不仅如此,在银行的信托业务中,法人受托业务集中在国民威斯敏斯特银行、巴克莱银行、米特兰银行和劳埃德银行等四大银行所设立的信托部(公司)经营,这四家占了英国全部法人信托资产的90%。(3) 土地信托业务普遍存在。英国信托业起源于民事信托业务,而在民事信托业务中则以土地信托业务为主,所以土地作为信托财产比其他国家都普遍。随着社会经济的发展,英国现在土地信托业务也由过去较多限于土地信托财产的权益问题转变到以经营盈利为目的,更充分地利用了英国的土地资源。(4) 除民事信托和公益信托外,英国的证券投资信托也正逐步盛行,这种信托方式具有专家理财以及投资数额小等优点,有效地满足了广大中小投资者的需要,受到他们的欢迎和广泛使用。

英国信托法由判例法和成文法组成,判例法是其主要表现形式。英国信托业的发展与其信托立法的保障是分不开的。英国的衡平法包含了一系列的法院判例,根据不同的标准对信托作了各种分类并确立了各类型信托分别适用的原则,明确了信托设立、变更、终止的条件,委托人、受托人和受益人的权利、义务、责任等,可以说英国的衡平法包含了信托主要的和基本的法律规范,在英国的信托法体系中占主导地位。除了这些有判例确立的信托规则外,英国还制定了一些信托成文法,配合衡平法并与其共同规范信托事务。英国历史上第一部全面保护合法信托关系的法律是1893年颁布的《受托人法》(Trustee Act),1925年4月25日新的《受托人法》将其取代,新的《受托人法》是英国信托法体系中最重要的一部成文法,它将衡平法由判例确立的信托法律规范系统化,更易于当事人和法院把握信托法律规范,该法对规范受托人行为和保护受托人的利益具有重要的意义。英国于1987年颁布了《信托承认法》(Recognition of Trust Act 1987),这是一部将《海牙信托公约》国内化的法律。该法共有三条,第1条规定了赋予附录中的公约规定以法律效力,并且规定了关于公约适用的有关问题;第2条规定了该法作为国内法适用的地区以及实施的措施;第3条则规定法律的简称、实施的时间以及对国王的适用等问题。该法的实施使英国信托法律适用简单化和条理化,主要表现在两个方面:(1) 该法放弃了英国实践中那种区分各个法律关系作为法律适用前提的做法。在该法颁布以前,英国信托法律适用首先要区分生前信托和遗嘱信托,其次要区分动产信托和不动产信托,此外还要就信托的有效性和管理等问题分别适用法律,按照这样的规则即使处理并不复杂的信托案件也会耗费当事人及相关部门很多的精力。而根据《海牙信托公约》制定的《信托承认法》,放弃了英国实践中那种区分各个法律关系作为法律适用前提的做法,而在原则上主张对信托适用单一的法律,但这并没有放弃分割原则的适用,因为公约也没有否认分割原则。(2) 信托设立人"意思自治原则"适用范围的扩大。在以前的英国国际私法实践中,设立人设立生前动产信托才可以选择适用于信托有效性的法律,而根据该法,设立人选择的范围被扩大了许多,不管是生前信托还是遗嘱信托,也不管是动产信托还是不动产信托,设立人都可以选择适用于信托的法律,而且设立人不仅可以选择信托有效性的法律,其适用的效果还可以及于信托的解释和管理等问题。除了1925年的《受托人法》和1987年的《信托承认法》,英国还颁布了其他一些信托的成文法,如1872年的《慈善受托人社团法》(Charitable Trustees Incorporation Act)、1906年的《公共受托人法》(Public Trustee Act)、1958年的《信托变更法》等,这些成文法的颁行,完善了英国信托法体系,使其更加系统化,但是,这些成文法仍属信托特别法,英国绝大多数的信托法律规范仍然体现在衡平法中,以法院判例形式表现出来。可以说,英国信托业的产生和发展以及其信托法律的建立和完善,对其他国家产生了非常重要的影响。 (赵芳芳)

yingguo yinhuashui

英国印花税(stamp duty of the U. K.) 征税对象为在英国境内具有法律效力的文件和与英国财产、英国交易有关的文件的一种税。对于书立和领受财产转移文件的英国居民和非英国居民均要缴纳印花税。印花税形式上是对文件征税,实质上是对财产权利的取得、转移、变更等行为征税。征税方式是根据财产交易的不同性质而适用不同的税率,一般在 0.5%—1.5%之间。也有就征税对象以定额方式征收的。

（李 蕾）

yingguo zengzhishui
英国增值税（value-added tax of the U. K.） 英国对纳税义务人生产经营活动的增值额征收的一种税。英国政府于 1973 年开征此税,以取代第二次世界大战期间开始实行的包罗万象的购买税和选择职业税。现行的《增值税法》是政府于 1983 年颁布的。纳税义务人是年应税流转额为 48000 英镑以上的公司、合伙企业与个人独资企业和在英国境内利用分支机构等方式从事应税商品的生产、销售等活动的非居民。计税依据是纳税义务人销售的货物价值、提供应税劳务的价值和进口货物的价值。对出口商品、新闻、广告和多数食品、儿童服装、鞋类、药品、书籍、盲人和残疾病人使用的书刊、家用燃料、公共交通等人民生活必需品实行零税率。其他大多数商品实行 17.5% 税率。对不动产的一般转让、产权转让、保险、医师或药剂师等同类资格的人提供的劳务服务和金融业务等免征增值税。从 1997 年 9 月 1 日起对国内燃料和能源实行 5% 的优惠税率。增值税法还对进出口货物的免税事项作出了具体规定。

（李 蕾）

yingguo ziben lideshui
英国资本利得税（capital gain income tax of the U. K.） 英国以纳税义务人销售资产所得的收入减去成本之后的增值额作为计税依据而征收的一种直接税。成本主要包括按 1982 年政府公布的房产价格和通货膨胀率。资本利得税于 1982 年实行指数化,1985 年又扩大指数化,1988 年的税制改革规定所有资本利得重新以 1982 年的资本利得作为基数,并且其税率与所得税的税率保持一致。计税时每人每年可扣除金额 6500 英镑。不予征收资本利得税的项目是：(1) 用于自住的房屋；(2) 自用的汽车；(3) 总价值不超过 6000 英镑,且使用寿命不超过 50 年,不用于营利等商业目的的低值品；(4) 国家债券所得；(5) 特种储蓄债券所得；(6) 捐赠给慈善机构和博物馆的财物；(7) 死亡者遗留的财物；(8) 夫妻之间的赠送。纳税人 3 年内重置资产的、父母赠与子女资产的和存在 10 年以上、户主年龄在 50 岁以上并且资产价值在 25 万英镑以下的退休关闭企业可以免征资本利得税。

（李 蕾）

yingguo ziben zhuanyishui
英国资本转移税（capital transfer tax of the U. K.） 英国的一种特殊的捐赠税。英国政府于 1974 年开征,代替了原来的遗产税。此税的性质是一种捐赠税,包括赠与并且是累计性的,对于任何一次赠与和死前遗产的税率决定于以往赠与总额。1988 年这种累计性被政府取消。征税对象是财产所有人死亡前 7 年内赠与的财产价值和死亡时转移的财产价值。英国居民须对在英国境内外所转移的财产缴纳此税；非英国居民仅就其在英国境内转移的财产纳税。股份不公开公司无偿转让的财产也要缴纳此税。资本转移税适用比例税率,对于遗产和赠与财产的价值在起征点以下的适用零税率；在起征点以上的适用一定百分比的税率。免于缴纳资本转移税的项目有：(1) 配偶间的赠与和继承；(2) 农业财产；(3) 商业公司的财产；(4) 每年 3000 英镑以下的赠与；(5) 250 英镑以下的赠与；(6) 父母在子女结婚时赠与礼物在 5000 英镑以下、祖父母所赠 2500 英镑以下、有关团体所赠 2500 英镑以下和其他人所赠 1000 英镑以下的；(7) 向政党、团体、慈善机构的赠与。

（李 蕾）

yingmei faxi guojia jingjifa lilun
英美法系国家经济法理论（economic law theory in British-American law system） 在英美法系国家所发展的经济法理论。在英美法系国家,经济法这一术语已经基本被接受了。英国是最早对自由市场经济实行国家干预的国家,其经济干预法理论也相对比较发达。有的英国学者在经济法这一术语之下,对经济法基本理论问题进行了研究。美国的经济法理论研究较为突出的是对经济与法律的相互关系的研究,以及法经济分析学研究。总体而言,美国的经济法研究更侧重于对部门法的研究,比如税法、贸易法、货币法以及反倾销法、反不正当竞争法和反垄断法等。

（赵 玲）

yingmei faxi piaojufa
英美法系票据法（anglo-american negotiable instrument law system） 英美法系国家的票据立法。大多将汇票、本票和支票规定在一项法律中,将支票看作汇票的一种。英美法一般不称票据,而称之为流通证券（negotiable instrument）或商业证券（commercial paper）,因此,英美法系国家票据或流通证券包括了更多的证券种类。英美法系在理论上解释票据关系与票据基础关系有联系,但实际做法更接近于德国法系。在对票据字句的记载要求上,比法国法系和德国法系更灵活。

（何 锐）

yingli yuce shenhe

盈利预测审核(audit of profit prospect) 注册会计师接受委托,对被审核单位盈利预测进行审查与复核,并发表审核意见。被审核单位,是指负责编制盈利预测并接受注册会计师审核的企业或其他单位。盈利预测,是指被审核单位对未来会计期间的经营成果所做的预计和测算。按照要求出具盈利预测审核报告,并保证其真实性、合法性,是注册会计师的审核责任;合理编制并充分披露盈利预测是被审核单位的责任。注册会计师进行盈利预测审核的目的,是对被审核单位盈利预测所依据的基本假设、选用的会计政策及其编制基础进行审核,并发表审核意见。盈利预测具有固有的不确定性,不能避免主观判断,注册会计师不应对预测结果的可实现程度作出保证。在接受委托前,注册会计师应当与委托人商谈盈利预测审核的目的与范围,双方的责任、义务,并考虑自身的能力和能否保持独立性,以确定是否接受委托。注册会计师如认为盈利预测所依据的基本假设明显不切实际,或所作预测将偏离原定的使用目的,应当明确告知被审核单位予以纠正。被审核单位坚持不改的,注册会计师应当拒绝接受委托或解除业务约定。盈利预测审核的范围应当根据有关法规的规定及业务约定的要求确定。注册会计师在确定其审核范围时,应当了解被审核单位的经营情况及影响未来经营成果的关键因素,并考虑以下方面:被审核单位编制盈利预测的经验与能力;被审核单位编制盈利预测的程序;盈利预测的目的与范围;盈利预测期间的长短。注册会计师了解被审核单位的经营情况及影响未来经营成果的关键因素主要包括:(1)被审核单位的历史背景、行业性质、生产经营方式、市场竞争能力、有关法律法规及会计政策的特殊要求;(2)被审核单位产品或劳务的市场占有率及营销计划;(3)被审核单位生产经营所需要的人、财、物等资源所提供的情况和成本水平;(4)被审核单位以前年度的经营成果及发展趋势;(5)宏观经济的影响。

(刘 燕 麻琳琳)

yingyeshui

营业税(business tax) 以从事工商营利事业和服务业所取得的收入为征税对象的一种税。营业税的纳税人为在中国境内提供应税劳务、转让无形资产或者销售不动产的单位和个人。企业租赁或承包给他人经营的,以承租人或承包人为纳税人。建筑安装工程实行分包和转包形式的,以分包人和转包人为纳税人,以总承包人为扣缴义务人。中央铁路运营业务的税收债务人为铁道部,合资铁路运营业务的纳税人为合资铁路公司,地方铁路运营业务的纳税人为地方铁路管理机构,基建临管线铁路运营业务的纳税人为基建临管线管理机构。从事水路运输、航空运输、管道运输或其他陆路运输业务并负有营业税纳税义务的单位,其纳税人为从事运输业务并计算盈亏的单位。为防止税款流失,加强源泉征收,法律还详细规定了营业税的扣缴义务人,具体参见《营业税暂行条例》及其实施细则的规定。营业税除娱乐业实行幅度比例税率外,其他税目均实行固定比例税率。其具体税率为:(1)交通运输业,3%;(2)建筑业,3%;(3)金融保险业,8%;(4)邮电通信业,3%;(5)文化体育业,3%;(6)娱乐业,5%—20%;(7)服务业,5%;(8)转让无形资产,5%;(9)销售不动产,5%。

营业税税基为营业额。纳税人的营业额为其提供应税劳务、转让无形资产或者销售不动产向对方收取的全部价款和价外费用;但是,下列情形除外:(1)运输企业自中华人民共和国境内运输旅客或者货物出境,在境外改由其他运输企业承运乘客或者货物的,以全程运费减去付给该承运企业的运费后的余额为营业额;(2)旅游企业组织旅游团到中华人民共和国境外旅游,在境外改由其他旅游企业接团的,以全程旅游费减去付给该接团企业的旅游费后的余额为营业额;(3)建筑业的总承包人将工程分包或者转包给他人的,以工程的全部承包额减去付给分包人或者转包人的价款后的余额为营业额;(4)转贷业务,以贷款利息减去借款利息后的余额为营业额;(5)外汇、有价证券、期货买卖业务,以卖出价减去买入价后的余额为营业额;(6)财政部规定的其他情形。

营业税的征税对象为应税劳务、转让无形资产或者销售不动产,具体包括:(1)交通运输业;(2)建筑业;(3)金融保险业;(4)邮电通信业;(5)文化体育业;(6)娱乐业;(7)服务业;(8)转让无形资产;(9)销售不动产。

下列项目免征营业税:(1)托儿所、幼儿园、养老院、残疾人福利机构提供的育养服务,婚姻介绍,殡葬服务;(2)残疾人员个人提供的劳务;(3)医院、诊所和其他医疗机构提供的医疗服务;(4)学校和其他教育机构提供的教育劳务,学生勤工俭学提供的劳务;(5)农业机耕、排灌、病虫害防治、植保、农牧保险以及相关技术培训业务,家禽、牲畜、水生动物的配种和疾病防治;(6)纪念馆、博物馆、文化馆、美术馆、展览馆、书画院、图书馆、文物保护单位举办文化活动的门票收入,宗教场所举办文化、宗教活动的门票收入。纳税人兼营免税、减税项目的,应当单独核算免税、减税项目的营业额;未单独核算营业额的,不得免税、减税。纳税人营业额未达到财政部规定的营业税起征点的,免征营业税。

(翟继光)

yingyeshui zanxing tiaoli

《营业税暂行条例》(Interim Regulations on the Business Tax) 我国在营业税方面的重要立法。1984年国务院颁布《中华人民共和国营业税条例(草案)》规定自1984年10月起试行征收营业税。1993年12月13日国务院颁布《中华人民共和国营业税暂行条例》,自1994年1月1日起实施。营业税的纳税义务人是在中华人民共和国境内提供应税劳务、转让无形资产或者销售不动产的单位和个人,征税范围是在中华人民共和国境内提供应税劳务、转让无形资产或者销售不动产的行为。税率采用比例税率,分为3档。纳税人兼有不同税目应税行为的,应当分别核算不同税目的营业额、转让额、销售额;未分别核算营业额的,从高适用税率。营业税的计税依据是纳税人提供应税劳务、转让无形资产或者销售不动产所取得的营业额,但法律规定的情形除外。应纳税额计算公式:应纳税额=营业额×税率。营业税包括六项免征项目,此外,纳税人营业额未达到财政部规定的营业税起征点的亦免征营业税。营业税由税务机关征收。纳税主体除一般纳税人外,还包括扣缴义务人。营业税的纳税义务发生时间,为纳税人收讫营业收入款项或者取得索取营业收入款项凭据的当天。营业税纳税地点分为:纳税人提供应税劳务,应当向应税劳务发生地主管税务机关申报纳税;纳税人从事运输业务,应当向其机构所在地主管税务机关申报纳税;纳税人转让土地使用权,应当向土地所在地主管税务机关申报纳税;纳税人转让其他无形资产,应当向其机构所在地主管税务机关申报纳税;纳税人销售不动产,应当向不动产所在地主管税务机关申报纳税。营业税的纳税期限,分别为5日、10日、15日或者1个月。纳税人的具体纳税期限,由主管税务机关根据纳税人应纳税额的大小分别核定;不能按照固定期限纳税的,可以按次纳税。

(席晓娟)

yingyeshui zanxing tiaoli shishi xize

《营业税暂行条例实施细则》(Rules for Implementation of the Interim Regulations on the Business Tax) 财政部1993年12月25日发布。细则对暂行条例中与确定营业税的纳税人和纳税义务相关的特定用语作出了解释,如"单位"、"个人"、"应税劳务"、"外汇、有价证券、期货买卖业务"、"期货"、"提供应税劳务、转让无形资产或销售不动产"、"货物"、"从事货物的生产、批发或零售的企业、企业性单位及个体经营者"、"价外费用"、"转贷业务"等。

细则规定"视为纳税人提供应税劳务的情况"包括:单位或个人自己新建(以下简称自建)建筑物后销售,其自建行为视同提供应税劳务;转让不动产有限产权或永久使用权,以及单位将不动产无偿赠与他人,视同销售不动产;一项销售行为如果既涉及应税劳务又涉及货物为混合销售行为,从事货物的生产、批发或零售的企业、企业性单位及个体经营者的混合销售行为视为销售货物,不征收营业税;其他单位和个人的混合销售行为,视为提供应税劳务,应当征收营业税。纳税人兼营应税劳务与货物或非应税劳务的,应分别核算应税劳务的营业额和货物或者非应税劳务的销售额,不分别核算或者不能准确核算的,其应税劳务与货物或者非应税劳务一并征收增值税,不征收营业税。

细则规定"在中华人民共和国境内提供应税劳务、转让无形资产或者销售不动产的情况"还包括:所提供的劳务发生在境内;在境内载运旅客或货物出境;在境内组织旅客出境旅游;所转让的无形资产在境内使用;所销售的不动产在境内;境内保险机构提供的保险劳务,但境内保险机构为出口货物提供保险除外;及境外保险机构以在境内的物品为标的提供的保险劳务。

细则规定的"纳税人除提供应税劳务、转让无形资产或销售不动产的单位和个人外"还包括企业租赁或承包给他人经营的,以承租人或承包人为纳税人;中央铁路运营业务的纳税人为铁道部,合资铁路运营业务的纳税人为合资铁路公司,地方铁路运营业务的纳税人为地方铁路管理机构,基建临管线运营业务的纳税人为基建临管线管理机构;从事水路运输、航空运输、管道运输或其他陆路运输业务并负有营业税纳税义务的单位,为从事运输业务并计算盈亏的单位。

"立法机关、司法机关、行政机关的收费,不征收营业税的条件"包括:国务院、省级人民政府或其所属财政、物价部门以正式文件允许收费,而且收费标准符合文件规定的;及所收费用由立法机关、司法机关、行政机关自己直接收取的。纳税人提供应税劳务、转让无形资产或销售不动产价格明显偏低而无正当理由的,主管税务机关有权核定其营业额。营业税的"计税依据"除暂行条例规定外,还包括:运输企业从事联运业务的营业额为其实际取得的营业额;旅游企业组织旅游团在中国境内旅游的,以收取的旅游费减去替旅游者支付给其他单位的房费、餐费、交通、门票和其他代付费用后的余额营业额;纳税人从事建筑、修缮、装饰工程作业,无论与对方如何结算,其营业额均应包括工程所用原材料及其他物资和动力的价款在内;纳税人从事安装工程作业,凡所安装的设备的价值作为安装工程产值的,其营业额应包括设备的价款在内;保险业实行分保险的,初保业务以全部保费收入减去付给分保人的保费后的余额为营业额;单位或个人进行演出,以全部票价收入或者包场收入减去付给提供演出场所的单位、演出公司或者经纪人的费用后的余额为营业额；娱乐业的营业额为经营娱乐业向顾客收取的各项费用，包括门票收费、台位费、点歌费、烟酒和饮料收费及经营娱乐业的其他各项收费；旅游业务，以全部收费减去为旅游者付给其他单位的食、宿和交通费用后的余额为营业额；单位将不动产无偿赠与他人，其营业额由税务机关核准。

细则对"部分免税项目的范围"通过解释加以限定。营业税"起征点的适用范围"限于个人，其起征点的幅度规定包括：按期纳税的起征点为月营业额200—800元；按次纳税的起征点为每次(日)营业额50元。纳税人营业额达到起征点的，应按营业额全额计算应纳税额。省级人民政府所属税务机关在规定幅度内确定本地区适用的起征点，应并报国家税务总局备案。

"纳税义务的发生时间"具体为：纳税人转让土地使用权或者销售不动产，采取预收款方式的，其时间为收到预收款的当天；纳税人有自建行为的，其时间为其销售自建建筑物并收讫营业额或者取得索取营业额的凭据的当天；纳税人将不动产无偿赠与他人，其时间为不动产所有权转移的当天。

营业税的"其他扣缴义务人"包括：境外单位或者个人在境内发生应税行为而在境内未设有经营机构的，以代理者为扣缴义务人，如果没有代理者的，以受让者或者购买者为扣缴义务人；单位或者个人进行演出由他人售票的，以售票者为扣缴义务人；演出经纪人为个人的，以售票者为扣缴义务人；分保险业务，以初保险人为扣缴义务人；个人转让其他无形资产的，以受让者为扣缴义务人。

营业税"纳税地点"还包括纳税人提供的应税劳务发生在外县(市)，应向劳务发生地主管税务机关申报纳税而未申报纳税的，由其机构所在地或者居住地主管税务机关补征税款；纳税人承包的工程跨省、自治区、直辖市的，向其机构所在地主管税务机关申报纳税；纳税人在本省、自治区、直辖市范围内发生应税行为，其纳税地点需要调整的，由相应的税务机关确定。

"纳税期限的特殊情况"是金融业(不包括典当业)为一个季度；保险业的纳税期限为1个月。

(席晓娟)

yongjin

佣金(commission) 在市场交易中，经营者以公开明示的方式付给促成交易的中间人的劳务报酬。其特征是：(1)它是一种劳务报酬，是对中间人为促成交易所进行的劳务活动的价值补偿，通常以"劳务费"、"介绍费"、"手续费"、"信息费"、"酬谢费"等形式出现。佣金既可以由买方单独支付，也可以由卖方单独支付，或者由双方分摊。(2)佣金的对象只能是中间人。这里中间人泛指为促成交易而为交易双方从事信息介绍代理服务等活动的单位和个人。除中间人外，佣金的给付对象不能是交易双方本身或其代表人、代理人。我国禁止国家机关工作人员经商，因此佣金的对象也不能是不具有合法中间人资格的国家机关工作人员。(3)佣金的支付和接收必须以公开明示的方式进行，并必须如实入账。佣金的给付应如实记载在中间人与经营者之间订立的居间合同、中介合同或代理合同中，简单的交易也可以直接在有关发票中注明。支付和接收佣金的经营者必须如实入账，否则构成商业贿赂行为。《中华人民共和国反不正当竞争法》是我国第一部由全国最高立法机关制定的保护和规范中间人收取酬金的法律。该法第8条第2款规定，经营者销售或购买商品，可以给中间人佣金，给付或接受佣金的经营者必须如实入账。

(苏丽娅)

yongshui guanli zhidu

用水管理制度(system of management of the use of water) 协调兼顾社会各方面的用水需要，调整各方面的用水冲突，由国家代表全社会加强对用水的管理，实行不同程度的计划用水等管理行为的制度。其主要内容有：(1)制定水中长期供求规划。水中长期供求规划应当依据水的供求现状、国民经济和社会发展规划、流域规划、区域规划，按照水资源供需协调、综合平衡、保护生态、厉行节约、合理开源的原则制定。(2)依据流域规划和水中长期供求规划，以流域为单元制定水量分配方案。(3)对用水实行总量控制和定额管理相结合的原则。(4)用水实行计量收费和超定额累进加价制度。(5)实施取水许可制度和有偿使用制度。(6)实行节水制度。

(桑东莉)

yongyu nongye tudi kaifa de tudi churangjin shouru guanli

用于农业土地开发的土地出让金收入管理(management of income from land transaction for agricultural development) 政府针对部分土地出让金用于农业土地开发所进行的土地出让金收入管理措施。《国务院关于将部分土地出让金用于农业土地开发有关问题的通知》(国发〔2004〕8号)规定，从2004年1月1日起，部分土地出让金用于农业土地开发。为加强对各地用于农业土地开发的土地出让金收入管理情况的检查、监督和考核工作，财政部、国土资源部制定《用于农业土地开发的土地出让金收入管理办法》对用于农业土地开发的土地出让金收入进行专门管理。

土地出让金用于农业土地开发的比例，由各省、自治区、直辖市及计划单列市人民政府根据不同情况，按各市、县不低于土地出让平均纯收益的15%确定。从土地出让金划出的农业土地开发资金计算公式为：从土地出让金划出的农业土地开发资金＝土地出让面积×土地出让平均纯收益征收标准（对应所在地征收等别）×各地规定的土地出让金用于农业土地开发的比例（不低于15%）。土地出让平均纯收益征收标准是指地方人民政府出让土地取得的土地出让纯收益的平均值。由财政部、国土资源部根据全国城镇土地等别、城镇土地级别、基准地价水平、建设用地供求状况、社会经济发展水平等情况制定、联合发布，并根据土地市场价格变动情况适时调整。土地出让平均纯收益征收标准参见《管理办法》。

《管理办法》调整了现行政府预算收入科目，将"基金预算收入科目"第85类"土地有偿使用收入"下的850101项"土地出让金"取消；增设850103项"用于农业土地开发的土地出让金"，反映从"土地出让金财政专户"中划入的用于农业土地开发的资金；增设850104项"其他土地出让金"，反映从"土地出让金财政专户"中扣除划入农业土地开发资金专账后的土地出让金。

市（地、州、盟）、县（市、旗）国土资源管理部门根据办理的土地出让合同，按季统计土地出让面积送同级财政部门，同时抄报省级国土资源管理部门、财政部门。市（地、州、盟）、县（市、旗）财政部门根据同级国土资源管理部门提供的土地出让面积、城镇土地级别、土地出让平均纯收益征收标准和各省（自治区、直辖市）及计划单列市人民政府规定的土地出让金用于农业土地开发的比例（不低于15%），计算应从土地出让金中划出的农业土地开发资金，并按照专账管理的原则和土地出让金缴交情况，由财政部门在次月5日前办理土地出让金清算时，按级次分别开具缴款书，办理缴库手续，将属于本市（地、州、盟）、县（市、旗）的用于农业土地开发的土地出让金收入（不低于农业土地开发资金的70%部分）缴入同级国库用于农业土地开发的土地出让金收入专账；将属于各省（自治区、直辖市）及计划单列市集中的用于农业土地开发的土地出让金收入（不高于农业土地开发资金30%的部分）按就地缴库方式缴入省国库用于农业土地开发的土地出让金收入专账。

各省（自治区、直辖市）及计划单列市人民政府要加强对用于农业土地开发的土地出让金收缴的监督，保证土地出让金专户资金优先足额划入用于农业土地开发的资金专账。财政部和国土资源部要会同监察部、审计署等有关部门，对用于农业土地开发的土地出让金的提取比例、收入征缴情况进行定期或不定期的监督检查。各省（自治区、直辖市）及计划单列市人民政府要定期将用于农业土地开发的土地出让金收入管理情况报财政部、国土资源部。财政部授权财政部驻各地财政监察专员办事处对用于农业土地开发的土地出让金的收入管理情况进行监督检查。

（王　丽）

youhui daiyu

优惠待遇（preferential treatment） 一国为了某种目的而给予外国以及外国公民和法人以特定的优惠的一种待遇。按照优惠待遇制度，外国人享有的某些优惠甚至高于内国人所享有的待遇，即所谓的"超国民待遇"。外国人享有的优惠待遇仅限于特定事项，它和国民待遇的概括性也是有区别的。优惠待遇由内国通过立法和条约直接给予外国人，外国人可以直接享有，而外国人享有最惠国待遇必需借助于最惠国条款，也必须有内国给予第三国的待遇高于该外国所享有的待遇的事实存在。优惠待遇并非各外国都能享有，但常常是最惠国待遇借以发生效果的事实根据。所以，尽管优惠待遇和最惠国待遇都是在贸易、航运、投资、关税等方面给予外国人以特定权利和优待，二者的差异还是很明显的。

一国授予外国及外国公民与法人优惠待遇，一般通过两种方式：一是通过国内立法，这是通常的方式。如中国在1978年实行开放政策后相继颁布的《中华人民共和国中外合资经营企业法》、《中华人民共和国中外合作经营企业法》、《中华人民共和国外资企业法》等一系列法律法规，在税收、土地使用、外汇管理等方面规定了不少优惠待遇。二是通过条约，特别是双边条约加以规定。如1957年中国同尼泊尔王国缔结的《通商和交通协定》第4、5条规定：双方香客朝圣携带的用品不征税、免检查；双方商人的贸易商品按优惠税率征收关税。

（王连喜）

youxianquan

优先权（priority） 在申请专利或商标等工业产权时，各缔约国要互相承认对方国家国民的优先权利。是《保护工业产权巴黎公约》规定的一种权利。我国专利法所称优先权，包括外国优先权和本国优先权两种。外国优先权是指申请人在甲国提出正式申请后，根据甲国和乙国签订的协议或者共同参加的国际条约，或者依照相互承认优先权的原则，在特定的期限内又就同一发明向乙国提出专利申请时，申请人有权要求将第一次提出申请的日期作为后来提出申请的申请日。按照《巴黎公约》的规定，发明和实用新型的优先权期限为1年，外观设计的优先权期限为6个月。第一次提出申请的日期为优先权日。本国优先权，是指申请人在一国提出正式的专利申请后，对原技术方案作了一些改进、增补或者进一步的发展，在特定的期限内又就相同主题在该国提出专利申请的，申请人有权将第一次提出申请的日期作为后一次申请的申请日。

(严励)

youzhi nongchanpin renzheng he biaozhi zhidu

优质农产品认证和标志制度(authentication and symbol system of high quality agricultural produce) 国家依法所建立针对优质农产品进行的认证和标志制度。符合国家规定标准的优质农产品可以依照法律或者行政法规的规定申请使用有关的标志。符合规定产地及生产规范要求的农产品可以依照有关法律或者行政法规的规定申请使用农产品地理标志。国家鼓励和扶持发展优质农产品生产。县级以上地方人民政府应当结合本地情况,按照国家有关规定采取措施,发展优质农产品生产。

(张旭娟)

yougou

邮购(mail order) 无店铺销售的一种方式。通过邮政信函,利用邮政汇款或者银行转账,接受消费者购买商品的要约进行销售商品的方式。邮购起源于美国,在日本被称为"通讯贩卖"。邮购在西方国家十分普遍。80 年代在我国经济生活中逐渐兴起,并被广泛采用。邮购对经营者卖方来讲,实际上就是邮售;对消费者买方来讲,才是邮购。由于邮购具有买卖双方不直接见面,交易不受空间限制以及非即时交货付款和异地交易等的特点,实践中很容易出现迟延交货、商品质量低劣、虚假广告等损害消费者利益的问题。

(郑慧玫 张维珍)

yougou guanli

邮购管理(mail order management) 国家对邮购这种特殊商品交易方式进行的监督管理。邮购一般没有规范的书面合同,又必须通过邮政媒介实施,所以邮政局的行为对买卖双方权利和义务的实现影响也很大。因此,对于邮购经营必须通过立法予以规范。目前,我国尚无邮购管理的专项立法,涉及邮购管理的法律规章主要散见于《中华人民共和国消费者权益保护法》、《关于实施〈中华人民共和国消费者权益保护法〉若干意见》、《欺诈消费者行为处罚办法》等法律中。以上法律中对以邮购方式提供商品而损害消费者利益的行为都规定了相应的民事责任,这也是我国对邮购管理的主要法律依据。

(郑慧玫 张维珍)

youzheng biaozhunhua

邮政标准化(postal standardization) 为了全面贯彻 2003 年全国邮政标准化工作电视电话会议精神,积极推行邮政标准化管理体制的改革,建立邮政标准化机构和组织,健全相应的规章制度,开始实施"邮政服务形象工程"和"邮区中心局生产作业标准化"两种措施。组织编制邮政标准体系表,大力开展标准化知识宣传培训工作,为深入开展邮政标准化工作奠定基础。国家邮政局于 2003 年 4 月 21 发布了《2003 年邮政标准化工作要点的通知》(国邮〔2003〕124 号)为推进邮政标准化工作,加大邮政标准化宣传力度,各省(自治区、直辖市)参照国家邮政局的标准化管理模式成立相应的标准化领导小组,并根据国家邮政局标准化领导小组的总体要求积极开展各项标准化工作。

对邮政专业复杂,涉及技术领域多的特点,建立各专业标准化组织机构,拟建立以下 6 个技术工作组及其相应的秘书处:(1) 基础标准技术工作组;(2) 服务标准技术工作组;(3) 信息网标准技术工作组;(4) 实物网标准技术工作组;(5) 工程建设标准技术工作组;(6) 管理标准技术工作组。

建立健全相应的规章制度:(1) 国家邮政局发布标准化工作管理办法;(2) 各省(自治区、直辖市)邮政局制定本企业的标准化工作管理办法;(3) 组织制定邮政标准技术工作组章程。

标准化研究及标准制定修订重点:(1) 制定修订城市邮政支局所工程建设、邮政标志服、邮政营业投递人员和 185 客服中心等对外服务人员行为规范、住宅区信报箱群、挂式邮政信箱、邮政营业厅信箱等涉及邮政形象工程的标准;(2) 制定邮政设备分类与代码和运邮汽车车次代码编制规则等重要的基础性标准;(3) 制定邮政集装箱和信盒等重要设备和用品用具的检测规范;(4) 制定邮政物流系统数据格式、交换数据规范、物流配送操作规范、业务需求等物流业务相关标准或暂行规定;配合速递业务信息综合处理平台的建设制定相关标准;(5) 制定修订邮政综合网网管技术规范等重要的信息网标准;(6) 提出邮政编码的编制规则,启动邮政编码区域划分等相关标准、实施方案的研究和试点工作;(7) 抓紧研究邮政标准(含普遍服务标准)体系。

涉及邮政形象工程的标准:(1) 直辖市、省会市、自治区首府及计划单列市城区的所有局所标志达标率为 100%;(2) 直辖市、省会市、自治区首府及计划单列市城区的邮政专用汽车标志达标率达到 90%;(3) 直辖市、省会市、自治区首府及计划单列市城区已使用的邮政信筒信箱标识和颜色以及新建邮政信筒信箱达标率为 100%;(4) 直辖市、省会市、自治区首府及计划单列市城区的邮政报刊亭标识达标率为 100%;(5) 在全国范围内统一邮政标志服。

提高邮政营业窗口出售信封和特快专递封套的合格率邮件包装标准化:(1) 直辖市、省会市、自治区首府及计划单列市城区大宗交寄函件、商函中心制作的商函及营业窗口收寄的函件封装物品质量合格率达到80%(包括信封和包装袋等);(2)直辖市、省会市、自治区首府及计划单列市城区出售的包裹包装箱合格率达到90%。

加强对信封、包裹、包装箱等用品用具的抽查检测工作,对不合格的厂家进行通报,并限期整改。以邮件处理中心生产作业流程改革为核心,选择若干中心局进行生产作业流程标准化的试点,并制定相关标准。标准内容包括组织机构设置、生产作业车间的布局、生产作业流程、信息处理、设备配置等。推进信件运输信盒化:加快邮件封装容器化的进程,在直辖市、省会市和自治区首府全面推行信件市内(包括邮政各分支机构之间)运输信盒化。实施总包和给据邮件128条码标准:邮区中心局之间互封的国内邮件总包、特快专递邮件的出口总包以及省会、自治区和直辖市首府城市收寄的给据邮件实施128条码标准。

研究编制邮政标准体系:在已发布的《邮政技术标准体系(2000年版)》的基础上,根据近年来邮政业务和技术的发展趋势,在日趋激烈的市场竞争新环境和新需求下,发挥各邮政标准技术工作组的作用,深入研究各类别的标准,组织编制邮政标准体系,确定邮政标准体系的结构框架、标准名称、标准主要内容等。

初步建立邮政标准化数据库:(1)初步搭建起包含标准内容及各种相关信息的中国邮政标准数据库;(2)完善UPU技术标准数据库;(3)筹建包括技术专家、标准化专家、标准化管理人员等信息的邮政标准化工作数据库。

标准化知识的宣传和培训:(1)组织力量编写邮政标准化知识的文章,并利用各种媒体进行宣传;(2)组织召开2—4次标准宣贯会,进一步提高各级邮政管理人员和技术人员对标准化的认识;(3)对邮政标准技术工作组专家及各省(自治区、直辖市)标准化工作人员进行标准化知识培训,做到各邮政标准技术工作组专家持证上岗。　　　　　　　　　　(傅智文)

youzheng chanpin zhiliang jiandu guanli

邮政产品质量监督管理(quality supervision and administration of the postal products) 为了促进邮政产业的健康发展,提高邮政产品质量,加强邮政产品市场的管理而建立的邮政产品质量监督抽查制度。2002年7月1日,国家邮政局根据《中华人民共和国产品质量法》及有关规定,制定颁布了《邮政产品质量监督抽查管理办法(暂行)》,初步建立起了我国邮政产品质量监督抽查制度。

国家邮政局依法对可能危及人体健康和人身、财产安全、影响邮政通信质量产品以及消费者反映有质量问题的邮政产品进行监督抽查。国家邮政局对邮政产品进行质量监督抽查的依据是:中华人民共和国国家标准;行业标准;国家邮政局批准的产品技术暂行规定。

国家邮政局计划财务部归口管理邮政产品质量监督抽查工作。其主要职责是:组织制定年度质量监督抽查计划;审批质量监督抽查方案的实施细则;审查质量监督抽查结果并发布通告。

国家邮政局计划财务部科技处具体负责邮政产品质量监督抽查的组织实施工作。承担质量监督抽查的检验机构必须是依法设立,取得国家计量认证证书,并经国家邮政局授权的产品质量监督检验机构。质检机构应在每年9月30日以前,提出下一年度质量监督抽查计划建议表,报国家邮政局计划财务部。计划财务部根据邮政产品质量的实际情况,提出邮政产品质量监督抽查计划。质检机构应当根据质量监督抽查计划提出产品质量监督抽查实施细则,报国家邮政局计划财务部,经审批后统一组织实施。实施细则的主要内容应包括:产品质量概况、检验依据、检验项目、判定原则、抽样方法、抽查企业名单和经费预算等。质量监督抽样人员进行现场抽样应当持"国家邮政局产品质量监督抽查通知书"和个人身份证件,从企业成品库或生产线末端按规定抽取样品,或者从市场上抽取样品。并按抽样方法规定的数量抽取样品。质检机构必须严格按照质量监督抽查实施细则进行检验,保证检验工作客观、公正、科学,真实地出具检验报告。

检验结束后,质检机构应当及时将"邮政产品质量监督抽查检验报告"送交受检生产企业。将产品质量监督抽查工作总结报告、检验结果汇总表,和检验报告(复印件),报送国家邮政局计划财务部。

邮政产品生产企业和经销单位不得拒绝国家邮政局依法进行的产品质量监督抽查,不得以任何理由和形式为抽查设置障碍。凡监督抽查中产品不合格的企业应在规定时间内进行整改,对连续两次监督抽查不合格的企业,应按国家有关规定由相关部门进行处理。对拒绝抽样或抽样后拒不送样的企业,其产品按不合格处理。质检机构和受检企业应妥善保存抽样样品,保存时间直至企业确认检验结果为止。

为了保证产品质量监督抽查工作的公正性,抽样人员在抽样现场,应将"国家邮政局产品质量监督抽查情况反馈单"交送受检单位。受检单位应根据产品抽样、检测工作的实际情况认真填写,并反馈给国家邮政局计划财务部。　　　　　　　　　　(傅智文)

youzheng duchayuan

邮政督察员(postal inspector) 邮政行业监督检查人员。1995年9月18日,为加强邮政行业管理,规范企业行为和市场秩序,维护邮政信誉和用户利益,根据

《中华人民共和国邮政法》和《中华人民共和国邮政法实施细则》的原则规定，原邮电部制定发布了《邮政行业监督检查办法（试行）》。邮政行业监督检查实行两级管理，国家邮政局负责对省、自治区、直辖市邮政管理局的监督检查；省、自治区、直辖市邮政管理局负责对所属地（市）、县（市）局的监督检查。自治区、直辖市邮政管理局及其委派的地（市）局通信行业管理部门应根据需要配备一定数量的专职或兼职的邮政行业监督检查人员，担负本地区邮政行业的监督检查任务。

邮政督察人员的职责　国家邮政局邮政督察人员的职责：（1）对各管理局贯彻邮政法律法规、邮政经营方针政策、部颁邮政服务质量标准情况及邮政通信国家标准用品的监制工作进行检查；对各省会局、地（市）局贯彻上述法律法规、方针政策、标准的情况进行抽查；（2）对各管理局执行集邮政策及邮资票品管理的情况进行检查；对各省会局、地（市）局集邮公司执行上述政策及邮资票品管理情况进行抽查；（3）依法对各省（自治区、直辖市）、地（市）邮政通信市场、集邮市场的管理情况进行抽查；（4）负责对各管理局邮政督察人员的工作进行检查指导，并组织培训和经验交流活动；（5）了解掌握全国邮政法律法规、邮政服务质量标准贯彻执行情况和全国邮政通信市场、集邮市场状况，并对存在的突出问题及时提出改进意见和建议。省、自治区、直辖市邮政管理局邮政督察人员的职责：（1）对所属地（市）局贯彻邮政法律法规、服务质量标准、经营方针政策的情况进行检查；对所属县（市）局贯彻上述法律法规、标准、方针政策的情况进行抽查；（2）对所属地（市）局、集邮公司执行集邮政策、邮资票品管理情况进行检查；对县（市）局执行上述政策及集邮票品管理情况进行抽查；（3）依法对本省（自治区、直辖市）邮政通信市场、集邮市场管理情况进行抽查；（4）负责对所委派的地（市）局邮政督察人员的培训，并对其督察工作进行检查指导；（5）负责组织所属邮政行业监督检查工作经验交流活动；（6）掌握全省（自治区、直辖市）贯彻邮政法律法规、服务质量标准以及邮政通信市场、集邮市场管理情况，并对存在的突出问题提出改进意见和建议。受管理局委派执行邮政行业监督检查任务的地（市）局邮政督察人员的职责，由各管理局根据邮政行业监督检查的基本任务，结合本省（自治区、直辖市）具体情况，自行规定。

各级邮政督察人员在执行监督检查任务时具有的权限：（1）根据监督检查工作的需要，有权要求被检查单位领导及相关工作人员予以配合，对检查发现的问题有权责成被查单位进行调查并限期改正；（2）有权进入被查单位的工作现场，有权要求开启相关工作房间、箱柜，有权查阅相关档案、人民来信、来访记录等资料，有权询问任何有关的工作人员；（3）执行检查邮资票品管理任务时，有权查阅相关账目、资料，有权要求工作人员提供客户的住址、单位、姓名及其他线索，有权询问客户票源、数量、价格等有关事项；（4）执行检查集邮市场管理任务时，有权配合工商等有关部门对违法经营者依法进行查处；（5）依法执行检查邮政通信市场任务时，有权要求有关人员给予配合，发现违法经营行为有权制止，对违法经营者有权会同工商等部门依法进行查处；（6）在监督检查工作中，发现内部不称职的工作人员，在提供充分事实依据的情况下，有权建议被查单位领导暂时停止或调换其工作；（7）有权阅看涉及邮政行业监督检查工作的有关文件、通知、资料，有权参加相关会议；（8）在执行检查任务时遇有特殊需要，可以要求上级邮政主管部门临时赋予相应的权力。

邮政督察具体制度　邮政行业监督检查实行持证检查制度，邮政督察人员执行检查任务时应出示邮政督察证。各管理局邮政督察人员的督察证由邮政部核发，管理局委派的地（市）局邮政督察人员的督察证由其所隶属的管理局核发。邮政行业监督检查工作实行报告书制度。邮政督察报告书的内容应包括：被查单位、检查日期、项目、发现的主要问题、处理意见、领导批示等，具体式样由各管理局自定。邮政行业监督检查实行定期全面检查和不定期专题抽查的方法，部对省（自治区、直辖市）除不定期专项抽查外，至少每两年普遍检查一次；管理局对所属地（市）局、集邮公司除不定期抽查外，至少每年普遍检查一次。地（市）局对县（市）的检查频次由各管理局规定。邮政行业监督检查一般采取现场检查、事后检查和社会调查的方法进行，无论采取哪种方法，都应突出重点，注重检查效果。

（傅智文）

youzheng huipiao xieding
《邮政汇票协定》（Postal Money Orders Agreement）　1994年9月14日在汉城签订，自1996年1月1日起生效，有效期限直至下届大会的法规生效之日为止。协定正本经各缔约国政府全权代表签署，交由国际局总局长存档。副本由大会所在国政府送交各缔约国一份。我国于1994年9月14日签署，1997年1月31日由国务院核准。

邮政汇票协定的宗旨　各缔约国同意相互间开办的邮政汇票互换业务，均应按本协定的各项规定办理。非邮政机构可以通过邮政主管部门参加按本协定各项规定经办的互换业务。上述非邮政机构应与本国的邮政主管部门互相协商，以便全面执行本协定的各项条款，并在商定意见范围内，作为本协定所指的邮政机构行使其权利和履行其义务。在非邮政机构与其他缔约国邮政主管部门以及与国际局的关系中,该邮政主管部门应作为居间机构。

邮政汇票的种类 (1)普通汇票:汇款人在邮局营业窗口交现金或者要求记入其邮政活期账户借方,并要求向收款人支付一笔现金。普通汇票通过邮路寄递。普通电报汇票通过电信方式传递。(2)存款汇票:汇款人在邮局营业窗口交现金,并要求把这笔款项记入收款人邮政账户的贷方。存款汇票通过邮路寄递。电报存款汇票通过电信方式传递。(3)其他业务:各邮政可以协商同意开办双边或多边的其他业务,开办业务的条件应由相关邮政确定。

邮政汇票的开发和兑付 汇票的开发(货币、兑换、款额):除另有协议外,汇票款额应以兑付国货币表示。发汇邮政应确定本国货币与兑付国货币的兑换率。一张普通汇票的最高款额应由相关邮政共同商定。存款汇票的款额不受限制。但各邮政可限制汇款人在一天或所限定时期内交汇的存款汇票的总金额。电报汇票应按国际电信规则的规定办理。

邮政汇票的资费 基本汇费和特殊服务资费,并可向收款人收取投送等相关资费。普通汇票的基本汇费的金额不得超过22.86特别提款权。存款汇票的汇费应低于相同款额的普通汇票的汇费。邮政汇票的互换方式包括邮路、电报、混合方式、磁带或相关邮政间商定的其他任何载体和其他商定的方式。

汇票的有效期 一般是自开发之月起至下一个月月底止;经相关邮政商定,可展延至开发之月后的第3个月月底止。逾期后,直接送达兑付邮局的汇票,只有附有由发汇邮政指定部门应兑付邮局要求签发的展期签证,才能予以兑付。按照第5条第4项规定寄往寄达邮政的汇票,不能办理展期签证。展期签证自签发之日起给予汇票一个新的有效期,有效期限与同日开发的汇票相同。如果不是因为业务上的差错,汇票在有效期终止前未能兑付,就可收取"展期签证"费,其金额为最高0.65特别提款权。如同一汇款人在同一天内向同一收款人汇发多张汇票,其总款额超过兑付邮政规定的最高款额时,兑付邮政有权分批兑付这些汇票,使同一天内付给收款人的汇款不超过这个最高款额。汇票应按兑付国的规章进行兑付。

邮政汇票相关的责任 在汇票按规定手续兑付之前,各邮政对交汇的汇款应承担责任。各邮政免于承担任何责任的情形:(1)在汇票的传递和兑付中发生延误时;(2)业务档案因不可抗力而损毁,以致该邮政无法提供汇票的兑付情况,而又无其他证据证明其应承担责任时;(3)第RE612条所指的规定期限已满;(4)如果在《邮政汇票协定》第30.1条所规定期限届满之后,对汇票是否合法兑付提出异议。如果兑付邮政不能证明汇票已按其规章规定的条件兑付,则应由兑付邮政承担责任。在发生兑付伪造汇票的情况时,由在其国境内受理伪造汇票的邮政负责;遇有兑付了以伪诈手段增加金额的汇票时,应由在其国境内发生汇票篡改的邮政负责;但如不能确定篡改发生在哪一国家内,或者当篡改发生在一个未参加本协定的转汇国国内而无法取得补偿时,由发汇邮政和兑付邮政平均分担损失。除此之外,责任应由发汇邮政承担。

下列情况应由发汇邮政和兑付邮政平均分担责任:(1)如差错应由双方邮政负责,或无法确定差错发生在哪一国家内;(2)如电报传送差错发生在居间国国内;(3)如无法确定电报传送差错发生在哪一国家内。向索赔人办理补偿手续时,如补偿金系付给收款人的,应由兑付邮政负责;如补偿金应支付给汇款人的,则应由发汇邮政负责办理。

兑付邮政的报酬 每兑付一张普通汇票,发汇邮政应付给兑付邮政一笔酬金,《协定》第10条作了具体规定。当收取的发汇汇费高于8.17特别提款权时,应兑付邮政的要求,相关邮政可商定使报酬高于第1项规定的费率。对存款汇票和免费开发的汇票,不付予任何报酬。对于通过清单互换的汇票,除第1项规定的报酬之外,还应给兑付邮政0.16特别提款权的附加报酬。对于通过清单互换的汇票,可比照执行第2项的规定。对于只兑付给收款人本人的每张汇票,发汇邮政应付给兑付邮政0.13特别提款权的附加报酬。

账目管理 各兑付邮政应按每个发汇邮政,对普通汇票兑付的款额编造月账单,或者对当月通过清单互换的普通汇票所收到的清单的款额编造月账单。月账单应按照细则所附式样编造。并应定期将月账汇造总账,以便结出差额。在采用第RE503条规定的混合互换方式的情况下,如果汇票直接从发汇邮政寄到兑付邮局,则每个兑付邮政应编制付款数额月账;如果汇票从发汇邮政的邮局寄到兑付邮政的互换局,则每个兑付邮政应编制1个月所收到的汇票汇款数额的月账。如果汇票是用不同货币兑付的,则应将结收对方邮政的最小款额折算成结收最大款额所使用货币。这一折算应以欠款邮政在账务相关期间的正式平均外汇兑换率作为基础。平均兑换率应一律计算至四位小数。结算账目也可根据月账办理,不采取差额冲账办法,或通过建立邮政活期联系账户进行。

协定的修改 提交大会的与本协定及其实施细则有关的提案,应由参加本协定并出席大会和参加表决的会员国多数同意,方为有效。表决时应至少有参加大会的半数会员国出席。由大会交由邮政经营理事会作出决定的或在两届大会之间提出的与本协定实施细则有关的提案,应由参加本协定的邮政经营理事会多数理事国同意,方为有效。在两届大会之间提出的与本协定有关的提案,须获得下列票数,方为有效:有关增加新的条款，须获2/3票数通过而且至少有参加本协定会员国中的半数对征询作出了答复；有关修改本协定条款的，须获得多数票同意而且至少有参加本协定会员国中的半数对征询作出了答复；有关解释本协定各项条款的，须获多数票同意。虽有协定最后条款第3.3.1项条款的规定，但任何会员国在其国家法规与提案增加的条款发生抵触时，均可在增加条款的通知发出后90天内，向国际局总局长提交书面声明，指出其不能接受增加的条款。　　　　　　（傅智文）

youzheng qiye suodeshui zhidu

邮政企业所得税制度(postal enterprise income tax institution)　　邮政企业取得的生产、经营所得和其他所得，包括来源于境外的所得，按照《中华人民共和国企业所得税暂行条例》及有关规定，缴纳的企业所得税。1999年6月9日，国家税务总局制定发布《关于邮政企业缴纳企业所得税问题的通知》规范邮政企业所得税缴纳。

　　邮政企业取得的营业收入和其他业务收入，均应依照税收法规的规定计算缴纳企业所得税。(1)邮政企业取得的营业收入主要包括函件收入、特快专递收入、汇票收入、集邮收入、包裹收入、机要通信收入、报刊发行收入、邮政储蓄收入和其他邮政收入。(2)邮政企业取得的其他业务收入主要包括出售商品、出租商品和其他收入。各级邮政企业应根据实际发生的收入、成本、费用，按税收法规规定填报《企业所得税纳税申报表》。

　　邮政企业发生的成本费用支出，一律按税收法规规定的扣除标准执行，财务、会计制度规定的列支标准与税收法规规定不一致的，应按税收法规规定进行纳税调整。邮政企业购置的仪器仪表、监控器等，不作为固定资产管理，报经主管税务机关批准，其购置支出，可以分期在税前扣除，期限不得少于2年。邮政企业发生的设备、房屋修理费及其他修理费，应按实际发生额计入当期营业成本和费用，但对数额较大的，报经主管税务机关审核确认后，可以分期扣除，扣除的期限不得少于2年。

　　邮政企业发生的业务招待费的税前扣除标准，应依照税收法规的有关规定执行。省级和省级以下邮政企业业务招待费税前扣除的具体操作办法，由当地省级国家税务局会同省级邮政局确定。不同单位的业务收入不得重复计算准予在税前扣除的业务招待费。

　　邮政企业按照年末应收账款余额的3‰计提的坏账准备金，准予在税前扣除，超过部分不得在税前扣除。邮政企业实际发生的坏账损失，先冲抵坏账准备金，不足冲抵的部分，经主管税务机关审核后，准予在税前扣除。

　　根据邮政业务的经营特点，国家邮政局对各级邮政企业实行"收支差额"核算制度，为配合和支持邮政企业加强管理和会计核算，邮政企业上缴和取得的"收支差额"，凡经税务机关审核确认的，可以冲抵或并入当年的应纳税所得额。国家邮政局收取或拨付的"收支差额"由国家税务总局审核确认后执行。各省级邮政企业收取或拨付的"收支差额"，由省级国家税务局审核确认后执行。

　　邮政企业的财产损失、亏损弥补等的审核、审批，按国家税务总局的有关规定执行。

　　各级国家税务局应按照有关规定加强邮政企业所得税的征收管理，认真受理邮政企业的纳税申报，做好纳税情况反馈工作，进行纳税检查，切实履行监督管理职责。　　　　　　　　　　　　　（傅智文）

youzheng qiye zhuanying

邮政企业专营(postal enterprise monopoly)　　邮政企业对于信件和其他具有信件性质的物品的寄递业务的专营，除邮政企业外，未经邮政部门委托，任何单位和个人不得从事这项业务。邮政企业经营下列业务：国内和国际邮件寄递；国内报刊发行；邮政储蓄、邮政汇兑；国务院邮政主管部门规定的适合邮政企业经营的其他业务。

　　邮政汇兑业务是邮政部门受汇款人委托用汇票的方式将其交汇的款项在国内(国际)指定地点兑付给收款人的一项金融业务。主要包括国内邮政汇兑业务和国际邮政汇兑业务。国内汇兑主要包括：普通汇款和电报汇款。以邮寄方式传递汇票的称为普通汇款；以电报方式传递汇票的称为电报汇款。二者的区别在于传递方式的不同，电报汇款由于是以电报的方式传递汇票，所以在传递时间上要比普通汇款快。

　　邮政储蓄业务是邮政企业为国家积聚资金，方便群众参加储蓄，依法经营的一项金融业务。邮政机构办理储蓄业务按照国家统一规定的利率向储户支付利息。邮政储蓄开办的储蓄种类有：活期、活期储蓄异地存取、通知存款、整存整取、零存整取、整存零取、定额定期、存本取息、定活两便、代办业务等。

　　　　　　　　　　　　（张旭娟　柴　坚）

youzheng yongpin yongju jiandu guanli

邮政用品用具监督管理(supervision and administration of postal products and appliance)　　进入邮政通信网中使用的具有国家标准、行业标准或其他影响邮政通信全网运行效能的各类信封、明信片、专用包装用品、信筒信箱、日戳、过戳机、邮资机、条码生成器等的监督管理。邮政用品用具的具体目录由国家邮政局制定，经信息产业部批准后公布。为维护国家利益和用户合法权益,保证邮政通信网的正常运行,加强对邮政用品用具质量的监督管理,根据《中华人民共和国邮政法》、《中华人民共和国邮政法实施细则》及有关法律、行政法规的规定,信息产业部于2001年8月10日制定发布了《邮政用品用具监督管理办法》,本办法适用于邮政用品用具的生产、销售和使用活动。

国家邮政局负责全国邮政用品用具的监督管理工作;省、自治区、直辖市邮政部门根据国家邮政局的授权,负责本行政区域内邮政用品用具的监督管理工作。国家邮政局和省、自治区、直辖市邮政部门为邮政行业管理部门。国家邮政局邮政用品用具质量监督检验中心和国家邮政局信函处理设备监督检验中心是国家邮政局指定的邮政用品用具检测单位,负责邮政用品用具的检测工作。省、自治区、直辖市邮政部门可以选择经过国家技术监督部门认证具有邮政用品用具检测资格的单位作为本省邮政用品用具的检测单位,并将检测单位的资质等情况报国家邮政局备案。

生产监制　国家邮政局根据产品的性质、使用范围和作用,可以授权省、自治区、直辖市邮政部门对部分邮政用品用具进行监制,具体产品目录由国家邮政局公布。省、自治区、直辖市邮政部门应当严格依照本办法规定的程序和条件进行审查,并将批准通过的生产单位名录报国家邮政局备案。

生产邮政用品用具的企业(以下简称生产企业)应当具备以下条件:(1)具有企业法人资格;(2)具有生产相应产品的生产场地和设备(具体条件由邮政行业管理部门根据不同产品的性质作出规定并公布);(3)有健全的质量管理和质量保证体系、具备一定素质的管理人员。属于特种行业的还应具有相关主管部门核发的生产许可证明。

申请办理邮政用品用具生产监制证书的程序:(1)生产企业持企业法人营业执照(包括特种行业生产许可证明)及邮政用品用具生产监制申请表向邮政行业管理部门提出申请;(2)邮政行业管理部门根据综合平衡情况,对生产企业的质量体系进行审查,并根据审查情况填写邮政用品用具企业生产条件审查表;(3)对审查合格的企业,邮政行业管理部门通知检测单位对申请监制的产品进行检测;检测单位将产品的检测结果书面报邮政行业管理部门;(4)邮政行业管理部门根据检测结果,为检测质量合格的生产企业颁发生产监制证书。

境外生产邮政用品用具的企业,其产品进入我国邮政通信网使用的,应当由生产企业或其在我国境内的代理机构向邮政行业管理部门提出进网申请,并提出生产企业的注册、资信证明及其产品质量保证措施等资料,邮政行业管理部门根据市场的需求进行综合平衡,通知检测单位对其产品进行检测,对符合标准的邮政用品用具颁发进网审批证书。进网审批证书为一(批)次有效,需再次进入邮政通信网使用的邮政用品用具,应重新办理进网手续。

在邮政通信网上试用尚未制定标准的邮政用品用具,应当报送国家邮政局对其生产、销售、使用进行专项核准,生产、销售和使用单位在核准的范围内组织生产、销售和使用。

监督检查　通过邮政用品用具生产监制的企业必须按照国家标准或者行业标准组织生产,接受邮政行业管理部门的监督管理。邮政行业管理部门对通过生产监制的生产企业进行年检,对存在的问题提出整改意见。未通过年检的生产企业不得继续生产邮政用品用具。

取得生产监制证书的邮政用品用具生产企业不得从事下列行为:(1)降低产品质量,生产不符合标准的产品;(2)使用过期的或未通过年检的产品监制证书生产邮政用品用具;(3)转证或出售生产监制证书;(4)其他违反法律、法规或本办法的行为。未经邮政行业管理部门批准,任何单位和个人不得擅自生产已经实行生产监制的邮政用品用具;不得伪造、冒用、盗用生产监制(进网审批)证书。对已实行产生监制的邮政用品用具,销售和使用单位在进货时应当查验生产企业的生产监制(进网审批)证书,并记录有关内容,任何单位和个人不得销售和使用未经监制和审批的邮政用品用具。

对带有"中国邮政"、"邮政特快专递"、"EMS"等邮政专用名称或邮政专用标志的邮政用品用具,已实行生产监制的,生产企业只能将产品提供给邮政企业,未实行生产监制的产品,生产企业未经邮政企业的委托,不得擅自生产;非邮政企业不得经营带有邮政专用标志的用品用具;任何单位和个人不得伪造、冒用带有邮政专用标志的用品用具。

邮政行业管理部门定期组织对通过监制邮政用品用具进行质量抽查,并发布质量通告。　　(傅智文)

youzheng zhipiao yewu xieding

《邮政支票业务协定》(Giro Agreement)　1994年9月14日在汉城签订,1996年1月1日生效。我国是签字国,于1996年10月16日由国务院核准。

一般规定　各缔约国同意相互间开办的邮政支票业务为邮政活期账户所提供的一切服务,均应按本协定办理。本协定未明确规定的事项,必要时可比照执行公约、邮政汇票协定及其实施细则的规定。有关本协定提案的通过条件,提交大会的有关本协定及其实施细则的提案,应由参加本协定并出席和参加投票的会员国的多数通过,方为有效。非邮政机构可以通过邮政支票业务部门参加按本协定各项规定经办的互换业务。上述非邮政机构须与本国的邮政主管部门协商一致,以便全面执行本协定的各项条款,并在商定意见范围内作为邮政机构行使本协定规定的权力,履行本协定规定的义务。在上述非邮政机构与其他国家邮政以及与国际局的关系中,该国邮政应作为居间机构。

邮政支票业务种类 邮政支票业务提供的服务种类包括:(1)转账。转账通知受理和执行的条件:除另有协议外,转账款额应以寄达国货币表示;各原寄邮政应确定本国货币与寄达国货币的兑换率;开发通知单邮政应确定它向邮政转账付款人收取的全部归它所有的转账费;寄达邮政应确定对记入邮政活期账户贷方的每笔邮政转账款项应收取的入账费;根据公约(《万国邮政公约》)第7.2条和第7.3.1至7.3.3条所规定条件互换的邮政公事转账,免收一切费用;普通转账通知单在转账的款额已记入收款人账户的贷方后,应免费寄交收款人。电报转账应按国际电信规则的各项规定办理。除上述第3项所规定的转账费外,电报转账的付款人应交付电信传送费,包括给收款人的特殊附言的传送费用。寄达邮政支票局应按每笔电报转账,缮备一份到达通知单,或一份国际或国内转账通知单,并免费寄交收款人。(2)存款。各邮政应商定为互换邮政存款而采用的最适合于它们业务组织的单式和规章。使用存款汇票进行的存款,除第RE501和RE502条的特殊规定外,应按邮政汇票协定的规定办理。使用存款通知单进行的存款:除下述特别规定外,凡对转账业务作出的明确规定,均同样适用于存款业务。开发邮政应确定它向存款人收取的并完全归它所有的存款费用。存款费用不得高于普通汇票的汇费。(3)汇票付款。记入邮政活期账户借方的国际付款,可以使用普通汇票办理。表示记入邮政活期账户借方的款额而开发的普通汇票,应按照邮政汇票协定的规定办理。(4)记名支票付款。各邮政可以使用国内业务单式表示接收到的记名支票。当记名支票的款额超过通常到户兑付的普通汇票的款额时,兑付邮政不承担到户兑付的义务。关于有效期限、展期签证、一般支付办法、快递投交、可能向收款人收取的费用和电报汇款的付款特殊规定等,《邮政汇票协定》第4条第5和6项、实施细则第RE604条第2至4项以及第RE606条的规定,只要国内业务规定与之不相抵触,均适用于记名支票。(5)互换付款的其他方式。通过记入邮政活期账户借方进行的国际付款,也可用磁带或相关邮政商定的其他载体进行。各寄达邮政对以这种形式寄给它的付款通知单,可用国内单式表示。在此条件下,互换条件应在相关邮政签署的特别协议中予以规定。(6)邮政支票。每个邮政都可向邮政活期账户持有人发放邮政支票,还应向已发放邮政支票的邮政活期账户持有人提供邮政支票保付卡,在兑付时必须出示保付卡。保付的最高款额用缔约国商定的货币印在每张邮政支票的背面或附张上。除与兑付邮政另有协议外,开发邮政应确定其货币兑换成付款国货币的兑换率。开发邮政可向邮政支票的签发人收取一项资费。邮政支票的兑付:邮政支票的款额应以兑付国法定货币在邮局窗口兑付给收款人。可用邮政支票兑付的最高款额由各缔约国共同商定。

其他 欲参加邮政计算机网络的邮政金融机构应签署邮政计算机网络协定并缴纳入网费。入网和参加该项业务的条件,在邮政计算机网络协定中已作出明确的规定。申请在国外开立邮政活期账户的条件:申请人要求在与其居住国有转账业务互换关系的另一国家开立邮政活期账户时,申请人居住国邮政应协助开立账户的邮政审核这项申请。邮政支票局送交账户持有人的装有对账单的函件,应通过最快邮路(航空或水陆路)寄发,并在邮联各国免费传递。上述函件在邮联各国改寄时,不论在任何情况下,都不得取消这项免费待遇。

(傅智文)

youzheng zhuanying

邮政专营(postal exclusive right) 国家特许某企业或部门经营在一定范围内受法律保护的邮政业务。未经国家法律许可,任何单位和个人不得经办专营范围内的邮政业务。邮政专营业务和专营保护是对邮政承担普遍服务的一种政策性补偿措施,也是保障公民享有基本通信权的一种政府行为。《中华人民共和国邮政法》第8条第1款规定:"信件和其他具有信件性质的物品的寄递业务由邮政企业专营,但是国务院另有规定的除外。"信件包括信函和明信片。信函是指以套封形式传递的缄封的信息载体,具体内容包括:(1)书信;(2)各类文件;(3)各类单据、证件;(4)各类通知;(5)有价证券。明信片是指裸露寄递的卡片形式的信息载体。具有信件性质的物品是指以符号、图像、音响等方式传递的信息的载体,具体内容包括:(1)印有"内部"字样的书籍、报刊;(2)具有通信内容的图文资料、音像制品。

(薛建兰 景朝阳)

youchang zhuanrang guoyou xiaoxing qiye de chanquan

有偿转让国有小型企业的产权(compensated transfer of property right of small scale state-owned enterprises) 出售国有小型企业产权。国家体改委、财政部、国家国有资产管理局于1989年1月19日颁布《关于出售国有小型企业产权的暂行办法》。该办法规定:应由各级政府的国有资产管理部门负责审核批准。在目前尚未建立国有资产管理部门的地方,哪些小企业产权需要出售,应按照企业隶属关系,由财政部门会同企业主管部门报同级政府作出决定,事先应征求企业经营者和职工代表大会的意见,做好职工的思想工作,减少不必要的震荡和损失。

国有小型企业产权出售的重点类型 国有小企业的产权原则上都可以出售。目前,出售的重点是下列三种类型的企业产权:(1)资不抵债和接近破产的企业;(2)长期经营不善,连续多年亏损或微利的企业;(3)为了优化结构,当地政府认为需要出售产权的企业。已经实行承包或租赁的企业,一般应在承包或租赁期满后再行出售产权。对经营不善或确有必要出售的承包或租赁企业,应按法律程序,先中止承包或租赁合同,再进行出售。国有小企业可以整体拍卖的形式出售产权,资产数额较大的小型工业企业,可以折股分散出售。

国有小型企业产权的购买者 我国提倡跨地区、跨行业、跨部门进行企业产权买卖,以促进一些企业和有关组织运用自己的资金、技术和管理的优势,去购买和经营被出售的企业。国有小企业产权的购买者可以是国内全民所有制企业、集体所有制企业、乡镇企业、"三资"企业、私营企业、合伙和个人。个人、合伙和私营企业购买时,其资金来源是谁购买谁出资;全民所有制企业或城乡集体所有制企业购买其他企业的资金来源是按国家规定可以自主支配的资金。购买者原则上应一次付清价款。如数额较大,一次付清确有困难的,在取得担保的前提下,可以分期付款。分期付款的期限不得超过3年,第一次交款数额不得低于出售价款的30%,欠交的部分应参照银行贷款利率交付利息。

国有小型企业的资产评估 对被出售的国有小型企业的资产(包括无形资产)要认真进行清查评估。由卖方所有者代表委托会计师事务所、审计事务所或组织专门小组,对被出售企业的财产进行全面清查核实和资产评估,并依据评估的资产价值、供求状况等因素,由资产所有者代表提出出售底价。资产评估可以采取以下三种办法:(1)成本法,即按资产全新情况下的现价或重置成本,减去已使用年限的折旧来确定被评估资产的价值;(2)市场法,即按照市场上近期发生的类似资产的交易价来确定被评估资产的价值;(3)收入法,即按预期利润率计算的现值来确定被评估资产的价值。这三种办法可以互相检验,也可以单独使用。确定底盘价格前,要对被出售企业原有债权债务进行清理,随企业出售转移给购买企业的单位或个人,并由有关方面重新签订合同予以确认。

企业产权价格确定的原则 被出售小型企业产权价格的确定,应当遵循以下原则:(1)要保证国家财产不受损失,防止贱价甩卖和泄漏底价;(2)底盘价格的确定应简便易行、公平合理;(3)成交价格要在公开竞争中形成,禁止私下交易。

有偿转让小型企业国有产权净收入的处置 出售国有小企业所得净收入(包括利息收入),除国务院另有规定外,由国有资产管理部门组织解缴国库,尚未建立国有资产管理机构的地方,由财政部门组织入库,均作为专项资金,纳入预算管理。

被出售企业职工安置办法 对被出售企业的退休职工有两种安置办法:一是购买方以接受全部退休职工作为条件,在确定底盘价格时考虑这一因素;二是按照历史有关数据,确定退休职工享受退休待遇的平均年限、人均年退休金,计算出退休职工劳保所需的费用总额,在确定企业产权出卖价格中考虑这一因素,由购买方分期向社会保险机构交纳劳保统筹资金,企业退休职工的劳保费用即由社会保险机构负责支付。一般原则是,购买方是全民所有制或集体所有制企业的,宜采用第一种办法;购买方是合伙、个人和私营企业的,宜采用第二种办法。被出售企业在职职工的安置,要实行双向选择的原则。职工或走或留应在成交过程中达成协议。未被购买方录用及自愿离职的职工3个月内的工资和其他福利待遇不变,由购买方负责,所需费用支出可在确定价格时考虑这一因素。未被录用的职工,请当地劳动部门帮助安排。企业出售过程中,被出售企业原领导班子和职能部门应坚守岗位,确保国有资产不受损失,并配合有关部门做好职工思想工作和资产清理,不得私分公物,滥发奖金、实物。企业出售后,原领导班子成员可由购买方重新聘任,未被聘任的,视同一般职工,由购买方或当地劳动人事部门统一安排。

(马跃进 师湘瑜)

youjiang xiaoshou
有奖销售(lottery-attached sale) 经营者在销售商品或提供服务时,附带向购买者提供物品、金钱或者其他经济利益的销售方式。其形式有奖励所有购买者的附赠式有奖销售和奖励部分购买者的抽奖式有奖销售。经政府或者政府有关部门依法批准的有奖募捐或者其他彩票发售活动,不适用反不正当竞争法中关于有奖销售的规定。

有奖销售是一种促销活动。如果有奖销售的商品质量可靠,价格合理,其合法性无可非议,因为这种销售奖励实际上是对购买者的让利,其性质与降价销售基本相同。特别是在企业初创阶段,有奖销售可以提高经营者的知名度,扩大市场占有率。但另一方面,有奖销售毕竟不是靠商品的优质低价取胜,它主要是利用消费者希望通过购买得到额外好处的投机心理促进销售的,在性质上属于对消费者的利诱。如果企业不是以购买商品为条件向顾客提供赠品,或者赠品价值很小,或者企业仅是在节日或者企业庆典活动中向顾客提供赠品,则不属于利诱行为,因为这种赠品不会影响顾客的购买选择。

我国《反不正当竞争法》第13条以及国家工商行政管理局《关于禁止有奖销售活动中不正当竞争行为的若干规定》禁止下列有奖销售活动:(1)欺骗性有奖销售。例如,谎称有奖销售或者对所设奖的种类、中奖概率、最高奖金额、总金额、奖品种类、数量、质量、提供方法等作虚假不实的表示。(2)利用有奖销售推销质次价高的商品。(3)奖金额超过5000元的抽奖式有奖销售。在实践中,奖金额超过5000元的抽奖式有奖销售,虽然中奖概率很低却能吸引相当部分存在侥幸发财心理的顾客,从而会严重影响其他经营者的正常经营活动,破坏公平竞争秩序。而且,有财力搞巨奖销售的,主要是一些有经济实力的大企业,这将一些财力较弱的中小企业置于不利的竞争地位。因此,法律对这种促销方式应当予以禁止。根据《反不正当竞争法》第26条,经营者进行不正当有奖销售的,由监督检查部门责令停止违法行为,并可根据情节处以1万元以上10万元以下的罚款。 (王晓晔)

youxian zeren gongsi

有限责任公司(limited company) 由法定数额的股东组成的,股东以其出资额为限对公司承担责任,公司以其全部资产对公司的债务承担责任的企业法人。其法律特征是:(1)有限责任的股东只负以其出资为限对财产责任,对公司的债权人不负直接责任;要由公司以其全部资产为限,对公司的债务承担责任。(2)有限责任公司必须具有法定数额的股东。有限责任公司的股东人数的法定限额是2到50人。有限责任公司的股东不限于自然人,法人也有资格成为有限责任公司的股东。(3)有限公司不能公开发行股票募股,股东出资转让也有严格限制。有限责任公司只向特定的人发行,其资本由全体股东在设立时认购缴足。在我国公司法中把有限责任公司向股东颁发的证明其出资的权利证书称为出资证明书。股东出资的转让必须获取股东会或董事会同意,并进行相关的登记程序。
 (方文霖)

youxian zeren gongsi chuzi de zhuanrang

有限责任公司出资的转让(assignment of capital contributions of limited liability company) 在有限责任公司、股东、董事透过转让方式取得原全部或部分出资的行为。有限责任公司所具有的资合公司性质,决定了资本维持对公司存在和运营的重要性。股东、董事出资不得退还,只能通过转让方式取得原全部或部分出资。在法律规定上,向本公司其他股东转让与向非股东转让、股东转让与董事转让是有所区别的。

股东出资转让 我国《公司法》第35条规定:"股东之间可以相互转让其全部出资或者部分出资。股东向股东以外的人转让其出资时,必须经全体股东过半数同意;不同意转让的股东应当购买该转让的出资,如果不购买该转让的出资,视为同意转让。"股东依法转让其出资后,将受让人的姓名或者名称、住所以及受让的出资额记载于股东名册。股东向股东以外的人转让出资时,公司股东有优先购买权。我国《公司法》第35条规定:"经股东同意转让的出资,在同等条件下,其他股东对该出资有优先购买权。"

董事出资转让 董事是董事会成员,与一般股东相比较,董事对公司负有特别之责任。因此,对于董事出资转让,法律限制较为严格。台湾《公司法》第110条规定,有限公司董事出资转让时,须经其他全体股东之同意,始得以其出资之全部或一部转让于他人。这种"全体股东"同意的规定,是法律设置的对董事出资转让的特别限制。

由于大陆出资转让制度尚处于发展完善过程中,作为特殊股东的董事与一般股东的出资转让的区别并不突出,因此《公司法》未对董事出资转让作出特别规定。就是说,现行公司法对一般股东的限制与对董事的限制是相同的。
 (许润霞 魏继华)

youxianzhi ziyou duihuan huobi

有限制自由兑换货币(restrictive convertible currency) 根据《国际货币基金组织协定》,有限制自由兑换货币是指有一定条件限制地可以对国际性经常项目下的往来进行支付的某一会员国货币。它通常不止一个汇率,外汇交易也有限制,但总的来说支付还比较自由,如印度的卢比、非洲金融共同体法郎、原南斯拉夫的第纳尔等等。我国的人民币从1994年起改变了原来只能作为对外贸易中的计价结算单位,限于账面结算的做法,实行了人民币在经常项目下有条件可兑换,因此,人民币也成为了有限制自由兑换货币。
 (罗大帅)

youxiao chepiao

有效车票(valid ticket) 必须是铁路车站出售的,有规定的乘车期限、规定的上车车站和票面指定的乘车车次的车票。对无票乘车或者持失效车票乘车的,应当补收票款,并按照规定加收票款;拒不交付的,铁路运输企业可以责令其下车。 (张旭娟 师湘瑜)

youxiao jingzheng

有效竞争(effective competition) 有效竞争理论是美国经济学家克拉克在20世纪40年代提出来的一种竞争理论,它是指对经济发展有利的、起积极作用的、健康的,根据现实经济条件又是可以实现的竞争。

这种有效竞争理论是"规模"和"竞争"的结合，即一方面要求企业具有一定的规模，已发展规模经济效益，保证企业具有足够的竞争力，同时减少中小企业过度竞争所导致的过高的交易成本；另一方面也要求市场上有足够多的企业参与竞争，使企业保持足够的竞争压力，从而刺激和迫使企业不断改进生产技术，提高产品质量。可见，有效竞争作为"规模"和"竞争"相互协调的理想状态，是在更高层次上、以更有效形式开展的竞争，有利于实现社会经济效益的最大化。综合世界各国的反垄断立法，几乎都是以这种有效竞争为理论前提加以制定的，这是因为有效竞争理论符合现实经济条件下的市场结构状态。

按照微观经济学理论，市场结构形态可分为四种，即完全竞争、垄断竞争、寡头垄断和完全垄断。所谓完全竞争是指市场中存在无数的小规模企业和无数的消费者，没有任何一个卖者或卖主强大到足以影响商品的市场价格。这种竞争结构可以使商品价格达到平均成本的最低水平，但也会妨碍规模经济，阻碍技术进步。垄断竞争是指这样一种市场结构，即在这个市场中企业数量众多，但由于不同企业生产的产品没有完全的替代关系，因而企业之间的竞争激烈。寡头垄断则是指企业数量少规模大，由少数企业控制和瓜分市场的市场结构。完全垄断是指一种产品只有一个卖者的市场结构。从现实生活来看，完全竞争和完全垄断这两种极端情况是不存在的，通常是介于两者之间的情况，即垄断竞争和寡头垄断，但由于寡头垄断结构下的大企业更容易开展垄断行为，因此，各国反垄断法一般都把寡头垄断作为其重点监控对象。而垄断竞争作为一种存在产品差别的市场结构，其反映了现实经济发展的需求。因为在现实市场中，产品的差异、地域的差异、信息的差异总是存在的，从这个角度来说，任何企业总是处于某种程度的垄断状态下。这也就意味着，在现实经济条件下，要建立一种可行的竞争模式，并不在于市场上参与竞争的企业的绝对数量，而在于一定规模经济条件下有利于形成长期均衡的竞争格局。这种规模经济和竞争活力的相互结合，正是有效竞争理论的本质所在。

鉴于我国经济体制改革的目标和目前市场经济发展的实际水平，在将来的反垄断立法中，也应当借鉴国外的立法经验，以有效竞争为目标建立市场结构。

（李 梅）

youxing maoyi

有形贸易（visible trade） "无形贸易"的对称。商品的进出口贸易。由于商品是可以看得见的有形实物，故商品的进出口被称为有形进出口，即有形贸易。国际贸易中的有形商品种类繁多，为便于统计，联合国秘书处于1950年起草了"联合国国际贸易标准分类"，分别在1960年和1974年进行了修订。在1974年的修订本里，把国际贸易商品共分为10大类、63章、233组、786个分组和1924个基本项目。这10类商品分别为：食品及主要供食用的活动物(0)；饮料及烟类(1)；燃料以外的非食用粗原料(2)；矿物燃料、润滑油及有关原料(3)；动植物油脂及油脂(4)；未列名化学品及有关产品(5)；主要按原料分类的制成品(6)；机械及运输设备(7)；杂项制品(8)；没有分类的其他商品(9)。在国际贸易中，一般把0到4类商品称为初级产品，把5到8类商品称为制成品。这个分类标准现已为世界上大多数国家所采纳。有形贸易的收支是构成国际贸易收支的最重要的项目。

（王连喜）

youer guanggao

诱饵广告（bait and switch advertisement） 亦称"钓客广告"。经营者对实际上不能进行交易的商品作出广告，或者对商品数量、日期有显著限制而在广告中未予明示，以此引诱顾客前来购买，并鼓动顾客购买其广告商品之外的商品广告。

通常包括以下几种情形：(1)商家实际上不能销售广告中的商品；(2)商家实际上根本不想销售广告上的商品；(3)广告中的产品或者服务在供应量、期限或者相对交易人等方面有所限制，但是广告中故意不作出说明。在这几种情况下，商家的实际目的不在于销售广告中的商品或者服务，而只是希望借此机会将顾客引诱到他的商店，然后通过各种手段，说服顾客买其他产品或服务，或者利用某些顾客的善良心态，软硬兼施，迫使顾客购买他本来并不想购买的其他商品或者服务。这类广告在传统广告中也存在，但在网络广告中表现得更为频繁，其影响范围也更为广泛。诱饵广告是一种转换销售方案。

在我国的《反不正当竞争法》和《广告法》等对诱饵广告均未作明确的规定，但是，不能据此认为我国现行的法律不能规范诱饵广告。在法律没有使用诱饵广告这一术语，司法实践中，诱饵广告也可以作为诱人误解的虚假广告的一种形式，按照有关规定予以处理。

（苏丽娅）

yuye bulao

渔业捕捞（fishery catch） 有关渔业资源捕捞的政策、限额以及行政管理等制度。依照《渔业法》的规定，有以下几个方面：(1)渔业捕捞政策。国家在财政、信贷和税收等方面采取措施，鼓励、扶持远洋捕捞业的发展，并根据渔业资源的可捕捞量，安排内水和近海捕捞力量。(2)捕捞限额制度。国家根据捕捞量低于渔业资源增长量的原则,确定渔业资源的总可捕捞量,实行捕捞限额制度。国务院渔业行政主管部门负责组织渔业资源的调查和评估,为实行捕捞限额制度提供科学依据。中华人民共和国内海、领海、专属经济区和其他管辖海域的捕捞限额总量由国务院渔业行政主管部门确定,报国务院批准后逐级分解下达;国家确定的重要江河、湖泊的捕捞限额总量由有关省、自治区、直辖市人民政府确定或者协商确定,逐级分解下达。捕捞限额总量的分配应当体现公平、公正的原则,分配办法和分配结果必须向社会公开,并接受监督。国务院渔业行政主管部门和省、自治区、直辖市人民政府渔业行政主管部门应当加强对捕捞限额制度实施情况的监督检查,对超过上级下达的捕捞限额指标的,应当在其次年捕捞限额指标中予以核减。(3)捕捞许可证制度。国家对捕捞业实行捕捞许可证制度,到相关的渔区或者公海从事捕捞作业必须持有有关机关发放的捕捞许可证。捕捞许可证的使用也必须遵照国家法律的有关规定。(4)制造、更新改造、购置、进口的从事捕捞作业的船舶必须经渔业船舶检验部门检验合格后,方可下水作业。　　　　　　　　(刘　鹏)

yuye bulao xukezheng
渔业捕捞许可证(fishery catching license)　我国对捕捞业实行捕捞许可证制度。依据《渔业法》,捕捞许可证制度包括如下内容:(1)捕捞许可证的批准发放机关。海洋大型拖网、围网作业以及到中华人民共和国与有关国家缔结的协定确定的共同管理的渔区或者公海从事捕捞作业的捕捞许可证,由国务院渔业行政主管部门批准发放。其他作业的捕捞许可证,由县级以上地方人民政府渔业行政主管部门批准发放。但是,批准发放海洋作业的捕捞许可证不得超过国家下达的船网工具控制指标。到他国管辖海域从事捕捞作业的,应当经国务院渔业行政主管部门批准,并遵守中华人民共和国缔结的或者参加的有关条约、协定和有关国家的法律。(2)捕捞许可证发放的条件。具备下列条件的,方可发给捕捞许可证:有渔业船舶检验证书;有渔业船舶登记证书;符合国务院渔业行政主管部门规定的其他条件。县级以上地方人民政府渔业行政主管部门批准发放的捕捞许可证,应当与上级人民政府渔业行政主管部门下达的捕捞限额指标相适应。(3)捕捞许可证的使用。捕捞许可证不得买卖、出租和以其他形式转让,不得涂改、伪造、变造。从事捕捞作业的单位和个人,必须按照捕捞许可证关于作业类型、场所、时限、渔具数量和捕捞限额的规定进行作业,并遵守国家有关保护渔业资源的规定,大中型渔船应当填写渔捞日志。　　　　　(刘　鹏　桑东莉)

yuye fa
渔业法(fisheries law)　调整渔业经济活动中有关渔业生产的经济关系,以及与渔业发展有关的渔业资源的增殖和保护方面的法律规范的总称。我国《渔业法》的适用范围是从两个方面限定的:适用于中华人民共和国的内水、滩涂、领海、专属经济区以及中华人民共和国管辖的一切其他海域;适用于属于渔业生产活动的水生动植物的养殖和捕捞。

我国的渔业立法具有较长的历史,新中国建立以后,尤其是改革开放以来,又有了新的发展,1979年国务院和有关部门就分别颁布了《渔业许可证若干问题的暂行规定》、《渔政管理工作暂行条例》等,1980年发布了《渔港监督管理规则》,1983年发布了《海洋捕捞渔船管理暂行办法》和《渔业船舶船员考试规则》等。1986年1月20日第六届全国人大常委会第十四次会议通过了《中华人民共和国渔业法》,1987年10月经国务院批准发布了《中华人民共和国渔业法实施细则》。2000年10月第九届全国人大常委会第十八次会议修改并重新颁布了《中华人民共和国渔业法》。除了国家法律、法规之外,各地方颁布的有关渔业的地方法规也是渔业立法的重要构成。

渔业在世界不少国家的经济和社会发展中占有重要地位,因此,有渔业的国家都十分重视渔业立法和渔政管理。日本早在1901年就制定了《渔业法》,战后又制定了《水产资源保护法》、《沿岸渔业振兴法》、《海洋水产资源开发促进法》等,现在仅渔业方面的法律、法规、规章就有100多种。美国也十分重视渔业立法,1976年颁布了《渔业保护和管理法》,1980年颁布了《水产养殖条例》等。此外,挪威、加拿大和英国的渔业立法也比较健全。各国渔业立法的主要内容有:(1)保护渔业资源,维护本国的渔业权益,促进合理开发和利用,防止酷渔滥捕、水域污染等破坏资源的活动。(2)许多国家都设立了自上而下的渔政机构,明确其相应的职责,以保证渔业法规的正确实施。美国规定由商务部长与海岸警备队负责人共同实施渔业法令,全国设有8个渔业管理的理事会。日本从上到下都有健全的渔政机构,渔业监督官和监督员由政令任命并授予监督权,经所属地区长官与检察长协商制定后,可以兼任司法警察,代表政府执行任务。(3)实行捕捞许可证制度或执照制度,禁止自由捕捞,自由造船用船;划定禁渔区和禁渔期;严格规定渔船、渔具、渔法以及捕捞幼鱼的比重及渔获量等。(4)日本、加拿大、美国等国均划定了自己的200海里领海或渔业经济区,对别国渔船的捕捞严加限制。日本禁止无约定国家在其领海捕鱼,对有约定国家也限制捕捞量;美国建立200海里水域保护区后,捕捞配额首先满足美国渔民,剩余部分才配给外国渔船,但仍须有渔业协定,并要领取许可执照后方可捕鱼,捕鱼者还要纳税。此外,渔业经济比较发达的国家除重视渔业立法外,还很重视执法工作,对违法行为处罚也比较严厉,所以,比较有效地实现了渔业资源的严格管理,从而使一些国家已遭破坏的渔业资源得以恢复,日本至今沿海渔场资源不减,渔业生产经久不衰。

我国《渔业法》共6章50条,包括:总则、养殖业、捕捞业、渔业资源的增殖和保护、法律责任、附则等部分。本法适用于在中华人民共和国的内水、滩涂、领海、专属经济区以及中华人民共和国管辖的一切其他海域从事养殖和捕捞水生动物、水生植物等渔业生产活动。国家对渔业的监督管理,实行统一领导、分级管理。外国人、外国渔业船舶进入中华人民共和国管辖水域,从事渔业生产或者渔业资源调查活动,必须经国务院有关主管部门批准,并遵守相关关法律、法规。

养殖业 国家对水域利用进行统一规划,单位和个人使用全民所有的水域、滩涂的,应当向渔业行政主管部门提出申请,由本级人民政府核发养殖证。核发养殖证的具体办法由国务院规定。集体所有的或者全民所有的水域、滩涂,可以由个人或者集体承包,从事养殖生产。国家建设征用集体所有的水域、滩涂,按照《中华人民共和国土地管理法》有关征地的规定办理。水产新品种必须经全国水产原种和良种审定委员会审定,由国务院渔业行政主管部门批准后方可推广。水产苗种的进口、出口必须实施检疫,防止病害传入境内和传出境外。引进转基因水产苗种必须进行安全性评价,具体管理工作按照国务院有关规定执行。县级以上人民政府渔业行政主管部门应当加强对养殖生产的技术指导和病害防治工作。

捕捞业 国家鼓励、扶持远洋捕捞业的发展,根据渔业资源的可捕捞量,安排内水和近海捕捞力量。国家确定渔业资源的总可捕捞量,实行捕捞限额制度。国务院渔业行政主管部门确定捕捞限额总量,报国务院批准后下达;重要江河、湖泊的捕捞限额总量由有关省、自治区、直辖市人民政府确定或者协商确定、下达。国家对捕捞业实行捕捞许可证制度,捕捞许可证不得买卖、出租和以其他形式转让,不得涂改、伪造、变造。发给捕捞许可证的条件是:有渔业船舶检验证书;有渔业船舶登记证书;符合国务院渔业行政主管部门规定的其他条件。从事捕捞作业的单位和个人,必须按照捕捞许可证的规定进行作业。捕捞作业的船舶设备变更,必须经渔业船舶检验部门检验合格后,方可下水作业。具体管理办法由国务院规定。渔港建设应当遵守国家的统一规划,实行谁投资谁受益的原则。

渔业资源的增殖和保护 县级以上人民政府渔业行政主管部门对渔业水域实行统一管理,向受益的单位和个人征收渔业资源增殖保护费,用于增殖和保护渔业资源。渔业资源增殖保护费的征收办法由国务院渔业行政主管部门会同财政部门制定。国家建立水产种质资源保护区,未经批准,任何单位或者个人不得在水产种质资源保护区内从事捕捞活动。禁止使用破坏渔业资源的方法进行捕捞。禁止捕捞有重要经济价值的水生动物苗种,有特殊需要,必须经国务院渔业行政主管部门或者地方渔业行政主管部门批准。对渔业资源有严重影响的建设单位,应当建造过鱼设施或者采取补救措施。有关主管部门应当确定渔业生产所需的最低水位线。禁止围湖造田。对渔业资源有严重影响的施工作业,作业单位应事先同有关县级以上人民政府渔业行政主管部门协商,采取措施,防止或者减少对渔业资源的损害;造成渔业资源损失的,由有关县级以上人民政府责令赔偿。各级人民政府采取措施,保护和改善渔业水域的生态环境,防治污染自觉保护水生野生动物。

法律责任 使用破坏渔业资源方法进行捕捞的,违反关于禁渔区、禁渔期的规定进行捕捞的,或者使用禁用的渔具、捕捞方法和小于最小网目尺寸的网具进行捕捞或者渔获物中幼鱼超过规定比例的、偷捕、抢夺他人养殖的水产品的,或者破坏他人养殖水体、养殖设施的,依法予以惩处,构成犯罪的,依法追究刑事责任。不能合法使用水域、滩涂的;超越养殖证许可范围而从事养殖生产的;未办理许可证或超越许可范围擅自从事养殖或捕捞生产,或涂改、买卖、出租捕捞许可证等情况,都要依法追究责任。外国人、外国渔船擅自进入我国管辖水域从事渔业生产和渔业资源调查活动的,要视情节查处或追究刑事责任。渔业行政主管部门和其管理机构及其工作人员违反本法规定从事渔业生产经营活动的,或有滥用职权、徇私舞弊行为的,依法追究责任。

(桑东莉 吕瑞萍 刘 鹏)

yuye guanli jiguan

渔业管理机关(administrative department for fishery) 国家主管渔业工作的各级行政机关。依据我国《渔业法》的规定,国务院渔业行政主管部门主管全国的渔业工作。县级以上地方人民政府渔业行政主管部门主管本行政区域内的渔业工作。县级以上人民政府渔业行政主管部门可以在重要渔业水域、渔港设渔政监督管理机构。县级以上人民政府渔业行政主管部门及其所属的渔政监督管理机构可以设渔政检查人员。渔政检查人员执行渔业行政主管部门及其所属的渔政监督管理机构交付的任务。

(刘 鹏)

yuye jiandu guanli

渔业监督管理(system of fishery supervision) 根据《渔业法》规定,国家对渔业的监督管理。实行统一领导、分级管理。海洋渔业,除国务院划定由国务院渔业行政主管部门及其所属的渔政监督管理机构监督管理的海域和特定渔业资源渔场外,由毗邻海域的省、自治区、直辖市人民政府渔业行政主管部门监督管理。江河、湖泊等水域的渔业,按照行政区划由有关县级以上人民政府渔业行政主管部门监督管理;跨行政区域的,由有关县级以上地方人民政府协商制定管理办法,或者由上一级人民政府渔业行政主管部门及其所属的渔政监督管理机构监督管理。《渔业法实施细则》对我国渔业监督管理机关及其权限范围的划分作了进一步明确、细致的规定。同时,还规定渔场和渔业生产,应当以渔业资源可捕量为依据,按照有利于保护、增殖和合理利用渔业资源,优先安排邻近地区、兼顾其他地区的原则,统筹安排。国务院渔业行政主管部门的渔政渔港监督管理机构,代表国家行使渔政渔港监督管理权。渔政检查人员有权对各种渔业船舶的证件、渔船、渔具、渔获物和捕捞方法,进行检查。渔政检查人员经国务院渔业行政主管部门或者省级人民政府渔业行政主管部门考核,合格者方可执行公务。渔业行政主管部门及其所属的渔政监督管理机构,应当与公安、海监、交通、环保、工商行政管理等有关部门相互协作,监督检查渔业法规的施行。群众性护渔管理组织,应当在当地县级以上人民政府渔业行政主管部门的业务指导下,依法开展护渔管理工作。 (刘 鹏)

yuyequan

渔业权(fishery rights) 进行渔业生产活动所应取得的权利。渔业权主要意味着权益人可以进行采捕、养殖水生动植物,并通过有关行为才能对渔获物进一步享有物的所有权。基于此,渔业权是一种区别于民法物权的特别物权,是由渔业法予以特别规范、赋予特定名称和专门内容的资源物权。根据我国《渔业法》的规定,主要包括水面、滩涂的所有权,养殖使用权,捕捞权等。

水面、滩涂的所有权 我国《宪法》规定:由法律规定属于集体所有的滩涂除外,滩涂属于国家所有。《民法通则》规定:劳动群众集体所有制的财产包括法律规定为集体所有的滩涂。据此,我国的滩涂有两种所有权:国家滩涂所有权和集体滩涂所有权。水面作为水体的一部分,根据《水法》的规定,有水面的国家所有权和水面的集体所有权。水面、滩涂的集体所有权的取得,主要为法定所有。水面、滩涂的国家所有权的取得,除法定所有外,还可以征用取得。《渔业法》第14条规定:国家建设征用集体所有的水域、滩涂,按照《中华人民共和国土地管理法》有关征地的规定办理。

水面、滩涂的养殖使用权 一定社会主体为从事养殖水生动植物而对国有或集体所有的水面、滩涂利用的权利。《渔业法》第11条规定:国家对水域利用进行统一规划,确定可以用于养殖业的水域和滩涂。单位和个人使用国家规划确定用于养殖业的全民所有的水域、滩涂的,使用者应当向县级以上地方人民政府渔业行政主管部门提出申请,由本级人民政府核发养殖证,许可其使用该水域、滩涂从事养殖生产。集体所有的或者全民所有由农业集体经济组织使用的水域、滩涂,可以由个人或者集体承包,从事养殖生产。据此,集体或者个人可以承包方式取得国有或集体所有的水面、滩涂的养殖使用权。

捕捞权 一定社会主体以一定程序取得捕捞许可证,按捕捞许可证的规定捕捞水生动植物,并进而获得捕获物所有权的权利。按《渔业法》的规定,捕捞权可以分为内陆水域捕捞权、近海捕捞权和外海、远洋捕捞权等。另外,我国《渔业法》及其实施细则还规定了对涉外主体捕捞权的限制。《渔业法》第8条规定:外国人、外国渔业船舶进入中华人民共和国管辖水域,从事渔业生产或者渔业资源调查活动,必须经国务院有关主管部门批准,并遵守本法和中华人民共和国其他有关法律、法规的规定;同中华人民共和国订有条约、协定的,按条约、协定办理。国家渔政渔港监督管理机构对外行使渔政渔港监督管理权。 (桑东莉)

yuye yangzhi

渔业养殖(fishery breed) 渔业养殖制度。主要规定包括:(1)渔业养殖的政策。国家鼓励全民所有制单位、集体所有制单位和个人充分利用适于养殖的水域、滩涂,发展养殖业。(2)对养殖业水域和滩涂的管理。国家对水域利用进行统一规划,确定可以用于养殖业的水域和滩涂。单位和个人使用国家规划确定用于养殖业的全民所有的水域、滩涂的,使用者应当向县级以上地方人民政府渔业行政主管部门提出申请,由本级人民政府核发养殖证,许可其使用该水域、滩涂从事养殖生产。核发养殖证的具体办法由国务院规定。集体所有的或者全民所有由农业集体经济组织使用的水域、滩涂,可以由个人或者集体承包,从事养殖生产。县级以上地方人民政府在核发养殖证时,应当优先安排当地的渔业生产者。当事人因使用国家规划确定用于养殖业的水域、滩涂从事养殖生产发生争议的,按照有关法律规定的程序处理。在争议解决以前,任何一方不得破坏养殖生产。国家建设征用集体所有的水域、滩涂,按照《中华人民共和国土地管理法》有关征地的规定办理。县级以上地方人民政府应当采取措施,加强对商品鱼生产基地和城市郊区重要养殖水域的保护。(3)对水产苗种的管理。国家鼓励和支持水产优良品种的选育、培育和推广。水产新品种必须经全国水产原种和良种审定委员会审定,由国务院渔业行政主管部门批准后方可推广。水产苗种的进口、出口由国务院渔业行政主管部门或者省、自治区、直辖市人民政府渔业行政主管部门审批。水产苗种的生产由县级以上地方人民政府渔业行政主管部门审批。但是,渔业生产者自育、自用水产苗种的除外。水产苗种的进口、出口必须实施检疫,防止病害传入境内和传出境外,具体检疫工作按照有关动植物进出境检疫法律、行政法规的规定执行。引进转基因水产苗种必须进行安全性评价,具体管理工作按照国务院有关规定执行。(4)养殖生产中的病害防治和环境保护。县级以上人民政府渔业行政主管部门应当加强对养殖生产的技术指导和病害防治工作。从事养殖生产不得使用含有毒有害物质的饵料、饲料。从事养殖生产应当保护水域生态环境,科学确定养殖密度,合理投饵、施肥、使用药物,不得造成水域的环境污染。 (刘 鹏)

yuye ziyuan zengzhi he baohu
渔业资源增殖和保护(increase and protection of fishery resources) 渔业法对渔业资源增殖和保护制度。我国《渔业法》规定如下内容:(1)渔业资源增殖保护费制度。县级以上人民政府渔业行政主管部门应当对其管理的渔业水域统一规划,采取措施,增殖渔业资源。县级以上人民政府渔业行政主管部门可以向受益的单位和个人征收渔业资源增殖保护费,专门用于增殖和保护渔业资源。渔业资源增殖保护费的征收办法由国务院渔业行政主管部门会同财政部门制定,报国务院批准后施行。(2)水产种质资源的保护。国家保护水产种质资源及其生存环境,并在具有较高经济价值和遗传育种价值的水产种质资源的主要生长繁育区域建立水产种质资源保护区。未经国务院渔业行政主管部门批准,任何单位或者个人不得在水产种质资源保护区内从事捕捞活动。(3)对捕捞方法、时间及地域的禁、限措施。禁止使用炸鱼、毒鱼、电鱼等破坏渔业资源的方法进行捕捞。禁止制造、销售、使用禁用的渔具。禁止在禁渔区、禁渔期进行捕捞。禁止使用小于最小网目尺寸的网具进行捕捞。捕捞的渔获物中幼鱼不得超过规定的比例。在禁渔区或者禁渔期内禁止销售非法捕捞的渔获物。重点保护的渔业资源品种及其可捕捞标准,禁渔区和禁渔期,禁止使用或者限制使用的渔具和捕捞方法,最小网目尺寸以及其他保护渔业资源的措施,由国务院渔业行政主管部门或者省、自治区、直辖市人民政府渔业行政主管部门规定。(4)对有重要经济价值的水生动物苗种的保护。禁止捕捞有重要经济价值的水生动物苗种。因养殖或者其他特殊需要,捕捞有重要经济价值的苗种或者禁捕的怀卵亲体的,必须经国务院渔业行政主管部门或者省、自治区、直辖市人民政府渔业行政主管部门批准,在指定的区域和时间内,按照限额捕捞。在水生动物苗种重点产区引水用水时,应当采取措施,保护苗种。(5)对渔业资源有严重影响的建筑工程的限制。在鱼、虾、蟹洄游通道建闸、筑坝,对渔业资源有严重影响的,建设单位应当建造过鱼设施或者采取其他补救措施。用于渔业并兼有调蓄、灌溉等功能的水体,有关主管部门应当确定渔业生产所需的最低水位线。禁止围湖造田。沿海滩涂未经县级以上人民政府批准,不得围垦;重要的苗种基地和养殖场所不得围垦。进行水下爆破、勘探、施工作业,对渔业资源有严重影响的,作业单位应当事先同有关县级以上人民政府渔业行政主管部门协商,采取措施,防止或者减少对渔业资源的损害;造成渔业资源损失的,由有关县级以上人民政府责令赔偿。各级人民政府应当采取措施,保护和改善渔业水域的生态环境,防治污染。(6)国家对白鳍豚等珍贵、濒危水生野生动物实行重点保护,防止其灭绝。禁止捕杀、伤害国家重点保护的水生野生动物。

(刘 鹏 桑东莉)

yuzheng guanxia he guanli zhidu
渔政管辖和管理制度(system of fishery administrative jurisdiction and management) 中央渔政主管部门与各级地方渔政主管部门及其所属的渔政管理监督机关根据水域、行政区划和渔业资源等所确定的监督管理分工和权限制度。《渔业法》规定:国务院渔业行政主管部门主管全国的渔业工作。县级以上地方人民政府渔业行政主管部门主管本行政区域内的渔业工作。县级以上人民政府渔业行政主管部门可以在重要渔业水域、渔港设监督管理机构。国家对渔业的监督管理,实行统一领导、分级管理。海洋渔业,除国务院划定由国务院渔业行政主管部门及其所属的渔政监督管理机构管理的海域和特定渔业资源渔场外,由毗邻海域的省、自治区、直辖市人民政府渔业行政主管部门监督管理。江河、湖泊等水域的作业,按照行政区划由有关县级以上人民政府渔业行政主管部门监督管理;跨行政区域的,由有关县级以上地方人民政府协商制定管理办法,或者由上一级人民政府渔业行政主管部门及其所属的渔政监督管理机构监督管理。国家渔政渔港监督管理机构对外行使渔政渔港监督管理权。渔政管理的主要内容有:(1)渔船管理。渔船是渔业生产的基本生产资料之一,对渔业生产的安全,渔业资源保护有直接关系,对渔船管理是渔政管理的重要职责。主要内容为:制造、更新改造、购置、进口捕捞船舶的管理和检验,渔业船舶登记证书、航行签证簿、船舶户口簿等船舶有关证书、文件的管理等。(2)船员管理。渔船船员资格和船员配备,是渔业生产的技术保证和安全保证条件之一,渔船的职务船员未经考试合格,未取得职务船员证书,不得任职。(3)渔港监督管理。渔港是渔业生产、经营的基地和依托,对渔业经济活动、生产安全和渔业资源保护有重要意义。渔港的监督管理是渔政中的专门内容之一,应依照国务院渔政主管部门发布的专门行政法规或规章予以执行。

(桑东莉)

yumaoyi youguan de touzi cuoshi xieyi
与贸易有关的投资措施协议(Agreement on Trade-Related Investment Measures, TRIMS) 1993年12月乌拉圭回合多边贸易谈判达成的《与贸易有关的投资措施协议》。TRIMS是关税与贸易总协定第一次就国际投资问题达成的协议,也是最新的国际投资约束规则,它将关税与贸易总协定的基本原则(如国民待遇、透明度等)引入了国际投资领域,对国际投资法的发展产生了重要的影响。随着世界贸易组织的成立,该协议成为世界贸易组织法律体制的重要组成部分。

该协议的宗旨是:在不违背《关贸总协定》第3条关于国民待遇和第11条关于数量限制的规定的前提下,达到以下的目标:(1)有利于投资的跨国流动,以促进世界贸易的进一步发展和自由化;(2)确保自由竞争,以加速所有贸易方特别是发展中国家的经济发展;(3)照顾发展中国家,特别是最不发达国家在贸易、金融和经济发展方面的需求,分别给予3—5年的实施本协定的过渡期。

《与贸易有关的投资措施协议》由序言、正文和附录组成,其中正文共有9个条款和1个附件。协议主要对适用范围、国民待遇和取消数量限制、例外、发展中国家成员方、通知与过渡期安排、透明度、与贸易有关的投资措施委员会、磋商与争端解决和货物贸易委员会的审查等内容作出了规定,并将所禁止实施的与贸易有关的投资措施的"解释性清单"规定在了附录中。其中,根据关贸总协定的基本精神,关于国民待遇和取消数量限制成为协议的核心内容。 (罗大帅)

yumaoyi youguan de zhishi chanquan xieyi
与贸易有关的知识产权协议(Agreement on Trade-Related Aspects of Intellectual Property Rights, TRIPS) 1993年12月乌拉圭回合多边贸易谈判达成的《与贸易有关的知识产权协议》。于1994年4月15日在摩洛哥的马拉喀什签订,1995年1月1日正式生效,它是世界贸易组织协议的主要组成部分。世界贸易组织成立以后,专门设立了知识产权理事会,管理知识产权协议。

《与贸易有关的知识产权协议》除序言外,另有73个条款。它的宗旨是:尽力排除对国际贸易的各种障碍,促进对知识产权实行充分有效的保护,并保证知识产权的实施和程序本身不对合法贸易构成壁垒和阻碍。

协议所保护的知识产权包括专利、工业品外观设计、商标、原产地标记、集成电路图设计、版权和相关权利(表演者、广播者及音像制品作者权利)以及商业秘密。TRIPS在内容上主要规定了上述权利的最低保护标准、实施权利的程序及补救手段、争议解决机制,并将关税与贸易总协定的基本原则(如透明度、国民待遇、最惠国待遇等)适用到了知识产权。

与原有的知识产权保护规则相比,TRIPS扩大了各种知识产权的外延:专利的保护延及到对人或动物的诊断、治疗和外科手术方法以及植物和动物品种以外的一切技术领域;计算机程序当作文学作品纳入了版权保护范围;扩大了商标的保护范围,任何标记或标记组合,只要能够将某一企业的商品或服务区别于其他企业的商品和服务,均符合商标注册的条件。同时,该协议还增加了不少知识产权权利人的相关权利。

《与贸易有关的知识产权协议》与以前的知识产权公约最大的不同是它对实施与执行条款的规定。协议不仅规定了民事补救的办法,包括禁令、补偿金、损害赔偿、对侵权产品的处置或销毁、对生产侵权产品的材料和工具的处置等;还规定了司法当局可以采取临时措施,防止侵权行为的发生;海关当局可以对权利人有理由怀疑的假冒产品或盗版产品采取措施,禁止放行侵权产品,并且可以依据刑法对侵权人进行处罚。

关于本协议的执行,它规定了发达国家成员可以有1年的过渡期,以使他们的立法和惯例符合本协议;发展中国家成员和从中央计划经济向市场经济转型的成员,过渡期为5年;最不发达国家的过渡期可为11年。 (罗大帅)

yufang weizhu fangzhi jiehe yuanze
预防为主、防治结合原则(Principle of Laying Stress on Prevention and Combining Prevention with Treatment) 环境保护法的基本原则。环境保护的重点应放在事前防止环境污染和破坏上。通过计划、规划以及各种管理手段,采取防范性措施,防止发生或可能发生人为活动对环境的损害,同时积极治理现有的环境污染和破坏,以保护生态系统的安全和人类健康及其财产安全。之所以将预防为主作为处理环境问题的基本原则,是因为:(1)环境污染和破坏一旦发生,往往难以消除和恢复,甚至具有不可逆转性。(2)对环境造成污染和破坏后再进行治理,往往需要巨额费用,极不经济。(3)环境问题在时间和空间上的可变性较大,对它的认识也具有科学上的不确定性,要求我们必须审慎对待人类活动对环境的长远的、全局性影响,注意"防患于未然"。当然,强调预防为主,并不意味着削弱或者忽视"治",而是要求在通过"防"控制新的污染和破坏发生的同时,集中精力治理原有污染,即做到防治结合,只有这样才能收到较好的效果。中国是一个发展中国家,在建设过程中,由于资金技术等方面的限制,难以筹集巨额资金用于污染的治理,确立预防为主,防治结合的原则,一方面尽量避免环境损害或将环境损害消除于生产过程之中,同时对于不可避免的污染,则通过各种治理措施,达到环境目标的要求。从这个意义上讲,预防为主,防治结合的原则同经济建设与环境保护协调发展原则是相互渗透、相辅相成的。预防为主,防治结合原则从具体措施方面保证协调发展原则的实现。 (申进忠)

yusuan danwei qingchan hezi zhidu
预算单位清产核资制度(institution of general checkup on enterprise assets of budgetary units) 为认真做好预算单位清产核资工作,按照预算管理制度改革总体要求,并依据全国清产核资政策、规定和现行财务会计制度而制定的制度。预算单位清产核资,是指预算单位全面清查各类财产和债权债务,核实人员状况、收入渠道、支出结构及水平等基本情况,并按国家规定对清出的问题进行必要账务处理和重新核实预算单位占用国有财产的工作。预算单位清产核资的目的,是为细化预算编制和编制部门预算提供真实依据,为制定科学的定员定额标准提供准确数据,为深化国家财政预算制度改革和加强行政事业单位财产监管工作奠定基础。预算单位清产核资的主要工作内容为:基本情况清理、资产清查、资金核实和建章建制。

预算单位 按照我国现行行政事业编制管理状况和财政预算管理体制,该制度所称预算单位是指具有独立的法人资格、能够独立编制会计决算报表,并符合下列条件之一的行政事业单位、社会团体:(1)各级国家权力机关、行政机关和具体财政经常性经费关系的其他机关、政党组织;(2)由机构编制主管部门核定事业编制、具有财政经常性经费关系的事业单位;(3)列入国家行政编制或事业编制、具有财政经常性经费关系的社会团体;(4)大型企业(企业集团)下属有财政经常性经费关系的事业单位;(5)其他具有财政经常性经费关系的各类行政事业单位、社会团体。事业单位的附属单位和事业单位投资举办的各类经济实体,应按照国家清产核资的有关规定,只对其投入、收益上缴和资产状况等方面进行清查登记。

清查工作基本要求 预算单位清查工作要对资产进行全面彻底的清查,在清查中要把实物盘点同核查账务结合起来,把清理资产同核查负债结合起来,把收入与支出相对结合起来,以物对账,对账查物,查清资产来源、去向和管理情况,做到见物就点,是账就清,不重不漏。在预算单位清查工作的基础上,各主管部门要组织力量进行认真审查、复核,保证资产清查结果的真实、准确。财政部门(清产核资机构)要会同有关部门对预算单位及主管部门的清查工作进行专项检查或抽查。同时,财政部门(清产核资机构)要结合实际情况组织相关专业人员或委托社会中介机构,对预算单位资产清查结果进行核查。预算单位要将清查结果按照统一的清产核资报表和软件的格式和要求,进行报表填报和数据录入,并经主管部门审核汇总后,在规定时间内报送同级财政部门(清产核资机构)。

组织领导 预算单位清产核资工作,由财政部会同有关部门成立"预算单位清产核资工作小组",负责各项工作的组织领导和工作协调,财政部清产核资办公室负责有关日常工作,各部门、各地区按照预算单位财政隶属关系负责具体组织实施。各预算单位要成立由主要领导负责的领导小组,并由财务、人事、基建、后勤、设备管理等相关机构组成办事机构,成立相应的专业工作清查小组。各预算单位负责人要对清产核资工作结果的真实性、可靠性和合法性负法律责任。

资产清查 预算单位资产清查主要是对固定资产、流动资产、对外投资、无形资产及负债的清查。固定资产清查的范围包括房屋建筑物、一般设备、专用设备、文物和陈列品、图书和其他固定资产等。预算单位占有、使用的房屋建筑物,依据国家核发的房屋产权证进行清查登记。对预算单位按照国家有关政策规定购买的房屋建筑物,应按实际购买价格进行清查登记。对预算单位依法占用和出租、出借给其他企业、单位使用的房屋建筑物,预算单位举办国内联营、合资企业以使用权作价投资或入股的房屋建筑物,预算单位与外方举办的中外合资、合作经营企业以使用权作价入股的房屋建筑物,都要分类清查登记。

对固定资产要查清固定资产账面值,清理出待报废和提前报废固定资产的数额及固定资产损失、待核销数额等。(1)对租出的固定资产由出租方负责清查,没有登记入账的要将清查结果与承租方进行核对后,登记入账。(2)对借出和未按规定手续批准转让出去的资产,要认真清理收回或补办手续。(3)文物和陈列品作为一种特殊形态的固定资产,在资产清查中原则上只登记品种、等级和数量。能够估价的文物和陈列品都要估价入账;对新征集的文物,应按实际收购金额入账。(4)对已列为固定资产的图书,以图书的标价为依据进行价值量登记;没有标价的,只清查实物量,不作价值量反映。(5)对捐赠资产的清查,有价的应按账面价值进行登记;对无法确定其价值量的,则按实物量登记,并由各单位列出清单报主管部门备案,并加强管理。(6)对国家安全部门及公安、检察院、法院系统的枪支、弹药及其他保密财产由本单位组织清查登记,只对其进行价值总量汇总上报。

对清查出的各项盘盈(含账外)、盘亏固定资产,要认真查明原因,分清责任,提出处理意见。对清查出的各项未使用、不需用的固定资产,要查明购建日期、使用时间和技术状况等,按调拨(其价值转入受拨单位)、出售、待报废等提出处理意见。

经过清查后的各项固定资产,要区别固定资产的用途和使用情况指在用、未使用或不需用等)进行重新登记,建立健全实物账卡。同时,对房屋建筑物、交通工具及主要固定资产需按《固定资产分类与代码》(GB/T14885-94)逐项录入,并汇总上报相应的明细资料。

流动资产清查的范围包括现金、各种存款、应收及预付款项和存货等。流动资产要按其占用形态分别进行清查,其内容包括:(1)现金。要清查预算单位现金账面余额与库存现金是否相符。(2)各种存款。要清查预算单位在开户银行及其他金融机构各种存款账面余额与银行及其他金融机构中该单位的账面余额是否相符。(3)应收及预付款项。清查的内容包括应收票据、应收账款或暂付款、其他应收款、预付账款等。(4)存货。清查内容包括:材料、低值易耗品、产成品以及代保管、在途、外存、外借、委托加工的物资等。

对长期外借未收回的存货,要查明原因,积极收回或按规定作价转让。代保管物资由代保管单位负责清查,并将清查结果报托管单位核对后,列入托管单位资产总值中。对外投资清查的范围和内容包括预算单位以货币资金、实物、无形资产等方式向其他单位的投资。基建工程项目清查的范围和内容是在建或停缓建的工程,包括完工未交付使用、交付使用未验收入账等工程项目。无形资产清查的范围和内容包括各项专利权、非专利技术、著作权、商标权、商誉、土地使用权等。

负债清查的范围和内容包括借入款项、应交(付)款项、暂存款等。预算单位要与债权单位逐一核对账目,达到双方账面余额一致。

经费和收支状况清理 对经费来源渠道的清理要结合单位经费来源状况,逐项清理、核实,并对各类经费按照拨付渠道、数额、用途等内容填列上报。对其他收入情况的清理要按单位财务、会计账目逐一核对,如实反映。对未入账或账外账的收入必须在此次清理过程中登记入账,杜绝漏报、少报、不报情况的发生。对单位各项其他收入进行彻底清理、核对,真实反映单位实际收入状况。对预算外资金的清理要按行政事业性收费、政府性基金、主管部门集中的收入及其他收入进行认真清理,并与收费批准文件核对,核实已交财政专户、未交财政专户和可用预算外资金的情况。对预算单位支出情况要按项目进行清查,要核对支出使用情况是否符合现行财务会计制度的规定,有无虚列支出或改变资金使用用途等问题。

资金核实 资金核实是对预算单位资产及债权债务进行清查登记和对收入、支出情况进行详细核对的基础上,对各项资产盘盈、财产损失和资金挂账进行核实清理,对清出的问题按规定进行必要账务处理,确认预算单位占用的各项资产价值总额和净资产的真实状况。

清产核资中预算单位的资金核实工作的组织、实施、申报审批程序,以及对清查出的各项资产盘盈(包括账外资产)、资产损失(包括资产盘亏)和资金挂账的处理等,按照财政部对预算单位清产核资中资金核实工作的有关规定进行。

检查验收 预算单位在清产核资工作基本结束之后,对本单位的工作情况,要按统一要求进行对照检查,主管部门、财政部门(清产核资机构)要组织检查验收。

预算单位清产核资工作采取预算单位对照检查、主管部门复(联)查和财政部门(清产核资机构)会同有关部门抽查,以及委托社会中介机构审核相结合的方式进行检查验收:对照检查;复(联)查;抽查。

检查验收的主要标准是:(1)在规定期限内,认真完成清产核资的各项工作内容,各项工作符合国家统一规定的方法、政策和要求,各项申报手续齐备。(2)按照统一制定下发的清产核资报表格式和软件,填制各类报表和数据录入,信息准确,内容完整,报送及时。(3)对清产核资数据资料进行了全面认真的分析,对暴露出的问题和管理漏洞,加强了管理,建立健全了相应的财务资产管理制度。

对清产核资中发现的由于失职、渎职造成单位管理混乱,"家底"不清,财产物资丢失浪费严重的,要查明原因,根据情节轻重追究有关领导和当事者的行政责任;对于化大公为小公、化公为私、低价变卖和转移国家资产,以及贪污盗窃问题,各部门要按照国家有关法规严肃查处,触犯刑律的,移送司法机关依法追究刑事责任。

(苏丽娅)

yusuanfa

《**预算法**》(**Budget Law**) 《中华人民共和国预算法》于1994年3月22日第八届全国人民代表大会第二次会议通过。制定本法的目的是:为强化预算的分配和监督职能,健全国家对预算的管理,加强国家宏观调控,保障经济和社会的健康发展。本法共11章79条。包括总则、预算管理职权、预算收支范围、预算编制、预算审查和批准、预算执行、预算调整、决算、监督、法律责任、附则等部分。国家实行一级政府一级预算;

中央政府预算由中央各部门的预算组成。中央预算包括地方向中央上解的收入数额和中央对地方返还或者给予补助的数额。国家实行中央和地方分税制。

预算管理职权 全国人民代表大会审查、批准中央和地方预算草案及其执行情况的报告,常务委员会监督中央和地方预算的执行。县级以上地方各级人民代表大会审查本级总预算草案及本级总预算执行情况的报告;常务委员会监督本级总预算的执行。国务院编制中央预算、决算草案;向全国人民代表大会报告;将地方政府报送的预算汇总后报人大常委会备案;组织中央和地方预算的执行;决定中央预算预备费的动用;编制中央预算调整方案;监督中央各部门和地方政府的预算执行;向全国人大、人大常委会报告中央和地方预算的执行情况。县级以上地方各级政府,依据中央精神完成相应的预算、决算工作。国务院财政部门具体编制中央预算、决算草案;组织中央和地方预算的执行;提出中央预算预备费动用方案;具体编制中央预算的调整方案;定期向国务院报告中央和地方预算的执行情况。地方各级政府财政部门履行本级政府其相应职责。各部门、各单位编制本部门预算、决算草案;按照国家规定上缴预算收入,安排预算支出,并接受有关部门的监督。

预算收支范围 预算由预算收入和预算支出组成。预算收入包括:税收收入;依照规定应当上缴的国有资产收益;专项收入;其他收入。预算支出包括:经济建设支出;教育、科学、文化、卫生、体育等事业发展支出;国家管理费用支出;国防支出;各项补贴支出;其他支出。预算收入应当统筹安排使用;确需设立专用基金项目的,须经国务院批准。

预算编制 各级政府、各部门、各单位应当按照国务院规定的时间编制预算草案。中央预算和地方各级政府预算按照复式预算编制,其编制办法和实施步骤,由国务院规定。中央政府公共预算不列赤字。地方各级预算按照量入为出、收支平衡的原则编制。各级预算收入的编制,应与国民生产总值的增长率相适应。各级政府预算应当按照国务院的规定设置预算周转金。国务院应当及时下达关于编制下一年预算草案的指示。省、自治区、直辖市政府应当按照国务院规定的时间,将本级总预算草案报国务院审核汇总。

预算审查和批准 国务院在全国人民代表大会举行会议时,向大会作关于中央和地方预算草案的报告。地方各级政府在本级人民代表大会举行会议时,向大会作关于本级总预算草案的报告。中央预算由全国人民代表大会审查和批准。地方各级政府预算由本级人民代表大会审查和批准,并报上一级政府备案。各级政府预算经本级人民代表大会批准后,本级政府财政部门应当及时向本级各部门批复预算。各部门应当及时向所属各单位批复预算。

预算执行 各级预算由本级人民代表大会批准后,政府按照批准的预算组织执行。预算收入征收部门,必须依照法律、行政法规的规定,及时、足额征收应征的预算收入。有预算收入上缴任务的部门和单位,将应当上缴的预算资金及时、足额地上缴国库。各级政府财政部门必须及时、足额地拨付预算支出资金,并加强对预算支出的管理和监督。县级以上各级预算必须设立国库;具备条件的乡、民族乡、镇也应当设立国库。国库库款的支配权属于本级政府财政部门。政府应当加强对本级国库的管理和监督。

预算调整 各级政府对于必须进行的预算调整,应当编制预算调整方案。中央预算的调整方案必须提请全国人民代表大会常务委员会审查和批准;县级以上地方各级政府预算的调整方案必须提请本级人民代表大会常务委员会审查和批准;乡、民族乡、镇政府预算的调整方案必须提请本级人民代表大会审查和批准。各部门、各单位的预算支出应当按照预算科目执行。

决算 决算草案必须按照国务院规定的时间编制。各部门应当审核并汇总编制决算草案,在规定的期限内报本级政府财政部门审核。各级政府财政部门对本级各部门决算草案审核后发现有不符合法律、行政法规规定的,有权予以纠正。国务院财政部门编制中央决算草案,报国务院审定后,由国务院提请全国人民代表大会常务委员会审查和批准。县级以上地方各级政府财政部门编制本级决算草案,报本级政府审定后,由本级政府提请本级人民代表大会常务委员会审查和批准。乡、民族乡、镇政府编制本级决算草案,提请本级人民代表大会审查和批准。决算经批准后,财政部门应当向本级各部门批复决算,报上一级政府备案。

监督 全国人民代表大会及其常务委员会对中央和地方预算、决算进行监督。县级以上地方各级人民代表大会及其常务委员会对本级和下级政府预算、决算进行监督。乡、民族乡、镇人民代表大会对本级预算、决算进行监督。各级人民代表大会和县级以上各级人民代表大会常务委员会有权就预算、决算中的重大事项或者特定问题组织调查,有关的政府、部门、单位和个人应当如实反映情况和提供必要的材料。各级政府审计部门对本级各部门、各单位和下级政府的预算执行、决算实行审计监督。

法律责任 对未经批准擅自变更预算,使预算的总支出超过总收入,或者使预算中举借债务的数额增加的;擅自动用国库库款或者擅自以其他方式支配已入国库的库款的;隐瞒预算收入或者将不应当在预算内支出的款项转为预算内支出的,对负有直接责任的主管人员和其他直接责任人员追究责任。

(曾协忠 赵亭)

yuti suodeshui
预提所得税(withholding income tax) 又称"预提税"。在所得发生的源泉地,由支付所得的单位代扣代缴应纳的所得税。预提所得税不是一个独立的税种,而是对所得税实行源泉课征的一种征税方式。一般对外国企业在收入来源地国家没有设立营业机构而取得的投资所得课征。预提税以实际受益人为纳税义务人,以支付人为扣缴义务人。我国的涉外企业税法规定外国企业在中国境内未设立机构、场所,而有取得的来源于中国境内的利润、利息、租金、特许权使用费和其他所得,或者虽设立机构、场所,但上述所得与其机构、场所没有实际联系的,都应当缴纳20%的预提所得税。

(余启平)

yuyue dingjia shuizhi fa
预约定价税制法(tax law on advanced pricing agreement) 税务机关对关联企业进行税款调整的一种方法。纳税人事先将其和关联企业之间内部交易与财物收支往来所涉及的转让定价方法向税务机关申报,经税务机关审定认可后,作为计征所得税的会计核算依据,并免除事后税务机关对定价调整的一项方法。这种调整方法克服了事后调整的缺点,具有许多优点,如:有利于企业经营决策,以避免税收对经济的干扰;有利于财政收入的稳定;有助于协调缔约国与缔约国之间、税务机关与纳税人之间盘根错节的矛盾;降低征纳双方的费用。我国《税收征收管理法实施细则》借鉴国际上的先进做法,也规定了预约定价这种事前调整的方法。纳税人可以向主管税务机关提出与其关联企业之间业务往来的定价原则和计算方法,主管税务机关审核、批准后,与纳税人预先约定有关定价事项,监督纳税人执行。

(魏建国 宋丽)

yuming
域名(domain name) 计算机术语。《中国互联网络域名管理办法》规定:"域名,是互联网络上识别和定位计算机的层次结构式的字符标识,与该计算机的互联网协议(IP)地址相对应。"域名有不同层次,通常分为顶级域名、二级域名、三级域名。顶级域名分为通用顶级域名或称国际域名(General Top Level Domain)如com、net、org、edu等,和国家代码顶级域名(Country Code Top Level Domain),如我国的代码为cn。顶级域名排在域名的最末尾;二级域名分为类别域名和区域域名。顶级域名和二级域名均由域名注册和管理机构确定,三级域名可以由申请人自己确定。域名在具有唯一性,某一个特定的域名在全世界范围内只有一个。在我国,信息产业部负责域名的管理工作。(刘鹏)

yuming zhengyi
域名争议(domain name dispute) 任何个人或者组织认为他人所注册或者使用的域名侵犯了自己的合法权益,向域名争议解决机构投诉,由处理机构依法进行审查并作出裁决的制度。对于域名注册申请,各国普遍采用"申请人选择和负责原则",注册管理机构不对域名是否侵犯他人在先权利作实质审查,当权利人发现自己的在先权利遭到他人域名的侵害时,可以通过域名争议制度维护自己的利益。

在我国,域名争议由中国互联网络信息中心认可的争议解决机构受理解决。域名争议包括投诉——答辩——组成专家组——审理和裁决等几个阶段。(1)域名争议的投诉。投诉人应当采用书面文件及电子文件两种形式提交投诉书,投诉书应当载明《中国互联网络信息中心域名争议解决办法程序规则》规定的有关内容。域名争议解决机构接到投诉书后进行形式审查,符合规定的,即向被投诉人送达投诉书。(2)域名争议的答辩。被投诉人应当在域名争议程序启动之后20日内向域名争议解决机构提交答辩,答辩书应当以书面和电子形式两种形式提交,并应符合《中国互联网络信息中心域名争议解决办法程序规则》规定的有关内容。(3)专家组的指定。域名争议专家组包括一人专家组和三人专家组两种,投诉人在提交投诉书时即可选择采用何种专家组,被投诉人答辩时亦可选择采取何种专家组。双方当事人有一方选择三人专家组的,即由三人专家组进行审理。如果投诉人选择一人专家组,而被投诉人选择三人专家组,则被投诉人应当负担一半的专家组费用,其余情况,专家组费用由投诉人承担。(4)域名争议的审理和裁决。专家组根据"独立、中立、便捷"的原则,根据《中国互联网络信息中心域名争议解决办法程序规则》及其程序规则对争议进行审理并作出裁决。域名争议的审理一般不采取当庭听证的方式,但是专家组认为必要,或者当事人提出申请并且支付相关费用的,也可以采取当庭听证方式。专家组作出裁决的期限是专家组成立后14日内。

域名争议程序不影响诉讼或者仲裁程序的进行,在依据《中国互联网络信息中心域名争议解决办法程序规则》提出投诉之前,争议解决程序进行中,或者专家组作出裁决后,投诉人或者被投诉人均可以就同一争议向中国互联网络信息中心所在地的中国法院提起诉讼,或者基于协议提请中国仲裁机构仲裁。

(刘鹏)

yuming zhuce
域名注册(domain name registration) 域名注册的申请人依法向域名注册管理机构提出申请，经审查合格，获得某一特定域名的制度。在我国，域名注册采取"先申请先注册"原则，遇有相同域名申请注册，申请在先的获得注册。

《中国互联网络域名注册暂行管理办法》规定，申请域名注册，应当满足下列条件："（一）申请注册的域名符合本办法的各项规定；（二）其主域名服务器在中国境内运行，并对其域名提供连续服务；（三）指定该域名的管理联系人和技术联系人各一名，分别负责该级域名服务器的管理和运行工作。"

对于域名注册的审查，我国采用了国际通行的"由申请人选择和负责原则"，申请人可以自行命名所申请注册的域名，域名注册机构仅对域名是否规范以及与在先域名是否重复作形式审查，对域名是否侵犯他人的在先权利（如商标权、商号权等）不作审查，侵犯他人在先权利所产生的一切法律责任由申请人承担，与域名管理机构无关。同时，《中国互联网络域名管理办法》规定了域名命名的禁止性规定，任何组织或者个人注册或使用的域名不得包含下列内容：（1）反对宪法所确定的基本原则的；（2）危害国家安全，泄露国家秘密，颠覆国家政权，破坏国家统一的；（3）损害国家荣誉和利益的；（4）煽动民族仇恨、民族歧视，破坏民族团结的；（5）破坏国家宗教政策，宣扬邪教和封建迷信的；（6）散布谣言，扰乱社会秩序，破坏社会稳定的；（7）散布淫秽、色情、赌博、暴力、凶杀、恐怖或者教唆犯罪的；（8）侮辱或者诽谤他人，侵害他人合法权益的；（9）含有法律、行政法规禁止的其他内容的。

注册的域名可以变更或者注销，但是不得转让或者买卖。
（刘 鹏）

yuanchandi guize
原产地规则(rules of origin) 根据国家立法或国际协议确立的原则发展起来的，并由一国用于确定货物原产地的特别规定。它是衡量受惠国的出口产品是否取得原产地资格，能否享受优惠的标准。包括原产地标准、直接运输规则和书面证明三个主要内容。其作用在于确保普惠制的好处限于发展中国家生产、制造的产品。它是普惠制的重要组成部分和核心。1992年3月8日国务院发布的《中华人民共和国出口货物原产地规则》主要作了如下规定：（1）中华人民共和国出口货物原产地证明书是证明有关出口货物原产地为中华人民共和国的证明文件。（2）国家对外经济贸易主管部门对全国出口货物原产地工作是统一监督管理；省、自治区、直辖市人民政府对外经济贸易主管部门负责协调本行政区的出口货物原产地工作。（3）国家进出口商品检验部门设在地方的进出口商品检验机构、中国国际贸易促进委员会及其分会以及国家对外经济主管部门制定的其他机构，按照国家对外经济贸易主管部门的规定签发原产地证。（4）在中华人民共和国境内依法设立，享有对外贸易经营权的企业，从事"来料加工"、"来样加工"、"来件装配"和"补偿贸易"业务的企业，外商投资企业，可以根据需要向本规则第4条规定的签发机构申请领取原产地证。（5）申请领取原产地证的出口货物，应当符合原产地标准；不符合原产地标准的，签发机构应当拒绝签发原产地证。（6）普惠制原产地证按照普惠制给惠国原产地规则办理。中华人民共和国政府和外国政府签订的双边协议对原产地证的签发有特别规定的，依照协议的规定。
（王连喜）

yuanchandi guize xieyi
《原产地规则协议》(Agreement on Rules of Origin) 《原产地规则协议》是由《关贸总协定》第9条"原产地标记"演变扩展而来。实际中的原产地纠纷大多是产地，尤其是进口商品产地的认定纠纷。为了建立一个公正、透明、简化、一致的原产地规则，在1986年开始的GATT"乌拉圭回合"的多边贸易谈判中，非关税措施谈判组将原产地规则问题列入重要议题。经各有关方面的共同努力，终于在乌拉圭回合结束的1993年度，通过了《原产地规则协议》。该协议是GATT多边贸易体制内第一个关于原产地规则的国际协议。对简化、协调、统一国际间的原产地规则起到积极的推动作用。原产地规则从一定意义上讲是确认原产地名称或者地理标志的规则，它是任一国家、国家联盟或地区为确定货物原产地而实施的法律、规章和普遍适用的行政命令。简言之，是确定货物原产地的法规。货物的原产地被形象地称为商品的"经济国籍"，原产地规则在国际贸易中具有重要作用。 （徐中起）

yuanchandi mingcheng
原产地名称(appellation of origin) 根据《保护工业产权巴黎公约》以及《保护原产地名称及其国际注册里斯本协定》的规定，是指一个国家、地区或特定地方的地理名称，用于标示产于该地的产品，这些产品的特定的质量或特征完全或主要是由该地理环境所致，包括自然的和人为的因素。原产地名称具有以下基本特征：（1）它是一个地理名称，明示商品或服务的地理来源；（2）它表明商品的特定质量和特点，如灵宝大枣、景德镇瓷器等；（3）作为一种商业标志，并不是由其所属的某个经营者独家享有专用权，而是一个地域某一商品或服务提供者的共同财产，通常由某一地区内经营者的代表机构进行注册和管理。凡是该地域内的经营者只要都达到一定的品质标准均可使用。

地理标志的定义比原产地名称的定义要宽，即所有的原产地名称都是地理标志，但一些地理标志不是原产地名称。但是，地理标志如此宽泛的适用范围在目前还未用于由 WIPO 管理的国际条约或世贸组织的 TRIPS 协议中，实际上 TRIPS 协议所定义的地理标志是比照《巴黎公约》的原产地名称来定义的。我国现行《商标法》第 16 条对地理标志的定义，实质也是作为原产地名称加以规定的。

原产地名称与商标一样，主要功能是区分商品的来源。但它与商标也有一些差异，首先，原产地名称是通过对其生产地的标示，而不同于商标是通过对其制造来源的标示；其次，原产地名称不像商标，后者可以主观随意选定；另外，原产地名称具有唯一性，不得转让和买卖，一般来说在时间上具有永久性。

我国现在对于原产地名称的保护有两种并列的模式。一种是根据《商标法》、《商标法实施条例》、《集体商标、证明商标注册和管理办法》，将原产地名称纳入证明商标制度中，作为原产地证明商标加以保护，实质是将原产地名称归入知识产权范畴，其优势在于原产地名称在国内注册证明商标后，即可以依据我国加入的相关国际条约去实现国际注册，并利用有关优先权的规定，及早获得国际注册，有利于商标注册人及其使用权人在国内、国际贸易中运用法律武器保护自身权益。另一种是根据国家质检总局制定的《原产地域产品保护规定》，国家质检总局为原产地域产品保护工作的主管部门，负责组织对原产地域产品保护申请进行审核、确认保护地域范围、产品品种注册登记等管理工作，其优势在于原产地名称毕竟不仅仅是一个简单的识别标志，同时也是一种质量标准，此种管理制度和方法有利于加强对标有原产地名称标志的商品和服务的质量监督和生产过程的控制。原产地标记认证标志的式样由国家质检总局设计并注册发布。申请原产地标志的产品，经国家质检总局注册认证后，在其产品上施加的标志，称为原产地标记认证标志。

商品原产地名称的所有权人可以在商品、包装、广告、商品说明书、公用用纸，以及其他与商品进入经济流通有关的文件上采用该商品的原产地名称。为防止在商品的原产地名称方面或特殊属性方面给消费者造成误导，即使非权利人在使用时注明商品真正的产地，或使用译文名称，或使用含有"近似"、"类型"、"仿制"等字样的名称，法律仍然禁止无证书者使用已经注册的商品原产地名称。此外，证书所有人无权许可他人使用该商品的原产地名称。

原产地证书是国际贸易中用来证明货物产地来源的证明文书，在一定意义上是原产地名称的证明文件。由于它往往被进口国用来实行差别关税待遇和实施国别贸易政策管理的重要依据，因此，它就具有了特定的法律效力和经济效用。常见原产地证书主要有：一般原产地证书、普惠制原产地证书、纺织品配额原产地证书、区域性经济集团成员国之间的产地证书、手工制品原产地证书和濒危动植物原产地证书。

（雷　驰　徐中启）

yuanchan diyu chanpin

原产地域产品（product of origin）　利用产自特定地域的原材料，按照传统工艺在特定地域内所生产的，质量、特色或者声誉在本质上取决于其原产地域地理特征并依照本规定经审核批准以原产地域进行命名的产品。任何地方申报原产地域产品保护，必须依照法律规定的程序，经审核批准。国家质量技术监督局对原产地域产品的通用技术要求和原产地域产品专用标志以及各种原产地域产品的质量、特性等方面的要求制定强制性国家标准。国家质量技术监督局确立原产地域产品保护办公室（以下简称"保护办"），具体负责组织对原产地域产品保护的审核和注册登记等管理工作。

有关省、自治区、直辖市质量技术监督局根据有关地方人民政府对原产地域产品保护的建议，组织有关地方的质量技术监督行政部门、行业主管部门、行业协会和生产者代表成立原产地域产品保护申报机构（以下简称"申报机构"）。申报机构履行以下职责：负责办理原产地域产品保护的申报手续；负责受理生产者提出的原产地域产品专用标志使用申请；负责对生产者提出的原产地域产品专用标志使用申请进行初审；负责管理原产地域产品专用标志的使用。申报机构申请原产地域产品保护，应当向保护办提出，保护办对申报机构提出的申请进行形式审查；审查合格的，由国家质量技术监督局在《中国质量报》等媒介上向社会公告申报机构及其申请。有关单位和个人对申报机构及其申请有异议的，可以在公告后的 3 个月内，向保护办提出。保护办应当在接到异议起 1 个月内，对异议作出处理。保护办组织相关的专家审查委员会对没有异议或者有异议但被驳回的申请进行技术审查；审查合格的，由国家质量技术监督局予以批准并向社会公布。生产者需要使用原产地域产品专用标志的，应当向本省、自治区、直辖市质量技术监督局组织成立的申报机构提出申请，申报机构对生产者提出的申请进行初审；初审合格的，由申报机构报送保护办审核。保护办对申报机构报送的生产者申请进行审核；审核合格的，予以注册登记，由国家质量技术监督局向社会公布。生产者申请经保护办注册登记后，即可以在其产品上使用原产地域产品专用标志，获得原产地域产品保护。

获准使用原产地域产品专用标志的生产者未按相应国家标准组织生产的,保护办撤销其原产地域产品专用标志使用注册登记,停止其使用原产地域产品专用标志。保护办指定经省级以上质量技术监督行政部门考核合格的产品质量检验机构,对原产地域产品的实物质量进行监督检验。任何单位和个人不得伪造原产地域产品专用标志。任何单位和个人不得擅自使用原产地域产品专用标志,不得使用与原产地域产品专用标志相近的、易产生误解的产品名称或者产品标识。任何单位和个人不得销售前款规定的产品。从事原产地域产品保护工作的人员应当遵守以下规定:忠于职守,秉公办事;严禁弄虚作假;不得接受酬金、礼品;不得滥用职权,以权谋私,吃拿卡要;不得泄露企业的技术秘密。违反以上规定的,予以行政纪律处分;对构成犯罪的,依法追究其刑事责任。

(麻琳琳)

yuanyou chengpinyou huafei guoying maoyi jinkou jingying guanli zhidu

原油、成品油、化肥国营贸易进口经营管理制度(system of state-managed trading administration of the import of crude oil, product oil, and fertilizer) 2002年7月18日,原外经贸部根据《中华人民共和国对外贸易法》和《中华人民共和国货物进出口管理条例》,经国务院有关部门同意,制定公布《原油、成品油、化肥国营贸易进口经营管理试行办法》,对我国原油、成品油、化肥国营贸易进口经营管理体制作出了详细规定。

国营贸易进口配额和许可证 国家对原油、成品油、化肥进口实行国营贸易管理。国营贸易企业是经国家特许,获得从事某类国营贸易管理货物进口经营权的企业或机构。对实行国营贸易管理的货物,国家允许非国营贸易企业从事部分数量的进口。除该办法第20条、第21条规定的国营贸易企业和非国营贸易企业以外的其他企业,不得从事原油、成品油、化肥的进口业务。

对化肥和成品油进口,国营贸易配额持有者必须委托国营贸易企业进口。非国营贸易配额持有者可以委托国营贸易企业或非国营贸易企业进口,具备非国营贸易企业资格的配额持有者也可以自行进口。

对原油国营贸易进口,国营贸易企业按照有关规定向自动进口许可管理机构申领自动进口许可证明。

国营贸易企业或非国营贸易企业接受委托后,必须与委托人签订书面委托合同,并据此与外商签订进口合同。委托合同和进口合同的条款,必须符合国家法律、法规规定。

原油非国营贸易进口经营企业资格 其申请条件是:(1)具有企业法人资格,注册资本不低于5000万元人民币;(2)具有进出口经营企业资格和相应的经营范围;(3)具有相应的采购和销售渠道,了解国内外市场情况;(4)无走私、违规、偷税、逃税、逃汇、套汇记录,资信良好、信誉达到A级以上;(5)拥有不低于5万吨的原油进口码头和库容不低于20万吨的原油储罐;原油储备不低于经营数量的10%;有合格的检验、计量、储运、消防安全等专业技术人员。需提交的申报材料有:(1)公司出具的申请文件。申请文件须说明公司基本情况、符合申请条件的说明、申请的具体原因、有关原油国外采购和国内生产销售的具体方案等。地方企业须同时出具省级外经贸主管部门的意见。(2)经年检的《企业法人登记营业执照》复印件,《中华人民共和国进出口企业资格证书》。(3)近三年无违反海关、税务、外汇管理的证明文件,开户银行证明近三年资信良好、信誉达到A级以上的文件;(4)拥有不低于5万吨的原油进口码头和20万吨库容的原油储罐所有权或使用权的法律文件。

成品油非国营贸易进口经营企业资格 其申请条件:同原油进口企业前四项要求;此外还包括拥有不低于1万吨的成品油水运码头或成品油管输、铁路专用线等接卸条件,拥有库容不低于5万立方米的成品油油库;有合格的储运、消防安全等专业技术人员;申报成品油非国营贸易进口经营的企业需按燃料油及其他成品油(包括汽油、柴油、煤油、石脑油、蜡油)两类分别上报。申报材料有:前三项同原油进口企业要求;此外还包括拥有不低于1万吨的成品油水运码头或成品油管输、铁路专用线等接卸设施所有权或使用权的法律文件,拥有库容不低于50000立方米的成品油油库所有权或使用权的法律文件。

化肥非国营贸易进口经营企业资格 申请条件包括:(1)具有企业法人资格,注册资本不低于5000万元人民币;(2)具有进出口经营企业资格和相应的经营范围;(3)具有相应的采购和销售渠道,了解国内外市场情况;(4)无走私、违规、偷税、逃税、逃汇、套汇记录,资信良好、信誉达到A级以上;(5)拥有适当规模的化肥储运设施,具备经营化肥进口业务能力。申报材料:除同原油进口企业前三项要求外;还包括有关化肥储运设施、经营能力的证明文件。原油、成品油、化肥非国营贸易进口经营企业资格备案申报程序:(1)地方企业通过"地方省级外经贸主管部门"申报,省级外经贸主管部门负责对企业提交的材料进行核实,核实并出具意见后上报商务部,抄报商务部。(2)中央企业直接向商务部申报;中央企业下属二级企业通过中央企业申报,中央企业负责对二级企业提交的材料进行核实,核实并出具意见后上报商务部,抄报商务部。商务部在收到申报材料后,分批进行登记备案,并发布备案企业名单。

(傅智文)

yuanyong zeren

援用责任(introduced liability) 也称为他法责任。经济法律、法规规定的,需要援引其他法律、法规方能适用的责任形式。

援用责任是法社会化过程中法与法的结构性变动后果的体现。由一部法律单独调整一类社会关系的模式已经无法适应社会经济的需要。一项经济活动可能会涉及性质不同的法律规范,同一部法律中也会规定各种性质不同的法律规范。经济法律、法规中也规定了其他类型的法律规范。为了对国民经济整体运行提供完善的保障,经济法责任往往援引其他法律责任。

援用责任主要包括经济法上的行政责任和经济法上的刑事责任。经济法上的行政责任是国家经济机关及其工作人员违反经济法律、法规中行政责任的规定所应承担的责任,包括国家纪律责任和行政侵权赔偿责任。国家纪律责任是国家经济机关及其工作人员因违反经济法律、法规的规定,而应承担的纪律责任,包括警告、记过、记大过、降级、降职、撤职、开除、留用察看、开除公职。行政侵权赔偿责任是国家经济机关及其工作人员在行使经济权限时,造成对方的损害后果所应承担的责任。经济法上的刑事责任是违反经济法律、法规中刑事责任的规定所应承担的责任。刑事责任是法律责任中最严厉的一种,法律对其适用的条件和程序规定得很严格。承担刑事责任的形式有管制、拘役、有期徒刑、无期徒刑、死刑、罚金、剥夺政治权利、没收财产,对犯罪的外国人,可以独立或者附加适用驱逐出境。

(黄军辉)

yuanquan keshuifa

源泉课税法(way of tax withholding at source) 在税源发生地或发生环节进行征税的税收征管的一种方法。源泉课税法是为了从源头上管理税收,防止税款的流失。源泉课税法具体包括代收代缴税款和代扣代缴税款两种方式。

(翟继光)

yuanqi waihui jiaoyi

远期外汇交易(forward exchange transaction) 银行同业或商业客户间按照商定的汇价订立买卖契约后,在约定的日期进行交割的外汇交易。在国际外汇市场上存在各式各样的外汇交易形式,根据交割时间的不同,可以分为即期外汇交易和远期外汇交易。这两种交易方式都属现汇交易,是外汇交易的最重要交易方式。远期外汇交易因为是在将来的日期交割,其汇率由将来交割时的外汇供求情况决定,收到款的时间较晚,所以汇率比即期汇率低些。远期外汇交易的基本特点是:(1)在银行、经纪人和客户之间通过电讯等方式进行交易;(2)成交额和期限均通过谈判确定,但是双方协议;(3)业务范围广泛,银行、公司和个人均可参加;(4)到期日一般是全额交割。远期外汇交易的主要作用是:进出口商为了避免将来收付货款的汇率风险;外汇银行等为平衡外汇头寸而进行必要的抛补;资金借贷者为防止国外投资或所欠国外债务到期时汇率变动而受损失;外汇投机等。远期外汇交易形成的远期外汇交易市场是外汇市场比较重要的组成部分,其基本功能是让交易者转让、回避汇率变动的风险,固定进出口贸易和国家借贷贷款的资本。远期外汇市场交易应遵循公开、公平、公正和诚实信用的原则。

(王连喜)

yuanyang yuye guanli

远洋渔业管理(administistiation of deep-sea fishery) 中华人民共和国公民、法人和其他组织到公海和他国管辖海域从事海洋捕捞以及与之配套的加工、补给和产品运输等渔业活动,但不包括到黄海、东海和南海从事的渔业活动。

农业部主管全国远洋渔业工作,负责全国远洋渔业的规划、组织和管理,会同国务院其他有关部门对远洋渔业企业执行国家有关法规和政策的情况进行监督。省级人民政府渔业行政主管部门负责本行政区域内远洋渔业的规划、组织和监督管理。农业部对远洋渔业实行项目审批管理和企业资格认定制度,并依法对远洋渔业船舶和船员进行监督管理。

从事远洋渔业,申请开展远洋渔业项目的企业须具备严格的法定条件:(1)在我国工商行政管理部门登记,具有独立法人资格。(2)拥有适合从事远洋渔业的合法渔业船舶。(3)具有承担项目运营和意外风险的经济实力,资信良好。(4)有熟知远洋渔业政策、相关法律规定、国外情况并具有3年以上远洋渔业生产及管理经验的专职经营管理人员。(5)申请前的3年内没有被农业部取消远洋渔业企业资格的记录;企业主要负责人和项目负责人申请前的3年内没有在被农业部取消远洋渔业企业资格的企业担任主要负责人和项目负责人的记录。

申请项目企业代理或租赁非本企业所有国内渔船开展远洋渔业项目的,应当与被代理或租赁渔船的所有人签订协议,并在协议中明确承担项目经营、渔船和船员管理、渔事纠纷和事故处理等义务。

从事公海捕捞作业的,农业部批准远洋渔业项目的同时,发给《公海渔业捕捞许可证》。经审查不予批准远洋渔业项目申请的,农业部将决定及理由书面通知申请项目企业。对于已获农业部批准并开始实施远洋渔业项目的企业,其生产经营情况正常,认真遵守有关法律、法规和本规定,未发生严重违规事件的,农业部授予其远洋渔业企业资格,并颁发《农业部远洋渔业企业资格证书》。

远洋渔船应当经渔业船舶检验部门技术检验合格、渔港监督部门依法登记,取得相关证书,符合我国法律、法规和有关国际条约的管理规定。远洋渔船应当随船携带有关证书,按规定悬挂旗帜。到公海作业的远洋渔船,应当具有中华人民共和国国籍,悬挂中华人民共和国国旗,按照农业部远洋渔业项目批准文件和《公海渔业捕捞许可证》限定的作业场所、类型和时限作业,遵守我国缔结或者参加的国际条约、协定。

农业部根据管理需要对远洋渔船进行船位和渔获情况监测。远洋渔船应当根据农业部制定的监测计划安装渔船监测系统(VMS),并配备持有技术培训合格证的船员,保障系统正常工作,及时、准确提供真实信息。农业部可根据有关国际组织的要求或管理需要向远洋渔船派遣政府观察员。远洋渔业企业和渔船有义务接纳观察员,承担有关费用,为观察员的工作、生活提供协助和方便。

远洋渔业企业、渔船和船员在国外发生涉外事件时,应当立即如实向农业部、企业所在地省级人民政府渔业行政主管部门和有关驻外使(领)馆报告,省级人民政府渔业行政主管部门接到报告后,应当立即核实情况,并提出处理意见报农业部和本省级人民政府,由农业部协调提出正式处理意见通知驻外使领馆。对海难和重大涉外事件需要国家紧急救助和对外交涉的,由农业部协调提出正式处理意见,商外交部通知驻外使领馆进行外交交涉。远洋渔业企业、渔船或船员有违法行为的,由省级以上人民政府渔业行政主管部门或其所属的渔政渔港监督管理机构根据《渔业法》和有关法律、法规予以处罚。对已经取得农业部远洋渔业企业资格的企业,农业部视情节轻重和影响大小,暂停或取消其远洋渔业企业资格。

当事人对渔业行政处罚有异议的,有权申请行政复议或提起行政诉讼。各级渔业行政主管部门工作人员有不履行法定义务、玩忽职守、徇私舞弊等行为,尚不构成犯罪的,由所在单位或上级主管机关予以行政处分。构成犯罪的有刑事机关处理。　　(王　丽)

Z

zaibaoxian

再保险(reinsurance) 原保险的对称。保险人将其所承担的保险责任,以分保形式,部分转移给其他保险人的保险。这里分出保险业务的为原保险人,也称分出人;接受分出业务的为再保险人,又称分入人。原保险人为了避免自身在原保险中将负担的保险赔偿责任超过其偿付能力而陷于破产境地,将自己承保的原保险业务分出给再保险人承担。因此,再保险是原保险人分散其经营风险的重要方法,称为保险中的保险。根据合同相对性原则,基于再保险合同而发生的权利义务关系,只对原保险人与再保险人有约束力,依据我国《保险法》的规定,原保险的被保险人或受益人无权直接向再保险人请求保险金给付,再保险人也对原保险的投保人无保险费请求权。再保险表现为自愿再保险和法定强制再保险。一般而言,原保险人有权根据其偿付能力情况,决定是否将其承受的保险业务办理再保险,这是自愿再保险;但是,保险法出于对保险公司稳健经营的监督,在法定情形下,强制要求保险公司必须办理再保险,我国《保险法》第100条规定:保险公司对一次保险事故可能造成的最大损失范围所承担的责任,不得超过其实有资本金总和的10%,超过部分,应当办理再保险。 (李庭鹏)

zaibaoxian gongsi

再保险公司(reinsurance company) 经保险监管部门批准设立,并依法登记注册的从事再保险业务的组织实体。它只接受保险公司的分出保险业务而不接受投保人的直接投保。我国目前有中国再保险(集团)公司、中国财产再保险股份有限公司、中国人寿再保险股份有限公司共三家。 (孙建立)

zai daikuan

再贷款(refinance) 中央银行向商业银行提供的贷款。再贷款在整个银行贷款体系中处于总闸门的地位,它的投向和投量可以直接调节和引导整个银行体系贷款的规模和结构,故它既是商业银行向中央银行融通资金的重要渠道,又是中央银行的一项重要的货币政策工具之一。中央银行以货币发行、吸收财政存款及收缴存款准备金等方式获得再贷款的资金来源,然后通过审查确定贷款的对象、种类、金额、利率等,不但能够调控贷款数量,制约社会总需求的增长,而且还能在不增加贷款总量的条件下,调整增量的投向和贷款存量的结构,进而稳定货币,合理地调剂和控制社会信用,实现货币政策的目标和社会总供给和总需求的基本平衡。

由于贷款对象、依据和期限的不同,中央银行的再贷款与一般的商业银行贷款有明显的区别:首先,在贷款对象方面,商业银行的对象主要是企事业单位和个人,而中央银行的再贷款对象是商业银行。《中国人民银行法》规定,中国人民银行只对商业银行提供再贷款,不得向地方政府、各级地方政府部门提供贷款,也不得向非银行金融机构以及其他单位和个人提供贷款,但国务院决定中国人民银行可以向特定的非银行金融机构提供贷款的除外。其次,在贷款依据方面,商业银行依据自有资金的数量和营利性原则决定是否发放贷款、发放的数额,而中央银行发放再贷款依据的是经济发展的需要和货币供应量的状况。最后,在贷款的期限方面,商业银行的贷款期限较长且种类繁多,而中央银行的再贷款一般主要用于解决商业银行临时头寸不足的问题,故期限一般较短,不得用于长期投资和投机交易。1993年中国人民银行发布的《中国人民银行对金融机构贷款管理暂行办法》和1994年《信贷资金管理暂行办法》规定:我国的再贷款期限有20天以内、3个月、半年和1年期四种,并且按贷款方式不同分为信用贷款、回购贷款和抵押贷款三种。由于再贷款既可以调节需求,又可以调节供给,并且可以在不干预金融机构正常经营活动的情况下把货币政策的意图传达给金融机构,促使其按照货币政策目标开展经营活动,是目前中国人民银行最主要和最有效的货币政策工具。但随着我国市场经济体制的建立和完善,我国的金融市场的导向将从以直接控制为主向以间接控制为主转变,今后中国人民银行的信贷规模将逐年缩小。 (王连喜)

zai jiuye peixun

再就业培训(reemployment training) 对处于失业状态并有求职要求的劳动者进行如何求得职业的培训。再就业培训的内容包括:(1)开展职业指导。即帮助失业者(包括下岗职工)认清就业形势,更新就业观念,树立自主就业意识;为其提供职业需求信息和介绍求职方法,指导其制定个人再就业计划和措施。职业指导的具体实施,可在职业培训机构中开设专门的职业指导课,或由职业指导人员深入基层,提供咨询服务;也可采取让再就业成功者介绍经验或组织巡回演讲等多种形式。(2)组织职业技能培训。即职业培训机构根据劳动力市场需求和下岗职工的特点,确定培训项目,制定培训计划,着力开展适应性职业技能培训。在学制上,可试行全日制、非全日制、学时制或学分制等。在培训方式上,可利用现有培训机构组织集体办班,或采取企业与职业培训机构联合办班,也可利用广播电视、函授等现代化教学手段进行培训,还可鼓励个人自学。(3)进行创业能力培训。即对准备自谋职业,特别是有创办小企业意向的下岗职工开展创业能力培训,使其熟悉国家相关政策和法规,了解开业或创办企业必备的知识和程序,掌握经营管理方法,提高适应市场的能力,指导他们制订切实可行的创业方案,帮助他们解决落实中的问题。在他们开业后还应继续进行必要的咨询服务和业务指导。　　(邵　芬)

zaitiexian

再贴现(rediscount)　商业银行或其他金融机构在需要资金周转时将其对工商企业贴现所收进的未到期的合格票据,在到期前向中央银行申请办理贴现以取得资金的一种资金融通行为。对中央银行而言,再贴现是一种信用业务,买进商业银行或其他金融机构的票据,让渡资金;对商业银行或其他金融机构而言,再贴现是出让已贴现的票据解决一时资金短缺的困难,引导资金的投向。再贴现是中央银行执行货币政策的重要工具之一。首先,再贴现可以起到扩张或收缩社会信用的作用。中央银行依据银根的松紧确定再贴现率,通过提高或降低再贴现率来影响金融机构向中央银行借款的成本,影响商业银行或其他金融机构的放贷活动和企业投资,从而影响货币供应量和其他经济变量,进而达到调节信用规模,实现对宏观经济调控的作用。具体措施是,如果中央银行需要收紧银根、抑制经济过度扩张即收缩信贷时,则提高再贴现率,使商业银行或其他金融机构向中央银行的融通资金的成本提高,从而抑制信贷需求、减少货币供给;如果中央银行放松银根、刺激经济发展,则降低再贴现率,从而增加货币供给。其次,再贴现率可以影响市场利率。再贴现是中央银行货币政策工具中透明度最高的工具,具有灵敏的信息传递功能,能及时将货币政策的意图传递给社会,并引导人们的信用行为,从而推动货币政策目标的实现。

再贴现同时还是中央银行向商业银行或其他金融机构融通资金的重要方式之一。中央银行作为"银行的银行",扮演着最后贷款人的角色。当银行或其他金融机构资金紧张时,可以通过再贴现的方式从中央银行获取资金。再贴现作为货币政策工具,只有商业银行或其他金融机构向中央银行申请贴现时才能发挥作用,但其实际发挥作用的大小,受到商业银行或其他金融机构在资金上对中央银行的依赖程度的限制,因此它具有被动性的特点。中央银行对商业银行或其他金融机构的再贴现业务与贴现业务基本类似,即由中央银行扣除再贴现的利率,给商业银行兑付现款。

1986年4月6日,中国人民银行在发布的《中国人民银行再贴现试行办法》中首次公布了再贴现率;1994年中国人民银行又专门规定了贷款指标,开展了再贴现业务。由于我国的商业票据业务还不够发达,再贴现业务的历史还不长,银行的贴现业务目前运用的还不太广泛,再贴现业务也受到较大的限制,远没有发挥其应有的功能。随着我国市场经济的进一步发展和金融市场逐步与国际市场接轨,再贴现必将在我国的经济发展中扮演重要的角色。　　(王连喜)

zaijian gongcheng qingcha

在建工程清查(checking on constructing work in process)　核查企业处于施工前期准备、正在施工中和虽已完工但尚未交付使用的建筑工程和安装工程的清查。包括在建或停、缓建的国家基本建设、技术改造项目,包括完工未交付使用(含试车)、交付使用未验收入账等工程项目所发生的实际支出。企业的在建工程,因组织管理的不同需要,可以采取自营或出包的方式。为了反映和监督不同组织管理形式和不同承包单位承包的各个工程项目的实际成本支出情况,除进行总分类核查外,企业还应设置"工程物资"、"自营工程"和"出包工程"等科目,进行在建工程的明细核查。
　　(李　平　陈岚君)

zaixian jingjia maimai

在线竞价买卖(on line dealing with competition)　未能满足拍卖法所规定的形式,商品的买卖双方以在网上竞价的方式进行买卖,达成交易的商品交易行为。网上竞价买卖有多种称谓,如网上竞价、网上议价、网上竞标、网上争购等。在线竞价买卖具有与拍卖十分相似的公开竞价机制,并通过该机制选择购买人。但是在形式上又与拍卖法所规定的拍卖存在很大的差异。首先,拍卖者没有相应的拍卖资质。依照拍卖法的规定,拍卖人必须是依照拍卖法和公司法设立的从事拍卖活动的企业法人,而网上竞价买卖的组织者并不一定具有该种资历。其次,竞价买卖通过网络上的数据传输进行,没有专业的拍卖师主持。我国《拍卖法》规定,拍卖应当由拍卖师组织,并对拍卖师的资格作了限制,而网上竞价买卖中,并没有拍卖师主持,整个拍卖过程是在互联网上通过电子数据的传输进行的。再次,网上竞价买卖的物品不受拍卖法的限制。《拍卖法》规定,拍卖人不得拍卖自己的物品,但是网上竞价买卖的物品却有相当一部分是拍卖者的物品,其采取网上竞价买卖的方式仅仅是促销商品的一种手段。最后，在线竞价买卖在实践上不具有同时性。拍卖一般应当是所有竞买者均到场参加，而网上竞价买卖则一般为在一定的时限内，各个竞买人通过网络进行要价，以在规定的时限届满之前要价最高者为实际买受人。对于在线竞价买卖目前尚无专门的法规加以规制，一般是作为竞价买卖主持者的特定公司对竞价买卖的程序作出规定，所有竞价买卖的参与者均须无条件接受该程序并签订协议，用来防范可能出现的纠纷。　　　　　　　　　　　　　　　（刘　鹏）

zaizhi peixun

在职培训(in-service training)　不脱离用人单位进行的劳动技能培训。其目的是提高已就业劳动者的知识技术水平和操作技能，使其适应生产和技术发展的需要。在职培训的形式包括：(1) 在岗培训。是一种职工不离开工作岗位，以生产或业务项目为课题，通过讲解、操作、考核和技术业务的比赛等方式进行互帮互学的培训。(2) 职工培训班。是一种用人单位为引进新技术、新设备、新品种或解决生产过程中遇到的某些问题，对职工进行的一种短期培训。它具有培训时间短、可短期脱产和半脱产进行、集中讲课、理论与实践相结合的特点。(3) 职工业余学校。是用人单位对职工在业余时间进行培训的一种教育活动，是一种比较正规的培训形式。其特点是职工可以在业余时间系统地掌握一些文化理论知识，提高技术水平和自身素质。(4) 各类职工大学。是一种通过国家或社会团体举办的，利用广播、电视、函授等形式为企业培养专门人才的高等教育机构。如夜大学、业余大学、电视大学、函授大学、职工大学、刊授大学等。招生对象为具有高中毕业水平的或相当于高中毕业水平的在职职工，也包括再教育的大学毕业和大专毕业的职工。(5) 待岗转业培训。待岗转业培训是在用人单位内部对未离开工作岗位的劳动者进行新专业、新技术的培训，以便重新安排其就业岗位，以使其能够适应新工作岗位的需要的一种培训。培训期间内用人单位发给一定的生活费。　　　　　　　　　　　　　（邵　芬）

zanbaodan

暂保单(binding slip binder)　又称临时保单。保险人或其代理人应投保人的要求同意立即予以一定期限暂时保险而出具的临时保险凭证。暂保单约定该项投保有待进一步评估和核保，然后再决定是否正式承保。正式承保的，签发正式保险单，以取代暂保单，拒绝保险的，待暂保单约定的期限过后，保险关系自动终止。暂保单的内容比较简单，只载明被保险人的姓名、承保危险种类、保险标的等重要事项，凡暂保单上未列明的事项，均以正式保险单的规定为准。暂保单的法律效力与保险单完全相同，不过保险期较短。　（李庭鹏）

zaoqi gongkai yanchi shencha zhidu

早期公开，延迟审查制度(prior disclosure and examination later)　专利行政部门在受到发明专利申请后，不立即进行实质审查，而是经初步审查认为该专利符合要求的，从申请日起一段时间内先予以公开，并在一定期限后，待申请人提出相应请求或自行对申请进行实质审查，对符合法定条件的授予专利权的制度。如果申请人在法定期限内没有提出实质审查的请求，则被视为自动撤回申请。

我国专利法对发明专利申请的审查采取的是"早期公开，延迟审查"制度。和"早期公开，延迟审查"制度相对应的，世界上还有一部分国家采取即时审查制度，即专利行政部门在收到专利申请后，就立即对专利申请的内容进行新颖性、创造性和实用性审查，以确定是否授予专利权。　　　　　　　　（严　励）

zaosheng wuran fangzhi de jiandu guanli

噪声污染防治的监督管理(supervision management of prevention and control of pollution of noise)　《中华人民共和国环境噪声污染防治法》规定的国务院环境保护行政主管部门应当根据国家声环境质量标准和国家经济、技术条件，制定国家环境噪声排放标准制度。城市规划部门在确定建设布局时，应当依据国家声环境质量标准和民用建筑隔声设计规范，合理划定建筑物与交通干线的防噪声距离，并提出相应的规划设计要求。

对环境噪声污染防治的监督管理的规定包括以下内容：(1) 新建、改建、扩建的建设项目，必须遵守国家有关建设项目环境保护管理的规定。建设项目可能产生环境噪声污染的，建设单位必须提出环境影响报告书，规定环境噪声污染的防治措施，并按照国家规定的程序报环境保护行政主管部门批准。环境影响报告书中，应当有该建设项目所在地单位和居民的意见。建设项目的环境噪声污染防治设施必须与主体工程同时设计、同时施工、同时投产使用。建设项目在投入生产或者使用之前，其环境噪声污染防治设施必须经原审批环境影响报告书的环境保护行政主管部门验收；达不到国家规定要求的，该建设项目不得投入生产或者使用。建设项目中需要配套建设的环境噪声污染防治设施没有建成或者没有达到国家规定的要求，擅自投入生产或者使用的，由批准该建设项目的环境影响报告书的环境保护行政主管部门责令停止生产或者使用，可以并处罚款。(2) 产生环境噪声污染的单位，应当采取措施进行治理，并按照国家规定缴纳超标准排污费。不按照国家规定缴纳超标准排污费的，县级以上地方人民政府环境保护行政主管部门可以根据不同情节,给予警告或者处以罚款。征收的超标准排污费必须用于污染的防治,不得挪作他用。(3) 对于在噪声敏感建筑物集中区域内造成严重环境噪声污染的企业事业单位,限期治理。被限期治理的单位必须按期完成治理任务。对经限期治理逾期未完成治理任务的企业事业单位,除依照国家规定加收超标准排污费外,可以根据所造成的危害后果处以罚款,或者责令停业、搬迁、关闭。罚款由环境保护行政主管部门决定。责令停业、搬迁、关闭由县级以上人民政府按照国务院规定的权限决定。"噪声敏感建筑物"是指医院、学校、机关、科研单位、住宅等需要保持安静的建筑物。"噪声敏感建筑物集中区域"是指医疗区、文教科研区和以机关或者居民住宅为主的区域。(4) 国家对环境噪声污染严重的落后设备实行淘汰制度,未经环境保护行政主管部门批准,擅自拆除或者闲置环境噪声污染防治设施,致使环境噪声排放超过规定标准的,由县级以上地方人民政府环境保护行政主管部门责令改正,并处罚款。(5) 国务院经济综合主管部门应当会同国务院有关部门公布限期禁止生产、禁止销售、禁止进口的环境噪声污染严重的设备名录。生产者、销售者或者进口者必须在国务院经济综合主管部门会同国务院有关部门规定的期限内分别停止生产、销售或者进口列入前款规定的名录中的设备。生产、销售、进口禁止生产、销售、进口的设备的,由县级以上人民政府经济综合主管部门责令改正;情节严重的,由县级以上人民政府经济综合主管部门提出意见,报请同级人民政府按照国务院规定的权限责令停业、关闭。 (刘利君)

zengjia ziben

增加资本(increase of capital) 简称"增资"。公司为满足运营需要而增加章程规定的资本总额。"增加资本"与企业增加资金是不同的:其一,资本总额为公司章程所规定的出资额。增加运用资金与增加资本总额并不是一回事。如通过发行公司债券而使公司资金增加,实际上是公司的债务负担,并没有增加公司资本总额;银行借贷是典型的资金债务,这是增加债务资金而非增加资本总额。其二,修改公司章程原规定的资本总额。资本总额载于公司章程,为确定记载事项。增加资本总额,只有修改公司章程中原定资本总额,其增加的资金才属于增加资本范畴。公司运营中的现金收入、结账盈余等,是在资本总额不变前提下的公司正常的资本流转,没必要也不允许修改公司章程。其三,依法定程序和方法增加资本。增加资本需要履行规定的程序和采用规定的方法。增加资本,须经股东会议决定,办理变更登记,采用增加股份数额和增加股份金额的方法。不依法定程序和方法而增加章程确定的原资本总额,则为无效。

增加资本的程序 有限责任公司增加资本的程序:(1)董事会提议和股东会决议。增加资本是涉及公司的重大事宜,应当获得公司绝大多数股东的同意。对于确定"绝大多数"的具体标准,有的国家采用人数主义,如规定按照股东会到会人数的2/3计算;有的国家采用资额主义,即按大多数表决权标准计算。我国《公司法》采用人数主义标准确定公司是否增加资本。(2) 修改公司章程。公司资本是公司章程的必要记载事项,增加资本关系到公司章程所记载的资本事项是否准确、真实,因而增资必须修改公司章程。(3) 原股东追加投资。根据《公司法》的规定,公司股东有增加出资的权利。同意增资的股东必须在规定的时间内将应当缴纳的款项交付公司,对于无增资的股东,其增资决议无约束力。(4) 办理公司变更登记。我国《公司法》对此尚未作出明确规定,但《公司登记管理条例》专门规定了公司变更登记程序,其中包括增资须办理公司变更登记内容。日本《有限公司法》第53条规定,公司应在全部履行出资义务后的2—3星期内完成公司的变更登记。经过登记后的增资,始发生法律效力。国有独资公司增加资本,必须由国家授权投资的机构或者国家授权的部门决定。国有独资公司以外的其他有限责任公司增加资本,应由股东会作出决议,须经代表2/3以上表决权的股东通过。股份有限公司增加资本,应由董事会制订公司增加注册资本的方案,提交股东大会讨论,由股东大会作出决议,须经出席会议的股东所持表决权的半数以上通过。

增股发行程序 具体为:(1) 配股增资。配股,是股份公司向公司股东按照一定配股比例发行新股。认配人须为股东大会规定日期截止时持有股份公司股份的所有股东,股份公司不得以配股名义向公司股东以外的其他人发配股份。股份公司配股时,首先由公司股东大会通过配股决议,确定配股方案、配股时间、配股数量、配股比例、配股价格、配股股款的缴纳时间及形式等,配股决议经国家有关主管机关批准后,一般交由公司董事会实施。上市公司在配股时,应遵守证监会1993年发布的《关于上市公司送配股的暂行规定》确定的条件和程序。(2) 送股增资。是股份公司向公司股东以送股方式进行的利益分配。接受送股增资的人,必须是股东大会规定日期截止时持有股份公司股份的所有股东,股份公司不得以送股名义向公司股东以外的其他人送发股份。送股增资不向股东收取股款,通常是动用公司的法定公积金完成送股。上市公司在送股时,应当遵守证监会1993年发布的《关于上市公司送配股的暂行规定》中规定的条件和程序。送股后,股份公司须保留规定比例的法定公积金。(3) 债券转股增资。债券转换为股份,是股份公司将可转换债券转换为公司的股份而增加公司股本。将债券持有人对股份公司的债权转换为公司的股份,从而使原债权人成为公司的新股东。债券转换成股份并未改变公司的资本总额,但公司负债因此减少,其股本相应增加。

增加资本的方法 有增加股份数量、增加每股面值及同时增加股份数量和每股面值三种。增加股份数量,是在公司原股份总额之外,在不改变股份每股金额的情况下,通过发行新股,增加公司的股份数量的方法;增加每股面值,是在保持原股份总额的情况下,不改变已发行股份的数量而增加已发行股份的每股金额的方法,在增加每股面值时,公司应当回收原发行的股票,以新股票代替;同时增加股份数量和每股面值,是既增加公司股份总额又增加每股金额的方法。公司增加资本时,大多数采用增加股份数量的方法。这种方法简单易行,可避免发行新股同时又回收原股而造成混乱。

(许家庆 王光净)

zengzhishui

增值税(value-added tax) 以在商品生产和流通的过程中或提供劳务的过程中所实现的增值额为征税对象的一种税。增值税的纳税人为在中国境内销售货物或者提供加工、修理修配劳务以及进口货物的单位和个人。境外的单位或个人在我国境内销售应税劳务而在境内未设有机构的纳税人,其应纳税款以代理人为代扣代缴义务人,没有代理人的,以购买者为代扣代缴义务人。

增值税的纳税人 根据其在增值税法上地位的不同,可以分为增值税一般纳税人和增值税小规模纳税人。增值税一般纳税人,是指年应税销售额超过规定的标准,会计核算健全的增值税纳税人。增值税小规模纳税人,是指年销售额在规定标准以下,并且会计核算不健全,不能按规定报送有关税务资料的增值税纳税人。

增值税的税基 为销售货物或者提供加工、修理修配劳务以及进口货物的增值额。货物,是指有形动产,包括电力、热力、气体在内。加工,是指受托加工货物,即委托方提供原料及主要材料,受托方按照委托方的要求制造货物并收取加工费的业务。修理修配,是指受托对损伤和丧失功能的货物进行修复,使其恢复原状和功能的业务。销售货物,是指有偿转让货物的所有权。提供加工、修理修配劳务,是指有偿提供加工、修理修配劳务。但单位或个体经营者聘用的员工为本单位或雇主提供加工、修理修配劳务,不包括在内。有偿,包括从购买方取得货币、货物或其他经济利益。单位或个体经营者的下列行为,视同销售货物:将货物交付他人代销;销售代销货物;设有两个以上机构并实行统一核算的纳税人,将货物从一个机构移送其他机构用于销售,但相关机构设在同一县(市)的除外;将自产或委托加工的货物用于非应税项目;将自产、委托加工或购买的货物作为投资,提供给其他单位或个体经营者;将自产、委托加工或购买的货物分配给股东或投资者;将自产、委托加工的货物用于集体福利和个人消费;将自产、委托加工或购买的货物无偿赠送他人。一项销售行为如果既涉及货物又涉及非应税劳务,为混合销售行为。从事货物的生产、批发或零售的企业、企业性单位及个体经营者的混合销售行为,视为销售货物,应当征收增值税;其他单位和个人的混合销售行为,视为销售非应税劳务,不征收增值税。

增值税税率 分为基本税率(17%)、低税率(13%)和零税率。税收债务人销售或者进口货物,除适用低税率的以外,税率为17%。税收债务人销售或者进口下列货物,税率为13%:(1)粮食、食用植物油;(2)自来水、暖气、冷气、热水、煤气、石油液化气、天然气、沼气、居民用煤制品;(3)图书、报纸、杂志;(4)饲料、化肥、农药、农机、农膜;(5)国务院规定的其他货物。税收债务人出口货物,税率为零;但是,国务院另有规定的除外。税收债务人提供加工、修理修配劳务(以下简称应税劳务),税率为17%。税率的调整,由国务院决定。税收债务人兼营不同税率的货物或者应税劳务,应当分别核算不同税率货物或者应税劳务的销售额。未分别核算销售额的,从高适用税率。

增值税的征收率是小规模纳税人计算增值税时所适用的税率。小规模纳税人销售货物或提供应税劳务,其应纳税额的计算不适用扣税法,而是适用简易算法,即用不含税的销售额乘以法定的征收率,就是应纳税额。增值税的征收率为6%,但从1998年7月1日起,商业企业小规模纳税人的增值税征收率调减为4%。增值税的起征点是税法规定的对纳税人的销售额予以征税的起点。对于增值税中的个人纳税人,其销售额未达到规定的起征点的,免征增值税,超过起征点的,则应就其销售金额纳税。

下列项目免征增值税:(1)农业生产者销售的自产农业产品;(2)避孕药品和用具;(3)古旧图书;(4)直接用于科学研究、科学试验和教学的进口仪器、设备;(5)外国政府、国际组织无偿援助的进口物资和设备;(6)来料加工、来件装配和补偿贸易所需进口的设备;(7)由残疾人组织直接进口供残疾人专用的物品;(8)销售的自己使用过的物品。税收债务人兼营免税、减税项目的,应当单独核算免税、减税项目的销售额;未单独核算销售额的,不得免税、减税。纳税人销售额未达到财政部规定的增值税起征点的,免征增值税。

增值税的类型 根据增值税增值额内容、扣除项目的不同对增值税进行的分类。增值税的类型一般包括消费型增值税、收入型增值税和生产型增值税。消费型增值税的税基为销售收入扣除中间性产品的价值、劳务支出和同期购入的全部固定资产价值。消费型增值税允许一次性扣除固定资产所含已征增值税的进项税额。消费型增值税的税基相当于社会全部消费品的价值，因此得名。消费型增值税是真正意义上的增值税。消费型增值税的弱点是税基过窄，不利于保障国家获得充足的税收收入，其优点是避免了对生产资料的重复征税。收入型增值税，也称为净收入型增值税，其税基为销售收入扣除中间性产品价值、劳务支出和固定资产折旧后的余额，相当于工资、利润、利息、租金等之和。收入型增值税允许随同折旧分期扣除固定资产中所含已征增值税的进项税额。收入型增值税的税基相当于国民收入，因此得名。生产型增值税，也称为毛收入型增值税，其税基为商品的销售收入或劳务收入扣除中间性产品的价值后的余额，相当于工资、利润、利息、租金和折旧数之和。生产型增值税不允许扣除固定资产中所含已征增值税的进项税额。生产型增值税的税基相当于国民生产总值，因此得名。生产型增值税的优点是税基广，有利于国家获得稳定充足的税收收入，其缺点是没有解决对固定资产的重复征税问题，不利于鼓励投资和促进经济增长。一般来讲，发达国家实行消费型增值税或收入型增值税，而发展中国家则一般实行生产型增值税。我国目前的增值税属于生产型增值税，但改革的呼声很高。我国增值税改革的方向将是收入型增值税或消费型增值税。

增值税应纳税额的计算 纳税人销售货物或者提供应税劳务，应纳税额为当期销项税额抵扣当期进项税额后的余额。应纳税额计算公式：应纳税额 = 当期销项税额 – 当期进项税额。因当期销项税额小于当期进项税额不足抵扣时，其不足部分可以结转下期继续抵扣。

纳税人销售货物或者应税劳务，按照销售额和法律规定的税率计算并向购买方收取的增值税额，为销项税额。销项税额计算公式：销项税额 = 销售额 × 税率。销售额为纳税人销售货物或者应税劳务向购买方收取的全部价款和价外费用，但是不包括收取的销项税额。纳税人销售货物或者应税劳务的价格明显偏低并无正当理由的，由主管税务机关核定其销售额。

纳税人购进货物或者接受应税劳务（以下简称购进货物或者应税劳务），所支付或者负担的增值税额为进项税额。准予从销项税额中抵扣的进项税额，除法律特别规定情形外，限于下列增值税扣税凭证上注明的增值税额：(1) 从销售方取得的增值税专用发票上注明的增值税额；(2) 从海关取得的完税凭证上注明的增值税额。

购进免税农业产品准予抵扣的进项税额，按照买价和10%的扣除率计算。进项税额计算公式：进项税额 = 买价 × 扣除率。

纳税人购进货物或者应税劳务，未按照规定取得并保存增值税扣税凭证，或者增值税扣税凭证上未按照规定注明增值税额及其他有关事项的，其进项税额不得从销项税额中抵扣。下列项目的进项税额不得从销项税额中抵扣：(1) 购进固定资产；(2) 用于非应税项目的购进货物或者应税劳务；(3) 用于免税项目的购进货物或者应税劳务；(4) 用于集体福利或者个人消费的购进货物或者应税劳务；(5) 非正常损失的购进货物；(6) 非正常损失的在产品、产成品所耗用的购进货物或者应税劳务。

小规模纳税人销售货物或者应税劳务，实行简易办法计算应纳税额。小规模纳税人销售货物或者应税劳务的征收率为6%（从1998年7月1日起，商业企业小规模纳税人的增值税征收率由6%调减为4%）。小规模纳税人销售货物或者应税劳务，按照销售额和法律规定的征收率计算应纳税额，不得抵扣进项税额。应纳税额计算公式：应纳税额 = 销售额 × 征收率。

纳税人进口货物，按照组成计税价格和法律规定的税率计算应纳税额，不得抵扣任何税额。组成计税价格和应纳税额计算公式：组成计税价格 = 关税完税价格 + 关税 + 消费税；应纳税额 = 组成计税价格 × 税率。

(翟继光)

zengzhishui zanxing tiaoli

《增值税暂行条例》(Interim Regulations on Value-added Tax) 1982年财政部制定了《增值税试行办法》。1984年9月，国务院颁布《增值税暂行条例（草案）》，并自1984年10月1日起执行。1993年12月13日国务院颁布新的《增值税暂行条例》，于1994年1月1日起实施。增值税的纳税人有两类：一类是在中华人民共和国境内销售货物或者提供加工、修理修配劳务以及进口货物的单位和个人；另一类是报关进口货物的单位和个人。以增值税纳税人的会计核算是否健全和经营规模的大小为标准，可将其分为一般纳税人和小规模纳税人。增值税的征税范围是在中华人民共和国销售的货物或者提供加工、修理修配劳务以及进口货物。增值税的计税依据是纳税人实现的商品销售额，即纳税人销售货物或应税劳务向购买方收取的全部价款和价外费用。增值税税率分为三档：17%的基本税率；13%的优惠税率；零税率，适用于纳税人出口货物。增值税应纳税额的计算分为三种：(1) 一般纳税人的应纳税额，应纳税额 = 当期销项税额 — 当期进项税额；(2) 小规模纳税人应纳税额，应纳税额 = 销售额 × 征收率，不得抵扣进项税额；(3) 进口货物应纳税额,应纳税额=组成计税价格×税率,不得抵扣任何税额。增值税包括九项免税项目。纳税人销售额未达到财政部规定的增值税起征点的亦免税。纳税人兼营免税减税项目的,应当单独核算免税、减税项目的销售额,否则不得免税减税。增值税由税务机关征收,进口货物的增值税由海关代征。个人携带或者邮寄进境自用物品的增值税,连同关税一并计征。增值税纳税义务发生时间:销售货物或者应税劳务,为收讫销售款或者取得索取销售款凭据的当天;进口货物,为报关进口的当天。增值税纳税地点:固定业户应当向其机构所在地主管税务机关申报纳税;固定业户到外县(市)销售货物的,应当向其机构所在地主管税务机关申请开具外出经营活动税收管理证明,向其机构所在地税务机关申报纳税;非固定业户销售货物或者应税劳务,应当向销售地主管税务机关申报纳税;进口货物,应当由进口人或其代理人向报关地海关申报纳税。增值税的纳税期限分别为1日、3日、5日、10日、15日或者1个月,纳税人的具体纳税期限,由主管税务机关根据纳税人应纳税额的大小分别核定;不能按照固定期限纳税的,可以按次纳税。纳税人进口货物,应当自海关填发税款缴纳证的次日起7日内缴纳税款。

(席晓娟)

zengzhishui zanxing tiaoli shishi xize

《增值税暂行条例实施细则》(Rules for Implementation of the Interim Regulations on Value-added Tax) 财政部1993年12月25日发布。《细则》对暂行条例中与确定增值税的纳税人和纳税义务有关的特定用语作出了详细解释,如"货物"、"加工"、"修理修配"、"提供加工、修理修配劳务"、"有偿"、"在中华人民共和国境内"、"在境内销售应税劳务"、"价外费用"、"固定资产""非应税项目"、"非正常损失"等。细则对于增值税的纳税人和扣缴义务人分别不同情况作出了具体规定。《细则》详细规定了"小规模纳税人"的标准。《细则》规定增值税"征税范围的特殊行为"包括:单位或个体经营者视同销售货物的行为;混合销售行为和兼营非应税劳务行为。《细则》对于增值税"销售额"的确定方式与方法作出了具体规定。抵扣制度是增值税征收中比较有特色的制度,对抵扣的具体方式、方法和条件等,《细则》也作出了详细规定。《细则》对"部分免税项目的范围"进行了限定。增值税"起征点的适用范围"只限于个人,其具体规定为:销售货物的起征点为月销售600—2000元;销售应税劳务的起征点为月销售额200—800元;按次纳税的起征点为每次(日)销售额50—80元。增值税销售货物或者应税劳务的"纳税义务发生时间"按销售结算方式的不同而有所不同。细则还强调,非固定业户到外县(市)销售货物或者应税劳务未向销售地主管税务机关申报纳税的,由其机构所在地或者居住地主管税务机关补征税款。

(席晓娟)

zengzhishui zhuanyong fapiao

增值税专用发票(special invoice for value-added tax) 纳税人从事经济活动的一种重要凭证。在专用发票上记载的是销货方销项税额和购货方的进项税额。为了规范此种发票的使用,国家税务总局专门制定了《增值税专用发票使用规定》,自1994年1月1日起实施。增值税专用发票通常只限于增值税的一般纳税人领购使用,增值税的小规模纳税人和非增值税纳税人不得领购使用。一般纳税人如果会计核算不健全,即不能按会计制度和税务机关的要求确认核算增值税的销项税额、进项税额和应纳税额者;或不能向税务机关准确提供增值税销项税额、进项税额、应纳税额数据及其他有关增值税税务资料者;或有发票违法行为在限期内被税务机关责令改正而仍未改正者;或销售的货物全部属于免税项目的,不得领购使用专用发票。除此之外,一般纳税人销售货物、应税劳务,根据增值税细则规定应当征收增值税的非应税劳务,必须向购买方开具专用发票。但下列情形不得开具专用发票:(1)向消费者销售应税项目;(2)销售免税项目;(3)销售报关出口的货物、在境外销售应税劳务;(4)将货物用于非应税项目;(5)将货物用于集体福利或个人消费;(6)将货物无偿赠送他人;(7)提供不予缴纳增值税的非应税劳务、转让无形资产或销售不动产。

专用发票开具时限分别为:采用预收货款、托收承付、委托银行收款结算方式的,为货物发出的当天;采用交款提货结算方式的,为收到货款的当天;采用赊销、分期付款结算方式的,为合同约定的收款日期的当天;将货物交付他人代销,为收到受托人送交的代销清单的当天;设有两个以上机构并实行统一核算的纳税人,将货物从一个机构移送其他机构用于销售,按规定应当征收增值税的,为货物移送的当天;将货物作为投资提供给其他单位或个体经营者,为货物移送的当天;将货物分配给股东,为货物移送的当天。一般纳税人必须按规定时限开具专用发票,不得提前或滞后。专用发票的基本联次统一规定为四联,各联次必须按以下规定用途使用:第一联为存根联,由销货方留存备查;第二联为发票联,购货方作付款的记账凭证;第三联为税款抵扣联,购货方作扣税凭证;第四联为记账联,销货方作销售的记账凭证。除购进免税农业产品和自营进口货物外,购进应税项目如果未按规定取得、保管专用发票或销货方开具的专用发票不符合规定要求的,不得抵扣进项税额。

销售货物并向购买方开具专用发票后,如发生退货或销售折让,应视不同情况分别按以下规定办理:(1)购买方在未付货款并且未作账务处理的情况下,须将原发票联和税款抵扣联主动退还销售方。销售方收到后,应在该发票联和税款抵扣联及有关的存根联、记账联上注明"作废"字样,作为扣减当期销项税额的凭证。未收到购买方退还的专用发票前,销售方不得扣减当期销项税额。属于销售折让的,销售方应按折让后的货款重开专用发票。(2)在购买方已付货款,或者货款未付但已作账务处理,发票联及抵扣联无法退还的情况下,购买方必须取得当地主管税务机关开具的进货退出或索取折让证明单送交销售方,作为销售方开具红字专用发票的合法依据。销售方在未收到证明单以前,不得开具红字专用发票;收到证明单后,根据退回货物的数量、价款或折让金额向购买方开具红字专用发票。红字专用发票的存根联、记账联作为销售方扣减当期销项税额的凭证,其发票联、税款抵扣联作为购买方扣减进项税额的凭证。(3)购买方收到红字专用发票后,应将红字专用发票所注明的增值税额从当期进项税额中扣减。如不扣减,造成不纳税或少纳税的,属于偷税行为。纳税人必须严格按有关规定保管和使用专用发票,不得代开、虚开专用发票。

(李蕾)

zengzhishui zhuanyong fapiao shiyong guiding
《增值税专用发票使用规定》(Usage Provisions of Invoice for Value-added Tax) 国家税务总局1993年12月30日发布,自1994年1月1日起施行。增值税专用发票(以下简称专用发票)的领购使用主体仅限于增值税的一般纳税人,增值税的小规模纳税人和非增值税纳税人不得领购使用。但一般纳税人在法定情况下不得领购使用专用发票。如已领购使用专用发票,税务机关应收缴其结存的专用发票。一般纳税人销售应税项目,必须向购买方开具专用发票。但法定情况下可以不向购买方开具专用发票。向小规模纳税人销售应税项目,可以不开具专用发票。专用发票的开具要求:(1)字迹清楚,不得涂改;(2)项目填写齐全;(3)票、物相符,票面金额与实际收取的金额相符;(4)各项目内容正确无误;(5)全部联次一次填开,上下联的内容和金额一致,四联分别为存根联、发票联、税款抵扣联和记账联;(6)发票联和抵扣联加盖财务专用章或发票专用章;(7)按照规定时限开具,具体开具时限依情况不同而有所不同,不得开具伪造的专用发票;(8)不得拆本使用专用发票;不得开具票样与国家税务总局统一制定的票样不相符合的专用发票。开具的专用发票不符合要求者,不得作为扣税凭证,购买方有权拒收。除购进免税农业产品和自营进口货物外,购进应税项目不得抵扣进项税额的情况包括:未按规定取得、保管专用发票及销售方开具的专用发票不符合法定要求。如其购进应税项目的进项税额已经抵扣,应从税务机关发现其有上述情形的当期的进项税额中扣减。销售货物并向购买方开具专用发票后,如发生退货或销售折让,应视不同情况分别办理。使用电子计算机开具专用发票必须报经主管税务机关批准并使用由税务机关监制的机外发票。 (席晓娟)

zengyushui
赠与税(gift tax) 对财产所有人的财产赠与行为开征的一种税。赠与税一般与遗产税同时课征,以避免被继承人在生前以赠与的方式转让财产而逃税。大多数国家同时开征两税。赠与税的纳税义务人一般是赠与人,但某些情形下为受赠人。在征税范围方面,国际上大体有三种标准:国籍原则、住所原则及财产所在地原则。多数国家同时混用几种原则。一般赠与税的计税依据为赠与总额减去扣除项目后的赠与净值。我国目前尚未开征赠与税。 (彭皖)

zhaiquan
债券(bond) 公司依照法定程序发行的、约定在一定期限还本付息的有价证券。公司债券是公司依法发行的一种要式有价证券。《公司法》第155条规定,公司债券募集办法中应当载明下列主要事项:公司名称、债券票面金额、利率、偿还期限等事项,并由董事长签名,公司盖章。债券是有一定还本付息期限的有价证券。依据债券是否记载持券人的姓名或名称分为:记名公司债券和不记名公司债券。凡在公司债券上记载持券人姓名或名称的为记名证券,反之,则是不记名证券。依据公司债券有无担保为标准,分为担保公司债券和不担保公司债券。担保公司债券指公司在发行债券时以特定财产或第三人对该证券代还本付息作出担保的公司债券。不担保公司债券指既无任何财产作为抵押,也无义务第三人作保证,仅仅以公司信用为基础所发行的债券。依据债券可否转换为公司债券,分为可转换公司债券和不可转换公司债券。可转换公司债券指公司债券债权人在一定条件下可将其持有的公司债券转换为公司股票的公司债券。不可转换公司债券指不能转换为股票的公司债券。 (李震)

zhaiquan faxing
债券发行(bond issuance) 符合要求的公司为了保障其正常运作,筹集生产资金而依据法定程序发行债券。发行公司债券,必须依照证券法规定的条件,报经国务院授权的部门核准。发行人必须向国务院授权的部门或国务院证券监督管理机构提交证券法规定的申请文件。债券发行主体为:股份有限公司、国有独资公司和两个以上的国有企业或者其他两个以上的国有投资主体投资设立的有限责任公司。

发行公司债券实质要件 首次公司债券发行的条件:《证券法》第16条规定:"发行公司债券,必须符合下列条件:股份有限公司的净资产额不低于人民币3000万元,有限责任公司的净资产额不低于人民币6000万元;累计债券总额不超过公司净资产额的40%;最近三年平均可分配利润足以支付公司债券一年的利息;筹集的资金投向符合国家产业政策;债券的利率不得超过国务院限定购利率水平;国务院规定的其他条件。发行公司债券筹集的资金,必须用于审批机关批准的用途,不得用于弥补亏损和非生产性支出。"再次公司债券发行的条件:《证券法》第18条规定:"凡有下列情形之一的,不得再次发行公司债券:前一次发行的公司债券尚未募足的;对已发行的公司债券或者其债务有违约或者延迟支付本息的事实,且仍处于继续状态的;违反本法规定、改变公开发行公司债券所募资金的用途。"可转换公司债的发行条件:上市公司经股东大会决议可以发行可转换为股票的公司债券,并在公司债券募集办法中规定具体的转换办法。发行可转换为股票的公司债券,应当报请国务院证券管理部门核准。发行可转换为股票的公司债券,应当在债券上标明可转换公司债券字样,并在公司债券存根簿上载明可转换公司债券的数额。发行可转换为股票的公司债券的,公司应当按照其转换办法向债券持有人换发股票,但债券持有人对转换股票或者不转换股票有选择权。

发行公司债券程序要件 具体程序如下:(1)依规定报送文件。发行公司债券,必须依照公司法规定的条件,报经国务院授权的部门核准。发行人必须向国务院授权的部门或者国务院证券监督管理机构提交《证券法》规定的有关文件。《证券法》规定:公司应当提交下列文件:公司营业执照;公司章程;公司债券募集办法;资产评估报告和验资报告;国务院授权的部门或者国务院证券监督管理机构规定的其他文件。(2)发行债券的申请文件的格式、报送方式。《证券法》规定:"发行人依法申请公开发行证券所提交的申请文件的格式、报送方式,由依法负责核准的机构或者部门规定。"(3)申请文件的真实、准确和完整。发行人向国务院证券监督管理机构或者国务院授权的部门提交的证券发行申请文件,必须真实、准确、完整。为证券发行出具有关文件的专业机构和人员,必须严格履行法定职责,保证其所出具文件的真实性、准确性和完整性。(4)债券发行申请的审核。《证券法》规定:国务院证券监督管理机构设发行审核委员会,依法审核股票发行申请。(5)决定核准和不核准。《证券法》规定:"国务院证券监督管理机构或者国务院授权的部门应当自受理证券发行申请文件之日起3个月内作出决定;不予核准或者审批的,应当作出说明。"(6)公告募集文件。《证券法》规定:"证券发行申请经核准,发行人应当依照法律、行政法规的规定,在证券公开发行前,公告公开发行募集文件,并将该文件置备于指定场所供公众查阅。"(7)审核错误的补救。《证券法》规定:"国务院证券监督管理机构或者国务院授权的部门对已作出的核准证券发行的决定,发现不符合法定条件或者法定程序,尚未发行证券的,应当予以撤销,停止发行;已经发行尚未上市的,撤销发行核准决定,发行人应当按照发行价并加算银行同期存款利息,《公司法》第162条规定:"返还证券持有人。"

(李 震)

zhaiquan faxingquan

债券发行权(right to bond issuance) 企业依照国务院规定发行债券的权利。企业发行债券必须经中国人民银行批准。债券票面格式应当经中国人民银行认可。企业发行债券的总面额不得大于该企业的自有资产净值。债券的票面利率不得高于银行相同期限居民储蓄定期存款利率的40%。

(方文霖)

zhaiquan faxingren

债券发行人(bond issuer) 通过发行债券而筹集资金的主体。债券发行人有如下特征:以筹集资金为目的发行债券;发行主体多样化。发行主体包括:政府、金融机构、股份有限公司、有限责任公司及其他部分具有法人资格的企业;债券发行主体享受一定的权利,承担一定的义务。

(李 震)

zhanhou jingjifa

战后经济法(economic law theory after the II world war) 苏联经济法学说之一。20世纪50年代末60年代初,苏联法学家B.B拉普捷夫和B.K.马穆托夫提出,经济法只调整属于社会主义经营管理领域的领导经营活动和从事经营活动的关系,这两种关系就构成经济关系。他们认为,经济法具有特定的调整对象,具有特殊的法律规定方式,因此是苏维埃法律体系中的一个独立法律部门。这一学说后来发展为苏联的主要经济法理论流派。

(吕家毅 赵玲)

zhanlüe chanye

战略产业(strategy industry) 一国为实现产业结构高级化目标所选定的对于国民经济发展具有重要意义的具体产业部门。这些部门是各国根据不同的经济和技术发展水平和对未来经济技术发展的预见来确定的。保护扶持战略产业是各国实现产业结构合理化的一项重要措施。

战略产业的确定是保护和扶植的前提，而依不同的经济理论又可以提出不同的标准。国家要根据社会经济发展的整体规划和需要来制定相应的标准，以规范形式界定战略产业。一般而言，国家选定的战略产业应是对国民经济的稳定持续发展具有重要意义的产业，主要包括：新兴产业，即那些在新技术基础上发展起来的朝阳型产业；成长产业，即那些由于技术革新而飞跃发展，并在国民经济中举足轻重的传统产业；出口产业，即已经或可能发展的具有国际竞争能力的那些产业。

战略产业确定以后，必须采取相应的保护和扶植措施，以促进战略产业的高速发展，实现产业结构的合理化、高级化。这就需要通过制定一系列法律，具体地规定保护和扶植战略产业的手段和措施。这些手段和措施通常表现为各种贸易保护、投资优先、税收优惠、技术引进措施，且以单行法或个别法的形式出现。如日本的《企业合理化促进法》、《租税特别措施法》、我国的《国家高新技术产业开发区高新技术企业认定条件和办法》等。为实现产业结构高级化的目标，必须选定对于发展国民经济具有重要意义的具体产业部门，作为战略产业加以保护和扶植。例如，在战后日本政府选定的战略产业部门分为三类：一类是新兴产业。例如合成纤维、石油化学、半导体、电子计算机等，都是欧美先进工业国在战前以至战后初期在先进技术上先于日本建立起来的新兴产业。第二类是成长产业，是指那些由于技术革新而取得飞跃发展，并在公民经济中举足轻重的传统产业，例如，钢铁、汽车、产业机械等。第三类是出口产业或有希望成为重要出口产业的部门，造船业就是其中的典型。

战略产业的确定具有适时性，也就是说，在一定时期的战略产业，由于条件的变化，可能转变为衰退产业，成为需要调整和援助的对象，这就需要不断地重新确定新的战略产业，并制定相应的保护、扶植措施。因此，这一类法律通常是个别法而且实施具有一定的时间性，也就是说战略产业的选择是因时而定的。也只有这样才能使战略产业符合时代的要求、符合经济发展的要求。

(崔雪松)

zhanqian jingjifa

战前经济法(economic law theory before world war Ⅱ) 苏联经济法学说之一。在20世纪30年代中期，苏联法学家Ⅱ.R.金茨布尔格和E.G.帕舒卡尼斯在批判"两成分法"的基础上，表达了"混合法"的思想。1935年，在《苏联经济法教程》一书中，为了克服经济法理论中的"对抗论"的缺陷，提出经济法不仅调整社会主义组织之间的关系，而且也调整公民之间的关系。他们认为，经济法是国家在组织经营管理和组织经济联系方面所实行的政策的特殊形式。但是，这一学说不能正确认识"公民之间的关系"法律调整的复杂性。

(吕家毅 赵玲)

zhangbu pingzheng guanli

账簿凭证管理(management of account book and voucher) 征税机关对纳税人的账簿、凭证及核算所进行的监督和管理。账簿即会计账册，包括总账、明细账、日记账以及其他辅助性账簿。凭证即书面证明，包括会计凭证和完税凭证。其中会计凭证一般分为原始凭证和记账凭证，完税凭证包括各种完税证、缴款书、印花税票、扣（收）税凭证以及其他完税证明。账簿、凭证是纳税人进行生产经营活动必不可少的工具，也是税务机关对纳税人、扣缴义务人进行财务监督和税务检查的重要依据。按照我国《税收征收管理法》的规定，从事生产、经营的纳税人应自领取营业执照之日起15日内设置账簿，根据合法、有效的凭证记账进行核算。生产经营规模小又确无建账能力的个体工商户，可以聘请注册会计师或经税务机关认可的财务人员代为建账或办理账务或经县以上税务机关批准，可以按照税务机关的规定，建立收支凭证粘贴簿、进货销货登记簿等。扣缴义务人应自税收法律、行政法规规定的扣缴义务发生之日起10日内，按照所代扣、代收的税种，分别设置代扣代缴、代收代缴税款账簿。从事生产、经营的纳税人应当自领取税务登记证件之日起15日内，将其财务、会计制度或者财务、会计处理办法报送税务机关备案，接受税务机关的审查。纳税人、扣缴义务人采用计算机记账的，应在使用前将其记账软件、程序和使用说明书及有关资料报送主管税务机关备案。纳税人、扣缴义务人会计制度健全，能够通过计算机准确、完整计算其收入或所得的，其计算机储存和输出的会计记录，可视为会计账簿，但是应打印成书面记录并完整保存；会计制度不健全，不能通过电子计算机准确、完整计算其收入或所得的，应建立总账和与纳税或代扣代收税款有关的其他账簿。纳税人、扣缴义务人应按有关规定妥善保管账簿、凭证。不得伪造、变造或者擅自损毁账簿、记账凭证、完税凭证及其他有关资料。除另有规定者外，账簿、会计凭证报表、完税凭证及其他有关纳税资料应当保存10年。(李蕾)

zhaobiao

招标(invitation to bid) 为了保护国家利益、社会公共利益和招标投标活动当事人的合法权益，提高经济效益，保证项目质量，对关系国家利益、社会公共利益的重大工程项目的勘察、设计、施工、监理以及与工程建设有关的重要设备、材料等的采购以法律规定的程序和方式邀请法人或有关组织参与竞争项目建设的活动。《中华人民共和国招标投标法》规定了在中华人民共和国境内进行下列工程建设项目,包括项目的勘察、设计、施工、监理以及与工程建设有关的重要设备、材料等的采购,必须进行招标:(1) 大型基础设施、公用事业等关系社会公共利益、公众安全的项目;(2) 全部或者部分使用国有资金投资或者国家融资的项目;(3) 使用国际组织或者外国政府贷款、援助资金的项目。(4) 法律或者国务院规定的必须进行招标的其他项目。所列项目的具体范围和规模标准,由国务院发展计划部门会同国务院有关部门制定,报国务院批准。任何单位和个人不得将依法必须进行招标的项目化整为零或者以其他任何方式规避招标。招标人是提出招标项目、进行招标的法人或者其他组织。招标的法定种类有两种,公开招标和邀请招标。公开招标,是指招标人以招标公告的方式邀请不特定的法人或者其他组织投标。邀请招标,是指招标人以投标邀请书的方式邀请特定的法人或者其他组织投标。国务院发展计划部门确定的国家重点项目和省、自治区、直辖市人民政府确定的地方重点项目不适宜公开招标的,经国务院发展计划部门或者省、自治区、直辖市人民政府批准,可以进行邀请招标。招标人有权自行选择招标代理机构,委托其办理招标事宜,任何单位和个人不得强制其委托招标代理机构办理招标事宜,且不得以任何方式为招标人指定招标代理机构。我国法律对招标活动中的招标人有如下要求:(1) 招标人应当有进行招标项目的相应资金或者资金来源已经落实,并应当在招标文件中如实载明。(2) 招标人采用公开招标方式的,应当发布招标公告。依法必须进行招标的项目的招标公告,应当通过国家指定的报刊、信息网络或者其他媒介发布。招标公告应当载明招标人的名称和地址、招标项目的性质、数量、实施地点和时间以及获取招标文件的办法等事项。(3) 招标人采用邀请招标方式的,应当向3个以上具备承担招标项目的能力、资信良好的特定的法人或者其他组织发出投标邀请书。(4) 招标人可以根据招标项目本身的要求,在招标公告或者投标邀请书中,要求潜在投标人提供有关资质证明文件和业绩情况,并对潜在投标人进行资格审查。(5) 招标人不得以不合理的条件限制或者排斥潜在投标人,不得对潜在投标人实行歧视待遇。(6) 招标人应当根据招标项目的特点和需要编制招标文件。(7) 招标人不得向他人透露已获取招标文件的潜在投标人的名称、数量以及可能影响公平竞争的有关招标投标的其他情况。(8) 招标人设有标底的,标底必须保密。

(赵芳芳)

zhaobiao daili jigou

招标代理机构(bidding agencies) 依法设立、从事招标代理业务并提供相关服务的社会中介组织。招标人有权自行选择招标代理机构,委托其办理招标事宜,任何单位和个人不得强制其委托招标代理机构办理招标事宜,且不得以任何方式为招标人指定招标代理机构。招标代理机构应当具备下列条件:(1) 有从事招标代理业务的营业场所和相应资金;(2) 有能够编制招标文件和组织评标的相应专业力量;(3) 有可以作为评标委员会成员人选的技术、经济等方面的专家库。应当从事相关领域工作满8年并具有高级职称或者具有同等专业水平。《中华人民共和国招标投标法》中规定,从事工程建设项目招标代理业务的招标代理机构,其资格由国务院或者省、自治区、直辖市人民政府的建设行政主管部门认定。

从事工程建设项目招标代理业务的招标代理机构,其资格由国务院或者省、自治区、直辖市人民政府的建设行政主管部门根据建设部2000年6月30《工程建设项目招标代理机构资格认定办法》认定。国务院建设行政主管部门负责全国工程招标代理机构资格认定的管理。省、自治区、直辖市人民政府建设行政主管部门负责本行政区的工程招标代理机构资格认定的管理。从事工程招标代理业务的机构,必须依法取得国务院建设行政主管部门或者省、自治区、直辖市人民政府建设行政主管部门认定的工程招标代理机构资格。工程招标代理机构可以跨省、自治区、直辖市承担工程招标代理业务。工程招标代理机构资格分为甲、乙两级。甲级工程招标代理机构资格按行政区划,由省、自治区、直辖市人民政府建设行政主管部门初审,报国务院建设行政主管部门认定。乙级工程招标代理机构资格由省、自治区、直辖市人民政府建设行政主管部门认定,报国务院建设行政主管部门备案。申请工程招标代理机构资格的单位,应当提供以下资料:企业法人营业执照(复印件加盖原登记机关的确认章);工程招标代理机构章程;《工程招标代理机构资格申请表》;其他有关工程招标代理机构的资料;申请甲级工程招标代理机构资格的,还需提供所在地省、自治区、直辖市人民政府建设行政主管部门的初审意见。任何单位和个人不得弄虚作假或者以其他手段骗取工程招标代理机构资格证书。对申请甲级工程招标代理机构资格的,实行定期集中认定。国务院建设行政主管部门在申请文件资料齐全后,3个月内完成审核。对申请乙级工程招标代理机构资格的,实行即时认定或者定期集中认定,由省、自治区、直辖市人民政府建设行政主管部门确定。对审核合格的工程招标代理机构,颁发相应的《工程招标代理机构资格证书》。新成立的工程招标代理机构,其工程招标代理业绩未满足本办法规定条件的,国务院建设行政主管部门可以根据市场需要设定暂定资格,颁发《工程招标代理机构资格暂定证书》,取得暂定资格的工程招标代理机构,只能承担工程投资额(不含征地费、大市政配套费与拆迁补偿费)3000万元以下的工程招标代理业务。《工程招标代理机构资格证书》有效期3年,《工程招标代理机构资格暂定证书》有效期1年。

从事药品招标代理业务的招标代理机构,其资格由省、自治区、直辖市药品监督管理部门会同同级卫生行政部门根据国家药品监督管理局会同卫生部2000年共同制定的《药品招标代理机构资格认定及监督管理办法》,负责本辖区内药品招标代理机构资格的认定。国家药品监督管理局会同卫生部对各省、自治区、直辖市药品招标代理机构的资格认定工作进行监督。药品招标代理机构必须具备以下条件:已获营业执照,具有从事招标代理并提供相关服务的资格;与行政机关和其他国家机关没有行政隶属关系或其他利益关系;有健全的组织机构、内部管理的规章制度和有与开展药品招标代理业务活动相适应的业务人员数量,在上述业务人员中,应具有占职工总数15%以上的具有药事法律知识和药学知识的专业人员;有与从事招标代理业务活动相适应的营业场所、设施和资金;具有编制招标文件和组织评标的专业力量及与从事药品招标相适应的专家库;国家药品监督管理局、卫生部要求的其他有关条件。凡未取得资格证书的招标代理机构不得代理药品招标业务。药品招标代理机构的资格证书有效期限为2年。

(赵芳芳)

zhaobiao paimai guapai churang guoyou tudi shiyongquan

招标拍卖挂牌出让国有土地使用权(selling state-owned land-use right by auction) 为规范国有土地使用权出让行为,优化土地资源配置,建立公开、公平、公正的土地使用制度,我国对国有土地使用权实行的招标拍卖挂牌出让制度。凡在中华人民共和国境内以招标、拍卖或者挂牌方式出让国有土地使用权的,适用《招标拍卖挂牌出让国有土地使用权规定》。招标、拍卖或者挂牌出让国有土地使用权应当遵循公开、公平、公正和诚实信用的原则。商业、旅游、娱乐和商品住宅等各类经营性用地,必须以招标、拍卖或者挂牌方式出让。其他用途的土地的供地计划公布后,同一宗地有两个以上意向用地者的,也应当采用招标、拍卖或者挂牌方式出让。市、县人民政府土地行政主管部门应当按照出让计划,会同城市规划等有关部门共同拟订招标拍卖挂牌出让地块的用途、年限、出让方式、时间和其他条件等方案,报经市、县人民政府批准后,由市、县人民政府土地行政主管部门组织实施。出让人应当根据招标拍卖挂牌出让地块的情况,编制招标拍卖挂牌出让文件。招标拍卖挂牌出让文件应当包括招标拍卖挂牌出让公告、投标或者竞买须知、宗地图、土地使用条件、标书或者竞买申请书、报价单、成交确认书、国有土地使用权出让合同文本。出让人应当至少在投标、拍卖或者挂牌开始日前20日发布招标、拍卖或者挂牌公告,公布招标拍卖挂牌出让宗地的基本情况和招标拍卖挂牌的时间、地点。市、县人民政府土地行政主管部门应当根据土地估价结果和政府产业政策综合确定标底或者底价。确定招标标底,拍卖和挂牌的起叫价、起始价、底价,投标、竞买保证金,应当实行集体决策。招标标底和拍卖挂牌的底价,在招标拍卖挂牌出让活动结束之前应当保密。出让人应当对投标申请人、竞买申请人进行资格审查。对符合招标拍卖挂牌公告规定条件的,应当通知其参加招标拍卖挂牌活动。市、县人民政府土地行政主管部门应当为投标人、竞买人查询拟出让土地的有关情况提供便利。

投标、开标依照下列程序进行:(1)投标人在投标截止时间前将标书投入标箱。招标公告允许邮寄标书的,投标人可以邮寄,但出让人在投标截止时间前收到的方为有效;标书投入标箱后,不可撤回。投标人应对标书和有关书面承诺承担责任。(2)出让人按照招标公告规定的时间、地点开标,邀请所有投标人参加。由投标人或者其推选的代表检查标箱的密封情况,当众开启标箱,宣布投标人名称、投标价格和投标文件的主要内容。投标人少于3人的,出让人应当依照本规定重新招标。(3)评标小组进行评标。评标小组由出让人代表、有关专家组成,成员人数为5人以上的单数。评标小组可以要求投标人对投标文件作出必要的澄清或者说明,但是澄清或者说明不得超出投标文件的范围或者改变投标文件的实质性内容。(4)招标人根据评标结果,确定中标人。对能够最大限度地满足招标文件中规定的各项综合评价标准,或者能够满足招标文件的实质性要求且价格最高的投标人,应当确定为中标人。

拍卖会与挂牌应按法定程序进行。挂牌期限届满,按照下列规定确定是否成交:(1)在挂牌期限内只有一个竞买人报价,且报价高于底价,并符合其他条件的,挂牌成交;(2)在挂牌期限内有两个或者两个以上的竞买人报价的,出价最高者为竞得人;报价相同的,先提交报价单者为竞得人,但报价低于底价者除外;(3)在挂牌期限内无应价者或者竞买人的报价均低于底价或均不符合其他条件的,挂牌不成交。在挂牌期限截止时仍有两个或者两个以上的竞买人要求报价的,出让人应当对挂牌宗地进行现场竞价,出价最高者为竞得人。以招标、拍卖或者挂牌方式确定中标人、竞得人后,出让人应当与中标人、竞得人签订成交确认书。

成交确认书对出让人和中标人、竞得人具有合同效力。签订成交确认书后,出让人改变竞得结果,或者中标人、竞得人放弃中标宗地、竞得宗地的,应当依法承担责任。中标人、竞得人应当按照成交确认书约定的时间,与出让人签订《国有土地使用权出让合同》。中标人、竞得人支付的投标、竞买保证金,抵作国有土地使用权出让金,其他投标人、竞买人支付的投标、竞买保证金,出让人必须在招标拍卖挂牌活动结束后5个工作日内予以退还,不计利息。招标拍卖挂牌活动结束后,出让人应在10个工作日内将招标拍卖挂牌出让结果在土地有形市场或者指定的场所、媒介公布。出让人公布出让结果,不得向受让人收取费用。受让人依照《国有土地使用权出让合同》的约定付清全部国有土地使用权出让金后,应当依法申请办理土地登记,领取国有土地使用权证书。

应当以招标拍卖挂牌方式出让国有土地使用权而擅自采用协议方式出让的,对直接负责的主管人员和其他直接责任人员依法给予行政处分。中标人、竞得人有下列行为之一的,中标、竞得结果无效;造成损失的,中标人、竞得人应当依法承担赔偿责任:投标人、竞买人提供虚假文件隐瞒事实的;中标人、竞得人采取行贿、恶意串通等非法手段中标或者竞得的。土地行政主管部门工作人员在招标拍卖挂牌出让活动中玩忽职守、滥用职权、徇私舞弊的,依法给予行政处分;构成犯罪的,依法追究刑事责任。

(王 丽)

zhaobiao toubiaofa
《招标投标法》(The Tendering and Bidding Law) 《中华人民共和国招标投标法》是为了规范招标投标活动,保护国家利益、社会公共利益和招标投标活动当事人的合法权益,提高经济效益,保证项目质量,1999年8月30日第九届全国人民代表大会常务委员会第十一次会议通过,并于2000年1月1日起施行的规范中华人民共和国境内招标投标活动的基本法律。该法共六章68条。第一章总则。规定了必须进行招标的项目范围、进行招标投标活动的基本原则等。第二章招标。招标人的定义、招标的种类、招标代理机构以及招标人的义务等。第三章投标。规定了投标人的概念、资质要求以及投标人的义务等。第四章开标、评标和中标。规定了开标、评标的程序以及对中标人的条件和义务等。第五章法律责任。规定了招标人、招标代理机构、评标委员会成员、中标人违反法定程序及义务应承担的责任。第六章附则。规定了投标人和其他利害关系人认为招标投标活动不符合法律有关规定的,招标人有提出异议或者依法向有关行政监督部门投诉的权利。涉及国家安全、国家秘密、抢险救灾或者属于利用扶贫资金实行以工代赈、需要使用农民工等特殊情况,不适宜进行招标的项目,按照国家有关规定可以不进行招标。使用国际组织或者外国政府贷款、援助资金的项目进行招标,贷款方、资金提供对招标投标的具体条件和程序有不同规定的,可以适用其规定,但违背中华人民共和国的社会公共利益的除外。

(赵芳芳)

zhekou
折扣(discount) 经营者为了销售或购买商品,以公开明示的方式向交易对象支付的一定数额的财物。折扣具有以下特征:(1)折扣只发生在买卖双方之间,即只有经营者相互之间可以给付折扣。既可由卖方向买方给付,也可由买方向卖方给付。(2)折扣必须以明示的方式公开支付。给付或接收折扣的经营者必须如实记载在合同发票和正规会计账册上。如果以账外暗中的方式向对方进行价格减让或加利,实际上就是支付回扣,构成商业贿赂行为。(3)在支付方式上,顺向折扣通常表现为应进款项中进行比例折让,买方通过少付款的方式直接获利。逆向折扣的支付通常表现为由买方在成交价之外另外单独支付一定比例的款项给卖方,有时也表现为买方把交易折扣一并同时支付给卖方。(4)折扣的数额不能超过必要的限度。各国竞争法基本上对折扣持认可态度,把它视为合法促销手段。但折扣的数额通常要按交易额的一定比例合理确定,超过必要限度的折扣就可能产生排挤竞争对手,破坏公平竞争秩序的消极作用。折扣作为有效竞争手段,已经被越来越多的经营者所重视和采用。支付和接受折扣是合法竞争行为,在国际贸易中被视为商业惯例。

(苏丽娅)

zhekou kate'er
折扣卡特尔(discount cartel) 约定在交货时给予买受方一定的数量折扣或者销售额折扣的卡特尔。折扣是一种变相降价。如果折扣的损失可以通过批量销售的经济效益来抵偿,且不带有歧视性,给予折扣是正当的。重要的折扣是生产商对批发商的价格折扣。此外,季节销售折扣也可以减少销售费用,从而也是合理的。因为折扣卡特尔具有改善市场信息流通和强化生产者价格竞争的功能,这种卡特尔一般也可以得到反垄断法的豁免。

(王晓晔)

zhezhong zibenzhi
折衷资本制(system of eclectic capital) 法定资本制与授权资本制有机结合而形成的公司资本制度。公司成立时,全部认足或认足第一次发行的资本,并对公司资本授权发行的额度及期限作出严格规定的法律制度。折衷资本制有两种情况:一是公司成立时,公司章程规定的资本总额须全部认购,但公司章程授权董事会在公司之后一定年限内按一定比例追加发行新股。如德国《股份法》规定,公司章程授权董事会在公司登记后5年内追加发行新股,将资本增至注册资本的数额,授权董事会发行的股份不得超过已发行资本数额的1/2,并经监事会认可。二是公司成立时,应认足第一次发行的资本,未认足的部分,公司章程授权董事会随时发行募足,但其数额不得超过公司资本总额的一定比例。如日本《商法》规定,公司设立时发行的股份总数不得低于公司股份总数的1/4,在该股份全部发行完毕后,董事会方可根据授权发行其余股份。可见,折衷资本制都是对法定资本制和授权资本制的折衷处理,修正了这两种资本制度的一些弊端,吸收了它们的长处,是当代市场经济条件下具有一定积极效果的资本制度。在折衷资本制下,公司资本关系复杂化了,出现了"注册资本"、"名义资本"和"实缴资本"等相互区别的资本概念;传统的资本确定、维持和不变原则,仅适用于"实缴资本"。 (付 鹏)

zhengna qixian

征纳期限(period of levy) 征纳期限是征税机关行使税款征收权的期限,纳税期限则是纳税主体在税款征收活动中履行纳税义务的期限。包括征税期限和纳税期限。两种期限有着密切的联系。一般而言,在纳税限期内,征税机关当然享有征收权,因而纳税期限是内含于征税期限之中的。在纳税期限之外,征税机关可能仍然享有征收权,如纳税人未按照法律、行政法规所确定的期限缴纳或解缴税款,征税机关享有征收权,并可加收一定范围的滞纳金。 (魏建国 宋 丽)

zhengshou

征收(imposition) 国家依法通过强制性手段对非国有资产(土地、房产等财产)取得所有权的行政行为。
(李 平 薛 敏)

zhengshui

征税(tax imposition) 见税款征收。

zhengshui duixiang

征税对象(object of taxation) 又称课税对象、征税客体。税法规定的征税的客体或对象。没有征税对象,就不知道对什么征税,也就根本无法征税,因此,征税对象也是税收要素之一。征税对象是各个税种间相互区别的根本标志。根据征税范围不相交叉的原则设计出来的各个税种都有其各自的征税对象,并通过税法予以明确界定。国家只能就各个税种在其各自特定的征税对象范围内征税。因此,征税对象决定了各税种法不同的特点和作用。同时,在税率既定的情况下,征税的多少又直接取决于征税对象数量的多少。征税对象按其性质的不同,通常划分为以下四大类:(1)商品和劳务;(2)所得或收益,包括总收益和纯收益;(3)财产,如房产、车船等;(4)行为,如屠宰行为、筵席行为等。与征税对象相联系的概念是税目,税目征税对象的确定应充分考虑经济、政治和社会因素,还应当符合法治国家和现代民主文明国家的一般价值判断标准。在税法的领域内,征税对象的确定则要符合税法的基本原则,而其中最重要的,一是公平原则,即征税对象的确定要能充分把握税收债务人经济上的承担能力从而公平税负,二是财政政策和行政效率原则,即征税对象的确定要能充分保证国家的财政收入的稳定和充足以及征收成本的最低。

任何纳税义务都要由一定的纳税主体来承担,征税对象的归属解决的就是对一定的征税对象所课征的税收应由谁来承担的问题。征税对象的归属是连接纳税主体与征税对象的中介与桥梁。明确规定征税对象的归属,可以避免产生税法适用上的困难,正确确定纳税主体,防止税收逃避问题的发生。不少学者,特别是德国和日本的一些学者将征税对象的归属作为税收要素之一。征税对象的归属常发生在名义和实际、形式和实质不相符合的情况下。在这些情况下,如何判定征税对象的归属,学界主要有"法律归属说"和"经济归属说"两种学说。"法律归属说"认为,当形式与实质不一致时,应该以法律名义上的归属来判断其归属。"经济归属说"认为,当征税对象在法律上的归属与在经济上的归属不一致时,应该以经济上所归属的主体作为此征税对象的归属。前者强调由名义上的所有人来负担,后者强调由实际上的享有者来负担。采用"经济归属说"虽可以实现税收的实质公平,但有可能损害法律的稳定性和税收法定主义原则,在实际操作上,判定经济上的归属者也比较困难,因此,一般情况下采取"法律归属说"较为合理。 (翟继光)

zhengshui fangshi

征税方式(mode of tax collection) 税务机关依照税法的规定和纳税人的生产经营、财务管理情况而采取的具体组织税款入库的方法。我国税法规定了确定税款征收方式的原则,即税务机关根据保证国家税款及时足额入库、方便纳税人、降低税收成本的原则,确定税款征收的方式;税务机关应当根据方便、快捷、安全的原则,积极推广使用支票、银行卡、电子结算方式缴纳税款。

在实践中,具体采用的税款征收方式有:查账征收、查定征收、查验征收、定期定额征收、代收代缴、代扣代缴、委托征收以及其他方式。查账征收，是指纳税人依法向税务机关申报应税收入或应税所得及应纳税额，并报送有关账册和资料。税务机关依法对纳税人报送的纳税申报表和有关账册、资料进行审核，填开纳税缴款书，由纳税人自行到指定银行缴纳税款的一种征收方式。这种征收方式要求纳税人会计核算真实准确完整，财务会计制度健全，能够正确计算应纳税额，能够依法纳税。查定征收，是指税务机关对纳税人的生产经营情况进行查实，进而核定其应纳税额的一种征收方式。这种征收方式适用于生产经营规模小，财务会计制度不健全，账册不齐全的小型企业和个体工商户。查验征收，是指税务机关到纳税人的生产经营场所进行实地查验，进而确定其应纳税额的一种征收方式。这种征收方式适用于财务会计制度不健全，生产经营不固定的纳税人。定期定额征收，是指税务机关根据纳税人的生产经营情况，按期核定应纳税额，分期征收税款的一种征收方式。这种征收方式主要适用于难以查清真实收入，账册不全的个体工商户。代扣代缴、代收代缴，是指依照税法规定负有代扣代缴、代收代缴税款义务的扣缴义务人，按照税法规定对纳税人应纳税款进行扣缴或收缴的征收方式。委托征收，是指税务机关根据国家有关规定委托有关单位和人员代征少数零星分散和异地缴纳的税收的征收方式。税款征收的方式除上述几种外，还有自计自填自缴（简称"三自"纳税）和自报核缴等征收方式。"三自"纳税，是经税务机关批准，纳税人根据税法规定，自行计算应纳税款、自行填写缴款书、自行按期到银行缴纳税款的一种纳税方式。自报核缴，是纳税人向税务机关报送纳税申报表，经税务机关审核，核定应纳税额，填发缴款书，纳税人凭其到银行缴纳税款的一种征收方式。

(魏建国　宋　丽)

zhengshui guanxia

征税管辖(jurisdiction of tax imposition)　相同类别的征税机关之间各自征税范围的划分。是征税主体的税款征收权的进一步细化，即哪个地区的哪一个征税机关有权受理纳税人的申报和缴纳税款等事宜。在法律上明确征收管辖，对于防止偷漏税和避免重复征税具有重要意义。征收管辖包括地域管辖和级别管辖。这些管辖是通过各税种法律、行政法规规定纳税地点而体现出来的。由于各个税种的经济属性不同，其纳税地点也各有差异，有机构所在地、销售地、应税劳务发生地、核算地、土地所在地、不动产所在地等。我国的征收管辖制度尚存在一些问题：管辖规定的层次较低，很多征收管辖都是由国家税务总局的税收通告作出的；主管税务机关的确定条件不够明确；企业所得税管辖规定变换频繁，其他各税种管辖中还存在一些问题。征收管辖制度存在诸多问题的原因在于：国有企业改革不到位，分税制财政体制的不完善以及税收法制的不完备。为了完善我国的征收管辖制度，应该建立与国有企业改革相适应的分税制财政体制。从公共产品的层次性这一特征出发，确定税收主管和级别管辖；然后以"属地管辖"和"属人管辖"为原则确定地域管辖。这样的主管和管辖制度符合公共财政理论的基本要求，有利于经济的协调运行。同时也有利于纳税人依法纳税，有利于征税机关依法征税。

(魏建国　宋　丽)

zhengshui jiguan quanli yiwu

征税机关权力义务(powers and obligations of tax authorities)　为保障税收债权实现，征税机关所享有的权力和应履行的法定义务。税务机关的权力内容概括有下列几项内容：(1)税额评定权。税务机关对于纳税人税额之核定及减免税额之核定有评定权，并有权对关联企业之间通过转让定价以期实现避税之行为进行调整。(2)税款征收权。原则上除代扣代缴及委托代征的情形外，任何机关、单位和个人不得擅自征收税款，税款征收权是税务机关最主要最根本权力。为确保税务机关的税收债权能有效征收，现行税法更借用民法代位权、撤销权及优先权的规定，这也是税款征收权行使的内容。(3)税务管理权。主要是税务登记管理权及账簿凭证管理权。(4)税务检查权。税务检查内容包括纳税人的账簿、记账凭证、报表和有关资料、纳税人应纳的商品、货物或者其他财产、纳税人托运、邮寄应纳税商品、货物或者其他财产有关单据、凭证和有关资料。在行使税务检查权的同时，并可享有税收保全措施及强制执行权。(5)税务处罚权。主要内容包括对违反税务登记的处罚，违反账簿、凭证、发票管理的处罚，偷税之处罚；骗税、抗税之处罚，若情节严重已构成犯罪者，则应移交司法机关追究相关纳税人的刑事责任。(6)解释权。税务机关在执行税法时，在法律授权范围内，可在一定范围内作出合乎税法意旨的解释。

　　税务机关法行使上述权力时须依照法律程序为之，不得恣意行使，更不得有滥权行为，否则应追究相关人员的法律责任。征税机关的具体义务有下列几种：(1)依法征税义务。税务机关对于税收的开征停征以及减税、免税、退税及补税，必须依法为之，杜绝违法征税的行为，如提前征收、延缓征收和摊派税款等。除法律另有规定外不得授权其他机关、单位或个人征收税款，征税过程中对代位权、撤销权、税收保全措施及强制执行权的行使必须符合法定要件与程序。(2)回避义务。税务人员征收税款和查处税收违法案件，与纳税人或者与违法案件有利害关系者,应当回避。(3)税务机关派出的人员进行税务检查时,应当出示税务检查证和税务检查通知书,对于检查的内容并负有保密义务。(4)在税收争讼案件中,原则上税务机关应承担举证责任。(5)提供相关服务的义务。税务机关应当广泛宣传税收法律、行政法规,普及税法知识,无偿提供纳税咨询服务。尽管这种无偿提供相关服务的义务没有相应的法律责任制度予以保障,但对强化税务机关的服务意识,增强纳税人的权利意识仍具有开创性的意义。

(李俊明)

zhengshui keti

征税客体(object of taxation) 见征税对象。

zhengshui qixian

征税期限(period of levy) 征税机关行使税款征收权的期限。在纳税期限(参见纳税期限)内,征税机关当然享有税款征收权;在纳税人超出纳税期限仍未履行纳税义务的情况下,征税机关仍然享有一定的税款征收权,可见,征税期限要大于纳税期限。我国《税收征收管理法》规定,因税务机关的责任,致使纳税人、扣缴义务人未缴或者少缴税款的,税务机关在3年内可以要求纳税人、扣缴义务人补缴税款,但是不得加收滞纳金。因纳税人、扣缴义务人计算错误等失误,未缴或者少缴税款,税务机关在3年内可以追征税款、滞纳金;有特殊情况的,追征期可以延长到5年。对偷税、抗税、骗税的,税务机关追征其未缴或者少缴的税款、滞纳金或者所骗取的税款,不受前述规定期限的限制。《进出口关税条例》规定,如因海关本身的差错造成少征税款或漏征税款的,可以自缴纳税款或者货物、物品放行之日起1年内,向纳税人追补税款。因纳税人违章造成的少征或漏征税款,海关可以在3年内追征。

(魏建国 宋 丽)

zhengshui zhuti

征税主体(tax levier) 税收法律关系的主体。国家(包括中央政府与地方政府)是唯一的征税主体,这是毋庸置疑的。但国家是抽象存在的,无法直接行使征税的权力,所以国家征税权力乃间接透过具体国家职能机关来行使。具体的国家职能机关主要包括:各级税务机关、财政机关及海关。各级税务机关、财政机关及海关皆有其固定的职能,各级财政机关主要是负责契税和农业税的征管;海关总署及各级海关机关主要是负责关税及代征部分的增值税、消费税和船舶吨税;国税主要由国家税务局系统征管,地方税由各级地方税务机关来征管。因此,国家虽为实质上的征税主体,但与纳税人实际发生法律关系的却为上述三类代表国家行使征税权的具体的、形式上的征税主体。

(李俊明)

zhengyong

征用(requisition) 国家依法通过强制性手段对特定非国有资产(土地、房产等)取得使用权的行政行为。

(李 平 薛 敏)

zhengdun he guifan shichang jingji zhixu lingdao xiaozu ban'gongshi

整顿和规范市场经济秩序领导小组办公室(the national office of rectification and standardization of market economic order) 简称全国整规办。根据2001年4月6日《国务院办公厅关于成立全国整顿和规范市场经济秩序领导小组的通知》设立的全国整顿和规范市场经济秩序领导小组的常设办公机构。在国家经贸委设立办公室,机构改革后,办公室设在商务部下。该领导小组由国务院主管副总理牵头,有中央三十余部委、直属局及最高人民法院、最高人民检察院和武警部队的正职或者主要副职负责人组成。办公室下设5个组:综合组、政策法规组、信用管理组、督察调研组、宣传培训组。全国整规办的主要职能是:(1)承担全国整顿和规范市场经济秩序领导小组日常工作,研究提出整顿和规范市场经济秩序的工作建议,协调开展专项整治行动,督办重大案件的查处工作,向国务院、全国整顿和规范市场经济秩序领导小组报告重大事项。(2)组织有关部门研究起草规范经济秩序和打破地区封锁、行业垄断的政策法规;研究起草建立社会信用体系的政策法规,统一规划并组织实施;推进依法行政和提高社会信用水平等治本工作的落实。

2001年4月27日,《国务院关于整顿和规范市场经济秩序的决定》详细规定了"十五"期间整顿和规范市场经济秩序的主要内容和当前工作重点:(1)打击制售假冒伪劣商品、偷税、骗税、骗汇、走私、制贩假币等违法犯罪活动;(2)整顿建筑市场,查处在工程建设中规避招标和招投标中的弄虚作假,转包、违法分包和无证、越级承包工程,以及违反法定建设程序及不执行强制性技术标准、偷工减料、以次充好等行为;(3)整顿和规范金融秩序。查处银行、证券、保险机构的违法违规经营活动;(4)加强对财政资金、重大投资项目、重点专项资金、国有金融机构和国有企业资产质量的审计;(5)规范中介机构的行为,实行中介机构市场准入制度。整顿经济鉴证服务市场;(6)整顿文化和旅游市场;(7)打破地区封锁和部门、行业垄断;(8)强化安全生产管理和安全监察。当前的整顿和规范的重点是:食品药品、知识产权、土地建筑等直接关系广大群众切身利益、群众反映强烈、社会危害严重的几个市场。

地方整顿和规范市场经济秩序领导小组的组成和设置与中央的基本一致,一般由主管政府副职领导牵头,各相关部门正职或者副职领导组成。其办公室设立部门不一,有的在商务部门,也有的在工商行政管理部门。

(傅智文)

zhengdang jingzheng

正当竞争(fair competition) 建立在善意、公平、平等、自愿的基础上的良性竞争。它要求参加者具有相同的权利和相同的法律地位,在公平的竞争规则和公认的商业道德与行为准则下,依诚实信用的态度,凭自己的实力进行自由的竞争。在市场经济条件下,有市场就有竞争,有竞争就有正当竞争和不正当竞争。正当竞争的标准主要有两个:一是正当竞争必须是公平竞争和诚实竞争。这是市场竞争赖以正常运行和健康发展的基础。公平不仅是指竞争各方面的法律地位平等,而且也指竞争者所采用的竞争手段、竞争方法和通过竞争所追求的目标,应符合市场自然规律的基本要求;公平还含有竞争者公平的接受竞争结果和优胜劣汰。诚实是指在竞争中竞争者必须恪守诚实信用原则,不得采用不正当手段从事市场交易,损害竞争对手;不得以排挤竞争对手为目的,以低于成本的价格销售商品;也不得利用广告或其他方法,对商品的质量、制作成分、性能、用途、生产者、有效期、产地等作使人误解的虚假宣传。二是正当竞争必须是合法竞争,即必须是符合国家法律法规的竞争行为。合法性是认定正当竞争的法律标准,凡是符合竞争法律规定的就是正当竞争,凡属不符合竞争法律规定的则属于不正当竞争。我国《反不正当竞争法》规定,公用企业或者其他依法具有独占地位的经营者,不得限定他人购买其指定的经营者的商品,以排挤其他经营者的公平竞争。政府及其所属部门不得滥用行政权力限定他人购买其指定的经营者的商品,或限制外地产品进入本地市场,否则就构成不正当竞争。

(苏丽娅)

zhengjianhui

证监会(China Securities Regulatory Commission, CSRC) 中国证券监督管理委员会的简称。我国对证券业和证券市场进行监督管理的证券监管机构。国外证券机构一般以保护投资者的利益为宗旨,维护证券市场的健康、有序的发展。1933 年美国《证券法》首次创设了官方证券监管机构 SEC(Securities and Exchange Commission),它拥有对违规行为调查权、签发禁令与采取附带补救措施权、民事罚款权、决定和命令权、停止违法行为令权、发布禁止加入公司令、对经纪人或交易商、投资公司或投资顾问的行政权、谴责权、制定规则权、接受注册和行政诉讼权等权力。由于经济制度、经济发展水平以及历史传统上的差异,各国证券市场的监督管理体制上存在很大差别,主要分为三类:(1)政府集中管理型,即政府证券监管部门依据法令对市场实行全面管制,而证券交易所和证券业协会的管制不占主导地位,如美国、日本、加拿大和我国台湾地区;(2)自律管理型,即政府对证券市场干预很少,基本上是由证券交易所和证券商协会对证券市场进行管理。如英国、新加坡、马来西亚和我国香港;(3)中间型,即政府管制和自律管理并重,如德国、意大利、泰国。我国属于集中管理型体制。我国证券监督管理机构的演变经历了四个阶段:第一,1981—1985年,财政部独立管理阶段;第二,1986—1992 年底,中国人民银行为主管机关时期,经国务院批准,1990 年在人民银行设立了 8 个部委共同参加的国务院股票审批办公室,1992 年 6 月,又建立了国务院证券管理办公室;第三,1992 年底—1998 年 8 月,以国务院证券管理委员会为主管机构的管理体制,1992 年 10 月,国务院决定成立国务院证券委员会(简称证券委),对全国证券业和证券市场进行统一的宏观管理,同时成立了在国务院证券管理委员会指导、监督、检查和归口管理下的中国证券监督管理委员会(简称证监会),证监会作为证券委的执行机构,依法对证券市场进行监管;另外,还授权其他政府有关部门和地方人民政府发挥一定的管理职能;第四,1998 年 10 月 18 日,国务院批准证监会职能、内设机构和人员编制"三定"方案,将证券委并入证监会,取消其他部门和地方政府的管理权限,由证监会实行统一监管,该监管体制实行至今。

中国证监会下设天津、沈阳、上海、济南、武汉、广州、深圳、成都、西安 9 家稽查局,在各省、自治区、直辖市、计划单列市下设地方证监局。证监会的主要职责是:(1)研究和拟订证券期货市场的方针政策、发展规划;起草证券期货市场的有关法律、法规;制定证券期货市场的有关规章。(2)统一管理证券期货市场,按规定对证券期货监管机构实行垂直领导。(3)监管股票、可转换债券、证券投资基金的发行、交易、托管和清算;批准企业债券的上市;监管上市国债和企业债券的交易活动。(4)监管境内期货合约的上市、交易和清算;按规定监管境内机构从事境外期货业务。(5)监管上市公司及其有信息披露义务股东的证券市场行为。(6)管理证券期货交易所;按规定管理证券期货交易所的高级管理人员;归口管理证券业协会。(7)监管证券期货经营机构、证券投资基金管理公司、证券登记清算公司、期货清算机构、证券期货投资咨询机构;制定上述机构的高级管理人员任职资格的管理办法并组织实施；负责证券期货从业人员的资格管理。(8)监管境内企业直接或间接到境外发行股票、上市；监管境内机构到境外设立证券机构；监管境外机构到境内设立证券机构、从事证券业务。(9)监管证券期货信息传播活动,负责证券期货市场的统计与信息资源管理。(10)会同有关部门审批律师事务所、会计师事务所、资产评估机构及其成员从事证券期货中介业务的资格并监管其相关的业务活动；依法对证券期货违法违规行为进行调查、处罚；归口管理证券期货行业的对外交往和国际合作事务以及国务院交办的其他事项。

证监会在对证券市场实施监督管理中履行下列职责：依法制定有关证券市场监督管理的规章、规则,并依法行使审批或者核准权；依法对证券的发行、交易、登记、托管、结算,进行监督管理；依法对证券发行人、上市公司、证券交易所、证券公司、证券登记结算机构、证券投资基金管理机构、证券投资咨询机构、资信评估机构以及从事证券业务的律师事务所、会计师事务所、资产评估机构的证券业务活动,进行监督管理；依法制定从事证券业务人员的资格标准和行为准则,并监督实施；依法监督检查证券发行和交易的信息公开情况；依法对证券业协会的活动进行指导和监督；依法对违反证券市场监督管理法律、行政法规的行为进行查处；法律、行政法规规定的其他职责。中国证监会作为政府管理机构,运用法律的、经济的以及必要的行政手段,对证券的发行、交易等行为以及证券投资中介机构进行监督管理,从而保障广大投资者权益、维护市场秩序、提高证券市场效率、实现证券市场的健康发展。

(刘卉 李震)

zhengquan chengxiao

证券承销(securities consignment) 证券公司根据与发行人之间的协议,依照法律法规的规定为证券发行人代销或包销证券的行为。证券代销是指证券公司代发行人发售证券,在承销期结束时,将未售出的证券全部退还给发行人的承销方式。证券包销是指证券公司将发行人的证券按照协议全部购入或者在承销期结束时将售后剩余证券全部自行购入的承销方式。根据承销商的数量,可分为单独承销和承销团承销。前者指有一名承销商所发行的证券的方式。

承销商不得以不正当手段招揽业务。承销协议是证券发行人同证券公司签订的明确证券出现权利义务的合同。其载明下列事项：当事人的名称、住所及法定代表人姓名；代销、包销证券的种类、数量、金额及发行价格；代销、包销的期限及起止日期；代销、包销的付款方式及日期；代销、包销的费用和结算办法；违约责任；国务院证券监督管理机构规定的其他事项。证券公司承销证券,应当对公开发行募集文件的真实性、准确性、完整性进行核查；发现含有虚假记载、误导性陈述或者重大遗漏的,不得进行销售活动；已经销售的,必须立即停止销售活动,并采取纠正措施。公司在代销、包销期内,对所代销、包销的证券应当保证先行出售给认购人,证券公司不得为本公司事先预留所代销的证券和预先购入并留存所包销的证券。证券公司包销证券的,应当将包销情况报国务院证券监督管理机构备案。证券公司代销证券的,应当与发行人共同将证券代销情况报国务院证券监督管理机构备案。股票发行采取溢价发行的,其发行价格由发行人与承销的证券公司协商确定,报国务院证券监督管理机构核准。

(李 震)

zhengquan dengji jiesuan jigou

证券登记结算机构(securities registration and clearing institution) 为证券交易提供集中的登记、托管与结算服务的机构。该机构通常是不以营利为目的的法人。证券登记结算机构的功能和地位很重要,它是投资者持有证券事实的确认者,投资者证券资产的保管者,投资者证券账户的管理者,交易达成后钱券清算交收的组织者。

目前,世界上最主要的证券登记结算模式分为三种：(1)单一市场中的证券登记结算模式。我国香港和台湾地区都只有一个证券交易所,因而结算系统相对简单。(2)多个市场中的证券结算模式。美国和日本等国家都有多个证券交易所,这些国家曾经相应存在各个自成体系的证券登记结算系统,但在近年逐步合并。例如,美国国家证券结算公司(NSCC)集中了纽约交易所、美国交易所、NASDAQ 等市场上的上市股份的托管和结算业务。(3)跨国证券结算模式。塞德尔(CEDEL)和欧洲清算系统(EUROCLEAR),是两大国际证券结算机构。它们充分利用各国现有的证券结算机构作为其代理,使客户可在24小时内投资于不同国家的证券市场。目前我国上海、深圳两个证券交易所分别拥有上海证券中央登记结算公司和深圳证券结算公司两个自成体系的结算系统,承担了中央登记、中央存管和中央结算的功能。

我国证券登记结算机构的中央登记功能包括：(1)统一管理投资者证券账户,包括开立证券账户及证券账户的挂失、补发及修改开户资料；(2)上市证券的发行登记,包括新股发行登记、遗留问题股份登记；(3)上市证券非流通股份的管理,包括股份的抵押、冻结及法人股、国家股的协议转让过户；(4)股东名册管理。证券登记结算机构应当向证券发行人提供证券持有人名册及其有关资料。证券登记结算机构应当根据证券登记结算的结果,确认证券持有人持有证券的事实,提供证券持有人登记资料。证券登记结算机构应当保证证券持有人名册和登记过户记录真实、准确、完整，不得伪造、篡改、毁坏。在我国，证券登记结算机构的存管功能是指它为每个结算会员开设证券存管账户，该账户下设两个子账户：托管账户与自营账户，分别用以记录托管于该结算会员名下及其自身拥有的证券余额以及变更情况。这一中央存管功能包括：（1）上市证券的股份管理；（2）证券托管与转托管；（3）权益派发；（4）配股认购。证券持有人所持有的证券上市交易前，应当全部托管在证券登记结算机构。证券登记结算机构不可以将客户的证券用于质押或者出借给他人。证券登记结算机构的中央结算功能是指它作为所有交易买方和卖方的交收对手，通过与交易所、清算银行和结算会员的电子联网，对在交易所达成的买卖，以净额结算方式完成证券和资金收付。该中央结算功能包括：证券交易的资金交收；新股网上发行的资金清算。

设立证券登记结算机构，需要具备下列条件：自有资金不少于人民币二亿元；具有证券登记、托管和结算服务所必需的场所和设施；主要管理人员和业务人员必须具有证券从业资格；国务院证券监督管理机构规定的其他条件。

(王 翊)

zhengquanfa
《证券法》（Securities Law） 《中华人民共和国证券法》于1998年12月29日第九届全国人民代表大会常务委员会第六次会议通过，自1999年7月1日起施行。2004年8月28日第十届全国人大常委会第十一次会议通过了《关于修改〈中华人民共和国证券法〉的决定》。2005年10月27日第十届全国人大常委会第十八次会议再次修订《证券法》。制定本法的目的是：为了规范证券发行和交易行为，保护投资者的合法权益，维护社会经济秩序和社会公共利益，促进社会主义市场经济的发展。本法共12章240条。总则规定在中国境内，股票、公司债券和国务院依法认定的其他证券的发行和交易，适用本法。国务院证券监督管理机构依法对全国证券市场实行集中统一监督管理。国家审计机关对证券交易所、证券公司、证券登记结算机构、证券监督管理机构，依法进行审计监督。

证券发行 公开发行证券，必须符合法律规定，并依法报经国务院证券监督管理机构或者国务院授权的部门核准。证券发行申请经核准，发行人应当在证券公开发行前，公告公开发行募集文件，并将该文件置备于指定场所供公众查阅。股票依法发行后，发行人经营与收益的变化，由发行人自行负责；由此变化引致的投资风险，由投资者自行负责。公开发行证券的发行人有权依法自主选择承销的证券公司。证券公司不得以不正当竞争手段招揽证券承销业务。境内企业直接或者间接到境外发行证券或者将其证券在境外上市交易，必须经国务院证券监督管理机构批准。

证券交易 依法发行的股票、公司债券及其他证券，法律对其转让期限有限制性规定的，在限定的期限内，不得买卖；证券交易应当在证券交易所挂牌进行；应当采用公开的集中竞价交易方式；证券交易当事人买卖的证券可以采用纸面形式或者国务院证券监督管理机构规定的其他形式。证券交易的收费必须合理，并公开收费项目、收费标准和收费办法。

证券上市，是股份有限公司、公司申请其股票上市交易，应当向证券交易所提出申请，由证券交易所依法审核同意。上市公司还应当公告证券交易所交易的日期；前十名股东的名单和持股数额；本公司高级管理人员持股情况等事项。公司债券上市交易申请经证券交易所同意后，发行人应当在公司债券上市交易的五日前公告公司债券上市报告、核准文件及有关上市申请文件，并将其申请文件置备于指定场所供公众查阅。公司债券上市交易后，公司有本法规定情形时，由证券交易所决定暂停其公司债券上市交易。

持续信息公开，是依法发行公司债券，依照公司法的规定，应当公告招股说明书、公司债券募集办法；依法发行新股或者公司债券的，还应当公告财务会计报告。国务院证券监督管理机构对上市公司年度报告、中期报告、临时报告以及公告的情况进行监督，对上市公司分派或者配售新股的情况进行监督。

禁止的交易行为，是禁止证券交易内幕信息的知情人员利用内幕信息进行证券交易活动。知悉证券交易内幕信息的知情人员或者非法获取内幕信息的其他人员，不得买入或者卖出所持有的该公司的证券，或者泄露该信息或者建议他人买卖该证券。禁止任何人以违法手段获取不正当利益或者转嫁风险。禁止国家工作人员、新闻传播媒介从业人员和有关人员编造并传播虚假信息，严重影响证券交易。

上市公司收购 上市公司收购可以采取要约收购或者协议收购的方式。采取要约收购方式的，收购人在收购要约期限内，应依照本法规定内容向国务院证券监督管理机构、证券交易所作出书面报告，通知该上市公司，并予以公告；不得采取要约规定以外的形式和超出要约的条件买卖被收购公司的股票。收购行为完成后，被收购公司不再具有公司法规定的条件的，应当依法变更其企业形式。采取协议收购方式的，收购人可以依照法律、行政法规的规定同被收购公司的股东以协议方式进行股权转让；协议双方可以临时委托证券登记结算机构保管协议转让的股票，并将资金存放于指定的银行。在上市公司收购中，收购人对所持有的被收购的上市公司的股票，在收购行为完成后的六个月内不得转让。通过要约收购或者协议收购方式取得被收购公司股票并将该公司撤销的,属于公司合并,被撤销公司的原有股票,由收购人依法更换。上市公司收购中涉及国家授权投资机构持有的股份,应当按照国务院的规定,经有关主管部门批准。

证券交易所 证券交易所是提供证券集中竞价交易场所的不以营利为目的的法人。证券交易所的设立和解散,由国务院决定。证券交易所设理事会;设总经理一人,由国务院证券监督管理机构任免。投资者应当在证券公司开立证券交易账户,委托为其开户的证券公司代其买卖证券。证券交易所对在交易所进行的证券交易实行实时监控,并按照国务院证券监督管理机构的要求,对异常的交易情况提出报告。证券交易所依照证券法律、行政法规制定证券集中竞价交易的具体规则,制定证券交易所的会员管理规章和证券交易所从业人员业务规则,并报国务院证券监督管理机构批准。

证券公司 设立证券公司,必须经国务院证券监督管理机构审查批准。国家对证券公司实行分类管理,分为综合类证券公司和经纪类证券公司,并由国务院证券监督管理机构按照其分类颁发业务许可证。设立综合类证券公司,必须具备本法规定的条件。证券公司设立或者撤销分支机构、变更业务范围或者注册资本、变更公司章程、合并、分立、变更公司形式或者解散,必须经国务院证券监督管理机构批准。证券公司必须将其经纪业务和自营业务分开办理,业务人员、财务账户均应分开,不得混合操作。禁止银行资金违规流入股市。证券公司依法享有自主经营的权利,其合法经营不受干涉。

证券登记结算机构 证券登记结算机构为证券交易提供集中的登记、托管与结算服务,是不以营利为目的的法人。设立证券登记结算机构必须经国务院证券监督管理机构批准。证券登记结算采取全国集中统一的运营方式;其机构章程、业务规则应当依法制定,须经国务院证券监督管理机构批准;应当向证券发行人提供证券持有人名册及其有关资料;采取相应措施保证业务的正常进行。证券登记结算机构应当设立结算风险基金,并存入指定银行的专门账户并专项管理。证券登记结算机构申请解散,应当经国务院证券监督管理机构批准。

证券交易服务机构 根据证券投资和证券交易业务的需要,可以设立专业的证券投资咨询机构、资信评估机构。证券投资咨询机构、资信评估机构的设立条件、审批程序和业务规则,由国务院证券监督管理机构规定;其业务人员,必须法定条件;机构应当按照国务院有关管理部门规定的标准或者收费办法收取服务费用。为证券的发行、上市或者证券交易活动出具审计报告、资产评估报告或者法律意见书等文件的专业机构和人员,必须按照执业规则规定的工作程序出具报告,对其所出具报告内容的真实性、准确性和完整性进行核查和验证,并就其负有责任的部分承担连带责任。

证券业协会 证券业协会是证券业的自律性组织,是社会团体法人。证券业协会的章程由会员大会制定,并报国务院证券监督管理机构备案。证券业协会履行本法规定的职责。证券业协会设理事会。理事会成员依章程的规定由选举产生。

证券监督管理机构 国务院证券监督管理机构依法对证券市场实行监督管理,维护证券市场秩序,保障其合法运行。国务院证券监督管理机构依法履行职责,有权采取对违法行为调查取证;询问当事人,调查事件有关的单位和个人;查阅、复制有关的单位和个人的证券交易记录、相关文件和资料;对有证据证明有转移或者隐匿违法资金、证券迹象的,可以申请司法机关予以冻结等措施。国务院证券监督管理机构工作人员依法履行职责,进行监督检查或者调查时,应当出示有关证件,并对知悉的有关单位和个人的商业秘密负有保密的义务。国务院证券监督管理机构依法履行职责,发现证券违法行为涉嫌犯罪的,应当将案件移送司法机关处理。

(聂丽梅)

zhengquan falü zeren

证券法律责任(securities legal liability) 证券法律关系主体因违反证券法律规定的义务,所产生的应当承担法定强制的不利后果。发生在证券法律关系中的责任;其具有综合性,包括民事责任、行政责任和刑事责任;法律责任和自然责任密切结合。自然责任是居于自律管理机构自律监管而产生的责任;适用民事赔偿优先原则。证券委发行和证券交易过程中,证券行为主体因违反合同或者侵犯其他主体的民事权益,而承担的法律责任。它包括违约责任和侵权责任。证券委发行和证券交易过程中,证券行为主体因违反法律、法规和规章而由证券监督管理机关追究的法律责任。它包括行政处罚和行政处分。证券委发行和证券交易过程中,证券行为主体因违反证券法的规定应负刑事责任的行为。主要有以下罪名:(1)擅自发行股票、公司、企业债券罪;(2)欺诈发行股票、公司、企业债券罪;(3)提供虚假财务报告罪;(4)诱骗他人买卖证券罪;(5)内幕交易罪;(6)操纵证券交易价格罪;(7)编造并传播虚假证券信息罪;(8)提供虚假中介证明文件罪;(9)出具中介证明文件重大失实罪;(10)滥用管理公司、证券职权罪;(11)玩忽职守罪;(12)挪用公款罪;(13)妨害公务罪;(14)非法持有股票罪;(15)欺诈客户罪;(16)证券公司混合操纵罪。

(李 震)

zhengquan gongsi

证券公司（securities company） 由证券主管机关依法批准设立的在证券市场上经营证券业务的金融机构。在传统的证券市场上，按其经营的业务，一般将证券公司分为三种类型，即证券承销商、证券经纪商和证券自营商。证券承销商的基本职能，是专门从事代理证券发行业务，帮助证券发行人筹集所需资金；证券经纪商的基本职能，是接受投资者委托，代理买卖有价证券；证券自营商的基本职能，是自行买卖证券，从中寻求差价回报。当代各国的证券经营机构，一般已经将这三种类型合而为一。我国的证券公司，多是集承销、经纪、自营业务于一身的综合性经营机构。其业务主要有以下六个方面：(1) 代理证券发行；(2) 代理证券买卖或者自营证券买卖；(3) 兼并与收购业务；(4) 研究及咨询业务；(5) 资产管理；(6) 其他服务，如代理证券还本付息和支付红利，经批准还可以经营有价证券的代保管及鉴证、接受委托办理证券的登记和过户等。

（王翊）

zhengquan jiaoyi fuwu jigou

证券交易服务机构（securities exchange agency） 专门从事证券投资咨询业务、证券资信评估业务的机构和具有证券从业资格的，为证券的发行、申请上市或者证券交易和主动出具审计报告、资产评估报告或者提供法律意见书等文件的专门机构。它包括：证券投资咨询机构、证券资信评估机构、证券验证机构、证券登记结算机构、资产评估机构、会计师事务所和律师事务所。

（李震）

zhengquan jiaoyishui

证券交易税（securities transaction tax） 对资本市场上的证券买卖行为以及其他方式转让行为所征收的一种税。证券交易税一般以交易额为基础进行征税，税率因证券品种不同而不同。我国目前对证券交易开征的是证券交易印花税，并没有开征独立的证券交易税。由于我国证券市场已实现了交易的"无纸化"，交易双方并不一定取得有效的法律文书凭证，因而证券交易印花税无法实施。因此有必要开征独立的证券交易税。

（彭皖）

zhengquan jiaoyisuo

证券交易所（securities exchange） 为证券的集中和有组织的交易提供场所、设施和相关服务的会员制或公司制机构。创立于荷兰帝国时代1680年的阿姆斯特丹证券交易所，是世界上最古老的证券交易所。目前世界上规模最大的证券交易所纽约证券交易所是1892年由华尔街的24名证券经纪人订立"梧桐树协议"后逐步成立的。证券交易所是证券交易市场发展到一定程度的产物，也是集中交易制度下证券市场的组织者和一线监管者。与证券公司等证券经营机构不同，证券交易所本身并不从事证券买卖业务，只是为证券交易提供场所和各项服务，并履行对证券交易的监管职能。

一般来讲，作为证券市场的组织者，证券交易所具有以下功能：(1) 提供证券交易场所。由于这一市场的存在，证券买卖双方有集中的交易场所，可以随时把所持有的证券转移变现，保证证券流通的持续不断进行。(2) 形成与公告价格。在交易所内完成的证券交易形成了各种证券的价格。由于证券的买卖都是集中、公开进行的，采用双边竞价的方式达成交易，其价格理论上是近似公平与合理的，这种价格及时向社会公告，并被作为各种相关经纪活动的重要依据。(3) 集中各类社会资金参与投资。随着交易所上市股票的日趋增多，成交数量日益增大，可以将极为广泛的资金吸引到股票投资上来，为企业发展提高所需资金。(4) 引导投资的合理流向。交易所为资金的自由流动提供了方便，并通过每天公布的行情和上市公司信息，反映证券发行公司的获利能力与发展情况，使社会资金向最需要和最有利的方向流动。

从组织形式上看，国际上的证券交易所可分为会员制证券交易所和公司制证券交易所。会员制证券交易所是以会员协会形式成立的不以营利为目的的组织，主要由证券商组成。只有会员及享有特许权的经纪人，才有资格在交易所中进行交易。会员制证券交易所实行会员自治、自律、自我管理。会员制证券交易所最高权力机构是会员大会，理事会是执行机构，理事会聘请经理人员负责日常事务。目前大多数国家的证券交易所均实行会员制。公司制证券交易商以营利为目的，它是由各类出资人共同投资入股建立起来的公司法人。公司制证券交易所对在本所内的证券交易负有担保责任，必须设有赔偿基金。公司制证券交易所的证券商及其股东，不得担任证券交易所的董事、监事或经理，以保证交易所与交易参与者的分离。瑞士的日内瓦证券交易所、美国的纽约证券交易所都是公司制的。

根据我国《证券交易所管理办法》的规定，证券交易所应当是依法设立的、不以营利为目的，为证券的集中和有组织交易提供场所、设施，履行国家有关法律、法规、规章、政策规定的职责，实行自律性管理的会员制事业法人。目前我国的上海、深圳证券交易所都实行会员制。

（王翊）

zhengquan jingjiren

证券经纪人（securities broker） 通过收取佣金作为

报酬,促成证券买卖双方交易行为的证券中介人。证券经纪人是随着集中交易制度的实行而产生和发展起来的。由于在证券交易所内交易的证券种类繁多,数额巨大,而交易厅内席位有限,一般投资者不能直接进入证券交易所进行交易,因此只能通过特许的证券经纪商作为中介来促成交易的完成。投资者在证券经纪商处开设资金账户,用于存放投资人买入股票所需的资金和卖出股票取得的价款等。当投资者决定买卖股票时,以申报单、电话、电报或信函等形式向证券经纪商发出买卖指令。委托的内容包括证券名称、代码、买入或卖出的数量、价格等。证券经纪商在接受委托后,将投资者的买卖委托指令通过"红马甲"或直接输入证券交易所的电脑终端。证券交易所的电脑主机就会根据输入的委托信息进行竞价处理,按"价格优先,时间优先"原则自动配对撮合成交。

目前世界各国都是根据本国证券交易制度特点,来对证券经纪人的业务作出限定和分类。如纽约证券交易所将经纪业务专门由下列经纪人来办理:(1)佣金经纪人,专门代理客户买卖证券收取佣金;(2)二元经纪人,接受佣金经纪人的委托买卖证券;(3)专业经纪人,专门买卖交易所某一柜台的一种或几种证券;(4)债券经纪人,在债券交易厅中代理客户买卖债券从中收取佣金。伦敦证券交易所将经纪业务分为两类,由两种经纪人来完成:证券经纪商,纯粹代理客户买卖证券,从中收取佣金,本身不买卖证券;证券买卖商,主要为自己买卖证券以获取利润,有时也代理客户买卖证券收取佣金,证券买卖商必须严格区分自营买卖与代理买卖,且须向客户说明。国际上对从事证券经纪业务资格的管理有两种做法。一是美国的登记制度,只要符合法定条件,并申请登记注册,都可以被批准从事证券经纪业务。二是以日本为代表的特许制度,即对申请从事证券经纪业务者,除考察是否符合规定的条件,还要经过主管机关的特许批准。我国实行的是特许制度。

我国证券经纪业务可分为两大类。第一类是A股、基金及债券代理买卖业务,所有证券经营机构依法设立的证券营业部都可经营此项业务。第二类是B股代理买卖业务,由B股特许证券商来代理。B股特许证券商又分为境内B股特许证券商和境外特许证券商。境内B股特许证券商代理B股买卖业务,可在其已开通交易的A股席位上进行;境外特许证券商可通过其拥有的B股特别席位完成代理买卖业务,也可以委托境内B股特许证券商完成代理买卖业务。我国证券经营机构从事证券经纪业务,都是通过下设的证券营业部来实施的。根据《证券交易营业部管理暂行办法》的规定,证券经营机构设立证券交易营业部必须具备下列条件:(1)经营状况良好。(2)有不少于人民币500万元的证券营运资金。(3)有合格的业务人员。(4)有固定的交易场所和必要的交易设施。

(王　翊)

zhengquan qihuo jiaoyi

证券期货交易(securities futures transaction)　交易双方在成交时同意在成交之后的一特定时间,按照成交合同规定的数量和价格进行清算和交割的证券交易方式。证券期货通常包括股票期货、股价指数期货和债券期货。期货交易的特点为:(1)证券期货交易是一种远期交易;(2)证券期货交易标的可以是证券也可以是该期货交易合同;(3)证券期货交易的标的是整买整卖、不可拆分的,而现货交易是以手(100股)为交易单位;(4)证券期货交易一般采用对冲方式,不一定进行实物交割,实际上采用期货交易的证券市场,真正进行实物交割的只占交易额的极小部分。

(马志宇)

zhengquan qihuo touzi zixun jigou

证券期货投资咨询机构(consulting agencies for securities and futures investment)　从事证券、期货投资咨询业务,为证券、期货投资人或者客户提供证券、期货投资分析、预测或者建议等直接或者间接有偿咨询服务的机构。其中证券投资咨询机构又可以分为证券投资咨询公司和证券评级机构。证券投资咨询公司在西方国家称为投资顾问,其主要职能已经演化为帮助投资者了解市场、分析投资价值和引导投资方向。证券评级机构的基本职能是对证券市场上的机构和证券的信用状况进行评定,以客观真实地反映证券发行人及其证券的资信程度。美国的穆迪投资服务公司、标准普尔公司、加拿大的债务评级服务公司、英国的爱克斯坦尔统计服务公司等都是国际著名的证券评级机构。

投资咨询公司最大的特点,就是根据客户的要求,收集大量的基础信息资料,进行系统的研究分析,向客户提供分析报告和操作建议,帮助客户建立投资策略,确定投资方向。投资咨询机构的出现,一方面适应了证券期货市场专业化的要求,另一方面也符合证券期货市场的公开、公平、公正原则。其作用在于:(1)咨询人员运用自身专业知识和丰富经验,通过对证券期货市场各相关因素的系统分析和研究,形成报告公布给投资者,从而有利于提高市场透明度;(2)咨询机构可以为市场上的发行人、投资者出谋划策,帮助他们选择筹资、投资的最佳方案,从而有利于减少投资的盲目性,提供资金运作效率;(3)咨询机构结合宏观经济因素,运用大量的事实数据对上市公司经营情况进行分析研究,引导投资者理性投资,从而有利于证券市场稳定发展；(4)咨询机构通过对上市公司的深入研究，并在有关媒体上发表分析报告，对规范上市公司经营运作也起到一定的监督和促进作用。

为了加强对投资咨询和信息传播的管理，保护中小投资者的利益，各国证券、期货市场主管机关对投资咨询公司的设立、投资咨询人员的条件和投资咨询报告的发表一般都规定了严格的条件。我国于1997年12月25日颁布了专门的《证券期货投资咨询管理暂行办法》。按照这一《暂行办法》的规定，证券期货投资咨询机构提供的咨询服务包括：接受投资人或者客户委托，提供证券、期货投资咨询服务；举办有关证券、期货投资咨询的讲座、报告会、分析会等；在报刊上发表证券、期货投资咨询的文章、评论、报告，以及通过电台、电视台等公众传播媒体提供证券、期货投资咨询服务；通过电话、传真、电脑网络等电信设备系统，提供证券、期货投资咨询服务；中国证监会认定的其他形式。要成为合格的证券、期货投资咨询机构和证券期货投资咨询从业人员，必须满足一系列严格的资质要求。证券、期货投资咨询机构及其投资咨询人员，应当以行业公认的谨慎、诚实和勤勉尽责的态度，完整、客观、准确地运用有关信息、资料向投资人或者客户提供投资分析、预测和建议。

（王 翊）

zhengquan qiquan jiaoyi
证券期权交易(securities options transaction) 又称选择权交易。交易双方在证券交易所买进或卖出期权的一种交易方式。同证券期货交易不同的是，证券交易当事人约定的是到期后当事人有权以特定价格买进或卖出证券，或不买进或卖出该证券。期权交易的特点：(1)期权交易的标的是证券期权，而非期货证券或期货合同，到期后，当事人依约获得交易与否的选择权；(2)期权交易的结果是期权的执行，即决定买卖与否，而期货交易的结果则是指由依约买卖，否则视为违约；(3)期权交易的风险较期货交易的风险小。期权交易的结果是一种选择权，当事人可以根据当时证券的实际价格决定是否实施交易，故在一定程度上可以扼制投机，降低风险。

（马志宇）

zhengquan shichang
证券市场(security market) 股票、债券、基金单位等有价证券及其衍生产品(如期货、期权等)发行和交易的场所。在市场经济发达的国家，资金的融通主要是通过金融市场来完成，股票和债券是金融市场中最活跃、最重要的长期工具和金融资产，因各证券市场已经成为资金市场的核心。

证券市场的产生和发展经历了一个长期的过程。它可以追述至17世纪初荷兰和英国成立的海外贸易股份公司的出现。这些公司通过募集设立，具有法人资格，股东会是最高权力机构，董事会进行经营管理，按股分红，实行有限责任等。19世纪后期，随着工业革命，股份公司传遍了全世界。19世纪中期，出现了靠发行股票和债券的公司及银行。证券的发行带来了证券交易，给经济的发展带来了前所未有的促进作用。一开始人们忽视了其内在的投机消极因素将是经济的潜在威胁。在当时的放任经济背景下，证券市场几乎处于无监管的状态中。1929年的"股灾"使各国通过立法和设置专门机构对证券市场实施管理和控制。这标志了证券市场进入了一个由自由放任的市场转变为受国家全面控制的市场。在该市场内，投资者的权益在一定程度上受到了保护，证券中大量操纵、欺诈等不法行为在相当程度上得到了遏制。证券市场步入了一个相对规范的发展轨道。

证券对经济的作用概括起来体现在以下几方面：(1)筹集资金。企业通过发行股票和债券，能迅速地将社会闲散资金集中起来，形成巨额的、可供长期使用的资本，用于支持社会化生产和大规模经营，其效果远非企业滋生积累和依靠银行所能比拟。(2)配置资源功能。市场化中的趋利避害行为使得那些成长较好的、有发展前景的企业能够获得充裕的资金，而一些业绩不良、前景暗淡的"夕阳"企业则资金匮乏。(3)外部监督功能。一上市公司的经营者若没有采取确实可行的行为使公司的股份价值最大化，或者其专营一己之私立而使公司腐败丛生、效率低下时，公司的股价势必能反映出该公司的真正潜力，价格低下为公司收购者提供了一个控制机会，公司收购者通过收购该公司的股份获得该公司的控制权，并指定一个新的经营者提高公司的经营效率，使公司的股价最大化。

根据不同的标准证券市场可以有以下划分：(1)依据履行职能分为：发行市场和交易市场。发行市场，又称一级市场，指证券发行人依法定程序向投资者出售行证券所形成的市场。证券交易市场，又称二级市场，买卖证券的场所。(2)依据交易对象分为：股票市场、债券市场和基金市场。股票市场指发行和交易股票的市场，投资者一旦出资入股，即不能抽回出资，只能在二级市场进行交易。股票市场又可以分为股票发行市场和股票交易市场。债券市场又可以分为债券发行市场和债券交易市场。基金市场又可以分为基金发行市场和基金流通市场，封闭式基金在证券交易所挂牌交易，开放式基金只能卖回给基金管理公司。(3)依据组织形式分为：交易所市场和场外交易市场。交易所市场指设有固定场地、备有各种设施、配备了必要的管理和服务人员，集中进行交易的场所，其交易对象限于符合特定标准在交易所上市的证券。场外交易市场指无固定场地、分散的交易场所。

（马志宇）

zhengjuan touzi jijin

证券投资基金（securities investment fund） 一种利益共享、风险共担的集合证券投资方式。通过发行基金单位，集中投资者的资金，由基金托管人托管，由基金管理人管理和运用资金、从事股票、债券等金融工具投资。基金单位，是指基金发起人向不特定的投资者发行的，表示持有人对基金享有资产所有权、收益分配权和其他相关权利，并承担相应义务的凭证。证券投资基金起源于英国，1868 年在英国苏格兰地区诞生了"海外殖民地政府信托"组织；在一次世界大战，美国经济繁荣，国内外投资活动十分活跃，英国的投资信托制度引入到美国，1924 年诞生了第一个具有现代证券投资基金面貌的开放式基金"马萨诸塞投资信托基金"，之后，证券投资基金在美国得到了极大的普及和发展。从 20 世纪 50 年代起，一批新兴工业化国家和地区也陆续引进了西方的投资基金业务，使得证券投资基金成为国际资本流动的一条重要渠道和发展中国家利用外资的重要工具。证券投资基金迅速发展的原因，除了世界范围内的一些重大金融活动外，还在于投资基金的组织形式是与现代公司制度的基金形式本质上是一致的，作为以货币为商品进行经营的基金公司、管理公司和托管银行，较好地进行了所有权、使用权和保管权的分离与统一，另外，世界各国从立法上对其进行制度约束和严格的监管。我国证券投资基金业务起步较晚，1987 年，中国银行和中国国际信托投资公司首先开展投资基金业务，推出了面向海外的投资基金。1992 年 11 月，我国第一家规范化的封闭公司型基金——淄博乡镇企业投资基金经中国人民银行批准设立。1993 年 8 月，淄博基金在上海证券交易所挂牌上市，成为中国第一只在证交所上市的基金。但证券投资基金的前期发展，因为法制环境不健全，存在很多问题，1997 年国务院颁布了《证券投资基金管理暂行办法》，给证券市场基金的运作提供了规范的依据，标志着我国证券投资基金走入了规范化的发展轨道。证券投资基金的基本特征有五点：一是间接投资，即投资者通过购买基金单位间接投资于证券市场；二是专家经营，即由基金管理公司中的专业投资人员负责资金的管理和投向；三是分散风险，即通过广泛投资于不同证券的组合投资方式来分散投资风险；四是证券投资基金流动性强，基金的买卖程序非常简便；五是投资小、费用低。证券投资基金与股票、债券的区别主要有四个方面：一是投资者地位不同，股票持有人是公司的股东，有权对公司的重大决策发表自己的意见，债券的持有人是债券发行人的债权人，享有到期收回本息的权利，基金单位的持有人是基金的受益人，体现的是信托关系；二是收益情况不同，基金和股票的收益是不确定的，而债券的收益是确定的，一般情况下，基金的收益比债券高；三是投资方式不同，证券投资基金是一种间接的投资方式，而股票、债券是直接投资方式；四是投资回收方式不同，债券投资是有一定期限的，期满后收回本金，股票投资是无限期的，投资基金要视所持有的基金形态不同而有区别。对证券投资基金可以作不同的分类：根据组织形式，可以分为信托型基金、公司型基金和合伙型基金；根据基金投资能否赎回，可以分为开放式基金和封闭式基金；根据投资的具体对象，可以分为股票基金、债券基金、货币市场基金、期货基金、期权基金、认股权证基金和指数基金等。 （周 尔）

zhengquan xinyong jiaoyi

证券信用交易（securties credit exchange） 又称保证金交易。客户按照法律规定，在买卖证券时只向证券公司交付一定的保证金，由证券公司提供融资或者融券进行交易。由于其负面影响较大，各国均实行了较严格的监管。 （马志宇）

zhengquan zhongjie jigou

证券中介机构（securities intermediary） 为证券市场参与者如发行人、投资者等提供各种服务的专职机构。按提供服务的内容不同，证券中介机构可以分为：(1) 证券经营机构，即由证券主管机关依法批准设立的，在证券市场上经营证券业务的金融机构。目前，我国经营证券业务的金融机构基本上有两种基本类型：一类是证券专营机构，即专门从事与证券经营有关的各项业务的证券公司；(参见"证券公司")另一类是证券兼营机构，即通过设立证券业务部经营证券业务的信托投资公司。(2) 证券投资咨询机构，即为证券市场参与者提供专业性咨询服务的机构，主要有证券投资咨询公司和证券评级机构。(参见"证券期货投资咨询机构")(3) 证券结算登记机构，其基本职能是从事证券登记、存管、过户和资金结算与交收。证券结算登记机构是证券市场的重要组成部分，结算登记业务是保障证券交易连续进行必不可少的环节。世界各国的证券交易，都有其专门的证券结算登记系统，该系统的运转好坏、效率高低、稳定程度，对证券市场安全、高效、有序运行有着及其重要的影响。(证券登记结算机构)(4) 证券金融公司，也称证券融资公司，源于信用交易制度，是一种较为特殊的中介机构。证券金融公司主要吸收证券公司、交易所或其他证券机构的存款和存券，向证券机构借出信用交易所需的资金和证券。在成熟的市场中，证券金融公司的融资融券活动可以提高证券市场交易的活跃程度，这一机构主要存在于日本和我国的台湾。美国的融资融券业务，是通过双方的借贷行为完成的。我国目前的法规不允许此类业务，也不存在专门的证券金融公司。(5) 为证

券发行与交易提供各种专业服务的会计师事务所、资产评估事务所、律师事务所。　　　　　　（王 翃）

zhengcexing yinhang
政策性银行（policy bank） 由政府创立、参股或保证的,不以营利为目的,专门为贯彻、配合政府社会经济政策或意图,在特定的业务领域内,直接或间接地从事政策性融资活动,充当政府发展经济、促进社会进步、进行宏观经济管理工具的金融机构。政策性银行的产生和发展是国家干预、协调经济的产物。当今世界上许多国家都建立有政策性银行,其种类较为全面,并构成较为完整的政策性银行体系,如日本著名的"二行九库"体系,包括日本输出入银行、日本开发银行、日本国民金融公库、住宅金融公库、农林渔业金融公库、中小企业金融公库、北海道东北开发公库、公营企业金融公库、环境卫生金融公库、冲绳振兴开发金融公库、中小企业信用保险公库;韩国设有韩国开发银行、韩国进出口银行、韩国中小企业银行、韩国住宅银行等政策性银行;法国设有法国农业信贷银行、法国对外贸易银行、法国土地信贷银行、法国国家信贷银行、中小企业设备信贷银行等政策性银行;美国设有美国进出口银行、联邦住房信贷银行体系等政策性银行。这些政策性银行在各国社会经济生活中发挥着独特而重要的作用,构成各国金融体系两翼中的一部分。根据党的十四届三中全会精神和《国务院关于金融体制改革的决定》及其他文件,我国于1994年相继建立了国家开发银行、中国农业发展银行、中国进出口银行等三家政策性银行。这三家政策性银行分别承接了中国建设银行、中国农业银行和中国银行的政策性贷款业务。国家开发银行的任务主要是向国家基础设施、基础产业和支柱产业的大中型基本建设和技术改造等政策性项目及其配套工程发放政策性贷款;中国农业发展银行的任务是代理财政性支农资金的拨付,为农业和农村经济发展服务;中国进出口银行的任务是为扩大我国机电产品和成套设备等资本性货物出口提供政策性金融支持。　　　　　　　　（卢 亮）

zhengfu caigou chengxu
政府采购程序（procedures of government procurement） 政府采购运行规程。政府采购程序主要包括:编制政府采购预算,汇编政府采购计划,确定并执行采购方式,订立及履行采购合同,验收,结算。

政府采购预算,是反映采购机关年度政府采购项目及资金的计划,是部门预算的组成部分。采购机关应当按照财政部门的要求,编制政府采购预算,经主管部门审核汇总,报同级财政部门审核。

政府采购计划,是政府采购预算的具体实施方案,也是年度政府采购执行和考核的依据。政府采购计划主要包括:当年集中采购目录,采购组织形式和采购方式,资金支付办法等。财政部门的政府采购主管机构要依据批复的部门预算,按品目或项目汇总编制本级政府采购计划。其中,属于中央预算的政府采购项目,集中采购目录由国务院确定并公布,属于地方预算的政府采购项目,则由各省、自治区、直辖市人民政府或其授权的机构确定并颁布集中采购目录。采购机关的主管部门应当在接到财政部门批复的政府采购计划后规定的时间内,向同级财政部门提交实行集中采购的采购清单。采购清单应标明:采购项目的详细品名、技术规格和数量,预算和资金构成,交货时间或开工竣工时间,货物配送单位名单和其他有关事项。财政部门要根据预算和政府采购计划,对采购清单核对无误后,交集中采购机关实施,尚未设立集中采购机关的,也可委托中介机构代办。

集中采购机关应当按照政府采购计划中确定的采购范围和方式组织采购活动。政府采购在确定供应商后均应签订合同。合同的订立程序按照《中华人民共和国合同法》和财政部颁布的《政府采购合同监督暂行办法》的有关规定执行。政府采购合同自签订之日起7个工作日内,采购人应当将合同副本报同级政府采购监督管理部门和有关部门备案。合同的履行及其验收,依照《合同法》的规定执行,但验收原则上应当由国家认可的专业质量检测机构进行,政府采购主管机构不得参加验收工作。

支付采购资金时,采购机关应当依照有关规定,向财政部门报送拨款申请书及有关文件(包括检测机构证明、验收结算书、接受履行报告及中标供应商的开户银行和账号等),财政部门和采购单位对采购机关报送的拨款申请书及有关文件进行审核。审核无误后应当按照合同约定金额和方式向供应商付款,而采购资金的具体拨付办法,由财政部和中国人民银行在其联合发布的《政府采购资金财政直接拨付管理暂行办法》中作出了明确的规定。　　　　（杨云鹏）

zhengfu caigou de dangshiren
政府采购的当事人（parties of government procurement） 在政府采购活动中享有权利和承担义务的各类主体,也就是政府采购法律关系的当事人,包括采购人、供应商、采购代理机构。

采购人 依照我国现行《政府采购法》第15条的规定,采购人是指依法进行政府采购的国家机关、事业单位、团体组织。国家机关,包括中央和地方各级国家机关,权力机关、审判机构、检察机关都在这一范围里;事业单位,则包括公立学校、科研机构等;社会团体,则是指政党组织、群众团体、学术团体等。有人认为,应当将使用财政性资金,不以赢利为唯一目的,为社会提供公共产品和公共服务的国有企业,或者获得政府的特许经营,在竞争中处于优势地位的国有企业的采购行为,纳入政府采购法的调整范围,即视其为政府采购中的采购人。

供应商 我国《政府采购法》第21条规定,供应商是指向采购人提供货物、工程或者服务的法人、其他组织或者自然人。为了提高政府采购的效率,保证采购人能够在恰当的时间和地点、以合理的价格购买到所需的货物或服务,世界各国普遍规定了供应商的资格认证制度。例如,我国香港地区,由工务局和政府物料供应处对政府采购的供应商进行注册管理。我国对供应商的资格审查是由采购人来完成的。采购人根据采购项目对供应商的特定要求以及政府采购法规定的供应商的条件,结合供应商提供的相关资质证明文件和业绩报告,本着公平、公正的原则,对供应商的资格进行审查。我国《政府采购法》第22条规定,供应商参加政府采购活动应当具备下列条件:具有独立承担民事责任的能力;具有良好的商业信誉和健全的财务会计制度;具有履行合同所必需的设备和专业技术能力;有依法缴纳税收和社会保障资金的良好记录;参加政府采购活动前3年内,在经营活动中没有重大违法记录;法律法规规定的其他条件。

采购代理机构 是指接受采购人的委托,为其办理采购事宜的机构。依照我国现行的《政府采购法》的规定,集中采购机构就是采购代理机构,是非赢利事业法人,它们根据采购人的委托办理采购事宜。集中采购机构由设区的市、自治州以上的人民政府根据本级政府采购项目组织集中采购的需要设立(第16条)。1999年财政部发布的《政府采购管理暂行办法》第16条规定,具备下列条件的社会中介机构,可以申请取得政府采购业务代理资格:(1)依法成立;(2)熟悉国家有关政府采购方面的法律、法规和政策,接受过省级以上财政部门政府采购业务培训的人员比例达到机构人员的20%以上;(3)具有一定数量能胜任工作的专业人员,其中具有中级和高级专业技术职称的人员应分别占机构人员总数的60%和20%以上;(4)具有采用现代科技手段完成政府采购代理工作的能力;(5)财政部及省级人民政府规定的其他条件。而按照2001年2月9日财办库[2001]3号文,即《财政部办公厅关于开展政府采购业务代理机构登记备案工作的通知》,只有经财政部或当地省级财政部门政府采购管理机构审核,并发给"政府采购业务代理机构资格审查登记备案表"的机构才有资格接受委托代理政府采购业务。而只有获得:外经贸部颁发的国际招标资格证书;或国家经贸委颁发的技术改造项目设备招标及相关服务代理资格证书;或建设部颁发的建筑工程招标代理资格证书;或国内贸易部、国家计委、国家技术监督局等部门联合颁发的建设工程设备招标代理资格证书;或国务院其他主管部门颁发的招标资格证书,并无不良执业记录,且隶属于中央单位或其他单位的招标代理机构,才在登记备案的范围内。由此,采购代理机构包括各级政府设立的集中采购机构,也包括专门从事政府采购代理业务的社会中介机构。 (杨云鹏)

zhengfu caigou de falü zeren

政府采购的法律责任(legal liability for government procurement) 政府采购中的行为人对自己违反法定义务而实施的行为所应承担的法律后果,包括行政责任、民事责任和刑事责任三种。

采购人、采购代理机构的法律责任 依照《政府采购法》的规定,采购人、采购代理机构有下列情形之一的,责令限期改正,给予警告,可以并处罚款,对直接负责的主管人员和其他直接责任人员,由其行政主管部门或者有关机关给予处分,并予通报。(1)应当采用公开招标方式而擅自采用其他方式采购的;(2)擅自提高采购标准的;(3)委托不具备政府采购业务代理资格的机构办理采购事务的;(4)以不合理的条件对供应商实行差别待遇或者歧视待遇的;(5)在招标采购过程中与投标人进行协商谈判的;(6)中标、成交通知书发出后不与中标、成交供应商签订采购合同的;(7)拒绝有关部门依法实施监督检查的。

采购人对应当实行集中采购的政府采购项目,不委托集中采购机构实行集中采购的,由政府采购监督管理部门责令改正;拒不改正的,停止按预算向其支付资金,由其上级行政主管部门或者有关机关依法给予其直接负责的主管人员和其他直接责任人员处分。

采购人未依法公布政府采购项目的采购标准和采购结果的,责令改正,对直接负责的主管人员依法给予处分。采购人、采购代理机构及其工作人员有下列情形之一,构成犯罪的,依法追究刑事责任;尚不构成犯罪的,处以罚款,有违法所得的,并处没收违法所得,属于国家机关工作人员的,依法给予行政处分:(1)与供应商或者采购代理机构恶意串通的;(2)在采购过程中接受贿赂或者获取其他不正当利益的;(3)在有关部门依法实施的监督检查中提供虚假情况的;(4)开标前泄露标底的。采购人、采购代理机构违反规定隐匿、销毁应当保存的采购文件或者伪造、变造采购文件的,由政府采购监督管理部门处罚款,对其直接负责的主管人员和其他直接责任人员依法给予处分;构成犯罪的,依法追究刑事责任。采购代理机构在代理政府采购业务中有违法行为的,按照有关法律规定处以罚款,可以依法取消其进行相关业务的资格,构成犯罪的,依法追究刑事责任。在采购合同已经履行的政府采购中有第1、4项违法行为之一,且给采购人、供应商造成了损失的,由责任人承担赔偿责任。

供应商的法律责任 供应商有下列情形之一的,处以采购金额5‰以上10‰以下的罚款,列入不良行为记录名单,在1至3年内禁止参加政府采购活动,有违法所得的,并处没收违法所得,情节严重的,由工商行政管理机关吊销营业执照;构成犯罪的,依法追究刑事责任:(1)提供虚假材料谋取中标、成交的;(2)采取不正当手段诋毁、排挤其他供应商的;(3)与采购人、其他供应商或者采购代理机构恶意串通的;(4)向采购人、采购代理机构行贿或者提供其他不正当利益的;(5)在招标采购过程中与采购人进行协商谈判的;(6)拒绝有关部门监督检查或者提供虚假情形的。供应商有上述所列1—5项情形之一的,中标、成交无效。而因其上述行为给他人造成损失的,应依照有关民事法律规定承担民事责任。

政府采购监督管理部门及其工作人员的法律责任 政府采购监督管理部门的工作人员,在实施监督检查中违法滥用职权,玩忽职守,徇私舞弊的,依法给予行政处分;构成犯罪的,依法追究刑事责任。政府采购监督管理部门对集中采购机构业绩的考核,有虚假陈述,隐瞒真实情况的,或者不做定期考核和公布考核结果的,应当及时纠正,由其上级机关或者监察机关对其负责人进行通报,并对直接负责的人员依法给予行政处分。

(杨云鹏)

zhengfu caigou de fanwei

政府采购的范围(scope of government procurement) 政府采购的对象或标的。一般而言,它包括有形的物品和无形的劳务,前者如原材料、辅料、机器设备、事务用品等,而后者多指技术、服务、工程发包等。依照我国《政府采购法》关于采购之规定,采购,是指以合同方式有偿取得货物、工程和服务的行为,因此,货物、工程、服务是我国政府采购的范围。货物,是指各种形态和种类的物品,包括原材料、燃料、设备、产品等。工程,则是指建设工程,包括建筑物和构筑物的新建、改建、扩建、装修、拆除、修缮等。服务,是指除货物和工程以外的其他政府采购对象。如车辆的维修和修理,宾馆和饭店的服务等。公用事业的采购是否应纳入政府采购的范围,仍存有争议。

(杨云鹏)

zhengfu caigou de jiuji jizhi

政府采购的救济机制(remedy for government procurement) 供应商因政府采购事宜同采购人发生争议而寻求合理解决的制度安排。依照财政部颁布的《政府采购管理暂行办法》第41条的规定,政府采购当事人认为自己的合法权益受到损害的,可以向财政部门提出书面投诉,财政部门应在受到投诉书之日起30日作出处理。此规定过于简单,且缺乏操作性,不利于保护当事人的合法权益。为此,我国现行《政府采购法》第六章对这种机制进行了重构,询问、质疑、投诉、行政复议、行政诉讼都是政府采购中的救济措施。(1)询问,供应商对政府采购活动事项有疑问的,可以向采购人或采购代理机构提出询问,采购人或采购代理机构应当及时作出答复,但答复的内容不得涉及商业秘密。(2)质疑,供应商认为采购文件、采购过程和中标、成交结果使自己的权益受到损害的,可以在知道或者应知其权益受到损害之日起7个工作日内,以书面形式向采购人或采购代理机构提出质疑。采购人或采购代理机构应当在收到供应商的书面质疑后7个工作日内作出答复,并以书面形式通知质疑供应商和其他有关供应商,但答复的内容不得涉及商业秘密。(3)投诉,质疑供应商对采购人或采购代理机构的答复不满意,或者采购人、采购代理机构未在规定的时间内作出答复的,可以在答复期满后15个工作日内,向同级政府采购监督管理部门投诉。采购监督管理部门应当在收到投诉后30个工作日内,对投诉事项作出处理决定,并以书面形式通知投诉人和与投诉事项有关的当事人。投诉处理期间,采购监督管理部门可视具体情况书面通知采购人暂停采购活动,但暂停时间最长不得超过30日。(4)行政复议或者行政诉讼,投诉人对政府采购监督管理部门的投诉处理决定不服或者政府采购监督管理部门逾期未作处理的,可以依照《行政复议条例》或者《行政诉讼法》的规定,提请行政复议或向人民法院提起行政诉讼。

(杨云鹏)

zhengfu caigou fa

《政府采购法》(Government Procurement Act of China) 2002年6月29日第九届全国人民代表大会常务委员会第二十八次会议通过,自2003年1月1日起施行。制定本法的目的是:为了规范政府采购行为,提高政府采购资金的使用效益,维护国家利益和社会公共利益,保护政府采购当事人的合法权益,促进廉政建设。本法共9章88条。包括:总则、政府采购当事人、政府采购方式、政府采购程序、政府采购合同、质疑与投诉、监督检查、法律责任、附则等部分。本法适用于中华人民共和国境内的政府采购活动。各级人民政府财政部门是负责政府采购监督管理的部门,依法履行对政府采购活动的监督管理职责。各级人民政府其他有关部门依法履行与政府采购活动有关的监督管理职责。

政府采购当事人 集中采购机构为采购代理机构,是非营利事业法人,根据采购人的委托办理采购事宜。集中采购机构进行政府采购活动,应当符合采购价格低于市场平均价格、采购效率更高、采购质量优良和服务良好的要求。采购人采购纳入集中采购目录的政府采购项目，必须委托集中采购机构代理采购；采购未纳入集中采购目录的政府采购项目，可以自行采购，也可以委托集中采购机构在委托的范围内代理采购。采购人有权自行选择采购代理机构，与采购代理机构签订委托代理协议，依法确定委托代理的事项，约定双方的权利义务。参加政府采购活动的供应商应当具备本法规定的条件。

政府采购方式 政府采购可以采用的方式有：公开招标；邀请招标；竞争性谈判；单一来源采购；询价；国务院政府采购监督管理部门认定的其他采购方式。公开招标是政府采购的主要采购方式。采购人采购应当采用公开招标方式的，其具体数额标准，属于中央预算的政府采购项目，由国务院规定；属于地方预算的政府采购项目，由地方人民政府规定；特殊情况需要采用公开招标以外的采购方式的，应在采购活动开始前获得人民政府采购监督管理部门的批准。依据货物或者服务规模和性质本法规定了邀请招标方式采购、竞争性谈判方式采购、单一来源方式采购等不同的采购方式。对于采购的货物规格、标准统一、现货货源充足且价格变化幅度小的政府采购项目，可采用询价方式采购。

政府采购程序 负有编制部门预算职责的部门在编制下一财政年度部门预算时，将该财政年度政府采购的项目及资金预算列出，报本级财政部门汇总。部门预算的审批，按预算管理权限和程序进行。采取邀请招标方式采购的，采购人应当从符合相应资格条件的供应商中，通过随机方式选择3家以上的供应商，并向其发出投标邀请书，投标人在规定时间内提交投标文件。采用竞争性谈判方式采购的，应当遵循的程序是：(1)成立谈判小组。由采购人的代表和有关专家共3人以上的单数组成，专家的人数不得少于成员总数的2/3。(2)制定谈判文件。明确谈判程序、内容、合同草案的条款以及评定成交的标准等。(3)确定邀请参加谈判的供应商名单。(4)谈判。谈判小组所有成员集中与单一供应商分别进行谈判。(5)确定成交供应商。采取单一来源方式采购的，采购人与供应商应当遵循本法规定的原则，在保证采购项目质量和双方商定合理价格的基础上进行采购。采取询价方式采购的主要程序是：成立询价小组；确定被询价的供应商名单；询价；确定成交供应商。采购人或者其委托的采购代理机构应当组织对供应商履约的验收。大型或者复杂的政府采购项目，应当邀请国家认可的质量检测机构参加验收工作。验收方成员应当在验收书上签字，并承担相应的法律责任。采购活动记录包括：采购项目类别、名称；采购项目预算、资金构成和合同价格；采购方式；邀请和选择供应商的条件及原因；评标标准及确定中标人的原因；废标的原因；采用招标以外采购方式的相应记载。

政府采购合同 政府采购合同适用合同法、采用书面形式。采购人和供应商之间的权利和义务，应当按照平等、自愿的原则以合同方式约定。采购人与中标、成交供应商应当在中标、成交规定的时间内，按照采购文件确定的事项签订政府采购合同，采购人将合同副本报同级政府采购监督管理部门和有关部门备案。经采购人同意，中标、成交供应商可以依法采取分包方式履行合同。政府采购合同的双方当事人不得擅自变更、中止或者终止合同。

质疑与投诉 供应商对政府采购活动事项有疑问的，可以向采购人提出询问，采购人及时作出答复。供应商认为采购文件、采购过程和中标、成交结果使自己的权益受到损害的，可以在本法规定的时间内，以书面形式向采购人提出质疑；采购人作出答复，并以书面形式通知质疑供应商和其他有关供应商。采购人委托采购代理机构采购的，供应商可以向采购代理机构提出询问或者质疑，采购代理机构应当依照本法规定，就采购人委托授权范围内的事项作出答复。质疑供应商对采购人、采购代理机构的答复不满意或者采购人、采购代理机构未在规定的时间内作出答复的，可以向同级政府采购监督管理部门投诉。政府采购监督管理部门对投诉事项作出处理决定，并以书面形式通知投诉人和与投诉事项有关的当事人。

监督检查 政府采购监督管理部门应当加强对政府采购活动及集中采购机构的监督检查。监督检查的主要内容是：(1)有关政府采购的法律、行政法规和规章的执行情况；(2)采购范围、采购方式和采购程序的执行情况；(3)政府采购人员的职业素质和专业技能。集中采购机构应当建立健全内部监督管理制度，采购活动的决策和执行程序应当明确，并相互监督、相互制约。经办采购的人员与负责采购合同审核、验收人员的职责权限应当明确，并相互分离。其采购人员应当具有相关职业素质和专业技能，符合政府采购监督管理部门规定的专业岗位任职要求。政府采购项目的采购标准应当公开。政府采购监督管理部门对政府采购项目的采购活动进行检查，其当事人应当如实反映情况，提供有关材料。审计机关应当对政府采购进行审计监督。监察机关应当加强对参与政府采购活动的国家机关、国家公务员和国家行政机关任命的其他人员实施监察。

法律责任 采购人、采购代理机构违反本法规定的，将根据情节对采购人、采购代理机构及其工作人员直接负责的主管人员和其他直接责任人员，由其行政主管部门或者有关机关依法给予通报、警告、罚款等行政处分;构成犯罪的,依法追究刑事责任。供应商有违反本法规定情形时,处以罚款,列入不良行为记录名单,在一定期内禁止参加政府采购活动;有违法所得的,并处没收违法所得,情节严重的,由工商行政管理机关吊销营业执照;构成犯罪的,依法追究刑事责任。采购代理机构在代理政府采购业务中有违法行为的,按照有关法律规定处以罚款,可以依法取消其进行相关业务的资格,构成犯罪的,依法追究刑事责任。政府采购监督管理部门的工作人员在实施监督检查中违反本法规定滥用职权,玩忽职守,徇私舞弊的,依法给予行政处分;构成犯罪的,依法追究刑事责任。任何单位或者个人阻挠和限制供应商进入本地区或者本行业政府采购市场的,责令限期改正;拒不改正的,由该单位、个人的上级行政主管部门或者有关机关给予单位责任人或者个人处分。 （程 冰 杨云鹏）

政府采购法的基本原则 (basic principles of government procurement act)

贯穿于政府采购法律制度始终,既可用于指导政府采购立法,又可用于规范政府采购行为的指导性准则。从理论上讲,公开透明的原则、竞争性原则、公正原则、效率原则都是政府采购的基本原则。而依照我国现行政府采购法的规定,我国政府采购法的基本原则包括公开透明原则、公平竞争原则、公正原则和诚实信用原则。

公开透明原则 又称为透明度原则,世界各国的政府采购法都明确规定了这一基本原则。WTO之《政府采购协议》第17条对该原则的解释是:全面详尽地公布采购条件,按公认的技术规格规定合同内容,确保在一项采购过程中不改变采购规则等。我国的《政府采购法》全面体现了这一原则,如:政府采购的信息应当在指定的媒体上及时向社会公开发布(11条);公开招标是政府采购的主要方式(26条);不得规避公开招标(28条);政府采购项目的采购标准应当公开,采购结果也应当公布(63条);等等。

公平竞争的原则 政府采购中的公平竞争原则,首先指的是所有参加竞争的供应商机会均等,并享受同等待遇;采购人向所有供应商提供的信息够应该完全一致;允许所有有兴趣参加投标的供应商参加竞争;资格预审应使用同一标准等。其次,公平竞争的原则与政府促进社会经济的协调发展并不矛盾,即政府采购,既要鼓励竞争,又要兼顾社会公正目标的实现,保护环境,扶持、照顾不发达地区和少数民族以及中小企业的发展,提高就业率。

公正原则 这是指在政府采购活动及与此有关的活动中,"裁判者"要居中作出客观而公正的判断。例如,当采购人员或评标委员会的组成人员或竞争性谈判采购中的谈判小组的组成人员或询价采购中询价小组的组成人员等,与供应商有利害关系时,必须回避。供应商认为采购人员以及上述相关人员与其他供应商有利害关系的,可以申请其回避(12条);政府采购监督管理部门不得设置集中采购机构,不得参与政府采购项目的采购活动,采购代理机构与行政机关不得存在隶属关系或其他利害关系(60条)。

诚实信用原则 在政府采购中倡导诚实信用原则,就是要求人们在进行交易时诚实不欺、恪守信用;同时,政府采购,既要平衡当事人之间的利益,也要平衡当事人与社会之间的利益。任何人不得以弄虚作假、故意隐瞒或故意遗漏真实情况的手段或方式来侵犯他人的合法权益,并以此追求自己利益的最大化。违背诚实信用原则的行为都必须承担相应的法律责任。 （杨云鹏）

政府采购合同 (government procurement contract)

政府采购中的采购人与供应商就政府采购中的权利义务所达成的一致协议。依据《政府采购法》的规定,政府采购合同适用合同法,因此,政府采购合同是民事合同,但它是一种特殊的民事合同。首先,政府采购合同必须是书面合同,它可以由采购人自己与供应商签订,也可以由采购人委托采购代理机构代表自己与供应商签订。但由委托代理机构以采购人名义签订合同的,应当提交采购人的授权委托书,该授权委托书是合同附件。其次,政府采购合同的签订和履行有其特殊性。按照现行法律、法规的规定,采购人与中标、成交供应商应在中标、成交通知书发出之日起30日内,按照采购文件确定的事项签订政府采购合同;采购人应当将合同副本报同级政府采购监督管理部门和有关部门备案。政府采购合同的必备条款,由国务院政府采购监督管理部门会同国务院有关部门制定。最后,在合同的履行和验收方面,政府采购合同也有其特殊性。合同双方不得擅自变更、中止或者终止合同,而继续履行合同将损害国家利益和社会公共利益的,双方当事人应当变更、中止或终止合同。合同的验收,原则上由第三方负责,政府采购管理机关不得参加合同履行验收工作,验收文件应报采购管理机关备案。 （杨云鹏）

政府采购监督制度 (supervision system of government procurement)

依照我国《政府采购法》的规定,政府采购监督管理部门负有对政府采购活动及集中采购机构进行监督检查的职责。而各级人民政府财政部门是负责政府采购监督管理的部门,依法履行对政府采购活动的监督管理职责,同时,各级人民政府其他有关部门则依法履行与政府采购活动有关的监督管理职责。

按照我国现行《政府采购法》第七章以及《政府采购管理暂行办法》第五章的规定,政府采购监督检查的主要内容包括以下方面:(1) 对有关政府采购的法律、行政法规和规章的执行情况的监督检查,发现问题及时纠正;(2) 对政府采购预算项目的执行情况的监督检查;(3) 监督采购范围、采购方式和采购程序的执行情况;(4) 监督政府采购人员的职业素质和专业技能;(5) 对集中采购机构的工作绩效进行考核,并定期公布;(6) 审计机关有权对政府采购进行审计监督。政府采购监督管理部门、政府采购各当事人有关政府采购的活动,都应当接受审计机关的审计监督;(7) 监察机关也应当加强对参与政府采购活动的国家机关、国家公务员和国家行政机关任命的其他人员的监督。

(杨云鹏)

zhengfu caigou moshi
政府采购模式(manners of government procurement) 政府采购的组织方式,包括集中采购和分散采购两种。(1) 集中采购模式,是指本级政府各部门及下级政府的采购由本级所设的集中采购机构统一实施。韩国是集中采购模式的典型代表,它于1955年在中央政府设立采购供应厅,集中采购模式沿用至今。我国香港地区的政府采购也采用了集中采购模式。采购集中化之所以被各国在建构政府采购制度初期所广泛采用,缘于其拥有诸多优点。例如,集中采购,有利于增大采购规模,从而提高采购效率,降低采购成本;集中采购还有利于政府采购政策的贯彻实施,也便于政府采购主管机关对采购的监督等。但是,集中采购也有其局限性,比如,由于采购流程过长,易延误时效,因不能适应零星采购或紧急采购,而且采购与使用单位分离,故不能满足使用人的特殊需求等。(2) 分散采购模式,是指由各采购需求单位按照政府采购法规定的程序,自己进行采购。目前,采用分散采购模式的国家主要有日本、巴拿马和秘鲁等。我国台湾地区1998年颁布的"政府采购法"采用的是纯粹的分散采购模式。与集中采购相比,分散采购也有其可肯定之处。比如,灵活便捷,有利于满足用户需求,而在经济全球化和贸易自由化的大背景下,分散采购可以降低本国政府采购市场的开放范围,从而实现政府对经济的宏观调控目的。

依照我国现行《政府采购法》的规定,我国政府采购采用的是集中采购和分散采购相结合的混合制模式。政府采购实行集中采购和分散采购相结合。集中采购的范围由省级以上人民政府公布的集中采购目录确定。纳入集中采购目录的政府采购项目,应当实行集中采购(第7条);纳入集中采购目录的政府采购项目,采购人必须委托集中采购机构代理采购,而采购未纳入集中采购目录的政府采购项目,可以自行采购,纳入集中采购目录属于通用的政府采购项目,应当实行部门集中采购,属于本单位有特殊要求的项目,经省级以上人民政府批准,可以自行采购(第18条)。

(杨云鹏)

zhengfu caigou xieyi
《政府采购协议》(Agreement of Government Procurement) 世界贸易组织多边贸易协定之一,仅适用于签字方。到目前为止,《协议》共有英国、美国、加拿大等27个成员,约为世贸组织成员总数的20%,正在申请加入的有冰岛等5个国家和地区,取得观察员地位的有阿根廷等21个国家和地区。

随着国际贸易的发展,政府采购的规模越来越大。到了20世纪70年代,政府成为货物贸易和服务贸易的最大买主。但由于政府采购不受关贸总协定国民待遇原则的限制,也不适用最惠国待遇条款,各国政府通过政府采购活动竞相优惠本国产品而歧视他国产品,导致大量国际贸易活动背离关贸总协定的规则,这引起了人们的广泛关注。政府采购壁垒成为了当时每年一度的经济合作与发展组织(OECD)部长级理事会上的重要议题。关贸总协定在第七轮东京回合中正式将政府采购纳入谈判议题,1979年4月,《政府采购守则》产生,1981年1月1日生效,欧共体、日本等12个国家和地区签署了该协议。乌拉圭回合谈判中,缔约方就制定新的政府采购协议达成一致意见。1994年4月15日,在摩洛哥的马拉喀什,《政府采购协议》被签署为诸边协议,并于1996年1月1日生效。《协议》的主要目的是通过建立一个有效的国际政府采购法律制度,实现世界贸易的扩大化和更大程度的自由化;通过政府采购的国际竞争,促进政府采购程序的经济性和效率。

《协议》共计24条。国民待遇原则、非歧视性原则、公开原则以及对发展中国家的优惠待遇原则,是《协议》的基本原则。此外,该《协议》还就适用范围、采购方法、招标程序、发展中国家的特殊待遇与差别待遇、质疑等问题作了规定。

我国政府在加入世界贸易组织的过程中没有承诺加入《协议》。但我国已经在亚太经合组织提供的单边行动计划中承诺最迟在2020年对其他成员国对等开放政府采购市场。所以,时机成熟时,我国自会融入政府采购的国际化潮流中。

(杨云鹏)

zhengfu caigou zhidu
政府采购制度(government procurement system)

也称公共采购。各级国家机关、事业单位和团体组织，使用财政性资金采购集中采购目录以内的或者采购限额标准以上的货物、工程和服务的行为，属经济法律行为。政府采购同私人采购相比较，有其相似之处，比如，二者从本质上看都是一种商品交易活动，都是以订立合同的方式来实现采购目的，但政府采购的下面几个特征，又显示了政府采购与私人采购的差异。首先，政府采购主体的特定性和资金来源的公共性。政府采购主体一般为各级政府及其所属机构，政府采购资金主要是纳税人的税款所形成的公共资金；其次，政府采购的非赢利性，即政府采购的目的不是为了赢利，而是为了实现政府职能和公共利益；再次，政府采购具有公开性。政府采购的有关法律和程序都是公开的，采购过程也是公开的；再次，政府采购从计划的制定到合同的履行，都要体现政府的政策，实现政府某一时期的工作目标，同时，政府采购也是政府用于保护本国产品和企业的手段；最后，政府采购涉及货物、工程和服务三大类，采购对象庞大而复杂。

政府采购制度滥觞于英国的国家文具公用局的采购行为。1782年，英国政府设立国家文具公用局，负责政府部门办公用品的采购，该局后来发展为物资供应部，专门采购政府各部门所需物资。继英国之后，世界各国都相继建立了自己的政府采购制度。而随着国际贸易的发展，国际政府采购制度也在国际贸易一体化的进程中应运而生。　　　　　　（杨云鹏）

zhengfu de jingji xingwei
政府的经济行为（governmental economic behavior） 政府这一国家权力执行机构所具有的职能性经济活动。在现阶段，国家不仅具有一般社会管理者的经济职能，而且作为社会的代表，享有为全社会所拥有的那部分生产资料的所有权，这样，国家就不仅是社会管理者，而且是生产资料所有者。因此，政府作为经济行为的重要主体，一方面承担着对国民经济运行进行宏观调节的经济职能，同时也充当一般的经济组织，直接参与经济活动。政府的经济行为分为调节性经济行为和经营性经济行为。政府的经济行为通过国家经济机关（包括部门经济机关、职能经济机关、综合经济机关）具体行使。

政府调节性经济行为 政府作为社会经济调节者在行使其经济职能过程中的具体运作行为。政府调节性经济行为主要有以下几个方面：经济组织行为，即政府机构充当对市场进行培育、对市场要素进行组织和对市场主体进行管理的组织者而实施的经济行为；经济调控行为，即政府运用各种经济杠杆，引导经济运行达到某一种预期状态而实施的经济行为；经济监督行为，即政府通过一定的经济监督部门和行政执法机关，对经济运行进行监督和检查，保护合法经营，打击非法交易，维护市场公平竞争秩序，保证市场秩序的健康有序；仲裁行为，即在经济活动中，商品生产者或经营者之间发生利益冲突或产生经济纠纷时，政府机构作为第三方居中裁判，协调当事人之间的经济利益关系，使市场交易关系和谐有序；政府指导和信息服务行为，即政府对经济运行进行非强制性的指导和影响，主要通过制定各种指导性计划、公布产业政策、制定各种发展规划、提供政府掌握的各种信息、定期对经济活动发表政府看法、建议、希望、意见等方式，对经济主体进行劝告，引导其按照预定的模式和方向进行经济活动，从而弥补市场分散信息的不足，引导市场走向，提高资源配置的效益。

政府经营性经济行为 政府作为生产资料所有者在行使其财产所有权过程中的具体运作，主要有国有资产经营行为和政府采购行为两个方面。国有资产是指国家所有的，由经济组织使用的，并能给经济组织带来经济收益的一切资源。国有资产的形成，表明国家对经济的直接管理和不同程度的经营介入。政府机构的国有资产经营行为主要有资产投资行为和资产监管行为。国有资产投资行为主要是通过国有资产管理部门授权国有投资公司、国有银行和国有企业进行，投资的方向主要为关系国计民生的重要部门，私人资本无力投资或不愿投资的部门，以及其他在国民经济结构中占有重要地位的部门。资产监管行为主要是针对国有资产的运作及保值增值进行监督管理。政府采购行为，根据其目的的不同，可以分为三类：一是政府机构购买为执行其职能所必需的物质设备而进行的采购行为；二是政府机构为满足其工作人员的物质需要而进行的采购行为；三是政府部门为实现对经济结构的调整或引导而进行的采购行为。　（任学青）

zhengfu dingjia
政府定价（government price-fixing） 政府价格主管部门或者有关部门依照法律规定，在定价权限和定价范围内制定价格的有关制度。政府定价制度是国家对价格进行调控所形成的一种制度。政府定价包括两种形式，一是政府定价，一是政府指导价。政府定价是指政府价格主管部门或者有关部门依照法律规定的权限制定的商品价格和服务价格；政府指导价是指政府价格主管部门或者政府有关部门在国家规定的定价权限范围内，通过规定基准价或者浮动幅度，包括最高限价或者最低限价等，指导经营者制定的价格。浮动价是政府指导价的一种形式，一般规定了基准价以后，只允许经营者在基准价的幅度范围内上下浮动，规定最高上浮幅度的价格为最高限价，规定最低下浮幅度的价格为最低限价。政府定价制度的范围适用于与国民经济发展和人民生活关系紧密且重大的极少数商品价格、资源稀缺的少数商品价格、自然垄断经营的商品价格、重要的公用事业价格和重要的公益性服务价格。

政府定价的依据是：依照有关商品或者服务的社会平均成本和市场供求情况、国民经济和社会发展要求以及社会承受能力，实行合理的购销差价、批零差价、地区差价和季节差价。也就是说，政府制定价格不能搞一刀切，要根据具体情况和具体差别，实行合理的价格政策。政府指导价、政府定价的定价权限和具体适用范围，以中央和地方的定价目录为依据。中央定价目录由国务院价格主管部门制定、修订，报国务院批准后公布。也就是说，中央定价目录的批准机关是国务院。地方定价目录由省、自治区、直辖市人民政府价格主管部门按照中央定价目录规定的定价权限和具体适用范围制定，经本级人民政府审核同意，报国务院价格主管部门审定后公布。可见，地方定价目录的批准权由地方省级人民政府行使，省级以下地方各级人民政府不得行使定价权，除非经过特别授权。

政府定价的具体权限范围是：国务院价格主管部门和其他有关部门，按照中央定价目录规定的定价权限和具体适用范围制定政府指导价、政府定价；其中重要商品和服务价格的政府指导价、政府定价应当由国务院批准。省、自治区、直辖市人民政府价格主管部门和其他有关部门，应当按照地方定价目录规定的定价权限和具体适用范围制定在本地区执行的政府指导价、政府定价。市、县人民政府可以根据省、自治区、直辖市人民政府的授权，按照地方定价目录规定的定价权限和具体适用范围制定在本地区执行的政府指导价、政府定价。

政府定价应当遵循的程序是：首先要开展价格、成本的调查活动。在调查中要听取消费者、经营者和有关方面的意见，有关单位也应当如实反映情况，提供必需的账簿、文件和其他有关资料；其次是制定价格，即在充分调查研究的基础上制定合理的价格；再次是公布价格。在价格制定好以后，价格制定部门应当向社会公布价格，以便各类价格执行者执行价格；最后是对价格的调整。在价格制定好以后，制定者可以根据经济和市场的变化及时调整价格，以便使价格更加合理，消费者、经营者也可以对政府指导价、政府定价提出调整建议。在制定价格活动中，对于关系到人民群众切身利益的公用事业价格、公益性服务价格、自然垄断经营的商品价格，应当建立价格听政会制度，即在政府价格主管部门的主持下，征求消费者、经营者以及有关方面的意见，论证价格的必要性和可行性。

由于政府定价或者政府指导价适用范围的特殊性，因此，与市场调节价相比，由政府定价的商品供求变化弹性小、变化规律不大，易于掌握和测定。

(郑冬渝)

zhengfu fuchi zhidu
政府扶持制度（supporting system of government）可再生能源开发利用活动的特点决定了其形成和发展只能在政府的大力扶持之下进行，政府作为社会公众利益的代表，也应该把对推动和支持可再生能源事业的发展作为自身职能的重要组成部分，从不同角度为可再生能源的开发利用活动营造宽松的外部环境。

税收减免制度 可再生能源税收减免制度是政府依法对可再生能源事业纳税人扣除部分或全部扣除其应纳税额，用以支持和鼓励可再生能源开发利用事业的制度。减免税的税种和税率在一国不同时期或在不同国家也是不同的。美国1978年《能源税法》规定，住户装设太阳能、风力或其他可再生能源利用装置者，可按其投资抵充所得税。

加速折旧制度 可再生能源加速折旧制度是通过提高折旧率，保证可再生能源设备折旧费用短期摊提完毕，用以刺激可再生能源投资和技术创新的制度。这项制度要求适宜加速折旧的可再生能源必须有明确的范围，折旧率是按年确定的，不仅是为了减轻负担，更具有明确的刺激投资性质。这项制度能促使太阳能、风电、地热、水电设备获得较大规模的投资。

补贴制度 可再生能源补贴制度是政府依法按可再生能源开发利用者投资的一定比例，定额贴补财政资金，用以支持可再生能源开发利用的制度。这项制度的适用项目、经费作用、补贴率、总金额都是确定的，补贴后还要进行经费效率和开发利用效率的审计和考核。不少国家都采取了这项制度，如1992年日本政府推行促进太阳能装置宣传事业费补贴制度、特定公共设施太阳能设置事业费制度和示范太阳能房设置事业费辅助制度，三项制度的补贴共计4.6298亿日元。

低息信贷和信贷担保制度 可再生能源低息信贷制度是政府依法将一定数额的财政资金，通过中介组织以低息信贷的方式向可再生能源开发利用者投资的制度。这项制度是以财政资金信贷管理的方式进行投资的。可再生能源低息信贷制度有具体的贷款项目、贷款对象款额、贷款限额、贷款条件、贷款规模等方面内容，由政府或其授权的组织委托金融机构实施，利息补贴则由政府或授权的组织向金融机构支付。可再生能源信贷担保制度则是政府出面向金融机构担保，当可再生能源开发利用者不能按期清偿到期债务时，由政府偿还或承担连带责任的制度。

保护价格制度 可再生能源保护价格制度是政府依法确定可再生能源产品的销售价格，用以维护可再生能源开发利用者获得社会平均利润的法律制度。目前,这项制度主要适用于电业,用以确定电力公司按一定价格购买风电的义务。如1991年德国规定,电力公司应按0.10美元/KWh的价格购买风电。

技术标准制度　可再生能源技术标准制度是政府依法制定和推行的可再生能源开发利用统一技术规范,用以保证可再生能源事业健康发展的法律制度。目前的技术标准主要适用于太阳能和风能设备等,这项制度的实施主要是通过政府对技术标准的监督执行实现的。

（张　璐）

zhengfu jigou dui quanmin suoyouzhi gongye qiye de zhiquan he zhize

政府机构对全民所有制工业企业的职权和职责（rights and obligations of governmental institutions to the industrial enterprises owned by the whole people）

政府或者政府主管部门依照国务院规定,具体对全民所有制工业企业行使职权和履行职责。国务院既是中央人民政府,是国家最高行政机关,又代表国家行使财产所有权,是国家所有权的代表人。政府或者政府主管部门依照国务院规定行使职权和履行职责,就兼有这两个方面的内容。

政府或者政府主管部门的职权和职责,主要有五个方面:(1)确保企业财产的国家所有权方面的职权和职责。企业财产属于全民所有,即国家所有,国务院代表国家行使企业财产的所有权,企业享有经营权,为确保企业财产的国家所有权,政府及有关部门行使八项职责:考核企业财产保值、增值指标,对企业资产负债和损益情况进行审查和审计监督;根据国务院有关规定,决定国家与企业之间财产收益的分配方式、比例或者定额;根据国务院的有关规定,决定、批准企业生产性建设项目(《全民所有制工业企业转换经营机制条例》规定由企业自主决定的投资项目除外);决定或者批准企业的资产经营形式和企业的设立、合并(不含兼并)、分立、终止、拍卖,批准企业提出的被兼并申请和破产申请;根据国务院的有关规定,审批企业财产的报损、冲减、核销、关键设备、成套设备或者重要建筑的抵押,有偿转让,组织清算和收缴被撤销、解散企业的财产;依照法定程序和条件,决定或者批准企业厂长的任免(聘任、解聘)和奖惩;拟定企业财产管理法规,并对执行情况进行监督、检查;维护企业依法行使经营权,保障企业的生产经营活动不受干预,协助企业解决实际困难。(2)加强宏观调控体系。(3)培育和完善市场体系,发挥市场调节作用。(4)建立和完善社会保障体系。(5)为企业提供社会服务。

（陈乃新　王顺兰）

zhengfu jiage juece tingzheng zhidu

政府价格决策听证制度（hearing institution on price fixing by government）

为规范政府价格决策听证行为,提高政府价格决策的科学性和透明度,促进政府价格决策的民主化和规范化,国家发展计划委员会根据《价格法》于2001年7月2日制定了《政府价格决策听证办法》,该办法于2002年11月22日修订,并于2002年12月1日起实施。政府价格决策听证,是指制定(包括调整,下同)实行政府指导价或者政府定价的重要商品和服务价格前,由政府价格主管部门组织社会有关方面,对制定价格的必要性、可行性进行论证。

适用范围　实行政府价格决策听证的项目是中央和地方定价目录中关系群众切身利益的公用事业价格、公益性服务价格和自然垄断经营的商品价格。政府价格主管部门可以根据定价权限确定并公布听证目录。列入听证目录的商品和服务价格的制定应当实行听证。制定听证目录以外的关系群众切身利益的其他商品和服务价格,政府价格主管部门认为有必要的,也可以实行听证。

听证形式　政府价格决策听证采取听证会的形式。

听证原则　政府价格决策听证应当遵循公正、公开、客观和效率的原则。政府价格决策要充分听取各方面的意见。除涉及国家秘密和商业秘密外,听证会应当公开举行。听证过程应当接受社会监督。

听证的组织　列入听证目录的商品和服务价格的制定,由政府价格主管部门组织听证。听证会设听证主持人,听证主持人由政府价格主管部门有关负责人担任。听证会代表应该具有一定的广泛性、代表性,一般由经营者代表、消费者代表、政府有关部门代表以及相关的经济、技术、法律等方面的专家、学者组成。政府价格主管部门应当根据听证内容,合理安排及确定听证会代表的构成及人数。听证会代表由政府价格主管部门聘请。政府价格主管部门聘请的听证会代表可以采取自愿报名、单位推荐、委托有关社会团体选拔等方式产生。听证会代表可以向申请人提出质询,对制定价格的可行性、必要性以及定价方案提出意见,查阅听证会笔录和听证纪要。听证会代表应当亲自参加听证,如实反映群众和社会各方面对制定价格的意见,遵守听证纪律,维护听证秩序,保守国家秘密和商业秘密。公开举行的听证会,公民可以向政府价格主管部门提出旁听申请,经批准后参加旁听。

听证程序　申请制定列入听证目录的商品和服务价格和听证目录以外的关系群众切身利益的其他商品和服务价格的经营者或其主管部门(以下简称申请人),应当按照定价权限的规定向政府价格主管部门提出书面申请。经营者可以委托有代表性的行业协会等团体作为申请人。在无申请人的情况下,政府价格主管部门或者有权制定价格的其他有关部门(以下简称价格决策部门),认为需要制定上述价格的,应当依据定价权限,提出定价方案,并由政府价格主管部门组织听证。消费者或者社会团体认为需要制定上述价格的,可以委托消费者组织向政府价格主管部门提出听证申请。

政府价格主管部门收到书面申请后,应当对申请材料是否齐备进行初步审查、核实,申请材料不齐备的,应当要求申请人限期补正。具有下列情形之一的,政府价格主管部门应当对申请不予受理:(1)申请制定的价格不在定价权限内的;(2)制定价格的依据和理由明显不充分的;(3)申请制定的价格不属于听证项目,政府价格主管部门认为不必要听证的。政府价格主管部门对书面申请审核后,认为符合听证条件的,应当在受理申请之日起20日内作出组织听证的决定,并与有定价权的相关部门协调听证会的有关准备工作。对于公开举行的听证会,政府价格主管部门可以先期公告举行听证会的时间、地点和主要内容。政府价格主管部门应当在作出组织听证决定的3个月内举行听证会,并至少在举行听证会10日前将聘请书和听证材料送达听证会代表,并确认能够参会的代表人数。听证会应当在2/3以上听证会代表出席时举行。

听证会按下列程序进行:(1)听证主持人宣布听证事项和听证会纪律,介绍听证会代表;(2)申请人说明定价方案、依据和理由;(3)政府价格主管部门介绍有关价格政策、法律、法规、初审意见及其他需要说明的情况;(4)政府价格主管部门要求评审机构对申请方的财务状况进行评审的,由评审机构说明评审依据及意见;(5)听证会代表对申请人提出的定价方案进行质证和辩论;(6)申请人陈述意见;(7)听证主持人总结;(8)听证会代表对听证会笔录进行审阅并签名。

政府价格主管部门应当在举行听证会后制作听证纪要,并于10日内送达听证会代表。听证纪要应当包括下列内容:听证会的基本情况;听证会代表意见扼要陈述;听证会代表对定价方案的主要意见。听证会代表对听证纪要提出疑义的,可以向听证主持人或者上级政府价格主管部门反映。

政府价格主管部门应当向社会公布定价的最终结果。为降低行政成本,提高行政效率,在降低价格或者价格的制定对社会影响较小的情况下,听证会可采取简易程序。

法律责任 价格决策部门制定应当听证的商品或服务的价格,未举行听证会的,由同级人民政府或者上级政府价格主管部门宣布其违反定价程序,决策无效,并责令改正。政府价格主管部门和听证主持人违反规定程序、弄虚作假、徇私舞弊的,由同级人民政府或上级政府价格主管部门宣布听证无效,并建议有关机关追究其行政责任。情节严重,导致决策失误的,应当追究有关人员的法律责任。评审机构出具虚假评审报告的,政府价格主管部门应当取消其指定资格,并建议有关机关追究其相应责任。申请人提供虚假材料的,政府价格主管部门应当责令改正,并建议有关机关依法追究其相应责任。

(刘 鹏)

zhengfu shenji

政府审计(government audit) 又称为国家审计。由专门设立的审计机关对政府的公共资金运用状况进行审计的活动。政府审计是审计诸形式中历史最悠久的,在古埃及、古希腊、古罗马时期,已有官厅审计机构。审计人员以"听证"的方式,对掌管国家财物和赋税的官吏进行审查和考核,成为具有审计性质的经济监督机构。现代国家中,国家机关职能的实现依赖于巨额财政资金及其他公共资金的运作。资金的"公共"属性与资金的实际运用者的"个体"属性之间的矛盾必然导致经济责任制的产生,由此产生专门机构对其经济责任的履行状况实施审计监督的客观必要。政府审计属于强制审计,凡是以国家财政资金为基础运作的机关、企业、团体,都必须接受国家审计机关的审计;具有强烈的法治色彩,各国审计法通常都是以政府审计作为规范对象,依法审计是政府审计的一个重要特征;经济监督是政府审计最主要的职能。

政府审计机关 审计机关的设置是国家审计法律制度的核心内容。大致有四种模式:(1)立法模式,即审计机关隶属于议会,向议会负责并报告工作。这种模式首先出现在资产阶级兴起时期的英国,原英联邦国家以及奥地利、挪威等国均采用这种模式,通常又称为英美模式。(2)司法模式,审计机关采取审计法院的组织形式,具有最高司法权,可以对行政机关的财政收支行为进行有效监督。法国、德国、希腊、西班牙、塞内加尔、阿尔及利亚、巴西等国均采用这种模式,通常又称为大陆模式。(3)独立模式,又称日本式,是日本借鉴德国的司法模式而加以改造形成的。在这种模式下,审计机关超然独立,向公众负责,但通常还是倾向于对立法部门报告工作。(4)行政模式,即我国采取的这种模式。前苏联、东欧地区实行社会主义制度的国家也采用这种模式。考虑到国家审计主要是对政府财政行为的制约这一本质属性,行政模式的审计制度相对于其他几种模式而言,其监督的力度和有效性可能要弱一些。但是,我国实行国家审计制度的时间很短,采用立法模式或司法模式的条件尚不具备。另一方面,我国《审计法》特别强化了审计监督的独立性要求,在一定程度上弥补了行政模式的不足。

我国政府审计的发展演变 我国政府审计起源于

西周的宰夫,秦汉时期设御史大夫执掌弹劾、纠察之权,包括监督财政收支活动,勾稽总考财政收入情况,形成了审计机构与监察机构相结合、经济法制与审计监督制度相统一的审计模式。隋唐时期中央政府中设置比部,掌管国家审计监督、行使审计职权,权力直达州县。北宋时,除比部执掌审计权外,还专门设置"审计司",后改称"审计院",开"审计"正式命名之先河,从此成为财政监督的专用名词。此后各朝代取消了独立的审计机构建制。辛亥革命后,北洋政府在国务院下设审计处,1914年改为审计院,同年并颁布《审计法》。此后,国民政府根据孙中山五权宪法,设立立法、行政、司法、考试、监察五院,其中监察院下设审计部,各省(市)设审计处,分别对中央和地方各级行政机关及企事业单位的财政和财务收支实行审计监督。1949年后,中华人民共和国政府长期没有设置独立的审计机构,主要通过不定期的会计检查来实现对企业的财税监督。1979年以后政府工作重心向经济建设转移,提出了建立独立的经济监督机构的要求。1982年的《中华人民共和国宪法》规定建立政府审计机构,实行审计监督。1983年,我国政府审计的最高机关——审计署成立,并在县级以上人民政府设置各级审计机关。1988年国务院发布了《中华人民共和国审计条例》,1994年全国人大制定了《中华人民共和国审计法》,从法律上明确了政府审计的地位。此后,国家审计署陆续发布了一系列的政府审计准则,推动我国的政府审计工作在法律框架下运行。

现行国家审计法律制度 国务院设立审计机关,对国务院各部门和地方各级政府的财政收支,对国家财政金融机构和企业事业组织的财务收支,进行审计监督。审计机关在国务院总理领导下,依照法律规定独立行使审计监督权,不受其他行政机关、社会团体和个人的干涉。县级以上地方各级人民政府设立审计机关,地方各级审计机关依照法律规定独立行使审计监督权,对本级人民政府和上一级审计机关负责。审计机关根据被审计单位的财政、财务隶属关系或者国有资产监督管理关系,确定审计管辖范围。审计机关的审计范围包括:(1)各级政府以及政府各部门(含直属单位)的财政收支;(2)中央银行的财务收支,国家政策性银行、国家商业银行以及其他国有金融保险机构的资产、负债和损益;(3)国家事业组织的财务收支;(4)国有企业的资产、负债和损益;(5)国家建设项目预算的执行情况和决算;(6)政府部门管理的、社会团体受政府委托管理的社会保障基金、社会捐赠资金以及其他有关基金、资金的财务收支;(7)国际组织和外国政府的援助、贷款项目的财务收支。国家审计的基本程序包括:编制审计项目计划,确定审计事项;组成审计组;制定审定计方案;向被审计单位送达审计

通知书;评价内部控制制度;实施审计检查,取得证明材料;提出审计报告;出具审计意见书和审计决定。

(刘 燕)

zhengfu zhichi jieneng guanli zhidu

政府支持节能管理制度(management system of economizing on energy supported by government) 国家运用财政、信贷、税收等经济调节手段,支持、鼓励、引导节能技术进步方面的管理制度。是各国政府推动节能工作的通行做法。节能工作作为一项长期的战略任务,是政府必须履行的职责。节能管理中的调研、规划,制定政策、标准,组织重大节能科研和节能示范工程项目,开展宣传、教育、咨询,表彰奖励先进,组织信息交流及为中小企业提供技术咨询和援助等许多工作,都直接或间接地需要一定的财政支持才能保证工作的正常运转。这项规定是节能工作中一项不可缺少的规定,也是用法律的形式确定政府对节能工作提供财政支持的义务。例如,美国为了提高能源利用效率和减少环境污染,美国财政部1986—1992年为节能技术研究拨款60亿美元,1992年度预算拨款为6.35亿美元。我国的《节约能源法》也明文规定:国家制定节能政策,编制节能计划,并纳入国民经济和社会发展计划,保障能源的合理利用,并与经济发展、环境保护相协调;同时,国家鼓励、支持节能科学技术的研究和推广,加强节能宣传和教育,普及节能科学知识,增强全民的节能意识。

(张 璐)

zhengfu zhidaojia

政府指导价(government-directed price) 依照法律的规定,由政府价格主管部门或者其他有关部门,按照定价权限和范围规定基准价及其浮动幅度,指导经营者制定的价格。政府指导价有两个定价主体,政府是起主导作用的主体,制定基准价及其浮动幅度;经营者依照基准价在浮动幅度内进行灵活定价。

(刘 鹏)

zhifu jiesuan

支付结算(payment settlement) 单位、个人在社会经济活动中使用票据、信用卡、汇兑、托收承付、委托收款等结算方式进行货币给付及其资金清算的行为。银行(包括城乡信用合作社)是支付结算和资金清算的中介机构,未经中国人民银行批准的非银行金融机构和其他单位不得作为中介机构经营支付结算业务。我国关于支付结算的法律规范主要有:《中华人民共和国票据法》(以下简称《票据法》)、《商业银行法》,具体操作规范有:《票据管理实施办法》及中国人民银行

1997年10月1日实施的《支付结算办法》,1997年8月1日实施的《国内信用证结算办法》,1999年3月1日起施行的《银行卡业务管理办法》等。支付结算原则:恪守信用,履约付款;谁的钱进谁的账,由谁支配;银行不垫款。

结算是交易双方因商品交易、劳务供应、资金调拨等产生的债权债务通过某种方式进行清偿。用现金方式清偿,叫现金结算;用票据、信用卡等方式进行清偿,叫非现金结算或称支付结算。单位和个人办理支付结算,应在银行开立存款账户,账户内须有足够的资金保证支付。没有开立存款账户的个人向银行交付款项后,也可以通过银行办理支付结算。银行账户分为基本存款账户、一般存款账户、临时存款账户和专用存款账户四种。单位和个人开立账户只能开立一个基本存款账户。

支付结算管理体制的主要内容有:人民银行总行负责制定统一的支付结算制度,组织、协调、管理和监督全国的支付结算工作,调解、处理银行之间的支付结算纠纷。人民银行省级分行制定支付结算的实施细则,报总行备案;根据需要制定单项支付结算办法,报经总行批准后执行。人民银行分行、支行负责本辖区的支付结算工作,处理本辖区银行之间的支付结算纠纷。政策性银行、商业银行总行可以根据统一的支付结算制度,结合本行情况,制定具体管理实施办法,报人民银行总行批准后执行。

(周梁云)

zhifu jiesuan banfa
《支付结算办法》(Measures for Payment and Balance of an Account) 1997年9月19日中国人民银行发布,自1997年12月1日起施行。该办法分为总则、票据、信用卡、结算方式、结算纪律与责任和附则等七章共260条。它的制定实施,对于规范支付结算行为,保障支付结算活动中当事人的合法权益,加速资金周转和商品流通,促进社会主义市场经济的发展有着重要意义。

(何 锐)

zhipiao
支票(checks) 出票人签发的,委托办理支票存款业务的银行或者其他金融机构在见票时无条件支付确定的金额给收款人或者持票人的票据。支票的法律特征如下:支票是汇票的一种,具有一般汇票的共同特征;支票的付款人仅限于银行或其他金融机构;支票是见票即付的票据;支票与汇票一样,有三方当事人,即出票人、受款人和付款人。不同之处在于汇票的付款人不一定是银行或者其他金融机构,而支票的付款人必须是银行或者其他金融机构。

按照不同的标准,支票可以有如下分类:(1)以对权利人的记载方式为标准,可将支票分为记名式支票、指示式支票和无记名式支票。(2)以支票的付款方式为标准,可将支票分为现金支票和转账支票。(3)以支票当事人的资格是否兼任为标准,可将支票分为一般支票和变式支票。变式支票中又有对己支票、指己支票和受付支票三种。所谓对己支票是出票人以自己为付款人而发行的支票。所谓指己支票是出票人以自己为收款人而发行的支票。所谓受付支票是出票人以付款人为收款人而签发的支票。此外,常见的支票的种类还有保付支票、划线支票和空头支票。

保付支票指付款人因出票人或收款人的请求,在支票上记载"保付"等同义字样并签章后,应负与汇票承兑人一样的付款责任的一种支票。我国《票据法》对保付支票没有作出规定。划线支票又叫平行线支票,是指出票人或持票人在支票的正面进二道平行线,并在其线内记载银行或其他法定金融机构,付款人仅得对银行或其他法定金融机构支付票据金额的支票。我国《票据法》对划线支票没有作出规定。空头支票是出票人签发的金额超过其付款时在付款人处实有存款金额的支票。我国《票据法》第88条第2款规定禁止签发空头支票。判断是否成为空头支票,应当以付款时为标准,而不能以出票时为标准。

(徐中起 田 艳)

zhipiao chupiao de kuanshi
支票出票的款式(forms of issuance of checks) 票据法规定的,出票人在出票时在支票上记载的事项。分为绝对必要记载事项、相对必要记载事项、任意记载事项、记载不生票据法效力的事项和不得记载事项。绝对必要记载的事项包括:(1)表明"支票"的字样;(2)无条件支付的委托;(3)确定的金额;(4)付款人名称;(5)出票日期;(6)出票人签章。上述六项事项,支票上未记载其中任何一项,支票无效。相对必要记载的事项有支票的付款地和出票地两项,如未记载上述两项事项中任何一项,支票并不因此无效。未记载付款地的,付款人的营业场所为付款地,未载明出票地,出票人的营业场所、住所或者经常居住地为出票地。任意记载的事项指是否记载由出票人决定,一旦出票人记载即产生票据法上效力的事项,如收款人的名称或者姓名。记载不生票据法上效力的事项指不具有本票上的效力,但是能够产生其他法上的效力的事项,如在支票上记载保证人。不得记载事项主要指附条件的记载事项。

(徐中起)

zhipiao chupiao de xiaoli
支票出票的效力(validity of issuance of checks) 出票人签发支票后,出票人、付款人和收款人所承担的责任或者享有的权利。对出票人而言,一经出票,就负有保证付款的责任。对付款人而言,出票人签发支票的票据行为没有强制性的效力,付款人并不因此而负有付款义务。但当出票人与付款人之间有资金关系的情况下,付款人负有付款义务。对收款人而言,出票人一经出票,收款人便取得向付款人请求付款的权利。

(徐中起)

zhipiao de chupiao
支票的出票(issuance of checks) 由出票人作成并交付与收款人的行为,是创设支票权利义务关系的基本票据行为。支票的出票在形式上与汇票、本票的出票一样。

(徐中起)

zhipiao de zijin guanxi
支票的资金关系(capital relations on checks) 支票的出票人与付款人之间的资金关系。正因为这种资金关系的存在,支票的付款人可以不经过承兑就承担一定付款义务。因此支票的出票人应当在付款人处有支票资金,并且对支票资金有处分的权利,出票人签发的支票金额也不得超过在付款人处的支票资金。一般而言,支票出票人与付款人之间的资金关系包括下列三项内容:(1)出票人在付款人处开立支票存款账户。在银行开立支票存款账户,是出票人签发支票的前提条件。出票人在付款人处开立支票存款账户,出票人与付款人就成立了支票合同。根据这样的合同,出票人承担向付款人存入款项的义务,同时还授权银行处分该资金,而付款人则承担按照支票的提示进行付款的义务。申请开立支票时,申请人必须使用其本名,并提交证明其身份的合法证件。(2)禁止签发空头支票。(3)只要出票人在付款人处有足额的存款,付款人就负有付款义务,应当向持票人支付票据金额。

(徐中起)

zhipiao fukuan
支票付款(payment of checks) 付款人根据持票人的请求,向其支付支票金额,以消灭支票关系的行为。支票的持票人应当自出票日起10日内提示付款;异地使用的支票,在中国人民银行规定的期限内提示付款,如果超过提示付款期限,付款人可以不予付款;付款人不予付款的,出票人仍应当对持票人承担票据责任。当持票人在法定提示付款期限内提示付款,如果出票人在付款人处的存款足以支付支票金额时,付款人应当在当日足额付款。付款人依法支付支票金额的,对出票人不再承担受委托付款的责任,对持票人不再承担付款的责任。也就是说,付款人的依法付款行为具有免除其责任的效力。但是,付款人恶意或者重大过失付款的,不能解除其对真正的出票人所承担的受委托付款的责任,也不能解除其对真正的持票人所承担的付款责任,其所进行的付款应自负责任。

(徐中起)

zhipiao zhunyong huipiao
支票准用汇票(applications for bills of exchange to checks) 支票的票据行为除支票的特殊规则外,原则上适用汇票的相关规定。这些特殊规则包括支票出票、支票出票的绝对必要记载事项和相对必要记载事项、支票出票的效力、支票的付款等。

(徐中起)

zhiming renwu shangpinhua quanli
知名人物商品化权利(character merchandising right) 由于知名人物商品化权概念出现的时间并不久,还没有十分统一的名称,英文中常见的有"character merchandising right"、"right of publicity"以及"publicity rights of celebrities",国内有的学者称之为"形象权",有的称之为"姓名肖像广告权",还有的称之为"公开权"、"知名权",不一而足。商品化权的概念是从日文转引进来的,而日文中的"商品化"则是日本于20世纪60年代初从英美法的 merchandising right 翻译过来的。知名人物的权利涉及两种,一是知名人物的隐私权,二是知名人物及其特点的商业化利用问题,即知名人物的商品化权利。知名人物商品化权,也称为知名形象商品化权利,是指将能够在公众中产生一定影响的真实或虚构的人物、形象、声音、作品的名称或片断或者它们之间的组合等进行商业性使用的权利。这种商业性使用的实质是利用在公众中产生一定影响的人物形象、作品名称、片断等的较高声誉,使之能在商业领域产生相同的效应,进而吸引广大消费者,达到创造商业效益的目的。

知名人物商品化权可分为真实人物的商品化权和虚构人物的商品化权,前者是将真实人物的姓名、肖像和声音等进行商业性使用的权利;后者是指将现实生活中并不存在的人物的名称和形象等进行商业性使用的权利,比如作品中创作的角色(如迪斯尼创作的虚构形象)、表演者表演的虚构人物形象等。无论是真实人物的商品化权还是虚构人物的商品化权,他们都具有一些共同的特征:其一,具有自己独有的个性特征,这种特征应足以使一般公众将其与其他人物区分开来;其二,为公众所认知,并能在公众中产生一定的影响,商业性使用的主要目的就是利用这种对公众产生较强的吸引力,从而达到使用者的商业目的;其三,被商业性使用,使用的方式可作广义理解,如将人物形象、作品名称、片断等直接印制于商品或其包装上,或者以之作为商品(包括服务)的标识,或用于促销、广告等活动中。知名人物商品化权的权利主体可以是知名人物本人、其创造者或者被许可使用的人。

知名人物商品化权部分由民法、知识产权法保护,如真实人物对其形象、声音等与其人身有密切关系的因素享有一般民法意义上的人身权,某些虚构的人物形象获得著作权法的保护,如迪斯尼公司的米老鼠形象。但是,有一些领域,如真实人物表演的虚构人物形象、著名作品片断、标题等就不属于知识产权法的典型范畴,很难得到有力的保护。此时,采用反不正当竞争法来保护此种商品化权,就显得尤为灵活、实用,因为未经许可对他人人物形象的使用,属于不合理地利用他人已被消费者承认的成果的行为。世界知识产权组织的《反不正当竞争示范条款》将知名人物商品化权利纳入反不正当竞争法予以保护。　　　　（雷　驰）

zhiming shangpin

知名商品（well-known goods）　在市场上具有一定知名度,为相关公众所知悉的商品。知名商品特有的名称,是指知名商品独有的与通用名称有显著区别的商品名称,但该名称已经作为商标注册的除外。商品的名称、包装、装潢被他人擅自作相同或者近似使用,足以造成购买者误认的,该商品即可认定为知名商品。特有的商品名称、包装、装潢应当依照使用在先的原则予以认定。对使用与知名商品近似的名称、包装、装潢,可以根据主要部分和整体印象相近,一般购买者施以普通注意力会发生误认等综合分析认定。一般购买者已经发生误认或者混淆的,可以认定为近似。其特点主要是:一是知名商品不是经评定程序评定出来的荣誉称号,是在查处违法行为时认定保护客体的一种形式。知名商品的认定属于行政执法机关在查处违法行为时行使自由裁量权的行为,认定的结果不具有普遍约束效力,而只是在个案中认定的法律事实。因此,在查处此类案件中,工商行政管理机关没有必要以专门的法律文书确定商品为知名商品。二是商品的知名性是指在市场上的一种知名度。知名商品反映了某一具体商品在市场上的一种知名度。这种知名度涉及两个方面,即市场地域因素和人的因素。市场的地域因素,就是指在多大的市场范围内享有知名度才可以构成知名商品。在我国,工商管理机关一般按照地区认定的商品的知名度。由于我国地域辽阔,经济发展部平衡,人们的消费水平不同,在一个地方很受欢迎、很有市场的商品在另外一个地方未必如此。认识到这种地区差异,承认知名商品具有一定的地域性,才能有效地保护经营者,打击违法犯罪。三是知名商品是指为相关公众所熟悉的商品。相关公众是指与该商品有交易关系的特定的购买层,而且是指一定地域范围内的相关大众,也就是相关领域内的大众。　（苏丽娅）

zhishi chanquan haiguan baohu

知识产权海关保护（customs protection of intellectual property rights）　知识产权是基于创造性智力成果和工商业标记依法产生的权利的统称。为了实施知识产权海关保护,促进对外经济贸易和科技文化交往,维护社会公共利益,根据中华人民共和国有关法律,国务院制定了《中华人民共和国知识产权海关保护条例》(以下简称《保护条例》),并自1995年10月1日起施行。

《保护条例》共有六章36条。其主要内容为:（1）《保护条例》的宗旨、适用范围以及海关的职责。（2）知识产权权利人申请知识产权海关保护备案的申请书应当包括的内容:知识产权权利人的名称或者姓名、注册地或者国籍、住所、法定代表人、主要营业场所等;注册商标的同号码、内容及有效期限,专利授权的号码、内容及有效期限,或者有关著作权的内容;与知识产权有关的货物的名称及其产地;被授权或者许可使用知识产权的人;与知识产权有关的货物的主要进出境海关、进出口商、主要特征、正常价格等有关情况;已知的侵权货物的制造商、进出口商、主要进出境海关、主要特征、价格等情况;海关总署认为应当说明的其他情况。（3）提交申请书时应当附送的文件:知识产权权利人身份证件的复制件或者登记注册证书的副本或者经登记注册机关认证的复制件;注册商标的注册证书复制件,商标局核准转让注册商标的公告或者备案的商标使用许可合同复制件;或者专利证书的复制件,经专利局登记和公告的专利转让合同副本,专利实施许可合同副本;或者著作权权利的证明文件或者证据;海关总署认为需要附送的其他文件。（4）海关办理知识产权备案的程序和期限。（5）请求海关采取知识产权保护措施的申请书应当包括的内容:申请保护的知识产权名称、海关备案号;侵权嫌疑人名称、住所、法定代表人、主要营业场所;侵权嫌疑货物名称、规格等有关情况;侵权嫌疑货物可能进出境的口岸、时间、运输工具、收货人或者发货人等有关情况;有关侵权的证据;请求海关采取的措施;海关认为需要提供的其他内容。（6）海关办理知识产权保护的程序和期限。（7）被扣留的侵权嫌疑货物有下列情形之一的,海关可以放行:经海关或者知识产权主管部门调查后排除侵权嫌疑的;人民法院判决或者裁定排除侵权嫌疑的;有关当事人未在规定时间内向人民法院提起诉讼,人民法院裁定不予受理,或者人民法院未作出财产保全的裁定的;知识产权权利人在规定时间内不予回复或者放弃知识产权海关保护的。（8）海关对被没收的侵权货物应当区别不同情况作出相应的处理:对侵犯著作权的货物,予以销毁。对侵犯商标专用权的货物,侵权商标无法消除的,予以销毁;侵权商标能够消除并可以利用有关货物的,消除侵权商标,有关货物只能用于社会公益事业或者依法拍卖给非侵权人自用。前两项以外的其他侵权货物,依国务院有关规定处理。(9)法律责任及其他相关规定。

(罗大帅)

zhixi zhenqingquan

知悉真情权(right to learn the truth) 消费者享有知悉其购买的、使用的商品或接受的服务的真实情况的权利。消费者有权根据商品或者服务的不同情况,要求经营者提供商品的价格、产地、生产者、用途、性能、规格、等级、主要成分、生产日期、有效期限、检验合格证明、使用方法说明书、售后服务,或者服务的内容、规格、费用等有关情况。知悉是指消费者有权了解其所购买使用商品或者接受的服务的真实情况,在不了解情况下有权主动询问,同时经营者向消费者提供的商品或者服务应当如实记载或说明有关商品或服务的情况,以便消费者及时了解商品或服务的真实情况。真实情况是指全面的、准确的有关商品或服务的信息,不带任何欺诈、隐瞒、令人误解的情节。

　　知悉权是让消费者充分了解商品或服务的真实情况的权利。消费者依照知悉权,有权要求经营者按照法律、法规规定的方式表明商品或服务的真实客观情况。消费者享有对商品和服务的知悉权,关键在于经营者提供的情况真实,遵循诚实信用原则。消费者知悉权的内容应包括以下几个方面,一为基本情况,包括商品名称、商标、产地、生产者名称、生产日期等。二为有关质量、技术状况,包括商品用途、性能、规格、等级、所含成分、有效期限、使用说明书、检验合格证书等。三为销售状况,包括价格、售后服务等。根据商品或者服务的具体形式的不同情形,某些商品的各类信息情况没有必要面面俱到,而对于一些特殊商品其应当披露的信息则可能超出消费者保护法所规定的范围,这要视情况而具体分析。但是,凡是消费者在购买、使用商品或接受服务过程中与作出正确判断、选择直接相关的信息,经营者也有义务提供,消费者有权知悉。

(刘利晋)

zhiye shenjishi

执业审计师(practicing auditor) 依法从事审计查证和咨询服务的专业人员。执业审计师的工作机构为经省以上审计机关批准成立,已办理工商登记的审计事务所。执业审计师的管理机关,在全国为审计署,在各地区为省、自治区、直辖市审计局。担任执业审计师应经过考试。具有大专以上学历,并从事了5年以上财经工作,现在审计事务所工作的中国公民,可以申请参加执业审计师考试。执业审计师考试由审计署统一组织,各省、自治区、直辖市审计局具体实施。取得中级以上审计专业技术职务任职资格,并具有1年以上从事社会审计工作经历的人员,申请担任执业审计师,经过考核合格,可以免予考试。执业审计师考核由各省、自治区、直辖市审计局按照审计署的规定组织实施。各省、自治区、直辖市审计局审核批准的执业审计师名单,应报审计署备案;审计署发现审批不当的,应当通知批准的审计局重新审查。执业审计师可以担任审计事务所所长或业务项目负责人。审计事务所向委托方提交的审计、查证、鉴定、验资、咨询报告,应有负责该项目的执业审计师签字。执业审计师应就所签署报告的正确性和合法性承担责任。执业审计师应当按照《中华人民共和国审计条例》、《审计署关于社会审计工作的规定》、《社会审计工作规程》以及执业审计师职业道德规范执业。审计署及各省、自治区、直辖市审计局每年对执业审计师履行职责情况及工作业绩组织力量进行一次考核,对称职者准予年度注册。执业审计师违反工作规则、道德规范造成不良后果的,其所在审计事务所应如实上报,经执业审计师审核委员会研究确定,由审核批准的审计机关给予下列处分:警告;暂停使用执业审计师称号1至12个月;取消执业审计师称号,吊销《执业审计师证书》。执业审计师触犯刑律构成犯罪的,由司法机关依法惩处。执业审计师因调动、解聘等原因,离开审计事务所,不再从事社会审计工作,应交回《执业审计师证书》,其称号自然解除。审计署和各省、自治区、直辖市审计局可委托或授权省级以上社会审计协会协助办理有关管理执业审计师的具体工作。

(麻琳琳)

zhijie maoyi

直接贸易(direct trade) "间接贸易"的对称。在国际贸易中,由商品生产国与商品消费国贸易双方直接洽谈,直接结算和直接买卖商品,其交易的货物由商品生产国直接运到商品消费国的贸易。商品从商品生产国直接输出到商品消费国,从商品生产国来说是直接出口;从商品消费国来说就是直接进口。由于直接贸易可以免除第三国转口商从中渔利,所以目前国际贸易中买卖双方通常都采用直接贸易的方式。

(王连喜)

zhixiao

直销(direct sale) 也称无店铺销售。直销有多种表述方式,最基本的是离开固定销售地点,直接于消费者家中、工作地点或零售商店以外的地方进行商品或服务供应,成立于1978年的世界直销联盟(WFDSA),是全球直销业自发组成的自律组织,该联盟认为直销是一种直接将产品及服务销售给消费者的经营方式。直销有多种组织形式和计酬方式,包括传销、邮购、目录购货、电话行销、电子购物、自动售货、会员服务、访问销售、家庭聚会销售等。简而言之,直销就是通过电话、邮递、电视、互联网、人传人等方式的营销方式。

根据商务部发布的《关于贯彻实施〈零售业态分类〉国家标准的通知》对目前国内零售业不同经营形态的分类,结合直销的特征,我国现阶段主要直销方式有厂家直销中心、电视购物、邮购、网上商店、自动售货亭、电话购物等。

直销因其形式特殊,消费者利益的保护受到了更多的关注,一般来说消费者享有比非直销形式更多的权利。如香港直销协会守则列明消费者可于7日内随时退回所买入货品,并可取回冷静期内所付的所有货款,而且制定了消费者对直销公司或直销商投诉事件的处理程序,要求尽速妥善处理纠纷。

理解直销时,要注意与不合法的金字塔传销划清界限。传销是直销诸种形式中较为特殊的一种,一般的直销形式多由推销员在除零售商店以外的场合通过展示和示范的方式来提供商品或服务,注重于产品的销售;而传销,特别是要发展呈金字塔形的销售网络的多层次传销,易被不法分子利用而变质为"老鼠会"等组织,不重视销售,只重视从后加入者身上榨取利益,进行价格欺诈、骗取钱财、推销假冒伪劣产品、偷逃税收甚至帮会、迷信和流氓等活动,而且因参与人员众多可能造成重大社会问题,因而为许多国家和地区的法律所严格规范甚至禁止。　　　　　　（雷　驰）

zhigong daibiao

职工代表(workers representatives)　按照法律规定享有政治权利的企业职工,均可当选为职工代表。职工代表以班组或者工段为单位,由职工直接选举产生;大型企业的职工代表也可以由分厂或者车间的职工代表相互推选产生。职工代表中应当有工人、技术人员、管理人员、领导干部和其他方面的职工。其中企业的车间和科室行政领导干部一般为职工代表总数的1/5。青年职工和女职工应占适当比例。为吸收有经验的技术人员、经营管理人员参加,可以在企业或车间范围内经过民主协商,推选一部分代表。职工代表按分厂、车间、科室(或若干科室)组成代表团(组),推选团(组)长。职工代表实行常任制,每两年改选一次,可以连选连任。职工代表对选举单位的职工负责。选举单位的职工有权监督或者撤换本单位的职工代表。职工代表在职工代表大会上有选举权、被选举权和表决权;有权参加职工代表大会及其工作机构对企业执行职工代表大会决议和提案落实情况的检查;有权参加对企业行政领导人员的质询;因参加职工代表大会组织的各项活动而占用生产或者工作时间,有权按照正常出勤享受应得的待遇。对职工代表行使民主权利,任何组织和个人不得压制、阻挠和打击报复。职工代表应当努力学习党和国家的方针、政策、法律、法规,不断提高政治觉悟、技术水平和参加管理的能力;密切联系群众,代表职工合法利益,如实反映职工群众的意见和要求,认真执行职工代表大会的决议,做好职工代表大会交给的各项工作,模范遵守国家的法律、法规和企业的规章制度、劳动纪律,做好本职工作。（方文霖）

zhigong daibiao dahui de zhiquan

职工代表大会的职权(powers of workers congress)　职工代表大会是职工行使民主管理权力的机构,依法行使下列职权:(1)审议建议权。职代会有权听取和审议厂长关于企业的经营方针、长远规划、年度计划、基本建设方案、重大技术改造方案、职工培训计划、留用资金分配和使用方案、承包和租赁经营责任制方案的报告,提出意见和建议。但职代会对审议的这一系列报告并无决定权。(2)审查通过权。职代会有权审查同意或者否决企业的工资调整方案、奖金分配方案、劳动保护措施、奖惩办法以及其他重要的规章制度。如这些方案没有经过职代会的同意,则不能被公布实施。(3)审议决定权。职代会有权审议决定职工福利基金使用方案、职工住宅分配方案和其他有关职工生活福利的重大事项。即职代会对上述事项具有最后决定权。(4)评议、监督权。职代会有权评议、监督企业各级行政领导干部,提出奖惩和任免的建议。(5)选举厂长权。职代会有权根据政府主管部门的决定选举厂长,报政府主管部门批准。（方文霖）

zhigong yonggong guanli zhidu

职工用工管理制度(system of employee management)　规范企业录用、使用、和辞退职工管理的法律制度。是保障职工权益的重要劳动法律制度。

职工录用　企业根据实际发展的需要,自主决定招工的时间、条件、方式、数量。企业从所在城镇人口中招工,不受城镇行政区划的限制。企业招用工人,必须实行劳动合同制。劳动合同应当以书面形式订立,并应具备以下内容:合同期限;工作内容;劳动保护和劳动条件;劳动报酬;劳动纪律;劳动合同终止的条件;违反劳动合同的责任。劳动合同的期限分为有固定期限、无固定期限和以完成一定的工作为期限。劳动者在同一用人单位连续工作满10年以上,当事人双方同意延续劳动合同的,应当订立无固定期限的劳动合同。企业在国家劳动工资计划指标内招用常年性工作岗位上的工人,除国家另有特别规定者外,统一实行劳动合同制。用工形式,由企业根据生产、工作的特点和需要确定,可以招用5年以上的长期工、1年至5年的短期工和定期轮换工。不论采取哪一种用工形式,都应当按照规定签订劳动合同。企业招用1年以内的临时工、季节工,也应当签订劳动合同。企业与被招用的工人签订劳动合同时,必须遵守国家政策和法规的规定,坚持平等自愿和协商一致的原则,以书面形式明确规定双方的责任、义务和权利。劳动合同一经签订,就受到法律保护,双方必须严格遵照执行。企业招用劳动合同制工人,应当在当地劳动行政主管部门指导下,贯彻公开招收、自愿报名、德智体全面考核、择优录用的原则。由企业向当地劳动行政主管部门办理录用手续。对重新就业的工人,企业应当注重实际技能的考核,经过考核合格的,优先录用。

职工使用 劳动合同制工人与所在企业原固定工人享有同等的劳动、工作、学习、参加企业的民主管理、获得政治荣誉和物质鼓励等权利。对实行计件工作的劳动者,用人单位应当根据《劳动法》第36条规定的工时制度,合理确定其劳动定额和计件报酬标准。国家实行劳动者每日工作时间不超过8小时、平均每周工作时间不超过44小时的工时制度。用人单位应当保证劳动者每周至少休息1日。有法定特殊情况除外。用人单位由于生产经营需要,经与工会和劳动者协商后可以延长工作时间,一般每日不得超过1小时;因特殊原因需要延长工作时间的,在保障劳动者身体健康的条件下延长工作时间每日不得超过3小时,但是每月不得超过36小时。有法定特殊情况除外。

职工辞退 企业有权在做好定员定额的基础上,通过择优上岗,实行劳动组合。对富余人员,可以通过发展第三产业、厂内转岗培训、提前退出岗位休养以及其他方式安置,也可由政府帮助转换工作岗位。企业有权依照法律、法规和企业规章,解除劳动合同、辞退、开除职工。按《国营企业实行劳动合同制暂行规定》,企业解除劳动合同的情况是:劳动合同制工人在试用期内,经发现不符合录用条件的;劳动合同制工人患病或非因工负伤,医疗期满后不能从事原工作的;按照《国务院关于国营企业辞退违纪职工暂行规定》,属于应予辞退的;企业宣告破产,或者濒临破产处于法定整顿期间的。劳动合同制工人被除名、开除、劳动教养,以及被判刑的,劳动合同自行解除。企业对管理人员和技术人员实行聘任制、考核制,可以从工人中选拔聘用管理人员和技术人员,经政府有关部门批准,还可以招聘境外技术人员和管理人员。企业根据需要设置专业技术职务,技术人员的职务和待遇由企业自主决定。企业可以按照国家规定任免中层管理人员。对副厂级行政管理人员,由厂长报请政府主管部门任免,或者由政府主管部门授权,由厂长任免。 (缪劲翔 雷雨波)

zhineng jingji jiguan

职能经济机关(functional economic organizations) 亦称跨部门经济机关。国家经济机关的组成部分,代表国家对整个国民经济实行领导和管理,保障国民经济的协调发展。职能经济机关的经济领导和管理,主要是通过制定规章制度、实施监督检查和制定、调整经济规划来实现的。目前中央职能经济机关主要有财政部、中国人民银行、审计署、国家税务局、国家国有资产管理局、国家统计局、国家技术监督局、国家工商行政管理局、国家环境保护局等等。职能经济机关一般不直接领导企业,它们与企业之间不是行政隶属关系,而是经济指导和管理关系。 (唐倩)

zhiwu faming chuangzao

职务发明创造(service invention) 执行本单位的任务或者主要是利用本单位的物质技术条件所完成的发明创造。在大多数西方国家,职务发明创造是指雇员在劳动合同有效期限内在履行职务中或利用雇主企业的生产工具、设备、资金而作出的发明创造。职务发明创造申请专利的权利属于该单位;申请被批准后,该单位为专利权人。但是,如果使用本单位的物质技术条件完成发明创造的发明人或者设计人与本单位订了合同,对申请专利的权利和专利权的归属作出约定的,应依双方的约定确定申请专利的权利和专利权的归属。 (严励)

zhiyebing

职业病(vocational disease) 劳动者在职业活动中,因接触粉尘、放射性物质和其他有毒、有害物质等因素而引起的疾病。职业病危害,是对从事职业活动的劳动者可能导致职业病的各种危害。职业病防治工作要坚持"预防为主、防治结合"的方针,实行分类管理、综合治理。2002年我国职业病从1987年的9大类99种,扩大为10大类115种。目前,我国职业病的范围包括:尘肺、职业性放射性疾病、职业中毒、物理因素所致职业病、职业性眼病、职业性耳鼻喉口腔疾病、职业性肿瘤和其他职业病。

职业病危害事故的调查和处理,首先,对职业病危害事故进行分类。其次,将职业病危害事故进行报告。发生职业病危害事故时,用人单位应当立即向所在地县级卫生行政部门和有关部门报告。县级卫生行政部门接到职业病危害事故报告后,应当实施紧急报告:特大和重大事故,应当立即向同级人民政府、省级卫生行政部门和卫生部报告;一般事故,应当于6小时内向同级人民政府和上级卫生行政部门报告。接收遭受急性职业病危害劳动者的首诊医疗卫生机构,应当及时向所在地县级卫生行政部门报告。职业病危害事故报告的内容应当包括事故发生的地点、时间、发病情况、死亡人数、可能发生原因、已采取措施和发展趋势等。职业病危害事故发生的情况,由省级以上卫生行政部门统一对外公布。任何单位和个人不得以任何借口对职业病危害事故瞒报、虚报、漏报和迟报。最后,对职业病危害事故采取紧急措施。发生职业病危害事故时,用人单位应当根据情况立即采取以下紧急措施:(1)停止导致职业病危害事故的作业,控制事故现场,防止事态扩大,把事故危害降到最低限度;(2)疏通应急撤离通道,撤离作业人员,组织泄险;(3)保护事故现场,保留导致职业病危害事故的材料、设备和工具等;(4)对遭受或者可能遭受急性职业病危害的劳动者,及时组织救治、进行健康检查和医学观察;(5)按照规定进行事故报告;(6)配合卫生行政部门进行调查,按照卫生行政部门的要求如实提供事故发生情况、有关材料和样品;(7)落实卫生行政部门要求采取的其他措施。卫生行政部门可以采取以下措施:一是责令暂停导致职业病危害事故的作业;二是组织控制职业病危害事故现场;三是封存造成职业病危害事故的材料、设备和工具等;四是组织医疗卫生机构救治遭受或者可能遭受急性职业病危害的劳动者。

重大和特大职业病危害事故由省级以上卫生行政部门会同有关部门和工会组织,按照规定的程度和职责进行调查处理。职业病危害事故处理工作应当按照有关规定在90日内结案,特殊情况不得超过180日。

(邵 芬)

zhiye jineng jianding

职业技能鉴定(vocational skills certification) 由考试考核机构对劳动者从事某种职业所应掌握的技术理论知识和实际操作能力进行等级资格的考核和认定。我国职业技能鉴定机构的设置为三级:国家级职业鉴定中心、省级职业技能鉴定中心和行业职业技能鉴定中心。职业技能鉴定的特征是:(1)职业技能鉴定的主体是政府批准的专门机构;(2)职业技能鉴定的客体是劳动者现有的业务水平和操作能力;(3)职业技能鉴定是确认劳动者职业资格的法定形式。

职业技能鉴定的类别 职业技能鉴定分为工人职业技能鉴定(考核)和技师技能鉴定(考核)两类。工人职业技能考核的主要内容为:思想政治表现、生产工作实绩和业务技术水平;技师技能鉴定是依据技师聘任制的规定,对其进行职业技能考核,从而对其资格进行评估和认定。

职业技能鉴定的对象 职业技能鉴定的对象为:职业技术学校和培训机构的毕(结)业生;技术等级考核的工种;企业、事业单位学徒期满的学徒工。同时,企业、事业单位的劳动者以及社会各类人员,也可根据需要自愿申请职业技能鉴定。

职业技能鉴定的管理体制 劳动和社会保障部综合管理全国职业技能鉴定工作,制定规定、政策和标准;审查批准有关行业的职业技能鉴定机构;各省、自治区、直辖市劳动行政部门综合管理本地区职业技能鉴定工作,审查批准各职业技能鉴定指导中心和站(所),制定参加技能鉴定人员的申报条件和鉴定程序、专业技术知识和操作技能考核办法、及考评人员工作守则和考评小组成员组成原则及其管理办法、职业技能鉴定站(所)考场规则、《技术等级证书》的印鉴和核发办法;职业技能鉴定指导中心负责组织、协调、指导职业技能鉴定工作。职业技能鉴定指导中心和职业技能鉴定站(所)在管理上实行中心主任或站(所)长负责制。职业技能鉴定站(所)具体实施对劳动者职业技能的鉴定。

职业分类 是依据一定的标准,将社会职业划分为不同的等级和种类,并确定相应的技能要求的制度。职业分类是制定技能标准,进行考核、鉴定的基础和前提,是在社会劳动实践中形成并为法律确认的比较固定的工作分类方式。1992年,国家发布《中华人民共和国工种分类目录》,目前,已经正式颁布3200多个工人技术等级标准(职业技能标准);1999年,国家颁布《中华人民共和国职业分类大典》,目前,已经确定40000个职业(工种),1838个职业标准正在制定中。

职业技能标准 是指在法定的职业分类目录的基础上,根据科学的方法确定的,对从事或将要从事特定职业的劳动者的知识和技能水平进行检测的考核标准体系。其内容包括知识要求、技能要求和工作实例三部分。职业技能标准必须以法定的职业(工种)分类为前提,必须由国家制定或经过国家认可。 (邵 芬)

zhiye jineng jianding jigou

职业技能鉴定机构(institution of vocational skills certification) 依法成立的,对劳动者的知识和技能水平进行检测的有关机构。

职业技能鉴定机构设立的条件 具有与所鉴定工种(专业)及其等级或类别相适应的考核场地和设备;具有与所鉴定工种(专业)及其等级或类别操作技能考核相适应的、符合国家标准的检测仪器;有专(兼)职的组织管理人员和考评员;有完善的管理办法。

职业技能鉴定机构的审批 符合条件并申请建立职业技能鉴定机构的单位,根据省、自治区、直辖市的具体规定,报当地劳动行政部门审查批准并由其发给《职业技能鉴定许可证》,明确鉴定的工种(专业)范围、等级类别,同时授予统一的职业技能鉴定站(所)标牌。鉴定技术等级的站(所)由省、自治区、直辖市劳动行政部门规定审批权限;鉴定技师资格和行业特有工种的站(所)由省、自治区、直辖市劳动行政部门审批,并报劳动部备案;跨地区的行业特有工种的鉴定站(所)和中央国家机关、解放军各总部机关直属单位的鉴定站(所)由劳动部审批。

职业技能鉴定考评员的条件 必须具有高级工或技师、中级专业技术职务以上的资格;鉴定技师资格的考评员必须具有高级技师、高级专业技术职务的资格。考评员由职业技能鉴定指导中心进行资格考核,由劳动行政部门核准并颁发考评员资格证书和带有本人照片的职业技能鉴定资格胸卡。鉴定技术等级的考评员资格认定和合格证书的核发权限由省、自治区、直辖市劳动行政部门具体规定;鉴定技师资格的考评员资格认定和合格证书的颁发由省、自治区、直辖市劳动行政部门核准。职业技能鉴定站(所)要在取得考评员资格证书的人员当中聘任相应工种、等级或类别的考评员,聘期3年,并应采取不定期轮换、调整考评员的方式组成考评小组。

职业技能鉴定中心的职责 劳动部所属职业技能鉴定指导中心的主要职责:参与制定国家职业技能标准和组建国家职业技能鉴定题库;开展职业分类、标准、技能鉴定理论研究及咨询服务;推动全国职业技能竞赛活动。各省、自治区、直辖市劳动行政部门所属职业技能鉴定指导中心的主要职责:组织本地区职业技能鉴定工作和具体实施考评员的资格培训;开展职业技能鉴定有关问题的研究和咨询服务;推动本地区职业技能竞赛活动。行业职业技能鉴定指导中心的主要职责:参与制定国家职业技能标准以外非社会通用的本行业特有工种的职业技能标准;组织本行业特有工种的职业技能鉴定工作和考评员的资格培训;开展职业技能鉴定及有关问题的研究和咨询服务;推动本行业职业技能竞赛活动。职业技能鉴定站(所)的职责:具体承担对待业人员、从业人员、军地两用人才、各级各类职业技术院校和其他职业培训机构的毕(结)业生的职业技能鉴定工作。

职业技能鉴定机构及其人员法律责任 职业技能鉴定机构的工作人员和考评人员,在鉴定工作中弄虚作假、徇私舞弊的,视情节轻重由其所在单位根据人事管理权限给予行政处分并停止其工作、吊销考评员资格证书;擅自编制考核试题、违反鉴定回避制度和违法滥收费用的职业技能鉴定机构,由劳动行政部门吊销《职业技能鉴定许可证》、没收非法所得费用;伪造、仿制或滥发职业资格证书的,除宣布所发证书无效外,视情节轻重,由其上级主管部门或监察机关对主要责任者给予行政处分,对滥发证书获取的非法收入应予没收并处以非法所得5倍以下的罚款;构成犯罪的,依法追究刑事责任。

(邵 芬)

zhiye peixun
职业培训(vocational training) 对要求就业或已就业的劳动者进行的专业知识和实际操作技能的训练。职业培训是国家的一项大政方针,我国《劳动法》规定,国家通过各种途径,采取各种措施,发展职业培训事业,开发劳动者的职业技能,提高劳动者素质,增强劳动者的就业能力和工作能力;各级人民政府应当把发展职业培训纳入社会经济发展规划;用人单位应当建立职业培训制度;国家实行职业资格证书制度。

职业培训国际劳动立法有:1962年《社会政策基本宗旨和准则公约》(第117号)第六部分"教育和职业培训";1975年《人力资源开发公约》(第142号)。其他国家立法有:英国1948年制定《就业训练法》,1964年制定《工业培训法》,1973年修改为《雇佣培训法》,1975年制定《职业训练金计划条例》;法国1953年制定《职业培训法》,1955年修订颁布《职业训练法》,1966年制定《职业训练基本法》,1971年制定《继续培训法》,1976年制定《终身培训法》,1978年制定《带薪学习法》,1981年制定的《劳动法典》中将《作为终身教育一部分的继续教育训练》列为第9卷;美国1937年制定《国家学徒训练法》,1952年制定《人力发展与训练法案》,1953年制定《职业培训法》,1973年制定《就业介绍和平衡成长法》;前联邦德国1969年制定《职业训练法》和《训练促进法》,1975年制定《改进培训场所法》,1981年制定《职业教育促进法》;日本1939年制定《工厂学徒规则》,1958年制定《职业训练法》,1969年制定《人力资源开发促进法》;韩国1967年制定《职业培训法》,1973年制定《国家技术资格法》,1974年制定《关于职业培训的特别实施法》。

我国1952年政务院发布《关于国营、公私合营、合作社、个体经营的企业和事业单位的学徒的学习期限和生活补贴的暂行规定》;1961年劳动部发布《技工学校通则》;1986年国务院《技工学校工作条例》;1987年劳动部《关于实行技师聘任制的暂行规定》和1990年《工人考核条例》;1991年国务院《关于大力发展职业教育的决定》;1993年国务院发布《国有企业富余职工安置规定》;劳动部1991年《就业训练中心管理规定》、1992年《关于加强工人培训工作的决定》、1993年《职业技能鉴定规定》、1994年《就业训练规定》、《职业培训实体管理规定》、《职业资格证书规定》和1996年《企业职工培训规定》、1994年《劳动法》第八章;1996年国家颁布《职业教育法》;1997年国务院发布《社会办学条例》;1999年国务院办公厅转发劳保障部等部门《关于积极推进劳动预备制度加快提高劳动者素质意见的通知》;2000年3月16日,劳动和社会保障部发布《招用技术工种从业人员规定》;2002年国家颁布《民办教育促进法》;等等。

职业培训对促进就业起到积极的作用,为世界各国所推崇。有的国家还做得十分成功,立法十分全面。

我国政府一贯重视职业培训工作,2003年,我国有技工学校2970所,招生人数达91万多人;全国技工学校在校生193万多人;全国技工学校平均就业率达90%;全国培训达1393万人次。目前,我国培训机构有技工学校、就业训练中心、民办培训机构等;我国职业培训的形式主要有职前培训、技工学校培训、再就业培训、就业准入培训和在职培训等。

（邵　芬）

zhiye zige zhengshu zhidu

职业资格证书制度（vocational qualification system）　按照国家职业标准,通过政府认定的考核鉴定机构,对劳动者的技能水平和从业资格进行评价和认证的国家证书制度。《劳动法》第69条规定:"国家确定职业分类,对规定的职业制定职业技能标准,实行职业资格证书制度,由经过政府批准的考核鉴定机构负责对劳动者实施职业技能考核鉴定"。《职业教育法》第8条规定:"实施职业教育应当根据实际需要,同国家制定的职业分类和职业等级标准相适应,实行学历文凭、培训证书和职业资格证书制度。"职业资格证书制度的意义就在于不但把教育、培训、就业和企业联系在了一起,而且还把个人、社会和企业联系在了一起。21世纪中国职业资格证书制度的发展战略和目标,即是在以职业活动为导向,以职业能力为核心思想的指导下,为一切需要能力认证的劳动者提供公正、有效的认证服务。

我国国家职业资格证书采取等级式结构,国家职业资格通常分为五个等级,即:国家职业资格五级（初级）;国家职业资格四级（中级）;国家职业资格三级（高级）;国家职业资格二级（技师级）;国家职业资格一级（高级技师级）。

我国职业资格证书制度有如下几个特点:(1)职业资格和职业技能鉴定体系属于国家证书制度体系。在我国,法律规定职业资格证书制度是国家证书制度的一个组成部分,它以政府的力量来推行,由政府认定和授权的机构来实施。(2)职业技能鉴定采用了国际上通行的第三方认证的现代认证规则。即由政府授权的、独立的鉴定考核机构来对劳动者的职业技能作出认证。使其更加公正和真实。(3)职业技能鉴定考试属于标准参照的考试模式。即以某种既定的标准作为参照系进行解释的考试。其成绩具有绝对性,考试具有达标性功能。(4)职业技能鉴定采用职业导向的内容体系。即以职业活动的实际为出发点,运用职业功能分析方法制定,通过国家职业标准的形式确定下来的内容体系,符合全球职业教育改革的共同方向。

凡在法定劳动年龄内,具有劳动能力的中国公民,获准在我国境内就业的其他国籍或无国籍人员,均可按照申请自愿、费用自理的原则,申请相应的职业资格。职业资格分别由国务院劳动、人事行政部门通过学历认定、资格考试、专家评定、职业技能鉴定等方式进行评价,对合格者授予国家职业资格证书。劳动与社会保障部负责以技能为主的职业资格鉴定和证书的核发与管理;人事部负责专业技术人员的职业资格评价和证书的核发与管理。

（邵　芬）

zhishu zaolin

植树造林（form a forest by planting）　我国森林法规定的在维护现有森林资源的前提下,开展植树造林活动。我国的《森林法》不但在总则的第11条和第12条明确规定植树造林是公民的义务,各级人民政府应对在植树造林等方面成绩显著的单位或者个人给予的奖励,而且还专设第四章对植树造林进行规定。

《森林法》的第26条至28条规定,各级人民政府应当制定植树造林规划,因地制宜地确定本地区提高森林覆盖率的奋斗目标。各级人民政府应当组织各行各业和城乡居民完成植树造林规划确定的任务。宜林荒山荒地,属于国家所有的,由林业主管部门和其他主管部门组织造林;属于集体所有的,由集体经济组织组织造林。铁路公路两旁、江河两侧、湖泊水库周围,由各有关主管单位因地制宜地组织造林;工矿区,机关、学校用地,部队营区以及农场、牧场、渔场经营地区,由该单位负责造林。国家所有和集体所有的宜林荒山荒地可以由集体或者个人承包造林。国有企业事业单位、机关、团体、部队营造的林木,由营造单位经营并按照国家规定支配林木收益。集体所有制单位营造的林木,归该单位所有。农村居民在房前屋后、自留地、自留山种植的林木,归个人所有。城镇居民和职工在自有房屋的庭院内种植的林木,归个人所有。集体或者个人承包国家所有和集体所有的宜林荒山荒地造林的,承包后种植的林木归承包的集体或者个人所有;承包合同另有规定的,按照承包合同的规定执行。新造幼林地和其他必须封山育林的地方,由当地人民政府组织封山育林。

（刘　鹏）

zhiwu pinzhong quan

植物品种权（rights to new variety of plant）　完成育种的单位或个人对其授权品种,享有排他的独占权利。任何单位或个人未经品种权人许可,不得为商业目的生产或者销售该授权品种的繁殖材料,不得为商业目的将该授权品种的繁殖材料重复使用于生产另一品种的繁殖材料。品种权受合理使用和强制许可的限制。利用授权品种进行育种及其他科研活动,或农户自己繁殖自己使用授权品种的繁殖材料,可以不经品种权人许可,不向其支付报酬。为了国家和社会公共利益,审批机关可以作出实施植物新品种强制许可的决定，并予以登记和公告。取得强制许可的单位或个人向品种权人支付合理的使用费。品种权人在品种权被授予以后，对自初步审查合格公告之日起至授权之日止的期间内，未经许可为商业目的生产或者销售该植物新品种繁殖材料的单位或个人，可请求其支付合理使用费。

（田 艳）

zhiwu xinpinzhong

植物新品种（new variety of plant） 经过人工培育或者对发现的野生植物加以开发，具备新颖性、特异性、一致性和稳定性并有适当命名的植物品种。植物新品种需要法律的保护，但采用何种方式进行保护，各国的做法有所不同。目前国际上主要有三种保护模式：一是所谓双轨制，即以美国为代表的专门法加专利法的全面保护。1930年颁布的《美国植物专利法》开启了植物新品种专利保护的先河。第二种模式采用专利保护的方法，如意大利、新西兰和乌克兰。第三种模式是以专门立法保护，南美洲国家如阿根廷、智利、乌拉圭、巴西以及澳大利亚、捷克、芬兰均采用特别法保护。《生物多样性公约》和《与贸易有关的知识产权协定》和诸如世界知识产权组织、保护植物新品种国际协定等组织和相关协议共同构建的植物新品种保护体系。

根据我国《植物新品种保护条例》第13条至18条的规定，要获得植物品种权，应当同时具备新颖性、特异性、稳定性、一致性这些实质性条件。新颖性是指申请植物品种权的植物新品种在申请保护前未商业化或未推广使用。即在申请日前，该品种繁殖材料未被销售，或者虽然经育种者许可进行了销售，但该品种的繁殖材料在中国境内销售时间未超过1年，在境外销售藤本植物、林木、果木和观赏性树木品种繁殖材料时间未超过6年，其他植物品种繁殖材料未超过4年。特异性是指申请植物品种权的植物新品种应当明显区别于在递交申请前已知的植物品种。植物品种所要求的特异性不同于专利权所要求的创造性。一致性是指申请植物品种权的植物新品种经过繁殖，除可以预见的变异外，其相关的特征或者特性一致。

稳定性是指植物品种经过反复繁殖后或者在特定繁殖周期结束时，其相关的特征或者特性保持不变。植物新品种获得品种权的形式要件是：属于植物品种保护名录列举的植物属或种的范围，具备适当的名称，并与相同或者近似的植物属或种已知品种的名称相区别。

（田 艳）

zhiwu xinpinzhong baohu tiaoli

《植物新品种保护条例》（Regulations on the Protection of New Variety of Plants of China） 我国于1997年4月30日公布的《中华人民共和国植物新品种保护条例》，1997年10月1日起施行的《中华人民共和国植物新品种保护条例》，标志着我国植物新品种保护的法律体系框架已基本建立。同时，对植物新品种进行专利保护的客体涉及原始材料、制造方法、生物制品。因而，《中华人民共和国植物新品种保护条例》并不是唯一的植物新品种保护立法，针对不同的保护客体，该保护条例与专利法配合适用。与之配套的《中华人民共和国植物新品种保护条例实施细则》，农业部分（1999年6月16日发布）和林业部分（1999年8月10日发布）也已实施，这使得这一法律制度日臻完善。

（田 艳）

zhiwu ziyuan guanli

植物资源管理（administration of plant resources） 国家依法对野生植物的行政管理。植物资源管理的重点是国家的一些重点保护植物及珍稀植物。植物资源的管理包括：(1) 统一管理，分工负责，对重点植物进行保护；(2) 加强管理，建立自然保护区；(3) 对野生珍稀植物进行特别保护。

（马跃进 裴建军）

zhibi benweizhi

纸币本位制（paper currency standard system） 亦称"自由本位制"。以国家发行的不能兑换金银和不含黄金量的纸币作为本位货币的一种货币制度。其特点是国家不规定纸币的含金量，也不允许纸币与金（银）兑换，纸币作为主币流通，具有无限清偿能力；同时，国家也发行少量金属铸币作为辅币流通，但辅币的价值与铸造它的金属商品价值无关。由于发行纸币是国家的特权，在中央银行国有化之后，国家便委托中央银行发行纸币。纸币是国家发行并强制流通的货币形式之一，本身没有价值，但可代替足值货币充当流通、支付和储备手段。中央银行发行纸币的方式是通过信贷程序进行的，所以纸币实际上是一种信用货币。由于该种货币制度不与黄金挂钩，纸币发行量一般由国家根据经济发展的需要来决定，国家要对其实行严格的管理，所以也叫"有管理的通货制度"。当今世界各国的货币制度，几乎都是纸币本位制。在纸币本位制中，纸币的价格随时处于变动之中，而黄金作为贵金属具有一定的保值作用。

（王连喜）

zhidao waishang touzi fangxiang guiding

《指导外商投资方向规定》（provisions on guiding foreign investment direction） 为了指导外商投资方向，使外商投资方向与我国国民经济和社会发展规划相适应，并有利于保护投资者的合法权益，根据国家有关外商投资的法律规定和产业政策要求，对外经贸部制定了《指导外商投资方向规定》，该规定共有17条。

适用范围 本规定适用于在我国境内投资举办中外合资经营企业、中外合作经营企业和外资企业（以下简称外商投资企业）的项目以及其他形式的外商投资项目（以下简称外商投资项目）。

审批依据 《外商投资产业指导目录》和《中西部地区外商投资优势产业目录》由国家发展计划委员会、国家经济贸易委员会、对外贸易经济合作部会同国务院有关部门制定，经国务院批准后公布，是指导审批外商投资项目和外商投资企业适用有关政策的依据。

外商投资项目的分类 外商投资项目分为鼓励、允许、限制和禁止四类；鼓励类、限制类和禁止类的外商投资项目，列入《外商投资产业指导目录》；不属于鼓励类、限制类和禁止类的外商投资项目，为允许类外商投资项目。(1)鼓励类外商投资项目：属于农业新技术、农业综合开发和能源、交通、重要原材料工业的；属于高新技术、先进适用技术，能够改进产品性能、提高企业技术经济效益或者生产国内生产能力不足的新设备、新材料的；适应市场需求，能够提高产品档次、开拓新兴市场或者增加产品国际竞争能力的；属于新技术、新设备，能够节约能源和原材料、综合利用资源和再生资源以及防治环境污染的；能够发挥中西部地区的人力和资源优势，并符合国家产业政策的；法律、行政法规规定的其他情形。(2)限制类外商投资项目：技术水平落后的；不利于节约资源和改善生态环境的；从事国家规定实行保护性开采的特定矿种勘探、开采的；属于国家逐步开放的产业的；法律、行政法规规定的其他情形。(3)禁止类外商投资项目：危害国家安全或者损害社会公共利益的；对环境造成污染损害，破坏自然资源或者损害人体健康的；占用大量耕地，不利于保护、开发土地资源的；危害军事设施安全和使用效能的；运用我国特有工艺或者技术生产产品的；法律、行政法规规定的其他情形。《外商投资产业指导目录》可以对外商投资项目规定"限于合资、合作"、"中方控股"或者"中方相对控股"。鼓励类外商投资项目，除依照有关法律、行政法规的规定享受优惠待遇外，从事投资额大、回收期长的能源、交通、城市基础设施（煤炭、石油、天然气、电力、铁路、公路、港口、机场、城市道路、污水处理、垃圾处理等）建设、经营的，经批准，可以扩大与其相关的经营范围。产品全部直接出口的允许类外商投资项目，视为鼓励类外商投资项目；产品出口销售额占其产品销售总额70%以上的限制类外商投资项目，经省、自治区、直辖市及计划单列市人民政府或者国务院主管部门批准，可以视为允许外商投资项目。对于确能发挥中西部地区优势的允许类和限制类外商投资项目，可以适当放宽条件；其中，列入《中西部地区外商投资优势产业目录》的，可以享受鼓励类外商投资项目优惠政策。

审批权限 外商投资项目按照项目性质分别由发展计划部门和经贸部门审批、备案；外商投资企业的合同、章程由外经贸部门审批、备案。其中，限制类限额以下的外商投资项目由省、自治区、直辖市及计划单列市人民政府的相应主管部门审批，同时报上级主管部门和行业主管部门备案，此类项目的审批权不得下放。属于服务贸易领域逐步开放的外商投资项目，按照国家有关规定审批。涉及配额、许可证的外商投资项目，须先向外经贸部门申请配额、许可证。法律、行政法规对外商投资项目的审批程序和办法另有规定的，依照其规定。对违反本规定审批的外商投资项目，上级审批机关应当自收到该项目的备案文件之日起30个工作日内予以撤销，其合同、章程无效，企业登记机关不予注册登记，海关不予办理进出口手续。

法律责任 外商投资项目申请人以欺骗等不正当手段，骗取项目批准的，根据情节轻重，依法追究法律责任；审批机关应当撤销对该项目的批准，并由有关主管机关依法作出相应的处理。审批机关工作人员滥用职权、玩忽职守的，依照刑法关于滥用职权罪、玩忽职守罪的规定，依法追究刑事责任；尚不够刑事处罚的，依法给予记大过以上的行政处分。

华侨和香港特别行政区、澳门特别行政区、台湾地区的投资者举办的投资项目，比照本规定执行。

（罗大帅）

zhilingxing tiaozheng

指令性调整（command/mandatory regulation of economic law） 由法律、法规直接规定或国家经济管理机关依法指示命令的调整方式。指令性调整和计划经济时期的指令性计划调整不同，前者根据法律、法规的直接规定行使相应的经济权限；指令性计划则根据国家行政计划行使行政权力直接调整。即调整的依据一个是法律、法规，一个是行政计划。国家经济管理机关采取某种调整方式是适用法律的过程而不是执行行政命令的过程。

指令性调整方式具有直接强制性。直接强制性能够防止国家行政机关滥用行政权力。

指令性调整方式具有类型化特性。法律、法规直接规定的指令性调整方式包括授权方式、禁止方式、义务方式、限制方式和制裁方式五种。

指令性调整具体方式各自独立又相互的协调统一。每种调整方式都有一定的适用条件和范围，各种调整方式相互协调，授权性调整中行政机关违反授权范围，将受到制裁，禁止性调整由法律、法规规定经济主体不允许从事某种活动,经济主体负有不作为的义务,否则受到法律制裁。

国家机关依据法律、法规规定的经济权限进行的指令性调整包括指示方式和补充方式。指示方式包括命令、许可解除和免除三种方式。补充方式包括认可、设定和撤销三种方式。命令的方式是国家经济机关在管理、监督、处理经济实物中依法对经济主体进行命令,使之服从。例如工商管理中命令其执行明码实价。许可解除方式是授权机关根据特定情况解除经济活动的限制。免除方式是依法对一般禁止义务的免除。如免税。认可是对特定法律事实的确认。例如主体资格的确认。设定是依法对经济主体的经济权利、法律地位的设定,例如,企业的工商登记。

(刘继峰)

zhici jiagao lanshou feiyong ji weifa suode rending
质次价高、滥收费用及违法所得认定(identification on "over pricing good","abusively pricing" and "illegal income") 《反不正当竞争法》中的"质次价高"、"滥收费用"和"违法所得"是密切相关的三个法律概念。"质次价高商品"是指被指定的经营者所销售的商品属于不合格商品,或者质量与价格明显不符的合格商品,即商品虽然合格,但其价格明显高于同类商品的通常市场价格,而同类商品的通常市场价格是指政府定价、政府指导价或者同期市场同类商品的中等市场价格。"滥收费用"是指超出正常的收费项目或者标准而收取不合理的费用,包括应当收费而超过规定标准收取费用,或者不应当收费而收取费用。"违法所得"是指被指定的经营者通过销售质次价高商品或者滥收费用所获取的非法收益,主要包括下列情况:(1)销售不合格商品的销售收入;(2)超出同类商品的通常市场价格销售商品而多获取的销售收入;(3)应当收费而超过规定标准收费所多收取的费用;(4)不应当收费而收取的费用。

邮电、铁路等公用企业滥用独占地位,强制用户购买其指定的电话机代维服务、货物保价运输服务或者保险等按照国家规定应由用户自愿选择的服务项目的,构成《反不正当竞争法》规定的限制竞争行为,其自身或者其他被指定的经营者借此强制收取电话机代维费、保价运输费或者保险费等费用的,属于不应当收费而收取费用的滥收费用行为,其收取的相应费用为违法所得。

(苏丽娅)

zhiliang guanli he zhiliang baozheng jishu weiyuanhui
质量管理和质量保证技术委员会(Technical Committee of Quality Management and Assurance) 简称TC176。1997年在联邦德国标准化协会(DIN)倡议下,ISO中央秘书处决议通过成立的,其目的是制定世界性的有关质量管理和质量保证方面的通用的和基础性的标准,以便在国际经济合作和贸易往来中有统一的概念和方法,并负责相应的质量技术领域中的标准化和协调工作。质量管理和质量保证技术委员会的秘书处设在加拿大,目前质量管理和质量保证技术委员会共有43个P成员和16个O成员。自1991年西班牙马德里年会后,我国申请由O成员转为P成员,现在已正式成为P成员。质量管理和质量保证技术委员会下设三个分技术委员会:第一分技术委员会(SC1):术语。秘书国为法国。第二分技术委员会(SC2):质量体系。秘书国为英国。第三个技术委员会(SC3):支持技术。秘书国为美国。质量管理和质量保证技术委员会自成立以来,经过多年努力,于1986年发布了质量术语标准ISO8402-1(86)、质量管理和质量保证系列标准ISO9000-9004(87),1SO10011-1,ISO10011-2、ISO10013-3 质量体系审核;以及相关的支持性标准。现已对该系列标准的主标准进行了第一次修订(1994年版本),第二阶段修订工作也已进入实质阶段(2000年版本)。

(麻琳琳)

zhiliang jianyan jiandu zhidu
质量检验监督制度(supervision system of quality inspection) 企业采购物资,在采购过程中严把质量关,在供货商交货后,对所购物资进行质量检验或验证的制度。就企业采购而言,对所购物资的质量的检验是必经程序,而检验的监督制度的设计则事关整个采购制度的顺利运行。依照我国现行的企业采购的法律、法规的规定,企业应当对采购物资进行质量检验或验证,采购物资未经质量检验或验证,不能办理正式入库和结算手续。

企业应当根据生产和经营需要完善必要的质量、计量检测条件。当不具备检测条件的企业需要对所采购的物资进行检验时,可以委托检验,或者要求供货单位出具国家认可的检测机构的质量检验报告。而可能影响公正检验的部门或人员,不得介入企业对所购物资的检验或验证。质量检验或验证人员应当严格按照标准和程序进行检验或验证,并须对检验、验证的结果承担责任。此外,对主要的采购物资,企业还可以根据需要,留样存档,并进行复查,以此加强对质量检验的监督。

(杨云鹏)

zhiliang tixi pingding yu zhuce ouzhou wangluo
质量体系评定与注册欧洲网络(European Network of Quality System's Evaluation and Registration) 始建于1990年,它的目的是:(1)根据成员机构签署的谅解备忘录,加强各机构间的紧密合作,以便达到相互承认彼此的认证证书的目的;(2)有效地实施联合审核;(3)在联合审核的基础上,同时颁发几张证书。质量体系评定与注册欧洲网络的参加成员是签署谅解备忘录的欧共体及欧洲自由贸易联盟成员国的认证机构。签署谅解备忘录的条件是成员机构必须满足 EN45012 和 EAC 的有关规定。迄今为止,加入 EQ-NET 的成员已发展到 16 个国家,它们分别是:AENOR(西班牙)、AFAQ(法国)、AIB-VIN-COTTE(比利时)、BSIQA(英国)、CISQ(意大利)、DS(丹麦)、DQS(德国)、ELOT(希腊)、IPQ(葡萄牙)、KEMA(荷兰)、NCS(挪威)、OQS(奥地利)、NSA1(爱尔兰)、SFS(芬兰)、SIS(瑞典)、SQS(瑞士)。质量体系评定与注册欧洲网络是一个通过签署多边谅解备忘录而形成的松散型组织,认证结果的互认通过随同证书的附件加以实现。

(麻琳琳)

zhiliang tixi renzheng

质量体系认证(quality system authentication) 依据国际上通用的《质量管理和质量保证》系列标准,由国家认可的质量体系认证机构,根据企业的申请,对符合质量体系认证标准企业,予以认证注册,并发给质量体系认证证书的活动。这种认证的实质是对企业的质量保证能力作出评定,用以确认企业生产的产品能否持续稳定地保证产品的质量。企业体系认证工作由国家技术监督局统一管理。承担企业质量体系认证具体工作的认证机构,必须经过国家技术监督局认可,或者经过国家技术监督局授权的部门认可,方具有开展认证工作的资格。

企业质量体系认证和产品质量认证实行企业自愿申请原则。这是法律赋予企业申请认证的自主权和选择权。任何部门和单位不得违反本法规定的自愿原则强制企业申请认证。法律明确规定了我国开展质量体系认证的依据是"国家根据国际通用的质量管理标准,推行企业质量体系认证制度"。法律所称的"国际通用的质量管理标准"指的是国际化标准组织推荐给世界各国采用的 ISO9000 系列国际标准,以及我国认可的其他国际标准等。ISO9000 系列标准在我国已经等同为我国的国家标准,即 GB/T19000。因此,企业质量体系认证的主要依据是:GB/T19001—ISO9001《质量体系——设计/开发、生产、安装和服务质量保证模式》,GB/T19002—ISO9002《质量体系——生产和安装的质量保证模式》或 GB/T19003—ISO9003《质量体系——最终检验和试验的质量保证模式》。所谓质量保证模式是为了满足给定情况下质量保证的需要,对质量体系要求作了标准化的或选定的组合。因此,三种质量保证模式是对企业质量体系的三种典型要求,以满足需方或第三方评价企业质量体系的不同要求。质量体系认证时,可以根据企业的实际情况,选用相应的质量保证模式标准,对企业的质量体系进行评价。获准质量体系认证的企业,可以在广告、说明书等文件上宣传获得的认证证书。

对企业产品质量认证,应当有明确、严密的程序,因此,企业质量体系的认证应当经过以下几个基础程序:(1)企业质量体系认证,由企业向认证机构提出申请。这项基本程序体现的法律关系是,需要进行认证的企业,自愿地向作为第三方评定的机构提出申请,由认证机构提供认证服务,双方应当就此项服务签订合同。(2)由认证机构进行认证。在认证过程中,应当包括文件审查、现场初访、现场审核、实施纠正措施等项,认证的对象是提供产品或服务的企业质量体系,认证的目的是对申请认证的企业质量保证能力作出评定。在对企业质量体系检查审核中,应当要求覆盖申请认证的全部范围及所要求标准的全部要素。所使用的方式,应当按照进行质量体系认证通行的规则决定,有许多是采用抽样的方式。在审核中,发现不合格规则的项应当要求实施纠正措施,并对实施情况进行跟踪验证。(3)认证合格的,颁发企业质量体系认证证书。质量体系认证实际上是一种合格认证,对于合格认证的定义,1991 年国际标准化组织认为是:第三方依据程序对产品、过程或服务符合规定的要求给予书面保证。所以,企业质量体系经认证合格的,其表示方式就是由认证机构颁发企业质量体系认证证书,当然这种证书有一种质量保证作用。证书有效期按照国际上通行规则为 3 年。证书持有者可以在证书有效期内宣传介绍所获证书,但是不得将企业质量体系认证证书及相关标志直接用于产品,也不得用以误导产品合格来影响社会公众。(4)认证后的监督。企业获得企业质量体系认证证书只能说是一个开始,它还要随时准备接受发证后的监督抽查,在证书的有效期内每年不得少于一次,监督抽查的目的在于确认获证企业的质量体系能继续满足规定的要求。如在监督检查中获证的企业达不到原定的标准,不能继续满足规定的要求,又不实施纠正措施的,经核实可以暂停证书的使用直到撤销企业质量体系认证证书。认证后的监督检查,关系到质量体系的有效性和保持性,也是以外加压力的形式促使企业加强质量管理和完善质量体系。

(麻琳琳)

zhiliang tixi renzheng jigou

质量体系认证机构(quality system authentication organization) 根据企业的申请,对符合质量体系认证标准企业,予以认证注册,并发给质量体系认证证书的活动以证明产品符合相应标准和技术要求的机构。设立质量体系认证机构应当符合下列条件:有固定的场所和必要的设施;有符合认证认可要求的管理制度;注册资本不得少于人民币300万元;有10名以上相应领域的专职认证人员;从事产品认证活动应当具备的与从事相关产品认证活动相适应的检测、检查等技术能力。申请认可的质量体系认证机构(以下简称申请人)应向认可委员会提出书面申请,填报认可申请书及有关文件和材料。申请人必须遵守法律、法规和规章的规定,符合认可要求的条件,遵循认可程序的规定,接受认可委员会对其组织实施的评审工作。认可委员会根据评审报告等对申请人的认可资格进行评定,作出认可资格评定报告,经认可委员会授权代表签署后报国家技术监督局。通过资格评定的,由国家技术监督局批准认可,颁发认可证书。决定不予批准的,应当书面通知申请人,并说明理由。申请人凭国家技术监督局颁发的认证证书,依法办理登记手续。质量体系认证机构应对其颁发的质量体系认证证书负责。在认可有效期内,质量体系认证机构每12个月须接受一次监督评审。认可有效期届满前,须接受全面复评。质量体系认证机构要求扩大其认可业务范围的或对与认可业务范围有关的质量体系需作重大更改的,应向认可委员会提出申请,认可委员会根据情况决定是否需准予扩大认可业务范围或重新评定。获准国家资格认可的质量体系认证机构可按照有关规定使用"中国认证机构国家认可"标志。获准认可的质量体系认证机构应按有关规定交纳认可费用。获准认可的质量体系认证机构严重违反有关认可要求和程序规定的,其认可资格将予以暂停或撤销。质量体系认证机构与国外机构的双边、多边互认合作须在国家技术监督局的统一管理和认可委员会的具体监督下,经批准后方可签订协议并付诸实施。 (麻琳琳)

zhiliang tixi renzheng jigou de renke
质量体系认证机构的认可(approval of quality system authentication organization) 国家根据统一的审查、评定条件,由认可机构对申请开展质量体系认证工作的机构进行审查、评定并颁发证书的合格评定活动。国家技术监督局依法统一管理全国的质量体系认证工作,负责质量体系认证机构国家资格认可的批准和认可批准后的管理。除国家技术监督局确定的认可机构外,其他任何单位不得直接或者变相从事认可活动。其他单位直接或者变相从事认可活动的,其认可结果无效。国家技术监督局授权中国质量体系认证机构国家认可委员会(以下简称认可委员会)负责质量体系认证机构国家资格认可和认可批准后日常监督的评定工作。其主要职责是:(1)依照法律、法规及参照国际惯例提出质量体系认证机构国家认可工作的方针、政策和技术措施等方面的建议;(2)制定质量体系认证机构认可要求和程序等认可规则;(3)对申请认可的质量体系认证机构的资格实施评定;(4)对质量体系认证机构的认可资格保持状况实施监督和复评;(5)评聘认可评审人员,并对其工作实施监督;(6)处理质量体系认证机构认可有关的申诉;(7)暂停、注销质量体系认证机构的认可资格;(8)处理国际互认合作的有关事务。认可委员会由与体系认证机构认可过程有关方面代表组成,其中任何一方均不处于支配地位。从事认可评审活动的人员应当是相关领域公认的专家,熟悉有关法律、行政法规以及认可规则和程序,具有评审所需要的良好品德、专业知识和业务能力。认可机构应当公开认可条件、认可程序、收费标准等信息。认可机构受理认可申请,不得向申请人提出与认可活动无关的要求或者限制条件。 (麻琳琳)

zhiliang tixi renzheng renke jigou
质量体系认证认可机构(the approving organization for quality system authentication) 对申请开展质量体系认证工作的机构进行评审、审核的质量体系认证机构。质量体系认证认可机构(以下简称认可机构)应当具有与其认可范围相适应的质量体系,并建立内部审核制度,保证质量体系的有效实施。认可机构应当确保认可的客观公正和完整有效,并对认可结论负责。认可机构根据认可的需要,可以选聘从事认可评审活动的人员。认可机构应当按照国家标准和国务院认证认可监督管理部门的规定,对从事评审、审核等认证活动的人员进行考核,考核合格的,予以注册。认可证书的格式和认可标志的式样须经国务院认证认可监督管理部门批准。认可证书应当包括认可范围、认可标准、认可领域和有效期限。取得认可的机构应当在取得认可的范围内使用认可证书和认可标志。取得认可的机构不当使用认可证书和认可标志的,认可机构应当暂停其使用直至撤销认可证书,并予公布。认可机构应当对取得认可的机构和人员实施有效的跟踪监督,定期对取得认可的机构进行复评审,以验证其是否持续符合认可条件。取得认可的机构和人员不再符合认可条件的,认可机构应当撤销认可证书,并予公布。取得认可的机构的从业人员和主要负责人、设施、自行制定的认证规则等与认可条件相关的情况发生变化的,应当及时告知认可机构。认可机构不得接受任何可能对认可活动的客观公正产生影响的资助。 (麻琳琳)

zhongbiao
中标(winning of bids) 投标人根据依法组建的评标委员会的评标结果被招标人确定为项目的承担者。法律要求中标人的投标应当符合下列条件之一:(1)能够最大限度地满足招标文件中规定的各项综合评价标准;(2)能够满足招标文件的实质性要求,并且经评审的投标价格最低;但是投标价格低于成本的除外。招标人根据评标委员会提出的书面评标报告和推荐的中标候选人确定中标人。招标人也可以授权评标委员会直接确定中标人。中标人确定后,招标人应当向中标人发出中标通知书,并同时将中标结果通知所有未中标的投标人。中标通知书对招标人和中标人具有法律效力。中标通知书发出后,招标人改变中标结果的,或者中标人放弃中标项目的,应当依法承担法律责任。招标人和中标人应当自中标通知书发出之日起30日内,按照招标文件和中标人的投标文件订立书面合同。招标人和中标人不得再行订立背离合同实质性内容的其他协议。依法必须进行招标的项目,招标人应当自确定中标人之日起15日内,向有关行政监督部门提交招标投标情况的书面报告。

投标人中标后有如下义务:(1)招标文件要求中标人提交履约保证金的,中标人应当提交。(2)中标人应当按照合同约定履行义务,完成中标项目。(3)中标人不得向他人转让中标项目,也不得将中标项目肢解后分别向他人转让。中标人按照合同约定或者经招标人同意,可以将中标项目的部分非主体、非关键性工作分包给他人完成。接受分包的人应当具备相应的资格条件,并不得再次分包。中标人应当就分包项目向招标人负责,接受分包的人就分包项目承担连带责任。

在《中华人民共和国招标投标法》中规定了以下情形中标无效:(1)招标代理机构泄露应当保密的与招标投标活动有关的情况和资料的,或者与招标人、投标人串通损害国家利益、社会公共利益或者他人合法权益的,所列行为影响中标结果的,中标无效。(2)依法必须进行招标的项目的招标人向他人透露已获取招标文件的潜在投标人的名称、数量或者可能影响公平竞争的有关招标投标的其他情况的,或者泄露标底的,所列行为影响中标结果的,中标无效。(3)投标人相互串通投标或者与招标人串通投标的,投标人以向招标人或者评标委员会成员行贿的手段谋取中标的,中标无效。(4)依法必须进行招标的项目,招标人与投标人就投标价格、投标方案等实质性内容进行谈判的,所列行为影响中标结果的,中标无效。(5)招标人在评标委员会依法推荐的中标候选人以外确定中标人的,依法必须进行招标的项目在所有投标被评标委员会否决后自行确定中标人的,中标无效。依法必须进行招标的项目违反法律规定,中标无效的,应当依法规定的中标条件从其余投标人中重新确定中标人或者依法重新进行招标。

(赵芳芳)

zhongguo baoxian hangye xiehui

中国保险行业协会(Insurance Association of China) 以行业协会的形式对保险市场进行日常管理的保险行业自己的社团组织。成立于2001年3月12日。是国家民政部批准的保险业民间社团组织,中国保险监督管理委员会是其业务主管单位。目前其会员有保险公司20家,保险中介机构79家(包括保险经纪公司15家、保险代理公司41家、保险公估公司23家),省级地方保险协会35家,精算师43人。理事会是其最高管理机构,由各会员单位推举的理事构成,理事会选举产生会长、副会长、秘书长、常务理事,秘书处是理事会的常设办公机构。协会的工作由每年度召开的理事会共同商讨,重大问题由不定期召开的会长办公会决定,协会日常工作运转由秘书长负责。协会下设财产保险工作委员会、人寿保险工作委员会、保险中介工作委员会和精算工作委员会四个分支机构;各工作委员会由会员单位主管领导组成,各工作委员会分别设办公室作为日常办事机构,办公室主任由秘书处工作人员兼任;各工作委员会根据工作需要和业务性质,设立专业工作部。协会定期召开全国地方协会秘书长联席会议,交流情况,协调工作。其主要职能包括"自律、协调、交流、宣传"四个方面:(1)订立自律公约,规范市场行为;以职业道德自律推进行业自律;受理客户投诉,监督执业行为。(2)协调行业于政府、会员与会员、会员与客户之间的关系,维护正当权益。(3)开展信息交流、学术交流和技术交流与全面合作,为会员、保险公司客户和社会公众提供保险业信息服务。(4)宣传保险知识,提高公众保险意识;宣传保险行业,提升行业形象。

(孙建立)

zhongguo biaozhunhua yanjiuyuan

中国标准化研究院(China National Institute of Standardization) 简称CNIS。1999年7月13日经中央机构编制委员会办公室批准,由原中国标准化与信息分类编码研究所、中国技术监督情报研究所和国家质量技术监督局管理研究所合并组建而成的。中国标准化研究院是国家级社会公益类科研单位,是国家质量监督检验检疫总局直属事业单位。组建中国标准化研究院是为了加强我国标准化的科学研究、标准制定和管理工作,促进标准化事业的发展,以适应社会主义市场经济建设的要求。中国标准化研究院的主要任务是:(1)组织和开展重要基础标准、高新技术标准和重要方法标准的研究工作。(2)积极参与相关国际标准化组织的活动,承担相关技术支持和管理工作。积极跟踪、引进和转化国际标准及国外先进标准为我国国家标准。(3)加强质量监督基础建设,建立全国标准信息服务网络,大力收集国内外标准信息资料,加强分析研究工作,充分开发标准信息资源,开展标准信息咨询服务。(4)履行国家标准技术审查职责;开展行业标准和地方标准审查和备案;管理国家标准档案和数据库;开展国家标准宣传和培训活动。(5)进行先进质量管理与质量监督理论、体制与方法的研究;建立全国质量信息服务网络,强化国家质量信息中心的作用,开展产品信息的采集、汇总、分析研究和咨询服务;开展质量咨询及相关的培训服务;承担标准化、质量等工作方面相关法律、法规、规章的研究工作。(6)承担重要国家专业标准化技术委员会和分技术委员会的秘书处工作。(7)经国家质量监督检验检疫总局授权,承担全国工业产品生产许可证办公室的工作。(8)经国务院授权,管理全国组织机构代码工作,推进代码信息的应用。(9)经国务院授权,管理全国商品条码工作,积极开展相应技术的研究和推广应用工作。(10)开展产品认证工作。

(麻琳琳)

zhongguo chanpin zhiliang xiehui
中国产品质量协会(Products Quality Association of China) 简称中品质协,英文缩写 CPQA。目前中国质量领域唯一的一家国际性的社会团体,成立于 1999 年,2000 年更名为中国产品质量协会。中国产品质量协会是近年来凭借国际标准水平的专业服务和高度务实的工作纲领,在我国质量和商务领域的非官方公益组织、独立社团法人。致力于加强中国与世界各国在质量领域的交流合作,全面促进中国产业经济融入全球经济一体化进程,积极实施中国名牌战略,维护知识产权和生产者、消费者合法权益,努力为中国质量振兴事业及世界质量发展作出有益的贡献。协会学务秘书处现设有国际联络部、质量诚信体系部、工业产权保护部、会员工作部、21315 系统中心、新闻宣传部、会议部、展览基建部、媒体工作部、法律维权委员会等十余个部门,各部下设处级机构和分支机构。多年以来,中国产品质量协会密切配合国家质检总局、商务部等国务院有关部委、机构,严格遵照我国宪法、港澳基本法及各有关法律、法规,依据 WTO、CEPA 等协定、协会的框架,为政府、企业、消费者提供有关质量、维权、标准、检验、认证及政策、战略研究方面的专业服务,为贯彻国务院颁布的《质量振兴纲要》、落实国务院与港澳特区签署的 CEPA、推动实施中国名牌战略、加快建立健全社会信用体系,推动产业结构质量和效益的调整、促进质量和环境的可持续发展作出应有的贡献。

(麻琳琳)

zhongguo de jingjifa lilun
中国的经济法理论(economic law theory of china) 我国法学界研究经济法理论的成果。中华人民共和国成立后,经过三十多年的经济建设,中国已经实现了生产社会化,并且形成了比较完备的国民经济体系。党的十一届三中全会作出了以经济建设为中心的决议,此后,全国的工作重点转移到了经济建设方面,经济立法的步伐也加快了。

1979 年 6 月,五届全国人大二次会议的《开幕词》指出,随着经济建设的发展,我们需要制定各种经济法。这是我国立法机关首次提出并使用"经济法"术语。1981 年 12 月,在五届全国人大四次会议的《政府报告》中,使用了"经济法规"术语;此次会议的《全国人大常委会工作报告》进一步指出,经济立法是立法工作中的一项重要任务。在司法方面,最早组建经济审判庭的是重庆市中级人民法院。1979 年 7 月,全国人大通过《人民法院组织法》明确规定经济审判庭为人民法院的审判组织机构。之后,全国各大、中城市的高、中级人民法院陆续建立了经济审判庭,至 1980 年 7 月,除了个别法院外,各级人民法院均组建了经济审判庭。经济立法和经济司法极大的促进了我国经济法理论研究的兴起和繁荣。

20 世纪 70 年代末到 80 年代初,出现了介绍国外经济法理论和经济立法的繁荣局面。国外经济法理论的译文和译著的发表和出版,对我国经济法理论研究产生了较大的影响。相应的,我国经济法理论研究的诸多著作也先后问世。此后,经济法理论在教学、科研,以及出版等领域全面推进。到了 1998 年底,全国设置了将近 170 多个经济法专业;高等学校、研究单位、国家机关和公司企业等组织,也相继设立了经济法研究机构;全国性、地方性经济法研究团体也相继组建。

我国的经济法理论是从中国国情出发,在借鉴国外已有的经济法理论的基础上逐步开展起来的。作为第一阶段,是从 80 年代初至 90 年代初。这一时期,关于经济法理论的基本主张是所谓"纵横统一"论,限于研究"经济关系的法律调整"。其基本思路,是经济法一方面调整国家在领导、管理过程中发生的经济关系,一方面调整经济组织在经济活动中发生的经济关系。其中,关于"纵向经济关系"、"横向经济关系"又有不同的认识和概括。我国的经济法理论研究处于探索阶段。这一时期,进入理论领域,实现初步体系化理论形态的经济法研究成果,以 1981 年出版的刘瑞复所著《经济法概论》和其后刘隆亨所著《经济法简论》为开端,以 1984 年陶和谦主编的全国统编教材《经济法学》为标志。

90 年代开始,随着计划经济向社会主义市场经济的转变,我国的经济法理论开始注意"国民经济运行的法律调整"问题。由于世界各国的当代经济,已从经济关系的单一性、部门性和主体活动的孤立性、分散性,转变为国民经济的统一运行,这就要求调整当代经济的法具有综合、统一、协调和均衡调整的特征。我国的经济法亦非例外。这一时期开始的我国经济法理论将对"国民经济运行法律调整"的研究,作为自己的中心任务。在对经济法理论的总概括中,自提出"国民经济运行"概念后,"市场运行"和"经济运行"术语相继出现,并载于教材乃至全国统编教材之中。

任何理论的历史,都是深化、扬弃现成理论的历史,而那些反映社会经济发展规律和法律发展规律的理论,乃是体现理论发展的中心线索的正确认识。当然,在这一进程中,各种见解和提法总是不断出现的,这是经济法理论繁荣的表现。

我国的经济法理论是在充分认识当代国民经济的统一性的基础之上建立起来的,主张实行统一的、综合的法律调整,寻求国民经济经济稳定、协调和持续发展。我国经济法理论之所以能够取得如此令人瞩目的成就,是因为它建立在新的起点之上。这一新的重要起点,是我国《宪法》的明确规定。"国家实行社会主义市场经济"、"国家加强经济立法,完善宏观调控",从而以根本法的形式确立了"经济立法"的法律地位。此外,经济法理论研究还借鉴了国外成熟的经济法理论研究成果。

(赵玲 杨禾)

zhongguo dianzi zhiliang guanli xiehui
中国电子质量管理协会(China Quality Management Association For Electronics Industry) 简称 CQAE;中文简称中电质协。成立于1979年的中国电子质量管理协会,是经民政部批准登记注册的全国性法人社团组织,总部设在北京。中国电子质量管理协会是由电子信息产业企(事)业单位和质量工作者自愿结成的、全国性、专业性非营利社团组织。中国电子质量管理协会的业务主管单位是国家质量技术监督局,挂靠信息产业部,受国家质量技术监督局、信息产业部和民政部社团登记管理机关的业务指导和监督管理。中国电子质量管理协会的宗旨是:遵守宪法、法律、法规和国家政策,遵守社会道德风尚。以邓小平建设有中国特色社会主义理论和党的基本路线为指南,认真贯彻党和国家有关质量的方针、政策,推进先进的质量管理理论和促进技术进步,为会员服务,提高产品(包括工程和服务)质量,达到提高经济效益、社会效益的目的。中国电子质量管理协会主要开展以下业务:宣传贯彻国家有关质量工作的方针、政策、法规、条例;研究推广质量管理理论与技术,总结交流质量管理和为用户服务经验,探索适合电子信息产业特点的质量管理方法;开展质量管理教育,培养人才;为团体会员和电子信息产业企(事)业单位提供科技、质量、及企业管理咨询、质量审核和质量信息服务;组织开展群众性质量管理活动,推动质量改进和各项创优、创名牌、评选和表彰先进等活动;开展国内外质量管理技术交流与合作;编辑出版电子信息产业质量管理期刊、书籍、资料;组织开展电子信息产品质量的社会监督、调查和用户评价,维护用户和单位会员的正当权益;对地方性电子质协进行业务指导;承担业务主管单位委托的工作。中国电子质量管理协会自成立以来,特别是改革开放以来,在国家质量监督检验检疫总局、信息产业部等主管部门的关怀、指导和支持下,逐渐形成了支持面向行业,以服务于会员及广大企(事)业单位为基本宗旨的格局,充分发挥协会的综合优势,为推进电子信息产业全面质量管理的深入发展促进技术进步,提高电子产品的总体质量水平起着积极的作用。

(麻琳琳)

zhongguo duiwai chengbao gongcheng shanghui
中国对外承包工程商会(China International Contractors Association, CHINCA) 由在中华人民共和国境内依法注册从事对外承包工程、劳务合作和其他国际经济技术合作业务的企业,及开展相关活动的单位依法自愿成立的全国性行业组织,经中华人民共和国对外贸易经济合作部(现改称为"商务部")批准,在中华人民共和国民政部登记注册为具有社团法人资格的非营利性社会团体。为适应改革开放和促进对外贸易发展的需要,根据国家有关规定,中国对外承包工程商会于1988年4月在北京成立。它是国际商会中国国家委员会(ICC)的成员。其宗旨是:遵守中华人民共和国宪法、法律法规,按照有关政策对本行业进行协调、指导、咨询、服务;保护公平竞争,维护正常的经营秩序;维护国家利益,保护会员的合法权益,在政府和企业之间发挥桥梁和纽带作用;促进我国对外承包工程、劳务合作和其他国际经济技术合作事业的发展。

中国对外承包工程商会的职责是:(1)根据政府关于对外经贸合作的方针政策,对外承包工程、劳务合作和其他国际经济技术合作业务的活动进行协调指导;(2)协助政府主管部门指导、监督会员及相关企业遵守中国和项目所在国家、地区的法律法规,合法经营;(3)代表并维护会员合法利益,调查研究行业发展情况,向政府反映会员的合理意愿或建议,协助政府制定相关的政策法规;(4)制定行业行为规范和公约,实行行业自律,行业自我管理;(5)协调行业内的经营活动和涉及会员的业务纠纷,维护正常的经营秩序,保护国家、企业和劳务人员的合法权益,向政府有关部门建议或直接根据行规惩处违规经营企业;(6)为会员提供开展业务所需的信息和咨询服务;(7)组织会员参加国内外展览、洽谈,市场考察,业务交流等活动,开展对外宣传;(8)开展和指导行业培训;指导外派劳务培训中心开展工作;(9)代表本行业参加国际同行业组织,出席有关国际会议,与相关国际组织和有关国家、地区同行业组织建立联系,促进行业的国际间合作;(10)履行政府委托的、会员共同要求的及行业规范等所赋予的其他职责。

中国对外承包工程商会的组织机构及其职能:(1)会员代表大会。会员代表大会是中国对外承包工程商会的最高权力机构,主要行使下列职权:制定和修改章程;选举和罢免理事会成员;审议理事会工作报告和财务报告;审议理事会、分会或30名以上会员代表联名提出的议案;决定终止事宜;决定其他重大事项。会员代表大会的代表经民主协商,由会员民主选举产生。(2)理事会。理事会是会员代表大会的执行机构。会员代表大会闭会期间,理事会执行会员代表大会决议,领导本会工作,理事会对会员代表大会负责。理事会的主要行使的职权是:执行会员代表大会的决议;选举和罢免常务理事、会长、副会长、秘书长;筹备召开会员代表大会;向会员代表大会报告工作和财务状况;向会员代表大会提出议案;审议通过行业规范、协议、规定;决定设立和撤销常设办事机构、分支机构;任命副秘书长;制订工作计划并组织实施,领导各机构开展工作;决定其他重大事项。(3)中国对外承包工程商会内部设有办公室、工程部、劳务部、会员部、信息部、综合部、会刊部、外联部、法律部等职能部门,分别负责处理日常工作的具体事宜。

截止到2004年,中国对外承包工程商会共有会员150多家,它集中了本行业的经营规模最大和最具代表性的企业,代表了我国对外承包工程行业的整体实力和水平。中国对外承包工程商会在政府和会员间及国际承包工程和劳务合作活动中发挥桥梁和纽带中介作用,对会员进行协调、指导、咨询、服务。它依据中国和项目所在国的法律法规、方针政策以及国际惯例,指导、监督会员依法经营,规范会员的经营行为,实行行业自律;促进和协调会员间的有序竞争,维护国家和会员利益,保护会员的正当权利;为会员提供信息和咨询服务,培训经营管理人员;进行国际市场调研,帮助会员开拓国际承包工程和劳务合作市场;代表会员向政府反映意见和建议,组织会员交流经验,与国际同行业组织建立联系,开展国际间的各种交流活动;组织会员参加国内展览、交易会等。目前本会已与数十个国家和地区的承包商会和建筑商会建立了联系。

(王连喜)

zhongguo fangzhipin jinchukou shanghui

中国纺织品进出口商会(China Chamber of Commerce For Import and Export of Textiles) 简称中国纺织商会,英文缩写CCCT。为适应改革开放和促进对外贸易发展的需要,根据《中华人民共和国对外贸易法》和国务院有关文件的规定,中国纺织品进出口商会于1988年10月在北京成立。中国纺织商会是由在中华人民共和国境内依法注册、从事纺织品服装进出口贸易及相关活动的各种经济类型组织自愿联合成立的自律性、全国性行业组织。该会不以盈利为目的,不从事与本会协调业务相关和与会员利益相冲突的经营活动。其宗旨是:遵守国家宪法、法律、法规,遵守社会道德风尚;维护正常的对外贸易秩序,保护公平竞争;维护国家利益和会员的合法权益,促进纺织品服装进出口贸易的健康发展。中国轻工工艺品进出口商会的最高权力机构是会员代表大会,下设理事会、常务理事会。理事会、常务理事会在会员代表大会闭会期间行使会员代表大会职权。其内部设有以下职能部门:办公室、会员部、信息部、市场部、财务部、纺织部、进口部、服装部、丝绸部、行政部、外联部、法律部以及根据需要设立若干分会、代表机构,如商品分会和丝绸分会等,分别负责处理日常工作的具体事宜。商会的日常工作由会长、副会长、秘书长主持。常设办事机构在北京。

中国纺织品进出口商会自成立以来,始终以维护国家和会员企业的合法权益为己任务,以"协调、指导、咨询、服务"为宗旨,致力于中国纺织品服装进出口事业的发展,全心全意为会员企业服务,赢得了广大进出口企业的赞誉,越来越多的进出口企业加入到纺织商会的队伍中来。纺织商会积极发挥联系政府主管部门与进出口企业之间的桥梁和纽带作用,认真贯彻落实政府的外经贸方针、政策。积极帮助企业解决和反映对外经济贸易交往中的问题,努力完成好政府主管部门委托的各项工作得到了政府主管部门和广大进出口企业的信赖和支持。

中国纺织商会的业务范围是:(1)代表会员企业利益,向政府有关部门反映会员企业的情况、意见和建议,并对政府制定有关政策提出建议;依照章程对会员企业的对外贸易经营进行协调指导,提供咨询服务。(2)宣传国家对外经济贸易的法律、法规、方针、政策,指导和监督会员守法经营。(3)协调解决会员之间的进出口贸易纠纷,促进行业自律,维护正常的进出口经营秩序和会员的共同利益。(4)根据国家业务主管单位的授权,负责纺织品进出口配额招标的实施工作。(5)针对国外对我国出口商品的倾销、补贴和保障措施的指控,组织有关企业应诉;对本行业会员反映的外国产品在我国内倾销或其他不正当竞争行为进行调查。(6)加强与政府有关部门的联系,发挥在政府与企业之间的桥梁作用;加强与同行业协会、学会等组织的联系,共同推动纺织品服装进出口贸易的发展。(7)建立和发展商情网、信息库,收集、研究和交流商情资料,出版刊物,对进出口商品市场、行情、国际贸易有关法规、协定,有关国家贸易政策等进行调查研究,向会员提供服务。(8)参加国际有关同行业组织,出席有关国际性专业会议,加强与世界各国和地区同行业组织的联系,交流信息,建立和发展业务合作关系。(9)组织会员参加在国内外举办的交易会、专业性展览会,组织出国考察和贸易洽谈,进行市场调研和经济技术交流,以帮助会员开拓国际市场,促进对外经济贸易发展。(10)组织会员参加外贸业务培训和与纺织品进出口贸易有关的各类研讨活动。(11)向政府有关部门建议或根据同行协议规定,采取措施惩处违反协调规定的会员企业。(12)履行政府委托或会员要求及同行协议赋予的其他职责。 (王连喜)

zhongguo guanxia haiyu waiguoren waiguo chuanbo yuye huodong guanli

中国管辖海域外国人、外国船舶渔业活动管理(management of fishery activities of foreigner, foreign ships within Chinese sea) 适用于外国人、外国船舶在中华人民共和国管辖海域内从事渔业生产、生物资源调查等涉及渔业的有关活动管理制度。任何外国人、外国船舶在中华人民共和国管辖海域内从事渔业生产、生物资源调查等活动的,必须经中华人民共和国渔政渔港监督管理局批准,并遵守中华人民共和国的法律、法规以及中华人民共和国缔结或参加的国际条约与协定。中华人民共和国内水、领海内禁止外国人、外国船舶从事渔业生产活动;经批准从事生物资源调查活动必须采用与中方合作的方式进行。

中华人民共和国渔政渔港监督管理局根据下述条件对外国人的入渔申请进行审批:(1)申请的活动,不危害中华人民共和国国家安全,不妨碍中华人民共和国缔结或参加的国际条约与协定的执行;(2)申请的活动,不对中华人民共和国实施的海洋生物资源养护措施和海洋环境造成不利影响;(3)申请的船舶数量、作业类型和渔获量等符合中华人民共和国管辖海域内的资源状况。外国人、外国船舶入渔申请获得批准后,应当向中华人民共和国渔政渔港监督管理局缴纳入渔费并领取许可证。如有特殊情况,经批准机关同意,入渔费可予以减免。经批准进入中华人民共和国渔港的,应按规定缴纳港口费用。

经批准作业的外国人、外国船舶领取许可证后,按许可证确定的作业船舶、作业区域、作业时间、作业类型、渔获数量等有关事项作业,并按照中华人民共和国渔政渔港监督管理局的有关规定填写捕捞日志、悬挂标志和执行报告制度。在中华人民共和国管辖海域内的外国人、外国船舶,未经中华人民共和国渔政渔港监督管理局批准,不得在船舶间转载渔获物及其制品或补给物品。经批准转载的外国鱼货运输船、补给船,必须按规定向中华人民共和国有关海区渔政渔港监督管理机构申报进入中华人民共和国管辖海域过驳鱼货或补给的时间、地点,被驳鱼货或补给的船舶船名、鱼种、驳运量,或主要补给物品和数量。过驳或补给结束,应申报确切过驳数量。外国人、外国船舶在中华人民共和国管辖海域内从事渔业生产、生物资源调查等活动以及进入中华人民共和国渔港的,应当接受中华人民共和国渔政渔港监督管理机构的监督检查和管理。

中华人民共和国渔政渔港监督管理机构及其检查人员在必要时,可以对外国船舶采取登临、检查、驱逐、扣留等必要措施,并可行使紧追权。

外国人、外国船舶在中华人民共和国内水、领海、专属经济区、大陆架内从事渔业生产活动、未经批准从事生物资源调查活动、未经批准从事补给或转载鱼货的,可处以没收渔获物、没收渔具、没收调查资料,并处一定数额的罚款。外国人、外国船舶经批准在中华人民共和国专属经济区和大陆架从事渔业生产、生物资源调查活动,可处以没收渔获物、没收渔具和罚款的处罚。

未取得入渔许可进入中华人民共和国管辖水域,或取得入渔许可但航行于许可作业区域以外的外国船舶,未将渔具收入舱内或未按规定捆扎、覆盖的,中华人民共和国渔政渔港监督管理机构可处以没收渔具和3万元以下罚款的处罚。外国船舶进出中华人民共和国渔港,有下列行为之一的,中华人民共和国渔政渔港监督管理机构有权禁止其进、离港口,或者令其停航、改航、停止作业,并可处以3万元以下罚款的处罚:(1)未经批准进出中华人民共和国渔港的;(2)违反船舶装运、装卸危险品规定的;(3)拒不服从渔政渔港监督管理机构指挥调度的;(4)拒不执行渔政渔港监督管理机构作出的离港、停航、改航、停止作业和禁止进、离港等决定的。

外国人、外国船舶对中华人民共和国渔港及渔港水域造成污染的,中华人民共和国渔政渔港监督管理机构可视情节及危害程度,处以警告或10万元以下的罚款。对造成渔港水域环境污染损害的,可责令其支付消除污染费用,赔偿损失。中华人民共和国渔政渔港监督管理局和各海区渔政渔港监督管理局可决定50万元以下罚款的处罚。省(自治区、直辖市)渔政渔港监督管理机构可决定20万元以下罚款的处罚。市、县渔政渔港监督管理机构可决定5万元以下罚款的处罚。作出超过本级机构权限的行政处罚决定的,必须事先报经具有相应处罚权的上级渔政渔港监督管理机构批准。受到罚款处罚的外国船舶及其人员,必须在离港或开航前缴清罚款。不能在离港或开航前缴清罚款的,应当提交相当于罚款额的保证金或处罚决定机关认可的其他担保,否则不得离港。外国人、外国船舶违反本规定和中华人民共和国有关法律、法规,情节严重的,除依法给予行政处罚或移送有关部门追究法律责任外,中华人民共和国渔政渔港监督管理局并可取消其入渔资格。外国人、外国船舶对渔业行政处罚不服的,可依据中华人民共和国法律、法规的有关规定申请复议或提起诉讼。

我国缔结或参加的有关国际渔业条约对涉外渔业有不同规定的,适用国际条约的规定,但我国声明保留的除外。　　　　　　　　　　　　　　　(王　丽)

中国国际经济贸易仲裁委员会(China International Economic and Trade Arbitration Commission, CIETAC)　　为了适应我国对外经济贸易发展的需要,根据中华人民共和国政务院于1954年5月6日通过的《中央人民政府政务院关于在中国国际贸易促进委员会内设立对外贸易仲裁委员会的决定》而于1956年4月成立的,当时名为中国国际贸易促进委员会对外贸易仲裁委员会。中国国际贸易促进委员会还制定了仲裁委员会的仲裁程序暂行规则。中国实行对外开放以后,为了适应国际经济贸易关系不断发展的需要,对外贸易仲裁委员会于1980年改名为对外经济贸易仲裁委员会,又于1988年改名为中国国际经济贸易仲裁委员会。

中国国际经济贸易仲裁委员会于1988年、1994年、1995年、1998年、2000年五次修订了它的仲裁规则,2000年修订的仲裁规则自2000年10月1日起生效。根据实际情况的需要,中国国际商会(中国国际贸易促进委员会)还可以对该仲裁委员会向新的仲裁规则进行修改和补充。《中国国际经济贸易仲裁委员会仲裁规则》共有5章91条分别为:总则、仲裁程序、简易程序、国内仲裁的特别规定和附则。中国国际经济贸易仲裁委员会受理的案件范围包括:(1)国际的或涉外的争议;(2)涉及香港特别行政区、澳门或台湾地区的争议;(3)外商投资企业相互之间以及外商投资企业与中国其他法人、自然人及/或经济组织之间的争议;(4)涉及中国法人、自然人及/或其他经济组织利用外国的、国际组织的或香港特别行政区、澳门、台湾地区的资金、技术或服务进行项目融资、招标投标、工程建筑等活动的争议;(5)中华人民共和国法律、行政法规特别规定或特别授权由仲裁委员会受理的争议;(6)当事人协议由仲裁委员会仲裁的其他国内争议。

中国国际经济贸易仲裁委员会总会设在北京。根据业务发展的需要,仲裁委员会分别于1989年和1990年设立了深圳分会和上海分会。仲裁委员会北京总会及其深圳分会和上海分会是一个统一的整体,是一个仲裁委员会。总会和分会使用相同的仲裁规则和仲裁员名册,在整体上享有一个仲裁管辖权,使用统一的仲裁规则。仲裁员由仲裁委员会从对法律、经济贸易、科学技术等方面具有专门知识和实际经验的中外人士中聘任。仲裁委员会实行的是仲裁员名册制度,即当事人只能在仲裁员名册中指定仲裁员。这样做是为了保证具有一支由高质量专业人士组成的仲裁员队伍,从而确保仲裁案件得到公正审理和裁决。仲裁委员会的现行仲裁员名册中共有492名仲裁员,其中158位仲裁员来自香港、澳门特区和其他国家。

中国国际经济贸易仲裁委员会设名誉主任1人、顾问若干人。仲裁委员会在组织机构上实行委员会制度,设主任1人,副主任若干人,委员若干人;主任履行仲裁规则赋予的职责,副主任受主任的委托可以履行主任的职责。仲裁委员会总会和分会设立秘书局与秘书处,各有秘书长1人,副秘书长若干人。总会秘书局和分会秘书处分别在总会秘书长和分会秘书长的领导下负责处理仲裁委员会总会和分会的日常事务。仲裁委员会还设有仲裁委员会委员会议、主任会议、秘书长会议和专家咨询委员会。另外,中国国际经济贸易仲裁委员会设立大连办事处、福州办事处、长沙办事处、重庆办事处和成都办事处等5个办事处,作为仲裁委员会的仲裁专业联络和宣传机构,以从事仲裁宣传和仲裁协议的推广工作,并提供仲裁咨询。　(罗大帅)

中国国际贸易促进委员会(China Council for the Promotion of International Trade)　　简写为CCPIT,简称"中国贸促会"。由中国经济贸易界有代表性的人士、企业和团体组成的全国性民间对外经济贸易组织。成立于1952年5月,地点设在北京,是中国最大的贸易促进机构,主要职能机构由人事部、国际联络部、经济信息部、展览部、法律事务部、人才服务中心等部门和中心组成,主要附设机构由中国国际经济贸易仲裁委员会(中国国际商会仲裁院)、中国海事仲裁委员会、中国海商法协会、调解中心、海峡两岸经贸协调会、国际商会中国国家委员会秘书局、国际保护工业产权协会、中国分会秘书处、国际许可证贸易工作者协会和中国分会秘书处组成。中国贸促会的宗旨是:遵循中华人民共和国的法律和政府的政策,开展促进对外贸易、利用外资、引进外国先进技术及各种形式的中外经济技术合作等活动,促进中国同世界各国、各地区之间的贸易和经济关系的发展,增进中国同世界各国人民以及经济界之间的了解与友谊。中国贸促会的主要业务有:(1)邀请和接待外国经济贸易界人士代表团来访,组织中国经贸、技术代表团出访和考察;(2)在国外举办中国经贸展览会和洽谈会;(3)联系、组织中外经济贸易界的交流和合作;(4)办理经贸和海事仲裁,受理海损理算案件,出具中国出口商品原产地证明和人力不可抗拒证明;(5)开展国际、国内经贸信息的收集、整理工作,向国内外提供经济技术合作和贸易方面的信息咨询和服务工作等。经中国政府批准,中国贸促会1988年6月组建了中国国际商会(China Chamber of International Commerce,英文缩写为CCOIC)。目前,中国贸促会、中国国际商会已同世界上200多个国家和地区的工商企业界建立了广泛的经贸联系,与160多个对口组织签订了合作协议,并同一些国家的商会建立了联合商会;同时,中国贸促会还在15个国家和地区设有驻外代表处。在国内,中国贸促会、中国国际商会在各省、自治区、直辖市建立了49个地方分会、600多个支会和县级国际商会,还在机械、电子、轻工、纺织、农业、汽车、石化、商业、冶金、航空、航天、化工、建材、通用产业、供销合作、建设、粮食、外企等部门建立了18个行业分会,全国会员企业近7万家。中国贸促会、中国国际商会及其所属业务部门已经加入了许多国际组织,其中包括世界知识产权组织、国际保护工业产权协会、国际许可证贸易工作者协会、国际海事委员会、国际博览会联盟、国际商事仲裁机构联合会、太平洋盆地经济理事会、国际商会等。

(王连喜 张旭娟)

zhongguo guoji maoyi cujin weiyuanhui duiwai jingji maoyi zhongcai weiyuanhui he haishi zhongcai weiyuanhui yu yidali zhongcai xiehui zhongcai hezuo xieyi

中国国际贸易促进委员会、对外经济贸易仲裁委员会和海事仲裁委员会与意大利仲裁协会仲裁合作协议(China Council for the Promotion of International Trade, China International Economic and Trade Arbitration Commission and Maritime Arbitration Commission) 为了迅速有效地解决由于执行中意经济贸易合同而产生的和与其有关的争议,以利促进中华人民共和国和意大利共和国之间的经济贸易关系的发展,中国国际贸易促进委员会、对外经济贸易仲裁委员会和海事仲裁委员会与意大利仲裁协会达成了《中国国际贸易促进委员会、对外经济贸易仲裁委员会和海事仲裁委员会与意大利仲裁协会仲裁合作协议》。本协议于1981年5月16日在北京签字,一式两份,每份均用中、意、英三种文字写成,中意文本具有同等效,英文文本作为参考之用。协议自签字之日起生效,协议的任何一方均可以提前一年通知协议的另一方终止本协议。

《合作协议》的主要内容为:(1)遇有中意经济贸易争议,应鼓励争议双方通过直接友好协商解决;如经协商不能解决,无论争议双方有无仲裁协议,均应鼓励他们先将争议提请由中国国际贸易促进委员会对外经济贸易仲裁委员会或海事仲裁委员会(视情况而定)和意大利仲裁协会各指定人数相等的调解员组成的联合调解委员会,进行联合调解;调解无效,再按争议双方的仲裁协议提请仲裁。(2)遇有仲裁,应鼓励争议双方协议在被诉一方国家的常设仲裁机构按照其仲裁程序规则进行。为此,提出如下仲裁条款格式,供中、意公司、企业自愿采用:"凡由本合同引起或与本合同有关的一切争议,均应首先通过双方友好协商解决。如经协商未能解决,应将争议提交仲裁。仲裁在被诉一方国家进行。如在中国,由中国国际贸易促进委员会对外经济贸易仲裁委员会或海事仲裁委员会(视情况而定)按照其仲裁程序规则进行仲裁。如在意大利,由意大利仲裁协会按照其仲裁程序规则进行仲裁。仲裁裁决是终局的,对双方均有约束力。"(3)如果争议双方同意在被诉一方国家成立临时仲裁庭按照联合国国际贸易法委员会仲裁规则进行仲裁,应鼓励他们在仲裁协议中规定:如在中国进行仲裁,仲裁员的"指派当局"为中国国际贸易促进委员会对外经济贸易仲裁委员会或海事仲裁委员会(视情况而定);如在意大利进行仲裁,仲裁员的"指派当局"为意大利仲裁协会。任何国籍的人士均可被指定为仲裁员。临时仲裁庭由3位仲裁员组成。按照上列精神,提出下述仲裁条款格式,供中、意公司、企业参考:"凡由本合同引起或与本合同有关的一切争议,均应首先通过双方友好协商解决。如经协商未能解决,应将争议提交仲裁。仲裁根据1976年《联合国国际贸易法委员会仲裁规则》和1981年《中国国际贸易促进委员会对外经济贸易仲裁委员会和海事仲裁委员会与意大利仲裁协会仲裁合作协议》第3条A关于成立临时仲裁庭的规定进行。仲裁裁决是终局的,对双方均有约束力。"(4)中国国际贸易促进委员会对外经济贸易仲裁委员会和海事仲裁委员会与意大利仲裁协会愿意根据双方当事人的提请,在签订和执行仲裁协议的过程中,密切合作,共同给予必要的帮助。(5)本协议将由协议双方各自分别发送本国公司、企业,供他们谈判和签订合同时参考。(罗大帅)

zhongguo guoji maoyi cujin weiyuanhui haishi zhongcai weiyuanhui yu shetuan faren riben haiyun jihuisuo haishi zhongcai weiyuanhui guanyu caiyong zhongcai fangshi jiejue zhongri haiyun zhengyi de yidingshu

中国国际贸易促进委员会海事仲裁委员会与社团法人日本海运集会所海事仲裁委员会关

于采用仲裁方式解决中日海运争议的议定书**（maritime arbitration of China council for the promotion of international trade and corporation of Japan sea transportation gathering place）** 中国国际贸易促进委员会海事仲裁委员会和社团法人日本海运集会所海事仲裁委员会签订的《中国国际贸易促进委员会海事仲裁委员会与社团法人日本海运集会所海事仲裁委员会关于采用仲裁方式解决中日海运争议的议定书》，自签字之日起生效。本议定书于1978年12月9日在北京签订，共两份，每份均用中文和日文写成，两种文本具有同等效力。

根据议定书，确认根据以下原则采用仲裁方式解决中日间的海运争议，并同意共同制定标准仲裁条款，各自向本国海运界和有关方面推荐采用：（1）关于中日两国间的海事争议，当事人应本着平等互利的精神，尽力友好协商解决。如经协商不能解决，除须由中日两国各自司法机关、港务监督或其他具有权限的有关行政当局处理者外，经当事人同意可提交仲裁。仲裁根据中日和平友好条约、中日贸易协定、中日海运协定的精神和各自国家法律和仲裁程序的规定，本着平等互利的精神，并参考国际惯例做法进行。（2）关于按照不同争议提交仲裁的机构如下：海上救助、船舶碰撞、船舶损坏港口设施等在中国港口和领海发生时，由中国国际贸易促进委员会海事仲裁委员会受理；在日本港口和领海发生时，由社团法人日本海运集会所海事仲裁委员会受理。在公海发生时由下述仲裁机构受理：有关海上救助争议为救助人所在国家的仲裁机构；有关船舶碰撞争议为双方当事人同意的仲裁机构。当事人不能达成协议时，由因碰撞受到较大损害（以船体和机器损害为标准）的船舶营运当事人的所在国家的仲裁机构受理。但是，在不能判定哪一方当事人的船体和机器受到较大损害时，由两国仲裁机构协商决定仲裁机构。属于光船租赁、租船、货物托运、海上运输、提单、海运代理、拖带运输、共同海损、海上保险等及其他有关业务的争议的仲裁：在契约中指定了仲裁地点时，由指定国家的仲裁机构受理；在契约中没有指定仲裁地点时，由被诉人所在国家的仲裁机构受理；如不能决定应提交哪一仲裁机构时，由两国仲裁机构处理；上述仲裁机构，在中国为中国国际贸易促进委员会海事仲裁委员会，在日本为社团法人日本海运集会所海事仲裁委员会。

（罗大帅）

zhongguo guoji maoyi cujin weiyuanhui he falanxi gongheguo quanguo gongye chanquanju guanyu jiejue zhongfa gongye chanquan maoyi zhengyi de yidingshu

中国国际贸易促进委员会和法兰西共和国全国工业产权局关于解决中法工业产权贸易争议的议定书（Protocol of Solving China and France Industry Property Right Dispute between China Council for the Promotion of International Trade and National Industry Property Bureau of Republic of France） 为了迅速解决在解释或执行包含发明、技术诀窍、商标或外观设计条款的贸易合同中产生的争议，以利促进中国和法国之间经济、贸易和技术关系的发展，中国国际贸易促进委员会和法国全国工业产权局达成了《中国国际贸易促进委员会和法兰西共和国全国工业产权局关于解决中法工业产权贸易争议的议定书》并制定仲裁条款格式，由协议双方分别向中国和法国的有关个人、企业和其他单位推荐，自愿采用。本协定于1980年5月13日在北京签订，一式两份，每份都用中文和法文写成，两种文本具有同等效力，协定自签字之日起生效。

《议定书》的主要内容为：（1）一切上述性质的争议，首先由合同双方友好协商解决。（2）如无效，争议可提请由中国国际贸易促进委员会和法国全国工业产权局指定人数相等的人员组成的调解委员会联合调解。（3）一切不能在上述建议的范围内解决的争议，可按附后的由中国国际贸易促进委员会和法国全国工业产权局共同拟订并建议订入合同中的五种仲裁条款的任何一种进行仲裁。（4）仲裁条款格式：在法国常设机构仲裁的条款："一切在解释或执行本合同中产生的争议，将由各方友好协商解决，或提请中国国际贸易促进委员会和法国全国工业产权局联合调解；如无效，争议应由巴黎工商会根据该会推荐并经各方当事人同意的仲裁程序规则进行仲裁。仲裁裁决是终局的，对各方都有约束力"。在中国常设机构仲裁的条款："一切在解释或执行本合同中产生的争议，将由各方友好协商解决，提请中国国际贸易促进委员会和法国全国工业产权局联合调解；如无效，争议应提交北京中国国际贸易促进委员会对外经济贸易仲裁委员会根据该委员会仲裁程序暂行规则进行仲裁。仲裁裁决是终局的，对各方都有约束力。"在被诉人所在国仲裁的条款："一切在解释或执行本合同中产生的争议，将由各方友好协商解决，或提请中国国际贸易促进委员会和法国全国工业产权局联合调解；如无效，争议应提交仲裁。仲裁在被诉人所在国进行。在中国，争议由中国国际贸易促进委员会对外经济贸易仲裁委员会根据该委员会仲裁程序暂行规则进行仲裁。在法国，争议由巴黎工商会根据该会推荐并经各方当事人同意的仲裁程序规则进行仲裁。仲裁裁决是终局的，对各方都有约束力。"在第三国仲裁的条款："一切在解释或执行本合同中产生的争议，将由各方友好协商解决，或提请中国国际贸易促进委员会和法国全国工业产权局联合调解;如无效,争议应提交各方共同选定的××国××仲裁机构根据该仲裁机构的程序规则进行仲裁。仲裁裁决是终局的,对各方都有约束力。"在临时仲裁庭仲裁的条款:"一切在解释或执行本合同中产生的争议,将由各方友好协商解决,或提请中国国际贸易促进委员会和法国全国工业产权局联合调解;如无效,争议应根据联合国国际贸易法委员会仲裁程序规则在(具体地点)建立临时仲裁庭进行仲裁。仲裁裁决是终局的,对各方都有约束力。""一切在解释或执行本合同中产生的争议,将由各方友好协商解决,或提请中国国际贸易促进委员会和法国全国工业产权局联合调解;如无效,争议应根据各方共同选定的(××仲裁程序规则)在(具体地点)建立临时仲裁庭进行仲裁。仲裁裁决是终局的,对各方都有约束力。" （罗大帅）

zhongguo guoji maoyi cujin weiyuanhui yu ruidian sidege'ermo shanghui xieyi

中国国际贸易促进委员会与瑞典斯德哥尔摩商会协议(Agreement between China Council for the Promotion of International Trade and Sweden Stockholm Chamber of Commerce) 为中华人民共和国和瑞典王国两国商业界发展互利的贸易、经济、科学和技术关系;使用仲裁将增强中、瑞两国商业交易和国际商业交易的信心和稳定性,双方达成《中国国际贸易促进委员会与瑞典斯德哥尔摩商会协议》,协议于1984年10月30日在北京签字。

《协议》的主要内容为:(1)双方应在各自权限范围内运用其职能;促进加强和扩大以中华人民共和国的公司和组织为一方与以瑞典王国的公司和组织为另一方之间的贸易、经济、科学、技术和其他业务方面的联系和接触;促进以仲裁和其他友好方式和方法解决中、瑞双方的和国际间的商事纠纷,如友好协商和调解;充分发挥双方仲裁机构即中国国际贸易促进委员会对外经济贸易仲裁委员会和瑞典斯德哥尔摩商会仲裁院的作用,双方各自向本国的公司和组织推荐:中华人民共和国与瑞典王国的公司和组织之间或各自本国的公司和组织与第三国的公司和组织之间凡遇有经济贸易纠纷均可以使用上述双方的仲裁机构通过仲裁/调解予以解决;相互提供进行仲裁的便利。(2)双方应进行交换双方认为中华人民共和国和瑞典王国之间成功的贸易关系有需要的或必要的经济、对外贸易、海关和其他规则方面的情报;双方应进一步相互提供有关商事仲裁和调解的情况资料,如法律和法规及其修改条文,法院或其他当局的判例以及出版物。(3)双方应促进中华人民共和国和瑞典王国之间的代表团互访并尽力协助代表团取得成功的结果。 （罗大帅）

zhongguo guoji shanghui

中国国际商会(China Chamber of International Commerce, CCOIC) 经中国政府批准,中国贸促会于1988年6月组建的中国国际商会。它和中国贸促会是中国最大的全国性国际贸易、经济合作、技术引进及投资促进机构。目前,中国国际商会已同世界上200多个国家和地区的工商企业界建立了广泛的经贸联系,与160多个对口组织签订了合作协议,并同一些国家的商会建立了联合商会。在国内,中国国际商会在各省、自治区、直辖市建立了49个地方分会,600多个支会和县级国际商会,还在机械、电子、轻工、纺织、农业、汽车、石化、商业、冶金、航空、航天、化工、建材、通用产业、供销合作、建设、粮食、外企等部门建立了18个行业分会,全国会员企业近7万家。中国国际商会及其所属业务部门已经加入了许多国际组织,其中包括世界知识产权组织、国际保护工业产权协会、国际许可证贸易工作者协会、国际海事委员会、国际博览会联盟、国际商事仲裁机构联合会、太平洋盆地经济理事会、国际商会等。 （张旭娟）

zhongguo guojia biaozhunhua guanli weiyuanhui

中国国家标准化管理委员会(China National Standardization Administration Commission) 简称SAC。国务院授权履行行政管理职能,统一管理全国标准化工作的主管机构。国务院有关行政主管部门和有关行业协会也设有标准化管理机构,分工管理本部门本行业的标准化工作。各省、自治区、直辖市及市、县质量技术监督局统一管理本行政区域的标准化工作。各省、自治区、直辖市和市、县政府部门也设有标准化管理机构。由中国国家标准化管理委员会对省、自治区、直辖市质量技术监督局的标准化工作实行业务领导。中国国家标准化管理委员会的主要职责是:(1)参与起草、修订国家标准化法律、法规的工作;拟定和贯彻执行国家标准化工作的方针、政策;拟定全国标准化管理规章,制定相关制度;组织实施标准化法律、法规和规章、制度。(2)负责制定国家标准化事业发展规划;负责组织、协调和编制国家标准(含国家标准样品)的制定、修订计划。(3)负责组织国家标准的制定、修订工作,负责国家标准的统一审查、批准、编号和发布。(4)统一管理制定、修订国家标准的经费和标准研究、标准化专项经费。(5)管理和指导标准化科技工作及有关的宣传、教育、培训工作。(6)负责协调和管理全国标准化技术委员会的有关工作。(7)协调和指导行业、地方标准化工作;负责行业标准和地方标准的备案工作。(8)代表国家参加国际标准化组织(ISO)、国际电工委员会(IEC)和其他国际或区域性标准化组织,负责组织ISO、IEC中国国家委员会的工作;

负责管理国内各部门、各地区参与国际或区域性标准化组织活动的工作;负责签订并执行标准化国际合作协议,审批和组织实施标准化国际合作与交流项目;负责参与与标准化业务相关的国际活动的审核工作。(9)管理全国组织机构代码和商品条码工作。(10)负责国家标准的宣传、贯彻和推广工作;监督国家标准的贯彻执行情况。(11)管理全国标准化信息工作。(12)在质检总局统一安排和协调下,做好世界贸易组织技术性贸易壁垒协议(WTO/TBT协议)执行中有关标准的通报和咨询工作。(13)承担质检总局交办的其他工作。根据上述职责,中国国家标准化管理委员会内设6个职能部门:办公室、计划和信息部、国际标准部、农轻和地方部、工交部、高新技术部。

(麻琳琳 刘 鹏)

zhongguo guojia waihui guanliju

中国国家外汇管理局(China National Administration Bureau for Foreign Exchange) 国家管理外汇的重要职能部门。1979年3月,为了经济发展和对外开放的需要,国务院设立了国家外汇管理总局,它起初与中国银行合署办公。1982年8月,国家外汇管理总局并入中国人民银行,属于中央银行管理外汇的一个职能部门,其名称改为国家外汇管理局。1988年,国务院又进行机构调整,将国家外汇管理局划为国务院直属局,业务上由中国人民银行代管。在地方各省、自治区、直辖市设立一级分局,在全国大部分城市设立二级分局,在个别外汇集中的县、市还设立了支局,进而从中央到地方建立了外汇管理的行政管理体系。1998年5月,国务院再次进行机构调整,把原由中国人民银行负责的与国际金融组织有关的国际资产及投资、交易、清算及会计核算等业务交给国家外汇管理局;原由国家外汇管理局负责的对金融机构外汇业务市场准入审批职能以及对金融机构外币资产的质量和风险监管职能交给中国人民银行管理。

根据国务院"三定方案",国家外汇管理局的主要职责是:(1)设计、推行符合国际惯例的国际收支统计体系,拟定并组织实施国际收支统计申报制度,负责国际收支统计数据的采集,编制国际收支平衡表。(2)分析研究外汇收支和国际收支状况,提出维护国际收支平衡的政策建议,研究人民币在资本项目下的可兑换。(3)拟定外汇市场的管理办法,监督管理外汇市场的运作秩序,培育和发展外汇市场;分析和预测外汇市场的供需形势,向中国人民银行提供制定汇率政策的建议和依据。(4)制定经常项目汇兑管理办法,依法监督经常项目的汇兑行为;规范境内外外汇账户管理。(5)依法监督管理资本项目下的交易和外汇的汇入、汇出及兑付。(6)按规定经营管理国家外汇储备。(7)起草外汇行政管理规章,依法检查境内机构执行外汇管理法规的情况、处罚违法违规行为。(8)参与有关国际金融活动。(9)承办国务院和中国人民银行交办的其他事项。

国家外汇管理局机关机构设置如下:(1)综合司,其职能是组织协调国家外汇管理局机关日常工作和政务信息化管理工作;研究金融外汇方面的重大政策,提出政策建议;负责国家外汇管理局的法律事务;负责新闻发布、对外宣传、信息管理工作;负责国家外汇管理局的外事工作;负责国家外汇管理局机关的财务工作;负责文档管理、信访、保密工作。其内设机构有综合秘书处、政策研究处、法规处、新闻信息处、外事处、财务处、文档处等。(2)国际收支司,其职能是负责国际收支、外汇收支、银行结售汇、外汇账户及相关管理项下的统计制度的设计、实施和相应报表的编制;负责对银行外汇收支业务进行监管;负责对人民币汇价执行情况进行监管,研究人民币汇率形成机制,提出人民币汇率政策建议;负责对银行间外汇市场运行和境内外币清算业务进行监管;负责对国际收支、外汇收支进行分析和预测。其内设机构有综合分析处、统计制度处、国际收支处、银行外汇收支管理处、汇价市场处。(3)经常项目管理司,其职能是负责经常项目外汇监管。制定经常项目外汇业务监管的规章制度并组织实施。负责对出口收汇核销、进口付汇核销和外汇账户进行监控及非现场检查。承办规定由国家外汇管理局办理的经常项目外汇监管业务。其内设机构有综合处、制度规划处、业务监管处、核销系统管理处。(4)资本项目管理司,其职能是依法负责资本与金融项目交易的管理。负责资本与金融项目外汇收支、结售汇及账户的管理。负责资本与金融项目统计监测与预警工作。依法制定业务管理的规章制度并组织实施。其内设机构有综合处、外债管理处、投资管理处、资本市场处。(5)管理检查司,其职能是拟定外汇检查工作的有关规章制度。负责对各种违反国家外汇管理法规行为的检查、调查和处罚。对分支机构外汇检查工作进行部署和指导。其内设机构有综合业务处、系统检查管理处、金融机构检查处、非金融机构检查处、反洗钱处。(6)储备管理司,其职能是根据国家外汇储备经营战略、原则,拟定国家外汇储备经营方案;确定国家外汇储备资产组合中的地区分布、币种安排、期限搭配、工具选择等;进行日常的外汇交易、清算和结算等经营性工作;监督检查委托储备资产的经营状况;联系海外分支机构;参与有关国际金融活动。其内设机构有综合处、战略研究处、投资一处、投资二处、风险管理处、清算处、会计处、专项业务处、技术保障处、行政财务处。(7)人事司(亦称内审司),其职能是拟定国家外汇管理局干部人事、教育培训、劳动工资、外派、内审监督制度、办法并组织实施;负责国家外汇管理局的机构、编制和人员管理工作;根据授权,负责国家外汇管理局的内审工作。其内设机构有综合培训处、机关干部管理处、系统干部管理处、内审处。(8)机关党委,其职能是负责国家外汇管理局机关和在京直属事业单位的党群工作。机其内设机构有关党委办公室、纪检监察室、机关工会。

此外,国家外汇管理局设置如下直属事业单位:(1)中央外汇业务中心(职能同储备管理司)。(2)信息中心,其职能是拟定国家外汇管理局电子化建设规划;负责外汇管理应用系统的设计、开发、运行和管理;负责协调局机关各部门总体业务需求;承担外汇管理应用系统的推广工作。其内设机构有综合处、规划处、应用开发处、数据管理处、技术支持处、网络安全处。(3)机关服务中心,其职能是坚持为局机关服务的宗旨,制定局机关后勤行政工作规划和制度;负责局机关行政后勤保障、资产管理(不含计算机类设备及其消耗品)、房产管理、文件印制、交通、安全、接待服务、机关保卫、医疗卫生等事务;为机关日常办公提供后勤保障服务。其内设机构有综合管理处(保卫处)、资产管理处(物业管理部)、财务部、文印服务部。(4)《中国外汇管理》杂志社,其职能是负责《中国外汇管理》杂志的编辑、出版、发行;编发《金融外汇信息参考》。

国家外汇管理总局在各省、自治区、直辖市、副省级城市设有34个分局、2个外汇管理部。即在省、自治区、直辖市设立分局;在北京、重庆设立外汇管理部;在深圳市、大连市、青岛市、厦门市、宁波市设立分局。国家外汇管理局还在有一定外汇业务量、符合条件的部分地区(市)、县(市)分别设立了国家外汇管理局中心支局、支局。国家外汇管理局的分支机构与当地的中国人民银行分支机构合署办公,在机构设置和业务上按属地原则进行管理。

(王连喜 孙建立 罗大帅)

zhongguo haishi zhongcai weiyuanhui
中国海事仲裁委员会(China Maritime Arbitration Commission) 根据我国于1958年颁布的《关于在中国国际贸易促进委员会内设立海事仲裁委员会的决定》,1959年成立了中国国际贸易促进委员会海事仲裁委员会。1995年中国国际商会修订并通过《中国海事仲裁委员会仲裁规则》,将原海事仲裁委员会改名为中国海事仲裁委员会。

中国海事仲裁委员会设立在北京,并制定了仲裁规则。现行的仲裁规则是2000年11月22日中国国际商会修订并通过2001年1月1日起施行的《中国海事仲裁委员会仲裁规则》,该规则共有4章85条。包括:总则、仲裁程序、简易程序和附则。中国海事仲裁委员会受理海事争议案件的范围为:(1)关于船舶救助以及共同海损所产生的争议;(2)关于船舶碰撞或者船舶损坏海上、通海水域、港口建筑物和设施以及海底、水下设施所发生的争议;(3)关于海/水上船舶经营、作业、租用、抵押、代理、拖带、打捞、买卖、修理、建造、拆解业务以及根据运输合同、提单或者其他文件办理的海/水上运输业务和海/水上保险所发生的争议;(4)关于海洋资源开发利用及海洋环境污染损害的争议;(5)关于货运代理合同、船舶物料供应合同、涉外船员劳务合同、渔业生产及捕捞合同所引起的争议;(6)双方当事人协议仲裁的其他海事争议。

中国海事仲裁委员会设名誉主任1人、顾问若干人。仲裁委员会由主任1人、副主任若干人和委员若干人组成。主任履行仲裁委员会的有关职责,副主任受主任的委托可以履行主任的职责。仲裁委员会设在北京。仲裁委员会设秘书处,在仲裁委员会秘书长的领导下负责处理仲裁委员会的日常事务。仲裁委员会设立仲裁员名册;仲裁员由仲裁委员会从对航海、保险、法律等方面具有专门知识和实际经验的中外人士中聘任。仲裁委员会现有仲裁员165名,其中包括外籍仲裁员19名,港台地区8名。仲裁委员会建立并完善了委员会议、主任会议、秘书长会议和三地秘书会议制度,并设立了专家咨询委员会、案例编辑委员会和仲裁员资格审查考核委员会委员会。随着业务发展的需要,仲裁委员会在有关沿海港口城市设立了仲裁委员会办事处。

(罗大帅)

zhongguo jidian chanpin jinchukou shanghui
中国机电产品进出口商会(China Chamber of Commerce for Import and Export of Machinery and Electronic Products) 由在中华人民共和国境内依法注册、从事机电产品进出口贸易及相关活动的各种经济类型组织自愿联合成立的自律性、全国性行业组织。为适应改革开放和促进对外贸易发展的需要,根据国家有关规定,中国机电产品进出口商会于1988年7月在北京成立。现有会员5090余家。根据《中华人民共和国对外贸易法》第35条规定,商会的宗旨是:协调、指导、咨询、服务。即遵守宪法、法律、法规和国家政策,遵守社会道德风尚;对进出口业务及相关活动进行协调、指导,为会员及其他组织提供咨询、服务;维护正常的对外贸易秩序,保护公平竞争;维护国家利益和会员的合法权益,促进进出口贸易健康发展。中国机电产品进出口商会始终遵循这八个字的要求,致力于发展我国的机电进出口事业,全心全意为会员服务,赢得了广大进出口企业的赞誉,越来越多的进出口企业加入到中国机电产品进出口商会的队伍中来;中国机电产品进出口商会作为政府与企业之间的桥梁和纽带，在贯彻政府的外经贸方针、政策和帮助会员企业反映外经贸经营中的问题、建议等工作中发挥了重要作用，得到政府部门和企业的信赖和支持。

机电商会的工作原则是：公平、公正、公开，以服务为本、协调为重，想会员企业之所想，急会员企业之所急，努力扩大服务的内涵和外延，"协商共议、民主参与、民主决策"的机制开展工作。

机电商会组织机构主要有：会员代表大会、理事会、办公室、人事会员部、财务部、出口部、进口部、法律部、国际联络部、中小企业办公室秘书处、培训中心、咨询服务中心、信息中心、展览中心。其中会员代表大会是商会的最高权力机构，理事会是会员代表大会的执行机构，常务理事会在理事会闭会期间行使职权，会长、副会长由理事会选举产生。

截至2003年1月底，中国机电产品进出口商会共有会员5090家。按所有制划分，其中国有企业、集体企业2846家，占会员总数的55.9%，股份、有限公司1411家，占会员总数的27.7%，三资企业644家，占会员总数的11.3%，私营企业189家，占会员总数的3.7%。按企业类型分，外、工贸公司3084家，占会员总数的60.6%，生产企业1980家，占会员总数的38.9%，科研院所26家，占会员总数的0.5%。中国机电产品进出口商会集中了本行业经营规模最大和最具代表性的企业。会员的经营范围覆盖了从飞机、汽车、船舶、计算机、通讯设备、音频、视频设备、家用电器、仪器仪表、电工产品、机床、工程机械、农业机械，到自行车、轴承、电动工具、电子元器件等各类机械电子商品。

在新世纪，随着全球经济一体化进程的加快，中国加入WTO的实现，中国的机电产品进出口贸易必将得到更大的发展，迈向新世纪的中国机电产品进出口商会将始终坚持服务于会员企业、服务于外经贸事业的指导思想，以高效优质的工作，积极推动中国机电产品进出口贸易的快速、健康发展。

（王连喜）

zhongguo jinchukou shanghui

中国进出口商会（China Chambers of Commerce for Importers and Exporters） 在中华人民共和国境内依法注册、适应我国对外经济贸易体制改革的需要而产生的从事各类进出口贸易及相关活动的各种经济类型组织自愿联合成立的自律性、全国性行业组织。它不以盈利为目的，不从事与其协调业务相关和与会员利益相冲突的经营活动。其宗旨是：遵守国家宪法、法律、法规，遵守社会道德风尚；维护正常的对外贸易秩序，保护公平竞争；维护国家利益和会员的合法权益，促进进出口贸易的健康发展。进出口商会的组成及其参加商会的条件由其章程决定，商会依照章程对其会员的对外贸易经营活动进行协调指导，提供咨询服务，向政府有关部门反映会员有关对外贸易促进方面的建议，并积极开展对外贸易促进活动。目前中国进出口商会由中国纺织进出口商会、中国五矿化工进出口商会、中国食品土畜进出口商会、中国医药保健品进出口商会、中国轻工工艺品进出口商会和中国机电产品进出口商会等商会会员组成；并且一般在各省、自治区、直辖市设有至少一个分会。

（王连喜）

zhongguo liansuo jingying xiehui

中国连锁经营协会（the Association of Chain-stores of China） 由连锁经营企业团体及个人自愿组成的全国性行业组织。受国内贸易局业务指导，会址设在北京。中国连锁经营协会的会员主要由国内各大中城市的连锁企业构成，包括经营超级市场、便利店、专业店、仓储式商店、百货商店等零售企业以及饭店、快餐、洗染、修理等其他类型的企业。

协会的宗旨是加强与有关部门、社会各界及相关产业的沟通与合作，为连锁企业提供全方位的服务，为连锁企业的发展营造一个良好的外部环境。协会的主要任务是承担政府部门委托的工作，协助政府部门开展行业管理，推进连锁经营的规范化、科学化；开展连锁经营的理论研究；调查了解连锁经营管理状况，加强信息交流，指导会员单位的业务开展，为广大企业服务；向政府部门反映会员的愿望和要求，保护会员单位合法权益；开展各项社会活动，为连锁经营工作牵线搭桥，促进合作；举办各类研讨班、培训班，加强连锁经营工作者的专业培训和知识更新；沟通与国外连锁组织的联系，加强国际间的交流与合作。

（薛建兰）

zhongguo mingpai chanpin

中国名牌产品（Chinese Famous-brand Product） 实物质量达到国际同类产品先进水平、在国内同类产品中处于领先地位、市场占有率和知名度居行业前列、用户满意程度高、具有较强市场竞争力的产品。中国名牌产品评价工作建立以市场评价为基础，以社会中介机构为主体，以政府积极推动、引导、监督为保证，以用户（顾客）满意为宗旨的总体推进机制。中国名牌产品评价工作奉行企业自愿申请，科学、公正、公平、公开，不搞终身制，不向企业收费，不增加企业负担的原则。国家质检总局负责制定中国名牌产品推进工作的目标、原则、计划、任务和范围，对中国名牌战略推进委员会的工作进行监督和管理，并依法对创中国名牌产品成绩突出的生产企业予以表彰。国家质检总局授权中国名牌战略推进委员会统一组织实施中国名牌产品的评价工作，并推进中国名牌产品的宣传、培育工作。中国名牌战略推进委员会是由有关全国性社团组织、政府有关部门、部分新闻单位以及有关方面专家组成的非常设机构。中国名牌战略推进委员会秘书处设在国家质检总局质量管理司,负责中国名牌战略推进委员会的组织、协调及日常管理工作。中国名牌战略推进委员会每年根据工作需要,聘任有关方面专家组成若干专业委员会,各专业委员会在中国名牌战略推进委员会的组织下,根据产品类别分别提出中国名牌产品评价实施细则和方案,进行具体评价工作。评价工作结束后,各专业委员会自动解散。各省(自治区、直辖市)质量技术监督部门在本行政区域内负责中国名牌产品的申报和推荐工作,并组织实施对中国名牌产品的监督管理。

申请中国名牌产品称号,应具备下列条件:(1)符合国家有关法律法规和产业政策的规定;(2)实物质量在同类产品中处于国内领先地位,并达到国际先进水平;(3)市场占有率、出口创汇率、品牌知名度居国内同类产品前列;(4)年销售额、实现利税、工业成本费用利润率、总资产贡献率居本行业前列;(5)企业具有先进可靠的生产技术条件和技术装备,技术创新、产品开发能力居行业前列;(6)产品按照采用国际标准或国外先进标准的我国标准组织生产;(7)企业具有完善的计量检测体系和计量保证能力;(8)企业质量管理体系健全并有效运行,未出现重大质量责任事故;(9)企业具有完善的售后服务体系,顾客满意程度高。凡具有下列情况之一的申请人,不能申请"中国名牌产品"称号:使用国(境)外商标的;列入生产许可证、强制性产品认证及计量器具制造许可证等管理范围的产品而未获证的;在近3年内,有被省(直辖市、自治区)级以上质量监督抽查判为不合格经历的;在近3年内,出口商品检验有不合格经历的;或者出现出口产品遭到国外索赔的;近3年内发生质量、安全事故,或者有重大质量投诉经查证属实的;有其他严重违反法律法规行为的。对符合条件的中国名牌产品,以国家质检总局的名义授予"中国名牌产品"称号,颁发中国名牌产品证书及奖牌。中国名牌产品证书的有效期为3年。在有效期内,企业可以在获得中国名牌产品称号的产品及其包装、装潢、说明书、广告宣传以及有关材料中使用统一规定的中国名牌产品标志,并注明有效期间。法律法规另有规定的除外。中国名牌产品在有效期内,免于各级政府部门的质量监督检查。对符合出口免检有关规定的,依法优先予以免检。对已经获得中国名牌产品称号的产品,如产品质量发生较大的波动,消费者(用户)反映强烈,出口产品遭国外索赔,企业发生重大质量事故,企业的质量保证体系运行出现重大问题等,国家质检总局可以暂停或者撤销该产品的中国名牌产品称号。

(麻琳琳)

zhongguo mingpai chanpin biaozhi
中国名牌产品标志(signs of Chinese famous-brand product) 获得中国名牌产品称号的产品,在产品有效期内,可以在其包装、装潢、说明书、广告宣传以及有关材料中使用统一的产品质量标志。中国名牌产品标志由标准图形(含标准字体)及标准色(三色)构成,共有二种三色标志供企业选用。获中国名牌产品称号的生产企业可自行负责制作、印刷在其包装、装潢、说明书、广告宣传以及有关材料中使用的中国名牌产品标志。国家质量监督检验检疫总局对中国名牌产品标志的使用实施监督管理。各地质量技术监督部门负责对所辖区域内中国名牌产品标志的使用实施监督管理。中国名牌产品标志只能使用在与获得中国名牌产品称号相一致的产品规格、型号或品种上,不得扩大使用范围。中国名牌产品标志的有效期为3年,在有效期内使用中国名牌产品标志的产品,免于各级政府部门的质量监督检查。但是对已获得中国名牌产品称号的产品发生以下情形之一的,国家质量监督检验检疫总局将暂停直至撤销该产品的中国名牌产品称号:产品质量发生较大波动;消费者(用户)负面反映强烈;企业发生重大质量事故;出口产品因质量问题遭到国外预警通报。暂停期间或撤销称号的产品,停止使用中国名牌产品标志。未获得中国名牌产品称号的产品,不得冒用中国名牌产品标志;被暂停或撤销中国名牌产品称号的产品,超过有效期未重新申请或重新申请未获通过的产品,不得继续使用中国名牌产品标志;禁止转让、伪造中国名牌产品标志及特有的或者与其近似的标志。违者按《中华人民共和国产品质量法》冒用质量标志的规定进行处理。

(麻琳琳)

zhongguo qinggong gongyipin jinchukou shanghui
中国轻工工艺品进出口商会(China Chamber of Commerce for Import and Export of Light Industrial Products and Arts-Crafts,CCCLA) 由在中华人民共和国境内依法注册、从事轻工工艺品进出口贸易及相关活动的各种经济类型组织自愿联合成立的自律性、全国性行业组织。为适应改革开放和促进对外贸易发展的需要,根据国家有关规定,中国轻工工艺品进出口商会于1988年在北京成立。根据《中华人民共和国对外贸易法》,该会不以盈利为目的,不从事与本身协调业务相关和与会员利益相冲突的经营活动。其宗旨是:遵守宪法、法律、法规和国家政策,遵守社会道德风尚;对进出口业务及相关活动进行协调、指导,为会员及其他组织提供咨询、服务;维护正常的对外贸易秩序,保护公平竞争;维护国家利益和会员的合法权益,促进进出口贸易健康发展。

中国轻工工艺品进出口商会的主要职责是:

(1)研究中国轻工工艺品进出口现状和发展趋势,为国家制定有关政策提供参考意见;(2)维护进出口贸易的经营秩序和会员企业的利益,根据会员企业的要求对本行业进出口商品的价格、市场、客户等进行协调;(3)组织会员企业就外国对中国轻工工艺出口商品的倾销指控进行应诉工作;(4)参与中国(广州)出口商品交易会的组馆工作,组织、参加各地商品交易会、展览会,组织会员企业出国展销和商务考察;(5)为会员企业提供咨询服务,组织各类研讨会,开展业务培训;(6)与国外同行业组织进行交流;(7)对进出口商品市场、行情、国际贸易有关法律、法规、贸易措施、国际金融市场等进行调研;(8)履行政府和会员企业赋予的其他职责。

中国轻工工艺品进出口商会的最高权力机构是会员代表大会,下设理事会、常务理事会。理事会、常务理事会在会员代表大会闭会期间行使会员代表大会职权。

中国轻工工艺品进出口商会下设的职能部门是:(1)综合业务部:负责提供行业综合性数据分析和有关调研报告;与国外同行机构的联系;负责知识产权、质量技术标准的有关工作;归口协调管理本行业进出口有关工作及综合统计、分析工作等。负责本行业有关数据的整理、分析;组织会员企业参加各类培训、讲座;会刊《协调与服务》的编辑出版工作;为会员企业提供信息和咨询服务;负责商会网站的建设及维护工作。(2)展览部:负责广交会轻工工艺品馆的组馆工作;参与国内各地方性交易会及专业性展览会的组织工作;负责组织会员企业参加国外展览会;负责组织开拓来华展。(3)公平贸易部:负责国、境外对我出口产品采取反倾销、反补贴、保障措施及行政复审等相关的组织工作;向会员企业提供法律咨询和服务。(4)财务部:负责商会财务核算和管理、办理财政登记和税务登记。(5)办公室:负责人事、文秘、行政管理及后勤服务等工作。负责企业入会登记,会员管理;组织召开常务理事会、理事会、会员代表大会。

中国轻工工艺品进出口商会设立10个商品分会:鞋帽分会、办公文体用品分会、草制品分会、日用百货分会、陶瓷分会、珠宝首饰分会、箱包分会、抽纱分会、家具分会、玩具分会。　　　　　　　　(王连喜)

zhongguo renmin jiefangjun tudi shiyong guanli
中国人民解放军土地使用管理(administration of the land-use of the Chinese People's Liberation Army)　军队拥有使用权的国有土地的管理。依据《中国人民解放军土地使用管理规定》,军队土地使用包括下列范围:(1)陆军设防、海防、空防、通信、二炮阵地、军队人防工程、试验场地、试验基地、训练场、靶场等国防工程用地;(2)部队、机关、院校、医院、疗养院、科研单位、干休所、家属院等营区用地;(3)军用仓库用地;(4)军用铁路专用线、公路支线和输水、输油、输气管线用地;(5)军队系统工厂、农场、马场、矿山、林场、果园、养殖场、盐场等用地;(6)军队系统的宾馆、招待所、商店等用地;(7)军队明确保留的旧机场用地和其他用地。

军用土地实行集中统一管理下的按级负责制。各级主管部门和用地单位应依据国家和军队的有关法律、法规,采取行政、经济、法律等手段,管理和使用好军用土地。军用土地的调配处理权集中于中央军委、总部。总后勤部负责全军土地的统一管理工作。其他各级后勤部门负责本辖区(系统)军用土地的统一管理工作。各级司令部、政治部有关业务部门应协同配合,维护军用土地的集中统一管理。

使用管理　团以上单位,应加强土地管理,做好军用土地的调查(含测量)、登记、统计、档案和动态监测等地籍管理工作,为合理规划使用军用土地提供依据。移交、转让、出借、兑换军用土地,按《中国人民解放军房地产管理条例》规定执行。军内改变土地用途的,不论数量多少,均按下列规定办理:(1)改变国防工程设施区内土地用途的,报总参谋部、总后勤部批准。(2)改变营区、库区、工厂用地和农场、马场内耕地用途时,不涉及部署调整的,报总后勤部批准;涉及部队部署调整的,报总参谋部、总后勤部批准。(3)改变其他土地用途的,由各大单位后勤部批准,报总后勤部备案。(4)改变土地用途时,不得危及或妨碍军事设施的安全保密和使用。利用空余场地从事开发经营业务的,按国家和军队房地产开发、经营有关规定执行。用地单位移防或撤销,其使用的土地(含地籍档案),应及时向接管单位和上级有关部门办理移交手续,不准擅自处理。土地管理的业务归口部门应对用地单位的土地使用情况进行监督检查,对违法违纪行为,有权责令停止,并向当事者所在单位或上级机关提出处罚建议。监督检查人员履行职责时,有关单位、人员应如实反映情况,提供材料。

用地与审批　制定建设项目用地计划,必须遵循节约用地的原则,实行定额管理。能内部挖潜的,不另征新地;能利用荒地的,不占用耕地;能利用劣地的,不使用好地。建设项目年度用地计划指标的申报、审批程序:(1)用地单位必须按基本建设程序,申请下年度建设用地计划,在业务主管部门逐级审查的基础上,由各大单位后勤部汇总,于当年8月30日前上报总后勤部;(2)全军的建设项目用地计划经总部审定后,于当年9月30日前,由全军土地管理局上报国家计划委员会和国家土地管理局,同时抄送建设项目所在省、自治区、直辖市及计划单列市的计划委员会和土地(国土)

管理局(厅);(3)总后勤部根据国家分配的用地计划指标,下达军队年度用地计划;(4)用地单位持批准的年度建设项目计划和用地计划批文,向当地县级以上人民政府土地管理部门办理土地征用、划拨手续,领取土地使用证;(5)应急战备工程等急需征用土地的,可简化申报、审批手续,用地指标可在全军当年土地计划中调整解决,或报国家有关部门批准,在当年计划中解决。

单项工程征用耕地 1000 亩、其他土地 2000 亩以上的,由总后勤部专项上报国务院审批。各大单位应在当年第一季度末,将上年度征地计划的执行情况报告总后勤部。军队从事农、林、牧、副、渔生产需要开垦荒山、滩涂等土地,事先应向当地县级以上人民政府提出申请,办理垦荒手续,并及时领取土地使用证。

奖励和惩罚 对于符合下列条件之一的单位和个人,应按照《纪律条令》的有关规定,给予奖励:(1)保护、利用、节约军用土地成绩显著的;(2)在土地管理的宣传、教育、科学研究和新技术开发利用方面成绩显著的;(3)在地籍、地权、用地管理工作中表现突出的;(4)在土地管理工作中坚持原则,秉公执法,敢于同各种违法行为作斗争,事迹突出的;(5)在土地管理工作中有其他突出成绩的。

对于违反土地法律、法规和《中国人民解放军房地产管理条例》的单位和个人,给予以下处罚:(1)擅自变卖、转让、出租、出借、赠送、兑换军用土地或改变土地用途的,没收非法所得,收回土地使用权,并给予主管负责人或直接责任者行政处分;(2)不服从土地调配或不按批准权限调配土地的,收回土地使用权,并给予主要负责人行政处分;(3)利用土地行贿、受贿的,按三总部有关规定,没收赃款、赃物,给予当事人行政处分和经济处罚;(4)违反地籍管理有关规定造成资料损坏、丢失、泄密的,给予当事人和主管负责人行政处分;(5)违反土地管理法规构成犯罪的个人,依法追究其刑事责任。　　　　　　　(刘利晋)

zhongguo renmin yinhang

中国人民银行(People's Bank of China) 我国宏观调控法的重要主体。1948 年 12 月 1 日在华北银行、北海银行、西北农民银行的基础上合并组成的。1983 年 9 月,国务院决定中国人民银行专门行使国家中央银行职能。1995 年 3 月 18 日,第八届全国人民代表大会第三次会议通过了《中华人民共和国中国人民银行法》,至此,中国人民银行作为中央银行以法律形式被确定下来。

根据第十届全国人民代表大会审议通过的国务院机构改革方案的规定,将中国人民银行对银行、金融资产管理公司、信托投资公司及其他存款类金融机构的监管职能分离出来,并和中央金融工委的相关职能进行整合,成立中国银行业监督管理委员会。

随着社会主义市场经济体制的不断完善,中国人民银行作为中央银行在宏观调控体系中的作用将更加突出。根据 2003 年 12 月 27 日第十届全国人民代表大会常务委员会第六次会议修正后的《中华人民共和国中国人民银行法》规定,中国人民银行的主要职责为:(1)起草有关法律和行政法规;完善有关金融机构运行规则;发布与履行职责有关的命令和规章。(2)依法制定和执行货币政策。(3)监督管理银行间同业拆借市场和银行间债券市场、外汇市场、黄金市场。(4)防范和化解系统性金融风险,维护国家金融稳定。(5)确定人民币汇率政策;维护合理的人民币汇率水平;实施外汇管理;持有、管理和经营国家外汇储备和黄金储备。(6)发行人民币,管理人民币流通。(7)经理国库。(8)会同有关部门制定支付结算规则,维护支付、清算系统的正常运行。(9)制定和组织实施金融业综合统计制度,负责数据汇总和宏观经济分析与预测。(10)组织协调国家反洗钱工作,指导、部署金融业反洗钱工作,承担反洗钱的资金监测职责。(11)管理信贷征信业,推动建立社会信用体系。(12)作为国家的中央银行,从事有关国际金融活动。(13)按照有关规定从事金融业务活动。(14)承办国务院交办的其他事项。　　　　　　　(卢炯星)

zhongguo renmin yinhang yu eluosi lianbang zhongyang yinhang guanyu bianjing diqu maoyi de yinhang jiesuan xieding

中国人民银行与俄罗斯联邦中央银行关于边境地区贸易的银行结算协定(agreement of banking settlement for the border trade between People's Bank of China and Central Bank of Russia Federation) 中国人民银行与俄罗斯联邦中央银行为巩固银行间联系,促进中俄边境贸易的发展,依照 1992 年 3 月 5 日签署的《中华人民共和国政府与俄罗斯联邦政府经贸协定》、2000 年 11 月 3 日签署的《中华人民共和国政府与俄罗斯联邦政府 2001 年至 2005 年贸易协定》以及 1997 年 11 月 10 日签署的《中国人民银行与俄罗斯联邦中央银行关于金融机构业务监管合作的协议》的条款,遵循中华人民共和国和俄罗斯联邦的法律,达成了《中国人民银行与俄罗斯联邦中央银行关于边境地区贸易的银行结算协定》。协定于 2002 年 8 月 22 日在上海签署,一式两份,每份均用中文和俄文写成,两种文本具有同等效力。

《结算协定》的主要内容为:(1)双方商定,作为试点,自 2003 年第一季度起,在中华人民共和国黑龙江省黑河市的中国的银行和在俄罗斯联邦阿穆尔州布拉格维申斯克市注册的俄罗斯的银行及俄罗斯的银行在该市注册的分行之间的边境贸易结算和支付,除使用自由兑换货币之外,也可使用中华人民共和国货币(人民币)和俄罗斯联邦货币(卢布)。(2)为办理本协定第一条所列两国本币结算业务,位于本协定第一条规定的边境地区的中国的银行和俄罗斯的银行,可依据相互签订的合同,彼此在对方开立相应的代理账户。(3)双方委托中国人民银行哈尔滨中心支行和俄罗斯联邦中央银行阿穆尔州总分行,会同本协定第一条所列的中国的银行和俄罗斯的银行,依照两国现行法律,协商确定第2条所涉及的账户的管理办法,包括核定账户的透支额度,为法人和自然人办理日常支付的程序,两国本币买卖业务的操作程序,以两国本币相互提供贷款的业务操作程序,以及执行本协定所必须解决的有关账户管理办法的其他问题。(4)为使双方能够实施对本协定执行过程的监督,中国人民银行哈尔滨中心支行和俄罗斯联邦中央银行阿穆尔州总分行应至少每季度一次向各自的总行通报本协定规定的试点的实施情况。(5)双方商定,为使本协定第1条规定的边境地区的居民之间的贸易和往来较为方便,位于上述地区的中国的银行和俄罗斯的银行在对等和相互尊重的基础上,在中华人民共和国法律和俄罗斯联邦法律允许的条件下,可以在各自地区办理人民币和卢布的现钞兑换业务。(6)本协定自签字之日起生效,有效期为2年。在本协定执行18个月之后,双方将共同研究协定执行的结果,并在此基础上就是否有必要延长本协定的有效期,以及是否有必要将本协定适用范围扩大到中华人民共和国和俄罗斯联邦其他边境地区,作出协调一致的决定。 (罗大帅)

zhongguo wukuang huagong jinchukou shanghui

中国五矿化工进出口商会(China Chamber of Commerce of the Five Chief Minerals and Chemicals Importers and Exporters) 在对外贸易经济合作部(现改称为商务部)的指导下,由从事五金制品、矿产品、建材产品、化工品进出口贸易的企业依法成立的行使行业协调、为企业服务的自律性组织。为适应改革开放和促进对外贸易发展的需要,根据国家有关规定,中国五矿化工进出口商会于1988年9月1日在北京成立。中国五矿化工进出口商会具有独立法人地位,在政府和企业间发挥桥梁、纽带作用。

职责和任务 中国五矿化工进出口商会的主要职责和任务是:(1)遵守法律、行政法规,依照章程对其会员的进出口经营活动进行协调指导;(2)维护进出口经营秩序和会员企业的利益;(3)组织对国外反倾销的应诉;(4)进行国内外市场调研,为会员企业提供信息和咨询服务;(5)调解会员企业之间的贸易纠纷;(6)向政府反映会员企业的要求和意见,并主动对政府制定政策提出建议;(7)认真监督和指导会员企业守法经营;(8)根据主管部门的授权,组织进出口商品配额招标的实施;(8)参与组织出口商品交易会;(9)向政府有关执法部门建议或直接根据同行业协议规定,采取措施惩治违反协调规定的会员企业。

组织机构及各职能部门 中国五矿化工进出口商会组织机构及各部门职能:办公室、综合业务部、金属矿产部、石油和化工商品部、招标商品部、信息咨询部、联络部、法律部、会展培训部、五金建材部。

截至2002年7月底,中国五矿化工进出口商会共有会员2621家。2000年,在我国最大的500家进出口企业中,有该会会员近300家。中国五矿化工进出口商会集中了本行业的经营规模最大和最具代表性的企业,代表了我国五矿化工进出口行业的整体实力和水平。中国五矿化工进出口商会目前下设40个商品分会(协调小组),覆盖了黑色金属、有色金属、非金属矿产品及制品、建材制品、煤炭及制品、石油及制品、化工原料、精细化工品、农用化工品等各类五矿化工商品。

(王连喜)

zhongguo yiyao baojianpin jinchukou shanghui

中国医药保健品进出口商会(China Chamber of Commerce of Medical & Health Products Importer & Exporter,CCCMHPIE) 由国务院对外经济贸易主管部门及其授权部门批准从事医药保健品进出口贸易,在中华人民共和国境内注册的各类企业依法组成的,进行行业协调,为医药保健品进出口企业服务的社会团体。为适应我国建立社会主义市场经济体制,深化外经贸体制改革和促进医药保健品进出口贸易健康发展的需要,中国医药保健品进出口商会于1989年5月在北京正式成立。它具有独立法人地位,现有会员1100多家,遍布全国各地。该会遵守国家法律、行政法规,贯彻执行国家对外贸易方针、政策,接受国务院主管部门(商务部)的管理、指导和监督。该会的宗旨是对医药保健品进出口经营进行协调,维护对外贸易秩序,保护公平竞争,维护国家、行业利益及会员企业的合法权益,为扩大医药保健品进出口贸易服务。

职能和任务 主要职能和主要任务是对会员的对外贸易经营活动进行协调指导,提供咨询服务;对医药保健品的出口发展规划和进口状况进行研究,并向政府主管部门提出建议;向政府反映会员企业的要求和意见,对政府制定政策提供咨询和建议;维护本行业进出口经营秩序和会员企业的利益,根据政府授权或会员企业的共同要求和同行协议,对医药保健品进出口价格、市场、客户等进行协调;协助国务院主管部门指导、监督会员企业依法经营,合法使用进出口配额和许可证,并对配额和许可证管理提出建议;对医保产品进出口市场、行情、国际贸易有关法规、协定、有关国家贸易限制措施及国际金融、利率、货币等进行调查研究,为会员企业提供信息和咨询服务;组织会员企业就国外对我国医药保健品的反倾销、反补贴投诉进行应诉工作,对外国医药保健品在我国的倾销或其他不正当竞争行为进行调查,并向政府报告;根据国务院主管部门的授权,负责医药保健品进出口配额招标的具体实施工作;组织医药保健品进出口交易会、展销会、博览会,组织会员出国考察、推销、订货和进行技术交流,协助会员对进出口商品进行宣传介绍及其他促进对外贸易活动;代表本行业参加国际同行业组织,出席有关国际专业会议,加强与国外同行业组织的联系、合作与交流,维护会员企业的正当权益,公正地协调解决会员企业之间的贸易纠纷,协调或组织会员企业联合对国外的招标项目进行投标;履行国务院主管部门授权或根据会员企业共同要求及同行协议赋予的其他职责。中国医药保健品进出口商会根据自身任务的需要,按不同商品类别下设若干分会和协调小组,分别负责有关进出口商品的协调管理和咨询服务。

申请入会条件和会员的权利 申请加入该会的会员,必须具备下列条件:(1) 拥护本会的章程;(2) 有加入本会的意愿;(3) 在中华人民共和国境内依法注册、登记,从事进出口贸易或相关活动。会员入会程序:提交入会申请书提交在国家有关管理部门登记、注册的文件;经本会审核,符合本会入会条件并缴纳入会注册费后,予以登记,并由本会常设办事机构颁发会员证书。该会会员的权利:(1) 有选举权、被选举权和表决权;(2) 有权参加本会组织的各项活动;(3) 有权优先享受本会提供的各项服务;(4) 有对本会工作的批评建议权和监督权;(5) 有举报权、处分建议权和申诉权;(6) 入会自愿,退会自由。会员的义务:(1) 遵守国家法律、行政法规,执行国家对外贸易方针、政策;(2) 遵守本会章程,执行本会的决议和规定,完成本会交办的工作;(3) 维护国家、行业利益,不得损害其他会员的利益;(4) 按规定缴纳会费;(5) 向本会反映情况,提供有关资料和统计数据。

组织机构 商会的日常工作由会长、副会长、秘书长主持。常设办事机构在北京,下设中药部、西药部、法律部、展览部、信息部、会员部和办公室,分别负责处理日常工作的具体事宜。中国医药保健品进出口商会,热忱欢迎有关国际组织和各国同行业组织,各国医药保健品贸易公司与我会加强联系,开展国际合作,为国际贸易的繁荣和发展,共同作出积极的贡献。

(王连喜)

zhongguo yinhangye xiehui

中国银行业协会(Chinese Bank Association) 在民政部门登记注册的非营利性社会团体,由中国境内注册的各商业银行、政策性银行自愿结成的非营利性社会团体。是银行业的自律机构,是实行会员制和会长负责制,会员大会是协会的最高权力机构,经中国人民银行批准成立的,承认协会章程的中华人民共和国境内的商业银行和政策性银行均可以申请加入协会,会员不论规模大小,平等参与协会事务协商。银行业自律机构主要通过制定各项业务规章、举办各种活动来规范行业行为,进行行业交流,协调业务关系,并培训银行业员工,维护行业利益。中国银行业协会是以自愿原则组织的全国性行业自律组织,中国银行业协会的宗旨是,依据《商业银行法》等国家有关法律法规和政策,加强行业自律和协调,规范会员的业务活动,保护会员的合法权益,促进银行业的健康发展,借鉴国外和香港地区的经验,结合我国银行业的实际情况,发挥三大职能作用:一是加强同业约束,依据国家法律法规和政策,制定行业规章,规范执业行为,制止不正当竞争;二是为央行加强监管发挥补充作用,督促各家银行贯彻执行国家金融法律法规和方针政策;三是提供行业服务,抵制侵害银行合法权益的行为,开展行业信息交流和咨询服务,充当会员单位联系的桥梁和纽带,调解业务纠纷,组织员工培训等。

(周 尔)

zhongguo zhengquan shichang

中国证券市场(Chinese security market) 中国的股份公司等市场主体进行证券交易的场所。大致出现在19世纪中期。1872年,清政府官员李鸿章等筹办轮船招商总局,发行股票筹资。随后,上海等各地设立了的公司、矿场、纱厂等企业也发行了股票。第一次世界大战期间,中国资本主义有了一定的发展。1914年,北洋政府立定了《证券交易法》。《证券交易法》颁布后,先后设立了上海华商证券所、北京证券交易所和上海证券物品交易商。

新中国成立后,人民政府于1949年、1950年开办了天津市证券交易所和北京证券交易所。国务院于1981年1月16日颁布的《中华人民共和国国库券条例》标志着我国证券市场的重新启动,1984年股票开始出现,1985年开始发行金融机构债券,1986年发行企业债券。此后,特种国债、保值国债、转换债、财政债券等品种也陆续推出,多元化的金融结构开始出现。从90年代初开始,证券市场进入一个新的发展阶段,集中的证券交易所开始出现。上海证交所和深圳证交所分别于1990年12月和1991年7月开业。1992年10月国务院证券委员会和中国证券监督管理委员会的成立,以及《中华人民共和国公司法》、《中华人民共和国国库券条例》、《股票发行与交易暂行条例》、《国务院关于股份有限公司境外募集股份及上市的特别规定》的一系列全国性的政策法规的实行标志了初步确立了全国证券市场统一监管体制。

从1996年开始,证券市场内的股票发行规模迅速扩大,股票筹资成为企业直接融资的一种重要形式。在证券市场发展的同时,政府加强了对证券市场的法制建设,颁布了《国务院关于进一步加强在境外发行股票和上市管理的通知》、《关于严禁国有企业和上市公司炒作股票的规定》、《可转换公司债券管理办法》、《证券投资基金管理暂行办法》、《合格境外机构投资者境内证券投资管理暂行办法》、《外资参股证券公司设立规则》、《期货经纪公司管理办法》、《证券公司管理办法》以及《期货交易管理暂行条例》等条例和规章,有力地促进了我国证券市场的法制化和规范化建设。

(马志宇)

zhongguo zhengquanye xiehui

中国证券业协会(Securities Association of China) 依据我国《证券法》和《社会团体登记管理条例》的有关规定设立的证券业自律性组织。属于非营利性社会团体法人,接受中国证监会、国家民政部的业务指导、监督、管理。中国证券业协会成立于1991年8月28日。证券市场交易活动是非常复杂而又分散的活动,单靠国家证券监督管理机构的管理,力量有限,必须建立自律性的管理组织来实施对证券市场的日常管理。国外证券业自律监管也通过一系列自律组织来实施。以美国的全美证券交易商协会(NASD)、全美期货业协会(National Futures Association)为例,它主要通过制定行业准则和行业标准,推广行业经验来实施自我管理、自我规范,并对其会员进行监督。

中国证券业协会会员分团体会员和个人会员两种,凡是经营证券业务的金融机构与与证券市场有关的管理研究人员提出申请,经批准后,均可成为协会会员。协会的最高权力机构是由全体会员组成的会员大会,理事会为其执行机构。协会实行会长负责制,设专职会长1名,会长由中国证监会提名、并由协会理事会选举产生。协会对会员进行分类管理,会员分为证券公司类、证券投资基金管理公司类、证券投资咨询机构类和特别会员类等四类,会员入会实行注册制。根据《证券法》规定,证券业协会是证券业的自律性组织,所有证券公司均需加入证券业协会,成为会员。

证券业协会履行下列职责:(1)教育和组织会员执行证券法律、法规,向中国证监会反映会员在经营活动中的问题、建议和要求;(2)制定证券业自律规则、行业标准和业务规范,并监督实施;(3)依法维护会员的合法权益;(4)监督、检查会员的执业行为,对违反章程及自律规则的会员给予纪律处分;(5)对会员之间、会员与客户之间发生的纠纷进行调解;(6)收集、整理证券信息,建立行业诚信记录和诚信评价制度。开展会员间的业务交流,组织会员就证券业的发展进行研究,推动业务创新;(7)组织证券从业人员资格考试,负责证券从业人员执业资格注册及管理;(8)对证券从业人员进行持续教育和业务培训,提高从业人员的业务技能和执业水平;(9)开展证券业的国际交流和合作;(10)法律、法规规定或中国证监会赋予的其他职责。中国证券业协会在国家对证券业实行集中统一监督管理的前提下,通过对其会员进行监督、指导,进行证券业自律管理,实施自我教育、自我管理,保护市场的完整性,维护公平、高效和透明的市场秩序;发挥政府与证券行业间的桥梁作用;为会员服务,维护会员的合法权益;维持证券业的正当竞争秩序,促进证券市场的公开、公平、公正,推动证券市场的健康稳定发展。

(刘 卉 马志宇)

zhongguo zhiliang jiandu guanli xiehui

中国质量监督管理协会(China Association For Quality Supervision and Management) 全国质量监督管理机构,质量监督工作者和全国质量管理工作者自愿组织的国家一级专业性协会。中国质量监督管理协会目前拥有包括国家级质检机构、行业(部门)和地方质检机构以及部分企业质检机构在内的团体会员100余个,这些会员遍及国家各部门和全国各地。中国质量监督管理协会常设办事机构为秘书处,秘书处下设监督管理部、监督工作部、学术工作部、培训工作部、质量法律咨询部五个职能部门。中国质量监督管理协会的基本任务是:(1)宣传贯彻国家有关质量的法律、法规、方针、政策,宣传质量监督管理在国民经济中的重要作用,提高全民质量意识。(2)通过开展多种形式的国内外学术交流和技术培训工作,帮助质量监督管理机构和企业的质量监督管理员提高业务素质和监督管理水平,以保证质量监督管理工作的科学性和公正性,促进质检工作与国际惯例接轨。(3)通过开展多种形式的技术咨询服务工作,帮助企业做好技术基础工作,促进企业提高产品质量,推出质优价廉的名牌产品,提高市场竞争能力。(4)贯彻"规范市场,扶优治劣,引导消费,服务企业"的方针,以监督数据,积极宣传和扶持国产名优精品、名优企业;向消费者提供质量信息,宣传和普及质量知识和消费常识,保护企业和消费者的合法权益,充分发挥社会监督作用。(5)接受政府委托,承担有关质量监督的技术性管理工作,积极向有关部门反映情况,提出意见和建议,充分发挥桥梁、纽带和参谋助手作用。

(麻琳琳)

zhonghua renmin gongheguo he deguo guanyu cujin he xianghu baohu touzi de xieding

《中华人民共和国和德国关于促进和相互保护投资的协定》(Agreement for the Promotion and Mutual Protection on Investment between China and Germany) 中华人民共和国和德意志联邦共和国，本着发展两国间经济合作的愿望，努力为缔约一方的投资者在缔约另一方境内的投资创造有利条件，经过两国政府代表的谈判达成了《中华人民共和国和德意志联邦共和国关于促进和相互保护投资的协定》。协定于1983年10月7日在北京签订，共两份，每份都用中文和德文写成，两种文本具有同等效力。

《协定》的主要内容为：(1) 缔约任何一方应促进缔约另一方的投资者在其境内投资，依照其法律规定接受此种投资，并在任何情况下给予公平、合理的待遇。(2) 缔约一方投资者在缔约另一方境内的投资所享受的待遇，不应低于同缔约另一方订有同类协定的第三国投资者的投资所享受的待遇；缔约一方投资者在缔约另一方境内与投资有关的活动所享受的待遇，不应低于同缔约另一方订有同类协定的第三国投资者与投资有关的活动所享受的待遇；上述待遇不适用于：缔约一方根据现存的关税同盟、自由贸易区或由于属于某一经济共同体而给予第三国投资者的优惠；缔约一方根据免征双重税协定及其他有关税收问题的协议而给予第三国投资者的优惠；缔约一方为方便边境贸易而给予第三国投资者的优惠。缔约任何一方保证，在不损害其有关外国人参股的合资经营企业和外资企业的法律的情况下，对缔约另一方投资者参股的合资经营企业及缔约另一方投资者的投资不采取歧视措施。(3) 缔约一方投资者在缔约另一方境内的投资应受到保护，其安全应予保障。只有为了公共利益，依照法律程序并给予补偿，缔约另一方可对缔约一方投资者在其境内的投资进行征收。补偿的支付不应不适当地迟延，并应是可兑换的和可自由转移的；缔约一方投资者和有缔约一方投资者参股的合资经营企业，在缔约另一方境内由于战争、武装冲突、全国紧急状态或其他类似事件而使其投资遭受了损失，缔约另一方就此采取任何有关措施时，不予歧视。缔约一方的投资者在缔约另一方境内就本条所规定的事项享受最惠国待遇。(4) 缔约任何一方保证缔约另一方投资者自由转移下列与投资有关的款项，主要是：资本和维持或扩大投资所用的追加款项；收益；偿还贷款的款项；第1条第1款第4项所列有关权利的许可证费和其他费用；全部或部分转让投资的清算款项。(5) 如缔约一方对在缔约另一方境内某项投资作了担保，并向其投资者支付了款项，在不损害缔约一方按第10条规定的权利时，缔约另一方承认，投资者的全部权利或请求权根据法律或法律行为转让给了缔约一方，并承认缔约一方对这些转让的权利或请求权的代位。但缔约一方所取得的权利或请求权不应超出投资者原有的权利或请求权。缔约另一方可针对代位的权利或请求权向缔约一方提出反求偿。因此种请求权的转让而向缔约一方支付的款项，其转移准用第4条及第5条。(6) 在接受投资一方的主管机构未采纳当事者双方的其他约定的情况下，本协定第4条或第5条、第6条所规定的转移以双方同意的货币按转移当时实际使用的汇率进行，并不应不适当地迟延；上款的汇率必须符合转移时国际货币基金组织特别提款权同有关货币的汇率折算而得出的套汇率。(7) 在本协定之外，如果根据现在或今后缔约一方的法律或缔约双方间所承担的国际法义务有一般或专门的规定，对缔约另一方投资者投资的待遇较本协定更为优惠，应从优适用；缔约任何一方应恪守其对缔约另一方投资者在其境内投资已承担的所有其他义务，但缔约各方修改其法律的权利不受妨碍。(8) 协定亦适用于缔约一方投资者自1979年7月1日根据缔约另一方法律规定在其境内已经进行的投资。(9) 缔约双方如对本协定的解释或适用发生争端，应尽可能通过友好协商解决；如果项争端在6个月内未获解决，则应缔约任何一方的要求提交仲裁；仲裁庭应按下述方式专门设立：由缔约双方各任命1名仲裁员，根据该两名仲裁员的一致意见推举1名第三国国民为首席仲裁员，并由缔约双方政府予以任命。自缔约一方通知缔约另一方要求将争端提交仲裁之日起，应在两个月内任命仲裁员，在3个月内任命首席仲裁员；如在第3款规定的期限内未能作出任命，而又无任何其他约定时，则缔约任命一方均可请求联合国秘书长作出必要的各项任命。如果联合国秘书长具有缔约任何一方的国籍或因其他原因不能履行此种职责时，则由不具有缔约任何一方国籍的资历最高的副秘书长作出必要的各项任命；仲裁庭将根据本协定、缔约双方已签订的其他协定及国际法一般原则进行裁决。裁决由多数票作出，并为终局裁决，具有拘束力；缔约双方各自承担其成员及其代理人在仲裁程序中的费用。首席仲裁员的费用和其他费用将由缔约双方平均承担。仲裁庭得自行规定其程序。(10) 本协定在缔约双方发生冲突时仍应有效，但不应妨碍采取根据国际法一般原则所允许的临时措施的权利。不论是否存在外交关系，至迟应在冲突实际结束时取消该类措施。(11) 协定在双方政府相互通知、为使本协定生效所必要的国内条件业已具备之日起1个月后即告生效，有效期为10年。如缔约任何一方未提前12个月书面通知终止本协定，其有效期在10年期满后将继续延长。本协定10年期满后，缔约任何一方可随时通知终止本协定，但在通知终止后的1年内仍然有效；协定失效之

日前已进行投资,本协定第1条至第12条的规定在本协定失效之日起15年内继续适用。　　　　(罗大帅)

zhonghua renmin gongheguo he faguo guanyu xianghu guli he baohu touzi de xieding

《中华人民共和国和法国关于相互鼓励和保护投资的协定》(Agreement for the Mutual Encouragement and Protection on Investment between China and France)　中华人民共和国政府和法兰西共和国政府,希望发展两国间的经济合作,为此目的,为中国的投资者在法国和法国的投资者在中国的投资创造有利条件,达成了《中华人民共和国政府和法兰西共和国政府关于相互鼓励和保护投资的协定》。协定于1984年5月30日在巴黎签订,正本一式两份,每份都用中文和法文写成,两种文本具有同等效力。

《相互鼓励和保护投资的协定》的主要内容为:(1)缔约各方在其法律和本协定规定范围内,接受并鼓励缔约另一方的投资者在其领土和海域内进行投资。(2)缔约各方承诺在其领土和海域内给予缔约另一方的投资者的投资以公正和公平的待遇;缔约各方对于在其领土和海域内的缔约另一方投资者的投资,应给予不低于第三国投资者的待遇;上述待遇不涉及缔约一方因加入自由贸易区、关税同盟、共同市场或其他任何形式的地区经济组织而给予第三国投资者的优惠待遇。(3)缔约任何一方的投资者在缔约另一方领土和海域内进行投资时,应受到充分的保护和保障;缔约任何一方对于在其领土和海域内的缔约另一方的投资者的投资,只有为了公共目的、以非歧视性方式、按照法律程序并给予补偿,方可采取征收、国有化措施或其他相同效果的措施。如采取征收措施,应给予适当的补偿。补偿额的计算原则和规则以及支付方式,最迟应于实施征收之日确定;补偿的给付不应无故迟延,并能实际兑现和自由转移;补偿的计算方式及其具体办法在作为本协定组成部分的附件中加以规定。(4)缔约各方允许在其领土和海域内进行投资的缔约另一方的投资者自由转移下述款项:利息、股息、利润和其他日常收入;由第1条第1款的第4、5项所述的无形权利而取得的费用;为偿还按正常手续取得的借款而支付的款项;全部或部分转让或清算投资的所得,包括投资资本的增值;第4条所述的补偿。缔约任何一方的国民,如被准许到缔约另一方领土和海域内为某项被批准的投资而工作,则应准其向本国转移其适当份额的酬金。(5)缔约任何一方如有法律规定,可在逐项研究的基础上,对其投资者在缔约另一方领土和海域内事先得到缔约另一方批准的投资给予担保;如果缔约一方根据其对在缔约另一方领土和海域的某项投资提供的担保,向有关投资者支付了款项,缔约另一方应承认缔约一方对该投资者的权利和诉讼权的代位。但代位所取得的权利不应超出该投资者原有的权利,代位也不损及缔约另一方对该投资者原有的一切权利。(6)协定亦适用于本协定生效之前法国投资者依据中华人民共和国的法律和规章在中华人民共和国领土和海域内所进行的投资,和中国投资者依据法兰西共和国的法律和规章在法兰西共和国领土和海域内所进行的投资。(7)缔约任何一方与缔约另一方的投资者之间关于投资的争议,应尽可能由争议双方通过和解解决;如自争议的任何一方提出之日起6个月内未能得到解决,争议可按投资者所选择的下述程序之一加以解决:由投资者向接受投资缔约一方的主管行政当局提出申诉;由投资者向接受投资缔约一方的有管辖权的法院提出司法诉讼。(8)根据缔约一方对缔约另一方投资者所作的特殊承诺而进行的投资,如特殊承诺包含比本协定更为优惠的规定,则在不损及本协定规定的情况下,按特殊承诺的条件办理。(9)缔约双方对有关本协定的解释或适用的争端,应尽可能通过外交途径友好地加以解决;如果争端自缔约任何一方提出之日起6个月内未能解决,应根据缔约任何一方的要求提交仲裁庭;缔约双方各自负担其仲裁员及仲裁过程中各自的费用,首席仲裁员的费用和有关其他支出由缔约双方平均负担。(10)缔约各方应于履行完毕为使本协定生效所必需的国内程序后通知缔约另一方。本协定自收到后一方的通知书之日起1个月后生效;协定有效期为10年。期满后如缔约任何一方均未通过外交途径提前1年通知终止本协定,则本协定继续有效;本协定终止后,在其有效期内进行的投资,将继续受到本协定条款保护15年。　　(罗大帅)

zhonghua renmin gongheguo he guba gongheguo 1995nian maoyi yidingshu

中华人民共和国和古巴共和国1995年贸易议定书(Agreement on Trade of the People's Republic of China and the Republic of Cuba(1995))　中华人民共和国和古巴共和国政府为了增进两国政府和人民间的友谊,进一步加强和发展两国间的经济贸易关系,根据1991年1月16日签订的中华人民共和国政府和古巴共和国政府"贸易协定"和"贸易支付协定",经过两国政府代表友好的会谈,决定签订1995年日历年度中、古贸易议定书。议定书于1995年2月21日在北京签订,共两份,每份都用中文和西班牙文写成,两种文本具有同等效力。

《贸易议定书》主要内容为:(1)中华人民共和国和古巴共和国之间1995年日历年度内货物的相互交换,将根据双方进出口平衡的原则,在本议定书附表"甲"(古巴共和国出口商品)和附表"乙"(中华人民共和国出口商品)的基础上进行。上述附表是本议定书的组成部分。经双方同意,除上述附表中包括的商品外,未包括的商品可以进行交换,对上述附表中已定的商品数量也可以调整。(2)价格、交货期和其他技术条件,以及与第1条中提及的附表"甲"和"乙"所列商品有关的其他条件,将由中华人民共和国和古巴共和国国营对外贸易机构,根据两国政府签订的"贸易协定"、"贸易支付协定"和1964年12月31日两国对外贸易部签订的"交货共同条件"以及两国有关交通运输部门之间达成的商品运输协议,在具体合同中商定。(3)根据本议定书相互供应货物的支付,将由中国银行和古巴国家银行根据"贸易支付协定"和"关于执行中、古贸易协定和贸易支付协定的技术细则和记账办法的银行协议",以及有关换函的规定办理。(4)本议定书是"贸易协定"和"贸易支付协定"的组成部分。自1995年1月1日起生效,有效期1年。

zhonghua renmin gongheguo he riben guanyu guli he xianghu baohu touzi xieding

《中华人民共和国和日本关于鼓励和相互保护投资协定》(Agreement for the Encouragement and Mutual Protection on Investment between China and Japan) 中华人民共和国政府和日本国政府,希望加强两国间的经济合作,愿意通过给予投资、与投资有关的业务活动和投资财产以良好的待遇和保护,为各自国家的国民和公司在另一方境内的投资创造良好的条件,认识到鼓励和相互保护投资会促进两国间的经济和技术的交流,经过谈判达成了《中华人民共和国和日本国关于鼓励和相互保护投资协定》。协定于1988年8月27日在北京签订,一式两份,每份都用中文、日文和英文写成,三种文本具有同等效力。如在解释上发生分歧,以英文文本为准。

《相互保护投资协定》的主要内容为:(1)缔约各方应尽可能促进缔约另一方国民和公司在其境内投资,并根据本国的有关法律和法规给予许可;缔约任何一方国民和公司,在缔约另一方境内,关于投资许可和与投资许可有关的事项,享受不低于第三国国民和公司的待遇。(2)缔约任何一方在其境内给予缔约另一方国民和公司就投资财产、收益及与投资有关的业务活动的待遇,不应低于给予第三国国民和公司的待遇;缔约任何一方在其境内给予缔约另一方国民和公司就投资财产、收益及与投资有关的业务活动的待遇,不应低于给予该缔约一方国民和公司的待遇。(3)缔约任何一方国民和公司在缔约另一方境内,为行使和维护自身的权利,在请求或接受法院审理和向行政机构提出申诉的权利方面的待遇,不应低于该缔约另一方给予其国民和公司或第三国国民和公司的待遇。(4)缔约任何一方国民和公司的投资财产和收益,在缔约另一方境内,应始终受到保护和保障;缔约任何一方国民和公司的投资财产和收益,在缔约另一方境内,只有为了公共利益,依照法律和法规,是非歧视性的并给予补偿,方可被采取征收、国有化或其他类似效果的措施;所述的补偿,应使该国民和公司处于未被采取本条第2款所述的征收、国有化或其他类似效果的措施时相同的财政状况。补偿不得迟延。补偿应能有效地兑换和自由转移,兑换和转移时所使用的外汇兑换率按确定补偿价款之日使用的有效兑换率。(5)缔约任何一方国民和公司,在缔约另一方境内,由于发生敌对行为或国家紧急状态而使其投资财产、收益或与投资有关的业务活动受到损害,如该缔约另一方就发生敌对行为或国家紧急状态而采取任何措施时,享受不低于第三国国民和公司的待遇。(6)缔约任何一方根据对其国民或公司在缔约另一方境内的投资财产和收益所承担的保证支付款项时,该缔约另一方应承认该国民或公司对此项投资财产和收益的权利或请求权因上述支付而转移给该缔约一方,并应承认该缔约一方由此产生的对该国民或公司的请求权和诉讼权的代位;关于根据上述权利或请求权的转移而向缔约一方支付的款项的转移,准用第5条第2款至第5款和第8条的规定。(7)缔约任何一方应保证缔约另一方国民和公司在缔约双方境内之间以及该缔约一方境内和第三国境内之间进行支付、汇款以及包括投资财产的清算价款在内的金钱证券或资金的自由转移;本条第一款的规定,不妨碍缔约任何一方根据本国有关法律和法规,施行外汇限制。(8)协定也适用于本协定生效之前在1972年9月29日以后缔约任何一方的国民和公司在缔约另一方境内依照该缔约另一方的有关法律和法规取得的投资财产和收益;本协定不论缔约双方有无外交关系或领事关系同样适用。(9)关于在缔约任何一方境内的缔约另一方国民或公司的投资,该缔约一方和该缔约另一方国民或公司之间发生的争端,应尽可能通过争端当事者之间的友好协商解决;缔约一方或根据其法律和法规其他承担补偿义务者和缔约另一方国民和公司关于第5条第3款所述的补偿价款的争端,如果当事任何一方提出为解决争端进行协商的6个月内未能解决,则根据该国民或公司的要求,可提交参考1965年3月18日在华盛顿签订的《关于解决国家和他国国民之间投资争端公约》而组成的调解委员会或仲裁委员会。缔约任何一方和缔约另一方国民或公司关于其他事项的争端,可根据当事双方的同意,提交如上所述的调解委员会或仲裁委员会。(10)缔约任何一方国民或公司拥有实质利益的第三国公司,在缔约另一方境内,除非该缔约另一方和该第三国之间具有有效的关于投资和保护投资财产的国际协定,应享受如下待遇:关于第2条第2款、第3条、第5条第1款至第4款、第6条及第9条规定的事项,不低于第三国国民或公司拥有实质利益的其他第三国公司在该缔约另一方境内享受的待遇。关于第3条、第5条第1款至第4款、第6条和第9条规定的事项,不低于该缔约另一方国民或公司拥有实质利益的第三国公司在该缔约另一方境内享受的待遇。(11)缔约各方对缔约另一方提出的有关影响本协定适用问题的建议,应给予善意的考虑,并提供适当的机会进行协商;缔约双方对本协定的解释或适用发生争端,在通过外交谈判未能圆满调整时,应提交仲裁委员会裁决。缔约各方各自负担其仲裁员和参与仲裁过程的费用,首席仲裁员履行其职务的费用和仲裁委员会的其他费用由双方平均负担。(12)缔约双方设立由缔约双方政府代表组成的联合委员会,其任务是研究本协定的执行情况及有关两国间投资的事项;结合一方或双方国家关于接受外国投资的法律制度或政策的发展,就本协定的适用及与本协定适用有关的事项进行磋商;并在必要时向缔约双方政府提出适当的建议。联合委员会根据缔约任何一方的要求在北京和东京轮流举行。(13)协定自缔约双方各自履行完毕为生效所需的国内法律程序并交换确认通知之日起30天后生效。本协定有效期为10年。10年以后,在根据本条第2款的规定终止之前,本协定继续有效;在本协定最初10年期满时或其后任何时期,缔约任何一方均可以书面提前1年通知缔约另一方终止本协定。对于本协定终止之日前取得的投资财产和收益,本协定第1条至第14条的规定,自本协定终止之日起继续有效15年。

(罗大帅)

zhonghua renmin gongheguo he yingguo guanyu cujin he xianghu baohu touzi xiedi

《中华人民共和国和英国关于促进和相互保护投资协定》(Agreement for the Promotion and Mutual Protection on Investment between China and the British) 中华人民共和国政府和大不列颠及北爱尔兰联合王国政府,为缔约一方的国民和公司在缔约另一方领土内投资创造有利条件,根据国际协定鼓励和相互保护此种投资将有助于激励国民和公司经营的积极性和增进两国的繁荣,达成了《中华人民共和国政府和大不列颠及北爱尔兰联合王国政府关于促进和相互保护投资协定》。协定于1986年5月15日在伦敦签订,一式两份,用中文和英文写成,两种文本具有同等效力。

《促进和相互保护投资协定》的主要内容为:(1)促进和保护投资:缔约一方应在其领土内鼓励缔约另一方的国民或公司投资,为此创造良好条件,并有权行使法律所赋予的权力接受此种投资;缔约任何一方的国民或公司在缔约另一方领土内的投资,应始终受到公正和公平的待遇和持久的保护和保障。缔约各方同意,在不损害其法律和法规规定的条件下,对缔约另一方的国民或公司在其领土内对投资的管理、维持、使用、享有或处置不得采取不合理的或歧视性的措施。缔约各方应遵守其对缔约另一方国民或公司的投资可能已同意的义务。(2)投资待遇:缔约任何一方在其领土内给予缔约另一方国民或公司的投资或收益的待遇不应低于其给予任何第三国国民或公司的投资或收益的待遇。缔约任何一方在其领土内给予缔约另一方国民或公司在管理、使用、享有或处置他们的投资的待遇,不应低于其给予任何第三国国民或公司的待遇。除本条第1、2款的规定外,缔约任何一方应尽量根据其法律和法规的规定给予缔约另一方的国民或公司的投资与其给予本国国民或公司以相同的待遇。上述第1款至第3款的规定,不应解释为缔约一方有义务因下述情况而产生的待遇、特惠或特权给予缔约另一方的国民或公司:(甲)缔约任何一方已经或可能参加的任何现存或将来的关税同盟或类似的国际协定或为方便边境贸易的协定;(乙)任何全部或主要与税收有关的国际协定或安排,或任何全部或主要与税收有关的国内立法。(3)损失补偿。缔约一方的国民或公司在缔约另一方领土内的投资,因在缔约另一方领土内发生战争或其他武装冲突、革命、全国紧急状态、叛乱或骚乱而遭受损失,缔约另一方给予缔约一方国民或公司的待遇,不应低于其给予任何第三国国民或公司的待遇,在不损害本条第1款的情况下,缔约一方的国民或公司在缔约另一方领土内,在上款所述事态下遭受损失,则由于:缔约另一方的军队或当局征用了他们的财产;缔约另一方的军队或当局非因战斗行动或情势必须而毁坏了他们的财产,应予以恢复或合理的补偿。由此发生的支付款应能自由转移。(4)征收。只有为了与国内需要相关的公共目的,并给予合理的补偿,缔约任何一国民或公司在缔约另一方领土内的投资方可被征收、国有化或采取与此种征收或国有化效果相同的措施(以下称"征收")。此种补偿应等于投资在征收或即将进行的征收已为公众所知前一刻的真正价值,应包括直至付款之日按正常利率计算的利息,支付不应不适当地迟延,并应有效地兑换和自由转移。受影响的国民或公司应有权依照采取征收的缔约一方的法律,要求该一方的司法或其他独立机构根据本款规定的原则迅速审理其案件和其投资的价值;缔约一方依照有效法律对在其领土内任何地方设立或组成的并由缔约另一方国民或公司持有股份的公司之资产进行征收时,应保证适用本条第1款的规定,从而保证拥有此种股份的缔约另一方国民或公司就其投资得到合理的补偿。(5)投资和收益的汇回。(6)国民或公司与东道国之间争议的解决。(7)缔约双方之间的争端及解决办法和程序。(8)代位。如缔约一方或其指定的代理机构,依照其对在缔约另一方领土内某项投资的保证向其国民或公司作了支付,缔约另一方应承认被保证的国民或公司的全部权利和请求权,依法律或合法行为转让给了缔约一方或其指定的代理机构,并承认缔约一方或其指定的代理机构由于代位有权行使和执行与被保证的国民或公司同样程度的权利及请求权。缔约一方或其指定的代理机构可承担与投资有关的义务;缔约一方或其指定的代理机构,通过转让取得的权利和请求权以及实行这种权利和请求权时得到的支付所享受的待遇,在所有情况下,应与被保证的国民或公司依本协定就有关投资及其收益有权享受的待遇相同;缔约一方或其指定的代理机构在行使取得的权利和请求权时所得到的支付,应由缔约一方自由使用,以偿付其在缔约另一方领土内的开支。(9)领土的延伸:在本协定签字之时或其后任何时候,缔约双方可互换照会同意将本协定的规定延伸适用于由联合王国政府负责国际关系的领土。(10)本协定自签字之日起生效,有效期为10年。此后应在缔约任何一方书面通知缔约另一方终止本协定之日起的12个月内继续有效。对于在本协定有效期间所进行的投资,本协定的规定自终止之日起15年内对该类投资应继续有效,并不损及此后适用缔约双方接受的一般国际法规则。

(罗大帅)

zhonghua renmin gongheguo jiaru shijie maoyi zuzhi yidingshu

中华人民共和国加入世界贸易组织议定书

(Protocal for the access of the WTO of China) 世界贸易组织(WTO),按照WTO部长级会议根据《马拉喀什建立世界贸易组织协定》(《WTO协定》)第12条所作出的批准,与中华人民共和国(中国)达成了《中华人民共和国加入世界贸易组织议定书》。

《中华人民共和国加入世界贸易组织议定书》包括序言和总则、减让表、最后条款等三个部分。其主要内容为:(1)总体情况:自加入时起,中国根据《WTO协定》第12条加入该协定,并由此成为WTO成员;中国所加入的《WTO协定》应为经在加入之日前已生效的法律文件所更正、修正或修改的《WTO协定》。本议定书,包括工作组报告书第342段所指的承诺,应成为《WTO协定》的组成部分;除本议定书另有规定外,中国应履行《WTO协定》所附各多边贸易协定中的、应在自该协定生效之日开始的一段时间内履行的义务,如同中国在该协定生效之日已接受该协定。(2)贸易制度的实施:统一实施;特殊经济区;透明度;司法审查。(3)除本议定书另有规定外,在下列方面给予外国个人、企业和外商投资企业的待遇不得低于给予其他个人和企业的待遇:生产所需投入物、货物和服务的采购及其货物据以在国内市场或供出口而生产、营销或销售的条件;及国家和地方各级主管机关以及公有或国有企业在包括运输、能源、基础电信、其他生产设施和要素等领域所供应的货物和服务的价格和可用性。(4)特殊贸易安排和贸易权以及国营贸易。(5)非关税措施。(6)进出口许可程序和价格控制。(7)补贴。中国应通知WTO在其领土内给予或维持的、属《补贴与反补贴措施协定》("《SCM协定》")第1条含义内的、按具体产品划分的任何补贴,包括《SCM协定》第3条界定的补贴。所提供的信息应尽可能具体,并遵循《SCM协定》第25条所提及的关于补贴问卷的要求。就实施《SCM协定》第1条第2款和第2条而言,对国有企业提供的补贴将被视为专向性补贴,特别是在国有企业是此类补贴的主要接受者或国有企业接受此类补贴的数量异常之大的情况下。中国应自加入时起取消属《SCM协定》第3条范围内的所有补贴。(8)对进出口产品征收的税费。(9)技术性贸易壁垒以及卫生与植物卫生措施。(10)确定补贴和倾销时的价格可比性。(11)特定产品过渡性保障机制和WTO成员的保留、过渡性审议机制。(12)减让表以及其他相关规定。

(罗大帅)

zhonghua renmin gongheguo zhengfu he yuenan shehui zhuyi gongheguo zhengfu bianjing maoyi xieding

中华人民共和国政府和越南社会主义共和国政府边境贸易协定

(Protocol on Frontier Trade between the Government of the People's Republic of China and the Government of the Social Republic of Vietnam) 中华人民共和国政府和越南社会主义共和国政府,参照双方于1991年11月7日签订的《中华人民共和国政府和越南社会主义共和国政府关于处理两国边境事务的临时协定》和《中华人民共和国政府和越南社会主义共和国政府贸易协定》,为了加强两国睦邻友好关系和在平等互利的基础上促进两国边境地区的贸易合作,达成了《中华人民共和国政府和越南社会主义共和国政府边境贸易协定》。协定于1998年10月19日在北京签字,一式两份,每份都用中文和越文写成,两种文本具有同等效力。

《贸易协定》的主要内容为:(1)按照各自国家的规定可以在两国边境地区从事边境贸易的企业和边境地区的居民,通过根据"临时协定"的规定并经双方协商一致开放的中国广西、云南两省区和越南广宁、谅山、高平、河江、老街、莱州六省的两国陆地边境口岸和边民互市点进行的贸易活动。(2)缔约双方鼓励和促进两国边境贸易健康、持续、稳定的发展,并加强协调、采取措施打击走私和贸易欺诈行为。(3)本协定第1条规定的边境贸易活动必须在符合本协定和各自国家的法律的基础上进行。(4)缔约双方确认,边境贸易中进行交易的商品包括除双方各自规定禁止进出口商品目录之外的各种商品。属于配额及许可证管理的商品根据双方各自规定执行。(5)边境贸易须按照交易双方同意的支付方式以可自由兑换的货币或中国人民币或越南盾办理支付、结算。有关支付、结算的具体事宜由两国中央银行商定。(6)为了保障消费者利益,保护生产,打击假冒伪劣商品,缔约双方同意积极采取措施加强对边境贸易中商品质量管理,并授权各自的商检部门按照交易双方合同规定的标准对边境贸易进出口商品的质量进行检验并出具商检证书。(7)缔约双方同意相互为双方的有关机构举办边境贸易交易会、洽谈会、展览会和招商会等促进边境贸易的活动提供方便和便利。(8)为保证本协定的执行,缔约双方同意双方政府主管部门和边境当局将根据需要举行磋商,协调和解决边境贸易中出现的和可能出现的纠纷或问题。(9)缔约双方授权中华人民共和国对外贸易经济合作部和越南社会主义共和国贸易部根据实际情况签署实施本协定的具体文件。必要时,缔约双方将授权各自相应的省级边境地方政府根据本协定的规定签署有关具体协议。(10)缔约双方同意,本协定其他未尽事宜,将按"临时协定"和"贸易协定"的有关规定办理。(11)缔约双方经书面协商一致,可对本协定作出修改、补充。缔约一方自收到另一方关于修改、补充协定的建议之日起3个月内,应当给予书面答复。修改和补充的内容自双方具体确定的日期起生效。(12)对于在本协定解释和执行过程中产生的争议,缔约双方将在平等的基础上通过友好协商加以解决。本协定自签字之日起生效,有效期为3年。在本协定期满前3个月,如缔约任何一方未以书面形式通知对方终止本协定,则本协定的有效期将自动延长3年,并依此法顺延。　　　　　　　　　　　　(罗大帅)

中华人民共和国政府与美利坚合众国政府框架工作协议(Agreement of Frame Works between the Government of the Republic of China and the Government of the United States of America) 《中华人民共和国政府(通过对外贸易经济合作部)与美利坚合众国政府(通过美国贸易发展署)框架工作协议》签署于2001年7月31日。以中华人民共和国政府为一方,通过对外贸易经济合作部履行;以美利坚合众国政府为另一方,通过美国贸易发展署(以下简称TDA)履行。鉴于中华人民共和国政府通过外经贸部,美利坚合众国政府通过TDA,已经探讨TDA在中国可以资助的范围广泛的互利活动,并且鉴于外经贸部和TDA有意建立一个必要框架,以保证TDA在正式审核过程中迅速有效地审核和批准这些活动,外经贸部与TDA共同签署了协议,以确立对适用于TDA资助的具体项目活动进行审核和批准的程序。

《框架工作协议》的主要内容为:(1)TDA负责考虑财政资助。TDA同意考虑为中国机构的项目计划活动提供财政资助。资助范围包括但不限于针对中国最优先项目的可行性研究、技术援助、考察和培训,以及其他有助于直接或间接促进双边贸易的活动。(2)定期磋商和审议程序。外经贸部与TDA将至少每年一次,轮流在北京和华盛顿举行定期磋商,以评估由外经贸部推荐的、拟申请TDA资助的优先项目,并审议正在实施的项目。在此磋商的基础上,经外经贸部的正式批准和TDA的审核程序,TDA将表明所感兴趣的项目。TDA将根据正式审核程序进一步审议这些推荐项目,以确定其是否符合TDA资助标准。在定期磋商之外的可行性研究、技术资助及其他项目计划服务遵循前段所述程序,亦可以获得资助。(3)独立的资助协议。TDA一旦批准资助某项目,须及时书面通知外经贸部。而后,TDA将与中方相关政府机构或接受单位(得款人)签署独立协议(资助协议),并据此为每项可行性研究和/或其他活动提供具体资助。每份资助协议将在双方同意的前提下,由TDA与得款人共同签署。资助协议副本将由TDA送交外经贸部备案。(4)具体项目资助规定。每份资助协议将具体包括资助金额、资助目的、可行性研究或其他活动的预计完成日期,适当的财务信息,包括TDA拨款编号,活动编号,预排编号和资助编号以及由资助协议产生的具体联系细节,包括姓名、地址、电话号码及传真号码。(5)框架协议双方的联络。在此框架协议下任何一方提供给另一方的任何通知、请求、文件或其他联络应以书面形式,通过邮寄或传真方式发送。如果发送到另一方的如下地址,将被视为交达或送达。除非另有书面约定,所有联络语言应为英语。(6)生效和终止条款。框架协议自签署之日起生效,有效期5年。如任意一方均未以书面形式在协议终止前90天向对方提出终止要求,协议有效期将自动延长5年。(7)权利行使与义务履行。框架协议规定的外经贸部和美国贸易发展署权利的行使与义务的履行将分别受中华人民共和国和美利坚合众国适用法的约束。　(罗大帅)

中间性保险(inter-mediate insurance) 介于财产保

险和人身保险之间的保险业务。这是从保险监管的角度所作的分类。一般而言,保险组织禁止混业经营,实行财产险和人身险分业经营的原则。短期健康保险和意外保险在传统分类上属于人身保险,但它们具有很强的财产补偿属性,类似于财产保险,因此各国保险法准许财产险公司经营短期健康保险和意外保险业务,构成保险业务的交叉部分,学理上称之为中间性保险。2002年10月28日,第九届全国人大常委会三十次会议通过《中华人民共和国保险法》修正案,第92条第2款修改为:"同一保险人不得同时兼营财产保险业务和人身保险业务;但是,经营财产保险业务的保险公司经保险监督管理机构核定,可以经营短期健康保险业务和意外伤害保险业务。"由此,中间性保险获得了立法的确认。

(李庭鹏)

zhongjie fuwu shoufei guanli zhidu
中介服务收费管理制度(Administration system of Service Charge of Intermediary Agency) 规范中介服务收费的管理制度。其主要法律规范是1999年12月22日原国家计划委员会依据《中华人民共和国价格法》制定公布的《国家中介服务收费管理办法》。该办法分总则、收费管理权限的划分、收费标准的制定、收费行为的规范、法律责任和附则六章。

该管理制度适用于我国境内独立执业、依法纳税、承担相应法律责任的中介机构提供中介服务的收费行为。不适用于根据法律、法规规定代行政府职能强制实施具有垄断性质的仲裁、认证、检验、鉴定收费。

该办法规定中介机构实施收费必须具备下列条件:(1)经政府有关部门批准,办理注册登记,取得法人资格证书;(2)在有关法律、法规和政府规章中规定,须经政府有关部门或行业协会实施执业资格认证,取得相关市场准入资格的,按规定办理;(3)依法进行税务登记,取得税务登记证书;(4)未进行企业注册登记的非企业法人需向价格主管部门申领《收费许可证》。

中介服务收费实行在国家价格政策调控、引导下,主要由市场形成价格的制度。对咨询、拍卖、职业介绍、婚姻介绍、广告设计收费等具备市场充分竞争条件的中介服务收费实行市场调节价;对评估、代理、认证、招标服务收费等市场竞争不充分或服务双方达不到平等、公开服务条件的中介服务收费实行政府指导价;对检验、鉴定、公证、仲裁收费等少数具有行业和技术垄断的中介服务收费实行政府定价。法律、法规另有规定的,从其规定。价格主管部门制定或调整政府定价、政府指导价的中介服务收费标准,应认真测算、严格核定服务的成本费用,充分听取社会各方面的意见,并及时向社会公布。

国务院价格主管部门负责研究制定中介服务收费管理的方针政策、收费标准核定的原则,以及制定和调整重要的政府定价或政府指导价的中介服务收费标准。国务院其他有关业务主管部门或全国性行业协会等社会团体应根据各自职责,协助国务院价格主管部门做好中介服务收费监督和管理工作。省、自治区、直辖市人民政府价格主管部门负责国家有关中介服务收费管理的方针政策的贯彻落实,制定分工管理的政府定价或政府指导价的中介服务收费标准。省级以下其他有关业务部门或同级行业协会等社会团体应根据各自职责,协助本级价格主管部门做好中介服务收费管理工作。

制定中介服务收费标准应以中介机构服务人员的平均工时成本费用为基础,加法定税金和合理利润,并考虑市场供求情况制定。法律、法规和政府规章指定承担特定中介服务的机构,其收费标准应按照补偿成本、促进发展的非营利的原则制定。中介服务收费标准应体现中介机构的资质等级、社会信誉,以及服务的复杂程度,保持合理的差价。

实行市场调节价的中介服务收费标准,由中介机构自主确定。实施服务收费时,中介机构可依据已确定的标准,与委托人商定具体收费标准。应委托人的要求,中介机构实施收费应与委托人签订委托协议书。委托协议书应包括委托的事项、签约双方的义务和责任、收费的方式、收费金额和付款时间等内容;中介机构向委托人收取中介服务费,可在确定委托关系后预收全部或部分费用,也可与委托人协商约定在提供服务期间分期收取或在完成委托事项后一次性收取;中介机构应在收费场所显著的位置公布服务程序或业务规程、服务项目和收费标准等,实行明码标价,自觉接受委托人及社会各方面的监督,不得对委托人进行价格欺诈和价格歧视;中介机构的行业协会等社会团体以及中介机构之间不得以任何理由相互串通,垄断或操纵服务市场,损害委托人的利益;中介机构要严格执行国家有关收费管理的法规和政策,不得违反规定设立收费项目、扩大收费范围、提高收费标准;中介机构不得以排挤竞争对手或者独占市场为目的,低于本单位服务成本收费,搞不正当竞争;委托人可自主选择中介机构提供服务,中介机构不得强制或变相强制当事人接受服务并收费。

(王连喜)

zhongjie jigou
中介机构(intermediary agency) 依法设立的运用专门的知识和技能,按照一定的业务规则或程序为委托人提供中介服务,并收取相应费用的组织。我国尚未制定综合调整规范中介机构的全国性的法律、法规或者部门规章,各部委对其业务范围内的中介机构有不少特别规定。迄今为止,综合性的规范仅有浙江省人民政府于2001年12月4日制定颁布了《浙江省社会中介机构管理办法》的行政规章,该办法分总则、机构设立和执业资格、中介执业行为、法律责任和附则五章。

原国家计划委员会1999年12月22日制定公布的《国家中介服务收费管理办法》的规定,中介机构是指依法通过专业知识和技术服务,向委托人提供公证性、代理性、信息技术服务性等中介服务的机构。中介机构主要分为:(1)公证性中介机构,具体指提供土地、房产、物品、无形资产等价格评估和企业资信评估服务,以及提供仲裁、检验、鉴定、认证、公证服务等机构;(2)代理性中介机构,具体指提供律师、会计、收养服务,以及提供专利、商标、企业注册、税务、报关、签证代理服务等机构;(3)信息技术服务性中介机构,具体指提供咨询、招标、拍卖、职业介绍、婚姻介绍、广告设计服务等机构。

中介机构包括:(1)独立审计机构;(2)资产、土地、工程等评估机构;(3)工程监理机构;(4)法律、档案等服务机构;(5)信息、技术、工程等咨询机构;(6)检测、检验、公证、认证机构;(7)职业、人才、婚姻等介绍机构;(8)工商登记、商标、专利、税务、房地产、招投标、因私出入境等代理机构;(9)符合法律规定的其他组织。

《浙江省社会中介机构管理办法》对中介组织机构的主要规定有:中介机构应当加入行业协会,或成立中介行业协会。行业协会应当制订本行业自律规范和惩戒规则,做好自律管理和监督,发挥行业自律作用,指导本行业中介服务业的发展。中介执业人员应当接受行业协会的自律监督。中介执业人员实行执业资格制度。中介执业人员应当按照法律、法规、章程的规定取得执业资格;未取得资格的,不得执业。

《浙江省社会中介机构管理办法》对中介活动规定:中介机构开展活动,应当遵守法律、法规、章程的规定,遵守职业道德,遵循自愿、公平、诚实信用的原则。当事人有权自主选择中介机构为其提供服务。中介机构依法从事中介活动,其行为受法律保护,任何单位和个人不得干预。中介机构及其执业人员在执业过程中除遵守业务规则外,还应当遵守下列规定:(1)提供的信息、资料及出具的书面文件应当真实、合法;(2)应当及时、如实地告知委托人应当知道的信息;(3)对执业中知悉的商业秘密及其他秘密事项予以保密;(4)妥善保管委托人交付的样品、定金、预付款、有关凭证等财物及资料;(5)如期完成委托合同及业务规范规定的其他事项。《浙江省社会中介机构管理办法》对中介管理的规定:中介机构的行业主管部门、工商行政管理机关、行业协会及其他有关行政机关在其职权范围内对中介机构的活动进行监督,对其违法行为进行处罚。

(傅智文)

zhongmei maoyi guanxi xieding
中美贸易关系协定(Sino-American Agreement on Trade Relationship) 全称为《中华人民共和国和美利坚合众国贸易关系协定》,是1979年7月1日中华人民共和国政府和美利坚合众国政府,根据《中华人民共和国和美利坚合众国关于建立外交关系的联合公报》的精神,为了加强两国人民的友谊,以及在平等互利和非歧视性待遇原则的基础上,进一步发展两国间的经济贸易关系而签订的协定,该协定于1980年2月1日起生效。

《中美贸易关系协定》共有10条,主要规定了最惠国待遇相关的内容,其适用于:关税和各种费用及其征收的手续和程序;进出口货物的报关、过境、仓储、转运的规章、手续和程序;对进出口货物或劳务往来所征收的国内税费;进口货物在国内销售、购买、运输、分配、使用所适用的一切法律、法规和要求;发放进出口许可证的手续;进口数量限制的放宽;金融机构开展业务的便利;国民、商号、公司和贸易组织在他方进行金融财务、货币或银行交易时尽可能提供优惠和便利等。另外,协定承认了中国在其经济发展现阶段是一个发展中国家,同时还规定了两国政府为促进经济贸易的发展应当采取相应的措施等内容。《中美贸易关系协定》是中国和美国开展经济贸易合作的基本法律依据,具有重要的法律地位和实践意义。

(罗大帅)

zhongwai hezi hezuo zhiye jieshao jigou sheli guanli zhidu
中外合资合作职业介绍机构设立管理制度(institutions on establishment and administration of sino-foreign equity-joint or sino-foreign cooperative job recruitment agencies) 劳动和社会保障部、国家工商行政管理总局制定的《中外合资中外合作职业介绍机构设立管理暂行规定》,并自2001年12月1日起施行。合资职业介绍机构包括中外合资和中外合作两种形式。为规范中外合资、中外合作职业介绍机构的设立,保障求职者和用人单位的合法权益。

(1)申请制度管理。申请设立中外合资、中外合作职业介绍机构应当具备的条件:申请设立中外合资、中外合作职业介绍机构的外方投资者应是从事职业介绍的法人,在注册国有开展职业介绍服务的经历,并具有良好信誉;申请设立中外合资、中外合作职业介绍机构的中方投资者应是具有从事职业介绍资格的法人,并具有良好信誉;拟设立的中外合资、中外合作职业介绍机构应具有不低于30万美元注册资本,有3名以上具备职业介绍资格的专职工作人员,有明确的业务范围、机构章程、管理制度,有与开展业务相适应的固定场所、办公设施,主要经营者应具有从事职业介绍服务工作经历。劳动保障行政部门、外经贸行政部门和工商行政管理部门在各自职权范围内负责中外合资、中外合作职业介绍机构的审批、登记、管理和监督检查工作。(2)审批制度管理。设立中外合资、中外合作职业介绍机构应当经省级人民政府劳动保障行政部门(以下简称省级劳动保障行政部门)和省级人民政府外经贸行政部门(以下简称省级外经贸行政部门)批准,并到企业住所地国家工商行政管理总局授权的地方工商行政管理局进行登记注册。不得设立外商独资职业介绍机构。外国企业常驻中国代表机构和在中国成立的外国商会不得在中国从事职业介绍服务。(3)中外合资、中外合作职业介绍机构可以从事的业务:为中外求职者和用人单位提供职业介绍服务;提供职业指导、咨询服务;收集和发布劳动力市场信息;经省级劳动保障行政部门或其授权的地市级劳动保障行政部门同意,举办职业招聘洽谈会;经省级劳动保障行政部门或其授权的地市级劳动保障行政部门核准的其他服务项目。

香港特别行政区、澳门特别行政区投资者在内地以及台湾地区投资者在大陆投资设立中外合资、中外合作的职业介绍机构,参照上述制度执行。　　(罗大帅)

zhongwai hezi jingying lüxingshe de zhuce ziben

中外合资经营旅行社的注册资本(registered capital of joint ventures tourist agency) 中外合资经营旅行社的注册资本最低限额为人民币400万元。最低限额可以进行调整,调整期限由国务院旅游行政主管部门会同国务院对外经济贸易主管部门确定。中外合资经营旅行社各方投资者的出资比例,由国务院旅游行政主管部门会同国务院对外经济贸易主管部门按照有关规定确定。中外合作经营旅行社的注册资本最低限额、各方出资比例比照适用中外合资经营旅行社的注册资本的规定。　　(张旭娟　师湘瑜)

zhongwai hezi jingying qiye

中外合资经营企业(sino-foreign joint ventures) 外国的公司、企业和其他经济组织或个人,依照《中华人民共和国中外合资经营企业法》及有关法律的规定,在中华人民共和国境内,同中国的公司、企业或其他经济组织按合同规定的比例共同投资、共同经营、共担风险,并按照投资比例分享利润、分担风险及亏损的企业。合资经营企业在我国境内具有独立资产的法人实体,受我国法律的管辖和保护。中外合资经营企业的法律特征:(1)中外合资经营企业由中外合营者共同举办。外国合营者是指外国的公司、企业和其他经济组织或个人,即外国合营者必须是在其本国根据当地的法律组建,并经一定的注册手续而设立的公司、企业或其他经济组织。外国个人也可以自己的名义投资设立合资企业。中国合营者是指中国的公司、企业或其他经济组织,而不包括个人。合营企业必须由中外合营者共同投资举办,如果合营双方均为外国的投资者,那么其依法设立的企业则为外资企业,如果合营双方均为中国投资者,那么其依法设立的企业则不能称其为中外合资经营企业。(2)中外合资经营企业是中国法人,即合营企业依照中国法律关于法人条件的规定,依法成立取得中国法人资格。作为中国的法人,合营企业适用中国的法律管辖,受中国的法律的保护,并且作为中国的法人能够依法独立地承担相应的法律责任。(3)合营企业的组织形式为有限责任公司。合营企业应当以其全部的资产对外承担责任,合营各方对合营企业的责任以各自认缴的出资额为限。(4)合营各方遵照平等互利原则,共同出资、共同经营、按各方注册资本比例分享利润、分担风险和亏损。中外合资经营企业是一种典型的股权式企业。中外合资经营企业是国际上普遍采用的一种经济合作形式,通过中外合资经营企业促进了我国的经济发展和科学技术水平的提高,为我国的经济建设节约了大量的资金,通过合资经营的形式大大地降低了企业经营的风险。因此,被广泛采用。　　(麻琳琳)

zhongwai hezi jingyin qiye de jiesan

中外合资经营企业的解散(dissolution of sino-foreign joint ventures) 由于法律规定的原因而使中外合资经营企业的所有合营者之间的法律关系终止的行为。合营企业在下列情况下解散:合营期限届满;企业发生严重亏损,无力继续经营;合营一方不履行合营企业协议、合同、章程规定的义务,致使企业无法继续经营;因自然灾害、战争等不可抗力遭受严重损失,无法继续经营;合营企业未达到其经营目的,同时又无发展前途;合营企业合同、章程所规定的其他解散原因已经出现。如果企业发生严重亏损,无力继续经营;或因自然灾害、战争等不可抗力遭受严重损失,无法继续经营;或因合营企业未达到其经营目的,同时又无发展前途;或因合营企业合同、章程所规定的其他解散原因已经出现的情况发生后,应当由董事会提出解散申请书,报审批机构批准。如果合营一方不履行合营企业协议、合同、章程规定的义务,致使企业无法继续经营,应当由履行合同的一方提出申请,报审批机构批准。当合营一方不履行合营企业协议、合同、章程规定的义务,致使企业无法继续经营项情况下,不履行合营企业协议、合同、章程规定的义务一方,应当对合营企业由此造成的损失负赔偿责任。合营企业宣告解散时,应当进行清算。合营企业应当按照《外商投资企业清算办法》的规定成立清算委员会,由清算委员会负责清算事宜。

中外合资经营企业合营各方在解释或者履行合营企业协议、合同、章程时发生争议的,应当尽量通过友好协商或者调解解决。经过协商或者调解无效的,提请仲裁或者司法解决。合营各方发生纠纷,董事会不能协商解决时,根据有关仲裁的书面协议,可以在中国的仲裁机构进行仲裁,也可以在其他仲裁机构仲裁。合营各方没有在合同中订有仲裁条款的或者事后没有达成书面仲裁协议的,可以向人民法院起诉。在解决争议期间,除争议事项外,合营各方应当继续履行合营企业协议、合同、章程所规定的其他各项条款。

(麻琳琳)

中外合资经营企业的经营管理(business management of sino-foreign joint ventures)

参与中外合资经营企业的内部管理,对投入外资企业的资产的监督管理活动。合营企业的经营管理涉及到企业的人财物产供销等各个方面。在中国法律、法规和合营企业协议、合同、章程规定的范围内,合营企业有权自主地进行经营管理。各有关部门应当给予支持和帮助。

合营企业的物资购买 合营企业所需的机器设备、原材料、燃料、配套件、运输工具和办公用品等,有权自行决定在中国购买或者向国外购买。合营企业需要在中国购置的办公、生活用品,按需要量购买,不受限制。合营企业在合营合同规定的经营范围内,进口本企业生产所需的机器设备、零配件、原材料、燃料,凡属国家规定需要领取进口许可证的,每年编制一次计划,每半年申领一次。外国合营者作为出资的机器设备或其他物料,可以凭审批机构的批准文件直接办理进口许可证进口。超出合营合同规定范围进口的物资,凡国家规定需要领取进口许可证的,应当另行申领。合营企业在国内购买物资的价格以及支付水、电、气、热、货物运输、劳务、工程设计、咨询、广告等服务的费用,享受与国内其他企业同等的待遇。合营企业与中国其他经济组织之间的经济往来,按照有关的法律规定和双方订立的合同承担经济责任,解决合同争议。

进口许可证 国家对有数量限制和其他限制的进口货物实行进口许可证管理。许可证局及其委托发证的外经贸部驻各地特派员办事处和各省、自治区、直辖市及计划单列市外经委(厅、局)为进口许可证发证机构,在许可证局的统一管理下,负责授权范围内的发证工作。发证机构严格按照外经贸部发布的年度《进口许可证管理商品目录》和《进口许可证管理商品分级发证目录》的规定,签发相关商品的进口许可证。凡符合要求的申请,发证机构应当自收到申请之日起3个工作日内发放进口许可证。特殊情况下,最多不超过10个工作日。进口许可证是国家管理货物进口的法律凭证。所以对于属于进口许可证管理的货物,除国家另有规定外,各类进出口企业应在进口前按规定向指定的发证机构申领进口许可证,海关凭进口许可证接受申报和验放。进口许可证的有效期为1年,企业应在有效期内使用,逾期自行失效,海关不予放行。

合营企业的产品销售 中外合资经营企业将产品所有权上的主要风险和报酬已转移给买方,且不再对该产品实施继续管理权和控制权,同时与销售该产品有关的收入和成本能够可靠地计量时,确认企业收入的实现。中国政府鼓励合营企业向国际市场销售其产品。合营企业有权自行出口其产品,也可以委托外国合营者的销售机构或者中国的外贸公司代销或者经销。合营企业生产的产品可以自主经营出口,凡属国家规定需要领取出口许可证的,合营企业按照本企业的年度出口计划,每半年申领一次。合营企业与中国其他经济组织之间的经济往来,按照有关的法律规定和双方订立的合同承担经济责任,解决合同争议。

出口许可证 出口许可证是出口管理的重要手段。许可证局及其委托发证的外经贸部驻各地特派员办事处和各省、自治区、直辖市及计划单列市外经贸委(厅、局)为出口许可证发证机构,在许可证局的统一管理下,负责授权范围内的发证工作。发证机构严格按照外经贸部发布的年度《出口许可证管理商品目录》和《出口许可证分级发证目录》的要求,自收到申请之日起3个工作日内签发相关出口商品的出口许可证。对下列情况之一,国家可以实行出口配额许可证或出口许可证管理:为维护国家安全或者社会公共利益,需要限制出口的;国内供应短缺或者为有效保护可能用竭的国内资源,需要限制出口的;对任何形式的农业、牧业、渔业产品有必要限制出口的;根据中华人民共和国所缔结或者参加的国际条约、协定的规定,需要限制出口的。出口许可证是国家管理货物出境的法律凭证,所以各类进出口企业应在出口前按规定向指定的发证机构申领出口许可证,海关凭出口许可证接受申报和验放。出口许可证的有效期为6个月,企业应在有效期内使用,逾期自行失效,海关不予放行。

中外合资经营企业的财务与会计 合营企业的财务与会计制度,应当按照中国有关法律和财务会计制度的规定,结合合营企业的情况加以制定,并报当地财政部门、税务机关备案。合营企业设总会计师,协助总经理负责企业的财务会计工作。必要时,可以设副总会计师。合营企业设审计师(小的企业可以不设),负责审查、稽核合营企业的财务收支和会计账目,向董事会、总经理提出报告。合营企业会计年度采用日历年制,自公历每年1月1日起至12月31日止为一个会计年度。合营企业会计采用国际通用的权责发生制和借贷记账法记账。一切自制凭证、账簿、报表必须用中文书写,也可以同时用合营各方商定的一种外文书写。合营企业原则上采用人民币作为记账本位币,经合营各方商定,也可以采用某一种外国货币作为记账本位币。合营企业的账目,除按记账本位币记录外,对于现金、银行存款、其他货币款项以及债权债务、收益和费用等,与记账本位币不一致时,还应当按实际收付的货币记账。以外国货币作为记账本位币的合营企业,其编报的财务会计报告应当折算为人民币。因汇率的差异而发生的折合记账本位币差额,作为汇兑损益列账。记账汇率变动,有关外币各账户的账面余额,于年终结账时,应当按照中国有关法律和财务会计制度的规定进行会计处理。合营企业按照《中华人民共和国外商投资企业和外国企业所得税法》缴纳所得税后的利润分配原则如下:提取储备基金、职工奖励及福利基金、企业发展基金,提取比例由董事会确定;储备基金除用于垫补合营企业亏损外,经审批机构批准也可以用于本企业增加资本,扩大生产;在提取了提取储备基金、职工奖励及福利基金、企业发展基金三项基金后的可分配利润,董事会确定分配的,应当按合营各方的出资比例进行分配。合营企业以前年度的亏损未弥补前不得分配利润。以前年度未分配的利润,可以并入本年度利润分配。合营企业应当向合营各方、当地税务机关和财政部门报送季度和年度会计报表。合营企业的下列文件、证件、报表,应当经中国的注册会计师验证和出具证明,方为有效:合营各方的出资证明书(以物料、场地使用权、工业产权、专有技术作为出资的,应当包括合营各方签字同意的财产估价清单及其协议文件);合营企业的年度会计报表;合营企业清算的会计报表。

中外合资经营企业职工的管理 合营企业职工的招收、招聘、辞退、辞职、工资、福利、劳动保险、劳动保护、劳动纪律等事宜,按照国家有关劳动和社会保障的规定办理。正副总经理、正副总工程师、正副总会计师、审计师等高级管理人员的工资待遇,由董事会决定。合营企业应当加强对职工的业务、技术培训,建立严格的考核制度,使他们在生产、管理技能方面能够适应现代化企业的要求。合营企业的工资、奖励制度必须符合按劳分配、多劳多得的原则。合营企业的外籍职工的工资收入和其他正当收入,按中华人民共和国税法缴纳个人所得税后,可按外汇管理条例汇往国外。

合营企业职工有权按照《中华人民共和国工会法》和《中国工会章程》的规定,建立基层工会组织,开展工会活动。合营企业的工会是职工利益的代表,有权代表职工同合营企业签订劳动合同,并监督合同的执行。董事会会议研究决定有关职工奖惩、工资制度、生活福利、劳动保护和保险等问题时,工会的代表有权列席会议,董事会应当听取工会的意见,取得工会的合作。合营企业应当积极支持本企业工会的工作。

(麻琳琳)

zhongwai hezi jingying qiye de qixian
中外合资经营企业的期限(duration of sino-foreign joint ventures) 经企业登记主管机关核准,合营企业自依法成立之日起到合营期满为止的存续时间。合营企业的合营期限,按不同行业、不同情况,作不同的约定。有的行业的合营企业,应当约定合营期限;有的行业的合营企业,可以约定合营期限,也可以不约定合营期限。举办中外合资经营企业,属于国家规定鼓励和允许投资项目的,合营各方可以在合同中约定合营期限,也可以不约定合营期限。但是,属于下列行业或者情况的,合营各方应当按照国家有关法律、法规的规定,在合营合同中约定合营期限:(1)服务性行业的,如饭店、公寓、写字楼、娱乐、饮食、出租汽车、彩扩洗印、维修、咨询等;(2)从事土地开发及经营房地产的;(3)从事资源勘查开发的;(4)国家规定限制投资项目的;(5)国家其他法律、法规规定需要约定合营期限的。合营各方在合营合同中不约定合营期限的合营企业,按照国家规定的审批权限和程序审批。除对外经济贸易部直接审批以外,其他审批机关应当在批准后30天内报对外经济贸易部备案。约定合营期限的合营企业,合营各方同意延长合营期限的,应在距合营期满6个月前向审查批准机关提出申请。审查批准机关应自接到申请之日起1个月内决定批准或不批准。

(麻琳琳)

zhongwai hezi jingying qiye de qingsuan
中外合资经营企业的清算(liquidation of sino-foreign joint ventures) 由依法成立的清算组织依据其职权清理并消灭中外合资经营企业的全部财产关系的法律行为。合营企业宣告解散时,应当进行清算。合营企业应当按照《外商投资企业清算办法》的规定成立清算委员会,由清算委员会负责清算事宜。清算委员会的成员一般应当在合营企业的董事中选任。董事不能担任或者不适合担任清算委员会成员时,合营企业可以聘请中国的注册会计师、律师担任。审批机构认为必要时,可以派人进行监督。合营企业的清算分为普通清算和特别清算。企业能够自行组织清算委员进行清算的为普通清算。企业不能自行组织清算委员进行清算或者依照普通清算的规定进行清算出现严重障碍的为特别清算。当企业不能自行组织清算委员进行清算或者依照普通清算的规定进行清算出现严重障碍时，企业董事会或者联合管理委员会等权力机构、投资者或债权人可以向企业审批机关申请进行特别清算。企业审批机关批准进行特别清算的，企业应依照《外商投资企业清算办法》中关于特别清算的规定办理。中外合资经营企业的清算应当依照国家有关法律、行政法规的规定，以经批准的企业合同、章程为基础，按照公平、合理和保护企业、投资者、债权人合法权益的原则进行。合营企业在清算期间，不得开展新的经营活动。

清算委员会至少由3人组成。清算委员会的任务是对合营企业的财产、债权、债务进行全面清查，编制资产负债表和财产目录，提出财产作价和计算依据，制定清算方案，提请董事会会议通过后执行。清算期间，清算委员会代表该合营企业起诉和应诉。清算费用和清算委员会成员的酬劳应当从合营企业现存财产中优先支付。

合营企业以其全部资产对其债务承担责任。合营企业清偿债务后的剩余财产按照合营各方的出资比例进行分配，但合营企业协议、合同、章程另有规定的除外。合营企业解散时，其资产净额或者剩余财产减除企业未分配利润、各项基金和清算费用后的余额，超过实缴资本的部分为清算所得，应当依法缴纳所得税。合营企业的清算工作结束后，由清算委员会提出清算结束报告，提请董事会会议通过后，报告审批机构，并向登记管理机构办理注销登记手续，缴销营业执照。合营企业解散后，各项账册及文件应当由原中国合营者保存。

（麻琳琳）

zhongwai hezi jingying qiye de sheli
中外合资经营企业的设立（establishment of sino-foreign joint ventures） 为使中外合资经营企业成立、取得法人资格而依据法定程序进行的一系列法律行为。在中国境内设立合营企业，必须经中华人民共和国对外贸易经济合作部审查批准。批准后，由对外贸易经济合作部发给批准证书。对于投资总额在国务院规定的投资审批权限以内，中国合营者的资金来源已经落实的；不需要国家增拨原材料，不影响燃料、动力、交通运输、外贸出口配额等方面的全国平衡的中外合资经营企业可以由国务院授权省、自治区、直辖市人民政府或者国务院有关部门审批，但是应当报对外贸易经济合作部备案。

中外合资经营企业的设立申请 中外合资经营企业向合营企业所在地的审批机关提交申请设立外资企业的必要的书面材料，是设立中外合作经营企业的必要条件之一。申请设立合营企业，由中外合营者共同向审批机构报送下列文件：(1)设立合营企业的申请书。(2)合营各方共同编制的可行性研究报告。(3)由合营各方授权代表签署的合营企业协议、合同和章程。(4)由合营各方委派的合营企业董事长、副董事长、董事人选名单。(5)审批机构规定的其他文件。以上所列文件必须用中文书写。审批机构发现报送的文件有不当之处的，应当要求限期修改。在中国设立中外合资经营企业，首先应由中国合营者设立合营企业的项目建议书和初步的可行性研究报告，当项目建议书和初步的可行性研究报告经过企业主管部门审查同意并转报审批机构批准后，合营各方才能正式进行谈判，从事以可行性研究为中心的各项工作，在此基础上商议签订合营企业协议、合同和章程。中外合资经营企业的合营企业协议、合同和章程经审批机构的审查批准后，合营企业办理注册登记及各项登记手续。

合营企业项目建议书，是中外合营双方对合资经营的项目进行合作的意向所签订的文件。中外合资经营企业项目建议书的内容包括：合营单位、合营目的、合营对象、合营范围和规模、投资估算、投资方式和资金来源、主要原材料、电、水、汽、运输等需要量和来源、人员的数量、构成和来源、经济效益、合营双方项目建议书的附件应当包括以下内容：合营各方合作的意向书；外商资信调查情况表；国内外市场需求情况的初步调研和预测报告，或有关主管部门对产品安排的意见；有关主管部门对主要物料（包括能源、交通等）安排的意向书；有关部门对资金安排的意向书。

合营企业的可行性研究报告，是申请建立合营企业必须向中国政府主管部门报送的对合营项目具有预测、规划功能的报告。合营企业的可行性研究报告的内容包括：基本概况、产品生产安排及其依据、物料供应安排及其依据、项目地址选择及其依据、技术设备和工艺过程的选择及其依据、生产组织安排及其依据、环境污染治理和劳动安全、卫生设施及其依据、建设方式、建设进度安排及其依据、资金筹措及其依据（包括厂房、设备入股计算的依据）、外汇收支安排及其依据、综合分析（包括技术、经济、财务和法律等方面的分析）、主要附件。

合营企业协议，是合营各方对设立合营企业的某些要点和原则达成一致意见而订立的文件。各方进一步商签合同的基础，它不包括合营企业的所有问题，只包括设立合营企业的基本要点，但具有法律约束力，并依法定程序批准。当合营企业协议与合营企业合同有抵触时，应以合营企业合同为准。合营企业的协议要经过审批机构批准后生效，其修改同样要经过审批机构的批准。

合营企业合同，是合营各方为设立合营企业就相互权利、义务关系达成一致意见而订立的文件。合营企业合同是合营各方就设立合营企业所达成的确定合营各方权利义务关系的主要依据,它是在合营企业协议的基础上,由合营各方就合营企业各种有关事项签订的正式文件。合营企业合同应当包括下列主要内容:合营各方的名称、注册国家、法定地址和法定代表人的姓名、职务、国籍;合营企业名称、法定地址、宗旨、经营范围和规模;合营企业的投资总额,注册资本,合营各方的出资额、出资比例、出资方式、出资的缴付期限以及出资额拖欠缴付、股权转让的规定;合营各方利润分配和亏损分担的比例;合营企业董事会的组成、董事名额的分配以及总经理、副总经理及其他高级管理人员的职责、权限和聘用办法;采用的主要生产设备、生产技术及其来源;原材料购买和产品销售方式;财务、会计、审计的处理原则;有关劳动管理、工资、福利、劳动保险等事项的规定;合营企业期限、解散及清算程序;违反合同的责任;解决合营各方之间争议的方式和程序;合同文本采用的文字和合同生效的条件。合营企业合同的附件,与合营企业合同具有同等效力。

合营企业章程,是按照合营企业合同规定的原则,经合营各方一致同意,规定合营企业的宗旨、组织原则和经营管理方法等事项的文件。合营企业章程应当包括下列主要内容:合营企业名称及法定地址;合营企业的宗旨、经营范围和合营期限;合营各方的名称、注册国家、法定地址、法定代表人的姓名、职务、国籍;合营企业的投资总额,注册资本,合营各方的出资额、出资比例、股权转让的规定,利润分配和亏损分担的比例;董事会的组成、职权和议事规则,董事的任期,董事长、副董事长的职责;管理机构的设置,办事规则,总经理、副总经理及其他高级管理人员的职责和任免方法;财务、会计、审计制度的原则;解散和清算;章程修改的程序。经过合营各方同意后,也可以不订立合营企业协议而只订立合营企业合同、章程。合营企业的章程要经过审批机构批准后生效,其修改同样要经过审批机构的批准。审批机构和登记管理机构对合营企业章程的执行负有监督检查的责任。

中外合资经营企业的设立审批 我国对中外合资经营企业的设立实行的是审批主义。中外合资经营企业的审批机构是指对外贸易经济合作部和国务院授权的省、自治区、直辖市人民政府或者国务院有关部门的统称。批准后,由对外贸易经济合作部发给批准证书。对于在投资总额在国务院规定的投资审批权限以内,中国合营者的资金来源已经落实的;不需要国家增拨原材料,不影响燃料、动力、交通运输、外贸出口配额等方面的全国平衡的可以由国务院授权省、自治区、直辖市人民政府或者国务院有关部门审批。国务院授权省、自治区、直辖市人民政府或者国务院有关部门审批设立的合营企业,应当报对外贸易经济合作部备案。

中外合资经营企业的设立登记 中外合资经营企业的设立人依照法定程序向国家工商行政管理局及其授权登记管理的机关提出申请,国家工商行政管理局及其授权登记管理的机关对经过核准的合营企业予以登记注册,并向社会公告。我国对中外合资经营企业实行国家工商行政管理局登记管理和授权登记管理的原则。国家工商行政管理局授权的地方工商行政管理局负责以下外商投资企业的登记管理:省、自治区、直辖市人民政府或政府授予权机关批准的中外合资经营企业,由国家工商行政管理局授权的省、自治区、直辖市工商行政管理局登记管理;市人民政府或政府授权机关批准的中外合资经营企业,由国家行政管理局授权的市工商行政管理局登记管理。中外合资经营企业登记注册的主要事项有:名称、住所、经营范围、投资总额、注册资本、企业类型、法定代表人、营业期限、有限责任公司股东或者股份有限公司发起人的姓名或者名称。登记主管机关审核登记注册的程序是受理、审查、核准、发照、公告。外资企业应当在审查批准机关核准的期限内在中国境内投资;逾期不投资的,工商行政管理机关有权吊销营业执照。合营企业经批准后,向国家工商行政管理主管部门登记,领取营业执照,开始营业。合营企业的营业执照签发日期,即为该合营企业的成立日期。合营企业依法成立后,国家对合营企业不实行国有化和征收;在特殊情况下,根据社会公共利益的需要,对合营企业可以依照法律程序实行征收,并给予相应的补偿。

(麻琳琳)

zhongwai hezi jingying qiye de yongdi
中外合资经营企业的用地(land-use by sino-foreign joint ventures) 中外合资经营企业进行生产经营、工程建设和成片土地开发经营所需用地。合营企业使用场地,必须贯彻执行节约用地的原则。所需场地,应当由合营企业向所在地的市(县)级土地主管部门提出申请,经审查批准后,通过签订合同取得场地使用权。合同应当订明场地面积、地点、用途、合同期限、场地使用权的费用、双方的权利与义务、违反合同的所应承担的责任。合营企业所需场地的使用权,已为中国合营者所拥有的,中国合营者可以将其作为对合营企业的出资,其作价金额应当与取得同类场地使用权所应缴纳的使用费相同。场地使用费标准应当根据该场地的用途、地理环境条件、征地拆迁安置费用和合营企业对基础设施的要求等因素,由所在地的省、自治区、直辖市人民政府规定,并向对外贸易经济合作部和国家土地主管部门备案。从事农业、畜牧业的合营企业,经所在地的省、自治区、直辖市人民政府同意,可以按合营企业营业收入的百分比向所在地的土地主管部门缴纳场地使用费。在经济不发达地区从事开发性的项目,场地使用费经所在地人民政府同意,可以给予特别优惠。场地使用费在开始用地的5年内不调整。以后随着经济的发展、供需情况的变化和地理环境条件的变化需要调整时，调整的间隔期应当不少于3年。场地使用费作为中国合营者投资的，在该合同期限内不得调整。合营企业按照规定的原则，所提出的申请被批准后取得的场地使用权的，其场地使用费应当按合同规定的用地时间从开始时起按年缴纳，第一日历年用地时间超过半年的按半年计算；不足半年的免缴。在合同期内，场地使用费如有调整，应当自调整的年度起按新的费用标准缴纳。

(麻琳琳)

zhongwai hezi jingying qiye de zhuce ziben
中外合资经营企业的注册资本（registered capital of sino-foreign joint ventures） 为设立合营企业在登记管理机构登记的资本总额，为合营各方认缴的出资额之和。合营企业的注册资本一般应当以人民币表示，也可以用合营各方约定的外币表示。在中外合资经营企业的注册资本中，外国合营者的出资比例一般不低于25%。合营者的出资比例是指合营者在企业注册资本中所占的份额。《中华人民共和国中外合资经营企业法》对于外国合营者的出资比例的上限未作规定，这与其他发展中的国家不允许外资超过49%的规定要宽松得多，这样作的目的是以利于我们吸引外资。合营者的注册资本如果转让必须经合营各方同意。合营企业注册资本的增加、减少，应当由董事会会议通过，并报审批机构批准，向登记管理机构办理变更登记手续。需要注意的是合营企业在合营期内原则上不得减少其注册资本。但是，因投资总额和生产经营规模等发生变化，确需减少的，须经审批机构批准。合营各方按注册资本比例分享利润和分担风险及亏损。

合营企业的投资总额按照合营企业合同、章程规定的生产规模需要投入的基本建设资金和生产流动资金的总和。中外合资经营企业的投资总额是企业的注册资本和企业借款构成。国家工商行政管理局对中外合资经营企业的注册资本与投资总额的比例，作出如下规定：(1)中外合资经营企业的投资总额在300万美元以下（含300万美元）的，其注册资本至少应占投资总额的70%。(2)中外合资经营企业的投资总额在300万美元以上至1000万美元（含1000万美元）的，其注册资本至少应占投资总额的50%，其中投资总额在420万美元以下的，注册资本不得低于210万美元。(3)中外合资经营企业的投资总额在1000万美元以上至3000万美元（含3000万美元）的，其注册资本至少应占投资总额的40%，其中投资总额在1250万美元以下的，注册资本不得低于500万美元。(4)中外合资经营企业的投资总额在3000万美元以上的，其注册资本至少应占投资总额的1/3，其中投资总额的3600万美元以下的，注册资本不得低于1200万美元。

(麻琳琳)

zhongwai hezi jingying qiye de zuzhi jigou
中外合资经营企业的组织机构（institutional frame of sino-foreign joint ventures） 中外合资经营企业的法人机关。法人机关对外代表企业承办各种事项，对内实施企业日常管理活动。合营企业需要在国外和港澳地区设立分支机构时，应当报商务部批准。中外合资经营企业申请设立分支机构或者办事机构，应当提交下列文件、证件：隶属企业董事长签署的登记申请书；原登记主管机关的通知函；隶属企业董事会的决议；隶属企业的执照副本；负责人的任职文件；其他有关文件、证件。

合营企业设董事会，董事会是合营企业的最高权力机构，决定合营企业的一切重大问题。合营企业的董事会成员不得少于3人。董事名额的分配由合营各方参照出资比例自行协商确定。董事的每届任期为4年，经合营各方继续委派可以连任。合营企业董事会会议每年至少召开1次，由董事长负责召集并主持。董事长不能召集时，由董事长委托副董事长或者其他董事负责召集并主持董事会会议。经1/3以上董事提议，可以由董事长召开董事会临时会议。合营企业董事会会议应当有2/3以上董事出席方能举行。董事不能出席的，可以出具委托书委托他人代表其出席和表决。董事会会议一般应当在合营企业法定地址所在地举行。下列事项由出席董事会会议的董事一致通过方可作出决议：合营企业章程的修改；合营企业的中止、解散；合营企业注册资本的增加、减少；合营企业的合并、分立。其他事项，可以根据合营企业章程载明的议事规则作出决议。董事会的职权是按合营企业章程规定，讨论决定合营企业的一切重大问题：企业发展规划、生产经营活动方案、收支预算、利润分配、劳动工资计划、停业，以及总经理、副总经理、总工程师、总会计师、审计师的任命或聘请及其职权和待遇等。

董事长是合营企业的法定代表人。董事长和副董事长由合营各方协商确定或由董事会选举产生。中外合营者的一方担任董事长的，由他方担任副董事长。董事会根据平等互利的原则，决定合营企业的重大问题。当董事长不能履行职责时，应当授权副董事长或者其他董事代表合营企业。合营企业设经营管理机构，负责企业的日常经营管理工作。经营管理机构设总经理1人，副总经理若干人。正副总经理（或正副厂长）由合营各方分别担任。副总经理协助总经理工作。总经理执行董事会会议的各项决议，组织领导合营企业的日常经营管理工作。在董事会授权范围内，总经理对外代表合营企业，对内任免下属人员，行使董事会授予的其他职权。总经理、副总经理由合营企业董事会聘请,可以由中国公民担任,也可以由外国公民担任。经董事会聘请,董事长、副董事长、董事可以兼任合营企业的总经理、副总经理或者其他高级管理职务。总经理处理重要问题时,应当同副总经理协商。总经理或者副总经理不得兼任其他经济组织的总经理或者副总经理,不得参与其他经济组织对本企业的商业竞争。总经理、副总经理及其他高级管理人员有营私舞弊或者严重失职行为的,经董事会决议可以随时解聘。 (麻琳琳)

zhongwai hezi jingying qiye de zuzhi xingshi
中外合资经营企业的组织形式(organizational forms of sino-foreign joint ventures) 合营企业为有限责任公司的组织形式。有限责任公司是依《公司法》的有关规定设立,股东以其出资额为限对公司承担责任,公司以其全部资产对公司的债务承担责任的企业法人。根据我国《公司法》的规定,设立有限责任公司应当具备下列条件:(1)股东符合法定人数。有限责任公司由两个以上50个以下股东共同出资设立。(2)股东出资达到法定资本最低限额。(3)股东共同制定公司章程。(4)有公司名称、建立符合有限责任公司要求的组织机构。(5)有固定的生产经营场所和必要的生产经营条件。合营各方对合营企业的责任以各自认缴的出资额为限。

合营一方向第三者转让其全部或者部分股权的,须经合营他方同意,并报审批机构批准,向登记管理机构办理变更登记手续。合营一方转让其全部或者部分股权时,合营他方有优先购买权。合营一方向第三者转让股权的条件,不得比向合营他方转让的条件优惠。违反上述规定的,其转让无效。合营者的优先购买权,目的就是保证股东可以通过行使优先购买权,实现其对公司的控制权,维护合营者的既得利益。(麻琳琳)

zhongwai hezi jingying qiye fa
《中外合资经营企业法》(Sino-Foreign Joint Ventures Act of China) 1979年7月1日第五届全国人民代表大会第二次会议通过,根据1990年4月4日第七届全国人民代表大会第三次会议《关于修改〈中华人民共和国中外合资经营企业法〉的决定》,2001年3月15日第九届全国人民代表大会第四次会议对《中华人民共和国中外合资经营企业法》再次进行修订。本法共16条。我国为了扩大国际经济合作和技术交流,允许外国合营者,按照平等互利的原则,在中华人民共和国境内,同中国合营者共同举办合营企业;政府依法保护外国合营者在合营企业的合法权益。国家对合营企业不实行国有化和征收。合营各方签订的合营协议、合同、章程,应报国家审查批准机关审查批准,并办理登记、领取营业执照等手续后营业。 (张茸)

zhongwai hezi jingying qiye heying gefang de chuzi
中外合资经营企业合营各方的出资(capital contribution of each party to the sino-foreign joint venture) 合营者以货币,或者建筑物、厂房、机器设备或者其他物料、工业产权、专有技术、场地使用权等作价的出资。以建筑物、厂房、机器设备或者其他物料、工业产权、专有技术作为出资的,其作价由合营各方按照公平合理的原则协商确定,或者聘请合营各方同意的第三者评定。外国合营者出资的外币,按照缴款当日中国人民银行公布的基准汇率折算成人民币或者套算成约定的外币。中国合营者出资的人民币现金,需要折算成外币的,按照缴款当日中国人民银行公布的基准汇率折算。作为外国合营者出资的机器设备或者其他物料,应当是合营企业生产所必需的。作为出资的机器设备或者其他物料的作价,不得高于同类机器设备或者其他物料当时的国际市场价格。外国合营者以工业产权或者专有技术作价出资的,必须符合下列条件之一:能显著改进现有产品的性能、质量,提高生产效率的;能显著节约原材料、燃料、动力。外国合营者以工业产权或者专有技术作为出资,应当提交该工业产权或者专有技术的有关资料,包括专利证书或者商标注册证书的复制件、有效状况及其技术特性、实用价值、作价的计算根据、与中国合营者签订的作价协议等有关文件,作为合营合同的附件。外国合营者作为出资的机器设备或者其他物料、工业产权或者专有技术,应当报审批机构批准。

中外合资经营企业的投资人为企业投入股份在时间上的限制。中外合资经营企业的投资者均须按合同规定的比例和期限同步缴付认缴的出资额。逾期未缴或者未缴清的,应当按合同规定支付迟延利息或者赔偿损失。合营合同中规定一次缴清出资的,合营各方应当从营业执照签发之日起6个月内缴清。合营合同中规定分期缴付出资的,合营各方第一期出资,不得低于各自认缴出资额的15%,并且应当在营业执照签发之日起3个月内缴清。合营各方未能在规定或约定的期限内缴付出资的,视同合营企业自动解散,合营企业批准证书自动失效。合营企业应当向工商行政管理机关办理注销登记手续,缴销营业执照的;不办理注销登记手续和缴销营业执照的,由工商行政管理机关吊销其营业执照,并予以公告。合营各方缴付第一期出资后,超过合营合同规定的其他任何一期出资期限3个月,仍未出资或者出资不足时,工商行政管理机关应当会同原审批机关发出通知,要求合营各方在1个月内缴清出资。原审批机关对通知期限缴清出资的,有权撤销对该合营企业的批准证书。批准证书撤销后,合营企业应当向工商行政管理机关办理注销登记手续,缴销营业执照,并清理债权债务;不办理注销登记手续和缴销营业执照的,工商行政管理机关有权吊销其营业执照,并予以公告。因特殊情况不能同步缴付的,应报原审批机构批准,并按实际缴付的出资额比例分配收益。对中外合资经营企业中控股的投资者,在其实际缴付的投资额未达到其认缴的全部出资额前,不能取得企业决策权,不得将其在企业中的权益、资产以合并报表的方式纳入该投资者的财务报表。合营各方缴付出资额后,应当由中国的注册会计师验证,出具验资报告后,由合营企业据以发给出资证明书。

(麻琳琳)

zhongwai hezi lüxingshe

中外合资旅行社(sino-foreign joint-venture travel agencies) 中外投资者共同设立的旅行社。为了进一步扩大旅游业的对外开放,促进旅游业的发展,根据《中华人民共和国中外合资经营企业法》和《旅行社管理条例》及有关法律、法规,国家旅游局和对外贸易经济合作部制定了《中外合资旅行社试点暂行办法》。

申请设立合资旅行社,中国合营者应当符合的条件:(1)为国际旅行社;(2)申请前3年平均每年外联人数超过3万人次;(3)申请前3年平均每年旅游业务销售总额超过5000万元。(4)为中国旅游行业协会的正式会员。申请设立合资旅行社,外国合营者应当符合的条件:(1)为经营国际旅游的旅行社或拥有全资的经营国际旅游的旅行社的企业;(2)旅游业务年销售总额5000万美元以上;(3)加入国际或本国的电脑预订网络,或者已经形成自己的电脑预订网络;(4)为其本国旅游行业协会的正式会员。设立的合资旅行社应当的以下条件:(1)注册资本不少于500万元人民币;(2)企业形式为有限责任公司;(3)中方出资占注册资本的比例不低于51%;(4)法定代表人由中方委派;(5)有符合要求的营业场所、营业设施、经营人员;(6)合资期限不超过20年。申请设立合资旅行社应当提交的文件:(1)中国合营者资格证明材料,包括:营业执照副本、旅行社业务经营许可证、申请前3年的业务年检报告、有关旅游待业协会的会员证明;(2)外国合营者的资格证明材料,包括:注册登记副本、银行资信证明、会计师事务所出具的财务状况证明材料、相关电脑公司提供的入网证明、本国旅游行业协会会员证明、申请前1年的年度报告;(3)合资旅行社项目建议书;(4)合资旅行社可行性研究报告;(5)合资旅行社的合同与章程;(6)法律、法规和审批机构要求提供的其他材料。

(罗大帅)

zhongwai hezi rencai zhongjie jigou

中外合资人才中介机构(sino-foreign joint venture recruitment Agency) 外国开展人才中介服务的公司、企业和其他经济组织与中国开展人才中介服务的公司、企业和其他经济组织,在中国境内依法合资成立的人才中介机构。现行的对中外合资人才中介机构的管理规范主要是人事部、商务部、国家工商行政管理总局依据《中华人民共和国中外合资经营企业法》及其他有关法律、法规制定,2003年9月4日联合发布的同年11月1日起施行《中外合资人才中介机构管理暂行规定》。该规定分总则、设立与登记、经营范围与管理、罚则和附则五章。

我国境内开展人才中介服务的外国公司、企业和其他经济组织从事人才中介服务活动,必须与中国开展人才中介服务的公司、企业和其他经济组织合资经营,设立专门的人才中介机构。不得设立外商独资人才中介机构。外国企业常驻中国代表机构和在中国成立的商会等组织不得在中国境内从事人才中介服务。

省、自治区、直辖市人民政府人事行政部门、商务部门和工商行政管理部门依法按照职责分工负责本行政区域内中外合资人才中介机构的审批、登记、管理和监督工作。

申请设立中外合资人才中介机构,必须符合下列条件:(1)申请设立中外合资人才中介机构的中方投资者应当是成立3年以上的人才中介机构,外方出资者也应当是从事3年以上人才中介服务的外国公司、企业和其他经济组织,合资各方具有良好的信誉;(2)有健全的组织机构,有熟悉人力资源管理业务的人员,其中必须有5名以上具有大专以上学历并取得人才中介服务资格证书的专职人员;(3)有与其申请的业务相适应的固定场所、资金和办公设施,注册资本金不少于30万美元,其中外方合资者的出资比例不得低于25%,中方合资者的出资比例不得低于51%;(4)有健全可行的机构章程、管理制度、工作规则,有明确的业务范围;(5)能够独立享有民事权利,承担民事责任;(6)法律、法规规定的其他条件。

申请设立中外合资人才中介机构,应当由拟设立机构所在地的省级人事行政部门审批,并报国务院人事行政部门备案。省级人事行政部门在接到设立中外合资人才中介机构的申请后,应当在30个工作日内审核完毕。审批同意的,颁发《人才中介服务许可证》(以下简称许可证),并向国务院人事行政部门备案;不同意的,应该书面通知申请人并说明理由。申请者自获得许可证之日起30日内,依法向商务部门办理批准手续。自批准证书签发之日起30日内,依法向工商行政管理部门申请办理登记手续。

省级人事行政部门根据中外合资人才中介机构的

资金、人员和管理水平情况,在下列业务范围内,核准其开展一项或多项业务:人才供求信息的收集、整理、储存、发布和咨询服务;人才推荐;人才招聘;人才测评;中国境内的人才培训;法规、规章规定的其他有关业务。

中外合资人才中介机构招聘人才出境,应当按照中国政府有关规定办理手续。其中,不得招聘下列人才出境:正在承担国家、省级重点工程、科研项目的技术和管理人员,未经单位或主管部门同意的;在职国家公务员;由国家统一派出而又未满轮换年限的支援西部开发的人员;在岗的涉密人员和离岗脱密期未满的涉密人员;有违法嫌疑正在依法接受审查尚未结案的人员;法律、法规规定暂时不能流动的其他特殊岗位的人员或者需经批准方可出境的人员。 (傅智文)

zhongwai hezi yinhang
中外合资银行(sino-foreign joint venture bank) 依照中华人民共和国有关法律、法规的规定,经批准在中国境内设立和营业,外国资本的银行、金融机构同中国资本的银行、金融机构在中国境内合资经营银行的银行。中外合资银行必须遵守中华人民共和国的法律、法规,不得损害中华人民共和国的社会公共利益,其正当经营活动和合法权益受中华人民共和国法律保护。中国人民银行是管理和监督中外合资银行的主管机关;中国人民银行分支机构对本辖区合资银行进行日常监督管理。

合资银行的设立条件是注册资本最低限额为3亿元人民币等值的自由兑换货币,实收资本不低于其注册资本的50%。中国人民银行根据业务范围和审慎监管的需要,提高其注册资本或者营运资金的最低限额,并规定其中的人民币份额。对于申请者,应当具备以下条件:(1)外国合资者为金融机构;(2)外国合资者在中国境内已经设立代表机构;(3)外国合资者提出设立申请前1年年末总资产不少于100亿美元;(4)外国合资者所在国家或者地区有完善的金融监督管理制度,并且外国合资者受到所在国家或者地区有关主管当局的有效监管;(5)外国合资者所在国家或者地区有关主管当局同意其申请;(6)合资银行的设立中国人民银行规定的其他审慎性条件。

合资银行的设立程序包括:(1)申请人向中国人民银行提出书面申请,并提交中国人民银行要求的相关资料。(2)中国人民银行应当对设立外资金融机构的申请进行初步审查并颁发正式申请表,申请者自提出设立申请之日起满90日未接到正式申请表,其设立申请即为不予受理。(3)申请者应当自接到正式申请表之日起60日内将填写好的申请表连同中国人民银行要求的相关文件报中国人民银行审批。(4)自接到中国人民银行批准文件之日起30日内,应当筹足其实收资本或者营运资金,并调入中国境内。(5)经中国注册会计师验证后依法向工商行政管理机关办理登记,并依法自开业之日起30日内向税务机关办理税务登记。外资金融机构在中国人民银行审查批准后的30日内,应当向国家外汇管理局领取《经营外汇业务许可证》。

合资银行按照中国人民银行批准的业务范围,可以部分或者全部依法经营下列种类的业务:吸收公众存款;发放短期、中期和长期贷款;办理票据承兑与贴现;买卖政府债券、金融债券,买卖股票以外的其他外币有价证券;提供信用证服务及担保;办理国内外结算;买卖、代理买卖外汇;从事外币兑换;从事同业拆借;从事银行卡业务;提供保管箱服务;提供资信调查和咨询服务;经中国人民银行批准的其他业务。

(刘利晋)

zhongwai hezuo jingying qiye
中外合作经营企业(sino-foreign cooperative joint-venture) 外国企业或外国人与中国内地企业依照《中华人民共和国中外合作经营企业法》及有关法律的规定,在中国境内共同举办的,依照合作合同的约定进行投资或提供条件设立、分配利润和分担风险和亏损的企业。合作企业包括依法取得中国法人资格的合作企业和不具有法人资格的合作企业。合作企业的主管部门为中国合作者的主管部门。合作企业有两个以上中国合作者的,由审查批准机关会同有关部门协商确定一个主管部门。但是,法律、行政法规另有规定的除外。合作企业的主管部门对合作企业的有关事宜依法进行协调、提供协助。合作企业的法律特征有:(1)合作企业的主体。外国合作者是指外国的企业和其他经济组织或者个人。中国合作者是指我国的企业或其他经济组织。(2)合作企业是契约式合营企业。在合作企业中,其投资比例、经营管理责任、利润分配和风险承担,不是按出资额确定,而是通过合同约定,合作各方的出资方式和数量、产品分成、收入和利润分配、风险和亏损承担,经营管理等基本内容都必须在合同中规定,如果合作者在合作企业合同中约定合作期满时,合作企业的全部固定资产归中国合作者所有的,往往在合同中约定外商在合作期限内先行收回投资。(3)合作企业通常由中国合作者提供土地、厂房、劳动力或者部分资金,外国合作者提供技术、设备、全部或部分资金。采用分配产品或者其他方式分配收益的,应当按照税法的有关规定,计算应纳税额。中外合作者可以采用分配利润、分配产品或者合作各方共同商定的其他方式分配收益。(4)合作企业可以采取法人形式,也可以采取非法人形式。非法人合作企业由合作各方以其所有的或者经营管理的财产承担无限责

任。 (麻琳琳)

zhongwai hezuo jingying qiye de hezuo tiaojian
中外合作经营企业的合作条件(cooperative condition of sino-foreign cooperative joint-venture) 合作各方依照有关法律、行政法规的规定和合作企业合同的约定,向合作企业投资或者提供合作得的条件。合作各方向合作企业的投资或者提供的合作条件可以是货币,也可以是实物或者工业产权、专有技术、土地使用权等财产权利。

中国合作者的投资或者提供的合作条件,属于国有资产的,应当依照有关法律、行政法规的规定进行资产评估。

在依法取得中国法人资格的合作企业中,外国合作者的投资一般不低于合作企业注册资本的25%。在不具有法人资格的合作企业中,对合作各方向合作企业投资或者提供合作条件的具体要求,由对外贸易经济合作部规定。合作各方应当以其自有的财产或者财产权利作为投资或者合作条件,对该投资或者合作条件不得设置抵押权或者其他形式的担保。合作各方应当根据合作企业的生产经营需要,依照有关法律、行政法规的规定,在合作企业合同中约定合作各方向合作企业投资或者提供合作条件的期限。合作各方没有按照合作企业合同约定缴纳投资或者提供合作条件的,工商行政管理机关应当限期履行;限期届满仍未履行的,审查批准机关应当撤销合作企业的批准证书,工商行政管理机关应当吊销合作企业的营业执照,并予以公告。未按照合作企业合同约定缴纳投资或者提供合作条件的一方,应当向已按照合作企业合同约定缴纳投资或者提供合作条件的他方承担违约责任。

合作各方缴纳投资或者提供合作条件后,应当由中国注册会计师验证并出具验资报告,由合作企业据以发给合作各方出资证明书。出资证明书应当载明下列事项:合作企业名称;合作企业成立日期;合作各方名称或者姓名;合作各方投资或者提供合作条件的内容;合作各方投资或者提供合作条件的日期;出资证明书的编号和核发日期。

出资证明书应当抄送审查批准机关及工商行政管理机关。

合作各方之间相互转让或者合作一方向合作他方以外的他人转让属于其在合作企业合同中全部或者部分权利的,须经合作他方书面同意,并报审查批准机关批准。审查批准机关应当自收到有关转让文件之日起30天内决定批准或者不批准。 (麻琳琳)

zhongwai hezuo jingying qiye de jiesan
中外合作经营企业的解散(dissolution of sino-foreign cooperative joint-venture) 由于法律规定的原因而使中外合作经营企业的所有合作者之间的法律关系终止的行为。合作企业在下列情形之一出现时解散:合作期限届满;合作企业发生严重亏损,或者因不可抗力遭受严重损失,无力继续经营;中外合作者一方或者数方不履行合作企业合同、章程规定的义务,致使合作企业无法继续经营;合作企业合同、章程中规定的其他解散原因已经出现;合作企业违反法律、行政法规,被依法责令关闭。当合作企业发生严重亏损,或者因不可抗力遭受严重损失,无力继续经营和合作企业合同、章程中规定的其他解散原因已经出现的情形发生,应当由合作企业的董事会或者联合管理委员会作出决定,报审查批准机关批准。在中外合作者一方或者数方不履行合作企业合同、章程规定的义务,致使合作企业无法继续经营的情形下,不履行合作企业合同、章程规定的义务的中外合作者一方或者数方,应当对履行合同的他方因此遭受的损失承担赔偿责任;履行合同的一方或者数方有权向审查批准机关提出申请,解散合作企业。 (麻琳琳)

zhongwai hezuo jingying qiye de jingying guanli
中外合作经营企业的经营管理(operation and management of sino-foreign cooperative joint-venture) 参与中外合作经营企业的内部管理,对投入企业的资产的经营管理活动。合作企业按照经批准的经营范围和生产经营规模,自行制定生产经营计划。政府部门不得强令合作企业执行政府部门确定的生产经营计划。主要包括中外合作经营企业的物资购买、中外合作企业的产品销售等。

中外合作经营企业的经营管理活动之一。合作企业可以自行决定在中国境内或者境外购买本企业自用的机器设备、原材料、燃料、零部件、配套件、元器件、运输工具和办公用品等物资。外国合作者作为投资进口的机器设备、零部件和其他物料以及合作企业用投资总额内的资金进口生产、经营所需的机器设备、零部件和其他物料,免征进口关税和进口环节的流转税。上述免税进口物资经批准在中国境内转卖或者转用于国内销售的,应当依法纳税或者补税。合作企业进口属于进口许可证、配额管理的商品,应当按照国家有关规定办理申领手续。

中外合作经营企业将产品所有权上的主要风险和报酬已转移给买方,且不再对该产品实施继续管理权和控制权,同时与销售该产品有关的收入和成本能够可靠地计量时,确认企业收入的实现。国家鼓励合作企业向国际市场销售其产品。合作企业可以自行向国际市场销售其产品,也可以委托国外的销售机构或者中国的外贸公司代销或者经销其产品。合作企业销售产品的价格,由合作企业依法自行确定。合作企业不得以明显低于合理的国际市场同类产品的价格出口产品,不得以高于国际市场同类产品的价格进口物资。合作企业销售产品,应当按照经批准的合作企业合同的约定销售。合作企业出口属于出口许可证、配额管理的商品,应当按照国家有关规定办理申领手续。

(麻琳琳)

zhongwai hezuo jingying qiye de qixian

中外合作经营企业的期限(duration of sino-foreign cooperative joint-venture) 经企业登记主管机关核准,合作企业自依法成立之日起到合营期满为止的存续时间。合作企业的期限由中外合作者协商确定,并在合作企业合同中订明。合作企业期限届满,合作各方协商同意要求延长合作期限的,应当在期限届满的180天前向审查批准机关提出申请,说明原合作企业合同执行情况,延长合作期限的原因,同时报送合作各方就延长的期限内各方的权利、义务等事项所达成的协议。审查批准机关应当自接到申请之日起30天内决定批准或者不批准。经批准延长合作期限的,合作企业凭批准文件向工商行政管理机关办理变更登记手续,延长的期限从期限届满后的第一天起计算。

合作企业合同约定外国合作者先行回收投资,并且投资已经回收完毕的,合作企业期限届满不再延长;但是,外国合作者增加投资的,经合作各方协商同意,可以按照延长合作期限的规定,向审查批准机关申请延长合作期限。

(麻琳琳)

zhongwai hezuo jingying qiye de zhuce ziben

中外合作经营企业的注册资本(registered capital of sino-foreign cooperative joint-venture) 为设立合作企业,在工商行政管理机关登记的中外合作各方认缴的出资额之和。注册资本以人民币表示,也可以用合作各方约定的一种可自由兑换的外币表示。合作企业注册资本在合作期限内不得减少。但是,因投资总额和生产经营规模等变化确需减少的,须经审查批准机关批准。在依法取得中国法人资格的合作企业中,外国合作者的投资一般不低于合作企业注册资本的25%。在不具有法人资格的合作企业中,对合作各方向合作企业投资或者提供合作条件的具体要求,由对外贸易经济合作部规定。合作企业的投资总额,是按照合作企业合同、章程规定的生产经营规模,需要投入的资金总和。

(麻琳琳)

zhongwai hezuo jingying qiye de zuzhi jigou

中外合作经营企业的组织机构(institutional frame of sino-foreign cooperative joint-venture) 中外合作经营企业的法人机关。法人机关对外代表企业承办各种事项,对内实施企业的日常管理活动。合作企业设董事会或者联合管理委员会。董事会或者联合管理委员会是合作企业的权力机构,按照合作企业章程的规定,决定合作企业的重大问题。董事会或者联合管理委员会成员不得少于3人,其名额的分配由中外合作者参照其投资或者提供的合作条件协商确定。董事会董事或者联合管理委员会委员由合作各方自行委派或者撤换。董事会董事长、副董事长或者联合管理委员会主任、副主任的产生办法由合作企业章程规定;中外合作者的一方担任董事长、主任的,副董事长、副主任由他方担任。董事或者委员的任期由合作企业章程规定;但是,每届任期不得超过3年。董事或者委员任期届满,委派方继续委派的,可以连任。

董事会会议或者联合管理委员会会议每年至少召开1次,由董事长或者主任召集并主持。董事长或者主任因特殊原因不能履行职务时,由董事长或者主任指定副董事长、副主任或者其他董事、委员召集并主持。1/3以上董事或者委员可以提议召开董事会会议或者联合管理委员会会议。董事会会议或者联合管理委员会会议应当有2/3以上董事或者委员出席方能举行,不能出席董事会会议或者联合管理委员会会议的董事或者委员,应当书面委托他人代表其出席和表决。董事会会议或者联合管理委员会会议作出决议,须经全体董事或者委员的过半数通过。董事或者委员无正当理由不参加又不委托他人代表其参加董事会会议或者联合管理委员会会议的,视为出席董事会会议或者联合管理委员会会议并在表决中弃权。召开董事会会议或者联合管理委员会会议,应当在会议召开的10天前通知全体董事或者委员。董事会或者联合管理委员会也可以用通讯的方式作出决议。但是,下列事项必须由出席董事会会议或者联合管理委员会会议的董事或者委员一致通过,方可作出决议:合作企业章程的修改;合作企业注册资本的增加或者减少;合作企业的解散;合作企业的资产抵押;合作企业合并、分立和变更组织形式;合作各方约定由董事会会议或者联合管理委员会会议一致通过方可作出决议的其他事项。

董事长或者主任是合作企业的法定代表人。董事长或者主任因特殊原因不能履行职务时,应当授权副董事长、副主任或者其他董事、委员对外代表合作企业。合作企业设总经理1人,负责合作企业的日常经营管理工作,对董事会或者联合管理委员会负责。合作企业的总经理由董事会或者联合管理委员会聘任、解聘。总经理及其他高级管理人员可以由中国公民担任,也可以由外国公民担任。经董事会或者联合管理委员会聘任,董事或者委员可以兼任合作企业的总经理或者其他高级管理职务。总经理及其他高级管理人员不胜任工作任务的,或者有营私舞弊或者严重失职行为的,经董事会或者联合管理委员会决议,可以解聘;给合作企业造成损失的,应当依法承担责任。

合作企业成立后委托合作各方以外的他人经营管理的,必须经董事会或者联合管理委员会一致同意,并应当与被委托人签订委托经营管理合同。合作企业应当将董事会或者联合管理委员会的决议、签订的委托经营管理合同,连同被委托人的资信证明等文件,一并报送审查批准机关批准。 (麻琳琳)

zhongwai hezuo jingying qiye de zuzhi xingshi

中外合作经营企业的组织形式(organizational form of sino-foreign cooperative joint-venture) 依法取得中国法人资格的中外合作企业和不具有法人资格的中外合作企业。合作企业依法取得中国法人资格的,为有限责任公司。除合作企业合同另有约定外,合作各方以其投资或者提供的合作条件为限对合作企业承担责任。合作企业以其全部资产对合作企业的债务承担责任。

合作企业的特别规定不具有法人资格的合作企业及其合作各方,依照中国民事法律的有关规定,承担民事责任。不具有法人资格的合作企业应当向工商行政管理机关登记合作各方的投资或者提供的合作条件。不具有法人资格的合作企业的合作各方的投资或者提供的合作条件,为合作各方分别所有。经合作各方约定,也可以共有,或者部分分别所有、部分共有。合作企业经营积累的财产,归合作各方共有。不具有法人资格的合作企业合作各方的投资或者提供的合作条件由合作企业统一管理和使用。未经合作他方同意,任何一方不得擅自处理。不具有法人资格的合作企业设立联合管理机构。联合管理机构由合作各方委派的代表组成,代表合作各方共同管理合作企业。联合管理机构决定合作企业的一切重大问题。不具有法人资格的合作企业应当在合作企业所在地设置统一的会计账簿;合作各方还应当设置各自的会计账簿。 (麻琳琳)

zhongwai hezuo jingying qiye huishou touzi

中外合作经营企业回收投资(sino-foreign cooperative joint-venture investment reclamation) 中外合作者在合作企业合同中约定合作期限届满时,合作企业的全部固定资产无偿归中国合作者所有时,给予外国投资者的一种优惠措施。我国与世界上的通行的做法一样,规定企业在经营期限内不得减少其注册资本、不得抽回其投资。中外合资经营企业和外资企业也不例外。因为企业收回投资通过企业税后利润的和企业清算后剩余财产的方式获取利润的,而我国之所以允许中外合作企业先行回收投资性质上是国家对于鼓励外商投资的一种优惠措施,其目的是为了鼓励外商投资。回收投资并不改变合作企业注册资本中投资条件或合作条件,外国投资者全部回收投资后,合作企业的法律性质不改变,外国合作者依据法律的规定和合作企业合同的约定,对合作企业的债务承担责任。中外合作者在合作企业合同中约定合作期限届满时,合作企业的全部固定资产无偿归中国合作者所有的,外国合作者在合作期限内可以申请按照下列方式先行回收其投资:(1)在按照投资或者提供合作条件进行分配的基础上,在合作企业合同中约定扩大外国合作者的收益分配比例;(2)经财政税务机关按照国家有关税收的规定审查批准,外国合作者在合作企业缴纳所得税前回收投资;(3)经财政税务机关和审查批准机关批准的其他回收投资方式。外国合作者按照上述三种方式在合作期限内先行回收投资的,中外合作者应当依照有关法律的规定和合作企业合同的约定,对合作企业的债务承担责任。

当外国合作者经财政税务机关按照国家有关税收的规定审查批准,外国合作者在合作企业缴纳所得税前回收投资和经财政税务机关和审查批准机关批准的其他回收投资方式先行回收投资的申请,应当具体说明先行回收投资的总额、期限和方式,经财政税务机关审查同意后,报审查批准机关审批。合作企业的亏损未弥补前,外国合作者不得先行回收投资。合作企业应当按照国家有关规定聘请中国注册会计师进行查账验证。合作各方可以共同或者单方自行委托中国注册会计师查账,所需费用由委托查账方负担。 (麻琳琳)

zhongwai hezuo kaicai lushang he haiyang shiyou ziyuan

中外合作开采陆上和海洋石油资源(sino-foreign cooperative exploitation of continental and offshore oilresources) 依据中国法律外国企业与中国的公司通过签订合作开采石油资源合同,在国务院批准的对外合作开采石油资源的区域内,合作进行石油资源的勘探开发。合作开发是国际上在自然资源领域广泛采用的一种经济合作方式,其最大的特点是高风险、高投入、高收益。中国在石油资源开采领域的对外合作中都采用这种方式。

中国分别于1982年和1993年颁布了《中华人民共和国对外合作开采海洋石油资源条例》和《中华人民共和国对外合作开采陆上石油资源条例》,明确规定在维护国家主权和经济利益的前提下,允许外国公司参与合作开采中国的石油资源。在中外合作开采海洋石油资源时,中国政府对自然资源享有永久主权。国家授权中国海洋石油总公司统一负责中国对外合作开采海洋石油资源的业务,授权中国石油天然气集团公司和中国石油化工集团公司统一负责中国对外合作开采陆上石油资源的业务。对外方合作者的要求是应当拥有石油勘探技术和开采技术并有足够资金的国际石油公司等。中外合作双方一般是采取非法人式的契约式合营,并不组成一个真正意义上的企业;而是在平等互利的基础上签订石油合同,按照石油合同所规定的权利和义务进行合作,中外双方仍是两个独立的法人,双方之间仅为合同关系。

中外合作开发一般都采用国际招标方式,外国公司可以单独也可以组成集团参与投标。中标者与中方签订石油合作勘探开发合同,确定双方的权利和义务,合同期限一般在30年以内。合作开发合同经外经贸主管部门批准后生效,整个开发周期一般分为勘探、开发和生产三个阶段。勘探阶段由外方承担全部费用和风险,在勘探期内,如果在合同确定的区域范围内没有发现有开发价值的油气田,则合同即告终止,中方不承担任何补偿责任。如果在合同确定的区域范围内发现有开发价值的油气田,则进入开发阶段,中方可以通过参股的方式(一般不超过51%)与外方共同开发,按双方商定的出资比例共同出资。油田在进入正式生产阶段后,应按法律规定缴纳有关税收和矿区使用费,中外双方可按合同确定的分油比例以实物方式回收投资与分配利润。当遇到亏损风险时,则由各方分别承担。

(刘利晋)

zhongwai hezuo qiye de sheli
中外合作企业的设立(establishment of sina-foreign cooperative joint-venture) 为使中外合作企业成立、取得合法的主体资格而依据法定程序进行的一系列法律行为。在中国境内举办中外合作经营企业,应当符合国家的发展政策和产业政策,遵守国家关于指导外商投资方向的规定。

中外合作经营企业的设立申请 中外合作经营企业向合作企业所在地的审批机关提交申请设立外资企业的必要的书面材料。是设立中外合作经营企业的必要条件之一。应当由中国合作者向审查批准机关报送下列文件:(1)设立合作企业的项目建设书,并附送主管部门审查同意的文件;(2)合作各方共同编制的可行性研究报告,并附送主管部门审查同意的文件;(3)由合作各方的法定代表人或其授权的代表签署的合作企业协议、合同、章程;(4)合作各方的营业执照或者注册登记证明、资信证明及法定代表人的有效证明文件,外国合作者是自然人的,应当提供有关其身份、履历和资信情况的有效证明文件;(5)合作各方协商确定的合作企业董事长、副董事长、董事或者联合管理委员会主任、副主任、委员的人选名单;(6)审查批准机关要求报送的其他文件。以上各种文件除了外国合作者提供的文件外,必须报送中文本,但是合作各方共同编制的可行性研究报告,并附送主管部门审查同意的文件;由合作各方的法定代表人或其授权的代表签署的合作企业协议、合同、章程;合作各方协商确定的合作企业董事长、副董事长、董事或者联合管理委员会主任、副主任、委员的人选名单所列文件可以同时报送合作各方商定的一种外文本。

合作企业协议 合作各方对设立合作企业的原则和主要事项达成一致意见后形成的书面文件。合作企业协议自审查批准机关颁发批准证书之日起生效。在合作期限内,合作企业协议有重大变更的,须经审查批准机关批准。合作企业协议、章程的内容与合作企业合同不一致的,以合作企业合同为准。合作各方可以不订立合作企业协议。

合作企业合同 合作各方为设立合作企业就相互之间的权利、义务关系达成一致意见后形成的书面文件。合作企业合同应当载明下列事项:(1)合作各方的名称、注册地、住所及法定代表人的姓名、职务、国籍(外国合作者是自然人的,其姓名、国籍和住所);(2)合作企业的名称、住所、经营范围;(3)合作企业的投资总额,注册资本,合作各方投资或者提供合作条件的方式、期限;(4)合作各方投资或者提供的合作条件的转让;(5)合作各方收益或者产品的分配,风险或者亏损的分担;(6)合作企业董事会或者联合管理委员会组成以及董事或者联合管理委员会委员名额的分配,总经理及其他高级管理人员的职责和聘任、解聘办法;(7)采用的主要生产设备、生产技术及其来源;(8)产品在中国境内销售和境外销售的安排;(9)合作企业外汇收支的安排;(10)合作企业的期限、解散和清算;(11)合作各方其他义务以及违反合同的责任;(12)财务、会计、审计的处理原则;(13)合作各方之间争议的处理;(14)合作企业合同的修改程序。合作企业合同自审查批准机关颁发批准证书之日起生效。中外合作者在合作期限内协商同意对合作企业合同作重大变更的,应当报审查批准机关批准;变更内容涉及法定工商登记项目、税务登记项目的,应当向工商行政管理机关、税务机关办理变更登记手续。当合作企业协议、章程的内容与合作企业合同不一致的,以合作企业合同为准。

合作企业章程 按照合作企业合同的约定,经合作各方一致同意,约定合作企业的组织原则、经营管理方法等事项的书面文件。合作企业章程应当载明下列事项:(1)合作企业名称及住所;(2)合作企业的经营范围和合作期限;(3)合作各方的名称、注册地、住所及法定代表人的姓名、职务和国籍(外国合作者是自然人的,其姓名、国籍和住所);(4)合作企业的投资总额,注册资本,合作各方投资或者提供合作条件的方式、期限;(5)合作各方收益或者产品的分配,风险或者亏损的分担;(6)合作企业董事会或者联合管理委员会的组成、职权和议事规则,董事会董事或者联合管理委员会委员的任期,董事长、副董事长或者联合管理委员会主任、副主任的职责;(7)经营管理机构的设置、职权、办事规则,总经理及其他高级管理人员的职责和聘任、解聘办法;(8)有关职工招聘、培训、劳动合同、工资、社会保险、福利、职业安全卫生等劳动管理事项的规定;(9)合作企业财务、会计和审计制度;(10)合作企业解散和清算办法;(11)合作企业章程的修改程序。合作企业章程自审查批准机关颁发批准证书之日起生效。在合作期限内,合作企业章程有重大变更的,须经审查批准机关批准。当合作企业协议、章程的内容与合作企业合同不一致的,以合作企业合同为准。

中外合作经营企业的设立审批 我国对于中外合作经营企业的设立实行的是审批主义。审查批准机关应当自收到规定的全部文件之日起45天内决定批准或者不批准;审查批准机关认为报送的文件不全或者有不当之处的,有权要求合作各方在指定期间内补全或者修正。对外贸易经济合作部和国务院授权的部门批准设立的合作企业,由对外贸易经济合作部颁发批准证书。国务院授权的地方人民政府批准设立的合作企业,由有关地方人民政府颁发批准证书,并自批准之日起30天内将有关批准文件报送对外贸易经济合作部备案。对于申请设立合作企业,有下列情形之一的,不予批准:损害国家主权或者社会公共利益的;危害国家安全的;对环境造成污染损害的;有违反法律、行政法规或者国家产业政策的其他情形的。

中外合作经营企业的设立登记 中外合作经营企业的设立人依照法定程序向国家工商行政管理局及其授权登记管理的机关提出申请,国家工商行政管理局及其授权登记管理的机关对经过核准的合作企业予以登记注册,并向社会公告。合作企业实行国家工商行政管理局登记管理和授权登记管理的原则。外商投资企业申请企业法人登记,应当具备下列条件:有符合规定的名称;有审批机关批准的合同、章程;有固定经营场所、必要的设施和从业人员;有符合国家规定的注册资本;有符合国家法律、法规和政策规定的经营范围;有健全的财会制度,能够实行独立核算,自负盈亏,独立编制资金平衡表或者资产负债表。登记主管机关审核登记注册的程序是受理、审查、核准、发照、公告。申请登记的单位应提交的文件、证件和填报的登记注册书齐备后,方可受理。审查提交的文件、证件和填报的登记注册书是否符合有关登记管理规定,并核实有关登记事项和开办条件。经过审查和核实后,作出核准登记或者不予核准登记的决定,并及时通知申请登记的单位。对核准登记的申请单位,应当分别颁发有关证照,及时通知法定代表人领取证照,并办理法定代表人签字备案手续。对核准登记注册的企业法人,由登记主管机关发布公告。设立合作企业的申请经批准后,应当自接到批准证书之日起30天内向工商行政管理机关申请登记,领取营业执照。合作企业的营业执照签发日期,为该企业的成立日期。

(麻琳琳)

zhongwai hezuo yinxiang zhipin fenxiao qiye guanli
中外合作音像制品分销企业管理(business administration of sino-foreign cooperative joint-venture of audio-visual products) 中外合作音像制品分销企业,外国的企业和其他经济组织或者个人按照平等互利的原则,经中国政府有关部门批准,在中国境内与中国企业或者其他经济组织合作设立的从事音像制品的批发、零售、出租业务企业的管理。为了扩大对外文化交流和经济合作,加强对中外合作音像制品分销企业的管理,根据《中华人民共和国中外合作经营企业法》、《音像制品管理条例》等有关法律、法规,文化部、商务部制定了《中外合作音像制品分销企业管理办法》,并自2004年1月1日起施行。

文化部和商务部以及文化部、商务部授权的省级文化、商务主管部门负责中外合作音像制品分销企业的审批和监督管理。中外合作音像制品分销企业应当符合的条件:(1)具有独立的法人资格;(2)具备国家有关设立音像制品分销企业的条件;(3)具有与经营规模相适应的资金;(4)中国合作者在合作企业中所拥有的权益不得低于51%;(5)合作期限不超过15年。中国合作者向文化部提出立项申请时应当报送的文件:(1)立项申请书;(2)合作各方共同编制或认可的项目建议书或可行性研究报告;(3)合作各方的营业执照或注册登记证明文件、资信证明文件及法定代表人的有效证明文件;(4)(如果中国合作者以国有资产作为合作条件)国有资产管理部门对中国合作者拟投入的国有资产的评估报告确认文件;(5)文化部要求提供的其他材料。中国合作者向商务部提出设立申请时应当报送的文件:(1)设立申请书;(2)合作各方共同编制或认可并经文化部批准的项目建议书或可行性研究报告;(3)文化部对该合作项目的立项批准文件;(4)由合作各方授权代表签署的拟设立中外合作音像制品分销企业的合同、章程;(5)(如果中国合作者以国有资产作为合作条件)国有资产管理部门对中国合作者拟投入的国有资产的评估报告确认文件;(6)合作各方的营业执照或注册登记证明文件、资信证明文件及法定代表人的有效证明文件;(7)拟设立合作经营企业名称预先核准通知书;(8)合作各方协商确定的合作企业董事长、副董事长、董事或联合管理委员会主任、副主任、委员的人选名单;(9)商务部要求提供的其他材料。中国香港特别行政区、澳门特别行政区和台湾地区的投资者在中国其他省、自治区、直辖市设立音像制品分销企业的,参照本办法执行。

(罗大帅)

zhongxibu diqu youhui zhidu
中西部地区优惠制度(China's central and western area preferential system) 我国政府通过给予中西部地区以财政、税收、投融资、产业开发、基础性建设等多方面的优惠政策,以缩小其与东部地区因以往实施的倾斜政策造成的东西部经济发展过度不均衡现象,而进行的有计划、有步骤地加速中西部地区经济发展的各项制度。

中西部地区是位于我国中西部,经济相对欠发达的20个省、市、自治区。具体而言中西部地区包括黑龙江、吉林、内蒙、山西、河南、湖北、湖南、江西、安徽、四川、重庆、云南、贵州、西藏、广西、陕西、甘肃、宁夏、青海、新疆等20个省、市、自治区,人口占全国63%,面积占全国的86%。中西部地区有明显的资源优势,中西部地区是我国的主要农牧基地,中央已把中西部的开发作为我国经济发展的重大战略举措,中西部地区经济将得到快速发展。

二十多年来,中西部地区与东部沿海地区的经济发展水平差距不断扩大,东西部经济发展失衡问题已成为中国可持续发展战略实施的严重障碍,因而,合理而快速提高中西部地区经济发展水平,缩小东西部差距,已成为中国21世纪区域开发的首要任务。

我国的中西部地区性优惠制度的内容主要包括:(1)调整国家对中西部地区的投融资政策。一方面,国家要逐步扩大政策性银行对中西部地区贷款发放的比重,将国家的建设资金更多地投向中西部地区;另一方面,在重大项目立项及其前期工作、财政补贴、投资参股和控股、投资风险担保等方面,对经济欠发达地区实施区别对待和同等条件下优先照顾等优惠政策。(2)实施中央财政转移支付制度。在"九五"计划期间,国家将逐步增加对中西部地区的财政支持,逐步提高中央财政在中西部地区的投入比重,并对中西部地区各种优势产品尤其是资源性产品的价格进行调整,提高中西部地区通过市场机制进行自我发展的能力。(3)优先安排中西部地区的资源开发和基础设施建设项目。对于作为全国性基地的中西部资源开发项目,国家实行投资倾斜;对跨地区的能源、交通运输、通信等重大基础性设施项目,以国家投资为主进行全面建设;加快对中西部地区加工工业区的建设,引导资源加工型和劳动密集型产业向中西部地区转移;加强中西部地区与东部沿海地区的交流与合作,推进中西部地区经济发展。

我国东部沿海发达地区与中西部欠发达地区加强技术合作、优势互补、经济联合,东部地区对中西部地区给予资金和技术支持,中西部地区发挥能源、原材料等优势支持东部地区发展的互利互惠、共同发展。国家应该鼓励东部沿海地区企业向中西部地区发展,组织好中西部地区对东部沿海地区的劳务输出。而中西部地区虽然经济落后,但是却有着丰富的自然资源和劳动力资源,东部经济发达地区采取多种形式与中西部地区联合开发资源,利用中西部地区丰富的劳动力资源,发展劳动密集型产业,这不但有利于中西部地区的发展,也有利于东部地区经济再上一个新台阶。东部沿海地区与中西部地区合作制度应该在平等互利、优势互补的基础上,走相互协调、共同发展的道路,决不能放弃、牺牲或者损害一方的利益,只有这样才是有利于缩小地区间差距,有利于人民共同富裕,有利于国家长治久安的合作制度。

(孙昊亮)

zhongxiao qiye
中小企业(small and medium-sized enterprises) 在中国境内依法设立的有利于满足社会需要,增加就业,符合国家产业政策,生产规模属于中小企业的各种所有制和各种形式的企业。中小企业的划分标准由国务院负责企业工作的部门根据企业职工人数、销售额、资产总额等指标,结合行业特点制定,报国务院批准。目前,我国将年销售收入和资产总额均在5亿元及以上的划为大企业,其中,年销售收入和资产总额均在50亿元及以上的为特大型企业;年销售收入和资产总额均在5000万元以上的为中型企业;其余的均为小型企业。中小企业具有以下几层含义:(1)能够满足社会需要,增加就业。任何企业的设立都是通过满足社会的需要使投资获得回报,中小企业也不例外,同时由于《中小企业促进法》是以扩大城乡就业为立法宗旨,增加就业也就成为国家通过立法对其加以扶持的条件之一。中小企业增加的就业在符合法律规定的条件下还可以享受相应的优惠政策。(2)中小企业的设立还需要符合国家的产业政策。中小企业的设立和发展受到国家产业政策的很大制约,在国家产业政策鼓励发展的领域设立的中小企业会得到国家资金、政策的扶持,从而取得更快的发展;相反,在国家限制、禁止的领域设立的中小企业不仅难有发展,甚至可能受到制止,或因违法而受到制裁。(3)中小企业的经营规模要符合中小企业的划分标准。中小企业就其本意理解是基于企业的规模为标准对企业所作的分类结果,由于各国的经济规模以及国情的不同,世界各国对中小企业的分类标准也不一致。《中小企业促进法》主要是把企业的职工人数、年销售额、资产总额等指标,并结合行业特点作为中小企业的划分标准。我国《中小企业促进法》在界定中小企业的概念时不把企业的所有制、企业的组织形式和企业的地域范围等作为中小企业的要素。

(方文霖　张旭娟)

zhongxiao qiye chuangye fuchi zhidu
中小企业创业扶持制度(supporting system for the starting up of small and medium-sized enterprises) 政府创造条件、采取扶持措施创办中小企业所形成的制度。《中小企业促进法》规定,政府有关部门应当积极创造条件,提供必要的、相应的信息和咨询服务,在城乡建设规划中根据中小企业发展的需要,合理安排必要的场地和设施,支持创办中小企业。失业人员、残疾人员创办中小企业的,所在地政府应当积极扶持,提供便利,加强指导。政府有关部门应当采取措施,拓宽渠道,引导中小企业吸纳大中专学校毕业生就业。国家在有关税收政策上支持和鼓励中小企业的创立和发展。国家对失业人员创立的中小企业和当年吸纳失业人员达到国家规定比例的中小企业,符合国家支持和鼓励发展政策的高新技术中小企业,在少数民族地区、贫困地区创办的中小企业,安置残疾人员达到国家规定比例的中小企业,在一定期限内减征、免征所得税,实行税收优惠。地方人民政府应当根据实际情况,为创业人员提供工商、财税、融资、劳动用工、社会保障等方面的政策咨询和信息服务。企业登记机关应当依法定条件和法定程序办理中小企业设立登记手续,提高工作效率,方便登记者。不得在法律、行政法规规定之外设置企业登记的前置条件;不得在法律、行政法规规定的收费项目和收费标准之外,收取其他费用国家鼓励中小企业根据国家利用外资政策,引进国外资金、先进技术和管理经验,创办中外合资经营、中外合作经营企业。国家鼓励个人或者法人依法以工业产权或者非专利技术等投资参与创办中小企业。

由于中小企业在数量上的绝对优势及其在多方面无法替代的作用,各国一般都很重视促进中小企业的发展,在资金上、政策优惠上、信用保障上、社会服务等多方面给予支持。在立法上,多数国家都制定了促进中小企业发展的专门法律,例如我国在2002年6月29日颁布了《中小企业促进法》。不过,从根本上来说,要促进中小企业的发展,首先还在于创造和维持公平竞争的市场机制,以确保中小企业真正获得平等的市场主体地位在市场中进行公平竞争,而这正是反垄断法的作用领域。

19世纪末,托拉斯组织在美国大量出现,其凭借雄厚的经济实力排挤中小资本,使中小企业和中下层人士饱受经济势力滥用之苦。在这种背景条件下,中小资本家联合其他受害社会阶层爆发了抵制托拉斯的大规模群众运动,其直接导致了《谢尔曼法》的产生。其他资本主义国家反垄断法的产生也多有类似的背景。所以,反垄断法从一开始就与保护和促进中小企业紧密相连。而在反垄断法的发展过程中,尽管各国反垄断的法律政策不断有所调整,但一直都没有弱化对中小企业利益的保护,在各国反垄断法的制度设计上也充分体现了这一点。例如,在企业合并控制制度方面,各国往往会禁止一些占有较大市场份额的企业之间的合并,而对中小企业的合并则采取比较宽容的态度,如德国《反对限制竞争法》规定,一个独立的企业,如果在上一营业年度的全球销售额不足2000万马克,就可以不受限制地与任何企业进行合并。在联合限制竞争行为的控制制度方面,各国一般都对中小企业之间的限制竞争协议适用豁免制度,只要该协议没有实质性损害相关市场的竞争秩序,中小企业就可以在采购、销售、生产或者技术标准化等方面开展各种内容和形式的合作,通过联合行为来增加中小企业在市场竞争中的力量。在市场支配地位滥用的控制制度方面,由于居于市场支配地位的企业通常是大企业,而市场支配地位滥用行为的受害者多为中小企业,因而,对滥用市场支配地位的行为进行控制,实质上就是保护了中小企业的利益。

由此可见,反垄断法与促进中小企业的发展密切相连。建立和维护公平的市场竞争秩序,保护中小企业的合法权利是反垄断法的一项重要目标。

(李　梅　方文霖)

zhongxiao qiye cujinfa
中小企业促进法(law on the promotion of small and medium-sized enterprises) 调整国家对中小企业加以扶持、引导,依法规保障其权益,并为其创立和发展创造有利的环境的过程中发生的各种关系的法律规范的总和。这是广义的中小企业促进法。狭义的中小企业促进法是指2002年6月29日第九届全国人民代表大会常务委员会第二十八次会议通过的《中华人民共和国中小企业促进法》。本法包括总则、资金支持、创业扶持、技术创新、市场开拓、社会服务、附则共7章。本法的立法宗旨是为了改善中小企业经营环境,促进中小企业健康发展,扩大城乡就业,以发挥中小企业在国民经济和社会发展中的重要作用。

对于何为"中小企业",本法就中小企业的概念和范围作了明确的界定,第2条规定,"本法所称中小企业,是指在中华人民共和国境内依法设立的有利于满足社会需要,增加就业,符合国家产业政策,生产经营规模属于中小型的各种所有制和各种形式的企业。""中小企业的划分标准由国务院负责企业工作的部门根据企业职工人数、销售额、资产总额等指标,结合行业特点制定,报国务院批准。"

《中小企业促进法》确立了三项基本原则：一是保护中小企业合法权益原则。《中小企业促进法》第6条规定，"国家保护中小企业及其出资人的合法投资，及因投资取得的合法收益。""任何单位和个人不得侵犯中小企业财产及其合法收益。任何单位不得违反法律、法规向中小企业收费和罚款，不得向中小企业摊派财物违反上述规定的行为有权拒绝和有权举报、控告。"二是中小企业地位平等原则。《中小企业促进法》第7条规定，"行政管理部门应当维护中小企业的合法权益，保护其依法参与公平竞争与公平交易的权利，不得歧视，不得附加不平等的交易条件。"三是中小企业依法经营原则。《中小企业促进法》第8条规定，"中小企业必须遵守国家劳动安全、职业卫生、社会保障、资源环保、质量、财政税收、金融等方面的法律、法规，依法经营管理，不得侵害职工合法权益，不得损害社会公共利。"

为将促进中小企业发展的立法宗旨落到实处，《中小企业促进法》在第2章到第6章就国家有关部门及地方各级人民政府应当采取鼓励中小企业发展的措施，如何为中小企业提供金融、信贷支持，税收优惠方面。国务院和省级人民政府对符合条件的中小企业给予一定的税收优惠，国家采取贷款贴息等措施鼓励中小企业按照市场需要和国家产业政策，加强技术改造，采用先进的技术、生产工艺和设备，大企业与中小企业的协作关系等六个方面作了具体的规定。

（张旭娟　方文霖）

zhongxiao qiye de caizheng zhichi
中小企业的财政支持(public finance back up of small and medium-sized enterprises)　中央财政和地方财政对中小企业的支持。《中小企业促进法》第10条规定：中央财政预算应当设立中小企业科目，安排扶持中小企业发展专项资金；地方人民政府应当根据实际情况为中小企业提供财政支持。

中央财政对中小企业的支持对于国家扶持中小企业发展具有重要的意义。因为中小企业的生命力较弱，抗风险的能力较差，如果国家不扶持的话很容易倒闭，进而会影响经济的发展和社会稳定。促进中小企业的发展有很多的措施，其中最主要的就是国家财政资金的支持，财政资金支持是中小企业其他问题的基础。

为中小企业提供财政支持也是地方政府的职责。《中小企业促进法》规定，"地方人民政府应当根据实际情况为中小企业提供财政支持。"所谓的实际情况堡矿两个方面：一是地方人民政府的实际情况。我国幅员辽阔，地区之间的经济发展不平衡，各地财政状况水平不同。所以，地方政府只能根据本地的实际情况来举鼎对中小企业的财政支持的力度。另一方面是企业的实际情况。中小企业的自身情况是各不相同的，中小企业可以分为政府鼓励发展的，有的属于政府限制发展的；有的需要政府的财政支持，有的不需要。地方政府应该根据中小企业的具体情况把有限的财政资金投入到真正需要的企业。

（方文霖）

zhongxiao qiye de shuishou youhui
中小企业的税收优惠(tax allowance for small and medium-sized enterprises)　国家对中小企业在一定期限内减征、免征所得税，实行税收优惠。主要包括：(1)失业人员创办的中小企业；(2)当年吸纳失业人员达到国家规定比例的中小企业；(3)符合国家支持和鼓励发展的高新技术中小企业；(4)在少数民族地区、贫困地区创办的中小企业；(5)安置残疾人员达国家规定比例的中小企业。

（张旭娟）

zhongxiao qiye de zijin zhichi
中小企业的资金支持(financial support for small and medium-sized enterprises)　中央银行应当加强信贷政策指导，改善中小企业融资环境；应当加强对中小金融机构的支持力度，鼓励商业银行调整信贷结构，加大对中小企业的信贷支持。《中小企业促进法》规定，各金融机构应对中小企业提供金融支持，努力改善金融服务，转变服务作风，增强服务意识，提高服务质量。各商业银行和信用社应改善信贷管理，扩大服务领域，开发适应中小企业发展的金融产品，调整信贷结构，为中小企业提供信贷、结算、财务咨询、投资管理等方面的服务。国家政策性金融机构应在其业务经营范围之内，采取多种形式，为中小企业提供金融服务。国家应采取措施拓宽中小企业的直接融资渠道，积极引导中小企业创造条件，通过法律、行政法规允许的各种方式直接融资，通过税收政策鼓励各类依法设立的风险投资机构增加对中小企业的投资。

资金问题是中小企业发展的一个至关重要的问题，为了促进中小企业的发展应进一步建立健全信用担保制度，积极开展中小企业风险担保基金贷款，降低金融机构对中小企业的贷款风险。借鉴发达国家如日本、德国、美国的做法，政府设立了专门的贷款担保基金，用于对中小企业从商业银行获得贷款的担保。在世界各国中，最早建立中小企业信用担保体系的是日本，1937年就成立了地方性的东京都中小企业信用保证协会，1958年成立了全国性的日本中小企业信用保险公库和全国中小企业信用保证协会联合会，形成了中央与地方共担风险、担保与再担保（保险）相结合的全国性信用担保体系。美国也是以担保形式为中小企业提供信贷援助的典型国家，美联邦政府的中小企业管理局主要任务之一就是以担保方式引导商业银行向中小企业提供贷款,并取得了很好的效果。贷款担保的一般做法是,贷款担保基金的政府行政主管部门,根据中小企业信贷担保计划,对申请担保符合条件的中小企业按贷款额、贷款性质和贷款时间的长短,提供一定比例的担保,并签订担保合同。一般说来,贷款担保额要小于贷款总额。

(张旭娟)

zhongxiao qiye de zilüxing zuzhi

中小企业的自律性组织(autonomy organization of small and medium sized enterprises) 由联系比较紧密的、一定地区或一定行业的中小企业组成的,并依法成立的社会团体。中小企业的自律性组织通过实行自律管理,解决中小企业在发展过程遇到的种种问题。中小企业成立自律性组织,依靠自身的力量实行自律管理,也是国际上的通行做法。如德国成立了小企业联合总会,作为中小企业的自律性组织。德国的小企业联合总会通过自我管理、为中小企业提供各种服务、代表中小企业的利益向政府及其部门提出意见和建议,维护中小企业的利益,促进中小企业的发展。因此,允许中小企业组成自律性组织,实行自我约束,自我服务,维护中小企业的合法权益,反映中小企业的建议和要求,为中小企业开拓市场、提高经营管理能力提供服务。

(方文霖)

zhongxiao qiye fazhan jijin

中小企业发展基金(development fund for small and medium-sized enterprises) 依据《中小企业法》规定,国家设立的中小企业发展基金。中小企业发展基金有下列资金组成:中央财政预算安排的扶持中小企业发展专项资金;基金受益;捐赠;其他资金。中小企业发展基金用于扶持中小企业的事项包括:(1)创业辅导和服务;(2)支持建立中小企业信用担保体系;(3)支持技术创新;(4)鼓励专业化发展以及与大企业的协作配套;(5)支持中小企业服务机构开展人员培训、信息咨询等项工作;(6)支持中小企业开拓国际市场;(7)支持中小企业实施清洁生产;(8)其他事项。

(张旭娟)

zhongxiao qiye fazhan zhuanxiang zijin

中小企业发展专项资金(special funds for small and medium sized enterprises development) 由国家财政拨款、财政统一管理的,为促进中小企业服务体系建设、开展支持中小企业的工作、补充中小企业发展基金而设立的专项资金。专项资金要专款专用,不能改变其性质和用途而挪作他用。中小企业发展专项资金应定向用于扶持中小企业的发展,一定要加强管理力度,防止挤占、挪用、截留、滞留、转贷、虚报、瞒报等违规操作行为,严格审计,切实用好专项资金,促进中小企业健康有序的发展。具体来讲,根据《中小企业促进法》第11条规定,中小企业发展专项资金主要用于以下四个方面:(1)促进中小企业服务体系的建设;(2)开展支持中小企业的工作;(3)补充中小企业发展基金;(4)扶持中小企业发展的其他事项。

(方文霖)

zhongxiao qiye hezuo kate'er

中小企业合作卡特尔(cooperative cartel of small and medium sized enterprises) 中小企业为提高经济效益而在采购、销售或者技术标准化方面进行的卡特尔合作。这种卡特尔一般可以得到反垄断法的豁免,其目的是扩大中小企业的合作,提高它们的竞争力,改善市场的竞争环境。原则上,中小企业之间不允许订立价格卡特尔。根据德国联邦卡特尔局的实践,如果这些价格协议与合理化的某些措施有联系,而且是这些措施成功的必要条件,价格协议也可以得到批准,但其涉及的市场份额不得超过15%。

(王晓晔)

zhongxiao qiye huzhu danbao jigou

中小企业互助担保机构(mutual aid guaranty institution of small and medium-sized enterprises) 经本级人民政府及政府指定部门审核批准设立并依法登记注册,为中小企业向银行等金融机构贷款提供信用担保的机构。该机构是自我出资、自我服务、自担风险、不以营利为目的的法人。中小企业互助担保机构的资金来源主要有会员入股、会员风险保证金、其他民间投资和捐赠等,一般设立为社团法人或企业法人。从整体看,互助担保机构有三个特点:户主担保机构的规模较小;与区县级的同业公会联系密切;通过信用担保机构申请再担保来分散风险。

在我国,中小企业互助担保机构是自1999年中共中央、国务院作出《关于加快建立中小企业信用担保体系的决定》以后开始出现的,它的出现为改善中小企业的生存和发展环境起到了很大的作用。2002年颁布的《中小企业促进法》第19条规定,"县级以上人民政府和有关部门应当推进和组织建立中小企业信用担保体系,推动对中小企业的信用担保,为中小企业融资创造条件。"第20条规定,"国家鼓励各种担保机构为中小企业提供信用担保。"这就为中小企业互助担保机构的发展和互助担保体系的建设提供了有利的法律保障。

(方文霖)

zhongxiao qiye jishu chuangxin zhidu
中小企业技术创新制度(technological innovation system of small and medium-sized enterprises) 中小企业按照市场需要，开发新产品，采用先进的技术、生产工艺和设备，提高产品质量，实现技术进步所形成的制度。中小企业技术创新包括产品技术创新、工艺技术创新和高新技术创新三个方面。中小企业的技术创新与大企业的技术创新相比具有体制灵活、效率高、面向市场需求和应用、企业经营者在技术创新中的作用较大的特点。《中小企业促进法》对于中小企业的技术创新以及为大企业产品配套的技术改造项目，规定了可以享受贷款贴息政策。政府有关部门应当在规划、用地、财政等方面提供政策支持，推进建立各类技术服务机构，建立生产力促进中心和科技企业孵化基地，为中小企业提供技术信息、技术咨询和技术转让服务，为中小企业产品研制、技术开发提供服务，促进科技成果转化，实现企业技术、产品升级。国家鼓励中小企业与研究机构、大专院校开展技术合作、开发与交流，促进科技成果产业化，积极发展科技型中小企业。
（方文霖）

zhongxiao qiye quanyi
中小企业权益(rights and interests of small and medium-sized enterprises) 法律赋予中小企业享有的各种权益。作为市场主体的一个重要的组成部分，我国中小企业在市场竞争中处于弱势地位，但它又在增加城乡就业、国民经济和社会发展中具有重要的作用，因此为促进中小企业的发展，《中华人民共和国中小企业法》规定了中小企业的各种权益，具体包括以下几个方面：(1)财产权。财产权是中小企业等市场主体和民事主体的基本权利，包括公民、法人的合法财产是我国从宪法到各部门法规定的主要内容之一。我国《全民所有制工业企业法》《公司法》《个人独资企业法》《合伙企业法》及其他法律法规都将保护企业的财产权作为其基本原则。这些法律法规的规定也涵盖了对中小企业财产权的保护。我国的《中小企业法》也把对中小企业财产权的保护作为其基本原则，以此为中小企业发展创造有利的环境。《中华人民共和国中小企业促进法》第6条规定："国家保护中小企业及其出资人的合法投资，及因投资取得的合法收益。""任何单位和个人不得侵犯中小企业财产及其合法收益。任何单位不得违反法律、法规向中小企业收费和罚款，不得向中小企业摊派财物。"(2)检举控告权。针对企业的乱摊派、乱收费和乱罚款的现象曾经比较严重。为了对中小企业的权益加强保护，《中小企业法》赋予了中小企业检举控告权以及与之相关的拒绝摊派权，这一权利是中小企业用来对抗各种非法侵害的法律武器。我国的《中小企业法》第6条第2款规定："中小企业对违反上述规定的行为有权拒绝和有权举报、控告。"(3)公平交易权。不同的市场主体的法律地位和交易机会平等是市场经济的基本精神。但是由于中小企业由于资金少、规模小等原因在市场交易中常常处于弱势地位，有时会受到歧视，受到不平等的待遇，被强加一些不公平的交易条件。因此《中小企业法》赋予了中小企业公平交易的权利，即中小企业享有依法参与公平竞争与公平交易的条件。该法第7条规定，"行政管理部门应当维护中小企业的合法权益，保护其依法参与公平竞争与公平交易的权利，不得歧视，不得附加不平等的交易条件。"
（方文霖）

zhongxiao qiye quanyi de baohu
中小企业权益的保护(protection of rights and interests of small and medium-sized enterprises) 国家对中小企业权益的立法保护。《中小企业促进法》主要是为中小企业创造一个公平竞争的环境，即企业在进入市场时，除了市场本身的进入障碍如技术标准、资本和规模、国家产业政策等方面的必要限制外，不应受到诸如所有制、行业等身份和地域的限制，也不能因为这些差别而在取得收入和承受负担方面的条件有明显不同。因此国家保护中小企业及其出资人的合法投资及因投资取得的合法权益，任何单位和个人不得侵犯中小企业财产及其合法权益。行政管理部门应当维护中小企业的合法权益，保护其依法参与公平竞争与公平交易的权利，不得歧视，不得附加不平等的交易条件。任何单位不得违反法律、法规向中小企业收费和罚款，不得向中小企业摊派财物。中小企业对违反上述规定的行为有权拒绝和有权举报、控告。 （张旭娟）

zhongxiao qiye shehuihua fuwu tixi
中小企业社会化服务体系(service system of socialization for small and medium-sized enterprises) 社会为中小企业成长、发展所提供的服务体系。培育中小企业社会化服务体系是扶持中小企业发展的一项重要内容，《中小企业促进法》为中小企业发展创造外部环境，从法律上解决了中小企业社会化服务机构的法律地位问题。国家鼓励社会各方面力量，建立健全中小企业社会服务体系，政府根据需要扶持建立中小企业服务机构，为中小企业提供优质服务。国家鼓励各类社会中介机构为中小企业提供创业辅导、企业诊断、信息咨询、市场营销、投资融资、贷款担保、产权交易、技术引进、人才引进、人员培训、对外合作、展览展销和法律咨询服务。国家鼓励有关机构、大专院校培训中小企业经济管理及生产技术等方面的人员，提高中小企业营销、管理和技术水平。组织建立中小企业服务中心,建立并充分发挥中小企业行业协会等中介组织的作用,实现服务的社会化、专业化和规范化,促进中小企业的发展。　　　　　　　　　(张旭娟)

zhongxiao qiye xinyong danbao

中小企业信用担保(credit guaranty system of small and medium-sized enterprises)　经同级人民政府及政府指定部门审核批准设立并依法登记注册的中小企业信用担保专门机构与债权人(包括银行等金融机构)约定,当被担保人不履行或不能履行主合同约定债务时,担保机构承担约定的责任或履行债务的行为。根据《关于建立中小企业信用担保体系试点的指导意见》,为解决中小企业融资问题,推动对中小企业的信用担保,而建立的具有"一体两翼三层"基本框架的中小企业信用担保机构。　　　　　　(方文霖)

zhongxiao qiye xinyong zhidu

中小企业信用制度(credit system of small and medium-sized enterprises)　为引导中小企业增强信用观念,提高中小企业的整体素质和综合竞争力,改善中小企业信用状况,创造良好的信用环境而采取的一系列手段和措施。为贯彻落实国务院办公厅转发国家经贸委《关于鼓励和促进中小企业发展若干政策意见的通知》精神,推进中小企业信用制度的建设,国家经贸委于 2001 年 4 月 20 日下发了《关于加强中小企业信用管理工作的若干意见》。该意见对加强中小企业信用管理的重要性、加强中小企业信用管理工作的指导思想和基本原则、培育中小企业的良好信用、中小企业信用管理工作的实施等问题作了明确说明。　(方文霖)

zhongyang chubeiliang guanli

中央储备粮管理(regulations on the management of central grain reservation)　中央政府储备的用于调节全国粮食供求总量,稳定粮食市场,以及应对重大自然灾害或者其他突发事件等情况的粮食和食用油的管理。《中央储备粮管理条例》于 2003 年 8 月 6 日国务院第 17 次常务会议通过,同年 8 月 15 日公布,自公布之日起施行。《中央储备粮管理条例》分总则、中央储备粮的计划、中央储备粮的储存、中央储备粮的动用、监督检查、法律责任、附则 7 章。

　　宏观调控与管理　中央储备粮管理的目的是加强对中央储备粮的管理,保证中央储备粮数量真实、质量良好和储存安全,保护农民利益,维护粮食市场稳定,有效发挥中央储备粮在国家宏观调控中的作用。国务院发展改革部门及国家粮食行政管理部门会同国务院财政部门负责拟订中央储备粮规模总量、总体布局和动用的宏观调控意见,对中央储备粮管理进行指导和协调;国家粮食行政管理部门负责中央储备粮的行政管理,对中央储备粮的数量、质量和储存安全实施监督检查。国务院财政部门负责安排中央储备粮的贷款利息、管理费用等财政补贴,并保证及时、足额拨付;负责对中央储备粮有关财务执行情况实施监督检查。中国储备粮管理总公司具体负责中央储备粮的经营管理,并对中央储备粮的数量、质量和储存安全负责。中国储备粮管理总公司依照国家有关中央储备粮管理的行政法规、规章、国家标准和技术规范,建立、健全中央储备粮各项业务管理制度,并报国家粮食行政管理部门备案。

　　中央储备粮的计划　中央储备粮的储存规模、品种和总体布局方案,由国务院发展改革部门及国家粮食行政管理部门会同国务院财政部门,根据国家宏观调控需要和财政承受能力提出,报国务院批准。中央储备粮的收购、销售计划,由国家粮食行政管理部门根据国务院批准的中央储备粮储存规模、品种和总体布局方案提出建议,经国务院发展改革部门、国务院财政部门审核同意后,由国务院发展改革部门及国家粮食行政管理部门会同国务院财政部门和中国农业发展银行共同下达中国储备粮管理总公司。

　　中央储备粮的储存　中国储备粮管理总公司直属企业为专门储存中央储备粮的企业。中央储备粮也可以依照本条例的规定由具备条件的其他企业代储。中央储备粮代储企业不得将中央储备粮轮换业务与其他业务混合经营。承储企业应当对中央储备粮实行专仓储存、专人保管、专账记载,保证中央储备粮账账相符、账实相符、质量良好、储存安全。承储企业不得虚报、瞒报中央储备粮的数量,不得在中央储备粮中掺杂掺假、以次充好,不得擅自串换中央储备粮的品种、变更中央储备粮的储存地点,不得因延误轮换或者管理不善造成中央储备粮陈化、霉变。承储企业不得以低价购进高价入账、高价售出低价入账、以旧粮顶替新粮、虚增入库成本等手段套取差价,骗取中央储备粮贷款和贷款利息、管理费用等财政补贴。承储企业应当建立、健全中央储备粮的防火、防盗、防洪等安全管理制度,并配备必要的安全防护设施。中央储备粮的管理费用补贴实行定额包干,由国务院财政部门拨付给中国储备粮管理总公司;中国储备粮管理总公司按照国务院财政部门的有关规定,通过中国农业发展银行补贴专户,及时、足额拨付到承储企业。中央储备粮的贷款利息实行据实补贴,由国务院财政部门拨付。中央储备粮贷款实行贷款与粮食库存值增减挂钩和专户管理、专款专用。承储企业应当在中国农业发展银行开立基本账户,并接受中国农业发展银行的信贷监管。

　　中央储备粮的动用　国务院发展改革部门及国家

粮食行政管理部门，应当完善中央储备粮的动用预警机制，加强对需要动用中央储备粮情况的监测，适时提出动用中央储备粮的建议。出现下列情况之一的，可以动用中央储备粮：(1) 全国或者部分地区粮食明显供不应求或者市场价格异常波动；(2) 发生重大自然灾害或者其他突发事件需要动用中央储备粮；(3) 国务院认为需要动用中央储备粮的其他情形。国务院发展改革部门及国家粮食行政管理部门，根据国务院批准的中央储备粮动用方案下达动用命令，由中国储备粮管理总公司具体组织实施。

监督检查　国家粮食行政管理部门、国务院财政部门按照各自职责，依法对中国储备粮管理总公司及其分支机构、承储企业执行本条例及有关粮食法规的情况，进行监督检查。在监督检查过程中，可以行使下列职权：(1) 进入承储企业检查中央储备粮的数量、质量和储存安全；(2) 向有关单位和人员了解中央储备粮收购、销售、轮换计划及动用命令的执行情况；(3) 调阅中央储备粮经营管理的有关资料、凭证；(4) 对违法行为，依法予以处理。

审计机关依照审计法规定的职权和程序，对有关中央储备粮的财务收支情况实施审计监督；发现问题，应当及时予以处理。中国储备粮管理总公司及其分支机构应当加强对中央储备粮的经营管理和检查，对中央储备粮的数量、质量存在的问题，应当及时予以纠正。中国农业发展银行应当按照资金封闭管理的规定，加强对中央储备粮贷款的信贷监管。

对于国家机关工作人员违反规定行为的，给予警告直至撤职的行政处分；情节严重的，给予降级直至开除的行政处分；构成犯罪的，依法追究刑事责任。国家机关和中国农业发展银行的工作人员违反本条例规定，滥用职权、徇私舞弊或者玩忽职守，构成犯罪的，依法追究刑事责任；尚不构成犯罪的，依法给予降级直至开除的行政处分或者纪律处分。　　　　　　（傅智文）

zhongyang yinhang
中央银行（central bank）　依据相关法律设立，专门负责制定和实施货币政策，对整个金融业进行监督和协调的政府机构。是一种特殊的国家机关。成立于1694年的英格兰银行是最早全面发挥中央银行功能的银行。我国的中央银行是中国人民银行，成立于1948年12月，是在原解放区的华北银行、北海银行和西北农民银行的基础上建立的。中央银行是发行的银行，集中与垄断货币发行的特权，是国家唯一的货币发行机构；是银行的银行，集中银行和其他金融机构交纳的存款准备金，充当商业银行等金融机构的"最后贷款人"，并组织、参与和管理全国的清算；是政府的银行，作为政府的组成部门，代理国库和政府债券的发行，并为政府融通资金、提供特定信贷支持等。长期以来，中央银行既是货币政策的制定者和实施者，又是金融监管者。随着金融业的深入发展，大多数国家将中央银行的金融监管职能剥离，从而保持货币政策的独立性和中央银行的专业化运作。在我国，银监会成立后，对银行业的监管职能从中央银行剥离。根据《中国人民银行法》的规定，中国人民银行独立履行以下职能：发布与履行其职责有关的命令和规章；依法制定和执行货币政策；发行人民币，管理人民币流通；监督管理银行间同业拆借市场和银行间债券市场；实施外汇管理，监督管理银行间外汇市场；监督管理黄金市场；持有、管理、经营国家外汇储备、黄金储备；经理国库；维护支付、清算系统的正常运行；指导、部署金融业反洗钱工作，负责反洗钱的资金监测；负责金融业的统计、调查、分析和预测；作为国家的中央银行，从事有关的国际金融活动；国务院规定的其他职责。　（卢　亮）

zhongyang yusuan danwei qingchan hezi zijin heshi zhidu
中央预算单位清产核资资金核实制度（capital verification system for the winding up of central budgetary units）　中央预算单位在对资产及负债进行清查登记和对收入、支出情况进行详细核对的基础上，对中央预算单位清查出的各项资产盘盈、财产损失和资金挂账进行核实清理，并依据该制度的有关规定和审批程序，确认中央预算单位占用的各项资产价值总额和净资产、收入支出的真实状况而形成的制度。

组织进行清产核资工作的中央预算单位，都应根据该制度做好单位资金核实工作，并经主管会计单位审核汇总后，向财政部办理资金核实申报手续。资金核实申报内容包括：中央预算单位清查后的资产负债、收入支出状况，以及清理出的各项资产盘盈、财产损失和资金挂账情况。单位负责人要对资金核实申报材料的真实性、完整性负责。中央预算单位要在认真做好资产清查等基础性工作的前提下，对清理出的各项资产盘盈、财产损失和资金挂账，经逐笔审核、分类归纳，按照现行财务会计制度和清产核资有关政策规定提出相应的处理意见，办理资金核实申报手续。

中央预算单位对于清理出的各项资产盘盈（含账外资产），应按照现行财务会计制度的有关规定确定价值（无法直接确定价值的，可按规定组织重估），并在资金核实申报报告中予以说明，经财政部资金核实批复后调整有关账目。

中央预算单位对于清查出的各项财产损失应当在取得具有法律效力的凭证或合法手续后，可按规定权限核销或在办理资金核实手续时申报核销处理。各项财产损失主要包括应收账款坏账损失、存货和固定资产的盘亏、毁损、报废损失。

中央预算单位对于清查出的有关资金挂账,在取得具有法律效力的凭证和合法手续后,可在办理资金核实手续时申报核销处理。

中央预算单位对于清查出的收支情况反映不实和由于经费间相互挤占造成账务处理不当的情况,特别是清查出的账外收入和各单位私设的"小金库"及虚列支出等情况,应在本次资金核实中如实申报,经批准后可以调整有关账目,并纳入规范管理范围。

中央预算单位的各项资产盘盈,按该制度规定的权限审批后,作如下处理:(1)对于流动资产盘盈,在核增流动资产的同时,行政单位相应核增结余;事业单位相应核增事业基金中的一般基金。(2)事业单位对清查出的账外投资,在核增对外投资的同时,相应核增事业基金中的投资基金。(3)中央预算单位对清查出的固定资产盘盈,在核增固定资产的同时,相应核增固定基金。中央预算单位的各项财产损失和资金挂账,按该制度规定的权限审批后,作如下处理:(1)对于流动资产损失,在核减流动资产的同时,行政单位相应核减结余;事业单位相应核减事业基金中的一般基金。(2)事业单位对清查出的对外投资挂账损失,在核减对外投资的同时,相应核减事业基金中的投资基金。(3)对于固定资产损失,在核减固定资产的同时,相应核减固定基金。

地方预算单位开展清产核资工作的,有关资金核实工作由地方财政部门参照该制度制定实施方案后执行。

(苏丽娅)

zhongzi qiye waihui jiesuan zhanghu guanli shishi xize

《中资企业外汇结算账户管理实施细则》(Implementation Rules of the Management of Foreign Exchange Settlement Account for Sino-invested Enterprises) 国务院外汇管理局制定发布的规范我国中资企业外汇结算账户管理的行政法规。为鼓励和扶持出口,减少企业经营成本,降低中资企业开立外汇账户标准,规范中资企业外汇账户的管理,根据《结汇、售汇及付汇管理规定》、《境内外汇账户管理规定》、《关于调整出口收汇核销和外汇账户管理政策的通知》及有关外汇管理规定,国家外汇管理局于2001年12月1日颁布并于同日实施了《中资企业外汇结算账户管理实施细则》(以下简称实施细则)。该实施细则共18条,主要规定了:(1)中资企业申请保留一定限额外汇的条件:经外经贸部门备案或核准有进出口经营权;年度出口收汇额在等值200万(含200万)美元以上,且年度外汇支出额在等值20万(含20万)美元以上;在工商行政管理部门注册登记的法人;企业财务状况良好,2年内没有严重的违反外汇管理规定行为。(2)中资企业申请开立外汇结算账户的申请程序及需向当地外汇管理分局提供的材料。(3)外汇局对中资企业的申请材料的审核及审核通过为其核定账户限额。(4)中资企业申请开立的外汇结算账户的管理和最高限额。(5)中资企业申请开立外汇结算账户的数量和最高限额的核定币种。(6)中资企业的经常项目外汇的管理。(7)违反该实施细则规定的开户银行和企业的处罚主管部门、处罚依据。《中资企业外汇结算账户管理实施细则》的颁布实施,进一步健全和完善了我国的外汇管理法律体系,促进了我国经济的健康有序发展。

(王连喜)

zhongshen renshou baoxian

终身人寿保险(perpetual life insurance) 又称终身死亡保险、终身寿险。一种提供终身保障的保险。被保险人在保险有效期内无论何时死亡,保险人都向其受益人给付保险金。由于终身寿险的保险期限比较长,而且无论寿命长短,保险公司的保险金是必付的,这种保险的目的在于为被保险人的家属提供可靠的经济保障,一旦被保险人死亡,其家属生活可以确保无忧。因此,其保费比定期保险要高。终身寿险分为普通终身寿险和特种终身寿险。

普通终身寿险,又称终身缴费的终身保险,它是人寿保险公司提供的最普通的保险。具有保险费终身缴纳;以较为低廉的保费获取终身保障的特点。特种终身寿险,又称为限期缴费的终身寿险。有两种形式:一是一次缴清保险费的终身寿险,即趸缴终身寿险。由于一次所缴金额较大,投保此种保险的人较少。二是限期缴清的终身寿险,缴付保险费的期限可以限定为10年、15年或30年,或用被保险人所达到的年龄来表示,如55岁、60岁。在同一保险金额下,缴费期越长,投保人每期缴纳的保险费越少;反之,则越多。短期的限期缴清保险费的终身寿险适用于在短期内有很高收入者购买。

终身寿险的一个显著特点是保单具有现金价值,而且保单所有人既可以中途退保领取退保金,也可以在保单的现金价值的一定限额内贷款,具有较强的储蓄性。目前,中国寿险市场上终身寿险已经成为主要寿险险种之一,每个公司都推出了自己的寿险产品。

(崔雪松)

zhongzhi ziyuan baohu zhidu

种质资源保护制度(protection system for resources of germ plasm) 选育新品种的基础材料,包括各种植物的栽培种、野生种的繁殖材料以及利用上述繁殖材料人工创造的各种植物的遗传材料的法律保护制度。由于种质资源关系到新品种的选育与推广以及农、林业的发展，因此，国家对种质资源规定了严格的保护制度。国家依法保护种质资源，任何单位和个人不得侵占和破坏种质资源。禁止采集或者采伐国家重点保护的天然种质资源，因科研等特殊情况需要采集或者采伐的，应当经国务院或者省、自治区、直辖市人民政府的农业、林业行政主管部门批准。国家有计划地收集、整理、鉴定、登记、保存、交流和利用种质资源，定期公布可供利用的种质资源目录。国务院农业、林业行政主管部门应当建立国家种质资源库，省、自治区、直辖市人民政府农业、林业行政主管部门可以根据需要建立种质资源库、种质资源保护区或者种质资源保护地。国家对种质资源享有主权，任何单位和个人向境外提供种质资源的，应当经国务院农业、林业行政主管部门批准。

(杨云鹏)

zhongzi fa
种子法（seed law）调整种质资源保护、品种选育与审定、种子生产、种子经营、种子使用、种子质量、种子进出口和对外合作、种子行政管理、法律责任等法律规范的总称。种子法的立法目的是：为保护和合理利用种质资源，规范品种选育和种子生产、经营、使用行为，维护品种选育者和种子生产者、经营者、使用者的合法权益，提高种子质量水平，推动种子产业化，促进种植业和林业的发展。《中华人民共和国种子法》于2000年7月第九届全国人民代表大会常务委员会第十六次会议通过，自2000年12月1日起施行。

国家依法保护种质资源，任何单位和个人不得侵占和破坏种质资源。国家有计划地收集、整理、鉴定、登记、保存、交流和利用种质资源，定期公布可供利用的种质资源目录。国务院农业、林业行政主管部门建立国家种质资源库，省、自治区、直辖市人民政府农业、林业行政主管部门可以根据需要建立种质资源库、种质资源保护区或者种质资源保护地。国家对种质资源享有主权，任何单位和个人向境外提供种质资源的，应当经国务院农业、林业行政主管部门批准；从境外引进种质资源的，依照国务院农业、林业行政主管部门的有关规定办理。

国务院农业、林业、科技、教育等行政主管部门和省、自治区、直辖市人民政府应当组织有关单位进行品种选育理论、技术和方法的研究。国家实行植物新品种保护制度，对经过人工培育的或者发现的野生植物加以开发的具备优良性能的植物品种，授予植物新品种权，保护植物新品种权所有人的合法权益。

主要农作物和主要林木的商品种子生产实行许可制度。申请领取种子生产许可证的主要条件是：具有繁殖种子的隔离和培育条件；具有无检疫性病虫害的种子生产地点或者县级以上人民政府林业行政主管部门确定的采种林；具有与种子生产相适应的资金和生产、检验设施；具有相应的专业种子生产和检验技术人员等。

种子经营实行许可制度，即种子经营者凭种子经营许可证向工商行政管理机关申请办理或者变更营业执照。申请领取种子经营许可证的单位和个人，应当具备本法规定的条件。种子经营许可证的有效区域由发证机关在其管辖范围内确定。种子经营者按照经营许可证规定的有效区域设立分支机构的，可以不再办理种子经营许可证，但应当在主管部门和原发证机关备案。

种子使用者有权按照自己的意愿购买种子，任何单位和个人不得非法干预。

国务院农业、林业行政主管部门制定种子的生产、加工、包装、检验、贮藏等质量管理办法和行业标准，农业、林业行政主管部门负责对种子质量的监督。农业、林业行政主管部门可以委托种子质量检验机构对种子质量进行检验。

进口种子和出口种子必须实施检疫，防止植物危险性病、虫、杂草及其他有害生物传入境内和传出境外。从事商品种子进出口业务的法人和其他组织，应具备种子经营许可证及从事种子进出口贸易的许可证明。国务院规定境外引进农作物、林木种子的审定权限，农作物、林木种子的进出口审批办法，引进转基因植物品种的管理办法等。进口商品种子的质量，应当达到国家标准或者行业标准。没有国家标准或者行业标准的，可以按照合同约定的标准执行。

农业、林业行政主管部门是种子行政执法机关，为实施本法可以进行现场检查。农业、林业行政主管部门及其工作人员不得参与和从事种子生产、经营活动；种子生产经营机构不得参与和从事种子行政管理工作。种子的行政主管部门与生产经营机构在人员和财务上必须分开。

生产、经营假、劣种子的；未取得种子生产许可证或者伪造、变造、买卖、租借种子生产许可证/经营许可证，或者未按照种子生产许可证的规定生产种子、经营种子的，依法追究责任或并处以罚款；构成犯罪的，依法追究刑事责任。为境外制种的种子在国内销售的；引进境外试验的收获物在国内作商品种子销售的；私自采集或者采伐国家重点保护的天然种质资源的，行政主管部门责令改正，并依法追究责任。经营的种子没有包装或包装不合本法规定的；伪造、涂改标签或数据的；未制作、保存种子生产、经营档案的；种子分支机构未按规定备案的，依法追究责任。违法向境外提供或者从境外引进种质资源的；经营、推广未经审定的种子的；抢采掠青、损坏母树或者在劣质林内和劣质母树上采种的，由农业、林业行政主管部门责令改正并处以罚款。构成犯罪的，依法追究刑事责任。违法收购林木种子的;在种子生产基地进行病虫害接种试验的;种子质量检验机构出具虚假检验证明的,强迫种子使用者购买、使用种子并造成损失的,都追究责任人的责任。农业、林业行政主管部门违反规定核发种子生产许可证或者种子经营许可证的;种子行政管理人员徇私舞弊、滥用职权、玩忽职守的,或者违反本法规定从事种子生产、经营活动的,依法给予行政处分;构成犯罪的,依法追究刑事责任。 (杨云鹏)

zhongzi jianyan jianyi zhidu

种子检验、检疫制度(system for seed inspection and quarantine) 为了保证种子的质量,国家规定了种子的检验、检疫制度。农业、林业行政主管部门可以委托种子质量检验机构对种子质量进行检验。承担种子质量检验的机构应当具备相应的检测条件和能力,并经省级以上人民政府有关主管部门考核合格。种子质量检验机构应当配备种子检验员。种子检验员应当具备规定的条件:(1)具有相关专业中等专业技术学校毕业以上文化水平;(2)从事种子检验技术工作3年以上;(3)经省级以上人民政府农业、林业行政主管部门考核合格。

禁止生产、经营假、劣种子。假种子是以非种子冒充种子或者以此种子冒充他种品种种子的;种子种类、品种、产地与标签标注的内容不符的。而以下所列则为劣种子:质量低于国家规定的种用标准的;质量低于标签标注指标的;因变质不能作种子使用的;杂草种子的比率超过规定的;带有国家规定检疫对象的有害生物的。

从事品种选育和种子生产、经营以及管理的单位和个人,都应当遵守国家有关植物检疫的法律、法规,防止植物危险性病、虫、杂草及其他有害生物的传播和蔓延。进出口种子必须实施检疫,防止植物危险性病、虫、杂草及其他有害生物传入或传出境内。 (杨云鹏)

zhongzi jingying zhidu

种子经营制度(seed management system) 我国种子经营所实行的制度。种子经营者必须先取得种子经营许可证后,方可凭种子经营许可证向工商行政管理机关申请办理或者变更营业执照。但农民个人自繁、自用的常规种子有剩余的,可以在集贸市场上出售、串换,不需要办理种子经营许可证;此外,种子经营者专门经营不再分装的包装种子,或者受具有种子经营许可证的种子经营者的书面委托代销其种子的,可以不办理种子经营许可证。申请领取种子经营许可证的单位和个人,应当具备下列条件:(1)具有与经营种子种类和数量相适应的资金及独立承担民事责任的能力;(2)具有能够正确识别所经营的种子、检验种子质量、掌握种子贮藏、保管技术的人员;(3)具有与经营种子的种类、数量相适应的营业场所及加工、包装、贮藏保管设施和检验种子质量的仪器设备;(4)法律法规规定的其他条件。种子经营许可证实行分级审批发放制度。种子经营许可证由种子经营者所在地县级以上地方人民政府农业、林业行政主管部门核发。种子经营许可证应当注明种子经营范围、经营方式及有效期限、有效区域等。

种子经营者应当遵守有关法律、法规的规定,向种子使用者提供种子的简要性状、主要栽培措施、使用条件的说明与有关的咨询服务,并对种子质量负责。

另外,种子经营者还应当严格遵守国家颁布的种子的包装、标签等方面的规范定,如农业部于2001年发布的《农作物商品种子加工包装规定》以及《农作物种子标签管理办法》等。

种子经营者应当建立种子经营档案,载明种子来源、加工、贮藏、运输和质量检测个环节的简要说明及责任人、销售去向等。 (杨云鹏)

zhongzi shengchan zhidu

种子生产制度(seed production system) 我国对主要农作物和主要林木的商品种子的生产所实行的管理制度。禁止任何单位和个人无证或未按照许可证的规定生产种子;禁止伪造、变造、买卖、租借种子生产许可证。申请领取种子生产许可证的单位和个人,应当具备相应的条件:(1)具有繁殖种子的隔离和培育条件;(2)具有无检疫性病虫害的种子生产地点或者县级以上人民政府林业行政主管部门确定的采种林;(3)具有与种子生产相适应的资金和生产、检验设施;(4)具有相应的专业种子生产和检验技术人员;(5)法律、法规规定的其他条件。此外,申请领取具有植物新品种权的种子的生产许可证的,还应当征得品种权人的书面同意。种子生产许可证应当注明生产种子的品种、地点和有效期限等项目。商品种子生产应当执行种子生产技术规程和种子检验、检疫规程。商品种子生产者应当建立种子生产档案,载明生产地点、生产地块环境、前茬作物、亲本种子来源和质量、技术负责人、田间检验记录、产地气象环境、种子流向等内容。

(杨云鹏)

zhongzi shiyong zhidu

种子使用制度(system of seed usage) 种子使用者按照自己的意愿购买种子并使用种子的管理制度。国家投资或国家投资为主的造林项目和国有林业单位造林,应当根据林业行政主管部门制定的计划使用林木良种。国家对推广使用林木良种营造防护林、特种用途林给予扶持。种子使用者因种子质量问题遭受损失的,出售种子的经营者应当予以赔偿,赔偿额包括购种价款、有关费用和可得利益损失。经营者赔偿后,属于种子生产者或者其他经营者责任的,经营者有权向生产者或者其他经营者追偿。因种子使用发生民事纠纷的,可以通过协商、调解、仲裁或诉讼的方式解决。

（杨云鹏）

zhongzi zhiliang jiandu zhidu
种子质量监督制度(supervision system of seed quality) 我国农业、林业行政主管部门为了保证和提高我国种子的质量水平,保护种子使用者的个人利益,促进我国种植业和林业的发展,根据国务院农业、林业行政主管部门制定的质量管理办法和行业标准,对种子的生产、加工、包装、检验、贮藏等进行监督的制度。农业、林业行政主管部门是负责对种子质量进行监督的部门,农业、林业行政主管部门也可以委托经省级以上人民政府有关主管部门考核合格的种子质量检验机构对种子质量进行检验。种子质量检验机构应当配备种子检验员,种子检验员应当具备以下条件:具有相关专业中等专业技术学校毕业以上文化水平;从事种子检验技术工作3年以上;经省级以上人民政府农业、林业行政主管部门考核合格。我国法律禁止生产、经营假、劣种子,《中华人民共和国种子法》中规定了假、劣种子的判断标准:下列种子为假种子:以非种子冒充种子或者以此品种种子冒充他种品种种子的;种子种类、品种、产地与标签标注的内容不符的。下列种子为劣种子:质量低于国家规定的种用标准的;质量低于标签标注指标的;因变质不能作种子使用的;杂草种子的比率超过规定的;带有国家规定检疫对象的有害生物的。但是同时规定由于不可抗力原因,为生产需要必须使用低于国家或者地方规定的种用标准的农作物种子的,应当经用种地县级以上地方人民政府批准;林木种子应当经用种地省、自治区、直辖市人民政府批准。为保证种子的质量,防止病虫害,我国法律规定从事品种选育和种子生产、经营以及管理的单位和个人应当遵守有关植物检疫法律、行政法规的规定,防止植物危险性病、虫、杂草及其他有害生物的传播和蔓延。禁止任何单位和个人在种子生产基地从事病虫害接种试验。

（赵芳芳）

zhongdian yongneng danwei guanli zhidu
重点用能单位管理制度(management system of key consuming energy units) 国家将用能单位区分为重点用能单位与一般用能单位,实行分类指导管理的制度。该项制度是国际的通行做法,比如日本、韩国、菲律宾等国家都在有关的能源立法中确立了重点耗能企业制度,要求企业配备经政府考核合格的能源专业管理人员和向政府部门报告工作。日本在能源使用合理化法律中,确定了指定工厂制度,要求指定工厂必须按照政府规定选任能源管理者,他们还建立了全国统一的能源管理士考试制度,累计已有几万人取得了能源管理士资格,法律制度的建立使日本形成了能源管理人才专业化的社会培养和任用机制。我国《节约能源法》也明确规定,重点用能单位应当按照国家有关规定定期报送能源利用状况报告,能源利用状况包括能源消费情况、用能效率和节能效益分析、节能措施等内容。而且,重点用能单位应当设立能源管理岗位,在具有节能专业知识、实际经验以及工程师以上技术职称的人员中聘任能源管理人员,并向县级以上人民政府管理节能工作的部门和有关部门备案,能源管理人员负责对本单位的能源利用状况进行监督、检查。总之,在重点用能单位设置能源管理岗位,聘用能源管理人员,可以使国家建立规范的能源管理人才培养机制,保证重点用能单位有合格的管理人员从事能源管理,使节能工作从体制上得到保障,这项制度在节约能源管理中居于基础性的重要地位。

（张 璐）

zhongyao gongyepin jinkou pei'e guanli shishi xize
重要工业品进口配额管理(Management of Import Quota of Important Industrial Products) 对成品油和汽车轮胎的进口配额的管理。为规范重要工业品进口管理,促进公平贸易,根据《中华人民共和国货物进出口管理条例》,国家经贸委、对外贸易经济合作部、海关总署于2002年10月11日共同颁布了《重要工业品进口配额管理实施细则》,自2002年11月10日起施行。

国家经贸委会同外经贸部负责对全国的成品油和汽车轮胎进口配额工作进行指导、协调和管理;各省、自治区、直辖市、计划单列市经贸委(经委)会同同级外经贸委(厅、局)负责本地区重要工业品进口配额的协调和管理工作,负责进口配额的检查、监督;国务院有关部门指定的行政管理机构负责本部门重要工业品进口配额的协调和管理工作,负责进口配额的检查、监督。

以下贸易方式进口重要工业品均依法管理:(1)一般贸易进口;(2)边境小额贸易进口;(3)补偿贸易进口;(4)易货贸易进口;(5)捐赠进口;(6)租赁进口;(7)寄售进口;(8)外商投资企业生产内销产品用进口。成品油包括加工贸易方式进口。

配额申请单位应当在每年8月1日至8月31日向授权的进口配额管理机构提出下一年度配额申请。下一年度的配额应在每年10月31日前分配完毕。配额持有者未使用完其持有的年度配额,应当在每年9月1日前将未使用完的配额交还,由国家经贸委会同外经贸部在自9月1日起的10个工作日内进行再分配。未按期交还并且在当年年底前未使用完的,相应扣减其下一年度配额。

进口实行进口配额管理的重要工业品,各地区由所属省、自治区、直辖市、计划单列市经贸委(经委)签发《重要工业品进口配额证明》,并由同级外经贸委(厅、局)加盖专用章;各国务院有关部门由所属部门指定的行政管理机构签发《重要工业品进口配额证明》。进口经营者凭进口配额证明,向外经贸部授权的许可证发证机构申领进口许可证。发证机构应当自收到申请之日起3个工作日内发放进口许可证。海关凭进口许可证验放。外汇指定银行凭进口许可证办理外汇兑付。

(罗大帅)

zhubi

主币(main currency) 亦称"本位货币"。辅币的对称。一个国家法定的作为价格标准的主要货币。其特点主要有:(1)是一个国家计价、结算的唯一合法的货币单位。我国人民币的主币有:1元、2元、5元、10元、50元和100元6种,计价、结算的货币单位是"元"。(2)具有无限法偿的效力。所谓"无限法偿"意指在铸币流通的条件下,国家对本位货币在法律上所赋予的无限支付能力,每次支付的数量也不受限制,任何人不得拒绝接受。在金属货币制度下,根据各国主币所采用的金属类别和其他特征,可将各种货币制度分为单本位制、复本位制、金块本位制和金汇兑本位制。随着国际金本位制的崩溃和各国经济交往更为迅捷的需要,目前各国实际流通的本位货币已不是金、银等铸币,而是作为价值符号的不兑现的信用货币,如期票、汇票、本票、支票及银行券等。

(王连喜)

zhudao chanye

主导产业(leading industry) 社会经济发展中占主导地位、发挥主导作用的产业。罗斯托是最早提出主导产业理论的学者之一,他认为,在经济发展各个阶段上建立和发展主导产业和主导产业综合体,是有具体条件的。必备的条件是:第一,要有足够的资本积累和投资,通常要求一国的净投资率(指投资额在国民生产总值中的比重)要从5%左右提高到10%,要鼓励储蓄,限制消费,防止消费早熟,必要时引进外资;第二,要有充足的市场需求,使主导产业产品的有效需求必须有所扩大,以推动主导产业的产出,为主导产业的迅速增长打下基础;第三,要有技术创新并足以引起本部门的技术革新和满足其他部门增加生产设备以及从事新的潜在能力的需要;第四,要有制度创新,拥有大批具有创新意识的企业家,为主导产业的发展提供组织、管理和人力以及良好的运作条件。

美国的产业发展变化情况表明,产业结构的变动是因为单个产业部门的变动导致的。美国经济学家西蒙·库兹涅茨通过对大量资料的分析,发现各产业部门增长速度的放慢,从长期看存在着一定的规律性,这种增速的放慢一般是由以下原因引起的:技术进步速度放慢;增长较慢的产业对其增长的阻力效应和增长快的产业对其竞争的压制;随着产业增长,可利用的产业扩张资金的相对规模下降;受到新兴国家相同产业竞争的影响。库兹涅茨对美国1880年至1948年间制造业的38个行业进行了统计分析。并得出如下结论:产业组成的变动是通过产业间优势地位的更迭实现的。一般衡量产业的优势地位有两种不同的角度:一是以产值进行衡量,即该产业产值占全部产业总产值的比重大小,比重大的产业即是占优势地位产业;二是该产业在经济增长中作用如何,即主要从产业间关联效应进行衡量,如该产业发展能否带动其他产业部门的发展,在经济增长中起着主导作用的产业即是占优势地位产业。主导产业符合产业演进规律的要求,是战略性的主导产业。

主导产业的选择是一个理论与实践相结合的问题。发达国家的实践经验说明,主导产业及其优势地位的发生是存在一定规律的,应注重发现并利用主导产业的规律来为经济发展服务。由于主导产业在产业结构中占有较大比重,并对其他产业和整个经济发展具有较强推动作用的产业;是具有产业优势,代表产业结构演变方向,经过培育在短期内能够发展成为当地人民收入和地方财税来源的骨干产业或新兴产业。因此对于主导产业的选择和建设更应当综合考虑各地资源的比较优势和市场的需求,使其发挥应有的最大的作用,促进经济的发展,技术的进步。

(崔雪松)

zhushen zhuce kuaijishi

主审注册会计师(cheif registered accountant) 利用其他注册会计师的工作,负责对被审计单位会计报表整体发表审计意见的注册会计师。其他注册会计师,是负责对被审计单位的一个或多个组成部分的会计信息实施审计的其他会计师事务所的注册会计师。组成部分,是指被审计单位的部门、分支机构、子公司和联营公司等,其会计信息包含于主审注册会计师所审计的会计报表整体中。这里的相关规定不适用于下列情况:联合审计;一个或多个组成部分的会计信息对被审计单位会计报表整体不具有重大影响;后任注册会计师向前任注册会计师查询审计工作底稿。注册会计师在接受委托担任主审注册会计师之前,应当考虑下列因素:参与程度及所审计会计报表部分的重要性;对其他注册会计师所审计组成部分业务的了解程度;其他注册会计师所审计组成部分的会计信息存在重大错报或漏报的风险。主审注册会计师决定利用其他注册会计师的工作时,应当与其取得联系,及时告知下列事项:审计目的与范围;审计报告用途;会计、审计等有关规定及报告编制要求;需要特别关注的审计领域;完成审计工作的时间;被审计单位会计报表整体的重要性水平;其他重大事项。在取得联系前,如果其他注册会计师已完成审计工作,主审注册会计师应当就上述内容对其他注册会计师的工作进行复核,以确定其工作是否符合要求。其他注册会计师应当与主审注册会计师配合,并在征得被审计单位同意后,提供主审注册会计师所需要的资料。主审注册会计师应当及时获取其他注册会计师能够按其要求完成审计工作的书面声明。其他注册会计师不能按要求完成审计工作时,应当及时告知主审注册会计师。　　(刘　燕　麻琳琳)

zhuli kuaijishi

助理会计师(assistant accountant)　按照《会计专业职务试行条例》的规定,能够担负一个或某个重要财务会计岗位的工作,草拟本单位一般性的财务会计制度,解释、解答有关财务会计法规中的一般规定,分析检查本单位某方面或某项目的财务收支和财务预算的执行情况的会计人员。助理会计师职务资格的取得在学历上要求取得硕士学位或同等学力,或者大学本科毕业,在财务会计工作岗位见习1年期满,或者大专毕业并担任会计员职务2年以上,或者中专毕业并担任会计员职务4年以上;在能力上,要求掌握一般的财务会计基础理论和专业知识,熟悉并能够正确执行有关的财经方针、政策和财务会计法规、制度。以上关于专业职务的学历和从事财务会计工作的年限要求,一般在任职时都应具备;但对确有真才实学、成绩显著、贡献突出、符合任职条件的人员,在确定其相应专业职务时,可以不受本条例规定的学历和工作年限的限制。助理会计师是会计员和会计师之间的衔接职称,但仍属于初级会计职称的范围之内。　　(刘　燕)

zhuce budang shangbiao de chexiao chengxu

注册不当商标的撤销程序(revocation procedure of improperly registered trademarks)　已经注册的商标,违反《商标法》的禁止性规定,或者是以欺骗手段或者其他不正当手段取得注册的商标的撤销程序。

根据我国《商标法》,已经注册的商标,使用商标禁用标志或欠缺显著性或可识别性的标志的,或者是以欺骗手段或者其他不正当手段取得注册的,由商标局撤销该注册商标。对于注册不当的商标,根据其注册不当的不同原因,《商标法》规定了不同的撤销程序:(1)商标局依职权予以撤销。已经注册的商标,违反《商标法》第10条、第11条、第12条,或者是以欺骗手段或者其他不正当手段取得注册的,商标局应依职权撤销该注册商标。这种撤销没有期限的限制,商标注册人不服此撤销决定的,可以向商标评审委员会申请复审。(2)商标评审委员会根据当事人的申请裁定撤销。已经注册的商标,违反《商标法》第10条、第11条、第12条,或者是以欺骗手段或者其他不正当手段取得注册的,其他单位和个人可以请求商标评审委员会裁定撤销该注册商标。此外,已经注册的商标,违反《商标法》第13条、第15条、第16条、第31条规定的,自商标注册之日起5年内商标所有人或利害关系人可以请求商标评审委员会裁定撤销该注册商标。对恶意注册的,驰名商标所有人不受5年时间的限制。

　　(徐中起　郭友旭)

zhuce jianzhushi

注册建筑师(certified architect)　依法注册,获得注册建筑师证书,在一个建筑设计单位内执行注册建筑师业务的人员。在我国注册建筑师分为一级注册建筑师和二级注册建筑师。我国对于注册建筑师采取考试制,只有符合法律规定的条件并通过注册建筑师考试的人才能够以注册建筑师的身份执业。注册建筑师在执业时应当履行下列义务:(1)遵守法律、法规和职业道德,维护社会公共利益;(2)保证建筑设计的质量,并在其负责的设计图纸上签字;(3)保守在执业中知悉的单位和个人的秘密;(4)不得同时受聘于两个以上建筑设计单位执行业务;(5)不得准许他人以本人名义执行业务。　　(刘　鹏)

zhuce jianzhushi de zhiye

注册建筑师的执业(practices of certified architects)　依法获得注册建筑师执业资格的人员以注册建筑师的名义为他人提供设计、审核、咨询、鉴定等服务,并收取报酬的行为。注册建筑师的执业范围包括以下内容:(1)建筑设计;(2)建筑设计技术咨询;(3)建筑物调查与鉴定;(4)对本人主持设计的项目进行施工指导和监督;(5)国务院建设行政主管部门规定的其他业务。注册建筑师执行业务,应当加入建筑设计单位,由建筑设计单位统一接受委托并统一收费。因设计质量造成的经济损失,由建筑设计单位承担赔偿责任;建筑设计单位有权向签字的注册建筑师追偿。一级注册建筑师的执业范围不受建筑规模和工程复杂程度的限制。二级注册建筑师的执业范围则不应超越国家规定的建筑规模和工程复杂程度。

注册建筑师执业不得有下列行为:(1)以个人名义承接注册建筑师业务、收取费用;(2)同时受聘于二个以上建筑设计单位执行业务;(3)在建筑设计或者相关业务中侵犯他人合法权益;(4)准许他人以本人名义执行业务;(5)二级注册建筑师以一级注册建筑师的名义执行业务或者超越国家规定的执业范围执行业务。　　　　　　　　　　　　（刘　鹏）

注册建筑师的注册（registration of CA）

zhuce jianzhushi de zhuce

注册建筑师考试合格,取得相应的注册建筑师资格的,可以申请注册。一级注册建筑师的注册,由全国注册建筑师管理委员会负责;二级注册建筑师的注册,由省、自治区、直辖市注册建筑师管理委员会负责。国务院建设行政主管部门或者省、自治区、直辖市人民政府建设行政主管部门发现有关注册建筑师管理委员会的注册不符合规定的,应当通知有关注册建筑师管理委员会撤销注册,收回注册建筑师证书。

准予注册的申请人,分别由全国注册建筑师管理委员会和省、自治区、直辖市注册建筑师管理委员会核发由国务院建设行政主管部门统一制作的一级注册建筑师证书或者二级注册建筑师证书。全国注册建筑师管理委员会应当将准予注册的一级注册建筑师名单报国务院建设行政主管部门备案;省、自治区、直辖市注册建筑师管理委员会应当将准予注册的二级注册建筑师名单报省、自治区、直辖市人民政府建设行政主管部门备案。有下列情形之一的,不予注册:(1)不具有完全民事行为能力的;(2)因受刑事处罚,自刑罚执行完毕之日起至申请注册之日止不满5年的;(3)因在建筑设计或者相关业务中犯有错误受行政处罚或者撤职以上行政处分,自处罚、处分决定之日起至申请注册之日止不满2年的;(4)受吊销注册建筑师证书的行政处罚,自处罚决定之日至申请注册之日止不满5年的;(5)有国务院规定不予注册的其他情形的。全国注册建筑师管理委员会和省、自治区、直辖市注册建筑师管理委员会决定不予注册的,应当自决定之日起15日内书面通知申请人;申请人有异议的,可以自收到通知之日起15日内向国务院建设行政主管部门或者省、自治区、直辖市人民政府建设行政主管部门申请复议。

注册建筑师注册的有效期为2年。有效期届满需要继续注册的,应当在期满前30日内办理注册手续。已取得注册建筑师证书的人员形外,注册后有下列情形之一的,由准予注册的全国注册建筑师管理委员会或者省、自治区、直辖市注册建筑师管理委员会撤销注册,收回注册建筑师证书:(1)完全丧失民事行为能力的;(2)受刑事处罚的;(3)因在建筑设计或者相关业务中犯有错误,受到行政处罚或者撤职以上行政处分的;(4)自行停止注册建筑师业务满2年的。被撤销注册的当事人对撤销注册、收回注册建筑师证书有异议的,可以自接到撤销注册、收回注册建筑师证书的通知之日起15日内向国务院建设行政主管部门或者省、自治区、直辖市人民政府建设行政主管部门申请复议。被撤销注册的人员可以重新注册。

以不正当手段取得注册建筑师考试合格资格或者注册建筑师证书的,由全国注册建筑师管理委员会或者省、自治区、直辖市注册建筑师管理委员会取消考试合格资格或者吊销注册建筑师证书。未经注册擅自以注册建筑师名义从事注册建筑师业务的,由县级以上人民政府建设行政主管部门责令停止违法活动,没收违法所得,并可以处以违法所得5倍以下的罚款;造成损失的,应当承担赔偿责任。　　　　　　（刘　鹏）

注册会计师（certified public accountant）

zhuce kuaijishi

依法取得注册会计师证书并接受委托从事审计和会计咨询、会计服务业务的执业人员。注册会计师执行业务,应当加入会计师事务所。国务院财政部门和省、自治区、直辖市人民政府财政部门,依法对注册会计师进行监督、指导。注册会计师依法独立、公正执行业务,受法律保护。

参加注册会计师全国统一考试成绩合格,并从事审计业务工作2年以上的,可以向省、自治区、直辖市注册会计师协会申请注册。有下列情形之一的,受理申请的注册会计师协会不予注册:(1)不具有完全民事行为能力的;(2)因受刑事处罚,自刑罚执行完毕之日起至申请注册之日止不满5年的;(3)因在财务、会计、审计、企业管理或者其他经济管理工作中犯有严重错误受行政处罚、撤职以上处分,自处罚、处分决定之日起至申请注册之日止不满两年的;(4)受吊销注册会计师证书的处罚,自处罚决定之日起至申请注册之日止不满5年的;国务院财政部门规定的其他不予注册的情形的。注册会计师协会应当将准予注册的人员名单报国务院财政部门备案。国务院财政部门发现注册会计师协会的注册不符合规定的,应当通知有关的注册会计师协会撤销注册。准予注册的申请人,由注册会计师协会发给国务院财政部门统一制定的注册会计师证书。已取得注册会计师证书的人员,注册后由于下列情形之一的完全丧失民事行为能力的;受刑事处罚的;因在财务、会计、审计、企业管理或者其他管理工作中犯有严重错误受行政处罚、撤职以上的处分的;自行停止执行注册会计师业务满1年的。由准予注册的注册会计师协会撤销注册,收回注册会计师证书:被撤销注册的当事人有异议的,可以自接到撤销注册、收回注册会计师证书的通知之日起15日内向国务院财政部门或者省、自治区、直辖市人民政府财政部门申请复议。

注册会计师承办下列审计业务:审查企业会计报表,出具审计报告;验证企业资本,出具验资报告;办理企业合并、分立、清算事宜中的审计业务,出具有关的报告;法律、行政法规规定的其他审计业务。注册会计师依法执行审计业务出具的报告,具有证明效力。注册会计师可以承办会计咨询、会计服务业务。

(麻琳琳 薛建兰 戴菲 白峰)

zhuce kuaijishi xiehui

注册会计师协会(association of certified public accountants) 由注册会计师组成的社会团体。中国注册会计师协会是注册会计师的全国组织,省、自治区、直辖市注册会计师协会是注册会计师的地方组织。国务院财政部门和省、自治区、直辖市人民政府财政部门,依法对注册会计师协会进行监督、指导。注册会计师应当加入注册会计师协会。中国注册会计师协会的章程由全国会员代表大会制定,并报国务院财政部门备案;省、自治区、直辖市注册会计师协会的章程由省、自治区、直辖市会员代表大会制定,并报省、自治区、直辖市人民政府财政部门备案。中国注册会计师协会依法拟定注册会计师执业准则、规则,报国务院财政部门批准后施行。注册会计师协会应当支持注册会计师依法执行业务,维护其合法权益,向有关方面反映其意见和建议。注册会计师协会应当对注册会计师的任职资格和执业情况进行年度检查。注册会计师协会依法取得社会团体法人资格。

中国注册会计师协会是社会团体法人,是中国注册会计师行业的自律管理组织,成立于1988年11月。1995年,根据国务院规范国内会计服务市场管理的要求,中国注册会计师协会和中国注册审计师协会联合,组成新的中国注册会计师协会。中国注册会计师协会最高权力机构为全国会员代表大会,全国会员代表大会选举产生理事会。理事会选举产生会长、副会长和常务理事会;常务理事会在理事会闭会期间行使理事会职权。理事会下设秘书处为其日常办事机构,秘书长负责秘书处的日常工作。中国注册会计师协会的宗旨是:服务、监督、管理、协调。中国注册会计师协会有以下职责:组织实施注册会计师全国统一考试;注册会计师注册的管理;拟订注册会计师执业准则、规则;对注册会计师的任职资格和执业情况进行年度检查;监督检查注册会计师执业准则、规则实施情况;组织和推动注册会计师的培训工作;组织业务交流、开展理论研究;协调行业内外关系;维护注册会计师的合法权益;开展国际合作与交流;指导地方注册会计师协会工作。

(麻琳琳 薛建兰 戴菲 白峰)

zhuce kuaijishi zhiye daode

注册会计师职业道德(professional ethics of Certified public accountant) 注册会计师职业品德、职业纪律、专业胜任能力及职业责任等的总称。注册会计师应当恪守独立、客观、公正的原则。注册会计师执行审计或其他鉴证业务,应当保持形式上和实质上的独立。会计师事务所如与客户存在可能损害独立性的利害关系,不得承接其委托的审计或其他鉴证业务。执行审计或其他鉴证业务的注册会计师如与客户存在可能损害独立性的利害关系,应当向所在会计师事务所声明,并实行回避。注册会计师不得兼营或兼任与其执行的审计或其他鉴证业务不相容的其他业务或职务。注册会计师执行业务时,应当实事求是,不为他人所左右,也不得因个人好恶影响分析、判断的客观性。注册会计师执行业务时,应当正直、诚实,不偏不倚地对待有关利益各方。

专业胜任能力与技术规范。注册会计师应当保持和提高专业胜任能力,遵守独立审计准则等职业规范,合理运用会计准则及国家其他相关技术规范。会计师事务所和注册会计师不得承办不能胜任的业务。注册会计师执行业务时,应当保持应有的职业谨慎。注册会计师执行业务时,应当妥善规划,并对业务助理人员的工作进行指导、监督和检查。注册会计师对有关业务形成结论或提出建议时,应当以充分、适当的证据为依据,不得以其职业身份对未审计或其他未鉴证事项发表意见。注册会计师不得对未来事项的可实现程度作出保证。注册会计师对审计过程中发现的违反会计准则及国家其他相关技术规范的事项,应当按照独立审计准则的要求进行适当处理。

对客户的责任。注册会计师应当在维护社会公众利益的前提下,竭诚为客户服务。注册会计师应当按照业务约定履行对客户的责任。注册会计师应当对执行业务过程中知悉的商业秘密保密,并不得利用其为自己或他人谋取利益。除有关法律允许的情形外,会计师事务所不得以或有收费形式为客户提供鉴证服务。

对同行的责任。注册会计师应当与同行保持良好的工作关系,配合同行工作。注册会计师不得诋毁同行,不得损害同行利益。会计师事务所不得雇用正在其他会计师事务所执业的注册会计师。注册会计师不得以个人名义同时在两家或两家以上的会计师事务所执业。会计师事务所不得以不正当手段与同行争揽业务。

其他责任。注册会计师应当维护职业形象,不得有可能损害职业形象的行为。注册会计师及其所在会计师事务所不得采用强迫、欺诈、利诱等方式招揽业务。注册会计师及其所在会计师事务所不得对其能力进行广告宣传以招揽业务。注册会计师及其所在会计师事务所不得以向他人支付佣金等不正当方式招揽业务,也不得向客户或通过客户获取服务费之外的任何

利益。会计师事务所、注册会计师不得允许他人以本所或本人的名义承办业务。　　　　　　　（麻琳琳）

zhuce shangbiao
注册商标（registered trademark）　经商标局核准注册的商标。我国实行商标通过注册取得权利的制度，即实行商标注册原则。使用注册商标的，应当表明"注册商标"字样或者标注注册商标标记，以表明该商标已经商标管理机关核准注册。国家规定必须使用注册商标的商品，必须申请商标注册，未经核准注册的，不得在市场销售。申请注册的商标，应当有显著特征，便于识别，并不得与他人在先取得的合法权利相冲突。任何能够将自然人、法人或者其他组织的商品与他人的商品区别开的可视性标志，包括文字、图形、字母、数字、三维标志和颜色组合，以及上述要素的组合，均可以作为商标申请注册。下列标志不得作为商标注册：（1）仅有本商品的通用名称、图形、型号的；（2）仅仅直接表示商品的质量、主要原料、功能、用途、重量、数量及其他特点的；（3）缺乏显著特征的。前款所列标志经过使用取得显著特征，并便于识别的，可以作为商标注册。以三维标志申请注册商标的，仅由商品自身的性质产生的形状、为获得技术效果而需有的商品形状或者使商品具有实质性价值的形状，不得注册。
　　　　　　　　　　　　　　（徐中起　郭友旭）

zhuce shangbiao shiyong xuke
注册商标使用许可（permission of registered trademark use）　商标权人通过签订书面合同的方式，许可他人在一定时间和地域范围内使用其注册商标。在注册商标使用法律关系中，商标权人称为许可人或许可方，获得商标使用权的人称为被许可人或被许可方。许可人应当监督被许可人使用其注册商标的商品质量。被许可人应当保证使用该注册商标的商品质量。经许可使用他人注册商标的，必须在使用该注册商标的商品上标明被许可人的名称和商品产地。商标使用许可合同应当报商标局备案。根据合同内容的不同，注册商标使用许可分为以下几种：（1）独占使用许可。即在一定时间和地域内，商标注册人将注册商标的使用权全部授权许可给被许可人使用，被许可人享有垄断使用权，许可人自己不享有使用权，并且不得许可给第三人使用。（2）排他使用许可。即在一定时间和地域内，许可人和被许可人均享有对该商标的使用权，但许可人不得再许可给第三人使用。（3）普通使用许可。即在一定时间和地域内，许可人和被许可人均享有对该商标的使用权，许可人还可以许可第三人使用。（4）其他许可方式，如分许可、交叉许可等。分许可是经许可人同意或明确授权，被许可人可许可第三方使用

注册商标。交叉许可是指许可人和被许可人相互允许使用自己的注册商标，双方互为许可人或被许可人。
　　　　　　　　　　　　　　（徐中起　郭友旭）

zhuce shangbiao zhengyi caiding
注册商标争议裁定（determination on disputes concerning registered trademark）　商标注册人对他人注册在后的商标，认为与自己在同一种或类似商品上注册在先的商标相同或者近似，在法定期限内请求商标评审委员会裁定撤销的法律程序。提起注册商标争议裁定程序，必须具备如下条件：（1）申请人必须是注册在先的商标注册人。（2）注册商标争议裁定的申请，必须在自被争议的商标核准注册之日起5年内提出。（3）注册商标争议裁定的申请，只能向商标评审委员会提出。（4）申请裁定的理由，是争议的两个注册商标使用在同一种或类似的商品上。（5）争议的两个注册商标被核准的文字、图形、字母、数字、三维标志、颜色组合，或前述要素的组合，具有相同或者近似的可能。（6）核准注册前已经提出异议并经裁定的商标，不得再以相同的事实和理由申请裁定。（7）当事人对商标评审委员会的裁定不服的，可以自收到通知之日起30日内向人民法院起诉。人民法院应当通知商标裁定程序的对方当事人作为第三人参加诉讼。
　　　　　　　　　　　　　　（徐中起　郭友旭）

zhuce shuiwushi
注册税务师（registered tax agent）　国家税务机关认定资格，专门从事税务代理业务的人。注册税务师资格的取得采取考试和考核两种方式。凡中华人民共和国公民，遵纪守法并具备法定条件者，可申请参加注册税务师资格考试。注册税务师执业资格考试合格者，由省级人事部门颁发注册税务师执业资格证书。除通过考试取得注册税务师资格外，我国对已取得职业会计师、审计师、律师资格及从事税收业务工作15年以上者，可以由国家税务总局考核认定其资格。国家税务总局及其授权的省、自治区、直辖市和计划单列市的注册税务师管理机构负责注册税务师的注册管理工作。
　　注册税务师的业务范围包括：税务登记；普通发票领购手续；纳税申报和扣缴税款报告；缴纳税款和申请退税；制作涉税文书；审查纳税情况；建账建制，办理账务；税务行政复议；税务咨询，受聘税务顾问以及国家税务总局规定的其他业务。
　　注册税务师在执业中，享有下列权利：依法代理由纳税人、扣缴义务人委托的代理事宜；依法从事税务代理业务，受国家法律保护，任何机关、团体、单位和个人不得非法干预；根据代理业务需要，有权查询纳税人、

扣缴义务人有关财务、会计资格和文件,查看经营现场和设施。纳税人、扣缴义务人应当向代理人提供真实经营情况和财务资料;可以向当地税务机关订购或查询税收政策、法律和有关资料;对纳税人、扣缴义务人违反税收法律、法规行为的委托,有权拒绝;对税务机关的行政决定不服的,可依法向税务机关申请行政复议或向人民法院起诉。注册税务师在执业中,必须履行下列义务:如实提供相关信息的义务,包括向税务工作人员出示税务师执业证书及有关资料;特定情形下的回避义务和报告的义务;保守因代理业务而得知的委托人秘密的义务;建立税务代理档案的义务;公平竞争的义务,不得用不正当手段招揽业务,不得为获取代理业务而作虚假承诺,不得对自身的执业能力进行夸张或作容易引起误解的宣传以及接受培训的义务等。

(史学成)

zhuanli

专利(patent) 专利权的简称。依照专利法的规定,权利人对其获得专利的发明创造,在法律规定的期限内所享有的独占权或者专有权。从技术发明来说,专利指取得了专利权的发明创造,是具有独占权的专利技术。而从专利保护的内容来说,专利是指记载着授予专利权的发明创造之说明书及其摘要、权利要求书、表示外观设计的图形或照片等公开的文献。

取得专利权,必须符合授予专利权的实质条件,应当具备新颖性、创造性和实用性,即通常所说的专利"三性"要件。新颖性,是指在申请日以前没有同样的发明或者实用新型在国内外出版物上公开发表过、在国内公开使用过或者以其他方式为公众所知,也没有同样的发明或者实用新型由他人向国务院专利行政部门提出过申请并且记载在申请日以后公布的专利申请文件中。但是,申请专利的发明创造在申请日以前6个月内,如果在中国政府主办或者承认的国际展览会上首次展出;或者在规定的学术会议或者技术会议上首次发表;或者他人未经申请人同意而泄露其内容,不丧失新颖性。创造性,是指同申请日以前已有的技术相比,该发明有突出的实质性特点和显著的进步,该实用新型有实质性特点和进步。这要求申请专利的技术与现有技术相比必须是先进的,所以创造性又称先进性。实用性,是指该发明或者实用新型能够制造或者使用,并且能够产生积极效果。也就是说,申请专利的技术能够运用于实践生产,而不单是纯理论性的。

(严 励)

zhuanli daili

专利代理(patent agent) 委托代理的一种。专利代理机构、专利代理人在代理权范围内,以被代理人的名义,向专利局依法申请专利和办理其他相关专利事务的法律活动。专利代理制度是我国专利制度的重要组成部分,它能弥补一般申请人和发明人对复杂而详细的专利活动中涉及的相关专业知识掌握的缺陷,避免因此而可能的失误,从而充分维护其合法权益。因此,《中华人民共和国专利法》的相关条款和国务院1991年颁布的《专利代理条例》都对其作出了明确规定。

(严 励)

zhuanli daili chengjie zhidu

专利代理惩戒制度(punishment system of patent agent) 为了加强对专利代理机构和专利代理人的执业监督,规范专利代理执业行为,维护专利代理行业的正常秩序,对专利代理实行的惩戒制度。国家知识产权局根据《中华人民共和国专利法》和《专利代理条例》制定了《专利代理惩戒规则(试行)》对专利代理机构和专利代理人的惩戒作了较为详细的规定。该规定于2002年12月12日公布并自2003年1月1日起施行。

专利代理机构、专利代理人执业应当遵守法律、法规和规章的规定,恪守专利代理职业道德和执业纪律。专利代理机构和专利代理人执业应当接受国家、社会和当事人的监督。

惩戒种类 对专利代理机构的惩戒分为:警告;通报批评;停止承接新代理业务3至6个月;撤销专利代理机构。对专利代理人的惩戒分为:警告;通报批评;收回专利代理人执业证书;吊销专利代理人资格。

惩戒适用 专利代理机构有下列情形之一的,应当责令其改正,并给予惩戒:(1)申请设立时隐瞒真实情况,弄虚作假的;(2)擅自改变主要登记事项的;(3)擅自设立分支机构的;(4)年检逾期又不主动补报的;(5)以不正当手段招揽业务的;(6)接受委托后,无正当理由拒绝进行代理的;(7)就同一专利申请或者专利案件接受有利害关系的其他委托人的委托的;(8)因过错给当事人造成重大损失的;(9)从事其他违法业务活动或者违反国务院有关规定的。

专利代理人有下列情形之一的,应当责令其改正,并给予惩戒:(1)同时在两个以上专利代理机构执业的;(2)诋毁其他专利代理人、专利代理机构的,或者以不正当方式损害其利益的;(3)私自接受委托、私自向委托人收取费用、收受委托人财物、利用提供专利代理服务的便利牟取当事人争议的权益、或者接受对方当事人财物的;(4)妨碍、阻挠对方当事人合法取得证据的;(5)干扰专利审查工作或者专利行政执法工作的正常进行的;(6)专利行政部门的工作人员退休、离职后从事专利代理业务,对本人审查、处理过的专利申请案件或专利案件进行代理的;(7)泄露委托人的商业秘密或者个人隐私的;(8)因过错给当事人造成重大损失的;(9)从事其他违法业务活动的。

有下列情形之一的,应当给予直接责任人收回专利代理人执业证书或者吊销专利代理人资格的惩戒,可以同时给予其所在专利代理机构停止承接新代理业务3至6个月或者撤销专利代理机构的惩戒:(1)违反《专利法》第19条的规定,泄露委托人发明创造的内容的;(2)剽窃委托人的发明创造的;(3)向专利行政部门的工作人员行贿的,或者指使、诱导当事人行贿的;(4)提供虚假证据、隐瞒重要事实的,或者指使、引诱他人提供虚假证据、隐瞒重要事实的;(5)受刑事处罚的(过失犯罪除外);(6)从事其他违法业务活动后果严重的。具有专利代理人资格,但没有取得专利代理人执业证书的人员为牟取经济利益而接受专利代理委托,从事专利代理业务的,应当责令其停止非法执业活动,并记录在案。有上述违反规定的行为的,应当给予警告、通报批评、吊销专利代理人资格的惩戒。

应当给予惩戒,但有下列情形之一的,可以从轻处分:(1)主动承认错误并承担责任的;(2)及时采取有效措施,防止不良后果发生或者减轻不良后果的。应当给予惩戒,但有下列情形之一的,可以从重处分:(1)对检举人、证人打击报复的;(2)案发后订立攻守同盟或者隐匿、销毁证据,阻挠调查的。

主管机关 国家知识产权局和各省、自治区、直辖市知识产权局分别设立专利代理惩戒委员会,具体实施惩戒制度。国家知识产权局专利代理惩戒委员会由国家知识产权局、中华全国专利代理人协会的人员和专利代理人的代表组成。省、自治区、直辖市专利代理惩戒委员会由省、自治区、直辖市知识产权局的人员和专利代理人的代表组成。专利代理惩戒委员会委员的任期为3年。专利代理惩戒委员会委员有下列情形之一的,应当自行回避;当事人也有权申请他们回避:(1)是案件当事人或者当事人近亲属的;(2)与案件的处理结果有利害关系的;(3)与案件当事人有其他关系,可能影响处理结果公正的。

投诉与处理 对专利代理机构和专利代理人违反法律、法规和规章规定的行为,任何单位或者个人都有权向该专利代理机构所在地的省、自治区、直辖市专利代理惩戒委员会投诉。必要时,国家知识产权局专利代理惩戒委员会和省、自治区、直辖市专利代理惩戒委员会也可以依职权主动立案。专利代理惩戒委员会应当在受理投诉之日或者主动立案之日起的3个月内作出决定。省、自治区、直辖市专利代理惩戒委员会认为需要吊销专利代理人资格、撤销专利代理机构的,应当将其调查结果和惩戒理由上报国家知识产权局专利代理惩戒委员会。国家知识产权局专利代理惩戒委员会应当在收到上报材料之日起的2个月内作出决定。专利代理惩戒委员会表决通过惩戒决定前,应当允许当事人进行陈述或者申辩,并对当事人提出的事实、证据和理由进行调查核实。专利代理惩戒委员会表决通过惩戒决定后,应当制作惩戒决定书,记载以下事项:(1)被惩戒的专利代理机构或者专利代理人的名称、姓名和地址;(2)事由及调查核实的结果;(3)专利代理惩戒委员会的决定;(4)决定日期。专利代理惩戒委员会作出的惩戒决定应当经同级知识产权局批准,并以该局的名义发出。惩戒决定书应当在批准之日起的10日内送达被惩戒的专利代理机构或者专利代理人。专利代理惩戒委员会的委员和工作人员在正式送达惩戒决定书之前负有保密责任。省、自治区、直辖市专利代理惩戒委员会应当在其惩戒决定生效之日起的10日内向国家知识产权局专利代理惩戒委员会备案。

对专利代理惩戒委员会的惩戒决定不服的,可以在收到惩戒决定书之日起的2个月内依法申请复议,也可以直接向人民法院提起行政诉讼。惩戒决定生效后,除给予警告的以外,由作出惩戒决定的专利代理惩戒委员会在政府网站或者新闻媒体上予以公布。

(刘 鹏)

zhuanli daili jigou

专利代理机构(patent agency) 依照专利法的规定为专利申请人提供专利代理服务的依法设立的专门机构。在我国,专利代理机构的组织形式分为合伙制和有限责任制。合伙制专利代理机构的合伙人对该专利代理机构的债务承担无限连带责任;有限责任制专利代理机构以该机构的全部资产对其债务承担责任。

我国对于专利代理机构的设立实行审批制。设立专利代理机构首先应当符合下列条件:(1)具有合法的机构名称;(2)具有合伙协议书或者章程;(3)具有符合法律规定的合伙人或者股东;(4)具有必要的资金。设立合伙制专利代理机构的,应当具有不低于5万元人民币的资金;设立有限责任制专利代理机构的,应当具有不低于10万元人民币的资金;(5)具有固定的办公场所和必要的工作设施。

在我国,律师事务所可以兼营专利业务,律师事务所申请开办专利代理业务的,在该律师事务所执业的专职律师中应当有3名以上具有专利代理人资格。

专利代理机构的合伙人或者股东应当符合下列条件:(1)具有专利代理人资格;(2)具有2年以上在专利代理机构执业的经历;(3)能够专职从事专利代理业务;(4)申请设立专利代理机构时的年龄不超过65周岁;(5)品行良好。我国相关法规还规定了不得作专利代理机构合伙人或股东的情形。有下列情形之一的,不得作为专利代理机构的合伙人或股东:(1)不具有完全民事行为能力的;(2)在国家机关或企、事业单位工作,尚未正式办理辞职、解聘或离休、退休手续的;(3)作为另一专利代理机构的合伙人或者股东不满2年的;(4)受到通报批评或者收回专利代理人执业证的惩戒不满3年的;(5)受刑事处罚的(过失犯罪除外)。

符合上述条件的可以申请设立专利代理机构,具体的审批程序为:(1)申请设立专利代理机构的,应当向其所在地的省、自治区、直辖市知识产权局提出申请。经审查,省、自治区、直辖市知识产权局认为符合本办法规定条件的,应当自收到申请之日起30日内上报国家知识产权局批准;认为不符合本办法规定条件的,应当自收到申请之日起30日内书面通知申请人。(2)国家知识产权局对符合本办法规定条件的申请,应当自收到上报材料之日起30日内作出批准决定,通知上报的省、自治区、直辖市知识产权局,并向新设立的机构颁发专利代理机构注册证和机构代码;对不符合本办法规定条件的申请,应当自收到上报材料之日起30日内通知上报的省、自治区、直辖市知识产权局重新进行审查。(3)律师事务所申请开办专利代理业务的,参照上述规定进行审批。　　　(刘　鹏)

zhuanli dailiren de zhiye
专利代理人的执业(practices of patent agents) 具有专利代理人资格的人受委托人委托,代理办理专利事务。我国对专利代理人执业资格的取得及执业规则都有严格的规定。专利代理人执业应当接受批准设立的专利代理机构的聘请任用,并持有专利代理人执业证。颁发专利代理人执业证应当符合下列条件:(1)具有专利代理人资格;(2)能够专职从事专利代理业务;(3)不具有专利代理或专利审查经历的人员在专利代理机构中连续实习满1年,并参加上岗培训;(4)由专利代理机构聘用;(5)颁发时的年龄不超过70周岁;(6)品行良好。有下列情形之一的,不予颁发专利代理人执业证:不具有完全民事行为能力的;申请前在另一专利代理机构执业,尚未被该专利代理机构解聘并未办理专利代理人执业证注销手续的;领取专利代理执业证后不满1年又转换专利代理机构的;受到《专利代理惩戒规则(试行)》第5条规定的收回专利代理人执业证的惩戒不满3年的;受刑事处罚的(过失犯罪除外)。未持有专利代理人执业证的人员不得以专利代理人的名义,为牟取经济利益从事专利代理业务。专利代理人承办专利代理业务应当以所在专利代理机构的名义接受委托,与委托人订立书面委托合同,统一收取费用并如实入账。专利代理人不得私自接受委托,办理专利代理业务并收取费用。
　　　　　　　　　　　　　　(刘　鹏)

zhuanli de hebing shenqing
专利的合并申请(amalgamated application for patent) 专利申请单一性原则的例外。对于发明和实用新型来说,属于一个总的发明构思的两项以上的发明或者实用新型,即这两项以上的发明或者实用新型在技术上相互关联,包含一个或者多个相同或者相应的特定技术特征,就可以作为一件申请提出;而对于外观设计来说,用于同一类别并且成套出售或者使用的产品的两项以上的外观设计,可以作为一件申请提出。
　　　　　　　　　　　　　　(严　励)

zhuanli de shishi
专利的实施(implementation of patent) 把已经获得专利权的发明创造应用于实际生产中,也就是在工业上应用专利技术的行为。世界上绝大多数国家都规定了专利的实施既是专利权人的权利,又是其义务,因为专利技术的公开与推广有利于整个社会的发展与进步,从这个角度来说,公开和实施发明创造是专利制度的两大支柱。专利权是一种排他性的权利,专利权人对其专利的实施享有专有权。专利权人实施其专利可以有多种方式,包括自行实施、允许他人实施、将专利权转让他人实施、强制许可实施以及国家征用等。
　　　　　　　　　　　　　　(严　励)

zhuanli fa
专利法(patent law) 由国家制定的,用以专门调整因确认发明创造的所有权和因发明创造的使用而产生的各种社会关系的法律规范。概括地说,专利法是确认和保护发明人或其权利继承人对其发明享有独占权的法律。专利法律关系的客体包括如下几个方面:

从广义的角度来看,发明就是人民通过创造性劳动所制造或设计出来的某种前所未有的东西。专利法意义上所说的发明有特定的含义。按照世界知识产权组织主持起草的发展中国家发明示范法对发明所下的定义,发明是发明人的一种思想,是利用自然规律解决实践中特定问题的技术方案。根据我国专利法实施细则,专利法上所称的发明,是指对产品、方法或者其改进所提出的新的技术方案。产品发明是指人们通过智力劳动创造出来的各种自然界及人类社会从未有过的,并有实际应用价值的有形物品。方法发明是指关于把一个物品或物质改变成另一个物品或物质所采用的手段的发明。改进发明是指发明人对已有的产品发明和方法发明提出实质性革新的技术方案。

实用新型是指对产品的形状、构造或者其结合所提出的适于实用的新的技术方案。由于其独创性较发明为小,要求也比发明低,人们常把它归为"小发明"

中的一种。实用新型专利只保护那些具备一定形状构造的产品发明。对实用新型的法律保护在世界各国不尽相同。绝大多数国家只把发明专利作为专利法的保护对象，而对于实用新型则采用专门的实用新型法来实施保护。

我国专利法实施细则中规定，外观设计是指对产品的形状、图案、色彩或者其结合所作出的富有美感并适于工业上应用的新设计。外观设计专利的保护对象只包括产品的装饰性或艺术性的外表设计。这种设计可以是平面图案，也可以是立体构造，亦或是两者的结合。

世界上最早对外观设计进行法律保护的，是中世纪的佛罗伦萨。随后，法国1711年建立了外观设计保护制度。1883年，保护工业产权巴黎联盟成立，它明确规定，"外观设计在本联盟一切成员国中都应该受到保护。"1925年11月6日，在海牙签订了《工业品外观设计备案的海牙协定》，并建立了外观设计国际申请联盟。目前，世界上已有一百多个国家和地区建立了外观设计法律保护制度。

《中华人民共和国专利法》于1984年3月12日第六届全国人民代表大会常务委员会第四次会议通过；1985年4月1日与经国务院批准及发布的《专利法实施细则》同时开始施行。随后，国务院又发布了《专利代理条例》等许多行政法规，国务院各部委也发布了大量有关专利保护的部门规章，初步形成了比较完备的专利法律保护体系。根据1992年9月4日第七届全国人民代表大会常务委员会第二十七次会议的决定进行第一次修正；根据2000年8月25日第九届全国人民代表大会常务委员会第十七次会议的决定进行第二次修正，并于2001年7月1日起施行。新的专利法突出了为促进科技进步与创新服务的立法目的，加大了专利保护力度，完善了专利授予及救济程序，与我国先前加入的《保护工业产权巴黎公约》、《专利合作条约》、《与贸易有关的知识产权协议》等国际公约对专利的保护水平更趋一致。 　　　　（徐中起　严　励）

zhuanli fushen
专利复审（re-examination of patent） 专利申请人、撤销专利权请求人和专利权人不服专利局的决定，于法定期间内提出复审请求，由专利复审委员会依法进行复审的制度。专利复审包括请求——复审——裁决几个阶段。专利复审请求，是专利申请人不服国务院专利行政部门驳回专利申请的决定，于法定期间内（自收到通知之日起3个月内）以书面方式向专利复审委员会请求复审。提出复审请求，请求人应当提交复审请求书以及附具相关证据。复审在程序上分为两个阶段：首先，对于受理的复审申请，专利复审委员会首先应当转交原审查部门进行审查，如果原审查部门根据复审请求人的请求，同意撤销原决定，则专利复审委员会应据此作出复审决定，并通知复审请求人。如果原审查部门拒绝撤销原决定，则复审委员会进行复审，作出维持或撤销原审查决定的复审决定。在原专利法中，专利复审委员会对不服专利局驳回实用新型、外观设计的专利申请的复审决定为终局决定，对不服驳回发明专利申请的复审决定则可以由当事人提起行政诉讼。在修改后的专利法中，专利复审委员会所作出的复审决定都不再是终局决定，申请人不服专利复审委员会的复审决定，有权以专利复审委员会为被告，向法院提起行政诉讼。 　　　　　　（刘　鹏）

zhuanli fushen weiyuanhui
专利复审委员会（Re-examination Committee for Patent） 国家知识产权局专利局下设的专利审查机构。其主要职责为：(1) 对不服专利局驳回申请和撤销或维持专利权的决定提出的复审请求进行复审；(2) 对无效宣告请求进行审理；(3) 负责有关发明案件诉讼的应诉工作；(4) 参与专利确权和专利侵权技术判定的研究工作；(5) 接受人民法院和专利管理机关的委托，对专利确权和专利侵权案件的处理提供咨询意见。依照《中华人民共和国专利法实施细则》的规定，专利复审委员会由国务院专利行政部门指定的技术专家和法律专家组成，主任委员由国务院专利行政部门负责人兼任。 　　　　　　　（刘　鹏）

zhuanli guoji shenqing
专利国际申请（international patent application） 1970年缔结的《专利合作条约》（简称PCT）所建立的一项制度，其宗旨在于简化专利申请人需要向多国申请专利时的手续。我国已于1994年加入了该条约。根据该条约及我国专利法的相关规定，中国单位或者个人可以提出专利国际申请，将其在国内完成的发明创造向外国申请专利时，应当先向国务院专利行政部门申请专利，委托指定的专利代理机构办理，并遵照法律有关保密问题的规定。 　　　　　　　（严　励）

zhuanli hezuo tiaoyue
专利合作条约（patent co-operation treaty） 1970年6月1日签订于华盛顿，1978年6月1日生效，到1996年1月为止，共有83个国家参加了该条约，中国于1993年参加，自1994年1月1日起，该条约对中国生效，中国专利局成为该条约的受理局、指定局、国际检索单位和国际初步审查单位。

《专利合作条约》是在《巴黎公约》的原则指导下

产生的一个国际专利申请条约,除前言外,共8章69条。根据该条约的规定:成员国的申请人可以向设在世界各地的国际专利申请受理处提出专利申请,并指明要求同时在哪些成员国获取专利;条约统一规定了同一发明在几个国家要求获取专利保护的申请手续和审批程序;受理处接受申请人的申请后,先作初步审查,通过后将审查报告移交给申请人指定要求给予专利权的国家,但是否能获得相关国家的批准,应由这些国家的专利机关根据其国内法自行决定。

《专利合作条约》是一个程序性的条约,只是对专利申请案的受理及审查程序作出国际性的统一规定;它并不影响其成员国的专利实体法,但是,成员国应当依照它的原则调整国内专利法的程序性规定。另外,条约是相对封闭的,并不面向所有国家,而只有《巴黎公约》的成员国才能参加。《专利合作条约》大大简化了国际专利申请和审批手续,给成员国专利局和专利申请人提供了很多方便,为统一国际专利制度作出了重要的贡献。

(罗大帅)

zhuanli jiufen de xingzheng tiaojie

专利纠纷的行政调解(administrative conciliation on patent dispute) 管理专利工作的部门调解专利纠纷。按照法律规定,在查明事实、分清是非的基础上,促使当事人相互谅解,达成调解协议。管理专利工作的部门应当设置专门机构或者配备专职人员调解专利纠纷。案件承办人员应当持有国家知识产权局颁发的专利行政执法证件。案件承办人员执行公务时应当严肃着装。管理专利工作的部门调解专利纠纷遇到的疑难问题,国家知识产权局应当给予指导。

请求管理专利工作的部门调解专利纠纷的,应当提交请求书。请求书应当记载以下内容:(1)请求人的姓名或者名称、地址,法定代表人或主要负责人的姓名、职务,委托代理人的,代理人的姓名和代理机构的名称、地址;(2)被请求人的姓名或名称、地址;(3)请求调解的具体事项和理由。单独请求调解侵犯专利权赔偿数额的,应当提交有关管理专利工作的部门作出的认定侵权行为成立的处理决定书副本。

管理专利工作的部门收到调解请求书后,应当及时将请求书副本通过寄交、直接送交或者其他方式送达被请求人,要求其在收到之日起15日内提交意见陈述书。被请求人提交意见陈述书并同意进行调解的,管理专利工作的部门应当及时立案,并通知请求人和被请求人进行调解的时间和地点。被请求人逾期未提交意见陈述书,或者在意见陈述书中表示不接受调解的,管理专利工作的部门不予立案,并通知请求人。

管理专利工作的部门调解专利纠纷可以邀请有关单位或者个人协助,被邀请的单位或者个人应当协助进行调解。

当事人经调解达成协议的,应当制作调解协议书,由双方当事人签名或者盖章,并交管理专利工作的部门备案;未能达成协议的,管理专利工作的部门以撤销案件的方式结案,并通知双方当事人。因专利申请权或专利权的归属纠纷请求调解的,当事人可以持管理专利工作的部门的受理通知书请求国家知识产权局中止该专利申请或专利权的有关程序。经调解达成协议的,当事人应当持调解协议书向国家知识产权局办理恢复手续;达不成协议的,当事人应当持管理专利工作的部门出具的撤销案件通知书向国家知识产权局办理恢复手续。自请求中止之日起满1年未请求延长中止的,国家知识产权局自行恢复有关程序。

(刘 鹏)

zhuanli nianfei

专利年费(annual fee for patent) 又称专利维持费。专利权人为维持其专利权效力,以年度为单位缴纳的费用,这是专利权人的一项义务。专利权人应当自被授予专利权的当年开始缴纳年费。按照我国《专利法实施细则》,除授予专利权当年的年费应当在办理登记手续的同时缴纳外,以后的年费应当在前一年度期满前一个月预缴。专利年度从申请日起算。专利权人未按时缴纳年费或者缴纳的数额不足的,可以在年费期满之日起6个月内补缴,同时缴纳金额为该年度年费数额25%的滞纳金。

(严 励)

zhuanli qiyuelun

专利契约论(patent contract theory) 专利理论的一种。与社会契约论有很多相似之处。其主要内容是:发明人的发明思想是发明人自己的财产,应当归发明人个人所有。但是一旦思想被公开,就可能被所有人利用。为了既应用自己的思想,又保障自己对思想的所有权,发明人需要与社会签订契约,根据该契约,发明人将其秘密加以公开,以换取社会对其独占使用权利的承认和保护;在专利权期限届满后,该发明即成为公共财富,任何人得而用之。依照该理论,公开是受保护的前提条件,未公开的信息得不到专利法的保护。专利契约论至今仍然为一些国家的学者所支持,并有着广泛的影响。反对观点认为公开发明创造和保护技术发明仅仅是促进技术发展的一种手段而非目的,专利契约论仅在表面上反映了专利制度的特性。

(刘 鹏)

zhuanli qinquan

专利侵权(infringement on patent) 未经专利人许可,实施专利权人的专利,即以生产经营为目的,制造、使用、许诺销售、销售及其进口他人专利产品或者使用专利方法的非法行为。但我国《专利法》规定了几种例外情形：(1)专利权人制造、进口或者经专利权人许可而制造、进口的专利产品或者依照专利方法直接获得的产品售出后，使用、许诺销售或者销售该产品的；(2)在专利申请日前已经制造相同产品、使用相同方法或者已经作好制造、使用的必要准备，并且仅在原有范围内继续制造、使用的；(3)临时通过中国领陆、领水、领空的外国运输工具，依照其所属国同中国签订的协议或者共同参加的国际条约，或者依照互惠原则，为运输工具自身需要而在其装置和设备中使用有关专利的；(4)专为科学研究和实验而使用有关专利的。并且，为生产经营目的使用或者销售不知道是未经专利权人许可而制造并售出的专利产品或者依照专利方法直接获得的产品，能证明其产品合法来源的，不承担赔偿责任。常见的专利侵权有如下形式：(1)假冒他人专利。是非专利权人在自己的非专利产品或者其包装上标明专利权人的专利标记或者专利号，以达到欺骗消费者，获取非法利益的行为。假冒他人专利，除依法承担民事责任外，还可能承担相应的行政或者刑事责任。(2)冒充专利。在实践中一般指的是以非专利产品冒充专利产品、以非专利方法冒充专利方法的行为。根据我国相关法律的规定，冒充专利的承当相应的行政责任。(3)许诺销售。通过在商店内陈列或在展销会上演示、列入销售征订单或拍卖清单、列入推销广告或者以任何口头、书面或其他方式向特定或非特定的人明确表示对其出售某种产品意愿的行为。禁止他人未经专利权人许可为生产经营目的进行许诺销售，符合《与贸易有关的知识产权协议》第28条的有关规定，这样的规定可以使专利权人在商业交易实际发生前及时制止侵权、防止侵权产品的传播、防止专利权人因侵权而蒙受损失的发生与扩大。 （严　励）

zhuanli qinquan jiufen de xingzheng chuli
专利侵权纠纷的行政处理（administrative disposal on patent infringment） 管理专利工作的部门处理专利侵权纠纷。这种行政处理，应当以事实为依据、以法律为准绳，遵循公正、及时的原则。管理专利工作的部门应当设置专门机构或者配备专职人员处理专利侵权纠纷。案件承办人员应当持有国家知识产权局颁发的专利行政执法证件。案件承办人员执行公务时应当严肃着装。对有重大影响的专利侵权纠纷案件，国家知识产权局在必要时可以组织有关管理专利工作的部门处理、查处。管理专利工作的部门处理专利侵权纠纷中遇到的疑难问题，国家知识产权局应当给予指导。

请求 请求管理专利工作的部门处理专利侵权纠纷的，应当符合下列条件：(1)请求人是专利权人或者利害关系人。"利害关系人"包括专利实施许可合同的被许可人、专利权的合法继承人。专利实施许可合同的被许可人中，独占实施许可合同的被许可人可以单独提出请求；排他实施许可合同的被许可人在专利权人不请求的情况下，可以单独提出请求；除合同另有约定外，普通实施许可合同的被许可人不能单独提出请求。(2)有明确的被请求人。(3)有明确的请求事项和具体事实、理由。(4)属于受案管理专利工作的部门的受案范围和管辖。(5)当事人没有就该专利侵权纠纷向人民法院起诉。请求管理专利工作的部门处理专利侵权纠纷的，应当提交请求书以及所涉及专利权的专利证书复印件，并且按照被请求人的数量提供请求书副本。必要时，管理专利工作的部门可以向国家知识产权局核实所涉及专利权的法律状态。专利侵权纠纷涉及实用新型专利的，管理专利工作的部门可以要求请求人出具由国家知识产权局作出的检索报告。请求书应当记载以下内容：(1)请求人的姓名或者名称、地址，法定代表人或者主要负责人的姓名、职务，委托代理人的，代理人的姓名和代理机构的名称、地址；(2)被请求人的姓名或者名称、地址；(3)请求处理的事项以及事实和理由。有关证据和证明材料可以以请求书附件的形式提交。请求书应当由请求人签名或盖章。

受理 请求符合规定条件的，管理专利工作的部门应当在收到请求书之日起7日内立案并通知请求人，同时指定3名或3名以上单数承办人员处理该专利侵权纠纷；请求不符合规定条件的，管理专利工作的部门应当在收到请求书之日起7日内通知请求人不予受理，并说明理由。管理专利工作的部门应当在立案之日起7日内将请求书及其附件的副本通过邮寄、直接送交或者其他方式送达被请求人，要求其在收到之日起15日内提交答辩书一式两份。被请求人逾期不提交答辩书的，不影响管理专利工作的部门进行处理。被请求人提交答辩书的，管理专利工作的部门应当在收到之日起7日内将答辩书副本通过邮寄、直接送交或者其他方式送达请求人。

处理 管理专利工作的部门处理专利侵权纠纷，可以根据案情需要决定是否进行口头审理。管理专利工作的部门决定进行口头审理的，应当至少在口头审理3日前让当事人得知进行口头审理的时间和地点。当事人无正当理由拒不参加的，或者未经允许中途退出的，对请求人按撤回请求处理，对被请求人按缺席处理。管理专利工作的部门举行口头审理的，应当将口头审理的参加人和审理要点记入笔录，经核对无误后，由案件承办人员和参加人签名或盖章。《专利法》第56条第1款所称的"发明或者实用新型专利权的保护范围以其权利要求的内容为准"，是指专利权的保护范围应当以其权利要求记载的技术特征所确定的范围为准,也包括与记载的技术特征相等同的特征所确定的范围。等同特征是指与记载的技术特征以基本相同的手段,实现基本相同的功能,达到基本相同的效果,并且所属领域的普通技术人员无需经过创造性劳动就能够联想到的特征。

除当事人达成调解、和解协议,或者请求人撤回请求之外,管理专利工作的部门处理专利侵权纠纷应当制作处理决定书,写明以下内容:(1)当事人的名称或姓名、地址。(2)当事人陈述的事实和理由。(3)认定侵权行为是否成立的理由和依据。(4)处理决定,认定侵权行为成立的,应当明确写明责令被请求人立即停止的侵权行为的类型、对象和范围;认定侵权行为不成立的,应当驳回请求人的请求。(5)不服处理决定提起行政诉讼的途径和期限。处理决定书应当由案件承办人员署名,并加盖管理专利工作的部门的公章。

管理专利工作的部门或者人民法院作出认定侵权成立的处理决定或者判决之后,被请求人就同一专利权再次作出相同类型的侵权行为,专利权人或者利害关系人请求处理的,管理专利工作的部门可以直接作出责令立即停止侵权行为的处理决定。 (刘 鹏)

zhuanli qinquan peichang shu'e jisuan fangfa
专利侵权赔偿数额计算方法(calculating damages for patent's infringment) 人民法院在审理专利侵权纠纷案件时,对于确定侵权损害赔偿的数额,根据我国《专利法》的相关规定,计算方法为:按照权利人因被侵权所受到的损失或者侵权人因侵权所获得的利益确定;被侵权人的损失或者侵权人获得的利益难以确定的,参照该专利许可使用费的倍数合理确定。

(严 励)

zhuanliquan
专利权(patent right) 一种财产权。国家授予权利人对于某项发明创造在法定期间内所享有的一种独占权。专利权是专利法的核心问题。整个专利法就是围绕保护专利权的问题制定的。专利权的特征有:(1)专有性(独占性),即就相同内容的发明创造,国家只授予一项专利权,未经专利权人的许可,他人不得实施该专利;(2)地域性,即专利权仅在本国或者某地区具有法律效力;(3)期限性(时间性),即专利权具有法定的保护期限,在该期限内,专利权人享有专利权,期限届满,专利权丧失,专利变为公共技术,任何人都可以无偿利用。

专利权的内容主要有:制造权、使用权、销售权、进口权、转让权、许可使用权等。制造权,即权利人有生产制造专利文件中所记载的专利产品的权利,同时有权禁止他人未经自己许可制造该专利产品;使用权,即权利人有权自己或者许可他人使用其专利产品或专利方法,同时禁止他人未经许可使用其专利产品或专利方法,对于使用权,有两项例外情况即首次销售和善意实施;进口权,即权利人有权在专利权有效期内禁止他人未经许可,为生产经营目的进口由该专利技术构成的产品或者包含该专利技术的产品或者由该专利方法直接生产的产品;转让权,即权利人有权将专利权转让该其他人,从而使自己丧失专利权,受让人获得专利权。许可使用权,即权利人有权许可他人在一定条件下使用其取得专利权的发明创造。 (刘 鹏)

zhuanliquan baohu fanwei
专利权保护范围(scope of protection for patent) 发明、实用新型和外观设计专利权的法律效力所及之范围。根据我国《专利法》,发明或者实用新型专利的保护范围以其权利要求的内容为准,说明书及附图可以用于解释权利要求;外观设计专利权的保护范围以表示在突破或者照片中的该外观设计专利产品为准。从以上规定可以看出,我国对于专利权的保护范围,既没有采用"周边限定"原则,即专利的保护范围与权利要求文字记载的保护范围完全一致,说明书及附图只能用于澄清权利要求中某些含糊不清之处;又没有采用"中心限定"原则,即权利要求只确定一个总的发明核心,保护范围可以扩展到技术专家看过说明书与附图后,认为属于专利权人要求保护的范围。我国《专利法》采用《欧洲专利公约》的做法,综合了这两种原则,强调由权利要求的内容来确定专利权的保护范围,把对专利权人的合理正当的保护与对公众的法律稳定性及其合理利益科学地结合了起来。

(严 励)

zhuanliquan de qixian
专利权的期限(duration of patent) 专利权从发生法律效力到失去法律效力的时间期限。专利权的特征之一就是时间性,其经过一段法定期间就进入公有领域。我国发明专利权的期限为20年,实用新型专利权和外观设计专利权的期限为10年,均自申请日起算。

(严 励)

zhuanliquan de wuxiao
专利权的无效(the invalidity of patent) 国家专利主管机关由于某种原因授予了不符合法律规定的授予条件的专利申请以专利权的无效。各国专利法关于取消专利权大体上有两种做法:一种是不规定专门的专利无效程序,而允许侵权诉讼送的被告提出专利无效作为防卫手段,如美国。另一种是规定了专门的专利无效程序,如日本。我国《专利法》规定自国务院专利行政部门授予专利权之日起,任何单位或者个人认为该专利权的授予不符合法律有关规定的,可以请求专利复审委员会宣告该专利权无效。专利复审委员会对宣告专利权无效的请求进行审查后,如作出专利权无效的决定,由国务院专利行政部门登记和公告。宣告无效的专利权视为自始即不存在。　　　(严 励)

zhuanliquan de zhongzhi
专利权的终止(the termination of patent)　专利权在保护期届满或因其他原因而自行失去法律效力。专利权终止以后,受该项专利权保护的发明创造便进入公有领域,成为全社会的财富,任何人都可以无偿地利用。专利权终止的原因分为保护期限届满的终止和保护期限届满前的终止。保护期限届满前的终止又可以由没有按照规定缴纳年费,或专利权人以书面声明放弃其专利权两中情况造成。专利权在期限届满前终止的,由国务院专利行政部门登记和公告。 (严 励)

zhuanli shenqing danyixing yuanze
专利申请单一性原则(principle of single patent application)　又称一发明(或一实用新型,或一外观设计)一专利原则。一项专利申请只限于一件发明创造。每一项发明、实用新型或者外观设计只能作一次专利申请。这一原则有利于提高专利申请的审查、登记及文件检索的效率;有利于对专利内容的理解和掌握;还有利于保护专利权人的利益,使之少缴申请费、审查费和年费。 (严 励)

zhuanli shenqing linshi baohu
专利申请临时保护(temporary protection for patent's application)　对一项知识申请程序中的,专利权处于不确定状态下的发明的"费用请求权"。即发明专利申请公布后,申请人可以要求实施其发明的单位或者个人支付适当的费用。由于我国专利制度对发明采取的是"早期公开、延迟审查"原则,发明专利申请的内容在被授予专利权之前就已被公开,设立这种临时保护,一方面保护了专利申请人的合法权益,另一方面也使公众能尽早实施该专利申请所记载的技术方案。 (严 励)

zhuanli shenqingri
专利申请日(date of patent application)　申请人向国务院专利行政部门正式提出专利申请,及提交专利法规定的全部书面申请文件的日期。按照我国《专利法》之规定,如果申请文件是直接递交的,以国务院专利行政部门受到专利申请文件之日为申请日;如果申请文件是邮寄的,以寄出的邮戳日为申请日。
(严 励)

zhuanli shenqing wenjian
专利申请文件(documents of patent application)　申请发明或者实用新型专利的,应当提交的请求书、说明书及其摘要和权利要求书等文件。请求书应当写明发明或者实用新型的名称,发明人或者设计人的姓名,申请人姓名或者名称、地址,以及其他事项。说明书应当对发明或者实用新型作出清楚、完整的说明,以所属技术领域的技术人员能够实现为准;必要的时候,应当有附图。摘要应当简要说明发明或者实用新型的技术要点。权利要求书应当以说明书为依据,说明要求专利保护的范围。申请外观设计专利的,应当提交请求书以及该外观设计的图片或者照片等文件,并且应当写明使用该外观设计的产品及其所属的类别。 (严 励)

zhuanli shishi xuke
专利实施许可(permission of patent exploitation)　专利权人除自己实施外,依据法律的相关规定许可他人实施其专利。专利的排他性决定了任何单位或者个人非经专利权人许可,都不能为生产经营的目的擅自使用其专利。但同时,因为专利权是专利权人依法享有的权利。根据我国《专利法》之规定,专利实施许可合同为要式合同,必须采用书面形式;专利权人有权获得专利使用费。专利实施许可根据不同的标准又可分为普通许可、排他许可、独占许可、部分许可及交叉许可等不同种类。

专利普通实施许可　是一种允许许可方多次许可的贸易方式,即除了允许被许可方在规定的地域或者时间内使用其专利外,还可以继续允许第三者使用其专利,并且许可方仍保留着自己对其专利的使用权。所以,普通许可又被称之为非独占许可。一般许可是各种许可方式中为最常见的方式。

专利独占实施许可　在一定时期及专利权的一定范围以内,专利权人只许可唯一的被许可方实施其专利,专利权人和其他任何第三方都不得使用该专利。专利的所有权仍然属于许可方(即专利权人),然而独占实施许可的被许可方的地位与专利权人有相似之处。独占实施许可的被许可方可以根据合同约定独占地实施专利技术;如果专利权遭到侵害,在专利权人不起诉的情况下,可以单独提起侵权之诉,或者请求人民法院采取诉前临时措施。

专利排他实施许可　又称独家许可,是在一定时间和专利权的一定范围以内,专利权人只许可一个被许可人实施其专利,但专利权人自己仍保留利用该项专利的权利。即只有许可方、被许可方在该期限和地域内享有权利。任何第三方不享有这种权利。

专利分实施许可 对于独占许可、排他许可和一般许可来说,许可方授予被许可方的权利仅仅限于被许可方本身使用。未经许可方同意,被许可方不得分授许可第三方享有许可方授予的权利。但是,分实施许可不同。分实施许可是针对基本许可而言的,指许可方授予被许可方在一定期限和地域内向第三方发放分授许可的权利。被许可方在该期限和地域内享有普通权利外,还可以在一定期限和地域内分授许可第三方有权利,即被许可方可以发放分授许可于第三方,第三方享有权利范围仅限于一般许可并且不能超过被许可方从许可方获得的权利。

专利交叉实施许可 又称作互换实施许可,是两个专利权人相互许可对方实施自己的专利。这种许可,两个专利的价值大体是相等的,所以一般是免交使用费的,但如果价值悬殊太大,也可以约定由合同一方第三人给另一方第三人以一定补偿。交叉许可的性质,即可以是普通许可,又可以是独占许可或排他许可。

专利实施强制许可 是相对于自愿许可而言的。为协调专利权——一种带有垄断性的私权与公共利益之间可能发生的冲突,国家专利主管机关可以不经专利权人的同意,通过行政申请程序直接允许申请者实施发明或实用新型专利,并向其颁发实施专利的强制许可。我国专利实施的强制许可可以分为三类:一是依申请给予的强制许可;二是依特殊情况或公共利益需要由专利行政部门主动给予的强制许可;三是根据不同专利之间相互关系依申请给予的强制许可,即从属专利许可。

发明专利实施指定许可 即过去所称的"计划许可",这是我国专利制度中的一个特有制度。它是指国有企业事业单位的发明专利,对国家利益或者公共利益具有重大意义的,国务院有关主管部门和省、自治区、直辖市人民政府报经国务院批准,可以决定在批准的范围内推广应用,允许指定的单位实施,由实施单位按照国家规定向专利权人支付使用费。虽然指定许可的对象原则上只限于国有企业事业单位的发明专利,但考虑到集体所有制单位或个人的有的发明专利对国家利益或者公共利益也会有重大意义,所以对这部分发明专利可以参照国有单位发明专利指定许可的规定办理。 (严 励)

zhuanli wuxiao xuangao
专利无效宣告(adjudgment of patent nullification)

在专利局授予专利权公告之日起,他人认为该专利权的授予不符合法律规定,依法向专利复审委员会提出宣告该专利权无效的请求,有专利复审委员会进行审查,作出维持或者宣告被申请专利无效的决定的制度。申请宣告专利权无效,申请人应当以书面方式提出,应当提交专利权无效宣告请求书和必要证据一式两份。无效宣告请求的理由可以是:(1)专利权人不是最先申请人;(2)授予专利权的发明或实用新型不具备"新颖性、创造性和实用性";(3)授予专利权的外观设计不具备新颖性;(4)专利说明书或权利要求书不符合要求;(5)对专利申请文件的修改不符合要求;(6)不属于专利法及其实施细则所称的专利;(7)已经被授予过专利等。无效宣告请求有下列情形之一,专利复审委员会不予受理:(1)请求书不符合规定,经补正后仍不符合规定或者逾期补正;(2)重复作出专利权无效宣告申请;(3)以授予专利权的外观设计与他人在先取得的合法权利相冲突为理由请求宣告外观设计专利权无效,但是未提交生效的能够证明全力冲突的处理决定或者判决;专利复审委员会受理无效宣告申请后,应当将有关文件的副本送交专利权人由专利权人在限期内陈述意见。

专利复审委员会对所受理的专利权无效宣告进行审理后作出维持或者宣告专利权无效的决定,当事人不服专利复审委员会对专利无效宣告所作出的决定,有权自收到通知之日起3个月内向法院提起行政诉讼。 (刘 鹏)

zhuanli zhidu
专利制度(patent system) 以专利法为核心,通过授予的专利权来保护和鼓励发明创造,促进技术进步和经济发展的法律制度。包括专利申请制度、专利审查制度、专利代理制度、专利管理制度、专利文献服务制度、专利诉讼制度等。目前世界上已经有170多个国家和地区实行了专利制度,而且这一制度正日益趋向国际化,成为经济和技术管理中较为完整和系统的科学管理制度。 (严 励)

zhuanli ziran quanlilun
专利自然权利论(theory on natural rights of patent) 又称"自然权利说"。专利法产生初期占统治地位的一种专利理论。其基本思想派生于自然法学派的天赋人权理论。自然权利说认为,专利权是一种自然权利或者说是一种天赋人权。这种权利是个人的不可剥夺的当然可获得的权利,它的存在不取决于国家政权的承认,国家政权仅仅只应保证这种权利不受侵犯。专利权的授予只是在认可发明人的这种自然权利。自然权利论一度为各国所接受,并反映在《巴黎

公约》的最初文本中,对许多国家的专利法都有影响。但是,该理论存在一些致命的缺陷。例如,无法解释为什么只有专利权人而非所有的独立发明人能够享有专利权?为什么专利权的保护具有严格的地域性,一国的专利法只保护本国的专利权人而不保护外国的专利权人?等等。由于这些缺陷的存在,自然权利论已经基本上被人们所抛弃。

(刘 鹏)

zhuanmai
专卖(monopoly/exclusive dealing) 国家对某种产品的买卖、生产进行垄断经营的一种形式。专卖分完全专卖和不完全专卖。前者是对产品的买卖和生产全部加以垄断;后者只对产品的买卖,或只对产品的生产进行垄断。其主要目的是利用专卖形式,保障消费者利益,维护社会经济秩序。

(薛建兰 景朝阳)

zhuanmen maoyi
专门贸易(special trade) 是"总贸易"的对称。以关境为标准划分的进出口贸易。只有从外国进入关境的商品以及从保税仓库存提出进入关境的商品才列为专门进口。当外国商品进入国境后,暂时存放在保税仓库,未进入关境,不列为专门进口。从国内运出关境的本国产品以及进口后经加工又运出关境的商品,则列为专门出口。专门进口额和专门出口额总和称为专门贸易额。德国、意大利等国采用这种划分标准。

(王连喜)

zhuanxiang butie
专向补贴(specific subsidy) 出口国(地区)政府或者任何公共机构提供的专门针对某一企业、某类企业或某类产品的补贴。根据世界贸易组织的反补贴规则和我国反补贴条例的规定,进口国政府主管机构进行反补贴调查,采取反补贴措施的补贴,必须具有专向性。下列补贴为专向补贴:由出口国政府明确确定的某些企业、产业获得的补贴;由出口国法律、法规明确规定的某些企业、产业获得的补贴;指定人的企业、产业获得的补贴;以出口实绩为条件获得的补贴,包括反补贴条例所附出口补贴清单列举的补贴;以使用本国(地区)产品替代进口为条件获得的补贴等。在确定补贴的专向性时,还应考虑接受补贴企业的数量和企业受补贴的数额、比例、时间以及综合开发补贴的方式等因素。专向补贴的调查和确定,由进口国的贸易主管部门负责,在我国由商务部负责。

(王连喜)

zhuanxiang shenji diaocha
专项审计调查(special audit survey) 审计机关主要通过审计方法,对与国家财政收支有关或者本级人民政府交办的特定事项,向有关地方、部门、单位进行的专门调查活动。各级审计机关应当按照确定的审计管辖范围进行专项审计调查。上级审计机关对下级审计机关审计管辖范围内的重大事项,可以直接进行专项审计调查。

审计人员进行专项审计调查,必须遵守国家有关法律、法规和政策,客观公正,实事求是,保守国家秘密和被调查单位的商业秘密。审计机关可以对下列事项进行专项审计调查:国家财经法律、法规、规章和政策的执行情况;行业经济活动情况;有关资金的筹集、分配和使用情况;本级人民政府交办、上级审计机关统一组织或者授权以及本级审计机关确定的其他事项。审计机关进行专项审计调查,应当制定专项审计调查方案。专项审计调查方案的主要内容应当包括调查的目标、范围、内容、程序、时间、人员分工等。审计机关进行专项审计调查,应当在实施调查前,向被调查单位送达专项审计调查通知书。审计机关结合项目审计开展专项审计调查的,可以只送达审计通知书,并在审计通知书中明确专项审计调查事宜。专项审计调查组在进行调查过程中,主要通过审计方法取得被调查单位的有关材料。审计人员应当取得客观、相关、充分和合法的证明材料,以证明所调查事项。审计人员取得的有关重要事项的证明材料,应当有提供者的签名或者盖章。不能取得提供者签名或者盖章的,审计人员应当注明原因。拒绝签名或者盖章不影响事实存在的,该证明材料仍然有效。专项审计调查工作结束后,专项审计调查组应当及时向审计机关提出专项审计调查报告。

审计机关结合项目审计实施专项审计调查的,应当将审计报告中反映的有关情况与调查结果一并汇总,形成专项审计调查报告。专项审计调查报告报送审计机关前,可以征求被调查单位的意见。被调查单位应当自收到专项审计调查报告之日起10日内,提出书面意见,10日内没有提出书面意见的,视同无异议。本级人民政府交办的专项审计调查项目,审计机关应当将调查结果报告本级人民政府和上一级审计机关。上级审计机关统一组织或者授权的专项审计调查项目,审计机关应当将调查结果报告统一组织或者授权的审计机关。审计机关自行安排的专项审计调查项目,可以根据调查事项的性质和调查的情况,将调查结果报告本级人民政府和上一级审计机关。审计机关可以根据需要,确定是否告知被调查单位调查结果。

(麻琳琳)

zhuanyehua kate'er
专业化卡特尔(specialized cartel) 通过提高生产

或者销售的专业化而实现经济合理化的卡特尔。这样的卡特尔如果可以提高卡特尔成员企业的效率和生产率,且不会严重地影响竞争,可以得到反垄断法的豁免。

(王晓晔)

zhuanjiyin yancao jiankong

转基因烟草监控（supervision and control of the genetically modified tobacco） 为确保烟叶及其制品中不含有转基因成分,维护我国烟叶及其制品的质量和信誉所实行的监控措施。在继续严格执行 1998 年《烟草基因工程研究及其应用管理办法》的基础上,国家烟草专卖局于 2003 年 7 月 8 日制定发布了《关于加强对转基因烟草监控的通知》。预防转基因烟叶释放,杜绝将烟叶中混有转基因烟叶当作重合同、守信用,维护中国烟草质量信誉。

各省级烟叶管理部门负责制定具体措施,加大对良种繁育基地种子的繁育、加工和供应的监控力度,加强对烟草种子供应和农民用种情况的监督管理。种子经营单位必须确保种子质量;各有关分、县公司要实行烟草种子发放、使用情况的户籍化管理,建立严格的种子发放、使用检查制度和详细的种子发放、使用档案。有关工作必须责任到人,落实到户。

省级烟草品种审评委员会对烟草种子把关;转基因品种烟草的研究严格按照国家和行业的有关管理规定进行。杜绝劣杂品种、私自繁育品种、未经审定品种、不明来源品种或可能的转基因品种的种植。凡未经国家局(总公司)批准,严禁转基因品种烟草在田间试验、示范和释放。否则,将严肃追究有关单位主要负责人的责任。

烟叶生产经营单位建立责任追究制度,实行责任人负责制,确保使用有生产经营认证证书的良种繁育基地或种子公司的烟草优良种子。因种植自留种、劣杂品种、未经审定品种或来历不明种子而出现转基因问题的,烟草种子经营单位、有关烟草公司都要承担相应的经济责任,追究其主要负责人的责任。

烟叶产区要根据当地的实际情况制定行之有效的具体措施,不断完善工作制度、生产技术规程和监控方法,严格管理,加强与中烟进出口集团各有关成员企业的衔接和沟通。要从烟叶生产、收购、调运到打叶复烤、供货建立起一整套科学、严格的规章制度,确保国内使用和出口的烟叶及相关产品中没有转基因成分,严防出口烟叶及相关产品(包括烟梗、碎烟片以及委托外方加工再造烟叶的烟梗、烟沫等原料)和生产出口卷烟用的烟叶及相关产品有转基因成分。烟叶公司要采取有效措施,严禁在烟叶种植过程中使用可诱发烟叶转基因检测结果呈假阳性的农药、化肥等相关产品。各卷烟生产企业在卷烟生产过程中严禁使用可诱发烟叶转基因检测结果呈假阳性的产品或技术。打叶复烤加工企业按照防止烟草转基因释放的总体要求,制定严格、周密的打叶复烤烟叶加工规程,包括对加工的烟叶登记造册,详细记录烟叶的产地、等级、质量等情况,按规定留样备查,及时对相关的生产设备进行严格清洗等。严禁打叶复烤加工企业加工来历不明且未进行转基因成分检测的烟叶。中国烟草进出口烟叶检测站不定期地对烟草种子、鲜(干)烟叶、片烟和卷烟进行转基因成分的抽查,对部分重点烟叶产区进行监督抽检。

出口烟叶及相关产品实行送检制。货源供应单位按中国烟草进出口集团公司的要求送中国烟草进出口烟叶检测站进行转基因成分检测,经该站检测确认没有转基因成分并出具检验证明后方可交货(有关的检测费用由供货方支付);中烟进出口集团各有关成员单位在接收出口烟叶及相关产品前,须查验供货方提交的由中国烟草进出口烟叶检测站出具的转基因成分检验合格证明。供货方不能出具此证明,任何单位不得接收。出口卷烟的目标市场如果是转基因敏感地区,那么对用于生产出口卷烟的各种原料(包括烟叶、烟梗、烟沫、膨胀烟丝、再造烟叶等),要进行转基因成分检验,以确认所用原料没有转基因成分(检测费用由卷烟生产企业支付)。出口卷烟生产企业必须建立详细的原料使用档案,加强对含有转基因成分原料的预防管理,并在出口卷烟交货前送中国烟草进出口烟叶检测站进行卷烟中转基因成分检测(检测费用由卷烟生产企业支付),确认没有转基因成分后,由中国烟草进出口烟叶检测站出具检验合格证明。中国烟草进出口集团公司所属各经营卷烟进出口业务的公司,在接收出口卷烟前,须查验供货方提交的由中国烟草进出口烟叶检测站出具的转基因成分检验合格证明。若供货方不能出具此证明,则任何单位不得接收。

凡发现出口烟叶及相关产品或出口卷烟中有转基因成分,有关单位须立即报国家局(总公司),同时供货方要无条件接受退货,由此造成的一切经济损失全部由供货方承担。再造烟叶与膨胀烟丝生产企业可参照对打叶复烤加工企业的有关要求制定严格的加工规程,建立完善的加工过程档案,确保产品没有转基因成分。

(傅智文)

zhuanrang beishu

转让背书（endorsement for transfer） 以转让票据权利为目的而为的背书。转让背书可分为完全背书和空白背书。完全背书又称记名背书,指记载事项完全的背书。空白背书又称无记名背书,指背书人不记载被背书人,而在被背书人记载处留有空白的背书。我国《票据法》不承认空白背书的效力。

转让背书的款式是法律对转让背书的记载事项所作的要求。一般转让背书的款式分为绝对必要记载事项、相对必要记载事项、任意记载事项、不得记载事项。绝对必要记载的事项,是指背书人在票据上必须记载,否则背书行为无效的事项。包括:(1)背书人,背书人是为背书行为的人,也是背书时的票据权利人,背书的记载由背书人完成。(2)被背书人,被背书人是由背书人依背书方式指定的票据权利的受让人。相对必要记载的事项,我国《票据法》规定的只有背书日期一项。背书日期是背书人在票据上记载的为背书行为的日期。任意记载事项,依照《票据法》第 34 条的规定,背书人在汇票上记载"不得转让"字样,其后手再背书转让的,原背书人对后手的背书人不承担保证责任。任意记载在背书行为中只有一项,就是"不得转让"字样。不得记载事项。《票据法》第 33 条第 1 款规定:"背书不得附有条件。背书时附有条件的,所附条件不具有汇票上的效力。"第 2 款规定:"将汇票金额的一部分转让的背书或者将汇票金额分别转让给两人以上的背书无效。"其中,附条件的背书中所附条件视为未记载,背书本身仍有效,而将汇票金额部分转让或分割转让不仅这些记载无效,背书也无效。

转让背书在票据法上产生如下效力:(1)权利转移效力。转让背书以票据权利转让为目的,当背书行为有效成立后,即发生票据权利转移的效力,被背书人取得票据权利。(2)权利担保效力,指背书人对其所有后手均承担担保承兑和担保付款的责任。(3)权利证明效力,又称资格授予效力,指持票人所持汇票上的背书只要具有连续性,票据法就推定其为正当的汇票权利人而享有汇票上的一切权利。

(何 锐)

zhuanrang dingjia

转让定价(**transfer pricing**) 又称内部价格。跨国公司进行内部交易所采用的价格。这种价格不是在独立竞争的基础上按正常交易原则所确定的价格。跨国公司利用转让定价的动机很多,其中一项重要动机是在母子公司之间或总分公司之间,利用物资购销、转让技术、提供贷款或劳务以及转让财产等途径,人为地操纵价格及收费标准,把利益放到低税或无税的国家或地区,从而逃避或减轻整个公司的税负。

各国立法为了防范关联企业转让定价,通常采用独立成交原则或者总利润原则对关联企业进行税收调整。所谓独立成交原则,是有关联关系的企业视为互不隶属或者受控的独立企业,完全按照无关联关系的企业那样开展自由竞争,经过"讨价还价"的方式来处理它们之间的内部交易。对于关联企业间通过转让定价进行逃税的控管方法,主要是规定关联企业内部业务往来必须符合"公平交易"原则,否则有关税务当局有权依法加以调整。所谓总利润原则,是将关联企业集团的所有企业看作一个整体,把该集团在全世界范围内所取得的全部利润进行汇总,再按照某种方法在所有的关联企业间重新进行利润分配,最后有关国家的税务当局即可根据其本国企业所得的利润计征所得税。这一原则并不要求关联企业间的内部交易必须符合"正常交易"原则。

我国《税收征收管理法》第 36 条规定,企业或者外国企业在中国境内设立的从事生产、经营的机构、场所与其关联企业之间的业务往来,应当按照独立企业之间的业务往来收取或者支付价款、费用;不按照独立企业之间的业务往来收取或者支付价款、费用,而减少其应纳税的收入或者所得额的,税务机关有权进行合理调整。由此看来,我国借鉴了国际上对关联企业进行税收调整的常规做法,在对关联企业进行税收调整的原则方面采用的是独立成交原则,而不是总利润原则。

(魏建国 宋 丽)

zhuanshou maoyi

转手贸易(**switch trade**) 又称三角贸易。两个以上的当事人,内容复杂,是在各国签订双边贸易协定和支付或清算协定的转手贸易。转手贸易可分为简单的转手贸易和复杂的转手贸易两种方式,前者,是指握有顺差的一方根据记账贸易将回购的货物运到国际市场,往往以低于市场的价格转售,从而取得硬通货;后者,是把记账贸易下拥有顺差的一方,用该顺差以高于市场价的价格从第三者购进本来需用自由外汇才能换回的其所需的设备或其他产品,由该第三者用该顺差从记账贸易下的逆差国家购买约定的货物,在其他市场转售,最后取得硬通货。

(王连喜)

ziben biangeng

资本变更(**capital modification**) 我国的资本变更,指注册资本的变更,一般包括增加资本和减少资本。公司设立时,公司的资本总额已在章程中明确规定并由出资人认足,而且,公司资本一经确定,便必须依法定程序变更章程,不能随意改变。但公司在生产经营活动中,由于客观情况发生变化,需要增加或减少公司章程中规定的资本额。为保障公司正常运营,立法设置了资本变更制度,规定资本增加或减少的条件、程序、途径和方式。

(邢允荣)

ziben he jinrong xiangmu

资本和金融项目(**capital and financial item**) 资本项目项下的资本转移、非生产/非金融资产交易以及其他所有引起一经济体对外资产和负债发生变化的金融项目。资本转移是指涉及固定资产所有权的变更及债权债务的减免等导致交易一方或双方资产存量发生变化的转移项目,主要包括固定资产转移、债务减免、移民转移和投资捐赠等。非生产、非金融资产交易是非生产性有形资产(土地和地下资产)和无形资产(专利、版权、商标和经销权等)的收买与放弃。金融项目具体包括直接投资、证券投资和其他投资项目。

(王连喜)

ziben jingying zerenzhi
资本经营责任制(responsibility system of capital management) 在承包制、租赁制基础上发展起来的一种新的经济责任制形式。在对企业资产进行评估的基础上,通过公开招标,择优选择经营者,通过合同明确权利、义务与责任,使经营者对企业资产增减值负责的资产经营形式。其基本内容与主要做法是:(1)资产评估,即对企业资产状况进行评估鉴定,以确定企业的实力。(2)选聘经营者,即在资产评估的基础上,依照企业前三年的平均资产利润率,再参照同行业企业资金利润率水平,通过公开招标方式选择企业经营者。(3)明确经营者的权限、责任、利益。按照资产经营责任制实施方案规定,在经营期内赋予经营者人事权、机构设置权、企业经营管理权、分配形式决定及国家赋予企业的其他自主权。同时,经营者也要对自己在经营期内所承担的任务负经济责任,完成经济指标有奖励,完不成指标要进行处罚。企业领导人员的任免与收入同资产经营效果挂钩。(4)合理确定收益分享。职工和经营者利益同企业的长远发展连在一起,形成国家、企业、职工利益的合理分享。在经营者任期结束后,由主管部门主持对企业资产进行再评估,并根据中标时的资产报价数,衡量与上一任期报价资产的差异。如果企业资产增殖,则按预定的比例提取奖励金,由经营者与职工分享;如果资产减值,则要按同等比例扣罚。资产经营责任制有利于实行所有权与经营权的分离,使企业真正成为独立自主的商品生产者与经营者,促使企业行为合理化。

(张长利)

ziben xiangmu keduihuan
资本项目可兑换(capital item convertibility) 一种货币不仅在国际收支经常性往来中可以本国货币自由兑换成其他货币,而且在资本项目上也可以自由兑换。"资本项目"是指国际收支中因资本的输出与输入而产生的资产与负债的增减项目,包括之间投资、各类贷款、证券投资等。这意味着一国取消对一切外汇收支的管制,居民不仅可以通过经常账户交易,也可以自由地通过资本账户交易获得,所获外汇既可在外汇市场上出售,也可自行在国内或国外持有;国内外居民也可以将本币换成外币在国内外持有,满足资产需求。

(王连喜)

ziben xiangmu waihui
资本项目外汇(foreign exchange for capital item) 在国际收支中因资本输出和输入而产生的资本与负债的增减项目,包括直接投资、各类贷款、证券投资等项目下的外汇。《国际货币基金协定》虽要求其成员国有义务消除外汇管制,但承认成员国基于国际收支管理,维护外汇收支平衡等理由可以实行外汇管制。我国1997年《外汇管理条例》对经常项目外汇管理相对较松,但对资本项目外汇管理十分严格。资本项目外汇管理,是资本流出流入的管理,主要分为对外商直接投资的外汇管理、对外债的管理和对境外投资的管理。境内机构的资本项目外汇必须遵守以下规定:(1)境内机构的资本项目外汇收入,除国务院另有规定外,一般应当调回境内。(2)境内机构的资本项目外汇收入,应按国家有关规定在外汇指定银行开立外汇账户;卖给外汇指定银行的,须经外汇管理机关批准。(3)境外投资应经批准并在汇出时办理汇出手续。(4)境外接待、境外发行债券、提供对外担保等活动都要经有关部门批准和办理有关手续。(5)国家对外债实行登记和监测制度。

目前,资本项目的外汇收入主要包括:(1)境外投资者的投资收入;(2)境内机构从境外获得的贷款;(3)境内机构发行外币债券、股票取得的收入;(4)境内机构向境外出售房地产及其他资产的收入;(5)经外汇管理局批准的其他资本项目下外汇收入。

资本项目的外汇支出主要包括:(1)偿还外债本金;(2)对外担保履约用汇;(3)境外投资;(4)外商投资企业的外汇资本金的增加、转让或以其他方式的处置;(5)外商投资企业依法清算后的资金汇出;(6)外商投资企业的外方所得利润在境内增资或者在投资;(7)本国居民的资产向境外转移;(8)向境外贷款。

(王连喜)

ziben zhuce
资本注册(registration of capital) 企业在企业登记管理机关登记注册的资本总额。注册资本制度是我国企业资本制度中的重要制度。注册资本是企业设立和生产经营活动的物质基础,是企业承担债务的财产担保,因此,我国立法设置了注册资本制度,规定注册资本的最低限额。

登记注册的资本总额 注册资本是依照法律规定的注册资本的最低限额,进行注册登记的资本。注册的资本只能存在两种情况:一是注册资本是法定注册资本的最低额,二是注册资本是超过注册资本最低额的资本额。投资总额是出资人实际投资的总额或合同、章程中规定的认缴资本总额。在一般情况下,投资总额是高于注册资本总额的。我国立法往往将两者加以区别。《外资企业法实施细则》第20条规定外资企业的投资总额,是指开办外资企业所需资金总额,即按其生产规模需要投入的基本建设资金和生产流动资金的总和。第21条规定外资企业的注册资本,是指为设立外资企业在工商行政管理机关登记的资本总额,即外国投资者认缴的全部出资额。

外资企业的注册资本要与其经营规模相适应,注册资本与投资总额的比例应当符合中国有关规定。《中外合作企业法实施条例》第15条规定:合作企业的投资总额,是指按照合作企业合同、章程规定的生产经营规模,需要投入的资金总和。第16条规定:合作企业的注册资本,是指为设立合作企业,在工商行政管理机关登记的合作各方认缴的出资额之和。《中外合资企业法实施条例》第21条规定:合营企业的注册资本,是指为设立合营企业在登记管理机构登记的资本总额,应为合营各方认缴的出资额之和。立法上的这种区分,是有实际意义的。注册资本是关于同类企业普遍需要的最低限额的规定,而投资总额是从具体企业的实际情况出发反映本企业特殊需要的自身约定。

最低资本额制度是注册资本制度的前提和基本制度。按照法定注册资本登记,需要经过缴资、验资等环节。

注册资本的最低总额 除英美法系一些国家外,我国和其他国家一样,都规定了注册资本最低限额。我国有限责任公司、股份有限公司和外商股份公司一般规模较大,经济关系复杂,立法集中对这三类公司规定注册资本最低限额是必要的。此外,我国最新颁布的有关专项外资立法也都规定了在某些行业设立外商投资企业的最低资本额要求。

设立有限责任公司,股东出资必须达到法定资本最低限额。低于该限额,公司不得成立。台湾《公司法》规定,股东出资额合计须超过公司资本总额1/2,有限公司的最低资本总额得由主管机关分别性质、斟酌情况以命令定之。依公司法之授权,由主管机关经济部制定的《有限公司及股份有限公司最低资本额标准》规定,兴建国民住宅出租出售业、兴建商业大楼出租出售业、远洋渔业、汽车制造业、观光旅馆业、矿业、专营投资业、建筑经理业及经营废(污)水处理事业等九项事业之最低资本额加以特定规定,对经营前述事业以外之公司,其应实收之最低资本额为50万元,但目前的事业主管机关有较高标准之规定者,从其规定。《澳门公司法典》(草案)规定,公司资本应经常符合股额之票面价值总额。有限公司的资本,不得少于澳门币25000元;有限公司的资本,不得逾澳门币500万元。

外国注册资本最低额的一般情况是:大陆法系国家的公司立法一般对于公司的最低资本额都有明确规定,而且对股份有限公司最低资本额的要求要高于有限责任公司。如德国《公司法》第5条规定有限责任公司的基本资本必须至少为5万马克,股份有限公司为10万马克。法国规定有限责任公司最低资本额为5万法郎,向社会募集资本的股份有限公司资本额最低为150万法郎。日本规定有限责任公司最低资本额为300万日元,股份有限公司的最低资本额为1000万日元。英美法系国家立法大多没有资本最低额的限制。在美国,21世纪60年代以前,各州公司立法普遍规定公司最低资本额,但目前已撤销了这一规定,公司设立不受最低资本额规定的限制。

缴资、折股和验资 缴资,是出资人缴纳各自所认缴的出资额。在立法上,表现为"实缴资本制"和"认缴资本制"。

实缴资本制,是出资人在公司成立时,足额缴纳公司章程中规定的各自所认缴的出资额缴资制度。我国立法对内资企业实行严格的实缴资本制。《公司法》规定,有限责任公司的注册资本为在公司登记机关登记的全体股东实缴的出资额,股东应足额缴纳公司章程中规定的各自所认缴的出资额,股东全部缴纳出资后,须经法定的验资机构验资并出具证明,依法办理设立登记。《公司法》规定,股份有限公司的注册资本为公司登记机关登记的实收股本总额,公司章程中规定的资本总额须经发起人及社会公众全部认购并即缴纳股款,经法定验资机构验资并出具证明,依法办理设立登记。《外资企业法实施细则》第31条规定:"外国投资者可以分期缴付出资,但最后一期出资应当在营业执照签发之日起3年内缴清。其中第1期出资不得少于外国投资者认缴也资额的25%,并应当在外资企业营业执照签发之日起90天内缴清。"这一规定,表明法律允许在外资企业成立后缴清出资,这与对内资企业的规定有所不同。这一折衷性规定,有利于吸引外资,但容易给不法外商钻法律空子,乃至成立"皮包公司",买空卖空,扰乱社会经济秩序。

认缴资本制,又称授权资本制,是出资人在公司成立后,缴付部分注册资本的缴资制度。在这种制度下,注册资本或投资总额记载于公司章程,但无需出资人全部认定,可分期分批缴付。就是说,只要在公司章程中名义性认缴,公司即可成立,对于未认足部分,董事会可根据公司章程的授权追缴或发行新股募集。

折股,是指改组前国有企业或有限责任公司的净资产折合为新设立的股份有限公司的股份。折股实际上是一种特殊的缴资方式。我国《公司法》第99条规定,有限责任公司依法经批准变更为股份有限公司时,折合的股份总额应当相当于公司净资产额。国有企业改组为股份有限公司时,严禁将国有资产低价折股。

出资者履行出资义务后,必须由法定验资机构验资并出具验资证明。验资制度是保证出资真实性、合法性和有效性的重要制度。　　　　(吴元元　邢允荣)

zichan
资产(asset)　会计法上的资产,是过去的交易、事项形成并由企业拥有或者控制预期会给企业带来经济利益的资源。企业的资产按流动性分为流动资产、长期投资、固定资产、无形资产和其他资产。流动资产指可以在1年或者超过1年的一个营业周期内变现或耗用的资产,主要包括现金、银行存款、短期投资、应收及预付款项、待摊费用、存货等。长期投资指持有时间准备超过1年(不含1年)的各种股权性质的投资、不能变现或不准备随时变现的债券、长期债权投资等。固定资产指企业使用期限超过1年的房屋、建筑物、机器、机械、运输工具以及其他与生产、经营有关的设备、器具、工具等。无形资产指企业为生产商品或者提供劳务、出租给他人,或为管理目的而持有的、没有实物形态的非货币性长期资产,如专利、商标、专有技术、土地使用权等。除上述资产以外,企业资产负债表中的资产项目还包括如开办费、固定资产大修理支出、租入固定资产的改良支出等长期待摊费用。

财产是一个法律概念,一般指权利人对有形物的所有权、对他人的债权以及对无形资产拥有的知识产权等。所有权是财产概念的核心。会计上的"资产"并不以所有权为要件,而是指为企业所拥有或者控制,能够为企业带来未来利益的资源。企业对其"拥有"或者"控制"的资产,大部分具有法律上的财产所有权,但也有例外,如从银行借入流动资金,以融资租赁方式购入的设备等。会计系统的目的是计量资金运动的成果,只要一种资源能够为特定会计主体所控制,能够为该会计主体带来未来的经济利益,它就成为该会计主体的资产。资产概念充分体现了会计"实质重于形式"的特征,有别于法律概念重视形式要件的特点。
　　　　　　　　　　　　　　　　(刘　燕)

zichan chuzhiquan
资产处置权(right to dispose assets)　企业对固定资产依法进行处分的权利。企业根据生产经营的需要,对一般固定资产,可以自主决定出租、抵押或者有偿转让;对关键设备、成套设备或者重要建筑物可以出租,经政府主管部门批准也可以抵押、有偿转让。法律和行政法规另有规定的除外。企业处置生产性固定资产所得收入,必须全部用于设备更新和技术改造。企业处置固定资产,应当依照国家有关规定进行评估。
　　　　　　　　　　　　　　　　(方文霖)

zichan huazhuan shouxu
资产划转手续(procedures of assets transfer)　企业因管理体制改革、组织形式调整和资产重组等原因引起的整体或部分国有资产在不同产权主体之间的有偿或无偿转移。划入、划出双方企业依据资产划转文件办理变动产权登记等有关手续。
　　　　　　　　　　　　　(李　平　陈岚君)

zichan jiazhi chonggu
资产价值重估(reappraisal of property)　企业、单位对账面价值与实际价值背离较大的主要固定资产进行重新估价。"账面价值"是固定资产登记在账面上的价值,它反映的是固定资产购建时的原始购建成本;"实际价值"是依物价变动幅度,原购建固定资产价值发生相应变动后在某一时点上实际所具有的价值,它反映的是固定资产在全新情况下的市场价值或重置成本。具体讲,资产价值重估是依据物价变动幅度,对原购建固定资产进行重新估价,以确定其在某一时点上的实际价值,并据此调整账面价值。资产价值重估的目的是解决由于物价变动而造成的固定资产账面价值与实际价值严重背离的问题,准确反映国有资产的真实价值量,保障国有资产的保值增值,促进企业商品经营真正按价值计算,推动国有资产的优化配置和合理流动,进一步明确资产所有者与经营者的利益关系,为建立以资本金利润率考核和评价企业经营成果的国有资产管理方法打下基础。资产价值重估的方法有:(1)物价指数法。是指以资产购建年度的价格为定基价格,按国家确定的价格指数,对资产价值进行调整估价的方法。(2)国家定价法。是按国家定价的实际购入价格,加实际安装费、运杂费等计算出的资产价格的方法。(3)重置成本法。是根据资产在全新情况下按现行市价的重新购建成本来确定资产价值的方法。
　　　　　　　　　　　　　(马跃进　师湘瑜)

zichan jingying xingshi
资产经营形式(property management form)　国有企业行使经营权的具体方式。它是规范国家与企业的责、权、利关系,企业经营管理国有资产的责任制形式。我国在经济体制改革中探索总结出了承包和租赁两种经营责任制形式。《中华人民共和国全民所有制工业企业法》第2条规定,企业根据政府主管部门的决定,可以采取承包、租赁等经营责任制形式。　(方文霖)

zichan pinggu jigou

资产评估机构(assets appraisal organizations) 依法设立的,从事资产评估业务的社会中介服务机构。

资产评估是由专门的评估机构和专门的评估人员,依据国家法律法规和有关政策的规定以及有关的资料数据,根据特定的评估目的,遵循适用的评估原则、评估范围、评估程序和评估标准,运用科学的评估方法和统一的货币单位,对被评估资产的市场价值进行评定估算的过程。资产评估包含有八个基本要素,即:资产评估的主体、资产评估的客体、资产评估的依据、资产评估的原则、资产评估的范围、资产评估的标准、资产评估的方法、资产评估的目的。资产评估是市场经济的产物,又服务于市场。它通过对被交易对象的独立、客观、公正、科学的评估,提出被交易对象的公允市场价值,从而为交易双方提供进一步协商的参考意见,最终实现交易。所以,资产评估可能发生在交易和投资的各个环节。资产评估的目的就是为交易双方和投资人提供被交易资产的市场价格估计,为资产交易提供价格咨询。目前,我国调整资产评估的法律规范主要有中国注册会计师协会发布的《资产评估机构管理暂行办法》、《注册资产评估师执业资格制度暂行规定》和《中国注册资产评估师职业道德规范》等规章。

依法取得注册资产评估师证书并接受委托从事资产评估的执业人员。取得注册资产评估师资格,需要通过考试和依法注册取得。注册资产评估师在执业中,应遵循下列原则、规则和执业道德:(1)应严格遵守国家有关法律法规。(2)应恪守独立、客观、公正的原则。(3)坚持回避原则,即曾在委托单位任职,离职后未满两年的;持有客户的股票、债券或与客户有其他经济利益关系的;与客户的负责人或委托事项的当事人有利害关系的;等等。注册资产评估师在执业中应回避。(4)应当坚持实事求是的原则,不得因个人好恶影响资产价值的分析、估算和判断。(5)不得随意抬高或压低评估价值,不得按照他人旨意将预先指定或约定的资产价值作为评估结果,不得出具虚假与误导性资产评估报告。(6)不得允许他人以本人名义在资产评估报告上签字、盖章。(7)应对执业中所知悉的客户的商业秘密、有关资料及其评估结果保密。(8)不得利用诋毁同行信誉的手段和给付回扣、提成等手段以及借助行政机关的权力,垄断行业、地区、系统的评估业务,不得采取胁迫、欺诈、利诱等方式和其他不正当手段争揽业务。(9)不得向客户或通过客户获取服务费之外的不正当利益。(10)不得对其执业能力进行夸张、虚假以及容易引起误解的宣传。(薛建兰)

zichan qingcha

资产清查(liquidation of property) 对企业、单位占有的各类资产(包括固定资产、流动资产、专项资产、无形资产、企业留成外汇额度、长期投资、在建工程和债权等)进行全面的清查、登记;对所占有的各项资产(包括固定资产、流动资金、专项资金等)和债务进行全面核对查实。

(马跃进 师湘瑜)

zichan zhanyong fei

资产占用费(assets possession cost) 资产使用者为筹集和占用资产而支付给资产所有者的费用。资产占用费是分析和考核资产使用效益的重要指标。资产占用费是资产所有权和资产使用权相分离的产物;是资金所有者参与资金使用者收益分配的一种形式,资金占用费从企业利润中支付,成为企业纯收入分配的一种形式,其本质是资产使用者分给资产所有者的一部分利润,是企业盈利的一部分,属利润分配的范畴,非成本范畴或耗费范畴。重视资产占用费,加强资产有偿使用的观念,对加强国家宏观经济管理和企业资产管理,提高资产利用效率具有重要的意义。

(李平 薛敏)

zijin chouji zhidu

资金筹集制度(fund-raising system) 规范企业筹集资金以保障企业资金来源的法律制度。资本金的来源可有国家资本金、法人资本金、个人资本金以及外商资本金等。企业根据国家法律、法规的规定,可以采取国家投资、各方集资或者发行股票等方式筹集资本金。投资者可以用现金、实物、无形资产等形式向企业投资。企业在筹集资本金活动中,投资者缴付的出资额超出资本金的差额(包括股票溢价),法定财产重估增值,以及接受捐赠的财产等,计入资本公积金。资本公积金可以按照规定,转增资本金。企业依法对筹集的资本金享有经营权;在经营期内,投资者除依法转让外,不得以任何方式抽回。法律、行政法规另有规定的,从其规定。

企业的负债,包括长期负债和流动负债。长期负债是指偿还期限在1年或者超过一年的一个营业周期以上的债务,包括长期借款、应付长期债券、长期应付款项等。流动负债是指可以在1年内或者超过1年的一个营业周期内偿还的债务,包括短期借款、应付短期债券、预提费用、应付及预收款项等。长期负债的应计利息支出,筹建期间的,计入开办费;生产经营期间的,计入财务费用;清算期间的,计入清算损益。其中,与购建固定资产或者无形资产有关的,在资产尚未交付使用或者虽已交付使用但尚未办理竣工决算以前,计入购建资产的价值。流动负债的应计利息支出,计入财务费用。

(卓翔)

zijin heshi

资金核实(verification of funds) 对企业、事业单位的法人财产占有量进行核实和核定国家资本金。资金核实的具体对象,包括企业流动的资产、长期投资、固定资产、无形资产、递延资产等。　(马跃进　师湘瑜)

zijin xindai de youhui

资金信贷的优惠(favorable capital credit) 国家为了积极扶持乡镇企业的发展和壮大,在信贷领域所给予优惠措施。《乡镇企业法》第20条规定,国家运用信贷手段,鼓励和扶持乡镇企业发展。对于符合第19条规定条件之一并且符合贷款条件的乡镇企业,国家有关金融机构可以给予优先贷款,对其中生产资金困难且有发展前途的可以给予优惠贷款。国务院已经作出了一些这方面的规定:(1)1993年国务院《关于加快发展中西部地区乡镇企业的规定》规定,从1993年起到2000年,除了用好乡镇企业现有贷款存量和每年正常新增贷款外,再由中国人民银行单独安排50亿元贷款用于支持中西部地区发展乡镇企业;同年国务院在全国乡镇企业合作会议又决定将贷款增至100亿元。其中5亿元给予贴息,用于乡镇企业中西合作示范工程使用。(2)"九五"期间每年拿出2亿元贴息贷款用于扶持乡镇企业"贸工农"出口商品基地建设。(3)农村信用社在支持农业稳定发展基础上,积极增加乡镇企业信贷投放量。在资金方面,国务院也已采取了一些优惠措施。主要有:各级财政每年要安排一定资金支持发展乡镇企业;乡镇骨干企业的固定资产折旧率偏低的,可以适当提高;允许乡镇企业从销售收入中提取1%作为企业新产品开发资金;允许乡镇企业从成本中据实列支用于技术改造和新产品开发的费用。　(方文霖)

zijin xintuo

资金信托(fund trust) 委托人基于对受托人的信任,将自己合法拥有的资金委托给受托人,由受托人按委托人的意愿以自己的名义,为受益人的利益或者特定目的管理、运用和处分的行为。除经中国人民银行批准设立的信托投资公司外,任何单位和个人不得经营资金信托业务。中国人民银行为了规范信托投资公司的资金信托的经营行为2002年颁布了《信托投资公司资金信托管理暂行办法》。信托投资公司办理资金信托业务取得的资金不属于信托投资公司的负债;信托投资公司因管理、运用和处分信托资金而形成的资产不属于信托投资公司的资产。

信托投资公司办理资金信托业务时应遵守下列规定:不得以任何形式吸收或变相吸收存款;不得发行债券,不得以发行委托投资凭证、代理投资凭证、受益凭证、有价证券代保管单和其他方式筹集资金,办理负债业务;不得举借外债;不得承诺信托资金不受损失,也不得承诺信托资金的最低收益;不得通过报刊、电视、广播和其他公共媒体进行营销宣传。信托投资公司违反法律规定,按非法集资处理,造成的资金损失由投资者承担。

信托投资公司办理资金信托业务可以依据信托文件的约定,按照委托人的意愿,单独或者集合管理、运用、处分信托资金。单独管理、运用、处分信托资金是指信托投资公司接受单个委托人委托、依据委托人确定的管理方式单独管理和运用信托资金的行为。集合管理、运用、处分信托资金指信托投资公司接受两个或两个以上委托人委托、依据委托人确定的管理方式或由信托投资公司代为确定的管理方式管理和运用信托资金的行为。信托投资公司集合管理、运用、处分信托资金时,接受委托人的资金信托合同不得超过200份(含200份),每份合同金额不得低于人民币5万元(含5万元)。

信托投资公司办理资金信托业务,应与委托人签订信托合同。采取其他书面形式设立信托的,按照法律、行政法规的规定设立。信托合同应当载明以下事项:信托目的;委托人、受托人的姓名(或者名称)、住所;受益人姓名(或者名称)、住所,或者受益人的范围;信托资金的币种和金额;信托期限;信托资金的管理方式和受托人的管理、运用和处分的权限;信托资金管理、运用和处分的具体方法或者安排;信托利益的计算、向受益人交付信托利益的时间和方法;信托财产税费的承担、其他费用的核算及支付方法;受托人报酬计算方法、支付期间及方法;信托终止时信托财产的归属及分配方式;信托事务的报告;信托当事人的权利、义务;风险的揭示;信托资金损失后的承担主体及承担方式;信托当事人的违约责任及纠纷解决方式;信托当事人认为需要载明的其他事项。

信托投资公司办理资金信托业务时,应当于签订信托合同的同时,与委托人签订信托资金管理、运用风险申明书。信托文件有效期限内,受益人可以根据信托文件的规定转让其享有的信托受益权。信托投资公司应为受益人办理信托受益权转让的有关手续。信托投资公司办理资金信托业务,应设立专门为资金信托业务服务的信托资金运用、信息处理等部门。担任信托执行经理的人员,应具有中国人民银行颁发的《信托经理资格证书》。信托投资公司违背信托文件的约定管理、运用、处分信托资金导致信托资金受到损失的,其损失部分由信托投资公司负责赔偿。信托投资公司由此而导致的损失,可按《中华人民共和国公司法》的有关规定,要求其董事、监事、高级管理人员承担赔偿责任。信托投资公司对不同的资金信托,应建立单独的会计账户分别核算;对不同的信托,应在银行分别开设单独的银行账户,在证券交易机构分别开设独立的证券账户与资金账户。资金信托终止的,信托财产归属于信托文件规定的人。信托投资公司应当按照信托文件的规定书面通知信托财产归属人取回信托财产。未被取回的信托财产,由信托投资公司负责保管。保管期间,保管人不得运用该财产。保管期间的收益归属于信托财产的归属人。发生的保管费用由被保管的信托财产承担。

信托财产的归属依据信托合同规定,可采取现金方式、维持信托终止时财产原状方式或者两者的混合方式。采取现金方式的,信托投资公司应当于信托合同规定的分配日前或者信托期满日前(如遇法定节假日顺延)变现信托财产,并将现金存入信托文件指定的账户。采取维持信托终止时财产原状方式的,信托投资公司应于信托期满后的约定时间内,完成与归属人的财产转移手续。资金信托终止,信托投资公司应当于信托终止后10个工作日内作出处理信托事务的清算报告,并送达信托财产归属人。信托投资公司应当按照《信托投资公司管理办法》向中国人民银行报送资金信托业务经营的有关资料。信托资金管理的报告书应当载明如下内容:信托资金管理、运用、处分和收益情况;信托资金运用组合比例情况;信托资金运用中金额列前10位的项目情况;信托执行经理变更说明;信托资金运用重大变动说明;涉及诉讼或者损害信托财产、委托人或者受益人利益的情形;信托合同规定的其他事项。信托投资公司应当妥善保存资金信托业务的全部资料,保存期自信托终止之日起不得少于15年。

信托投资公司违反有关法律规定的,由中国人民银行按照《金融违法行为处罚办法》及有关规定进行处罚;情节严重的,暂停或者直至取消其办理资金信托业务的资格。对有关的高级管理人员,中国人民银行可以取消其一定期限直至终身的任职资格;对直接责任人员,取消其信托从业资格。　　　(赵芳芳)

ziyuan buchang zhidu

资源补偿制度(compensation system of natural resource)　在利用资源的活动中,因合法地使用资源而对他人或国家的损失给予应有的补偿。资源补偿制度与资源补救制度不同,主要有如下区别:第一,两者设立的依据不同。设立补救制度的目的在于全面和根本性的保护资源。而补偿制度的设立目的在于保护特定主体的个体利益。第二,两者的义务内容不同。资源补救制度的内容是补救资源,强调义务人或责任人为一定的行为来恢复、更新资源本身,而资源补偿的内容是补偿利益损失,通常表现为金钱的损失。第三,两者履行的原则不同。资源补救制度最终必须实际履行,不能以金钱来代替,而补偿制度中的义务可以用金钱的内容来履行。　　　　　　　　　(包剑虹)

ziyuan bujiu zhidu

资源补救制度(remedy system of natural resource)　自然资源法为保护自然资源而设立的,对因一定原因而造成的自然资源的损害或破坏,要求施害者以履行一定的补救、恢复自然资源的义务或责任为内容的制度。由于自然资源的整体性、有限性和可变性,自然资源的损失一般难以计算和用货币补偿,因此,法律通过设立资源补救制度以法律强制力要求责任主体或义务主体在自然资源遭受损害时,以实际行为来恢复、更新和补救自然资源本身,其目的不仅是为了惩治破坏自然资源的个人,更是为了在整体上和根本上维护自然资源的完整性和一体性,维持自然的可持续发展。在我国,资源补救制度有《土地管理法》中的耕地开垦、土地复垦制度;《水法》中的水资源的补救制度以及《森林法》和《草原法》中设立的森林资源和草原资源的更新造林、林木补种和恢复植被等制度。　(包剑虹)

ziyuan fei

资源费(resource fee)　我国的自然资源立法中并没有资源费的提法,它仅是学理上对各种自然资源开发、利用和保护管理收费的一种统称。不同的资源种类,其收费也各不相同。大体可分为四类:(1)开发使用费,是单位或个人直接开发、占用、利用、使用自然资源时所缴纳的费用。例如土地使用费、水资源费、矿区使用费等。(2)补偿费,是为弥补、恢复、更新自然资源的减少、流失或破坏而向开发利用自然资源者收取的费用,如育林费、森林生态效益补偿基金费、耕地开垦费、水土流失防治费等。(3)保护管理费,是为解决培育、维护、管理自然资源的费用支出而向开发利用自然资源者征收的一定费用。如河道采砂取土管理费、野生动物资源保护管理费、自然保护区管理费等。(4)惩罚性收费,是行政管理机关在自然资源开发利用者不按规定要求开发利用自然资源时而让其缴纳的带有制裁性质的费用,如耕地闲置费等。资源费是调配资源的重要杠杆。资源费是政府行为下的行政性收费,其受政策性影响较大,国家可以根据其需要,可以提高或者减免资源费,或者通过资源费的差额调配资源在各行业的分配。资源费是国家资源政策的一个重要组成部分,国家根据水资源供需状况通过水资源费经济调节作用进行调配水资源,是国家行使水资源所有权的一种形式。目前,从整体来看,我国的资源供需矛盾很尖锐,为资源费上涨提供了空间。但随着法治进程的推进,越来越多的资源费的空间要让给资源税。

(申进忠 王丽)

ziyuan liyongzhong de caichanquan zhidu
资源利用中的财产权制度(system of property rights on resource utilization) 重要的自然资源法律制度。财产权制度在自然资源法律制度安排中具有基础性作用。一国可持续发展的实现首先仰赖于财产权制度安排的合理性。

自然资源所有权 对自然资源占有、使用、收益、处分的权利。我国自然资源法中所规定的自然资源所有权,按资源的权属主体不同来划分,基本有两类:自然资源国家所有权和自然资源集体所有权。国家土地所有权,国家水资源所有权,国家森林所有权,国家草原所有权,国家矿产资源所有权,国家野生动植物资源所有权等,概称为自然资源国家所有权。集体土地所有权,集体森林所有权,集体草原所有权等,概称为自然资源集体所有权。不同类型的自然资源所有权,其取得、变更、消灭等方面的法律原理有所不同。

自然资源使用权 我国自然资源法所规定的自然资源使用权,与民法的使用权有一定差异,它往往是含有一定的占有权和收益权在内的使用权,并在法律的规定下可以将之处分的使用权。自然资源使用权在资源所有权的基础上,也基本有两类:国家资源使用权和集体资源使用权。国有土地使用权,国有森林使用权,国有草原使用权,国有水面、滩涂使用权等,概称为国有资源使用权。集体土地使用权,集体草原使用权,集体水面、滩涂使用权等,概称为集体资源使用权。不同种类的自然资源使用权,其取得、变更、消灭等方面的法律规定有所不同。随着市场经济的发展和生产要素市场的成长,为了促进自然资源的开发利用,自然资源使用权在一定的限制规则下可以进行商品性流转。自然资源使用权转让的限制原理,是资源使用权原理的重要组成部分。自然资源使用权转让的限制,主要体现在转让客体的限制、转让方式的限制、转让期限的限制、转让内容的限制、资源用途的限制和受让主体的限制等方面。

自然资源专项权益 自然资源法中给以专门名称的各种资源利用权益,为资源专项权益。我国自然资源法所规定的资源专项权益,主要包括:《森林法》中所规定的采伐权,《渔业法》中所规定的捕捞权、养殖权,《矿产资源法》中所规定的采矿权、探矿权,《水法》中所规定的取水权等。这些权益概称为资源专项权益。

(桑东莉)

ziyuan liyongzhong de jinxian zhidu
资源利用中的禁限制度(system of prohibition and limitation on resource utilization) 自然资源法根据自然资源的特点和保护自然资源的需要,对利用资源的行为方式、利用对象、利用时间、利用范围、利用工具等所规定的禁止和限制的制度。其目的是为了防止自然资源退化,以法律的方式强制性地禁止和限制一定的资源利用方式,实现对自然资源的持续利用。资源禁限制度可以有以下两种主要分类:第一,依禁限内容为标准,可以区分为资源用途的禁限、利用工具的禁限、利用方式的禁限、利用时间的禁限、利用区域的禁限和利用对象的禁限等。第二,依自然资源的种类和资源管理的要求,可以区分为地事禁限、水事禁限、矿事禁限、渔事禁限、林事禁限和草原利用禁限等。

(桑东莉)

ziyuanshui
资源税(resource tax) 对在中华人民共和国境内从事开采应税矿产品和生产盐的单位和个人,就其销售或自用的各种应税资源而征收的一种税。从事开采或生产的单位、个人为纳税人,包括外商投资企业和外国企业,收购未税产品的单位为扣缴义务人。资源税根据纳税人开采资源条件的优劣、资源级差收入大小等因素,实行差别税额。具体税目、税额,参见《资源税暂行条例》所附的《资源税税目税额幅度表》及财政部的实施细则以及有关规定。纳税人开采或者生产不同税目应税产品的,应当分别核算不同税目应税产品的课税数量;未分别核算或者不能准确提供不同税目应税产品的课税数量的,从高适用税额。开采原油过程中用于加热、修井的原油免税;纳税人开采或者生产应税产品过程中,因意外事故或者自然灾害等原因遭受重大损失的,由省、自治区、直辖市人民政府的酌情决定减税或免税;对独立矿山应纳的铁矿石资源税减征60%。纳税人的减税、免税项目,应当单独核算课税数量,未单独核算或者不能准确提供课税数量的,不予减税、免税。资源税应向应税产品的开采或者生产所在地主管税务机关缴纳。扣缴义务人代扣代缴的资源税,应当向收购地主管税务机关缴纳。

(彭皖)

ziyuanshui zanxing tiaoli
《资源税暂行条例》(Interim Regulations on Resource Tax) 1984年9月18日国务院发布,10月1日起实施的《中华人民共和国资源税条例(草案)》,仅对原油、天然气、煤炭等三种资源课税。1993年11月26日国务院第12次常务会议通过并发布,自1994年1月1日起施行的《中华人民共和国资源税暂行条例》,合并了原有的资源税和盐税,扩大了征收范围。资源税纳税义务人是在中华人民共和国境内开采应税矿产品或者生产盐的单位和个人,收购未税矿产品的单位为资源税的扣缴义务人。资源税征税范围是矿产品与盐。资源税采用幅度定额税率。纳税人具体适用的税额，由财政部及国务院有关部门，根据纳税人所开采或者生产应税产品的资源状况，在规定的税额幅度内确定。纳税人开采或者生产不同税目应税产品的，应当分别核算不同税目应税产品的课税数量；未分别核算或者不能准确提供不同税目应税产品的课税数量的，从高适用税额。资源税的计税依据是应税资源产品的课税数量。纳税人开采或者生产应税产品销售的，以销售数量为课税数量；如果是自用，以自用数量为课税数量。资源税的减免包括：开采原油过程中用于加热、修井的原油，免税；纳税人开采或者生产应税产品过程中，因意外事故或者自然灾害等原因遭受重大损失的，由省、自治区、直辖市人民政府酌情决定减税或者免税及国务院规定的其他减免税项目。纳税人应纳的资源税，应当向应税产品的开采或者生产所在地主管税务机关缴纳。纳税人在本省、自治区、直辖市范围内开采或者生产应税产品，其纳税地点需要调整的，由省、自治区、直辖市税务机关决定。纳税义务发生时间为收讫销售款或者取得索取销售款凭据的当天；自产自用应税产品，纳税义务发生时间为移送使用的当天。纳税期限为 1 日、3 日、5 日、10 日、15 日或者 1 个月，由主管税务机关根据实际情况具体核定。不能按固定期限计算纳税的，可以按次计算纳税。

(席晓娟)

《资源税暂行条例实施细则》(Rules for Implementation of the Interim Regulations on Resource Tax) 财政部1993年12月30日发布。细则对暂行条例中与确定资源税的纳税人和纳税义务有关的特定用语进行了解释，如"单位"、"个人"、"扣缴义务人"等。细则对"部分税目的征税范围"作出限定：原油是指开采的天然原油，不包括人造石油；天然气是指专门开采或与原油同时开采的天然气，暂不包括煤矿生产的天然气；煤炭是指原煤，不包括洗煤、选煤及其他煤炭制品；其他非金属矿原矿是指上列产品和井矿盐以外的非金属矿原矿；固体盐是指海盐原盐、湖盐原盐和井矿盐；液体盐是指卤水。资源税应税产品的"具体适用税额"按《资源税税目税额明细表》执行；未列举名称的其他非金属矿原矿和其他有色金属矿原矿，由省、自治区、直辖市人民政府决定征收或暂缓征收资源税，并报财政部和国家税务总局备案；对于划分资源等级的应税产品，未列举名称的纳税人适用的税额，由省、自治区、直辖市人民政府根据纳税人的资源状况，参照相关法律确定的邻近矿山的税额标准，在浮动30%的幅度内核定，并报财政部和国家税务总局备案。

资源税的"课税数量"除暂行条例规定的外，纳税人不能准确提供应税产品销售数量或移送使用数量的，以应税产品的产量或主管税务机关确定的折算比换算成的数量为课税数量；原油中的稠油、高凝油与稀油划分不清或不易划分的，一律按原油的数量课税。资源税纳税义务发生时间具体为：一是纳税人销售应税产品的，如果采取分期收款结算方式的，其发生时间为销售合同规定的收款日期的当天；采取预收货款结算方式的，其发生时间为发出应税产品的当天；采取其他结算方式的，其发生时间为收讫销售款或者取得索取销售款凭据的当天。二是纳税人自产自用应税产品的发生时间为移送使用应税产品的当天。三是扣缴义务人代扣代缴税款的发生时间为支付货款的当天。纳税人应纳的资源税应当向应税产品的开采或生产所在地主管税务机关缴纳；跨省开采资源税应税产品的单位，其下属生产单位与核算单位不在同一省、自治区、直辖市的，对其开采的矿产品，一律在开采地纳税，其应纳税款由独立核算、自负盈亏的单位，按照开采地的实际销售量(或者自用量)及适用的单位税额计算划拨；扣缴义务人代扣代缴的资源税，应当向收购地主管税务机关缴纳。

(席晓娟)

ziyuanxing guoyou zichan

资源性国有资产(national assets in relation to resource) 所有权属于国家的各种资源性资产。《中华人民共和国宪法》第9条规定："矿藏、水流、森林、山岭、草原、荒山、滩涂等自然资源，都属于国家所有，即全民所有；由法律规定属于集体所有的森林和山岭、草原、荒地、滩涂除外"。第10条规定："城市的土地属于国家所有。农村和城市郊区的土地，除法律规定属于国家所有的以外，属于集体所有；宅基地和自留地、荒山，也属于集体所有。"按人们现有的认识、现实的经济与科技水平，对自然资源进行开发利用，能够带来一定经济价值的自然资源是资源性资产。某种自然资源，当人们受到客观条件的限制，还没有认识到它的经济价值时，这种自然资源还不是资产，或者说由于受经济与科技水平的限制，对某种自然资源进行开发利用尚不能给人们带来一定的经济价值时，还不能把它作为资产实行资产化管理。资源性资产的内容和范围取决于生产力和科学技术的发展水平。从经济的角度看，它具有经营性和非经营性两种属性，这两种属性在一定条件下可以相互转化。作为经营性资产，能带来经济效益，作为非经营性资产可带来社会效益(主要是环境效益)或间接经济效益。

资源性国有资产的特征 其基本特征有：(1) 有形性。资源性国有资产具有实物形态，如矿藏、山岭、森林、水流等。无形的自然资源一般不作为资源性国有资产,如风力、阳光等,是最重要的资源,但由于本身的无形性和资源使用的无偿性,使其只能作为自然资源的重要组成部分,而不能成为资源性国有资产。(2)有限性。资源性国有资产在一定的时间和空间范围内是有限的。主要表现在以下三个方面:一是在一定空间范围内的有限性,即我国的资源性国有资产主要是中华人民共和国境内的资产,范围限定在境内,同时,作为所有权属于国家的自然资源,其范围必须通过立法的形式加以界定,这就决定了并非所有自然资源都是国家的,能够被法律界定为国家的自然资源是有限的;在一定时间范围内的有限性。很多资源具有不可再生性,如土地、山川、矿藏等,它们的绝对量不能随着人们劳动的进行而增加,有的随着消耗还会减少。虽然有些资源可再生,但周期过长,在特定时间内数量不会增加,只会减少,如森林、草原等;二是拥有量与需求量相比较的不足性。国家经济建设和各项事业的发展需要大量的资源,而我国资源的拥有量相对短缺和不足,难以满足经济建设与各项事业发展的需要。三是国家垄断性。这是由资源性国有资产有限性的特点所决定的。在社会生产资料公有制的条件下,国家是代表全社会与全国人民根本利益的唯一主体,因此将有限的资源性资产归国家所有,符合全社会与全国人民的共同意志,是社会主义经济制度的本质规定,是社会生产力发展的客观要求。

资源性国有资产的分类 按资源可否耗竭划分为:(1)不可耗竭资源性国有资产。实物形态不随其开发、利用而耗竭,在开发利用的过程中始终保持资源原有的实物形态的资源性国有资产,如河流、土地、滩涂、山岭等。这类资源的特点是可以循环重复利用,可作为生产资料投入生产过程,属于生产要素中的劳动资料。(2)可耗竭资源性国有资产。实物形态随着对其开发、利用而逐步减少和耗竭的资源性国有资产,如各种矿藏资源、森林资源、草原资源等。由于这类资源有逐步耗竭和减少的特点,所以可作为劳动对象投入生产过程,一般只能作为企业生产的原材料。按资源是否可再生划分为:(1)不可再生资源性国有资产。实物形态不能通过人类的劳动再生或增加的资源性国有资产。资源性资产中的大部分是不可再生性资源,如土地、水流、矿藏、山岭等资源。(2)可再生资源性国有资产。实物形态可以通过人类的劳动而再生或增加的资源性国有资产,如森林、草原等资源。按资源投入使用的方式划分为:(1)可直接利用类资源性国有资产。这部分资产不需要投资、开发就可直接投入使用,例如某些河流可直接进行航运,某些土地可直接耕种或盖房等。(2)需投资开发类资源性国有资产。这类资产必须经过投资开发后才能发挥作用,例如对矿藏资源的开采,对水流航道的整治等。按资源性国有资产的属性划分为国土资源资产、国有森林资源资产、国有矿产资源资产、国有草原资源资产、国有水资源资产、国有海洋资源资产等。

资源性资产资产化管理 使资源性资产的事业型运作机制,转变为经营型运作机制,使其与社会主义市场经济体制相适应,并构建相应的管理模式,做到产权清晰、权能结构合理,使资源业成为独立产业,建立开发权与使用权的出让和转让市场,使国家所有权在经济上得到实现,资源性资产开发有序、使用节约、合理、高效和配置优化。具体主要包括以下几个环节:(1)进行产权界定与登记,建立实物量账户;(2)对实物量进行价化,建立价值量账户和管理;(3)将开发权推向市场,进行资产开发权的交易管理;(4)对资产开发效益与配置进行分析、监督,向有关方面提出指导意见;(5)进行整体开发与管理的效益分析和监督,并向各级政府提出对策与调控建议。 (马跃进 裴建军)

资源性国有资产管理(the administration of national assets in relation to resource)

国家资产管理部门和委托管理机构对资源性国有资产的开发和利用进行的组织、协调和监督等活动。资源性国有资产管理有利于维护社会主义全体人民的共同利益。资源性国有资产作为整个国有资产的重要组成部分,强化其管理对于巩固和发展社会主义公有制有着极其重要的意义。有利于社会资源的合理配置和有效利用;有利于促进社会主义市场经济的发展;有利于保护整个社会的生态平衡与生存环境。

资源性国有资产管理的原则 其基本原则有:(1)重要资源属国家所有的原则。在国有资源经营过程中,必须按法律规定,保证国有资源的产权不受侵犯;国家及其委托机构,作为国有资源所有者代表,对国有资源的开发利用和经营活动行使监督职能,资源的经营者(包括委托给地方政府或主管部门)都必须接受监督;国家作为资源的所有者,对资源的开发、利用进行统一调配和筹划,使国有资源的利用与社会、生产、科技、生活等各方面协调发展;保证国有资产产权收益的垄断性,即保证资源性国有资产的地租收益。(2)统一规划、有步骤开发的原则。为了实现国家对资源性国有资产的统一管理,合理开发和充分利用的目标,确保国有资源不遭破坏,必须坚持统一规划、有步骤开发的原则,力求达到国有资源运作有序,整体优化。(3)综合利用、多目标开发的原则。这是由自然资源本身所具有的整体性决定的,也是社会主义市场经济和社会化大生产条件下开发利用自然资源的必然要求。就矿产资源来说,任何一种矿产,都或多或少地伴生有其他矿床,并共生有益和有害的组成部分。单一矿产和单一组成部分的矿产实际上很少，甚至没有。伴生矿和共生矿的有益组成部分，有的具有重要的经济价值，甚至超过主矿部分。（4）开源节流、提高效益的原则。是由自然资源的有限性所决定的。开源，并不是掠夺性地乱开发，而是指根据资源的存量、经济发展的需要及物力、财力的可能等因素，有计划、有步骤地进行开发，并通过勘探寻找新的资源或开发潜在的资源等措施，扩大国有资源的来源。节流，并不是禁止对国有资源的开发，而是要求对其合理利用和有效保护，不致遭受侵犯和破坏，甚至很快枯竭，要保证国有资源的开发和利用能够源远流长，造福于子孙后代。只有坚持开源与节流并举原则，才能正确处理资源的开发与耗费之间的关系，做到既保护资源，又节约资源。同时，经济效益、生态效益和社会效益相统一，依法进行国有资源的开发和经营。（5）保护生态平衡与保护环境的原则。自然界是一个多种因素构成的有机整体，各种因素相互影响、相互制约。当人们对自然界索取的物质越来越多时，必然会使自然界长期形成的平衡关系被打破，而以某种新的平衡关系所代替。如果人们对自然资源的利用和改造符合自然规律，就会使自然资源不断得到更新和正常循环，而且按照人们需要的方向发展，生产力越来越高，环境质量越来越好。否则，不符合科学原则，不遵循自然规律，就会导致自然资源的退化、枯竭，从而破坏生态平衡与人类赖以生存的自然环境。

资源性国有资产管理的内容　为了使资源性国有资产管理适应社会主义市场经济发展的要求，保证国家所有权的完整性与统一性，提高资源性国有资产开发利用的效益，必须按照国家所有者职能和宏观经济管理职能分开、资产所有权与经营权分离的原则，以资产化管理为方向建立和完善资源性国有资产管理体制。根据资源性国有资产的现状和类别，其管理内容主要包括国有土地的管理、森林资源的管理、矿产资源的管理、水资源的管理、海洋资源的管理、草原资源的管理、动植物资源的管理等。　　　　（马跃进　裴建军）

ziyuan zonghe liyong rending

资源综合利用认定（determination of comprehensive utilization of resources）　对享受资源综合利用优惠政策的企业（分厂、车间）或者资源综合利用产品、项目的认定。适用于申请享受资源综合利用税收优惠政策的单位。

申报资源综合利用认定的单位，必须具备以下条件：（1）实行独立核算，资源综合利用产品、项目能独立计算盈亏；（2）资源综合利用产品符合国家产业政策、符合有关标准；（3）不破坏资源，不造成二次污染。认定内容包括：（1）审定资源综合利用产品（项目）是否在《资源综合利用目录》范围之内；（2）审定是否符合国家有关资源综合利用税收优惠政策文件所规定的享受优惠政策的条件；（3）认定适用享受资源综合利用优惠政策的种类和范围。

凡申请享受资源综合利用优惠政策的单位，应向所在地地（市）级人民政府的经贸委（经委、计经委，以下简称地级经贸委）提出书面申请并抄报主管税务机关。经地级经贸委初审后，报省、自治区、直辖市经贸委（经委、计经委，以下简称省级经贸委），同时抄报省级税务主管机关。

各省、自治区、直辖市成立资源综合利用认定委员会，认定委员会由省级经贸委牵头，同级税务局、财政厅（局）及有关行业管理部门参加。经省级经贸委授权，可由地级经贸委牵头，会同同级税务主管部门和有关行业管理部门负责本辖区的资源综合利用认定工作。由地级经贸牵头组织认定的，要将认定情况报省级经贸委及税务主管部门备案，并接受省级认定委员会的检查。认定委员会对申报书及初审意见进行认定。根据认定委员会通过的认定结论，省级经贸委或经省级经贸委授权由地级经贸委签发认定意见，对认定合格的资源综合利用单位（产品、项目）发给认定证书；对未通过认定的企业（产品、项目）印发不合格通知，并说明理由。

获得认定证书的单位向税务主管机关提出减免税申请报告，税务主管机关根据认定证书及有关材料，办理有关减免税事项。

企业对认定委员会的认定结论有异议的，可向原作出认定结论的认定委员会提出重新审议，认定委员会应予受理。企业对重新审议结论仍有异议的，可在6个月内直接向上一级经贸委、税务主管部门提出申诉；上一级经贸委、税务主管部门根据调查核实情况，有权改变下一级经贸委和税务主管部门的认定结论。进行资源综合利用认定的单位不得享受资源综合利用优惠政策。税务机关对未获认定证书的单位不予办理有关减免税手续。

对弄虚作假，骗取资源综合利用优惠政策的企业，一经发现，取消享受优惠政策的资格，省级或地级经贸委收回认定证书，3年内不得再申报认定，主管税务机关要依照《中华人民共和国税收征收管理法》及有关规定给予处罚。对伪造证书者，依有关法律法规追究责任。
　　　　　　　　　　　　　　　　（王　丽）

ziyuan zonghe liyong zhidu

资源综合利用制度（system of comprehensive utilization of resources）　法律关于开展资源综合利用的原则、措施、办法和程序等规定的一整套准则。资源综合利用是指根据资源的特性、功能及赋存形式和分布条件,采取各种科学的手段和方法,对其进行综合开发、合理和充分利用,变一用为多用、小用为大用、无用为有用、有害为有利,实现物尽其用。其内容主要包括:在开发各种自然资源过程中的综合利用,在生产过程中对原材料和能源的综合利用,以及生产、流通和消费过程中的废旧物资的回收利用。根据我国现行法律法规的规定,资源综合利用制度包括以下主要内容:国家鼓励企业积极开展资源综合利用,对资源综合利用的生产和建设在税收、价格、投资、财政、信贷等方面实行优惠政策。企业必须执行治理污染和综合利用相结合的方针,开展资源综合利用应严格按照国家标准、行业标准或地方标准组织生产;对没有上述标准的产品,必须制定企业标准。 （桑东莉）

zigongsi

子公司(subsidiary) 其一定比例以上的股份为另一公司所控制的公司。尽管母子公司是一种控制与被控制关系,但在法律地位上子公司和母公司一样都具有独立的法人资格,都能以自己的名义开展生产经营活动,对外发生各种权利义务关系,并能各自独立地承担民事责任。依子公司与母公司之间的投资关系,子公司可分为全资子公司和非全资子公司两种。前者指子公司的全部资产由母公司投入,母公司独家投资设立的子公司;后者指子公司的资产是由母公司与其他投资主体共同投入的,只是母公司控制的比例达到了控股的地位。根据国家工商管理局《关于实施〈中华人民共和国公司登记管理条例〉的意见》第14条的规定,只有国家授权投资的公司可投资设立全资子公司(即国家独资的子公司),其他公司只能设立有限责任公司或股份有限公司形式的控股子公司。参见母公司。 （方文霖）

ziran baohuqu fa

自然保护区法(nature reserve law) 调整人们在规划、建设、管理、保护自然保护区的过程中所发生的各种社会关系的法律规范的总称。一般包括自然保护区的类型划分,划定和建立自然保护区的权限,自然保护区的保护和管理,自然保护区内进行有关活动的规范等内容。《环境保护法》、《森林法》、《野生动物保护法》、《野生药材资源保护管理条例》等法律、法规中都规定了有关自然保护区的内容。1985年7月,由林业部制定,经国务院批准公布的《森林和野生动物类型自然保护区管理办法》是我国第一部有关自然保护区的专项法规,1994年又颁布了《自然保护区条例》。

有关自然保护区的具体法律制度有:(1)自然保护区建设制度。国家采取有利于发展自然保护区的经济、技术政策和措施,将自然保护区的发展规划纳入国民经济和社会发展计划。国务院环境保护行政主管部门应当会同国务院有关自然保护区的主管行政部门,在对全国自然环境和自然资源状况进行调查和评价的基础上,拟订国家级自然保护区的发展规划,经国务院发展计划部门综合平衡后,报国务院批准实施。应当建立自然保护区的条件有:典型的自然地理区域、有代表性的自然生态系统区域以及已经遭受破坏但经保护能够恢复的同类自然生态系统区域;珍稀、濒危野生动植物物种的天然集中分布区域;具有特殊保护价值的海域、海岸、岛屿、湿地、内陆水域、森林、草原和荒漠;具有重大科学文化价值的地质构造、著名溶洞、化石分布、冰川、火山、温泉等自然遗迹;经国务院或者省级人民政府批准,需要予以特殊保护的其他自然区域。自然保护区分为:核心区、缓冲区和试验区。(2)自然保护区管理制度。国家自然保护区,由国务院林业主管部门或者所在省、自治区、直辖市林业主管部门管理;地方自然保护区,由县级以上林业主管部门管理。国家和地方自然保护区,可以设专门管理机构,自然保护区管理机构为事业单位。为了防止人类活动对自然资源、自然环境造成破坏,自然保护区法对此作出了禁止或限制性的规定,主要有:在保护区内禁止进行砍伐、放牧、狩猎、捕捞、采药、开垦、烧荒、开矿、采石、挖砂等活动;禁止任何人进入自然保护区核心区;禁止在自然保护区的缓冲区开展旅游和生产经营活动;禁止开设与自然保护区保护方向不一致的参观、旅游项目。但法律、法规另有规定的除外。在自然保护区内的单位、居民和经批准进入的人,必须遵守自然保护区的各项管理制度,接受自然保护区管理机构的管理;外国人进入地方级或国家级自然保护区的,接待单位应当事先报经省级人民政府审核,经国务院有关主管部门批准;在核心区和缓冲区不得建设任何生产设施;在实验区不得建设污染环境、破坏资源或景观的生产设施,建设其他项目,其污染物排放不得超过国家和地方规定的污染物排放标准。已经建成的超标设施,应当限期治理,造成损害的,必须采取补救措施。 （桑东莉）

ziran longduan

自然垄断(natural monopoly) 一个企业能够以低于两个或者更多的企业的成本向整个市场供给一种物品或者劳务而产生的垄断。萨缪尔森认为,"自然垄断就是最有效率的组织生产的方式是通过单一厂商的行业"。进入该行业的企业越多或者是越有竞争,可能导致传送网络和其他设施(如电缆、输油管和铁轨等)的高成本的重复投资,该行业的效率就越低。例如一个地区设置一个供电系统、一个天然气管道供应系统,运营商自然形成对供电供气的垄断。如果在这些行业允许竞争,新的竞争者必然要对原有企业的设施进行重复投资,而这种投资一旦进入市场,便无法退出,由此必然引起价格战,导致整个行业企业都不能取得正常利润甚至亏损,最终会导致社会公众无法得到较好或更好的产品服务。因此,把电力、天然气等的生产经营全部交给一家企业,按社会需要组织生产,才有利于把平均成本降到最低,更可能做到社会整体效益最大化。

从反垄断法的角度分析,自然垄断行业有如下几个法律特征:(1)独占性,即一般是独家经营的效率更高;(2)公益性,即一般为社会公众提供基本服务,涉及到社会公共利益,所以自然垄断行业的社会效益必须得到重视;(3)不可选择性,即由于经营者的独占性,消费者对其提供的服务没有选择余地,处于被动的不利地位,因而对消费者的保护问题在这些行业极为突出;(4)国有国营的情况居多,即自然垄断大都属于基础设施和公用事业,往往投资规模大,收回投资时间长,在私人力量有限的情况下,大都由政府投资经营;(5)地域性,自然垄断必定发生在一定的地域范围内,要么在一个国家的范围内经营,要么在一国的某个区域内独家经营。当两个地域内的垄断产品一旦超越地界,彼此可以进入对方领域,竞争就将代替垄断,原来意义上的垄断即不存在。如欧盟竞争法规定欧盟各国应向欧盟内其他国家开放一定比例的电力市场,由此欧盟的电力行业即展开了竞争,各国电力行业垄断即不复存在。

习惯上被称为公用事业的产业,如电信、电力、煤气和供水服务等,通常具有自然垄断的特征。这些行业多数是公众所需的基本服务,必须保证该服务的稳定性、质量的可靠性及可依赖性。在许多国家,自然垄断不一定是自由竞争的结果,而是政府基于社会的效益考虑,赋予企业以垄断经营的形式,并要求其提供覆盖全国的基础服务,这种垄断经营再加上产业技术方面的特征而最终演化为自然垄断。

由于自然垄断具有经济合理性,反垄断法中一般是对自然垄断行业实行反垄断适用除外制度。具体适用除外的自然垄断行业包括:铁路、电力、供气、供水等。比如,日本的《禁止私人垄断及确保公平交易法》第21条规定:"该法的规定不适于经营铁道事业、电气事业、瓦斯事业和其他在性质上当然成为垄断的事业者所进行的生产销售或有关供给的行为等该事业上固有的行为。"但反垄断法对自然垄断行业的适用除外是相对的,反垄断法只对自然垄断企业的市场结构地位实施适用除外,并不对其实施滥用市场优势地位而实施的限制竞争行业实行豁免。如果自然垄断行业过分追求自身的经济利益,利用独家经营权而实施不公平竞争行为,如强迫交易、歧视行为、掠夺性定价行为、限制他人进入自己管网等限制竞争行为,仍应受到反垄断法律的规制。如联邦德国《反对限制竞争法》第103条规定:供应电力、煤气和水的公用工程企业,如果滥用反对限制竞争法的适用除外规定,卡特尔局可以要成员企业停止已经发生的滥用,或要求成员修改合同或决议,或宣告合同或决议无效。我国《反不正当竞争法》第6条、第23条也对某些限制竞争行为作了禁止性规定。

自然垄断企业的业务可以分割为垄断部分与非垄断部分,各国反垄断法只对垄断部门实施反垄断例外,对非垄断部门仍严格执行反垄断法规范。如英国1988年通过的《煤气法》就规定,任何煤气经营者均可以向煤气供应(管制)总监申请获得公共煤气管道的使用权力,从而打破了英国煤气公司在煤气供应上一统天下的格局。

(张景丽)

ziran ziyuan

自然资源(natural resources) 人类在一定的社会经济技术条件下可以开发利用或被预见可以提供人类提高未来的生存质量的,能够产生生态价值或经济效益的自然物质和自然能量的总和。包括土壤、水、草地、森林、野生动植物、矿物、阳光、空气等。自然资源按地理分类可以分为矿产资源、气候资源、土地资源、生物资源和海洋资源。根据是否再生又可以分为耗竭性资源、可更新资源和恒定资源三类。耗竭性资源是指在人类发展的时间范畴内,资源质量保持不变,资源蕴藏量不再增加的资源。例如煤和石油。可更新的资源是指能通过自然力以某一增长率增加蕴藏量的自然资源。例如,土地、森林。恒定性资源也称无限资源,是自然界存在的用之不竭的自然资源,这类资源存在往往与地球天体有关,如太阳能、风能和潮汐能。

(包剑虹)

ziran ziyuan diaocha he dang'an zhidu

自然资源调查和档案制度(natural resource researching and filing system) 自然资源调查是指由法定机构对一个国家和地区的自然资源的分布、数量、质量和开发利用条件等进行全面的野外考察、室内资料分析与必要的座谈访问等项工作的总称。自然资源档案是对自然资源调查所获资料、成果按一定方式进行汇集、整理、立卷归档并集中保管的各种文件材料的总称。

自然资源调查不仅是从事自然资源研究、进行自然资源评价、制定自然资源法规和规划、建立自然资源档案、保护管理和合理开发利用自然资源的基础,而且对一个国家发展战略的确定和经济社会发展规划的制定也有着重要意义。现代各国都十分重视自然资源调查,并建立了一套自然资源调查制度,我国的一些自然资源法律、法规也规定了自然资源调查制度。如《森林法》中规定有森林资源清查制度,《草原法》规定有草原资源普查制度,《矿产资源法》规定有矿产资源普查和区域地质调查制度,《土地管理法》规定有土地调查制度,《水法》规定有水资源的综合科学考察和调查评价制度,《野生动物保护法》规定有野生动物资源调查制度,《野生植物保护条例》规定有野生植物资源调查制度等。根据资源调查对象的不同,可将资源调查分为综合调查和单项调查;根据调查任务的不同,可分为自然资源数量调查、质量调查、开发利用条件调查等;根据调查的详略程度不同,可分为自然资源概查和自然资源详查;根据调查方法的不同,可分为自然资源实地调查和自然资源遥感调查等。自然资源调查必须依法按照规定的程序和方法进行,调查的成果按规定报送和建立档案;属于机密的数据、资料必须按照保密规定管理,未经批准不得擅自向外公布。建立自然资源档案的目的是为了掌握自然资源的现状和变化,评定自然资源开发利用和保护管理效果,为编制自然资源规划,确定开发利用目标和保护管理措施,提供可靠的依据。我国的自然资源立法明确规定了自然资源的档案制度。如《森林法》规定了森林资源档案制度、《野生动物保护法》规定了野生动物资源档案制度、《野生植物保护条例》规定了野生植物资源档案制度等,但我国目前还没有统一的自然资源档案立法。

(申进忠)

ziran ziyuanfa

自然资源法(natural resource law) 调整人们在自然资源的开发、利用、保护和管理中所形成的各种经济关系的法律规范的总称。自然资源法是一个综合性的概念,它由各种资源法所构成,主要包括了土地资源、水资源、矿产资源、森林资源、草原资源、野生动植物资源等方面的法律、行政法规和地方法规等。

自然资源法的调整对象 自然资源法所调整的社会关系主要有以下几个方面:(1)资源权益关系。人们在开发利用和保护各种资源的活动中,都要涉及自然资源的所有权、使用权、专项权益等;自然资源作为一种特殊财产,其财产权益关系主要是由自然资源法特别规定的。(2)资源管理关系。人们在开发、利用、保护各种自然资源的社会经济活动中,形成了复杂的资源管理关系,其中可以主要分为两种:一种是专项资源管理关系,例如土地管理;再一种是资源行业管理,例如矿业管理、渔业管理等。专项资源管理和资源行业管理都是自然资源法的调整对象。(3)其他经济关系。人们在利用和保护自然资源的活动中,还涉及到财政、税收、金融、劳动等关系,其中有一定的内容是由自然资源法所特别规定的,例如水费、水资源费的财政关系。

自然资源法的原则 主要有:(1)重要自然资源属于社会主义全民所有的原则。我国《宪法》明确规定:"矿藏、水流、森林、山岭、草原、荒地、滩涂等自然资源,都属于国家所有,即全民所有;由法律规定属于集体所有的森林和山岭、草原、荒地、滩涂除外。国家保障自然资源的合理利用,保护珍贵的动物和植物。禁止任何组织或者个人用任何手段侵占或者破坏自然资源。"(2)正确处理国家、集体和个人三者关系的原则。在资源的保护、开发、利用活动中,既要充分发挥国家、集体、个人三者对资源保护、开发与利用的积极性、主动性和创造性,又要切实保障国家、集体、个人三者在这一活动中的合法权益。(3)综合利用和多目标开发的原则。自然资源的整体性决定了研究、开发和利用的综合性,因为任何一个因素、一种资源的变化,都会影响到整体的变化。我国许多地区适宜发展多种生物资源,许多矿床共生、伴生多种有益成分,因此,必须坚持多目标开发,才能实现综合利用各种自然资源。(4)统一规划和因地因时制宜的原则。各种自然资源的分布,大都要受地域性的制约,必须因地因时不同,采取不同的对策,在开发利用和经营管理时都必须适合它们的特点。区域性的特点还表现在,对自然资源开发、利用,不能完全受行政区域的限制,如有的湖泊可跨越几个地县或省市,有的河流可穿越几个国家。必须打破条条块块的界限,建立起有利于统一规划,综合开发,合理利用的自然资源管理体制。(5)经济效益、生态效益和社会效益相统一的原则。必须提倡在任何经济建设中既考虑经济效益,又考虑生态效益,从生态平衡的角度去衡量开发利用自然资源的经济效果,自然资源开发利用最终方式的选择,要在预测生态变化的可能趋势的条件下,根据国民经济全局的需要,在综合平衡的基础上保障自然资源的可持续利用。(6)"开源节流"的原则。自然资源的有限性,决定了必须正确处理开发利用和保护的关系。要正确处理资源消耗与再生能力之间的关系,保持自然生态系统和人工生态系统的良性循环。

自然资源法律体系 作为一国有关自然资源法律组成的有机统一整体,我国自然资源法律体系由以下几个方面构成:(1)综合自然资源法。自然资源赋存的自然性和开发利用的社会性决定了调整自然资源开发利用与环境保护的法律规范可以组成为法律体系的同时,还必须有一个兼顾各种资源开发利用共性的法律规范。(2)国土开发整治法。是规范国土整治规划、规范资源整体利用、综合利用的方式及其原则的法律。由于国土开发整治法往往是从经济、生态、资源、环境等角度对一国以土地为主的自然资源整体的开发利用、保护和管理进行制度安排,所以,强调国土开发整治法的作用。(3)资源产业法。一种自然资源的利用主要与国民经济中的某一产业经济活动相联系,该资源的法律内容是资源管理和产业管理相结合,即称为资源产业法。(4)专项资源法。一种自然资源的利用与国民经济中的许多经济活动相联系,该资源的立法不含有产业管理的内容,主要是针对资源的合理利用和保护,即称为专项资源法。土地法、水法即属于专项资源法。(5)资源保护法。主要从资源保护方面进行的立法,为资源保护法,如自然保护区法、野生动植物保护法等。(6)资源政策法。为了资源产业的发展和资源的开发、利用、保护、营造等方面而制定的社会政策和经济政策,以法律的形式出现时,即形成资源政策法。资源政策法是针对一定时期,某一经济阶段或资源利用某一方面而进行的立法,是资源产业法和专项资源法的补充性立法,在一般情况下是特别适用的。因此,资源政策法是自然资源法律体系中的"特别法"。(7)国际自然资源法。我国与其他国家签订、缔结的有关自然资源利用和保护的国际条约,我国参加的有关自然资源利用和保护的国际公约,是我国自然资源法律体系中的国际法部分。　　　(桑东莉)

ziran ziyuan guihua
自然资源规划(natural resource planning)　根据一个国家或地区自然资源本身的特点以及国民经济发展的要求,在一定规划期内对管辖区域内各类自然资源的开发、利用、保护、恢复和管理所作的总体安排。其目的是为了从宏观上解决自然资源开发利用与生态保护、当前利用与长期持续发展的矛盾以及资源分配问题,以保证用最佳的结构和形式开发利用资源,促进经济社会的可持续发展。经批准的自然资源规划是进行资源开发利用的基本依据,是保障资源可持续利用的重要措施。不同种类的自然资源规划,其内容各不相同,但通常都要包括规划的现实基础,规划所要达到的总目标和分期、分类目标及其分项指标、为实现目标而要采取的主要政策和措施等。有些自然资源规划又分为不同种类的规划,如水规划分为综合规划和专业规划等。规划的制定通常是先由各资源主管部门根据资源现状,会同其他有关部门起草资源规划草案,经广泛讨论,征求有关部门、单位、专家意见,并由同级计划主管部门综合平衡后,报同级人民政府批准实施。有些自然资源规划需要报本级人大通过实施,还有的自然资源规划需要报上级人民政府批准实施。自然资源规划一经法定程序批准,即具有法律效力,有关部门、单位必须贯彻实施。如果因情况的变化需要修改规划,必须经过原批准规划机构的批准。对违反自然资源规划开发利用自然资源的,应当依法纠正和处罚。
　　　　　　　　　　　　　(申进忠)

ziran ziyuan quanshu
自然资源权属(natural resource right)　法律关于自然资源归谁所有,使用以及由此产生的法律后果由谁承担的一系列规定构成的规范体系。它是自然资源保护管理中最具影响力、不可缺少的基本法律制度。我国宪法对自然资源权属问题的原则规定是清楚的,自然资源的所有权归属主要包括两个方面:一是国家所有,即全民所有;二是集体所有。对此需要把握的原则为:法律明确规定为国家所有的归国家所有,法律明确规定为集体所有的归集体所有,法律未予以明确规定的一切资源包括宪法中未列明的其他自然资源即"等自然资源",均应归国家所有。

自然资源所有权　自然资源所有权是所有人依法独占自然资源,并表现为占有、使用、收益、处分等四项权能。按照自然资源权属的主体可将自然资源所有权分为国家所有权、集体所有权和个人所有权。而按照自然资源的种类分,可分为土地资源所有权、森林资源所有权、水资源所有权、草原资源所有权、矿产资源所有权、野生动植物资源所有权等等。如果一种资源可以分为不同的部分时,各部分可以分别有其所有权。例如,湖泊中的水资源属于国家所有,但集体或个人在水中养殖的水产品则可以为集体或个人所有,而且各个部分的所有权也可以分别为不同的主体享有。例如,森林资源可分为林地和林木,林地属于国家所有时,林地上的林木则可属于集体或者个人所有。自然资源所有权的取得,是自然资源权属主体根据一定的法律事实获得资源的所有权,从而可以对该自然资源行使占有、使用、收益和处分的权利。在我国,自然资源权属的主体不同,其权属取得的方式也不同。国家所有权主要通过法定取得、强制取得以及天然孳息和自然添附取得。集体所有权主要通过法定取得、天然孳息以及开发利用取得。我国不存在完整意义上的自然资源个人所有权,只存在某自然资源个别部分的个人所有权。如个人承包集体的荒山、荒地植树造林,而取得的该森林林木的所有权等等。

自然资源使用权　自然资源使用权是单位和个人依法对国家所有的或者集体所有的自然资源进行实际使用并取得相应的权利。自然资源使用权的类别划分,按照自然资源的种类可分为土地资源使用权、草地资源使用权等;按照自然资源归属可分为国有自然资源使用权和集体所有自然资源使用权;按照使用人是否向所有人支付使用费,可分为有偿使用权和无偿使用权。按照使用权是否预定了期限,可分为有期限使用权和无期限使用权,等等。自然资源使用权的取得按照我国法律规定,通常可采取四种方式:(1)确认取得,即自然资源的现实使用人依法向法律规定的国家机关事情登记,由其登记造册并核发使用权证的情况;

(2) 授予取得,即单位和个人向法定的国家机关提出申请,国家机关依法将被申请的自然资源的使用权授予申请人的情况;(3) 转让取得,即单位或个人通过自然资源使用权的买卖、出租、承包等方式取得自然资源所有权的情况;(4) 开发利用取得,即单位和个人依法通过开发利用活动取得相应自然资源的使用权。

(申进忠 王 丽)

ziran ziyuan xuke zhidu

自然资源许可制度(natural resource licensing system) 在从事开发利用自然资源的活动之前,向有关管理机关提出申请,经审查批准,发给许可证后,方可进行活动的一整套管理制度。它是自然资源行政许可的法律化,是自然资源保护管理机关进行自然资源保护监督管理的重要手段。自然资源许可证,从其性质看,可分为三大类:(1) 资源开发许可证,如林木采伐许可证、采矿许可证、捕捞许可证等;(2) 资源利用许可证,如土地许可证、草原许可证、养殖许可证等;(3) 资源进出口许可证,如野生动植物进出口许可证等。我国在自然资源保护管理中普遍采用了许可证制度。自然资源许可证与其他方面的许可证一样,都有一套申请、审核、决定、中止、吊销程序和手续。自然资源许可制度是行政机关依法对自然资源的开发和利用实行事前监督管理的一种重要手段,与自然资源的长期合理保存与发展息息相关。自然资源许可在自然资源管理中起了重要作用,但问题是自然资源许可使用混乱。究其原因是自然资源许可设定权不明确,自然资源许可的事项不规范,环节多手续烦琐,过程不透明。自然资源许可制度适用《行政许可法》。

(申进忠)

ziran ziyuan youchang shiyong zhidu

自然资源有偿使用制度(natural resource nongratuitous using system) 国家采取强制手段使开发利用自然资源的单位或个人支付一定费用的一整套管理措施。它是在地球人口日益膨胀、自然资源日益紧缺的情况下建立和发展起来的一种管理制度,它改变了传统上认为自然资源是没有价值的观念,从法律上对自然资源价值加以确认,对于促进自然资源的合理开发和节约利用,保障自然资源的可持续利用,促进经济社会的可持续发展具有积极意义。我国的自然资源立法部分建立了自然资源的有偿使用制度,尚需要进一步完善。自然资源有偿使用的主要体现形式是征收自然资源税和自然资源费。

我国资源税的征收范围较窄,1993 年发布的《资源税暂行条例》将征税范围限定在开采原油、天然气、煤炭、其他非金属原矿、黑色金属矿原矿、有色金属矿原矿以及生产固体盐和液体盐的单位和个人。资源税采取从量定额征收的办法征收。

我国的自然资源立法中并没有资源费的提法,它仅是学理上对各种自然资源开发、利用和保护管理收费的一种统称。不同的资源种类,其收费也各不相同。大体可分为四类:(1) 开发使用费。是单位或个人直接开发、占用、利用、使用自然资源时所缴纳的费用。例如土地使用费、水资源费、矿区使用费等;(2) 补偿费。是为弥补、恢复、更新自然资源的减少、流失或破坏而向开发利用自然资源者收取的费用,如育林费、森林生态效益补偿基金费、耕地开垦费、水土流失防治费等;(3) 保护管理费。是为解决培育、维护、管理资源的费用支出而向开发利用自然资源者征收的一定费用。如河道采砂取土管理费、野生动物资源保护管理费、自然保护区管理费等;(4) 惩罚性收费。是行政管理机关在自然资源开发利用者不按规定要求开发利用自然资源时而让其缴纳的带有制裁性质的费用,如耕地闲置费等。

(申进忠)

ziyou duihuan huobi

自由兑换货币(free convertible currencies) 根据《国际货币基金组织协定》的定义,自由兑换货币是可以不加限制地用来支付国际性经常项目(贸易和非贸易),不采取差别性的多种汇率措施,以及在另一会员国的要求下,可以随时换回对方在经常项目往来中所积存的本国货币,则该成员国的货币就是自由兑换的货币。目前,世界上的自由兑换货币有美元、英镑、德国马克、法国法郎、瑞士法郎、日元、欧元、港币、加拿大元、澳大利亚元、新西兰元、新加坡元等 50 来种;这些货币不需要货币发行国外汇管理机构的批准,即可兑换成他国货币,在国际往来中广泛使用和流通,是国际结算和支付最方便的工具。

(罗大帅)

ziyou maoyi qu

自由贸易区(free trade zone) 由两个或两个以上的关税领土所组成的产品的贸易以实质上取消关税或其他贸易限制(必要时可以例外)的集团。自由贸易区各参加国仍保持自己的关税税境,但对区内成员国的产品实行免税或减税,其待遇优于最惠国待遇。传统上在边境运输和有限的区域安排上最惠国待遇义务有例外,GATT1994 和 WTO 规则允许最惠国待遇对自由贸易区例外,即 GATT 和 WTO 规则并不限制自由贸易区的建立,相反它们允许该类安排,只要不损害自由贸易区区外的利益。GATT 规定,GATT 的各项规定不得阻止各成员在其领土之间建立自由贸易区,或为建立的需要自由贸易区采取某种临时协定,只要该自由贸易区的每一组成领土维持的对未参加的各成员的贸易所实施的关税或其他贸易规章,大体上不得高于或严于同一组成领土在未建立自由贸易区时所实施的相当关税和贸易规章。《1994年关税与贸易总协定关于解释第24条的谅解》指出,此类协议的成员之间经济的进一步一体化可以扩大世界贸易的贡献,而如果组成领土税收和其他限制性商业规定的取消扩展所有贸易,这样的贡献将会更大,但如果为扩展到主要部门的贸易,该类贡献就会减少。建立关税同盟协定的目的是促进组成领土之间的贸易,并不得增加其他成员与这些领土之间的贸易壁垒,在组成或扩大其区域时,此类协议的成员应在最大可能程度上避免对其他成员的贸易造成不利的影响。　　　　　　　　(王连喜)

ziyuan baoxian
自愿保险（voluntary insurance） 投保人和保险人在自愿、平等、互利的基础上,经协商一致而成立保险合同的保险。自愿保险,主要是投保人有决定是否投保并缔结保险合同的自由和选择保险人的自由,在一定程度上投保人有决定保险合同内容的自由,如保险标的、承保危险范围、保险费、保险金额、保险期间等内容。商业保险除极少数法定第三者责任保险外,原则上为自愿保险。　　　　　　　　(李庭鹏)

ziyuan shiye
自愿失业（unconstrained unemployment） 能够胜任某项工作的人拒绝考虑这种工作而暂时处在闲置状态的失业现象。所谓自愿失业和非自愿失业,是英国著名经济学家凯恩斯20世纪30年代首次提出的失业划分方法。在他看来,只要消灭了非自愿失业,就是实现了"充分就业"。这是凯恩斯理论的核心所在。劳动者失业的原因是本人不满意已有工作机会而继续寻找工作。这里的失业的责任全在劳动者本人,他们或者是要求更体面的工作岗位、要求更好的工作环境,或者是要求更丰厚的工资待遇,或者是出于其他个人考虑而离开原工作岗位或放弃已有的工作机会。这种失业的现象理应由劳动者负责,企业和国家没有义务给他们以失业保险的待遇,他们也没有理由获得这种待遇。

　　自愿失业有以下三种类型:(1)提前退休。劳动者还未到退休年龄,便自动提前退休,赋闲在家。这种情形,从表面看来可以增加就业,实际上却是使一部分经验丰富、有工作能力的人提前退休。是一大浪费。(2)沮丧的劳动者。有些劳动者长时间寻找不到工作岗位,因而十分沮丧,最后放弃了寻求工作的念头,退出劳动市场,这是一种被闲置的劳动力。(3)隐蔽性失业。许多就学于电视大学(开放大学)、函授学校的人口,如家庭妇女均属此类。他们从事家务劳动或上补习班仅仅是"第二选择",而并非"第一选择"。他们的第一选择是就业,却找不到适当的机会。

　　自愿性失业者不同于自愿性不就业者,前者在主观上是愿意工作并有工作机会,只是对已有的工作机会不满意而暂时不工作,处于继续寻找工作的状态。后者则是主观上不愿意工作,而不管有无工作机会都不会出去工作,如自愿留在家里做家务的家庭主妇以及部分干脆不就业的大学生,这一部分人不称为失业者,不计入劳动力人口的范围。　　　　(冯春华)

zongdi
宗地（defined land/land plot） 被权属界址线所封闭的地块。通常,一宗地是一个权利人所拥有或使用的一个地块。一个权利人拥有或使用不相连的几个地块时,则每一个地块应分别划分宗地。当一个地块为两个以上权利人拥有或使用,而在实地又无法划分他们之间的界线时,这种地块称为共用宗。当一个权利人拥有或使用的地块跨越土地登记机关所辖的范围,即一个地块分属两个以上土地登记机关管辖时,应按行政辖区界线分别划分宗地。大型工矿、企业、机关、学校内的独立核算单位(具有法人代表或已具备有申请法人代表资格的),如商店、邮局、派出所等,应独立划分宗地。　　　　　　　　(李平　肖锋)

zongdi biaoding dijia
宗地标定地价（rating price of defined land/land plot） 地方政府根据需要评估的正常地产市场中,具体宗地在一定使用年期内的价格。可以以基准价格为依据,根据土地使用年限、地块大小、土地形状、容积率、微观区位等条件,通过系数修正进行评估得到,也可以按市场交易资料,直接进行评估得到。

　　直接评估宗地地价的方法主要包括:(1)市场比较法。也称买卖实例比较法,或市场资料比较法。该种方法是以已经定价成交(包括租赁)的土地买卖实例,与现时待估土地相比较,从而求得待估土地价格的方法。其理论依据是替代经济学原理。根据经济学替代的原理,相近使用价值的土地,其价格也应相近。建设用地价格受同类土地或其他可替代满足效用的土地的影响,彼此相互竞争,价格趋于一致。基本公式为:被估资产评估价格＝参照资产市场价格×修正系数。市场比较法适用于土地使用权出让、转让、出租、抵押等土地交易案例比较多,土地市场活跃的地方。(2)收益还原法。也称资本化法或地租资本化法,它是运用一定的还原利率将土地未来的纯收益折现为现值,并以之作为待估土地内在价值的一种估价方法。运用该方法评估的价格实质上是一种收益价格(内在价值)或所有权价格。因此土地的收益价格应该等于把土地将来所能产生的净收益按一定的还原利率折算为估价日期的现值总和。基本公式为：收益现值＝未来各年收益现值之和。收益还原法适用于有租金收入或经营收入，并通过确定总费用计算出纯收益的土地。(3) 成本逼近法。以开发土地所耗费的各项费用之和为主要依据，再加上一定的利息、利润、应交纳的税费和土地增值收益来确定土地估价的估价方法。基本公式为：土地价格＝土地取得费＋土地开发费＋利息＋利润＋税费＋土地增值收益。成本逼近法适用于缺乏市场交易案例，无法计算收益的开发区以及独立工矿区的土地。

（李 平 肖 锋）

zonghe bumen falun

综合部门法论（theory of comprehensive department law） 1947年，苏联学者 B. K. 拉伊赫尔在《保险的历史类型》一书中，提出法部门应分为两类：一类是基本部门；另一类是综合部门。但是，这一划分与经济法问题并无关联。后来，有学者将这种理论运用于经济法，认为经济法不是基本部门法，而是综合部门法。阿·托尔斯泰即使持这种观点。B. Φ. 雅可夫列夫不认为经济法是法的综合部门，但是他认为调整经济关系的规范性文件构成综合的立法部门。此外，O. A. 克拉萨夫奇科夫认为，经济法是包括职能上相互联系的各个不同部门法规范的集合体。这也可以视为一种综合说。

阿·托尔斯泰认为，基本部门法和综合部门法的区别在于：基本部门有自己统一的调整对象；基本部门中不能含有其他部门的规范，综合部门则是由几个基本部门的法律规范组成；基本部门有自己专门的调整方法，综合部门则是用一系列基本部门的调整方法，基本部门在法的体系中占有一定地位，综合部门在法的体系中则不占有任何地位，只是在法的分类中才给予相对的地位。"综合部门法说"的上述主张的要害之处在于，不承认经济法在法的体系中有任何地位。该说原来是试图寻找一条解决民法与经济法分歧的途径，但是却扩大和滥用了"部门法"这一概念。这一缺陷早在60年代就已经被发现并被指出。

（吕家毅 赵 玲）

zonghe guihua he zhuanye guihua

综合规划和专业规划（comprehensive plans and special plans） 综合规划是指根据经济社会发展需要和水资源开发利用现状编制的开发、利用、节约和保护水资源和防治水害的总体部署，专业规划则是指在流域内的防洪、治涝、灌溉、航运、供水、水力发电、竹木流放、渔业、水资源保护、水土保持、防沙治沙、节约用水等的规划。水资源规划包括流域规划和区域规划，而流域和区域规划又包括综合规划和专业规划。各项规划之间相互协调和衔接，构成水资源的规划体系。同时法律又规定，专业规划应当服从综合规划。

（包剑虹）

zonghe jingji jiguan

综合经济机关（comprehensive economic organizations） 兼有部门经济机关和职能经济机关的职能和性质的国家经济机关。包括国家发展改革委员会等。它们是主管全国经济、计划的机关，负责国民经济计划、组织和监督，并在职权范围内，向国家各部、委、办、局及企业等发出强制性指示，分别在全国、各地区、各部门和不同行业范围内进行国民经济的管理和组织工作。与此同时，还承担着对企业等的指导、协调职能。

（唐 倩）

zonghe liyong he duomubiao kaifa yuanze

综合利用和多目标开发原则（the principle of the comprehensive usage and multi-object exploitation） 自然资源法的基本原则之一。自然资源的特性在于它的整体性，资源的整体性表现为资源与资源之间、资源与环境之间、资源内部不同成分之间形成的互相联系、互相制约的不同层次的有机整体。自然资源的整体性决定了研究、开发和利用的综合性，即任何一个因素、一种资源的变化都会影响到整体的变化。综合利用和多目标开发的原则就是在利用资源时要求考虑有机整体内部的关系，保证获得最好的社会经济效益，最大限度的持久地提高人类的生活质量。我国许多地区适宜发展多种生物资源，许多矿床共生和伴生多种成分，这必然要求我们坚持多目标开发，合理开发、有效保护和综合利用自然资源。

（包剑虹）

zonghe shouquan

综合授权（comprehensive authorization） 将多项经济权限授予一个经济法主体。政府对经济的调控是有成本的，分门别类设立相应的调控机关必然增大机构开支，尽管也会带来一定的收益，但从政府管理效率分析，这种管理可能不是最优的。为提高政府管理效率，将性质相近的行业管理权限交由一个机关行使，就产生了综合授权。如，我国工商行政管理机关（总局）享有商标核准、企业市场准入、变更、终止的确认权，也享有市场竞争秩序的维护权。

行政运行的诸多功能中组织功能是非常重要的一个方面，经检验行之有效的综合授权一定是建立在合理的行政组织体制的前提下，如果机构臃肿，权力集中、层次繁多、权责不清必然不会产生或维持综合授权。综合授权可以有效地发挥统一指挥功能和内部协调功能及沟通功能。

任何组织都不是一成不变的,都有其适应性,对经济的授权性调整应与经济发展水平、社会的进步相适应性。这种适应性表现为分项授权和综合授权的动态过程。美国建国之初,根据当时的经济发展水平,对经济的调整除了国会外,只有财政部,但现在联邦政府已达100多个机构。我国政府建国以来进行的几次大的机构调整,也反应了机构改革与社会发展的适应性。其中,商务部综合了原内贸部和外贸部的经济管理权限就是综合授权。　　　　　　　　　（刘继峰）

zonghe suode shuizhi
综合所得税制(consolidated income tax) 也称一般所得税制。是对纳税人的不同来源的所得基本上按照同一种征收方式和同一税率在依法宽免和扣除后征收的所得税制度。综合所得税制最早形成于19世纪中叶德国的普鲁士邦。它是由纳税人将一定时期的各类所得汇总申报,采用累进税率计算征收。实行综合所得税制的国家,一般依法设置两种主要所得税税种,一种是个人所得税,一种是公司所得税或法人所得税。综合所得税制的立法依据在于,所得税的课税依据应该是人的总体负担能力,那么应税所得应该是综合纳税人全年各种所得的总额,减除各项法定的宽免额和扣除额后,按统一的累进税率课征。综合所得税制的优点就是最能体现纳税人的实际负担水平,最符合量能课税的原则。但是缺点在于计税依据的确定较为复杂和困难,征税成本高,不便实行源泉扣缴,税收逃避现象严重。综合所得税制为美国、英国、德国、瑞典及荷兰等大多数国家采用,又称为"盎格鲁撒克逊制"。
　　　　　　　　　　　　　　　　　（余启平）

zong kuaijishi
总会计师(chief accountant) 主管单位财务会计工作的行政领导。总会计师协助单位主要行政领导人工作,直接对单位主要行政领导人负责。总会计师是单位会计工作的主要负责人,参与单位的决策活动。凡是设置总会计师的单位,不应当再设置与总会计师职责重叠的行政副职。国有的和国有资产占控股地位或者主导地位的大、中型企业必须设置总会计师,总会计师由本单位主要行政领导人提名,政府主管部门任免。其他单位可以根据业务需要自行决定是否设置总会计师。对于事业单位和业务主管部门,总会计师依照干部管理权限任免。其他单位的总会计师,应当按照有关法律的规定任免。担任总会计师应具有较高的政策理论水平和专业知识、遵纪守法、廉洁奉公,并取得会计师任职资格,主管一个单位或者单位内一个重要方面的财务会计工作时间不少于3年,有较强的组织领导能力。

总会计师负责如下工作:(1)编制和执行预算、财务收支计划、信贷计划,拟订资金筹措和使用方案,开辟财源,有效地使用资金;(2)进行成本费用预测、计划、控制、核算、分析和考核,督促本单位有关部门降低消耗、节约费用、提高经济效益;(3)建立健全经济核算制度,利用财务会计资料进行经济活动分析;(4)负责对本单位财务会计机构的设置和会计人员的配备、会计专业职务的设置和聘任提出方案,组织会计人员的业务培训和考核,支持会计人员依法行使职权;(5)协助单位主要行政领导人决策;(6)参与重大合同和经济协议的研究、审查。总会计师应依法行使下列职权:(1)对违法行为和有可能在经济上造成损失、浪费的行为,有权制止或者纠正;制止或者纠正无效时,提请单位主要行政领导人处理。(2)有权组织本单位各职能部门、直属基层组织的经济核算、财务会计和成本管理方面的工作。(3)主管审批财务收支工作。除一般的财务收支可以由总会计师授权的财会机构负责人或者其他指定人员审批外,重大的财务收支,须经总会计师审批或者由总会计师报单位主要行政领导人批准。(4)签署预算、财务收支计划、成本和费用计划、信贷计划、财务专题报告、会计决算报表。(5)会计人员的任用、晋升、调动、奖惩,应当事先征求总会计师的意见。财会机构负责人或者会计主管人员的人选,应当由总会计师进行业务考核,依照有关规定审批。　（曾章伟）

zong maoyi
总贸易(general trade) "专门贸易"的对称。以国境为标准划分的进出口贸易。凡进入国境的商品一律列为总进口;凡离开国境的商品一律列为总出口。在总出口中又包括本国产品的出口和未经加工的进口商品的出口。总进口额与总出口额的总和就是一国的总贸易额。美国、日本、英国、加拿大、澳大利亚、中国、前苏联、东欧等国采用这种划分标准。　　（王连喜）

zongxiang fei jiage yueshu
纵向非价格约束(vertical nonprice restraint) 生产商对其销售商(包括批发商和零售商)除价格约束之外的其他约束。例如,约束销售商只能向某些企业供货,即限制客户;或者只能向某个地区供货,即限制地域;或者限制销售商只能从自己手中购买商品或者服务,即独家购买。纵向非价格约束也包括销售商对生产商的限制,如限制生产商只能向自己提供商品,即独家销售。在实践中,独家销售或者独家购买已经成为生产商和销售商之间普遍使用的限制竞争方式。

同纵向价格约束一样,纵向非价格约束对经济和竞争的影响也不能一概而论。例如,限制地域可以导致每个销售商在自己的销售地域成为一个小垄断者,从而对消费者会产生不利的影响。然而，另一方面，销售商分散在不同地域进行销售在经济上也有合理性，因为这可以减少重复投资和重复建设，有助于发挥各个销售点的规模效益。纵向非价格约束在经济上的最大好处是可以减少搭便车问题。如果一个地区有多家企业经营同一品牌的商品，任何一家销售商的推销工作就可以同时使其他销售商受惠。要减少这种搭便车问题，生产商就应当在该地区给予个别销售商独家销售的权利。被授予独家销售权的企业因为得到了地域保护，就会努力推销商品，尽量减少运输费用和交易费用，这从而就会降低商品的销售成本和价格。因为独家销售或者独家购买协议不仅有利于降低销售费用或者采购费用，提高产品质量，改善售后服务，而且还可灵活地在企业间分配经营风险，大多数国家的反垄断法对独家销售或者独家购买协议一般采取宽容的态度。

然而，纵向非价格约束有时也能对市场竞争产生直接的限制竞争影响，甚至完全排除竞争。因为在纵向限制的情况下，销售商只能销售那些与其有着供货协议的商品，这就限制或者排除了销售商之间的竞争。纵向限制竞争协议也会妨碍潜在竞争者进入市场。例如，在一个生产商和一个销售商订立独家销售协议的情况下，就会出现封锁市场的情况。然而，这种限制以长远的眼光看也能起到推动进入市场的作用。因为地域保护可以使销售商得到更多的利润，从而激励更多的生产商与销售商订立独家销售协议，这就会推动不同品牌的销售竞争。如果一个独家销售协议涉及的市场过大，或者通过这种销售加强了一个企业的市场支配地位，这种协议得被视为违法。 （王晓晔）

zongxiang hebing

纵向合并（vertical mergers） 又称为垂直合并。处于不同生产经营阶段，相互之间具有买卖关系的企业之间的合并。它往往表现为同一产业中生产商与销售商之间的合并，目的在于控制该行业的生产与销售过程。

很显然，由于参与纵向合并的企业之间并不存在直接的竞争关系，对纵向合并的控制就不能向对横向合并的控制那样主要依靠市场份额的标准，而是要综合考虑企业的综合因素，包括企业的财力、采购或销售渠道、与其他企业的关系、其他企业进入市场的障碍等等。实践中，对于纵向合并，反垄断执法机关的注意力主要是放在合并企业的采购和销售渠道方面。因为通过这样的合并，生产商可以直接了解市场的需求，改善其销售条件，而销售商则可以从生产商获得价格优惠的原材料，从而有利于它在价格竞争中取胜。这样，尽管从理论上来讲，纵向合并并不会加强市场的集中度，但是，纵向合并所带来的生产销售一体化却能够使原来相互独立的生产商和销售商之间的交易不再受市场的制约，而且，合并企业的相互受惠可以为合并后的企业提高经营效率，从而使其比其他企业更具有竞争优势。一旦这种竞争优势给其他企业造成进入障碍时，就会同时提高该企业在本行业生产和销售两个市场的市场地位，从而在两个市场上都阻碍竞争对手的供货渠道和货源。这也就是说，纵向合并所损害的竞争不是参与合并的企业间的竞争，而是损害他们之中的一方或双方与第三方企业开展的竞争。在这种情况下，企业合并就有可能被禁止。不过，在控制企业纵向合并中，合并企业的相互受惠并不是禁止合并的决定性条件。如果参与合并的企业没有在市场上取得了支配地位，即使合并后的企业在购买和销售方面相互可以受惠，合并也不应受到禁止。尤其是在中小企业参与合并的情况下，这种合并还可以被视为能够改善市场的竞争条件。

另外，在纵向合并中，如果合并企业的财力强大，被合并企业虽然规模较小但在另一个市场上已经占据了市场支配地位，那么该合并就会因加强了被合并小企业的市场支配地位而恶化了该市场的竞争，因此实践中这种纵向合并也有可能被禁止。

虽然企业的纵向合并在某些情况下会产生限制竞争的作用，但由于纵向合并一般不会改变企业的市场份额，对市场竞争没有严重的损害，而且还可以开拓采购或销售的渠道，从而降低成本，提高企业经济效益，因此，各国对纵向合并都采取了越来越宽松的态度。例如，《1968年美国司法部合并指南》中明确规定了，如果一个或者一系列纵向合并对市场上的生产商或销售商可能会构成进入市场的障碍，从而使得未参与或者未完全参与合并的企业处于不利的竞争地位，且这种做法不利于提高企业的经济效益，合并就得被视为是严重损害竞争而予以禁止。但是，在1984年修订《合并指南》时，美国司法部企业合并没有采取传统的横向合并、纵向合并、混合合并的三分法，而是采取了横向合并与非横向合并的两分法，以强调只有横向合并才是合并政策关注的核心，对于包括纵向合并在内的非横向合并，《合并指南》采取了非常宽容的态度。1992年的《合并指南》直接就称为《横向合并指南》。这充分说明，美国对纵向合并和混合合并一般都不再干预。而这也是当今世界各国对纵向合并的反垄断控制的发展趋势。 （李 梅）

zongxiang jiage yueshu

纵向价格约束（vertical price restraint） 生产商限制其批发商或者零售商的转售价格，从而也被称为维护转售价格协议。为了维护转售价格，这种协议通常还规定,如果销售商违反约定,生产商可以进行罚款,甚至取消其经销的权利。同价格卡特尔一样,限制转售价格会严重影响市场上的价格竞争。因为对于销售商来说,不同的销售方式或者售后服务,对同一产品的销售会产生不同的销售价格。因此,生产商剥夺销售商对商品的定价权,实际上就是剥夺他们在销售商品中公平竞争的机会。此外,对于消费者来说,限制转售价格会导致他们以相同价格购买质量不同的服务。如果限制价格的目的是维护商品的高价,这对消费者就会产生更加不利的后果。因此,许多国家的反垄断法规定,纵向价格约束是严重的限制竞争行为。

美国早在1911年Dr. Miles一案中,对纵向价格约束就确立了本身违法的原则。1937年美国有些州通过了米勒—泰丁法(Miller-Tyding Act),使这种约束对第三者具有法律效力。1952年美国国会又通过了麦克盖尔法(McGuire Act),使价格约束在所有适用米勒—泰丁法的州都具有法律效力,这就使它们在整个联邦范围都有效。然而,美国在1975年又废除了上述两个法律,对价格约束重新适用本身违法的原则。德国《反对限制竞争法》第14条也规定,卖方就其所供商品、其他商品或者劳务限制买方转售价格或者其他交易条件的,该合同为无效。

应当指出的是,限制最高转售价格有时候可以遏制商品价格飞涨,从而对经济也有好处。因为不管生产商还是销售商,只要它们是一个占市场支配地位的企业,它们在销售中除索取正常生产成本或销售成本外,还会索取一个额外费用,即垄断加价。在生产商和销售商之间没有协调的情况下,因为生产商不考虑加价对批发商的影响,批发商不考虑加价对零售商的影响,其结果就是生产商和批发商对他们进行交易的商品进行两次加价。这将导致最终向消费者出售的价格过高,超过了生产商和销售商在正常情况下可以获得的最大利润。如果生产商限制批发商或者零售商的最高销售价格,就会避免双方尽量提高价格的情况。因此,有些国家的反垄断法对限制转售价格的行为适用合理的原则。如匈牙利1990年颁布的《禁止不正当竞争法》第14条至第17条的规定。　　　　　　(王晓晔)

zongxiang xianzhi jingzheng xieyi

纵向限制竞争协议(vertical competition restraint agreement)　同一产品的不同生产阶段的企业间达成的限制竞争协议。典型的是同一产品的生产商和销售商之间的限制竞争协议,如销售商要求生产商给予地域保护,或者生产商限制其批发商或者零售商的转售价格等。纵向限制竞争协议具有以下特点:(1)这是通过买卖商品的协议表现的,根据这个协议,至少有一方当事人在与第三方订立合同的时候,其合同自由受到了限制。(2)这种限制是关于市场竞争的限制,即限制企业在市场竞争中一个或者几个方面的自主权。(3)协议当事人在法律上和经济上是独立的。纵向限制竞争协议因为不是竞争者之间的协议,它们与横向限制竞争协议相比,对竞争的危害较小,有些甚至可以给社会带来明显的效益。有些纵向限制也能够给社会和消费者带来坏处,例如纵向价格约束。因此,反垄断法必须将推动竞争的纵向限制与严重损害竞争的纵向限制区别开来。在实践中,比较重要的纵向限制是:纵向价格约束;纵向非价格约束;独家销售;知识产权协议。根据各国的反垄断法,纵向价格约束一般适用本身违法的原则,其他的纵向限制一般适用合理的原则。
　　　　　　　　　　　　　　　(王晓晔)

zulin guitai jingying huodong

租赁柜台经营活动(leased counter management activities)　商业(包括服务业)企业或者个体商户(以下简称出租方),将自有或者自用的部分商业柜台及相关的营业场地和设施交由其他商业(包括服务业)企业、生产企业或者个体工商户从事经营活动,并收取一定租金或者报酬的行为。

为加强对租赁柜台经营活动的监督管理,维护社会秩序,保障消费者和出租、承租双方的合方权益。在租赁柜台经营活动中,出租方应当履行下列义务:(1)必须制作租赁柜台标志并监督承租方在承租的柜台或者场地的明显处悬挂或者张贴;(2)监督承租方遵守经营场所内的各项规章制度,对承租方违反法律法规和损害消费者权益的行为要及时报告有关部门。在租赁柜台经营活动中,承租方应当履行下列义务:(1)不得超出核准登记的经营范围;(2)必须在承租柜台或者场地的明显处悬挂或者张贴租赁柜台标志;(3)不得私自转租、转让承租的柜台,不得以出租方的名义从事经营活动;(4)文明经营、礼貌待客,出售商品时,要明码标价,出售商品后,要向消费者提供正式的销售凭证;(5)不得销售假冒伪劣商品和腐烂变质、有损健康的食品、不得销售无厂名、厂址的商品以及从事其他违反国家法律法规和损害消费者权益的活动。承租方的经营行为损害消费者合法权益的,消费者可以向承租方要求赔偿;柜台租赁合同期后,也可以向出租方要求赔偿。本办法中的出租方不含外商投资设立的商业企业,外商投资企业作为承租方的,按设立分支机构进行登记,只限于销售本企业生产的产品或者与其经营范围相一致的服务项目。出租方租赁柜台超过自营数量且符合市场登记条件的,应当按照开办集中交易市场的有关规定,向工商行政管理机关申请办理商品交易市场登记手续。
　　　　　　　　　　　　　　　(苏丽娅)

zulin jingying danbao
租赁经营担保(guarranty for business operation under lease) 租赁经营双方依据法律规定设立的保证租赁经营合同得以履行的措施。根据《租赁条例》规定,实行租赁经营的,必须依法提供担保。其意义在于增强承租方的责任心并相应减少或避免租赁企业的财产风险和国家收益风险。按照《租赁条例》的规定不同形式承租经营分别采取不同的担保方式。个人承租的必须出具与租赁企业资产或一定比例的个人财产(其中应当有一定比例的现金)作为担保。现金必须专款存入银行,并有不少于两名有相应财产可资担保的保证人。合伙承租、全员承租的承租成员必须出具与租赁企业资产成一定比例的个人财产(其中应当有一定比例的现金)作为担保,现金必须专款存入银行。企业承租的必须出具与租赁企业资产成一定比例的留用资金作为担保,并存入银行。存入银行后,除征得出租方同意可作为流动资金参加周转外,不得挪作他用。上述各项担保财产与租赁企业资产的具体比例,由出租方所在地方人民政府根据具体情况确定。

(方文霖)

zulin jingying de xingshi
租赁经营的形式(form of business operations under lease) 《租赁条例》规定的租赁经营形式。承租方可以采取下列形式租赁经营企业:(1)个人承租。是指公民个人承租经营企业。承租者个人是企业的经营者,作为企业的厂长,具有法定代表人资格,对企业全面负责。(2)合伙承租。是指公民2至5人合伙承租经营企业。合伙人共同。经营企业,并推举确定一人作为企业的厂长。具有法定代表人资格,对企业全面负责。(3)全员承租。全员承租是指企业全体职工承租经营本企业。全员承租的,依法确定承租经营者并代表全体职工与出租方订立承租合同,确立租赁经营关系。承租经营者作为企业厂长,具有法定代表人资格,对企业全面负责。这种形式使企业职工与经营者同处于承租方的法律地位,有利于调动全体职工的积极性。(4)企业承租。是指一个企业承租经营另一个企业。企业承租不同于企业兼并。被承租企业的法人资格不因承租行为的发生而消灭。被承租企业仍然实行自主经营、独立核算、自负盈亏。承租方应当保证被承租企业的财务独立,加强企业管理,提高经济效益,并按照合同约定上交租金,获取利润,并使被承租企业的资产增殖。采用这种形式租赁经营的,承租方应具有法人资格和承租能力,并委派承租经营者作为被承租企业的厂长和法定代表人对企业全面负责。此外,还可以采取国家允许的其他租赁经营形式。

(方文霖)

zulin jingying hetong de biangen he jiechu
租赁经营合同的变更和解除(alternation and relieving of contract for business operation under lease) 租赁经营合同依法订立即具有法律效力。租赁期限每届为3—5年。在租赁期间,未经协商同意;任何一方不得擅自变更、解除租赁经营合同。但是按照《租赁条例》规定,有下列情况之一,使租赁经营合同无法履行时。允许变更或者解除合同:(1)由于不可抗力,或者由于一方当事人无过失但无法防止的原因;(2)由于承租方经营管理不善达不到合同规定的年度经营目标;(3)由于一方违约;(4)由于合同规定的其他变更或者解除合同的条件出现。租赁经营合同一方要求变更或者解除合同时,应当及时以书面形式通知对方。双方未达成协议以前,原合同仍然有效。合同一方接到另一方要求变更或者解除合同的书面通知后,应当自收到书面通知之日起15日内作出书面答复,逾期未作出答复的,视为默认。

(方文霖)

zulin jingying hetong de tiaokuan
租赁经营合同的条款(clause of contract for business operation under lease) 租赁经营合同的主要内容。应当采用书面形式并应载明下列条款:(1)标的;(2)租赁经营合同的生效条件和有效期限;(3)租赁期内经营目标及年度经营目标;(4)租金数额、交付期限及计算办法;(5)承租方的收益分配及企业各项基金的分配比例;(6)企业租赁前债务及遗留亏损的处理;(7)租赁双方的权利和义务;(8)担保形式和要求;(9)合同变更、解除及合同纠纷处理办法;(10)违约责任;(11)租赁期满后资产返还和验收;(12)租赁双方约定的其他条款。

(方文霖)

zulin jingying zerenzhi
租赁经营责任制(responsibility system in business operations under lease) 在不改变企业所有制性质的条件下,由出租方将企业有限期地租给承租方经营,承租方向出租方交付租金并依照合同对企业实行自主经营的经济责任制。主要适用于全民所有制小型企业。

租赁经营责任制是在我国经济体制改革过程中,为了推动全民所有制小型企业的改革、搞活小型企业而采取的一种经济责任制。1988年,国务院颁布了《全民所有制小型工业企业租赁经营暂行条例》,使租赁经营法律化、制度化,租赁经营责任制成为推动全民所有制小型企业改革的重要措施。

在租赁经营责任制中,由国家授权的企业所在地方人民政府委托的部门为出租方,代表国家行使企业的出租权。承租方包括个人、合伙、企业全体职工、其他企业以及国家允许的其他承租经营主体。承租经营者通过租赁企业获得企业经营自主权。租赁经营的标的是企业的财产，不仅包括固定资产和流动资产，还包括企业的名称专用权、商标专用权、专利权等无形资产。实行企业租赁经营，采用招标投标方法是选择承租人的理想方式。在选择确定承租人后，由出租方与承租方签订企业租赁经营合同，明确双方的权利和义务。承租人应对租赁经营合同提供担保。租赁经营合同的担保形式包括由承租人提供财产作担保，由第三人提供一定财产或信誉来保证，或风险保证金担保。当承租人完不成合同规定的各项指标任务时，应以担保财产、风险保证金进行补偿或由其他担保人履行担保责任。企业实行租赁经营后，承租方应到工商行政管理部门办理变更登记手续。

在租赁经营责任制中，国家的权利是依照合同规定获取企业租金收益，监督承租方依法按合同规定正当行使经营者的职权，对承租方违反义务的行为提出解除合同并追究其责任。国家的义务是不得以任何借口干预和妨碍企业对其财产正当行使占有、使用、收益和处分的权利，不得以任意干涉或阻挠承租人正当行使经营管理企业的权利，保证承租人合法收入的兑现。企业的权利是对企业财产享有占有、使用、收益和部分处分权，决定企业内部机构设置和人员编制的权利，决定用工形式和分配办法的权利等。企业的义务主要是按照合同规定交纳租金，按企业财产的用途合理使用企业财产，必须保证企业财产的完整、安全及不断增长，不得对企业财产进行掠夺式经营。承租人的权利包括获得企业经营管理权，有权充当企业经营者，有权依据其对企业经营管理的状况，按合同规定获取个人收益，但原则上不得超过本企业职工平均工资（含奖金）的五倍。承租人的义务主要是依照法律、政策和合同的规定经营管理企业，完成企业生产、经营任务，并提供必要的财产担保以及合同规定的其他义务。

（张长利）

zuzhi jigou quanxian

组织机构权限（authority system of organization）规范企业不同分工从事经营、管理职能的组织机构的法律制度。按照企业决策权、执行权、监督权三权分立原则，分别由企业的权力机构、执行机构、监督机构来完成其职责。由于企业法定形式的差异，法人企业与非法人企业承担的责任范围也不同。在我国，公司制企业的股东对其债务只承担有限责任，因而法律对公司的组织机构设置有法定要求，如股东（大）会、董事会、监事会的设置；与此相对应，合伙企业、个人独资企业等要求股东对企业债务承担无限责任的企业，相关法律对企业组织机构的设置没有强制性要求，对此只作了原则性规定和指导性意见，各企业可以在企业章程中作出具体要求。在实践中，这些企业也会有类似于股东会、董事会、监事会的内部组织机构，虽然名称千差万别，但分工大抵如此。显然，这并非法律的强制，而是股东出于企业经营管理的切实需要进行的选择。从这个角度，可以看出组织机构设置的合理性对企业经营管理的重要性。

权力机构 是由全体出资人组成的决定企业重要事项的最高权力机关。它对企业的经营和管理进行集体决策，指导企业的发展，制定战略计划。可以说企业的发展前景有赖于权力机构的最高决策。在我国公司制企业中，只有股份有限公司、有限责任公司两种公司法律形式。我国《公司法》称有限责任公司的权力机构为"股东会"，而对股份有限公司的权力机构称作"股东大会"，其权利与职责基本相同，因而这里通称为"股东会"。股东会具有下列特征：(1) 股东会是由全体股东组成的机关。股东，对公司进行控制，从而保障自己的利益，只能通过行使代表股权的表决权来实现。可以说股东会是股东行使股权，实现经济利益的场所。股东个人的意思并不等同于公司的意思，只有集中多数股东的意思，才能最终形成公司的意思，因此，股东对公司的控制只能以全体股东的共同意思决定为基础。从这个意义上讲，股东会是形成公司决策的场所。(2) 股东会是法定必备的但非常设的机关。股东会是最高的权力机构，其职权是对公司发展的长远大计作出决策，决议公司的重大事项、发展目标。就某一项目或某一段时间作出的决策，应当在一段时期内保持不变。因而股东大会无须经常召开，也不设置常设机构。(3) 股东会是公司的最高权力机关。股东会在本公司内的最高权力是基于股东的出资。按照权力分配的公司治理结构，股东的权力限于决策权。国有独资公司是有限责任公司的一种，唯一的国有投资者作股东，即为国家授权投资的机构或者国家授权的部门。国有独资公司不设股东会，由国家授权投资的机构或者国家授权的部门，授权公司董事会形式股东会的部分职权，决定公司的重大事项。

根据《中外合资经营企业法实施条例》第33条之规定，董事会是合营企业的最高权力机构，决定合营企业的一切重大问题。而《中外合作经营企业法实施条例》第24条则规定，合作企业设董事会或者联合管理委员会。董事会或者联合管理委员会是合作企业的权力机构，按照合作企业章程的规定，决定合作企业的重大问题。在我国，个人独资企业只有自然人，即完全民事行为能力人才可能成为股东，同时此种企业只有一个股东，他承担企业的全部责任，当然也享有所有权利。因而该股东可以在法律许可的范围内充分实现个人意志，他是个人独资企业的唯一权力人。当然，在这样的情况下也不需要"权力机构",其个人享有法律赋予的对该独资企业的最高决策权。合伙企业的合伙人就企业债务相互承担无限连带责任,任何决策或执行企业事务的行为,都要由全部合伙人来承担,所有的合伙人都享有决策的权力。

执行机构 董事会是由全体董事组成的,集体执行公司业务。董事由股东会选举产生。其特征如下:(1)董事会是由全体董事组成的公司合议制机关。《公司法》对不同类型的公司的董事会组成有法定人数要求。董事会必须通过召开董事会会议,并以多数表决方式作出决议。(2)董事会是公司集体业务执行机关。董事会的经营管理权限是执行公司业务,并在此范围内以会议决议的形式为意思表示。董事会成员不经董事会作出决议而为意思表示、或董事会一般成员自行执行公司业务,均不发生法律效力。(3)董事会是公司法定、必备和常设的机关。根据公司法的规定,股份有限公司必须设董事会。(4)董事会是对外代表公司的法定机关。

监督机构 监事会是公司法定、必备和常设的集体监督机构。各国对监事会的设立态度不同,分为一元构制和二元构制。一元构制是公司不设监事会,而由董事会全权负责公司事务,包括对公司内部的监督;二元构制是公司同时设立董事会和监事会,由董事会负责公司的业务执行,监事会是公司集体监督机构,负责监督其执行情况,行使职权以决议的方式进行。监事会不参与公司业务的决策和管理,对外也无权代表公司,只是在特定情况下才可以公司名义活动。有些国外立法对监事会的代表权作了如下规定:代表公司与董事诉讼,当公司与董事之间发生诉讼时,如法律无特别规定,且股东会没有另选诉讼人,原则上由监事代表公司;代表公司委托律师或会计师,监事会可代表公司委托律师、会计师审核公司各类表册及文件,其费用由公司负担。我国《公司法》对监事会的设立采取强制性态度。

(张长利)

zuzhi jineng

组织机能(the enginery of organization) 经济法组织国民经济运行的机能。它主要表现在以下几个方面:(1)经济法正确解决集权与分权的关系,明确划分中央经济机关与地方经济机关的经济权限,建立中央、地方和企业的国民经济组织系统。(2)经济法是国民经济在扩大再生产过程中,形成的性质不同、层级不一的经济组织关系,包括建立在监管基础上的经济组织关系和建立在协商基础上的经济组织关系。(3)经济法通过计划或规划、税收、信贷、价格等经济手段具体组织各个经济环节的经济活动。组织这些环节的合理安排领导、组织、协调等经济过程,明确相互之间的权利义务关系。

(张鹏 赵玲)

zuzhi jianguan zeren

组织监管责任(liability on organization and supervision) 按照法律法规和规章的规定,经济活动主体所应承担的基于国家组织经济和对经济活动进行监督管理所产生的责任。组织监管责任是为经济法本身的性质和特征所决定的责任,是经济法本法责任的一种。组织监管责任包括:通报批评;警告;限价出售和强制收购;停止营业整顿;吊销营业执照;罚款;没收等。组织监管责任是因为违反经济法主体对国家、社会的义务而发生的,也被称为对国家、社会的责任。

组织监管责任中被监管主体对国家和社会所应承担的责任是以违反经济法律法规的规定为前提的,与理论界所探讨的企业社会责任不同。企业应承担一定社会责任的主张产生于20世纪二三十年代的西方法学界,当时席卷整个资本主义世界的经济危机直接促成了这一理论的产生。第二次世界大战以后由于西方各国经济曾取得长期的稳定增长,这一学说一度销声匿迹。受垄断加剧、能源危机、人权运动、环保主义的影响,企业社会责任理论在六七十年代成为欧美法学界的热门话题。近年来,我国法学界也开始探讨企业的社会责任问题。关于企业社会责任的内涵和外延存在着不同见解。英美法系国家多指称大企业的捐赠行为;大陆法系国家特指雇员参与企业决策和管理。理论界尚未对其达成共识,制定法中也没有明确的规定,一些国家仅列有原则性的宣示条款。目前我国还没有明确的企业社会立法规定,不存确认企业社会责任的法律前提。

(黄军辉)

zuzhi jianguan zhicai

组织监管制裁(sanction on organization and supervision) 按照经济法律法规和规章的规定,负有组织监管责任的经济活动主体所应承担不利的具体法律后果。与组织监管责任相对应,组织监管制裁是追究组织监管责任的法律措施。

组织监管制裁是由经济法本身的性质和特征所决定的制裁,是经济法固有制裁的一种,和财产制裁相并列。组织监管制裁包括:通报批评;警告;限价出售和强制收购;停止营业;吊销营业执照;罚款;没收等。

没收制裁和罚款制裁是较为常用的制裁方式。罚款制裁是由经济机关对实施了经济违法行为的经济主体采取的限期向法定机关交纳一定数额货币的承担经济责任的措施。没收制裁是经济机关对实施了严重经济违法行为的经济主体采取的收缴其违法所得或非法财物的承担经济责任的措施。

组织监管制裁对经济主体利益影响较大,法律对其适用也有明确的规定:(1)制裁的设定合法。只有经济法律、法规能够设定组织监管制裁,规章只能在法律、法规规定的行为、种类和幅度内进行规定。地方性经济法规不得设定吊销营业执照的组织监管制裁。(2)制裁主体依法拥有制裁权。合法的组织监管制裁权有三种来源:依照职权、根据授权、根据委托。宪法和各级政府组织法规定了各级政府及其下属的经济机关管理经济事务的权限,也相应赋予其大小不一的组织监管制裁权。各级人民政府及其下属经济机关应当在宪法和组织法规定的权限范围内行使组织监管制裁权,超越权限范围所进行的组织监管制裁无效。国务院或者经国务院授权的省、自治区、直辖市人民政府有权决定一个经济机关行使有关的组织监管制裁权。法律、法规可以授权符合条件的具有公共事务管理职能的组织行使一定的组织监管制裁。具有组织监管制裁权的经济机关可以委托具有实施能力的组织实施组织监管制裁,被委托组织必须亲自实施组织监管制裁,不得再委托其他组织实施。(3)制裁的内容合法。经济机关进行组织监管制裁必须以事实为依据,依照经济法律、法规的规定作出,制裁的幅度应当与违法行为的事实、性质、情节、社会危害程度相当。(4)制裁的程序合法。整个组织监管制裁的程序应当遵循公正、公开的原则。对经济违法行为进行组织监管制裁的规定必须公布,未经公布的,不得作为组织监管制裁的依据。根据制裁的严厉度不同,制裁的作出程序分为简易程序和一般程序,严厉程度大的组织监管制裁必须经过听证程序。制裁过程中的调查取证程序、作出制裁程序、利害相关人回避程序、听证程序都必须按照法律规定进行。(5)制裁主体不得限制、破坏被制裁方行使其复议权和诉讼权。被制裁方依法享有复议权和诉讼权,可以对不服的组织监管制裁请求上级经济机关或者人民法院的救济。制裁主体不得限制和阻挠被制裁方行使该权。而且为了防止经济机关滥用经济行政制裁权、在没有证据的情况下作出经济行政制裁,法律禁止经济机关在被制裁人已经对经济行政制裁提出复议或者诉讼后再收集作出制裁的证据。(6)需要被制裁方交纳货币的组织监管制裁必须坚持裁缴分离的原则。除法律有特别规定实行当场处罚外,作出制裁决定的机关和收缴货币的机关不能是同一经济机关。收缴机关将收缴的制裁款项直接上交国库,任何机关、团体、个人不得截留、私分或者变相私分。(黄军辉)

zuidi gongzi baozhang zhidu
最低工资保障制度(minimum wage guarrantee system) 立法强制规定用人单位支付给劳动者的工资不得低于国家(地方政府)规定的最低工资标准,以保障劳动者维持其与家庭成员基本生活水平的法律制度。实行最低工资保障制度是世界各国的通性做法,在我国,最低工资保障制度是国家对劳务市场的运行,进行调控的一种重要手段。

最低工资立法概况 国际劳动立法有1928年《最低工资确定办法公约》(第26号);1951年《最低工资确定办法公约》(第99号);1970年《确定最低工资公约》(第131号)。其他国家立法:新西兰1884年制定《产业仲裁法》,赋予仲裁法庭有决定最低工资率的权力,在1898年修改法律时,则规定法院可以规定最低工资;澳大利亚的维多利亚州1896年颁布《最低工资法令》,规定在6种产业中委托产业委员会决定最低工资率,并于1903年修改通过再次颁布;1909年英国制定了《最低工资法》;德、法、瑞士、意大利等国也先后进行类似的最低工资立法;在美国,最早实行最低工资制度的是一些公共团体,如1906年其加利福尼亚就有了最低工资的规定;1912年其马萨诸塞州通过了《最低工资法令》;1938年颁布《公平劳工标准法》,规定了联邦一级的最低工资标准;第一次世界大战后,最低工资立法呈现出强势发展的趋势,世界各国不但都纷纷制定了本国的最低工资法,而且其适用范围从早期的只包括女工、童工,发展到了后来的包括所有行业、职业或工种的劳动者。日本1959年颁布《最低工资法》;泰国1972年颁布《关于最低工资的通告》;德国颁布了《确定工资标准条件法》。

在我国,劳动部1993年发布《企业最低工资规定》、1994年发布《关于实施最低工资保障制度的通知》;1994年《劳动法》明确规定"国家实行最低工资保障制度","用人单位支付劳动者的工资不得低于当地最低工资";2004年劳动和社会保障部发布《最低工资规定》。

最低工资的内容 最低工资,是劳动者在法定工作时间或依法签订的劳动合同约定的工作时间内提供了正常劳动的前提下,用人单位依法应支付的最低劳动报酬。其特征为:(1)最低工资标准由政府直接确定,劳动关系主体双方不得自行确定最低工资标准;(2)最低工资标准一般采取月最低工资标准和小时最低工资标准的形式;(3)只要劳动者在法定工作时间内提供了正常劳动,用人单位发放给劳动者的工资不能低于地方政府规定的最低工资标准。最低工资的适用 最低工资适用于在中华人民共和国境内的企业、民办非企业单位、有雇工的个体工商户与之形成劳动关系的劳动者,国家机关、事业单位、社会团体和与之建立劳动合同关系的劳动者。

国际劳工《确定最低工资公约》规定确定最低工资标准所应依据和考虑的因素为:(1)工人及其家庭的必需品,需考虑该国的一般工资水平、生活费、社会保障津贴,以及其他社会阶层的相应生活标准;(2)经济因素,包括经济发展的要求,维持一定的生产率水平和较高的雇佣水平等。

我国确定和调整月最低工资标准时应考虑的因素:(1)当地就业者及其赡养人口的最低生活费用;(2)当地城镇居民消费价格指数;(3)当地职工个人缴纳的社会保险费和住房公积金;(4)当地职工平均工资水平;(5)当地经济发展水平;(6)当地就业状况等因素。我国确定和调整小时最低工资标准时应该考虑的因素:(1)应在颁布的月最低工资标准的基础上,考虑单位应缴纳的基本养老保险费和基本医疗保险费因素;(2)应适当考虑非全日制劳动者在工作稳定性、劳动条件和劳动强度、福利等方面与全日制就业人员之间的差异。

最低工资标准确定和调整的程序　由省、自治区、直辖市人民政府劳动保障行政部门会同同级工会、企业联合会(企业家协会)研究拟订方案并报送劳动保障部。劳动保障部在收到拟订方案后,应征求全国总工会、中国企业联合会(企业家协会)的意见。省、自治区、直辖市劳动保障行政部门应将本地区最低工资标准方案报省、自治区、直辖市人民政府批准,并在批准后7日内在当地政府公报上和至少一种全地区性报纸上发布。省、自治区、直辖市劳动保障行政部门应在发布后10日内将最低工资标准报劳动保障部。

最低工资保障　用人单位应在最低工资标准发布后10日内将该标准向本单位全体劳动者公示。在劳动者提供正常劳动的情况下,用人单位应支付给劳动者的工资在剔除:延长工作时间工资;中班、夜班、高温、低温、井下、有毒有害等特殊工作环境、条件下的津贴;法律、法规和国家规定的劳动者福利待遇等各项收入以后,不得低于当地最低工资标准。劳动者依法享受带薪年休假、探亲假、婚丧假、生育(产)假、节育手术假等国家规定的假期间,以及法定工作时间内依法参加社会活动期间,视为提供了正常劳动,用人单位不得拒付其最低工资。实行计件工资或提成工资等工资形式的用人单位,在科学合理的劳动定额基础上,其支付劳动者的工资不得低于相应的最低工资标准。劳动者在试用、熟练和见习期期间,只要在法定时间内提供了正常的劳动,用人单位支付的工资不得低于最低工资。双方当事人在劳动合同中约定的劳动者在未完成劳动定额或承包任务的情况下,用人单位可低于最低工资的标准支付劳动者工资的条款不具有法律效力。最低工资标准发布实施后,如所规定的相关因素发生变化,应当适时调整。最低工资标准每两年至少调整一次。

违反最低工资法的法律责任　(1)确定最低工资标准违法的法律责任。省、自治区、直辖市人民政府劳动行政主管部门确定最低工资标准违反法律规定的,由国务院劳动行政主管部门责令其限期改正。(2)支付最低工资标准违法的法律责任。用人单位支付给劳动者的工资低于最低工资标准的,由当地劳动行政部门责令限期改正,逾期未改正的,对用人单位和责任人给予经济处罚。(3)拖欠最低工资的法律责任。用人单位拖欠劳动者最低工资,由当地劳动行政主管部门责令其限期补发所欠劳动者的工资,并视其欠付工资时间的长短向劳动者支付赔偿金:欠付1个月以内的,向劳动者支付所欠工资的20%的赔偿金;欠付3个月以内的,向劳动者支付所欠工资的50%的赔偿金;欠付3个月以上的,向劳动者支付所欠工资的100%的赔偿金。拒发所欠工资和赔偿金的对企业和责任人给予经济处罚。(4)用人单位应在最低工资标准发布后10日内将该标准向本单位全体劳动者公示。违反此规定的,由劳动保障行政部门责令其限期改正。(5)在劳动者提供正常劳动的情况下,用人单位支付给劳动者的工资在剔除下列各项以后,不得低于当地最低工资标准:延长工作时间工资;中班、夜班、高温、低温、井下、有毒有害等特殊工作环境、条件下的津贴;法律、法规和国家规定的劳动者福利待遇等。违反此规定的,由劳动保障行政部门责令其限期补发所欠劳动者工资,并可责令其按所欠工资的1至5倍支付劳动者赔偿金。(6)对上述行政处罚决定不服的,当事人可以依法申请复议。对复议决定不服的,可以依法向人民法院提起诉讼。复议申请人逾期不申请的,又不履行复议决定的,依照《行政复议法》的规定执行。

目前,我国职工全年月平均工作天数为20.92天,全年工作时间为167.4小时,职工的日工资和小时工资按此进行计算。

(邵　芬)

zuihuiguo daiyu

最惠国待遇(most-favored-nation treatment)　国际间有关外国人经济贸易法律地位的一种制度。它是指各成员方之间在进出口货物及其有关的关税、规费、征收办法、规章手续、销售和运输以及对进出口货物征收内地税和费用或使用的全部法令、条例等方面,每一成员方把已经给予和将要给予任一成员方的优惠、特权和豁免,均应无条件地给予其他成员方,使其自然人和法人等主体在给惠方享受的待遇不低于其他成员方的人所享有的权利。最惠国待遇原则通常由国家间通过缔结双边条约或多边条约来加以确认,它是《关税贸易总协定》(GATT)、《服务贸易总协定》(GATS)和《与贸易有关的知识产权协定》(TRIPS)中普遍适用的原则。最惠国待遇具有普遍性、优惠性、互惠性和无条件性的特点。

最惠国待遇的类型　(1)从赋予的条件看,可将其分为互惠的和单方面的最惠国待遇。互惠的最惠国待遇是指缔约国相互给予彼此的国民以最惠国待遇。这是当代各国间普遍采用的形式。非互惠的最惠国待遇则指缔约国一方单方面给予对方国民最惠国待遇，无须对等。这种非互惠的形式以往大都规定在不平等条约中，最初的代表作是1860年英国东印度公司拟订的与缅甸王国之间的《通商条约》，其第17条规定："如果此后国王给予任何其他国家比本条款所含者更多或不同的特权，亦需给英国以同样特权。"当今的最惠国待遇一般是互惠的最惠国待遇。（2）从赋予的范围看可将其分为有限制的和无限制的最惠国待遇。最惠国条款如规定授予国给予第三国国民的待遇全部给予受惠国，就是无限制的最惠国待遇。而有限制的最惠国待遇是指缔约双方将最惠国条款中的优惠权利限制在一定范围之内。（3）从缔约方数量可将其划分双边的和多边的最惠国待遇。早期的最惠国待遇是双边的，据统计，仅1920—1940年，全世界含有最惠国条款的条约就有600多个。1948年生效的《关税及贸易总协定》第一次在世界范围内把最惠国待遇纳入多边体制。多边最惠国待遇更为稳定。（4）从最惠国待遇的给予是否需要补偿可将分为有条件的和无条件的最惠国待遇。最惠国待遇的给予，有时需要补偿，有时无须补偿。目前，欧洲式最惠国待遇都是无条件的，美国式的最惠国待遇则是有条件的。但美国1923年与德国签订《友好通商条约》时，开始转而采用无条件的最惠国待遇。当前各国多采用无条件的最惠国待遇。

最惠国待遇的适用范围 最惠国待遇的适用范围通常根据两国之间的关系和经济情况加以规定。一般可以在以下几个方面适用这一制度：（1）有关进口、出口、过境商品的关税及各种捐税的征收；（2）进出口许可证颁发和其他限制措施；（3）有关商品进口、出口、过境、存仓和换船方面的海关规则、手续和费用；（4）船舶驶入、驶出和停泊时的各种税收、手续和费用；（5）关于移民、投资、商标、专利及铁路运输方面的优惠；（6）由于战争、革命造成的损失的补偿；（7）判决和仲裁裁决的相互承认与执行等。此外，国际上普遍承认最惠国待遇具有如下例外：（1）为方便边境贸易一国给予邻国的优惠豁免；（2）基于关税同盟、经济联盟或类似组织给予的优惠或豁免；（3）根据避免双重征税协定而给予的优惠或豁免；（4）一国给予托管地的优惠或豁免；（5）国家安全例外。"最惠国待遇"是我国投资条约或协定中规定的重要待遇制度，我国与其他国家缔结的条约和协定中大多有最惠国待遇条款。例如，中国和意大利《关于鼓励与相互保护投资协定》（1985年1月28日）第3条规定："一、缔约方的国民或公司在缔约方另一领土内的投资所享受的待遇，不应低于任何第三国国民或公司的投资所享受的待遇。二、缔约方的国民或公司在缔约方另一领土内与投资有关的活动所享受的待遇，不应低于任何第三国国民或公司与投资有关的活动所享受的待遇。"最惠国待遇标准符合国家不分大小、强弱、各国一律平等的原则。

（王连喜）

zunzhong xiaofeizhe rengequan yiwu

尊重消费者人格权义务（obligation to respect consumer's personality right） 与消费者人格尊严受到尊重的权利相对应的义务。消费者的人格尊严和人身自由都是宪法赋予的神圣权利，不容任何人侵犯。经营者尊重消费者人格权义务的规定是宪法以及各项基本法律在消费者权益保护领域的基本要求和具体体现。人格权主要是指公民以维护独立人格所必需的人格尊严、人身自由以及姓名、肖像、名誉、隐私等各种权利，凡是侵犯这些权利的行为，都是侵犯公民人格的违法犯罪行为。公民的姓名权、名誉权、肖像权、隐私权等权利是公民的人格尊严。消费者的人身权利及人格尊严，是指消费者在消费活动中所享有的名誉权、肖像权、隐私权及人身权等不受侵犯的一种民事权利。在消费领域中，经营者尊重消费者人格权的义务有其特定的内容，经营者的对消费者的人格尊严加以尊重主要是：经营者不得对消费者进行侮辱、诽谤，不得搜查消费者的身体及其携带的物品，不得侵犯消费者的人身自由。

消费者的人格尊严，是消费者在消费活动过程中，名誉不受诋毁，姓名不受亵渎，肖像不受侮辱等。侮辱是指用暴力或其他方式公然侮辱他人人格，破坏他人名誉的行为；诽谤是指故意捏造并散布一些虚构的事实，损害他人人格，破坏他人名誉的行为。实践中，经营者侵犯消费者人格尊严的现象非常普遍。例如经营者无端怀疑消费者是小偷，当众盘查、羞辱或者无中生有，捏造事实，贬低消费者人格等现象。侵犯消费者人格尊严的行为，是对消费者人格的极大蔑视和侮辱，要视具体情节予以民事制裁，情节严重，构成犯罪的，还要予以刑事处罚。

消费者的人身自由，是消费者依法享有的人身行动完全受自己自由支配，不受任何非法的强制性限制或剥夺，任何人不得进行非法搜查。经营者必须遵守法律规定，严禁扣留消费者，严禁限制或剥夺消费者的人身自由，严禁搜查消费者人身及其携带的物品。消费者作为参加社会活动的普通公民，其人身自由权当然地受到我国宪法和法律的保护，任何经营者不得以任何理由、任何手段限制、甚至剥夺消费者的人身自由权，这是经营者应当承担的一项重要义务。（刘利晋）

zuoyong shixian jizhi

作用时限机制（mechanism of functioning-period）

经济法调整经济过程的不同时间所形成的机制。由于经济法调整的是一定范围内的经济关系,因此经济法产生效力的时间受制于经济运行。不同经济部门、不同经济活动的经济过程时间是不同的,因此经济法在那里发生作用的时间也并不相同。比如,农业部门与工业部门的价格变动时间是不同步的。由于各地区的农产品的生产成本不同,又受到自然条件的影响和生长周期的限制,其价格变动规律不同于工业品。工业品的价格(出厂价、批发价、零售价)的变动,以生产成本、利润和税金为基础,又受市场供求状况的影响。如果价格立法中有关控制价格上涨的规范同时在农产品价格、工业品价格那里发生作用,那么合理的农产品提价要求被该法所限制,从而不利于农业生产。由于产业链条上各个产业之间的运行先后次序不尽相同,因此以相同法律规范进行调整,其作用于经济生活的时间也是不一致的。鉴于此,经济立法应当充分考虑经济过程的时间差决定经济法作用的时间差这一因素,进行有针对性的"差别性"经济立法。

(赵 玲 刘逸帆)

zuozhi

坐支(expenditure) 在银行和其他金融机构开户的单位从本单位的现金收入中直接支付现金的行为。根据国务院 1988 年 8 月发布的《现金管理暂行条例》和中国人民银行 1988 年 9 月发布的《现金管理暂行条例实施细则》规定,开户单位不得在其现金收入中直接支付现金;需要坐支现金的单位,要事先报经开户银行审查批准,由开户银行核定坐支范围和限额。坐支单位必须在现金账上如实反映坐支金额,并按月向开户银行报送坐支金额和使用情况。未经批准坐支或者未按开户银行核定的坐支范围和限额坐支现金的,开户银行应当依照中国人民银行的规定,予以警告或者罚款,罚款幅度为坐支金额的 10%—30%;情节严重的,可在一定期限内停止对该单位的贷款或者停止对该单位的现金支付。开户单位对开户银行作出的处罚决定不服的,首先必须按照处罚决定执行,然后在 10 日内向开户银行的同级人民银行申请复议。同级人民银行应当在收到复议申请之日起 30 日内作出复议决定。开户单位对复议决定不服的,可以在收到复议决定之日起 30 日内向人民法院起诉。

(官 波)

zuoshishang

做市商(market maker) 为了保持证券市场的流动性,不断地向公众投资者报出某些特定证券的买卖价格(双向报价),并在该价位上接受公众投资者的买卖要求,以其自由资金和证券与投资者进行证券交易的特许交易商。做市商通常是具备较强实力和信誉的证券经营法人,他们通过这种不断买卖来维持市场的流动性,满足公众投资者的投资需求。做市商通过买卖报价的适当价差来补偿所提供服务的成本费用,并实现一定的利润。做市商制度是一种与竞价交易方式不同的证券交易制度,它是一种报价驱动制度,一般为柜台交易市场所采用。做市商制度的基本特征包括:(1)公众投资者的订单与做市商的账户交易,投资者的订单之间不直接交易;(2)做市商对某只或某几只特定的证券做市;(3)做市商有义务维持其所做市的证券的交易活跃和价格稳定性,不能拒绝公众投资者在自己所报价位上的买卖指令;(4)做市商与公众投资者交易时不收取佣金,通过买卖报价的适当差额来实现利润。

做市商行业以美国纳斯达克市场(NASDAQ)最为活跃。全美证券商协会规定,证券商只有在该协会登记注册后才能成为纳斯达克市场的做市商;在纳斯达克市场上市的每只证券至少要有两家做市商做市(目前平均每只证券有 10 家做市商,一些交易活跃的股票有 40 家或更多的做市商)。在开市期间,做市商必须就其负责做市的证券一直保持双向买卖报价,即向投资者报告其愿意买进和卖出的证券数量和买卖价位。纳斯达克市场的电子报价系统自动对每只证券全部做市商的报价进行收集、记录和排序,并随时将每只证券的最优买卖报价通过其显示系统报告给投资者。如果投资者愿意以做市商报出的价格买卖证券,做市商必须按其报价以自由资金和证券与投资者进行交易。做市商的贡献在于他们能够保持证券市场的流动性,即投资者随时都可以按照做市商的报价买入、卖出证券,不会因为买卖双方不均衡(如只有买方或卖方)而无法交易。做市商制度在处理大宗交易、抑制股价操纵、降低信息成本和交易成本方面提高了市场效率。但是,由于做市商的利润来自其买卖报价之间的价差,在缺乏价格竞争的情况下,做市商可能会故意加大买卖价差,使投资者遭受损失。为此,全美证券商协会规定,做市商的买卖价差不能超过全美证券商协会定期决定和发布的最大买卖价差,并从 1997 年起引入了投资者报价机制,以提高证券市场的公正性。

在推行做市商制度时,各国都会综合权衡这一制度对证券交易市场流动性、透明度、有效性和稳定性这四个指标的影响,选择最佳的模式,以趋利避害。

(王 翊)